F 1987

ORDONNANCES DES ROYS DE FRANCE

DE LA TROISIEME RACE,
RECUEILLIES PAR ORDRE CHRONOLOGIQUE.

CINQUIEME VOLUME,

CONTENANT LES ORDONNANCES DE CHARLES V. données depuis le commencement de l'année 1367. jusqu'à la fin de l'année 1373.

Par M.ʳ *SECOUSSE* Ancien Avocat au Parlement, & Associé à l'Académie Royale des Inscriptions & Belles Lettres.

A PARIS,
DE L'IMPRIMERIE ROYALE.
M. DCCXXXVI.

PREFACE.

DANS les Prefaces des trois premiers Volumes de ce Recueil, on a eſtabli les principes de pluſieurs matieres importantes, qui ont eſté l'objet de quelques anciennes Ordonnances. Leurs diſpoſitions ont quelquefois eſté renouvellées; quelquefois auſſi les circonſtances des temps ont engagé les Legiſlateurs à les étendre, à les modifier; ou meſme à les abroger entierement. L'étenduë que je donne aux *Tables des Matieres*, dans leſquelles je tâche de renfermer exactement tout ce qui eſt contenu dans les Ordonnances, me diſpenſera pour ce Volume & pour les ſuivants, de recueillir dans les Prefaces, les changements faits aux anciennes Loix par les nouvelles; & il ſuffira de renvoyer à ces *Tables*, aux Articles, *Ordonnances, Domaine, Bourgeoiſie, Admortiſſements & Francs-Fiefs.*

§. I.

GUERRES PRIVÉES.

[a] L'Article X. de l'Ordonnance du mois de Juillet 1367. faite en conſequence d'une Aſſemblée des Eſtats Generaux tenuë à Sens, fournit une nouvelle preuve de ce qui a eſté dit dans [b] la Preface du troiſiéme volume de ce Recueil, ſur les ſages menagements avec leſquels nos Rois ſe ſervirent de leur autorité pour abolir inſenſiblement l'abus des *Guerres privées*. Cet Article porte que pluſieurs Nobles *diſants* qu'ils avoient *des guerres*, quoique ce fût contre des *Parties* qui, ſans avoir recours à la voye des armes, offroient de ſoûmettre leurs differends à la déciſion des Juges, pilloient non-ſeulement les biens de leurs ennemis; mais meſme ceux des ſujets du Roy & des autres Seigneurs; le Roy deffend à toute perſonne, de quelque eſtat & condition qu'elle ſoit, de faire *des guerres;* que cependant, ſi deux *Parties* d'un commun conſentement ſe font la *guerre*, il leur eſt deffendu de piller les biens de leurs ennemis, & ceux des autres habitans du Royaume. Ainſi dans le meſme Article, par lequel le Roy deffend abſolument toute *guerre privée*, il les tolere d'une maniere indirecte, quand elles ſe feront par le conſentement des *Parties*.

Par les privileges accordez par le Dauphin Humbert II. & confirmez par Charles V. en Aouſt 1367. les *guerres privées* furent permiſes dans ce pays.[c]

(a) Des Lettres de remiſſion du 22. de Juillet 1377. prouvent que l'on obſervoit alors [d] l'Ordonnance du Roy Jean, qui avoit deffendu les

NOTE.

(a) Elles ſont dans le Reg. 111. du Treſ. des Chart. P. 151. Voici quel en eſt l'expoſé.

CHARLES, &c. Savoir faiſons à touz preſens & avenir, de la partie de Jehan de Barbenſon dit le Jenirrot, Chevalier, Nous avoir eſté expoſé, que comme Gieffroy de

[a *Voy. cy-deſſous, pag.* 21. *Art.* X.

b *pag. xvj.*

c *Voy. la Table des Matieres de ce Vol. au mot, Guerres privées.*

d *Voyez la Preface du troiſiéme Volume de ce Rec. p. xvj.*

guerres privées, pendant le cours des guerres publiques; & elles nous apprennent les mesures que les Juges Royaux prenoient pour la faire observer.

§. II.

DES ESTATS GENERAUX ET PARTICULIERS,

[a] *Estats de Compiegne.*

Estats de Chartres & de Sens.

a *Voy. cy-dessous, p. vij.*

Vers le commencement du mois de Juillet 1367. il se tint à Chartres, une *(b)* Assemblée des Estats de plusieurs Provinces du Royaume; peu de jours après elle fut transferée à Sens.

b *Voy. cy-dessous, pp. 14. 19. & 27.*

Ces Estats ne sont connus que par [b] trois Ordonnances données à Sens; l'une, le 19. de Juillet 1367. l'autre, le lendemain; & la derniere, donnée dans le mois de Juillet, sans date du jour.

l'Eschielle, Chevalier, Sire de Balahan, par vertu de certainnes noz Lettres, eust pourchacié à faire certainnes Informacions contre lui, & estre adjourné en nostre Court de Parlement à certain jour pieça passé, à y comparoir personnelment, sur peine de bannissement, pour respondre à nostre Procureur General à toutes fins, & audit Sire de Balahan, à fin civile; sur ce, entre les autres choses que ledit Sire de Balahan disoit, que comme certainne guerre fust esperée de mouvoir entre ledit Sire de Balahan d'une part, & ledit Barbenson d'autre: Pourquoy nostre Bailli de Vitry ou son Lieutenant, considerant certainnes desfiances faictes entre les diz Chevaliers, qui estoient ou prejudice de la chose publique & contre noz Ordon-

c *conten. R.*

nances Royaulx notoirement signifiées & publiées, & sur certainnes peines [c] contenants comme il n'est licite entre noz subgez Nobles ou autres, durant noz guerres, proceder par voye de fait de guerre ou de desfiances, avoit fait deffendre aus diz Chevaliers & à chascun d'eulx, sur quanques ils se povoient meffaire envers Nous, ou au moins sur les peines declairées en noz Ordonnances sur ce faictes, que par ladicte voïe ils ne procedassent l'un contre l'autre; mais s'en desistassent & cessassent du tout; car se il vouloient aucune chose demander l'un contre l'autre, nostre dit Bailli leur seroit bonne raison & justice; & avec ce, ycelles Parties & chascune d'elles, leurs familiers & biens à la conservacion de leur droit, & tout leur debat estre mis en nostre main: Neantmoins ledit Barbenson, &c.

Donné en nostre Chastel de Senlis, le XXII. jour de Juillet, l'an de grace MCCCLXXVII. & de nostre Regne le XIIII.

Par le Roy, en ses Requestes. S. DE CARITATE.

NOTE.

(b) Je n'ai trouvé aucun vestige des Estats de Chartres, ni dans les Registres publics dont j'ai eu la communication, ni dans les Historiens. Il n'est dit qu'un mot de ceux de Sens dans

d *Voy. cy-dessous, p. 28.*

[d] les Lettres du mois de Juillet 1367. & les deux principales Ordonnances qui furent faites en consequence de ces Estats, n'auroient point été inserées dans ce Recueil, & n'auroient peut-estre jamais été imprimées, si elles ne m'avoient été envoyées d'Auxerre, où elles sont conservées dans le depost de l'Hostel-de-Ville, par M.r le Beuf Sous-Chantre & Chanoine d'Auxerre, qui a toûjours eu beaucoup d'ardeur & de zele pour déterrer des anciens monuments, qui n'ont pas peu contribué à la profonde connoissance qu'il a de nos Antiquitez Ecclesiastiques & Civiles. Il y a sans doute dans les deposts de plusieurs autres Villes du Royaume, un grand nombre de monuments très-precieux, qui sont condamnez à y estre ensevelis dans un éternel oubli. [e]

e *Voy. cy-dessous, p. vij. Note (c).*

On donnoit des expeditions des Ordonnances faites en consequence des Assemblées d'Estats, à tous les Deputez qui s'y estoient trouvez. L'expedition originale sur laquelle l'Ordonnance du 20. de Juillet 1367. a esté copiée, fut delivrée au Deputé de la Ville d'Auxerre. Cela est prouvé par ces mots qui se lisent à la fin de cette Ordonnance : *Et sur le replis, il y a : Auxerre.*

PRÉFACE.

La premiere porte, que le Roy ayant esté informé que *plusieurs gens de (b) Compagnie* avoient resolu de rentrer dans le Royaume pour le piller; & desirant prendre *hastivement* les mesures necessaires pour leur resister, il a fait assembler en sa presence, dans la Ville de Chartres, plusieurs Prelats & autres Gens d'Eglise, plusieurs Nobles, tant de ᵃ Sang, comme autres, & plusieurs gens des bonnes Villes des pays de Champagne, de Bourgogne, de Berry, de l'Auvergne, du Bourbonnois, du Nivernois, de ᵇ Cepoy, de ᶜ S. Jangon, & de ᵈ S. Pierre-le-Moustier, & que leur ayant fait exposer le danger dont le Royaume estoit menacé, il a par leur avis & par celui des Gens de son Grand Conseil, fait les Reglements qui ont esté jugez necessaires pour la deffense du Royaume.

ᵃ *Je crois que ce mot désigne les Princes du Sang.*
ᵇ *dans le Gastinois.*
ᶜ *dans la Bourgogne.*
ᵈ *dans le Nivernois.*

Ces Reglements sont l'objet des sept premiers Articles de l'Ordonnance; & les suivants en contiennent d'autres sur la perception des droits des Aydes.

On lit dans le préambule de l'Ordonnance du 20. de Juillet, que le Roy pour des causes qui touchent la garde, la sûreté & l'utilité de son Royaume, est venu dans la Ville de Sens, où il a fait assembler les

NOTE.

(c) ᵉ J'ai déja eu occasion dans ce *Recueil*, d'expliquer quelles estoient ces *Compagnies*. ᶠ En 1366. Edoüard Prince de Galles & Duc d'Aquitaine, fils aisné d'Edoüard III. Roy d'Angleterre, conduisit en Espagne plusieurs de ces *Compagnies* qui faisoient un corps de troupes très-considerable, au secours de D. Pedre, Roy de Castille, attaqué par D. Henry son frere bastard, par lequel il fut détrôné dans la suite. ᵍ Le Prince de Galles mécontent de D. Pedre, resolut de l'abandonner, & au mois d'Aoust 1367. il reprit avec les *Compagnies*, le chemin de Bordeaux. Il paroit par les Ordonnances des 19. & 20. de Juillet 1367. que Charles V. estoit deja informé du dessein du Prince de Galles; & sa profonde *sagesse* lui fit prévoir que les *Compagnies* à leur retour d'Espagne, ne feroient pas un long séjour dans la Guyenne, où elles n'oseroient ravager les Estats d'un Prince sous qui elles venoient de servir; & que d'ailleurs Edoüard employeroit toutes sortes de moyens pour délivrer les Terres de sa domination, de ces hostes incommodes. Les *Compagnies* ne pouvoient sortir de la Guyenne, sans entrer dans le Royaume. Charles V. prévit encore la route qu'elles prendroient pour y pénetrer. Il sentit bien qu'elles ne se hasarderoient point de passer par le Poitou ou par le Berry, parce qu'il eust esté facile de leur fermer le passage de la Loire. Elles n'avoient d'autre parti à prendre, que de traverser ce fleuve vers le commencement de son cours, par les mesmes chemins que tinrent dans la suite, lors de nos guerres de Religion, plusieurs Corps de Reistres & de Lansquenets qui furent envoyez d'Allemagne au secours des Huguenots, dont les forces principales estoient dans la Guyenne. Les *Compagnies* ayant passé la Loire, n'avoient plus de rivieres considerables à traverser, & pouvoient se répandre sans obstacle, dans l'Auvergne, dans le Bourbonnois, dans le Nivernois, dans la Bourgogne, dans le Gastinois & dans la Champagne. Elles estoient encore en Espagne, lorsque Charles V. assembla les Estats des Provinces qu'il jugeoit devoir estre exposées dans la suite à leurs incursions; & il prit dans ces Estats, les mesures necessaires pour leur résister. ʰ L'evenement justifia la sage prévoyance de Charles V. Vers Decembre 1367. les *Compagnies* sortirent de la Guyenne; elles passerent la Loire à Marcilly (en Forest), & penetrerent dans l'Auvergne, & dans les autres Provinces que l'on avoit tâché de mettre en estat de deffense.

ⁱ L'on verra cy-dessous, que dans le mois d'Aoust 1367. on craignoit une irruption des *Compagnies*, dans le Dauphiné.

Ces *Compagnies* firent des desordres affreux dans le Royaume, sur la fin du regne du Roy Jean, & pendant celui de Charles V. Ce point d'histoire qui n'est pas encore assez éclairci, meriteroit d'estre traité en particulier. J'ai recueilli sur cette matiere un assez grand nombre de pieces non imprimées, dont j'espere faire quelque usage dans la suite.

ᵉ *Voy. le 3ᵉ. Vol. de ce Rec. pag. 425. Note (d).*
ᶠ *Voy. Froissart, Liv. 1. chap. 233. p. 302.*
ᵍ *Voy. Idem. Liv. 1. chap. 243. p. 331.*

ʰ *Voy. Chroniq. de S. Denis. Vol. 3. p. 4. & suiv.*

ⁱ *Voy. cy-dessous, p. ix. Note (h).*

a ij

PREFACE.

<small>a Ce sont les mesmes qui sont nommées dans l'Ordonnance du 19.</small>

Députez des trois Ordres de plusieurs ^a Provinces : qu'après avoir reglé les affaires qui avoient donné lieu à la convocation de cette Assemblée, il a reçû les supplications de ses sujets, qui lui ont fait exposer plusieurs *griefs* qui leur ont esté faits par la perception des droits des Aides, & par rapport à d'autres objets; & qu'après avoir pris l'avis de son Conseil, il a fait une Ordonnance pour reformer les abus dont on se plaignoit. Elle contient des Reglements sur differentes matieres.

La troisiéme Ordonnance fut aussi donnée sur les representations des Estats assemblez à Sens : elle ne regarde que la Jurisdiction des Maistres des Eaux & Forests.

<small>b Voy. cy-dessous, p. 12. des Lettres Royaux datées du 28. de Juin 1367.
c Elles sont cy-dessous, pp. 22. & 24.</small>

L'Assemblée des Estats à Chartres, se tint vers le commencement de Juillet; car le Roy qui y assista, estoit encore à ^b Paris le 28. de Juin; ^c & il y a plusieurs *Lettres Royaux* données à Chartres dans le mois de Juillet.

Cette Assemblée ne dura pas long-temps, puisque le 19. de Juillet, le Roy estoit à Sens, & que le 20. il avoit déja reglé plusieurs affaires, reçû les supplications de ses sujets, & fait une Ordonnance.

On ne peut douter que les Estats de Chartres n'ayent esté transferez à Sens, puisque ces deux Assemblées qui se tinrent dans le mesme mois, furent composées des Députez des mesmes Provinces.

Il faut présumer qu'un motif pressant, mais sur lequel je n'ai rien trouvé qui puisse donner lieu mesme à des conjectures, détermina le Roy à faire cette translation. Avant que de partir de Chartres, il avoit déja reçû les représentations de ses sujets; mais il n'eut pas le temps d'y satisfaire dans cette Ville par une Ordonnance, qui ne fut faite qu'à Sens. Le lendemain, il en donna une nouvelle sur les supplications qui lui furent faites dans cette Ville.

<small>d Elles sont cy-dessous, pp. 30. & 32.</small>

L'Assemblée de Sens ne fut pas de plus longue durée que celle de Chartres; & il paroist par l'Ordonnance du 19. de Juillet, que ce jour-là, presque toutes les affaires estoient terminées. Il y a mesme apparence que le Roy estoit de retour à Paris vers la fin de ce mois; car il y a des ^d *Lettres Royaux* datées de ce mois de Juillet, données dans cette Ville & au Bois de Vincennes. Il est vrai qu'il n'est pas absolument impossible qu'elles ayent esté données dans les premiers jours de ce mois, avant que le Roy partît pour Chartres. *(d)*

NOTE.

<small>e Voy. cy-dessous, p. 13. Note (a) & p. 20. Note (b), Dans ces deux Notes, j'ai renvoyé à la Preface.
f Voy. cy-dessous, p. 20.
g Voy. cy-dessous, p. 20.</small>

(d) ^e J'avois cru qu'il falloit adjoûter un mot dans l'article IV. de l'Ordonnance du 20. Juillet 1367. mais on peut fort bien l'entendre sans y rien changer.

^f Par l'article VIII. de l'Ordonnance du 19. de Juillet 1367. le Roy remet aux habitans du plat-pays, la moitié des droits des Aides que l'on levoit alors; & il *octroye* aux habitans des Villes fermées, le quart de ces mesmes droits, à condition que ce quart sera employé aux fortifications de ces Villes.

^g Dans l'article IV. de l'Ordonnance donnée le lendemain, il est dit : *sur ce que nous leur avons octroyé du Subside imposé*, &c. c'est-à-dire, *sur ce qui leur a esté accordé par rapport au Subside*; c'est à sçavoir, la diminution de la moitié, aux habitans du plat-pays; & l'octroy du quart, aux habitans des Villes fermées.

PREFACE.
Estats à Compiegne.

^a Dans l'Article IX. de l'Ordonnance donnée à Sens, le 19. de Juillet 1367. il est dit que le Roy ayant eu égard aux supplications qui lui avoient esté faites sur le fait de la Gabelle du sel, par l'Assemblée tenüe dernierement par lui à Compiegne, il avoit supprimé la moitié des droits qui se levoient sur le sel. *(e)* Je n'ai rien trouvé ailleurs sur ces Estats. Dans le ^b quatriéme Volume de ce Recueil, il y a une Instruction & une Ordonnance faite sur la vente du sel, par le Roy, en son Conseil, & donnée à Paris, le 7. de Decembre 1366. Le quatriéme article de cette Instruction fixe le prix du sel; il y a très-grande apparence qu'elle fut faite en consequence des plaintes portées au Roy dans ces Estats de Compiegne; mais elle ne peut servir à déterminer précisément le temps auquel ils ont esté tenus, puisqu'elle n'a pas esté donnée à Compiegne mesme, mais à Paris. L'on ne trouve dans le Recueil des Ordonnances, aucunes *Lettres Royaux* données à Compiegne en 1366. ^c Il y en a eu plusieurs données à Senlis dans le mois de Juin de cette année. L'on pourroit présumer que les Estats de Compiegne se tinrent vers le temps où le Roy estoit à Senlis qui n'en est pas fort éloigné. Si l'on admet cette conjecture, ces mots, *l'Assemblée* dernierement *tenüe à Compiegne*, qui se lisent dans l'Ordonnance du 19. de Juillet 1367. ne signifieront pas qu'elle s'est tenüe depuis peu; mais que c'est la *derniere* qui se soit tenüe avant celle qui fut convoquée à Chartres.

Si les Estats de Compiegne se sont tenus en Juin 1366. ils estoient finis le 28. de ce mois; car ce jour-là, ^d le Roy estoit à Paris.

^a *Voy. cy-dessous, p. 17.*
^b *p. 694.*
^c *Voyez le 4.e Vol. de ce Rec. p. 653. jusqu'à la page 659.*
^d *Voyez le 4.e Vol. de ce Rec. p. 628. 630.*

Estats des Comtez d'Artois, de Boulenois & de St Pol.

^e Depuis l'année 1361. les Estats des Comtez d'Artois, de Boulenois & de S. Pol, s'estoient assemblez presque toutes les années, pour accorder au Roy une Aide qui ne duroit qu'un an.

^f L'Aide qu'ils avoient accordée en 1366. devoit finir le 19. de Novembre 1367. Ils se rassemblerent quelque temps avant l'expiration de ce terme, & ils accorderent une nouvelle Aide annuelle, qui devoit commencer le jour mesme auquel la precedente devoit cesser. L'Ordonnance faite en consequence de ces Estats, est du 27. d'Octobre 1367. elle porte que *les Nobles, & les Bourgeois & habitans des bonnes Villes & du plat-pays des Contées & pays d'Artois, de Boulenois, de S. Pol, & de leurs ressorts, & des Villes & lieux enclavez en icelles, se sont assemblez, &c.* ^g Il n'est point parlé des Gens d'Eglise dans cette Ordonnance.

Je n'ai point trouvé dans les Registres, d'Ordonnances faites en consequence d'assemblées d'Estats de ces Comtez, qui eussent esté tenües dans

^e *Voy. la Preface du 4.e Vol. de ce Rec. p. vj.*
^f *Voy. cy-dessous, p. 82.*
^g *Voy. cy-dessous p. suiv. Note (f).*

NOTE.

(e) Les Ordonnances faites en consequence de ces Estats, sont peut-estre dans le fonds de quelque dépost, dont elles ne sortiront jamais. *Voy. cy-dessus,* p. iv. Note *(h)*.

PREFACE.

l'année 1368. & dans les suivantes, jusqu'en 1373. Il y a cependant grande apparence que ces Eſtats ont continué de s'aſſembler tous les ans pendant ces cinq années; mais que les Ordonnances faites en conſequence de ces Aſſemblées, ne ſe ſont pas conſervées.

^a *Voy. cy-deſſous, p. 651.*

Il eſt du moins certain qu'ils s'aſſemblerent en 1372. ^a car ces Eſtats ayant eſté convoquez vers la fin de l'année 1373. il eſt dit dans l'Ordonnance du 7. de Decembre de cette année, qui fut faite en conſequence de ces Eſtats, qu'ils ont accordé pour un an, une Aide qui commencera le premier de Decembre paſſé, & qui ſera ſemblable à celle qui a eſté accordée l'année precedente, & qui a ceſſé le dernier jour du mois de Juillet.

Lorſque cette Ordonnance du 7. de Decembre 1373. eut eſté renduë, on en donna, ſuivant l'uſage, des expeditions differentes *(f)* aux corps qui compoſoient ces Aſſemblées d'Eſtats; mais dans chacune de ces differentes expeditions, il n'eſt fait mention que du Corps à qui elle fut donnée, & il n'y eſt pas parlé des autres. L'on ne trouve dans les Regiſtres, que les deux expeditions qui furent données aux habitans des Villes fermées, & à ceux des Villes non fermées; les premieres portent. *Les Bourgeois & habitans des Villes fermées tant ſeulement, des pays des Contées d'Artois, de Boulenois & de S. Pol.* On lit dans les ſecondes, *les manans & habitans des places non fermées des pays, &c.* Les expeditions qui furent données au Corps du Clergé & à celui de la Nobleſſe, ne ſe ſont pas conſervées. *(g)*

Eſtats du Languedoc.

^b *Voy. cy deſſous, p. 422.*

^b Dans des Lettres du Duc d'Anjou, Lieutenant du Roy dans le Languedoc, données le 4. de Juin 1369. & confirmatives d'autres Lettres de ce Prince, du 21. de Decembre précedent, il eſt dit que quelques Comtez des Seneſchauſſées de Touloufe, de Carcaſſone & de Beaucaire, ont offert à ce Prince la levée d'une Impoſition *pour le ſecours des guerres du Languedoc*, & qu'ils ont élu des Députez generaux ſur la regie de cette Impoſition, laquelle ne ſera point payée par la Ville de Carcaſſone; attendu qu'elle n'a point eſté compriſe dans l'offre qui en a eſté faite, qu'elle eſt & qu'elle a toûjours eſté *ſeparée* de ces Comtez, qu'elle n'a jamais eſté appellée à leurs Aſſemblées, auxquelles elle n'a jamais aſſiſté, & que les déliberations qui s'y prennent, ne peuvent l'engager.

Il n'y a rien dans ces Lettres qui puiſſe indiquer le temps auquel s'eſt tenuë l'aſſemblée des Eſtats dont elles font mention.

NOTES.

(f) Il reſulte de la difference de ces expéditions, que ſi dans l'Ordonnance du 27. d'Octobre 1367. faite en conſequence d'une Aſſemblée des Eſtats de ces Comtez, il n'eſt pas fait mention du Clergé, il n'en faut pas conclure, comme j'ai fait cy-deſſous, p. 82. Note *(b)* qu'il y a apparence qu'il n'aſſiſta pas à cette Aſſemblée; il eſt à préſumer que le Clergé y eſtoit, & que l'on luy donna une expédition, dans laquelle il n'eſtoit fait mention que de ſon Corps, & qui ne s'eſt pas conſervée.

(g) Peut-eſtre même en donna-t-on des expéditions à tous les Députez qui s'eſtoient trouvez à cette Aſſemblée. *Voy. cy-deſſus*, p. iv. vers la fin de la Note *(b)*.

PREFACE.
Eſtats du Dauphiné.

En 1367. il ſe tint deux aſſemblées des Eſtats du Dauphiné. Dans la premiere, on offrit une Aide au Roy. Dans la ſeconde, on élut des Commiſſaires & des Receveurs pour impoſer & pour lever les ſommes neceſſaires pour payer cette Aide.

L'on ne peut déterminer préciſément le temps auquel ſe tint la premiere Aſſemblée; mais dans des [a] *Lettres Royaux* du 22. d'Aouſt 1367. il eſt dit que [b] *depuis peu*, les ſubjets du Dauphiné ayant offert au Gouverneur de ce pays, au nom du Roy, une Aide de 30000 Florins, [c] pour racheter les Chaſteaux appartenants au Roy, (& dépendants du Dauphiné,) qui ſont *occupez* par le Comte de Savoye; qu'ayant d'ailleurs intention d'impoſer ſur eux-meſmes, une ſomme de deniers, ſoit pour mettre en eſtat de deffenſe leur Patrie, *(h)* dans laquelle certaines gens veulent faire une irruption, ſoit pour d'autres dépenſes; ils ont demandé au Roy, la permiſſion d'élire ſous ſon autorité, certaines perſonnes pour repartir & pour percevoir les ſommes qu'ils avoient deſſein de lever; & que le Roy leur a permis de s'aſſembler à la maniere accouſtumée, une ou pluſieurs fois, pour faire cette élection *avec l'autorité du Gouverneur;* & de recevoir par eux ou par leurs Députez, les comptes des ſommes qui ſeroient levées.

[a] *Voy. cy-deſſous, p. 64.*
[b] *nuper.*
[c] *Voy. cy-deſſous, p. 59. Note (b).*

Le 27. d'Octobre de la meſme année 1367. les Eſtats du Dauphiné ſe raſſemblerent. Voici le precis du [d] Procès-verbal de cette Aſſemblée. Les Prélats, les Barons, les Perſonnes Eccleſiaſtiques, les Nobles, les [e] *Vavaſſeurs*, les Univerſitez, Communautez & les particuliers du Dauphiné, ayant offert au Seigneur de Loupy, Gouverneur de ce pays, au nom de Charles Roy de France, & Dauphin de Viennois, une Aide & don *gracieux* de 30000 Florins, pour racheter les Chaſteaux *retenus* par le Comte de Savoye; & pour engager le Roy à confirmer les *Libertez*, privileges & immunitez du Dauphiné; il leur a accordé [f] des Lettres de confirmation de leurs privileges. Le 23. d'Octobre 1367. les Prelats, les [g] *Religieux*, les Barons, les Bannerets, les Nobles & les Députez des Univerſitez & des Communautez du Dauphiné, s'eſtant raſſemblez, on leur a fait le rapport de ce qui s'eſtoit paſſé dans la derniere Aſſemblée, & de la grace que le Roy leur avoit accordée, & le Gouverneur les a enſuite requis de pourvoir au payement de l'Aide qu'ils lui ont accordée au nom du Roy, & qu'ils ont fait offrir à ce Prince par leurs *Nonces* & leurs *Ambaſſadeurs*.

[d] *Voy. cy-deſſous, p. 84.*
[e] *Seigneurs de Fiefs.*
[f] *Voy. cy-deſſous, p. 34. & p. 56. juſqu'à la page 66.*
[g] *le Clergé.*

Après cette requiſition, ſont comparus l'Eveſque de Grenoble, les [h] fondez de procuration des Archeveſques d'Embrun & de Vienne, & de quelques Abbez, pour leſquels le Gouverneur eſt auſſi comparu; &

[h] *Nuncii.*

NOTE.

(h) Ce ſont ſans doute les *Compagnies* qui ſont ici déſignées. *Voyez cy-deſſus*, pag. v. Note *(c)*.

plusieurs autres personnes du Clergé; lesquelles ont élu l'Evesque de Grenoble, pour estre un des *(i)* Presidents de l'Assemblée.

La Noblesse & les Députez des Communautez, choisirent ensuite, chacun dans leur Corps, des *(k)* Commissaires pour repartir l'imposition, & des Receveurs pour en percevoir les deniers; & ils leur donnerent des Départements dans les differentes Judicatures du Dauphiné.

Ces Commissaires & ces Receveurs presterent serment entre les mains du Gouverneur.

Estats de la Prevosté de Laon.

a *Voy. cy-dessous, p. 449.*

a Dans des Lettres du mois de Janvier 1371. il est dit, que par plusieurs Ordonnances faites par le Roy & par ses Predecesseurs, les Sergents de la Prevosté de Laon ont esté reduits à un certain nombre, *par bonne & meure deliberation de Conseil du Clergé, Nobles, Bourgeois & bonnes Villes de la Prevosté de Laon.*

§. III.

MONNOYES.

b *p. vij. §. V.*

Je me suis engagé dans la b Preface du quatriéme Volume, de donner dans celle du cinquiéme, une *Table generale des Monnoyes,* depuis le commencement de la troisiéme race, jusqu'au temps des dernieres Ordonnances imprimées dans ce Volume. Voici la raison qui me détermine à placer cette *Table* dans la Preface du sixiéme. Le cinquiéme contient les Ordonnances données par Charles V. pendant sept années, depuis 1367. jusqu'en 1373. il reste encore sept années du regne de ce Prince qui mourut en 1380. Les Ordonnances qu'il donna pendant cet intervalle de temps, rempliront le sixiéme Volume. Mais comme par le dépouillement que j'ai fait de presque tous les Registres, il m'a paru que ces sept dernieres années de Charles V. ne fournissoient pas une matiere aussi abondante que les sept qui les ont precedées, j'ai cru devoir renvoyer la *Table des Monnoyes* au sixiéme Volume pour le grossir, & le rendre à peu près égal aux précedents.

Cet arrangement aura d'ailleurs cet avantage, que cette *Table* finira à l'époque de la mort de Charles V.

NOTES.

(i) Cela n'est pas dit précisément dans le Procès-verbal; mais il resulte necessairement de plusieurs articles, que le Gouverneur, l'Evesque de Grenoble & le Comte de Valentinois, estoient les Chefs & comme les Presidents de l'Assemblée; qu'on leur donna une inspection génerale sur l'imposition & la perception des sommes qui furent levées; & qu'ils furent seuls chargez de recevoir les comptes des Receveurs. *Voyez* les Art. I. III. IX. X. XII.

(k) Les noms de ces Commissaires & de ces Receveurs, sont dans le Procès-verbal. Il paroist par plusieurs endroits de cette Piece, qu'il y avoit à la fin une liste de tous ceux qui assisterent à cette Assemblée; mais elle n'a pas esté envoyée de Grenoble, avec le Procès-verbal.

ORDONNANCES

ORDONNANCES
DES ROIS DE FRANCE
DE LA TROISIEME RACE.

CHARLES V.
(*) MCCCLXVII.

(*) Cette Année commença le 18. d'Avril, & finit le 8. d'Avril.

(*a*) Lettres portant que la Terre de l'Engennerie, donnée par Charles V. au Thresorier & aux Chanoines de la S.te Chapelle de Paris, ressortira au Parlement; & que dans les procès qui regarderont cette Terre, ils pourront s'associer le Roy, qui cependant ne conservera aucun droit de proprieté sur cette Terre.

CHARLES V. au Louvre près Paris, en Avril 1367.

KAROLUS &c. Notum facimus universis tam presentibus quam futuris, quod Nos attendentes, & in nostre menus acie reflectentes dileccionis & sincere devocionis affectum, quem singulariter ad Capellam Sacrosanctam nostri Palacii Regalis Par. tam sacris & preciosissimis (b) Reliquiis ac Sanctuariis decoratam & ornatam, Progenitores nostri temporibus habuerunt retroactis, & Nos familier eorumdem laudabilia vestigia benigniter ^a *incedentes, & non immerito, gerimus in corde, necnon ad ejus Ministros, Thesaurarium videlicet, & Canonicos ipsius Sacrosancte Capelle, nostros devotos Capellanos carissimos & fideles, qui nocte dieque, quibuscumque curis & negociis temporalibus postpositis & rejectis, inibi divina laudum obsequia, quadam specialitate & singularitate, ad Ecclesias ceteras habito respectu, consueverint solemniter celebrare, & pro nostri incolumitate corporis, & tranquilitate regiminis, & statu Regni nostri,* ^b *nostrorumque & Progenitorum animarum salute, preces & oraciones fundere jugiter ad Dominum & intercedere non obmittant, eisdem Thesaurario & Canonicis concessimus de nostra certa*

a insectantes.

b App. nostrarum.

NOTES.

(*a*) Thresor des Chartres, Registre 97. Piece 379.
(*b*) *Reliquiis.*] Ce sont principalement la Couronne d'Epine de N. S. un morceau de la vraye Croix, & le fer de la Lance dont fut percé le costé de N. S. Voy. dans la Chroniq. de *Guillaume de Nangis*, sous l'an 1230. p. 33. col. 2.e Edit. in fol. comment ces precieuses Reliques vinrent dans les mains de S.t Louis, & comment il les plaça dans la S.te Chapelle de son Palais, laquelle il avoit fait bâtir.

Ces Reliques y sont conservées dans le grand Thresor. Un Officier de la Chambre des Comptes m'a dit, qu'avant Henry III. les Rois gardoient la clef de ce Thresor; & que lorsqu'ils souhaitoient qu'on l'ouvrit, ils en envoyoient les clefs aux Premiers Presidents de la Chambre des Comptes qui les leur reportoient. Depuis Henry III. ces clefs sont restées aux Premiers Presidents de la Chambre, qui les portent toûjours sur eux, dans une bourse: mais ils ne peuvent ouvrir le Thresor, qu'en vertu d'une Lettre de cachet: on l'ouvre très rarement.

ORDONNANCES DES ROIS DE FRANCE

CHARLES V. au Louvre près Paris, en Avril 1367.

scientia & auctoritate Regia, ac de plenitudine nostre Regie potestatis & speciali gracia concedimus, volumus, decernimus, & tenore presencium ordinamus Villam & terram suam de (c) Ingiguerra noncupatam, propè Aurelian. cum omnibus & singulis pertinenciis, appendenciis & habitatoribus dicte Ville & Terre, presentibus & futuris; quas quidem Villam, Terram, pertinencias & appendencias universas, dicte Sacrosancte Capelle ac Thesaurario & Canonicis prelibatis, meminimus concessisse per nostras alias Litteras in filis cerâque viridi sigillatas, & donasse, amodo in antea fore de ressorto Parlamenti nostri Par. & à quarumcunque Bailliviarum, Prepositurarum, Sedium vel Jurisdictionum nostrarum, superioritate vel ressorto, preterquam dicti nostri Parlamenti, eximi deberi, & penitus amoveri, dictamque Villam & Terram, pertinencias, ac habitatores & subditos earumdem, presentes & futuros, ad dictum nostrum Parlamentum, in omnibus casibus ressortum tangentibus & spectantibus, de cetero & immediate ressortire & apponi ad ipsius Parlamenti ressortum, & de ipso ressorto teneri perpetuo & haberi; potestatem & Jurisdictionem omnimodam, quas, ante confectionem presencium, alii Justiciarii nostri habebant seu habere poterant & debebant in predictis aut aliquo predictorum, racione vel occasione ressorti seu superioritatis cujuscunque, totaliter abdicantes, & nolentes quod pro hiis aut singulis eorumdem, prefati Thesaurarius & Canonici, ac habitatores & subditi dicte sue Ville & Terre, & pertinentiarum ejusdem, nec eorum successores teneantur alibi quam in dicto nostro Parlamento, causa superioritatis vel ressorti, comparere, respondere, conveniri, aut aliter ressortire, seu possint aut debeant ad hoc compelli quomodolibet vel à quoquam. Preterea, ne forte contingat tempore successivo, Thesaurarium & Canonicos supradictos, in dictis suis Villa, Terra, Jurisdictione seu Justicia, redditibus, proventibus, emolumentis, ac pertinenciis & appendenciis, aut in aliquibus eorumdem, impediri, gravari, opprimi vel turbari, Nos, ut magis pacifice ac liberius & utilius valeant in perpetuum gaudere de eis, & eorum singulis, tanquam de suo, & dicte Sacrosancte Capelle hereditagio proprio, sibi per Nos donato, ut premittitur, & concesso, gaudere & uti, ac in possessione & saisina predictarum, sub nostre protectionis clipeo, validius & in perpetuum conservari, manuteneri, pariter & defendi, Thesaurario & Canonicis memoratis, ac suis successoribus in dicta Capella degentibus, de nostris certa sciencia, auctoritate & plenitudine Regie potestatis & gracia supradictis, eam uberius ampliando, concessimus & concedimus per presentes, ut ipsi & eorum Officiarii sive Gentes, ad regendum & exercendum dictam suam Villam & Terram de Ingiguerra, una cum omnimoda sua Jurisdictione & Justicia, ac pertinenciis & appendenciis earumdem, & ad faciendum omnes & singulos actus & explecta, ^{a} *qui dictum regimen & exercicium tangere poterunt in futurum, Nos possint & habeant, quociens voluerint, reclamare & convocare, ac eciam adjungere & associare cum eis, & dictos actus & explecta quoscunque judiciales alios facere & fieri facere, tam nostro Regio, quam dictorum Thesaurarii & Canonicorum nomine, & ex nostra & sua potestate, conjunctim vel divisim, regere, exercere, & suis sumptibus gubernare: Nam ex nunc volumus & reputamus Nos teneri & haberi in Judicio, ob ipsorum subsidium & favorem plenarie, quantum ad hoc, pro adjunctis & associatis eisdem; ita tamen, quod in jure hereditario seu redditibus, proventibus, commodis, juribus & explectis, aut aliis quibusvis emolumentis dicte Ville sue, Terre, Jurisdictionis & Justicie, ac pertinenciarum &* ^{b} *appendentiarum seu explectorum quorumcunque, spectancium ad easdem, non intendimus nec volumus Nobis aut Successoribus nostris, jus novum acquirere seu commodium, vel emolumentum exinde reportare,* ^{c} *petere vel habere; nec pro hujusmodi racione vel causa, prejudicium eis aliquod, aut suis successoribus in posterum, propter hoc generare; quodque ipsi vel ejus Officiarii sive Gentes, ad reddendum Nobis, Successoribus, Gentibus*

a q. R.

b appenden. R.

c Mot douteux.

NOTES.

(*c*) *Ingiguerra.*] Un de M.rs les Chanoines de la S.te Chapelle, m'a dit que ce lieu qui leur appartient encore, se nommoit l'Engennerie, & qu'il estoit près d'*Artenay*.

Artenay est dans l'Orleanois, à six lieuës d'Orléans, sur le chemin de Paris. *Voy. le Dictionn. Univers. de la Fr.* au mot, *Artenay*.

DE LA TROISIÉME RACE. 3

aut Officiariis nostris solucionem, restitucionem vel compotum aliqualem, de predictis Villa, Terra, redditibus, proventibus, commodis, juribus, emolumentis vel explectis, aut eorum aliquibus, seu de eorum regimine, teneantur vel aliter cogi debeant sive possint; sed soli & in solidum, tanquam veri Domini, de eis utantur & gaudeant quiete, libere & ^a impugne: Nam omne jus, si quod ad Nos in hiis aut eorum aliquo, spectare contingeret, donamus & quittamus omnino, de nostris certa sciencia, auctoritate, potestate & gracia, Thesaurario & Canonicis predictis; donis, graciis, privilegiis & Libertatibus, dictis Thesaurario & Canonicis, per Nos aut Predecessores nostros, ^b alias factis & concessis, adjunccione & associacione predictis, usu, Consuetudine, ^c Edito vel Ordinacionibus sive stilo contrariis, nequaquam obstantibus quibuscunque: Mandantes ^d ergo & precipientes districte dilectis & fidelibus Gentibus que Par. nostra futura Parlamenta tenebunt; Gentibus Compotorum nostrorum, & Procuratori nostro Generali, ceterisque Justiciariis & Officiariis, & subdictis Regni nostri, presentibus & futuris, vel eorum Loca-tenentibus, & eorum cuilibet ut ad eum pertinuerit, quatenus dictos Thesaurarium, Canonicos & eorum successores, Officiarios sive Gentes faciant & permittant Ordinacione & gracia nostris presentibus, gaudere & uti pacifice, & ipsos in contrarium non impediant vel molestent quoquomodo. Quod ut firmum, &c. salvo, &c. Actum & datum in Castro Lupare propè Parisios, Anno Domini 1367. mense Aprilis post Pascha, & Regni nostri quarto. *Sic signata.* Per Regem. T. HOCIE. *Visa.*

CHARLES V.
au Louvre près Paris, en Avril 1367.
a impune.
b al. R.
c Edicto.
d g. R.

(a) Lettres portant que la Ville de Servian, ne sera plus separée de la Couronne.

CHARLES V.
à Paris, en Avril 1367.

KAROLUS *&c. Notum facimus universis presentibus & futuris, Nos, ad supplicacionem dilectorum nostrorum Consulum & hominum Ville seu Castri nostri de ^e Serviano, qui, ut asserunt, in & sub nostris domanio, subjectione & Jurisdicione, immediate nunc existunt, Litteras inclite memorie Philippi Avi nostri, in laqueis sericis & cera viridi sigillatas, sanas, integras, omnique vicio & suspiccione carentes, vidisse, formam que sequitur, continentes.*

Charles IV. dit le Bel, apud Jangonam, en Aoust 1326.
Philippe VI. dit de Valois, à Paris, au Louvre, en Juillet 1328.

^f P<small>HILIPPUS</small> *&c. Francorum Rex. Notum facimus universis tam presentibus quam futuris, Nos infrascriptas carissimi Domini nostri Regis Karoli vidisse Litteras, formam que sequitur, continentes.*

e Servian. Voy. le 3.e Vol. des Ordonn. page 634. Note (c).

KAROLUS *Dei gracia Francorum & Navarre Rex. Notum facimus universis tam presentibus quam futuris, quod cum Consules & homines Ville seu Castri de Serviano, qui & eorum (b) predecessores, &c.*

f Voy. la Note (b) & le 4.^e Vol. des Ordonn. page 160.

Post mortem tamen dicti Petri Remigii, deinceps in aliquem, nec ipso Petro vivente, in ^g quemquem alium, nunquam per vendicionem, donum, excambium aut aliter, quomodolibet transferantur: salvo in aliis jure nostro & in omnibus alieno. Quod ut ratum

g quemquam.

NOTES.

(a) Thresor des Chartres, Registre 99. Piece six-vingt-&-huict.

Comme il y a eu deux mois d'Avril dans cette année, l'on ne peut sçavoir si ces Lettres qui n'ont point de date de jour, sont du commencement ou de la fin de l'année.

(b) Predecessores. Comme ces Lettres sont entierement semblables à celles qui furent données à la Ville de *Vendres*, & qui sont imprimées dans le 4.e Vol. des *Ordonn.* p. 160. on a cru qu'il estoit inutile de les faire imprimer icy en entier. On remarquera seulement, 1.° que dans le Registre 99. il y a *remant*, ainsi que l'on avoit conjecturé qu'il falloit lire, *ibid. Note (c)* margin.

2.° L'on a fait imprimer la fin de cette Piece, parce qu'elle est fautive. Il y manque une ligne qu'il faudra suppléer par les Lettres pour *Vendres.*

Tome V.

ORDONNANCES DES ROIS DE FRANCE

& stabile permaneat in futurum, præsentibus Litteris nostrum fecimus apponi Sigillum. Actum apud Jangonam, Anno Domini 1326. mense Augusti.

a Suite des Lettres de Philippe de Valois.

ª *Nos autem, &c.*
Actum Parisius in Luppara, Anno Domini 1328. mense Julio.

b Suite des Lettres de Charles V.

ᵇ *Quas* quidem Litteras, omniaque & singula in eisdem contenta, rata habentes & grata, ea volumus, approbamus, & de nostræ plenitudine Regiæ potestatis, ex certa sciencia, de speciali gracia confirmamus. Quod ut robur obtineat perpetuum, Litteras præsentes Sigilli nostri fecimus appensione muniri : salvo in aliis jure nostro & in omnibus alieno. Actum & datum Parisius, Anno Domini 1367. & Regni nostri 4.° mense Aprilis. Sic signata. Per Regem ad relacionem Consilii. DE MONTAGU. *Collacio facta est. Visa.*

CHARLES V.
à Paris, le 6. de May 1367.

(a) Lettres par lesquelles le Roy donne des Gardiens au Prieur de Pompone, qui est sous la Sauve-garde Royale.

KAROLUS Dei gracia Francorum Rex : Universis præsentes Litteras inspecturis, Salutem. Regalem decet excellenciam, curam sollicitam adhibere, ut Regni nostri subditi; &
c præsertim.
ᶜ *præsertim*, personæ Ecclesiasticæ, & quæ Religionis habitum assumpserunt, ac de die & de nocte, ad Divinum vacant servicium & Creatori altissimo famulantur, suis
d App. pacis.
temporibus ᵈ *paratis* tranquilitate gaudeant, & à pressuris & injuriis quibuslibet deffendantur, eo ut libencius & devocius circa Divina vacare valeant, quo habundancius & liberalius, per Regalem potenciam senserint se adjutas : Hinc est quod Nos, ad supplicacionem Fratris Natalis dicti Huberti, Prioris de (b) Pomponia, Ordinis Sancti Augustini, qui ab antiquo in protectione & Salva-gardia nostra Regia speciali ᵉ, ipsum ex
e erat.
f Espece de serfs.
habundanti, tam in capite quam in membris, una cum familiaribus & ᶠ *hominibus de corpore*, si quos habet, & bonis suis universis in Regno nostro existentibus, ad sui juris conservacionem dumtaxat, tenore præsencium, de gracia suscipimus speciali, & eidem in Gardiatores deputamus Petrum de Fonte, Simonem Hery, Oudoinum de Valle, Johannem dictum Hautemarrée, Johannem Guerart & Petrum dictum de Cornoüaille, Servientes nostros Regios, in Præpositura Parisiensi; quibus & eorum cuilibet, committimus & mandamus, quatenus ipsum Priorem, familiares & homines de corpore ejusdem, defendant ab omnibus injuriis, violenciis, gravaminibus, molestiis, oppressionibus, vi armorum, potencia laycorum, & aliis novitatibus indebitis quibuscumque, & in suis justis possessionibus, franchisiis, Libertatibus, immunitatibus, juribus, usibus & saisinis, in quibus ipsum esse, suosque predecessores fuisse pacifice invenerint ab antiquo, manuteneant &
g conservent.
ᵍ *conservenant*, non permittendo contra ipsum aut in bonis ipsius, aliquas fieri vel inferri injurias aut indebitas novitates; quas si factas esse vel fuisse, invenerint in prejudicium
h supradicte.
ipsius & nostræ Salve-gardie ʰ *supradate*, ad statum pristinum & debitum reducant sive reduci faciant, & Nobis ac Parti emendam propter hoc condignam fieri & prestari ; dictamque Salvam-gardiam nostram, ubi fuerit opportunum, & in signum ejusdem, penuncellos nostros Regios, in locis, domibus & bonis ejusdem, in Terra que Jure scripto regitur, situatis, & alibi, in casu eminentis periculi, faciant apponi, ne aliquis possit se de ignorancia excusare : Inhibendo ex parte nostra, omnibus personis de quibus fuerint requisiti, sub certis penis Nobis applicandis, ne eidem Priori aut familiaribus sive hominibus de corpore ejusdem, seu in bonis ipsius, aliquod quomodolibet forefacere præsumant :

NOTES.

(a) Livre Rouge vieil du Chastelet de Paris, *fol.* 67. *recto.*

(b) Pomponia.] Pompone, dans l'Isle de France [vers *Lagny.*] Voy. *le Dictionn. Univers. de la Fr.* au mot, *Pompone.*

DE LA TROISIÉME RACE.

Et si in casu novitatis, inter ipsos, racione bonorum suorum, & aliquos alios, aliquod oriatur debatum, quod dictum debatum & rem contenciosam, in manu nostra tanquam Superiori, ponant, & facta per eandem recredencia, per illum vel illos Judices ad quem vel quos pertinuerit, illi ex dictis Partibus, cui de jure fuerit facienda, Partes debatum hujusmodi facientes, & eciam dicte nostre Salve-gardie infractores & contemptores, ^a qui contemptores, & qui in contemptum ejusdem, predictis Gardiatoribus aut eorum alteri Gardiatoris officium exercendo, injuriam fecerint vel offensam, sive qui eis aut eorum alteri inobedientes fuerint, coram Judicibus ad quos predictorum cognicio pertinere debuerit, adjornando, processivos super hoc, ut fuerit racionis. Si vero dictus Prior, aut aliqui de suis familiaribus, ab aliquibus ^b assecuramentum habere voluerint, volumus quod dicti Gardiatores aut eorum quilibet, adjornent illos à quibus dictum assecuramentum habere voluerint, ad certas & competentes dies, coram Judicibus ad quos debite pertinuerit, daturos assecuramentum predictum, bonum & legitimum, juxta Patrie consuetudinem, prout racionabiliter fuerit faciendum ; & generaliter faciant dicti Gardiatores & eorum quilibet, omnia & singula que ad ^c Gardiatores officii pertinent, & possent racionabiliter pertinere. Omnibus Justiciabilibus & subditis nostris, dantes tenore presencium in mandatis, ut presatis Gardiatoribus in predictis & ea tangentibus, pareant efficaciter & intendant, prestentque auxilium, favorem & consilium, si opus fuerit, & super hoc fuerint requisiti : Nolumus tamen quod iidem Gardiatores seu eorum aliqui, de premissis aut aliquibus eorum que Cause cognicionem exigunt, se aliqualiter intromittant. In cujus rei testimonium, Sigillum nostrum presentibus Litteris duximus apponendum.

Datum Parisius, die 6.^a Maii, Anno Domini millesimo trecentesimo sexagesimo-septimo, & Regni nostri quarto. *Collacion faitte à l'original scellé en cire jaune à double queuë.* Ainsi signé. *In Requestis Hospicii.* HENRY COKERI.

CHARLES V.
à Paris, le 6. de May 1367.

^a Ce mot & les deux suivants, sont inutiles.

^b Voy. le 3.e Vol. des Ordonn. p. 264. Note (b).

^c Gardiatoris officium.

(a) Confirmation des Privileges de Castelnaudary.

CHARLES V.
à Vincennes, le 13. de May 1367.

SOMMAIRES.

(1. 2.) Les habitans de Castelnaudari joüiront de tous les privileges, dont ils joüissoient avant la destruction de leur Ville & en consequence, seront jugez dans trois [cas]. Voy. la Note (c).

Les habitans ont la Justice dans le marché qui se tient le Lundi, & l'execution des Jugements qu'ils peuvent y rendre ce jour-là.

Ils ont encore la connoissance de ce qui regarde le Guet, les Messiers, certaines marchandises non loyales, les contracts simples, les servitudes, & de plusieurs autres choses semblables. L'amende à laquelle on condamne les adulteres, leur appartient.

(3) Castelnaudari & son ressort, ne peuvent estre alienez de la main du Roy, qu'en cas que le Comté de Toulouse soit aussi alienée ; & ils ne pourront estre donnez qu'à celuy à qui ce Comté sera donné.

KAROLUS &c. Notum facimus universis presentibus & futuris. Quod cum ^d Comes Armaniaci, pro tempore Locum-tenens clare memorie carissimi Domini Genitoris nostri, in Partibus Occitanis, Consulibus & Universitati Ville nostre ^e Castrinovi-de-Arrio, & habitatoribus loci tunc destructi totaliter & vastati per hostes tunc nostri Regni, certa privilegia & Libertates per suas Litteras, sub data secunde diei Februarii, Anno 1355. confectas, alia ^f in perpetuum, & alia ad tempus, concesserit, quorum privilegiorum concessorum in perpetuum, articulos contineri vidimus in initio dictarum Litterarum predicti Comitis, sub hiis verbis.

^g JOHANNES Comes Armaniaci, Fesenci & Ruthene, Vice-Comesque Leomanie & Altivillaris, ac Locum-tenens Domini nostri Francorum Regis, in tota Lingua Occitana,

^d Voy. le 3.e Vol. des Ordonn. p. 75.
^e Castelnaudari. Voy. le 3.e Vol. des Ordonn. page 80. Note (c).
^f Voy. le 3.e Vol. des Ordonn. p. 79. Note (u).
^g Voy. le 4.e Vol. des Ordonn. p. 179. Note (e).

NOTES.

(a) Thresor des Chartres, Registre 99. Piece 14.

A iij

CHARLES V. à Vincennes, le 13. de May 1367.

———— *universis presentes Litteras inspecturis, Salutem. Notum facimus quod Nos, Corone Francie, ac totius reipublice honorem & commodum prosperari cupientes, & ut Villa seu Castrum Castri-novi-de-Arrio, nuper per inimicos Domini nostri Francorum Regis, destructum pro majori parte, & concrematum, melius & facilius, pro conservatione reipublice & subditorum, consistat & reedificetur, confectionique murorum, fossatorum, & aliis ad fortificationem & clausuram dicti loci, necessariis, succurratur, deliberatione magni Consilii prehabita, Consulibus & Universitati Ville seu Castri-novi-de-Arrio &* (b) *qui nunc sunt & pro tempore fuerint, concessimus & concedimus que sequuntur.*

(1) Primo. Namque eis concessimus & confirmamus privilegia que hactenus consueverunt habere in dicto loco ; videlicet, quod sint Judices (c) *in tribus, in dicto loco & ejus ressorto, si & prout hactenus retroactis temporibus consueverunt & usi fuerunt, & tempore destructionis dicti loci, pacifice utebantur.*

(2) Item. Eis confirmamus usus & Libertates quos habere consueverunt in dicto Castro, per tantum tempus de quo in contrarium non existit memoria ; prout est, quod sint Judices, & esse consueverunt de omnibus controversis, litibus & demandis que inter Partes seu ª *contrahentes erunt, in die lune, in qua die efficiur Forus seu Mercatum in dicto Castro ; & etiam consueverunt tenere Audienciam in dicto Foro, & judicata & cognita executioni demandare ; & etiam* ᵇ *quod excubie nocturne,* (d) *Messageria, & emolumentum ejusdem, cognitio Ponderis, mensurarum, cartium minus sufficientium,* ᶜ *pannorum falsorum, & false* (e) *mescle lane, & cujuslibet mercature, & emolumentum* ᵈ *pene, usque ad quinque solidos Tolosanos ; & cognitio contractuum simplicium,* (f) *Aque-usus,* ᵉ *stillicidiorum,* ᶠ *carreriarum, exituum, &* (g) *migeriorum inter vicinos & * (h) *passatares ; & pena adulterii que est quinque solidorum ; & plurium similium aliorum, si & prout hactenus per ipsos extitit fieri consuetum, & prout tempore novissime destructionis predicte, pacifice utebantur.*

(3) Item. Quod locus de Castro-novo & ejus ressorti predicti loca non valeant alienari, ʰ *transportari à manu Domini nostri Regis Franc. nisi totus Comitatus Tholose transportaretur, & in illum, dicta loca transferantur ; & ita extiterat alias concessum litteratorie, per Dominum nostrum Franc. Regem, cum sigillo viridi ; una cum pluribus Libertatibus in dictis Litteris contentis : Que* ⁱ *Littere & alie scripture tangentes dictam Universitatem, combuste fuerunt igne, prout fertur.*

Nos ad supplicationem Consulum, Burgensium & habitatorum dicti loci Castri-novi-de-Arrio, dictas Litteras, in quantum tangunt partem seu articulos suprascriptos, &

a Mot en abbregé & douteux.
b q. R.
c draps qui ne sont pas loyaux & marchands.
d amende.
e droit d'égoust.
f chemins. Voy. le 3.ᵉ Vol. des Ordonn. page 158. Note (f).
g Mot très douteux.
h nec.
i Voy. le 3.ᵉ Vol. des Ordonn. p. 75.

NOTES.

(b) Il y a un mot dont l'écriture est chargée, & qu'on n'a pû déchiffrer ; il y avoit apparemment *Burgensibus*. Voy. le commencement de la suite des Lettres de Charles V.

(c) *In tribus.*] Je crois qu'il manque-là un mot, peut-estre *casibus*.

(d) *Messageria.*] L'amende qui est dûe au Seigneur pour les dommages faits dans les moissons & dans les vignes. Voy. le Gloss. *de Du Cange*, aux mots, *Messagaria, Messegaria, Messagarius & Messegueria*.

(e) *Mescla lane.*] *Mescla* a quelquefois signifié mélange. *Mescla lana* pourroit donc estre de la laine mélée, où il y en auroit de bonne & de mauvaise. Voy. le Gloss. *de Du Cange*, au mot, *mescla*. On pourroit aussi lire dans le Registre, *mescha* ; mais je n'ay rien trouvé sur ce mot.

(f) *Aque-usus.*] Il y a dans le Registre *Aqusus*, avec deux marques d'abbreviations, l'une sur le *q* & l'autre sur l'*u*. C'est la servitude nommée *aquæ haustus*, L. *1. ff. de servit. prædior. rusticor.*

(g) *Migeriorum.*] Comme il n'y a pas de points sur les quatre jambages qui commencent ce mot, on pourroit lire *imgeriorum, inigeriorum & nugeriorum*. On trouve dans le Gloss. de Du Cange, *Migeria* qui signifie une mesure de grains & de liqueurs ; mais cette signification ne peut convenir icy, où il s'agit certainement d'un droit de passage. On trouve dans le même Glossaire, *Imgli*, & *Imglus*, qui signifie un champ ; & ce mot approche assez d'*imgeriorum*. Voilà tout ce que je peux dire sur ce mot.

(h) *Passatares.*] Il faut apparemment corriger, *passatores. Passator*, dans le Glossaire de Du Cange, signifie un homme qui a droit de passer sur l'heritage d'un autre. Voy. L. *1. ff. de servit. prædior. rusticor.*

in quantum dicti Consules & habitatores eis usi sunt hactenus pacifice, & utebantur tempore destructionis predicte, ratas habentes & gratas, ea volumus, laudamus, approbamus, & de nostris speciali gratia, certa sciencia & auctoritate Regia, tenore presencium confirmamus: Mandantes Senescallo nostro Tholose, ceterisque Justiciariis nostris, presentibus & futuris, vel eorum Loca-tenentibus, & eorum cuilibet ut ad eum pertinuerit, quatenus dictos Consules & habitatores, privilegiis & Libertatibus supradictis, ac nostra presenti gracia & confirmacione, uti faciant & gaudere perpetuo, pacifice & quiete; non molestantes vel molestari permittentes eosdem in contrarium quoquomodo. Quod ut firmum, &c. salvo, &c. Datum apud Vincennas, die 13.ᵉ Maii, Anno Domini 1367. Regni vero nostri quarto. *Per Regem in suo Consilio.* Yvo. *Collacio sit.*

(*a*) Reglement pour les Orfévres de la Ville du Puy-en-Velay.

CHARLES V.
à Paris, en May 1367.

KAROLUS &c. Notum facimus universis tam presentibus quam futuris, quod prout dilecti nostri Aurifabri, Artifices & Operarii Auri & Argenti Civitatis ᵃ *Anicensis, Nobis exponi fecerunt, licet ipsi & eorum predecessores in dicto artificio, consueverint operari & facere fabricari* ᵇ *Anulos Auri cum gemmis sive lapidibus, & sine lapidibus sive gemmis, & cetera opera Auri, ad septem denarios sive quattuordecim* (*b*) *cayratos; opera vero Argenti, in minutis operibus, ad undecim* ᶜ *denarios. In Vaissellâ vero ac (c) Gallandis, & aliis grossis operibus Argenti, ad valorem (d) Argenti-Regii; consueverimque eligere annuatim, de ipsis Artificibus & Operariis, duos Gardiatores, Bajulo seu Judici Curie Communis Aniciensis, seu eorum Locatenentibus Communis Curie Civitatis predicte, nominandos & presentandos, &* ᵈ *pro ipsis, ad eorum eleccionem,* ᵉ *nominacionem, instituendos; qui eisdem habuerint juramentum prestare, quod in suo officio bene & legaliter se habebunt; quiquidem Gardiatores* ᶠ *habeant visitare, inspicere & videre diligenter opera Artificum predictorum, an bene & legaliter sint operata vel facta; & si reperiant minus bene & legaliter operata, prima vice & secundâ, eadem opera frangere possunt: si vero tercio; eisdem Bajulo vel Judici vel eorum Locatenentibus denunciare, ad finem quod talis Operator qui minus legaliter, tercio correctus, reperitur fabricasse & fecisse, per ipsum Bajulum vel Judicem, vel ipsorum Locatenentes, prout est racionis, puniatur: quiquidem opera, dicti supplicantes meliorare affecterint: quare fecerunt Nobis humiliter supplicari, quatenus eisdem super hoc nostrum consensum & licenciam prebere velimus. Quocirca, Nos attendentes eorum laudabile propositum, ac utilitatem reipublice que in hoc versatur; eisdem exponentibus & eorum successoribus in artificio hujusmodi, concedimus per presentes, de nostre plenitudine Regie potestatis, &*

ᵃ Le Puy-en-Velay.
ᵇ annulos.
ᶜ Voy. Note (*b*).
ᵈ per ipsos.
ᵉ &c.
ᶠ doivent.

NOTES.

(*a*) Thresor des Chartres, Regiftre 97. Piece 18.

(*b*) *Cayratos.*] Karat : Voy. la Preface du Traité des Monnoyes, par le *Blanc*, vers la fin. On trouvera au même endroit, ce qu'on doit entendre icy par le *Denier* dont il est parlé un peu plus bas.

(*c*) *Gallandis.*] *Menage* dans son *Dictionn. Etymolog.* au mot *Galant*, dit qu'il vient du mot espagnol *Gala*, qui signifie *broderie, magnificence en habits.* [à la Cour de l'Empereur & à celle du Roy d'Espagne, on nomme *habits de Gala*, ceux que l'on met les jours de ceremonies.] Autrefois en France, on mettoit sur les habits, & principalement sur les ceintures, des pieces d'argenterie, qui y estoient attachées. Voy. le 3.ᵉ Vol. des Ordonn. p. 12. IX. XV. & les Notes (*m. u.*) & p. 485. Note (*1*). Ainsi je crois que *Gallandis* signifie ces ornemens d'argent, appliquez sur les habits. Dans presque tous les Reglemens faits pour les Orfévres, se trouve fixé, le poids que doit avoir l'argenterie mise sur les ceintures. Ce qui revient au reglement fait par ces Lettres, pour les Orfévres du Puy. Voy. *les Tables des matieres des Volumes des Ordonn.* au mot, *Orfévres.* On trouve dans le *Roman de la Rose*, d'un fil d'or estoit gallandée. Voy. *Menage*, au mot, *Galand*, & *Borel*, au mot, *Galandée. Gallandus* se trouve dans un autre sens, dans le Gloss. de *Du Cange.*

(*d*) *Argenti-Regii.*] *Argent-le-Roy.* Voy. sur ce mot, la Preface du 3.ᵉ Vol. des Ordonn. p. *CIX,* n. *XX.* & p. *CXI.*

8 ORDONNANCES DES ROIS DE FRANCE

a opera.
b Voy. les Lettres suivantes, ci-dessous, Note (*a*).

de graciâ speciali, ut ipsi imposterum dicta ª *aupera Auri & Argenti, si velint meliorare,* ᵇ *valeant, dictosque duos Gardiatores eligere, nominare & presentare, visuros, visitaturos & fatturos prout consueverint in talibus ab antiquo. Mandantes Senescallo Bellicadri, Bajulo & Judici Communis Curiæ Aniciensis prediclæ, ceterisque Justiciariis & Officiariis nostris, vel eorum Locatenentibus, necnon Commissariis quibuscunque, & cuilibet eorumdem, quatenus exponentes prefatos, nostrâ presenti graciâ & concessione uti & gaudere permittant pacificè, ipsosque & eorum successores, in premissis vel aliquo eorumdem, nullatenus impediant vel molestent, impedirive aut molestari quomodolibet paciantur : quicquid in contrarium factum vel attemptatum fuerit, ad statum pristinum & debitum celeriter*

c firmetur.

reducendo. Quod ut perpetui roboris stabilitate ᶜ *firmetur, Litteras presentes, Sigilli nostri fecimus appencione muniri. Salvo tamen in omnibus jure nostro ac eciam alieno. Actum Parisius Anno Domini* 1367. *& Regni nostri quarto, mense Maii. Per*

d ad.

Regem ᵈ *a relacionem Consilii.* DE MONTAGU.

CHARLES V.
à Paris, en
[May]
1367.

(*a*) Reglement pour les Orfévres de la Ville du Puy-en-Velay.

e Le Puy-en-Velay.
f annulos.

*K*AROLUS *&c. Notum facimus presentibus pariter & futuris, quod prout dilecti nostri Aurifabri, Artifices & Operarii Auri & Argenti Civitatis* ᵉ *Aniciensis, Nobis exponi fecerunt, licet ipsi & eorum predecessores in dicto artificio, consueverint operari & facere fabricari* ᶠ *anulos Auri cum gemmis sive lapidibus, & sine lapidibus sive gemmis, & cetera opera Auri, ad septem denarios sive quatuordecim Cayratos : Opera vero Argenti, in minutis operibus, ad undecim denarios ; in Vaissellâ vero ac Gallandis, & aliis grossis operibus Argenti, ad valorem Argenti Regii : Quæquidem opera Auri, dicti supplicantes meliorare affectant : quare fecerunt Nobis humiliter supplicari, quatenus eisdem super hoc, nostrum consensum & licenciam prebere velimus. Quocirca, Nos attendentes eorum laudabile propositum, ac utilitatem reipublicæ quæ in hoc versatur, eisdem exponentibus, & eorum successoribus in artificio hujusmodi, concedimus per presentes, de nostrâ plenitudine Regiæ potestatis & de graciâ speciali, ut ipsi in posterum, dicta opera Auri meliorando, valeant eadem operari & fabricare ad octo denarios sive sexdecim Cayratos ; & opera Argenti, ut* ᵍ *abolum extitit usitatum. Mandantes Senescallo Bellicadri, & Bajulo & Judici Communis Curiæ Aniciensis prediclæ, ceterisque Justiciariis & Officiariis nostris vel eorum Locatenentibus, necnon Commissariis quibuscunque, & cuilibet eorumdem, quatenus exponentes prefatos & eorum successores, nostrâ presenti graciâ & concessione uti & gaudere permittant, absque impedimento quocunque. Quod ut perpetui roboris stabilitate firmetur, Litteras presentes Sigilli nostri fecimus appensione muniri : Salvo tamen jure vestro in omnibus, ac eciam alieno. Actum Parisius, Anno Domini* 1367. *& Regni nostri quarto, (b). Sic signata. Per Regem ad*

g abolum.

h Voy. Note (*a*).

relacionem Consilii. DE MONTAGU. ʰ *Iterato correcta. Visa.*

NOTES.

(*a*) Thresor des Chartres, Registre 97. Piece 603.

Une partie de ces Lettres, est à peu près semblable aux precedentes, dans lesquelles on avoit à la verité permis aux Orfévres du Puy, de changer le titre des ouvrages d'Or & d'Argent qu'ils fabriqueroient ; mais on n'a-voit pas fixé le titre auquel ils devoient fabriquer : ainsi il fut necessaire d'expedier de nouvelles Lettres, qui corrigeassent en cela les precedentes : c'est ce que marquent ces mots, *iterato correcta*, qui sont à la fin des nouvelles Lettres.

(*b*) Le mois n'y est pas ; mais on peut presumer que ces Lettres ont esté données peu de temps après les precedentes.

(*a*) Lettres

CHARLES V.
à Paris, en May 1367.

(a) Lettres portant que les Drapiers de la Ville de Commines, ne pourront fabriquer des draps, que conformément à l'ancienne mesure, suivant laquelle ils les fabriquoient avant l'impetration de certaines Lettres Royaux par eux obteniies.

CHARLES &c. Savoir faisons à touz presens & advenir, que oye la supplicacion de noz bien amez *(b)* l'Advoüé, Eschevins & Communauté de la Ville d'Ippre ᵃ, requerans que comme aucuns Drappiers de la Ville de Commines ᵇ, ᶜ soient traiz pardevers Nous ou nostre Court, & aient fait extraire de noz Registres, une *(c)* certeinne Chartre ou Lettres, adreçans au Gouverneur du Souverain Baillage de Lille, de Doüay & de Tournesis, ou son Lieutenant; laquelle Chartre ou Lettres, il disoient à eulx avoir esté octroiée par feu nostre très chier Seigneur & Pere, que Dieux absoille; par vertu dezquelles, disoient & maintenoient avoir licence de faire & povoir faire draps de la grande ᵈ moison; c'est assavoir, de trese quartiers & demi de large, & quarante aunes de long, & par ainsin, seroient lezdiz draps samblables & ᵉ paraulx aux grans draps de la Ville d'Ippre; & ycelle Chartre ou Lettres, lez dessusdiz de Commines aient presenté à Renier Despi, Lieutenant dudit Gouverneur, en requerant que lezdictes Lettres il voulsist enteriner & acomplir; lequel sanz ᶠ ledit suppliant oyr ne appeller, ordena, & donna licence auxdiz de Commines, de faire & povoir faire lezdiz draps, du largeur & grandeur dessusdiz: Laquelle chose venuë à la cognoissance de nostre très chier & féal Cousin le Conte de Flandres, & dezdiz supplians, il se trairent pardevers ledit Gouverneur, & lui aient requis à grant instance, que lezdictes Lettres & ladicte Ordenance faicte par ledit Lieutenant, & tout ce qui s'en estoit ensui, il voulsist ᵍ rappeller & mettre au néant, comme elle eust esté faite sanz eulx oyr ne appeller, & ou préjudice d'eulx & de ladicte Ville d'Ippre, & contre lez anciens usages & coustumes d'icelle: Mesmement que autreffoiz, lezdiz de Commines avoient obtenu ladicte Chartre ou Lettres, & par Sentence ou Ordenance du Gouverneur dudit Souverain Baillage, qui pour le temps estoit, ou son Lieutenant, fu mis au néant l'effet d'icelle, & furent bailliées ʰ cancellées à nostredit Cousin & auxdiz supplians: Et sur ce, ledit Gouverneur, pour meurement proceder en ladicte besoingne, & pour Justice & raison garder, eust ordené que lezdictes Parties comparussent pardevant lui, en ladicte Ville de Commines, à certein jour, auquel lezdictes Parties presens pardevant lui, & ycelles oyes en tout ce que elles vouldrent dire l'une contre l'autre, ordena que chascun dezdictes Parties lui baillast par mémoire & par escript, tout ce que avoient dit & proposé pardevant lui, & que sur ce, il vendroit pardevers Nous ou nostre Conseil, pour en ordener si comme il seroit à faire de raison, & ᶦ souspendant l'Ordenance, & tout ce qui fait avoit esté par sondit Lieutenant, jusques à tant que par Nous ou nostredit Conseil, en eust esté ordené si comme il

a *en Flandres.*
b *en Flandres.*
c *se.*

d *mesure.* Voy. Borel, au mot, Moison.
e *pareils.*

f *lesdits.*

g *revoquer.*

h *rayées & biffées.*

i *souspend.* R.

NOTES.

(a) Thresor des Chartres, Registre 97. Piece 608.

(b) Advoüé.] Ce mot qui vient d'*Advocatus*, signifie ordinairement, une personne chargée de la defense des droits d'un Corps ou Communauté. L'Advoüé d'*Ypres*, estoit apparemment un Officier qui estoit à la teste du Corps de la Ville: cet Officier se nommoit *Maire*, & *Majeur* dans presque toutes les autres Villes, qui avoient droit de *Commune*. Voy. *le Gloss. de Du Cange*, au mot, *Advocati*.

(c) Certeinne Chartre.] Il y a dans le 4.ᵉ Vol. des Ordonn. p. 208. des Lettres du mois d'Octobre 1361. qui regardent les Drapiers de la Ville de Commines. Elles furent confirmées par le Roy Jean, en Septembre 1362. & par Charles V. en Septembre 1364. Voy. *ibid.* page 495. mais il n'y est point parlé de la mesure des draps.

CHARLES V.
à Paris, en May 1367.
a esté.

seroit à faire de raison : Nous sur ce, veuillions pourvoir auxdiz supplians de remede convenable : Et comme ledit Gouverneur soit venuz pardevers Nous, & en la presence de Nous & de nostre Conseil, ait dit & rapporté tout ce que lezdictes Parties avoient dit & proposé pardevant lui, & que par ycelles Parties lui avoit ᵃ baillé par escript, Nous, oy ledit rapport, par la déliberation & advis de nostre Conseil, avons ordené & ordonnons & octroïons de nostre auctorité Royaul, & de certeinne science, par cez presentes, que dores-en-avant lezdiz de Commines & leurs successeurs, ne pourront faire ne faire faire lez draps dessusdiz, de treze quartiers & demi de large, & de quarante aunes de long; maix seront & pourront faire petis draps, en la maniere qu'il faisoient en ladicte Ville, paravant leurdicte impetration, jusques à tant que par Nous en soit autrement ordené. Si donnons en mandement par cez presentes, audit Gouverneur, & à touz noz autres Justiciers presens & advenir, ou à leurs Lieuxtenans, & à chascun d'eulx si comme à lui appartiendra, que lezdiz supplians, Advoüez, Eschevins & habitans de ladicte Ville d'Ippre, facent & laissent joïr & user paisiblement de nostre presente Ordenance, & ne lez sueffrent estre contrains ou molestés en aucune maniere au contraire; maix deffendent expressement de par Nous, &, Nous, par cez presentes, deffendons aux Eschevins, Bourgois, Drappiers & habitans de ladicte Ville de Commines, que dores-en-avant ne facent, ne facent faire draps du largeur & longueur dessusdiz, contre nostredicte presente Ordenance, laquelle Nous voulons & mandons à nostredit Gouverneur, que il face faire publier en ladicte Ville de Commines, & ailleurs où il appartiendra : Et pour ce que aucune fraude ou malice ne puist estre commise, voulons & mandons auxi à nostredit Gouverneur, que touz lez draps de la grande moison dessusdicte, qui ont esté faiz en ladicte Ville de Commines, depuis l'Ordenance qui fu faicte par sondit Lieutenant, il preingne pardevers li, par Justice & loyal pris, lequel Nous voulons que il païe ou face païer tantost & sanz delay, à ceulx qui lezdiz draps ont faiz, sanz ce qu'il y soient en riens perdans. Et pour ce que ce soit ferme chose & estable, Nous avons fait mettre nostre Seel à cez presentes Lettres : sauf nostre droit ès autres choses & l'autrui en toutes. Donné à Paris, l'An de grace 1367. ou moys de May, & de nostre Regne le quart. Ainsin signée. Par le Roy à la relation de son Conseil, ouquel vous estiez & le Gouverneur de Lille & de Douay. HENR. ᵇ CLICI. Visa.

ᵇ App. Clerici.

CHARLES V.
au Bois de Vincennes, en May 1367.

ᶜ Voy. par rapport à ces Lettres, les Tables des Matieres du 3.ᵉ & 4.ᵉ Vol. des Ordonn. au mot, Blois.

ᵈ Vassaux.

* demourreroit.
ᵉ Siege, icy & plus bas.
ᶠ demour. R.

(a) Lettres portant que le Comté de Blois ressortira dans tous les cas, au Bailliage de Chartres, sans ressortir dans aucun, au Bailliage de Cepoy.

CHARLES &c. Savoir faisons à tous presens & avenir, que Nous avons receu la supplicacion de nostre amé & feal Cousin, le ᶜ Conte de Bloys, contenant que comme pour plusieurs causes justes & raisonnables, exprimeez ès Lettres de noz predecesseurs Roys de France; c'est assavoir, de très noble memoire, feu le Roy Philippe nostre Ayeul, & de nostre très chier Seigneur & Pere, dont Diex ait les amez, Nous, en ensuiant le fait & voïe d'iceulz nos Predecesseurs, eussions ordené que le ressort de la Conté de Bloys, & des ᵈ Vasses & subgés doudit Conté, qui jadis estoient gouvernez par le Bailli d'Orleans, ou temps que la Duschié d'Orleans estoit en main Royal, seroit & * demouroit au ᵉ Sege de Chartrez, pour estre gouverné & excercé par le Bailli de Chartres ou son Lieutenant, qui estoit & pour le temps seroit, à tousjours-mès, tant comme ledit Sege de Chartres ᶠ demoureroit sous le gouvernement de Nous & de noz successeurs Roys de France, en imposant

NOTES.

(a) Thresor des Chartres, Registre 97. Piece 375.

DE LA TROISIÉME RACE. 11

sur ce silence au Bailli & Prevost de Cepoy, & à leurs Lieuxtenans, lesquelz, par vertu de certainnes Lettrez & Ordennances Royalz, se efforçoient de avoir & exercer ledit ressort & Souverainneté, au Sege de culz de novel ordené à Orleans; & en faisant inhibicion & defsence à yceus, que desdiz ressort & Souverainneté, il ne congneussent, ne se entremeissent en aucune maniere, si comme par Lettrez Royaus sur ce faictez & données en laz de soye & cire vert, l'en dit plainement apparoir de ces choses & plusieurs autres : Et depuis la date dezdictez Lettres de nostredicte Ordennance, & de nouvel, ledit Bailli de Cepoy, par vertu de certainnes nos autres Lettrez, verifsiées par la Chambre de noz Comptes à Paris, par lesquelles estoit mandé & commis à lui & à son Lieutenant, que il exerçast nostre Justice, ressort & Souverainneté, en, de & sur nos Officiers, Sergens, nos [a] frans-hommes de l'ancien adveu, & noz autres subgès & justiciables demourans oudit Conté, & jusques à la riviere de [b] Chier, en deffendant par ycelles, audit Bailli de Chartres, & à tous noz autres Officiers & à leurs Lieuxtenans, que il ne s'en entremeissent aucunement, se efforce & veult efforcier de avoir & exercer ladicte Justice, lesdiz ressors & Souverainneté, à son Sege d'Orleans novellement à lui ordené, & contre usage, stile & coustume, ait ja mis & establi plusieurs ses Lieuxtenans en ladicte Conté, pour faire & exercer ledit Office; lesquelles choses seroient très prejudiciables & domageuses audit suppliant, & contre le stile usé & approuvé ; mesmement que tousjours [c] le Bailli Royal Souverain de ladicte Conté, a eu & acoustumé à avoir la congnoissance des Officiers & Sergents Royaus dessusdis, & des frans-hommez & autres subgès de noz Predecesseurs & de Nous, dont plusieurs & grans inconveniens se porroient ensuir, se ainsy demouroit, comme darrenierement avoit esté mandé & commis audit Bailli de Cepoy ; c'est assavoir, grant turbacion, tumulte, [d] conclamitation & altercation des Officiers desdiz Bailli de Chartres & de Cepoy, & de leurs Lieuxtenans & Sergens, des uns contre lez autres, qui, pour raison de l'exercitation de leur Offices, contendroient souvent chascun, afin que les habitans en ladicte Conté, fussent ses subgès, & que il en eust la congnoissance; pour ce que noz frans-hommes & autres noz subgès demourans en ladicte Conté, ne sont pas de certain cogneuz, ne [e] demorans à part, & pour ce, est souvent advenu que lez hommes & subgès doudit suppliant, se [f] adveuent de novel franshommez de Nous [g] mains justement, & convient que ledit suppliant les poursuie pardevant son [h] Souverain, pour yceulz adveus indeuëment faiz, faire reparer & mettre au nyent, & seroit au detriment du peuple, & dez subgès, qui ainsy seroient ou pourroient estre distraiz en plusieurs Seges & Auditoires, pardevant lesdiz Bailli, pour la discention & controverse de la congnoissance, ressort & Souverainneté dessusdis; mesmement, au grant grief & prejudice dudit suppliant : car se sez subgès & justiciables faisoient [i] sanz adveu & novel, & il les faisoit pour ce convenir pardevant le Bailli de Chartres son Souverain, il vouldroient decliner son Auditoire, & dire que il n'y devroient respondre ; & semblablement, les Sergens & Lieuxtenans doudit Bailli de Cepoy, [*] si il estoient [k] aprochez pour leur exploiz faiz indeuëment, au préjudice doudit suppliant & de ses subgès, & convendroit lezdiz exploiz & adveuz ainsy [l] demorer contre raison, ou que ledit suppliant & ses subgès, [m] traissent à autre Souverain ; c'est assavoir, audit Bailli de Cepoy, jasoit ce que il ne doie estre leur Souverain ; ou à nostre Court Souverainne, pour estre sur ce pourveu de remede ; qui seroit chose [n] sumptueuse & domageable audit suppliant, & dont sa Justice & Juridicion pourroit estre empeschée en plusieurs manieres, se sur ce n'estoit pourveu de remede brief & convenable, si comme dit nostredit Cousin ; en Nous requerant que sur ce, le veullions pourveoir dudit remede ; mesmement, que lesdiz frans-hommes & autres que l'en dit noz justiciables, demourans en ladicte Conté, [o] se justicent, & ont acoustumé estre justiciez en tous cas personnelz, par noz Officiers ou par lez Officiers dudit suppliant, donquel souppliant par le tout, il sont subgès en tous cas réel. Pourcoy Nous, eu consideracion aus choses dessusdictez, & à autres qui Nous pevent & doivent mouvoir ; & mesme-

Tome V. B ij

CHARLES V.

au Bois de Vincennes, en May 1367.

a *Voy. la Table du 4.e Vol. des Ordonnances, a^u mot, Bourgeois.*

b *Le Cher, dans la Touraine.*

c *C'est-à-dire, le Bailli Royal, devant lequel le Comté de Blois r.ssortissoit.*

d *plaintes reciproques.*

e *demor. R.*
f *adviennent.*
g *contre la Justice.*
h *Voy. cy-dessus, Note (o) marginale.*

i *Je crois qu'il faut corriger, des aveus nouveaux.*

* *si.*
k *adjournez.*
l *subsister.*
m *se pourvussent.*

n *qui demanderoit beaucoup de dépenses.*

o *sont jugez.*

CHARLES V. au Bois de Vincennes, en May 1367.

a ressortit.
b diminué.
c paix.

ment, que se la chose ª sortist & est demenée & agitée pardevant nostre Bailli au Sege de Chartres, nostre droit en ressort, Justice & Souverainneté, y sera & pourra estre mielx gardé, sanz estre aucunement ᵇ apeticié ou aliené, voulans obvier aus perils & inconveniens, & noz subgez estre gouvernez & maintenus en ᶜ paiz & en tranquilité, pour oster toute matiere de question & de descorde, pour contemplacion de nostredit Cousin le Conte de Bloys, de nostre certainne science, auctorité Royal & grace especial, avons octroyé & ordené, voulons, octroïons & ordenons & decernons par la teneur de ces presentes Lettrez, que nostre Bailli de Chartres qui est ou pour le temps sera, ou son Lieutenant, gouverne & exerce, orez & ou temps avenir, ladicte Justice, ressort & Souveraineté de par Nous, audit Sege de Chartres, tant de nosdiz Officiers Royals, frans-hommes & autres nos justiciables, demorans en ladicte Conté, comme dez autres subgès dudit Suppliant, tout en la forme & maniere que fait, gouverné & exercé a esté ou temps passé; nonobstant lesdictez Lettrez de l'Ordennance ottroïée & faicte audit Bailli de Cepoy, ne chose

d esté.

que par vertu d'icelle, ait ᵈ faicte, ou qui s'en soit ensuivis: Lesquellez Lettrez donnees audit Bailli de Cepoy, comme dit est, & tout ce qui s'en est ensuivi, Nous voulons & reputons estre de nulle efficace ou valeur. Si donnons en mandement à nostredit Bailli de Chartres, qui est & pour le temps sera, que nostredicte Ordennance & octroy, il tiengne & face tenir & garder senz enfraindre, par lui ou par son Lieutenant, en exercent ladicte Justice, ressort & Souveraineté, oudit Sege de Chartres, & d'icelle face & lesse joïr & user ledit suppliant & ses successeurs, en la maniere dessusdicte: Et en oultre, enjoignons & deffendons estroitement audit Bailli de Cepoy & à son Lieutenant, present & avenir, que de ladicte Justice, ressort, Souveraineté ou appartenances, il ne congnoisse ne s'en entremette doresen-avant, en aucune maniere, en lui imposant sur ce silence perpetuel. Et pour ce que ce soit ferme chose, &c. sauf, &c. Donné au Boys de Vincennes, l'An de grace

e Il y a ensuite un nom illisible, & qui paroist même effacé.

ᵉ 1367. & de nostre Regne le quart, ou mois de May.
Ainsy sign. Par le Roy en ses Requestes. REVEAUMONT. ᵉ Visa.

CHARLES V. à Paris, le 28. de Juin 1367.

(a) *Lettres qui substituent Estienne de Mareüil, à la place de Guillaume de S.ᵗ Germain, devenu Procureur general au Parlement, dans le Conseil des Marchands de Marée.*

CHARLES par la grace de Dieu Roy de France: A nos bien amés Maistres Pastomel, Jean Fourcy, Raoul de Presles & Guillaume de S.ᵗ Germain (b), Conseillers deputez des Marchands Forains des poissons de Mer en la Ville de Paris, & avec nos amez, Gieffroy de Londremer, Pierre Davé, Michiel Malledemer & Richart le Brasseur, commis & esleus du commun des Marchands & Voituriers desdits Poissons, pour les privileges, franchises, Libertez & Causes d'icelle marchandise, garder & soustenir, Salut. Nous avons veu nos autres Lettres faites pour le temps que Nous estions Lieutenant de nostre très cher Seigneur & Pere, que Dieu absoille, à vous addressans, contenans la somme qui s'ensuit:

CHARLES aisné Fils & Lieutenant du Roy de France, Duc de Normendie & Dalphin de Viennois ᶠ ....

f Ces Lettres sont dans le 4.ᵉ Vol. des Ordonn. p. 417.
g Ce commencement paroist corrompu.

Nous ᵍ acerteneés les Lettres dessus transcriptes, voulant avoir tout plain effet,

NOTES.

(a) Traité de la Police par la Mare, Tom. 3. L. 5. Tit. 36. ch. 2. p. 205. n.º 3.

Il n'est point marqué de quel Registre cette Piece est tirée.
(b) *Conseillers.*] C'est-à-dire, *Advocats du Conseil.* Voy. le 3.ᵉ Vol. des Ordonn. p. 447.

DE LA TROISIÉME RACE.

& vous mettiez Eſtienne de Mareüil, ou lieu dudit Maiſtre Guillaume de S.t Germain, à preſent noſtre Procureur General en noſtre Parlement de Paris, ſubrogans par ces preſentes. Vous mandons & commettons, que vous leſdictes Lettres accompliſſiez de point en point, ſelon leur forme & teneur. Mandons & commettons au Prevoſt de Paris, ou à ſon Lieutenant, Conſervateur, Gardien & Commiſſaire general de ladite marchandiſe, que tout ce que par vous en ſera fait & ordené, il tiegne & face tenir, garder & accomplir, tout en la ᵃ forme & maniere, que contenu eſt ès Lettres deſſus tranſcriptes, nonobſtant Ordenances, & quelconques Lettres empetrées ou à empetrer ſubreptiſſement au contraire : car ainſi, ᵇ eut conſideration aux choſes contenuës eſdittes Lettres, le voulons Nous eſtre fait, & ce leur avons octroyé & octroyons de grace eſpecial, par ces preſentes, ſe ᶜ meſtier eſt. Donné à Paris, le vingt-huictieſme jour de Juin, l'An de grace 1367. & de noſtre Regne le quint. Par le Roy à la relation de ſon Conſeil. J. DOUHAIN.

CHARLES V.
à Paris, le 28. de Juin 1367.

ᵃ forme.
ᵇ eue.
ᶜ beſoin.

(a) Lettres portant exemption de tailles & de ſubſides, pour vingt-cinq perſonnes choiſies entre les Arbaleſtriers de la Ville de Laon, par leur Conneſtable.

CHARLES V.
à Paris, en Juin 1367.

CHARLES &c. Savoir faiſons à tous preſens & avenir, que pour conſideracion des bons ſervices que ont fait ou temps paſſé, à nos Predeceſſeurs & à Nous, le Conneſtable & les Compaignons de la Conneſtablie, joüans de l'Arbaleſte en noſtre Ville de Laon, tant aux Sieges & à la délivrance des Chaſteaux de (b) Saponnay, Roucy & Siſſonne, lors occupez de nos ennemiz, comme ailleurs entour ledit pays, & eſperons auſſi qu'il facent encores ou temps avenir, ſe il en eſtoit neceſſité ; & pour ce auſſi, que il Nous puiſſent & doïent plus diligemment & convenablement ſervir oudit office, touteffois que li cas ſi offerra, Nous, iceulx Conneſtable & Compaignons, juſques au nombre de 25. Compaignons, des plus profitables, diligens & convenables oudit office, avons voulu & ordené, & par ces preſentes voulons & ordenons, de grace eſpecial, certainne ſcience & auctorité Royal, eſtre exemptez dores-en-avant, & tenus quittes & paiſibles de toutes Aidez, tailles, ſubſides, exactions & autres quelconques ſubventions, aïanz cours en noſtre dicte Ville de Laon ; excepté tant ſeulement, dez Aides ordenez pour la délivrance de noſtre très chier Seigneur & Pere, dont Diex ait l'Ame, tout en la forme, maniere & condicion, que derrenierement l'avons octroyé aux ᵈ Arbaleſtriers de noſtre Ville de Roüan. Si donnons en mandement à tous les Juſticiers, Officiers, Deputez, Commiſſaires & Subgez de noſtre Royaume, à leurs Lieutenans, & à chaſcun d'eulx ſelon ce que à lui appartendra, que dezdictes aidez, tailles, ſubſides, exactions & autres ſubvencions quelconques, aïanz cours en noſtre dicte Ville de Laon, excepté l'Aide ordenée pour ladicte délivrance, comme dit eſt, il tiengnent & facent tenir quittes & paiſibles, yceulx Conneſtable & Conpaignons, juſques audit nombre de 25. & de noſtre preſente grace les laiſſent, ſeuffrent & facent joüir & uſer paiſiblement en la maniere que deſſus eſt dit, ſanz lez troubler, moleſter ou empeſchier, ou ſouffrir eſtre troublez, moleſtez ou empeſchiez, ou aucuns d'eulx au contraire, contre noſtre preſente grace, orez ou autreffois ou temps avenir, comment que ce ſoit : proveu toutesvoiez que iceulx Conneſtable & Conpaignons, leſquelz Conpaignons ſeroient eſleuz des plus profitables, diligens & convenables oudit office, à

ᵈ Voy. la Table des Matieres du 3.ᵉ Vol. des Ordonn. au mot, Arbaleſtriers.

NOTES.

(a) Threſor des Chartres, Regiſtre 99. Piece 23.

(b) *Saponnay.*] Ce lieu eſt dans le Dioceſe de Soiſſons, & *Roucy* & *Siſſone* dans celuy de Laon. Voy. le *Dictionn. Univerſ. de la Fr.* au mot, *Saponnay* &c.

14 ORDONNANCES DES ROIS DE FRANCE

la nomination dudit Connestable, soient & seront tenus de Nous servir diligemment à tous noz Mandemens, & toutesfoiz que il Nous plaira, ou que mestier sera : Et que ces choses soient fermes &c. Sauf &c. Donné à Paris, en nostre Hostel lez-Saint Paul, l'An de grace 1367. & de nostre Regne le quart, ou mois de Juing.

*Mot très douteux.

Ainsi sign. Par le Roy en ses Requestes. *MAGNON.

CHARLES V.
à Sens, le 19. de Juillet 1367.

(a) Ordonnance faite en consequence d'une Assemblée des Estats-generaux, tenuë à Chartres.

SOMMAIRES.

(1) Pour empescher que les gens des Compagnies, qui menacent de rentrer dans le Royaume, ne puissent s'y emparer de quelques Forteresses, chaque Bailly des Pays de Champagne, de Bourgogne, de Berry, d'Auvergne, des Montagnes d'Auvergne, de Bourbonnois, de Nivernois, de Cepoy, de St. Jangon & de St.-Pierre-le-Moustier, accompagné de deux Chevaliers, visitera toutes les Forteresses de son Bailliage ; & celles qui pourront estre deffenduës, ils les mettront en estat de deffense, en faisant travailler aux fortifications, & y mettant de l'artillerie, des vivres & les autres choses necessaires, aux dépens des Seigneurs à qui elles appartiendront.

Si ces Seigneurs ne sont pas en estat de faire toutes les dépenses necessaires, les Baillis & les Chevaliers feront faire aux frais de ces Seigneurs, la partie de la dépense que ceux-cy peuvent porter, & le Roy pourvoira au reste.

Lorsque ces Forteresses appartiendront à des Seigneurs si puissans, que les Deputez n'osent pas les forcer à faire les dépenses necessaires, ils en donneront avis au Roy, qui y pourvoira.

Ces Deputez feront abbatre les fortifications des Forteresses que l'on ne pourra mettre en estat de deffense.

(2) Si les Compagnies s'approchent d'un des Pays cy-dessus nommez, les Capitaines que le Roy y a envoyez, feront retirer dans les Forteresses, soit Villes ou Chasteaux, les habitans de ce Pays, avec leurs biens, & principalement les vivres, & les habitans pourront les en retirer après la retraite de ces Compagnies, sans qu'on puisse exiger d'eux aucuns droits à ce sujet.

(3) Tous les deniers provenans des Aydes ordonnées pour la deffense du Royaume, & qui seront levez dans les Pays cy-dessus nommez, y resteront pour estre employez au payement des Gens-d'armes qui sont dans ces Pays ; à l'exception des deniers qu'il sera necessaire d'en tirer pour la deffense generale du Royaume.

(4) Les Capitaines s'informeront combien il reste de Gens-d'armes dans leurs Capitaineries & dans les lieux voisins, en estat de servir hors de leur Pays, les Forteresses suffisamment garnies, & il en informera le Roy ; & il leur ordonnera de se tenir prests à partir lorsque le Roy les mandera.

Les Gens-d'armes que l'on fera sortir de leur Pays, seront payez de leurs gages, sur les deniers des Aydes, qui seront levez dans leur Pays.

(5) Les habitans des Villes, les garderont ; & dans ces Villes, & principalement dans celles qui sont sur les passages des rivieres, ils ne laisseront point entrer un plus grand nombre de personnes, qu'ils ne sont eux-mêmes ; & ils n'y laisseront pas passer de grosses troupes de gens de guerre, sans les bien connoistre.

(6) On ne pourra faire sortir des Villes aucunes armes, si ce n'est pour les habitans du Royaume, lorsqu'ils seront bien connus, & sur les ordres signez d'une personne, qui sera commise à cet effet dans chaque Ville.

(7) Les Gouverneurs de chaque Ville, tiendront des registres des Archers & Arbalestriers qui s'y trouvent en estat de servir, & ils en enverront l'estat au Roy. Ils engageront les jeunes gens, & leur enjoindront de s'exercer à tirer de l'arc & de l'arbalestre.

(8) Remise aux habitans des lieux & Villes du plat-pays, de la moitié des Aydes ordonnées pour la rançon du Roy Jean, & de celles ordonnées pour la deffense du Royaume, avec la moitié des arrerages qui en sont dûs.

Don aux Villes fermées, du quart des Aydes qui y seront levées, & du quart des arrerages qui en sont dûs, pour estre employez aux fortifications de ces Villes.

Le nombre des Officiers chargez de lever ces Aydes, & les gages de ceux qui resteront, seront diminuez par le Conseil du Roy.

(9) Le sel sera vendu au prix qui a esté fixé par le reglement fait en consequence des plaintes faites dans l'assemblée des Estats-generaux, tenuë à Compiegne.

(10) Les executions sur le fait des Aydes, seront faites par des Sergents Royaux & ordinaires, & non par d'autres.

Le nombre des Sergents sera diminué.

(11) Les Esleus sur le fait des Aydes, establis dans chaque Diocese, choisiront un certain nombre de Sergents, pour faire les executions necessaires pour les Aydes, & ces Sergents seront commis par le Roy, ou par les

Generaux *sur le fait des Aydes. Dans les Pays qui ont composé sur les Aydes, ces Sergents seront payez des executions qu'ils feront, par les Receveurs des Aydes, suivant l'ordre des Estus, & ne pourront prendre aucun salaire des personnes qui seront executez. Dans les Pays où l'on n'a pas composé sur le fait des Aydes, lorsque les Receveurs des Aydes, voudront faire executer un Fermier ou un sous-Fermier, ils pourront le faire faire par tel Sergent Royal qu'ils voudront, aux dépens des Fermiers executez : mais lorsque les Receveurs voudront faire executer pour le fait des Aydes, un autre qu'un Fermier, ils le feront faire par un des Sergents nommez à cet effet, & les Fermiers avanceront les frais de l'execution, jusqu'à ce qu'il soit decidé si l'execution a esté juste ; &* dans ce cas, les personnes executées payeront les salaires des Sergents, qui ne pourront prendre que trois sols par jour, quel que soit le nombre des personnes qu'ils executeront dans une même Ville.

Quand des Sergents feront une execution pour le fait des Aydes, ils appelleront les Sergents des Hauts-Justiciers des lieux où ils les feront ; & ceux-cy ne pourront prendre de salaire par rapport à leur presence.

(12) *Le Roy nommera des gens pour s'informer de la conduite des personnes chargées de lever les Aydes, & des Officiers Royaux.*

(13) *Le Roy confirmera les privileges accordez aux habitans des Pays cy-dessus nommez, & les Ordonnances du Roy Jean, quand il leur plaira.*

CHARLES V. à Sens, le 19. de Juillet 1367.

CHARLES par la grace de Dieu Roy de France : Sçavoir faisons à tous presens & avenir, que comme sur ce que naguieres, Nous eussions esté acertenez par plusieurs dignes de foy, que plusieurs gens de ᵃ Compaigne avoient & encores ont entencion, volenté & propos de retourner en nostre Royaulme, pour iceluy & nos bons & loyaulx Subjects, grever & dommager : Nous afin d'estre à ce hastivement pourveu & remedié, ayons faict assembler & venir pardevers Nous à (b) Chartres, plusieurs Prelatz & autres Gens d'Eglise, plusieurs Nobles tant de ᵇ Sang, comme autres, & plusieurs Gens de bonnes Villes, des parties & pays de Champaigne, Bourgoigne, Berry, Auvergne, des Montagnes d'Auvergne, Bourbonnois, Nivernois, ᶜ Chepoy, (c) Sainct Jangon, & Sainct Pere le Moustier, ausquels avons faict exposer les choses dessusdittes, avec plusieurs aultres touchant le faict de la provision & deffence de nostredit Royaulme, par l'advis & deliberation desquels, ensemble les Gens de nostre Grant Conseil, Nous avons ordonné & ordonnons par la maniere qui s'ensuit.

ᵃ *des Compagnies. Voy. la Table des Matieres du* 3.ᵉ *Vol. des Ordonn. à ce mot.*

ᵇ *nostre.*

ᶜ *Cepoy en Câtinois. Voy. la Table des Matieres du* 3.ᵉ *Vol. des Ordonn. à ce mot.*

(1) *Premierement.* Pour obvier à iceulx gens de Compaigne, & affin qu'ils ne puissent venir ne entrer à descouvert en nostredit Royaulme, pour y prendre ne gaigner aucuns Fors, avons dès maintenant, ordonné, commis & deputé en chacun Bailliage des parties & pays dessusdit, nostre Baillif du lieu, & deux Chevaliers avec luy, bonnes, souffisantes & convenables personnes, pour diligemment veoir & visiter toutes les Forteresses d'iceulx Baillages, & celles ᵈ qui trouveront bonnes, convenables & prouffitables à tenir pour la deffence du pays & de nostredit Royaulme, feront mettre en bon estat, ᵉ pour toute deffense, tant de reparations, artilleries, comme de vivres & autres choses necessaires, aux despens & fraiz des Seigneurs à

ᵈ *qu'ils.*

ᵉ *deffense entiere.*

NOTES.

(a) Un de mes amis m'a envoyé d'Auxerre, une copie non authentique de cette Ordonnance ; laquelle copie paroist avoir esté écrite vers l'an 1600. Il y a au dos écrit d'une écriture tres recente, *De Cartulario*, ensuite un mot illisible, qui finit par *tanei*, *fol. 58. 59. 60.* Quoyque cette Ordonnance ne se trouve dans aucun des Registres publics que j'ay vûs, cependant on ne peut soupçonner qu'elle soit fausse; car l'Ordonnance suivante qui a esté copiée sur l'original, fait mention de certains articles contenus dans une Ordonnance faite precedemment ; & ces articles se trouvent dans celle-cy, avec quelque difference cependant, ce qui forme une difficulté que l'on examinera dans la Preface de ce 5.ᵉ Volume, §. *Estats-generaux*, où l'on trouvera un plus grand détail sur les Estats-generaux, tenus à Chartres & à Sens, dans le mois de Juillet 1367.

(b) La date de cette assemblée d'Estats tenuë à Chartres, n'est pas marquée icy ; mais il est certain qu'elle se tint dans le mois de Juillet 1367. car il y a plusieurs Lettres Royaux qui seront imprimées cy-après, données à Chartres en Juillet 1367.

(c) S.ᵗ *Jangon* est en Bourgogne, & S.ᵗ *Pierre-le-Moustier*, dans le Nivernois. Voy. la Table des Matieres du 3.ᵉ Vol. des Ordonn. à ces deux mots.

CHARLES V. à Sens, le 19. de Juillet 1367.

a fortifier.

b Forts.
c abbattre les fortifications.

d aussi-tost.
e les biens des habitans du pays.
f ne puissent en profiter.

g sortie.

h sortiront: proviendront.

* si.

i qui seront choisis pour estre envoyez hors du pays.

k gardées par un guet des habitans.
l & est inutile.
m des gens en plus grand nombre qu'ils ne sont.
n troupes de gens de guerre.
o tirées: transportées.
p ordre signé.

q le tout.
r s'exercer.
s tirer de l'arc ou de l'arbalestre.

qui elles seront: & s'il advient que en faisant ladite visitation, ils trouvoient aucuns Fors tenables, en frontiere ou en pays, très necessaire à garder, & le Seigneur ou Seigneurs à qui ils sont, n'eussent puissance de les *emparer, garnir & advitailler du tout, lesdiz Bailly ou Commis seront faire par lesdiz Seigneurs, ce que faire en pourront, & au surplus, de ce qui de necessité sera à faire, Nous, par l'advis desdits Commis, y porverrons & briesment ordonnerons : & oultre, s'il trouvent Fors tant tenables comme non tenables, qui soient à si puissans Seigneurs, que entremettre ne se osent de en faire comme des autres, iceulx Commis le Nous seront sçavoir; & sur ce, pourverrons : & tous autres ᵇ de quelques personnes qui soient, qui ne seront tenables & pourfitables, seront abattre quant au Fort & ᶜ desemparer par telle maniere, que par ce, dommage ne puist venir au pays ne à nostredit Royaulme.

(2) Item. S'il advenoit que lesdittes Compaignes approuchassent nostredit Royaulme, ès parties & pays dessusdits, où desja Nous avons ordonnés, commis & deputez Capitaines bons, loyaulx & convenables, le Capitaine du pays où elles approucheront, face ᵈ tantoust ᵉ tout le pays retraire en Fors, & par especial, les vivres, parquoy iceulx gens de Compaigne, n'en puissent estre ᶠ soustenus, & que pluftoust leur en conveigne partir : & affin que les gens du plat-pays, soyent plus enclins à retraire leursdiz biens, Nous voulons & ordonnons que iceulx ils puissent retraire en Forteresse, soient Villes ou Chasteaulx, franchement & quittement, & iceulx ramener oudit plat-pays, après le departement d'icelles Compaignes, sans paier entrée, ᵍ issuë, ne aultre redevance quelquonque.

(3) Item. Voulons & ordonnons, que dores-en-avant, en chacun Diocese où les Aydes ordonnées pour la deffence de nostredit Royaulme, ont cours, tous les deniers qui desdites Aides ʰ issront, demeurent & soient gardés en iceulx Dioceses, tant & jusques ad ce que necessité soit de les prendre pour le paiement des Gens-d'armes, horsmis & excepté ce que de necessité prendre en sauldra, pour le faict de la provision & defence de nostredit Royaulme.

(4) Item. Que ung chacun d'iceulx Capitaines, ou pays où il est commis, enquiere & sache sans delay, quels Gens-d'armes il puet avoir, & de quel nombre on le pouroit aidier à mener hors, tant de ceulx demourans ou pays de sa Capitainerie, comme dehors ès lieux voisins; les lieux & Forteresses demourans garnis; & de ce au pluftoft qu'il pourra, Nous certifie, affin que, * se besoing y eschiet, Nous sachions & puissions sçavoir de combien & de quels gens, Nous pourrions estre pourveus : ausquels gens qui ⁱ esleus seront, iceulx Capitaines enchargent qu'ils se tiegnent garnis & prest, pour les avoir toutesfois que l'on les mandera : & euls mandés, ils seront payés de leurs gages, des deniers estans ès Dioceses dont ils seront.

(5) Item. Voulons & ordonnons, que en toutes bonnes Villes fermées, & par especial, en celles qui sont en passages ou pas de Rivieres, lesquelles Nous voulons dores-en-avant estre par les habitans en icelles, bien & diligemment gardées & ᵏ guaitiées, ˡ & que en icelles, ne lessent entrer ᵐ plus fors d'euls, ne nulles grosses ⁿ routes passer, se sur ce, n'ont très bonne connoissance des personnes.

(6) Item. Que aucunes armeures ne soient ᵒ traittes ne mises hors de nosdittes bonnes Villes, tant de Paris comme d'autres quelquonques, s'il n'est pour gens de nostredit Royaulme, dont l'en ait très bonne connoissance, & par certain ᵖ signet qui sur ce sera baillé par certaine personne, qui en chacune de nosdittes bonnes Villes, sera deputée.

(7) Item. Soit enjoint & commandé de par Nous, à tous Archiers & Arbalestriers demourans en nos bonnes Villes, qu'ils se mettent en estat, & que par les Gouverneurs en chacune d'icelles Villes, soit sçeu quel nombre d'Archiers & Arbalestriers, y a, & combien on en pourroit avoir, se besoin estoit, & de ce, facent Registre en chacune Ville, & sur ᑫ tout Nous certisient au pluftoft qu'ils pouront : & avecques ce, enjoignent & induisent toutes jeunes gens, à ʳ exerciter, continuer & apprendre le faict & maniere de ˢ traire.

(8) Item. Nous aians pitié & compassion de nostre Peuple, qui grandement
par les

DE LA TROISIÉME RACE. 17

par les Aides qu'il a convenu & convient lever sur eulx, tant pour le faict des Aydes ordonnés pour la [a] redemption de feu nostre très cher Seigneur & Pere, dont Dieux ait l'Ame, de laquelle le payement n'est pas encores parfaict, comme pour celles ordonnées pour la defence de nostredit Royaulme, lesquelles Nous avions en propos de faire du tout faillir & cesser, se ne fussent les nouvelles qui des *Compaignes* Nous sont venuës, pour lesquelles, ce ne puet estre faict ne accompli de present, dont il Nous deplaist forment: Toute-voies, pour aidier à supporter à nostredit Peuple, plus ayseement le faict d'icelles Aidez, avons à iceluy, de nostre grace especial, certainne science & auctorité Royal, remis & quittié par tous les lieux & Villes du plat-pays de nostredit Royaulme, la moitié de tout ce à quoy ils sont imposés, tant par *(d)* composition comme aultrement; avecques la moitié de tous les arrerages qu'il puet devoir à cause d'icelles Aides: Et aux habitans des Villes fermées, donnons la quarte partie desdites Aydes courans en icelles Villes, avecques la quarte partie des arrerages qu'il pevent devoir, pour tourner & convertir ès fortifications & reparations desdittes Villes; nonobstant quelquonques dons ou assignations que faiz avons de & sur iceulx Aydes, à quelque cause, ne pour quelquonque personne que ce soit: Et avecques ce, voulons & ordonnons, que ès lieux & pays où lesdiz Aides ont cours, & sont imposés à payer par Escuz, les [b] debteurs soient quittes, en paians deux francz pour trois Escus: Et selon la diminution & admoderation faitte des Aydes dessusdiz, voulons le nombre des Officiers sur ledit faict, & les gaiges qu'ils prennent, estre diminuez par l'Ordonnance de nostre Conseil.

CHARLES V.
à Sens, le 19. de Juillet 1367.
a *Voyez le 3.e Vol. des Ordonn. p. 413. & Note (d).*

b *debteurs.*

(9) *Item.* Sur le faict de la Gabelle du sel, duquel, de l'assemblée par Nous dernierement tenuë à Compiegne, Nous, ouymes plusieurs complaintes de nos subgès, qui de ce souvent se [c] douloient, Nous, qui tousjours avons eu & avons parfaict desir de relever noz subgiez de tous griefs, avons deuëment *(e)* [d] amendri & retranché du tout, la moitié du droit & proufit que Nous y prenons & avons acoustumé de prendre, & ad ce [e] pris, voulons que sans delay, il soit ramenez: Et avec ce, est nostre entention, que sur le pris que les Marchands ayans & menans sel en nos greniers, prennent sur ledit faict, diminution raisonnable soit faict, [f] eu regard à la vostre.

c *plaignoient.*
d *diminué.*

e *prix.*

f *à proportion.*

(10) *Item.* Encore pour le très grant & excessif nombre de Sergens & commis sur le faict tant [g] des unes Aydes comme des aultres, par lesquels nostre Peuple, & par les excessifs salaires qu'ils ont pris, a esté grandement [h] & dommagié, si comme entendu avons; Nous, pour garder nostre Peuple de tels dommages, avons ordonné & voulons, que [i] l'Ordonnance faitte par feu nostre Seigneur [k], à Amiens, sur le fait des executions des Aydes courans, tant pour ladite délivrance comme aultrement, lesquelles, selon ladite Ordonnance, doivent estre faittes par nos Sergens Royaulx & ordinaires, & non par aultres, soit tenuë & gardée sans enfraindre, selon sa forme & teneur; & que *(ff)* restriction par luy faitte, sur le nombre d'yceulx Sergens, vaille & tiengne ès lieux où passer l'on s'en poura: Et tous autres, qui pardessus ledict nombre & Ordonnance, y auroient esté depuis mis, ostons & deboutons d'iceulx Offices, & leur povoir du tout en tout anullons.

g *Voy. cy-dessus, art. 8.*
h *Il manque un mot.*
i *Voyez le 3.e Vol. des Ordonn. p. 648. art. 9.*
k *& Pere.*

NOTES.

(d) Composition.] Il y avoit des Provinces & des Villes qui *s'abonnoient*, moyennant une certaine somme fixe, pour le payement des Aydes. *Voy. le 3.e Vol. des Ordonn. pp. 496. 503. & 504. & Note (c).*

(e) Amendri.] Il y a dans le *4.e Vol. des Ordonn. p. 694.* un Reglement sur la vente du sel, dans l'article 4. duquel est fixé le prix qu'on le vendra. On peut voir, sur le prix que l'on vendoit le sel auparavant, la *Table des matieres du 3.e Vol. des Ordonn.* au mot, *Gabelle.*

C'est sans doute de ce Reglement dont il est parlé dans cet article, qui nous apprend, qu'il avoit esté fait en consequence des plaintes faites dans une *assemblée d'Estats* tenuë à *Compiegne.*

(ff) Restriction.] Voy. sur la diminution du nombre des Sergens, *la Table des matieres du 3.e Vol. des Ordonn.* au mot, *Sergent.*

CHARLES V.
à Sens, le 19. de Juillet 1367.

a *Voy. sur ces Esius, la Table des Matieres du 3.e Vol. des Ordonn. à ce mot, Eslus des Estats.*
b *sur le fait des deux Aydes, Voy. l'Art. 8.*
c *Voy. la Table du 4.e Vol. des Ordonn. au mot, Treizieme.*
d *Voy. cy-dessus, p. 17. Note (d).*
e *moins.*
f *moyennant.*
g *si.*
h *Fermier ou Sous-Fermier.*

i *quelque soit le nombre des personnes qu'ils executeront.*

k *conduite.*

l *de leur confirmer.*

m *&c.*

(11) *Item.* Seront par les ᵃ Esleus en chacun Dioceze, ᵇ tant sur l'un faict comme sur l'aultre, avisé tel nombre desdits Sergens Royauls, comme besoin leur sera, du Diocese dont ils seront, bonnes & convenables personnes; lesquels seront par Nous ou les Generaulx sur lesdits faiz, commis & députés à faire les executions de ce qui deu Nous sera, tant de l'un fait comme de l'autre: Lesquels Sergens ordonnés pour le fait de ladite defence, & aussy pour celuy de ladite délivrance, èz lieux ou pays où icelles Aydes n'ont cours par impositions, ᶜ trezieme & aultrement, mais tant-seulement ᵈ par compositions, seront paiés de leur salaire, par les Receveurs desdits Dioceses, par l'advis des Esleuz & commis au gouvernement desdits faiz, au plus raisonnablement, & à ᵉ mains de fraiz pour Nous, que il pourra estre faict: Et ᶠ parmi ce, ne pourront prendre aucuns gaiges ne despens sur nostre Peuple, sur peine de perdre leurs Offices: Et ès Dioceses & pays où lesdites Aydes ont cours par impositions & trezieme, dont les marchés sont baillés à fermes, ᵍ se les Receveurs desdites Aydes, veulent faire executer les Fermiers d'iceulx Aides, soit pour l'un faict ou pour l'aultre, & soit ʰ grand ou petit Fermier, ils pourront faire faire ladite execution, par quelque Sergent Royal qui leur plaira, aux despens desdits Fermiers: Mais se aucun d'iceulx veult faire executer aultre qui ne soit pas Fermier, pour quelque chose qu'il doive desdittes Aydes, il le fera faire par un des Sergens ordonnés & deputés ad ce, èsdiz Dioceses, comme dit est, & aux despens d'iceluy Fermier, jusques à tant qu'il appert que ladite execution soit faitte à juste cause: Ouquel cas, les executés seront tenus de païer lesdits despens: Et ne pouront prendre iceulx Sergens, pour jour, de chacune Ville qu'ils executeront, que trois sols parisis, ⁱ pour quelquonque personne qu'ils executent en icelle: Et à toutes les executions qu'ils feront, appelleront avec eulx, les Sergens des Hauls-Justiciers des lieux, qui de ce faire, n'auront ne ne prendront aucun salaire.

(12) *Item.* Et pour reformer & sçavoir la verité, tant sur les faiz, ᵏ pors & gouvernementz des Esleuz, Officiers, Sergens & commis sur lesdits faiz, comme de noz Prevoz & aultres noz Sergens & Officiers, estans èsdits Païs & Bailliages, avons ordonné, commis & deputé certaines bonnes & convenables personnes, qui bien & diligemment le feront.

(13) *Item.* Avons accordé à iceulx Gens d'Eglise, Nobles & Gens de bonnes Villes, ˡ confermé leurs privilleiges, & Ordonnances Royaulx à eulx donnés par nos Predecesseurs Roys de France; & aussi les Ordonnances faittes par feu nostredit Seigneur & Pere, toutes-fois qu'il leur plaira.

Toutes lesquelles choses dessusdittes, & chacunes d'icelles ainsy par Nous, par la deliberation dessusdite, ordonnées, Nous, de nostre certaine science, grace especial, plaine puissance & auctorité Royal, voulons & commandons estre tenuës & gardées entierement, sans corrompre ne venir à l'encontre, dores-en-avant, en aucune maniere. Si donnons en mandement par ces presentes, à nos amés & feaulx Conseillers les Generaulx ᵐ Esleus tant sur l'un faict comme sur l'autre, à nostre Bailly de Sens, & à tous les aultres Justiciers, Officiers & subgès de Nous & de nostredit Royaulme, ou à leurs Lieutenants, & à chacun d'eulz, que nostre present Edit & Ordonnance, facent tantost crier & publier par tous les lieux notables de leurs Juriditions, acoustumés à faire criz, & toutes les choses dessusdittes facent tenir & garder en la forme & maniere que dessus est dit & devisé. Et que ce soit ferme chose & estable à tousjours, Nous avons faict mettre nostre Seel à ces presentes. Donné à *Sens*, le dix-neufviesme jour de Juillet, l'An de grace 1367. & de nostre Regne le quart. Par le Roy en son Conseil. H. DANNOIS.

(*a*) Ordonnance faite en consequence d'une assemblée d'Estats generaux, tenuë à Sens.

CHARLES V.
à Sens, le 20. de Juillet 1367.

SOMMAIRES.

(1) Ceux qui feront chargez de donner des Lettres de caution, aux Marchands qui ameneront des denrées dans les Villes du Royaume, expedieront ces Lettres le jour même qu'elles leur feront demandées, & ils ne pourront prendre que six deniers, pour l'expedition de ces Lettres.

(2 3.) L'impofition de douze deniers pour livre, ne fera point levée fur les marchandifes qui ne pafferont pas cinq fols; à moins qu'elles ne foient venduës par des regratiers. Si les Fermiers ou ceux qui levent ces droits, alleguent que des Marchands ont commis des fraudes pour faire croire que certaines marchandifes par eux venduës, ne paffoient pas cinq fols, quoyqu'elles euffent efté venduës plus cher, les Marchands en feront crus à leurs fermens, au fujet de cette alleguation; à moins que les Fermiers ou commis ne faffent informer de la fraude auffi-toft qu'elle a efté commife, ou ne faffent informer pour prouver que ces Marchands ont fait un faux ferment, auffi-toft après que les Marchands auront fait ce ferment.

(4) Les Receveurs des fubfides & impofitions, payeront exactement aux habitans des Villes & à ceux du plat pays, la portion de ces fubfides & impofitions, qui leur a efté octroyée.

(5) L'Ordonnance & l'Inftruction faite à Amiens, au fujet de l'Ayde ordonnée pour la guerre, feront executées; & en confequence, l'on ne pourra faire d'execution contre ceux qui n'auront pas payé cette Ayde, qu'après les quatre mois ordonnez; & elles ne pourront eftre faites que par des Sergents Royaux ordinaires, & non par des Sergents d'Armes.

(6) L'Argent provenant de l'impofition de Feux, ordonnée pour la deffenfe du Royaume, ne pourra eftre employé que pour les dépenfes de la guerre.

(7) Remife de tout ce qui eft dû des fubfides ordonnez depuis 1350. jufqu'en 1358.

(8) Les Aydes ordonnées jufqu'icy, ne porteront aucun prejudice aux franchifes & aux Libertez de ceux qui les payeront.

(9) On ne pourra pour les dettes Royaux & autres, executer & faifir les chevaux, bœufs & autres beftes tirant les charruës, ni mettre les laboureurs en prifon, tant que l'on trouvera d'autres biens meubles & des heritages appartenants à ces laboureurs, que l'on pourra faifir.

(10) Lorfque des Nobles fe feront une guerre privée d'un commun confentement, ils ne pourront endommager les biens de leurs fujets, ni de ceux des autres habitans du Royaume.

(11) Si un Prevoft Fermier fait affigner d'office, une perfonne devant luy, & que le Bailly ou autre Juge fuperieur de ce Prevoft, trouve que cette affignation n'eftoit pas fondée en Juftice, il donnera des dommages & interefts à la perfonne injuftement affignée, à moins que le Procureur du Roy ne fe foit joint au Prevoft & ne fe rende Partie contre elle. Si l'affignation eft trouvée fondée en Juftice, on condamnera la perfonne qui s'en eft plainte, aux dommages & interefts envers le Prevoft.

Si un Prevoft Fermier eft trouvé incapable d'exercer fes fonctions, le Bailly ou autre Juge fuperieur, fera rendre la Juftice par d'autres perfonnes capables, aux dépens du Prevoft.

(12) Les Baillis, les Greffiers, les Notaires & autres Officiers Royaux de Juftice, ne pourront prendre que le prix ancien & accouftumé, des Actes judiciaires qu'ils fcelleront & qu'ils expedieront aux Parties.

(13) Les anciennes Ordonnances fur le fait des Bourgeoifies, feront executées exactement.

(14) Les Réformateurs n'auront de Jurifdiction que fur les Officiers, Fermiers & autres, employez par le Roy fur le fait de la Juftice & fur le fait des Aydes.

CHARLES par la grace de Dieu Roy de France : Savoir faifons à touz prefens & avenir, que comme Nous, pour plufieurs caufes touchans la garde, le proufit & la feurté de noz fubgiez & de noftre Royaume, fuffiens venuz en noftre Ville de Senz, & en ycelle euffiens fait venir & affembler plufieurs Prélats & autres Gens d'Eglife, & plufieurs Nobles tant de noftre Sanc comme autres, & plufieurs Gens des bonnes Villes, dés pays & Bailliages de Champaigne, Bourgoigne, Berry,

NOTES.

(*a*) Copié fur l'original envoyé d'Auxerre.

Le Sceau en cire verte & en las de foye, tient encore à cette Piece : il eft un peu caffé par le haut.

20   ORDONNANCES DES ROIS DE FRANCE

CHARLES V.
à Sens, le 20.
de Juillet
1367.

a *Voyez l'Ordonnance preced. p. 15.*
b *leve.*

Auvergne, des Montaignes d'Auvergne, Bourbonnois, Nyvernois, ᵃ Cepoi, Saint Jangon & Saint Pere-le-Mouſtier; & après ce que Nous eumes ordené de ce pourquoy Nous les avions ylecques fait aſſembler, comme dit eſt, il Nous aient fait expoſer pluſeurs griefs qui faiz eſtoient à culz & noz autres ſubgiez deſdiz pays, tant ſur ce qui touche les Aydes que l'en ᵇ lieve en noſtre Royaume, comme autrement, afin que Nous vouſiſſions ſur ce pourveoir : Nous, ouyes les ſupplicacions à Nous par culz ſur ce faites; & eux ſur ce bon avis & deliberacion avec noſtre Conſeil, deſirans de tout noſtre cuer, eulx & noz autres ſubgiez eſtre preſervez & gardez de touz dammages, griez & oppreſſions, avons ſur ce ordené & octroïé, ordenons & octroïons par ces preſentes, de noſtre auttorité Royal, de noſtre certainne ſcience & grace eſpecial, en la maniere qui s'enſuit.

c *Cela peut ſignifier, ou aux environs.*
d *expedier les Lettres aux Marchands.*

(1) *Premierement.* Sur ce qui touche les caucions ou plegeries, que doivent donner les Marchans & autres amenans denrées èſdictes Villes ᶜ ou dehors, Nous avons ordené & ordenons, que les deputez à prandre les caucions ou plegeries deſſuſdictes, ſeront tenuz ᵈ délivrer leſdiz Marchans dedans ung jour entier; & ne pourront demander ne avoir de la Lettre qui ſur ce leur ſera faite, que ſix deniers tant-ſeulement.

(2) *Item.* Que dores-en-avant, de marchandiſe qui ſoit faite de perſonne qui ne ſoit regratier, rien ne ſera levé pour cauſe de l'impoſicion de douze deniers pour livre, ſe la marchandiſe ne paſſe la ſomme de cinq ſolz : Et ſe les Fermiers ou autres deputez à lever leſdictes impoſicions, y allegoient aucune fraude, Nous voulons que les Marchans en ſoient creuz par leur ſeremens, ſe les Fermiers ou autres à ce deputez, ne vouloient promptement enformer de ladicte fraude ou parjurement.

e *eſtrangers.*
f *retardez.*

(3) *Item.* Pour ce que pluſeurs des Fermiers dient & maintiennent aucunes-foiz contre les Marchans, que il ſe ſont parjurez, & les font pour ce adjourner ès Cours d'Egliſe, ſur la tranſgreſſion de leur ſeremens, en les contraignant à jurer de qui il ont acheté & combien; dont les Marchans deſſuſdiz, eſpecialment les ᵉ eſtranges, ſont empeſchiez & ᶠ delaïez : Nous voulons & ordenons, que ſenz aucune difficulté, chaſcun d'eulx en ſoit creu par ſon ſerement, ſe les Fermiers ne enformoient promptement du contraire.

(4) *Item.* Sur ce que Nous leur avons *(b)* octroïé du ſubſide impoſé pour la guerre; c'eſt aſſavoir, la moitié au plat pays, & le quart aus bonnes Villes, ſi comme en noz autres Lettres ſur ce faites, eſt plus plenement contenu; Nous voulons & ordenons, que ladicte porcion, enſemble ce qui autrefoiz leur fu octroïé, leur ſoit païez ſenz aucune difficulté ou contredit, tant pour le temps paſſé, comme pour le temps avenir, depuis & ſelon la forme de l'octroy à eulx ſur ce fait, aus termes à ce ordenez : Et auſſi, les deux deniers qui ſur les impoſicions leur ont eſté octroïez :

ᶠ g *les rôles de recepte.*

Et voulons que les Receveurs en ſoient tenuz de compter aus habitans deſdictes Villes, ou leur monſtrer leur ᵍ eſtat, de quatre mois en quatre mois.

(5) *Item.* Que de ce qui deu ſera pour ledit ſubſide de la guerre, l'en ne les puiſſe contraindre, juſques à tant que les quatre mois ordenez ſoient paſſez : Et voulons ladicte contrainte eſtre faite par Sergens Royaulx ordinaires, & non mie par Sergens d'armes; & que toutes perſonnes paient deſdictes Aydes, ſelon *(c)* l'Ordenance & Inſtrution ſur ce faites à Amiens.

(6) *Item.* Que dores-en-avant, aucunes aſſignacions ne ſoient faites ſur l'Argent

NOTES.

(b) Octroyé du ſubſide.] Voy. ſur cet article, p. 17. l'art. 8. de l'*Ordonn.* precedente, & p. 15. Note *(a)* & la Preface de ce Volume, §. *Eſtats-generaux.*

(c) L'Ordonnance & Inſtruction.] Cecy confirme la conjecture qui a eſté propoſée dans la Preface du 3.ᵉ *Vol. des Ordonn.* p. XCIX. n.° C.

Dans cette Ordonnance & dans cette Inſtruction faites en conſequence des Eſtats d'Amiens, tenus au mois de Decembre 1363. & qui ne ſe ſont pas conſervées, il eſtoit ſans doute fait mention de ces *quatre mois* dont il eſt parlé dans cet article.

DE LA TROISIÉME RACE.   21

des *(d)* impoſicions des Feux, ª ordenez pour la deffenſe du Royaume ; & ſe aucunes eſtoient faites ſur ce, Nous voulons & ordenons que elles ſoient ᵇ caſſes & vainnes ; & que les Receveurs ſur ce ordenez, n'en païent riens ; ſe ce n'eſt pour la deffenſe du Royaume, ou autrement pour le fait de la guerre.

(7) Item. Que de tout ce qui eſt deu des arrerages des ſubſides ordenez l'An 50. & depuis ; c'eſt aſſavoir, ᶜ que l'An 56. l'An 57. & l'An 58. nul ne ſoit dores-en-avant, contraint à en riens payer ; ᵈ mès ceſſent toutes execucions ſur ce commanciés à faire : Car tout ce qui deu en eſt pour ledit temps, Nous quittons & remettons par ces preſentes.

(8) Item. Leur avons octroié & octroions par ces preſentes, que les Aydes deſſuſdictes ou aucunes d'icelles, ne puiſſent eſtre tournées à conſéquence contre les franchiſes & Libertez des deſſuſdiz, ne leur porter aucun préjudice pour le temps avenir.

(9) Item. Pour ce que pluſeurs labourages ſont demourez & demeurent à faire, ou préjudice du bien publique, pour ce que les Sergens ou autres faiſans execucions des debtes Royaulx & autres, prenoient beſtes ᵉ traiant, Nous voulons & ordenons, que dores-en-avant, pour quelconques debtes Royaux ou autres, aucuns chevaux, bueſs ou autres beſtes traians, ne ſoient pris ; ne auſſi corps de perſonnes labourans, tant comme l'en trouvera autres biens meubles ou heritages des debteurs, ſouffiſans pour les execucions faire.

(10) Item. Pour ce que pluſeurs Nobles de noſtre Royaume, ſe dient aucunesfoiz, avoir *(e)* guerre les uns aus autres, combien que l'une des Parties ne la * vüille mie, ᶠ mès ſe offre ᵍ d'eſter à droit pardevant Nous ou noz Gens, là où il devra ; & ſoubz umbre d'icelle guerre, prennent les biens des bonnes gens, & non mie ſeulement de ʰ leur ſubgiez, mès des autres ſubgiez de Nous & de noſtre Royaume, Nous deffendons par ces preſentes, à touz les Nobles & autres de noſtre Royaume, que nul, de quelque eſtat qu'il ſoit, ne face guerre à autre de noſtre Royaume : Et ⁱ ſe de ᵏ l'aſſentement des deux Parties, faiſoient guerre, Nous leur deffendons, ſur poinne de corps & de biens, & ſur ˡ quanque il ſe pevent meffaire envers Nous, que il ne prennent aucune choſe ſur noz ſubgiez ne ſur les leur ; & ſe le contraire faiſoient, Nous voulons que il en ſoient ᵐ griement punis, ſi comme au cas appartendra.

(11) Item. Voulons & ordenons, que ſe aucuns ⁿ Prevoz Fermiers ſont appeller aucuns, ᵒ à cauſe d'office, pardevant culx ; & le Bailli ou autre leur ᵖ Souverain, treuve qu'il les aient fait appeller à tort, il facent rendre les deſpens à la Partie ᑫ travaillée oultre raiſon ; & que toute-voie que noſtre Procureur ʳ n'auroit fait Partie aveques ledit Prevoſt : Et auſſi que ledit Prevoſt ait ſes deſpens, ſe la Partie s'eſt plainte à tort : Et ſi voulons & ordenons, que ſe aucuns Prevoz Fermiers eſtoient trouvez non ſouffiſans pour exercer Juſtice, que le Bailli ou autre leur Souverain, facent garder la Juſtice par autres ſouffiſans, aus deſpens deſdiz Prevoz.

(12) Item. Pour ce que pluſeurs Bailliz & Prevoz Royauls, ˢ Clers & Notaires, ſe ſont efforcié & efforcent, de prandre exceſſivement de leur Scaulx & ᵗ Eſcriptures, & autrement ne veulent ᵘ délivrer les Lettres & Actes que il doivent delivrer ; *(f)* la *quelle choſe* eſt ou grant grief & dammage du Pueple, ſi comme l'en dit, Nous deffendons par ces preſentes, à touz les deſſuſdiz & chaſcun d'eulx, que dores-en-avant, ne preignent pour Seaulx ne pour *Eſcriptures,* oultre le pris ancien & aoouſtumé d'ancienneté ; & que pour ce, ne different ou delaient à baillier & delivrer aus Parties, leur Lettres ou Actes.

CHARLES V.
à Sens, le 20. de Juillet 1367.

a *ordonnées.*
b *de nul effet.*
c *Je crois qu'il faut corriger, en l'an 56. &c.*
d *mais.*

e *tirant les charues.*

* *veuille.*
f *mais.*
g *ſe preſenter en Juſtice reglée.*
h *des ſujets de ceux avec qui ils ſont en guerre privée.*
i *ſi.*
k *conſentement.*
l *tout ce que : du latin quantum.*
m *griévement.*

n *Voy.* les Tables des Matieres des precedents Volumes des Ordonnances, *aux mots, Prevoſtez & Prevoſts.*
o *d'Office, & non en conſequence d'une Requeſte à eux preſentée.*
p *Juge ſuperieur.*
q *vexée.*
r *ne ſe ſeroit rendu Partie.*
f *Greffiers.*
t *actes judiciaires.*
u *expedier.*

NOTES.

(d) Impoſitions des Feux.] Cecy nous apprend de quelle nature eſtoit l'Ayde ordonnée dans les Eſtats d'Amiens.

(e) Guerre.] Voy. ſur les guerres privées, les Prefaces des 1. 2. 3. & 4.ᵉ Vol. des *Ordoun.* ff. *Guerres privées.*

(f) Laquelle choſe.] Les Lettres qui ſont icy & plus bas, en *italique,* ont été ſuppléées, parce que le parchemin eſt déchiré dans ces endroits.

C iij

CHARLES V.
à Sens, le 20.
de Juillet
1367.

a Voy. les Tables des Matieres des precedents Volumes des Ordonn. aux mots, Bourgeois & Bourgeoisie.

b Voy. les Tables des Matieres des precedents Volumes des Ordonnances, au mot, Reformateurs.

(13) Item. Voulons que l'Ordonnance des ᵃ Bourgoisies autrefoiz faite par noz Predeceffeurs, soit tenuë, gardée & acomplie de point en point, felon fa forme & fa teneur.

(14) Item. Comme Nous aïons pieça ordené & eftabli certains ᵇ Reformateurs, Nous voulons, ordenons & declairons par ces presentes, que il foient Réformateurs feulement de & fur noz Officiers, Fermiers & autres, tant fur le fait de Juftice, comme fur le fait des fubfides, impoficions & Gabelles.

Si donnons en mandement par ces prefentes, à noz amez & feaulz Confeilliers, les Generauls-Tréforiers, aus Efleuz & Receveurs, & à touz autres députez & à députer fur les faiz defdiz fubfides, tant pour les guerres comme pour la délivrance de noftredit Seigneur & Pere, que Diex abfoille; & auffi à touz Jufticiers & autres Officiers de Nous & de noftre Royaume, ou à leurs Lieuxtenans, prefens & avenir, & à chafcun d'eulx fi comme à lui appartendra, que toutes noz Ordenances & autres chofes deffus tranfcriptes, & chafcune d'icelles, facent crier & publier partout où il appartendra, & ycelles tiegnent, gardent & acompliffent, & facent tenir garder & acomplir de point en point, felon leur forme & teneur, fenz les enfraindre, ne faire ou fouffrir enfraindre, en tout ou en partie, commant que foit : Et que ce foit ferme chofe & eftable à toujours, Nous avons fait mettre noftre Seel à ces prefentes. Donné à Senz, le 20.ᵉ jour de Juillet, l'An de grace 1367. & le quart de noftre Regne.

Et fur le reply, il y a : *(g)* Auxerre. Par le Roy en fon Grant Confeil. BLANCHET. *(h)* Contentor. BLANCHET. Visa.

NOTES.

(g) Auxerre.] L'Original fur lequel cette Ordonnance a efté copiée, fut envoyé à la Ville d'Auxerre. On en envoyoit de femblables à toutes les Villes qui avoient envoyé des Deputez aux Eftats. Voy. le 3.ᵉ Vol. des Ordonn. pp. 687. 688.

1. Peut-être, le Chancelier.

(h) Contentor.] J'ay déja trouvé ce mot plus d'une fois, à la fin de quelques Lettres Royaux, & je l'ay même vû à la fin de Lettres de Henry II. Je ne fçavois ce qu'il fignifioit : mais au lieu de hafarder des conjectures qui peut-eftre n'auroient pas efté heureufes, je crûs plus prudent d'attendre jufqu'à ce que je trouvaffe quelque texte précis qui m'expliquât ce mot. J'en ay enfin trouvé un à la fin de Lettres Royaux accordées à *Guillaume de Meron*, qui font au Threfor des Chartres, Regiftre 103. Piece 214.

Le voicy :

Dictus Guillelmus (Meron) *promifit per fuum juramentum, coram 1. Domino, reddere le Contentor, Notario, fi Notarius minimè fit contentus.* Actum die 7.ᵃ Octobris 1372.

Ainfi, *Contentor*, fignifie, *je fuis content, je fuis payé.*

L'on trouve dans le Gloff. de Du Cange, *contentare*, pour fignifier, *contenter.*

CHARLES V.
à Chartres, en Juillet 1367.
Louis VI. dit le Gros, à Paris, en 1137.

(a) Lettres portant que les habitans de Frenay-l'Evêque, feront exempts de tous droits & impofts, à l'exception de ceux qu'ils payeront à l'Evêque de Chartres.

KAROLUS *&c. Notum facimus univerfis tam prefentibus quam futuris, Nos Litteras inclitæ memoriæ Domini Ludovici condam Francorum Regis, predeceffóris noftri, vidiffe, formam que fequitur, continentes.*

IN *nomine Sanctæ & individuæ Trinitatis, Amen. Ego Ludovicus Dei gracia Francorum Rex. Cum ad omnes, maxime autem ad (b) domefticos, bonum operari moveamus;*

NOTES.

(a) Threfor des Chartres, Regiftre 97. Piece 411.

(b) Domefticos.] Il me paroift que ce mot defigne icy *Gauffridus* Evêque de Chartres, dont il eft parlé plus bas, & à la confideration duquel, le Roy accorda ces Lettres.

DE LA TROISIÉME RACE. 23

ᵃ eis, ᵇ que majori Nobis conjuncti sunt caritate, ᶜ serviciorum suorum multiplicitate, Nos sibi obnoxios fecerunt propensiori voluntate ; beneficio ampliori liberalitatis manum porrigere debemus. Hujus ergo racionis consideracione habita, notum fieri volumus cunctis fidelibus tam futuris quam ᵈ instantibus, quod Nos, Villam Episcopi Carnotensis, que est in Belsia, que scilicet Villa (e) Fraxinetum appellatur, pro dicti amore & petitione Gauffridi venerabilis Carnotensis Episcopi, amici nostri karissimi, ab omni Consuetudine ; à tolta scilicet & tallia & (d) hospitacione, & omni violencia & exaccione, insuper ab omni Consuetudine, liberam & quietam imperpetuum esse concessimus : Astante & ᵉ annuante Filio nostro Ludovico, jam in Regem coronato. Nos ergo, predicte Ville & omnibus inibi habitantibus, & omnibus rebus ad eandem Villam pertinentibus, perpetuam immunitatem ab omni Consuetudine, ut dictum est, concessimus ; ita ut neque Nos, neque successores nostri Reges, neque omnino aliquis, preter Carnotensem Episcopum, in predicta Villa, aliquid capere presumat ; & eandem Villam in nostra ᶠ tracione & deffencione suscipimus. Quod ut perpetue stabilitatis obtineat munimentum, scripto commendari, & Sigilli nostri auctoritate, & nominis nostri ᵍ karactere, corroborari precepimus. Actum Parisius, in Palatio nostro, publice, Anno Incarnati Verbi 1137. Regni vero nostri 29. (e) Ludovico Filio nostro in Regem sublimato, Anno 4. Astantibus in Palatio nostro, quorum nomina subtitulata sunt & signa. Signum Radulphi Vironandorum Comitis, & Dapiferi nostri. Signum Willelmi Buticularii. Signum Hugonis Camerarii. Signum Hugonis Constabularii. Hᴵˢ Data per manum Stephani Cancellarii.

CHARLES V.
à Chartres, en Juillet 1367.

a &.
b q. R.
c &.
d presentibus.
e annuente.

f tuitione.
g Le Monogramme.

QUAS quidem Litteras & omnia & singula in eis contenta, rata & grata habentes, ʰ & laudamus, rattifficamus, approbamus, & ex certa sciencia, auctoritate Regia & ʰ &.

NOTES.

Cet Evêque se nommoit Geofroy de Lieves, Gauffridus ou Goffridus de Leugis. Voy. Gall. Christ. 1. Edit. t. 2. p. 489. recto, col. 1.

Mais comment ce Prélat pouvoit-il estre domestique du Roy ?

L'on voit par le Gloss. de Du Cange, au mot, Domesticus 3. que l'on donnoit le nom de Domestique, aux plus grands Officiers de la Cour des Rois de France.

Je n'ay pû decouvrir quelle estoit la charge dont Geoffray estoit revestu à la Cour de Louis le Gros ; & voicy tout ce que j'ay pû recueillir à ce sujet.

Entre les personnes qui souscrivirent en grand nombre, à des Lettres données par Philippe I. le 5. de Novembre 1071. & qui se trouvent dans l'Histoire de la Maison de Montmorency, par Du Chesne, L. 2. ch. 4. p. 77. & dans les preuves p. 25. on lit : Gauffredus Capellanus. Je ne sçais pourquoy Du Peyrat, qui dans son histoire de la Chapelle du Roy de France, L. 1. ch. 24. p. 158. cite cet endroit du Livre de Du Chesne, a mis sous-Chapelain du Roy, au lieu de Chapelain.

En supposant que Geoffroy, qui suivant la Gall. Christ. ibid. a esté fait Evêque de Chartres en 1116. & est mort le 1.ᵉʳ de Fevrier en 1138. a vécu très long-temps ; il ne seroit pas impossible que ce fût ce même Geoffroy qui en 1071. estoit Chapelain du Roy, & qui avoit conservé cette place, ou qui peut-estre estoit parvenu à la premiere Charge de la Chapelle du Roy. On ne sçait pas quel titre on donnoit alors à cette premiere Charge, & l'on peut consulter à ce sujet, le Gloss. de Du Cange, aux mots Capellani & Eleemosinarii Regum Franciæ.

Geoffroy Chapelain en 1071. estoit sans doute le même que Gauffridus Canonicus S. Mariæ, [Chanoine de N. D. de Paris,] qui souscrivit en 1067. d'autres Lettres de Philippe I. Voy. Du Chesne, ibid. p. 75. & dans les preuves, p. 22. Il paroist par l'Hist. de Louis le Gros, que Geoffroy estoit un personnage d'une grande consideration. En 1137. il estoit Legat du Siege Apostolique. Voy. Du Peyrat, ibid. & le 1.ᵉʳ Vol. des Ordonn. p. 8.

(c) Fraxinetum.] C'est sans doute, Fresnay-l'Evêque, dans la Beausse, Diocese de Chartres. Voy. le Dictionn. Univers. de la Fr. au mot, Fresnay-l'Evêque.

(d) Hospitacio.] La redevance dûe par un Hoste, à son Seigneur. Voy. le Gloss. de Du Cange, à ce mot, & au mot, Hospitatus qui est dans l'article, Hospes. Voy. sur le mot, Hostes, les Tables des matieres des Vol. des Ordonn.

(e) Le mois n'y est pas : mais ces Lettres sont certainement posterieures au mois d'Aoust, au commencement duquel, Louis le Gros mourut.

gratia speciali, ac contemplacione dilecti & fidelis Consiliarii nostri, (f) Episcopi Carnotensis, Nobis super hoc humiliter supplicantis, tenore presentium confirmamus. Quare damus hiis presentibus, in mandatis Ballivo Carnotensi, ceterisque Justiciariis & Officiariis nostris, presentibus & futuris, & eorum Loca-tenentibus, ac cuilibet eorumdem, quatenus habitantes dictæ Villæ Fraxineti, & eorum quemlibet, ac ipsorum successores, privilegiis, Libertatibus, franchisiis, ac omnibus aliis in predictis Litteris contentis, uti & gaudere faciant & permittant; nec contra premissa aut eorum aliqua, dictos habitatores vel eorum aliquem, deinceps ª *perturbent aut molestent, perturbari aut molestari faciant quoquomodo; quia sic fieri volumus, & eisdem concessimus & concedimus per presentes. Quod ut firmum & stabile perpetuo perseveret, nostrum presentibus Litteris fecimus apponi Sigillum: nostro in aliis, & alieno in omnibus jure salvo.* Datum Carnoti, mense Julii, Anno Domini 1367. & Regni nostri quarto.

Per Regem. N. DE VEIRES. *Collacio facta est cum Litteris Originalibus, per me.*
N. DE VERRES. *Visa.*

CHARLES V. à Chartres, en Juillet 1367.

a *perturbent.*

NOTES.

(*f*) *Episcopi Carnotensis.*] Dans la *Gall. Christ.* ibid. p. 492. verso, col. 1. [Voy. cydessus, Note (*b*)] il est dit que *Jean d'Augerant* d'Evêque de Chartres en 1360. devint Evêque de Beauvais, & qu'il eust pour successeur, *Guillaume de Chanal*, qui siegeoit encore en 1368.
Or, suivant l'*Hist. Genealog. de la Maison de France*, t. 2. p. 274. Jean d'*Augurant*, (car c'est ainsi qu'il y est nommé,) fut fait Evêque de Beauvais en 1369. C'estoit donc *Guillaume de Chanal*, qui l'estoit en 1367.

CHARLES V. en l'Eglise de Chartres, en Juillet 1367.

b C'est un Arrest du Parlement.

c Voy. le 3.ᵉ Vol. des Ordonn. p. 347. Note (*c*).

d Lettres de Charles V.

e Voy. les Tables des Matieres des Vol. des Ordonnances.

f Especes de serfs.

(*a*) Lettres qui ordonnent que les affaires de l'Eglise de Chartres seront portées *sans moyen*, au Parlement de Paris.

b K*AROLUS Dei gratia Francorum Rex. Notum facimus universis presentibus & futuris, quod exhibitis Curiæ nostræ, pro parte dilectorum nostrorum Decani & Capituli Ecclesiæ Carnotensis, & in eadem Curia, necnon ad* c *Mensam marmoream in Palacio nostro Regali Paris. lectis & publicatis, aliis Litteris nostris in filis sericis & cera viridi sigillatis, formam continentibus subsequentem.*

d CHARLES par la grace de Dieu Roy de France : A perpetuelle memoire. Comme noz bien amez les Doyen & Chapitre de l'Eglise de Chartres, tant en chief comme en membres, aveecques leurs Genz, Officiers, familliers, Ministres, Chastellains, Villes, manoirs, granches, maisons, droiz, Juridicions, ᵉ hostes, ᶠ hommes de corps & (*b*) provendiers, dès le temps (*c*) de la fundacion d'icelle Eglise, aïent ressorti sanz nul moyen, devant les Bailliz Royaux, & par especial, devant le Bailli

NOTES.

(*a*) Registre A. du Parlement de Paris, fol. 93. recto.
Ces Lettres sont aussi au Thresor des Chartres, Reg. 99. Piece 30.

(*b*) *Provendiers.*] *Provendarius* est la mème chose que *Præbendarius*; & suivant le Gloss. de Du Cange, à la fin du mot, *Præbenda*, *Præbendarius* signifie trois sortes de personnes:
1.º Des *Prebendiers* & des *Prestres* qui desservent une Eglise.
2.º Des personnes preposées à la distribution des grains.

3.º Des personnes à qui on distribuë du grain & des vivres.
La premiere de ces significations, paroist estre celle qui convient le mieux icy : cependant s'il s'y agit de *Prebendiers & de Prestres*, les auroit-on nommez après des *serfs* ?
(*c*) *De la fundacion d'icelle Eglise.*] Cela ne s'accorde guere, avec ce qui est dit dans des Lettres accordées à l'Eglise de Chartres, le penultiéme d'Aoust 1356. qui portent que l'Eglise de Chartres a esté fondée du temps de la S.ᵗᵉ Vierge. *Voy.* le 4.ᵉ Vol. des *Ordonn.* p. 177. & Note (*d*).

d'Orleens,

DE LA TROISIÉME RACE.

d'Orleens, au Siege *(d)* d'Yenville, & jusques à tant que nostre tres chier Seigneur & Ayeul, le Roy Philippe que Dieux absoille, donna & transporta à nostre très chier & amé Oncle, le Duc d'Orleens son filz, la Duchié d'Orleens & ses appartenances ; desquelles appartenances est & a acoustumé à estre le Chastel & Siege d'Yenville ; & pour ce, nostredit Seigneur & Ayeul eust ordené, voulu & octroyé par ses [a] Lettres seellées en cire vert & las de soye, que lesdiz Doyen & Chapitre, en chief & en membres, avec leursdictes gens, Officiers, familliers, Ministres, Chastellains, Villes, manoirs, granches, maisons, droiz, Jurisdicions, hostes, hommes de corps & provendiers, [b] ressortissent dès-lors-en-avant, devant le Prevost de Paris, au Siege de Poissy : Et après ce, nostre très chier Seigneur & Pere, le Roy Jehan dont Dieux ait l'Ame, pour la devocion qu'il avoit à la Vierge Marie & à ladicte Eglise de Chartres, & aussi pour ce que lesdiz Doyen & Chapitre, *(e)* lui quitterent deux cens soixante mars & une unce de fin Argent, & la somme de deux cenz deniers d'Or à l'Escu, èsquelles sommes il leur estoit tenuz, leur eust octroyé que sanz plus aler ou [c] ressortir audit lieu de Poissy, il ressortissent sanz aucun moyen, pardevant les Genz tenens le Parlement à Paris, & les eust exemptés de touz Juges Royaulx : Et depuis ce, Nous, par la grant devocion que Nous avons à la Vierge Marie & à ladicte Eglise ; & aussi, pour ce que la somme de mille frans d'Or en laquelle Nous, pour certainne cause, estions tenuz auxdiz Doyen & Chapitre, il Nous quitterent, lesdiz don & ottroy faiz par nostredit Seigneur & Pere, aïons loüé, ratifié, approuvé & confermé, & noz Lettres sur ce données & faites, aient esté passées & enregistrées en la Chambre de noz Comptes à Paris, & depuis portées en la Chambre de nostre Parlement, pour avoir executoire sur ce : Et contre lesdictes Lettres & leur effeict, nostre Procureur General se soit opposez, si comme toutes les choses dessusdictes, sont venues à nostre congnoissance : Savoir faisons à touz presens & avenir, que Nous, qui à ceste premiere foiz depuis que Nous venismes au gouvernement de nostre Royaume, sommes venuz à ladicte Eglise de Chartres, estant devotement devant l'Ymage de Nostre-Dame, considerans les biaux, grans & notables miracles que Nostre Seigneur Dieu fait de jour en jour en ladicte Eglise, à l'onneur de la glorieuse Vierge Marie, & aussi pour la très grant & très especial devocion, que toujours avons euë & avons à ycelle & à sadicte Eglise, & que Nous avons ferme esperance que par ses prieres & intercession, l'estat de Nous & de nostre Royaume, soit & demeure dores-en-avant en [d] greigneur paix & prosperité, avons offert humblement & devotement, donné & octroyé liberaument, de nostre propre mouvement, & par la teneur de ces presentes Lettres, offrons, donnons & octroyons à la glorieuse Vierge Marie, de grace especial & certainne science, de nostre auctorité & plaine puissance Royal, que dores-en-avant à touzjours-maiz, lesdiz Doïen & Chapitre de sadicte Eglise de Chartres, tant en chief comme en membres, avec leurs gens, Officiers, familliers, Ministres, serviteurs, Chastellains, Villes, manoirs, granches, maisons, droiz, Juridicions, subgiez, hostes, hommes de corps, provendiers, biens & possessions quelzconques, qu'il ont à present & auront pour le temps avenir, en quelque maniere ne pour quelconque cause que ce soit, ressortissent sanz aucun moïen, & toutes leurs Causes meuës & à mouvoir, soient [e] ventilées & determinées ou temps avenir & en touz cas, en nostre Chambre de Parlement, pardevant les Genz qui tiennent & tendront ledit Parlement ; & avec ce, yceulx Doyen & Chapitre, en chief & en membres,

CHARLES V.
en l'Eglise de Chartres, en Juillet 1367.

a *Elles ne se trouvent point dans le Recueil des Ordonn.*
b *ressortissent.*

c *ressortir.*

d *meilleure.*

e *examinées & jugées.*

NOTES.

(d) Yenville] nommée aussi *Janville*, est une Ville située dans la Beausse, à une lieuë de Toury, & à neuf, au nord d'Orleans. C'est une Chastellenie Royale qui dépend du Bailliage & du Presidial de Chartres, & dont releve la partie du Perche, que l'on appelle, *Terre Françoise.* Voy. le *Dictionn. Univers.* de la Fr. au mot, *Yenville.*

(e) Luy quitterent.] Cette circonstance ne se trouve point dans les Lettres du Roy Jean qui sont dans le 4.e Vol. des *Ordonn.* p. 177.

CHARLES V. en l'Eglife de Chartres, en Juillet 1367.

a contraint.s.

avec leurs genz, Officiers, familiers, Miniftres, ferviteurs, Chaftellains, Villes, manoirs, granches, maifons, droiz, Juridicions, fubgiez, hoftes, hommes de corps, provendiers, biens & poffeffions quelconques, qu'il ont à prefent & auront pour le temps avenir, en quelque maniere que ce foit, comme dit eft, avons exempté & exemptons à touzjourz-maiz, de toutes autres Cours, Juridicions, Auditoires, & ª cohercicions quelconques. Si donnons en mandement par ces prefentes, à nozdictes Genz du Parlement, & à touz les autres Jufticiers, Officiers & fubgiez de noftre Royaume, prefens & avenir, ou à leurs Lieuxtenans, & à chafcun d'eulx, que lefdiz Doyen & Chapitre, tant en chief comme en membres, avecques toutes leurs genz, biens & poffeffions deffufdictes, facent, fueffrent & laiffent paifiblement joïr & ufer perpetuelment, de noz offrande, don, grace & octroy, ne contre la teneur de ces prefentes, ne les moleftent ou empefchent, ou fueffrent eftre moleftés ou empefchiez en aucune maniere; nonobftant quelconques oppoficions, contradictions ou allegacions faictes & à faire par noz Advocaz & Procureurs, ou autres quelconques au contraire: Et toute-voyes n'eft pas noftre entente, que pour caufe de noz prefens don, grace & octroy, aucun préjudice foit fait ou puiffe eftre mis de prefent ne pour le temps avenir, aux autres privileges anciens de ladicte Eglife, par lefquelz lezdiz Doïen & Chapitre ne font tenuz de plaidier oudit Parlement, fors comme pardevant *(f)* Traiëteurs de leurs Caufes. Et que ce foit ferme chofe & eftable à touzjours perpetuelment, Nous avons fait mettre noftre Seel à ces prefentes Lettres: fauf noftre droit en autres chofes & l'autrui en toutes. *Donné en l'Eglife de Chartres, ou moys de Juillet, l'An de grace mil trois cens foixante-fept, & de noftre Regne le quart.*

b Suite de l'Arreft du Parlement.
c Elles font à la page fuivante.

b VISIS infuper certis aliis noftris c Litteris noftri nominis, manu noftra propria fufcripcione fignatis, fub figneto Annuli noftri fecreto, claufis, dilectis ac fidelibus noftris Gentibus noftrum Par. Parlamentum tenentibus, ac Procuratori & Advocatis noftris, fuper hoc directis, ipfa Curia noftra, Litteris noftris fuprafcriptis, prefente ad hoc & non contradicente Procuratore noftro Generali predicto, obtemperavit, & obtemperat per prefentes. Quocirca Prepofito Parifienfi, Baillivis Piffiaci & Carnotenfi, ceterifque Jufticiariis & Officiariis noftris, ad quos prefentes Littere pervenerint, aut eorum Loca-tenentibus, damus ferie prefencium in mandatis, quatenus prefentes & fuprafcriptas Litteras noftras, in Villis & locis de quibus fuerint requifiti, legi & publicari, eofdemque Decanum & Capitulum, tam in capite quam in membris, ac ipforum gentes & homines, predicta noftra gracia & conceffione uti faciant & gaudere, abfque contradictione vel impedimento quocunque, juxta Litterarum prefcriptarum continentiam & tenorem. Quod Curia noftra predicta, premifforum confideracione, fieri voluit, ac eifdem Decano & Capitulo conceffit & concedit per prefentes. Ut autem premiffa perpetue firmitatis vim & robur obtineant, noftrum prefentibus Litteris fecimus apponi Sigillum: noftro in aliis & in omnibus quolibet alieno jure falvo. Datum & actum Parifius, in Parlamento noftro, 27. die menfis Julii, Anno Domini milleſimo trecenteſimo ſexageſimo-ſeptimo, & Regni noftri quarto.

Et in Litteris fuperius infertis, erat ita fcriptum in margine à fuperiori parte. Par le Roy, prefens Meff. les Ducz de Berry & de Bourgongne, les Contes d'Eftampes,

NOTES.

(f) Traicteurs de leurs Caufes.] Dans les Lettres du penultiéme d'Aouft 1356. il y a: *Nec tamen noftre intencionis exiftit, quod per hoc antique confuetudini ipfius Ecclefie, per quam dicti Decanus & Capitulum afferunt fe habere debere in dictâ noftrâ curiâ Tractatores, &c.*

La claufe des Lettres françoifes femble eftre la traduction de la claufe des Lettres latines: il y a cependant quelque différence. J'avois crû, [Voy. le 4.ᵉ Vol. des Ordonn. p. 178. Note *(e)*] que *Tractator* fignifioit *Procureur* ou *Agent d'affaire*, mais ce fens ne peut convenir avec la maniere dont la phrafe françoife eft tournée.

de Pezenas, de Tancarville & de Brene, & plusieurs autres. N. DE VERRES. *(g)*.

Et in inferiori parte: Regiſtrata in Camera Compotorum Pariſ. cum aliis conſimilibus, & reddita, de precepto Domini Regis, ſuper hoc expreſſè facto. JOHANNES. *Et in Regiſtro dictæ Cameræ, ſcribitur: Id quod eſt hic à tergo, de manu Parlamenti Lecte & publicate in Camera Parlamenti, & ad* a *Manſam Marmoream, in Palacio Regio, de precepto Curie que eiſdem obtemperavit, 26. die Julii, Anno Domini milleſimo trecenteſimo ſexageſimo-ſeptimo, preſente & non contradicente Procuratore Regio.*
VILLEMER. JOHANNES. *Viſa.* b *Contentor.*

CHARLES V.
en l'Egliſe de Chartres, en Juillet 1367.
a menſam.
b *Voy.* p. 22.
Note *(h)*.

(h) A Noz amez & feaulx Conſeillers les Gens tenans noſtre Parlement à Paris. De par le Roy. Les Gens tenans noſtre Parlement à Paris: Nous avons donné & octroyé en l'onneur de la glorieuſe Vierge Marie, à noz bien amez les Doyen & Chapitre de ſon Egliſe de Chartres, pour la très grant devocion & affeccion que Nous avons à ycelle, que culz, leurs gens, Officiers, biens & poſſeſſions quelconques, reſſortiſſent ſanz nul moyen, perpetuelment, en noſtredit Parlement, ſi comme plus à plain vous apparra par noz Lettres ſur ce faictes, en las de ſoye & cire vert. Si vous mandons & enjoignons, tant eſtroittement comme Nous povons, que, toutes excuſacions ceſſanz, ſanz empeſchement quelconques, vous les faciez & laiſſiez joïr & uſer paiſiblement de noſtredicte grace, ſelon la fourme & teneur de nozdictes Lettres, telement que il n'en conviengne retourner pardevers Nous; car il Nous en deſplairoit: Et que vous ſachiez que Nous avons ceſte choſe très à cuer, & que ce vient de noſtre conſcience, Nous avons ſigné ces Lettres de noſtre main. *Donné à Senz, le 19.*e *jour de Juillet.* CHARLES.

A Noz bien amez noz Advocaz & Procureur General en noſtre Parlement à Paris, & à chaſcun d'eulz. De par le Roy. Noz bien amez: Nous avons donné & octroyé en l'onneur de la glorieuſe Vierge Marie, à noz amez les Doyen & Chapitre de ſon Egliſe de Chartres, pour la très grant devocion & affection que Nous avons à ycelle, que culz, leurs gens, Officiers, biens & poſſeſſions quelconques, reſſortiſſent, ſanz aucun moyen, perpetuelment, en noſtredit Parlement, ſi comme plus à plain vous apparra par noz Lettres ſur ce faictes, en las de ſoye & cire vert. Si vous mandons & enjoignons, tant eſtroittement comme Nous povons, que aucun empeſchement vous ne mettez ou faciez mettre, en quelque maniere que ce ſoit, en noſtredicte grace; mais d'icelle, ſelon la fourme & teneur de nozdictes Lettres, les laiſſiez joïr & uſer paiſiblement, telement qu'il n'en conviengne retourner pour ce pardevers Nous; car il Nous en deſplairoit: Et que vous ſachiez que ce vient de noſtre conſcience, & que Nous avons ceſte choſe très à cuer, Nous avons ſigné ces Lettres de noſtre propre main. *Donné à Senz, le 19.*e *jour de Juillet.* CHARLES.

NOTES.

(g) Dans le Regiſtre 99. il y a enſuite: *Contentor. Viſa.* Voy. un peu plus bas.

(h) A nos amez.] Ce ſont les Lettres cloſes [ou de cachet,] dont il eſt parlé à la page precedente. Voy. Note *(e)* marginale.

(a) Ordonnance portant reglement pour la Juriſdiction des Maiſtres des Eaües & Foreſts.

CHARLES V.
à Sens, en Juillet 1367.

SOMMAIRES.

(1) Les Peſcheurs ne pourront eſtre adjournez hors des Chaſtellenies, Prevoſtez ou reſſorts dans leſquelles ils ſont domiciliez.

(2) Les Peſcheurs ne pourront eſtre condamnez à l'amende, par rapport à leur métier, ni leurs biens eſtre ſaiſis, par rapport à cette amende, s'ils ne confeſſent avoir commis quelque contravention; ou s'ils ne ſont condamnez

28   ORDONNANCES DES ROIS DE FRANCE

CHARLES V.
à Sens, en Juillet 1367.

par un Jugement rendu dans l'eftendüe de la Jurifdiction dans laquelle ils demeurent.
(3) Les Pefcheurs ne pourront eftre condamnez, par rapport aux contraventions qu'ils auront commifes, qu'aux amendes portées par les anciennes Ordonnances, ou eftablies par les anciennes Couftumes des Pays où ils demeurent.
(4) Les Maiftres & les Sergents des Eauës & Forefts, ne pourront faire aucun Acte judiciaire contre les Pefcheurs, fans y appeller les Juftices des lieux du domicile de ces Pefcheurs.

CHARLES par la grace de Dieu Roy de France. Savoir faifons à tous prefens & avenir, que comme de la partie de plufieurs Prelaz, & autres Genz d'Eglife, Nobles, Bourgois & autres, noz bons & loyaux fubgiez, en l'affemblée que faite avons à ᵃ Sens, prefentement, Nous ait efté expofé en eulz griefment complaingnant, que pour caufe des griefs & énormes vexations, travaux & oppreffions, que les Maiftres des Eauës & Forez de noftre Royaume, & les Sergens d'icelles, ont fait ou temps paffé, & font de jour en jour aux Pefcheurs qui ès Rivieres & autres Eauës dudit Royaume, ont acouftumé à pefcher, au profit & accroiffement des vivres, de la chofe publique & du bien commun de noftredit Royaume: C'eft affavoir, que fanz cognoiffance de Caufe, fenz aucun délit ou meffait, & fenz les oïr ou appeller deuëment, les font aler par adjournemens & autrement, en diverfes & lointainnes parties dudit Royaume; & fe il ᵇ fe deffendent, font durement traictiez & demenez, en extorquant d'eulz groffes & exceffives amendes; & mefmement, lefdiz Sergens prennent de l'un quarante folz, de l'autre trente; vint, dix, ou ce qu'il en puent avoir: lefdiz povres Pefcheurs, defquelz les aucuns font en procès pardevant lefdiz Maiftres ou leurs Lieuxtenans à la (b) Table de Marbre en noftre Palaiz à Paris, & les autres qui font des parties de Champaigne, de Bourgoingne, & d'autres Pays, en Normandie & ailleurs, hors de leurs reffors, font venuz à telles povretez & mifere, qu'il ne puent pourfuir lefdiz procès; mais les convient aucune foiz ᶜ compofer aufdiz Sergens, à plus que il ne puent ᵈ finer; & pour ce, leur efconvient laiffier leurdit meftier de Pefcherie, dont il advient & eft advenu plufieurs foiz, tant ès bonnes Villes comme ès autres lieux dudit Royame, que les ᵉ trefpaffans n'y puent recouvrer de poiffon, & auffi les refidens en yceulx lieux: lefquelles chofes font faites contre raifon & le bien commun, ou grant dommage, ᶠ gref & préjudice de toute la chofe publique, & defdiz povres Pefcheurs, dont les plufieurs n'ont ᵍ autre chofe dont il puiffent vivre, & Nous en defplaift ʰ forment, & non fenz caufe: Nous, qui defdictes vexations, griefs, travaux, oppreffions & autres chofes deffufdictes, fommes ⁱ fouffifament enformez, voulans raifon & Juftice eftre gardée en noftre temps, & noz fubgiez eftre gardez & deffenduz de toutes vexations, oppreffions & moleftacions indeuës, & pourvoir au bien de la chofe publique; & les Ordonnances de noz Predeceffeurs & de Nous, par lefquelles aucun ne doit eftre ᵏ tanz hors de fon reffort, & mefmement ˡ miferables perfonnes, eftre tenuës & gardées fenz enfraindre, de noftre certaine fcience & grace efpecial, plaine puiffance & auctorité Royaulx, & par bonne & meure délibéracion de noftre Grant Confeil, fur ce eué, avons ordené & ordonnons par ces prefentes.

(1) Que dores-en-avant lefdiz Pefcheurs, par adjournement ou autrement, ne feront traiz hors des lieux principaux de Chaftellerie, Prevoftez ou reffors, foubz qui il demoureront, & feront (c) couchans & levans : & qui ailleurs les

a Voy. cy-deffus, p. 15. (a).

b refufent de comparoiftre.

c Voy. les Tables des Matieres des Vol. des Ordonn. au mot, Compofitions.

d à des fommes fi fortes, qu'ils ne font pas en eftat de les payer.

e les paffans, les voyageurs.

f grief.

g d'autre métier.

h fortement.

i fouffif. R.

k Corr. traits; c'eft-à-dire, tirez, citez.

l pauvres.

NOTES.

(a) Threfor des Chartres, Regiftre 97. Piece 500.
(b) *Table de Marbre.*] Voy. le 3.ᵉ Vol. des Ordonn. p. 347. Note (e). Il y avoit autrefois trois Jurifdictions qui fe tenoient à la Table de Marbre ; les *Eauës & Forefts*, la *Conneftablie* & l'*Admirauté*. Celle des *Eauës & Forefts* fe tient encore au fond de la Grande Sale du Palais, vis-à-vis la Chapelle, & cela peut faire préfumer que c'eftoit-là où eftoit placée la *Table de Marbre.* Ces trois Jurifdictions font encore connuës aujourd'huy, fous le nom commun de la *Table de Marbre.*

(c) *Couchans & levans.*] Voy. les *Inftit. Couft. de Loifel,* avec les *Notes de Lauriere*, L. 1. tit. 1. regle 19. p. 21.

vouldroit traire par adjournemens ou autrement, pour la cause dessusdicte, Nous n'y voulons estre obéi ; mais voulons que touz deffaux donnez au contraire, & toutes autres choses qui s'en ensuirroient, soient de nulle valeur, & ^a vacuës de force & de vertu, & que pour ce, lesdiz Pescheurs ou aucun d'eulx, ne puissent estre ^b executez, ne traiz à amende en quelconque maniere.

(2) *Item.* Que aucuns desdiz Pescheurs ne soient contrains à amende, ne executez pour amende quelconque, pour cause de leurdit mestier, se il ne confessent y avoir ^c mespris, ou se il n'y sont esdiz lieux principaux condempnez par Jugement, ordre de droit gardée ; & ^d au contraire, Nous ne voulons *estre obéi.

(3) *Item.* Que il ne soient tenuz de païer amende, pour quelque meffait que il commettent audit mestier, autre que païer la doivent par les Ordonnances Royaux anciennes du temps de Monsr. Saint Loys & de noz autres Predecesseurs, & selon les privileges & Coustumes des Villes & des Pays, anciennement gardées.

(4) *Item.* Que lesdiz Maistres & Sergenz, ne pourront faire aucuns exploiz de Justice sur lesdiz Pescheurs, senz appeller les Justices des lieux ; & se il faisoient le contraire, Nous n'y voulons estre obéy, ne yceulx Pescheurs pour ce, païer aucune amende : & en oultre, avons ordonné & ordonnons comme dessus, que les procès dessusdiz, en quelque lieu que il soient meuz & pendent pardevant quelconques desdiz Maistres ou leurs Lieuxtenans, soient determinez esdiz lieux principaux desdictes Chastellenies, Prevostez ou ressors ; & que les Parties estans esdiz procès, ne soient tenuz de comparoir ne proceder ailleurs ; & tout ce qui seroit fait au contraire, tant deffaux donnez comme autres choses quixconques, Nous voulons & decernons estre de nulle valeur, & que pour ce, lesdiz Pescheurs ou aucun d'eulx, ne puissent estre traiz à amende en aucune maniere.

Si donnons en mandement par ces presentes, à touz nos Seneschaux, Bailliz, Prevoz & autres Justiciers, presens & avenir, & à chascun d'eulx si comme à luy appartiendra, que nostre presente Ordonnance facent crier & publier solempnellement, par touz les lieux accoustumez à faire criz & publicacion en leurs Seneschaucies, Bailliaiges, Prevostez & autres Jurisdicions, & ycelle facent tenir, garder & acomplir entierement, selon la forme & teneur d'icelle ; & ausdiz Maistres & Sergenz, & à touz les autres Officiers desdictes Eauës & Forès, presens & avenir, que ycelle nostre Ordonnance gardent, tiengnent & acomplissent de point en point, sur ^e quanque il se puent meffaire envers Nous, senz faire le contraire en aucune maniere ; en mettant au premier estat & deu, tout ce qui est ou seroit fait au contraire. Et que ce soit ferme chose & estable à touzjours, Nous avons fait mettre nostre Seel à ces Lettres, sauf en autres choses nostre droit & l'autruy en toutes. Donné à Sens, l'An de grace *1367.* & de nostre Regne le quart, ou mois de Juillet. Ainsin sign. Par le Roy en son Conseil. J. DE LUZ. Pour ^f Troyes. ^g Contentor. Visa.

CHARLES V.
à Sens, en Juillet 1367.

a *vuides.*
b *leurs biens saisis.*
c *avoir commis quelque contravention.*
d *si on fait le contraire.*
* y.

e *Du Latin* quantum.
f *Voy. cy-dessus, p. 22. Note* (g).
g *Voy. cy-dessus, p. 22. Note* (h).

(a) *Lettres portant que les habitans de Rozoy en Tierasche, seront exempts des* Appeaux volages *de Laon, en payant annuellement au Roy, deux sols parisis, pour chaque Feu.*

CHARLES V.
à Sens, en Juillet 1367.

CHARLES &c, Savoir faisons à tous presens & avenir, que, si comme Nous aïons entendu par l'unble ^h de plusieurs manans & habitans de la Ville de (b) Rosoy en Tierache, pour ce que il sont des (c) Appeaulz volages de Laon,

h *supplication.*

NOTES.

(a) Thresor des Chartres, Registre 100. Piece 270.

(b) *Rosoy.*] C'est apparemment, *Rozoy & Apremont,* Bourg & Comté dans la Picardie, Diocese de Laon, sur lequel Voy. le *Dictionn. Universf. de la Fr.* à ce mot.

(c) *Appeaux volages.*] Voy. le 2.e Vol. *des Ordonn.* p. 81. & Note (b), & les Tables des matieres de ce Volume & des suivants.

CHARLES V. à Paris, en Juillet 1367.

* mis.
a aillent.
b auſſi-toſt.

c deſpenſer.

d avoient accouſtumé.
e en.
f chaque maiſon.

g payant.

pluſieurs Clers & autres, leſquelz ne ſont mie deſdiz Appeaulz, quant aucuns deſdiz Suppliaus ne ſont leur volenté, ou leur ſont deſplaiſir aucun, & auſſi * meu pluſieurs fois de leur volenté, ſanz aucune cauſe raiſonnable, pour travailler & dommagier leſdiz habitans, les appellent ſouventeffoiz ou aucuns d'eulz, à noſtre Court à Laon, pardevant noſtre Baillif de Vermendois on ſon Lieutenant, pardevant leſquelz il convient que leſdiz habitans ainſi appellez, qui ſont demourans à dix lieuës loing de ladicte Ville de Laon, y ᵃ voiſent ᵇ tantoſt, en tel eſtat comme il ſont; où il convendroit que il Nous païaſſent ſoixante ſolz d'amende; & ſi n'y vont mie leſdiz appellans, ſe il ne leur plaiſt : pour laquelle cauſe, leſdiz habitans ainſi appellez, comme dit eſt, ſont travailliez, grevez & dommagiez, & leur en convient laiſſier à faire leurs beſoingnes & leurs labourages, & auſſi moult ᶜ finer & deſpendre du leur, ſi comme il dient : & comme pluſieurs Villes voiſines de ladicte Ville & du pays, leſquelles ᵈ ſoloient eſtre deſdiz Appeaulz, en ſoient quittes, frans, exemps & délivrées, ᵉ parmi Nous païant chaſcun an, deulz ſolz pariſis pour ᶠ chaſcun Feu, yceulz habitans de ladicte Ville de Roſoy, eſtans deſdiz Appeaulz, Nous ont humblement ſupplié, que, parmi Nous païant auſſi chaſcun an, deux ſolz pariſis pour Feu, Nous leur veillions pareillement quitter, délivrer & exempter deſdiz Appeaulz : Nous, euë conſideracion à ce que dit eſt, voulans noz ſubgès garder & deffendre de vexacion & deſpens, avons auſdiz habitans de ladicte Ville de Roſoy en Tierache, deſdiz Appeaulz, & à chaſcun d'eulz, octroié & par ces preſentes, de noſtre pleine puiſſance & auctorité Royale, de certaine ſcience & de grace eſpecial, leur ottroions, que, parmi ᵍ païement à noſtre Receveur de Vermendois à Laon, pour Nous, chaſcun an perpetuelment, deux ſolz pariſis pour chaſcun Feu, au terme ou termes accouſtumez en tel cas, il ſoient dores-en-avant & perpetuelment frans, exemps, quittes & délivrez deſdiz Appeaulz, & tout en la fourme & maniere, que les autres habitans du pays ſont, qui ſont de ſemblable condicion, comme dit eſt.

Si donnons en mandement au Baillif de Vermendois, & à tous nos Juſticiers & Officiers, ou leurs Lieuſtenans, preſens & avenir, & à chaſcun d'eulz, que leſdiz habitans & chaſcun d'eulz, facent & laiſſent joïr & uſer de noſtre preſent ottroy & grace, & contre la teneur d'icelle, ne les travaillent ou empeſchent, ou aucuns d'eulz; mais ycelle tiengnent & gardent, & facent tenir & garder ſenz enfreindre, en rappellant & remettant au premier eſtat & deu, tout ce que il trouveront eſtre fait au contraire. Et que ce ſoit ferme choſe, &c. ſauf, &c. *Ce fu fait & donné à Senz, l'An de grace 1367. & de noſtre Regne le quart, ou mois de Juillet.* SOYCOURT.
Par le Roy en ſes Requeſtes. G. DE MONTAGU. *Viſa.*

CHARLES V. à Paris, en Juillet 1367.

(*a*) Diminution de Feux pour pluſieurs lieux.

*K*AROLUS *&c. Notum facimus univerſis tam preſentibus quam futuris, quod cum ex parte plurium & notabilium, &c.*

Cumque facta quadam informacione, virtute Litterarum dicti Domini Genitoris noſtri, in Villis & locis Vicarie (*b*) *Fonelhedeſii, Seneſcallię Carcaſſonę, infraſcriptis, ſuper vero numero Focorum modernorum, in dictis Villis & locis nunc exiſtentium, per dilectum Clericum noſtrum, Petrum Perererii, Commiſſarium in hac parte deputatum, vocato*

NOTES.

(*a*) Threſor des Chartres, Regiſtre 97. Piece 407.
Il y a dans le Volume precedent, pluſieurs Lettres de diminution de Feux, accordées à differentes Villes. Elles ſont toutes ſemblables, à l'exception de l'endroit où eſt nommé le lieu à qui on les accorde, & le nombre de Feux qui y eſt. C'eſt pourquoy on a pris le parti de ne les imprimer qu'en extrait. Voy. une Lettre de diminution de Feux, imprimée en entier, dans le 4.ᵉ Vol. des Ordonn. p. 573. Voy. la Note (*a*).

(*b*) *Fonelhedeſii.*] Il faut corriger *Fonelhedeſii, Fenoüillet*, dans le Dioceſe de Narbonne. Voy. *le Dictionn. Univerſ. de la Fr.* au mot, *Fenoüillet.*

DE LA TROISIÉME RACE. 31

& presente in omnibus Procuratore nostro Generali dictæ Senescalliæ, aut ejus legitimo substituto; eademque informacione seu ejus transumpto, sub sigillo ordinario Curie Senescalli predictæ Senescalliæ Carcassone, facta & sigillata, in Cameram Compotorum nostrorum Parisius, apportata, ac per dilectas & fideles Gentes nostras dictorum Compotorum nostrorum, diligenter visa & inspecta, repertum fuerit, quod in dictis Villis seu locis dictæ Vicarie Fenolhedesii inferius nominatis, sunt de presenti, & reperiuntur, secundum traditam instruccionem super hoc prelibatam, Focci qui sequntur; videlicet, (c) in loco de [1.] Turre, triginta-sex Focci; in loco de [2.] Planesiis, octo; in loco de [3.] Rasiguerüs, quinque; in loco de [4.] Tornaforti, quinque; in loco de [5.] Alaussaco, novem; in loco de [6.] Squirda, octo; in loco de [7.] Castro Fideli, novem; in loco de [8.] Podio-Laurencio, viginti-quatuor; in loco de [9.] Halsavaco, sex; in loco de [10.] Atssaco, & Manso de [11.] Vainano, territorii ejusdem loci, triginta; in loco de [12.] Artigüs, sexdecim; in loco de [13.] Tozello, septem; in loco de [14.] Calhano, & Manso de [15.] ᵃ Predenchis, territorii dicti loci, octo; in loco de [16.] ᵇ Prada, quinque; in loco de [17.] Fossa, octo; in loco de (d)   septem; in loco de [18.] Virano, octo; in loco de [19.] Vivario, & Manso Sancti Martini Dendalens, territorii dicti loci, octodecim; in loco de [20.] Taxiaco, decem; in loco de [21.] Sancto Ernato, sex; in loco de [22.] Caramanno, sexdecim; in loco de [23.] Caladroerio, septem; in loco de [24.] Cassaneis, duodecim; in loco de [25.] Ausinhano, septem; in loco de [26.] Albaribus, tres; in loco de [27.] Filhonibus, novem; in loco de [28.] ᶜ Prunilhanis, tres; in loco de [29.] Calmis, quatuordecim; in loco de [30.] Cubaria, tredecim; in loco de [31.] Solagio, octodecim; in loco de [32.] Paseno, novem; in loco de [33.] Cugunhano, quindecim; in loco de [34.] Dulhato, vigintiunus; in loco de [35.] Roffiano, duodecim; in loco de [36.] Conosalio, tredecim; in loco de [37.] Ruppe-forti, & in Manso de [38.] Bulhaco & de Sancta [39.] Columba, territorii dicti loci, triginta; in loco de [40.] Rebollero, sexdecim; in loco de [41.] Anssano, septem; in loco de [42.] Sorulhano, triginta-quatuor; in loco de [43.] Palmis, undecim; in loco de [44.] Campobusino, novem; in loco de [45.] Ruppeviridi, quatuor; in loco de [46.] ᵈ Saquaria, quinque; in loco de [47.] Trevilhaco, septem; in loco de [48.] Monte-Albano, novem; in loco de [49.] Trilhano, decem; in loco de [50.] Pesilhanello, sex; in loco de [51.] Pratis, duodecim; in loco de [52.] Monte-forti, septem; & in loco de [53.] Sancto Martino de ᵉ Peilesio, novem Focci.

Nos vero, &c. Quod ut firmum, &c. salvo, &c. Actum Parisius, mense Julii, Anno Domini 1367. & Regni nostri 4. Sic signata. Per Consilium existens in Camera Compotorum Parisius. DE CHASTEL. Informacio de qua superius fit mencio, est in dicta Camera cum aliis similibus, prout est ordinatum. DE CHASTEL. Visa.

CHARLES V.
à Paris, en Juillet 1367.

ᵃ Pdenchis, avec une marque d'abbreviation sur le P. R.

ᵇ Pda. avec une marque d'abbreviat. sur le P. R.

ᶜ Pulhanis, avec une marque d'abbreviation sur le P. R.

ᵈ Saqria, en abbregé. R.

ᵉ Il y a une marque d'abbreviation entre le s. & l'i.

NOTES.

(c) In loco.] C'est au R. P. D. Vaissette, Religieux Benedictin, que je dois la connoissance des noms modernes des lieux dont il est parlé dans ces Lettres. Presque tous ces lieux sont du Diocese d'Alet. Quelques-uns sont de celuy de Narbonne. Il y a un N. à la suite des noms de ces derniers lieux.

(d) Il n'y a que Pl. avec des marques d'abbreviation qui coupent ces deux Lettres. Il a esté impossible de deviner quel est ce lieu.

1. La Tour de France.
2. Planeses.
3. Rassiguieres.
4. Tournefort.
5. Alausac.
6. Les Querse.
7. Castel-Fizel.
8. Puy-Laurens.
9. Hulsarac.
10. Axat.
11. Vaina.
12. Artigues.
13. Toufel.
14. Cailhau.
15. Pezens.
16. Paraou.
17. Fossé.
18. Virac.
19. Le Vivier.
20. Tayssac.
21. S. Arnac.
22. Camaing.
23. Caladroy.
24. Cassaignes.
25. Aninia.
26. Albieres. N.
27. Feillons.
28. Prugnannes.
29. Calmes.
30. Cubieres. N.
31. Soulage. N.
32. Palan. N.
33. Cugugnan. N.
34. Duilhac. N.
35. Rouffiac. N.
36. Counosols.
37. Roquefort.
38. Bulha.
39. S.ᵗᵉ Colombe.
40. Rabouillet.
41. Ansan.
42. Sournihac.
43. Palmes.
44. Campouci.
45. Roquefeuille.
46. Sougragne.
47. Trevilhac.
48. Montalba.
49. Trilla.
50. Pesilla.
51. Prats.
52. Montfort.
53. S. Martin de la Peyrales.

CHARLES V.
au Bois de Vincennes,
en Juillet 1367.

(a) Lettres portant exemption de tous subsides, pour seize Arbalestriers, choisis entre les autres Arbalestriers de la Ville de Lagny-sur-Marne, par leur Connestable, & pour ce Connestable.

CHARLES &c. Savoir faisons à tous presens & avenir, que, pour consideracion des bons services que ont fait ou temps passé, à noz Predecesseurs & à Nous, le Connestable & lez Compaignons de la Connestablie, joüanz de l'Arbaleste en nostre Ville de Laigny-sur-Marne, aux Sieges *(b)* de Tempes, de Nogent & de Marrolez, lors occupés de noz ennemiz, & ailleurs en tout ledit païs, & esperons aussi qu'il facent encorez ou temps avenir, se il en estoit necessité ; & pour ce, aussi que il Nous puissent & doient plus diligemment & convenablement servir oudit Office, touteffoiz que le cas si offera, Nous, iceulx Connestable & Compaignons, jusques au nombre de seize Compaignons, des plus profitables, diligens & convenables doudit office, avons voulu & ordené, & par ces presentez Lettres, voulons & ordenons, de grace especial, certaine science & auctorité Royal, estre exemptés dores-en-avant, & tenons quittes & paisibles de toutes Aides, imposicions, tailles, subsides, exactions, & autres quelconques subvencions pour Nous aianz cours en nostredicte Ville de Laigny ; excepté tant-seulement des ^a Aides ordenées pour la délivrance de nostre très chier Seigneur & Pere, dont Diex ait l'Ame, tout en la forme, maniere & condicion, que derrenierement l'avons octroié aux Arbalestriers de nostre Ville de Roüen. Si donnons en mandement à tous les Justiciers, Officiers, Deputez, Commissaires & subges de nostre Royaume, ou à leurs Lieuxtenans, & à chascun d'eulz selon ce que à lui appartendra, que desdictes Aidez, tailles, subsides, exactions, & autres subvencions quelconques aianz cours en nostredicte Ville de Laigny ; excepté l'Aide ordenée pour ladicte délivrance, comme dit est, il tiengnent & facent-tenir quittes & paisibles, iceulz Connestable & Compaignons, jusques audit nombre de seize ; & de nostre presente grace les laissent, seuffrent & facent joïr & user paisiblement, en la maniere que dessus est dit, sanz les troubler, molester ou empescher, ou souffrir estre troublez, molestez ou empeschez, ou aucuns d'eulz, au contraire, contre nostre presente grace, orez ou autrefoiz ou temps avenir, comment que ce soit ; pourveu toutes-voiez que iceulz Connestable & Compaignons, lezquelz Compaignons seront esleuz des plus profitables, diligens & convenables oudit office, à la nominacion dudit Connestable, soient & seront tenus de Nous servir diligemment à tous nos Mandemens, & touteffoiz que il Nous plaira, ou que ^b mestier en sera. Et que ces choses soient fermes, &c. sauf, &c. Donné au Bois de Vincennes, ou mois de Juillet, l'An de grace 1367. & de nostre Regne le quart.

Ainsi sign. Par le Roy en ses Requestes. DAILLY. SOYCOURT. *Visa.*

a Voy. le 3.e Vol. des Ordonn. p. 413. Note (d)

b *Besoin.*

NOTES.

(a) Thresor des Chartres, Registre 97. Piece 397. Voy. cy-dessus, p. 13.
(b) De Tempes.] On voit bien qu'il faut corriger d'*Estampes.*
Nogent, peut-estre Nogent-le-Roy, dans la Beausse, Diocese de Chartres.
Marrolez est un Village situé dans la Brie, Diocese de Sens. Voy. sur ces deux derniers lieux, le *Dictionn. Univers. de la Fr.* à ces mots.
Il n'auroit pas esté difficile, si cela eust esté necessaire, de recueillir icy ce qui peut se trouver sur ces trois sieges, dans *Froissart* & dans les *Chroniques de St Denys.*
Fleureau dans ses *Antiquitez d'Estampes,* n'a rien dit de la prise de cette Ville en 1357. par les Anglois, ni de la maniere dont elle fut reprise.

(a) Ordonnance

(a) Ordonnance pour moderer & regler le droit de Prise.

CHARLES par la grace de Dieu Roy de France : Au Prevoſt de Paris, à & tous nos autres Juſticiers & Officiers, ou à leurs Lieuxtenens, & à chaſcun d'eulx auxquieulx ces Lettres ſont preſentées, Salut. Comme de nouvel, ſoit venu à noſtre congnoiſſance par la complainte de pluſeurs bonnes gens, que pour cauſe des ᵃ Prinſes que l'en a fait par longtemps, & que chaſcun jour l'en faiſoit de chevaux, de charretes, de blés, de vins, de foings, d'avoinnes, de ᵇ fuerres, de fourrages, de ᶜ couſtes, de ᵈ coiſſins, de draps, de couvertures, de cuevre-chiefs, de beſtail, de poulaille, de tables, de treſtiaux & d'autres biens & choſes, que l'en prenoit pour les ᵉ garniſons de noſtre Hoſtel, & des Hoſtelz de noſtre très chiere & très amée Compaigne, la Royne, de nos Freres, de noſtre Conneſtable, & d'autres de noſtre Lignage, ou d'autres quelconques, les biens & marchandiſes dont noſtre bonne Ville de Paris, devoit eſtre garnie & avitaillié, eſtoient empeſchiez à y venir, & eſtre conduiz en icelle : Et auſſi pluſeurs bonnes gens demourans ès Faubours de noſtredicte bonne Ville, ſe departiront & wideront deſdiz Faubours, pour les griefs & dommages qu'ilz avoient pour cauſe deſdictes Prinſes ; & avecques ce, les bonnes gens des plas pays eſtoient empeſchiez à faire leurs *(b)* guingnages & labours, & demouroient pluſieurs terres & grans poſſeſſions, à labourer & en friche, pour ce que les chevaux de leurs ᶠ chevaux & charruës & charretes, les foings & avoinnes & feurres & autres fourrages dont ilz devoient ſouſtenir leurs chevaux & beſtail, leurdit beſtail & poulaille, & autres biens dont leſdictes bonnes gens devoient avoir leur ſouſtenance, eſtoient chaſcun jour prins, & ſi longuement avoient continué & perſeveré leſdis Preneurs, en faiſant icelles Prinſes, que, ſe par Nous n'y eſtoit pourveu, leſdictes bonnes gens, ou la plus grant partie d'eulx, eſtoient en peril d'eſtre ᵍ deſers à touſjours-maiz, & mis à povreté. Savons faiſons que Nous, conſiderans les choſes deſſuſdictes, & les grans miſeres que iceulx bonnes gens ont par longtemps ſouſtenu & ſouſert par le fait des guerres, & que, ſe ilz ne labouroient & eſtoient empeſchiez à cultiver, les riches perſonnes qui des labourages deſdictes bonnes gens, vivent & ſont ſouſtenus, pourroient avoir & ſouffrir pluſeurs deffautes deſdiz biens, & auſſi iceulz bonnes gens ne pourroient bonnement païer les aides & ſubſides ſur eulx impoſés, aïans du povre peuple pitié & compaſſion, avons de noſtre propre mouvement ordonné, voulons & ordonnons par ces preſentes, que toutes telles Priſes ceſſeront de cy-en-avant, & que aucuns Preneurs ne autres Officiers quelconques, ne prendront ne ne feront prendre par eulx ne par autres, par ʰ compoſicion ne autrement, pour quelconque cauſe que ce ſoit, en noſtredicte bonne Ville de Paris, ès Faubours, ne en quelconques autre lieu de noſtre Royaume où Nous ſoions, noſtredicte Compaigne, noſdiz Freres, noſtre Conneſtable, ne autre de noſtre Lignage, pour les garniſons de noſtre Hoſtel, ne des leurs, aucuns des biens & choſes deſſuſdictes, ne autres quelconques ; fors tantſeulement couſtes & coiſſins pour noſtre Chambre, foings, feurres & avoinnes pour les chevaux de noſtre corps, de ceuls de noſtredicte Compaigne, & de ceulz de noſdis Freres & d'autres de noſtre Lignage, qui ſeront en noſtre Compaignie, leſquels leur ſeront baillez & délivrés par nos Officiers, & deſquelz foings, feurres & avoinnes, Nous voulons eſtre paiez aux bonnes gens, le juſte pris tantoſt & ſenz delay, & auſſi le ſalaire pour les couſtes & coiſſins, ſelon le temps qu'elles ſeront

CHARLES V.
à Paris, le 17.
d'Aouſt
1367.

a *Voy. les Tables des Matieres des Vol. des Ordonnances, au mot* Priſes.
b *C'eſt la méme choſe que* fourrages.
c *matelas.*
d *couſſins.*
e *proviſions.*

f *Je crois qu'il faut corr.* chars.

g *ruinez.*

h *Voy. les Tables des Matieres des Vol. des Ordonnances, au mot* Compoſition.

i *que l'on s'en ſervira.*

NOTES.

(a) Livre Rouge vieil du Chaſtelet de Paris, *fol.* 42. *verſo.*

(b) Guingnages] pour *gagnages :* ce mot ſignifie ordinairement les fruits que l'on recueille ſur terre. Voy. *le Gloſſ. du Droit Franç.* au mot, *Gagnages.*

CHARLES V.
à Paris, le 17.
d'Aouſt
1367.

a C'eſt-à-dire, qu'on peut trouver facilement à en acheter.
b avant de les emporter.
c aux.
d Du Latin quantum.

e beſoin.

f publier.
g où l'on a accoûtumé de faire les publications.

tenuës; toutes-voies, pour ce que en noſtre bonne Ville de Paris, foins, avoinnes & autres biens, pevent eſtre trouvez ᵃ au denier la denrée, ſenz faire Prinſes, Nous ne voulons pas que en ycelle Ville ne en la Vicōté d'icelle, & pour les cauſes deſſuſdictes, aucune choſe y ſoit prinz, ſe ce n'eſt au denier la denrée, & du conſentement des bonnes gens de qui les choſes ſeront, & en leur païant promptement & ᵇ avant toute œuvre, le juſte & loïal pris; & mandons par ces preſentes, à tous Preneurs commis & à commettre, tant par Nous, noſtredicte Compaigne, comme nos Freres & autres de noſtre Lignage, ᶜ des Maiſtres de noſtre Hoſtel & des leurs, & à tous autres Officiers quelconques, ſur ᵈ quant qu'ilz ſe pevent meſfaire envers Nous, & ſur painne d'eſtre mis hors de noſtre Hoſtel, & privés de noſtre ſervice à perpétuité, que noſtre preſente Ordonnance & volunté tiengnent & gardent, enterinent & accompliſſent, facent tenir, garder, enteriner & acomplir, ſenz ycelle enfraindre, ne faire ou ſouffrir faire le contraire, par quelque maniere que ce ſoit : Et ou cas que leſdis Preneurs ou autres Officiers, feront & attempteront au contraire, & à noſtre preſente Ordonnance ne obéïront, Nous voulons & Nous plaiſt, que les bonnes gens ſur qui leſdictes choſes & biens l'en vouldroit prendre, ne obéïſſent, ne ſe ſoient tenus de obéïr auxdiz Preneurs ne autres Officiers, mais Nous plaiſt & voulons, & leur donnons licence & povoir par ces preſentes, que ilz prengnent & puiſſent prendre de fait & par force, iceulz Preneurs ou Officiers, & les baillent à la Juſtice des lieux; par leſquelles Juſtices, Nous voulons yceulz eſtre detenus priſonniers, & ſeurement gardés ſenz aucune faveur ne déport, juſques ad ce qu'ilz aïent mandement eſpecial de Nous, de leurdicte délivrance. Si vous mandons & enjoingnons, tant eſtroitement comme plus povons, & commetons, ſe ᵉ meſtier eſt, par la teneur de ces preſentes, & à chaſcun de vous en droit ſoy, que noſtre preſente Ordonnance & voulenté, faciez ainſi garder, enteriner & acomplir, ſenz ycelle enfraindre ne ſouffrir eſtre enfrainte en aucune maniere : Et affin que leſdiz Preneurs ou Officiers, ne puiſſent noſtre preſente Ordonnance ignorer, vous Prevoſt, nos preſentes Lettres faictes crier & publier ſolempnellement en noſtredicte bonne Ville de Paris, ès lieux acouſtumez ; ès Faubours & aux autres lieux de la Vicōté d'icelle bonne Ville, où meſtier ſera : Et vous autres Juſticiers à qui ces Lettres ſeront preſentées, faictes les ſemblablement crier & ᶠ puplier ſolempnellement, ès lieux de vos Juriſdictions, ᵍ ordinaires, où bon vous ſemblera : Et pour ce que noſdictes Lettres preſentes ſeront portées en divers lieux, il Nous plaiſt & voulons, qu'il ſoit foy adjouſtée à vidimus d'icelles, ſcellées ſoubz ſcel autentique, comme au propre original. Donné à Paris, le 17.ᵉ jour d'Aouſt, l'An de grace mil trois cens ſoixante & ſept, & de noſtre Regne le quart. Collacion faitte.

CHARLES V.
à Paris, en
Aouſt 1367.

(a) Confirmation des privileges accordez aux habitans du Dauphiné, par le Dauphin Humbert II.

SOMMAIRES.

(1) Lorſque le Dauphin mandera auprès de luy les Nobles, pour des expeditions militaires ou pour d'autres cauſes, il leur donnera les gages accoûtumez, pour leur voyage & pour leur ſéjour.

(2. 3) Lorſque les Nobles ſeront mandez par le Dauphin, pour une expedition militaire, il leur payera les chevaux qu'ils perdront dans leurs voyages, par des cas fortuits, lorſqu'il n'y aura pas de negligence outrée de leur part.

Il payera auſſi les chevaux des Nobles qui ſeront morts dans les guerres Delphinales, même dans les écuries, pourvû qu'il n'y ait pas de fraude, de dol ou de negligence outrée de la part de ceux à qui ils appartiennent.

(4) Ceux qui ſeront faits priſonniers dans les guerres Delphinales, ſeront rachetez par le Dauphin, à qui appartiendront tous les priſonniers faits ſur ſes ennemis.

(5) Abolition de certains droits qui ſe levoient depuis peu ſur les plaideurs.

(6) Diminution du nombre des Sergents.

(7) On ne fera point de ſaiſie dans les maiſons des Nobles, lorſqu'ils auront hors de leurs maisons, des effets que l'on pourra saisir.

(8) Les testamens nuncupatifs ne seront publiez, que lorsque l'heritier universel institué & écrit dans cette sorte de testamens, le demandera.

(9) Les anciennes Ordonnances touchant la moderation des droits sur les Sceaux & les Actes, seront observées.

(10) Toutes les nouvelles impositions & usages, establies depuis la mort du Dauphin Humbert I. seront supprimées.

(11) On fabriquera une Monnoye certaine, durable & avantageuse au public; & le Dauphin ne prendra qu'un Gros tournois, pour le Droit de Seigneuriage, sur chaque marc d'Argent fin qu'il sera fabriquer.

(12) Les Nobles pourront connoistre en premiere instance, des procès qu'ils auront au sujet des terres qui relevent d'eux, ou qui sont chargées de Cens envers eux, pourvû qu'ils nomment des Juges non suspects pour juger ces procès: ils pourront faire saisir tous les effets appartenans à ceux qui possederont ces terres, & leur faire déguerpir ces terres, par le Jugement de leurs Juges, faute de payement de Cens.

(13) Le Dauphin ne pourra obliger les Nobles à le suivre hors du Dauphiné contre leur volonté, pour des expeditions militaires, si ce n'est pour des guerres Delphinales.

(14) Lorsqu'il se sera élevée une guerre [privée] entre des Nobles, la Cour Delphinale ne pourra pas d'office faire informer au sujet de cette guerre, & des excès qui auront esté commis à ce sujet; si ce n'est dans le cas où cette Cour, avant le commencement de cette guerre, eust fait deffense de la faire & de commettre des excès. [Voy. p. 42. Note (p)].

(15) Tous les sujets du Dauphiné pourront y bâtir des Maisons-Fortes sur les terrains qui leur appartiennent, pourvû que ce ne soit pas vers les frontieres.

Ceux à qui ces Maisons-Fortes appartiendront, ne pourront les vendre, ni les faire infeoder par un Seigneur, qu'ils n'en ayent averti le Seigneur dans le territoire duquel elles sont bâties, afin qu'il ait la preference pour pouvoir les achepter ou les infeoder, moyennant le même prix offert par celuy qui veut les achepter, ou les infeoder.

(16) On ne pourra faire d'office d'enqueste [ou d'information] contre un habitant du Dauphiné, qu'il n'y ait un accusateur ou un dénonciateur, si ce n'est dans le cas des crimes graves.

Dans le cas où il y aura un dénonciateur, on communiquera l'enqueste à l'accusé, avant que de luy faire subir interrogatoire sur les articles qui y sont contenus.

(17) On ne pourra, en vertu d'une enqueste [ou information,] tirer un habitant du Dauphiné, hors de la Jurisdiction dans laquelle il a commis un délict, à moins que le Dauphin ne vueille le faire comparoistre devant luy, ou devant son Conseil, estant auprès de sa personne, dans le Dauphiné.

(18) Le Dauphin ne pourra pas exiger des corvées des sujets des Ecclesiastiques ni des Nobles, ni lever des tailles sur eux, si ce n'est dans le cas de l'utilité publique des lieux où ces sujets habitent.

(19) On ne pourra mettre de garnisons chez les habitans du Dauphiné.

(20) Lorsque le Dauphin mandera les Nobles pour une expedition militaire, il le fera par des Lettres écrites de sa main, & d'une maniere gracieuse & sans menace d'amende ou d'autres peines, si ce n'est dans le cas où il s'agiroit de secourir promptement le pays, ou lorsqu'un Noble refuseroit obstinément de venir servir.

(21) Les sujets des Eglises & des Nobles, ne pourront estre reçus Bourgeois dans une Ville franche, qu'ils n'ayent payé des dédommagemens à leurs Seigneurs.

(22) Les Nobles qui tiennent des choses relevantes en Fief du Dauphin, pourront les donner en Arriere-Fiefs, ou à Censive, sans la permission du Dauphin, auxquels ils rapporteront toûjours comme au Seigneur superieur, dans leurs aveux & dénombremens; mais ils ne pourront donner des lieux ni des Jurisdictions, relevantes en Fiefs du Dauphin, sans son consentement exprès.

(23) Les Sergents ne pourront faire d'execution dans les Justices des Seigneurs, sans leur en avoir demandé la permission; à moins qu'il ne parût par des Actes publics, ou par dépositions de temoins, & non par de simples procès verbaux des Sergents, que les Seigneurs ayent esté negligens à faire des Actes judiciaires dont ils avoient esté requis.

(24) Les biens des condamnez ne seront point confisquez au profit du Fisc, si ce n'est dans les cas d'heresie, de crime de Leze-Majesté, & autres cas portez par le droit.

(25) On ne pourra contraindre les femmes du Dauphiné, à se marier contre leur gré.

(26) La clause de la donation du Dauphiné, faite à Philippe de Valois, par le Dauphin Humbert II. qui regarde les successions, sera executée; en y adjoutant, que tous les Fiefs & Arriere-Fiefs du Dauphiné, seront reputez anciens, si le Dauphin ne prouve qu'ils sont nouveaux.

(27) Le Dauphin ni ses Officiers ne pourront faire des Prises de vivres, pour la provision de leurs Hostels, ni pour leurs armées, si ce n'est pour le prix que ces vivres vaudront communément; & en les payant sur le champ, ou en donnant une caution suffisante d'une personne qui s'obligera à les payer dans un mois, à compter du jour de la livraison.

(28) Le Dauphin renonce aux Sauve-gardes qu'il a accordé depuis dix ans à des sujets des Nobles; & il n'en n'accordera plus dans la suite, si ce n'est de leur consentement; à condition cependant que les Nobles n'accorderont point de Sauve-garde aux sujets du Dauphin.

(29) Les Nobles ou leurs Officiers connoî-

tront de tous les crimes commis dans l'estenduë de leur Jurisdiction, par quelques personnes que ce soit, & dans quelques lieux qu'ils soient commis; & la Cour superieure du Dauphin n'en pourra connoistre sous quelque pretexte que ce soit ; & si les criminels se trouvent dans des endroits où le Dauphin a la Jurisdiction immediate, ses Officiers seront obligez de les rendre aux Officiers des Nobles.

Les Nobles n'auront cependant pas de Jurisdiction sur les Officiers du Dauphin, ni sur les Officiers de son Hostel & de celuy de la Dauphine; cependant les Nobles pourront les arrester, lorsqu'ils auront commis des délicts, pour les remettre aux Officiers du Dauphin.

Les Nobles n'auront aussi aucune Jurisdiction sur les hommes liges du Dauphin, qui demeureront dans leurs Justices, [& qui auront commis des crimes hors de cette Jurisdiction,] ; ni même quand ils en auront commis dans des lieux appartenans à l'Eglise, situez dans leurs Justices : mais si un homme lige du Dauphin, commet un crime dans la Justice d'un Seigneur, hors des lieux appartenans à l'Eglise, & qu'il s'y refugie ensuite, le Seigneur pourra l'en tirer pour luy faire son procès.

Les Nobles pourront aussi punir les hommes liges du Dauphin, qui refuseront de payer les peages, ou qui maltraiteront les Peagers, lorsqu'ils feront leurs fonctions.

Si les Nobles ne punissent pas leurs Juges, lorsqu'ils auront délinqué, dans six mois, à compter du jour du délict, le Dauphin ou sa Cour punira ces Officiers.

(30) Le Dauphin ne pourra pas bâtir des moulins dans des lieux, où ils pourroient porter prejudice à ceux qui en ont dans ces lieux-là.

(31) Les Nobles pourront chasser dans tout le Dauphiné, excepté dans les forests de Claye & Olansie, & dans les garennes de Lapins & de Lievres.

(32) Le Dauphin ne pourra pas prendre les chevaux des personnes Ecclesiastiques & des Nobles, sans leur consentement.

(33) Le Dauphin remet toutes les confiscations à luy acquises jusqu'à ce jour, par commise, pour quelque cause que ce soit, excepté celle de trahison; & quand même les confiscations auroient esté jugées, pourvû qu'elles n'ayent esté executées.

(34) On ne pourra point appeller à la Cour Delphinale, des Jugements des Chastellains & des autres Officiers des Nobles, qu'après les avoir requis de reformer ces Jugements.

(35) Le Dauphin, dans quelque affaire que ce soit, reelle, personnelle, criminelle ou mixte, ne pourra faire juger ses justiciables immediats, que par le Juge ordinaire du lieu, dans lequel la Partie est domiciliée, ou la chose dont il s'agit située, ou par un Commissaire envoyé dans ces lieux aux dépens du Dauphin qui pourra cependant évoquer ces affaires à sa personne, ou à son Conseil estant auprès de luy dans le Dauphiné.

(36) Lorsqu'un justiciable immediat du Dauphin, se sera emparé de quelque chose appartenante au Dauphin, on ne pourra proceder contre luy par Enqueste ou autrement, que suivant la procedure ordinaire.

(37) Le Siege de la Judicature des appels en dernier ressort du Dauphiné, sera à Grenoble qui est la Capitale du Pays, & le Juge qui en connoistra, y residera.

(38) Il y aura un Juge des appels en dernier ressort, dans la Baronie de Faucigny, & il y residera. Cette Baronie ne pourra estre alienée par le Dauphin, en tout ou en partie.

(39) Lorsqu'il y aura guerre entre le Dauphin & le Comte de Savoye, le Dauphin establira dans la Baronie de la Tour & de Valbonne, un Juge des appels en dernier ressort, qui connoistra pendant la guerre seulement, des appels pendants alors devant le Grand Juge des appels du Dauphiné, & de ceux qui seront interjettez pendant la guerre.

(40) Le Dauphin ne pourra faire séjourner ses chevaux, ses chiens & équipages de chasse, dans les maisons des Ecclesiastiques, Religieux, & autres sujets Delphinaux, si ce n'est en payant leur dépense : & s'il les y envoye, on pourra les chasser.

(41) La Cour Delphinale ni les Nobles, ne pourront faire des inventaires des biens des personnes decedées, si ce n'est à la requeste des heritiers ou des executeurs testamentaires, s'il y a un testament ; ou à la requeste des heritiers qui auroient dû succeder, s'il n'y avoit pas eû de testament, ou des proches parents des mineurs qui auroient dû aussi estre heritiers ab intestat.

(42) La Cour Delphinale ne pourra pas d'office, faire des informations sur le crime d'usure, ni saisir pour cette cause, les biens des decedez, & on gardera le droit commun à cet égard.

(43) Lorsqu'un Vassal aura fait une fois hommage à son Seigneur, soit le Dauphin ou un autre Noble, lorsque ce Seigneur sera mort, ses successeurs ne pourront faire saisir les Fiefs, faute d'hommage rendu, si ce n'est dans le cas où ayant requis le Vassal de le venir rendre, celuy-cy aura refusé de le faire.

(44) Dans le cas des guerres [privées,] les Nobles pourront conduire leurs amis dans tout le Dauphiné, pourvû que ce ne soient pas des personnes que l'on leur ait expressément deffendu de conduire, & que ces amis ne causent aucun dommage au Dauphin & au Dauphiné.

(45) Lorsqu'un criminel qui aura commis un délict dans la Jurisdiction d'un Noble, sera trouvé dans l'estenduë de la Jurisdiction de la Cour Delphinale, les Officiers du Dauphin, le renvoyeront à ce Noble, après avoir fait une information sommaire sur le délict.

(46) Les Sergents de la Cour Delphi-

nale, ne pourront faire des bans [ou proclamations] dans les terres des Nobles, qui ont droit d'en faire.

(47) Le Dauphin ne donnera aucune atteinte aux Libertez, privileges & immunitez accordées aux lieux & aux personnes du Dauphiné.

(48) Les bonnes Coustumes seront observées, & les mauvaises seront abolies.

(49) Les Juges & les Procureurs [Fiscaux] ne pourront exercer leurs Offices, que pendant deux ans : lorsqu'ils seront sortis de charge, ils ne pourront exercer d'Office de Judicature, dans quelque lieu que ce soit, qu'après cinq ans.

(50) Le Dauphin renonce au droit de Main-morte qu'il avoit sur les Nobles & ses sujets, à condition que les Nobles renonceront au même droit qu'ils avoient sur leurs sujets.

(51) Les Nobles qui ne laisseront pas joüir leurs sujets, des Libertez & privileges contenus dans ces Lettres, ne joüiront pas eux-mêmes de ces Libertez & privileges.

(52) Les nouveaux Dauphins, avant que de pouvoir exiger les hommages & les sermens de fidelité, seront obligez de jurer entre les mains de l'Evêque de Grenoble & de l'Abbé de St. Antoine de Vienne, ou de leurs Vicaires, d'observer tout ce qui est contenu dans ces Lettres; & s'ils refusent de faire ce serment, on ne sera point obligé de leur obéïr ni à leurs sujets.

(53) Tous les Officiers de Judicature du Dauphiné, jureront d'observer ce qui est contenu dans ces Lettres; & s'ils refusent de le faire, on ne sera point obligé de leur obéïr.

Si ces Officiers violent aucuns des points cy-dessus exprimez, ils payeront des dommages & interests à ceux qui se pourvoiront contre eux à ce sujet, & ils seront punis comme parjures.

CHARLES V.
à Paris, en Aoust 1367.

CAROLUS Dei gratia, Francorum Rex & Delphinus Viennensis: Notum facimus, tam præsentibus quam futuris, Nos vidisse Litteras, formam quæ sequitur, continentes.

IN nomine Domini nostri Jesu-Christi, Amen. Noverint universi & singuli, præsentes & futuri, quod Anno Domini millesimo tercentesimo quadragesimo-nono, Indictione secunda, die decima sexta mensis Julii, Pontificatus Sanctissimi Patris & Domini nostri, Domini Clementis, Divina providente clementia, Papæ Sexti, Anno octavo, in præsentia mei Notarii, & testium subscriptorum, paulo post translationem realem, & traditionem possessionis Delphinatus, factam die prædicta, per Illustrem Principem Dominum Humbertum, antiquiorem Delphinum Viennensem, & Illustrem Principem Dominum Carolum Primogenitum Illustris Principis Domini Joannis, Primogeniti Serenissimi Principis Domini Philippi, Dei gratia Francorum Regis, Normandiæ & Acquitaniæ Ducis, ac Pictaviensis, Andegavensis, Cenomanensis Comitis, Delphinum Viennensem * juniorem, & acceptationem dictæ translationis & possessionis, factam per Dominum Carolum Delphinum juniorem prædictum : Reverendus in Christo Pater Dominus Joannes, Dei gratia Episcopus Gratianopolitanus, exhibuit eidem Domino Carolo Delphino juniori prædicto, præsente præfato Domino Duce Genitore ejusdem, quoddam publicum instru-

* nouveau. Voy. Du Cange, à ce mot.

NOTES.

(a) La Copie de ces Lettres a esté envoyée de Grenoble. Il y a à la fin :
Extrait tiré d'un Livre en velin, écrit à la main, en Lettre gothique, estant rieres les archives secretes de Messieurs les Officiers de la Cour de Parlement, Aydes & Finances de Dauphiné, attaché avec une chaîne de fer, & collationné par Nous, Escuyer, Conseiller-Secretaire du Roy, Maison, Couronne de France & de ses Finances, Greffier en chef en ladite Cour, au requis de Monsieur le Procureur general du Roy en ladite Cour.
AMAT.
Ces Lettres sont aussi au Thresor des Chartres, Registre 101. Piece 114. Elles ont déja esté imprimées dans le recueil, intitulé : *Tractatus de Statutis Delphinalibus*, p. 35. verso. Mais comme suivant M. de Valbonays, cette édition estoit pleine de fautes, il a fait reimprimer dans son *Histoire du Dauphiné*, les Lettres du Dauphin Humbert. Elles sont dans le 2. Vol. p. 586. Voy. p. 592. Note (a) & cy-dessous, p. suivante Note (b).

Les Lettres de Confirmation de Charles V. sont du mois d'Aoust 1367. sans date du jour, & l'on trouvera dans la suite de ce recueil, quelques Lettres de ce Prince, datées du 22. d'Aoust ; mais comme elles regardent toutes le Dauphiné, & que les privileges accordez aux habitans du Dauphiné, par le Dauphin Humbert II. & confirmez par Charles V. sont en quelque sorte le fondement de ces Lettres, on a crû devoir intervertir dans cette occasion, l'ordre que l'on s'est prescrit dans l'arrangement des Ordonnances, & faire imprimer ces privileges, avant les Lettres qui en contiennent la confirmation ou l'extension.

E iij

38   Ordonnances des Rois de France

CHARLES V.
à Paris, en Aoust 1367.

—————— mentum confectum & signatum per me Notarium infrascriptum, dictique Domini Humberti Delphini antiquioris, majori impendenti in cordono sericeo & cera rubea, sigillatum sigillo, continens certas Libertates & franchesias, gratias, concessiones, declarationes & privilegia, per præfatum Dominum Humbertum antiquiorem Delphinum, dudum de mense Martii nuper lapsi, factas & facta, concessas & concessa Prælatis, Baronibus, Nobilibus, Valvassoribus, & aliis personis & subditis Delphinatus, & aliarum terrarum suarum : Quod instrumentum dictus Dominus Carolus pro lecto habuit : Cujus tenor sequitur & est talis.

(b) IN nomine Domini nostri Jesu-Christi, Amen. Noverint universi, præsentes pariter & futuri, quod Anno Nativitatis ejusdem Domini, millesimo trecentesimo quadragesimo nono, Indictione secunda, die quarta-decima mensis Martii, Pontificatus Sanctissimi Patris & Domini nostri, Domini Clementis, digna Dei providentia Pappæ Sexti, Anno septimo, Illustris Princeps Dominus Humbertus Delphinus Viennensis, constitutus propter ea quæ sequuntur, coram me Humberto Pillati Notario publico, & testibus infrascriptis; ipse siquidem Dominus Delphinus, liberalitatis patrocinio & gratitudinis amminiculo, non indigne, sicut asseruit, stimulatus, in suæ mentis intelligentia commemorans, quibus & quantis Prælati & aliæ Ecclesiasticæ personæ, Barones, Banneretti, (c) Proceres Nobiles, Valvassores & Franci, Universitates, Communitates, & cæteri subditi Delphinatus, universaliter universi & singulariter singuli, erga ipsum Dominum & prædecessores ejusdem, reverentiis & obedientiis debitis, & fidelitatibus illibatis, nec minus circa protectionem honoris, nominis & jurium Delphinatus, ut veri pugiles; videlicet, Prælati & cæteri Ecclesiastici, consiliis opportunis; alii vero, etiam consiliis, & bellicoso frequenter certamine, curis sollicitis claruerunt : Volens eos & eorum singulos, in suis bonis antiquis usibus & Consuetudinibus, privilegiis & Libertatibus, etiam amplioribus, futuris & perpetuis temporibus, conservari; & ne forsan successorum ambitiosæ desiderationis eventus, aut sinistrorum interpretum intellectus, ipsos usus & Consuetudines, privilegia & Libertates variet, dirimat, seu novis & perniciosis inventionibus deviet à luminibus claritatis prædictis; & aliis Prælatis, Baronibus, Banneretis, Proceribus Nobilibus, Valvassoribus & Franchis, Universitatibus, Communitatibus, & cæteris subditis Delphinatus, & aliarum Terrarum ipsius Domini Delphini, & hæredibus & successoribus eorumdem, & mihi Notario supra & infrascripto, tanquam publicæ personæ, stipulanti & recipienti, nomine ipsorum, & omnium & singulorum quorum interest & interesse poterit in futurum, prout eos & eorum singulos, universaliter & singulariter, tangunt & tangere poterunt infrascripta; consideratione præmissorum, & in remissionem peccatorum suorum & prædecessorum suorum; illorum maxime quæ in facto Monetarum, exactionibus Gabellarum & (d) Fogagiorum, & in damnis datis Terræ suæ, quando ibant vel revertebantur ᵃ cavalgatæ, sive in ᵇ comestionibus factis per eum & prædecessores suos, aut familiares, canes, venatores, equos ᶜ summerios, falcones vel (e) garciones eorum, in Ecclesiis, Abbatiis, Prioratibus, domibus aliis Ecclesiasticis, aut aliis quibuslibet Delphinatus, & Terrarum cæterarum dicti Domini Delphini, hactenus incurrerunt; fecit, dedit, donavit &

a ses Armées.
b Proprement, mangeries, dommages causez.
c chevaux de somme.

NOTES.

(b) *In nomine.*] Ces Lettres du Dauphin Humbert, sont imprimées dans l'Hist. du Dauphiné, par le President de Valbonays, t. 2. p. 586. Il y a fait sur ces Lettres quelques Notes, dont je donneray le précis dans les miennes. Le texte donné par M. de Valbonays, m'a servi à corriger plusieurs fautes qui estoient dans la copie qui a esté envoyée de Grenoble, & qui estoient visiblement des fautes d'un copiste peu accoustumé à lire & à transcrire d'anciennes Chartres. Je n'ay pas crû qu'il fût necessaire de faire mention de ces corrections dans des Notes; comme je le fais, lorsque je travaille sur des Originaux.

(c) *Proceres Nobiles.*] Dans l'Hist. du Dauphiné, il y a une virgule entre ces deux mots : je crois qu'il n'en faut pas, & que *Proceres Nobiles* désigne la Haute Noblesse, distinguée des *Valvassores* qui sont les simples Gentilshommes qui ont des Fiefs.

(d) *Fogagiorum.*] *Fouage*, imposition par Feux. Voy. le 3ᵉ Vol. des Ordonn. p. 275. 12. & *Du Cange*, au mot, *Focagium.*

(e) *Garciones eorum.*] C'est-à-dire, les *Garçons* ou *Valets* chargez du soin de ces Faucons. Voy. *Du Cange*, au mot, *Garcio.*

concessit, & declaravit, pro se & successoribus suis in perpetuum, Declarationes, privilegia Libertates, immunitates, franchesias, concessiones & gratias quæ, & prout inferius continentur.

CHARLES V.
à Paris, en
Août 1367.

(f) Quod Dominus Delphinus, quando mandabit Nobiles, pro Cavalgatis vel alia causa, gagia solvere teneatur.

In primis. VOLUIT, *ordinavit, concessit & declaravit præfatus Dominus noster Delphinus, pro se & suis perpetuo successoribus quibuscumque, quod quotiens & quandocumque, ac quovis tempore, ipsum vel successores suos mandare continget ad se venire Barones, seu alios Nobiles Delphinatus, aut aliarum Terrarum suarum, pro* ª *Cavalgatis aut aliis negotiis ipsius Delphinatus, seu Terrarum aliarum dicti Domini Delphini, vel alia causa quacumque, ipse Dominus Delphinus & successores sui, eisdem Baronibus & Nobilibus mandatis & venientibus, veniendo, stando & redeundo, gagia debita, justa & consueta solvere teneantur.*

a expeditions militaires.

Quod Dominus Delphinus teneatur mandatis ad Cavalgatas, qui perdent equos, emendare.

(2) Item. QUOTIENS *& quandocumque ipsum Dominum Delphinum vel successores ejusdem, continget Cavalgatas mandare, si ex quo Barones, Nobiles, vel alii mandati pro dictis Cavalgatis, recesserint de eorum domibus, eundo ad dictas Cavalgatas, vel inde redeundo, quocumque casu fortuito sine (g) lata culpa eorum, amiserint (h) equum, roffinum vel sommerium quemcumque, ipse Dominus Delphinus & successores ejusdem, teneantur & debeant dictum equum, roffinum seu sommerium* ᵇ *emendare.*

b en payer la valeur.

De emenda equorum qui morientur pro guerra, etiam in stabulo.

(3) Item. SI *& quandocumque contingeret aliquem ex eis, emere equum pro guerra Delphinali, quod qualitercumque ipse equus moreretur, etiam in stabulo ; dum tamen sine dolo & fraude, & sine lata culpa illius cujus esset, ipse Dominus Delphinus & successores sui, emendare debeant dictum equum.*

De redemptione captivorum.

(4) Item. QUOD *si & quocumque tempore, pro guerra dicti Domini Delphini vel successorum suorum, aut aliàs, mandati per Dominum Delphinum vel ejus Baillivum, Barones, Nobiles vel alii subditi Delphinatus seu aliarum Terrarum suarum, per inimicos Delphinales, eorum aliquis vel aliqui capiantur, ipse Dominus Delphinus & successores sui, ipsum captum vel captos redimere teneantur, & ab inimicis totaliter liberare ; & tunc captivi qui caperentur de inimicis Delphinatus, per subditos Delphinales quoscumque, ad ipsum Dominum Delphinum & successores suos, debeant pertinere.*

NOTES.

(f) Quod.] Les Sommaires qui sont à la teste des articles, sont dans l'édit. des *Statuta Delphinalia*, & ne sont pas dans celle de M. de *Valbonays*.

(g) Lata culpa.] Celuy-là commet *latam culpam*, qui manque à des précautions ausquelles nul autre ne manqueroit. *Lata culpæ finis est, non intelligere quod omnes intelligunt.* L. 223. ff. *de Verbor. signific.*

(h) Equum.] C'est le cheval de Bataille; *Rossinus*, le *roucin*, me paroist signifier icy un simple cheval de monture; *Sommerius* est un cheval de charge. Voy. *Du Cange*, au mot *Runcinus*. Il y cite cependant un passage du Thresor de *Brunetus Latinus*, où il est dit que le *roucin* est un cheval de charge.

De remissione Datarum & Clamarum.

CHARLES V.
à Paris, en
Aoust 1367.

a la ruine totale.

(5) Item. CUM ipse Dominus Delphinus, ut asserebat, à subditis suis de (i) Datis & Clamis Majoris Curiæ Viennesii, & aliis, quæ a paucis temporibus, levari consueverunt in aliis Curiis Delphinatus & cæterarum Terrarum suarum, multas habuit quærimonias & quærelas ; asserentibus subditis, ipsas Datas & Clamas, in modicum ipsius Domini Delphini commodum reddere, & in maximum detrimentum ac ª exhæredationem eorum : Ipse Dominus Delphinus, Datas ipsas & Clamas Curiæ Viennesii, & alias quascunque, a paucis temporibus levari consuetas, ubicunque, & in quacunque Curia sui Delphinatus & aliarum Terrarum suarum, leventur, remisit, amovit, quittavit & totaliter liberavit.

De moderamine Magneriorum seu Servientium.

(6) Item. VOLUIT & ordinavit & declaravit ipse Dominus Delphinus, numerum (k) Magneriorum seu Servientium Curiæ, in quibuscunque Curiis, Castris & Terris ipsius Domini Delphini & successorum suorum, moderari & moderatum teneri, secundum quod ipse Dominus Delphinus, alias in suis statutis & Ordinationibus, ordinavit ; ne propter multitudinem ipsorum Magneriorum, graventur nimis subditi Delphinatus.

Quod in domibus Nobilium, ipsi non pignorentur, si extra reperiantur eorum pignora sufficientia.

b Voy. cy-dessous, Note (k).

(7) Item. QUOD ᵇ Magnerii vel alii Officiales Delphinales, in domibus Baronum vel aliorum Nobilium Delphinatus seu aliarum Terrarum suarum, pignorare non possint nec debeant infra domos ipsas, quandiu pignora sufficientia ipsorum pignorandorum, extra domos eorum poterunt reperiri, ad evitandum scandala quæ inde possent forsitan evenire.

Quod nulla publicentur testamenta nuncupativa, in Curia, nec ad id quispiam compellatur, nisi hoc hæres peteret.

(8) Item. QUOD deinceps in quacunque Curia Delphinatus, vel alibi infra Delphinatum seu Terras ipsi Delphinatui, mediate vel immediate subjectas, nulla publicentur vel publicari debeant (l) testamenta nuncupativa ; nec ad id quispiam compellatur, nisi dumtaxat in casu quo hæres universalis institutus, ipsum peteret publicari testamentum nuncupativum, in quo esset scriptus & institutus hæres.

De moderamine sigillorum, & scripturarum.

c Actes.

(9) Item. VOLUIT & concessit dictus Dominus Delphinus, quod Ordinationes alias factæ per eum, super moderamine sigillorum & ᶜ scripturarum Notariorum quarumcunque Curiarum & Terrarum suarum, renoventur, & in firmam observantiam teneantur.

NOTES.

(i) *Datis & clamis.*] Ces deux mots sont très bien expliquez dans la nouvelle édit. du Gloss. de Du Cange, aux mots *Data, Clama*.

Data estoit un droit de deux sols pour livre, de la valeur de la chose litigieuse.

Clama est la même chose que *Clamor*, le *Clain*. C'estoit un droit que l'on payoit quand on presentoit requeste au Juge, pour faire assigner une personne.

(k) *Magneriorum.*] *Magnerius* est la même chose que *Maynerius*, & il signifie proprement un Valet. Dans la Dombe, les paysans appellent encore leurs Valets, *Meignats*. Voy. le *Gloss. de Du Cange*, aux mots, *Magnerius* & *Maynerius*.

(l) *Testamenta nuncupativa.*] On entend ordinairement, par *testaments nuncupatifs*, ceux qui sont faits de vive voix. Voy. *Inst. tit. Testam.* §. *finale*, & *Du Cange*, aux mots, *Nuncupativum* & *T. stamentum*. Ces mots ont icy un sens tout different, puisqu'il s'y agit d'un testament écrit.

De revocatione

DE LA TROISIÉME RACE.

De revocatione novorum Pedagiorum & Gabellarum.

CHARLES V. à Paris, en Août 1367.

(10) Item. OMNES & singulas (m) Gabellas novas, ubicumque in Delphinatu & aliis Terris suis, per eum vel prædecessores suos, seu alias personas quascumque, introductas & impositas quoquomodo, à tempore felicis recordationis Domini (n) Humberti Delphini Viennensis, Avi paterni dicti Domini Delphini Humberti præsentis, citra, ipse Dominus Delphinus abstulit, amovit, quittavit & totaliter revocavit; nolens quod ex nunc in antea, dictæ Gabellæ novæ aliqualiter exigantur; antiquis dumtaxat Gabellis & Pedagiis, in suis antiquis & bonis usibus & vigoribus, permansuris: Et ne fiat ignorantia sive error, quæ fuerint antiquæ vel novæ Gabellæ; voluit ipse Dominus Delphinus & ordinavit, quod super hoc inquisitio, informatio & declaratio fiant, & commissio certis personis, quæ ea habeant declarare.

Quod fiat Moneta certa & durabilis; & non capiatur nisi unus Grossus pro qualibet Marcha quæ operabitur.

(11) Item. VOLUIT, statuit & ordinavit, & declaravit ipse Dominus Delphinus, quod deinceps perpetuo, fiat Moneta certa & durabilis, secundum quod pro utilitate Patriæ, melius poterit ordinari; & quod ipse Dominus Delphinus seu successores ejusdem deinceps, non recipiant nec recipere possint, modo quocumque, pro dominio & (o) Seignoria suis, in Monetis cudendis quibuscumque, perpetuis temporibus, nisi dumtaxat unum Grossum turonensem Argenti, pro qualibet Marcha Argenti fini, quam operari & cudi contingat in eisdem Monetis.

De cognitione Causarum, quam habeant Nobiles, in & pro rebus emphiteotecariis quæ tenentur ab eis.

(12) Item. VOLUIT, concessit & declaravit ipse Dominus Delphinus, quod Barones, Nobiles, & alii Delphinatus & aliarum Terrarum suarum, in possessionibus & rebus quæ moventur & tenentur aut tenebuntur in futurum, de dominio vel ^a Emphiteosi eorumdem, habeant & habere possint primam cognitionem, si ^b querelantes de & super ipsis rebus seu possessionibus, (*) [velut ad eos primò recurrere, & quod ipsis querelantibus] possint dare Judices non suspectos ; & pro Censibus eorum, pignorare emphyteotas in domibus eorum, vel extra, & fructus excrescentes in ipsis rebus emphiteotecariis, pro suis Censibus saisire, & ipsas res emphiteotecarias, pronunciari facere ^c cecidisse in commissum, per Judices non suspectos.

a Domaine tenu à la charge d'un Cens. Voy. la suite de l'article.

b Ceux qui auront des actions à intenter.

c les faire déguerpir, faute de payement du Cens.

Quod Nobiles & alii Delphinatus, non trahantur extra limites Delphinatus, nisi pro guerra Delphinali.

(13) Item. VOLUIT, concessit & ordinavit & declaravit ipse Dominus Delphinus, Barones, Nobiles, & alios quoscunque subditos Delphinales, & aliarum Terrarum suarum, non teneri nec debere sequi ipsum Dominum Delphinum nec successores ejusdem, nec trahi posse extra limites Delphinatus, pro guerra quacumque, nisi pro guerra Delphinali, sine speciali eorum voluntate pariter & consensu; nec ad id compelli possint quomodolibet in futurum.

NOTES.

(m) *Gabellas.*] Ce mot signifie en general, une imposition. Voy. Du Cange, au mot, *Gabella*, dans *Gablum*.

(n) *Humberti.*] Humbert I. Grand-Pere de Humbert II. mourut vers le 12. d'Avril 1307. Voy. l'*Hist. du Dauphiné*, par M. de Valbonnays, t. 1. p. 263. n.° LXXXVIII.

(o) *Seignoria.*] Droit de *Seigneuriage*, qui appartient aux Seigneurs qui ont droit de battre Monnoye, sur celles qu'ils font fabriquer. Voy. le *Gloss. du Droit Franç.* au mot, *Seigneuriage*.

(*) Ce qui est dans les crochets, n'est pas dans la Copie envoyée de Grenoble.

Tome V. F

CHARLES V.
à Paris, en
Aoust 1367.

Quod non fiat inquisitio & punitio contra Nobiles inter se guerram facientes, ex officio Curiæ, nisi esset facta specialis inhibitio.

(14) (p) Item. QUOD *si contingeret guerram moveri inter Barones, seu alios Nobiles Delphinatus, aut aliarum Terrarum Domino Delphino subjectarum, quod de ipsa guerra, offensis, vel forefactis provenientibus ex eadem, non inquiratur nec inquiri possit ex officio Curiæ Delphinalis; nisi primitus de ipsa guerra, seu de offensis vel forefactis non faciendis, per dictam Delphinalem Curiam, specialis inhibitio facta esset: Post autem ipsam inhibitionem specialem factam per dictam Curiam Delphinalem, possit ipsa Delphinalis Curia, ex officio Curiæ vel aliàs, inobedientes & contrafacientes inquirere & punire.*

Qualiter Nobiles possint facere domos fortes.

(15) Item. VOLUIT, *concessit & ordinavit ipse Dominus Delphinus, quod quicunque subditi Delphinatus, & aliarum Terrarum Domino Delphino subjectarum, possint & sibi liceat, in quacunque parte Delphinatus & aliarum Terrarum prædictarum, cuilibet in re sua propria duntaxat, facere domos fortes pro libito voluntatis, dummodo dictæ domus non fiant in locis esponderiis seu limitrophis: (q) Tali etiam conditione adjecta, quod illæ domus construendæ fortes, non possint accipi, vel recognosci per illos quorum erunt, de Feudo alicujus Domini vel personæ, nisi prius præsentatæ fuerint Domino territorii in quo dictæ domus fierent; & ita quod ille Dominus territorii habeat prærogativam, & possit habere dictam domum vel ejus Feudum, ante omnes alias personas,*

a quod.

pro eodem prætio, ᵃ *quo Dominus ipsius domus, si ipsam domum venderet, aut recognoscere vellet, ab alio de ea legitime & sine fraude, inveniret.*

Quod non fiat inquisitio contra subditos, sine denuntiatore legitimo; nisi in notoriis & gravioribus.

b communiquez.

(16) Item. QUOD *nulla Inquisitio contra ipsos subditos Delphinatus aut aliarum Terrarum suarum, fieri debeat, neque fiat in non notoriis criminibus, nisi apareat legitimus accusator vel denuntiator; & eo casu,* ᵇ *reddi debeant articuli Inquisitionis prædicto accusato, antequam respondere quomodolibet compellatur; exceptis tamen gravioribus criminibus, in quibus possit quandocunque, contra quemcumque inquiri ex officio Curiæ Delphinalis: Quæ quidem graviora, voluit ipse Dominus Delphinus, intelligi secundum leges & etiam declarari.*

Quod subditi non trahantur, pro aliqua Inquisitione, extra Judicaturam; nisi coram Domino vel Consilio suo.

(17) Item. QUOD *prædicti subditi Delphinatus aut aliarum Terrarum suarum, pro*

NOTES.

(p) Item.] Dans la Copie qui m'a esté envoyée de Grenoble, il y a, à costé de cet article:
Ista Libertas fuit revocata per Litteras Domini nostri Delphini, quæ sunt in Camera Computorum, in archa Dominorum, in sacco signato per B. & sunt signatæ a dorso, per Litteram C.
Item *Aliæ repetitoriæ commissæ a Domino Gubernatore, sunt registratæ in octavo libro Memorialium, fol. 66.*
* Cette Note n'est ni dans l'Edit. des *Statuta Delphin.* ni dans l'Edit. de M. de *Valbonnays.*

(q) Tali etiam conditione.] J'ay trouvé de la difficulté dans la fin de cet article, & voicy ce que j'ay pensé à ce sujet. Je suppose 1.° Que les terrains sur lesquels ces Forts sont bâtis, sont en *Franc-Alleu* : car s'ils relevoient d'un Seigneur, comment pourroit-on les faire *infeoder* par un autre Seigneur que l'on reconnoistroit par-là pour son Seigneur?
2.° Je crois que ces mots, *non possint accipi,* signifient, qu'on ne pourra acquerir ces Forts par vente ou autrement; & c'est à mon sens, la même chose, ce qui est dit plus bas, *que les proprietaires de ces Forts ne pourront les vendre.* Voy. le Sommaire.

DE LA TROISIÉME RACE.

aliqua Inquisitione contra eos fienda, trahi non debeant neque possint extra Judicaturam Delphinalem, sub qua deliquissent; nisi tamen ipse Dominus Delphinus vel successores sui, coram se, vel coram Consilio assistente eisdem infra Delphinatum, ipsos vocare vellent & habere, contra quos esset dicta Inquisitio facienda.

CHARLES V.
à Paris, en Aoust 1367.

Quod non compellantur *(r)* Nobiles Ecclesiarum & Nobilium, ad faciendum coroatas, & solvendas tallias, nisi prout in articulo continetur.

(18) Item. VOLUIT, concessit & declaravit ipse Dominus Delphinus, quod homines *(s)* ligii Ecclesiarum, Nobilium & Valvassorum, non debeant neque possint compelli ad faciendum Domino Delphino,* coroatas, neque talliari, vel compelli ad solvendum tallias eidem Domino Delphino vel successoribus suis, nisi pro utilitate vel necessitate publica locorum, in quibus ipsi homines habitant, aut habitabunt temporibus profuturis.

ᵃ des corvées.

De remissione stabilitarum.

(19) Item. QUOD nec *(t)* ipsi homines, nec alii quicumque homines seu subditi Delphinatus aut aliarum Terrarum dicti Domini Delphini, teneantur ad aliquas *(u)* stabilitas: Imo ab eis sint quieti & immunes, prout aliàs ipse Dominus Delphinus, ipsas stabilitas remisit, secundum quod continetur in instrumentis aliàs receptis, & confectis per me Notarium infrascriptum.

Qualiter debent mandari & requiri Nobiles, pro Cavalgatis & succursu Patriæ.

(20) Item. VOLUIT, concessit & declaravit ipse Dominus Delphinus, quod quandocumque & quotiens per ipsum Dominum Delphinum seu successores ejusdem, continget ᵇ Cavalgatas mandare, mandentur & requirantur Barones & Nobiles Delphinatus & aliarum Terrarum suarum, per proprias Litteras Domini, gratiose, non autem sub pœnis vel mulctis; nisi hoc esset, quod mandarentur pro celeri succursu Terræ, Castri aut aliorum jurium Delphinatus; aut nisi contumaciter recusarent venire.

ᵇ Expeditions militaires.

Quod homines Ecclesiarum & Nobilium, in franchisiis Villæ non recipiantur, nisi facta emenda Ecclesiis seu Nobilibus.

(21) Item. QUOD si Dominus Delphinus, vel aliqui ex successoribus suis, vellet quocumque tempore, aliquam *(x)* Villam francham facere, homines quicumque Ecclesiarum vel Nobilium Delphinatus aut alterius Terræ suæ, in franchisiis dictæ Villæ nequaquam recipi debeant vel admitti, nisi prius facta fuerit emenda competens ipsis Ecclesiis vel Nobilibus, quorum homines reciperentur aut recipi peterentur in franchisiis antedictis.

De rebus Feudalibus quæ tradi possunt in Emphiteosim vel Feudum.

(22) Item. QUOD Barones, Nobiles, & cæteri Delphinatus & aliarum Terrarum

NOTES.

(r) Nobiles.] Ce mot se trouve aussi dans l'Edit. des *Statuta Delphinalia:* mais il est certain par le texte de l'article même, qu'il faut corriger, *homines ligii.*

(s) Ligii.] Ce mot qui a differentes significations, ne peut signifier icy, que des sujets d'un Seigneur. Voy. *Du Cange,* au mot, *Ligius.*

(t) Ipsi homines.] Je crois qu'il faut entendre par ces mots, les sujets desquels il est parlé dans l'article precedent.

(u) Stabilitas.] Ce sont proprement des garnisons, dit M. de Valbonnays, dans la Note *(c)* sur ce mot.

(x) Villam francham.] Establir une Bourgeoisie dans une Ville, dans laquelle les sujets des Eglises & des Nobles, ne peuvent venir s'avoüer Bourgeois, sans dedommager leurs Seigneurs. Voy. les Tables des mat. des *Vol. des Ordonn,* au mot, *Bourgeoisie.*

44   ORDONNANCES DES ROIS DE FRANCE

dicto Domino immediatè subjectarum, res quas tenent à Domino Delphino, & tenebunt à successoribus suis in Feudum; possint aliis personis dare & tradere impunè, in Emphiteosim sub certo Censu, vel in ª *Feudum, sine requisitione dicti Domini Delphini vel successorum suorum; dummodo prædicti sic dantes vel tradentes dictos Census seu Feudum, à Domino Delphino qui nunc est & pro tempore fuerit, (y) recognoscant; & hoc salvo specialiter & excepto, quod Castra, Villas, loca vel Jurisdictiones, quæ à dictis Dominis Delphinis tenerentur in Feudum, aliis personis in Emphiteosim vel in Feudum, nullatenus dare possint, nisi de ipsorum Dominorum Delphinorum expressè procedat voluntate.*

CHARLES V.
à Paris, en
Aoust 1367.
a Arriero-Fief.

Qualiter & quando Magnerii Delphinales non possunt facere executionem infra Jurisdictionem Nobilium.

(23) Item. VOLUIT, *concessit & ordinavit & declaravit dictus Dominus Delphinus, quod quicunque seu aliqui* ᵇ *Magnerii vel familiares Curiæ Delphinalis, non possint nec debeant infra Castra, Villas seu* ᶜ *Mandamenta Baronum, Banneretorum, aut aliorum Nobilium Delphinatus, & habentium Jurisdictionem, (z) merum & mixtum Imperium, (aa) limitata, quamcunque executionem facere, nisi ipsis Dominis locorum & Jurisdictionis infra quam dictam executionem facere vellent ipsi Magnerii, primitus, modo debito, requisitis; vel nisi ipsi Domini in justis requisitionibus sibi factis, exequendis, manifestè existerent negligentes; ita quod de negligentia apareret vel constaret, per testes, instrumenta vel Litteras; non autem per solam relationem Magneriorum vel familiarium, qui dictam executionem facere niterentur.*

b Voy. cy-dessus, p. 40. Note (k).
c Jurisdiction. Voy. le 3.ᵉ Vol. des Ordonnances, p. 126. Note (k).

Quando bona damnatorum non sunt confiscanda.

(24) Item. VOLUIT, *concessit, ordinavit & declaravit idem Dominus Delphinus, quod bona quorumcunque damnatorum seu damnandorum impostermum, per Curiam Delphinalem seu per Curiam cujuscunque Baronis vel Bannereti, aut alterius Delphinatus vel alterius Terræ dicti Domini Delphini, subjecti, Jurisdictionem habentis, non aplicentur nec aplicari Fisco valeant, nec quomodolibet confiscari; nisi hæresis & Læsæ-Majestatis, ac aliis à jure permissis casibus, in quibus sunt & esse debent damnatorum bona Curiæ confiscanda.*

NOTES.

(y) Recognoscant.] Luy reportent, comme au Seigneur superieur, ces Arriere-Fiefs & ces Censives, dans leurs aveux & denombrements.

(z) Merum & mixtum Imperium.] On entend ordinairement par ces mots, *la haute & basse Justice.* Voy. *Du Cange*, à ces mots, dans l'article, *Imperium.*

J'ay trouvé depuis peu, une petite dissertation sur ces mots, & j'ay crû pouvoir l'inserer icy.

XXXI. Autre est le *merum Imperium* ou le *mixtum*; manieres de parler tirées du vin, qui estant pur, est plus fort; & au contraire, estant mêlé, devient plus foible, ou des couleurs qui sont plus vives, quand elles sont sans mélange. Ainsi le *merum Imperium* est le plus severe, & le *mixtum* est le plus relâché & d'une moindre authorité.

XXXII. Le *merum Imperium* estoit la même chose que le droit de connoistre, joint avec le pouvoir de statuer & d'executer en matieres criminelles; ce qui est aussi appellé *potestas*, dans la Loy 3. du titre des Digestes, *de Jurisdictione.* La définition qui en est donnée-là même, n'est pas exacte, puisqu'elle est conçûë en ces termes: *Merum est Imperium habere gladii potestatem, ad animadvertendum facinorosos homines.* C'est une description tirée de sa principale partie.

Les anciens Jurisconsultes, quand ils en parlent, en prenant cette authorité en toute son estendüe, disent que c'est le droit du glaive, ou de quelque autre punition grave; car l'*Empire mêlé* est celuy qui ne pouvoit infliger des peines que moderées. *Biblioth. anc. & mod. de le Clerc, t. 13. p. 145.* C'est dans l'extrait du Livre intitulé, *Anton. Schultingii Enarratio primæ partis Digestor, &c.* Leyde 1720. 8.°

(a a) Limitata.] Ce mot se trouve aussi dans les deux premieres Editions : Il semble qu'il ne puisse se rapporter qu'à *Mandamenta*; mais je ne vois pas bien clairement ce qu'il signifie icy.

Quod mulieres per compulsionem non maritentur, nisi eorum voluntate.

(25) Item. QUOD ipse Dominus Delphinus seu successores ejusdem, vel quivis Officiales eorum, aut etiam Barones, Bannereti vel alii subditi Delphinatus aut aliarum Terrarum suarum, Jurisdictionem habentes, non possint nec sibi liceat mulierem quamcunque, cujuscumque status vel conditionis existat, Delphinatus, vel eidem mediatè vel immediatè subjectam, vel ejus parentes aut amicos, directè vel indirectè, compellere per pœnas vel multas, aut aliis viribus coactivis, ad maritandum cum quocunque homine; nisi quantum de ipsius mulieris processerit voluntate.

CHARLES V.
à Paris, en Aoust 1367.
a Voy. la Note (d) de M.r de Valbonnays.

Quod Feuda intelligantur antiqua; nisi ostendantur esse nova; & de successione hæreditatum subjectorum.

(26) Item. ORDINATIONES & declarationes olim habitas atque factas, in pactionibus primis habitis inter Serenissimum Principem & Dominum nostrum, Dominum *(bb)* Philippum Dei gratia Francorum Regem, & dictum Dominum Delphinum, super successione Delphinatus & aliarum Terrarum suarum, quoad successiones bonorum & hæreditatum subjectarum ipsius Delphinatus, & cæterarum Terrarum dicto Domino Delphino subjectarum, concessit iterum ipse Dominus Delphinus, quantum in eo est, dictis subditis Delphinatus, prout in dictis pactionibus continetur; hoc adjecto, quod omnia & singula Feuda, & Retrofeuda Delphinatus, præsumantur & intelligantur *(cc)* esse antiqua, nisi ipse Dominus Delphinus vel successores sui, ipsa vel aliqua ex ipsis, clarè ostenderent esse nova.

Qualiter victualia debent solvi, quæ capientur pro Domino, & aliàs non debent capi; nisi essent creditores contenti.

(27) Item. *(dd)* QUOD ipse Dominus Delphinus vel successores ejusdem, per se ipsos, aut Castellanos vel Officiales eorum, seu per alias interpositas personas, non possint nec debeant levare vel rettinere victualia quæcumque, in Delphinatu, pro provisione Hospitii, vel b Cavalgatis ipsorum Dominorum, aut aliàs quovismodo, nisi pro justo prætio quo dicta victualia eo tunc communiter venderentur; & nisi primitus ex dicto prætio, illis quorum essent dicta victualia, realiter per solutionem, aut c responsionem sufficientem idoneæ personæ, quæ se obligaret de solvendo infra unum mensem proximum, dictum prætium, post acceptionem dictorum victualium, quantum esset, ita quod creditores essent contenti.

b Armées.

c une caution.

NOTES.

(bb) Philippum.] Philippe de Valois. La donation du Dauphiné faite à ce Prince, par Humbert II. est dans le 2. Vol. de l'Hist. du Dauphiné par M. de Valbonnays, p. 452. & à la page 453. se trouve la clause indiquée dans cet article : la voicy.

Et especialement, que les plus prochains du lignage, mâles ou femelles, en montant & en descendant, & li collaterals aussi, Nobles & non-Nobles, succedent sanz testament ou par testament, eulx ou autres, selon la disposition du Testateur, tant en Fiez & Rerefiez, Nobles ou autres, comme en autres choses.

Et p. 456. col. 2.e

Et que tant en Fiez & Rerefiez comme en autres choses, succedent les plus prochains du lignage, mâles ou femelles, en montant & en descendant, & li collateral aussi, tant Nobles comme non-Nobles, sanz testament ou par testament; eulx ou autres, selon la disposition du Testateur, tant en Fiez & Arrerefiez, Nobles & autres, comme en autres choses.

M. le President de Salvaing dans son Traité de *l'Usage des Fiefs*, part. 1.ere ch. 1. p. m. 10. après avoir rapporté les termes de ce Traité, ajoûte, *Qui est, ce me semble, le premier titre declaratif de la patrimonialité des Fiefs, quant à la succession.*

(cc) Esse antiqua.] M. de Salvaing, ibid. [Voy. la Note preced.] ch. 2. p. m. 54. explique fort au long, la difference qu'il y avoit entre les Fiefs anciens & les nouveaux dans le Dauphiné.

(dd) Quod.] Il s'agit dans cet article, du droit de *Prise*, sur lequel voy. les *Tables des matieres des Vol. des Ordonn.* Voy. aussi la Note *(e)* de M. de Valbonnays, sur cet article.

F iij

46   Ordonnances des Rois de France

CHARLES V.
à Paris, en
Aoust 1367.

a Voy. cy-dessous, Note (*ff*)
b Voy. cy-dessus, p. 44. Note (*c*) marg.

De remissione Gardarum in Castris, Villis & Mandamentis Banneretorum;
nisi prout in articulo continetur.

(*28*) Item. VOLUIT ipse Dominus Delphinus, quittas esse & quittavit pariter & remisit (*ee*) Gardas quascumque, *a* & Garderios facientes dictas Gardas ; quas & quos habet in Castris, Villis seu *b* Mandamentis Baronum & Banneretorum quorumlibet dicti Domini Delphini, à decem annis citra receptis ; dummodo, & non alias, ipsi Barones & Bannereti, Gardas etiam & Garderios hominum dicti Domini Delphini, & aliorum quorumcunque Delphinatus subditorum, quittent similiter & remittant : Promittens ipse Dominus Delphinus, deinceps nullas Gardas vel Garderios recipere, de hominibus Baronum vel Banneretorum quorumlibet, Delphinatus vel aliarum Terrarum suarum, nisi de Dominorum immediatorum illorum (*ff*) Gardiatorum, qui se vellent in Delphinali Garda ponere, procederet voluntate.

Qualiter & in quibus, Barones & Bannereti, & alii Jurisdictionem habentes, possunt punire & Jurisdictionem exercere ; & de remissione delinquentium.

c Voy. p. 44. Note (*aa*).
d Voy. p. 44. Note (*z*).

(*29*) Item. VOLUIT, concessit, ordinavit & declaravit dictus Dominus Delphinus, quod omnes & singuli Barones, Bannereti, & alii subditi Delphinatus & aliarum Terrarum suarum, habentes Castra, loca, Villas & Jurisdictiones *c* limitatas in Delphinatu prædicto, aut aliqua ejus parte, vel in aliis Terris suis, cum *d* mero & mixto Imperio, habeant & habere debeant cognitionem & punitionem quarumcunque offensarum vel criminum, committendarum seu committendorum, quandocunque, ubicunque, & per quamcunque personam, & in quocunque loco, infra Jurisdictionem eorum, committantur; quicunque sit delinquens vel committens, & in quocunque loco, & in quacunque persona ; infra tamen districtum & Jurisdictionem ipsorum deliquerit ; & quod punitio fiat per Curiam & Officiales eorum, & ad voluntatem eorum, nec prætextu alicujus rei, seu alio colore quæsito, vel privilegio, possit Curia dicti Domini Delphini superior, manus imponere ; & quod ipsi & quilibet eorum, & eorum hæredes & successores, de prædictis possint infra districtum & Jurisdictionem suam, punire (*gg*) Collegia & monopolia illicita, & cætera crimina enormia ; sive omnia prædicta vel alia crimina vel delicta, committantur in Ecclesiis & Cimeteriis, locis sacris & aliis privilegiatis, & itineribus & viis publicis, & in personis (*hh*) privilegio Cleri privilegiatis, sive in

NOTES.

(*ee*) *Gardas.*] Des *Sauve-gardes*, sur lesquels voy. *les Tables des mat. des Vol. des Ordonn.*

(*ff*) *Gardiatorum.*] Il y a ainsi dans l'Edit. des *Statuta Delphin.* Il y a, *Garderiorum,* dans celle de M. de *Valbonnays*. Ces deux mots ne peuvent signifier icy, que ceux qui se mettent sous la sauve-garde d'un Seigneur.

Mais *Garderius* au commencement de l'article, signifie le *Gardien* donné par un Seigneur, à ceux qui se mettent sous sa *sauve-garde.*

(*gg*) *Collegia & Monopolia.*] Ces deux mots signifient icy, des sociétez & des assemblées illicites. Voy. *Du Cange,* à ces deux mots.

(*hh*) *Privilegio Cleri.*] Ce qui suit, se trouve dans le (*) Registre *A*. du Parlement de Paris, *fol.* 97. *verso,* & j'ay crû pouvoir le faire imprimer icy.

e Il manque-là un mot, peut-estre *cognitio.*
f q. R.

(1) SI Laicus Judex male-factorem captum detineat, & is se Clericum dicens, ad Curiam Ecclesiasticam petat remitti, vel ipsa Curia illum tanquam Clericum suum, repetat, Judice Laico illum captum esse Clericum insiciante, ac ob hoc minimè remittendum ; dubitacionis hujus *e* an sit Clericus ille captus qui repetitur, ad Judicem Ecclesiasticum, *f* quia de re sic Ecclesiastica & spirituali agitur, vocato tamen Judice seculari, vel alio cujus cognicio interest, pertinebit : & si notorium fuerit, vel fama publica de hoc extiterit, quod male-factor ille sit Clericus, qui hujus privilegio gaudere debeat, statim absque alia cognicione, vel fama publica de hoc extiterit, aut

NOTES.

* Il y a à la marge, des Notes tellement effacées, qu'on n'a pû les déchiffrer.

ripariis, nemoribus, furnis, molendinis & tabernis; sive pecunialis sit punitio, sive corporalis, ad ipsos Barones, Banneretos & alios Jurisdictionem habentes, ad suos hæredes & successores, pertineat punitio pleno jure, prout infra districtum & Jurisdictionem eorumdem, committentur seu perpetrabuntur crimina vel delicta; & delinquentes in eorum Jurisdictione & districtu, si infra Jurisdictionem Delphinalem reperiantur, quod requisiti dicti Domini Delphini Officiales, per ipsos vel eorum alterum ad quem spectabit, seu eorum Officiales, remittere ipsos incontinenti teneantur & debeant eisdem Baronibus & Banneretis, vel aliis Nobilibus, vel eorum Officialibus, requirentibus, absque dilatione morosa, & alterius expectatione mandati; facta sibi fide sumaria, prout exiget Justitia, de commissis; exceptis tamen à prædicto capitulo & qualibet ejus parte, omnibus & singulis Officialibus Domini Delphini; & exceptis familiaribus Hospitiorum Domini Delphini & Dominæ Delphinæ; in quibus nullam habeant Jurisdictionem vel punitionem, ubicumque delinquant, dicti Barones, Bannereti vel alii Jurisdictionem habentes, nec eorum successores.

*Verum, si ipsi Officiales delinquant infra districtum & Jurisdictionem dictorum Baronum, Banneretorum aut aliorum Jurisdictionem habentium, ut supra, in notoriis excessibus vel atrocioribus criminibus, eos capere possint dicti Barones, Bannereti vel alii, & Curia sua, & captos remittere Curiæ Domini Delphini, pro justicia facienda; exceptis etiam * hominibus ligiis dicti Domini Delphini, immediate sibi subjectis, (ii) undecunque sint & ubicumque consistant; in quibus etiam nullam habeant Jurisdictionem, si & quando illos delinquere contingeret in (kk) Regaliis prædictis; & si contingeret homines dicti Domini Delphini, delinquere infra districtum & Jurisdictionem dictorum Baronum, Banneretorum aut aliorum Jurisdictionem habentium, ut supra, extra Regalias, & post delictum commissum, ad Regalias vel locum Regaliarum confugerint, posset eos capere Curia dictorum Baronum & aliorum prædictorum, in dictis locis Regaliarum, & punire de commissis extra ipsos, ac si in loco delicti capti essent; & etiam exceptis Officialibus dictorum Baronum, Banneretorum & aliorum habentium Jurisdictionem, ut supra, & suorum successorum, delinquentium in ipsis Officiis & circa illa: Ita quod eorum punitio ad Dominum Delphinum & ejus Curiam pertineat, si infra sex menses, à tempore delicti commissi numerandos, Officialem sic delinquentem, de delicto, dicti Barones aut alii prædicti, non correxerint & punierint; ita quod Pars læsa non conqueratur exinde: Hoc etiam adjecto, quod si homines dicti Delphini, delinquerent in pedagiis dictorum Baronum, Banneretorum aut aliorum hominum Jurisdictionem habentium, ut supra, non solvendo, vel rixando in Pedagiatores eorum, exercentes Officium suum pedagii, tunc ad ipsos pertineat punitio hujusmodi hominum Domini Delphini, delinquentium in eisdem.*

CHARLES V.
à Paris, en
Aoust 1367.

* Voy. cy-dessus, p. 43. Note (ss).

NOTES.

ipse pro Clerico communiter habeatur, incontinenti ante cognicionem de Clericatu, Ecclesiasticæ Curiæ debet reddi.

(2) Idem censemus esse, si reus ipse ante deprehensionem, pro laico publice se non gerens, deprehensus fuerit in habitu Clericali; tonsuram videlicet & vestes deserens Clericales; nam ex portacione habitus supradicti, talem debemus Clericum, donec constet de contrario, reputare: Non sic autem volumus observari, si ante deprehensionem, pro laico publice se gerebat, & pro tali communiter habeatur, quamvis deprehensionis tempore, repertus fuerit in habitu Clericali; tunc enim restituendus non est, quousque fidem de titulo fecerit Clericali; cujus eidem probacionis onus incumbit, propter presumpcionem que adversus ipsum orta est ex delacione laicalis habitus; procedendo contra eum, tamen interim quivis processus Judicis conquiescat.

Nota quod non sufficit possessio, quum presumpcio est in contrarium! Fides de titulo.

(ii) *Undecunque sint & ubicumque consistant.*] Il me paroist que ces mots signifient, quand méme ils seroient domiciliez dans les Terres des Nobles; pourvû cependant qu'ils ne commettent point de délict dans le lieu de leur domicile; car plus bas, il est dit formellement, que s'ils commettent des crimes dans la Jurisdiction des Seigneurs, ceux-cy pourront leur faire leur procès, quand méme ils se seroient refugiez sur les Terres de l'Eglise.

(kk) *Regaliis.*] *Regalia, dominium temporale Ecclesiæ,* dit M. *Du Cange,* à ce mot.

Ce mot *prædictis* se rapporte à ceux-cy qui sont plus haut, *in Ecclesiis & Cimeteriis, locis sacris & aliis privilegiatis.*

Quod Dominus Delphinus non faciat nova molendina, in præjudicium aliorum; & bonæ Consuetudines observentur.

CHARLES V.
à Paris, en
Aoust 1367.

(30) Item. VOLUIT, concessit & declaravit ipse Dominus Delphinus, quod ipse vel successores sui, nova non possint facere vel construere molendina, in parte aliqua Delphinatus seu aliarum Terrarum suarum, in præjudicium aliorum qui ab antiquo in locis illis molendina consueverunt habere; & super his, bonæ Delphinatus Consuetudines observentur.

In quibus locis possint venari Nobiles.

(31) Item. VOLUIT & concessit ipse Dominus Delphinus, quod omnes & singuli Barones & Nobiles Delphinatus & aliarum Terrarum suarum, possint impune venari in Delphinatu & aliis Terris dicti Domini Delphini, & in ipsius Domini Delphini nemoribus & forestis; exceptis forestis de Clayc & de Planeysie; & garenis cuniculorum & leporum quibuscunque.

Quod Dominus Delphinus vel ejus Officiarii, non capiant equos quarumcunque personarum.

(32) Item. CONCESSIT, voluit & declaravit ipse Dominus quod ipse vel successores ejusdem, seu alius pro eis, non possint nec debeant pro quocunque casu, (ll) accipere * equos, roffinos vel sommerios quarumcunque personarum Ecclesiasticarum aut Nobilium Delphinatus seu aliarum Terrarum suarum, nisi de ipsorum procederet voluntate.

* Voy. cy-dessus, p. 39. Note (h).

Remissio aperturarum commissionum Feudorum, & rerum emphiteotecariarum commissarum, usque ad diem concessionis prædictarum Libertatum.

(33) Item. DOMINUS Delphinus benevolentia ductus erga quoscunque suos subditos Delphinatus & aliarum Terrarum suarum, ex certa scientia & gratia speciali, omnes & singulas (mm) apertiones & commissiones Feudorum, Retro-Feudorum, rerum quarumcunque emphiteotecariarum, sibi competentium quocunque titulo sive causa; etiam si (nn) manu-mortua vel alias, reperiantur aut reperiri possint aperta vel commissa eidem Domino Delphino, usque ad diem hodiernam, de quibus non esset ad debitam (oo) executionem deventum, sive eidem sint adjudicata sive non; exceptis illis quæ in casu vel propter casum proditionis essent vel reperirentur commissa, remisit & quietavit omnibus & singulis suis subditis antedictis; & mihi Notario infrascripto, tanquam personæ publicæ, stipulanti & recipienti nomine omnium & singulorum quorum interest vel interesse potest quoquomodo.

NOTES.

(ll) *Accipere.*] Cela regarde encore le droit de *Prise*, sur lequel, *Voy. cy-dessus*, p. 45. & Note (dd).

(mm) *Apertiones*, &c.] Lorsqu'il y a ouverture à la Commise, & que le Seigneur est en droit de confisquer les terres qui relevent de luy. *Voy. le Gloss. du Droit Franç.* aux mots, *Commise & Ouverture.*

(nn) *Manu-mortua.*] Dans le cas ou des Gens d'Eglise ou de *main-morte*, ont acquis des biens, sans avoir payé d'admortissement. *Voy. le Gloss. du Droit Franç.* au mot, *Mainmorte*, & ses Prefaces des Vol. des Ordonn. §. *Admortissements.*

(oo) *Executionem.*] Lorsque les heritages, quoyque confisquez, n'ont pas encore esté mis en la main du Dauphin.

Quando

DE LA TROISIÉME RACE. 49

Quando appellari non debeat à Castellanis vel Magneriis Banneretorum, nisi requisitis ipsis Banneretis, ut in capitulo præsenti.

CHARLES V.
à Paris, en Aoust 1367.

(34) Item. CONCESSIT, voluit & declaravit præfatus Dominus Delphinus noster, quod à ª præceptis vel pœnarum impositionibus ᵇ Castellanorum vel ᶜ Magneriorum aut aliorum Officialium Baronum, seu Banneretorum Delphinatus & alterius Terræ suæ, appellari non possit ad Curiam Delphinalem, nisi primitus requisitis ipsis Baronibus vel Banneretis, de revocandis præceptis vel pœnarum impositionibus ipsorum Castellanorum vel aliorum Officialium, quæ processissent aut dicerentur minus justè processisse.

a Jugemens.
b decernées par les Chastellains.
c Voy. cy-dessus, p. 40. Note (k).

ª Quando rei subditi Delphinales, non sunt trahendi extra Judicaturam in qua degunt, seu sub qua res de qua agitur, sita est.

d Quod.

(35) Item. VOLUIT, concessit & declaravit idem Dominus Delphinus, quod si & quotiescunque ipse Dominus Delphinus vel successores ejusdem, aut alius quivis pro eo, voluerit contra quemcunque suum subditum, aliquam Causam realem, civilem vel criminalem movere, seu etiam (pp) mixtam, reus trahi non possit nec debeat quoquomodo, ad quodcunque Forum, nisi dumtaxat coram Judice ordinario illius Judicaturæ sub qua degit Reus ipse, seu sub qua res sita erit, si quæstio realis fuerit; vel coram Commissario speciali deputato per Dominum Delphinum qui nunc est & pro tempore fuerit: Et ille deputatus cognoscere non possit, nisi in Judicatura Rei, & ad expensas Domini & non Rei; nisi tamen ipse Dominus Delphinus vel successores sui, coram se personaliter, vel coram Consilio eidem assistente infra Delphinatum, vellent dictum Reum evocare & examinare, aut examinari facere dictam Causam.

Quod non procedatur per viam Enquestæ, pro occupatione jurium Delphinalium.

(36) Item. VOLUIT & concessit dictus Dominus Delphinus, quod pro occupatione rerum vel jurium Delphinalium, facta seu fienda per quoscumque suos subditos, per viam Inquestæ vel aliàs, nisi dumtaxat via ordinaria, non possit procedi quomodolibet contra eos.

Quod Curia & Judex appellationum Delphinatus, resideat in Civitate Gratianopoli.

(37) Item. QUIA Gratianopolitana Civitas locus insignis & ᵉ communis est toti Delphinatui, inter cæteros Delphinatus, ibique Sedes appellationum esse consuevit pro majori parte, temporibus retroactis, voluit, concessit, decrevit & declaravit dictus Dominus Delphinus, quod dicta Sedes Judicaturæ ᶠ majorum appellationum Delphinatus, sit & esse debeat perpetuis temporibus, in Civitate prædicta; in qua Judex qui nunc est, & successores sui qui pro tempore fuerint, super Causis appellationum, debeant & teneantur, & non alibi, continue remanere.

e La Capitale.

f des Appels en dernier ressort.

Quod Baronia Fucigniaci debeat perpetuo remanere illi qui Delphinus fuerit, & in ea sit Judex appellationum.

(38) Item. QUOD Baronia Terræ (qq) Fucigniaci, ob alia Terra Delphinatus distat, guerrarum temporibus, multis hostibus Delphinatus interjectis, propter quod

NOTES.
(pp) Mixtam.] Une affaire qui fût en même temps réelle & personnelle.
(qq) Fucigniaci] Faucigny. Cet article n'a pas esté observé, & Faucigny a esté cedé en 1354. à Amé VI. Comte de Savoye. Voy. la Note (f) de M. de Valbonnays, sur cet article.

Tome V.

G

CHARLES V.
à Paris, en Aoust 1367.

a Je crois que cela signifie, Appels en dernier ressort.

b Expeditions Militaires.

exeundi dictam Terram & redeundi ad ipsam, Nobilibus & aliis subditis Delphinalibus dictæ Terræ, difficilis & periculosus est aditus & egressus, voluit, concessit & declaravit ipse Dominus Delphinus, quod in dicta Baronia Terræ Fucigniaci, fiat & ponatur perpetuis temporibus, Judex appellationum, qui de Causis appellationum *a* eminentibus, in dicta Terra cognoscat, & illic resideat continue : Quodque pro Causis appellationum vel alia Causa quacumque, civili vel criminali, quicumque homines dictæ Terræ, extrahi non possint, conveniri vel citari per ipsum Dominum Delphinum vel successores ejusdem, aut quosvis Officiales eorum, extra dictam Terram ; nisi dumtaxat pro Delphinalibus *b* Cavalgatis: Et si quovismodo aliàs, per Dominum Delphinum vel alium nomine ejus, citarentur, parere non teneantur impune, secundum quod in aliis eorum Libertatibus continetur. Voluit etiam & concessit, decrevit & declaravit ipse Dominus Delphinus, quod dicta Baronia Terræ Fucigniaci, cum suis Nobilitatibus, juribus & pertinentiis, illi qui Delphinus fuerit Viennensis perpetuis temporibus, debeat remanere ; & quod ipse Dominus Delphinus vel successores sui, dictam Baroniam seu aliquam partem, dignitatem, aut Castra ejusdem, non possint ab illo qui Delphinus fuerit, separare, vel in alium quemcumque transferre, quovismodo titulo sive causa.

c Quod.

c Quando Judex appellationum est ponendus tempore guerræ, in Baroniis Terræ Turris & Vallis-bonæ.

(39) Item. VOLUIT & concessit dictus Dominus Delphinus, quod si & quandocunque guerram fore contingeret, inter Delphinatum Viennensem, & Comitatum Sabaudiæ, Delphinus qui tunc fuerit, teneatur & debeat Judicem appellationum constituere & creare in Baroniis Terræ (rr) Turris & Vallis-bonæ : Qui Judex de Causis appellationum pendentium eo tunc, coram *d* Majore Judice appellationum Delphinatus ; & etiam de novis appellationibus emergentibus, dicta guerra durante, cognoscere habeat, quandiu dicta guerra duraverit, & non ultra.

d Voy. p. precedente, art. 37. & Note (f) marginale.

Quod non ponantur in sejorno equi, canes, venatores, in domibus Religiosorum, aut aliarum personarum subditarum ; nisi expensis Domini.

(40) Item. VOLUIT, concessit, declaravit & ordinavit dictus Dominus Delphinus, quod ipse Dominus Delphinus vel successores sui, deinceps non possint nec debeant mittere *e* vel ponere pro sejorno, *e* equos, rossinos, canes venaticos, venatores, familiares seu alios *f* garciones eorum, in domibus Religiosorum, vel aliarum personarum Ecclesiasticarum, aut aliarum quorumcumque Delphinalium subditorum, nisi hoc facerent ad expensas & cum expensis ipsius Domini Delphini vel successorum suorum : Et si contrarium facere attentarent, licitum sit unicuique, ipsos non admittere ; imo possint eos repellere & expellere, licitè & impunè.

e Voy. cy-dessus, p. 39. Note (h).
f Voy. cy-dessus, p. 38. Note (e).

g Quod.

g Quando non debent fieri inventaria, & quod Bannereti faciant illud idem.

(41) Item. VOLUIT, concessit, declaravit & ordinavit præfatus Dominus Delphinus, quod per quamcumque Curiam Delphinalem, non fiant amodo, nec fieri debeant

---

NOTES.

(rr) *Turris & Vallis-bonæ.*] La Baronnie de la Tour & de Valbonne.

La 1.ere est l'ancien patrimoine des Barons de la Tour, desquels sont descendus les Dauphins de la 3.e Race; elle occupe une partie du Viennois, & tire son nom du principal lieu nommé la Tour du Pin. Quant à la Baronnie de Valbonne, qui en est une dépendance, elle est située au-delà du Rône : Montluel en estoit chef-lieu : elle fut acquise des derniers Seigneurs de Montluel l'an 1325. par Henry Regent du Dauphiné.

Cette Note a esté copiée de l'Hist. du Dauphiné, par M. de *Valbonnays*, t. 2. p. 459. Note (n).

neque poffint inventaria bonorum quorumcumque fubditorum Delphinalium morientium; nifi ad requeftam hæredum, vel fubftitutorum aut executorum illorum morientium, ubi teftamento facto, ipfos contingeret mori; vel nifi ad requifitionem propinquorum, vel qui haberent ab inteftato fuccedere, aut propinquorum [a] *pupilli vel pupillorum qui deberent fuccedere mortuo inteftato, vel in aliis cafibus in Jure expreffis, quacumque Confuetudine contraria nonobftante; prædicta concedens ipfe Dominus Delphinus, dummodo Bannereti Delphinatus, in Terris fuis faciant illud idem.*

CHARLES V.
à Paris, en Aouft 1367.
a Voy. la Note (g) de M.r de Valbonnays, fur cet Article.

Quod fervetur jus commune fuper crimine ufurarum.

(42) Item. *CUM pro parte fubditorum Delphinalium, fuplicatum fuerit ipfo Domino Delphino, quod contra aliquem fubditum Delphinalem, de ipfo Delphinatu oriundum, non poffit inquiri directè vel indirectè, ex Officio Curiæ Delphinalis, fuper crimine ufurarum; & quod bona morientium non poffent vel deberent ex caufa prædicta, quovifmodo faifiri, capi vel arreftari per ipfam Curiam Delphinalem, voluit & conceffit ipfe Dominus Delphinus, quod fervetur fuper hoc jus commune.*

Quod facto femel Homagio Domino, non eft neceffe ipfum iterato per Nobiles fubditos facere; & Nobiles fuis hominibus, ita fervare debeant.

(43) Item. *CONCESSIT & declaravit ipfe Dominus Delphinus, quod poftquam aliquis Nobilis Delphinatus aut aliarum Terrarum fuarum, femel fecerit Homagium &* [b] *recognitionem Domino Delphino qui nunc eft vel fucceffibus fuis, pro Feudis quæ tenent vel tenebunt ab eis, ipfa Feuda vel Retrofeuda* [c] *committi vel aperiri non poffint;* [d] *efto quod fucceffibus Delphinis Homagium & recognitionem non fecerint, nifi ita effet quod ille Nobilis qui Homagium feciffet, requifitus per Dominum fucceffibrem, Homagium & recognitionem facere contumaciter recufaret: Hoc concedens ipfe Dominus Delphinus dictis Nobilibus, fi ipfi hoc idem concedent & ita utentur hominibus eorumdem: Alias autem, illos qui prædicta non concederent hominibus fuis, aut aliter hoc cafu uterentur, in eis gaudere non vult; fed eos excludit præfenti privilegio, ipfum caffans & irritans quoad illos.*

b Voy. cy-deffus, p. 44. Note (y).
c Voy. cy-deffus, p. 48. Note (mm).
d fuppofé.

[e] Quando Nobiles, tempore guerræ, poffunt fuos amicos conducere per Patriam Delphinalem.

e *Quod.*

(44) Item. *VOLUIT, conceffit & declaravit ipfe Dominus Delphinus, quod quicunque Nobiles Delphinatus & aliarum Terrarum fuarum, poffunt conducere tempore* (ff) *guerræ & alio quocumque, amicos fuos per Delphinatum impunè; dummodo de ipfis conducendis; videlicet, de certis perfonis non effet facta prohibitio nominatim; & dummodo ipfi conducti non vadant ad procurandum damnum vel dedecus Domini Delphini, vel fui quomodolibet Delphinatus.*

[f] Quando Officiales Delphinales debent Bannereris, pro delictis in eorum Jurifdictione perpetratis, delatos remittere.

f *Quod.*

(45) Item. *VOLUIT, conceffit & declaravit ipfe Dominus Delphinus, quod de quocumque delinquente infra Jurifdictionem alicujus fubditi Delphinatus vel aliarum Terrarum fuarum, limitatam, cum* [g] *mero & mixto Imperio, fi ipfe delinquens reperiatur*

g Voy. cy-deffus, p. 44. Note (z).

NOTES.

(ff) *Guerræ.*] Je crois qu'il s'agit-là des Guerres privées, fur lefquelles, *Voy. cy-deffus,* p. 42. art. 14.

infra Jurisdictionem Curiæ Delphinalis, fiat remissio & fieri debeat secundum formam Juris, illi penes quem vel in cujus Jurisdictione deliquerit, per Castellanos vel alios Officiales Delphinales, sub quorum a *administratione reperietur, facta informatione summaria ab ipsis Officialibus Delphinalibus, de delicto.*

CHARLES V.
à Paris, en
Aoust 1367.

a district de la Jurisdiction.

De bannis Valvassorum & Nobilium Delphinatus.

b Voy. ci-dessus, p. 40. Note (x).
c faire des bans ou proclamations.

(46) Item. *Quod* b *Bannerii seu Magnerii Curiæ Delphinatus,* c *banneare non possint nec debeant in Feudis, in quibus habent banna & habere consueverunt Valvassores seu alii Nobiles Delphinatus.*

d Il n'est point parlé des Eglises dans le Texte.

Quod observentur Libertates d Ecclesiis concessæ, tam universis quam singulis, Civitatibus, Villis, locis & personis.

e Marquisats.

(47) Item. *Voluit, concessit & ordinavit ipse Dominus Delphinus, quod omnes & singulæ Libertates, privilegia & immunitates, per eum & prædecessores suos, universaliter ac particulariter, concessæ & concessa Civitatibus, Villis, locis, Terris, Baroniis,* e *Marchiis, Balliviatibus, aut personis singularibus Delphinatus seu aliarum Terrarum suarum, eisdem, universaliter universis & singulariter singulis, secundum quod concessa sunt, in omnibus & singulis capitulis & clausulis, integraliter observentur, eaque & eas, ipse Dominus Delphinus per se, hæredes & successores suos, promisit & convenit integraliter & inviolabiliter observare.*

Quod boni usus observentur; mali autem tollantur.

(48) Item. *Voluit & concessit ipse Dominus Delphinus, quod cæteri boni usus & bonæ Consuetudines Delphinatus & aliarum Terrarum suarum, custodiantur, observentur & augmententur; mali autem usus & malæ Consuetudines tollantur & totaliter extirpentur.*

Quod Judices & Procuratores non teneant eorum Officia, nisi per duos Annos; & amoti, ad illa non resumantur de quinque Annis.

f App. les Procureurs Fiscaux.
g dans la même Jurisdiction.

(49) Item. *Voluit, concessit, decrevit & declaravit ipse Dominus Delphinus, quod quicunque Judices &* f *Procuratores Delphinatus & aliarum Terrarum suarum, creati & imposterum creandi, non teneant nec tenere possint Officia Judicaturæ vel Procurationis,* g *in una Judicatura vel in quocunque loco, continue, nisi per duos Annos dumtaxat; & cum amoti fuerint ab ipsis Officiis, ad ea non resumantur nec possint admitti seu reduci, de quinque Annis proxime sequentibus, quoquomodo.*

De quittatione Manus-mortuæ, & quod Nobiles suis hominibus etiam
remitterent; alioquin eisdem non remittentibus, dicta
quittatio non prosit.

(50) Item. *Ipse Dominus Delphinus, per se & successores suos, remisit, quittavit, & totaliter reliquit ubicumque Terrarum & locorum Delphinatus & Terrarum suarum, perpetuo, omnem* (tt) *Manum-mortuam, & omne jus, actionem & requisitionem, quoa*

NOTES.

(tt) *Manum-mortuam.*] Il y a deux sortes de gens de *Main-morte*: 1.° Les Corps & Communautez, tant Ecclesiastiques que seculieres qui ne meurent point : il ne s'en agit pas icy.
2.° Les hommes de condition servile qui sont sujets de corps envers leurs Seigneurs, qui leur succedent quand ils meurent sans hoirs procréez de leurs corps.

DE LA TROISIÉME RACE.

& quæ sibi competebant aut competere poterant in Barones, Banneretos, Nobiles, Valvassores, & alios quoslibet subditos Delphinatus & Terrarum suarum quarumcunque, seu in eorum bonis & hæreditatibus quibuscumque, ubicumque sint, occasione Manus-mortuæ; volens & ordinans, quod eodem modo Barones, Bannereti, Nobiles, Valvassores, & alii subditi Delphinatus & aliarum Terrarum suarum, quittent & remittant ac remittere debeant & teneantur perpetuo, hominibus & subditis eorumdem, Manum-mortuam quamcunque, & omne jus sibi competens & competiturum occasione Manus-mortuæ, adversus eorum homines seu subditos, seu bona eorum: Aliàs, nisi prædictam quittationem & remissionem facerent, aut si ulterius dicta Manu-mortua uterentur, illi sic utentes & nolentes quittare dictam Manum-mortuam, nequaquam gaudeant nec gaudere possint præsenti privilegio remissionis Manus-mortuæ; sed ab eo totaliter sint ª *exempti, si & quandocumque casus forsan contingeret in eosdem aut successores eorum.*

CHARLES V.
à Paris, en Aoust 1367.

ª privez.

Quod Barones, Bannereti & cæteri Nobiles, in eisdem Libertatibus manuteneant suos homines & subditos; Aliàs, contrarium facientes, ipsis Libertatibus non gaudeant.

(51) Item. VOLUIT, *concessit, ordinavit, decrevit & declaravit ipse dictus Dominus Delphinus, quod quicumque Barones, Bannereti, Nobiles & Valvassores totius Delphinatus & cujuslibet ejus partis, & aliarum Terrarum suarum, teneantur & debeant eorum homines & subditos tractare, fovere & manutenere perpetuo, in & sub consimilibus Libertatibus, privilegiis & immunitatibus, quæ & quales per ipsum Dominum Delphinum, superius sunt concessæ: Et si forsan aliqui sint vel pro tempore fuerint, ex ipsis Baronibus, Banneretis, Valvassoribus vel aliis Nobilibus supradictis, qui suos homines & alios eis immediate subjectos, tractare nollent, vel non tractarent, foverent & manutenerent in Libertatibus, privilegiis & immunitatibus antedictis & consimilibus eis, illi Barones, Bannereti, Nobiles vel Valvassores prædicta facere recusantes, aut contrarium quomodolibet facientes, nullomodo gaudeant nec utantur, nec gaudere vel uti possint privilegiis, Libertatibus & declarationibus antedictis; illis videlicet, quibus suos homines & subditos, nollent vel non paterentur uti; imo ipsis exempti sint & privati, nec ad eos prædicta privilegia, Libertates & declarationes, quibus suos, ut prædicitur, homines & subditos uti non paterentur, aliqualiter se extendant.*

Quod Domini Delphini venturi, teneantur jurare Libertates; aliàs, &c.

(52) Item. ET *ut prædictæ Libertates, franchesiæ, gratiæ, concessiones, declarationes & privilegia, perpetuis temporibus, melius & firmius observentur, voluit, concessit, ordinavit, declaravit & decrevit dictus Dominus Delphinus, quod, quandocumque & quotiescumque in futurum, novus Delphinus vel successor ejus, veniet ad successionem vel regimen Delphinatus, antequam ad Homagia seu* ᵇ *recognitiones Feudorum recipienda seu recipiendas, quovismodo procedat, & antequam aliter compellere possit aliquam singularem personam vel Universitatem, ad præstandum & faciendum sibi Homagia, Fidelitates seu recognitiones, jurare debeat primitus, ad Sancta Dei Evangelia per eum corporaliter manu tacta, in manibus reverendorum Patrum, Dominorum Episcopi Gratianopolitani, vel Abbatis Sancti Antonii, Viennensis, & Vicariorum suorum, servare, custodire & attendere inviolabiliter præmissas omnes & singulas declarationes, franchesias, Libertates ac gratias & privilegia suprascripta, in omnibus & singulis clausulis & capitulis eorum-*

ᵇ Voy. cy-dessus, p. 44. Note (y).

NOTES.

Anciennement dans le Dauphiné, le droit de Main-morte avoit lieu non seulement sur ces hommes ; mais aussi sur les Nobles qui s'estoient reconnus hommes *liges*, de *corpore & persona*. Voy. *Salvaing*, de l'usage des Fiefs, part. 1. ch. 32. p. m. 182. Dans le chap. precedent, il explique quels estoient ces hommes *liges*. Voy. aussi la Note *(h)* de M. de *Valbonneys*, sur cet article.

dem : Et si ita esset, quod in principio reginimis, ut prædicitur, ad debitam requisitionem Baronum, Nobilium vel Universitatum Delphinatus, seu dictorum Dominorum Prælatorum vel Vicariorum suorum, prædictum Sacramentum facere recusaret, eo casu, Barones, Nobiles & Universitates quicumque Delphinatus & cujuslibet ejus partis, & aliarum Terrarum suarum, eidem novo Domino successuro, vel Officialibus suis, obedire minimè teneantur impunè, donec prædictum Sacramentum præstiterit & fecerit publicè & per publicum instrumentum.

De juramento per Officiales præstando, alioquin non pareatur eisdem ; & si violaverint Libertates, puniantur.

(53) Item. CONCESSIT, decrevit & declaravit sæpedictus Dominus Delphinus, quod omnes & singuli Ballivi, Judices, *a* Procuratores & Castellani Delphinatus & aliarum Terrarum suarum, qui nunc sunt, & qui de *b* cætero fient & ordinabuntur de novo, teneantur & debeant, ac eficaciter sint astricti jurare ad Sancta Dei Evangelia, præmissas Libertates, franchesias, immunitates & declarationes omnes & singulas, in singulis earum clausulis & capitulis, tenaciter custodire & inviolabiliter observare : Et si modo debito requisiti, quilibet eorum dictum Sacramentum facere & præstare publicè recusarent, impunè non pareatur cuilibet recusanti : Et si, quod absit, aliquis ex dictis Officialibus prædictis, Libertates, privilegia, concessiones vel declarationes, in toto vel in parte, quomodolibet violaret aut infringeret quoquomodo, ubi convictus erit dictus Officialis de violatione prædicta, teneatur & debeat expensas factas per Barones, Banneretos, Valvassores, Nobiles, Universitates, seu singulares personas, persequentes dictum Officialem de dicta violatione, resarcire & solvere ; & ad hoc, per suum superiorem viriliter compellatur ; & nihilominus, idem Officialis violator dictarum Libertatum, de perjurio puniatur.

Quæ omnia, universa & singula suprascripta, dictus Dominus Humbertus Delphinus, pro se, hæredibus & successoribus suis, promisit per pactum expressum, solemni stipulatione vallatum, & juravit, per eum tactis corporaliter, Sacrosanctis Evangeliis, obligando etiam bona sua, mihi Humberto Pilati supra & infrascripto, Notario publico, tamquam personæ publicæ, præsenti, stipulanti & solemniter recipienti, nomine, vice & ad opus omnium & singulorum quorum interest & interesse poterit quomodolibet in futurum, rata & grata, valida atque firma, perpetuis temporibus, habere, tenere, attendere & inviolabiliter observare, nunquam per se vel per alium, contrafacere vel venire, nec alicui contravenienti seu contravenire volenti, consentire, seu per quod contra veniat, dare auxilium vel juvamen, directè vel indirectè, publicè vel occultè : Renuntians dictus Dominus Delphinus, ex certa scientia, & per juramentum suum in hoc facto, exceptione juris & facti, omni privilegio & auxilio *(uu)* cujuscunque Juris canonici & civilis, Indulgentiis & rescriptis quibus posset contra præmissa facere vel venire, seu eorum aliqua infringere quoquomodo.

De quibus omnibus & singulis suprascriptis, ipse Dominus Delphinus voluit & præcepit expressè, per me Notarium insfasriptum, fieri Baronibus, Banneretis, Nobilibus, Valvassoribus, Universitatibus, & singularibus personis Delphinatus, habere volentibus, simul vel separatim, etiam de singulis clausulis & articulis supradictis, tot quot habere voluerint, publica instrumenta.

Acta fuerunt hæc apud *(xx)* Romanis, in domo dicti Domini Delphini, quæ fuit olim Berthono de *(yy)* Moloce ; præsentibus Reverendis in Christo Patribus, Domino Henrico de Villars Lugdunensi, & Bertrando de Capella, Viennensi Archiepiscopis,

NOTES.

(uu) Cujuscunque.] Dans l'Edition de M. de Valbonnays, ces formules jusqu'à ces mots, *De quibus,* ne sont point imprimées, & sont seulement indiquées par un *&c.*

(xx) Romanis.] Romans, sur lequel Voy. le 3.ᵉ Vol. des Ordonn. p. 270. Notes *(a.b.c.)*
(yy) Moloce.] Il y a *Maleto* dans l'Edition de *Statuta Delphinal.* & dans la copie qui a été envoyée de Grenoble.

DE LA TROISIÉME RACE. 55

ac Joanne de Chissiaco Episcopo Gratianopolitano, vocatis & rogatis testibus ad præmissa.

(zz) Et Ego Humbertus Pillati, de (aaa) Buxeria Gratianopolitanæ Diœcesi, Apostolica, Imperiali, & Domini Francorum Regis, auctoritatibus, Notarius publicus, præmissis omnibus & singulis, dum scripta sunt, agerent, fierent, declararentur, darentur, donarentur, quittarentur, remitterentur & concederentur per præfatum Dominum nostrum Delphinum, Anno, Indictione, die, loco, Pontificatus, & coram testibus suprascriptis, præsens & personaliter interfui; hoc idem instrumentum, jussus & requisitus, recepi, notavi & publicavi, in eoque scribi & extrahi de meo (bbb) protocollo, nihil addito vel mutato, per quod facti substantia varietur, hic manu propria me subscripsi, & signum meum consuetum aposui, in robur & testimonium præmissorum.

CHARLES V. à Paris, en Aoust 1367.

Nos vero prænominatus Delphinus, ad majorem firmitatem, robur & testimonium præmissorum per Nos concessorum, ut in præscripto instrumento superius continetur, ipsum instrumentum nostri majoris sigilli munimine, fecimus roborari : Et cum in dictis privilegiis & Libertatibus, caveatur expresse, quod quandocumque & quotienscumque novus Delphinus, ᵃ ultra, successor veniet ad successionem vel regimen Delphinatus, antequam ad Homagia seu ᵇ recognitiones Feudorum Delphinalium, recipienda seu recipiendas, quovismodo procedat, & antequam aliter compellere possit aliquam singularem personam vel Universitatem, ad præstandum & faciendum sibi Homagia, Fidelitates seu recognitiones, jurare debeat primitus, ad Sancta Dei Evangelia per eum corporaliter manu tacta, in manibus Reverendorum Patrum Dominorum Episcopi Gratianopolitani, vel Abbatis Sancti Antonii, Viennensis, vel Vicariorum suorum, servare, custodire & attendere inviolabiliter, præmissas omnes & singulas declarationes, franchesias, concessiones, Libertates, gratias & privilegia, in omnibus & singulis clausulis & capitulis eorundem, & expropter, dictus Dominus Episcopus requisivit præfatum Dominum Carolum Delphinum Viennensem ᶜ juniorem, quatenus prædictum juramentum præstet & faciat, ut superius in dictis Litteris continetur.

a dans la suite.
b Voy. cy-dessus, p. 44. Note (y).

c Voy. cy-dessus, p. 37. Note (*) marg.

Quiquidem Dominus Carolus Delphinus Viennensis prædictus, visa exhibitione instrumenti prædicti, quod pro lecto habuit, ut præfertur, & audita relatione summaria prædictorum, & requisitione facta per Dominum Episcopum supradictum, de voluntate, consensu & auctoritate expressis, præfati Domini Ducis Normandiæ, Patris sui, præsentis, volentis, consentientis & auctorisantis, ea omnia & singula rata habens, promisit & juravit, per eum tactis corporaliter Evangeliis Sacrosanctis, in manibus dicti Domini Episcopi, & mei Notarii infrascripti, stipulantis & recipientis, nomine & ad opus omnium & singulorum quorum interest & interesse poterit in futurum, dictas Libertates, franchesias, declarationes, concessiones, gratias & privilegia, contentas & contenta in instrumento prædicto, in omnibus & singulis suis clausulis & capitulis, ac etiam cæteros bonos usus & bonas Consuetudines Delphinatus, servare, custodire & attendere inviolabiliter & perfectè, & nunquam per se vel per alium, contrafacere vel venire, nec alicui contravenienti seu contravenire volenti, quomodolibet consentire.

Volens ipse Dominus Delphinus junior & præcipiens mihi Notario infrascripto, & dictus Episcopus me requisivit, quod de prædictis conficiam Prælatis, Baronibus, Nobilibus, Valvassoribus, Universitatibus, & aliis quibuscumque personis Delphinatus, tot quot habere voluerint, publica instrumenta.

Acta fuerunt hæc ; videlicet, prædicti instrumenti exhibitio, dicti Domini Episcopi requisitio, ac præfati Domini Caroli Delphini Viennensis, ratihabitio, & juramenti præstatio apud Lugdunum, in domo Fratrum Prædicatorum dicti loci, præsentibus Reverendis in Christo Patribus, Domino Henrico de Villars, Archiepiscopo Lugdunensi ;

NOTES.

(zz) *Et ego, &c.*] Ce qui suit, n'est pas dans l'Edit. de M. de Valbonnays. Il y a seulement après *præmissa, &c. Expedit.* H. P.

(aaa) *Buxeria.*] C'est apparemment Buissiere, dans le Dauphiné, Diocese de Grenoble, sur lequel, *Voy. le Dict. Univers. de la Fr. au mot, Buissiere.*

(bbb) *Protocollo*] Protocolle, sur lequel, Voy. le 2. Vol. des Ordonn. p. 144. Note (e) & p. 145. Note (c) col. 1.

ORDONNANCES DES ROIS DE FRANCE

CHARLES V.
à Paris, en
Aoust 1367.
a Orange.

b du Gevaudan.

Joanne Revolli Episcopo *a* Aurasicensi; Joanne Abbate de (ccc) Fardis; Illustribus, Magnificis & Nobilibus Viris, Dominis, Duce Normandiæ prædicto; Petro Duce Borbonesii; Humberto Delphino prædicto; Joanne Comite Armeniaci; Joanne Comite Antisiodorensi; Aynaro Comite Valentinensi & Diensi; Jacobo de Borbonio; Hugone de Gebenis; Aymaro de Pictavia; Humberto Domino Traynello; Rogone Domino de Angesto; Rodulpho Domino de Cargui; Yvone Domino de Garenceriis; Guidone de Lensa; Alberto Luppi; Amblardo Domino Bellimontis; Amilder de Rossillone; Domino Bouchage; Francisco de Thesio; Domino de Thorana, Militibus; Petro de Foresta, Cancellario Normandiæ; Francisco de Parma, Cancellario Delphinatus; Roberto de Loriis; Joanne Richerii, Militibus; Magistro (ddd) Simone de Lingonis, Magistro in Theologia; & Guillelmo Fornerii Sacrista *b* Gebenensis, Procuratore Delphinali in Curia Romana, vocatis & rogatis testibus ad præmissa.

Et Ego Humbertus Pillati, de Buxeria, Clericus Gratianopolitanæ Diœcesis, Apostolica, Imperiali, & Domini Francorum Regis, auctoritatibus, Notarius publicus, præmissis omnibus, dum sic, ut præscripta sunt, agerentur & fierent, præsens personaliter interfui, hoc inde instrumentum, requisitus, recepi & notavi, in eoque quod scribi feci & extrahi de meo prothocollo, nihil addito vel mutato per quod facti substantia varietur, hic manu propria me subscripsi, & signum meum consuetum aposui, in robur & testimonium præmissorum.

c Suite des Lettres de Charles V.

c Quasquidem suprascriptas Litteras, & omnia & singula in eis contenta, rata habentes & grata, ea volumus, laudamus, ratificamus, ac ex nostris auctoritate Regia & Delphinali, certaque scientia & gratia speciali, tenore præsentium confirmamus: Mandantes insuper Gubernatori nostro dicti Delphinatus, cæterisque Officiariis & Justiciariis nostris, quatenus omnia in suprascriptis Litteris contenta, teneant, custodiant, adimpleant, tenerique, custodiri, ac de puncto in punctum adimpleri & inviolabiliter observari faciant; facta in contrarium, si quæ sint, ad statum pristinum & debitum reducendo aut reduci faciendo indilatè. Quod ut firmum & stabile perpetuo perseveret, nostrum, præsentibus Litteris fecimus apponi Sigillum: nostro in aliis & alieno in omnibus jure salvo. Datum Parisiis, mense Augusti, Anno Incarnationis Domini, millesimo tercentesimo quadragesimo-septimo, & Regni nostri quarto.

NOTES.

(ccc) *Fardis.*] Je n'ay point trouvé cette Abbaye dans le 4.e Vol. de la *Gall. Christ.* 1. Édit.

(ddd) *Simone de Lingonis*] Simon de Langres. Il a esté General des Jacobins; & il a joüé un grand rôle dans ces temps-là. Voy. *Hist. du Couvent St Jacques*, *de l'Ordre des Freres-Prescheurs à Paris*, par Malet, t. 2. ch. 26.

CHARLES V.
à Paris, le 22.
d'Aoust
1367.

(*a*) Lettres qui portent que l'on ne saisira les biens des habitans de Dauphiné, en matiere civile & criminelle, que dans les cas marquez par le Droit.

CAROLUS Dei gratia Francorum Rex, Delphinus Viennensis: Universis notum fieri volumus, quod petitio fidelium subjectorum nostrorum Delphinatus, nuper pro parte ipsorum exhibita, auribus nostris insonuit querelosa, quod, à temporibus quibus

NOTES.

(*a*) La Copie de ces Lettres a esté envoyée de Grenoble, dans la même forme que la precedente. [*Voy. cy-dessus*, p. 27. *Note* (*a*).]
Avant ces Lettres, il y a :
Quod non apponatur manus Delphinalis in bonis subditorum, sine causa cognitione.

Et à la marge, il est marqué que ces Lettres sont dans le Registre, après les precedentes.

Ces Lettres sont aussi dans les *Statuta Delphin.* p. 46. *verso.*

Delphinatus

DE LA TROISIÉME RACE.

Delphinatus ad Nos pervenit, subditi nostri prædicti, plura damna fuerunt passi & sustenti, & omni die sustinebant & patiebantur, ex eo quod Gubernator, Thesaurarius, Baillivi, Judices, a *Procuratores, Commissarii, Castellani & cæteri nostri Officiales Delphinales, aut eorum Loca-tenentes, ipsis subditis non vocatis, nec in eorum juribus auditis, de facto bona ipsorum subditorum, per manus appositionem, sequestrationem seu saisinam, capiebant, occupabant, capi & occupari mandabant, ipsos expoliando à possessione seu tenuta eorumdem ; deinde fructus bonorum prædictorum, per se vel deputatos ab eis, capiebant ; quandoque in nostros, interdum in usus suos convertendo, bonis dimissis incultis ; licet pluries requisiti de impedimentis tollendis, cautione oblata de stando juri, & etiam per Literas & mandata nostra ; super quibus Advocatus & Procuratores nostri se opponentes, ipsos subditos bonis denudatos, diversis occasionibus sumptis, cum longa* b *protelatione litigare compellunt ; & in tantum laboribus & expensis impetrantes fatigarent, quod interdum propter impotentiam, lite indiscussa, bona ipsorum remanebant sequestrata ; & interdum per viam* c *compositionis, dare pecuniam indebite compellebantur, contra bonos usus & Consuetudines Patriæ, diutius observatos, ac jura & Justiciam, quibus cavetur, quod nullus est, sine causæ cognitione, sua possessione privandus ; & etiam contra Libertates & franchesias concessas eisdem, in quibus cavetur, quod pro quacumque* d *occupatione jurium nostrorum, facta vel facienda per subditos nostros, per viam Inquestæ vel aliàs, non procedatur, nisi via ordinaria duntaxat : Quæ cedunt in grande prejudicium & gravamen dictorum nostrorum subditorum, & læsionem non modicam, sicut dicunt ; unde petebant super his, provideri de remedio oportuno : Nos enim, attentis gratis servitiis & obsequiis Nobis, tam in guerris quam aliàs impensis, & fidelitate indubitata quam erga Nos habere noscuntur pro Nobis & Successoribus nostris, ex certa nostra scientia & de gratia speciali, volumus, & ipsis subditis* e *per se & suis, concedimus serie presentium, quod manus apositio, saisina vel sequestratio, in bonis dictorum nostrorum subditorum seu suorum successorum, per Nos vel Locum-tenentes seu Officiales nostros quoscumque, præsentes aut futuros, in casibus civilibus fieri non possit nec debeat quovismodo, nisi in casibus à jure expressatis : In casibus vero criminalibus, & in debitis Fiscalibus, procedatur prout est de jure & ratione faciendum : Et si qua in contrarium fieri contingat, seu etiam attentari, illa revocari & ad statum debitum reduci volumus & jubemus indilate, ratis semper manentibus supradictis : Mandantes insuper, & tenore præsentium districtius injungentes Gubernatoribus, Loca-tenentibus, & quibuscumque ad universale regimen dicti nostri Delphinatus, proventuris, Ballivis, Judicibus, Procuratoribus,* f *Castellanis & Officialibus nostris Delphinalibus, præsentibus & futuris, vel eorum Loca-tenentibus, quatinus prædicta omnia, per Nobis concessa dictis nostris subditis, observent & inviolata custodiant perpetuo, atque successoribus eorum ; & si qua in contrarium attentari contingeret, illa ad statum debitum reducant, cessante difficultate quacumque ; quoniam ea sic fieri volumus ; (b) Ordinationibus seu mandatis in contrarium factis vel faciendis, non obstantibus quibuscumque. Quod ut firmum & stabile perpetuo remaneant, nostri Sigilli Delphinatus* g *munimine facimus appensione muniri. Datum Parisiis, die vicesima-secunda mensis Augusti, Anno Domini millesimo tercentesimo septuagesimo-septimo, & Regni nostri quarto.*

CHARLES V.
à Paris, le 22. d'Aoust 1367.

a Voy. cy-dessus, p. 52. Note (s) marg.

b délay.

c Voy. les Tables des Matieres des Vol. des Ordonnances, au mot Composition.

d Voy. cy-dessus, p. 49. Art. 36.

e pro, dans la p. 84. des Statuta Delphin.

f Commissariis, Castellanis, dans la p. 84. des Statuta Delphin.

g munimine, ou appensione, sont inutiles.

NOTES.

Ces Lettres sont imprimées une seconde fois dans le même Recueil, p. 84. recto, mais il y a beaucoup de fautes. Il y a cependant quelque chose d'ajoûté. Voy. la Note suivante.

Ces Lettres sont aussi au Tresor des Chartres, Registre 101. Piece 113.

(b) Il y a ensuite, à la p. 84. des Statuta Delphin. [& dictis nostris subditis concessimus de gracia, qua supra ;].

CHARLES V.
à Paris, le 22.
d'Aoust
1367.

(a) Lettres portant que l'on ne pourra pas arrester prisonniers les habitans du Dauphiné, pour des dettes Fiscales, lorsqu'ils auront des biens montans à la valeur de ces dettes, ou lorsqu'ils donneront une caution suffisante.

CAROLUS Dei gratia Francorum Rex, Dalphinus Viennensis : Universis præsentes Litteras inspecturis, notum fieri volumus, quod audito clamore valido fidelium nostrorum subditorum Dalphinalium, continente, quod ipsi subditi per Thesaurarium & alios Officiarios nostros Dalphinales, enormiter gravabantur, pro eo quod pro debitis nostris Fiscalibus solvendis, quamquam bona sufficientia pro ipsorum solutione haberent, personaliter detinebantur & arrestabantur, ex quibus subditi in invicem erant gravati, ut dicebant : Nos, attentis gratis serviciis Nobis per eos impensis, & quod tales personales detentiones, astantibus bonis, de jure prohibentur, ex nostra scientia & de gracia speciali, volumus & per præsentes concedimus, quod subditi nostri Dalphinales prædicti, successoresque sui, pro debitis Fiscalibus quibuscumque, ex maleficio vel quasi, non descendentibus, in casu quo bona aut fidejussores idoneos habuerint, in quibus seu quorum bonis, executio prompta, usque ad valorem debiti, fieri possit, personaliter detineri, capi & arrestari ; seu pæna de arrestis tenendo aut certa die solvendo, eis imponi non possint quovismodo, per quoscumque à Nobis seu nomine nostro, potestatem obtinentes : Mandantes Gubernatori nostro, & cæteris ad regimen universale dicti nostri Dalphinatus, proventuris, quatenus prædicta omnia, dictis nostris subditis & eorum successoribus, observari faciant, & ipsos Thesaurarium & Officiales, ad ea tenendum & observandum compellant juris remediis opportunis ; cessante difficultate quacumque ; Ordinationibus seu mandatis in contrarium factis vel faciendis, non-obstantibus quibuscumque. Quod ut firmum & stabile perpetuo perseveret, Sigillum nostrum dicti Dalphinatus, præsentibus duximus apponendum. Datum Parisius, die vicesima-secunda mensis Augusti, Anno Domini millesimo tercentesimo sexagesimo-septimo, & Regni nostri quarto.

NOTES.

(a) La Copie de ces Lettres a esté envoyée de Grenoble, avec cette indication :
Extrait du Registre cotté, Tertius generalis, fol. 91. *estant aux Archives de la Chambre des Comptes de Dauphiné, ensuite des ordres de Monseigneur le Chancellier, & au requis de Monsieur le Procureur General en ladite Chambre, collationné par Nous, Escuyer, Conseiller-Secretaire du Roy, Maison, Couronne de France, Greffier en chef en icelle.* MARJOLET.

Ces Lettres sont aussi au Thresor des Chartres, Registre 101. Piece 107. & imprimées dans les *Statuta Delphin.* p. 81.

CHARLES V.
à Paris, le 22.
d'Aoust
1367.

(a) Lettres portant que les habitans des Terres cedées à Charles V. en qualité de Dauphin par le Comte de Savoye, joüiront des mêmes privileges que les autres habitans du Dauphiné.

CAROLUS Dei gratia, Francorum Rex, Delphinus Viennensis : Notum facimus universis, quod Nos, ad suplicationem fidelium nostrorum subjectorum Delphinalium, fidelibus nostris Prælatis, personis Eclesiasticis, Baronibus, Nobilibus, *Valvassoribus,

* Voy. cy-dessus, p. 38. Note (c).

NOTES.

(a) La Copie de ces Lettres, a esté envoyée de Grenoble.
Il y a au commencement :

Quod gentes Terræ acquisitæ à Domino Comite Sabaudiæ, debeant gaudere privilegiis & Libertatibus subditis Delphinalibus concessis.
Il y a à la fin :

DE LA TROISIÈME RACE. 59

Universitatibus, Communitatibus & aliis gentibus Terræ Nobis traditæ & tradendæ in Delphinatu, per (b) Comitem Sabaudiæ, ob concordiam olim inter Nos & eum habitæ, ex certa nostra scientia & de gratia speciali, pro se & suis, duximus concedendum, & voluimus & concedimus per præsentes, quod ipsi Prælati, personæ Eclesiasticæ, Bannereti, Barones, Valvassores, Nobiles, Universitates, loca, Comunitates & aliæ gentes dictæ Terræ, eorumque successores perpetuo, universaliter universi & singulariter singuli, ª pro eo qui à loco Terræ traditæ per Nos dicto Comiti, successerunt, possint & debeant uti, frui, gaudere & potiri pactionibus, conventionibus, privilegiis, franchesiis, immunitatibus & Libertatibus, quibus nostri cæteri subditi Delphinatus, uti, frui, gaudere & potiri possunt & debent; & eas & ea eisdem & suis, perpetuo attendere & observare juxta ipsorum formam, seriem & tenorem: Mandantes & tenore presentium injungentes Gubernatoribus, Thesauraviis, Ballivis, Judicibus, ᵇ Procuratoribus, Commissariis, Castellanis & cæteris Officiariis & Justiciariis nostri Delphinatus, præsentibus & futuris, vel eorum Loca-tenentibus, quatenus præfatis gentibus dictæ Terræ, per Terram Delphinalem, ubilibet, ipsas pactiones, conventiones, Libertates & singula in eis contenta, de puncto ad punctum observent, & inviolatas custodiant, juxta ipsarum series & tenores, nulla de contingentibus in eisdem, obmitendo; quoniam prædicta perpetuo sic esse & fieri, ex nostra certa scientia & de gratia speciali, eisdem concessimus & concedimus per præsentes; Ordinationibus seu mandatis in contrarium factis vel faciendis, non-obstantibus quibuscumque. Quod ut firmum & stabile perpetuo perseveret, Sigillum nostrum Delphinalem, præsentibus duximus apponendum. Datum Parisiis, die vicesima-secunda mensis Augusti, Anno Domini millesimo tercentesimo sexagesimo-septimo, & Regni nostri quarto.

CHARLES V.
à Paris, le 22. d'Aoust 1367.

a à la place des habitans, &c.

b Voy. cy-dessus, p. 52. Note (ƒ) marg.

NOTES.

Extrait, &c. [comme cy-dessus, p. 37. Note (a)].

Ces Lettres sont aussi au Thresor des Chartres, Registre 101. Piece 108. & dans les *Statuta Delphin.* p. 47. verso.

(b) *Comitem Sabaudiæ.*] Dans l'Histoire du Dauphiné par M. le President de Valbonnays, t. 2. p. 593. Note (ƒ) on trouve ce qui suit:

Le Roy Jean & Charles son Fils conjointement, firent un Traité avec Amé VI. Comte de Savoye, par lequel ils luy cederent la Baronnie de Faucigny, & les Fiefs du Genevois, de la Bresse & du Bugey, situez au-delà du Rhône, relevant des Dauphins. Le Comte en échange, leur remit plusieurs Terres au-deçà du Guyer, & toutes celles qu'il possedoit dans le Viennois, de l'ancien Domaine des Comtes de Savoye. La date de ce Traité dans les preuves de l'Histoire [Genealog. de Savoye,] de Guichenon, [p. 188.] paroist avoir esté alterée; ce n'est pas en 1355. comme il le suppose, mais en 1354. que ce Traité fut conclu.

M. de Valbonnays rapporte ensuite les preuves qui establissent que ce Traité fut fait en 1354. Voy. ibid.

(a) Lettres portant que les Gouverneurs du Dauphiné, jureront lorsqu'ils prendront possession de cet Office, d'observer les Libertez & privileges accordez aux habitans du Dauphiné.

CHARLES V.
à Paris, le 22. d'Aoust 1367.

CAROLUS Dei gratia Francorum Rex & Dalphinus Viennensis: Universis præsentes Litteras inspecturis: Notum facimus, quod nostris subditis Dalphinalibus, de nostris sciencia certa & gratia speciali, duximus, tenore præsentium, concedendum,

NOTES.

(a) La Copie de ces Lettres a esté envoyée de Grenoble; il y a à la fin:
Extrait à son expedition originale, estant un parchemin, aux Archives de la Chambre des Comptes de Dauphiné, dans la caisse du Dauphiné, ensuite des ordres, &c. comme cy-dessus, p. 58. Note (a).
Ces Lettres sont au Thresor des Chartres, Registre 101. Piece 109. & sont imprimées dans les *Statuta Delphin.* p. 48. verso.

Tome V. H ij

ORDONNANCES DES ROIS DE FRANCE

CHARLES V.
à Paris, le 22. d'Aoust 1367.

quod quicumque Gubernatores nostri, & alii ad universale regimen nostri Dalphinatus, pro Nobis & Successoribus nostris, venientes, in prima adeptione suæ administrationis, tactis Dei Evangeliis sacro-sanctis, jurent in manibus Reverendorum in Christo Patrum,

NOTES.

Dans la Copie envoyée de Grenoble, avant & après ces Lettres, il y a un détail assez curieux sur les sermens prestez par les Gouverneurs du Dauphiné. On a crû devoir le mettre icy en Note.

IN nomine Domini: Amen. Per præsens publicum instrumentum, universis pateat inspecturis, quod Anno Nativitatis Domini millesimo tercentesimo septuagesimo tertio, & die vicesima sexta mensis Januarii, mandatis & convocatis Gratianopoli, Prelatis, Prioribus, Baronibus, Banneretis, Nobilibus, Communitatibus & Universitatibus Dalphinatus Viennensis, ad veniendum coram magnifico & potenti viro, Domino Carolo Domino de Bovilla, Gubernatore noviter constituto in dicto Dalphinatu, per Serenissimum Principem Dominum nostrum Dominum Carolum, Dei gratia Francorum Regem, Dalphinum Viennensem, & audiendum quædam exponenda ex parte dicti Domini nostri, ipsius statum & honorem tangentia, comparentibus coram prædicto Domino Gubernatore, viris potentibus, Dominis Joffredo Vice-Comite & Domino Clarimontis, Francisco * Cassenatici, *Joanne de Grolleya Montis-Revelli, Francisco Malibeti & Joanne Berengarii Morgiarum Dominis, & pluribus aliis quasi majoris partis Bannaretorum & Nobilium Dalphinatus prædicti, dicti Domini Milites, auditis quibusdam petitione & requesta factis per dictum Dominum Gubernatorem, ex parte dicti Domini nostri Regis, petitionem subsidii continentibus, exhibuerunt & præsentarunt dicto Domino Gubernatori, quasdam patentes Litteras, à præfato Domino nostro emanatas, ejus Sigillo Dalphinali impendenti cirico & cera viridi sigillatas, quæ per me Notarium subscriptum, coram eo lectæ, ad postulationem exhibentium, extiterunt, & formam quæ sequitur, continebant.*

* Saffenage. Voy. Salvaing, de l'Usage des Fiefs, ch. 11. p. m. 99.

CAROLUS, &c.

QUIBUS Litteris lectis & explicatis dicto Domino Gubernatori, pro Tribunali sedenti, lingua Gallicana, præfati Domini Vice-Comes & Milites, nominibus suis & aliorum hic astantium, & cæterorum hominum subjectorum Dalphinalium, quorum poterit interesse, requisierunt præfatum Dominum Gubernatorem, de dicto juramento præstando & faciendo, juxta formam Mandati Regii, sibi super hoc facti, & ad hoc, ut illud facere levius annueretur, petierunt coram eo legi formam juramenti præstiti super observancia dictarum pactionum, conventionum & Libertatum, per felicis recordationis Dominum Jacobum de Vienna, Dominum de Loimico, Gubernatorem Dalphinatus, prædecessorem ejusdem Domini Gubernatoris, contentam in quadam publico instrumento recepto per me Humbertum Graneti, sub Anno Domini millesimo tercentesimo septuagesimo, & die tertia mensis Julii: qui quidem Dominus Gubernator, visis & diligenter intellectis Litteris Regiis suprascriptis, ac forma juramenti præstiti supra designata, volens dicti Domini nostri Francorum Regis & Dalphini, gratias & concessiones favorabiliter exequi & tenere, eo etiam ut subditi Dalphinatus, ejusdem Domini Gubernatoris petitis parere devotius annuantur, tactis Dei Evangeliis sacro-sanctis, in manibus mei Humberti Graneti Notarii publici, ut publicæ personæ, stipulantis & recipientis nomine, vice & ad opus dictorum Dalphinalium subditorum, & cæterorum omnium quorum poterit interesse, juravit quod ipse Dominus Gubernator, quamdiu Officium Gubernationis prædictæ exercuerit, servabit & manutenebit ac custodiet, Prelatis, Religiosis, Baronibus, Banneretis, Nobilibus, Communitatibus, Universitatibus & aliis gentibus dicti Dalphinatus, universaliter universis & singulariter singulis, & eorum successoribus, conventiones, pactiones, privilegia, Libertates, franchesias & confirmationes de quibus supra mentio habetur, & de quibus sibi liquebit, secundum Deum & Justiciam, & quod contra ipsas non faciet vel veniet quovismodo: fuit tamen solemniter & ante omnia protestatus, quod si non informatus de dictis privilegiis, cum aliqua facere vel sustinere contingeret, quæ contra dictas Libertates aut pactiones reperirentur, deinde informatus de ipsis, illa sic contra facta, attemptata vel sustenta, reduceret ad statum debitum, quod eo casu, ante informationem prædictam coram eo debite factam, ipse Dominus Gubernator vicium parjurii non incurrat illo modo, quoniam voluntatis existit, ipsas eisdem subditis servare inviolatas, juxta super hoc sibi factum mandatum. Quibus omnibus itaque exhibitis, lectis, postulatis, juratis & protestatis, ipse Dominus Gubernator, pro interesse Dalphinali, voluit; & supra nominati Milites, pro jure & interesse suis, & aliorum Dalphinalium subjectorum, petierunt & requisierunt, per me dictum Notarium, de ipsis tot & tanta fieri publica instrumenta, quanta à me petita fuerint aut requisita. Quæ acta & gesta fuerunt apud Gratianopolim, in Aula Consilii Dalphinatus, Anno & die suprascriptis: testibus existentibus & convocatis ad eadem, Religiosis viris, Dominis Joanne Moteti,

DE LA TROISIÉME RACE.   61

fidelium nostrorum, Episcopi Gratianopolis & Abbatis Sancti Antonii Viennensis, præsentium & futurorum, vel alterius eorum, servare & custodire Prælatis, Banneretis, Nobilibus, Communitatibus, Universitatibus & aliis gentibus nostri Dalphinatus, eorumque successoribus, ª *pactiones & conventiones olim initas inter recolendarum memoriarum, Dominos Phillipum Dei gratia Francorum Regem, avum, & Joannem Ducem Normandiæ, genitores nostros & Nos, & pro Nobis, ex parte una; & Humbertum Dalphinum Viennensem, ex altera; ac* ᵇ *privilegia & Libertates, ac franchesias datas olim & concessas eisdem, per Dominum Humbertum, per Nos rattifficatas, paulo post translationem Dalphinatus in Nos factam, & non contra eas facere vel venire, taleque juramentum super hoc præstent, quale per Nos est præstare cautum in Libertatibus supradictis, de quibus liquidius poterit apparere: Dantes igitur in mandatis, districtius injungendo, præfato Gubernatori nostro moderno, quatenus, visis præsentibus, nisi aliàs ipsis subditis juraverit, quando per præfatos Dominos, Episcopum & Abbatem vel alterum ipsorum, fuerit requisitus, in manibus ipsorum Prælatorum vel alterius eorum, qui nunc sunt vel qui pro tempore fuerint, præstet & faciat prædictum juramentum, quoniam prædicta subditis nostris concessisse de gratia, qua supra, dignoscimur; sic & ea fieri volumus & jubemus, cessante difficultate quacunque, Ordinationibus seu mandatis in contrarium factis vel fiendis, non-obstantibus quibuscunque. Quod ut firmum & stabile perpetuo perseveret, Sigillum nostrum dicti Dalphinatus, præsentibus duximus apponendum. Datum Parisius, die vigesima-secunda mensis Augusti, Anno Domini millesimo trecentesimo sexagesimo-septimo, & Regni nostri quarto. Per Regem Dalphinum, in suo Consilio.* HENRICUS CLERICI.

CHARLES V.
à Paris, le 22 d'Aoust 1367.

a Voy. l'Hist. du Dauphiné par M. de Valbonnays, t. 2. page 594.
b Voy. cy-dessus, p. 37. & p. 53. art. 52.

NOTES.

Sancti Roberti, & Prunello de Barjaco, Sancti Laurencii Gratianopolis, Prioribus; Potenti & Nobilibus viris, Domino Joanne de Placie, Milite, & Bernardo de Monte-Leterico, Thesaurario Dalphinatus ac Joanne Batalliæ, Domicello, & me dicto Humberto qui prædicta recepi.

Verùm, quia præfatus Humbertus Graneti Notarius publicus, morte præventus, dictum instrumentum ᶜ *grossare non potuit, idcirco ego Joannes Henrici, de Gratianopoli, Secretarius Dalphinalis, autoritate Imperiali, & Curiæ Majoris* ᵈ *Graisivandoni publicus Notarius ac juratus, vigore commissionis mihi per spectabilem & magnificum virum, Dominum Enguerrandum de Cudino, Cambellanum & Consiliarium Regium, Gubernatorem Dalphinatus, factæ, dicto instrumento in hanc publicam formam, de* ᵉ *protocollo dicti quondam Humberti, extracto & redacto, manu propria me subscripsi, & signo meo publico & consueto, huic in principio hujus meæ subscriptionis, signavi fideliter & tradidi, rogatus ac requisitus pro parte dictorum Baronum & Nobilium: cujusquidem commissionis tenor sequitur & est talis.*

c mettre en grosse: en donner une expedition.
d Graisivodan.
e Voy. cy-dessus, p. 55. Note (bbb).

Enguerrandus de ᶠ *Cudino, Cambellanus & Consiliarius Regius, Gubernator Dalphinatus, dilecto nostro Joanni Henrici, Secretario Dalphinali, salutem. Cum Humbertus Graneti, Notarius publicus quondam, super juramento præstito per bonæ memoriæ Dominum Carolum Dominum de Bovilla, quondam Gubernatorem dicti Dalphinatus, de Libertatibus, franchesiis & pactionibus habitis in translatione dictæ Patriæ, & concessis Prælatis, Baronibus, Banneretis, Nobilibus & Communitatibus ac Universitatibus prædictæ Patriæ Dalphinatus, per fœlicis recordationis Regem Carolum Dalphinum Viennensem, & ejus prædecessores, instrumentum receperit, & in suo protocollo notaverit, qui Humbertus morte præventus, in publicam formam ipsum instrumentum grossare non potuit, ea propter, ad supplicationem & requestam Banneretorum & Nobilium dicti Dalphinatus, nominibus suis, & aliorum ipsius Patriæ, vobis de cujus fidelitate confidimus, harum serie præcipiendo mandamus, committentes, quatenus dictum instrumentum leveris prout in dicto protocollo reperietis, nihil addito, detracto vel mutato, & in publicam formam redigatis, atque tradatis Parti dictorum Baronum & Nobilium, congruo salario vobis salvo: cui instrumento, ut priùs, in publicam formam redacto, in Judicio & ubique, tantam fidem adhiberi volumus ac si per dictum Humbertum Notarium quondam, grossatum fuisset & redditum; quoniam quoad hæc, vobis licentiam impartimur. Datum Gratianopoli, die secunda mensis Octobris, Anno Domini millesimo tercentesimo octogesimo nono. Per Dominum Gubernatorem, orethenus, præsente Domino Jacobo de Sancto-Germano, Advocato Fiscali.* P. PANETI. J. HENRICI.

f Il y a dans la Copie, Endino.

H iij

CHARLES V.
à Paris, le 22. d'Aoust 1367.

(a) Lettres qui reglent les cas dans lesquels les differentes Lettres accordées par le Roy pour le Dauphiné, seront verifiées ou non, à la Chambre des Comptes de Paris.

KAROLUS Dei gratia Francorum Rex, Delphinus Viennensis: Universis & singulis præsentibus & futuris, Salutem. Pro parte fidelium subditorum nostrorum Delphinalium, clamor auribus nostris pervenit, quod quamquam ipsorum subditorum nonnulli, pluries Litteras à Nobis obtinuerint sanas, integras, & nostri Sigilli munimine magni Delphinali roboratas, certa mandata & gratiarum largitiones continentes, quod Gubernator & alii Officiales nostri Delphinatus prædicti, ipsas Litteras executionibus debitis mandare & eis parere differunt & recusant, occasionibus sumptis, quia non sunt examinatæ nec verificatæ per Gentes Cameræ nostræ Computorum Parisius, seu expeditæ, quod cedit in grande damnum & grave dispendium ipsorum impetrantium, & consummationem non modicam, prout dicunt, quia, locorum attenta distantia, ad Nos faciliter recurrere non valent, sine personarum & bonorum suorum consumptione gravosa, pro suis gravaminibus exponendis. Unde dictis supplicantibus super his providere volentes de remedio gratioso, attenta locorum Delphinalium distantia, & quod ipsis subditis difficile foret post obtentas Litteras, nisi exequerentur, ad Nos redire, de gratia speciali, serie præsentium duximus concedendum, quod Litteræ quæcunque à Nobis, per quoscunque subditorum nostrorum obtinendæ, seu nostris Successoribus in Delphinatu, alienationem Domanii nostri, aut donum non concernentes, nostro magno Sigillo Delphinali sigillatæ, sive sint dationes Officiorum vel concessiones vadiorum, sive *(b)* de Justicia, exequantur & executioni debitæ demandentur, & pari voto volumus & jubemus, cessante difficultate quacumque; non-obstante quod per dictam Cameram Computorum Parisius, non sint verificatæ seu expeditæ: Proviso tamen quod Litteræ quæ per Cameram Computorum Parisius, transire consueverunt, quæ non sunt de Justitia, per Auditores Computorum nostrorum Delphinalium, verificentur: Mandantes insuper Gubernatori, & cæteris nostris Officiariis & Gubernatoribus dicti nostri Delphinatus, præsentibus & futuris, & eorum cuilibet, districtius injungentes, quatenus Litteris quibuscunque à Nobis seu nostris ª obtentis modo prædicto, pareant efficaciter & intendant, & ipsas executionibus debitis demandare faciant cum effectu, juxta ipsarum series, continentias & tenores: non est tamen intentionis nostræ, quod si Nos in Terra Delphinali personaliter esse, & Litteras quascunque ibi concedere contingeret, sive alienationem Domanii nostri, sive donum concernerent, quod illæ Litteræ per Gentes Computorum nostrorum Parisius, examinarentur, & per residentes in Computis nostris Delphinalibus supradictis, duntaxat verificentur; Ordinationibus seu mandatis in contrarium factis vel faciendis, non-obstantibus quibuscunque. Quod ut firmum & stabile perpetuo perseveret, Sigillum nostrum dicti Delphinatus nostri, ᵇ promptibus duximus apponendum. Datum Parisius, die vicesima-secunda mensis Augusti, Anno Domini millesimo tercentesimo sexagesimo-septimo, & Regni nostri quarto.

Per Regem Delphinum in suo Consilio. HENR. CLERICI.

ª Successoribus.
ᵇ præsentibus.

NOTES.

(a) Ces Lettres se trouvent dans les *Statuta Delphinalia.* [Voy. cy-dessus, p. 37. Note *(a)*] p. 81. *verso,* & p. 82. *recto.*
Il y a avant ces Lettres:
Quod pareatur Regiis & Delphin. Litteris, non obstan. quod non fuerint per Gentes Cameræ Computorum Parisius, verificatæ.
Ces Lettres sont aussi au Thresor des Chartres, Registre 101. Piece 112.
Toutes les Lettres suivantes qui regardent le Dauphiné, sont aussi dans les *Statuta Delphinalia,* & c'est sur cette Edition qu'elles ont esté imprimées icy. Ces Lettres se trouvent aussi dans le Registre 101. du Thresor des Chartres, sur lequel elles ont esté collationnées & corrigées; & on a mis à la fin des Lettres, les signatures qui ne se trouvent point dans les *Statuta Delphin.* sur l'Edition desquels voy. cy-dessus, p. 37. Note *(a)*.

(b) De *Justicia.*] C'est-à-dire, les Lettres qui regardent l'execution de la Justice, à la difference des **Lettres de grace**, comme des *dons, &c.*

(a) Lettres qui nomment les differentes personnes devant lesquelles les Juges des differents endroits du Dauphiné, presteront les serments accoustumez.

CHARLES V.
à Paris, le 22. d'Aoust 1367.

KAROLUS Dei gratia Francorum Rex, Delphinus Viennen. Universis gestorum noticiam fieri volumus, quod visis Libertatibus olim datis & concessis per felicis recordationis Humbertum Delphinum Viennen. & paulopost confirmatas per Nos, Communitatibus, & Universitatibus & gentibus quibuscumque nostri Delphinatus, quibus inter alia in eis contenta, cavetur, quod Baillivi, Judices, " *Procuratores & Castellani, in adeptionem possessionis suorum Officiorum, jurare teneantur dictas Libertates & franchesias servare & custodire, prout in instrumentis inde confectis, continetur, attendentes quod de facili, (b) Universitas non congregatur in unum, præfatis subditis nostris concedimus & volumus per præsentes, quod Reverendus in Christo, Abbas Monasterii (c) Bonarum-Vallium, & Venerabiles Religiosi, Prior Costæ-Sancti-Andreæ, Bailliviorum, Judicum, Procuratorum & Castellanorum in Judicatura Viennesii & Terreturris ; Preceptor Sancti Pauli & Prior Sancti Donati, constituendorum in Viennesio & Valentinesio ; Priores vero Sanctorum Roberti & Martini de Miseriaco, constituendorum in Graysivodano ; Præpositus Ulciensis & Curatus Briançonis, constituendorum in Brianfonesii ; Abbas* ᵇ *Bostondonis*

a Voy. cy-dessus, p. 52. Note (f) marg.

b Voy. Note (a) col. 2.

NOTES.

(a) Ces Lettres sont dans les *Statuta Delphinal.* p. 84. recto.
Il y a au commencement :
Quod Baillivi, Judices, Procuratores & alii Officiarii jurent Libertates in manibus nominatorum in Litteris.
Ces Lettres sont aussi dans le Registre 101. P. 110. Voy. p. preced. Note *(a).*

(b) Universitas.] Cela signifie, qu'il est difficile que differents Officiers qui demeurent en differents endroits, se rassemblent dans un même lieu, pour y prester les serments. Voy. cy-dessus, p. 53. Art. 52.

(c) Bonarum Vallium.] J'ay trouvé dans une Notice de tous les lieux du Dauphiné, qui est au commencement de l'Hist. du Dauphiné par M. de Valbonnays, p. VII. les noms modernes des lieux dont il est parlé dans ces Lettres.
Je vais les mettre icy de suite.
Abbat. Bonarum-Vallium : Bonnevaux, dans la Baronie de *la Tour-du-Pin.* p. IX. col. 1.
Costæ-S.-Andreæ. La *Coste-S.-André*, dans le Comté *de Vienne & d'Albon.* p. VIII. col. 1.
C. S. Pauli, Præceptoria S. Joan. Jerosol. S. Paul, dans le Comté de Vienne & d'Albon. p. VIII. col. 1.
M. de *Valbonnays* n'a pas marqué ce que signifioit C. qui est devant le nom de plusieurs lieux, dans cette Notice. Il signifie apparemment, *Castrum*, qui se trouve tout au long au 4.ᵉ nom de cette Notice.
C. S. Donati : S. Donat, dans le Comté de *Vienne & d'Albon.* p. VIII. col. 2.

S. Robertus-Corvillonis : S. Robert. Immediatement devant, il y a : *Corvillonis, Corvillon*, dans le Comté du *Graisivodan.* p. VII. col. 2.
S. Martinus-de-Miseriaco, S. Martin-de-Miseré, dans le même Comté. ibid. col. 1.
Ulcium, Præpositura : Ouls, dans la Principauté de *Briançon*, p. IX. col. 2.ᵉ
Briançonum : Briançon, ibid.
C. Boscoduni Abbatia : Boscodon, dans le Comté *d'Embrun.* p. XI. col. 1.
Il faut donc corriger le texte des *Statuta Delphinal.* où il y a : *Bostondonis.* Ce nom est aussi defiguré dans le Registre des Chartres, où il y a ; *Boscondonis.*
C. Aræ grandis : La Grand, dans le Comté de *Gap.* p. X. col. 2.ᵉ Il y a grande apparence que c'est le lieu dont il s'agit icy.
A l'égard du Pricuré de *S. Andreæ-in-Rosanesio ;* je n'ay rien trouvé de précis ; mais je crois que *Rosanesium* est le district du *C.* de *Rosanis, Rosans*, dont il est parlé dans cette même Notice, p. X. col. 1. & qui estoit situé dans la Baronie *Medullionis, Meuillon.* Il paroist par la Carte du Dauphiné qui est au commencement de l'Hist. de M. de *Valbonnays*, que le Chasteau de *Rosans* n'estoit pas éloigné des frontieres du Comté de Gap.
C. Medullionis : Meuillon dans la Baronie de *Meuillon & de Montauban.* p. X. col. 1.
C. Montis-bruni : Mont-brun, dans les mêmes Baronies.
Il paroist par-là, que par les *Baronies* dont il est parlé en cet endroit, il faut entendre les Baronies de *Meuillon & de Montauban.*

CHARLES V.
à Paris, le 22.
d'Aoust
1367.

& Decanus Ebrudunensis, constituendorum in Ebredunesii, Priores de Grandis & Sancti Andreæ-in-Rosanesio, constituendorum in Vapincesii ᵃ *Comitatus; & Piores Medulionis & de Monte-Bruno, constituendorum in Baroniarum Judicaturis, vel alter eorum, juramenta prædicta, pro & nominibus gentium Bailliviatus, Judicature, Procurationis atu Castellaniæ, cujus regimini præerunt, &* (d) *quilibet in solidum, & cæterorum quorum etiam intererit, nominibus, possint & valeant & debeant petere, exigere & recipere, prout ea facere tenentur, juxta & secundum tenorem dictarum Libertatum. Dantes igitur & tenore præsentium concedentes præfatis Abbati, Præposito, Præceptori, Prioribus & Curato, qui nunc sunt & pro tempore fuerint, & cuilibet ipsorum insolidum, pro ut in Judicaturis subsunt, auctoritatem plenariam & omnimodam potestatem petendi, exigendi & recipiendi à Baillivis, Judicibus, Procuratoribus & Castellanis creatis & constitutis, ac etiam constituendis & creandis, juramenta predicta: Ipsis Baillivis, Judicibus, Procuratoribus & Castellanis, dantes in mandatis, quatenus, cum requisiti fuerint per alterum eorundem, in principio sui regiminis, sua juramenta solita faciant & prestent in manibus requirentis, prout in Libertatibus continetur: fideli nostro Gubernatori Delphinali, præsenti & futuro, dantes in mandatis, quatenus eos & eorum singulos, ad prædicta facienda compellant, pro conservatione dictarum Libertatum; cessante difficultate quacunque; quoniam ea sic fieri volumus perpetuo & jubemus; Ordinationibus seu mandatis in contrarium factis vel faciendis, non-obstantibus quibuscumque. Quod ut firmum & stabile perpetuo perseveret, Sigillum nostrum Delphinatus, præsentibus in eorum testimonium, duximus apponendum.* Datum Parisius, die vicesima-secunda mensis Augusti, Anno Domini millesimo tercentesimo sexagesimo-septimo, & Regni nostri quarto.

Sic sign. Per Regem Dalphinum in suo Consilio. HENRICUS CLERICI. *Rescripta fuit sub data mense Februarii, Anno 67. propter correctionem & additionem istorum verborum :* Ac etiam constituendis & creandis.

ᵃ Comitatibus.

NOTES.

(d) *Quilibet in solidum.*] Chacun des Ecclésiastiques cy-dessus nommez, représentant la Communauté au nom de laquelle il recevra le serment.

CHARLES V.
à Paris, le 22.
d'Aoust
1367.

(a) Lettres qui permettent aux habitans du Dauphiné, de nommer des Collecteurs du Subside qu'ils avoient nouvellement accordé au Roy.

K AROLUS *Dei gratia Francorum Rex, Delphinus Viennensis : Universis præsentes Litteras inspecturis, Salutem. Pro parte subditorum nostrorum Delphinalium, Nobis nuper oblata supplicatio continebat, quod cum ipsi subditi, Gubernatori nostro dicti Delphinatus, nomine nostro, in subsidium redimendi & habendi Castra nostra per Comitem Sabaudiæ occupata, concessissent triginta millia Florenorum, solvendorum certo tempore super hoc ordinato, & certam pecuniæ summam levare intendant, tam pro certis oneribus supportandis* ᵇ *defensionis patriæ Delphinalis, contra nonnullos qui moliuntur intrare patriam Delphinatus, ut dicitur, quam pro certis expensis faciendis pro prædictis negociis prosequendis, cum emergentibus & dependentibus ex eisdem; quæ prædicta per eos adimplere non possent, absque certarum impositionum seu tailliarum subventione; propter quod supplicabant, ut Nobis placeret & eis concedere dignaremur, quod ipsi subditi, pro præmissis complendis, certas personas, auctoritate nostra, nominare & eligere possent, quæ tallias & impositiones pro præmissis opportunis, facere & ordinare, levare & distribuere*

ᵇ pro defensione patriæ.

NOTES.

(a) Ces Lettres sont dans les *Statuta Delphinal.* p. 85. *verso.*
Il y a avant ces Lettres :

Quod non possit trahi ad consequentiam concessio talliæ, de qua in Litteris fit mentio, nec præjudicet Libertatibus.
Ces Lettres sont dans le Registre 101. p. 111. [*Voy. cy-dessus,* p. 62. *Note (a)*].
possent,

possent, & alia facere quæ præmissorum merita exigunt : Quorum subditorum præcibus annuentes, eisdem & singulis ipsorum, per præsentes concedimus, volumus & gratum habemus, quod ipsi subditi nostri, simul vel divisim, pro præmissis, more solito congregati, semel & pluries, quoties eis vel parti ipsorum videbitur, possint & impuné valeant per Bailliviatus vel Judicaturas, eligere & nominare eos & illos quos voluerint, pro præmissis peragendis; qui nominandi potestatem habeant omnimodam, impositiones, tallias & similia pro præmissis [a] *dependentia ex eis*, necessaria, faciendi, dividendi, imponendi, colligendi, exigendi, distribuendi & solvendi, & de receptis quictandi, & omnia faciendi quæ talium merita postulabunt; ita quod prædictam Florenorum summam, pro prædictis Castris concessam, in expeditione reali dictorum Castrorum, & in defensione Patriæ, & non in alios usus, solvere teneantur; nec alias solutiones vel (*b*) expeditiones Monetæ levandæ, tam pro dictorum onerum supportatione, quam expensarum prædictarum solutione, facere possint, nisi de consilio eligendorum à subditis, cum auctoritate nostri Gubernatoris ; & de administratione eorum, locis & temporibus opportunis, subditis prædictis vel deputandis ab eis, rationem & reliqua rationis reddere teneantur, & non alteri cuicunque : Nec est intentionis nostræ, quod præfatis subditis seu suis, pro præmissis per eos concessis, aliquod præjudicium possit perpetuis temporibus suboriri, eisdemque subditis nostris, considerato quod oblatio dictorum triginta millium Florenum & alia, præfato Gubernatori nostro, pro defensione Patriæ per dictos subditos nostros nomine nostro, oblata, de ipsorum liberalitate [b] *precesserunt*, concessimus, & pro Nobis & nostris concedimus Successoribus, quod per aliqua. quæ ipsi subditi seu aliqui ipsorum, concesserint & obtulerint, tacité vel expresse, ipsis subditis seu suis successoribus, in bonis usibus, juribus, consuetudinibus, pactionibus, conventionibus & Libertatibus ipsorum, nullum valeat præjudicium generari, vel ad aliquam consequentiam trahi possint quovismodo : Fideli nostro Gubernatori nostro Delphinatus, dantes in mandatis, quatenus præfatis nostris subditis, prædicta omnia observet ; eligendis & nominandis per eos, potestatem & auctoritatem per suas patentes Litteras conferat, quam Nos eis per præsentes impartimur, faciendi & exercendi ea ad quæ nominabuntur & eligentur, & debitores & talliatos quoscunque compelli faciat & mandet ad solvendum summas in quibus tenebuntur, cessante difficultate quacunque, summariè & de plano, prout pro debitis Fiscalibus est fieri consuetum ; Thesaurarioque nostro inhibentes, ne de præmissis aut dependentibus ex ipsis , se impediat vel intromittat quovismodo ; Ordinationibus seu mandatis in contrarium factis vel faciendis, non-obstantibus quibuscunque. Quod ut firmum & stabile perpetuo perseveret, Sigillum nostrum magnum Delphinale, præsentibus duximus apponendum. Datum Parisius, die 22. mensis Augusti, Anno Domini millesimo tercentesimo sexagesimo-septimo. Regni nostri 4.°

Sic signata. Per Regem Delphinum in suo Consilio. HENRICUS CLERICI.

CHARLES V.
à Paris, le 22. d'Aoust 1367.

[a] & dependentibus ex eis.

[b] processerunt.

NOTE.
(*b*) *Expeditiones Monetæ levandæ.*] Je crois que cela signifie, qu'ils ne pourront faire aucune levée d'Argent.

(*a*) Lettres portant que les Monnoyes fabriquées dans le Dauphiné, y seront prises sur le pied porté par les Ordonnances.

CHARLES V.
à Paris, le 22. d'Aoust 1367.

KAROLUS, *&c. Notum facimus universis, &c. Quod Nos, audito clamore subjectorum nostrorum Delphinalium, continente quod ipsi multipliciter opprimuntur, pro eo quod Thesaurarius & cæteri jurium nostrorum Receptores Delphinatus, Monetas nostras Delphinales, recipere renuunt & recusant pro cursu communi, inde per Nos seu Gentes nostras ordinato, ipsis subditis, tenore præsentium, duximus concedendum, quod Monetæ*

NOTE.

(*a*) Ces Lettres sont dans les *Statuta Delphinal.* p. 86. *recto*.
Avant ces Lettres, il y a :

Quod Dominus Delphinus & ejus Thesaurarius, teneantur recipere Monetas Auri & Argenti, pro communi cursu.
Ces Lettres sont aussi dans le Registre 101. P. 106. *Voy. cy-dessus, p.* 62. *Note (a)*.

CHARLES V.
à Paris, le 22.
d'Aouſt
1367.

Auri & Argenti facta & faciendæ, noſtro ſeu Gentium noſtrarum mandato, in dicto noſtro Delphinatu, capiantur & ponantur per quoſcunque noſtros Receptores, Officiales & ſubditos, pro curſu communi facto & ordinato, & etiam ordinando per Nos ſeu Gentes noſtras Delphinales : Mandantes igitur & tenore præſentium injungentes, fidelibus noſtris Gubernatori & Theſaurario dicti noſtri Delphinatus, præſentibus & futuris, vel eorum Loca-tenentibus, & cuilibet in ſolidum, prout ad eum ſpectat, quatenus prædictis noſtris ſubditis, prædicta omnia obſervent; & Monetas noſtras in dicto Delphinatu noſtro, cuſas & cudendas, accipiant & recipiant ac accipi & recipi & poni faciant pro communi curſu, ordinato & ordinando per Nos ſeu Gentes noſtras prædictas; non patientes dictis Monetis alios curſus imponi, quam in Ordinationibus ipſorum firmiter ſtatutis; quoniam prædicta dictis noſtris ſubditis, de noſtra ſciencia certa & gratia ſpeciali, conceſſiſſe dignoſcimur, & ea ſic fieri & per vos teneri volumus, de cætero; Ordinationibus ſeu mandatis in contrarium factis vel faciendis, non-obſtantibus quibuſcunque. Quod ut firmum & ſtabile perpetuo perſeveret, Sigillum noſtrum magnum dicti noſtri Delphinatus, præſentibus duximus apponendum. Datum Pariſius, die 22. menſis Auguſti, Anno Domini milleſimo terecenteſimo ſexageſimo-ſeptimo, & Regni noſtri quarto.

Sic ſignata. Per Regem Delphinum in ſuo Conſilio. HENRICUS CLERICI.

CHARLES V.
à Paris, en
Aouſt 1367.

(a) Privileges accordez aux Arbaleſtriers de la Ville de Laon.

SOMMAIRES.

(1) La Conneſtablie [ou Compagnie] des Arbaleſtriers de Laon, reſidera dans cette Ville. Le Roy nomme Michaut de Laval, pour leur Conneſtable, pour l'eſtre pendant trois ans. Dans la ſuite, les Arbaleſtriers eſliront de trois ans en trois ans, un Conneſtable, à la pluralité des voix. Michaut de Laval, avec le conſeil de cinq ou ſix des plus experts au jeu de l'Arbaleſte, choiſira les vingt-cinq Arbaleſtriers qui doivent compoſer [la Compagnie.] Les Arbaleſtriers obeïront au Conneſtable, dans ce qui regarde leurs fonctions, ſous peine d'une amende de ſix ſols Pariſis.

(2) Le Roy retient ces Arbaleſtriers à ſon ſervice, & il les met ſous ſa Sauve-garde.

(3) Lorſqu'il y aura un Arbaleſtrier de mort, ou qui ne pourra plus ſervir, ſoit par vieilleſſe & infirmité, ou qui par ſa faute aura eſté exclus de la Compagnie ; le Conneſtable, avec le conſeil de deux ou trois Arbaleſtriers, en choiſira un autre à ſa place, & luy fera preſter ſerment de bien ſervir le Roy.

(4) Les Arbaleſtriers ne payeront aucuns droits pour les denrées ou marchandiſes à eux appartenantes, en quelque lieu qu'elles ſoient, ou qu'ils les faſſent tranſporter. Ils ſeront auſſi exempts de tous impoſts, à l'exception de l'Aide eſtablie pour la rançon du Roy Jean.

(5) Ils ne ſeront pas obligez de faire des preſts au Roy, ou à la Ville de Laon; pourvû cependant qu'ils ne ſoient pas Bourgeois notables, ou gros marchands.

(6) Les Arbaleſtriers ſeront exempts de tailles & autres impoſts; à l'exception de l'Aide eſtablie pour la rançon du Roy Jean.

(7) Ils ne ſeront pas obligez de faire le guet, ſi ce n'eſt dans le cas d'un éminent peril; & dans ce cas même, s'ils ſont hors de Laon pour le ſervice du Roy, ils ne ſeront pas obligez d'envoyer quelqu'un à leur place.

(8) Les Arbaleſtriers ne pourront eſtre aſſignez, en deffendant ſeulement, que devant le Prevoſt de Laon, ſans eſtre ſujets aux appeaux volages.

(9) On ne fera point de priſes ſur les Arbaleſtriers.

Moyennant ces privileges, ils ſerviront le Roy, ſoit dans Laon, ſoit ailleurs où il les envoyera; & ils ne pourront quitter le ſervice, ſans le congé du Capitaine qui commandera l'armée dans laquelle ils ſerviront.

Ils auront une ſolde de deux gros vieux Tournois, quand ils ſerviront dans Laon, & qui ſera doublée quand ils ſerviront hors de Laon.

Lorſqu'ils ne ſeront plus en eſtat de ſervir, ils jouiront des privileges cy-deſſus marquez; pourvû qu'ils n'ayent pas eſté chaſſez du corps pour quelque mauvaiſe action.

CHARLES &c. La Royal Majeſté a accouſtumé gracieuſement ceulz honorer, eſſaucier & acroiſtre, qui loyalment ſe ſont expoſez à ſon ſervice, & qui de vray cuer y deſirent perſeverer, en culz y aſtraingnant liberalment : Pour ce eſt-il, que

NOTE.

(a) Treſor des Chartres, Regiſtre 99. Piece 46. Voy. cy-deſſus, p. 13.

DE LA TROISIÉME RACE.   67

Nous ramenans à memoire comment nos bien amez les Conpaignons de la Conneftablie des Arbaleftriers de noftre Cité de Laon, Nous ont fervi ou temps paffé, en expofant leurs propres corps à l'envaïffement des Fors ᵃ de Saponnay, de Roucy & Siffonne, occupez par le temps des guerres, par les ennemis de noftre Royaume, & autrement, en plufieurs lieux & places, là où il a pleu à Nous, & à noz Gens eftans fur le païs de Launoys, de les mener, pour grever noz ennemis; & moyennant l'aide defquelz, les Fors deffus efclarcis, ou aucuns d'icculz, ont efté recouvers, fi comme Nous avons eu pleniere relation; en quoy icculz Arbaleftriers ont fouffert & enduré grans perilz & travaulz de leurs corps, voulons à yceulz impartir grace, qui à eulz & à leurs fucceffeurs Arbaleftriers de ladicte Conneftablie, ᵇ chiee en honneur & proffit, par la forme & maniere qui s'enfuit.

(1) *Premierement.* Pour les tenir en union, à ce que Nous les puiffions avoir à noz befoings, Nous voulons & ordenons, que la Conneftablie de vingt-cinq Conpaignons Arbaleftriers, en noftre Cité de Laon fe tiengne, & que Michaut de Laval dit de ᶜ Banier, duquel Nous avons eu ᵈ fouffifant raport, foit Conneftable d'icculz Compaignons, fanz ce que autres le foit & puift eftre en la Cité & païs de Laon, jufques à trois ans continuelz du jour de la date de ces prefentes ; lequel Conneftable, appellez avec lui cinq ou fix des plus expers oudit fait, efliront ledit nombre des vingt-cinq Compaignons deffufdis ; & finiz lefdiz trois ans, feront les Compaignons dudit nombre, nouvelle election de Conneftable de l'un d'eulz, là où le plus fe affentira; auquel Conneftable deffus nommé, que Nous faifons & ordenons par ces prefentes, & aux autres fucceffeurs Conneftables de ladicte Conneftablie, qui de trois ans en trois, feront faiz par nouvelle election, tous les autres Conpaignons feront tenus de obeïr en tout ce qui regardera le fait du trait & ᵉ gieu de l'Arbalefte, à peine de fix fols parifis, à appliquier au proffit de ladicte Conpaignie, à païer par celi qui auroit failli ou défobéï au commandement dudit Conneftable, pour chafcune foiz qu'il encourroit faulte ou défobéïffance de ce qui auroit efté enjoint à faire par ledit Conneftable ; & voulons que par le premier Sergent Royal qui fur ce fera requis, execucion en foit faicte.

(2) *Item.* Nous recevons lefdiz Conneftable & Conpaignons, à Nous, & les prenons & mettons en noftre falve & efpecial Garde, comme font & doivent eftre noz Gens, ᶠ de noftre retenuë, Serviteurs & Officiers, avecques leurs biens, familes, & ᵍ mainies.

(3) *Item.* Nous voulons que comme uns defdiz Arbaleftriers fera alez de vie à trefpas, ou que par ancienneté, ʰ foibleité ou inpotence, ou par fa coulpe dampnable, il ne Nous pourroit plus fervir, ledit Conneftable, appellé avec *(b)* trois ou trois Conpaignons de ladicte Conneftablie, en recouvrent un autre, & prengnent de lui le ferment de Nous fervir bien & loyalment, oudit fait & gieu de Arbalefte, afin que ledit nombre de vingt-cinq foit toufjours trouvé complectement, pour Nous fervir par tout, comme Arbaleftriers, là où il Nous plaira de les envoier.

(4) *Item.* Nous voulons & leur octroions, que pour quelconques denrées, vivres ou marchandifes qu'ilz aient en leurs ⁱ hofticulx & ailleurs, ou que ilz vendent ou achetent, ou que ilz mainnent ou conduifent, ou facent conduire ou mener, ès ᵏ mettes de noftre Royaume ou dehors, leurs propres touteffoiz fans fraude, ilz ne paient travers, paffages, pontenages, tonlieux, chaucés, barrages, *(c)* vergages,

CHARLES V.
à Paris, en Aouſt 1367.
a *Voy. cy-deſſus, p. 13. Note (b).*
b *tombe, tourne.*

c *Il y a une marque d'abbreviation ſur l'r.*
d *ſouffiſ.* R.

e *jeu.*

f *qui ſont à noſtre ſervice.*
g *domeſtiques.* Voy. le 4.ᵉ Vol. des Ordonn. pag. 394. Note (e).
h *foibleſſe.*
* *luy.*

i *maiſons.*

k *frontieres.*

NOTES.

(b) Trois ou trois.] Dans les Lettres pour les Arbaleſtriers de Compiegne, du mois de Septembre 1368. qui feront imprimées à leur rang, & qui font prefque femblables à celles-cy : il y a, *trois ou deux*.

(c) Vergages.] Je n'ay rien trouvé fur ce mot. C'eſt peut-eſtre l'impoſt que l'on levoit fur les *brebis*, & que l'on nommoit en latin *Berbiagium*, & en françois *Brebiage*. Le mot *Brebis* vient de *Vervex*, & il y a pluſieurs mots latins, qui ont rapport aux *brebis*, dans lefquels l'u s'eſt conſervé ; comme *vercaria, vercheria* & *verqueria*. Voy. *Du Cange,* au mot, *Berbix.* Voy. fur les autres droits dont il eſt parlé dans cet article, *les Tables des matieres des Vol. des Ordonn.*

Tome V. I ij

ou autres exactions ou debites quelzcunques; exepté les ^a aides qui sont ordonnées pour la délivrance de nostre très chier Seigneur & Pere, que Dieux absoille, tant seulement; mais leurs biens quelzcunques, denrrées & marchandises, puissent traire, mener ou faire venir à Laon, ou ailleurs quelque part qu'il leur plaira, franchement & quittement, tant par eauë comme par terre, sans requerre ou demander licence de charger ou descharger, ou recharger leursdis biens, denreez ou marchandises, à quelque personne que ce soit, nonobstant observence de lieu ou de païs, au contraire.

(5) *Item*. Nous voulons que ilz ne puissent estre ^b abstrains de faire aucunes pretz pour Nous, ne pour ladicte Ville de Laon, mais le deffendons expressément; proveu toute-voies que ce ne soient pas Bourgois notables, ne gros Marchans.

(6) *Item*. Les voulons estre frans & quittes de toutes tailles, collectes ou assiettes qui se feroient en ladicte Ville de Laon ou ailleurs, pour quelque cause ou occasion que ce soit, se il ne touchoit le fait de ladicte ^c délivrance.

(7) *Item*. Nous voulons que en ladicte Cité de Laon ou ailleurs, ilz ne soient astrains de ^d gueter, se ce n'estoit en cas de éminent peril; ouquel cas, ilz gucteroient pour faire leur devoir, selon les Establissemens des *(d)* disaines ordonnées en ladicte Ville; & se ilz estoient lors en nostre service, ilz ne seront tenus ^e de y envoier; & autre redevance quelcunques; fors seulement lesdis ^f aides pour ladicte délivrance de nostredit S. ne voulons que ilz païent en ladicte Ville, ne ailleurs.

(8) *Item*. Afin que miex puissent estre en union, & puissent continuellement exercer leurs ^g gieu & trait de l'Arbaleste, pour estre plus habiles à Nous servir audit fait, quant besoing en sera, & que tous ensemble, les puissions avoir à nostre mandement, quant ^h mestiers en arons, Nous voulons que ilz aient en Juge, nostre Prevost de ladicte Cité de Laon, & icellui leur deputons à l'audicion de toutes leurs Causes à mouvoir dores-en-avant, en deffendant tant seulement, sans ce que ilz puissent estre convenus ne ⁱ trais hors de ladicte Cité ne devant autre Juge que ledit Prevost; ne que eulx ne leurs biens, puissent estre arrestez en aucune maniere, & ne voulons que à aucuns arrès ou ^k appeaulz volages, il soient compris, ne pour yceulx, se l'en les faisoit contre eulx, estre molestés, & s'aucuns s'estoit efforcié ou se efforçoit de congnoistre de eulx ou de leurs Causes, autrement que dit est, Nous enjoingnons & commettons audit Prevost, que il face ladicte congnoissance revenir devers lui; en contraignant tous autres Juges & Parties qui s'efforceroient de faire le contraire, à eulz désister; ^l parmi ce qu'il face aus Parties sur leurs debas en defendant, comme dit est, bon accomplissement de Justice, si qu'il ne leur conviengne discontinuer ledit trait; & de tout autre Juge, autrement que dit est, les exemptons par ces presentes.

(9) *Item*. Nous ne voulons, ainçois deffendons par ces presentes, par aucuns de nos Fourriers, Chevaucheurs, Maistres des Garnisons, ou autres Gens ou Officiers de Nous, ou de nostre très chiere Conpaigne la Royne, de nos Connestable, Mareschaux, Maistres d'Arbalestiers, ou autres, estre faictes aucunes ^m prises sur lesdis Arbalestriers, de leurs blefs, vins, foins, aveinnes, chevaux, charrettes, chars, poissons, bestail, ou autres ⁿ garnisons, & s'aucuns s'efforçoit faire le contraire, Nous n'y voulons estre obey, mais les voulons, comme ^o privées personnes, estre contrains à en faire restitucion au-delà de la valeur de ce que prins auroient; & ^p parmi ce lesdis Arbalestiers seront tenus servir Nous & nos successeurs Roys de France, & ladicte Ville de Laon, bien & loïalment, comme Arbalestiers, armiés & apparelliés souffisament, par tout là où il plaira de les envoier, soient tous ensemble ou par partie, selon ce que il Nous semblera estre expedient & convenable

NOTE.

(d) Disaines.] C'estoient, suivant les apparences, differentes compagnies, composées de dix hommes chacune, qui estoient chargez de faire un guet extraordinaire dans la Ville, lorsqu'elle estoit menacée de la part des ennemis.

DE LA TROISIÉME RACE. 69

pour le bien de nostre Royaume, sans eulx départir de nostre service, se ce n'est par nostre congié & licence, ou du Capitainne soubz qui Nous les envoïerons; en prenant toutes-voïez par chascun d'iceulx Arbalestriers, pour journée, quant ilz seront en nostredit service hors de Laon, quatre gros *a* viés tournois d'Argent, ou la valeur; & quant ilz serviront en ladicte Ville, ilz averont deux gros viés d'Argent pour journée, tant seulement : Et se aucuns desdis Arbalestriers *b* chéoit en telle debilité, foiblece ou inpotence, qu'il ne peust exercer le fait & service dessusdis, parquoy il y convenist autre recevoir, si voulons Nous, & est nostre entente, que desdites Libertez & franchises dessusdictes, il joïsse, & soit en nostre Sauve-garde especial, proveu que il n'en soit privés & deboutés par aucun vice, dont il soit vilainnement punis.

CHARLES V.
à Paris, en Aoust 1367.

a vieux.
b tomboit.

Donnons en mandement à nos amés & féaulx, Gens tenans le present Parlement à Paris, & à ceulx qui tendront les Parlemens avenir, au Bailli de Vermendois, au Maistre des Pors & Passages, Receveurs & Collecteurs, députez & à députer, & à tous autres Justiciers & Officiers de nostre Royaume, leurs Lieuxtenans & chascun d'eulz, presens & avenir, que de toutes les Libertez, franchises & autres choses dessus devisées, facent, sueffrent & laissent le Connestable, & Arbalestiers dessusdiz qui à present sont, & dores-en-avant seront, sous le nonbre dessusdit, joïr & user à tousjours, sans leur mettre, ou souffrir estre mis destourbier, empeschement ou *c* obcition à l'encontre; mais tout ce que ilz trouveront estre fait ou attempté ou préjudice d'iceulx ou d'aucun d'eulx, facent reparer & mettre à estat deu, selon ce que dessus est devisé, sans delay ; & nos presentes Lettres facent publier en tous les lieux acoustumez à faire cris en nostre Royaume, dont ilz seront requis, *d* si que aucun ne s'en puisse excuser de ignorance ; & des nons & seurnons desdis Connestable & Arbalestriers, voulons estre euë congnoissance par certification dudit Prevost de la Cité de Laon, devant lequel ilz se soubzmettront & astraindront de Nous servir en la maniere dessusdicte ; & le jureront par leurs sermens ; ausquelz seremens recevoir, Nous députons ledit Prevost par ces presentes : Et pour ce que chascun d'iceulx ne pourroit ce present original avoir devers lui à son besoing, Nous voulons que le transcript ou *vidimus* soubz Seel autentique, vaille par tout, & y soit obey plenierement de tous les Justiciers & subgiès de nostre Royaume, comme à original. Et que ce soit ferme chose, &c. sauf en autres choses, &c. *Ce fu fait à Paris, ou mois d'Aoust, l'An de grace 1367. & de nostre Regne le quart.* Ainsi sign. Par le Roy en ses Requestes. ADAM. *Visa.*

c mot douteux.
Il y a obcioq, avec une marque d'abbreviation.

d tellement.

(*a*) Lettres portant que l'on ne pourra apporter dans la Ville de Buis, du vin & des raisins *estrangers*, tant qu'il y aura du vin dans cette Ville.

CHARLES V.
à Melun, en Aoust 1367.

KAROLUS *Dei gracia Francorum Rex & Dalphinus Viennensis. Notum facimus universis & singulis presentibus & futuris, quod cum Universitas Ville nostre de (b) Buxo, statuerit & ordinaverit de voluntate & consensu defuncti Henrici quondam Archiepiscopi Lugdunensis, ac Locum-tenentis recolende memorie Humberti Dalphini Viennen. carissimi Consanguinei & predecessoris nostri, quod nulla persona cujuscumque status aut condicionis existat, sit ausa adducere ad locum predictum de Buxo, vinum extraneum, nec racemos extraneos, aut vindemiam extraneam aliqualem, quamdiu vinum reperietur in dicto loco Buxi, sub pena decem librarum, & amissionis vini, racemorum sive*

NOTES.

(*a*) Tresor des Chartres, Registre 101. Piece 95.
(*b*) *Buxo.*] Dans une Notice que j'ay citée cy-dessus, [p. 63. Note (*c*)] On trouve *in Baronia Medullionis & Montalbani, Mevillon & Montauban*, p. X. col. 2. *Buxum.* le Buis.

I iij

vindemie, & animalium ducentium vina, racemos, aut vindemiam ᵃ *predictam, Nobis* ᵇ *applicandarum: Quod quidem statutum per dictum Archiepiscopum tunc Locum-tenentem dicti predecessoris nostri, confirmatum extitit, quamdiu tamen nostre placuerit voluntati; & pro confirmatione predicta, dictus Locum-tenens à dicta Universitate Buxi, habuerit & receperit centum sexaginta Florenos Auri, nomine Dalphinali, sub pacto habito inter ipsos, quod in casu in quo dictum statutum per Nos foret seu esset revocatum, quod Nos ad restitutionem dictorum centum sexaginta Florenorum Auri, teneamur; Nobisque pro parte dicte Universitatis, fuerit supplicatum, ut statutum hujusmodi confirmare dignaremur, ac eciam approbare: Nos volentes dictam nostram Universitatem prosequi gratia & favore, predicte supplicationi annuentes, dictum statutum & ordinationem ratum & gratum habentes, illud auctoritate nostra Regia & Dalphinali, ex nostra certa sciencia & speciali gracia, laudamus, approbamus, ac eciam confirmamus: precipientes & districtius injungentes dilecto & fideli Consiliario nostro Gubernatori nostri Dalphinatus, & Baillivo & Judici Baroniarum* ᶜ *Montis-albani & Medulionis, & ceteris Officialibus* ᵈ *Justiciariis nostris, quatenus dictum statutum & ordinationem custodiant, teneant & observent, & ab omnibus faciant observari, & quoscunque in contrarium facientes aut facere attemptantes, puniant prout justicia suadebit. Quod ut firmum & stabile perpetuo perseveret, presentibus Litteris nostris fecimus apponi sigillum: nostro in aliis & alieno in omnibus jure salvo. Datum apud Meldunum, Anno Domini* 1367. *& Regni nostri quarto, mense Augusti. Sic sign. Per Regem & Dalphinum.* GONTIER.

CHARLES V.
à Melun, en Aoust 1367.
a predict. R.
b applicand. R.

c Montauban & Mevillon.
Voy. p. preced.
Note (*b*).
d &.

CHARLES V.
à Paris, le 6. Septembre 1367.

(a) Lettres qui permettent au Comte de Pardiac, de créer dans son Comté, un Juge des premieres appellations.

CAROLUS, &c. *Notum facimus universis presentibus & futuris, Nos Litteras inclite memorie carissimi Avi nostri, Regis Philippi, vidimus, formam que sequitur, continentes.*

Philippe VI.
dit de Valois,
en Fevrier 1346.
e al. R.

PHILIPPUS *Dei gratia Francorum Rex: Notum facimus universis tam præsentibus quam futuris, quod Nos attentis gratuitis serviciis per dilectum & fidelem nostrum, Arnaldum Guillelmi de Monte-lugduno, Comitem (b) Pardiaci, Nobis in guerris nostris &* ᵉ *alias, diu fideliter & laudabiliter impensis, eidem Comiti & ejus successoribus & ab eo vel eis causam habituris (c) legitimam, auctoritatem & facultatem omnimodam creandi, instituendi & habendi perpetuo, in dicto suo Comitatu & ejus pertinenciis & ressorto, Judicem primarum appellationum civilium & criminalium, qui à suis ordinariis Judicibus, Bavilis aliisque suis* ᶠ *Officiariis, & à Consulibus Comitatus predicti, emittuntur & imposterum emittentur: quique Judex ipse appellationum, appellationes ipsas audire valeat, &*

f Offic. avec une marque d'abbreviation. R.

NOTES.

(a) Tresor des Chartres, Registre 99. années 1360. 1362. 1366. 1367. & 1369. Piece 69.

(b) Pardiaci.] On trouve dans la *Notitia utriusque Vasconiæ*, de Oihenart, p. 502. un assez grand détail sur le Comté & les Comtes de *Pardiac*.

Ce Comté est à l'Occident du Comté d'Astarac ou Estarac en Gascogne. [Voy. Mati, au mot *Esterac*] entre les Comtez de Fesensac & de Bigorre.

Le Comte dont il est parlé dans ces Lettres est nommé par *Oihenart, Arnaldus Willemus IV. Moulezunius. Moulezunius* est la même

chose que *de Monte-lugduno* qui se trouve dans ces Lettres. Car dans *Oihenart, Augerius à Monte-lugduno*, qui vivoit vers 1200. & dont le fils est nommé par le même, *Arnaldus Willelmi II. Montezunius*; & dans l'*Hist. Genealog. de la Maison de France*, Tom. 6. p. 222. B. l'*Arnaldus Guillelmi de Monte-lugduno*, de nos Lettres, est nommé, *Arnauld-Guilhem de Montezun* premier du nom, Comte de *Pardiac*.

Il n'est point parlé du Comté de *Pardiac*, ni dans *Mati* ni dans le *Dictionn. Univers. de la France*.

(c) Legitimam.] Ce mot est douteux: il y a dans le *R. lma* avec des marques d'abbreviation sur l'*L* & sur l'*A*.

de eifdem in folidum cognofcere ; non-obftantibus quod Nos feu Gentes noftræ pro Nobis, in poffeffione, ufu, jure vel faifina cognofcendi de ipfis, etiam dicamur, concedimus auctoritate noftra Regia, de certa fcientia & gratia fpeciali ; poffeffionem, jus, ufus & faifinam hujufmodi, in ipfum Comitem dictofque fuos fucceffores, & ab eo vel eis, ut premittitur, caufam habituros, totaliter transferentes pleno jure. Mandantes infuper & etiam diftricté precipientes, omnibus & fingulis Jufticiariis & Officiariis noftris, prefentibus & futuris, eorumque Loca-tenentibus, & eorum cuilibet, quatenus ipfum Comitem dictofque ejus Succeffores & ab eo vel eis caufam habituros, ut prefertur, noftrâ prefenti gratiâ uti & gaudere plenariè & pacificè faciant ; nec quicquam in contrarium fieri vel attemptari quomodolibet faciant aut permittant. Quod ut firmum & ftabile perpetuò perfeveret, noftrum prefentibus Litteris fecimus apponi figillum : Salvo in aliis jure noftro, & in omnibus quolibet alieno. Datum Parifiis, Anno Domini milleſimo trecenteſimo quadrageſimo ſexto, menſe Februarii.

CHARLES V. à Paris, le 6. Septembre 1367.

*N*OS autem dictas Litteras & contenta in eifdem, rata & grata habentes, ipfas volumus, laudamus, approbamus & tenore prefencium, Regiâ auctoritate, de fpeciali gratiâ confirmamus ; precipiendo mandantes omnibus & fingulis Jufticiariis & Officiariis noftris, prefentibus & futuris, eorumque Loca-tenentibus, & cuilibet eorumdem, quatenus dictos Comitem & Succeffores ipfius vel caufam ab eis habituros, dictâ gratiâ per dictum Avum noftrum fibi factâ, ut in prefcriptis Litteris continetur, & per Nos, ut predictum eft, confirmatâ, gaudere & uti pacificè ac perpetuò facere, nec quicquam in contrarium fieri vel attemptari quomodolibet permittant. Quod ut firmum, &c. Salvo, &c. Datum Parifiis, die fextâ Septembris, Anno Domini milleſimo trecenteſimo fexageſimo feptimo, & Regni noftri quarto. *Per Regem.* BLANCHET. *Collatio facta eft. Vifa.*

CHARLES V. à Paris, le 8. Septembre 1367.

(a) Lettres qui portent, que jufqu'au Jugement du procès pendant au Parlement, entre les Marchands & voituriers de Marée, & les Fermiers des peages de Roye, ces Marchands pourront paffer avec leurs marchandifes, par les chemins qu'ils jugeront à propos, fans payer d'autres peages, que ceux qui font eftablis dans les chemins par où ils pafferont.

CHARLES, par la grace de Dieu, Roy de France : Au Prevoft de Paris ou à fon Lieutenant, Salut. Oye la Suplication des Marchands & Voituriers apportans & faifans venir Poiffons de Mer & Harens, en notre bonne Ville de Paris & ailleurs, & autres bonnes Villes de noftre Royaume ; difant, que comme pour abregier tout chemin, comme il eft neceffité aux denrées, pour être pluftoft & plus frefchement apportées à vente, ils ª quierent leur chemin, & vont tant par voyes publiques comme par *(b)* adreces, & aucunefois en venant, paffent par les detroits & paffages de Roye en Vermendois, ou quel lieu, quand ils y paffent, il payent volentiers, & fe acquitent du ᵇ païage qui eft illec acoutumé à payer pour Nous ; & auffi paffent ᶜ à la fois, & plus fouvent, pour ce que c'eft le plus brief chemin, par les deftroits & païage de ᵈ Mannullet, qui femblablement eft à Nous, ou quel lieu ils s'acquitent femblablement ; nientmoins les Fermiers dudit païage de Roye, fe font voulu efforcer, & encore efforcent de jour en jour, de contraindre à faire paffer & venir par eulx & par leurs deftrois lefdits Suppliants, & de les faire payer ledit païage, jaçoit ce que ils amenent leurfdites denrées hors lefdits deftrois de

a *cherchent les chemins les plus courts.*
b *Peage.*
c *peut-être, qu'l*p*uisfois.*
d *Je n'ay rien trouvé fur ce lieu.*

NOTES.

(a) Traité de la Police par la Marre, tom. 3. l. 5. tit. 29. ch. 5. p. 80. n.° 6. Il y

a à la marge : *Regiftre de la Marée, fol.* 2 3 6.
(b) *Adreces.*) On trouve dans le Trefor de la Langue françoife de *Nicot, adreffa & courfier, compendiofum iter.*

72 Ordonnances des Rois de France

CHARLES V.
à Paris, le 8. Septembre 1367.

a *abreger leur chemin.*
b *faire commencer la plaidoirie.*

c *estre.*

d *avec.*

e *si besoin.*

Roye, en venant par lesdits destrois de Mannuellet, pour [a] leur avancier, par la maniere que dit est, où ils se seront acquittez & acquittent deuëment, toutes les fois que le cas s'y offre, & jà ont mis & envelopé lesdits Marchands & Voituriers, en procès en nostre Cour de Parlement, & en donnant à entendre faux à nostredit Procureur General, ont tant fait que nostredit Procureur a prins la défense d'eulx, ou est adjoint avec eulx, combien que il ne veulle pas [b] entamer le plait, pour la doubte que il fait du cas, tant que il en ait esté ou soit mieulx ensourmé; en laquelle nostre Cour de Parlement, les Parties n'ont encore esté oyes : & combien que lesdits Supplians soient sondez de droit commun, & qu'ils puissent prendre & querir les chemins qui sont plus necessaires & convenables à eulx & à ladite Marchandise, en payant les devoirs & païages là où il passent, toutefois les Gardes ou Fermiers dudit païage de Roye, pendant ledit procès & ou préjudice d'icelui, s'esforcent de les contraindre comme dessus, & veulent qu'ils payent à eulx, nonobstant qu'ils ayent passé & payé audit lieu de Mannullet; & pour ce, ont prins & aresté les Chevaulx de Michiel le Monnier, de Dunkerque, ou préjudice de la chose publique, & ou très grief préjudice & dommage desdits Supplians, qui par ce, seroient trop destourbiez & empeschiez de leur chemin & Marchandise, se il n'y estoit pourveu de remede convenable & gracieux, si comme ils dient : Nous qui voulons les Marchands de nostre Royaume, favorablement [c] traittez en consideration des choses dessusdites, inclinant à la Supplication desdits Marchands & Voituriers, à iceulx avons octroyé & octroyons de nostre grace speciale, par ces presentes; que pendant ledit procès & sans préjudice d'icelui ne desdites Parties, ils puissent aler & passer [d] à toutes leursdites denrées, par quels chemins & voyes que il leur plaira mieulx, pour servir plus hastivement nos bonnes Villes & Sujets, en payant l'acquit & le païage du lieu par lequel ils passeront, sans estre contrains en aucune maniere, de passer par d'autres destrois que ils ne vouldront, ne de payer païage à Roye, se ils ne vont par icelui païage, jusqu'à ce que par nostredite Cour en soit déterminé plus à plein.

Si vous mandons, & pour ce que vous estez leur Conservateur & Gardien députe de par Nous, ausdits Supplians, commettons, [e] se mestier est, que iceulx Supplians & chascun d'eulx, vous fassiez & laissiez joïr & user paisiblement de nostre presente grace, sans le souffrir estre troublez ou empeschiez au contraire, en aucune maniere, en corps ou en biens, en faisant inhibition & deffense de par Nous, se mestier est, ausdits Fermiers de Roye, & autres à qui il appartiendra, que d'ores-en-avant ne troublent ou empeschent, ou fassent troubler ou empescher lesdits Supplians ni aucuns d'eulx, contre la teneur de nostredite grace; mais d'icelle les laissent joïr & user paisiblement; & se aucuns d'iceulx Supplians, ou de leurs chevaulx ou autres biens ou marchandises quelconques, estoient prins, saisis ou arrestez en quelque maniere que ce fust, pour la cause dessusdite, si les mettez & ramenez, ou faites mettre & ramener sans delay, à pleine delivrance : Car ainsi le voulons Nous estre fait, nonobstant quelconques Lettres subreptisses empetrées ou à empetrer au contraire. Donné à Paris, le huitiéme jour de Septembre, l'An de grace 1367, & de nostre Regne le quint.

(a) Lettres

(a) Lettres qui confirment les Privileges de la Commune de la Ville de Roüen, & qui terminent differents procez meus entre les Officiers Royaux de cette Ville, & ceux de cette Commune.

CHARLES V.
à Paris, le 13. de Septembre 1367.

KAROLUS, &c. Notum facimus universis presentibus & futuris, Quod recepta nuper supplicatione nostrorum Majoris, (b) Parium & Civium Ville nostre Rothomagensis, continente, Quod cum Rex ᵃ *Philippus regnans in anno Dominice Incarnationis millesimo ducentesimo septimo, Majori & Civibus dictæ Ville, qui tunc erant, pro se & suis Successoribus, concesserit per suas Litteras (c) datas in anno predicto, quod ipsi haberent Communiam & Banleucam, ad metas ad quas Ricardus (d) qui Rex fuerat Anglie & Dux Normanie, eis concesserat, & Justiciam suam infrà metas eisdem, &* ᵇ *Placita de hereditatibus & cattallis suis & conventionibus, Rothomagi & infrà Banleucam factis; & quod tenerent per* ᶜ *Libertatem Rothomagi, omnia Placita & omnes* ᵈ *mesleyas infrà Rothomagum, & infrà Banleucam Rothomagi, in quibus mors vel* ᵉ *mehangnii aut (e) Placitum Ensis non appenderent, etsi Placita illa non sequerentur per vadium belli; quodque dictus Major haberet omnes (f) submonitiones hominum Baillie sue, ad Rectum, & quod nullus in eos manum apponeret sine ipso vel serviente suo; salvo in premissis Placito ensis & salvis jure &* ᶠ *Curiis Dominorum qui ibi terras haberent; ipsisque Litteras bonæ memoriæ Rex* ᵍ *Ludovicus Filius & Successor dicti Regis Philippi, per suas Litteras datas in anno millesimo ducentesimo vigesimo tertio, confirmaverit; quas Rex* ʰ *Ludovicus Filius & Successor ipsius Regis Ludovici, &* ⁱ *Nepot dicti Regis Philippi, per suas Litteras datas in anno millesimo ducentesimo vigesimo sexto, confirmavit; ipsique Major & Cives, dicta Communia & Jurisdictione per magnum temporis spacium usi fuerint pacificè; imposuoque eisdem Majori & Civibus, per Baillium Rothomagensem, qui erat tempore Regis* ᵏ *Philippi Patris Regis Philippi Pulchri, quod ipsi abusi fuerant in aliquibus Justiciis ad Placitum Ensis spectantibus, contra tenorem Carte eisdem concesse per Regem Philippum Pro-avum ipsius Regis Pulchri; & ipsis asserentibus & ostendentibus plures raciones ad deffensionem suam, tandem dictus Rex Philippus Pro-nepos, habito*

ᵃ Philippe-Auguste.
ᵇ Plaids, Jugement.
ᶜ Liberté, droit de Commune.
ᵈ Jugement sur les querelles & rixes.
ᵉ Mehain, blessure.
ᶠ Cours, Jurisdictions.
ᵍ Loüis VIII.
ʰ St. Loüis.
ⁱ *Nepos*. Il y a dans le R. une marque d'abbreviation sur le *t*.
ᵏ Philippe III. dit le Hardi.

NOTES.

(a) Tresor des Chartres, Regiftre 99. Piece 44.

(b) *Parium.*] Ils sont nommez dans des Lettres du mois d'Avril 1361. *Pers, Proudshommes & Conseil de ladite Ville* (Roüen). Ces *Pers* estoient les Conseillers de Ville. Voy. le 4.ᵉ Vol. des Ordonn. p. 494.

Voy. aussi sur ces *Pers* de Roüen une Charte de Commune accordée à cette Ville, dans le premier Vol. des Ordonn. p. 306. Note (b).

(c) *Litteras.*] Ces Lettres de Philippe Auguste sont dans le 2. Vol. des Ordonn. p. 412.

(d) *Ricardus.*] Richard I. qui regna depuis 1189. jusqu'en 1199. Voyez l'Hist. d'Angleterre par Rapin Thoyras. t. 2. pp. 238. & 273.

M. de Lauriere dans le premier Vol. des Ordonn. p. 306. Note (b) a fait imprimer la Charte de la Commune de Roüen, sans marquer d'où il l'avoit tirée : Il n'y a ni commencement ni fin à cette Charte. Ce ne peut estre celle accordée par Richard : car il est dit plus bas dans ces Lettres de 1367. que Philippe-Auguste l'avoit demandée aux habitans, & ne l'avoit pas renduë. D'ailleurs il paroist par la Piece qu'a fait imprimer M. de Lauriere, que ce n'est point une Charte émanée de l'authorité Royale, mais un Reglement fait par des Officiers de la Commune.

(e) *Placitum ensis.*] Plaids de l'Epée. Voy. le premier Vol. des Ordonn. p. 306. Note (b).

On peut ajoûter que par le *Plaid de l'Epée*, il faut entendre icy, les cas que l'on nomme presentement Royaux, & qui ne doivent estre portez que devant les Juges Royaux, tels que l'homicide, les blessures qui sont spécifiées dans nos Lettres, & plusieurs autres qui n'y sont pas exprimez. Le Roy reserve tous ces cas à sa justice, dans le cas même où ils ne seroient pas decidez par un Duel ou *Gage de bataille.*

(f) *Submonitiones..... ad Rectum.*] Je crois que cela signifie des citations & des assignations pour *ester à Droit*, & comparoistre en Jugement. *Submonitio*, qui ordinairement signifie une semonce pour aller à la guerre, se dit aussi pour une *assignation*. Voy. le Gloss. de *Du Cange* au mot, *submonere*.

Tome V.

ORDONNANCES DES ROIS DE FRANCE

CHARLES V.
à Paris, le 13. de Septembre 1367.

super hoc Consilio, concesserit eisdem Majori & Civibus & aliis de Communia, pro se & suis Successoribus, ut ipsi haberent, tenerent & exercerent omnimodam Jurisdictionem ad ipsum pertinentem, tam in Placito spade; quàm in aliis que in anteà accidere possent in Civitate & Banleuca Rothomagensi, in Placitis, Jurisdictionibus & Justiciis quibuscumque; retenta sibi Justitia mortis, mehangnii & Vadiorum belli, cum nonnullis aliis retencionibus & declarationibus, in (a) Litteris dicti Regis Philippi Pro-nepotis, super

a Ce mot est écrit là, & dans la suite avec une *h* tranchée.

hoc confectis sub data mensis Maii, anni millesimi ducentesimi septuagesimi octavi predicti, plenius expressatis: Quas Litteras bonæ memoriæ dictus Rex Philippus Pulcher, Filius & Successor ipsius Regis Philippi, ut predicitur, per suas (b) Litteras confectas sub data mensis Decembris, anni trecentesimi noni, confirmavit. Nos qui tempore quo eramus Dux Normanie, & Regnum regebamus in absentia inclite recordationis Karissimi Domini Genitoris nostri, ad nostram delato notitiam, quod nonnulli Procuratores & alii[b] *Officiarii Regii, qui decursis tunc temporibus fuerant in villâ predictâ, plura dictis Majori, & Civibus, in Jurisdictione predicta impedimenta posuerant, & ne in Nundiniis que sunt semel in anno, in (c) Campo-Indulgencie, juxtà villam predictam; de quibus (d) Acquita & Coustume ad Nos pertinent,*[c] *visitarent carnes vendendas ibidem, & caperent seu capi facerent carnes reprobas & corruptas, ponerentve asserem seu planchiam, ut ascenderent de terra super naves seu vasa desserencia per Fluvium Seccane, blada & grana alia ad villam predictam, visuri & judicaturi si grana illa essent sana; & etiam ne haberent cognitionem & Jurisdictionem (e) clamorum seu cridarum de Haro, & aliorum excessuum & delictorum commissorum in Hala de veteri*[d] *mercato; cujus Hale*[e] *Stallorum emolumenta quecumque ad Nos pertinent; quorum omnem Jurisdictionem & cognitionem, dicti Major & Cives*[f] *docebant ad eos pertinere & conabantur habere, Procuratoribus, aliisve Officiariis predictis contrarium asserentibus: Super quibus*[g] *deductis in Judicio, Sententia lata fuerat in (f) Scaccario Rothomagensi, pro Predecessoribus nostris & Nobis, & ad nostri comodum, & cognitio & Jurisdictio hujusmodi Nobis adjudicata in possessione & proprietate, voluimus, ordinavimus & declaravimus, certis ad hoc considerationibus excitati, quod dictus Major & illi de Communia predicta, qui tunc erant & Successores sui, haberent omnimodam cognitionem & Jurisdictionem tam carnium quam aliorum casuum, in Nundinis predictis; exceptis tribus casibus predictis, mortis videlicet, mehangnii & vadiorum belli, & salvo jure nostro in medietate*[h] *forefacturarum que ibi evenirent, & Acquictorum & Coustumarum predictorum; quodque possent ponere asserem seu planchiam unum videlicet (g) capiendi ipsus ad terram, & alius super naves seu vasa predicta, & intrare vel ingredi facere dicta vasa, & judicare vel judicari facere dicta grana; salvo jure nostro in medietate forefacturarum, ut prius*[i] *inseritur; & quod haberent in antea cognitionem, Jurisdictionem clamoris seu cride de Haro, in Hala predicta; salvo jure nostro in redditibus & proventibus dictæ Hale; non obstantibus dictis Sententiis latis super hoc, in dicto Scaccario, pro nobis & ad comodum nostrum, & possessione adepta & habita per Predecessores nostros & Nos, virtute sentenciarum hujusmodi, vel alias; & haberent insuper cognitionem, Juris-*

b Offic. R.

c Visitar. R.

d Le vieux marché qui subsiste encore.
e Etaux.
f Peut-être, dicebant.
g Deduct. R.

h Amendes.

i Mot douteux.

NOTES.

(*a*) *Litteris.*] Ces Lettres sont dans le premier Vol. des Ordonn. p. 306.

(*b*) *Litteras.*] Ces Lettres sont dans le premier Vol. des Ordonn. p. 470.

(*c*) *Campo Indulgencie.*] Ce Champ que l'on nomme le *Champ du Pardon*, est hors la Ville entre la Porte Beauvoisine & celle de Bouvreul; & il est ainsi nommé, à cause des Indulgences accordées à ceux qui assisteront à des Processions qui se font dans ce Champ, à de certains jours. Voy. l'Hist. de Roüen, premiere partie, chap. 13. p. 35. n.° 6. (Roüen) 1731. in 4.° Voy. dans ce même chap. l'Epoque de l'establissement des Foires qui se tiennent dans le *Champ du Pardon.*

(*d*) *Acquita & Coustume.*] Droits qui se perçoivent sur les marchandises qui se vendent dans ces Foires. Voy. Du Cange au mot, *Acquitamentum* & suivants.

(*e*) *Clamorum.*] Clameur ou cri de Haro, sur lequel voyez le Gloss. du Dr. Fr. t. 2. p. 4.

(*f*) *Scacario.*] Eschiquier, sur lequel voyez la Table des Matieres du 4.e Vol. des Ordonn. à ce mot.

(*g*) *Capiendi.*] Ce mot qui est écrit en abregé est très-douteux : il n'y a que *capd.* avec une marque d'abbreviation sur le *d.* Ce passage me paroist corrompu, on peut voir un peu plus haut ce qui est dit de cette planche.

dictionem, [a] *& omnimodas Brassatorum & venditorum* [b] *Servisie, in totâ dictâ Villâ & Banleuca ; non obstante processu Cause pendente super hoc, inter Procuratorem nostrum ex una parte, & dictam Majorem ex alia, & possessione quam* [c] *modo per* [d] *manum superiorem vel aliter habebamus : Intellecto insuper quod Procurator noster, & aliqui Procuratores Predecessorum nostrorum, tam nomine nostro solum, quam ut adjuncti aliis personis, Majores dictæ ville, qui fuerant pro tempore, traxerant in Causam super pluribus excessibus* [e] *attinptatis & abusionibus Justicie, tendentibus ad finem confiscationis Justicie & Jurisdictionis dictorum* [f] *Majoris, & pugnitionis corporalis aliquorum Majorum & habitatorum dictæ ville, & emendarum pecuniarum ob aliis habendarum ; & quod licet dicti Majores se super hoc submiserint, Ordinacioni dicti Domini Genitoris nostri & nostræ, vel alterius nostrum, vel aliorum Predecessorum nostrorum, ipsi Procuratores, post submissionem hujusmodi, nisi fuerant dictos Majores processibus super hiis involvere : Nos supplicationibus Majorum & Civium dictæ ville annuentes, remiserimus & quittaverimus eisdem excessus, attemptata & abusiones hujusmodi, & alios quos usquè poterant commisisse ; nonobstante quocumque comodo, quod inde potuissemus aut debuissemus habere, per facta dictorum Majorum, loca sua tenentium, servientum seu subservientum, vel aliorum executorum aut promotorum factorum dictæ Ville ; & una cum hoc, remiserimus eisdem quascumque rapinas, incendia, homicidia, (a) redemptiones personarum, & alia maleficia commissa per ipsos, in quantum Nos tangere poterat ; dum tamen per proditionem vel* [g] *pensatas* [h] *insidia, facta non fuissent ; salvo jure Partis civiliter prosequendo : Volentes ulterius, ut dicta nostra remissio perinde sortiretur robur efficax, ac si excessus, attemptata, abusiones justitiæ & maleficia suprascripta, singulariter & specificè essent nominata & declarata ; nolentes posse proponi in antea per Baillivos, Vicecomites aut Procuratores Rothomagenses, vel alios Officiarios nostros, Nos vel Gentes Consilii nostri, in Ordinatione & Declaratione premissorum, fuisse deceptos, & eisdem super hoc silencium perpetuum continenter imponentes : que premissa sic ordinavimus &* [i] *volumus, certis ad hoc ducti considerationibus, & mediis tribus milibus Scutis Auri, de cugno dicti Domini Genitoris nostri, que ab eisdem Majore & Civibus habuimus & recepimus prout in nostris super hoc confectis (b) Litteris sub data mensis Marcij, anni millesimi trecentesimi quinquagesimi octavi, premissa vidimus latius contineri ; quas nostras Litteras, Nos, post assumptum regimen Regni nostri, per nostras alias Litteras confectas mense Julii anno millesimo trecentesimo sexagesimo quarto confirmavimus : Voluerimus etiam & concesserimus eisdem Majori & Civibus per nostras Litteras, quas una cum his aliis Litteris de quibus* [k] *supra sit mentio, vidimus, ut nonobstante revocatione Donorum factorum de Dominio Regio, à tempore Regis Philippi Pulchri* [l] *citra, ipsi Major & Cives uterentur & gauderent visitatione, cognitione & Jurisdictione carnium malarum & reprobarum, que venderentur in nundinis predictis, & planchis* [m] *ponende de terra super naves & vasa defferencia grana, prout predicitur, & clamoris seu cride de Haro, ac Brassatorum & venditorum Servisie, juxta tenorem dictarum nostrarum Litterarum eis super hoc* [n] *concessorum ; Nuper que per sentenciam vel Judicium dicti Scaccarii, in quo pendebat lis & materia quæstionis inter Majorem dictæ ville ex una parte, & Religiosos, Abbatem & Conventum Ecclesiæ Sancti* [o] *Audoeni Rothomagensis, & Procuratorem nostrum adjunctum eisdem, ex altera, super bassa Jurisdictione & Justicia, quam dicti Religiosi pretendebant immediatè ac inseparabiliter tenere a Nobis, ad quem asserunt altam & mediam* [p] *Justicie in eisdem dictæ Ville partibus, pertinere, dictum fuerit, quod dictus Procurator noster, quem dicti Major & Cives requirebant à dictis Religiosis disjungi, & eisdem neutri Partium earumdem adjungi, & dicebant ita debere fieri, cum dictis Religiosis remaneret adjunctus, & dicto Majori injunctum, quod privilegia* [q] *sua, & titulos quibus se juvare volebat, super*

CHARLES V.

à Paris le 13. de Septembre 1367.

a *Par voye de saisie, & mise en la main du Roy.*
b *& est inutile.*
c *Cervisie, Cervoise, Biere.*
d Il y a dans le R. trois jambages avec une marque d'abbréviation.
e *Attemptatis.*
f *Majorum.*

g *Guet à pens.*
h *Insidias.*

i *Volumus.*

k *Sup. R.*
l *Mot douteux.*

m *Ponendis.*

n *Concessarum.*

o *S. Ouyn.*

p *Justiciam.*

q *Sua.*

NOTES.

(a) *Redemptiones.*] Cela peut signifier des especes de rançons exigées pour mettre en liberté des personnes arrestées injustement.

(b) *Litteris.*] Ces Lettres sont au Tresor des Chartres, Registre 87. Piece VII××VII. [147.]

76 ORDONNANCES DES ROIS DE FRANCE

CHARLES V.
à Paris le 13. de Septembre 1367.

a Mot douteux.
b Mot douteux.
c d Ces deux mots sont douteux.
e Sunt.
f Obreptionem.
g Subreptionem.
h Al. R.
i Avoit donné lieu à la confiscation.
k Inhiben. R.
l Suppl. R.
m Viderт. R.
n Regis.
o Nostrorum.

habendo corpus, Communiam & Jurisdictionem in dictâ Villâ & Banleucâ, penes Curiam poneret: qui Major septem Litteras sua privillegia continentes, Curie tradidit, cera viridi & fillis sericis sigillatas; unde dictus Procurator noster solus nostro nomine, requisivit ipsum Majorem, quia *a* contra ea que proposuerat & requisierat in hac parte, sentenciatum fuerat, in emendam erga Nos condempnari; proposuerit insuper dictus Procurator noster solus nostro nomine, *b* contra dictum Majorem, asserens ipsum & predecessores suos abusos sua Jurisdictione fuisse, quodque non ostendebat privilegia dicti Regis Ricardi Anglie, de quibus faciebant Litteræ Regis Philippi *c* primo *d* superius nominati, mentionem; & quod alie due sequentes Littere *e* sont simplices confirmationes dictarum Litterarum ejusdem Regis Philippi; quodque Litteras & privilegia quas eisdem concessa, ut prefertur, concesseramus eisdem per *f* oppressionem, *g* surreptionem vel importunitatem; & quod in hujusmodi concessione fueramus valde decepti, tam ratione emendarum quas poteramus habere racione inchoatorum processuum & *h* aliter, quam in venditione hereditagii seu Domanii nostri, quod vendere nequiveramus aut debueramus, cum pluribus aliis racionibus quas dictus Procurator proposuerat, concludens & requirens quod per Sentenciam vel Judicium dicti Scacarii, diceretur dictum Majorem *i* forefecisse suam Jurisdictionem predictam, & condempnaretur erga Nos in magnis emendis: quibus per Nos intellectis, mandavimus *k* inhibentes Gentibus nostris dicti Scacarii, & illis similiter qui Scacariun nostrum in quindena Festi Pasche ultimo preteriti, tenuerunt, ne de dicta Causa cognoscerent, quousque per Nos fuisset super hoc aliud ordinatum: cujus inhibitionis virtute, questiones & Cause predicte supersedent ad presens; predictique Major & Cives recognoscentes privilegia & concessiones hujusmodi, de Predecessorum nostrorum & nostra gratia liberaliter emanasse, & ea propter nolentes Nobiscum vel cum Procuratore aut aliis Gentibus nostris, litem vel questionem aut processus aliquos, quos evitare possint, ingredi, vel contendere super hoc aut aliis quibuscunque; quinimo ad nostre clementie munificentiam recurrentes, Nobis humiliter *l* supplicarunt, ut cum dictus Rex Philippus primitus nominatus, concesserit eisdem simpliciter, quod haberent Communiam & Banleucam suam ad metas, quas dictus Rex Ricardus Anglie eisdem concesserat, nec confirmaverit privilegium seu Litteras ipsius Regis Ricardi, neque sue Littere ad Litteras ipsius Regis Ricardi se refferant, nisi tantummodo quo ad metas ultra quas dicti Major & Cives nihil usurpaverunt, nec attemptaverunt, nec contra eos est propositum se fecisse, ipsumque privillegium Regis Ricardi, quod nunquam *m* viderunt, quodque dicitur dictum Dominum Regem Philippum primitus nominatum, nolentem ipsos se posse juvare de privilegio *n* Anglie, retinuisse, (a) requirent eundem; dictaque Jurisdictione, a tempore dicti Regis Philippi primitus nominati, & diu ante, usi fuerint pacificè, publicè & notoriè, quousque fuit eis impositum per Ballivum Rothomagensem, quod abusi fuerant in aliquibus Justiciis ad Placitum Ensis spectantibus, & hoc tempore dicti Regis Philippi, Patris dicti Regis Philippi Pulchri, qui concessit eisdem, quod haberent & exercerent omnimodam Jurisdictionem ad ipsum pertinentem, tam in Placitis Spade, quam in aliis; retentis sibi tribus casibus, prout superius & plenius declaratum; quod etiam fuerit per dictum Regem Philippum Pulchrum, suum Filium & Successorem, ut predicitur, consumatum, & ab illo tunc premissis usi fuerint pacificè, Predecessoribus nostris & Nobis, Gentibusque suis & nostris que Scacarium tenuerant, Ballivis, Vicecomitibus, Procuratoribus & aliis Officiariis dictorum Predecessorum *o* nostro & nostris, videntibus & scientibus sine contraditione; cujus temporis quadraginta annorum spacium pro omni titulo sufficere dicitur, tam pro Nobis quam contra Nos, per (b) Cartam Normannorum pluries approbatam; dictique Major & Cives de (c) causis & racionibus concessionis per Nos sibi

NOTES.

(a) *Requirent.*] Ce mot me paroist corrompu. Il faudroit peut-eftre lire *requirentem*; & cela signifieroit que Philippe-Auguste ayant demandé la Charte du privilege accordé par Richard, l'avoit retenue.

(b) *Cartam Normannorum.*] Voy. sur cette Chartre la Bibliotheque des Coustumes au mot, *Normandie*.

(c) Il y a là un mot qu'on n'a pû déchiffrer, il y a trois jambages & un *o* avec une marque d'abbreviation qui couvre le dernier jambage & l'*o*; cela pourroit signifier *nostra* qui ne fait icy aucun sens.

DE LA TROISIÉME RACE. 77

facte, quam dictus Procurator noster impugnare nititur, tanquam factam per [a] oppressionem vel subreptionem, ut predicitur, ad nostre memorie providentiam se referant, [b] Nos super hoc providere dignemur eisdem : Nos deducentes in nostre considerationis examine, fidelia, grata & utilia servicia, que Majores, Pares & Cives dicte Ville [c] Rothomagensis, qui pro tempore fuerunt, Predecessoribus nostris suis temporibus, & Nobis exhibuerunt, hactenus expositis ad hoc bonis & corporum periculis non vitatis, dampnaque & gravamina que passi sunt occasione guerrarum, effusis per eos immensis sumptibus & expensis propter hoc & aliter diversimodè, ad nostre beneplacitum voluntatis, vere fidelitatis constanciam & obedientie promptitudinem ostendentes ; auditisque super hoc in nostro Consilio, relationibus nonnullarum nostrarum Gentium Scacarii nostri, que privilegia & Litteras supradictas sollicitè visitarunt, & noverunt merita Causarum & processuum predictorum, & super hoc omnibus & singulis, habita in nostro Consilio deliberatione matura, volumus, & Majori, Paribus, Communie seu Communitati ac Civibus dicte Ville [d] Rothomagensis, pro se & suis Successoribus, concedimus tenore presentium, de nostris auctoritate Regia, certa sciencia & gratia speciali, ut ipsi & sui successores predicti habeant, teneant & exerceant omnimodam Jurisdictionem & Justiciam Nobis pertinentes in Villa & Banleuca predictis, possintque & valeant visitare, cognoscere & judicare de carnibus vendendis in Nundinis predictis, & ponere asserem seu planchiam de terra ad naves seu vasa deferentia grana ad dictam Villam, per Secanam, & dictas naves ingredi & visitare, cognoscere & judicare de granis predictis ; habeant insuper cognitionem & Jurisdictionem Clamoris seu Cride de Haro predicti, ac Brassatorum & venditorum Servisie, juxta dictarum Litterarum predictorum Predecessorum nostrorum, & nostrarum tenores ; quibus Litteris & premissis, ac aliis contentis in eisdem, universis & singulis, ipsos Majorem & Cives uti volumus & gaudere, & ipsas Litteras, in quantum Nos tangit, si opus fuerit, tenore presencium confirmamus, nonobstantibus quibuscunque propositis in contrarium per dictum Procuratorem nostrum solum nostro nomine, & secutis ex eis, & lite seu processu motis super hoc, per dictum Procuratorem nostrum solum nostro nomine, adversùs dictum Majorem, & possessione adepta per ipsum noviter & de facto, in contrarium, ex quibus nolumus dictis Majori & Civibus, nunc vel in futurum, dampnum vel prejudicium aliquod generari, suisve predictis Litteris & privilegiis in aliquo derogari ; eidemque Procuratori nostro ceterisque Officiariis nostris presentibus & futuris, super premissis silencium perpetuum imponimus per presentes ; remittentes eidem Majori, de gratia supradicta, emendam, si quam erga Nos incurrerit, eo quod Sententia, ut predicitur, lata fuit in predicto Scacario, contra hoc quod dixerat & requisierat de disjunctione dicti Procuratoris nostri, à Religiosis predictis ; salvo tamen dictis Religiosis & Procuratori nostro in quantum adjuncto Religiosis eisdem, quem ab ipsis contra tenorem Sentencie vel Judicii dicti Scacarii super hoc lati, disjungi nolumus, jure suo, si quod habent, in justicia vel alio quocunque interesse suo, & quod ad ipsos & ad nos racione disjunctionis predicte, posset propter hoc racionabiliter pertinere, quibus per concessionem nostram presentem non intendimus in aliquo prejudicare seu etiam derogare : Dantes tenore presentium in mandatis dilectis & fidelibus Gentibus nostris que Scacarium nostrum [e] Rothomagense tenebunt de cetero, Baillivo, Vicecomiti & Procuratori nostris [f] Rothomagensibus, ceterisque Justiciariis & Officiariis nostris presentibus & futuris, vel eorum loca-tenentibus, & eorum cuilibet, quatenus dictos Majorem & Cives modernos & futuros, & eorum quemlibet, predictis privilegiis & Litteris, & contentis in eis, universis & singulis, & nostra concessione presenti uti & gaudere pacificè faciant & quietè, non molestantes aut molestari permittentes eosdem vel eorum aliquem, in contrarium ; impedimenta, si que eis super hoc apposita fuerint, amoventes, & Nos tenore presentium amovemus ; Procuratori nostro super hiis, & super impugnatione nostre presentis Ordinationis, concessionis & gratie, silencium imponentes ; salvis jure & interesse dictorum Religiosorum, & Procuratoris nostri tanquam sibi adjuncti, ut predicitur, & salvo in aliis jure nostro & in omnibus alieno. Quod ut firmum, &c. Datum Parisiis, die decima tertia Septembris, anno millesimo trecentesimo sexagesimo septimo, & Regni nostri quarto.

Sic signata : Per Regem in suo Consilio. YVO.

Lecta in Consilio, & vult Rex quod transeat sub hac forma. YVO. Visa.

CHARLES V.
à Paris, le 13. de Septembre 1367.
a Obreptionem.
b Ut.
c Rothom. R.

d Rothom. R.

e Rothom. R.
f Roth. R.

CHARLES V.
à Paris, en Septembre 1367.

(a) Confirmation & modification des Lettres de Sauvegarde Royale, accordées à l'Ordre de Saint Jean de Jerusalem.

*K*AROLUS, *&c. Notum facimus universis presentibus pariter & futuris, Nos felicis recordacionis Domini & Genitoris nostri, Litteras vidisse, forme que sequitur & tenoris:*

a Voy. le 4ᵉ. Vol. des Ord. p. 13.

ᵃ J*OHANNES, &c.*

*Q*UAS *quidem Litteras, Nos de nostris auctoritate Regia, & plenitudine potestatis; de specialique gracia, confirmamus: Salvo tamen & excepto, quod recredenciam per Gardiatores Religiosorum memoratorum deputatos vel deputandos, fieri nolumus; sed per Judices competentes: declarantes insuper & interpretantes clausulam in Litteris suprascriptis insertam, qua cavetur opponentes adjornari in Parlamento nostro, vel coram Baillivis nostris aut Judicibus nostris, ad quos cognitio hujusmodi pertinere debebit; videlicet, quod opponentes & injuriatores, si qui fuerint, qui alibi quam in Parlamento nostro minimè litigare tenentur, per dictos Gardiatores in dicto Parlamento nostro adjornabuntur; alii vero, coram nostris Judicibus ad quos debuerit cognicio hujusmodi pertinere. Cetera vero in suprascriptis Litteris contenta, in suo robore, juxta sui seriem, volumus remanere. Que ut perpetua stabilitate firmentur, Litteras presentes sigilli nostri munimine fecimus roborari; salvo in aliis jure nostro, & in omnibus alieno. Actum Parisius, anno Domini millesimo trecentesimo sexagesimo septimo, mense Septembris, & Regni nostri quarto.*

Per Regem, ad relacionem Consilii. DOUHEM.

Collacio facta est cum originalibus Litteris, hiis presentibus insertis, per me. DOUHEM. *Visa.*

NOTE.

(*a*) Tresor des Chartres, Registre 99. Piece 526.

CHARLES V.
à Paris, en Septembre 1367.

(a) Confirmation des Lettres de Sauvegarde Royale, accordées à l'Ordre de Saint Jean de Jerusalem.

*K*AROLUS *Dei gracia Francorum Rex. Notum facimus universis tam presentibus quam futuris, Nos Litteras clare memorie Domini & Progenitoris nostri, vidisse, formam que sequitur continentes.*

b Voy. le 4ᵉ. Vol. des Ord. p. 14.

ᵇ J*OHANNES, &c.*

c d Mandan. inhiben. R.
e Les Juges des Seigneurs.

*Q*UAS *quidem Litteras, & omnia in eisdem contenta, de nostris auctoritate & plenitudine Regie potestatis, de speciali gracia, tenore presencium confirmamus;* ᶜ *mandantes,* ᵈ *inhibentes districtè omnibus & singulis Justiciariis & Officiariis nostris, nec non* ᵉ *Regni nostri, vel eorum loca-tenentibus, presentibus & futuris, & cuilibet eorumdem, ut ad eum pertinuerit, ne contra suprascriptarum & presencium Litterarum tenorem, aliquid attemptare presumant; sed ipsa teneant & observent, observarique faciant & teneri;*

NOTE.

(*a*) Tresor des Chartres, Registre 99. Piece 113.

DE LA TROISIÉME RACE.

quidquid in contrarium factum seu attemptatum repererint, ad statum pristinum & debitum celeriter reducendo. Quod ut robur obtineat perpetuum, Litteras presentes sigilli nostri fecimus appensione muniri ; nostro in aliis, & alieno in omnibus jure salvo. Actum Parisius, anno Domini millesimo trecentesimo sexagesimo septimo, mense Septembris, & Regni nostri quarto.
Per Regem, ad relacionem Consilii. J. DOHAN. *(a) Solut. hucusque.*

NOTE.

(a) Solut. Solutum.] Cela signifie que les droits de la Chancellerie ont esté payez.

(a) Diminution de Feux pour *Gignac*, Saint Guillem du Desert, Puechabon & Caylar.

CHARLES V.
à Paris, en Septembre 1367.

KAROLUS, &c. *Notum facimus universis, &c.*

CUmque factâ quadam informacione, virtute dictarum Litterarum, in locis de (b) Gnyhiaco[a], *Senescalliæ Carcassonæ, ac de Sancto*[a] *Guillelmo de Desertis, Vicarie de Aniana, de Podicabono & de Castario, dictæ Senescalliæ, ac Vicarie Gnyhiaci predicti, super numero Focorum modernorum, in dictis Locis nunc existencium, per dilectum & fidelem nostrum Bardugum Wertelli, Vicarium nostrum Gnyhiaci predicti, Commissarium nostrum per dictas Litteras in hac parte deputatum ; vocato & presente in omnibus Procuratore nostro Generali dictæ Senescalliæ, aut ejus legitimo Substituto ; eâdemque informacione seu transumpto, sub sigillo ordinario dictæ Senescalliæ Carcassonæ, factâ & sigillatâ, in Cameram Compotorum nostrorum Parisius aportatâ, ac per dilectas & fideles Gentes nostras dictorum Compotorum nostrorum diligenter visâ & inspectâ, repertum fuerit, quod in dictis Locis de Gnyhiaco, trecenti & triginta octo ; de sancto*[b] *Guillelmo de Desertis*[c] *Vacarie, centum & vigenti quatuor ; de (c) Aniana, centum & quinquaginta quatuor ; de Podicabono, quadraginta septem ; & de Castario, nonaginta Focci sunt & reperiuntur, secundum traditam instructionem super hoc prelibatam. Nos vero, &c.*

a G.^{me} R.

b Voy. cy-dessus, la Note *(a)* marg.
c *Vicarie*.

Quod ut firmum, &c. Salvo, &c. Datum Parisius, mense Septenbris, anno Domini millesimo trecentesimo sexagesimo septimo, & Regni nostri quarto.
Sic signata : per Consilium existens in Camera Compotorum. DY. Regis.[d] *Contentor.*
Visa.

d Voy. la Table des Matieres des 4.e & 5.e Vol. des Ord. au mot, *Contentor*.

NOTES.

(a) Tresor des Chartres, Registre 99. Piece 49.
Voy. cy-dessus, p. 30. Note *(a)*.
(b) Gnyhiaco.] On pourroit lire aussi *Guyhiaco.*
J'ay consulté le R. P. D. Vaissette Religieux Benedictin, sur les noms modernes des lieux mentionnez dans ces Lettres ; & voicy la reponse qu'il a eu la bonté de me faire.
Je ne connois aucun lieu dans le Languedoc, dont le nom puisse avoir du rapport avec celuy de Guyhiaco : *ainsi je crois qu'il faut corriger* Gignhiaco, *qui est* Gignac, *dans le Diocese de Beziers, sur les frontieres des Dioceses de Montpellier & de Lodeve.*
Je me confirme dans ma conjecture, parce que le lieu de Sancto Guillelmo *est certainement la petite Ville de* St Guillem du desert, *située dans le Diocese de Lodeve, à une lieüe de l'Abbaye d'*Aniane *qui est du Diocese de Montpellier, & près de* Gignac.
Le lieu de Podicabono *se nomme aujourd'huy* Puechabon, *Village du Diocese de Montpellier, mais qui dépend de la Viguerie de Gignac qui est de la Seneschaussée de Carcassone.*
Le lieu de Castario *est* Caylar *dans le Diocese de Lodeve, situé sur les frontieres du Roüergue.*
(c) De Aniana. *]* Ces mots sont transposez, & doivent estre placez après *Vacarie (*Vicarie.*)* Cependant comme après *Aniana,* il y a un nombre de Feux, on pourroit croire que ce sont les Feux de ce lieu : mais d'un autre costé, dans l'exposé de ces Lettres, il n'est point parlé d'*Aniana,* comme d'un lieu qui demandât une diminution de Feux.

CHARLES V.
à Paris, le 14. d'Octobre 1367.

(a) Lettres portant Reglement sur le prix des Monnoyes du Dauphiné, & sur l'établissement des *Mistraux*.

CHARLES par la grace de Dieu Roi de France, & Dauphin de Viennois: A notre amé & feal Conseiller, le Gouverneur de notredit Dauphiné de Viennois, Salut & dilection. Comme à la requeste des habitans & Universités dudit Dauphiné, Nous avons nagueres ordonné à faire & faire faire bonne & forte [a] Monnoye audit Dauphiné; & à present, Nous ne vous puissions envoyer ladite Ordonnance, pour mettre à execution & à effet; Nous vous mandons que dez maintenant, la Monnoye [b] courant ou Dauphiné, vous faites avoir cours & mettés à tel prix, qu'elle soit justement équipollée au prix & à la value du Florin & Florins qui ont & doivent avoir cours oudit Dauphiné; & que ceux qui Nous doivent & devront Florins, & aussi le Tresorier & autres nos Officiers dudit Dauphiné, qui ont à recevoir nos rentes & domaines, puissent trouver & avoir Florins, de ladite Monnoye (b), pour le prix & cours que vous li ordonnerés avoir; & que ceux qui doivent & devront, puissent avoir & ayent ainsy [c] chier payer le Florin, comme (c) le prix de la Monnoye qui sera ordonnée à prandre, donner & à valoir le Florin du poids de notredit Dauphiné. Et avec ce, pour ce que ja pieça Nous avions ordonné & mandé que les (d) Mistralies de notredit Dauphiné, fussent mises & reduites en notre main, & à notre domaine, il nous plaît & voulons, que eû conseil & deliberation aux Auditeurs des Comptes de notredit Dauphiné, sur ce, se vous trouvés que il soit plus profitable à Nous, de y mettre Officiers ou Mistraux, que vous y pourvées de souffisante personne, par la meilleur maniere & plus proufitable que vous verrés qui sera à faire pour Nous: Car ainsy Nous plaît & le voulons etre fait; nonobstant lesdites Ordonnances. *Donné à Paris, le quatorzieme jour de Octobre, l'an de grace de notre Seigneur mille trois cent soixante sept, & de notre regne le quart.* Par le Conseil etant en la Chambre des Comptes. J. TABARI.

a *Voy. cy-dessus p. 41. art. 11.*

b *Courante.*

c *Aussi cher, de la même valeur.*

NOTES.

(a) Ces Lettres ont été envoyées de Grenoble, avec cette indication: *Extrait à son Original estant en parchemin aux Archives de la Chambre des Comptes de Dauphiné, dans la Caisse de Dauphiné, ensuite des Ordres, &c.* comme cy-dessus p. 58. Note *(a)*.

(b) De ladite Monnoye,] c'est-à-dire, qu'en donnant de la Monnoye qui a cours dans le Dauphiné, & qui sera, suivant ces Lettres, proportionnée à la valeur du Florin, ils puissent, sans y rien perdre, trouver des Florins, pour payer les redevances qu'ils doivent en Florins.

(c) Comme le prix.] Je crois que cette phrase, qui n'est pas bien claire, ne signifie autre chose que ce qui a esté dit plus haut; c'est-à-dire, que la valeur des Monnoyes qui ont cours dans le Dauphiné, sera proportionnée à celle du Florin.

(d) Mistralies.] M.r de Valbonais dans son Histoire du Dauphiné, Tome 1. ch. 6. p. 107. a donné un grand détail sur les fonctions du *Mistral*, & il y dit que cet Officier n'avoit aucune Jurisdiction, & qu'une de ses principales fonctions, estoit de recevoir les Cens, &c. Ainsi la suppression des *Mistraux*, dont il est parlé icy, ne me paroit point avoir de rapport avec la suppression des Baillis, Mareschaux & Chastelains, faite par Charles Dauphin, par ses Lettres du 23. de Novembre 1360. [*Voy. le 4.e Vol. des Ordon. p. 359.*]

M.r de Valbonais dit *ibid.* p. 108. que les *Mistralies* furent supprimées par Charles V. en 1377. Peut-être y a-t-il erreur dans le chiffre, & faut-il corriger 1367. puisqu'il paroit par ces Lettres du 14.e d'Octobre 1367. que ce Prince les avoit déja supprimées: Il est vray que par ces mêmes Lettres, il permet que l'on en retablisse quelques-unes, si on le juge necessaire.

Reglement

(a) Reglement pour le payement des charges & deniers assignez sur les Receptes Royales.

CHARLES V.
à Paris, le 20. d'Octobre 1367.

CHARLES par la grace de Dieu Roy de France: A nos amez & feaulz Genz de noz Comptes, à Paris: Salut & dilection. Nous avons ordonné par bonne & meure deliberacion, & sur ce envoié noz Letres à touz noz Receveurs & Vicontes de notre Royaume, contenant la fourme qui s'ensuit.

CHARLES par la grace de Dieu Roi de France : A nostre Receveur de Paris : Salut. Pour certaines & justes causes qui à ce Nous ont meu, & par bonne deliberation que nous avons eu sur ce, avons ordonné & volu, & par ces presentes voulons, ordenons & commandons, que des deniers de noz Recettes, tant ordinaires, comme Amendes, & autres choses quelconques despendanz & appartenans à icelles Receptes, receuz aus termes & temps accoustumez, soient payez, premierement, tout ce qui faudra pour les reparations, euvres & soustennemenz necessaires de noz Chasteaulx, Forteresses & Manoirs; & aussi les Fours, [a] Molins & Hales, dont les emolumenz Nous appartiennent; Et secondement, soient paiécz tous les [b] Fiez, Ausmosnes & rentes à heritage, qui sur nozdites Receptes sont assignez, tant en deniers comme en grain : & apres lesdites rentes paiées, soient paiez les [c] gaiges du Baillif, & de touz autres Officiers servans & officians continuelment en nozdites Recettes : & se pour aucunes causes, Nous faisons doresenavant aucunes assignacions, ou [d] aucunes dons à une foiz à prandre sur nozdites Receptes, soient apres paiez, sanz avoir sur ce aucun mandement de noz amez & feaux Genz de noz Comptes. Si te mandons expressement, que lesdiz trois manieres des choses payées & accomplis du tout, tu payes aus personnes esquelles Nous aurons faiz lesdites assignations ou dons, les sommes contenuez ez Lettres qu'il auront sur ce, senz attendre mendement aucun de nosdites Genz des Comptes, ausquielx par nos autres Letres, Nous mandons que tout ce que tu auras ainsy payé desdiz dons, les autres choses devant dites premierement payées, comme dit est, il allouent en tes comptes, senz aucune difficulté ou contredit : si le fais par la maniere dessusdite, & telement que aucun n'ait cause de en retourner plaintif pardevers Nous, ne pardevers nosdites Gens des Comptes. Donné en nostre Hostel de Saint Pol lés Paris, le Mercredy vingtiesme jour d'Octobre, l'an de grace mil trois cens soixante sept, & de nostre regne le quart.

Si vous mandons que nosdites Letres vous faciez tenir & accomplir par nozdiz Receveurs & Vicomtes, selonc leur teneur ; & tout ce que lesdiz Receveurs & Vicomtes auront paié des diz assignations & dons, selon les conditions dessusdites, allouez ez comptes desdiz Receveurs, senz aucune difficulté ne contredit. Donné à Paris, en nostre Hostel de Saint Pol, le mercredy vingtiesme jour d'Octobre, l'an de grace mil trois cens soixante sept, & de nostre regne le quart.

a Moulins.

b Voy. les Tables des Mat. des Vol. des Ordonn. aux mots, Fiefs & Aumosnes.

c Gages.

d Aucuns.

NOTES.

(a) Memorial D. de la Chambre des Comptes de Paris, *fol.* 92.
Avant ces Lettres, il y a pour titre :

Ordinatio Regia directa Receptoribus & Vicecomitibus Regni, super reparationibus faciendis & super modo solvendi onera sue recepte.

Tome V. L

CHARLES V,
à Paris, le 27.
d'Octobre
1367.

(a) Ordonnance sur la nouvelle Ayde accordée par les Estats de l'Artois, du Boulonnois & du Comté de Saint Pol.

CHARLES par la grace de Dieu Roi de France : Savoir faisons à touz presens & advenir, que comme noz bien amez les Nobles (b) & lez Bourgois & Habitans dez bonnes Villes & du plat pays des Contées & pays d'Artois, de Boulenois, de Saint Pol, & de leurs ressors, & dez Villes & Lieux enclavées en ycelles, pour le grant desir & affeccion qu'il ont à Nous, & au bien commun de nostre Royaume, Nous aient ottroïé d'un commun assentement, pour la delivrance de

(a) Ostages.

nostre très chier Seigneur & Pere que Dieux absoille, & de ses ª hostaiges, telle ayde comme darrenierement Nous ottroierent & paierent pour ce fait, pour une année commançant le 19. jour de Novembre l'an de grace 1366. à lever ladicte ayde de novel ottroïée pour un an commançant le 19. jour du mois de Novembre prochain venant : laquelle ayde se payera à deux termes; c'est assavoir, la moitié à la Saint

(b) Enf.ʳ R.

Jehan Baptiste prochain venant, & l'autre moitié à la feste de touz Sainz ᵇ ensigant : Nous consideran la bonne affeccion & volenté de nozdiz bons subgez, & que ne voulons qu'il soient grevez ou chargiez oultre mesure, maix l'en en voulons relever, en tant comme faire le povons bonnement, avons ottroïé & accordé à noz diz subgès, & à leur Requeste & Supplicacion, que tout Subside & Imposicion de trezième de Vin & le quint de Sel, & quelconques Subventions imposées ou à imposer tant pour ladicte délivrance, comme pour la provision & defence de nostre Royaume, ou autrement, par quelxconques manieres, durant ledit an, cessent & cesseront du tout ès pays, Contées d'Artois, de Boulenois & de S. Pol, & ès lieux dessusdiz ; & que en paiant lezdites aydes par eulx (c) prinses & ottroïées, comme dit est, touz seront quictes durant ledit temps, commençant ledit 19. jour de Novembre prochain venant, de toutes autres Aydes & Subventions ordennées ou à ordener pour ladicte delivrance; pour & dez biens qu'il ont esdictes Contées d'Artois, de Boulenois & de S. Poul, & ès Lieux dessusdiz, & auxi que touz ceulx dezdiz Contées & Lieux dessusdiz, qui ès pays où Imposicions, Trezième de Vin & Quint de sel ont cours, & sont levez, acheteront aucunes danrées pour mener esdiz pays & Contées d'Artoiz, de Boulenoiz & de S. Pol, & ès Lieux dessusdiz, pour despendre en yceulx & non ailleurs, seront quittes desdictes Imposicions, Trezième de vins & Quint de sel, & de toutes entrées & yssuës qui se lievent sur ceulx qui meinent danrées ou pays où lezdictes Aydes ne courent; ou cas toutesvoies que ilz feront foy

(c) souffis. R.
(d) Voy. Note (b).

par Lettres ᶜ souffisantes, scellées dez Scaulz d'aucuns dez Gouverneur ou Bailliff du pays, ou d'aucune Ville ou ᵈ Eglise notable, que il seront du pays, & jureront

NOTES.

(a) Tresor des Chartres, Registre 97. Piece 547.

Voy. dans le 4.ᵉ Vol. des Ord. les Lettres du 19. de Novembre 1366. donnée sur cette Ayde. Celles-cy leur sont à peu près semblables, à l'exception des clauses qui regardent les Gens d'Eglise, qui estoient dans les premieres, & qui ne sont point dans celles-cy. Voy. la Note (b), & la Pref. du 4.ᵉ Vol. des Ord. p. vj. §. Estats.

Ces deux Lettres sont aussi à peu près semblables à celles du 27. d'Aoust 1365. données aussi sur une Ayde accordée par les trois Estats de ces païs, & qui sont dans le 4.ᵉ Vol. des Ord. p. 589. On pourra avoir recours aux Notes faites sur ces premieres Lettres, si l'on trouve quelque chose qui arreste dans celles-cy.

Ces Lettres peuvent servir à corriger quelques fautes de copiste dans les deux premieres, qui serviront aussi à rectifier quelques fautes dans celles-cy.

(b) Nobles.] Il n'est point parlé icy des Gens d'Eglise, & il y a apparence qu'ils n'assisterent point aux Estats tenus pour accorder cette Ayde, quoiqu'ils se fussent trouvez aux Estats tenus en 1365. & 1366. pour accorder une Ayde semblable.

Voyez Note (a). Il y a à la fin des Art. 2. Lettres du 27. d'Août 1365. & 19. de Novembre 1366. une longue clause qui regarde les Gens d'Eglise, laquelle ne se trouve point dans celles-cy où il est cependant dit un mot d'eux. Voy. Note (d) margin.

(c) Il y a mieux promises dans les Lettres du 19. de Novembre 1366.

fur fains Euvangiles, que lezdictes danrrées il mainent ou dit pays, & diviferont le Lieu, & que ce eft ou fera pour defpendre ou dit pays, & non aillieurs; & fe le contraire eftoit trouvé, il perdront leurs danrrées, & en feront grandement pugnis.

2. *Item.* Ne fe feront aucunes prifes fur eulx, de leurs danrrées & Marchandifes, foient vins, draps ou autres chofes pour Nous, pour noftre très chiere & amée Compaingne la Royne, ne pour autre Seigneur quelconques; mais pourront aler & venir efdiz pays, fanz empefchement aucun; fe fe n'eft pour nos pourveances, & par l'argent paiant; & fe aucuns Fermiers ou leveurs dez Impofitions ou autres Aydes deffufdictes, leur y mettent aucun empefchement, contre notredicte Ordennance, Nous voulons qu'il foient contrains à leur rendre, & qu'il leur rendent touz fraiz, domaiges, coux, defpens & miffions qu'il auront encouruz pour cette caufe.

3. *Item.* Leur avons ottroié & ottroions par ces prefentes, que ledit ottroy de ladicte Ayde par eulx à Nous fait pour ladicte année advenir, & auxi lez autres ottrois par eulx à Nous faiz d'icelles Aydes pour l'année paffée, ne leur portent ou puiffent porter pour le temps paffé, prefent & advenir, aucun préjudice en proprieté ou faifine, contre leurs Libertez & franchifes; maix ce nonobftant, foient & demeurent lez deffufdiz Nobles, Bourgois & Habitans dez bonnes Villes, & reffors & plat pays, en toutes chofes ainfin frans comme ilz eftoient, avant que aucune Ayde fuft à eulx demandée. Et comme entendu avons que les fergens qui pour lever lez Aydes des annéez paffées, ont fait lez executions fur lez deffufdiz, fe font exceffivement paiez de leurs Salaires, & que il prenoient par jour aucune foyz quarante fols, aucune foiz foixante fols, & autrefois plus, Nous qui noz diz bons & loiaux fubgès ne voulons eftre grevez, fors le moins que l'on pourra, avons ordené & voulons, que les fergens qui d'orefenavant feront les executions pour lefdictes Aydes, ne puiffent prendre pour leur falaire que dix fols par jour feulement; & fe en un jour il faifoient execution fur plufieurs perfonnes, Nous voulons que par leurs feremens, il foient tenus moderer chafcun proportionnelment ledit falaire, tant que il n'aient pour jour, fors que dix fols tant feulement. Et voulons que ces prefentes Lettres foient ottroiées à noz diz fubgès fenz coux & fenz frais, & ne foient tenuz de païer lefdictes Aydes, jufques il les aient fcellées en foie & cire vert: & avec ce, Nous octroions par ces prefentes, touz les autres poins contenuz ès Lettres qui leur furent données fur l'octroy que il firent darrenierement fur le fait de ladicte délivrance, lezquelz Nous voulons en ces prefentes, eftre tenuz pour recordez & exprimez. Si donnons en Mandement à noz amez & féaux Confeilliers, les Generaulz deputez fur ledit fait des Aides & Subfides ordenez tant pour ladite délivrance, comme pour ladicte provifion & defenfe, au Bailli d'Amiens, de Vermandois, de Senlis, & à touz autres Jufticiers, Officiers, Commiffaires députez ou à députer fur ledit fait, & à chafcun par foy, fi comme à chafcun peut appartenir, que lez deffufdiz Nobles, Bourgois & Habitans des bonnes Villes, & plat pays defdictes Contées & lieux deffufdiz, & chafcun d'eulx, de noftredicte grace, & de toutes lez chofes ci-dedans contenuës, facent & laiffent joïr & ufer paifiblement, & contre la teneur d'icelle ne lez moleftent ou empefchent en aucune maniere; mais fe aucune chofe eftoit faite ou levée au contraire, la facent tantoft & fanz delay, rendre & mettre au délivre à plein : Car ainfi le voulons Nous, & l'avons octroié & octroions aus deffufdiz de grace efpecial, fe meftiers eft, & pour certaines caufes qui à ce Nous ont meus; & en ampliant noftredicte grace, voulons qu'à la Copie de ces prefentes, faittes foubz fcel Royal, foit adjouftée plene foy comme à l'original. Et que ce foit ferme chofe & eftable à toujours, Nous avons fait mettre noftre fcel à ces prefentes; fauf en autres chofes noftre droit, & en toutes l'autruy. *Donné au Bois de Vincennes, le 27.ᵉ jour du mois* ᵃ *d'Octombre, l'an de grace mil trois cenz foixante fept, & de noftre Regne le quart.*

ᵇ Duppl. Ainfin fignée: Par le Roy, vous prefent, CUIRET. *Vifa.*

CHARLES V.
à Paris le 27. d'Octobre 1367.

ᵃ Octobre.

ᵇ *Dupplicata.*

(a) Deliberation d'une Assemblée des Estats du Dauphiné, laquelle contient differents Reglements pour l'imposition & la levée d'un Subside accordé au Roy Dauphin, par une autre Assemblée des Estats de cette Province.

a Ceux qui possedent des Fiefs ou des Arrieres-Fiefs.
b Voy. cy-dessus p. 59. Note (b).
c Eclaicissemens & Ampliations.
d Voy. cy-dessus p. 34. les Lettres du mois d'Aoust 1367.
e Communitatibus.
f per.

IN nomine Domini : Amen. Cum Prælati , Barones , Personæ Ecclesiasticæ , Nobiles ; *a* Vavassores , Universitates , Communitates & singulares personæ Dalphinatus , nuper Viro potenti & magnifico Domino Radulpho Domino de *(b)* Loupeyo , Gubernatori Dalphinatus , nomine illustrissimi Principis , Domini Caroli Dei gratia Francorum Regis, Dalphini Viennensis , in subsidium habendi castra per Comitem *b* Sabaudiæ retenta, quoddam donum graciosum concesserunt , summam continens triginta millium Florenorum Auri ; & pro eo etiam , quod præfatus Dominus noster Rex Dalphinus , Libertates & Franchesias subditis Dalphinalibus concessas , rattificare & observari facere dignaretur , & nonnullas *c* clarificationes & ampletationes concedere; unde præfatus Dominus noster Rex Dalphinus , audita oblatione facta de præmissis , Libertates & immunitates dictorum subditorum rattificavit per suas autenticas *d* Litteras & confirmavit ; & ultra eas , certas *(e)* declarationes & ampliationes dictis subditis dedit & concessit , contentas in octo autenticis Litteris , Sigillo magno Dalphinali , cera viridi impendenti , filis cireis sigillatis : Inde est quod anno Domini millesimo tercentesimo sexagesimo septimo, & die vigesima septima mensis Octobris , facta narratione totius facti , & dictarum gratiarum exploratione , in præsentia Prælatorum , Religiosorum , Baronum , Banneretorum , Nobilium & aliorum pro Universitatibus & *e* Comitatibus Dalphinalibus , congregatorum & vocatorum , pro ut omnium nomina inferius sunt descripta ; præfatus Dominus Gubernator , nomine & pro parte præfati Domini nostri Regis Dalphini , petiit & requisivit à Prælatis , Religiosis , Baronibus , Bannereris , Nobilibus præsentibus , & cæteris nominibus absentium destinatis , attendi , adimpleri & compleri ea quæ per eos , præmissorum prætextu , eidem , & *f* eorum Nuncios & Ambassiatores , prædicto Domino nostro Regi Dalphino , oblata & præsentata fuerunt.

Super quibus comparuerunt pro parte Prælatorum , Domini Episcopus *(d)* Gratianopolis , & pro Dominis Archiepiscopis *(e)* Ebredunesii & *(f)* Viennesii ; Abbatibus Sanctorum *(g)* Antonii Viennensis , *(h)* Petri Foris-Portam , Bonarum

NOTES.

(a) La Copie de cette Piece a été envoyée de Grenoble avec cette indication : *Extrait du Registre coté*, Decimus quartus Liber Copiarum Graisivaudani, *Lettre* D. *fol. ou cayer* 10. *estant aux Archives de la Chambre des Comptes de Dauphiné, ensuite des ordres, &c.* comme cy-dessus, p. 58. premiere Note *(a)*.

Quoique cette Piece ne soit point une Ordonnance, on a cru devoir l'inserer icy, parce que l'on y apprend ce qui se passa dans une Assemblée precedente des Estats du Dauphiné, dans laquelle il fut accordé un Subside au Roy-Dauphin, & dont la deliberation fut, suivant les apparences, confirmée par son Ordonnance, suivant l'usage. Cette Ordonnance ne s'est apparemment point conservée, puisqu'on ne l'a point envoyée de Grenoble.

(b) Loupeyo.] Raoul de Loupy. Il estoit Gouverneur du Dauphiné en 1360. Loupy est une des Prevostez du Bailliage de Bar. *Voy.* le Nobiliaire du Dauphiné par *Chorier*, Tom. 1. p. 11.

(c) Declarationes.] Ces huit Declarations sont apparemment celles qui sont imprimées cy-dessus, p. 56. & suiv.

(d) Gratianopolis.] On ne trouve ni dans le Nobiliaire du Dauphiné de *Chorier*, ni dans la *Gall. Christ.* premiere Edit. qui estoit Evêque de Grenoble en 1367. Suivant ce dernier ouvrage, celuy qui l'estoit en 1361. se nommoit *Rodulphus*; & celuy qui l'estoit en 1380. se nommoit *Franciscus* de Gouzier. *Voy. Ibid.* Tom. 2. p. 506. col. 2e.

(e) Ebredunesii.] Il s'appelloit *Petrus Amelii*. Voy. *Gall. Chr.* Tom. 3. 2.e Edit. p. 1088.

(f) Viennesii.] On ne trouve ni dans la *Gall. Christ.* 1.re Edit. ni dans le Nobiliaire du Dauphiné de *Chorier*, qui estoit Archevêque de Vienne en 1367.

(g) S. Antonii.] L'Abbé de St Antoine se nommoit Pierre Lobet. *Voy.* le Nobiliaire de Dauphiné, par *Chorier*, Tom. 2. p. 296.

(h) Petri Foris-Portam.] Cette Abbaye, qui se nommoit ainsi autrefois, parce qu'elle estoit hors des murs de la ville de Vienne, s'est appellée St Pierre de Vienne, depuis qu'elle a esté dans l'enceinte de cette Ville. *Voy. Gall. Christ.* Tom. 4. 1.re Edit. p. 720. col. 2.

(a) Vallium, certi Nuncii destinati fuerunt : pro quibus etiam Dominus Gubernator comparuit , Dominique Priores (b) Sanctorum Roberti , Martini , Valerii & Donati , Maræ & Beati Laurentii ; pro quibus nominatus & electus fuit dictus Dominus Episcopus Gratianopolis, ad ordinandum & consentiendum prædicta, & circa ea pro visdem, & quæ causa merita postulabunt ; de Baronibus & Nobilibus comparuerunt ii quorum nomina inferius sunt descripta ; pro parte quorum electi & nominati fuerunt ad examinandum præmissa, & videndum & ordinandum pro parte ipsorum, ea quæ circa fienda erunt ; videlicet, pro Nobilibus Judicaturæ terræ (c) Turris, Domini Aymo Damaysini & Guido de (d) Torchi-felone, Milites ; pro illis de Judicatura Viennesii & Valentinesii, Domini Aymarus de (e) Rossilione, Dominus (f) Tollini, Reynaudus Falavelli & Aymarus de Briva ; pro Nobilibus vero Graisivaudani, Domini Disderius Condominus (g) Cassenatici & Eymerius (h) Leuzonis ;

NOTES.

On ne trouve ni dans cet Ouvrage, ni dans le Nobiliaire du Dauphiné, de *Chorier*, quel estoit l'Abbé de S.t Pierre de Vienne en 1367. Il est dit seulement dans la *Gall. Christ. ibid.* & dans *Chorier*, Tom. 2. p. 370. que Pierre estoit Abbé en 1361.

(a) *Bonarum vallium.*] *Bonne-vaux*, Abbaye de l'Ordre de Cisteaux, dans le Diocese de Vienne. Voyez *Gall. Christ.* premiere Edit. Tom. 4. p. 180. col. 2. On n'y trouve point la suite des Abbez , non plus que dans le Nobiliaire du Dauphiné, de *Chorier.* Voy. Tom. 2. p. 338.

(b) *SS. Roberti, Martini, Valerii & Donati, Maræ & B. Laurentii.*

Prior S. Roberti. Le Prieuré de S.t Robert, de l'Ordre de S.t Benoist, dans le territoire de Cornillon, près de Grenoble, fondé, suivant la commune opinion, dans le XI. siecle. *Voyez* l'Histoire de Dauphiné par M.r *de Valbonais*, Tom. premier, p. 333. & Tom. 2. pp. 173. Note (*b*) 499. & 501.

Prior S. Martini. On trouve dans l'Hist. du Dauph. de *Chorier*, Tom. 2. pp. 46. & 47. un Prieuré de S.t Martin , fondé dans la Paroisse de S.t Himier, par S.t Hugues Evêque de Grenoble, dans le XII. siecle. S.t Himier est dans le Diocese de Grenoble. Voy. *le Diction. Univers. de la Fr.* au mot, *S.t Imier.*

Prior S. Valerii. S.t Vallier, de l'Ordre des Chanoines Reguliers. L'Ordre de S.t Ruf a prétendu qu'il estoit de sa dépendance, & en a obtenu la réünion. On ne sçait ni quand, ni par qui il a esté fondé. *Voyez* Hist. de Dauph. par M.r *de Valbonais*, Tom. 2. pp. 7. & Note (*f*), 342. & Note (*a*), 432. & Note (*a*).

Prior S. Donati. S.t Donat, Prieuré dans le Viennois, de l'Ordre de S.t Augustin, dépendant de la Prevosté d'Oulx. *Voy.* Hist. de Dauphiné, *ibid.* p. 321. & Note (*b*).

Prior S. Maræ. Je n'ai rien trouvé sur ce Prieuré. On pourroit soupçonner qu'il y a une faute dans la Copie qui a esté envoyée : peutestre faudroit-il corriger *S. Marii* : car il y a un *S. Marius*, en François, *S.t Mary*, originaire de Provence. *Voy.* le Vocabul. Hagiologique de M.r l'Abbé *Chastelain*, qui est à la teste du Dictionn. Etymolog. de *Menage*, au mot, *S. Marius*.

Prior S. Laurentii. Ce Prieuré subsiste depuis un temps immemorial, dans un des Fauxbourgs de Grenoble. Il estoit de la dépendance de l'Eglise de Grenoble. *Voy.* Hist. de Dauph. *ibid.* Tom. 2. p. 7. Note (*h*). M.r *de Valbonais* dans la Table des Matieres, le nomme *S.t Laurens*.

(*c*) *Turris.*] La Baronie de *la Tour:* Elle occupe une partie du Viennois, & tire son nom du principal lieu nommé *la Tour du Pin.* Voy. l'*Histoire de Dauph.* par M.r *de Valbonais*, Tom. 2. p. 459. Note (*n*), & cy-dessus p. 50. Note (*rr*).

(*d*) *Torchi-Felone.*] Je ferai des Notes sur les personnes qui seront nommées cy-après, lorsque je trouverai des éclaircissements sur elles & sur leurs familles, dans les Livres que je pourrai consulter.

Torchi - Felone : *Torche - Felon*, Famille du Viennois. *Voy.* les Nobil. de Dauph. par *Allard*, p. 351. & par *Chorier*, Tome 3. p. 561.

(*e*) *De Rossilione,*] *De Roussillon.* Maison distinguée dans le Viennois. *Voy.* la Table des Matieres de l'Hist. de M.r *de Valbonais*, au mot , *Roussillon.*

(*f*) *Tollini.*] L'on trouve dans les Nobil. de *Chorier* & d'*Allard*, une famille de *Tholon*, dans le Bas-Valentinois : Je ne sçais si c'est la mesme dont estoit *Dominus Tollini.*

(*g*) *Cassenatici.*] *Sassenage* : Voy. sur le nom latin de cette Maison, l'usage des Fiefs de *Salvaing*, premiere Part. ch. 51. p. 320. de l'Edit. de 1731. *Sassenage*, qui est dans le Bailliage de Graisivaudan, est la seconde Baronie du Dauphiné, *ibid.* ch. 5. p. 313. L'on voit dans *Salvaing* & dans M.r *de Valbonais*, que *Sassenage* a eu differents noms en latin. L'on peut consulter sur la maison de *Sassenage*, la Table des Mat. de l'Hist. de M.r *de Valbonais*, & les Nobil. de *Chorier* & d'*Allard*. Voy. aussi l'Hist. geneal. de la Maif. de *Sassenage*, par *Chorier*, Lyon, 1672. in fol.

(*h*) *Leuzonis.*] L'on trouve dans le Nobil. d'*Allard*, une famille de *Leusse*, originaire de Graisivaudan. Voilà tout ce que je puis dire à ce sujet. *Voy.* aussi sur cette famille le 3.e Vol. du Nobil. de *Chorier*.

pro Nobilibus (a) Baroniarum, Dominus Guido (b) de Morgiis, Dominus Barreti & Petrus (c) de Verona; pro illis ᵃ enim de Comitatu ᵇ Vapincenci, Domini Guillelmus Augerii & Guillelmus ᶜ de Morgiis, Milites; pro Nobilibus verò ᵈ Ebredunensibus, Dominus Lanceranus (d) de Avansone & Fassionus (e) de Pruneriis, Domicellus; pro parte vero Universitatum & (f) Comitatuum Dalphinalium, de Domanio Dalphinali moventium, comparuerunt personæ quorum nomina inferius sunt descripta: pro parte quarum fuerunt nominati & electi tam per ipsas Partes, quàm per dictum Dominum Gubernatorem, qui pro ipsis aderat, videlicet, pro ᵉ Comitatibus Graisivaudani, Nobiles Berardus (g) Grinde & Joannes (h) de Ruffo; pro ᶠ Comitatibus Viennesii & Valentinesii, Joannes (i) Vallini & Guillelmus Nasseti; pro illis de Terra Turris, Hugonetus de Saletis & Joannes Charreriæ; in ᵍ Baroniis, Reynaudus (k) Latil & Bermundus de Condorserio; in Ebredunesio, Antonius Marro & Joannes Romerii; in Brianconesio, Franciscus Chais & Morquiotus Medalli; in Vapincesio, Franciscus de (l) Croso & Ruffus (m) Perreti.

I. Qui quidem electi & nominati, in præsencia & de voluntate prædictorum Dominorum Gubernatoris & Episcopi, ac Comitis (n) Valentinesii, voluerunt, statuerunt & ordinaverunt, quod pro præmissis adimplendis & complendis, in duabus vel pluribus vicibus, levari, dividi & collocari possunt pro quolibet foco, (o) ita quod pauperes per divites supportentur, novem Grossi Turonenses, seu valor ipsorum, Floreno Dalphinali pro duodecim

a Ce mot qui se lit dans la copie, est peut-estre corrompu.
b Gapençois.
c Voy. cy-dessous, Note (*b*).
d Ambrunois.
e Voy. cy-dessous, Note (*f*).
f Voy. cy-dessous, Note (*f*).
h Voy. cy-dessous, Note (*a*).

NOTES.

(*a*) *Baroniarum.*] Ce sont les Baronies de Meüillon & de Montauban, sur lesquelles voy. cy-dessus p. 63. Note (*c*), 2.ᵉ col. à la fin.

(*b*) *Morgiis.*] De *Morges*: Voy. sur cette Famille, l'Hist. de M.ʳ de Valbonais, Tom. 2. p. 20. & Note (*a*), la Table des Mat. & les Nobil. d'*Allard* & de *Chorier*.

(*c*) *Verona.*] L'on trouve dans le Nobil. de *Chorier*, Tome 3. une famille de *Verone*. Allard nomme cette famille *Veronne*, & dit qu'elle est du Bas-Valentinois.

(*d*) *Avansone.*] Chorier dans son Hist. de Dauph. Tom. 2. p. 608. dit que les d'*Avançons* sont issus de la maison de S.ᵗ Marcel, establie dans la Terre d'*Avançon*.

Il y a un lieu nommé *Avançon* dans le Diocese d'Ambrun, & un autre dans celui de Gap. Voyez *le Dictionn. Univers. de la Fr.* au mot, *Avançon*.

(*e*) *Pruneriis.*] L'on trouve dans le Nobil. d'*Allard*, une famille de *Prunier*, qu'il dit estre originaire de Tours, & s'estre establie dans le Dauphiné, il y a 120. ans. Si cela est vray, ce n'est pas la mesme famille, dont estoit Fassionus de Pruneriis.

(*f*) *Comitatuum.*] Je ne doute point qu'il ne faille corriger icy & plus bas, *Communitatum*, ainsi qu'on le lit au commencement de ces Lettres, *Universitates, Communitates, &c.*

(*g*) *Grinde.*] L'on trouve dans l'Hist. de M.ʳ *de Valbonais*, Tom. premier pp. 75. & 92. un Guillaume *Grinde*, qui estoit Juge-Mage du Graisivaudan. Ce Guillaume, ou du moins une personne qui portoit le mesme nom, avoit encore cette Charge en 1336. Voyez *ibid.* Tom. 2. p. 333. col. premiere.

(*h*) *De Ruffo.*] L'on trouve dans l'Hist. de M.ʳ *de Valbonais*, Tom. 2. p. 581. un Stephanus de Russo, Juge-Mage du Graisivaudan, en 1348. Il le nomme *Roux*, dans la Table des Mat.

L'on trouve aussi dans les Nobil. d'*Allard* & de *Chorier*, quatre familles differentes de *Roux*, dont le nom latin est *Ruffi*. Allard p. 317 parle d'une de ces familles, qui estoit dans les Charges du temps des Dauphins Guigues XIII. & Humbert II.

(*i*) *Vallini.*] L'on trouve dans *Allard* une famille de *Vallin*, dans le Viennois.

Chorier dans son Nobil. Tom. 3. parle aussi d'une famille de *Vallins*, qu'il nomme en latin de *Vallino*.

(*k*) *Latil.*] Ce mot est si mal écrit dans la Copie qui a esté envoyée, que l'on ne peut dire certainement, s'il y a *Latil*, *Latel*, *Catil* ou *Catel*.

(*l*) *De Croso.*] L'on trouve dans les Nobil. d'*Allard* & de *Chorier*, deux familles qui portent le nom *du Cros*.

(*m*) *Perreti.*] L'on trouve dans le Nobil. de *Chorier*, Tom. 3. une famille qui porte le nom de *Perret*.

(*n*) *Valentinesii.*] Aymard de Poitiers, dit le Gros, V. du nom, Comte de Valentinois & de Diois. Voy. *l'Hist. geneal. de la Mais. de Fr.* Tom. 2. p. 194.

(*o*) *Ita quod.*] Cela doit signifier, que les Feux ou Maisons des personnes riches, seront imposez à une somme plus forte que neuf Gros, afin que les Feux des pauvres, puissent estre imposez à une somme moins forte.

Un peu plus bas, la mesme chose est encore exprimée en termes moins clairs: il y a, *Taxentur pauperes, supportando tamen ad partem.* Voy. cy-dessous, p. 88. Note margin. (*a*).

DE LA TROISIÉME RACE.   87

Grossis computato; sub hoc modo, quod singuli Bannereti, Barones, & cæteri Clerici, Nobiles, & Laïci, homines habentes, (a) numerum verum suorum hominum, cum juramentis corporalibus de ipso numero fideliter reddendo, & præfatus Dominus Gubernator, numerum Focorum Dalphinalium, hinc ad^a *Octabas Festi Beati Martini, tradant aut mittant in manibus; illi de Terra Turris, Dominorum Aymonis Dantaysini & Guidonis de Torchi-felone, Militum; illi de Viennesio & Valentinesio, Dominorum Aymari de Briva & Berlionis Falavelli, Militum; illi de Graisivaudano, in manibus Dominorum (b) Morardi, de (c) Arciis & Ægidii (d) Benedicti, Militum; de Vapincesii Comitatu, Dominorum Guillelmi Augerii & Guillelmi de Morgiis, Militum; de Baroniis verò, in manibus Domini Guidonis de Morgiis & Petri de Verona; illi de Brianconesio, in manibus Constandeti de (e) Bardonechia; & illi de Ebredunesio, in manibus Domini Lantelmi de Avansone & Fussionis de Pruneriis: ita tamen, quod si facta congregatione &* ^b *collocatione, numerum dictorum Focorum, appareat præfatis Dominis Gubernatori, Episcopo & Comiti, & cæteris suprà electis, ad dictum numerum petendum & recipiendum, quod summa opportuna dicti doni, & expensarum factarum & siendarum pro præmissis, inveniri & commodè haberi possit pro sex Grossis pro Foco, aut pro minori vel majori summa, usque ad dictos novem Grossos tantum, quod (f) ultra necessariam summam pro præmissis, non* ^c *taxatur.*

II. Item. *Fuit ordinatum & conventum, quod præfati novem Grossi, aut illud quod minus declarabitur pro Foco, solvantur, tradantur & expediantur personis subscriptis, quæ fuerunt ordinatæ pro Receptoribus præmissorum; quilibet in Judicatura in qua moram trahit: qui Receptores sunt isti; videlicet, Borardus Grinde, Bartholomeus Cornerii, Joannes Vallini, Guillelmus Armini, Reymundus (g) Eschaffini, Antonius Mario & Franciscus Chais, creati & constituti quilibet in solidum, ut suprà, per dictas Judicaturas, ad exigendum & levandum summas Focorum prædictorum, prout numerus ipsorum per dictos Commissarios traditus fuerit eisdem.*

III. Item. *Fuit actum & ordinatum per præfatos Dominos Gubernatorem, Episcopum & Comitem, dictosque Electos ac Commissarios à Nobilibus & Communitatibus nominatos & electos, quod dicti præfati Religiosi, Barones & cæteri Nobiles, Clerici aut Laïci,* ^d *homines habentes, & idem Dominus Gubernator, quantum personas Domanii tangit, exigant, levent & solvant, seu exigi, levari & solvi faciant prædictis Receptoribus ordinatis, cuilibet in Judicatura in qua personaliter residet, hinc ad Festum*

a Octavas.

b Ne pourroit-on pas corriger, collatione ?

c Taxetur.

d Des sujets.

NOTES.

(a) *Numerum.*] Le sens de la phrase est, que les personnes des différents états du Dauphiné, dressent des états fideles & au vray, du nombre des Feux qui sont dans leurs terres, & que conjointement avec le Gouverneur, ils les envoyent aux Députez nommez pour les recevoir.

(b) *Morardi.*] L'on trouve dans *Allard*, une famille très-ancienne du nom de *Morard*, établie dans la Vallée de Graisivaudan.

Chorier dans son Nobiliaire Tom. 3. parle aussi d'une famille de *Morard*, nommée en latin *Morardi*.

(c) *De Arciis.*] L'on trouve dans *Allard* & dans le Nobil. de *Chorier*, une famille d'*Arces*, qui fondit par le mariage d'une fille, dans celle de *Morard*, de laquelle il est parlé dans la Note precedente. Une branche de celle-cy prit le surnom d'*Arces*. Voy. aussi sur la famille de *Morard* & d'*Arces*, la Table des Mat. de l'Hist. de M.^r de *Valbonais*, au mot, *Arces*.

(d) *Benedicti.*] On trouve dans le Nobil. de *Chorier*, Tom. 3. une famille du nom de *Benoist*.

(e) *Bardonechia.*] L'on trouve dans le Nobiliaire de *Chorier*, Tom. 3. une famille très-ancienne nommée *Bardonenche*, en latin *de Bardoneschia*, qui tire son nom du lieu appellé *Bardonesche*, dans la Vallée d'Oulx.

Allard parle aussi d'une famille nommée *Bardonenche* ou *Bardoneche*, établie dans le Brianconois.

Voy. aussi la Table des Mat. de l'Hist. de M.^r de *Valbonais*, au mot, *Bardonenche*.

(f) *Ultra necessariam.*] C'est-à-dire, qu'on ne pourra lever plus de neuf Gros sur chaque Feu, mais qu'on en levera moins, si ce nombre moindre de Gros, qui sera imposé sur chaque Feu, peut suffire pour remplir la somme de 30000. Florins, qui a été accordée au Roy-Dauphin.

(g) *Eschaffini.*] L'on trouve dans le Nobil. de *Chorier*, Tom. 3. une famille du nom d'*Eschaffin*, très-ancienne, & autrefois très-puissante. Il la nomme en latin *Scafini*.

Voyez aussi *Allard*, au mot, *Eschaffin*.

proximum Nativitatis Domini; videlicet dictos novem Grossos pro Focco, seu illud quod fuerit minus debere levari declaratum.

IV. Item. *Fuit arrestatum, ut suprà, quod si aliqui Prelatorum, Nobilium aut Religiosorum prædictorum, seu aliorum homines habentium, sint negligentes aut remissi de tradendo, infrà dictum tempus, numerum Foccorum suorum, præfatis Dominis Commissariis, & jurando dictum numerum integraliter tradere; quod dicti Commissarii, ad proprias expensas ipsorum negligencium & jurare recusantium, eos quos voluerint, destinare & ordinare possint & mittere, ad perquirendum & veraciter referendum & examinandum numerum Foccorum eorundem.*

V. Item. *Quod si infrà dictum terminum non solverint, ut suprà, quod, lapso termino dicti Festi, executio realis summæ in qua taxati erunt homines ipsorum, integraliter cum expensis & damnis inde factis & sustentis, contra ipsos & eorum bona realiter, per dictos Receptores fieri possit, & contra non solventes, prout eis subierint.*

VI. Item. *Fuit ordinatum quod Nobiles & franchi jurisdictionem aut homines non habentes, in præmissis contribuant & solvant, juxtà facultates ipsorum. (a) Prout alii populares, taxentur pauperes,* ª *supportando tamen ad partem, & non cum popularibus taxentur.*

a Voy. cy-dessus p. 86 N. (v).

VII. Item. *Quod dictus Dominus Gubernator idem procuret & ordinet de religiosis & clericis homines non habentium* ᵇ *juridiciabiles, toto suo posse requirendo Prælatos, de faciendo eos contribuere in prædictis.*

b Peut-être justiciables.

VIII. Item. *Fuit ordinatum & arrestatum, quod præfati Receptores & Commissarii suprà ordinati, habeant, & eisdem per præfatum Dominum Gubernatorem detur potestas opportuna, ad faciendum & exequendum ea ad quæ suprà ordinatum & sunt electi.*

IX. Item. *Quod præfati Receptores non possint nec debeant aliquas (b) expeditiones aut deliberationes facere de præmissis, aut de aliquibus habendis & recipiendis per eos, nisi de mandato & ordinatione expressis prædictorum Dominorum Gubernatoris, Episcopi & Comitis, & consensu dictorum Dominorum Commissariorum, seu majoris partis eorumdem; de quibus mandatis & consensu, constare debeat per patentes Litteras ab eis, in præsencia dictorum Dominorum seu eorum qui præsentes erunt; ita quod per absentes expeditio non cesset, dum tamen omnes sint vocati, emanatas, & eorum sigillis propriis sigillatas, ac signo Tabellionis signatas; nec pecuniam prædictam in alios usus convertere, nisi in solutione dictorum Castrorum & expensarum pro præmissis factarum & fiendarum.*

X. Item. *Quod dicti Receptores, de iis quæ modo prædicto solverint, quitti sint & immunes, & coram ipsis Dominis computum & rationem administrationis suæ, loco & temporibus opportunis, reddere teneantur; &* ᶜ *reliqua rationis expedire, ubi ordinaverint, prout suprà.*

c Remettre le reste de l'argent qui leur restera entre les mains. Voy. la Not. (b).
d Voy. cy-dessus p. 44. Note (z).
e in ou &.

XI. Item. *Fuit ordinatum, quod si aliquis Nobilium, Religiosorum aut Laycorum,* ᵈ *merum mixtum imperium* ᵉ *homines habentium, summam Foccorum hominum solvere velit, quod ejus solutio recipiatur, & post modum ipsam, quando voluerit, ab ejus hominibus recuperet; quia forte tam pauperes sunt, quod ita brevi termino, ab ipsis hominibus non possent exigi commodè. Si verò habeant homines sine jurisdictione, contribuant cum illis ad quos jurisdictio ipsorum spectabit.*

De quibus quidem Commissariis & Receptoribus suprà electis, præfati Domini Ægidius Benedicti, Morardus de Arciis, Aymo Damaysmi, Guido de Torchi-Felone, Guido de Morgiis, Aymarus de Briva, Guillelmus Augerii, Guillelmus de Morgiis & Lantelmus de Avansone, Milites; Berardus Grinde, Joannnes Vallini, Antonius Mario &

NOTES.

(*a*) *Prout alii populares.*] Comme la Copie, qui a esté envoyée, n'est pas ponctuée, on ne peut assûrer si ces mots, *prout alii populares,* doivent estre joints avec ceux qui les precedent, ou avec ceux qui les suivent, & s'il faut lire . . . . *Juxta facultates ipsorum, prout alii populares &c. Taxentur pauperes &c.* ou bien s'il faut lire . . . *juxta facultates ipsorum. Prout alii populares, taxentur pauperes,* &c. L'on s'est determiné pour cette derniere ponctuation.

(*b*) *Expeditiones aut deliberationes.*] Des payements. Voy. le Gloss. de *Du Cange*, à ces deux mots.

Franciscus

Franciscus Chays, *qui præsentes erant, in manibus præfati Domini Gubernatoris juraverunt, tactis ab eorum quolibet Dei Evangeliis sacrosanctis, quilibet quatenùs sua interest, officium sibi ordinatum diligenter, fideliter & sine fraude facere & exercere, & omnia & singula facere diligenter, quæ continebuntur in cedulis sibi tradendis, & ad officia sua poterunt quomodolibet pertinere.*

XII. Item. *Fuit actum, quod si obscuritas vel dubium circa præmissa* [a] *orietur vel esset, quod dicti Domini Episcopus, Gubernator & Comes, cum dictis Commissariis, dubia & obscuritates declarare, aut super præmissis mutare possint & ordinare, prout eis videbitur faciendum.*

a *orietur.*

XIII. Item. *Fuit ordinatum, quod Viduæ & Orphani pauperes non taxentur; de quibus stetur juramentis taxatorum proborum.*

Sic est in Originali, in Camera Compotorum Dalphinalium retento, de quo facta fuit collatio cum præsenti copia, per me A. FABRI.

(a) *Lettres qui renouvellent l'article premier de l'Ordonnance du 5. de Decembre 1363. pour la suppression des nouveaux Peages establis; nonobstant les Lettres impetrées au contraire; & qui reglent les procedures qui doivent estre faites à ce sujet.*

CHARLES V.
à Paris, le 4. de Decembre 1367.

CHARLES par la grace de Dieu Roy de France: Au premier de nos Sergents d'Armes ou Huissier de nostre Parlement, à Paris, ou nostre Sergent Royal, qui sur ce sera requis: Salut. Comme nostre très-chier Seigneur & Pere, que Dieu absoille, en (b) l'Assemblée qui fu devant lui derrenierement, à Amiens, eust ordonné pour le bien & utilité de son peuple, & [a] afin que le fait de marchandise peut estre remis sus, tant par eaue comme par terre, en son Royaume, tous nouveaux Trehus, subsides ou autres [b] païages estre [c] mis jus, & que franchement & [d] liberalment, toutes denrées & marchandises peussent passer, & par eaue, & par tous les metes & destroiz de nostre Royaume, senz exaccion aucun payer; excepté seulement les paiages anciens: & nous avons entendu n'agaires, que plusieurs Seigneurs & Dames, par leur [e] indicion voluntaire, ou autrement, soubx couleur d'aucunes impetracions qu'ils ont [f] faictes; & [g] ensement, aucuns Capitaines ou Gardes de Forteresses, ou aucuns autres de nostre Royaume, se sont efforcés ou efforcent de [h] jour de [i] exiger, prendre, lever & cuillir plusieurs Subsides, Travers ou paiages, autres que les anciens, sur les denrées & marchandises passans par leurs destroiz ou par leurs metes, en enfraingnant les ordonnances de nostredit Seigneur, & allant contre ycelles; de quoy [k] forment Nous desplaist. Nous voulans l'ordonnance dessusdicte avoir & sortir son plain effet, pour le proufit de la chose publique, afin que marchandise ait son plain cours, parmi nostre Royaume, en rafrechissant & renouvelant par la teneur de ces presentes, de certaine science & grace especial, ladicte ordonnance, de laquelle nous nous [l] recordons à plain, te mandons & commettons, que tu te transportes pardevers tous ceulx que tu sauras qui s'efforcent lever aucuns Travers, subsides ou paiages, autres que les anciens, cueillir & lever les font, & à yceulx fais commandement & deffense de par Nous, sur quanque ilz se pevent mesfaire envers Nous, que dores en avant ne preingnent, cueillent, lievent ou exigent de quelconques denrées, vivres ou marchandises passans par leurs [m] povoirs, destroiz ou passage, tant par eaue comme par terre, Travers, subside ou paiage quelconques, autres que les anciens & jadiz ordennés à courre avant les guerres; [n] rejettes quelconques Lettres obtenuës ou empetrées sur ce, & à en eulx désister les contraing

a *afin que le commerce se retablit.*
b *Peages.*
c *abolis.*
d *librement.*
e *indiction, ordre.*
f *obtenuës.*
g *semblablement.*
h *en jour.*
i *exiger.*
k *fortement.*
l *ressouvenons.*
m *Jurisdictions.*
n *sans avoir égard.*

NOTES.

(a) Registre Rouge-vieil du Chastelet, fol. 44. recto.

(b) *Assemblée.*] Voy. la Pref. du 3.e Vol. des Ord. p. 99. n.o 99. & dans ce même Vol. p. 647. l'art. premier de l'Ordonn. du 5. de Decembre 1363.

CHARLES V. à Paris le 4. de Decembre 1367.
a *impositions.*
b *d'oresnavant.*

senz point de delay, par les meilleures & plus vigueureuses voïes que tu pourras : & en outre, toutes denrées & marchandises dont tu seras requis, fay passer de par Nous, par tous destroiz & passages, paisiblement, en païant les ᵃ devoirs & coustumes anciennes seulement : & se ᵇ deresnavant, aucuns se efforcent de prendre ou lever sur les dictes denrées & marchandises, autres Travers, subsides ou paiages, que les anciens, toi informe sur ce, adjourne les à comparoir personnelment, par devant les Gens de nostre Parlement à Paris, *(a)* non obstant qu'il siee, pour respondre à nostre Procureur, sur les désobeïssances & attemptas par culz faiz, & pour proceder & aller avant en oultre, comme de raison sera ; en certifiant souffisamment, & renvoiant vers nostre dit Procureur, informacion que tu auras faicte sur ce : de ce faire te donnons povoir ; commandons à tous les Subgés de nostre Royaume, que à toy obeïssent en ceste partie, & en tout ce qui s'en pourroit despendre, & prestent force, conseil, confort & aide, se mestier est, & requis en sont. Toutesvoies ne voulons nous que ces presentes se extendent au subside du paiage par Nous ordonné pour nostre Chastel de ᶜ Monstcreul en foule d'Yonne. Donné à Paris, le quatrieme jour de Decembre, l'an de grace mil trois cens soixante & sept, & de nostre Regne le quart.

c *Montereau-Faut-Yonne.*

Collacion faicte à l'original ainsi signé : autrefoiz ainsi signé : Par le Roy. TOURNEUR. Et de vostre commandement ᵈ multepl.... DOUHEM.

d *multiplié.*

Et estoit escript au dos. *Publié en Jugement ou Chastellet de Paris, le Mardy quinzieme jour de Febvrier, mil trois cens soixante & sept.*

NOTE.

(a) Nonobstant.] Quoique le Parlement tienne. Voy. sur cette clause le 3.ᵉ Vol. des Ord. p. 445. & Note *(d).*

CHARLES V. au Chasteau du Louvre près Paris, le 5. de Decembre 1367.

(a) Lettres qui ordonnent qu'il sera establi un Hostel des Monnoyes, dans la Ville de Saint André près d'Avignon.

CHARLES par la grace de Dieu Roy de France : A nos amez & feaulx les Generaulx-Maistres de nos Monnoyes : salut & dilection. Pour ce que Nous

NOTES.

(a) Registre D. de la Cour des Monnoyes, fol. 6 vingt 14. recto.
Avant ces Lettres, il y a dans le Registre : *Mandement pour ordonner une Monnoye en la Ville de Saint Andry près Avignon.*

Après ces Lettres, il y a dans le Registre, fol. 6 vingt 14. vers. les Lettres suivantes, que le Roy adressa le mémo jour à ce sujet, à Pierre Scatisse, Tresorier, lesquelles sont ainsi intitulées :

Item. S'ensuit la Copie d'un Mandement du Roy nostre S.... adressant à Sire Pierre Scatisse.

Autre Mandement sur ce.

CHARLES par la grace de Dieu Roy de France : A nostre amé & feal Tresorier, Pierre Scatisse : salut & dilection. Pour ce que de par nostre très-cher & amé Frere le Duc d'Anjou, avons entendu que grant proufit seroit à Nous & aux Subgectz de nostre Royaume, des Parties de la Languedoc, que une Monnoye sust faicte & assise en la Ville de Sainct Andry-les-Avignon, en laquelle tout le Billon viendroit & seroit là apporté, qui s'en va & est emporté hors de nostre Royaume, ès autres Monnoyes qui dela sont près ; ce à quoy Nous voldrions bien obvier : Si avons ordonné par l'advis des Gens de nostre Grant Conseil de ᵃ par-deçà, que ladite Monnoye soit ordonnée, mise & assise en la Ville & lieu de Sainct Andry ; & ce aions escript & mandé à faire, & de là y ordonner, à noz Generaulx Maistres de noz Monnoyes, ᵇ que de ce, pensons Nous, vous escriprront : Si voulons & vous mandons & commandons expressement, que selon leur ordonnance, & ᶜ qu'il vous en escriprront & envoiront, vous faictes mectre & asseoir ladicte Monnoye, de par Nous, ou meilleur lieu de ladicte Ville, & là où vous verrez que mieulx sera pour nostre proufit ; & l'Ostel, & tout ce qu'il appartiendra aux Ouvriers pour

a *des pays qui sont au-delà de la Loire, vers le Septentrion.*
b *qui.*
c *ce.*

DE LA TROISIÉME RACE.

avons entendu & sceu de certain, par nostre très-cher & très-amé Frere le (a) Duc d'Anjou, que grand profit seroit à Nous, & à tous les Subgeéz de nostre Royaume des Parties de la Languedoc, se une Monnoye de par Nous estoit construite, ordonnée & establie de nouvel, en la Ville de Sainct (b) Andry près d'Avignon ; & pour ce que point n'en y a, tout le Billon du pays s'en va, & est porté ès autres Monnoyes près de la dicte Ville & hors de nostre Royaume : Nous qui voulons & avons desir pour les causes dessus dictes, que ladite Monnoye soit ordonnée, constituée & establie de par Nous, en la dicte Ville de Sainct Andry, si & par telle maniere que les Ouvriers y puissent monnoyer, & le Billon estre apporté tout en la forme & maniere que vous l'avez accoustumé de faire & ᵃ ordonnez en noz autres Villes où l'en forge noz autres Monnoyes ; & gardez bien que par vous n'ait deffaut, delay ou negligence, & que tout ce que fait & ordonné en aurez, vous envoyez le plus brefvement que vous pourrez bonnement, par-devers nostredit Frere, & nostre amé & feal Tresorier, Sire Pierre Scatisfe : car ainsi le voulons Nous estre fait. Donné en nostre Hostel du Louvre lez Paris, le cinquieme jour de Decembre, l'an 1367. & le quart de nostre Regne. Et estoit ainsi signé. Par le Roy, vous present. J. DE VERNON.

CHARLES V.
à Paris, le 27. d'Octobre 1367.

a *ordonner.*

NOTES.

faire ladicte Monnoye, faictes faire & appareiller incontinant, si & par telle maniere, qu'ilz y puissent habiter & ouvrer ; & faire & ordonner aussi, qu'ilz puissent avoir du Billon pour ouvrer : Et aussi bien garder les ports & passaiges, par quoy nul Billon puisse estre traict ne porté d'ores en avant, hors de nostre Royaume, & qu'il soit apporté en nostre dicte Monnoye de Sainct Andry : Et tout ce que vous mectrés, paierés ou distribuërés en ce faisant, Nous voulons, par ᵇ rapporter ces presentes Lettres, & Lettres de quictance de ceulx ausquels baillé & payé l'aurez, soit alloué en voz comptes, & rabatu de vostre Recepte, par noz amez & feaulx Gens de noz Comptes à Paris, sans contredict. Donné en nostre Hostel de Louvre lez Paris, le cinquieme jour de Decembre, l'an mil trois cens soixante-sept, & de nostre Regne le quart.

Ainsi signé. Par le Roy, vous present. DE VERNON.

b *en rapportant.*

(a) *Duc d'Anjou.*] Loüis Duc d'Anjou estoit Lieutenant du Roy dans le Languedoc, dès l'année 1364. Voy. *le 4.ᵉ Vol. des Ordonn.* pp. 532. & 572.

(b) *S.ᵗ Andry.*] S.ᵗ André près Villeneuve-lez-Avignon, dans le Bas-Languedoc, Diocese d'Avignon. Voy. *le Dict. Univers. de la Fr.* à ce mot, Tom. 3. p. 215. col. premiere.

(a) *Lettres qui portent que le Barrage accordé à la Ville d'Auxerre, sera continué pendant deux ans ; & que pendant ledit temps, on pourra y diminuer les Pintes & Chopines, les Aulnes & les Poids.*

CHARLES V.
à Paris, le 8. de Janvier 1367.

CHARLES par la grace de Dieu Roys de France : A touz ceulx qui ces Lettres verront : Salut. Savoir faisons, que à la supplication de noz amez les Bourgois & Habitans des Cité & Ville ᵃ d'Auccurre, disant, que comme après ce que lesdictes Cité & Ville furent rachetées & mises hors des mains des (b) Anglois,

a *Auxerre.*

NOTES.

ʳ. (a) Ces Lettres ont esté copiées sur l'original, lequel est dans les archives de l'Hostel de Ville d'Auxerre, & qui a esté communiqué par une personne de cette Ville. Le sceau y est encore pendant.
Au dos de ces Lettres, il y a : *Lettres d'appeticier la Pinte, la Chopine, l'Aulne & le Pois à Auxerre ; & fut donné le huitieme jour de Janvier 67. à 2. ans ensʳ. & aussi du barraige.*
(b) *Anglois.*] Ce fut le 10. de Mars 1358. que les Anglois s'emparerent d'Auxerre, suivant *les Chroniq. de S.ᵗ Denis*, Tom. 2. *fol.* clxxxvj *vers.* col. 2. où il est dit qu'ils abatirent les murs & qu'ils brusserent les portes. Je n'ai point trouvé dans quel temps cette Ville fut mise hors de leurs mains : mais il est certain qu'ils n'en estoient plus les maistres en 1360. lorsque le Roy d'Angleterre traversa les Provinces septentrionales de la France ; car *Froissart* Liv. premier, ch. 210. p. 240. dit, que le Connestable de *Fienne* estoit dans Auxerre, lorsque le Roy d'Angleterre passa dans la Bourgogne.

Tome V.

CHARLES V.
à Paris le 8. de Janvier 1367.

a *Barrage.*

b *defcendantes.*

c *fortiroit, proviendroit.*

d *plus grands.*

e *eau.*

f *diminuer.*
g *l'Aubne.*

h *tirer.*

i *Ce qui fuit, eft fur le reply.*

lors ennemis de noftre Royaume, lefquelx, par certain temps, les avoient tenuës & occupées, noftre très-chier Seigneur & Pere que Dieu abfoille, leur cuft ottroyé certain ᵃ Barraige pour certain temps lors avenir, de toutes denrées qui pafferoient & feroient conduites, tant par-deffoubz le Pont de ladicte Ville, comme par-deffus ycellui Pont, & par les autres entrées de cette Ville, tant par terre comme par eauë; c'eft affavoir, chafcune queuë de Vin ou de Sel, & de quelxconques autres denrées, à la valuë du poiz d'une queuë de Vin, montans & ᵇ avalans par-deffoubz ledit Pont, deux viez Gros tournois d'Argent; de chafcun Chariot chargié entrant en ladicte Ville, ou paffant par ycelle pour vendre, un viez Gros tournois d'Argent; de chafcune Charete chargiée, foit à chevaux ou à autres beftes, demi viez Gros tournois d'Argent; de chafcune befte chevaline portant à doz, pour vendre, deux deniers tournois; de chafcune befte chevaline entrant en ladicte Ville, ou paffant par ycelle, pour vendre, deux deniers tournois; & de chafcune befte pourceline & laine portant, entrant en ladicte Ville, ou paffant par ycelle, pour vendre, un denier tournois; pour tout ce qui en ᶜ yftroit, mettre, tourner & convertir ès reparacions dudit pays & des chemins d'environ, & auffi ès chofes neceffaires à la fortificacion de ladicte Ville: depuis leur aïons ottroyé ledit Barraige eftre levé, cuilli & receu, pour convertir en ce que dit eft, jufques à certain temps paffé. Neantmoins lefdiz Pons & Chemins ne font pas encores en eftat convenable, mais pour defaut de perfeccion, font avenuz plufieurs inconveniens, & encores pourroient avenir ᵈ greigneurs, fe par Nous pourveu n'y eftoit de remede gracieux & convenable; mefmement que lefdiz Suppliants ne le porroient faire fanz noftre grace; comme il leur efconviengne faire haftivement certains ouvrages pour la feurté d'ycelle Ville, par l'ordonnance & commandement des Commiffaires deputez de par Nous, fur la vifitacion des Forterefles du Bailliaige de Senz, fi comme il dient. Nous confideré ce que dit eft, avons ottroyé & ottroyons de nouvel, aufdiz Suppliants, de grace efpecial, ledit Barraige à lever jufques à deux ans de la date de ces prefentes, fur les chofes deffus dictes, & en la maniere que dit eft; excepté feulement fur ce qui vendra par ᵉ yeave, en ladicte Ville, & qui paffera par deffoubz ledit Pont, afin que le fait de la Marchandife, tant pour ladite Ville d'Aucerre & pour le païs d'environ, comme pour noftre bonne Ville de Paris, n'en puift empirer ou amendrir; & en lieu de ce, & auffi pour reconpenfacions d'autres dons que faiz leur avons n'aguerres, pour la fortificacion deffus dicte, dont il n'ont peu joïr, fi comme Nous fommes bien enfourmez, Nous pour le defir que Nous avons, que ladicte Ville d'Aucerre puift eftre bien fermée, & que lefdiz Habitants la puiffent bien garder & deffendre contre noz ennemis, leur avons ottroïé d'abondant, & encor ottroïons de noftredicte grace, que il puiffent ᶠ appeticier la Pinte & Chopine, ᵍ l'afne & le pois de toutes denrées en ladicte Ville, durant ledit temps tant feulement, par l'advis & deliberacion des Baillif, Prevoft & Bourgois de ladicte Ville d'Aucerre, en la maniere que bon leur femblera à faire; pourveu que tout le profit & emolument qu'il en porront ʰ traire & avoir, durant ledit temps, foit converti entierement en la fortificacion d'icelle Ville, & non ailleurs; & que perfonnes fouffifantes foïent commifes à le recevoir avec ledit Barraige, qui feront tenus de en rendre compte à la fin de chafcun defdiz deux ans, fanz plus attendre, pardevant le Baillif de Senz, ou pardevant le Prevoft de la Ville-neuve-le-Roy, leurs Lieuxtenans, ou autres noz Officiers commis ad ce de par Nous, par yceulz Baillif, Prevoft, ou par l'un d'eulz: Mandons aufdiz Baillif & Prevoft, & à chafcun d'euz, ou à leurs Lieuxtenans, que lefdiz Suppliants facent, feuffrent & laiffent joïr & ufer de noftre prefente nouvelle grace, felon la forme & teneur d'icelle. En tefmoing de ce Nous avons fait mettre noftre feel à ces Lettres. *Donné à Paris, le huitieme jour de Janvier, l'an de grace 1367. & de noftre Regne le quart.*

ⁱ Par le Roy, à la relacion du Confeil. BAIGNEUX.

(a) Lettres qui permettent à Robert Duc de Bar, d'établir un Bailly dans sa Terre de Busancy.

CHARLES V.
au Château du Louvre, en Janvier 1367.

KAROLUS Dei gratiâ Francorum Rex. Notum facimus universis præsentibus & futuris, quod ex parte carissimi & fidelis Fratris nostri, (b) Ducis Barrensis & Marquesii de Ponte, Nobis extitit significatum, quod cum in Villa, Terrâ, Castro & Castellania de (c) Busenceyo, sibi titulo (d) exempto ᵃ obvento, sint plures Vassalli Jurisdicionem & Judices habentes, subjecti Fratri nostro prædicto, ad causam dictæ Terræ, dictusque Frater noster Judices plures habere astringatur, & plures casus evenerint in ipsa Terra & Castellania magna & satis spaciosa, quæ antea à dicto Fratre nostro in feodo tenebatur, & apud locum de ᵇ Sanctâ Manehuldi resortiri habeant ; & pro utilitate Subditorum ejusdem Fratris nostri, decens foret, ut in dicta Terra & Castellania, Ballivus pro dicto Fratre nostro, institueretur, qui exerceat, tanquam Superior, Jurisdicionem pro dicto Fratre nostro, sicut dicit, à Nobis super hoc elargiri graciam postulando. Nos vero dictum Fratrem nostrum in hac parte favore prosequi volentes benivolo, volumus, & eidem Fratri nostro, tenore præsencium, concedimus de graciâ speciali, ut ipse, & sui Successores perpetuis temporibus, Ballivum in dictâ Terrâ & Castellaniâ habeant, qui Jurisdicionem exerceat prout ad eum pertinebit : Universis Justiciariis nostris aut eorum Locatenentibus, præsentibus & futuris, & eorum cuilibet, mandantes, quatenus dictum Fratrem nostrum, nostrâ præsenti graciâ uti pacifice faciant & gaudere ; nil in contrarium penitus attentauptes. Quod ut firmum & stabile perpetuo perseveret, nostrum præsentibus Litteris fecimus apponi Sigillum : Salvo in aliis Jure nostro, & in omnibus alieno. Datum Parisius, in Castro nostro de Lupara, anno Domini 1367. & Regni nostri quarto, mense Januarii.

Per Regem, in suis Requestis. R. LE FEVRE.

ᵃ *obvento*

ᵇ *S.te Manehould.*

NOTES.

(a) Tresor des Chartres, Registre 99. Piece 115.

(b) *Ducis Barrensis.*] Robert, premier Duc de Bar, Marquis du Pont, &c. avoit épousé Marie de France, Fille du Roy Jean & Sœur de Charles V. Voy. l'*Hist. Geneal. de la Maif. de Fr.* Tom. IV. p. 512. art. XI.

(c) *Busenceyo.*] Busancy dans la Champagne, Diocese de Reims, Election de Sainte Manchould. Voy. *le Dictionn. Univers. de la Fr.* à ce mot.

(d) *Exempto.*] Ce mot est écrit tout de suite dans le Registre. Je n'entends point ce qu'il peut signifier. Peut-estre pourroit-on corriger *emptionis*, à moins qu'on ne voulut lire *ex empto*.

(v) Lettres qui abolissent, moyennant une redevance annuelle, les Appeaux volages, dans le Bourg d'Aisne & dans le Chasteau de S.t Mard de Soissons, de la Paroisse de S.t Vast de cette Ville.

CHARLES V.
au Château du Louvre hors Paris, en Janvier 1367.

CHARLES, &c. Savoir faisons à tous presens & avenir, à Nous avoir esté exposé de la partie des habitans du Bourc ᵃ d'Aisne, & du Chastel S.t Mard de Soissons, estans des ᵇ termes de la Prevosté Foraine de Laon, de la Paroisse de S.t Vast de Soissons, que comme ils aient esté & soient grandement grevé & dommagié, tant par le fait des guerres, comme par les Aides aïans cours à present en nostre Royaume ; & aussi leur soient fait communement plusieurs griefs, excès, fraudes & malice, pour occasion & cause des (b) Appeaux volages & frivoles, dont

ᵃ *Je n'ai rien trouvé sur ce lieu.*

ᵇ *borne, estenduë.*

NOTES.

(a) Tresor des Chartres, Registre 99. Piece 536.

(b) *Appeaulx volages.*] Voy. le 2.e Vol. des Ord. p. 81. & Note (b), & la Table des Mat. de ce Vol. à ce mot.

CHARLES V.
au Château du Louvre hors Paris, en Janvier 1367.

a *lieux.*
b *anointris, depouillez de leurs biens.*
c *donneront.*
d *maison.*
e *Philippe de Valois.*
f *deny de Justice.*
g *moyennant.*
h *qui ne suffisent pas en estat de payer.*
i *payeroient.*
k *demeureras sous & dans cette Parroisse.*
l *aille.*
m *en Jugement.*
n *poursuivroient.*
o *dommages & interests.*
p *condamner.*
q *qui ne seroit point de cette Paroisse.*
r *Ecclesiastiques.*
s *Hôt. R.*

l'en use esdiz ᵃ liex; pourquoy ils sont moult dechus & ᵇ amenris de leur chevance, & encore seroient plus, se par Nous ne leur estoit pourveu d'aucun remede gracieux: Pourquoy Nous ont fait supplier, que yceulx Appeaulx volages ou frivoles, veillons oster, & d'iceulx lesdiz habitans affranchir & delivrer; & pour le profit que Nous y povons avoir, ils Nous ᶜ donront pour chascun chief de feu ᵈ d'Ostel, chascun an, en la maniere que ci-après sera contenu, (a) 3. sols Parisis; & Nous qui desirons de tout nostre cuer, lesdiz habitans & noz autres subgès, tenir, garder & nourrir en paix & en tranquilité, & yceulx garder & deffendre de griefz, oppressions & molestations indeuës, pour consideracion des choses dessus dictes; & aussi pour ce qu'il Nous a apparu que nostre très chier Seigneur & Ayeul le Roy ᵉ Philippe, dont Diex ait l'ame, en cas pareil, en affranchi les habitans de plusieurs Villes de ladicte Prevosté; les dessus diz appeaulx & adjournemens volages, & tous autres appeaulx & adjournemens frivoles, quelz qu'il soient, dès maintenant avons osté & abatu, ostons & abatons du tout, à tousjours perpetuelement; excepté appeaulx ou adjornemens pour ᶠ deffaut de droit, & pour faulx & mauvaiz jugemens; & yceulx habitans pour eulx & pour leurs successeurs, affranchissons & delivrons desdiz appeaulx volages & frivoles, à tousjours, & de tous adjournemens qui pour cause d'appeaulx volages, ou pour fait sur l'appel, se pourroient ou pooient & soloient faire avant nostredit affranchissement; ᵍ parmi & sur les condicions qui s'ensuivent; C'est assavoir, que tous lesdiz habitans & leurs successeurs, exceptées les personnes qui n'estoient pas subgetes auzdiz appeaulx, seront tenuës de payer à Nous, pour chascun chief de feu d'Ostel desdiz Bourc, Chastel & Paroisse, chascun an, le jour de la S.ᵗ Martin d'Iver, en la Ville de Laon, 2 sols Parisis; lesquelz il paieront à nostre Receveur de Vermendois, pour Nous, ou à ceulx qui par Nous ou noz Successeurs, seront deputez à ce recevoir, sans (b) servitute que on puist dire ne opposer ne demander sur eulx, pour cette redevance: Et s'il y avoit aucuns desdiz habitans qui fussent ʰ non païables, les bienpaïables les feroient ⁱ païables, en telle maniere que Nous & noz Successeurs, aurons entiers les deux sols dessus diz, pour chascun chief de feu d'Ostel, en la maniere que dit est: & s'il avient que aucuns des soubz ᵏ manans de la-dicte Parroisse, ˡ voise demourer hors de ladicte Parroisse, en lieu qui soit subget auzdiz appeaulx, il ne joüiront pas d'icelle franchise, tant comme il demourront hors de ladicte Parroisse ès liex subgez aux diz appeaulx, comme dit est: & s'il avient que lesdiz habitans appellent ᵐ aucuns autres subgès aux diz appeaulx volages, qui n'aient sanblable franchise, les appellans pourront poursuivre lesdiz appeaulx, s'il leur plaist; & ou cas où il ne les ⁿ poursuroient, ceulx qu'il averoient appellez, les pourroient poursuir de leur ᵒ interés, pardevant noz Gens, & en ce seroient tenuz de respondre par voie d'ajournement; & s'il en estoient condempné, il paieroient l'amende pour (c)   demour! tant seulement; & les deffendeurs, se en deffense se mettoyent, après ledit ajournement, & ou cas l'an la Partie appellée ne feroit demande de son interés, noz Gens ne pourroient poursuir les diz Appellans, ne ᵖ traire à amende pour cause des diz appeaulx, ne de la deffaute de poursuir yceulx: & ou cas que personne ᵠ estrange appelleroit le Mayeur & les Eschevins de ladicte Parroisse, pour quelconques causes qui touchent lesdiz habitans ou aucuns d'iceulx, les Mayeurs & les Eschevins ne seront tenus en ce cas, de venir ne d'obeïr aux diz appeaulx volages: & n'est pas nostre entente, que s'il y a aucuns ʳ Clercs habitans en ladicte Parroisse, qui aient personnes laïcs demou-rans en leurs ˢ Ostels, que les dictes personnes laïcs puissent joïr ne user de droit de

NOTE.

(a) *3. sols.*] De quatre endroits de ces Lettres, où il est fait mention de cette redevance, il y en a deux, où il y a trois sols, & deux, où il y a deux sols.

(b) *Servitute.*] servitude. Ces sortes de redevances annuelles estoient ordinairement la marque de la servitude, dont ceux qui les payoient, avoient esté affranchis, sous cette condition.

(c) ... *demour?*] Il y a là un mot qu'on n'a pu dechifrer, & le suivant est en abregé, ce qui empesche qu'on ne puisse entendre la phrase: Il y a *lacot*, avec une marque d'abreviation sur les trois dernieres Lettres.

DE LA TROISIÉME RACE. 95

ladicte franchife, s'il ne païent les trois fols deffufdiz, comme les autres habitans de ladicte Parroiffe, refervé à Nous les appellacions de deffaut de droit & de mauvaiz & faulx Jugemens, & les adjournemens, & tous autres cas à Nous appartenans pour caufe de noftre [a] Souverainneté : Et pour ce que les habitans de ladicte Paroiffe ne foient contraint par le Receveur deffufdit ou par noz gens, à païer chafcun an, pour plus de Feux qu'il n'avera en ladicte Parroiffe, Nous avons ordonné, pour paix & pour ofter toute fraude, que chafcun an, les Feux de ladicte Parroiffe feront compté à la S.t Remi, par noftre Receveur de Vermandois ou par fon deputé, fanz prendre defpens ou falaire pour ce faire, fur lefdiz habitans, & par la Juftice de ladicte Ville, pour fçavoir [b] juftement conbien lefdiz habitans Nous deverons chafcun an; & fera la [c] Monnoye, pour lefdiz habitans, levée & païée par la Juftice du lieu, ou par leur deputé, chafcun an, en la Ville de Laon, à noftredit Receveur ou à fon deputé, à la S.t Martin d'Iver, fi comme devant eft dit, fanz demander ne lever amende, s'il eftoient en deffaut de païer au jour deffufdit : & avons accordé aux habitans de ladicte Parroiffe, que les Feux des Clercs, & des povres mendians qui [d] pourchaffent leur pain communement par ladicte Parroiffe, fanz fraude, ne feront point compté ne tenu à païer, fi comme li autre, ne lefdiz habitans pour culx. Si donnons en Mandement à noz Bailli & Procureur de Vermedois, au Prevoft Forain de Laon, & à tous nos autres Jufticiers & Officiers prefens & avenir, & à leurs Lieuztenans, que de noftre prefente grace & affranchiffement, laiffent & facent joïr & ufer paifiblement lefdiz habitans, en la maniere deffufdicte, & que en ce ne leur mettent ou facent mettre deformaiz aucun empefchement, & à noftre Receveur oudit Baillage de Vermandois prefent & avenir, que ladicte rente Nous rende en fes Comptes d'orefenavant, entre les autres parties de fa Recepte, en la forme & maniere qu'il fait & qu'il eft accouftumé à faire, des autres Villes de ladicte Prevofté, en cas femblable, afranchies des Appeaulx volages deffufdis : lefquelles chofes deffufdictes & chafcune d'icelle, Nous avons ottroyé & ottroyons aufdis habitans, de noftre certaine fcience, auctorité Royal & grace efpecial, par ces prefentes. Et que ce foit ferme chofe, &c. fauf, &c. *Ce fu fait & donné en noftre Chaftel du Louvre dehors Paris, ou mois de Janvier l'an de grace 1367. & de noftre Regne le quart.*

Par le Roy, en fes Requeftes. VILLEM. MAIGNAC. *Visa.*

CHARLES V.
au Château du Louvre hors Paris, en Janvier 1367.

[a] *reffort fouverain.*

[b] *juft.* R.
[c] *cette redevance.*

[d] *demandent.*

(*a*) Lettres qui ordonnent que le Prevoft de Paris, privativement à tout autre Juge, connoiftra de l'execution des Actes fcellez du Scel du Chaftelet de Paris.

CHARLES V.
à Paris, le 8. de Fevrier 1367.

CHARLES par la grace de Dieu Roy de France : A nôtre Prevoft de Paris & à fon Lieutenant : Salut. Comme de noftre droit, & de fi grant anciennété

NOTE.

(*a*) Ces Lettres font dans le Livre Rouge-vieil du Chaftelet de Paris, *fol.* 44. *verfo.*
La Copie tirée fur ce Regiftre, a efté trouvée dans les papiers de M.r de Lauriere. Elle eft défectueufe en quelques endroits, & même il y a deux ou trois lignes paffées. Comme l'on n'a point ce Regiftre, l'on ne peut verifier fi c'eft la faute du Copifte, ou fi réellement elles manquent dans le Regiftre. Mais ces Lettres fe trouvent auffi dans le Regiftre A de l'Hoftel de Ville de Paris, *fol.* 216. *rect.* où l'on trouve ce qui manque dans la Copie tirée fur le Regiftre du Chaftelet. Mais dans ce Regiftre de l'Hoftel de Ville, il y a auffi deux ou trois lignes qui manquent, & qui fe trouvent dans cette Copie : c'eft ce qui a déterminé à faire réimprimer dans cette Note ces Lettres, telles qu'elles fe trouvent dans le Regiftre de l'Hoftel de Ville, & l'on a marqué entre deux crochets dans ces deux Lettres, ce qui manque dans l'un ou dans l'autre de ces deux Regiftres. Dans celui de l'Hoftel de Ville, ces Lettres font dattées du 7. de Fevrier.
Elles font auffi imprimées dans *le Grand Couftumier de France*, donné par *Charondas*, p. 93.

CHARLES V.
à Paris, le 8. de Fevrier 1367.

a *dans la Jurifdiction defquels.*
b *te.*

qu'il n'eſt memoire du contraire, la congnoiſſance du (a) Scellé de noſtredit Chaſtellet de Paris, & des oppoſitions faictes contre les exccutions qui ſont requiſes & faictes par vertu des Lettres ſcellées dudit Scel, & de toutes les deppendances, à cauſe de ton office te appartiengne pour Nous, & non à autres; & Nous aïons entendu que pluſieurs de noz Officiers & Juſticiers, & des Officiers & Juſticiers d'aucuns de notre Lignage & autres Seigneurs Hauls Juſticiers de notre Royaume, ᵃ en quelles Juriſdictions aucunne excecutions ont eſté requiſes & faictes par vertu dudit Scellé, t'ont reffuſé & reffuſent à ᵇ ce renvoyer ladicte congnoiſſance, & à toy reſcripre, quant ilz en ont eſté & ſont requis; & oultre s'efforcent & veulent efforcier de congnoiſtre des dictes oppoſitions, & de tenir ſur ce les Parties en procès devant eulx; qui eſt ou grant prejudice de noſtre droit, & de la Juriſdiction de nôtre Court de Chaſtellet (b) eſtre gardé en cette partie. Te mandons & commettons par ces

& l'on y trouve les endroits qui manquent dans les deux Regiſtres : & elles y ſont dattées du 8. de Fevrier. Voy. *ibid.* quelques remarques ſur le privilege du Scel du Chaſtelet de Paris.

Extrait de certaines clauſes des Regiſtres de Chaſtellet, faiſant mencion que nul ne congnoiſſe du Scellé du Chaſtellet de Paris, que le Prevoſt ſeullement, ou cas où il eſcherroit oppoſicion entre les Parties.

SAvoir faiſons Nous avoir fait extraire des Regiſtres du Chaſtellet de Paris, une clauſe contenuë en certaines Lettres d'Ordonnance en fourme de Chartre, faite l'an 1356. ou mois de Mars, publiés ou Chaſtellet de Paris, en la fin dudit moys, par Charles aiſné Fils du Roy de France & ſon Lieutenant, Duc de Normandie & Dalphin de Viennoiz, les trois Eſtats du Royaume de France & de la Languedoil aſſembléz : de laquelle clauſe la teneur s'enſuit.
Item. Ordonnons &c. (a).

Et ſemblablement avons fait extraire deſdits Regiſtres, les Lettres ᵃ *la teneur s'enſuit.*

a *dont.*

CHARLES par la grace de Dieu Roy de France: A noſtre Prevoſt de Paris & à ſon Lieutenant : Salut. Comme de noſtre droit, & de ſi grant ancienneté qu'il n'eſt memoire du contraire, la congnoiſſance du Scellé de noſtre Chaſtellet de Paris, & des oppoſicions faictes contre les execucions qui ſont requiſes & faictes par vertu des Lettres ſcellées dudit Chaſtellet, & de toutes les deppendances, à cauſe de ton Office te appartiengne pour Nous, & non à autres ; & Nous ayons entendu que pluſieurs de noz Officiers & Juſticiers, & des Juſticiers & Officiers d'aucuns de noſtre Lignage, & autres Seigneurs Haulz-Juſticiers de noſtre Royaulme, en quelles Juriſdicions aucunes execucions ont eſté requiſes & faictes, par vertu du Scellé, t'ont reffuſé & reffuſent à ce renvoyer ladicte congnoiſſance, & à toy reſcripre, quant ilz en ont eſté & ſont requis; & oultre s'efforcent & vuelent efforcier de congnoiſtre deſdictes oppoſicions, & de tenir ſur ce les Parties en procès devant eulx; qui eſt ou grant prejudice de noſtre droit, & de la Juriſdicion de noſtre Court dudit Chaſtellet ; [laquelle choſe Nous ne vouldrions ſouffrir : pour ce eſt-il que Nous, qui voulons la congnoiſſance dudit Scellé & des appartenances, appartenir à toy & à tes ſucceſſeurs pour Nous, & non à autres, ſi comme il eſt accouſtumé d'ancienneté, & noſtre droit de ladicte Court de Chaſtellet] eſtre gardée en ceſte partie, te mandons & commettons par ces preſentes que tous noz Juſticiers, & autres Officiers & Juſticiers des Subgez de noſtre Royaulme, quelz qu'ilz ſoient, de noſtre (b) Scellé, & des deppendances, & qui auront eſté ou ſeront en demeure ou reffuſans de Lettres reſcripre, ſi comme il eſt accouſtumé, tu contraingnes & faces contraindre vigoureuſement à ce faire, ſans faveur ou deport, & à Nous en faire amende convenable ; appellé à ce noſtre Procureur, & les en pugny par telle maniere, que notre droit y ſoit gardé, & que ce ſoit exemple à tous autres : & Nous mandons, commandons, & enjoignons eſtroitement par ces preſentes, à tous les Juſticiers & Subgez de noſtre Royaulme, que à toy & à tes depputez, en ce faiſant, obéïſſent diligemment. *Donné à Paris, le ſeptieſme jour de Fevrier, l'an de grace mil trois cent ſoixante & ſept, & de noſtre Regne le quart.*
Collacion faicte à l'original, ſcellées en cire jaune, ainſi ſigné. Par le Roy, à la relacion du Conſeil. J. DE LUS.

NOTES.

(a) La clauſe qui eſt icy transcrite, eſt dans le 3.ᵉ Vol. des Ord. p. 134. art. XVIII.
(b) Il manque là deux ou trois lignes qui ſe trouveront entre deux crochets, dans les Lettres tirées du Regiſtre du Chaſtelet.

NOTES.

(a) *Scellé.*] C'eſt-à-dire, des actes paſſez ſous le Scel du Chaſtelet de Paris.
(b) *Eſtre gardé.*] Il manque là deux ou trois lignes, qui ſe trouveront entre deux crochets, dans ces mêmes Lettres qui ſont réimprimées dans la Note (a). *Voyez cette Note.*

preſentes,

présentes, que tous nos Justiciers, & autres Officiers & Justiciers des subgez de notre Royaume, quelz qu'ilz soient, de notre [Lignage ou autres, qui te auront reffusé ou reffuseront dorefenavant, à renvoyer la congnoiffance des dictes oppositions dudit] Scellé, & des dépendances, & qui auront esté ou feront en demeure, ou refufant de t'en refcripre, fi comme il eft accouftumé, tu contraingnes & faces contraindre viguereufement ad ce faire, fenz faveur ou deport, & à Nous en faire amende convenable; appellé ad ce nôtre Procureur, & les en pugnir par telle maniere, que nôtre droit y foit gardé, & que ce foit exemple à tous autres : & Nous mandons, commandons & enjoignons eftroitement par ces prefentes, à tous les Jufticiers & Subgiez de nôtre Royaume, que à toy & à tes deputez, en ce faifant, obeïffent diligemment. *Donné à Paris, le huitieme jour de Fevrier, l'an de grace mil trois cens foixante-fept, & de notre Regne le quart.*

Collacion faite à l'original fcellé en cire jaune. *Ainfi figné.* Par le Roy, à la relacion du Confeil. J. DE LUS.

Et eftoit efcript au dos [a] *dites Lettres :* Publiée en Jugement ou Chaftellet de Paris, le famedi douzieme jour de Fevrier, l'an mil trois cens & foixante-fept.

CHARLES V.
à Paris, le 8. de Fevrier 1367.

a des.

(a) *Reglement pour le Guet de la Ville de Paris.*

CHARLES V.
à Paris, au Louvre, en Fevrier 1367.
a *voulans.*
b *faire ceffer.*

CHARLES, &c. Savoir faifons à tous prefens & avenir, que Nous defirans notre bonne Ville de Paris, eftre & demourer en paix & tranfquillité, [a] willens pour ce pourvoir à [b] ceffer les excès, inconveniens & maléfices qui ça en arrier & jufques à ores, y ont fouventefoiz efté faiz, commis & perpetrés de nuit, tant par les Sergens mefmes ordennez à faire le Guet en icelle, comme (b) par autres, en leur deffaut, coulpe & negligence, en faifant meins fouffifamment leurs devoirs dudit Guait : confiderant que à ce eft très neceffaire & profitable de y faire bon & convenable Guet, & par perfonnes à ce fouffifans & convenables, avons pour ce, par déliberation & avis de notre Confeil, pour le bien & profit & la paix de notredicte Ville, fait faire Reformation fur le fait & etat dudit Guet, & pour ycelluy miex & plus convenablement eftre fait & continué perpetuement, ordené & eftabli, ordenons & eftabliffons par ces prefentes, ce qui s'enfuit.

I. PREMIEREMENT. Que le nombre des Sergens, qui ou temps paffé étoit de quarante-fix à faire ledit Guet; c'eft affavoir, vingt de cheval & vingt-fix de pié, eft & fera dorefnavant de vingt de cheval & quarante de pié ; & ainfi aura fur ledit Guet, aux gaiges ci-après [c] divifeez, vingt Sergens de cheval & quarante de pié : & y feront mis & ordenez gens de bonne vie & bien ordenez, non aïens autres fervices, & perfonnes paifibles, convenables & bien abiles de fait & de puiffance à ce faire : lefquelz ne porront [d] ne devront pour proffit, vendre, permuer ne refigner leurs Offices; maiz quant plus ne les pourront ou voudront defervir, les pourront refigner purement & fimplement, es mains de Nous ou de noz Succeffeurs, ou de notre Chancellier; & iceulz par Nous ou par notre Chancellier, feront lors donnés à telles perfonnes que bon Nous femblera, qui foient des conditions deffufdictes.

c *reglez.*

d *&.*

II. *Item.* Avons ordené que ledit Guet fera dorefnavant fait & continués par lefdiz Sergens, en cefte maniere ; C'eft affavoir, que dix de cheval & vingt de pié, le feront chacune nuict ; & quant yceulx trente l'auront fait une nuict, lez autres trente le feront l'autre nuit en fuivante ; & ainfi fe fera & continuera à tousjours : & ou temps d'entre la Saint Remy & *(e)* Quarefme, fe prefenteront yceulx Sergens

NOTES.

(a) Tref. des Chartr. Regift. 99. Piece 221.
(b) *Par autres.*] Par ceux qui ont efté commis à faire le Guet, à la place des Sergens

qui ne fe prefentoient pas pour le faire. Voy. le 3.ᵉ Vol. des Ord. p. 668. & p. 670. art. 2.
(c) *Quarefme.*] Il paroift par ce qui eft dit plus bas, qu'il devroit y avoir icy, *Quarefmeprenant.*

Tome V.

98   Ordonnances des Rois de France

CHARLES V.
à Paris, au Louvre, en Fevrier 1367.
* Couvre-feu, à sept heures du soir.

de pié, en notre Chaftellet de Paris, en eftat deu & convenable, à l'entrée de la nuit que il devront faire ledit Guet, pardevant leur Chief ordonné pour la nuit, & par fon Ordonnance, vront par la Ville faire leur devoir jufques à l'eure de *Cuevrefex en notre Dame de Paris; à laquelle heure il fe retireront oudit Chaftellet, & fe prefenteront de rechef, & avec ceulx de cheval, qui lors fe prefenteront audit Chaftellet, armés & montés, iront pardevant le Chevalier dudit Guet ou fon Lieutenant, & par les (a) Clercs d'icelui Guet, feront enregiftrés en la maniere accouftumée; & ne fera aucun Sergent de pié receu ne regiftré, fe par le Chef n'eft témoignié que fouffifamment fe foit pardevant lui prefenté, & fon (b) devoir par avant, comme deffus eft dit : & ce fait, eulx trente Sergens iront gueter & faire leur devoir, en ª l'obéiffance dudit Chevalier ou de fon Lieutenant de cheval, toute nuit fenz ᵇ partir, jufques à landemain le jour; fe n'eft par le congié d'icelui Chevallier ou fon Lieutenant; & en cas de neceffité feulement : & depuis Quarefmeprenant jufques à la Saint Remy en fuivant, fe prefenteront pardevant ledit Clerc, tous lefdiz Sergens de cheval & de pié, la nuit qu'ils auront à gueter, par une feule ᶜ prefentation, à l'eure de l'anuitement; & feront ledit Guet toute nuit, par la maniere deffufdite.

ª fous les ordres.
ᵇ fe retirer.
ᶜ Ce mot qui eft en abregé eft douteux.

III. *Item.* Pour ce que lefdiz Sergens facent mieux & plus diligemment leur devoir audit Guet, Nous ordonnons que ceux de pié auront & prendront pour la nuit que il auront fervi, comme dit eft, les gaiges anciens de douze deniers chacun, & autant pour la nuit en fuivante que il ne gueteront pas : & ceulx de cheval qui ne ᵈ fouloient avoir de gaiges, que deux folz parifis pour nuit, prendront & auront dores en avant deux folz fix deniers parifis de gaiges, pour chafcune nuit que ils gueteront à leur tour; & autant pour la nuit en fuivante; ja foit ce que celle nuit ne aient guettié.

ᵈ avoient accouftumé.

IV. *Item.* Aura & prendra le Lieutenant dudit Chevalier, pour la ᵉ fouveraineté & penne de l'Office, quatre folz parifis de gaiges, pour la nuit que il fervira; & le landemain deux folz fix deniers, comme les autres Sergens : & chacun Chef des Sergens de pié aura & prendra à fon tour, quant il yra au Guet, deux folz pour nuit; & landemain de fon fervice, douze deniers, felon l'Ordonnance deffufdicte : & oultre voulons & ordonnons que ceulx defdiz Sergens, tant de cheval comme de pié, qui de fait & fenz fraude, feront ᶠ effoniez de maladie, tele que pour ycelle il ne puiffent exercer l'Office, felon la difpofition du Chevalier ou de fon Lieutenant, aient & prengnent lefdiz gaiges, comme feront ceulx qui ferviront, durant leur maladie; & femblablement les auront & prendront en tel cas, leurs Chefs & Lieutenans dudit Chevalier.

ᵉ fuperiorité, commandement.
ᶠ excufez par.

V. *Item.* Quiconques defdiz Sergens ᵍ deffaudra de foy prefenter deüement, aux heures deffufdictes, & de faire fon devoir audit Guet, il perdra fes gages pour la nuit de fon deffaut, avec ceulx de landemain, & autant Nous paiera d'amende, pour peine dudit deffaut; & fe quatre nuits en fuivans qu'il devra guetier, il eft deffaillant d'y aller, il perdra fon Office; & le ʰ donrons comme vacant, s'il n'a jufte ⁱ effongie & caufe neceffaire, pourquoy il n'y puift eftre allé.

ᵍ manquera.
ʰ donnerons.
ⁱ effoine, excufe.

VI. *Item.* Auront lefdiz Sergens de cheval, dix livres parifis pour ᵏ reftor leurs chevaux, quant reftor y efcherra, & que fouffifamment fera certifié par le Chevalier dudit Guet, au Receveur par lequel Nous voulons qu'il foient dorenavant payez, fenz contredit : & auffy auront cent folz parifis pour ˡ Robe, les Lieutenans dudit Chevalier, fe d'anciennetté eft accouftumé de leur payer.

ᵏ pour racheter des chevaux.
ˡ Voy. les Tables des Mat. des Vol. des Ordonn. au mot, Robe.

Si donnons en mandement au Prevoft de Paris & au Chevalier dudit Guet, prefens & à venir, & à chafcun d'eulx, fi comme à lui appartiendra, que notre prefente Ordonnance il tiengnent & gardent, & facent tenir & garder fermement fenz

NOTES.

(a) *Clers.*] Voy. un très-grand détail fur les fonctions de ces Clercs du Guet, dans le 3.ᵉ Vol. des *Ordonnances*, p. 668.

(b) *Devoir.*] Il paroift qu'il manque là quelques mots ; à moins qu'on ne veuille lire, *à fon devoir*.

DE LA TROISIÉME RACE.　99

corrumpre, en prenant sur ce desdiz Sergens, le *a* sairement accoustumé en tel cas; & au Receveur de Paris, qui ores est & sera pour le temps à venir, que lesdiz restors de Chevaux & Robes, par la forme & maniere dessus divisée, il paie & delivre dores en-avant, ausdiz Sergens de cheval, & à chascun d'eulx, senz autre Mandement attendre, ne difficulté aucunne; & de mois en mois, paie aussi dores en-avant à tousjours, les gaiges dessusdiz; nonobstant quelzconques Ordenances, Mandemens & defenses au contraire. Et que ce soit ferme chose & estable à tousjours, Nous avons en témoing de ce, fait mettre notre Scel à ces Lettres. Donné à Paris, en notre Chastel du Louvre, ou mois de Fevrier, l'an de grace mil trois cens soixante-sept, & quatre de notre Regne.

Ainsi signé. Par le Roy. P. CUIRET. *b* Contentor. Visa.

CHARLES V.
à Paris, au Louvre, en Fevrier 1367.
a ferment.

b Voy. la Table des Mat. du 4.e & 5.e Vol. des Ordonn. au mot, Contentor.

(*a*) Lettres qui ordonnent, qu'il ne sera point payé de finance par les Non-nobles, pour les acquisitions d'Alleux non-nobles, & ne relevans point du Roy, ni en Fief ni en Arriere-Fief, faites de personnes nobles; & que ceux qui n'auront point payé la finance des Francs-Fiefs & nouveaux Acquêts, n'y pourront estre contraints par l'emprisonnement de leurs personnes, mais seulement par la saisie & vente de leurs biens.

LOUIS Duc d'Anjou, Lieutenant de Charles V. dans le Languedoc. A Nismes, le 16. de Fevrier 1367.

*L*UDOVICUS *Regis quondam Franciæ Filius, Domini nostri Regis Germanus, ejusque Locum-tenens in Partibus Occitanis, Duci Andegavensi & Comes Cænomanensis, Vicario (b) Sumidrii, vel ejus Locum tenenti; nec-non Magistro* a *Francisco Buone, Judici (c) Majori, Commissarioque super Acquisitis per immobiles à Nobilibus, specialiter deputato, seu ab eodem deputatis: Salutem. Pro parte Joannis* b *Camacii de Bernicio, Alazardi Gilii, habitatorum (d) Calvitionis, & Magistri* c *Bremi Notarii de (e) Posqueriis, nobis significatum extitit graviter conquerendo, quod licet præfati conquærentes, pro nonnullis immobilibus per ipsos immobiles à Nobilibus acquisitis, pro quibus, cum sint allodiales, nec in Feudum seu Retro-feudum à dicto Domino* d *nostro Rege teneantur, aliqualis financia, maximè, juxta Ordinationes Regias, ac Instructiones vobis dicto Commissario traditas super præmissis, minimè debeatur; nihilominùs vos dictus Commissarius, fines dicti Mandati vobis super præmissis directi totaliter excedendo, præfatos quærelantes ad* e *finandum pro hujusmodi acquestis, de facto compellitis & compellere nitimini; ipsos pro præmissis capiendo, incarcerando & aliàs diversimodè molestando; eosdem in justis suis & legitimis* f *excusationibus audire renuendo; & appellationes*

a Fiacrio. 2.e cop.

b Camacii de Veruccio. 2.e cop.
c Raymundi Bruni. 2.e cop.

d meo. 2.e cop.

e payer une finance.

f excusationibus. 2.e cop.

NOTES.

(*a*) Ces Lettres ont esté envoyées de Montpellier, avec cette indication: *Du n.° 17. repeté fol. 13.*

Il a esté envoyé du même endroit, une seconde Copie avec cette indication: *Senechaussée de Nismes en general, Arm. A. Liasse des Actes ramassés, n.° 4. fol. 13.*

Cette seconde Copie est plus défectueuse que la premiere; & cependant elle sert à la corriger dans plusieurs endroits importants; & même dans la date, comme on le verra par les Notes.

(*b*) *Sumidrii*] *Sommieres*, nommé quelquefois *Somiere* & *Soumiere*. Le nom latin de ce lieu le plus commun, est *Sumerium*; & M. *de Valois* ayant trouvé *Sumidrium* dans quelques anciens monuments, ce nom lui a paru suspect. Voy. la Notice *de Valois*, au mot, *Sumerium*.

Sommieres est dans le Bas-Languedoc, Diocese de Nismes. Voy. *le Dictionn. Univers. de la Fr.* à ce mot.

(*c*) *Majori.*] Il y a dans la seconde Copie *Marologii*; & c'est certainement ainsi qu'il faut lire. *Marologium* est *Marvejols* de la Seneschaussée de Beaucaire & de Nismes, & du Diocese de Nismes. Voy. *le 4.e Vol. des Ord.* p. 673. & Note (*b*), & p. 675.

(*d*) *Calvitionis.*] Il y a dans la seconde Copie *Calinconis*: je ne doute point que ce ne soit une faute. *Calvitio*, *Cauvisson*, est dans le Languedoc, dans le Diocese de Nismes. Voy. *le 4.e Vol. des Ordonn.* p. 504. & Note (*b*).

(*e*) *Posqueriis.*] C'est, suivant les apparences, le même lieu que *Poscheriæ*, *Posquiares* dans la Seneschaussée de Beaucaire [& de Nismes]; sur lequel voy. *le 3.e Vol. des Ordonn.* p. 691. col. 3. & 4.

Tome V.

N ij

LOUIS
Duc d'Anjou,
Lieutenant de
Charles V.
dans le Languedoc. A Nîmes, le 16. de
Fevrier 1367.
a querelantibus.
2.ᵉ cop.
b volentes.
c saisie.
d quod. 2.ᵉ cop.
e execution,
vente par Justice.
f compelli.

g M.ᵉ CCC.
LXVII. 2.ᵉ cop.

ad dictum Dominum meum seu nos, pro præmissis, per dictos quærelantes interpositas, admittere recusando ; quod grave invenimus & molestum ; nec immerito, si sit ita. Quocircà supplicationi, humiliter eisdem ᵃ quærelantis, de remedio provideri opportuno ᵇ, vobis & vestrum cuilibet, prout ad vos pertinuerit, præcipimus & mandamus districtiùs injungendo, quatenùs suprà nominatos, ad præstandum seu finantiam aliqualem faciendum pro acquisitis prædictis ; nisi in Feudum seu Retro-feudum à dicto Domino meo, teneantur, & pro ipsis, juxtà Ordinationes Regias, ac Instructiones vobis super hiis traditas, finantia debeatur, nullathenùs compellatis seu compelli, vos dictus Vicarius permittatis ; ᶜ arrestum quodcumque in personis sive bonis eorumdem, proptereà oppositum amovendo, & ad statum pristinum reducendo indilatè & sine custu: ᵈ quæ nos casu præmisso revocamus, & ad statum pristinum reducimus per præsentes ; Nolentes ex nunc aliquem pro finantia hujusmodi acquisitorum, in carceribus detineri, arrestari aut aliàs in carceribus molestari ; sed ᵉ executionem fieri in bonis eorumdem, & ᶠ compelleri juxtà Ordinationes Regias vobis traditas, pro summa debita pro quærelantis ; nec ex nunc in talibus seu consimilibus, indebitis molestationibus, vobis volumus obtemperari. Datum Nemausi, die XVIᵃ Februarii, anno Domini ᵍ 1537. In Requestis. GARINI DE MORA.

CHARLES
V.
à Paris, le 14.
Mars 1367.

(a) Lettres qui ordonnent l'execution de trois Bulles ; par les deux premieres desquelles, il est deffendu à tous Juges, de lancer des Excommunications sur les Terres du Roy ; la troisieme portant que pendant que les Papes resideront par-delà les Monts, on ne pourra assigner aucuns Sujets du Roy, hors du Royaume, devant les Conservateurs Apostoliques ; & que dans les cas de droits cedez, on ne pourra même les assigner dans le Royaume, devant ces Conservateurs.

a Aigues-Mortes.

*N*OVERINT universi, quod nos Guiraudus Malepue Domicellus, Castellanus & Vicarius ᵃ Aquarum-Mortuarum, Litteras Regias subsequentes extrahi fecimus de Libris Curiæ dicti loci, & hic conscribere sub hiis verbis.

b Senescallis.
2.ᵉ copie.

*C*HAROLUS Dei gratia Francorum Rex: ᵇ Senescallo Tolosæ, Carcassonæ & Bellicadri, ceterisque Justitiariis nostris, vel eorum Loca-tenentibus: Salutem. Certas Bullas Papales de nostris Thesauris extrahi fecimus & copiari ; quarum tenores sequuntur, & sunt tales.

c Je crois qu'il
faut corriger, Benignitas.

(b) Gregorius Episcopus, Servus servorum Dei : carissimo in Christo Filio, illustri Regi Francorum: Salutem & Apostolicam benedictionem. Apostolicæ Sedis ᶜ benignus, sincere obsequentium vota Fidelium favore benivolo prosequi consuevit, & illustrium virorum personas, quas in sua devotione perpetuas invenit & ferventes, quibusdam titulis decentius decorare. Ut igitur ex devotione quam ad nos & Romanam Ecclesiam habere

NOTES.

(a) La Copie de ces Lettres a esté envoyée de Montpellier, avec cette indication : Seneschaussée de Nismes en general, Arm. A. Liasse 19. des Actes ramassez, n°. 4. fol. 256. verso.
Il a esté envoyé du même endroit, une seconde Copie avec cette indication : Du n.° 34. fol. 275. mais cette seconde Copie ne contient que les Lettres de Charles V. dans lesquelles est inserée seulement la Bulle du Pape Urbain.
Cette seconde Copie a servi à corriger plusieurs fautes qui estoient dans la premiere.

(b) Gregorius.] Il n'y a rien dans cette Bulle, qui puisse indiquer quel est le Pape Gregoire qui l'a donnée. Comme il y a apparence que cette Bulle est anterieure à celle qui la suit, dans les Lettres de Charles V. & que l'on croit avoir esté adressée à S.ᵗ Loüis, [*Voy. p. suiv. Not. (a).*] tout ce que l'on peut dire icy, c'est que Gregoire IX. a siegé pendant le Regne de S.ᵗ Loüis, aiant esté élu en 1227. & qu'il y a quelque apparence que c'est lui qui a donné cette Bulle, qui a esté confirmée par celles d'Alexandre IV. d'Urbain IV. & de Clement IV. qui ont tous siegé pendant le Regne de S.ᵗ Loüis. *Voy. p. suiv. Note (a).*

DE LA TROISIÉME RACE. 101

dinosceris, favorem ª *Apostolicam tibi sentias accrevisse, tuis devotis supplicationibus inclinati, ad instar felicis recordationis Innocentii Papæ predecessoris nostri, auctoritate* ᵇ *tibi presentium tibi indulgentes, ne nullus in Terram tuam, Excommunicationis vel Interdicti Sententiam proferat absque mandato Sedis Apostolicæ speciali; Nos autem decernimus irritum & inane, si quid contra premissæ indulgentiæ nostræ tenorem, contingerit attentari: Nulli ergo omnino hominum liceat, hanc paginam nostræ concessionis infringere, vel ei ausu suo temerario contra ire. Si quis autem hoc attemptare presumpserit, indignationem Omnipotentis Dei, & Beatorum Petri & Pauli Apostolorum ejus, se noverit incursurum. Datum apud Urbem-Veterem,* ᶜ *viiij. Kalendas Aprilis, Pontificatus nostri anno primo.*

Item. *Sequitur tenor alterius Bullæ.*

(a) *Clemens Episcopus, Servus servorum Dei: charissimo in Christo Filio, Ludovico Regi Francorum illustri: Salutem & Apostolicam benedictionem. A felicis recordationis Alexandro & Urbano predecessoribus,* ᵈ *serenitatis tuæ olim extitit indultum, ne à* ᵉ *quoque Judice delegato vel Ordinario, Terra tua posset Ecclesiastico subici Interdicto,* ᶠ *ut cum, à Nobis postmodum ad apicem Apostolatus* ᵍ *assumpti, indulti hujusmodi innovatio per tuos Nuntios peteretur, nos* (b) *annuissemus votis tuis, & eandem gratiam innovassemus, verbis aliquibus additis,* ʰ *quod ad Terras tui Domanii artare videbant eandem; Licet autem, te postea de adjectione hujusmodi* (c) *conquerentes, Nos tandem eorumdem predecessorum nostrorum sequuti vestigia, ipsorum circa hoc innovaverimus* ⁱ *indulgentiæ,* ᵏ *adjectionem prædictam sublata, adhuc tamen calumpnientur aliqui, prout fertur; & quasi sufficere debeat semel saltem de nostro, ut* ˡ *asseruit, intellectu per adjectionem hujusmodi constitisse, sic Apostolicam attenuant gratiam & restringunt, ut* ᵐ *sibi in loco aliquo cujus Dominus publice* " *nominare, quisquam alius Jurisdictionis cujuslibet aut Dominii vel modicam partem habeat, quam etiam à te teneat & se tenere cognoscat, locum illum Domanii* (d) *regentur esse, & concludatur per consequens, ad loca talia prædictam Indulgentiam non extendi: Nos igitur, nihil penitus intendentes puræ detrahere vel* ᵒ *adhicere veritati, interpretationem illam, si tamen interpretatio dici debeat, quam per verba prædicta, de tuo Domanio,* ᵖ *predecessores dictorum Indulgentiam super addita,*

CHARLES V.
à Paris, le 14. de Mars 1367.
a apostolicum.
b Ce mot est inutile.

c le 24. de Mars.

d serenitati
e quoquam.
f &.
g assumptis.
h quæ.
i indulgentiam,
k adjectione prædicta.
l asseritur.
m si.
n nominaris.

o adjicere.
p predecessorum nostrorum indulgentiis.

NOTES.

(a) *Clemens.*] Cette Bulle est adressée à Loüis Roy de France: Je ne doute point que ce ne soit S.ᵗ Loüis, & que le Pape qui la luy adressa, ne soit Clement IV. qui fut élu en 1265. Les Papes Alexandre & Urbain, dont il renouvella les Bulles, sont sans doute aussi Alexandre IV. & Urbain IV. predecesseurs immediats de Clement IV. qui siegerent aussi pendant le Regne de S.ᵗ Loüis ; le premier ayant esté élu en 1254. & le second en 1261.

(b) *Annuissemus.*] Je ne sçais pourquoi à la marge de la Copie qui a esté envoyée, il y a par renvoy sur ce mot, *meminimus.*

(c) *Conquerentes.*] Je crois qu'il faut corriger, *conquerente.*

En general toute cette Bulle est extrêmement corrompuë : on en entrevoit cependant le sens, & voici ce que je crois qu'il signifie, si l'on veut adopter toutes les corrections & les additions de mots que l'on trouvera dans les Notes.

Les Papes Alexandre & Urbain avoient ordonné que nul Juge, soit ordinaire ou delegué, ne pourroit lancer aucune Excommunication dans les *Terres* du Roy ; c'est-à-dire, non seulement dans celles qui estoient de son propre domaine, & dont il avoit le domaine utile, mais encore dans celles dont il n'avoit que le domaine direct, & qui estoient possedées par des personnes qui en avoient le domaine utile , & qui les tenoient de lui en Fief. Clement confirma ces Bulles de ses Predecesseurs; mais il ajouta dans sa Bulle une clause qui sembloit les restraindre aux Terres qui estoient de son propre domaine du Roy, & dont il avoit le domaine utile. A la requeste du Roy, il renouvella purement & simplement les Bulles d'Alexandre & d'Urbain, en supprimant la clause qu'il y avoit ajoutée dans sa premiere confirmation. Cependant quelques Juges, sans avoir égard à cette suppression, vouloient executer cette premiere Bulle de confirmation, & en consequence, ils croïoient pouvoir lancer des Excommunications dans les Terres des Seigneurs qui relevoient du Roy : mais Clement déclara par cette derniere Bulle, que celles d'Alexandre & d'Urbain devoient estre executées , sans avoir aucun égard à la clause qu'il avoit ajoutée dans sa premiere Bulle de confirmation ; laquelle clause il revoqua.

(d) *Regentur.*] Ce mot est corrompu, & il faut en substituer un autre qui signifie que les Juges pretendoient que ces Terres des Seigneurs, ne devoient point estre reputées du Domaine du Roy.

N iij

CHARLES V.
à Paris, le 14. de Mars 1367.

a nos.
b dicunt.
c non.
d emanatis.
e remaneant.
f quem.
g quolibet.
h le 31. de Juillet.

ᵃ *fecisse* ᵇ *dicant, penitus revocantes, haberi volumus pro* ᶜ *inserta; ita quod dictis Indulgentiis, sicut primo ab eisdem predecessoribus, & à Nobis novissimè* ᵈ *emanavit, dicta nostra interpretatio seu adjectio nihil detrahat, nichil hæc revocatio super addat; sed in sensu verba* ᵉ *remaneat earumdem,* ᶠ *quæ sine cahunpnia & absque* ᵍ *qualibet captioso habent seu continent intellectu. Datum Viterbii,* ʰ *ijᵈᵒ Kalendas Augusti, Pontificatus nostri anno secundo.*

Item. *Sequitur tenor alterius Bullæ.*

i Voy. la Note (*a*).
k supplicationi. 2.ᵉ copie.

l Conservatore. 2.ᵉ copie.

(*a*) *Urbanus Episcopus, Servus servorum Dei: Ad futuram rei memoriam. Ad Audientiam nostram, fide digna multorum relatione pervenit, quod nonnulli Prelati aliæque personæ Ecclesiasticæ, seculares & regulares, in Regno Franciæ consistentes, privilegiis & Indultis quibus se armatos ab Apostolica Sede pretendunt, illicitis abusibus abutentes, alios Prelatos & personas Ecclesiasticas & laïcas, de Regno predicto, coram Conservatoribus eis ab eadem Sede concessis, extra dictum Regnum trahere, multisque laboribus & expensis ac redemptionibus & vexationibus, & ut plurimum & sine rationabili causa, gravare; & nonnulli etiam Prelati ac personæ Ecclesiasticæ hujusmodi, de Regno predicto, alios Prelatos & personas tam Ecclesiasticas quam etiam laycales personas, pro juribus sibi cessis ab aliis tam Ecclesiasticis quam secularibus personis, coram hujusmodi Conservatore, etiam infra dictum Regnum, in causam trahere & indebitè molestare malitiosè presumunt; propter que nos hujusmodi obviare malitiis cupientes, carissimi quoque in Christo Filii nostri* ⁱ *Charoli Regis Francorum illustris, in hac parte* ᵏ *supplicationis inclinati, tenore presentium facimus, instituimus & ordinamus, quod quamdiu Romana Curia erit ultra (b) Montes, nullus Prelatus vel alia persona Ecclesiastica, secularis vel regularis, infra dictum Regnum consistens, aliquem vel aliquos Clericos vel laycos, coram aliquo* ˡ *Conservare per Sedem Apostolicam, auctoritate Litterarum Sedis ejusdem, in forma (c) Consilii deputato vel depputando, seu ejus Comisso, quacumque occasione vel causa, ad Judicium extra Regnum predictum; nec etiam super hujusmodi Juribus sibi cessis, etiam infra ipsum Regnum trahere, aut aliquatenus molestare seu inquietare; dictique Conservatores, contra Constitutionem & Ordinationem nostram hujusmodi, contra aliquos procedere, aut in aliquos vel in aliquem Excommunicationis, Suspensionis vel Interdicti Sententias promulgare valeant vel presumant: Nos enim ex nunc, omnes Processus & Sententias hujusmodi, quos contra Ordinationem nostram predictam, fieri contigerit, irritos decernimus & inanes; Constitutionibus, privilegiis & Litteris Apostolicis, quorumcumque tenorum existant, nonobstantibus quibuscumque. Nulli ergo omnino hominum liceat hanc paginam nostræ Constitutionis & Ordinationis, infringere vel ausu temerario contraire: Si quis autem hoc attemptare presumpserit, indignationem Omnipotentis Dei, & Beatorum Petri & Pauli* ᵐ *ejus, se noverit incursurum. Datum Massiliæ,* ⁿ *septimâ Idus Maii, Pontificatus nostri anno* vᵒ*.*

m Apostolorum. 2.ᵉ copie.
n le 9. de Mai.
o Continuation des Lettres de Charles V.
p Episcopi & Prelati. 2.ᵉ cop.
q habentes. 2.ᵉ copie.
r Juridictionum. 2.ᵉ copie.
s Officialibus. 2.ᵉ copie.

ᵒ *Intelleximus que quod Archiepiscopi* ᵖ *& ceteri Prelati Senescalliarum & Jurisdictionum vestrarum, Jurisdictionem* ᵍ *habentium spiritualem, contra tenorem Bullarum predictarum, in nostri & nostrorum subditorum prejudicium abutentes, attemptare non formidant, quod Nobis displicuit & displicet in inmensum; quo circa vobis & vestrum cuilibet, prout ad eum pertinuerit, districtè precipiendo mandamus, quatenus omnibus & singulis* ʳ *Jurisdictionem & Senescalliarum vestrarum Prelatis, & eorum Vicariis &* ˢ *Officiariis, ceterisque Jurisdictionem habentibus spiritualem, premissa specialiter intimetis; & notanter*

NOTES.

(*a*) *Urbanus.*] Cette Bulle d'Urbain, à Charles Roy de France, ne peut estre que d'Urbain V. qui siegea pendant le Regne de Charles V. ayant esté élu en 1362. & estant mort en 1371.

(*b*) *Ultra-montes.*] Urbain V. aussi-bien que quelques-uns de ses predecesseurs, faisoit alors sa residence ordinaire à Avignon. Ce fut Gregoire XI. son successeur, qui retourna à Rome.

(*c*) *Consilii.*] Il y a dans la seconde Copie *Consilii Viennensis*: Il faut corriger *Concilii*. C'est le Concile General de Vienne, tenu en 1311.

Comme les Actes de ce Concile ne se sont pas conservez en entier, je n'ai rien trouvé touchant ces Conservateurs, dans ce qu'en rapporte le Pere Hardoüin dans la *Collection des Conciles*, Tom. 7. p. 1321.

DE LA TROISIÉME RACE. 103

inhibentes eisdem vel eorum singulis, ex parte nostra, sub magnis penis Nobis applicandis, ne contra tenorem Bullarum predictarum, subjectos vel Officiarios nostros quomodo molestare presumant, nec ab inde in antea, in nostri prejudicium attemptent: quod si ᵃ *aliquis contra premissa* ᵇ *reperieretis attemptare, ipsos compellatis per bonorum suorum temporalium captionem & detentionem, & à premissis compellatis abstinere, & per penarum declarationem & earum executionem, taliter in premissis vos habentes, quod per negligentiam vestram, nostram indignationem non incurratis.* Datum Parisius, xiiij. die Martii, anno Domini m. ccclxvij°. Regni autem nostri quarto. *Per Consilium existens in Camera (a) Compotorum.*

CHARLES V.
à Paris, le 14. de Mars 1367.

ᵃ *aliqua .... attemptata.* 2.ᵉ *copie.*
ᵇ *reperieritis.* 2.ᵉ *copie.*

Extractæ fuerunt de dicto Thesauro, & earum tenores hic inscriptæ: de quibus ᶜ diligenti collatione feci ad Originale, ᵈ per cupam.

ᵉ Datum pro Copia sub Sigillo Regio Aquarum-Mortuarum, die xj. Junii, anno Domini millesimo cccᵐᵒlxx°. sexto.

Collatio facta cum præinsertis Litteris ᶠ registrata G. DE BOSCO.

ᵉ *diligentem collationem.*
ᵈ *sert. per copiam.*
ᵉ Continuation du *vidimus* donné par le Viguier d'Aigues-Mortes.
ᶠ *sort. registratis.*

NOTE.

(a) *Compotorum.*] Dans la seconde Copie, il y a après ce mot : *P. Du Chastel.*

(a) Lettres qui ordonnent que le Sel acheté hors du Royaume, qui sortira du Dauphiné, payera les mêmes droits que le Sel acheté dans le Royaume.

CHARLES V.
à Paris, le 15. de Mars 1367.

CAROLUS Dei gratia Francorum Rex, Dalphinus Viennensis: universis præsentes Litteras inspecturis: Salutem. Notum facimus, quod cum in ᵃ *Partibus Occitanis, nostri Consilii deliberatione matura, statuerimus certam (b) Gabellam Salis sub certo modo levandam in locis consuetis, cujus emolumenta pro necessitatibus dictæ Patriæ supportandis, voluimus assignari; intelleximusque de novo, quod (c) Mercatores &* ᵇ *Vecturerii Salis, qui, communiter & antea de Partibus longinquis, Sal capere consueverint, & mercari de Salinis Regni nostri, & ibidem* ᶜ *gabellare, modo divertuntur ab eisdem, & ad alias Salinas accedunt & mercantur, ut evitent Gabellam antedictam, per nostrum Dalphinatum transeundo, in magnam dictæ Gabellæ diminutionem, & in nostri prejudicium atque damnum: Hinc est quod, præmissis intellectis & attentis, statuimus & ordinamus ex nostri Consilii deliberatione, quod ab inde in antea, durante dicta Gabella, similis Gabella & per modum similem levetur & exigatur in exitibus nostri Dalphinatus prædicti, à Vectueriis seu Sal portantibus per eamdem, nisi dictum Sal gabellatum fuerit*

ᵃ Languedoc.

ᵇ Voituriers.

ᶜ payer les droits. Voy. la Note (c).

NOTES.

(a) Ces Lettres ont esté envoyées de Grenoble, avec cette indication : *Extrait du Registre cotté,* Registrum Litterarum Officiariorum, ab anno 1365. fol. 18. *estant aux Archives de la Chambre des Comptes de Dauphiné, ensuite des ordres, &c.* Voy. cy-dessus p. 58. Note (a).

(b) *Gabellam.*] La Gabelle sur le Sel, dont le produit devoit estre employé à la rançon du Roy Jean, avoit esté establie pour six ans, par l'Ordonnance du 5. de Decembre 1360. [Voy. le 3.ᵉ Vol. des Ord. p. 433.] Mais on a remarqué dans le 4.ᵉ Vol. p. 413. Note (d), qu'il y avoit preuve qu'elle avoit esté continuée, quoique l'Ordonnance donnée à cet effet, ne se soit pas conservée. Il paroist par ces Lettres du 15. Mars 1367. que Charles V. avoit aussi establi ou continué cette Gabelle dans le Languedoc.

(c) *Mercatores.*] Voicy le sens de la suite de ces Lettres.

Il y avoit une Gabelle sur le Sel dans la Langue-d'Oyl & dans la Languedoc, & elle n'estoit point establie dans le Dauphiné. Cela faisoit que les Marchands estrangers qui avoient accoûtumé d'acheter du Sel dans le Royaume, & de l'y faire *gabeller,* c'est-à-dire, de payer les droits, voulant les éviter, achetoient du Sel hors du Royaume, & le voituroient dans leur pays, en passant par le Dauphiné, où il n'y avoit point de droits à payer. C'est ce qui détermina Charles V. à ordonner par ces Lettres, que le Sel qui sortiroit du Dauphiné, y payeroit des droits ; à moins qu'ils n'eussent déja esté payez dans les Salines du Royaume, lorsqu'il y auroit esté acheté.

CHARLES
V.
à Paris, le 15.
de Mars 1367.

in Gabellis nostri Regni: non est tamen intentionis nostræ, quod dicta Gabella levetur de Sale dispensando infra dictum Dalphinatum: cujus siquidem Gabellæ volumus emolumenta pro medietate, converti ad usus ad quos Gabella nostri Regni primitus fuit ordinata, & pro alia medietate, pertineant ad Receptam nostri Dalphinatus. Quocirca dilectis & fidelibus nostris Gubernatori & Receptori dicti Dalphinatus, committimus specialiter & mandamus, quatenus prædictam nostram Ordinationem realiter exequantur; cæterisque Justitiariis & subditis nostris, quatenus in præmissis & ea tangentibus, eisdem pareant efficaciter & intendant, præstentque Consilium, auxilium & juvamen, quia sic fieri volumus & ex causa. In cujus rei testimonium, Sigillum nostrum præsentibus Litteris duximus apponendum. Datum Parisius, die decima quinta mensis Marcii, anno Domini millesimo tercentesimo sexagesimo septimo; Regni vero nostri anno quarto. Per Regem & Dalphinum, in suo Consilio. G. HOCIE.

CHARLES.
V.
à Paris, le 27.
de Mars 1367.

(a) Lettres qui ordonnent, que le Gouverneur du Dauphiné, appellez les Auditeurs de la Chambre des Comptes du Dauphiné, pourra faire revivre des Amendes, ou donner un delay pour le payement ; & que les comptes des Chastellains & autres comptables du Dauphiné, seront rendus pardevant les Auditeurs de la Chambre des Comptes Dalphinale.

a nostro.
b tenenti.

c videbitur.
d &.
e &.
f repit.

g Judicis ou Judicialibus.
h Delphinali.
i debentes.

k grande.

l ipsos.
m dicto.

KAROLUS Dei gratia Francorum Rex, Delphinus Viennen. dilecto & fideli Consiliario nostro Gubernatori ª *nostri Delphinatus aut ejus Locum* ᵇ *tenen. salutem & dilectionem. Dilecti & fideles subditi nostri dicti Delphinatus, Nobis graviter sunt conquesti, quod licet tam Nos quam prædecessores nostri, quam etiam ipsorum & nostri Locumtenentes & Gubernatores dicti nostri Delphinatus, consueverunt dare, quietare & remittere personis condemnatis aut mulctatis, prout eis* ᶜ *videbitur; attentis tamen* ᵈ *consideratis personis mulctatis & condemnatis, & facultatibus ipsarum, ac meritis sive causis, pro quibus condemnati exiterint* ᵉ *mulctati ; necnon dilationes dare, terminum* ᶠ *vel respectum ipsis condemnatis & mulctatis ; & hoc tanto tempore, quod de contrario hominum memoria non extiterit : nihilominus vobis, per certas Litteras à Nobis emanatas, fuit inhibitum, ne aliquibus seu alicui dicti nostri Delphinatus, cujuscumque status aut conditionis existant, aliquid detis, quietetis vel remittatis ; nec ipsis aut eorum alicui terminum concedatis, dilationem vel respectum, de hoc in quo Nobis tenentur, vel in futurum tenebuntur pro sentencia & condemnatione* ᵍ *Judici, vel alias quoquomodo ; necnon quod compellatis omnes Castellanos, & alios qui Nobis tenentur reddere computum & legitimam rationem Magistro (b) Adechanteprimæ, Thesaurario nostro* ʰ *Delphi. de his in quibus Nobis tenentur ; quamvis dicti nostri Castellani & alii Nobis* ⁱ *debentibus, temporibus retroactis, coram Auditoribus Computorum Cameræ nostræ Delphinatus, consueverint computare : quæ omnia cedunt in* ᵏ *grande damnum, præjudicium & gravamen subditorum nostrorum prædictorum, sicut dicunt. Quocirca petierunt & humiliter supplicaverunt, per Nos sibi provideri remedio opportuno. Nos igitur indemnitati eorum providere volentes, ut convenit, &* ˡ *ipsis prosequi gratia & favore, vobis* ᵐ *dicti gubernatori licentiam & plenam potestatem concedimus per præsentes, quibuscumque personis mulctatis vel condemnatis, remittendi, dandi & quietandi ac gratiam faciendi ; vocatis tamen vobiscum, auditoribus Compotorum Cameræ nostræ Delphinalis, prout vobis & eis videbitur faciendum : proviso tamen quod de bonis Domanii nostri nihil dare, quietare vel remittere vos possitis ; necnon & dilationes dare, terminum vel respectum personis condemnatis vel mulctatis, ac etiam aliis qui Nobis tenentur vel in futurum tenebuntur ex causis prædictis quoquomodo.*

NOTES.

(a) Ces Lettres sont imprimées dans le Recueil intitulé : *Statuta Dalphinalia, fol. 79. verso.*

(b) Adechanteprimæ.] Adæ Chanteprimæ. Il se nommoit en françois *Adam-Chante-prime.* Voy. les Tables des Noms de Personnes, qui sont à la fin des 3.ᵉ & 4.ᵉ Vol. des Ord. au mot, *Chante-prime.*

Præcipientes

DE LA TROISIÉME RACE.   105

Præcipientes insuper vobis Gubernatori prædicto, quatenus Castellanos & alios quoscumque Nobis debentes, coram dictis Auditoribus nostri Delphinatus, faciatis & compellatis computare, prout aliis temporibus retroactis, est in dicto nostro Delphinatu fieri consuetum; dictis litteris à Nobis emanatis, & aliis non-obstantibus quibuscumque; quoniam hoc sic fieri voluimus, & eis concessimus ex nostra certa scientia & gratia speciali. Datum Parisius, die vicesima septima Mensis Martii, anno Domini millesimo tercentesimo sexagesimo ^a *septmo, & Regni* ^b *nostro quarto.*
   Per Regem Delphinum, in suo Consilio. EHONE.

CHARLES
V.
à Paris, le 27.
de Mars 1367.

a septimo.
b nostri.

(*a*) *Reglement pour les Manufactures des Etoffes fabriquées dans la Ville de Caën.*

CHARLES V.
à Paris, à l'Hôtel S.¹ Pol, en Mars 1367.

CHARLES, &c. Savoir faisons à tous presens & avenir, que Nous avons receuë la Supplicacion des Drapiers & Ouvriers de Draps & de ^a Sarger de la Ville de Caën, contenant que comme en plusieurs bonnes Villes de nostre Royaume, & autres où l'en ^b euvre de Draperies & de choses semblables, soit ordené que chascun Drap soit de certaine ^c moison, & ^d signée de certain signe de plomb, pour ^e eschiver toutes fraudes & deffaus que l'en y pourroit commettre; & en ladicte Ville de Caën où l'en euvre ^f d'ensiennetté grant ^g foison du mestier de Drapperie & de ^h Sarger, n'a eu jusques à ores, aucune Ordenance de moison, ne point de signet ès Draps ⁱ es Sarger qui y sont faictes, ou grant dommage du Peuple & de ceulz qui les achetent, qui ^k cuident que iceulz Draps & Sarger soient tous d'une ^l moison en long & en ^m lès; & il y en a plusieurs qui sont ⁿ mendres que les autres; & pour pourvoir à ce, & aussi aux fraudes, malices & inconveniens qui s'en pourroient ensuivir, ont les diz Suppliants ou aucuns d'eulx, avisé certaine Ordenance sur ce; C'est assavoir, que chascun Drap fait en ladicte Ville & ^o Fourbous d'icelle, ait 24. (*b*) verges de lonc; les grans Sarger, 5. verges & demi de lonc, & 4. verges & demie de lé; ᵖ le moiennes, autres 5. verges de long, & 4. verges de lé; & les petites, 4. verges de long, & 3. verges & demie de lé; & les *(c)* Paines, 3. verges & 3. quartiers de lonc, & 3. verges de lé; & aussi que les diz ^q Sarger fais & faicte à ladicte Ville de Caën, soient signés & signée à un des bous, de certain signe de plomb, qui sera ordené sur ce; & que d'oresenavant, Nous aurons & prendrons sur chascun Drap, 2. deniers; & sur chascun Sarge, 1. denier, qui seront levez en nostre nom & à nostre prouffit, par celhui qui portera ou mettera ledit signet; & que chascun an, seront ordenez trois des diz Suppliants dudit mestier, lesquiex, avant que le dit signet y soit mis, visiteront bien & deuement, tous les Draps & Sarger fais & faictes en la dicte Ville, & verront se ilz seront de bonne & loyal ^r sachon, & des moisons dessus dictes; & ^s se il y en a moins qui soient bons & loyaulx, ou qui ne soient de moison, ou que l'en porte hors senz estre signez dudit signet, ilz seront ^t fourfais & Nous seront acquis; & sur ce Nous ont humblement supplié, que ladicte Ordenance Nous vüillons avoir aggreable & confirmer. Pourquoy Nous, consideré ce que dit est, voulant les ouvraiges de nostre Royaume, estre bons & loyaulx, l'Ordennance dessus dicte avisée par les diz Suppliants, comme dit est, ou cas que, appellez nostre Procureur, & ^u ceulx des diz mestiers, ou la plus grant & plus saine partie d'eulx, elle se semblera où sera trouvée

a serges.

b travaille.

c mesure.
d marquée.
e eviter.
f mot douteux.
g quantité.
h Sarg. R.
i &.
k croient.
l même.
m large.
n moindres.
o Faux-bourgs.

p les.

q Je crois qu'il manque là le mot, Draps.

r façon.
s S'il y en a quelques-uns qui ne soient pas loyaux.
t confisquez.

u ceux.

NOTES.

(*a*) Tresor des Chartres, Registre 100. Piece 9 vingt 16. [196.]

(*b*) *Verges.*] C'est une mesure à peu près semblable à l'aulne. La verge d'Angleterre est de sept neuviemes de l'aulne de Paris. Voy. *le Diction. du Commerce de Savary*, au mot, *Verge.* L'on peut presumer que lorsque ces Lettres ont esté données, on se servoit de la Verge d'Angleterre à Caën, qui avoit appartenu long-tems aux Rois d'Angleterre, Ducs de Normandie.

(*c*) *Paines.*] Etoffes de Soye, nommées plus communement, *Pannes* ou *Pennes.* Voy. *le Tres. de Borel*, au mot, *Pannes.*

Tome V.   O

CHARLES V.
à Paris, à l'Hôtel S.t Pol, en Mars 1367.

par nostre Bailli ou Viconte de Caën, estre bonne & profitable pour ledit mestier, & pour le proffit de la chose publique, loons, approuvons, ratiffions, & de nostre auctorité & puissance Royal, de certaine science & de grace especial, la confirmons: Donnans en mandement auz diz Baillif ou Vicontede Caën, ou à leurs Lieuxtenans, & à chascun d'eulx, presens & avenir, que ou cas dessus dit, ilz facent tenir & garder, sanz enfraindre, d'oresnavant, l'Ordonnance dessus dicte, & d'icelle facent laissent les diz Suppliants & leurs successeurs, joïr & user paisiblement, sanz empeschement aucun ; & nostre * droit ils facent garder par la maniere dessus dicte. Et que ce soit ferme chose, &c. sauf, &c. *Ce fu fait & donné à Paris, en nostre Hostel lès Saint Pol, l'an de grace 1367. & de nostre Regne le quart, ou mois de Mars.*

* *le droit qui sera levé sur ces Etoffes.*

Visa.

Par le Roy, en ses Requestes esquelles vous estiez. G. DE MONTAGU.

CHARLES V.
à Paris, au mois de Mars 1367.

Philippe III. dit le Hardi, à Paris, en Janvier 1278.

[Voy. p. suiv. Note (a).]

* *formam.*
a *murs de clôture.*
b *souliers.*
c *vieilles hardes.*
d *possession.*

e *Vendeurs de Cuir.*

f *&.*
g *la Cour de Parlement.*
h *tous.*

i *petites boutiques.*

(a) Reglement sur les Places que doivent occuper dans les Halles de Paris, les Vendeurs de Cuir & de Souliers, les Lingeres & les Fripiers.

CHAROLUS, &c. *Notum facimus universis tam presentibus quam futuris, Nos infra scriptas vidisse Literas,* * *formam que sequitur, continentes.*

A tous ceulx qui verront ces Lettres: Pierre li Inmians, Garde de la Prevosté de Paris : Salut. Comme jadis il eust une place vuide à Paris, tenant aus murs de la ^a cloison du Cimeutiere des Innocens de Paris, & en icelle place, povres femmes Lingieres, vendeurs de petiz ^b Solcis, & povres & piteables personnes vendeurs de menuës ^c Friperies, vendissent en ycelle au temps de lors, leurs dictes denrées, & en estoient en ^d saisine eulx & leurs devanciers; & après ce, il eust pleu au Roy qui lors estoit, à faire faire & édifier en ladicte place, une Halle à souliers, où l'en vent marchandises à jour de Marchié ; & lesdictes povres femmes Lingieres, vendeurs de petiz souliers, & povres & piteables personnes dessus dictes, eussent requis en suppliant, au Roy qui lors etoit, que il leur voulsist faire grace, & establir lieux où il peussent vendre leurs dictes denrées ; & ledit nostre Sire le Roy qui lors estoit, leur eust octroyé & accordé, que il peussent vendre leurs dictes denrées soubs laditte Halle, aussi comme il & leurs devanciers avoient faicte en ladite place, avant ce que ladite Halle seust faicte & édifiée en icelle, sanz faire autre desclarississement, si comme il est plus plainement contenu en une Lettre scellée du Scel d'icellui nostre Sire le Roy, cydessous transcripte : & comme debas, contens & descors fussent entre les ^e Basaniers & vendeurs de petiz Souls, d'une part, & lesdictes povres femmes Lingieres & piteables personnes, d'autre part, d'avoir place, ^f lieux pour vendre leurs dictes denrées, & de ces choses se soient complains à nos Maistres & Seigneurs de la ^g Court, desquelz nous eussions eu commandement, que bien & diligemment sur les choses dessus dictes, feissons certaine information ; Sachent ^h tuit, que l'information faite de par nous bien & diligemment, par bonnes genz dignez de foy, sur les choses dessus dictes, & raportée à noz dits Seigneurs & Maistres, & veue d'iceulx diligemment, avons desclarci & desclarcissons du commandement d'iceulx, que les dictes personnes vendront & mettront en place leurs denrées dores en avant soubs ladicte Halle, en la fourme & en la maniere qui sensuit ; c'est assavoir, que il y ara trois ⁱ Estaux de petiz Souliers, de la quantité des Estaux des Lingieres & povres & piteables personnes, pardevers (c) Champiaux, & non plus ; Et seront les Estaux de Bazaniers & des autres vendeurs de petiz Sollers, par derriere, à joignant du devant dit mur ;

NOTES.

(a) Tresor des Chartres, Registre 99. Piece 127.

(c) *Champiaux.*] On nommoit ainsi le lieu où les Halles ont esté basties. Voy. le 4.e Vol. des Ord. p. 492. & Note (f).

DE LA TROISIÉME RACE. 107

& les Eſtaux des Lingieres & povres & piteables perſonnes, au devant des Eſtaux des Bazenniers & des vendeurs de petiz Souliers: & voulons, ordennons, enjoingnons & commandons, du commandement de noz dix Seigneurs & Maiſtres, à tous ceux à qui il appartiendra ou pourra appartenir, que ceſt deſclarſſiſſement fait, ſi comme dit eſt, facent & facent faire, tenir & garder fermement, ſanz enfraindre dorefenavant.

CHARLES V.
à Paris, au mois de Mars 1367.

Adecertes la teneur de la Lettre dudit noſtre Sire le Roy, qui lors eſtoit, eſt telle.

IN nomine ſanĉte & individuæ Trinitatis: Amen. Philippus Dei gratia Francorum Rex. Notum facimus univerſis tam preſentibus quam futuris, quod cum intellexerimus & fideli relatione didicerimus, quod mulieres & alie pauperes & miſerabiles perſone, Friperiam & parvos Sotularios aliaſque minutas mercaturas conſueverunt vendere Pariſius, in vico juxta murum Cimiterii Eccleſie Sanĉtorum Innocentium, ubi Hallas noſtras fecimus conſtrui de novo, Nos nolentes quod impoſterum, ex conſtructione prediĉtarum Hallarum, prejudicium diĉtis perſonis ullum fiat, concedimus quod in loco prediĉto, ſubtus Hallas memoratas poſſint prediĉta vendere, ſicut ante conſtructionem ipſarum faciebant. Quod ut perpetue ſtabilitatis robur obtineat, preſentem ᵃ *paginam Sigilli noſtri auĉtoritate, ac Regii nominis caraĉtere inferiùs annotato, juſſimus communiri. Actum Pariſius, anno Domini (a) milleſimo ducenteſimo ſeptuageſimo octavo, menſe Januario; Regni vero noſtri anno octavo: Aſtantibus in Palatio noſtro quorum nomina ſuppoſita ſunt & ſigna. Dapifero nullo. Signum Roberti Ducis Burgondie, Camerarii. Signum Johannis, Buticularii. Signum Imberti* ᵇ *Coſtabularii.*

Data vacante R S E *Cancellariâ.*

ᵇ paginam.

ᶜ Coſtabularii.

En teſmoing de ce, nous avons mis en ces Lettres, le Scel de la Prevoſté de Paris, l'an de grace mil trois cens & deux, le Vendredi devant les (b) Brandons.

Quas quidem Litteras, omniaque & ſingula in eiſdem contenta, rata & grata habentes, ea, quatenus diĉte mulieres & pauperes ᶜ *miſerabiles perſone hiis hactenus uſe ſunt, volumus, laudamus, approbamus & tenore preſentium, ex certa ſcientia, de gratia ſpeciali & noſtra auĉtoritate Regia, confirmamus: ſalvo in aliis jure noſtro, & in omnibus aliis quolibet alieno. Quod ut firmum & ſtabile perpetuo perſeveret, noſtrum preſentibus fecimus apponi ſigillum. Datum Pariſiis, in noſtro Hoſpicio prope Sanctum Paulum, menſe Marcii, Anno Domini milleſimo trecenteſimo ſexageſimo ſeptimo, & Regni noſtri quarto.*

ᵈ &.

Que quidem Litere erant ſic ſignate. *Per Regem, preſente Confeſſore.* TOURNEUR. *Viſa.*

NOTES.

(a) *Milleſimo ducenteſimo ſeptuageſimo octavo.*] Cette année tombe ſous la huitieme année de Philippe le Hardi. Cette date eſt écrite tout du long, & non en chiffre, & ſans abbreviation: cependant je crois qu'elle eſt fautive, & que ces Lettres ſont de Philippe-Auguſte. Voicy les preuves ſur leſquelles je me fonde.

1.° La formule, *In nomine ſanĉte & individuæ Trinitatis: Amen.* n'eſtoit plus en uſage au commencement des Lettres Royaux, ſous le Regne de Philippe le Hardi; & ſous ce Prince, on ne mettoit plus à la fin de ces Lettres, les ſeings & les noms des premiers Officiers de la Couronne. Cette formule, ces ſeings & ces noms ne ſe trouvent dans aucune des Ordonnances de Philippe le Hardi, qui ſont imprimées dans ce Recüeil.

2.° Le Roy qui a donné ces Lettres, dit qu'il

a fait baſtir les Halles de Paris. Or il eſt certain par le témoignage des Auteurs anciens & modernes, que c'eſt Philippe-Auguſte qui a fait baſtir les Halles de Paris, en 1183. Voy. *les Antiq. de Paris par du Breul,* l. 3. p. m. 583. & l'*Hiſt. de Paris par D. Felibien,* tom. I. liv. IV. p. 204.

3.° Je ne parle point du *Monogramme*; car quoiqu'il fût peu en uſage ſous Philippe le Hardi, cependant on s'en ſervoit encore quelquefois, & *Du Cange* dans ſon *Gloſſaire,* au mot, *Monogramma,* a fait graver ceux de Philippe III. & de Philippe IV.

Si ces Lettres ſont de Philippe-Auguſte, ayant eſté données dans la huitieme année de ſon Regne, qui commença en 1180. il faut ainſi corriger la date: *milleſimo centeſimo octogeſimo octavo.*

(b) *Brandons.*] C'eſt la premiere ſemaine de Carême.

Tome V.

CHARLES V.
à Paris, en Avril 1368.

M. CCC. LXVIII.

Suivant le Gloss. de *Du Cange*, cette Année a commencé le 9. d'Avril, & a fini le dernier de Mars.

(a) Lettres qui fixent le nombre des Feux actuellement existans dans la Ville de Servian.

KAROLUS, &c.

QUAMOBREM dicto Domino & Genitori nostro, à supradictis personis humiliter
a oppressionibus. *supplicato super hujusmodi* a *expressionibus & gravaminibus, de remedio concedenti eisdem celeriter provideri ; Idem Dominus Genitor noster, matura sui Consilii deliberacione prehabita, certis Commissariis mandavisset & commisisset inquiri veritatem super vero numero Focorum tunc ibidem existencium, sub certis formis & instruccionibus ex parte Regia dictis Commissariis super hoc traditis : Verum cum per hoc plures Ville, Civitates, Loca & Castra pro-inde fuerint (b) reparata, secundum formam predictam, & numerus Focorum in aliquibus locis dictarum Partium, in magna parte repertus fuerit diminutus ; sintque in Partibus illis, Civitates, Ville, Castra & Loca quam plurima fortificata, ad que plures habitatores dictorum locorum sic reparatorum, occasione guerrarum (c)   se reduxerunt, & incolis & habitatoribus sunt multiplicata ; propter quod Consules, & habitatores ceteri dictorum locorum, sic incolis noviter multiplicatis, dictam reparacionem non requirebant nec volebant ; unde (d) jus dictorum Focorum multimode remanebat diminutum, in maximum prejudicium nostri & Patrimonii nostri diminucionem & deteriorationem : qua de causa, habita super hoc matura deliberatione Consilii nostri, carissimo & fideli Germano nostro Duci Andegavensi & Locumtenenti nostro, mediantibus Litteris nostris eidem directis, diu est, commiserimus, ut per ejus Commissarios ad hoc ex parte nostra per ipsum deputandos, omnes Civitates, Ville & Castra, & cetera Loca que nundum in dictis Partibus fuissent reparata, juxta formam dictarum nostrarum Litterarum & Instruccionum Regiarum, de quibus liqueret, facerent reparari, ad hoc habitatores compellendo ; & si in majori numero quam antiquitus fuisset, aut in*
b & est inutile. *minori vel equali numero reperirentur,* b *ad verum repertum tunc Focorum numerum reducerentur. Cumque eciam facta quadam informacione in Villa seu Loco de (e) Serviano, Vicarie Biterrensis, Senescallie Carcassone, super numero Focorum modernorum in dicta Villa nunc existencium, per dilectum & fidelem nostrum Johannem de Villanis, Militem, Vicarium Biterris, Commissarium in hac parte per prefatum Germanum & Locumtenentem nostrum, in Partibus supradictis deputatum ; vocato secum & presente Remondo de Figueria, Procuratore Substituto à Guillelmo Procuratore nostro Generali dicte Senescallie & Biterris, eademque, &c.*

Repertum fuerit quod in dicta Villa seu Loco de Serviano, sunt de presenti & reperiuntur 181. Focci, secundum, &c.

Proviso tamen quod prefati Consules & Universitas, Nobis aut Receptori nostro ad hoc

NOTES.

(a) Tresor des Chartres, Registre 99. Piece 509. Voy. cy-dessus p. 30. Note *(a)*.

(b) Reparata.] C'est-à-dire, qu'il y avoit eu des informations qui constatoient le nombre actuel des Feux de ces lieux. Les Lettres données sur le nombre des Feux, sont ordinairement intitulées dans les Registres : *Reparatio Focorum.* Voy. dans les Tables des Mat. au mot, *Feux*, les différentes Lettres qui ont esté données à ce sujet.

(c) Il y a là un mot maculé & abregé que l'on n'a pu déchiffrer. On y entrevoit *cel* ou *ccl*, ou *ttl*, avec une marque d'abbreviation.

(d) Jus.] Les impots qui se levoient dans ces lieux, à proportion des Feux qui y estoient.

(e) Serviano.] Servian. Voy. le 3.ᵉ Vol. des Ord. p. 634. Note *(e)*.

DE LA TROISIÉME RACE. 109

ex parte nostra, vel per dictum Germanum & Locumtenentem nostrum deputato, primitus solverint, &c.

Quod ut firmum, &c. Salvo, &c. Actum & datum Parisius, Anno Domini 1368. & Regni nostri 4°. mense Aprilis.

Per Consilium existens in Camera Compotorum Par? Locu. Scriptor. *Visa.*

CHARLES V. à Paris, en Avril 1368.

(a) Lettres qui confirment les Privileges de la Ville de Romans; & qui ordonnent qu'elle joüira de tous ceux qui ont esté accordez aux Habitans du Dauphiné.

KAROLUS *Dei gratia Francorum Rex, Dalphinus Viennensis. Notum facimus universis presentes Litteras inspecturis, quod pro parte dilectorum & fidelium nostrorum incolarum & habitantium in Villa nostra de* (b) *Romanis, Nobis significatum extitit, quod cum per Predecessores nostros, certe* * *Libertates, Franchisie & Immunitates date & concesse fuerint Gentibus nostri Dalphinatus, & que per Nos etiam extiterunt confirmate; ipsique incole & habitatores Ville Romanis, dubitent & timeant, ex eo quia sunt in* (c) *Pareria Ecclesie Viennensis, & nostra, in ipsis minime intelligi vel comprehendi; petentes declarationem nostram & intentionem super hoc habere, & ampliorem gratiam ipsis conferri. Igitur consideratis & attentis premissis, fidelitatibusque habitatorum predictorum, qui Nobis servire & complacere cupiunt, Volumus & Nobis placet, quod Privilegiis, Libertatibus, Franchisiis, Immunitatibus ceteris habitatoribus dicte Patrie nostre concessis per Nos, habitatores dicte Ville nostre Romanis, in toto nostro Dalphinatu & etiam in dicta Villa nostra Romanis, in quantum Nos tangit, pro parte nostra gaudeant &* a *utentur, ut ceteri nostre Patrie Dalphinalis habitatores predicti: ampliantes, & eisdem habitatoribus dicte Ville Romanis, concedentes ex uberiori gracia, quod incole & habitatores dicte Ville Romanis, presentes & futuri, aliis Libertatibus, Privilegiis, Immunitatibus ipsis concessis & indultis per carissimum Advunculum nostrum,* (d) *Imperatorem Romanorum, & per Nos, laudatis & approbatis & confirmatis in Litteris Imperialibus & nostris, contentis, gaudeant & fruantur, prout hactenus usi fuerunt: mandantes & precipientes tenore presentium, dilecto & fideli Consiliario nostro, Gubernatori dicti nostri Dalphinatus, ceterisque Justiciariis & Officiariis nostris Dalphinalibus, aut eorum Locatenentibus, quatenus ipsos habitatores dicte Ville Romanis, universis & singulis, in dictis Litteris Imperialibus & nostris contentis, uti & gaudere pacifice faciant & permittant. Que premissa dictis habitatoribus dicte Ville Romanis, ex nostra speciali gracia, certa scientia & plenitudine potestatis, concessimus & concedimus per presentes. Quod ut firmum & stabile perseveret perpetuò, nostrum presentibus fecimus apponi Sigillum;*

* Voy. cy-dessus, p. 34.

a utantur.

NOTES.

(a) Tresor des Chartres, Registre 101. Piece 122.

(b) *Romanis.*] *Romans.* Voy. dans le 3.ᵉ Vol. des Ordonn. p. 270. Note (c), l'origine de cette Ville, dont le Roy est Seigneur pour la moitié, & l'Archevêque de Vienne, comme Abbé du Chapitre de Romans qui est dans cette Ville, & ce Chapitre, sont Seigneurs pour l'autre moitié.

(c) *Pareria.*] Suivant *Du Cange*, au mot, *Pariagium, Pareria* est la même chose, *Pariage* en françois; sur lequel voy. *le 3.ᵉ Vol. des Ord.* pag. 102. Note (h). Suivant ce que dit M.ʳ de *Valbonnais*, dans l'endroit cité dans la pag. 270. Note (c), du *3.ᵉ Vol. des Ord.* ce ne fut point par un *Pariage* que les Dauphins acquirent la moitié de la Seigneurie de Romans. Suivant les apparences, on s'est servi icy de ce mot, parce que l'inféodation que leur en fit le Pape, produisit le même effet qu'auroit fait un *Pariage.*

(d) *Imperatorem.*] L'Empereur Charles IV. de la Maison de Luxembourg. Il estoit oncle du Roy Charles V. qui estoit fils de Bonne de Luxembourg, sœur de l'Empereur Charles IV. & premiere femme du Roy Jean. Voy. l'*Hist. Genealog. de la Mais. de Fr.* Tom. premier p. 106.

Les Lettres de Privileges accordées par cet Empereur à la Ville de Romans, aux mois de Fevrier & Mars 1366. & confirmées par Charles V. le mois de Juin suivant, sont au Tresor des Chart. Registre 101. Pieces 89. & 97.

O iij

nostro in aliis, & alieno in omnibus jure salvo. Datum Parisius, Anno Domini 1368. mense Aprilis, & Regni nostri 5.°

Sic sign. *Per Regem & Dalphinum, ad relacionem Consilii.* HENR. Clerici.

CHARLES V.
au Château du Louvre, en Avril 1368.

Philippe VI. dit de Valois, à Vincennes, en Decembre 1328.

* Lugdun! R.

(*a*) Lettres qui portent que le Ressort du Siege de la Ville de Lyon, sera transferé de la Ville de Mascon, au Bourg de l'Isle-Barbe.

*K*AROLUS, &c. *Notum facimus universis tam presentibus quam futuris, Nos vidisse Litteras, quarum tenor sequitur in hæc verba.*

*P*HILIPPUS *Dei gratia Francorum Rex: Notum facimus universis tam præsentibus quam futuris, quod cum dilecti nostri Cives & Habitatores Civitatis & Ville* * *Lugdunensis, Nobis duxissent supplicandum, ut cum ipsi in Villa Matisconensi, ab appellacionibus quæ ad nostram Audienciam apud Sedem Matisconensem emergunt à Sede Lugdunensi, aliisque casibus nostram Superioritatem tangentibus, consuevissent ressortiri; hujusmodi que ressortum apud Matiscon. multipliciter grave & laboriosum tediosumque eis & dispendiosum existeret, Nobisque alteri ve minime prodesset, ut dicebant; Nos hujusmodi ressortum apud Locum Burgi (b) Insule-Barbare, prope Lugdunum, in Regno nostro constitutum, ibi perpetuo remanendum, statuere & ponere gratiose vellemus; quod Nobis ipsisque supplicantibus & toti rei publicæ, esse utile asserebant. Nos hujusmodi supplicationi favorabiliter inclinare volentes, an si premissa faceremus, Nobis vel alteri propter hoc fieret prejudicium sive dampnum, & an Locus de Burgo Insule-Barbare prædictus, insignis & aptus ad hoc existeret, per fide dignos fecimus perquiri veritatem: Audita igitur & diligenter examinata in nostro Consilio, premissorum inquesta, quia non est compertum per ea, Nobis aut alteri prejudicium propter hoc sive dampnum inferri; sed pocius fore utile; dispendiosis onerosisque & dampnosis laboribus dictorum Civium & Habitatorum obviare, eorumque paci & tranquillitati ac quieti providere cupientes, ressortum prefatum omnium Causarum Appellacionumque à dicta Sede Lugdunensi emergi contingat in futurum, omniumque aliorum casuum nostram Superioritatem tangentium, prout dicta Villa Matisconensi, retroactis temporibus ressortum hujusmodi teneri consueverat, habita super hoc prius magna nostri deliberacione Consilii, de speciali gratia auctoritateque nostra Regia & ex certa scientia, ad Locum Burgi predicti Insule-Barbare, qui Locus de Burgo aptus & insignis esse reperitur, ex nunc in antea perpetuo remansurum decernimus, statuimusque & ponimus per presentes; tollentes illud omnino à Civitate & Villa Matisconensi predicta; Judicemque ressorti & Causarum hujusmodi, & alios ad hoc neccessarios, prout in dicta Villa Matisconensi commorari consueverant, in dicto Loco Burgi, morari de cetero precipientes & volentes. Quod ut robur perpetuæ firmitatis obtineat, presentes Litteras Sigilli nostri fecimus impressione muniri.* Actum apud Vincennas, Anno Domini 1328. mense Decembr!

Nos autem omnia & singula in prefatis Litteris contenta, rata & grata habentes, ea volumus, laudamus, approbamus & ratificamus, ac de speciali gracia nostraque auctoritate Regia, tenore presentium confirmamus: volentes quod Cives & Habitatores supra

NOTES.

(*a*) Tresor des Chartres, Registre 99. Piece 6 vingt 16.

Ces Lettres sont aussi dans le Memor. E. de la Chambre des Comptes de Paris, *fol.* 16 bis *vers.* [*Nota* qu'il y a 9. *fol.* de ce Registre cottez de suite 16. Celui où sont ces Lettres, est le dernier.]

(*b*) *Insule-Barbare.*] Le Bourg de l'*Isle-Barbe*, situé dans une Isle formée par la Saone, près de Lyon. Elle est celebre par une Abbaye très-ancienne qui y est bâtie. *Claude le Laboureur*, ancien Prieur de cette Abbaye, en a donné l'Histoire, sous ce titre: *Les Mazures de l'Abbaye Royale de l'Isle-Barbe, ou Histoire, &c.* A la page 81. *du premier Volume*, il y parle du Bourg de l'*Isle-Barbe*; & *ibid.* p. 207. il est fait mention d'un Château bâti dans cette Isle. Dans la *Preface de ce même Volume*, on trouve que cette Isle s'appelloit anciennement *Insula-Barbata*.

DE LA TROISIÉME RACE. 111

dicti, ressortum suum habeant ad Locum Burgi predicti Insule-Barbare, juxta prescriptarum Litterarum seriem & tenorem, totiens quociens Judex, aliique Officiarii & subditi nostri, ibidem tute accedere & stare secure poterunt. Quod ut firmum, (a) &c. Datum in Castro nostro de Luppara, mense Aprilis, Anno Domini 1368. & Regni nostri quinto.

Sic signata. Per Regem, in suis Requestis. CHEVRIER. Collatio facta est per me, G. DE * VILLEM! Visa. G. DE VILLEM!

* Villemer, Registre de la Cham. des Comptes.

NOTE.

(a) La Clause qui est icy en abregé, est en entier dans le Registre de la Chambre des Comptes, en ces termes : *Quod ut firmum & stabile perpetuis futuris temporibus perseveret, præsentibus Litteris nostrum fecimus apponi Sigillum. Datum & actum in,* &c.

(a) Lettres par lesquelles il est permis aux Habitans de Vermanton, de faire clorre & fortifier leur Ville.

CHARLES V.
au Louvre près Paris, en Avril 1368.

CHARLES, &c. Savoir faisons à tous presens & à venir, que ouye l'umble Requeste qui Nous a esté faicte de par les Bourgois & habitans de la Ville de (b) Vermanton, contenant que comme ladicte Ville, qui est assise en très bon païs & en grant vignoble, où il a creu & croist chascun an, très grant quantité & nombre de bons vins & des meilleurs du païs, dont nostre bonne Ville de Paris & plusieurs autres de nostre Royaume, ont esté & sont garnies, soustenuës & avitaillées, soit grant & grosse Ville & notable, riche & bien edifiée & aisiée à clorre, fortifier & fermer, & en laquelle il a plusieurs riches & souffisans personnes demourans & habitans; & pour ce, aïent desir & voulenté yceulx Bourgois & habitans, de faire faire ladicte closture & fortificacion à leurs ᵃ misses & despens; telement que de ci en avant, il y puissent eulx & leurs biens retraire, & estre demourans & habiter seurement, pour leurs vignes estans ou ᵇ finage de ladicte Ville, & autres labours labourer & cultiver, pour tout le bien publique; & pour ladicte closture & fortificacion faire, afin que hastivement & le plustost que l'en pourra, elle puisse estre parfaite & acompli, yceux Bourgois & habitans aïent voulenté & entencion de vendre à une foiz, jusques à certain temps, le disieme de tout le vin & grain à eulx appartenans, qui croistra durant le temps de ladicte vente ès dictes vignes & au terrouer & finage de ladicte Ville & Parroisse de Vermanton, pour les deniers d'icelle vente, amploier & convertir en ladicte closture & fortificacion: & comme sanz nostre licence & congié, ycelle closture & fortificacion ne puisse estre faicte; pour quoy il Nous ont fait humblement supplier, que sur ce leur veulliens eslargir nostre grace : Nous considerans les choses dessus dictes, & les grans pertes & dommages que les diz Bourgois & habitans ont euz & soustenuz en la prise du Fort de ladicte Ville, qui n'agaires a esté pris par les (c) Compaignes & ennemis de nostre Royaume, en laquelle prise les diz Bourgois & habitans se porterent loyaument, & firent leur devoir en le deffendant ; desirans pour le bien publique & pour le proffit & utilité de la dicte Ville, des Bourgois & habitans d'icelle & de tout le Païs, & pour les causes dessus dictes, ycelle Ville estre close, fortifiée & fermée par la maniere que requis Nous a esté, ausdiz Bourgois & habitans avons ottroïé & ottroïons par ces presentes, de grace especial & certaine science, & de nostre auctorité Royal, que par le

a *Miss.* R.

b *territoire.*

NOTES.

(a) Tresor des Chartres, Registre 99. Piece 6 vingt 10. [130.]

(b) *Vermanton,* nommé presentement *Vermanton,* Ville de la Bourgogne, dans l'Auxerrois, du Diocese &.du Bailliage d'Auxerre. Voy. *le Dictionn. Univers. de la Fr.* au mot, *Vermanton.*

(c) *Compaignes.*] Compagnies, sur lesquelles voy. *le 3.ᵉ Vol. des Ord.* p. 435. Note (d), & *la Tab. des Mat.* à ce mot.

CHARLES V. au Louvre, près Paris, en Avril 1368.

conseil, advis & deliberacion de nostre amé Hugues Bermant, Seigneur en partie de la dicte Ville, & des plus notables & souffisans personnes d'icelle, & autres du Païs en ce expers & congnoissans, il puissent comprendre & retenir de la dicte Ville, tele partie & quantité, comme bon leur semblera; eu regart & consideracion à l'enceinte & circuite de ladicte Ville, au nombre de gens que les diz Bourgois & habitans sont & pourront estre en icelle, & à toutes autres choses qui seront à advisier; & que la dicte partie ainsi esleüe & ordenée, il puissent faire clorre, fortifier & fermer de murs, fossez, portes & bastides, au plus proffitablement & par la meilleure maniere qui pourra estre fait; telement que elle puisse estre tenable & deffensable contre tous ennemis, qui ycelle vouldroient ou s'efforceroient de prendre ou assaillir; en abatant & faisant abatre pour ce faire, toutes maisons, granches, habitacions, arbres, jardins &

* à.   autres choses quelconques qui seront * abatre, & qui seroient nuysables & pourroient empeschier à faire ladite closture & fortificacion: sauf & reservé que tout ce qui seroit nuisible, abatu ou condempné à abatre, pour le proffit d'icelle closture, soit estimé & prisié justement, & que du juste pris, satisfaccion soit faicte à ceulx à qui il appartendra, par les diz Bourgois & habitans: & voulons & Nous plaist, que la dicte Ville ainsi close & fortifiée, soit & demeure perpetuelement ville fermée, sanz ce que par nos Gens ou Officiers, aucun empeschement y soit mis de present ou pour le temps avenir, en aucune maniere. Si donnons en mandement par ces presentes, au Bailli de Senz, & à touz nos autres Justiciers & Officiers, ou à leurs Lieuxtenans, presens & avenir, & à chascun d'eulx, que lesdiz Bourgois & habitans facent & laissent joïr & user perpetuelment de nostre presente grace & octroy, ne contre la teneur d'icelle, ne les molestent, contraingnent ou empeschent ou sueffrent estre molestez, contrains ou empeschiez en aucune maniere. Et que ce soit, &c. sauf, &c. *Donné au Louvre lès Paris, l'an de grace 1368. & de nostre Regne le quint, ou mois d'Avril après Pasques.*   Visa.

Ainsin sign. Par le Roy.

N. DE VEIRES.

CHARLES V. à Paris, en May 1368.

(a) *Lettres qui portent que la Baronie de Beaujeu, sera tenuë en foy & homage du Duc de Berry & d'Auvergne & Comte de Mascon, pendant sa vie seulement, ou pendant le tens qu'il sera Comte de Mascon; & que sous les mêmes restrictions, cette Baronie ressortira devant le Bailli de Mascon.*

CHARLES, &c. Savoir faisons à tous presens & avenir, que ja soit ce que Nous sachions certainement & Nous tiengnons plainement & certainement pour enfourmez, que nostre amé & feal le Seigneur de (b) Beaujeu & ses predecesseurs Seigneurs dudit lieu, aïent tousjours tenu & doient tenir en foy & hommage de Nous & de noz Predecesseurs Roys de France, à cause de la Corone de France, toute la Terre & Baronie de Beaujeu, & laquelle est & toûjours a esté l'une des enciennes Baroniez de nostre Royaume; & aussi eux & leurs dictes Terrez & Baronie, les hommes, femmes & subgès de leur dicte Terre & Baronie, aïent ressorti & doïent de tout temps ressortir à Nous & à nos Predecesseurs Roys de France, & à

NOTE.

(a) Tresor des Chartres, Registre 99. Piece 232.

(b) *Beaujeu.*] Ville Capitale du Beaujolois, petite Province située auprès du Lyonnois. Voy. *le Dictionn. Univers. de la Fr.* aux mots, *Beaujeu* & *Beaujolois*.

Ce Seigneur de *Beaujeu* se nommoit Antoine, Sire de *Beaujeu* & de *Dombes*, qui mourut sans enfans, en 1374. Il estoit fils d'*Edoüard*, Sire de Beaujeu & de Dombes, Mareschal de France. Voy. l'*Hist. Geneal. de la Maison de Fr.* Tom. 6. p. 733.

La Maison de *Beaujeu* estoit très-illustre & très-ancienne: elle sortoit des Comtes de *Forez*, qui estoient issus des anciens Dauphins de Viennois. Voyez *ibid.* pp. 724. & 727.

noz Juges Royaux; senz ce qu'il ne les predecesseurs dudit Seigneur de Beaujeu, aïent entré, ne ses successeurs doient entrer en foy ne hommage d'autre Seigneur que de Nous & de nos successeurs Roys de France, à cause de la Corone de France; ne ressortir à cause de leur dicte Terre & Baronie de Beaujeu, ne leur dicte Terre ne subgez, à autre que à Nous & à noz successeurs Roys de France, à cause de la dicte Corone, à perpetuité, à vie ou à temps; ne que la dicte foy, hommage & ressort aïent esté, ne puissent ou doïent estre separés, en tout ne en partie, en maniere quelconque, soit à cause de partaige, ª Appariage ou Doaire, qui ait esté ou soit fait ou constitué, ou qui se face ou constitué ou temps avenir, par Nous ou par noz predecesseurs ou successeurs Roys de France, à quelque personne que ce soit ou ait esté, soit du Sanc ou Lignage Royal, ou d'autre quelconques, à cause de vendicion, donacion, transport ou alienacion quelconques : Toutevoïez Nous avons volu & voulons, que ledit Seigneur de Beaujeu, de la dicte Terre & Baronie, face foy & hommage à nostre très-cher & amé Frere le Duc de Berri & d'Auvergne & Conte de Mascon, & en demeure homme de foy de nostre dit Frere, durant la vie mortele d'icelli nostre Frere, & tant comme il demoura Conte de la dicte Conté tant seulement; & qu'il, à cause de sadicte Terre & Baronie, ses hommes & subgez d'icelle Terre & Baronie, ressortissent à nostre dit Frere, pardevant ᵇ sen Bailli de Mascon, durant le temps & terme dessus dis, senz ce que ce face ne porte prejudice ou dit Seigneur de Beaujeu, à sa dicte Terre & Baronie, ne à ses subgès, ne que l'en puisse dire, proposer, maintenir ne alleguer jamaiz ou temps avenir, que il, ses hoirs successeurs Seigneurs de Beaujeu, après la mort de nostre dit Frere, ou qu'il ᶜ delaissera estre Conte dudit lieu, puissent ne doïent entrer en foy ne hommage de la dicte Terre & Baronie, ne d'aucune partie d'icelle, d'autre Seigneur ou Dame que de Nous ou de noz successeurs Roys de France, ne que ledit Seigneur de Beaujeu, ses hoirs ou successeurs Seigneurs de Beaujeu, leur dicte Terre & subgez, puissent aussi ne doïent ressortir à autre Seigneur ou Juge, que à Nous ou à noz successeurs Roys de France, & à noz Juges Royaux, à perpetuité, à vie ne à temps, en quelque maniere que ce soit ; & de la foy & hommage & du dit ressort senz moyen; retenu à Nous & à noz successeurs Roys de France, leur darrenier ressort & souverainneté, & à nostre Court de Parlement, avons quittié & quittons ledit Seigneur de Beaujeu, sa dicte Terre & subgès, durant la vie de nostre dit Frere, & que il demourra Conte dudit lieu tant seulement : & de nouvel avons ottroïé & ottroïons de nostre plaine puissance & auctorité Royal, certaine science & grace especial, se ᵈ mestier est, pour Nous & pour nos successeurs Roys de France, audit Seigneur de Beaujeu, pour li & pour ses successeurs & aïanz cause de ly Seigneurs de Beaujeu, perpetuelment & à tousjours, que jamaiz ᵉ autres foiz ledit Seigneur de Beaujeu, ses hoirs, successeurs ou aïanz cause de ly Seigneurs de Beaujeu, ne puissent & ne doïent faire foy ne hommage à perpetuité, à vie ne à temps quelconques, à autres Seigneur, Dame ou personne quele que elle soit, que à Nous ou à noz successeurs Roys de France ; excepté tant seulement ceste fois, à nostre dit Frere, & à la vie d'icelli nostre Frere demourant Conte du dit lieu, comme dit est ; & aussi que jamaiz à nul jour, ledit Seigneur de Beaujeu, ses hoirs, successeurs ou aïans cause de li, à cause de la dicte Terre & Baronie de Beaujeu, leur dicte Terre, hommes & subgez puissent ne doïent ressortir à autre Seigneur, Dame ou personne quele que elle soit, que à Nous & à noz successeurs Roys de France ; ne que jamaiz ledit Fief & ressort puissent estre separés de la Corone de France, en tout ne en partie, à perpetuité, à vie ne à temps, soit à cause de partaige, d'Appanage, de Doaire, de donacion, vendicion, transport ou alienacion que l'en face ou constitué à Royne de France, à Enfans, Frere ou Neveu de Roy France ou d'autre personne quelconques ; se ce n'est pour ceste fois, à nostre dit Frere, à sen dit Bailli de Mascon, durant la vie de nostredit Frere estant Conte ᶠ di dit lieu tant seulement : & avons encore volu & ottroïé, voulons & ottroïons de la grace, puissance & auctorité comme dessus, audit Seigneur de Beaujeu, pour li, ses hoirs, successeurs ou aïans cause de li Seigneurs de Beaujeu, que s'il avenoit du-

CHARLES V.
à Paris, en May 1368.

a Voy. le 4.ᵉ Vol. des Ordonn. p. 685. Not. (e).

b son.

c cessera.

d besoin.

e dans la suite.

f dit.

rant la vie mesmes de nostre dit Frere, que la Conté & Baillage de Mascon retournassent à Nous ou à noz successeurs Roys de France, par la demission, delaissement, cession ou transport de nostre dit Frere, ou autrement, que en icelli cas, la dicte foy, hommage & Fief, & ledit ressort retournent à Nous & à noz successeurs Roys de France, senz ce que jamaiz il puissent estre separés, en tout ne en partie, à perpetuité, à vie ne à temps, de la Corone de France, ne qu'il puissent jamaiz estre bailliez ne transportez à nostre dit Frere, ne à autre personne quelconques. Et que ce soit ferme chose, &c. sauf, &c. Donné à Paris, ou mois de May, l'an de grace 1368. & de nostre Regne le quint. Ainsy sign. Par le Roy. YVO. Visa.

CHARLES V.
à Paris, en May 1368.

(a) Lettres de Sauvegarde Royale pour le Doyen & Chapitre de l'Eglise de Poitiers.

Espece de Serfs.

KAROLUS, &c. Notum facimus universis tam presentibus quam futuris, quod Nos ad Supplicationem dilectorum nostrorum Decani & Capituli Ecclesie Pictavensis, ipsos & eorum singulos, dum, quamdiu & quociens in Regno nostro existunt, unà cum ipsorum & cujuslibet ipsorum bonis, familiaribus, * hominibus de Corpore, si quos habent, rebus, bonis & possessionibus suis quibuscunque, in Regno nostro existentibus, ad ipsorum Decani & Capituli tuitionem & securitatem, nec-non Jurium suorum conservationem, in nostris & successorum nostrorum Francie Regum tuitione, protectione & salvâ gardiâ speciali, ex auctoritate nostra Regia & gratia speciali, suscipimus & ponimus in perpetuum, per presentes ; & ex habundanti & ex uberiori gratia nostra, ipsis Decano & Capitulo, pro se eorumque familiaribus, hominibus de corpore, si quos habent, rebus, bonis & possessionibus suis predictis, infra dictum Regnum nostrum existentibus, Turonensem, Andegavensem & Cenomanensem Senescallos, aut eorum Locatenentes, modernos & futuros, in Gardiatores damus & constituimus speciales ; quibus Gardiatoribus & eorum cuilibet in solidum, in Senescallia sua, tenore presentium committimus & mandamus, quatenus predictos Decanum & Capitulum ac eorum familiares quoscumque, ac homines de corpore, si quos habent, ab omnibus injuriis, violenciis, gravaminibus, oppressionibus, molestacionibus, vi armorum, potencia Laïcorum, ac aliis inquietacionibus & novitatibus indebitis quibuscunque, tueantur & defendent, & in suis justis possessionibus, franchisiis, Libertatibus, juribus, usibus & saisinis in quibus ipsos esse & eorum predecessores fuisse & esse ab antiquo pacificè invenerint, manuteneant & conservent ; nec permittant in eorum familiarium suorum personas, vel in bonis suis quibuscunque, aliquas fieri seu inferri injurias, gravamina, aut aliquas alias indebitas novitates ; quas si factas esse vel fuisse, in nostre presentis salve gardie speciali, & ipsorum Decani & Capituli prejudicium, invenerint, eas ad statum pristinum & debitum celeriter reducant seu reduci, & Nobis ac Parti propter hoc emendam fieri & prestari faciant ; presentemque salvam Gardiam nostram, ubi, quando & quibus, pro parte predictorum Decani & Capituli, super hoc fuerint requisiti, publicent & faciant publicari ; nec-non omnibus illis de quibus fuerint requisiti, ex parte nostra, ac sub certis penis magnis Nobis applicandis, inhibeant & faciant inhiberi, ne iisdem Decano & Capitulo aut eorum familiaribus sive bonis suis quibuscumque ac hominibus de corpore, si quos habent, infra dictum Regnum nostrum, ut predictum est, existentibus, fore facere presumant : & si in casibus novitatum, inter predictos Decanum & Capitulum, & familiares ac homines suos de corpore, si quos habent, seu aliquos alios, racione bonorum suorum quorumcumque in dicto Regno nostro existentium, aliquod oriatur debatum, quod dictum debatum & res contenciosas, in manu nostra, tanquam superiori, ponant ; & facta per ipsam manum nostram recredentia, per illum vel illos Judices nostros, per quem seu quos fieri debebit, illi ex dictis Partibus, cui de Jure & ratione fuerit facienda, Partes hujusmodi debatum vel debata facientes, ac eciam dictæ

NOTE.

(a) Tresor des Chartres, Registre 99. Piece 224.

nostre presentis salve gardie infractores & contemptores, & qui in contemptum ejusdem salve gardie nostre, predictis Gardiatoribus, vel eorum alteri Gardiatoris Officium faciendo & exercendo, injuriam fecerint vel offensam, sive qui eis vel ipsorum alteri, inobedientes fuerint aut rebelles, coram Judicibus nostris ad quos predictorum cognicio pertinere debuerit, adjornent, super hoc processuros & facturos quod fuerit rationis. Si vero predicti Decanus & Capitulum, aut aliqui ex eisdem seu suorum familiarium, ab aliquo vel aliquibus (a) assecuramentum habere voluerint, volumus & precipimus dictis Gardiatoribus, quod ipsi & eorum quilibet, adjornent, si opus fuerit, illum vel illos à quibus dictum assecuramentum habere voluerint, ad certos & competentes dies, coram Judicibus nostris ad quos pertinuerit dictum assecuramentum bonum & legitimum, juxta Patrie consuetudinem prestituros, prout fuerit rationaliter faciendum : & pro premissis diligentius exequendis, deputent prefati Gardiatores vel eorum alter, predictis Decano & Capitulo, suis sumptibus & expensis, dum & quociens fuerint super hoc requisiti, unum vel plures servientes nostros, qui loco ipsorum Gardiatorum, omnia premissa & singula diligenter & fideliter faciant & exequantur ; & generaliter faciant iidem Gardiatores & eorum quilibet, & ab eis vel altero ipsorum deputandi, omnia & singula que ad Gardiatoris specialis officium pertinent, ac possunt & debent quomodolibet pertinere : omnibus Justitiariis & subditis Regni nostri, dantes hiis presentibus in Mandatis, ut prefatis Gardiatoribus & eorum cuilibet, ac ab eis vel altero ipsorum deputandis, in predictis & ea tangentibus, pareant efficaciter & intendant, prestentque auxilium, consilium & favorem, dum & quociens opus fuerit, & super hoc extiterint requisiti. Nolumus tamen quod servientes nostri in premissis deputandi, de hiis que cause cognicionem exigunt, se aliqualiter intromittant. Quod ut firmum, &c. nostro & alieno, &c. Datum Parisius, mense Maii, anno Domini 1368.° Regni vero nostri 5°.

Sic signata. *Per Regem, ad relacionem Consilii.* DOUHEM. *Visa.*

NOTE.

(a) *Assecuramentum.*] Voyez la Table du 4.ᵉ Vol. des Ord. au mot, *Assurement.*

(a) Lettres qui commettent le Prevost de Paris, pour Juge & Gardien de l'Abbaye de Poissi, qui est sous la Sauvegarde Royale.

CHARLES V.
à Paris, en Mai 1368.

KAROLUS Dei graciâ Francorum Rex. Universis presentibus & futuris, Notum facimus quod cum per previlegia Regia, Religiosis mulieribus, Priorisse & Conventui Sororum Domus nostre Pissiacensis, Ordinis Predicatorum, in earum fundacione vel alias concessa, & de novo per Nos, post Regni nostri susceptum regimen, confirmata ac eciam ampliata, concessum extiterit quod ipse Sorores seu Procuratores aut alie Gentes ipsarum, non possent aut possint in Causam trahi, racione bonorum ad dictum Monasterium spectancium, coram quocunque Judice seculari, nisi coram Nobis aut successoribus nostris Francorum Regibus, seu coram aliquo alio à Nobis vel successoribus nostris Francorum Regibus specialiter deputatis ; qui dictas Sorores bonaque mobilia & immobilia, ac homines & Gentes earum ab omnibus injuriis & violenciis, auttoritate Regia, manutenere, deffendere valeat & teneatur, eislemque contra omnes & in omnibus casibus, faceret exhibere debitum Justicie complementum, cognicionem & decisionem omnium & singularum Causarum ad dictum Monasterium, agendo & deffendendo, quacunque occasione spectancium ; necnon Gardiam Sororum ipsius Monasterii, hominumque & Gencium earumdem, ad Nos & successores nostros Reges Francie, seu ad Gentes Regii Parlamenti Par. vel alios per Nos seu successores nostros ad hoc specialiter deputatos vel deputandos, perpetuo retinendo; ita quod cognicionem & Gardiam supradittam non possemus aut possimus, nec possint aut

NOTE.

(a) Liv. Rouge-vieil du Chastelet de Paris, fol. 67. verso.

CHARLES V.
à Paris, en May 1368.
a sui ou suc.
b assignati.
c benigniter.

poterint nostri successores à Nobis vel ipsis aliquatenus abdicare; etiam si terras & dominia in quibus sunt & erunt [a] sibi terre vel redditus quibuslibet titulis sive modis [b] assignatis, ad aliud dominium contingeret devenire; prout hec & alia in Litteris super hoc factis, vidimus plenius contineri: & ex parte predictarum Priorisse & Conventus, Nobis de novo fuerit supplicatum, ut Nos sibi Parisius, aliquem in Judicem & Gardiatorem suum deputare & committere vellemus; Nos earum dicte supplicacioni [c] beginiter annuentes, Prepositum Parisiensem qui nunc est, & illos qui in futurum erunt Prepositi Parisienses, seu Locatenentes ipsorum, in perpetuos Judices & speciales Gardiatores earum, ordinavimus & deputavimus, tenoreque presencium, autoritate Regia, perpetuo deputamus; Prepositis ipsis & eorum cuilibet vel eorum Locatenentibus, qui pro tempore fuerint, cognicionem & dicisionem omnium & singularum Causarum ad dictam Monasterium, agendo & deffendendo, spectancium, Gardiamque dictarum Sororum ac hominum & Gencium seu familiarium earumdem perpetuo committentes; concedendo [d] que coram alio vel aliis Judice vel

d quod.

Judicibus secularibus quibusvis, quacumque autoritate fungentibus, non possint in Causam trahi seu ad judicium conveniri de cetero, quovismodo seu quacumque de causa: volentes & ordinantes quod preditus Prepositus modernus, & alii successores ipsius in eodem officio Prepositi, seu Locatenentes ipsorum, possint quoscumque Regios Servientes vel alios Officiarios nostros & Successorum nostrorum, tot & tales quot & quales sibi bonum videbitur, committere, si & quociens super hoc fuerit requisiti, qui easdem & suos Procuratores, in suis justis possessionibus, juribus, usibus, franchisiis, Libertatibus & saisinis, in quibus eas esse earumque predecessores fuisse pacifice ab antiquo repererint, manuteneant & conservent, & ab omnibus injuriis, violenciis, gravaminibus, vi armorum, potencia laycorum, aut inquietationibus & novitatibus indebitis quibuscumque, tueantur & deffendant seu tueri faciant & deffendi: & si inter Partes, in casu novitatis, oriatur debatum, debato & rebus contenciosis ad manum nostram, tamquam Superiorem positis, locisque de ablatis realiter & de facto ressaisitis, factaque recredentia, ubi & prout fuerit facienda, diem coram dictum Prepositum assignent Partibus, pro procedendo in casu novitatis hujusmodi, ut fuerit racionis; qui etiam eisdem Religiosis vel Procuratoribus suis, faciant & facere teneantur omnia & singula debita sua bona & legalia persolvi; debitores earumdem ad dictam solucionem faciendam compellentes, ut fuerit racionis; & in casu opposicionis, opponentes coram ipso Preposito adjornent; aliaque universa & singula faciant & facere possint, que ad officium [e] Gardiatoris possunt & poterunt quomodolibet pertinere; quodque dictus Prepositus seu ejus successores, non permittat vel permittant predictas Religiosas vel earum

e Gardiator. R.

Procuratores aut Gentes, racione bonorum ad dictam Ecclesiam spectancium, coram quocumque Judice seculari, nisi coram se dumtaxat, in Causam vel Causas trahi; ymo pro parte nostra, inhibeant vel inhiberi faciant omnibus Justiciariis, de quibus ex parte dictarum Religiosarum seu Procuratorum earumdem fuerint requisiti, ne de Causis vel aliis negociis earumdem, cognoscant seu se aliqualiter intromittant: Dantes hiis presentibus in mandatis omnibus aliis Justiciariis & Officiariis ac subditis Regni nostri quibuslibet ac cuilibet eorum, quatenus presato nostro Preposito Parisiensi moderno, & aliis Prepositis Parisiensibus successoribus ipsius, eorumque Locatenentibus, in premissis & premissorum singulis, eaque quomodolibet tangentibus, necnon Gardiatoribus per eumdem Prepositum atque successores suos vel eorum Locatenentes, sepe factis Sororibus deputatis & deputandis, in omnibus ad Gardiatoris officium spectantibus, pareant efficaciter & intendant; salvo & reservato dittis Religiosis, de suis Causis in ditto Parlamento nostro prosequendis, dum eis placuerit, juxta dictarum aliarum Litterarum nostrarum seriem & tenorem, quibus, harum concessione, nolumus derogari aut aliquod prejudicium generari. Quod ut firmum & stabile permaneat in futurum, presentibus Litteris nostrum fecimus apponi Sigillum : nostro in aliis jure salvo, & in omnibus quolibet alieno.

Datum Parisius, in Hospicio nostro Sancti Pauli, anno Domini millesimo trecentesimo sexagesimo octavo, & regni nostri quinto, mense Maii.

Collacion faitte à l'original scellé à double queuë & en laz de soye, qui fu publié en Jugement ou Chastelet de Paris, le Lundi 10.ᵉ jour de Juillet, l'an 68. Ainsi signé en la marge. Per Regem.   P. BLANCHET.

(a) *Reglement pour les Drapiers de la Ville de S.t Denis en France.*

CHARLES V.
à Paris, en Juin
1368.

CHARLES, &c. Savoir faisons à tous presens & avenir, que Nous avons ouy l'umble requeste de nostre amé & feal Conseillier, (b) l'Abbé de S.t Denis en France, contenant, que comme la closture de ladicte Ville de S.t Denis, eust & tenist trop grant enfainte, & tele que bonnement ne povoit estre tenuë ne gardee sanz trop grant nombre de Gens d'armez, & sanz très grans frais & missions, lesquelx ne ᵃ peussent soustenir ledit Abbé, ne les habitans d'icelle Ville ; & pour ce aions fait apeticier ladicte closture, & ycelle ordenée à fortifier & emparer ; pour cause de laquelle fortificacion, ladicte Ville sera & demoura moult apeticiée, diminuée & dépopulée de Gens de mestier, especialement de Draperie ; ᵇ supplie ledit Abbé humblement, par Nous sur ce lui estre pourveu de remede, & y elargir nostre grace : Nous considerans les choses dessusdictes, desirans l'utilité & acroissement d'icelle Ville, & pour honneur & reverence du glorieux ᶜ Apostole de France, Monsr. S.t Denis, & des Sains Martirs ses Compaignons, desquelz les sains corps ᵈ en l'Eglise d'icelle Ville, auxquelz Nous avons en especial très grant devotion ; attendans que ladite Ville & le siege d'icelle, est moult propice pour Draperie, & pour toutes autres euvres qui pevent appartenir audit fait de Draperie, par deliberation, avons ordené & ordenons par ces presentes, que toutes manieres de Gens qui sauront & vouldront faire draps ou autres euvres convenables de draperie, soit en laine, façon, lisiere, en la maniere accoustumée en ladicte Ville de S.t Denis, ou en autre quelconque maniere ou devise accoustumée ailleurs, de quelconque euvre dudit mestier que ce soit ou puisse estre, valable & convenable, soient receuz en ladite Ville de S.t Denis, & y puissent demourer, ouvrer & y faire ledit mestier, de ci en avant perpetuelment, selon ce que bon sera, & que miex & plus proffitablement le sauront faire, & user de leurs marchandises appartenans audit mestier, sanz ce qu'il en puissent estre reprins en aucune maniere, de present ne pour le temps à venir ; nonobstant que les euvres & marchandises de Drapiers & ouvriers de Draperie, qui draper & ouvrer y vouldront, soient d'autre forme & maniere que celles ordenées & acoustumées en ladicte Ville, & que les poins, constitucions & coustumez des diz mestiers, dont l'en a acoustumé à user en ycelle Ville, n'y soient tenus & gardez, ne quelconques Ordennances & coustumes escriptes ou non escriptes au contraire : & pour ce qu'il viengne à la congnoissance d'autres ouvriers de Draperie, Nous voulons & Nous plaist, que ces presentes soient publiées en nostre Ville de Paris & ailleurs où ᵉ mestier sera. Si donnons en mandement par ces presentes, à tous noz Justiciers, Officiers & subgez, que de nostre presente Ordenance, laissent, facent & seuffrent joïr & user paisiblement nostredit Conseillier, & ses successeurs Abbez, perpetuelment, sanz aucune chose faire ou souffrir estre faicte au contraire en aucune maniere : car ainsi le voulons Nous, & lui avons ottroïé & ottroyons par ces presentes, de grace especiale & certaine science, & de nostre auctorité Royal. Et que ce soit ferme chose, &c. sauf, &c. *Donné à Paris, ou mois de Juing, l'an de grace 1368. & de nostre Regne le quint.*

Ainsy sign. Par le Roy. N. DE VERRES.

ᵃ *peuss.* R.

ᵇ *Suppl.* R.

ᶜ *Apostre.*

ᵈ *repsent.*

ᵉ *besoin.*

NOTES.

(a) Tresor des Chartres, Registre 99. Piece 285.

(b) *Abbé de S.t Denis.*] Il se nommoit Guy II. dit *de Monceaux.* Voy. le *Catal. des Abbez de S.t Denis*, qui est à la tête de l'*Hist. de cette Abbaye*, par D. *Felibien.*

CHARLES V.
à Paris, en Juin 1368. & le 28. d'Avril 1367.

(a) Lettres qui portent que le Pain qui fera expofé en vente par les Boulangers de la Ville de Meaux, & qui ne fera pas bon & loyal, fera confifqué; mais qu'ils ne feront point condamnez à l'amende.

KAROLUS, &c. *Notum facimus univerfis præfentibus pariter & futuris, Nos infra fcriptas vidiffe Litteras, formam que fequitur, continentes.*

A Touz ceulz qui ces Lettres verront & orront : Boniface Gace, Lieutenant ou Bailliage de Meaulx, de noble homme & fage Monf. Guillaume du Pleffier, Chevalier, Bailli de Troyes & de Meaulx : Salut. Les Lettres du Roy noftre S. avons receuës, contenans la forme qui s'enfuit.

CHARLES par la grace de Dieu Roy de France : Au Bailli de Troyes & de Meaulx, ou à fon Lieutenant : Salut. Complains fe font à Nous les Boulengiers de la Ville & Marchié de Meaulx, difans, que comme par vertu de noz Lettres autreffoiz par eulx empetrées, il vous euft mandé que vous vous enfourmiffiez de ce qu'il avoient donné à entendre, que de fi lonc temps qu'il n'eft memoire du contraire, eulx & leurs devanciers ont ufé & acouftumé, quant noz Bailliz, Prevoft ou autres Officiers, ont voulu vifiter ou faire vifiter le pain par eulx fait & cuit pour vendre, & les Vifiteurs l'ont trouvé *(b)* petit & pou effuyé, conrée ou fechié ou autrement, tel qu'il fut digne d'eftre condempné, de eftre quicte d'Amende pour ce, & fenz emporter pugnicion aucune; fors feulement perdre le pain qui eftoit donné ᵃ pour Dieu, lequel eftoit trouvé non fouffifant; & que ainfi en avoient-il ufé & acouftumé en noftre bonne Ville de Paris, & en plufieurs autres lieux : laquelle informacion a efté faicte; mais nonobftant ycelle, fanz ce que vous leur aiez enteriné ne accompli lefdictes Lettres par eulx empetrées, & fenz ce que vous leur aiez dit fe il ont prouvé les faiz contenuz en ycelles ou non, vous avez ordené que fe leur pain eft trop ᵇ petit, pou affuié, mal conrrée, ou tel qu'il ne foit pas digne de vendre, que il paieront fept fols & demi d'Amende; laquelle chofe eft contre la fourme defdites Lettres, & auffi contre la Couftume & ufage anciens, & en leur grant grief, prejudice & domage, fi comme il difent : pour ce eft-il, que Nous de rechief vous mandons & eftroitement enjoignons, que ladicte informacion vous preignez, & fe par ycelle vous trouvez que il aient prouvé l'Ufage & la Couftume que il ont donné à entendre, que ycelles Lettres par eulx empetrées, vous enterinez & acompliffez deuëment, felon & en la maniere que en ycelles eft contenu, en lez tenant & gardant aux ufages & Couftumes anciennes, nonobftant voftre dicte darreniere Ordonnance que faicte avez dez fept fols & demi d'Amende, laquelle ou cas deffufdit, Nous ne voulons que elle ait aucun effet; maix par cez prefentes, la revocons & rapellons : lefquelles chofes Nous avons octroyées & octroyons aufdiz Boulengiers, de grace efpecial. *Donné à Paris, le 28.ᵉ jour d'Avril 1367. & de noftre Regne le quart. Et eftoient lefdictes Lettres ainfi fignées.* Par le Roy, à la relation du Confeil. J. DE REMIS.

Par vertu defquelles Lettres, & pour acomplir ycelles, Nous, à ᶜ requefte des Boulengiers de Meaulx, dont lefdictes Lettres font mencion, ce requerant à grant inftance, euffionz priz & fait mettre en noftre main, l'information qui autreffoiz a

ᵃ aux Pauvres.

ᵇ Voy. Note *(b)*.

ᶜ la.

NOTES.

(a) Trefor des Chartres, Regiftre 99. P. 7 vingt 12. (152).

(b) Petit, &c.] Pain *petit*, qui n'eft pas de poids.

Pain *pou* (peu) *effuyé*; peut-eftre du Pain qui n'eft point affez cuit.

Pain *conrée* : Plus bas il y a : *mal conrrée*, Ce mot fignifie *apprefter, mettre en ordre*, il vient de *regere*, il fignifie quelquefois : *Faire bonne chere à quelqu'un chez foy*. Voy. le Gloffaire de Du Cange, au mot, *conrezare*. Borel au mot *Conroy*, dit que *conreer*, fignifie *foigner*.

Pain *fechié*, apparem. du Pain trop cuit.

Il y a auffi plus bas, le mot *pannechié*, fur lequel je n'ay rien trouvé.

DE LA TROISIÉME RACE. 119

esté faicte par Julis Flament nostre devancier, Lieutenant dudit Monſ. le Bailli, & par Ychier de Bilors, lors & à preſent Procureur du Roy noſtre S. ou Bailliage de Meauls, ſur l'uſage & Couſtume dont leſdictes Lettres font mencion, & pour oïr droit par leſdiz Boulengiers ſur ycelle informacion, leur euſſions donné & aſſigné jour pardevant Nous, à ce preſent jour duy; [a] ſaichent tuit que yceulz Bolengiers, comparans pardevant Nous, par Nous a eſté dit & pronuncié, diſons & pronunçons par notre Sentence & par droit, que, veu ladicte informacion faicte par noſtredit Devancier & par ledit Procureur, de laquelle Nous avons recolé la plus grant partie, eu conſeil & deliberacion ſur tout ce, [b] à pluſieurs ſages, aveccques ce qui Nous puet & doit mouvoir de raiſon, yceulx Boulengiers ont bien & ſouffiſament prouvé l'uſage & Couſtume ancienne, dont mencion eſt faicte ès dictes Lettres Royauls cydevant tranſcriptes, & ès autres premieres empetrées par eulx, dont il Nous eſt apparu; par vertu deſquels, ladicte informacion a eſté faicte, comme dit eſt. Si declarons & pronunçons que leſdiz Boulengiers demourront quictes d'ores en avant, ne ne ſeront tenuz de payer amende aucune, ſe leur pain eſt trouvé trop [c] petit, mal eſſuié ou mal courée ou pannechié; mais perdront leur paim ſeulement, qui non ſouffiſant ſera trouvé, comme dit eſt, & ſera donné pour Dieu aus povres, par la main de cellui ou ceulx par qui ledit pain ſera condempné ou jugié, touteſfoiz & quantes que ſi cas y eſcherra, ſenz ce que le Prevoſt de Meauls leur puiſſe demander ou faire faire autre Amende ou punicion pour celle cauſe. En teſmoin de ce, Nous avons mis en ces preſentes noſtre Scel, qui furent faictes & données le [d] Vendrede 14.ᵉ jour de May, l'an de grace 1367.

Quas quidem declaracionis, Sentencie ſeu pronunciacionis Litteras ſuperius inſertas, & omnia & ſingula in ipſis contenta, laudamus, ratifficamus & approbamus, ac eciam tenore preſentium, de noſtra ſpeciali gratia & auctoritate Regia confirmamus; mandantes nichilominus earundem ſerie Litterarum, Bailliuo ac Prepoſito noſtris Meldenſi, ceteriſque Juſticiariis & Officiariis noſtris aut eorum Locatenentibus, preſentibus & futuris, & eorum cuilibet, prout ad eum pertinuerit, quatenus prefatos Boulengarios dicte Ville noſtre Meldenſis, & eorum quemlibet, preſenti noſtra confirmacione ſeu immunitate de non ſolvendo emendam, occaſione ſui panis, aliter quam ſuperius in dictis Litteris declaracionis exprimitur, juxta ipſarum Litterarum ſeriem, uti & gaudere pacifice faciant & permittant; ipſos deinceps in contrarium nullatenus moleſtando ſeu impediendo in corporibus ſive bonis; ſed ſi forſan aliquid contra premiſſa vel aliquod ipſorum, impoſterum actum fuerit, vel aliter attemptatum, id ad ſtatum priſtinum & debitum reducant aut reduci faciant indilate. Quod ut firmum, &c. ſalvo, &c. Datum Pariſius, anno Domini 1368. Regnique noſtri quinto, menſe Junii.

Sic ſignata. Per Regem, ad relationem Conſilii. J. DE REMIS. *Viſa.*
Collatio facta cum Litteris ſuperius inſertis, per me. [e]

CHARLES V.
à Paris, en Juin 1368. & le 28. d'Avril 1367.
[a] *ſachent tous.*

[b] *avec.*

[c] *Voy. p. preced. Note (b)*

[d] *Vendredy.*

[e] Il n'y a point de ſignature.

CHARLES V.
à Paris, le 21. de Juillet 1368.

(a) Mandement aux Audiancier & Controlleur, portant qu'ils ayent à envoyer à la Chambre toutes Lettres ſcellées touchant Amortiſſemens, Legitimations & Annobliſſemens, avant que de les délivrer à perſonnes quelconques, à peine de payer par eux la finance qui en ſeroit dûë.

MAISTRE Euſtace de Mortent & vous Jehan de Colombes, noz Audiencier & Contreroulcur de noſtre *(b)* Audience Royal à Paris. Comme Nous ja pieça par noz autres Lettres patentes, & pour les cauſes contenuës en icelles, euſſions

NOTES.
(a) Memorial D. de la Chambre des Comptes de Paris, fol. 93. verſo.
Avant ces Lettres il y a:
Copie de l'Ordonnance faite par le Roy, de non dellivrer Lettres d'Amortiſſemens, Bourgeoi-

ſie, Legitimations & Annobliſſemens, ſe elles ne ſont paſſées & delivrées par la Chambre des Comptes.

(b) *Audience*] Audience de la Chancellerie. Voy. la Table des Mat. du 4.ᵉ Vol. des Ord. aux mots, *Audience & Audiencier.*

CHARLES V.
à Paris, en Juillet 1368.

ordenné & voulu toutes Lettres touchant Admortiffemenz, Bourgoifies, Legitimacions & Anobliffemenz eftre paffées par noftre Chambre des Comptes, & pour ce païer & avoir finances, pour les convertir en certains noz ufages, & vous cuffions deffendu que telles & femblables Lettres vous ne delivriffiez aucunement aus Parties les requerant; maiz icelles envoiffiez & feiffiez apporter en noftredicte Chambre, pour en ordenner & icelles paffer, felon noftredicte Ordenance, laquelle vous ne poez ignorer : Neantmoins vous ou aucun de vous, foubz ombre de certaines nos Lettres clofes à vous adreffanz, ou autrement de voftre volenté, avez, fi comme Nous avons entendu, délivré n'agaires certaines Lettres d'Anobliffement touchant Maiftre Jehan Paftourel & un fien Gendre, fanz les porter ou envoïer en noftredicte Chambre, ne autrement païer pour ce aucune finance; en venant contre noftre dicte Ordenance, & en anfraignant ycelle, dont il Nous defplait * forment, non pas fanz caufe: Nous voulons & vous deffendons expreffement, que dorefenavant telles & femblables Lettres vous ne delivrez à perfonne quelconque, pour quelque mandement ou commandement que Nous vous en facions; maiz ycelles, fitoft comme elles feront apportées, fcellées en noftredicte Audience, faites appoitter & envoïez en noftredicte Chambre des Comptes, pour les paffer en icelle, & en ordener, fi comme il appartendra: & ou cas que vous ferez le contraire, Nous voulons que les finances qui ont ce feroient & devroient eftre requifes & payées de toutes telles Lettres par vous ainfi rendues & delivrées, comme dit eft, vous foïez tenuz de les Nous rendre & païer, & les feront recouvrer fur vous & vos biens, entierement. Si gardez chafcun en droit foy, que en ce n'ait aucun defaut. *Donné à Paris, en noftre Hoftel lez Saint Pol, foubz le Scel de noftre Secret, & pour caufe, le 21.e jour de Juillet, l'an de grace 1368. & de noftre Regne le quint.*

Ainfi figné. Par le Roy. N. DE VERES.

* *forment.*

CHARLES V.
à Paris, en Juillet 1368.
Louis X. dit le Hutin, à Paris, le 1. Avril 1315.

(a) Il y a une marque d'abregé fur ce mot, peut-être *Antedecefforis*.

(a) Ordonnance donnée à la requefte des Habitans du Languedoc, & contenant differents Reglements.

*K*AROLUS, &c. *Notum facimus univerfis tam præfentibus quam futuris, Nos Litteras felicis recordacionis Domini Ludovici Franc. & Navarre Regis,* a *Andeceffôris noftri, in filis fericis & cera viridi figillatas, vidiffe, formam que fequitur, continentes.*

(b) *L*UDOVICUS *Dei gracia Francorum & Navarre Rex: Seneſcallo Bellicadri,*

NOTES.

(a) Tref. des Chart. Regiftre 99. P. 243.
(b) *Ludovicus.*] Ces Lettres de Loüis le Hutin, font imprimées dans le premier Vol. des Ord. p. 553. Elles font adreffées au Seneſchal de Perigord, & elles font données à la Requefte *Confulum Montiftui*, de cette Seneſchauffée. Il eft dit dans ce premier Vol. p. 554. Notes (b) (c) & (d), que cette Ordonnance fut envoyée aux Seneſchaux de Carcaffone, de Cahors & de Beaucaire, & aux autres Baillis & Seneſchaux. La Copie de cette Ordonnance qui fe trouve dans le Regiftre 99. eft celle qui fut envoyée au Seneſchal de Beaucaire, à la requefte des Confuls d'Alais & d'Andufe. A la referve du préambule, jufqu'au mot, *videlicet*, elle eft entierement conforme à celle qui eft imprimée dans le premier Vol. des Ordon. Quoique la Copie qui eft dans le Regiftre 99. foit remplie de fautes, & qu'il y manque même quelques lignes, elle fervira cependant à faire quelques legeres corrections dans l'Ordonnance imprimée dans le premier Vol.

Dans l'Art. 3. du I. Vol. des Ord. il y a *in feodum vel homagium*. Il y a mieux dans le Regiftre 99. *in feedem / fidem / vel homagium.*

Dans le premier Vol. des Ord. art. 11. on lit : *penam cuilibet à Nobis generofe remitti*. Dans le Regiftre 99. il y a mieux : *penam civilem à Nobis graciofe remitti.*

L'art. 19. qui eft dans le I. Vol. des Ord. jufqu'au mot *Mandantes*, & qui regarde la Ville de Toulouſe, n'eft point dans le Reg. 99.

La formule de la fin de cette Ordonnance, qui eft dans ce Regiftre, eft differente de celle qui eft dans le I. Vol. des Ordon. Il y a dans ce Regiftre : *In cujus rei teftimonium, Sigillum quo ante fufceptum regimen Regni Franc. utebamur, præfentibus duximus apponendum. Actum, &c.*

&

DE LA TROISIÉME RACE.

& omnibus Judicibus & Justiciariis nostris quibuslibet Senescallie ejusdem: Salutem. Subditorum nostrorum tranfquillitatem, * indempnacionem eciam & quietem, totis procurare viribus Nobis ex debito incumbere arbitrantes, totifque affectibus, tam pro predictis quam futuris temporibus, quantum Juri & Justicie ingruerit, subvenire eifdem, ac eciam ubi expedierit, gracie munificenciam exhibere. Porrectis itaque Nobis, ex parte Confulum Univerfitatis habitancium Villarum de (a) Alesto & de Andufia, & aliarum Univerfitatum, Castrorum, Villarum & Locorum ᵇ Lingue Occitane, fupplicationibus inclinati; Videlicet, &c.

Quas quidem Litteras suprascriptas, omniaque & singula in eis contenta, ad humilem fupplicationem dilectorum nostrorum Confulum de Alesto, & aliorum in supradictis Litteris expressorum, rata & grata habentes, ea volumus, laudamus, approbamus, & de speciali gracia, nostraque certa sciencia & auctoritate Regia, tenore presentium confirmamus; mandantes Senescallo nostro Bellicadri & Nemausi, ceterifque Justiciariis & Officiariis nostris, qui nunc funt aut qui pro tempore erunt, aut eorum Locatenentibus, quatenus dictos fupplicantes, & alios quos nostra presens tangit gratia, de ipsa gratia uti & gaudere pacifice faciant & permittant sine difficultate quacunque, ipsafque Litteras & contenta in eis, de puncto ad punctum faciant, teneant & obfervent, ac teneri & obfervari faciant; contradictores & rebelles ad hoc viis & Juris remediis compellendo. Quod ut firmum, &c. Salvo, &c. Datum Parisius, anno Domini 1368. & Regni nostri quinto, mense Julii.

Sic signata. Per Regem, in fuis requestis. AUQUETIL. BLOND. Collacio facta cum originali. AUQUETIL.

Rafura ᶜ & auctoritate Regia, in quarta linea à fine, facta est de precepto Domini Cancellarii nobis facto, & ita rasura in originali ibidem. DE MONTAGU. PARVI.

CHARLES V.
à Paris, en Juillet 1368.
Loüis X. dit le Hutin, à Paris, le premier Avril 1315.

a indempnitatem premier Vol. des Ordon.
b Languedoc.

c ex.

NOTE.

(*a*) *Alesto & Andusia.*] Alais, Ville Capitale des Cevennes, dans le bas Languedoc, au pied des Montagnes des Cevennes, au bord du Gardon. Voy. le Diction. Univ. de la Fr. à ce mot. Il y est dit qu'*Alais* se nomme en latin *Alesium, Alensia, Alesiæ.*

Maty dans fon Dictionaire Geograph. dit qu'elle se nomme en François *Alets, Ales, Alais,* & en Latin *Alesia.* Voy. fur *Alestum* le 2ᵉ Vol. des Ordon. p. 103. Notes (c) & (d) & le 3.ᵉ Vol. p. 691. col. 1. & 2.

Andusia, Anduze, Ville des Cevennes, dans le bas Languedoc, Diocese d'Alais. Voy. le Diction. Univ. de la Fr. au mot, *Anduse.*

(*a*) Diminution de Feux pour Crusy.

CHARLES V.
à Paris, en Juillet 1368.

*K*AROLUS, &c.

CUMQUE facta quadam Informacione, virtute Litterarum nostrarum, & aliarum Regiarum, in loco de (*b*) Crudio, Vicarie Bitterr. Senescallie Carcassone, fuper vero numero Focorum modernorum in dicto loco de Crudio nunc existentium, per dilectum & fidelem nostrum Johannem de Villanis, Militem, Vicarium Bitterr. Commissarium in hac parte deputatum; vocato, &c.

Repertum fuerit, quod in dicto Loco de Crudio, funt de presenti & reperiuntur nonaginta duo Focci, fecundum traditam instruccionem fuper hoc prelibatam: Nos vero, &c.

Quod ut firmum, &c. falvo, &c. Actum Parisius, mense Julii, anno Domini 1368. & Regni nostri 5.°

Informacio de qua fuperius fit mencio, est in dicta Camera, & ponitur cum aliis fimilibus, prout est ordinatum.

Sic signata. Per Confilium existens in Camera Compotorum Parif. P. DE CHASTEL.

NOTES.

(*a*) Tref. des Chart. Reg. 99. P. 8 vingt 5. [165.] Voyez cy-dessus, p. 30. Note (*a*).

(*b*) *Crudio.*] Le R. P. D. Vaissette m'a marqué que ce lieu se nomme maintenant, *Crusy,* & qu'il est du Diocese de S.ᵗ Pons.

CHARLES V.
à Paris, en Juillet 1368.

(a) Diminution de Feux pour plusieurs Lieux.

*K*AROLUS, &c.

In Villis & Locis Bajulie (b) Saltus, Seneſcallie Carcaſſone, inferius nominatis, per Magiſtrum Bernardum Textoris, repertum fuerit, quod in Villis ſeu Locis dicte Bajulie Saltus, ſunt de preſenti & reperiuntur 443. Focci, ſecundum traditam ſuper hoc Inſtructionem prelibatam; videlicet, in loco de [1] Bellocadro, 47 Focci; in loco de [2] Amorto, 40; in loco de [3] Camurato, 18; in loco de [4] Conniſtio, 16; in loco de [5] Monte-piero, 4; in loco de [6] Tombuleramo, 6; in loco de [7] Ruppeſolio, 36; in loco de [8] Spezello, 19; in loco de [9] Gebetz, 17; in loco de [10] Maſubie, 18; in loco de [11] Galhinagis, 10; in loco de [12] Redonia, 35; in loco de [13] Fontaynis, 7; in loco de [14] Capraria, 12; in loco de [15] Gavauſſaco, 3; in loco de [16] Scolobrio, 25; in loco de [17] Boſqueto, 8; in loco de [18] Saumayraco, 2; in loco de [19] Serrabove, 4; in loco de [20] Beſſeda, 18; in loco de [21] Honato, 16; in loco de [22] Munaſio, 7; in loco de [23] *Joterio, 12; in loco de [24] Ampliquo, 4; in loco de [25] Belloſorii, 12; in loco de [26] Planzolio, 5; in loco de [27] Belloviſu, 7; in loco de [28] Spangero, 1; & in loco de [29] Marſano, 25 Focci. Nos vero, &c. Mandantes Seneſcallo & Receptori noſtris Carcaſſone ac Bajulo Saltus, ceteriſque, &c. ut in aliis. Datum ut ſup. Signata ut alie.

* Voy. la Not. (a).

NOTES.

(a) Treſor des Chartres, Regiſtre 99. P. 490.
Voyez ci-deſſus, p. 30. Note (a).
C'eſt au R. P. D. Vaiſſette, Religieux Benedictin, que je dois la connoiſſance des noms modernes des lieux dont il eſt parlé dans ces Lettres. Le P. D. Vaiſſette a reſtitué quelques-uns de ces noms qui eſtoient très-mal écrits, très-difficiles à lire, & quelquefois corrompus.
Au n.° 23. il y a aſſez bien écrit dans le Regiſtre *Joterio*. D. Vaiſſette croit qu'il faut corriger, *Jocono*.
Il y a apparence que la date de ces Lettres, qui n'eſt qu'indiquée dans le Regiſtre, eſt la même que celle des Lettres qui les precedent dans ce Volume, & qu'elles ſont du mois de Juillet 1368.
(b) *Saltus.*] Sault, Pays qui fait partie du Diocèſe d'Alet.

1. Belcaire.	11. Galinhargues.	21. Honat.
2. Anion.	12. Rodome.	22. Munez.
3. Camurac.	13. Fontanes.	23. Jocou.
4. Comuz.	14. Cabrieres.	24. Aplet.
5. Monpier.	15. Gavauſſac.	25. Belfort.
6. Tombaleran.	16. Eſcouloubre.	26. Planzol.
7. Roqueſel.	17. Bouſquet.	27. Belvis.
8. Eſpezel.	18. Saumagrac.	28. Sparget.
9. Gibés.	19. Serreheuf.	29. Maria.
10. Maſubi.	20. Beſſede.	

CHARLES V.
à Paris, le 7. d'Août 1368.

(a) Lettres qui portent qu'il ſera eſtabli un Controlleur dans chacune des Receptes du Languedoc; qui reglent leurs fonctions; & qui nomment le Controlleur de la Recepte de Touloufe.

*C*AROLUS Dei gratia Francorum Rex: univerſis præſentes litteras inſpecturis: Salutem. Cum noſtra ac Reipublicæ utilitate penſata, per Conſilii noſtri declarationem, ordinaremus, quod in qualibet Recepta noſtra ordinaria a Linguæ Occitanæ; videlicet Toloſæ, Carcaſſonæ & Bellicadri, ſit de cætero ex parte noſtra, unus Contravotularius

a Languedoc.

NOTE.

(a) La Copie de ces Lettres a eſté envoyée de Montpellier, avec cette indication : *Du n.° 2. Armoire 1. folio 25 & 26.*
Il a eſté envoyé du même endroit, une au-

cum quolibet Receptore dictarum Receptarum, sine quo ᵃ Contrarotulore, Receptor non poterit nec debebit tradere ᵇ Firmas Receptæ suæ, nec facere aliquam receptam vel expensas, tam de ᶜ ordinariis quàm de extraordinariis Receptæ suæ, sine presentia ejusdem ᵈ Contrarotulatoris; qui Contrarotularius registrabit in libris & papyris suis, omnia quæ recipientur & solventur de dicta Recepta tam ordinaria quàm extraordinaria, capitulis & locis suis, prout fuerit faciendum; ac in qualibet quittantia, quam dictus Receptor faciet (a) de sic per eum recipiendum, idem Contrarotularius apponet contra signum suum manuale, in modum majoris certitudinis: qui quidem Contrarotularius tenebit libros & scripta quos & quæ fecerit super facto dictarum Receptarum; & quidquid super hoc factum fuerit, remittere tenebitur fideliter inclusum sub ejus sigillo & signo manuali, in Cameram nostram Compotorum Parisius, in fine cujuslibet anni, ad faciendum de hoc collationem cum compotis ordinariis Receptæ de qua fuerit Contrarotularius, prout fuerit faciendum. Cunque audita fide dignâ relatione facta dilectis & fidelibus Gentibus nostris dictorum Compotorum nostrorum, de fidelitate, diligentia & idoneitate Magistri ᵉ Bernardi de Bordis, Notarii Tolosæ, notum facimus, quod Nos ipsum Bertrandum facimus, constituimus & ordinamus Contrarotularium Receptæ nostræ Tolosæ; cui Bertrando potestatem concedimus exercendi illud Officium, juxta nostræ presentis Ordinationis tenorem, ad vadia Centum Librarum Turonentium, per annum, quamdiù dictum Officium modo prædicto exercebit, super dicta Recepta habendorum & percipiendorum: mandantes harum serie, Senescallo nostro dictæ Senescalliæ Tolosæ, aut ejus Locumtenenti, quatenùs, visis presentibus, dictum Bertrandum in dicto ᶠ Contrarotulatoris Officio, instituat ex parte nostra; & ne ᵍ aliquid per nostram presentem Ordinationem, per ignorantiam vel aliàs, fraudare valeat, hujusmodi Ordinationem nostram, in omnibus locis consuetis dictæ Senescalliæ, ubi fuerit faciendum, proclamari & publicari diligenter faciat: præcipiendo Receptori nostro ibi, cæterisque quorum interest, quod istam Ordinationem firmiter teneant; inhibendoque, ʰ ne quis eorum in contrarium quidquid attemptare presumat, cum ⁱ incurratione quod si aliquis contrarium facere præsumpserit, illud ex nunc nullius valoris esse volumus; & mandamus Receptori prædicto, presenti aut qui pro tempore fuerit, quatenus dicta vadia dicto Bertrando persolvat terminis consuetis, quamdiù dictum Officium modo præmisso exercebit; quæ sic soluta, in ipsius compotis, per dictas Gentes nostras Compotorum nostrorum, sine difficultate allocabuntur. In cujus rei testimonium, præsentibus Litteris nostrum fecimus apponi Sigillum. Datum Parisius, die 7.ᵃ Augusti ᵏ 1368. & Regni nostri quinto.

Et estoient ainsi signés. *Per Consilium existens in Camera Compotorum Parisius, in quo vos Gentes Compotorum & Thesaurarii eratis.* P. DU CHASTEL.

CHARLES V.
à Paris, le 7. d'Août 1368.

a Contrarotulario 2.ᵉ Copie.
b Fermes.
c ordinario quam de extraordinario 2.ᵉ Copie.
d Contrarotularii 2.ᵉ Copie.

e Bertrandi, 2.ᵉ Copie.

f Contrarotularii 2.ᵉ Copie.
g aliquis.

h eisdem, 2.ᵉ Copie.
i Intimatione, 2.ᵉ Copie.

k Anno Domini, 2.ᵉ Copie.

NOTES.

tre Copie, avec cette indication: *Senechaussée de Toulouse en general*, Arm. C. 3.ᵉ liasse des Actes ramassez, n.° 1. folio 25. verso. Elle est plus défectueuse que la premiere.

Dans cette 2.ᵉ Copie avant les Lettres du Roy, il y a:

A tous ceux qui ces Lettres verront: Hugues Aubrier*, Garde de la Prevosté de Paris: Salut.*

Savoir faisons, que Nous, l'an de grace mil ccclxviij le Venredy xj jour d'Aoust, veismes une Lettre du Roy nostre Seigneur, seellées de son grant Seel, contenant la fourme qui sensuit. Il y a dans la Copie (*alinea*.)

(*a*) *de sic*] Ces mots sont ainsi écrits dans les deux Copies, & paroissent corrompus; à moins qu'on ne veuille dire que *sic* est pris icy pour un substantif, & alors il faudra corriger: *recipiendum;* & cela signifiera, ce qu'il recevra de cette maniere.

* Il faut corriger, *Aubriot*.

(*a*) *Mandement pour augmenter le prix du Marc d'Or.*

CHARLES par la grace de Dieu Roy de France : A noz amez & feaulx les Generaulx-Maistres de noz Monnoyez: Salut & dilection. Nous, pour certaine

CHARLES V.
à Paris, le 18. d'Août 1368.

NOTE.

(*a*) Registre D. de la Cour des Monnoyes, fol. six-vingt-seize *recto*.

Avant ces Lettres il y a: *Lettres de huit solz de crue au Marc d'Or*.

CHARLES V.
à Paris, le 18.
d'Août 1368.

cause, vous mandons & commandons, que tantoſt & ſans delay, ces Lettres veuës, vous faciez donner en noz Monnoyes de Paris, Roüen, Sainct Quentin, Troyes, Dijon, Châlon, Maſcon, Sainct-Pourcein, Tours & Angiers, à tous Changeurs & Marchans frequentans icelles, de chaſcun marc d'Or fin, qui ſera apporté en icelles, huit ſolz Tournois de creuë, outre le pris que Nous y donnons à preſent: Ainſi auront pour marc d'Or fin, ſoixante-deux livres dix-huit ſolz Tournois : & de ce faire, vous donnons povoir à vous & à chaſcun de vous. Si gardez que en ce n'y ait deffault. *Donné à Paris, le 18.ᵉ jour d'Aouſt, l'an de grace 1368. & de noſtre Regne le quint.* Et eſtoit ainſi ſigné. *Par le Conſeil eſtant en la Chambre des Comptes.* DY. REGIS.

CHARLES V.
à Paris, en Août 1368.

(a) Lettres qui portent, que les Commiſſaires du Roy ne pourront tirer les habitans de la Ville & de la Viguerie de Narbonne, hors du territoire de cette Ville & Viguerie, pour juger les procez de ces habitans ; ſi ce n'eſt dans les affaires où le Roy aura intereſt.

KAROLUS, &c. Notum facimus univerſis tam præſentibus quam futuris, Nobis pro parte dilectorum & fidelium noſtrorum Conſulum Villæ Narbonæ, humiliter expoſitum extitiſſe, quod cum antiquitus per certos Reformatores ſeu Commiſſarios Regios, ordinatum extiterit, & poſt modum per Predeceſſores noſtros Reges Franciæ, confirma-

ᵃ Auditoire, lieu où l'on rend la Juſtice.

tum, quod in Seneſcallia Carcaſſonæ, forent duo ᵃ Conſiſtoria ; unum videlicet, in Curia Carcaſſonæ, & aliud in Curia Biterris, in quibus ſeu eorum altero, quicumque Commiſſarii Regii in dicta Seneſcallia quomodolibet deputati, Cauſas quaſcumque ſuarum Com-

ᵈ decidere.
ᵉ declarare.

miſſionum, tenere & ᵇ decedere haberent, ac etiam ᶜ declarare in Seneſcallia ſupradicta, & non alibi : à quo quidem tempore dictarum Ordinacionum (b)   quicumque Commiſſarii quarumcumque Cauſarum Villæ & Vicariæ antiquæ Biterren. antequam Vicaria noſtra Narbon. per Arreſtum Curiæ noſtræ Parlamenti dudum disjungeretur & ſepararetur, nullum habitatorem Villæ & Vicariæ antiquæ Biterren. predictarum, ab eiſdem, ſuarum Commiſſionum vigore, extrahebant ; ſed in dicto Conſiſtorio Curiæ noſtræ Biterr. jam dicte, de eiſdem cognoſcebant, & determinabant eaſdem : nunc vero per Arreſtum prædictum, ſit dicta Vicaria noſtra Narbonen. à dicta Vicaria antiqua Biterren. perpetuo totaliter ſeparata & disjuncta ; & per idem Arreſtum, debet gubernari atque regi, modo & forma quibus dicta Biterren. Vicaria regebatur & gubernabatur : Nos hiis attentis, eiſdem Exponentibus, pro ſe & aliis Univerſitatibus & habitatoribus Villæ & Vicariæ noſtræ Narbonæ predictæ, de noſtris auctoritate & plenitudine Regiæ poteſtatis & de ſpeciali gratia, concedimus ac etiam ordinamus per preſentes, ut quemadmodum in dicta Vicaria Biterren. dum continebat vel in ſe includebat dictam Vicariam Narbonæ, & antequam dicte Vicariæ forent ad invicem ſeparatæ, ut premittitur, & disjunctæ, fiebat & erat ſolitum obſervari, eodem modo fiat & obſervetur in dicta Vicaria Narbonæ ; videlicet, quod deinceps nullus Commiſſarius Regius, vel alius cujuſquam auctoritatis, ſtatus, preeminentiæ vel condicionis exiſtat, in quibuſcumque Cauſis, negociis ſive factis, habitatores quoſcumque Villæ & Vicariæ noſtræ Narbonæ predictarum, quarum quidem Cauſarum, negociorum vel factorum, utraque pars ſit de dictis Villa & Vicaria Narbonæ ; dum tamen non tangat vel concernat Nos, vel Procuratorem noſtrum pro Nobis ſeu jus noſtrum, habitatorem Villæ vel Vicariæ noſtræ Narbonæ predictæ, poſſint adjornare vel trahere ſeu inquirere extra Villam & Vicariam noſtras Narbonæ predictas, vigore ſuarum Commiſſionum predictarum ; ſed in eiſdem Villa & Vicaria Narbonæ, cognoſcant, diffiniant

NOTES.

(a) Treſor des Chartres, Regiſtre 102. Piece 267.

(b) Il y a là un mot écrit en abregé qu'on n'a pû déchiffrer: il y a *ccc* ou *ttt* avec une marque d'abbreviation. Cela pourroit faire *circiter*.

vel determinent de eisdem: Mandantes Senescallo Carcassone, Vicarioque & Judici Narbone, ceterisque Justiciariis nostris seu Locatenentibus eorumdem, necnon Officiariis & Commissariis quibuscumque, quavis auctoritate deputatis seu deputandis, quatenus dictos Exponentes & habitatores Villæ & Vicariæ nostræ Narbonæ prædictarum, & eorum quemlibet, nostra presenti concessione, gratia & Ordinatione uti pacificè faciant & gaudere; inhibendo eisdem & eorum cuilibet, ne contra ipsius tenorem, ipsos vel eorum aliquem habeant molestare, impedire quomodolibet vel vexare; sed quicquid in contrarium factum vel attemptatum repererint, revocent, adnullent & ad statum pristinum & debitum reducant, revocarique, annullari, & ad statum pristinum & debitum reduci faciant indilaté. Quod ut robur obtineat perpetuum, Litteris presentibus nostrum fecimus apponi Sigillum: Salvo in omnibus Jure nostro ac etiam alieno. Actum & datum Parisiis, anno Domini 1368. Regni autem nostri quinto, mense Augusti.

Sic signata. *Per Regem, ad relacionem Consilii, in quo vos eratis.* MONTAGU.
Contentor. Visa.

CHARLES V.
à Paris, en Août 1368.

* Voy. la Table des Mat. du 4e & du 5e. Vol. des Ord. à ce mot.

(a) Lettres qui contiennent différentes Commissions données sur le fait des Francs-Fiefs & des Amortissements.

KAROLUS, &c. *Notum facimus presentibus & futuris, Nos, ad supplicationem dilectorum nostrorum Abbatis & Conventus Monasterii (b) Bone-Combe, Ruthenensis Diocesis, Litteras infrascriptas, sanas & integras, non cancellatas aut abolitas, sed omni vicio & suspicione carentes, ut prima facie apparebat, vidisse, formam que sequitur, continentes.*

Universis presentes Litteras inspecturis. Jordanus Morandus, Commissarius super facto Feudorum nobilium & Amortizacionum, in Senescallia Tholosensi & Albiensi, auctoritate Regia deputatus, cujus Commissionis tenor sequitur in hec verba.

JOHANNES *Regis Francie* ^a *Filius, ejusque Locumtenens in* ^b *Lingua Occitana circa Rippariam Dordonie, Comes Pittavensis: dilecto nostro Jordano Maurando, Locumtenenti Receptoris Tholose, dicti Domini Genitoris nostri: Salutem. Fide dignorum relatione didicimus, quod in Senescallia Tholose & ejus ressorto, plures sunt per* ^c *plebes populares innobiles, Universitates & Ecclesiasticas personas, possessiones & redditus acquisiti in nobilibus Feudis & Retro-feudis, Censivis & Retrocensivis & Allodialibus, & aliis, de quibus plures & diverse debentur financie dicto Domino Genitori nostro, que nundum levate sunt & exacte; de quibus magnum dicto Domino Genitori nostro sequeretur comodum: Nos igitur, juri dicti Domini Genitoris nostri providere volentes, Vobis, de cujus fidelitate & industria pleno confidimus, non revocando alios Commissarios ad hoc deputatos, committendo mandamus, quatenus de & super predictis financiis factis & faciendi,* ^d *intendentis, financiasque hujusmodi concordetis & recipiatis nomine ipsius Domini Genitoris nostri, juxta Ordinaciones Regias, prout Vobis videbitur faciendum; nec non possessiones & redditus de quibus tenebuntur (c) finare ad manum dicti Domini Genitoris nostri, ponatis & teneatis, & teneri seu poni & explectari tamdiu faciatis, quousque dicte persone de predictis vobiscum, nomine dicti Domini Genitoris nostri,* ^e *financias fecerint competentes: proviso tamen, quod id quod ex ipsis financiis exigetur, Thessaurario dicte Senescallie Regio, assignetur & levetur per eumdem, dictoque*

CHARLES V.
à Paris, en Août 1368. & le 29. de Novembre 1364.

Jean Comte de Poictiers, Fils & Lieutenant du Roy Jean, dans le Languedoc, à Ville-neuve-lez-Avignon, le 17. de Decembre 1358. & à Toulouse, le 2. de Juillet 1359.

Jean I. ou selon d'autres, Jean II. à Paris, le 16. d'Avril 1361.

^a Fils du Roy Jean.
^b Languedoc.
^c fort. plures.
^d intendent. R.
intendentis.

^e finan....competent. R.

NOTES.

(a) Tresor des Chartres Registre 99. P. 248.

(b) Bone-Combe.] Bone-Combe, de l'Ordre de Citeaux. Voy. *Gall. Christ. prima edit.* Tom. 4. p. 178. col. 2.

Raymundus en estoit Abbé en 1368. Voy. *ibid. secunda edit.* Tom. 1. p. 253. art. 19.

(c) finare.) Ce mot qui est écrit en abregé, est très-douteux. *Finare,* payer une finance dans *Du Cange.* On pourroit lire aussi, *financiare.*

Domino Genitori nostro applicetur; appellationibus, recusacionibus, cavillationibus & diffugiis quibuscunque nonobstantibus: nichilominus omnes habentes informationes, aut alias quascunque scripturas factum predictum tangentes, ad tradendas vobis easdem, (a) Preture viribus, & si neccesse fuerit, captione personarum compellentes & compelli facientes: Ab omnibus autem dicti Domini Genitoris nostri atque nobis subditis, vobis & deputandis à vobis, pareri volumus & intendimus. Datum Ville-Nove prope Pontem Avinion. 17ª. die Decembr. anno Domini 1358. *Per Dominum Locumtenentem, ad relationem Consilii.* J. LOCU.

J*OHANNES Regis Franc. Filius, ejusque Locumtenens in Partibus Occitanis, Comes Pittavensis: Dilectis nostris Magistro Vitali de Nogareto, Judici Verduni, & Jordano Maurandi: Salutem. Cum ad nostri noticiam pervenerit, quod in pluribus & diversis locis Senescalliæ Tholose & Albigesii, facte fuerint plures acquisitiones & fieri sperantur, per innobiles, à Nobilibus, & per Personas Ecclesiasticas, ratione legatorum factorum pro Capellis & aliis Monasteriis, seu Personis Ecclesiasticis, & Consulatibus, seu aliis personis, de quibus financia debetur Domino Genitori nostro; & quamvis alias mandatum & commissum extiterit, quod de omnibus acquisitionibus hujusmodi, vos informaretis & financias concordaretis;*[a] *nichilominus, pro eo quod alii Commissarii fuerint per Nos similiter ad predicta deputati,* [b] *tacito de commissione vestra, in hujusmodi negotio seu commissione procedere ulterius obmisistis, in juris Regii retardacionem; quod nobis displicet: Quocirca de probitate & diligentia vestris plenam fiduciam ab* [c] *ex parte gerentes, vobis & cuilibet vestrum in solidum, committendo mandamus, quatenus de hujusmodi acquisitionibus factis & faciendis in Senescalliis Tholose & Albigesii predictis, & ejus ressorto, per vos seu deputandos à vobis, informetis; & extimationes fructuum seu bonorum acquisitorum per innobiles, à Nobilibus, seu Personas Ecclesiasticas, faciatis seu fieri faciatis; & bona predicta, modo premisso acquisita, sub manu Regia ponatis & teneatis ac teneri faciatis, quousque financiatum fuerit pro acquisitis predictis; & financias occasione premissa debitas, concordetis, & (b) faciatis* [d] *juxta Ordinaciones Regias super hoc editas: & pro expeditione premissorum, Notarios quosque, & alias personas habentes instrumenta, testamenta, Protocolla seu alias scripturas ad hoc neccessarias & oportunas aut utiles, pro hujusmodi negocio seu commissione complenda, ad* [e] *exhibendum vobis & copiam tradendum, capcione bonorum, & Officii interdictione, ac personarum suarum arrestacione, & aliis juris remediis quibus poteritis, viriliter & debite compellatis seu compelli faciatis: ceteraque omnia ad predicta neccessaria, seu eciam oportuna, faciatis seu fieri faciatis: Mandantes Bajulis & servientibus, & aliis subditis dicti Domini Genitoris nostri, ut vobis & vestrum cuilibet, in premissis eorumque circumstanciis & dependentibus ex eisdem, pareant & intendant. Nos autem quoscunque Commissarios alios super hoc deputatos revocavimus, & tenore presentium revocamus; & eisdem inhibemus, ne de cetero de premissis se intromictant; sed informationes & alias scripturas, si quas habent super premissis, vobis & deputandis à vobis, tradant absque difficultate quacunque: & si aliqui sint rebelles seu inobedientes vobis in premissis seu aliquo premissorum, ipsos puniatis civiliter, taliter quod aliis à cetero transeat in exemplum. Et quia ex parte Procuratoris Reg. Generalis Senescalliæ predicte, Nobis fuit significatum, quod aliqui alii, tam Notarii quam Commissarii, qui se intromiserunt de faciendo financias predictas, eas fecerunt minus perfecte, computando bladum ad minus quam deberent, & aliter, imperfecte, in prejudicium juris dicti Domini Genitoris nostri, ideo vobis & vestrum cuilibet*

[a] Mot en abregé & douteux.
[b] Sans avoir fait mention.
[c] ea.
[d] Mot abregé & douteux.
[e] exhibend.... tradend. R.

NOTES.

(a) *Preture viribus.*] Je crois que cela signifie, que les Juges ordinaires, à la requisition des Commissaires, décerneront des contraintes contre les dépositaires de ces Actes. Le Prevost de Pont-Orson est nommé Preteur. Voyez le 4.ᵉ *Volume des Ordonnances*, page 640. Article XVIII.

(b) *faciatis.*] Le regime de ce mot, est *financias*, qui est plus haut. Il paroît par différents endroits de ces Lettres, que l'on disoit, *facere financiam*, pour signifier, *lever de l'argent*. On dit encore aujourd'hui dans le stile familier, *faire de l'argent*.

in solidum, eciam committimus & mandamus, quatenus de predictis omnibus vos informe-   CHARLES
tis, & omnes illas quas inveneritis modo premisso factas, reparetis taliter, quod dictus   V.
Dominus Genitor noster habeat id quod inde habere debet; frivolis appellacionibus ac Litte-   à Paris, en
ris in contrarium subrepticiè impetratis seu eciam impetrandis, nonobstantibus quibuscumque.   Août 1368.
Datum Tholose, sub nostro parvo Sigillo, die 2ª. Julii, anno Domini 1359. *Per*
Dominum Locumtenentem, ad relacionem Consilii, in quo Domini Comes ª *predicti,*   a predictus.
(a) Cancellarius Pictavensis & plures alii erant. ASCELIN.

*J*OHANNES *Dei gratia Francorum Rex: dilectis nostris Magistro Vitali de Noga-*
reto, Clerico & Judici nostro Verduni, & Jardano Maurandi, Commissariis super facto
Feudorum nobilium & Admortizacionum in Senescallia Tholose & Albiensi, per dilec-
tum & carissimum Filium nostrum Johannem, tunc Comitem Pictavensem, & nostrum
Locumtenentem in lingua Occitana, deputatis : Salutem & dileccionem. Quia ex parte
Procuratoris nostri Generalis dicte Senescallie, Nobis extitit significatum, quod aliqui se
dicentes ᵇ *Commissarii in facto Feudorum Nobilium & Admortizacionum Senescal-*   b Commissar. *R.*
lie predicte, hactenus deputati, se intromiserunt de hujusmodi commissione, qui plures &   Commissarios...
diversas fecerunt & concordaverunt financias, minus perfectè computando vinum & bla-   deputatos.
dum censuale, & alios Census, redditus & deveria, nobis inde racione dictarum finan-
ciarum, debita & pertinencia, ad minus, & in debiliori moneta quam deberent, & ali-
ter imperfectè, preter & contra Ordinaciones, seu Instrucciones Regias, super predictis
editas & factas ; licet hujusmodi financias bladorum, vinorum & reddituum aliorum
quorumcunque, nobis debitorum & pertinencium, computare deberent in & de moneta seu
valore monete ; videlicet, marcha Argenti, pro 60. ᶜ *solidis Turonensibus,* ᵈ *quo va-*   c S. T. R.
lebat anno & die, quibus dicte Ordinaciones seu Instrucciones de & super predictis, fue-   d quos.
runt facte & ordinate, in grande prejudicium & juris nostri lesionem : Nos autem super
predictis providere volentes, mandamus vobis, & vestrum cuilibet in solidum, & prout
alias commissum extitit, committimus quatenus, juxta alias traditam vobis formam per
Litteras dicti Filii nostri, & Instructiones seu Ordinaciones nostras super predictis edi-
tas (b) noviter, vobis per fideles Gentes nostras Curie Compotorum Par. ᵉ *traditas,*   e Voy. note *(e).*
fideliter & diligenter super predictis procedatis, prout in Litteris dicte commissionis con-
tinetur ; ac financias quascunque minus perfectè factas, secundum dictas Ordinaciones seu
instrucciones, & in valore marche Argenti non computatas, & Nobis non solutas, repa-
retis ; & quos ad hoc teneri noveritis, prout in debitis nostris est fieri consuetum, compel-
latis seu compelli faciatis ; taliter super predictis vos habentes, quod jus nostrum servetur
illesum ; aliis vero Commissariis in dicta Senescallia ad premissa deputatis, revocatis, quos
eciam per presentes revocamus ; Nosque ab omnibus Nobis subditis, vobis & vestrum cui-
libet, & deputandis à vobis, in premissis & ea tangentibus, pareri volumus & jubemus ;
appellacionibus, recusacionibus, diffugiis, opposicionibus frivolis, ac Litteris in contrarium
sub quavis verborum forma impetratis vel impetrandis ᶠ *subrepticiè, nonobstantibus*   f subreptic.
quibuscumque. Datum Parisius, die 16ª. *Aprilis, anno Domini* ᵍ 1301. *Per Dominos*   g 1361.
Compotorum Par. P. BRIARR.

(c) *K*AROLUS, &c.
Datum Parisius, die 29. Novembr. anno Domini 1364. *Per Regem, ad relacionem*

NOTES.

(*a*) *Cancellarius Pictavensis.*] Seroit-ce un Chancelier que le Prince Jean eut, à cause du Comté de Poictiers qui luy avoit esté donné en Appanage ? Je n'ose pas l'asseurer, faute d'exemples semblables dans ces temps-là.

(*b*) *Noviter.*] Comme il n'y a point de virgules dans le Registre, on ne peut connoistre si *noviter* se rapporte à *editas* qui precede, ou à *traditas*, qui est plus loin.

(*c*) Ces Lettres sont redigées dans les mêmes termes que les precedentes du Roy Jean, à l'exception qu'en parlant du Comte de Poictiers, il y a *Fratris*, au lieu de *Filii*; & qu'aprés ces mots des Lettres du Roy Jean, *Curie Compotorum Par. traditas*, il y a dans celles de Charles V. *& aliis de quibus vobis liquebit.* [Voy. la note (*e*) margin.]

CHARLES V.
à Paris, en Août 1368.
Continuation des Lettres de Charles V. de 1368.

Consilii, in quo vos & Radulphus de Insula Thesaur. eratis. A. DE LAR.
(a) Salutem & præsentibus dare fidem. Cum per informacionem, &c.
Nos igitur supra scriptas Litteras, & singula in eisdem contenta, rata & grata habentes, ea volumus, laudamus, approbamus, ac de gracia speciali, tenore præsentium confirmamus: Mandantes dilectis & fidelibus Gentibus Compotorum nostrorum Par. ceterisque Commissariis & Justiciariis Regni nostri, aut eorum Locatenentibus, præsentibus pariter & futuris, ac cuilibet eorundem, prout ad eum pertinuerit, quatenus supra nominatos Abbatem & Conventum Bone-combe, & eorum Successores, nostra præsenti gratia, pacificè faciant * & gaudere absque impedimento aut contradictione quibuscunque; ipsos in contrarium nullatenus molestando vel molestari quomodolibet permittendo: quidquid secus fuerit attemptatum, ad statum pristinum & debitum reducendo. Quod ut firmum, &c. Salvo, &c. Actum Parisius, anno Domini 1368. & Regni nostri quinto, mense Augusti.
Sic signata. Per Regem, ad relacionem Consilii. FERRICUS. Collacio facta est cum Originali. FERRICUS. Visa.

* uti.

NOTE.

(a) Salutem, &c.] On trouve ensuite des Lettres de *Jordanus Maurandus*, Commissaire sur le fait des Francs-Fiefs & Amortissemens; mais comme elles ne regardent que l'Abbaye de Bonne-Combe en particulier, elles ne sont point de nature à entrer dans ce Recueil.

CHARLES V.
à Paris, en Août 1368.

(a) *Sauvegarde Royale pour la Maison des Chartreux de Paris.*

CHARLES par la grace de Dieu Roy de France. Savoir faisons à tous presens & avenir, que Nous desirans de tout nostre cuer, les personnes de Religion qui sont ordonnées à servir Nostre Seigneur Jesus-Christ en nostre Royaume, especialement ceulz de l'Ordre de Chartreuze; auquel Ordre Nous avons especial devotion, estre maintenus & gardez avecques tous leurs biens & familiers, en paix & en tranquillité, pourquoy ilz puissent mieulz & plus devotement vacquier & entendre au service de Dieu, auquel ilz se sont donné; A la supplication de nos bien amez le Prieur & Couvent de (b) Valvert près de Paris, dudit Ordre de Chartreuze, qui sont de tout temps en la Sauvegarde Roïal, iceulz d'abundant avons prinz & prenons, mis & metons de grace especial & de nostre certaine science, avecques tous leurs biens quelz qu'ils soient & ou que ilz soient assiz en nostre Royaume, que il ont à present & que ilz acquerront loialment ou tems avenir, tous leurs familiers & Serviteurs, Religieux & Seculiers, en & soubx nostre protection & Sauvegarde especial, & de nos successeurs Roys de France, pour y estre & demourer perpetuelment; & leur avons commiz, donné & député, conmetons, donnons & députons de nostre dicte grace, nostre Prevost de Paris present & avenir, ou son Lieutenant, leur Juge en toutes leurs causes meuës & à mouvoir contre quelconcques personnes, en demandant & en deffendant: par ainsi toutes voies que pource, il ne puisse aucun faire convenir pardevant ledit Prevost ou son Lieutenant, de plus loing de Paris que vint lieües: & aussi voulons & commetons ledit Prevost ou son Lieutenant, estre leur gardien especial, pour yceulz Religieux, leur Esglise en chief & en membres, leurs familles, leurs gens, possessions, granches, terres, près, bois, vignes, justices, cens, rentes & revenus quelques que elles soient, & à culz appartenans en quelque maniere que ce soit, maintenir & garder par lui ou par autres, en leurs justes possessions, franchises, libertez, droiz, Coustumez, usages, previleges & saisines, & pour eulz deffendre de par Nous, de toutes injures, violences, griefs,

NOTES.

(a) Livre Rouge vieil du Chastelet de Paris, fol. 56. verso.
(b) Voyez le quatrieme Vol. des Ordon. p. 11. & Note (b).

oppressions,

oppreffions, inquietacions, moleftacions, de forces d'armes, de puiffances de lays, & de toutes nouvelletez indeuës, quelles que elles foïent : & fe il y a débat en cas de nouvelleté entre les Parties fur les chofes contencieufes, de mettre ycellui débat en noftre main comme fouverainne, & à faire par ycelle noftre main, recréance là & fi comme il appartendra ; & pour faire païer auxdiz Religieux ou à leur certain commandement, leurs cens, rentes, difmes & revenus, & toutes autres leurs debtes bonnes & loïaulz, recongnuës ou prouvées par lettres, tefmoings, inftrumens ou autres loïaulz enfengnemens, que il lui apparra eftre deuës auxdiz Religieux, de quelconques perfonnes nos Subgez demourans à Paris, & environ jufques à vingt lieuës, en contraingnant ad ce yceulz debteurs, par la prinfe, venduë & explettation de leurs biens, & detention de leurs corps, fe obligez y eftoient : & fe aucuns de leurs debteurs fe vouloient oppofer au contraire, noftre main fouffifaument garnie, là, & fi comme il appartendra deuëment, pour faire adjourner pardevant foy ou fondit Lieutenant, en noftre Chaftellet de Paris, lefditz oppofans & toutes autres perfonnes, tant en demandant comme en deffendant, pour aler avant pardevant lui, tant fur lefdictes oppoficions, débas ou queftions, comme fur lefdictes debtes, fi comme il fera à faire de raifon, pour en faire fur les chofes deffus dictes, les Parties oyes, bon & brief acompliffement de Juftice : & voulons que noftredicte Garde efpecial, il face publier par tous les lieux où il verra qu'il appartiengne, à la requefte defditz Religieux ou de leurs gens ; & en figne de noftredicte Sauvegarde efpecial, face mettre nos (a) Pennonceaulz Roïaulz, ès maifons, granches, poffeffions & autres biens defditz Religieux, là où * meftier en fera, afin que nulz ne fe puiffe excufer de ignorance ; & intime & deffende de par Nous, à toutes les perfonnes dont il fera requis de par les diz Religieux, que à eulz, à leur famille, à leurs gens, à leur Efglife en chief & en membres, à leurs terres, cens, rentes, revenuës ne autres biens quelconques, ne ou qu'ilz foient, prefens & avenir, il ne meffacent ou facent meffaire en aucune maniere, fur certainne painne à appliquier à Nous : & pour faire & acomplir plus diligemment de point en point, les chofes deffus dictes & chafcune d'icelles, Nous mandons & commetons audit Prevoft de Paris, prefent & avenir, ou à fon Lieutenant, que il, touteffoiz que meftier en fera, depute auxdiz Religieux, un ou deux perfonnes convenables, à leurs defpens : les quelz & chafcun d'eulz, Nous voulons de noftre grace deffus dicte, que il aïent, quant à faire & exercer les chofes deffus dictes & chafcune d'icelles, tout povoir d'office de Sergent : touteffoiz Nous ne voulons pas que ilz fe entremetent en aucune maniere, de chofe qui requiere congnoiffance de Caufe : & Nous donnons en Mandement à tous nos Jufticiers & Subgez, que audit Prevoft de Paris, prefent & avenir, ou à fon Lieutenant, & audit Sergent ou Sergens députez de par lui, quant aux chofes deffus dictes & à celles qui en deppendent, obéiffent & entendent diligemment. Et pour ce que ce foit ferme & eftable à tousjours, Nous avons fait mettre noftre Scel à ces Lettres : fauf en autres chofes noftre droit, & en toutes l'autrui. Donné à Paris, ou mois d'Aouft, l'an de grace mil trois cens foixante & huit, & de noftre regne le quint.

Ainfi figné. Par le Roy. P. MICHIEL. *Vifa.*

CHARLES V.
à Paris, en Août 1367.

* befoin.

Collacion faitte à l'original defdictes Lettres fcellées en las de foïe & cire vert, qui furent publiées en Jugement ou Chaftellet de Paris, le Lundi 20.ᵉ jour de Novembre, l'an mil trois cens foixante & quatorze, fi comme il eftoit efcript au dos d'icelles.

NOTE.

(a) *Pennonceaulx.*] *Voyez la Table des Matieres des Volumes des Ordonnances, au mot,* Sauvegarde.

CHARLES V.
à Neelles en Vermandois, le 5. de Septembre 1368.

(a) *Ordonnance par laquelle la Commune de la Ville de Douay, est retablie; & qui contient differents Reglements pour cette Commune.*

CHARLES, &c. Savoir faifons à touz prefens & avenir, que comme picça, pour ce que les Efchevins de noftre Ville de Douay, pardevant lefquielx Jehan Rayne Bourgois, & pour le temps Efchevin de la dicte Ville, eftoit trait en Caufe & accufé par noftre Bailly de la dicte Ville, d'avoir ufé de fauffes mefures en fa marcandiffe de grain, faifant condempnement ledit Jehan à eftre pendus & mourir; depuis une appellacion faite de par li & en fon nom, fur certains griefs que l'en maintenoit li avoir efté fais ou procès de la dite Caufe, laquelle appellation fut depuis relevée, & adjournement empetré en noftre Court de Parlement, & executé par Lambert Rayne, Fils, & Jehan de Ferri, Gendre dudit feu Jehan, contre les diz Efchevins qui avoient fait ledit Jugement, & intimation faite à Maiftre Pierre de Rely, lors Procureur de la dite Ville; & pour ce auffi, que les Efchevins qui fuccederent ou dit Efchevinage, après les autres deffus nommez, & auffi le Corps & Communauté d'icelle Ville, defavoüerent iceulx precedens Efchevins, & ledit Maiftre Pierre lors Procureur d'icelle Ville, comme dit eft, en ce qu'il avoient fait ou procès, jugement & condempnation deffus diz, euft efté dit par Arreft de noftre dite Court, donné & prononcié le dix-huitiéme jour de Juillet mil trois cens foixante fix, que lefdiz Lambert & Jehan comme appellans, eftoient à recevoir ou fait dudit appel, & y furent receus, & que bien avoient appellé, & lefdiz premiers & enchiens Efchevins mal jugié, & que lefdiz Efchevins qui lors eftoient, & le Corps & la Communauté de ladicte Ville, ne povoient ᵃ defvoüer ledit Maiftre Pierre de Rely, lors leur Procureur, & que pour ce defavoüement, n'eftoient pas delivrés; & pour ᵇ fu condempné ladicte Ville, entre autres chofes, à perdre à perpetuité toute Juftice, Loy, Efchevinage, Corps & Communauté d'icelle, avec les appartenances & appendances quelconques; & ycelle juftice, Loy, Efchevinage, Corps & Communauté, appartenances & appendances, confifquiés à Nous, fi comme ce & autres cofes font plus à plain contenues ou dit Arreft; & depuis le jour & temps deffus diz, Nous les aions tenus & faiz gouverner en noftre main, comme à Nous appartient, jufques à hores, paifiblement: Nous, à la fupplication de noftre amé & feal Chevalier & Confeiller, le Seigneur (b) Dodenhm, confiderans qu'il n'a pas efté trouvé, que lefdiz Efchevins premiers feiffent ledit jugement pour faveur ou hayne, ou par corruption ou autre mauvaiftié quelzconques, & que à grant patience & humilité ont fouffert l'execution dudit Arreft, comme vrais fubgés & obéïffans; & auffi ᶜ parmi fiz mille francs d'or, qu'ils ont payé à noftre commandement & ordonnance, leur avons rendu & delivré, de noftre auctorité Royal, grace efpécial & certaine fcience, rendons & delivrons par la teneur de ces Lettres, leur dicte Juftice, Loy, Efchevinage, Corps, Communauté, appartenances & appendances quelconques, à Nous confifquiés, comme dit eft, à tenir & exercer par eulx, & leurs fucceffeurs Bourgeois & habitans de ladicte Ville, perpetuellement & à tous jours, par les manieres, conditions & moderations que chi après s'enfuivent.

Premierement. Pour la reformation de ladite Loy, & création de l'Efchevinage de la dicte Ville de Doüay, feront enfemble mis ès Eglifes des Paroiffes, les bonnes gens d'icelles, au matin, la journée que l'en devera ᵈ recréer l'Efchevinage ᵉ dedans

ᵃ defavoüer.
ᵇ ce.

ᶜ moyennant.

ᵈ creer de nouveaux Efchevins.
ᵉ lorfqu'on fonnera la cloche.

NOTES.

(a) Trefor des Chartres, Regiftre 99. Piece VIIIˣˣ XVIII. (178.)

(b) *Le Seigneur Dodenhm.*] C'eft fans doute celui qui avoit poffedé les premieres charges de l'Eftat fous les Regnes du Roy Jean & de Charles V. & qui leur avoit rendu de grands fervices, foit à la guerre, foit dans le Gouvernement de differentes Provinces. Il avoit efté fait Marefchal de France en 1351. & vers 1367. il donna fa demiffion de cette Charge. Voyez l'*Hift. Geneal. de la Maifon de Fr.* Tom. 6. p. 751.

DE LA TROISIÉME RACE.

une Cloche sonnée, qui sur ce sera ordonnée; laquelle Cloche commencera à sonner, ᵃ tantost la Cloche des Ouvriers du matin, sonnée, & sonnera jusques à heure de Prime sonnant en l'Eglise saint Pierre; & pour ce que aucuns ne s'en puisse ygnorer, sera fait cry publique, le jour precedent que ce se devera fere, par la Ville, de quareffour en quareffour.

II. *Item.* Que lesdictes personnes desdites Paroisses, à ladicte heure, mises ensamble en leur dicte Eglise, prandront & essiront entre eux, jusiques au nombre de onze personnes; c'est assavoir, ceulx de saint Pierre, ceux de saint Jaqueme, de Notre-Dame, de saint Nicolas & de saint Aubin, cascun deux personnes; & ceus de (*a*) saint Amet, une personne; lesquelles onze personnes seront nommées Eslecteurs, pour prendre & essire jusques au nombre de douze personnes, en la Ville, pour estre Eschevins, & gouverner la Loy de la Ville, ᵇ l'année.

III. *Item.* (*b*) Que ladite Election desdites onze personnes devront avoir fait ceulx desdites Paroisses, & amené en (*c*) Hale, pardevers notre Bailli de ladicte Ville, & pardevers les Eschevins qui ce jour devront ᶜ issir, ᵈ dedens la cloce du disner sonnée de ladicte jornée; & avec lesquelz Esleuz, ᵉ venront quatre personnes du moins, de la Paroisse dont ilz seront, qui d'iceulx feront certification & présentation ausdiz Baillis & Eschevins; & lesquelz Esleuz, avant qu'il se partent des Eglises, juront, main levée contre les Sainz, qu'il ne receveront parole, escripture, (*d*) avoiement d'autrui, pour aucun faire Eschevin.

IV. *Item.* Que lesdictes onze personnes ainsi esleuës, amenées & presentées, comme dit est, & dedens ladite heure, ainsi que fait doit être, jurront sur Sains, & par leurs foiz ᶠ solennelment, es mains dudit Bailli, que bien & loyalment il prendront & essiront en ladicte Ville, douze personnes; c'est assavoir, les neuf demeurans au lieu quel'en dit deçà l'eauë, & les autres trois, delà l'eauë, pour exercer le fait de l'Eschevinage, & gouverner la Loy de la Ville, le terme d'un an, & prendront pour ce faire bonnes personnes, Bourgeois de la Ville, sur les estas & conditions chi après ᵍ declairiez; & aussi six (*e*) personnes, pour prendre garde sur les mises & despenses qui se feront en la Ville celle année.

V. *Item.* Que ces onze personnes ainsi prises, esleuës, admenées & sermentées, feront mises en la Halle, en lieu fermé, duquel il ne porront ne devront issir ne widier, jusiques à tant que il aïent priz & esleuz les douze Eschevins; neuf deçà l'eaue, & trois, de ʰ l'eaue comme dit est; & devront celle election avoir faicte & conclute, dedens mie-nuit de celle journée, au plus tart.

VI. *Item.* Et s'il étoit ainsi, que aucuns des Paroissiens qui devront estre esleuz, ne venissent par la maniere & dedens l'eure dessus declairiée, pardevers le Bailli, pour faire serement à essire les Eschevins; pour ce ne demourra mie que ceulz qui venu seront, & qui à ce seront sermentez, ne puisse & doïent ainsi bien faire ladite Election, comme se tous y fussent: & se different avoit entre lesdiz Electeurs, pour la creation du Eschevinage, si doit & devra passer & valoir ce, où la plus grant partie d'iceulx se assentira.

VII. *Item.* Devront avoir & auront les Eschevins, ceus d'ença l'eauë, & ceulx de la, ⁱ autele voix, povoir & vertu, en touz cas de Loy & d'Eschevinage, & dependences, & autant lez uns comme lez autres: & à leur creation, devront estre sere-

CHARLES V.
à Neelles en Vermandois, le 5. de Septembre 1368.
a *aussitost que.*

b *pendant.*

c *sortir de charge.*
d *avant que la cloche soit sonnée.*
e *viendront.*

f *solen.* R.

g *declair.* R.

h *là.*

i *telle, semblable.*

NOTES.

(*a*) *S.t Amet.*] Ce nom est très-douteux, & l'on ne peut assurer que la premiere lettre soit un A. Il y a eu un *S.t Amet*, Abbé dans la Loraine. Voy. le *Vocabulaire Hagiolog.* de *l'Abbé Chastelain*, qui est à la teste du *Dict. Etymolog. de Menage.*

(*b*) *Que.*] Il y a là quelques mots corrompus ou obmis; mais le sens est clair.

(*c*) *Hale.*] L'Hostel de Ville. Voy. le *Tome V.*

4.ᵉ *Vol. des Ordonn.* p. 649. & Not. (*c*).

(*d*) *Avoiement.*] Ce mot peut signifier, *message.* On trouve dans *Botel, avoier, mettre en chemin.*

(*e*) *Six personnes.*] Ce sont celles qui sont ordinairement nommées, *Conseillers de Ville*, dans les Lettres de Commune. Dans plusieurs des articles suivants, il est parlé du *Conseil de la Ville*, qui estoit sans doute, composé de ces *six personnes*.

CHARLES V. à Neelles en Vermandois, le 5. de Septembre 1368.

a *ps.* R.
b *Je crois qu'il faut corriger*, serementer.
c *ce jour, qui sortiront de charge.*
d *se conformer à l'avis du plus grand nombre.*
e *Je crois qu'il faut corriger*, créés.
f *sous la condition.*
g *Ecclesiastiques.*
h *Beaux-Freres.*

i *tiers.*
k *sorti.*

l *vice.*
m *regle.*
n *regler.*
o *considere.*

p *Voy. cy-dessus art. IV.*

mentez, comme en tel cas appartient à faire, par le dit Bailli ; & se il ou son Lieutenant n'estoit en la Ville, ou il fust ainsin, que lesdiz Electeurs ou Eschevins par eulx ª pris, ᵇ serementez ne voulsist, ce faire pourront lez Eschevins qui ᶜ se jour yseront : & en jugement, devra la miendre partie des Eschevins, ᵈ ensuir la graingneur.

VIII. *Item.* Pourront estre ᵉ criées & appellées oudit Eschevinage, touz preudommes & bonnes personnes, Bourgeois de la Ville, usant & chevissant de bonnes loyaux marcheandises, de quelques conditions qu'il soient, nez en loyal mariage ; en ce ᶠ entendu & conditionné, que touz jours en devront estre les deux pars du mains, non ᵍ clers.

IX. *Item.* Et si ne pourront oudit Eschevinage, estre ensamble deux qui soient Freres ou ʰ Scrourges ou Cousins-Germains l'un à l'autre, ne plus prochains en sanguinité, ne aucunnes personnes ensemble, dont li uns ait espousé la fille de l'autre.

X. *Item.* Et s'il est aucuns qui soit hors de la Ville, au jour de la création de l'Eschévinage, & il soit appellez ou nommez comme Eschevin, par lesdiz Electeurs, pour ce ne sera yl mie forcloz ne deboutez de l'Eschevinage, se il revient en le Ville, pour faire le serment, & le facent par la maniere dessus dicte, dedens les huit jours prochains ensuivans du jour de ladicte election ; mais y sera & demourra, comme s'il eust esté à la premiere journée, en le Ville : & ou cas que ceulx ainsi denommez, ne reveinront par la maniere dicte, dedens yceux huit jours, prendre pourront & devront ceux qui seront pour ce tems jurez comme Eschevins, en lieu de celui ainsi abscent, esleu, une autre personne comme Eschevin, de telle condition, comme celi ainsi pris par les Electeurs, sera.

XI. *Item.* Et s'il est aucun qui soit une année Eschevin ; car plus durer ne devera chascun Eschévinage, estre ne le poet, pourra ne devra, jusques au ⁱ tierche an prochain ensuivant, du jour que dudit Eschevinage sera ᵏ yssuz : ce sera à faire touz jours, trois tours d'Eschevinage.

XII. *Item.* Et s'il ne sera ne pourra estre aucun Electeur, Eschevin, l'année qu'il sera Electeur ; ne aussi cellui qui aura esté Electeur, ne le pourra plus estre, jusques à un an après l'issuë de l'année en laquelle il aura esté Electeur.

XIII. *Item.* Ne pourront ne devront aucuns qui soient Eschevins, entremettre d'aucunnes Receptes des revenus de la Ville, ne deniers manier, qui à la Ville appartiengnent.

XIV. *Item.* Serra ainsi pour toute paix, unité & amour nourir en la Ville, & par l'assentement à ce mis, par ceux qui ou temps passé ont esté Eschevins de la Ville, non (*a*) mie pour ˡ vice ou mal, de quoi il facent en ce à reputer, ne que pour ce, il puissent être infame ; mais pour entretenir la ᵐ reule des trois tours d'Eschevinages, qui ⁿ reguler ne se porroient par autre maniere, comme il samble ; ᵒ considerer le temps qu'il ont regné comme Eschevins, que nuls de ceux qui ayt esté Eschevins ou dit temps passé, ne le pourra être jusques au tiers tour d'Esquevinage qui se fera ; ne aussi avoir aucun desdiz Offices en la Ville, ce tems durant.

XV. *Item.* Que les ᵖ six personnes qui seront prises & esseuës par les dessus diz Electeurs, à cognoistre des frais, mises, & ouvrages de la Ville, seront à ce faire & gardée au profit & honneur de Nous & de la Ville, bien & loyaument sermantez ; & ne pourront aucuns ouvrages estre faiz, se n'est par leur regard & assentement ; ne de ce estre payemens faiz, ne d'autres mises que l'en face en la Ville, se ne sont des rentes, pentions ou autres choses ordinaires, se à ce ne sont mis leurs sceaux, ou du moins d'eux six, les trois. Et quiconque aura une année esté d'icelles six personnes, estre ne le pourra devant un ans passé, après la fin de celi ouquel aura regné & usé à ce fait.

NOTE.

(*a*) *Non mie.*] Ceux qui ont esté Echevins avant l'abolition de la Commune, ne pourront l'estre que trois ans après son present restablissement, sans que cette exclusion puisse estre imputée à aucun reproche qu'on puisse leur faire, n'estant establie que par leur consentement, & pour entretenir la paix dans la Ville.

DE LA TROISIÈME RACE.

XVI. *Item.* Seront deux personnes comme Receveurs en la Ville, renouvellez * sur la creation de cascun Eschevinage; lesquex auront la chauge de toutes les revenuës de la Ville, exploits & amendes appartenantes au droit de la Ville, recevoir; & feront yceulx Receveurs à leur coust, frait & peril, toute l'Office de Recepte, & des payemens & mises qui escheront, toutes quittances de rente à vie & d'autres, que la Ville doit & devra, tous ouvrages, les comptes de leurs receptes & mises, & toutes escriptures qui y appartendront, senz riens prendre ne avoir ᵃ à aucuns, que leurs gages seulement, qu'il auront sur la Ville.

XVII. *Item.* Que celi Office de Recepte, en temps deu, sera crié & baillé à ferme, à deux personnes exercer, à (*a*) descrois & à (*b*) paumées; & n'y pourra (*c*) serir aucun ᵇ Clerc; mais toutes autres personnes ᶜ solvantes, bien y pourront donner ᵈ denier-dieu.

XVIII. *Item.* Que les personnes, auxquelles l'Office de Recepte demourra à ferme, jureront à faire l'Office bien & loyaument, & à payer les rentes viageres, à ᵉ tenir ainsi que leurs rentes escherront, ᶠ si avant que les deniers de leurs Receptes pourront comprendre, sans s'ils l'un preceder l'autre; & bailleront aux Eschevins, lesdiz Receveur, à l'entrer en l'Office, bonne & souffisante caution, & jusques au ᵍ los du conseil raisonnable des Eschevins, pour faire & accomplir le fait de leur Office.

XIX. *Item.* N'auront lesdiz Receveurs, pour cause de leur Office, ʰ exercer & faire les coses dessus dictes, aucun profit, que seulement la somme de leurs gages, telle que par ledit ⁱ cry, ce leur sera demouré ᵏ fermé.

XX. *Item.* Que toutes les revenus de ledicte Ville, seront baillées (*d*) acensées à cris & à (*e*) recrois, en tems convenable, & pour ce tel tamps que (*f*) sinant à l'issuë de chacun Eschevinage; & à ycelles Centes, ne porront ˡ denier dieu donner, ne avoir part ne ᵐ compaignie aucuns Eschevins, Receveurs de la Ville, ne ⁿ Clers de Halle, durant le tems de l'Office.

XXI. *Item.* Que lesdiz Receveurs seront tenuz de faire & rendre, feront & rendront chascun an, huit jours avant la fin de l'année de leur Office, de toutes les revenuës & mises de l'année, compte par escript, & ᵒ partie à partie, à son de cloche, en le basse Halle, devant les Eschevins & la Communauté; en demonstrant par quittances, ou par les (*g*) saielles des six personnes dessus dictes, ou de trois d'iceux, ᵖ approbacion de leurs ᵠ mises & ʳ payes, s'il veullent que ce leur vaille en compte.

XXII. *Item.* Que ces comptes ainsi renduz, s'il plaist à la Communauté & Eschevins, pourront estre & seront prises six personnes des bonnes gens de la Ville, pour yceulx comptes visiter & examiner, & sur ce estraire ce qu'il verront y avoir à dire; & de ce faire auront le povoir.

XXIII. *Item.* Et quiconque aura esté une année Receveur, estre ne le pourra jusques à la troisiéme année suivant après.

XXIV. *Item.* Ne feront ne faire pourront les Eschevins, aucun ˢ frait sur le

CHARLES V.
à Neelles en Vermandois, le 5. de Septembre 1368.
* *lors de.*
a *pour.*
b *Ecclesiastique.*
c *solvables.*
d *Il se donnoit lorsqu'on concluoit un marché.*
e *il faut peut-estre corriger, au tems où au terme.*
f *à proportion de ce qu'ils recevront.*
g *louange, jugement.*
h *& pour.*
i *Voy. cy-dessus l'art. XVII. & la Note (a).*
k *affermé.*
l *Voy. cy-dessus Note (d) marginale.*
m *societé.*
n *Greffiers de l'Hôtel de Ville.*
o *compte détaillé par articles.*
p *la preuve.*
q *depense.*
r *payemens.*
s *frais, depense.*

NOTES.

(*a*) *Descrois.*] C'est-à-dire, *au rabais.* La Ferme dont il s'agit icy, n'est autre chose que la Fixation des gages attribuez à l'office de la Recepte, laquelle se donnoit à celui qui en demandoit le moins. *Voy. cy-dessous l'art. XIX.*

(*b*) *Palmée.*] Anciennement lorsque l'on faisoit une enchere, l'on mettoit les mains l'une dans l'autre. Voyez sur cet usage, *le Gloss. de Du Cange,* au mot, *Palmata.*

(*c*) *Serir.*] On pourroit aussi lire *ferir.* Peut-estre faut-il corriger *servir* : je crois cependant que ce mot a icy une signification particuliere, que je ne connois point.

(*d*) *Acensées.*] Données à ferme, moyennant un cens ou redevance annuelle.

(*e*) *A recrois.*] C'est le contraire de *descrois,* que l'on a vû plus haut, [*voy. Note (a)*] c'est-à-dire, *au plus offrant & dernier encherisseur.*

(*f*) *Finant.*] Ce mot peut estre corrompu; mais il appartient certainement au verbe *finir,* & cela signifie que cette Ferme finira, lorsque les Eschevins sortiront de Charge.

(*g*) *Saielles.*] On pourroit lire *sarelles.* Je n'ai rien trouvé sur ce mot, que je n'entends point. On voit par la suite de l'article, qu'il signifie les *Mandements* des six Conseillers de Ville, sans lesquels les Receveurs ne devoient point faire de payement.

R iij

CHARLES V.
à Neelles en Vermandois, le 5. de Septembre 1368.

a *despenser.*
b *pour les affaires de la ville.*
c *entreprendront.*

d *pourvoyance.*

e *Greffiers.*

f *se presentera.*

g *aux.*

h *Voy. cy-dessous Note (c).*

Ville, en fin de leur Eschevinage, ne en autre temps; fors ès journées que l'en fera exécution de Justice, en cas criminel; auquel jour, porront ª despendre que pour ce fait leur sera ordenée seulement.

XXV. *Item.* Que aucun Eschevin ne yra hors ᵇ pour la Ville, se n'est au mandement de Nous, ou pour très grosses besoignes necessaires touchant la Ville & les Bourgeois; & se hors vont, si sera-ce à certains gaiges qui leur seront ordennez, senz plus compter, prendre ne avoir.

XXVI. *Item.* Ne ᶜ prendront ne pranre pourront lesdiz Eschevins, contre autrui aucuns procez, senz le sceu, grace & assentement du Conseil & Communauté de la Ville.

XXVII. *Item.* Aura un Procureur pour la Ville, à certaine pencion annuelle pour le fait de son Office, & à certains gaiges, les jours qu'il yra hors pour la Ville; & lequel aura le soing & ᵈ prosvrance à faire des Causes & besoignes de la ville & des Bourgois.

XXVIII. *Item.* Seront au (*a*) Buffet de la Halle, deux ᵉ Clers sermentez, à pension; lesquelx soigneront des Registres fere, & des depositions de tous tesmoings escripre, quant le cas ᶠ offerra, & pour ce faire ne prendront aucun salaire de Bourgeois ne de manens de la Ville.

XXIX. *Item.* Que les Eschevins ne feront ne faire pouront au frait de la Ville, aucuns presens, se n'est à personne qui soient de notre Sanc, de notre Conseil ou nos Officiers, ou ᵍ as Eschevins de bonne Ville, qui en (*b*) la journée soient, & pour Corps de Ville, venus en Halle, parler aux Eschevins.

XXX. *Item.* Que en la Ville, comme autresfoiz a esté d'ancienneté, seront sept personnes Bourgeois de la Ville, ordenez par Eschevins, comme (*c*) Paiseurs, pour l'année, à chascune entrée d'Eschevinage, dedens le tiers jour de la creation d'iceli; lesquelz Paiseurs seront ad ce sermentez par notre dit Bailli, & connoitront & useront en le Ville, de toute paix faire, comme ou temps passé ont fait & accoustumé à faire.

XXXI. *Item.* Sera usé en la ville, du fait de noz (*d*) Trinlbes & de la ville, comme l'ancienne coustume a esté usée & accoustumée faire en telz cas, & sur les peines introduites sur ce.

XXXII. *Item.* Seront ordennés quatre bonnes personnes Bourgeois de la Ville, comme (*e*) Regars & Maitres des Orfenins, & lesquelz auront regard d'iceux Orfenins, & sur leurs biens, à la conservation du droit d'iceux & de leurs diz biens, selon ce que l'en en use en tel cas, ès Villes de Lylle & ès autres Villes voisines.

XXXIII. *Item.* Pour la garde du grant Sel de la Communauté de la Ville, afin que pour touts doubtes hoster de ce, sera mis en tels coffres, huche & bourse, comme il a esté ou temps passé, & encore est; dont la grant huce où le coffre est, sera la clef mise & enfermée en la huce aus privileges de la Ville.

XXXIV. *Item.* Et du grant coffre qui est à quatre clefs, qui sera mis en celle huce où le Scel est en une bourse dedens un petit coffret, garderont une clef les Eschevins; la seconde clef, les ʰ Paiseurs de la Ville, la tierce clef, lesdits Electeurs;

NOTES.

(*a*) *Buffet.*] Ce mot signifie la Chambre où estoient en dépôt les Archives de la Ville. Voy. cy-dessous l'article XXXVIII.

(*b*) *En la journée.*] C'est-à-dire, qui soient venus exprès, & au jour qui leur a esté marqué, pour les Affaires de la Ville.

(*c*) *Paiseurs.*] Je n'ai rien trouvé de particulier sur ces Officiers, nommez *Paiseurs*. Il paroist par l'article, que leurs fonctions estoient semblables à celles des Commissaires de Police, & qu'ils estoient chargez d'entretenir la *paix*, la tranquillité & le bon ordre dans la Ville.

(*d*) *Trinlbes.*] On pourroit lire aussi *Truilbes*. Je n'ai rien trouvé ni sur l'un ni sur l'autre de ces mots.

(*e*) *Regars.*] ou *Rewards*, c'est un mot tiré de *regarder*, *avoir inspection*. Il y a principalement en Flandre, des Magistrats qui portent ce titre. Voy. la *Table des Mat. du 4.ᵉ Vol. des Ord.* au mot, *Reward*. Voy. *ibid.* au mot, *Mineurs*.

DE LA TROISIÉME RACE.　　　135

& la quarte clef, les (a) Commis-Regars sur les ⁎ mises de la Ville : & au sourplus, sera le coffret petit & bourse dont mention est, bullée & scellée des Sceaux de deux autres Bourgeois, personnes notables de la Ville, non aïans Office.

XXXV. *Item.* Que audit Seel l'en ne pourra aller, ne d'iceli aucunechose seeller, se n'est en appellant à ce les personnes dictes & la Communauté, à son de cloche, en la basse Halle, par leur assentement & devant eux.

XXXVI. *Item.* Obligations & Reconnoissances qui se passeront devant Eschevins, qui jadiz ᵇ soloient etre faictes par ᶜ Chirograffe, se feront par Lettres soubz le Seel ᵈ as Causes de la Ville ; & pour ce seeler, seront en certain lieu les Eschevins un jour en la sepmaine ; & auront lesdiz Eschevins, en lieu de trois deniers qu'il prenoient avant la confiscation de laditce Loy, pour livre, un denier qui a leur profit demourra, de tous (b) werps, ᵉ vendagnes & obligations de debtes, à ᶠ l'une Partie & autant à l'autre, tant seulement.

XXXVII. *Item.* Toutes Plaidoieries de Partie contre autre, se feront en Halle, devant Eschevins, & toutes autres besoignes & jugemens, à ᵍ l'uis ouvert ; excepté depositions de tesmoings, & autres coses ʰ touchans secrets de Cause.

XXXVIII. *Item.* Devront faire les Parties qui auront (c) jour en Halle, presentacions au ⁱ Buffet en Halle, sur leur journée, à heure ; & laquelle presentation sera registré par les Clers.

XXXIX. *Item.* Que toutes Causes seront ᵏ delivrées à ˡ l'ordination des presentacions, ainsi que elles auront esté faictes ; senz mettre devant la (d) moyenne, celli derniere ; ne le (e) grant devant le petit : & ad ce faire ᵐ entrenir, feront serement les Clers de Halle.

XL. *Item.* Et s'il est aucun qui ait ⁿ jour en le Halle, devant Eschevins, contre autre Partie, soit en demandant ou deffendant, & il y a (f) deffaut d'aucune Partie, & diligence par l'autre, le diligent portera profit contre le negligent, tel comme il appartiendra, selon l'etat de la journée.

XLI. *Item.* Ne prendront les Eschevins, pour ᵒ saisines qui soient faictes en la Banlieuë, pour ᵖ Clain où il soient, ne depositions de temoings qu'il ᵠ oent en quelque Cause que ce soit, pour Bourgois ou pour manans de la Ville, aucun sallaire, ne profit.

XLII. *Item.* Graces & Remissions empetrées de Parties, pardevers Nous, qui seront (g) justifiées, devront estre interinées au profit des impetrans, selon leur forme & teneur.

XLIII. *Item.* Que tous les Offices de la ville, telz qu'il etoient avant la confiscation de ladite Loy, tant les (h) Censis, presentement, comme les vendus à vie,

CHARLES V.
à Neelles en Vermandois, le 5. de Septembre 1368.

a *depenses.*
b *avoient accoutumé.*
c *sous seing privé.*
d *aux.*
e *vente.*
f *d'une.*

g *porte.*
h *qui demandent le secret.*
i *Voy. cy-dessus p. preced. Not. (a)*

k *expediées.*
l *ordin. R. ordre, tour.*
m *&c.*

n *Voy. Note (e).*

o *mises en possession.*
p *clameur, demande en justice.*
q *oüissent, écoutent.*

NOTES.

(a) *Commis Regars.*] Ce sont les Conseillers de Ville, sur lesquels voy. cy-dessus, l'art. IV. Voy. aussi p. preced. Note (e).

(b) *Werps.*] L'acte par lequel un acheteur est mis en possession. Voy. *le Glossaire du Dr. Franç.* au mot, *Werps.*

(c) *Jour.*] Auxquelles on aura assigné jour pour comparoistre en jugement.

(d) *Moyenne.*] C'est-à-dire, que l'on ne jugera point les Affaires dont les presentations ont esté faites les dernieres, devant celles dont les presentations auront esté faites auparavant. Le mot *derniere* est douteux : il n'y a dans le Registre que *done* avec une abbreviation.

(e) *Le grant.*] On ne jugera point les Affaires de ceux qui ont du credit, devant celles des personnes qui n'en ont point.

(f) *Defaut.*] Si une Partie se presentant, l'autre ne comparoist point, on adjugera à la premiere, ses conclusions par defaut, en cas que ce soit le jour qui leur ait esté assigné pour comparoistre.

(g) *Justifiées.*] Lorsqu'on aura verifié la verité des faits contenus dans les Lettres.

(h) *Censis.*] Il faut d'abord expliquer quelques termes de cet article, qui paroissent corrompus, ou qui sont douteux ou obscurs.

Censis. Je crois qu'il faut corriger, *Censiers*; c'est-à-dire, donnez à *Cens* ou à *Ferme.* Voy. les articles XVII. & XX.

A fait. A mesure.

Recheront. Il y a dans le Registre recheront avec une marque d'abbreviation sur *ch*. Je crois que ce mot signifie, *qui deviendront vacants par le trepas des personnes qui ont ces Offices à vie.* Voicy presentement le sens de cet article.

Les Offices donnez à Ferme seront réunis au Corps de Ville, dès l'instant même de la publication de ces Lettres ; mais les Offices vendus à vie, n'y seront réunis que par le trepas de ceux qui les auront achetez.

CHARLES V.
à Neelles en Vermandois, le 5. de Septembre 1368.

à fait qu'il recherront par le trepas des viagers, soient & demeurent au profit de la Ville; & aussi les autres Offices des (a) Bonnes-Maisons & des Aumosnes de ladicte Ville, soient remis en la main des Eschevins, pour en ordonner & faire ce qu'il appartendra, par l'ordonnance & assentement du Conseil de la Ville; nonobstant impetracions sur ce faites & à fere.

XLIV. *Item.* Voulons & accordons, que l'Eschevinage, Loy, Corps & Communauté dessusdiz soient & demeurent en leurs Usages & Coustumes, & joïssent de leurs Chartres & Privilleges à eux octroyez, tant par nos predecesseurs Rois, comme par les Comtes & Comtesses de Flandres, dont ils ont joy & joïssoient paisiblement ou temps passé, & ou temps de la confiscation de ladicte Loy.

Et pour que ces choses soient fermes, &c. sauf, &c. *Donné à Neelles en Vermandois, le cinquieme jour de Septembre, l'an de grace mil trois cens soixante huit, & de notre Regne le quint.*

Ainsin signé. Par le Roy. Y V O.

NOTE.

(a) Bonnes Maisons & Ausmones.] J'entends par ces mots, les Hôpitaux, les Hôtels-Dieu & les autres maisons consacrées au soulagement des pauvres.

CHARLES V.
à Tournay, le 16.ᵉ jour de Septembre 1368.

(a) Reglement pour la Recette des revenus de la Ville de Tournay; & pour le payement des charges auxquelles elle est sujette, & des rentes par elles dües.

CHARLES, &c. Savoir faisons à tous présens & avenir, que, comme à la supplication des Rentiers, ou aians & prenans rentes sur notre Ville de Tournay, tant Religieux comme autres personnes d'Eglise, Orphenins, Vefves, femmes *(b)* Beguines, Bourgeois, & autres de plusieurs estats, ou de leurs part, en leurs noms, disans que de leurs dictes rentes, lesquelles les Prevoz, Jurez *(c)* Eswardeurs, Eschevins, & autres Officiers & Communauté de notre dicte Ville, pour le temps que elle & les habitans en icelle, avoient Corps, Estat & *(d)* Commune, leur avoient vendus, ou à ceulx dont il avoient cause, pour le profit evident d'icelle Ville, & pour les deniers du prix d'icelles rentes, convertir ès grans & notables services, & aides que notre dicte Ville & ladite Commune, avoient faiz à noz predecesseurs Roys, pour plusieurs foiz, ou fait des guerres & autrement; & à les payer, avoient & ont obligé tous leurs biens & de ladite Communauté, presens & avenir, & chascun d'eulx pour le tout; & lesdiz suppllans les avoient achettez pour la sustentation & seureté de leur vie & de leur * chevance, dont les aucuns en avoient vendus les propres heritages, & le prix d'iceulz, avec leurs autres finances, mis & exposé en l'achat d'icelles rentes, ne povoient estre paiez ne satisfaiz; maiz leur en estoient deu plusieurs arrerages: Et oye la relation de noz amez & feaulz Conseilliers, l'Abbé de Clugny, feu Jacques la Vache, jadis Chevalier & President en notre Parlement, & Gilles de Soycourt nôtre Chevalier & Conseiller, & Maistre des Requestes de notre Hostel, lesquieux Nous envoiasmes pieça en notre dicte Ville, pour apaisier plusieurs descors & debas

* biens.

NOTES.

(a) Tresor des Chartres, Registre 99. Piece 336.

(b) Beguines.] On appelle ainsi en Flandres, en Picardie & en Lorraine, certaines femmes; & filles qui vivent ensemble en devotion, sans faire de vœu. Voy. *le Dictionn. Etymolog. de Menage*, au mot, *Beguines.* Voyez aussi *le Gloss. de Du Cange*, au mot, *Beghinæ.*

(c) Eswardeurs.] Ces Officiers sont plus communement nommez, *Regards* ou *Rewards*, sur lesquels voy. cy-dessus p. 134. *Note (x).*

(d) Commune.] Charles V. par son Ordonnance du mois de Fevrier 1366. avoit aboli la *Commune* de Tournay, & il y avoit establi une nouvelle forme de gouvernement. Voyez le 4.ᵉ Vol. *des Ordonn.* p. 706. & *le precis de ces Lettres dans la Table des Matieres*, au mot, *Tournay.*

qui

DE LA TROISIÉME RACE. 137

qui y eſtoient, & qui eſtoient diſpoſez y eſtre ^a greigneurs, entre les habitans d'icelle, tant pour cauſe du défaut du païement deſdictes rentes & arrerages, comme autrement ; & pour ſçavoir & reformer l'etat d'icelle Ville, & mettre bonne paix & union entre leſdiz habitans, Nous euſſions par mure déliberation eue ſur ces choſes en notre Conſeil, ordené entre les autres choſes, que pour païer les arrerages deſdictes rentes deuz de temps précedent, certaine aſſiette ſeroit faicte ſur certaines *(a)* perſonnes en notre dicte Ville, & en certaine forme & maniere ; & que les Rentiers ou aïans rentes ſur ladicte Ville, demourans en notre Royaume, ſe ^b deporteroient du païement du tiers de leurs dictes rentes, & ne leur en ſeroient payé que les deux pars, juſques à deux ans lors enſuivants ; & que tout ce qui *(b)* eſcheroit deſdites rentes à vie, durans leſdiz deux ans, par mort de ceulz qui les tenoient, ſeroit *(c)* revendu, & le prix converti en acquit & ſolucion du tiers deſſus dit ; & que pour faire & ſupporter les beſoignes, neceſſitez & charges de notre dicte Ville, ycelle Ville auroit quatre mille livres par an, ſeulement, ſur la Recette des revenues d'icelle ; & euſſions commandé & enjoint, ſur peine d'encourre notre indignation, & ſur toutes autres poines que l'en povoit ^e deſſervir envers Nous, notre dicte Ordenance, eſtre tenue & accomplie irrevocablement ; Si comme en noz. ^d Lettres faictes ſur notre dicte Ordennance, & ſcellées en cire vert & en las de ſoye, eſt plus à plain contenu ; & que combien que yceulx ſupplians euſſent humblement & volontiers obey à notre dicte Ordennance, en eulx deportant du payement du tiers de leurſdictes rentes, par la maniere que dit eſt, & requis à grant inſtance, que icelle notre Ordennance fuſt miſe à exécution, neantmoins n'ont il pu eſtre ſatisfaiz deſdiz arrerages, en tout ne en partie, ne notre dicte Ordennance ^e ſorti aucun effet ; mais depuis ont eſté par aucuns, ſans appeller ne oir leſdiz ſupplians, & ſans leur conſentement ou ſçu, obtenuës Lettres de Nous, contenant que iceulx ſupplians ne fuſſent païez que de la moitié de leurſdictes rentes, leurs vies durant ; & de l'autre moitié, à la vie d'une autre perſonne, après leurs decez, en leur préjudice & dommage : & toute voicz ne pevent-il avoir eſté païez : dont les aucuns deſdiz Rentiers, par deffaut de païement, ſont mors en povreté ; & les aucuns convient eſtre en grant miſere, & mendier ; & pluſieurs d'eulx jeunes hommes & pucelles, tourner à honteuſes voies & à peſchié, pour le ſouſtenement de leurs vies avoir : & pour ce, Nous ont humblement requis & ſupplié, que en regart de pitié, & en aumoſne, à notre joieuz advenement en notre dicte Ville, vouſſiſſons ordener & pourveoir à ce que il fuſſent païez de leurs dictes rentes & arrerages ; & notre dicte Ordenance & proviſion ſur ce, faire tenir & ſortir effet : Nous, oy le rapport de pluſieurs de notre Conſeil, auxquiez Nous adjouſtons pleine foy ſur les choſes deſſus dictes, & ſur la valeur des revenues de ladicte Ville, & ſur l'etat d'icelle Ville, & eu ſur ce meur adviz & plaine deliberation en notre Conſeil, aïans pitié & compaſſion deſdiz ſupplians, & pour oſter & ^f ſoſpir toutes matieres de debas, deſcors & diſcencions, qui par deffaut de notre bonne proviſion, pourroient naiſtre en notre dicte Ville, & pour tenir les Bourgois & autres habitans d'icelle, en union & concorde, & en bonne paix & vraye amour enſemble, avons pourveu & ordonné, pourveons & ordennons, de notre autorité Royal, certaine ſcience & plaine puiſſance, ſur les choſes deſſus dictes, en la maniere qui ſenſuit.

CHARLES V.
à Tournay, le 16.e jour de Septembre 1368.

a *plus grands.*
b *renonceroient.*

c *encourir.*
d *Ces Lettres ne ſe trouvent point dans les Regiſtres des Chartres.*

e *ſortir.*

f *aſſoupir.*

NOTES.

(a) Perſonnes.] Il y a dans le Regiſtre un p. avec une marque d'abbreviation, & audeſſus es. Cette abbreviation ſignifie certainement *perſonnes*, dans pluſieurs autres endroits de ces Lettres. Si elle ſignifie le même mot icy, le ſens doit eſtre, que *l'on donna aux Rentiers pour leur payement, des aſſietes ou aſſignations ſur des perſonnes qui eſtoient redevables envers la Ville, de quelques ſommes d'argent.*

(b) Eſcheroit.] Les Rentes qui ſeroient éteintes par la mort des Rentiers à vie. La même expreſſion ſe trouve dans ce ſens, cy-deſſus, p. 135. art. XLIII. Voy. *la Note (h)*.

(c) Revendu.] C'eſt-à-dire, que l'on créeroit de nouvelles Rentes viageres, égales à celles qui avoient eſté éteintes, & que le prix principal payé pour l'acquiſition de ces Rentes viageres, ſeroit employé au payement du tiers des autres Rentes, auxquelles les Rentiers avoient renoncé.

Tome V. S

138 Ordonnances des Rois de France

CHARLES V.
à Tournay, le 16.ᵉ jour de Septembre 1368.

I. C'eſt aſſavoir, que à recevoir, faire & gouverner le fait de la Recepte de ladicte Ville, ſera tantoſt eſleue par le Gouverneur & les Bourgeois d'icelle, Rentiers & non Rentiers, une bonne & ſouffiſante perſonne, auquel ſera ſanz delay, baillé & commis le fait de ladite Recepte; & qui le fera & gouvernera de par Nous; & avec lui, auront leſdiz ſupplians une autre perſonne Contreroleur, qui ſera eleue de par eux, pour veoir le fait d'icelle Recepte, & que rien n'en ſoit diſtribué ne departi, fors par notre Ordennance deſſous eſcripte: & jureront leſdiz Receveur & Contrerolleur, & leurz ſucceſſeurs ou dit Office, à leur création, en preſence deſdiz Gouverneur & Bourgois, que ledit office feront & gouverneront loyalment, ſelon notre preſente Ordennance: lequel Receveur baillera & ſera tenu de bailler & païer des revenus de ladicte Recepte, les ſommes, debtes, rentes & arrerages deſſus eſcriptes, eſquiex ordennons les dictes revenues eſtre converties, & non ailleurs.

Premierement & avant toute œuvre, païera & baillera des deniers deſdites Receptes, au Gouverneur, & aus Generaulx Procureurs de la Ville, ſix mille livres Tournois, à quatre termes en l'an, pour païer les penſions du Gouverneur, Prevoſt, Conſeillers & Procureurs & Receveurs de Tournay, & autres quelconques penſions de la Ville, à Paris & ailleurs; & pour toutes les Fortereſſes, & quelſconques autres neceſſitez de ladicte Ville, ſouſtenir & defendre; & auſſi pour acquiter & païer les rentes à héritages, & les hoſtages de ladicte Ville, qui pour le fait du traittié de la ᵃ paix ſont en Angleterre.

ᵃ la paix de Bretigny, concluë en 1360.

II. Item. Païera tous les deniers que l'on doit aux Orpheninz de la Ville, qui eſtoient mis en depoz; & ce que ladicte Ville doit pour fondations, chapellenies, meſſes & autres devotes œuvres, que l'en dit monter ᵇ ſix mille livres ou environ.

ᵇ à.

III. Item. A Jacques Mouton, quatre mille francz, aus termes à ce prefix & ordennez.

IV. Item. Païera aux Rentiers dehors le Royaume, & auſſi à ceulz de Flandres, qui à preſent ſont, les rentes pleines, auz termes que l'en leur doit, ſi apoint & en telle maniere, que par defaut de païe, les biens & marchandiſes de bonnes gens & marchands de Tornay, ne ſoient arreſtez ne ᶜ executez: leſquelles rentes l'en dit monter annuellement, ᵈ quatre mille cinq cens livres Tournois, ou environ.

ᶜ vendus par juſtice.
ᵈ à.

V. Item. Nous païera ledit Receveur, vint mille Royaulx d'Or ou environ, que ladite Ville Nous doit de temps paſſé, pour cauſe de la (a) delivrance de notre très chier Seigneur & Pere, que Dieu abſoille, auz termes à ce octroïez & accordez, & pour le temps avenir, tant comme les Aides dureront.

VI. Item. Aux Preſidens de notre Parlement à Paris, quatorze cens livres Tournois, que Nous leur y avons pieça aſſignez.

VII. Et les parties des charges deſſus dites, & toutes autres dettes & charges, ſe aucunnes y ſont, que ladite Ville doie à preſent, paiées premierement & avant toute œuvre, (b) païera ledit Receveur du demourant de ladicte Recepte, chaſcun an, aus Rentiers demourans au Royaume, & à ceulx de Tornay, qui à preſent y prennent rentes, tant à vie comme à rachapt, à chacun ſa juſte portion, proportionellement au Marc la livre, ᵉ ſi avant que leſdictes revenuës ſe porront eſtendre; eu regart aus rentes deues à un chaſcun; & le ᶠ reſt demeurera en arrerages, leſquiex ſeront païez avec les autres arrerages à culz deubz du temps paſſé, en la maniere ci après eſcripte. Et quant leſdictes revenues ſeront ſi ᵍ moutepliées & augmenteéz par ʰ eſchéances de mort de Rentiers, ou autrement, que elles porront comprendre le plain païement deſdictes charges & rentes, le ſeurcroiz ſera converti en païant tous

ᵉ autant, à proportion.
ᶠ reſte ou reſtant.
ᵍ multipliées.
ʰ Voy. cy-deſſus p. 137. Not. (b).

NOTES.

(a) Delivrance.] Rançon. Voy. les Tabl. des Mat. des 3.ᵉ & 4.ᵉ Vol. des Ord. au mot, Aydes.

(b) Païera.] On payera une partie des arrerages courants des rentes, à proportion des deniers qui ſe trouveront entre les mains du Receveur. La partie de ces Rentes qui ne ſera point payée alors, reſtera duë aux Rentiers, & leur ſera payée dans la ſuite, avec les arrerages anciens, lorſque les revenus de la Ville ſeront augmentez.

DE LA TROISIÉME RACE. 139

les arrerages, tant des vivans Rentiers comme des trespassez,[a] si avant que ledit seureroiz se porra estendre, à chascun d'iceulx Rentiers ou aïans cause de eulz, selon la quantité de sa rente,[b] tant qu'il seront d'iceulz arrerages plainement payez. Et ce fait, se demourant avoit, sera converti en rachetant les rentes que ladite Ville doit à rachapt, ou plutost,[c] s'estre peut; & lesdictes rentes & charges presentes paiées, se demourant y a, il en sera fait par l'Ordenance de Nous, & sera ledit Receveur tenu de rendre compte de toutes les receptes & distributions que fait aura, chascun an, en quatre saisons de l'année, presens le Gouverneur, le Prevost, le Procureur & cellui qui tiendra le Seel pour Nous, avec les (a)   des Rentiers & les de la Ville; & baillera ledit Receveur Lettres ou Ordennance, après compte fait à un chascun des Rentiers, des arrerages, qui deuz li seront: & pour les choses dessus dictes accomplir & mettre à execution, il Nous plaît & voulons, euë consideration aus choses dessus dictes, de grace especial, certaine science, autorité & plaine puissance Royal dessus dictes, que ladicte Ville & les Bourgeois & habitans d'icelle, (b) aient & tiengnent, & soient levées & receues par ledit Receveur, toutes les revenues & receptes de ladite Ville, tant en [d] assises octroyéez par Nous à certain tems, comme autrement, en l'etat & en la value que elles sont à present, & que elles porront au temps à venir croistre & augmenter, par escheances de mort de Rentiers, ou en autre maniere, tant & si longuement que notre presente Ordennance sera du tout accomplie & enterinée; & avec ce, tous les [e] exploiz de Justice & de notre Scel Royal, & autrement, jusques à dix ans: & ainsi les leur avons donné & octroyé, donnons & octroyons de notre grace & auctorité dessusdicte; & que icelle Recepte, ne soit ou temps present ne à venir, plus chargée que des charges dont mention est faicte pardessus: & revocons & mettons au neant les Lettres ou Ordennance faicte ou empetrée sur la privation de la moitié des rentes, dont mention est faicte cy-dessus, & toutes autres Lettres ou Ordennances faictes ou à faire au contraire, en tant qu'elles seroient prejudiciables à ceste notre presente Ordennance; pourveu que s'aucun desdiz Rentiers a mis ou veille mettre sa rente à moitié, selon la teneur de nostredicte Ordennance sur ce faicte, il y soit receu, sans porter prejudice [f] as autres Rentiers: & n'est notre entention, ne volons que ladicte ville vende ou puisse vendre à personne quelconques, doresenavant, aucunnes rentes à heritage, à vie, à rachat ou autrement. Si donnons en mandement par la teneur de ces Lettres, à noz Gouverneur, Bailli & Prevost de Tornay, & à tous les autres Justiciers de nostre Royaume, presens & à venir, ou à leur Lieuztenanz, & à chascun d'eulz, que notre presente Ordennance tiengnent & facent tenir, garder, enteriner & accomplir sans enfraindre, en tout ou en aucunne partie d'icelle, soubz poine d'encourre perpetuement en notre endignation, & sur tant [g] quanques il se pevent mesfaire envers Nous, en corps ou en biens. Et que ce soit ferme chose, &c. sauf, &c. Donné à Tournay, le seizieme jour de Septembre, l'an de grace mil trois cens soixante huit, & de notre Regne le quint.

Par le Roy, en son Conseil. Y V O.

CHARLES V.
à Tournay, le 16.ᵉ jour de Septembre 1368.
a autant.
b jusqu'à ce que.
c si estre.

d Octrois.

e droits perçûs pour les actes judiciaires.

f aux.

g qq. R.

NOTES.

(a) Il y a là deux mots semblables que l'on n'a pu déchiffrer; il y a pe. avec des marques d'abbreviation: cela peut signifier *Procureur*.
(b) *Aient & tiengnent.*) Que les revenus soient perçûs par le Receveur au nom de la Ville.

Tome V.   S ij

CHARLES V.
à Tournay, en Septembre 1368.

(a) Reglement sur les Amendes, qui seront payées en cas d'Appel au Parlement, des Jugements rendus par les Seigneurs de Fief, dans le Baillage de Vermandois; soit par ces Seigneurs, lorsque leurs Jugements auront esté infirmez, soit par les Appellans, lorsqu'ils auront esté confirmez.

KAROLUS Dei gracia Francorum Rex : ad perpetuam rei memoriam. Dum Regia Celsitudo in exhibenda Subditis Justitia sollicitam se exibet, premium acquirit à Domino, & in suo obsequio firmat animum subditorum : per eam quippe Justiciam, Reges & Principes dominantur in seculo, Provinciarumque populi, ac Respublica in pacis tranquilitate feliciter & longius observantur. Quia igitur communis rumor, ac plurimorum fide dignorum relacio ad nostras aures deduxit, quod in Castellaniis, Preposituris & Sedibus, aliisque locis Regiis nostre Ballivie Viromandensis, & ejus ressorti, in quibus ab antiquo, ad subveniendum nostris oppressis subditis, vigere consuevit & ministrari Justicia, homines nostri *(b)* Feodales, qui in Castellaniis, Preposituris & Sedibus, aliisque locis Regiis predictis, & presertim in Prepositura & Castellania de Peronna, in Viromandia, ad causam & ex debito Feodorum suorum, ad ᵃ conjuramentum Ballivi nostri Viromandensis, seu Prepositi dicti loci de Peronna, ᵇ justicia facere & reddere teneantur, ad evitandum emendas arbitrarias, aut sexaginta librarum Parisiensium, quas singuli hominum predictorum, retroactis temporibus, erga Nos incurrebant & solvere tenebantur, dum per viam appellacionis aut aliter, contingebat per nostram Superiorem Curiam eorum judicia infirmari, tamquam malè aut injustè prolata, ad conveniendum simul ad mandatum dictorum Ballivi & Prepositi, & ad faciendum, ac consulendum & reddendum eadem judicia quandoque hactenus recusarunt & frequentius distulerunt, ᶜ ad de die in diem differendum & recusant; quod jam cessit, & gravius cedere posset in futurum, in rei publice scandalum & grave dampnum, ac dictorum nostrorum subditorum oppressorum, presertim in dictis Castellania & Prepositura commorantium, ᵈ exheredationem, grandeque prejudicium & jacturam, nisi super hoc convenienter obvietur : Nos premissa, absque debite reparacionis moderamine, ulterius tolerare nolentes, sed rei exemplo tam perniciose, medelam totis conatibus adhibere cupientes, ut deinceps predictis nostris oppressis subditis, ipsius presidio justicie, plus solito succurratur, Notum facimus universis presentibus pariter & futuris, quod Nos, de & super premissis, habita prius matura deliberacione cum Gentibus nostri Magni Consilii, Volumus ex nostris certa sciencia, & authoritate Regia decernimus statuimus & eciam tenore presencium ordinamus, quod homines de Feodo, predicta in Prepositura & Castellania de Peronna, constituti, presentes & futuri, qui, ad hujus modi Feodorum suorum causam, ad facienda & reddenda judicia, ab antiquo in dictis Preposituris & Castellania fuerunt & sunt vel erunt astricti, pro quocumque judicio per eos in posterum faciendo & reddendo, à quo quidem judicio, ad Nos seu nostram Parlamenti Curiam, contingerit appellari, si illud judicium per Nos aut eandem Curiam nostram infirmetur, ad unam emendam sexaginta librarum Parisiensium duntaxat, Nobis per eos proporcionaliter persolvendam, teneantur ; quam quidem emendam sexaginta librarum Parisiensium solvendo, quitti erunt perpetuò ac liberi & immunes a dicto judicio per eosdem facto seu pronunciato, & per Nos seu dictam Superiorem nostram Curiam infirmato; absque

ᵃ Voy. la Not. (b).
ᵇ Justitiam.

ᶜ ac.

ᵈ ruine, perte de biens.

NOTES.

(a) Registre du Parlement de Paris, cotté A. ou *Ordinationes antiquæ*, *fol. 126. recto*.
Avant cette Ordonnance, il y a dans le Registre :
Ordinatio super emendis solvendis inter appellantes ab hominibus judicantibus, in Baillivia Viromanduensi, & ipsos homines judicantes, occasione judiciorum infirmandorum & confirmandorum per Curiam Parlamenti.

(b) Feodales.] Les Seigneurs, qui à cause de leurs Fiefs, estoient obligez de rendre la Justice, à la semonce ou *conjurement* des Juges Royaux. Voyez *la Table des Mat. du 4.ᵉ Vol. des Ord.* au mot, *conjurement*. Voyez aussi le *Gloss. du Dr. Franç.* par M. de Lauriere, au mot, *conjure*.

eo quod iidem homines, singulariter pro singulis judiciis, ad emendam sexaginta librarum Parisiensium, aut aliter quam supradictum est, per Nos ac Officiarios nostros, seu alios Nobis subditos, valeant in posterum coarctari; dum tamen fraus, dolus seu favor, in hujus modi consulendis aut reddendis judiciis, per ipsos homines judicantes, minimè committatur: aliter vero, si fraus, dolus aut favor intervenerit, usui & observationibus antiquis stabitur: & ut equalitas, sicut decet, in judiciis observetur in hac parte, volumus & statuimus auctoritate predicta, quod deinceps appellantes a judiciis hominum Feodalium & judicancium predictorum, pro quocunque judicio à quo appellaverint, si contingat illud judicium per Nos seu nostram Curiam predictam confirmari, & pronunciari bene esse judicatum per homines judicantes ante dictos, & malè appellatum, pro qualibet appellacione, sicut premittitur, per eandem Curiam infirmanda, ad emendam sexaginta librarum Parisiensium dumtaxat, inter dictos homines judicantes dividendam, teneantur, nec ad aliam emendam ipsis hominibus prestandam, occasione temerarie appellacionis predicte, quomodolibet teneantur aut compelli valeant in futurum appellantes ante dicti: quod tamen ita intelligimus & observari volumus, si sex aut plures homines Feodales, interfuerint in tali faciendo & reddendo judicio, per Superiorem nostram Curiam, ut dictum est, confirmando: si vero minor numerus hominum judicancium in tali faciendo & reddendo judicio interfuerit, volumus ac declaramus & ordinamus, quod appellantes ipsi, ad solvendum cuilibet hominum judicancium in dicto minori numero constitutorum, emendam decem librarum Parisiensium dumtaxat, compelli valeant & etiam teneantur: sed ut deinceps predictis nostris subditis justicia convenientius ministretur, statuimus & ordinamus, quod prefati homines Feodales, ad judicium faciendum & reddendum, ad locum consuetum, ut moris est, evocati, infra statutum & eisdem assignandum tempus, accedere & comparere teneantur sine deffectu; nisi causam veram & legitimam habuerint absencie; que, si vera & legitima non fuerit, & ad judicium evocati, minimè comparuerint, eorumdem hominum Feoda, in manu nostra poni volumus & arrestari, ac in ea detineri per Bailliuum vel Prepositum ante dictos, quousque dicti homines sic contumaces & absentes, pro suo deffectu & absencia vel contumacia, emendam Nobis prestaverint condecentem. Quod ut firmum & stabile perpetuo perseveret, nostrum presentibus Litteris jussimus apponi Sigillum: Salvo in omnibus jure nostro & quolibet alieno. Datum apud Tornacum, Anno Domini millesimo trecencesimo sexagesimo octavo; Regni quoque nostri quinto, mense Septembris.

CHARLES V. à Tournay, en Septembre 1368.

Item. Estoit contenu en la marge dessous d'icelles Lettres, ce qui s'ensuit:

Alias sic signata. Per Regem, in suo Consilio, vobis presentibus. J. DE REMIS. *Et rescripta ac signata de precepto vestro, juxta correctionem Consilii in Camera Parlamenti existentis, die ultima mensis Martii, Anno Domini millesimo trecentesimo septuagesimo.* VILLEMER.

(a) Privileges accordez par differents Rois, à l'Ordre de Cisteaux.

KAROLUS, &c. *Notum facimus universis tam presentibus quam futuris, Nos infrascriptas Litteras, in cera viridi & filis* [a] *cericis sigillatas, vidisse, formam que sequitur, continentes.*

[b] LUDOVICUS *Dei gratia Francorum Rex. Noverint universi presentes pariter & futuri, quod Nos, Divini amoris intuitu, pro salute anime nostre, & ob remedium animarum inclite recordacionis Regis* [c] *Ludovici Genitoris nostri, & Regine Blanche Geni-*

CHARLES V. au Monastere de Vaucelles, en Septembre 1368.
Philippe Auguste, à St Germain en Laye, en 1221.
St Loüis, à Ham, en Sept. 1257.
Philippe III. dit le Hardi, à Paris, en Janvier 1281.
Philippe IV. dit le Bel, à l'Abbaye de Froimont, en Juillet 1291.
Philippe V. dit le Long, à Paris, le 18. de Septembre 1316.
a sericis.
b St Loüis.
c Loüis VIII.

NOTE.

(a) Tresor des Chartres, Registre 99. Piece 556.

CHARLES V. au Monastere de Vaucelles, Septembre 1368.

tricis nostrae, ac aliorum Antecessorum nostrorum, Abbati & Conventui de (a) Vaucellis, Cisterciensis Ordinis, domos, vineas, terras, prata, nemora, redditus & alias possessiones quascumque, titulo donacionis seu empcionis, aut alio quocumque modo ab ipsis racionabiliter acquisitas, & quas usque nunc pacifice possederunt, tenendas & possidendas imperpetuum quiete & pacifice, concedimus, & auctoritate Regia confirmamus: salvo jure in omnibus alieno.

a &.

Item. *Volumus & concedimus, quod iidem Abbas & Conventus, de omnibus rebus ipsorum, in eorum usus proprios convertendis, per totam terram nostram, tam per terram quam per aquam, in propriis pedagiis seu passagiis nostris, quitti sint, liberi & immunes ab omni Pedagio, Teloneo, Rotagio, Pontagio, Passagio, imperpetuum; necnon & ab alia*

b Impôt ordinaire. b *consuetudine sive costuma quacumque. Quod ut ratum & stabile permaneat in futurum, presentes Litteras sigilli nostri fecimus impressione muniri. Actum apud Ham in Veromandia, anno Domini millesimo duocentesimo quinquagesimo septimo, mense Septembris.*

Item. *Tenor aliarum Litterarum, sequitur in hiis verbis.*

c Philippe V. dit le Long.

c *PHILIPPUS Dei gracia Francorum & Navarre Rex. Notum facimus universis tam presentibus quam futuris, quod Nos, Litteras inclite recordacionis carissimi Domini Genitoris nostri, Philippi quondam Regis Regnorum ipsorum illustris, vidimus in hec verba.*

d Philippe III. dit le Hardi.

d *(b) PHILIPPUS Dei gratia Francorum Rex. Notum facimus universis tam presentibus quam futuris, quod Nos, Litteras inclite recordacionis, Philippi quondam Regis Francie, Proavi nostri, vidimus in hec verba.*

e Philippe-Auguste.

IN nomine sancte & individue Trinitatis. Amen. e *PHILIPPUS Dei gracia Francorum Rex. Universis Baillivis suis, Majoribus, Prepositis & aliis quibuscumque ab ipsis potestatem habentibus, ad quos presentes Littere pervenerint: Salutem. Ad Regiam sollicitudinem summopere respicit, ut ab Ecclesiis sibi commissis, importunam Luporum rabiem*

f exterreat. g carum. *arcendo, procul* f *exterrent, & in* g *ejus partem conservandum, studium sancte solicitudinis apponat. Hinc est quod Progenitorum nostrorum inherendo vestigiis, Religiosas Ecclesias Cisterciensis Ordinis; videlicet, (c) Pontigniacensis, Clarevallensis, ceterasque ex eisdem pendentes; maxime tamen Domos, quarum nomina in hoc privilegio sunt titulata, una cum ipsis, specialiter in nostra proteccione & custodia suscepimus; scilicet Domum (d) Longi-pontis, Karoli-loci, Ursi-campi, de Vaucellis, Vallis Beate Marie a*

NOTES.

(a) *De Vaucellis.*] Vaucelles, située sur l'Escaut, auprès de Creve-cœur, à peu près à une lieuë de Cambray. Elle est nommée ordinairement en latin, *Vallisscella* ou *Valcella*. Guillaume en estoit Abbé en 1257. & Mathieu III. en 1368. Voyez *Gall. Christ. secundæ Edit.* Tom. 3. pages 175. 178. n.° XIII. & XIV. & pag. 180. n.° XXXI.

(b) *Philippus.*] Avant le commencement de ces Lettres, on devroit trouver icy le commencement de celles de Philippe le Bel, dont la fin se trouve plus bas, en date du mois de Juillet 1291. Ce n'est pas la seule fois que l'on trouve de semblables obmissions dans les Registres des Chartres. Voyez les *Additions* qui sont à la fin du 4.° Vol. des *Ordonn.* p. ccxliij. col. 2.° sur la page 401.

(c) *Pontigniacensis.*] Pontigny, dans le Diocese d'Auxerre, à quatre lieuës de cette Ville. Voy. *Gall. Christ. primæ Edit.* Tom. 4. p. 740. col. 2.

Claravallis, Clairvaux, en Champagne, Diocese de Langres, à cinq lieuës de cette Ville. Voy. *ibid.* p. 253. col. premiere.

(d) *Longi-Pontis, &c.*] *Long-pont*, dans le Duché de Valois, du Diocese de Soisson. Voy. *Gall. Christ. prim. Edit.* Tom. 4. p. 570. col. premiere.

Karoli loci, Chaalis, du Diocese de Senlis. à deux lieuës de cette Ville. *Ibid.* p. 218. col.

Ursi-campi, Orcamp, du Diocese de Noyon & assez près de cette Ville. *Ibid.* p. 959. col.

De Vaucellis. Voy. cy-dessus Note (a).

Vallis Beate Marie de Prata. C'est sans doute, *Nostre-Dame des Prez* lez Troyes, laquel[le] [*ibid.* p. 756. col. 2.] est nommée, *Pratense Cænobium.* C'est une Abbaye de Filles.

Frigidi-montis, Froimont, Diocese de Beauvais. *Ibid.* p. 442. col. 2.

De Gardo, du *Gard*, dans le Diocese d[...]

DE LA TROISIÉME RACE. 143

Prato, Frigidi-montis, de Gardo, de Buoſtel, Fulcardi-montis, Balanciar., de Longo-villari, Cari-campi: Unde tam ſingulis quam univerſis mandantes, vobis precipimus, quatenus predictas Domos, & ea quæ ad ipſas pertinent, que ſunt in poſſe noſtro, per jus cuſtodiatis & defendatis ab omni gravamine & injuria; nec ipſas injuſtè ſubſtineatis ab aliquibus moleſtari: Quod ſi aliquis ſuper quem poſſe habeatis, ipſas Domos aut res eorum moleſtaverit, aut injuriam intulerit vel gravamen, quod ipſum, abſque omni dilacione vel excuſacione, emendari faciatis: & ſi Fratres dictarum Domorum, pro jure ſuo poſtulando, ad vos aliquociens acceſſerint, ipſos taliter exaudire & expedire curetis, quod propter veſtros defectus, ad Nos ipſos non oporteat ^a laborare : concedentes dictis Fratribus, ut de propriis rebus ſuis, per univerſa propria Pedagia noſtra, tam per terram quam per aquam, quieti ſint & liberi ab omni Pedagio, Theloneo, Rotagio, ſeu alia exaccione vel conſuetudine quacunque. Verum quia ad dirigenda potiſſimùm eorum negocia, & bona que poſſident, contra pravorum hominum multiformes aſtucias defenſanda, qui Divinis ſunt ſerviciis mancipati, ſtudium & diligenciam Nos convenit adhibere, ex parte ſi quidem Abbatum Domorum ſupradictarum, gravis eſt Nobis oblata querela ; nam nonnulli Principes ac Nobiles, occaſione ^b juris Patronatus, (a) Advocacie ſeu cuſtodie, quam in domibus ſeu grangiis eorum, ſe habere proponunt, bladum, vinum, ^c evectiones, animalia & res alias pro edificacione ac municione Caſtrorum & Villarum, necnon pro (b) Tirociniis, Torneamentis, ^d expedicionibus & aliis uſibus eorundem, ab ipſis exigunt & extorquent; & quod gravius eſt, per vim Domos ipſorum ingredientes, (c) Juſticiam ibidem proclamant, contra Cisterciensis Ordinis inſtituta, ^e Judicium ſanguinis exercere volentes; propter quod, & quies monaſtici ordinis perturbatur, & grave prefatis domibus imminet detrimentum : vobis ſingulis & univerſis precipimus, ne quis premiſſa à dictis Fratribus audeat exigere ; mandati noſtri tranſgreſſores, tanquam raptores & violatores capiantur, & dignè pro meritis puniantur : & quia (d) abſurdum eſt racionique contrarium, ut ab illis qui emendas ſeu leges non capiunt, ab ipſis leges & emende, poſt dampni reſtoracionem, requirantur, volumus & precipimus univerſis Bailliuis noſtris, Prepoſitis, Baronibus, Militibus, Scutiferis, ſeu ^f Waſſoribus, in quorum districtu dampna hujuſmodi fuerint illata, ſi contingat, quod interdum dictorum Fratrum animalia, ipſis invitis, aliquibus dampna inferant, nullus de cetero, ſuper emendis hujuſmodi, poſtquam de predictis dampnis debitam ſatisfactionem duxerint (e) exhibendam, ^g ab ipſis impenſam, extorquere nitatur emendam, nec ipſos aliquo modo moleſtare preſumat. Nichilominus omnes Libertates & Immunitates à predeceſſoribus noſtris Regibus Franc.

CHARLES V.
au Monaſtere de Vaucelles, en Septembre 1368.

a avoir recours.

b jur. R.

c voitures.

d expeditions militaires.

e les jugemens qui condamnoient à des peines afflictives.

f pour Vavaſſoribus.

g &.

NOTES.

miens, ſur la Somme. *Ibid.* p. 455. col. prem.

De Buoſtel.... & Balanciar. Il y a une abbreviation ſur la fin de ce mot. Ni moi ni quelques perſonnes habiles que j'ai conſultées, n'ont pu rien découvrir ſur ces deux Monaſteres.

Fulcardi-montis, Foulcarmont, dans le Dioceſe de Roüen. *Ibid.* p. 444. col. premiere.

De Longo-villari, Longvilliers, dans le Ponthieu, Dioceſe de Boulogne. *Ibid.* p. 575. col. 1.

Cari-campi, Chercamp, dans le Dioceſe d'Amiens. *Ibid.* p. 224. col. premiere.

(a) *Advocacie.*] Avoüeries, ſur leſquelles voy. l'*Uſage des Fiefs* de M. *Bruſſel*, Tom. 2. L. 3. ch. 6. p. 768.

(b) *Tirociniis.*] Les Exercices que l'on faiſoit pour s'inſtruire dans l'Art militaire ; tels qu'eſtoient les Tournois dont il eſt parlé tout de ſuite. *Tyrocinium* eſt même quelquefois pris pour *Torneamentum*. Voyez le *Gloſſaire* de *Du Cange*, au mot, *Tyrocinium*.

(c) *Juſticiam... proclamant.*] Cela ſignifie, *veulent rendre la juſtice*. Les Avoüez eſtoient Juges des Vaſſaux des Monaſteres, dont ils eſtoient Avoüez ; mais ils n'avoient aucune Juriſdiction ſur leurs hommes taillables. Cela eſt très-bien expliqué dans l'Ouvrage de M. *Bruſſel*. [*Voy.* cy-deſſus Note (a).] Voy. à la p. 785. & ſuiv.

(d) *Abſurdum eſt.*] Voicy comme j'entends cet endroit.

Je ſuppoſe que par un uſage eſtabli dans l'Ordre de Ciſteaux, les Religieux n'exigeoient point que les Maiſtres des animaux qui avoient fait du dégaſt ſur leurs terres, fuſſent condamnez à une amende, & qu'ils ſe contentoient que l'on reparaſt le dommage qu'ils avoient ſouffert. Il eſtoit donc juſte que l'on en uſât de la même maniere à leur égard.

(e) *Exhibendam... impenſam.*] Je crois que cela ſignifie, lorſque les Religieux auront reconnu qu'ils devoient reparer les dommages cauſez par des animaux à eux appartenants, & qu'ils les auront reparez en effet.

144   ORDONNANCES DES ROIS DE FRANCE

CHARLES V. au Monastere de Vaucelles, en Septembre 1368.

necnon & Libertates & exemptiones à Baronibus, Militibus vel aliis Christi fidelibus, dictis Fratribus racionabiliter concessas & indultas, confirmamus. Quod ne valeat oblivione deleri, scripto commendavimus; & ne possit à posteris infringi, sigilli nostri auctoritate, & Regii nominis karactere inferiùs annotato, presentem paginam precipimus confirmari. Actum apud Sanctum Germanum in Laya, anno Dominice Incarnacionis, millesimo duocentesimo vicesimo primo; Regni vero nostri (a) quadragesimo tercio. Astantibus in Palacio nostro, quorum nomina supposita sunt & signa. Dapifero nullo. Buticulario nullo. Signum Bartholomei Camerarii. Signum Mathei Constabularii.

Data vacante   ℞s⸺ℒ   Cancellariâ.

a Continuation des Lettres de Philippe le Hardi.

ᵃ In cujus rei testimonium, presentibus Litteris nostrum fecimus apponi sigillum. Actum Parisius, Anno Domini millesimo duocentesimo octogesimo primo, mense Januario.

b Fin de Lettres de Philippe le Bel, dont le commencement manque.

ᵇ In rei testimonium, presentibus Litteris nostrum fecimus apponi sigillum. Actum apud Abbaciam Frigidi-montis, Anno Domini millesimo duocentesimo nonagesimo primo, mense Julio.

c Continuation des Lettres de Philippe le Long.

ᶜ In cujus visionis & inspeccionis testimonium, sigillum nostrum presentibus Litteris duximus apponendum. Actum Parisius, die decima octava mensis Decembris, Anno Domini millesimo trecentesimo sexto decimo.

d Continuation des Lettres de Charles V.

ᵈ Quas quidem Litteras, ac omnia & singula in eisdem contenta, rata & grata habentes, ea volumus, laudamus, approbamus, & quantum ad Monasterium Beate Marie de Vaucellis, Cameracensis Dyocesis, pertinet seu pertinere potest, de gracia speciali, certa scientia & auctoritate nostra Regia, confirmamus. Dantes tenore presencium in mandatis, districtè precipiendo, universis Justiciariis, Officiariis & Subditis nostris, aut eorum Locatenentibus, presentibus & futuris, & eorum cuilibet, prout ad eum pertinuerit, quatenus dilectos nostros Abbatem & Conventum dicti Monasterii de Vaucellis, Cisterciensis Ordinis, & eorum Successores, de contentis in Litteris supradictis, uti & gaudere pacificè faciant & permittant, ipsos in contrarium nullathenus perturbando. Quod ut firmum, &c. salvo, &c. Datum apud dictum Monasterium de Vaucellis, mense Septembr. anno Domini millesimo ccc.ᵒ sexagesimo octavo, & Regni nostri quinto. Per Regem. P. MICHIEL. Visa. Collatio fit cum Originalibus Litteris per me. ᵉ Contentor P. MICHIEL.

e Voy. la Table du 4.ᵉ & du 5.ᵉ Vol. des Ord. au mot, contentor.

NOTE.

(a) *Quadragesimo tercio.*] Philippe-Auguste estant monté sur le Trône, le 18. de Septembre 1180. quand même on supposeroit que ces Lettres ont esté données depuis le 18. de Septembre 1221. elles ne peuvent pas avoir esté données la quarante-troisième année de son Regne, mais seulement la quarante-deuxième.

CHARLES V. en Septembre 1368.

(a) Privileges accordez aux Arbalestriers de la Ville de Compiegne.

SOMMAIRES.

(1) La Connestablie (ou Compagnie) des Arbalestriers de Compiegne, residera dans cette Ville. Le Roy nomme Symon le Flechier, dit de Compiegne, pour leur Connestable, pour l'estre pendant deux ans. Dans la suite les Arbalestriers estiront de deux ans en deux ans, un Connestable, à la pluralité des voix: Simon le Flechier, avec le conseil des cinq ou six des plus experts au jeu de l'Arbaleste, choisira les vingt Arbalestriers qui doivent composer (la Compagnie.) Les Arbalestriers obeiront au Connestable, dans ce qui regarde leurs fonctions, sous peine d'une amende de cinq sols Parisis.

(2.) Le Roy retient ces Arbalestriers à son service, & il les met sous sa sauvegarde.

(3) Lorsqu'il y aura un Arbalestrier de mort, ou qui ne pourra plus servir, soit par vieillesse & infirmité, ou qui par sa faute aura esté exclus de la Compagnie ; le Connestable avec le Conseil de deux ou trois Arbalestriers, en choisira un autre à sa place, & lui fera prester serment de bien servir le Roy.

CHARLES, &c. Savoir faisons à tous presens & avenir, que la Royale Majesté a acoustumé gracieusement ceulz honorer, essaucier & acroistre, qui loyalment

NOTE.

(a) Tresor des Chartres, Registre 99. Piece 266.

se sont

DE LA TROISIÉME RACE. 145

se sont exposez à son service, & qui de vray cuer, y desirent perseverer, en culz y astraingnant liberalment. Pour ce est-il que Nous ramenans à memoire, comment nos bien amés les Compaignons de la Conneftablie des Arbaleftriers de noftre Ville de Compiengne, Nous ont servi ou temps passé, en exposant leurs propres corps à l'envaissement des Fors de *(a)* Remin, Longueil, Mareul, & autrement en plusieurs lieux & places, depuis 12. ans ou environ, là où il a pleu à Nous & à nos Gens estans sur le paiz de Beauvoisis, lors occupé par le temps des guerres, par les ennemis de nostre Royaume, ª & de les mener pour grever nos diz ennemis; moyennant l'aide desquelz, les Fors dessus esclarcis, ou aucuns d'iceulx, ont esté recouvers, si comme Nous avons eu plaine relacion: en quoy iceulx Arbaleftriers ont souffert & enduré grans perilz & travalz de leurs corps, voulons à yceulx impartir grace, qui à eulx & à leurs successeurs Arbaleftriers de la dicte Conneftablie, chiee en l'honneur & proffit, par la forme & maniere qui s'enfuit.

CHARLES V.
à Paris, en Septembre 1368.

a & est inutile.

Premierement. Pour les tenir en union, à ce que Nous les puissions avoir à noz besoings, Nous voulons & ordennons que la Conneftablie de 20 Compaignons Arbaleftriers, en nostre dicte Ville de Compiengne, se tiengne; & que Symon le Flechier, dit de Compiengne, duquel Nous avons eu souffisant rapport, soit Conneftable d'iceulx Compaingnons, sanz ce que autre le soit ou puist estre en nostre dicte Ville de Compiengne, jusques à deux ans continuelz, du jour de la date de ces presentes: lequel Conneftable, appellez avec luy 5 ou 6 des plus expers oudit fait, esliront ledit nombre des 20 Compaignons dessus dis; & ᵇ fenis les diz deux ans, feront les Compaingnons dudit nombre, nouvelle eslection de Conneftable, de l'un d'eulx, là où le plus se assentira: auquel Conneftable dessus nommé, que Nous faisons & ordenons par ces presentes, & aux autres successeurs Conneftablez de la dicte Conneftablie, qui de 2 ans en 2 ans seront faiz par nouvelle eslection, tous les autres Compaingnons seront tenus d'obéir en tout ce qui regardera le fait du traict & ᶜ gieu de l'Arbaleste, à paine de 5 sols Parisis, à appliquer au proufit de la dicte Compaingnie, à payer par celli qui auroit sailli au commandement dudit Conneftable, pour chascune soiz qu'il encourroit en saulte ou désobéissance de ce qui auroit esté enjoint à faire par ledit Conneftable: & voulons que par le premier Sergent Royal qui sur ce sera requis, execution en soit faicte.

b *finis.*

c *jeu.*

(2) *Item.* Nous recevons les diz Conneftable & Compaignons, à Nous; & les prenons & mettons en nostre salve & especial garde, comme sont & doivent estre noz gens ᵈ de nostre retenuë, Serviteurs & Officiers, avec leurs biens, familes & ᵉ mainiés.

d *qui sont à nostre service.*
e *domestiques.* Voy. cy-dessus p. 67. Not. marg. (g).

(3) *Item.* Nous voulons, que comme uns des Arbaleftriers sera alez de vie à trespassement, ou que par ancienneté, foiblece ou impotence, ou par sa coulpe dampnable, il ne Nous pourroit plus servir, ledit Conneftable, appellé avec lui 3 ou 2 Compaingnons de ladite Conneftablie, en ᶠ recouvrant un autre; & prengnent de lui le serement de Nous servir bien & loyalement, oudit fait & gieu de l'Arbaleste, afin que ledit nombre de 20 soit tousjours trouvé complettement, pour Nous servir par tout comme Arbaleftriers, là où il nous plaira de les envoïer, &c. *(b)*

f *recouvrent.* Voyez cy-dessus p. 67. art. (3).

Donnons en mandement à noz amés & feaulz Gens tenans le present Parlement

NOTES.

(a) Remin, &c.] Je n'ai rien trouvé sur ce lieu.

Longueil. L'on trouve dans le *Dict. Univ. de la Fr.* deux lieux situez dans la Picardie, Diocese de Soissons, & Election de Compiegne; l'un nommé, *Longueüil S.ᵗᵉ Marie*, & l'autre, *Longueüil sous Tourotte.*

Mar.ul. C'est sans doute le même lieu que *Mareulez*, sur lequel voyez ci-dessus page 32. Note *(b)*.

(b) Les clauses suivantes sont entierement semblables à celles des Lettres d'Août 1367. accordées aux Arbaleftriers de Laon, *[voyez cy-dessus p. 66.]* à l'éxception du nom de la Ville & du nombre des Arbaleftriers. Ainsi l'on a cru que l'on pouvoit se dispenser de les faire imprimer icy.

146   Ordonnances des Rois de France

CHARLES V.
à Paris, en Septembre 1368.

à Paris, & à ceulx qui tendront les Parlements à venir, à noz amés & feaulx Confeilliers les Gens de noz Comptes à Paris, au Bailli de Senliz, aux Maiftres des Porz & des Paffages, Receveurs & Collecteurs députez & à députer, & à tous autres Jufticiers & Officiers de noftre Royaume, leur Lieuxtenans, & à chafcun d'eulx, prefens & à venir, que de toutes les libertés, franchifes & autres chofes deffus devifées, facent, fuefrent & laiffent le Conneftable & Arbaleftriers deffufdiz, qui à prefent font &

a ufer. Voyez cy-deffus p. 69.
b Voy. cy-deffus p. 69. Note (c) margin.

d'orefenavant feront, foubz le nombre deffufdit, joïr & ᵃ eftre à tousjours, fanz leurs mettre ou fouffrir eftre mis deftourbier, empefchement ou ᵇ objection à l'encontre; maiz tout ce qu'il trouveront eftre fait au contraire, ou prejudice d'iceulx ou d'aucun d'eulx, facent reparer & mettre à eftat deu, felon ce que deffus eft devifé, fanz delay; & nos prefentes Lettres facent publier en tous les lieux acouftumés à faire cris en noftre Royaume, dont il feront requis, fi que aucun ne s'en puiffe excufer de ignorance: & des noms & feurnoms defdits Conneftable & Arbaleftriers, voulons eftre euë congnoiffance par certificacion dudit Prevoft Forain de ladicte Ville de Compiegne, devant lequel ilz fe foubzmettront & aftraindront de Nous fervir en la maniere deffufdicte, & le jureront par leurs feremens: auxquels feremens recevoir, Nous députons ledit Prevoft, par ces prefentes: & pour ce que chafcun d'iceulx ne pourcit ce prefent Original avoir devers lui à fon befoing, Nous vou-

c *autentique*.
Vo ez cy-deffus p. 69.

lons que le Tranfcript ou *Vidimus* foubz Seel ᶜ attentique, vaille par tout, & y foit obey plainnement de tous les Jufticiers & Subgez de noftre Royaume, comme à l'Original. Et que ce foit ferme, &c. fauf, &c. *Donné à Tournay, l'An de grace 1368. & de noftre Regne le quint, ou mois de Septembre.*

d *Il y a une marque d'abreviation fur la fin de ce nom.*

Ainfi figné. Par le Roy, en fes Requeftes. DOUHEM. ᵈRECC. *Vifa.*

CHARLES V.
en Septembre 1368.

(*a*) Confirmation de la Commune & des Privileges de Sim, [Sin-le-Noble.]

*C*HAROLUS, &c. *Notum facimus prefentibus pariter & futuris, Nob's, pro parte dilectorum noftrorum Scabinorum, & Communitatis Ville noftre de (b) Sim, prope Duacum, expofitum extitiffe, à tali & tanto tempore quod de contrario hominum memoria non exiftit, habuerunt & habeant* ᵃ *Legem & omnimodam Juridi-*

a Commune.
b Voy. le 4.ᵉ Vol. des Ord. pp. 564. & 565.

cionem in dicta Villa, nec non Scabinatum, Curiam, cognicionem & judicium, ad ᵇ *conjuramentum Baillevi noftri de Duaco, omnium & fingulorum cafuum quomodolibet emergencium feu eveniencium in dictis Villa & Scabinatu dicti loci; habeant eciam ceteros ufus & confuetudines, quibus ipfi & eorum predecefores ufi fuerunt ufque ad prefens, & adhuc utuntur pacifice & quiete: nichilominus quia, jam diu eft, per factum guerrarum Regni noftri contra* ᶜ *Flamingenfes, eorum privilegia fuper hujufmodi Lege, Jurifdictione, Scabinatu & Confuetudinibus antedictis, combufta fuere, iidem exponentes, fine caufa rationabili, per Officiarios noftros Regios impediuntur & turbantur multociens & vexantur, contra dicta eorum privilegia, Jurifdictionem, Libertatem & Confuetudines predictas, indebitè veniendo, in dictorum exponentium grave prejudicium non modicum & gravamen: Quamobrem prefati Scabini & Communitas Nobis fecerunt humiliter fupplicari, premiffis confideratis,* ᵈ *quod quum ipfi fuerunt Nobis femper veri fubditi & fideles, pluribus* ᵉ *Juridictionibus, Talliis, pro facto Regni noftri ac Juvaminibus, onerati, eifdem vellemus de favoribus* ᶠ *prefidio fubvenire: hinc eft quod Nos, qui fubditos noftros in fuis Libertatibus, Immunitatibus, privilegiis & juribus, volumus totis conatibus* ᵍ *obfervari noftris temporibus, & foveri; premiffis attentis, quodque per informationem, virtute certarum Litterarum à Nobis feu Curia impetratarum fuper hujufmodi Juridicione, Scabinatu & aliis*

c Flamans.

d q.q. R.
e Impôts.
f &.
g confervari.

NOTES.

(*a*) Trefor des Chartres, Regiftre 99. Piece 402.

(*b*) *Sim.*] L'on trouve dans le Diction. Univ. de la Fr. *Sin-le-Noble*, dans la Flandre Walonne, Diocefe de Tournay, Parlement & Subdelegation de Douay. [C'eft fans doute le même lieu.]

DE LA TROISIÉME RACE. 147

juribus supradictis, per Gubernatorem Insulensem & Duaci, aut ejus Locumtenentem, solenniter factam, & aliter, de Scabinatu, Juridicione, Lege, Usibus & Consuetudinibus antedictis, Nobis sufficienter extitit facta fides, predictorum exponentium supplicationibus, in nostro jocundo adventu in dicta nostra Villa Duaci, benigniter inclinati, volumus, & de nostra speciali gracia, auctoritateque Regia, dictis exponentibus concedimus per presentes, ut ipsi predictis Lege, Scabinatu, Juridicione & Causarum cognicione, privilegiis, Consuetudinibus, usibus & aliis juribus quibuscumque, quibus ab antiquo usi fuerunt & hactenus ^a *& utuntur, de cetero pacificè & quietè gaudeant & utantur: Quocirca Gubernatoribus & Baillivis* ^b *Insulensibus & Duaci, ceterisque Justiciariis & Officiariis nostris presentibus & futuris, aut eorum Locatenentibus, & cuilibet eorumdem, prout ad eum pertinuerit, earumdem serie Litterarum mandamus, firmiter injungendo, quatenus prefatos Scabinos, & Communitatem dictæ nostre Ville de Sim, modernos atque futuros, presenti nostra gratia, concessione,* ^c *juriumque supradictorum, uti & gaudere deinceps pacificè & quietè faciant & permittant, ipsos nullatenus in contrarium perturbando vel impediendo, aut perturbari seu impediri quomodolibet permittendo; sed si forsam aliquid in contrarium factum vel attemptatum repererint, id ad statum pristinum & debitum reducant aut reduci faciant indilatè. Quod ut firmum, &c. Salvo, &c. (a)* Datum Anno millesimo ccclxviij, Regnique nostri quinto, mense Septembris.
Ainsin signée. ERKERI. ^d RECC. Visa.
Per Regem, Dominis Requestorum presentibus. J. DE REMIS.

CHARLES V.
en Septembre 1368.

a & est inutile.
b Insulen. R.

c juribusque supradictis.

d Il y a une marque d'abbreviation sur la fin de ce mot.

NOTE.

(a) *Datum.*] Le lieu où ces Lettres ont esté données, n'est point marqué; mais il y a grande apparence qu'elles ont esté données à Douay, puisqu'il est dit dans ces Lettres, que le Roy les a accordées, lors de son joyeux avenement dans cette Ville.

(a) *Commission donnée par le Roy, pour la Reformation des abus qui se commettoient dans les Halles de Paris.*

CHARLES par la grace de Dieu Roy de France. A tous ceulz qui ces presentes Lettres verront : salut. Comme il soit venu à nostre congnoissance, tant par la relation de nostre Prevost de Paris, comme de plusieurs des Gens de nostre Conseil, pour ce plusieurs foiz de nostre commandement assemblés, pour veoir & Nous rapporter l'estat des Halles de nostre bonne Ville de Paris, assises vers le lieu que l'en dit (b) Chappiaux, lesquelles furent pieça ordonnées, édifiées & construites par nos predecesseurs Roys de France, pour là estre portées & vendues aux trois jours de marchié ordonnez en la Ville de Paris, & non ailleurs; c'est assavoir, au mercredi, vendredi & sabmedi, toutes manieres de denrées ou marchandises, comme bled & tout autre grain, poissons de mer, tant fres comme salés, drapperie, pelleterie, mercerie, freperie, tapicerie, chausses, toilles, chauderonaille, cuirs tant ^a tamé comme conroyé, ^b cordouennerie & plusieurs autres denrées & marchandises de semblable condicion, & dont aucunnes des dictes Halles qui sont en nostre Demaine, & les autres qui des long-temps a, furent ^c accensez par certain pris & somme de deniers deubx & payez chacun an, au Receveur de Paris, par les gens d'aucuns d'iceux mestiers ou marchandises, qui les devoient & doivent soustenir & tenir en bon estat; dont plusieurs ont esté & sont deffaillans; especialment les Merciers, Pelletiers, Frepiers, Tapissiers, Chauderonniers & autres, par telle maniere, que pour ce que ilz ont vendu ou chargé les estaux d'icelles Halles, de certains ^d crois de Cens ou de

CHARLES V.
à Paris, le 13. d'Octobre & le 26. de Mars 1368.

a tanné.
b souliers.

c données à cens, moyennant une redevance annuelle.

d Voy. le 2.e Vol. des Ord. p. 196. Note (b).

NOTES.

(a) Registre Rouge-vieil du Chastelet de Paris, *fol. 46. recto.*

(b) *Chappiaux.*] Champeaux. Voyez cy-dessus p. 106. Note (c); & sur le Roy qui a basti les Halles, p. suiv. Note (a).

Tome V. T ij

CHARLES V.
à Paris, le 13. d'Octobre & le 26. de Mars 1368.

a cessé.
b boutiques.
c maisons.
d plus grande.
e mépris & incommodité.
f comparaison.
g notoirement.
h & est inutile.
i faveur.

rentes annuelles, oultre les Cens à Nous deubx; laquelle chose ilz ne povoient faire par raison; comme pour ce que pluseurs des gens des diz mestiers, ont ᵃ délaissié & délaissent de leur volunté desordonnée, apporter & vendre leurs denrées esdictes Halles, par les jours de marchié dessus esclarcys, & tiennent & ont tenus leurs ᵇ ouvrouers ouvers en leurs ᶜ hostels, & autres places que celles ordonnées esdictes Halles; sont ad present en tel etat & disposicion de ruine, que la ᵈ greigneur partie d'icelles sont ainsi comme inhabitables & déchuës, ou très grant ᵉ vitupere & esclande de Nous & de nostre bonne Ville de Paris, & ou grand grief, préjudice & dommage de Nous & de nostre Demaine; méesmement comme ou temps passé, quant les dictes Halles ont esté habitées & fréquentées par les marchans, & que les gens des diz mestiers y aloient, & envoyoient leurs denrées & marchandises; comme tenus & abstrains y estoient & sont, ce seust, senz ᶠ comparison, l'une des plus belles choses de Paris, à veoir; ce qui n'est pas à present, dont moult Nous desplaist, & non senz cause: méesmement, comme pluseurs foiz ait esté crié, publié & fait scavoir ᵍ notablement de par Nous, à toutes manieres de marchans & gens des mestiers dessus diz, & autres, qui doivent aller esdictes Halles, & pour vendre leurs denrées, ʰ & de y aler, dont pluseurs n'ont rienz fait; maiz de leur temeraire auctorité, se efforcent de vendre leurs dictes denrées, en leurs diz hostelz & autres places, aux diz jours de marchié, en désobéissant à Nous; de leurs quelles desobeissances, Nous voulons que ilz soient contrains d'oresenavant, senz quelque ⁱ deport, à y aler, & de non vendre aux diz jours de marchié, aucunes denrées en leurs diz hostelz ou ouvrouers, ne aler, fors ès dictes Halles seulement; c'est assavoir, chacun en sa Halle distincte, pour son mestier & marchandise, afin que toutes manieres de gens qui en vouldront avoir & achecter, puissent & doyent avoir meilleurs marchiés, & plus grant faculté d'en avoir; & aussi que lesdictes denrées puissent estre veuës & visitées plus aisécement, par les Gardes des diz mestiers ou marchandises, tant au proufit & utilité de la chose publique, comme en la décoration de nostre dicte bonne ville de Paris, qui est la principal & capital Ville de tout nostre Royaume: Scavoir faisons, que Nous qui voulons brief remede; provision & refformation, estre mis sur le fait des dictes Halles, confians du grant sens, loyauté, prudence & diligence de nos amés & feaulx, nostre *(a)* Prevost de Paris, & Maistre Adam *(b)* Chanteprime, Tresorier de France, avons ordonné

NOTES.

(a) Prevost de Paris.] C'estoit *Hugues Aubriot.* Voy. la *Liste des Prevosts de Paris,* p. 12. laquelle est à la fin de l'*Hist. des Connestables,* &c. de *Denys Godefroy.*

(b) Chanteprime.] Le 26. de Mars de la même année, *Charles V.* par les *Lettres qui suivent, ordonna que le Prevost de Paris resteroit seul Reformateur sur le fait des Halles de cette Ville.*

CHARLES V.
à Paris, le 26. de Mars 1368.

(a) CHARLES par la grace de Dieu Roy de France. A tous ceulx qui ces presentes Lettres verront: Salut. Comme par nos autres Lettres, Nous aïons commis & députés nos amez & feaulz, nostre Prevost de Paris, & Adam Chanteprime, Tresorier de France, Commissaires & Reformateurs especiaulx sur le fait de la Refformation & provision des Halles de nostre Ville de Paris, selon ce que plus à plain est contenu en nos dictes Lettres sur ce faictes; & si soit ainsi, que nostredit Tresorier soit souventesfoiz empeschié & occupé, tant à cause de son dit Office, comme autrement, & ne peut pas continuelment vacquer oudit fait, comme fait & peut faire nostre dit Prevost, qui a la garde & gouvernement de nostre dicte Ville de Paris; parquoy le fait des dictes Halles, qui requiert très grant continuation & diligence, pourroit estre empeschié & retardé, ou très grant grief, préjudice & dommage de Nous, de nostre dicte Ville & de la chose publique, se par Nous n'y estoit sur ce pourveu: Pour ce est-il, que Nous qui voulons le fait des dictes Halles, estre diligemment & hastivement mis sus, confians du sens, loïauté & diligence de nostre dit Prevost, avons ordonné & ordonnons de nostre puissance & auttorité Roïal, par la teneur de ces presentes, que nostre dit Prevost seul, & ses deputés en ceste partie,

NOTE.

(a) Liv. Rouge-vieil du Chastelet de Paris, *fol.* 47. *verso.*

& ordonnons par ces presentes, & par grant & meure déliberacion des Gens de noftre Grant Conseil, les deffus diz Prevoft & Treforiers, & Commiffaires, nos Commiffaires & Refformateurs efpeciaux; aux quelz & à leurs députés, Nous avons donné & donnons plain povoir & mandement efpécial, de contraindre & faire contraindre fommierement & par voie de Refformation, toutes manieres de perfonnes qui font tenus à fouftenir lefdites Halles, & les eftaulz d'icelles, & de les mettre & fouftenir en bon etat; & de ordonner & difpofer comment les charges ou crois de [a] Sens mis & prins fur les dictes Halles, ou fur aucunnes d'icelles, foient [b] adnichilés, abatus & abolis du tout, & les chofes ramenées à leur eftat, & au droit [c] fens, à quoy elles furent baillées & prinfes premierement, & lefquelles charges ont efté depuiz mifes fanz auttorité de Nous ne de nos Predeceffeurs; & auffi pour pourveoir tout plainement fur les Halles qui font en noftre Demaine, & difpofer, bailler & acenfer, fi [d] meftier eft, par telle maniere qu'elles puiffent eftre habitées, & la ruine qui y eft à prefent, oftée, au proufit de la chofe publique, & à la décoration de noftre dite bonne Ville; & néantmoins pour contraindre & faire contraindre toutes manieres de gens qui s'entremettront des diz meftiers ou marchandifes & denrées, accouftumées anciennement à elles portées & vendues es dictes Halles, & toutes autres qui feront à contraindre à y aler, & faire ceffer d'orefenavant de vendre durant les jours des marchiés deffus diz, en leurs hoftelz, ouvrouers ou ailleurs, excepté les dictes Halles, & de ordonner & difpofer fur ce, certainnes peines & [e] multes, telles comme bon leur femblera, lefquelles nous avons ordonné & ordonnons eftre levées & exigiés fanz deport ne efpargne aucunne; & que d'icelles, leurs diz depputés, pour mieulx & plus diligemment entendre & vacquier à l'execucion des chofes deffus dictes, & de chacune d'icelles, aient & prengent la quarte partie, ou autre telle quotité, porcion ou proufit, comme bon femblera à nos dis Prevoft & Treforier: & Nous plaift & voulons, que tout ce qui par eulz fera fait, dit, ordonné & prononcié fur le fait & provifion defdites Halles, & des autres chofes deffus dictes, & leurs dépendances, foit de telle force, auttorité & vertu, & executé, comme fe il eftoit fait par noftre propre perfonne, & vaille, tiengne & fortiffe tel & auffi grant effet, comme Arreft de noftre Parlement, & comme s'il eftoit fait par nosam és & feauls les Gens de noftre Parlement, ou de nos Comptes; fenz ce que de eulz, ne de chofe qui par eulz foit faicte, ordonnée, defclairiée, ou pronunciée fur les chofes deffus dictes, de chacunne d'icelles ne de leurs dépendences, puiffe eftre appellé ne reclamé à Nous, à noftre Parlement ne ailleurs; maiz Nous plaift & voulons, & avons ordonné & ordonnons de noftre certaine fcience, plaine puiffance & auctorité Royal, toutes appellacions, pourfuites & pourchas, qui des chofes deffus dictes & leurs dépendances, pourroient eftre faictes ou advenir, foient & demeurent nulles, & telles réputées, & n'y foit deferé ne obey en aucune maniere, ne fur ce aucuns adjournemens en noftre Chancellerie donnez ne ottroiez par nofdictes Gens de Parlement, ou autres, ne aux appellans, quelque audience d'appellacion baillée. Si donnons en mandement aux diz Prevoft & Treforier, que noftre prefente Ordonnance facent publier en tous lieux, & fi comme bon leur femblera; à nofdites Gens de noftre Parlement & de nos Comptes, & à tous

CHARLES V.
à Paris, le 13. d'Octobre & le 26. de Mars 1367.

a cens.
b annulez.
c cens.

d befoin.

e amendes.

NOTE.

aient autel povoir & puiffance ou fait de la Refformacion defdictes Halles, comme Nous avons donné & ordonné par nofdictes Lettres, aux diz Prevoft & Treforier enfembles, fenz exception ou diminucion aucune; & voulons dès maintenant pour lors, que tout ce que par noftre dit Prevoft feul, & fes députés, a efté, eft & fera fait en cefte partie, vaille, tienne & fortiffe autel & fi grant effect, comme fe il eftoit fait par ledit Prevoft & Treforier enfembles, & y voulons eftre obtemperé & obey, felon la fourme & teneur de nos dictes autres Lettres; nonobftant ufages, mandemens, deffenfes, ny quelconcques Lettres empetrées ou à empetrer au contraire. Donné à Paris, le 26.e jour de Mars, l'An de grace mil trois cens foixante & huit, & de noftre Regne le quint.

Ainfi figné. Par le Roy, à la relacion du Confeil. J. DE COLUMBIS.
Collation faicte à l'Original, par moi. J. CHABRIDEL.

150   Ordonnances des Rois de France

CHARLES V.
à Paris, le 13. d'Octobre & le 26. de Mars 1368.

nos autres Justiciers & subgez, que nostre presente Ordonnance tiengnent & facent tenir & garder, & aux diz Prevost & Tresorier, obéir, s'il est mestier, senz la enfraindre, ne souffrir estre enfrainte en aucune maniere; nonobstans usages, mandemens, defenses, ne quelconques Lettres empétrées ou à impetrer au contraire. *Donné à Paris, le treizieme jour d'Octobre, l'An de grace mil trois cens soixante & huit, & de nostre Regne le quint.*

Ainsi signées. Par le Roy, en ses Requestes, vous present. J. DE REMIS.

Publiées en Jugement, ou Chatelet de Paris, le Prevost seant, & par les carsfours de Paris, le Samedi quatrieme jour de Novembre, mil trois cens soixante huit. J. LE BEGILE.

Collation faicte à l'Original, par moi. J. CHABIRDELE.

CHARLES V.
à Paris, en Octobre 1368.

(a) Privileges accordez aux Habitans de Beauveir, dit Bourg-le-Roy.

KAROLUS, &c. *Notum facimus presentibus & futuris, Nos Litteras infra scriptas vidisse, formam que sequitur, continentes.*

(b) HENRICUS *Rex Anglie, & Dux Normannie & Aquitanie, & Comes Andegavie: Archiepiscopis, Episcopis, Abbatibus, Comitibus, Baronibus, Justiciariis, Vicecomitibus, & omnibus Ministris & fidelibus suis: Salutem. Sciatis quod concessi, & hac cartâ meâ confirmavi hominibus Castelleti mei de (c) Beauveir supra Aquam de Moira, in Cenomania, quietanciam per totam Terram meam, de Equitatu & Exercitu* ^a *nostris, nomine belli; & de taillagiis, & de omnibus* ^b *consuetudinibus que ad me pertinent; & ideo volo & firmiter precipio, quod homines predicti Castelli mei, habeant bene & in pace, hanc quietanciam superius determinatam, sicut eam illis dedi, & cartâ meâ confirmavi: & prohibeo ne super hoc inde disturbentur super (d) forisfacturam meam* ^e *Testibus F. Episcopo* ^d *Sagiensi: Ricardo* ^e *Hum.* ^f *Constabulario, & Willelmo de Curci,* ^g *Dapifero: Willelmo de Hum. Johanne de Sobneio: Thoma Bardulf: Roberto de* ^h *Sem. Johanne Malaherbâ: Willelmo de Scut. Rogerio de Sanfort.* Apud Sagium.

a n. R.
b imposts ordinaires.
c T. R.
d Seez.
e Il y a des marques d'abbreviation sur ce nom, qui est repeté deux fois.
f Const. R.
g Dap. R.
h Il y a des marques d'abbreviation sur ce nom, qui est repeté deux fois.

Quas quidem Litteras suprascriptas, & omnia & singula in eis contenta, rata & grata habentes, ea laudamus, approbamus, ratificamus, & de nostris gratia speciali & auctoritate Regia, quatenus dicti homines dictis privilegiis seu concessione usi sunt, tenore presentium confirmamus: Mandantes Senescallo Andegavensi & Cenomanensi, ceterisque Justiciariis & Officiariis Regni nostri, aut eorum Locatenentibus, presentibus &

NOTES.

(a) Tresor des Chartres, Registre 99. Piece 586.

(b) *Henricus.*] Ce ne peut estre qu'Henry II. sur lequel voy. le 4.e Vol. des Ordonn. p. 633. Note (1). L'année dans laquelle ces Lettres ont esté données, n'est pas marquée à la fin. Henry II. monta sur le throsne d'Angleterre en 1135. & mourut en 1171. Voy. ibid. & l'*Histoire d'Angleterre* par *Thoyras*, Tom. 2. p. 208.

(c) *Beauveir.*] Dans les Lettres confirmatives de Charles V. il est dit que ce lieu se nomme plus ordinairement, *Burgus-Reg.*

L'on trouve dans le Diction. Univ. de la Fr. *Beauvoirs* & *Bourg-le-Roy*, dans le Maine; mais ce sont deux lieux differents.

L'on trouve aussi dans l'*Hist. des Evesques du Mans* par *le Ceurvaisier*, p. 400. que vers le commencement du XIIe siecle, *Guillaume le Roux* Roy d'Angleterre, acquit par un eschange fait avec les Chanoines de St Julien [du Mans,] un lieu qui se nommoit *Bourg-l'Evesque*, qu'il luy donna le nom de *Bourg-le-Roy*, & qu'il y bastit un Chasteau.

Je n'ai rien trouvé sur *Aqua de Moira*, quoique *Coulon*, dans son *Traité des Rivieres de France*, soit entré dans un grand détail sur les Rivieres & sur les Ruisseaux qui coulent dans le Maine.

(d) *Forisfacturam.*] C'est-à-dire, que ces habitans ne pourront estre condamnés à l'amende, faute de satisfaire aux charges & aux impôsts, dont le Roy les exempte par ces Lettres.

DE LA TROISIÉME RACE.

futuris, & ipsorum cuilibet, prout ad eum pertinuerit, quatenus dictos homines Castelleti novi de Beauveir, super Aquam de Moira, aut aliter, ut dicitur [a] *vulgaliter nuncupati de Burgo* [b] *Regio, qui nunc sunt, & qui pro tempore fuerint, nostris presentibus gratia & confirmatione uti & gaudere pacificè & quietè faciant & permittant : & si aliquid in contrarium factum fuerit seu attemptatum, id ad statum pristinum & debitum reducant, seu reduci faciant indilatè. Quod ut firmum, &c. Salvo, &c.* Datum & actum Parisius, mense Octobr. Anno Domin.i millesimo trecentesimo sexagesimo octavo, & Regni nostri quinto.

Per Regem, ad relationem Consilii, in quo vos eratis. H. DE HAC.
Collatio facta est cum Litteris originalibus, per me. H. DE HAC. *Visa.*

CHARLES V.
à Paris, en Octobre 1368.
[a] vulgariter.
[b] Reg. R.

(a) Lettres qui permettent aux Consuls de Limoux, de lever sur les Bouchers de cette Ville, un Impôt, qui sera employé pour les dépenses communes.

CHARLES V.
à Melun, en Octob. 1368.

KAROLUS, *&c. Notum facimus universis presentibus pariter & futuris, Nos carissimi Fratris nostri Ducis Andegavensis, Locum nostrum tenentis in* [a] *Partibus Occitanis, vidisse Litteras sub hiis verbis.*

LOUIS Duc d'Anjou, Lieutenant du Roy en Languedoc, à Toulouse en 1368.

LUDOVICUS *Regis quondam Francorum Filius, Domini nostri Regis Germanus, & ejus Locumtenens in Partibus Occitanis, Dux Andegavensis & Comes Cenomanensis : Universis presentibus & futuris : Salutem. Dilecti & fideles Domini Domini mei atque nostri, Consules Ville* (b) *Limosi, Senescallie Carcassone, nomine sui Consulatus & Universitatis Ville predicte, Nobis significaverunt humiliter supplicando, quod, licet adhemus ab aliquibus citra temporibus, ad evitandum fraudes, malicias &* [b] *caristias, & pro utilitate Reypublice dicte Ville, & aliorum recumbencium in eadem, Macellarii dicte Ville, & Macellarie officium seu ministerium excercentes, carnes bovinas, mutoninas, porchinas, & alias grossas, que in Macellis venduntur, ad certum pondus seu certa pondera vendere consueverint ; fueritque in Villa predicta, à dictis citra temporibus, consuetum, usitatum & observatum per Consules predictos & eorum predecessores, quod dum & quando ipsi Consules seu dicta Universitas, habebant & habent pro* [c] *redempcione Regia, deffencione Patrie, vel aliter pro neccessitatibus communibus dicte Universitatis, aliqua debita solvere, vel alia honera communia subportare, ipsi Consules & eorum predecessores, super qualibet libra carnis, que in dicta Villa venditur per Macellarios antedictos, certum quid ; utpote, quandoque duos, quandoque tres vel quatuor Denarios Turonenses, & quandoque plus vel minus, juxta & secundum modum & qualitatem debitorum & honerum predictorum, imponunt, & imponere, & à predictis Macellariis Imposicionem seu emolumentum hujusmodi exhigere & levare consueverunt, pro convertendo in usus superius declaratos ; nichilominus preffati Macellarii, seu aliqui ex ipsis, vel eorum nomine, nuper & de novo nisi fuerunt & nitebantur, à Nobis seu nostra Curia, impetrare & obtinere, ut pondus seu pondera hujusmodi penitus & perpetuò cessarent & removerentur à Villa predicta, nec dictis ponderibus deinceps in vendicione dictarum carnium, predicti Macellarii uterentur ; sed pocius vendendi carnes predictas absque pondere, ipsis concederemus liberam & perpetuam facultatem ; & insuper, quod ipsi Consules talem imposicionem, prout supradictum est, ex quacumque communi neccessitate, super dictis carnibus imponere & exhigere non valerent ; & pro predictis, à Nobis & nostra Curia, ut predictum est, impetrandis & eciam obtinendis, certam quantitatem peccunie semel, & certis terminis, Nobis nomine Regio, solvendam, & deinde certos annuos redditus Nobis obtulerunt seu offerri fecerunt Macellarii antedicti ; asserentes, & eciam supplicantes Consules memorati,*

[a] Languedoc.

[b] cherté.

[c] Voy. la *Tab. des Mat. des 3.e & 4.e Vol. des Ordonn.* au mot *Aydes pour la Rançon du Roy.*

NOTES.

(a) Tresor des Chartres, Registre 99. Piece 418.

(b) *Limosi.*] Limoux, Ville située dans le haut Languedoc, dans le Diocese de Narbonne. Voy. *le Dict. Univ. de la Fr.* à ce mot.

152   Ordonnances des Rois de France

CHARLES V. à Melun, en Octobre 1368

a repellendas.

b en se servant de ces poids.

c affermer.

d payables annuellement.

e latiùs.

f Procuratoribus.

requestam seu supplicacionem, necnon & oblacionem per dictos Macellarios factas, tanquam dampnosas Reipublice, & dicto Domino meo Regi ac Nobis minus utiles; Jurique & Libertati, ac usui ipsorum Consulum & Universitatis prejudiciabiles, fore nullathenus exaudiendas nec eciam admittendas, sed pocius *a* repellendas ex multis causis & racionibus, per partem ipsorum Consulum, coram Nobis & nostro Consilio, propositis & eciam allegatis; offerentes nichilominus Consules sepe dicti, pro se & suis successoribus, ac nomine dicte Universitatis, dicto Domino meo Regi, seu Nobis nomine ipsius, ad finem, ut dicta pondera remaneant, & sua possessione vel quasi, non priventur, & *b* cum eis carnes predicte, per dictos Macellarios, & non aliter, vendantur, pro utilitate Reipublice in Villa predicta, & ut ipsi Consules & eorum successores, super qualibet libra carnis de cetero vendenda in predicta Villa, habeant, habereque, exhigere & levare valeant perpetuo in futurum, quatuor denarios Turonenses, vel minus, si eisdem Consulibus videatur; quorum emolumenta ipsi Consules & eorum successores, *c* arrendare seu ad firmam tradere, vel levare valeant, si & prout eisdem videbitur expediri; dictaque emolumenta in usus publicos, & subportacione honerum communium, & non alibi, convertantur; videlicet, mille Francos Auri semel & una vice solvendos, nec non quinquaginta libras Turonenses annui & perpetui redditus, anno quolibet, Thesaurario seu Receptori Regio Carcassone, per predictam Universitatem & Consules solvendas terminis consuetis; ita videlicet & tali modo & condicione, quod in casu in quo dictus Dominus meus Rex, Nos, vel alius ad hoc potestatem habens, predictos Consules vel eorum successores, ab imposicione & exaccione dictorum quatuor Denariorum pro libra carnasseria, privarent, vel eciam privaremus, extunc prefati Consules, à quacumque obligacione, prestacione & solucione dictarum quinquaginta Librarum Turonensium annui redditus, & eciam dicta Universitas essent liberi penitus atque quitti, nec ab eisdem, eo casu, exhigi possent redditus antedicti in totum vel in parte; supplicando humiliter pro se, & quorum supra nominibus, ut, rejectis & non admissis supplicatis & oblatis per Macellarios antedictos, oblacionem hujusmodi & supplicata ac requisita per nostros Consules, graciose concedere ac admittere dignaremur: Notum facimus quod Nos, meritis causarum predictarum consideratis diligentissime & attentis, utilitatemque Regiam & publicam perspicaciter intuentes, habitaque super predictis deliberacione nostri Consilii plenioris, & admissa per Nos, nomine Regio atque nostro, composicione seu financia dictorum mille Francorum Auri, & quinquaginta Librarum Turonensium *d* rendualium, facta per Consules antedictos, & cum protestacionibus & retencionibus per ipsos Consules factis & superius *e* lapsius declaratis, rejectisque Requesta & oblacionibus factis per partem Macellariorum predictorum, volumus, ordinamus, & ipsis Consulibus de Limoso, ac eorum successoribus, de nostra certa sciencia, speciali gratia, auctoritateque Regia qua in hac parte fungimur, tenore presencium concedimus, si sit opus, quod dictum pondus seu pondera sint & perpetuo remaneant in predicta Villa, & ipsis ponderibus utantur predicti Macellarii presentes & futuri, in vendicione carnium predictarum, more solito, & juxta ordinacionem & appreciacionem Consulum qui tunc erunt, quodque sine dictis ponderibus, predicti Macellarii presentes & futuri, carnes predictas vendere minime valeant sive possint; & insuper, quod ipsi Consules & eorum successores, de qualibet libra carnasseria, quam in dicta Villa vendi contingerit, usque ad quatuor Denarios Turonenses, & non ultra, vel minus, si eis visum fuerit, habeant, possintque exhibere & habere, pro convertendo in neccessitatibus & oneribus communibus dicte Ville, & non in aliis usibus, ut est dictum: volentes uitque & eciam concedentes Consulibus & eorum successoribus antedictis, quod in casu, in quo per dictum Dominum meum Regem seu Nos, vel alium aut alios debitam potestatem habentes, à ponderibus & emolumentis hujusmodi privarentur, vel altero eciam eorumdem, extunc, à quacumque obligacione, solucione seu prestacione reddituum predictorum, sint & remaneant liberi atque quitti, nec ab eisdem peti seu exigi valeant redditus supradicti. Quapropter mandamus dilecto & fideli Regio atque nostro, Petro Scatisse Thesaurario Francie, Senescallis Tholose & Carcassone, vel eorum Locatenentibus, ac eciam Procuratoribus Regiis cujuslibet Senescalliarum predictarum, & eorum cuilibet; quibus quidem *f* Procuratori perpetuum silencium super predictis imposuimus per presentes, quatenus prefatos Consules & eorum successores, hac nostra presenti ordinacione & gratia

DE LA TROISIÉME RACE. 153

& gratiâ, quam promittimus bonâ fide per dictum Dominum meum Regem confirmari, & per ejus Compotorum Cameram Par. facere expediri, uti & gaudere pacificè faciant & permittant, nec contra tenorem ejusdem, ipsos Consules vel eorum successores, impediant, inquietent vel perturbent; nonobstantibus quibuscumque Litteris per dictos Macellarios aut pro eis, impetratis vel impetrandis. Quod ut firmum & stabile permaneat in futurum, presentes Litteras Sigilli nostri munimine fecimus roborari; dicti Domini nostri & nostro in aliis, ac alieno in omnibus jure salvo. Datum Tholose, anno Domini millesimo ccc.° sexagesimo octavo.

CHARLES V.
à Melun, en Octobre 1368

Nos igitur prescriptas Litteras, ordinacionem & concessionem, universaque & singula in eis contenta, rata & grata habentes, ea volumus, laudamus, approbamus, & de nostris speciali gratia & auctoritate Regia ac certa scientia, tenore presentium confirmamus: Dantes tenore presencium in mandatis Seneschallis Tholose & Carcassone, nec non & Thesaurariis ac Procuratoribus nostris Seneschalliarum predictarum, ceterisque Justiciariis & Officiariis nostris, presentibus & futuris, vel eorum Locatenentibus, & eorum cuilibet, ut ad eum pertinuerit, quatenus predictos Consules presentes & eorum successores, dictâ ordinacione & concessione & Litteris supradictis & contentis in eis universis & singulis, & nostrâ confirmacione presenti, uti & gaudere pacificè faciant & permittant, non molestando ipsos, vel molestari permittendo in contrarium aut turbari. Quod ut firmum & stabile perpetuo perseveret, Sigillum nostrum presentibus Litteris est appensum: Salvo in aliis jure nostro, & in omnibus alieno.* Datum Meleduni, mense Octobris, Anno Domini millesimo ccc.° sexagesimo octavo, Regni verò nostri quinto.
Sic signata. *Per Regem.* YVO. *Collacio sit.* *Visa.*

(a) Confirmation des Lettres du Roy Jean, par lesquelles les Coutumes & les Privileges de Lille, sont attribuez à la Ville de Seclin.

CHARLES V.
à Paris, en Novembre 1368.

KAROLUS, &c. Notum facimus universis presentibus & futuris, Nos Litteras carissimi Domini Genitoris nostri, vidisse, formam que sequitur, continentes.

(b) JOHANNES, &c.

Nos autem Litteras suprascriptas, omniaque & singula in eisdem contenta, in quantum ¹ *Rebbardus, Scabini, Burgenses & Communitas dictæ Villæ de Siclinio, predicti, eisdem hactenus usi fuerunt, rata habentes & grata, ea volumus, laudamus, approbamus, ratifficamus, ac de speciali gracia nostraque auctoritate Regia, tenore presentium confirmamus; Baillivo nostro superiori Insulensi, ceterisque nostris & Regni nostri Justiciariis, qui nunc sunt & pro tempore fuerint, aut eorum Locatenentibus, & cuilibet eorumdem, prout ad eum pertinuerit, dantes presentibus in mandatis, quatenus predictos Rebbardum, Scabinos, Burgenses & Communitatem dictæ Villæ de Siclinio, contra tenorem Litterarum suprascriptarum ac nostre presentis confirmationis, de cetero nullatenus impediant vel perturbent, sed eisdem uti & gaudere faciant & permittant pacificè & quietè; quinymmo facta in contrarium, si que sint aut fuerint, ad statum pristinum reducant aut reduci faciant, visis presentibus, indilatè. Quod ut perpetue firmitatis, &c. nostro & alieno in omnibus jure salvo.* Datum & actum Parisius, anno Domini m° ccc° LXVIII°. Regni vero nostri quinto, mense Novembr.

a Voy. cy-dessus, p. 134. Note (e).

Per Regem, ad relacionem Consilii. DOUHEM.
Collatio sit. Scriptor. *Visa.*

NOTES.

(a) Tresor des Chartres, Registre 99. Piece 358.

(b) Ces Lettres, qui sont du mois d'Avril 1355. sont dans le 4ᵉ. Volume des Ordonnances, p. 320.

Tome V. V

CHARLES V.
à Paris, en Novembre 1368.

(a) Lettres qui confirment l'Affranchiſſement accordé par le Seigneur de Coucy, aux Gens de main-morte de cette Baronnie.

KAROLUS, *&c. Notum facimus univerſis præſentibus & futuris, Nos infraſcriptas vidiſſe Litteras, formam que ſequitur, continentes.*

A Touz ceulz qui ces preſentes Lettres verront ou orront, *(b)* Enguerrans Sires de Coucy, Contes de Soiſſons & de Bedeford : ſalut. Comme par la general couſtume & uſaige de noſtre Baronnie & Terre de Coucy, toutez perſonnes qui y viennent demourer, & auxi qui y demourront, ſont noz hommes & femmes de ª morte-main & de Fourmariaige, toutteſſoiz que le cas y eſchiet, ſe lez dictes perſonnes ne ſont ᵇ Clerc ou Nobles; excepté aucuns qui ſont *(c)* tenuz de Nous en foy & homaige, & aucuns autres; lez quelles perſonnes, en alant demourer hors de noſtre dicte Terre, en certains lieux, ſe afranchiſſent ſanz noſtre congié, & puet afranchir, touteſfois que il leur plaiſt : & pour hayne d'icelle ſervitute, pluſieurs perſonnes ᶜ delaiſſent à demourer en noſtre dicte terre, & par ce eſt & demeure icelle terre en grant partie non cultivée, non labourée, & en *(d)* riez, pourquoy noſtre dicte terre en eſt grandement mains valable ; & pour ycelle ſervitute deſtruire & mettre au neant, ont ou temps paſſé, noz devanciers Seigneurs de Coucy, & par eſpecial, noſtre très chier & amé Pere, dont Dieux ait l'ame, eſté requis de par lez habitans pour le temps en la dicte terre, en offrant par yceulz certaine revenuë perpetuelle; ſur laquelle choſe noſtre dit Pere, dont Dieux ait l'ame, euſt grant Conſeil, & par pluſieurs delaiz, par lequel grant & bon Conſeil, il trouva que c'eſtoit grandement ſez proffiz de deſtruire & mettre au neant la dicte couſtume, en prenant le proffit à luy offer ; lequel noſtre dit Pere, dont Dieux ait l'ame, avant que il peuſt acomplir la dicte requeſte, ala de vie à treſpaſſement : dez quelles choſes nous fumes bien & plainement enſourmez ; & depuis que Nous fumes venuz en ᵈ aaige, & que Nous avons joy plainement de noſtre dicte terre, lez habitans de noz Villes de noſtre dicte terre, ſont venuz par pluſieurs foiz pardevers Nous, en Nous requerant que la dicte couſtume & uſage voulſiſſions deſtruire & meetre au neant, & noſtre dicte Terre & Villes, touz lez habitans preſens & advenir, demourans en ycelles, afranchir deſdites ſervitutes & autres perſonnelles quelzconques, à tous jours perpetuelment, en Nous offrant de chaſcune Ville, ou pour la plus grant partie dez dictes Villes, certeinne rente & revenuë d'argent, perpetuelle pour Nous, noz ſucceſſeurs, perpetuellement & à tous jours ; c'eſt aſſavoir, pour *(e)* Coucy la-Ville & lez habitans d'icelle, x. l.

a *Voy. ſur ces mots les Tab. des Mat. des Vol. des Ordon.*
b *Eccleſiaſtiques.*

c *eſſent.*

d *âge, en majorité.*

NOTES.

(a) Treſ. des Chart. Regiſtre 99. P. 424.

(b) Enguerrans Sires de Coucy.] Il eſtoit le VII.ᵉ de ce nom, & il eſtoit encore au berceau, lorſqu'*Enguerrand VI.* ſon Pere mourut au pluſtard en 1347. ayant eſté donné en oſtage aux Anglois, après la paix de Bretigny concluë en 1360. *Edouard III.* Roy d'Angleterre lui donna en mariage *Iſabelle* ſa deuxieme fille; & entr'autres terres il lui donna la Baronnie de *Bede-fort*, qu'il érigea pour lui en Comté : & *Guy de Blois*, Comte de Soiſſons, qui eſtoit auſſi en oſtage en Angleterre, ayant cedé ce Comté à *Edouard* pour ſa rançon, *Edouard* en gratifia ſur le champ *Enguerrand de Coucy*, ſon gendre. Voy. la Geneal. des Maiſ. de Guines ... & de Coucy, par *André Du Cheſne*, p. 266. & l'*Hiſt.* de Coucy, par *D. Touſſaints Du Pleſſis*, pp. 81. 82.

(c) Sont tenus ... en foy, &c.] Je crois qu'il s'agit-là des Roturiers qui poſſedoient des Fiefs.

(d) Riez.] Terre en friche. Voy. le *Treſor de Nicot*, au mot, rie. Plus bas, il y a, rez.

(e) Coucy.] *André Du Cheſne* (voy. Not. *(b)* p. 266. & 415. des Preuves,) a fait imprimer un extrait de ces Lettres, tirées d'un Regiſtre de la Chancellerie de France : ce ſont les Regiſtres qui ſont conſervés dans le Treſor des Chartres, & qui ſont cités dans le Recueil des Ordonnances, ſous l'indication de *Treſor des Chartres*. Le Regiſtre dont s'eſt ſervi *Du Cheſne*, eſt ſans doute le même que celui ſur lequel cette Piece a eſté copiée. On trouvera cependant quelques legeres differences ſur les noms des Lieux, entre l'extrait de *Du Cheſne*, & cette

DE LA TROISIÉME RACE. 155

Parifis; pour la Ville de Fraisnes & les habitans d'icelle, vingt & quatre fols Parifis; pour la Ville de Noirmaifieres, xxx. fols Parifis; pour la Ville & *(a)* Pofte de Landricourt, treze L. X. f. pour la Ville de Rienville, quarante VIII. f. pour la Ville de Verneuil, cent & huit f. pour la Ville de Forny & appartenances, cent fols; pour la Ville de ª Foulembray, onze livres; pour la Ville de Champs, quarante fols; pour la Ville de Sernay, trente fols; pour la Ville de Croly, dix-huit livres; pour la Ville de Dalmans, huit livres; pour la Ville de Vauffaillon, douze livres; pour la Ville de ᵇ Crefcy deffus Nougent, quinze livres; pour la Ville de ᶜ Guny, neuf livres & feze fols Parifis; pour la Ville de Courfon, pour chafcun Feu, dix-huit deniers. *Item.* Pour la Ville Daudelain, fix livres; pour la Ville de Bertaucourt, foixante-huit fols; pour la Ville de ᵈ Monceaux les Leups, fix livres. *Item.* Pour les Villes de Vaudeffon, ᵉ de Pont-Saint-Mart & de Mareüil, n'eft à Nous aucun acroiffement de rente offert, pour ce que elles font affez ou trop chargées de rentes que elles Nous doivent d'ancienneté: fur laquelle Requefte, Nous avons eu grant advis & meure délibéracion ᶠ à nos amis & à noftre Confeil, & par diverfes & plufieurs foiz, & fur ce Nous fommes bien & diligemment enformez, & faicte bonne & fouffifante informacion, par laquelle informacion, Nous avons ᵍ veritablement, que par deftruire & mettre au neant ladicte Couftume & Ufaige, & en franchiffant noz dictes Villes, & touz les habitans d'icelle prefens & avenir, comme requis eft, en prenant le proffit à Nous offert par les diz habitans, que en ce faifant, feroit noz proffiz grans & pourfitables pour Nous & pour touz noz fucceffeurs, & pour tout noftre dicte terre & pays, veu & fceu par Nous, que le proffit à Nous offert, comme dit eft, Nous eft & devra eftre à touz jours, à Nous & à noz hoirs & fucceffeurs, plus profitab·e & honorable, que les dictes mortes-mains & fourmariages ne font, ne pourroient eftre au temps avenir; & par ce auffi, fera & demoura plus habundans en Peuple, & devra eftre par raifon; & auffi noftre dicte terre & païs cultivés & labourez, & non demourans en ʰ rez, & par confequens à Nous & à noz fucceffeurs plus valables: Saichent tuit, que Nous, qui avons eu meure & grant déliberacion aux chofes deffus dictes, bien acertenez de noftre droit & proffit, ladicte Couftume & ufage, en tant comme en Nous eft, deftruifons & mettons au neant perpetuelment & à tous jours, & toutes nos dictes Villes deffus nomméez, eftans en noftre haulte Juftice & Domaine, & tous les habitans demourans en icelles, & tous ceulx qui ou temps avenir y demourront, ou vendront demourer. Nous franchiffons du tout, de toutes mortes-mains & fourmariages, & leur donnons plaine & entiere franchife, & à chafcun d'eulx, perpetuelment & à tous jours, tant pour eftre ⁱ Clers, comme pour avoir tous autres eftats de franchife, fans retenir à Nous fervitute ne puiffance de acquerir fervitute aucune fur eulz, ne aucun d'eulx ou temps prefent ne ou temps advenir, ne à noz hoirs ne fucceffeurs, ne à autres perfonnes quelconques; en retenant à Nous ledit proffit & rente perpetuele à Nous offert, comme dit eft: laquelle rente perpetuele retenuë par Nous, Nous mettons dès maintenant en noftre Domaine, & en noftre propre heritage & en noftre droit Fief de noftre Baronnie, laquelle Nous tenons du Roy noftre S. retenu à Nous le droit & la *(b)* pourfuite fur nos Bourgois,

CHARLES V.
à Paris, en Novembre 1368.

a *Folembray.* D. C.

b *Crecy deffus Nongent.* D. C.
c *Guiry.* D. C.
d *Voy. p. préced. Not. (e).*
e *Pont Saint Maard.* D. C.

f *avec.*

g *reconnu.*

h *Voy. pag. précéd. Note (d).*

i *Ecclefiaftiques.*

NOTES.

Piece, telle qu'elle eft imprimée icy. Il a fait deux Lieux de *Monceaux*, les *Leups*, quoique ce ne foit qu'un même Lieu. *Voyez les Notes margin. (a) (b) (c) (e).*
D. *Du Pleffis* [voy. Note *(b)*] qui, p. 83. a copié *Du Chefne*, qu'il cite, a mis *Froly*, au lieu de *Croly.*

(a) *Pofte.*] Ce mot fignifie fans doute icy, *territoire. Pofta* dans *Du Cange, ftatio, loci fitus.*
(b) *Pourfuite.*] En fait de *fervitude*, c'eft le droit qu'a le Seigneur de *pourfuivre* les ferfs

Tome V.

ou hommes de corps, lorfqu'ils font allés demeurer hors de fa Seigneurie. Voy. *le Gloff. du Dr. Fr.* au mot, *Pourfuite.* Suivant ces Lettres, les Gens de main-morte du Comté de Soiffons, ne pouvoient affer demeurer dans l'eftenduë de la Terre de *Coucy*, nouvellement affranchie. Mais je n'entens point ce que peut fignifier *pourfuite*, par rapport à des Bourgeois: car fuivant le droit commun des Bourgeoifies, les Bourgeois peuvent y renoncer, & aller demeurer ailleurs, lorfqu'ils le jugent à propos. Voy. les Tabl. des Mat. des 3.ᵉ & 4.ᵉ Vol. des Ord. aux mots, *Bourgeois & Bourgeoifie.*

V ij

CHARLES V.
à Paris, en Novembre 1368.

*Ce mot vient sans doute de commanere.

habitans & * commans de noſtre Conté de Soiſſons, & appartenances, tout ainſi; & au tel droit que avoient & ont eu noz devanciers, Contes de Soiſſons, avant ce que ladite Conté à Nous appartenît. Toutes les quellez choſes & chaſcune d'icelles, Nous promectons loyaument & par noſtre foy, tenir fermement de point en point, à tous jours perpetuelment, ſans aler ne faire aler à l'encontre par Nous ne par autres, & garandir à tous jours; & ſur l'obligacion de tous noz biens, & des biens de noz hoirs & ſucceſſeurs quelconques, meubles, non meubles, preſens & avenir; & ſur l'obligacion deſſus dicte, renonçons à ce que Nous puiſſions dire que Nous ſoïons deceuz, en faiſant les choſes deſſus dictes, & à tout ce qui pourroit grever ou nuyre auz choſes cy-deſſus deviſées, ou aux diz habitans, & par eſpecial, au droit diſant, general renonciation non valoir: toutes leſquelles choſes deſſus dictes, Nous avons fait & faiſons, ſe il plaiſt au Roy noſtre S. auquel Seigneur Nous ſupplions, en tant que Nous povons, que pour accroiſtre & proffiter le Fief que Nous tenons de lui, comme deſſus eſt dit, il veille confirmer, loer, & approuver les choſes deſſus dictes; & voulons & accordons, & ſur l'obligacion deſſus dictes, que tous *vidimus* & Copies qui ſe feront de ces preſentes, & des Lettres qu'il plaira au Roy noſtre S. baillier ſur ce, faictes ſur ſeel autentique, vaillent autant, en tous cas, comme ſeroient & faire pourroient le propre Original. En teſmoing de ce, Nous avons ſcellé ces preſentes Lettres, de noſtre propre Scel, qui furent faictes l'an M. CCCLX. VIII.º ou mois d'Aouſt.

Quas quidem Litteras ſupraſcriptas, & contenta ac expreſſa in eiſdem, rata habentes & grata, ea, quantum in Nobis eſt, volumus, laudamus, ratificamus, approbamus, & tenore preſentium, de noſtris auctoritate Regia & ſpeciali gracia, confirmamus. Quod ut firmum, &c. Salvo, &c. Datum Pariſius, anno Domini M. CCCLX. VIII.º & Regni noſtri quinto, menſe Novembris.   *Viſa.*
Per Regem, ad relacionem Conſilii.   G. DACHIS.
Collacio facta eſt cum Litteris Originalibus ſupra ſcriptis.   G. DACHIS.

CHARLES V.
à Paris, le 28. de Janvier 1368.
Philippe-Auguſte, à Paris, en 1207. & 1209.

(a) Lettres qui confirment celles par leſquelles Philippe-Auguſte avoit établi une Commune dans la Ville de Peronne; & qui y rétabliſſent cette Commune qui avoit eſté ſupprimée.

SOMMAIRES.

(1) Celui qui aura tué dans le Chaſteau ou dans la Banlieuë de Peronne, un homme de la Commune de ce lieu, ſera puni de mort; à moins qu'il ne ſe refugie dans une Egliſe: Sa maiſon ſera deſtruite; & les biens qu'il aura dans l'eſ-tenduë de la Commune, ſeront confiſquez au Roy. Si ce meurtrier s'échappe, il ne pourra revenir dans le Territoire de la Commune, que lorſqu'il ſe ſera reconcilié, & aura fait ſon accommodement avec les parens de celui qu'il aura tué, & qu'il aura payé à la Commune, une Amende de dix livres.

NOTE.

(a) Treſor des Chartres, Regiſtre 99. Piece 377.
Les Lettres de Philippe-Auguſte, de l'année 1207. ſont au *fol.* 58. *verſ.* du Regiſtre de ce Prince, qui depuis quelque tems, eſt à la Bibliotheque du Roy. Elles ont eſté copiées ſur ce Regiſtre, qui eſt plus ancien & plus correct que celui du Treſor des Chartres. Celui-cy cependant, outre quelques variantes qui ne ſont point à negliger, fournit encore trois additions conſiderables; l'une deſquelles eſt abſolument neceſſaire pour l'intelligence de ces Lettres.
Charles V. reſtabliſſant la Commune de Peronne, qui avoit eſté ſupprimée, abolit quelques diſpoſitions qui eſtoient dans les Lettres de Philippe-Auguſte, & fit des changemens dans quelques autres. On a mis à la teſte de ces articles abolis ou changez, un renvoy aux articles des Lettres de Charles V. qui y ont rapport.
Si l'on trouve dans les Lettres de Philippe-Auguſte, quelques difficultez qui ne ſoient point éclaircies dans les Notes, on pourra avoir recours aux Sommaires, dans leſquels on a taché d'expliquer ces articles le plus clairement qu'il a eſté poſſible, en y ajouſtant même quelques mots, pour les rendre plus intelligibles.

(2) Si un homme accusé d'un meurtre, ne peut en estre convaincu, il se purgera de ce crime, (par serment,) devant les Eschevins.

(3) Celui qui en aura frappé un autre, si le fait est prouvé, payera une Amende au Roy, & cent sols qui seront employez aux fortifications de la Ville. Si le fait ne peut estre prouvé, il se purgera de ce delict par serment. Celui qui en aura blessé un autre avec des armes émoulües, payera, si le fait est prouvé, une Amende au Roy, & dix livres, qui seront employées aux fortifications de la Ville. Si ce delict ne peut estre prouvé, il s'en purgera par serment. Si le blessé ne se contente pas de ce serment, il pourra faire assigner l'Accusé devant les Juges Royaux & les Eschevins. Si les Juges ordonnent que ce procez sera terminé par un Duel, il se fera devant les Juges Royaux.

(4) Si quelqu'un croit qu'un autre le haïsse & lui veüille du mal, il demandera au Juge que celui qu'il soupçonne, lui donne un asseurement: si celui-cy ne veut pas le donner, sa personne & ses biens seront mis entre les mains de la Commune, jusqu'à ce qu'il ait promis de vivre en paix avec celui qui le soupçonne; & s'il n'a point de bien, il ne pourra point entrer dans le Chasteau ni dans la Banlieuë, & sera reputé ennemi de la Commune, jusqu'à ce qu'il ait fait cette promesse.

(5) Si un homme qui n'est point de la Commune, se bat avec un homme qui en est, ceux de la Commune doivent defendre celui cy : s'ils ne le font pas, le Maire les fera assigner devant lui, pour les en punir. Ceux qui auront donné du secours à leur Concitoyen, ne pourront estre condamnez à l'Amende à ce sujet ; à moins qu'ils n'eussent tué l'Estranger, contre lequel celui-cy se battoit.

(6) Si des personnes qui se battent, refusent d'obéir au Maire qui leur ordonne de cesser, ils payeront une Amende de dix livres ; ainsi que ceux qui n'obéïront pas aux ordres que leur donnera le Maire, de separer ceux qui se battent.

(7) Celui qui insultera le Maire, lorsqu'il fait les fonctions de sa charge, payera à la Commune, une Amende de dix livres.

(8) Celui qui tuë un homme qui veut entrer de force dans sa maison, hors les cas où cela est permis par la Coustume de la Ville, ne payera point d'Amende.

(9) Si quelqu'un est convaincu d'avoir dit des injures à un autre, il payera dix sols, qui seront employez aux fortifications de la Ville. Celui qui estant en colere, aura poussé rudement quelqu'un, sera condamné, si le fait est prouvé, à 50. sols, qui seront employez au même usage. Si ce delict n'est pas prouvé, il s'en purgera par serment.

(10) S'il est prouvé qu'un homme estant en colere, ait tiré l'Epée contre un autre, il payera 40. sols à la Commune ; si le delict n'est pas prouvé, il s'en purgera par serment.

(11) Celui qui de dessein premedité, aura jetté de la boüe & des ordures sur un autre, payera dix livres ; soit que celui qui aura esté insulté, ait fait une plainte au Maire & aux Officiers Royaux, soit que le Maire & les Eschevins, ayent fait le procez d'Office à celui qui a insulté. Il sera obligé de payer cette Amende dans quinzaine, ou de se retirer de la Ville : S'il y revient, on le condamnera à avoir un membre coupé.

(12) Si un homme fait perdre un membre à un autre, on le privera du même membre que celui qu'il a fait perdre : Si cependant il fait son accommodement avec celui qu'il a blessé, avant qu'il y ait un Jugement rendu contre lui, il en sera quitte pour une Amende de cent sols, payable à la Commune.

(13) Celui qui sera trouvé dans la Banlieuë, avec une chose qu'il aura volée, sera remis entre les mains du Maire & des Eschevins, qui lui seront son procez, & le condamneront au Pilori ; & ils le remettront ensuite entre les mains des Juges Royaux ou des Juges du Chastelain. Celui qui sera accusé d'un vol par la clameur publique, sera banni pour trois ans ; & si pendant ce tems, il revient dans la Ville, on lui fera son procez comme à un Voleur.

(14) Lorsqu'un jeune homme aura tué quelqu'un, le Maire & les Eschevins accideront s'il doit estre puni ou non.

(15) Celui qui aura esté convaincu d'avoir fait un faux serment, sera privé des droits de la Commune & de la Bourgeoisie, jusqu'à ce qu'il plaise au Majeur & aux Eschevins de les lui rendre.

(16) Lorsqu'un Chevalier ou un autre, sera debiteur d'un Bourgeois, & qu'il ne l'aura pas payé à l'escheance de la debte, le Creancier fera sa demande en justice devant le Majeur & les Eschevins, qui après avoir vû la preuve de la debte, feront comparoistre le debiteur devant eux, & le condamneront à payer, ou à perdre les droits attachez à la Commune, & ceux de Credit & de Voisinage : Le Creancier pourra ensuite saisir de sa propre auctorité, les effets de son debiteur, qui seront dans la Ville & dans la Banlieuë, & faire saisir ceux qui seront hors de la Banlieuë, par l'auctorité du Juge Royal. Si le debiteur pretend que l'une ou l'autre de ces saisies, a esté faite injustement, l'affaire sera portée devant le Juge Royal ou le Juge du Chastelain, & sera decidée par l'un d'eux, conjointement avec les Eschevins. Le Maire pourra conduire le debiteur dans la Ville, (pour y estre en seureté contre les poursuites de son Creancier,) à moins qu'il n'en ait esté banni par le Roy ou ses Juges, ou que le Creancier n'ait fait opposition à la seureté que le Majeur veut donner à son debiteur.

(17) Si un Chevalier a un Bourgeois qui releve de son fief, celui-cy pourra le recevoir dans sa maison ; mais il ne sera point joüir des droits de Credit & de Voisinage.

(18) Si le Chastelain ou les Sergens

CHARLES V. à Paris, le 28. de Janvier 1368.

Royaux enlevent par force les effets d'un Bourgeois, ils feront obligez de les lui rendre, s'il donne une caution ; & le Bailly Royal, lorsqu'il tiendra les Assises de la Commune, au jour & au lieu qui sont reglez, donnera son jugement à ce sujet. Les Bourgeois ne pourront estre arrestez, ni leurs biens saisis, que pour les dettes dont ils seront debiteurs, ou dont ils seront caution.

(19) Lorsqu'un Bourgeois prendra la Croix, pour aller visiter le Sepulcre de N. S. il n'en sera pas moins tenu d'observer les Loix de la Commune ; si ce n'est par rapport aux effets qu'il emportera pour le service de Dieu.

(20) Lorsqu'un homme libre & non Esclave, viendra demeurer dans la Commune, dans l'intention de s'y establir, il joüira de tous les privileges de cette Commune ; si ce n'est par rapport aux rentes & autres dettes auxquelles il estoit obligé, avant qu'il vînt s'establir dans la Commune.

(21) Si un homme viole une femme, son procez sera fait par les Eschevins ; sauf les droits du Roy, dans le cas de Rapt. Il pourra épouser cette femme, si elle & ses parents y consentent. S'il ne peut estre arresté dans la Banlieuë, il sera banni pour sept ans.

(22) Celui qui aura enlevé la femme d'un homme demeurant dans la Banlieuë, sera banni pour sept ans : Si dans la suite il revient dans la Ville, après avoir fait son accommodement avec les amis du mari, il lui restituera les effets qu'il avoit emportez, en enlevant sa femme.

(23) Pour fixer l'estenduë des Pasturages, & la quantité des Eaux qui appartiennent à la Commune, on s'en rapportera au temoignage des Habitants, qui affirmeront par serment, quelles estoient cette estenduë & cette quantité, du tems du Comte de Flandres, & avant que le Roy eust accordé le droit de Commune à cette Ville.

(24) Celui qui dira des injures au Maire, aux Eschevins, ou à quelque personne que ce soit, qui se trouveront dans les ruës pour les affaires publiques, païera quarante sols à la Commune. Si celui à qui l'injure a esté dite, en porte sa plainte, on lui fera justice.

(25) Tous les ans, le jour de S.t Jean-Baptiste, on fera l'élection du Maire & des Eschevins, de la maniere suivante : Les 12. Corps ou Majories des Mestiers, esliront 24. personnes ; deux de chaque mestier. Ces 24. personnes en esliront 10. autres, entre les plus honnestes gens de la Ville. Les 24. premieres personnes esluës, ne pourront estre cette année-là, ni Maire ni Eschevins ; & ceux qui seront nommez Electeurs des Eschevins, ne pourront estre Electeurs l'année suivante. Les 10. personnes esluës par les 24. esliront encore 10. autres personnes.

Ces 20. personnes en esliront encore 10. autres. Ces 30. personnes choisiront entr'elles, un Maire & sept Eschevins. Entre ces 30. personnes, il ne pourra pas y en avoir plus de deux qui soient parents, si cela est possible : si cela n'est pas possible, & qu'il y en ait plus de deux qui soient parents, du moins il ne pourra y en avoir plus de deux, qui soient Cousins-germains.

Le Maire & les Eschevins qui sortiront de charge, rendront compte à ceux qui leur succederont, des Tailles ou Imposts qui auront esté levez, & des affaires de la Ville qui seront survenuës pendant l'année de leur Charge. Le Maire & les Eschevins ne pourront lever d'Imposts dans la Ville, que par le Conseil de six personnes, qui seront choisies par les Maires des Mestiers. L'Impost se levera sur les hommes de la Commune & qui y demeurent, & sur tous leurs biens en quelque endroit qu'ils soient situez. L'on ne pourra condamner à l'Amende ceux qui negligeront de payer ces Imposts. L'argent provenant de ces Imposts, sera gardé par les six personnes, sans le conseil desquelles, ils ne pourront estre livrez ; & par six autres personnes qui seront nommées à cet effet, par le Maire & les Eschevins ; auxquels ces douze personnes rendront compte de l'employ de ces Imposts. Ces personnes deputées pour la garde de l'argent provenant des Imposts, jureront de tenir secretes les deliberations du Maire & des Eschevins ; & ils ne pourront estre chargez de cette garde, l'année suivante.

Le Roy & le Chastelain de Peronne, auront une portion dans les Amendes qui seront payées dans cette Ville.

(26) Lorsqu'une personne achetera un heritage situé dans la Jurisdiction des Eschevins, il restera dans leur Jurisdiction.

(27) [Les Gens d'Eglise] ne pourront point acquerir à titre d'aumosne, des heritages soumis à la Jurisdiction des Eschevins, ni les posseder plus d'un an & un jour ; à moins qu'ils ne se soumettent par rapport à ces heritages, à la Justice des Eschevins ; [& s'ils ne le veulent pas faire,] ils seront obligez de se defaire de ces heritages, en faveur d'une personne justiciable des Eschevins.

Les Eschevins conserveront dans les lieux situez dans la Banlieuë de Peronne, leur ancienne Jurisdiction : & lorsque les Eschevins auront banni quelqu'un, le Bailli donnera ses ordres, pour empescher qu'il ne demeure dans la Banlieuë ; & s'il y est trouvé, le Bailli le fera arrester, à leur requisition.

Les Habitans de Peronne observeront les anciennes Coustumes de cette Ville, telles qu'elles se sont conservées dans la memoire des personnes chargées de l'administration de la Justice.

KAROLUS, &c. Notum facimus universis presentibus pariter & futuris, Nos vidisse Litteras, formam que sequitur, continentes.

DE LA TROISIÉME RACE. 159

IN (a) *nomine, &c. Philippus, &c. Notum, &c. Quod nos Burgensibus nostris Peroné concessimus Communiam, ad Consuetudines & puncta que inferius continentur.*

(1) *Si quis aliquem de Communia Peroné, infra Castrum vel infra Banleucam, occiderit, & captus fuerit, capite plectetur; nisi captus fuerit in Ecclesia; & domus ejus, si aliquam habuerit, diruetur, & mittetur ad* (b) *Hanoi. Quicquid autem interfector habuerit infra Justiciam Communie, nostrum erit. Si vero interfector evaserit, Castrum Peroné vel Banleucam intrare non poterit, quo usque parentibus interfecti fuerit* b *reconciliatus, & emendationem decem Librarum Communie dederit.*

(2) *Si aliquis super alicujus morte fuerit accusatus, & per legitimos testes illum occidisse convinci non poterit, per* (c) *rectum Judicium Scabinorum, innocenciam suam* c *purgabit.*

(3) *Si quis aliquem percusserit, & querimonia inde Majori Communie, facta fuerit, quocunque modo eum percusserit, si id constiterit, centum solidis emendabit; & illi centum solidi erunt ad* d *firmitatem Ville; salva Nobis emendatione nostra, & salvo jure nostro. Quod si legitimè constare non poterit,* e *tercia manu se purgabit. Si vero aliquis de nocte vel de die, armis* (d) *molutis aliquem vulneraverit, & vulneratus super hoc testes habuerit, percussor decem libras dabit; que similiter cedent ad firmitatem Ville; salvo* f *forisfacto nostro, per rectum Judicium Scabinorum: Si autem testes non habuerit, & de die factum fuerit, septima manu se purgabit: Si vero de nocte factum fuerit, septima manu similiter se purgabit. Quod si percusso id non satisfecerit, coram Justicia nostra & Scabinis poterit percussorem appellare de quibuscunque voluerit & poterit, secundum rectum judicium; & si* (e) *Duellum inde judicatum fuerit, fiet in Curia nostra, sicut debet fieri, de quibuscunque rebus Duellum fuerit judicatum.*

(4) *Si quis per odium & rancorem, aliquem habuerit suspectum, & Majori Communie hoc intimaverit, Major ei* (f) *securitatem fieri faciet, juramento* g *ab eo recepto; & si suspectus coram Majore, securitatem facere noluerit, ipse, & omnia sua in voluntate Communie, salvo jure nostro, remanebunt, quousque pacem* (g) *creantaverit; & si nichil habuerit, non intrabit Castrum vel Banleugam Peroné, & tanquam inimicus Communie reputabitur, quousque ad satisfactionem* h *in. venerit.*

(5) i *Si quis extraneus qui de Communia non fuerit, cum homine de Communia* k *mesleiam fecerit infra Banleugam, vicini sui de Communia, illum juvare debent : quod si non fecerint, Major Communie super eos* (h) *clamare debet dedecus illatum Communie: ne pre aliquis de Communia, de eo quod fecerit, juvando hominem de Communia in mesleia; emendam tenetur facere, nisi hominem occideret.*

(6) *Si quis cum aliquo, infra Justiciam Communie, mesleiam fecerit, Major accedens utrunque pacem tenere jubebit; & si neuter eorum pacem tenere voluerit* l *pro Majore, & hoc duobus* (i) *Juratis, vel duobus hominibus de Communia, constiterit, uterque decem libras dabit Communie. Similiter, qui mesleie interfuerit, & preceptum*

CHARLES
V.
à Paris, le 28.
de Janvier
1368.

a Voy. la Confirmation de Charles V. art. (1).

b fait son accommodement.

c app. par serment.

d fortification.

e Voy. le 4.e Vol. des Ord. p. 642. Note (ii).

f C'est la même chose qu'emendatione, qui est un peu plus haut.

g à suspecto. T. C.

h Il y a une marque d'abbreviation sur ce mot. Indè, Tresor des Chart.

i Voy. la Confirmation de Charles V. art. (2).

k baterie.

l en presence du Maire.

NOTES.

(a) *In nomine, &c.*] Dans le Tresor des Chartres, ce commencement est tout au long, & il y a: *In nomine sancte & individue Trinitatis. Amen. Philippus Dei graciá Francorum Rex. Noverint universi presentes pariter & futuri, quod, &c.*

(b) *Hanoi.*] Il y a une marque d'abbreviation sur la fin de ce mot. Dans le Tresor des Chartres on lit, *hanot*. Je n'ai rien trouvé ni sur l'un ni sur l'autre de ces mots. Ce mot n'est point dans *Du Cange*, qui cependant avoit vû cette Chartre. Voy. p. 161. art. XVI. la Note sur le mot, *Vicinagium*.

(c) *Rectum.*] Ce mot seul signifie quelquefois un Jugement. *Rectum facere, faire droit*, dans *Du Cange*, au mot, *rectum*.

(d) *Molutis.*] *Armes émoulües*, signifies. Voy. le Gloss. de Du Cange, aux mots, *emo-*

limenta & emolumenta.

(e) *Duellum.*] Si les Juges ordonnent, que le procez qui est entre le blessé & celui qui l'a blessé, sera terminé par un Duel, &c.

(f) *Securitatem.*] *Assurment*. Voyez la Table des Mat. du 4.e Vol. des Ord. à ce mot.

(g) *Creantaverit.*] *Creantare, promettre, s'engager*. Voy. le Gloss. de Du Cange, à ce mot. *Pacem creantare, s'engager à vivre en paix avec quelqu'un.*

(h) *Clamare.*] Le Maire les fera assigner devant lui, pour les punir de la honte qu'ils ont fait rejaillir sur la Commune, en ne deffendant point un de leurs Citoyens, contre un Etranger.

(i) *Juratis.*] Il faut entendre par ce mot, les *Eschevins*, qui prestoient serment, avant que d'entrer en charge. Voy. cy-dessous, art. (11).

160   ORDONNANCES DES ROIS DE FRANCE

CHARLES V. à Paris, le 28. de Janvier 1368.

a dividenda. T.C.

Majoris de mesleia ᵃ *dividenda non fecerit, decem libras dabit Communie.*

(7) Si aliquis Majori incedenti propter (a) Legem Ville faciendam, dedecus fecerit, decem libras dabit Communie.

(8) Si quis alicujus domum, nisi (b) per Legem Ville, assilierit; & ille cui fiet assultus, assilientem, se defendendo assultumque repellendo, occiderit, nullam inde Majori vel Communie faciet emendationem.

(9) Si aliquis dedecus alicui dixerit, & per testes legitimos convictus fuerit, decem solidos dabit ad firmitatem Ville. Si quis aliquem per iram pulsaverit aut traxerit, & super hoc testibus convictus fuerit, quinquaginta solidos persolvet, in firmitatem Ville similiter committendos; & si non fuerit convictus, coram Majore, tercia manu se purgabit.

b contra. T.C.

(10) Qui per iram ensem ᵇ *super aliquem, infra Banleugam extraxerit, si Major de eo (c) querimoniam faciens, testes habuerit legitimos, quadraginta solidos de eo habebit Communia; & si Major testes non habuerit, accusatus tercia manu se purgabit.*

c Voy. la confirmation de Charles V. art. (3).
d Voyez page precedente Note (1).
e Per Judicium Scabinorum. T.C.
f factum. T.C.

(11) ᶜ *Si quis alicui ponens insidias, ipsum ceno vel luto involverit, Major &* ᵈ *Jurati, veritate intellecta a viris sive a feminis, ipsum ad solucionem decem librarum Communie compellent, pro emendacione Forisfacti, si convictus fuerit; (d) salvo jure nostro*ᵉ*; & illas decem libras, infra quindecim dies persolvere, aut Villam relinquere oportebit; & si Villam interim, post inhibitionem, introiverit, & captus fuerit, uno membro truncabitur. Ille autem cui hoc dedecus* ᶠ *fuerit, si voluerit, querimoniam facere poterit & Majori & Justicie nostre, & jus fiet ei.*

g Voy. la confirmation de Charles V. art. (4).

(12) ᵍ *Si quis alicui unum membrorum suorum abstulerit, & captus fuerit, tale membrum sui corporis amittet; ita tamen, quod si, antequam leso Justicia fiat, & parentibus lesi reconciliari potuerit, centum solidos Communie dabit, sine membri amissione.*

(13) Si aliquis cum latrocinio, infra Banleugam captus fuerit, Majori & Juratis reddi debet: Major vero & Jurati per testes eum judicare debent, & convictum in Pilorico poni facient: deinde Justiciario nostro vel Justiciario Castellani, coram Scabinis, depositum reddent, & per hoc, Major & Jurati de Fure liberi existent. Qui vero per veram famam accusatus fuerit de latrocinio, per tres annos bannitus, Banleugam relinquet; & si interim Villam vel Banleugam intrare presumpserit, & captus fuerit, de eo justiciam facient, tanquam de Latrone.

(14) Si quis infra etatem, aliquem casu occiderit, considerationi legitime Majoris & Juratorum debet relinqui, utrum ille qui infra etatem fuerit, debeat penas solvere, aut immunis a debito remanere.

(15) Si homo Communie super falso testimonio convictus fuerit, Communiant amittet, quousque per voluntatem Majoris & Juratorum, eam recuperet; servato Nobis jure nostro.

h obligatus. T.C.
i Voy. p. preced. Note (g).

(16) Si (e) Miles vel alius, Burgensi Communie debito teneatur ʰ*, (f) verum sibi die statuto* ⁱ *creantum suum non fecerit, Majori & Juratis hoc ostendere debet, si voluerit. Quod si Majori & Juratis, veritate (g) intellecta, constiterit, Major debet super hoc*

NOTES.

(a) *Legem.*] *Legem facere*, signifie certainement, *rendre la justice*; & l'on ne doit point trouver extraordinaire, que le Maire rendît la justice dans les ruës, puisque le Majeur des Eschevins de Tournay, la rendoit sur une *chaucée* ou ruë. Voy. le 4.ᵉ Vol. des Ord. p. 653.

Peut-estre aussi, *Legem facere*, ne signifie-t-il icy, que *faire la Police dans la Ville*?

On pourroit aussi proposer de corriger, *insidenti*, séant dans son siege pour rendre la justice; & si l'on s'arreste à ce sens, la disposition de cet art. se trouvera conforme à celle de l'art. 18. des privileges de la Ville de Pont-Orson. Voy. le 4.ᵉ Vol. des Ord. p. 640. art. XVIII.

(b) *Per legem.*] Si ce n'est dans les cas où il est permis par la Loy & la Coustume de la Ville,

d'entrer par force dans une maison. Il seroit à souhaiter que ces cas eussent esté marquez ici.

(c) *Querimoniam.*] Ce mot signifie ordinairement *plainte en justice*. Voy. *Du Cange*, au mot, *quærimonium*. Mais je crois qu'on doit l'interpreter icy, par *Enqueste*, *Information* faite d'office.

(d) *Salvo jure nostro.*] Par cette clause, qui est plus d'une fois répetée dans ces Lettres, il faut entendre l'*Amende* qui estoit dûë au Roy, independamment de celle que l'on payoit à la Commune. Voy. cy-dessus art. (3).

(e) *Si Miles.*] Cet article renferme quelques obscuritez. L'on pourra voir dans les Sommaires, le sens que j'ai cru devoir lui donner.

(f) *Verum.*] Il n'y a dans les Registres que, *vn*, avec une marque d'abbreviation.

(g) *Intellecta.*] Au lieu d'*intellecta*, il y a *sufficiente*, dans le Tres. des Chartres.

Militem

DE LA TROISIÉME RACE. 161

Militem convenire, ut Burgensi debitum reddat, aut Communionem Villæ, (a) creditionem & vicinagium interdicere: ex tunc autem, Burgensis de suo, infra Banleugam poterit accipere, & extra Banleugam, per Justiciarium nostrum. Si autem Miles vel alius conquestus fuerit, quod Burgensis de suo, injustè ceperit, vel capi fecerit, per nostram vel Castellani Justiciam, recto judicio Scabinorum, Burgensis ille justiciabilis existet. (b) Major autem Militem sive alium infra Villam conducere non poterit, nisi à Nobis vel mandato nostro fuerit foris bannitus, donec coram Juratis, a Burgense illo, Majori inhibitum fuerit.

(17) Si Miles hominem Feodatum in Communiam habuerit, ipse homo in hospicio suo eum recipere poterit; sed nec ^a creditionem nec vicinagium ei faciet.

(18) Si Castellanus aut servientes nostri, res Burgensium de Communia, violenter abstulerint, res illas per plegium tenentur recredere; & Nos, ad diem super hoc eis statutam, debemus Baillivum nostrum transmittere, & eis jus exhibere, secundum tenorem Carte nostræ; videlicet, in loco ubi placita Communiæ debent teneri. ^b Credimus autem & volumus, ut nullus ex Communia Peronnæ, vel res eorum, pro debito alterius arrestentur, de quo non fuerit debitor vel plegius.

(19) Si quis Crucem^c, Sepulcrum Domini visitaturus, acceperit, occasione Crucis, non remanebit, quin eum oporteat jura & consuetudines Communiæ observare, secundum facultatem suam, (c) preter ea que secum deferet in servicium Dei.

(20) Quislibet homo legitimus, nisi servus fuerit, si Communiam venerit, & ibi manere voluerit, licitum erit ei, ut consuetudines Communiæ observet; salvis redditibus & pecunia, si super hiis erga Nos vel alios, priusquam Communiam intraverit, obligatus teneatur.

(21) Quicumque, per vim aliquam oppresserit, per Legem Scabinorum debet convinci; salvo jure nostro, quod in raptu habemus: & si de voluntate ipsius & parentium suorum, eam ducere voluerit in uxorem,   liceat ei. Si autem infra Communiam captus non fuerit, per septem annos debet forbanniri.

(22) Quicunque Uxorem alicujus hominis infra Banleucam manentis, abduxerit, per septem annos bannitus, Villam relinquet. Si postea redeat, cum amicis reconciliatus, res hominis illius, quas cum muliere absportavit, ex integro restituet.

(23) (d) Pascua, Herbagia, Aquæ communes, ejusdem sunt amplitudinis, cujus bona veritas Patriæ, tempore Comitis Flandrensis & nostro, hactenus eas fuisse dixerit per juramentum.

CHARLES V.
à Paris, le 28. de Janvier 1368.

a Voy. cy-dessous Note (a).

b Concedimus. T. C.

c Dominicam. T. C.

NOTES.

(a) *Creditionem & vicinagium.*] *Creditio, Credit.* Le droit de *Credit* est fort connu; il appartenoit aux Seigneurs, qui avoient la faculté de prendre sur leurs sujets, à credit, & sans payer sur le champ, les choses necessaires pour leur nourriture. Voy. le *Gloss. de Du Cange,* au mot, *Credentia,* & *les Tables des Mat. des 3.e & 4.e Vol. des Ord.* au mot, *Credit :* mais je n'ai point encore trouvé d'exemple, que les concitoyens d'une même Bourgeoisie, eussent ce droit de *Credit,* les uns sur les autres, comme cet article semble le supposer.

Vicinagium. Du Cange, sur ce mot, a rapporté nostre article de la *Commune de Peronne,* & voicy comment il s'explique : *Quæ quidem nescio an his locis capienda sint de libertate, privilegio, vel jure civitatis, quo invicem gaudent Communiæ alicujus jurati seu cives.* J'entendrois par ce mot, *les secours mutuels,* que de bons voisins se doivent donner les uns aux autres, dans les occasions; comme dans le cas specifié cy-dessus dans l'art. (5).

(b) *Major...conducere non poterit.*] Dans le Tresor des Chartres, il y a, *conducere poterit,*

sans negation. Je crois que c'est ainsi qu'il faut lire; il reste pourtant encore beaucoup de difficulté dans le Texte. On trouvera dans le Sommaire, le sens que je crois qu'on peut lui donner; & une personne habile, que j'ai consultée, l'a entendu de la même maniere que moi: cependant il y a encore bien des raisons qui m'empeschent d'assurer que ce soit-là le veritable sens.

(c) *Preter ea.*] En consequence de cet article, on pouvoit saisir les effets qu'un *Croisé* avoit laissés dans la Ville; mais non pas ceux qui lui estoient necessaires pour son voyage; tels qu'estoient ses armes, son bagage, &c.

Il y a dans le Registre le même mot abregé, que dans la Note (*f*) p. preced. que l'on a expliqué par *verum,* qui ne paroist pas convenir ici.

(d) *Pascua.*] Voicy comment cet article est écrit dans le Tresor des Chartres : *Pascua, Herbagia, Aquæ communes, ejusdem sunt amplitudinis, cujus bona Patriæ veritas per juramentum dixerit ea fuisse, tempore Comitis Flandrensis & nostro.*

Par *bona Patriæ veritas,* il faut entendre le témoignage des Habitans de Peronne.

Tome V. X

CHARLES V.
à Paris, le 28. de Janvier 1368.

a Voy. la confirmation de Charles V. art. (5).
b Baptiste. T.C.
c potest.

d computacionem. T.C.

e habebimus.

(24) *Cum Major & jurati, & ceteri homines Communie, pro negociis Ville agendis, ierint per Castrum, quicunque alicui eorum dedecus dixerit, xl. solidos, illud Communie emendabit: Ille vero cui convicium factum est, si clamorem fecerit, justicia fiet ei.*

(25) *ª In Communia Peronensi, in Nativitate Sancti Johannis ᵇ, singulis annis instituentur novi Major & Jurati Scabini, hoc modo: Duodecim (a) Majorie Ministeriorum, de propriis Ministeriis, super sacramentum suum, eligent viginti homines & quatuor, de probioribus & magis legitimis; scilicet, de singulis Majoriis, duos: Illi autem viginti quatuor, similiter super sacramentum suum eligent decem (b) Juratos, de probioribus & magis legitimis hominibus Ville: [(c) neque aliquis illorum viginti quatuor in illo anno ᶜ potest esse Major, vel Juratus vel Scabinus; nec electores Juratorum, in anno proximo sequenti, esse poterunt. Predicti vero decem Jurati electi, super juramentum suum, eligent alios decem de probioribus & magis legitimis hominibus Ville:] Illi vero viginti, eodem modo eligent alios decem. De illis autem triginta Juratis electis, ipsi super sacramentum suum, eligent unum Majorem & septem Scabinos; & in numero illorum triginta Juratorum, non eligentur aliqui qui se contingant linea consanguinitatis, amplius quam duo in (d) altero, si fieri potest; [si vero non potest fieri,] duo tantum consanguinei, qui wlgo Cognati Germani appellantur. Veteres autem Major & Jurati & Scabini, illis qui de novo sibi substituentur, reddent rationem & compotum de talliis Ville, & negociis illius anni. Cum autem Major & Jurati talliam facient pro negociis Ville, illam facient per Consilium sex hominum, quos Majores Ministeriorum suorum, per juramentum suum eligent. Fiet autem super homines de Communia & in Communia manentes, & hereditates & pecunias eorum, ubicumque fuerint, (e) sive Forisfacto. Tallia vero servabitur ab illis sex hominibus, & Juratis sex, quos Major & Jurati ad hoc apponent, & illam servabunt super sacramentum suum. De illa eciam, illi duodecim rationem & ᵈ quitationem facient Majori & Juratis. Jurabunt eciam illi sex Jurati deputati ad custodiam tallie, quod suppressum & secretum habebunt Consilium Majoris & Juratorum, nec anno sequenti illi duodecim talliam servabunt. [In omnibus emendacionibus Forisfactorum, Nos & Castellanus Peronensis, ᵉ habebimus portionem nostram, sicut hactenus habuimus.]*

(26) *Nullus potest emere hereditatem alterius, Justiciabilem per Scabinos, quin ipsa hereditas remaneat Justiciabilis per Scabinos.*

(27) *Similiter, aliquis alterius hereditatem per Scabinos Justiciabilem, in elemosinam recipere, & tenere plusquam per annum & diem, non potest; nisi de ea se fecit Justiciabilem, vel eam in manum posuerit per Scabinos Justiciabilem. Volumus eciam ut in Villis infra Banleugam suam constitutis, eam habeant Justiciam, quam illi hactenus habuerunt: & si aliquem per Fori factum suum, juste bannverint, Baillivus noster praecipiet, ne ille recceptetur infra Banleugam: quod si post prohibitionem ejus, in Banleuga fuerit inventus, eum per Baillivum nostrum capere poterunt.*

(28) *Omnes insuper legitimas & rationabiles Consuetudines, quas Burgenses Peron. hactenus tenuerunt, eis concedimus; & volumus ut eas observent, sicut hactenus servaverunt per legitimam (f) recordationem Majoris & Juratorum; salvo in omnibus jure nostro, & Ecclesiarum nostrarum, & Castellani Perone. Actum Parisius, &c. anno Domini*

NOTES.

(a) *Majorie ministeriorum.*] Les 12. Corps des Mestiers qui avoient chacun à leur teste un *Majeur* ou *Maire* ou *Garde*, & qui par cette raison, estoient nommez, les *Majories* ou *Mairies des Mestiers*.

(b) *Juratos.*] Il ne faut pas entendre par ce mot, les *Escherins*; [voy. cy-dessus p. 159. Note (i)] mais des *Electeurs* à qui on faisoit prester serment.

(c) *Neque.*] Ce qui suit & les deux phrases qui sont un peu plus bas, renfermées entre deux crochets, ne sont point dans le Registre de Philippe-Auguste.

(d) *In altero.*] Je n'entends point ce que signifient ces deux mots : ils semblent superflus, & en les supprimant, la phrase a un bon sens.

(e) *Sine forisfacto.*] C'est-à-dire, que ceux qui negligeront de payer cette Taille, ne seront point condamnez à l'*Amende*; mais y seront contraints par d'autres voyes. Voy. une disposition semblable, cy-dessus, p. 50. Note (c).

(f) *Recordationem.*] Lorsque ces Lettres furent données, la plupart des lieux du Royaume, se regissoient par des Loix non écrites ; qui se conservoient dans la memoire des personnes chargées de l'administration de la Justice.

M.° CC.° VII.° Regni vero nostri anno XX.° VII.° *Data vacante Cancellaria.*

Que ut perpetue stabilitatis robur obtineant, Sigilli nostri auctoritate & Regii nominis karactere inferius anotato : salvo in omnibus & ubicumque jure nostro, & Sancte Ecclesie Dei, & Castellani Peronensis, presentem paginam confirmavimus. Actum Parisius, anno Incarnacionis Dominice millesimo CC nono; Regni vero nostri ᵃ ano trecesimo : *Astantibus in Palatio nostro, quorum nomina supposita sunt & signa. Dapifero nullo. Signum Guidonis Buticularii.* ᵇ *Burchardi Camerarii. S. Droconis Constabularii. Datum vacante Cancellaria, per manum Fratris* GARINI.

CHARLES V.
à Paris, le 28. de Janvier 1368.
ᵃ anno.
ᵇ Il n'y a point d'S avant ce nom.

Cum igitur dicta Communia, certis justis de causis, diu est, Regio fuerit acquisita & applicata Domanio, ipsamque carissimus Dominus Genitor noster, & Nos, diu tennerimus ; nuperque ad dilectorum & fidelium nostrorum Burgensium & habitatorum dicte Ville Peronensis, requirentium, & iterata pluries instancia, ut Nos eandem Communiam restituere ᶜ *dignaremur ; eisdem informacionem fieri fecerimus, ex ipsius serie percepturi, si & quod damnum potuisset Nobis ex restitucione hujasmodi, vel commodum imminere : Nos, usa & diligenter attenta informacione predicta, & habita super contentis in ea, nostri Consilii deliberacione matura, Litteras suprascriptas, quas in Thesauro Cartarum nostrarum Par. fecimus retineri, & contenta in eis, rata habentes & grata, & ea laudantes, & tenore presentium, auttoritate Regia & certa sciencia confirmantes, Communiam predictam tenendam & observandam juxta formam & continentiam prescriptarum Litterarum, cum universis & singulis juribus & possessionibus, Censibus, redditibus, emolumentis & commodis ad ipsam pertinentibus, quos, quas & que dicti Burgenses & habitatores habebant, & quibus utebantur, tempore quo dicta Communia fuit Nobis, ut predicitur, acquisita, eisdem Burgensibus & habitatoribus concedimus de nostra sciencia & auttoritate predictis, cum exemptionibus & moderationibus que secuntur.*

ᶜ dignaremur.

(1) ᵈ *Videlicet, quod domus cujusvis homicide, de qua diruenda fit in prima clausula dictarum Litterarum mentio, propter hoc diruetur, nec* ᵉ *mittetire ad hanot ; nec eciam homicida vel interfector predictus, evadens Castrum Peronense, vel Banleugam, dato quod reconciliaretur parentibus interfecti, & emendam decem librarum Communie solveret, prout in eadem clausula continetur, evadet propter hoc, commissi per eum homicidii ultionem.*

ᵈ Voy. l'art. (1).
ᵉ mittetur.

(2) ᶠ *Et (a) excepta clausula seu articulo inserto in suprascriptis Litteris sub hiis verbis :* Si quis extraneus, qui de Communia non fuerit, cum homine de Communia messeiam fecerit infra Banleugam, vicini sui de Communia, eum juvare debent; quod si non fecerint, Major Communie super eos clamare debet dedecus illatum Communie ; nec aliquis de Communia, de eo quod fecerit, juvando hominem de Communia in messeiam, emendam tenebitur facere, nisi hominem occiderit.

ᶠ Voy. art. (5).

(3) ᵍ *Exceptis insuper verbis positis versus finem articuli incipientis :* Si quis alicui ponens insidias ; *que quidem verba sunt hec :* & si Villam interim post inhibicionem intraverit, & captus fuerit, membro truncabitur.

ᵍ Voy. art. (11).

(4) ʰ *Nec non & clausula que paulo post inferitur, in hunc modum :* Si quis alicui unum membrorum suorum abstulerit, & captus fuerit, tale membrum sui corporis amittet; ita tamen quod si antequam de eo justicia fiat, leso & parentibus lesi reconciliari potuerit, centum solidos Communie dabit, sine membri amissione.

ʰ Voy. l'art. (12).

Que si quidem premissa, sic, ut predicitur, excepta, nullius esse volumus efficacie vel vigoris ; sed ipsa delentes ex predictis Litteris, & penitus abolentes, volumus in eisdem, jus commune, & Patrie generalem consuetudinem observari.

(5) ⁱ *Et quia decrescentibus habitatoribus dicte Ville, minui debeat & numerus* ᵏ *ministrorum, volumus ut in loco duodecim Majoris Ministeriorum, qui debebant eligere viginti quatuor, sint & sufficiant sex dumtaxat, qui habeant eligere duodecim, loco viginti*

ⁱ Voy. l'art. (25).
ᵏ ministeriorum.

NOTE.

(a) Excepta.] Il n'y a dans le Registre que *exta* avec une marque d'abbreviation. Il faut lire *excepta*, qui est repeté dans la suite, au commencement de l'*alinea* qui suit l'art. *(4)*.

Tome V.

CHARLES V.
à Paris, le 28. de Janvier 1368.

a aussitost qu'ils pourront se presenter devant l'un d'eux.
b fideliter.
c &.
d eligi.
e per.
f &.
g &.
h Ces trois mots qui sont en abregé, sont douteux.
i tenere.
k reparatum.
l expensis.
m redebencias.
n redevances.
n deveria.
o Viromanden. R.
p concessione.
q firma.

quatuor predictorum; quodque illi duodecim, eligant quinque Juratos; & illi quinque, alios quinque; & illi bis quinque, eciam quinque; & illi quindecim, sic, ut predicitur, trinâ electione assumpti, unum eligant in Majorem, & septem in Scabinos; ceteris modis & condicionibus superius appositis in clausula, que de electis hujusmodi loquitur, in duplo majori numero, Scabinis exceptis, in suo robore duraturis. Ipsi vero Scabini, cum sic creati fuerint, promittent, prestito juramento, Preposito nostro Peronensi vel ejus Locumtenenti, quamcito ipsorum vel alterius eorumdem, poterunt ª *habere potenciam, quod officium suum* ᵇ *fideliter facient & excercebunt, sub nostrâ semper Regiâ, & successorum nostrorum verâ obedienciâ & fidelitate manentes.*

Concedimus eciam ᶜ *volumus, ut Major electus uno anno, illo completo, possit iterum anno sequenti in majorem* ᵈ *elegi & promoveri* ᵉ *electore ad quos pertinuerit; prout, pro utilitate Regis* ᶠ *dicte Ville, viderint expedire; quodque dictus Major possit bis in septimana, placita sua tenere in dictâ Villa; vocatis Juratis; & recipere & habere tales & similes emendas, quales recipiebantur per Prepositum nostrum predictum, Communia Nobis, ut predicitur, aquisitâ; videlicet, (a) pro defectu Curie, duos solidos* ᵍ *sex denarios Par. (b) pro iterata querimonia deffectus solucionis, duos solidos & sex denarios Par. & pro quolibet facto proposito coram eo, in quo succumbet altera Parcium, duos solidos & sex denarios Par.* ʰ *Per hoc tamen, dicti Burgenses & Habitatores tenebuntur dictam Villam ordinatam nunc* ⁱ *teneri, fortificare, fortaliciumque ipsius reparare, &* ʰ *raparatum, in statu deffensionis securè tenere perpetuò, suis sumptibus &* ˡ *expansis, & solvent & solvere tenebuntur Nobis & successoribus nostris, & aliis ad quos pertinuerit,* ᵐ *redibencias &* ⁿ *devaria quas & que debebant, & tenebantur solvere, tempore quo Communiam predictam habebant. Obtulerantque Nobis octingentos Francos Auri, semel, quos solvere promiserunt & tenentur, in reparacionem Castri nostri Peronensis, ad Mandatum & Ordinacionem nostram Regiam, convertendos. Quapropter damnis tenore presencium in mandatis, Baillivo & Receptori* ᵒ *Viromandensibus & Preposito Peronensi, ceterisque Justiciariis nostris, presentibus & futuris, vel eorum Locatenentibus, & eorum cuilibet, ut ad cum pertinuerit, quatenus dictos Burgenses & Habitatores dictâ Communiâ & nostrâ* ᵖ *confessione presenti, mediis excepcionibus & modificationibus predictis, uti faciant & permittant, non molestando ipsos, super premissis vel aliquo premissorum, in contrarium turbantes. Que ut* ᑫ *firma & stabilia perpetuò perseverent, nostrum presentibus Litteris fecimus apponi Sigillum : Salvo in aliis jure nostro, & in omnibus quolibet alieno. Datum Parisius, xxªviij.ª die Januarii, anno Domini millesimo trecentesimo sexagesimo octavo, Regnique nostri quinto.*

Per Regem, in suo Consilio. Y v o.   Collacio sit.   Visa.

NOTES.

(a) *Pro defectu Curie.*] Pour un defaut, faute de comparoir en jugement, lorsqu'on a esté assigné.

(b) *Pro iterata.*] Cela peut signifier, lorsqu'un debiteur ayant esté condamné à payer, ne le faisant point, le creancier est obligé d'avoir une seconde fois recours à la Justice.

CHARLES V.
à Paris, le 3. de Fevrier 1368.

(a) Lettres qui deffendent aux Proprietaires & aux Locataires des Maisons situées dans la ruë Chapon à Paris, de les loüer à des femmes de mauvaise vie; & à elles, d'y demeurer.

KAROLUS *Dei gratiâ Francorum Rex : Preposito nostro Parisiensi, aut ejus Locumtenenti : Salutem. Cum in recordationis inclite, (b) Beati Ludovici quondam Francorum Regis, ordinacionibus, inter cetera caveatur, ut publice meretrices, de*

NOTES.

(a) Registre Rouge-vieil du Chastelet de Paris, fol. 47. verso.
(b) *Beati Ludovici.*] Voy. dans le 1.ᵉʳ Vol.

des Ordonn. p. 74. art. XXXIV. de l'Ordonnance donnée en Decembre 1254. & ibid. p. 105. art. V. de l'Ordonnance du 25. de Juin 1269.

Villa, per locorum Justiciarios expellantur, & factis (a) prohibicionibus, eorum bona per dictos Justiciarios capiantur, vel eorum auctoritate occupentur, eciam usque ad tunicam vel *pelliceum; & si quis publice meretrici, scienter domum locaverit, quantum valet pensio sive locagium domus, uno anno, Judici loci solvere teneatur; sunt que nonnulli domos habentes in Vico ᵇ Capponis, prope Cimiterium Beati Nicolai de Campis, & juxta manerium dilecti & fidelis Consiliarii nostri, Episcopi Cathalanensis, ubi sunt loca honesta, qui domos predictas locare, aut ad annuum censum tradere talibus meretricibus; ne dum in dicte Ordinationis elusionem & contemptum, sed etiam in animarum suarum periculum, & plurimorum Burgencium ᶜ Parisiensium, & aliarum honestarum personarum ibidem habitaciones & ortos habentium, non verentur: Mandamus vobis, quatenus dictarum domorum, ut predicitur, Lupanariarum dominos seu possessores aut ᵈ conductores & detentores moneri faciatis, & mandetis inhiberi, ne domos predictas talibus meretricibus locent aut accomodent, aut ipsas alio titulo habitare faciant vel permittant; & eisdem meretricibus, quod ibidem sua lupanaria ulterius de cetero non teneant; scituros contrarium facientes, se dictam penam, & aliam prout casus inobediencie exegerit, incursuros: quam penam, ab ipsis contrarium facientibus, exigere & levare absque dilacione qualibet, & sublatis quibuscumque favoribus, non omittatis, ut saltem metu pene, dictus Vicus, & boni vicini inibi conversacionem habituri, in securitate & tranquillitate pacis, rejectis spurciciis, valeant remanere. Datum Parisius, die tertia Februarii, Anno Domini millesimo trecentesimo sexagesimo octavo; Regni vero nostri quinto.

Collacion faite à l'Original scellé en cire jaune à simple queuë. Ainsi signée. *Per Regem, ad relacionem Consilii.* DOUHEM. *Renovata ad instar alterius sigillate.*

CHARLES V.
à Paris, le 3. de Fevrier 1368.
ᵃ Voyez le 1.ᵉʳ Vol. des Ordonn. p. 74. art. XXXIV. & Note (rrr).
ᵇ Ruë Chapon.
ᶜ Par. R.
ᵈ Locataires.

NOTE.

(a) *Prohibicionibus.*] Lorsqu'on leur aura defendu de continuer leurs débauches, & qu'elles ne se corrigeront point, &c.

Dans l'art. XXXIV. de l'*Ordonnance* du mois de Decembre 1254. il y a, *factis monitionibus seu profectionibus*: il est d'autant plus certain qu'il faut corriger, *prohibitionibus*, que dans l'*Ordonnance françoise* qui est à costé, on lit, *& faites les monitions & deffenses, &c.*

(a) Diminution de Feux pour differens Lieux.

KAROLUS, &c.

Cumque facta quadam informacione virtute dictarum Litterarum, & aliarum Regiarum, in Loco de Villa nova, Vicarie (b) Parragii de Alammanis, Senescallie Carcassone, super numero Focorum modernorum in dicto Loco nunc existencium, per dilectum nostrum Raymondum de Arvana, Vicarium de Alammanis, Commissarium in hac parte auctoritate Regia deputatum, vocato & presente, &c.

Repertum fuerit, quod in dicto Loco de Villa nova, sunt de presenti & reperiuntur 27. Focci, secundum traditam instruccionem super hoc prelibatam: Nos vero, &c.

Quod ut firmum, &c. Salvo, &c. Actum Parisius, mense Februarii, Anno Domini millesimo ccc° LXVIII.° & Regni nostri quinto. Visa.

Per Consilium existens in Camera Compotorum Par. P. DE CHASTEL.

CHARLES V.
à Paris, en Fevrier 1368.

NOTES.

(a) Tresor des Chartres, Registre 99. Piece 382.

Voyez cy-dessus p. 30. Note (a).

(b) *Parragii.*] Voicy les éclaircissements que le R. P. D. *Vaissette* Benedictin, a bien voulu me donner sur les noms modernes des lieux compris dans ces Lettres. 1.° *Les Allamans* est un Bourg ou Village du Diocese de *Pamiers*, qui estoit autrefois le Chef lieu de la Viguerie Royale de ce nom, laquelle comprenoit tous les lieux & Villages possedez en *pariage*, par le Roy, d'un costé; & l'Evesque & le Chapitre de *Pamiers*, de l'autre.

Les lieux énoncez dans les Lettres, sont: 1.° *Villeneuve*, qu'on a appellé *du Pareage*, pour distinguer ce lieu des autres de même nom. 2.° S. Amatori. 3.° S. Felix. 4.° S. Paul des Allamans. Tous ces lieux sont du Diocese de *Pamiers* & de la Senechaussée de *Carcassonne*.

Informacio de qua superius sit mencio, est in dicta Camera, & ponitur cum aliis similibus, prout est ordinatum.

Pro loco de Sancto Amatorio, Vicarie Pariagii de Alammanis, in quo sunt 19. Focci, &c. ut in precedenti. Signata ut supra.

Pro loco de Sancto Felice, Vicarie, &c. in quo sunt 23. Focci, &c. ut supra. Signata ut supra.

Pro loco de Sancto Paulo de Alammanis, Vicarie Pariagii dicti Loci de Alammanis, in quo sunt 42. Focci, ut supra. Signata ut supra.

CHARLES V.
à Paris, le 4. de Mars 1368.

(a) *Confirmation des Privileges de la Ville de Lille.*

CHARLES, &c. Savoir faisons à tous presens & à venir, que comme paravant que nostre Ville de (b) Lille feust mise & appropriée au Demaine de la Couronne de France, ouquel temps avoient esté & estoient subgez sanz moyen, des Contes & Contesses de Flandres, les Eschevins, Bourgois, Habitans, qui estoient & avoient esté de nostre dicte Ville, eussent usé & joy, & joyssent de certainnes Coustumes, ᵃ Loy, Libertez & franchises, auxquelles les prist & ᵇ reçut, par moz exprès & par especial forme & condicion, le Roy de bonne memoire, Philippe-le-Bel, ou temps duquel, fu nostredicte Ville appliquée & adjointe au Demaine de nostre Royaume & de la Couronne dessus dicte; & promist & jura, & fist promettre & jurer pour lui & pour ses Successeurs, ausdis Eschevins, Bourgois & Habitans, qui lors estoient, pour eulx & pour leurs Successeurs, de les gouverner & maintenir en leurs dictes Coustumes, Loy, Libertés & franchises, paisiblement & sans empeschement; & par samblable maniere, l'aient juré ou fait jurer & promettre en leurs noms, noz autres predecesseurs Roys, en leurs joyeux advenemens, & Nous aussi, au gouvernement de nostredit Royaume, depuis le tamps du Roy Philippe-le-Bel dessus nommé; & d'ycelles Coustumes, Libertez ou franchises, & de plusieurs autres privileges, dons & graces, que noz dis Predecesseurs leur ont fais en leurs tamps, & Nous aussi, ayent yceulx Eschevins, Bourgois & Habitans, joy & usé paisiblement; & se aucuns de noz Officiers y ont ou tamps passé, mis, ou se sont efforciez de y mettre aucun empeschement ou despointement, noz dis Predecesseurs & Nous, l'aïons voulu & ordenné estre reformé & reparé, & tout remis au premier estat & deu, dezquelles choses puet apparoir clerement par Lettres Royaux perpetuelles, seellées en las de soie & en cire vert : Nous considerans la ferme constance de vraye obeïssance & loyauté, lesquelles ont lesdis Eschevins, Bourgois & Habitans, gardées envers Nous, sens enfraindre, & les grans & notables services que ilz ont faiz à noz Predecesseurs & à Nous, ez tamps passés, dont Nous les reputons bien dignes de grace & de remuneration, toutes les Coustumes, Loys, Libertez, franchises, privileges, dons & autres graces dessus dictes, tant celles desquelles yceulx Eschevins, Bourgois & Habitans avoient usé & joy, avant que nostredicte Ville feust adjointe & appliquée à nostredit Demainne, & auxquelles elle y fut reçuë, comme dit est, comme celles qui depuis leur ont esté donnéez & ottroyés par noz dis pre-

ᵃ Commune.
ᵇ remit. 2.ᵉ cop.

NOTES.

(a) Tresor des Chartres, Registre 100. Piece 76.

Il a esté envoyé de Lille, une Copie de ces Lettres, avec cette indication : *Extrait du Registre aux titres de la Ville de Lille, cotté des Lettres A B C. reposant dans les Archives de l'Hôtel de ladite Ville.*

*Du folio vij**iiij verf.* A. la fin de cette Copie, il y a : *Collationné par moy, Conseiller du Roy, Procureur-Syndic de la Ville de Lille.* B. HERRENG.

(b) Lille.] Philippe le Bel prit Lille en 1304. Voyez *le quatriéme Volume des Ordonnances*, pages 71. Note (b) & 655.

deceffeurs Roys de France, & par Nous, ayans aggreables, ycelles voulons, loons, ratifions & approuvons, & en ycelles les ª reformons de nouvel, fe ᵇ meftier eft, voulans & ottroyans de certainne fcience, grace efpecial & de noftre auctorité Royal & plaine puiffance, que eulx & leurs fucceffeurs, en ufent & joyffent perpetuelment & paifiblement, en quelque mains ou Seigneurie que noftre dicte Ville foit mife ou tranfportée ou tamps à venir, par la forme & maniere que joy & ufé en ont efdiz tamps paffés, jufques à ores. (a) Et que ce foit ferme, &c. fauf, &c. Donné à Paris, le 4.ᵉ jour de Mars, l'an de grace mil trois cens foixante & huit, & de noftre Regne le quint. (b)

Par le Roy. YVO. Vifa.

CHARLES V.
à Paris, le 4. de Mars 1368.
a peut-eftre confirmons.
b befoin.

NOTES.

(a) *Et que.*] Dans la Copie envoyée de Lille, il y a : *Et que che foit ferme chofe & eftable à toufjours, Nous avons fait mettre noftre*

Seel à ces Lettres : *fauf en autres chofes noftre droit & l'autruy en toutes.* Donné, &c.
(b) Après le mot *quint*, il y a dans la Copie envoyée de Lille : *Et fur le ploy, eftoit efcript. Par le Roy, & figné du Secretaire*, YVO.

(a) *Lettres qui deffendent de contraindre les Juifs, à aller à l'Eglife.*

CHARLES par la grace de Dieu Roy de France. Aux Senechauz de Thouloufe, de Beaucaire & de Carcaffonne, & à tous autres Jufticiers & Officiers de noftre Royaume ª : Salut. ᵇ Deys Quinon, Juif, Procureur general des Juifs habitans & demurans en noftre Royaume, ès Parties de la Languedoc, Nous ᶜ font expofer humblement, que comme lefdits Juifs foint par noftre congé & licence, venus demurer en noftre Royaume, en intention d'eftre tenus & gardés fous Nous, en paix & tranquillité, & deffendus de toutes oppreffions, griefs & moleftacions quelconques; moyenant certaines redevances qu'ils Nous payent pour ce, chacun an ; neantmoins aucuns Chreftiens (b) convers, qui depuis ce que lefdits Juifs commancerent à habiter en noftredit Royaume, fe font convertis à la Foy Catholique, & faits baptifer, fe efforcent de impofer à aucuns Juifs abufions & ᵈ malvefties, en ᵉ faifant faire conftraindre à aler à l'Eglife, oïr le fervice divin & les fermons & predications que l'on y fait; parquoy iceux Juifs, qui n'ont pas ce accouftumé, ne n'y ont aucune devotion, pourroient eftre en grand peril de leur corps; mefmement que le peuple Chreftien les a moult en derifion, & ne fe font que mocquer d'eux, quand ils ᶠ le voyent entre eux, fi comme dit icellui Procureur, fupplians que fur ce, les veuillons pourvoir de ᵍ remede convenable : Pourquoy Nous, ces chofes confiderées, fachans que les Sacrements de Sainte Eglife ne doivent pas eftre adminiftrés par force, & auffi que nuls n'y doit eftre contraint, fi ce n'eft par vraye devotion, voulans ʰ efchever plufieurs perils & inconveniens qui s'en pourroient enfuivre, vous mandons, & à chacun de vous, fi comme à lui appartiendra, que lefdits Juifs ni aucuns d'iceux, vous ne conftraignés ou faites conftraindre à aler à l'Eglife ne oïr les fermons & predications contre leur volonté ; en deffendant aufdits Chreftiens convers, & à tous autres dont vous ferés requis, que aufdits Juifs ils ne meffacent ou medifent en aucune maniere ; Et ne voulons que pour ce, à l'inftigation & pourchas d'iceux Chreftiens convers, vous mettez lefdits Juifs ou aucuns d'eux en procès, fe ils ne fe font ⁱ Partie, ou fe vous n'avez fuffifante information contre eux ; car

CHARLES V.
à Paris, le 22. de Mars 1368.
a ou à leurs Lieutenans. 2.ᵉ Cop.
b Deys. 2.ᵉ Cop.
c fuit. 2.ᵉ Cop.

d mechancetez.
e en les voulant faire. 2.ᵉ Cop.

f les. 2.ᵉ Cop.
g gracieux remede. 2.ᵉ Cop.

h éviter.

i s'ils ne font des plaintes en juftice.

NOTES.

(a) La Copie de ces Lettres a efté envoyée de Montpellier, avec cette indication : *Dun.º 2. Armoire 1. de Thlº [Thouloufe] fol. 145.* Il a efté envoyé du même endroit, une 2.ᵉ Copie, avec cette indication : *Senechauffée de*

Toulouse en general, Armoire C. 3.ᵉ liaffe des Actes ramaffés, N.º 1. fol. 145.
(b) *Convers.*] Il y a fa & plus bas *couvers*, dans la 2.ᵉ Copie. La premiere leçon me paroift preferable. *Convers* fignifie nouvellement convertis. Voyez un peu plus bas, & le 2.ᵉ Vol. des Ord. p. 609. Note (b).

ainsi le voulons nous estre fait, & auxdits Juifs l'avons octroyé & octroyons de grace
special, par ces presantes; nonobstant quelconques Lettres subreptices, impetrées ou
à impetrer au contraire. *Donné à Paris, le xxij°. jour de Mars, l'an de grace 1368. &
de nostre Regne le quint. (a) Par le Conseil estant à Paris.* FERATUS.

NOTE.

(a) Par le Conseil.] Ces mots ne sont pas dans la 2.° Copie. Voyez sur cette formule, la *Preface du 3.° Vol. des Ord.* p. ix.

M. CCC. LXIX.

Suivant le Gloss. de *Du Cange*, cette Année a commencé le premier d'Avril, & elle a fini le 13. d'Avril.

Ainsi il y a eu deux mois d'Avril dans cette année ; & l'on ne peut sçavoir si les Pieces qui sont dattées du mois d'Avril, lorsque le jour n'y est point marqué, & qu'il n'y a point avant ou après Pasques, ont esté données au commencement ou à la fin de cette année : on les a placées au commencement.

CHARLES V. à Paris, en Avril 1369.

(a) Lettres qui portent que certains Lieux de la Chastellenie de Vernon, ne contribueront plus pour les fortifications de la Ville & Chasteau de Mante ni pour celles de la Ville de Vernon; mais seulement pour celles du Chasteau de Vernon.

a *faisons.*

CHARLES, &c. Savoir ᵃ à tous presens & avenir, que Nous avons receuë l'umble Supplication des Habitans des Villes & Paroisses de Tourny, Fours, Cahagnes, Henbencourt, Hericourt, Saint Soupplis, Tally, Penilleuse, Maizierez, Corbie, Nostre-Dame de Lille, Presigny, Lorguilleux, Gany, Sainte Genevieve, Guierny, la Chapelle-Saint-Oën, & des autres Villes & Paroisses de la Chastellenie de nostre Ville de Vernon, contenant, que ja soit que iceulz Supplians, comme Habitans & subgez de ladicte Chastellenie, Jurisdiction & appartenance dudit Chastel, facent, & soient tenus & contrains de jour en jour, à faire guet, & plusieurs autres services & redevances oudit Chastel; & que par vertu de certaine Ordenance par Nous piecea faicte, contenant, que tous les Habitans demourans & residens à sept lieuës ou environ, près de nostre Ville de Mante, feussent & soient contrains à contribuer & paier à la fortification d'icelle Ville & Chastel de Mante, les dis Supplians aient d'abondant par lonc temps contribué & contribuënt par contrainte a la dicte fortification de Mante, où ilz ont soustenu en maintes manieres plusieurs grans

b *Miss. R.*

ᵇ misses & despens, dont ilz se dient estre moult grevez ; combien qu'il demeurent bien loing de Mante, qui est en France, & bien près dudit Chastel de Vernon, qui est assis en Normandie; telement que bonnement ne prestement il ne porroient avoir refuge ne retrait en cas de peril & de necessité, à Mante; mais l'ont & puent avoir audit Chastel de Vernon; pourquoy il leur samble qu'il doient par raison, & veulent bien contribuer & paier aux fortifications, refections & reparations de nostre dit Chastel de Vernon seulement comme subgès, & des appartenances d'icellui, & non ailleurs : Néantmoins soubz umbre ou pour occasion de un accort ou com-

c app. *l'on dit.*

position voluntaire que ᶜ ledit aucuns Procureur des Commun & habitans d'aucunes des Villes & Paroisses de la dicte Chastellenie, avoir, lonc temps a, faicte solement

d *superieur.*

de leur volenté & auctorité seulement, sans la licence & auctorité de leur ᵈ souverain, avec les Bourgois, commun & habitans de la dicte Ville de Vernon, ou leurs

NOTE.

(a) Tresor des Chartres, Registre 100. Piece 34.

Procureurs.

Procureurs, pardevant le Bailli de Gifors pour le temps, de contribuer aux fortifications des murs, foffez & fortrefles de la dicte Ville; & auffi de un Arreft de noftre Parlement, pronuncié l'an mil deux cens quatre vins neuf, pour lefdis Bourgois, Commun & Habitans de Vernon, contre aucuns predeceffeurs defdis fuppliants, fur la contribution des reparations & refections des Murs & Pont de Vernon, & d'aucunes Lettres fur ce empetrées de noftre Court, ou dudit Baillif de Gifors, lefdis Bourgois, Commun & Habitans de Vernon, fe font efforciez & efforcent de faire contraindre lefdis fuppliants, [a] divifiement, à contribuer aux fortifications & reparations defdis Murs, Pons & foffez de ladicte Ville de Vernon, combien que lefdis fuppliants ou leurfdis predeceffeurs, ne foient pas compris & nommez diviféement, oudit Arreft; & auffi pour ce que lefdis fuppliants ont refufé & refufent à y contribuer, ledis Bourgois, Commun & Habitans de Vernon, ont empetré certaines Lettres de Nous, ou de noftre Court, & par vertu ou fous umbre d'icelles, fait adjourner fur ce lefdis fuppliants en noftredit Parlement; & auffi s'efforcent de faire contraindre lefdis fuppliants à faire ladicte contribution defdis Murs, Pont & foffez de ladicte Ville de Vernon, & de mettre & tenir fur ce en grans & divers procès lefdis fuppliants, qui moult ont eu à fouffrir pour le fait des guerres, & le plat païs où leurs [b] manfions font affifes, & qui ont & doivent avoir leur refuge & retrait, en tout cas de neceffité & peril, oudit Chaftel de Vernon, & font des appartenances & du propre corps dudit Chaftel & Chaftellerie de Vernon, & pour ce y veulent contribuer, comme dit eft; & fe ailleurs contribuoient, ce feroit ou prejudice d'icelli Chaftel, mefment que de raifon ils ne doient eftre contrains à contribuer en plufieurs & divers lieux; & auffi feroient lefdis fuppliants de jour en jour dommagiés & grevez à tort & fans caufe, en maintes manieres, fe par Nous ne leur eftoit pourveu de gracieux remede, fi comme ils dient. Pourquoy Nous adecertes, en regard & confideracion aus chofes deffus dictes, ayant compaffion des grans oppreffions, moleftations, vexation & travaulx, que lediz fuppliants & autres des plas païs de noftre Royaume, ont fouftenu & encourrus par lonc temps ou temps paffé, pour le fait & occafion des guerres; defirans de tout nôtre povoir, à eulx en relever pour le temps à venir; voulans auffi nourrir la paix & concorde d'entre noz fubgés, ad ce que mieulx puiffent venir & demourer en eftat de bonne profperité, & [c] efchver les debas, defcors, riotes & autres inconveniens, qui de cy en avant porroient naiftre, & ofter ceulx de prefent, entre lefdis fuppliants & lefdis Bourgois, Commun & Habitans de Vernon, & autres noz fubgés; lefdiz fuppliants & chafcun d'iceulx, faifons, voulons, declarons, ordennons & decernons à eftre deforeenavant exemps, quittes & paifibles, & les exemptons par ces prefentes, de contribuer pour le temps à venir, à quelconques fortifications, reparations & refections tant de ladicte Ville, Chaftel & forterefle de Mante, comme defdis Murs, Pont & foffez de ladicte Ville de Vernon; mais voulons & ordennons iceulx fuppliants eftre tenus à contribuer & païer ès fortifications, reparations, emparemens & refections de noftre Chaftel de Vernon deffus dit tant feulement, & non ailleurs, comme ledit Chaftel de Vernon pour fa feureté & garde, requiere prefentement & pour le temps à venir, grans reparations, fortifications, amendemens, lefquelles bonnement, ne pourroient eftre fouftenuës ne accomplies fans la contribution defdis fuppliants, fi comme aucuns Chevaliers de noftre Hoftel, en ce congnoiffens, Nous [d] expofé, & ce de noftre plain povoir, auctorité Royal, certaine fcience & grace efpecial, avons ottroyé & ottroyons aufdis fuppliants & à chafcun d'eulx, par la teneur de ces prefentes; nonobftant ladicte Ordenance ainfi faicte, de contribuer aufdictes forterefles de Mante, & ledit accort ou compofitions fais par aucuns de ladicte Chaftellerie, & quelconque autre accort, ou compofition, fe aucuns eftoient fais pendent ledit debat ou procès, par aucuns finguliers defdis fuppliants, avec lefdis Bourgois & Habitans de Vernon, de contribuer aufdictes fortifications defdis Murs, pons & foffez de Vernon; lefquels accors ou compofitions & tout ce qui s'en pourroit enfuir, & lefdis Arreft & Lettres fur ce fais & donnez, Nous ne voulons avoir aucun effect quant à ce, en impofant filence

Tome V.   Y

CHARLES V.
à Paris, en Avril 1368.

a *fpeciallement.* Voy. un peu plus bas.

b *maifons.*

c *éviter.*

d *ont.*

CHARLES V.
à Paris, en Avril 1369.

perpetuel ausdis Bourgois, Commun & Habitans desdictes Ville de Mante & de Vernon. Si donnons en mandement à noz amez & feaulz les gens tenens nostre dit Parlement, aux Capitaines desdictes Villes & Chastiaulx & fortresses, & à tous noz autres Justiciers & Officiers, presens & à venir, ou à leurs Lieuxtenans, & à tous Commissaires deputez ou à deputer en ceste partie, & à chascun d'eulx, que lesdis supplians & chascun d'iceulx, facent & laissent joir & user paisiblement & à plain, de nos presentes Ordonnance, declaration, exemption, concession & graces dessus dictes, sans les molester ou souffrir estre molestez, grevez ou empeschiez en corps ou en biens, en aucune maniere, ou aucuns d'iceulx, contre la teneur d'icelles; mais s'aucune chose avoit esté faicte ou attemptée au contraire, le facent remettre au premier estat & deu, sans contredit ou autre mandement attendre. Et que ce soit, &c. sauf, &c. Donné à Paris, l'an de grace mil ccc. soixante neuf, & de nostre Regne le sizime, ou mois d'Avril. Ainsi signée. Visa.
Par le Roy, presens Mess. Bureau de la Riviere, & le Hase de Chambelli.
J. DE S. *MART.

*Il y a une marque d'abreviation sur le T.

CHARLES V.
au Bois de Vincennes, le 23. de May 1369.

(a) *Lettres qui portent que les Chambellans & autres Officiers des Princes du Sang & autres Seigneurs, n'auront aucune Jurisdiction criminelle dans la Ville de Paris, sur ceux de la maison de ces Princes, lesquels seront jugez par le Prevost de Paris.*

CHARLES par la grace de Dieu Roy de France: A tous ceulx qui ces presentes Lettres verront: Salut. Comme à cause du Demaine de la Couronne de France, la Jurisdiction ordinaire de notre bonne Ville de Paris, avecques la congnoissance, pugnicion & correction de tous delis & maleficez faiz, perpetrés & commis en notredicte Ville, par quelque personne que ce soit, appartiengne & soit deue de plain droit, à notre Prevost de Paris, de plain droit pour Nous ᵃ en notre nom; & ainsi en aient usé nos Prevosts & Officiers, qui ont esté par si long temps, qu'il n'est memoire du contraire; neantmoinz les Maistres ou Gouverneurs des Hostels d'aucuns Seigneurs de notre Lignage, & autres, s'efforcent d'avoir & retenir par devers eulx, la congnoissance des Gens de leurs Hostelz; quant ilz ont mesprinz & delinqué, en notre dicte Ville: Savoir faisons à tous presens & à venir, que notre entention n'est ne ne fu oncques, que des deliz & mesprentures faictes en notre dicte Ville, lesdiz Seigneurs ou leurs Gens, comme leurs Chambellens, Maistres de leurs Hostelz, Gouverneurs ne Officiers, en eussent ou aient la congnoissance par quelque voie ou maniere que ce soit; maiz voulons, declarons & ordonnons de notre certaine science, plainne puissance & auctorité Royal, ycelle estre deue & appartenir ᵇ à notre Prevost de Paris, qui pour le temps est, & qui pour le temps à venir sera,

a & C. des C.

b & demourer. Liv. vert. anc. du Chastelet.

NOTE.

(a) Livre rouge-vieil du Chastelet de Paris, fol. 45. recto.
Elles sont aussi dans le Livre vert-ancien du Chastelet de Paris, fol. six-vingt & dix-sept, (137.) verso.
Ces Lettres se trouvent aussi dans le Memorial D de la Chambre des Comptes de Paris, au verso d'un morceau de parchemin, qui est attaché après le verso du fol. 95.
Dans ce Memorial ces Lettres commencent ainsi :
Quod Magistri Hospiciorum Dominorum de Sanguine Regio, nullam habent jurisdictionem in domibus eorum.

A tous ceux qui ces Lettres verront : Guillaume Seigneur de Tignonville, Chevalier, Conseiller du Roy nostre Sire, & Garde de la Prevosté de Paris : Salut. Sçavoir faisons, que l'an de grace mil quatre cent un, le lundy vingtiesme jour de Mars, fismes transcrire en ces presentes, certaines letres Royaulx, sellées en lax de soye & cire verte, contenant ceste forme.
Charles, &c.
Et elles finissent ainsi :
Ainsi signé. Par le Roy. J. TABARI.
En tesmoing de ce Nous à ce present transcript, avons fait mettre le Seel de la Prevosté de Paris. Ce fut fait l'an & jour dessusdit.
J. CHOART.

DE LA TROISIÉME RACE. 171

sens ce que ilz soient tenus de en faire aucun renvoy ou remission aux dessusdiz, ne à aucun d'eulx; se ce n'estoit toutesvoies qu'ilz montrassent en ce avoir tiltre, privilege ou Lettres faisans de ce expresse mencion, & de date précedent ces presentes; ouquel cas Nous Voulons, que ª vous, leursdiz tiltres, privileges ou lettres, & oy notre Procureur général en notre court de Parlement, bonne raison & accomplissement de droiture soient sur ce faiz entre les Parties, par nos Amez & Feaulx Conseillers les Gens de notre dit Parlement, qui ad present sont, & qui pour le temps à venir seront, sens procès ou figure de jugement : Car ainsi Nous plaist - il estre fait; nonobstans mandemens, ordonnances ou deffenses, & Lettres subrepticies empetrées ou à empetrer au contraire. En tesmoing de ce, Nous avons fait mettre notre Scel à ces Lettres. *Donné au Bois de Vincennes, le vint troisieme jour de May, l'an de grace mil trois cens soixante & neuf, & de nostre Regne le sixieme.*

CHARLES V. au Bois de Vincennes, le 23. de May 1369.
ª *veuz.* C. des C.

ᵇ Collation faicte à l'original seellé du grant seel du Roy nôtre Seigneur, en las de soie & cire vert; & estoient ainsi signées. ᶜ

ᵇ *Ceci n'est point dans le Liv. vert-ancien du Chast.*
ᶜ *Il n'y a point de signature.*

(*a*) Confirmation des Privileges des Marchands-Forains & des Voituriers de Marée.

CHARLES V. à Paris, le 27. de May 1369.

CHARLES par la grace de Dieu Roy de France : A nos amez & feaux les Gens tenans nostre Parlement à Paris, &,à nostre Prevost dudit lieu, Conservateur, Gardien & Commissaire General des Marchands Forains de Poisson de Mer, & des Voituriers frequentans ladite Ville de Paris : Salut & dilection. Savoir vous faisons, Nous avoir veu nos autres Lettres, contenant ceste fourme.

(*b*) CHARLES ainsné fils, &c.

Nous ª adcertées, les Lettres dessus transcrites, toutes les choses contenuës en icelles, ayant fermes & agreables, icelles voulons, loons, rattissions, approuvons, & de nouvel, se ᵇ mestier est, par ces presentes confirmons; & vous mandons, & à chacun de vous, que icelles vous accomplissiez & enteriniez de point en point, selon leur fourme & teneur. Mandons aussi à nostre Procureur General de Parlement, & audit Jehan Boutery son Substitut en cette partie, que il facent tout ce que mandé leur est par lesdites Lettres; nonobstant toutes les nonobstances dont icelles font mention, & quelconques Lettres subreptisses à ce contraires. *Donné à Paris, le vingt-septieme jour de May, l'An de grace 1369. & de nostre Regne le sixieme.*
Par le Roy, à la relation du Conseil. J. DOUHEIN.

ª *adcertées.*
ᵇ *besoin.*

NOTES.

(*a*) Traité de la Police par M. *de la Mare*, Tom. 3. Liv. 5. tit. 37. p. 224. n.º 9.
Il cite à la marge : *Registre de la Marée*, fol. 238. L'on a déja dit plus d'une fois dans ce Recüeil, que le Registre de la *Marée* est égaré depuis quelque tems.

(*b*) *Charles, &c.*] Ces Lettres qui sont du 7. Fevrier 1358. sont dans *le 4.ᵉ Volume des Ordonn.* p. 356.

CHARLES V.
à Paris, le 23. de May, & le 3. d'Avril 1369.

(a) Ordonnance qui deffend de joüer à certains Jeux de hazard ou autres; & qui enjoint de s'exercer à l'Arc & à l'Arbaleste.

CHARLES par la grace de Dieu Roy de France : Au Prevost de Paris ou à son Lieutenant : Salut. Nous avons veues noz lettres contenant la fourme qui s'ensuit.

CHARLES par la grace de Dieu Roy de France : A tous ceulz qui ces presentes Letres verront : Salut. Savoir faisons, que Nous desirans de tout nostre cuer, le bon estat, seurté & deffense de nostre Royaume, de la chose publique, & de tous noz subgès d'iceluy, voulans obvier à tous inconveniens, & tousjours endurer & gouverner noz bons subgez, en ce qu'il leur puet estre agreable & prouffitable, avons deffendu & defendons par ces presentes, tous geux de Dez, de *(b)* Tables, de *(c)* Palmes, de Quilles, de *(d)* Palet, de *(e)* Soules, de *(f)* Billes, & tous autres telz geux, qui ne ª cheent point à exercer ne habiliter noz diz subgez, à fait & usaige d'armes, à la deffense de nostredit Royaume, sur paine de quarante sols Parisis, à appliquier à Nous, de chascun & pour chascune foiz qu'il y encherra : & voulons & ordenons, que noz diz subgez prennent, & entendent à prenre leurs geux & esbatement, à eulz excercer & habiliter en fait de trait d'Arc ou d'Arbalestres, ès biaux lieux & places convenables à ce, ès Villes ᵇ Terrouoirs; & facent leurs ᶜ dons aux mieulx ᵈ traians, ᵉ & leurs festes & joies pour ce, si comme bon *(g)* vous semblera. Si donnons en mandement à tous Seneschaux, Baillis, Prevosts, Vicontes, & autres Officiers de nostredit Royaume, & à chascun d'eulz, si comme à lui appartendra, que nostre dite ordenance ilz facent tenir & garder sans enfraindre, & mettre à execution de point en point, selon sa fourme & teneur, sur paine d'encourir nostre indignacion, & d'estre punis les remis & negligens ᶠ, de telles paines, que ce soit example aux autres. En tesmoing de ce, Nous avons fait mectre nostre Seel à ces presentes letres. Donné en nostre Hostel de Saint Pol lez Paris, le 3.ᵉ jour d'Avril, l'An de grace mil trois cens soixante neuf, & de nostre Regne le quint.

Et combien que autres foiz, vous aions mandé que nosdites deffense & ordenance, vous feissiez crier & publier solennelment ès lieux acoustumez à faire cris en la Ville de Paris, & de la Prevosté & Viconté d'icelle, & les seissiez tenir & garder sans enfraindre ; toutesvois avons Nous entendu, que plusieurs les ont enfraintes &

a *rompent : contribuent.*
b *&.*
c *un present : un prix.*
d *tirans.*
e *Je crois qu'il faudroit corriger en.*
f *à faire observer cette Ordonnance.*

NOTES.

(a) Livre vert du Chastelet, *fol.* 151. *verso.*
Ces Ordonnances ont déja esté imprimées dans *le Grand Coustumier* donné par *Charondas le Caron*, p. 88. mais le commencement de l'Ordonnance du 3. Avril n'y est point.
Elles ont esté aussi imprimées dans le *Recüeil de Fontanon,* Tom. 1. p. 672.

(b) Tables.] Le Jeu de Dames. Voy. le *Tresor de Borel* & le *Dictionn. Etymol. de Menage,* au mot, *Tables.*

(c) Palme.] Le Jeu de Paume : mais alors on poussoit la balle, non avec une Raquette, mais avec la paulme de la main. Voy. *les Recherches de Pasquier,* Liv. 4. ch. 15. p. m. 350. & le *Dictionn. Etymol. de Menage,* au mot, *Raquette.*

(d) Palet.] C'est apparemment *le Jeu du Petit-Palet.* L'on trouve dans *le Tresor de Borel, la Polaste, le Jeu du Palet.* Dans *le Grand Coustumier* & dans *Fontanon* il y a, *de Paltet.*

(e) Soules.] On pourroit lire *Soules.* Ce Jeu consistoit à pousser une balle ou une boulle avec le pied ou avec une crosse. Voy. *le Gloss. de Du Cange,* au mot, *Cheolare.*

Il y a dans *le Grand Coustumier,* au lieu de *Soules, Boulles ;* & dans *Fontanon, d'Esculles.*

Cet Auteur a placé après cette Ordonnance, un précis de cette Piece en latin, sans marquer si c'est une Ordonnance, ni d'où il l'a tirée. Le mot d'*Esculles,* y est rendu par celui de *Soularum.*

(f) Billes.] C'est apparemment *le Billard.* Voyez le *Dictionn. Etymol. de Menage,* aux mots, *Billard & Bille.*

(g) Vous.] Il y a mieux, *leur* dans *le Grand Coustumier* & dans *Fontanon.*

enfraingnent de jour en jour, dont il Nous desplaist ᵃ forment & non sanz cause, s'il est ainsi: Pourquoi Nous vous mandons & enjoignons estroitement, que icelles deffense & ordenance faites de rechief crier & publier solennelment, ès lieux & par la maniere dessus dicte, & ycelles faires tenir & garder sanz enfraindre en aucune maniere: & lesdiz quarante sols lever hastivement & sanz ᵇ deport, sur tous ceulz qui ont fait & feront le contraire, pour toutes les foiz qu'ilz y encherront: desquels quarante solz, Nous voulons la quarte partie estre baillée aux sergens qui trouveront & prenront les transgresseurs, toutes foiz que le cas y escherra. De ce faire soies si curieux & diligent, qu'il n'y ait faulte: car il Nous en desplairoit, & vous en ferions griefment punir. Donné à Paris, le xxiij.ᵉ jour de May, l'An de grace mil trois soixante neuf, & de nostre Regne le VI.ᵉ Ainsi sign. Par le Roy, à la relation du Conseil.
J. DE LUZ.

Publié parmis Paris, le xxiiij.ᵉ jour de May, ccclxix.

CHARLES V.
à Paris, le 23. de May, & le 3. d'Avril 1369.
ᵃ fortement.
ᵇ faveur.

(a) *Lettres qui portent que dans le Comté de Ponthieu, on ne pourra obtenir qu'un seul delai, dans une même affaire.*

CHARLES, &c. Savoir faisons à tous presens & à venir, que comme pour obvier au malices & cautelles de ceulz qui pour fuir & esloigner leur jugemens, ᵃ quierent sintes & delais contre raison, eut & ait esté ordonné par les Maires & Eschevins, Bourgois & Habitans de nostre Terre de Pontieu, depuis qu'il fu mis ès mains du (b) Roy d'Englettere, que nul en une Cause, ne ce porroit faire ᵇ essonier, fors qu'une fois seulement; & que au jour que ladicte essongne seroit asportée, injunction seroit faite au porteur d'icelle, ᶜ qui fit savoir à son Maistre, que par lui, ou Procureur fondé par procuracion souffisant, (c) en demandant, sans grace, il fu tenus comparoir à la quinzaine après ledit essongne, sans autre ajournement faire, pour proceder en la Cause en estat ouquel estoient lesdictes Parties, avant ledit essongne baillié, comme dessus est dit; si comme par lesdiz Maires & Eschevins, Nous a esté donné ᵈ entandre, en Nous suppliant humblement, que ladicte Ordonnance Nous pleust conferrmer: Nous voulans & desirans l'abreviacion des Plais, ladicte Ordonnance ainsi faicte, comme est dit, loons, greons, approuvons & confermons par ces presentes, de nostre auctorité Royal, de nostre pleine puissance & grace especial: mandons à tous les Justiciers & subgez dudit Contée, presens & à venir, que ycelle ainsi faicte, comme dit est, tiengnent & gardent, & facent tenir & garder sans anfraindre. Et que ce soit ferme, &c. sauf, &c. Donné à Paris en nostre Palais, l'an de grace m.ccc.lxix. & de nostre Regne le sixieme, ou mois de May. *Visa.*

Par le Roy, en son Conseil. P. BLANCHET.

CHARLES V.
à Paris au Palais, en May 1369.
ᵃ cherchent.
ᵇ excuser.
ᶜ qu'il.
ᵈ à.

NOTES.

(a) Tresor des Chartres, Registre 100. Piece 8 vingt 8. | 168.]

(b) *Roy d'Englettere.*] Le Comté de Ponthieu avoit esté cedé à ce Prince, par le Traité de Bretigny : mais en 1368. Charles V. ayant déclaré la guerre aux Anglois, l'année suivante ses Generaux s'emparerent des Villes d'Abbeville, du Crotoy & de Rue, & de tout le Comté de Ponthieu. Voy. *Froissart*, Liv. 1. chap. 252. p. m. 350. & l'*Hist. des Comtes de Ponthieu*, par le Frere *Joseph de Jesus-Maria (Sanson,)* p. 377.

L'ardeur que les trois Villes cy-dessus nommées montrerent pour rentrer sous l'obéïssance de Charles V. engagea ce Prince, à confirmer leurs priviléges, & à leur en accorder de nouveaux. Les Lettres qu'il donna à ce sujet, & qui sont presque toutes du mois de May 1369. seront imprimées dans la suite de ce Volume.

(c) *En demandant.*] Voici comme j'entends ces mots : La Partie pourra comparoistre par Procureur, si elle en a demandé & obtenu la permission. Car autrefois en France, on ne pouvoit plaider par Procureur sans permission. Voyez *les Tables des Mat. des Vol. des Ordonnances*, & principalement celle du *premier*, au mot, *Procureur*.

CHARLES V.
à Paris au Palais, en May 1369.

(a) *Lettres qui portent que tous les Procès meus dans le Comté de Ponthieu, seront jugez par des Baillis establis par le Roy dans ce Comté, qui ressortiront en premiere Instance au Seneschal de Ponthieu, & ensuite au Parlement de Paris.*

CHARLES, &c. Savoir faisons à tous presens & à venir, que pour la bonne & vraie amour, loyauté & obéïssance que Nous avons tousjours trouvé & trouvons de jour en jour, en noz bons & loyaulx subgez, les Maires, les Eschevins & les autres Bourgois & Habitans de nostre Ville d'Abbeville, & de noz autres Villes & lieux de nostre Contée de Pontieu, Nous, de nostre auctorité Royal & de grace especial, pour le bien, proffit & descharge de nostre Pueple dudit Contée, & de ladicte Ville d'Abbeville, leur avons ottroïé & ottroïons par ces presentes, que de touz cas contencieux, meuz & à mouvoir entre les subgez dudit Contée, & de toutes choses litigieuses assises & situées oudit Contée, tant de cas privilegiés, comme de autres, dont à Nous appartient la cognoissance, noz Baillis Royaux qui sont & seront ordenez oudit Contée, ayent la Court & cognoissance, & que par eulz & par noz *(b)* Hommes jugens esdiz Bailliages, les contens, Causes, querelles desdiz Bailliages, soient jugiez & terminez, en ressortissant & ayant le ressort d'icelles, en assise d'Abbeville, pardevant le Seneschal, Pers, & Hommes dudit Contée, jugens en ladicte assise de Abbeville tant seulement, & de ladicte assise, en nostre Parlement à Paris; sanz ce que aucun des subgez de ladicte Ville d'Abbeville, ne autres dudit Contée, pour quelques causes soient * traitiez ès Prevosté de S.t Riquier, de *(c)* Vymeu au Bailliage d'Amiens, ne aillors que oudit Contée, & en nostre Parlement; & que lesdiz Bailliz & Prevostz de dehors ledit Contée, n'aient que veoir ne cognoistre sur eulz; mèz seulement lesdiz Bailliz & Seneschal par Nous ordenez oudit Contée. Et que ce soit ferme, &c. sauf, &c. *Donné en nostre Palais à Paris, l'an de grace mil ccc. lxix. & le sixieme de nostre Regne, ou mois de May.* Visa.
Par le Roy, en son Conseil. P. BLANCHET.

* tirez : assignez.

NOTES.

(a) Tresor des Chartres, Registre 100. Piece 58.
Ces Lettres sont imprimées dans l'*Histoire des Comtes de Ponthieu*, p. 382.
Voyez cy-dessus, p. preced. Note *(b)*.

(b) *Hommes jugens..... Pers.*] Voyez la Table des Matieres des Volumes des Ordonn. aux mots, *Jugeans (hommes,) Jugeurs* & Pers.
(c) *Vymeu.*] Ce pays fait partie de la Basse-Picardie, il est compris entre la Somme, & la Bresle qui le separe de la Normandie. Voyez le *Diction. Universi. de la Fr.* au mot, *Vymeux*.

CHARLES V.
à Paris, à l'Hôtel de S. Pol, en May 1369.

(a) *Lettres qui portent que tous les Procez meus dans les Villes d'Abbeville & de Ruë, seront jugez par des Baillis establis par le Roy dans ce Comté, qui ressortiront en premiere Instance au Seneschal de Ponthieu, & ensuite au Parlement de Paris.*

CHARLES, &c. Savoir faisons à tous presens & à venir, que pour la bonne & vraie amour, loyauté & obéïssance, que Nous avons tousjours trouvé & trouvons de jour en jour, en noz bons & loyaux subjez, les Mairez, les Eschevins & les autres Bourgois & Habitans de noz Villes de Abbeville, de Ruë & de noz

NOTE.

(a) Tresor des Chartres, Registre 100. Piece 8 vingt 15. (175.)

Voyez cy-dessus, p. preced. Note *(b)*.
Ces Lettres contiennent les mêmes dispositions que les precedentes : on pourra consulter les Notes qui ont esté faites sur ces dernieres.

DE LA TROISIÉME RACE. 175

autres Villes & lieux de noſtre Contée de Pontieu : Nous de noſtre auctorité Royal & de grace eſpecial, pour le bien, proufit & deſcharge de noſtre peuple dudit Contée, & deſdictes Villes d'Abbeville & de Ruë, leur avons ottroïé & ottroïons par ces preſentes, que de tous cas contencieux, meuz & à mouvoir entre les ſubgez dudit Contée, de toutes choſes litigieuſes aſſiſez & ſituées oudit Contée, aïent la Court & congnoiſſance, & que par eulx & par noz Hommes Jugeurs eſdiz Bailliages, ſoïent jugiez & terminez, en reſſortiſſant & ayant le reſſort d'icelle en l'aſſiſe de Abbeville, pardevant le Seneſchal, Pers & Hommes dudit Contée, jugens en ladicte aſſiſe de Abbeville, tant ſeulement, & de icelle aſſiſe, en noſtre Parlement à Paris, ſenz ce que aucuns des ſubgez de noz dictes Villes de Abbeville, de Ruë, ne autres dudit Contée, pour quelques cauſes, ſoïent * tratiez ès Prevoſtez de S.t Riquier, de Vymeu, au Bailliage d'Amiens, ne aillieurs que oudit Contée, & en noſtre Parlement ; & que leſdiz Baillis & Prevoz de dehors ledit Contée, n'ayent que veoir ne congnoiſtre ſur eulx, mès ſeulement leſdiz Baillis & Seneſchal par Nous ordenés oudit Conté. Et que ce ſoit ferme choſe, &c. ſauf, &c. Donné à Paris, en noſtre Hoſtel de S. Pol, l'an de grace M. CCC. lxix. & le vj. de noſtre Regne, ou mois de May.

CHARLES V. à Paris à l'Hôtel de S.t Pol, en May 1369.

* tratiez.

Ainſy ſign. Par le Roy, en ſon Conſeil. P. BLANCHET. Viſa.

(a) *Lettres qui portent que le Comté de Ponthieu & la Ville d'Abbeville, ne ſeront jamais ſeparez du Domaine de la Couronne.*

CHARLES V. à Paris au Palais, en May 1369.

CHARLES, &c. Savoir faiſons à tous preſens & avenir, que pour la bonne & vraye amour, loyauté & obéiſſance, que Nous & noz predeceſſeurs Roys de France, avons touz jours trouvez, & trouvons de jour en jour, en noz très-bons, vrays & loyaux ſubgez, le Maire, les Eſchevins, & les autres Bourgois & habitans de noſtre Ville de Abbeville en Pontieu, & pour pluſieurs autres bonnes & juſtes cauſes qui à ce nous ont meuz & devoient mouvoir, & qui touchent très-grandement l'onneur, l'eſtat & le proffit perpetuel de Nous & de noſtre Royaume, Nous, par très-grant & meure déliberacion ſur ce euë aveecques noſtre Conſeil, avons ordenné & ordennons, & auſdiz Maire & Eſchevins, Bourgois & habitans de noſtre dicte Ville, pour eulx & pour leurs ſucceſſeurs, preſens & avenir, avons octroïé & octroïons, par ces preſentes, de noſtre auctorité Royal, de noſtre pleine puiſſance, de noſtre certeine ſcience & grace eſpecial, que jamès, par quelconque tiltre ne pour quelconque cauſe que ce ſoit, Nous ne mettrons ne tranſporterons hors de noz mains ne hors du Demainne Royal de Nous & de la Coronne de France, la dicte Conté ne la dicte Ville de Abbeville, la Juſtice, ne les Bourgois ou habitans d'icelle Ville & Contée, mès ſeront & demourront perpetuelment les diz Bourgois & Habitans d'icelle noz ſubgez & juſticiables, ſenz moyen, en pur & perpetuel Demaine. Et que ce ſoit ferme, &c. ſauf, &c. Donné en noſtre Palais à Paris, l'an de grace M. CCC. LXIX. & le ſizieme de noſtre Regne, ou mois de May.

Par le Roy en ſon Conſeil. P. BLANCHET. Viſa.

NOTE.

(a) Treſor des Chartres, Regiſtre 100. Piece 55.

Ces Lettres ſont imprimées dans l'*Hiſtoire des Comtes de Ponthieu*, p. 386. Voyez cy-deſſus, p. 173. Note (b).

CHARLES V.
à Paris, à l'Hôtel de S.t Pol, en May 1369.

(a) Lettres qui portent que l'on ne pourra établir de nouvelles Impositions dans les Villes du Comté de Ponthieu, qu'à leur profit, & à la requête & du consentement des Maire & Eschevins de ces Villes.

CHARLES, &c. Savoir faisons à tous presens & avenir, que pour la bonne & vraïe amour, loyalté & obeïssance, que Nous & nos predecesseurs Roys de France, avons tousjours trouvé & trouvons de jour en jour, en nos très-bons, vrays & loyaux subgez les Maire & Eschevins, & les autres Bourgois & habitans de nostre Ville d'Abbeville, & des autres Villes & lieux du Conté de Pontieu, & pour aucuns très-bons, très-grans & très-proffitablez services, que il Nous ont de nouvel faiz, & aussi pour plusieurs autres très-bonnes & justes causes, touchant l'onneur & le prouffit perpetuel de Nous & de nostre Royaume, Nous par très-grant, très-bonne & très-meure deliberacion sur ce euz avecques nostre Conseil, avons ottroié & ottroions par ces presentes, aux diz Maires & Eschevins, Bourgois & habitanz de nostre dicte Ville d'Abbeville, & des autres Villes & lieux dudit Contée de Pontieu, que jamez pour quelconques causes ou occasions que ce soit, nous ne mettrons, afferrons ou imposerons, ne ferons ou soufferons courre ne mettre, asseoir ou imposer en la dicte Ville de Abbeville, ne en aucune des autres Villes ou lieu dudit Contée, aucunes imposicions, aydes ou autres subsides, se ce n'est au profit d'icelles Villes, & à la requeste des Maires, Eschevins, Bourgois & habitans d'icelles, ou de leur consentement. Et que ce soit ferme chose, &c. sauf, &c. Donné à Paris, en nostre Hostel de Saint Pol, l'an de grace M. CCC. LXIX. & le VI.e de nostre Regne, ou mois de May. *Ainsy sign.* Par le Roy, en son Conseil. P. BLANCHET. *Visa.*

NOTE.

(a) Tresor des Chartres, Regiftre 100. Piece 8 vingt 14. [174.] *Voyez cy-dessus*, p. 173. Note *(b).*

CHARLES V.
à Paris au Palais, en May 1369.

(a) Confirmation des Privileges de la Ville d'Abbeville.

CHARLES, &c. Savoir faisons à tous presens & avenir, que pour la bonne & vraye amour, loyauté & obeïssance que Nous & noz predecesseurs Roys de France, avons tousjours trouvez & trouvons de jour en jour, en nos très-bons, vrays & loyaus subgez, le Maire & les Eschevins, & les autres Bourgois & habitans de nostre Ville d'Abbeville en Ponticu, & pour plusieurs autres bonnes & justes causes qui à ce Nous ont meuz & doivent mouvoir, & qui touchent très-grandement l'onneur, l'estat & le proffit perpetuel de Nous & de nostre Royaume, Nous, aus diz Maire & Eschevins, Bourgois & habitans de nostre dicte Ville de Abbeville, avons octroïé & octroions par ces presentes, de nostre auctorité Royal, de nostre plaine puissance, de nostre certainne science & grace especial, que tous leur privileges, franchises & libertez, Nous leur conserverons, tendrons & garderons, & ferons tenir & garder perpetuelment, sanz enfraindre, & sanz jamès venir ne faire ou souffrir venir à l'encontre; & de ce leur donrons & ferons bailler, toutes les foiz qu'il Nous en requerront, noz Lettres en cire vert & laz de soye, esquelles seront contenuës les

NOTE.

(a) Tresor des Chartres, Regiftre 100. Piece 56.

Ces Lettres sont imprimées dans l'*Histoire des Comtes de Ponticu*, page 384. *Voyez cy-dessus*, page 173. Note *(b).*

DE LA TROISIÉME RACE. 177

teneurs des Lettres qu'il ont de leur deſſuſdiz privileges & libertez, & ycelles dès
maintenant conſermons par ces preſentes. Et que ce ſoit ferme, &c. ſauf, &c.
Donné en * Palais à Paris, l'an de grace M. CCC. LXIX. & de noſtre Regne le ſixieme,   * noſtre.
ou mois de May.
Par le Roy en ſon Conſeil. P. BLANCHET. Viſa.

(a) Lettres qui portent que les Marchandiſes & les Denrées que les Habitans   CHARLES
d'Abbeville feront venir dans leur Ville, pour leur uſage, ſeront exemptes   V.
de l'Impoſt qui ſe paye au Crotoy.   à Paris au Pa-
   lais, en May
   1369.

CHARLES, &c. Savoir faiſons à tous preſens & avenir, que Nous de noſtre
auctorité Royal, de noſtre certaine ſcience & grace eſpecial, avons octroié &
octroïons par ces preſentes, à noz bien amez le Maire & les Eſchevins, & les autres
Bourgois & habitans de noſtre Ville d'Abbeville en Pontieu, pour eulz & leur ſucceſſeurs, à tousjours mès, que toutes manieres de denrées & marchandiſes que il
auront, venant ᵃ voulant de la Mer à Abbeville, ſanz aler ne eſtre menées en la Ville   a Ce mot eſt
du Crotoy ne aillors, fors à Abbeville, il puiſſent amener en noſtre dicte Ville de   appar. corrompu.
Abbeville, ſanz payer aucun ᵇ debite audit Crotoy, ni aillors ou Contée de Pontieu.   b Impoſt.
Si donnons en mandement par ces preſentes, à tous nos Juſticiers, Officiers & ſubgez, & à ceuz qui ſont ou ſeront commis ou deputez à lever les dictes debites, que
de noſtre dicte grace & octroy, leſſent & facent joüir & uſer paiſiblement & perpetuelment, eulz & tous leurs ſucceſſeurs, ſans les contraindre ou moleſter, ne faire
ou ſouffrir eſtre contrains ou moleſtez au contraire, commant que ſoit. Et que ce
ſoit ferme, &c. ſauf, &c. Donné en noſtre Palais à Paris, l'an de grace m. ccc. lxix.
& le ſixieme de noſtre Regne, ou mois de May.
Par le Roy, en ſon Conſeil. P. BLANCHET.   Viſa.

NOTE.

(a) Treſor des Chartres, Regiſtre 100. Piece 57.
Voyez cy-deſſus, page 173. Note (b).

(a) Lettres qui portent que les Habitans d'Abbeville, pourront commercer dans   CHARLES
tout le Royaume, & y acheter des Marchandiſes, ſans eſtre tenus de payer   V.
d'autres Impoſts que ceux qui ſont anciennement eſtablis.   à Paris au Palais, en May
   1369.

CHARLES, &c. Savoir faiſſons à tous preſens & avenir, que pour la bonne
& vraïe amour, loyauté & obéiſſance que Nous & noz predeceſſeurs Roys de
France, avons tous jours ᵃ teuvés & trouvons de jour en jour, en noz très-bons,   a trouvés.
vrais & loyaux ſubgiez, le Maire, les Eſchevins & les autres Bourgois & habitans de
noſtre Ville d'Abbeville en Pontieu, & pour pluſieurs autres bonnes & juſtes cauſes,
qui à ce Nous ont meuz & deuvoient mouvoir: Nous aus diz Maire & Eſchevins,
Bourgois & habitans de noſtre dicte Ville de Abbeville en Pontieu, avons ottroié
& ottroïons par ᵇ ſes preſentes, de noſtre auctorité Royale, de noſtre pleinne puiſ-   b ces.
ſance, de noſtre certaine ſcience & grace eſpecial, que eulx & tous leur ſucceſſeurs
habitans de la dicte Ville, preſens & avenir, puiſſent amener ou faire amener, achater & vendre en noſtre Royaume, toutes manieres de denrées & marchandiſes, &

NOTE.

(a) Treſor des Chartres, Regiſtre 100. Piece 8 vingt 7. (167.)
Voyez cy-deſſus, p. 173. Note (b).
Tome V.   Z

CHARLES V.
à Paris au Palais, en May 1369.

a commercer.
b Imposts.

c laissent.

d molestez.

ᵃ marchander en ycellui Royaume, de toutes choses ; & que pour toutes leurs marchandisez & autres choses, il soient quittiez & frans de toutes imposicions, exacccions, subsides & maltôtes, Gabelles, subvencions & autres aides quelxconques, imposées, ou à imposer ; exepté tant seulement des denrrées & autres choses que il vendront ; & exceptez les ᵇ debites acoustoumez & ansiennes. Si donnons en mandement par ces presentes, à tous les Justiciers & autres Officiers de Nous & de nostre Royaume, presens & avenir, & à tous ceuls qui sont & seront commis & députez à lever & recevoir lesdites imposicions, subsides & maletôtes, & chascun d'eulz, que de nostre dicte grace ᶜ laissent & facent user & joïr paisiblement les habitans dessusdiz, & tous leurs successeurs, à tousjours mès, sans les contraindre ou molester, ne faire ou souffrir estre contrains ou ᵈ molestez au contraire, comment que soit. Et que ce soit ferme, &c. sauf, &c. Donné en nostre Palais à Paris, l'an de grace m. ccc. lxix. & le sizieme de nostre Regne, ou mois de May.   Visa.

Par le Roy, en son Conseil. P. BLANCHET.

CHARLES V.
à Paris au Palais, en May 1369.

(a) *Lettres qui portent qu'il ne sera point basti de Chasteau ou Forteresse dans la Ville d'Abbeville; & que l'on ne pourra faire d'ouverture aux murs, ensorte que l'on ne puisse y entrer ou en sortir que par les portes.*

CHARLES, &c. Savoir faisons à tous presens & avenir, que comme ès Chartres de la fondation de nostre Ville d'Abbeville en Pontieu, soit contenu que en ycelle Ville, ou dedens la closture d'icelle, ne puet estre construite ou faicte aucune municion ou forteresse, si comme par noz bien amez le Maire & les Eschevins d'icelle Ville, Nous a esté donné ᵃ entendre, en Nous suppliant humblement, que ce leur vueillons encore de nouvel ottroyer : Nous qui tousjours Nous voulons gracieusement porter vers eulx, considerés la loyauté, la vraie amour & la parfaite obéissance que Nous avons trouvés en eulx, enclinant gracieusement à leur supplicacion, leur avons ottroié & ottroions, & de nouvel par ces presentes, de nostre auctorité Royal & de grace especial, que aucune municion, Chastel ou autre Forteresse, ne puissent d'oresenavant estre fais en ladicte Ville, dedens la cloture d'icelle; & oultre ᵇ se, que les murs d'icelle ne puissent estre perciés, ne aucune entrée ou yssuë faicte en ycelle, si que nul n'y puist entrer ne en ᶜ issir, fors par les portes ordenées en ycelle. Et que ce soit ferme, &c. sauf, &c. Donné en nostre Palais ᵈ, l'an de grace M. CCC. LXIX, & sizieme de nostre Regne, ou mois de May.   Visa.

a d.

b ce.

c sortir.

d à Paris.

Par le Roy, en son Conseil. P. BLANCHET.

NOTE.

(a) Tresor des Chartres, Registre 100. Piece 8 vingt 9 [169.]

Ces Lettres sont imprimées dans l'*Histoire des Comtes de Ponthieu*, p. 383. Voyez cy-dessus, p. 173. Note (b).

CHARLES V.
à Paris à l'Hôtel de S.ᵗ Pol, en May 1369.

(a) *Lettres qui portent que les Habitans de Ruë, pourront commercer dans tout le Royaume, & y acheter des marchandises, sans estre tenus de payer d'autres imposts, que ceux qui sont anciennement establis.*

CHARLES, &c. Savoir faisons à tous presens & avenir, que pour la bonne & vraye amour, loyauté & obéissance, que Nous & nos predecesseurs Roys de France, avons tousjours trouvés & trouvons de jour en jour, en nos tres bons, vrais

NOTE.

(a) Tresor des Chartres, Registre 100. Piece 505. Voyez cy-dessus, p. 173. Note (b).

DE LA TROISIÉME RACE. 179

& loyaux fubgiez, le Maire, les Efchevins, & les autres Bourgois & habitans de noſtre Ville de Ruë en Pontieu, & pour plufieurs autres bonnes & juſtes caufes, qui à ce Nous ont meux & devoient mouvoir : Nous aus diz Maire & Efchevins, Bourgeois & habitans de noftre dicte Ville de Ruë en Pontieu, avons octroïé & ottroïons par ces prefentes, de noftre auctorité Royal, de noftre pleniere puiffance, de noftre certaine fcience & grace efpecial, que eulx & tous leurs fucceffeurs habitans de la dicte Ville, prefens & avenir, puiffent amener, achater & vendre en noftre Royaume, toutes manieres de denrées & marchandifes, [a] & marchander en ycellui Royaume, de toutes chofes; & que pour toutes leurs marchandifes & autres chofes, il foïent quittes & frans de toutes impoficions, exactions, fubfides & maletoltes, tout ainfi comme il eftoient avant que Nous les preiffons en noftre main; excepté tant feulement des denrées & autres chofes que il vendront ; & exceptés les [b] debites accoutumées & anciennes. Si donnons en mandement par ces prefentes, à tous les Jufticiers & autres Officiers de Nous & de noftre Royaume, prefens & avenir, & à tous ceulx qui font & feront commis & deputez à lever & recevoir les dictes impoficions, fubfides & maletoltes, & chafcun d'eulx, que de noftre dicte grace leffent & facent ufer & joïr paifiblement les habitans deffus dis, & tous leurs fucceffeurs à tousjours mais, fenz les contraindre ou molefter, ne faire ou fouffrir eftre contrains ou molefter au contraire, comment que foit. Et que ce foit ferme chofe & eftable à tousjours mès, Nous avons fait mettre noftre grand Seel à ces prefentes, fauf en autres chofes noftre droit, & l'autrui en toutes. Donné à Paris, en noftre Hoftel de Saint Pol, l'an de grace M. CCC. lx & neuf, & le fizieme de noftre Regne, ou mois de May.
Par le Roy, en fon Confeil. P. BLANCHET.

CHARLES V.
à Paris, à l'Hôtel de S.t Pol, en May 1369.

a commercer.

b Impofts.

(a) Confirmation des Privileges de la Ville de Ruë en Ponthieu.

CHARLES, &c. Savoir faifons à tous prefens & à venir, que pour la bonne & vraïe amour, loïalté & obéïffance, que Nous & nos predeceffeurs Roys de France, avons tousjours trouvé & trouvons de jour en jour, en noz très bons, vrais & léaulx fubgez, le Maire & les Efchevins, & les autres Bourgoiz & Habitanz de noftre Ville de Ruë en Pontieu, & pour plufieurs autres bonnes & juftes caufes qui à ce Nous ont meuz & devoient mouvoir, & qui touchent très grandement l'onneur, l'eftat & le profit perpetuel de Nous & de noftre Royaulme : Nous audit Maire & Efchevins, Bourgoiz & Habitanz de noftredicte Ville de Ruë, avons ottroïé & ottroïons par ces prefentes, de noftre auctorité Royal, de noftre pleine puiffance, de noftre certaine fcience & grace efpecial, que tous les privileges, franchifes, Libertés & ufages dont il ont ufé, Nous leur confermerons, tendrons & garderons, & ferons tenir & garder perpetuelment, fens enfraindre, & fens jamais venir ne faire ou fouffrir venir à l'encontre ; & de ce leur donrons & ferons bailler, toutes les fois qu'ils Nous en requerront, noz Lettres en cire vert & las de foïe, lefquelles feront contenans les teneurs des Lettres qu'il ont de leurs deffufdis privileges & Libertés ; & ycelles dès maintenant leur confirmons par ces prefentes. Et que ce foit ferme & eftable à tousjours mais, Nous avons fait mettre noftre grant Seel à ces prefentes ; fauf en autres chofes noftre droit, & en toutes le droit d'autrui. Donné à Paris, en noftre Hoftel de S. Pol, l'an de grace M. CCC. LXIX. & le VI.e de noftre Regne, ou mois de May.
Par le Roy, en fon Confeil. P. BLANCHET.

CHARLES V.
à Paris, à l'Hôtel de S.t Pol, en May 1369.

NOTE.

(a) Trefor des Chartres, Regiftre 100. Piece 503.
Voyez cy-deffus, p. 173. Note (b).

CHARLES V.
à Paris, à l'Hôtel de S.t Pol, en May 1369.

(a) *Lettres qui portent que le Comté de Ponthieu, & la Ville de Rue qui y est située, ne seront jamais séparées du Domaine de la Couronne.*

CHARLES, &c. Savoir faisons, &c. que pour l'amour, loïalté & vraie obéïssance, que Nous & noz predecesseurs Roys de France, avons tousjours trouvé & trouvons de jour en jour, en noz très bons, vrays & léaux subgez, le Maire, * Pers & Eschevins, & les autres Bourgois & Habitanz de nostre Ville de Rue, en nostre Conté de Ponthieu, & pour plusieurs autres bonnes & justes causes, qui à ce Nous ont meuz & devoient mouvoir, & qui touchent très grandement l'onneur, l'estat & le profit perpetuel de Nous & de nostre Royaume : Nous par très grant & très meure deliberacion sur ce eue avec nostre Conseil, avons ordené & ordennons, & aussdis Maire, Bourgois & Habitans de nostre dicte Ville, pour eulx & pour leurs successeurs, presens & à venir, avons ottroié & ottroions par ces presentes, de nostre auctorité Royal, de nostre pleine puissance, de nostre certaine science & grace especial, que jamais, par quelconques tiltres ne pour quelconque cause que ce soit, Nous ne mettrons ne transporterons hors de noz mains, ne hors du demaine Royal de Nous & de la Couronne de France, ledit Conté ne ladicte Ville de Rue, ne la Justice ne les Bourgois ou Habitans de ycelle Ville & Conté ; mais seront & demourront perpetuelment lesdis Bourgois & Habitans d'icelle, noz subgez & justiciables, sens moien, en pur & perpetuel demaine. Et que ce soit ferme & estable à tousjours mais, Nous avons fait mettre nostre grant Seel à ses presentes ; sauf en autres choses nostre droit, & l'autrui en toutes. Donné à Paris, en nostre Hostel de S. Pol, l'an de grace M. CCC. LXIX. & le VI.e de nostre Regne, ou mois de May.
Par le Roy, en son Conseil. P. BLANCHET.

* Voyez les Tables des Mat. des Vol. des Ord. au mot, *Pers*.

NOTE.

(*a*) Tresor des Chartres, Registre 100. Piece 504.
Voyez cy-dessus, p. 173. Note (*b*).

CHARLES V.
à Paris, en May 1369.
PHILIPPE VI.
dit de Valois, à Maubuisson lès Pontoise, en Decembre 1346.

a &.
b brusées.
c Edouard III.

(a) *Confirmation de la Chartre de Commune, accordée aux Villes de Mayoc & de Crotoy.*

CHARLES, &c. Savoir faisons à tous presens & à venir, Nous avoir veu & receu les Lettrez de nostre très cher Seigneur & Ayeul, le Roy Philippe, que Diex absoille, contenant la fourme qui s'ensuit.

PHILIPPE par la grace de Dieu Roy de France : A tous ceulx qui ces presentes Lettres verront ou orront : Salut. Savoir faisons, que comme par soussisant relation, Nous soit apparu que les Lettres & privileges de (*b*) Crotoy a de Majoc, aient esté b arses ou perdues par la venue du c Roy d'Angleterre nostre ennemi, ou de ses gens, ou mois d'Aoust darrenier passé ; & les Genz, Maire, Eschevins & Communité desdictes Villes, Nous aient fait requerre humblement, après le dommage que il ont eu de leurs biens, maisons, & d'aucunes personnes de ladicte Communité, que les privilegez ottroiez à ladicte Communité de Crotoy & de Majoc, par le Conte Guillaume, Conte de la Terre de Ponticu ; ou cas que il pourroient estre

NOTE.

(*a*) Tresor des Chartres, Registre 100. Piece 8 vingt 11. (171.)

Voyez cy-dessus, p. 173. Note (*b*).
(*b*) *Crotoy.....Majoc.*) Voyez sur ces deux Villes, le 3.e Volume des Ordonnances, p. 166. Note (*b*).

trouvez par aucuns Regiſtres de ladicte Conté de Pontieu, feuſſent par Nous renouvelées, ſelon ce que il en ſeroient eſtrais de Regiſtrez d'icelle Conté, & confermés, afin que il euſſent perpetuel valeur, & peuſſent eſtre en partie recouvrées du dommage qu'il avoient eu & ſouſtenu, pour cauſe de nozdis ennemis. Pourquoy Nous mandaſmes à noſtre amé & féal Treſorier de noz guerres, Jehan du Change, & Gouverneur de ladicte Conté de par Nous, que il veiſt les Regiſtres de ladicte Conté, & eſtraiſiſt leſdiz privileges ottroïez à ladicte Ville de Crotoy & de Majoc, & à la Communité d'icelle; liquel, appellé avec lui, Touſſains Raïer, Garde du Seel de la Baillie d'Amiens, eſtabli en la Prevoſté de Saincᵃ Riquier, & autres, a trouvé eſdis Regiſtres, ſi comme il teſmoigne, un privileges ottroïé à la Communité de Mayoc, dont la Ville de Crotoy eſt de la Communité d'icelle; duquel Regiſtre il Nous a envoïé le tranſcript, contenant la ſourme qui s'enſuit.

CHARLES V.
à Paris, en May 1369.

ᵃ près d'Abbeville.

Ego (a) GUILLERMUS *Comes Pontivi &* ᵇ *Monſteroli. Notum facimus tam preſentibus quam futuris, quod Ego, de aſſenſu & conceſſione* (b) *Aalis Uxoris mee, &* (c) *Symonis de Bolonia,* ᶜ *Generis mei, & Marie Filie mee, Uxoris ejus, & de conſilio Baronum meorum, dedi & conceſſi Hominibus meis de Maioch, Communiam habendam, tanquam fidelibus meis, contra omnes homines, in perpetuum garantizandam, ſecundum jura & Conſuetudines* (d) *Abbatis-ville, &c.*

ᵇ Monſtreüil-ſur-Mer.
ᶜ Generi.

(25) *Ad hec, ſi forte inter me & dictos Burgenſes meos, querela* ᵈ *emiſerit, que per hoc ſcriptum nequeat terminari, per Communiam Abbatis-Ville terminabitur.*

ᵈ emerſerit. Ch. d'Abbeville.

(26) *Nec pretereundum eſt, quod predicti homines de Majoc, mihi debent ſingulis annis, quadraginta Libras Pariſienſes; videlicet, vingenti Libras, in Mayo, & vingenti Libras, in feſto Beati Andree.*

(27) *Preterea, ipſi mihi debent quadraginta ſolidos de (e) parvo Vicecomitatu; ſingulis annis, in Mayo reddendos.*

Et ſciendum eſt, quod Ego dedi & conceſſi predictis Hominibus, Communiam habendam, ſecundum Jura & Conſuetudines Communie Abbatis-Ville.

NOTES.

(a) *Guillermus.*] *Guillaume III.* ſucceda dans le Comté de Ponthieu, à *Jean II.* ſon Pere, en 1192. & mourut en 1224. Voyez l'*Hiſt. des Comtes de Ponthieu,* pp. 83. & 150.

(b) *Aalis.*] *Alix de France,* Fille de *Loüis le Jeune,* fut mariée avec *Guillaume III.* en 1195. Voyez *ibid.* p. 94.

(c) *Symonis de Bolonia.*] *Marie* Fille unique de *Guillaume III.* épouſa en premieres nopces, *Simon,* Comte de Dammartin, frere-puîſné de *Renault,* Comte de *Boulogne.* Voy. *ibid.* p. 151.

(d) *Abbatis-Ville.*] Cette Chartre de la Commune d'Abbeville, donnée vers 1100. par le Comte *Guillaume Tallevas,* eſt imprimée dans le 4.ᵉ *Vol. des Ord.* p. 54. Voy. p. 55. Note (b).

La Chartre accordée à Maioc, (car dans cette Chartre, il n'eſt point parlé de Crotoy,) eſt preſque entierement conforme à celle de la Commune d'Abbeville; du moins juſques à l'article 23. ainſi l'on n'a pas cru devoir faire réimprimer icy ces 23. premiers articles: & on ſe contentera de marquer dans cette Note, quelques corrections qui ſont à faire dans la Chartre d'Abbeville, dans des endroits qui ſont plus corrects dans celle de Maioc, laquelle cependant eſt pleine de fautes.

Cette Chartre confirme preſque toutes les corrections marginales qui ont eſté faites ſur celle d'Abbeville.

L'article 5. commence ainſi : *Si vero de re immobili queſtio oriatur, ad vicecomitem meum, cujus nomine res poſſidetur, &c.*

Vicecomitem ſignifie là la même choſe, que *Dominum,* qui eſt dans la Chartre d'Abbeville, ainſi qu'il paroiſt par la fin de cet article. Voy. la Note (f) ſur cet article de la Chartre d'Abbeville.

Article 12. ligne premiere, *à participaverit, &c.* On a corrigé à la marge *ſi participaverit* : il y a dans la Chartre de Maioc, *ei participaverit,* qui vaut mieux.

L'article 15. commence ainſi : *Preterea ſtatutum eſt, quod Ego Guillelmus Comes Pontivi & Monſteroli, nec heredes mei, &c.*

Article 16. ligne 2.ᵉ au lieu de *voluerit,* il faut lire *noluerit;* & il y a grande apparence, que ce n'eſt qu'une faute d'impreſſion dans la Chartre d'Abbeville.

Les articles 23. 24. & 25. de la Chartre d'Abbeville, ne ſont point dans celle de Maioc. Ainſi les articles 23. & 24. de cette derniere, ſont les 26. & 27. de celle d'Abbeville.

(e) *Parvo Vicecomitatu.*] Ce premier mot qui eſt en abregé, peut eſtre douteux. Je n'ai rien trouvé qui puiſſe expliquer ces deux mots.

Z iij

182   Ordonnances des Rois de France

CHARLES V.
à Paris, en May 1369.

Concessi etiam Burgensibus eisdem, Banlivam quietam & liberam habendam, à Castello de Crotoy, usque ad (a) Perroy de Baharnier; & à Castello, usque ad vetus Molendinum, in quantum plenum Mare se extendit in partibus illis; & ab eodem Molendimo, usque ad Pontem de Burhen; & à Ponte de Burhen, usque ad Perroy de Baharnier, sicut fluvius de la Genestele se extendit; & ab eodem Perroy, usque ad Castellum de Crotoy, sub pleno mari, usque (b) dorsum. Et sciendum est, quod in uno quoque predictorum Capitulorum, jus meum salvum debet esse, & integrè conservari.

Ut autem hec omnia firma & illibata permaneant, sub Religione jurisjurandi, Ego & predicti Homines de Mayoc, promissimus ad invicem, ad majorem confirmacionem, scriptum hoc ymagine Sigilli mei muniri. Actum est hoc, anno Incarnati Verbi millesimo ducentesimo nono.

a *Suite des Lettres de Philippe de Valois.*
b *besoin.*
c *faisoient.*
d *eu.*
e *avoit accoutumé.*
f *& est inutile.*

a Lequel privilege, selon sa teneur, Nous ottroyons de nouvel, b se mestier est, & confirmons tout ce que oudit Registre de ladicte Conté, en est contenu; & volons de grace especial, de certaine science & de nostre auctorité Royal, que toutes les choses contenuez oudit privileige, cy-dessus exprimeez, vaillent, tiengnent, & soïent gardeez, tout aussi comme il c fasoient & devoient faire & povoient, par vertu dudit privilege que il avoient d euls, & de ladicte Communité, seellée & escript dudit Conte de Pontieu, si comme il e soloit : & volons que l'estrait dudit Registre, fait soubs nostre seel Royal autentique, à euls baillié par nostre Gouverneur de ladicte Conté, en presence de gens dignes f & de fois, vaille & tiengne comme privilege perpetuel; & ycellui contenant les choses dessus dictes, voulons valoir & avoir force de perpetuité, & toutes les choses cy-dessus encorporées. Et pour ce que ce soit ferme chose & estable à tousjours, Nous avons fait mettre nostre Seel à ces presentes Lettres; sauf nostre droit & l'autrui. *Donné à Maubuisson lès Pontoise, l'an de grace mil trois cens quarante six, ou mois de Decembre.*

g *Suite des Lettres de Charles V.*
h *Il y a une marque d'abbreviation sur ce q. lequel est inutile.*

i *empeschiez.*

g Lesquelles Lettres dessus transcriptes, & le contenu en icelles, Nous avons agréables, & ycelles loons, ratiffions, approuvons, h q. par ces presentes, de grace especial, certaine science & de nostre auctorité Royal, confirmons, & de nouvel, se mestier est, leur ottroions, & voulons que de toutes les choses contenuës esdictes Lettres, & de chascune d'icelles, yceuls Majeurs, Eschevins, Bourgois & Communité, & leurs successeurs, joïssent & usent paisiblement & perpetuelment, senz que par Nous, noz Successeurs, ou aucuns de noz Justiciers ou Officiers, leur soit donné aucun empeschement au contraire. Si donnons en mandement par ces presentes, à tous les Justiciers, Officiers & subgez de nostre Royaume, presens & à venir, ou à leurs Lieutenans, & à chascun d'euls, si comme à lui appartendra, que lesdiz Majeurs, Eschevins, Bourgois & Habitans, laissent, facent & seuffrent joïr & user paisiblement, de nostre presente grace, ottroy & confirmacion, sanz les empeschier ou souffrir estre i empeschier au contraire, en aucune maniere; nonobstant aucuns dons ou grace par Nous ou noz Predecesseurs, autresfois fais audiz Majeurs, Eschevins, Bourgois & Habitans; & quelconques Ordonnances, Mandemens & deffenses à ce contraires. Et que ce soit ferme, &c. sauf, &c. *Donné à Paris, ou mois de May, l'an de grace mil ccc. soixante neuf, & le sizieme de nostre Regne.* Visa.

Par le Roy, en son Conseil. N. DE VEIRES.

Collacion est faicte aus Lettres originales, par moy. N. DE VEIRES.

NOTES.

(a) *Perroy.*] Comme il y a une abbreviation sur le *P.* on ne peut sçavoir s'il faut lire *Parroy* ou *Perroy.* L'on trouve dans *Du Cange, Perreya*, qui signifie un lieu où des Marchands s'assemblent pour leur commerce. Cette interpretation convient assez bien à nostre mot, puisqu'il marque un lieu voisin d'une Ville maritime & commerçante.

(b) *Dorsum.*] Ce mot signifie sans doute, une *Montagne* où des *Dunes* qui estoient sur le bord de la Mer.

(a) *Lettres qui portent que l'on ne pourra lever de nouvelles Impositions sur les Habitans du Crotoy, sans leur consentement.*

CHARLES V.
à Paris, en May 1369.

CHARLES, &c. Savoir faisons [a] as presens & à venir, que, à la supplicacion de noz bien amez, les Maïeur, Eschevins, Bourgois & Habitans de nostre Ville de Crotoy, [b] considerés les très grans & bons services qu'ilz Nous ont faiz, & la loyauité & vraye obéissance qu'ils ont monstrées envers Nous, comme à leur droicturier & souverain Seigneur, en rendant & mettant en nostre main & obéissance, ladicte Ville; & pour certainnes & justes causes qui à ce Nous meuvent, Nous à yceulx Maïeur, Eschevins, Bourgois & Habitans, avons octroyé & octroyons par ces presentes, de grace especial & certaine science & de nostre auctorité Royal, & par deliberacion de nostre Conseil, que de ci en avant, en ladicte Ville de Crotoy, ne courront ne ne seront ou pourront estre ordennez par Nous, ou noz successeurs Roys de France, aucunnes Gabelles, Imposicions, Aides ne Subsides quelconques, se ce n'est de leur accort, voulanté ou consentement, ou pour le profit & utilité de ladicte Ville ; & de ces choses, seront eulx & leurs successeurs perpetuelment frans, quittes & exemps, senz ce que par Nous ou noz Successeurs, ou aucuns de noz Officiers, ils puissent estre contrains de present ou pour le temps à venir, par quelque voïe, maniere ou condicion, ne pour quelque cause que ce soit; & voulons que de ce present privilege, & de touz autres à eulx octroyez par Nous & noz Predecesseurs, ils puissent joïr & user, & y soïent maintenuz & gardez par noz Genz & Officiers, & en toutes leurs Libertez & franchises, sanz estre attempté ou innové au contraire en aucune maniere. Si donnons en mandement par ces presentes, au Gouverneur de la Comté de Pontieu, & à tous les autres Justiciers, Officiers & subgez de Nous & de nostre Royaume, presens & à venir, ou à leurs Lieuxtenans, & chascun d'eulx, si comme à lui appartendra, que lesdiz Maïeurs, Eschevins, Bourgois & Habitans, & leurs successeurs, laissent, facent sueffrent joïr & user paisiblement, perpetuelment, de nostre presente grace & octroy, ne contre la teneur d'icelle, ne les empeschent ou sueffrent estre empeschez en aucune maniere : car ainsi le voulons Nous; nonobstant autres dons ou graces par Nous ou noz Predecesseurs, autresfoiz faiz ausdiz Maïeur, Eschevins, Bourgois & Habitans, Ordennances, Mandemens & deffenses à ce contraires. Et que ce soit ferme, &c. sauf, &c. Donné à Paris, ou mois de May, l'an de grace M. CCC. soixante neuf, & le sizieme de nostre Regne.

Par le Roy, en son Conseil. N. DE VEIRES. *Visa.*

[a] aux.
[b] *consider.* R.

NOTE.

(a) Tresor des Chartres, Registre 100. Piece 60.
Voyez cy-dessus, page 173. Note (b).

(a) *Lettres qui portent que les Habitans du Crotoy, ne payeront aucunes nouvelles Impositions, pour les Marchandises qu'ils acheteront dans le Royaume.*

CHARLES V.
à Paris, en May 1369.

CHARLES, &c. Savoir faisons à tous presens & à venir, que Nous considerans les très grans, bons & aggréables services, que noz bien amés les Majeur,

NOTE.

(a) Tresor des Chartres, Registre 100. Piece 8 vingt 12. (172.)
Voyez cy-dessus, p. 173. Note (b)
Il y a encore dans ce Reg. Piece VIII^{xx}XIII.

(173) des Lettres de la même date, qui portent, que les Habitans du Crotoy, ne seront point tenus de rendre compte des Deniers qu'ils ont reçus, pour estre employez aux fortifications de cette Ville.

ORDONNANCES DES ROIS DE FRANCE

CHARLES V.
à Paris, en May 1369.

a font.

b commercer.

Eschevins, Bourgois & Habitans de nostre Ville de Crotoy, & la bonne, vraie amour, obéissance, loïauté, qu'ils ont demonstrée envers Nous, comme à leur droitturier & souverain Seigneur, en mettant & renddant ladicte Ville en nostre obéissance, ausdis Mayeur, Eschevins, Bourgois & Habitans, qui à present ª sunt, & pour le temps advenir seront, avons ottroïé & ottroyons par ces presentes, de nostre plainne puissance & auctorité Royal, que eulx & chascun d'eulx, seront perpetuelment frans & quittes par tous les lieux de nostre Royaume, où il voudront & leur plaira ᵇ marchander, l'acheteur ou acheteurs, tant seulement, de toutes imposicions, Subsides, Aydes, Gabelles, & autres Treux quelxconques, qui nouvellement ont esté mis & imposés en nostredit Royaulme, ou pour le temps advenir seront, pour quelconque cause ou occasion que ce soit, sanz ce que eulx ou aucuns d'eulx, en puissent estre contrains par Nous, noz successeurs Roys de France, Officiers, fermiers ou autres commis & deputés, de en païer aucune chose, de present ne pour le temps advenir. Si donnons en mandement à tous les Justiciers, Officiers & subgez de Nous & de nostre Royaulme, que lesdis Maieur & Eschevins, Bourgois & Habitans, leurs successeurs, & chascun d'eulx, laissent, facent & sueffrent joïr & user paisiblement, perpetuelment, de nostre presente grace & ottroy, ne contre la teneur d'icelles, ne les molestent, contrangnent ou empeschent, ou sueffrent estre molestés, contrains ou empeschiez, de present ou pour le temps advenir, en aucune maniere : car ainsi le voulons Nous ; nonobstant autres graces ou dons, par Nous ou noz Predecesseurs, à eulx autresfois fais ou ottroyées, & Ordonnances, Mandemens, inhibicions ou deffenses quelxconques ad ce contraires. Et que ce soit ferme, &c. sauf, &c. Donné à Paris, l'an de grace M. CCC. LXIX. & de nostre Regne le sixième, ou moys de May.

Par le Roy, en son Conseil. N. DE VEIRES. Visa.

CHARLES V.
à l'Hôtel Saint Pol, en May 1369.

PHILIPPE VI.
dit de Valois,
à Paris, en Avril 1345.

(a) Lettres qui portent que la Ville de Montagnac ne sera jamais separée de la Couronne ; & qu'il y sera establi une nouvelle Foire.

KAROLUS, &c. Notum facimus universis presentibus & futuris, Nos Litteras inclite memorie, carissimi Domini & Avi nostri, Regis Philippi, vidisse, formam que sequitur, continentes.

PHILIPPUS Dei gracia Francorum Rex. Notum facimus universis presentibus & futuris, Nos sincere devocionis considerantes affectum, quem erga Nos, Predecessores nostros & Coronam Francie, habent & hactenus habuerunt Consules & Habitatores Ville nostre (b) Montagniaci, Vicarie Biterrensis, qui continue in manu & Domaniis nostris Regiis, immediate teneri & gubernari desiderant & affectant : eciam grata servicia in guerris nostris, per eos impensa, eisdem Consulibus, Universitati & habitatoribus dicti loci, ad eorum supplicacionem, concessisse, & de speciali gracia & auctoritate Regia nostris, concedimus per presentes, ut ex nunc & in perpetuum, dicta Villa cum omnibus pertinenciis & appendenciis suis, & habitatoribus ejusdem universis, qui nunc sunt & futuris temporibus fuerint, in & sub manu, dominio & patrimonio nostris Regiis, successorumque nostrorum, ac Corone Francie immediate sic teneatur, remaneat & gubernetur, & tanquam Patrimonio & Corone Francie applicata, perpetuo habeatur ; absque eo quod per Nos & Successores nostros, extra Dominium vel manum nostram seu Successorum

NOTES.

(a) Tresor des Chartres, Registre 100. Piece 8 vingt 6. (166.)

(b) Montagniaci.] Montagnac. Il y a deux Villes de ce nom, dans le Bas-Languedoc.

Celle dont il s'agit icy, est sans doute celle qui est dans le Diocese d'Agde, dans laquelle il se tient encore des Foires considerables.

Pesenas, dont Montagnac dependoit, est aussi du Diocese d'Agde. Voy. le Dict. Univers. de la Fr. aux mots, Montagnac & Pesenas.

nostrorum,

nostrorum, in totum vel in partem, poni, concedi, allocari valeat futuris temporibus, seu quomodolibet assignari, aut in alium quemcumque & quocumque titulo sive causa transferri; & eciam ex nostris habundanti gracia & auctoritate Regia predictis, ipsorum Consulum & habitatorum, ac nostri & rei publice utilitatem cupientes, eisdem tenore presencium concedimus, annis singulis, Nundinas in dicto loco, die tertia decima mensis Januarii, cum diebus sequentibus ad hoc necessariis, tenendas, & ad usus, & aliarum Nundinarum illius Patrie consuetudines, exercendas : dantes eisdem licenciam & auctoritatem, dictas Nundinas, dictis diebus, annis singulis, tenendi & exercendi, prout in aliis Nundinis dicti loci & locorum circonvicinorum, est fieri consuetum; omnibus Justiciariis & subditis nostris mandantes, ut in premissis, eosdem non perturbent vel molestent quoquo modo; sed impedimenta in predictis, si aliqua futuris temporibus fuerint apposita, amoveant omnino seu amoveri faciant indilate. Quod ut firmum, &c. salvo, &c. Datum Parisius, anno Domini millesimo trecentesimo quadragesimo quinto, mense Aprilis.

CHARLES V.
à l'Hôtel Saint Pol, en May 1369.

*Nos autem dictas Litteras & contenta in eisdem, prout supra scripta sunt, rata & grata habentes, ipsa volumus, laudamus, approbamus, & tenore presencium, auctoritate Regia, de speciali gracia confirmamus, de novoque, si opus sit, ordinamus, volumus & concedimus, auctoritate predicta, de speciali gracia, per presentes, quod predicta Villa de Montagniaco, cum omnibus singulis & pertinenciis & appendiciis suis, & habitantes ejusdem, qui nunc sunt & qui in futurum erunt, in & sub manu, Dominio & patrimonio nostris Regiis, successorumque nostrorum ac Corone Francie, immediate remaneant, teneantur, regantur & gubernentur, & ut Patrimonio Regio & Corone Francie applicata, perpetuis temporibus habeantur; absque eo quod ab ipso Dominio possint aliqualiter, in toto vel in parte, futuris temporibus separari seu quomodolibet amoveri; non-obstante quod (a) Karolus de Artesio, quondam Comes de * Pedenanco, Villam ipsam de Montegniaco, cum ipsius pertinenciis & habitatoribus, & una cum dicto Comitatu, per aliqua tempora tenuerit; & non-obstante eciam aliquo dono exinde sibi facto, seu quomodolibet sibi vel alii faciendo, & Litteris quibuscumque in contrarium impetratis seu quomodolibet impetrandis, per quod quidem donum prefatum de ipsa Villa, dicto Karolo quondam factum, nolumus predicte Ville vel habitantibus ejus, prejudicium aliquod generari. Et ut omnia premissa & singula firma, &c. salvo, &c. Datum in Hospicio nostro S.ti Pauli, anno Domini m° ccc sexagesimo nono, & Regni nostri sexto, mense Maii. Visa.*

* Pesenas. Voy. page precedente, Note (b).

Per Regem. P. BLANCHET.   Collacio facta est.

NOTE.

(a) *Karolus de Artesio.*] Charles d'Artois, Comte de *Pesenas*, estoit le cinquième fils du fameux *Robert III.* Comte d'Artois, à qui Philippe de Valois fit faire le procez. Voyez l'*Hist. geneal. de la Maiſ. de Franc.* Tom. 1. pages 386. & 387.

(a) Reglement pour les Orfevres de la Ville de Troyes.

CHARLES V.
à Paris, en May 1369.

CHARLES, &c. Savoir faisons à tous presens & à venir, que de la partie des Orfevres de nostre bonne Ville de Troyes, Nous a esté exposé, que en verité, eulx & leurs predecesseurs Orfevres, demourans en ladicte Ville, de tout temps ancien & tel qu'il n'est memoire du contraire, ont acoustumé de faire solemnité ou Confrairie & joïe, le jour de la Feste de S.t Eloy, & aler à l'Eglise de la Magdelaine, ensemblement chascun un Cierge en sa main, & illec faire le Service Divin honorablement & devotement ; c'est assavoir, la veille de ladicte Feste, Vespres; le jour, la Messe & Vespres, & ledit jour, menger & estre ensembles amiablement, & pour reverence dudit Saint ; & aussi de faire chanter chascune sepmaine, une Messe

NOTE.

(a) Tresor des Chartres, Registre 100. Piece 9 vingt 12. (192.)

CHARLES V.
à Paris, en May 1369.

solennel en l'onneur de Dieu, de la Benoiste Vierge Marie, dudit Saint, & de toute la Court de Paradis, & pour eulz & le *(a)* remede des ames de leurs parens, amis & bienfaitteurs, & de ceulz dudit mestier, trespassez, pourquoy il leur ᵃ convinent & ont coustume de faire par le temps dessusdit, les choses qui s'ensuivent.

ᵃ convient.

Premierement. Pour payer les Prestrez & autres qui font le Service la veille & le jour de ladicte Feste, qui est deux soiz l'an, & qui chantent ladicte Messe, & aussi pour le luminaire & autres choses neccessaires & honorables à ce, il ont acoustumé, joi & usé de mettre chascune sepmaine, deux deniers en une boiste que l'un d'eulz garde.

II. *Item.* Que quant il louënt un apprentiz, il mettent ou marchié, que il, avec le salaire que il leur baille, mettra 10 ou 5 sols en ladicte boiste, & ᵇ parmi ce, il est ᶜ accompaigniez à ladicte Messe & à tout l'autre Service.

ᵇ *moyennant.*
ᶜ *mené.*

III. *Item.* Que combien que il pevent ouvrer de nuit, se il leur plaist, ont il acoustumé que cilz qui euvre de nuit, met en ladicte boiste 12 deniers, ou ce que il gaigne de nuit, lequel qu'il lui plaist, & tout ce, sans aucune contrainte, & senz le convertir en autre usaige.

I. *(b) Item.* Il est, &c.

Toutes lesquelles choses dessusdictes & chascune d'icelles, Nous à la supplicacion desdiz Orfevre, & en faveur & augmentation de Service Divin, aïens fermes & agréables, ycelles loons, greons, approuvons, ratifions, & de nostre plaine puissance, auctorité Royal & de grace especial confirmons par la teneur de ces presentes, tout en la forme & maniere que yceulz suppliants & leurs diz predecesseurs, en ont joi & usé ou temps passé, & ycelles de nostredicte grace leur ottroions par ces mesmes Lettres. Si donnons en mandement au Bailli de Troyes, & à tous noz autres Justiciers & Officiers, presens & à venir, ou à leurs Lieuxtenans, & à chascun d'eulx, si comme à lui appartendra, que lesdiz suppliants & leurs successeurs Orfevres, demourans en ladicte Ville, facent, sueffrent & laissent joir & user desoresmais paisiblement de noz dictes confirmacion, grace; & toutes les choses dessus dictes facent diligemment, à l'onneur & profit de Nous, dudit mestier & de la chose publique, tenir, garder & accomplir sanz enfraindre en aucune maniere. Et que ce soit ferme

NOTES.

(a) Remede.] On disoit en latin dans ce sens, *remedium*, & suivant *Du Cange*, ce mot, *remedium* signifioit dans le sens propre, la *remission* ou *décharge d'un impost*: ainsi le *remede des ames* est sans doute la *remission des peines du Purgatoire*.

(b) Item. Il est, &c.] Les articles suivants de ces Reglements, sont semblables, à quelques legeres differences près, aux Reglements des Orfevres de Paris, du mois d'Aoust 1355. & qui sont dans le 3.ᵉ *Vol. des Ord.* p. 10. à l'exception que les articles 17. 18. 26. & 29. des Reglements des Orfevres de Paris, ne sont point dans ceux des Orfevres de Troyes.

Ceux-cy, tels qu'ils sont copiez dans le *Registre* 100. *du Tresor des Chartres*, fournissent quelques notes pour les Reglements des Orfevres de Paris.

Dans l'article 3 de ceux-cy, 2.ᵉ ligne, on lit *mille terres*. Il faut lire, suivant le *Registre* 100. *nulles terres*.

Article 8. au lieu de *Menuerie*, il y a *Monnorie*: mais je crois que le premier vaut mieux. Voyez p. 12. Note *(l)*.

Dans l'article 25. des Reglements des Orfevres de Paris, il y a, ligne 3. *en doit payer deux sols d'aumosne:* Dans nostre Piece, il y a seulement, *en doit payer d'aumosne.* Et à la fin du même article, on lit dans les premieres Lettres: *un disner que les Orfevres donnent d'icelle Boiste le jour de Pasques, aux Pauvres de l'Hôtel-Dieu de Paris & à tous les Prisonniers, &c.* Dans les secondes Lettres, on lit seulement: *un disner que les Orfevres donnent, d'icelle Boiste, aux povres de ladicte Ville & à tous les Prisonniers, &c.*

L'article 27. des Reglements des Orfevres de Troyes, commence ainsi: *Les Preudommes du mestier eslisent trois Preudommes pour garder led. mestier: lesquels Preudommes jurent qu'il garderont bien & loyalment ledit mestier aux Us & Coustumes devant dictes, si comme bien & loyalment touz temps a esté accoustumé du faire; & quant cilz Preudommes ont finé leur année, le Commun du mestier, ne les y puet mais remettre jusques à trois ans, se il ni veulent entrer de leur bonne volenté; & se lesdiz Preudommes truevent homme, &c.*

Et vers la fin de l'article, au lieu de *au Prevost de Paris, &c.* il y a dans ces Lettres, *au Bailli de Troyes ou au Prevost, &c.*

DE LA TROISIÉME RACE. 187

chose, &c. sauf, &c. *Donné à Paris, au mois de May, l'an de grace* M. CCC. LXIX. *& de nostre Regne le* VI.ᵉ *Visa.*
Par le Roy, à la relation du Conseil. J. DE LUZ.

(*a*) Diminution de Feux pour differents Lieux.

CHARLES V.
à Paris, en May 1369.

K*AROLUS*, &c. *Notum*, &c.

C*UMQUE facta quadam Informacione virtute dictarum Litterarum, in loco* *ᵃ Berriaco, Senescallie Carcassone, super numero Foccorum modernorum in dicto loco nunc existencium, per dilectum nostrum Magistrum Johannem Joule, in utroque Jure Licenciatum, Judicem Majorem dicte Senescallie Carcassone, Commissarium in hac parte deputatum; vocato & presente in omnibus Procuratore nostro Generali ejusdem Senescallie, aut ejus legitimo Substituto; eademque informacione, seu ejus transumpto sub sigillo ordinario predicte Senescallie Carcassone, facta & sigillata, &c.*
Repertum fuerit quod in dicto loco de Berriaco, sunt de presenti & reperiuntur quindecim Focci, secundum traditam, &c.
Nos vero, &c.
Quod ut firmum & stabile, &c. salvo, &c. Actum Parisius, mense Maii, anno Domini millesimo trecentesimo sexagesimo nono, & Regni nostri sexto.   *Visa.*
Per Consilium existens in Camera Compotorum Parisius. P. DE CHASTEL.
Informacio de qua superius fit mencio, est in dicta Camera, & ponitur cum aliis similibus, prout est ordinatum. P. DE CHASTEL.

a Berriac, Diocese de Carcassonne.

(*b*) K*AROLUS*, &c. *Notum facimus, &c. quod cum ex parte, &c. Cumque facta informacione per Magistrum Symonem Suavis, Clericum & Judicem nostrum* (*c*) *Fenolhedesu, &c. pro loco de* ᵇ *Bastida Vallis-Danie, in quo sunt* xiiii. *Focci, &c. ut supra.* Signata ut supra.

b la Bastide de Villedaigne, Diocese de Narbonne.

K*AROLUS*, &c. *Notum facimus, &c. quod cum ex parte, &c. Cumque facta informacione per Magistrum Guillelmum Durandi, Commissarium in hac parte deputatum, &c. pro loco de* ᶜ *Badinchis, sunt* xxi *Focci, &c. ut supra.* Signata ut supra.

c Badens, Diocese de Carcassonne.

K*AROLUS*, &c. *Notum facimus, &c. quod cum ex parte, &c. Cumque facta quadam informacione per dictum Commissarium, pro loco de* ᵈ *Holonsacho, in quo sunt septuaginta novem Focci, ut supra.* Signata ut supra.

d Olonsac, Diocese de S. Pons, dans le Minerbois.

K*AROLUS*, &c. *Notum facimus, &c. quod cum ex parte, &c. Cumque facta informacione per dilectum nostrum Servientem Armorum &* ᵉ *Hostiarium Armorum carissimi Fratris & Locumtenentis nostri, Ducis Andegavensis, Aymonem de Nyeme, Commissarium in hac parte deputatum, &c. pro loco de* ᶠ *Sejano, in quo sunt centum quadraginta quatuor Focci, &c. ut supra.* Signata ut supra.

e huissier.

f Sigean, Diocese de Narbonne.

K*AROLUS*, &c. *Notum facimus &c. quod ex parte, &c. Cumque facta informatione*

NOTES.

(*a*) Tresor des Chartres, Registre 100. Piece 45. jusqu'à 51.
Voyez cy-dessus, p. 30. Note (*a*).
C'est le R. P. D. *Vaissette*, Benedictin, qui m'a indiqué les noms modernes des Lieux dont

il est fait mention dans ces Lettres, & dans les trois suivantes.
(*b*) K*AROLUS*.] Le reste a esté copié comme il est dans le Registre.
(*c*) *Fenolhedesu.*] Fenoüillet. Voyez le 4.ᵉ Vol. des Ord. pp. 624. & Note (*hh*) 631.

Tome V. Aa ij

per dilectum nostrum Magistrum Petrum Pererii, Bajulum (a) Saltus, Commissarium in hac parte, &c. pro loco de ª Sancto Paulo Fenolliedesu & ejus terminis, cum adjunctione loci de ᵇ Cabanie, in quo sunt centum septuaginta quinque Focci, &c. ut supra. Signata ut supra.

ª Saint Paul de Fenoüillede, Diocese d'Alet.
ᵇ Cabane.

NOTE.

(a) *Saltus.*] *Sault.* Petit païs du Languedoc, dans le Diocese d'*Alet*, voisin des païs de *Fenoüillades* & de *Donazan.* Voyez le *Dict. Univers. de la Fr.* au mot, *Sault.*

CHARLES V.
à Paris, en May 1369.

(a) Diminution de Feux pour Puiserguier & Saint Gervais.

KAROLUS, &c. Notum facimus, &c. quod cum ex parte, &c.

CUMQUE facta quadam informacione, virtute Litterarum nostrarum & aliarum Regiarum, in loco de (b) Podio-Surigario, Vicarie Biterrensis, Senescallie Carcassone, super numero Foccorum modernorum in dicto loco nunc existencium, per dilectum nostrum Johannem de Villanis, Militem, Vicarium Biterrensem, Commissarium, &c. Eademque informacione, seu ejus transsumpto sub Sigillo majori Curie Regie Biterrensis, &c. repertum fuerit, quod in dicto loco de Podio-Surigario, sunt de presenti & reperiuntur centum viginti tres Focci, secundum, &c.

Quod ut firmum, &c. salvo, &c. Actum Parisius, mense Maii, anno Domini millesimo ccc lxix.º & Regni nostri sexto.

Per Consilium existens in Camera Compotorum Par. P. DE CHASTEL.

Informacio de qua fit superius mencio, est in dicta Camera, & ponitur cum aliis similibus, prout est ordinatum. Visa. P. DE CHASTEL.

ª Copié conformement au Registre.
ᵇ Saint Gervais, au Diocese de Castres.
ᶜ quatuordecim.

ª**KAROLUS**, &c. Notum facimus, &c. quod cum ex parte &c. ut supra, per dictum Commissarium, pro loco de ᵇ Sᵗᵒ Gervasio, in quo sunt de presenti & reperiuntur ducenti ᶜ quatuordecim Focci, &c. Signata ut preced.

NOTES.

(a) Tresor des Chartres, Registre 100. Pieces 67. & 68.

Voyez cy-dessus, page 30. Note (a), & p. preced. Note (a).
(b) *Podio-Surigario.*] *Puiserguier*, ancienne Baronie du Diocese de *Narbonne.*

CHARLES V.
à Paris, en May 1369.

(a) Diminution de Feux pour Casouls.

KAROLUS, &c. Notum facimus, &c.

CUMQUE facta quadam informatione virtute Litterarum nostrarum ac aliarum Regiarum, in loco seu Castro * de Casulis, Vicarie Biterrensis, Senescallie Carcassone, super vero numero Foccorum modernorum in dicto loco seu Castro nunc existencium, per dilectum nostrum Johannem de Villanis, Militem, Vicarium Biterrensem, Commissarium in hac parte deputatum; vocato & presente in omnibus Procuratore nostro Generali dicte Senescallie Carcassone; eademque informacione, seu ejus transsumpto sub Sigillo majori Curie Regie Biterrensis, facta & sigillata, in Cameram Compotorum nostrorum Parisius apportata, ac per dilectas & fideles Gentes nostras dictorum Compotorum nostrorum, diligenter visa & inspecta, repertum fuerit, quod in dicto loco seu Castro de Casulis, sunt de presenti &

* Casouls, Diocese de Beziers.

NOTE.

(a) Tresor des Chartres, Registre 100. Piece 42.
Voyez cy-dessus, page 30. Note (a), & page precedente, Note (a).

DE LA TROISIÉME RACE. 189

reperiuntur centum nonaginta novem Focci, secundum traditam instructionem super hoc prelibatam. Nos vero, &c.

Quod ut firmum, &c. salvo, &c. Actum Parisius, mense Maii, anno Domini millesimo trecentesimo sexagesimo nono, & Regni nostri sexto. *Visa.*

Per Consilium existens in Camera Compotorum Parisius. P. DE CHASTEL.

Informacio de qua superius sit mencio, est in Camera dictorum Compotorum, & ponitur cum aliis similibus, prout est ordinatum.

(*a*) Diminution de Feux pour Campagnan.

CHARLES V.
à Paris, en May 1369.

K AROLUS, &c.

C UMQUE facta quadem informacione, virtute Litterarum nostrarum ac aliarum Regiarum, in loco seu Castro de (b) Canpanholis, Vicarie Biterrensis, Senescallie Carcassone, super vero numero Foccorum modernorum in dicto loco seu Castro de Campanholis nunc existencium, per Magistrum Johannem de * Crecio, Clericum, Locumtenentem Vicarii nostri Biterrensis, Commissarium in hac parte deputatum; vocato & presente in omnibus Procuratore nostro Generali dicte Senescallie Carcassone; eâdemque informacione, seu ejus transumpto sub Sigillo majori Curie Regie Bitter. &c.*

* Nom douteux.

Repertum fuerit, quod in dicto loco seu Castro de Campanholis, sunt de presenti & reperiuntur viginti Focci, secundum, &c. Nos vero, &c. Quod ut firmum, &c. salvo, &c. Datum Parisius, mense Maii, anno Domini millesimo trecentesimo sexagesimo nono, & Regni nostri sexto. Visa.

Per Consilium existens in Camera Compotorum Parisius. P. DE CHASTEL.

Informatio de qua fit mentio superius, est in dicta Camera, & ponitur cum aliis similibus, prout est ordinatum.

NOTES.

(*a*) Tresor des Chartres, Registre 100. Piece 43.

Voyez cy-dessus, p. 30. Note (*a*) & p. 187. Note (*a*).
(*b*) *Canpanholis.*] Canpanhol. R. Campagnan, Diocese de Beziers.

(*a*) Lettres qui portent que les Habitans de Vic-Fesensac, pourront commercer dans tout le Royaume, sans payer aucuns droits pour les Marchandises qu'ils acheteront.

CHARLES. V.
au Bois de Vincennes, en May 1369.

K AROLUS, &c. Celestis altitudo potentie que super cuncta tenet imperium, & que Nos suâ benignâ disponente graciâ, stabilivit in Regem & ad Regni fastigia provexit, divinitus Nos amonet, ut ipsum Regnum & ejus subditos & benivolos, in pacis tranquilitate tenere & fovere, & circa ea que ipsius Regni & nostrorum subditorum, presertim illorum qui in hiis que Regie * Magestati conveniunt, non deviant, peticiones suas equitati & racioni consonas exaudire favorabilier teneamur, eosque favoribus, commodis & graciis benigniter ampliare. Sane considerantes grata & laudabilia servicia que dilecti & fideles nostri Consules, Burgenses, Mercatores & habitatores Ville seu loci de Vico-Fezenciaci, Nobis fideliter impenderunt, qui tanquam boni, veri & fideles, in perfectâ voluntate persistentes, Nos in suum naturalem & superiorem

a Majestati.

NOTE.

(*a*) Tresor des Chartres, Registre 100. Piece 64.

A a iij

CHARLES V. au Bois de Vincennes, en May 1369.

a mercimonia.

b dolo.

c Voyez la Tabl. des Mat. du 3.e Vol. des Ordonn. au mot, *Aydes pour la rançon du Roy.*

d Voyez les Tables des Mat. des Vol. des Ordonn. aux mots, *Ports & Passages.*

(*a*) *Dominum recognoscentes, se in nostram obedienciam liberè & voluntariè reddiderunt: Notum igitur facimus universis tam presentibus quam futuris, quod Nos hiis & pluribus aliis justis & legitimis causis & consideracionibus, animum nostrum ad hoc moventibus, ipsorum Consulum, Burgensium, Mercatorum & habitatorum Requeste pro parte ipsorum Nobis humiliter presentate, favore benivolo annuentes, eisdem Consulibus, Burgensibus, Mercatoribus & habitatoribus, omnibusque & singulis ejusdem Ville sive loci Fezenciaci, cujuscumque status, sexus vel condicionis existant, ex nostris plenitudine potestatis Regie, certâ scienciâ & graciâ speciali, concessimus & concedimus per presentes, ut ipsi omnes & singuli, & eorum heredes & successores, presentes & futuri, ex nunc imposterum perpetuis temporibus, ad quascunque Civitates, Villas, Castra, terras & loca Regni nostri, ubicunque in dicto Regno existant, ire & se transferre, morari & remanere, resque* a *mercimonias & mercaturas, & alia bona sua quecumque licita, portare, ducere & conducere, seu portari & conduci facere, & de illis mercari, illasque vendere, & omnia alia sua negocia,* b *dole & fraude cessantibus, possint & valeant exercere, facere & complere; illasque non venditas, & alias mercimonias, merces & mercaturas quascunque licitas emere & emi facere, & in dictis Civitatibus, Villis, Castris, terris & locis stare, remanere, & sua sua per se vel per alios, conducere seu conduci facere, quociencumque voluerint & sibi videbitur expediens, sub securo conductu ac protectione & salvâ gardiâ nostris; absque eo quod ipsi Consules, Burgenses, Mercatores & habitatores ipsius Ville, sive Loci de Vico-Fezenciaci, & eorum heredes & successores, & singuli eorumdem, presentes & futuri, pro empcione dictarum Mercimoniarum & Mercaturarum, aut aliorum bonorum quorumcunque per eos sic emptorum, Imposicionem, Subsidia, (b) Gabella, Pedagia, Leuda, ac quamcunque aliam exactionem, tam pro* c *redempcione inclite recordacionis carissimi Domini & Genitoris nostri, quam aliter in Regno nostro nunc impositas & de cetero imponendas, solvere teneantur: quos quidem Emptores duntaxat, ab eisdem Imposicionibus, Subsidiis, Gabellis, Pedagiis, Leudis, & quibuscunque aliis exactionibus, pro dictis Mercibus, Mercimoniis & Mercaturis, per eos aut eorum singulos emptis, ut premissum est, perpetuis temporibus esse volumus quictos penitùs & immunes. Dantes tenore presencium in mandatis Senescallis Tholose, Carcassone, Ruthen. & Bellicadri, ceterisque Senescallis, Ballivis, Prepositis, Judicibus, Thesaurariis, Capitaneis, ac bonarum Villarum, Castrorumque & Fortaliciorum,* d *Portuum & passagiorum seu districtuum quorumcunque Custodibus, Receptoribus, Pedagiariis seu Impositoribus, aliisque*

NOTES.

(*a*) *Dominum.*] L'on a déja parlé cydessus, [p. 173. Note (*b*)] de la guerre que Charles V. declara aux Anglois en 1368. Le motif de cette guerre fut que le Comte d'Armagnac, le Seigneur d'Albret, & plusieurs autres Seigneurs de la Guyenne, qui estoient devenus Vassaux d'Edoüard III. Roy d'Angleterre, par le Traité de Bretigny, ne voulant point se soumettre aux nouvelles Impositions establies par le Prince de Galles, à qui Edoüard son Pere avoit cedé la Guyenne, porterent leurs plaintes à Charles V. qu'ils regardoient comme leur Souverain, parce que le Roy d'Angleterre n'avoit point executé toutes les dispositions du Traité de Bretigny. Charles V. reçut l'appel de ces Seigneurs, fit ajourner le Prince de Galles devant la Cour des Pairs, & ce Prince n'ayant point comparu, il le fit défier & lui declara la guerre. Le Comte d'Armagnac & ceux de son parti, se déclarerent pour Charles V. avec toutes les terres dont ils estoient Seigneurs; & ils engagerent plus de 800. Villes ou Forteresses, à secoüer le joug des Anglois. Voyez *Froissart,* L. 1. ch. 244. & suiv. p. m. 332. & suiv. & l'*Hist. de Fr.* du P. *Daniel,* Edit. de 1729. Tom. V. p. 165.

Le zele avec lequel ces Villes rentrerent sous l'obéïssance de Charles V. engagea ce Prince à leur accorder des Privileges.

Le Comté de Fesensac appartenoit au Comte d'Armagnac. Voyez les *Tabl.* des noms des lieux des 3.e & 4.e Vol. des *Ordonn.* au mot, *Fesensac.*

Fesensac est dans la Gascogne. *Vicus fidentiacus,* aujourd'hui *Vic-Fesensac,* est une des principales Villes de ce Comté. Voyez *Notitiam utriusque Wasconiæ, ab Oihenarto,* p. 489.

Comme la plûpart des Privileges que Charles V. accorda à ces Villes, contiennent les mêmes dispositions que ceux donnez à Vic-Fesensac, & qu'ils sont redigez dans les mêmes termes, on donnera par extrait ceux qui sont semblables aux Privileges de Vic-Fesensac, ausquels on renvoyera.

(*b*) Il y a *Gabellam,* dans les Pieces suivantes & semblables à celles-cy, qui seront données par extrait.

DE LA TROISIÉME RACE. 191

Justiciariis, Officiariis & subditis, in quibuscumque locis Regni nostri constitutis, modernis & posteris, seu eorum Locatenentibus, & cuilibet eorumdem, prout ad eum pertinuerit, quatenus prefatos Consules, Burgenses, Mercatores & habitatores Ville seu Loci de Vico-Fezenciaci, ac eorum successores, & singulos eorumdem, presentes & posteros, contra tenorem nostre presentis gracie & concessionis, nullatenus molestent, impediant seu perturbent, aut molestari, impediri seu perturbari permittant à quoquam; ymo ipsos & eorum singulos, & suos heredes & successores, de cetero ipsis uti pacificè faciant & gaudere. Quod ut firmum, &c. salvo, &c. Datum apud Nemus Vicennarum, Anno Domini millesimo ccc. lxix.° Regni vero nostri sexto, mense Maii. Visa.
Per Regem. N. DE VEIRES.

CHARLES V. au Bois de Vincennes, en May 1369.

(*a*) Lettres qui portent que les Habitans de la Ville d'Ausch, pourront commercer dans tout le Royaume, sans payer aucuns droits pour les Marchandises qu'ils acheteront.

CHARLES V. au Bois de Vincennes, en May 1369.

KAROLUS, *&c. Celestis altitudo potentie, &c.*
Sane considerantes grata & laudabilia servicia, que dilecti & fideles nostri Consules, Burgenses, Mercatores & habitatores Civitatis & Ville (*b*) *Auxitane, Nobis fideliter impenderunt, &c.*

NOTES.

(*a*) Tresor des Chartres, Registre 100. Piece 65.
Voy. cy-dessus, p. preced. Note (*a*).
(*b*) *Auxitane.*] Auxitan. R. Ausch. Oi-
henart *notit. utriusque Wascon.* page 489. dit qu'*Augusta Auscorum*, Ausch, est une des principales Villes du Comté de Fesensac. Les Peuples nommez anciennement Auscii, ont esté nommez depuis Auxitani. Voyez *ibid.* p. 444.

(*a*) Lettres qui portent que les Habitans de la Ville de Lectoure, pourront commercer dans tout le Royaume, sans payer aucuns droits pour les Marchandises qu'ils acheteront.

CHARLES V. au Bois de Vincennes, en May 1369.

KAROLUS, *&c. Celestis altitudo potentie, &c.*
Sane considerantes grata & laudabilia servicia, que dilecti & fideles nostri Consules, Burgenses, Mercatores & habitatores Civitatis & Ville (*b*) *Lectorensis, Nobis fideliter impenderunt, &c.*

NOTES.

(*a*) Tresor des Chartres, Registre 100. Piece 9 vingt 2. (182.)
Voyez cy-dessus, p. preced. Note (*a*).
(*b*) *Lectorensis.*] Il y a plus bas dans la Piece, *Lactorensis*, *Lectoure*, Capitale de la Lomaigne. Le Comte d'Armagnac estoit Vicomte de Lomaigne. Voyez le *3.^e Vol. des Ordonn.* p. 101. Note (*b*).

(*a*) Lettres qui portent que les Habitans de la Ville d'Auvillars, pourront commercer dans tout le Royaume, sans payer aucuns droits pour les Marchandises qu'ils acheteront.

CHARLES V. au Bois de Vincennes, en May 1369.

KAROLUS, *&c. Celestis altitudo potentie, &c.*
Sane considerantes grata & laudabilia servicia, que dilecti & fideles nostri Consules,

NOTE.

(*a*) Tresor des Chartres, Registre 100. Piece 8 vingt 19. (179.)
Voyez cy-dessus, p. preced. Note (*a*).

Burgenses, Mercatores & habitatores Ville sive Loci de (a) Alto-Villari, Nobis fideliter impenderunt, &c.

NOTE.

(a) *Alto - Villari.*] *Auvillars*, Ville & Vicomté dans l'Armagnac en Guyenne. Voy. le *Dictionn. de la Fr*, au mot, *Auvillars*.
Le Comte d'Armagnac estoit Vicomte d'Auvillars. Voy. le 3.e *Vol. des Ord.* p. 101. Note *(b).*

CHARLES V. au Bois de Vincennes, en May 1369.

(a) Lettres qui portent que les Habitans de la Ville de Nogaro, pourront commercer dans tout le Royaume, sans payer aucuns droits pour les Marchandises qu'ils acheteront.

KAROLUS, &c. Celestis altitudo, &c.

Sane considerantes grata & laudabilia servicia, que dilecti & fideles nostri Consules, Burgenses, Mercatores & habitatores Ville sive loci de (b) Nogarolio, Nobis fideliter impenderunt, &c.

NOTES.

(a) Tresor des Chartres, Registre 100. Piece 9 vingt 1. (181).
Voyez cy-dessus, p. 190. Note *(a)*.
(b) *Nogarolio.*] L'on trouve dans le *Dict. Univers. de la Fr*.
Nogaro, Ville principale du Bas-Armagnac, Diocese d'*Ausch*.
Et *Nogarolet*, aussi dans l'Armagnac, du même Diocese.
Nogarolium, est suivant les apparences le premier de ces deux lieux.
Oïhenart, *notit. utriusq. Wascon.* p. 491. parle de *Nogarolium*, mais il ne marque point le nom moderne.

CHARLES V. au Bois de Vincennes, en May 1369.

(a) Lettres qui portent que les Habitans des Villes d'Eause & de Barrave, pourront commercer dans tout le Royaume, sans payer aucuns droits pour les Marchandises qu'ils acheteront.

KAROLUS, &c. Celestis altitudo, &c.

Sane considerantes grata & laudabilia servicia, que dilecti & fideles Consules, Burgenses, Mercatores & habitatores Ville sive loci de (b) Helisona aliter Eusa, Nobis fideliter impenderunt, &c.

a Depuis, *Item*, copié conformement au Regist.

* *Item. Consimilis Carta & consimile privilegium, & gratia facta & concessa sub hiisdem verbis, sub anno, die, mense & Regno ac loco predictis; & secundum tenorem immediate precedentem, pro Consulibus, Burgensibus, Mercatoribus & habitatoribus Ville sive loci de (b) Barravo, in Senescallia Tholose, Carcassone, &c. ut supra. Signata ut supra.*

b Veires.

Per Regem.   N. DE ^b VERIS.

NOTES.

(a) Tresor des Chartres, Registre 100. Piece 508.
Voyez cy-dessus, p. 190. Note *(a)*.
(b) *Helizona.*] Cette Ville est plus communément nommée *Elusa*, en françois, *Euse* ou *Eause*. Elle est située dans le Comté d'Armagnac, en Gascogne. Voyez *Valesii notit. Gall.* au mot, *Elusates*, & *Oihenarti notit.*
utriusq. Wascon. pp. 445. & 491.
(c) *Barravo.*] L'on trouve dans le *Dict. Univ. de la Fr. Barave*, petite Ville dans le Bas-Languedoc, Diocese de *Montpellier*, Parlement de *Toulouse*. Je ne puis deviner pourquoy l'on trouve icy les noms des Seneschaussées de *Toulouse* & de *Carcassonne*; car *Barrave* ne pouvoit estre que de l'une ou de l'autre de ces deux Seneschaussées.

Reglement

(a) *Reglement pour les Ouvriers en Draps, & autres Ouvriers de la Ville de Châlons [sur Marne.]*

CHARLES V.
au Bois de Vincennes, en May 1369.

CHARLES, &c. Savoir faisons à tous presens & avenir, que comme de par nos amez & feaulz, les Seigneurs temporelz, & les Bourgois & habitans de la Ville de (b) Chaalons, Nous ait esté exposé, que pour cause de la mortalité qui plusieurs fois a esté en la dicte Ville, depuis l'an trois cens ^a qurante huit, & aussi pour cause dez guerres de nostre Royaume, qui longuement ont duré au pays, & pour les grans charges & ^b mises que il leur a convenu faire & soustenir pour la garde de la dicte Ville, & pour les fortifications emparemens qui y estoient à faire, la dicte Ville, qui d'ancienneté ^c soloit estre l'une des meilleurs & plus marchande Ville de nostre Royaume, fundée sur fait de Marchandise, & de Draperie en especial, est moult ^d amenrrie de personnes & de richesses, & de tout fait de Marchandise, & par tele maniere que ou temps passé, l'en y soloit faire par an, de trente à trente six mille (c) Draps, dont l'en n'y fait à present que huit cens ou environ par an; & sont plusieurs édifices & maisons de la dicte Ville, par deffaut de personnes & de ladicte Marchandise, venus en ruine & inhabitables; pour lesquelles causes, icelle Ville est en voye d'estre du tout désolée & deserte, se briefment n'y est pourveu : & pour ce, ayent lez dis Seigneurs, Bourgois & habitans avisié & deliberé entre eux, que se l'en y faisoit Drapperie d'ores en avant, & autres ouvrages, par la maniere cy-après escripte, que pour la dicte Ville se pourroit aucunement reformer & estre relevée, si comme ilz disoient ; supplians que ainsi le voulsissions ordener & establir pour le relevement & profit d'icelle : Nous qui de tout nostre cuer desirons le profit & reformacion de la dicte Ville, voulens à ycelle pourveoir & secourre, selon ce que bonnement poons, avons pour ce, à la supplicacion dez dessus dis Seigneurs, Bourgois & habitans ordené & establi, ordenons & establissons à perpetuité, par ces presentes, de nostre certaine science & plainne puissance, par l'advis & deliberacion de nostre Conseil, que en la dicte Ville de Chaalons, l'en face Draps à trois (d) pas, selon l'ancien usage, ^e signés du signet de la Ville, & du pois acoustumé ; & autres Draps aussi filez au tour, cardez & fais à deux pas, & de certain pois, comme l'en fait à ^f Broisseles, Malinez, (e) Louviers, Warennes, & autres bonnes Villes ; lez quelz seront signez d'un autre signet de la dicte Ville : & en oultre, pour ce que on dit que les Ouvriers ouvrans ou fait de Drapperie en la dicte Ville, ont acoustumé de prendre salaire excessif, & de cesser leurs ouvrages à certainne heure par jour, appellées au ^g lieu, Prisme dinée & relevée, & par ce, sont

a *quarante.*
b *dépenses.*
c *avoit acoustumé.*
d *amoindrie, dépeuplée.*
e *marqués.*
f *Broissel. R. Bruxelles.*
g *dans ce lieu.*

NOTE.

(a) Tresor des Chartres, Registre 100. Piece 452.
(b) *Chaalons.*] C'est certainement *Châlons sur Marne :* car dans des Reglemens pour les Drapiers de la Ville de *Troyes*, du mois de May 1360. art. XIII. il est dit qu'en la Ville de *Châlons*, il se fait bonne & grande Draperie ; & dans l'art. XV. est rappellé un usage establi dans les Manufactures de Draps de cette Ville, auquel les Drapiers de *Troyes* doivent se conformer : ce qui ne peut convenir qu'à *Châlons sur Marne*, comme on l'a remarqué en cet endroit. Voyez le 3.e Volume des Ordonnances, pp. 415. XIII. 416. XV.
(c) *Draps.*] Je ne sçais s'il faut suppléer

là, *pieces* ou *aulnes*.
(d) *Pas.*] Suivant *Savary*, dans son *Dict. du Commerce*, au mot, *Pas*, c'est le passage du fil [ou laine] dans la Lame. L'on trouvera dans le 3.e *Vol. des Ordonn.* p. 512. Note (f), une longue explication du mot, *Lame.*
(e) *Louviers.*] dans la Normandie, Diocese d'*Evreux*. Il y a encore des Manufactures de Draps. Voyez *le Diction. Univers. de la Fr.* au mot, *Louviers.*

A l'égard de *Warennes*, il y a un très-grand nombre de lieux repandus dans la France, qui portent ce nom. Il y a aussi dans le Diocese d'*Evreux*, & par consequent dans le voisinage de *Louviers*, un lieu nommé *Garenne*. C'est peut-estre celui dont il s'agit ici. Voy. *ibid.* au mot, *Garenne.*

CHARLES V.
au Bois de Vincennes, en May 1369.

petit profit à ceux pour ᵃ cui il œuvrent, voulons & ouvrent, que il cuvrent d'ores en avant, & foient tenus de ouvrer tout le jour continuelment; & femblablement tous Maçons, Charpentiers, Couvreurs, Vignerons, & autres Ouvriers, de quelque eftat qu'il foient, dès foleil levant jufqu'à foleil couchant, pour falaire competent & raifonnable, & en prenant leur recreation de boire & manger, competemment,

ᵃ *qui.* felon ce que Ouvriers doivent faire, & qu'il ont ufé & acouftumé de faire en la Ville de Paris, & ès autres bonnes Villes de noftre Royaume; fans ce qu'il puiffent plus
ᵇ *dans ce lieu.* alleguer ledit ufage, ne autre quelconques à ce contraire, au ᵇ lieu; lez quelx ufages Nous abolliffons, regectons & annullons du tout & à tous jours, par ces prefentes: & voulons & commandons expreffement, ceft prefent eftabliffement & ordenance,
ᶜ *enfraindre.* eftre tenu & gardé perpetuelment en la dicte Ville, fanz ᶜ enfraindre, ne jamais aler à l'encontre par quelque maniere que fe foit, ou tamps prefent ne avenir. Et que ce foit ferme, &c. fauf, &c. *Donné au Boys de Vincennes, ou moys de May, l'an de grace mil trois cens foixante & neuf, & le fiziefme de noftre Regne.*
Par le Roy. P. CUIRET. *Vifa.*

CHARLES V.
à Paris, le 8. de Juin 1369.

(a) Reglement fur le Nombre & les Fonctions des Sergents à Cheval, & à Verge, du Chaftelet de Paris.

CHARLES par la grace de Dieu Roy de France : A tous ceulx qui ces prefentes Lettres verront : Salut. Comme fur ce que il eftoit venu à noftre congnoiffance, que plufeurs de noz Sergens, tant à cheval comme à verge, de noftre Chaftellet de Paris, tenoient & exerçoient leurs Offices fans tiltres fuffifans, & en iceulx Offices avoient efté mis & inftituez fous umbre de plufeurs impetrations fubreptices, qu'ilz avoient obtenu de leurs Offices; parquoy le nombre des [Sergens ayant cy-devant efté limité par les] Ordonnances Royaux derrenierement faictes fur les dits Sergens, eftoit creu moult exceffivement, & y avoit à prefent moult grand & exceffif nombre, dont plufeurs inconveniens s'eftoient enfuis & enfuivoient de jour en jour; noftre Prevoft de Paris euft faict de par Nous, & de noftre commandement à lui fait de bouche, crier & publier folennelment, & par plufeurs & diverfes fois, que tous les diz Sergens, tant de cheval comme de verge, de noftredit Chaftellet, apportaffent par devers lui ou fes Commis & deputez en cefte partie, toutes les Lettres & tiltres qu'ilz avoient de leurs Offices, pour veoir & favoir fe
ᵃ *non.* iceulx tiltres eftoient bons & fouffifans, ou ᵃ nom; & fur ce euft faict veoir & vifi-
ᵇ *avec.* ter ᵇ à tres grant deliberacion & diligence, toutes les Lettres des dis Sergens, avec les pappiers gardez par noftre Scelleur, & plufeurs autres pappiers, regiftres & ordonnances Royaulx, qui derrenierement furent faictes fur le faict & Reformation des
ᶜ *rapport.* diz Sergens; & depuis ce, le dit Prevoft Nous en euft fait fa ᶜ relation, tant fur la
ᵈ *defaut.* diverfité & ᵈ difformité des tiltres des diz Sergens, comme fur le nombre d'iceulx, pour en eftre par Nous & noftre Confeil, ordené comme bon Nous femblera : favoir faifons, que Nous, eu fur les chofes deffus dites, bonne deliberation de Confeil, avons ordené & ordenons, que le nombre des diz Sergens à Cheval du dit Chaftellet, foit mis & ramené comme [anciennement,] à nombre fouffifant &
ᵉ *220.* convenable, pour le temps prefent & avenir; C'eft affavoir au nombre de ᵉ onze vins feulement, tant à Paris comme dehors, par tout noftre Royaume, pour noz

---

NOTES.

(a) Livre Rouge-vieil du Chaftelet de Paris, *fol. onze vingt treize rect.* [233.]
Cette Ordonnance a déjà efté imprimée dans le *Recueil des Offices de Fr. de Joly*, Tom. 2. p. 1547. Il paroift qu'il ne l'avoit pas fait copier fur le Regiftre Rouge-vieil du Chaftelet: car outre quelques legeres differences, il y a dans fon Edition des mots effentiels, qui manquent dans ce Regiftre : on les a fait imprimer dans le texte, en les renfermant entre des crochets.

DE LA TROISIÉME RACE. 195

drois & les drois & besongnes de nostre peuple, garder, poursuir & defendre; & semblable nombre sur les diz Sergens à Verge; & que pour faire & acomplir les diz nombres, soient prins & esleuz par nostre dit Prevost, les plus souffisans & convenables personnes des diz Sergens, en chascun estat, de ceulx qui par devers luy se sont presentez & comparus, ayans toutes voïes les meilleurs tiltres, les quels Nous ont esté tesmoignez souffisans & convenables par le dit Prevost, & par luy envoiez en deux roolles, pour estre confirmez en leurs Offices: Et pour ce que de present, le nombre des diz Sergens qui occuppent les dits Offices desdites Sergenteries à Cheval, dudit Chastellet, excede le nombre de onze vins, qui par Nous y est nouvellement mis & ordené, Nous avons ordonné & ordonnons de grace especial, [a] qui ceulx qui ne seront pas comprins ne receuz en ceste presente Ordonnance, les quelz se sont presentez devers nostre dit Prevost, & les quelz sont comprins & contenus en la fin des diz roolles que Nous avons renvoyé audit Prevost, sous nostre Contrescel, excerceront leurs vies durans, leurs dits Offices, tant seulement, se ils sont trouvez de bonne renommée, & à ce faire souffisans & convenables; combien que il aient tiltres assez [b] foibles; pourveu que après leur mort, aucun ne sera d'oresenavant institué en lieu d'eulx. Ne pourra aucun empetrer par leur mort, les diz Offices comme vacans, ne autrement; ne [c] à leur vivant, ne les pourront resigner ne mettre hors de leurs mains par quelque voye ou maniere que ce soit; & [d] se par importunité des impetrans, ou autremens, aucuns en estoient empetrez, Nous dès maintenant pour lors, tout don & ottroy, qui par Nous ou [e] pas nos Gens en seroit fait, [f] rappellons & mettons au neant, & defendons au dit Prevost qui à present est & qui à venir sera, qu'il n'y obeïsse; par quoy le nombre dessus dit puisse estre tenu & gardé d'oresenavant, sans enfraindre: Et tous autres Sergens qui devers nostre dit Prevost ne se sont presentez, & qui ne seront comprins & retenus, comme dit est, excepté ceulx qui de nostre grace especial, seront receuz à excercer leurs Offices durans leurs vies seulement, comme dit est, Nous privons & deboutons du tout par ces presentes, de leurs diz Offices, & voulons qu'ilz en soient & demeurent privez sans rappel: Et pour ce que Nous avons entendu, que plusieurs personnes qui n'ont aucuns Offices de Sergenterie, se sont entremis & entremectent de jour en jour, de faire plusieurs executions & autres fais & exploix, qui à Office de Sergenterie appartiennent, soubs umbre d'aucunes Commissions qu'ilz se dient avoir de Nous ou d'aucuns de nos Tresoriers, Receveurs, Commissaires ou autres Officiers, ou grand prejudice & dommeige de nos diz Sergens, & ou grant grief de nostre peuple, qui par telz Commissaires a esté & est moult grevé, si comme il Nous a esté plusieurs fois signifié, Nous voulans ensuivre les Ordonnances autres fois sur ce faites, tant par nostre tres chier Seigneur & [g] Pere, que Dieux absoille, comme par Nous, avons ordonné & declaré, ordonnons & declairons, que toutes les executions & tous autres fais & exploix, appartenans à Office de Sergenterie, tant executions qui [h] cheent en Jurisdictions ordinaires de la Prevosté & Vicomté de Paris, & hors, touchant le (a) Scellé de nostre Chastellet de Paris, comme celles qui sont & seront faites pour les Aides ordonnez & levez en la Ville, Prevosté & Vicomté de Paris, & pour quelque autre cause que ce soit, soient faites & [i] poursuies d'oresenavant par noz Sergens du dit Chastellet, & non par autres; en [k] rappellant du tout telz Commissaires, qui à ce faire auroient esté ou seroient mis ou ordonnez, tant par Nous comme par nos deputez; & voulons que à eulx ne soit obey en aucune maniere, se ils ne sont Sergens de nostre dit Chastellet: Et encore voulons & ordonnons que les Sergens à Verge de nostre dit Chastellet, facent & excercent leurs Offices en la Ville, [l] Forbours & Banlieüe de Paris, & non de hors ne ailleurs, selon ce que anciennement a esté acoustumé, & que d'oresenavant ilz ne facent aucuns exploix ou executions hors de

CHARLES V.
à Paris, le 8. de Juin 1369.

a que.

b defectueux.

c pendant leur vie.
d si.

e par.
f revoquons.

g Voyez le 3.e Vol. des Ordonn. p. 138. XXX.
h tombent.

i poursuivies.
k revoquant.

l Fauxbourgs.

NOTE.

(a) Scellé.] Voyez cy-dessus, p. 95. les Lettres du mois de Fevrier 1367.

CHARLES V.
à Paris, le 8. de Juin 1369.

* *fais.*

la Ville & Banlieüe de Paris ; mais soient faites ycelles executions & autres explois qui feront * hors ladite Ville & Banlieüe, par nos Sergens à Cheval du dit Chaftellet, qui à ce faire furent & ont esté ordonez & establis de grande ancienneté ; & se autrement estoit fait, Nous voulons que tout ce qui sera fait au contraire, soit mis au neant, & que en riens n'y soit obey. Si donnons en mandement & commectons par ces presentes, à nostre dit Prevost de Paris, ou à son Lieutenant, present & à venir, que ceste presente nostre Ordonnance, il garde & tiengne, & face tenir & garder entierement, sans enfraindre, & sans passer ou souffrir passer d'oresenavant le dit nombre : car ainsi le voulons nous estre fait; noncontrestans quelconques Lettres, Ordonnances, Mandemens ou deffenses empetrées ou à empetrer au contraire. En tesmoing de ce, Nous avons fait mectre nostre Seel à ces Lettres. *Donné à Paris, le VIIIe. jour de Juing, l'an de grace mil trois cens soixante & neuf, & de nostre Regne le VIe.*

CHARLES V.
au Bois de Vincennes, le 19. de Juin 1369.

* *Voyez cy-dessus, p. 175.*

(a) *Lettres qui accordent aux Habitans d'Abbeville, la permission d'ajoûter aux Armes de Ponthieu qu'ils portoient, un Chef aux Armes de France.*

CHARLES, &c. Savoir faisons, &c. Que comme Nous considerans la ferme constance de vraie obeïssance & de loyautés, lesquelles ont euz à noz predecesseurs Roys de France, ou temps passé, & à Nous & à la Couronne de France, noz bien amez & feaulx les Majeur, Eschevins, Bourgois & habitans de la Ville de Abbeville, lesquelles avons n'agueres par effect esprouvées, en ce que si tost que il ont cogneu le droit de nostre Souverainneté que Nous avions & avons en la dicte Ville & en la Conté de Ponthieu, se sont mis & renduz en nostre obeïssance, leurs aions n'agueres ottroyé, que la * dicte Ville & toute la dicte Conté, soient & demeurent perpetuellement unies & adjointes à nostre Domaine & de la Couronne de France, sens en estre jamais en aucun temps separées ne transportées en d'autre main : Nous, pour consideracion de ces choses, & des services loïaux & notables que les dis Majeur, Eschevins, Bourgois & habitans Nous y ont fais, & en signe de plus grant union & de parfaicte dilection & amour que Nous avons, si comme avoir devons, envers eulx, en recognoissans les dis services, en tant comme bonnement povons, leur avons ottroié & ottroions par ces Lettres, de grace especial, de certaine science & de nostre auttorité Royal & pleine puissance, & par meure deliberacion de nostre Conseil, que iceulx Majeur, Eschevins, Bourgois & habitans, en Corps & en Commune, qui de tout temps ont porté les pleines (b) Armes de Ponthieu, aient & portent & puissent porter & mettre d'oresenavant, perpetuelment, en & dessus les dictes Armes de Ponthieu, un Chef d'Armes de France; c'est assavoir, d'asur semé de Fleurs de Liz d'or, soit en leurs Bannieres, & autres Enseignes, & ès Seaulx de la dicte Ville, & en paintures ou autrement; lequel Nous leur donnons pour Nous & pour nos successeurs, de noz grace, auctorité & puissance dessusdictes. Et que ce soit ferme, &c. Nous avons fait mettre, &c. sauf en autres choses nostre droit, & l'autrui en toutes. *Donné au Bois de Vincennes, le XIXe de Juing, l'an m. ccc. lxix. & le VIe de nostre Regne.*
Par le Roy. YVO. (c)

NOTES.

(a) Tres. des Chart. Reg. 100. P. 517.
Ces Lettres sont imprimées dans l'*Histoire des Comtes de Ponthieu*, page 387. Voy. cy-dessus p. 173. Note (b).

(b) *Armes.*] Ces *Armes* sont gravées dans l'*Histoire des Comtes de Ponthieu*, p. 15. Elles sont d'*Azur à trois bandes d'or.*

(c) Dans l'*Hist. des Comtes de Ponthieu*, après le mot, YVO, il y a : *Visa. Scellé du grand seau en cire verte, avec lacs de soye rouge & verte, & à la marge, il y a :* Nota que le contre-sel, est de Fleurs de Lys sans nombre.

(a) *Lettres qui permettent aux Majeur & Eschevins d'Abbeville, en qualité d'Administrateurs de la Maladerie du Val près d'Abbeville, d'establir dans les terres qui luy appartiennent, un Garde, qui pourra faisir les Charrois & Bestiaux qui cauferont du dommage à ces terres, & condamner à l'amende, ceux qui les conduiront.*

CHARLES V.
au Bois de Vincennes, le 19. de Juin 1369.

CHARLES, &c. Savoir faifons à tous prefens & à venir, que, oyē la fupplication de noz bien amés les Majeur & Eschevins de la Ville d'Abbeville, ou nom & pour tout le corps & Communauté de ladicte Ville, requerans, que comme à la Maifon dicte la Maladerie du Val près d'Abbeville, de laquelle lez Majeur & Eschevins de ladicte Ville, ont toujours eu & encores ont la garde & adminiftracion, pour le gouvernement des Bourgois & Bourguoifez d'icelle Ville, quant ils font malades du mal S.t (b) Ladre, appartiengnent plufieurs bois & terres ᵃ gaignables, dont on fouftient & gouverne lezdis malades & ladicte maifon; lezquelx bois & lez (c) ablées & gaignables d'icelles terres, font fouvent gaftées & dommagiez par les Charrois qui y paffent, & par le Beftal du païs, que on y maine paiftre; pour ce que lefdis fupplians n'ont pooir de lez y prendre, (d) à caufe de ladicte Maifon, ne ne ᵇ fe font gardez ne deffendus, qui eft en leur grant préjudice & domage, Nous leur vueillons fur ce ᶜ proveoir de gracieux remede : Nous confiderans la vraie amour, obéiffance, loyauté, que lezdis Maire & Eschevins, & lez autres Bourgois & habitans de ladicte Ville, ont euez de tous tamps, à nos Predeceffeurs & à Nous, & à la Couronne de France, lezquelles avons bien efprouvées par effect, en ce que, euë n'aguaires par eulx, vraye congnoiffance que Nous eftions & fommes leur Seigneur fouverain, fe font à noftre Requefte, mis & rendus en noftre obéiffance avecques ladicte Ville, pour ce que par ycelle, aucun grief ou dommage ne peuft venir à Nous ne à noz fubgez, leur avons de grace efpecial, de certainne fcience & de noftre auctorité Royal & plainne puiffance, pour eulx & pour leurs fucceffeurs, Maires, Eschevins, Bourgois & habitans de ladicte Ville, à toujours, que il aïent & puiffent commettre, eftablir & avoir une perfonne, à fa vie ou à leur volenté & plaifir, pour garder lezdis bois & les ablées ou gaignables defdictes terres, & deffendre que aucun n'y charroye ne y mette beftail, ou dommage de ladicte Maifon ; lequel ainfi commis mette ez bois & terres deffus dictes, aucun figne de la dicte deffenfe, fi que on en puiffe avoir congnoiffance : Voulans de noftre dicte auttorité & puiffance, que ledit Commis puiffe prendre le Charroy ou Beftail deffus diz, & autres dommagens ou faifans dommage ezdis lieux, fe depuis ladicte deffenfe, lez y trueuve ᵈ ou dommage de ladicte Maifon, & en lever & recevoir amende, jufques à trois folz, pour toutes lez fois que il lez y trouvera, à convertir au profit defdis Malades & de ladicte Maifon, avec la reftitucion du dommage que fait y auront. Si donnons en mandement par ces Lettres, aux Gouverneurs du Bailliage d'Amiens & de Ponticu, & à tous noz autres Jufticiers & Officiers, prefens & à venir, ou à leurs Lieuxtenans, & à chafcun d'eulx, que lez ᵉ Maires, Eschevins, Bourgois & habitans, & leurs fucceffeurs deffus diz, facent & laiffent joïr & ufer paifiblement de noftre prefente grace, fans lez empefchier ou molefter en aucune maniere au contraire. Et que ce foit ferme, &c. fauf, &c.

a *labourables.* Voyez *le Gloff. du Droit Fr. au mot, gaignables.*

b *fe*, eft inutile.
c *pourvoir.*

d *au.*

e *Maire.*

NOTES.

(a) Trefor des Chartres, Regiftre 100. Piece 212. *Voy. cy-deffus* p. 173. Note (b).
(b) S.t *Ladre.*] S.t *Lazare.* La maladie de S.t *Ladre*, c'eft la lepre. Voyez le Dictionn. *Etymol. de Menage*, au mot, *Ladre.*

(c) *Ablées.*] Ce font apparemment des terres femées en bled.
(d) *A caufe, &c.*) Cela doit fignifier, que ces Majeur & Échevins, en qualité d'Adminiftrateurs de cette Maifon, n'ont pas le droit de prendre, &c.

198   ORDONNANCES DES ROIS DE FRANCE
Donné au Bois de Vincennes, le XIX.ᵉ jour de Juing, l'an de grace mil trois cens soixante & nuef, & le sisiesme de nostre Regne.   *Visa.*
Par le Roy. Y v o.

CHARLES
V.
à Paris, le 20.
de Juin 1369.

(*a*) *Lettres qui confirment les Marchands de Marée, dans le droit d'eslire les Vendeurs de Marée.*

CHARLES par la grace de Dieu Roy de France : Au Prevost de Paris ou à son Lieutenant : Salut. Nous avons entendu, que tant par Ordonnance & Lettres données de Nous, comme usages & observances de long temps gardées en nostre bonne Ville de Paris, les Vendeurs de Poisson de Mer, ès Halles, doivent estre certain nombre, & mis par election des Marchans Forains frequentans & faisant amener ledit Poisson de Mer en nostredite Ville, ou par leurs Esleus & Conseilliers, & à vous presentez & instituez en telle maniere, pour ce que le fait dont lesdits Vendeurs se entremettent, touche le fait & le *(b)* Chatel desdits Marchans, & si doivent donner certaine caution, & estre en ce experts & congnoissans, & tels en qui lesdits Marchans à qui les Poissons sont, se osent & puissent fier ; & n'est office que Nous doïons ne avons accoutumé à donner ; mais se par supplication de impetrans, en avons fait aucun octroy, en ont esté les Impetrans par Arrest de nostre *a* Cour, deboutez : desquelles ᵃ choses avons de nostre grace, & par nos Lettres, donné & octroyé l'office dudit vendage, vaccant lors par la mort de Henry Lesquevin, à Jehan le Baut, Huissier de nostre Salle, & à autres ; lesquels se sont efforciez & efforcent chacun, de y estre receu & mis par vous, en possession dudit Office, especialement ledit Jehan le Baut, comme premier Impetrant ; à quoy se est opposé le Procureur desdits Marchans, pour lesdites causes ; disant oultre Gieffroy de Londremers, avoir esté esleu & nommé, si comme il est accoustumez, voulant & pretendant ledit Esleu, estre receu, tous les autres deboutez, selon lesdits usages, Lettres & Ordenances ; sur quoy toutes voïes, lesdits Marchans ou les Esleus pour eulx, & leur conseil, ont eue deliberation, & enquis des personnes, & de leur estat & souffisance ; & ont trouvé & rapporté ledit Jehan le Baut estre souffisant dudit Office de Vendage exercer, & pour ce l'ont esleu & presenté, & veulent eslire & presenter pardevers vous, pour y estre receu ; & si veult consentir ledit Gieffroy ; mais que l'Eslection pour luy faite, luy demeure sauve du premier lieu avoir, qui vaquera par celle dite Eslection, & sans prejudice desdits Marchans, usages, Lettres, *b suppliant.* Octrois, Privileges & Ordonnances ; ᵇ supplient les Parties estre sur ce pourveu : pourquoy Nous, eue consideration à ces choses, advertenez desdits usages, Ordenances, Privileges & Octrois, voulans iceux estre tenus & gardez sans enfraindre, revocons & rappellons de certaine science, tous les dons & octrois que dudit Office de Vendage avons fait, tant audit Jehan le Baut, comme à autres, pour quelconques causes ou sur quelconques fourme de parolles que ce soit, avecques tout ce qui s'en est ensuivi : Voulons & vous mandons, que vous laissiez ausdits Marchands Forains, ou à leurs Esleus & Conseilliers, ladite Eslection & Nomination ; & celuy *c recevez.* que il vous nommeront & presenteront, ᶜ receuz sans aucun delay, oudit Office, & l'en mettez en possession & saisine, & d'iceluy, avec lesdits proufits & esmolumens,

a Je crois qu'il y a là quelques mots de passez.

NOTES.

(*a*) Traité de la Police par M. *de la Mare,* Tom. 3. Liv. 5. tit. 35. ch. 2. sect. 4. p. 155. n.° 4.

Il y a à la marge : *Registre de la Marée, fol.* 239. Voyez cy-dessus, *p.* 171. *Note (a).*

(*b*) *Chatel.*] Ce mot signifie quelquefois *des effets mobiliers.* Voy. le *Gloss. de Du Cange,* au mot, *Catallum.* Il peut se prendre ici en ce sens.

Peut-estre aussi ce mot est-il corrompu : car en conferant quelques pieces données par M. *de la Mare,* avec les Regiftres d'où il les avoit tirées, l'on a remarqué qu'elles n'estoient pas copiées avec exactitude.

DE LA TROISIÉME RACE. 199

le faites joïr & user paisiblement; ostez & cessans tous empeschemens & debats; &
de nostre grace & auctorité Royal, avons octroyé & octroyons, que ou cas que il
vous presenteront ledit Jehan le Baut, ce ne leur fasse aucun prejudice, ne ne puisse
estre entendu contre aucuns des points de leurs Privileges, Lettres, Ordenances,
usages, Octrois, ne ramenné à exemple contre eulx, ores & ou temps à venir; mais
pour eulx & en leur faveur, comme à ceulx à qui la derniere Eslection est & appartient; & encore que ledit Gieffroy de Londremers jà esleu, comme dit est, par celle
mesme Eslection, laquelle Nous reservons & sauvons, soit & puisse estre sans autre
solempnité ne mandement, receu & mis oudit Office, ou premier vaccant qui ad-
viendra, soit par mort, par ^a offense ou autrement, en quelque maniere que ce soit.
Si vous mandons & enjoignons, & se ^b mestier est, commettons, que ainsy le faites
incontinant que le cas si ^c offera; & se les Privileges, Lettres & Ordenances desdits
Marchands, aveecques leurs usages, observances, & ces presentes gardées & enterinées de point en point; nonobstant quelconques Lettres, Mandemens ou autres Impetrations données ou à donner au contraire. *Donné à Paris, le 20.e jour de Juing,
l'an de grace 1369. & de nostre Regne le six.*
   Par le Roy. Y v o.

CHARLES V.
à Paris, le 20.
de Juin 1369.

a delict.
b besoin.
c presentera.

(a) *Lettres qui nomment des Commissaires, pour faire observer les Ordonnances
sur le fait de la Marée, & les Privileges accordez aux Marchands &
Voituriers de Marée.*

CHARLES V.
à Paris, le 20.
de Juin 1369.

CHARLES par la grace de Dieu Roy de France: A noz amez & feaulx Con-
seilers, Maistres Pierre de Veneville, Jacques d'Andrie, Presidens en nostre Court
de Parlement à Paris; Jean le Besart, Nicolas du Bois, Hervault de Corbie, Jean
Baruier, Guillaume le Besart, Philippes Auger, Aubert de Mainbeville, noz Conseillers; & au Prevost de Paris: Salut & dilection. Comme pour le profit & utilité
publique, & bien commun, tant de nostre bonne Ville de Paris, comme pour ^a lors
Marchands, Voituriers amenans Poisson de Mer, & frequentans nostre dicte Ville
de Paris, ja pieça eussent esté faictes par nostre très cher Seigneur & ^b Pere, que Dieu
absolve, & par Nous, certaines Ordonnances sur le fait & marchandises d'iceux Poissons, & eussent esté icelles, & aussi les Lettres & Privileges des dessus dits Marchands
& Voituriers, criez & publiez solemnellement en nostre dicte Ville de Paris, afin
que nul n'en peust pretendre cause d'ignorance; nonobstant lesquelles Ordonnances, Privileges & Lettres, qui de jour en jour ont esté enfraintes, tant par nos
Gens Officiers, comme par les Gens de plusieurs de nostre Sang & lignage, par
les Vendeurs, Harangeurs, Estailliers, & autres de nostre dicte Ville de Paris; &
d'ailleurs, les Marchands Forains & Voituriers desdits Poissons, qui a grande abon-
dance, deussent amener ou faire amener Poisson en nostre dicte Ville de Paris, pour
nostre necessité, & envitailler le Peuple d'icelle, ont esté & sont de jour en jour,
tellement grevez & endommagez, que ils delaissent quasi comme du tout, à envitailler de Poisson nostre dicte Ville, dont le peuple d'icelle, & le faict de la dite
Marchandise souffrent moult de grands griefs & dommages, & le profit qui de la
dite Marchandise, Nous deust appartenir, est moult amoindry, & en ce, ont plusieurs
personnes entremetteurs de la dite Marchandise, très grand proffit; mesmement de-
tiennent les Vendeurs plusieurs des deniers, qui ont esté de leur consentement, ordonnez à lever & prendre par leurs mains, sur le faict de la dicte Marchandise, pour

a appar. les

b *Voyez* la Tabl.
des Mat. des 3.^e
& 4.e Vol. des
Ordon. au mot
Marée.

NOTE.

(a) Traité de la Police, par Mr de la Mare, Tom. 3. Liv. 5. tit. 39. p. 245. n.° 4.
Il y a à la marge: *Regißre de la Marée, fol. 214.*
Voyez cy-dessus, p. 171. Note (a). & p. preced. Note (b).

CHARLES V.
à Paris, le 20. de Juin 1369.
a precez.
a contrevenu aux.
b mepris.
c fortement.
d voulans.
e voulans.
f besoin.
g particuliers.
h &.

souſtenir les * cauſes deſdits Marchands ; leurs debtes acquitter, là où ils eſtoient & ſont grandement tenus, tant par Arreſt de noſtredit Parlement, comme autrement, & n'en veulent iceux vendeurs rendre compte, ne faire ſatisfaction ; & en autres pluſieurs manieres, ont entrepris contre leſdits Marchands, que ils deuſſent garder de tout leur ſerment, & ᵃ offendu contre Nous, nos Ordonnances, & la nature de leur Office ; par quoy ſont & ont eſté grandement leſdits Marchands opprimez, & les denrées encheries au prejudice du Peuple, & au ᵇ contempt de Nous, dommage & prejudice deſdits Marchands, & de la choſe publique, dont il Nous deplaiſt ᶜ fortement, s'il eſt ainſi : Pourquoy Nous, en qui conſiſte la tuition, Ordonnances & diſpoſition de la choſe publique, ᵈ voulons leſdites Ordonnances, Privileges & Lettres des deſſuſdits Marchands & Voituriers, eſtre tenuës & gardées ſans enfraindre, & pourvoir au bien commun, tant de noſtre Ville de Paris, comme de par tout noſtre Royaume : ᵉ Voulons auſſi tous les Privileges, & Lettres octroyées par Nous & nos Predeceſſeurs, auſdicts Marchands & à ladicte Marchandiſe, avoir & ſortir à plain leur effect, & iceulx Marchands eſtre gardez en paix, & deffendus de dommage, vous mandons & commettons, à vous tous enſemble, neuf, huit, ſept, ſix, cinq, quatre, trois ou deux de vous, que, priſes pardevers vous leſdites Ordonnances & Privileges, leſquels Nous voulons & commandons à vous eſtre baillez, vous icelles faictes tenir & garder ſans enfraindre ; & tous ceux que vous ou deux de vous, trouverez avoir attempté contre & au prejudice d'icelles, des dependances & circonſtances, ou qui s'efforceroient ce faire ou temps advenir, puniſſiez tellement que ce ſoit exemple à tous autres ; & leſdits Vendeurs contraignez à rendre compte & faire ſatisfaction de ce que dit eſt, & en quoy vous les trouverez eſtre tenus pour les cauſes devant dites ou autres, touchant leſdits Marchands & Marchandiſes ; & en outre, pour leurs meſfaits, ſi vous les voyez coulpables, procedez en la punition, ſi comme au cas appartiendra, en gardant noſtre dit droict en la confiſcation & ès amendes, là où ils eſcherront ; en procedant ſur ce ſommairement & de plain, & par voye de reformation, ſi ᶠ meſtier eſt, afin que par long procès, leſdits Marchands Voituriers ne ſoient ſur ce longuement vexez & travaillez ; & tout ce que vous trouverez avoir eſté pris ou retenu induëment deſdits Marchands, Voituriers & autres, amenans leſdicts Poiſſons & Harans en noſtre dicte Ville, contre leſdictes Ordonnances & Privileges, faictes leur rendre & reſtituer ſans delay, en contraignant à ce vigoureuſement ceux qui ſeront à contraindre, par toutes les voyes & remedes convenables au cas : car ainſi le voulons Nous eſtre fait, & ce avons Nous ordonné & ordonnons de certaine ſcience, auctorité Royale & grace ſpeciale, & pour cauſe : & voulons que de tout le faict de ladicte Marchandiſe, circonſtances & dependances d'icelles, ſoit par vous reformé ; & que noſtre Procureur, ou ſon Subſtitut au faict de ladicte Marchandiſe, ſoit reçu à faire les pourſuites, ſuppoſé que les ᵍ ſinguliers Marchands ou Voituriers n'en faſſent aucune pourſuite ; & vous mandons qu'en ladicte Reformation & autres choſes deſſus dictes, vous entendiez diligemment, & en telle maniere qu'il vous en doit eſtre recommandé de bonne juſtice ; & que les griefs & oppreſſions du temps paſſé, puiſſent eſtre & ſoient notablement reparez, & les malfaicteurs chaſtiez & punis, ſi comme il appartient, & que ce ſoit exemple à tous autres. Mandons à tous nos Juſticiers, Officiers & ſubjects, & à tous autres qu'il appartiendra, qu'à vous & à vos deputez, en ce faiſant, obeiſſent & entendent diligemment ; nonobſtant quelzconques Lettres empetrées ʰ à empetrer au contraire, ſur quecuonque forme de parolle que ce ſoit. *Donné à Paris, le vingt jour de Juin, l'an de grace 1369. & de noſtre Regne le ſixieſme.* Scellées ſoubz le Scel de noſtre Chaſtelet, en l'abſence de noſtre grand, le ſept jour d'Aouſt, l'an deſſus dit.

Par le Roy. YVO.

(a) *Lettres qui portent que les Estaux de la Ville d'Abbeville, ne seront loüez aux Bouchers, que le même prix qu'ils estoient loüez, lorsque le Comté de Ponthieu fut cedé au Roy d'Angleterre.*

CHARLES V.
au Bois de Vincennes, le 22. de Juin 1369.

CHARLES, &c. Savoir faisons à tous presens & avenir, à Nous avoir esté exposé par les Bouchers de nostre Ville d'Abbeville,ᵃ contenant, que comme en ladicte Ville, ait plusieurs Estaux à vendre ᵇ char, lesquiex ont anciennement acoustumé de estre bailliez par les Receveurs establiz audit lieu, à loyer ou à ferme, selon les anciens Registres de la Conté de Pontieu ; c'est assavoir, le plus chier, à la somme de six livres, par an ; & les autres au pris, selon leur ᶜ disposition & assiete, au dessouz ; & pour ce que n'a gueres, les Receveurs de ladicte Conté, depuis que elle a esté (b) mise hors de nostre main, ont baillé lesdiz Estaux à enchiere, à certains fermiers, qui yceulz ont encore rebailliez à enchiere auxdiz Exposans, lesdiz Estaux sont montez à si grans & excessiz pris, que les diz Exposans ne pevent prendre aucun acquest ou gaingne à la char qu'il vendent au pueple de ladicte Ville ; combien que il conviengne que il la vendent plus chier assez que il ne ᵈ souloient, pour la chierté desdiz Estaux ; & par ce, les dis Exposans & tout le pueple de ladicte Ville, sont grandement grevez & seroient ou temps avenir, si comme il dient, se par Nous ne leur est sur ce pourveu de nostre gracieux & convenable remede : Nous adecertes, euë consideracion aux choses dessus dictes, & à la grant amour, loyauté & obéissance, que le commun de ladicte Ville & les diz Exposans, ont touz jours eus à Nous, & ont encore, avons ottroié & octroions de nostre certaine science, grace especial & auctorité Royal, aux dix Supplians & à leurs successeurs à touz jours maiz, ou cas dessus dit, que les diz Estaux soient bailliez d'oresenavant aux diz Supplians, au pris ancien, & selon les anciens Registres de ladicte Conté, par la forme & maniere que ilz les tenoient au jour que ladicte Ville fut mise hors de nostre main & obéissance. Si donnons en mandement aux Gouverneur & Receveur de ladicte Conté de Pontieu, & à tous noz autres Justiciers & Officiers, presens & à venir, & à chascun d'eulx, ou à leurs Lieuxtenans, que les diz Bouchers & leurs successeurs, facent & laissent joïr & user oudit cas, de nostre presente grace, senz eulz molester ou empeschier au contraire. Et que ce soit ferme, &c. sauf, &c. *Donné au Bois de Vincennes, le XXII.ᵉ jour de Juing, l'an de grace m. ccc. lxix. & de nostre Regne le sixieme.*

ᵃ *par une requeste.*
ᵇ *chair.*

ᶜ *sicuation.*

ᵈ *avoient accoustumé.*

Erkeri. Par le Roy en ses Requestes. *Visa.* G. MERAUT.

NOTES.

(*a*) Tresor des Chartres, Registre 100. Piece 213.
Voyez cy-dessus, page 173. Note (*b*).
L'on trouve encore dans ce Registre, Piece 9 vingt 13. (193) des Lettres du 19. de Juin 1369. en faveur des Tanneurs d'Abbeville ; mais elles ne sont pas de nature à entrer dans ce Recueil.

(*b*) *Mise hors de nostre main.*] Lorsque le Comté de Ponthieu fut cedé à Edoüard III. Roy d'Angleterre, en 1360. par le Traité de Bretigny. Voyez cy-dessus, p. 173. Note (*b*).

(a) *Lettres qui portent que les procez du Couvent & des Religieux de Saint Pierre d'Abbeville, seront portez en premiere instance, au Siege du Baillage d'Amiens.*

CHARLES V.
au Bois de Vincennes, en Juin 1369.

CHARLES, &c. Savoir faisons à tous presens & avenir, que de la partie de noz bien amez les Religieux, Prieur & Couvent de l'Eglise de Saint Pierre en

NOTE.

(*a*) Tresor des Chartres, Registre 100. Piece 9 vingt 18. [198.]
Voyez cy-dessus, p. 173. Note (*b*).

CHARLES V.
au Bois de Vincennes, en Juin 1369.

a *Voyez ci-dessus* p. 174. Note (c).

b *biens.*

c *les.*

d *qui jusqu'alors avoient esté portées à ces Prevostez.*

e *taxes sur les Actes judiciaires.*

f *nom douteux.*

Abbeville, Nous a esté exposé, que comme il tiennent leurs terres, territoires & autres possessions, en ressort & souverainneté de Nous, tout à pur & sans aucun moyen; & il soit ainsi que leurs dictes terres, territoires & autres possessions, se extendent en plusieurs de nos Prevostez; c'est assavoir, de Beauquesne, de Dourlens, de Saint Riquier & de ᵃ Vimeu; pour lesquelles terres, territoires & autres possessions, il leur convient aucune fois neccessairement, pour les droiz de leur dicte Eglise garder, avoir procès à aucuns de leurs voisins, & contre plusieurs autres, en plusieurs & diverses manieres, esquelz cas, grieve chose leur est & sumptueuse, de plaidoier & avoir tant de divers procès & causes ès dictes Prevostez; pourquoy il leur convient soustenir & endurer moult de grans faiz & mises, tant en Procureurs, Advocats, comme autrement, qui leur est grant arrierement & diminucion de leur ᵇ chevance, & multiplication de frais & de despens, avec grant (a) essoine & destourbier d'eulx & de leurs gens, si comme il dient : Si Nous ont très humblement fait supplier & requerir, que pour eviter & eschiver les mises, frais & despens dessusdiz; consideré que les dictes Prevostez sont subgettes & ressortissent tout à pur, nuëment & sens aucun moyen, au Siege de nostre Bailliage d'Amiens; & afin que nostre Signeur Jesus Christ soit mielx & plus curieusement & devotement servi, (b) sens occupacion, en leur dicte Eglise, que des dictes Prevostez Nous ᶜ leur weillons exempter à tousjours mais perpetuelment, & sur ce leur weillions faire & eslargir nostre grace : Nous adecertes, euë consideracion aux choses dessusdictes, voulans pourveoir de grace ausdiz Religieux, afin que nous puissions participer aus bienfaiz & oroison de leur dicte Eglise, inclinans favorablement à l'umble supplicacion des diz Prieur & Couvent, à yceuls & à leurs successeurs, & à chascun d'eulx, de nostre certaine science, grace especial, plaine puissance & auctorité Royale, avons donné, ottroyé & accordé, & par la teneur de ces presentes, donnons, ottroïons & accordons à tousjours mais perpetuelment, que il soient & demeurent exemps des dictes Prevostez; & voulons & Nous plaist, que toutes leurs causes & querelles quelconques, dès maintenant, réelles & personneles, tant en demandant comme en deffendant, ᵈ des dictes Prevostez, aillent & soient traittiez & demenées au Siege de nostredit Bailliage d'Amiens, sans ce que jamais & d'oresenavant, les diz Prieur & Couvent, ne leurs successeurs, ne aucuns d'eulx, puissent estre contrains ne molestiez à aler aillieurs, ne plaidoïer que audit Siege d'Amiens, par quelconque maniere que ce soit, hors la souveraineté en cause d'appel, de nostre Court de Parlement, sauf & reservé les amendes & ᵉ exploiz qui de ce pourroient naistre & escheoir aus Prevosts desdictes Prevostez, lesquelles Nous voulons qu'il aient tout aussi & par semblable maniere, comme se pardevant euls les procès eussent esté faits & encommenciez. Si donnons en mandement au Gouverneur dudit Bailliage d'Amiens, & à tous les autres Justiciers de nostre Royaume, ou à leurs Lieuxtenans, presens & avenir, & à chascun d'eux, si comme à lui appartendra, que lesdiz Religieux, Prieur & Couvent, & leurs successeurs, & chascun d'euls, facent, souffrent & laissent joïr & user plainement, paisiblement, à tousjours mais perpetuelment, de nostre presente grace, ottroy & exempcion, & contre la teneur d'icelles, ne les perturbent, empeschent, molestent ou travaillent, ne souffrent estre perturbez, empeschez, molestez ou travaillez en aucune maniere, ores ne pour le temps avenir. Et pour que ce soit ferme chose &c. sauf, &c. *Donné au Bois de Vincennes, ou mois de Juing, l'an de grace* M. CCC. LXIX. *& de nostre Regne le* VI.ᵉ *Visa*.
Par le Roy, en ses Requestes. ᶠ PARIS. J. DIVITIS.

NOTES.

(a) *Essoine.*] Ce mot signifie *excuse*; & voicy le sens que je donne à ce passage : Ceux qui sont obligez d'aller solliciter les affaires de cette Eglise, dans ces differentes Prevostez, sont detournez & *excusez* d'assister au Service Divin, & de faire leurs fonctions dans cette Eglise.

(b) *Sens occupacion.*] Afin que les Religieux ne soient point occupez & employez hors de ladite Eglise.

(a) Lettres qui portent que le Marché de la Ville de Thoury, qui avoit esté aboli, parce qu'il se tenoit le Dimanche, sera retabli, & se tiendra le Lundy.

CHARLES V. au Bois de Vincennes, en Juin 1369. & à Paris, le dernier de Novembre 1368.

KAROLUS, &c. Quoniam omnia que gesta sunt, citò a labente hominum memoria cadunt, nisi scripture testimonio publice roborentur: Ad perpetuam igitur rei memoriam, notum facimus universis presentibus vel futuris, quod cum dudum, ad humilem supplicationem dilecti & fidelis Consiliarii nostri, (b) Abbatis Sancti Dyonisii in Francia, Par. Dyocesis, Baillivo nostro de (c) Cepeyo, aut ejus Locumtenenti, nostris Litteris committendo, dedissemus in mandatis, quarum tenor sequitur & est talis.

CHARLES, &c. au Bailli de Cepoy, ou à son Lieutenant: Salut. A la supplicacion de nostre bien amé, l'Abbé de Saint Denys, disant, que d'anciennetté il ª souloit avoir & avoit Marchié au Dimenche chascune sepmaine, en la Ville de Thoury en Beauce, appartenant à ladicte Eglise; lequel Marchié est cessé à tenir en ladicte Ville, & en plusieurs autres, par l'Ordenance de nostre Saint Pere, & est à present ladicte Ville senz aucun Marchié en la sepmaine, si comme l'en dit, ou grant dommaige de ladicte Ville, qui est bonne & notable, & de tout le païs d'environ : Nous te mandons & commettons, que tu te transportes en ladicte Ville, & t'enforme diligemment, à quel jour de la sepmainne ledit Marchié soit mielx seant en ladicte Ville pour nostre prouffit, & de ladicte Ville & du païs d'environ, & aussi senz mains de prejudice des Marchiez qui sont par sepmainne, ès Villes du païs d'environ; & ycelle informacion, avec ton avis sur ce, renvoy pardevers nostre amé & feal Chancelier, ou les Gens de nostre Conseil, afin que ycelle veuë, Nous ordeniens ou faciens pourveoir sur ce, si comme bon Nous semblera. *Donné à Paris, le darrenier jour de Novembre, l'an de grace* M. CCC. LXVIII. *& de nostre Regne le* V*e*.

a avoit accoûtumé.

Quatenus de & supra contentis in nostris prescriptis Litteris, se diligenter, juxta ipsarum seriem, informaret; informacionem que exinde super hoc esset facta, dilecto & fideli Cancellario nostro, aut magni ᵇ *Consiliarii nostri Gentibus* ᶜ *reportando: cumque per predictam informacionem* ᵈ *dicto Cancellario nostro, per dictum Baillivum, cum ejus avisu, foret apportata vel* ᵉ *transmissam, suo sigillo fideliter* ᶠ *interclusam, Nobis & dilecto* ᵍ *Consilio nostro apparuit evidenter, quod a tanto tempore* ʰ *circa, cujus in contrarium memoria hominis non existit, Forum seu Mercatum publicum in Villa predicta de Thoury, Aurelianensis Dyocesis, in qualibet die Dominica cujuslibet septimane, de quibuscunque mercaturis & (d)   ibidem vendi solitis, esse & fuisse hactenus consuevit; excepto à duobus annis citra,* ⁱ *que virtute Statuti Sancte Sedis Apostolice, noviter editi, inhibitum sub pena excommunicacionis, per Episcopum Aurelianensem in sua Dyocesi extitit, ne deinceps aliquis mercari, seu Mercata vel Fora publica tenere presumat, ipsa Mercata seu Fora anullando; contraria consuetudine, si qua foret, que pocius corruptela censebatur, non obstante, in tam solemni die Dominica, qua omnis fidelis Catholicus se debet & tenetur ab omni opere abstinere, ut* ᵏ *Christo in servicio cotidiano, nos spiritualiter* ˡ *reficit* ᵐ *memoria corporis, laudes festive veneracionis & glorie* ⁿ *referentes: constiterit insuper, quod dicte Ville que est notabilis & Nobis utilis, pluribus de causis esset utile, yno quamplurimum necessarium, Mercatum seu Forum, prout supra, sublatum à dicta die Dominica, fieri & ordinari in dicta Villa de Thoury, quolibet die Lune, quod in alterius prejudicium nullatenus redundabit, prout hec & quamplurima alia ad hoc*

b Consilii.
c reportan. R.
d que.
e transmissa.
f interclusa.
g appar. Consiliario.
h citra.

i quod.

k Christi.
l reficiat.
m memor. R.
n referent. R.

NOTES.

(*a*) Tresor des Chart. Regist. 100. P. 672.
(*b*) *Abbatis.*] Guy II. dit de Monceaux. Voy. cy-dessus, p. 117. Note (*b*).

(*c*) *Cepeyo.*] *Cepoy* en Gâtinois. Voyez la Table du 4ᵉ Vol. des Ord. au mot, *Cepoy.*
(*d*) Il y a là un mot qu'on n'a pû déchiffrer. Il y a quatre jambages surmontez d'une abreviation, & ensuite *matis*.

CHARLES V.
au Bois de Vincennes, en Juin 1369. & à Paris, le dernier de Novembre 1368.

faciencia, in dicta informacione seriosius continentur: eapropter dicti Abbatis, hominumque & habitatorum dicte Ville de Thoury, supplicacionibus inclinati, premissis attentis, habita super hoc cum Consilio nostro, deliberacione matura, statuimus & ordinavimus, statuimusque & ordinamus de nostra certa sciencia, auctoritate Regia & speciali gracia, si sit opus, Forum seu Mercatum predictum, deinceps & perpetuo fieri & teneri in dicta Villa de Thoury, semel in ebdomada; ^a *vedelicet, qualibet die Lune, modo & forma quibus antea erat & tenebatur in die Dominica supradicto, sub eisdem privilegiis & consuetudinibus diuturnis & approbatis, quibus in dicto Foro seu Mercato, dicta die Dominica utebatur; que & quas in suo robore volumus permanere: Mandantes serie presencium Litterarum, dicto Ballivo de Cepeyo, qui nunc est & qui pro tempore fuerit, ceterisque Justiciariis & Officiariis nostris, aut eorum Locatenentibus, presentibus & futuris, & eorum cuilibet, prout ad eum pertinuerit, quatenus faciat hanc presentem nostram Ordinacionem publicari & nunciari in locis ad hoc neccessariis, & eciam oportunis; ipsamque cum suo toto effectu,* ^b *custodiat & observat, & ab omnibus quorum intererit, faciat inviolabiliter observari; quos decuerit, ad* ^c *viriliter & debité* ^d *compellando; necnon prefatos Abbatem, homines & habitatores dicte Ville, modernos & futuros, dicta nostra Ordinacione, secundum ejus tenorem, uti & gaudere pacifice faciendo, ipsos in contrarium nullatenus molestando, seu à quoquam impediri vel molestari aliqualiter permittendo. Quod, &c. salvo, &c. Datum & actum apud Nemus Vincennarum, mense Junii, anno Domini* M. CCC. LXIX°. *& Regni nostri* VI°.

Per Regem, in suis Requestis. Visa. MERAUT. J. DE LUZ.

a *videlicet.*
b *custodiat & observet.*
c *hoc.*
d *compellendo.*

CHARLES V.
à Paris, en Juin 1369.

(a) Confirmation de certains Privileges accordez à la Ville d'Arras par Eudes IV. Duc de Bourgogne & Comte d'Artois.

KAROLUS, *&c. Dum subditorum nostrorum fervorem amoris & devocionis quos in suis actibus, erga nos & Coronam Francie habuerunt, operumque speculum quibus refulgent, attendimus, conveniens utique nec minus debitum eximamus, ut sicut dilectionis & fidelitatis prolucent insigniis, ac gestorum nobilitate magnifica, Nobis* ^a *gratos, utiles & acceptos redduntur, sic ipsos in dilectionis & benivolencie plenitudine, infra nostri claustra contentos pectoris, favore Regio Specialiter attolamus, ac honoremus privilegio gracie specialis: & eo, quia dilectorum nostrorum Burgencium & habitancium Ville Attrebatensis, in eorum virtutum floribus, acta mellita fidelitatis, integritate micancia, magnifque preconiis referenda conspicimus, Regiam decet excellenciam, ut eis in ipsorum peticionibus favorabiliter annuendo, se reddat ubertate gracie* ^b *fructuosa. Cum igitur Litteras carissimi consanguinei nostri, defuncti Odonis, quondam Ducis Burgondie, Comitisque Artesii, & Burgondie* ^c *Palatini, ac Domini de Salinis; necnon carissime consanguinee nostre, defuncte Johanne quondam Regis Francie filie, dictique Odonis uxoris, sigillis sigillatas viderimus, formam que sequitur, continentes.*

a *grati...accepti.*
b *fructuosam.*
c *Comte de Bourgogne.*

NOUS, (b) Hudes Dux de Bourgoigne, ^d Cuens d'Artois, & de Bourgoingne Palatins, & Sirez de Salins; & Nous, Jehenne de France, Fille de Roy de France, Duchesse ^e Comtesse d'Artois, de Bourgoingne Palatine, & Dame des diz lieux, de l'auctorité nostre Sr. & Mari, Monsr. le Conte dessusdit, faisons savoir à tous ceulz qui ces presentes Lettres verront & oirront, que Nous, pour bien de ^f pais, de nostre grace especial, pour la reformacion de nostre Ville d'Arras, avons accordé,

d *Comte.*
e *de Bourgogne.*
f *paix.*

NOTES.

(a) Tresor des Chartres, Registre 100. Piece 264.

(b) *Hudes.*] Eudes IV. qui de son chef, estoit Duc de Bourgogne, épousa Jeanne fille aînée de Philippe le Long, & de Jeanne fille d'Othon IV. Comte de Bourgogne & de Mahaud Comtesse d'Artois, très-connuë par le procès qu'elle eut avec Robert d'Artois. Voy. l'Histoire Geneal. de la Maif. de Fr. Tom. I. pp. 548. & 383.

octroié & octroïons, auz Bourgoiz & aux Bourgoises de nostre dicte Ville d'Arras, & aux enfans des diz Bourgois & Bourgoises, quelque il soient, quelpart qu'il demeurent, estant en la puissance & gouvernement du Pere ou de · le Mere, & non autrement ; ᵇ mais que il ne soient exempté de la dicte Bourgoisie, depuis la date de ces Lettres, les franchises & libertez qui cy-après s'ensuivent ;

I. C'est assavoir, que depuis hores en avant, tout li Bourgois & Bourgoises de nostre dicte Ville, & leur enfant estant de la condicion dessus dicte, se il sont souspeçonné de cas de ᶜ criesme, nostre Bailli d'Arras, sans autre adjournement ne semonse faire, pourra baillier sa plainte contre iceulx souspeçonnez, aux Eschevins, & les noms des tesmoins par lesquels il pensera ᵈ aprouver ledit criesme ; & adonc, ceulz contre qui se fera la dicte plainte, pourra en sa personne, & non autrement, baillier sa defense audit Bailli, & les noms des tesmoins par lesquels il porra prouver sa dicte defense ; & sera tenus noz diz Bailli, de la dicte defense recevoir & baillier aus diz Eschevins, & ᵉ d'iaux ᶠ conjurer sur ce, afin de délivrance, se la dicte defense est prouvée tele, que de raison doit souffrir, ᵍ à l'entente des diz Eschevins, à ʰ ychiaux meffaisans delivrer; & sur la plainte de nostre Bailli, & la defense de Partie, porront jugier lidit Eschevin, & faire Loy.

II. Derechief, se aucuns Bourgois ou Bourgoises de nostre dicte Ville, ou leur enfant estant de la condicion dessus dicte, sont bani par jugement des diz Eschevins, ou d'autre Juge competent, ou justicié à mort, pour cas de criesme, tout leur bien, heritages, rentes & meubles, quelque il soient, demourront à leurs hoirs & à leurs successeurs, paisiblement & sanz nulle amende ; ne n'y porrons, ne noz genz pour Nous, riens demander ne reclamer ; & se aucun Forain, ou autres qui ne soient Bourgois, ou de la condicion dessus dicte, quelque part qu'il demeurent, sont bany ou justicié à mort, tout leur heritage estant dedenz la Banlieuë de nostre Ville d'Arras, demourront & seront paisibles à leurs hoirs & à leurs successeurs, se il sont Bourgois ou Bourgoises de nostre dicte Ville, ou se il le deviennent, & il demandent les diz heritages comme hoirs natureux, dedens le mois que le bannissement ou li execution du mort, sera sceuë en nostre Ville d'Arras ; & porront venir lidit hoir à la dicte succession, de quel costé qu'il soient, jusques au quint degré, ⁱ aussi que il y pourroient venir, se li bani ou executé à mort, estoient mort de leur mort naturelle : & se dedens le dit mois, aucuns du lignage des diz banis ou bani ou justicié, ne se comparoient ou comparoit comme hoirs, pour demander le dit heritage, li dit heritage seroient en tout commis & confisquiez à Nous ; & pendant le mois dessus dit, li dit heritage seront arresté & tenu en la main de la Justice du Chastellain de nostre dicte Ville d'Arras, par l'enseignement des diz Eschevins, pour faire raison, se aucuns du lignage se apparoit dedens le dit mois : & en cas que aucuns ne se apparroit dedens le dit mois, Nous pourrons prendre pour Nous & à nostre proffit, les diz heritages, & tenir paisiblement comme confisquez & commis à Nous ; & se lidit Forain ainsi bani ou justicié, avoient aucuns meubles ou *(a)* cateulx, quelque part qu'il fussent, ou avoient aucuns heritages qui meussent de fief, il seroient du tout commis & confisquez à Nous, & n'y porroient li hoir naturel ou successeurs, riens demander ne reclamer; reservé à nostre dicte Ville, es diz heritages & *(b)* ens es diz fiefs ainsi confisquez, qui seroient dedens la Banlieuë de nostre dicte Ville, la congnoissance & le jugement en tous cas, par les Eschevins de nostre dicte Ville, aussi avant plainnement, comme il avoient avant que li dit heritage feussent forfait : lesquelles choses dessus dictes, toutes ensemble & chascune par lui, Nous, de certaine science voulons, gréons, loons, ratifions & approuvons, & bonnement Nous y consentons : ne n'est mie nostre entencion, que pour declaracion ne ottroy nouvel que Nous ᵏ façons à nostre dicte Ville, par ces présentes Lettres,

CHARLES V.
à Paris, en Juin 1369.
a *la.*
b *pourveu.*

c *crime.*

d *à prouver.*

e *d'eux.*
f *Voyez la Tab. des Mat. des 3.ᵉ & 4.ᵉ Vol. des Ordonn. au mot, Conjurement.*
g *au jugement.*
h *iceux.*

i *de la même maniere.*

k *fassions.*

NOTES.

(a) Cateulx.] Ce mot se dit également des biens meubles & immeubles. Voyez *le Gloss.* de *Du Cange*, au mot, *Catallum.*

(b) Ens.] *Borel* sur ce mot, dit qu'il signifie quelquefois, *dedans* ; & cette signification peut assez bien convenir icy.

CHARLES V.
à Paris, en Juin
1369.

a sevir : punir.
b condamner.
c tirer : assigner.

li priviliege de nostre dicte Ville, que elle a, quelque il soient, ne de qui que il soient donné, soient en riens empiriez, corrumpu, ne amenuisié : mais demeurent entierement en leur valeur & vertu, en la maniere que l'on en a usé ; & les promectons loïalment à tenir ; & est assavoir, que se li Eschevin de nostre dicte Ville, qui pour le temps seront & ont esté, quelque il soient, avoient en aucune maniere pechié, abusé ou mesusé en Jugement, sur le fait des contreplaintes que on en a receu en nostre dicte Ville d'Arras, de lonc temps & de pieça, par quelque personne que on les vousist envoïer, dont Nous les peussions ou nostre dicte Ville pour ce, a sevir, ne b aprochier d'aucune amende, ne c traictier en Cause, si est nostre entencion, que Nous y renonçons & Nous en delaissons du tout, & bonnement en quittons à tous jours mais nostre dicte Ville, les diz Eschevins & tous les habitans d'icelle. En tesmoingnage & fermeté des choses dessus dictes, Nous avons mis à ces presentes Lettres, nos Seaulz, qui furent faictes & données en l'an de grace mil ccc. trente & cinq, ou mois de Juillet.

d in.

e Beauquesne.

Notum facimus universis presentibus & futuris, quod Nos, qui ad ea que ipsorum Scabinorum, Burgencium & habitancium prefate Ville Attrebatensis, commodum respiciunt, aures nostras libenter aperimus, Litteras supra scriptas, necnon omnia & singula in ipsis Litteris contenta & expressata, rata & grata habentes, ea volumus, ratificamus, laudamus & approbamus, & de gracia speciali, auctoritate Regia & certa sciencia, quathinus usi sunt, confirmamus per presentes : Dantes hiis presentibus d mandatis, dilectis & fidelibus Gentibus Parlamenti nostri Paris. Gubernatori Baillivie Ambian. Preposito e Bellequercus, ceterisque Regni nostri Justiciariis, aut eorum Locatenentibus, presentibus & futuris, & eorum cuilibet, prout ad eum pertinuerit, quatinus prefatos Scabinos, Burgenses & habitantes, gracia & confirmatione nostris presentibus, uti & gaudere faciant & permittant, absque quocumque impedimento. Quod ut perpetue stabilitatis, &c. salvo, &c. Datum & actum Parisius, mense Junii, anno Domini millesimo ccclxix°. & Regni nostri sexto.

Per Regem, in suis Requestis.
Collacio facta est. Visa. J. DAILLY.

CHARLES V.
à Paris, en Juin 1369.
Philippe VI. dit de Valois, à Conflans lès Paris, en Juillet 1338.

(a) Confirmations d'un Privilege accordé à la Ville de Loches, par Dreux de Mello.

KAROLUS Dei gracia Francorum Rex. Notum facimus universis presentibus & futuris, Nos quoddam Transcriptum seu Copiam quarumdam Litterarum carissimi Domini & Avi nostri, Regis Philippi, cujus anime Deus parcat, sub sigillo Regio de (b) Lochis, confectum vidisse, sub hiis verbis : Copie.

PHILIPPE par la grace de Dieu Rois de France. Nous faisons savoir à tous presens & avenir, Nous avoir veuës & diligemment regardées les Lettres cy-dessoubx transcriptes, saines & entieres, desquelles la teneur est telle.

Universis Christi fidelibus, presentes Litteras inspecturis. Ego (c) Droco de Melloco,

NOTES.

(a) Tres. des Chartr. Regist. 100. Piece 514.
(b) Lochis.] Loches dans la Touraine. Voyez la Note (c).
Le lieu nommé Locheris, suivant les apparences, est Lochere, que l'on trouve dans la Carte d'Anjou & de Touraine, à deux lieuës de Loches sur l'Indrois.
(c) Droco de Melloco.] Dreux de Mello IV.

du nom. Il fut fait Connestable de France vers 1191. Il est étonnant qu'il ne prenne point icy cette qualité. Il mourut en 1218. Voy. l'Hist. Geneal. de la Mais. de Fr. Tom. VI. p. 57.
Il y est dit, p. 58. qu'en 1204. Philippe-Auguste luy donna la Ville & le Chasteau de Loches, & celle de Chastillon sur Indre, qu'il avoit conquise [sic] sur le Roy d'Angleterre. Voy. la Note suivante.

DE LA TROISIÉME RACE. 207

Locharum Dominus: Salutem in Domino. Noverit Universitas vestra, quod homines mei de Lochero, nunquam tenentur michi reddere tailliam, nec tailliam michi debent. In cujus rei memoriam, predictis hominibus meis de Lochero, presentes Litteras dedi, sigilli mei muminine roboratas. Datum anno Domini millesimo ducentesimo III°. *(a)* IX°. mense Junii.

CHARLES V.
à Paris, en Juin 1369.

Et Nous adecertes, les dictes Lettres & les choses contenuës en ycelles, en tant comme les dis hommes en ont usé & joy paisiblement, ou temps passé jusques à ores, & encor usent, ayens agreables, ycelles, en tant comme à Nous appartient, approuvons, ratifions & de grace especial confermons; sauf en toutes choses nostre droit, & l'autrui. Et pour ce que ce soit ferme & estable à perpetuité, Nous avons fait seeller ces presentes Lettres de nostre Seel. Et ce fu fait à Conflans lès Paris, l'an de grace mil ccc. trente & huit, ou mois de Juillet.

Ceste Copie fu faite à Lorches, donnée & seellée soubz le Seel le Roy nostre S. dont l'en use en dit lieu. En tesmoing de verité, le Merquedi emprés la S.ᵗ Loiz l'an dessus dit. ᵃ *Visa est in Camera Compotorum, & expedita sine financia.* ᵇ P H O M. Faite est collacion. P. SACIER.

a visa.
b Ily a une marque d'abreviation sur ce mot.

Nos autem Litteras dicti Domini & Avi nostri suprascriptas, omniaque & singula in ipsis contenta, rata habentes & grata, eas & ea volumus, laudamus, approbamus, ratificamus, ac de speciali gracia, nostrisque auctoritate & plenitudine nostre Regie Majestatis, quatenus homines de Lochero predicti, contentis in predictis Litteris usi sunt, tenore presencium confirmamus: mandantes Senescallo Turon. ceterisque Justiciariis & Officiariis nostris, qui nunc sunt & pro tempore fuerint, aut eorum Locatenentibus, & cuilibet eorumdem, ut ad eum pertinuerit, quatenus homines de Lochero predictos, modernos & futuros, contra tenorem prescriptarum Litterarum nostreque presentis confirmacionis, nullatenus impediant, ᶜ molestant seu perturbent, aut impediri, molestari vel perturbari faciant aut paciamur à quoquam; quin ymo facta in contrarium, si que fuerint, ad statum pristinum & debitum reducant aut reduci faciant, visis presentibus, absque cujuslibet alterius expectacione mandati. Quod ut perpetue firmitatis robur obtineat, presentibus Litteris fecimus apponi sigillum; nostro & alieno in omnibus jure salvo. Datum & actum Parisius, mense Junii, anno Domini m. ccc. lxix. & Regni nostri sexto.

c molestent.

Per Regem, ad relacionem Consilii. DOUHEN.

NOTE.

(a) IX.°] Ce mot est très-douteux. On pourroit lire *in*; ou bien X, ce qui seroit *III°X.°* en le rapportant à l'année, & non au mois. Si on lit *IX.°* & qu'on le rapporte au mois, Loches n'aura pas esté donné à *Dreux de Mello* en 1204. & il en estoit déja Seigneur en 1203. Voyez cy-dessus Note *(c)*.

(a) Lettres qui permettent aux Pescheurs de la Ville de Paris, de pescher pendant tout le cours de l'année.

CHARLES V.
à Paris, en Juillet 1369.

CHARLES, &c. Savoir faisons à tous presens & avenir, à Nous avoir esté exposé, que de la partie des povres Pescheurs de nostre bonne Ville de Paris, des Villes d'environ & de la Vicomté de Paris, disans, que ja soit ce que en tous temps, soit le mestier de Pescherie de Poisson, ᵈ en saison, pour le vivre & sustentacion d'un chascun qui en voelt & poet user, dont plusieurs bonnes gens prennent communement leur soustenement, qui de ᵉ chars & de ᶠ volalles se astiennent par

d lorsque la saison permet de pescher.
e chairs.
f volailles.

NOTE.

(a) Tresor des Chartres, Registre 100. Piece 536.

CHARLES V.
à Paris, en Juillet 1369.

devocion, par veux ou autrement; & pour ce, aïent de accoustumence lesdis Exposans, de pescher pour gaignier leur povre vie, & le gouvernement de leurs femmes & enfans, chascun jour l'année, durant que l'on peut bonnement entrer en cauë; Néant moins les Maistres de noz Eauex & Forès, depuis un peu de temps & nouvellement, leur wellent interdire, defendre & faire chomer de peschier, depuis le my-Mars jusques à my-May, en quel temps le mestier de Pescherie est moult necessaire à la substantacion du Pueple; & a traictier les wellent tous generalment à amende pour avoir pesché, disans que il ne povoient mettre en Riviere, de jour ne de nuis, par le temps dessus dit, aucuns engins, vrins, lignes, hamessons, verneux ne autres engins quel qu'ils le soïent, b comment que c à tout engin d loisible & acoustumé de temps ancian, eulx aient acoustumé & usé de mestier de Pescherie, ledit temps durant, comme il font ès autres saisons de l'an; par lequel interdit, demouroit le vivre de partie du Peuple, qui souvent en est en partie gouverné; & aussi les dis Exposans ne se sauroient de quoy gouverné, s'il les convenoit estre oiseux, & cesser de leur mestier par si long temps; & pour ce, Nous ont humblement supplié, que de nostre grace leur vosissiens ottroïer, que, nonobstant la dicte defense & interdit, eulx puissent pescher par ledit temps, depuis my-Mars jusques à my-May, en la maniere qu'il ont fait du temps de nos Predecesseurs & du nostre; c'est assavoir, à banc, mooles, loyaux de hamessons, à toutes esches & qui ont cour en toutes saisons, en les mettant ou jettant en l'eauë de jour, & les y laissant la nuit, & e recouvrant landemain de jours, en la maniere que il ont acoustumé d'ancienneté: Nous adecertes, ces choses considerées, & desirans de nostre cuer, le bien & profit de nostre menu Peuple, & que un chascun en droit soy, soit gouverné & maintenu selon les bons ancians usages de nos Predecesseurs, tousjours de nostre povoir, à l'augmentation du bien publique, avons ottroïé & ottroïons aus dis Suppliants, de grace especial, certaine science, auctorité & puissance Royal, qu'il puissent pescher & user du mestier de Pescherie, en tous temps de l'an, & en la forme & maniere qu'il ont acoustumé d'en user du temps de noz Predecesseurs & du nostre, jusques à ores; nonobstant l'interdit & defense dessus dit, à eulx fais par les dis Maistres de nos Eauës & Forès, ausquelz & à tous les Justiciers & Officiers de nostre Royaume, presens & avenir, ou à leurs Lieuxtenans, & à chascun d'eulx, ainsi que à lui appartendra, Nous donnons en mandement par ces presentes, que lesdis Supplians & chascun d'eulx, il lessent & facent à plein joïr & user de nostre presente grace, sens les contraindre, molester ou empeschier pour le temps passé, present ou avenir, en aucune maniere contre la teneur d'icelle; & se aucune chose est faicte, attenté ou innové comment que ce soit au contraire, si le ramainent & facent ramener sans delai, au premier & deu estat. Et pour ce que ce soit ferme chose & estable à tousjours mais, Nous avons fait mettre nostre grant Seel à ces presentes; sauf en autres choses nostre droit & l'autrui en toutes. Donné à Paris, l'an de grace m. ccc. lxix. ou mois de Juillet, & le vi^e de nostre Regne.

Par le Roy, en ses Requestes. P. CRAMETE. HESTOMMEVIL.

a tirer: condamner.
b quoi puc.
c avec.
d permis.
e retirant.

CHARLES V.
à Paris, en Juillet 1369.

(a) Lettres qui portent que les Ciriers de la Ville de Chartres, ne pourront gagner que six deniers, sur la livre de Cire qu'ils employeront à fabriquer des Cierges & des Torches.

f sidereis.

KAROLUS, &c. Ad perpetuam rei memoriam. Dum processa meritorum insignia, quibus Regina Celorum, Virgo Dei Genitrix gloriosa, sedibus perelecta f sideris, quasi stella matutina prorutilat, devote considerationis indagine perscrutamur; dum etiam

NOTE.

(a) Tresor des Chartres, Registre 100. Piece 207.

DE LA TROISIÉME RACE. 209

infra pectoris archana revolvimus, quod ipsa, utpote Mater misericordie, Mater gratie, pietatis amica ac humani generis consolatrix & pervigil, ad Regem quem genuit, continuè intercedit, dignum, quin potius debitum arbitramur, ut Ecclesias in honore sui nominis dedicatas, gloriosè prosequamur, & fructuosis attollamus incrementis. Cum siquidem dilecti nostri Decanus & Capitulum Ecclesie Carnotensis, Nobis duxerint exponendum, quod cum emolumentum proveniens ex luminari cere, que tam in ᵃ Candelis quam in ᵇ torticis, offertur in Ecclesia supra dicta, ad opus (a) Fabrice ejusdem, & non alibi, converti consueverit per manus ejusdem Fabrice Provisoris, tanquam ᶜ manus emolumentum quod ᵈ perveniet ad eandem: Cumque operarii utriusque sexus, qui luminare faciebant supradictum, in terra dictorum Decani & Capituli commorantes, cupiditate excecati, & de lucro moderato non contenti, tam falsum & modici valoris luminare faciebant sepedictum, quod medietatem ultra puram (b) sortem lucrabantur, commodum quod exinde dicte Fabrice deberet provenire, dampnabiliter substrahendo; prefati Decanus & Capitulum, matura deliberatione super hoc prehabita, nuper ordinaverint & decreverint ordinandum, quod a tunc in antea, perpetuis temporibus affuturis, Candele & tortici de cera fierent & fient in terra eorumdem, talis quantitatis & valoris, quod Operarii & Operatrices qui Candelas ipsas facient per se vel per alium, & torticos, atque vendent, pro toto eorum labore atque lucro, ultra ipsorum puram sortem vel proprium capitale, de & super qualibet libra cere, in Candelis & torticis, ut predicitur, operata, sex denarios Turonenses percipient & habebunt tantummodo; & nichilominus dicta Ordinatio dicte Fabrice modicum proficeret, nisi per Nos super hoc provideretur gratiosè; presertim cum dicti Operarii & Operatrices, ad terram nostram, ut in dicta ordinatione non debeant comprehendi, se transtulerunt, & de die in diem transferre non postponunt, (c) penisq. consueverant, opus hujusmodi ᵉ misterii facere non verentes, prout fertur. Ea propter, notum fieri volumus universis tam presentibus quam futuris, quod Nos, ad prefatam Ecclesiam, que de Regina mundi & Domina Virgine Beatissima supradicta, vocabulo gloriosissimo nomen sumpsit, & etiam decoratur, specialem devocionem habemus & affectum singularem, ex nostra certa scientia auctoritateque Regia & de gratia speciali, consimilem in terra nostra tocius Ville Carnotensis & Banleuce ejusdem, Ordinacionem teneri volumus, & decernimus perpetuò observari; videlicet, quod de qualibet cere libra in eadem terra nostra, sic, ut premittitur, operata, Operarii predicti utriusque sexus, ultra dictum proprium capitale, pro lucro & labore suo, sex denarios Turonenses percipient & habebunt dumtaxat, & non ultra. Quocirca Baillivo & Preposito Carnotensibus, presentibus & futuris, vel Locatenentibus eorumdem, precipimus & mandamus, quatenus ordinacionem predictam, juxta presencium seriem & tenorem, servari & illibatam teneri faciant & permittant. Quod ut perpetuò perseveret, &c. salvo, &c. Actum Parisius, in Domo nostra juxta Sanctum Paulum, anno Domini m.º ccc.º lxix.º Regni vero nostri anno vi.º mense Julii.

Per Regem, in suis Requestis, J. DE LUZ.   Visa.

ᶠ Contentor.

CHARLES V.
à Paris, en Juillet 1369.

a Cierges.
b Torches.
c majus.
d perveniet.

e mestier.

f Voy. les Tab. des Mat. des 4.ᵉ & 5.ᵉ Vol. des Ord. à ce mot.

NOTES.

(a) *Fabrice.*] Fabrique. Voyez *le Gloss. de du Cange*, au mot, *Fabrica*.

(b) *Sortem.*] Ils gagnoient la moitié en sus, de la somme à laquelle leur revenoit la Cire mise en œuvre. Il y a plus bas, *puram sortem vel proprium capitale*.

(c) *Penis.*] Il y a une marque d'abbreviation sur le *q.* qui suit. Cet endroit me paroît corrompu. Peut-estre pourroit-on corriger : Penes quod consueverant : *de la mesme maniere qu'ils avoient accoustumé de faire auparavant*.

Tome V.   Dd

CHARLES V.
à Paris, en Juillet 1369.

(a) Lettres qui confirment l'Evesque d'Alby, dans le droit de chasser aux Bestes Fauves, dans les Bois qui lui appartiennent.

*K*AROLUS, &c. *Notum facimus universis presentibus pariter & futuris, Nos ad supplicacionem dilecti & fidelis nostri Episcopi* (b) *Abbiensis, vidisse Litteras infrascriptas, non rasas, cancellatas aut viciatas; sed omni prorsus suspicione carentes, formam que sequitur, continentes.*

*J*OHANNES *de Aula, Domicellus, Condominus de Glifolio, Magister Forestarum & Aquarum Reg. Senescallie Tholosane & Abbiensis, Domini nostri Francorum Regis. Notum facimus universis, quod super litigio orto coram Nobis, super oppositione quarumdam Litterarum serenissimi Principis, Domini Ducis Andegavensis &* a *Cenomanensis, Germani & Locumtenentis Domini nostri Francorum Regis, quarum tenor talis est.*

a Comitis.

*L*UDOVICUS *Regis quondam Francorum Filius, Domini nostri Regis Germanus, ejusque Locumtenens in* b *Partibus Occitanis, Dux Andegavensis & Comes Cenomanensis: dilecto nostro Magistro Forestarum & Aquarum Senescallie* c *Tholosanie, vel ejus Locumtenenti: Salutem. Conquestus est Nobis Procurator dilecti & fidelis nostri Episcopi Abbiensis, quod licet predictus Abbiensis Episcopus, & sui predecessores Episcopi Abbienses, in terra sua propria, in qua solus & in solidum habet, & sui predecessores Episcopi Abbienses habuerunt omnimodam altam, mediam & bassam Juridiccionem,* d *merum & mixtum imperium, & eciam* (c) *excercitium habebat a Forestis Regis, per duas leucas vel circa, distancium, in quibus Apri & fere bestie suos fetus faciunt & eciam nutriunt; nichilominus vos eundem Episcopum, seu Gentes suas impedire nitimini in venacione animalium predictorum, ac in punicione illorum, qui absque ejusdem Episcopi mandato ac voluntate,* e *dicta sua terra propria seu ressorto, feras predictas venantur, in magnum ipsius Episcopi & sue Juridiccionis predicte prejudicium, ac contra* f *Ordinacionem Regis super talibus factarum formam, sicut dicit. Igitur, nostro, super hoc, remedio implorato, vobis mandamus, quatenus, si vobis ita esse summarie & de plano, absque longo strepitu Judicii & figura, constiterit, eundem Episcopum, ac ejus Gentes in predictis nullatenus deinceps impediatis seu perturbetis, impediri seu perturbari a quoquam permittatis; factaque &* g *attempta in contrarium, si que sint, revocetis, & ad statum debitum reducatis; que Nos in casu predicto, tenore presencium revocamus, & ad statum debitum & pristinum reducimus per presentes; Litteris* h *surreptis in contrarium impetratis vel impetrandis, nonobstantibus quibuscumque. Datum apud Montempessulanum, die* VI.ª *Augusti, anno Domini* m. ccc. lx. quinto.

b Languedoc.
c Tholosane, là & plus bas.

d Voyez cy-dessus, p. 44. Note (2).

e in.
f ordinacionum.

g attemptata.
h subrepticiis.

i Suite des Lettres du Maistre des Eaux & Forests.

k Voy. la Tabl. du 3.ᵉ Vol. des Ordonn. *au mot*, Article.

l le procès estant conclu & en estat de juger.

i *Inter Procuratorem Regis Generalem Senescallie Tholosanie, seu ejus Substitutum, & Procuratorem Reverendi in Christo Patris, Domini Episcopi Abbiensis, super facto venacionis Forestarum & nemorum suorum, ipsis Litteris presentatis per Procuratorem ipsius Domini Abbiensis Episcopi, per* k *articulos; & in oppositum, certis articulis traditis per ipsum Procuratorem Regis, seu ejus Substitutum, ad fundandum intencionem Juris Reg. & ad ipsas Litteras enarrandum, testibus hinc & inde, super eisdem productis & auditis, & eorum dictis depositionibus publicatis & renunciatis; &* l *conclusio, habita*

NOTES.

(a) Tresor des Chartres, Registre 100. Piece 528.

(b) *Abbiensis.*] *Albiensis*, là & dans toute la Piece, il se nommoit *Hugo Alberti*. Il a commencé à sieger vers 1355. & est mort vers

1379. Voyez *Gall. Christ.* 2. edit. Tom. I. p. 28. n.° 62.

(c) *Excercitium.*] Il paroist par la suite de ces Lettres, que ce mot signifie icy le droit de chasse, & la Jurisdiction dans les Forests appartenantes à l'Evêque.

DE LA TROISIÉME RACE. 211

deliberacione Confilii, noftram Ordinacionem pronunciaverimus in hunc modum: Et Nos Magifter antedictus, vifis hinc inde petitis, propofitis, [a] exceptionibus, ac eciam productis & probatis, cum conftet Nobis Foreftam de Verdia, Domini Epifcopi Abbienfis, & Nemus five Foreftam de Sancto Ypolito & de Vendoyas, diftare a [b] Foreftis Regis, per duas leucas, idcirco pronunciamus dictum Dominum Epifcopum, ac Gentes & alios, de ejus tamen voluntate, poffe & debere venari, ac fibi competere jus venandi in dictis Foreftis feu Nemoribus, Apros, Capriolos, & omne Ferarum genus : quia vero Forefta five Nemus de Almayraco, à Forefta Reg. de [c] Pampelier per duas leucas non diftat, in ipfa tamen Forefta five Nemore de Almayraco, Apri & Capreoli nafci & renafci ac nutriri confueverunt, idcirco pronunciamus dictum Dominum Epifcopum, & ejus Gentes ac alios, de ipfius voluntate, poffe & debere venari, ac jus venandi fibi competere Apros & Capreolos, Cervum, Cervos ; (a) nifi ibi noviter nafcuntur & renafcuntur & renafcantur ac eciam nutriantur ; in predictis, [d] Litteris dicti Domini Ducis & Locumtenentis, fore exequendas, [e] pronunciantes ac eciam ordinantes & (b)   ordinamus & declaramus ac pronunciamus ipfas Litteras fore exequendas, ipfum Dominum Epifcopum, nec ejus Gentes, contra ipfarum tenorem, minimè fore [g] imqetandos, moleftandos nec impediendos ; ipfas Litteras & pronunciacionem noftram [h] exequendo. In quorum teftimonium, figillum noftrum autenticum, prefentibus Litteris duximus apponendum. Actum & datum (c) Galliaci, die XI.ª menfis Decembris, anno Domini m. ccc. lxviii°.

[i] Quas quidem Litteras & omnia in eifdem contenta, Nos rata & grata habemus, & de fpeciali gracia, tenore prefencium confirmamus : mandantes omnibus & fingulis Officiariis & Jufticiariis noftris, quatenus dictum Supplicantem & ejus fucceffores, contra dictarum Litterarum atque prefencium feriem, nullatenus [k] inquietent aut perturbent, vexarive aut moleftari permittant ; ad ftatum priftinum & debitum reducendo quidquid in contrarium attemptatum repererint five factum. Quod ut robur obtineat perpetuum, figillum noftrum his prefentibus eft appenfum ; falvo in omnibus jure noftro ac eciam alieno. Actum & datum Parifius, anno Domini m. ccc. lxix.° & Regni noftri vi.° menfe Julii.
Per Regem, ad relacionem Confilii. G. MONTAGU.

CHARLES V.
à Paris, en Juillet 1369.
a except. R.
b Foreft. R.

c Il y a une marque d'abregé fur l'r.

d Je crois qu'il faut corriger, Litteras.
e exequend. R.
f pronunciant... declarant. R.
g inquietandos.
h exequend. R.

i Suite des Lettres de Charles V.

k inquietent.

NOTES.

(a) Nifi ibi noviter.] Voici le fens qu'il me paroift qu'on peut donner à cette difpofition, qui femble contraire à la precedente : Si depuis long temps, il y a des beftes fauves dans cette foreft, l'Evefque pourra y chaffer ; mais fi c'eft nouvellement que ces beftes y font venües, il ne pourra le faire. Cette difpofition eftoit peut-eftre conforme à l'Ordonnance du Roy, de laquelle il eft parlé dans les Lettres du Maiftre des Eaux & Forefts, & qui ne s'eft pas confervée.

(b) Il y a là un nom en abregé & dont les caracteres font très-broüillez, qu'on n'a pû déchiffrer.

(c) Galliaci.] Il y a deux lieux nommez Gaillac, dans le Haut-Languedoc. Il y en a un qui eft dans l'Evefché d'Alby, c'eft apparemment celui dont il s'agit icy. Voyez le Dict. Univ. de la Fr. au mot, Gaillac.

(a) Diminution de Feux pour differents Lieux.

KAROLUS, &c. Notum facimus, &c. Quod cum ex parte, &c.

CUMQUE facta quadam informacione virtute Litterarum noftrarum & aliarum Regiarum, in loco de [l] Gabiano, Vicarie Bitterrenfis, Senefcallie Carcaffone, fuper numero Focorum modernorum in dicto loco de Gabiano nunc [m] exiftancium, per dilectum & fidelem noftrum Johannem de Villanis, Militem, Vicarium Bitterrenfem, Commiffarium in

CHARLES V.
à Paris, en Juillet 1369.

l Gabian, Diocefe de Beziers.
m exiftentium.

NOTE.

(a) Trefor des Chartres, Regiftre 100. Piece 222.
Voyez cy-deffus, p. 30. Note (a).

C'eft le R. P. D. Vaiffette, Benedictin, qui m'a communiqué les noms françois des Lieux dont il eft parlé dans cette Piece, & les trois fuivantes.

Tome V.

Dd ij

212   Ordonnances des Rois de France

CHARLES V.
à Paris, en Juillet 1369.

hac parte deputatum; vocato & presente in omnibus Procuratore nostro Generali dictæ Senescalliæ Carcassonæ, aut ejus legitimo Substituto, &c.

Repertum fuerit quod in dicto loco de Gabiano, sunt de presenti & reperiuntur centum quinquaginta octo Focci, secundum traditam instructionem super hoc prelibatam. Nos vero, &c. Actum Parisius, mense Julii, anno Domini millesimo ccc. lxix.° & Regni nostri sexto. Visa.

Per Consilium existens in Camera Compotorum Par.

Informatio, &c.

a Lespignan, Diocese de Beziers.

(a) KAROLUS, *&c. Notum facimus &c. Quod cum ex parte, &c. Cumque facta quadam informacione per dilectum & fidelem nostrum Johannem de Villanis, &c. ut supra. Pro loco de* ᵃ *Lespinhano, in quo sunt centum XXVIII. Focci, &c. ut supra. Signata ut supra.*

b Castelnau de Gucrs, Diocese de Beziers.
c Cabrieres, Diocese de Beziers.

KAROLUS, *&c. pro loco de* ᵇ *Castro novoguercii, in quo sunt de presenti LXII. Focci ; & in loco de* ᶜ *Capraria, XXXI. Focci, &c. ut supra. Signata ut supra.*

d Vendres, Diocese de Beziers.
e Biterrensis.

KAROLUS, *&c. pro loco de* ᵈ *Venere, Vicarie* ᵉ *Biturien. Senescalliæ Carcassone, in quo sunt de presenti centum novemdecim Focci, &c. ut supra. Signata ut supra.*

f Fontez, Diocese de Beziers.

KAROLUS, *&c. Pro loco de* ᶠ *Fontesio, in quo sunt de presenti octoginta & octo Focci, &c. ut supra. Signata ut supra.*

g Domicellum.
h Aspiran, Diocese de Beziers.

KAROLUS, *&c. Notum, &c. Cumque facta quadam informacione per dilectum nostrum Barduchum Warcelli* ᵍ *Domicelli, Vicarium (b) Giniaci, &c. pro loco de* ʰ *Aspirano, Vicarie Giniaci, Senescalliæ Carcassone, in quo de presenti sunt centum duo Focci, &c. ut supra. Signata ut supra.*

i Neffiez, Diocese de Beziers.
k Nebian, Diocese de Lodeve.
l Vailhan, Diocese de Beziers.

KAROLUS, *&c. per dilectum & fidelem nostrum Johannem de Villanis, &c. pro locis de* ⁱ *Nessianis, de* ᵏ *Nebiano &* ˡ *Valhano, Vicarie Biterrensis, repertum fuerit, quod in dicto loco de Nessianis, sunt de presenti LVI. Focci; in dicto loco de Nebiano, XXXIX. Focci; & in dicto loco de Valhano, undecim Focci, &c. ut supra. Signata ut supra.*

m Peret, Diocese de Beziers.
n Licuran de Cabragcz, Diocese de Beziers.
o (Lisez) Phanis, Planes, Diocese de Beziers.
p Montesquieu, Diocese de Beziers.

KAROLUS, *&c. Cumque factis quibusdam informationibus, &c. per dilectum & fidelem nostrum Johannem de Villanis, Militem, Vicarium Biterrensem, ac ejus Locum tenentem, Commissarios, &c. pro locis de* ᵐ *Pereto, de* ⁿ *Livrano Caprarien. de* ᵒ *Phanis & de* ᵖ *Montesquino, &c. repertum fuerit, quod in dicto loco de Pereto, sunt de presenti & reperiuntur LVI. Focci; in loco de Livrano Caprarien. decem Focci; in loco de Phanis XIIII.ᶜⁱᵐ & in loco de Montesquino octo Focci, &c. ut supra. Signata ut supra.*

q Pouzolles, Abaillan, Casilhac, Diocese de Beziers.

KAROLUS, *&c. Cumque factis quibusdam informacionibus, &c. per dilectum, &c. ut in precedenti, pro locis de* ᵠ *Posolis, de Abeliano & de Casilhaco, Vicarie Biterrensis, repertum fuerit, quod in loco de Posolis sunt de presenti LV. Focci ; in loco de Abeliano XLVII. Focci; & in loco de Casilhaco, XXII. Focci, &c. ut supra. Signata ut supra.*

r Sauvian, Roquebrune, Diocese de Beziers.

KAROLUS, *Cumque factis quibusdam informacionibus virtute, &c. per Commissarios predictos, pro locis de* ʳ *Salviano & de Rocabruno, &c. repertum fuerit, quod in*

NOTES.

(a) Cet article a esté copié conformement au Registre. Dans les suivans on a encore retranché les formules repetées.

(b) Giniaci.] Gignac, dans le Diocese de Beziers. Voyez le Dict. Universel. de la Fr. au mot, *Gignac*.

DE LA TROISIÉME RACE.

dicto loco de Salviano, sunt septuaginta quinque Focci; & in dicto loco de Rocabruno, LIIII.^{er} Focci, &c. ut supra. Signata ut supra.

KAROLUS, *Cumque factis quibusdam informacionibus per certos & ydoneos Commissarios, &c. pro locis de* ^a *Rojano, de* ^b *Marguito & de* ^c *Burano, repertum fuerit, &c. quod in dicto loco de Rojano, sunt nonaginta octo Focci; in dicto loco de Margunto, XIIII.^{cim} Focci; & in dicto loco de Burano, viginti duo Focci, &c.* Signata ut supra.

KAROLUS, *&c. Cumque factis informacionibus per certos, &c. ut supra, pro locis de* ^d *Alignano & de Podio-Mussone, Vicarie, &c. repertum fuerit, quod in dicto loco de Alignano, sunt de presenti* LXXIII. *Focci; & in dicto loco de Podio-Mussone* XL. *Focci, &c. ut supra.* Signata ut supra.

CHARLES V.
à Paris, en Juillet 1369.
a Roujan, Diocese de Beziers.
b (Lisez Margogno,) Margon, Diocese de Beziers.
c (Lisez Poiano,) Boujan, Diocese de Beziers.
d Alignan, Puimission, Diocese de Beziers.

(a) Diminution de Feux pour Beziers & autres Lieux.

KAROLUS, *&c. Notum facimus, &c. quod cum ex parte, &c.*

^e*C*UMQUE *facta quadam informacione virtute Litterarum nostrarum ac aliarum Regiarum, in Villa Bitterris, & in locis de* ^f *Aurelhaco, de Clayraco & de Leboyraco, in Juridictione & territorio dicte Ville Bitterris existentibus, &c. Cumque facta informacione, &c. per dilectum & fidelem nostrum Johannem de Villanis, Militem, Vicarium Bitterrensem, Commissarium in hac parte deputatum, &c. repertum fuerit, quod in dicta Villa Bitterris, & in dictis locis de Aurelhaco, de Clayraco & de Leboyraco, sunt de presenti & reperiuntur mille centum nonaginta quinque Focci, &c. prout in precedentibus de Foccis.* Actum Parisius, *ut supra de Foccis.*
Signata ut alie de Foccis.

CHARLES V.
à Paris, en Juillet 1369.
e Ce qui suit a été copié conformement au Registre.
f Aureilhac, Cleyrac, Lebouyrac, Diocese de Beziers.

NOTE.

(a) Tresor des Chartres, Registre 100. Piece 231.
Voyez cy-dessus, p. 30. Note (a) & p. 211. Note (a).

(a) Diminution de Feux pour Montreal.

KAROLUS, *&c. Notum, &c. quod cum ex parte, &c.*

*C*UMQUE *facta quadam informacione virtute certarum Litterarum Regiarum, in Villa seu loco* ^g *Montis Regalis, Senescallie Carcassone, super numero Focorum modernovam in dicta Villa seu loco nunc existencium, per dilectum & fidelem nostrum Nycholaum de Lettis, Militem, Castellanum Montis-Regalis, Commissarium in hac parte deputatum; vocato & presente in omnibus Procuratore nostro Generali dicte Senescallie Carcassone, aut ejus, &c. repertum fuerit; quod in dicta Villa seu loco Montis-Regalis, sunt de presenti & reperiuntur trescenti ottoginta tres Focci, &c.* Actum Parisius, mense Julii, anno Domini M.° CCC.["] LX.° IX.° Regni nostri VI.°

P. DU CHASTEL, &c.

Per Consilium, &c.   Informatio, &c.

CHARLES V.
à Paris, en Juillet 1369.
g Montreal, Diocese de Carcassonne.

NOTE.

(a) Tresor des Chartres, Registre 100. Piece 530.
Voyez cy-dessus, page 30. Note (a) & p. 211. Note (a).

CHARLES V.
(à Paris, en Juillet 1369.)

(a) Diminution de Feux pour le lieu nommé Quarante, & autres Lieux.

*K*AROLUS, &c. Notum, &c. quod cum, &c.

a Quarante, Diocese de Narbonne.

CUMQUE facta quadam informacione virtute Litterarum nostrarum & aliarum Regiarum, in loco de ª Quadraginta, Vicarie Bitterr. Senescallie Carcassone, super numero Focorum modernorum in dicto loco nunc existencium, per dilectum & fidelem nostrum Johannem de Villanis, Militem, Vicarium Bitterr. Commissarium, &c. repertum fuerit, quod in dicto loco de Quadraginta, cum adjunccione (b) manse de Gabenacio, aliter de Cabanis, sunt de presenti & reperiuntur LXVII. Focci, secundum, &c.

b Depuis *Datum*, le reste est copié conformement au Registre.
c Agel, Diocese de S.ᵗ Pons.
d Caux, Diocese de Beziers.
e Pezenas, Diocese d'Agde.

ᵇ Datum & signatum & registratum prout in eadem Carta Montis-Regalis habetur.
Alia consimilis carta & concessio sub eadem forma, pro Villa seu loco de ᶜ Agello, Vicarie Bitterrensis, Senescallie Carcassone.
Alia consimilis pro loco de ᵈ Caucio, Comitatus Pedenacii.
Alia consimilis pro loco de ᵉ Pedenacio, Senescallie Carcassone.

NOTES.

(a) Tresor des Chartres, Registre 100. Piece 531. & suiv.
Voy. cy-dessus, p. 30. Note (a) & p. 211. Note (a).

(b) Manse.] Mansa, mansus ou mansum signifient une *habitation*, un *hameau*. Dans le Languedoc on dit ordinairement *Mas* en françois. Voyez le 3.ᵉ Volume des Ordonn. p. 177. Note (c), & le *Gloss. de Du Cange*, au mot, Mansus.

CHARLES V.
à Roüen, en Juillet 1369.

(a) Confirmation des Privileges de la Ville de Montpellier.

*K*AROLUS, &c. Notum facimus universis tam presentibus quam futuris, quod ad Supplicacionem fidelium nostrorum Consulum & habitatorum Ville nostre Montispessulani, asserencium se habere plures laudabiles consuetudines & statuta, quibus utuntur in dicta Villa, & hactenus usi sunt, requirencium ipsas consuetudines & statuta, per Nos eisdem confirmari ac eciam approbari: Nos easdem consuetudines & statuta, in sui roboris firmitate teneri & observari volentes, ipsas omnes & singulas consuetudines & statuta Ville predicte, quibus hactenus in eadem, ipsi & eorum predecessores usi sunt, ratas, gratas & firmas habentes, eas volumus, laudamus, approbamus, ratifficamus, & auctoritate nostra Regia, de speciali gracia, tenore presencium confirmamus. Quod ut firmum, &c. salvo in omnibus jure nostro ac eciam alieno. Actum Rothomagi, mense Julii, anno Domini m.° ccc.° lxix.° & Regni nostri vi°.   Visa.
Sic signata. Ad relacionem Consilii. MONTAGU.

NOTE.

(a) Tresor des Chartres, Registre 100. Piece 81.

CHARLES V.
à Roüen, en Juillet 1369.

(a) Lettres qui confirment les Habitans de Montpellier, dans l'exemption du droit de Francs-Fiefs & des nouveaux acquets. (*Voyez page suivante, Note (b) de la premiere Piece.*)

f Barchinon. R. Barcelone.

*K*AROLUS, &c. Notum facimus universis presentibus & futuris, quod cum olim felicis memorie, Jacobus tunc Rex Arragonum & Majoricarum, Comes ᶠ Barchinonensis,

NOTE.

(a) Tresor des Chartres, Registre 100. Piece 229.

& Dominus Montispessulani, dilectis nostris Consulibus & Universitati Ville nostre Montispessulani, suas concesserit Litteras, quarum tenor dicitur esse talis.

CHARLES V.
à Roüen, en Juillet 1369.

Manifestum sit omnibus, quod Nos, Jacobus Dei gracia Rex Arragonum & Regni Majoricarum, Comes Barchin. & Dominus Montispessulani, concedimus & laudamus (a) vobis duodecim probis viris electis ad consulendam Communitatem Montispessulani, dilectis & fidelibus nostris, & per vos, toti Universitati Montispessulani, quod vos (b) possitis emere, & ex donacionis sive permutacionis, & alia quacunque causa, percipere terras cultas & incultas, Castra, Villas & domos, & alia quascunque possessiones, & ex quacunque alia causa, redditus acquirere, & redditus omnes, & cetera omnia que modo habetis vel imposterum habituri estis, ex quolibet genere contractus, vel quolibet alio modo, vobis laudamus & confirmamus; salvo jure nostre Dominacionis & Jurisdictionis integre reservato. Datum apud Montempessulanum ª *vi. Kalendas Septembris, anno Domini m. cc. tricesimo primo. Signum Jacobi Dei gracia Regis Arragonum & Regni Majoricarum, Comitis Barchin. Domini Montispessulani. Hujus rei testes: Guillelmus de* ᵇ *Montait: Gaucerandus de Carcellaco: Hugo de Mataplana: Bernardus de Sancta Engerina:* ᶜ *Guilabtus de* ᵈ *Crozils: Sancius de Orta:* ᵉ *Gratia de Orta: Rodericus de* ᶠ *Ganucii. Signum Guillelmi* ᵍ *Scribe, qui mandato Domini Regis, pro Guillelmo de Sala Notario suo, hanc Cartam scripsit, loco, die & anno prefixis.*

Nos ad dictorum Consulum Supplicacionem, Litteras suprascriptas, si tales sunt, & i mposterum eisdem, dicti Consules & Universitas usi sunt, tenore presencium confirmamus. Quod ut firmum, &c. salvo, &c. Actum Rothomagi, mense Julii, anno Domini millesimo ccc.º lxix.º & Regni nostri sexto. *Visa.*

Per Regem, ad relacionem Consilii. G. DE MONTAGU.

a le 27. d'Aoust.

b Il y a une marque d'abbreviation sur l'n.
c Il y a une marque d'abbreviation sur le b.
d Il y a une marque d'abréviation sur ce mot.
e fortosse, Gartia.
f nom douteux.
g scrib. avec une marque d'abbreviation. R.

NOTES.

(a) *Vobis.*] Cette concession fut faite aux douze Conseillers de Montpellier, representants cette Ville.

(b) *Possitis emere.*] Le Privilege accordé aux habitans de Montpellier, n'est pas exprimé assez clairement. Je crois que c'est une exemption des droits de *Francs-Fiefs* & de *nouveaux Acquets* ; c'est à dire, la permission donnée aux habitans de cette Ville, qui ne seroient pas nobles, d'acquerir des Fiefs, sans payer la finance dûë dans ce cas.

(a) *Mandement pour faire fabriquer des Blancs Deniers, de la Vaisselle d'Argent qui sera envoyée à l'Hostel des Monnoyes de Paris, par le Roy & par les Particuliers.*

CHARLES V.
à Roüen, le 3. d'Aoust 1369.

CHARLES par la grace de Die Roy de France : A noz amez & feaulx les Generaulx Maistres de noz Monnoyes : Salut & dilection. Comme à present Nous ayons à faire & supporter très grans & innumerables ᵍ mises, pour le fait de nostre armée de la mer, & pour la defense de nostre Royaume, & des mises Nous ne puissions ʰ finer si prestement, comme ⁱ mestier Nous est, se n'est par Nous, (b) au droit de nostre mesnies; & pour ce, ayons fait mectre & porter en nostre Monnoye de Paris, grant quantité de nostre vaisselle d'Argent, pour icelle faire ouvrer ; &

g depenses.
h trouver finances.
i besoin.

NOTES.

(a) Registre *D.* de la Cour des Monnoyes, fol. 7 vingt 3. vers. [143.]

Avant ce Mandement, il y a : *Le Mandement pour faire ouvrer la Vaisselle du Roy.*

On pourra consulter sur ce Mandement, & sur ceux qui regarderont les Monnoyes, la Preface du 3.ᵉ Vol. des Ordonnances, p. cj.

§. *Monnoyes*, & l'article qui aura ce titre dans la Preface du 5.ᵉ Vol.

(b) *Au droit de nostre mesnies.*] *Mesnies* signifie ordinairement *Domestiques.* Icy il doit signifier les meubles necessaires dans une maison, comme de la Vaisselle, que le Roy voulut bien sacrifier, pour soustenir les depenses de la guerre.

CHARLES V.
à Roüen, le 3.
d'Aoust 1369.

a *aussitost.*

b *de 96. pieces au marc.*

c Voyez le 3.ᵉ Volume des Ord. p. 484. art. 2.

Nous ayons entendu que icelle vaisselle ne se puissent ouvrer à la loy des Blancs Deniers que l'en fait à présent, sans trop grant perte & dommaige pour Nous: Nous vous mandons & commandons, que ᵃ tantost & sans delay, icelle nostre vaisselle d'Argent, & toute autre vaisselle d'Argent qui y sera apportée de par quelque personne que ce soit, vous faciez ouvrer & monnoyer, en faisant faire Blancs Deniers d'Argent à douze Deniers de Loy, Argent le Roy ou environ, au plus près que l'en pourra d'icelle Loy, & qu'ilz soient de ᵇ huit solz de prix au Marc de Paris; & auront cours pour quinze deniers Tournois la piece; & les faictes faire sur les formes & coings des ᶜ Blancs Deniers d'Argent, que nostre très cher Seigneur & Pere que Dieu absoille, fist faire derrenierement; en y mettant telle difference comme bon vous semblera; & donnés & faictes donner à iceluy ou ceux qui feront led. Ouvraige, & aux Ouvriers & Monnoïers, tel salaire comme vous verrez qu'il appartiendra de raison. Donné à Roüen, le III.ᵉ jour d'Aoust, l'an de grace mil trois cens soixante & neuf, & de nostre Regne le sizièsme, soubz le scel de nostre Chastellet de Paris.

Par le Roy. Y v o.

CHARLES V.
à Roüen, le 6.
d'Aoust 1369.

(a) *Lettres qui confirment les Religieux de l'Abbaye de la Sainte Trinité-au-Mont-Sainte-Catherine-dessus Roüen, dans le droit de ne point payer d'impôts pour les denrées qui seront achetées dans cette Ville pour leurs provisions; & dans l'usage de ne point prendre du Vicomte de l'Eau, un certificat contenant un estat de ces denrées.*

d *Monastere.*

e *maison.*

f *chairs, viandes.*

g *Voy. Note (b).*

CHARLES, &c. Savoir faisons à tous presens & avenir, que oye l'umble petition de noz bien amez & feauls, les Religieux, Abbé & Couvent de Sainte Trinité au Mont-Sainte-Katherine, dessus Roüen, contenant, que ja soit ce que eulx & leurs predecesseurs, depuis la creation de leurdit ᵈ Monstier, ou au moins de tel & si lont temps qu'il n'est memoire du contraire, eussent & aient acoustumé, tant par vertu de leurs Chartres & Privileges, comme autrement, d'acheter en la Ville de Roüen, quelconques vivres & marchandises, pour la necessité de eulx & de leur ᵉ hostel, faire passer & repasser par eulx, leurs gens, serviteurs & familiers, par ladicte Ville & destroys d'icelle, leurs blefs, vins, ᶠ chars, poissons, bestail, chevaux, charrettes, & quelconques autres leurs choses, franchement & quittement, sans destourbier ou empeschement d'aucun, & sens ce qu'il en fussent ne soient tenus payer aucun acquit, coustume, paage, rente ne redevance aucune, ne pour ce aller prandre (b) congié, deprys ne franc merel, à nostre (c) Vicomte de l'Eaue de Roüen, ne aus gens ne Officiers qui pour Nous excerceent icelle Viconté, soient fermiers ou autres; mais tant seulement le dire aux Barriers, qui pour & ou nom de Nous, sont establis & commis aux portes & passages de la dicte Ville, pour recouvrer les ᵍ mereaux de ceulx qui passent, & recevoir aucuns droits qui deuz Nous sont, en faisant foy par eulx, leurs gens, serviteurs ou familiers, en la main des diz Barriers, se il le demandoient ou en faisoient aucun doubte, que les vivres,

---

NOTES.

(a) Tresor des Chartres, Registre 100. Piece 16.

(b) *Congié.*] Ce mot & les deux suivans signifient un certificat contenant un estat des denrées achetées pour ce Monastere, que leurs domestiques donnoient en passant à ceux qui gardoient les Barrieres.

Franc-merel. Ce mot signifie proprement une marque. Voy. *Borel,* aux mots, *Mesreaux* & *Marel.*

(c) *Vicomte de l'Eaue.*] La Jurisdiction de la *Vicomté de l'Eau* de Rouen, est la plus ancienne Justice de cette Ville. Elle subsiste encore aujourd'huy. Voyez sur cette Jurisdiction, l'*Histoire de la Ville de Roüen.* [*Roüen 1731. in quarto.*] Tom. I. Partie 2. ch. 24. p. 142.

DE LA TROISIÈME RACE. 217

marchandifes ou autres chofes qu'il feroient ainfi paffer, feroient & fuffent leur, pour eulx & leur neceffitez de leur dit Monftier, manoirs ou autres habitacions; & avecques ce, que fe il eftoit ainfi, que par inadvertence ou aucune obliance, eulx, leurs gens, ferviteurs ou familiers, portans ou conduifans leur dictes chofes, paffaffent oultre les *mettes des ^b barres accouftumeez, fans parler aux Barriers, ou que lefdiz Barriers ne leur demandaffent aucune chofe, que pour ce il ^c fuffent onques ^d approuchiez ne convenuz en Jugement; vers Nous, noftre Procureur ou autres, pour faire amende de defobéiffance, ne accufez de fourfaiture; & que de toutes ces chofes & autres dependantes d'iceux, euffent & ayent paifiblement joy & ufé, eulx & leurs predeceffeurs, fenz aucun empefchement par tout le temps deffus dit: Néantmoins puis aucun temps en ça, noz dictes gens, fermiers ou Officiers, gouvernans noftre dicte Viconté de l'Eaue, ont fur ce de novel troublé & empefchié, & de jour en jour troublent & empefchent les dis fuppliants, en voulant que pour chafcune chofe qu'il feroient paffer ou rapaffer par les deftrois & lieux deffus diz, ils aillent prandre congié ^e depry au lieu de ladicte Viconté, & ayent un franc mercl, ou que fimplement & abfoluëment, leur dictes chofes foient ^f fourfaictes & à Nous acquifes; & eulx efforçant de les mettre & tenir pour occafion de ce, en Caufes & en procès noz dit Procureur, & de fait les y tiennent & ont longuement tenuz, tant en la dicte Viconté comme en nos (a) affifes de Roüen; ^g en difant & maintenoient contre les diz Religieux, que ja foit ce qu'ils foient francs de paier acquit, couftume ou paage, néantmoins doivent-il aler prandre ledit congié à ladicte Viconté; & fe il eft avenu que aucune fois, il aient aucune chofe paffé fens prandre ledit congié, ce auroit efté & eft par fouffrance & courtoifie & amiableté; non pas que pour ce, deuffent ne doivent pretendre ne alleguer aucun titre de poffeffion; efpecialment contre Nous qui fommes leur Souverain; mefmement que en ^h paffent ainfi legierment leur dictes chofes, plufieurs fraudes & mauvaiftiez pourroient eftre faictes & commifes en noftre préjudice; & que venir prandre ledit congié, eft une reverence qui Nous eft deuë pour raifon de noftre Signourie: lefquelles chofes ainfi eftre faictes & attemptées par noz dictes gens, Officiers ou fermiers, ont efté & ⁱ funt ou grant grief, deftourbier, préjudice & dommage des diz Religieux, & contre la teneur de leurs Chartres & privileges, fi comme il dient; & encores le feroient plus ou temps à venir, fe remede n'y eftoit miz; comme par chafcun jour & heure, leur foit befoing de venir & envoïer querir en ladicte ville, & faire paffer par icelle leur charz, poiffons, vivres & autres chofes; & fouventeffois bien haftivement, tant pour l'Ofpitalité, comme pour autres neceffitez de eulx & de leurs Hoftels, fi comme il dient; en Nous fuppliant très humblement, que fur ce leur vüillons pourvoir de remede gracieux & convenable: Nous, qui voulons ^k eftre ^l ledis Religieux eftre gardez de ^m poinnes, ⁿ mifes & travaulx, fans yceulx eftre moleftez ou empefchiez au contraire de leur dis privileges, franchifes & Libertez, ^o confiderans avecques ce, que ^p greigneur profit Nous feroit d'avoir une ^q fourfaiture ou amende, fe iceulx Religieux paffoient ou faifoient paffer aucune chofe par fraude ou foubz fauls adveu, en affirmant aus dis Barriers les chofes qui pafferoient eftre leur, ou cas que elles ne feroient pas leur, que Nous ^r n'averions, fe il venoient chafcune fois, pour leurs chofes paffer, comme dit eft, querir ledit congié ou depry; & pour ce, voulans iceulx eftre oftez des diz procez, & de tous autres que l'en pourroit commencier ou faire fur ce, contre eulx ou leurs fucceffeurs, fi qu'il puiffent miex & plus continuellement vaquer au Service divin, endinans gracieufement à leur fupplicacion, à iceulx Abbé & Convent, pour eulx & pour leurs fucceffeurs, avons ottroyé & ottroyons de noftre auctorité Royal, de noftre certaine fcience & grace efpecial, en déclarant & ampliant, fe meftier eft, leur dictes

CHARLES V.
à Roüen, le 6. d'Aouft 1369.
a bornes.
b barrieres.
c ne.
d citez en jugement.

e &.
f confifquées.

g & difoient.

h paffant.

i font.

k ce mot eft inutile.
l lefdits.
m peines.
n defpenfes.
o confider. R.
p plus grand.
q confifcation.
r n'aurions.

NOTE.

(a) Affifes.] Les Affifes du Bailli, devant lequel reffortiffoit la Vicomté de l'Eau.

218   ORDONNANCES DES ROIS DE FRANCE

CHARLES V.
à Roüen, le 6. d'Aoust 1369.

a *provisions.*

b *moyennant.*

Chartres & privileges, que d'oresenavant, par eulx ou par leurs gens, serviteurs, familiers ou autres quelconques personnes, pour & ou nom d'iceulx, il puissent aler & venir querir en nostre dicte Ville de Roüen & faire passer & rapasser par les destrois d'icelle Ville, vins, blefs, chars, poissons, chevaux, charettes, bestail & autres vivres, biens, ᵃ garnisons & autres choses quelconques necessaires pour l'usage d'eulx & de leur dicte Abbaye, & pour leur autres manoirs ou habitations, senz ce qu'il Nous soient tenus pour ce payer acquit, coustume, paage, rente ou quelconque autre redevance, & sanz en prandre ne demander congié, depry ou franc morel, au lieu de nostre dicte Viconté de l'Eaue ne ailleurs ; ᵇ parmi ce toutevoie, que ceulx qui seront porter ou mener & passer leur dictes choses, affirmeront & jureront aux gardes ou Barriers des portes ou lieux à ce acoustumez en la dicte Ville, pour & ou nom de Nous, que les choses qui passeront, seront aux dis Religieux, pour les usages & necessitez de eulx & de leur dicte Abbaye, ou de leur maisons ou autres habitations. Si donnons en mandement par ces presentes, à noz Bailli & Viconte de Roüen, qui à present sont & qui pour le temps à venir seront, & à chascun d'eulx, & à tous autres Justiciers & Officiers à qui il appartendra, ou à leurs Lieuxtenans, que de nostre presente grace laissent & facent joyr & user paisiblement les dis Religieux & leur successeurs, leur gens & officiers, ou autres de leur famille, & contre la teneur d'icelle, ne sueffrent iceulx par aucun estre molestez ou empeschez en aucune maniere ; mes de tous les proces fais ou commanciés contre les dis Religieux, & contre leurs familiers, serviteurs ou autres gens, pour cause ou occasion des choses dessus dictes ou dependentes d'icelles ; lesquelz procès Nous mettons du tout au néant par

c *aussitost.*
d *poursuivre.*
e *sixiéme.*

ces presentes, se delessent du tout en tout, ᶜ tantost ces Lettres veuez, sens les en jamais ᵈ poursigre ou molester en aucune maniere. Et que ce soit, &c. sauf, &c. Donné à Roüen, le ᵉ sizeme jour d'Aoust, l'an de grace M. CCC. LXIX. & le VI.ᵉ de nostre Regne.

f *Voy. les Tabl. des Mat. des 4.ᵉ & 5.ᵉ Vol. des Ordonn. au mot, Contentor.*

Ainsi signée. Par le Roy, vous present. P. BLANCHET. ᶠ Contentor.   Visa.

CHARLES V.
à Roüen, en Aoust 1369.

(*a*) Lettres par lesquelles sont remises à l'Archevêque de Bourges, l'amende & les autres peines qu'il avoit encouruës, pour avoir fait un Statut Synodal qu'il avoit revoqué depuis ; & qui portoit, que les Juges seculiers ne pourroient, sous peine d'Excommunication, punir les Clercs accusez de crimes.

*K*AROLUS, &c. *Notum facimus universis presentibus & futuris, Nos car.ᵐⁱ & fidelis Fratris nostri, Ducis Bituricensis & Alvernie, Litteras vidisse, formam que sequitur, continentes.*

*J*OHANNES, *Regis Francie Filius, Dux Bitur. & Alvernie, Comes Matisconensis, Locumtenensque Domini mei Regis, in dictis Partibus, necnon in Partibus Ludugnensibus & Forensibus,* ᵃ *Montanarum,* ᵇ *Borbonii,* ᶜ *Sigalonie,* ᵈ *Turonensibus, Andegavensibus,* ᵉ *Senomensibus & Normanie, inter riparias Ligeris & Secane : Notum facimus universis tam presentibus quam futuris, Nobis pro parte Reverendi Patris in Christo (b) P. nunc Bituricensis Archiepiscopi, expositum fuisse, quod ipso existente Bituricensi Electo, nondum tamen Archiepiscopo, ipse, de usibus & consuetudinibus Patrie*

a *Montagnes d'Auvergne. C'est la Haute Auvergne.*
b *Borbon... Sigalon. R.*
c *Sologne.*
d *Turon. R.*
e *Senomen. R. Cenomen. Le Mans.*

NOTES.

(*a*) Tresor des Chartres, Registre 100. Piece 96.
Cette Piece est très-mal écrite.
Ces Lettres ont déja esté imprimées dans les preuves des Libertez de l'Eglise Gallicane, 3.ᵉ Edit. partie 4.ᵉ p. 86. avec cette Indication :

Extrait des Registres du Tresor des Chartres de France, Reg. cotté C. *Lettre* IIIIˣˣXVI.
(*b*) P. *]* Pierre de Stagno, [*al. de Stanno,*] *d'Estaing,* d'une ancienne & illustre famille du Rouergue, fut esleu Archevêque de Bourges en 1367. *Vide Gall. Christ.* 2. *Edit.* Tom. 2. p. 82. col. 1. n.° LXXX.

DE LA TROISIÉME RACE.

Bituricensis nondum sufficienter informatus, uolens alicui prejudicium inferre, sed cupiens, prout sibi ex debito sui pastoralis officii incumbit, jura & Libertates Jurisdiccionis Ecclesiastice conservare, quasdam constituciones seu statuta edidisset, quas in ᵃ suo Sinodo, qui fuit prima post ejus adventum in dictis Ecclesia & Civitate Bituricensibus, celebrata publicé, in personis Curatorum seu Rectorum Parrochialium Ecclesiarum dicte sue Dyocesis, in ea congregatorum ; & deinde per Ecclesias ejus Dyocesis, pluries fecisset promulgari : que quidem constituciones seu statuta ᵇ Sinodalia, Nobis seu nostro Consilio, contraire seu ᶜ prejudicare dictis usibus & consuetudinibus dicte Patrie, & Jurisdictioni temporali, videbantur ; quarum quidem tenor talis.

ᵈ Quoniam, ut intelleximus, Domini seculares, propter crimina à Clericis commissa, bona capiunt Clericorum, ut sic indirecte de crimine Clericos puniant, & eosdem Clericos frequenter compellunt, ut eisdem emendam exsolvant, racione seu occasione criminum commissorum ; quod est directé contra Ecclesiasticam Libertatem, cum Clericus de crimine ᵉ criminali, seu civiliter destringi seu puniri nequeat per Judicem secularem. Igitur predicta fieri prohibemus, statuentes, quod si quis Dominus secularis, vel alius pro eodem, de cetero Clericos, racione criminum ab eis commissorum, per captionem bonorum mobilium vel immobilium suorum, vexaverit seu ad emendam compulerit, eo ipso sententiam excommunicationis incurrat ; & (a) quilibet Curatus, statim quod hoc sciverit, ᶠ hanc cessare penitus à ᵍ divinis ʰ, donec bona capta vel ad manum secularem posita, liberè sint dimissa, & annotum impedimentum quodlibet ab eisdem ; & nichilominus, illos qui contra premissa fecerint, ut excommunicatos, habeatis evitare.

ⁱ Quapropter dictus Reverendus Pater, postmodo sufficienter informatus & certioratus, dictas suas constituciones & statuta, dicte Jurisdictioni temporali & dicte Bituricensis Patrie usibus & consuetudinibus, existere contrarias seu prejudiciabiles, ipsas, in nostri presentia, sponte revocaverit & totaliter adnullaverit ; & insuper Nobis promiserit, dictam adnullationem & revocationem in sua proxima futura Bituricensi Sinodo, in personis dictorum Curatorum dicte sue Dyocesis, fieri facere publicare ; necnon per suas patentes Litteras, dictis Curatis seu Ecclesiarum dicte Dyocesis Rectoribus, mandare, ne de cetero, dictas suas constituciones seu statuta ᵏ sinodalia promulgare aliqualiter ˡ presumant ; illosque quos virtute dictarum constitucionum seu statutorum, excommunicaverint seu excommunicatos denunciaverint vel reputaverint, propter hoc quod contrarium dictarum constitucionum fecerint, absolutos & pro absolutis, absque ulla contradictione seu difficultate, reputabunt & tenebunt : quas quidem Litteras suas super dictis revocacione & adnullacione, per dictas parrochiales Ecclesias mittere debet & promisit, infra unum mensem à die date presencium computandam. Ceterum, cum pretextu vel occasione premissorum, ᵐ valeret ipse vel successores sui, inposterum prosequi per Gentes dicti Domini mei, vel alias, sibi que & successoribus suis, ex premissis dampnum aliqualiter inferri, cupiens super hoc providere, Nobis humiliter supplicavit, quatenus super hoc, sibi nostram velimus gratiam favorabiliter impertiri : Nos per ⁿ acertationem dicti Reverendi Patris, sufficienter & aliter debité certiorati & informati, dictum Reverendum ᵒ, predictas constituciones seu statuta

CHARLES V.
à Roüen, en Aoust 1369.
ᵃ sua.

ᵇ Sinodal. R.
ᶜ prejudic. R.

ᵈ Qm. R.

ᵉ criminalitel.

ᶠ hunc.
ᵍ mot presque effacé & douteux.
ʰ Il manque là un verbe.

ⁱ Suite des Lettres du Duc de Berry.

ᵏ Sinodal. R.
ˡ presumant.

ᵐ posset.

ⁿ mot abregé & douteux.
ᵒ Patrem.

NOTE.

(a) *Quilibet.*] Voicy comme ce passage se lit dans l'edition des preuves de l'Eglise Gallicanne : *Et quilibet civitas statim quod hoc sciverit,* habeat *cessare penitus à divinis, donec, &c.*

Comme ce texte forme un sens qui differe beaucoup de celuique nous donnons icy, & que l'endroit est important, l'on ne peut se dispenser d'entrer dans la discussion de la maniere dont ce passage est écrit dans le Registre, sur lequel les deux Editeurs ont fait copier cette piece.

On lit dans le Regist. *Et qlib.* (avec une marque d'abreviation.) [Il y a ensuite un mot presque effacé dont la derniere lettre est chargée d'une marque d'abreviation dont on se sert ordinairement pour *us.*] *Hæc* (avec une marque d'abreviation sur l'*a*,) (ce qui signifie ordinairement *hanc*,& ne peut jamais signifier *habeat*) *cessare, &c.*

L'on peut ajouter que l'on ne trouve jamais *civitas,* au singulier écrit en abregé.

L'on trouvera encore un assez grand nombre de differences dans les deux textes ; mais comme elles ne changent rien au sens, l'on n'a pas crû devoir les marquer.

CHARLES V.
à Roüen, en Aouſt 1369.
* motum.
a conſuetudine.

ſinodalia, non dolo, fraude ſeu malicia, aliqualiter edidiſſe; ſed pocius cauſis antedictis * motus; attentis eciam lahorioſis, laudabilibus & fidelibus obſequiis, ab ipſo multimodè jam dicto Domino meo & Nobis impenſis, eidem Reverendo Patri, ſuiſque ſucceſſoribus & ab ipſo cauſam habentibus & habituris in perpetuum, ex certa ſciencia, auctoritate Regia qua fungimur in hac parte, de gracia ſpeciali, omnem penam, emendam & offenſam, in quam ſeu quas, qualitercunque de facto, jure, a conſuetudini, ſtatuto, vel alias potuit (a) poteſt pro premiſſis & occaſione premiſſorum, promulgacionis que & (b) perſeverentie; necnon dependenciarum emergentium, & circumſtanciarum earumdem omnium & ſingularum, erga dictum Dominum meum & Nos, incurriſſe, remiſimus & quittavimus, remittimus & quittamus per preſentes; Procuratori dicti Domini noſtri & noſtris, ceteriſque Juſticiariis preſentibus & futuris, ſuper premiſſis & deppendentibus earundem, ſilencium perpetuum imponentes. Dantes inſuper tenore preſencium, in mandatis Baillivo noſtro Bitturicenſi, univerſiſque Juſticiariis & Officiariis dicti Domini mei & noſtris, preſentibus & futuris, & eorum Locatenentibus, & cuilibet ipſorum, prout ad eum pertinere poteſt & poterit quomodolibet in futurum, quatenus dictum Reverendum Patrem, ejuſque ſucceſſores & ab ipſo cauſam habentes & habituros in perpetuum, noſtra preſenti gratia uti

b moleſtent ... perturbent.

& gaudere pacificè faciant & permittant; nec ipſos, occaſione premiſſorum, contra dictam noſtram gratiam, impediant, b moleſtent ſeu perturbant, impediri, moleſtari ſeu perturbari faciant aut permittant de cetero, quovis modo; & ea que in contrarium attemptata vel facta, de preſenti vel in futurum, repererint, que in priſtinum ſtatum & debitum, per preſentes reducimus, reducant eciam & reduci faciant indilaté. Quod ut firmum & ſtabile perpetuo perſeveret, noſtrum magnum preſentibus fecimus apponi ſigillum: ſalvo in aliis jure dicti Domini mei, noſtro, & in omnibus quolibet alieno. Datum anno Domini milleſimo CCC. LX nono, in Villa noſtra Bitturicenſi, menſe Auguſti.

c S.t Pierre-le-Mouſtier, en Nivernois.

Quas quidem Litteras dicti cariſſimi Fratris noſtri, ſuperius inſertas, ac omnia & ſingula in eiſdem contenta, rata & grata habentes, ea volumus, laudamus & approbamus, ac de noſtris auctoritate Regia & gracia ſpeciali, confirmamus per preſentes: mandantes Baillivo noſtro c Sancti Petri-Monaſterii, ceteriſque Juſticiariis & Officiariis Regni noſtri, preſentibus & futuris, & eorum Locatenentibus, prout ad ipſos & eorum quemlibet pertinuerit & poterit pertinere, quatenus dictum Archiepiſcopum, ipſumque ſucceſſores Archiepiſcopos, noſtra preſenti confirmacionis gracia, uti & gaudere perpetuo faciant pacificè & quietè, juxta dicti Fratris noſtri, ac noſtrarum Litterarum ſeriem & tenorem. Quod ut firmum, &c. ſalvo, &c. Datum Rothomagi, menſe Auguſti, anno Domini M°. CCCLX nono, Regni vero noſtri anno VI°.   T. HOCIE. Viſa.

Per Regem, ad relacionem Conſilii.   Collacio facta eſt.

NOTES.

(a) Il y a dans le Regiſtre pt. Si cela ſignifie poteſt, il faudroit alors ſuppléer vel.

(b) Perſeverentie.] Ce mot eſt écrit en abregé. Peut-cſtre eſt il corrompu! Peut-cſtre ſignifie-t-il l'execution de ce Statut Synodal, faite par les ordres de l'Archevêque!

CHARLES V.
à Jumieges, en Aouſt 1369.

(a) Lettres qui portent que le Doyenné de Cayrac, Dioceſe de Cahors, reſſortira dorénavant à Cahors.

KAROLUS, &c. Quoniam liberalitatem Regiam, ſuorum fidelium ſubditorum licitis peticionibus acquieſcere, & eas favorabiliter cum honoris augmento & commodo, decens eſt & congruum ampliare: Notum igitur facimus preſentibus pariter & futuris, Nos humilem ſupplicacionem dilecti noſtri Reginaldi Doverel, Decani de (b) Cayraco,

NOTES.

(a) Treſ. des Chart. Reg. 100. P. 242. Cette Piece eſt pleine de fautes, & elle paroiſt corrompuë en plus d'un endroit.

(b) Cayraco.] L'on trouve le Doyenné de Cayrac à la p. 24. du Poüillé du Dioceſe de Cahors. Ce Poüillé eſt dans le Poüillé general de l'Archevêché de Bourges, donné par le P. Lable.

DE LA TROISIÉME RACE. 221

recepiſſe, continentem, quod cum tempore, & antequam ᵃ *Edwardus Primogenitus Edwardi Angliæ* ᵇ*, Ducatum* ᶜ *Acquitaniæ occupaſſet, idem ſupplicans ad cauſam ſui Decanatus, membri Eccleſiæ (c)* d'*Aurillac, reſſortiri in Villa ſive loco de Regali Villa, in Seneſcallia Caturcenſi, coram Bajulo ſeu Baillivo ex parte noſtra inibi conſtituto, debuiſſet & eciam reſſortiſſet; videlicet, in hiis dictam temporalitatem* ᵈ *tengentibus; & licet occaſione guerræ* ᵉ*, & dictos Edwardum & Edwardum commote & habite, locus de Regali Villa fuerit & ſit deſtructus & devaſtatus, ſic, quod in eodem non eſt neque ſperatur quod ſit aliquis Bajulus ſeu Baillivus, qui ibidem remanere eſſet auſus; quodque copia peritorum in* ᶠ *illuc commode nequiret* ᵍ *reperire, Decanus ſupradictus, & una cum hoc, preſatus locus de Regali Villa, Domino de Pinch Cornet, ſub cujus Juriſdictione ſive dominio, dictus Decanus reſſortiri minime tenetur, fuerit & ſit conceſſum, unde maxime per deffectum* ʰ *reſſortiri competentis, & eciam peritorum, jura dicti Decani & Eccleſiæ poſſent facilius* ⁱ *deperiri, niſi per Nos ſibi ſuper hoc ſuccurratur gracioſe. Nos,* ᵏ *in quantum premiſſis penſatis, necnon & fidelitate ac ſincera & cordiali dileccione, quas penes Nos dictus Decanus, diu eſt, habuit atque geſſit, quibus apud Nos adeo* ˡ *commandatur,* ᵐ *quod ſibi & Eccleſie ſue, preſertim ad predicta quoque favore benivolo volumus* ⁿ *ſubvenire, dicti Decani, tanquam* ᵒ *benemerito, peticionibus inclinantes, preſatam Decanum de Cayraco, & ejus ſucceſſores, ad cauſam ſue temporalitatis dicti loci, & ipſam Eccleſiam, & ejus temporalitatem, in caſu reſſorti, ex nunc in poſterum, ab omnibus univerſiſque & ſingulis reſſortis, preterquam a reſſorto de* ᵖ *Caturco, penitus eximimus & extra ponimus; dictumque Decanum & ſucceſſores ſuos, Eccleſiamque predictam & ejus temporalitatem de Cayraco, reſſortiri, & eorum reſſortum, in caſu reſſorti, infra Caturcum & in Caturco, coram noſtris Officiariis conſtituimus, & ita ordinamus de noſtra certa ſciencia, auctoritateque Regia & gracia ſpeciali, per preſentes; abſque eo quod amodo in antea reſſortiantur alibi, nec reſſortiri cogantur quovis modo; cum idem locus de Cayraco, a Caturco diſtare, niſi per quinque leucas, minime dignoſcatur: mandantes Seneſcallo Lemovicenſi & Caturcenſi, ceteriſque Juſticiariis & Officiariis noſtris, qui ſunt & fuerint pro tempore, quatenus dictum Decanum de Cayraco, ſuos ſucceſſores, dictamque Eccleſiam & ejus temporalitatem, in caſu reſſorti* ᑫ *memorato, reſſorto per Nos ſic, prout ſuperius eſt expreſſum, ordinato & conceſſo, necnon & noſtra preſenti gracia, ſecundam ipſius ſeriem & tenorem, uti pacifice & quiete gaudere faciant & permittant,* ʳ *nil in contrarium fieri modo quolibet per quemquam permiſſuri. Quod ut robur obtineat firmitatis in poſterum, &c. in aliis noſtro, &c.* Datum *(a)* Gemeticis, *anno Domini* M.° CCC.° LXIX.° *& Regni noſtri* VI.° *menſe* Auguſti.

Sic ſignata. Per Regem, in ſuis Requeſtis. ˢ RECC. N. GAIGNART. Viſa.

CHARLES
V.
à Jumieges, en
Aouſt 1368.
a Voy. cy-deſſus,
p. 190. Not. (a)
b Regis.
c Acquitan. R.
d tangentibus.
e inter nos.
f illo.
g reperiri.

h reſſorti.
i deperire.
k met abregé, douteux.
l commendatur.
m q. R.
n ſubvenire.
o benemeriti.

p Cahors.

q memorati.

r nihil.

s Il y a une marque d'abreviation ſur ce mot.

NOTES.

(*a*) D'*Aurillac.*] C'eſt apparemment *Aurillac,* celebre Abbaye dans l'Auvergne.

(*b*) *Gemeticis.*] L'Abbaye de *Jumieges,* dans la Normandie, Dioceſe de Roüen. Voy. *Neuſtriam piam* du P. Artus du Monſtier, p. 259.

(*a*) *Lettres qui portent que les Ecoliers & les Bedeaux de l'Univerſité de Paris, ne payeront point l'Ayde eſtablie pour la rançon du Roy, ſur les denrées qu'ils acheteront pour leurs proviſions, ni ſur celles qui proviendront de leurs terres & de celles de leurs Benefices; & que les Libraires, Enlumineurs & Parcheminiers ne payeront point de Droits pour les Livres, Enluminures & Parchemins qu'ils vendront à ces Ecoliers.*

CHARLES:
V.
au Bois de
Vincennes, le
26. de Septembre 1369.

CHARLES par la grace de Dieu Roy de France: A nos amez & feaux les Generaux ſur le fait de la ᵃ redemption de noſtre très cher Seigneur & Pere,

a Voy. les Tabl. des Mat. des 3.ᵉ & 4.ᵉ Volume des Ordonn. au mot, *Ayde pour la rançon du Roy.*

NOTE.

(*a*) Recueil des Privileges de l'Univerſité de Paris, [par *du Boulay.* Par. 1674. in 4.° p. 83.]

CHARLES
V.
au Bois de
Vincennes, le
26. de Septem-
bre 1369.

a *droits pour la mouture du bled.*

b *provisions*

que Dieu abfolve, & de la provifion & defenfe de noftre Royaume : Salut & dilection. Confiderans les libertez, franchifes & privileges, que nos predeceffeurs Rois de France, ont donné & octroyé à noftre Fille, l'Univerfité des Efcholiers de noftre bonne Ville de Paris, & aux bons & vrais Eftudians & Efcholiers continuant l'Eftude d'icelle Ville, Nous veüillons iceux vrais Efcholiers, tenir & garder efdites Libertez & franchifes, afin qu'ils puiffent mieux continuer ladite Eftude, & que plus volontiers autres Efcholiersy viennent etudier; à iceux vrais Efcholiers & à leurs Bedeaux, avons octroyé & octroyons par ces prefentes, qu'ils feront francs & quittes fans Nous payer aucunes Aydes; c'eft-à-fçavoir, de ᵃ molage de bleds, des vins qu'ils achepteront pour leurs vivres, & de ceux qui feront crus en leurs heritages, ou en ceux de leurs Benefices, & d'autres quelconques vivres depenfez en leurs Hoftels à Paris; & auffi de toutes entrées par eau & par terre, de tous vins & autres biens crus & venus, comme dit eft, qui y feront venus pour leurs dictes ᵇ garnifons, fans ce qu'ils en payent rien, ne foient ou puiffent eftre contraints par Nous ou aucuns de nos Officiers ou Fermiers : Et outre ce, leur avons octroyé & octroyons par ces prefentes, que tous les Libraires, Enlumineurs & Parcheminiers, qui vendront aufdits vrais Efcholiers, Livres, Enluminures & Parchemins, & autres chofes de leur meftier, neceffaires à iceux vrais Efcholiers, foient & demeurent quittes de payer pour ce, à Nous ou à nos Officiers, aucunes Impofitions ou autres Aides quelconques. Si vous mandons & eftroitement enjoignons, & à chacun de vous, que de noftre grace, eux & chacun d'eux laiffiez & faites joüyr & ufer paifiblement; & fe aucune chofe du leur a efté prife ou arreftée pour cette caufe, faites la leur rendre tantoft & fans delay. Car ainfi le voulons Nous; nonobftant Ordonnances, Mandement ou defenfes faites ou à faire au contraire. *Donné en noftre Chafteau du Bois de Vincennes, le 26.ᵉ jour de Septembre, l'an de grace 1369. & de noftre Regne le 6.ᵉ*

Par le Roy, en fon Confeil. *Et plus bas.* Y v o. avec parafe.

CHARLES
V.
au Bois de
Vincennes, le
26. de Septem-
bre 1369.

a *Braffeurs, faifans de la Cervoife ou Bierre.*

b *en.*

(*a*) *Reglement pour les Braffeurs de la Ville de Paris.*

CHARLES, &c. Savoir faifons à tous prefens & à venir, que Nous par déliberation de noftre Confeil, & pour certaines & juftes caufes qui ad ce Nous ont efmeu, avons donné & octroié, donnons & octroions de noftre grace efpecial & certaine fcience, par la teneur de ces prefentes, congié & licence à Raoul Dailly, Guillaume Chevalier, Perronnelle la Quarré, Guerart le Fevre, Guillaume le Pécheur, Symonet le Septre, Jehan de Noyon, Simon Ufurier, Colin Prudomme, Martin du Fruit, Acquart de la Huyas, Fremin le Bailif, Jehan Dougnon, Jehan Maiftre, Symon-Henry le Vicleur, Jehan le Bel, Thomas Louyer, Jehan Dailly, Jehan François, Fremin Hebert & Gillette la Quantafe, tous ᵃ Cervoifiers, demourans en noftre bonne Ville de Paris, que d'orefenavant, eulx & chafcun d'eulx, braffent & puiffent braffer & faire braffer Cervoifes, & ycelles vendre au pris de quatre deniers & de deux deniers Parifis la Pinte, en noftre Ville de Paris & ès forbours d'icelle; ᵇ par Nous faifant & paiant chafcun an, de toutes les Cervoifes que eulx & chafcun d'eulx brafferont, feront braffer, vendront & feront vendre d'ores en avant, en noftre dicte Ville de Paris & ès forbours d'icelle, l'aide nouvelement ordenée fur ce, tant comme ledit aide durra, avecques les aides & fubvencions introduites, & que ledit meftier Nous doit faire chafcun an d'anciennete; fanz ce que d'orefenavant, aucune autre perfonne quelconques, fors les deffus nommez, puiffent braffer ne faire braffer Cervoifes en noftre dicte Ville de Paris ne ès forbours, en aucune maniere;

NOTE.

(*a*) Trefor des Chartres, Regiftre 100. Piece 328.

mais le defendons expreſſement, ſur peine de forfaire leurs biens entierement, & pour ce eſtre acquis à Nous plainement : exceptez toutesvoiez les quatre Hoſtelz-Dieux en noſtre dicte Ville de Paris, qui en leurs dis Hoſtelz, & par leur main, pourront braſſer & faire braſſer Cervoiſe pour leur boire, vinée & ſuſtentation des povres tant ſeulement ; & ne pourront les Maiſtres d'iceulz Hoſtelz-Dieux, bailler leurs diz Hoſtelz à ferme, pour braſſer & faire braſſer Cervoiſes, & les vendre en iceulz, ſe il n'ont privillege à ce contraire, ou ſe eulz ou autres ne le faiſoient par noſtre congié & ªacence, & (a) par faiſant & Nous paiant ladicte Aide nouvellement ordenée, & les aides & Couſtumez anciennes deſſus exprimées ; & auſſi, en contribuant ſemblablement avec les deſſus nommez, aux fraiz & miſſions que il Nous feront & font à preſent, pour ce ᵇ pourchars : Voulons auſſi & avons ordené & ordonnons, que les diz Cervoiſiers ne doivent ou puiſſent braſſer ne faire braſſer, & mettre en euvre touz enſemble, par chacun an, fors la ſomme de trente muys de blef ᶜ meſtueil tant ſeulement ; & à ce ſe ſont conſentiz, & s'en ſont obligiez, ſur peine de perdre touz les biens de celui qui le contraire fera, & eſtre à Nous confiſquéz : Et pour ce que les deſſus nommez Cervoiſiers, moyennant ceſte preſente noſtre Ordenance & octroy, Nous ſont tenuz de preſter & faire la ſomme de Mil francs d'or, pour une foiz, il Nous plaiſt & voulons, & leur avons octroyé & octroions de noſtre dicte grace, par ces preſentes, que ladicte ſomme de mil franz à Nous preſtée, comme dit eſt, il puiſſent recouvrer, prendre & avoir de & ſur ladicte Aide nouvellement ordenée ; & laquelle ſomme de frans, Nous leur volons eſtre deduicte & rabbatuë ſur l'Aide & profit que Nous y devons prandre, comme dit eſt, en ceſte preſente année, par cellui ou ceulz qui ledit Aide tendront ou auront affermé, de mois en mois, par egaux portions, ſanz ce que eulz ou aucuns d'eulz, ſoient tenuz ou contrains par aucuns noz Officiers, à Nous paier ou faire ledit Aide, par avant la déduction d'iceulz mil franz, en la maniere deſſus dicte. Si donnons en mandement par ces preſentes Lettres, à nos amez & féaulx les Gens de noz Comptes, les Generaulx Treſoriers ordonnez ſur le fait de noz Aides à Paris, à noſtre Prevoſt de Paris, & à touz noz autres Juſticiers, Officiers & ſubgez, ou à leurs Lieuxtenans, & à chaſcun d'eulz, preſens & à venir, que les deſſus nommez Cervoiſiers & chaſcun d'eulz, facent & laiſſent joïr & uſer à touſjours, de noſtre preſente Ordennance & octroy, plainement & paiſiblement, ſanz deſtourbier ou empeſchement aucun; lequel, ſe mis y eſtoit, ores ou pour le temps à venir, Nous voulons du tout eſtre mis au ᵈ nyent, ſanz aucun delay, ces Lettres veuës. Et pour ce que ce ſoit ferme, &c. ſauf, &c. Donné au Bois de Vincennes, le XXVI.ᵉ jour de Septembre, l'an de grace mil CCC. LXIX. & de noſtre Regne le fiſieme. Viſa.

Par le Roy. Y V O.

CHARLES V.
au Bois de Vincennes, le 26. de Septembre 1369.

ª *conſentement*.

ᵇ *permiſſion à eux accordée.*

ᶜ *meteil.*

ᵈ *neant.*

NOTE.

(b) *Par faiſant.*] Les Maiſtres des Hoſtels-Dieu qui feront faire de la Bierre, payeront les Aydes & autres charges impoſées aux Braſſeurs.

(a) Confirmation des Lettres d'un Roy d'Angleterre, qui portent que les Vaiſſeaux, Hommes & effets de l'Abbaye de Saint Ouyn de Roüen, feront exempts de tous Impoſts.

CHARLES V.
à Roüen, en Septembre 1369.

KAROLUS, &c. Notum facimus univerſis tam præſentibus quam futuris, Nos infraſcriptas vidiſſe Litteras, formam que ſequitur, continentes.

NOTE.

(a) Treſor des Chartres, Rᵗᶜ 100. Pegiſtiece 104.

CHARLES V.
à Roüen, en Septembre 1369.

a nav.es
b l'Abbaye de Saint Ouyn à Roüen.
c Impost ordinaire.
d amende.
e Il y a une marque d'abreviation sur ce mot & sur les deux suivants.
f Vestm. R. Vestmunster.
g impediant.

(b) *REx Anglie & Dux Normanie & Aquitanie, & Comes Andegavensis: Justiciariis, Baronibus, Vicecomitibus, Ministris, & omnibus fidelibus suis totius Anglie & Normanie, & Portuum Maris: Salutem. Precipio quod* ^{a} *navis & homines, & omnes res Sancti* ^{b} *Audöeni de Rothomago, sint omnino quieti ab omni theloneo &* ^{c} *consuetudine, ubicunque venerint; & prohibeo ut nullus eos injustè disturbet, nec contumeliam faciat, super X. librarum* ^{d} *forisfacturam. Testibus Thoma* ^{e} *Cant. Com. Regn. Apud* ^{f} *Vestmonasterium.*

Nos autem Litteras suprainsertas, & omnia & singula in eis contenta, rata & grata habentes, ea volumus, laudamus, ratificamus, approbamus, & de nostris speciali gratia, certa sciencia, & auctoritate Regia, quatenus usi sunt, confirmamus; Dantes tenore presencium, in mandatis omnibus Justiciariis & Officiariis Regni nostri, qui nunc sunt, & qui pro tempore fuerint, & eorum cuilibet, quatenus prefatos Religiosos ac eorum Gentes, contra predictarum Litterarum & nostre confirmacionis seriem & tenorem, minimè molestent, ^{g} *impediant seu inquietent, ac impediri, molestari seu inquietari permittant quomodolibet. Quod ut firmum, &c. Actum & datum Rothomagi, mense Septembris, anno Domini millesimo* ccc.° lxix.° *& Regni nostri sexto.*   *Visa.*

Per Regem, ad relacionem Consilii. Henr. Clerici.

Collacio facta est cum Litteris originalibus suprascriptis, per me.

Henr. Clerici.

NOTE.

(a) Rex Anglie.] Comme ce Roy d'Angleterre n'est point nommé, & que ces Lettres ne sont point datées, on ne peut découvrir son nom : mais les titres qu'il prend, ne peuvent convenir qu'à Henry II. qui commença à regner en 1154. à Richard I. ou à Jean Sans-Terre, qui en 1202. fut dépoüillé de la Normandie par Philippe-Auguste.

CHARLES V.
à Paris, en Septembre 1369.

a Voyez cy-dessus, p. 84. Note (b).
b Romans. Voy. le 3.º Vol. des Ordon. page 270. Notes (a b c).
c Je crois qu'il faut corriger, confirmatis.

(a) Lettres qui confirment les Privileges de la Ville de Romans en Dauphiné; moyennant un Octroy annuel accordé au Roy.

CAROLUS Dei gratia Francorum Rex & Dalphinus Viennensis. Notum facimus universis tam presentibus quam futuris, Nos vidisse Litteras dilecti & fidelis Militis & Consiliarii nostri, ^{a} *Radulphi Domini de Lupeyo, Gubernatoris Dalphinatus nostri prædicti, formam quæ sequitur, continentes. Radulphus Dominus de Lupeyo, Gubernator Dalphinatus, pro excellentissimo Principe Domino, Carolo Dei gratia Francorum Rege & Dalphino Viennensi. Notum serie præsentium facimus universis, quod cum inter Nos, Dalphinali nomine, ex parte una, & certos Consules Villæ de* ^{b} *Romanis, eum eorum Consiliariis, fuerit certus tractatus inhitus & confirmatus, super quibusdam privilegiis, Libertatibus, immunitatibus & franchesiis Villæ prædictæ, & habitantibus in ea, per Imperialem Majestatem concessis, & per Dominum nostrum Regem & Dalphinum prædictum,* ^{c} *confirmandis; & super quibusdam privilegiis, Libertatibus, immunitatibus & franchesiis erga eum obtinendis & obtentis, certis modis, formis, pactis & conventionibus contentis & descriptis in quodam publico Instrumento Nobis per eos exhibito & oblato; cujus tenor de verbo ad verbum, noscitur esse talis.*

IN nomine Domini. Amen. Noverint universi & singuli præsens publicum Instrumentum visuri & etiam audituri, quod anno ejusdem Domini millesimo tercentesimo sexagesimo

NOTE.

(a) Extrait du Registre cotté, *Capia plurium litterarum & instrumentorum in Judicatura Viennesii & Valentinesii, Dalphinale patrimonium tangentium,* lettre D. folio 453. estant aux archives, &c. [Voyez cy-dessus, p. 58. Note (a).]

sexto,

DE LA TROISIÉME RACE.

sexto, Indictione quarta cum ipso anno sumpta, & die decima mensis Jullii, cum serenissimus Princeps Dominus Carolus, divina favente clementia Romanorum Imperator semper augustus, & Boemiæ Rex, animo deliberato, & de plenitudine Imperatoriæ Majestatis, incolas & singulares personas Villæ de Romanis, præsentes & futuras, utriusque sexus, cum ipsorum mercaturis & bonis quibuscumque, per sacrum Imperium, eundo & redeundo, ab omnibus pedagiis, vectigalibus, gabellis, (a) vintenis, pontonagiis, impositionibus, ^a *revis, tributis & quibuscumque aliis novis exactionibus, antiquis & extraordinariis, exemerit & liberaverit, ac immunes ab eisdem esse voluerit; concesseritque dictis incolis & Universitati dictæ Villæ* ^b *Romanis, dictus Dominus Imperator, ut ipsi possint ordinare & constituere Actores, Sindicos, Rectores, Consules & Administratores, toties quoties fuerit opportunum, & Universitatem habere, & se adinvicem congregare & convenire, & plura alia eisdem concesserit, prout in (b) Litteris Imperialibus, Bulla*

CHARLES V.
à Paris, en Septembre 1369.

a Reves. Voyez les Tab. des Mat. des Vol. des Ord. à ce mot.
b de.

NOTES.

(a) *Vintenis.*] Dans les Lettres de l'Empereur Charles IV. qui sont imprimées p. suiv. Note (a), il y a, *vinteriis.* Ces deux mots ne se trouvent point dans l'ancienne Edition du *Gloss. de Du Cange.* C'est sans doute la même chose que *venda, venta*, qui signifient les droits qui se levent sur les marchandises qui se vendent dans les Foires & marchez. Voyez *le Gloss. de Du Cange*, au mot, *Venda.*

(b) *Litteris.*] Ces Lettres de l'Empereur Charles IV. & la confirmation du Roy Charles V. sont dans le Registre 101. du Tresor des Chartres; & l'on a cru devoir les faire imprimer icy dans une Note.
Lorsque le Dauphin Humbert donna le Dauphiné à Philippe de Valois, ce Païs estoit reputé Terre de l'Empire ; 1.° parce que le Païs qui a esté appellé depuis Dauphiné, échut par partage à l'Empereur Lothaire, Fils aîné de Loüis le Debonaire. 2.° Parce que Rodolphe III. qui estoit aux droits de Boson, qui avoit usurpé ce Païs sur les Enfans de Loüis le Begue, en disposa en 1032. en faveur de l'Empereur Conrad le Salique. Comme cet Empereur n'y pouvoit pas faire sa residence ordinaire, son éloignement donna lieu à quelques Seigneurs de s'y eriger en Souverains. L'éloignement des successeurs de Conrad, & differens évenemens diminuerent insensiblement l'autorité des Empereurs dans ce païs, & ils n'y conserverent aucun pouvoir réel. Voyez l'*Hist. du Dauphiné* par M. *de Valbonais*, Tom. 1. pp. 1. & 2. & Tom. 2. p. 255. Note (b); l'*Hist. du Dauphiné* par *Chorier*, Tom. 1. p. 276. & Tom. 2. p. 29. n.° 22 ; le *Traité des Droits du Roy*, par *Du Puy*, p. m. 801. & la *Description Historique & Geographique de la France* [par l'Abbé de Longuerüe,] Tom. 1. Liv. 3. p. 315.

(a) *KAROLUS Dei gracia Francorum Rex & Dalphinus Viennensis,* ^a *Conservator ad infrascripta specialiter deputatus: Universis & singulis Principibus Ecclesiasticis & Secularibus, Ducibus, Comitibus, Baronibus, Banneretis, Universitatibus, & singularibus personis earumdem, ac omnibus & singulis Pedagiorum, Vectigalium, Impositionum, Gabellarum,* ^b *Revarum, Exactionum, Pontenagiorum, Tributorum, & aliarum quarumlibet exactionum Levatoribus & Exactoribus, ac aliis quibus presentes Littere fuerint exhibite : Salutem. Litteras Serenissimi Principis, Avunculi nostri carissimi, Karoli Quarti, divina favente clementia, Imperatoris Romani semper Augusti, & Boemie Regis, ejusque Bulla Aurea inpendenti in filis ciriceis bullatas, Nos recepisse noveritis, formam que sequitur, continentes.*

CHARLES V.
à Paris, à l'Hôtel de St Pol, le 12. de Juin 1366.
a V. cy-dessous, p. suiv. Note (f) margin.
b Voy. cy-dessus, Not. (a) margin.

IN nomine sancte & individue Trinitatis, feliciter. Amen. Karolus Quartus, divina favente Clementia Romanorum Imperator semper Augustus, & Boemie Rex : Ad perpetuam rei memoriam. Notum fieri volumus tenore presentium universis, quod benigna habita consideratione ad grata & accepta obsequia, quibus incolæ, habitatores & singulares persone Ville seu Opidi de Romanis, Viennensis Diocesis, nostri & sacri Imperii fideles & dilecti, complacere nostre Celsitudini studuerunt hactenus, & Magestatem nostram multipliciter honorarunt, ipsos incolas ac habitatores Ville seu Opidi predicti, utriusque sexus, modernos & futuros, cum omnibus & singulis ipsorum bonis, rebus, mercaturis & mercanciis quibuscumque, eundo, stando & redeundo per dictum nostrum sacrum Imperium, ab omnibus Pedagiis, Vectigalibus, Gabellis, ^c *Vinteriis, Pontenagiis, Imposicionibus, Revis, Tributis, & quibuslibet aliis exactionibus novis & antiquis & extraordinariis, deliberato animo & ex certa nostra sciencia, ac de plenitudine Imperatorie Magestatis & potestatis,*

c Voy. cy-dessus, Note (a).

NOTE.

(a) Tresor des Chartres, Registre 101. Piece 97.

CHARLES V.
à Paris, en Septembre 1369.
* Precedemment à ces Lettres de Rahoul de Loupy.

a Pedagii.

b diligunt.

c Pedagia, &c.
d Impositiones, &c.

e Magistrats.

f Voy. cy-dessus, page preced. Note (a).

g irremissibiliter.
h multetarum.
i Ærario.
k ven. R.
l Il est nommé plus bas Corlatus.
m Mayence.
n Il n'y a point de marque d'abreviation sur ce mot.
o sacre.

p Auxerre.
q Il y a Legenzensis dans la Piece qui suit celle-cy dans cette Note.

Aurea, una & alia, cerea munitis, prædicta latius & clarius contineri dicuntur. Cum autem supra, illustris Princeps, Dominus Carolus digna Dei clementia Francorum Rex &

NOTE.

ubique per totum nostrum Romanum Imperium, eximimus & presentibus liberamus & liberos esse volumus, quittos penitus & immunes; recipientes dictos incolas, habitatores & suos heredes, modernos & futuros perpetuò, in nostram salvam gardiam & sacri Imperii protectionem specialem: Mandantes & precipientes expressè universis & singulis Principibus Ecclesiasticis & Secularibus, Ducibus, Comitibus, Baronibus, Banneretis, Universitatibus, & singularibus personis earundem, ac omnibus aliis quibus presentes Litteræ fuerint exhibitæ, nostri & sacri Imperii fidelibus dilectis, mediatè vel immediatè subjectis, quatenus incolas & habitatores, eorum heredes & successores dictæ Villæ nostræ seu Opidi de Romanis, cum bonis, familiaribus, rebus, mercaturis, mercantiis, per terram vel per aquam transeuntibus, perpetuò dicta nostra presenti gratia uti & gaudere pacificè faciant & permictant, ipsos in nullo impediant vel perturbent; sed ipsos potius manuteneant, foveant & conservent, nichil ab ipsis & eorum bonis, rebus, mercaturis vel mercantiis, ratione Theolonei, ª *Petagii, Vectigalis, Gabellæ, Impositionis, Revæ, Laide, & aliarum quarumcumque exactionum quibuscumque nominibus vel vocabulis nominari poterunt, petentes vel exigentes, petant vel exigant, aut peti vel exigi quomodolibet permittentes aut permittant, sicut nostram & sacri Imperii gratiam* ᵇ *diligant observare; non obstantibus quibuscumque Petagiis,* ᶜ *Vectigalibus, Impositionibus, Gabellis, Leydis, Revis, Pontenagiis, vel aliis exactionibus quibuscumque, per Nos aut Predecessores nostros, aut quosvis alios concessis, (a) si forsitan in contrarium appareant; quæ* ᶜ *& quas* ᵈ *, ex deliberato animo & ex nostra certa scientia, ac de plenitudine Imperatoriæ potestatis & Magestatis, quo ad gratiam presentem, dictis incolis & habitatoribus, modernis & futuris, dictæ Villæ seu Opidi de Romanis, factam, nolumus aliqualiter permanere, quominus dicta presens gratia suum sortiatur effectum: Inhibentes tenore presentium, universis & omnibus Principibus Ecclesiasticis & Secularibus, Comitibus, Vicecomitibus, Militibus, Burgensibus, Civitatum & Locorum* ᵉ *Potestatibus, & omnibus universis & singulis Pedagiorum, Vectigalium, Impositionum, Gabellarum, Revarum, Leydarum, Pontenagiorum, Tributorum, & aliarum quarumlibet exactionum Levatoribus & Exactoribus, ne contra presentem gratiam, libertatem, privilegium, exemptionem, franchisiam & immunitatem, per se vel per alium veniant, faciant, nec facere vel venire permittant quoquomodo, sub pena Mille Marcharum Auri fini, per eos tociens committenda, quotiens contra contenta in nostra presenti gratia, ventum vel factum fuerit per eosdem.* ᶠ *Conservatores autem hujus Privilegii, gracie, libertatis, franchisie & immunitatis, facimus, constituimus & creamus; videlicet, Illustrem Dalphinum Viennensem, aut ejus Locumtenentem seu Gubernatorem Dalphinatus, & venerabilem Episcopum Gratianopolitanum, qui nunc sunt vel pro tempore fuerint; quibus & eorum cuilibet, damus plenam & liberam potestatem, quoscumque Pedagia vel Vectigalia tenentes, vel quascumque exactiones alias exigentes, compellendi ad observantiam hujus modi gracie, franchisie, Libertatis, privilegii & immunitatis, dictamque penam Mille Marcharum Auri exigendi & levandi contra non observantes gratiam antedictam, & ipsos puniendi & multandi, prout eis & eorum cuilibet, videbitur faciendum. Nulli ergo omnino hominum liceat, hanc nostræ exemptionis, concessionis & gracie paginam infringere, seu ei quovis ausu temerario contraire. Si quis autem hoc attemptare presumpserit, gravem nostræ Magestatis offensam & penam, ut premittitur, se noverit* ᵍ *irremissibiliter incursurum: Quarum* ʰ *medietatem, Imperiali* ⁱ *Erario, residuam vero, injuriam passorum usibus decernimus applicari. Signum Serenissimi Principis & Domini Domini Karoli Quarti, Romanorum Imperatoris invictissimi, & gloriosissimi Boemiæ Regis. Testes hujus rei sunt:* ᵏ *Venerabilis* ˡ *Serlatus Archiepiscopus* ᵐ *Maguntinensis, sacri Imperii per Germaniam Archicancellarius; Illustres* ⁿ *Ruptus senior, Comes Palatinus Reni, sacri Imperii Archidapifer, & Bavariæ Dux; Otto Marchio Brandenburgensis, sacri Imperii Archicamerarius; Principes Electores; Ven. Johannes (b) Columcensis* ᵒ *sacri Imperialis Aulæ Cancellarius; Lampertus Spirensis; Petrus* ᵖ *Antissiodorensis, Petrus (c) Curiensis, & Radolphus (d) Verdensis, Ecclesiarum Episcopi; Illustres (e) Bazeminus (f) Stetinensis; Henricus (g) Bregensis, & Rupertus* ᵠ *Ligincensis, Duces spectabiles; Eborhardus*

NOTES.

(a) *Si forsitan.*] Quand même l'establissement de ces Impôts, paroîtroit contraire à l'Octroy de ce present Privilege.

(b) *Colimcensis.*] Ce nom est très-douteux, & se peut lire de differentes façons, parce qu'il y a 5. jambages sans point; dans la Piece qui suit celle-cy dans cette Note, il y a *Clouinsensis.* C'est peut-estre *Colocz*, Ville de la Haute-Hongrie, au Comté de Bath, dont le nom latin est *Colocia.* Voy. *Notit. Episcopat. Orb. Christ. ab Auberto Miræo*, pp. 210. & 300. Maty & la Martiniere, à ce nom, disent que c'est un Archevêché. Celui-cy ajoute, que l'Evêché de Bath y est uni depuis très-long-temps.

Il est assez probable que ces noms allemands écrits par un François, ayent pû estre corrompus.

(c) *Curiensis.*] C'est l'Evêché de *Coyre* dans les Grisons. Voy. *Notit. Episcopat. Orb. Christ. ab Auberto Miræo*, pp. 204. & 309.

(d) *Verdensis.*] *Ferden* ou *Werden*, Ville d'Allemagne, dans le Cercle de la Basse-Saxe, à huit lieues de Breme. Voy. *Notit. Episcopat. Orb. Christ. ab Auberto Miræo*. pp. 204. & 412.

(e) *Bazeminus.*] Dans la Piece qui suit celle-cy dans cette Note, il y a *Bazininus.*

(f) *Stetinensis.*] *Stetin* dans la Pomeranie Royale.

(g) *Bregensis.*] *Brieg* dans la Boheme. Voyez le *Dict. de Maty*, aux mots, *Brieg* & *Stetin*.

DE LA TROISIÉME RACE.   227

Dalphinus Viennensis, Dominus noster, privilegia, Libertates & franchesias prædictas, per dictum Dominum nostrum Imperatorem, datas & concessas ipsis incolis & habitantibus Villæ prædictæ Romanis, de gratia speciali rattificaverit & approbaverit & confir-

CHARLES V.
à Paris, en Septembre 1369.

NOTE.

de Vontemberg; Johannes de * Nassaro; Ubricus de Helferisteyn; Henricus de Sirartzburg; Johannes de Spanheim; Eberardus de Voertheim, & Johannes Langravius de Lenthemberg, Comites Nobiles; Gorço de Hoenloth; Eberhardus de Espentein; Cimtardus de Vomsberg; Petrus de Michelberg; Spinvo de Hemburg; Thimo de Kolditz, Magistri Cameræ nostræ; & alii quam plures nostri & Imperii sacri Principes, Nobiles & fideles, præsentium, sub Bulla Aurea (a) Tybario Imperialis nostræ Magestatis impressa, testimonio Litterarum. Datum Pragæ, anno Domini millesimo CCC.° sexagesimo sexto, Indictione quarta, ᵃ VIII. Kalend. Februar. Regnorum nostrorum anno XX.° Imperii vero undecimo.

* *fort.* Nassavo.

ᵃ 25. de Janvier.

Ego Johannes Dei gratia Columcensis Episcopus, Regalis Capellæ Boem. Comes, & sacræ Imperialis Aulæ Cancellarius, Vice Reverendi in Christo Patris, Domini ᵇ Gerlati Moguntinensis Archiepiscopi, sacri Imperii per Germaniam Archicancellarii, recognovi.

ᵇ Voy. p. preced. Note (l) margin.

Quam quidem gratiam, & omnia alia in ipsis Litteris contenta, attentis serviciis & gratis obsequiis, Nobis & nostris, à dictis habitatoribus impensis, ex nostra certa sciencia & speciali gratia, approbamus, laudamus & ratificamus, in quantum Nos & Terram nostram Dalphinalem tangit, & tangere potest aut poterit in futurum; & earundem Litterarum auctoritate, Vobis & vestrum cuilibet, sub pena Mille Marcharum Auri, & alia in ipsis Litteris expressa, districte precipiendo mandamus, quatenus ipsos incolas & habitatores Villæ seu Opidi predicti de Romanis, utriusque sexus, modernos & futuros, cum omnibus & singulis ipsorum rebus, mercaturis, mercantiis quibuscunque, ire, stare & redire per dictum sacrum Imperium, ab omnibus Pedagiis, ᶜ *Sectigalibus, Gabellis, Vintenis, Pontenagiis, Impositionibus, Revis, Tributis, & quibuslibet aliis exactionibus, novis & antiquis ac* ᵈ *exordinariis, liberos, francos & immunes, ac aliter, uti & gaudere predicta Imperiali gratia, prout in ea continetur, libere permittatis; ipsisque in salva gardia & speciali protectione Cesareæ Celsitudinis existentes, atque nostra, à quibuscunque injuriis, violenciis, oppressionibus indebitis, protegatis; statimque, si aliquid in contrarium feceritis, ad exactionem penæ predictæ, & aliter, contra vos, ut fortius poterimus, procedemus. In cujus rei testimonium presentibus Litteris nostrum fecimus apponi sigillum. Datum Parisius, in Hospicio nostro Sancti Pauli, die XII. mensis Junii, anno Domini millesimo CCC.° LXVI.° & Regni nostri tercio.*

ᶜ Vectigalibus.

ᵈ extraordinariis.

Sic signata. *Per Regem & Dalphinum, in suo Consilio.* GONTIER.

(b) KAROLUS *Dei gratia Francorum Rex & Dalphinus Viennensis: Universis presentes Litteras inspecturis: Salutem. Notum facimus Litteras Serenissimi Principis, Avunculi nostri carissimi, Karoli Quarti, divina favente clemencia, Imperatoris Romani & Boemiæ Regis, sigillo ejus Imperialis Magestatis inpendenti in filis ciricis sigillatas, Nos recepisse, formamque sequitur, continentes.*

CHARLES V.
à Paris à l'Hôtel de S.ᵗ Pol, le 12. de Juin 1366.

IN *nomine sanctæ & individuæ Trinitatis, feliciter. Amen. Karolus Quartus divina favente clemencia, Romanorum Imperator semper Augustus & Boemiæ Rex: Ad perpetuam rei memoriam. Etsi ad singulorum nostrorum fidelium, quos sacri Imperii latitudo complectitur, grata comoda,* ᵉ *eximiæ benignitatis clemencia, dignamur intendere; illis tamen uberioris gracie favores porrigimus, quorum fidem & immotæ virtutis constantiam in procurandis Rei publicæ profectibus, ab experimento didicimus notitia clariore. Sane pro parte Burgensium & habitatorum & incolarum Villæ seu Opidi de Romanis, Viennensis Diocesis, fidelium nostrorum, coram serenitate nostra Cesarea, fuit propositum, qualiter ipsi plura & diversa negocia rem publicam & utilitatem communem ipsius Villæ seu Opidi, concernentia, dirigere, discurrere habeant & tractare; nec ipsi habeant pecuniam nec Archam communem, Actores, Sindicos vel Rectores, nec aliqua alia Universitatis Jura, ad instar aliorum Opidanorum, quibus Res publica & communis utilitas loci predicti, possent dirigi & commode gubernari: Quapropter dictæ Villæ & inhabitatoribus ejus, multa jam evenerunt incomoda, & plura ipsis in futurum evenire poterunt, si eis super hiis, de opportuno remedio provisum non fuerit per nostram excellentiam Magestatis. Nos igitur, qui Rei publicæ salutem sinceris complectimur affectibus, & subditorum incomodum reputamus, dictorum Opidanorum & incolarum Opidi seu Villæ Romanis, fidelium nostrorum, probitatis merita, quibus dudum approbatæ fidei constantia & sinceræ devotionis studio, recolenda memorie Divis Imperatoribus & Regibus*

ᵉ eximia.

NOTES.

(a) *Tybario.*] Il faut corriger, *Typario,* qui signifie la même chose que *sigillo.* Voy. le *Gloss.* de Du Cange,

au mot, *Typarium*. Il cite une formule à peu près semblable à celle-cy.

(b) Trésor des Chartres, Registre 101. Piece 89.

Tome V.   Ff ij

CHARLES V.
à Paris, en Septembre 1369.
1 paturage.
2 vindemiarum.
a signant. R.

b Sans en estre punis.

c invictissimi.

d Il y a Otto dans la Piece qui precede celle-cy dans cette Note.
e Voy. cy-dessus, page 226. Note (b) de la Note.
f Voy. cy-dessus, page 226. Note (e) sur la Note.
g Voy. cy-dessus, page 226. Note (g) de la Note.
h Dans la Piece preced. dans cette Note, Note (e) ce Duc est nommé Bazaninus.
i Voy. p. 226. Note (d) de la Note.
k Il y a une marque d'abreviation sur la fin de ce mot.
l 16. de Fevrier.
m Judici.

maverit, & ipsa & ipsas per suum Dalphinatum observare jusserit; ipseque Dominus Rex Dalphinus prædictus, dictis incolis & habitantibus Villæ Romanis prædictæ, super reparationibus itinerum, ¹ pasqueragiorum & ² vindemmiarum, certas concesserit Libertates

NOTE.

Romanis Predecessoribus nostris, Nobisque ª signanter & sacro Romano Imperio pridie placuerunt; intima cordis affectione pensantes, quibus illud promeruerunt & promerentur indubie, ut petitionibus eorum rationabilibus, benignum præbeamus assensum, ipsosque nostra respiciat serenitas in hiis gratia singulari; ipsis itaque Burgensibus, Opidanis & incolis Opidi seu Villæ Romanis predictæ, fidelibus nostris dilectis, presentibus & futuris inperpetuum, matura deliberatione previa Principum, Comitum ac Procerum nostrorum, & sacri Imperii accedente Consilio, & ex certa scientia, virtute presentium indulgemus & concedimus graciose, ut ipsi possint & valeant ordinare, creare & constituere Actores, Sindicos, Rectores & Consules, & alios Administratores, tociens quociens opertunum fuerit & ipsis videbitur expedire; nec non Universitatem habere, seque congregare & ᵇ sine nota ad invicem convenire; decernentes nichilominus, quod dictum Commune, sextam decimam partem Vini quod in eadem Villa m...tim venditur ad Tabernam, ac duos grossos Turones Argenti, super, de & pro qualibet sommata Vini quod apportabitur in dictam Villam, ibique remanebit; de Vino tamen quod non provenit seu excrevit in vineis dictorum Opidanorum, pro conservatione, emendatione & reformatione Villæ presatæ, possint recipere; & universa & singula facere, disponere, dirigere & ordinare, quæcumque ad jus Universitatis, de jure & consuetudine, noscuntur pertinere. Volumus etiam, quod premissorum Exactores seu Collectores, coram Sindicis vel Rectoribus Villæ presatæ, & non coram aliis, debeant de perceptis computare & rationem facere congruentem; ipsique Sindici vel Rectores, eisdem ratione perceptorum, finem debitum & quittationem concedere valeant & arrestum; non obstantibus quibuscumque Statutis, Consuetudinibus & Ordinationibus in contrarium editis vel edendis. Nulli ergo omnino hominum liceat hanc paginam nostre concessionis infringere, seu ei quovis ausu temerario contraire. Si quis autem hæc attemptare presumpserit, indignationem nostram gravissimam, & pœnam Quinquaginta Marcharum Auci purissimi, se noverit irremissibiliter incursurum: Quarum medietatem, Imperiali nostre Camere, tociens quociens contra factum fuerit, & aliam medietatem dictorum Opidanorum injuriam passorum, usibus volumus applicari. Premissa autem omnia & singula robur firmitatis habere volumus, si & in quantum de Serenissimi Principis Domini Karoli Francie Regis Illustrissimi, & Dalphini Viennensis, Nepotis nostri carissimi, beneplacito fuerint & notoria voluntate. Signum Serenissimi Principis & Domini Domini Karoli Quarti, Romanorum Imperatoris ᶜ invictissimi, & gloriosissimi Boemie Regis. Testes hujus rei sunt, illustris Rudolfus Dux Saxonio, sacri Romani Imperii Archimareschallus; ᵈ Octo Marchio Brandenburgensis & Lusacie, ejusdem sacri Imperii Archicamerarius, Principes Electores; nec non Venerabilis Johannes sanctæ Pragensis Ecclesie Archiepiscopus, Apostolice Sedis Legatus; Johannes ᵉ Clouwincensis sacre Imperialis Aule Cancellarius, & Regalis Capelle Bœmie Comes; Albertus (a) Luchoninchilensis & Petrus Curiensis, Ecclesiarum Episcopi; ac illustres Bolleo (b) Siridinizensis, Bolleo (c) Opulinesis, Henricus ᶠ Brigensis, Rupertus (d) Leginczensis & ʰ Bazinirus Stetinensis, Duces spectabiles; Burchardus Imperialis Curie Magister, & Johannes Burggavii Madeburgensis, Comites nobiles; Borso de Rysemburg; Hascheo de Sereniis; Tymo de Coldus; Boto de Ezascolorum; Wilhelmus de Hasenburg, Magister nostri Imperialis Camere; Petrus de ᵏ Michelsog, & Henricus Advocatus de Geroro; & quam plures alii nostri & sacri Imperii Nobiles & fideles, presentium sub nostra Imperialis Magestatis sigillo, testimonio Litterarum. Datum Prage, anno Domini M.° CCC. sexagesimo sexto, Indictione quarta ˡ XVII.° Kal. Marcii, Regnorum nostrorum anno vicesimo, Imperii vero duodecimo.

Quibus si quidem visis & attentis Litteris predictis, omnia & singula in eisdem contenta, laudamus, approbamus, & de nostra certa scientia & speciali gratia confirmamus, ipsis & contentis in eisdem, omnibus & singulis, nostrum assensum pariter & consensum: Mandantes & precipientes dilectis nostris Gubernatori Dalphinatus, & ᵐ Judici & (e) Carrearic dictæ Villæ de Romanis, ceterisque Officiariis nostris, presentibus & futuris, & eorum Locatenentibus, quatenus dictos habitatores, presentes & futuros, gratia predicta, & omnibus aliis & singulis in predictis Litteris contentis, uti & gaudere faciant & permittant, sublatis impedimentis & perturbationibus quibuscumque. Quod ut firmum & stabile in perpetuum perseveret, presentibus Litteris nostrum fecimus apponi sigillum: Salvo in aliis jure nostro, & in omnibus qualibet alieno. Datum Parisius, in Hospicio nostro Sancti Pauli, die XII.ª mensis Junii, anno Domini M.° CCC.° LXVI. & Regni nostri tercio. Et sic signata. Per Regem & Dalphinum, in suo Consilio. GONTIER.

NOTES.

(a) Luchoninchilensis.] Je n'ai pu rien découvrir sur cet Evêché.

(b) Siridinizensis.] Je n'ai rien trouvé sur ce lieu, ni sur celui de Leginczensis.

(c) Opulinesis.] C'est apparemment Oppelen dans la Silesie. Voyez le Dict. de Mary, au mot Oppelen.

(d) Leginczensis.] Ce nom est écrit différemment dans la Piece preced. dans cette Note, Note (q) marginale.

(e) Carrearic.] C'est sans doute la même chose que Correarius, Comier, Officier de Justice; sur lequel voyez le 3.ᵉ Vol. des Ord. p. 279. Note (d).

DE LA TROISIÉME RACE. 229

*& franchesias, ut hæc in (a) Litteris ipsius Domini nostri Regis Dalphini, sigillo cera rubea roboratis, latius & clarius contineri dicuntur: Inde est, quod constituti personaliter in præsencia mei Notarii publici, & testium subscriptorum, nobiles & sapientes viri, Lantelmus Burgondionis, Garinus Fabri, Guillelmus Rodulphi, Bontonius Ruczoli & Disderius de * Villario, Burgenses, Consules & Procuratores Universitatis loci & Villæ de Romanis prædictæ, asserentes se potestatem habere ad infrascripta facienda; consideratis & attentis ª consumationis dictorum privilegiorum & immunitatum, dictis incolis, per dictum Dominum nostrum Regem Dalphinum, graciose factis; necnon dictis graciis, franchesiis & Libertatibus, per eundem Dominum nostrum Regem Dalphinum, datis & concessis; & quod unusquisque commodum pro bono reportare debeat, scientes, prudentes & spontanei, assistentibus sibi & consentientibus ad infrascripta, & ibidem præsentibus, nobilibus & sapientibus viris, Ponezano de Capriliis, Guillelmo Costæ, Reynerio Copa, Humberto Colonelli, Guillelmo Nasseti, Petro Odoardi, Stephano Helionis, Pontio Mellicureti & Johanne Pellayl, Consiliariis, ut asseruerunt, Universitatis de Romanis jam dictæ; ipsi, inquam, Consules & Procuratores, de prædictorum Consiliariorum consilio & assensu, pro & nomine dictæ Universitatis; & ipsi, causis prædictis, confessi fuerunt & publicè recognoverunt, consentiunt & publicè recognoscunt, debere & teneri dicto Domino nostro Regi Dalphino, tanquam Dalphino Viennensi, licet absenti, ac mihi Notario publico infrascripto, præsenti, stipulanti & recipienti, nomine & ad opus ipsius Domini nostri Regis Dalphini, suorumque hæredum & imposterum successorum contemplatione, & ob conservationem graciarum prædictarum, per ipsum Dominum nostrum Regem Dalphinum, eisdem incolis & universitati concessarum; videlicet, mille Florenos Auri boni & fini, ponderis Dalphinalis, ex causis superius declaratis: Quos quidem mille Florenos Auri, præfati Consules & eorum quilibet, promiserunt, & ad sancta Dei Evangelia juraverunt, manibus suis corporaliter tacta, & sub obligatione & ypotheca omnium bonorum dictæ Universitatis, & singularum personarum ejusdem, mobilium & immobilium, præsentium & futurorum quorumcumque, solvere realiter & perfectè, in pace & sine lite, omni difficultate sublata, præfato Domino nostro Dalphino, seu ipsius Thesaurario Dalphinali, suoque Procuratori vel mandato, terminis & solutionibus infrascriptis; videlicet in Festo Omnium Sanctorum proximè venturo, ducentos Florenos Auri dicti ponderis; & in alio Festo Omnium Sanctorum proximè futuro, ipso anno revoluto, ducentos Florenos Auri dicti ponderis; & subsequenter in alio Festo Omnium Sanctorum, dicto anno revoluto, alios ducentos Florenos Auri; & sic in quolibet Festo Omnium Sanctorum, anno revoluto immediatè sequenti, alios ducentos Florenos Auri, donec & quousque præfato Domino nostro Dalphino, de dicta mille Florenorum summa, integre & perfectè extiterit persolutum & satisfactum; unacum damnis, interesse & expensis sustinendis vel faciendis quomodocumque, per dictum Dominum nostrum Dalphinum, aut suos, occasione dicti debiti, dictis statutis terminis non soluti: pro quibus quidem omnibus & singulis melius attendendis, complendis & inviolabiliter observandis, prænominati Consules & Procuratores, nominibus quibus supra, per juramenta sua ab eis & eorum quolibet præstita, se & bona dictæ Universitatis de Romanis, singularumque personarum ejusdem, præsentia & futura, submiserunt & supposuerunt Jurisdictioni, coherctioni, vigori & districtui omnium Curiarum ipsius Domini nostri Dalphini, & ᵇ eorum cujuslibet; necnon omnium aliarum Curiarum Ecclesiasticarum & Secularium ubicumque constitutarum; necnon (b) sigilli seu sigillati earumdem Curiarum: Renuntiantes per pactum expressum, prænominati Consules & Procuratores, nominibus quibus supra, de consensu Consiliariorum prædictorum, omni actioni & exceptioni doli mali, vis, metus, & in factum, conditioni ob causam, sine causa vel ex injusta causa; privilegio Fori; petitioni & oblationi Libelli; copiæ & transcripto hujus publici Instrumenti, & ᶜ notæ ejusdem recursui; exceptionique*

CHARLES V.
à Paris, en Septembre 1369.

* Il y a plus bas, Villano. Voyez p. suiv. Note (g) margin.

a confirmationibus.

b earum.

c minute. Voyez p. suiv. Note (e). margin.

NOTES.

(a) *Litteris.*] Ces Lettres ne se sont pas conservées, & ne se trouvent ni dans les Regîtres du Tresor des Chartres, ni dans les Repertoires que l'on a des Depôts du Dauphiné.

(b) *Sigilli.*] Se soumettant à l'execution de tous les actes émanez de ces Jurisdictions, & scellez de leurs Sceaux.

CHARLES V.
à Paris, en Septembre 1369.

dictarum confessionis & obligationis non factarum, vel non rite & legitime factarum & non ita factarum ; juri dicenti, confessionem factam extra judicium & coram non suo judice, non valere ; & omni fictæ & simulatæ confessioni ; beneficio restitutionis in integrum, & juri per quod deceptis in contractibus subvenitur ; & specialiter & generaliter omnibus & singulis Juribus Canonicis & Civilibus, Statutis, Usibus, privilegiis & Consuetudinibus universis, quibus contra præmissa vel eorum aliqua, possent facere, dicere vel venire, seu se in aliquo tueri ; & juri dicenti, generalem renunciationem non valere, nisi eam præcesserit specialis. Et fuit [a] actum, quod de prædictis omnibus & singulis, fiant & fieri debeant duo publica Instrumenta ejusdem tenoris, per me Notarium publicum infrascriptum ; unum, ad opus ipsius Domini nostri Dalphini ; & aliud, ad opus dictæ Universitatis ; quæ possint dictari, refici, corrigi & emendari de consilio unius vel plurium sapientium ; facti tamen substantia in aliquo non mutata. Acta fuerunt hæc apud Romanis, in [b] Hospicio Poncii de Caprilis, sito in [c] Carreria Sômeriæ, [d] signato ad signum spadæ, quod inhabitat Symoninus de Savere, anno, mense, die & indictione quibus supra. Præsentibus nobilibus Viris, Amedeo de Mota & Jacobo Artoudi, Militibus ; & Guillelmo Coyllonis, Notario de Romanis, testibus ad præmissa vocatis ; & me Nicolao de Gravino, Clerico Leodiensis Diocesis, publico Imperiali auctoritate Notario, Curiæque majoris Dalphinalis Graisivaudani Jurato, qui præmissis omnibus & singulis, unacum prænominatis testibus, præsens fui, & exinde [e] notam recepi, ex qua hoc publicum instrumentum sumpsi, scripsi & [f] grossavi manu mea propria, ad opus dictæ Universitatis de Romanis, hic me subscripsi, & signo meo solito signavi ; & grossatum dictis Consulibus requisitus tradidi, in testimonium omnium præmissorum.

Et cum in prædicto Instrumento, mille Florenorum summa sit descripta, quam dicti Consules nobis Dalphinali nomine dare & solvere promisissent, certis terminis in Instrumento hujusmodi contentis & descriptis ; & de quibus mille Florenis, Consules Universitatis memoratæ, nomine suo & dictæ Universitatis, solverint & deliberaverint ducentos Florenos Auri, quos tradi jussimus & fecimus Domino Thierrico Richerii, Canonico Virdunensi, Commissario a nobis super hoc deputato ; qui quidem Dominus Thiericus, dictos ducentos Florenos recepit & habuit, prout de solutione dictorum ducentorum Florenorum, constat per Litteras nostras, dictis Consulibus traditas & concessas ; & sic restant octingenti Floreni solvendi de summa majori prædicta : nunc vero Poncius Melluretti, Joannes Ramonis, Guionetus de Boenno & Romanonus Chavalerii, Consules de præsenti Universitatis dictæ Villæ, in nostri præsentia constituti, assistentibus Poncio de Caprilis, Guillelmo Rodulphi, Lantelmo Burgondionis, Reynerio Copa, Bonthoso Ruczoli, Guillelmo Nasseti, Petro Odoardi, Joanne Odoardi, Poncio Charpe de Luca, Jacobo Reynerii, Guillelmo Alemissen, Disderio de [g] Villano, Joanne Sebilardi, Perroto de Verdone & Guillelmo de Sancta Cruce, Consiliariis Universitatis memoratæ, nobis exposuerunt, humiliter supplicando, quod pro honorabiliori & utiliori statu & commodo Domini nostri prædicti, ipsorum Consulum præsentium & futurorum, Universitatis & habitantium in Villa de Romanis, videbatur tractandum nobiscum & paciscendum, quod pro meliori tuitione, observatione & conservatione contentis in supradicto publico Instrumento, Litteris & aliis munimentis, de quibus in dicto Instrumento mentio præhabetur, quia quæ erunt perpetua, non ita de facili oblivioni tradentur, prædictus Dominus noster Rex Dalphinus, & in ejus Dalphinatu universales successores, habeat & percipiat perpetuo, annis singulis, annuam pensionem super bonis Universitatis Villæ prædictæ de Romanis, quinquaginta Florenorum Auri, parvi ponderis Dalphinalis, solvendorum per Consules modernos & futuros, Domino nostro prædicto Regi Dalphino & suis prædictis [h], vel deputandis ab eodem, in Festo Omnium Sanctorum, anno quolibet ; ita tamen quod pro prædicta pensione dictorum quinquaginta Florenorum, præfati Consules futuri & præsentes, & Universitas Villæ prædictæ, de prædicta summa octingentorum Florenorum Auri, sint perpetuo quitti, liberi & immunes, & pro ipsa summa nihil possit peti ulterius ab eisdem. Nos Gubernator prædictus, præhabita deliberatione cum Consilio Domini nostri Regis Dalphini prædicti, audita & considerata ipsorum supplicatione & requisitione prædicta, considerato quod prædicta in commodum & utilitatem ipsius Domini nostri cedunt, & cedere poterunt in futurum, convenimus nomine Dalphinali,

a convenu.
b maison.
c rue. Voyez le Glossaire de Du Cange, au mot, Carreria.
d à l'enseigne de l'épée.
e la minute.
f mis en grosse.
g Il y a plus haut, Villario. Voy. p. preced. Note * margin.
h successoribus.

pepigimus & concordamus cum prædictis consulibus, nomine Universitatis prædictæ, præsentibus & consentientibus etiam eorum Consiliariis supradictis, quod pro conservatione & observatione perpetuis privilegiorum, graciarum, Libertatum, immunitatum & franchesiarum prædictarum, concessionum & confirmationum earumdem, & omnium aliorum in dicto Instrumento contentorum, & de quibus Litteræ seu munimenta inde facta, faciunt mentionem, de cætero ^a *dare & solvere perpetuo, annis singulis, super bonis dictæ Universitatis, Domino nostro Dalphino, & ejus successoribus, in Festo Omnium Sanctorum, Consules moderni & futuri, nomine Universitatis prædictæ, quinquaginta Florenos boni Auri, parvi ponderis Dalphinalis; pro qua summa sic solvenda, præfati Consules & Universitas, & singulares personæ ejusdem, ab obligatione, qua pro prædictis octingentis Florenis obligati existebant, sint quitti, liberi & immunes, cum posteritatibus eorumdem, quos etiam in casu prædicto, liberamus & quittamus nomine Dalphinali supradicto: Verum quia Imperialis Clementia præfatos incolas & habitatores dictæ Villæ Romanis, sub ipsius & Sacri Imperii protectione & salva-gardia, dicitur recepisse, nobis Gubernatori prædicto supplicarunt, quatenus dictam Universitatem, habitatores & incolas modernos & futuros Villæ prædictæ, cum eorum posteritatibus ac bonis, Dalphinali nomine, in speciali protectione & salva-gardia reciperemus Dalphinali. Igitur nos Gubernator prædictus, ipsorum precibus inclinati, prædictam Universitatem, habitatores & incolas, qui nunc sunt & pro tempore fuerint, ibidem, cum eorum posteritatibus, bonis & rebus quibuscumque, & vice & nomine Domini nostri Regis Dalphini, ex certa scientia, in Dalphinali protectione & salva-gardia, etiam de novo recipimus speciali; inhibentes omnibus subditis Dalphinalibus & aliis etiam universis & singulis, cujuscumque status, dignitatis seu conditionis existant, & sub pœna mille Marcharum Auri, quam incurrere volumus ipso facto, Domino nostro Regi Dalphino applicanda, ne eosdem habitatores* ^b *incolas Villæ prædictæ Romanis, offendant, injurient modo quolibet vel molestent, neque eis injurias, offensas seu molestias inferre audeant vel attemptent in bonis vel personis eorumdem; & promisimus atque etiam promittimus, nomine Domini nostri Dalphini prædicti, & ejus Successorum in Dalphinatu, bona fide, & per pactum expressum convenimus, dictis Consulibus, nomine dictæ Universitatis, & singularum personarum ejusdem, præsentium & futurorum, recipientibus & stipulantibus, eisdem habitatoribus & incolis, præsentibus & futuris, ex causa dictæ annuæ pensionis quinquaginta Florenorum prædictorum, & pro ipsa, conservare & manutenere eisdem franchesias, Libertates & immunitates, gracias, & alia contenta in Litteris supradictis, & præsentes, & contenta in eisdem, facere rattificare, laudare & approbare ab eodem Domino nostro Rege & Dalphino Viennensi. Et ut hoc firmum & stabile perseveret, nos, nomine Dalphinali, præsentes Litteras, sigilli nostri quo utimur in regimine Dalphinatus, munimine roboratas, dictis Consulibus & incolis duximus concedendas. Datum Romanis, die sexta mensis Octobris, anno Domini millesimo tercentesimo sexagesimo octavo.*

CHARLES V.
à Paris, en Septembre 1369.

^a debeant.

^b &.

Nos autem dictas Litteras, & omnia & singula contenta in eis, rata & grata habentes, ea laudamus, rattificamus, approbamus, & de gracia speciali confirmamus, & habere volumus roboris firmitatem: dilectis & fidelibus Gubernatori & Thesaurario, cæterisque Justiciariis nostris dicti Dalphinatus, præsentibus & futuris, & eorum cuilibet, prout ad eum pertinuerit, aut eorum Locatenentibus, dantes in mandatis, quatenus Universitatem & habitatores Villæ nostræ de Romanis, prædictos, dicto tractatu, modo & forma quibus supra, uti & gaudere pacifice faciant & permittant, absque impedimento quocumque. Quod ut firmum & stabile perpetuo perseveret in futurum, præsentibus Litteris nostrum fecimus apponi sigilum: salvo in aliis jure nostro, & in omnibus quolibet alieno. Datum Parisius, Anno Domini millesimo tercentesimo sexagesimo nono, & Regni nostri sexto, mense Septembris.

Per Regem & Dalphinum, in suis Requestis. HENRICUS CLERICI.

CHARLES V.
à Paris, en Octobre 1369.

(*a*) Lettres qui portent que Severac, & tous les lieux appartenans au Seigneur de ce nom, en quelques endroits qu'ils soient situez, joüiront des Privileges à eux accordez anciennement ; & que toutes les Terres de ce Seigneur, situées dans le Roüergue, ressortiront sans moyen, devant le Seneschal du Roüergue.

KAROLUS, &c. *Notum facimus universis tam presentibus quam futuris, Nos infra scriptas vidisse Litteras, formam que sequitur, continentes.*

a Languedoc.

LUDOVICUS *Regis quondam Francorum Filius, Domini nostri Regis Germanus, ejusque Locumtenens in* ª *Partibus Occitanis, Dux Andegavensis & Comes Cenomanensis. Notum facimus universis tam presentibus quam futuris, quod nos, viso certo tractatu inhito & completo inter dilectum & fidelem Consanguineum nostrum, Comitem Armaniaci, nomine dicti Domini nostri atque nostro, ex una parte; & Dominum Guidonem Dominum de (b) Seveyraco, Militem, ex altera; attentisque certis condicionibus in eodem tractatu, predictarum presencium sigillis sigillato, contentis & expressatis, eidem Domino de Seveyraco, Consulibusque & singularibus & habitatoribus ipsius loci de Seveyraco; nec non omnium & quorumcunque suorum Castrorum, locorum, Villarum & fortaliciorum suorum, in Ducatu Aquitanie existencium & situatorum, omnia & quecunque privilegia, Libertates, Statuta, usus & Consuetudines ipsius Militis, Consulumque &*

b Universitat. R.

singularium & ᵇ *Universitatum predictorum suorum locorum; licet in presentibus nominata seu expressata non existant, antiquitus per Dominos nostros Francorum Reges, Comites*

c concess. R.

Tholosanos, aut quosvis alios, tam per Litteras quam aliter ᶜ *concessa, & quibus ipse ac Universitates predictorum locorum suorum, utuntur & usi sunt, atque uti consueverunt ab antiquo, confirmavimus, & tenore presencium confirmamus de nostri certa sciencia, auctoritateque Regia qua fungimur in hac parte & gracia speciali.*

Item. *Pariter eidem Domino de Seveyraco concessimus & concedimus per presentes, quod omnes sui subditi, & in Terra sua ac suis sitis in Seneschallia Ruthenensi, duntaxat situatis, sint de ressorto Seneschalli Ruthenensis, & coram ipso & non alibi, absque medio*

d privileg. R.

quocunque, habeant ressortiri; usu, statuto, ᵈ *privilegiis ac Litteris quibuscunque ad hoc contrariis, non obstantibus. Quo circa Seneschallo Ruthenensi, ceterisque Justiciariis, Officiariis & subditis Regiis, modernis & futuris, & eorum cuilibet, aut Locatenentibus eorumdem, ut ad eum pertinuerit, damus tenore presencium in mandatis, quatenus predictum Dominum de Seveyraco, Universitatesque ac singulares suorum quorumcunque locorum, Castrorum, fortaliciorum & Villarum, eisdem privilegiis, Libertatibus, statutis, usibus & consuetudinibus, uti, sicut prius, pacifice faciant & gaudere permittant : Inhibentes nichilominus omnibus & singulis Justiciariis & Officiariis Regiis, ne predictum Dominum de Seveyraco, ejusque homines & subditos, contra formam & tenorem dictorum suorum privilegiorum de quibus liquebit, ac nostre presentis gracie, super ressorto pre-*

e mot douteux.

dicto, ut premittitur, ᵉ *facto, nullathenus compellant, vexent, inquietent, molestent & perturbent; sed si que in contrarium facta fuerint, ea ad statum pristinum & debitum reducant seu reduci faciant indilate. Quod ut perpetue firmitatis robur obtineat, has nostras*

NOTES.

(*a*) Tresor des Chartres, Registre 100. Piece 311.

(*b*) *Seveyraco.*] Guy VI. du nom, Baron de *Severac*. Il servoit en 1369. sous le Duc d'Anjou, dans les guerres de Gascogne, [contre les Anglois.] Il estoit neveu d'Amaury de *Severac*, Mareschal de France. Voy. l'*Hist. Geneal.*

de la Maison de Fr. Tom. 7. p. 70.
Le Traité que fit le Comte d'Armagnac avec Guy de *Severac*, estoit, suivant les apparences, pour engager celui-cy dans le parti du Roy. Voy. *cy-dessus*, p. 190. Note (*a*).
L'on trouve dans le *Dict. Univers. de la F.* trois lieux nommez *Severac*, dans le Roüergue. C'est suivant les apparences, *Severac-le-Chastel* dont il s'agit icy.

Littera

DE LA TROISIÉME RACE. 233

Litteras presentes, nostri sigilli appensione fecimus communiri : Salvo in aliis jure Regio, & in omnibus quolibet alieno. Actum & datum Tholose, anno Domini M.° CCC.° sexagesimo nono, mense Aprilis.

CHARLES V.
à Paris, en Octobre 1369.

Nos autem suprascriptas Litteras, & omnia singula contenta in eisdem, rata & grata habentes, eas & ea volumus, laudamus, approbamus, ratifficamus, & tenore presencium, de gracia speciali & plenitudine Regie potestatis, pro Nobis & Successoribus nostris, Vobis & vestris confirmamus : Mandantes Senescallo Ruthenensi, ceterisque Justiciariis * Officiariis nostris, modernis & futuris, & eorum cuilibet, ut ad eum pertinuerit, aut Locatenentibus eorumdem, quatenus dictum Guidonem de Seveyraco, Militem, in dictis Litteris nominatum, nostra presenti confirmacione & gracia, uti & gaudere pacifice & quiete, deinceps perpetuis temporibus, faciant & permittant; impedimentis quibuscunque cessantibus & amotis. Quod ut firmum, &c. salvo, &c. Datum & actum Parisius, anno Domini M.° CCC.° LXIX.° Regni nostri sexto, mense Octobris.* *Visa.*

* &.

Per Regem, ad relationem Consilii. P. DE VERGNY.
Collatio facta est cum suprascriptis originalibus Litteris.

(a) Sauvegarde Royale pour le Couvent des Celestins de Paris.

CHARLES V.
à Paris, en Octobre 1369.

KAROLUS, [a] &c. *Notum facimus universis presentibus & futuris, quod Nos racioni congruum arbitrantes, si inter curas & sollicitudines, quas in regendis nostris subditis, frequenter habemus, ad hoc precipué nostre mentis aspiret affectus, per que status Ecclesiasticus, nostris temporibus, sub commisso nobis regimine, in pacis tranquillitate manuteneri valeat & deffendi, & Regni predicti Ecclesie, Religioseque persone, que* [b] *die & de nocte, divinis insistunt obsequiis, sub nostre proteccionis clipeo, releventur à pressuris, ac per Regalem potenciam à noxiis defendantur, ut eo devocius circa Divina vacare valeant, quo liberalius per eandem potenciam senserint se adjutas. Dilectos nostros Religiosos, Priorem & Conventum Monasterii Celestinorum, Ordinis Sancti Petri dicti Celestini, per Nos in loco de (b) Barretis nuncupato, prope nostram Domum seu Hospicium juxta Sanctum Paulum, Parisius fundatos, & membra dicti Monasterii [speciali ac benivolo prosequentes affectu; attento quod ipsi Religiosi, pro se & successoribus suis, spontanee promiserunt, & ex nunc tenebuntur perpetuo Deum exorare pro nostre, predecessorumque & successorum] nostrorum Regum Francie, animarum remedio & salute, ipsos Religiosos, tam in capite quam in menbris, una cum eorum Gentibus, familiaribus, singularibusque personis dicti monasterii [(c) & menbrorum ejusdem,* [c] *hominibus de corpore, possessionibus, locis, terris, domibus, bonisque & rebus ipsorum omnibus in Regno nostro existentibus, in nostris proteccione, tuicione,] ac salva & speciali gardia suscipimus per presentes ; eisdemque Religiosis, gardiatores concedimus & deputamus universos & singulos Hostiarios Parlamenti nostri, & servientes nostros, qui nunc sunt & qui* [d] *fuerunt*

a Dei gracia Francorum Rex. R.C.R.V.

b de. R.C.R.V.

c espece de serfs.

d fuerint. R.C.R.V.

NOTES.

(a) Tref. des Chartr. Regist. 100. P. 545.
Ces Lettres sont aussi au Livre Rouge-vieil du Chastelet de Paris, fol. 54. verf. Ce Registre sera indiqué dans les corrections par R.C.R.V.
Elles se trouvent aussi victimées dans le Livre Vert-vieil second du Chastelet de Paris, fol. sept-vingt-quatre R.° (144.) Ce Registre sera indiqué dans les corrections par R.C.V.V.S.
Ces Lettres avoient déja esté imprimées dans l'*Hist. du Monastere des Celestins de Paris*, par le Pere Beurier, pp. 79. & 219.
(b) *De Barretis.*] Il y a apparence que le lieu où est presentement le Couvent des Celestins à Paris, estoit ainsi nommé, parce qu'il avoit esté occupé avant eux, par les Religieux Carmes, que l'on nommoit alors les *Barrez*, à cause qu'ils portoient des manteaux divisez par quartiers blancs & noirs. Voy. l'*Hist. du Monastere des Celest. de Par.* par le P. Beurier, page premiere.
(c) *Et.*] Au lieu de ce qui est renfermé icy entre deux crochets, & qui se trouve aussi dans le R.C.V.V.S. on lit dans le R.C.R.V. les mêmes mots qui sont cy-dessus renfermez entre deux crochets : ainsi le Copiste a repeté deux fois la même phrase, & en a supprimé une.

Tome V.   Gg

CHARLES V.
à Paris, en Octobre 1369.

temporibus assuturis : quibus & eorum cuilibet, presencium serie committimus & mandamus, quatinus predictos Religiosos, Gentes, familiares, singularesque personas dicte Ecclesie, & menbrorum ejusdem ac homines predictos, defendant ab omnibus injuriis, violenciis, gravaminibus, oppressionibus, vi armorum, potencia laycorum, ac inquietationibus & novitatibus indebitis quibuscumque, tueantur & deffendant, & in suis justis possessionibus, franchissiis, Libertatibus, juribus, immunitatibus, usibusque & saisinis, in quibus ipsos esse & eorum predecessores fuisse pacifice ab antiquo invenerint, manuteneant & conservent ; non permittentes in personis ipsorum aut Gentium, familiarium, singularumque personarum dicti Monasterii, ejusdemque menbrorum & hominum predictorum, seu in bonis eorumdem, aliquas fieri vel inferri offensas, injurias aut indebitas novitates ; quas, si factas fore vel fuisse in dicte nostre salve ac specialis gardie & ipsorum prejudicium, invenerint, ad statum pristinum & debitum reducant, seu reduci faciant indilate ; & Nobis ac Parti propter hoc,[a] emandam condignam fieri aut prestari, dictamque salvam gardiam nostram [b] publicari, ubi, quando & quociens fuerit opportuunm ; & in signum hujusmodi nostre salve gardie, pennuncellos seu baculos nostros Regios, in suis Ecclesiis, domibus, locis, possessionibus & rebus predictis, in terra que Jure scripto regitur, & alibi, in casu eminentis periculi dumtaxat, apponant seu faciant affigi vel apponi : inhibentes ex parte nostra, omnibus illis de quibus fuerint requisiti, sub omni pena quam erga nos possent incurrere, ne eisdem Religiosis, familiaribus, singularibusque personis dicti Monasterii, & menbrorum ejusdem ac hominibus predictis, seu bonis eorumdem quibuscumque, quomodolibet forefacere presumant ; [c] & in casu novitatis, inter ipsos Religiosos, Gentes, familiares, singularesque personas dicti Monasterii, & menbrorum ejusdem ac homines predictos, & aliquos alios, racione bonorum quorumcumque dicti Monasterii, oriatur oppositio vel debatum, locis de ablatis, si sint in rerum natura, alioquin, de valore & estimacione ipsorum, primitus & ante omnia realiter & de facto ressaisitis, dictum debatum & rem contenciosam, ad manum nostram, tanquam superiorem, ponant ; & opponentes ac Partes debatum hujusmodi facientes, ac etiam dicte nostre salve gardie infractores & contemptores, & qui predictis gardiatoribus aut eorum alteri, Gardiatoris officium exercendo, injuriam [d] fecerunt vel offensam, sive qui in his inobedientes fuerint vel rebelles, coram dilectis & fidelibus Gentibus Requestarum Palacii nostri Parisius, adjornent ad certam & competentem diem sive dies, processuros super hoc, prout fuerit racionis. Si vero dicti Religiosi, aut aliqui de Gentibus, familiaribus, singularibusque personis dicti Monasterii, & menbrorum ejusdem seu hominibus predictis, ab aliquo seu aliquibus [e] asseuramentum habere voluerint, volumus, quod dicti gardiatores aut alter eorumdem, adjornent illos à quibus dictum asseuramentum habere voluerint, coram dictis Gentibus nostris, ad certos & competentes dies, daturos asseuramentum predictum, bonum & legitimum, juxta Patrie consuetudinem, & prout racionabiliter fuerit faciendum ; necnon omnia debita bona & legalia, recognita vel probata legitime per testes, Litteras, Instrumenta, confessionem Parcium, vel alia legitima documenta, que predictis Religiosis, tam racione fructuum, exituum, Censuum, reddituum suorum, quam aliter, deberi noverint ;& de quibus nulla [f] questio referatur, eisdem Religiosis vel eorum certo mandato, persolvi faciant indilate; debitores hujusmodi, ad hoc, per capcionem, vendicionem & explectationem bonorum suorum quorumcumque, & eorum corporum detencionem, si ad hoc fuerint obligati, viriliter & debite compellendo; Litteris impetratis vel impetrandis à Nobis seu Curia nostra, per ipsos debitores vel eorum alterum, super statu vel respectu de non solvendo ad tempus debita sua, vel de non procedendo in eorumdem Causis, quibus per eos, fide & juramento intervenientibus, extiterit renunciatum, de fide & juramento predictis, non facientibus plenam & expressam mencionem, nonobstantibus quibuscumque. Si vero aliqui debitores ad hoc se opponant, ipsos opponentes adjornent ad instanciam & requestam prelibatorum Religiosorum, coram dictis Gentibus nostris, ad diem sive dies competentes, in Causa opposicionis hujusmodi processuros ; & ulterius facturos quod fuerit racionis: quas Gentes nostras certificent competenter de hiis que fecerint in premissis ; & generaliter faciant dicti Gardiatores & eorum singuli, presentes pariter & futuri, omnia alia & singula que ad Gardiatoris officium pertinent, & pertinere possunt atque debent, Nolumus tamen quod

[a] emendam. R. C. R. V. & R. C. V. V. S.
[b] publicari. R. C. R. V. & R. C. V. V. S.
[c] si. R. C. R. V. & R. C. V. V. S.
[d] fecerint. R. C. R. V. & R. C. V. V. S.
[e] Voy. les Tabl. des Mat. des Vol. des Ord. au mot, Asseurement.
[f] sur lesquels il n'y aura point de contestation.

ipsi de recredentia facienda, & de hiis que Causæ cognitionem exigunt, se aliquatenus intromittant. Damus autem tenore presentium ª *mandamus, ac etiam committimus predictis nostris Gentibus, presentibus & futuris, quatenus Parlamento nostro sedente necnon sedente, tam* ᵇ *de dictis Causis coram eis agitandis, quam quibuscumque aliis personalibus, tam agendo quam defendendo, exhibeant, Partibus auditis, inter ipsas celeris Justitiæ complementum : Nos ipsos eisdem Religiosis, in Commissarios ac Judices committimus ac etiam deputamus; Ab omnibus autem Justiciariis & subditis nostris, eisdem Gentibus nostris & ab eisdem deputandis, dictisque Gardiatoribus & cuilibet eorumdem, in premissis parere volumus efficaciter & intendi : que omnia & singula suprascripta sic fieri volumus ; ac eisdem Religiosis, ex nostra scientia certa auctoritateque Regia & speciali gratia, duximus concedenda & concedimus per presentes. Placet etiam Nobis & volumus , ex gratia ampliori, transcripto seu vidimus presentium Litterarum , sub sigillo Castelleti nostri Parisius facto , collationato & sigillato , tanquam originali , propter viarum pericula , fidem plenariam & indubiam adhiberi. (a) Quod ut firmum,&c. salvo,&c.* Datum Parisius , mense Octobris, anno LXIX.º Regni sexto. *(b)*
Per Regem, Domino Archiepiscopo Senonensi presente. P. BLANCHET.

CHARLES V.
à Paris, en Octobre 1369.
a in mandatis. R.C. R.V. & R. C.V.V.S.
b tam in. R. C. R.V. & R.C.V.V.S.

NOTES.

(a) *Quod.*] Il y a dans le R. C. R. V. *Quod ut firmum & stabile perseveret in futurum, nostram presentibus Litteris fecimus apponi sigillum : salvo in aliis jure nostro , & in omnibus quolibet alieno.* Datum Parisius, mense Octobris, anno Domini millesimo trecentesimo sexagesimo nono , & Regni nostri sexto.

(b) Dans le Registre *R. C. R. V.* il y a:

Collacion faicte à l'original scellé en las de soye, à double queüe , ainsi signé. *Per Regem, Domino Archiepiscopo Senonensi presente.* J. BLANCHET.

Et estoit escript au dos : *Registrata mense Octobris, millesimo trecentesimo sexagesimo nono. Publicata in Requestis Palatii, XXII. die mensis Martii , anno trecentesimo sexagesimo nono.* J. DE LESPINE.

(a) *Mandement qui porte que l'on pourra fabriquer des Monnoyes d'Or, escharses jusqu'à un Quart de Carat & demi.*

CHARLES V.
à Paris, le 29. de Novembre 1369.

CHARLES par la grace de Dieu Roy de France : A noz amez & feaulx, les Generaulx-Maistres de noz Monnoyes : Salut & dilection. Comme pieça & de long temps, vous & les Generaulx-Maistres qui ont esté pardevant vous , aiez acoustumé à bailler noz Monnoyes d'Or à faire aux Maistres Particuliers, sur certaines conditions & Ordonnances ; entre lesquelles , aucun Maistre Particulier ne peust ne doit faire sa boëste de Deniers d'Or, *(b)* escharse au dessous d'un VIII.ᵉ de Carat de Loy, qu'il ne soit & demeure en aucune amende; laquelle Ordonnance a duré jusques à l'Ordonnance des Moutons d'Or, que nostre très-cher Seigneur & Pere, que Dieu absoille, sist faire; & lors *(c)* fut ordonné de donner ausdits

NOTE.

(a) Registre *D.* de la Cour des Monnoyes, *fol.* 6 vingt 17. *v. rs.* (137.)

Avant ces Lettres , il y a:

Mandement contre ceux qui excedent les remedes sur l'Ouvraige d'or.

(b) *Escharses.*] Comme il est impossible de fabriquer les Monnoyes au *Titre* précis fixé par les Ordonnances ; c'est-à-dire, de n'y mettre que la quantité précise d'alliage, qui a esté fixée, on a establi le *remede de Loy,* qui est la *permission* accordée par le *Roy* aux *Maistres de ses Monnoyes, de tenir la bonté interieure*

des Especes d'Or & d'Argent , plus escharce ou moindre que le titre ordonné. Mais le Maistre Particulier est tenu de payer au Roy, la valeur du *remede de Loy,* suivant le Jugement qui en est fait par la Cour des Monnoyes. Voy. le *Traité des Monnoyes de Boizard,* tom. 1. chap. 4. p. 24.

Voy. sur les Boëtes des Monnoyes, *le 3.ᵉ Vol. des Ordonn.* p. 257. Note *(b)*.

(c) *Fut ordonné.*] Je n'ay point trouvé dans ce Recueil, l'Ordonnance du Roy Jean, qui est icy rappellée. On a déja remarqué plusieurs fois, qu'il y a preuve, qu'il manque plusieurs Ordonnances sur les monnoyes.

CHARLES V.
à Paris, en Novembre 1369.
a *permission.*

b *à un titre si bas.*

c *defaut de titre.*

d *pourveu.*

e *est.*

Maiftres Particuliers, ª congié que lefdites boeftes peuffent faire efcharfes jufques à ung quart de Carat, pour caufe des Efcuz d'or à XVIII. Carratz, & de la contrefaçon defdlitz Efcuz, & d'autres diverfes monnoyes d'Or qui paravant auroient efté faiz : & Nous aïons entendu que depuis que ledit ouvraige des Moutons d'Or, durant l'ouvraige des Royaulx d'Or & des Francs d'Or fin faiz enfuivant, & auffi de l'ouvraige que Nous faifons faire à préfent des deniers d'Or fin aux Fleurs de Liz, ils aïent couru & courent encores autant & plus trop de contrefaçons defdits Efcuz d'Or, & de tous autres Deniers d'Or, qu'il ne faifoit à l'encommencement de l'ouvraige defdits Moutons d'Or ; & par ce & depuis, l'Or qui a efté & eft apporté en noz Monnoyes, a efté & eft trouvé fi ᵇ dur & de tant de contrefaçons, que bonnement l'en n'a peu ne peult l'en venir juftement à ladite Loy ; & que lefdites Boeftes ou grant partie d'icelles, ne foient venuës & trouvées efcharfes au deffous dudit VIII.ᵉ laquelle chofe leur a efté moult griefve & dommageufe ; & meftmement que vous leur avez fait & faiétes païer à Nous, toute la ᵉ faulte qui a efté trouvée ; & pour caufe de ce & de ladite amende, en ont volu & veullent plufieurs d'iceulx Maiftres Particuliers, laiffer noz Monnoyes, en grant dommaige de Nous & retardement de l'ouvraige ; & ne trouveroit l'en pas qui les volzift prendre, & que l'ouvraige ne couftaft autant à faire ou près, comme Nous y prenons de prouffit, fe fur ce n'eftoit par Nous ᵈ prouveu de remede convenable : Savoir vous faifons, que euë confideration aux chofes deffus dites, par grant deliberation de noftre Confeil, & afin que noz Monnoyes d'Or puiffent mieulx & plus habundamment ouvrer, & que lefdites contrefaçons fe puiffent *(a)* abatre & ouvrer, voulons & vous mandons, & à chacun de vous, que vous bailliez & puiffiez bailler nofdites Monnoyes d'Or & chacunes d'icelles, à faire pour le temps avenir, aux Maiftres Particuliers, fur telle condition qu'ilz puiffent faire les deniers d'Or, & leurs Boeftes efcharfes jufques à ung quart de Carat de Loy & demy, & non plus ; & que de ce, par Nous rendant & payant icelle efcharfeté, ou telle comme elle fera trouvée, ilz foient & demeurent quiétes fans aucune amende : & s'ilz font leurs dites Boeftes plus efcharfes que dit ᵉ, qu'ilz foient en amende comme paravant ; nonobftant quelzconques Ordonnances, Mandemens ou defenfes au contraire. *Donné à Paris, le* XXIX.ᵉ *jour de Novembre, l'an de grace mil trois cens foixante-neuf, & de noftre Regne le fixiefme.*

Par le Roy, en fon Confeil, Y v o.

NOTE.

(a) Abatre & ouvrer.] Que ces Monnoyes contrefaites ceffent d'eftre repanduës dans le Commerce, & que l'on puiffe, en les fondant, fabriquer de nouvelles Efpeces.

CHARLES V.
à Paris, le dernier de Novembre 1369.
a exaudiend. R.

(a) Lettres qui confirment les Privileges de la Ville de Compeyre ; & qui portent qu'elle fera unie infeparablement au Domaine.

KAROLUS, *&c. Regalem decet magnificentiam, illos gratiis attollere, quos* (b) adª *exaudienda Jura Domania ejufdem magnificentiæ, fideles adinvenit. Sanè, cum Confules & habitatores Caftri feu Loci de* (c) *Compeyro, in Senefcalia Ruthenenfi, diétum Caftrum feu Locum de Compeyro, in & de Domanio Coronæ effe recognoverint, ac Juribus noftris & Coronæ devenerint ac fuerint & fint attributa ; Nichilominus*

NOTES.

(a) Trefor des Chartres, Regiftre 100. Piece 6 vingt 16. (136.)

(b) Ad *exaudienda.*] Cet endroit me paroift corrompu. On pourroit y trouver quelque fens, en lifant *Domanii*, au lieu de *Do-* *mania*, & cela pourroit fignifier : *Ceux qui ont reconnu les droits du Domaine.* La Ville de Compeyre avoit efté apparemment depuis peu réunie au Domaine.

(c) Compeyro.] Compeyre dans le Rouergue, Diocefe de Rodez. Voyez *le Diction. Univ. de la Fr.* à ce mot.

DE LA TROISIÉME RACE. 237

formidantes, ne ab eodem Dominio, nunc vel futuris temporibus, separetur ac in alienis manibus transferatur, quod in dispendium grave ipsorum Consulum & habitantium, forcitan cederet; [a] *quod dum in manus alienas steterit Castrum seu Locus predictus, plures injurie eisdem fuerint illate, seu non fuerit facta justicia in dicto Castro, ut* [b] *dicebat, sicut dicunt; supplicantes gratiam nostram ad hoc impertiri. Notum itaque facimus presentibus & futuris, quod Nos attendentes vere fidei constanciam, quam erga Nos dicti Consules & habitantes habuerunt, dictum Castrum seu Locum,* [c] *com Juribus, deveriis & pertinenciis suis universis, ac dictos Consules & habitantes, in & sub nostro ac Corone nostre immediato maniburdo seu regimine, ex certa sciencia ac potestate & gracia nostris, ponimus, ac illa eidem Dominio & Juribus ipsius adjungimus, & volumus esse innexa, perpetuo ibidem permansura: promittentes* [d] *eidem Consulibus & habitantibus, quod per Nos vel successores nostros Reges Francie, quavis occasione seu causa, dictum Castrum seu Locum, cum dictis pertinenciis, juribus & dominiis, atque Consules & habitantes, extra manum & Dominium* [e] *Regium & Corone, non ponantur, nisi de expresso consensu vel voluntate Consulum & habitancium ejusdem Castri, hoc procedat: Contrarium vero si fieri contingeret, nullum esse volumus; & ex uberiori nostra gracia, privilegia, franchisias, Libertates, Consuetudines & jura quibus usi sunt ab antiquo, laudamus, approbamus, & tenore presencium confirmamus. Quod ut firmum, &c. salvo, &c.*
Datum Parisius, in Domo nostra prope Ecclesiam Beati Pauli, ultima die mensis Novembris, anno Domini M.° CCC.° LXIX.° ac Regni nostri VI.°
Per Regem, Vobis ac Domino Episcopo Antissiodorensi, presentibus. P. CUIRET. *Visa.*

CHARLES V.
à Paris, le dernier de Novembre 1369.
a q. R.
b *sort.* decebat.
c cum.

d eisdem.

e Reg. R.

(a) Lettres qui confirment la Chartre de Commune accordée à la Ville de Dijon, par Hugues Duc de Bourgogne.

CHARLES V.
à Paris, en Novembre 1369.

KAROLUS, &c. Notum facimus universis presentibus & futuris, quod cum clare memorie Rex Philippus, qui regnabat in anno Dominice Incarnacionis M.° *centesimo octogesimo tercio, Regique sui anno* (b) *quinto, hominibus Ville de Divione, quasdam Litteras in cera viridi & filis* [a] *serici sigillatas, super facto Communie dicte Ville, duxerit concedendum: Quarum quidem Litterarum tenorem didicimus sub hiis verbis.*

Philippe-Auguste, à Chaumont, en 1183.
& à Tonnerre, en 1187.
a Sericis. P.

IN nomine Sancte & individue Trinitatis. Amen. Philippus Dei gracia Francorum Rex. Neverint universi presentes pariter & futuri. [b] *Quoniam fidelis & Consanguineus noster, Hugo Dux Burgundie, suis hominibus de Divione, Communiam dedit ad formam Communie Suessionis; salva Libertate quam antea habebant: Hanc autem Communiam, memoratus Dux* (c) *Hugo & Odo Filius ejus, juraverunt tenendam & inviolabiliter observandam: Unde ad peticionem & voluntatem ipsius Ducis & Filii ejus, prefatam Communiam manucapimus conservandam & manutenendam, sub hac forma. Quod si Dux*

b Qm. R.

NOTES.

(a) Tresor des Chartres, Registre 100. Piece 345.
Ces Lettres ont déja esté imprimées dans le Recueil de Pieces servant à l'Histoire de Bourgogne, par *Perard*, p. 366.
(b) *Quinto.*] Ces Lettres de Philippe-Auguste sont aussi datées de la cinquiéme année de son Regne, dans le Registre du Tresor des Chartres & dans l'*Edit.* de *Perard.* Cependant Philippe-Auguste estant monté sur le Trône, le 18. de Septembre 1180. l'année 1183. ne peut jamais concourir avec la cinquiéme année de son Regne, mais seulement avec la quatriéme; & en effet les Lettres de ce Prince de l'année 1187. qui sont aussi vidimées dans la confirmation de Charles V. concourent avec la huitiéme année de Philippe-Auguste.
Comme ce Prince fut sacré du vivant de son Pere, le jour de la Toussaints 1179. peut-estre a-t-on compté dans les premieres Lettres les années de son Regne, du jour de son Couronnement ; & dans les secondes, du jour de la mort de Loüis VII. son pere.
(c) *Hugo.*] *Hugues III.* qui mourut en 1192. & *Eudes III.* son fils. Voyez l'*Hist. Geneal. de la Maif. de Fr.* Tom. 1. pp. 540. 541.

Gg iij

238   Ordonnances des Rois de France

CHARLES V.
à Paris, en Novembre 1369.
a memoratam. P.
b à nostre priere.
c Chaumont.
d Voyez page preced. Note (*b*).
e astantibus P.
f Signum.

vel heredes ejus, *a* memoriatem Communiam vellent infringere, vel ab institutionibus Communie resilire, Nos, ad posse nostrum, eam teneri faciemus. Quod si Dux *b* pro Nobis facere nollet, Nos eos & res suas, in terra nostra receptaremus, salvum-conductum eis prebentes. Quod ut perpetuam & inconvulsam sortiatur firmitatem, presentem Cartam sigilli nostri auctoritate & Regii nominis (*a*) caratere inferius annotato communiri precepimus. Actum apud *c* Calvum-Montem, anno ab Incarnatione Domini millesimo centesimo LXXXIII.° Regni nostri anno *d* quinto. *e* Astantibus in Palatio nostro, quorum nomina supposita sunt & signa. *f* S. Comitis Theobaldi Dapiferi nostri. S. Guidonis Buticularii. S. Mathei Camerarii. S. Radulphi Constabularii. Data per manum Hugonis Cancellarii.

Item, & alias Litteras eisdem hominibus concesserit, super facto predicto, Regni sui anno octavo, formam que sequitur, continentes.

g Qm. R.
h confirmavimus. P.
i instituit. R.
k plainte.
l Tonnerre.

IN nomine Sancte & individue Trinitatis. Amen. Philippus Dei gracia Francorum Rex. Noverint universi presentes pariter & futuri. *g* Quoniam Hugo Dux Burgundie, hominibus de Divione dedit & concessit (*b*) Communiam in perpetuum habendam, ad formam Communie Suessionis; Nos vero, ad peticionem ipsius Ducis & Odonis Filii ejus, eam *h* confirmamus, & ita manutenendam promittimus. Quod si vel Dux vel dictus Filius ejus, ab *i* institutionibus hujus Communie resilierit, Nos infra quadraginta dies, ex quo *k* clamor inde ad Nos pervenerit, Communie emendari faciemus, sicut Curia nostra judicabit, (*c*) reddendo Capitale. Quod ut perpetuam stabilitatem obtineat, presentem paginam sigilli nostri auctoritate, ac Regii nominis caratere inferius annotato, precepimus confirmari. Actum *l* Tornodorii, anno ab Incarnatione Domini M.° C.° LXXXVII. Regni nostri anno octavo. Astantibus in Palacio nostro, quorum nomina supposita sunt & signa. S. Comitis Theobaldi, Dapiferi nostri. S. Guidonis Buticularii. S. Mathei Camerarii. S. Radulphi Constabularii. Data vacante Cancellaria.

Nos Predecessorum nostrorum vestigiis inherentes, ad supplicacionem Majoris, Scabinorum, Burgensium & habitatorum dicte Ville Divion. supradicte, predictas Litteras supratranscriptas, ac omnia & singula que continentur in eisdem, ratificantes, approbantes & laudantes, eas & ea, auctoritate nostra Regia & de speciali gracia, in quantum de ipsis usi sunt, confirmamus serie presencium Litterarum. Quod ut firmum & stabile, &c. salvo, &c. Datum Parisius, anno Domini millesimo CCC.° LXIX.° & Regni nostri sexto, mense Novembr.   Visa.

Per Regem, ad relationem Consilii. J. DE LUZ.

NOTES.

(*a*) *Caratere.*] Monogramme. Il n'est point figuré dans le Registre, ni dans ces Lettres ni dans les suivantes.

(*b*) *Communiam.*] La Chartre de Commune, confirmée par ces Lettres, est de l'année 1187. & se trouve dans *Perard*, p. 333.

La Chartre de Commune de la Ville de *Soissons*, se trouve ibid. p. 336.

(*c*) *Reddendo capitale.*] Je crois que cela signifie, que le Roy fera reparer les dommages causez par le Duc de Bourgogne, aux habitans de Dijon, par l'infraction de leur Chartre de Commune.

Peut-estre aussi *capitale* se rapporte-t-il aux 50. marcs d'argent que les habitans de Dijon devoient payer chaque année, au Duc de Bourgogne ! Voyez *Perard*, p. 335.

CHARLES V.
à Paris, en Novembre 1369.

JEAN I.
ou selon d'autres, Jean II.
à Dijon, le 23. de Decembre 1361.

(*a*) Confirmation des Privileges de la Ville de Dijon.

KAROLUS, &c. Notum facimus universis tam presentibus quam futuris, Nos infrascriptas recordacionis inclite, carissimi Domini Progenitoris nostri, vidisse Litteras, formam que sequitur, continentes.

NOTE.

(*a*) Tresor des Chartres, Registre 100. Piece 6 vingt 11. (131).
Ces Lettres ont déja esté imprimées à la p. 365. du *Recueil* de *Perard*. Voy. cy-dessus, p. preced. Note (*a*).

JEHAN par la grace de Dieu Roy de France. Savoir faisons à tous presens & avenir, que aujourd'uy Nous avons confermé, promis & juré sur les Sains Evangiles estans sur le grant * Auter de l'Eglise de Saint Benigne de Dijon, tenir & garder fermement les Libertez, franchises, immunitez, Chartrez & privileges, & confirmacions d'icelles, données & octroyées de nos devanciers Dux de Bourgoigne, au Majeur & aux Eschevins & habitans de nostre dicte Ville de Dijon, si comme elles sont escriptes ; & aussi les diz Majeur & habitans de nostre dicte Ville, estans lors en nostre presence en la dicte Eglise, jurerent qu'il Nous seront loyalz subgez & vrais obéïssans, & garderont nostre personne & tous noz droitz envers tous & contre tous : Et Nous leur avons octroyé & octroyons par ces presentes, que nos hoirs & successeurs en nostre dit Duchié de Bourgoigne, jureront & seront tenus jurer publiquement en la dicte Eglise de Saint Benigne de Dijon, en leur premier advenement audit Duchié, qu'il garderont & feront tenir & garder les dictes Libertez, franchises, immunitez, Chartres & privileges, & confirmacions d'icelles, ainsi comme elles seront escriptes & plus à plain contenuës ez Lettres & Chartres données de noz devanciers Dux de Bourgoigne, aux habitans de nostre dicte Ville de Dijon ; & à ce faire & fermement tenir & garder perpetuelment, Nous obligons especialment & expressément Nous, nos hoirs, noz successeurs & tous ceux qui auront cause de [(a) Nous en nostre dit Duché ; & promettons en bonne foy, les dictes choses tenir & fermement garder à tous jours mais, sans venir encontre] par Nous ne par autre. Et pour ce que ce soit ferme chose & estable à tousjours, Nous avons fait mettre nostre Seel à ces presentes Lettrez. Donné à Dijon, le XXIIIe jour de Decembre, l'an de grace M. CCC. LXI. (b)

CHARLES V.
à Paris, en Novembre 1369.
* Autel. P.

Quas quidem Litteras supra transcriptas, ac omnia & singula contenta in eisdem, prout superius sunt expressa, laudantes, approbantes, ratificantes, & volentes eas & ea, ex nostra auctoritate Regia Regieque potestatis plenitudine & de speciali gracia, quatenus ad nos spectat, & in quantum de ipsis & in eorum contentis, Majores, Scabini & habitatores dictæ Villæ Divionensis, usi sunt temporibus retroactis, ad eorum supplicacionem & Requestam, confirmamus serie presencium Litterarum ; nostro & alieno in omnibus jure salvo. Quod ut firmum, &c. Datum Parisius, anno Domini M.° CCC.° LXIX.° mense Novembr. Regni vero nostri anno sexto.

Sic signata. Per Regem, ad relacionem Consilii. J. DE LUZ.

Collacio facta est cum originali. Visa.

NOTES.

(a) Nous.] Ce qui suit entre deux crochets a esté tiré de Perard, & manque dans le Registre.
(b) Il y a ensuite dans Perard : Signé. Par le Roy. P. BLANCHET.

(a) Privileges accordez aux Marchands de la Ville de Plaisance en Lombardie, qui viendront commercer à Harfleur.

CHARLES V.
à Paris, en Novembre 1369.

SOMMAIRES.

(1) Les habitans de Plaisance qui commerceront à Harfleur, seront francs pour eux & pour leurs marchandises, de toutes sortes d'Impôsts ; excepté ceux qu'ils payent sur le Vin. Lorsqu'ils ne pourront vendre leurs marchandises dans la Ville de Harfleur, ils pourront les trans-

NOTE.

(a) Tresor des Chartres, Registre 100. Piece 269.
L'on trouve dans ce Recueil, plusieurs Lettres de Privileges accordez à des Marchands Etrangers, d'Italie, de Castille & de Portugal, qui commerçoient dans le Royaume. [Voyez les Tabl. des Mat. des 3.e & 4.e Vol. des Ord. au mot, Commerce.] Ces Lettres contiennent à peu près les mêmes dispositions. Mais les Privileges accordez par Charles V. aux habitans de Plaisance, sont presque entierement semblables à ceux qui avoient esté accordez aux Marchands de Portugal, & qui sont dans le 3.e Vol. des Ord. p. 571.

SOMMAIRES.

porter dans les autres endroits du Royaume.

S'il s'éleve quelque contestation entr'eux & les habitans de la Ville de Harfleur, pourvû qu'elle ne soit point suivie de mort ou de blessure considerable, ils pourront estre cautions les uns des autres ; & l'affaire sera portée en premiere Instance devant le Prevost de Harfleur, ou le Vicomte de Monstier-Villiers ; & delà devant les Juges à qui il appartiendra d'en connoistre. Dans le cas où il y aura blessure legere, l'affaire sera accommodée par deux Bourgeois de Harfleur, & par deux des Marchands de la Ville de Plaisance, en prenant le conseil du Prevost de Harfleur.

(2) Le Bailli de Caux fera fournir des maisons & des magasins aux Marchands de Plaisance qui viendront à Harfleur ; & le prix en sera fixé par deux Bourgeois de Harfleur, esius par lesdits Marchands de Plaisance, & par deux Marchands de Plaisance, esius par lesdits Bourgeois de la Ville de Harfleur.

(3) Pour le fait de leurs Marchandises & pour toutes leurs autres affaires, ils ne seront tenus de répondre que devant le Prevost de Harfleur, & delà, par appel, où il appartiendra.

(4) Les Officiers Royaux feront payer aux Marchands de Plaisance, ce qui leur sera dû pour le prix de leurs marchandises, en la même maniere que l'on fait payer ce qui est dû au Roy.

(5) Ils pourront establir des Courretiers qu'ils presenteront au Prevost : ils pourront aussi les destituer. Les Courretiers ne pourront estre ni Taverniers, ni Hostelliers, ni Marchands, si ce n'est du consentement desdits Marchands.

(6) Ils pourront se servir des poids de la Ville, & les confier à une personne convenable, qu'ils presenteront au Prevost. Les poids resteront dans l'estat où ils estoient anciennement.

(7) Si les Voituriers, qui sont chargez du transport des denrées desdits Marchands, leur font quelque tort, ils en pourront estre punis par tous les Justiciers du Royaume, qui les feront dedommager des pertes par eux souffertes.

(8) Les procez que lesdits Marchands auront contre des Chevaliers, des Escuyers ou leurs gens, seront portez devant le Prevost de Harfleur, le Bailli [de Caux] & le Vicomte [de Monstier-Villiers.]

(9) Le Pavé de la Ville, les Quais & les issuës, seront mis en bon estat, afin que lesdits Marchands puissent descharger & charger commodement leurs marchandises ; sans que pour cet entretien, ils soient tenus de payer aucuns droits.

(10) Les marchandises qu'ils auront données par compte aux Bateliers, pour les transporter du Havre de Leure à Harfleur, leur seront renduës dans cette Ville.

(11) Si quelqu'un de leurs Garçons de boutique se marioit, & receloit chez lui des marchandises appartenantes à son Maistre, le Juge le fera arrester prisonnier jusqu'à ce qu'il les ait restituées ; & lorsqu'elles l'auront esté, il les mettra entre les mains de deux Marchands de Plaisance, qui les rendront à celui à qui elles appartiennent.

(12) Lorsqu'un Marchand de Plaisance aura commis un délict, lui seul en portera la peine : il sera arresté prisonnier, & ses biens seront saisis ; mais on ne saisira point ceux qui ne lui appartiennent pas, & distraction en sera faite par la declaration du Maistre de la maison où il demeure, & des Associez du delinquant demeurans avec luy : & si cela ne suffit pas, on y joindra le temoignage de quelques autres Marchands de Plaisance.

(13) Les marchandises des Marchands de Plaisance, ne seront point sujettes au droit de Prises.

(14) Lesdits Marchands seront sous la protection du Roy & de ses Officiers.

(15) Lesdits Marchands ne seront point obligez de servir à l'armée, & ils seront exempts de toutes Impositions.

(16) S'il arrivoit une dispute entre le Roy & les Souverains du pays desdits Marchands, les susdits Marchands ne seroient point inquietez à cette occasion, ni dans leurs personnes ni dans leurs biens. Si on a saisi quelques unes de leurs marchandises, on les leur rendra ; & on s'en rapportera à leur serment, quand ils jureront qu'elles leur appartiennent.

(17) Le Roy ou ses Gens ne pourront enlever leurs marchandises, que le prix n'en ait esté fait, & qu'il n'ait esté payé.

(18) Les contestations qui s'éleveront entre des Marchands de Plaisance, seront d'abord portées devant deux Marchands du Pays, & ce qu'ils auront décidé, du consentement des Parties, sera executé par le Prevost de Harfleur : Si ces deux Marchands ne peuvent accommoder les Parties, l'affaire sera portée devant le Prevost de Harfleur.

(19) Le Havre de Harfleur sera mis en bon estat, sans que les Marchands soient tenus de contribuer aux depenses qui seront necessaires à cet effet.

(20) Ils pourront arrester & mettre entre les mains de la Justice, ceux qui voudront les voler, ou prendre leurs biens contre leur volonté, sans qu'ils puissent estre inquietez à cet effet.

(21) Les Marchands de Plaisance sont deschargez des amendes qu'ils pourroient devoir au Roy.

(22) Ils pourront demeurer à Harfleur tant qu'il leur plaira, & en sortir quand ils le voudront, sans payer ni coustume ni amende. Si quelqu'un d'entr'eux doit quelque chose au Roy, les autres n'en seront pas responsables. Ils seront les maistres de fixer le prix de leurs marchandises, comme le sont dans cette Ville, les Marchands de Portugal.

(23) Les Marchands de Plaisance pourront ordonner sur leurs biens, marchandises & franchises ; mais ils ne pourront juger les procez, si ce

DE LA TROISIÉME RACE. 241

SOMMAIRES.

n'eft dans le cas porté par [l'art. 1.] de cette Ordonnance. Ils n'auront aucune Jurifdiction fur les fujets du Roy.

(24) Les Valets [Garçons ou Facteurs] des Marchands de Plaifance, ne pourront obliger ni engager leurs maiftres, s'ils ne font chargez de leur procuration.

(25) Ceux qui trouveront [fur les bords de la mer] des debris de Vaiffeaux des Marchands de Plaifance [qui auront fait naufrage,] les mettront en fûreté, pour les rendre à ceux à qui ils appartiennent, s'ils font prefens; & s'ils font abfens, à quelques Marchands de leur nation, en recevant un falaire convenable pour leurs peines.

(26) Si les Marchands de Plaifance abordent au Port de Leure, ils y feront exempts de toutes couftumes & de toutes amendes.

CHARLES V.
à Paris, en Novembre 1369.

CHARLES, &c. Savoir faifons à tous prefens & à venir, que pour ce que Nous fommes defirans, comme raifon eft, de tenir & garder en bonne paix & tranquilité, les Marchans frequentans noftre Royaume; & pour la bonne amour & affeccion que Nous tenons que les Marchans de la Cité & Ville de (a) Plaifance en Lombardie, ont cuë à Nous & à noftredit Royaume, ont toujours, & efperons qu'il aient ou tamps à venir; Nous, à la requefte dezdis Marchans, & auffi dez habitans de la Ville de ᵃ Harefleu & du pays d'environ, pour le bien & accroiffement d'icelle Ville & dudit pays, & pour la multiplicacion des biens, denrées & marchandifes, que Nous efperons en cefte partie, que lefdits Marchans facent venir en plufieurs lieux de noftredit Royaume, avons auxdis Marchans de ladicte Ville & Cité de Plaifance, de quelque eftat ou condicion qu'il foient, ottroyé & ottroyons de grace efpecial, & par l'advis & deliberacion de noftre Confeil, que eulx & chafcun d'eulx, & leurs fucceffeurs, Marchans de ladicte Ville & Cité de Plaifance, puiffent amener & faire venir & arriver par Mer & par Terre, par eux, leurs familiers & ferviteurs, toutes denrées & marchandifes quixconques, de tous Royaumez & pays ᵇ eftranges, au Port de ladicte Ville de Harefleu, & icelles denrées & marchandifes faire defcendre en ladicte Ville de Harefleu, & vendre en ycelle ou fur ledit Port, franchement & paifiblement, fans ce que lefdits Marchans ou aucuns d'eux ou leurs fucceffeurs, foient tenus ou puiffent eftre contrains par le Prevoft de ladicte Ville ou autres noz Officiers quixconques, à païer pour la premiere vente de leurfdictes denréez ou marchandifez ou d'aucunes d'icelles, aucunes ᶜ couftumez, Tailles, Aides, Impofitions, Gabelles, Amende, finance ou redevance quelle qu'elles foient, ou puiffent eftre dictes, foient anciennes ou novelles, ou foit pour la ᵈ délivrance de noftre très chier Seigneur & Pere que Dieux abfoille, ou pour la defenfe de noftre Royaume, ou pour autre fait quelconquez; excepté feulement des Vins qu'il y feront amener, ᵉ des quicux il païeroient telles aides, comme font les autres Marchans eftans & frequentans en ladicte Ville de Harefleu: & en oultre, voulons de noftre grace, & leur avons ottroyé, que ou cas qu'il ne pourroient vendre bonnement aucunes de leurs dictes denréez & Marchandifes, efdiz Port ou Ville de Harefleu, qu'ils les puiffent ᶠ traire hors franchement, & mener à quelque autre Port de noftre Royaume, qu'il leur plaira, & les vendre ilec, par la maniere que devant eft dit : & avec ce, avons ottroyé & ottroions auxdiz Marchans, que s'il avenoit que aucun tencon ou debat fuft entre lefdiz Marchans & les Bourgois & habitans de Harefleu, ou autres perfonnes quixconquez, & le debat ou tencon eftoit tel, qu'il n'y euft peril de mort ou de ᵍ mehaing, ou par quoy homme ou femme deuft recevoir mort, Nous voulons qu'il foient ʰ receus par ⁱ pleiges, un pour autre, ou pour aucun autre de ladicte Ville de Harefleu, pour eftre adroit pardevant ledit ᵏ Harefleu, ou le Vicontre de ¹ Monftier-Villier, & d'illec, par appel, pardevant les autres Juges à qui il appartiendroit: Et ès cas où il aura fanc ou playe, & en tous autres quixconquez il foient, efquiels (b) il aura peril de mort ou de mehaing, Nous ᵐ leure avons ottroié & ottroions,

a *Harfletr.* Voy. le 4.ᵉ *Volume des Ordonn.* p. 424. Note (b).

b *eftrang.* R.

c *anciennes Impofitions.*

d *Voyez les Tab. des Mat. des* 3.ᵉ *&* 4.ᵉ *Volum. des Ord. au mot,* Aydes pour la rançon du Roy.

e *defquels.*

f *tirer; mener.*

g *bleffure confiderable.* Voyez le 3.ᵉ *Vol. des Ord.* p. 574. Not. (h).

h *receus, efturgis.* Voyez le 3.ᵉ *Vol. des Ord.* p. 575. Note (i).

i *caution.*

k *Prevoft de.* Voyez le 3.ᵉ *Vol. des Ord.* p. 575. art. 2.

l Voyez le 3.ᵉ *Vol. des Ord.* p. 576. Note (n).

m *leur.*

NOTES.

(a) *Plaifance.*] Dès l'année 1277. les habitans de la Ville de *Plaifance* & de plufieurs autres Villes d'Italie, commerçoient à Nifmes. Voy. le 4.ᵉ *Vol. des Ord.* p. 668. Ce fut apparemment pour engager ceux de *Plaifance*, à venir commercer à Harfleur, que Charles V. accorda les Privileges contenus dans ces Lettres.

(b) *Il aura.*] Il faut corriger, *il n'aura.* Voyez le 3.ᵉ *Vol. des Ord.* p. 575. art. 3.

Tome V. Hh

242   Ordonnances des Rois de France

CHARLES V.
à Paris, en Novembre 1369.

que par deux des Bourgois de ladicte Ville de Harefleu, & par deux des Marchans de ladicte Ville & Cité de Plaisance, avec le Conseil & Aide dudit Prevost, il puissent pacifier & accorder ensamble sanz amande.

(2) *Item.* Nous voulons que le Bailli de Caux, qui sera pour le temps, ou son Lieutenant, face ausdis Marchans qui descendront de Plaisance en ladicte Ville de Harefleu, livrer maisons & celiers pour eulz & pour leurs biens, par priz convenable ; & que le priz soit fait par deux Bourgois de ladicte Ville de Harefleu, qui seront esleus par lesdiz Marchans de Plaisance, & par deux d'iceulz Marchans, qui seront semblablement à ce esleuz par les Bourgois de ladicte Ville de Harefleu : lesquiex quatre feront serement devant ledit Prevost, que bien & loyaument feront les priz selon le temps.

<small>a d'eux.</small>
(3) *Item.* Nous avons volu & volons que lesdiz Marchans ou aucuns ª, ne soient tenus à respondre ou fait de leurs marchandises & biens quiex qu'il soient, se ce n'est premierement pardevant nostredit Prevost, & d'ilec, par appel, là où il appartendra.

<small>b prouvé.</small>
(4) *Item.* Nous voulons que de tout ce que audis Marchans sera deu pour leurs dictes denrreez & marchandises, se il est congneu, ou souffisamment ᵇ approuvé, nostre dit Bailli ou noz autres Justiciers, qui seront pour le temps, leur facent paier sanz delay, comme noz propres debtes, & au plustost qu'il pourra estre fait bonnement.

<small>c maisons.
d meilleure.
e donner caution.
f conduiront.
g Courretiers.</small>
(5) *Item.* Nous leur avons ottroié & ottroions de nostre dicte grace, que touz ensemble, ou un d'entre eulz de chascun de leurs ᶜ hostelz, où il feront residence, en ladicte Ville, des plus souffisans, ou ceux ou la ᵈ graigneur partie s'accordera, puissent oter & mettre toutes *(a)* eures qu'il leurs plaira, & yceulz presenteront à nostre dit Prevost : lequel les facent ᵉ appligier & faire serement que bien & loyaument il ᶠ menront ledit courretage ; & y garderont le droit de chascun : & ne pourra ledit Prevost ne autre, oster ne mettre ᵍ Corratiers ; fors par la maniere que dit est : & toutes voies aucuns desdiz Courretiers, ne feront Tavernier, Marchant, ne Ostelier, se ce n'est par la volenté & accort dezdiz Marchans.

<small>h à.
i pourveu.
k augmentés ni diminués.</small>
(6) *Item.* Nous voulons que lesdiz Marchans puissent user des pois de ladicte Ville de Harefleu, & peser ʰ toutes heures qu'il leur plaira, sanz payer aucune chose, & yceuls pois bailler à qui que il voudront, qui les tiengne ; mais ⁱ qu'il soit à ce convenable, & fera presenté devant ledit Prevost, & yceulz pois ne feront ᵏ creuz ne amenuisiez ; mais demourront toujours en l'estat où ils ont esté ou temps passé.

(7) *Item.* Nous avons voulu & voulons que se lesdiz Marchans baillent leurs marchandises & biens à aucuns Charretiers, Voituriers, ou autres gens quiex que il soient, à amener & ramener par nostre Royaume, par Mer & par Terre, ou en autres lieux, & yceulz leur en font dommage par leur coulpe ou defaut, que ceux qui ainsi le feront, se il sont trouvés, soient par tous les Justiciers de nostre Royaume, si griefment puniz civilement, selon le cas, que les autres y prengnent exemple ; &
<small>l entierement.
m eus.</small>
lesdiz Marchans ˡ enterinement restituez des pertes & dommages qu'ils auront ᵐ euls & soustenus pour ladicte cause.

<small>n querelle.
o de.</small>
(8) *Item.* Nous voulons que se lesdiz Marchans ou aucuns de euls ou de leurs genz, avoient tenseon, ⁿ meslée, ou riote, à aucun Chevalier, Escuier ou Gentilhomme, ou à autre quiex que il soit, ou à leur gens, que il n'en soient tenuz ᵒ du respondre, se ce n'est premierement pardevant le Prevost, & d'ilec, par appel, pardevant le *(b)* Bailli ou Viconte du lieu, & noz autres Justiciers où il appartendra ; & que par ledit Bailli & Viconte du lieu, lesdiz Marchans ou leurs familiers, soient gardés & deffendus que par les dessus diz Chevaliers, Escuiers ou autres quiex qu'il soient, ou leurs gens, ne soient contrains à respondre devant euls dudit fait, dont se villenie ou mal estoit fait pour ce ou pour ledit fait, que ceulx qui ce feroient,

NOTES.

(a) Eures.] Cet endroit qui est corrompu, sera restitué par l'article 7. d'une Ordonnance qui est à peu près semblable à celle-cy, qui est dans le 3.ᵉ *Vol.* p. 575. On y lit : *toutes heures que il plaira*, Couratiers, &c.

(b) Bailli.] Le Bailli de Caux & le Vicomte de Monstier-Villiers. Voy. le 3.ᵉ *Vol. des Ord.* p. 576. Note *(n)*.

DE LA TROISIÉME RACE. 243

en soient puniz par la maniere que dit est, si que tous autres y prengnent exemple, & que amende, selon la male façon, en soit faite au double, à ceuls à qui ladicte male façon aura esté faicte, & de ceuls qui la male façon feront, ᵃ prins par les Justiciers teles amendes, par quoy ils se doient ᵇ chastier de faire autres foiz le semblable.

(9) (a) *Item.* Nous avons ottroïé & ottroïons ausdiz Marchans, que le pavement & les caiz de ladicte Ville, & les issues soient adoubées & mises en tel estat, par quoy euls & leurs gens puissent bonnement leurs biens & marchandises chargier & deschargier de nuit & de jour, sanz payer aucun Caage, ne Planeage, ne autre chose quelle que elle soit.

(10) *Item.* Nous voulons que les marchandises & biens que les Marchans dessus diz auront & deschargeront en ᶜ Saine, ou dedens le (b) Crot de Leure, ou le ᵈ Able qui vient à Harefleu, soient bailliez par compte au Batelliers, & que yceulz les portent en nostre dicte Ville de Harefleu, & les rendent par conte ausdiz Marchans, sanz delay & sanz aucuns procès, en la maniere que bailliez leur auront esté.

(11) *Item.* Nous voulons que se leurs ᵉ Varlès ou leurs gens ᶠ mussoient ou destournoient par mariage, ou en autre maniere quelle que elle soit, malicieusement les biens de leurs Maistres, que sitost qu'il sera denoncié ou montré par aucune personne ou personnes de leur pays, à aucuns ᵍ de Justiciers des liex, que tantost & sanz delay, il ʰ prengnes les corps d'iceuls ou de celui dont ainsi denunciacion ou demonstrance leur seroit faite, & les tiengnent en prison, jusques à tant que le ⁱ Seigneur ou Seigneurs, ou le Procureur d'iceulx à qui lesdictes marchandises seroient, aient d'iceulx qui ainsi seront prins, eu compte & restitucion de tout le leur : & en oultre que tous les biens qui seroient trouvez en la main d'iceulx, qui ainsi se mesporteroient, soient tantost prinz & bailliez à deux Marchans convenables dudit pays, lesquelz Marchans les recoivent par compte, & rendent par compte aus Marchans à qui il seront, ou à leur certain commandement.

(12) (c) *Item.* Nous leur avons ottroïé & ottroïons que s'il avenoit que aucun des Marchans dessus diz avoient aucune tenson par nuit ou par jour, dont aucun mesfait s'ensuivit par quelque voïe que ce fust, aucuns de eux ne soient pris, contrains, ne dommagiez en aucune cause, fors celui ou ceulz qui auroient fait la male façon : & toutesvoïes Nous ne voulons mie que les marchandises & biens que iceulx porteroient ou auroient de leurs Maistres, soient prinses ne empeschez pour ladicte male façon, ne aussi leurs compaignons, ou leurs biens, qui avecques eulx demourront en un mesme hostel, ne que il soient en aucune chose reprins, ne aient aucun mal ou dommage, pour souffrir avec eulx celui ou ceulx qui la male façon auront faicte, se il entroient en leurs maisons & hostelz : ne soient les biens de celui ou ceulx qui la male façon auroient faicte, partiz de l'ostel ou hostelz ou il seroient trouvez, jusques à tant que il soient declairiez & cogneuz : & les autres biens & marchandises, laissent du tout sanz aucun procez, à ceulx à qui elles seroient par l'assentement des Compaignons de l'ostel, ou des Marchans dudit païz des autres hostelz, se il n'avoient assez des Marchans demourans en yceluy hostel pour ce faire.

(13) *Item.* Nous volons que aucun Prelat, Barons, Chevaliers, Religieux, personnes d'Eglise, ou autres quiex que il soient, ne (d) preignent ou puissent prendre aucunes choses des marchandises & biens dezdis Marchands de Plaisance, se ce n'est par achat & en payant le prix au gré & voulenté de yceulx Marchans.

(14) *Item.* Nous avons voulu & voulons que lesdis Marchans soient gardez par

CHARLES V.
à Paris, en Novembre 1369.
a *soient prises.*
b *corriger.*

c *Seine.*
d *Havre.* Voy. le 3.ᵉ Volume des Ord. page 576. Note (q).
e *Garçons de Boutiques.* Voy. le 3.ᵉ Volume des Ord. page 577. Note (s).
f *cachoient.* Voy. ibid. Note (t).
g *des.*
h *prennent.*
i *Maistre du garçon de boutique.*

NOTES.

(a) *Item.*] Voyez dans le 3.ᵉ Vol. des Ord. p. 576. les Notes sur l'art. 11.

(b) *Crot.*] Voyez le 4.ᵉ Vol. des Ordonn. pp. 424. Note (b) & 427. Note (e), & les *Additions* qui sont à la fin de ce Volume, page CCXLIII. col. 2. sur la p. 427.

(c) *Item.*] Voyez à la page 777. du 3.ᵉ Vol. des Ord. les Notes faites sur l'art. 15.

(d) *Preignent.*] Les marchandises seront exemptes du droit de *Prises*, sur lequel voyez les *Tabl. des Mat. des Ord.* au mot, *Prises.*

Tome V.

Hh ij

Nous & nos Gens & Officiers, qui par eulx ou l'un d'eulx en feroit requis, de toute force, violance, & autres chofes induës, vers tous & contre tous.

(15) *Item*. Nous leurs ottroïons que fi Nous faire aucune armée faifons par Mer ou par Terre ou que ja faiéte fuft, ou feiffions ordenner, ou ᵃ à lever aucune maletofte ou fubfide, foit de 4. deniers pour livre, ou autre impoficion que l'en paye des biens & marchandifes que l'en ᵇ trait hors de noftre Royaume, ou pour vendre ou acheter, ou pour entrer en noftredit Royaume, ou pour le ᶜ Chaable de Leure ou de Harefleu, Tailles pour preft ou pour fubfides, fubventions, Impoficions, ou pour aucune caufe quelle que elle foit à prefent, ou qu'il doye avenir, eulz, tous leurs biens, & leurs nefs par tout noftredit Royaume, en foient frans & quiétes.

(16) *Item*. Nous voulons que fe il avenoit que aucuns ᵈ contens ou defcors meuft en mer ou en Terre, entre Nous & aucuns Seigneurs terriens, defquieux lefdis Marchans fuffent fubgez en aucune maniere, leurs nefs, leurs biens & leurs avoirs, ne foient pour ce empefchiés ne tenus pour aucune caufe; & fe aucuns empefchemens leur avoient efté mis, que fans procès foient tantoft delivrés, & qu'ils foient creuz par leurs feremens, fe lefdis biens feront leur.

(17) *Item*. Se Nous faifons prandre Cire ou ᵉ Vitaille, ou autres biens quiex que il foient, des Marchans deffufdis, Nous voulons qu'il ne foient pris ne oftés de la main defdis Marchans à qui il feront, jufqu'à tant que le marchié en foit fait avec eulx : & fe noz diétes gens & eulx n'eftoient du prix a acort, qu'il foient prifiés par le pris qu'il vaudront, felont le tamps : lequel pris foit ᶠ tantoft fait par le ferement de deux Couratiers les plus fouffifans de ladiéte Ville ; & toutefvoïes que lez biens foient en la main de ceulx à qui il feront, jufques à tant que gré & fattisfaction ou paiement leur en foit fait.

(18) *Item*. Nous leur ottroïons de noftre diéte grace, que en tous les cas qu'il auront defcort ou tençon entre eulx, foit de paroles ou de fait ou d'autres chofes ; ᵍ mais qu'il n'i ait mort ou mehaing, il puiffent elire ʰ d'eulx d'entr'eulx, pour les oyr & mettre a acort : & ce qui fera acordé pardevant lezdis efleuz, par le confentement des Parties, que ledit Prevoft le face tenir & garder ⁱ enterinement : & ou cas que les Parties ne feroient pardevant ceulz ainfi efleuz, à acort, il Nous plaift qu'il aillent devant ledit Prevoft, & qu'il prengne le fait en l'eftat qu'il fera devant lezdis efleuz, & lez ᵏ delivre fans procès, felon le fait.

(19) *Item*. Nous voulons que le Hable de Harefleu foit fait tel & fi bon, comme il pourra eftre fait par aucune voye, & toutesfois que ˡ meftiers fera, amandé en telle maniere, que les nefs, marchandifes & biens dezdis Marchans, y puiffent aler & venir fans peril : Et n'eft mie noftre entente, que lezdis Marchans ne leurs biens, en foient tenuz de payer aucune redevance, contribucion ou autre chofe quelle que elle foit.

(20) *Item*. S'il avient que les Marchans deffufdis, treuvent en leurs Maifons ou Celiers, aucunes gens qui leurs voulfiffent pranre leurs biens par larrecin, ou contre leur voulenté, Nous voulons qu'il les facent prendre & bailler aux Juftices du lieu, pour lez en punir civilement : & ne voulons que pour ledit fait, ne pour eulz plaindre aux Jufticiers d'aucuns larrecins, fe il leur font fais, eulz ne leurs biens foient pour ce contrains, ne aient aucun mal ou dommage.

(21) *Item*. Nous faifons grace efpecial aufdis Marchans, que fe eulx ou aucun d'eulx ou tamps paffé, ont fait chofes quelles que elles foient, dont à Nous apparteigne ou doye appartenir aucune amende, ou amendez, eulx jufques aujourd'uy, en foient quiétes.

(22) *Item*. Nous voulons que lez diz Marchans foient & demeurent en ladiéte Ville, & s'en partent eulz & leurs biens, quand il leur plaira, frans & quiétes de toutes Couftumes & Amendes à Nous appartenantes, fi comme deffus eft dit; & que fe en aucune chofe, il eftoient à Nous tenus, aucuns d'eulx ne foit tenus à refpondre, fors pour foy tant feulement : & en oultre il Nous plait & auffi voulons, que de & fur toutes leurs marchandifes & denrrées, que il feront ᵐ en ladiéte Ville, il puiffent faire

DE LA TROISIÉME RACE. 245

ordonnance, & admoderer le pris d'icelles, toutesfois que il leur plaira, en la maniere que font en ladicte Ville, lez autres Marchans de Portugal.

(23) *Item.* Leur avons octroyé & octroyons, que pour ce que eulx qui sont de loingtains païs, puissent miex faire & avoir leur demeure en paix, en ladicte Ville de Hareffleu, & eulz garder d'aucunes tençons, riotez, meslées, dommages & autres choses qui par entre eulx pourroit advenir, que eulx ensamble, ou la graingneur & plus saine partie de eulx, puissent sur eulx & sur leurs biens, marchandises & franchises, ordenner, si comme il leur plaira; excepté de congnoissance de Cause; fors d'icelles qui icy [a] dessus leur sont ottroyées; & sans ce que l'Ordenance qu'il feroient, lie ou puisse lier aucuns autres noz subgez.

(24) *Item.* Nous leur avons ottroyé & ottroyons, que se aucuns de leurs [b] Vallès faisoient aucunes obligacions de debtes ou de [c] plegerie ou en autre maniere, envers aucuns noz subgez ou autres, lez Maistres d'yceulx Varlès qui se feroient, ne leurs biens & marchandises, ne soient pour ce tenus ou oblegez, arrestés ne empeschés en aucune chose, se le leur Maistre n'apparoit procuration souffisant: & pour-ce que aucuns de noz subgès n'ayent de ce ygnorance, ne [d] n'enquerent en aucun dommage, Nous voulons & commandons que le Viconte de Monstier-Villier le [e] facent crier solempnellement en ladicte Ville de Hareffleu, & par tous les autres lieux de sa Viconté, où il appartendra & sera bon de faire.

(25) *Item.* Et pource que les Marchans dessus dis [f] auventurent souventesfois par fortune de tamps, en nostredit Royaume, leurs nefs, vasseaux & leurs biens qui dedens sont, Nous voulons & leur ottroyons, que chascun des Justiciers en quelle Jurisdicion ou destroit il se avanturoient ; face mettre personnes jurées pour garder lezdis biens & nefs, & facent crier solempnelment là où il appartendra, en ladicte Juridicion, que tous ceulx qui auront ou pourront trouver ou savoir aucuns dezdis biens, lez portent sans delay aus Justiciers du lieu ou lieux, lezquiex les facent mettre en seure & sauve garde, & les delivrent tost & sans delay, à ceulx à qui il seront, se il sont presens; & se presens ne sont, aus Marchans de ladicte Ville & Cité de Plaisance, qui les requerront: Ainssi toutesvoies que satisfacion competente soit faicte à celui ou à ceulx qui les auront trouvés & sauvées, selon la painne que mise y auront : Et ou cas que depuis ledit cri, aucuns d'iceulx biens dezdis Marchans seroient trouvé [g] & en autre main que en la main dezdis Marchans, ou à leur certain commandement, que ceulx qui les auront trouvés, & les retendroient malicieusement depuis ledit cri, soient contrains à l'amende, selon le cas, si que ce soit example à tous autres, & lesdis Marchans restitués de leurs biens.

(26) *Item.* Il Nous plaist & voulons que pource que le [h] Hauble de ladicte Ville de Hareffleu, pourroit empirier, dont il convendroit lesdis Marchans [i] amarer en la Ville de Leure, & illec leurs denrrées & marchandises deschargier, parquoy le Prevost d'icelle Ville de Leure, leur pourroit faire aucune demande, & les mettre en Cause, & faire plusieurs dommages, que yceulx Marchans & chascun d'eulx, pour eulx, leurs successeurs, leurs marchandises & biens, soient frans & quictes de toutes Coustumes, Amendes, [k] deffaut appartenans audit Prevost de ladicte Ville de Leure, aussi & en la maniere qu'il sont d'icelles qui appartiennent au Prevost de Hareffleu.

Lezquelles franchises & Libertés, & chascune d'icellez ci dessus specifiées & divisées, Nous avons acordées & octroyées de nostre dicte grace, auxdis Marchans de Plaisance, pour eulx & leurs successeurs, & à chascun d'eulx; & voulons que elles leur soient fermement tenuës & gardées sans enfraindre, ores & ou tamps à venir, & qu'ils soient maintenus & gardez en toutes & chascune d'icelles, tant comme il descendront & hanteront communelment lezdiz Port & Ville de Hareffleu. Si donnons en mandement à noz amés & feaulx Conseillers, nos Generaulx Tresoriers à Paris sur le fait des Aides, tant pour la delivrance [l] de Monsr. que Dieux absoille, comme pour la deffense de nostre Royaume, & à tous Commis & deputez sur lesdiz fais, ou l'un d'iceulz, à nostre Admiral & Visadmiral, au Bailli de Caux, au Viconte de Monstier-Villier, au Prevost de Hareffleu, & à tous les Justiciers, Officiers &

Hh iij

CHARLES V.
à Paris, en Novembre 1369.

a *Voy. cy-dessus, l'art.* 1.

b *Voy. cy-dessus,* p. 243. Not. (e)
c *cautionnement.*

d *n'encourent.*

e *face.*

f *Voyez le 3.e Vol. des Ord.* pag. 579. Note (*dd*).

g *& est inutile.*

h *Havre.*
i *Voyez le 3.e Vol. des Ord.* pag. 579. Note (*dd*).

k *Voy. ibid.* pag. 574. Note (*b*).

l *du Roy Jean.*

246 Ordonnances des Rois de France

CHARLES V.
à Paris, en Novembre 1369.

ſubgez de noſtre Royaume, preſens & à venir, & à chaſcun d'eulz, ou à leurs Lieutenans, ſi comme à lui appartendra, que contre ceſte preſente grace & le vray entendement d'icelle, ne empeſchent ou moleſtent, ou ſouffrent empeſchier ou moleſter leſdiz Marchans ou aucuns d'eulz, en aucune maniere; mais tous empeſchemens & moleſtacions qui mis y ſeroient, comment que ce feuſt & peuſt eſtre, oſtent ou facent oſter ſanz delay, & noſtredicte grace tieingnent & gardent fermement, & facent tenir & garder ſanz enfraindre, & en facent & leſſent uſer & joïr paiſiblement leſdiz Marchans & aucuns *a* ſanz aucun contredit; & ſe empeſchement y avoit eſté mis par eulx ou aucuns d'eulz, ou par autre, que yceului oſtent ſanz delay, en accompliſſant noſtre dicte grace & octroy, ſelon ce que deſſus eſt deviſé. Et que ce ſoit choſe permanable, &c. Sauf, &c. *Ce fu fait à Paris, l'An de grace mil CCC. LXIX. & de noſtre Regne le VIe ou mois de Novembre.*

Ainſi ſignées. Par le Roy, à la relacion du Conſeil, ouquel vous, l'Arceveſque de Senz, l'Abbé de Feſcamp, Monſ. de Chaſteillon, Monſ. P. de Villiers, N. *b* Branq. & J. Des Marciz, eſtoient.   BUGNEUS.

a d'eux.

b Il y a une marque d'abreviation ſur ce mot.

CHARLES V.
à Paris, en Decembre 1369.

(*a*) *Lettres qui aboliſſent, moyennant une redevance annuelle, les Appeaux volages, dans les Villes de Chaourſe, des Boulliaux & de Vien.*

CHARLES, &c. Savoir faiſons à tous preſens & avenir, à Nous avoir eſté expoſé de la partie de nos bien amés les Religieux, Abbé & Convent de S^t. Denis en France, & des habitans des Villes de (*b*) Chaourſe, des Boulliax & de Vien ſur Aiſne, *a* hoſtes & ſubgez deſdiz Religieux de Saint Denis, que comme il aient eſté, & ſoient grandement grevez & dommagiez, tant pour occaſion & fait des guerres, comme pour les Aidez aians cours en noſtre Royaume; & auſſi leurs ſoient faiz communement pluſieurs griefs, excez, fraudes & malices, ſoubs umbre & pour cauſe des Couſtumes des Appeaulx volaiges & frivoles, dont l'en uſe es diz lieux; pourquoy il ſont moult travailliez & empeſchiez, decheuz & amenris de leur chevance, & encore ſeroient plus; car pluſieurs inconveniens ſe pourroient *b* enſuivre, ſe par Nous ne leur eſtoit pourveu d'aucun gracieux remede: pourquoy Nous ont humblement ſupplié, que yceulx Appeaulx volages & frivoles, dont l'en uſe eſdiz lieux, vüeillons oſter & adnuller, & d'iceulx, leſdits Religieux, leur Bailli, (*c*) Juſtice, Sergens, Officiers, & les diz habitans exoſans affranchir & délivrer; & pour le proffit que Nous y povons avoir, les diz habitans, Bailli, Juſtice, Sergens & Officiers, Nous devront & rendront pour chaſcun Feu de Chief d'Oſtel, chaſcun an, en *c* la maniere que cy apres ſera contenu, *c* 11. ſols Pariſis. Et Nous qui deſirons de tout noſtre cuer, les diz Religieux & les diz habitans & noz autres ſubgez, tenir, garder & nourrir en pais & tranſquillité, & yceulx garder & défendre de griefs, oppreſſions & moleſtacions indeuës, pour conſideracion des choſes deſſus dictes, & la grant faveur & devocion que Nous avons à la dicte Egliſe de Saint Denys; & auſſi pource que Nous a apparu, que noſtre très chier Seigneur & Ayeul le Roy Philippe, dont Diex ait l'ame, en cas pareil, en a afranchi des diz Appeaulx, les Abitans de pluſieurs

a Voy. les Tab. des Mat. des Vol. des Ord. au mot, Hoſtes.

b enſ. R.

c Jeux.

NOTES.

(*a*) Treſor des Chartres, Regiſtre 100. Piece 479.

Voyez cy-deſſus, p. 93. des Lettres qui ſont preſque entierement ſemblables à celles-cy; du moins par rapport aux diſpoſitions. L'on pourra conſulter les Notes qui ont eſté faites ſur ces premieres Lettres.

(*b*) *Chaourſe.*] Dans le Poüillé de l'Abbaye de Saint Denis, qui eſt à la fin des Preuves de l'Hiſtoire de cette Abbaye, par D. Felibien, p. CCXXII. l'on trouve *Chaourſe* & *des Boulliaux*, dans le Dioceſe de *Laon*; mais il n'y eſt point parlé de *Vien*.

(*c*) *Juſtice.*] Ce mot qui eſt ſouvent repeté dans ces Lettres, y eſt toujours ainſi écrit, à l'exception de deux endroits où il y a *Juſticiers*; & je crois qu'il faudroit toujours lire ainſi.

Villes de la Prevosté Foraine de Laon, les dessusdits Appeaulx & adjournemens frivoles, quels qu'il soient, dès maintenant avons ostez & abastuz, ostons & abatons du tout, à tousjours perpetuelment, en tant qu'il touche lesdiz Religieux, leur Bailli & Officiers, & les Justices & habitans des dictes Villes de Chaourse, de Boulliaux & de Vien; exceptez Appeaulx & adjournemens pour defaut de droit, ou pour faux & mauvais jugemens; & yceulx Religieux, leur Bailli, Justiciers, Officiers, Sergens & habitans, supplians pour eulx & pour leurs successeurs, affranchissons & delivrons desdits Appeaulx volages & frivoles, à tousjours, & de tous adjournemens qui pour cause d'Appeaulx volages, ou pour fait sur l'appel, se pourroient, povoient ou soloient faire avant nostredit affranchissement : parmi & sur les condicions qui cy-après s'ensuient; c'est assavoir, que touz les Bailli, Justice, Sergens, Officiers & habitans des Villes dessus nommées, & leurs successeurs; exceptées les personnes qui n'estoient pas subgetes auxdits Appeaulx, seront tenuës à Nous de paier pour chascun chief de Feu d'Osteil, chascun an, au jour de Saint Martin d'iver, en la Ville de Laon, deulz solz Parisis, lesquelz il paieront à nostre Receveur de Vermendois pour Nous, ou à ceulx qui pour Nous & noz successeurs, seront deputez à recevoir, sans servitute que on puist dire ou proposer ou opposer ne demander sur eulx, ne sur leurs personnes, ne leurs successeurs, pour ceste redevance: Et s'il aviens que aucuns des habitans [a] qui feussent non paiables, les biens payaubles les seroient payaubles, en telle maniere que Nous & noz successeurs aurons entierement les II. solz dessusdiz, pour chascun chief de Feu d'Osteil, en la maniere que dit est : excepté les Clers, & mendians qui par indigence [b] quierent du pain pour Dieu communement sanz fraude, par les dictes Villes, lesquelz ne seront point comptez ne tenuz à paier comme les autres, ne lesdits Religieux ou habitans pour eulx : Et se il avient que aucun des soubz manans desdictes Villes, voisent demourer hors d'icelles, en lieu qui soit subget auxdits Appeaulx, il ne joieront pas d'icelle franchise, tant qu'il demourront hors des dictes Villes, en lieu subget auxdits Appeaulx, comme dit est : & se lesdiz Religieux, leur Bailli, Justice ou Officiers, ou les diz habitans, appelloient aucuns autres subgets aux dits Appeaulx volages, qui n'aient semblable franchise, les appellans pourront poursuir leurs Appeaulz, se il leur plaist; & ou cas que il ne les poursuiront, ceulx qui auront appellé, les pourront poursuir de leur interest, pardevant noz Gens; & à ce seront tenus de respondre par voie de adjournement; & se il sont condampnez, il paieront l'amende pour la *(a)* Court demourée tant seulement, & les *(b)* deffaus, se en deffaut se mettoient, après l'ajournement dessus dit; & ou cas où la Partie appellée ne feroit demande de son interest, noz Gens ou Officiers ne pourroient poursuir les Appeaulx, ne traire à Amende pour cause desdits Appeaulz, ne de defaut de poursuir yceulz : & ou cas que personne estrange appelleroit les dits Religieux, leur Bailli, leur Justice ou Officiers, ou les Maires & les Eschevins des Villes dessus nommées, ou aucun d'iceulx habitans, pour quelconque cas, culx ou aucuns d'eulx ne seroient tenuz en ce cas, de venir ne obéir aux dits Appeaulx volages : & n'est pas nostre entente, que se il y a aucuns Clers habitans ès dictes Villes, qui aient personnes layes demourans en leurs Hosteilz, que lesdites personnes layes puissent joir ne user de ladicte franchise, se il ne paient les II. solz dessusdits, comme les autres habitans d'icelles Villes ; reservées à Nous les appellacions de defaut de droit ou de mauvais & faux jugement, & les adjournemens, & tous autres

CHARLES V.
à Paris, en Decembre 1369.

a ce mot est inutile.

b cherchent.

NOTES.

(a) La Court demourée.] Dans les Lettres qui sont imprimées cy-dessus, on n'avoit pû dechiffrer ces mots, qui estoient écrits en abregé. [*Voyez p. 94. Note (c).*] Je crois qu'ils signifient, *pour n'avoir pas poursuivi en Justice, l'assignation qu'ils avoient donnée.*

(b) Deffaus.] Cette leçon est meilleure que celle que l'on a suivie à la p. 94. où l'on avoit lû, *& les deffendeurs, si en deffense se mettoient,* parce qu'il n'y avoit dans le Registre que *deff.* avec une marque d'abreviation. Cela signifie, que si ceux qui ayant commencé le procès, & ne se poursuivant point, sont ajournez pour le poursuivre, & ne comparoissent point, ils seront condamnez par *defaut*, & payeront les frais de ce *defaut.*

CHARLES V.
à Paris, en Decembre 1369.

cas à Nous appartenans pour cas de souverainneté, comme dit est : & pour ce que lesdits habitans des dictes Villes, ne soient contrains par nostre Receveur, Gens ou Officiers, à payer chascun an, pour plus grant nombre de Feulx que il n'aura en ycelles Villes, Nous avons ordené, pour paix & pour oster toute fraude, que chascun an, les Feux des dictes Villes seront comptés à la S.t Remy, par nostre Receveur de Vermendois ou par son deputé, sanz prendre pour ce autres deppens ou salaire sur les diz Religieux, leurs Bailli, Justiciers, Officiers, Sergens & habitans, & par la Justice d'icelles Villes, pour savoir justement combien lesdiz habitans Nous devront pour ce chascun an; & sera la monnoye pour lesdiz habitans, levée & païée par la Justice d'iceulx lieux, ou par leur deputé, chascun an, en la Ville de Laon, à nostredit Receveur ou à son deputé, au terme & jour de la S.t Martin d'yver, si comme dessus est dit, sanz demander ne lever Amende, se il estoient en deffaut de païer au jour S.t Martin d'yver dessusdit. Si donnons en mandement à noz Bailli & Procureur de Vermendois, au Prevost Forain de Laon, & à tous noz autres Justiciers & Officiers, presens & avenir, & à leurs Lieutenans, & à chascun d'eulx, que de nostre presente grace, ottroy, Ordenance & afranchissement, facent, sueffrent & leissent les diz Religieux, leurs Gens, Bailli, Justice, Sergens & Officiers, les diz habitans de Caourse, de Boulliaux & de Vien, & chascun d'eulz, joïr & user à tousjours paisiblement & à plain, en la maniere dessus dicte, & que en ce ne leur mettent ne sueffrent estre miz aucun empeschement ; maiz se fait ou mis le trouvoient au contraire, que il le ostent & ramenent ou facent ramener & mettre sanz delay à estat deu, selon la teneur de nostre dicte grace & ordennance ; & à nostre Receveur dudit Baillage de Vermendois, qui est à present ou sera ou temps avenir, que la dicte rente Nous rende d'ores en avant en ses comptes, entre les autres partiez de sa Recepte, en la fourme & maniere qu'il fait & a acoustumé de faire des

* afranchis. R.

autres Villes de la dicte Prevosté, * afranchises pareillement & en cas semblable des Appeaulx volages dessus dits : lesquelles choses dessus dictes & chascune d'icelles, Nous voulons ainsy estre faictes, & l'avons octroyé & octroyons aux diz Religieux, Bailli, Justice, Sergens, Officiers & habitans, de nostre certaine science & auctorité Royal & grace especial ; nonobstant usages ou Coustumes quelconques du temps passé gardées au contraire ; lesquelles, quant à ce, Nous mettons au néant par ces presentes. Et pour ce que ce soit ferme chose, &c. sauf, &c. *Ce fu fait & donné à Paris, l'an de grace* M. CCC. LXIX. *& de nostre Regne le* VI.*e ou mois de Decembre.*
Ainsy sign. Par le Roy, en ses Requestes. P. DE VERGNY. *Visa.*

CHARLES V.
à Paris, en Decembre 1369.

PHILIPPE IV.
dit le-Bel, à Paris, en Juin 1304.

(*a*) Privileges accordez à l'Abbaye de Valloire. [*Voyez Note* (*b*).]

KAROLUS, &c. *Notum facimus universis tam presentibus quam futuris, Nos Litteras inclite recordacionis Philippi Pulchri, condam Regis Franc. vidisse, sub hac forma.*

PHILIPPUS *Dei gracia Francorum Rex. Notum facimus universis tam presentibus quam futuris, quod Nos dilectorum nostrorum Abbatis & Conventus de* (*b*) *Valeriis, Cisterciensis Ordinis, supplicacionibus annuentes, eisdem ac Ecclesie sue duximus concedendum, quod ipsi acquisita omnia ab eis, &c* (*c*). *Quod ut firmum permaneat in*

NOTES.

(*a*) Tresor des Chartres, Registre 100. Piece 7 vingt 10. [150.]

(*b*) *De Valeriis.*] L'on ne trouve point dans le 4.e *Tome de la Gall. Christ.* 1. *Edit.* l'Abbaye nommée *de Valeriis.* Entre les Abbayes de l'Ordre de Citeaux, celle dont le nom approche le plus *de Valeriis,* est celle de *Valleriis, Valloire,* dans le Diocese d'*Amiens.* Voy. p. 907. col. 2.

(*c*) Les Privileges accordez à cette Abbaye, sont precisément les mêmes que ceux que Philippe-le-Bel accorda la même année & le même mois, à l'Abbaye d'*Eschaalis,* & qui sont imprimez dans le 4.e *Vol. des Ord.* p. 343.

On peut seulement remarquer que dans l'article 4. des Lettres pour *Eschaalis,* il y a, *advocaciones,* & que dans celles-cy, il y a, *advaciones.*

futurum,

DE LA TROISIÉME RACE.

futurum, presentibus Litteris nostrum fecimus apponi sigillum: salvo in aliis jure nostro & in omnibus alieno. Actum Parisius, anno Domini M.° CCC.° quarto, mense Junio.

Quas siquidem Litteras & omnia contenta in eisdem, in quantum usum est de ipsis, ratas & gratas habentes, eas laudamus, approbamus, ratificamus, & tenore presencium, quatenus usi sunt prefati Religiosi, ut dictum est, de nostra speciali gracia, auctoritate Regia & certa sciencia confirmamus. Que ut roboris obtineant firmitatem, &c. salvo, &c. Datum Parisius, anno Domini M.° CCC.° LXIX.° & Regni nostri sexto, mense Decembris.

Per Regem, ad relacionem Consilii. MIGNON.
Collacio facta est cum Litteris originalibus superius insertis. Ego scriptor.
MIGNON. *Visa.*

CHARLES V.
à Paris, en Decembre 1369.

(a) Lettres qui portent que deux Bourgeois d'Angers, élûs par l'Université de cette Ville, pour faire prêter aux Membres de l'Université, l'argent dont ils auront besoin, joüiront de tous les Privileges qui lui ont esté accordez.

CHARLES V.
à Paris, à l'Hôtel de S.t Pol, en Decembre 1369.

KAROLUS, &c. Notum facimus universis presentibus pariter & futuris, quod Nos contemplacione dilecte Filie nostre, Universitatis, Doctorum, Magistrorum & Scolarium, in studio Ville nostre Andegavensis studencium, eidem Filie nostre dedimus & concessimus, damus & concedimus de gracia speciali per presentes, ut duo Burgenses qui Andegavie morabuntur, & quos ad mutuandam peccuniam, aut alias debitas financias, Doctoribus, Magistris & Scolaribus in dicto studio studentibus, pro suis in ipso studio neccessitatibus habendis, faciendas, ipsi Doctores jam elegerunt aut eligent, ac nostro Preposito Andegavensi presentabunt, speciali nostra proteccione, sicut ipsi Scolares, Magistri & Doctores, gaudeant pacifice & utantur; & eciam ab omnibus tailliis, communibus expensis & contribucionibus dicte Ville, penitus sint immunes; quodque Doctores predicti studii, cum alios Burgenses ad hoc voluerint eligere, possint eos mutare, ac dicto Preposito electos presentare: qui prefati Burgenses previlegiis hujusmodi gaudebunt; dum vero Constituciones & Ordinaciones Regias observent, & specialiter contra Usurarios editas pro utilitate publica Regni nostri. Quocirca Preposito nostro Andegavensi, ceterisque Justiciariis nostris qui nunc sunt & qui erunt pro tempore, eorumque Locatenentibus, ac ipsorum cuilibet, prout ad eum pertinuerit, damus serie presencium in mandatis, ut Filiam nostram antedictam & Burgenses supradictos, dum, ut dictum est, electi fuerunt & eciam presentati, nostra presenti gracia uti faciant & gaudere pacifice & quiete, nichil in contrarium permittentes attentari; sed attentata, si que fuerint nunc aut in posterum, ad statum pristinum & debitum reducant aut reduci faciant indilate; ordinacionibus factis seu eciam faciendis nonobstantibus quibuscumque. Que ut majorem obtineant roboris firmitatem, & firma & stabilia permaneant in futurum, sigillum nostrum presentibus fecimus apponi: nostro in aliis jure salvo & in omnibus quolibet alieno. Datum Parisius, in Domo nostra prope Ecclesiam Sancti Pauli, anno Domini M.° CCC.° LXIX.° & Regni nostri anno sexto, mense Decembris.

Per Regem, in suis Requestis. MIGNON.

NOTE.

(a) Tresor des Chartres, Registre 100. Piece 421.

Tome V.   Ii

250   Ordonnances des Rois de France

CHARLES V.
à Paris, le 6. de Fevrier 1369.

(a) Ordonnance qui fixe le prix des Monnoyes; & qui renouvelle les anciennes Ordonnances sur le fait des Monnoyes.

CHARLES par la grace de Dieu Roy de France: Au Seneschal de Beaucaire ou à son Lieutenant: Salut. Comme par pluseurs fois Nous aions mandé par noz ^a Lettres patentes ouvertes & closes, que les Ordenances faites sur le cours de noz Monnoies, par grant deliberacion de nostre Conseil, pour le evident proufit de tout le pueple de nostre Royaume, vous feissiez tenir & garder senz les enfraindre; si que nul ne preist ou ^b meist aucune Monnoie d'Or ne d'Argent, pour aucun pris; fors celles ausqueles nous avons donné cours par les dites Ordenances; Et nous aions entendu & soiens bien enformez par les Gens de nostre Conseil & autres, que de faire tenir & garder lesdites Ordenances, vous avez esté & estes refusans ou negligens, & que par deffaut de justice ou de punicion, toutes Monnoies, soient d'Or ou d'Argent, faites en nostre Royaume ou dehors, ont cours pour tel pris comme il plaist à un chacun, en grant deception & dammage ^c de tout le pueple de nostre Royaume mesmement; car pluseurs Monnoies d'Or & d'Argent, faites hors de noz bonnes Monnoies, & d'autres Coing que de nostre Royaume, sont prises & mises pour plus grant pris qu'elles ne valent; desqueles choses Nous desplest très ^d forment; & nous y monstrez très petite obeissance: Nous qui desirons de tout nostre cuer, le bien & proufit de noz subgiez & de tout le pueple de nostredit Royaume, & qui voulons & entendons continuer & faire faire les Monnoies d'Or & d'Argent que nous faisons faire à present, senz riens y muer ni changier, vous mandons & expressement enjoignons, &, se ^e mestier est, commettons & estroitement commandons; que tantost ces Lettres veuës, vous faciez crier & publier par les lieux notables & acoustumez de vostre Seneschaucie & ressort d'icelle, que nulz, sur poine de corps & d'avoir, soit si hardiz de ^f perdre ou mettre en ^g appert ou en repost, en fait de marchandise ou autrement, comment que soit, & pour quel prix que ce soit, aucune Monnoie d'Or ou d'Argent queles que elles soient, soient des Coings de France ou d'autres; mais soient mises au marc pour billon; excepté celles ausqueles Nous avons donné & donnons cours par lesdites Ordenances & par ces presentes; c'est assavoir, les Frans d'Or ^h & les Fleurs de Lis d'Or fin, que nostre très chier Seigneur & Pere que Dieu absoille, fist faire, & que Nous avons fait & faisons faire, pour vingt solz Tournois la Piece, & non pour plus; les bons Deniers d'Argent fin, que nostredit Seigneur fist faire, & que Nous avons fait faire, pour quinze Deniers Tournois la Piece; & les Blans Deniers que Nous avons aussi fait & faisons faire, pour cinq Deniers Tournois la Piece; & les petiz Parisis & petiz Tournois, pour un Denier Parisis & pour un Denier Tournois la Piece, & non pour plus; & que toutes autres Monnoies tant d'Or que d'Argent, comme dit est, soient mises au marc pour billon, senz jamais avoir plus cours: Et avec ce, affin que nul ne se puisse dire ignorant, ne soi excuser de non savoir noz dites Ordenances & ces presentes, Nous voulons & vous mandons, que vous faciez jurer en voz mains, tous Changeurs,

a Lettres Patentes & de Cachet.
b donnât.
c de nous &c. R. M.
d fortement.
e besoin.
f prendre. R. M.
g publiquement ou secretement.
h fin. R. M.

NOTE.

L'Original de ces Lettres est à la Bibliotheque du Roy, Liasse intitulée, *Monnoye*, n.° 47.

Elle est aussi dans le Registre *D.* de la Cour des Monnoyes de Paris, *fol.* six vingt dix-huit *vers.* [138.] Elle est adressée au Prevost de Paris.

Dans ce Registre avant cette Ordonnance, il y a : *Le XXII jour de Fevrier, l'an mil trois cens soixante neuf, furent apportées en la Chambre des Monnoyes, trente deux grans Lettres Royaulx, adressans aux Seneschaulx, Bailliz & Prevostz du Royaume, desquelles la teneur s'ensuit. Mandement pour faire crier & publier les Ordonnances des Monnoyes.*

L'on a déja remarqué qu'anciennement, l'on envoyoit un Original des Ordonnances, à chacun des Baillis & Seneschaux du Royaume, avec une adresse pour chacun d'eux en particulier. Quoique ces Originaux soient semblables par rapport aux dispositions, cependant il y a quelquefois quelque legere difference dans les expressions.

DE LA TROISIÉME RACE. 251

Marchans, Drapiers, Espiciers, & touz autres gens de meftier, que il ne prandront ne bailleront, ne feront prandre ne bailler aucunes Monnoies, foit d'Or ou d'Argent, pour aucun pris; excepté celles aufqueles Nous donnons cours, comme dit eft; mais les mettent toutes au marc pour billon.

Item. Que nul, fur ladite poine, ne foit tant ofez ne fi hardiz de faire contraux ne ª marchander à fommes de mars d'Or ou de mars d'Argent, de Florins d'Or, de Monnoies d'Argent deffenducs cy-deffus, à Gros de Flandres, ᵇ né à Gros Tournois viez, ne autrement; fors feulement à folz ou à livres, & de noz Monnoies d'Or & d'Argent deffufdites, & pour le prix que Nous leur donnons cours: Et ce fait, fe vous povez trouver ou favoir aucuns prenans ou mettans, ou avoir pris ou mis depuis ledit cry, aucunes defdites Monnoies deffendues, foient d'Or ou d'Argent, ou les portans ou avoir portées hors de noftre Royaume, ou en *(a)* effongnant la plus prochaine de noz Monnoies, Nous, pour caufe de la défobeiffance, voulons & ordenons, que icelles Monnoies foient forfaites & acquifes à Nous, & que il ᶜ l'amendent, & foit l'amende ᵈ taxée par vous, tele & fi grant, *(b)* felon leur vaillant, que ce foit exemple aux autres; & que icelles Monnoies foient portées à la plus prochaine de noz Monnoies du lieu où elles feront prifes, & livrées aux Gardes & Maiftres d'icelles: defqueles Monnoies ainfi forfaites, & qui feront trouvées portans en effoignant la plus prochaine de noz Monnoies, ou hors de noftre Royaume, Nous voulons que vous ayez & praigniez le quart oultre vos gages, par la main defdits Maiftres Particuliers & Gardes de noz Monnoies, afin que vous foiez & doiez eftre plus diligent & curieux de mettre à execution le contenu de ces prefentes: Et nous donnons en mandement par ces mefmes Lettres, aufdiz Maiftres & Gardes, que ledit quart defdites forfaitures, il baillent & delivrent à vous & à vos commis & deputez à ce, en prenant Lettres de recognoiffance, & le furplus à Nous ou à noz commis à ce; & lefdites Amendes eftre exploitées & receues par nos Receveurs des lieux; defqueles Amendes nous veulons auffi que vous aiez le quart par leur main. Si faites & accompliffiez telement le contenu de ces prefentes, que vous nous y faciez plaifir; faichans pour certain, que fe vous ne le faites, Nous vous y monftrerons noftre deplaifir, & vous en ferons punir par tele maniere, que ce fera exemple aus autres. Si gardez que en ce n'ait aucun deffaut. *Donné à Paris, le fixieme jour de Fevrier, l'an de grace mil trois cens foixante & neuf, & le VI.ᵉ de noftre Regne.* *(c)*

CHARLES V.
à Paris, le 6. de Fevrier 1369.

a *commencer.*
b *vararons.* R. M.

c *payent l'amende.*
c *taxée.*

NOTES.

(a) En efloingnant.] En ne les portant point à la plus prochaine Monnoye.
(b) Selon leur vaillant.] Selon la quantité de la Monnoye qui aura efté faifie; ou peut-eftre, felon les facultez & biens de ceux fur qui elle aura efté faifie.
(c) Dans le Regiftre de la Cour des Monnoyes, il y a enfuite: *Ainfi figné. Par le Roy, à la relation du Confeil, & des Generaulx-Maiftres des Monnoyes.* P. BLANCHET.

(a) Reglement pour le commerce de la Marée, dans la Ville de Roüen.

CHARLES V.
à Paris, en Fevrier 1369.

SOMMAIRES.

(1) *La Marée que l'on amenera à Reüen, fera apportée dans le marché; & l'on ne pourra la vendre qu'au premier coup de Prime.*
(2) *L'on ne pourra mettre la Marée que dans les lieux accouftumez, & non dans des maifons particulieres; à l'exception des paniers de Ha-*

rangs frais qui feront entamez, que les Détailleurs pourront porter dans leurs maifons.
(3) *Les Caques de Harang que l'on apportera, feront déliées à l'heure de Complies; & celles qui feront apportées après cette heure, ne pourront eftre déliées.*
(4) *Les Marchands de Marée ne pourront la vendre en gros ni en détail, que par l'entremife*

NOTE.

(a) Trefor des Chartres, Regiftre 100. Piece 411.

Tome V.   Ii ij

CHARLES V.
à Paris, en Février 1369.

SOMMAIRES.

des Vendeurs de Marée; & ils ne pourront la vendre que le Vendredy.

(5) La Marée qui aura été peschée un an avant qu'on la vende, sera venduë séparement de celle qui aura esté peschée dans l'année.

(6) On ne pourra plus vendre dans la Place le Poisson que l'on aura porté dans les Boutiques, dans lesquelles on pourra seulement le vendre.

(7) Il est deffendu à ceux qui vendent le Poisson en detail, d'aller dans la Ville & dans la Baulieuë de Roüen, à la rencontre de la Marée que l'on y apporte, pour l'acheter.

(8) Les paniers dans lesquels on apportera de la Marée à Roüen, seront de la même grandeur que ceux dont on se sert à cet effet, à Paris.

(9) On ne mettra point dans le même panier, du poisson de deux Marées, ny dans les paniers de Marée, des herbes ni d'autres choses qui puissent la corrompre.

(10) Il y aura dans chaque panier, cinquante maquereaux salez, ou soixante frais.

(11) On ne pourra serrer avec une corde, les paniers où il y aura des Poissons à escaille. [Voy. p. 254. la Note (d).

(12) Il y aura au moins six Vendeurs de Marée. Ils ne pourront faire le commerce de la Marée, ni estre en société avec ceux qui le font.

(13) On eslira un Marchand de Marée, un Vendeur, & un Marchand en detail, qui priseront la Marée que l'on prendra pour le Roy ou pour le Duc de Normandie; & qui visiteront la Marée, pour voir si elle est fraiche ou corrompuë.

(14) Lorsque les Marchands auront exposé la Marée en vente dans la Ville, ils ne pourront plus la cacher pour la porter ailleurs.

(15) Il y aura un valet qui pendant la nuit, gardera la Marée dans la Hale.

CHARLES, &c. Savoir faisons à tous presens & avenir, que comme sur le fait du mestier & Marchandise de Poissonnerie de Mer, en la Ville de Roüen, ait esté faite n'agaires certeinne Ordonnance par le Maire de la Ville de Roüen, (a) au & non de nostre Bailli de Roüen ou autres quelconques, appartient, si comme l'on dit, l'ordonnance & congnoissance de tous les mestiers de la dicte Ville; & par especial, dudit mestier de Poissonnerie; laquelle Ordonnance faicte par les Lettres dudit Maire, Nous avons veuë, contenant la fourme qui s'ensuit.

A Tous ceulx qui ces Lettres verront & orront: Godefroy du Royaume, Maire de Roüen: Salut. Comme au temps que Sire Vincent de Valricher estoit Maire de la dicte Ville, l'an mil CCC XL & VIII. certeinne Ordonnance eust esté faicte ou mestier & marchandise de Poissonnerie de Mer; laquelle Ordonnance fu faicte par le conseil des a Pers qui lors estoient en la dicte Ville, pour le bien publique: Et pour ce que depuis, plusieurs b faussetez & c mauvaicetiez aient esté faictes, & sont encore de jour en jour ou dit mestier & marchandise; pour ce que en plusieurs des articlez contenus en la dicte Ordonnance, fault plusieurs adicions & declaracions mettre & ajouster, soient venus pardevers nous, plusieurs des Marchans dudit mestier & marchandise; lesquels nous aient humblement supplié & requis, que pour le bien commun & le profit & honneur du mestier, nous voulissions ladicte Ordonnance rennover, & y mettre & ajouster tout d ce que y faut de necessité pour le bien publique; & aussi à en oster ce que de raison n'y seroit pourfitable: Sachent tous, que nous Maire dessusdit, par le conseil & accort de plusieurs de Pers & autres du Conseil de ladicte Ville, dont les noms ensuivent; c'est à savoir, Sire Vincent du Valricher; Sire Gillez d'Amel; Roger Bonnet; Guillaume Hanse; Jehan de la Roche; Guiart Dautterot; Guillaume de Gaingny; Jehan le Lou; Jehan de Biguemaire; Guillaume Thomas, Pers; Adam Guerout; Robert Pillaleinne; Colin Revelart; Laurens Campion, Preudommez; & plusieurs autres; après ce que nous eusmes e en avis & deliberation tous ensemble, à plusieurs clauses que lesdis Supplians nous baillerent par f declaration, & pour le bien commun, avons ajousté à ladicte Ordonnance, plusieurs poins & articlez qui de necessité y falloient, pour g eschiver aux fraudes & malices que l'en y avoit fais ou temps passé, & pourroit faire ou temps avenir; & ycelle avons renouvellé & renouvellons en la maniere qui s'ensuit.

Premierement. Que h les Poissons que Harangs, que i n'en apportera d'oresenavant

a Voyez la Table du 3.e Vol. des Ordonn. au mot, Roüen.
b malversations.
c mauvaise. R.
d ce.
e eu.
f declar. R.
g éviter.
h tant les Poissons que, &c.
i l'on.

NOTE.

(a) Au & non de.] Je crois qu'il faut corriger, auquel; & cela signifiera, que la connoissance des affaires de la Marée, appartient au Maire, & non au Bailli de Roüen. Voyez cy-dessous le commencement des Lettres de confirmation de Charles V.

vant en ladicte Ville, pour vendre en gros ou en detail, seront apportez en marchié, en *(a)* place ou à eftal; & feront mis en vente au premier ª hurt de Prime, & non pluftoft, fur peine de fourfait ou Amande à la volenté de Juftice.

(2) *Item.* Nul Marchand de la Ville, ne peut ne pourra mettre Poifçon ne Harens frès en *(b)* couvert, fors feulement en lieu acouftumé; excepté les panniers de Harens frès entamez, que les menus detailleurs porront mettre en leurs maifons, toutes fraudes ᵇ feffant.

(3) *Item.* Les Harens frais qui feront apportez en ᶜ quecce, feront deflié devers Complies; & fe après ladite heure de Complie, il vient en ladicte Ville quecce chargiée de Harens frès, l'on ne les pourra deflier, fans les ᵈ Jurez appeller, pour les fraudes qui y pourroient eftre faictes.

(4) *Item.* Nul homme ᵉ Forain ᶠ Groffier ne pourra vendre en ladicte Ville, Poifçons ne Harens frès ne falés, venans par ᵍ porte ne par ʰ yaue, en gros & en détail ⁱ enfamblement; fe ce n'eft par la main du vendeur qui à ce eft ordené; & fe ledit Marchant groffier vuelt vendre en gros, faire le pourra, ou à détail, au jour de Vendredi, & non autrement.

(5) *Item.* Nous avons ordené, que nul Marchand ne ᵏ Eftablier ne vende Poifçons *(c)* feurnumez, avecques cellui de l'année; mais fe vendra à part hors de l'autre: & qui autrement le fera, il en fera puni à la volenté de Juftice.

(6) *Item.* Nous avons ordenné que les Poifçonniers Eftabliers, ˡ puis qu'il aront apporté à leurs Eftaus, leurs Poifçons ou autrement, ils ne les pourront vendre en place, en gros ne autrement, avec la marée de lendemain; mais les vendront à leurs Eftaux: & ceux qui feront le contraire, ᵐ forferont leurs Poifçons.

(7) *Item.* Nous voulons & avons ordené, que nul Eftablier ne autre Poifçonnier, n'aille ⁿ contre la Marée, pour acheter aucune chofe dedens la Ville & Banlieuë de Roüen: & s'aucuns faifoient le contraire, il en feroient punis à la volenté de Juftice.

(8) *Item.* Nous avons ordenné que d'orefenavant les Marchans apporteront telle ᵒ panneterie, comme le *(d)* patron de Paris, duquel nous voulons que chafcun ait *(e)* Eftantaillon, qui avoir le voura, pour foy garder de mefprendre: & ceux qui mendre penneterie apporteront en ladicte Ville d'orefenavant, il ᵖ l'amenderont; c'eft affavoir, de II. fols VI. deniers, pour chafcun pannier de Poifçon qu'il apporteront mendre dudit Eftantaillon.

(9) *Item.* Nous avons ordenné que nul Marchant ne autre, ne puiffe apporter Harens ne Poiffons de deux *(f)* mois, ne mettre *(g)* Chrenone rayez, Feurre,

CHARLES V.
à Paris, en Fevrier 1369.
a *coup.*
b *Seff. R. ceffant.*
c *appar. Caque, efpece de Barril ou de Futaille.*
d *Voyez cy-deffous l'art. (13).*
e *For. R.*
f *qui vend en gros.*
g *par terre, & entrans par la porte de la Ville.*
h *eau.*
i *enfambl. R.*
k *Eftallier, vendant dans un Eftal ou Boutique.*
l *depuis que.*
m *leur Poiffon fera confifqué.*
n *à la rencontre.*
o *panier.*
p *payeront l'amende.*

NOTES.

(a) Place.] Il y a dans le Regiftre, *plac.* avec une marque d'abbreviation. Je crois que cela fignifie, *fur le carreau, fur le pavé,* ou dans des *Boutiques.*

(b) Couvert.] Ce mot eft très-douteux: Cependant je crois qu'il faut lire ainfi; & cela doit fignifier, *dans des maifons particulieres.*

(c) Seurnumez.] Je crois qu'il faut corriger, *furannez,* mot qui fe trouve dans le 2.ᵉ Vol. des *Ordonnances,* page 360. dans l'article 125. qui regarde la Marée, & qui eft conforme à celui-ci. Par cet article 125. il paroift que le Poiffon furanné eft celui qui a efté pefché l'année precedente.

(d) Patron.] Des paniers de la même mefure que ceux dont on fe fervoit à Paris, pour la Marée. Ces *patrons* de Paris eftoient marquez d'une Fleur de Lys. Voyez le 2.ᵉ Vol. des *Ord.* p. 359. art. 106.

(e) Eftantaillon.] Je crois que ce mot eft icy la même chofe que celuy d'eftalon, & qu'il fignifie la mefure de ces paniers.

(f) Mois.] On pourroit auffi lire, *mors.* Mais ce mot me paroift corrompu: je crois qu'il faut corriger, *Marée*; & la difpofition de cet article fera conforme à l'article 8. d'une autre Ordonnance fur la Marée, qui eft dans le 2.ᵉ Volume des Ordonnances, page 579. que l'on peut confulter.

(g) Chrenone.] Par l'art. 124. d'une Ordonnance qui eft dans le 2.ᵉ *Vol. de ce Recueil,* p. 360. il eft deffendu de mettre du feurre & du foin dans les Paniers de Marée. C'eftoit pour empefcher que ces herbes ne fe gaftaffent. Noftre article contient la même difpofition; & il y a apparence que les chofes qui y font nommées, & fur quelques-unes defquelles je n'ai rien trouvé, font auffi des herbes; ou du moins des chofes d'une nature à peu près femblable.

254 ORDONNANCES DES ROIS DE FRANCE

CHARLES V.
à Paris, en Février 1367.
* denr. embouch. R.
a forfaire, confisquer.
b maquer. R.
c soixante. R.
d Pesc. R.
e Ce mot paroist inutile.
f serrer.
g assurer le payement.
h donneront caution.
i société.
k besoin.
l Voy. cy-dessous, Note (b).
m salaire.
n depuis.
o destend, ou descend. R.
p cacher.
q qui donnera caution.
r durera.

(a) Varet seches, ne Carrenguez, ne * denrées *(b)* embouchées, avec *(c)* franche *(d)* pescaille, sur peine de * sursaire les danrées qui ainsi seront trouvéez.

(10) *Item.* Nous avons ordené, que n'en apporte panniers de Maquerel de L. b Maquereaux *(e)* doulesis, ou c soixante *(f)* autres.

(11) *Item.* Nous avons ordené, que nul ne mette en panniers de rouges *(g)* Crovisiez, ne en nulle autre d pescaille, soit fresche ou salée, e ne corde pour f estraindre le pannier, sur peinne de sousfaire le pannier.

(12) *Item.* Nous voulons & accordons, que pour vendre les poissons & Harens que les Marchans Forains apporteront en la dicte Ville, & pour g pourchacier que les dis Marchans soient paiez à heure competente de leurs denrées, il aura en la dicte Ville six Vendeurs ou plus, selonc ce que bon nous semblera ou au Maire qui pour le temps sera : lesquel Vendeurs seront Jurez & bien h aplegiez pardevers Justice, pour faire l'office du vendage bien & loyaument ; & aura ledit Vendeur de ce que il vendra, pour son salaire, douze deniers pour livre ; & ne pourra ledit Vendeur estre Marchant de la Marchandise dont il sera Vendeur, ne ni aura i partie aucune ne à aucun Marchant faisant ladicte marchandise, pour les fraudes qui y pourroient estre faites : Et ceux qui feront le contraire, en seront punis à la volenté de Justice.

(13) *Item.* Nous avons ordené que en ladicte Ville, aura III. personnez Jurez ; c'est à savoir 1. Vendeur, 1. Marchand, & 1. Establier, pour priser, se k mestier est, justement & loyalment, les poissons & Harens que le Roy ou Monf. le *(h)* Duc feront prendre pour leurs Gens en ladicte Ville ; & pour garder que nulles denréez l embouchéez ne mal fresches, ne soient vendues en ladicte Ville : Et pour ce chascun Juré aura VI. deniers pour son m salaire de chascun pennier qu'il priseront ou trouveront où il aura denrées emboucheez ou mal fresches.

(14) *Item.* Nous avons ordonné que d'oresenavant, n puis que les Marchans auront leurs poissons ou Harens o descendus ou mis en place pour vendre en ladicte Ville, il ne les pourront p caichier, pour porter hors de ladicte Ville.

(15) *Item.* Nous avons ordoné que il aura un vallet en la Halle, bien q aplegié, pour garder par nuit les poissons & Harens frès qui y seront mis ; & pour respondre aus bonnez Genz qui lui auront bailliez à garde : Et aura ledit valet pour chascun pennier de poisson ou de Haren frès, trois deniers pour son salaire, & pour chascune charete de haren frès, douze deniers. Et r dura ceste presente Ordonnance tant comme il Nous plaira, ou au Maire qui pour le temps sera, & à partie des Pes-

NOTES.

(a) Varet.] C'est une herbe qui croît dans la mer sur les rochers, & que l'on nomme ordinairement, *Varech.* Voy. *le Dict. de Trevoux,* à ce mot.

(b) Embouchées.] *Corrompuës.* Voyez le 3.ᵉ *Volume des Ordonnances,* page 330. 2. & Note *(e)*, & les *Additions* pour ce 3.ᵉ *Volume* qui sont à la fin du 4.ᵉ p. ccxlj col. 1. sur la page 330.

(c) Franche.] est opposé à *embouchées,* & signifie, ce qui n'est point corrompu.

(d) Pescaille.] Ce mot peut signifier en general, tout ce qui se pesche ; ou bien en particulier, les Poissons à escaille. *Voyez cy-dessous l'art.* (11).

(e) Doulesis.] Je n'ai rien trouvé sur ce mot. Dans l'art. 114. d'une Ordonnance qui est dans le 2.ᵉ *Vol. de ce Recueil,* p. 360. & qui est à peu près semblable à celui-cy, au lieu de, *Doulesis,* il y a, *Goulsis,* qui paroist signifier, du *Maquereau salé,* parce qu'il est opposé au *Maquereau frais.*

(f) Autres.] C'est-à-dire, *frais,* suivant l'article de l'Ordonnance citée dans la Note precedente.

(g) Crovisiez.] Je n'ai rien trouvé sur ce mot. Il me paroist qu'il s'agit dans cet article, des Poissons à escaille, laquelle on pourroit briser, si on les pressoit trop, en serrant d'une corde, les paniers dans lesquels ils sont.

(h) Monf. le Duc.] Le Duc de Normandie. Lorsque ce Reglement fut fait en 1369. il n'y avoit point de Prince qui eust le titre de *Duc de Normandie,* & il n'y en a point eu depuis : mais on pouvoit presumer que ce Duché seroit donné au Fils aisné de Charles V. qui l'avoit possedé pendant la vie du Roy Jean son Pere, lequel l'avoit aussi eu pendant la vie de Philippe de Valois. Peut-estre ces mots ne se trouvent ils dans ce Reglement, que parce qu'ils estoient dans celui qui fut fait en 1348. Jean Fils aisné de Philippe de Valois, estant *Duc de Normandie,*

eſtans en ladicte Ville, preſens avec le Maire. En teſmoing de ce, nous avons mis à ces Lettres, le Seel de ladicte Mairie, qui furent faites & données le Dimenche premier jour de Jüillet, l'an de grace mil CCCLXIX.

CHARLES V.
à Paris, en Fevrier 1369.

Leſquelles Lettres & les choſes contenuës en ycelles, faites par ledit Maire, & qui de ª ça a & tousjours a eu la congnoiſſance & ordennance, ſi comme il dit, Nous ou cas deſſuſdit, & en cas que elles ſeront bien, juſtement & deuëment faites, loons, voulons, approuvons, & de noſtre puiſſance & auctorité Royal & de grace eſpecial, les confirmons: Mandans au Bailli de Roüen, & à tous nos Juſticiers & Officiers, & les Juſticiers de noſtre Royaume, que ᵇ le choſes deſſus contenuës & exprimées, facent tenir & garder ſanz enfraindre, ſelon leur fourme & teneur. Et que ce ſoit ferme, &c. ſauf, &c. *Donné à Paris, l'an de grace mil CCC. LXIX. & de noſtre Regne le VI.ᵉ ou mois de Fevrier.*

BAZETIN. Ainſi ſigné ès Requeſtes de l'Oſtel. G. DE MONTAGU. *Viſa.*

a *de cela.*

b *les.*

(*a*) Privileges accordez à la Ville de Rhodez.

CHARLES V.
à Paris, en Fevrier 1369.

SOMMAIRES.

(1) *Les habitans de Rhodez pourront exercer ſans permiſſion du Roy, l'Office de Changeur, dans cette Ville, & dans toute la Seneſchauſſée du Roüergue.*

(2) *Les Sergens Royaux ne pourront faire leur demeure habituelle dans les maiſons de Rhodez, ſi ce n'eſt du conſentement des Conſuls & des habitans de cette Ville.*

(3) *Les Conſuls de Rhodez ne pourront eſtre tenus de payer leur cote part des Tailles impoſées par les Conſuls des lieux du Domaine du Roy; ſi ce n'eſt lorſque cette Taille aura eſté impoſée pour l'utilité commune du Roüergue, & que les Conſuls de Rhodez auront eſté appellés à l'aſſemblée dans laquelle il aura eſté reſolu de l'impoſer.*

(4) *Le Privilege accordé aux habitans de Rhodez, par rapport à la Gabelle, ſera confirmé par les Seigneurs de cette Ville, & par le Roy.*

KAROLUS *Dei gratia Francorum Rex. Notum facimus univerſis tam preſentibus quam futuris, Nos Litteras cariſſimi Germani, & Locum tenentis noſtri in* ᵃ *Partibus Occitanis, Ducis Andegavenſis & Comitis Cenomanenſis, ſuo ſecreto ſigillo in cera viridi & filo ſerico ſigillatas vidiſſe, formam que ſequitur, continentes.*

a Languedoc.

LUDOVICUS *Regis quondam Francorum Filius, Domini noſtri Regis Germanus, ejuſque Locum tenens in Partibus Occitanis, Dux Andegavenſis & Comes Cenomanenſis. Notum facimus, nos vidiſſe certos tractatus & conventiones, inter dilectum & fidelem Conſiliarium dicti Domini noſtri, Petrum Raymundi de* ᵇ *Rappiſtagno, Militem, Seneſcallum Toloſæ, ex parte una; & Conſules Civitatis & Burgi Ruthenæ ex altera, factas & paſſatas, ac ſigillo ipſius Seneſcalli ſigillatas; formam que ſequitur, continentes.*

b Raveſteing. Voyez le 4.ᵉ Vol. des Ord. p. 585. Note (a) margin.

Petrus Raymondus de Rappiſtagno (b) Miles [*Dominus de Campanhaco, Conſiliarius & Seneſcallus Tholoſanus & Albienſis, Domini noſtri Francorum* ᶜ *, Capitaneuſque Generalis in Partibus Ruthenenſibus & Caturcenſibus, auctoritate Regia deputatus. Notum facimus univerſis tam præſentibus quam futuris, Nos, ad ſupplicationem Conſulum, Civitatis & Burgi* ᵈ *Ruthenæ, qui cauſa Juſticiæ & affectionis ac boni amoris quem habent, & retroactis temporibus habuerunt ad Dominum noſtrum Regem & Coronam Franciæ, tanquam & veri ac fideles zelatores* ᵉ *Juris & augmenti Regni, (c) primordium*

c Regis.

d Ruthen. R.

e Jur. R.

NOTES.

(*a*) Treſ. des Chartr. Regiſt. 100. Piece 703. Voyez cy-deſſus, p. 190. Note (*a*).

(*b*) *Miles.*] Ce qui eſt renfermé entre deux crochets, icy & plus bas, eſt repeté mot pour mot dans d'autres Lettres de *Petrus de Rapiſtagno*, qui ſont à la ſuite de celles-cy.

(*c*) *Primordium.*] Ce mot eſt regi par *introduxerint*, qui eſt plus bas; & cela ſignifie, que les habitans de Rhodez ont eſté les premiers qui ont interjetté devant le Roy, l'appel des Ordonnances données par le Duc d'Aquitaine, & qui ont reconnu le Roy comme Souverain de ce Duché.

CHARLES V.
à Paris, en Février 1369.
a cy-devant.

appellationum interpositarum ad dictum Dominum nostrum Regem, contra Ducem Acquitanie, recognoscendique superioritatem prefato Domino nostro Regi, Ducatus Acquitanie, sicut sanctum & justissimum est, introduxerint, & ipsum Dominum nostrum Regem, Dominum superiorem dicti Ducatus & terre traditi Regi Anglie, occasione pacis facte [a] hactenus inter inclite recordationis Dominum Johannem quondam Regem Francorum, & Regem Anglie ac Ducem Acquittanie, esse recognoverint, & juramentum de parendo mandatis dicti Domini Regis, suorumque Officialium, prestiterunt; quodque ut ceteri eorum circumvicini & alii Parcium Ruthenensium, illud idem fecerint, cura pervigili diligenter laborarunt. Attentis premissis, de quibus ad plenum certiorati sumus, eisdem Consulibus pro se ipsis, & nomine tocius eorum Universitatis, concessimus & concedimus]

b Libert. R.

privilegium & [b] Libertatem, per modum infra declaratum.

Et primò. Quod habitatores & singulares Civitatis & Burgi predictorum, & quilibet

c Ruthen. R.

ipsorum, in dicto loco de Ruthena, infra & extra, & per totam Senescalliam [c] Ruthenensem, ejusque ressortum, possint libere & impune uti & exercere officium Campsorie, publice, in quocumque loco, extra Nundinas vel in Nundinis quibuscumque, absque licencia vel mandato litterali vel verbali à Domino nostro Rege, vel suis Officialibus in futurum.

(2) Item. Quod nullus Serviens Regius possit nec debeat moram continuam facere,

d Ruthen. R.

neque morari, tenendo hospicium vel lavem in dictis Civitate vel Burgo [d] Ruthene, sin tamen voluerint, licencia & consensu Consulum predictorum.

(3) Item. Quod ipsi Consules, ratione generalis Taillie vel specialis locorum Regiorum, facte vel facienda per alios Consulatus, non compellantur ad solvendum partem eis impositam; nisi tamen dicta Taillia facta fuerit pro communi negocio tocius Patrie Ruthenensis, & quod ipsi fuerint evocati in indictione dicte Taillie.

Nos autem predicta rata, grata & firma habentes, ex nunc & in futurum, dictis Consulibus & Universitati concessimus & concedimus [per presentes, de nostris certa sciencia, auctoritate Regia Nobis in hac parte attributa, gratiaque speciali & plenitudine Regie potestatis. In quorum testimonium presentes Litteras sigilli nostri proprii munimine in pendenti fecimus roborari. Actum & datum Ruthene, die XIIII.ᵃ mensis Marcii, anno Domini M.° CCC.° sexagesimo octavo. DE FAYA. Per Dominum Capitaneum.

e Il y a une marque d'abreviation sur ce mot : sort. regiftrata.

P. DE MARROQUINIO.] [e] Reg.

f Voy. cy-dessus, p. preced. Not. (b.)

Petrus Raymondus de Rappistagno, &c. [f]

(4) Per presentes, quod (a) Gabellam dictis Consulibus & Universitati concessam vel concedendam in dicto loco, eisdem per (b) Dominos Civitatis & Burgi predictorum, corroborabimus, approbabimus & confirmabimus; & procurabimus, si opus fuerit, quod Dominus noster Rex predicta concedet & confirmabit; quod dictis Consulibus & Uni-

g Voy. p. preced. Note (b).

versitati concessimus & concedimus, &c. [g]

h Suite des Lettres du Duc d'Anjou.

[h] Nos autem predicta omnia & singula rata & grata atque firma habentes, ea, ex nostra certa sciencia, auctoritate Regia qua fungimur in hac parte, & gratia speciali, laudamus, approbamus, ratificamus pariter & confirmamus, ac ratas, gratas ac firmas haberi volumus per presentes: mandantes Senescallo Ruthenensi, ceterisque Justiciariis & Officiariis dicte Senescallie, qui pro nunc sunt, seu pro tempore fuerint, aut eorum Locatenentibus, quatenus predictos Consules, pro nunc & in futurum, nostra presenti gratia, uti & gaudere pacifice faciant & permittant, nichil in contrarium facientes, nec à quoquam fieri permittentes. Quod ut firmum & stabile perpetuo perseveret, nostrum presentibus Litteris, secreti sigillum duximus apponi : salvo in aliis jure Regio, & in omnibus

NOTES.

(a) *Gabellam.*] Quoique *Gabella*, suivant Du Cange, à ce mot, signifie un impôt en general, cependant sous le Regne de Charles V. & precedemment, il signifioit en particulier l'impôt sur le sel. Mais ces Lettres ne nous instrui-sent point de quelle nature estoit le privilege accordé à la Ville de Rhodez, par rapport à la Gabelle.

(b) *Dominos.*] Voyez sur les Comtes de Rhodez, *Dupuy*, Traité des droits du Roy, *p. m.* 941.

quolibet

DE LA TROISIÉME RACE. 257

quolibet alieno. Datum & actum Tholose, anno Domini M.° CCC.° sexagesimo octavo, mense Marcii.

ᵃ *Quas quidem Litteras suprascriptas, ratas habentes & gratas, eas & omnia in eisdem contenta, laudamus, approbamus, ratificamus, & ex nostra certa scientia, auctoritateque Regia & gratia speciali, consideracione premissorum, confirmamus per presentes: mandantes Senescallo Ruthenensi, ceterisque Justiciariis & Officiariis dicte Senescallie, qui nunc sunt, seu pro tempore fuerint, aut eorum Locatenentibus, quatenus predictos Consules, pro nunc & in futurum, nostris presentibus gratia & confirmacione uti & gaudere faciant & permittant, prout in eisdem Litteris exprimitur, absque impedimento seu contradictione quibuscunque. Quod ut firmum, &c. salvo, &c.* Datum & actum Parisius, anno Domini millesimo CCC.° LXIX.° & Regni nostri sexto, mense Februarii. Sic signate. *Visa.*
Per Regem. N. DE VEIRES. Collatio sit per me. N. DE VEIRES.

CHARLES V.
à Paris, en Février 1369.
ᵃ Suite des Lettres de Charles V.

(a) Lettres qui portent que les Habitans de Rhodez, pourront commercer dans tout le Royaume, sans payer aucuns droits pour les Marchandises qu'ils acheteront.

CHARLES V.
à Paris, en Février 1369.

KAROLUS, *&c. Celestis altitudo potencie, &c.*
Sane considerantes grata & laudabilia servicia, que dilecti & fideles nostri Consules, Burgenses, mercatores & habitatores Civitatis & Burgi * *Ruthene, Nobis fideliter, &c.* Datum Parisius, anno Domini M.° CCC.° LXIX.° Regnique nostri sexto, mense Februarii.
Per Regem. N. DE VERRES. *Visa.*

* Ruthen. R.

NOTE.

(a) Tresor des Chartres, Registre 100. Piece 476.
Voyez cy-dessus, p. 190. Note *(a)*.

(a) Lettres qui portent que les Habitans de Rhodez, ne pourront estre obligez à payer les Tailles qui seront imposées dans les autres Consulats de la Seneschaussée de Roüergue, si ce n'est lorsqu'ils y auront consenti; & qui reglent les poursuites qui seront faites contr'eux, pour leur faire payer les Tailles ausquelles ils auront consenti.

CHARLES V.
à Paris, en Février 1369.

KAROLUS, *&c. Delectatur noster animus & secura tranquillitate quiescit, dum nostros subditos, & Regni nostri incolas conspicimus in nostra & Regie Majestatis* ᵃ *proficere devocione sincera, eosque favorabiliter prosequi volumus; presertim in hiis que Majestati Regie conveniunt, ac ipsorum peticiones equitati & rationi consonas exaudire, & illos privilegiis, favoribus & graciis benigniter ampliare. Sane attendentes* ᵇ [*laudabilia servicia que dilecti & fideles nostri Consules, Burgenses & habitatores Ville & Civitatis* ᶜ *Ruthene, qui propter devocionem & dileccionem quam semper erga nos & predecessores nostros Reges & Coronam Francie, ferventer habuerunt & habent, ad simplicem Requestam & mandatum dilecti & fidelis Consanguinei nostri, Comitis Armaniaci, fuerunt de primis qui Edduardo Primogenito Edduardi Anglie, & eorum confederatis & complicibus & aliis adversariis nostris, obedienciam denegarunt, &* ᵈ *Nos tanquam veri & fideles, & in perfecta voluntate persistentes, in suum naturalem & superiorem Dominum recognoscentes*

ᵃ proficere.
ᵇ Ce qui est renfermé entre deux crochets, est répeté dans la Piece suivante.
ᶜ Ruthen. R.
ᵈ Nos.

NOTE.

(a) Tresor des Chartres, Registre 100. Piece 356.
Voyez cy-dessus, p. 190. Note *(a)*.

Tome V. Kk

CHARLES V.
à Paris, en Février 1369.
a &.

in nostra obediencia se libere reddiderunt.] *Notum igitur facimus universis tam presentibus quam futuris, quod Nos, hiis & pluribus aliis justis & legitimis causis nostrum ad hoc moventibus animum, ipsorum Consulum, Burgensium & habitatorum ipsius Ville, Civitatis & Burgi Ruthene, requeste pro parte ipsorum Nobis humiliter presentate, favore benivolo annuentes, eisdem Consulibus, Burgensibus* a *habitatoribus omnibus & singulis, cujuscumque status vel condicionis existant, ex nostris plenitudine potestatis Regie, certa scientia & gratia speciali, concessimus & concedimus per presentes, ut ipsi omnes & singuli, & eorum heredes & successores, presentes pariter & futuri, per alios Consulatus Senescallie Ruthenensis, possint imposterum minime tailliari, seu eisdem Taillia vel Indiccio imponi quacumque occasione vel causa; nisi ipsis prius debite vocatis; nec quecumque Taillia seu Indiccio per eosdem alios Consulatus eisdem imposita & de cetero imponenda, possit ipsos aut ipsorum aliquem qualitercumque ligare; nisi major pars & sanior consenciat, illorum qui pro tempore fuerint super hoc evocati: Et in casu quo illi qui vocati fuerint, eisdem Tailliis vel Indiccionibus consenserint, ut prefertur, cum aliis Consulibus, aliquam Tailliam vel Impositionem indici sive solvi, volumus, & eisdem Consulibus, Burgensibus & habitatoribus, presentibus & futuris, & eorum cuilibet, concedimus quod ad solvendam porcionem vel ratam ipsos contingentem, non possint compelli per capcionem vel arrestum personarum, nec per garnisonem vel municionem serviencium vel aliorum Commissariorum Regiorum, super hoc deputatorum vel deinceps deputandorum; sed solum pignorum capcionem vel bonorum vendicionem & explectacionem, & aliis juris remediis; dum tamen in eorum bonis possit fieri de predictis Tailliis & Indiccionibus sibi impositis, prompta & debita execucio: quam quidem execucionem fieri volumus & exequi per Servientes vel Officiarios Regios, qui pro tempore fuerint; vocatis prius per eos, Servientibus vel Officiariis Ordinariorum loci vel locorum in quo vel in quibus fiet execucio supradicta. Quare damus tenore presencium in mandatis Senescallo Ruthenensi, & omnibus Justiciariis & Officiariis Regiis, qui nunc sunt & pro tempore fuerint, & eorum cuilibet, ac Locatenentibus eorundem, quatenus dictos Consules, Burgenses & habitatores, ipsorum quemlibet, eorum heredes & causam ab ipsis habentes, contra nostram presentem graciam & concessionem nullatenus impediant, perturbent aut molestent; sed ipsis gratia & concessione, eos & eorum quemlibet, uti & gaudere faciant perpetuis temporibus pacifice & quiete, & sine contradiccione quacumque: Et si forsan aliqui contra premissa vel aliquod premissorum, attemptaverint* b *fecerint, per ipsos quidquid in contrarium attemptatum fuerit, irritum & inane volumus reputari & teneri, & ad statum pristinum reduci; nonobstantibus aliis donis & graciis, eisdem Consulibus, Burgensibus & habitatoribus, per Nos vel Predecessores nostros factis, quod hujusmodi dona vel gracie non sint in presentibus expressata; Ordinacionibus & Mandatis Regiis in contrarium editis quibuscumque. Quod ut firmum, &c. salvo, &c. Datum & actum Parisius, anno Domini* M.º CCC. LXIX.º *Regni vero nostri sexto, mense Februarii.* Visa.

Per Regem. N. DE VEIRES. Duplicata.

CHARLES V.
à Paris, en Février 1369.

(a) Lettres qui portent que les Habitans de Rhodez, qui ont des Terres hors du Territoire de cette Ville, ne pourront estre sujets, par rapport à ces Terres, qu'aux Tailles réelles, qui auront esté imposées dans une Assemblée, où ils auront esté appellez; & que les Terres qui auront passé d'un Noble à un Non-noble, seront sujettes à ces Tailles.

*K*AROLUS, *&c. Crescit Regii culminis celsitudo, gloriamque meretur pariterque & honorem, dum obsequia à suis fidelibus eidem impensa recolendo, eorum justa*

NOTE.

(a) Tresor des Chartres, Registre 100. Piece 702.
Voyez cy-dessus, p. 190. Note (a).

DE LA TROISIÉME RACE. 259

desideria favore prosequitur speciali ; presertim in iis que conveniunt Regie Celsitudini ; eorumque peticiones equitati & racioni consonas exaudire, & illos privilegiis, favoribus & graciis ampliare. Sane ad nostri memoriam reducentes, &c. ᵃ *Notum igitur facimus universis presentibus & futuris, quod nos, hiis & aliis rationabilibus causis, Nos ad hoc moventibus, ipsorum Burgensium & habitatorum requeste pro parte ipsorum Nobis exhibite, favore benivolo annuentes, eisdem, omnibus & singulis, ex plenitudine potestatis Regie, certa scientia & gratia speciali, concessimus & concedimus per presentes, quod ipsi terras habentes, redditus, proventus seu* ᵇ *possessiones, extra territorium & districtum ipsius Civitatis & Ville, à Consulibus, Sindicis, aliisque* ᶜ *Officiariis, vel aliquibus Nobilibus, ipsorum Locorum ratione, vel causa dictarum terrarum, reddituum, proventuum seu possessionum suarum, possint de cetero minimè tailliari, seu Taillia vel Indictio eisdem imponi ; preterquam in Tailliis merè realibus ; & quod ad ipsas Taillias seu Indictiones faciendas, dicti Burgenses & habitatores, dictas possessiones, redditus & proventus sic possidentes, debitè convocentur : Et si ratione vel causa dictarum terrarum & possessionum suarum, ipsos tailliari contingeret, volumus eisdem deinceps* ᵈ *tailliari imponi ; eciam si dicte possessiones, terre & redditus ipsorum habitatorum, de manu nobili ad innobilem devenirent, juxta observantiam & morem in aliis Civitatibus & Villis clausis Patrie, hactenus* ᵉ *observatum. Quare damus tenore presentium in mandatis, Senescallo Ruthenensi, aliisque Justiciariis, Officiariis & subditis nostris, presentibus & futuris, & eorum cuilibet, ac Locatenentibus eorumdem, quatenus dictos Burgenses, habitatores, & eorum quemlibet, presentes & posteros, hujusmodi nostra gratia, ordinatione & voluntate, uti & gaudere faciant pacifice & quiete, ipsos in contrarium nullatenus molestando, nec ab aliis quoquomodo molestari permittendo, quia consideratione premissorum, sic fieri volumus & eisdem concessimus de nostris certa scientia & gratia supradictis ; nonobstantibus aliis graciis nunc vel alias, per Predecessores nostros, eisdem factis & concessis ; Ordinationibus & mandatis in contrarium editis quibuscumque. Quod ut firmum, &c. salvo, &c. Datum Parisius, anno Domini* M.° CCC.° LXIX.° *Regni vero nostri sexto, mense Februarii. Sic signata.*   *Visa.*
Per Regem. N. DE VEIRES.   *Duplicata.*

CHARLES V. à Paris, en Février 1369.
ᵃ Voy. cy-dessus, p. 257. Note (*b*) margin.
ᵇ poss. R. là & plus bas.
ᶜ Offic. R.

ᵈ Tailliam.

ᵉ observat. R.

(*a*) Lettres contenant differens Privileges accordez aux Consuls de la Ville de Rhodez.

CHARLES V. à Paris, en Février 1369.

KAROLUS, *&c. Etsi quibuslibet piè supplicantibus, nedum in justicia, verum eciam in gracia, prout decet Regalem magnificenciam, volumus Nos exhibere favorabiliter liberales ; illorum tamen qui in hiis que Regie Majestati conveniunt, non deviant, peticiones equitati & racioni consonas, volumus favorabiliter exaudire, & eos privilegiis & graciis benigniter ampliare. Sane considerantes grata & laudabilia servicia, que dilecti & fideles nostri Consules Ville & Civitatis* ᵃ *Ruthene, Nobis fideliter impenderunt, qui tanquam veri & fideles nostri, Edduardo Primogenito Edduardi Anglie, & eorum complicibus &* ᵇ *conferatis, obedienciam denegarunt, & Nos ipsorum naturalem & superiorem Dominum agnoscentes, in nostra obediencia liberè reddiderunt. Notum igitur facimus universis tam presentibus quam futuris, quod Nos, hiis & aliis justis & legitimis causis, nostrum ad hoc moventibus animum, ipsorum pie requeste Nobis pro parte sua humiliter presentate, favore benivolo annuentes, eisdem Consulibus, qui nunc sunt & qui pro*

ᵃ Ruthen. R.

ᵇ confederatis.

NOTE.

(*a*) Tresor des Chartres, Registre 100. Piece 701.
Il y a dans ce même Registre, PP. 417. 418. deux Lettres dont la premiere porte, que *les Habitans de Rhodez seront quittes de tout ce* qu'ils doivent au Roy ; & la seconde, que *tous les Procez, Enquestes & Informations commencées contre les habitans de Rhodez, sur lesquelles il ne sera point intervenu de Jugement, ne seront point poursuivies.*
Voyez cy-dessus, p. 190. Note (*a*).

Tome V.   Kk ij

CHARLES V.
à Paris, en Février 1369.

a exiſten. R.

b ſufficien. R.

c ad.

d alique.

e tangen. R.

f mulctas.

g faciend. R.

h expreſſat. R.

tempore fuerint, & eorum cuilibet, ad honorem Conſulatus Officii, ex plenitudine Regiæ poteſtatis, certa ſcientia & gratia, conceſſimus & concedimus per preſentes, quod ſi contingeret ipſos vel ipſorum aliquem, in dicto Conſulatu *ᵃ* exiſtentem, ſive non exiſtentem, de preſenti vel vero tempore futuro, dum tamen ſemel ipſius Ville & Civitatis Conſul extiterit, capi & detineri in noſtris Curiis Regiis, vel ab aliquibus Juſticiariis vel Officiariis noſtris, qui nunc ſunt vel pro tempore fuerint, pro quocunque crimine vel delicto ſibi impoſito vel imponendo, ſeu quod diceretur vel poſſet dici & eidem imponi, ipſum Conſulem dictum crimen vel delictum aliqualiter perpetraſſe, quod non poſſit nec debeat queſtionari vel torqueri, etiamſi preſumptiones aliquæ vel indicia *ᵇ* ſufficientia contra ipſum precederent; ſed per inqueſtam vel aliter, tantummodo committatur, & contra ipſum procedatur; niſi idem Conſul qui pro tempore fuerit, pro crimine leſæ Majeſtatis vel falſæ Monete, eſſet detentus & tunc temporis accuſatus: eiſdem Conſulibus, qui nunc ſunt vel pro tempore fuerint, noſtram gratiam ampliando, concedentes quod ſi ipſos Conſules, vel ipſorum aliquem qui Conſul fuerit, contingeret occaſione negociorum Conſulatus, à Seneſcallo Ruthenenſi, vel ab aliis Officiariis Regiis, qui nunc ſunt vel qui pro tempore fuerint, de cetero evocari vel citari, volumus quod ipſi Conſules, vel aliquis ipſorum, ſi evocatus vel citatus, non teneantur vel teneatur coram ipſo Seneſcallo vel aliis Officiariis Regiis perſonaliter comparere; etiamſi ipſi aut ipſorum aliquis, cum pœnæ vel mulctæ indictione, fuerint vel fuerit *ᶜ* ad comparendum perſonaliter adjournatus vel adjournati; ſed poſſint & valeant & eiſdem liceat, perpetuis temporibus, per procuratorem vel reſponſalem ydoneum comparere, abſque incurſione pœnæ vel mulctæ quacunque. Volumus & eiſdem Conſulibus concedimus per preſentes, quod ſi *ᵈ* aliquem informationes vel inqueſtæ fuerint hactenus factæ per Commiſſarios Regios dictæ Seneſcalliæ, vel eorum alterum, ſeu per Officiarios predicti Edduardi, tempore quo ipſe Ducatum Acquittaniæ tenuit & occupavit, contra ipſos Conſules, qui nunc ſunt vel pro tempore fuerint, aut ipſorum alterum, ratione ſeu occaſione Conſulatus dictæ Ville, aut aliquæ emendæ, pœnæ vel mulctæ contra ipſos indicatæ vel impoſitæ, ſeu per ipſos Conſules, aut eorum aliquem, financiæ aliquæ vel compoſitiones factæ, cauſa vel occaſione quacunque dictum Conſulatum ſeu ipſorum Univerſitatem *ᵉ* tangentibus, quod hujuſmodi informaciones vel inqueſtæ ceſſent de cetero & annullentur, ceſſare & annullari perpetuò volumus & jubemus; quaſcunque pœnas vel *ᶠ* multas ſeu financias aut compoſitiones predictas; necnon omnia & ſingula in quibus ipſi Conſules nomine vel racione Conſulatus, cauſa vel occaſione quacunque, ſive ſit Civilis ſive Criminalis, eſſent obligati vel Nobis teneri poſſent, eiſdem Conſulibus, nomine quo ſupra, damus, remittimus perpetuò & quittamus, abſque exactione vel compulſione quacunque contra eos impoſterum propter hoc *ᵍ* faciendis. Quare damus tenore preſencium in mandatis Seneſcallo Ruthenenſi, & omnibus Juſticiariis & Officiariis Regiis, qui nunc ſunt & pro tempore fuerint, & eorum cuilibet, ac Locatenentibus eorumdem, quatenus dictos Conſules, & ipſorum quemlibet, contra noſtram preſentem gratiam & conceſſionem, nullatenus impediant, perturbent aut moleſtent; ſed ipſis gracia & conceſſione, eos & eorum quemlibet, uti & gaudere faciant perpetuis temporibus, pacificè & quietè, & ſine contradictione quacunque: Et ſi forſan aliqui contra premiſſa vel aliquod premiſſorum, attemptaverint vel attemptari fecerint, per ipſos, quicquid in contrarium attemptatum fuerit, irritum & inane volumus reputari & teneri, & ad ſtatum priſtinum reduci; nonobſtantibus aliis donis & graciis, eiſdem Conſulibus per Nos vel Predeceſſores noſtros, factis, & quod hujuſmodi dona vel gratiæ non ſint in preſentibus Litteris *ʰ* expreſſata; Ordinationibus & mandatis Regiis in contrarium editis quibuſcunque. Quod ut firmum, &c. Salvo in aliis, &c. Datum & actum Pariſius, anno Domini milleſimo ccc.° lxix.° Regni vero noſtri vj.° menſe Februarii.

Sic ſignata. *Per Regem.* N. DE VEIRES. *Duplicata.*

CHARLES V.
À Paris, en Février 1369.

(a) Lettres qui portent que dans les cas qui regarderont les Eaux & Forests, les Habitans de la Ville de Montauban, ne seront point jugez par les Maistres des Eaux & Forests, mais par le Juge ordinaire de cette Ville.

KAROLUS, &c. Notum facimus universis tam presentibus quam futuris, quod Nos, consideratis gratis & laudabilibus serviciis, que dilecti nostri Consules, Burgenses & habitatores Civitatis & Villæ Montis-Albani, Nobis fideliter impenderunt, qui tanquam veri & fideles, Nos in suum naturalem ᵃ in superiorem Dominum recognoscentes, eamdem Civitatem in nostra obediencia submiserunt, eorum Requeste Nobis humiliter presentate, favore benivolo annuentes, eisdem concessimus & concedimus per presentes, quod nullus habitancium, nunc vel in futurum, in dicta Civitate, ejus ᵇ Vicarie, Jurisdiccione vel ressorto, civiliter vel criminaliter, coram Magistris Forestarum & Aquarum, aut eorum altero, pro aliquibus forefacturis committendis super Aquas (b) Tarni & Averonis, & alias Aquas Jurisdiccionis & Vicarie & ressorti ᶜ predictorum, piscacionibus aut capturis piscium, reparacionibus molendinorum (c) paxeriorum, ᵈ retencionem aquarum pro molendinis molendis, aut impedimentis quibuscumque super dictas aquas faciendis, seu aliquibus aliis casibus contingentibus in aquas predictas, ex ᵉ inantea, coram eisdem Magistris, aut ipsorum altero, seu eorum Locatenentibus, in eorum Curia, ex suo officio, aut aliter ad Requestam Procuratoris nostri, vel alterius cujuscumque, ᶠ trahi valeat aut eciam conveniri; nec ipsi habitatores, conjunctim vel divisim, teneantur coram ipsis aut ipsorum altero, aliqualiter super predictis respondere: quos habitatores, qui nunc sunt & pro tempore fuerint, dicte Civitatis, ejus Vicarie & ressorti ejusdem, ab omni potestate & cognicione dictorum Magistrorum, qui nunc sunt & pro tempore fuerint, & cujuslibet eorumdem, in perpetuum eximimus per presentes: & predicta omnia, eisdem concessimus & concedimus ex nostra certa sciencia & gracia speciali, cognicionem omnium premissorum, in Curia nostri Judicis ordinarii Montisalbani, penitus transferentes; que Curia exhibeat super premissis, quociens casus evenerit, via Juris scripti quo regitur terra illa, ᵍ ordinarie Justicie complementum: mandantes Senescallo Caturcensi, & dictis Magistris & Judici, ceterisque Officiariis nostris, qui nunc sunt & pro tempore fuerint, prout ad ipsorum quemlibet pertinuerit, ut predictos habitatores, nostra presenti gracia uti & gaudere faciant, absque impedimento & contradiccione quibuscumque, nichil in contrarium ʰ attemptantes; privilegiis dictis Magistris Aquarum & Forestarum, in contrarium concessis, aliisque statutis, Ordinacionibus & mandatis, non obstantibus quibuscumque. Quod ut firmum, &c. salvo, &c. Datum Parisius, anno Domini M.° CCC.° LXIX.° & Regni nostri sexto, mense Februarii.

Sic signata. Per Regem. N. DE VERRES. Visa.

a &.
b Vicaria.
c predict. R.
d mot abregé & douteux.
e nunc.
f adjourné.
g ordinar. R.
h attemptan. R.

NOTES.

(a) Tresor des Chart. Registre 100. P. 486. Voyez cy-dessus, p. 190. Note (a).
(b) Tarni.] Le Tarn. Averonis. Aveirou, Riviere qui se descharge dans le Tarn, à quelques lieuës au-dessous de Montauban. Voy. le Dict. de Maty, au mot, Aveirou.
(c) Paxeriorum.] Vannes ou Escluses de Moulin. Voyez le Gloss. de Du Cange, au mot, Paxeria.

CHARLES V.
[à Paris,] à l'Hostel de S.ᵗ Paul, le 8.ᵉ de Mars 1369.
* Voyez cy-dessus, p. 106.

(a) Lettres qui nomment le Prevost de Paris, & M.ᵉ Pierre Foüace, Conseiller au Parlement, Commissaires sans appel, sur la reformation & Police des Halles de la Ville de Paris.

CHARLES par la grace de Dieu Roy de France : A tous ceulz qui ces presentes Lettres verront : Salut. Comme par nos autres * Lettres, Nous eussions

NOTE.
(a) Memorial D. de la Chambre des Comptes de Paris, fol. 119. recto.

262   ORDONNANCES DES ROIS DE FRANCE

CHARLES V.
[à Paris,] à l'Hostel de S.ᵗ Paul, le 8.ᵉ de Mars 1369.

a *pourveu.*
b *denrées.*
c *amenderies, diminuez.*

piçça commis & deputé nostre amé & feal Prevost de Paris, Commissaire Reformateur, seul & pour le tout, sur le fait de la reformacion & provision des Halles de nostre bonne Ville de Paris, lesquelles estoient en très petit estat, & près de tourner du tout en ruyne, quant nostredit Prevost vint à Paris; & à present par sa grant paine & bonne diligence, & de ses Commis & deputez en ceste partie, les dictes Halles soient en bon & souffisant estat, & toutes reparées & reformées pour l'utilité de la chose publique, ᵃ mais que il fussent peuplées de Marchans & Mestiers de nostre dicte bonne Ville de Paris : Et pour ce que les diz Marchans & Mestiers, qui d'ancienneté ont acoustumé d'aler & porter leur ᵇ derrées & marchandises esdictes Halles, sont à present si ᶜ amenries & apeticiés, que ilz ne pourroient ne ne puent en aucune maniere, emplir ne fournir les dictes Halles; parquoy griefve chose seroit à soustenir en estat les dictes Halles, se aucun bon remede n'y estoit mis : Pour ce est il que Nous, consideré que de raison, toutes marchandises doivent estre vendues & portées vendre ès dictes Halles, aus trois jours de Marchié; c'est assavoir, au Mercredi, au Vendredi & au Samedi, & que ainsi il est acoustumé à faire en plusieurs bonnes Villes de nostre Royaulme; confians du senz, loyauté & diligence de nostre dit Prevost, & de nostre amé & feal, Maistre Pierre Fouace, Conseiller en nostre Parlement à Paris, & par bonne & meure deliberacion de nostre Conseil, avons ordonné, commis & deputé, & par ces presentes, ordenons, commettons & depputons noz diz Prevost & Conseiller, Commissaires & Reffermateurs en ceste partie, seulz & pour le tout, pour ordener, regarder, jugier & determiner, se touz les Mestiers de nostre dicte bonne Ville de Paris, yront & seront tenus d'oresenavant porter & vendre leurs derrées & marchandises ès dictes Halles, ou quelz Mestiers seront bons & proufitables de y aler, selon leur bonne ordenance & discrecion; & des choses dessus dictes, & des circonstances & deppendances d'icelles, faire en leurs personnes, & à chascun d'eulz & leur deputez en ceste partie, selon ce que bon leur semblera à faire, Nous donnons povoir, auctorité & mandement especial; & de ordener des Cens, rentes, charges & servitudes dont les dictes Halles sont empeschées & chargiés : & voulons expressement que tout ce qui par eulz ou leurs deputez, sera fait, ordené & determiné ès choses dessus dictes, & en chascunes d'icelles, vaille, tiengne & ait plain effect comme Arrest de Parlement, & tout aussi comme s'il estoit fait en nostre personne, sanz ce que en aucune maniere, il en puisse estre appelé ne reclamé en nostre Parlement, ne pardevant Nous; ainçoiz voulons

d *appels.*
e *on.*
f *Lettres.*

& ordenons, que touz ᵈ appeaulx qui pour cause & occasion des choses dessus dictes, seroient ou pourroient estre faiz, soient nulz & de nul effect, & que à yceulx ne soit en riens obey, & dès maintenant pour lors, les repputons nulz & de nul effect, & deffendons par ces presentes, que ᵉ en n'y obéisse; & par especial, aux Gens des Requestes de nostre Hostel, que de telz appeaux, ilz ne donnent aucunnes ᶠ Lettres; & se par inadvertence ou autrement, aucunnes en estoient données, Nous dès maintenant pour lors, les mettons du tout au néant, par la teneur de ces presentes, & n'y voulons en riens estre obey; nonobstant quelconques Lettres, mandemens, deffenses & autres choses à ce contraires. Si donnons en mandement par ces presentes, à touz noz Justiciers, Officiers & Subgiez, que à nostre dit Prevost & Conseillier, & à leurs depputez, obéissent & entendent diligemment, & leur

g *besoin.*

prestent conseil, confort & aide, se ᵍ mestier en ont. Donné en nostre Hostel de Saint Pol, le huitieme jour de Mars, l'an de grace mil trois cens soixante & neuf, & de nostre Regne le sixième.

Ainsi signées. Par le Roy. T. GRAFFART.

(a) Lettres de Sauvegarde Royale pour le Consulat & les Consuls de la Ville de Rhodez.

CHARLES V. à Paris, en Mars 1369.

KAROLUS, &c. Notum facimus universis tam presentibus quam futuris, quod inter curas & urgentes solicitudines, quibus in regendis subditis Nobis plebibus, frequenter distrahimur, & animus noster * efficitur, ad hoc precipue nostre mentis aspirat affectus, per ᵃ quem status nostrorum fidelium subditorum, nostris temporibus, sub concesso Nobis Regni regimine, in transquillitate manuteneatur & pace; & ipsius Regni incole, sub protectione Regia, à suis relevantur pressuris, & per Regalem potenciam à noxiis defendantur; ut quantocius majestate Regia senserint se adjutos, tanto magis & cordialius in vera subjeccione ᵇ & in firma obedientia perseverent. Sane attendentes laudabilia servicia, que dilecti & fideles nostri Consules Civitatis & Burgi ᶜ Ruthene, qui propter devotionem & dilectionem quam semper erga Nos, & honorem & utilitatem Regni nostri, fideliter habuerunt & habent, ad simplicem requestam & mandatum dilecti & fidelis Consanguinei nostri, Comitis Armaniaci, fuerunt de primis qui Eduardo Primogenito Eduardi Anglie, & eorum confederatis & complicibus obedienciam denegarunt, & Nos tanquam veri & fideles, in suum naturalem & superiorem Dominum recognoverunt, & eandem Civitatem & Villam in nostra obediencia reddi & poni fideliter procurarunt: Nos igitur, huis consideratis, & aliis nostrum animum moventibus, ipsorum Consulum requeste pro parte eorum ᵈ exhibite, favorabiliter annuentes, ipsos Consules, qui nunc sunt & pro tempore fuerint, & eorum quemlibet, quandiu Consules erunt & ipsorum Consulatu durante, cum uxoribus, familia, domibus, possessionibus, rebus & bonis eorum, & eciam Consulatus, in & sub nostris successorumque nostrorum Regum Francie, protectione & salva-gardia speciali, perpetuo remansuros, suscipimus & ponimus per presentes: dantes in mandatis Senescallo Ruthenensi, qui nunc est & pro tempore fuerit, vel ejus Locumtenenti, ceterisque Justiciariis ᵉ Officiariis nostris, & eorum cuilibet, quatenus dictos Consules, & eorum quemlibet, ipsorumque uxores, in personis, familiis, domibus, possessionibus, rebus & bonis universis, tueantur & defendant ab omnibus injuriis, violenciis, gravaminibus, oppressionibus & novitatibus indebitis, vi armorum, potencia laycorum; & insuper faciant proclamari, sub certa pena Nobis & dictis Consulibus, ac eorum cuilibet, applicanda, ne deinceps aliqui contra dictos Consules, & eorum quemlibet, ipsorumque familiam, res & bona quecumque, aliquid facere seu attemptare presumant, quod si in dicte nostre presentis gratie vituperium & contemptum, nec in ipsorum scandalum, prejudicium & gravamen: Et si forsan ᶠ aliquid contra dictos Consules, vel eorum aliquem, dicto Consulatu durante, eorumque uxores & familiam, in & super domibus, possessionibus ᵍ, aliquid contra premissa vel aliquod premissorum, attemptatum repererint, illud ad statum pristinum & debitum reducant vel reduci faciant indilate: Et ne ʰ quicquam de hujusmodi nostra salva-gardia ignoranciam pretendere valeat, Pennumcellos nostros Regios in & super domibus, locis, possessionibus & rebus ipsorum, & cujuslibet eorumdem, ⁱ patentes, si necesse fuerit, poni & affigi faciant & permittant; nostramque salvam-gardiam publicent & publicari faciant in locis in quibus fuerit publicanda: Et si forsan contra dictos Consules, aut ipsorum aliquem, & eorum uxores & familiam, ᵏ & in super rebus, bonis & possessionibus suis in casu novitatis, oriatur debatum, contra premissa aliqui debite se opponere voluerint, debato seu rebus contenciosis ad manum nostram positis, & facta recredentia, si & ubi facienda fuerit, volumus & mandamus dicto Senescallo Ruthenensi, moderno & qui pro tempore fuerit, vel ejus Locumtenenti,

* afficitur.
a quod.

b subjaceant. 2.ᵉ Copie.
c Ruthen. R.

d Nobis. 2.ᵉ Cop.

e &.

f aliqui. 2.ᵉ Copie.
g & rebus suis. 2.ᵉ Copie.
h quiquam. 2.ᵉ Copie.
i patent. R.

k in & super. 2.ᵉ Copie.

NOTE.

(a) Tresor des Chartres, Registre 100. Piece 477.
Ces Lettres sont copiées une seconde fois dans ce Registre, Piece 704. avec cette seule difference importante, que dans cette seconde Copie, la date du mois n'y est point.
Voyez cy-dessus, p. 190. Note (a).

si opus fuerit, committendo, quatenus, vocatis Partibus, summarie & de plano ac sine strepitu & figura Judicii, faciat in hac parte, ipsis auditis, celeris Justicie complementum. In his autem omnibus & singulis, volumus & mandamus eidem Senescallo, moderno & successoribus suis, ab omnibus & subditis nostris, presentibus & futuris, pareri efficaciter & intendi : Et ad premissa diligencius exequenda, volumus quod idem Senescallus, qui nunc est vel pro tempore fuerit, unam bonam personam vel plures, ad petitionem ipsorum Consulum, & cujuslibet eorundem, quam vel quas duxerint nominandas, ad eorum sumptus, deputet cum potestate substituendi, quociensumque fuerint super hoc requisiti : nostre tamen intencionis non existit, quod persone prefate seu substitute ab eis, de hiis que Cause cognicionem exigent, se aliqualiter intromittant. Quod ut firmum, &c. salvo, &c. Datum Parisius, anno Domini M.° CCC.° LXIX.° mense Marcii, Regni vero nostri VI.°

* Duplicata. 2.^e
Copie.

Sic signata.   Visa. *

Per Regem. N. DE VERRES.

CHARLES V.
à Paris, en Mars 1369.

(a) Privileges accordez aux Consuls de la Ville de Figeac.

SOMMAIRES.

(1) Lorsque le Viguier & le Juge de Figeac seront d'un avis different dans un Procès criminel, les Consuls de cette Ville, qui ont droit d'assister à leur Jugement, choisiront entre ces deux avis, celui qui leur paroîtra le plus juste, & le Jugement sera rendu conformement à l'avis qu'ils auront choisi ; reservé aux Parties, le droit de l'appel.

(2) Suivant les anciens usages de cette Ville, les Consuls ont le droit d'imposer & de lever des Tailles pour les necessitez communes, & de fixer la valeur des biens des contribuables, en s'en rapportant à leur serment ; mais les Amendes ausquelles seront condamnez ceux qui auront fait de fausses déclarations de leurs biens, ne seront plus décernées par les Juges Royaux, mais par les Consuls ; reservé au Roy la portion qui lui appartient dans ces Amendes.

(3) Les Notaires de cette Ville recevront tous les Contracts & toutes les Obligations qui s'y passeront ; & la connoissance des contestations qui s'eleveront par rapport à ces Actes, appartiendra aux Consuls.

K AROLUS, &c. (b) *Etsi quibuslibet piè supplicantibus, &c.*

Sane considerantes grata & laudabilia servicia, que dilecti & fideles nostri Consules Ville nostre (c) Figiaci, Nobis fideliter impenderunt, qui tanquam veri & fideles nostri, &c.

(1) Notum igitur facimus universis tam presentibus quam futuris, quod Nos humiles Requestas ipsorum Consulum recepimus, continentes, ut cum ex antiquis privilegiis Regiis, pena aliqualis seu mulcta ^a *non possit infra terminos ipsius Ville Figiaci, per Officiales Regios imponi, inconsultis ipsius Ville Consulibus, seu eciam ipsis non vocatis ; & ipsi Consules habeant & habere debeant terciam partem omnium emolumentorum ex ipsis penis seu mulctis provenientium ; excepto crimine Adulterii ; eciamsi per ipsos Officiales Regios, vel per ipsos Consules, dicte pene seu* * *mulcte in casibus eis permissis, imponiantur ; &* ^b *contingat quod Viguerius & Judex ipsius Ville Figiaci, qui soli Judices nostram Curiam Regalem in dicta Villa habent exercere & eciam gubernare, in Causis criminalibus tractandis & dirimendis, in dictarum Causarum discussione & determinacione seu Sentenciis proferendis, aliquociens sunt discordes, nostram gratiam eisdem Consulibus ampliare volentes, ex plenitudine Regie potestatis, certa sciencia & gratia speciali, eisdem Consulibus, qui nunc sunt vel pro tempore fuerint, concessimus & concedimus per presentes, ut ipsi possint & valeant de cetero, & eis sit licitum, cum sentencia & ordinacione Viguerii vel Judicis ipsius Ville, presencium & futurorum, que eisdem Consulibus*

^a mulcte.
^b contingat.

NOTES.

(a) Tres. des Chartr. Reg. 100. P. 372. Voy. cy-dessus, p. 190. Note (a).

(b) Etsi.) Le commencement de ces Lettres est semblable au commencement de celles qui sont imprimées cy-dessus, p. 259.

(c) Figiaci.) Figeac, Ville du Quercy, Diocese de Cahors. Voy. le Dictionn. Univ. de la Fr. au mot, Figeac.

videbitur

DE LA TROISIÉME RACE.

videbitur magis justa & racionabilis, concordare, & quod eadem sentencia seu ordinacio ipsorum Viguerii vel Judicis, sic prolata vel denceps proferenda, teneatur & robur habeat, cui ipsorum Consulum sanior & racionabilior oppinio concordabit. Nolumus tamen, quod propter hujusmodi nostre gracie ampliacionem, à dictis sentenciis seu ordinacionibus per ipsos Viguerium vel Judicem, aut eorum aliquem, proferendis, appellantibus aliquod prejudicium generetur, quin ipsi ab eisdem sentenciis, ad Judicem competentem possint, quociescunque eis placuerit, appellare.

(2) *Item. Quod cum onera publica ipsius Ville, absque communi auxilio, non valeant commode sustineri, & eisdem Consulibus, ex antiquis privilegiis, liceat facere collectam aut Tailliam pro factis & negociis Ville, pro solido & libra; & secundum formam hactenus usitatam, indicere & imponere, & eandem, per se vel per alium, unum vel plures, percipere & levare à singulis habitatoribus* ^a *collectalibus dicte Ville & districtus ejusdem; necnon estimare bona mobilia & immobilia dictorum habitatorum collectabilium; & si de dicta estimacione oriebatur discordia, juxta tenorem dictorum antiquorum privilegiorum, standum erat juramento ipsius cujus bona fuerant estimata; & si* ^b *convincebantur male jurasse in premissis, per Officiales Regios de suo perjurio puniri debebat; eisdem Consulibus, presentibus & futuris, auctoritate predicta, ex ampliori dono gracie, concessimus & concedimus per presentes, ut cum ipsi melius possint & valeant se informare de illis qui male juraverunt, quam ipsi Officiales Regii, quod cognicio & punicio civilis ipsorum male jurancium seu deverancium circa premissa, de cetero pertineat ad eosdem; porcione tamen alias levari & exigi consueta pene seu emende, si que contra ipsos male jurantes vel degerantes, per ipsos Consules fuerint imposite, ad Nos pertinente, pro Nobis & successoribus nostris Regibus Francie, semper salva.*

(3) *Insuper volumus & eisdem Consulibus concessimus, quod Notarii ipsius Ville Figiaci, qui nunc sunt & pro tempore fuerint, perpetuo possint & valeant recipere quascunque obligaciones & contractus licitos quorumcunque contrahencium & se obligare volencium, ad* ^c *districtum & cohercionem ipsius Ville Figiaci Consulatus.*

Quare damus tenore presencium in mandatis Senescallo Caturcensi, Judici & Viguerio ipsius Ville Figiaci, & omnibus aliis Justiciariis & Officiariis nostris, presentibus & futuris, ac Locatenentibus eorumdem, quatenus hujusmodi nostris predictis graciis & ampliacionibus graciarum, omnibus & singulis, dictos Consules, presentes & posteros, perpetuis temporibus, uti & gaudere faciant & permittant absque impedimento aut contradictione quibuscunque; eisdem, & eorum cuilibet, districte prohibentes, ne eosdem Consules, contra hujusmodi nostrarum graciarum seriem & tenorem, molestent vel molestari ^d *faciant aut permittant; & si contra premissa vel aliqua premissorum, per ipsos fuerit aliquid attemptatum, ad statum debitum reponi faciant indilate; quia sic fieri volumus, nonobstantibus privilegiis, consuetudinibus, usibus, ordinacionibus & mandatis in contrarium concessis & editis quibuscumque. Quod ut firmum, &c. salvo, &c.* Actum & datum Parisius, anno Domini M. CCC. LXIX.° & Regni nostri sexto, mense Marcii.

Per Regem. N. DE VEIRES.   *Visa.*

CHARLES V. à Paris, en Mars 1366.

a collectabilibus, ceux qui doivent payer cette Taille.

b convincebatur.

c Voy. le Sommaire de cet art.

d faciant.

CHARLES V. à Paris, en Mars 1369.

(*a*) Lettres qui portent que les Habitans de Figeac, qui se trouvent dans les Terres de l'obéïssance d'Edoüard, Fils d'Edoüard Roy d'Angleterre, ne seront point inquietez dans leurs biens, s'ils reviennent dans un temps marqué, dans les Terres de l'obéïssance du Roy.

*K*AROLUS, *&c. Notum facimus universis, tam presentibus quam futuris, Nos Litteras carissimi Fratris nostri, Ducis Andegavensis Comitisque Cenomanensis, ac*

NOTE.

(*a*) Tresor des Chartres, Registre 100. Piece 492. *Voy. cy-dessus*, p. 190. Note (*a*).

Locum nostrum tenentis in [a] *Partibus Occitanis, vidisse, formam quæ sequitur, continentes.*

CHARLES V.
à Paris, en Mars 1369.
a Languedoc.
b Voy. cy-dessus, p. préced. Note (*a*). marg.
c Figeac. Voy. cy-dessus, p. 264. Note (*c*).
d Burdegal. R.
e la Rochelle.
f dans leur Pays.
g Mot abregé & douteux.

h peut-être faudroit-il lire *rebellis & inobedientis* en le rapportant au Prince de Galle.
i inobedientes.

k fort. diligentia.

l de.

m recessissent.

n amoven... tolle.a. R.

o & (&) *p* Ruthenenfi.

LUDOVICUS *Regis quondam Francorum Filius, Domini nostri Regis Germanus, ejusque Locum tenens in Partibus Occitanis, Dux Andegavensis & Comes Cenomanensis: Universis presentes Litteras inspecturis: Salutem. Notum facimus, quod cum plures oriundi, & aliæ personæ* [b] *collectabiles in & de Villa* [c] *Figiaci, Senescalliæ Caturcensis, nunc in Villa* [d] *Burdegalensi &* [e] *Ruppelle, & alibi sub potestate Edouardi, Primogeniti Edouardi de Anglia, commorantes, plura bona, redditus & possessiones in Villa & Vicaria Figiaci, & in Senescalliis Caturcensi & Ruthenensi habitentes, non potuerunt nec possunt commode de presenti,* [f] *ad Partes suas, occasione guerrarum aut alia quavis causa, accedere, seu juxta eorum voluntatem, redire; cujus occasione, tales* [g] *habentes bona, redditus & possessiones in dictis Senescalliis, loco & Vicaria Figiaci, timent, prout Nobis significatum extitit, in eisdem impedimentum appositionis manus vel confiscacionis, seu quævis alia per dictum Dominum meum vel per Nos, seu ejus Officiarios vel nostros, fuerint apposita, seu in futurum apponi contingat, eo quod sub obedientia & potestate dicti Edouardi, præfato Domino meo* [h] *rebelles &* [i] *inobedientis, moram traxerunt & trahunt; & ob hoc, ut scitur, plura bona, redditus & possessiones predictorum sub potestate dicti Edouardi & obedientia commorantium, ad peticionem aliquorum, nonnullis personis dicimur dedisse, & per nostras Litteras seu aliter, ex dicta causa concessisse: Nos, ad supplicacionem Consulum Villæ Figiaci, ac intuitu & contemplacione eorumdem, volentes dictæ Villæ graciam facere specialem, omnibus & singulis de dicta Villa Figiaci, omnimodis incolis, municipibus, originariis & ejusdem Villæ collectabilibus quibuscunque, & cuilibet eorumdem, cujuscunque status & condicionis existant, dedimus & concessimus, damus & concedimus per presentes, de nostra certa scientia specialique gracia, & auctoritate Regia qua fungimur in hac parte, licenciam, potestatem, facultatem & auctoritatem ad dictam Villam Figiaci, infra Festum Beati Johannis Baptistæ proxime venturi, libere remeandi, repatriandi & revertendi; proviso tamen quod ocius quod potuerint, extra obedienciam dicti Edouardi, & sub obediencia dicti Domini mei & nostra, pro toto posse suo, reverti procurabunt & tenebuntur, cum omni* [k] *indulgencia, solicitudine & cautela; & iterum dictis redditibus, possessionibus atque bonis utendi, tenendi, explectandi & aliter super hiis agendi & contrahendi, & in quascunque personas dicti Domini mei* [l] *obediencia transferendi, & aliter de hiis agendi & faciendi, prout veri Domini de bonis & rebus suis propriis, faciunt & facere possunt, prout ac si a dicta Villa nunquam* [m] *ressessissent; sed in & sub obediencia dicti Domini mei & nostra, continue remansissent; quæcunque & singula impedimenta, occasione predicta, qualitercunque & quoquomodo in dictis bonis, redditibus & possessionibus apposita,* [n] *amoventes totaliter & tollentes; omnes donaciones, concessiones & assignaciones de dictis bonis, redditibus & possessionibus, seu aliquo eorumdem, ac parte ipsorum, in eorum prejudicium factas & faciendas, penitus cassantes, irritantes & annullantes: mandantes Senescallis Caturcensi* [o] [p] *Rethenensi, cæterisque Justiciariis & Officiariis dicti Domini mei, ac eorum Locatenentibus, & eorum cuilibet, prout ad eum pertinuerit, quatenus de dicta Villa Figiaci, omnimodos incolas & Municipes, originarios & collectabiles, nunc, ut fertur, absentes, & sub dicto Edouardo commorantes, nostra presenti gracia uti & gaudere pacifice faciant & permittant, ipsos nullatenus molestando aut à quoquam molestari quomodolibet permittendo. In cujus rei testimonium, nostrum presentibus Litteris jussimus apponi sigillum. Datum Tholose, die XI.a mensis Februarii, anno Domini* M. CCCLX. nono.

Quas quidem Litteras, omniaque & singula in eisdem contenta & expressa, Nos ratas & gratas habentes, eadem laudamus, volumus, approbamus, & de nostris auctoritate & plenitudine Regiæ potestatis, de specialique gracia, confirmamus: mandantes omnibus & singulis Justiciariis, Officiariis & Commissariis nostris, atque Justiciariis Regni nostri, vel eorum Locatenentibus, presentibus & futuris, & cuilibet eorumdem, quatenus omnes & singulos quos Litteræ supra scriptæ tangunt vel tangere poterunt in futurum, eisdem ac omnibus in eisdem contentis, uti & gaudere pacifice faciant & permittant, absque impedimento quocunque, quod, si factum vel appositum repererint, ad statum pristinum & debitum indilate reducant. Quod ut roboris, &c. salvo, &c. Actum & datum Parisius, anno Domini M. CCCLXIX.° & Regni nostri sexto, mense Marcii.

Sic signata. *Per Regem, ad relationem Consilii.* MONTAGU.

Collacio facta est. *Visa.*

CHARLES V. à Paris, en Mars 1369.

(*a*) Privileges accordez à la Ville de Figeac.

SOMMAIRES.

(1) *Lorsqu'il s'élevera un procès civil entre les Habitans de Figeac, il sera permis à l'une des Parties, de le faire juger à son choix, ou par les Juges Royaux, ou par les Consuls de cette Ville.*

La Ville de Figeac sera unie inséparablement à la Couronne.

(2) *On continuëra de fabriquer de la Monnoye dans la Ville de Figeac; & l'on ne pourra imiter cette Monnoye, dans les autres endroits où l'on en fabrique.*

*K*AROLUS, &c. Notum facimus universis tam presentibus quam futuris, Nos Litteras carissimi Germani & Locumtenentis nostri in * Partibus Occitanis, Ducis Andegavensis & Comitis Cenomanensis, suo magno sigillo in cera viridi & filo serico sigillatas, vidisse, formam que sequitur, continentes.

* Languedoc.

LUDOVICUS Regis quondam Francorum Filius, Domini nostri Regis Germanus, ejusque Locum tenens in Partibus Occitanis, Dux Andegavensis & Comes Cenomanensis. Regia astringitur Magestas, ut fomentum honoris & dilectionis in eos immittat, qui imminentibus periculis corpora & bona eorum, exponere non formidant aut verentur pro ipsius jure sustinendo. (*b*) Et si prosequatur eos, ª & pro-decet, favoribus & insigniis ac preheminenciis, ᵇ quod ex hiis, ad ipsius fidele obsequium excitentur, & taliter, ᶜ quod in se boni instar suscipiant, ᵈ quod omni strenuitatis opere mercantur se immitos. (1) Notum igitur facimus universis, tam presentibus quam futuris, quod Nos animadvertentes nedum premissa, sed & obsequia fidelia & laudabilia, que dilecti nostri Consules Ville ᵉ Figiaci, temporibus retrolapsis, dicto Domino meo & Nobis ac Corone Francie impenderunt, quorum servicia majora premia; (*c*) presertim cum ipsi (*d*) affeccionem singularem quam erga Dominum meum habuerunt & habent, dampna propter hoc innumerabilia supportarunt, eisdem Consulibus, singularibus & habitatoribus dicti Loci de Figiaco, modernis & futuris, concessimus & concedimus per presentes, de nostra certa sciencia auctoritateque Regia qua fungimur in hac parte, quod cum Judicatura & Vicaria habeant magnos terminos & latos, & multa neccessaria expedire, & ut facilius & expediencius Cause & lites in dicta Villa movende ventilentur & fine debito terminentur, ut ipsi Consules, qui inter suos cohabitatores volentes & consencientes, de pecuniariis Causis cognoscant, ipsorum Consulum cognicionem & potestatem ex causis predictis favorabiliter ampliantes, de cetero valeant indistincte de quibuscumque Causis pecuniariis cognoscere, diffinire, & diffinita exequi, propter bonum commune dicte Ville, & habitatorum ejusdem, & modo seu fine debito terminare: dantes & concedentes habitatoribus facultatem, ut ipsi & eorum quilibet, possint eligere, an velint coram Vicario seu Judice ᶠ Regio dicte Ville, contra alium habitatorem Actionem seu peticionem suam dirigere in Causis civilibus & pecuniariis, prosequi & suire, vel coram Consulibus dicte

a *sort. ut.*
b q. ex h. R.
c q. R.
d q. R.

e Figeac. *Voyez cy-dessus*, p. 264. Note (*c*).

f Reg. R.

NOTES.

(*a*) Tresor des Chartres, Registre 100. Piece 713.

Voy. cy-dessus, p. 190 Note (*a*).

(*b*) *Et si.*] La suite de ce Préambule est très-obscure; & peut-être est-elle corrompuë.

(*c*) Il y a là des caracteres abregez qui semblent faire *concernunt*; mais ce mot ne conviendroit point icy, & il en faudroit un qui signifiât la même chose que *merentur*.

(*d*) *Affeccionem.*] Il semble qu'il faudroit mettre *propter*, devant ce mot, & retrancher *propter hoc*, un peu plus bas.

Ville; concedimusque ex causis & modis predictis, dictis Consulibus, quod dicta Villa Figiaci de Domanio immediato Corone Francie, temporibus futuris, nullatenus separetur, nec in alium seu alios aliqualiter transferatur; ymmo in perpetuum, in & sub Domanio Corone predicte remaneat absque alienacione quacunque.

(2) Item. Volumus & de speciali gratia [a] auctoritate predicta concedimus dictis Consulibus & habitatoribus Ville predicte, attenta [b] insignitate ejusdem; & attento quod in eadem consuevit Moneta longevis temporibus fabricari, quod dicta Moneta ab eadem alibi imitari non valeat; ymmo eandem Monetam in eodem loco perpetuo fieri & fabricari, cum facultas occurrerit, volumus & jubemus : mandantes committendo, si sit opus, Senescallo Caturcensi ac Vicario Figiaci, qui nunc sunt & fuerint, vel eorum Locatenentibus, & cuilibet ipsorum, quatenus dictos Consules & habitatores, modernos & futuros, nostris presentibus concessione & gratia uti perpetuo & gaudere faciant & permittant absque impedimento, nil contra presencium tenorem faciendo aut fieri modoquolibet permitendo; ymmo facta in contrarium, si que fuerint, revocent, ad statum pristinum reducant & reduci faciant indilate; usu, Consuetudinibus, observanciis & Ordinacionibus vel mandatis in contrarium factis aut faciendis, non obstantibus quibuscunque. Que ut perpetuo robur obtineant firmitatis, presentes Litteras sigilli nostri magni fecimus appensione muniri; jure Regio in aliis, & alieno in omnibus semper salvo. Datum & actum Tholose, anno Domini M. CCC. LXIX.° mense Februarii.

Nos autem Litteras supra scriptas, ratas habentes & gratas, eas & omnia in eisdem contenta, laudamus, approbamus, ratificamus, ac ex nostra certa sciencia auctoritateque Regia & gracia speciali, consideratione premissorum, confirmamus per presentes: Mandantes Senescallo Caturcensi ac Vicario Figiaci, ceterisque Justiciariis & Officiariis nostris, presentibus & futuris, & cuilibet eorumdem, ac eorum Locatenentibus, prout ad quemlibet ipsorum pertinuerit, quatenus Consules, singulares & habitatores dicti loci de Figiaco, presentes & posteros, nostra presenti confirmatione ac concessione in supra scriptis Litteris contentis & declaratis, juxta presentium & ipsarum supra scriptarum Litterarum seriem & tenorem, uti faciant & gaudere, nec contra tenorem [c] eosdem, dictos Consules, singulares & habitatores predictos, seu alterum eorumdem, ullatenus impediant seu molestent, aut impediri seu molestari permittant à quoquam; sed si que facta fuerint in contrarium, ea revocent & annullent, seu revocari & annullari faciant indilate; usu, consuetudinibus, observanciis, Ordinacionibus & mandatis in contrarium factis vel faciendis, ac donis seu concessionibus alias per Nos seu per Predecessores aut Locumtenentes nostros, eisdem Consulibus, singularibus & habitatoribus factis, non obstantibus quibuscunque. Quod ut firmum, &c. salvo, &c. Datum Parisius, anno Domini M. CCCLXIX.° Regni vero nostri sexto, mense Martii.

Sic signate. *Visa.*
Per Regem, N. DE VERRES.
Collatio sit per me. N. DE VERRES.

(a) Lettres qui portent que la Ville de Montauban sera inseparablement unie à la Couronne.

KAROLUS, &c. Ad perpetuam rei memoriam. Celestis altitudo potencie, que super cuncta tenet imperium, & que Nos, sua benignissima disponente gratia, stabilivit in Regem, & ad Regni fastigia provexit, divinitus Nos amonet, ut ipsum Regnum & ejus subditos, in pacis tranquilitate tenere & fovere, & circa ea que ipsius Regni & nostrorum subditorum, presertim illorum qui ab antiquo de proprio Corone Francie Domanio

NOTES.

(a) Tresor des Chartres, Registre 100. Piece 488.
Voy. cy-dessus, page 190. Note (a). & page 261.

DE LA TROISIÉME RACE. 269

confiftunt, confervacionem, cuftodiam & tuicionem, ac noftri obedienciam concernunt, vacare, diftractaque feu alienata à manu Regia, ad ftatum priftinum reducere ^{a} *intendimus & eureynus folicitudinibus indefeffis, ut, dum fe fenferint per Regiam folicitudinem & potenciam, in fecuritate ac pacis tranfquilitate dono* ^{b} *remanere & defendi, in noftre celfitudinis obfequiis & obediencia, reddantur libencius propenciores. Sane confiderantes grata & laudabilia fervicia, que dilecti & fideles noftri Confules, Burgenfes & habitatores Civitatis & Ville Montis-albani, Nobis fideliter impenderunt, qui propter devocionem & dileccionem quam femper erga Nos, utilitatem & honorem Regni noftri habuerunt & habent, Edduardo primogenito Edduardi Anglie, adverfariis noftris, & eorum complicibus & confederatis, obedienciam merito denegarunt, & ipfi qui de antiquo Dominio Regni & Corone Francie extiterint & exiftant, Nos in fuum naturalem & Superiorem Dominum recognoverunt, ac eandem civitatem in noftrâ obedienciâ fubmiferunt. Notum igitur facimus univerfis tam prefentibus quam futuris, quod Nos, hiis confideratis, & aliis noftrum animum moventibus, ipforum Confulum, Burgenfium & habitatorum requefte pro parte ipforum Nobis exhibite, favorabiliter annuentes, maturâ prius deliberacione habitâ cum Gentibus noftri magni Confilii; penfatâque utilitate perpetuâ Regni noftri, predictam Civitatem & Villam, cum ipfarum pertinentiis univerfis, de noftra fpeciali gracia, certa fciencia, auctoritate & plenitudine Regie noftre poteftatis, ad Nos & fucceffores noftros Reges* ^{c} *Francôrum, perpetuis temporibus retinemus, ad proprium & immediatum Dominium Regis & Coronam Francie, abfque alio medio, connexamus, aggregamus, adjungimus, applicamus, ponimus & unimus, ac Nobis & fuccefforibus noftris, & ipfis Dominio & Corone, fine aliquo medio, retenta, annexa, aggregata, adjuncta, applicata, pofita & unita, nunc & in perpetuum, decrevimus & decernimus per prefentes; promittentes bonâ fide pro Nobis & fuccefforibus noftris Regibus Francorum, predictas Civitatem & Villam, cum ipfarum pertinentiis univerfis, Confulibus, Burgenfibus & habitatoribus earumdem, prefentibus & futuris, in & fub recto & proprio Dominio Regis & Coronâ Francie, perpetuô tenere, regere, permanere, & tanquam de & fub dictis Dominio & Coronâ immediatè exiftentes, regere, conforvare & defendere, & contra omnes; abfque eo quod Nos aut fucceffores noftri Francorum Reges, racione quacunque five caufa, à dictis Dominio immediato & Corona, futuris temporibus amovere feu feparare vel disjungere quomodolibet valeamus: & fi forfan per Nos vel fucceffores noftros Reges Francorum, in pofterum contrarium fieri contingeret, fic facta, ex nunc pro ut ex tunc & ex tunc pro ut ex nunc, irrita decernimus, & nullius effe volumus firmitatis. Quod ut firmum, &c. falvo, &c. Datum Parifius, anno Domini* M.º CCC.º LXIX.º *Regni vero noftri fexto, menfe Martii.*

Sic fequuta. Per Regem. N. DE VERRES. *Vifa.*

CHARLES V.
à Paris, en Mars 1369.
a intendamus.
b fort. Regio.

c Franc. *là eft plus bas.* R.

(*a*) Lettres de Sauvegarde Royale pour la Ville d'Abbeville.

CHARLES, &c. Savoir faifons à tous prefens & avenir, Nous, de noftre très chier Seigneur & Ayeul le Roy Philippe, avoir veu les Lettres contenant la fourme qui s'enfuit.

PHILIPPES par la grace de Dieu Roy de France. Savoir faifons à tous prefens & avenir, que Nous, à la Supplicacion de noz bien amés les Maire, Efchevins, Bourgois & habitans, & toute la Communauté de noftre Ville d'Abbeville en Pontieu, noz jufticiables & fubgez, lefquielx Maire, Efchevins & Communauté deffus dis, avec tous leurs biens & les biens de ladicte Commune, leurs Sergens, Officiers,

CHARLES V.
à Paris, en Mars 1369.
Philippe VI. dit de Valois, à l'Hopital de Corbeil, en Decembre 1349.

NOTE.

(*a*) Trefor des Chartres. Regiftre 100. Piece 368.
Voy. cy-deffus, page 173. Note (*b*).

Ll iij

270   ORDONNANCES DES ROYS FRANCE.

CHARLES V.
à Paris, en Mars, 1369.
a & est inutile.

b sort. Justices.

c contentieuses.
d de les remettre en possession.

e besoin.

f affaires.
g au.
h lesquels.
i nous est inutile.

k Lettres.

^a& Ordenez pour eulx, leur Justice & Juridicion, drois & usages garder, Nous avons pris, receu & mis, prenons, recevons & mettons par ces presentes Lettres, en & soubz nostre proteccion & sauvegarde especial, à la conservacion de leurs drois & de la Communauté dessus dicte, Nous à iceulx supplians avons donné & depputé, donnons & députons leurs gardiens, Jehan de Dommart, Pierre de Bourberch & Jehan de Halencourt, noz Sergens de la Baillie d'Amiens; ausquielx & à chascun d'eulx, nous donnons plain povoir, auctorité & mandement especial, & par ces presentes Lettres commettons de yceulx supplians maintenir & garder en leurs biens, ^b justes & possessions, Juridicions, drois, usages, Coustumes, Libertés & franchises, esquelles il les trouveront estre & leurs predecesseurs avoir été paisiblement d'ancienneté; de les garder & deffendre & leurs biens, de toutes injures, violences, griefs, oppressions, molestacions, de force d'armes, de puissance de lays, & de toutes autres nouvelletés induës: & ou cas que débat naistroit entre les Parties, en cas de nouvelleté, d'icelui debat & les choses^c comtempcieuses prendre & mettre en nostre main comme Souveraine, & de ^d en faire recreance comme il appartendra; de assigner jour ou jours competens aux Parties, pardevant les Juges ordinaires ausquielx la congnoissance en appartendra, pour proceder & aler avant ezdictes opposicions, si comme raisons sera; de nostre dicte especial Garde signifier & publier en tous les lieux, & aux personnes ou ^e mestier sera & il en seront requis; de faire inhibition & deffense de par Nous, à toutes les personnes dont il seront requis, que auxdis supplians, à leurs biens, aus biens de ladicte Ville & Communauté d'icelle, ne à leur Juridicion, il ne meffacent ou facent meffaire en aucune maniere, sur certaines paines à appliquer à Nous; de remettre & faire ramener au premier estat & deu, tout ce que il trouveront estre ou avoir esté fait ou prejudice de nostre dicte Garde & dezdis supplians & de leurs biens; & à Nous & ausdis supplians pour ce, faire Amendes convenables; & generalment de faire toutes & chascunes autres choses, qui à Office de Gardien pevent & doivent appartenir: Et voulons & accordons aux dis supplians, que ou cas où les trois de nos Sergens & Gardiens dessus dis, seroient mort ou ne pourroient faire les choses dessus dictes, pour occupacion de noz ^f besoignes ou autres, que nostre Bailly d'Amiens ou nostre Gouverneur de Ponticu, à la requeste des dis supplians, puisse commettre autres noz Sergens, un ou plusieurs, ^g ou lieu dez dessus dis Gardiens, ^h les ⁱ Nous, à la requeste dez dis supplians & chascun d'eulx, Nous commectons & députons par ces presentes Lettres, Gardiens especiaulx & Generaulx auxdis supplians, ou cas dessus dit, pour faire & enteriner toutes les choses contenuës en ces presentes, en la forme & maniere que les trois dessus dis y sont commis & députtés Gardiens de par Nous, & qu'il le pevent & doivent faire : Toutes voies nostre entente n'est pas, que les dis Gardiens ou l'un d'eulx, s'entremettent de chose qui requiere congnoissance de Cause. Mandons & commandons à tous nos justiciers & subgez, que aus dis Jehan de Dommart, Pierre de Bourberch & Jehan de Halencourt, & à chascun d'eulx, ou à celui ou ceulx de noz Sergens, qui ausdis supplians seront commis & députés ou lieu des trois dessus dis nommés, comme à noz Sergens ou Gardiens dez dis Maire, Eschevins & Communauté, ès choses dessus dictes, & en toutes autres qui à Office de Gardien pevent & doivent appertenir, obéïssent & entendent diligemment. Et pour que ce soit chose ferme, &c. *Donné à l'Ospital de Corbüeil, l'an de grace mil CCC XL & neuf, ou mois de Decembre.*

Lesquelles ^k dessus escriptes, Nous ayens fermes & aggréables, ycelles louons, approuvons, & de nostre certaine science & grace especial confermons par ces presentes. Si donnons en mandement au Gouverneur ou Senéchal de Ponticu, qui à present est, & qui pour le tamps à venir sera, que auxdis Maire, Eschevins & Communauté, il pourvoie de Gardien telx comme bon lui samblera, ou cas que les Gardiens dessus nommés seront trepassés ou n'y pourront entendre, toutesfois que mestier leur en sera, en mettant noz dictes Lettres à execution deuë; & à tous les autres Justiciers, Officiers & subgez de nostredit Royaume, presens & à venir, si comme à eulx & à chascun d'eulx appartendra & pourra appertenir, que aux dessus

DE LA TROISIÉME RACE. 271

dis Gardiens & chascun d'eulx, comme à noz Sergens & Gardiens des Maire, Eschevins & Communauté dessus dis, ez choses dessus dictes, & toutes autres qui à Office de Gardien pevent & doivent appartenir, obéissent & entendent diligemment. Et afin que ce soit ferme chose, &c. *Donné à Paris, ou mois de Mars, l'an de grace mil CCC LXIX. & de nostre Regne le sisiesme.* Visa.
Par le Roy. T. HOCIE.
Collacion est faicte avec les Lettres dessus escriptes.

(a) Lettres qui permettent aux Chapelains de la Confrairie établie dans l'Eglise de Laon, de faire Corps & College, d'acquerir des biens, & de comparoître en jugement, soit en personnes ou par Procureurs, pour la deffense de ces biens.

CHARLES V.
à Paris, en Mars 1369.

KAROLUS, *&c. Notum facimus Universis presentibus pariter & futuris, Nos infra scriptas Litteras inclitæ recordationis, carissimi Domini & Avi nostri, Philippi quondam Regis Franciæ, vidisse, formam que sequitur, continentes.*

Philippe VI. dit de Valois à Chateauneuf-sur-Loire, en Novembre 1342.

PHILIPPE par la grace de Dieu Roi de France: à tous ceulx qui ces presentes Lettres verront : Salut. Savoir faisons à tous presens & avenir , que comme plusieurs personnes meuës de devocion & autrement, pour le ª remede de leurs âmes, aient donné & laissié ça en arrieres, plusieurs choses es biens aux Chappellains de la Compaignie & ᵇ Confraternité de l'Eglise de Laon; & avient encores que l'en leur fait aucunes fois plusieurs dons & ᶜ lays; & pour ce qu'il n'ont Corps ne College, il ne puissent bonnement recevoir telx dons ne lays, aquerre aucune chose en acroissement des drois de leur dicte Confraternité, ne yceulx drois & biens deffendre ne poursuivre, si comme il nous ont donné à entendre ; suplians que sur ce , leur veillons pourvoir de nostre grace : Nous à la ᵈ samblance de noz Predecesseurs, desirans le divin Service estre acreu en nostre tamps, lez dis Chappellains, presens & avenir, en tant comme il touche la ᵉ temporalité, de grace especial, de nostre auctorité Royal & de la ᶠ planté de nostre puissance Royal, avons habilité & habilitons & rendons ᵍ avables à tousjours, par la teneur de ces Lettres, ad ce que les Lays & dons ʰ loisibles que l'en leur a fait, comme dit est, ou que l'en leur fera d'ores-en avant, il puissent recevoir & tenir paisiblement, acquerre à justes & loyaulx titres, drois & possessions, en augmentacion des rentes de leur dicte Confraternité; & de leurs dis drois, dons, lays & autres acqués, deffendre & poursuivre par eulx ou par Procureurs, si comme bon leur semblera : lesquels dons, lays & autres acqués fais & à faire, comme dit est, Nous approuvons de nostre dicte grace, & avons aggréables, aussi comme se dès l'encommencement de leur institution, il eussent eu Corps & College, nonobstant drois, usages, Coustumes ou Ordennances ad ce contraires. Et pour ce que ce soit ferme, &c. sauf, &c. *Ce fu fait à Chasteau-nuef sur Loyre, l'an de grace M. CCC. XL & deux, ou mois de Novembre.*

a *Voy. cy-dessus.* p. 186. Note *(a)*.
b *Confrairie.*
c *legs.*

d *à l'imitation.*
e *les biens temporels.*
f *plenitude.*
g *habiles.*
h *licites, permis.*

Quas quidem Litteras superiùs insertas, & omnia alia & singula in eisdem contenta, viso tenore, volentesque predecessorum nostrorum vestigia totis viribus imitari, & laudabile propositum devotorum Fidelium adimpleri; necnon bona Ecclesiastica, sicut decet, augmentare, prefatas Litteras ratas & gratas habentes, easdem ratificamus, laudamus & approbamus, ac de nostra gratia speciali & auctoritate Regia, tenore presencium confirmamus : Quocirca Baillivo nostro Viromandensi, ceterisque Justiciariis & Officiariis nostris, presentibus & futuris, aut eorum Locatenentibus, & eorum cuilibet, prout ad eum pertinuerit, earundem serie Litterarum ⁱ *mandantes, districtius injungendo,*

i *mandan.* R. *Mandamus.*

NOTE.

(a) Trefor des Chartres. Registre 100. Page 369.

CHARLES V.
à Paris, en
Mars 1369.

quatenus Capellanos dictæ Societatis seu Confratrie Ecclesiæ Laudunensis, de quibus sit mencio in Litteris suprascriptis, modernos vel futuros, aut eorum alterum, seu eorum Procuratorem ab eis deputatum vel deputandum, in premissis, contra tenorem nostræ presentis confirmacionis & gratiæ, nullatenus molestent vel impediant, seu eciam molestari vel impediri permittant; ymo nostra presenti gratia seu confirmacione, ac omnibus & singulis in dictis Litteris contentis, eos uti & gaudere pacifice faciant & permittant absque contradiccione quacumque; sed si forsan aliquid in posterum factum vel attemptatum fuerit contra presentem nostram graciam seu confirmacionem, & in ipsorum Capellanorum, seu eorum Procuratorum prejudicium, id ad statum pristinum & debitum redducant aut redduci faciant indilate; usu, statuto, Consuetudine vel Ordinacione ad hoc contrariis, non obstantibus quibuscumque. Quod ut firmum, &c. salvo, &c. Datum Parisius, anno Domini M.º CCC.º LXIX.º & Regni nostri sexto, mense Martii.   *Visa.*
In Requestis Hospicii. G. HENNEQUIN.
Collacio facta cum Litteris originalibus superiùs insertis.

CHARLES V.
à Paris, en
Mars 1369.
& le 13. de
Novembre
1364.

(a) *Reglement pour la Vente du Cuir tanné dans la Ville de Chartres.*

CHARLES, &c. Savoir faisons à tous presens & avenir, Nous avoir veu deux pairez de Lettres de nostre Bailli de Chartres, sainez & entieres, si comme il apparoit de prime face, à Nous presentées de la partie des Tanneurs de nostre Ville de Chartres, desquelles la teneur de la premiere, s'ensuit.

A Tous ceulx qui ces presentes Lettres verront. Maistre (b) Sains de la Fontaine, Bailli de Chartres. Salut. Sachent tuit, que pardevant Nous, fû present en jugement, Perrot le Caoursin, ᵃ adonc Maistre de (c) Suurs de Chartres, lequel disoit & proposoit contre Jorget Crossin de (d) Chinsire, Tanneur, que par la coustume du mestier des ᵇ Suers & de la Tannerie de Chartres, nuls homs dehors la Cité & la ᶜ Banleuë de Chartres, ne puet ne ne doit vendre ne apporter pour vendre cuir tanné, ne faire marchié ne (e) joindre, ne bailler deniers à ᵈ De, pour raison de cuir tanné, oultre la somme de douze deniers & maille, dedens la Ville & la Banleuë de Chartres; fors que ès quatre Foëres des quatre Festes Nostre-Dame; c'est assavoir, à la Chandeleur, à la (f) Marcesche, à la Mi-Aoust & à la Septembresce; & se aucuns Marchans dehors vendoient ᵉ ne faisoient marchié, ne bailloient

a *presentement.*
b *Voy. la Note.*
(c)
 c *Banlieuë.*
 d *à Dieu.*

e *&.*

NOTES.

(a) Tresor des Chartres. Registre 100. P. 295.

(b) *Sains.*] Ce Saint est apparemment le même que Sᵗ. *Saens,* Abbé *de Cansoudain* en Caux, sur lequel voy. le Vocab. Hagiol. *de l'Abbé Chastelain,* qui est à la tête du *Diction.* Etymolog. *de Menage.* Voy. page suiv. Note (d)

(c) *Suurs.*] Ce mot est douteux, parce qu'il y a 4 jambages sans point. Mais un peu plus bas, il y a : *le mestier des Suers & de la Tannerie. Suers* signifie les Cordonniers, dont la Communauté étoit jointe à celle des Tanneurs. Savary dans son *Diction. du Commerce,* au mot, *Tanneurs,* fait mention des Statuts accordez par Philippe de Valois, en 1345. aux Courroyeurs-Baudroyers, Cordouanniers & Sueurs de la Ville de Paris. Ces Statuts ne se trouvent point dans ce Recüeil des Ordonnances. Voy. page suiv. Note (c) *Sueur*

vient sans doute de *Sutor.*

(d) *Chinsire.*] L'on ne sçait si ce mot est un second nom propre de Crossin, ou si c'est le nom du lieu où habitoit ce Tanneur, qui venoit vendre sa marchandise à Chartres. On ne connoît point de lieu qui porte ce nom: mais peut-être est-ce une mauvaise prononciation du mot, Sᵗ. *Circ!* car dans le *Diction. univ. de la Fr.* l'on trouve deux lieux du nom de Sᵗ. *Cir,* dans le Diocese de Chartres; l'un dans le Val-de-Gallie, de l'Election de Montfort; & l'autre de l'Election de Dourdan.

(e) *Joindre.*] Je crois qu'il faut suppléer ces mots, *les mains.* L'on a remarqué ci-dessus. p. 133. Note (b) que lorsqu'on faisoit une enchere, l'on mettoit les mains l'une dans l'autre.

(f) *Marcesche.*] C'est la Fête de l'Annonciation de la Vierge, qui vient dans le mois de Mars; comme la *Septembresce,* est la Fête de la Nativité de la Vierge, qui se celebre dans le mois de Septembre.

denier-De

DE LA TROISIÉME RACE. 273

deniers-De de marchié de cuir tanné, dedens la Ville ne en la Banlieuë de Chartres, ſi comme deſſus eſt dit; fors ès quatre Foires des quatre Feſtes deſſuſdictes, les dits cuirs ſeroient & ſont forfaiz & acquis à noſtre Sires le *(a)* Contes de Chartres, ou à cilz qui pour temps ſeroient Seigneurs; & que de ce, noſtre S. le Conte & ſes predeceſſeurs, avoient eſté & ſont en bonne ᵃ ſaiſine; & de ce, offri ledit Maiſtre des Sueurs à nous enfourmer, ſi avant comme raiſon ᵇ donroit; & que comme le dit Jorget, en venant contre la deſſus dicte Couſtume, euſt vendu & fait marchié, joint, & ᶜ denir-Dieu baillé, de vint cuirs tannez *(b)* vendun & puiz tannez dedans la Ville & la Banlieuë de Chartres, à certainez perſonnes, requeroit & diſoit ledit Maiſtre les dits cuirs eſtre condampnez & forſais, & par nous ajugez audit noſtre S. le Conte; à la requeſte duquel, tant comme juſte, nous begniement intendans, & volans garder les us & les couſtumes des Maiſtres deſſus dits, enqueriſmes diligemment de la Couſtume par vous dignes de foi; c'eſt aſſavoir, Michiel Mellin, Regnaut Dangor, Gille Diarville, Jehan Troullart, Regnaut Diarville, Eſtienne Neveu, Tanneurs; & Vicent Druet, Gieffroy Auſchier, Gillot Tout bien, Berchelot de Sᵗ. Martin, & Gillot ſon filz, *(c)* Courvoiſiers: leſquelz Jurez & examinez diligemment, ſi comme il eſt accouſtumé à faire, preſent ledit Jorget, non contrediſant, aucuns pardevant nous dirent & dépoſerent pour leurs ſeremens ladicte couſtume eſtre telle, & ledit noſtre S. le Conte eſtre en la ᵈ ſaiſine deſſus dicte; par la dépoſicion deſquelz & le conſeil des bons & ſaiges, eu déliberacion ſur ce, conſideré, & ᵉ regarder toutes choſes, & circunſtances qui eſmouvoir nous pooient & devoient, tant de droit que de Couſtume, regardaſmes par droit & par Jugement, la ſaiſine deſſus dicte pour ledit noſtre S. le Conte, eſtre prouvée bien & ſouffiſaument, & la deſſus dicte Couſtume eſtre telle; & regardaſmes les diz vint cuirs tannés eſtre acquis & forſais audit noſtre S. le Conte, par la Couſtume & les autres raiſons deſſus dictes. En teſmoing de ce, nous avons ſcellé ces Lettres de noſtre Seel, duquel nous uſons en la Baillie de Chartres. *Donné l'an de grace mil CCC & unze, le lundi après la S.ᵗᵉ Vincent:* preſens à ce Monſ. Nicholas de Morville, Chevalier, Goïer ſon frere, Jehant Gonret, Simon Barbou, Hameri Galopin, Ocren du Bois, Bonneray, Meſtre Jehan Coulerouge, Robert Huet, Gille Barbou, *(d)* Sainxe de la Porte, Jehan Divre, Gilles Lerbier, Bourgois de ᵍ Chaſteldun, & autres.

Item. La teneur de la ſeconde, eſt telle.

A tous ceulz qui ces Lettres verront: Mahieu des Queſnes, Chevalier le Roy noſtre S. & ſon Baillif à Chartres: Salut. Comme de la partie des Tanneurs de la Ville & Banlieuë de Chartres, nous ait eſté donné à entendre, & ſoient venus pardevers nous, diſans que par ʰ l'uſage & obſervance gardez de ſi long temps qu'il n'eſt mémoire du contraire, en ladicte Ville, ou meſtier & Marchandiſe de cuirs tannez, nul Marchand de cuir dehors ne autres, ne puevent vendre ne expoſer en vente cuirs tannez, en ladicte Ville; exepté aux quatre Feſtes de Noſtre-Dame,

CHARLES V.
à Paris, en Mars 1369.
& le 13. de Novembre 1364.
a *poſſeſſion.*
b *donneroit.*
c *Denier.*

d *ſaiſine.*

e *regardé.*

f Sᵗ. Vincent *arrive le 22. de Janvier.*

g *Chateaudun.*

h *l'uſage.*

NOTES.

(a) Contes de Chartres.] En 1293. Philippe-le-Bel donna en accroiſſement d'appanage, le Comté de Chartres à Charles de Valois ſon frere. En 1312. Charles de Valois donna le Comté de Chartres à Loüis ſon 3ᵉ fils, lequel étant mort ſans enfans en 1329. ce Comté revint au Roy Philippe de Valois, & fut réuni à la Couronne. Voy. Du Puy, Traité des droits du Roy, p. m. 765. & la Deſcript. Hiſtor. & Geogr. de la Fr. par l'Abbé de Longuerué. J Part. 1ᵉʳᵉ. p. 100.

Il faut pourtant remarquer que Du Puy, qui parle de la Donation du Comté de Chartres, faite à Loüis de Valois en 1312. dit

Tome V.

quelques lignes plus haut, qu'en 1315. Charles de Valois donna ce Comté à Charles ſon ſecond fils, qui le quitta depuis pour les Comtés d'Alençon & du Perche. Il eſt du moins certain que Charles I. de Valois étoit encore Comte de Chartres, lorſque cette Sentence fut renduë en 1311!

(b) Vendun.] Ce mot eſt viſiblement corrompu; & peut-être les deux ſuivans le ſont-ils auſſi!

(c) Courvoiſiers.] Savetiers, nommez auſſi *Sueurs de Vieil.* Voy. le Gloſſ. de du Cange, au mot, *Corveſarii.* Voy. cy-deſſus. p. preced. Note *(c).*

(d) Sainxe.] C'eſt peut-être le même que Sᵗ. Saens ou Sains. Voy. pag. preced. Note *(b).*

Mm

274 ORDONNANCES DES ROIS DE FRANCE

CHARLES V. à Paris, en Mars 1369. & le 13. de Novembre 1364.

ausquelles il est accoustumé avoir Foires à Chartres, [a] ou Cloistre de Nostre-Dame; & s'il avenoit que aucuns Tanneurs dehors ladicte Ville, ou aucun Marchand de cuirs, meist en vente cuirs tannez, que les dits cuirs estoient forfais & acquis au Roy nostre S. & disoient avec ce, que aucuns Marchands Tanneurs dehors se efforçoient, & voloient efforcier de vendre cuirs tannez en ladicte Ville, contre les dits usage & observance; & sur ce, nous eussent lesdits Tanneurs de ladicte Ville de Chartres, presenté unes Lettres du Roy nostre S. desquelles la teneur s'ensuit.

[a] au.

CHARLES par la grâce de Dieu Roy de France: au Bailli de Chartres ou à son Lieutenant: Salut. Oye la grief complainte de la Communaulté de la Maistrise des Tanneurs de cuirs de la Ville de Chartres, contenant que par Ordennance du mestier de Tannerie de cuirs en ladicte Ville, notoirement approuvez par tel temps & si long qu'il n'est mémoire du contraire, aucun Forain dehors ladicte Ville de Chartres, ne puet vendre cuirs tannez en ladicte Ville; se ce n'est auz quatre Festes de Nostre-Dame, aus quelles Festes Foires escheent en ladicte Ville; & s'il avenoit que aucun dehors, exepté és jours des dictes Festes, y exposat à vendre cuirs tannés, il sont & seroient forfais & acquis à Nous, & par noz Officiers doivent estre attribuez & mis à nostre prousit : Niantmoins Guillot Habert, manant & demourant hors de ladicte Ville, & aucuns autres Marchans Forains ont apporté & exposé en vente cuirs tannez, & les ont livré en ladicte Ville, & se velent efforcier contre raison, de faire la vente & délivrance de cuirs tannés en ladicte Ville, ainsi que se il fussent de ladicte Ville, ou grant préjudice & [b] destruement d'iceulz complaingnans, & sur quoy nostre droit est fraudé grossement, si comme il assirment ; requerans estre par Nous pourveus de remede brief & convenable; mesmement que autresfoiz Forains qui s'en vouloient efforcier, en ont estez deboutez. Pour ce est il que Nous, non voulans les estatuz & Ordenances anciennes de ladite Ville, estre en cette partie enfrains; mesmement qu'il Nous y puet competer & avenir grans droitures & proufits, Vous mandons que, nostre Procureur appellé à ce, vous vous enfourmiez sur la Coustume, estatuts & Ordenances dessus dictes; & se tant par informacion come autrement deuement, vous trouvez qu'il soit ainsi, faite faire defence par cry solennel ou autrement convenablement, que aucun de dehors de ladicte Ville, ne amoine ou face amener, ne ne mette en vente ou délivre en ladicte Ville cuirs tannez, sur la peine acoustumée; c'est assavoir, des dits cuirs estre & forfais & acquis envers Nous, se il presument faire le contraire; se il chiet debat ou oppossition en ce, faites entre les parties sur ce, ycelles oyes en leurs raisons & propos, tel & si convenable accomplissement de droiture, qu'il n'en conviengne avoir recours à Nous. Donné à Paris, le XIII.e jour de Novembre, l'an de grace milccc lx & quatre.

[b] detriment.

Suite de la 2.e Sentence du Bailly de Chartres.

Requerans les dits Tanneurs de Chartres, que, selon le contenu és dictes Lettres, nous voulsissions proceder & aller avant en l'acomplissement d'icelles, & les tenir & garder selon les usages & observances dessus dictes; offrans nous insourmer & procurer des faiz contenus es dites Lettres, tant qu'il devroit souffire; & pour aller avant en l'accomplissement des dictes Lettres, eussions [c] appeller le Procureur du Roy nostre S. ou Bailliage de Chartres, ainsi comme mandé nous estoit par la teneur de ces dictes Lettres, lequel n'a volu aucune chose dire à l'encontre, fors qu'il estoit d'assentement que nous enquerissions des dictes choses la verité; pour laquelle verité savoir & enquerir, & ycelle nous rapporter par escript, nous eussions commis Denis Prevosteau, nostre Lieutenant, & ledit Procureur du Roy; pardevant lesquieux, les diz Tanneurs de Chartres produirent plusieurs tesmoings, qui jurerent & furent diligemment examiné sur le contenu és dictes Lettres Royaulz; & l'enqueste par culz faite, & rapportée en escript pardevers nous, les dits Tanneurs de Chartres nous eussent requis que sur ce nous leur feissions droit. Savoir faisons que nous, veuë ladicte informacion ou enqueste, euë sur ce bonne & meure deliberation de Conseil avec les Saiges, avons dit, prononcié & jugié, disons, prononçons & jugons, que les dicts

[c] fait.

DE LA TROISIÉME RACE. 275

Lettres Royaulx & le contenu en ycelles, nous leur ª acomplissions & acomplis- CHARLES
sons; & en acomplissant ycelles, avons defendu & defendons en jugement, à tous V.
Marchans Tanneurs ou autres de cuirs dehors ladicte Ville de Chartres, que ne à Paris, en
vendent aucuns cuirs tannez en ycelle Ville & banlicuë, excepté aux quatre Festes Mars 1369.
Nôtre-Dame; excepté cuirs de veaux tannez, qui ne passent pas vente oultre douze & le 13. de
deniers & maille la piece, & Peaux de moutons tannez : & avons commandé & or- Novembre
denć nostre dicte defense estre criée en plain marchié, afin que aucun ne la puisse 1364.
ou doie ignorer : Et ce nous certifions à tous par la teneur de ces presentes Let- ª *acompliss. &*
tres : lesquelles nous en tesmoing des choses dictes, avons scellé du grant seel de *acompliss.* R.
ladicte Baillie. *Ce fut fait l'an de grace M. CCC LX & quatre, le Vendredi tiers jour
du mois de Janvier.*

Lesquelles Lettres dessus transcriptes & tout le contenu en ycelles, Nous aïans Suite des Lettres
aggreables, ycelles loons, ratifions, approuvons, & de nostre auctorité Royal, plaine du Roy.
puissance & grace especial, confirmons, & voulons avoir pleine fermeté ou temps
avenir. Si donnons en mandement au Bailli de Chartres, & à tous noz autres Justiciers, presens & avenir, ou à leurs Lieuxtenans, que ces presentes Lettres de confirmacion tiengnent & gardent, & facent tenir & garder & enteriner de point en
point, selon le contenu en ycelles, & les diz Tanneurs joïr & user plaisiblement,
en la fourme & maniere que il en ont joy & usé ou temps passé, & contre la teneur
d'icelles, ne les contraingnent ou molestent, ou suffrent estre contrains ou molestez
en corps ne en biens, en aucune maniere. Et que ce soit ferme chose, &c. sauf, &c.
Donné à Paris, ou mois de Mars, l'an de grace mil CCC LXIX. & le VI.ᵉ de nostre Regne.
Par le Roy, en ses Requestes. J. R. DE BEAUFOU.
Collacion est faicte aux Lettres Originaux. Visa.

(a) Mandement qui fixe le prix du Marc d'or dans les Hôtels des Monnoyes CHARLES
de Montpellier & de Toulouse. V.
à l'Hôtel Sᵗ.
Pol-lez Paris,
CHARLES par la grace de Dieu Roy de France : A noz amez & feaulx les le 17ᵉ. d'Avril
Generaulx Maistres de noz Monnoyes : Salut & dileccion. Nous, pour cer- 1369.
tennes causes qui à ce nous meuvent, par bonne deliberacion euë avec nostre Conseil, vous mandons & commandons & à chascun de vous, que tantost & sans delay, ces Lettres vuës, vous donnés & faictes donner en nos Monnoyes de Montpellier & de Thoulouse, au tel & semblable pris pour Marc d'or fin, comme Nous
faisons donner en noz Monnoyes d'or de par deça; c'est assavoir, de chascun Marc
d'or fin qui sera apporté en icelles, LXII livres XVIII sols, en païant le Denier d'or
aux Fleurs de Liz, pour vingt solz tournois la Piece : De ce faire, à vous & à chacun de vous, donnons povoir, auctorité & mandement especial par ces presentes.
*Donné en nostre Hostel de Sainct Pol lez Paris, le XVII.ᵉ jour d'Avril, l'an de grace
mil trois cens soixante neuf, & le sixiesme de nostre Regne. Ainsi signé. Par le Roy,* à
la relacion du Conseil. J. DE REMIS.

NOTE.

(a) Registre D. de la Cour des Monnoyes, fol.ᵉ 6 vingt 16. v.ᵘ (136).
Avant ces Lettres, il y a : *Lettres de creue*
faicte à Montpellier & à Thoulouse, en marc d'or.
Ces Lettres auroient dû être placées au commencement de l'année 1369. Cette faute sera
corrigée par la Table Chronologique des Ordonnances, qui sera à la fin de ce Volume.

Tome V. Mm ij

CHARLES V.
à Paris, au mois d'Avril 1369. avant Pâques.

(a) Privileges accordez à la Ville de Verseüil.

SOMMAIRES.

(1) La Ville de Verseüil sera unie inseparablement au Domaine de la Couronne.
(2) Tous les privileges de cette Ville seront confirmez.
(3) Les habitans de cette Ville seront exempts de tous Impots pendant 10. ans.
(4) Toutes les peines civiles & criminelles, que les habitans de cette Ville pouvoient avoir encouruës, leur seront remises.
(5) Les Consuls de cette Ville, jugeront conjointement avec le Bailly, les Causes criminelles; à l'exception de celles dont le Jugement appartient au Roy.
(6) Les Consuls pourront [pour les dépenses communes,] imposer des Tailles sur les habitans, & les contraindre à payer.
(7) Les Bois appartenants à la Ville de Verseüil, & à ses habitans en particulier, & qui seront dans son territoire, seront exempts de la Jurisdiction des Juges Royaux.
(8) On ne mettra point de troupes en garnison dans cette Ville ; si ce n'est du consentement des habitans.
(9) Les Consuls pourront faire bâtir autour de l'Hôtel de Ville, des Boutiques qui appartiendront à la Communauté de la Ville.

K*AROLUS*, &c. *Notum facimus universis tam presentibus quam futuris, Nos Litteras infrascriptas vidisse, formam que sequitur, continentes.*

L*UDOVICUS Regis quondam Francorum Filius, Domini nostri Regis Germanus,*
ᵃ Languedoc. *ejusque Locumtenens in* ᵃ *Partibus Occitanis, Dux Andegavensis & Comes Cenomanensis.*
(1) *Notum facimus universis tam presentibus quam futuris, quod Nos, fidelitate & legalitate atque fidei prompte mentis alacritate, exhibitis per Consules & Universi-*
ᵇ Ruthen. R. *tatem Loci seu Ville de (b) Viridi-folio, in Seneseallia* ᵇ *Ruthenensi, erga Dominum meum Regem atque Nos, attentis & consideratis; attentisque serviciis fidelibus que impendere de die in diem non desinunt, & in futurum facere & impendere se exhibent liberaliter, ut fideles, eosdem Consules & Universitatem atque singulares dicte Ville, ab antiquo & perpetuis temporibus retrolapsis, de Domanio proprio Domini mei Regis, constitutos astrictosque & registratos; quodque ad obedienciam seu subjeccionem Consanguinei*
ᶜ mot douteux. *nostri Regis Anglie, & ᶜ postmodum Principis* ᵈ *Wallie, Ducis Acquitanie, translati*
ᵈ Galles. *fuissent seu transportati propter* ᵉ *Tractatum Pacis Domini Genitoris nostri, racione re-*
ᵉ le traité de Bretigny. *dempcionis persone ejusdem; sed tamen certis & legitimis causis, ad obedienciam Domini mei Regis atque nostram, fuerint reducti; eosdem Consules & Universitatem ac singulares dicte Ville, necnon Villam predictam, & omnia universa & singula jura, redditus, proventus & emolumenta dicti loci, sicut erant & esse consueverant tempore & ante tempus Tractatus Pacis supradicti, ad proprium Dominium & Patrimonium Domini mei*
ᶠ singularium. *Regis, ad ipsorum Consulum & Universitatis atque* ᶠ *singularum dicti loci, instantem sup-*
ᵍ &c. *plicacionem & requisitionem, reducimus per presentes, de nostri certa sciencia* ᵍ *auctoritate Regia qua fungimur in hac parte; promittentes expresse ex pacto, dictos Consules & singulares dicti loci, necnon locum predictum & jura ejusdem, alicui alteri persone cuicunque non transferri quocunque titulo sive causa; sed ipsos perpetuis temporibus remanere de proprio Patrimonio atque (c) Mense Domini mei Regis, & suorum successorum Francie Regum: & si forsan aliqua donacio vel assignacio, perpetuo vel ad tempus, de dicto loco vel Jurisdiccione aut juribus seu redditibus ejusdem, alicui seu aliquibus personis facta fuerit vel fieri contingeret quoquomodo, illam donacionem vel assignacionem, sub*

NOTES.

(a) Tref. des Chart. Reg. 100. P. 494. *Voyez cy-dessus*, p. 190. Note *(a)*.
(b) Viridi-folio.] Verseüil, Diocese de Rodez. *Voy. le Diction. univ. de la Fr.* à ce mot.

(c) Mense.] Il faut corriger, *mensa*. Ce mot signifie quelquefois, un Domaine. L'on trouve dans quelques anciens monuments, *Mensa Regalis*, le Domaine Royal. De *Mensa*, pris en ce sens, l'on a fait en François, *Mense*. *Voy. le Gloss. de du Cange*, au mot, *Mensa*

DE LA TROISIÉME RACE.

quacunque verborum forma factum, vel que fieri contingeret in futurum, quacunque auctoritate racioneque sive causa, tanquam per inadvertenciam seu per a inoportunitatem & sub falsis suggestionibus b impetratem, cassamus, irritamus & penitus anullamus, nulliusque efficacie esse volumus & momenti ; nec eam vel eas robur c aliquot obtinere volumus firmitatis : Et ita promisimus, & teneri & observari volumus, Consulibus & Universitati supradictis.

(2) Preterea, prefatis Consulibus & Universitati dicti loci atque singularibus ejusdem, presentibus & futuris, omnia & quecunque privilegia, Libertates, statuta, usus & Consuetudines, tam per Dominum meum Regem ejusque predecessores Francorum Reges, quam alios quoscunque super hoc potestatem habentes, eis concessas, & alias quascunque quibus usi sunt & utuntur, ac uti consueverunt ab antiquo, pariter confirmamus per presentes.

(3) Ceterum, uberiorem gratiam dictis Consulibus, Universitati & singularibus dicti loci exhibendo, eisdem Consulibus & Universitati, atque singularibus habitatoribus dicti loci & pertinenciarum ejusdem, concedimus & concedimus, ut ipsi quitti sint, liberi & immunes ab omni prestacione (a) Fogacgii, Subsidii, Gabelle & Impositionis cujusucumque, in dicto loco & ejus pertinenciis, usque ad decem annos continuos & proxime sequentes.

(4) Ulterius, pro futuris Consulibus & Universitate atque singularibus dicti loci & ejus pertinenciarum predictarum, omnem & quamcunque penam criminalem & civilem, si quam commiserint vel in eam inciderint in genere, vel singulariter ac particulariter, vel divisim, quacunque racione sive causa, aut exhigentibus seu excessibus criminibus vel delictis aut contumaciis vel deffectibus quibuscunque, usque ad hanc diem presentem, remittimus & quittamus plenarie, sine exceptione quacunque, ac si omnia & singula hic specialiter & expresse expressa forent & d eciem declarata.

(5) Item. Dictos Consules & Universitatem dicti loci, insignio dignitatis & honoris prefulgere volentes, eisdem Consulibus & Universitati ac singularibus dicti loci, presentibus & futuris, concessimus & concedimus, ut ipsi Consules & successores, amodo perpetuis temporibus, una cum Bajulo Regio dicti loci, de omnibus & quibuscunque causis criminalibus seu excessibus aut delictis ad ordinariam Jurisdiccionem pertinentibus, e exceptis superioritate & ressorto, & aliis casibus ad Dominum meum Regem, racione superioritatis, tam de jure quam de usu & consuetudine pertinentibus, cognoscere valeant atque possint ; & eas judicare, sentenciare, diffinire & fine debito terminare : Quam quidem cognicionem, f potestate & eciam auctoritatem, eisdem, modo supradicto, tribuimus per presentes.

(6) Item. Eisdem Consulibus & Universitati atque singularibus dicti loci, presentibus & futuris, concessimus & concedimus per presentes, ut ipsi Consules omnes & quascunque Tallias & Collectas indictas, g & que in futurum indicentur per Consules dicte Ville, habitatoribus ejusdem & pertinenciarum ipsius, qui contribuere tenentur & consueverunt in dictis Talliis, exhigere & levare valeant atque possint ; & quoscunque ipsius loci & ejus pertinenciarum habitatores compellere ad hoc seu compelli facere per capcionem, vendicionem & g distraccionem bonorum suorum, necnon clausionem h hospiciorum si aperta fuerint, vel eorum apperitionem si clausa existant, personarumque arrestacionem, & per alia juris remedia opportuna, quam quidem compulcionem & exequcionem fieri faciant aut fieri & perfici valeant per eorum i Pedaguerios seu Bannerios, absque alterius licencia seu mandato, libere & impugne.

(7) Item. Prefatis Consulibus & Universitati ac singularibus dicte Ville, concessimus & concedimus per presentes, ut ipsi qui nunc sunt & qui pro tempore fuerint, possint & valeant facere, constituere & ordinare ad voluntatis libitum, k nomora & (b) de-

NOTES.

(a) *Fogacgii.*] C'est la même chose que *Fogagium* & *Focagium*, qui signifient un impôt qui se leve sur chaque Feu. Voy. le *Gloss.* de du Cange, aux mots, *Fogagium* & *Focagium*.

(b) *Devesas.*] Terres ou Bois en defens ; c'est-à-dire, dans lesquelles les Bêtes ne doivent point entrer. Voy. le *Gloss.* de du Cange, au mot, *devesa*.

CHARLES V.
à Paris, au mois d'Avril 1369. avant Pâques.
a *fort.* importunitatem.
b impetratam.
c aliquod

d eciam.

e exceptis.

f potestatem.

g mot abregé & douteux.
h des maisons.

i Sergents. Voy. le Gloss. de du Cange, au mot, Pedagerius.

k nomora.

vesias in eorum terris propriis, infra Jurisdictionem dictæ Villæ: que quidem nemora atque devesias, ab omni (a) explecta Officiariorum & (b) Firmonorum Regiorum quorumcunque, exhuimus; nec per eos aliquem explectam, neque fustes aut ligna aliqua ab eisdem nemoribus seu devesiis capi volumus quoquomodo, nisi cum digna satisfactione *precedente, ad cognicionem & arbitrium Consulum dictæ Villæ.*

(8) Item. Præfatis Consulibus & Universitati ac singularibus *c* Villæ, concessimus pariter & concedimus per presentes, quod amodo, per Dominum meum Regem sive Nos, aut alium quemcunque Locumtenentem vel Capitaneum, *d* stabilitas Gencium armorum in dicto loco non ponatur; nisi quatenus de dictorum Consulum & habitatorum ejusdem Villæ, processerit voluntate.

(9) Preterea, quum dicta Villa & Universitas ac singulares dicti loci, pluribus oneribus *e* pregraventur, eisdem Consulibus atque Universitati dicti loci, concessimus & concedimus per presentes, ut ipsi Consules presentes & futuri, augmentando condicionem & facultatem atque redditus (e) publicæ utilitatis dicti loci, construere & ædificare possint & valeant subtus hospicium Consulatus dictæ Villæ, quod in medio plateæ dictæ Villæ, esse dicitur; videlicet, ultra dictum hospicium circumque per XII. *f* palmias & non ultra, Domos & *g* operatoria; & eas seu ea vendere seu (d) appensare; & proprio Domanio seu patrimonio dictæ Universitatis dictæ Villæ, convertere & eciam applicare, pro suo libito voluntatis.

Mandantes Senescallo Ruthenensi Bajuloque dicti loci de Viridi-folio, qui nunc sunt & qui pro tempore fuerint, aut eorum Locatenentibus, ceterisque Justiciariis, sub dictis, & eorum cuilibet, prout ad eum pertinuerit, quatenus præfatis Consulibus & Universitati atque singularibus ejusdem loci predictis, omnibus & singulis per Nos eisdem concessis, uti & gaudere faciant pacifice & ad plenum, modo & forma supradictis. Quod ut firmum & stabile perseveret in futurum, nostrum presentibus Litteris apponi fecimus sigillum; *h* Domini mei Regis & *i* aliorum atque *k* nostris, & aliis in omnibus jure salvo. Actum & datum Tholose, anno Domini M.° CCC.° LXIX.° mense Julii.

Nos autem suprascriptas Litteras & omnia & singula contenta in eisdem, rata & grata habentes, eas & ea volumus, laudamus, approbamus, ratificamus, & tenore presentium, de gracia speciali & plenitudine Regie potestatis, consirmamus: Mandantes Senescallo Ruthenensi, ceterisque Justiciariis & Officiariis nostris, modernis & futuris, & eorum cuilibet, ut ad eum pertinuerit, vel Locatenentibus eorumdem, quatenus præfatos Consules, Universitatem ac singulares ejusdem loci, in dictis Litteris nominatos, nostra presenti consirmacione & gracia, uti & gaudere pacifice & quiete, deinceps perpetuis temporibus faciant & permittant, impedimentis quibuscunque cessantibus & amotis. Quod ut firmum, &c. salvo, &c. Datum & actum Parisius, anno Domini M.° CCC.° LXIX.° & Regni nostri VI.° Mense Aprilis, ante Pascha.

Sic signata. Per Regem, ad relacionem Consilii. J. DE VERGNY. *Visa.*

Collacio facta est cum Originali.

CHARLES V. à Paris, au mois d'Avril 1369. avant Pâques.

a aliquam.
b en payant d'avance.
c dictæ.
d Etablissement de troupes en garnison.
e pregraventur.

f Je n'ai rien trouvé sur l'étendue de cette mesure.
g des Boutiques.

h Cette formule paroit corrompuë.
i al. R.
k fort. nostri.

NOTES.

(a) *Explecta.*] Expletum signifie en general un acte de Jurisdiction; [Voy. le Gloss. de du Cange, à ce mot.] Il est quelquefois pris aussi pour les profits de justice, les droits de Gresses, les Amendes, &c. & il y en a plusieurs exemples dans les Ordonnances. Je crois que par cet art. les Bois de la Ville de Verfeüil, sont exemptez de la Jurisdiction des Juges Royaux, Maîtres des Eaux & Forêts & autres.

(b) *Firmonorum.*] Firmonor. R. Je n'ai rien trouvé sur ce mot. Peut-être est-il corrompu, & faudroit-il lire, *Firmariorum*, des Fermiers!

(c) *Publico utilitatis.*] Public. utilitat. R. Peut-être faudroit-il lire, & *publicam utilitatem!*

(d) *Appensare.*] C'est sans doute la même chose qu'*appensionare.* [Voy. le Gloss. de du Cange, à ce mot] qui signifie donner à ferme ou à loyer.

M CCC. LXX.

Suivant le Glossaire de *du Cange*, cette Année commença le 14. d'Avril, & finit le 5. d'Avril.

CHARLES V.
à Paris, en Avril après Pâques 1370.

(a) Lettres qui portent que les habitans de Pui-la-Roque seront exempts de toutes sortes d'Impôts pendant dix ans; & qu'après ces dix ans, ils ne payeront que 25 livres, pour chacun des Impôts qui seront levez.

KAROLUS Dei, &c. Notum facimus universis presentibus & futuris, Nos Litteras carissimi Germani & Locumtenentis nostri in [a] Partibus Occitanis, Ducis Andegavensis & Comitis Cenomanensis, suo magno sigillo in cera viridi & filo serico sigillatas, vidisse, formam que sequitur. [b]

a Languedoc.

b continentes.

Ludovicus Regis quondam Francorum Filius, Domini nostri Regis Germanus, ejusque Locumtenens in Partibus Occitanis, Dux Andegavensis & Comes Cenomanensis. Universis tam presentibus quam futuris: Salutem. Cum nos Consulibus & habitatoribus loci de *(b)* Podio-Ruppis, Senescalliae Caturcensis, respectu de non solvendis quibuscumque Tailliis, subsidiis, subvencionibus aut aliis, ex quibus financie dicto Domino Regi seu ejus successoribus vel Nobis, deberi viderentur, usque ad decem annos, certis de causis ad hoc Nos moventibus, dederimus & concesserimus de nostris certa scientia, gratia speciali & auctoritate Regia qua fungimur in hac parte, prout hoc in nostris Litteris super hoc eisdem concessis, lacius continetur: quarum tenor talis est.

Ludovicus, &c. Universis, &c. Notum facimus quod nos, attentis bonis, firma & immutabili dileccione, amoreque sincero quas erga dictum Dominum nostrum Regem & nos, diutius habuerunt dilecti & fideles dicti Domini nostri, Consules & habitatores loci de Podio-Ruppis, Senescalliae Caturcensis, quas etiam imposterum peramplius eosdem habere speramus; attento insuper, quod tractatu per dilectos & fideles nostros Nobiles, Bertrandum Dominum de Terrida, Vicecomitem de *(c)* Gimoesii, & Guidonem de Azayo, Militem, ad hoc potestatem, auctoritate nostra eisdem attributa, habentes, erga dictos Consules & habitatores, habito & concorditer passato, prout ex tenore dicti tractatus nobis legitime licuit, eisdem Consulibus, de nostri gratia speciali, certa scientia & auctoritate Regia qua fungimur in hac parte, dedimus & concessimus, damusque & concedimus per presentes, quod ipsi Consules nec habitatores dicti loci de Podio-Ruppis, hinc ad decem annos continuos & completos, data presencium Litterarum proxime sequentes, pro quibuscumque Tailliis, Subsidiis, Colectis, subvencionibus aut aliis, ex quibus financie dicto Domino nostro seu ejus successoribus vel nobis, dictis durantibus decem annis, deberi videbuntur, minime compelli possint per quescumque impositores Gabellarum, Subsidiorum aut aliarum subvencionum vel financiarum levatores seu receptores; quin ymo ipsos & eorum quemlibet, successoresque & eorum posteros & heredes, dicto tempore durante, à premissis omnibus & singulis relevamus & quitamus, relevatosque, quittos & immunes haberi volumus & jubemus. Quocirca mandamus Senescallo, Thesaurario ac Freenratori Regio Senescalliae Caturcensis predicte, ceterisque Justiciariis ad quos pertinuerit, vel eorum Locatenentibus, quatenus predictos Consules & habitatores, contra formam nostre presentis gratie & concessionis, nullatenus [c] molestant seu inquietant, aut à quoquam molestari seu inquietari permittant; sed hac nostra presenti gratia & concessione uti & gaudere, dicto durante tempore, faciant pacifice & quiete; Litteris in [d] contrariis

c molestent seu inquietent.

d contrarium.

NOTES.

(a) Tref. des Chart. Reg. 100. Piece 814. Voyez cy-dessus, page 190. Note *(a)*.
(b) Podio-Ruppis.] Le R. P. D. Vaissette Benedictin m'a appris que ce lieu, qui est dans le Quercy, se nomme presentement, *Puy-la-Roque.*
(c) Gimoesii.] On pourroit lire aussi *Gimoesii* ou *Gimoesii,* parce qu'il y a quatre jambages sans point.

CHARLES V.
à Paris, en Avril après Pâques 1370.
Suite des premieres Lettres du Duc d'Anjou.

concessis seu concedendis, nonobstantibus quibuscumque. In cujus rei, &c. Datum Tholose die XIII. mensis Aprilis, anno Domini millesimo CCC. LXIX.º

Notum facimus quod nos cum eisdem ex uberiori gratia procedere volentes, eisdem Consulibus & habitatoribus dicti loci de Podio-Ruppis, concessimus & concedimus, ac gratiam talem fecimus & facimus, certa scientia & auctoritate Regia qua fungimur; videlicet, quod predictis decem annis transitis & elapsis, si contingerit dictum Dominum nostrum, nos seu ejus successores & posteros Reges Francorum, aut eorum Locatenentes vel Officiarios ad hoc potestatem habentes, imponere vel indicere in dicta Senescallia Petragoricensi & Caturcensi, aliquod subsidium, financiam, Tailliam vel subventionem aliquam seu juvamen aliquod, quocunque nomine vulgariter nuncupentur, quod ipsi habitantes & Consules non teneantur pro quolibet predictorum sic impositorum, dictis decem annis pas-

a indictorum.

satis, vel imponendorum ª inditorum vel indicendorum, solvere nisi solum XXV. libras Turonenses, nec ad magis solvendum pro quocunque premissorum juvaminum, per levatores, Receptores ac gubernatores dictarum Tailliarum, subsidiorum, financiarum aut aliorum quorumcunque juvaminum predictorum, nec eciam per Gentes seu Officiarios Regios, ad hoc de presenti compelli possint aut valeant, nec in corporibus sive bonis vexari aut male tractari, pignorari vel arrestari; quinymo solucionem per eosdem de dictis viginti quinque libris Turonensibus, pro aliquo premissorum subsidiorum seu juvaminum factam, pro eodem subsidio seu juvamine, pro quo dictam summam XXV.ᵉ librarum Turonensium semel exsolverint, quittos & immunes teneri volumus eosdem, ac ipsos ex nunc quittamus & quittos clamamus & esse volumus & jubemus; attemptata in contrarium contra ipsos, ad statum pristinum & debitum reduci volentes. Quocirca Senescallo, Thesaurario ac Procuratori Regio Senescallie predicte, ceterisque Justiciariis & Officiariis Regiis, necnon quibuscunque Commissariis, Receptoribus, levatoribus ac gubernatoribus dictarum Tailliarum, subsidiorum, financiarum aut aliorum quorumcunque juvaminum aut subventionum, & eorum cuilibet, aut Locatenentibus eorumdem, tenore presentium ᵇ in mandatis, quatenus

b damus.

predictos Consules & habitatores, contra formam nostre presentis gratie & concessionis,

c molestent seu inquietent.
d hac.

nullatenus ᶜ molestent seu inquietent, aut à quoquam molestari seu inquietari permittant; sed ᵈ ac nostra presenti gratia & concessione, uti & gaudere perpetuis temporibus faciant pacifice & quiete; Litteris in contrarium concessis seu concedendis, non obstantibus quibuscunque. Quod, &c. salvo, &c. Datum & actum Tholose, anno Domini millesimo CCC. LXIX.º mense Aprilis.

Suite des Lettres de Charles V.
e laudamus.

Quas quidem Litteras suprascriptas, ratas habentes & gratas, eas & omnia & singula in eisdem contenta, ᵉ laudamus, approbamus, ratificamus, ac ex nostra certa scientia, auctoritateque Regia & gratia speciali, consideracione premissorum confirmamus, ac eisdem Consulibus & habitatoribus de novo concessimus & concedimus per presentes, si sit opus: Dantes tenore presencium in mandatis Senescallo, Thesaurario ac Procuratori Regio Senescallie Caturcensis predicte, ceterisque Justiciariis ac Officiariis nostris, presentibus & futuris, aut Locatenentibus, & cuilibet eorumdem, prout ad eum pertinuerit, quatenus dictos Consules & habitatores, & quemlibet eorumdem, modernos & posse-

f juxta.

ros, nostris presentibus confirmatione & gratia, ᶠ juxta presentium ac suprascriptarum Litterarum series & tenores, uti & gaudere faciant & permittant absque contradictione seu molestacione quibuscunque; Ordinacionibus, mandatis ac Litteris in contrarium factis vel faciendis, nonobstantibus quibuscunque. Quod, &c. salvo, &c. Datum Parisius, anno Domini millesimo CCC. LXX.º Regni nostri septimo, mense Aprilis, post Pascha. *Visa.*

Per Regem. N. DE VEIRES.

DE LA TROISIÉME RACE. 281

(a) Lettres portant revocation de toutes les Donations, Conceſſions, Libertez & Privileges accordez au préjudice de l'Egliſe Cathedrale de Montauban.

CHARLES V.
à Paris, en Avril, après Pâques 1370.

KAROLUS, &c. Notum facimus univerſis tam preſentibus quam futuris, Nos Litteras cariſſimi Germani & Locumtenentis noſtri in ª Partibus Occitanis, Ducis Andegavenſis & Comitis Cenomanenſis, ſuo magno ſigillo in cera viridi & filo ſerico ſigillatas, vidiſſe, formam que ſequitur, continentes.

a Languedoc.

LUDOVICUS Regis condam Francorum Filius, Domini noſtri Regis Germanus, ejuſque Locumtenens in Partibus Occitanis, Dux Andegavenſis & Comes Cenomanenſis. Univerſis tam preſentibus quam futuris : Salutem. Ad remedium non ambigimus edificare, *(b)* ſi ſubditos dicti Domini mei, & maxime perſonas Eccleſiaſticas favoribus proſequimur gracioſis, ipſas à noxiis & dampnorum incommodis relevantes, ut eo libencius devotis pro Nobis inſiſtant orationibus, quo liberaliùs per potentiam Regiam ſenſerint ſe adjutas. Hinc eſt quod Nos, premiſſis attentis, volentes noſtris temporibus ſanctam Dei Eccleſiam, juxta poſſibile, ſemper in melius proſperari, ac conſiderantes firmam & veram obedientiam dicto Domino meo & Nobis, per Epiſcopum, Priorem & Conventum Eccleſie Cathedralis de Monte-albano, impenſam, eiſdem conceſſimus, & concedimus de noſtra certa ſciencia, auctoritate Regia qua fungimur in hac parte, & gracia ſpeciali, ut omnes conceſſiones & donatiões de quibuſcumque rebus & juribus, per Nos ᵇ factis aut faciendis quibuſcumque perſonis, in prejudicium dictorum Epiſcopi, Prioris & Conventus Eccleſie eorumdem, aut alterius illorum, tam conjunctim quam diviſim, nullius efficacie ſeu valoris exiſtant; ac omnes tales conceſſiones, donaciones, privilegia & Libertates, ut premittitur, factas, revocamus ac penitus anullamus, & nullius efficacie eſſe volumus ſeu momenti : Mandamus Seneſcallo Caturcenſi, ceteriſque Juſticiariis & Officiariis dicti Domini mei, & eorum Locatenentibus, preſentibus & futuris, ac cuilibet eorumdem, quatenus tales conceſſiones & donaciones in prejudicium dictorum Epiſcopi, Prioris Conventus & Eccleſie eorumdem, aut alterius ipſorum, ut dictum eſt, factas aut faciendas, non admittant aut execucioni demandent quoquomodo ſeu demandari permittant ; ymo prefatos Epiſcopum, Priorem & Conventum ac eorum Eccleſiam, noſtra preſenti gratia uti pacifice faciant & gaudere, ipſos in contrarium nullatenus moleſtando aut à quoquam moleſtari permittendo quomodolibet. Quod ut firmum & ſtabile permaneat in futurum, noſtrum preſentibus Litteris juſſimus apponi ſigillum; dicti Domini mei jure in aliis, & alieno in omnibus ſemper ſalvo. Datum Tholoſe, die XV. menſis Junii, anno Domini M.º CCC.º LXIX.º

b factæ aut faciendæ.

Quas quidem Litteras ſupraſcriptas, ratas habemus & gratas, ᶜ & omnia & ſingula in eiſdem contenta, volumus, laudamus, approbamus, ac ex noſtra certa ſciencia, Regie poteſtatis plenitudine & gratia ſpeciali, conſideratione premiſſorum, confirmamus ; donationeſque & conceſſiones predictas de predictis, prout per dictum Germanum noſtrum ſuperius revocate & anullate exiſtunt, de novo, ſi ſit opus, anullamus & revocamus per preſentes. Quo circa Seneſcallo Caturcenſi, ceteriſque Juſticiariis & Officiariis noſtris, qui nunc ſunt & pro tempore fuerint, aut eorum Locatenentibus, & cuilibet eorumdem, prout ad eum pertinuerit, mandamus quatenus dictos Epiſcopum, Priorem, Conventum ac Eccleſiam eorumdem, & quemlibet ipſorum, poſteros & modernos, noſtris preſentibus gratia, confirmatione & revocatione uti & gaudere faciant & permittant, juxta formam & tenorem Litterarum ſupraſcriptarum, abſque moleſtatione ſeu impedimento quibuſcunque;

c fort. ea.

NOTES.

(a) Treſor des Chartres, Regiſtre 100. P. 500.

Voy. cy-deſſus, page 190. Note *(a)*.
(b) Il y a là un mot abregé & maculé que l'on n'a pû déchiffrer. Peut-être pourroit-on lire, precancium !

Tome V.
Nn

ymo si aliqua in contrarium attemptata fuerint, ea ad statum pristinum & debitum reducant aut reduci faciant indilate; donationibus, concessionibus, ordinationibus, mandatis & defensionibus, Litterisque subrepticiis ad hoc contrariis, nonobstantibus quibuscunque. Quod ut firmum, &c. salvo, &c. Datum Parisius, anno Domini M.° CCC.° LXX.° Regnique nostri VII.° mense Aprilis, post Pascha.

Sic signate. Per Regem. N. DE VERRES.

Collacio facta est cum Litteris Originalibus. *Visa.*

CHARLES V.
à Paris, en Avril, après Pâques 1370.

(*a*) Lettres qui portent que le Seneschal de Rouergue ne fera plus sa résidence continuelle, & ne tiendra plus son siege ordinaire à Ville-Franche, mais à Nayac; pourvû cependant que les Consuls de cette derniere Ville, fassent apparoître des Lettres par lesquelles ils disent que le Roy leur a accordé ce Privilege.

a Languedoc.

KAROLUS, &c. *Notum facimus universis tam presentibus quam futuris, Nos Litteras carissimi Germani & Locumtenentis in* ª *Partibus Occitanis, Ducis Andegavensis & Comitis Cenomanensis, suo magno sigillo sigillatas in cera viridi & silo serico, vidisse, formam que sequitur, continentes.*

b Nayac. Voy. le 4.ᵉ Vol. des Ordon. p. 107. Note (*d*).
c Ruthenensis.

LUDOVICUS *Regis quondam Francorum Filius, Domini nostri Regis Germanus, ejusque Locumtenens in Partibus Occitanis, Dux Andegavensis & Comes Cenomanensis. Notum facimus universis tam presentibus quam futuris, quod, cum per nostras alias Litteras Consulibus, Burgensibus, hominibus & habitatoribus Ville, Castri & Castellanie de* ᵇ *Naiaco, concesserimus quod Seneschallus* ᶜ *Ruthenensis Assisias suas seu sedem Assisiarum suarum, in dicta Villa de Naiaco teneat & tenere valeat, prout in aliis locis tenere consuevit; & ibidem Causas in sua Curia emergentes, audire, decidere ac eciam determinare, usque ad quinquennium; & preter modum dictus Dominus noster Rex, ex sue plenitudine Regie potestatis, certa scientia & gratia speciali concessit, ut idem Seneschallus Ruthenensis, qui nunc est vel pro tempore fuerit, dictas Assisias suas seu sedem Assisiarum suarum, quocienscumque expedierit, perpetuo teneat ibidem, Causas suas audiat, decidat & determinet, prout in aliis locis & Villis dicte Seneschallie, habere & tenere consuevit; & dicti Consules, preter dictam gratiam*

d avec les anciens habitans de cette ville.

sibi per dictum Dominum nostrum Regem & nos factam, reperierint cum ᵈ *antiquis, quod dictus Seneschallus antiquis temporibus, sedem & audienciam seu continuam residenciam, pro Causis suis audiendis, tam ordinariis, quam extraordinariis decidendis & determinandis, tenere solebat in dicto loco de Naiaco, & non alibi, si & prout hactenus postmodum consuevit in loco de Villa-Franca; supplicantes Nobis sibi de gracioso*

e Sat. R.

remedio provideri. Nos volentes peticiones suas ᵉ *satis rationi consonas exaudire, ut tenemur, eosque favoribus, commodis & graciis benigniter prosequi: sane considerantes grata & laudabilia servicia, que Consules, Burgenses & habitatores Castri & Castellanie prelibate, Domino nostro Regi, & Nobis impenderunt, tamquam boni, veri & fideles subditi, & in bona & perfecta voluntate persistentes, Dominum nostrum Regem, in suum naturalem Dominum recognoscendo, bonum exemplum aliis fidelibus subditis*

f souveraineté.

ostendendo, & de primis totius Ducatus Acquittanie, se ᶠ *majoritati Regie libere & voluntarie reddendo: Idcirco, premissis attentis, & aliis justis & legitimis causis nostrum animum ad hoc moventibus, damus tenore presentium in mandatis Seneschallo Ru-*

g Causas.

thenensi, qui nunc est vel pro tempore fuerit, quatenus dictas suas ᵍ *ordinarias & extraordinarias, audiat & decidat & determinet, & facere teneatur in dicto loco de Naiaco,*

NOTE.

(*a*) Tresor des Chartres, Registre 100. Piece 880.
Voyez cy-dessus, p. 190. Note (*a*).

DE LA TROISIÉME RACE. 283

prout alias consueverat in loco Ville-Franche; ceteraque faciat que antiquitus in dicto loco sunt fieri consueta; dum tamen de dictis Litteris Regis, de quibus superius habetur mentio, constiterit eidem. Ab omnibus autem Justiciariis, Officiariis & subditis Regiis, dicto Seneschallo, aut ejus Locumtenenti, presentibus & futuris, in hiis que ad predicta pertinent & possint quomodolibet pertinere, pareri & intendi volumus & jubemus. Que omnia & singula supradicta, dictis supplicantibus concessimus & contulimus, concedimusque & conferimus, de nostra certa scientia, auctoritate Regia qua fungimur in hac parte, & gratia speciali, per presentes; Ordinationibus, inhibitionibus & mandatis, ac Litteris contrariis impetratis seu etiam impetrandis, nonobstantibus quibuscunque. Quod ut firmum & stabile perpetuo perseveret, has nostras presentes Litteras, sigilli nostri munimine fecimus roborari; jure Regio in aliis, & alieno in omnibus semper salvo. Datum & actum Tholose, anno Domini millesimo ccc. sexagesimo nono, mense Novembris.

CHARLES V. à Paris, en Avril, après Pâques 1370.

Quas quidem Litteras* scriptas, ratas habentes & gratas, eas & omnia & singula in eis contenta, laudamus, ratificamus & approbamus, & ex certa scientia, auctoritate Regia & gratia speciali confirmamus, & predicta eisdem Consulibus, Burgensibus & habitatoribus de novo concedimus & donamus per presentes: Mandantes Seneschallo Ruthenensi, qui nunc est vel pro tempore fuerit, aut ejus Locumtenenti, quatenus dictas Causas suas ordinarias & extraordinarias, audiat, decidat & determinet, & facere teneatur in dicto loco de Naüaco, prout alias consueverat in loco Ville-Franche; ceteraque faciat que antiquitus in dicto loco sunt fieri consueta; dum tamen de dictis nostris Litteris, de quibus superius habetur ª mensio, constiterit eidem. Ab omnibus autem Justiciariis, Officiariis & subditis nostris, dicto Seneschallo, aut ejus Locumtenenti, presentibus & futuris, in hiis que ad predicta pertinent & possint quomodolibet pertinere, pareri & intendi volumus & jubemus; nonobstantibus ordinationibus, inhibitionibus & mandatis ac Litteris in contrarium impetratis seu etiam impetrandis quibuscunque. Quod ut firmum, &c. nostro in aliis, &c. Datum Parisius, anno Domini M. CCC. *septuagesimo, & Regni nostri* VII.º *mense Aprilis, post Pascha.*

* supra.

a mentio.

Sic signate. *Per Regem.* N. DE VEIRES. *Visa.*
Collacio facta est cum Litteris Originalibus, per me. N. DE VEIRES.

(*a*) Lettres qui declarent les habitans non-nobles de la Ville de Caussade, exempts du droit de Francs-Fiefs, pour les Fiefs qu'ils acquereront; pourvû cependant que ce ne soyent point des Fiefs de *Chevalerie*, ou des Alleux d'un prix considerable.

CHARLES V. à Paris, en Avril, après Pâques 1370.

*K*AROLUS, *&c. Notum facimus, &c. Nos Litteras carissimi Germani & Locum tenentis nostri in* ᵇ *Partibus Occitanis, Ducis Andegavensis & Comitis Cenomanensis, suo magno sigillo in cera viridi & filo serico sigillatas, vidisse, formam que sequitur, continentes.*

b Languedoc.

*L*UDOVICUS *Regis quondam Francorum Filius, Domini nostri Regis Germanus, ejusque Locumtenens in Partibus Occitanis, Dux Andegavensis & Comes Cenomanensis. Universis tam presentibus quam futuris: Salutem. Cum cujuslibet Principis intersit, fidelium suorum continuo studio humiles supplicationes & requestas favorabiliter exaudire, & eas cum augmento & largicione gracie adimplere, Notum facimus quod Nos, attentis gratuitis, fidelibus & laudabilibus serviciis dicto Domino nostro* ᶜ *ejus predecessoribus*

c &.

NOTE.

(*a*) Tresor des Chartres, Registre 100. Piece 767.
Voy. cy-dessus, page 190. Note (*a*).

CHARLES V.
à Paris, en Avril, après Pâques 1370.
a Jurisdiction, dans plusieurs Ordonnances.
b Predict. R.

c des droits d'usage.

d impune.

Regibus Francorum, per dilectos & fideles Consules & habitatores loci & *a* honoris (a) Calciate, diu & fideliter impensis, & quæ adhuc per eosdem, præsentes & futuros, dicti Domini nostri successoribus continuè speramus impendi; attentis etiam gravaminibus & molestiis, quas ipsi Consules & habitatores loci & honoris *b* predictorum, tam propter guerras Regum Francorum, quam aliter, diversimodè sustinere & supportare habuerunt, ipsorum Consulum & habitatorum supplicationi & requestæ favorabiliter annuere volentes, eisdem Consulibus & habitatoribus loci & honoris predictorum, concessimus & concedimus per præsentes, de nostris certa scientia, gratia speciali & auctoritate Regia qua fungimur in hac parte, quod ipsi & quilibet ipsorum de cetero, licet immobilis existat, à nobilibus personis Feuda nobilia, Census, redditus, *c* usatica aut alia quæcumque sub Feudo vel Retrofeudo Regiis vel aliis; nisi sint Feuda vel Retrofeuda Regia, quæ sub Feudo (b) Cavalorum teneantur, aut Allodia magni rei seu valoris, cum Dominiis & Juridicionibus, tociens quociens voluerint, acquirere possunt & valeant liberè & *d* impune, absque exsolucione alicujus financiæ, dicto Domino nostro nec ejus successoribus Regibus Francorum, propter hoc facienda, & acquisita retinere, absque eo etiam quod sic acquisita extra manus suas ponere per dictum Dominum nostrum Regem, ejus successores aut alios quoscunque per ipsos deputatos seu ad hoc potestatem habentes, compelli valeant quoquomodo. Quocirca mandamus Senescallo, Thesaurario & Procuratori Regio Senescalliæ Caturcensis, ceterisque Justiciariis, Officiariis, Receptoribus, Commissariis & aliis quibuscumque ad quos pertinuerit, vel eorum Locatenentibus, quatenus predictos Consules & habitatores dicti loci & honoris Calciate, contra formam nostræ præsentis gratiæ & concessionis, nullathenus molestent seu inquietent, aut à quoquam molestari seu inquietari permittant; sed hac nostra presenti gratia & concessione, pro nunc & imperpetuum, uti pacificè faciant & permittant pariter & gaudere sine contradictione aliquali; quia sic fieri volumus & jubemus: salvo, &c. Quod ut firmum, &c. Datum & actum Tholose, anno Domini M. CCC. sexagesimo nono, mense Junii.

Quas quidem Litteras suprascriptas, ratas habentes & gratas, eas & omnia ac singula in eisdem contenta, laudamus, approbamus, ratifficamus, ac ex nostra certa scientia auctoritateque Regia & gracia speciali, consideracione premissorum, confirmamus, ac eisdem Consulibus & habitatoribus de novo concessimus & concedimus per presentes, si sit opus: Dantes tenore presencium in mandatis Senescallo, Thesaurario ac Procuratori nostro dictæ Senescalliæ Caturcensis, ceterisque Justiciariis ac Officiariis nostris, presentibus & futuris, aut eorum Locatenentibus, & cuilibet eorumdem, prout ad eum pertinuerit, quatenus dictos Consules & habitatores, & quemlibet eorumdem, modernos & futuros, nostris presentibus confirmacione & gratia, juxta presencium ac suprascriptarum Litterarum series & tenores, uti & gaudere faciant & permittant absque contradicione seu molestacione quibuscumque; Ordinacionibus, mandatis ac Litteris in contrarium factis vel faciendis, nonobstantibus quibuscunque. Quod ut firmum, &c. salvo, &c. Datum & actum Parisius, anno Domini M.° CCC.° septuagesimo, & Regni nostri septimo, mense Aprilis, post Pascha.

Per Regem. N. DE VEIRES.   Visa.

Collatio facta est cum Litteris Originalibus.

NOTES.

(a) *Calciate.*] Le R. P. D. Vaissette Benedictin m'a appris que *Calciata* se nomme aujourd'huy *Caussade*, & que ce lieu est un ancien titre de Vicomté. *Caussade* est dans le Querci, du Diocese de Montauban. Voy. le *Diction. univ. de la Fr.* au mot, *Caussade.*

(b) *Cavalorum.*] *Cavalor.* R. Je crois qu'il s'agit là des Fiefs dont les possesseurs étoient obligez de venir servir leur Seigneur à la guerre, montez sur un cheval. Ces Fiefs étoient reputez les plus nobles, & on les nommoit quelquefois, *Chevaleries*. Voy. le *Gloss. de du Cange*, aux mots, *Cabalcries* & *Cavallarinus*; & le *Gloss. du Droit François*, au mot, *Cheval de service*.

DE LA TROISIÉME RACE. 285

(*a*) Privileges accordez à la Ville de Caylus-de-Bonnette.

CHARLES V.
à Paris, en Avril, après Pâques 1370.

SOMMAIRES.

(1. 9.) *Confirmation de tous les privileges de la Ville de Caylus ; & particulierement, de celui qu'elle a d. ne pouvoir jamais être séparée du Domaine de la Couronne.*

(2) *Confirmation de l'Arrêt rendu en faveur des habitants de cette Ville, contre l'Abbé de Belloc & le Vicomte de Turenne.*

(3) *Les habitants de Caylus ne pourront être jugez que par les Juges ordinaires de cette Ville, au Civil & au Criminel ; à moins qu'ils ne se soyent soumis eux-mêmes à une autre Jurisdiction.*

(4) *Confirmation de la Transaction passée entre les habitants de cette Ville, & ceux de la Ville de Puy-la-Roque.*

(5) *Les Consuls donneront leurs Sentences [separement,] sur toutes les affaires Civiles & Criminelles, qu'ils ont droit de juger conjointement avec le Bailly.*

(6. 7.) *Le droit d'Encan appartiendra dans la suite aux Consuls de cette Ville. Il sera levé par le Sergent des Consuls ; & le produit sera employé aux dépenses communes de la Ville.*

(8) *Les habitants de cette Ville seront exempts du droit de Francs-Fiefs.*

(10) *Tous les privileges cy-dessus exprimez seront confirmez par des Lettres patentes du Roy.*

KAROLUS, &c. Notum, &c. Nos Litteras carissimi Germani & Locumtenentis nostri in * Partibus Occitanis, Ducis Andegavensis & Comitis Cenomanensis, suo secreto sigillo in cera viridi & filo serico sigillatas, vidisse, formamque sequitur, continentes.

a Languedoc.

LUDOVICUS Regis quondam Francorum Filius, Domini nostri Regis Germanus, ejusque Locumtenens in Partibus Occitanis, Dux Andegavensis & Comes Cenomanensis. Notum facimus, &c. quod Nos attendentes quod (*b*) auctoritate [b] felicitatur [c] aussituia, quam dextera Domini presulgente, recto Dei tramite, [d] prosequitur locus sive Villa Castri de (*c*) Casluciо, [e] juste, & jure Domini mei Regis, ad ipsius Domini mei Regis atque nostram obedienciam devenit, in laqueum [f] inclinacionibus sive materialis vibracionis gladii, in cujus indignacionem [g] aliter seu alias progredi merito noscebatur, incidere premetuens.

b felicitat. R.
c ce mot se trouve dans du Cange, pour *astutia.*
d *prosequitur.*
e Il faut suppléer *qui* ou *que.*
f fort. *indignationis.*
g *alit. seu al.* R.

(1) Igitur, Nos clemenciam dicti Domini mei Regis atque nostram, cujus gremium minime claudimus postulanti, exhibere volentes in hac parte, Consulum & habitatorum atque [h] Universitatim & singularium dicte Ville, cum prompte meutis [i] alacritate, supplicatione Nobis porrecta, eosdem Consules atque Universitatem & habitatores & singulares ejusdem, tanquam recurrentes per viam appellacionis & recursus, & aliis justis & legitimis causis, ad Dominum meum Regem atque Nos, ab oppressionibus & gravaminibus multiplicibus & indebitis, eisdem, tam Universitati quam singularibus dicti loci, impensis per carissimum Consanguineum nostrum, Principem [k] Galarum, Ducem Acquitanie, & illatis, pro quibus, à posse & potestate atque regimine, cognicioneque & totali superioritate ipsius Principis Galarum Ducisque Guienne, exempti penitus existunt, & ad obedientiam Domini mei Regis & nostram deventi, ad ipsius Domini mei Regis & nostre protectionis clipeum suscipimus per presentes ; ipsique quoque Universitati & singularibus dicti loci, presentibus & futuris, omnia & quecunque privilegia de non

h Universitatis.
i alacritate.

k Galles.

NOTES.

(*a*) Tresor des Chartres, Registre 100. Piece 766.
Voy. cy-dessus, p. 190. Note (*a*).
(*b*) *Auctoritate.*] Ce Préambule est écrit d'un stile si peu naturel & si emphatique, & il s'y trouve tant de mots abregez & douteux, ou visiblement corrompus, qu'il est très-difficile de l'entendre. Voicy le sens que j'y entrevois.

Les fraudes peuvent devenir heureuses, lorsqu'on a recours à l'autorité d'un Roy qui veut bien les pardonner. La Ville de Caylus avoit merité l'indignation du Roy & une juste punition de ses fautes : mais Dieu a inspiré à ses habitans, le dessein de les reparer, en rentrant sous l'obéissance du Roy, qui a bien voulu leur accorder de nouveaux privileges.
(*c*) *Caslucio.*] Caylus-de-Bonnette. Voy. le 4.e *Vol. des Ordon.* p. 407. Note (*b*).

Nn iij

286   Ordonnances des Rois de France

CHARLES V.
à Paris, en Avril, après Pâques 1370.

ponendo castrum de Caslucio, cum suis juribus, Villis, pertinenciis & juridicionibus, extra manum Regiam, ullis temporibus; nec non & omnia alia & quecumque privilegia, Libertates, Statuta & Consuetudines, ac eciam usus quoscunque, ipsi Ville seu Universitati antiquitus per Dominos Francorum Reges, vel alios quoscunque, tam per Literas quam aliter & qualitercumque concessos, & quibus ipsa Universitas utitur & usa est, & uti ab antiquo consuevit, confirmamus, & per presentes confirmatas haberi volumus & jubemus de nostris certa sciencia, gracia speciali & auctoritate Regia qua fungimur in hac parte : Volentes ipsam Universitatem & singulares ejusdem, eisdem privilegiis, Libertatibus, statutis, usibus & Consuetudinibus, sicut prius, ex nunc & imposterum, uti pacifice & gaudere.

(2) Item. Insuper, de nostra certa sciencia & auctoritate Regia, omnia & singula alia privilegia, & aresta prolata contra Abbatem (a) Belli-loci & Vicecomitem Turene confirmamus, approbamus & ratifficamus, volentes ut ipsa privilegia predicta & arresta, illesa serventur & execucioni debite demandentur seu valeant demandari.

(3) Item. Eisdem Consulibus ac Universitati & singularibus dicti loci de Caslucio, concessimus & concedimus, ut ipsi vel habitatores quicumque dicti loci, pro aliquibus contractibus, obligacionibus vel quasi, delictis vel quasi delictis vel quasi, in dicto loco aut ejus Castellania, Jurisdictione & pertinenciis, quomodolibet celebratis vel celebrandis, extra dictum locum seu jurisdiccionem ordinariam ejusdem loci, nullathenus trahantur ad cujuscumque persone instanciam, vel ex quacunque auctoritate seu mandato ; sed in Curia ordinaria dicti loci, & coram ᵃ Curialibus ejusdem loci & dicte Castellanie, & non alibi, juri parere pro predictis teneantur ; nisi aliter seu alias, per expressam & voluntariam obligacionem, forent vel viderentur astricti seu eciam obligati.

a Jnges.

(4) Item. Ex uberiori gratia, eisdem Consulibus, Universitati & singularibus dicti loci de Caslucio, composicionem seu transaccionem habitas, diu est, & passatas inter Dominum & Consules ᵇ Podii-Ruppis ex una parte, & ipsos Consules & habitatores predictos, ex alia, confirmamus, ratifficamus ; approbamus, ipsasque in statu in quo sunt & diu fuerunt, ratas, firmas, sanas & integras remanere volumus, pro nunc & imposterum, & absque immutacione aliquali.

b Pui-la-Roque. Voy. cy-dessus, p. 279. Note (*b*).

(5) Item. Uberius, eisdem Consulibus, Universitati & singularibus predictis concessimus & concedimus tenore presencium, quod Consules dicti loci de Caslucio, qui in Causis criminalibus & civilibus, ac super excessibus & delictis in dicto loco perpetratis, ac Bajulus dicti loci, judices existunt, in contractibus,ᶜ Curis, Tutelis & aliis Causis, ubi & prout expedierit, & in quibus jurisdiccio ipsorum & potestas se extendere dinoscetur, ᵈ decreta sua interponere possint & valeant, ut clarius jurisdiccionem suam valeant ᵉ explicare.

c curatelles.
d Voy. le sommaire de cet art.
e faire connoître.

(6) Item. Ex uberiori gratia, dictis Consulibus, Universitati & singularibus, dedimus atque damus per presentes (b) incantum & Bannum dicti loci seu Castri ac ᶠ Mandamenti ejusdem ; ipsos que Consules, ᵍ & modernos futuros, de eisdem uti & gaudere pacifice & quiete, & absque impedimento & contradictione quibuscunque, ipsumque incantum & Bannum qui in ʰ Thesauro Caturcensi erant descripti, & qui communiter, temporibus retrolapsis, ad extinctum candele non erant ⁱ arrendati ultra summam centum solidorum Turonensium, vel circa, per annum, de libris seu Registris ipsius, deleri, cassari & eciam anullari ; & eciam de Compoto seu recepta ipsius Thesaurarii seu Receptoris, per sideles Gentes Camere Compotorum Domini mei Regis, Parisius, & alies ad quos pertinuerit, deduci, & in suis (c) compotis allocari volumus & jubemus.

f jurisdiction.
g Modernos & futuros.
h Thesaur. R.
i donnez à ferme.

NOTES.

(*a*) *Belli-Loci.*] Belloc, Ordre de Cisteaux, dans le Diocese de Rhodez. Voy. *Gall. Christ.* 2.ᵉ Edit. tom. 1. p. 267. & la tabl. Alphab. des Archevêchés, &c. qui est au commencement de ce volume.

(*b*) *Incantum & Bannum.*] Il s'agit peut-être là d'un droit qui se percevoit sur ce qui se vendoit à l'encan dans plusieurs Villes du Languedoc, & qui appartenoit aux Consuls de ces Villes. Voy. sur ce droit, le 3ᵉ. vol. des Ordonn. p. 157. Note (*o*).

(*c*) *Compotis allocari.*] C'est-à-dire, que la Chambre des Comptes n'exigera plus que dans leurs comptes, ils fassent recette de ce droit, qui dans la suite appartiendra aux Consuls.

DE LA TROISIÉME RACE. 287

(7) Item. *Pariter conceſſimus & concedimus eiſdem, licenciam & auctoritatem, ut ipſi incantum & Bannum* a *prædictos, regi* b *exerceri facere poſſint per eorum* c *dictum nuncium, aut aliam perſonam ydoneam, qui jurabit in manibus Officiariorum Regiorum ejuſdem loci, de bene & fideliter in predictis ſe habendo ; nec non, & quod emolumentum exinde proveniens, ipſi recipiant & recipere poſſint in fortificacione & reparacione, ac ſubſidiis & aliis debitis in communibus oneribus ejuſdem Ville, & non alibi convertendum.*

(8) Item. *Ulterius, dictis Conſulibus, qui nunc ſunt & qui pro tempore fuerint, conceſſimus & concedimus per preſentes, & in dicto loco, & pertinentiis ipſius* d *obſervatum volumus perpetuo, quod nullus amodo, homo ſive mulier non nobilis, cujuſcumque alterius condicionis exiſtant ſive ſtatus, quod pro redditibus, poſſeſſionibus, hereditagiis, aut aliis quibuſcumque per ipſum à perſonis nobilibus acquiſitis ſeu eciam acquirendis, de cetero, titulo emptionis, ſucceſſionis, donacionis, aut alio quovis modo, ad ſtuandum ſeu ſinanciam faciendam dicto Domino meo ſeu* e *ſive ejus Officiariis teneatur, nec per aliques compelli poſſit ; quoniam ex nunc, ipſos non nobiles dicti loci & pertinenciarum ejuſdem, à dictis financiis relevamus, ac ipſas financias remiſimus & quittavimus, remittimuſque relevamus & donamus per preſentes, de noſtra certa ſciencia & auctoritate predicta ; jure dicti Domini mei Regis, & quolibet alieno, in omnibus aliis ſemper ſalvo.*

(9) *Et inſuper, ad humilem & frequentem ſupplicationem & requeſtam dictorum fidelium Conſulum & habitatorum dicti loci, promittimus, prout &* f *promittimus auctoritate Regia predicta, quod dictus locus & ejus jura atque membra, & alia Caſtellanie & reſſorti ejuſdem, de* g *menſa ſeu patrimonio proprio Domini mei Regis, & ejus ſucceſſorum Francorum Regum, nullathenus, quacumque racione demembrabitur, nec in aliquas perſonas transferetur vel tranſportabitur, ſed pocius, veri & legitimi filii, in poſſe ſeu poteſtate Corone Francie, perpetuo remanebunt ; & dictus locus ejuſque jura atque membra, & alia Caſtellanie & reſſorti ejuſdem, in dicta menſa & patrimonio proprio ipſius Domini mei Regis, & ejus ſucceſſorum Francorum Regum,* h *per in perpetuum remanebunt.*

(10) *Predicta auctoritate, omnia & ſingula, ſicut ſuperius ſunt deſcripta & eciam expreſſata, laudari, approbari & conſirmari facere promittimus per Dominum meum Regem, cum Litteris ſuis patentibus, ſigillo viridi ſigillatis ſeu ſigillandis, in majorem omnium & ſingulorum premiſſorum roboris firmitatem.*

In quorum premiſſorum fidem & teſtimonium, preſentes Litteras ſigilli noſtri ſecreti ; in abſencia magni, munimine fecimus roborari. Actum & datum Tholoſe, anno Domini M. CCC. ſexageſimo-octavo, menſe Marcii.

Quas quidem Litteras ſupraſcriptas, ratas habentes & gratas, eas & omnia & ſingula in eiſdem contenta, laudamus, approbamus, ratificamus, ac ex noſtra certa ſciencia auctoritateque Regia & gracia ſpeciali, conſideracione premiſſorum, confirmamus per preſentes ; mandantes Seneſcallo & Theſaurario Caturcenſibus, ceteriſque Juſticiariis & Officiariis noſtris, preſentibus & futuris, aut eorum Locatenentibus, & cuilibet eorumdem, prout ad eum pertinuerit, quatenus dictos Conſules, habitatores, Univerſitatem & ſingulares, & quemlibet eorumdem, modernos & poſteros, noſtris preſentibus confirmacione & gratia, juxta preſencium & ſupraſcriptarum Litterarum ſeries & tenores, uti & gaudere faciant & permittant abſque contradiccione ſeu moleſtacione quibuſcumque ; Ordinacionibus, mandatis ac Litteris in contrarium factis vel faciendis, nonobſtantibus quibuſcumque. Quod ut firmum, &c. ſalvo, &c. Actum & datum Pariſius, anno Domini M. CCC. ſeptuageſimo, & Regni noſtri ſeptimo, menſe Aprilis, poſt Paſcha. *Viſa.*

Per Regem. N. DE VEIRES.
Collatio facta eſt cum Litteris Originalibus.

CHARLES V.
à Paris, en Avril, après Pâques 1370.
a predict. R.
b &.
c il n'a pas encore été parlé de ce Sergent.
d obſervat. R.

e l'un de ces deux mots eſt inutile.

f fort. promiſſimus.
g Voy. cy-deſſus, p. 276. Note (c).

h p. R.

CHARLES
V.
à Paris, en
Avril 1370.

(a) *Lettres qui permettent aux Consuls de Sauveterre, de faire les proclamations necessaires pour les affaires de la Communauté de cette Ville, [sans demander permission au Sénéchal de Roüergue.]*

CHARLES, &c. Savoir faisons à tous presens & avenir, Nous avoir receu l'umble Supplication des Consuls, Université & habitans de nostre Ville de Sauveterre, en la Seneschausie de Roüergue, contenant, que comme ilz souvent leur conviegne faire plusieurs criées & proclamations touchans & regardans le fait ou Causes de leurs dictes Université & Consulat, & d'icellez criées & proclamacions, aïent acoustumé de demander licence à nos Senechalz ou autres Officiers de ladicte Seneschausie de Roüergue, pour ce que senz leur licence & congié, ne l'ont ozé ou temps passé, ne peu faire ne ne leur a esté loisible; pourquoy, considéré la difficulté que noz Seneschalz ou autres Officiers dessus dits, leur ᵃ on fait de donner ladicte licence ou temps passé, ilz ont soustenu plusieurs grans dommages & inconveniens, & encores seroient ou temps avenir, se par Nous ne leur estoit pourveu de remede convenable, si comme ilz dient, en Nous suppliant à eulz estre pourveu dudit remede : Pourquoy, Nous inclinans favorablement à leur dicte supplicacion, attendu la bonne & vraye obeissance que il Nous ont montré ou fait de l'appellation contre Edoart d'Angleterre, par laquelle ilz se sont rendus à nostre subjeccion & obeissance; & voulans nos bons & loiaulx subgès relever de toutes charges & oppressions indeuez, à yceulz Consulz, Université & habitans, avons octroié & octroyons de nostre certeinne science & grace especial, par la teneur de ces presentes, qu'il puisse & leur loyse perpetuelment d'oresnavant, faire ou faire faire toutez manierez de criées & proclamacions, à vois de trompe ou autrement, ainsi comme il est acoustumé en tel cas dedens ladicte Ville de Salveterre, touchant & regardant le fait ou Causes de leur dicte Université & Consulat; & que, en faisant les dictes criées & proclamacions, il puissent enjoindre & imposer peinne à ceulz que bon leur semblera & à qui il appartendra à leur imposer, selonc la qualité du fait pourquoy feront les dictes criées & proclamacions, jusques à la somme de LX. sols Tournois, & au dessoubz; pourveu toute voiez que tout l'esmolument des dictes peinnez, soit & sera du tout appliqué à nostre pourfit, & non à autre, & receu par les mains de nostre Tresorier de Roüergue, ou de son Lieutenant, & mis d'oresnavant & appliqué à nostre Demainne. Si donnons en mandement à nostre Seneschal de Roüergue, & à tous nos autres Justiciers & Officiers, & à chascun d'eulz, si comme à li appartendra, que les diz Consulz, Université & habitans, qui ores sont & qui pour le temps avenir seront, il facent, suesfrent & laissent joïr & user paisiblement senz aucun empeschement ou contredit, de nostre dicte grace & octroy, & que contre la teneur d'ycelle, ne ᵇ le molestent, perturbent ou empeschent, ne ne suesfrent molester, perturber ou empescher par quelque maniere que ᶜ se soit, ores ne ou temps avenir ; mais se aucune chose est faicte, attemptée ou innovée au contraire, si la mettent ou facent mettre & ramener au premier estat & deu. Et pour ce, &c. sauf, &c. Donné à Paris, l'an de grace M. CCC. LXX. de nostre Regne le VII.ᵉ ou moys d'Avril. *Visa.*

Par le Roy, en ses Requestes. L. DE FAYA. P. DE VERGNY.

NOTE.

(a) Tresor des Chartres, Registre 100. Piece 828.
Voyez cy-dessus, p. 190. Note (a).

Exemption

(a) *Exemption du droit de Prises, pour les habitants de Vitri-lez-Paris.*

CHARLES, &c. Savoir faisons à tous presens & avenir, que de la partie des

CHARLES V.
à Paris, le 10. de May 1370.

NOTES.

(a) Tresor des Chartres, Registre 100. Piece 818.
L'on trouve dans le même Registre, P. 33. des Lettres de Remission pour les habitans de la Ville de S.t Lo, au sujet d'une émotion qui s'excita dans cette Ville, par rapport au droit de Prise. Comme elles peuvent servir à donner une idée des *Prises*, & des inconveniens ausquels donnoit lieu ce droit, qui a été aboli, soit par des privileges particuliers, soit par le non-usage, l'on a cru devoir faire imprimer ici l'exposé de ces Lettres.

CHARLES, &c. Savoir faisons à tous presens & avenir, que de la partie de noz bien amez, les Bourgois de nostre Ville de S.t Lo en ᵃ Coustantin, Nous a esté exposé, que comme le Lundi derrenier jour d'Octobre derrenier passé, un Escuier ᵇ familier de nostre amé & féal Conseiller, le Sire (a) de Blainville, nostre Mareschal, & Lieutenant ez Parties de Normandie, fust allez en ladicte Ville, pour faire pourveance de linge, comme ᶜ Doubliers & ᵈ Touailles pour l'estat dudit Mareschal tenir le premier de l'an ensuivant : lequel Escuier eust trouvé Thomas Varot, Bourgois de ladicte Ville, & Lieutenant du Capitaine d'icelle; auquel il dist qu'il alloit à sa maison ou Hostel, pour avoir des dis Doubliers & Touailles; & ledit Thomas lui respondi qu'il en auroit volentiers, & de tout ce qui seroit en son Hostel, pour ledit Mareschal ; ᵉ fors que la mere de sa feme seust venuë de leurs Hosteulx estans hors des fauxbours de ladicte Ville, où elle estoit alée; & ledit Escuier qui seist moult l'embesongnié, combien qu'il n'eust à faire des dis Doubliers & Touailles, jusques ou lendemain, dist de rechief audit Thomas, qu'il lui allast bailler de fondit linge ; lequel Thomas lui jura qu'il n'en avoit pas la clef ne la garde, ne du linge de son Hostel ne s'entremetoit-il en riens ; mais tenist de certain, que sitost que ladicte femme seroit venuë, il en auroit assez & volentiers : Néantmoins, & nonobstant la response dudit Thomas, ledit Escuier respondi chaudement & de mal volenté à icelui Thomas, ces paroles, vous ᶠ escondites Monsᵣ. le Mareschal, une grant ordure en vostre visage, vous estes un mauvais villain: Adonc ledit Thomas lui respondit qu'il n'estoit point villain, & ledit Escuier lui dit qu'il mantoit : & lors ledit Thomas meu & couroucié de ce que ainsi ledit Escuier l'avoit desmenti & dit villenie, dit audit Escuier qu'il mentoit : sur quoy se meurent plusieurs grosses paroles & hautaines, auxquels sourvindrent plusieurs des gens dudit Mareschal, lesquelz ferirent & batirent ᵍ tantost Jehan le Prestrel, parent & aflin dudit Thomas, & Bourgois de ladicte Ville de S.t Lo, lequel fu abatus de coups de poings & feru de coustel, moult durement ; & aussi fu ferir ledit Thomas de coup de coustel par la teste, très-grandement : Et ʰ ensement, un des Escuiers dudit Mareschal, fut feru & batu grandement, sans ce que ne d'un costé ne d'autre, mort ou ⁱ mehaing s'en soit ensuivi aucunement : & adonc, pour cause dudict conflict ou meslée, le commun de ladicte Ville de S.t Lou, & de dehors, qui estoient lors au marchié, ᵏ cuidans que ce fuissent les ennemis qui eussent pris ou fussent entrez malicieusement dedans ladicte Ville; mesment que dedans icelle, l'en crioit par tout, alarme; & aussi les gens du Mareschal faisoient sonner leur trompette, ˡ doubterent & se ᵐ retrairent hastivement aucunes des gens dudit commun, tous effraiez, en l'Eglise Nostre-Dame de ladicte Ville de S.t Lou, sonnerent les (b) Sains, que l'on a acoustumé de sonner toutesfois qu'il y a effroy en icelle; & furent closes & fermées les portes de ladicte Ville, pour paour d'aucune embusche ou doubte des ennemiz : à laquelle riote ou meslée, sourvint ledit Mareschal, qui fist retraire & retraindre ses gens qui estoient armez, & appaisa la noyse & le peuple ; & fist crier lors de par Nous, que chascun se retraissist ; laquelle chose firent tantost les dis Bourgois, commun & habitans, & se ⁿ retaist chascun en son Hostel : Et il soit ainsi, que depuis & après ledit fait, ledit Mareschal ait fait mettre en prison les dis Thomas & Jehan, & encorres les detient prisonniers pour cause de ladicte mellée ; & les dis Bourgois, commun & habitans se doubtent que par ledit Mareschal, ou aucuns autres noz Officiers, il ne soient pour ce ᵒ approchiés, & que l'en ne veille proceder contre eulx aucunement, pour cause d'aucune rebellion ou desobéissance avoir esté faicte & commise par eulx ou aucun d'eulx, sur les choses dessus dictes, contre Nous & notre Majesté Royal : & déja en a fait & commencié

CHARLES V.
à l'Hostel lez-S.t-Pol, à Paris, en Janvier 1369.

a *Cotantin.*
b *Domestique.*
c *serviettes.* Voy. Borel, au mot, *Doubliers.*
d *serviettes.* Voy. ibid. au mot, *Touaillons.*
e *aussitost.*

f *refusez.*

g *aussitôt.*

h *ensemblement.*
i *blessure.*

k *croyants.*

l *craignirent.*
m *retirerent.*

n *retraist, retira.*

o *citez en jugement.*

NOTES.

(a) *De Blainville.*] Jean de Mauquenchy, dit *Mouton*, Sire de Blainville, fait Maréchal de France le 20. de Juin 1368. Voy. l'Hist. Geneal. de la Maif. de Fr. tom. 6. p. 756.

(b) *Sains.*] Signal donné avec une cloche ; d'où vient le mot, *tocsin.* Voy le *Dict. Etymol.* de Menage, au mot, *Sains.*

CHARLES V.
à Paris, le 10. de May 1370

a bien.
b brûlée.
c guerres.

d Fontaines.
e bestiaux.

f foins, fourrages.

g dispersez.
h avoit accoutumé.
i lb. R.

k ef.

l prise.
m ayans.

n Port. R.

o il manque là un mot; peut-être, corps.

habitans de la Ville de (a) Vitri-les-Paris, Nous a esté exposé en suppliant humblement, que comme pour le fait des (b) guerres de nostre Royaume, il aient perdu aussi comme toute leur ᵃchevance, & ait esté l'Eglise de S.ᵗ Gervais de ladicte Ville, toute ᵇ arse & gastée, avec une grant partie de leurs maisons & habitacions d'ycelle Ville, par les Gens d'armes de nostre Royaume, & par plusieurs fois ait esté pillée & gastée, & une grant partie desdits habitans pris & mis à grans rançons par les ennemis de nostre Royaume, tant en tele maniere que il sont devenus à telle povreté, que il n'ont dequoy faire leur habitacions qui ont esté destruites par lesdites ᶜ gerres, & ja soit ce que les dis supplians soient moult chargiez de soustenir les ᵈ Fonteinnez & autres usages necessaires pour le gouvernement & subftentacion de Nous, de eulx & de leurs ᵉ bestaulz, nientmoins encores sont eulx tant grevez par les prinses faites par nos Gens & Officiers, & par ceulx de nostre sanc, & de par autres qui se dient avoir auctorité de faire prinses de leurs chevaux, charettez, vins, grains, ᶠ fains, fuerres, fourrages, draps, nappes, bestail & autres choses, tant en ladicte Ville comme hors, & en telle maniere que les dits habitans sont en peril & en necessité, d'estre ᵍ despars, & de laissier ladicte Ville qui ʰ souloit estre grande & grosse Ville, & dont les aydes Nous valoient & valent, & porroient valoir chascun an, VIII. c. ⁱ livres & plus; & par ce, sont en peril & en aventure, aucuns, de aller mendier, & les autres, de aler gaignier leur vie à la peine de leur corps, se sur ce ne leur ᵏ faite grace, si comme il plaist: si Nous ont supplié, que comme il soient gens de labour, & que il ont acoustumé à vivre & gaignier leur chevance de labour, & à la peinne de leur corps, & ne puissent labourer leur terres sens leurs chevaulx & leur bestes; & aussi aient-il assez à faire à prendre de leur terrez & vignez, aucune chose dont il puissent vivre, oultre ce que elle leur coustent à faire, Nous leur veillons pourveoir de remede gracieux & convenable: pourquoy Nous, euë consideracion aux choses dictes, meux de pitié envers les dits supplians, leur avons de grace especial, certaine science, pleine puissance & auctorité Royal, octroyé & octroyons par ces presentes, que doresnavant, aucune chose ne soit ˡ par noz Gens ou Officiers, ou ceulx de nostre sanc, ou autres quelconques ᵐ aient prise en nostre Royaume, des dits supplians ou de leurs successeurs, manans ou habitans en ladicte Ville de Vitri, soit en alant ou venant aux champs, en Ville ou en chemin, se n'est moyennant & parmi juste & vray pris, & par ledis pris paient promptement. Si donnons en mandement par ces presentes, au Maistre de nostre Hostel, à tous nos Fourriers, Varles de ⁿ Portes & de nostre Fourrerie, & à tous autres quelconques ayens prinse en nostre Royaume, au Prevost de Paris, & à tous nos autres Justiciers & Officiers, ou à leur Lieutenans, presens & avenir, & à chascun d'eulz, presens & avenir, & à chascun d'eulz, si comme à lui appartendra, que les supplians & leurs successeurs manans & habitans de ladicte Ville de Vitri, facent & laissent joïr & user paisiblement de nostre presente grace & octroy, & contre la teneur de ces presentes, ne les molestent ou empeschent, facent, sueffrent ou laissent estre molestez, travelliez ou empeschiez en ᵒ ne en biens, en aucune maniere; mais se il avenoit ou temps avenir, que aucuns de leur biens fussent pris, saisis, levés ou arrestez contre la fourme de ces presentes, que il les leur rendent sans delay, & mettent

NOTE.

procés contre eulx, ledit Mareschal: par quoy ne leur soit imputé ou tourné à préjudice ores ou ou temps avenir en aucune maniere; Si Nous ont, &c.

Et pour ce, &c. sauf, &c. *Donné en nostre Hostel lez S.ᵗ-Pol, ou mois de Janvier, l'an de grace mil CCC LXIX. & de nostre Regne le VI.ᵉ Ainsi signée. Visa.*
Recourt. Par le Roy en ses Requestes. G. HOUSSAYE. Recourt.

NOTES.

(a) *Vitri-les-Paris.*] Ce lieu est à 2. lieuës de Paris, à un demi quart de lieuë de la Riviere de Seine, à l'Orient, vis-à-vis Conflans & Charenton.

(b) *Guerres de notre Royaume.*] C'est apparemment la guerre civile qui s'émut à Paris & aux environs, pendant la captivité du Roy Jean.

DE LA TROISIÉME RACE. 291

à pleine délivrance. Et pour ce, &c. sauf, &c. Donné à Paris le Xe jour de May, l'an de grace mil CCC. LXX. & de nostre Regne le VIIe   Visa.
Par le Roy, en ses Requestes. L. DE FAYA. DAILLY.

(a) *Lettres qui portent que la Ville de Milhaud sera exempte de toutes sortes d'Impots pendant* 20. *ans.*

CHARLES V.
à Paris, le 28. de May 1370.

NOVERINT universi, quod nos Curia [b] Amiliani Domini nostri Francorum Regis, vidimus, tenuimus, & diligenter de verbo ad verbum inspeximus [c] quasdem patentes Litteras Regias in pergameno scriptas, sigillo magno Regio cere communis cum [d] hæna dupplici impendenti [e] non vitiatas, non cancellatas, abrasas, abolitas, nec in aliqua sui parte suspectas; sed prorsus omni vitio & suspicione carentes, ut prima facie apparebat; quarum tenor sequitur sub his verbis.

a *Le Vidimus de la Cour de Milhaud, n'est pas dans la* 2.e *Copie.*
b *Milhaud dans le Roüergue. Voy. le Diction. de Mary, à ce mot.*
c *quasdam.*
d *app. cauda.*
e *il y a là la place d'un mot en blanc.*

KAROLUS Dei gratia Francorum Rex: Universis presentes Litteras [f] *inspecturis: Salutem. Notum facimus, Nos, ad supplicationem dilectorum nostrorum Consulum & habitantium Villæ de Amiliano, vidisse Litteras, formam, prout sequitur, continentes.*

f *inspecturis.* 2.e *Copie.*

LUDOVICUS Regis quondam Francorum Filius, Domini nostri Regis Germanus, ejusque Locum tenens in [g] *Partibus Occitanis, Dux Andegavensis & Comes Cenomanensis, Universis presentes Litteras inspecturis: Salutem. Notum facimus, quod cum Villa de Amiliano Senescalliæ Ruthenensis, ab pauco tempore citra, liberaliter obedientiæ dicti Domini nostri & nostræ, se submiserit,* [h] *& fidelitatis* [i] *juramento præstando;* [k] *attemptis damnis irreparabilibus & deperditis per dictam Villam & singulares ejusdem, ratione guerrarum, & discursus inimicorum hactenus passis & sustentis, Consulibus ejusdem Villæ & singularibus de eadem, dederimus & concesserimus, damusque & concedimus per presentes, immunitatem, quittanciam & absolutionem de non solvendo Impositiones, subsidia,* [l] *focagia, aut aliqualem subventionem* [m] *Regis, tam ratione guerrarum quam alias, per dictum Dominum nostrum, seu nos aut quesvis alios impositam hactenus seu imposterum imponendam, per tempus viginti annorum, continuè* [n] *secundorum, & a die datæ presentium computandorum: quocirca damus tenore presentium in mandatis Seneschallo Ruthenensi, Receptori, & etiam dictæ Senescalliæ, cæteris Justitiariis, Reformatoribus & Commissariis quibuscumque, præsentibus & futuris, quatenus dictos Consules, Villam & singulares de eadem,* [o] *absolvendum in præmissis ac aliis subventionibus Regiis quibuscumque, nullatenus compellant, inquietent seu molestent; quin imo ab eisdem*

g *Languedoc.*
h *& n'est pas dans la* 2.e *Copie.*
i *juramentum.* 2.e *Cop.*
k *attentis.* 2.e *Cop.*
l *Fouages, Impots par Feux.*
m *Regiam* 2.e *Cop.*
n *sequendorum.*
o *ad solvendum.*

NOTE.

(a) Il a été envoyé de Montauban, deux Copies de ces Lettres, à la fin desquelles, il y a : *Collationné par Nous, Conseiller Secretaire du Roy, Maison Couronne de France, en la Chancellerie près la Cour des Aydes de Montauban.* SACQUEIRETES.

Il a été envoyé de la même Ville, quelques autres Lettres dans la même forme. Outre celles qui entreront dans ce Recüeil, il y en a deux qu'il ne sera pas inutile d'indiquer ici.

1.° Lettres d'Edoüard Prince de Galles, du 28. de Septembre 1363. par lesquelles il reçoit les habitants de Milhaud, sous l'obéissance du Roy d'Angleterre son Pere. 2.° Lettres de Charles V. données à Paris, au mois de May 1370. confirmatives des Lettres du Duc d'Anjou, son Frere & son Lieutenant dans le

Tome V.

Languedoc, données à Thoulouse, en Février 1369. par lesquelles il ratifie & approuve l'acte par lequel les habitants de Milhaud declarerent qu'ils rentroient sous l'obéissance de Charles V.

Dans la Lettre que M. le Franc premier President de la Cour des Aydes de Montauban, a écrite à Monseigneur le Chancelier, en lui envoyant les Pieces qui regardent Milhaud, il lui marque que les Consuls de cette Ville, ont trouvé les Originaux de ces Lettres, dans les Archives de leur Hostel de Ville, & qu'ils lui en ont envoyé des Copies collationnées.

Ces Lettres ne paroissent pas avoir été copiées & collationnées exactement, & il y a beaucoup de fautes.

Voyez par rapport aux privileges accordez à la Ville de Milhaud, cy-dessus, pag. 190. Note (a).

Ooij

CHARLES V.
à Paris, le 28.
de May 1370.

cessent penitus & desistant ; quos & eorum quemlibet, ab eisdem exemptos per tempus supra dictum esse volumus & concedimus per presentes, de nostri certa scientia auctoritateque Regia qua fungimur, & gratia speciali. In cujus rei testimonium, sigillum nostri secreti in absentia magni, presentibus Litteris fecimus apponi. Datum in Montepesulano, die decima quarta mensis Martii, anno Domini millesimo trecentesimo sexagesimo nono.

* Receptori,
2.ᵉ Cop.

Quas quidem Litteras, omniaque & singula in eisdem contenta & expressa, Nos, de nostra auctoritate Regia specialique gratia, ratas & gratas habentes, laudamus, volumus, approbamus, & tenore presentium confirmamus: mandantes Senescallo Ruthenensi, * Preceptori ejusdem Senescalliæ, cæterisque Justitiariis & Commissariis nostris quibuscumque, presentibus videlicet & futuris, & cuilibet eorumdem, quatenus dictos Consules & habitatores singulares eorumdem, contra prescriptarum atque presentium Litterarum seriem & tenorem, nullatenus inquietent, impediant vel molestent ; sed ipsos eisdem ac omnibus in eisdem contentis & expressis, uti & gaudere pacifice faciant & permittant ; quidquid in contrarium factum vel attemptatum repererint, revocando & ad statum pristinum & debitum reducendo. In cujus rei testimonium, sigillum nostrum Litteris presentibus est appensum. Datum Parisiis, vigesima octava die Maii, anno Domini millesimo trecentesimo septuagesimo, Regnique nostri septimo. Per Regem, ad relationem Consilii. DE MONTAGU. Collatio facta est.

In cujus visionis, aspectionis, & omnium præmissorum fidem & testimonium, nos dicta Curia Amiliani dicti Domini nostri Francorum Regis, sigillum nostrum authenticum huic presenti vidimus seu transcripto, cum originali diligenter correcto, impendenti, duximus apponendum, die quarta mensis Januarii, anno Domini millesimo trecentesimo octuagesimo tertio. A. DE BELLA-SERRA. Collatio facta est cum Litteris Originalibus.

CHARLES V.
à Paris, en May 1370.

(a) Privileges accordez à la Ville de Milhaud.

SOMMAIRES.

(1) Confirmation des Privileges de la Ville de Milhaud.
Elle sera unie inséparablement à la Couronne.
(2) On ne donnera point d'assignation sur les revenus que le Roy a dans cette Ville ; mais les deniers qui en proviendront, seront remis entre les mains du Tresorier du Roy.
(3) La Jurisdiction ordinaire de la Roquecesiere, continuëra d'être jointe à celle de Milhaud.
(4) Les habitans de Milhaud prévenus de crimes, ne pourront être mis à la question, qu'en presence des Consuls, à qui appartient le droit de juger ces habitants accusez de crimes.
(5) Les habitans de Milhaud prévenus de crimes ; à moins qu'ils ne soyent énormes, ne pourront être mis en prison, s'ils donnent caution de se representer en Justice.

a Dei gratia Francorum Rex.
Cop. de Mont.
b Voy. p. preced. Note (b) marg.
c Languedoc.

*K*AROLUSᵃ, &c. Notum facimus universis tam presentibus quam futuris, Nos, ad supplicationem dilectorum nostrorum Consulum & habitantium Ville deᵇ Amiliano, Senescalliæ Ruthenensis, vidisse carissimi Fratris nostri Ludovici, Locum nostrum tenentis inᶜ Partibus Occitanis, Ducis Andegavensis & Comitis Cenomanensis, Litteras, quarum tenor sequitur in hec verba.

*L*UDOVICUS Regis condam Francorum Filius, Domini nostri Regis Germanus, ejusque Locumtenens in Partibus Occitanis, Dux Andegavensis & Comes Cenomanensis, Notum facimus universis tam presentibus quam futuris, nobis, pro parte dilectorum &

NOTE.

(a) Tresor des Chartres, Registre 100. Piece 559.

Il a été envoyé de Montauban, deux Copies de ces Lettres.
Voyez pag. preced. Note (a) & p. 192. Note (a).

DE LA TROISIÉME RACE. 293

fidelium Consulum & habitancium Ville de Amiliano, Senescallie Ruthenensis, qui liberaliter animoque benivolo, de manibus inimicorum dicti Domini nostri & nostrorum; se totaliter exemerunt, & veram obedientiam dicto Domino nostro & nobis, fidelitatisque juramentum perpetuo ac inviolabiliter servaturi, prestiterunt, nobis extitit humiliter supplicatum, ut, cum ipsi certa privilegia, Libertates & franchisias habeant, & per predecessores dicti Domini nostri, recolende memorie Francorum Reges, ac alios Principes tunc dictam Villam dominantes, concessa fuisse dicantur, quibus ipsi & eorum predecessores hactenus usi sunt, & modernis temporibus utuntur, eisdem, auctoritate Regia qua fungimur & gracia speciali, confirmare, ratificare ac emologare dignaremur, ª *ipsaque ampliare certis casibus inferius declarandis.*

CHARLES V.
à Paris, en May 1370.

a ipsam. Cop. de M.

(1) *Nos que eorum supplicationi favorabiliter inclinati, transquillitatem subditorum dicti Domini nostri, indempnitatem eciam & quietem totis viribus procurare volentes, privilegia, Libertates & franchisias dictis Consulibus & Ville ac singularibus de eadem, per predecessores dicti Domini nostri & quoscunque alios concessa, & de quibus hactenus usi sunt & utuntur, de nostri certa scientia auctoritateque Regia qua fungimur, & gracia speciali, ratificamus, emologamus & confirmamus; & ex uberiori gratia, cupientes dictos Consules & Villam, tanquam fideles Corone Francie, Domanio perpetuo Regio applicari, ipsiusque Villam de Amiliano Consules & habitantes in eadem, perpetuo per presentes adjungimus Domanio supradicto, ipsisque Consulibus & Ville ac habitantibus in eadem, presentibus & futuris, in personam dicti Domini nostri, promittimus & convenimus, quod locus predictus seu Villa de Amiliano, in manus quasvis alias non ponetur seu transportabitur; sed perpetuo in Domanio Regio remanebit.*

(2) *Item. Promittimus dictis Consulibus ut supra, quod nullam assignacionem in & super redditibus dicti loci, ad dictum Dominum nostrum spectantibus, faciemus; sed ipsos reditus per* ᵇ *Thesaurarium Regium, more solito, perpetuo recipi faciemus; & si que facte sint, pro non factis, cassis & invalidis volumus remanere.*

b Thesaur. Reg. R.

(3) *Item. Concedimus eisdem Consulibus & Ville de Amiliano, quod* ᶜ *Judicatura de (a) Ruppe-Ceserie, quantum ad* ᵈ *ordinarium, adjungatur, prout nunc est & retroactis temporibus fuit, Judicature Ville predicte de Amiliano.*

c judicatura. Cop. de M.
d ordinar. R. ordinarium, Cop. de M.

(4) *Item. Concessimus eisdem Consulibus, presentibus & futuris, quod nullus criminosus, & pro quocumque crimine delatus existat, possit seu debeat questionari, quamvis meruerit subici questioni, nisi ipsis prius vocatis & presentibus, si interesse voluerint in questione predicta, cum ad ipsos, ut asserunt, pertineat Judicium hujusmodi delatorum.*

(5) *Item. Concedimus eisdem, quod nullus habitator dicte Ville, pro criminibus seu delictis per ipsum commissis seu committendis, non debeat incarcerari seu detineri in carceribus; dum tamen ydoneas habeat cauciones de stando & parendo juri; nisi criminis enormitas hoc exposcat.*

Quocirca volentes predictas ratifficacionem & concessiones firmitatem validam & perpetuam obtinere, & ea inviolabiliter observari, damus nostre presencium in mandatis Senescallo Ruthenensi, Judici loci de Amiliano, ceterisque dicti Domini nostri Justiciariis in Partibus predictis constitutis, Reformatoribus & Commissariis quibuscunque deputatis seu deputandis, presentibus & futuris, quatenus dictos Consules, Villam & singulares de eadem, nostris presentibus gratia & concessione uti & gaudere, quocumque impedimento cessante, libere & pacifice faciant & permittant; nil contra tenorem & formam eorumdem, faciendo seu attemptando, fieri vel attemptari quomodolibet permittendo. Quod dictis Consulibus, Ville & singularibus de eadem, concessimus & concedimus per presentes, de nostri certa sciencia, auctoritateque Regia qua fungimur, & gracia speciali. Quod ut firmum & stabile permaneat in futurum, nostrum secreti sigillum presentibus Litteris fecimus apponi ᵉ *sigillum in absencia magni; jure Regio in aliis, & alieno*

e ce mot n'est pas dans C. de M.

NOTE.

(a) *Ruppe-Ceseria.*] Dans la Copie de M. il y a : *Rupe-Cesaria.* J'ai appris du R. P. D. Vaissette, que ce lieu se nomme *Roqueceziere*, dans le Roüergue, Diocese de Vabres, Election de Milhaud. Le nom de ce lieu est corrompu dans le *Diction. univ. de la Fr.* où il est appellé *Roque-leziere.*

CHARLES V. à Paris, en May 1370.

in omnibus semper salvo. Actum & datum in Montepessulano, mense Martii, anno domini M.° CCC.° sexagesimo nono.

Nos igitur Litteras suprascriptas, una cum omnibus in eisdem contentis & expressis, & modo quo superius inseruntur, laudamus, volumus, approbamus, & tenore presencium, de nostris auctoritate & plenitudine Regie potestatis specialique gracia, confirmamus: Mandantes Senescallo Ruthenensi, Judici nostro dicti loci de Amiliano, ceterisque Justiciariis & Officiariis nostris, vel eorum Locatenentibus, & cuilibet eorumdem, quatenus contra superius insertarum atque presencium* Litteras series & tenores, dictos Consules & habitatores, modernos & eorum successores, vel eorum aliquem; in premissis aut aliquo vel aliquibus eorumdem, nullatenus molestent, impediant vel perturbent, impediri ve, molestari vel perturbari paciantur à quoquam; quin ymo omnibus & singulis pre expressis, ipsos uti & gaudere pacifice faciant & permittant; & si quid secus factum vel attemptatum repererint, id revocent, amullent, & ad statum pristinum & debitum reducant, reduci ve, revocari & anullari faciant indilate. (a) Quod ut roboris perpetui, &c. salvo, &c. Actum & datum Parisius, anno Domini M.° CCC.° LXX.° Regnique nostri VII.° mense Maii. *Visa.*

Collatio facta est.

Per Regem, ad relationem Consilii. G. DE MONTAGU.

* Litterarum. G. de M.

NOTE.

(a) *Quod ut, &c.*] Il y a dans la Cop. de Mont. *Quod ut roboris perpetui stabilitate firmetur, Litteras presentes sigilli nostri secimus appensione muniri; salvo in aliis jure nostro, & in omnibus alieno.*

CHARLES V. à Paris, en May 1370.

a Voy. cy-dessus, p. 291. Note (b) marg.

(a) Lettres de Sauvegarde Royale pour la Ville de Milhaud.

KAROLUS, &c. Notum facimus universis presentibus & futuris, quod Nos, Consules, Universitatem, habitatores ac singulares personas Ville nostre de ᵃ Amiliano, Nobis immediate Justiciabiles & subjectos, asserentes ex certis & verisimilibus conjecturis, à pluribus personis sibi cavere, eorumque successores, & eorum quemlibet, in nostra speciali & salva-gardia & protectione, una cum eorum uxoribus, familia, rebus & bonis universis, suscipimus per presentes de gracia speciali: Mandantes Senescallo nostro Ruthenensi, ac Judici de Amiliano, ceterisque Justiciariis nostris, vel eorum Locatenentibus, & cuilibet eorumdem, quatenus eosdem Consules, Universitatem & singulares personas dicti loci, & eorum quemlibet, in suis certis possessionibus, usibus, juribus, franchisiis, Libertatibus & saisinis, in quibus ipsos esse, suosque predecessores fuisse pacifice ab antiquo repererint, manuteneant & conservent, manutenerique faciant & tueri, non permittendo contra ipsos aut eorum aliquem, quascunque fieri vel inferri injurias vel indebitas novitates; quas si factas esse vel fuisse in ipsorum, ac presentis salve-gardie nostre prejudicium, repererint, revocent, & ad statum pristinum & debitum reducant, revocarique & reduci, ac Nobis & Parti emendam condignam propter hoc prestari faciant indilate; eisdemque bonum & legitimum ᵇ assecuramentum, juxta Patrie Consuetudinem, si requisierint, dari faciant & prestari; ab omnibus injuriis, violenciis, gravaminibus, molestacionibus, inquietacionibus, vi armorum & potencia laicorum defendant, faciant ve defendi; nostramque presentem salvam-gardiam in locis & personis ubi expedierit, & de quibus requisiti fuerint, publicari faciant ac eciam ᶜ camari; inhibendo vel inhiberi faciendo sub certis magnis penis Nobis ac Parti solvendis, omnibus & singulis personis de quibus fuerint requisiti, ne eisdem in corporibus, in familia sive

ᵇ Voy. les Tabl. des Mat. des *Vol. des Ordonn.* au mot, *asseurement.*

ᶜ *clamari.*

NOTE.

(a) Tresor des Chartres, Registre 100. Piece 560. *Voy. cy-dessus*, p. 190. Note (a).

bonis fore facere quo quo *a* presumant; penuncellosque seu baculos nostros Regios, in   *a* modo.
dicta Villa ac in & super domibus, possessionibus, rebus & bonis suis, in terra que jure
scripto regitur, & alibi in casu periculi eminentis, si requisierint, apponant, faciant ve
apponi; & pro premissis *b* diligentius exequendis, unum vel plures servientes nostros eis-   *b* diligen. R.
dem suis sumptibus deputent & committant : Qui tamen de hiis que Cause cognicionem
exigunt, se nullatenus intromittant. Quod ut stabile permaneat atque firmum, &c. salvo
in omnibus, &c. Actum & datum Parisius, mense Maio, anno Domini M.° CCC.°
LXX.° & Regni nostri VII.°
Sic signata. Per Regem, ad relacionem Consilii. MONTAGU.   Visa.

(a) Confirmation des Privileges de la Ville de Tulle.

CHARLES V.
à Paris, en May 1370.

KAROLUS Dei gratia Francorum Rex. Notum facimus universis presentibus
& futuris, quod Nos considerantes grata & innumerabilia servicia, per dilectos &
fideles nostros Episcopum, Capitulum, ceterasque personas Ecclesiasticas, ac Burgenses
& habitatores Ville seu Civitatis Tuellensis, Predecessoribus nostris ac Nobis, retroactis
temporibus multipliciter impensa; & presertim *c* advertentes sinceram & inviolabilem   *c* advertentes.
d acfeccionem, quam prefati Episcopi, Capitulum, ceterequè persone Ecclesiastice, ac   *d* affectionem.
Burgenses seu habitatores dicte Civitatis & Ville, ad Nos & Coronam Regni nostri
effectualiter habent, super eo, inter alia, quod Nos Dominum eorum superiorem, ratione
superioritatis & ressorti quam & quod habemus in Ducatu Acquitanie, fatentur publice
& agnoscunt, Nobisque & Corone Francie, nomine dicte superioritatis & ressorti, subici,
ac sub nostra persistere obediencia, prout per eorum Procuratores sufficienter fundatos,
super hoc Nobis facta extitit plena fides : Volentes propterea Nos eisdem favorabiles reddere, ac graciam liberalem impendere; nec non eos prosequi prerogativa favoris Regii specialis, ad eorum humilem supplicationem, omnia & singula queque privilegia eis ac eorum cuilibet, elapsis olim temporibus, per quoscunque Reges aut Principes concessa, laudamus, ratificamus, approbamus, ac ex certa sciencia, auctoritate Regia ac nostra speciali
gratia, tenore presentium confirmamus : volentes & declarantes ista privilegia in sua firmitate & tenore de cetero futuris temporibus, inviolabiliter permanere; prout antiquitus
e tenebatur; licet à vigenti annis citra, contra eadem privilegia vel eorum aliqua, per   *e* tenebantur.
Officiarios Regios Predecessorum nostrorum aut nostros, dicta Civitate vel Villa jam
dudum in obediencia Regia persistente; vel per Eddouardum de Anglia aut Eddouardum ejus Primogenitum, vel eorum Officiarios, aliqua *f* forsam attemptata seu innovata   *f* forsan.
fuerint quoquomodo : Que quidem innovata seu attemptata, si qua sint, quassamus, irri-
tamus & penitus annullamus, & volumus ac nullius efficacie existere vel valoris; non *g* ostan-   *g* obstante qua-
te quascunque possessione seu prescriptione in contrarium habita, que in dictorum privile-   cunque.
giorum prejudicium, posset aut deberet quomodolibet allegari. Quocirca Senescallis Lemovicensi & Caturcensi, ac omnibus aliis universis & singulis Justiciariis & *h* Officiariis   *h* Offic. R.
Regni nostri, & eorum Locatenentibus, & ipsorum cuilibet, presentibus & futuris,
damus tenore presentium in mandatis, ut prefatos Episcopum, Capitulum, ceterasque
personas Ecclesiasticas dicte Civitatis, ac ipsorum quemlibet, nostra presenti gratia uti
& gaudere pacifice faciant & permittant, *i* ac contra tenorem presentium *k* inquie-   *i* net.
tant vel molestant, aut inquietari vel molestari nullatenus paciantur. Quod, &c. salvo,   *k* inquietent vel
&c. Datum Parisius, anno Domini M.° CCC.° septuagesimo, Regnique nostri VII.°   molestent.
mense Maii.   Visa.
Per Regem. TABARI.

NOTE.

Tresor des Chartres, Registre 100. Piece 834. Voyez cy-dessus, p. 190. Note *(a)*.

CHARLES V.
à Paris, en May 1370.

(a) Lettres qui portent que les habitans de la Ville de Tulle, joüiront de tous les privileges que le Roy a accordez depuis peu, aux Villes de Cahors, de Montauban & de Figeac.

*K*AROLUS, &c. Notum facimus universis presentibus & futuris, quod Nos, consideratione gratuitorum serviciorum nostris Predecessoribus & Nobis, per dilectos & fideles nostros Episcopum, Capitulum, ceterasque personas Ecclesiasticas, & Burgenses ac habitatores Civitatis seu Ville Tutellensis, elapsis temporibus, liberaliter impensorum; & presertim, nuperrime in hoc, quod ipsi Nos Dominum suum superiorem fatentur & agnoscunt nomine & causa superioritatis & ressorti, quam & quod habemus in Ducatu Acquitanie, prout per Procuratores suos fundatos, sufficienter simus ad plenum certificati: Cupientes ob hoc eos favore benivolo prosequi ac honoribus & privilegiis premunire, ex quibus honoris & commodi assequi valeant bonum fructum, prefatis Episcopo, Capitulo, ceterisque personis Ecclesiasticis ac Burgensibus & habitatoribus dictæ Civitatis seu Ville, ex certa scientia, auctoritate Regia & gratia speciali, damus & concedimus per presentes, talia & similia ª privilegia, in quibuscumque consistant, qualia nuper & ultimo dedimus & concessimus dilectis & fidelibus nostris, Burgensibus & habitatoribus, ac aliis personis Civitatum Caturcensis, Montis-albani ac Ville Figiaci; dum tamen hujusmodi privilegia nullum afferant vel afferre possint prejudicium Episcopo predicto, pro eo quia Dominus est solus & in solidum, temporalis Civitatis predictæ, sicut fertur: unde, quia ipsa privilegia hiis presentibus ᵇ particulariter non dicuntur, eidem Episcopo & aliis superius nominatis, ex habundanti concedimus per presentes, quod ipsa privilegia ipsi Episcopo vel successoribus suis, exprimere & specificare tenebimur, toties quoties per eum vel dictos successores suos, aut habitatores ejusdem Civitatis, ᶜ & non per quoscumque alios, fuerimus debite requisiti, & nostras eis super hoc dabimus Litteras, magno nostro sigillo cum filis sericis & cera viridi sigillatas, ad majorem roboris firmitatem. Igitur Senescallis Lemovicensi & Caturcensi, ac universis aliis & singulis Justiciariis & subditis Regni nostri, precipimus & mandamus, quatenus prefatos Episcopum & alios memoratos, nostra presenti concessione & gratia uti & gaudere pacifice faciant & permittant, ipsos aut eorum quemlibet, super hoc nullatenus molestando aut molestari aliqualiter permittendo. Que ut firma perpetuis temporibus habeant permanere, sigillum nostrum his presentibus fecimus apponi; salvo, &c. Datum Parisius, anno Domini millesimo ccc.º sexagesimo decimo, & Regni nostri septimo, mense Maii. *Visa.*

Sic signate. Per Regem. J. TABARI. ᵉ *Contentor.*

ᵃ a ces privileges sont imprimez cy-dessus.
ᵇ particular. R.
ᶜ fort. nec non.
ᵈ Voyez les Tabl. des Mat. des 4.ᵉ & 5.ᵉ Vol. des Ordon. à ce mot.

NOTE.

(a) Tresor des Chartres, Registre 100. Piece 719. *Voy. cy-dessus*, p. 190. Note (a).

CHARLES V.
à Paris, en May 1370.
PHILIPPE VI.
dit de Valois, à S.ᵗ Germain en Laye, en Novembre 1328.
* qm. R.

(a) Lettres de Sauvegarde Royale pour l'Abbaye de Joyenval, Ordre de Premontré.

*K*AROLUS Dei gracia Francorum Rex. Notum facimus universis presentibus pariter & futuris, Nos Litteras carissimi Domini & Avi nostri, vidisse, formam que sequitur, continentes.

*P*HILIPPUS Dei gracia Francorum Rex. Omnibus in perpetuum. * Quoniam decet Domum Domini sanctitudo, pium & laudabile recensemus, ut cujus locus in pace factus

NOTE.

(a) Livre Rouge-Vieux du Châtelet de Paris, fol.º 62. v.ᵗ

DE LA TROISIÉME RACE.

est, ejus sit cultus cum debita veneracione pacificus & quietus: Et ideo dignum & justum esse conspicimus, ut Nos, qui divina dispositione, solium Magestatis Regie conscendimus, illi cujus munere precellimus, salutaribus Predecessorum nostrorum vestigiis inherendo, jugi studio sollicitudinis nitamur devote servire, & bonis operibus complacere; & inde suam sanctam Ecclesiam, personas, loca & bona ipsius, ab incursu, oppressione, inquietacione & invasione malignancium quorumlibet, deffensare, & eciam opprimentibus potenter resistere & viriliter obviare, ut ipsa in pacis pulcritudine sedeat, ministrique sui in quiete viventes & pace, sponsum ejus Dominum Jesum Christum glorificent, ipsique devote serviant; & tanto se promptiores ad id & uberiores exhibeant, quanto amplius potencie nostre dextera, senserint se adjuttos. Notum facimus quod Nos propterea, ad Dei ipsiusque nominis laudem & gloriam, de continua protectione Monasteriorum, Ecclesiarum & aliorum piorum locorum, maxime in nostra diitione sitorum, curam volentes gerere, ut eas brachiis deffensionis amplecti; ª *& precipue Monasterium de (a) Gaudio-in-Valle, Premonstracensis* ᵇ *Diocesis, Carnotensis Diocesis, ipsiusque personas propter fame redolenciam, que de honesta conversacione, & laudabili promptitudine eorum in divinorum obsequiis, ad Nos venit, graciosis favoribus prosequendo, Monasterium ipsum, Abbatemque, Conventum & singulares personas, loca & bona ipsius, presentes & posteros, cum familia, tam in capite quam in membris, quathenus in nostra Jurisdictione immediate consistunt, ut specialius pro Nobis & stabilitate Regni nostri, Regi Regum preces fundere teneantur, & crescamus exinde meritis apud Deum, in nostra & Successorum nostrorum Regum Francie, protectione & gardia speciali suscipimus, in ea perpetuo remansuros: Prepositum Parisiensem vel Locum suum tenentem, qui est & erit perpetuo pro tempore, specialem Gardiatorem & deffensorem generalem dictis Monasterio, Abbati, Conventui, personis, locis, bonis & familie presentibus & posteris, deputantes ad gardiandum, defendendum & protegendum eos ab injuriis, violenciis, oppressionibus, vi armorum & potencia laïcorum; manutenendumque in suis justis possessionibus, franchisiis, Libertatibus & saisinis; ita quod non permittat eis fieri indebitas novitates; sed si quas factas invenerit, summarie & de plano ad statum debitum studeat revocare; deputetque eis ad id, suis sumptibus, requisitus, cum expedierit, unum vel plures servientes nostros ydoneos; qui tamen de hiis que judicialem requirunt indaginem, se nullatenus intromittant; nostro in aliis & alieno in omnibus jure salvo. Quod ut firmum & stabile perpetuo perseveret, nostrum presentibus Litteris fecimus apponi sigillum.* Actum apud Sanctum Germanum in Laya, anno Domini millesimo trecentesimo vicesimo octavo, mense Novembri.

Nos enim, ejusdem Domini & Avi nostri, pia devotione moti, insequi vestigia cupientes, ut eciam in oracionibus & divinis obsequiis in dicto loco fiendis, participes fieri mereamur, predictas Litteras superius insertas, & omnia & singula in eisdem contenta, rata & grata habentes, ᶜ *eaque laudamus, ratificamus & approbamus, ac eciam tenore presencium, de nostra speciali gracia certaque sciencia confirmamus. Quocirca Preposito nostro Parisiensi, aut ejus Locumtenenti, qui nunc est aut qui pro tempore fuerit, cui de novo, si necesse fuerit, committimus & mandamus, quatenus, vocatis hiis qui fuerint vocandi, presatos Religiosos, Abbatem & Conventum Monasterii de Gaudio-in-Valle, familiares & singulas personas ipsius loci, ejusque membra, in suis justis possessionibus, juribus, franchisiis & Libertatibus quibuscumque, manuteneat & deffendat; & si in casu novitatis oriatur debatum occasione jurium possessionumque, in Vicecomitatu Parisiensi existencium, dicti Monasterii, seu membrorum ejusdem, inter dictos Religiosos & alios quoscunque suos adversarios, quod illud ad manum nostram tanquam superiorem, ponat seu poni faciat, &* ᵈ *loca de ablatis* ᵉ *ressaistitis ante omnia, recredenciamque & jus faciat Parti cui de jure fuerit faciendum; &* ᶠ *assecuramentum dare legitimum juxta Patrie Consuetudinem; necnon de redditibus & debitis legitimis, persolvi faciat Religiosos*

CHARLES V.
à Paris, en May 1370.

ª fort. *valeamus*; il y a là quelque chose de corrompu.
ᵇ *ordinis*.

ᶜ *que est inutile*.

ᵈ *locis*. Cet endroit est corrompu.
ᵉ *restais*. R.
ᶠ Voy. *les Tabl. des Ord. des Vol. des Ordon.* au mot, *asseurement*.

NOTE.

(a) *Gaudio-in-Valle.*] L'Abbaye de Joyenval, située à une lieuë de Poissy, de S.ᵗ Germain en Laye & de Marly. La Manse de cette Abbaye a été réünie à l'Evêché de Chartres, lors de l'érection de celui de Blois, qui a été démembré de celui de Chartres.

Tome V.

antedictos, debitores ad hoc viis & remediis juris, viriliter compellendo; & pro præmissis exequendis, deputet idem Prepositus, unum vel plures servientes nostros, qui de hiis que Cause cognicionem exigunt, se nullatenus intromittant; ceteraque omnia alia & singula faciat & exequatur dictus Prepositus, que ad bonum Gardiatorem & specialem defensorem pertinent seu possint quomodolibet pertinere. Quod ut frennum & stabile perpetuo perseveret, sigillum nostrum presentibus Litteris est appensum; salvo in omnibus jure nostro & quolibet alieno. Datum Parisius, anno Domini millesimo trecentesimo septuagesimo, Regnique nostri septimo, mense Maii.*

CHARLES V.
à Paris, en May 1370.

a Notum facimus.

(a) Confirmation des privileges accordez au Couvent de la Fontaine Nôtre-Dame, en Valois, Ordre des Chartreux.

*K**AROLUS Dei gracia Francorum Rex. Universis presentibus & futuris.* ¹ *Quod pro parte Religiosorum, Prioris & Conventus Monasterii Fontis-Nostre-Domine, Ordinis Cartusiensis, Nobis exhibite fuerunt Littere inclite recordacionis, karissimi Domini Genitoris nostri, in filis sericis & cera viridi sigillate, in quibus inserte sunt Littere*

b Avi. *bone memorie, carissimi* ᵇ *Evi nostri Paterni, Philippi quondam Francorum Regis, sub hiis verbis.*

(b) PHILIPPE par la grace de Dieu, &c.
Cumque dicti Religiosi vel eorum Procurator, requisiverint quamplures Advocatos, Procuratores & alios Consiliarios nostros, ut Causas & querelas ipsorum Religiosorum defenderent, deducerent & prosequerentur, prout per Litteras predictas eisdem est indultum; nichilominus dicti Advocati, Procuratores & alii Consiliarii nostri, Causas & querelas ipsorum Religiosorum, dum & quociens casus se offerunt, prosequi, deducere & deffendere recusarunt & recusant; unde plures Cause & negocia sue, ob defectum dicte prosequicionis seu deffensionis, deperire seu ledi possent, quapropter Littere predicte eisdem inutiles fierent & redderentur, nisi per Nos super hoc graciose provideatur: Nos vero dictos Religiosos favore prosequi volentes benignivolo, ut circa Divina vacare incessanter possint, vestigiisque dicti Avi nostri in hac parte adherere cupientes, dictas Litteras & contenta in eis, ratas & gratas habentes, ac confirmantes & approbantes, volumus ex

c &c. *certa sciencia,* ᶜ *de gracia speciali concedimus eisdem, ut ipsorum Cause & querele in casibus predictis, modo & forma in dictis Litteris contentis, deffendantur, prosequantur & deducantur per Advocatos, Procuratores & Consiliarios nostros Locorum & Sedium in quibus deduci & terminari requirent; sumptibus tamen nostris: Mandantes dictis Advocatis, Procuratoribus & Consiliariis, quatenus hoc idem faciant sine recusacione aliqua; & in casu quo hoc facere recusaverint, seu contenta in predictis Litteris complere plus*

d mot un peu douteux, *distulerint.* *debito* ᵈ *distuleris, Mandamus Judicibus nostris aut eorum Locatenentibus, coram quibus dicte Cause & querele deducentur & terminabuntur, quatenus dictos Advocatos, Procuratores & Consiliarios ad hoc compellant indilate. Insuper mandamus Receptoribus*

e continget. *nostris Bailliviarum, in quibus dictas Causas & querelas deducere* ᵉ *contingat, aut eorum*

f quemlibet. *Locatenentibus, & eorum cuilibet, prout ad eorum* ᶠ *pertinuerit, quatinus sumptus & expensas, quos & quas in & pro prosequcione, deductione & deffensione dictarum Cau-*

g solvant. *sarum & querelarum, fieri opportebit,* ᵍ *solvat; soluta vero ob hoc, in sofventium compotis allocari, & de eorum Receptis deduci volumus & mandamus, per dilectas & fideles Gentes nostras Compotorum nostrorum Par. juxta Litterarum predictarum seriem & tenorem, easque diligenter exequendo. Quod ut firmum & stabile perpetuo perseveret,*

NOTES.

(a) Livre Rouge-Vieux du Châtelet de Paris, fol.° 7 vingt & 18. recto. (158).

(b) Philippe.] Les Lettres du Roy Jean qui sont rappellées cy-dessus, & qui sont du mois de Septembre 1350. & celles de Philippe de Valois, qui sont inserées icy en entier, & qui sont du mois d'Octobre 1330. sont dans le 4.ᵉ Vol. des Ordonn. p. 1.ᵉʳᵉ

præsentes Litteras sigilli nostri caractere fecimus communiri; nostro in aliis & alieno in omnibus jure salvo. Datum Parisius, anno Domini millesimo trecentesimo septuagesimo, Regni vero nostri septimo, mense Mayo.

(a) Lettres qui portent que les habitants du Comté de Tartas, & de differens autres lieux appartenants au Seigneur d'Albret, ne payeront aucuns droits pour les marchandises qu'ils vendront & qu'ils acheteront dans le Royaume.

CHARLES V.
à Vincennes, le 11. de Juin 1370.

KAROLUS, &c. Notum facimus universis presentibus & futuris, quod Nos, ad supplicacionem dilecti & fidelis Fratris nostri, Domini de (b) Lebreto, qui, habita notitia nostri juris, & justicie in guerra quam Edwardus Anglie Nobis noviter suscitavit, nobis in hac adherens, se & Villas suas de (c) Nauraco, de Castro Jalosio, de Millano super Garonam, de Millasio, de Cassa nova, de Castro-Novo, de Sartasio, de Saura, de Lebreto, de Tartasio, & loca alia Vicecomitatus Tartasii, & alias Villas, loca & terras suas; nec non & Burgenses & habitatores ipsarum, nostro submisit servicio; quod ex fervore dileccionis & amoris quos ad Nos gessit hactenus, novimus processisse: & ea propter, volentes ipsum Fratrem nostrum, & habitatores predictos prosequi gracia & favore, volumus & concessimus atque concedimus eisdem Burgensibus & habitatoribus, pro se & suis successoribus in perpetuum, & eorum cuilibet, de nostris speciali gracia & certa sciencia per presentes, ut ipsi Burgenses & habitatores per totum Regnum nostrum conversari & mercari valeant, vendendo & emendo, absque eo quod pro mercimoniis & rebus emptis seu venditis per eosdem, imposicionem, ª Focagium, Subvencionem, Gabellam, Pedagium seu subsidium quodcunque, quacunque occasione vel causa, ab antiquo seu de novo impositum, solvere nullo unquam tempore teneantur: Nos etenim Imposicionem, Focagium, Subvencionem, Gabellam, Indiccionem, Pedagium & quodcunque aliud subsidium, quocunque nomine nuncupetur, habens seu habiturum imperpetuum cursum in dicto Regno nostro, in quo ipsi & eorum singuli possent ex emptis & venditis, seu emendis & vendendis hujusmodi per eosdem, Nobis teneri, eisdem remittimus & quittamus pro Nobis & nostris successoribus, & ipsos ab ipsius solucione eximimus & penitus absolvimus & quittamus, consideracione premissorum, ᵇ ex quibus uberiori gracia, dignos sensemus eosdem. Quapropter mandamus dilectis & fidelibus nostris Generalibus Consiliariis super facto subsidii ordinati pro facto guerre predicte, universisque Electis & Receptoribus ac Commissariis deputatis super exigendis & levandis dictis subsidiis, Imposicionibus, Gabellis, Pedagiis & Subvencionibus aliis quibuscunque, Justiciariis & Officiariis Regni nostri, presentibus & futuris, vel eorum Locatenentibus, & eorum cuilibet, ut ad eum pertinuerit, quatenus dictos Burgenses & habitatores, & eorum quemlibet, nostra presenti gracia uti & gaudere faciant & permittant, non

a Fouage: Imposition par Feux.

b quibus ex.

NOTES.

(a) Tref. des Chartres Reg. 100. P. 741. Voy. cy-dessus, p. 190. Note (a).

(b) *Lebreto.*] Ce Pays se nomme presentement *Albret.* Voy. *Notit. utriusque Vascon. ab Oihenarto*, p. 487.

(c) *Nauraco.*] On pourroit lire aussi, *Nauraco* ou *Nautaco.* Il paroit que tous ces lieux appartenants au Seigneur d'Albret, étoient situez dans differens endroits. Comme leur situation n'est désignée ni par le nom d'une Province ou canton, ni par celui d'un Evêché, ni par celui de la Jurisdiction dont ils relevoient, il est impossible d'en marquer sûrement le nom moderne.

Castro-Jalosio.] L'on trouve dans le *Diction. univ. de la Fr.* trois lieux nommez *Castel-Jaloux*, dans la Guyenne. Il y en a un qui est dans le Duché d'Albret.

Millasio. On trouve *ibid. Millas* dans le Roussillon.

Saura. L'on trouve *ibid. Saurat*, dans le Pays de Foix, Diocese de Pamiers.

Tartasio, Tartas, Ville située dans le Diocese d'Acqs. Elle a eu ses Vicomtes particuliers, dont le dernier vendit vers 1312. ce Vicomté à un Seigneur d'Albret. Voy. *Notit. utriusq. Vascon. ab Oihenarto*, pp. 472. & 474.

molestando ipsos vel eorum aliquos, ad solvendum dictam Imposicionem, Gabellam, Focagium, Subvencionem, Indiccionem, Pedagium vel subsidium aliud, vel contra nostre presentis gracie continenciam & tenorem; quicquid in contrarium factum repererint, ad statum pristinum & debitum reducentes; non obstantibus quibuscunque ordinacionibus vel mandatis ad hoc contrariis vel adversis. Quod ut firmum & stabile perpetuo perseveret, nostrum presentibus Litteris fecimus apponi sigillum; salvo in aliis jure nostro, & in omnibus quolibet alieno. Datum apud Vincennas x.ª die Junii, anno Domini M.º CCC. septuagesimo, & Regni nostri septimo.

Per Regem. YVO.

CHARLES V.
à Paris, le 13. de Juin 1370.

(*a*) *Lettres qui portent que les anciennes Ordonnances sur le fait des Monnoyes, seront exécutées.*

CHARLES par la grace de Dieu Roy de France. Au Seneschal de Beaucaire, ou à son Lieutenant: Salut. Comme n'aguieres Nous par nos autres Lettres, vous eussions mandé, que certaines Ordonnances par Nous ou nostre Conseil, faittes sur le fait de nos Monnoyes, vous fissiez tenir, garder & accomplir, selon ce que contenu est en icelles; lesquelles vous ont esté dernierement baillées ou envoyées par nos amés & feaux, les Generaux-Maistres de nos Monnoyes; & de ce faire vous ayiés esté negligens, si comme Nous entendons; dequoy il Nous desplaist fortement; Nous vous mandons derechef & estroittement commandons par ces presentes, que lesdites Ordonnances contenuës en nosdites Lettres, vous fassiez tantost crier & publier ès lieux accoustumés de vostredite Seneschaucée de Beaucaire, & ressort d'icelles, & icelles garder, tenir & accomplir de point en point, selon la teneur de nosdites Lettres: Car Nous voulons que vous sçachiés que nostre volonté est, que lesdites Ordonnances soient tenuës, gardées & accomplies de point en point, comment que ce soit: Et aveecque ce vous mandons, que vous mettés Garde ou Gardes à toutes Foires & Marchez, & aussi ès Villes fermées de vostredite Seneschaucée, qui de ce se prenent garde; auxquels vous fassiez commandement de par Nous, que quelconques personnes qu'ils trouveront ª mettant ou prenant les Monnoyes deffenduës ou Billon d'Or & d'Argent, ou les portant hors de nostre Royaume, ou qui les trouveront portant en ᵇ essloignant la plus prochaine de nos Monnoyes, il leur en facent faire à Nous amende convenable, tant du prenant comme du mettant ou portant hors du Royaume, comme dit est, chacun selon ses facultés; & prenent ou facent prendre lesdites Monoyes & ledit Billon d'Or & d'Argent, & icelles apportent ou facent apporter à nos plus prochaines Monoyes du lieu où ils seront prises, comme à Nous confisquées: Et Nous voulons que desdites Amendes & forfaictures, vous aiés oultre vos gages, la quarte partie, en la forme & maniere que contenu est en nosdites Ordonnances. Si gardés que deffaut n'y ait; car si deffaut y a à cette fois, Nous vous monstrerons qu'il Nous en desplaira. Et Nous mandons par ces presentes, à tous à qui il appartient ou doit appartenir, que à vous & vos deputez sur ce, obeissent & entendent diligemment. Donné à Paris, le xiij.ᵉ jour de Juin, l'an de grace mil CCC LX & dix, ᵈ & de nostre Regne le septiéme.

Par le Roy. P. BLANCHET.

ª *donnant.*

ᵇ *qui ne les porteront pas à la Monnoye la plus prochaine de leur demeure.*

ᶜ *Voy.* p. 251. Note (*b*).

ᵈ *ces mots ne sont pas dans le R. M.*

NOTE.

(*a*) La Copie de ces Lettres a été envoyée de Montpellier, avec cette indication: du n.º 18. fol.º 14. v.º

Il a été envoyé une 2.ᵉ Copie du même lieu, avec cette indication: *Senechaussée de Nismes en general*, arm. A. liasse 18. des Actes ramassés. n.º 5. fol.º 14. v.º

Ces Lettres sont aussi dans le Registre de la Cour des Monnoyes de Paris, fol.º 7 vingt 2. R.º (142). Elles sont adressées au Prevôt de Paris.

DE LA TROISIÉME RACE.

(*a*) *Mandement qui porte que l'on fabriquera dans la Monnoye de Paris, des Especes, avec mil Marcs de matieres qui feront fournis par Barthelemi Spiffame; & que ces Especes feront fabriquées à une Loy moins forte, que la Loy de celle que l'on fabrique ordinairement.*

CHARLES V. à Paris, le 19. de Juin 1370.

CHARLES par la grace de Dieu Roy de France: A noz amez & feaulx, les Generaulx-Maiftres de noz Monnoyes, & à Pierre de Landes, Changeur de noftre Trefor à Paris, & commis n'agueres à faire ouvrer noftre propre ^a vaiffelmente d'Argent, & autres à Nous nouvellement preftez pour le fait de noz gueres: Salut. Comme pour la grant & evident neceffité que Nous avons d'Argent à prefent, pour armer certain nombre de ^b Galée, pour envoyer ^c querre à Romme noftre Sainct Pere le (*b*) Pape, Nous avons requis noftre amé Berthelemi Spifame, Marchant & Bourgeois de Paris, qu'il Nous ^d face partie de la finance que coufteront lefdites Galées, à Marfeille ou à ^e Jaines, le mieulx & le plus proffitablement qu'il pourra à noftre honneur; & il Nous ait octroié gracieufement ce que requis luy avons en cefte partie; ^f parmi ce toutes voies, que pour ce qu'il n'a mie en comptant de-quoy il nous peuft faire ledit preft, fi comme il dit, Nous luy avons accordé qu'il puiffe mettre prefentement mil marcs d'Argent en vaiffelle & en Argent en (*c*) Cendrée, en noftre Monnoye de Paris, & iceux luy avons promis faire ouvrer & monnoyer ilec, toft & haftivement, en telz deniers comme Nous avons n'agueres fait faire de noftre dite propre vaiffelle, & des dites autres qui nouvellement Nous ont efté preftez; & du comptant qui en ^g iftera, luy avons promis faire rendre & payer pour chacun des dits mil marcs d'Argent, en vaiffelle & en Argent cendrée deffus dite, cent quinze fols Tournois, afin qu'il Nous puift pluftoft & plus preftement fecourir & aider audit preft que demandé & requis luy avons, comme dit eft. Pour ce eft-il, que Nous mandons à vous Generaulx-Maiftres de noz Monnoyes, & à chafcun de vous, que lefdits mil marcs d'argent en vaiffelle & en Argent cendrée, vous faictes ouvrer & monnoyer en la forme & maniere que vous avez fait faire de noftredite propre vaiffelle, & des dites autres à Nous nouvellement preftées, comme dit eft; c'eft affavoir, que vous faciez faire ouvrer Deniers Blancs d'Argent de ^h VIII. folz de prix au Marc de Paris, & pour XII. Deniers la Piece, & qu'ilz foient de Loy à ⁱ XI. Deniers III. gros & quart fin ou plus, comme furent les Blancs Deniers qui furent ouvrez de noftredite vaiffelle; & iceulx Deniers faictes ainfi delivrer à ladite Loy & prix; nonobftant qu'il foit acouftumé que vous ne faciez ou faciez faire aucunes delivrances ^k efcharfes plus de deux grains de Loy des autres Monnoyes d'Argent que Nous avons fait & faifons faire : & à toy Changeur deffus dit, que tu reçoives dudit Berthelemi, les dits mil marcs d'Argent en vaiffelle & en Argent cendrée, & à la Loy deffus dite ou plus fin; & iceulx fay tantoft & haftivement ouvrer & monnoyer en la forme & maniere que cy-deffus eft dit; & de l'ouvraige & monnoiage qui en fera fait, paye tantoft & haftivement audit Berthelemi,

a *Vaiffelle.* Voy. cy-deffus, p. 215.

b *Galeres.*
c *chercher.*

d *avance.*

e *Gennes.*

f *moyennant.*

g *fortira, proviendra.*

h *de 96 Pieces au Marc.*
i *xj. d. iij. g. R.*

k Voy. cy-deffus, p. 235. Note (*b*).

NOTES.

(*a*) Regiftre D. de la Cour des Monnoyes de Paris, *fol.*° 7 vingt 4. *v.*° (144).
Avant ces Lettres, il y a:
Le premier jour de Juillet mil trois cens foixante-neuf, *[corr.* 1370*.]* fut apporté ung Mandement par Sire Edouart Thadelin General-Maiftre des Monnoyes, dont la teneur s'enfuit.
Pour faire ouvrer mil marcs d'Argent, pour Berthelemi Spiffame.

(*b*) *Le Pape.*] En 1367. Urbain V. étoit parti d'Avignon, pour aller à Rome, d'où il revint à Avignon, en 1370. *Vide Vitas Paparum Avenion. à Baluzio*, tom. I. pp. 376. 388. 390. 406. & 411.

(*c*) *En Cendrée.*] C'eft-à-dire, de l'Argent affiné par le moyen d'une cendre préparée à cet effet. *Voy.* aux mots, *Cendrée & Coupelles*, l'explication des termes en ufage dans les Monnoyes, qui eft au commencement du Traité de Boizard.

CHARLES V.
à Paris, le 19. Juin 1370.
a à raison de.

b Gardes de la Monnoye.

c Voy. les Tabl. des Mat. des vol. des Ordon. au mot, Monnoye.

ᵃ au feur de Cent quinze fols Tournois, pour chafcun marc en vaiffelle & en cendrée, alloué à la Loy deffus dite, & par la maniere que dit eft, fi comme accordé luy avons cy-deffus : & toy Changeur, Nous voulons que tu aïes & prengne pour l'ouvraige & monnoïage & pour tous dechiez, mifes & couftemens de chacun marc d'Argent en vaiffelle & en cendrée, cinq folz Tournois, ainfi que tu a eu de noftre dite vaiffelle, & autres qui Nous furent preftées, que tu as fait ouvrer : & par rapportant ce prefent Mandement, pardevers vous Generaulx-Maiftres deffus dits, avec certification des ᵇ Gardes, dudit Argent livré en vaiffelle & en cendrée, à la Loy deffus dite ou plus fin, & recongnoiffance dudit Berthelemi, de ce que païé luy aura fur ce, Nous voulons & vous mandons, que la ᶜ boefte qui fera faicte des dits mil marcs d'Argent, vous faciez le compte au feur de Cent quinze folz Tournois pour Marc, & Cinq folz Tournois pour ledit Changeur : Et par ces prefentes Lettres mandons à noz amez & feaulx, les Gens de noz Comptes à Paris, qu'ilz recoivent & paffent le Compte des dits mil Marcs d'Argent, en vaiffelle & en cendrée de la dite Loy ou plus fin, par la maniere que vous Generaulx-Maiftres de noz Monnoyes ferez : Car ainfi le voulons Nous eftre fait, & l'avons octroïé audit Berthelemi, de grace efpecial; nonobftant Ordonnances, Mandemens ou defenfes à ce contraires. Donné à Paris, le XIX.ᵉ jour de Juing, l'an de grace mil trois cens foixante & dix, & le VII.ᵉ de noftre Regne. Par le Roy. Y v o.

d Il y a une marque d'abretion fur ce mot.

Et pour ce que les Generaulx-Maiftres des Monnoyes, eftoient à débat d'enteriner & acomplir ledit Mandement, ils le porterent & allerent devers Meff.ʳˢ du Grant Confeil, où eftoient Monf.ʳ de Sens, le Conte de Braine, Meff.ʳˢ P. de Chevreufe, Meff. Mathelin, Maiftre Miles de Voifines, Sire Jehan de Rüeil & Sire Jaques Regnart : Si fut deliberé par nofdits S.ʳˢ euë deliberacion fur les debats des dits Generaulx-Maiftres, & les caufes contenuës en les dites Lettres, avec tout ce qu'il failloit à debatre, & commanderent aufdits Generaulx-Maiftres ; c'eft affavoir, Sire Raoul Maillart, Edouart Tadelin, P. ᵈ Dno & Jehan Gencien, qu'ilz feiffent faire ouvrer & monnoïer les dits mil Marcs d'Argent, en la maniere que le Roy noftre S. l'avoit mandé ; & fut envoyée la Coppie dudit Mandement, aux Gardes de la Monnoye de Paris, foubz les feaulx de mefdits S.ʳˢ les Generaulx-Maiftres, pour iceluy accomplir, &c.

CHARLES V.
au Bois de Vincennes, en Juin 1370.
PHILIPPE IV.
dit le Bel, à Nifmes, en Fevrier 1303.

(a) Lettres qui exemptent les habitans de Beziers, du droit de Francs-Fiefs, pour 200. livres de rente qu'ils pourront acquerir dans des Fiefs ou Arriere-Fiefs, & pour 100. livres de rente qu'ils pourront acquerir dans des Cenfives & Alleux ; pourvû qu'il n'y ait point de Juftice attachée aux héritages qu'ils acquerront.

KAROLUS, &c. Notum facimus &c. Quod cum inclite memorie, Philippus Rex condam Francorum, unus ex Predeceſſoribus noſtris, dilectis & fidelibus noſtris, Confulibus & Univerſitati Ville Biturrenſis, fuas Litteras pridem conceſſerit in cera viridi & laqueis fericis ſigillatas, quarum tenor fequitur & eſt talis.

NOTE.

(a) Regiftre 100. du Trefor des Chartres, P. 800. & 631.
Les cahiers de ce Regiftre & de quelques autres Regiftres du Trefor des Chartres, ont été tranfpofez en les reliant. Il eft arrivé par rapport à ces Lettres, que le commencement de celles de Charles V. qui contient celles de Philippe de Valois, s'eft trouvé à la fin d'un cahier ; & que les Lettres du Duc d'Anjou & la fin de celles de Charles V. fe font trouvez au commencement d'un autre cahier. Comme ces deux cahiers ne font pas de fuite dans le Regiftre, celui qui a chiffré les Pieces, a cru que le commencement des Lettres de Charles V. étoit une Piece entiere, & il l'a cotté 800. & il a cotté 631. les Lettres du Duc d'Anjou. Il y a cependant dans le Regiftre, un renvoy aux deux parties de ces Lettres.

DE LA TROISIÉME RACE. 303

*P*HILIPPUS *Dei gratia, &c.*

CHARLES V. au Bois de Vincennes, en Juin 1370.
a Ces Lettres qui sont ici en entier, sont repetées dans les Lettres du Duc d'Anjou, où on les trouvera.
b Languedoc.

Quas quidem Litteras, carissimus Frater noster Dux Andegavensis, nostrum Locumtenens in ^b *Partibus Occitanis confirmavit, & contenta in Litteris suprascriptis, de novo, si sit opus, concessit per suas Litteras, formam que sequitur, continentes.*

*L*UDOVICUS *Regis quondam Francorum Filius, Domini nostri Regis Germanus, ejusque Locum-tenens in Partibus Occitanis, Dux Andegavensis & Comes Cenomanensis. Notum facimus, &c. nos Litteras infrascriptas vidisse, formam que sequitur, continentes.*

*P*HILIPPUS *Dei gratia Francorum Rex. Notum facimus, &c. quod nos attendentes probate fidelitatis constanciam dilectorum nostrorum Consulum & Universitatis Ville Biterrensis, per quam se hactenus nobis reddiderunt acceptos, ut se nostris beneplacitis & obsequiis in futurum exhibeant promptiores, concessimus & concedimus eisdem tenore presentium, de gracia speciali, quod, pro utilitate dicte Ville, & pro supportandis oneribus ejusdem, ducentas (a) Libratas annui & perpetui redditus ad* ^c *Turonensem, in Feodis & Retrofeodis nostris, ac centum* ^d *libras annui & perpetui redditus ad Turonensem, in Censivis & Allodiis, titulo quovis licito, possint acquirere* ^e *sine Justicia; & acquisitas imperpetuum pacifice tenere & possidere absque coactione vendendi vel extra manum suam ponendi, aut propter hoc* ^f *prestandi financiam quamcumque; salvo in aliis jure nostro & quolibet alieno. Quod ut firmum & stabile perpetuo perseveret, presentibus Litteris nostrum fecimus apponi sigillum. Actum Nemausi, anno Domini millesimo* ccc. *tercio, mense Februarii.*

c Turon. R. là & plus bas. *Suppl. Monetam.*
d Libr. R.
e pourvû qu'il n'y ait point de Justice attachée à ces héritages.
f prandi, R.

Verum cum, prout pro parte dictorum Consulum & Universitatis Ville Bitterris, nobis extitit significatum, ipsi Consules & Universitas, post concessionem ipsarum Litterarum, pluribus oneribus passis, & guerrarum ac aliarum adversitatum oppressionibus per eosdem substentis, aliisque multiplicibus obstantibus impedimentis, dictos redditus minime acquisiverunt, nec acquirere potuerunt; quamobrem dicte Littere nullum sortite fuerunt effectum, nec fuerunt execucioni demandate; supplicaveruntque Nobis dicti Consules & Universitas, ut super hoc sibi graciam nostram dignaremur elargiri: Idcirco Nos, fidelitatem ipsorum Consulum & tocius dicte Universitatis, attente considerantes, ut ipsi onera sibi incumbentia facilius valeant supportare, dictas Litteras omniaque & singula in ipsis contenta, laudamus, approbamus, ratificamus & confirmamus, ac de novo, si opus fuerit, concedimus per presentes, de nostra certa sciencia graciaque speciali & Regia qua fungimur auctoritate: Mandantes omnibus & singulis Justiciariis, Officiariis & Commissariis Regiis quibuscumque, presentibus & futuris, vel eorum Locatenentibus, & cuilibet ipsorum, ut ad eum pertinuerit, quatenus dictos Consules & Universitatem, dicti Domini Regis ac nostra presenti gratia & concessione uti & gaudere pacifice perpetuo faciant & permittant; nec ipsos in contrarium vexent, perturbent aut molestent, neque vexari aut perturbari vel impediri quovismodo paciantur nunc vel in futurum; statutis, Ordinacionibus & inhibitionibus Regiis, ac mandatis ad hoc contrariis, nonobstantibus quibuscumque. Quod ut perpetue robur obtineat firmitatis, presentes Litteras sigilli nostri magni fecimus appensione muniri; salvo in aliis jure Regio, & in omnibus quolibet alieno. Datum & actum Tholose, anno Domini millesimo ccc *sexagesimo nono, mense Marcii.*

Ad supplicacionem dictorum Consulum & Universitatis Ville Biterrensis, qui nondum, ut asserunt, ducentas ^g *libratas Turonenses annui & perpetui redditus, in Feudis &*

g Libr. R.

NOTE.

(*a*) *Libratas.*] Un héritage qui rapporte une livre de rente. *Voy. le Gloss. de du Cange*, au mot, *Librata*.

CHARLES V.
au Bois de Vincennes, en Juin 1370.

a libras.

Retrofeudis nostris, ac centum ª *libratas Turonenses annui & perpetui redditus in Censivis & Allodiis, prout eisdem per suprascriptas Litteras concessum fuerat & licebat, emerunt ; Nos attendentes fidelitatis constanciam, quam ipsi actenus erga Nos & Predecessores nostros, habuerunt & gesserunt, grataque & laudabilia servicia per ipsos Nobis exhibita, Litteras suprascriptas, omniaque & singula in eisdem contenta & expressa, ratas habentes & gratas, tenoreque presencium confirmantes, de nostris auctoritate & plenitudine Regie potestatis, ex certa sciencia, de specialique gratia, eisdem concedimus de novo, si sit opus, tenore presencium Litterarum, ut ipsi eorumque successores possint, pro supportandis imposterum oneribus dicte Ville, ac pro utilitate ejusdem, ut premittitur, acquirere simul vel per partes, à Nobilibus vel innobilibus, quovis titulo sive modo licito, ducentas libratas Turonenses, annui & perpetui redditus, in Feodis & Retrofeodis nostris, ac centum libras annui & perpetui redditus, in Censivis & Allodiis, & hec sine justicia ; & acquisitas tenere & possidere in perpetuum, & de eisdem disponere, absque eo quod eadem extra manum suam ponere vel alienare, quovismodo seu occasione quacumque, possint compelli ; quodque Nobis, nunc vel imposterum, quamcunque financiam propter hoc solvere teneantur : Nos enim dictam financiam, quantacunque sit, eisdem de nostris certa sciencia de specialique gratia donamus, remittimus & quittamus : Mandantes dilectis & fidelibus nostris Gentibus Compotorum nostrorum Par. Senescallo Carcassone & Vicario Bitterris, ceterisque Justiciariis & Officiariis nostris, Reformatoribusque & Commissariis quibuscunque, quatenus prefatos Consules & Universitatem, presentes & futuros, nostra presenti concessione & gracia uti & gaudere pacifice faciant & permittant, absque impedimento quocunque : Quod si factum vel appositum repererint, revocent & amillent, ad statumque pristinum & debitum indilate reducant, presentesque Litteras* ᵇ *admittent Gentes Compotorum nostrorum predicte ; quia sic fieri volumus ; Ordinationibus, mandatis vel inhibicionibus contrariis, nonobstantibus quibuscunque. Quod ut robur obtineat, &c. salvo, &c. Actum apud Nemus Vincennarum, mense Junii, anno Domini millesimo ccc septuagesimo, & Regni nostri septimo.*

b admittant.

Per Regem in suis Requestis. CHALEMART.
Collacio facta est. CHALEMART. G. DE MONTAGU.

CHARLES V.
au Bois de Vincennes, en Juin 1370.

(*a*) Lettres qui portent que les habitants de Milhaud, pourront commercer dans tout le Royaume, sans payer aucuns droits pour les Marchandises qu'ils acheteront.

c Milhaud. Voy. cy-dessus, p. 291. Note (*b*) marg.

d Voy. les Tabl. des Mat. des 4.ᵉ & 5.ᵉ Vol. des Ord. au mot, Contentor.

KAROLUS, *&c. Celestis altitudo potentie, &c.*

Sane considerantes grata & laudabilia servicia que dilecti & fideles nostri Burgenses, habitatores & mercatores Ville nostre ᶜ *Amiliani, in Senescalhia Ruthenensi, Nobis fideliter, &c. Quod, &c. salvo, &c. Datum apud Nemus Vicennarum, anno Domini M.° CCC. septuagesimo, Regnique nostri VII.° mense Junii.* Visa.

Per Regem. N. DE VEIRES. ᵈ *Contentor.*

NOTE.

(*a*) Tresor des Chartres, Registre 100. Piece 843. Voy. cy-dessus, p. 190. Note (*a*).

CHARLES V.
au Bois de Vincennes; en Juin 1370.

(*a*) Confirmation des Privileges de la Ville de Dorat, dans la Marche.

KAROLUS, *Dei gratia Francorum Rex. Notum facimus universis presentibus & futuris, quod Nos reducentes ad memoriam grata & innumerabilia servicia,*

NOTE. 2.ᵉ Vol. des Ordon. d'Henri II. cotté Q. p. 153. v.°
(*a*) Registre du Parlement de Paris ;   Voyez cy-dessus, p. 190. Note (*a*).

DE LA TROISIÉME RACE. 305

per dilectos & fideles nostros, Abbatem secularem & Capitulum, ceterasque personas Ecclesiasticas, ac Burgenses & habitatores Villæ (a) Doarratensis, Lemovicensis Diocesis, Predecessoribus nostris ac Nobis, elapsis temporibus exhibita multis modis; & preterea sinceram ac inviolabilem affectionem quam ad Nos & Coronam Regni nostri pretenderunt per effectum nuperrime se habere, ex eo quod Nos Dominum suum superiorem confessi sunt & publice recognoscunt, presatamque Villam in & sub nostra obedientia, ut veri & fideles nostri subditi, liberaliter submiserunt: volentes propter premissa, Nos eisdem favorabiles reddere ac gratiam liberalem impendere, ex qua honoris & commodi assequi valeant bonum fructum, omnia & singula queque privilegia, eis & eorum cuilibet, retroactis temporibus per quoscunque Reges & Principes concessa, laudamus, ratificamus, ac ex certa scientia, auctoritate Regia & nostra speciali gratia, tenore presentium confirmamus: volentes & per presentes declarantes specialiter & expresse, quod ipsa privilegia in sua firmitate & tenore, de cetero futuris temporibus, inviolabiliter permaneant; licet contra eadem privilegia vel eorum aliqua, per Officiarios Regios Predecessorum nostrorum aut nostros, dicta Villa jamdudum in obedientia Regia persistente, vel postmodum, per Eduardum de Anglia aut Eduardum ejus Primogenitum, vel eorum Officiarios, aliqua forsan attentata seu innovata indebite fuerint; que quidem innovata seu attentata, si qua sint, de cetero ordinamus & volumus nullius efficacie existere vel valoris; nonobstantibus quandoque possessione seu prescriptione in contrarium habita, que in privilegiorum hujusmodi prejudicium posset aut deberet quomodolibet allegari. Quocirca Senescallis Lemovicensi, Petragoricensi, Pictavensi, ac omnibus aliis universis & singulis Justiciariis & Officiariis Regni nostri, & eorum ^a *Locatenentium, & ipsorum cuilibet, presentibus & futuris, damus tenore presentium in mandatis, ut prefatos Abbatem, Capitulum, ceterasque personas Ecclesiasticas, ac Burgenses & habitatores dictæ Villæ, ac ipsorum quemlibet, nostra presenti gratia uti & gaudere pacifice faciant & permittant; ac contra tenorem presentium* ^b *inquietent vel molestent, aut inquietari vel molestari nullatenus patiantur. Que ut firma & stabilia perpetuis temporibus habeant permanere, sigillum nostrum his presentibus duximus apponendum; salvo in aliis jure nostro & in omnibus quolibet alieno.* Datum in Nemore Vincennarum, anno Domini millesimo trecentesimo sexagesimo decimo, & Regni nostri septimo, mense Junii. Sic signatum supra plicam. *Per Regem* TABARI.

Et sigillatum magno sigillo rotundo, in cera viridi cum laqueis sericis rubei viridisque colorum impendentibus.

Registrata, audito & consentiente Procuratore Generali Regis, pro utendo per impetrantes Libertatibus, privilegiis & immunitatibus in dictis Litteris declaratis, prout & quatenus antea rite & recte usi sunt & de presenti utuntur. Actum Parisius, in Parlamento, vicesima quarta die Martii, anno Domini millesimo quingentesimo quinquagesimo primo, ante Pascha. Sic signatum. DU TILLET.

Collation est faite à l'Original. DU TILLET.

NOTE.

(a) *Doarratensis.*] Dorat, dans la Marche. *Voy. le Diction. univers. de la Fr.* au mot, *Dorat.*

CHARLES V. au Bois de Vincennes, en Juin 1370.

a *Locatenentibus.*

b *non.*

(a) Lettres qui portent que l'Eglise de St Martin de Tours, qui est sous la sauvegarde Royale, ne sera point soumise, tant dans le chef que dans les membres, à la Jurisdiction des Officiers du Duc de Touraine; & que ses affaires seront portées devant le Bailly des Ressorts, établi à Chinon.

CHARLES V. au Bois de Vincennes, en Juin 1370.

KAROLUS, &c. *Ad perpetuam rei memoriam. Eximiæ devocionis affectus, quem ad sanctas Dei Ecclesias & earum Ministros, nostri predecessores continuatis*

NOTE.

(a) Tresor des Chartres, Registre 100. Piece 737.

306 ORDONNANCES DES ROIS DE FRANCE

CHARLES V.
au Bois de Vincennes, en Juin 1370.

temporibus habuiſſe noſcuntur, ipſorumque geſta & exempla laudabilia propenſius nos inducunt, ut, ſicut exigit Regalis gratie munificencia, Eccleſiarum tranquillitati & paci attenciori meditacionis curâ provideamus, & ipſas ad honorem Salvatoris, per quem Reges regnant, habeamus quadam proſequi ſpeciali prerogativa favoris, ut in eis ſit quieta converſacio Deo grata, & cultus divinus cum debita veneracione pacificus, & ſic in bonis actibus, & Regium morem exerceamus, & ſuperne retribucionis premium acquiramus. Sane cupientes, inter dictas ſanctas Dei Eccleſias, Eccleſiam Glorioſiſſimi Confeſſoris Beati Martini Turonenſis, quam ſingulari & ſpeciali devocione proſequimur, cujus eciam, jure Corone noſtre, Abbas ſumus, ac ipſius Miniſtros in dictis tranquillitate & pace jugi. & feliciter proſperari; attendentes ipſam Eccleſiam de antiqua fundacione Regia exiſtere, dictoſque ipſius Eccleſie Miniſtros; videlicet, Decanum, Theſaurarium & Capitulum, tam in capite quam in menbris, conjunctim eciam & diviſim, cum ſuis Officiariis, familiaribus, hominibus, juſticiabilibus, ſubditis, Villis, territoriis, Juridicionibus, domibus, maneriis, juribus, poſſeſſionibus, bonis & pertinenciis univerſis in Regno noſtro ubicunque exiſtentibus, in noſtra & predeceſſorum noſtrorum Francie Regum, ſalva & ſpeciali gardia, & à juridicione cujuſcunque judicis temporalis, preterquam à noſtra, hactenus exemptam & exemptos penitus fuiſſe & eſſe, Nobiſque & nulli alii, in ſuperioritate & reſſorto immediate ſubjaceri, & ad ſedem Regiam,

a per aliquos.. in dubium, &c. Voy. plus bas.

& non alibi reſſortiri debere: Volentes eciam, ne ᵃ per aliquos, donacionis & conceſſionis per Nos de Ducatu Turonie, cariſſimo Germano noſtro, Ludovico Duci Andegavie, nuper factarum pretextu, in quibus jus totale ſuperioritatis & reſſorti ac exempcionum & alia jura Regia in dicto Ducatu Turonie, Nobis ac ſucceſſoribus noſtris Francie

b de ce qui regarde S.t Martin de Tours.

Regibus, expreſſe retinenda duximus ac eciam reſervanda; (a) premiſſa, cum ᵇ de hiis, in retencione & reſervacione hujuſmodi, nulla in ſpeciali mentio habeatur, in dubium deinceps revocari, & in diſceptacionem, proceſſu temporis, deduci contingat, ſuper hoc heſitacionis cujuſlibet materiam amputare, & eiſdem Eccleſie & Miniſtris in hac parte, oportune proviſionis ſuffragante medio, utiliter ſubvenire, ut tenemur. Notum facimus univerſis preſentibus pariter & futuris, quod in retencione & reſervacione predictis per Nos, ut premittitur, factis, intendentes dictam Eccleſiam Beati Martini Turonenſis, dictoſque ipſius Eccleſie Miniſtros, cum omnibus aliis premiſſis, ut exemptos, locum ſibi diſtincte & in ſpeciali precipuum vendicare, ipſam Eccleſiam aliis prerogativis plurimum & merito inſignitam, & eoſdem ipſius Eccleſie Miniſtros; videlicet, Decanum, Theſaurarium & Capitulum, tam in capite quam in menbris, conjunctim eciam & diviſim, cum dictis eorum Officiariis, familiaribus, hominibus, juſticiabilibus, ſubditis, Villis, territoriis, Juridicionibus, domibus, maneriis, juribus, poſſeſſionibus, bonis & pertinenciis univerſis in dicto Regno noſtro ubicunque exiſtentibus, ut prefertur, in dicta noſtra & ſucceſſorum noſtrorum Francie Regum, ſalva & ſpeciali gardia, ac ſub noſtra ſuperioritate & de noſtro immediato reſſorio exiſtere, & in eis perpetuo remanere, ipſoſque à juridicione cujuſcunque Judicis temporalis Regni noſtri, cujuſcunque condicionis exiſtat, preterquam à noſtra, fore prorſus exemptos, de noſtra certa ſciencia, tenore preſen-

c ex certa cauſa dans les Lettres ſuivantes.

tium declaramus; eoſdem & eorum ſingulos, exhabundanti, in quantum opus eſt, & ᶜ ex cauſa, à dicto Germano noſtro & ejus Juſticiariis, Officiariis & Gentibus, ac eorum juridicione, eciam penitus eximentes. Preterea ſtatuendo volumus, auctoritate noſtra Regia ordinantes, quod prefati Decanus, Theſaurarius & Capitulum, tam in capite quam in menbris, tam conjunctim quam diviſim, pro ſe dictiſque ſuis Officiariis, familiaribus, hominibus, juſticiabilibus, ſubditis, Villis, territoriis, Juridicionibus, domibus, maneriis, juribus, poſſeſſionibus, bonis & pertinenciis univerſis, coram Ballivo noſtro

d Chinon, en Touraine.

reſſortorum, in Villa de ᵈ Caynone per Nos ad hoc deputata, & ad ſedem ipſius de cetero reſſortiri teneantur; donec de alio reſſorto Regio duxerimus ordinandum: Dilectis & fidelibus Gentibus noſtri Parlamenti, ac Ballivo reſſortorum predicto, ceteriſque

NOTE.

(a) *Premiſſa.*] Il faudroit peut-être corriger, *preſertim.* Cependant le mot *premiſſa* ſe trouve dans les Lettres ſuivantes, où on lit: *premiſſaq. dictis juris retencione & reſervacione incommodi nulla, &c.*

DE LA TROISIÉME RACE. 307

Justiciariis & Officiariis nostris, & eorum Locatenentibus, qui nunc sunt & qui pro tempore fuerint, & eorum cuilibet, prout ad eum pertinuerit, dantes presentibus in mandatis, quatenus, contra declarationem, statutum, voluntatem & ordinacionem nostram hujusmodi, presentiumque Litterarum tenorem, quas in dicto Parlamento legi & publicari, ac in Registris ejusdem inscribi volumus & jubemus, nil facere aut attemptare presumant, nec a quoquam aliquid quomodolibet fieri & attemtari; nec eciam dictos Decanum, Thesaurarium & Capitulum, inquietari & molestari permittant; ad statum pristinum & debitum reducentes aut reduci facientes, si quid factum fuerit forsan secus. Que ut firma, &c. nostrum, &c. salvo, &c. Datum apud Nemus Vincennarum, mense Junii, anno Domini M. CCC. LXX. & Regni nostri septimo.
Per Regem. TOURNEUR.

CHARLES V.
au Bois de Vincennes, en Juin 1370.

(a) Lettres qui portent que l'Abbaye de Marmoustier qui est sous la sauvegarde Royale, ne sera point soumise, tant dans le chef que dans les membres, à la Jurisdiction des Officiers du Duc de Touraine; & que ses affaires seront portées devant le Bailli des Ressorts, établi à Chinon.

CHARLES V.
au Bois de Vincennes, en Juin 1370.

KAROLUS, &c. Ad perpetuam rei memoriam. Eximie devocionis affectus, &c. Sane cupientes inter dictas sanctas Dei Ecclesias, Ecclesiam sive Abbaciam Majoris-Monasterii, de antiqua fundacione Regia ^a *existere, dictosque ipsius Ecclesie seu Abbacie Ministros; videlicet, Abbatem & Conventum, ac Priores Prioratuum ejusdem, tam conjunctim quam divisim, cum suis Officiariis,* ^b *famulubus, hominibus, justiciabilibus, subdictis,* ^c *Villiis, teritoriis, Juridicionibus, domibus, maneriis, juribus, possecionibus, bonis & pertinenciis universis in Regno nostro ubicumque existentibus, in nostra ac predecessorum nostrorum Francie Regum, salva & speciali gardia, &c. Que ut firma & indivulsa in futurum permaneant, nostrum, &c. salvo, &c.* Datum apud Nemus Vincennarum, mense Junii, anno Domini M.° CCC.° LXX.° & Regni nostri VII.°
Sic signata. *Per Regem.* TOURNEUR.   *Visa.*

a existentem.
b familiaribus.
c Villis.

NOTES.

(a) Tref. des Char. Reg. 100. P. 591.

Ces Lettres sont semblables aux precedentes, mais elles sont pleines de fautes, & même tronquées dans un endroit.

(a) Confirmation des Lettres de Raimond VI. Comte de Thoulouse, par lesquelles il déclare le Prieuré & la Ville *de Aspreriis*, exemptes de toutes sortes d'Impôts.

CHARLES V.
à Paris, au mois de Juin 1370.

KAROLUS, &c. Notum facimus universis presentibus & futuris, Nos infrascriptas vidisse Litteras, formam que sequitur, continentes.

^d *PHILIPPUS Dei gratia Francorum Rex. Notum facimus universis presentibus & futuris, quod Nos, à Registris Cancellarie nostre, de tempore inclite recordacionis,* ^e *Ludovice Francie & Navarre Regis, Domini & Consanguinei nostri carissimi, fecimus extrahi Litteras, quarum tenor sequitur in hec verba.*

^f *LUDOVICUS Dei gratia Francie & Navarre Rex. Notum facimus universis presentibus & futuris, Nos infrascriptas vidisse Litteras, formam que sequitur, continentes.*

Philippe III. dit le Hardi, à Paris, en Juillet 1273.
Loüis X. dit le Hutin, à Paris, en Avril 1315.
Philippe VI. de Valois, à Paris, en Janvier 1337.
d Philippe de Valois.
e Ludovici.
f Louis-le-Hutin.

NOTE.

(a) Tresor des Chartres, Registre 100. Piece 840.

Tome V.   Qq ij

CHARLES V.
à Paris, au mois de Juin 1370.
a Philippe-le-Hardi.
b Voy. cy-dessous Note (a).
c hæc.
d Violenta.

e S.t Gilles.
f le 19. de Juin.

Suite des Lettres de Philippe-le-Hardi.

Suite des Lettres de Loüis-le-Hutin.

Suite des Lettres de Philippe de Valois.

Suite des Lettres de Charles V.
g ea.
h usi.

PHILIPPUS Dei gratia Francorum Rex. Notum facimus universis tam præsentibus quam futuris, quod Nos Litteras b *R. quondam Comitis Tholose, Ducis Narbonnensis, Marchionis Provincie, vidimus in* c *hæc verba.*
(a) R. Dei gratia Comes Tholose, Dux Narbonnensis, Marchio Provincie. Omnibus has Litteras visuris: Salutem & pacem. Scire volumus omnes, quod Priorem de (b) Aspreriis, omnesque suos successores ibidem futuros Priores, & Ecclesiam de Aspreriis, & omnes homines in eadem Villa habitantes, ab omni Questa vel Taillia seu (c) Albergua nostra, & (d) armata prosecucione, omnique d *violencia qualibet exaccione, tam per nosmet-ipsos, quam per nostros heredes vel successores, in perpetuum absolvimus & quittamus; recognoscentes quod omnes has & hujusmodi Angarias, injuste & indebite semper eisdem fecimus; adeoque plenam ab hiis omnibus Libertatem & absolucionem & immunitatem à nobis & à nostris, perpetuo jure eisdem concedimus, & sigilli nostri auctoritate confirmamus. Datum apud* e *Sanctum Egidium, anno Incarnacionis millesimo* cc. viiii. *presente Magistro Milone, Domini Papæ Notario, Apostolicæ Sedis Legato, die* f xiii. *kalend. Julii.*

In cujus rei testimonium & munimen, presentibus Litteris nostrum fecimus apponi sigillum. Actum Parisius, anno Domini M. CC. *septuagesimo tertio, mense Julio.*

Nos vero predicta omnia & singula, prout rite & juste hactenus usitata sunt, rata & grata habemus, & tenore presentium confirmamus; salvo, &c. Quod ut stabile in futurum permaneat, presentes Litteras fecimus communiri nostri appensione sigilli, quo ante susceptum Regni Francorum regimen utebamur. Actum Parisius, anno Domini M. CCC.º *quinto decimo, mense Aprilis.*

In cujus rei testimonium, presentibus Litteris nostrum fecimus apponi sigillum. Actum Parisius, anno Domini M. CCC. *tricesimo* VII. *mense Januarii.*

Nos autem predicta omnia & singula in suprascriptis contenta Litteris, rata habentes & grata, g *& volumus, laudamus, approbamus, ratificamus, & de gratia speciali auctoritateque nostra Regia, & de plenitudine Regie potestatis, quatenus Priores de Aspreriis & alii suprascripti, de premissis* h *visi sunt pacifice & quiete, tenore presencium confirmamus; Tholose & Ruthene Senescallis, ceterisque Justiciariis, Commissariis & Officiariis Regni nostri, eorumque Locatenentibus, & cuilibet eorumdem, prout ad eum pertinuerit, mandamus districtius injungendo, quatenus Priorem de Aspreriis, ac homines & alios suprascriptos, nostra confirmacione & gratia de cetero uti & gaudere faciant & permittant pacifice & quiete, absque impedimento & contradiccione quibuscunque; & si quid in contrarium factum seu attemptatum invenerint, id ad statum pristinum & debitum inducant, visis presentibus, indilate. Quod, &c. salvo, &c. Datum & actum Parisius, anno Domini millesimo* CCC. *septuagesimo, Regni vero nostri* VII.º *mense Junii.*   *Visa.*
Per Regem, ad Relationem Consilii. J. GREELE.

NOTES.

(a) R.] Raimond VI. Comte de Toulouse, succeda à son Pere Raimond, en 1194. & mourut en 1222. Voy. *l'Hist. des Comtes de Tolose*, par Catel, pp. 221. & 320.

(b) Aspreriis.] Le R. P. D. Vaissette Benedict. m'a dit qu'il ne connoissoit aucun lieu dans les Senéchaussées de Thoulouse & de Roüergue, dont le nom eût du rapport avec celui d'*Aspreriis*.

(c) Albergua.] Le droit de Gîte, qui consistoit dans le droit d'aller loger gratuitement dans une maison, pendant quelque tems. Voy. le *Gloss. de du Cange*, au mot, *Albergua*.

(d) Armata prosecucione.] Le droit qu'avoit un Seigneur, d'obliger ses sujets de l'accompagner à la guerre.

(a) *Lettres qui permettent aux Consuls de Ville-Franche, de faire les proclamations necessaires pour les affaires de la Communauté de cette Ville, (sans demander permission au Senéchal de Roüergue.)*

CHARLES V.
à Paris, en Juin 1370.

CHARLES, &c. Savoir faisons à tous presens & avenir, Nous avoir receu l'humble supplication des Consulz [a] Université de nostre Ville de Ville-franche, en la Seneschaucie de Roüergue, contenant, que comme il leur conviengne souvent faire plusieurs criées & proclamacions touchans & regardans le fait ou cause de leurs dictes Universités & Consulat, & d'icelles criées & proclamacions, aïent acoustumé de demander licence à noz Seneschalz ou autres Officiers de ladicte Seneschaucie de Roüergue, pour ce que sanz leur licence & congié, ne l'ont [b] ousé ou temps passé, ne peu faire ne ne leur ait esté loisible; pourquoy consideré la difficulté que noz Seneschalz ou autres Officiers dessusdis, leur ont fais de donner ladicte licence ou temps passé, il ont soustenu plusieurs grans dommages & inconveniens, & encores seroient ou temps avenir, se par Nous ne leur estoit pourveu de remede convenable, si comme il dient, en Nous supplians à culz estre pourveu dudit remede : pourquoy inclinans favorablement à leur supplication; attendu aussi la bonne & vraye obéissance que il Nous ont monstré ou fait de l'appellation contre Eddouart d'Angleterre, par laquelle il se sont rendu à nostre subjeccion & obeissance, & voulans noz bons & loyaulz subgez relever de toutes charges & oppressions indeuës, à yceulz Consulz, Université & habitans, avons ottroyé & ottroyons de certeinne science & de grace especial, par la teneur de ces presentes, que il puissent & leur loise perpetuelment doresenavant, faire ou faire faire toutes manieres de criées ou proclamacions à [c] voiiz de trompe ou autrement; ainsi comme il est acoustumé à faire en tel cas, dedens ladicte Ville de Ville-franche, touchans & regardans le fait ou Cause de leurs diz Consulat & Université; & que en faisans les dictes criées & proclamacions, il puissent enjoindre & imposer [d] poinnes à ceulz que bon leur semblera, & à qui il appartiendra à les imposer selon la qualité du fait pourquoy il feront les dictes criées & proclamacions, jusques à la somme de [e] sinq solz Tournois & au dessoux; pourveu toutes voïes que tout l'émolument des dictes poinnes, soit & sera du tout mis & converti ès reparacions de la fortificacion & closure de ladicte Ville de Ville-franche, & non ailleurs. Si donnons en mandement à nostre Seneschal de Roüergue, & à tous noz Justiciers & Officiers, ou à leurs Lieuxtenans, & à chascun d'eulz, si comme à lui appartendra, que les dits Consulz, Université & habitans, qui ores sont & qui pour le temps avenir seront, il facent, sueffrent & laissent joïr & user paisiblement, sans aucun empeschement ou contredit, de nostre dicte grace & octroy, & que contre la teneur d'icelle, ne les molestent, perturbent ou empeschent, ne sueffrent estre molesté, perturbé ou empeschié par quelque maniere que ce soit, ores ne ou temps avenir; mais se aucune chose est faicte, attemptée ou innovée aucontraire, si le mettent ou facent mettre & ramener au premier estat & deu. Et pour ce que ce soit, &c. sauf, &c. *Donné à Paris, l'an de grace mil CCC. LXX. & de nostre Regne le VII.e ou mois de Juing.*   Visa.

Par le Roy, à la relation du Conseil. P. DE VERGNY.

[a] *&.*
[b] *osé.*
[c] *voix.*
[d] *peines.*
[e] *cinq.*

NOTE.

(a) Tresor des Chartres, Registre 100. Piece 783. *Voy. cy-dessus*, page 190. Note *(a)*.

Qq iij

CHARLES V.
à Paris, en
Juin 1370.

(*a*) Privileges accordez aux habitants de Puy-Mirol, dans l'Agenois.

SOMMAIRES.

(1) *Confirmation des Privileges de la Ville de Puy-Mirol.*

(2) *Outre les Foires qui se tiennent dans cette Ville, le jour de la Feste de S.te Foy, il s'y en tiendra deux autres, le 3. de May & le 15. de Novembre.*

(3) *Les Consuls pourront faire construire dans la Place de la Ville, une Maison couverte & deux Halles, y placer des Tables [pour vendre des Marchandises] & loüer ces tables, dont le produit sera employé aux dépenses communes de la Ville.*

(4) *On ne pourra saisir les effets des habitants de cette Ville, par l'ordre de quelque personne que ce soit, sans avoir présenté cet ordre au Bailli; & les effets qui auront été saisis après cette formalité, ne pourront être vendus que quinze jours après celui de la saisie.*

(5) *Les demandes qui ne passeront pas cent sols, ne seront point faites par écrit, mais seulement verbalement.*

(6. 7.) *Les habitants non-nobles de cette Ville, joüiront des Fiefs & autres droits nobles qu'ils possederont depuis 30. ans.*

Ils joüiront des Fiefs & autres droits nobles qu'ils pourront acquerir pendant l'espace de 10. ans ; pourveu cependant qu'il n'y ait point de Forteresses sur ces Fiefs, ni d'Arriere-Fiefs qui relevent de ces Fiefs.

(8) *Le Bailli de cette Ville pourra donner des Tuteurs & des Curateurs, les déposer, & en nommer d'autres à leur place.*

(9) *Les Appels des Sentences du Bailli & des Consuls de cette Ville, seront portez devant quatre personnes qui seront éluës à cet effet. Si on interjette appel de la Sentence de ces quatre personnes, devant le Seneschal d'Agen ou le Juge ordinaire, eux ou leurs Lieutenants seront obligez de venir donner leur jugement dans la Ville de Puy-Mirol.*

(10) *Lorsqu'un habitant de cette Ville fera un procez devant les Juges Royaux, à un autre habitant, sur le fondement d'un titre qui sera suspect, le procez ne pourra être commencé, que le Bailli ou les Consuls n'ayent fait une information sur ce titre, & n'ayent déclaré que l'on peut proceder au jugement du procez; si ce n'est cependant dans les procez où il s'agira du crime de Leze-Majesté.*

(11) *Les Sentences renduës par le Bailli ou les Consuls de cette Ville; ou par les quatre personnes éluës pour juger sur l'appel des Sentences du Bailli ou des Consuls, ne pourront être cassées par le Seneschal d'Agen ni par quelqu'autre Juge que ce soit, si l'une des Parties n'en interjette appel devant eux.*

Le Seneschal d'Agen, ni quelqu'autre Juge que ce soit, ne pourront évoquer devant eux, les procez pendants pardevant le Bailli ou les Consuls de cette Ville, s'ils n'en ont une cause juste & raisonnable.

(12) *On ne pourra faire d'information contre un habitant de cette Ville, qu'en presence de deux Consuls, si ils veulent y assister. Si l'information se fait contre un Consul, deux des personnes éluës pour juger l'appel des Sentences du Bailli & des Consuls, seront requises d'y assister, si elles le jugent à propos.*

(13) *Le Roy donne aux Consuls de cette Ville, une Prison qu'ils seront tenus de réparer & de fortifier, & dans laquelle seront détenus sous les ordres du Bailli, ceux qui ne seront point de cette Ville.*

(14) *On restituera aux habitants de cette Ville, les biens situez hors de leur territoire, qui leur appartiennent, & qui leur ont été enlevez pendant les troubles de la guerre.*

(15) *Remission accordée aux habitants de cette Ville, de tous les crimes, & même de ceux de Leze-Majesté, qu'ils pourront avoir commis.*

(16) *Le Roy confirmera par ses Lettres Patentes, les Privileges accordez par le Duc d'Anjou, aux habitants de cette Ville.*

KAROLUS, &c. *Notum facimus, &c. Nos infrascriptas carissimi Germani nostri, Ludovici Ducis Andegavensis & Comitis Cenomanensis, nostrique Locumtenentis in* [a] *Partibus Occitanis, vidisse Litteras, formam que sequitur, continentes.*

[a] Languedoc.

LUDOVICUS *Regis quondam Francorum Filius, Domini nostri Regis Germanus, ejusque Locumtenens in Partibus Occitanis, Dux Andegavensis & Comes Cenomanensis. Dignum atque racioni consonum arbitramur, illorum pre ceteris vota fidelia favorabiliter adimplere,* [b] *quorum manus & animum, ad augmentanda & reconsilianda jura dicto Domino nostro pertinencia, totis viribus porrigere videmus adjutrices ; quodque eciam*

[b] quos.

NOTE.

(*a*) Tresor des Chartres, Registre 100. Piece 784. *Voy. cy-dessus*, p. 190. Note (*a*).

DE LA TROISIÉME RACE. 311

gratuitum atque laudabile censemus, illorum requestas subditorum exaudire, ipsosque privilegiis & Libertatibus premiare ac eciam decorare, quorum cordium voluntates & affectus erga dictum Dominum nostrum atque nos, sentimus liberales. Cum igitur carissimus Consanguineus noster, Comes Armaniaci, prospiciens firmam dileccionem quam dilecti & fideles dicti Domini nostri atque nostri, Consules & Jurati ac Universitas Ville de (a) Podio-Mirolii, aliter Grandi-Castri, erga dictum Dominum nostrum, Coronam Francie atque nos, diucius intrinsecus habuerunt, qualiter eciam ipsi dictum Dominum nostrum, ut eorum Dominum superiorem, & aliter, prout sibi de jure competere posset, animo benivolo recognoverunt, eisdem Consulibus, nomine ipsorum & Universitatis ejusdem Ville, certa privilegia, Libertates & franchisias, prout inferius sunt descripta, contulerit, prout per quemdam (b) Rotulum in Pergameno scriptum, sigillis dicti Consanguinei nostri & Consulatus ipsius Ville, sigillatum, liquide vidimus apparere.

CHARLES V. à Paris, en Juin 1370.

(1) Notum facimus, &c. quod nos, fidelitate & vera obediencia predictis attentis, premissa per dictum Consanguineum nostrum, tenere & adimplere volentes ac eciam cupientes, privilegia ac alia in dicto Rotulo contenta, & que inferius designantur, rata atque grata habentes, predictis Consulibus & habitatoribus, pro se & eorum perpetuo successoribus, & Universitati & singularibus dicti loci de Podio-Mirolli, & ª Honoris seu Mandamenti ejusdem, omnia & quecumque privilegia, Libertates, statuta, usus & Consuetudines ipsius Ville seu Universitatis ejusdem, antiquitus per Dominos nostros Francorum Reges, Comites Tholosanos, qui pro tempore fuerunt, Edwardum nuper Ducem Acquitanie, & alios quoscumque, tam per Litteras quam aliter, & quibus ipsa Universitas utitur & usa est atque uti consuevit, confirmavimus, & per Litteras presentes confirmamus de nostri certa sciencia, auctoritate Regia nobis in hac parte attributa, & gratia speciali: Volentes ipsos Consules, Universitatem atque singulares ejusdem Ville ac Honoris, eisdem privilegiis, Libertatibus, statutis, usibus & Consuetudinibus uti pacifice & gaudere.

a Jurisdiction.

(2.) Item. Exhibitam dicto Domino nostro atque nobis per fideles Gentes dicti loci, veram fidei constanciam reverenciamque cum humilitate in dicto loco & ejus Castellania ac ressorto repperiri consuetam, remunerare cupientes ac eciam premiare, ac insigniis ᵇ preheminenciis decorare ac eciam predotare, eisdem Consulibus & Universitati ipsius Ville, concessimus & tenore presencium, auctoritate, sciencia ac gracia quibus supra, concedimus, quod in ipso loco, ultra alias Nundinas eisdem per privilegium ab antiquo, in Festo (c) Sancte Fidis quolibet anno, concessas, habeantur & sint ac esse & teneri possint & valeant Nundine bis in anno, ex nunc perpetuo in futurum, per duos dies qualibet vice durature; videlicet, die Festi Sancte Crucis, ᶜ mense Maii; & die Festi (d) Sancti Juliani, & in craftinum cujuslibet ipsorum, cum omnibus & singulis privilegiis, Libertatibus & franchesiis eis alias concessis in predictis Nundinis Sancte Fidis; quodque eciam omnes ad dictas Nundinas affluentes, veniendo, stando & reddeundo, una cum mercaturis & bonis quibuscunque, sint in salvo & securo conductu & salva gardia Regiis, prout euntes ad alias Nundinas in Regno Francie concessas, sint & esse consueverunt.

b &.

c le 3. de May.

(3) Preterea, predictis Consulibus, modernis & futuris, nomine Universitatis ejusdem loci ac ipsorum, concedimus, ut ipsi in Platea mercati, unam domum copertam cum duabus Halis, que durent a copertura loci seu Platee ubi sunt mensure, usque ad Domum

NOTES.

(a) *Podio-Mirolii.*] Le R. P. D. Vaissette, Benedictin, m'a appris que ce lieu se nomme presentement, *Puy-Mirol*, qu'il est dans le Diocese d'Agen, vers les frontieres du Querci, à une lieuë de la Garonne ; & qu'il paroit qu'il y a eu autrefois un fort Château, qui, suivant les apparences, lui avoit fait donner, le nom de *Grandis-Castri* ou de Grand-Château, sous lequel on ne le connoit plus aujourd'huy.

(b) *Rotulum.*] Lettres écrites sur un parchemin long, que l'on rouloit : Rolle vient de ce mot, *Rotulus.* Voy. le *Glossaire de du Cange*, à ce mot.

(c) *Sancte-Fidis.*] S.ᵗᵉ Foy, dont la Fête se celebre le 6. d'Octobre. *Voy. le Vocab. Hagiol. de l'Abbé Chastelain*, qui est à la tête du *Diction. Etymolog. de Menage.*

(d) *Sancti Juliani.*] La Fête de Saint Julien se celebre le 15. de Novembre. Voy. le *Vocab. Hagiol.* cité dans la Note preced.

CHARLES V.
à Paris, en Juin 170.

que fuit Dompni Hugonis du Socol, construere & de novo edificare, & ipsas perpetuis temporibus tenere & possidere, ac in ipsis Halis facere (a) Tabulas & antetabulas, quatuor (b) brassarum amplitudinis, easque Tabulas & antetabulas locare & arrendare ad tempus aut tempora prout eis placuerit; & peccuniam exinde levare & exigere aut levari & exigi facere per deputatos ab eis, & eam in comodum, neccessitatem & usus Consulatus & Ville, applicare libere & impune, ex nunc in perpetuum possint & valeant, absque contradictione aliquali.

(4) Item. Concessimus & concedimus, auctoritate & gratia quibus supra, quod nullus Officiarius aut Serviens Regius, ex nunc in posterum perpetuis temporibus, possit aut valeat pignorare seu executare aliquam personam dicti loci de Podio-Mirolii, Honoris ac Mandamenti ejusdem, virtute mandati cujuscunque & à quocunque procederet, nisi prius ipsum mandatum Bajulo ipsius loci presentaverit; quodque, si que bona, racione

a Pignor. R. ᵃpignoracionis, ab aliqua persona, cujuscunque sexus ac status existat, ipsius loci seu Mandamenti ejusdem, de mandato Bajuli aut Consulum predicte Ville, aut alterius eorumdem, capta contingeret, bona ipsa sic capta & pignorata, ad instanciam cujuscunque vendi non possint, usque ad quatuordecim dies post sequentes à die execucionis seu pignoracionis faciende, computandos; (c) .... de debitis Fiscalibus.

(5) Item. Pariter concedimus, quod in aliqua questione sive Causa pecuniaria movenda inter quascunque Partes, coram Bajulo vel Consulibus ipsius loci Grandis-Castri,
b script. R. non recipiatur peticio sive libellus in ᵇ scripto, nisi peticio ᶜ sumam centum solidorum, &
c summam. ad extimacionem Consulum, excedat; sed eidem peticioni seu demande, per Actorem verbaliter facte, reus respondere teneatur & eisdem Partibus, ipsis auditis, summarie & de plano, exhibeatur bonum & breve Justicie complementum.

(6) Et insuper concedimus, gratia & auctoritate quibus supra, quod omnes & singuli Burgenses dicti loci, (d) Oblias, Feoda nobilia aut redditus tenentes & possidentes, & que Feoda, Oblias, ac redditus, ipsi seu eorum predecessores quorum causam habent, tenuerunt & possederunt pacifice & quiete & sine contradictione aliquali, per spacium triginta annorum, ipsa Feoda, Oblias ac redditus tenere & possidere, ex nunc in perpetuum, libere, pacifice ac quiete possint & valeant, absque eo quod Dominus meus Rex, ejus successores, aut alius quicunque, nomine ipsius aut alterius cujuscunque, ipsis de predictis aliquam questionem seu demandam facere possit aut valeat in futurum, ac impedimentum aliquale apponere in eisdem; que si secus facta forent, pro nullis, cassis & irritis esse volumus & declaramus per presentes.

d &. (7) Item. Pariter concedimus, auctoritate ᵈ scientia prelibatis, quod quecunque persona, cujuscunque sexus, dicti loci Burgensis, Oblias, Feoda, (e) Gentilia ac red-
e de revenu. ditus, usque ad summam trescentarum librarum ᵉ rendualium, & sine fortalicio & (f) homagio, emere & acquirere, & ea tenere ac possidere pacifice & quiete, perpetuis temporibus, possit & valeat in toto Ducatu Acquitanie; dum tamen ipsa emerint &

NOTES.

(a) *Tabulas & antetabulas.*] Il n'y a dans le Registre pour ce dernier mot, que *an*, avec une marque d'abreviation, & *tabulas* séparé de *an*.
Ce sont des Tables pour étaler des marchandises, & d'autres Tables placées apparemment devant les premieres.

(b) *Brassarum.*] La Brasse est une mesure de 6. pieds. Voy. *le Gloss. de du Cange*, au mot, *Brassata*.

(c) Il y a là deux mots presque entierement couverts d'encre, qu'on ne peut lire. Le premier commence par *demp*. ce qui est sans doute le commencement du mot, *demptis*. Voy. la fin de l'article 10.

(d) *Oblias.*] C'est un droit que les Vassaux doivent payer à leurs Seigneurs, à un certain jour marqué. Voy. *le 3.ᵉ Vol. des Ordon.* p. 205. Note (i).

(e) *Gentilia.*] Ce mot qui n'est point dans le Glossaire de du Cange, signifie sans doute, des terres ou des Droits nobles, qui appartiennent à des Gentilshommes, que l'on nommoit en Latin, *Gentiles*. Voy. *le Gloss. de du Cange*, au mot, *Gentilis*. I.

(f) *Homagio.*] Je crois que cela signifie, que ces non-nobles ne pourront acquerir des Terres nobles, desquelles releveroient des Arriere-Fiefs, dont les Vassaux qui les possederoient, seroient obligez de faire *hommage* à leur Seigneur Suserain. Voy. *le Gloss. de du Cange*, aux mots, *homagium & hominia*. p. 1170.

acquisyerint

DE LA TROISIÉME RACE.

acquisiverint infra decem annos proximos & immediate sequentes, & à data presencium computandos.

(8) Item. *Volumus, & de gratia speciali per presentes concedimus, quod Bajulus dicti loci Grandis-Castri seu Podii-Mirolii, qui nunc est aut pro tempore fuerit, in Causis & factis in quibus decebit, & coram ipsis emergentibus, Tutores & Curatores dare, & eosdem deponere, & alios loco eorum ponere, & in eisdem decretum apponere valeat atque possit.*

(9) Item. *Similiter concessimus & per presentes concedimus, scientia & gratia quibus supra, quod omnes & singule appellaciones à Curiis Bajuli & Consulum dicti loci Podii-Mirolii seu Grandis-Castri, descendentes, sumantur & terminentur in ipso loco Grandis-Castri, coram quatuor probis hominibus electis super facto appellacionum: & si à pronunciacione seu terminacione eorum, contingeret appellari ad Audienciam Senescalli Agennensis, aut Judicis ordinarii, volumus & concedimus, quod ipsi Senescallus aut Judex ad quem extiterit appellatum, dictam Causam appellacionis audire & finaliter terminare in dicto loco Grandis-Castri teneatur, aut Locum-tenentem* ^{a} *suumve Commissarium ad hoc deputatum, ibidem destinare, juxta modum & formam usuum eorum & privilegiorum eisdem concessorum.*

(10) Item. *Et concedimus, quod nullus homo dicti loci Grandis-Castri ac Honoris ejusdem* ^{b} *habitator, per Officiarios Regios possit trahi seu poni in Causa, pro quacunque Littera suspecta, contra* ^{c} *aliquem personam dicti loci ac Honoris, nisi legittima informacione per Bajulum vel Consules ipsius loci facta de contentis in ipsis Litteris, & declaracione seu pronunciacione, quod contra ipsum seu ipsos est procedendum, & debent trahi in Causa procedente; demptis tamen in hiis, que crimen lese Majestatis concernunt aut concernere possunt quoquomodo.*

(11) *Preterea concessimus & concedimus tenore presencium, de gratia speciali, quod omnes Sentencie late aut ferende per Bajulum, Consules aut probos Judices dicti loci, vel per aliquam Curiam ipsorum, sint firme & valide ad imperpetuum, & nunquam aut aliqualiter* ^{d} *revocabilis; quodque Senescallus Agennensis aut aliquis alius Officiarius ipsas non possit revocare nec ad se advocare, nisi aliqua Parcium à dictis Sentenciis, ad ipsos appellaverint; nec non & Causas coram dictis Bajulo, Consulibus aut quatuor probis, aut aliqua Curia eorumdem, inceptas & vertentes, ad se advocare nequeant, quousque finite fuerint & terminate ubi fuerint incepte; nisi tamen* ^{e} *juxta & racionabilis causa dicti Senescalli aut alterius eorum superioris, animum permoveret.*

(12) Item. *Concedimus prefatis Consulibus, singularibus & habitatoribus dicti loci, quod nullus Officiarius Regius possit aut valeat facere informacionem in dicto loco Podii-Mirolii seu Grandis-Castri, nec in Honore ejusdem, contra aliquam personam ipsius Ville seu Honoris habitatorem, nisi vocatis duobus Consulibus ipsius Ville ad minus; & si interesse noluerint, quod dictus Officiarius seu Commissarius ad hoc deputatus, eandem informacionem solus facere teneatur; & in casu quo aliquas informaciones contra Consules dicte Ville, modernos aut futuros, fieri contingeret, quod ad ipsam fiendam vocentur duo probi homines ejusdem Ville, qui ibi,* ^{f} *se velint interesse, possint.*

(13) Item. *Et ampliando gratiam & privilegia eis concessa & superius* ^{g} *specificatur & declarata, eisdem Consulibus, modernis & futuris, nomine eorum & Universitatis ejusdem Ville, concessimus, concedimus ac donamus de gratia speciali ad imperpetuum, Domum prisionariam que est ad Portam Orientalem, ac omne jus quod dicto Domino nostro seu nobis pertinet, aut qualitercunque potest pertinere in eadem, in qua Forenses dicte Ville in eadem delinquentes, possint arrestari & prisionarii detineri, sub gardia & custodia Bajuli ipsius Ville: Cui quidem Bajulo, moderno aut futuro, regimen ac custodiam dicte Domus, ex nunc perpetuo in futurum, committimus per presentes; proviso tamen quod Consules ejusdem Ville, ipsam domum fortificare & reparare suis sumptibus & expensis tenebuntur, ut incarcerati seu prisionarii ibidem tutius valeant remanere & eciam custodiri.*

(14) *Et insuper, attendentes dampna maxima & quasi infinita, que ipsi Consules, Jurati, singulares & habitatores ejusdem Ville, tam per Gentes armorum ad stipendia*

CHARLES V.
à Paris, en Juin 1370.

^{a} suum vel.

^{b} Il y a sur ce mot, une marque d'abbreviation qui semble inutile.
^{c} aliquam.

^{d} revocabiles.

^{e} justa.

^{f} si.

^{g} specificata.

314 ORDONNANCES DES ROIS DE FRANCE

CHARLES V. à Paris, en Juin 1370.

dicti Domini nostri existentes, quam per inimicos ejusdem Domini nostri atque nostros, sustinuerunt, voluimus & concessimus, volumusque & concedimus ipsis Consulibus, singularibus & habitatoribus ipsius Ville ac Honoris ejusdem, de gratia speciali, per presentes, quod omnia & singula eorum bona mobilia & immobilia, & alia que eisdem & eorum alteri, pertinere possunt per (a) raciones, acciones, aut aliter qualitercunque, & quas die vicesima quinta mensis Marcii proxime preteriti, extra Honorem seu Mandamentum ejusdem Ville, habeant eisdem & eorum cuilibet, prout ad eum pertinuerit, & prout fidem facient de eisdem, reddantur & restituantur libere & indilate: Detentores enim eorumdem, ad ea reddenda eisdem, compelli volumus & jubemus absque difficultate aliquali.

a advertentes.
b p. R.
c &.

(15) Preterea, considerantes & ª advertantes veram & perfectam humilitatem ac obedientiam Domino nostro atque nobis per dictos Consules exhibitam, ᵇ pio eisdem compatientes affectu, ut ad meliora peragenda sint cliviores, ᶜ brachio Regalis excellencie sentiant se adjutos, eisdem Consulibus, Juratis, singularibus & habitatoribus dicti loci de Podio-Mirolii aliter Grandis-Castri, & Honoris ejusdem, & eorum cuilibet, omnia & singula crimina, forefacta & delicta, qualiacunque existant, eciamsi crimen lese Majestatis concernerent, per eos aut eorum alterum commissa & perpetrata, à tempore preterito usque ad diem hodiernam; necnon & omnem penam corporalem, criminalem & civilem, quam eas quas ipsi aut eorum alter, occasione eorumdem, incurrit erga dictum Dominum meum seu nos, aut incurrisse potuit quoquomodo, remisimus & quittavimus, remittimusque & quittamus de gratia speciali per presentes; processus, informaciones &

d mot abregé & douteux.

inquestas super ipsis delictis factas, cassantes, irritantes & penitus adnullantes, ipsos ᵈ etiam & quemlibet eorum, ad suam bonam famam, larem, domicilium restituendo integraliter & ad plenum; Procuratorique Regio, super premissis, ex nunc in futurum silencium perpetuum imponendo.

(16) Predicta enim omnia & singula superius descripta & expressata, laudari, approbari & confirmari facere promittimus per dictum Dominum meum Regem, cum suis

e omnium.

patentibus Litteris, suo sigillo in cera viridi sigillatis seu sigillandis, in majorem ᵉ & singulorum premissorum roboris firmitatem.

Quocirca Senescallo Agennensi, ceterisque Justiciariis & Officiariis nostris Regiis, modernis & futuris, & eorum cuilibet, ut ad eum pertinuerit, damus tenore presencium in mandatis, quatenus dictos Consules, singulares & habitatores dicte Ville Podii-Mirolii aliter Grandis-Castri, ac Honoris ejusdem, modernos & futuros, & eorum quemlibet, prout pertinuerit, predictis omnibus & singulis privilegiis, nundinis, remissionibus & graciis superius descriptis & expressatis, & eorum quemlibet, uti & gaudere pacifice & quiete faciant & permittant, nil in contrarium attemptando seu attemptari faciendo vel permittendo: Quod si secus factum fuerit, ad statum pristinum & debitum redducant seu redduci faciant, visis presentibus, indilate. Quod ut firmum, &c. salvo, &c. Datum & actum Tholose, anno Domini M. CCC. sexagesimo nono, die quarta mensis Aprilis.

f &.
g retranscriptas.

Quas quidem Litteras suprascriptas ᶠ supra ᵍ ratranscriptas, ac omnia & singula contenta in eisdem, ratifficantes, approbantes & laudantes, eas & ea, auctoritate nostra Regia Regieque potestatis plenitudine & de gratia speciali, confirmamus per presentes. Quod ut firmum, &c. salvo, &c. Datum Parisius, anno Domini M. CCC. septuagesimo, & Regni nostri septimo, mense Junii. Visa.

Per Regem, ad relationem Consilii. J. DE CAISSY.
Collatio facta est cum Litteris Originalibus suprascriptis.

NOTE.

(a) *Raciones.*] Ce mot signifie des biens, des droits, des actions, &c. *Voy. le Gloss. de du Cange*, au mot, *Ratio 2.* En François, on dit aussi *Raisons* en ce sens-

DE LA TROISIÉME RACE.

CHARLES V.
à Paris, en Juin 1370.

(a) *Reglement pour le Meſtier des Tanneurs de la Ville de Troyes.*

CHARLES, &c. Sçavoir faiſons, &c. Nous avoir receu la ſupplicacion des Tanneurs de noſtre Ville de Troyes, contenant, comme d'ancienneté ſoient ordenez quatre Maiſtres ſur le fait dudit meſtier en la dicte Ville, ᵃ ſarementez en la main de noſtre Prevoſt; lez quielx ont la viſitacion & cognoiſſance des cuirs qui ſont labourez & tannez en la dicte Ville, avant qu'il ſoient mis en vente; la punicion du meffait, ſelonc les cas dont par ledit Prevoſt à leur rapport, les Amendes ſont levées à noſtre profit; & ja pieça, ſur certaine pourſuite que faiſoit noſtre Procureur contre leſdits Tanneurs, pour aucuns abus & deffaux qu'il diſoit eſtre en leur meſtier, fuſt par la Court de noſtre Parlement, dit & ordené par Arreſt, yceulx Tanneurs eſtre tenuz des lors en avant, de vendre leurs Cuirs bien & profitablement (b) ſouez; lequel feuage en (c) profitablement, puet cheoir en grant obſcurté & doubte ou prejudice dudit meſtier, ſelon la diverſité & contrarieté dez oppinions; & combien que ſelon raiſon, en pevent & doivent avoir dudit meſtier, plus grant cognoiſſance les dits quatre Maiſtres, que autres qui ne ſont du meſtier, & leſquelx ont plaine viſitacion & cognoiſſance dudit tanner, qui eſt plus grant choſe oudit meſtier, que le ſouer; toutesvoies, pour ce que par noſtre dicte Court, a eſté ᵇ adjoſté ſur le fait & ordonnance dudit meſtier, oultre l'uſage ancien, les dis Cuirs eſtre bien & profitablement ſouez, quand il ſeront mis en vente; yceulx Maiſtres ne ſe oſent entremettre de prendre la viſitacion & cognoiſſance dudit feuage, ſe n'eſt par noſtre licence & auctorité, & pour l'oſcurté ou contrarieté dez oppinions ſur le fait dudit ſeuage, par gens non cognoiſſans, ſont les dis Tanneurs cheuz ou tamps paſſé, & pourroient cheoir ou tamps avenir, en grant paines & dommages contre raiſon, ſi comme il dient, Nous ſur telle doubte & obſcurté, leur vouſiſſiens pourveoir de noſtre grace, à ce que paiſiblement puiſſent vivre & faire lealment leur marchandiſe deſſous Nous : Pourquoy Nous, ces choſes conſiderées, voulens ledit meſtier bien & deuëment eſtre fait & gouverné, & les ſuppliens eſtre raiſonnablement traictiez; voulens auſſi pourveoir & obvier aux inconveniens, doubtez & obſcurtez, qui par la contrarieté dez oppinions, pourroient cheoir ſur les choſes deſſus dictes, avons de noſtre auctorité Royal, certaine ſcience & grace eſpecial, volu & octroié, volons & octroions par ces preſentes, ou cas deſſuſdit, que les quatre Maiſtres ordenés, comme dit eſt, ſur ledit meſtier de Tannerie en noſtre dicte Ville, qui orez ſont & ceulx qui ſeront pour le tamps avenir, aient d'oreſenavant & perpetuelment, la viſitacion, cognoiſſance & interpretacion du fouage des dis Cuirs tannez, & la punicion auſſi, ſe meffait y trouvent, en la Ville & Cité de Troyes, ſamblablement comme il ont ſur le fait du Tannage; auxquielx Maiſtres de ce faire, donnons plain povoir & auctorité, & ad ce les commettons par la maniere que dit eſt; pourveu que toutes les Amendes qui ſur les deffaux, tant du tanner comme du ſouer, ſeront par eulx, avec le Conſeil dudit meſtier, adjugées, bailleront & ſeront tenus de bailler ou envoier pardevers noſtre Prevoſt dudit lieu de Troyes, ainſi qu'il ont uſé d'ancienneté, des Amendes qui eſcheoient oudit meſtier. Si donnons en mandement par ces preſentes, au Bailly & au Prevoſt de Troyes,

ᵃ *ayants preſté ſerment.*

ᵇ *ajouté.*

NOTES.

(a) Treſ. des Chart. Reg. 100. P. 658.
(b) *Fouez, lequel feuage.*] On ne trouve point ces mots dans le Dictionnaire du commerce de Savari, qui aux mots, *Tanneur* & *Corroyeur*, a donné un grand détail des differentes preparations des Cuirs. Peut-être s'agit-il ici de celle dans laquelle on fait flamber le Cuir ſur le feu, & de laquelle Savary parle au mot, *Cuir*, tom. 1. p. 1628.

(c) Il y a là un mot d'où dépend l'intelligence de la Phraſe, que l'on n'a pu déchiffrer. Il ſemble qu'il y ait *diſrat*, ſans marque d'abbreviation.

Ce qui ſuit cette phraſe ſignifie, qu'il eſt très-difficile de juger, ſi cette preparation nommée *Feuage*, a été bien ou mal faite.

Tome V.

Rr ij

& à tous les Justiciers & Officiers de nostre Royaume, presens & avenir, ou à leurs Lieuxtenans, & à chascun d'eulx, si comme à lui appartiendra, que sur ledit mestier du fouer ne praingnent aucune cognoissance; mais en sueffrent & laissent congnoistre, joïr & user paisiblement, les quatre Maistres à ce commis & ordenez, selon la forme & teneur de nostre presente grace; nonobstant que par ledit Arrest, ne soit plainement declairié lesdits Maistres avoir la cognoissance sur le feuer desdits Cuirs, comme accoustumé ont sur le *a* tanneur. Et que ce soit chose ferme, &c. sauf, &c. Donné à Paris, ou mois de Juing, l'an de grace mil CCC soixante & dix, & de nostre Regne le septieme. *Visa.*

Ainsi signé. Par le Roy, en ses Requestes. CLARIN.

CHARLES V. à Paris, en Juin 1370.

a tanner.

CHARLES V. à Paris, en Juin 1370.

Philippe II. dit Auguste, à Paris, en Janvier 1214.

Loüis IX. dit S.t Loüis, à Pont-Orson, en Avril 1256.

Philippe III. dit le Hardi, à S.t Germain en Laye, en Octobre 1278.

Philippe IV. dit le Bel, à Vincennes, en Octobre 1289.

b *Costantin.*

c *la Fête de ce Saint se celebre le 1.er de Mars.*

d *bâtonnées, barrées.*

e *grand nombre.*

f &.

g *Andic. R. Andegavie.*

h *sunt.*

(a) Confirmation des Lettres de Richard I. Roy d'Angleterre, qui portent que les Religieux de l'Abbaye de la Luzerne & leurs sujets, ne payeront aucuns Impôts dans les Foires & Marchez, pour les Marchandises qui leur appartiendront.

CHARLES, &c. Savoir faisons à tous presens & avenir, que Nous, à la supplication de noz bien amez lez Religieux, Abbé & Couvent de l'Eglise de la *(b)* Lucerne, avons veu les Lettres, contenant la fourme qui s'ensuit.

A Tous ceulx qui ces Lettres verront ou orront. Colin Marie, Lieutenant de Rayen Pinchon, Bailli de *b* Coustantin : Salut. Sachent tuit, que ès Assises de Coustentin, tenuez par nous Lieutenant dessusdit, l'an de grace mil CCC. LXIX. le samedi continué du mardi, du mercredi & du vendredi après la Saint Jaque & S.t Philippe, de la partie des hommes Religieux & honestes, l'Abbé & le Couvent de la Lucerne, nous furent presentées unes Lettres bien seelées, seinnes & entieres en seaulz & en escriptures, lesquelles furent leuëz en jugement, & desquelles la teneur s'ensuit.

A Tous ceulx qui ces Lettres verront ou orront. Rogier Baudouin, Lieutenant du Bailly de Coustentin : Salut. Sachent tuit, que ès assises de Coustentin, tenuës par nous Lieutenant dessus dit, qui furent l'an de grace mil CCC. quarante & trois, le vendredi après la *c* Saint Aubin, nous veismes, retenuez, & diligemment regardasmes les Lettres de haus Princes & redoubtez Seigneurs, plusieurs des Roys de France, dont mention est faicte cy-dessouz, escriptes de mot à mot; & aussi veismes nous unes Lettres seellées du seel de Richart jadis Roy d'Angleterre, sainnes & entieres, non viciéez, non *d* chancelléez en aucune partie, & seelléez du seel dudit Roy d'Angleterre, si comme il nous fu tesmoignié par grant *e* foison de bonnes gens estans es dictes assises, dont la teneur ensuit.

(c) RICARDUS Dei gratia Rex Anglie, Dux Normanie *f* Acquittanie, Comes *g* Andicavie. Senescallis, Prepositis & Baillivis, ac omnibus Ministris & fidelibus suis, tocius terre sue & Portium maris : Salutem. Sciatis Nos dedisse & concessisse Canonicis de Lucernia, quittanciam per totam terram meam, ita quod ipsi & homines sui *h* quitti, liberi & soluti in Nundinis & Mercatibus, in terra & in portibus maris, & per aquam,

NOTES.

(a) Tresor des Chartres, Registro 100. Piece 729.

(b) La Lucerne. L'Abbaye de la Luzerne, Ordre de Prémontré, dans le Diocese d'Avranches. Voy. *Gall. Chrisi.* 1.re Edit. tom. 4. p. 580.

(c) Ricardus. Ces Lettres qui ne sont point datées, ne peuvent être que de Richard I. qui monta sur le Throne en 1189. & qui mourut en 1199. Voy. *l'Hist. d'Angleterre de Thoyras*, tom. 2. Liv. 7. pp. 238. & 273.

& in omnibus locis, à Theloneo, (a) putagio & passagio & (b) lestagio & (c) scalagio & ᵃ eallagio, & in omni alia ᵇ consuetudine, de omnibus rebus quas ipsi vel homines sui ᶜ affidare poterunt suas esse proprias. Prohibemus ne aliquis eos inde ᵈ desturbec super ᵉ forisfacturam decem Librarum Turonensium. Teste me ipso, XXVIII. die Junii, apud la Celle.

ᶠ PHILIPPUS Dei gratia Francorum Rex. Universis Baillivis, Vicecomitibus, & aliis Justiciariis suis in Normannia constitutis, ad quos presentes Littere pervenerint: Salutem. Noveritis quod Nos Litteras inclite recordationis, precarissimi Domini & Genitoris nostri, Philippi Dei gratia Francorum Regis, vidimus in hec verba.

ᵍ PHILIPPUS Dei gratia Francorum Rex. Universis Baillivis, Vicecomitibus, & aliis Justiciariis suis in Normannia constitutis, ad quos presentes Littere pervenerint: Salutem. Noveritis quod Nos Litteras inclite recordationis, precarissimi Domini & Genitoris nostri, Ludovici Francorum Regis, vidimus in hec verba.

ʰ LUDOVICUS Dei gratia Francorum Rex. Universis Baillivis suis in Normannia constitutis, ad quos presentes Littere pervenerint: Salutem. Noveritis quod Nos Litteras inclite recordationis, Regis Philippi Avi nostri, vidimus in hec verba.

ⁱ PHILIPPUS Dei gratia Francorum Rex. Dilecto & fideli suo Miloni de Higiis & Petro de Tilleyo & Bernardo de Villa-Terrici : Salutem. Mandamus vobis & precipimus, quatenus Abbati & Canonicis Deo servientibus apud Lucernam, Cartam suam quam Ricardus quondam Rex Anglie, eisdem indulsit super quittacionem Pedagiorum & aliarum Consuetudinum, firmiter teneatis, & per Baillivias vestras observari faciatis secundum tenorem ejusdem Carte, & secundum quod usi sunt tempore dicti Ricardi quondam Regis Anglie, de eadem Carta; non obstante eo quod non est sigillata in modum Carte perpetue. Actum Parisius, anno Domini M.° CC.° XIIII.° mense Januario.

Nos autem piis ipsius Avi nostri vestigiis inherere volentes, vobis mandamus & precipimus, quatenus ea que in predictis Litteris continentur, eisdem Abbati & Canonicis, secundum quod de ipsis usi sunt, teneatis & firmiter observetis, ac observari per vestras Baillivias faciatis. Actum apud Pontem-Ursonis, anno Domini M.° CC.° quinquagesimo sexto, mense Aprilis.

Nos vero vestigiis Proavi & Genitoris nostrorum inherentes, vobis mandamus & precipimus, quatenus ea que in predictis Litteris continentur, eisdem Abbati & Canonicis, secundum quod de ipsis usi sunt, teneatis & firmiter observetis, ac observari per vestras Baillivias faciatis. Actum apud sanctum Germanum in Laya, anno Domini M. CC. septuagesimo octavo, mense Octobris.

Nos autem dictorum predecessorum nostrorum vestigiis inherentes, mandamus vobis & precipimus, quatenus ea que in predictis Litteris continentur, eisdem Abbati & Canonicis, secundum quod de ipsis usi sunt, teneatis & firmiter observetis, ac observari per vestras Baillivias faciatis. Actum apud Vincennas, anno Domini M.° CC.° octogesimo nono, mense Octobris.

Marginalia: CHARLES V. à Paris, en Juin 1370. — a Ce mot n'est point dans le Glossaire de du Cange. b Impôt ordinaire. c prouver. d disturber. e amende. f Philippe-le-Bel. g Philippe-le-Hardi. h S.ᵗ Loüis. i Philippe-Auguste. Suite des Lettres de S.ᵗ Loüis. Suite des Lettres de Philippe-Hardi. Suite des Lettres de Philippe-le-Bel.

NOTES.

(a) *Putagio.*] Ce mot qui n'est point dans le Glossaire de du Cange, est peut-être un mot corrompu, pour *Pontagio*, qui signifie un Impôt qui se paye dessus ou dessous les Ponts. Voy. le Gloss. de du Cange, au mot, *Pontagium.*

(b) *Lestagio.*] Droit qui se leve sur les voitures dans les Foires & dans les Marchez. Voy. le Gloss. de du Cange, au mot, *Lastagium.*

(c) *Scalagio.*] On pourroit lire aussi *Stalagio*; mais je crois qu'il faut corriger, *Stalagio*, qui signifie le droit qui se paye pour avoir permission d'étaler des Marchandises. Voy. le Gloss. de du Cange, au mot, *Stallagium.*

CHARLES V.
à Paris, en Juin 1370.
Suite des Lettres de Baudoin Lieutenant du Bailly de Côtanzin.
a *apparemment chargez de lever les Coutumes ou Impôts.*
b *sujets.*
c *proceder.*

d *plus grande.*
e *au.*

Et pour ce que de la partie des hommes Religieux & honneſtes, l'Abbé & le Couvent de la Lucerne, Nous a eſté donné à entendre, que pluſieurs Prevoz ª Couſtumiers & autres, s'efforcent à aler encontre la teneur des dictes Lettres, en inforſant les diz Religieux & leurs ᵇ tenans, de païer Couſtumes, *(a)* Treſpas, *(b)* Panages, & pluſieurs choſes dont mention eſt faicte ès Lettres deſſus dictes, mandons à tous les Vicontes de ladicte Baillie, & à tous les autres Juſticiers d'icelle, que les diz Religieux & leurs hommes, ils tiengnent & facent tenir en leur juſte ſaiſine & poſſeſſion, ſelon la teneur des dictes Lettres; & ſe eulx truevent aucun faiſant le contraire, le contraingnent à païer la peinne deſſus dicte; & ſe aucun y met debat, aſſignent jour brief & haſtif devant noſtre Maiſtre le Baillif ou ſon Lieutenant, pour ᵉ aler avant en cas, comme raiſon ſera. En teſmoing de ce, Nous Lieutenant deſſus dit avons mis à ces Lettres, le ſeel dont Nous uſons à cauſe de ladicte Baillie; & à ᵈ greigneur confirmacion, y avons fait mettre le ſeel de la Viconté de Couſtances. Donné & fait l'an &ᶜ ou jour & ès Aſſiſes deſſus dictes.
Collatio fit.

Suite des Lettres de Marie, Lieutenant du Bailli de Côtantin.

En nous requerent à faire tenir les dis Religieux & leurs Gens, en leurs franchiſes & Libertez contenuës & declairiées ès dictes Lettres deſſus transcriptes: Pourquoy oye ladicte Requeſte, & eu ſur ce conſeil à pluſieurs ſages eſtans ès dictes Aſſiſes, pourquoy conſideré le cas, & veuës les dictes Lettres, donnaſmes en mandement & donnons par ces preſentes, à tous les Officiers, Vicontes, Sergens, Prevos, & à leurs Lieuxtenans, & à tous autres à qui il peut appartenir, que les dis Religieux, leurs hommes & ſubgiez, il laiſſent & faicent joïr & uſer paiſiblement des choſes contenuës èz dictes Lettres, ſanz les moleſter ne empeſchier en aucune maniere, ſelonc la forme & teneur d'icelle, ſur telle peinne & peril comme il y peut & doit appartenir. En teſmoing que les choſes deſſus dictes ſont vraies, Nous Lieutenant deſſus dit avons ſeellé ces Lettres du ſeel dont Nous uſons oudit office, & à greigneur confirmation & congnoiſſance, y a eſté mis à

f *au.*

noſtre Requeſte, le grant ſeel de ladicte Baillie. Ce fut fait & donné en l'an, ᶠ ou jour & aux Aſſiſes deſſus dictes.

Suite des Lettres de Charles V.

g *nos.*

h *ce mot eſt inutile.*

Leſquelles Lettres & toutes les choſes en icelles contenuës, ſi & en tant comme les dis Religieux & leurs predeceſſeurs en ont uſé ou temps paſſé, Nous avons fermez & aggréables, & icelles conferrons de noſtres puiſſance & auctorité Royal, de grace eſpecial, par ces preſentes: Donnans en mandement au Bailli de Couſtantin, au Viconte de Couſtances, & à tous ᵍ nous autres Juſticiers & Officiers, & les Juſticiers de noſtre Royaume, ou à leurs Lieuxtenans, & à chaſcun d'eulx, ſi comme à lui appartiendra, que les dis Religieux & leurs ſucceſſeurs, contre la teneur des Lettres deſſus tranſcriptes & de ces preſentes, ne ʰ les moleſtent, traveillent ou empeſchent en aucune maniere; mais rappellent & remettent au premier eſtat & deu, tout ce qu'il trouveront eſtre fait au contraire. Et que ce ſoit, &c. ſauf, &c. *Ce fu fait & donné à Paris, ou mois de Juing, l'an de grace mil CCC ſoixante & dix, & de noſtre Regne le VII.ᵉ Ainſi ſignées.* Viſa.

Par le Roy, à la relacion du Conſeil. G. DE MONTAGU.

i *Voy. les Tables des Mat. des 4. & 5.ᵉ Vol. des Ordonn. à ce mot.*

Collatio facta eſt. ⁱ *Contentor.*

NOTES.

(a) Treſpas. C'eſt la même choſe que *Peages.* Voy. *le Gloſſ. du Droit Franç. de Lauriere*, au mot, *Treſpas.*

(b) Panages.] Ce mot ſignifie ordinairement, le droit qui ſe paye au Seigneur d'une Foreſt, pour les beſtes qui y paiſſent; mais il ſe prend quelquefois en general, pour toutes ſortes d'Impôts, & c'eſt dans ce ſens qu'il faut l'entendre ici. Voy. *le Gloſſ. de du Cange*, au mot, *Paſnaticum*, à la fin.

DE LA TROISIÉME RACE. 319

(a) *Lettres qui portent que l'on délivrera à Barthelemi Spiffame, les Especes qui ont été fabriquées avec 600. Marcs d'Argent qu'il a apportez à l'Hôtel des Monnoyes.*

CHARLES V.
à Paris, le 9.
de Juillet
1370.

CHARLES par la grace de Dieu Roy de France. A noz amez & feaulx les Generaulx Maiftres de nos Monnoyes : Salut & dilection. Comme n'agueres, ou mois de Novembre derrenier paffé, notre bien amé Berthelemi Spiffame Nous euft promis à faire certain preft du fien, à noftre grant befoing, & pour le fait de noz guerres; & pour ce, & afin que ledit preft Nous peuft pluftoft faire, lui euffions accordé & octroyé par noz ^a Lettres fur ce faictes, que en noftre Monnoye de Paris, il peuft mettre ou faire mettre fix cens marcs d'Argent en vaiffelle, pour icelle ouvrer ; & vous euffions mandé par nos dictes Lettres, que iceulx VI. C. marcs d'Argent, vous feiffiez ouvrer & monnoier en blancs Deniers d'Argent, pour douze Deniers Parifis la Piece, autelz & femblables comme nous avions fait faire ung peu par avant de noftre propre vaiffelle, & d'autre qui nous auroit efté pretée pour le fait de nos dites guerres; & toute icelle fomme n'eft mie accomplie de mettre ou fait mectre en ladicte Monnoye; & de nouvel lui avons octroié par noz autres ^b Lettres, pour mieulx faire & acomplir aucuns preftz & fervices qu'il nous a promis à faire, que en ladicte Monnoye, il puiffe mectre & faire porter jufques à la fomme de mil marcs d'Argent, en vaiffelle & en Argent cendrée ; & vous ayons mandé que iceulx mil marcs d'Argent, vous faciez ouvrer & monnoyer & delivrer par la maniere que dit eft, & que vous feiftes de noftre dite vaiffelle & autre qui Nous fut preftée : laquelle fomme de mil marcs d'Argent en vaiffelle & en cendrée, il a mis ou fait mectre à ladite Monnoye; & oultre a mis le furplus de ce qu'il ^c failloit pour parfaire & acomplir la fomme de VI. C. marcs d'Argent deffus dite non acomplie, & eft tout ouvré & monnoyé; lequel furplus, vous ou aucuns de vous, empefchez & ne voulez delivrer ne faire delivrer, auffi comme vous avez fait les autres, pour ce que vous ou aucuns de vous, dictez & maintenez que ladite fomme de VI. C. marcs d'Argent, il devoit avoir mife & acomplie dès le temps que Nous lui en feifmes l'octroy ; & que le furplus qu'il a prefentement mis, eft d'Argent de vaiffelle & de cendrée, & il doit eftre fimplement d'Argent de vaiffelle ; laquelle chofe eft ou grant grief, prejudice & donmaige dudit Berthelemi & de Nous auffi, parce que par voftre deffault ou defobeiffance, ou ^d par aucun de vous, il ne peult acomplir ce qu'il Nous a promis, qui touche bien l'honneur & prouffit de noftre Royaume : Pourquoy Nous vous mandons, commandons & eftroictement enjoignons, & à chafcun de vous, que tantoft & fans delay, fans aucune difficulté ne autre Mandement attendre, vous delivrez ou faciez delivrer lefdits mil marcs, d'Argent, & le furplus qui a efté ouvré & monnoyé avec, pour parfaire la fomme de fix cens marcs d'Argent, & en payez ou faictes paier audit Berthelemi, pour chafcun marc, cent quinze folz Tournois, fi comme plus à plain vous avons mandé par noz autres Lettres fur ce faictes ; lefquelles Lettres deffus dites vous font apparuës ; & nonobftant ce que deffus eft dit, que vous ou aucun de vous maintenez au contraire, & quelzconques autres chofes au contraire. Car ainfi le voulons Nous eftre fait, & l'avons octroié & octroïons au

a elles ne fe font pas confervées.

b Voy. cy-deffus, p. 301.

c manquoit.

d d'aucun.

NOTE.

(a) Regiftre D. de la Cour des Monnoyes de Paris, fol.° 7 vingt 6. recto (146).
Avant ces Lettres, il y a:
Le XIIIe. jour de Juillet mil trois cens foixante & dix, fut apporté en la Chambre des Monnoyes, ung Mandement du Roy, dont la teneur s'enfuit , duquel l'en envoya Copie aux Gardes de la Monnoye de Paris, pour l'accomplir.
Lettres pour faire delivrer à la Monnoye de Paris, mil marcs d'Argent livrez par B. Spiffame.

320   Ordonnances des Rois de France

* besoin. dit Berthelemi, de grace especial, si * mestier est. Si gardez bien que en ce n'ait aucun default; & des choses dessus dite faire & acomplir, à vous & à chascun de vous, donnons povoir, auctorité & mandement especial. *Donné à Paris, le* IXe *jour de Juillet, l'an de grace mil trois cens soixante & dix, & le* VIIe *de nostre Regne.*

CHARLES V.
à Paris, le 12.
de Juillet
1370.

(a) Mandement qui porte que les anciennes Ordonnances sur le fait des Monnoyes, seront executées; & que jusqu'à ce qu'il y ait assez de Monnoyes dans le Royaume, celles qui ont été nouvellement faites par le Comte de Flandres, y auront cours, pour le prix fixé par ce Mandement.

CHARLES par la grace de Dieu Roy de France. Au Bailly de Senlis ou à son Lieutenant : Salut. Comme n'a gueres Nous vous avons escript par noz autres Lettres, faisans mention des Ordonnances de noz Monnoyes, que icelles vous feissiez tenir, acomplir & garder de point en point, si comme contenu est en icelles Lettres, de quoy vous avez esté peu diligent, si comme Nous entendons,
a *fortement.* dont ^a forment Nous desplaist; Nous vous mandons de rechef par ces dites presentes, que lesdites Ordonnances contenuës en nosdites Lettres, lesquelles vous ont été envoyées derrenierement par noz amez & feaulx, les Generaulx-Maistres de noz Monnoyes, vous faciez tenir & acomplir, si comme contenu est esdites
b *deschargeant,* Lettres. Et pour ce qu'il Nous a esté rapporté que vous avez dit, en vous ^bdes-
disculpant. chageant, que lesdites Ordonnances vous ne povez tenir ne faire tenir, pour ce que nostre Peuple n'a pas souffisante habondance de nostre bonne blanche Monnoye;
c *besoin.* pourquoy il est ^c mestier qu'ilz preignent & ^d meétent les Monnoyes ^e estranges,
d *donnent.* que nostre très-cher & feal Cousin, le Conte de Flandres fist pieça & a fait der-
e *estrangeres.* renierement, en nostre Royaume, ou quel en a grant quantité; lesquelles nostre Peuple prent & meét pour plus hault pris qu'elles ne valent à la valuë de la nostre bonne : Et pour ce que nostre Peuple ne soit deceu pour le temps advenir, & qu'il ne se puisse doloir qu'il n'ait assez de Monnoye blanche, Nous voulons, & pour ceste fois par maniere de provision pour nostre dit Peuple, que ladite Monnoye blanche de nostre Cousin, qu'il a fait faire pieça, appellé Gros de Flandres
f *appellez.* ^f Heaumes, & celle qu'il a fait faire derrenierement, appellez petitz Gros de
g *évaluer.* Flandres, vous souffrez qu'ilz aient cours pour le pris que Nous l'avons fait ^g évaluer, à l'équipolent de nostre bonne Monnoye d'Argent, que pieça feismes & à present faisons faire par toutes noz Monnoyes; c'est assavoir, que les dits Gros de Flandres appellez Heaumes & Vuaturons, que pieça fist faire nostre dit Cousin, soient prins & mis pour XII. Deniers Tournois, & non plus, & le petit Gros qu'il a fait faire derrenierement, pour cinq Deniers Tournois la Piece, & non plus. Si vous mandons que par tout votre Bailliage, èz lieux acoustumez, vous faictes crier & publier nosdites Ordonnances derrenierement faictes, à vous envoïées, comme dit est, & ces presentes; & que les ditz Gros de Flandres appellez Heaumes & Vuaturons, vous souffrez prendre & meétre pour douze Deniers Tournois la Piece, & non pour plus; & les petitz Gros de Flandres dessus dits, pour cinq Deniers Tournois la Piece, & non pour plus : lequel cours des dits Gros Heaumes & petiz Gros de Flandres, Nous voulons durer, tant que nostre Peuple soit rempli de nostre bonne Monnoye blanche que pieça seismes faire &

NOTE.

(a) Registre D. de la Cour des Monnoyes de Paris, *fol.^o* 7 vingt 7. *recto* (147).
Avant ces Lettres, il y a :
Le XIXe jour de Juillet mil trois cens soixante & dix, furent apportées en la Chambre des Monnoyes, par Sire Edouart Thadelin, quatorze paires de Lettres seellées du Grant seel du Roy nostre Sire, contenant la forme qui s'ensuit.

Lettres par lesquelles l'on donna cours aux Monnoyes estranges, par maniere de provision.

faisons

faisons faire à présent par toutes noz Monnoyes, comme dit est, ou que Nous fe- | **CHARLES**
rons faire pour le temps advenir, ou que nostre dit Cousin ou autres, ª muassent | **V.**
ou feïst muer en prix ou en Loy, lesdites deux ᵇ paires de Gros; & dès mainte- | à Paris, le 12.
nant & pour lors, Nous ordonnons & voulons qu'ilz n'aïent nul cours, & qu'ilz | de Juillet
soient mis au Marc pour Billon; & aussi que toutes autres Monnoyes, tant d'Or | 1370.
comme d'Argent, faictes en nostre Royaume & dehors; excepté nosdites Monnoyes | ª changeassent.
derrenierement faictes & que Nous faisons faire à présent, & celles ausquelles Nous | ᵇ les Gros de
avons donné cours par nos dites autres Lettres; n'aient nul cours, mais soient por- | Flandres & les
tées à noz Monnoyes pour Billon. Et se aucuns, de quelque estat qu'ilz soient, | petits Gros de
se vouloict efforcer de mettre ou prendre autre Monnoye, quelle qu'elle soit, fors | Flandres.
celles ausquelles Nous vous avons donné cours & souffrons qu'elles aient cours,
comme dit est, & que contenu est en nosdites derrenieres Ordonnances & ces pré-
sentes, ou qui ᶜ tréspassent nosdites Ordonnances en aucune maniere, si les punis- | ᶜ qui contre-
sez & mettez en l'amende envers Nous, si comme contenu est en nosdites autres | viennent à.
Lettres : Et Nous voulons que des dites Amendes & forfaictures, vous aiez, oultre
vos gaiges, la quarte partie, tout en la forme & maniere que contenu est en nos
dites Ordonnances. Si accomplissez noz autres dites Lettres & ces presentes, de point
en point sans enfraindre, tellement que en ce n'ait aucun deffault; car se deffault
y a, Nous vous ferons monstrer & monstrerons qu'il Nous en desplaira. Et Nous
mandons par ces presentes, à tous à qui il appartient & doit appartenir, que à
vous & vos deputez sur ce, obéissent & entendent diligemment. *Donné à Paris ,
le XII.ᵉ jour de Juillet, l'an de grace mil trois cens soixante & dix, & de nostre
Regne le VII.ᵉ* Ainsi signé. *Par le Roy.* BLANCHET.

(*a*) Lettres qui portent que la Ville & les habitans de Milhaud, seront | **CHARLES**
exempts du droit de Francs-Fiefs, pour les biens nobles qu'ils ont | **V.**
acquis, & qu'ils acquereront dans la suite. | à Paris, le 19.
| de Juillet
| 1370.

CAROLUS *Dei gratia Francorum Rex. Regiæ Majestatis dignum esse credimus,
ut illis qui vires suas pro ipsa provexerunt, notaque dispendia pro ea subierunt,
aciem suæ considerationis extendat, & ᵈ objectis proficiat incrementis, donaque sua in* | ᵈ mot douteux.
*omne corpus meritorum diffundat , qui, meritis suis exigentibus, pœna, laboribus & su-
doribus suis, beneficium promeruerunt. Cum itaque Nobis, ex parte dilectorum nostrorum
Consulum & habitantium Villæ de ᵉ Amiliano, ᶠ Seneschaliâ Ruthenensis, expositum ex-* | ᵉ Milhaud. Voy.
titerit, humiliter supplicando, quod retroactis temporibus, ipsi aut nonnulli ipsorum, plura | cy-dessus, p. 291.
pheoda nobilia, tam in Bailliviâ de Amiliano quam alibi ᵍ margio nostro, acquisierunt, | Note (*b*) marg.
& ad ʰ hunc futuris temporibus acquirere, gratia suffragante divina, intendunt; quarum | ᶠ Seneschalliæ.
acquisitionum ratione, Gentes & Officiarii nostri nisi præteritis temporibus ⁱ fuerunt | ᵍ appar. in
ipsos compellere, & ad hunc per ipsos compelli formidant futuris temporibus, ad certam | Regno.
Nobis solvendam finantiam; ipsique Nobis & Coronæ Franciæ, utiles se reddiderunt & | ʰ adhuc.
ᵏ acceptis sub temporum diversitate; potissime, quod illi Nos Dominum eorum superiorem | ⁱ fuerunt.
& naturalem esse cognoscentes, & Edouardum Primogenitum Edouardi de Anglia, ini- | ᵏ acceptos.
*micum & rebellem nostrum, cujus nonnullis temporibus subditi extiterunt, derelinquentes,
ad nostram obedientiam devenerunt, dilectionem mutuam & veram subjectionem penes Nos
& Coronam Franciæ, cordiali animo gerentes, de & super quibus sumus plenarie informati. Notum facimus universis, præsentibus pariter & futuris, Nos, de gratia speciali,
certa scientia, auctoritate Regia plenitudineque potestatis, prefatis Consulibus & habitantibus, ac eorum singulis, concessisse, ut pheuda nobilia in Regno nostro, ubicumque*

NOTE.

(*a*) La Copie de ces Lettres a été en- voyée de Montauban. *Voy. cy-dessus*, p. 290. Note (*a*).
Voy. aussi cy-dessus, p. 190. Note (*a*).

CHARLES V.
à Paris le 19.
de Juillet
1370.
a il y a la place d'un mot en blanc.
b il y a la place de 4 ou 5 mots en blanc; il doit y avoir *solvere* ou *præstare*.
c & d *Iris. Cop.*
e mot corrumpu, peut-être *igitur*.
f fort. *Parisius*.

voluerint, pro se & suis hæredibus ac successoribus ab ipsisque causam habentibus & habituris, acquirere ᵃ   possint, tam pro Universitate dictæ Villæ, quam pro singularibus habitantibus prædictis, absque eo quod ob hoc, Nobis aut successoribus nostris aliquam financiam ᵇ   teneantur; & ex uberiori gratia, eis, & eorum cuilibet, omnem & qualemcumque financiam, ad quam solvendam, ratione pheodorum nobilium per ipsos lapsis temporibus acquisitorum, compelli possent, remisimus, donavimus & quittavimus, remittimusque, donamus ᶜ quittamus per presentes; usu & Consuetudine, ᵈ Litteris Ordinacionibusque, mandatis & deffensionibus ad hoc contrariis, nonobstantibus quibuscumque. ᵉ Quibus dilectis & fidelibus Gentibus Parlamenti nostri & Compotorum nostrorum ᶠ Parisiorum, Thesaurariis nostris ac Seneschallo Ruthenensi, cæterisque Justitiariis & Officiariis nostris, aut eorum Loca tenentibus, presentibus & futuris, & eorum cuilibet, prout ad eum pertinuerit, præcipiendo mandamus, quatenus Consules & habitantes memoratos, & eorum quemlibet, ac eorum hæredes ac successores, nostra presenti gratia uti & gaudere pacifice & quiete faciant & permittant, ipsosque contra presentium formam & tenorem, nullatenus impediant, molestent vel perturbent, impedirive, molestari vel perturbari, in corporibus sive bonis, faciant vel permittant à quoquam quoquomodo; quin imo, si ob hoc aliqua eorum bona capta, saisita vel arrestata fuerint, ea ipsis reddant aut reddi & restitui faciant indilate. Quod ut perpetuæ stabilitatis robur obtineat, presentes Litteras confici fecimus, & sigilli nostri appensione muniri; salvo in aliis jure nostro, & in omnibus quolibet alieno. Datum Parisius, decima nona die Julii, anno Domini millesimo trecentesimo septuagesimo, & Regni nostri septimo.

Per Regem, in suis Requestis. DAILLY.

g il y a une marque d'abbreviation sur ce mot.

Registratum in Camera Compotorum Parisiis. JOANNES. Visa. F. DE ᵍ OXTIS.

CHARLES V.
à Paris, en l'Hostel de S.ᵗ Paul, le 21. de Juillet 1370.

(a) Reglement pour la Communauté des Chirurgiens de la Ville de Paris.

h esse.

KAROLUS Dei gratia Francorum Rex. Preposito Parisiensi vel ejus Locum tenenti: Salutem. Cum ex dilectorum nostrorum Magistrorum, Juratorum, Licenciatorum & Baccallariorum in Arte Cirurgie, Parisius commorantium, Nobis fuerit insinuacione monstratum, quod cum ipsi, antequam exercicio dictæ Artis se debeant immiscere, teneantur coram vobis prestare juramentum de ipso officio fideliter exercendo: Quo facto, vulnerati existentes in Villa sive Vicecomitatu Parisiensi, seu vulnera eorum vel plagas vobis seu Auditoribus Castelleti nostri Parisiensis, revelare seu etiam intimare minime teneantur; nisi duntaxat illos vel illorum, quos in locis sacris vel privillegiatis ʰ esset contingit; & propter hoc, hactenus prestaverunt & prestare consueverunt coram Sigillifero Castelleti dicti, dictum fidelis exercitii juramentum. Nihilominus vos, ipsos exponentes, pro dicto juramento per eos, ut dicitur, non prestito, ac presentacione & approbacione de ipsis seu aliquibus ipsorum, coram vobis, & pro dicta revelacione seu intimacione non factis, nec non & pro non Graduatis, quia se dicto exercitio immiscuerunt, licet in hac sint experti, illudque saltem sub Regimine & nominibus Magistrorum exercere consueverint, trahere nitimini ad emendam, & compellere ad vobis seu dictis Auditoribus revelandum seu intimandum, post primam visitationem seu preparationem, vulneratos & plagas, non solum existentium in locis sacris & privillegiatis, sed etiam aliorum quorumlibet indistincte;

i sur des choses sacrées.

& jam aliquos ex ipsis ⁱ de sacro jurare fecistis, quod vobis seu dictis Auditoribus, de omnibus revelabunt; Et insuper, licet ipsos omni hora de dicto officio exercendo oporteat esse paratos, eosdem ad custodie januarum nostre Civitatis Parisiensis, de die & de nocte excubiarum ejusdem vultis ponere servitutem, ipsos pro premissis diversis modis & viis punire volendo, in ipsorum & Reipublice, cujus sunt servitio deputati, grave dispendium, prout sumus sufficienter informati. Hinc est, quod Nos, premissis attentis, & quod non

NOTE.

(a) Livre verd-vieil second du Chastelet de Paris, fol.° 7 vingt 7. v.° (147).

DE LA TROISIÉME RACE. 323

*multum refert, an coram vobis seu dicto Sigillifero fuerit dictum juramentum prestitum;
attento etiam, quod medietas emandarum ex predictis non approbacione & juramenti non
prestacione, proveniencium, ad ipsos exponentes, ex donacione per Nos ipsis facta, ut in
utilitatem Confraternitatis sue,* ª quem faciunt in honorem Beatorum Martyrum Cosme
& Damiani, & non alibi, conuertatur, noscitur pertinere; omnem & quamcunque emendam,
in qua propter supradicta erga Nos teneri possent quovismodo & tenentur, eisdem & eorum
cuilibet, remisimus & in dicto casu remittimus de nostra certa sciencia & gracia speciali;
ita tamen, quod ipsi & eorum* ᵇ cuilibet, deinceps jurare, & aprobacionem petere, prout
decuerit, secundum eorum privilegia teneantur. Et ex habundanti, attento quod dicti
exponentes se sponte offerunt pro Nobis & ᶜ remedio anime nostre, nostrorumque predecessorum & in futurum successorum, gratis ᵈ visituros & preparaturos pauperes, qui in
Hospitalibus recipi non possunt, & qui eorum visitacionibus & remediis indigebunt, volumus & eis concedimus, ut ipsi ad dictos vulneratos seu eorum vulnera & plagas reve-
landos, aliter quam superius, & in suis privilegiis per Nos seu nostros predecessores eis
concessis, de quibus vobis licuit aut liquebit, est cautum; ᵉ nec nom ad faciendum excubias
vel custodiam janitarum deinceps, minime sint astricti; sed potius sint liberi & immunes:
Mandantes vobis, quatinus ipsos & eorum quemlibet, nostra presenti gracia & concessione uti faciatis & permittatis pacifice & quiete, ipsos seu aliquem ipsorum, in contrarium nullatenus molestando seu molestari faciendo vel etiam permittendo aliqualiter in corpore sive bonis; sed jam exacta in contrarium, ut est dictum, juramenta contra suorum
privilegiorum tenorem & seriem, relaxando, que nos ᶠ eidem in casu premisso tenore presencium relaxamus, & silencium super hiis omnibus, nostro Procuratori imponimus per presentes. Datum in Hospicio nostro Sancti Pauli, die xxi.ª ᵍ mesis Julii, anno Domini millesimo trecentesimo septuagesimo, Regnique nostri septimi.*

CHARLES V.
à Paris, en l'Hostel de S.ᵗ Paul, le 21. de Juillet 1370.

ª *quam.*
ᵇ quilibet.
ᶜ Voy. cy-dessus, p. 186. Note (*a*).
ᵈ fort. visitaturos.
ᵉ non.
ᶠ eisdem.
ᵍ mensis.

(*a*) Lettres du Roy adressées aux Presidents du Parlement, qui leur ordonnent de ne plus surseoir à la prononciation des Arrêts, quelques ordres qu'ils en reçoivent de luy; & qui portent que son intention n'est plus de juger en personne, les affaires de peu d'importance.

CHARLES V.
à Paris, le 22. de Juillet 1370.

A Nos amez & feaulz les Presidens de nostre Parlement, à Paris. De par le Roy. Les Presidens de nostre Parlement. ʰ Nous sommes assés recors que aucune foiz vous avons mandé par importunité de requerans, de surseoir à prononcier les Arrez jusques à certain temps sur aucunes Causes; & aussi par l'infestation des Gens de nostre Hostel & autres, Nous avons voulu oir pardevant Nous, la plaiderie d'aucunes petites Causes (*b*) dont il n'appartient point. Et pour ce que Nous avons n'agaires esté & sommes acertenez, que par le delay des diz Arrez, le droit de Partie a esté & est appeticié contre raison; & semblablement, pour oir telz menues Causes, nostre dit Parlement a esté empeschié, Nous vous mandons que dores en avant, pour quelconque Lettre ou Mandement que vous ayez de Nous au contraire, vous ne surfoiez ou delayez à pronuncier & donner les diz Arrez, ⁱ sur ce procediez touteffois qu'il vous femblera bon à faire felon juftice & raison: & aussi il n'est pas nostre entention de oir dores en avant telz Causes, ne les rappeller pardevant Nous. *Donné à Paris, le vingt-deuxiéme jour de Juillet, l'an mil trois cens soixant & dix.* ᵏ

ʰ *Nous nous ressouvenons.*

ⁱ *mais J.*

ᵏ *Charles J.*

NOTES.

(*a*) Regiftre A. du Parlement de Paris, cotté *Ordinaciones antiquæ*. fol.º 95. v.º Ces Lettres ont déja été imprimées dans les Offices de France de Joly. tom. *1. Addit. au 1. Livre.* p. XIX.

(*b*) *Dont il n'appartient point.*] Qui ne font point assez importantes, pour être jugées par le Roy.

Tome V.
Sf ij

CHARLES V.
à Paris, en Juillet 1370.

(a) Privileges accordez à la Ville de Cahors.

SOMMAIRES.

(1) *Confirmation des privileges, Coutumes & usages de la Ville de Cahors.*

(2. 17.) *La Ville & les habitans de Cahors, seront sous la sauvegarde du Roy ; & le Senéchal de Cahors jugera dans cette Ville, les infractions faites à cette sauvegarde ; sauf les droits des Seigneurs Justiciers, dans l'étenduë de la Jurisdiction desquels, ces infractions auront été commises.*

(3) *Les Consuls de cette Ville, feront payer ce qui luy est dû.*

(4. 15.) *Les Consuls de cette Ville pourront créer cinq Notaires, & les remplacer, lorsque leurs places seront vacantes. Ces Notaires pourront recevoir toutes sortes d'Actes, même ceux qui doivent être scellez.*

(5) *Les habitans de Cahors qui auront des Terres dans d'autres lieux, ne contribueront dans ces lieux, par rapport à ces Terres, qu'aux charges purement réelles ; & ce sera dans Cahors, qu'ils contribuëront par rapport à ces Terres, à toutes les autres charges.*

(6) *Les habitans de cette Ville seront exempts du droit de Francs-Fiefs, pour les biens nobles qu'ils acquerroient dans la suite ; quand même ces biens seroient situez dans des Fiefs ou Arriere-Fiefs du Roy, & quand même ils les auroient acquis de personnes nobles ou Ecclesiastiques.*

(7) *Le Scel du Consulat de cette Ville, aura le même effet & la même force que le Grand sceau de la Maison-commune de Thoulouse. Les Consuls percevront les émolumens du scel de leur Consulat.*

(8) *Les Consuls de cette Ville pourront élever des Fourches (ou Poteaux,) sur les Terres qui lui appartiennent.*

(9) *Les Consuls de cette Ville & ceux qui l'auront été, ne pourront être appliquez à la question, ni être condamnez à une mutilation de membres ; si ce n'est dans le cas du crime d'heresie, de Leze-Majesté ou de Rapt.*

(10) *Les biens & droits relevants du Roy, appartenants au lieu nommé Monteuc, qui ont été confisquez à cause de la rebellion de ce lieu, & qui sont situez dans l'espace de deux lieuës de la Ville de Cahors, du côté de Monteuc, sont donnez à cette Ville.*

(11. 16.) *Les Consuls de cette Ville seront conservez, nonobstant les empêchements à eux faits par les Maîtres des Eaux & Forêts, dans la connoissance de la Pêche qui se fait autour des Moulins & de leurs Ecluses ; de la mesure des Poissons qui seront pêchez dans l'étenduë de leur Jurisdiction, & des Retz avec lesquels on les pêchera.*

(12) *Les Barons ni aucune autre personne que ce soit, ne pourront empêcher que l'on opporte des vivres dans cette Ville.*

(13) *Décharge generale de ce qui est dû au Roy par les habitans de cette Ville ; & Rémission de tous les délicts & crimes qu'ils peuvent avoir commis.*

(14) *La portion de cette Ville qui appartient au Roy, ne sera jamais separée du Domaine de la Couronne ; si ce n'est du consentement des habitans.*

Le Seneschal de Cahors sera Conservateur des privileges de cette Ville.

a Languedoc.

KAROLUS, &c. Notum facimus universis tam præsentibus quam futuris, Nos Litteras carissimi Germani & Locumtenentis nostri in ª Partibus Occitanis, Ducis Andegavensis & Comitis Cenomanensis, suo magno sigillo in cera viridi & filis sericis sigillatas, vidisse, formam que sequitur, continentes.

b &.
c poribus. R.
d je crois qu'il manque là un membre de phrase en entier.
e paix de Bretigni.

LUDOVICUS Regis condam Francorum Filius, Domini nostri Regis Germanus, ejusque Locumtenens in Partibus Occitanis, Dux Andegavensis ᵇ Comes Cenomanensis. Quum cujusque rei principium pars potentissima denotatur, & exitus gestorum cum prosperi sunt, bonis principiis ascribuntur, ex merito, qui pro juribus Regni, gravioribus & ᶜ prioribus periculis se exponunt ; ᵈ & quia licet multis Civitatibus & locis notabilibus Ducatus Acquittaniæ & aliarum Terrarum, post transportum de ʃeis factum in Regem Angliæ, occasione ᵉ pacis novissimæ, visum fuerat necessarium querere erga Dominum meum, ut eorum Dominum superiorem, remedium ressortivum, sicut ab hactenus eis competierat,

NOTE.

(a) Tresor des Chartres, Registre 100. Piece 895.

Charles V. en confirmant les Lettres du Duc d'Anjou, augmente encore les privileges que celui-ci avoit accordez aux habitants de Cahors. L'on a mis des renvois aux articles des Lettres du Duc d'Anjou & de celles de Charles V. qui ont du rapport.

Voy. cy-dessus, p. 190. Note (a).

DE LA TROISIÉME RACE. 325

& in (a) dicto transporto fuit expresse salvatum : Anglicorum tamen ferocitas illorum corda sic invaserat, quod nullus ex eis ab illorum jugo durissimo recedere, aut dictum eorum ª remedium ausus extitit aperire, donec fidelissimi Domini mei & (b) & Coronæ Franciæ, Consules ac ceteri habitatores inclitæ Civitatis Caturci, pro dicto suo remedio se & sua fortunæ periculo submiserunt, contemptaque dictorum Anglicorum rabie & furore, auxiliante ipsis Deo, dictum Dominum meum in suum Dominum cognoverunt, & à Principe ᵇ Walliæ dicente se Ducem Acquitaniæ, & ejus Ministris & Officiariis, appellarunt, adhærendo appellationibus factis per carissimum Consanguineum nostrum Comitem Armaniaci, & ipsius Civitatis viam, multa loca nobilia post sunt secuta, resque cum Dei adjutorio plurimum prosperata.

CHARLES V.
à Paris, en Juillet 1370.
a le remede de l'appel.
b Galles.

(1) Notum igitur facimus universis tam presentibus quam futuris, quod Nos, ipsis Consulibus ac Universitati dictæ Civitatis, & singulis habitatoribus ejusdem, qui sunt & erunt pro tempore, tanquam illis qui sunt & fuerunt principium hujus rei pre ceteris locis transportatis, quæ fuerant de Patrimonio Regio, idem Dominus meus ac nos in speciali reputantes astrictos ad prosequendum beneficium ex merito ᶜ graciosum, omnia & singula singulariter sigillatim contenta in articulis infrascriptis, concessimus & donavimus, damusque & concedimus per presentes, de nostra certa scientia, auctoritateque Regia qua fungimur, & gratia speciali confirmamus : Si quidem prefatis Consulibus, & cuilibet ac singularibus habitatoribus ejusdem Civitatis, presentibus & futuris, omnes gratias & omnia privilegia, Rescripta ac beneficia seu statuta actenus per Dominos nostros Francorum Reges qui fuerunt, seu per alios ad hoc potestatem habentes, concessas seu concessa, confirmatas seu confirmata ; nec non omnes Consuetudines, Libertates, saisinas & stilos, in seu de quibus ᵈ visi sunt pacifice ab antiquo, licet hic expressi vel expressa non existant ; & non obstantibus instructionibus seu Ordinacionibus contrariis factis per dictum Principem Walliæ, vel Gentes seu Officiarios ejusdem, ipsorumque & eorum successorum ᵉ bona teneri, defendi & tueri perpetuo volumus & promittimus in eisdem.

c graciosi. R.

d usi.

e ce mot est inutile.

(2) ᶠ Insuper volumus & concedimus per presentes, quod omnes Cives dictæ Civitatis, qui nunc sunt vel erunt pro tempore, & eorum bona, sint in salva-gardia speciali Domini mei Regis & nostra, quantum ad omnes alios qui non sunt Cives ; præfatosque Cives per presentes, supradicta salva gardia & protectione tueri volumus & jubemus.

f Voy. cy-dessous.l'art. 17.

(3) Item. Quod debita quecunque Universitatis ejusdem Villæ, possint & valeant debite exhigi & levari per Consules Civitatis predictæ.

(4) ᵍ Item. Volumus & concedimus per presentes, quod Consules dictæ Civitatis, qui nunc sunt vel erunt pro tempore, possint ex nunc imposterum, tres probos viros etate, scientia & moribus expertos, in Notarios publicos creare & instituere ; ac illis mortuis aut aliter privatis officio, in locum eorum alios subrogare ; quodque, recepto ab eisdem primitus juramento in tali officio prestari consueto, Cartas, Instrumenta, processus, scripturas publicas, etiam cum sigillo sigillatas, & omnia alia & singula quæ ad Notariatus Officium pertinent, possint facere, ac si essent instituti auctoritate Regia vel nostra.

g Voy. cy-dessous, l'art. 15.

(5) Item. Quod nullus qui habeat domicilium in Caturco, habens possessiones quascunque in loco alio, possit compelli ad contribuendum in loco illo, in aliquibus muneribus, nisi in solis mere realibus ; sed pro illis possessionibus in predicta Civitate, ad quecunque alia munera, solum contribuere teneatur.

(6) Item. Quod nullus cujuscunque sexus existat, habitator seu incola predictæ Civitatis, innobilis, pro quacunque re per ipsos seu eorum alterum, à Nobilibus seu personis

NOTES.

(a) *Dicto transporto.*] Charles V. soutenoit que par le Traité de Bretigny, le ressort du Duché d'Aquitaine avoit été reservé aux Roys de France, en cas que le Roy d'Angleterre n'executât point un autre article de ce Traité, que dans le fait il n'avoit point executé. Et ce fut là la raison qui le détermina à recevoir l'appel du Comte d'Armagnac & des autres Seigneurs de la Guyenne. La discussion de ce fait important seroit trop longue, & ne pourroit être inserée ici dans une Note. Peut-être trouvera-t-on dans la suite l'occasion de donner au Public, un mémoire sur ce point d'histoire, qui n'est point assez éclairci.

(b) Il y a là un mot qu'on n'a pû déchiffrer. Il y a un *a* suivi de trois jambages, avec une marque d'abbreviation.

CHARLES V.
à Paris, en
Juillet 1370.

Ecclesiasticis noviter acquirenda, eciam si sit in Feodo vel Retrofeodo dicti Domini nostri, quamvis à Nobilibus ipsum Feodum nobile acquisierint, seu partem ejus, ex nunc perpetuis temporibus, financiam seu exactionem aliqualem pro ipsa re acquisita, solvere seu tradere teneantur.

(7) Item. Volumus & concedimus, quod sigillum Consulatus quod prefati Consules habent, tales vires, compulsiones ac coherciones, privilegia, usus, Libertates habeat, quas habet sigillum majus Domus Communis Tholose; & quod quicumque possint se obligare ad vires dicti sigilli, obligatique possint compelli, ac si essent obligati ad vires predicte Domus Communis; quodque prefati Consules emolumentum sigilli possint ad utilitatem Civitatis predicte percipere, expendere & levare.

(8) Item. Quod in limitationibus antiquis sue jurisdictionis, scriptis in accordo facto actenus inter eos & Episcopum Caturcensem, confirmato per Dominum meum tunc Regem Francie, & in terris noviter eis per presentes à Nobis datis & concessis, possint prefati Consules auctoritate propria ^{a} *furcas erigere ubicunque, & absque metu cujuscunque pene.*

a ou Poteaux marques de justice.

(9) Item. Quod nullus Civis qui Consul sit vel fuerit, & actenus aut in futurum existat, possit questionari pro crimine sibi imposito vel imponendo, vel condampnari ad membri mutilationem; demptis criminibus heresis, lese Majestatis & raptus.

(10) Insuper, cum locus de (a) Montecugno & habitatores in eo, sunt rebelles Corone Francie & Domino meo Regi, & dictus locus, sicut alia loca Ducatus Acquittanie, fuerit noviter confiscatus per dictum Dominum meum, in sua Curia Parlamenti, damus & concedimus per presentes, de nostra certa sciencia & gratia speciali, auctoritate qua supra, Consulibus & Universitati predicte Civitatis, Jurisdictionem altam & bassam, redditus, census & homagia, (b) recogniciones & quecunque alia jura que debebantur ac poterant pertinere actenus predicto loco, Castellano vel Bajulo dicti loci, nomine & jure dicti Domini mei Regis, infra duas leucas à Civitate predicta; ^{b} *erga dictum locum: volentes quod premissa ad predictos Consules & Universitatem dicte Civitatis, solum & in solidum perpetuo pertineant pleno jure.*

b du costé de.

(11) ^{c} *Item. Quod ex privilegiis suis, prefati Consules habeant, ut dicunt, jus cognoscendi de (c) passibus Molendinorum &* ^{d} *Paxeriarum; & de premissis, eis per Magistros Aquarum* ^{e} *alias debatum factum extiterit, volumus & concedimus per presentes, ut prefati Consules dictam cognicionem (d) Piscariarum Molendinorum & Paxeriarum; nec non & mensure piscium piscandorum infra limitationes dicte Civitatis, & Retium cum* ^{f} *quolibet piscabuntur, in dicto* ^{g} *flumine habeant, predictaque cognicione utantur pacifice prout antea utebantur: inhibentes Magistris Aquarum qui pro tempore fuerint, ne in premissis predictos Consules ullatenus impediant sive perturbent.*

c Voy. cy-dessous l'art. 16.
d Ecluses. Voy. p. 261. Note (c).
e al. R.
f quibus.
g c'est le Lot qui passe à Cahors.

(12) Item. Quod Barones seu quicumque alii, nullo modo possint prohibere portationem Victualium fiendam in Civitate predicta; & si qui Barones vel alii inhibitiones penales vel ^{h} *alias contrarias facerent, ipsas volumus non tenere nec habere roboris firmitatem.*

h al. contrar. R.

(13) Item. Prefatis Consulibus, Civibus ac singulis habitatoribus predicte Civitatis, nostram ampliando gratiam, omnia & quecunque debita & arreragia per dictam Universitatem seu singulares ejusdem, quomodolibet debita, seu que deberi, aut in quibus

NOTES.

(a) *Monscugnus.*] Le R. P. D. Vaissette, Benedictin, m'a appris que ce lieu se nomme presentement, *Montcuc*, en Quercy ; c'est un Château situé vers les frontieres de l'Agenois.

Il y a dans le 4.e vol. des Ordon. p. 78. des Lettres pour *Monscugnus*. Comme il n'y avoit rien dans ces Lettres, qui marquât le pays où étoit situé ce lieu, on n'avoit pû en découvrir le nom moderne. *Voy. ibid.* Note (*b*).

(b) *Recogniciones.*] Cens annuels dûs à un Seigneur. *Voy. le Gloss. de du Cange*, au mot, *Recognitio*.

(c) *Passibus.*] Ce mot se trouve encore cy-dessous dans l'article 16. qui a du rapport à celui-ci. Peut-être cependant faut-il corriger, *piscibus* ou *piscariis*. Peut-être aussi *Passibus* signifie-t-il le passage de la Riviere le long des Moulins & des Ecluses !

(d) *Piscariarum.*] Pescherie, lieu où l'on pesche. *Voy. le Gloss. de du Cange*, à ce mot.

DE LA TROISIÉME RACE. 327

teneri reperirentur, vel fore obligati, quacunque ratione sive causa, universaliter aut singulariter, Domino nostro Regi sive Nobis, vel ª *descripsi forent in Libris sive Registris Thesaurarie sive Receptorie dictæ Senescallie Caturcensis; nec non omnia & singula crimina aut delicta per eos commissa per transgressiones Monetarum aut aliter, usque nunc, remissimus, quittavimus, remittimusque & quittamus per presentes, scientia, auctoritate & gratia quibus supra, ipsosque & eorum bona quittos & liberos facimus & reddimus per presentes; cassantes, irritantes & eciam annullantes nec non & cancellantes omnes & quoscunque processus, inquestas, libros, registra, prothocolla factos seu facta aut descripta per quoscunque & qualitercunque, super predictis, quos & que, quo ad hoc, nullius efficacie seu momenti esse volumus & jubemus; Senescallo nichilominus Caturcensi, Advocato & Procuratori ac Thesaurario Regiis ipsius Senescallie, qui nunc sunt vel pro tempore fuerint, silencium perpetuum super his imponentes.*

(14) Et insuper, ad humilem & frequentem supplicationem ac Requestam dictorum fidelium Consulum & habitatorum dictæ Civitatis, promisimus & promittimus auctoritate Regia predicta, quod pars quam Dominus noster habet in dicta Civitate, de ᵇ *Meusa seu patrimonio proprio Domini nostri Regis, & ejus successorum Francorum Regum, nullatenus quacunque ratione sive causa, discedetur, nec demembrabitur,* ᶜ *in aliquas alias personas transferetur vel transportabitur; nisi tamen de dictorum Consulum ac Civium consensu processerit, ac eciam voluntate.*

Mandantes Senescallo Caturcensi, qui nunc est vel erit pro tempore, quem deputamus & instituimus Conservatorem Specialem premissorum & aliorum privilegiorum dictæ Civitatis, ceterisque Justiciariis Regiis, presentibus & futuris, & eorum cuilibet, si necesse fuerit, committendo, ac Locatenentibus eorumdem, quatenus predictos Consules & singulares habitatores dictæ Civitatis, qui nunc sunt vel pro tempore ᵈ *fuerunt, predictis omnibus & singulis superius expressatis, uti & gaudere pacifice & quiete faciant & permittant, nil in contrarium attemptando seu attemptari faciendo vel eciam permittendo: quod si secus factum fuerit vel fiat pro tempore, ad statum debitum reducant aut reduci faciant indilate; premissorum violatores penis legitimis compescendo. Quod ut firmum & stabile perpetuo perseveret, has nostras presentes Litteras sigilli nostri impressione fecimus roborari: salvo in aliis jure Regio & in omnibus alieno. Datum & actum Tholose, anno Domini M. CCC. sexagesimo nono, mense Januarii.*

(15) ᵉ *Nos autem, consideratis magnis &* ᶠ *nobilibus serviciis, que ipsi Consules & habitatores ejusdem Civitatis & Ville Caturcensis, Nobis & Corone Francie impenderunt, & qui tanquam fidelissimi, Nos eorum Dominum superiorem & naturalem cognoscentes, de primis subditis nostris ipsius Ducatus Acquitannie, Civitatem eandem in nostra obediencia submiserunt, eorumdem supplicationibus Nobis pro parte ipsorum presentate, favorabiliter annuentes, ut cum per dictum Germanum & Locumtenentem nostrum, eisdem concessum extiterit per Litteras suprascriptas, quod ipsi Consules, qui nunc sunt vel pro tempore fuerint, possint ex nunc & in posterum, tres probos viros etate, scientia & moribus expertos, in Notarios publicos creare & instituere, & illis mortuis vel aliter privatis officio, in locum* ᵍ *aliorum, alios subrogare, prout in articulo in Litteris suprascriptis contento & de hujusmodi creatione mentionem faciente, lacius continetur; ex nostre plenitudine Regie potestatis, certa scientia & gratia speciali eisdem concessimus & concedimus per presentes, gratias & concessiones supradictas ampliando, quod ipsi Consules, presentes & futuri, duos alios Notarios, una cum dictis tribus, similiter probos viros & expertos, creare & instituere de cetero possint & valeant, modo & forma in dicto articulo contentis.*

(16) ʰ *Item. Quod cum ex privilegiis suis, habeant, prout dicunt, jus cognoscendi de* ⁱ *passibus Molendinorum &* ᵏ *passeriarum, ac de premissis, contra ipsos per Magistros Aquarum alias debatum fuerit appositum, idemque Germanus noster duxerit eisdem Consulibus concedendum, ut dictam cognitionem piscatarum, Molendinorum ac passeriarum; nec non & mensure Piscium piscandorum infra limitationes dictæ Civitatis, prout in articulo suprascripto de his mentionem faciente, lacius continetur, eisdem concessimus & concedimus eciam per presentes, quod, nonobstante quocunque debato seu*

CHARLES V.
à Paris, en Juillet 1370.
a descripsi.

b Voy. cy-dessus, p. 276. Note (c).
c nec.

d fuerint.

e Voy. cy-dessus l'art. 4.
f mot abregé & très-douteux.

g illorum.

h Voy. cy-dessus l'art. 11.
i Voy. p. preced. Note (c).
k Voy. p. preced. Note (d) margin.

CHARLES V.
à Paris, en Juillet 1370.
a passeriarum.

impedimento qualitercunque apposito per dictos Magistros Aquarum, de tempore quo Eddwardus Primogenitus Eddwardi Anglie, dictum Ducatum tenebat, & eciam per decem annos antequam in manibus ipsius Eddwardi, dictus Ducatus poneretur, ipsi Consules habeant & possideant dictam cognitionem piscariarum Molendinorum & ª passeriorum, in dicto articulo latius declaratam, & quod illa cognitione possint & valeant uti & gaudere pacifice & quiete.

b Voy. cy-dessus l'art. 2.
c quotiens.

(17) *b Item. Quod, cum ipsi Consules, habitatores, Cives & incole ipsius Civitatis, in nostra salva & speciali gardia sint suscepti, eisdem, auctoritate qua supra, de novo concessimus & concedimus per presentes, quod, in casu & tociens c ipsos & eorum singulos de cetero contingerit per aliquos malefactores injuriam pati, invadi vel depredari aut aliter in ipsis vel eorum bonis, injurias inferri ubicunque in Senescallia Caturcensi, quod Senescallus Caturcensis, qui nunc est vel pro tempore fuerit, aut ejus Locumtenens; de hujusmodi injuriis, violenciis & infractione salve-gardie, dampnis illatis seu inferendis emenda, reintegratione dicte salve Gardie infracte, & restitutionibus faciendis,*

d in.

& aliis que incumbent d correctionem, cognitionem & punitionem, habeat in dicta Civitate Caturcensi perpetuo cognoscere, & eisdem facere justicie complementum, & tales malefactores, ubicunque in eadem Senescallia idem Senescallus repererit, prout qualitas excessuum exigerit, una cum bonis eorumdem, capere & punire; Judicum & aliorum Dominorum & Justiciariorum, in quorum territorio seu jurisdictione, talia perpetrata fuerint vel commissa, juribus semper salvis.

Litterasque suprascriptas & omnia & singula in eisdem contenta, & per dictum Germanum nostrum eisdem Consulibus & Universitati ac habitatoribus, concessa, laudamus, ratificamus, & auctoritate predicta, certa scientia confirmamus, & eisdem de novo damus & concedimus, si sit opus. Dantes tenore presentium in mandatis Senescallo Caturcensi, qui nunc est vel pro tempore fuerit, quem idem Germanus noster eisdem Consulibus & Universitati, Conservatorem specialem premissorum & aliorum privilegiorum ejusdem Civitatis, ut dictum est, instituit & deputavit, & quem Conservatorem ipsorum privilegiorum & aliorum hujusmodi nostrorum de novo concessorum, eisdem deputamus Conservatorem specialem, ceterisque Justiciariis nostris, presentibus & futuris, aut eorum Locatenentibus, & cuilibet eorumdem, prout ad eum pertinuerit, quatenus prefatos Consules & singulares ipsius Ville & Civitatis, qui nunc sunt & pro tempore fuerint, predictis graciis, privilegiis, Libertatibus & ampliationibus, ac omnibus aliis & singulis suprascriptis, uti & gaudere faciant & permittant pacifice & quiete, nil in contrarium attemptando seu attemptari permittendo: quod si secus attemptatum fuerit quoquomodo, ad statum pristinum reducant vel reduci faciant indilate; attemptatores seu exactores contra premissa vel aliqua premissorum, prout casus exigerit, debite puniendo. Quod ut firmum, &c. salvo in aliis, &c. Datum Parisius, anno Domini millesimo CCC. septuagesimo, Regni vero nostri VII.º mense Julii. Sic signate. Visa.

Per Regem, in suis Requestis. N. DE VEIRES.

Collatio facta est cum Litteris Originalibus, per me. N. DE VEIRES.

CHARLES V.
à Paris, en Juillet 1370.

(*a*) Lettres qui portent que les habitants de Cahors pourront commercer dans tout le Royaume, sans payer aucuns droits pour les Marchandises qu'ils acheteront.

*K*AROLUS, *&c. Celestis altitudo potentie, &c.*

Sane considerantes grata & laudabilia servicia que dilecti & fideles nostri, Burgenses, habitatores & Mercatores Civitatis & Ville Caturcensis, nobis fideliter, &c.

Dantes tenore prescencium in mandatis Senescallis Tholose, Carcassone, Ruthenensi

NOTE.

Tresor des Chartres, Registre 100. Piece 667. *Voyez cy-dessus,* p. 190. Note (*a*).

DE LA TROISIÉME RACE.

& Caturcensi, ceterisque, &c. Datum Parisius, anno Domini millesimo ccc. septuagesimo, Regni nostri VII°. mense Julii.   *Visa.*
Per Regem. N. DE VEIRES.

(*a*) Privileges accordez à l'Université de la Ville de Cahors.

CHARLES V.
à Paris, en Juillet 1370.
a Languedoc.

KAROLUS, *&c. Notum facimus universis tam presentibus quam futuris, Nos Litteras carissimi Germani & Locumtenentis nostri in* ª *Partibus Occitanis, Ducis Andegavensis & Comitis Cenomanensis, suo magno sigillo in cera viridi & filo serico sigillatas, vidisse, formam que sequitur, continentes.*

LUDOVICUS Regis quondam Francorum Filius, Domini nostri Regis Germanus; ejusque Locumtenens in Partibus Occitanis, Dux Andegavensis & Comes Cenomanensis. Racioni consonum arbitramur, illorum, qui non solum pro jure & conservacione Regni Francie, corpora sua exponere, ymo totalem eorum substanciam, uxores ac liberos, pro jure eodem periculis irreparabilibus subjicere non formidant, peticionibus & requestis acquiescere, & eas exaudire cum effectu. Recolentes igitur firmam atque veram obedienciam, quam dilecti nostri Consules, singulares & habitatores Civitatis Caturci, dicto Domino nostro temporibus retrolapsis habuerint & de novo exhibuerunt, & adhuc ᵇ *perseverando in eisdem, exhibent & ostendunt : Notum facimus universis tam presentibus quam futuris, quod Nos, ad* ᶜ *ipsos Consulum, singularium & habitatorum ipsius Civitatis, humilem & instantem supplicacionem & Requestam, omnia & singula privilegia, Libertates & franchisias, per Ducem Acquitanie nuper Rectoribus & Doctoribus, Licentiatis & Bachalariis, ac universis & singulis habitatoribus ipsius Ville, quarumcumque Parcium existant, legentibus, studentibus & audientibus in predicta Civitate, in quacumque Facultate Artium, concessa, confirmavimus & tenore presencium, de nostra certa sciencia auctoritateque Regia qua fungimur in hac parte, & gratia speciali, confirmamus per presentes ; necnon & dictam nostram graciam ampliando, ut sicut dicta Civitas* ᵈ *caput est tocius Senescallie Caturcensis, & de* ᵉ *Domanio proprio dicti Domini mei, ita pre ceteris Villis ejusdem Senescallie, privilegiis & honoribus gaudeat & utatur; & eciam Rectores, Magistri, Licentiati, Bachalarii, ac universi & singuli Universitatis Studii ipsius Civitatis, eisdem privilegiis & honoribus* ᶠ *senseant se adjuctos, omnia & singula privilegia, Libertates & franchisias, actenus per carissimos Dominos meos Francorum Reges, Comites Tholosanos, aut alios quoscumque ad hoc potestatem habentes, concessa Universitati Studii Civitatis Tholose, de quibus tamen liquebit per copiam sub sigillo Regio, & usi sunt ac utuntur, predicte Universitati Studii dicte Civitatis Caturci, dedimus & concessimus, damusque & concedimus per presentes, auctoritate, sciencia & gracia quibus supra ; eaque omnia & singula privilegia tantam roboris firmitatem volumus obtinere & perpetuo observari, ac si in presentibus articulatim & expresse forent descripta. Senescallo igitur Caturcensi, ceterisque Justiciariis & Officiariis Regiis, modernis & futuris, & eorum cuilibet, ut ad eum pertinuerit, aut Locum tenentibus eorumdem, dantes tenore presencium in mandatis, quatenus predictos Rectores, Magistros, Licentiatos, Bachalarios & alios quoscunque, universaliter & particulariter,* ᵍ *Universitati predicti Studii Caturci, hac nostra presenti gracia uti & gaudere pacifice & quiete perpetuo faciant & permittant, nil in contrarium actemptando, aut à quoquam attemptari modo quolibet permittendo : quod si forsan* ʰ *factum fuerit aut attemptatum, id ad statum pristinum & debitum reducant indilate. Quod ut firmum & stabile perpetuo perseveret, has nostras presentes Litteras sigilli nostri impressione fecimus roborari : salvo in aliis jure Regio, & in omnibus quolibet alieno. Datum & actum Tholose, anno Domini millesimo ccc sexagesimo nono, mense Januarii.*

b perseverando.

c ipsorum.

d caput.

e Voy. cy-dessus, p. 327. art. 14.

f sentiant.

g Universitatis.

h secus.

NOTE.

(*a*) Tresor des Chartres, Registre 100. Piece 635. *Voy. cy-dessus*, p. 190. Note (*a*).

330   ORDONNANCES DES ROIS DE FRANCE

CHARLES V.
à Paris, en Juillet 1370.

Quas quidem Litteras suprascriptas, ratas & gratas habentes, eas & omnia & singula in eisdem contenta, laudamus, approbamus, ratificamus, ac ex nostra certa scientia auctoritateque Regia & gracia speciali, confirmamus per presentes: mandantes Senescallo Caturcensi, ceterisque Justiciariis & Officiariis nostris, qui nunc sunt & pro tempore fuerint, aut eorum Locatenentibus, & cuilibet eorumdem, prout ad eum pertinuerit, quatenus predictos Rectores, Magistros, Licentiatos, Bachalarios & alios quoscumque, universaliter & particulariter, Universitatis predicti Studii Caturci, nostris presentibus gracia & confirmacione, juxta ipsarum ac suprascriptarum Litterarum series & tenores, uti & gaudere faciant & permittant absque impedimento quocumque. Quod ut firmum, &c. salvo, &c. Datum Parisius, anno Domini millesimo CCC septuagesimo, Regni vero nostri septimo, mense Julii.   *Visa.*

Per Regem, in suis Requestis. N. DE VEIRES.

Collatio facta est cum Litteris Originalibus per me. N. DE VEIRES.

CHARLES V.
à Paris, en Juillet 1370.

(*a*) Lettres qui portent que les Consuls de la Ville de Castres, pourront deffendre pour autant de temps qu'ils le jugeront à propos, de faire entrer le vin & la vendange qui n'auront point été recüeillis dans le territoire de cette Ville; à moins qu'ils ne soient du crû de ses habitants.

a mot corrompu.

b permissu.

KAROLUS, *&c. Notum facimus universis tam presentibus quam futuris, Nobis, pro parte Consulum Civitatis Castrensis, Senescallie Carcassone, pro se & nomine Universitatis loci, expositum fuisse, quod, cum major pars Territorii & pertinentiarum dicte Civitatis, habundet in vineis plus quam in aliis terris fructiferis, que vinee, tam propter pestiferas mortalitates, quam eciam guerrarum discrimina, pro majori parte inculte & derelicte remanserunt, presertim ille que distant & sunt longe a dicta Civitate, & ob hoc deppopulatur Civitas antedicta,* ^a *immensauri laboratores ipsarum vinearum hinc inde vagantur, suum antiquum domicilium alibi transferentes, potissime in quibusdam locis circumvicinis, qui subsidiis & financiis neccessariis minime contribuunt, quodque ipsi supplicantes & habitatores dicte Civitatis & pertinentiarum ejusdem, eisdem Subsidiis, secundum posse & facultates eorumdem, contribuere dicantur, quod de cetero supportare non possent, attentis premissis, nisi eisdem provideretur de aliquo remedio gracioso. Quocirca Nos, ne dicta Civitas premissorum occasione deppopuletur, attento quod Ville, Burgenses & habitatores Carcassone & Albiensis, talibus privilegiis vel similibus utuntur, & uti, prout intelleximus, consueverunt, ex nostra certa scientia plenitudineque potestatis Regie & gratia speciali, eisdem supplicantibus concessimus & concedimus per presentes, ut ipsi perpetuo possint, si & quando eis & dicte Universitati visum fuerit expedire, facere prohibicionem & vetum apponere, ut nullus cujuscumque status, dignitatis aut condicionis existat, audeat vina aut vindemias de locis aut vineis extra predictam Civitatem & ejus pertinentias, existentes vel existentia, infra eandem Civitatem Castrensem & ejus pertinentias, portare aut introducere, aut portari seu introduci facere, durante tempore veti & prohibicionis antedicti, nisi de propriis vineis & redditibus incolarum & habitatorum dicte Civitatis existant, sub certis penis Fisco applicandis, per dictos Consules, qui nunc sunt, aut pro tempore erunt, statuendis ac eciam ordinandis, nisi de ipsorum Consulum expressa licentia aut* ^b *permisso precedentibus; & quod ipsi Consules dictam prohibicionem & vetum ad tempus possint suspendere & removere, illudque reponere & reducere, quociens eis & Universitati predicte videbitur opportunum: Mandantes Senescallis Carcassone & Tholose, ceterisque Justiciariis & Officiariis nostris, presentibus & futuris, vel eorum Locatenentibus, & cuilibet eorumdem, prout ad eum pertinuerit, quatenus dictos Consules & successores eorumdem, nomine quo supra, nostris*

NOTE.

(*a*) Tresor des Chartres, Registre 100. Piece 573.

præsentibus gracia & concessione uti & gaudere faciant & permittant pacifice & quiete, ipsos in contrarium nullatenus molestando aut molestari aliqualiter permittendo. Quod sic fieri volumus consideracione præmissorum; non obstantibus Ordinacionibus, inhibicionibus & Mandatis in contrarium factis vel faciendis quibuscunque. Quod ut firmum, &c. nostro in aliis, &c. Datum & actum Parisius, anno Domini M.° CCC.° LXX.° & Regni nostri VII.° mense Julii.

Sic signata. *Per Regem, in suis Requestis.* F. DE MOTIS.
MANLOUE Scriptor. *Visa.*

· (*a*) Privileges accordez à la Ville de Puy-la-Roque.

CHARLES V.
à Paris, en Juillet 1370.

SOMMAIRES.

(1) *Lorsque le Roy fera une convocation de Gens de Guerre, la Ville de Puy-la-Roque ne fournira que dix Sergents, au lieu de 50. qu'elle avoit coutume de fournir.*

(2) *Les habitants de cette Ville seront exempts des droits de Francs-Fiefs, pour les biens nobles qu'ils ont acquis ou qu'ils acquereront dans la suite.*

KAROLUS, &c. *Notum facimus universis tam presentibus quam futuris, Nos Litteras carissimi Germani & Locum tenentis nostri in* ª *Partibus Occitanis, Ducis Andegavensis & Comitis Cenomanensis, suo magno sigillo in cera viridi & filis sericis sigillatas, vidisse, formamque sequitur, continentes.*

a Languedoc.

LUDOVICUS *Regis condam Francorum Filius, Domini nostri Regis Germanus; ejusque Locumtenens in Partibus Occitanis, Dux Andegavensis & Comes Cenomanensis. Notum facimus universis tam presentibus quam futuris, quod, cum cujuslibet Principis deceat fidelium suorum continuo studio, humiles supplicationes & Requestas favorabiliter exaudire, & eas cum augmento & largitione gratie adimplere, nos, de vera, perfecta & immutabili dilectione, quam dilecti & fideles nostri Consules & habitatores loci de* ᵇ *Podio-Ruppis, Senescallie Caturcensis, diucius gesserunt & habuerunt, plenius informati, & quas eciam, ver amplius gerere & habere speramus in futurum;*

b Pui-la-Roque. *Voy. cy-dessus, p. 279. Note (b).*

(1) *Attento eciam quod dictus locus per factum guerrarum, nec non propter mortalitates que in dicto loco & circum quaque, diucius viguerunt, valde, ut accepimus, depopulatus bonisque spoliatus existit, eisdem Consulibus & habitatoribus, eorumque successoribus, heredibus ac causam habentibus ab eisdem, concessimus & concedimus per presentes, de nostra certa sciencia, gratia speciali & auctoritate Regia qua fungimur in hac parte, quod si dictus Dominus Rex ejusque successores, seu ipsius Officiarii, temporibus modernis seu futuris, in Senescallia Petragoricensi & Caturcensi, (b) obsidem generalem mandaverit, aut servientes indicerent seu habere vellent, pro guerris & (c) franchisiis prosequendis, aut aliter quoquomodo, quod ipsi Consules & habitatores, ipsorumque heredes & successores ac causam ab ipsis* ᶜ*, teneantur decem servientes in dictis guerris & serviciis Regiis mittere, & non amplius, ac ipsis decem servientibus per ipsos missis vel mittendis, paria aut consimilia vadia, secundum* ᵈ *quotam eis contingentem solvere, que Communitates aliorum locorum dicte Senescallie, servientibus per ipsos missis vel mittendis solvere tenebuntur ac erunt consueti, & non ultra; nonobstante quod hactenus iidem Consules & habitatores usque ad numerum quinquaginta servientum,* ᵉ *miserit in consimilibus aut mittere consueverit.*

c habentes.

d quote part.

e miserint... consueverit.

(2) Item. *Ex uberiori gratia, concessimus & concedimus eisdem Consulibus &*

NOTES.

(*a*) Tresor des Chartres, Registre 100. Piece 899.
Voy. cy dessus, p. 190. Note (*a*).
(*b*) *Obsidem.*] Ce mot, qui peut-être est corrompu, signifie ici, *une Convocation de Gens de Guerre.*
(*c*) *Franchisiis.*] Je crois que cela signifie, lorsque les Roys auront besoin de soldats, pour faire executer leurs ordres dans l'interieur du Royaume.

CHARLES V.
à Paris, en Juillet 1370.
a Spec. R.

habitatoribus, eorumque successoribus, heredibus ac causam ab eisdem habentibus, licenciam & auctoritatem [a] specialem, quod quicunque immobiles dicti loci, ex nunc & imperpetuum, possint & valeant à quibuscunque Nobilibus, terras, Domos, possessiones, Census, Redditus, & alia quecunque nobilia, sub Feodo vel Retro-feodo Regio, acquirendi, & acquisita sub ipsis Feodo vel Retro-feodo, retinendi, absque eo quod propter hoc, dicto Domino nostro Regi seu ejus successoribus quibuscunque, vel Nobis, pro nunc aut imposterum, pro jam sic acquisitis seu in futurum acquivendis, aliquam prestare financiam teneantur.

b Sen.^{lis} R.

Quocirca [b] Senescallis Caturcensi & Petragoricensi, Receptorique Regio, ac universis & singulis Justiciariis & Officiariis Regiis dictæ Senescalliæ, qui nunc sunt & pro tempore fuerint, damus tenore presentium in mandatis, vel eorum Locatenentibus, & eorum cuilibet, ut ad eum pertinuerit, quatenus predictos Consules & habitatores, ipsorumque heredes & successores, ac eorum quemlibet, pro nunc & imperpetuum, nostris presentibus gracia & concessione uti pacifice faciant & permittant, nichil in contrarium faciendo nec à quoquam qualitercunque fieri permittendo. Quod ut firmum & stabile perpetuo perseveret, presentes Litteras sigilli nostri munimine jussimus roborari: salvo in aliis jure Regio, & in omnibus quolibet alieno. Actum & datum Tholose, anno Domini millesimo ccc. lxix.º mense Aprilis.

c Sen. R.

Nos autem Litteras suprascriptas, ratas habentes & gratas, eas & omnia & singula in eisdem contenta, laudamus, opprobamus, ratificamus, ac ex nostra certa scientia auctoritateque Regia & gratia speciali, confirmamus per presentes: Mandantes [c] Senescallis ac Thesaurario Caturcensi & Petragoricensi, ceterisque Justiciariis & Officiariis nostris, modernis & posteris, aut eorum Locatenentibus, & cuilibet eorundem, prout ad eum pertinuerit, quatenus dictos Consules & habitatores, ac heredes & successores suos, & quemlibet eorundem, nostris presentibus gratia & confirmatione uti & gaudere faciant & permittant absque impedimento quocunque; Ordinationibus, Mandatis ac inhibitionibus ad hoc contrariis, nonobstantibus quibuscunque. Quod ut, &c. salvo, &c. Datum Parisius, anno Domini millesimo ccc. septuagesimo, Regni vero nostri vii.º mense Julii. Sic signate. *Visa.*

d Voy. sur ce mot, la Table des Mat. des 4.e & 5.e Vol. des Ordon.

Per Regem. N. DE VEIRES.
Collatio est facta cum Litteris Originalibus, per me. N. DE VIRES. [d] *Contentor.*

CHARLES V.
à Paris, en Juillet 1370.

(a) Diminution de Feux pour Canpendu.

*K*AROLUS, &c. Notum, &c. Quod cum ex parte, &c.
Cumque facta quadam informacione virtute Litterarum Regiarum, in loco de *(b)* Cane-suspenso, Senescalliæ Carcassonæ, super numero Focorum modernorum in dicto loco nunc existentium, per dilectum & fidelem Clericum & Procuratorem nostrum Generalem dictæ Senescalliæ Carcassonæ, Magistrum Guillelmum Durandi, Commissarium in hac parte deputatum; vocato & presente in omnibus, Magistro Johanne de Villario, [e] Procuratore nostro in dicta Senescallia legitime substituto, eademque, &c.

e Procur. R.

Repertum fuerit quod in dicto loco de Cane-suspenso, sunt de presenti & reperiuntur triginta tres Focci, secundum traditam, &c. Datum Parisius, mense Julii, anno Domini M. CCC. septuagesimo, & Regni nostri septimo. Sic signata. *Visa.*
Per Consilium existens in Camera Compotorum Parisius. P. DE CHASTEL.
Informatio, &c.

NOTES.

(a) Tresor des Chartres, Registre 100. Piece 901.

Voy. cy-dessus, p. 30. Note *(a)*.
(b) Cane-suspenso.] Cappendu ou Canpendu, près de Carcassonne. Voy. Valesii Notit. au mot, *Canis-suspensus.*

(a) *Lettres portant abolition de la Commune de Neuville-le-Roy, en Beauvoisis; & Etablissement d'un Prevôt Royal dans cette Ville.*

CHARLES V.
à Paris, à l'Hostel les S.ᵗ Pol, en Juillet 1370.

CHARLES, &c. Savoir faisons à tous presens & avenir, Nous avoir receu l'humble supplication des habitans & soubsmanans de la (b) Neuville-le-Roy en ᵃ Beauvesin, contenant, que comme de très lonc temps a, ilz aïent eu Commune à eulx ottroiée par noz predecesseurs Roys de France, & aient eu Maire, Jurez & Eschevins, qui usoient du fait de ladicte Commune, aux usages & Coustumes de la Commune de nostre bonne Ville de Senliz; & aussi aïent eu & receu amendes de xxx. deniers, & de lx. sols, selon lez cas qui y sont escheus, avec certains Cens & rentes qu'il ont acoustumé à prenre & avoir sur certains heritages de ladicte Ville, jusques à la somme de iiii.ˣˣᵇ libres par an, avec les (c) Tonnelieux des Marchandises & de la Foire, qui bien povoient valoir par an, xxxv. libres; pour lesquelles choses devant dictes, aient esté tenus à paier c. libres, par chascun an, à nostre Receveur de Vermendois, avec certainnes autres charges deuës à plusieurs personnes; lesquelles choses ont esté & sont cueillies & levées sur lez habitans de ladicte Ville : & il soit ainsy que iceulx habitans, qui ou temps passé ont esté & estoient communement ou nombre de iii.ᶜ Feux, soient depuis le commencement des guerres, si diminuez & amenriz, que il n'y a pas demouré plus de xxx. Feux ou environ, lesquelz sont povres laboureurs, qui ne sauroient ne ne pourroient faire ne soustenir le fait de ladicte Commune, & ja l'ont laissié ᶜ vague, passé à iiii. ans; & aussy sont yceulx habitans si très apouvris, tant pour le fait & occasion de noz ᵈ, comme pour les Tailles, & autres charges qu'il leur convient soustenir de jour en jour, que ilz ne porroient dorsen avant paier en aucune maniere les redevances en quoy il sont tenus à Nous & autres personnes, à cause de ladicte Commune; & convendra qu'il laissent ladicte Ville, qui du tout sera deserte & exillée, & soient ᵉ fuitiz par le païs, povres & mendians, se par Nous ne leur est sur ce pourveu; mesmement que tous lez heritages de ladicte Ville, ou la plus grant partie d'iceulx, sont demourez en friche, & sont à present de très petite ou nulle valeur, si comme ilz dient; & pour ce, Nous ont fait humblement supplier & requerre, que Nous, eu regart à la diminucion de ladicte Ville, & attendu la povreté dez diz supplians, Nous voulsissions reprendre & appliquer à Nous & nostre Demainne, ladicte Commune, avec les droiz, proffiz & emolumens, & toutes autres charges & redevances quelconques appartenant à ycelle Commune. Nous adecertes, euë consideration aux choses devant dictes, voulans de nostre povoir obvier à la destruction & desolacion de ladicte Ville, à la supplicacion & requeste dez diz supplians, avons pris, mis & appliqué, & par ces presentes prenons, mettons & appliquons à Nous & à nostre Demainne, en nostre Recepte de Vermendois, ladicte Commune, les drois, proffiz & emolumens, cens, rentes & revenuës, aumosnes, & toutes autres charges & redevances quelconques appartenant à ycelle, dont yceux habitans estoient chargez & ᶠ souloient prendre & avoir à cause d'icelle Commune; & voulons & Nous plait, que doresenavant ladicte Ville soit tenuë, gardée, maintenuë & gouvernée aux usages & coustumez de nostre bonne Ville de Senliz, par un Prevost, ou autre personne qui commis y sera de par Nous, & en lieu du Maire, Jurez & Eschevins, tout ainsy & en la forme & maniere que elle estoit, pour le temps que ladicte Commune estoit & appartenoit

ᵃ *Beauvoisin.*

ᵇ *lib. R.*

ᶜ *ne se sont point servi des droits de leur Commune.*

ᵈ *Guerres.*

ᵉ *fugitifs.*

ᶠ *avoient accoustumé.*

NOTES.

(a) Tresor des Chartres, Registre 100. Piece 625.
(b) *Neuville-le-Roy.*] Du Diocese de Beauvais, Doyenné de Ressons. Voy. hist. de Beauvoisis, par *Louvet*, tom. 1. pp. 230. & 234.
(c) *Tonnelieux.*] Ce droit se nomme communement *Tonlieu*. Il se leve sur toutes sortes de Marchandises. Voy. le Gloss. du Droit François, au mot, *Tonlieu*.

CHARLES V. à Paris, à l'Hostel les S.t Pol, en Juillet 1370.
* sortiront, proviendront.

aux diz habitans, & que paravant ycelle Commune fust & revenist en nostre main, & que les proffiz qui en * ystront soient miz & appliqués à Nous & à nostre Demainne, en nostre dicte Recepte de Vermendois, pour & en lieu des dictes c. libres, que Nous prenions à cause de ladicte Commune, dont Nous avons quitté & quittons les diz supplians, leurs hoirs, leurs successeurs, presens & avenir, & les en deschargons du tout. Si donnons en mandement à noz amez & feaulz, les Gens de noz Comptes à Paris, audit Receveur de Vermendois, qui à present est, & aux autres qui pour le temps avenir seront, & à chascun d'eulz, si comme à lui appartiendra, que de nostre presente grace facent joïr & user paisiblement lez diz supplians, & contre la teneur d'icelle, ne les contraingnent, molestent, ou sueffrent estre contrains ou molestez en aucune maniere au contraire; mais lez diz habitans ostent & mettent hors dez Registres de nostre Chambre des Comptes, où il sont miz & enregistrez, pour & à cause de ladicte Commune, en prenant pour Nous & en ce lieu, telz proffiz qui porront doresenavant venir & escheoir des exploiz & Amendes de ladicte Prevosté. Et pour ce que ce soit chose ferme, &c. sauf, &c. Donné à Paris, en nostre Hostel lez S.t Pol, l'an de grace mil CCC. LXX. & de nostre Regne le VII.e ou mois de Juilet. *Visa.*

Ainsi signé, par le Roy, en ses Requestes. HENNEQUIN. J. DIVITIS.

CHARLES V. au Bois de Vincennes, le 22. d'Aoust 1370.

(a) *Lettres qui portent que l'on délivrera à Barthelemi Spifame, les Especes qui seront fabriquées avec 1000. marcs d'Argent qu'il apportera à l'Hostel des Monnoyes.*

a D'Albret. Voy. cy-dessus, p. 190. Note (a).
b armerons.
c resister.
d donner.
e Voy. cy-dessus, p. 319. & Note (b) marg.
f nous a presté.
g moyennant.
h outre.

CHARLES par la grace de Dieu Roy de France. A nos Amez & Feaulx les Generaulx-Maistres de nos Monnoies, & à Pierre de Landes, Changeur de nostre Tresor à Paris, & n'agueres commis à faire ouvrer nostre propre vaisselemente d'Argent, & autres à Nous nouvellement prestez pour le fait de noz guerres: Salut. Comme pour la grant & evidente necessité que Nous avons d'argent à present, pour les guerres qui sont en nostre Royaume, & pour delivrer nostre amé & feal Frere, le Sire a de la Bret, & afin que luy & ses gens s'en puissent aller en & sur les frontieres de Gascongne, où Nous b armoirons pour c contrester contre noz ennemis; Pour lequel fait, luy a convenu d grant finance; pour laquelle avoir Nous avons requis nostre amé Berthelemi e Spifame, Marchant & Bourgeois, qui d'icelle finance f Nous a fait partie, & la Nous a gracieusement octroyée; g parmi ce toutesvoyes, que pour ce qu'il n'a mie à present en comptant de quoy il Nous peust faire le dit prest, si comme il dit, Nous luy avons octroyé & accordé, que h les (h) six cens & mil marcs d'Argent que autresfois luy avons accordé & que delivré luy ont esté, avec ce, luy avons accordé autres mil marcs d'Argent en vaisselle & en argent en cendrée, qu'il puisse mectre presentement en nostre Monnoye de Paris; & iceulx luy avons promis faire ouvrer & monnoier ilec, tost & hastivement, en telz Deniers comme ceulx que nous avons n'agueres fait faire de nostre dite propre vaisselle, & des autres qui nouvellement nous ont esté prestées; Et du comptant qui en i ystera,

i sertira, proviendra.

luy avons promis faire rendre & payer pour chacun des dits mil marcs d'Argent en vaisselle & en cendrée dessusdits, Cent quinze sols Tournois, afin qu'il nous puist plustost & plus prestement secourir & aider dudit prest que demandé & requis luy

---

NOTES.

(a) Registre D. de la Cour des Monnoyes de Paris, fol.° 7 vingt 8. recto (148).
Avant ces Lettres, il y a: *Lettres pour faire ouvrer à Paris, pour B. Spifame, mil marcs d'Argent en vaisselle.*

(b) *Six cens & mil marcs.*] Il me paroit certain par les Lettres qui sont cy-dessus, p. 319. qu'il faut corriger, six cens marcs. Depuis le prest de ces six cens marcs, Spifame avoit desja presté mil marcs au Roy, desquels il n'est point parlé dans ces Lettres. Voy. cy-dessus, pp. 301. & 319.

avons, comme dit est. Pour ce est-il que Nous mandons à vous Generaulx-Maistres de noz Monnoies, & à chacun de vous, que les dits mil marcs d'Argent en vaisselle & en Argent cendré, vous faictes ouvrer & monnoyer en la forme & maniere que vous avez fait faire de nostre dite propre vaisselle, & des autres à nous nouvellement prestez, comme dit est; c'est assavoir, que vous faciez faire ouvrer Deniers Blancs d'Argent de [a] VIII. solz de prix, au Marc de Paris, & pour douze Deniers Parisis la Piece, & qu'ilz soient de Loy à XI. Deniers III. gros & quart fin ou plus, comme furent les Blancs Deniers qui furent ouvrez de nostre dite vaisselle; & les dits Deniers faictes ainsi delivrer à la dite Loy & prix, nonobstant qu'il soit acoustumé que vous ne faciez ou faciez faire aucunes delivrances escharses plus de deux gros de Loy, des autres Monnois d'Argent que Nous avons fait & faisons faire. Et à toy Changeur dessusdit, que tu reçoives du dict Berthelemi, les dicts mil marcs d'Argent en vaisselle & en Argent cendré; à la Loy dessusdict ou plus fin; & iceulx fay tastost & hastivement ouvrer & monnoyer par la forme & maniere que cy-dessus est dit; & de l'ouvraige & monnoiage qui en sera fait, paie tantost & hastivement au dit Berthelemi, au feur de c. XV. sols Tournois pour chacun marc en vaisselle & en cendrée, alliaé à la Loy dessusdit & par la maniere que dit est, si comme accordé luy avons cy-dessus : Et toy Changeur, Nous voulons que tu ayes & preignes pour l'ouvraige & monnoiage & pour tous dechetz, mises & coustemens de chacun marc d'iceulx marcs d'Argent en vaisselle & en cendrée, cinq solz Tournois, ainsi que tu as eu de nostre dite vaisselle, & d'autres qui nous furent prestées, que tu as fait ouvrer; & par rapportant ce present mandement par devers vous Generaulx-Maistres dessusdits, avec certification des Gardes, dudit Argent livré en vaisselle & en cendrée, à la Loy dessusdit ou plus fin, & reconnoissance dudit Berthelemi, de ce que paié luy aura esté, Nous voulons & vous mandons, que la Boeste qui sera faicte des dits mil marcs d'Argent, vous faciez le Compte au feure de Cent quinze solz Tournois pour marc, & cinq solz Tournois pour le dit Changeur, en la forme & maniere que Nous avons ordonné qu'il soit payé aus dits Berthelemi & Changeur. Et par ces presentes Lettres, mandons à noz amez & feaulx les Gens de nos Comptes à Paris, qu'ilz reçoivent & passent le compte des dits mil marcs d'Argent en vaisselle & en cendrée, de la dite Loy ou plus fin, par la maniere que vous Generaulx-Maistres de noz Monnoies ferez; Car ainsi le voulons Nous estre fait & l'avons octroyé au dit Berthelemi, de grace especial; nonobstant les dits six cens & mil marcs d'Argent que autresfois luy avons accordé à mectre à la ditte Monnoye, par la maniere dessusdite, Ordonnances, Mandemens ou defenses à ce contraires. *Donné en nostre Chastel du Bois de Vincennes, le* XXIIe *jour d'Aoust, l'an de grace mil trois cens soixante & dix, & de nostre Regne le septiesme.*

Par le Roy. N. DE VEIRES.

CHARLES V. au Bois de Vincennes, le 22. d'Aoust 1370.
à 96. pieces au marc.

(a) *Confirmation des Lettres de sauvegarde Royale, accordées à l'Abbaye de St Victor-les-Paris.*

CHARLES par la grace de Dieu Roy de France. Savoir faisons à tous presens & advenir, que de par nos bien amés en Dieu, les Religieux, Abbé & Convent de St Victor lez Paris, de l'Ordre de St Augustin, Nous a esté exposé, que comme Loys le Gros de glorieuse mémoire, jadiz Roy de France, les ait

CHARLES V. à Paris, en l'Hostel lez St Pol, en Aoust 1370.

NOTES.

(a) Livre Rouge-Vieil du Chastelet de ris, fol.^o 53. v.^o.
Avant ces Lettres, il y a :
Lettres pour St Victor. Comment le Roy

nostre S. veut que ils ressortissent en chief & en membres, devant le Prevost de Paris, à tousjours.
Ces Lettres sont aussi au Tresor des Chartr. Registre 100. Piece 646.

CHARLES V.
à Paris, en l'Hostel lez S.t Pol, en Aoust 1370.

fondez premierement en la Ville de (a) Puisieux en Gastinois, & depuiz translatez & fondez ou lieu de S.t Victor, où ilz sont à present ; reservé toutes voies & retenu en ladicte Ville de Puiseaux, un Prioré membre & subjet de l'Eglise de S.t Victor dessus dit, pour y faire le divin service ; & pour ce, aient de tout temps esté & soient les diz Religieux, tant en chief comme en membres, en la protection & sauvegarde especial de Nous & de nos predecesseurs Roys de France, aveecques leur famille, terres, possessions, choses & biens quelconques ; & soit nostre Prevost de Paris leur Gardien, commis à congnoistre de toutes leurs Causes & debas contre toutes personnes ; excepté ceulx qui seulement doivent ressortir en nostre Parlement ; & à cause de leurs dictes fondacions, entre les autres choses, leur dit ᵃ Fondeur leur ait donné ladicte Ville de Puisiaux, aveecques Gens de condicion ᵇ, ᶜ Fies, terres cultivées & non clutivées, vingnes, Bois, & l'eauë (c) d'Essonne qui est près d'ilecques ; & aussi marché Roïal & de Roïal ᵈ Majesté, un jour par chascune sepmaine, en ladicte Ville, aveecques toute justice haulte, moyenne & basse ; & tous autres droiz, ᵉ seigneurie & puissance qu'il avoit en ladicte Ville, aveecques les autres choses dessus dictes, sanz y riens retenir ; fors la souveraineté & ressort, si comme plus à plain Nous est apparu par previleges, Chartres & Lettres Royaulx à eulx données & ottroïées sur ce : pourquoy & à cause de ce, & autrement, yceulx Religieux & leurs subjès, ont acoustumé de tout temps, si comme de raison est, de ressortir devant Nous ou nos gens & Officiers, en cas de souveraineté & ressort : Et il soit ainsi que en l'Eglise & Prioré de Puisiaux, ait un bon & notable Fort contenant grant partie des Maisons dudit Prioré, ouquel les Religieux dudit Prioré, tous ceulx de ladicte Ville & autres, se sont sauvez & ᶠ retraiz durans les guerres ; & y avons tousjours deputé & ordonné Capitainne à la Requeste & presentation d'iceulx Religieux, ou autrement, senz ce que autre s'en soit entremiz : Neantmoinz, soubz umbre de ce que Nous avons ordonné de nouvel, & transporté à nostre amé & feal, (c) Loys de Maleval, Chevalier, le Chastel, Terre & Chastellenie de Chasteaulandon, ou autrement, contre raison ledit Loys en voulant à lui attribuer le ressort, ᵍ souveraineté & Garde des diz Religieux, ou au moinz des diz Fort, Prieur & Prioré, & tout le temporel qu'il ont en ladicte Ville de Puisiaux & environ ; & sur eulx & leurs subgez, avoir & entreprendre justice & congnoissance, ʰ & n'a gueres venus en sa personne audit Fort, & a fait commandement au Capitainne dudit Fort, qu'il lui baillast & rendist les clefs d'icellui ; lequel Capitainne, combien qu'il y seust establi de par Nous à la requeste des diz Religieux, de son auctorité, par sa simplece ou autrement, senz nostre licence, ne sur ce avoir leur consentement, a rendu & baillé les clefs audit Chevalier, qui de nouvel y a mis & institué ledit Capitainne par lui, en lui faisant faire le serment acoustumé en tel cas ; & ⁱ s'est esforcé encores de les faire ressortir à Chasteaulandon, pardevers lui ou ses Officiers, en grant lesion de nostre droit, & grant prejudice des diz Religieux, si comme ilz dient, en Nous supplian t humblement, que sur ce, Nous leur voulsissions pourvoir de remede convenable. Nous adcertes, considerans les choses dessus dictes, & aussi que en faisant le don & transport dessus diz audit Chevalier, des diz Chastel, Terre & Chastellenie, Nous avons retenu & reservé à Nous par exprez, tous droiz Roïaulz ; par lesquelles reservacions, les dictes Eglises de S.t

a *Fondateur.*
b *servile.*
c *Fiefs.*
d *puissance.* 2.ᵉ Cop.
e *seignorial.* 2.ᵉ Cop.

f *retirez.*

g *superiorité de ressort.*

h *est.* 2.ᵉ Cop.

i *se esforce.* 2.ᵉ Cop.

NOTES.

(a) *Puisieux.*] Il y a *Puisiaux* dans la 2.ᵉ Copie, Voy. sur ce lieu l'abregé de la Fondation de l'Abbaye de S.t Victor, par *Jean de Thoulouse*, Relig. de cette Abbaye, p. 62. & l'hist. du Gastinois par le *P. Morin*, p. 269. A la page 277. il nomme ce lieu, *Puteaux*.

(b) *Essonne.*] La *Juine* qui a sa source dans la Beausse, est aussi nommée la Riviere d'Estampes, parce qu'elle passe par cette Ville.

Elle passe ensuite à Essone, & se decharge dans la Seine à Corbeil. Voy. *les Rivieres de France*, par Coulon, tom. 1. p. 91. Le P. *Morin* dans son hist. du Gastinois, p. 272. dit que la Riviere d'Estampes, se nomme aussi la Riviere d'Essone.

(c) *Loys de Maleval.*] Il est nommé *Louys de Maulonart*, dans des Lettres du 11. d'Avril 1361. qui sont dans l'hist. du Gastinois, p. 274.

Victor

DE LA TROISIÉME RACE. 337

Victor & de Pifiaux, & yceulx Religieux, tant en chief comme en membres, & leurs fubgez, font demourez & doivent eftre de droit Roïal, pour les caufes deffus dictes, foubx Nous & en noftre garde & reffort, fens aucun moïen; & ne fu onc- ques noftre entencion oudit ᵃ don ou tranſport faiſant, que ilz en feuffent féparez ne mis hors en aucune maniere : Confiderans auffi que noftre Prevoſt de Paris eſt leur Gardien, comme dit eſt, en uſant de noſtre dit droit Roïal, & en faiſant auxdiz Religieux plus ample grace, pour la grant devocion que Nous ayons à S.ᵗ Victor & à culz, avons voulu, ordonné & octroïé, voulons, ordonnons ᵇ auxdiz Religieux, de grace efpecial & certaine ſcience, par la teneur de ces prefentes, que la- dicte Egliſe de S.ᵗ Victor, tant en chief comme en membres, ledit Prioré de Pui- ſiaux & ſes appartenances, yceulx Religieux & tous leurs ſubjez, ſoient & demeu- rent dorefenavant perpetuelment & à tousjours, foubx noſtre ſouveraïnneté & reffort, ſenz aucun moïen, & reffortiffent en cas de ſouveraïneté & reffort, & au- tres dont la congnoiffance Nous doit appartenir, au ſiege & reffort de noſtre Chaſ- tellet à Paris, pardevant noſtre Prevoſt d'icellui, qui eſt ad preſent ou ſera pour le temps avenir, ou fon Lieutenant; lequel de noftre dicte grace, & en ampliant ycelle, Nous leur avons encores deputé & commiz d'abundant, deputons & commettons quant à ce, à Juge & Gardien, nonobſtant ledit don ou tranſport fait audit Che- valier, & tous autres faiz ou à faire à quelconques perſonnes, ne Lettres empetrées ou à empeter au contraire. Si donnons en mandement, en commettant audit Pre- voſt de Paris ou à ſon Lieutenant, & auſſi mandons à tous noz Juſticiers & Offi- ciers, prefens & avenir, ou à leurs Lieuxtenans, & à chafcun d'eulz, ſi comme à lui appartendra, que nos prefentes Ordonnances, octroy & grace tiengnent & facent tenir fenz enfraindre, de tous à qui il appartendra, & contre la teneur d'icelles & de ces preſentes Lettres, ne facent ou ſeuffrent en aucun temps, les diz Reli- gieux ne leurs ſubgez, eſtre troublez ne empeſchiez en aucune maniere; maiz tout ce qu'ilz trouveront avoir eſté fait & attempté indeuëment au contraire, tant à Puiſiaux comme ailleurs, remettent ou facent remettre, ſenz delay au premier eſtat & deu, ᶜ tantoft ces Lettres veuës; & en oultre, à la Requeſte des diz Religieux ou autrement, de par Nous pourvoient de Capitainne convenable à la garde dudit Fort, toutesfoiz que ᵈ meſtier en ſera, tellement que aucun inconvenient ne s'en enſuive, & ce facent par telle maniere, que les diz Religieux n'aient cauſe d'en re- tourner pardevers Nous : Et pour ce que ce foit ferme chofe & eftable à toujours, Nous avons fait mettre noftre grant feel à ces prefentes : ſauf en autres choſes noſtre droit, & l'autrui en toutes. *Donné à Paris, en noſtre Hoſtel lez S.ᵗ Pol, ou moys d'Aouſt, l'an de grace mil trois cens foixante & dix, & de noſtre Regne le feptieme.* Collacion faicte à l'Original qui eſtoit ſcellé en cire vert & à ſoie. Ainſi ſigné. Par le Roy. OGIER.

ᵉ*Viſa, Regiſtrata, & expedita in Camera Compotorum, ſcripta decima ſexta die ſep- tembris, milleſimo trecenteſimo ſeptuageſimo.* H. DE ROCHA.

Et eftoit efcript au dos. Publiées en jugement ou Chaftelet de Paris, le Lundi feifieme jour de Septembre, mil trois cens foixante & dix. J. LE BECGUE. Et fu faicte ladicte Colacion, le Mercredi vingt-cinquiéme jour dudit moys de Sep- tembre, l'an foixante & dix deſſus diz.

CHARLES V. à Paris, en l'Hoſtel lez S.ᵗ Pol, en Aouſt 1370.
ᵃ *Bail.* 2.ᵉ Cop.
ᵇ *& octroyons.* 2.ᵉ Cop.

ᶜ *auſſitoſt.*
ᵈ *befoin.*

ᵉ *ce qui ſuit n'eſt point dans la 2.ᵉ Copie.*

(a) Lettres qui portent que les Officiers Royaux de la Seneſchauſſée de Cahors, jureront d'obſerver les anciens privileges de cette Ville, & ceux qui luy ont été nouvellement accordez.

CHARLES V. au Bois de Vincennes, en Août 1370.

*K*AROLUS, *&c. Cum Seneſcallus Caturcenſis, ejus Locumtenens, Judex ma- jor, Procurator Regius & ejus Subſtitutus ejuſdem Seneſcallie, ex tenore antiquorum*

N O T E .
(a) Treſor des Chartres, Regiſtre 100. Piece 588. *Voy. cy-deſſus,* p. 190. Note *(a)*.

Tome V. V u

CHARLES V.
au Bois de Vincennes, en Août 1730.

privilegiorum, *Consulibus & habitatoribus Civitatis nostre Caturcensis, per predecessores nostros Reges Francorum concessorum, in eorum nova creatione jurare teneantur eorum privilegia, Libertates & franchisias eisdem concessas custodire, & illas inviolabiliter observare, nec contra illas aut earum aliquas, ipsos aliqualiter impedire : Notum facimus universis tam presentibus quam futuris, quod Nos considerantes grata & laudabilia servicia per ipsos, qui tanquam nostri fideles & subditi, Nos in suum naturalem & superiorem Dominum recognoscentes, dictam Villam in nostra obediencia submiserunt, Nobis in reddicione ipsius Ville, facta & impensa, ex plenitudine nostre Regie potestatis, certa scientia & gracia speciali, eisdem Consulibus & habitatoribus concessimus & concedimus per presentes, ut idem Senescallus, Judex Major, Procurator Regius, & eorum Locumtenentes & Substituti, qui nunc sunt & pro tempore fuerint, omnia & singula privilegia, Libertates & franchisias per Nos & carissimum Germanum nostrum, Ducem Andega-*

a Languedoc.

vensem & Turonensem, in^a Partibus Occitanis & Acquitanie Locumtenentem nostrum, eisdem de novo concessa, eciam jurare tenere, & illas observare absque infraccione quacunque, modo & forma quibus antiquitus jurare & tenere consueverunt, eciam de cetero perpetuis temporibus, teneantur. Quare damus tenore presencium in mandatis eidem Senescallo, Judici Majori, Procuratori nostro, & eorum Locatenentibus & Substitutis, presentibus & futuris, & eorum cuilibet, quatenus contra hujusmodi nostram graciam minime veniant nec venire faciant per alium quoquomodo ; sed ipsam inviolabiliter studeant adimplere. Quod ut firmum, &c. nostro in aliis, &c. Datum apud Nemus Vin-

b Voy. sur ce mot, les tabl. des Mat. des 4. & 5.e Vol. des Ordon.

cennarum, anno Domini M.° CCC.° LXX.° *& Regni nostri* VII.° *mense Augusti.* Sic signata. *Per Regem.* N. DE VFIRES. ^b *Contentor.* Visa.

CHARLES V.
au Bois de Vincennes, en Août 1370.

(*a*) Privileges accordez à la Ville de Sarlat.

SOMMAIRES.

(1) Confirmation des Privileges, Coûtumes & autres droits de la Ville de Sarlat ; & des Transactions passées entre les Abbez & les Consuls de cette Ville.

(2. 3. 6.) Remission des crimes, delicts & malversations, qui peuvent avoir été commis par les habitants de Sarlat ; & décharge de toutes les peines & de la confiscation de leurs biens, auxquelles ces crimes & delicts auroient pû donner lieu.

Les crimes que ces habitants pourront commettre dans la suite, ne seront point punis par la confiscation de leurs biens, qui demeureront à leurs familles.

(4) Decharge pour l'avenir de la Redevance annuelle, nommée le Comun de la Paix, que les habitants de Sarlat payoient au Roy.

(5) Les habitants de Sarlat ne pourront être jugez que dans la Jurisdiction de cette Ville, même dans les cas qui regarderont le Roy ; si ce n'est lorsqu'ils se seront obligez, ou qu'ils auront commis des crimes ou des delicts dans quelques autres Jurisdictions.

(7) Les Officiers Royaux ne pourront exercer leurs fonctions dans la Ville de Sarlat ; si ce n'est en vertu d'un Mandement des Juges Royaux, dans lequel sera marqué que les fonc-

tions qu'on leur ordonne de faire, regardent le service du Roy, ou les cas de ressort.

Les Officiers Royaux ne pourront demeurer dans cette Ville sans le consentement des Consuls ; si ce n'est lorsqu'ils en seront originaires ou qu'ils s'y seront mariez ; & dans ces deux cas, ils ne pourront exercer leurs fonctions dans cette Ville, sans le consentement des Consuls.

(8) Le Consulat de Sarlat, les Consuls, le Juge & les autres Officiers du Consulat, seront sous la sauvegarde du Roy. Le Senechal de Perigord est nommé pour être leur Gardien.

(9) La Ville de Sarlat sera unie inseparablement au Domaine de la Couronne ; nonobstant les Lettres contraires à ce privilege, qui auroient pû être expediées.

(10) Dans les procez qui regarderont les Consuls de cette Ville, la publication des depositions des témoins, se fera par les Officiers Royaux ; & il sera donné Copie de ces depositions aux Parties ; soit que les Juges Royaux soient seuls Parties dans ces procez qu'ils poursuivront d'Office, soit qu'ils se soient joints à l'une des Parties.

(11) Les Juges Royaux ne pourront faire d'Enquête sur les crimes & delicts dans lesquels seront compliquez les habitants de cette Ville, qu'ils n'aient fait auparavant une information.

NOTE.

(*a*) Tresor des Chartres, Registre 100. Piece 601. *Voy. cy-dessus*, page 190. Note (*a*).

SOMMAIRES.

(12) *Le Roy confirmera par des Lettres scellées du Grand sceau, les privileges accordez à cette Ville par le Duc d'Anjou.*

CHARLES V. au Bois de Vincennes, en Août 1370. a Languedoc.

KAROLUS, &c. Notum facimus universis presentibus & futuris, Nos vidisse Litteras carissimi Germani & Locumtenentis nostri in ª Partibus Occitanis, Ducis Andegavensis & Comitis Cenomanensis, dilectis & fidelibus nostris Consulibus Civitatis & loci de Sarlato in Petragoricano, noviter concessas, sigillo ipsius Germani & Locumtenentis nostri, cum filis sericis & cera viridi sigillatas, ac vicio & suspicione carentes, ut prima facie apparebat, pro parte dictorum Consulum Nobis presentatas; ᵇ quarum Litterarum tenorem de verbo ad verbum, qui sequitur ᶜ continentem.

b cet endroit me paroît corrompu.
c continen. R.

LUDOVICUS Regis condam Francorum Filius, Domini mei Regis Germanus, ejusque Locumtenens in partibus Occitanis, Dux Andegavensis & Turonensis, ac Comes Cenomanensis. Dignum atque racioni consonum inter singulos Principes Justicie zelatores, consuevit arbitrari, illorum pre ceteris vota fidelia favorabiliter adimplere, quorum nedum animi, ymo manus ad augmentanda & reconsilianda jura sibi pertinentia, totis viribus ᵈ senserit adjutrices; quodque gratuitum factum & laudabile censetur, illorum requestas subditorum exaudiri, ipsosque privilegiis, Libertatibus & prerogativis decorari, quorum siquidem intemerata fidelitas in recognoscendo quod est debitum, & jura Dominorum suorum ᵉ substinendo, extrinsecus redditur liberalis. Cum igitur dilecti nostri Consules Civitatis de Sarlato in Petragoricinio, tanquam veri & fideles subditi dicti Domini mei, ad Nos venerint animo liberali, & recognoverint dictum Dominum meum Regem esse eorum Dominum, cique & nobis tanquam suo Locumtenenti, ac aliis Gentibus & Officiariis dicti Domini mei, veros & fideles fore subditos & obedientes ᶠ ; salvo jure Episcopi & Ecclesie Sarlatensis, ac Consulum ipsius Civitatis, quod habent in dicta Civitate, quibus derogare in aliquo non intendimus, & de aliquibus graciis atque remediis fructuosis sibi provideri, nobis humiliter supplicarunt : Notum idcirco facimus universis presentibus & futuris, quod Nos attente considerantes sinceram mentis affectionem, quam prefati Consules & Universitas de Sarlato, ad obedientiam dicti Domini mei habent, volentes ob hoc ipsos favoribus & graciis, sicut & decet, premiare, eisdem Consulibus, Universitati ac habitatoribus dicte Civitatis de Sarlato, qui nunc sunt & futuris temporibus erunt, ex nostra certa sciencia gratiaque speciali & Regia qua fungimur auctoritate, omnia & singula infrascripta & declarata concessimus atque concedimus per presentes, ut sequitur.

d senserint.

e sustinendo.

f promiserint.

(1) Primo. Approbamus, laudamus & confirmamus ipsis Consulibus qui nunc sunt & futuris, ac Universitati & habitatoribus dicte Civitatis de Sarlato, omnia & singula privilegia, usus, Consuetudines, Libertates & franchisias tangentes ipsos Consules, Consulatum, Universitatem & habitatores dicti loci de Sarlato, quibus ipsi & sui predecessores usi sunt sive fuerunt temporibus retroactis, & quascumque Ordinaciones dudum factas per Dominos Reges Franc. qui essent ac possent esse ad eorum commodum, & conservationem Jurium & Jurisdictionis ipsorum & Consulatus predicti; & volumus ac concedimus, quod ipsis utantur de cetero & gaudeant, sicut usi fuerunt usque; nec non & pacem, compositionem & transactionem dudum factas super Jurisdictione, ᵍ Archa, Consulatu & Domo communi de Sarlato, & aliis debatis inter condam Reverendum in Christo Patrem Dominum (a) Bernardum Abbatem tunc Monasterii Sarlatensis, pro

g Tresor commun de la Ville, dans plusieurs Lettres de Commune.

NOTES.

(a) *Bernardum.*] C'est sans doute Bernard V. Il se nommoit *de Vallibus.* Il étoit de la famille des Seigneurs *de Palavess.* En 1286. & en 1296. il fit des Transactions avec les Consuls de Sarlat, sur les droits du Consulat de cette Ville. *Voy. Gall. Christ. 2.ᵉ Edit.* tom. 2. p. 1511. En 1317. l'Abbaye de Sarlat fut érigée en Evêché. Ainsi les droits des Evêques de Sarlat, dont il est fait mention cy-dessus, sont les mêmes que ceux qu'avoient les Abbez, dont il est parlé icy. *Voy. ibid.* p. 1512.

Tome V.

CHARLES V.
au Bois de Vincennes, en Août 1370.
a Reg. R.

se & Conventu suo, ex una parte, & Consules nunc dictæ Civitatis, pro se & Universitate sua, ex parte altera, in omnibus & singulis suis articulis, prout in Litteris ᵃ Regiis super hoc factis, continetur, & quathenus usi sunt, laudamus, approbamus & confirmamus, volentes quod tantum valeant approbatio & confirmatio predictorum, quemadmodum si omnia & singula privilegia, usus, Consuetudines, Libertates & articuli dictæ pacis & transactionis ac compositionis, forent de verbo ad verbum in presentibus Litteris inserte & explicate.

(2) Item. Et quod si alique persone dicti loci sive Civitatis de Sarlato & ejus Jurisdictionis, temporibus retroactis commiserint aliqua crimina, propter que sive pro eorum condempnacione aut aliter, deberet sive debuisset insequi confiscatio bonorum, talem bonorum confiscationem, & omne jus dicto Domino meo competens pro premissis, talibus personis & eorum successoribus, renunciamus, donamus & quittamus; nec non ipsis habitatoribus dictæ Civitatis sive loci de Sarlato, concedimus, quod si temporibus futuris, ipsos Consules & singulares personas dictæ Civitatis, qui nunc sunt & pro tempore erunt, crimina sive delicta talia committere contingeret, propter que sive pro eorum condempnacione aut aliter, insequi posset sive deberet confiscatio dictorum bonorum, quod hujusmodi bona & hereditates talium delinquentium, ad illos da ᵇ genere suo libere revertantur & pertineant, remittentes & quittantes talem confiscationem eisdem; concedentesque & volentes quod pro aliquibus criminibus perpetrandis per habitatores dictæ Civitatis, qui pro nunc sunt & pro tempore erunt, nulla sequeretur bonorum confiscatio; sed bona delinquentium, ad illos de suo genere, ut premissum est, de cetero pertineant ac debeant & habeant pertinere.

ᵇ de leur famille.

(3) Item. Quod si temporibus retroactis, Consules qui nunc sunt & pro tempore fuerint, vel alie persone dictæ Civitatis de Sarlato, male se habuerint in ᶜ Officio, sicut non faciendo vel non servando justiciam, aut ᵈ exedendo sive transgrediendo in aliquibus casibus eam, sive mandata vel precepta suorum Superiorum non complendo, omnes & quascumque penas corporales, criminales, civiles & pecuniarias, quas pro premissis quovis modo possent incurrisse, & de quibus possent insequi de jure aut aliter, ratione premissorum, nec non & eorum jurisdictionem, si propter talia amittere deberent sive debuissent, predictis Consulibus, Universitati & habitatoribus dictæ Civitatis, remittimus perpetuo & quittamus per presentes: Insuper que omnibus & singulis habitatoribus dictæ Civitatis de Sarlato & ejus Jurisdictionis, omnes & singulas penas corporales, criminales, civiles & pecuniarias, quas propter transgressiones Monetarum, vel receptationes bannitorum vel aliorum criminosorum, aut alias quascumque causas indebite factas, toto tempore retroacto, incurrisse potuerint sive debuerint, & de quibus possent insequi de jure aut aliter, racione premissorum, aut ab ipsis peti possent, remittimus & quittamus omnino.

ᶜ officio.
ᵈ excedendo.

(4) Item. Eisdem Consulibus & Universitati ac singularibus personis, presentibus & futuris, dictæ Civitatis & Jurisdictionis de Sarlato, & cuilibet ipsorum, pro ut ad eos pertinuerit, & ᵉ qui solvere tenentur sive debent & consueverunt le (a) Comun Pacis, & talium (b) personarum ᶠ successoribus, totum predictum Commune Pacis, usque ad valorem pro nunc LX.ᵃ librarum Turonensium, annuatim, ad utilitatem Regiam, in dicta Civitate de Sarlato, levari consuetum, ex nostra certa sciencia & de speciali gracia, damus, concedimus, remittimus perpetuo & quittamus per presentes; sic quod de cetero, tales persone non teneantur solvere dictum Commune Pacis, nec pro solvendo insequi ᵍ possent.

ᵉ illis.
ᶠ successor. R.
ᵍ possint.

(5) Item. Concedimus eisdem Consulibus, Universitati & habitatoribus dictæ

NOTES.

(a) *Le Comun Pacis.*] Le mot *Commun* est écrit en abregé; mais c'est sans doute le nom françois de la redevance, appellée un peu plus bas en Latin *Commune Pacis*, que les habitants de Sarlat payoient chaque année au Roy, laquelle, lors de ces Lettres, montoit à 60. livres tournois, & qui, suivant les apparences, consistoit dans des droits casuels, qui pouvoient se lever sur des marchandises ou sur d'autres choses.

(b) *Personarum.*] Il n'y a dans le Registre que *pr*, avec des marques d'abbreviation, & un *a* entre ligne sur ces deux Lettres.

Civitatis de Sarlato, presentibus & futuris, & volumus [a] per aliquos Officiarios Regios dicti Domini mei, sive suorum successorum, pro nunc vel in futurum, etiam pro causa tangente dictum Dominum meum Regem, aliquas personas dicte Civitatis, in Causis criminalibus sive civilibus, criminaliter sive civiliter movendis, non possit nec debeat citare, nec evocare extra [b] assisiagium de Sarlato; nisi sint vel essent persone ad hoc obligate, vel que contraxerint aut deliquerint alibi quam in dicto loco de Sarlato.

(6) Item. Et quod si Consules qui fuerint in dicta Civitate de Sarlato, male se habuerint in officiis, & si Communitas dicte Civitatis, retroactis temporibus, commiserit aliqua crimina, propter que deberent insequi confiscatio vel alie pene criminales sive civiles, ipsis Consulibus, Universitati ac Communitati, tales confiscationes & penas quascumque criminales & civiles, si que ab eis possent peti, perdonamus, remittimus & quittamus.

(7) Item. Volumus & eis concedimus quod, prout est in dicta Civitate de Sarlato, fieri consuetum, & continetur in Ordinationibus Regiis, Bajuli & servientes Regii, qui nunc sunt & pro tempore erunt, non utantur eorum officiis, nec eadem exerceant in dicto loco de Sarlato & ejus pertinentiis, ubi dicti Consules habent jurisdictionem altam & bassam, [c] merum & mixtum imperium, nec in casu ressorti, aut alio ad dictum Dominum meum Regem spectante; nec in illis, nisi de speciali Mandato Senescalli vel Judicis, aut eorum Locatenentium, vel Procuratoris Regii, & dictum Mandatum contineat causam ad dictum Dominum meum Regem [d] expectantem, si & prout est fieri consuetum, & in Ordinacionibus Regiis continetur; nec non etiam volumus & concedimus dictis Consulibus, Universitati & habitatoribus dicte Civitatis, presentibus & futuris, quod, prout est fieri in dicto loco consuetum, & in Ordinacionibus Regiis continetur, Bajuli & servientes Regii non morentur de cetero, nec larem suum foveant in ipso loco de Sarlato; nisi de voluntate Consulum & Universitatis dicte Civitatis; exceptis duobus casibus; videlicet, si essent oriundi de dicto loco, aut ibi duxissent uxorem; & in illis duobus casibus, eorum officio uti non possint in dicto loco, nisi de voluntate dictorum Consulum & Universitatis, si & prout est fieri consuetum, & in Ordinacionibus Regiis continetur.

(8) Preterea, ut dicti Consules qui nunc sunt & pro tempore erunt in dicta Civitate, eorumque Judex, Consulatus, & Officiarii alii ab omnibus injuriis, violenciis, indebitis novitatibus & noxiis melius serventur illesi, ipsos Consules, qui nunc sunt & futuris temporibus erunt in dicta Civitate Sarlatensi, & eorum Consulatum, una cum ipsorum Consulum & Consulatus Judicibus, servientibus & Officiariis, & Jurisdictionibus, possessionibus & rebus universis ipsorum, in & sub protectione & salva-gardia Domini mei Regis Franc. & successorum suorum, speciali, suscipimus ac ponimus de speciali gracia, & ex nostra certa sciencia per presentes: Senescallo Petragoricensi, presenti & futuro, mandantes quatenus ipsos Consules, qui nunc sunt & pro tempore erunt in dicta Civitate, dictumque Consulatum, & ipsorum Consulum ac Consulatus Judices, servientes, Officiariosque alios, presentes & futuros, & eorum Jurisdiccionem, possessiones, bona & res universas, ab omnibus injuriis, violenciis, gravaminibus, molestacionibus, vi armorum, potencia Laycorum, & aliis novitatibus indebitis quibuscunque, defendant; eumdem in Gardiatorem eisdem dantes & deputantes, cum omnibus & singulis clausulis ad hoc necessariis & opportunis.

(9) Ceterum eisdem Consulibus, Universitati, Communitati & habitatoribus dicte Civitatis, qui pro nunc sunt & futuris temporibus erunt in dicta Civitate de Sarlato, concessimus & concedimus per presentes, & ex nostra ac vera sciencia, quod perpetuo sub Dominio dicti Domini mei Regis, & Corone Francie, sint & remaneant, ac sub ipsius Domini Regis & successorum suorum, ac Corone predicte Francie semper maneant proteccione; nec extra manum dicti Domini mei Regis & suorum successorum, dicteque Corone Francie poni, nec in alias manus transferri ipsi Consules, Communitas sive Universitas predicta, & jura quecunque sint, que dictus Dominus meus Rex habet, & tam ipse quam sui predecessores habent in dicta Civitate, possint nec debeant, pro nunc vel in futurum, per dictum Dominum meum vel suos successores, aut alias personas quascunque, quibuscunque Litteris super his concessis & concedendis, in contrarium

CHARLES V.
au Bois de Vincennes, en Août 1370.
a quod.
b ce mot signifie sans doute, la même chose, que assisia.

c Voy. cy-dessus, p. 44. Note (z).

d spectantem.

CHARLES V. au Bois de Vincennes, en Août 1370.
a f. q. R.

non obstantibus. Quas Litteras, & omnia singula contenta in eis, ac quascunque donaciones, confirmaciones & approbaciones, si que de premissis facte quibuscunque personis fuerint, eciam revocamus & annullamus per presentes; [a] *sic quod nullam tales Littere, & concessa in eis, si que concesse fuerint personis aliquibus, obtineant roboris firmitatem; & volumus quod presens revocacio tantum valeat, & tantam efficaciam habeat, ac si de talibus Litteris, si que facte fuerint, de verbo ad verbum in presentibus Litteris mencio facta foret.*

(10) Item. Dictis Consulibus, & omnibus ac singulis dicte Civitatis habitatoribus, & eciam pertinentiarum, qui pro nunc sunt ac pro tempore erunt in dicta Civitate de Sarlato, ex nostra certa sciencia, concessimus ac concedimus, quod ex nunc in futurum perpetuo, in quibuscunque Causis movendis contra ipsos Consules & habitatores dicte Civitatis, presentes & futuros, & alias personas in dicta Civitate, tam racione fraccionis salve-gardie Regie, quam aliter, criminaliter sive civiliter, per Bajulum, Procuratorem, & alios quoscunque Officiarios Regios; non obstantibus quibuscunque usu, stilo Curiarum, publicatio deposicionum testium fiat; quarum utraque pars copiam habeat; sive Procurator vel alii Officiarii Regii causam per se, pro jure Regio, moveant, vel adjuncti cum aliis, [b] *Partem cum eisdem facientibus.*

b estant Partie avec eux dans le procès.

(11) Item. Concessimus & concedimus eisdem, quod ipsi Consules, aut aliqui habitatores dicte Civitatis de Sarlato, qui nunc sunt & futuri, racione fraccionis salvegardie, aut pro aliis quibuscunque criminibus, excessibus, forefactis sive delictis, pro quibus deberet sequi punicio corporalis vel pecuniaria, nullatenus ponantur in inquesta sive preventione, per aliquos Officiarios Regios, nisi debita & sufficienti informacione precedente.

(12) Omnia vero & singula premissa, promittimus per Dominum meum Regem, cum suis Litteris magno suo sigillo & cera viridi sigillatis, facere confirmare, laudare & approbare.

Mandantes, & si opus fuerit, committendo dicto Senescallo, Thesaurarioque Petragoricensibus, & eorum Locatenentibus, ceterisque Officiariis & Justiciariis Regiis, presentibus & futuris, & suis Locatenentibus, ac cuilibet ipsorum, ut ad eos pertinuerit, quatenus dictos Consules, Universitatem & habitatores dicte Civitatis de Sarlato, qui nunc sunt & futuros, premissis omnibus & singulis graciis, donis, remissionibus, quittacionibus atque concessionibus, & aliis in precedentibus explicatis, uti pacifice & gaudere faciant & permittant, nil contra presencium tenorem faciendo, aut à quoquam fieri permittendo; facta in contrarium, si que sint aut fuerint, revocantes & ad statum pristinum & debitum reducentes: Et ut premissa omnia & singula perpetuo obtineant roboris firmitatem, presentibus Litteris, in testimonium premissorum, nostrum magnum fecimus apponi sigillum. Datum Tholose, mense Julii, anno Domini M. CCC. LXX.

Et erant dicte Littere sic signate. *Per Dominum Ducem, ad relacionem Consilii, in quo vos Domini P. Scatisse Thesaurarius Francie; Bernardus de Mora, Stephanus de Naugareto, Legum Doctores; Raymundus Athonis, Judex Major Tholose, Magistri Requestarum; & plures alii eratis.*   H. COUTEL.

Quibus quidem Litteris, prenominatisque articulis visis, & cum matura & provida nostri consilii deliberatione, ipsorum tenore inspecto; considerantes concessionem dictorum articulorum, per dictum Germanum & Locumtenentem nostrum, ex justis & racionabilibus causis, dictis Consulibus fuisse factam; quodque ipse Germanus noster & Locumtenens noster, premissa per Nos facere confirmari promisit, prout in dictis suis Litteris plenius continetur, omnia & singula predicta, modo & forma quibus suprascribuntur, & in prefatis Litteris dicti Germani & Locumtenentis nostri, inseruntur, ad supplicacionem ipsorum Consulum & habitatorum, laudamus, rattificamus, approbamus, & ex certa sciencia, auctoritate Regia & speciali gracia, tenore presencium confirmamus; nec non de novo, eisdem Consulibus & habitatoribus, dictis auctoritate, certa sciencia & gracia speciali, concedimus, si sit opus: Dilectis & fidelibus Gentibus Compotorum nostrorum Parisius, [c] *Senescallis Caturcensi & Petragoricensi, ceterisque Officiariis &*

c Sen. R.

DE LA TROISIÉME RACE. 343

Justiciariis nostris, ac eorum Locatenentibus, & cuilibet ipsorum, præsentibus & futuris, dantes tenore præsencium in mandatis, quatenus dictos Consules & habitatores, dictis præsentibus confirmacione, concessione & gracia uti & gaudere pacifice faciant & permittant, ac contra tenorem præsencium, ipsos aut eorum aliquem, nullatenus molestent vel inquietent, aut molestari vel inquietari, nec aliter in futurum aliqualiter patiantur; sed si aliqua in contrarium facta vel attemptata fuerint, ea ad statum debitum reducant aut reduci faciant indilate; Ordinacionibus, defensionibus & Mandatis in contrarium factis vel faciendis, nonobstantibus quibuscumque. Quod ut firma, &c. salvo, &c. Datum in Nemore Vincennarum, anno Domini M. CCC.° LXX.° & Regni nostri VII.° mense Augusti.

CHARLES V. au Bois de Vincennes, en Août 1370.

Sic signata. *Per Regem.* J. TABARI.

Collatio facta est cum Litteris Originalibus suprascriptis. *Visa.*

(a) Privileges accordez à la Ville de Sarlat.

K AROLUS, &c.
....*Nobis præsentatas; quarum Litterarum principium subscribitur, una cum quatuor clausulis sive articulis, inter alios quamplures, in quorum articulorum primo duo continentur: & est principium dictarum Litterarum præfati Germani & Locumtenentis nostri, tale.*

CHARLES V. au Bois de Vincennes, en Août 1370.

L UDOVICUS, &c.
Tenor autem primi articuli sequitur de verbo ad verbum.
(1) Primo. *Approbamus, &c.*
Secundus vero articulus sequitur in hunc modum.
(5) Item. *Concedimus, &c.*
Tercius quoque articulus talis est.
(10) Item. *Dictis Consulibus, &c.*
Quartus articulus sequitur in hæc verba.
(11) Item. *Concessimus, &c.*
Finis quoque dictarum Litterarum noscitur esse talis.
(12) *Omnia vero & singula, &c.*

NOTE.

(a) Tresor des Chartres, Registre 100. Piece 649.
Tous les Articles contenus dans les Lettres precedentes, à l'exception du 9.e sont repetez, seuls ou plusieurs ensemble, dans celles-cy & dans les trois suivantes. On a renvoyé dans ces Lettres, aux Articles des precedentes.

(a) Privileges accordez à la Ville de Sarlat.

K AROLUS, &c.
....*Nobis præsentatas; quarum Litterarum principium subscribitur, una cum tribus Clausulis sive articulis, inter alios quamplures: Et est principium dictarum Litterarum præfati Germani, & Locumtenentis nostri, tale.*

CHARLES V. au Bois de Vincennes, en Août 1370.

L UDOICUS, &c.
Tenor autem primi articuli sequitur de verbo ad verbum.
(2) Item. *Et quod si alique, &c.*
Secundus articulus sequitur in hunc modum.

NOTE.

(a) Tresor des Chartres, Registre 100. Piece 743. *Voy. cy-dessus,* Note (a).

344   ORDONNANCES DES ROIS DE FRANCE

a dans la P. ce qui fait ici un article séparé, est la suite de l'art. 2. qui est à la p. 340.

ᵃ *Nec non ipsis habitatoribus, &c.*
Tercius articulus talis est.
(*4*) Item. *Eisdem Consulibus, &c.*
Finis quoque dictarum Litterarum nostrarum noscitur esse talis.
Omnia vero & singula, &c.

CHARLES V.
au Bois de Vincennes, en Août 1370.

(*a*) Privileges accordez à la Ville de Sarlat.

KAROLUS, *&c.*
.... *Nobis presentatas ; quarum Litterarum principium subscribitur, una cum quinque clausulis sive articulis, inter alios quamplures : & est principium dictarum Litterarum prefati Germani nostri, tale.*

LUDOVICUS, *&c.*
Tenor vero primi articuli sequitur de verbo ad verbum.
(*3*) Item. *Quod si temporibus, &c.*
Secundus vero articuli sequitur in hunc modum.

b cet article fait la suite de l'art. 3. dans la p. 340.

ᵇ *Insuperque omnibus, &c.*
Tertius quoque articulus talis est.
(*6*) Item. *Et quod si Consules, &c.*
Quartus articulus sequitur in hec verba.
(*7*) Item. *Volumus & eis, &c.*
Quintus eciam articulus sequitur per hanc formam.

c cet article fait la suite de l'art. 7. dans la p. 341.

ᶜ *Nec non eciam volumus, &c.*
Finis quoque dictarum Litterarum noscitur esse talis.
(*12*) *Omnia vero & singula, &c.*

NOTE.

(*a*) Tresor des Chartres, Registre 100. Piece 908. *Voy.* p. preced. Note (*a*).

CHARLES V.
au Bois de Vincennes, en Août 1370.

(*a*) Privileges accordez à la Ville de Sarlat.

KAROLUS, *&c.*
.... *Nobis presentatas ; quarum Litterarum principium subscribitur, una cum uno articulo, inter alios quamplures : & est principium dictarum Litterarum prefati Germani & Locumtenentis nostri, tale.*

LUDOVICUS, *&c.*
Tenor autem dicti articuli sequitur de verbo ad verbum.
(*8*) *Preterea ut dicti Consules, &c.*
Finis quoque dictarum Litterarum dicitur esse talis.
Omnia vero, &c.

NOTE.

(*a*) Tresor des Chartres, Registre 100. Piece 671. *Voyez* p. preced. Note (*a*)

Lettres

(a) Lettres qui portent que lorsque les habitants de Sarlat laisseront prendre des défauts contr'eux, dans les Jurisdictions de la Senechauffée de Perigord & du Duché d'Aquitaine, ils ne payeront que la moitié des Amendes, auxquelles les deffaillans font condamnez.

CHARLES V. au Bois de Vinceunes, en Août 1370.

KAROLUS, &c. Notum facimus universis presentibus & futuris, quod Nos ad memoriam reducentes grata & laudabilia servicia, Nobis per dilectos & fideles nostros Consules & habitatores Ville de Sarlato, elapsis temporibus, Predecessoribus nostris & Nobis impensa; & presertim quod, tanquam Nobis & Corone Francie veri & humiles subditi, Nos Dominum suum superiorem nuperrime confessi sunt & publice cognoverunt & cognoscunt, dictam Villam & habitatores ipsius, obedientie & dominacioni nostre, ut ᵃ convenienter, liberaliter submittendo; prefatis Consulibus, Universitati & habitatoribus dicte Ville, presentibus & futuris, concessimus ac de speciali gracia, auctoritate Regia & certa sciencia concedimus per presentes, quod si temporibus futuris, in aliquibus Curiis nostris: videlicet, ᵇ Senescalliarum Petragoricensis & Caturcensis, ac Ducatus nostri Aequitanie, ipsos Consules, Universitatem & habitatores, super quibuscunque Causis & litibus contingeret poni in (b) deffectu, vel ipsos debere clamores & gaigia ᶜ aliqua LX.ᵗᵃ solidorum, vel majores emendas solvere, ipsi Consules, Universitas & habitatores dicte Ville, quitti & liberi perpetuo remaneant & teneantur, solvendo medietatem dumtaxat talium deffectuum, clamorum, gaigiorum & majorum emendarum; quodque ad solvendum ultra dictam medietatem, compelli per quemcumque de cetero non possint occasione predicta: Dantes insuper dilectis & fidelibus Gentibus Compotorum nostrorum Parisius, Senescallis Petragoricensi & Caturcensi, ceterisque Justiciariis & Officiariis nostris, & dicti Ducatus, presentibus & futuris, tenore presencium in mandatis, ut prefatos Consules, Universitatem & habitatores, nostra presenti concessione & gracia uti & gaudere perpetuo faciant pacifice & quiete, & contra tenorem presencium ipsos aut eorum aliquem nullatenus molestent vel inquietent, aut molestari vel inquietari, nunc vel in futurum, aliqualiter paciantur; sed si aliqua in contrarium facta vel attemptata fuerint, ea ad statum debitum reducant aut reduci faciant indilate; Ordinacionibus, defensionibus & mandatis in contrarium factis vel faciendis, nonobstantibus quibuscunque. Que uti firma & stabilia perpetuo habeant remanere, sigillum, &c. salvo, &c. Datum in Nemore Vincennarum, anno Domini M.° CCC.° LXX.° Regni nostri VII.ᵒ mense Augusti.

Sic signata. Per Regem. J. TABARI. Visa.

ᵃ mot abregé & très-douteux.

ᵇ Senescall. R.

ᶜ aliq. R.

NOTE.

(a) Tref. des Chart. Regist. 100. P. 599. Voy. cy-dessus, p. 190. Note (a).
(b) Deffectu.] Deffaut d'une Partie qui ne comparoit point en Justice. Voy. le Gloss. de du Cange, au mot, defectus 3.
Lorsqu'une Partie ne comparoit point en Justice, sa Partie adverse fait contre lui de nouvelles poursuites, qui donnent lieu à de nouveaux frais, qui sont designées ici par le mot, clamores: & le deffaillant est condamné à l'Amende. Gaigia qui est ici pour gagia, signifie une Amende. Voy. le 3.ᵉ Vol. des Ordonn. p. 205. Note (1).

(a) Lettres qui portent que trois Articles d'une Ordonnance de Philippe-le-Bel, touchant les Sergents, seront observez dans la Ville de Sarlat.

SOMMAIRES.

(1) Les Sergents Royaux ne pourront exercer leurs Offices, dans les Terres où les Prelats & les Barons ont toute Justice; si ce n'est en cas de ressort, &c.

(2) Les Sergents Royaux ne pourront demeurer dans les Terres où les Prelats & les

NOTE.

(a) Trefor des Chartres, Registre 100. Piece 906. Voy. cy-dessus, page 190. Note (a).

SOMMAIRES.

Barons ont toute Justice ; à moins qu'ils n'y soient nez ou mariez ; & dans ces deux cas, ils n'y pourront faire aucune fonction de leurs Offices, même en cas de ressort.

(3) Les Sergents ne feront aucuns ajournements que par l'ordre des Senechaux & des Baillis ; &c. Et si le Prevôt faisoit faire quelque ajournement injuste ou faux, il en dédommagerait la Partie.

CHARLES V.
au Bois de Vincennes, en Août 1370.
a Philippe-le-Bel. *Voy.* Note *(a).*
b justicient.

c Inhibemus.

KAROLUS, &c. Notum facimus universis presentibus & futuris, quod cum clare memorie ^a Philippus quondam Rex Francorum, predecessor noster, nonnullas Ordinaciones & Statuta fecerit ; inter quas est quedam Ordinacio que sequitur sub his verbis.

(1) Item. *(a)* Interdicimus servientibus nostris, ne ^b justiciant, aut officium suum exerceant in Terris Prelatorum, Baronum aut aliorum Vassalorum seu subditorum nostrorum, in quibus habeant Justiciam altam & bassam, seu merum & mixtum Imperium; nisi in casu ressorti aut alio ad Nos de jure spectante ; neque tunc, nisi de precepto Senescalli, Baillivi aut Prepositi, Vicecomitis, Vicarii seu Judicis ; & continebit tunc mandatum seu preceptum ipsorum, casum ad Nos, ut premittitur, pertinentem.

(2) ^c Inhibentes insuper, ne morentur seu larem foveant in dictis Terris aut locis, vel in locis vicinis, in fraudem, absque voluntate dictorum Prelatorum, Baronum vel aliorum subditorum nostrorum.

(3) Et inhibemus ne servientes faciant adjornamenta seu citationes sine precepto Senescalli, Baillivi aut Prepositi, Vicarii, Vicecomitis aut Judicis ; & si Prepositus faceret seu fieri preciperet falsum aut injuriosum adjornamentum, dampna & gravamina Parti quam sic gravaverit, resartiet.

Nos vestigiis prefati Predecessoris nostri, laudabiliter inherendo, premissa omnia & singula, ad supplicationem & requestam dilectorum & fidelium nostrorum Consulum Ville seu Civitatis de Sarlato, qui in dicta Civitate Jurisdictionem altam & bassam, merum & mixtum imperium habent, sicut dicunt, volumus & ordinamus ex certa scientia, auctoritate Regia & gratia speciali ; ac eisdem Consulibus concedimus in dicta Civitate de cetero, prout continentur superius, teneri de puncto ad punctum, & inviolabiliter debite observari ; nisi de voluntate processerit Consulum predictorum. Dantes tenore presentium in mandatis Senescallis Petragoricensi & Caturcensi, ceterisque Justiciariis & Officiariis Regni nostri, ac eorum cuilibet, presentibus & futuris, quatenus dictas Ordinationes & Statuta, in prefata Civitate teneri & observari faciant juxta presentium Litterarum continenciam & tenorem, nichil attemptando aut attemptari faciendo in contrarium quomodo ; sed si que facta vel attemptata fuerint contra premissa, ea ad statum pristinum & debitum reducant & reduci faciant indilate ; Ordinationibus aliis, defensionibus & mandatis econtra factis vel faciendis, nonobstantibus quibuscumque. Que ut firma & stabilia perpetuo habeant permanere, sigillum nostrum presentibus Litteris fecimus apponi : salvo in aliis jure nostro, & in omnibus quolibet alieno. Datum in Nemore Vincennarum, anno Domini millesimo CCC. septuagesimo, & Regni nostri VII.º mense Augusti.

Sic signate. Per Regem. J. TABARI.   Visa.

NOTE.

(a) Interdicimus.] Les trois Articles suivants sont les Articles 29. 30. & 28. de la grande Ordonnance de Philippe-le-Bel, de l'année 1302. *Voy.* le 1. *Vol. des Ordonn.* p. 362. On a crû cependant devoir faire imprimer ici ces articles, parce qu'il y a quelques legeres differences.

Les dispositions de ces Articles, sont aussi confirmées dans les Articles des Privileges de Sarlat. *Voy. cydessus,* p. 341. art. 7.

DE LA TROISIÉME RACE.   347

(a) Lettres qui portent que le Prevôt de Paris sera Gardien des Religieuses de Longchamp, qui sont sous la sauvegarde Royale; & qu'elles pourront porter devant lui tous leurs procez, lorsqu'elles ne voudront pas les porter en premiere Instance devant le Parlement.

CHARLES V.
au Bois de Vincennes, en Août 1370.

KAROLUS Dei gratia Francorum Rex. Notum facimus universis presentibus & futuris, quod cum per nostras alias ᵃ Litteras, sub anno Domini millesimo trecentesimo sexagesimo quarto, mense Junii, Religiosis mulieribus, Abbatissæ & Conventui sororum Monasterii humilitatis beatæ Mariæ de Longo-campo, Ordinis sanctæ Claræ, per Nos ante susceptum Regni nostri regimen, concessas, & post dicti Regni nostri susceptum regimen, confirmatas; & ex certis caussis in eisdem Litteris nostris plenius declaratis, ex certa scientia, auctoritate Regia & de plenitudine nostre potestatis & ex gracia speciali, concesserimus quod ipsa Ecclesia, Abbatissa & Conventus, una cum bonis suis, rebus, domibus, possessionibus & juribus quibuscumque, quas reputavimus, & reputamus tanquam bona nostra proppria, tam in capite quam in membris, sint & remaneant tanquam res nostre proprie, ᵇ & in Gardia, tuicione, protectione & deffensione nostra, successorumque nostrorum Regum Francie, perpetuo, adeo quod non possint nec valeant in futurum, separari seu elongari quocumque casu vel quocumque velle, quesito quovismodo; licet oporteret terras, loca, Ecclesiam, domos, bona, possessiones, & alia jura ad ipsas Religiosas pertinentes, aut aliquid ipsarum, quocumque situentur loco, in Liberos Progenitoris nostri, nostros aut aliorum quorumcumque, futuris temporibus quoquomodo transferri; voluerimusque & ordinaverimus ex uberiori nostra gracia, quod de possessionibus earum, domibus, terris, bonis, vineis, nemoribus, aquis, pasturis, propriis juribus aut aliis rebus quibuscumque, in capite seu in membris, agendo vel deffendendo, nisi coram Nobis aut successoribus nostris Francorum Regibus, in Parlamento nostro, vel coram Commissariis nostris non suspectis, litigare minime teneantur; pout hec & alia in dictis Litteris nostris dicuntur plenius contineri. Preterea Nobis humiliter supplicarunt, ut Nos sibi ᵈ per aliquem Judicem & Gardiatorem suum, deputare & committere dignaremur. Nos vero, premissis consideratis, ipsarum supplicacioni benigniter annuentes, Prepositum Parisiensem, qui nunc est & qui pro tempore fuerit in futurum, seu Locuntenentes ipsorum, imperpetuum Judices specialesque Gardiatores earum, ordinavimus & deputavimus, tenoreque presencium, auctoritate Regia perpetuo deputamus; Prepositis ipsis, & eorum cuilibet, vel eorum Locatenentibus, qui pro tempore fuerit, cognicionem & decisionem omnium & singulorum dictum Monasterium, agendo & deffendendo, spectantium, Gardiamque dictarum Sororum, ac hominum & gencium seu familiarium earundem, perpetuo committendo; concedendoque ᵉ coram alio vel aliis Judice seu Judicibus secularibus quacunque auctoritate fungentibus, non possint in causam trahi, seu ad judicium de cetero, quovismodo seu quacumque de causa, conveniri: volentes & concedentes quod dictus Prepositus ᶠ modernis, & alii successores ipsius in eodem Officio Prepositi, seu Locatenentes ipsorum, possint quoscumque servientes Regios, vel alios Officiarios nostros & successorum nostrorum, tot & tales quot & quales sibi bonum videbitur, committere, si & quociens super hoc fuerint requisiti; qui easdem & suos Procuratores in suis justis possessionibus, juribus, usibus, franchisiis, Libertatibus & saisinis, in quibus eas & earumque predecessores fuisse pacifice ab antiquo repererint, manuteneant & conservent, & ab omnibus injuriis, violenciis, gravaminibus, vi armorum, potencia Laycorum ac inquietacionibus & novitatibus indebitis quibuscumque, tueantur & deffendant seu tueri faciant & deffendi: & si inter Partes oriatur debatum, ipso debato, una cum rebus contenciosis, in casu novitatis, ad manum nostram tanquam

ᵃ Voy. le 4.ᵉ Vol. des Ordon. p. 458.

ᵇ ce mot est inutile.

ᶜ ce mot est inutile.

ᵈ quod.

ᵉ modernus.

NOTE.

(a) Livre Roug. Vieil du Châtelet de Paris, fol.º 51. recto.

Tome V.   X x ij

CHARLES V.
au Bois de Vincennes, en Août 1370.

a dictabit.
b Gradiator. là & plus bas. R.

superiorem positis, locisque deablatis realiter & de facto ressaisitis, factaque recredentia, ubi & prout fuerit facienda, diem coram dicto Preposito assignent eisdem Partibus debatum hujusmodi facientibus, super hoc processuris ut fuerit racionis: qui dictis Religiosis vel Procuratoribus suis, faciant & facere teneantur omnia & singula debita sua bona & legalia persolvi; debitores earumdem ad dictam solucionem faciendam, ut racio^a *ditabit, compellendo; & in casu opposicionis, coram ipso Preposito adjornent: aliaque universa & singula faciant & facere possint, que ad officium* ^b *Gardiatorum, possunt & potuerint quomodolibet pertinere: Quodque dictus Prepositus seu ejus successores, non permittat vel permittant dictas Religiosas vel earum Procuratores aut gentes, racione bonorum ad dictam Ecclesiam spectantium, coram quocumque Judice seculari, nisi coram se dumtaxat, in Causam vel Causas trahy; ymo pro parte nostra, inhibeant vel inhiberi faciant omnibus Justiciariis, de quibus ex parte dictarum Religiosarum seu Procuratoris earumdem, fuerint requisiti, ne de Causis vel aliis negociis ipsarum, cognoscant seu se aliqualiter intromittant. Damus autem in mandatis serie presencium Litterarum, omnibus Justiciariis & Officiariis ac subditis nostris, eorumque cuilibet, prout ad eum pertinuerit, quatenus prefato nostro Preposito Parisiensi moderno, & aliis Prepositis Parisiensibus ipsius successoribus, eorumque Locatenentibus, ut in premissis & premissorum singulis ea quomodolibet tangentibus, nec non Gardiatoribus per eundem Prepositum atque successores suos, vel eorum Locatenentes, predictis sororibus deputatis & deputandis, ac in omnibus aliis quibuscumque Gardiatorum officium hujusmodi tangentibus, pareant efficaciter & intendant; salvo & reservato dictis Religiosis, de suis Causis in dicto Parlamento nostro,*

c placuerit.

dum eis ^c *placuere prosequendis, juxta dictarum nostrarum aliarum Litterarum continentiam & tenorem. Quod ut firmum & stabile perpetuo perseveret, Litteris presentibus nostrum fecimus apponi sigillum: nostro in aliis jure salvo, & in omnibus quolibet alieno. Datum apud Nemus Vincennarum, mense Augusti, anno Domini millesimo trecentesimo septuagesimo, Regni vero nostri septimo.*

Collacion faicte à l'original des Lettres dessus transcriptes, sceellées en las de soie & en cire vert. Ainsi signées. *Per Regem.* OGIER. *Visa.*

Et estoit escript au dos desdictes Lettres: Publiées en jugement ou Chastellet de Paris, le Lundi seizième jour de Septembre, l'an mil trois cens soixante & dix. J. LE BECGUE.

Et fu faicte ladite Collacion, le Vendredi dix-huitième jour d'Octobre, l'an mil trois cens soixante & dix, par moy.

CHARLES V.
le 2. de Septembre 1370.

(*a*) *Extrait des Lettres qui portoient, que les Elûs sur le fait des subsides, dans la Ville, Prevôté, Vicomté & Diocese de Paris, ne seroient point garants des Fermes de ces subsides qu'ils adjugeroient; ni de la Regie des Collecteurs qu'ils nommeroient pour faire valoir les Fermes de ces subsides, qui auroient été abandonnées par les Fermiers.*

d millesimo.

e Fermes.

MEMORIA quod Dominus Rex, per ejus Litteras datas secunda Septembris, ^d trecentesimo septuagesimo, voluit, declaravit ac eciam ordinavit, quod Electi super facto Subsidiorum levatorum in Villa, Prepositura, Vicecomitatu & Dyocesi Parisiensi, pro defensione Regni, seu alter ipsorum, aut eorum heredes vel successores temporibus assuturis, quoquomodo compelli nequeant ad faciendum ^e Firmas per eos traditas retroactis temporibus & imposterum tradendas, bonas & solubiles, ob deffectum fidejussorum aut alio quovismodo; necnon (*b*) Firmas in

NOTES.

(*a*) Memorial D. de la Chambre des Comptes de Paris, fol.^o 104. R.^o

(*b*) *Firmas, &c.*] Je crois que cela signifie les Fermes des subsides, dont les Fermiers n'avoient point rempli les engagemens, & que le Roy faisoit valoir à leur deffaut, par des Collecteurs ou Receveurs nommez par les Elûs.

manu Regia receptas, feu quacumque caufa recipiendas, per Collectorem feu Collectores, unum vel plures, ab eis fuper hoc deputatos feu deputandos, quantumcumque & quomodocumque male fe habeant feu gerant in eorum Receptis, tam in remiffe & negligenter levando dictas Firmas, quam minus reddendo de eifdem quam receperint; & aliter, ob culpam vel maliciam eorum; nonobftantibus quibufcumque articulis contentis in *(a)* Ordinacionibus & inftructionibus fuper modum & formam tradendi dicta Subfidia, nuper factis; dum tamen in tradendo dictas Firmas, feu hujufmodi Collectores committendo, fraus, corruptio vel malicia per ipfos Electos aut ipforum alterum, nullatenus committatur : & quod tranfcripto dictarum Litterarum in Camera Compotorum collationato, ficuti Originali, adhibeatur fides indubia, prout plenius continetur in dictis Litteris Regis fuper hoc confectis. Scriptum de precepto Dominorum, die duodecima Octobris, * trecentefimo feptuagefimo.

CHARLES V. le 2. de Septembre 1370.

* millefimo.

NOTE.

(a) Ordinationibus.] Ces Ordonnances & ces Inftructions ne fe trouvent point dans les Regiftres.

(a) Lettres portant reglement pour le payement des dettes de la Ville de Tournay; & exemption pour un an, des Impôts fur les marchandifes que ces habitans acheteront hors de leur Ville.

CHARLES V. à Paris, en Septembre 1370.

CHARLES, &c. Savoir faifons à tous prefens & avenir, que comme pour le bien de noftre bonne Ville de Tournay & des habitans d'icelle, ª cinq ans a ou environ, après ce que Nous euſmes oy les ᵇ merites & caufe de certain plait & procez, meus entre xv. des diz habitans, qui paravant avoient efté & ᶜ entendu au gouvernement de la Loy de noftre dicte Ville, d'une part; & le Gouverneur d'icelle, & ceux qui lors eftoient au gouvernement de la dicte Loy, d'autre; lefquelz xv. difoient & maintenoient que plufieurs griefs & oppreffions indeuës leur avoient efté faiz par le Gouverneur de la dicte Ville, & ceulx qui lors eftoient en la dicte Loy, ou par leur fait dampnable; les diz Gouverneur & autres difoient au contraire; & fur ce, tant d'une partie comme d'autre, euffent efté dictes & propofées plufieurs raifons pardevant Nous, & baillées par maniere de Memoire, pour oïr droit : Et avec ce, plufieurs jufques au nombre de vi.ˣˣ & plus, feuffent detenus prifonniers à Tournay, pour ce qu'on leur impofoit avoir efté au gouvernement de la dicte Ville, qui après furent eflargis ou recreuz par le Gouverneur d'icelle : Nous, par meure deliberacion de noftre Confeil, & pour ofter toutes manieres de diffencion & debas entre les dictes Parties, & pour lez mettre & tenir en bonne paix & concorde enfemble, euffions envoié en noftre dicte Ville, noz amez & feaulz Confeilliers, l'Abbé de Clugny qui pour lors eftoit, & ᵈ feus Jacques la Vache & Gilles de Soicourt, Chevaliers, pour la caufe deffus dicte; & auffi afin qu'il feuft pourveu à l'eftat de noftre dicte Ville : Lefquels nos Confeillers y furent, & vaquerent diligemment par plufieurs journées, & euë bonne & meure deliberacion avec les Prelaz, Doyen & Chapitre de la dicte Ville, plufieurs Sages, Nobles, Bourgeois & autres d'icelle Ville, & d'ailleurs; finablement toutes les dictes Parties & chafcune d'icelles, fe foubfmidrent & rapporterent du tout à noftre volenté & ordennance, fi comme par la relation de noz diz Commiffaires, tant par Lettres, comme autrement, lors Nous apparu plainement. Et pour ce, afin que noftre dicte Ville, laquelle, tant par le faiz des deffus dis, eftoit en peril & voïe de deftruccion, comme pour les charges de plufieurs debtes & rentes à vie comme à heritage, montans à grans fommes de deniers, feuft reparée & mife à bon eftat, & que les habitans d'icelle demouraffent en

a *Voy. cy-deffus*, p. 136.
b *mot abregé & douteux.*
c *employez.*

d *feu.*

NOTE.

(a) Trefor des Chartres, Regiftre 100. Piece 595.

CHARLES
V.
à Paris, en
Septembre
1370.
a livres.
b devoient.

bonne tranfquillité & union enfemble, & pour certainnes caufes qui à ce Nous murent, euffions voulu & ordené entre les autres chofes, que LX.m livres Tournois ou environ, en quoy les dis habitans povoient eftre tenus à caufe des arreraiges des rentes que la dicte Ville devoit, feuffent payéez par la maniere qui s'enfuit; c'eft affavoir, XVIII.m a fur les deffus dis eflargis & recreuz, & les XLII.m qui demouroient, b doioient eftre impofées & affifes fur M. perfonnes plus riches & plus fouffifantes de noftre dicte Ville, autres que les diz recreuz & eflargis qui devoient payer les XVIII.m livres deffus dictes; l'affiete defquelles fommes, Nous ordennafmes dès lors eftre faicte & impofée par noz amez & feaulz, l'Evefque de Tournay & Oudart de Renti, noftre Chevalier, Confeillier & Gouverneur pour lors de noftre dicte Ville, felon la forme & teneur de certainnes noz Lettres que leur envoïafmes; & il foit ainfi que les dictes fommes ne foient encorez païées, mais pour ycelles avoir, a efté peril & doubte de commocion & difcencion entre lefdis habitanz; dont grans inconveniens & ireparables fe peuffent eftre enfuivis; dont n'agaires la grant amour & affeccion que nous avons au bien & proffit de noftre dicte Ville & des habitans d'icelle, y avons comis & envoyé noz amez & feaulx Confeilliers, le Senefchal de Haynau noftre Coufin, Maiftre Aleaume Boiftel, Maiftre des Requeftes de noftre Hoftel, & Triftan du Bos, Chevalier, noftre Bailli de Vermandois, pour favoir & veoir l'eftat &

c befoin.

gouvernement de ladicte Ville, & ycelui reformer, fe c meftier en eftoit; lefquelz en ce ont vaqué & entendu diligemment; & eu advis & deliberation avec plufieurs gens notables, tant d'Eglife comme Nobles & autres de noftre dicte Ville & de ailleurs, que, feeu & trouvé noftre dicte Ville moult deppeuplée de gens, & diminuée en fes facultez, & telement & fy exceffivement chargée de debtes envers plufieurs & diverfes perfonnes, que pour ycelles payer, chafcun jour eft grant peril de commocion entre lez diz habitans; par quoy noftre dicte Ville porroit eftre deferte & inhabitable, fe par Nous n'y eftoit pourveu de gracieux & convenable remede : pourquoy Nous, ces chofes confiderées; & auffi que les diz habitans ont toufjours bien & loyaument fervi Nous & noz Predeceffeurs, & efperons qu'il facent ou temps avenir; & afin que noftre dicte Ville foit reparée & mife en bon eftat, & lez habitans d'icelle foient & puiffent demourer en paix & tranquilité, & vivre en bonne amour & union enfemble, ainfy que nous le defirons, aux diz habitans avons quittié & remiz, & par ces prefentes quittons & remettons tout entierement, en tant qu'il Nous touche, & puet touchier, ladicte fomme de XLII.m livres, & d'icelle les abfolons liberalement & franchement, fenz ce que jamaiz par Nous ou autres noz Officiers quelconques, en foient ou puiffent eftre en aucune maniere pourfuiz ne approchiez; & en oultre, de la fomme de XVIII.m livres Tournois deffus dite, lefquelles devoient païer certains habitans de noftre dicte Ville eflargis ou recreuz, comme dit eft, en

d les.
e livres.
f livres.

avons quittié & quittons comme deffus, la fomme de VIII.m livres Tournois, & d le X.m demourantes à païer defdictes XVIII.m e feront païées comptant par les diz habitans, par la maniere & aux termes ordennez par les diz Senefchal, Maiftre Aleaume & Bailly; defquelles X.m f Nous voulons & ordennons qu'il aient & prengnent la fomme de III.m livres, pour tourner & convertir en la fortification de noftre dicte Ville, & non ailleurs, fauf tant que fur ycelles, pour ce que noftre amé & feal Clerc & Notaire, Maiftre Jaques Watebled, Procureur d'icelle Ville, a vaqué & efté és chofes deffus dites, avec les diz Commiffaires, & y a pené & traveillé au proffit de Nous & des diz habitans; ledit Procureur aura & prendra la fomme de C. frans d'or, lefquelz Nous lui avons pour ce tauxés & ordennez; & les autres VIII.m livres foient tournés & convertis ou fait de noz guerres; & par païant les dictes X.m livres par la maniere que dit eft, il Nous plaift & voulons, & aux diz habitans l'avons octroyé & octroyons; que de toutes denrées, vins & autres marchandifes quelconques, que les diz habitans acheteront hors de noftre dicte Ville, en noftre Royaume, pour mener & defpenfer, les diz habitans aient autelles franchifes & Libertez, comme ont par noftre don & octroy, ceulz du pays d'Artoys, pour un an; pourveu que en ce ne commettent fraude en aucune maniere. Si donnons en mandement par

DE LA TROISIÉME RACE. 351

ces presentes, à noz amez & feaulx les Generalz Conseilliers sur le fait dez Aidez de la guerre, au Gouverneur de nostre dicte Ville de Tournay, & à tous les autres Justiciers & Officiers de nostre Royaume, & à leurs Lieuxtenans, presens & avenir, & à chascun d'eulx, si comme à lui appartendra, que les diz habitans, auxquelz par grant & meure deliberacion de nostre grant Conseil, pour certainnes & justes causes touchant l'onneur & le proffit de Nous & des diz habitans, avons les choses dessus dictes faictes & octroyées, faisons & octroyons de grace especial, certaine science & auctorité Royal, de nostre presente grace facent & sueffrent joïr & user paisiblement, senz empeschement ou difficulté aucune; nonobstant Ordennances & quelconques dons ou assignacions faiz sur ce, à quelque personne & pour quelque cause que ce soit, lesquelles Nous rappellons, & mettons du. tout au néant par ces presentes. Et que ce soit ferme chose, &c. *Donné à Paris, ou mois de Septembre, l'an de grace* M. CCC. LXX. *& le* VII.*e de nostre Regne.*

Ainsi signé. Par le Roy, presens les Generalz Conseillers sur lez Aidez de la guerre.
H. DAUNOY.   *Visa.*

CHARLES V.
à Paris, en Septembre 1370.

(a) Lettre de sauvegarde Royale pour l'Abbaye de Savigny, Ordre de Cîteaux, Diocese d'Avranches.

CHARLES V.
à Paris, en Septembre 1370.

KAROLUS, &c. *Notum facimus universis tam presentibus quam futuris, quod Nos, more Progenitorum nostrorum, affectantes Religiosas personas Regni nostri, in tranquilitate & pace pro viribus confovere, ut eo libencius Domino valeant famulari, quo per protectionem Regiam, ab invasionibus, oppressionibus, violenciis & inquietacionibus noverint se defensas. Ad supplicacionem Religiosorum virorum Abbatis & Conventus Monasterii de* (b) *Savignyaco, Ordinis Cisterciensis, Abrincensis Diocesis, eosdem Abbatem & Conventum ac Monasterium, una cum omnibus membris, Ecclesiis, Capellis, domibus, grangiis, maneriis, personis, hominibus, familia, bonis, rebus & possessionibus ac pertinenciis universis ad ipsos Religiosos & Monasterium predictum spectantibus, tam in capite quam in membris, ubique in Regno nostro consistentibus, in nostra & successorum nostrorum Regum Francie, Regia proteccione & gardia speciali suscepimus per presentes: mandantes nichilominus Cadomensi & Constanciensi Ballivis, Senescallis Andegavensi &* (c) *Meduanensi, ipsarumque Bailliviarum Vicecomitibus, Castrorum eciam & Fortaliciorum Capitaneis & custodibus, ceterisque Justiciariis & Officiariis nostris, modernis & qui pro tempore fuerint, ac eorum cuilibet, ut ad eum pertinuerit, quatenus ipsos Abbatem & Conventum, Monachos ac Confratres & familiares ipsorum, sub speciali Gardia, manu & proteccione nostri hujusmodi, in suis ac dicti Monasterii cum eorum pertinenciis universis, justis possessionibus, franchisiis, Libertatibus, immunitatibus, usibus, juribus & saisinis quibuscumque, in quibus ipsos esse eorumque predecessores fuisse ab antiquo noverint, manuteneant & conservent, & eos ab omnibus injuriis, violenciis, oppressionibus, invasionibus, molestiis, inquietacionibus, vi armorum & potencia Laycorum quibuscumque, per exhibicionem presencium* ᵃ *teneantur & defendant, nec permittant ipsis Religiosis & Monasterio, in personis, familia seu bonis suis quibusvis, aliquas fieri vel inferri indebitas novitates; factas vel illatas, si quas invenerint, ad statum pristinum & debitum sumarie & de plano reducant aut reduci faciant; & Nobis aut successoribus nostris ac Parti, pro fraccione Gardie nostre, si contigerit, emendam condignam prestari faciant indilate, dictam Gardiam nostram in Assisis & aliis locis publicis quibus expedierit, publicari & notificari solemniter facientes; & inhibentes eciam seu inhiberi facientes ex parte Regia,*

a *tueantur.*

NOTES.

(a) Tresor des Chartres, Registre 100. Piece 593.
(b) *Savignyaco.*] *Saviniacus* ou *Savinia-*

cum, Savigny. Voy. *Gall. Christ.* 1.ᵉ *Edit.* tom. 4. p. 815.
(c) *Meduanensi.*] *Meduana*, Mayenne, Ville dans le Mans. Voy. *Valesii notit.* au mot, *Meduana.*

352 ORDONNANCES DES ROIS DE FRANCE

CHARLES V.
à Paris, en Septembre 1370.

omnibus liis de quibus & debite fuerint requifiti, fub omni pena quam erga nos incurrere poffent, nec in dictorum Abbatis & Conventus ac Monafterii perfonas, homines, familiam aut bona ipforum quecunque, ullatenus forefacere prefumant; nec non res & bona eorumdem, de quibus debatum oriri de novo contigerit, ad noftram & fucceforum noftrorum fuperiorem manum ponant; & de rebus contenciofis hujufmodi recredenciam per dictam manum faciant, ubi & prout fuerit faciendum; omniaque alia & fingula faciant & facere valeant, que ad principalis Gardiatoris officium nofcuntur legitime pertinere; & pro premiffis & quolibet premifforum, diligencius ac facilius exequendis, unum vel plures de noftris aut fucceforum noftrorum fervientibus ydoneis, predictis Religiofis, fuis fumptibus, a *& quociens per eos vel ex parte eorum, requifiti fuper hoc fuerint, deputent: qui tamen fervientes, de his que caufe cognicionem exigunt, fe nullatenus intromittant. Quod ut firmum, &c. Datum Parifiiis, anno Domini* M.° CCC.° LXX.° *& Regni noftri* VII.° *menfe Septembris.*

a Voy. fur ce mot, les tabl. des Mat. des 4.e & 5.e Vol. des Ordon.

Sic fignata. *Per Regem.* T. GRAFFART. a *Contentor.* Vifa.

CHARLES V.
à Paris, le 10. d'Octobre 1370.

(*a*) *Lettres qui portent que les Regiftres & Protocolles des Notaires Royaux de la Senefchauffée de Thoulouſe, qui feront morts; & les autres Regiftres (dans lefquels il y aura des Actes qui concerneront les affaires du Roy,) feront mis entre fes mains; & que le profit de l'expedition des Actes qui en feront tirez, tournera au profit du Roy; à l'exception du profit de l'expedition des Actes qui regarderont les particuliers, lequel appartiendra aux heritiers des Notaires, des Regiftres defquels ces Actes auront été tirez.*

CHARLES par la grace de Dieu Roy de France. A noftre amé & feal Confeiller & Treforier, Pierre Scatiffe; & au Treforier de Thouloufe : Salut & dilection. Nous avons entendu que aprez la mort des Tabellions Royaulx, qui ont efté ou temps paffé en laditte Senefchaucie de Thoulouſe, aucuns ont empetré & encores s'efforcent d'empetrer de Nous, fitoft comme lefdis Tabellions font trefpaffez, les Notes, b Prothocolles, Briefs ou Regiftres que iceulx Tabellions ont faites & enregiftrées à leur vivant; & les (*b*) Lettres & Efcriptures Royaulx qui en pevent ou doit eftre faites, c traittées & yffir, ont baillé & baillent à ferme, & en ont reçeu & reçoivent de jour en jour, très-grans prouffis & efmolumens; & avecque ce, aucuns de noz Genz ou Officiers, ont tenus & encores tiennent certains (*c*) Tabliers en la Ville de Thoulouſe, qui oncques ne furent mis en Recette, ne aucune mention n'en eft faitte ès Comptes de la Recepte de Thoulouſe; lefquelz Tabliers ils ont baillé à ferme, & en ont reçeu & reçoivent tres grans émolumens; & pour

b Voy. le 1.er Vol. des Ordonn. p. 417. Note (b).
c tirées & fortir.

NOTES.

(*a*) Memorial D. de la Chambre des Comptes de Paris, fol.° 101. recto.
Avant ces Lettres, il y a:
Le X.e jour d'Octobre M. CCC. LXX. les Notes, Prothocolles & Efcriptures dont mention eft faicte ci-deffoubz, furent mifes & appliquées au Demainne du Roy noftre S. & Lettres faictes dudit Seigneur, par la fourme que s'enfuit: lefquelles ont efté envoyées à Pierre Scatiffe, & au Treforier de Tholoſe; & auffi ont efté envoyées femblablement audit Pierre, pour les Senefchauciées de Carcaffonne & de Beaucaire, en muant les noms des Treforiers & des Senefchauciées.
A la marge de ces Lettres, il y a:

Ordinatio qualiter Note, Prothocolla, Bueva feu Brevia & Regiftra Tabellionum Regentum qui deceſſerunt & decedant, / *decedent,* / *refita & applicata fuerunt ad Dominium Regis, in Senefcalliis Tholoſe, Carcaſſone & Bellicadri.*

(*b*) *Lettres & Efcriptures.*] Les Expeditions de ces Lettres Royaulx, qui fe delivroient moyennant de l'argent qui eſtoit reçeu par des perfonnes qui avoient pris à ferme, le profit qui revenoit de ces Expeditions.

(*c*) *Tabliers.*] *Regiftres.* Ce mot vient de *Tabularium*, qui à la verité n'eft point dans l'ancienne Edit. du Gloffaire de du Cange; mais on y trouve *Tabularii*, pour fignifier ceux qui tiennent les Regiftres publics.

ce que l'émolument de telles Letres & Escritures Royaulx; ^a hors le droit de (a) l'interez des hoirs ou ayanz cause du Nottaire ou Nottaires, qui ont fait lesdites Nottes, Prothocolles, Briefs ou Regiftres; & auffi defdis Tabliers, à Nous doit appartenir & non à autre, comme de noftre propre Demaine, ait efté & foit ordenné par bonne & meure deliberacion de noftre Confeil, que dores-en-avant, toutes telles Notes, Prothocolles, Briefs ou Regiftres, fitoft comme les Notaires qui les auront faites & enregiftrées, feront trepaffez; & auffy de ceulz qui jà le font, feront prifes & mifes en noftre main, & avecuc ce, lefdis Tabliers; & en feront les Letres, inftrumens & Efcriptures Royaulx, qui en porront yffir & devront eftre traittez & faittes, bailliées à ferme pour Nous, ou par autre maniere, en fera fait noftre prouffit le miex que vous porrez, & en feront levées & reçeuz ^b & les prouffiz & efmolumenz pour Nous; en baillant & deflivrant aux heritiers ou ayans caufe des Tabellion ou Tabellions, qui les Notes, Prothocolles, Briefs ou Regiftres deffus dictes auront faittes, telle partie ou porcion de ce, comme de droit il ont accouftumé d'avoir pour leur dit interez; lefquelles Lettres & Efcriptures aveuc les diz Tabliers, Nous des maintenant, mettons & appliquons en noftre Demaine par la teneur de ces prefentes. Si vous mandons & expreffement enjoignons, que en tenant & gardant fermement fanz enfraindre, cefte prefente Ordonnance, vous & chacun de vous, toutes les Notes, Prothocolles, Briefs ou Regiftres que vous trouverez de la condicion deffus dite, & auffi celles qui femblablement efcherront en la dite Senefchaucie ou temps avenir; enfemble lefdits Tabliers, prenez, mettez & tenez en noftre main, ^c tantoft les lettres veues; & ycelles & auffi lefdits Tabliers, baillés à ferme ou en faictes noftre prouffit, comme dit eft: & vous Treforier, en levez & exploictiez les prouffis & émolumens pour Nous dorefenavant, felon la teneur de cette prefente Ordonnance, en telle maniere que par vous ni ait aucun deffaut; non ^d contreftant quelconques dons & Letres faites & à faire au contraire, qui ne feroient expreffe mencion du ^e rappel de cefte prefente Ordonnance, & qui ne feroient paffées & expediées par la Chambre des diz Comptes. *Donné à Paris, le dixiefme jour d'Octobre, l'an de grace mil trois cens foixante & dix, & de noftre Regne le feptifme.*

CHARLES V. à Paris, le 10. d'Octobre 1370.
a à l'exception.

b & eft inutile.

c auffitoft.

d nonobftant.
e revocation.

NOTE.

(a) *L'interez.*] Les heritiers des Notaires avoient le droit de tirer du profit de l'expedition des Actes concernants les particuliers, qui étoient dans les Regiftres de ces Notaires.

(a) Privileges accordez aux habitans du Château de Montegrier.

CHARLES V. à Vincennes, le 21. d'Octobre 1370.

SOMMAIRES.

(1) La Ville de Montegrier fera unie au Demaine, comme elle l'étoit avant le traité de Paix de Bretigny.
(2) Confirmation des privileges, Coutumes & dons, dont les habitans de Montegrier ont joüi jufques à prefent.
Ces privileges, Coûtumes & dons, feront confirmez par le Roy.
(3) Remife faite aux habitans de Montegrier, de la redevance annuelle qu'ils payoient au Roy, nommée le Commun de la Paix.

KAROLUS, &c. *Notum facimus univerfis prefentibus & futuris, Nos vidiffe Litteras cariffimi Fratris noftri, Ducis Andegavenfis, Locum noftrum tenentis in Partibus Occitanis, formam que fequitur, continentes.*

f Languedoc.

LUDOVICUS *Regis condam Francorum Filius, Domini mei Regis Germanus, ejufque Locum tenens in tota Lingua Occitana, Dux Andegavenfis Comefque Cenomanenfis. Univerfis prefentes Litteras infpecturis : Salutem. Notum facimus quod nos,*

NOTE.

(a) Trefor des Chartres, Regiftre 100. Piece 608. Voy. cy deffus, p. 190. Note (a).

354   Ordonnances des Rois de France

CHARLES V.
à Vincennes, le 21. d'Octobre 1370.

a peut-être faut-il corriger, *Consules*.
b Galles.
c &.
d Traité de Bretigny.

fidelitate & legalitate, atque fidei prompte mentisque alacritate exhibitis per ᵃ *Nobiles, Universitatem & singulares loci seu Castri (a) Montis-Agrerii, Senescallie Petragoricensis, erga dictum Dominum meum Regem atque nos, attentis serviciis fidelibus que impendere non desinunt, & in futuris facere & impendere se exhibent liberaliter, ut fideles; quodque ad obedienciam seu subjectionem Edowardi Regis Anglie, & post modum Principis* ᵇ *Wallie* ᶜ *Ducis Acquitanie, translati fuissent seu transportati propter* ᵈ *Tractatum Pacis Domini Genitoris nostri, racione redempcionis persone ejusdem; sed tamen, certis & legitimis causis, ad obedienciam Domini mei Regis atque nostram, fuerint reducti,*

ᵉ &.

(1) *Eosdem Nobiles, Universitatem & singulares dicti loci, necnon locum predictum, cum omnibus pertinenciis suis, & omnia universa & singula jura, fructus, redditus, proventus & emolumenta quecumque dicti loci, sicut erant & esse consueverant tempore & ante tempus tractatus pacis supradicte, ad proprium Domanium & patrimonium dicti Domini mei Regis, ad ipsorum Nobilium, Universitatis & singularium loci predicti, instantem Supplicacionem & Requestam, reducimus per presentes, de nostri certa sciencia* ᵉ *auctoritate Regia qua in hac parte fungimur.*

(2) *Preterea prefatis Nobilibus, Universitati & singularibus loci predicti, presentibus & futuris, omnia & quecumque dona in speciali vel generali, privilegia, Libertates, Statuta, usus & Consuetudines, tam per inclite recordacionis, Dominum Genitorem, ejus predecessores Franc. Reges, quam alios quoscumque super hoc potestatem habentes, eis concessa & concessa, & alias quascumque, quibus usi sunt & utimur ac ui debite consueverunt ab antiquo, pariter confirmamus, laudamus, approbamus, & per dictum Dominum Regem laudare, approbare & confirmare facere promittimus, in majorem omnium & singulorum premissorum roboris firmitatem.*

In quorum premissorum fidem & testimonium, presentes Litteras sigilli nostri munimine fecimus roborari: Domini mei Regis atque nostro in aliis,& alieno in omnibus jure salvo.
Actum & datum Caturcy, *anno Domini* M.° CCC.° LXX.° *mense Augusti.*

Quas quidem Litteras, & universa & singula in eis contenta, rata & grata habentes, ea volumus, laudamus, approbamus, & de nostri speciali gracia, auctoritate Regia & certa sciencia, tenore presencium confirmamus, & de novo concedimus, si sit opus.

(3) *Ceterum, Nos considerantes dampna & gravamina que habitatores dicti loci seu Castri Montis-agrerii, passi sunt occasione guerrarum, temporibus retroactis, & quod, habita notitia nostri Juris & Justicie in guerra quam Edowardus Anglie Nobis nouiter suscitavit, se & dictum Castrum nostre submiserunt obediencie, Nobis fideliter servium, quod ex favore dileccionis & amoris quos ad Predecessores nostros & Nos hactenus habuerunt, novimus processisse, ex ampliori & uberiori nostra gracia, dictis habitatoribus, modernis & futuris, & eorum singulis, remittimus & donamus ex nunc in perpetuum, firma donacione nullo unquam tempore revocanda, omne jus, exitus & proventus quecunque, in quibus nobis tenentur seu teneri possent quomodolibet in futurum, racione seu occasione denarii seu servitutis que dicitur* ᶠ *Commune Pacis, quorum valor annuus Centum viginti libras Turonenses, omnibus annis, ut dicitur, non excedit; & à dicta servitute liberamus, & liberos atque quittos ipsos & eorum successores habitatores dicti loci, perpetuo reddimus & immunes; non obstante quod exitus dicti Communis Pacis, de nostro & Corone nostre Domanio seu patrimonio existat; & non obstantibus Ordinationibus aut inhibitionibus seu statutis contrariis quibuscumque;*

f Voy. cy-dessus, pag. 340. Note (*a*).

g Mandantes.

ᵍ *Mandantes dilectis & fidelibus Gentibus Compotorum, & Thesaurariis nostris Parisius, Senescalloque & Receptori Caturcensibus, presentibus & futuris, vel eorum Locatenentibus, & eorum cuilibet, ut ad eum pertinuerit, quatenus exitus & proventus dicti Communis Pacis, à Registris suis extrahant seu extrahi faciant, & dictos Nobiles & habitatores, presentes & futuros, presenti nostra gratia atque dono; nec non & donis, usibus, Consuetudinibus, privilegiis, franchisis & Libertatibus aliis, de quibus in prescriptis Litteris fit mentio, uti & gaudere perpetuo faciant, juxta prescriptarum &*

NOTE.

(*a*) *Montis-Agrerii.*] C'est sans doute le même lieu que celui qui est nommé dans le 4.ᵉ Vol. des Ordonn. p. 352. de *Monte-Agerii*, Montegrier. Voy. *ibid.* Note (*o*).

præsencium Litterarum tenores, non molestantes, seu molestari, vexari aut inquietari facientes aut permittentes eosdem in contrarium, in corporibus sive bonis. Quod ut firmum, &c. salvo, &c. Datum ᵃ aput Vincenas, die XXI.ᵉ Octobris, anno Domini M.º CCC.º LXX.º & Regni nostri VII.º

Sic signata. Per Regem. Yvo.   Visa.

ᵃ apud

(a) Reglements pour le Commerce de la Marée, à Paris.

CHARLES V. à Paris, en Octobre 1370.

SOMMAIRES.

(1) Les privileges de la Marée seront criez & publiez, par tout où besoin sera.

(2) Il sera établi des Gardiens, pour la deffense de ceux qui s'entremettent du commerce de la Marée. Ces Gardiens ne pourront faire d'actes judiciaires, sans la permission des Elûs ou du Conseil de la Marée; si ce n'est lorsqu'en leur presence, on fera violence à quelques-uns de ces Commerçans.

(3) Les affaires concernant la Marée, seront poursuivies aux dépens du Corps de ceux qui se mêlent de ce Commerce.

(4. 5.) Les dépenses ne se feront en commun, que par rapport aux affaires qui regarderont la Marée que l'on apporte par terre.

Les dépenses qui se feront pour les affaires qui regarderont la Marée que l'on amene par eau, se feront aux frais de ceux qui l'auront amenée.

(6) Les titres des Péages qui se levent dans les endroits par où passe la Marée, seront representez aux Elûs de la Marée, qui les feront enregistrer.

(7) Les Péagers qui ne voudront point recevoir les Especes pour le prix que le Roy a fixé, seront assignez devant les Réformateurs & Commissaires de la Marée.

(8. 9. 15.) Les Marchands qui vendent la Marée en détail, ne pourront rien faire rabattre du prix pour lequel ils l'auront achetée; & les vendeurs qui auront accordé le rabais, seront condamnez à l'Amende, & à la restitution de la somme qu'ils auront rabatuë aux vendeurs en détail.

(10) Les cautionnemens donnez par les vendeurs de Marée, seront representez aux Elûs de la Marée.

(11) Les Officiers établis pour la régie de la Marée, ne pourront être caution des vendeurs de Marée.

(12) On créera chaque année, cinq Jurez de la marchandise de Marée.

(13) Ces Jurez, les vendeurs de Marée, ni le Maître des petits Panniers, ne pourront être Elûs de la Marée.

(14) Les petits Panniers seront marquez, & ceux à qui ils appartiendront, seront condamnez à l'Amende. [Voy. p. 357. Note (c).]

(16) Le Procureur General de la Marée ni autres, ne pourront faire assigner personne pour les affaires de la Marée, sans la permission des Elûs ou du Conseil de la Marée.

(17) Le Procureur General de la Marée rendra compte aux Elûs de sa Recette, & des dépenses qu'il aura faites pour les affaires de la Marée.

(18) Les vendeurs de Marée qui ont reçu de l'argent pour l'employer aux affaires de la Marée, depuis que Boutery a commencé à s'entremettre de ces affaires, lui rendront compte de cet argent, en presence des Elûs.

(19. 22.) L'union & la paix seront rétablies entre ceux qui se mêlent du commerce de la Marée; & chacun d'eux se contiendra dans les bornes des fonctions qui lui sont attribuées. Les contestations qui s'éleveront entre ceux qui s'entremettent du commerce de la Marée, seront terminées à l'amiable, par les Elûs de la Marée.

(20) Tous les privileges de la Marée seront enregistrez dans un Registre qui sera gardé dans la Chambre des Elûs de la Marée.

(21) On n'introduira point de nouveauté dans ce qui regarde le commerce de la Marée.

(23) Les vendeurs de Marée vendront en personne la Marée des Marchands qui les auront chargez de la vendre; & ils ne pourront se dispenser de faire cette fonction en personne, sans la permission des Elûs ou du Conseil de la Marée.

CHARLES par la grace de Dieu Roy de France. Sçavoir faisons à tous presens & avenir, que Nous avons veu saines & entieres, sans vice ou soubçon ᵇaucunes, les Lettres, desquelles la teneur est telle.

ᵇ aucuns.

NOTE.

(a) Traité de la Police, par M. de la Mare, tom. 3. Liv. 5. tit. 39. p. 249.

Il y a à la marge de ces Lettres : Registre de la Marée, fol.º 169.

Le Reglement qui est inseré dans les Lettres de Charles V. n'a été qu'indiqué dans cette page 249. parce qu'il étoit imprimé, p. 246.

A côté de ce Reglement, il y a : Registre de la Marée, fol.º 169.

Il a déja été remarqué, que les Pieces données par M. de la Mare, ne paroissent pas avoir été copiées avec assez d'exactitude.

CHARLES V.
à Paris, en Octobre 1370.

a *autorité*.

b *Voy. les Tabl. des Mat. des Vol. des Ordonn. au mot, Prises.*

c *lesquels.*
d *actes judiciaires.*

e *affaires.*

f *poursuivies.*

g *par rapport à.*

h *appar. combien.*

i *ceux qui reçoivent les droits nommez* Travers.
k *d'augmenter.*

(a) A tous ceux qui ces presentes Lettres verront ou orrons. Les Generaux-Conservtaeurs, Gardiens & Commissaires de par le Roy nostre Sire, sur tout le fait & marchandise de Poisson de Mer, Harens & autres Poissons en la Ville de Paris & ailleurs : Salut. Sçavoir faisons, nous avons reçu en un rouleau de parchemin, plusieurs causes & besoignes mis par articles, que les Esleus des Marchands Forains de Mer & des Voituriers frequentans ladite Ville de Paris, avec le Conseil de ladite Marchandise, ont du congié, ^a autorisé & licence de nous, avisé, pourvû & regardé en ce, plusieurs autres choses necessaires, bonnes & profitables à faire pour le Roy nostre Sire, le bien commun, & la dite Marchandise; & lesquels nous ont requis estre accordées & tenuës, contenant la forme qui s'ensuit.

(1) Premierement. Que necessaire chose est, que les Lettres & privileges du Roy nostre Sire, sur le fait des ^b Prises, & la sauvegarde & sauf-conduit octroyez aux Marchands & Voituriers, soient criées & publiées au plutost qu'il pourra estre fait; premierement en la Ville de Paris, à S. Denis, à (b) Reaumont, Pontoise, en Normandie, Picardie, par les Ports de Mer & ailleurs, par les détroits & passages par où lesdits Marchands passent.

(2) Item. Il y aura pour la Marchandise, certains Gardiens qui garderont les Marchands & Voituriers, de force & violence, selon la teneur des Privileges de la Marchandise; & leur seront baillées leurs commissions; ^c lesquelles toutesvoyes ne s'entremettent de faire aucuns ^d exploits pour aucuns Marchands, Voituriers ou familiers, ne pour la dite Marchandise; se ce n'est par le congié des Esleus, ou le Conseil de la dite Marchandise; se ils ne trouvent que on messace à aucun Marchand ou familier, en leur presence; & par instruction qui leur a esté & sera baillée de Nosseigneurs les Commissaires.

(3) Item. Pour ce que les ^e Causes de la dite Marchandise ont esté anciennement gardées par les bons Marchands & Voituriers nos predecesseurs, à très grant solemnité, aux communs dépens de la dite Marchandise, & que autrement ne se peut oneques faire; toutes les Causes que lesdits Marchands, Voituriers & la dite Marchandise ont en Parlement, au Chastelet, devant le Conservateur de la dite Marchandise & ailleurs, seront ^f demenées aux communs dépens de la dite Marchandise.

(4) Item. Les privileges de la dite Marchandise de tout ce qui touchera le Commun, seront gardez & soustenus, ^g de tout ce qui venra ou sera amené de la dite Marchandise, par terre tant seulement, aux communs dépens d'icelle, & autrement non.

(5) Item. Et ^h convient que la Marchandise qui vient par la Riviere de Seyne, de poisson & de Harent, soit plus grande que n'est celle qui vient par terre, le Procureur de la dite Marchandise, ne s'en meslera en aucune maniere, aux dépens des Marchands & Voituriers qui viennent par terre en la Ville de Paris; mais s'en pourra bien entremettre aux dépens de ceux qui viennent par la Riviere, s'il en est requis, & non autrement.

(6) Item. Pour ce que les ⁱ Traversiers ou Peagiers, ou aucuns d'eux, sont coustumiers ^k d'aumenter & accroistre les Travers & Peages qu'ils tiennent des Seigneurs; tous les Travers, Peages & Acquis, qui sont entre Paris & la Mer, ou à quel qu'ils soient, seront apportez par le Gardien de la Marchandise, justement par escrit, en la maniere qu'ils ont esté cueillis & levez anciennement, se on le peut avoir; & tant de la Ville de Paris comme d'ailleurs, pardevant les Esleus, pour iceux faire enregistrer ou Registre de la Marchandise, & pour cause.

NOTE.

(a) Traité de la Police, par M. de la Marc, tom. 3. Liv. 5. titr. 39. p. 246.
Avant ces Lettres, il y a :
Reglement fait par les Commissaires, suivant l'avis des Eslus & du Conseil de la Marchandise de Poisson de Mer, en execution des Lettres du mois de Juin 1369.
Registre de la Marée fol.° 109.
(b) Reaumont.] Je crois que c'est l'Abbaye de Royaumont, située sur les bords de l'Oyse, à une lieuë de Beaumont-sur-Oyse.

DE LA TROISIÉME RACE. 357

(7) *Item.* Pour ce que plusieurs Traversiers & Peagiers du Royaume, ne ᵃ se veulent payer de leurs Travers & acquis, de la Monnoye du Roy nostre Sire, pour le prix qu'elle doit ᵇ courir; & ou cas que de ce faire seront refusans, ils seront adjournez à certain jour à Paris, pardevant Nosseigneurs les Reformateurs, Gardiens & Commissaires sur le fait de ladite Marchandise, ᶜ contre les Marchands & Voituriers, & le Procureur de ladite Marchandise.

CHARLES V.
à Paris, en Octobre 1370.
a *ne veulent recevoir en payement.*
b *avoir cours.*
c *pour plaider contre.*

(8) *Item.* Pour ce que aucuns ᵈ Poissonniers & Estalliers de la Ville de Paris, se sont efforcez & efforcent de jour en jour, de faire *(a)* hallebis & rabas des poissons, du prix qu'ils les ont achetez, & l'on fait de nouvel, & veulent rabattre aucunes fois d'un ᵉ pennier qu'ils auront acheté quarente sous, diz sous; de l'autre, douze sous; de l'un plus, de l'autre moins; & de ce sont efforcez & efforcent les Jurez; laquelle chose est contre raison, nostre Sire & ses Ordonnances; si ne seront plus lesdits rabas & hellebis; mais payeront ceux qui achetent le poisson, le prix qu'il leur aura esté vendu, sans rien rabattre.

d *vendans le Poisson en détail.*
e *Pannier.*

(9) *Item.* Et sera deffendu aux vendeurs, que doresnavant, ils ne s'entremettent en aucune maniere, de faire rabais de poissons qu'ils auront vendus; & s'ils le font depuis que la deffense sera faite, le Procureur General de ladite Marchandise, sera tenu, sitôt que il viendra à sa connoissance, de poursuivre le vendeur qui aura fait, afin de restitution & d'Amende, le plus rigoureusement qu'il pourra.

(10) *Item.* Que le Procureur de ladite Marchandise, pourchassera sans aucun delay, que nos Esleus mettent pardevers Nous, les noms & les surnoms de tous les ᶠ pleges des vendeurs, ᵍ vieux & nouveaux; & pour cause qui a meu le Conseil de ladite Marchandise & nous, à ce.

f *cautions.*
g *anciens.*

(11) *Item.* Et ne sera ne pourra estre, ores ne pour le temps avenir, aucuns des Esleus, le Conseil des Marchands, le Procureur General de ladite Marchandise, le Maître des *(b)* petits penniers, pleges d'aucun vendeur de poisson de Mer; pour cause.

(12) *Item.* Et pourchassera le Procureur General de ladite Marchandise, que cinq Jurez nouveaux seront faits chacun an, sur le fait de ladite Marchandise.

(13) *Item.* Et ne pourront les dits Jurez ne les vendeurs de poisson de Mer, ne le Maître des petits penniers, eux entremettre de l'Office des Esleus, en aucune maniere; & se les vendeurs ou aucun d'eux le font, ils seront ʰ repris de leurs sermens.

h *punis d'avoir manqué à leurs sermens.*
i *disputes.*

(14) *(c) Item.* Pour ce que plusieurs ⁱ riottes sont venuës entre les vendeurs

NOTES.

(a) Hallebis & rabas.] *Rabas* est certainement ici pour *rabais*; & l'on trouvera dans le 2.ᵉ Vol. des Ordonn. p. 586. Note *(b)*, la raison pour laquelle *hallebis* signifie ici la même chose que *rabas*.

(b) Petits penniers.] Il est souvent parlé de ces petits panniers, dans les Lettres qui regardent la Marée. Voy. la Tabl. des Mat. du 2.ᵉ Vol. des Ordonn. au mot, *Panniers (Petits)*; mais ces Textes ne donnent point une idée claire de ce qu'il faut entendre par ces *petits panniers*.

(c) Item. L'on a remarqué cy-dessus, Note *(c)*, que l'on ne connoît pas bien clairement ce qu'il faut entendre par ces petits panniers, & faute de cette connoissance, on ne peut comprendre le sens de cet art. que je soupçonne d'ailleurs d'être corrompu. Il y a dans le Traité de la Police, *ibid.* p. 249. un Réglement fait en 1414. par le Parlement de Paris, sur la Marée, dont les Articles 98. & 99. qui sont à la page 262. pourront servir à faciliter l'intelligence de notre article.

(98) *Item. Pour ce que plusieurs riottes ont esté entre les vendeurs de Paris, & lesdits Marchands Forains & voituriers, pour cause d'iceulx panniers, les dits vendeurs seront tenus d'oresnavant, de marquer ou faire marquer à leur marque, tous les panniers desdits Marchands & voituriers, sitôt qu'ils seront venus ou descendus devant eulx; & se par aucune avanture, est prins & marquez comme petits, par le Maître de ces petits panniers, quand le vendeur devant lequel ils auront esté prins, sera appellé du Maistre des petits panniers, pour aller voir mesurer iceulx panniers, ledit vendeur sera tenu d'appeller pour aller avecq lui, le Procureur General de ladite Marchandise, lequel Procureur sera tenu d'aller avec ledit vendeur, au mesurage des*

Yy iij

CHARLES V.
à Paris, en Octobre 1370.

& Marchands, pour cause de petits penniers, seront dorénavant tenus les vendeurs de ᵃ merchier les premiers ᵇ des Marchands, sitôt qu'ils seront venus devant eux; & ᶜ ce par aucune avanture, aucuns penniers sont merchiez comme petits, d'aucuns Marchands devant aucun vendeur, quand le vendeur sera approchiez de la garde des petits penniers, pour aller au Mesnier, icely vendeur, quelqu'il soit, sera tenu d'appeller le Procureur General de ladite Marchandise; lequel Procureur sera tenu d'aller avec le vendeur au Mesnier, pour enregistrer desquels Marchands les penniers condamnez seront, & à combien d'amende les Marchands seront de leurs penniers, s'aucuns en y a, & pour cause.

ᵃ marquer.
ᵇ panniers.
ᶜ ce : si.

(15) Item. (a) Des fautes de harens, aux harangeres qui les achatent, disonsnous comme des rabas des Poissons dessus dits.

(16) Item. Le Procureur General de ladite Marchandise ne autres, ne s'entremettront plus de poursuivre & faire adjourner aucune personne, ne ᵈ autres Exploits contre quelconques personnes, par vertu des privileges de la Marchandise; se ce n'est par la volenté des Esleus ou deux d'eulx, ou par deux du Conseil de la Marchandise.

ᵈ de faire.

(17) Item. Le Procureur General de ladite Marchandise & des dits Marchands, rendra compte, tant des Receptes comme des ᵉ mises, chacun an, aux quatre Esleus ou à deux d'eulx, appellé à ce, du Conseil de ladite Marchandise & des dessus dits Marchands & voituriers, ceux qui y voudront estre; & sera fait au moins de frais qui se pourra faire pour ladite Marchandise; & sera à ce appellé un des Huissiers de Parlement, ou Gardien de ladite Marchandise.

ᵉ despenses.

(18) Item. Tous les vendeurs qui ont receu & doivent recevoir les deniers des Marchands, pour garder & soutenir les privileges & cas des dits Marchands, voituriers & de ladite Marchandise, ᶠ puis que Jehan Boutery s'en entremist premierement; & lesquels n'ont compté & payé justement ce qu'ils en ont ou doivent avoir receu, seront tenus d'en rendre compte, s'ils vivent; ou leurs hoirs ou ayans causes, s'ils sont morts, audit Boutery, pour ce qu'il est chargié de ce, pour le compte passé. A ce seront presens les Esleus ou deux d'eulx, & pour cause.

ᶠ depuis.

(19) Item. Pour ce que plusieurs ᵍ riotes sont meuës en la Marchandise, pour (b) l'esmouvement d'aucuns vendeurs, si comme on dit, entre les vendeurs & plusieurs Estalliers & harengiers, contre les Marchands & voituriers & le Procureur General de ladite Marchandise; de quoy nous suffisamment enformez, que tres grand grief & dommage se sont ensuivis, ʰ tant seulement aux vendeurs, Estalliers & harengiers, leurs complices; jà soit-il que aucuns ou une grant partie, y en ont moult grandement perdu du leur; mais sur le commun Peuple de la Ville de Paris, les frequentans en icelle, & sur les Marchands & voituriers de ladite marchandise;

ᵍ disputes.
ʰ non.

dits panniers, pour en requerir devers lui, de quel Marchand ou voiturier seront les panniers qui seront trouvez & condamnez comme petits, & combien la confiscation d'iceulx montera en somme toute, pour en certifier le Marchand Forain, s'il le demande.

(99) Item. Affin que entre les dits Marchands & leurs vendeurs, soit mieulx nourrie paix & amour, & que on sçache mieulx de quel Marchand les panniers auront esté trouvez petits par le Maistre des petits panniers, ordonné est que en la Cedule que icelui Maistre des petits panniers, fera & baillera sur ce, qu'il declare les jours qu'il aura prins les panniers, sur quels vendeurs & à quelle marque iceulx panniers seront signez, tant du Marchand comme du pannetier qui les aura faits.

Il resulte de ces articles, que les Marchands de Marée dont les Panniers étoient trop petits, étoient condamnez à l'Amende.

NOTES.

(a) *Des fautes.*] Ces mots sont peut-être corrompus; mais le sens de l'article est, que si les harangeres veulent rabattre quelque chose du prix des Harans qu'elles auront acheté, on executera à leur égard, l'art. cotté cy-dessus, 8.

(b) *L'esmouvement.*] Je crois que ce mot est mis pour *mouvement*; & qu'il signifie ici les pretentions de quelques vendeurs de Marée, qui vouloient s'attribuer des droits & des fonctions qui ne leur appartenoient pas.

lesquels *a* puis neuf ans, en ont esté domagez de quarante mille livres & plus; si avons pourvû que dorénavant, toutes riotes *b* seront mises sus, & sera bonne paix & amour entre les dessus dits, & traiteront dorénavant doucement & amiablement les uns & les autres, & ne se messeront les uns des offices des autres : & se les vendeurs *c* meurent plus riote les uns contre les autres, à cause de ladite Marchandise, les Esleus qui à présent sont, ou ceux qui pour le temps advenir seront, avec le Conseil d'icelle, les feront pugnir, si comme au cas appartiendra, ou les feront priver de leurs Offices, se le cas le desire.

CHARLES V.
à Paris, en Octobre 1370.
a depuis.
b seront esteintes.
c meurent.

(20) Item. Toutes les Lettres, Privileges & Ordonnances du Roy nostre Sire, faites sur le fait de la Marchandise, seront enregistrées en un Registre pour la Marchandise, en la Chambre des Esleus, pour icelles faire tenir & garder selon leur forme & teneur.

(21) Item. Et ne sera souffert à faire dorénavant, aucunes nouvelletez induës sur ladite Marchandise, contre le bien commun.

(22) Item. Si dorénavant, aucun riot ou debat se met entre deux Marchands, à cause de ladite Marchandise, ou autrement, en contre d'aucuns Marchands vendeurs, ou Marchands & voituriers ou vendeurs, le Procureur de ladite Marchandise doit procurer de les mettre à paix, s'il peut, & à accort, *d* mais qu'il en soit requis; & s'il ne peut, il se doit *e* traire pardevers les Esleus, lesquels manderont les Parties, & les mettront à accort, sans aucuns dépens ne dommages faire l'un à l'autre, s'ils peuvent.

d lorsqu'il en sera.
e retirer.

(23) Item. Pour ce que les vendeurs de poisson de Mer, doivent vendre le poisson & harens des Marchands Forains leurs *(a)* hostes, en leurs personnes, sont allez par plusieurs fois en leurs Marchandises & en leurs autres besoignes, & encore sont de jour en jour, & ont laissé à vendre les poissons & harens des dits Marchands, & les ont fait vendre à leur proufit, par autres vendeurs, ausquels il n'estoit pas garent, se les sus dits Marchands perdoient le leur; parquoy les Marchands dessus dits ont esté & encore sont moult de fois grevez & dommagiez; si seront les dessus dits vendeurs & un chacun d'eux, leurs Offices, & vendront les poissons & harens des dessus dits Marchands en leurs personnes; & ne pourront aller en leurs autres Marchandises ne à autres besoignes quelconques; se ce n'est par le congié & licence des Esleus & Conseil de ladite Marchandise, ou de deux d'eulx; appellé à ce, le Procureur General de ladite Marchandise, & pour cause, sur peine aux vendeurs qui seroient le contraire des choses dessus dites, de encourre en grosses Amendes envers le Roy nostre Sire, & de perdre leurs Offices.

Lesquelles choses dessus transcriptes, & chacune d'icelles pourveuës & avisées, comme dessus est dit, nous, à qui la connoissance de tout le fait de ladite Marchandise de poisson de Mer & de harens, dependance & circonstance d'icelle, pour le Roy nostre Sire, appartient & non à autres, disons estre bonnes, profitables & valables pour le Roy nostre Sire, le bien commun de la Ville de Paris & de ladite Marchandise. Si mandons & commettons à tous les Huissiers du Parlement du Roy nostre Sire, & autres Sergens, & à chacun d'eulx, que toutes les choses dessus dites, ils facent tenir & garder selon leur forme & teneur, sans enfraindre; & les fassent crier & publier solemnellement aux lieux accoustumez, toutes fois que par les dits Esleus ou le Procureur de ladite Marchandise, en seront requis. Si mandons à tous les Justiciers & subgiez du Roy nostre Sire, que aus dits Huissiers & Sergens, & à chacun d'eulx, en faisant les choses dessus dites, obéissent & entendent diligemment, & leur prestent conseil, confort & aide, se *f* mestier en est, se ils en sont requis. *Donné à Paris, sous nos sceaux, le quatriéme jour d'Octobre, l'an de grace 1370.*

f besoin.

NOTE.

(a) Hostes. Les Marchands de Marée qui avoient chargé spécialement certains vendeurs de vendre leur Marée, chez lesquels ils demeuroient, suivant les apparences, lorsqu'ils venoient à Paris, pour y apporter leurs marchandises.

ORDONNANCES DES ROIS DE FRANCE

Item. Avons veu nos autres Lettres, desquelles la teneur s'ensuit.

CHARLES V.
à Paris, en Octobre 1370.
a Ces Lettres qui sont du 20. de Juin 1369. sont cy-dessus, p. 198.
b approuvé.
c fermement. Il manque là quelques mots.

CHARLES par la grace de Dieu Roy de France, &c. [a]

Lesquelles Lettres & Ordonnances dessus transcrites, consideré que elles sont avisées, faites & passées par nos Conseillers dessus nommez, pour le bien de la chose publique & de la marchandise du poisson de Mer, si comme dessus est contenu; Nous icelles avons loué, [b] approuvoué, [c] ferment & agreables, & par ces presentes, de nostre puissance & autorité Royal & de grace especial, les confirmons. Si donnons en mandement, & commettons ausdits Reformateurs, qui à present sont & ceux qui pour le temps avenir seront, & à tous nos Justiciers & Officiers presens & avenir, ou à leurs Lieutenans, & à chacun d'eux, que les Lettres ou Ordonnances dessus dites & ces presentes, facent crier & publier, quand mestier sera, en temps & en lieux à ce convenables; & icelles facent garder, enteriner & acomplir par ceux à qui il appartiendra, en les contraignant à ce, se mestier est, vigueureusement, & si comme raison. Dont à ce que ce soit ferme chose & establé à tousjours, Nous avons fait mettre notre scel à ces presentes : sauf en autres choses nostre droit & l'autruy. *Ce fut fait & donné à Paris, au mois d'Octobre, l'an de grace 1370. & de nostre Regne le septiéme.*

CHARLES V.
à Paris, le 15. de Novembre 1370.

(a) Reglement pour la levée des droits d'amortissements & de Francs-Fiefs, dans la Ville & Viguerie de Beziers.

SOMMAIRES.

(1. 10.) Toutes les personnes Ecclesiastiques payeront de la maniere suivante, les droits d'Amortissements, pour toutes les acquisitions qu'elles auront faites depuis 40. ans, sans la permission du Roy, à quelque titre que ce soit, dans les Fiefs & Arriere-Fiefs, & dans les Censives & Arriere-Censives du Roy. Par rapport aux acquisitions qu'elles feront dans la suite, elles ne payeront ces droits que pour les biens qui leur auront été donnez.

Pour les acquisitions qu'elles auront faites dans les Fiefs & Censives, (à titre lucratif; c'est-à-dire,) par dons, legs ou aumosnes, elles payeront la valeur du revenu de 8. années; & la valeur du revenu de 6. années, pour les acquisitions qu'elles auront faites à ce titre, dans les Arriere-Fiefs & Arriere-Censives.

(2. 10.) Pour les acquisitions que les personnes Ecclesiastiques auront faites (dans les Fiefs & Censives, à titre onereux; c'est-à-dire,) par achapt, permutation, ou de quelqu'autre maniere que ce soit, pourvû que ce ne soit point à titre lucratif, elles remettront ces choses acquises entre les mains du Roy, ou elles en payeront la valeur ; & pour les choses acquises à titre onereux dans les Arriere-Fiefs & Arriere-Censives, elles payeront la valeur du revenu de 8. années.

Elles payeront la valeur du revenu de 6. années, pour les Francs-Alleux qu'elles auront acquis à titre onereux ; pourvû cependant qu'ils ne soient point d'un prix considerable, & qu'il n'y ait point de Justice attachée ; car le Roy leur defend d'acquerir ces sortes de Francs-Alleux, sans sa permission.

(3) Pour les acquisitions que les personnes Ecclesiastiques auront faites à titre lucratif, dans les lieux où elles prouveront que dès le temps de la Fondation de leurs Eglises, elles ont en basse Justice, elles payeront la valeur du revenu que ces choses produisent pendant 5. ans.

(4) Elles payeront la valeur du revenu de 6. ans, pour les acquisitions faites dans ces lieux, à titre onereux.

(5) Elles payeront la valeur du revenu de

NOTE.

(a) Memorial D. de la Chambre des Comptes de Paris, fol.° 101.v.°

Avant ces Lettres, il y a :

Mandatum de novo factum super modo procedendi in exigendo finencias in Senescallia, [Sen.] pro acquisitionibus factis & faciendis per immobiles à Nobilibus, & per Ecclesiasticas personas : Et sic fiet pro aliis Senescalliarum aliarum, si petierint, & quando voluerint habere Litteras unitatis, nominibus Senescallarum aut Locorum, pro quibus petent habere consimiles Litteras, per extractum [mot abregé] vel aliter ; & secundum formam in dictis Litteris annotatam, procedetur super dicto facto, donec aliud fuerit super hoc ordinatum.

Les Sommaires pourront servir de Commentaires à cette Piece.

4. années,

DE LA TROISIÈME RACE.

SOMMAIRES.

4. *années, pour les acquisitions qu'elles auront faites, soit à titre lucratif, soit à titre onereux, dans les lieux où elles prouveront avoir eu justice haute, moyenne & basse, dès le tems de la fondation de leur Eglise ; & pour les Dixmes inseodées qu'elles acquereront dans les lieux relevants d'elles sans moyen, & qu'elles prouveront leur avoir été données dans le tems de la fondation de leur Eglise, ou par les Rois.*

(6) *Les personnes Ecclesiastiques payeront la valeur du revenu de 6. années, des acquisitions qu'elles auront faites dans les lieux à elles appartenants, & où le Roy ou d'autres Seigneurs, jouissent de la moitié du revenu, en vertu des Partages faits avec elles.*

(7) *Les personnes Ecclesiastiques payeront la valeur du revenu de 6. ans, des acquisitions faites à titre lucratif, lorsque les donateurs se seront reservé pour eux ou pour d'autres, l'usufruit de ces choses, pour un tems ou à vie.*

(8) *Par rapport aux acquisitions faites à titre onereux, avec la reserve d'usufruit specifiée dans l'article precedent, elles payeront le prix que ces choses pourroient être venduës, eû égard à la reserve de l'usufruit qui a été faite.*

(9) *Lorsque les Ecclesiastiques auront fait des acquisitions à titre lucratif, sous la condition que les donateurs ou d'autres personnes, pourront retirer ces choses de ces Ecclesiastiques, en leur en payant le prix, soit qu'il y ait un tems fixé pour exercer ce remeré, soit qu'il n'y en ait point, ces Ecclesiastiques payeront la valeur du revenu de 8. années, ou de 6. années, suivant la disposition de l'article premier: Et le Roy leur donnera des Lettres par lesquelles il promettra de leur rendre ce quils auront payé, lorsque le remeré sera exercé ; sur laquelle somme sera cependant diminué, ce qu'ils doivent payer pour la jouïssance qu'ils auront euë de ces choses.*

(10) *Les Ecclesiastiques payeront les droits fixez par l'article premier, pour les redevances annuelles en Argent & en grain, à prendre sur les biens de ceux qui leur auront fait ces dons.*

(11) *Les Communautez des Villes payeront pour les biens & droits qu'elles ont acquis depuis 40. ans, ou qu'elles acquereront dans les Fiefs & Arriere-Fiefs & Censives du Roy, la valeur du revenu de 6. années ; ou 6. sols pour livre, du prix de l'acquisition.*

Ces biens & droits seront sujets à la Commise ou confiscation.

(12) *Les non-nobles payeront la valeur du revenu de 4. années des acquisitions qu'ils auront faites à quelque titre que ce soit, de personnes nobles, dans les Fiefs du Roy, depuis 20. ans ; ou quatre sols pour livre, du prix de l'acquisition, au choix des Commissaires. Ils payeront la valeur du revenu de trois ans, ou 3. deniers pour livre du prix de l'acquisition au même choix, pour ces sortes d'acquisitions faites dans les Arriere-Fiefs du Roy.*

(13) *Surseance de payement, dans le cas d'un Franc-Alleu acquis d'un Noble par un non-noble ; à moins que ce Franc-Alleu ne soit d'un prix considérable, & qu'il n'y ait un Fief ou une Justice attachés: car le Roy ne veut point que les non-nobles acquerent ces sortes d'Alleux des Nobles, sans sa permission.*

(14) *Les biens acquis des Nobles par des non-nobles, dans les Fiefs & les Arriere-Fiefs du Roy, & que ces non-nobles auront établi Francs-Alleux, seront unis au Domaine du Roy.*

(15) *Lorsqu'un non-noble aura acheté des biens dans les Fiefs & Arriere-Fiefs du Roy, d'un noble qui se sera reservé la faculté de retirer dans un certain tems, ces biens des mains de l'acheteur, celui ci payera les droits fixez dans l'art. 12. la moitié presentement, & l'autre moitié lorsque le tems du remeré sera passé. Si le tems du remeré excede 5. ans, le non-noble payera presentement le total des droits.*

(16) *Lorsqu'un non-noble aura acquis dans les Fiefs & Arriere-Fiefs du Roy, des biens d'un Noble qui aura reservé l'usufruit pour lui ou pour une autre personne, soit pour un tems soit à vie, l'acquereur payera les droits fixez cy-dessus. Voy. p. 365. Note (a).*

(17) *Surseance dans le cas d'une acquisition faite par echange, par un non-noble d'un noble, dans les Fiefs & Arriere-Fiefs du Roy : & dans le cas d'une acquisition faite, moyennant une redevance annuelle, de quelque nature qu'elle soit ; même dans le cas où il y auroit trois Seigneurs intermediaires entre le Roy, & le Noble de qui l'acquisition auroit été faite.*

(18) *Surseance de payement dans les cas où des non-nobles auront acquis des nobles, des biens que ceux-ci avoient acquis de non-nobles, & qui étoient tenus à titre d'Emphyteose, d'Ecclesiastiques, ou d'autres personnes, lorsque les Ecclesiastiques de qui ces biens seront mouvants, ne les tiendront point dans les Fiefs du Roy, & ne releveront point de lui par rapport à ces biens, de quelque manière que ce soit ; pourvû cependant que ces Ecclesiastiques ne doivent aucun service au Roy par rapport à ces biens, à cause d'un Fief ou d'un Arriere-Fief.*

Surseance de payement dans les cas où des non-nobles auront reçû des biens de la dot des femmes nobles qu'ils auront épousées ; pourvû cependant qu'ils n'ayent point (par leur Contrat de mariage,) la faculté de retenir ces biens, en en payant la valeur ; & dans le cas où des non-nobles auront acquis des biens de femmes non-nobles, mariées à des Nobles, ou demeurées veuves après la mort de leurs maris nobles.

(19) *Les annoblis payeront les droits de Francs-Fiefs, pour les biens qu'ils auront acquis des Nobles dans les Fiefs & Arriere-Fiefs du Roy, avant leur annoblissement.*

(20) *Les femmes non-nobles mariées à des Nobles, ou veuves de Maris nobles, payeront les droits de Francs-Fiefs.*

(21) *Surseance de payement dans les cas*

CHARLES V.

à Paris, le 15. de Novembre 1370.

CHARLES V.
à Paris, le 15. de Novembre 1370.

SOMMAIRES.

où des non-nobles auront acquis des biens de femmes non-nobles, mariées à des Nobles, ou veuves de maris nobles; pourvû que ces biens acquis ne soient point des Fiefs, pour lesquels il sera dû des droits de Francs-Fiefs.

(22) Lorsqu'un non-noble aura vendu un bien qu'il tenoit d'un Noble, à titre d'Emphyteose, & que ce Noble aura fait le retrait Seigneurial de ce bien; si dans la suite ce Noble vend ce bien à un non-noble, ou le lui donne à Cens ou à Emphyteose, ce second acquereur payera la valeur du revenu de 4. années dans les Fiefs du Roy; & la valeur du revenu de 3. années, dans les Arriere-Fiefs.

(23) Les non-nobles nez de Peres non-nobles & Meres nobles, payeront les droits de Francs-Fiefs pour les Fiefs & Arriere-Fiefs qu'ils acquereront de Nobles; & pour ceux qui leur reviendront de la succession de leurs meres, ou de celle de leurs parents (nobles) du côté de leurs meres.

(24) Les non-nobles qui auront possedé des Fiefs & des Arriere-Fiefs pendant un an, sans avoir payé les droits de Francs-Fiefs, les payeront, quand même ils les auroient vendus dans la suite, à des Nobles.

(25) Il sera dû des droits de Francs-Fiefs pour les revenus & Censives emportants lods & ventes, acquis des Nobles par les non-nobles, dans les Fiefs & Arriere-Fiefs du Roy. Ces droits seront fixez par rapport au produit de ces revenus & Cens, ou par rapport à ce que peuvent produire communément tous les ans, ces lods & ventes, ou par rapport au prix de l'acquisition de ces revenus & Cens.

(26) Les Ecclesiastiques & les non-nobles qui auront refusé de déclarer les biens par eux acquis, sujets aux droits d'Amortissements & de Francs-Fiefs; ou qui auront refusé ou differé de payer ces droits, & qui cependant auront perçû les revenus de ces biens, au préjudice des deffenses qui leur en auront été faites, payeront le double de ce qu'ils auroient dû payer.

(27) Les Seigneurs temporels, de quelque condition qu'ils soient, qui auront laissé jouïr pendant un an & un jour, les Ecclesiastiques & les non-nobles, des biens par eux acquis dans leurs Terres & Jurisdictions, & qui leur devoient des droits d'Amortissements & de Francs-Fiefs, (sans en exiger d'eux le payement,) ne pourront plus mettre ces biens en leurs mains, (ni exiger le payement de ces droits,) qui seront payez au Roy seul, en vertu de ce present Mandement; reservé à ces Seigneurs, les droits qu'ils avoient sur ces biens, avant ce present Mandement.

(28) Les poursuites qu'il faudra faire pour le payement de ces droits, ne se feront que par la saisie des biens sujets à ces droits, & non autrement.

On n'exigera point de droits de Francs-Fiefs, des non-nobles qui ont acquis des biens de personnes qui se disent nobles, quoiqu'elles ne soient ni d'origine ni par des Lettres Royaux d'anoblissement; à moins que ces biens ne soient des Fiefs: car dans ce cas, il sera dû des droits.

(29) Les Commissaires n'insereront point des Actes inutiles, dans ceux qu'ils feront pour la levée de ces droits.

Ils ne prendront qu'un denier de chaque ligne contenant au moins 60. syllabes, des actes qu'ils feront pour la levée de ces droits; & que six deniers, pour le sceau de chacun de ces Actes.

(30) Les Commissaires appelleront à la fixation des droits qui seront dûs, le Procureur General & le Receveur Royal de la Senechaussée dans laquelle ces droits seront levez: ils enregistreront les droits qui auront été fixez; & ils en donneront un Rôle au Receveur, qui sera tenu d'en faire la levée, & qui comptera de sa Recette dans ses comptes ordinaires, en rapportant le Rôle qui lui aura été donné par les Commissaires.

KAROLUS Dei gracia Francorum Rex. Universis & singulis Commissariis ad infrascripta, ex parte nostra deputatis vel deputandis: Salutem. Audita querimonia Nobilium, Consulum & habitatorum Villæ & Vicariæ antiquæ Bitterrensis, Senescalliæ Carcassonæ, super gravaminibus quæ dicebant eis inferri per vos aut alterum vestrum, in exigendo financias pro acquisitionibus Feodalibus & Retrofeodalibus, per innobiles dictæ Vicariæ, à Nobilibus factis; vobis mandamus, quatinus in & super modo exigendi dictas financias, tam à dictis innobilibus quam à personis Ecclesiasticis, juxta modum & formam qui sequitur, diligenter & debite procedatis, nichil in contrarium faciendo aut fieri quomodolibet permittendo.

a quas.
b acquirend. R.

(1) Primo. Pro rebus & possessionibus quibuscunque, *a* quæ Gentes Ecclesiasticæ, cujuscunque conditionis existant, Religiosi aut alii quicunque, acquisiverint quocunque titulo, à quadraginta annis citra, usque nunc duntaxat; & non de tempore futuro, nisi fuerit de *b* acquirendis titulo doni, legati & elemosinæ, in Feodis, Retro-feodis, Censivis & Retrocensivis nostris, exigatis pro eisdem financiam, in modum qui sequitur.

Et primo, pro rebus & possessionibus, quæ dictæ Gentes Ecclesiasticæ acquisiverunt in nostris Feodis vel Censivis, titulo doni, legati vel elemosinæ, quocumque modo, aut *conditione fuerit, fine noftro aut Predeceſſorum noſtrorum aſſenſu, à dicto tempore citra, exigatis pro eiſdem, pro financia, valorem aut eſtimationem fructuum & exituum octo annorum rei acquiſitæ; & in Retro-feodis & Retro-cenſivis noſtris, fructus ſex annorum dumtaxat, prout ſupra.*

(2) Item. *Pro rebus acquiſitis per dictas Gentes Eccleſiaſticas, titulo emptionis aut permutationis, vel alio quocumque modo aut conditione, abſque titulo doni vel elemoſinæ, exigatis pro eiſdem, pro financia, illud aut valorem illius, quod res ſic acquiſitæ poterunt valere & debebunt, pro una vice; & in Retro-feodis & Retro-cenſivis noſtris, valorem vel extimationem fructuum & exituum octo annorum, rerum ſic acquiſitarum; & de acquiſitis per dictas Gentes, à dicto tempore, in liberis Allodiis, exigatis pro eiſdem financiam; videlicet, valorem fructuum octo annorum, prout ſupra; niſi Allodium fuerit* [a] *magnæ rei, cum diſtrictu & juriſdictione; cujus Allodii alienationem, in dictas Gentes nolumus fieri, niſi proceſſerit de noſtra voluntate.*

(3) Item. *Pro rebus acquiſitis per dictas perſonas Eccleſiaſticas, titulo doni, legati vel elemoſinæ, quocumque modo vel conditione fuerit, in locis in quibus dictæ Gentes monſtrabunt & probabunt legitime, ſummarie & de plano, habere de fundatione Eccleſiæ, baſſam Juſticiam dumtaxat, exigatis pro eiſdem, pro financia, una vice, precium aut valorem quem hujuſmodi acquiſitiones fuerint extimatæ valere juſto pretio, per quinque annos.*

(4) Item. *Pro rebus acquiſitis per dictas Gentes, titulo emptionis, vel per quemcumque alium modum, abſque titulo doni vel elemoſinæ, in locis in quibus dictæ Gentes habent Juſticiam baſſam, monſtratam & probatam, ut ſupra, exigatis pro eiſdem, precium aut valorem rei acquiſitæ, appreciatæ ut ſupra, ſex annorum dumtaxat.*

(5) Item. *Pro rebus & poſſeſſionibus per dictas Gentes acquiſitis, titulo emptionis, doni, legati vel elemoſinæ, aut quocumque alio titulo, in locis in quibus habent omnimodam Juſticiam, altam, mediam & baſſam, monſtratam & legitime probatam ut ſupra; & etiam pro Decimis Feodalibus per eas acquiſitis in locis ab eis moventibus ſine medio, legitime probatis ut ſupra, quod iſta habeant ex fundatione Eccleſiæ, vel per privilegia à Nobis aut Predeceſſoribus noſtris, exigatis pro eiſdem, precium vel valorem fructuum & exituum rei ſic acquiſitæ, extimatæ ut ſupra, quatuor annorum dumtaxat.*

(6) Item. *Pro rebus per dictas Gentes acquiſitis in locis exiſtentibus in* [b] *Pariagio, inter Nos & dictas Gentes, vel cum aliis Dominis temporalibus; in quibus Pariagiis Nos & dictæ Gentes vel alii Domini, habemus in omnibus & per omnia, in Juſticia & emolumentis quibuſcumque, quilibet medietatem, exigatis pro eiſdem, pro financia, una vice, precium & valorem, ad quem tales acquiſitiones extimabuntur valere juſto precio, per ſex annos.*

(7) Item. *Pro acquiſitis per dictas Gentes, titulo doni, legati vel elemoſinæ; ſalvis & reſervatis dantibus vel alteri perſonæ, uſufructibus ad tempus, aut ad vitam perſonarum, exigatis pro financia, pretium & valorem, ad quem extimabitur res acquiſita ut ſupra, valere per ſex annos.*

(8) Item. *Pro acquiſitis per dictas Gentes, titulo emptionis vel permutationis; reſervatis ut ſupra uſufructibus, exigatis pro eiſdem, una vice, pro financia, tale precium & talem valorem in denariis, qualis res acquiſita fuerit vendita in pura emptione, ſine fraude: proviſo, quod ſi reperiatur fraudem interfuiſſe, res appreciabitur per ſacramentum proborum virorum & fidelium, ad precium quod res poterit valere in vendendo ipſam, una vice; & ſecundum illud precium, & non pro minore precio, exigatis financiam una vice; videlicet, ſummam dicti precii; conſiderata tamen in dicto precio, reſervacione dicti Viagii.*

(9) Item. *Pro acquiſitis per dictas Gentes, titulo doni, legati vel elemoſinæ, ſub conditione quod heredes donatoris aut altera perſona, poterunt retrahere res datas, legatas vel elemoſinatas, infra certum tempus, aut quando eis placuerit, nullo termino prefixo, pro certa ſumma peccuniæ dictis Gentibus exſolvenda, exigatis pro eiſdem financiam pro Nobis,* [c] *prout ſuperius declaratur, tradendo Litteras dictis Gentibus, quod in caſu quo appareret tempore futuro, clare & ſine fraude, quamcumque rem per eas*

CHARLES V.
à Paris, le 15.
de Novembre
1370.

[a] d'une valeur conſiderable.

[b] Pariage. Voy. les *Tabl. des Mat. des Vol. des Ord.* à ce mot.

[c] Voy. la 2.ᵉ partie de l'article 1.ᵉʳ

CHARLES V.
à Paris, le 15.
de Novembre
1370.

modo prædicto acquisitam, fuisse retractam & redemptam ab eis, per dictos heredes vel alios, modo prætacto, Nos & successores nostri, faciemus eisdem de hoc talem restitutionem, qualem decebit, & prout sibi de jure fuerit rationabiliter faciendum; considerato tempore per quod res sic acquisita fuerit in eorum manibus.

(10) Item. De rebus acquisitis titulo doni, legati vel elemosinæ; videlicet, de certa pecuniæ summa, aut bladi sive alterius rei quantitate assignata dictis Gentibus per donatorem aut legatorem, in & super omnibus bonis suis, annis singulis habendis perpetuo, & per heredes dicti legatoris, aut datoris exsolvendis; & etiam, si tale legatum aut talis donatio fuerit facta super certo fundo, & quod legator sive dator obligaverit

a Voy. cy-dessus la 2.^e partie de l'art. 1.er

fundum vel (a) usatiqum, exigatis pro eisdem financiam, a *prout superius declaratur; & de cetero, dictas Gentes ad fundandum pro quacumque re seu possessione per eas acquirenda titulo emptionis aut permutationis, in Feodis & Retro-feodis, Censivis & Retro-censivis nostris; nec in Allodiis liberis nullatenus admittatis; nisi dicta acquisitio processerit de*

b Præcipien. R.

nostra voluntate sive licencia: b *Præcipientes vobis, quod tales res & possessiones, dum & quando fuerint sic acquisitæ, nostra licentia non obtenta, ad manum nostram ponatis atque detineatis: veruntamen de acquirendis per dictas Gentes titulo doni, legati & elemosinæ, & non aliter, exigatis ab ipsis Gentibus financiam, secundum formam & modum superius annotatos, quotiens & quando casus evenerit.*

(11) Item. Pro redditibus aut possessionibus, franchisiis vel Libertatibus, quos & quas Consules vel Communitas alicujus Villæ, acquisierunt & acquirent ad causam Communitatis ejusdem Villæ, in nostris Feodis & Retro-feodis ac Censivis, exigatis pro eisdem plenariam financiam, à tali tempore, & prout de dictis personis Ecclesiasticis, cum moderatione tamen fructuum sex annorum, pro una vice, vel sex solidorum pro Libra, rei acquisitæ; attento, quod talis acquisitio potest cadere in (b) Commissum.

(12) Item. Pro redditibus & possessionibus acquisitis & acquirendis per innobiles quocumque titulo, à Nobilibus, in Feodis nostris, à tempore viginti annorum citra, exigatis pro eisdem financiam pro una vice; videlicet, fructus quatuor annorum possessionis acquisitæ, vel quatuor solidorum pro Libra, & in Retro-feodis nostris, fructus trium annorum, aut tres solidos pro Libra; totum ad electionem vestram.

(13) Item. De Allodio libero acquisito & acquirendo per innobilem, supersedeatis de exigendo financiam, donec aliud fuerit per Nos super hoc ordinatum; nisi Allodium fuerit notabile & magnæ rei, cum Jurisdictione, Feodo & districtu; cujusmodi Allodii alienationem de nobili in non nobilem fieri nolumus, nisi de nostra processerit gracia aut voluntate.

c quas.

(14) Item. Redditus aut possessiones, c *que innobiles acquisiverunt seu acquirunt à Nobilibus, in nostris Feodis vel Retrofeodis, & eos vel eas posuerunt aut ponent in libero sive franco Allodio, ponatis & applicetis ad Dominium nostrum.*

(15) Item. Pro redditibus & possessionibus acquisitis & acquirendis à Nobilibus per innobiles, in nostris Feodis vel Retro-feodis, sub conditione quod alienatores possint ipsos redditus retrahere, infra certum tempus & terminum, exigatis pro eisdem financiam d *prout supra declaratur; videlicet, medietatem de præsenti, & aliam medietatem tempore dicti termini elapso: & in casu quo dictus terminus excederet quinque annos, exigatis totalem financiam de præsenti.*

d Voy. cy-dessus l'art. 12.

(16) Insuper, pro redditibus & possessionibus acquisitis vel acquirendis à Nobilibus per innobiles, in nostris Feodis vel Retro-feodis, reservato alienatori usufructu rei acquisitæ

NOTES.

(*a*) *Usatiqum.*] Du Cange dans l'ancienne Edit. du Glossaire, explique *Usaticum*, par *tributum, præstatio.* Ainsi je crois qu'il s'agit ici d'une redevance donnée à des Ecclésiastiques, à prendre sur des droits & Impôts qui appartenoient au Donateur.

(*b*) *Commissum.*] Je crois qu'il faut ici entendre par ce mot, le Droit de *Commis* ou *Commise* ou confiscation, dont le Seigneur peut user envers ses Tenanciers, dans de certains cas, comme de felonie, &c. Voy. le *Glossaire du Droit François*, au mot, *Commis* (*Droit de*).

ad tempus vel ad vitam personarum, exigatis pro eisdem financiam, (a) prout supra.

(17) Item. *Pro redditibus vel possessionibus per innobiles acquisitis & acquirendis à Nobilibus, in nostris Feodis vel Retro-feodis, per modum permutationis vel ad* [a] *Accapitum, aut in Emphiteosim &* [b] *Usaticum, vel ad certam partem fructuum annualem, tradendo pecuniam pro (b) Intrata, aut nulla pecunia interveniente, sed una Gallina vel aliud simile, dictis Nobilibus pro dicta re acquisita, annuatim solvenda ; etiam si hujusmodi acquisitiones sint in* [c] *granis, vel in vino aut in alio fructu, de quibus majus precium neque minus, sed commune precium quod possunt valere, habito respectu ad unam communem* [d] *annuatam, de septem annis precedentibus ; deductis legitimis missis & expensis, debet exigi ; & etiam si inter Nos & Nobiles, à quibus tales acquisitiones fuerint facte, sint tres persone intermedie, supersedeatis ad presens de exigendo propter hoc financiam, donec super hoc à Nobis fuerit aliud ordinatum.*

(18) Item. *Pro rebus acquisitis à dictis Nobilibus per innobiles, quas Nobiles acquisierunt ab innobili ; que res tenentur ab Ecclesia vel alio in Emphiteosim ; etiam si dicte acquisitiones moventes ab Ecclesia, non teneantur per ipsam Ecclesiam in Feodum nostrum vel alio modo à Nobis ;* [e] *duntamen dicta Ecclesia non faciat Nobis pro eisdem, ratione Feodi vel Retro-feodi, aliquod servicium ; & etiam pro fundis datis per Nobiles innobilibus, in dotem uxorum suarum nobilium ; (c) dum tamen,* [f] *dox non fuerit extimata & retenta pro extimatione ;* [g] *nec non pro rebus acquisitis per innobiles, mulieribus innobilibus ; uxoribus tamen nobilium, vel soluto matrimonio, viduis existentibus, supersedeatis ut supra.*

(19) Item. *Si predicte acquisitiones fuerint facte in Feodis & Retro-feodis nostris, à Nobili per innobilem ; & post acquisitionem factam, efficiatur Nobilis, exigatis pro eisdem financiam, prout superius declaratur.*

(20) Item. *Pro rebus acquisitis vel acquirendis in dictis Feodis & Retrofeodis nostris, à Nobili per mulieres innobiles, uxores nobilium, seu soluto matrimonio, viduas existentes, exigatis pro eisdem financiam, prout supra.*

(21) Et pro rebus acquisitis & acquirendis per innobiles à mulieribus innobilibus ; uxoribus tamen nobilium, vel soluto matrimonio, viduis existentibus, supersedeatis ad presens de exigendo financiam ; nisi res acquisita fuerit Feodalis ; in quo casu, financia levabitur, ut supra.

(22) Item. *Si innobilis vendiderit aut alienaverit, vendat aut alienet aliquam rem quam tenebat à Nobili in Emphiteosim, & Nobilis eam retinet jure sui Feodi vel Retro-feodi ; & postmodum tractu temporis, alter innobilis acquirat dictam rem à dicto Nobili, seu capiat ad Censum vel in Emphiteosim, exigatis pro eisdem à secundo acquisitore financiam ; videlicet, in Feodo, fructus quatuor annorum ; & in Retro-feodo, fructus trium annorum, ut supra.*

(23) Item. *Innobiles descendentes à patre innobili, & matre nobili, pro rebus Feodalibus aut Retro-feodalibus sibi devenis, & per ipsos acquisitis & acquirendis ex successione eorum matris nobilis, & aliorum collateralium ejusdem matris, aut aliter à Nobili, solvent financiam quam exigatis & queratis, ut supra.*

(24) Item. *Si innobiles acquisierint à Nobilibus Feuda vel Retro-feuda, & ipsa vendiderint Nobilibus antequam finaverint ;* [h] *duntamen dicta Feuda vel Retro-feuda tenuerint per unum annum, solvent financiam quam exigatis pro eisdem, ut supra.*

CHARLES V.
à Paris, le 15. de Novembre 1370.

[a] Droit Seigneurial sur lequel Voy. le 4.ᵉ Vol. des Ordonn. p. 308. Note (b).
[b] Voy. p. prec. Note (a).
[c] chargée d'une redevance annuelle en grains, &c.
[d] produit d'une année.
[e] dum tamen.
[f] dos.
[g] Voy. cy-dessous l'art. 21.
[h] dum tamen.

NOTES.

(a) *Prout supra.*] Je ne sçais à quel article se rapporte celui-ci. Il semble qu'il ne puisse se rapporter à l'art. 12. car il ne semble pas juste que l'acheteur paye autant de droits pour une acquisition chargée d'usufruit, que pour une acquisition faite sans cette charge. Il est visible que l'art. 15. peut encore moins se rapporter aux art. 7. & 8. Voici donc comme je crois qu'on doit interpreter l'art 15. Le non-noble ne payera les droits fixez par l'art. 12. qu'avec une diminution qui lui sera faite, eu égard à l'usufruit qui a été reservé, suivant la disposition de l'art. 8.

(b) *Intrata.*] Redevance. Voy. le 2.ᵉ Vol. des Ordonn. p. 22. & le Gloss. de du Cange, au mot, Intrata 2.

(c) *Dum tamen.*] Je crois que cela signifie, qu'un non-noble payera les droits de Francs-Fiefs, lorsqu'il aura la faculté par son Contrat de mariage, de retenir les biens qui luy ont été apportez par la femme noble qu'il a épousée, en en payant la valeur. Voy. sur ces dots estimées, le 4.ᵉ Vol. des Ordon. p. 45. 111. & Note (g).

CHARLES V.
à Paris, le 15.
de Novembre
1370.

a lods & ventes.

(25) Item. *Pro redditibus & Censibus, quos innobiles acquisiverint in Feodis & Retro-feodis nostris, à Nobilibus super certas possessiones, pro quibus redditibus & Censibus, ipsi acquirentes habent* ᵃ *vendas & laudimia, quando dictæ possessiones transferuntur de una manu in aliam, per venditionem vel aliter, exigatis pro eisdem, financiam de valore dictorum Censuum aut reddituum, aut de valore quem possent aut poterunt valere dictæ vendæ & laudimia per annum, communi extimatione Patriæ, vel secundum extimationem pecuniæ summæ solutæ pro dicta acquisitione.*

(26) Item. *Pro redditibus & possessionibus quos & quas Gentes Ecclesiasticæ & innobiles acquisiverint, prout dictum est; qui acquirentes fuerint inobedientes denunciare dictas acquisitiones, & rebelles ad finandum; & per eorum subterfugia, cavillationes, allegationes & appellationes indebitas, elapso tempore infra quod debebant finare pro eisdem, levaverint & perceperint* ᵇ *ususfructus hujusmodi acquisitionum, preter & contra Ordinationes & prohibitiones super hoc eisdem factas; Commissarios ad hoc deputatos multis vexando laboribus & expensis; & post modum amplius nequeuntes diffugere, se obedierint ad finandum; in istis casibus, exigatis pro eisdem financiam à quolibet, prout supra declaratum est : Et ultra hoc, queratis & exigatis consimilem financiam propter ipsorum inobedientiam & rebellionem; & eodem modo fieri volumus pro omnibus aliis sic agentibus.*

b les revenus.

(27) Item. *Si Domini temporales cujuscumque conditionis existant, passi fuerint quod Gentes Ecclesiasticæ aut innobiles, quocumque titulo acquisierint à Nobilibus, in eorum dominiis & jurisdictionibus, ipsos permittentes gaudere per annum & diem aut amplius, pacificè, vel in hoc fuerint negligentes; & de novo voluerint ponere dictas acquisitiones in manibus suis, eis hoc facere minime permittatis; sed si aliquo eventu, manum in hoc apposuerint, in continenti eam amoveatis : quia de hujusmodi acquisitionibus, secundum præsens nostrum Mandatum, financiæ leventur; & ratione hujus nostri Mandati, nullus Dominus temporalis financiam levare tenetur nec debet; sed solum habent uti jure suo, secundum quod ad eos spectabat ante nostri presentis Mandati confectionem; & de talibus acquisitionibus, exigatis & queratis pro Nobis, plenariam financiam, prout supra declaratur; nec Dominus à quo tenentur, ullam habebit financiam.*

(28) Item. *Si propter financiam hujusmodi acquisitionum, opporteat fieri compulsionem, ipsam faciatis per captionem & detentionem rerum acquisitarum, & non aliter : Tamen de dictis acquisitionibus, de quibus debita facta fuerit financia, & soluta Receptoribus nostris ad hoc deputatis; nisi sit ex nova alienatione, amplius non queratis nec petatis financiam; nec etiam de illis acquisitionibus quæ factæ fuerint per innobiles ab aliquibus se dicentibus Nobiles, & non sunt origine nec Regia nobilitatione, exigatis financiam; nisi res acquisita fuerit Feodalis; in quo casu, levabitur financia ut supra.*

c necessario.

(29) Item. *Pro scriptura & labore Litterarum vestrarum, & pro pergameno* ᶜ *necessariarum in facto hujusmodi financiarum, illis qui dictas financias facere tenebuntur; absque eo quod vos in dictis Litteris faciatis inserere aliquas Litteras inutiles, capiatis & recipiatis pro qualibet linea continente ad minus sexaginta sillabas, unum denarium duntaxat; & pro sigillo cujuslibet Litteræ, sex denarios.*

d fixant la somme qui doit être payée.

(30) Item. *Vobis precipimus injungendo, quod in pertractando &* ᵈ *concordando dictas financias, evocetis vobiscum Procuratorem Generalem & Receptorem nostros, aut eorum legitimos Substitutos Senescalliæ in qua financia concordabitur; & statim financia concordata, registretis eam penes vos; & ipsam tradatis fideliter sub sigillo vestro, dicto Receptori aut ejus Substituto, ut eam recipiat, & reddat rationem de eadem in suis compotis ordinariis; mediantibus vestris Litteris certificationis.*

Scientes quod si hoc facere neglexeritis aut distuleritis indebitè, vel aliter contrarium aliquorum premissorum feceritis aut fieri permiseritis, taliter vos propter hoc puniemus aut puniri faciemus per privationem Officii vel aliter, quod ceteris transiet in exemplum. In cujus rei testimonium, sigillum nostrum presentibus Litteris duximus apponendum. Datum Parisius, die xv. Novembris, anno Domini millesimo ccc.ᵐᵒ LXX.ᵐᵒ & Regni nostri septimo.

Ainsi signé. *Per Gentes Compotorum Parisius, de mandato Regis.* P. DE CHASTEL. *Lecta ad Burellum, & registrata in Camera dictorum Compotorum, dicta die.*

(a) *Lettres par lesquelles le Roy accorde à ses Clercs, Secretaires & Notaires, une Chambre dans le Palais, à Paris, pour s'y assembler, & y faire leurs Lettres & Expeditions.*

CHARLES V.
à Paris, le 29. de Novembre 1370.

CHARLES par la grace de Dieu Roy de France. A tous ceux qui ces presentes Lettres verront: Salut. Sçavoir faisons, que Nous, à la supplication du College de nos amez & feaux, Clercs, Secretaires & Notaires, afin qu'il ayent lieu ou Chambre en nostre Palais Royal à Paris, où ils se puissent ^a retraire pour faire & signer leurs Lettres, & parler ensemble; & auquel les bonnes gens qui auront à faire avec eux, les puissent plustost & plus aisément trouver; & pour certaines autres causes ^b que Nous ont meu & meuvent à ce, à nos dits Clercs avons octroyé & octroyons par ces presentes, de nostre grace speciale, & jusqu'à nostre volonté, une chambre assise au coing de la Grand'Sale du Palais, du costé du ^c Grand Pont, en laquelle on tient & fait nostre Eschançonnerie, & en laquelle nos amez & feaux Conseillers, les Gens des Requestes de nostre Hostel, ont accoûtumé à tenir & tiennent aucunes fois les Requestes & les Placets, quand ils écheent: laquelle Chambre nosdits Clercs feront apparciller de fenestres, ^d verrieres, bancs, & autres choses à ce necessaires & convenables: voulans, & octroyans à nos dits Clercs, que en ladite Chambre ils puissent aller & venir quand il leur plaira, écrire & faire leurs Lettres & Escriptures, & eux y assembler & parler de leurs besognes, si ^e mestier est, &c. Si donnons en mandement au Concierge de nostre dit Palais, ou son Lieutenant, que ladite Chambre il delivre à nos dits Clercs, & d'icelle les laisse joyr & user pleinement & en la maniere dessus dite. En témoin de ce, Nous avons fait mettre nostre seel à ces presentes. *Donné Paris, en nostre Hostel de lez-saint-Pol, l'an de grace 1370. & de nostre Regne le septiesme, le 29.e jour de Novembre. Et scellées en double queuë de cire jaune.*

a *retirer.*
b *qui.*
c *le Pont au Change.*
d *vitres.*
e *besoin.*

NOTE.

(a) Hist. de la Chancellerie, par *Tessereau*, tom. 1. Liv. 1. p. 27.

(a) *Lettres qui portent que le Chastelain de Crecy, ne connoîtra point des troisiémes ventes des Bois de la Forêt de ce nom, faites à des Bourgeois d'Abheville; que cette connoissance appartiendra aux Maire & Eschevins d'Abbeville; & que le Chastelain de Crecy connoîtra dans tous les cas, des premieres & secondes ventes de ces Bois.*

CHARLES V.
à Paris, en Novembre 1370.

CHARLES, &c. Savoir faisons à tous presens & avenir, Nous avoir receu l'umble supplication de noz bien amez & vrays subgiez, les Maire, Eschetins, Bourgeoiz, habitanz & Communauté de nostre Ville d'Abbeville en Pontieu, contenant, entre les autres choses, que comme il aient ^f Lettres & privileges des Contes & Seigneurs qui ont esté en Pontieu, ou temps passé, ès quieux privileges est contenu, que se ^g contens mouvoit entre lesdis Seigneurs & lesdis supplians, ou aucuns des ^h Jurez d'Abbeville, dedans les murs de ladicte Ville, la Cause y devoit estre plaidoïée, sans aller hors; & aussi, se le debat estoit de chose qui feust advenuë dedens leur Benlieuë, en leur eschevinaage, seroit jugié par Eschevins: Lesquieus privileges, & aussi plusieurs usages & saisines, leur ont esté confermez par

f *Voy. les Tabl. des Mat. des 4.e & 5.e Vol. des Ordonn. au mot, Abbeville.*
g *procez.*
h *Bourgeois. Voy. la Tabl. des Mat. du 4.e Vol. des Ordonn. au mot, Juré.*

NOTE.

(a) Trefor des Chartres, Registre 100. Piece 747. Voy. cy-dessus, p. 173. Note (b).

CHARLES V.
à Paris, en Novembre 1370.

a *Comtes.*
b *Voy. plus bas Note (a).*
c *achetent.*
d *tirez; ajournez.*

e *annullant.*

f *à.*

g *Justiciables.*

h *Ville.*
i *qu'ils.*
k *souveraineté.*

lesdis ª Comptes & Seigneurs de Pontieu; & Nous semblablement leur avons confermez leur Loy, previleges, usaiges & Coustumes; & ce nonobstant, nostre Chastellain, Sergens & Officiers de nostre Forest de ᵇ Crecy, ont travaillé ou temps passé, & encor travaillent & justicent de jour en jour lesdis supplians & leurs subgiez, pour le fait & Marchandise de nostre dicte Forest, laquelle Nous tenons Forest Royal, & les contraingnent, adjournent & justicent pour comparoir à *(a)* Crecy, pardevant nostre dit Chastellain, hors de ladicte Banlieuë; pour ce qu'il dient que nostre dicte Forest, & les Marchans qui de ycelle vendent & ᶜ achetent, & aussi tout ce qui s'en despent, a & doit avoir suite; & sont lesdis Marchans ᵈ traitiez pardevant nostre dit Chastellain & Officiers à Crecy, combien que lesdictes Marchandises ne soient pas faites du *(b)* premier & second Marchant, maiz du tiers & autres audessouz, en ladicte Ville & Banlieuë d'Abbeville, par leurs subgiez & autres, comme personnes privées, & en leur Loy & Juridicion : De laquelle chose nosdis Officiers, & autres qui paravant ont esté en ladicte Conté, se sont efforciez de en user & joïr, & de fait en ont usé, contre la teneur des dis previlleges, en acquerant saisine contre yceulx, & en les ᵉ anichillant, ou trèz grant prejudice des dis supplians; & pour ce, Nous ont humblement supplié, que, nonobstant lesdis usages & saisinez, Nous leur voulsissions sur ce pourvoir de nostre grace : Pourquoy Nous, eû regart à la bonne & vraïe amour, loyauté & obeïssance, que Nous & nos predecesseurs Roys de France, avons tousjours trové & trouvons de jour en jour ès dis supplians, comme noz bons, vraiz & loyaulx subgiez, & pour plusieurs autres bonnes & justes causes qui ᶠ ad ce Nous ont meuu, leur avons octroié & octroions par ces presentes, de nostre auctorité, certaine science & grace especial, que eulx & tous leurs successeurs, Bourgoiz & habitanz, & leurs subgiez demourans en ladicte Ville & en ladicte Banlieuë & juridicion d'icelle, soient tenus frans & paisibles, & ne soient ou puissent estre traictiez, adjournez, travaillez ou justiciez en quelque maniere que ce soit, par nostredit Chastellain de Crecy, ou autres noz Officiers de ladicte Conté, d'orez ou temps avenir, jamaiz à nul jour ou temps avenir, pour cause & occasion des Marchandises de ladicte Forest & des dependances, qui seront faites des tiers Marchans & au dessouz, en quelque lieu qu'elles soient faites, soit en la Ville d'Abbeville ou ailleurs, par leurs subgiez & ᵍ justiciables; se n'est pour le fait seulement des premiers & seconds Marchans, dont à nostredit Chastellain de Crecy, Nous reservons entierement toute la Court & cognoissance, par la maniere que li & ses predecesseurs Chastellains dudit lieu, en ont acoustumé de cognoistre; & desdis tiers Marchans & autres audessouz, Nous, de nostre dicte grace & aucterité, en donnons & octroions du tout à tousjours, la Court & cognoissance ausdiz Maire & Eschevins; c'est assavoir, en tant que lesdictes Marchandises toucheroient & pourroient toucher les Bourgoiz, habitanz & mananz ès dictes ʰ Villes, Banlieuë & Juridicion; excepté des personnes qui ne sont leurs subgiez & justiciables, se aucuns en y avoit, combien ⁱ qui feussent demourans ès lieux dessusdis; reservé toutes voies à Nous & à nos Officiers, le ressort & ᵏ souverainnité, quant le cas escharra. Si donnons en mandement à nos Gouverneurs de Pontieu, à nostre Chastellain de Crecy, & à tous noz Justiciers & subgiez de ladicte Conté de Pontieu, & autres de nostre Royaume, presens & avenir, ou à leurs Lieuxtenants, & à chascun d'eulx, si comme à lui appartendra, que de nostre presente grace & previlleges, facent & laissent, chascun en droit soy, user & joïr paisiblement à tousjours, lesdis supplians,

NOTES.

(a) Crecy.] Bourg dans la Picardie, Diocese d'Amiens, Election d'Abbeville. Il a donné son nom à la Forest de Crecy. *Voy. le Diction. univ. de la Fr.* à ce mot.

(b) Du premier & second Marchant.] C'est-à-dire, quoique les Bourgeois d'Abbeville qu'ils font assigner devant eux, ne soient point ceux qui ayent fait le premier achapt de bois dans cette Forest : que même ces Bourgeois ne l'ayent point acheté de ces premiers acheteurs, ni de ceux qui l'avoient acheté de ceux ci; mais l'ayent acheté dans la Ville d'Abbeville, d'un troisième acheteur.

fans les empefchier en ce, jamaiz à nul jour ou temps avenir; & fe aucun empef- **CHARLES**
chement y trouvoient eftre mis, comment que ce feuft, que ycelui oftent ces Lettres **V.**
veuës, fans plus attendre; non obftant quelconque faifine acquife, ne Ordennance à Paris, en
ad ce contraires. Et que ce foit ferme chofe & eftable à toufjours, Nous avons fait Novembre
mettre noftre feel à ces Lettres; fauf en autres chofes noftre droit & l'autrui en 1370.
toutes. Donné à Paris, ou mois de Novembre, l'an de grace mil CCC. LX & dix, &
de noftre Regne le feptiéme.
Par le Roy, à la relacion du Confeil, eftant à Paris, en la Chambre des Comptes.
BAIGNEUX.

(a) Reglement pour la Jurifdiction du Bailli des Refforts & Exemptions de **CHARLES**
Touraine, d'Anjou & du Maine. **V.**
[vers Decem-
bre] 1370.

C'EST ce que le Bailli des Reffors & Exemptions de Touraine, d'Anjou &
du Maine, fera quant à prefent, fur la deliberacion & Ordenance que le Roy
a faite fur plufieurs faiz & articles baillez par ledit Bailli.

(1) Premierement. Ledit Bailli mettra fon fiege à Tours, ou *(b)* Chaftel nuef
qui eft de la Terre & exempcion de l'Eglife Saint Martin, fanz prejudice d'icelle.

(2) Item. Fera & eftablira illec, un Lieutenant pour luy.

(3) Item. Ou dit lieu à Tours, & auffi à Chinon, tendra par luy ou fes Lieutenans, Affife en la maniere qu'il eft accouftumé à faire ou temps paffé; & exercera
fa Juridiclon, toutes fois que ª meftier fera. ª befoin.

(4) Item. Fera crier & publier ès diz lieux, que tous les Exemps, tant perfonnes d'Eglife comme autres, en chief & en membres, & auffi leurs fubgiez, reffortiffent ès diz lieux pardevant lui, & non ailleurs; & fera deffenfe publique que aucun ne s'efforce de faire le contraire, ne de entreprendre la cognoiffance des diz
Exemps; & auffi aux diz fubgiez, qu'ils ne foient fi hardiz de y obeir.

(5) Item. Reprendra ledit Bailli pardevers lui, touz les procès & Caufes des diz
Exemps & fubgiez, pendans ailleurs que pardevant lui.

(6) Item. Mettra ledit Bailli, trois Sergens Royaulz au dit lieu de Tours,
avecques le general qui y eft pour le fait des diz Exemps, & les autres cas de fouveraineté.

(7) Item. Et un Tabellion, Seel, & Garde d'icellui pour le Roy, au dit lieu de
Tours.

(8) Item. Au dit lieu de Chinon, mettra deux Sergenz.

(9) Item. Ledit Bailli prendra & mettra ou reffort de Tours, la Terre & Chaftellenie de ᵇ Chafteau Regnault; nonobftant que Siege & reffort en euft efté autre part b Chafteau.
affigné. Regn. R.

(10) Item. Ledit Bailli ᶜ fufferra d'autre nouvelleté faire en ladite Duchié de c furfoira.
Touraine, & auffi en Anjou & ou Maine, jufques à ce qu'il ait autre mandement du
Roy; c'eft affavoir, de mettre en Anjou & ou Maine, Siege Royal, Lieutenant, Sergens
& Tabellions; & auffi de tenir Siege d'Affifes, & autrement des diz lieux d'Anjou
& du Maine; jafoit ce que le peuft des maintenant faire, fe il lui pleuft.

(11) Item. Ufera ledit Bailli des Regales & autres anciens droiz Royaulx.
Et eftoient ainfi figné. Par le Roy. J. DE REMIS.
Collacio dictarum Inftructionum, cum Originali fuit facta in Camera Compotorum Pa-
rifius, die XVI. Decemb. ᵈ CCCLXX. per me, Hug. de Columbeyo, & me Petrum de Caftro. d M.

NOTES. jou & de Touraine & Comte du Maine.

(a) Memorial D. de la Chambre des *(b) Chaftel nuef.*] L'on trouve dans le
Comptes de Paris, fol.º 103. v.º Diction. univ. de la Fr. *Chafteau-neuf*, Baro-
Loüis Frere du Roy, eftoit alors Duc d'An- *nie dans la Ville de Tours*, appartenante au
Tome V. Treforier de S.ᵗ Martin de Tours.
Aaa

CHARLES V.
à Paris, le 20. de Janvier 1370.

(*a*) Lettres qui portent qu'il n'y aura plus qu'un certain nombre de Secretaires du Roy, qui assisteront aux Requestes, soit qu'elles soient tenuës par le Roy, soit qu'il n'y soit pas present.

a Contrarotulatori, Controleur.

KAROLUS Dei gratia Francorum Rex. Universis presentes Litteras inspecturis: Salutem. Notum facimus, quod Nos attendentes quod omnes Clerici, Secretarii & Notarii nostri, Nobis Requestas nostras die quolibet Veneris, more solito tenentibus, absque confusione & oneroso turbine interesse & sedere non possent, ad eorumdem Clericorum nostrorum requestam, ordinavimus atque tenore præsentium Litterarum ordinamus, quod prima die Veneris supradicta cujuslibet mensis, sive Nos in persona nostras Requestas teneamus predictas, sive non, sedebit vel serviet more jam solito & incæpto, certus numerus eorumdem nostrorum, per procuratorem Collegii ipsorum ordinatus vel ordinandus, & augmentandus, si qui supervenerint. Secundo vero die Veneris, sedebit vel serviet similis numerus aliorum Clericorum prædictorum, & sic deinceps, &c. Quocirca dilecto & fideli Cancellario nostro, ac Audienciario & ª Contratulatore nostris, eisdemque Clericis, Secretariis ac Notariis, mandamus, quatenus ordinationem nostram prædictam observari faciant; & servient modo & forma, sub pœnis super declaratis. In cujus rei testimonium, sigillum nostrum fecimus apponi. Datum Parisius, vigesima die Januarii, anno Domini 1370. & Regni nostri septimo, signatum DE MONTAGU.

Et ensuite est écrit: *Hii sunt Notarii Regis, qui ex ordinatione inter ipsos facta, propter multitudinem onerosam, servient, si velint, Parisius, per septimanam, qualibet die Veneris.*

Isti servient die Veneris, qui erit decimus tertius dies Septembris: Magistri de Castilione, de Rubromonte, Robertus de Seris, Hugo, Theobaldus Hocie, Ferricus Cacinelli, Johannes Chesnel, Johannes de Remis, Johannes Locu.

Isti servient 20. Septembris. Johannes Clerici, Petrus Cramette, Alanus Gilotti, Johannes Chaillou, Huimus de Alveto, Johannes Tabari, Johannes du Ham, Gerardus de Monte Acuto, Hugo Blandini.

Isti servient 27. Septembris. Johannes de Lus, Dionysius Regis, Johannes Greelle, Egidius de Balneolis, Guillelmus Carrouble, Robertus de Preciuz, Johannes de Bordis, Grimerius de Placentia, Robertus de Beaufort.

Isti servient prima Veneris Octobris. Balduinus la Miche, Berengarius de Portali, Petrus de Vaigniaco, Hamo de Hac, Johannes Caboche, Michael Mignon, Herveus de Fouca, Johannes de Fraxinis, Johannes de Rupe.

NOTE.

(*a*) Hist. de la Chancellerie, par Tessereau, tom. 1. Liv. 1. p. 27.

(*a*) Lettres portant le retablissement de la Commune de la Ville de Tournay.

SOMMAIRES.

(1) Les Chefs d'Hostel [ou de famille]

NOTE.

(*a*) Registre A. du Parlement de Paris, intitulé: *Ordinationes antiquæ*, fol°. 140. v.°

Il a été envoyé de Tournay, deux Copies de ces Lettres, avec cette indication:

Extractum ex antiquo Cartulario Cottato K. Archiviorum Cathedralis Ecclesiæ Tornacensis; in quo, folio centesimo decimo tertio & sequentibus, habentur sequentia.

Littera concessa Villæ Tornacensi, die sexta Februarii, anno LXX.

de la Ville de Tournay, s'assembleront tous les ans, pour élire trente Eswardeurs, qu'ils choisiront dans toutes les Paroisses, suivant l'ancun

A la fin de la 1.re Copie, il y a: *Collationné Concorde au Cartulaire susdit; témoin.*
BOUCKAERT, Secretaire.

A la fin de la 2.e Copie, il y a: *Collationné par le soubsigné Secretaire du Chapitre de l'Eglise Cathedrale de Tournay; & se trouve concorder de mot à autre.*
G. J. VANMELLE, Secretaire.

Ces Lettres sont aussi au Tref. des Chart. Registre 102. P. 258.

SOMMAIRES.

usage ; à l'exception que des sept que l'on avoit coûtume de choisir dans la Paroisse de S.t Brice, l'on en prendra deux dans la Paroisse S.t Nicolas, & cinq dans celle de S.t Brice. Ces trente Eswardeurs éliront vingt Jurez, nez dans Tournay & Bourgeois de cette Ville, entre lesquels ils choisiront deux Prevôts, qui ne seront point parents ni du même métier. Les Prevôts & les Jurez preteront serment entre les mains du Maire ou Majeur des Eswardeurs. Les Prevôts & les Jurez auront la connoissance de tous les cas appartenants à la Justice haute, moyenne & basse ; à l'exception de ceux qui seront cy-après reservez aux Eschevins ; & de ceux qui appartiennent au Roy, à cause de sa souveraineté, du ressort & de son droit Royal.

(2) Les Prevôts & Jurez donneront conseil aux Enquêtes des (Jugeurs) qui sont accoûtumez de venir aux Enquêtes aux Jurez.

(3) Les Prevôts & Jurez s'assembleront du moins quatre fois la semaine, pour juger les procez.

(4) Les Eswardeurs éliront 14. Echevins, nez dans Tournay & Bourgeois de cette Ville; sept dans la partie de la Ville qui est en deçà de l'Escaut, dans le Diocese de Tournay, & sept dans la partie qui est au delà de l'Escaut, dans le Diocese de Cambray. De ces sept derniers Echevins, il y en aura cinq de la Paroisse de S.t Brice, & deux de la Paroisse de S.t Nicolas. Ils s'assembleront deux fois la semaine dans cette Paroisse, pour juger les procez; & les autres jours, dans celle de S.t Brice. Tous les Echevins preteront serment entre les mains du Majeur des Eswardeurs.

(5) Les Echevins jugeront les procez meuz touchant les meubles & immeubles qui seront dans l'étenduë de leur Echevinage. Ils donneront conseil aux Enquêtes des (Jugeurs) de dehors.

(6) Les Jurez, Echevins & Eswardeurs nommeront aux charges de la Ville ; à l'exception de celle de Greffier de l'Echevinage. Les émolumens du sceel Royal, & ceux que les Echevins retiroient de la reception des Testaments & autres Actes, seront affermez, & employez au payement des dettes de la Ville, jusqu'à ce qu'elles soient acquittées.

(7) Les Eswardeurs, Prevôts, Jurez & Echevins feront le jour de leur creation, serment entre les mains du Majeur des Eswardeurs, en presence des Citoyens, de bien remplir les fonctions dont ils sont chargez.

(8. 15.) Les Eswardeurs, Prevôts, Jurez & Echevins s'assembleront tous les Mardis, pour deliberer sur les affaires publiques de la Ville. Il n'y aura de decision, que lorsque seize Eswardeurs, onze Jurez & huit Echevins, seront de même avis. Les Prevôts & Jurez decideront seuls sur les affaires qui regardent la Justice.

Lorsque les Prevôts & Jurez manderont les Eswardeurs à des Assemblées extraordinaires pour les affaires publiques, ceux-ci seront obligez de s'y trouver.

(9) Les Offices de la Ville ne seront remplis que par des Citoyens nez dans la Ville.

(10) Les Prevôts, Jurez & Echevins pourront être continuez plus d'un an dans leurs Charges, s'ils y consentent, & que les Eswardeurs le jugent utile pour le bien public.

(11) Les Eswardeurs ne pourront être continuez dans leurs Charges, plus d'un an.

(12) On ne pourra exercer en même temps, deux des Offices ausquels on a coûtume de pourvoir tous les ans.

(13) Il ne pourra point y avoir deux parents revêtus de la même Charge. (Voy. Note (d)) Nuls parents, pas même les Beaux-freres, ne pourront être Juges de leurs parents. Si entre les Echevins, il y en a un si grand nombre de parents, qui ne puissent être Juges d'un procez de leur parent, ensorte qu'il ne reste point assez d'Echevins pour former un Jugement, le procez sera renvoyé devant les Prevôts & les Jurez.

(14) Plus de trois personnes d'un même métier, ne pourront être en même tems, ni Jurez, ni Echevins, ni Eswardeurs.

(15) Les Eswardeurs pourront priver de leurs Offices les Jurez & les Echevins qui les rempliront mal, & en créer d'autres à leur place.

(16) L'appel des Jugements des Echevins, se portera devant les Prevôts & les Jurez ; & l'appel des Jugements de ceux-ci, devant le Parlement.

(17) Les Prevôts & Jurez ne pourront tenir en prison plus de sept jours, ceux qui auront été arrestez, sans les faire comparoître devant leur Tribunal, pour intenter une accusation contre eux.

(18) Les Bourgeois & leurs enfants, ne pourront être mis dans des prisons qui ne seront point sur une Ruë publique & commune.

(19) Les Prevôts & Jurez privativement à tous autres, seront Juges des Bourgeois & habitans de Tournay; si ce n'est lorsque ceux-ci se seront soumis à une autre Jurisdiction, ou qu'ils seront pris en flagrant delict, ou qu'il s'agira de cas dont la connoissance appartient au Roy.

(20) Les Ecclesiastiques pourront être Bourgeois de Tournay. Ils jouïront de tous les privileges accordez aux Bourgeois : ils pourront remplir tous les Offices : ils seront sujets à toutes les charges que l'on imposera aux Bourgeois Laïques ; & ils subiront toutes les peines que l'on peut infliger à ceux-ci.

(20. 21.) Les Bourgeois qui seront bannis de Tournay pour trois ans, perdront le droit de Bourgeoisie.

(22) Les Bourgeois de Tournay, qui commettront des crimes, ou qui demeureront hors de cette Ville, pendant un an entier & un jour, perdront le droit de Bourgeoisie.

(23) Les Bourgeois & habitans de Tour-

CHARLES V.
au Bois de Vincennes, le 6. de Fevrier 1370.

CHARLES V.
au Bois de Vincennes, le 6. de Février 1370.

SOMMAIRES.

nay, ne pourront obtenir du Roy, des Lettres de grace, de repit ou de sursitance de payement de leurs dettes; & on n'en pourra obtenir contre eux.

(24) Les Bourgeois qui auront commis un crime dans la Ville & dans la Banlieuë de Tournay, perdront pour toûjours le droit de Bourgeoisie.

(25) Les habitans de Tournay qui commettront un meurtre dans cette Ville & dans sa Banlieuë, seront punis s'ils sont arrêtez; s'ils ne le sont pas, ils perdront le droit d'habitation dans cette Ville; &, leurs dettes préalablement payées, la moitié de leurs biens sera confisquée au profit de la Ville, & l'autre moitié appartiendra à leurs heritiers.

Si un Bourgeois ou un habitant de Tournay, blessé ou tuë un Etranger qui l'a attaqué, il ne sera point puni, & ses biens ne seront point confisquez; parce que les biens d'un Etranger qui en se deffendant, auroit tué un Bourgeois ou un habitant de Tournay, ne seroient pas confisquez.

(26) Les Bourgeois & habitans de Tournay, qui en se deffendant, auront blessé ou tué un Etranger qui les aura attaquez, pourront après s'être accommodez avec la Partie, obtenir du Roy des Lettres de grace, & être retablis dans l'habitation de cette Ville.

(27) Ceux qui auront tué hors de Tournay, un Bourgeois de cette Ville ou un fils de Bourgeois, ne pourront jamais être retablis dans le droit de Bourgeoisie.

(28) Ceux qui contreviendront à la paix, aux treves & aux suretez publiées dans la Ville, seront punis s'ils sont pris; & s'ils ne le sont pas, ils seront bannis à perpetuité. Ceux qui pendant une paix publiée, blesseront quelqu'un avec un bâton, seront bannis à perpetuité. S'ils luy ont fait une blessure considerable, les Prevôts & les Jurez les condamneront à la peine qu'ils jugeront convenable. Ceux qui dans le cas dessus dit, maltraiteront ou blesseront quelqu'un, seront bannis à perpetuité; & ne pourront être retablis dans le droit de Bourgeoisie;

si ce n'est par le consentement des Eswardeurs, des Prevôts & Jurez, & des Echevins.

(29) La Cloche commune de la Ville, & celui qui la sonne, seront conservez dans l'état ancien.

(30) Les Citoyens, Bourgeois & habitans de Tournay, ne pourront appeller ni être appellez à des combats particuliers, par des gages de bataille.

(31) Les Prevôts, Jurez, Eswardeurs & Echevins, pourront d'un commun consentement, faire les Ordonnances & Reglements qu'ils jugeront convenables; pourvû qu'ils ne soient point contraires aux dispositions contenuës dans ces Lettres.

(32) Les Bourgeois de Tournay & leurs enfants, pourront arrêter eux-mêmes dans cette Ville, leurs débiteurs étrangers, & saisir les biens à eux appartenants, qu'ils trouveront dans cette Ville, s'il n'y a point d'Officiers de Justice presents, qui soient en état de le faire.

(33) Les Prevôts, Jurez, Echevins & Eswardeurs pourront d'un commun consentement, fixer le nombre des Officiers (subalternes) de la Ville, & regler les salaires qui leur seront donnez.

(34) Les Prevôts, &c. pourront au son de la Cloche, faire poursuivre les Malfaicteurs, sur les Terres de l'Empire & ailleurs.

(35) Les Prevôts, &c. pourront faire fermer par des barres, les Rivieres de la Scarpe & de l'Escaut, pour arrêter ceux qui auront causé du dommage aux Marchands & Marchandes de Tournay, navigants sur ces Rivieres.

(36) Confirmation de tous les privileges & Coûtumes de Tournay, qui ne seront point contraires aux dispositions contenuës dans ces Lettres.

(37) Les privileges de la Ville de Tournay, ne pourront être revoquez que dans le cas de trahison de ses habitans, & d'alliance faite par eux avec les ennemis du Royaume; & ils ne pourront l'être par rapport aux fautes des Officiers de la Ville.

CHARLES V.
au Bois de Vincennes, le 6. de Février 1370.
a apparans, 2.e & 3.e Cop. & T. C.

CHARLES par la grace de Dieu Roy de France. Savoir faisons à touz presens & avenir, que comme pour ce qu'il estoit venu à nostre congnoissance par la clamour de plusieurs noz subgiez, que plusieurs descors & commocions estoient meuz, & ª esperans de mouvoir en nostre bonne Ville de (a) Tournay, pour cause de la gouvernance & administracion d'icelle, entre ceux qui ladicte Ville avoit gouvernée en Loy & en Justice, ou temps que elle avoit Corps & Commune, d'une part; & le commun pueple d'icelle, d'autre part : parquoy grans inconveniens se povoient ensuir, se par Nous n'y estoit pourveu de remede convenable, si comme l'en Nous

NOTE.

(a) Tournay.] Voy. les Tabl. des Mat. des 3.e & 4.e Vol. des Ordonn. sur les differentes revolutions arrivées à Tournay, par rapport au gouvernement de cette Ville, & rapport aux dettes dont elle étoit chargée. Voy. aussi cy-dessus, pp. 136. & 349.

avoit donné à entendre. Nous, pour obvier aux perils & inconveniens deſſus diz, & pour autres certaines cauſes qui à ce Nous meurent, euſſions prins & mis en noſtre main, & appliqué au Demaine de Nous & de noſtre Royaume, l'Eſtat, Corps & Commune de noſtre dicte Ville; non pas pour mauvaiſtié, deſobeiſſance ne traïſon quelconques, que les Bourgois & habitans de noſtre dicte Ville, Nous euſſent faiz, mais pour ce que Nous eſperions que par les Officiers que Nous y commettrions, feuſſent mieulx & plus prouſitablement gouvernez, à la paix & tranſquilité de nos bons & loyaux ſubgiez de noſtre dicte Ville, & ſur eſperance de eulx rendre & reſtituer leur Loy, Eſtat & Commune, ou cas qu'il Nous apparroit eulx eſtre en amour, union & tranſquilité enſemble ; & depuis leſdiz Bourgois & habitans Nous ayent fait expoſer, que noſtre trez cher Seigneur & Ayeul de bonne memoire, le Roy Philippe que Dieux abſoille, en remuneracion des bons, notables & agreables ſervices & aides que faiz lui avoient ou temps qu'il vivoit, leur avoit donné & octroyé en l'an de grace mil ccc. quarante, droit & auctorité d'avoir Loy, Eſtat & (a) Commune en noſtre dicte Ville de Tournay, & des appartenances d'icelle, & toute Juſtice & Seigneurie haulte, moyenne & baſſe, avecques toutes les rentes, revenuës & poſſeſſions d'icelle, à tenir & poſſider paiſiblement & perpetuelement, ſi franchement & en tele maniere, que par le fait, coulpe ou negligence de ceulx qui ſeroient au Gouvernement de noſtre dicte Ville, les choſes contenuës ès Lettres de ladicte conceſſion & octroy, ou aucunes d'icelles, ne puiſſent eſtre perduës, forfaictes ne diminuées au domage de la Communauté ne des Juges, s'il n'eſtoit ainſi que les habitans de ladicte Ville, univerſellement ou la ᵃ greigneur & plus ſaine partie d'iceulx, feiſſent traïſon envers Nous, ou aliance ou confederation avecques les annemis de noſtre Royaume, ce que onques ne fu ne ne fera, ſe Dieu plaiſt ; mais avoient expoſé leurs corps & leurs biens, en noz devanciers ſervant & aidant de tout leur povoir, ou fait de noz guerres, & autrement; ſuppliants humblement que, conſiderées les choſes deſſus dictes, & ce que par les Officiers de par Nous deputez en noſtre dicte Ville, avoient eſté moult chargiez, opprimez & deſpoinctiez de leur Loy, uſage & Eſtat que acouſtumé avoient : Nous, de noſtre grace eſpecial, & conſideré auſſi, que touz les Bourgois & habitans de noſtre dicte Ville, ou la greigneur & plus ſaine partie d'iceulx, eſtoient tous d'accord & en union à Nous ſupplier & implorer la reſtitution de leur dicte Loy, Eſtat & Commune, leur vouluſſions ſur ce pourvoir de remede gracieux ; & pour ſavoir la verité de l'Eſtat & Gouvernement de noſtre dicte Ville, pour y pourvoir convenablement, euſſions mandé & commis à noz Amez & Feaulx Conſeillers, Maiſtres Arnaut de Corbye & Regnaut de Compiengne, Maiſtres des Requeſtes de noſtre Hoſtel, que, s'il leur apparroit que la greigneur & plus ſaine partie des diz Bourgois & habitans de Tournay, s'accordoient à la reſtitution de leur dicte Loy & Commune ; moyennant certaine Aide que les diz Bourgois & habitans Nous en feroient, pour noz neceſſitez declairiées par Nous à noz diz Conſeillers, il, ou cas deſſus dit, rendiſſent & reſtituaſſent auxdiz Bourgois & habitans, pour Nous & en lieu de Nous, leur dicte Loy & Commune, telle que noſtre dit Seigneur & Ayeul leur donna & octroya, comme dit eſt ; & par la relacion de noz diz Conſeillers, Nous ſoit évidemment apparu la plus grant & plus ſaine partie, ſanz compariſon, de tous les Bourgois & habitans de noſtre dicte Ville, eſtre accordans & conſentens aux choſes deſſus dictes ; & que par eſpecial, noſtre Amé & Feal Conſeiller, (b) l'Eveſque de Tournay, & noz Amez les Doyen & plus notables Chanoines du Chapitre, Abbez & Couvens des Egliſes de Saint Martin, & de Saint ᵇ Nicolas de Tournay,

CHARLES V.
au Bois de Vincennes, le 6. de Fevrier 1370.

ᵃ *plus grande.*

ᵇ *Nicolai, là & plus bas.* 2.ᵉ & 3.ᵉ *Cop.*

NOTE.

(a) Commune.] Cette Chartre de Commune ne s'eſt apparemment pas conſervée, puiſqu'elle n'eſt pas dans ce Recueil, & qu'elle n'eſt point indiquée dans la Bibliotheque des Coûtumes.

(b) L'Evêque de Tournay. Il ſe nommoit Philippe d'Artois, & ſiegea depuis 1351. juſqu'en 1378. Voy. la Tab. Chron. des Evêques de Tournay, qui eſt à la fin de l'hiſtoire de cette Ville, *par Couſin.*

Aaa iij

CHARLES V. au Bois de Vincennes, le 6. de Fevrier 1370.

& plusieurs autres notables personnes dudit lieu & du païs, leur avoient certifié & tesmoingné que nostre dicte Ville & les Bourgois & habitans en ycelle, noz vraiz & loyaux subgiez, seront mieux & plus proufitablement gouvernés à l'honneur & au proufit de Nous & de nostre Royaume, à l'utilité de la chose publique de nostre dicte Ville & des habitans en ycelle, par la restitucion de leur dicte Loy & Commune, que il n'estoient par noz diz Officiers : Pour ce est-il, que Nous desirans la paix, amour, union, transquillité & bon gouvernement de noz bons & loyaulx subgiez dessuz diz, considerans adecertes les bons, notables & aggreables services & Aides que il ont faiz à noz predecesseurs Roys de France, & esperons qu'il feront à Nous, vueillans iceux remunerer de leurs services & Aides dessus diz, leur avons rendu, delivré & restitué, & par ces presentes rendons, delivrons & restituons, & d'a-

a besoin.

bondant, se ª mestiers est, leur donnons, cedons & octroions de certaine science, par deliberacion de nostre Conseil, de grace especial, plaine puissance & auctorité Royal, droit de avoir Commune en ladicte Ville, & és appartenances d'icelle; & de avoir & exercer en ycelle, toute Justice haulte, moyenne & basse, & toutes les rentes & revenuës, proufiz & émolumens, & toutes les Seigneuries, Libertez, privileges & franchises, que il avoient & soloient avoir & obtenir par vertu du don & cession à eulx fait, en l'an mil ccc. quarante, par nostre dit Seigneur & Ayeul le Roy

b toutes. 2.ᵉ & 3.ᵉ Cop. & T. C.

Philippe dessus dit; & de avoir & percevoir ᵇ les franchises, Libertez, revenuës,

c à eux. 2.ᵉ & 3.ᵉ Cop. & T. C.

proufiz & émolumens quelxconques, que depuis leur avons donné & octroyé par nos Lettres, ou autrement ; lesquelx choses Nous voulons ᶜ appartenir plainement & entierement, sanz aucune chose retenir pardevers Nous; fors la souveraineté, ressort & drois Royaulx; sauf & reservé aussi en toutes parties, l'Ordonnance par Nous faicte en nostre joyeux avenement en nostre dicte Ville de Tournay, sur la paie & solution des rentes, debtes & arrerages que nostre dicte Ville devoit lors, &

d dans la 2.ᵉ Cop. il y a Rentiers, Rentiers; & dans la 3.ᵉ Routiers, Rentiers.

encores doit à plusieurs Orphenins, ᵈ Rentiers & ᵉ Crediteurs, tant de nostre dicte Ville comme de hors, laquelle Nous voulons sortir son plain effet; desquelles choses dessus dictes & de chascunne d'icelles, Nous voulons quil puissent de la date de ces presentes Lettres, joir & user plainement & perpetuelment, selon leurs usages

e Créanciers.
f étoit permis.
g restitution. 2.ᵉ & 3.ᵉ Cop.

& Coustumes anciennes, en la maniere que il leur ᶠ loisoit à faire, avant la ᵍ destitution par Nous faicte de leur dicte Commune, tant par vertu de la Chartre à eulx octroyée par nostre dit Seigneur & Ayeul, comme par les modificacions & declaracions ci après ensuivans.

h chefs de famille.
i Maison de Ville. Voy. cy-dessus, p. 131. Note (c).

(1) *Premierement.* Chacun an à certain jour, les ʰ Chiefs d'Ostel *(a)* heritez de ladicte Ville, se assambleront à son de Cloche, en la ⁱ Hale du Conseil, à Tournay; lesquieulx ainsi assamblez, feront sairement solennel, que bien & lauyaulment à leurs povoirs, esliront trente preudommes, appellés les *(b)* Esvvardeurs, par toutes les Parroisses de la Ville, selon le nombre de chascune, en la maniere accoustumée; ce

k qu'on avoit accoustumé d'eslire.
l les 2.ᵉ & 3.ᵉ Cop. & T. C.
m Bruslle, là & plus bas. 2.ᵉ & 3.ᵉ Cop. & Brislle T. C.
n avant que d'entrer en fonction.

adjousté, que des sept Esvvardeurs, qui ᵏ soloient estre pris & esleus en la Paroisse Saint Brice de Tournay, ˡ deux en seront prins & esleus en la Paroisse Saint Nicolas ᵐ ou Bruille, & les autres cinq en la Paroisse Saint Brice dessus dicte : lesquieulx trente ainsi esleus, ⁿ avant toute œuvre, feront sairement solennel, presens les dis Chiefs d'Ostel, que bien & loyaulment à leurs povoirs, sanz fraude & sanz deport & sanz faveur, feront ce à quoy il seront esleuz ; c'est assavoir, que tout premierement, il esliront vint Jurez, preudommes, Bourgoiz heritez & nez de la Ville de Tournay; desquieulx vint, il esliront deux Prevostz, lesquieulx n'appartiengnent

o en la main des Esvvardeurs. 2.ᵉ & 3.ᵉ Cop.

l'un à l'autre de lignage, & ne soient d'un mesme mestier; & leur seront faire sairement solennel ᵒ en la main du Maire des Esvvardeurs, & non ailleurs, & les

NOTES.

(a) Heritez.] Dans la 2.ᵉ Cop. il y a *habitez* & dans la 3.ᵉ *habitantes*, là & plus bas. Ces mots signifient sans doute, *habitans & residans*.

(b) Esvvardeurs.] Ce mot signifie *Inspecteurs. Inspectores & regardatores*, dans le 4.ᵉ Vol. des Ordonn. p. 676. Esvvardeurs signifie la même chose que Rewars. Voy. sur ce dernier mot cy-dessus, p. 134. Note *(e)*.

ᵃ afferront dedans le temps, & à la maniere anciennement accouftumée : & auront les diz Prevoftz & Jurez, par eulx, & par la plus grant partie des vint Jurez deffus diz, la congnoiffance, le jugement & l'execution des cas appartenans à toute Juftice haulte, moyenne & baffe, en tous cas, quieulx qu'il foient ; excepté ceulx qui par exprez feront ci deffous delaiffiez aux Efchevins, & les autres qui Nous doivent appartenir à caufe de noftre fouveraineté, reffort & drois Royaulx.

CHARLES V. au Bois de Vincennes, le 6. de Fevrier 1370.

(2) *Item.* Auront les diz Prevofts & Jurez, povoir de donner confeil aux Enqueftes de (a) ceulx qui feront acouftumez de venir aux Enqueftes aux Jurez.

ᵃ *peut-eftre, les inftalleront.*

(3) *Item.* Seront tenus les diz Prevoftz & Jurez, de venir en la Hale du Confeil, ᵇ au mains quatre fois la fepmaine, & au tiers fon de la Cloche, fe il n'eftoient loyaument exculez; & oir les plaidoieries & les complaintes du peuple, & ycelles ᶜdelivrer & finer le plus toft que il pourront bonnement.

ᵇ *au moins.*

ᶜ *expedier.*

(4) *Item.* Que les diz trente Efvvardeurs efliront quatorze preudommes, Bourgois, herité & nez de la Ville, pour eftre Efchevins; c'eft affavoir, fept deçà Efcaut, en la partie de l'Evefchié de Tournay; & fept ᵈ oultre l'Efcaut, en la partie de l'Evefchié de Cambray; defquieulx fept Efchevins qui feront prins en la partie de l'Evefchié de Cambray, les cinq feront effeuz des Bourgois & habitans en la Parroiffe Saint Brice, & les autres deux en la Parroiffe du Bruille; & feront tenuz les fept Efchevins ainfy effeuz en la partie de l'Evefchié de Cambray, de tenir leur fiege, & congnoiftre ᵉ determiner des Caufes à eulx appartenans, deux fois la fepmaine, au lieu acouftumé en la ᶠ Paroche du ᵍ Bruille, & les autres jours des plaiz, au lieu & au Siege acouftumé en la Paroche de Saint Brice; & feront leffdis Efchevins fairement folennel en leur nouvelle creation, en la main du Majeur des Efvvardeurs, & non ailleurs, que bien & loyaument fans fraude, feront tout ce à quoy il feront effeus & commis.

ᵈ *de-li. 2.ᵉ & 3.ᵉ Cop.*

ᵉ *& 2.ᵉ & 3.ᵉ Cop. & T. C.*

ᶠ *Paroiffe.*

ᵍ *Brule. T. C.*

(5) *Item.* Les diz Efchevins auront la congnoiffance, jugement & execution de tous ʰ meubles & heritaiges ⁱ giffans en leur Efchevinages ; & donront ᵏ confeil aus Enqueftes de ceulx ˡ dehors, fi comme l'en a ufé & acouftumé anciennement.

ʰ *meubles Chateaulx & heritaiges. T. C.*

ⁱ *eftans.*

ᵏ *Voy. cy-deffus l'art. 2.*

(6) *Item.* Que les Jurez & Efchevins & les Efvvardeurs, donront les Offices de la Ville, en la forme quil faifoient anciennement; excepté la ᵐ Clergie des Efchevins, & le proufit du feel Royal; & le proufit & émolument que fouloient avoir les Efchevins, pour la ⁿ recepte des ᵒ Cirographes, Teftamens & autres Efcriptures ; lefquelles chofes font mifes à fermes, & y demeurent pour le proufit de la recepte de la Ville, & du païement des rentiers & ᵖ crediteurs, qui y prennent felon la teneur de noftre Ordonnance fur ce faicte, tant & fi longuement que icelle noftre Ordonnance aura forti fon plain effect.

ˡ *de- 2.ᵉ & 3.ᵉ Cop.*

ᵐ *l'Office de Greffier.*

ⁿ *reception.*

ᵒ *actes fous feings privés.*

ᵖ *creanciers.*

(7) *Item.* Que les diz trante Efvvardeurs, les Prevoftz, Jurez & Efchevins, feront avant toute œuvre, ferement folennel au Majeur des Efvvardeurs, & non ailleurs, prefens les diz heritez en la Hale, au jour de leur creacion, que bien & loyaument à leur povoirs, feront les Offices à quoy il feront effeuz & eftabliz, & ᵠ feront la Loy de la Ville, auffi bien au povre comme au riche.

ᵠ *rendront juftice.*

(8) *Item.* Seront les diz Efvvardeurs tenuz de venir & affembler en la Hale, avecques les Prevoftz, Jurez & Efchevins, touz les Mardis, au fon de la Cloche, pour avoir enfemble avis & confeil des chofes & befoingnes touchans le Corps de la Ville; & ce qui par l'acort des trois ʳ Conciftoires, fera ordonné pour le proufit & utilité de la Ville, vaudra & tendra; & fe les Prevoz & Jurez pour aucune caufe, mandoient les diz Efvvardeurs à venir à leur Hale plus fouvant, & en autres journées, ils feront tenuz de venir à leurs mandemens; & que aucune des chofes

ʳ *Concitores, là & plus bas. 2.ᵉ & 3.ᵉ Cop.*

NOTE.

(a) *Ceulx.*] Je crois qu'il s'agit là, de ceux qui eftoient appellés par les Juges, pour juger avec eux; fur lefquels, *Voy. les Tab. des Mat. des 3.ᵉ & 4.ᵉ Vol. des Ordon.* au mot, *Jugeurs.* Voy. cy-deffous l'article 5.

CHARLES V. au Bois de Vincennes, le 6. de Fevrier 1370.

contenuës en cest article, ne puissent passer ne estre valables; se il n'y a par *(a)* assenz d'acort, onze Jurez, seize Esvvardeurs & huit Eschevins du mains; & que les Ordonnances touchans le commun proufit de la Ville, soient faites & expediées le Mardy, & non en autre jour, par l'assenz des trois Concistoires; excepté les Ordonnances touchans Loy & Justice, lesquelles demourront & seront mises en la *(b)* veue des Prevoz & des Jurez.

a homs. 2.e Cop. louus.

(9) *Item.* Que ès Offices de ladicte Ville, ne puissent estre mis ne establis ^a hons qui ne soit nez de la Ville de Tournay.

(10) *Item.* Et combien que les Esvvardeurs dessus diz, soient tenuz de eslire & renoveler chacun an à certain jour, les Prevoz, Jurez & Eschevins, par la maniere que dessus est dit; toutes voyes, ou cas que les Prevoz, Jurez & Eschevins, qui auront esté ès Offices dessus dis ès années precedentes, se seroient bien & loyaument portez à l'onneur &.proufit de Nous & de nostre Royaume, & du proufit commun & bien publique de nostre dicte Ville, que ou cas dessus dit, les Esvvardeurs qui seront pour le temps, les puissent remettre & restituer en leurs Offices qu'il exerçoient par avant, ou en autres, selon ce qu'il apperra aus dis Esvvardeurs qu'il le *(c)* vauront, & qu'il seront bien portez à exercer leurs Offices deüement.

(11) *Item.* Que aucuns de ceulx qui auront esté Esvvardeurs une année, ne puissent estre Esvvardeur l'autre année en suivant.

(12) *Item.* Que en un mesme temps, aucuns ne puissent estre en deux Offices, des Offices que l'en souloit ^b remuer d'an en an.

b changer.

(13) *Item.* Que en un mesme Office, ne puissent estre deux hommes d'un lignage plus pres *(d)* que en autre; & qu'il ne soit nuls qui demeure en Jugement d'aucuns de ses ^c proixmes, pour quelconques cas que ce soit; & ne pourra nuls ^d serourges demourer en jugement li uns de l'autre; & se il avenoit que en Eschevinage, eust tant de proixmes ensemble, que il ny peust avoir *(e)* assenz pour aucuns cas ou procez meuz pardevant Eschevins, que iceulx procez, avecques les Parties adjournés, fussent par les diz Eschevins renvoyés en l'Estat ou les Parties seroient, pardevans les Prevoz & les Jurez, pour en congnoistre & determiner deuement.

c parens. d Beau-freres.

(14) *Item.* Que en l'Office des Jurez, des Eschevins & des Esvvardeurs, ne puissent estre plus de trois homes d'un mestier ensemble.

(15) *Item.* Que les Esvvardeurs n'aient aucune congnoissance de Cause pardevant eulx; fors tant seulement de eslire & creer les Prevoz, Jurez & Eschevins, comme dit est cy-dessus; excepté que se aucuns des Jurez ou Eschevins se messaisoient contre bien de Justice, ou pechoient en leurs Offices faisant, que ou lieu de celuy ou de ceulx qui se messairoient, il puissent remettre, & instituer un autre ou plusieurs, & iceulx messaisans oster & destituer de leurs Offices; & que toutes fois que il seront semons ou adjournez de venir en la Hale des Prevoz & Jurez, pour le proufit de la Ville, il soient tenuz de y venir.

(16) *Item.* Que du Jugement des Eschevins, l'en puisse appeller sans moyen,

NOTES.

(a) Assenz.] Il n'y aura point de décision, que onze Jurez, seize Esvvardeurs & huit Eschevins ne soient du même avis.

(b) Veuë.] Ce mot signifie avis. [Voy. cy-dessous les articl. 20. & 28.] Le sens de cet article est que les Prevosts & Jurez decideront seuls de ce qui regarde l'exercice de la Justice.

(c) Vauront.] Vaudront. T. C. Je crois que cela signifie, en *cas que les anciens Officiers veuillent bien rester en place, l'année suivante.*

(d) Que en autre.] J'ai déja trouvé une disposition semblable à celle-cy. Dans la Chartre du rétablissement de la Commune de Peronne, cy-dessus, p. 162. art. 25. On lit : *Et in numero illorum triginta Juratorum, non eligentur aliqui qui se contingant linea consanguinitatis, emplius quam duo in altero*, &c. J'avois crû que ces mots *in altero* pouvoient être retranchez. (Voy. la Note *(d).*) Notre article fait voir que ces mots doivent être conservez; mais j'avoue que je n'entends point ce qu'ils signifient, ni dans la Chartre de Peronne, ny dans celle-cy.

(e) Assenz.] Qu'il ne restât pas un assez grand nombre de Juges, pour faire le nombre de voix necessaire pour former une decision. Voy. cy-dessus, Note *(a)*.

pardevant

DE LA TROISIÉME RACE. 377

pardevant les Prevoz & Jurez; & du jugement des Prevoz & des Jurez, l'en puisse appeller sans moyen, en nostre Parlement à Paris.

(17) *Item.* Que les Prevoz & Jurez ne puissent personne arrestée, tenir ou faire tenir plus de sept jours en prison, qu'elle ne soit amenée en leur Hale, se requis en sont; & la demande & accusacion soit faicte & proposée, que l'en entent à faire contre la personne prisonniere ou arrestée.

(18) *Item.* Que les Prevoz & Jurez ne puissent Bourgois ne Bourgoise, ou fils[a] de Bourgois ou de Bourgoise, mettre ne tenir en prison[b] desvoyé, qui ne soit sur rue publique & Commune.

(19) *Item.* Que les Prevoz & Jurez à leur requeste, aient [c] retour de Cour, & la congnoissance de tous Bourgois & Bourgoises, fils & filles de Bourgois & de Bourgoises, citoyens, manans & habitans en la Ville de Tournay, en quelconques lieu & pour quelconques cas que eulx ou leurs biens soient pris, arrestez ou detenuz, ou [d] trais en Cause; excepté se lesdictes personnes estoient lyées par [e] especial obligation, ou pris en present meffait, ou pour tel cas dont à Nous, pour cause de nostre souveraineté, ressort & droiz Royaux, devroit appartenir la congnoissance.

(20) *Item.* Que [f] Clercs [g] de bon nom & de bonne renommée, soient receus à estre Bourgois de Tournay, & à joir des franchises de Bourgoisies, & estre en tous Offices, comme les autres; [h] mais qu'il aident à soustenir les charges & les fraiz de la Ville, si comme les autres: & en cas où il se messeroient, dont les Laiz seroient tenuz de perdre leur Bourgoisies, lesdits Clercs les perdroient aussi; & se Clert messait, il soit enregistré en Hale, en telle Amende dont un homme Lay seroit corrigé, en la [i] veuë des Jurez, selon son messait.

(21) *Item.* Que quiconques est ou sera banniz de Tournay, à trois ans, soit pour larrecin, ou pour vilain cas criminel portant perpetuel [k] infame selon l'usage de la Ville, ne puisse estre Bourgois de Tournay; ne par consequent, estré és Offices de la Ville: Et se Clercs messait en aucun des cas dont le present article fait mention, il soit enregistré en la Hale, & perdra la franchise, telle comme un homme [l] Lay perdroit.

(22) *Item.* Que Bourgois de Tournay ne puisse perdre sa Bourgoisie, fors pour vilain cas, ou pour demourer continuelment an & jour, hors de la Ville de Tournay.

(23) *Item.* Que Bourgois ou fils de Bourgois, Citoyens, manans & habitans de la Ville de Tournay, ne puisse de Nous empetrer Lettre de grace, de [m] respit de debtes ou d'esloingnement, ou prejudice d'autruy, ne jouir d'icelles l'un contre l'autre; ainçois [n] prenguent la Loy de la Ville [o] l'un de l'autre; ne autres Forains, contre les manans de ladicte Ville.

(24) *Item.* Que personne qui a fait ou sera homicide en la Ville de Tournay, ou dedans la Banlieue d'icelle, ne puisse jamais r'avoir ladicte Ville de Tournay, ne joir de la (*a*) Franche Feste de Tournay.

(25) *Item.* S'aucune personne fait hommicide dedans ladicte Ville & Banlieuë, comme dit est, & elle soit [p] tenue, l'en en fera justice; & se elle n'est tenue, elle perdra l'abitacion de ladicte Ville; & si perdra tous ses biens estans en ladicte Ville & Banlieuë; des quiels la moitié sera appliquée à la Commune de Tournay, & l'autre moitié sera à la femme ou aus enfans ou aus hoirs d'icelle personne; les debtes payées des (*b*) communs biens; pourveu toutes voyes, que s'aucun Forains couroit sus ou faisoit assault ou invasion contre les Bourgois ou habitans de la Ville de Tournay; & le Bourgois ou habitant de ladicte Ville, en luy [q] estant ou

CHARLES V. au Bois de Vincennes, le 6. de Fevrier 1370.

a ou *filles.* 2.e & 3.e Cop.
b *escarté.*
c *renvoy à leur Cour & Jurisdiction.*
d *adjournez.*
e *especiale.* 2.e & 3.e Cop.
f *Ecclesiastiques.*
g *de bien & de bonne renommée.* 2.e & 3.e Cop.
h *pourvû que.*
i *Voy. cy-dessus,* p. 376. Note (*b*).
k *infamie.*
l *le.* 2.e & 3.e Cop. *la T. C.*
m *surseance de payer ses dettes.*
n *soient jugez par les Juges de la Ville.*
o *l'un contre l'autre* 2.e & 3.e Cop.
p *arrêtée prisonniere.*
q *obstant.* 2.e & 3.e Cop. *là & plus bas, resistant.*

NOTES.

(*a*) *Franche Feste.*] Il y a apparence que le jour de cette Fête, on pouvoit obtenir l'abolition de ses crimes, par un privilege semblable à celuy de la Fierte de Saint Romain

de Roüen, & de quelques autres lieux du Royaume.

(*b*) *Des Communs biens.*] Les dettes seront payées sur tous les biens du Criminel, avant le partage qui en sera fait entre ses heritiers & la Commune.

deffendant modereement; mutiloit ou metoit à mort l'affaillant ou envaiffant Forain, dedens ladicte Ville ou Banlieuë d'icelle, que ou cas deffus dit, iceluy Bourgois ou habitant de Tournay, ne perdiſt ne peuſt perdre ne encourir paine ne confiſcation de biens, meubles & non meubles, pour confideracion de ce que, ſe le Forain mettoit à mort femblablement le Bourgois ou habitant de ladicte Ville, ne perdroit ne auroit confiſqué aucuns de ſes biens, eſtans hors ladicte Ville & Banlieuë.

(26) Item. Que s'aucuns Forains couroit fus, ou faiſoit affault ou invaſion contre les Bourgois & habitans de la Ville de Tournay, & les Bourgois ou habitans de ladicte Ville, en eulx oſtant & deffendant modereement, ou en ᵇ contrevengnant de ᶜ belfait, mutiloit ou mettoit à mort l'affaillant ou ᵈ evadant, ou ſon ennemi Forain qu'il trouveroit en ladicte Ville & Banlieuë; & d'iceluy fait, euſt pacifié & fait ᵉ gré à partie, que ou cas deffus dit, de noſtre grace eſpecial, à la ſupplicacion ᶠ dudit Bourgois, peuſt ravoir & eſtre reſtitué, s'il Nous plaiſoit, en l'abitacion de noſtre dicte Ville & Banlieuë, & obtenir nos Lettres de grace & de remiſſion ſur ce.

(27) Item. Que perſonne qui ait ᵍ ocis ou ocirra hors de Tournay, Bourgois ou Bourgoiſes, ou enfans de Bourgois ou de Bourgoiſes, ne puiſſe jamais r'avoir la Ville de Tournay.

(28) (a) Item. Quelconques, de quelque condicion qu'il ſera, briſera paix, ſeuretez ou trieves faictes ou ordonnées, ou données par Loy ou par preudomes, ſe il eſt tenus, il ſera juſticié à mort; & ſe il n'eſt tenuz, il ſera banniz à toujours de la Ville, ſans rappel: & quelconques ʰ navrera perſonne, de quelconques baſton que ce ſoit, ⁱ ſur la paix de la Ville criée par le Sergent, ou au commandement du Prevoſt ou d'aucun Juré, il ſera banniz à toujours, ſans rappel; & ſe il le mettoit en peril de mort ou ᵏ d'affolure, ſe ſoit ou regart & en la ˡ veuë des Prevoz & des Jurez: Et s'aucuns, ſur la paix de la Ville criée par Sergent, come dit eſt, ᵐ villenoit ou feroit perſonne aucune, cilz qui ce feroit, feroit banniz à toujours, & ne pourroit jamais ravoir la Ville; ſe n'eſtoit pas aſſens des trois Confiſtoires.

(29) Item. Que le *(b)* Sennez & le Senneur de Tournay ſoient gardez & maintenus, ſi comme il a eſté acouſtumé en la Ville.

(30) Item. Que Bourgois, Citoyens & habitans de Tournay, ne puiſſe appeller ne eſtre appellés ⁿ de champ de bataille l'un contre l'autre dedans la Ville, ne dehors, ne autres Forains ne les puiſſent appeller de gaige de bataille; més prendre la Loy de la Ville de Tournay.

(31) Item. Que leſdis Prevoz, Jurez, Eſvvardeurs & Eſchevins, ᵒ où les trois Conciſtoires ſeront d'accort, puiſſent faire toutes manieres de Ordonnances, & ycelle ᵖ rappeller, ᑫ muer, accroiſtre & diminuer en tout ou en partie, ſi comme bon leur ſemblera, pour le proufit de la paix, la tranſquilité & le bien du commun peuple de la Ville de Tournay; ʳ mais que elles ne ſoient contraires ou prejudiciables en tout ou en partie, aux choſes cy deſſus ſpecifiées, ou en aucunes d'icelles.

(32) Item. Que les Bourgois, ou fils ou filles de Bourgois de Tournay, ſe il ne trouvoient la ˢ Juſtice en preſent, puiſſent arreſter ou faire arreſter leurs debteurs Forains, & leurs biens, que il trouveront en la Ville, & yceuls amener ou faire amener à Juſtice, ſans delay, en la maniere acouſtumée.

(33) Item. Que les Prevoz, Jurez, Eſchevins & Eſvvardeurs, enſemble ᵗ le trois Conciſtoires d'accort, pourront ordonner des ſalaires de tous les Officiers de la Ville, & de la quantité d'iceulx, & le nombre d'iceulx reſtraindre & diminuer, ſelon ce que bon leur ſemblera, pour le proufit & neceſſité de ladicte Ville.

NOTES.

(a) Item.] Voicy comment le commencement de cet article, ſe lit dans la 2.ᵉ & 3.ᵉ Copie. *Item. Quiconques, de quelque condition que il ſoit, a enfraint ou enfraindra ſuretez, &c.*

(b) Sennez… Senneur.] Je crois que ce mot *Sennez* ſignifie, la cloche avec laquelle on donnoit le ſignal, nommée plus communément, *Sain* ou *Sein*. L'on trouve dans Borel, *Senne*, aſſemblée à ſon de Cloche.

Senneur ſera celui qui ſonne la Cloche pour donner le ſignal.

DE LA TROISIÉME RACE. 379

(34) *Item.* Que il puiſſent ª faire chaces après les malfaicteurs en l'Empire ou ailleurs, à ſon de cloche, en la maniere anciennement acouſtumée.

(35) *Item.* Que toutes fois & quantes fois que aucuns griefs, empeſchement ou nouvelletez, feront faictes ou chemin des Rivieres ᵇ d'Eſcarp ou d'Eſcaut, aus Marchans ou aus ᶜ Marchandiſes, allans & paſſans par les Rivieres, il puiſſent mettre la barre & clorre la Riviere, pour ceulx qui les empechemens, dommages ou nouvelletez auront fais, ᵈ conſtraindre, [ᵉ ſi comme il eſt anciennement acouſtumé.]

(36) *Item.* Leur avons octroyé & octroyons, que tous les drois, franchiſes & Libertez que il ont acquis, ou temps paſſé, ou qui leur ont eſté donnez par quelconques perſonnes, Univerſitez ou Collieges que ce ſoit, par Chartres, Lettres ou Inſtrumens, & tous les uſages & couſtumes, deſquelles il ont anciennement acouſtumé à uſer, leur ſoit ſauf, & qu'il en puiſſent uſer & exploictier toutefois que meſtier ſera, en la maniere anciennement acouſtumée; ſauf les modifications cy-deſſus eclarcies.

(37) *Item.* Leur octroyons que pour le fait, ᶠ coulpe ou negligence de ceulx qui ſeront au gouvernement de ladicte Ville, les choſes deſſus dictes ou aucunes d'icelles, ne puiſſent être forfaictes, perduës ne ᵍ amainries au dommage de la Communauté ou des Juges, ſe il n'eſtoit ainſi, que ja n'avengne, que les habitans de la Ville, univerſament, ou la plus grant & plus ſaine partie d'iceulx fiſſent trahiſon, aliance ou confédération avecq les annemis de Nous & de noſtre Royaume; ſauf à Nous la ſouverainneté & reſſort, par appel & drois Royaux, comme dit eſt.

Toutes leſquelles choſes deſſus dittes, & chaſcunes d'icelles, Nous voulons & octroyons eſtre tenuës & gardées à touſjours perpetuelment; ſauf en autres choſes noſtre droit, & en toutes l'autrui. Et pour ce que les choſes deſſus dictes ayent perpétuelle fermeté, Nous avons fait mettre noſtre ſcel à ſes preſentes Lettres. *Donné au bois de Vincennes, le ſixieme jour de Fevrier, l'an de grace mil CCC. ſoixante & dix, & le ſeptieme de noſtre Regne.*

ᵇ Ainſi ſignée. Par le Roy. YVO. ⁱ

CHARLES V.
à Vincennes, le 6. de Fevrier 1370.
a *pourſuivre.*
b *la Scarpe.*
c *Marcandes.*
2.ᵉ Cop. *Marchandes.*
d *empeſcher: arreſter.*
e *ces mots ne ſont pas dans la 2.ᵉ & 3.ᵉ Cop.*
f *faute.*
g *amoindries & diminuées.*

h *le reſte n'eſt pas dans les 2.ᵉ & 3.ᵉ Cop.*
i *Viſa,* T. C.

(*a*) *Confirmation des Lettres de deux Cointes de Joigny, par leſquelles ils permettent aux habitans de cette Ville, de chaſſer dans l'étenduë de leur Juſtice.*

CHARLES, &c. Savoir faiſons, &c. Nous avoir veu les Lettres de noſtre amé & feal Chevalier, Miles de Noyers, Conte de Joigny, contenant la forme qui s'enſuit.

A Tous ceulx qui verront ces preſentes Lettres. Nous Mile de Noyers, Contes de Joigny : Salut. Sachent tuit que Nous avons veuës, tenuës, luës & diligaument regardées & ᵏ conſeuës unes Lettres ſaines & entieres, ſcellées en las de ſoye & en cire vert, du ſeel de feu bonne memoire, Jehan jadis Conte de Joigny, ſi comme par la premiere face d'icelles, contenant la fourme qui s'enſuit, puet apparoir.

A tous ceulx qui verront ces preſentes Lettres. (*b*) Jehans Contes de Joigny & Sires de Marcueul : Salut en noſtre Seigneur. Sachent tuit, que nous conſiderans & regardans l'amandement de noſtre Territoire de noſtre Juſtice de Joigny, le proffit commun des habitans dudit lieu, les courtoiſies, ˡ bontés & aggreables ſervices, que li dit habitant & leur ᵐ anceſſeur ont fait ou temps paſſé, à nous & à nos predeceſſeurs, pour l'amandement & reffeccion dudit Territoire; & en recompenſacion

CHARLES V.
à Paris, en Fevrier 1370.

k *apparom. conceuës.*

l *mot douteux.*
m *anceſtres.*

NOTES.

(*a*) Treſor des Chartres, Regiſtre 102. Piece 74.

(*b*) *Jehans.*] Jean II. Comte de Joigny, ſur lequel Voy. le 4.ᵉ Vol. des Ordon. p. 488. Note (*b*). *Marcueul* eſt ſans doute la même choſe que *Mercœur.* Voy. Ibid.

Tome V. Bbb ij

CHARLES V.
à Paris, en Fevrier 1370.
a *Voy. cy-dessus, p. 186.* Note (a).
b *petits jardins.*

des choses dessus dictes, pour le ª remede dez Ames de nous & de nos ancesseurs, & pour la somme de vingt & cinq solx Tournois, que nous avons euz & receuz desdis habitans, pour chascun arpent de heritage *(a)* couvert; & aussi douze soulx six Deniers Tournois, pour chascun arpent de heritage descouvert; & pour cent livres Tournois, pour certaine quantité de usaiges communs des maisons & des ᵇ Courtilx estans en nostre Justice de Joigny; laquelle somme d'Argent nous avons euë & receuë dez habitans de nostre dicte Justice de Joigny, en bonne Monnoye bien comptée & bien nombrée, & nous en tenons pour contens, & de icelle nous tenons pour bien païez, & iceulx en avons quittié & quittons, & leurs hoirs, & ceulx qui d'eulx auront ou pourront avoir cause ou tamps avenir, par la teneur de ces presentes Lettres, perpetuelment, sans jamais riens demander, pour oster &

c *Voy. la Tab. du 3.ᵉ Vol. des Ordonn. au mot, Garenne.*
d *bornes.*
e *dess. R.*
f *le long des.*
g *sur les terres de nostre Justice.*

mettre au neant la ᶜ Garenne que nous aviens & povoïens avoir à toutes bestes & oyseaulx, en nostre Justice de Joigny; c'est assavoir, des les ᵈ mettes de la Justice de Losé & de S.ᵗ Cerrenne, d'un costé; jusques à la Justice de Cesi, d'autre costé & au ᵉ dessus, ᶠ selonc les bois de ladicte Justice de Cesy, ᵍ parmi nostre Justice, jusques au Boys Jehan Mailly Seigneur de Losé, Escuier; & par dessouz, jusques oultre notre Riviere de Joigny, par la maniere qui s'ensuit.

h *les.*
i *chasser.*
k *tirer.*
l *de quelque autre maniere que ce soit.*
m *d'eux.*
n *à.*
o *lapins.*

Premierement. Que ᵇ ledit habitant de nostre Justice de Joigny, & toutes autres personnes, puissent ⁱ chacier de cy en avant, à tousjours mais perpetuelment, sans ce que nous ne noz successeurs, ne cil qui de nous aront ou pourront avoir cause ou tamps avenir, les puissiens en aucune maniere ᵏ traire en Cause, ne traittier à Amende, à toutes manieres de bestes ne d'oiseaulx, si comme dessus est dit; & yceulx pranre à chiens, & ˡ à toutes autres choses quelconques, & à toutes heures que il leur plaira, soit de jours ou de nuis; exceptés sillez: Et que li dessus dit, & cil qui ᵐ d'aux auront ou pourront avoir cause, puissent abatre, bouscher, & faire abatre & boucher tous *(b)* receiz & terriers ⁿ & ᵒ connis, & à toutes autres bestes quelconques, dedens lez mettes dessus dictes; & se li habitant de nostre dicte Justice de Joigny, ou aucuns d'eulx, estoient trouvé chacent entre lesdictes mettes, à sillez, & ce fust de jours, nous ne noz successeurs, ne cil qui de nous auront ou pourront avoir cause ou tamps avenir, ne les pourrons ne pourriens traittier à Amende plus grant de cinq solx Tournois; & se li Chien des dessus dis habitans ou de autres, passoient les mettes dessus dictes après aucune beste que il eussent trouvée dedans ycelles, que il leurs dis chiens *(c)* puissent rappeller dès l'entredeux des dictes mettes, sans Amendes; & se nous ou nostre successeur, & cil qui de nous auront ou pourront avoir cause ou tamps avenir, trouvions lesdis Chiens en nostre Garenne, fust que

p *nom.*

il eussent pris beste ou ᵖ nom, nous, ne cil qui de nous auroient ou pourroient avoir cause ou tamps avenir, ne les devons ne devriens, ne pourrons ou pourriens prenre ne tuer, ne ceulx qui les auront menez, traittier ne contraindre à payer Amende; & que cil qui garderont les bestes desdis habitans de nostre Justice de

q *en gardant.*

Joigny, puissent mener ᑫ pour garder, leurs bestes oultre les dictes mettes, en nostre Garenne, par tous les lieux où il ont acoustumé à garder bestes en pasture, chiens en liens & sans lien, sans chacier & sans autre meffait: Lesquelles choses dessus dictes, toutes & une chascune d'icelles, nous promettons pour nous & pour noz hoirs & successeurs, & pour ceulx qui de nous auront ou pourront avoir cause ou tamps

r *solennelle.*
f *obligation.*

avenir, par ʳ solempne promesse & par nostre leal ᶠ creant, à tenir, garder, acomplir & faire tenir, garder, acomplir fermement, & que nous ne yrons ne venir ferons

NOTES.

(a) Couvert . . . . découvert.] Cela peut signifier des héritages en valeur & en friche: ou des bois, & des terres d'autre nature.

(b) Receiz.] Ce mot qui est expliqué par le suivant, signifie proprement une retraite.

(c) Puissent rappeller. Voicy comme j'entends cet endroit. Les habitans de Joigny pouvoient chasser dans l'étenduë de la Justice de ce lieu. Si leurs chiens en poursuivant une bête qu'ils auroient trouvée dans cette étenduë, passoient les bornes de la Justice, & que les habitans au lieu de les suivre, les rappellassent à eux, ils ne seroient point condamnez à l'Amende.

par nous ne par autres au tamps avenir; & quant à ce, nous en obligons nous, noz hoirs, noz succeffeurs & ceulx qui de nous auront ou pourront avoir caufe ou tamps avenir, noz biens & les biens de noz hoirs, meubles & non meubles, prefens & avenir, où que il foient & puiffent eftre trouvez, & foubzmettons en la Juridicion du Roy noftre S. renoncens en ce fait pour nous & pour noz hoirs & fucceffeurs, & pour ceulx qui de nous auront ou pourront avoir caufe ou tamps avenir, à action en fait, à condicion fans caufe ou de caufe non jufte, à exception de fraude, de [a] barat, à toutes graces, refpis & privileges de Pape, de Cardinaulx, du Roy de France noftre S. ou de autres Princes, octroiez ou à octroïer, impetrés ou à impetrer, au privilege de la [b] Croix, prife ou à prandre, à toutes indulgences données ou à donner, à tout droit *(a)* de Savoiz, de Cifteyauz, & de fait & de Loy, & à toutes autres exceptions, deffenfes & allegacions qui pourroient eftre dictes ou [c] obiceez contre la teneur de ces prefentes Lettres; à ce que nous puiffions dire avoir plus efcript que accordé, & que cefte chofe n'ait ainffi efté faite & acordée; & efpeciaulment au droit difant, general renonciacion non valoir [d] os efpecialx & à ce que nous, noftre hoir & noftre fucceffeur, & cil qui de nous auront ou pourront avoir caufe ou tamps avenir, puiffent dire nous eftre deceuz en ce fait, oultre la moitié de jufte pris. En tefmoing de laquelle chofe, nous avons fait feeller ces prefentes Lettres de noftre feel. *Données en l'an de grace noftre S. mil CCC. vingt-quatre, Mefcredi après la Fefte S.t Martin d'Efté.*

CHARLES V.
à Paris, en Fevrier 1370.

a fraude.

b Croifade, ou guerre contre les Infideles ou les heretiques.

c objectées.

d mot douteux, peut-être pour aux.

Lefquelles chofes & une chafcune deffus efcriptes, avec ce que, pour la grant Aide que les Bourgois & habitans de la Ville & Parroiffes de Joigny, nous ont à prefent fait pour paier noftre raençon, nous leur avons donné & octroyé, donnons & octroions à toufiours mais perpetuelment, à tendre & prandre les beftes à tous Fillez, ez mettes & par la maniere que en la Lettre deffus efcripte eft devifé; jafoit ce que l'exception des Fillez y fuft; & toutes les chofes contenuës en ycelles, avec les Fillez que nous y donnons, nous, pour nous, nos hoirs & fucceffeurs, & pour ceulx qui de nous auront ou pourront avoir caufe ou tamps avenir, ratiffions & approuvons, & promettons & avons juré de tenir & faire tenir fans corrumpre, venir ne faire venir encontre, foubz l'obligacion de tous nos biens & des biens de noz hoirs, meubles & non meubles, prefens & avenir, lefquiex quant à ce, nous avons foubzmis & foubzmettons à la Juridicion & contrainte du Roy noftre S. & ou cas que aucuns de noz Officiers, fubgiez ou autres, fe vouldroient efforcier du contraire, nous ne volons mie que à eulx foit obey, ne que pour la defobéiffance, il puiffent eftre contraint de en faire Amende ou cas deffus dit. En tefmoing de ce, nous avons fait feeller ces Lettres de noftre feel. *Données le Mefcredi, jour de Fefte S.t Nicolas d'Iver, l'an de grace mil CCC LXVIII.*

Suite des Lettres de Mile de Noyers.

Lefquelles Lettres deffus tranfcriptes, & toutes les chofes contenuës en icelles, Nous aians fermes & agreables, icelles volons, loons, greons, ratteffions, approuvons, & par ces prefentes, de grace efpecial & de noftre auctorité Royal, confermons: Donnans en Mandement, en commettant par ces meifmes Lettres au Baillif de Troyes & de Meaulx, qui à prefent eft & qui pour le tamps avenir fera, ou à fon Lieutenant, & à tous autres à qui il appartendra, que les dis habitans de Joigny, leurs hoirs & fucceffeurs, & ceulx qui d'eulx auront caufe, ores & pour le tamps avenir, facent, fueffrent & laiffent joir & ufer paifiblement & perpetuelment dez privileges, franchifes, Libertés, & toutes autres chofes contenuës & declairiés plus à plain ès Lettres deffus tranfcriptes, tout par la forme & maniere que contenu eft en icelles, en mettant & ramenant tantoft & fans delay, au premier [e] & deu, tout ce qui

Suite des Lettres de Charles V.

e eftat.

NOTE.

(a) De Savoiz, de Cifteyauz.] Il y a une marque d'abbreviation fur les fyllabes *teyauz*. Je n'ai rien trouvé ni fur l'un ni fur l'autre de ces deux mots.

feroit fait au contraire. Et que ce foit ferme, &c. fauf en autres chofes noftre droit & l'autrui. *Ce fu fait & donné à Paris, ou mois de Fevrier, l'an de grace mil ccc. foixante & dix, & de noftre Regne le feptiéme.*   *Vifa.*
 Par le Roy, à votre relation. DROCO.
 Collation eft faicte aux Lettres Originaux. DROCO.

CHARLES V.
le dernier de Mars 1370.

Reglement fur les Amendes, qui feront payées en cas d'appel au Parlement, des Jugemens rendus par les Seigneurs de Fief, dans le Bailliage de Vermandois ; foit par ces Seigneurs, lorfque leurs Jugements auront été infirmez, foit par les Appellants, lorfqu'ils auront été confirmez.

(a) K AROLUS, *&c.*
 Datum apud Tornacum, anno Domini millefimo trecentefimo fexagefimo octavo ; Regni quoque noftri quinto, menfe Septembri.
 Item. Eftoit contenu en la marge deffous d'icelles Lettres, ce qui s'enfuit :
 Alias fic fignata. Per Regem, in fuo Confilio, vobis prefentibus. J. DE REMIS.
 Et refcripta ac fignata de precepto veftro, juxta correctionem Confilii in Camera Parlamenti exiftentis, die ultima menfis Martii, anno Domini millefimo trecentefimo feptuagefimo. VILLEMER.

NOTE.

(*a*) Ces Lettres font imprimées cy-deffus, p. 140. & il n'en eft fait icy mention, que par rapport à la double date.

M CCC. LXXI.

Suivant le Gloffaire de *du Cange*, cette Année a commencé le 6. d'Avril, & a fini le 28. de Mars.

CHARLES V.
à Paris, le 11. d'Avril 1371.

(a) Lettres portant que les habitans de la Ville de Puifeaux, qui appartient à l'Abbaye de S.t Victor-lez-Paris, ne reffortiront point devant le Prevoft des Exemptions nouvellement établi, à caufe du don fait par le Roy de la Terre de Chateau-landon ; & que ces habitants reffortiront devant le Prevoft de Paris, Gardien & Juge de l'Abbaye de S.t Victor & de fes membres.

a un Prieuré.

CHARLES par la grace de Dieu Roy de France. Au Prevôt de Paris ou à fon Lieutenant : Salut. Signifié Nous ont en complaignant, les Religieux, Abbé & Couvent de S.t Victor-lez-Paris, comme Louys le Gros jadis Roy de France, les euft premierement fondez à Puifeaux, & depuis tranflatez & fondez ou lieu de S.t Victor où ils font à prefent ; refervé & denoncé à iceux Religieux en la Ville dudit Puifeaux, un pauvre ᵃ membre & fujet de l'Eglife de S.t Victor & des dits Religieux; & de tout temps les dits Religieux qui font de fondation Royale, ayent efté & foient en la protection, fauvegarde & fpeciale garde de Nous & de nos Predeceffeurs, & le Prevoft foit leur Gardien & fpecial Commis à cognoiftre de leurs Caufes & debats;

NOTE.

(*a*) Hiftoire de Gaftinois par le P. *Morin*, Liv. 1. p. 273.
 Indépendamment des blancs que l'Editeur a laiffez dans ces Lettres, elles fourmillent d'un fi grand nombre de fautes qui interrompent le fens prefque à chaque phrafe, qu'il a été impoffible de les corriger toutes. A peine peut-on entendre la difpofition de ces Lettres.
 Voy. cy-deffus les Lettres qui font à la page 335.

& à cause de leur fondation, ledit Roy Louys entre les autres choses, eust donné
ladite Ville de Puiseaux & ses appartenances, avec toute Justice & Marché Royal   CHARLES
& de Royale puissance, un jour la sepmaine, & generalement tout ce qu'il y avoit,   V.
sans aucune chose y retenir; fors seulement la souveraineté & ressort, & depuis en   à Paris, le 11.
ᵃ ayant paisiblement jouy & usé : Et pour ce que Louys de Maulonart, Chevallier,   d'Avril 1371.
auquel Nous avions donné la Terre & Chastellenie de Chasteau-Landon, s'efforçoit   a *ayent.*
soubz ombre dudit nostre Don, d'avoir & entreprendre Jurisdiction & cognoissance
sur les dits Religieux & leurs sujets, & en attribuer à luy la souveraineté & ressort,
Nous eussions n'aguerres ordonné & octroyé ausdits Religieux, de grace speciale,
que iceulx Religieux, en Chef & en membre, & leurs sujets, tant de Puiseaux comme
de leurs autres Terres quelconques, soient & demeurent nos sujets sans moyen, &
ressortissent perpetuellement & à tousjours pardevant toy, qui te avons ordonné leur
Gardien, comme & est au Siege du Chastellet de Paris, sans avoir moyen, en cas
de souveraineté, & autres dont la connoissance Nous doit appartenir ; & sur ce, leur
avons donné & octroyé nos Lettres en las de soye   lesquelles ont esté
veuës & verifiées en la Chambre de nos Comptes : Neantmoins pour ce que ledit
de Maulonart & aussi Raymond de Mannuel, s'efforçoient d'avoir & entreprendre Ju-
risdiction & cognoissance sur les Religieux de Sainct Severin de Chasteau-Landon, &
sur les dits de S.ᵗ Victor, & aucuns exempts qui ᵇ souloient ressortir de Chasteau-Lan- h *avoient accoû-*
don ; & que des Terres baillées ausdits Chevalliers, n'ont aucuns droits de Bourgeoisie,   *tumé.*
& y sont plusieurs de Nous   enclavez & rentrez devoit ; & aussi y en avoir
autres droits de souveraineté, sur lesquels les dits Chevaliers ont & prennent de jour
en jour ;   certaine nos autres Lettres & patentes adressent au Bailly de Melun,
faisant de ce mention, ayent esté n'agueres ordonnées & publiées audit lieu de Puiseaux
& ailleurs ; par lesquelles Nous avons voulu & ordonné, qu'il y ait un Prevost ès dits
ᶜExceptions & en la Terre des exempts ; lequel, sans prejudice d'eux, tiendra Juris- c *Exemptions.*
diction des cas de nouvelleté par prononciation, & de tous autres dont la cognoissance devra appartenir ; & y auront scel & Tabellionnage, ainsi qu'en ladite Ville de
Puiseaux, laquelle fust donnée par ledit Roy Louys ᵈ & ausdits Religieux, sans y   d *& est inutile.*
rien retenir ; fors la souveraineté & ressort, comme dit est ; Nous n'ayant aucun Domaine ; par quoy il seroit ᵉ & grief à iceux Religieux, que ledit Prevost des exemp-   e *& est inutile.*
tions y veinst seoir ne tenir ses plaids, ce que oncques ne fust ; & en pouvoit estre
leur Justice grandement diminuée, & eux & leurs sujets dommagez ; & ne fut
oncques accoustumé de y avoir pour Nous Bourgeoisie ne place de Bourgeoisie ;
mais y ont les dits Religieux toute Justice & cognoissance ; fors des cas de souveraineté, & en faveur de leur Eglise ; & afin que eux estant subjets, soient & demeurent plus paisibles, sans estre par aucuns Officiers Royaux ou autres molestez,
leur ayant esté de tout temps commis & de present Gardien special, & encores par
les dernieres Lettres à eux octroyées en las de soye ᶠ encores verte, Nous avons   f *en cire.*
voulu & ordonné depuis le transport & bail par Nous fait ausdits Chevaliers de ses
Terres, que lesdits Religieux & leurs subjects, tant de Puyseaux que d'ailleurs,
ressortissent sans moyen pardevant toy à tousjours mais, au Siege dudit Chastellet ;
lesquelles leur seroient de nul effect & valeur, s'ils ressortissoient pardevant les dits
Prevosts des exempts, ou ᵍ il avoit sur eux cognoissance : Lesquelles Lettres, tant   g *s'il.*
de don & octroy faits ausdits Religieux, de la Terre de Puiseaux, en leur fondation par ledit Roy Louys le Gros, comme les autres ʰ dernieres à eux par Nous oc-   h *dernieres.*
troyée en las de soye & Cyre verte, dont cy-dessus est faict mention, les dits Religieux ont faict porter en nostre dite Chambre, & icelles ont monstrées au Bureau,
à nos amez & feaux Gens de nos Comptes, pour plus plainement ⁱ enfourner des   i *informer.*
choses dessus dites ; & après ce que icelles Lettres eurent esté veuës & visitées par
nos Gens, à bonne deliberation, Nous ont fait requerir que sur ce, ᵏ leuës voulons   k *leur.*
prevenir de remedes convenables : Pourquoy Nous te mandons & enjoignons estroitement, si ˡ mestier est, que tu deffendes ou face deffendre au Bailly de Melun, au   l *besoin.*
Prevost des dits Exemptions, & à tous autres Justiciers dont tu sera requis, ou à leurs

Lieutenants, & à chacun d'eux, ausquels aus dits noms, ª te deffendons par ces presentes, qu'ils ne s'entremettent d'entreprendre ne avoir aucun ressort, souveraineté, Justice ou cognoissance sur les dits Religieux & leurs subjets, ou aucuns d'eux, audit lieu de Puiseaux ne autre part, ne de y tenir siege de Jurisdiction ou plaids; mais s'en cessent & désistent du tout, en ᵇ rempellant & mettans au néant, ᶜ ce faict en ont, si en aucune maniere s'en sont ᵈ entretenus; & les dits Religieux & leurs subjects, souffrent & laissent joüir & user paisiblement de leurs grace & octroy, & iceux resortir pardevant toy audit Siege de Chastellet, sans leur y mettre d'oresnavant aucun debat ou empeschement, ni les molester au contraire, contre la teneur desdites Lettres à eux octroyées, lesquelles tu leur face tenir & garder en ᵉ cognoissance de leurs Causes & debats, & en les maintenant & gardant sous la souveraineté & ressort, selon leur forme & teneur: Car ainsi le voulons estre faict, & aus dits Religieux l'avons octroyé & octroyons de grace speciale, si mettier est, par la teneur de ces presentes, eu esgard & consideration aux choses dessus dites; non obstant les dernieres Lettres faites sur l'Ordonnance dudit Prevost des Exemptions, & choses qui en sont ensuivies, ou quelconques ᶠ aus dites Ordonnances, Lettres ou Mandemens au contraires, n'en faisant expresse mention ᵍ de presents, & des dites autres graces & octroys faits par Nous & nos Predecesseurs, aux Religieux dessus dits. Donné à Paris, le unziesme jour d'Avril, l'an de grace mil trois cens soixante & unze, & de nostre Regne le huictiesme. Ainsi signé. Par les Gens des Comptes, & scellés de Cire blanche sur simple queuë, en scel apparant.

CHARLES V.
à Paris, le 11. d'Avril 1371.
a te est inutile.
b rappellant: revoquant.
c ce que.
d entretenus.

e connoissant.

f autres.
g des presentes Lettres.

CHARLES V.
à Paris, le 13. d'Avril 1371.

(a) Lettres qui portent que l'on ne pourra faire aucunes poursuites contre les habitans du Dauphiné, en vertu des obligations passées sous le Petit scel de Montpellier, que dans les cas où ces habitans auront passé des obligations sous ce scel.

CHARLES par la grace de Dieu Roy de France, Dauphin de Viennois. Au Senechal de Beaucaire, aux Gardes & Fermiers du petit scel de Montpellier, & à tous nos autres Justiciers & Officiers, ou à leurs Lieutenans: Salut. Complaints se sont à Nous grievement, nos bien amés & feaux, les Nobles, Bourgeois, Marchands & habitans de notre Dauphiné de Viennois, disant, que par plusieurs fois il est advenu & advient souventesfois en nostre dit Pays de Dauphiné, que plusieurs personnes porteurs de Lettres obligatoires, que l'on dit estre faites & scellées sous ledit petit scel de Montpellier, se sont efforcées & efforcent de jour en jour, de contraindre & executer rigoureusement par maniere de (b) Marque, plusieurs des dits complaignans, Nobles & autres, de nostre dit Pays, sous ombre & par vertu des dites Lettres obligatoires; combien que lesdits Nobles, Bourgeois, Marchands & autres habitans de notredit Pays, ou aucuns d'eux, n'aient été ou soient en aucune maniere, tenus ou obligés envers iceux porteurs de Lettres, ou ceux de qui ils ont cause; mais sont de tout ignorants de la cause ou causes pour lesquelles ils sont ainsi executés & vexés; pour quoy plusieurs des dits complaignans, tant Nobles comme autres, ont été & sont grandement dommagés & grevés, & en peril de tout ʰ desert, & mis en mendicité, contre raison, & où très grand grief, prejudice & dommage d'iceux complaignans, si comme ils dient; suppliant humblement que par Nous leur soit sur ce pourveu de gracieux & brief remede. Pour ce est-il que Nous, qui ne voulons

h ruine.

NOTES.

(a) La Copie de ces Lettres a été envoyée de Grenoble, avec cette indication:
Extrait du Registre cotté, Plures Ordinationes, Declarationes, Rescripta & Appunctuamenta. fol. 45. étant aux Archives, &c. Voy. cy-dessus, p. 58. Note (a).

(b) Marque.] Saisie. Marque vel gogiamenti marqué, dans le 3.ᵉ Vol. des Ordonn. p. 475. art. 5.

DE LA TROISIÉME RACE

voulons nos bons sujets estre par telles voyes grevés ou molestés, vous mandons, & neantmoins enjoignons étroitement, & à chacun de vous, si comme à luy appartiendra, & qui sur ce sera requis, que doresenavant vous ou aucuns de vous, ne gagés ou contraignés, ou souffrés estre gagés ou contraints [b] comme que ce soit, en corps ou en biens, par Marque ou autrement, par vertu des dites Lettres obligatoires, lesdits complaignans ou aucuns d'eux, se eux ou aucuns d'eux, ne sont à ce principalement obligés, ou [c] pleiges des sommes contenuës ès dites Lettres obligatoires, desquelles il apperroit, en mettant du tout au néant & au premier état & dû, tout ce qui seroit fait au contraire ; & aussy tout ce qui seroit pris, levé, arrêté ou empeché des biens des dits complaignans ou d'aucuns d'eux, pour & à la cause devant dite, mettés ou faites mettre ou dit cas au delivre, & les [d] restituer sans delay : Et neantmoins voulons & vous mandons comme dessus, que au cas que aucuns voudront aucune chose demander ou requerir à l'encontre des dits complaignans, ou les [e] traire hors de notredit Dauphiné, par vertu des dites obligations ou autre Mandement, ès quelles ils ne seroient tenus ou obligés, comme dit est, vous iceux complaignans & chacuns d'eux, renvoyés sans faveur ou deport aucun, pardevant le Gouverneur de notredit Dauphiné, pour en connoistre & determiner, Parties ouyes, ainsi comme raison [f] donrra. Car ainsy Nous plait-il estre fait, & l'avons octroyé & octroyons aux dits complaignans, de notre certaine science & grace especial, par ces presentes ; nonobstant quelconques Lettres, Mandement & defenses à ce contraires. *Donné à Paris, le treizieme jour d'Avril, l'an de grace mil trois cens soixante & onze, & de nostre Regne le huictieme, après Pacques. Par le Roy Dauphin.* JO. DE REMIS.

CHARLES V.
à Paris, le 13. d'Avril 1371.
[a] *saississez.*
[b] *comment.*
[c] *cautions.*

[d] *restituez.*

[e] *tirer.*

[f] *donnera.*

(a) Privileges accordez à la Ville de Salvetat, dans le Comté de Gaure.

CHARLES V.
à Paris, en Avril 1371.

SOMMAIRES.

(1. 2.) Confirmation des privileges, Coûtumes & usages des habitans de Salvetat. Les Lettres dans lesquelles ces privileges, &c. étoient contenus, & qui par leur ancienneté, étoient gâtées & se pouvoient difficilement lire, seront refaites.

(3) Il sera mis pendant 15. ans, une Imposition sur les vivres, dont le produit sera employé aux depenses communes de la Ville. (Voy. page suivante, Note *(a).*)

(4) Les habitans seront exempts pendant 10 ans, de toutes sortes d'Impôts, & des Peages, dans les Terres du Domaine du Roy.

(5) Les 30 livres données par les Comtes de Gaure, aux Consuls de cette Ville, qui se prenoient sur les droits levez sur la vente de la Chair des Moutons & des Porcs, leur seront payées sur les revenus communs de la Ville.

KAROLUS, &c. Notum facimus presentibus & futuris, Nos, ad supplicationem dilectorum nostrorum Consulum de [g] *Salvitate*, Comitatus [h] *Gaure*, Litteras carissimi Fratris nostri, Ludovici nostrum Locumtenentis in [i] *Partibus Occitanis*, Ducis Andegavensis & Turonensis ac Comitis Cenomanensis, vidisse, quarum tenor sequitur & est talis.

LUDOVICUS Regis condam Francorum Filius, Domini nostri Regis Germanus, ejusque Locumtenens in Partibus Occitanis, Dux Andegavensis ac Comes Cenomanensis. Universis presentes Litteras inspecturis : Salutem. Notum facimus nos certas Accordi sive Tractatus Litteras, habiti & passati inter carissimum Consanguineum nostrum Comitem Armaniaci, nomine dicti Domini nostri atque nostro, ex una parte ; & Petrum [k] *Reg. & Petrum de Marguerio, Consules de Salvitate, Comitatus Gaure*, ad infrascripta, prout in ipsis Litteris Tractatus continetur, speciales mandatum & potestatem, tam suis propriis quam aliorum Consulum, singularium & tocius Universitatis dicte Ville ac pertinenciarum ejusdem nominibus, habentes ex altera, sigillisque dictorum Comitis & Consulum [l] *impendentibus sigillatas*, quarum tenor de verbo ad verbum talis est.

Noverint universi presentes pariter & futuri, quod inter nos Johannem Dei gratia

[g] Salvetat. Voy. le 4.ᵉ Vol. des Ordonn. p. 38.
Note *(f)*.
[h] Gaure. Voy. cy-dessous, p. suiv. Note *(c)*.
[i] Languedoc.

[k] il y a une marque d'abbreviation sur ce mot.

[l] in pendenti. R.

NOTE.

(a) Tresor des Chartres, Registre 102. Piece 257. Voy. cy-dessus, p. 190. Note (a).

Tome V.

CHARLES V.
à Paris, en Avril 1371.
a Voy. sur ces titres le 4.e Vol. des Ordonn. p. 179. Note *(c)*.

b &.

c contra.

d tempor. retroact. R.

e Penonceaux. Voy. les Tabl. des Mat. des Vol. des Ordonn. à ce mot.

f earum.

g mot douteux. Il n'y a dans le Reg. que *obsere* ou *obstre*.

h conceſſ. R.
i fidem facient.

k ſubven. R.

l Vectigal. R.

m Chair des animaux. Voy. le Gloſſaire de du Cange, à ce mot.

Comitem ^a Armaniaci, Fezenciaci & Rutheneˌ Viceeomitemque Leomanie & Aliuvillaris, pro & nomine Domini mei, Domini Ducis Andegavenſis Germani Regis Franc. Domini mei, & ejus Locumtenentis in Lingua Occitana, ex una parte; ^b Nos Petrum Reg. & Petrum de Margueriò, Conſules de Salvitate, Comitatus Gaure, mandatum & poteſtatem ad infraſcripta habentes, tam noſtris quam aliorum Conſulum, & ſingularium ac tocius Univerſitatis dicti loci & pertinentiarum ſuarum nominibus, ex altera parte, concordatum fuit & expreſſe conventum in hunc modum.

(1) Quod nos Conſules predicti, nominibus quibus ſupra, inherti ſumus & aſſentimus, & de preſenti Nos adheremus & inheremus appellationibus factis per dictum Dominum Comitem ^c & Dominum noſtrum Ducem Acquitanie & ejus Officiarios, & appellamus de gravaminibus, extorcionibus & novitatibus indebitis, per dictum Dominum Ducem Acquitanie & ejus Officiarios, Nobis factis ^d tempore retroacto, ad Dominum noſtrum Franc. Regem & ejus Curiam Parlamenti, modis & forma quibus adheſerunt & appellaverunt hii qui fuerunt adherentes appellacionibus dicti Domini Comitis, & de novo appellamus & promittimus facere & faciemus nominibus quibus ſupra, promiſſiones, juramenta & obligationes, tales & ſimiles ſicut fecerunt alii adherentes; & ponemus ſeu poni faciemus dictum locum de Salvitate cum ſuis pertinentiis univerſis, in obedientia & ſubjectione Regis Franc. Domini noſtri antedicti, ſicut & prout Domini ſuperioris; & ponemus & poni faciemus ſuper dicto loco & ſuis pertinentiis univerſis, ^e penuncellos ad arma dicti Domini noſtri Regis, in protectionis & ſalve-gardie ſignum; & Nos Comes predictus concordamus predictis Conſulibus, nominibus quibus ſupra, quod cum ipſi habeant, ut aſſerunt, Conſuetudines ſuas ita antiquas, quod propter ^f eorum antiquitatem, & propter tineas & mures qui in ipſas in parte roderunt, ſint rupte & ^g obſcure, ſic quod commode perlegi non poſſunt, dictæ Coſtume reficientur, & eis concedentur.

(2) Item. Quod eciam omnes eorum Libertates, privilegia, uſus & Conſuetudines, eidem loco per quoſcunque Dominos ^h conceſſa, de quibus ⁱ fidem faciant, confirmabuntur eiſdem.

(3) Item. Quod pro fortificacione & aliis neceſſitatibus dicti loci, faciendis & ſupportandis, eis concedetur (a) Vedam ſive Bannum ac (b) ſuper victualibus vendendis in dicto loco, hinc ad XV. annos immediate ſequentes.

(4) Item. Quod habitatores predicti & inpoſterum habituri, per X. annos continuos à data preſentium computandos, à (c) Fogaigio, (d) Cabargio, ^k ſubventionibus, & alia exactione quacunque, in Regno Franc. indictis ſeu indicendis; nec non à ſolucione Pedagii, Leude & ^l Vectigalis locorum propriorum ſeu Domanii dicti Domini mei Franc. Regis, erunt quitti, liberi & immunes, dicto durante termino.

(5) Item. Quod cum (e) Dominus Gaure & ejus Gentes, teneantur dictis Conſulibus in XXX.^{ta} Libras (f) Guienonenſes, racione ^m Carnalagii Arietum & Porcorum,

NOTES.

(a) *Vedam.*] Je crois qu'il faut corriger *Veda*, & que ce mot eſt là pour *Veta*, qui doit ſignifier, defenſe: Car on trouve dans le Gloſſ. de du Cange, *retatum ſeu vetitum*, pour ſignifier un lieu dans lequel il n'eſt pas permis d'entrer. J'ai lû quelque part, *vetum*, ſynonyme de *Bannum*. L'on trouve auſſi dans du Cange, *vedalarii*, des gens qui gardent quelque choſe; mais l'article n'explique point en quoy conſiſtoit cette defenſe faite par rapport aux vivres. Il y a apparence que c'étoit un Impoſt mis ſur les vivres.

(b) Il y a là un mot que l'on n'a pû déchiffrer. Il y a *ſequa* avec 4. jambages. On trouve dans le Gloſſ. de du Cange, *ſequa monetæ*, qui n'eſt pas même expliqué.

(c) *Fogaigio.*] Ce mot eſt ſans doute la même choſe que *Fogagium*, ſynonyme de *Feagium* & de *Focagium*, une impoſition par Feux. Voy. le Gloſſ. de du Cange, au mot, *Focagium*.

(d) *Cabargio.*] C'eſt ſans doute la même choſe que *Cabatgium*, Capitation, Impoſition par tête. Voy. le Gloſſ. de du Cange, au mot, *Cabatgium*.

(e) *Dominus Gaure.*] Il paroît par la Piece ſuivante, p. 388. Note (f) marginale, que le Comte d'Armagnac avoit été Seigneur de Florence. Peut-être l'avoit-il été auſſi du Comté de Gaure, dont cette Ville eſt la Capitale. Car l'on trouve dans la *Deſcription Hiſt. & Géogr. de la France*, (par l'Abbé de *Longuerue*) tom. 1. p. 197. que les Comtes d'Armagnac ont poſſedé le Comté de Gaure; mais il ne dit pas dans quel temps ils en ſont devenus les Maîtres.

(f) *Guienonenſes.*] Je n'ai rien trouvé ſur cette Monnoye, dans le Gloſſ. de du Cange. Seroit-ce celle de Guienne? Car l'on trouve ibid. une Monnoye nommée, *Aquitanici*.

DE LA TROISIÉME RACE. 387

(*a*) *quos eisdem tradiderunt, dictis Consulibus solvantur super emolumentis & redditibus dicti loci & pertinentiarum suarum; facta fide de debito antedicto.*

In quorum omnium & singulorum premissorum testimonium, Nos Comes predictus sigillum nostrum; & Nos Consules predicti, sigillum Consulatus dicti loci de Salvitate, presentibus Litteris duximus apponenda; & etiam in consimilibus istarum, quarum quedam penes Nos Comitem, & alie penes Nos Consules predictos, remanserunt. Datum ᵃ Vici in Fezenciaco, ix. die Aprilis, anno Domini M.° CCC.° LXIX°. Per Dominum Comitem. SERPANT. *Duplicata.*

Quas quidem Litteras Tractatus suprascriptas, & omnia contenta in eisdem, laudantes & approbantes, tenore presentium ratifficamus, corroboramus, & de nostra certa scientia, gracia speciali & auctoritate Regia qua fungimur in hac parte, confirmamus : mandantes vobis & vestrum cuilibet, presentibus & futuris, quatenus predictos Consules, singulares & Universitatem, dictis Tractatus Litteris & omnibus contentis in eisdem, juxta formam & tenorem earumdem, uti & gaudere pacifice faciatis & permittatis absque difficultate quacumque; ᵇ *quia sic fieri volumus & jubemus : salvo in aliis jure Regio, & in omnibus quolibet alieno. Quod ut firmum & stabile perpetuo perseveret, has nostras presentes Litteras, sigilli nostri munimine fecimus roborari.* Actum & datum Tholose, ixᵃ die mensis Maii, anno Domini M.° CCC.° LXIX.°

Nos ᶜ *igitur Litteras suprascriptas omniaque in eisdem expressa, de nostris auctoritate Regia & plenitudine potestatis & speciali gracia, ratas habentes & gratas, easdem tenore presentium approbamus ac etiam confirmamus : mandantes Seneschallo nostro Tholose, omnibusque & singulis Justiciariis & Officiariis nostris, presentibus & futuris, aut eorum locatenentibus, & cuilibet eorundem, quatenus Consules supradictos, omnesque & singulos habitatores loci predicti, ac omnes quos predicta tangunt aut tangere poterunt in futurum, Litteris superius insertis atque presentibus, & omnibus in eisdem contentis, uti pacifice faciant & gaudere absque impedimento quocumque; quod si à quoquam factum vel appositum repererint, revocent & amulleut, ad statumque pristinum & debitum indilate reducant. Quod ut perpetuam habeat firmitatem, &c. Jure nostro in aliis, &c.* Actum Parisius, mense Aprilis, anno Domini M.° CCC.° LXXI.° Regni autem nostri VIII.°
Sic signata. *Per Regem ad Relacionem Consilii.* MONTAGU.
Collatio facta est.   *Visa.*

CHARLES V.
à Paris, en Avril 1371.

a Vic Fesensac, *Voy. cy-dessus*, p. 190. Note (*a*).

b q. R.

c g. R.

NOTE.

(*a*) *Quos.*] Je crois qu'il faut corriger *quas*, en le rapportant à *libras*. Ces 30. livres se prenoient apparemment sur les droits qui se levoient sur la vente des Moutons & des Porcs.

(*a*) Privileges accordez à la Ville de Fleurence.

CHARLES V.
à Paris, en Avril 1371.

SOMMAIRES.

(1. 2.) *Confirmation des privileges, Coûtumes & Usages de la Ville de Fleurence ; auxquels cette confirmation ne pourra prejudicier.*

(2) *Les habitants de cette Ville seront exemts de toutes sortes d'Impôts, pendant 10. ans; & des Péages qui se payent dans les Terres du Domaine du Roy.*

(3) *Les habitants pourront prendre pour leur usage, pendant 5. ans, du bois sec & mort, dans la Forest de Ramerio qui est près de leur Ville.*

(4) *Les habitants de cette Ville pourront acquerir pendant 5. ans, des Fiefs nobles & militaires ; pourvû qu'il n'y ait point de Justice attachée ; & à condition qu'ils ne rendront point hommage de ces Fiefs.*

(5) *Les voisins de cette Ville qui y possedent des maisons, quoiqu'ils ne les occupent point, & qui contribuënt aux dépenses communes de la Ville, seront exemts à toûjours de Péages, dans l'étenduë du Comté de Gaure.*

(6) *Les habitants de Fleurence pourront s'approprier les biens que les Rebelles auront dans cette Ville, si ceux-cy* [*ne rentrent dans*

NOTE.

(*a*) Tresor des Chartres, Registre 102. Piece 154.

Voyez cy-dessous les Lettres du mois de May 1371. dans lesquelles quelques Articles de celles-cy, sont modifiez.
Voy. cy-dessus, p. 190. Note (*a*).

Tome V.

SOMMAIRES.

leur devoir.] *avant Noël prochain.*

(7) *Les habitants de cette Ville sont confirmez dans le droit de donner leurs biens à Arriere-Fiefs, & d'en recevoir les lods & ventes, en cas de vente.*

(8) *Remission de tous les crimes & délicts, que peuvent avoir commis les habitants & les Originaires de cette Ville.*

CHARLES V.
à Paris, en Avril 1371.
a Fleurence. *Voy.* le 4.ᵉ *Vol. des Ordonn.* p. 37. Note *(b).*
b Gaure. *Voy. cy-dessus,* p. 386. Note *(e).*
c Languedoc.

KAROLUS *Dei gracia Francorum Rex. Notum facimus universis presentibus & futuris, Nos, ad supplicacionem Consulum Ville* ᵃ *Florencie, Comitatus* ᵇ *Gaure, Litteras carissimi Fratris nostri, Ludovici nostrum Locumtenentis in* ᶜ *Partibus Occitanis, Ducis Andegavensis & Turonensis Comitisque Cenomanensis, vidisse, quarum tenor sequitur in hec verba.*

LUDOVICUS, *Regis Francorum Filius, Domini nostri Regis Germanus, ejusque Locumtenens in Partibus Occitanis, Dux Andegavensis & Comes Cenomanensis. Universis presentes Litteras inspecturis : Salutem. Notum facimus per presentes, quod dilecti & fideles nostri Consules Ville Florencie, Comitatus Gaure, nuper gratis & sponte, dictum Dominum nostrum Regem Franc. in suum & tocius Ducatus Acquitanie Dominum supremum & Jus superioritatis & ultimi ressorti sibi competere, & ad eum*

d &.
e Voy. la Tabl. des Mat. du 4.ᵉ Vol. des Ordon. *au mot,*Fleurence.
f Voy. cy-dessus, p. 386. Note *(e).*

& nullum alium pertinere, recognoverunt & recognoscunt ; ᵈ *nobis humiliter supplicarunt, ut eorum consuetudines, Libertates, privilegia, usus & franchisias ipsis* ᵉ *concessas per olim bone memorie, Dominos nostros Reges Franc. & eorum Locatenentes, ac etiam per carissimum Consanguineum nostrum, Comitem Armaniaci, tempore quo erat* ᶠ *Dominus dicte Ville, & per quoscunque alios Dominos, qui retroactis temporibus fuerunt Domini Ville antedicte, de nostra benignitate confirmaremus.*

(1) *Quamobrem Nos eorum supplicacioni favorabiliter annuentes, predictas eorum Consuetudines, usus, Libertates, privilegia & franchisias, ipsis supplicantibus & eorum predecessoribus, temporibus retroactis concessas per dictos Dominos nostros Reges Franc. & eorum predecessores ac Locatenentes ipsorum, & per dictum Comitem Armaniaci, vel per quoscunque alios Dominos dicte Ville, concessas & obtentas, tenore presencium, de nostra certa scientia & gracia speciali, ac auctoritate Regia qua fungimur, concedimus & specialiter confirmamus.*

(2) Item. *Concedimus dictis Consulibus, quod ipsi & habitatores dicte Ville, hinc ad decem annos proxime venturos, sint quitii, liberi & inmunes à quibuscunque subsidio, Impo-*

g redhibentia.
h Voy. sur ces deux mots, *cy-dessus,* p. 386. Notes *(c d).*
i quacunque.

sicione, Gabella, ᵍ *redivencia,* ʰ *Cabagio, Focagio, & à* ⁱ *quocumque exaccione, dicto Domino Regi impendendis ; & à quacumque prestacione seu solucione Pedagii sive Leude, in locis propriis Domanii Regni Franc. & ejus ressorti. Nostre autem intencionis non existit, quod presens dictorum Consulum supplicacio, seu nostra super concessis Consuetudinibus, privilegiis, usibus seu Libertatibus dicte Ville, super hoc per quoscunque eorum Dominos concessis, aliquathenus valeat prejudicari in futurum, quominus dictis Consuetudinibus, privilegiis, usibus, Libertatibus & franchisiis, uti libere valeant ; presenti novaconcessione non obstante.*

(3) Item. *Concedimus quod habitatores dicte Ville, & quilibet eorumdem, possint & valeant recipere libere ligna sicca & mortua Foreste de Ramerio, prope dictam Villam,*

k ad.

pro necessitate & (a) transagio eorumdem, sine aliqua fraude, hinc ᵏ *à quinque annos.*

(4) Item. *Concedimus tenore presentium, de nostra gratia speciali & certa scientia, dictis Consulibus & habitatoribus dicte Ville, & imposterum habitaturis, quod ipsi possint & valeant acquirere hinc ad quinque annos proximos, & acquisita tenere deinceps ac perpetuo, Feuda nobilia & militaria, absque financia aliquali ; dum tamen dicta Feuda (b) nullum faciant homagium, nec ullam habeant Juridicionem.*

NOTE.

(*a*) *Transagio.*] Dans les Lettres du mois de May 1371. (Voy.) page preced. Note (*a*). Il y a, *Caufagio.* Voyez la Note sur ce mot.

(*b*) *Nullum faciant homagium.*] Il y a cy-dessus, p. 312. dans l'art. 7. des privileges de Puy-mirol, une disposition qui est sans doute semblable à celle-cy, quoique les termes soient differents. Il y est dit que les habitants non-nobles de ce lieu, pourront acquerir des Fiefs *sine homagio*. J'avois crû [Voy. la Note (*f*)] que cela signifioit, que ces habitants ne pourroient

(5) Item. *Concessimus & tenore presentium concedimus de nostra certa scientia & gracia speciali, dictis Consulibus, quod vicini dictæ Villæ habentes hospicia in dicta Villa, & pertinentiis ejusdem, deinceps & perpetuo, dum tamen sint* [a] *talliabiles in dicta Villa, sint liberi & immunes ab omni prestacione & solucione Pedagii seu Leude, in toto Comitatu Gauræ; esto quod non facerent moram sive mansionem in eadem Villa.*

(6) Item. *Concessimus & tenore presentium, de nostra certa scientia & gracia speciali, concedimus predictis Consulibus, quod si sint aliqua bona in Villa predicta seu ejus pertinentiis, aliquorum rebellium, quod ipsi infra festum* [b] *proximi Nativitatis Domini, possint facere eorum libitum de eisdem.*

(7) Item. *Concessimus, & de nostra certa scientia & gracia speciali concedimus, quod habitatores dictæ Villæ Florencie, & imposterum habitaturi, valeant perpetuo bona sua* [c] *retro-feudare, & dum bona Retro-feudata vendentur,* [d] *laudare & vendas eorundem recipere, prout hactenus usi sunt & facere consueverunt.*

(8) Item. *Concessimus, & tenore presencium, de nostra certa scientia & gratia speciali, concedimus Consulibus & habitatoribus dictæ Villæ, quod si dicti Consules aut Universitas, vel singulares habitatores vel Originarii dictæ Villæ, deliquerint in dicta Villa & ejus pertinentiis vel alibi, eisdem Consulibus, Universitati & singularibus, conjunctim & divisim, remisimus, & tenore presentium remittimus omnem penam tam criminalem quam civilem, si quam vel quas dicti Consules vel eorum aliquis, conjunctim vel divisim, incurrerint seu incurrere* [e] *poterint erga Dominum nostrum Regem, seu alios quoscunque Dominos dictæ Villæ, eosdem & quemlibet ipsorum, conjunctim vel divisim, reducimus & restituimus ad eorum Patriam, larem, bona omnia & eorum bonam famam; & omnes informaciones, inquestas & processus factos seu factas contra ipsos & quemlibet ipsorum, conjunctim vel divisim, cassamus, irritamus & annullamus; non obstante quod de predictis processu & informacione, presentes Litteræ non faciant mentionem expressam; inhibemusque Senescallo Tholose, ac aliis Officialibus & Justiciariis dicti Domini nostri Regis, ne deinceps prefatos Consules, Universitatem & alios singulares habitatores, nec alios Originarios dictæ Villæ, conjunctim, singulariter vel divisim,* [f] *citent,* [g] *vexent, capiant, arrestent, seu alio modo quocumque molestent in corporibus sive bonis; Procuratori Regis, seu aliis Procuratoribus quorumcunque Dominorum, ad quos* [h] *pertinent seu pertinebit, super hoc perpetuum silencium imponendo.*

Quocirca Senescallo Tholose, aliisque Senescallis, Justiciariis & Officiariis dicti Domini nostri Regis atque nostris, tenore presentium mandamus, districtius injungendo, quatenus omnia privilegia, Libertates, franchisias, usus & Consuetudines eisdem modo premisso concessas, & que eciam de novo concedimus & confirmamus, ac eciam omnes alios & singulos articulos superius expressatos, teneant [i] *observent juxta formam & tenorem eorundem, ac eciam ab aliis dicti Domini nostri & nostris fidelibus & subditis, teneri & observari faciant & procurent;* [k] *transgressores, si qui sint, ad hoc viis & modis de quibus sibi videbitur, viriliter* [l] *compellando. Quod ut firmum & stabile perpetuo perseveret, nostrum Litteris presentibus fecimus apponi sigillum. Datum Tholose, anno Domini millesimo trecentesimo sexagesimo nono, mense Maii.*

Quas quidem Litteras, una cum omnibus & singulis in eisdem expressis & contentis, Nos ratas habentes & gratas, [m] *esdam de nostris auctoritate Regia & plenitudine potestatis, laudamus, volumus, approbamus, de specialique gracia confirmamus: mandantes Senescallo nostro Tholose, ceterisque Justiciariis & Officiariis nostris, presentibus & futuris, vel eorum Locatenentibus, ac eorum cuilibet, ut ad eum pertinuerit, quatenus dictos*

CHARLES V.
à Paris, en Avril 1371.
a contribuables aux dépenses communes.

b proximum *ou* proxime.

c donner en Arriere-Fief.
d recevoir des lods & ventes.

e potuerint.

f citent.
g vexent.

h pertinet.

i &.

k transgressores.
l compellando.

m easdem.

NOTE.

acquerir des Fiefs, desquelles relevassent des Arriere-Fiefs, dont les proprietaires fussent tenus de leur rendre hommage. Mais ce sens ne peut convenir à notre article, dans lequel il ne s'agit point de recevoir, mais de rendre hommage. Je crois donc que le sens de ces deux Articles est, que les non-nobles qui acquerront des Fiefs, ne seront point reçus à en faire l'hommage. Car M. de Lauriere dans la Preface du 1.er Vol. des Ordonn. p. XIV. n.° 84. a remarqué, que presque partout, il n'y avoit que les Nobles qui fussent admis à l'hommage. Voy. aussi M.r de Brussel, dans l'usage des Fiefs, tom. 2. p. 894. n.° 24.

CHARLES V.
à Paris, en Avril 1371.
a prædictis Litteris...
b firmetur.
c impressione.

Consules & habitatores Villæ Florencie, a prædictæ Litteræ superius insertis atque præsentibus, omnibusque in eisdem expressis & contentis, uti & gaudere pacificè faciant & permittant, ac easdem & omnia in eisdem contenta, teneant & observent, faciantque teneri & inviolabiliter observari; Contradictores & impedientes, si qui fuerint, ad hoc viriliter compellendo, ad statumque debitum reducendo, quicquid in contrarium factum repererint seu eciam attemptatum. Quod ut perpetuı̈ roboris stabilitate b firmitur, Litteras præsentes sigilli nostri fecimus c impensione muniri : salvo in aliis jure nostro, & in omnibus alieno. Actum & datum Parisius, mense Aprilis, anno Domini M.° CCC.° septuagesimo primo ; & Regni nostri octavo.

Per Regem, ad relacionem Consilii. MONTAGU.

CHARLES V.
à Paris, en Avril 1371.

(a) Lettres confirmatives d'un Acte, par lequel les Seigneurs d'Aure [Voy. la Note (c)] & de S.t Mard, associent dans la moitié de ces Seigneuries, Thibaud V. Comte de Champagne, qui, du consentement des habitants de ces deux lieux, y établira un Majeur ; à condition qu'il ne pourra les aliéner, qu'en faveur de celuy qui possedera le Château de S.te Manehould.

KAROLUS, &c. Notum facimus universis tam præsentibus quam futuris, Nos infrascriptas vidisse Litteras, formam que sequitur, continentes.

d Comte.
e Palatin.

f revenus.

g ils, eux.
h voulrent.
i perpetuellement.

NOUS (b) Thibaud par la grace de Dieu Roy de Navarre, de Champaigne & de Brie d Cuens e Palasins : A tous ceulz qui orront & verront ces presentes Lettres. Faisons assavoir, que Mess.e Girars Dauve Chevalier, & Raoulin de Sommeure, & Waterins, ses freres, pour leur proffit, & pour mieux joïr de ce qu'il avoient & eust, & entendent à avoir en icelle devant dicte Ville (c) d'Auve, si comme il affermerent pardevant nous, nous (d) acompaignerent & acompaignent en toutes les Bourgoisies & les (e) sotiges de celle Ville, & les f yssuës des dictes choses ; lesquelles choses seront livrées par nostre main ou par la main de nostre Sergent ; & aura cilz dis Girars, la moitié des yssuës de la Justice & de la Bourgoisie, & de ce qu'il en prenoit en celle dicte chose, quand il nous y acompaigna ; & cilz dis Raoulins & Watrins, la moitié qu'il avoient en celle dicte Ville & ès appartenances, & ou terroir de celle Ville, en toutes choses, & en tous proffis de ce que il y avoient au jour qu'il nous y acompaignarent, & nous l'autre ; & de ce qui leur pourroit eschëoir en celle dicte Ville & ès appartenances, en quelque maniere que ce fust, par ce mysme acompaignement, nous devons avoir la moitié par leur octroy ; & g il, l'autre, en la maniere dessus dicte : Et h voldrent les devant diz Girars, Raulins & Watrin, que nous la moitié des devant dictes choses eussions & tenissions i permenablement, par raison de Seignorie, de proprieté & de possession, à nous & à noz hoirs ; & li devant

NOTES.

(a) Tresor des Chartres, Registre 100. Piece 887.

(b) Thibaud.] Th. R. Thibaud V. surnommé le Jeune. Voy. les preuv. de la Geneal. des Comtes de Champagne, par Pithou, p. 797. de la Coust. de Troyes, commentée par cet Auteur.

(c) D'Auve.] Ce nom est très-incertain, parce qu'il y a 4. Jambages sans point. Peut-être faut-il lire d'Aure, lieu dans la Champagne, Diocese de Châlons, Election de S.te Manehoult ! Voy. le Diction. univ. de la Fr. à ce mot. Ce qui fortifie cette conjecture, c'est que l'on trouve ibid. S.t Mard sur Aure, qui est de la même Election. Il paroit par ces Lettres, que les deux lieux qui y sont nommez, étoient voisins de S.te Manehould, & appartenoient aux mêmes Seigneurs.

(d) Acompaignerent.] Ils associerent le Comte de Champagne, dans la proprieté de leurs Terres. Ces associations se nommoient ordinairement, Pariages. Voy. les Tabl. des Mat. des Vol. des Ordonn. à ce mot.

(e) Sotiges.] Il y a grande apparence que ce mot, sur lequel je n'ai rien trouvé, est corrompu, & qu'il faut lire Hostiges, qui vient d'Hostigia. Ce sont les droits dûs aux Seigneurs, par les Hostes qui habitent sur leurs Terres. Voy. le Gloss. de du Cange, au mot, Hostigia. Voy. sur les Hostes, les Tabl. des Mat. des Vol. des Ordonn. à ce mot.

DE LA TROISIÉME RACE. 391

dis Girars, Raoulins & Waterins, l'autre moitié, à eulx & leurs hoirs, par la raison devant dicte; fors que tant que li dis Girars retient en celle dicte Ville & appendances, son *(a)* charnage & autres rentes; & cilz Raoulins & Wauterins y retiennent ᵃ autresi leur charnage, & le ᵇ sige d'une maison. En après, cil dis Girars nous acompaigna à sa Justice, à sa Bourgoisie, & aux issuës de ce qu'il a à S.ᵗ ᶜ Mard & ès appendances, en Seignorie & proprieté; & en ᵈ tenure, en la maniere dessus dicte; fors que tant que il en retient son charnage & ses autres rentes, en la maniere qu'il retient en ladicte Ville d'Auve: Et voldrent & octroïent li devant dit Mess. Girars, que en tous les drois qu'il a en la devant dicte Ville de S.ᵗ Mard, & en la devant dicte Ville d'Auve, & ès hommes des dictes Villes, que nous y ᵉ aons ᶠ l'ost & la Chevauchie, sans ᵍ partir à autruy, aux us & aux Coustumes de Saincte Manehout; & ces meismes choses vouldrent Raoulins & Gauterins, que nous cussions l'ost & la Chevauchie, quant à la partie qu'il ont en ladicte Ville d'Auve: Et se il avenoit que *(b)* Serours Raoulins & Gauterins, voussissent riens ʰ clamer ès choses dessus dictes, li dis Raoulins & Waterins les nous doivent delivrer & garentir en tous bons poins: Et quant temps & lieux sera qu'il y convenra mettre Maïeur en ces Villes devant dictes, nous le metterons par l'accord de la Communeté des Bourgois; & fut ainsi accordé en l'acompaignement des dictes Villes, que nous, les hommes des dictes Villes ne pourriens mettre hors de nostre main, se n'est en ⁱ l'ain de celluy qui tendra le Chastel de Sainte Manehout. Et pour ce que soit ferme & estable, à la requeste des devant dis Girart, Raoulin & Waterin, nous feismes seeler ces presentes Lettres de nostre Seel, qui furent faictes & données à Vitry en Partoys, le Juedy prochain après la my-Karesme, en ᵏ l'a de grace mil cc. soixante & quatre. LA NOUÉ MESTÉE. ˡ THIBAUD.

CHARLES V.
à Paris, en Avril 1371.
a aussi.
b siege, la place.
c Voy. page precedente, Note (e).
d redevance duë à un Seigneur.
e ayons.
f le droit de mener les habitans à des expéditions militaires.
g partager.
h s'opposer.

i la main.

k l'an.
l Th. R.

Et cum Littere supratranscripte, in aliqua sui parte, tam in scriptura quam in sigilli fractione, nimia vetustate existant diminute & corrupte, habitatores Villarum & locorum in dictis Litteris supratranscriptis contentorum, Nobis fecerint humiliter supplicari, quatenus, attento quod eorum predecessores & ipsi, à concessione hujusmodi Litterarum citra, de contentis in eisdem usi fuerunt pacifice & quiete, & eciam nunc utuntur, ipsas Litteras ᵐ revocari, & in novam scripturam redigi faceremus, ne futuris temporibus, propter hujusmodi vetustatem, ac sigilli fractionem & corruptionem, in premissis dispendium ⁿ substinere; Nos premissis attentis, predictas Litteras supratranscriptas renovamus, & in hanc novam scripturam redactas, valere volumus, ac ipsis fidem indubiam adhiberi in omnibus & per omnia, in judicio & extra, tanquam earum Originali suprascripto; absque eo quod Originale ipsum, de cetero inviti teneantur exhibere. Que omnia, prout superius sunt expressa, in quantum de ipsis habitatores predicti usi fuerunt & utuntur, renovamus & confirmamus tenore presentium Litterarum, auctoritate Regia ac de gratia speciali. Que ut perpetue stabilitatis robur obtineant, presentes Litteras nostri impressione sigilli fecimus communiri : nostro & alieno in omnibus jure salvo. Datum Parisius, anno Domini millesimo trecentesimo septuagesimo primo, mense Aprilis, & Regni nostri anno octavo.
Sic signate. Per Regem, ad relationem Consilii. J. DE COIFFY. Visa.

m renovari.
n sustinerent.

NOTES.
(a) *Charnage.*] Droit qui se leve sur la vente des viandes. Voy. le Gloss. de du Cange, au mot, *Carnagium*.

(b) *Serours.*] C'est sans doute la même chose que *Serourges*, Beaux-freres. Si les Beaux-freres de Raoulins & de Waterins vouloient s'opposer, &c.

(a) *Ordonnance qui renouvelle celle du 6. de Fevrier 1369. sur les Monnoyes.*

CHARLES V.
à Paris, le 1. de May 1371.

CHARLES par la grace de Dieu Roy de France. Au Seneschal de Beaucaire ou à son Lieutenant : Salut. Comme pieça Nous vous eussions envoyé nos

NOTE.
(a) L'Original de ces Lettres, est à la Bibliotheque du Roy, Liasse intitulée, *Monnoye*, n.° 47.

392　Ordonnances des Rois de France

Lettres faites fur l'Ordenance du cours de noz Monnoies, defquels la teneur s'enfuit.

CHARLES V.
à Paris, le 1. de May 1371.
a ces Lettres qui font du 6. de Février 1369. font cy-deſſus, p. 250.
b fortement.

[a] CHARLES, &c. Et vous n'aiez pas fait tenir ne garder fermement noz dites Ordenances, felon la forme deffus ditte, dont Nous & noftre pueple fommes [b] forment dommagiez, fi comme de ce fommes bien enformez; de quoi Nous defplest très forment : Nous vous mandons & commandons eftroitement, que tous ceulx que vous pourrez favoir qui ont ou auront trefpaffé noz dites Ordonnances; c'eft affavoir, Changeurs, Merciers, Efpiciers, Poiffonniers, Taverniers, Hofteliers, Marchans de blez, [c] Talemetiers, & autres de quelque meftier que il foient, vous

c Patiffiers. Voy. le 3.ᵉ Vol. des Ordonn. p. 456. & Note (b). margin.
d contrevenant.

iceulx condempnez envers Nous, felon leur qualitez & facultez, & felon ce que il auront fur ce [d] mefpris; fi & par tele maniere que touz autres y puiffent prandre bon exemple : Et avec ce, vous mandons & commandons une foiz pour toutes, que noz dites Ordenances vous faciez crier & publier par toutes les Villes fermées de voftre dite Senefchaucie de Beaucaire, & reffort d'icelle, aus lieux acouftumez;

e Nous.

en en faifant de par [e], à touz commandement, le plus eftroitement & le plus expreffement qu'il pourra eftre fait, que nos dites Ordenances de noz Monnoyes, y foient de touz tenuës, gardées & acomplies de point en point, par la maniere & foubz les poines deffus dites : Et avec ce, mettez & commettez bonnes Gardes par toutes lefdites Villes fermées de voftre Senefchaucie & reffort, qui diligemment s'en praignent garde; aus quiex faciez jurer, que fe il treuvent perfonnes quelconques, & de quelque eftat qu'il foient, qui paffent noz dites Ordennances, ou qui preignent,

f donnent.

[f] mettent, ou fe vuillent efforcier de prandre ou mettre aucunes Monnoies, tant d'Or que d'Argent, defendues en noz dites Ordenances, ycelles Monnoies il praignent comme confifquées à Nous; & tous ceux qui ce auront fait ou s'efforceront

g leur amender.

de le faire, facent [g] leur ; & vous auffi en voftre dite Senefchaucie, leur faites amender à Nous, felon la qualité & les facultez de la perfonne : Et tous Changeurs que vous trouverez qui tieignent Monnoies defenduës, tant d'Or comme d'Argent,

h coupées.

entieres qui ne foient pas [h] copées, icelles Monnoies prenez ou faites prandre comme confifquées à Nous; lefquelles Nous par ces prefentes, declarons dès maintenant pour lors, eftre confifquées à Nous : Et auffi contraigniez ou faites contraindre touz Changeurs, Merciers & Efpiciers, à coper tout le Billon d'Or ou d'Argent, qu'il achateront ou auront, par tele maniere, que jamés il ne puiffe avoir cours que pour Billon : Et auffi les contraigniez ou faites contraindre à afporter ledit Billon à noz plus prochaines Monnoyes de voftre dite Senefchaucie, dedans huit jours après ce qu'il l'auront achaté ; & leur commandez ou faites commander de par Nous, que tout ce qu'il achateront, foit Billon d'Or ou d'Argent, de demi marc & audeffus, il le mettent en efcript, fur poine de perdre ledit Billon d'Or ou d'Argent, qu'il achateront ou auront de demi marc & audeffus, comme dit eft : Et acompliffiez & enterinez de point en point, toutes nos dites Ordenances des Monnoies deffus efcriptes, par la forme & maniere que efcriptes font, fi & par tele maniere qu'il n'y ait aucun deffaut. Car fe par vous y a deffaut, foiez certains que Nous vous montrerons & ferons monftrer qu'il Nous en defplaira forment, & vous en ferons punir par noz amez & feaux les Gens tenant noftre Parlement de Paris, par tele maniere

i appar. par.

que autrefoiz vous vous garderez de y defobeir : Et avons mandé & mandons [i] que noz autres Lettres, à noz dites Gens de Parlement, que fe deffaut y a par vous, il vous en puniffent fenz nulle remiffion. *Donné à Paris, le premier jour de May, l'an de grace mil trois cens foixante & onze, & de noftre Regne le huitieme.*

Par le Roy. BLANCHET.

(a) Lettres qui permettent aux Consuls de Beziers, de bâtir des Moulins sur les fortifications de cette Ville ; à la charge d'employer aux dépenses communes de la Ville, le produit qui en proviendra.

CHARLES V.
à Paris, en May 1371.

KAROLUS, &c. Cum Regia Celsitudo subditorum suorum pacem & tranquillitatem cupiens, ut ipsi subditi, quanto plus ea se sentiunt adjutos, tanto plus erga eam se reddant proniores, se debeat reddere graciosam; ea propter, Nobis exposito pro parte dilectorum nostrorum, Consulum, habitantium & subditorum Villæ Biterrensis, quod cum eadem Villa sit magna, spaciosa & Nobilis ac bene populata, & in ea affluat cotidie Gentium extranearum multitudo copiosa, que expendunt & ᵃ consumunt Victualia Villæ predictæ; & ob ᵇ ho, hucusque in eadem Villa fuerit certus numerus molendinorum moderatus, pro ᶜ molandis granis Villæ predictæ, ad sustentationem populi ejusdem, ᵈ nuchilominus, eo quia ᵉ passerie nonnullorum dictorum molendinorum ad Gentes Ecclesiæ & alias spectantium, super ᶠ ripparium ᵍ Orbi, prope dictam Villam situatorum, sunt dirupte, dicta molendina molere cessarunt atque cessant; & ob hoc, dicti exponentes, qui sunt liberi ab omni ʰ Bannagio ad dicta molendina, & liberum habent arbitrium eundi ad quecunque molendina eis placet, certas Litteras à defuncto Marescallo Daudenehan, tunc Locumtenente nostro in ⁱ Partibus Occitanis, impetrarunt, continentes quod ipsi supplicantes, super fortalicia dictæ Villæ, possint & valeant tot molendina ad ventum, quot & quociens sibi placeret, edificare seu edificari facere, & in ipsis grana sua ʰ moliri pro suo libito voluntatis, tempore guerræ, & de his recipere utilitatem, pro convertendo in fortificationes Villæ supradictæ, & alias necessitates ejusdem: Quas quidem Litteras expost, de nostra speciali gratia dicimur confirmasse; & ob hoc, Nobis humiliter supplicarunt, cum sit utile dictæ Villæ ac habitantibus in eadem ac toti Reipublicæ, molere dicta sua grana ad dicta molendina erecta, edificata vel edificanda super muris & fortalicio ejusdem Villæ, per Nos sibi super hoc, gratiam nostram impertiri. Notum itaque facimus universis presentibus & futuris, quod Nos, premissis consideratis, bonum & utilitatem rei publicæ præferri volentes, eorumdem supplicationi favorabiliter annuentes, volumus, ac dictis exponentibus concessimus & concedimus per presentes, de gratia speciali & auctoritate nostra Regia, ut ipsi de cetero blada & alia grana sua moli facere valeant ad dicta molendina super dictum fortalicium erecta vel per ipsos edificanda, & dictam utilitatem recipere qualem poterunt, convertendo in fortificationes & alios usus Villæ predictæ supradictos : Mandantes Senescallo Carcassonnæ, ceterisque Justiciariis nostris, aut eorum Locatenentibus, modernis & futuris, & eorum cuilibet, prout ad eum pertinuerit, quatenus eosdem supplicantes, nostra presenti gratia uti & gaudere pacifice faciant & permittant, & contra tenorem ipsius, eosdem supplicantes à quoquam non permittant impediri, vel aliquid in contrarium attemptari. Quod ut firmum, &c. salvo, &c. Datum Parisius, anno Domini M.º CCC.º LXXI.º & Regni nostri octavo, mense Maii. Sic signate. Per Regem, ad relationem Consilii. R. DE BEAUFOU. Visa. Visa.

a consumunt.
b hoc.
c molendis.
d nichilominus.
e Ecluses. Voy. cy-dessus, p. 261.
f Rippar. R.
g l'Orbe, Riviere qui coule auprès de Beziers.
h Bannalité de Moulins.
i Languedoc.
h moli.

NOTE.

(a) Tresor des Chartres, Registre 100. Piece 882.

(a) Privileges accordez à la Ville de Ville-neuve, en Roüergue.

CHARLES V.
à Paris, en May 1371.

SOMMAIRES.

(1. 10. 20.) Le Roy ne renoncera point à la souveraineté & au ressort de Ville-neuve ;

& cette Ville ne sera point démembrée de la Couronne, à laquelle elle a été unie anciennement.

(2) Les habitants de cette Ville seront

NOTE.

(a) Tresor des Chartres, Registre 100. Piece 881. Voy. cy-dessus, p. 190. Note (a).

SOMMAIRES.

exempts d'Impôts, pendant dix ans.

(3) Confirmation de tous les privileges de cette Ville.

(4) On réparera tous les dommages que les habitans ont soufferts, depuis le temps où ils ont commencé à traiter avec le Roy.

(5) Ils ne payeront aucunes des dépenses, qui seront faites en conséquence de leur soumission au Roy.

(6) Remission de tous les crimes & delicts qu'ils ont pû commettre.

(7) Les Nobles habitans de cette Ville, contribuëront aux dépenses communes; & le Roy ne pourra plus leur demander des chevaux, pour le service militaire.

(8) Le Roy, le Comte d'Armagnac & son fils, deffendront les habitans, si on leur fait la guerre à cause de leur soumission au Roy; & les habitans deffendront le Comte, si on l'attaque à cette occasion.

(9) Pour réparer les Fortifications de la Ville, les habitans prendront mil francs d'or sur les revenus communs; & le Duc d'Anjou leur donnera trois cens francs.

(11) Les habitans non-nobles de cette Ville, seront exempts des droits de Francs-Fiefs.

(12) Le Senefchal & les Officiers du Roüergue, jureront d'observer les privileges de Ville-neuve, la premiere fois qu'ils viendront y tenir leurs assises.

(13. 17.) Les Consuls qui ont la connoissance & la Jurisdiction des dégats qui se font dans les vignes, bleds, &c. joüiront des Amendes prononcées pour cause de ces dégats; à l'exception du tiers, qui appartient au Prieur de Ville-neuve.

(14) Les Consuls garderont le poids, & percevront un denier pour chaque Quintal des Marchandises que l'on y pesera.

(15) Les Consuls pourront lever pendant cinq ans, quatre deniers pour livre, pour les dépenses communes de la Ville.

(16. 21) Tous les privileges, &c. cy-dessus accordez, seront confirmez sans frais par des Lettres patentes du Roy.

(18) Les Consuls de cette Ville ne pourront être appliquez à la question, quelques crimes qu'ils ayent commis.

(19) Les Consuls de cette Ville auront la Justice haute & basse, & les profits de la Justice, dans la Forest nommée, la Causse de Ville-neuve.

a Languedoc.

KAROLUS, &c. Notum facimus universis tam presentibus quam futuris, Nos infrascriptas carissimi Germani & Locumtenentis nostri in cunctis *a* Partibus Occitanis, Ducis Andegavensis & Turonie, ac Comitis Cenomanensis, vidisse Litteras, formam que sequitur, continentes.

b Voy. sur ces titres cy-dessus, p. 179. Note (c).

LUDOVICUS Regis quondam Francorum Filius, Domini nostri Regis Germanus, ejusque Locumtenens in Partibus Occitanis, Dux Andegavensis & Comes Cenomanensis. Notum facimus universis tam presentibus quam futuris, Nos quasdam Litteras sigillis carissimi Consanguinei nostri, Comitis Armaniaci, *b* Fezenciaci & Ruthene, Vicecomitis Altivillaris & Leomanie, Consulatusque (a) Ville-nove, Senescallie Ruthenensis, prout prima facie poterat apparere, sigillatas, vidisse, formam que sequitur, continentes.

c espec. R.

Sachent tuit presens & avenir, que il a esté fait & accordé entre Nous, Jehan Conte d'Armaignac, de Fezenzac & de (b) Rodès, Vicomte de Lomaigne & d'Auvillars, pour & ou nom de Monsr le Duc d'Anjou, Frere du Roy de France nostre S. & son Lieutenant en la Languedoc, d'une part; & Nous, Raymond Somade, Hugues Lion, Consuls de Ville-nove en Rouergue; Bernart Somade, Bernart Lian, Guerant Genssel, Pons Gaussel & Raouls de Somade, habitans & Corseilliers de ladite Villenueuve, aïans povoir & mandement *c* especiaulx aux choses cy-dessus escriptes; tant en noz noms, comme ès noms des autres Consuls, Université, habitans & singuliers de ladicte Ville de Villenueve & de ses appartenances, d'autre part: Que nous Consuls & Consulaz dessus dis; protestacion & retenuë faicte avant toute euvre, lesquelles voulons avoir pour repetées ès choses cy-dessoubz escriptes, & que sans prejudice, crime ou desloyauté de nous, ès noms

NOTES.

(a) *Ville-nove.*] Ville-neuve, dans le Roüergue, Diocèze de Rodez, Election de Ville-Franche. Voyez le Dictionnaire universel de la France, à ce mot.

(b) *Rodès.*] Ce n'est point la Capitale du Roüergue; mais un Comté nommé ordinairement, Razès. Voy. cy-dessus, p. 179. Note (c).

DE LA TROISIÉME RACE. 395

que dessus, & sans diminution dudit lieu, Ville & appartenances, de Ville-nueuve, ou detraction du droit de Monf. le Duc d'Acquictaine; reservé au Roy de France nostre S. & audit Duc d'Aquitaine, chascun son droit; & que des choses qui s'ensuivent, nous ne voulons retenir, demander, avoir ne joir, se ce n'est en cas de proprieté, & ª la possession de ladicte Ville de Ville-neuve & ses appartenances, seroient audit Roy de France nostre S. & à lui appartenroient par droit de confiscacion ou autrement, sans ce que ledit Duc de Guienne y eust aucun droit; par vertu d'une Requeste à nous faicte de bouche & par Lettres, de par Noble & puissant Monf. Pierre Raymont de Rabastins, Chevalier, Seigneur de Campanhac, & Seneschal de Tholose & d'Albigeois, & Commissaire en ceste partie, entre les autres choses, contenant que nous recognoissions, en tant comme il nous touche & puet touchier nostre Consulat, nostre Ville & ses appartenances ᵇ & subgets au Roy de France nostre S. comme à souvrain Seigneur, & lui obeissions en souvrainneté & ressort, & feissions obeir par noz subgets; & plusieurs autres choses contenuës en ᶜ dicte Requeste seellée du seel dudit Monf. le Seneschal; laquelle nous avons retenuë pardevers nous: Considerans que le Roy de France nostre dit Seigneur, & ses predecesseurs Roys de France, ont esté Seigneurs tant en Demaine comme en souvrainneté & ressort, de la Duchié de Guyenne, & des autres pais qui furent baillés pour la ᵈ paix au Roy d'Angleterre, & que par la teneur de ladicte ᵉ paix, & la tradition des dis Duchié & païs, la souvrainneté & le ressort d'iceulx, demouroient & furent reservez au Roy de France nostre dit Seigneur, si comme il nous appert & est apparu souffisament en plusieurs manieres; & pour ce que nous le deviens, devons, & sommes tenuz de faire, nous avons recogneu & recognoissons les dictes souvrainnetez & ressort, au Roy de France nostre dit Seigneur, & lui voulons obeïr de cy en avant, à lui & à ses Officiers & successeurs, comme à souvrain Seigneur: Et après, pour la contemplacion & honneur de Monf. le Conte dessus dit, & pour les grans griefs & oppressions & nouvelletez indeuës, que ledit Monf. le Duc de Guyenne dessus dit & ses Officiers, ont fais à nous, nostre Consulat & les autres habitans de nostre lieu & ses appartenances, induëment & contre raison, nous sommes ᶠ enhers, adheriz, adherdons & adherissons aux appellations faictes par ledit Monf. le Conte, au Roy de France nostre dit Seigneur, & à sa Court de Parlement, contre Monf. le Duc de Guyenne dessus dit & ses Officiers; & de nouvel nous appellons d'eulx & contre eulx, au Roy nostre dit Seigneur, & à sa Court de Parlement, des griefs, extorcions, exactions & nouvelletez indeuëz, qu'il ont fais à nous, nostre Consulat, & les autres habitans de nostre dicte Ville & ses appartenances; sauve à les déclarer en lieu & en temps, en la fourme & maniere que sont enhers, adheris & appellez, ceulx qui ont esté adherens aux dictes appellations, & appellants de nouvel; & ferons les promesses & seremens & obligations, telles & semblables comme ledit Monf. le Conte & ses dis adherens & depuis appellans, ont faiz: Et après, ledit Monf. le Seneschal aiant especial povoir quant à ce, nous exempta, nous, nostre dit Consulat, & autres habitans de nostre dicte Ville & ses appartenances, & tous noz & leurs biens, de tout le povoir dudit Monf. le Duc de Guyenne & ses Officiers, & nous defendi, que nous de cy en avant, nous ne leur obeïssons, ne ne souffrons obeïr en quelque cause que ce fust, jusques à tant que les dictes appellacions fussent determineez & mise à fin deuë, par sentence ou autrement; & nous comprist & mist ceulx que dessus & noz adherens, en la sauve & especial Garde du Roy de France nostre dit Seigneur; & nous conviendra que en signe d'icelle, nous meissions & feissions mettre les ᵍ Pennonceaux aux armes de France ʰ nostre dit Seigneur en nostre dicte Ville & ses appartenances, & ⁱ autres à nous adherens: Lesquelles exempcions, inhibitions, sauves gardes & mandemens, nous receusmes benignement; & lors meismes & mettons en l'obéïssance du Roy nostre dit Seigneur & ses Officiers, comme Seigneur souvrain, la Ville de Villeneuve, l'Université & appartenances d'icelles: Et nous Conte dessus, ès noms que dessus, leur avons octroyé & promis qu'il auront telles & semblables seurté de mondit Seigneur le

Tome V.   Ddd ij

CHARLES V.
à Paris, en May 1371.

a que.

b peut-être, être.

c la.

d Paix de Bretigny.
e Voy. cy-dessus, p. 325. Note (a).

f ces mots & les suivans, signifient, nous avons adheré & adherons.

g Voy. les Tabl. des Mat. des Vol. des Ordonn. à ce mot.
h & de.
i peut-être & autres lieux.

CHARLES V.
à Paris, en May 1371.
a &.

Duc, qui les leur fera avoir après du Roy nostre dit Seigneur, comme nous avons, *noz adherens & depuis appellans ont eués; & en oultre, les choses qui s'ensuivent.

(1) Premierement. Que le Roy nostre dit Seigneur ne ses successeurs, ne renonceront point à l'appel & souvrainneté dessus dis, ne ne les transporteront point en quelque autre personne que ce soit; mais demouront, si comme de tous temps ont esté, du Royaume & à la Couronne de France.

b proch. R.
c Impositions par Feux.

(2) Item. Que lesdis Consuls & habitans ne paieront des dix ans [b] prochains venans, nuls subsides, [c] Fouages, Impositions ou Gabelles, ne quelconques autres exactions, par quelconque voie que ce soit.

(3) Item. Que tous leurs privileges, Libertez, franchises, usaiges & Coustumes, escriptes & non escriptes, leur seront confermées & gardées de cy en avant, sans enfraindre.

(4) Item. Que les dommages qui leur ont esté faiz, & aux habitans dudit lieu & des appartenances, depuis le septiesme jour de Fevrier dernier passé, qu'il commencerent à traitier avec nous, l'on leur fera rendre & restituer par ceulx qui les ont fais & leur en fera l'on bon *(a)* mandement.

d ils ne.

(5) Item. Se par raison de la adherition & adherment & appellations dessus dictes, l'on leur demandoit nuls frais, coux ne despens, [d] ne ne seroient tenuz de contribuer aux despens qui s'ensuiront pour occasion d'icelle, en aucune maniere.

(6) Item. Que toutes preventions & enquestes commancées contre lesdis Consuls, & les autres habitans & singuliers de ladicte Ville & des appartenances, leur seront pardonnées, quittées & remises, & seront cassées & anullées, avecques les informations faictes contre les dessus dis & chascun d'iceulx; & ne leur pourra l'en riens demander de tout le temps passé, jusques au jour de huy.

e les habitants non-nobles.
f ne.

(7) Item. Comme le Nobles dudit lieu aient acoustumé de contribuer de tout temps, & contribuënt pour les biens taillables, avecques le commun de ladicte Ville; & aucune foiz les dis Nobles demandent que les dis [e] Communs contribuënt avec eulx, de certains *(b)* Chevaulx d'armes qui sont demandez audis Nobles; leur a esté octroyé que il [f] n'y contribuëront aux dis Chevaulx; car il ne l'ont point acoustumé le temps passé; & que à leur requeste, les dis Nobles seront quittes des dis Chevaux, en contribuant ès tailles des dis Communs, se ils pevent, sans prejudice d'autruy, que du Roy nostre S.

g promirent.
h Lettres d'obligation.

(8) Item. Que se nul homme du monde vouloit faire ou faisoit guerre contre les dessus dis, leur Ville & ses appartenances, pour cause des adhercions, adherimens & appellations dessus dictes, que le Roy nostre dit Seigneur & ses gens, leur aideront & les defenderont à leur povoir; & aussi ferons nous & Jehan nostre Filz: & semblablement ilz nous [g] promis, que se nul nous faisoit guerre pour les choses dessus dictes, il nous aideront à leur povoir; & s'en feront bonnes [h] Lettres d'une part & d'autre; euë premierement licence de mondit Seigneur le Duc.

i Barrieres.
k recevoir.

(9) Item. Pour ce que ladicte Ville & les [i] barriz d'icelle, ont besoing de reparation & fortification; pour iceulx reparer & fortifier, garder & defendre, il auront mil frans d'Or, à prandre sur les revenues & émolumens de ladicte Ville, appartenances au Roy ou dit lieu, receués & à [k] revoir; & en oultre, III.c frans, que mondit Seigneur le Duc leur fera bailler & delivrer.

l Domaine. Voy. cy-dessus, p.276. Note *(c)*.

(10) Item. Que ladicte Ville & toutes ses appartenances, demoura perpetuelment au Roy & à sa [l] Table, & ne les porra transporter en autres personnes, pour quelconques cause que ce soit.

NOTES.

(a) Mandement.] *Mand. R.* Ce mot est là sans doute la même chose qu'*amendement*, *reparation des dommages soufferts*.

(b) Chevaulx d'armes.] Ces demandes de Chevaux faites aux Nobles, ont apparemment du rapport aux *Feuda Cavalorum*, dont il est parlé cy-dessus, p. 284. On pourroit conclurre de cet article, que les possesseurs de ces sortes de Fiefs, étoient seulement obligez de fournir des Chevaux dans de certaines occasions, sans être toûjours obligez au service militaire, comme on l'avoit conjecturé dans la Note *(b)* de la page 284.

(11) *Item.* La Lettre qu'il ont du Roy noftre dit Seigneur, faifant mention, que fe aucun non-noble dudit lieu, achete aucune chofe noble, & d'aucune perfonne Noble, n'en foit tenus de païer aucune finance, leur fera confermée & ª permife de point en point, fanz enfraindre.

(12) *Item.* Que les Senefchals, Juges, & autres Officiers qui de cy en avant feront mis & inftituez en la Senefchaucie de Roüergue, quant ils viendront premierement tenir en ladicte Ville leur Affife, jureront tenir & garder leurs privileges, Libertez, franchifes, ufages & Couftumes, fanz enfraindre.

(13) ᵇ *Item.* Comme il aient la congnoiffance des (a) Dex & Bans; c'eft affavoir, de ceulx qui font dommage ès vignes, blez, vergiers, terres, prez; & les émolumens & Amendes qui en ᶜ yfteront, foient du Roy & de fon (b) Parreux, leur a efté octroyé qu'ilz feront leurs, fe elles ne montent en valeur oultre la fomme de dix livres, pour la partie du Roy; & fe elles valent plus, fi auront-il dix livres, chafcun an.

(14) *Item.* Que les dis Confuls auront un ᵈ pois en leur Ville, qui fera leur, pour le tems avenir; où l'on pefera toutes les chofes qui ont efté acouftumé à pefer en ladicte Ville; & que pour chafcun ᵉ Quintal qui fera pefé audit pois, il auront un dennier de la Monnoye courant.

(15) *Item.* Pour les ᶠ neceffaires du Confulat de ladicte Ville & de fes appartenances, a efté octroïé aus dis Confuls, qu'il porront impofer Impofitions en ladicte Ville, de IIII. deniers pour livre; laquelle dure jufques à cinq ans prochain venans, ou moins, fi comme les diz Confulz ordeneront.

(16) *Item.* Que les graces, conceffions, octrois, confirmacions, remiffions, & autres chofes defquelles il vouldront avoir Lettres de mondit Seigneur le Duc ou du Roy noftre S. les dictes Lettres leur feront feellées franchement & quittement, fans ce que l'on leur en puiffe riens demander.

Lefquelles chofes deffus dictes, & chafcune d'icelles, nous Comte deffus dit, tendrons & ferons tenir & confermer par Monf. le Duc d'Anjou, & après par le Roy de France noftre S. Et nous Confuls & Confeillers de Ville-neuve deffus dis, & ès noms que deffus, les avons promis de faire & faire faire à acomplir de point en point, & par la foy de noz corps. Et à plus grant fermeté des chofes deffus dictes, nous Conte deffus dit, avons noftre propre feel; & nous Confuls & Confeillers deffus dis, & ès noms que deffus, avons le feel du Confulat de ladicte Ville de Villeneuve, miz & appofé à ces prefentes, & autres femblables à ᵍ ceftes; defquelles les unes font ʰ demourées pardevers nous Conte; & les autres pardevers nous Confulz & Confeillers deffus dis. *Donné en la Cité de Rodès, le premier jour de Mars, l'an de grace mil CCC. LXVIII.*

Nos igitur, clementiam Domini mei Regis & noftram, cujus gremium minime claudimus poftulanti, exhibere volentes in hac parte, Confulum & habitatorum atque Univerfitatis & fingularium dictæ Villæ Ville-novæ in Ruthenefio, cum prompte mentis ⁱ alaritate, fupplicatione nobis porrecta, eofdem Confules atque Univerfitatem & habitatores & fingulares ejufdem, tanquam recurrentes per viam appellationis & recurfus, & aliter, juftis & legitimis caufis ad Dominum meum Regem, atque nos, ab oppreffionibus & gravaminibus multiplicibus & indebitis, eifdem, tam Univerfitati quam fingularibus dicti loci,

CHARLES V.
à Paris, en May 1371.
a *punise.* R.

b *Voy.* p. fuiv. art. 17.

c *fortiront, previendront.*

d *poids.*

e *Quintal, Poids de cent livres. Voy. le Diction. du Commerce de Savary, à ce mot.*
f *neceffitez.*

g *elles.*
h *demour.* R.

Suite des Lettres du Duc d'Anjou.

i *alacritate.*

NOTES.

(a) *Dex.*] Ce mot eft expliqué par le fuivant. Plus bas p. fuiv. dans l'art. 17. ce mot eft traduit en Latin par *Deci. Deci* dans le Gloff. de du Cange, fignifie, *Limites.* L'on trouve dans Borel, *Dex, Borne* ou *Butte.* Ces fignifications ne s'éloignent point du fens que *Dex* a dans cet article; le droit de *Ban* étant toûjours borné à un certain territoire.

(b) *Parreux.*] Je crois que ce mot, fur lequel je n'ai rien trouvé, fignifie la même chofe que *Pariage.* Car page fuivante, dans l'article 17. il eft dit, que le Prieur de Ville-neuve avoit la 3.ᵉ partie de ces Amendes. Il y a apparence, qu'il avoit cédé au Roy par un *Pariage,* une partie de ces Amendes qui lui appartenoit. Voy. les *Tabl. des Mat. des Vol. des Ordonn.* au mot, *Pariage.*

CHARLES V.
à Paris, en May 1371.

impensis per carissimum Consanguineum Principem Galarum, Ducem Acquitanie, & illatis, ut presertur; pro quibus, à posse & potestate atque regimine, cognitioneque & totali superioritate ipsius Principis Galarum Ducisque Guyennie, exempti penitus existunt; & ad obedientiam Domini mei Regis merito deveni, ad ipsius Domini mei Regis & nostre protectionis clipeum, suscepimus & suscipimus per presentes; ipsisque, & Universitati & singularibus dicti loci, presentibus & futuris, predicta privilegia superius declarata & expressata seu descripta, ac omnia alia quecunque, Libertatesque, statuta, usus & Consuetudines ipsius Ville seu Universitatis, antiquitus per Dominos Francorum Reges, qui pro tempore fuerunt, vel alios quoscunque, tam per Litteras quam aliter, & quibus ipsa Universitas utitur & usa est ac uti consuevit ab antiquo; nec non & predictas Litteras, & omnia & singula in eisdem contenta, prout superius sunt descripta, ad

a Rat. & grat. R.

imperpetuum aut ad tempus, ^a *rata & grata habentes, eas & ea approbamus, laudamus, & tenore presentium, de nostra certa scientia, auctoritate Regia qua fungimur in hac parte & gratia speciali, confirmamus: volentes ipsam Universitatem & singulares ejusdem, eisdem privilegiis, Libertatibus, statutis, usibus & Consuetudinibus uti, sicut prius, pacifice & gaudere, & omnia & singula modo & forma quibus sunt superius descripta, ad tempus & imperpetuum teneri, adimpleri & inviolabiliter observari, juxta*

b tpm. R.   ^b *temporum qualitates.*

c Voy. cy-devant l'art. 13.
d propter.
e vineas.
f il paroît qu'il manque là quelques mots.

(17) *Et* ^c *insuper predictam gratiam superius insertam, & per dictum Consanguineum nostrum eisdem factam, continentem, quod cum Consules ipsius Ville,* ^d *cognitionem Decorum & Bannorum illorum qui terras,* ^e *vineas, prata, ortos & blada dampnificant,* ^f *inferunt in eisdem, eisdem, prout superius est descriptum, dati fuerunt redditus predictorum, usque ad summam decem librarum Turonensium; residuo seu resta, sique foret, dicto Domino nostro remanente; ampliando predictis Consulibus, singularibus & habitatoribus, modernis & futuris, omnes & quoscunque redditus & proventus dictorum Decorum & Bannorum, qualemcunque summam ascendant, dedimus & concessimus, atque damus & concedimus per presentes; dempta tamen tercia parte, que est* ^g *Prioris*

g Voy. p. preced. Note (b).

ipsius loci, ac eciam reservata.

(18) *Item. Pariter eisdem Consulibus, modernis & futuris, concessimus & concedimus, gratia, scientia & auctoritate quibus supra, pro quibuscunque factis criminibus seu delictis, & qualitercunque nuncupentur, & quocunque modo ea commiserint, à modo imperpetuum, torqueri seu questionari minime valeant sive possint.*

(19) *Preterea, eisdem Consulibus concedimus per presentes, altam atque bassam Jurisdictionem in Nemore vocato,* la Causse de Ville-neuve, *galice; una cum Juribus, proventibus & emolumentis inde provenientibus; ipsamque Juridicionem ex nunc imperpetuum, per dictos Consules, modernos & futuros, tenendam, regendam ac eciam exercendam.*

(20) *Et insuper ad instantem & humilem supplicationem & requestam dictorum fidelium Consulum, habitatorumque dicti loci, promisimus atque promittimus auctoritate Regia predicta, & prout in dictis Litteris preinsertis fit mentio, quod dictus locus, &*

h ejusdem.

ejus jura atque membra ac pertinentie ^h *ejusq. de Mensa seu Patrimonio proprio Domini mei Regis & ejus successorum Francorum Regum, nullathenus quacunque ratione sive causa discedent nec demembrabuntur, nec in aliquas alias personas transferentur vel transportabuntur; sed pocius, tamquam veri & legitimi filii, in posse seu potestate Corone Francie, perpetuo remanebunt; & dictus locus ejusque jura atque membra & alie pertinentie ejusdem, in dicta Mensa & Patrimonio proprio ipsius Domini mei Regis & ejus successorum Francorum Regum, per imperpetuum remanebunt.*

(21) *Mandantes Senescallo Regio Ruthenensi, ceterisque Justiciariis Regiis, & eorum cuilibet, aut Locatenentibus eorumdem, ut ad eum pertinuerit, quatenus predictos Consules, modernos & futuros, Universitatemque, singulares & habitatores ipsius loci, predictis nostris graciis, ac omnibus & singulis in eisdem contentis, & quolibet eorumdem, uti & gaudere pacifice & quiete faciant & permittant, nil in contrarium attemptando aut attemptari faciendo seu permittendo. Predicta autem omnia & singula, sicut superius sunt descripta & eciam expressata, laudari, approbari & confirmari facere promittimus per Dominum meum Regem, cum Litteris suis patentibus, ejusque sigillis sigillatis*

DE LA TROISIÉME RACE.

seu sigillandis, in majorem omnium & singulorum premissorum roboris firmitatem. Quod ut firmum & stabile perpetuo perseveret, has nostras presentes Litteras, sigilli nostri impressione fecimus roborari : jure Regio in aliis & alieno in omnibus semper salvo. Actum & datum Tholose, anno Domini M. CCC.º sexagesimo nono, mense Aprilis.

CHARLES V.
à Paris, en May 1371.

Nos autem pacta, conventiones, promissiones, obligaciones, dona, & quecunque alia de quibus in Litteris dilectorum & fidelium nostrorum, Comitis Armaniaci, & Consulum Ville-nove, ac singularum personarum predictarum ac superius scriptarum, sit & habetur mentio specialis; nec non donationes & ª confirmationis previlegiorum, ac concessiones aliarum rerum inde sequtas & factas per carissimum Germanum & Locumtenentem nostrum in Partibus Occitanis, Ducem Andegavensem & Turonensem, ac Comitem Cenomanensem, ut apparet per suas Litteras superius insertas, omniaque & singula, tam in dictis dictorum Comitis, Consulum & singularum personarum Litteris, quam aliis dicti Germani & Locumtenentis nostri, inde secutis, contenta, rata habentes & grata, ᵇ *eis & ea volumus, laudamus, approbamus, ratifficamus, & de speciali gratia auctoritateque nostra Regia, tenore presentium confirmamus: Mandantes Senescallo Regio Ruthenensi, ceterisque Justiciariis & Officiariis Regiis, & eorum cuilibet, ut ad eum pertinuerit, aut eorum Locatenentibus, presentibus & futuris, quatenus predictos Consules, modernos & futuros, Universitatemque, singulares & habitatores ipsius loci Ville-nove predictos, dicti Germani nostri Litteris supra scriptis, & omnibus & singulis in* ᶜ *eidem contentis, ac nostre presentis gratie & confirmationis, uti & gaudere pacifice faciant & permittant, juxta prescriptarum & nostrarum presentium Litterarum series & tenores, nil in contrarium attemptando aut attemptari faciendo seu eciam permittendo; sed si quid in contrarium factum vel attemptatum fuerit, ad statum pristinum & debitum celeriter reducant, & reduci cum effectu faciant. Quod ut firmum, &c. salvo, &c.* Datum Parisius, anno Domini M. CCC.º septuagesimo primo; Regni vero nostri octavo, mense Maii. Sic signate.   Visa.

Suite des Lettres de Charles V.

ª confirmationes.

ᵇ eas.

ᶜ eisdem.

Per Regem, ad relationem Consilii. J. GREELLE.
Collatio facta est cum Litteris Originalibus hic per me insertis. J. GREELLE.

(a) Lettres qui augmentent les Privileges accordez à la Ville de Fleurence, par les articles 2. 3. & 4. des Lettres du mois d'Avril 1371.

CHARLES V.
au Bois de Vincennes, en May 1371.

KAROLUS, *&c. Notum facimus universis tam presentibus quam futuris, quod cum carissimus Germanus noster, Ludovicus Dux Andegavensis & Locumtenens noster in* ᵈ *Partibus Occitanis, dilectis & fidelibus nostris Consulibus Ville nostre Florencie, Comitatus Gaure, Ducatus Acquitanie, suas concesserit Litteras in filis cericis & cera viridi sigillatas, que tales sunt.*

ᵈ Languedoc.

(b) LUDOVICUS *Regis Francorum Filius, Domini nostri Regis Germanus, ejusque Locumtenens in Partibus Occitanis, Dux Andegavensis, &c. sub data anni Domini millesimi CCC. LXIX. mense Maii; & inter cetera, quasdam clausulas quarum tenores tales sunt, continentes.*

(c) Item. *Concedimus dictis Consulibus, quod habitatores dicte Ville, hinc ad decem annos proxime venturos, sint quitti, liberi & immunes à quibuscunque solucione & prestacione Pedagii seu Leude, in locis propriis Domanii Regni Francie, & ejus ressorti.*

NOTES.

(a) Tresor des Chartres, Registre 102. Piece 262.

(b). Ludovicus.] Ces Lettres qui sont imprimées cy-dessus, p. 388. ne sont qu'indiquées dans ce Registre.

(c) Item.] Ces trois articles qui sont les 2. 3. & 4.ᵉ des Lettres du mois d'Avril 1371. n'y sont cependant pas entierement conformes; & c'est ce qui a déterminé à les faire réimprimer icy.

CHARLES V.
au Bois de Vincennes, en May 1371.

Item. *Concedimus tenore presencium, de nostra gracia speciali & certa sciencia, dictis Consulibus & habitatoribus dicte Ville, & imposterum habitaturis, quod ipsi possint & valeant acquirere hinc ad quinque annos proximos, & acquisita tenere deinceps ac perpetuo, Feoda nobilia & militaria, absque financia aliquali.*

Item. *Concedimus quod habitatores dicte Ville & quilibet eorundem, possit & valeat recipere libere ligna sicca & mortua, à Foresta nostra de Ramerio, prope dictam Villam, pro necessitate & (a) Caufagio eorumdem, sine aliquali fraude, hinc ad quinque annos.*

a habuerint. — *Fueritque Nobis per eosdem Consules humiliter supplicatum, ut cum ipsi* a *habuerint quam plurima subire onera, & imposterum eciam opportebit subire pro fortificacione dicte Ville; fuerinque occasione guerrarum in Partibus illis vigencium, quam plurimum dampnificati & gravati, velimus eumdem tempus in supradictis clausulis contentum, de nostra gracia prorogare. Nos premissis attentis, & attendentes fideles qui in servicio fidelitatis longueve sunt comprobati, merito retribucionis obsequio fore dignos, tempus decennii*

b solvende. *Pedagii seu Leude non* b *solvende, in prima clausula suprascripta contentum, usque ad quinquennium post eumdem tempus Decennii, & tempus Quinquennii sequentium clausularum, acquisitionis Feodorum nobilium, & receptionis lignorum siccorum & mortuorum à dicta nostra Foresta, in eisdem clausulis suprascriptis contentum & expressum, usque ad triennium post tempus Quinquennii antedictum, de nostris certa sciencia & speciali gratia & plenitudine Regie potestatis, prorogavimus & tenore presencium prorogamus; & eciam concessimus & concedimus dictis Consulibus, singularibus & Universitati dicte Ville Florencie, dictam nostram prorogacionem immunitatum antedictarum, per presentes: Mandantes Senescallo nostro Tholose, ceterisque Justiciariis & Officiariis nostris, presentibus & futuris, vel eorum Locatenentibus, & eorum cuilibet, prout ad cum pertinuerit, quatenus dictos Consules & habitatores dicte Ville, & eorum quemlibet, qui nunc sunt & dicto tempore erunt, hiis nostris presentibus, cum omnibus & singulis in eisdem contentis & expressis, dicta nostra durante prorogacione, uti & gaudere pacifice & quiete faciant & permittant; ac has presentes, & omnia & singula in eisdem contenta, teneant & observent, tenerique faciant & inviolabiliter observari; contradictores & impedientes, si qui fuerint, ad hoc viriliter compellendo; ad statumque debitum reducendo, quicquid in contrarium factum repererint vel etiam atttemptatum. Quod ut perpetui roboris stabilitate firmetur, Litteras presentes sigilli nostri fecimus impressione muniri: salvo, &c. Actum & datum apud Nemus Vincennarum, anno Domini M.º CCC.º LXXI.º & Regni nostri VIII.º mense Maii.*

Sic signata. *Per Regem, in suis Requestis.* P. DE VERGNY. L. DE FAYA.

Collatio facta est de articulis superius insertis cum Originalibus Litteris mencionem facientibus de eisdem, per me. P. DE VERGNY.   *Visa.*

NOTE.

(a) *Caufagium.*] Dans les Lettres du mois d'Avril 1371. Il y a *Transfagio.*] Voy. page 388. Note (a).] Je ne sçai si *transfagium* peut être synonyme de *Caufagium*, qui signifie le *droit de Chauffage.* Voy. le Glossaire de du Cange, au mot *Caufagium.*

CHARLES V.
au Château de Vincennes, en May 1371.

(a) Lettres de Sauvegarde Royale pour l'Abbaye de S.te Marie du Vœu, dite la Valasse.

*K*AROLUS, *&c. Notum facimus universis tam presentibus quam futuris, quod Nos, more Progenitorum nostrorum, affectantes Religiosas personas Regni nostri, in tranquillitate & pace pro viribus conservare, ut eo Domino libentius* c *valeant famulari, quo per protectionem Regiam, ab invasionibus, oppressionibus, violenciis & inquietationibus noverint se defensas, ad supplicationem Religiosorum virorum, Abbatis &*

c *valeant.*

NOTE.

(a) Tresor des Chartres, Registre 100. Piece 883.

Conventus

Conventus Monasterii (a) *Beate Marie de Voto, alias* Valasce, *fundati in Dominio nostro, in Ducatu Normannie, Ordinis Cisterciensis, Rothomagensis Diocesis, eosdem Abbatem & Conventum ac Monasterium, una cum omnibus membris, Ecclesiis, Capellis, Domibus, Grangiis, maneriis, personis, familiaribus, hominibus, bonis, rebus & possessionibus ac pertinenciis universis ad ipsos Religiosos & Monasterium predictum spectantibus, tam in capite quam in membris, ubique in Regno nostro consistentibus, in nostra & successorum nostrorum Regum Francie, Regia protectione & Gardia speciali, ex certa scientia suscipimus per presentes: mandantes nichilominus* [a] *Caleti, Rothomagensi &* [b] *Medante Baillivis,* [c] *ipsorumque Bailliviarum Vicecomitibus, Castrorum eciam & Fortaliciorum Capitaneis & Custodibus, ceterisque Justiciariis & Officiariis nostris,* [d] *mordernis, & qui pro tempore fuerint, ac eorum cuilibet, ut ad eum pertinuerit, quatenus ipsos Abbatem & Conventum, Monachos ac Confratres, & familiares & homines ipsorum, sub speciali Gardia, manu & protectione nostris hujusmodi, in suis ac dicti Monasterii, cum eorum pertinenciis universis, justis possessionibus,* [e] *franchiis, Libertatibus, immunitatibus, usibus, juribus & saisinis quibuscunque, in quibus ipsos esse eorumque predecessores fuisse ab antiquo noverint, manuteneant & conservent; & eos ac homines eorum, ab omnibus injuriis, violenciis, oppressionibus, invasionibus, molestiis, inquietacionibus, vi armorum & potencia Laicorum quibuscunque, tueantur & deffendant; nec permittant ipsis Religiosis & Monasterio, in personis, familia, hominibus seu bonis aut rebus suis quibuscunque, aliquas fieri vel inferri injurias aut indebitas novitates; factas vel illatas, si quas invenerint, ad statum pristinum & debitum summarie & de plano reducant aut reduci faciant; & Nobis aut successoribus nostris, ac Parti, pro fraccione Gardie nostre, si contigerit, emendam condignam prestari faciant indilate; dictam Gardiam nostram in Assisis suis, & aliis locis publicis quibus expedierit, publicari & notificari solenniter facientes; & inhibentes eciam seu inhiberi facientes ex parte Regia, omnibus hiis de quibus debite fuerint requisiti, sub omni pena quam erga Nos incurrere possent, ne in dictorum Abbatis & Conventus ac Monasterii personas, familiares, homines aut bona ipsorum quecunque, ullatenus forefacere presumant; nec non res & bona eorumdem, de quibus debatum oriri de novo contigerit, ad nostram, & successorum nostrorum, tanquam superiorem manum, ponant; & de rebus contenciosis hujusmodi, recredenciam per dictam manum faciant, ubi & prout fuerit facienda; omniaque alia & singula faciant & facere valeant, que ad specialis Gardiatoris officium noscuntur legitime pertinere. In casu autem imminentis periculi,* [f] *Pennoncellos nostros Regios, super domibus, grangiis, hereditatibus & bonis eorumdem, apponi facientes; & premissis & singulorum quolibet, diligencius ac facilius exequendis, unum vel plures de nostris aut successorum nostrorum servientibus ydoneis, predictis Religiosis, suis sumptibus, si & quociens per eos vel ex parte eorum, requisiti super hoc fuerint, deputent; qui tamen servientes, de hiis que cause cognicionem exigunt, se nullatenus intromittant. Quod ut firmum, &c. salvo, &c.* Datum in Castro nostro Vincennarum, mense Maii, anno Domini M. CCC°. LXXI. Regni vero nostri VIII.°

Per Regem. T. HOCIE. *Visa.*

CHARLES V. au Château de Vincennes, en May 1371.

a Caux.
b Mante.
c ipsarum.
d modernis.

e franchisis.

f Voy. les Tabl. des Mat. des Vol. des Ordonn. au mot, Pennonceaux.

NOTE.

(a) *Beate Marie de Voto.*] S.te Marie du Vœu, dite la Valasse, Ordre de Citeaux, Diocèse de Roüen, près de l'Illebonne. Voy. Gall. Christ. p.e Edit. tom. 4. p. 885. col. 2.e Voy. sur cette Abbaye, la *Neustria pia*, p. 848.

(a) Diminution de Feux pour Maironnes.

KAROLUS, &c. *Notum facimus, &c. quod cum ex parte, &c. Cumque facta ex hoc quadam informatione virtute quarundam Litterarum nostrarum,*

CHARLES V. à Paris, en May 1371.

NOTE.

(a) Tresor des Chartres, Registre 102. Piece 269. Voy. cy-dessus, page 30. Note (a).

CHARLES V.
à Paris, en May 1371.
a Termenois. *Voy. le 4.ᵉ Vol. des Ordonn.* p. 624. Note (gg).
b Languedoc.

in loco de (a) *Mayrenis*, *Senescallie Carcassone*, & *Vicarie* ᵃ *Terminesii*, super vero numero Foccorum modernorum in dicto loco de *Mayrenis*, nunc existencium, per dilectum nostrum, *Aymonem de Nyvre*, servientem nostrum armorum, ac Commissarium auctoritate dictarum Litterarum nostrarum, per carissimum Germanum nostrum, *Ludovicum Ducem Andegavensem*, locum nostrum tenentem in ᵇ *Partibus Occitanis*, in hac parte deputatum; vocato & presente in omnibus Procuratore nostro Generali, &c.

Repertum fuerit, quod in dicto loco de Mayrenis, sunt de presenti & reperiuntur XVIII. Focci, secundum traditam instruccionem super hoc prelibatam. Nos vero, &c.

Quod ut firmum & stabile permaneat in futurum, presentibus Litteris nostrum fecimus apponi sigillum. Salvo in aliis jure nostro, & in omnibus quolibet alieno. Actum Parisius, mense Maii, anno Domini M.° CCC.° LXXI.° & Regni nostri octavo.

Sic signata. *Per Consilium existens in Camera Compotorum.* Dᴺ. Regis.

NOTE.

(*a*) *Mayrenis.*] Le R. P. D. Vaissette, Benedictin, m'a appris que ce lieu se nomme presentement, *Maironnes*, Diocèse de Narbonne. C'est apparemment le même lieu qui dans le *Dict. univ. de la Fr.* est nommé, *Mayroimes*, Diocèse de Narbonne.

CHARLES V.
à Paris, le 6. de Juin 1371.

(*a*) *Mandement qui porte qu'il sera fait un nouvel essay des dernieres Especes envoyées par le Maître de la Monnoye de Tournay, aux Generaux-Maîtres des Monnoyes.*

c *Voy. les Tabl. des Vol. des Ordonn. au mot, Monnoyes.*
d *comme étant conforme à la Loy fixée.*
e *Certificat.*
f *qui doivent être de même avis.*
g *si.*
h *besoin est.*

CHARLES par la grace de Dieu Roy de France. A noz amez & feaulx Gens de noz Comptes à Paris : Salut & dilection. Henry Karlier & Colart Davesnes, tenans le Compte de nostre Monnoye d'Argent de Tournay, ou nom & pour Paul de Serbinde, Maître particulier d'Or & d'Argent d'icelle Monnoye, Nous ont fait exposer en complaignant, que comme les dits exposans eussent n'aguerés envoyé aux Generaulx Maistres de noz Monnoyes à Paris, une ᶜ Boeste d'Argent, en laquelle avoit VIII. C. XI. Deniers de Blancs; néantmoins iceulx Generaulx Maistres de noz Monnoyes, ont renduë icelle Boeste (b) hors de remede, trois quarts de grains; combien qu'elle eust esté renduë par les Gardes de la Monnoye dudit lieu de Tournay, comme ᵈ droicte, si comme il appert par leur ᵉ papier; & aussy que l'essay d'icelle Boeste, ne soit rapporté par le General Essaieur & Contressaieur ᶠ d'accord, laquelle chose est ou grant grief, prejudice & dommage des dits complaignants, se par Nous ne leur est sur ce pourveu de gracieux & especial remede, si comme ilz dient. Pour ce est-il, que Nous vous mandons que ᵍ se, appellez les dits Generaulx Maistres de noz Monnoyes, il vous appert estre ainsi, vous faictes reprendre ladite Boeste seconde & tierce fois, se ʰ mestier & les dits complaignans le requierent; & d'icelle faire l'essay par telle maniere que la verité soit plus à plein congnuë de ceste chose, & qu'il n'en convengne plus retourner à Nous : Car ainsi le voulons estre fait; & l'avons octroyé & octroyons aus dits complaignants, de nostre grace especial ; nonobstant que par les dits Generaulx Maistres de noz Monnoyes, ait esté dit que l'essay de ladite Boeste rapporté par nostre General Essaieur, est hors de remede, & quelzconques Ordonnances à ce contraires. Donné en nostre Hostel lez-Sainct-Pol à Paris, le VI.ᵉ jour de Juing, l'an de grace mil trois cens soixante & unze, & de nostre Regne le huitiesme. Ainsi signé. *Par le Roy, en ses Requestes.* J. DE REMIS.

NOTES.

(*a*) Registre *D.* de la Cour des Monnoyes de Paris, *fol.* 7 vingt 12. v.°
Avant ces Lettres, il y a :
Le XIX.ᵉ jour de Juing, mil trois cens LXX. [corr. 1371.] fut apporté ung Mandement seellé du Seel du Roy nostre Sire, dont la teneur s'ensuit.

Mandement du Roy, par vertu duquel l'en reprist une Boeste d'Argent de la Monnoye de Tournay.

(*b*) *Hors de remede.*] C'est-à-dire, que l'on jugea qu'il s'en falloit trois grains, que ces Pieces n'eussent esté fabriquées à la Loy qui avoit été fixée. *Voyez cy-dessus*, p. 235. & Note (*b*).

Et eſtoit eſcript au dos des dites Lettres, ce qui s'enſuit.

Le Jeudi XIX.*ᵉ jour de Juing, trois cens ſoixante & unze, preſens en la Chambre, Monſ. de Beauvais, Maiſtre Oudart, G. de Hametel, & moy Jehan d'Achies, & les Maiſtres des Monnoyes, fut dit, que l'en face reſfaire* * *l'eſſay autrefois, bien & convenablement, par gens qui ſe y congnoiſſent.* JOHANNES.

* l'eſſai qui avoit déja été fait.

(a) Lettres qui renouvellent l'article premier de l'Ordonnance du 5. de Décembre 1363. pour la ſuppreſſion des nouveaux Peages établis; nonobſtant les Lettres impetrées au contraire; & qui reglent les procedures qui doivent être faites à ce ſujet.

CHARLES V.
à Paris, le 17. de Juin 1371.

A TOUS ceulx qui ces Lettres verront. Hugues (b) Ambuot, Garde de la Prevoté de Paris: Salut. Sçavoir faiſons que nous l'an de grace M. CCC. LXXI. le Samedi XXI. jour de Juing, veiſnes unes Lettres ſeellées en ſimple queuë, du Grand ſeel du Roy noſtre Sire, contenant ceſte forme.

a Ce commencement juſques aux Lettres du Roy, n'eſt pas dans le Regiſtre du Chaſtelet.

(c) CHARLES, &c.
..... Monſtereul en ᵇ Faut d'Yone. Et pour ce que les Originaulx de ces preſentes Lettres, ne ᶜ povoient par avanture eſtre montrées, exhibées ou preſentées par un chacun des ᵈ Merchant ou Voituriers menant Marchandiſes & Vivres & autres choſes par les reſtroit & paſſages de noſtre Royaume, pour les ᵉ empaſchemens des chemins ou des voyes, Nous voulons & mandons, que pleine foy ſoit adjoutée aux *Vidimus* ou tranſcript d'icelles, ſeellé ou ſeellées du ſeel de noſtre Chaſtelet de Paris, tout ainſi come à l'Original d'icelles. Donné à Paris, le XVII. jour de Juing, l'an de grace M. CCC. LXXI. & de noſtre Regne le VIII.ᵉ

b Foul d'Yonne. R. C. Montereau-Faut-Yonne.
c pourroient. R. C.
d Marchans. R. C.
e empeſchemens. R. C.

ᶠ Ainſi ſignées autrefoiz. Ainſi ſignées de la datte du quatrieme jour de Decembre, l'an ſoixante & ſept. Par le Roy. TOURNEUR. & ſeellée; & de votre commandement, joint avecques la clauſe, que le *Vidimus* vaille original. ᵍ *Multipliées.* DONHEN.

f Ce qui ſuit, n'eſt que dans le Regiſtre du Chaſtelet.
g Multipl. R.

Et eſtoit eſcript au dos. *Publiées en Jugement ou Chaſtellet de Paris, le lundy vingtieme jour de Juing, l'an mil trois cens ſoixante & treize.*

Collation faicte par moy, le mercredy vintſeptieme jour de Juillet, l'an mil trois cens ſoixante & treize.

Le mardi vingt-ſeptiéme jour de Juing, l'an mil trois cens ſeptante-quatre, furent apportées en Jugement, unes Lettres pareilles des Lettres deſſus tranſcriptes, excepté quant à la date; leſquelles étoient données à Paris, le vingtiéme jour de Juing, l'an de grace mil trois cens ſoixante & quatorze, & de notre Regne l'onzième. Signées en la marge. Par le Conſeil étant à Paris. J. DOUHEN. *Renouvellée. Leſquelles furent publiées en jugement, à la requeſte de Maiſtre Jehan Bouthery, ſoy diſant Procureur du Roy ſur le fait de la Marchandiſe des poiſſons de Mer; & en fu faicte collation aux Lettres deſſus tranſcriptes, par la main de la Court.*

NOTES.

(a) La Copie de ces Lettres a été envoyée de Montpellier, avec cette indication:
Seneſchauſſée de Niſme en general, Liaſſe 18. des actes ramaſſés, Arm. A. N.° 6. fol. 6.
Ces Lettres ſont auſſi au Livre Rouge-Vieil du Châtelet de Paris, fol.° 58. v.°.

(b) *Ambuot.*] Il faut corriger, *Aubriot*, qui en 1371. étoit Prevoſt de Paris, Voy. la Liſte des Prevoſts de Paris, qui eſt à la fin de l'hiſt. des Connétables, &c. par *Godefroy*, p. 12.

(c) *Charles, &c.*] Ces Lettres ſont cy-deſſus, p. 89. où elles finiſſent à ces mots: *Monſtereul en Foule-d'Yonne.*

Tome V.

CHARLES V.
à Paris, le 20. de Juin 1371.

(a) Lettres qui portent que dans la suite on levera des droits sur le sel qui passera sur la Riviere d'Isere, dans le Dauphiné.

NICOLAS de Fonteney Escuyer, Conseiller General du Roy nostre Sire, sur le fait des Aydes ordonnées pour la guerre, Visiteur & Reformateur par tout le Royaume, ez parties de la Languedoyl sur ledit fait; & Bernard de Montlehery, Tresorier du Dauphiné de Viennois, Commissaires en cette Partie du Roy notre dit Seigneur. A notre amé Pierre de Sainct Mers, Chatelain de la (b) Roche de Cleis : Salut. Les Lettres du Roy nostre Sire, avons receuës, contenant la forme qui s'ensuit.

CHARLES par la grace de Dieu Roy de France, à nos Amez & Feaux Conseillers, Jacques de Vienne, Chevalier, Gouverneur ^a dou Dauphiné de Viennois; Nicolas de Fonteney, General sur le fait des Aydes de nos guerres, & Bernard de Montlehery, Tresorier dudit Dauphiné : Salut. Comme Nous soyons soustitamment informé, que l'Aide qui court sur le sel pour Nous, ez Dioceses de Lyon, Mâcon & Chalon, Nous est de moult petit pourfit, pour ce que les habitans des dits Dioceses, vont frauduleusement & contre raison, achater du sel en (c) l'Empire, auquel ils ^b marchissent si prez, qu'il n'a que la Riviere de la Sone ou ^c dou Rone entredeux; ou quel Empire, ils ont trop meilleur marché de sel, que ez dites Dioceses; pour ce que du sel que l'on amene ez dites Dioceses, par ladite Riviere du Rosne, l'on paye plusieurs charges & redevances, que l'on ne paye mie de celuy qui est mené oudit Empire : Car pour ^d eschiver lesdites charges de ladite Riviere du Rosne, ils amenent le sel ou dit Empire, dez Avignon, par ^e là. terre par le Dauphiné, jusques à la Riviere d'Isere, & ^e l'a leur convient passer ladite Riviere, laquelle ils passent sans nous payer aucune charge dudit sel; & ladite Riviere passée, ils mainent iceluy sel en la Comté de Savoye, en la Comté de Bourgogne & ailleurs, hors de nostre dit Royaume; ez quiez pays de Savoye, Bourgogne, & d'ailleurs hors de notre dit Royaume, les dits habitans des dites Dioceses, vont acheter ^f recclement ledit sel; & d'iceluy sel usent sans Nous en payer aucun droit; & par ce l'on vend moult ^g po de sel en notre Grenier de notre Ville de Lyon, & est en avanture que l'on n'y en vende & descende encore moins doresenavant, & que la Marchandise dudit sel, ^h ne voit de tous poins au neant en ladite Ville, qui ⁱ souloit estre une des plus grands Marchandises de ladite Ville, & dont icelle Ville estoit plus ^k soutenuë; ^l qui est ou grant grief, prejudice & dommage de Nous & de nostre peuple, & pourroit encore plus estre, se par Nous n'y estoit brevement pourveu de remede convenable. Pourquoy Nous, qui ne voulons souffrir telles fraudes & malices estre ^m faits ou prejudice de Nous & de notre peuple; mais & voulons obvier & pourvoir de remede de tout notre pouvoir, vous mandons & commandons, & à chacun de vous, & se ⁿ mestier est, commectons que vous vous transportés oudis Dauphiné, & mettés & établissés charges, telles comme bon

Marginal notes: a du. — b confluent. — c du. — d éviter. — e là. — f furtivement. — g peu. — h n'aille. — i avoit accoustumé. — k enrichie. — l ce. — m faites. — n besoin

NOTES.

(a) La Copie de ces Lettres a été envoyée de Grenoble, avec cette indication :
Extrait à son Original, étant en parchemin aux Archives de la Chambre des Comptes de Dauphiné, dans la caisse du Dauphiné; ensuite des ordres, &c. Voy. cy-dessus, p. 58. Note (a).

(b) *Roche de Cleis.*] Je n'ai rien trouvé sur ce lieu; si ce n'est que dans le Graisivaudan, qui, du costé du Septentrion, confine à la Savoye, & où coule l'Isere, il y a un lieu nommé Claix. Cette situation s'accorde fort bien avec ce qui est ordonné dans ces Lettres. Voy. la Notice des lieux du Dauphiné, laquelle est à la teste de l'histoire de Mr de Valbonnais, p. VII. col. 2.

(c) *Empire.*] Il paroit par la suite de ces Lettres, qu'il faut entendre icy par ce mot, les Comtez de Savoye & de Bourgogne.

vous semblera, sur le sel qui passera par ladite Riviere d'Isere, & par autres Rivieres, passages & détroits, tant par eau comme par terre, étant oudit Dauphiné, & ailleurs en notre dit Royaume, où y vous plaira & bon vous semblera, & sur icelles Rivieres, passages & detroits, mettés Gardes & Commis, ᵃ & quels ne souffrent passer aucun sel par lesdites Rivieres, passages & detroits, sans Nous payer telles charges pour iceluy sel, comme vous ordonnerez ; & sur telles peines comme bon vous semblera : ausquiez Gardes & Commis, vous taxerez ᵇ ses gages, comme bon vous semblera ; & dudit Office en quoy vous les mettrés, & aussi des gages que vous leur taxerés, à cause dudit Office, leur baillés vos Lettres, lesquelles Nous confirmerons toutes fois que requis en serons. De ce faire, vous donnons pouvoir, & à chacun de vous : Mandons & commandons à tous nos Justiciers, Officiers & sujets, que à vous, & à chacun de vous ᶜ par soy, en ce faisant, ᵈ obeissant & entendant diligemment, & vous baillent conseil, confort & aide, se metier en avés, & par vous ou l'un de vous, en sont requis. Donné à Paris, le vingtiéme jour de Juin, l'an de grace mil trois cens soixante & onze, & de notre Regne le huitiéme. Par le Roy. BAIGNEUX.

CHARLES V.
à Paris, le 20. de Juin 1371.
a *lesquels.*

b *tels.*

c *en particulier.*
d *obeissent & entendent.*

Par vertu desquelles, & pour icelles accomplir, nous avons fait assembler le Conseil dudit Seigneur à Grenoble, avec plusieurs Clers de la Chambre des Comptes, Chevaliers, Ecuyers, bourgeois & autres dudit Dauphiné ; par l'avis desquiex, nous avons ordonné, que de tout le sel qui doresenavant passera par la Riviere d'Isere, deʑ la Ville de Grenoble jusques au Rosne, sera pris & levé, au (a) poids par où il passera, deux Florins pour ᵉ sommée de Valence ; & ainsi semblablement, sera pris & levé deux Florins pour sommée du sel qui passera à navire, par la Riviere du Rosne au ᶠ contremont deʑ-là où ladite Riviere d'Isere ᵍ se fiert oudit Rosne ; outre & pardessus ce que Monsieur d'Anjou y prend à (b) Chateaubourc ; excepté toutes voyes du sel que l'on menera par ledit Rosne, ou Grenier à sel de Lyon, duquel ne sera aucune chose pris ou levé, ʰ à cause desdits deux Florins pour sommée ; mais ⁱ cil qui meneront ledit sel, bailleront caution à celui qui gardera ladite Riviere du Rosne, de mener ledit sel oudit Grenier, dedans certain temps ; & la Garde de ladite Riviere du Rosne, leur baillera Lettres adressans au Grenetier du Grenier à sel de Lyon, faisant mention de la quantité du sel qu'ils auront passé pour y mener, & du jour dedans lequel ils y devront descendre ; & ᵏ par raportant souffisante rescription dudit Grenetier, faisant mention de la quantité du sel qu'ils auront descendu oudit Grenier, & du jour qu'il aura été descendu, ladite Garde leur rendra ladite caution casse & nulle ; & outre, avons advisé que quatre chevaux, jumens, mules ou mulets, porteront ladite sommée de Valence ; & ainsi six anes porteront icelle sommée ; une charrete à trois chevaux menera trois sommées ; une à deux chevaux, deux sommées & demye ; & une à un cheval, une sommée & demye ; & pour ce, sera pris & levé doresenavant, au proffit de notredit Seigneur, pour chacun cheval, jument, mule ou mulet, qui passera par ladite Riviere d'Isere, demy Florin, au port par où il passera ladite Riviere ; & pour une asne, quatre gros de Florin, à compter douze gros pour un Florin ; & pour une charrete à trois chevaux, six Florins ; pour une à deux chevaux, cinq Florins ; & pour une à un cheval, trois Florins ; & bailleront les Gardes desdits ports, ˡ Bullete autrement dite Police, à ceux qui auront passé ledit sel, faisant mention de la quantité des chevaux, jumens, mules, mulets, asnes & charretes qu'ils auront passé, & de la quantité de sel qui porteront ou ᵐ mesront, du jour qu'ils les auront passé ; laquelle Bullete ou Police ne sera de valeur, ne n'aura cours que jusques huit jours après la date d'icelle ; & ou cas qui passera aucunes bestes ou charretes, dont les Gardes des dits ports fassent doute qu'elles portent ou menent plus que dessus n'est devisé ou declarié, icelles Gardes prendront le serment des ⁿ conduits d'icelles

e *charge de chevaux.*
f *en remontant.*
g *se decharge dans le Rhosne.*

h *pour cause.*
i *ceux.*

k *en.*

l *Certificat.*

m *meneront.*

n *conducteurs.*

NOTES.

(a) *Poids.*] Ce mot me paroît corrompu ; peut-être, faut-il corriger *pas*, pour *passage*?

(b) *Chateau-bourc.*] C'est apparemment Chasteau-bourg dans le bas Languedoc, Diocese de Viviers. *Voy. le Diction. univ. de la Fr.* à ce mot.

CHARLES V.
à Paris, le 20. de Juin 1371.

a payer l'Amende.
b taxer.

bestes & charretes; & de tout ce qu'ils jureront que lesdites bestes & charretes porteront & meneront plus que dessus n'est devisé ou declaré, les dits Gardes se payeront dudit surplus, audit prix de deux Florins pour sommée; & se aucuns sont trouvés menans ou conduisans sel qu'ils eussent passé par ladite Riviere, sans payer ledit acquit, en enfraignant ladite Ordonnance, ledit sel, bestes & Charroy, seront pris comme acquis & consisqués au Roy notre dit Seigneur; & les conduiseurs desdites bestes & charroy, seront tenus de *a* l'amender; & pour *b* tauxer ladite Amande, & repondre au Procureur dudit Seigneur sur ce, seront icelles personnes adjournées par lesdites Gardes, pardevant le Gouverneur dudit Dauphiné; ou nous Bernard dessus dit, à certain jour & competant; & tous ceux qui trouveront tel sel & le raporteront auxdites Gardes, ils auront le tiers dudit sel, bestes & charroy. Pourquoy nous confians de votre sens, loyauté & bonne diligence, vous avons ordonné & commis, ordonnons & commettons par ces presentes, Garde des ports de la Roche de Cleys & de (*a*) Consolains; & vous mandons, commandons & expressement enjoignons, que sur quan que vous vous pouves mesaire envers le Roy notre dit Seigneur, que pour chacun cheval, jument, mule & mulet, chargé de sel, qui dorésnavant passeront par lesdits ports, vous preniés, leviés & recevies incontinent qu'il passera ledit port, demi Florin, pour & au profi.t de notre dit Seigneur; de chacun asne chargé de sel, quatre Gros de Florins; d'une charrete à trois chevaux chargée de sel, six Florins; d'une charrete à deux chevaux, cinq Florins; & d'une à un cheval, trois Florins; & à ceux qui passeront ledit sel, baillés Bullete ou Police, par la maniere dessus dite; & se vous trouvés aucun qui ayent passé sel par ledit port, ou par autres étans sur ladite Riviere, sans payer ledit acquit, si prenés ledit sel, ensemble les bestes & charretes qu'ils auront passé, comme acquis & consisqués au Roy notre dit Seigneur; & si adjournés les personnes qui les conduirent, pardevant ledit Monsieur le Gouverneur, ou nous Tresorier dessus dit, par la forme & maniere que dessus est dit & divisé: & au surplus, faites le contenu de notre dite Ordonnance, si & par telle maniere que vous n'en soyez repris de negligence. Et afin que vous puissiez plus diligemment vaquer oudit fait, vous avons ordonné & tauxé, ordennons & tauxons, par ces memes presentes, cinquante Francs d'Or, de gages *c* pour an, tant comme y plaira à notre dit Seigneur. De ce faire, vous donnons pouvoir, mandons & commandons à tous les sujets du Roy notre Sire, & dudit Dauphiné, prions & requerons tous autres, que à vous obeissent en ce faisant, & entendent diligemment, & vous pretent conseil, confort & aide, se metier en avés, & de par nous en sont requis. Donné à *d* Romans, sous nos sceaux, le quatrieme jour du mois de Septembre, l'an de grace mil trois cens soixante & onze. J. BELLI.

c par.

d Voy. le 3.e Vol. des Ordonn. p. 270. Note (*c*).

NOTE.

(*a*) Consolains.] L'on trouve dans la Notice citée cy-dessus, p. 404. Note (*b*). Consolens dans la Comté de Valence.

CHARLES V.
à Paris, en Juin 1371. & en Fevrier 1369.

(*a*) Lettres qui portent que ce qui est dû au Roy, par les habitants de la Cité & du Bourg de Rhodez, sera employé aux dépenses communes de ces deux endroits.

*K*AROLUS, &c. Notum facimus, &c. Nos quasdam Litteras, dilectis & fidelibus nostris Consulibus, Burgensibus & habitatoribus Civitatis & Burgi Ruthenensis,

e vidisse. concessas, *e* formam que sequitur, continentes.

*K*AROLUS Dei gracia Francorum Rex. Crescit Regii Culminis celsitudo, gloriamque meretur pariter & honorem, dum obsequia à suis fidelibus eidem impensa recolendo, eorum justa desideria favore prosequitur speciali; presertim in hiis que conveniunt

NOTE.

(*a*) Tresor des Chartres, Registre 102. Piece 359. Voy. cy-dessus, page 190. Note (*a*).

DE LA TROISIÈME RACE. 407

Regie Celsitudini, eorumque peticiones equitati & racioni consonas exaudire, & illos privilegiis, favoribus & graciis ampliare. Sane ad nostri memoriam reducentes laudabilia & grata servicia, que dilecti & fideles nostri Consules, Burgenses & habitatores Civitatis & Burgi Ruthenensis, qui propter devocionem & dilectionem quam semper erga nos & predecessores nostros Reges & Coronam Francie, ferventer habuerunt & habent, ad simplicem requestam & mandatum dilecti & fidelis Consanguinei nostri Comitis Armaniaci, fuerunt de primis qui Edvardo Primogenito Eduardi Anglie, & eorum confederatis & complicibus & aliis adversariis nostris obedienciam denegarunt, & nos tanquam veri & fideles, & in perfecta voluntate persistentes, in suum naturalem & superiorem Dominum recognoscendo, in nostra obediencia se libere reddiderunt. Notum igitur facimus universis presentibus & futuris, quod nos, hiis & aliis racionabilibus causis nos ad hoc moventibus, ipsorum Consulum, Burgensium & habitatorum requeste pro parte ipsorum nobis exhibite, favore benivolo annuentes, eisdem omnibus & singulis, ex plenitudine potestatis Regie, certa sciencia & gracia speciali, concessimus & concedimus per presentes, quod si alique financie vel ᵃ *Emende per ipsos Consules, Burgenses & habitatores, aut ipsorum aliquem, debeamur vel deberi reperiantur Thesaurarie nostre Regie Senescallie Ruthenensis, aliqua occasione sive causa, à tempore preterito usque ad diem qua se nostre obediencie submiserunt, illud totum quicquid & qualecunque sit, & à quocunque debeatur, ad quamcunque eciam summam ascendat, eisdem Consulibus concedimus & donamus; nonobstante quod summa debitorum presentibus minime exprimatur, per eos aut eorum* ᵇ *deputatum vel deputandos, levandum & exigendum ad opus & utilitatem Ville & Civitatis predicte; quodque debitis sic solutis & levatis, debitores ab ipsis debitis, & eorum heredes & ab ipsis causam habentes, volumus quictos & immunes erga nos & successores nostros Reges Francie, perpetuo remanere: Dantes tenore presencium in mandatis Senescallo & Thesaurario* ᶜ *Ruthenensibus, ceterisque Justiciariis nostris, presentibus & futuris, & eorum cuilibet, ac Locatenentibus eorumdem, quatenus dictos Consules, Burgenses & habitatores, presentes & posteros, hujusmodi nostris gracia, donacione & remissione uti & gaudere faciant & permittant; ipsos aut eorum aliquem nullatenus molestando nec molestari faciendo: Quia sic fieri volumus & eisdem concessimus consideracione premissorum; non obstantibus aliis donis & graciis per nos vel Predecessores nostros eisdem factis, & quod hujusmodi dona vel gracie non sint presentibus expressata; aliisque Ordinacionibus & Mandatis in contrarium editis quibuscunque. Quod ut firmum & stabile, &c. salvo in aliis, &c. Datum Parisius, anno Domini millesimo CCC.° LX.° nono; Regni vero nostri sexto, mense Februarii.*

Cum igitur predicte nostre Littere Consules & habitatores Civitatis Ruthenensis comprehendant, & in ipsarum impetracione, dicti Consules, Universitas & habitatores (a) Burgi, solum de ipsis supplicare intendebant; cum à Consulibus & habitatoribus dicte Civitatis, ipsi & eorum Universitas & Consulatus, omnino sint differentes & diversi, dicteque nostre Littere solum faciunt mentionem de financiis vel Emendis per ipsos Consules & habitatores Burgi, Thesaurarie nostre debitis, prefati Consules & habitatores Nobis supplicavnt, quatenus dictam nostram gratiam & Litteras ampliando, ipsas ad quascunque financias vel Emendas dicte Thesaurarie & Nobis per dictos supplicantes debitas, extendere dignaremur. Nos vero dictorum Supplicancium fidelitatis constanciam, quam erga Nos habuerunt & habent incessanter; nec non causas alias in dictis Litteris nostris lacius contentas considerantes, sue peticioni devote Nobis facte graciose favemus, ac ipsis Universitati, Consulibus & habitatoribus singulis dictam nostram gratiam ampliando, concedimus per presentes, quatenus, si alique financie vel Emende per ipsos Universitatem, Consules & habitatores singulos, dicte nostre Thesaurarie seu Nobis, occasione seu causa quibuscunque, à tempore preterito usque ad diem qua in nostram obedienciam venerunt, debeantur, dictas financias vel Emendas, ad quamcunque summam ascendant & possint ascendere, dictis Universitati, Consulibus & habitatoribus concedimus & donamus de nostris auctoritate

CHARLES V.
à Paris, en Juin 1371. & en Fevrier 1369.

a Emende.

b deputandum.

c Ruthen. R.

NOTE.

(a) *Burgi.*] Rhodez est divisé en Cité & en Bourg. L'Evêque est Seigneur de la Cité, & le Bourg est au Roy, comme Comte de Rhodez. Voy. le *Diction. univ. de la Fr.* au mot, *Rhodez.*

CHARLES V.
à Paris, en Juin 1371. & en Fevrier 1369.

a & *b* Ruthen. *R.*

Regia *gracia speciali per presentes, in clausuram & fortificationem & alias necessitates dicti Burgi, & non alibi convertendas. Volentes insuper quod, si per dictum Receptorem aut alios Officiarios nostros, à die predicta qua nostre se submiserunt obedientie, levatum aliquid inde fuerit vel exactum, id totum usque ad summam mille librarum, predictis Universitati & Consulibus restituatur & reddatur, in usus predictos convertendum. Quapropter Senescallo & Thesaurario Ruthenensibus, ceterisque Justiciariis & Officiariis Regni nostri, presentibus & futuris, prout ad ipsos & eorum quemlibet pertinuerit, damus tenore presentium in mandatis, quatenus prefatos Consules, Universitatem & habitatores Burgi Ruthenensis predictos, nostra presenti gracia, donacione & remissione uti & gaudere perpetuo faciant & permittant pacifice & quiete, ipsos aut eorum aliquem, in contrarium non turbantes aut turbari seu molestari permittentes à quoquam: Quoniam sic fieri volumus; & dictis supplicantibus concessimus consideracione premissorum; non obstantibus aliis donis seu graciis ad hoc contrariis quibuscumque. Quod ut firmum & stabile perpetuo perseveret, sigillum nostrum hiis presentibus duximus apponendum: salvo in aliis jure nostro, & in omnibus quolibet alieno. Datum Parisius, mense Junii, anno Domini M.° CCC.° septuagesimo primo; Regni vero nostri octavo.*
Per Regem. T. HOCIE.

CHARLES V.
à Paris, en Juin 1371. & le 20. de Fevrier 1369.

(*a*) Lettres qui portent que pendant 15. ans, les habitans de Rhodez seront exempts des droits de Francs-Fiefs, pour les biens nobles relevants du Roy, qu'ils acquereront hors du Comté de Roüergue, & des Terres appartenantes au Comte d'Armagnac; & que pendant le même espace de temps, ils ne payeront aucuns droits pour les effets à eux appartenants, qu'ils seront passer par les Seneschaussées de Beaucaire, &c.

*K*AROLUS, *&c. Notum facimus, &c. Nos quasdam nostras Litteras vidisse, formam que sequitur, continentes.*

c Languedoc.
d vidisse.

*K*AROLUS *Dei gracia Francorum Rex. Universis presentes Litteras inspecturis: Salutem. Notum facimus nos Litteras carissimi Germani & Locumtenentis nostri in Partibus Occitanis, Ducis Andegavensis & Comitis Cenomanensis, suo sigillo secreto sigillatas,* ᵈ *, formam que sequitur, continentes.*

e fort. servitorum.

*L*UDOVICUS *Regis quondam Francorum Filius, Domini nostri Regis Germanus, ejusque Locumtenens in Partibus Occitanis, Dux Andegavensis & Comes Cenomanensis. Universis presentes Litteras inspecturis: Salutem. Cum uniuscujusque Principis intersit, subditorum suorum ac fidelium* ᵉ *serviciorum humiles supplicaciones Requestasque supplices ac racioni consonas, favorabiliter exaudire.*

(*1*) *Notum facimus quod nos, attentis bonis, laudabilibus & fidelibus serviciis, quibus Consules Civitatis & Burgi Ruthenensis, apud nos multipliciter commendantur; attentis eciam sincera & cordiali dilectione, quas erga dictum Dominum nostrum & nos, diucius habuerunt & gesserunt, quasque per ipsos futuris temporibus, per amplius gerere & habere speramus, suis peticionibus benigniter inclinati, eisdem concessimus & concedimus per presentes, nomine Consulatus & Universitatis dicte Civitatis & Burgi, ac de gracia speciali, certa sciencia & auctoritate Regia qua fungimur in hac parte; videlicet, licenciam & auctoritatem specialem acquirendi per inmobiles à Nobilibus quibuscumque, & acquisita retinendi quecunque Feoda, Census & redditus nobilia & nobiles, sub Feodo vel Retro-Feodo Regio, extra Comitatum Ruthenensem & terram Comitis Armaniaci, sine quacunque financia seu solucione dicto Domino meo Regi seu nobis propter hoc facienda,*

NOTE.

(*a*) Tresor des Chartres, Registre 102. Piece 360. *Voy. cy-dessus*, p. 190. Note (*a*)
usque

DE LA TROISIÉME RACE.

usque ad decem annos proximo futuros continuos & completos, & non ultra.

(2) Item. *Quod dicti Consules, habitatores & singulares dictorum Civitatis & Burgi, & quilibet ipsorum, possit & valeat, quascunque res, mercaturas aut alia bona quocunque nomine* ª *nuncupantur, sive sint propria, aut alia quocunque titulo justo ipsas acquisiverint, portare seu portari, vehi aut duci facere per Senescallias Bellicadri, Carcassone, Tholose, Albigesii, Ruthene &* ᵇ *Caturcensem, & per* ᶜ *quemlibet ipsarum, & per quecunque loca ipsarum Senescalliarum; ipsasque mercaturas aut alias res seu bona, reducere seu repassari facere, & ad locum suum reaportare libere & impugne, absque eo quod hinc ad decem annos proximos & continuos sequentes, ipsi ad quascunque imposiciones, redibencias, Leudas, Peagia, Barragia, aut alia quecunque debita subsidia, in dictis locis, Senescalliis seu Villis dictarum Senescalliarum, per quas eundo vel redeundo transiverint, indicta vel indicenda* ᵈ *exsolvenda teneantur; nec per quoscunque dictorum Barragiorum, Peagiorum, Imposicionum, Leudarum & redibenciarum seu subsidiorum Levatores, Collectores seu Gubernatores, dictis decem annis durantibus, compelli possent; quorum* ᵉ *viginti annorum dilacione sopita, ipsos & eorum quemlibet ad statum pristinum in quo nunc sunt, reverti volumus & reduci, ac presentes Litteras nullius valoris existere decernimus.*

Quocirca mandamus Senescallo & Thesaurario, ᶠ *Procuratori Regio Senescallie Ruthenensis, ceterisque Senescallis Bellicadri, Carcassone, Tholose, Albigesii & Caturci; necnon universis & singulis predictarum Senescalliarum Justiciariis, Officiariis, Imposicionariis, Leudatariis, Gabellarum, redibenciarum, Barragiorum & aliorum quorumcunque subsidiorum Levatoribus, Collectoribus & Gubernatoribus, vel eorum Locatenentibus, quatenus prenominatos Consules Universitatis & singulorum, dictis durantibus dilacionibus, supradictis nostris gracia & concessione uti pacifice faciant & gaudere; Ordinacionibus Regiis ad hoc contrariis non obstantibus quibuscunque. In cujus rei testimonium, sigillum nostrum secretum in absencia magni, presentibus fecimus apponi. Datum Tholose, die vicesima septima Marcii, anno Domini* M.° CCC. LX. octavo.

Quas quidem Litteras suprascriptas, ratas habentes & gratas, eas & omnia in eis contenta, laudamus, approbamus, ratifficamus, ac ex nostra certa sciencia auctoritateque Regia & gracia speciali, confirmamus per presentes: Mandantes Senescallo Ruthenensi, Thesaurario ac Procuratori Regiis dicte Senescallie, ceterisque Justiciariis & Officiariis, presentibus & futuris, aut eorum Locatenentibus, & cuilibet eorundem, prout ad ipsum pertinuerit, quatenus predictos Consules Universitatis & singulorum, dictis dilacionibus durantibus, nostris presentibus gracia & confirmacione uti & gaudere faciant & permittant absque impedimento quocunque; Ordinacionibus, defensionibus seu mandatis aut Litteris subrepticiis ad hoc contrariis, non obstantibus quibuscunque. In cujus rei testimonium, nostrum presentibus Litteris fecimus apponi sigillum. Datum Parisius, xx. die Februarii, anno Domini M.° CCC.° LXIX.° Regni nostri sexto.

Cum igitur dilecti & fideles nostri Universitatis Consules, & singulares persone Burgi Ruthenensis predicti, Nobis supplicaverunt quatenus, attentis premissis, dictum tempus Decennii in predictis Litteris comprehensum, usque ad viginti annos vellemus prorogare; & propter hoc, Universitas, Consules & habitatores predicti, qui ex Dono Regio, duo mille quingenta libras, per nostras alias Litteras, super ᵍ *Commune Pacis* ʰ *Ruthenensis, & super Thesauraria nostra Ruthenensi, pro fortificacionibus dicti Burgi fiendis, habere debent & percipere, dictis duobus mille quingentis libris renunciarunt & renunciant expresse per presentes; Nos, attentis & consideratis in predicti Fratris nostri & nostris Litteris contentis, predictas nostras Litteras ex uberiori nostra gracia* ⁱ *confirmatas, si sit opus; Universitati, Consulibus, habitatoribus, nec non & singulis personis quibuscunque Burgi Ruthenensis predicti, dictas nostras Litteras & gratiam amphando, tempus decennii predicti, usque ad quindecim annos continuos prorogamus de nostra certa sciencia & gratia speciali per presentes; dictos quindecim annos à die prima Decennii predicti computandos: volentes quod singulares persone & habitatores dicti*

Tome V.   Fff

CHARLES V.
à Paris, en Juin 1371. & le 20. de Février 1369.
ª nuncupentur.
ᵇ Caturcen. R.
ᶜ quamlibet.

ᵈ exsolvend. R.

ᵉ je crois qu'il faut corriger, Decem.

ᶠ &

Suite des premieres Lettres de Charles V.

Suite des secondes Lettres de Charles V.

ᵍ Voy. cy-dessus, p. 340. Note (a).
ʰ Ruthen. R.

ⁱ confirmat. R. confirmamus.

CHARLES V.
à Paris, en Juin 1371. & le 20. de Février 1369.
a Voy. les Tabl. des Mat. des Vol. des Ordonn. au mot, Pariage.

Burgi, emptores & acquisitores dictorum Feudorum, Censuum & reddituum nobilium, eciam si in ª Pariagia consistent; extra tamen Comitatum Ruthenensem & ejus ressortum, ac terram Comitis Armaniaci, ut dictum est, possint perpetuo acquisitiones predictas tenere & possidere, ac quitti perpetuo remanere pacifice & quiete, sive hoc quod Nobis aut nostris successoribus, financias quascunque & sub quocunque valore existant, solvere propter hoc teneantur; Quas quidem financias propter hoc debitas & que deberi possent, & sub valore quocunque, Universitati, Consulibus, habitatoribus & singulis personis predictis concessimus, remisimus & quittavimus, concedimusque, remittimus & quittamus per presentes; mediante renunciatione duorum millium quingentarum Librarum predictarum; quodque si aliqua fuerint ab inde per nostros Officiarios recepta, quod id totum dictis emptoribus restituatur ad plenum. Quapropter Senescallo, Thesaurario ac Procuratori nostris Ruthenensibus, ceterisque Senescallis Bellicadri, Carcassone & Tholose, Albigesii & Caturcensi; nec non quibuscumque Commissariis super dictis Financiis exigendis deputatis & deputandis, ac omnibus aliis Justiciariis & Officiariis Regni nostri, presentibus & futuris, prout ad ipsos & quemlibet ipsorum pertinuerit, damus tenore presentium in mandatis, quatenus Universitatem, Consules, habitatores & singulares personas dicti Burgi predictos, & ipsorum quemlibet, nostra presenti gratia uti & gaudere faciant & permittant pacifice & quiete, juxta presencium Litterarum nostrarum seriem & tenorem; ipsos vel ipsorum alterum, in contrarium non turbantes aut turbari sive molestari permittentes quoquomodo; & si que in contrarium facta sunt, ea ad statum pristinum & debitum reducant aut reduci faciant indilate; quoniam sic fieri volumus; & Universitati, Consulibus, habitatoribus & singularibus personis dicti Burgi, concessimus & concedimus per presentes; non obstantibus donis & graciis per Nos aut predecessores nostros, Universitati, Consulibus, habitatoribus & singularibus personis dicti Burgi factis; quodque certa summa financiarum predictarum dictis supplicantibus concessarum & remissarum, ad quemcunque valorem ascendat & possit ascendere, non sit in presentibus expressata; Ordinacionibusque defensionibus aut mandatis ad hoc contrariis quibuscumque. ª &c. Quod ut firmum & stabile, ª sigillum nostrum, &c. salvo in aliis, &c. Datum Parisius, mense Junii, anno Domini M.° CCC.° septuagesimo primo; Regni vero nostri octavo.

Per Regem. T. HOCIE.

CHARLES V.
à Paris, en Juin 1371.

(*a*) Privileges accordez aux habitants de la Ville de Rhodez.

SOMMAIRES.

(1) Les habitants de Rhodez par rapport à leurs biens, en quelque lieu qu'ils soient situez hors du Comté de Rhodez; même quand ces biens seroient passez d'un Noble à un non-noble, ne seront sujets qu'aux Tailles réelles, lorsqu'elles auront été imposées à la pluralité des voix, dans une assemblée à laquelle ils auront été appellez; & ils ne seront point sujets aux autres Tailles, qui seront imposées par les Officiers ou par les Seigneurs des lieux où leurs biens sont situez. On ne pourra proceder contre eux pour le payement des Tailles réelles, que par la saisie & vente de leurs biens; & non par l'emprisonnement de leurs personnes, ni par des établissements de Garnisons; pourvû cependant que leurs biens puissent répondre du payement de ces Tailles. Les poursuites que l'on fera contre eux à cet égard, se feront par des Sergents Royaux; appellez cependant les Sergents ordinaires des lieux où leurs biens sont situez.

(2) Les habitants de Rhodez pourront, sans avoir besoin de commission, exercer l'Office de Changeur dans la Senechaussée de Rouergue; à l'exception du Comté de Rhodez.

(3) Les Sergents Royaux ne pourront établir leur domicile dans la Ville de Rhodez, sans la permission des Seigneurs de cette Ville.

KAROLUS Dei gracia Francorum Rex. Delectatur noster animus & secura tranquillitate quiescit, dum nostros subditos & Regni nostri incolas conspicimus in nostra & Regie Majestatis persistere devocione sincera, & eos favorabiliter prosequi volumus; presertim in hiis que Majestati Regie conveniunt, ac ipsorum peticiones equitati & racioni

NOTE.

(*a*) Tresor des Chartres, Registre 102. Piece 363. Voyez cy-dessus, p. 190. Note (*a*).

consonas exaudire, & illos privilegiis, favoribus & graciis benigniter ampliare. Sane attendentes laudabilia servicia, que dilecti & fideles nostri Consules, Burgenses & habitatores Civitatis & Burgi Ruthene, qui propter ferventem dileccionem quam semper erga Nos & predecessores nostros Reges & Coronam Francie, habuerunt & habent, ad simplicem requestam & mandatum dilecti & fidelis Consanguinei nostri, Johannis Comitis Armaniaci, [a] *Fezenciaci & Ruthene, Vicecomitisque Leomanie & Altivilaris, fuerunt de primis qui Edwardo Primogenito Edwardi Anglie, & eorum confederatis ac complicibus & aliis adversariis nostris obedienciam denegarunt, & tanquam veri & fideles, & in perfecta voluntate persistentes, Nos in suum naturalem & superiorem Dominum recognoscendo, in nostra obediencia libere redierunt. Notum igitur facimus universis tam presentibus quam futuris, quod Nos, hiis & aliis pluribus justis & legitimis causis nostrum ad hoc moventibus animum, ipsorum Consulum, Burgensium & habitatorum Civitatis & Burgi predictorum, requestis pro parte ipsorum Nobis humiliter presentatis, favore benivolo annuentes, eisdem Consulibus, Burgensibus & aliis habitatoribus Civitatis & Burgi Ruthene memoratorum, ex nostris plenitudine potestatis Regie, certa sciencia & gracia speciali, concessimus & concedimus per presentes, Libertates, franchisias & privilegia que sequntur.*

(1) *Et primo. Quod omnes & singuli dictorum Civitatis & Burgi Ruthene Burgenses, & alii habitatores cujuscunque status aut condicionis existant, aut eorum heredes & successores, presentes pariter & futuri, habentes seu habituri redditus, proventus, terras & possessiones ubicunque sit; preterquam infra fines & limites Comitatus Ruthene & ejus ressorti, occasione, racione seu causa reddituum, proventuum, terrarum & possessionum predictarum, per Consules, subditos vel alios Officiarios aut Nobiles seu Dominos locorum, in quibus dicte eorum terre, redditus, proventus & possessiones* [b] *existant seu existunt, possint imposterum minime tailliari, seu Taillia vel Indicio per dictos Consules, Syndicos, Officiarios, Nobiles aut Dominos imposita ad cetero imponenda, possit ipsos aut eorum aliquem qualitercunque ligare; nisi solum & dumtaxat in Tailliis mere realibus, &* [c] *quod major & sanior pars illorum qui pro tempore fuerint, consenciat, & super hoc fuerit evocata; eciamsi dicte terre, redditus, proventus & possessiones de* [d] *manu nobili ad immobilem* [e] *devenierint; & in casu quo illi qui evocati fuerint, eisdem Tailliis vel Indicionibus consenserint, volumus, & eisdem Burgensibus & habitatoribus aliis Civitatis & Burgi Ruthene antedictis, presentibus & futuris, & eorum cuilibet, concedimus quod ad solvendam porcionem seu ratam ipsos aut eorum alterum contingentem, non possint compelli per capcionem vel arrestum personarum, nec per garnisonem vel municionem Servientum, vel aliorum Commissariorum Regiorum super hoc deputatorum vel deinceps deputandorum; sed solum per pignorum capcionem vel bonorum vendicionem & explectacionem, & per alia juris remedia; dum tamen in eorum bonis, possit fieri de predictis Tailliis & Indicionibus sibi impositis vel imponendis, prompta & debita execucio: Quam quidem execucionem fieri volumus & prosequi per Servientes & Officiarios Regios qui pro tempore fuerint; vocatis per eos primitus Servientibus vel Officiariis ordinariis loci seu locorum, in quo vel in quibus fiet execucio supradicta.*

(2) *Item. Quod predicti habitatores & singulares Civitatis & Burgi memorati, & quilibet ipsorum, in tota Senescallia Ruthenensi ejusque ressorto; preterquam in Comitatu Ruthene ac ejusdem Comitatus ressorto, possint libere & impugne uti & exercere Officio* [f] *Campsorie publice, extra Nundinas & in Nundinis quibuscunque, absque alia licencia vel mandato litterali vel verbali, à Nobis seu successoribus & Officiariis nostris imposterum* [g].

(3) *Item. Quod nullus Serviens Regius possit nec debeat moram continuam facere, nec tenere domicilium, hospicium vel Larem in dictis Civitate & Burgo Ruthene; sine tamen licencia & consensu eorundem Civitatis & Burgi Dominorum.*

Quocirca presencium tenore mandamus Senescallo Ruthenensi, & omnibus Justiciariis & Officiariis Regiis, qui nunc sunt & qui pro tempore fuerint, & eorum cuilibet, ac Locatenentibus eorundem, quatenus dictos Consules, Burgenses & habitatores, [h] *ipsorum quemlibet, eorum successores & causam ab ipsis habentes, contra premissas Libertates, franchisias & privilegia per Nos, ut premittitur, eis concessa, nullathenus impediant,*

CHARLES V.
à Paris, en Juin 1371.

[a] Voy. sur ces titres le 4.ᵉ Vol. des Ordonn. p. 179. Note (c)

[b] existant.

[c] q. R.
[d] manu.
[e] devenirent.

[f] Campsor. R.

[g] faciendis.

[h] &.

ORDONNANCES DES ROIS DE FRANCE

CHARLES V.
à Paris, en Juin 1371.

perturbent aut moleſtent; ſed ipſis Libertatibus, franchiſiis & privilegiis, eos & quemlibet eorum, uti & gaudere faciant perpetuis temporibus, pacifice & quiete, & ſine contradiccione quacunque: Et ſi forſan contra premiſſa vel aliquod premiſſorum, attemptaverint vel attemptari fecerint, quicquid in contrarium attemptatum fuerit, irritum & inhane volumus reputari, & ad ſtatum priſtinum & debitum reduci; nonobſtantibus aliis donis & graciis eiſdem Conſulibus, Burgenſibus & habitatoribus, per Nos vel Predeceſſores noſtros factis; & quod hujuſmodi dona vel gracie non ſint in preſentibus expreſſate; Ordinationibus & Mandatis Regiis in contrarium editis quibuſcunque. Quod ut firmum, &c. ſalvo, &c. Datum & actum Pariſius, menſe Junii, anno Domini milleſimo ccc.° ſeptuageſimo primo; Regni vero noſtri octavo.   Viſa.

Ainſin ſignée. *Per Regem.* T. HOCIE.

CHARLES V.
à Paris, en Juin 1371.

Philippe IV. dit-le-Bel, à S.t Germain en Laye, en Mars 1290.

a Yſſoire.

(*a*) Lettres confirmatives de celles d'Alfonſe Comte de Poictiers, &c. qui portent que les affaires de la Communauté & des habitants de la Ville d'Yſſoire, ne ſeront plus jugées par les *Petits Baillis* de l'Auvergne; mais qu'elles le ſeront par le Connétable, ou par le Comte, ou par des Commiſſaires nommez par lui.

KAROLUS, &c. *Notum facimus univerſis preſentibus & futuris, Nobis pro parte dilectorum noſtrorum Conſulum & Communitatis Ville* ª *Yſſiodori in Arvernia, Nobis exhibitas fuiſſe Litteras, quarum tenor talis eſt.*

PHILIPPUS *Dei gracia Francorum Rex. Notum facimus univerſis tam preſentibus quam futuris, quod Nos Litteras inclite memorie,* (*a*) *Alfonſi dudum Filii Regis Franc. quondam Comitis Pictavenſis & Tholoſe, olim Patrui noſtri, vidimus in hec verba.*

ALFONSUS *Filius Regis Francie, Comes Pictavenſis & Tholoſe. Univerſis preſentes Litteras inſpecturis: Salutem in Domino. Accedentibus ad Nos Procuratoribus dilectorum & fidelium noſtrorum, Conſulum & Communitatis Ville Yſſiodori in Arvernia, ex parte predictorum Conſulum & Communitatis, iidem Nobis humiliter ſupplicarunt, quod cum minores Baillivi noſtri* (*c*) *emptoris reddituum noſtrorum in Arvernia, ſeu attenſatores, multipliciter injurioſi actenus extiterint eiſdem, ipſos Conſules & ſingulares de Communitate, multiplicibus exactionibus indebitis* ᵇ *moleſtendo, ſuper hiis ſalubre conſilium apponere dignaremur. Nos itaque juſtis eorum peticionibus inclinati, volentes*

b moleſtando.

NOTES.

(*a*) Treſor des Chartres, Regiſtre 102. Piece 109.

(*b*) *Alfonſi.*] Alfonſe frere de S.t Loüis. *Voy. le 3.e Vol. des Ordonn.* p. 216. Note (*b*). Il étoit auſſi Comte d'Auvergne. *Voy. le 4.e Vol.* p. 646. Note (*b*).

(*c*) *Emptoris.... ſeu Attenſatores.*] Il faut corriger, *emptores.* Ce mot explique le ſuivant, & ſignifie des Fermiers; il ſe trouve très-ſouvent dans les Ordonnances, pris dans ce ſens, ſoit en Latin ſoit en François.

A l'égard d'*Attenſatores*, il y a plus bas *Attentatoribus*. Peut-être faut-il corriger *Arrendator*, qui ſignifie un Fermier. *Voy. le Gloſſ. de du Cange*, à ce mot. On trouve cependant ibid. *Attenſor*, pour ſignifier un Gardien; ce qui ne s'éloigne pas beaucoup de la fonction d'un Fermier.

M. *de Bruſſel* dans ſon examen des Fiefs, tom. 1. Liv. 2. chap. 33. p. 422. a prouvé que les Prevôts, qui dans preſque toute la France, exerçoient les mêmes fonctions que les *Baillivi minores*, dont il eſt parlé ici, prenoient quelquefois à Ferme preſque tous les revenus du Roy, ſituez dans l'étendue de leurs Prevôtés. Cependant comme il ne s'agit dans ces Lettres que de la Juſtice, peut-être ces *Baillivi minores* n'étoient-ils Fermiers que des revenus provenants des Actes judiciaires qui ſe faiſoient dans l'étendue de leurs Bailliages? Car par un uſage preſque generalement obſervé en France, les Prevôts étoient Fermiers des produits de la Juſtice de leurs Prevôtez. On les nommoit Prevôts-Fermiers, à la difference des Prevôts en Garde, qui rendoient compte de ces produits. *Voy. le 5.e Vol. des Ordonn.* p. 129. art. VIII. *& les Tabl. des Mat. de ce Recueil* aux mots, *Preveſtez* & *Prevôts.*

malitiis hominum, in quantum ᵃ *possimus, obviare, indulgemus predictis Consulibus & Communitati, ac successoribus eorumdem habitatoribus dictæ Villæ, in perpetuum, pro nobis & successoribus nostris, Libertates & immunitates infrascriptas; videlicet, ue in aliqua Causa alicujus privati, aut nostra propria seu nostrorum, si quam nos vel nostros processu temporis habere contingerit contra* ᵛ *vel* ᶜ *aliquam predictorum, possint trahi in Causa vel teneantur litigare* ᵈ *corem predictis Baillivis emptoribus seu attentatoribus; sed coram (a) Conestabulo nostro Arvernie, presenti vel qui pro tempore fuerit, sive ejus Locumtenente, qui non sit de (b) munere dictorum Baillivorum emencium seu attensentium redditus nostros, vel socius eorumdem; aut eorum nobis, vel* ᵉ *Mandato nostro speciali vel etiam generali; nec in Causis predictis, Baillivi seu attensatores predicti,* ᶠ *durente Officio Baillivie sue, ipsorum Consulum & Communitatis, Judices esse possint. In cujus rei testimonium, eisdem Consulibus & Communitati, presentes Litteras dedimus sigilli nostri munimine roboratas: Salvo in aliis jure nostro, & salvo jure quolibet alieno. Actum apud* ᵍ *Armazanicas prope Portum de Aquis-mortuis, anno Domini millesimo ducentesimo septuagesimo, mense Julio.*

CHARLES V.
à Paris, en Juin 1371.

Philippe IV. dit-le-Bel, à S.ᵗ Germain en Laye, en Mars 1290.

ᵃ *possimus.*
ᵇ *predictos.*
ᶜ *aliquem.*
ᵈ *coram.*
ᵉ *Commissaire nommé par le Comte.*
ᶠ *durante.*
ᵍ *Aymarques dans le Languedoc. Voy. le 4.ᵉ Vol. des Ordonn. p. 445. & Note (b).*

Nos autem premissa omnia & singula, prout superius exprimuntur, quantum in Nobis est, volumus, concedimus, laudamus & eciam approbamus: salvo tamen in aliis jure nostro, & jure eciam quolibet alieno. Quod ut ratum & stabile permaneat in futurum, presentibus Litteris nostrum fecimus apponi sigillum. Actum apud Sanctum Germanum in Laya, anno Domini M.° CC.° *nonagesimo, mense Martio.*

Suite des Lettres de Philippe le Bel.

Quas quidem Litteras & contenta in eis, in quantum dicti Consules & Communitas, & eorum predecessores eisdem usi & gavisi ʰ *passifice fuerunt, laudamus, approbamus, & tenore presencium, de speciali gracia confirmamus:* ⁱ *Mandentes universis Justiciariis nostris, aut eorum Locatenentibus, ac eorum cuilibet, prout ad eum pertinuerit, quatenus dictos Consules & Communitatem, nostra presenti confirmacione & gracia sui pacifice* ᵏ *faceant & gaudere; nil in contrarium attemptando nec attemptari permittendo à quoquam. Quod ut perpetue stabilitatis robur obtineat, presentem paginam sigilli nostri* ˡ *caratere fecimus roborari: nostro in aliis & alieno in omnibus jure salvo. Datum Parisius, mense Junii, anno Domini* M.° CCC.° *septuagesimo primo; Regni vero nostri octavo.*
DE BRION. *In Requestis Hospicii. Visa. Lecta.* HENRY. DE BRION.

Suite des Lettres de Charles V.
ʰ *pacifice.*
ⁱ *Mandantes.*

ᵏ *faciant.*
ˡ *caractere.*

NOTES.

(a) *Conestabulo.*] Ce mot qui signifie ordinairement, le premier Officier des Armées, ou un Officier Militaire subalterne, désigne certainement ici, un Officier de Justice. L'on trouvera cy-dessous, dans les Lettres du 6. de Septembre 1371. pour les habitans de Carcassone, un Connétable, qui étoit en même tems Officier Militaire & Officier de Justice.

(b) *Munere.*] Ne pourroit-on pas corriger, *de numero?* ou peut-être cela signifie-t-il, *qui ne sera point revêtu d'une charge de Bailli,* ou bien, *Officier dépendant des Baillis?*

(a) Diminution de Feux pour la Ville de S.ᵗ Sardos.

CHARLES V.
à Paris, en Juin 1371.

KAROLUS, &c. Notum facimus universis tam presentibus quam futuris, quod cum ex parte, &c.

Cumque facta quadam informacione virtute certarum Litterarum ᵐ *Regiarum ac nostrarum in loco seu Villa (b) Sancti Sacerdotis, & pertinentiarum suarum, Senescallie Tholose, & Judicature Verduni, super vero numero Focorum modernorum in dicto loco seu Villa nunc existencium, per dilectum nostrum Magistrum Paulum Bicorri, Bacalarium in Legibus, Judicem nostrum Verduni, Commissarium in hac parte deputatum,*

ᵐ Reg. R.

NOTES.

(a) Tref. des Chart. Regist. 102. P. 275. Voy. cy-dessus, p. 30. Note (a).

(b) *Sancti Sacerdotis.*] Le R. P. D. Vaissette, Benedictin, m'a appris que ce lieu se nomme presentement S.ᵗ Sardos, & qu'il est situé dans le Diocèse de Montauban.

vocato & presente in omnibus Procuratore nostro Generali dictæ Senescalliæ Tholose, aut ejus legitimo Substituto, &c.

Repertum fuerit quod in dicto loco seu Villa de Sancto Sacerdote, sunt de presenti & reperiuntur XXXVII. Foci, secundum traditam instruccionem, &c.

Quod ut firmum, salvo, &c. Actum Parisius, mense Junii, anno Domini M.° CCC. LXXI.° & Regni nostri Octavo.   *Visa.*

Sic signata. *Per Consilium existens in Camera Compotorum Parisius.* P. DE CHASTEL.

CHARLES V.
à Paris, le 3.
de Juillet
1371.

(*a*) Lettres qui portent que les Juges Seculiers contraindront les personnes qui ont été excommuniées par les Juges d'Eglise, pour n'avoir pas payé leurs dettes, ou pour d'autres offenses semblables, à se faire absoudre de ces Excommunications; & que ces personnes ne payeront pour ces absolutions, qu'une somme moderée.

CAROLUS, *&c. Ballivo & Preposito Senonensibus; nec non omnibus aliis Justiciariis nostris, ad quos presentes Littere pervenerint, aut eorum Locatenentibus:*

a &. *Salutem. Ex parte dilecti & fidelis Clerici* [a] *Secretarii nostri, Magistri Johannis de Bellonodo, Archidiaconi Lingonensis, Jurisdictionem spiritualem ordinariam, cum dilecto ac fideli (b) Episcopo Lingonensi, Pari Francie, in casu preventionis, ad causam dicti Archidiaconatus, ut asserit, habentis in Villa & Civitate & Archidiaconatu Lingonen-*

b Lingon. R. *si; Nobis fuit expositum, quod in dicta Villa & Civitate* [b] *Lingonensi, & aliis locis sue Jurisdictionis spiritualis Archidiaconatus predicti, erat & est tanta multitudo perso-*

c sentenc.° R. *narum excommunicationum & aggravationum* [c] *sentenciis, ipsius Archidiaconi auctoritate, ligatarum; quarum alique dictas sentencias per decem annos, alie per viginti, cetere plus alie minus, quasi in profundum malorum descendentes, sustinuerunt & sustinent animis induratis; ob quod multociens, propter accessum temerarium talium personarum ad Ecclesias, à quibus & à Communione Fidelium, sunt excluse, mentes Catholicorum & Divina Officia perturbantur, & multa etiam alia scandala in Dei Ecclesia generantur; quamvis persone memorate sint adeo locuplete & in bonis abundantes, quod bene*

d Voy. le 1.er *possent, si vellent, se acquitare erga suos* [d] *creditores, ad quorum instantiam, dictis sen-*
Vol. des Ordonn. *tenciis sunt ligate; de offensisque per ipsas commissis satisfacere, ac absolucionum sua-*
p. 211. Chap. *rum beneficia procurare; quod facere neglexerunt & negligunt, dando ceteris pernicio-*
cxxiii. & Note *sum exemplum, in omnipotentis Dei & sue sancte Ecclesie scandalum, offensam, ac sua-*
(a). *rum pericula animarum; nec non contemptum Fidei orthodoxe, ac creditorum suorum prejudicium & jacturam; super quibus, per Nos provideri de remedio, dictus Archidiaconus instantissime supplicavit, nostri brachii secularis auxilium implorando : Quibus at-*

e reverentiam. *tentis, Nos volentes ob Dei & Sancte Matris Ecclesie* [e] *reverentiam & honorem, talium maliciis obviare, vobis & vestrum cuilibet, prout ad eum pertinuerit, mandamus quatenus, ad requestam dicti Archidiaconi seu Gentium suarum, omnes & singulas personas, quas per acta Curie Ecclesiastice ordinarie dicti Archidiaconatus, debite vobis constiterit dictas sentencias per annum & amplius sustinuisse, compellatis seu compelli faciatis per captionem & explectationem bonorum suorum, si & prout opus fuerit, ad pro-*

f redeundum. *curandum à dictis sentenciis se absolvi, & ad* [f] *reddendum ad gremium Sancte Matris Ecclesie, ac se reconsiliandum tanquam boni Christiani, altissimo Salvatori : Proviso quod pro dictis absolucionibus dictis personis impendendis, non exigatur ab eisdem ultra modum, & nisi quantum, inspecta qualitate personarum, moderate consuevit exigi ab antiquo; taliter id acturi, quod non possitis de negligencia reprehendi; Litteris subrepticiis in contrarium impetratis vel impetrandis, non obstantibus quibuscumque : Mandantes*

NOTES.

(*a*) Registre A. du Parlement de Paris, folio 68. verso.

(*b*) *Episcop. Lingonensis.*] Guillaume de Poitiers étoit Evêque de Langres, en 1371. Voy. l'*hist. Geneal. de la Mais. de Fr.* tom. 2. p. 216.

DE LA TROISIÉME RACE. 415

omnibus subditis nostris, quatenus vobis efficaciter pareant in præmissis; præsentibus post annum minime valituris. Datum Parisius, die tertia Julii, anno Domini millesimo trecentesimo septuagesimo primo, & Regni nostri octavo.

(a) *Lettres qui portent que le Comté d'Auxerre nouvellement acquis par le Roy, sera uni à la Couronne, sans pouvoir jamais en être séparé; & qu'il sera annexé au Bailliage de Sens.*

CHARLES V.
à Paris, en
Juillet 1371.

CHARLES par la grace de Dieu Roy de France. Savoir faisons à touz presens & avenir, que comme Nous aions de nouvel acquis & acheté de noz propres deniers, le (b) Conté d'Aucerre, de nostre amé & feal Jehan de Châlon, avecques tous les Fiez, Arriere-Fiez, Seignories, Noblecess, hommes, Vassaulx, rentes, possessions, revenuës, & autres appartenances & appendences quelzconques appartenans audit Contée, que ledit Jehan tenoit & possidoit de son propre demaine & héritage, si comme par les Lettres de l'achat sur ce faites, lesquelles ont esté mises pardevers Nous en nostre Trésor, à perpetuel mémoire, puet plus à plain apparoir. Nous considerans que la Ville & Cité d'Aucerre, & aussi aucuns des Lieux, Villes & Chasteaulz appartenants audit Contée, sont assis sur la Riviere d'Yonne, & en pays & lieux, dont moult de biens puent chascun jour venir & estre admenez & conduiz en nostre bonne Ville de Paris, & passer par noz autres bonnes Villes, destrois & passages estans sur ladite Riviere & sur la Riviere de Seine, sans dangier, empeschement ou destourbier aucun, d'aucun ᵃ moyen Seigneur, & que ycelle Ville & Contée d'Aucerre, & autres Villes & forteresses appartenants à ycelli Contée, sont bien seanz, utiles & pourfitables pour Nous & Curonne de France, & en Frontiere de Parties de Bourgoigne, où Nous n'avons de present aucun demaine; & par lesquelz lieux & forterecess, s'aucunes guerres ou commotions avenoient, ou s'aucuns ᵇ anemis Nous voloient d'aventure grever ou dommagier ou pays, ycelli pays & les autres Parties ᶜ en venant pardeçà, porroient estre gardez & deffenduz & tenuz en seurté : Attendenz aussi la grant devocion, affeccion, grant desir & bonne volenté, que les Bourgois, Habitans & bonnes gens dudit Contée & pays d'Aucerrois, ont d'estre en nostre main & noz subgès & en nostre Seignorie sanz moyen, & le grand prouffit & honneur qu'ilz y attendent à avoir, & que Nous voulons que eulz & leurs successeurs & le pays y aient perpetuelment ; & aussi l'Ayde & Subside qu'il Nous ont fait en faisant ledit achat; & pour ycelli païer, ycelli Conté avecques touz les Fiez, Arrere-Fiez, Seignories, Noblecess, hommes, Vassaulx, rentes, possessions, revenuës, & autres appartenances & appendances quelzconques audit Contée, en quelques choses qu'elles soient ou puent estre, & toutes autres choses que Nous porrions de ci en avant acquerir & approprier audit Contée, Nous avons approprié, unie & annexé, & de nostre auctorité, certaine science & pleine puissance Royal, par la teneur de ces presentes, approprions, unions & annéxons perpetuelment à Nous, à noz successeurs & au Demaine de la Coronne de France, à estre & à demourer en nostre Bailliage de Senz & ou ressort d'icellui, sanz autre Bailli y avoir ne tenir de cy en avant; & sanz ce que jamais par Nous ou par noz successeurs Roys de France, de present ne pour le temps avenir, ilz en puissent estre ostez, séparez, ᵈ detrais ou alienez, ne baillez à aucun de nostre Lignage, ne à autre quelconque personne, de quelque estat ou condicion qu'elle soit, par partage, par mariage, ne par autre quelconque maniere que ce soit : Et se par aventure, ledit Contée & autres appartenances

a *Seigneur relevant du Roy, ou d'un autre Seigneur.*

b *ennemis.*
c *en s'approchant de Paris.*

e *distraits.*

NOTES.

(a) Memorial D. de la Chambre des Comptes de Paris, fol.° 118. v.° Voy. cy-dessous les deux Lettres du mois de Septembre 1371. pour Auxerre.
(b) *Le Comté d'Auxerre.*] En 1370. Jean de Chalon, Comte d'Auxerre, vendit ce Comté à Charles V. Voy. *la Descr. Hist. & Geogr. de la Fr.* [par l'Abbé de Longuerue] t. 1. p. 291.

CHARLES V.
à Paris, en Juillet 1371.

dessus dictes ou aucunes d'icelles, Nous en oftions, feparions ou aliénions, Nous ne voulons que aucune féparacion ou aliénacion que Nous en facions, ou aucuns de noz fucceffeurs, tiengnent ne vaillent, ne aïent aucune force ne vigueur, qu'ilz ne demeurent & foient touzjours uniez & annexez à Nous & à noftre Demaine, comme dit eft; nonobftant quelconques Lettres que Nous ou noz fucceffeurs Roys de France, en peuffions donner au contraire pour le temps avenir; lefquelles Nous ne voulons avoir aucun effect, ne que elles puiffent porter aucun préjudice à noz prefentes Lettres ne au contenu d'icelles, par quelque voïe ou maniere que ce foit. Et que ce foit ferme chofe & eftable à touzjours, Nous avons fait mettre noftre feel à ces prefentes : fauf noftre droit en autres chofes, & l'autruy en toutes. Donné à Paris, l'an de grace mil trois cens foixante & onze, & de noftre Regne le huitiefme, ou mois de Juillet.

Ainfy figné. Par le Roy. N. DE VERRES.

Collacio fuit facta cum Originali, in Camera Compotorum Domini Regis Par. die vigefima Augufti, anno milleſimo trecentefimo ſeptuagefimo primo, per me Reginaldum Radulphi, & me Hugonem de Columbeyo.

En marge vers le commencement eft efcrit.

Has Originales Litteras habui & pofui in Thefauro Reg. tertia die Septembris, anno Domini milleſimo trecentefimo ſeptuagefimo primo. DE MONTAGU.

Et vers le milieu.

a mot douteux. Copie de cefte Lettre collationnée à ce Regiftre, a efté baillée à Pierre Caillart,[a] Clerc du Procureur General, le troifiéme jour d'Octobre nonante-fix; & femblablement, de la Lettre de aunir la Conté d'Aucerre au Demaine.

CHARLES V.
à Paris, en Juillet 1371.

(*a*) Lettres confirmatives de celles de Geoffroy & d'Henry Ducs de Normandie, lefquelles portent que les Cordonniers de la Ville de Roüen, feront un Corps; & que nul ne pourra exercer leur meftier, s'il n'eft reçu dans ce Corps.

KAROLUS, &c. *Notum facimus univerfis prefentibus & futuris, Nos infrafcriptas vidiffe Litteras, quarum tenores subfecuntur.*

(*b*) GODEFRIDUS *Dux Normannie & Comes Andegavenfis. Jufticiariis fuis Normannie & Vicecomitibus, & omnibus Baronibus & Burgenfibus & fidelibus fuis Rothomagenfibus : Salutem. Sciatis quod conceffi Willelmo* (*c*) *Cannoto, & Roberto de Gramafeede, & Oino de Fifcanno, & Viviano de Sancto Audoeno, & omnibus fociis fuis*

b Voy. cy-deffus, p. 273. Note (*c*).
c Société, Corps. Voy. le 4.e Vol. des Ordoan. p. 248. Note (*n*).

Corduanariis & [b] *Corvefariis Rothomagenfibus, ut habeant* [c] *Gildam suam, ita bene &*

NOTES.

(*a*) Tref. des Chart. Regift. 102. P. 317.

(*b*) *Godefridus.*] G. R. Geoffroy V. Comte d'Anjou, furnommé *Plantegeneft.* Il avoit époufé Mathilde, fille unique & heritiere d'Henri I. Roy d'Angleterre, Duc de Normandie. Son Beau-pere étant mort en 1135. il eut de longues guerres à fouftenir contre *Eftienne de Champagne*, dit de *Blois*, Comte de Mortain & de Boulogne, neveu par fa mere, d'Henri I. Roy d'Angleterre, qui s'empara de ce Royaume, & de la Normandie. Geoffroy reconquit cette Province; il fut reçu dans Rouen, le 19. de Janvier 1143. & s'étant emparé du Chafteau d'Arques, il prit le titre de Duc de Normandie. En 1149. il céda le Duché de Normandie à Henri II. fon fils aîné, & il mourut en 1150. ou en 1151. Henri, après la mort d'*Eftienne*, monta fur le Trofne d'Angleterre en 1154.

Il refulte de ce détail, que les Lettres de Geoffroy ont été données entre 1143. & 1149. & celles d'Henri, qui suivent, entre 1149. & 1151. Car fi elles avoient été données depuis la mort de Geoffroy, Henri y auroit pris le titre de *Comte d'Anjou.* Voy. l'*Hift. Genealog. de la M. de Fr.* tom. 6. p. 19. & l'*Hift. d'Anglet.* par Thoyras, *t. 2.* p. *m.* 173.

(*c*) *Cannoto.*] Tous les noms qui font dans ces Lettres, font repetez dans les fuivantes, avec quelque différence.

honorifice

DE LA TROISIÉME RACE. 417

honorifice & plenarie, de ª *ministerio suo, sic ut eam unquam melius & plenarius habuerunt tempore Regis* ᵇ *Henrici; & nullus faciat ministerium eorum,* ᶜ *nisi per eos; neque aliqua eis fiat injuria (a) desic illam Gildam habuerunt tempore Regis Henrici. Testibus Roberto de Corte & Roberto de Novo-Burgo. Apud Rothomagum.*

Item. ᵈ *Henricus Dux Normannie. Justiciariis suis Normannie, & Vicecomitibus, & omnibus Baronibus & Burgensibus & fidelibus suis Rothomagensibus: Salutem. Sciatis quod ego concessi Willelmo Canuto, & Roberto de Gramescede, & Oino de Fiscanno, & Viviano de Sancto Odeno, & omnibus sociis suis Corduanariis & Corvesariis Rothomagensibus, ut habeant Gildam suam, ita bene & honorifice & plenarie, de ministerio suo, sicut eam unquam melius & plenarius habuerunt tempore Regis Henrici; & nullus faciat ministerium eorum, nisi per eos; neque aliqua eis fiat injuria, desic illam Gildam habuerunt tempore Regis Henrici: Testibus Roberto de Curteio & Roberto de Novo-Burgo. Apud Rothomagum.*

Quas quidem Litteras & contenta in eis, si & in quantum ᵉ *Corduarii & Corvesarii Rothomagenses, eis usi fuerunt & sunt pacifice, ratas & gratas habentes, eas & ea volumus, laudamus, approbamus, & tenore presentium, de speciali gratia confirmamus: Mandantes Baillivo Rothomagensi, ceterisque Justiciariis & Officiariis Regni nostri, aut eorum Locatenentibus, presentibus & futuris, & eorum cuilibet, prout ad eum pertinuerit, quatenus dictos Corduanarios & Corvesarios, nostra presenti confirmatione & gratia uti pacifice faciant & gaudere, ipsos in contrarium nullatenus molestando. Quod ut perpetue, &c. nostro in aliis, &c. Datum Parisius, mense Julii, anno Domini millesimo ccc. septuagesimo primo, Regni vero nostri octavo. Sic signate.* Visa.

Per Consilium Parisius existens, in quo vos eratis. HENRY.

Collacio facta est cum Originalibus Litteris per me. HENRY.

CHARLES V.
à Paris, en Juillet 1371.
ᵃ mestier.
ᵇ Henri I.ᵉʳ Roy d'Angleterre, Voy. p. preced. Note (b).
ᶜ s'il n'est de leur corps.
ᵈ H. R. Voy. p. preced. Note (b).
ᵉ Corduanarii.

NOTE.

(*a*) *Desic.*] Ce mot est là pour *sic*. L'on trouve dans le Gloss. de du Cange, *desicut*, pour *sicut*.

(*a*) Diminution de Feux pour S.ᵗ Sulpice de la Pointe.

KAROLUS, *Dei gratia, &c. Notum facimus, &c. quod cum ex parte, &c.*

ᵉ *CUNQUE facta quadam informacione virtute quarumdam Litterarum Regiarum ac nostrarum, in loco de (b) Sancto Supplicio, Judicature Ville-longe, Senescallie Tholose, super vero numero Focorum modernorum in dicto loco de Sancto Supplicio nunc existencium, per dilectum nostrum, Magistrum Raymondum Athonis, Judicem Majorem Tholose, ac Locum tenentem dilecti & fidelis nostri, Petri Raymundi, Militis, dicti de Rappistano, Domini de Campanhaco, Senescalli Tholose, Commissarium in hac parte deputatum; vocato & presente in omnibus Procuratore nostro Generali, &c.*

Repertum fuerit, quod in dicto loco de Sancto Supplicio, sunt de presenti & reperiuntur centum viginti sex Foci, secundum traditam, &c. Quod, &c. salvo, &c. Actum Parisius, mense Julii, anno Domini millesimo ccc.° LXXI.° & Regni nostri octavo.

Per Consilium existens in Camera Compotorum Par. P. DE CHASTEL. Visa.

CHARLES V.
à Paris, en Juillet 1371.
ᶠ Cum.

NOTES.

(*a*) Tref. des Chart. Regist. 102. P. 210. Voy. cy-dessus, p. 30. Note (*a*).
(*b*) *Sancto Supplicio.*] Le R. P. D. Vaissette, Benedictin, m'a appris que ce lieu se nomme presentement, *S.ᵗ Sulpice de la Pointe*, situé dans le Diocese de Toulouse, & dans la Judicature de Ville-Longue, au Confluant de la Riviere d'*Agoût* avec le *Tarn*.

Tome V.   Ggg

CHARLES V.
à Paris, le 9.
d'Août 1371.

(*a*) Lettres qui confirment les Bourgeois de Paris, dans les privileges des Gardes Bourgeoises & de l'exemption des droits de Francs-Fiefs; & dans celui de pouvoir obtenir des Lettres de Noblesse.

KAROLUS, Dei gracia Francorum Rex. Universis presentes Litteras inspecturis Salutem. Regie Celsitudini convenit, ut illos favore & preeminencia attollat

NOTE.

(*a*) Registre *A.* de l'Hôtel de Ville de Paris, *fol.*° 183. *v.*°
Ces Lettres se trouvent en François, dans le même Registre, *fol.*° 184. *v.*° Quoiqu'il y ait grande apparence que ce ne soit qu'une Traduction, qui est même assez mal faite, & pleine de fautes de Copiste; on a crû cependant devoir la faire imprimer ici.

a préeminence.
b Chaire: siege.

CHARLES par la grace de Dieu Roy de France. A tous ceulx qui ces presentes Lettres verront: Salut. Il appartient à Haultesse Royale, que elle eslieve de plus large honnour & ᵃ aprissance, ceulx envers lesquielx elle a ordonné principalement la ᵇ Chaere de sa proppre Majesté. Adoncques, comme noz Citoïens de Paris ont aprochié nostre debonnaireté; desquielx la supplicacion qui Nous a esté baillée, contenoit, que Paris nostre Cité Royal est chief de toute nostre Seignourie, pourquoy à bon droit, elle a devant resplendir devant toutes les autres, ès temps passez de noz Antecesseurs & de Nous, en prerogative de dignitez & de honnour; & maintenant

c resplendir.
d Bans.

doie ᶜ resplendir; & tous les Citoïens frans d'icelle Cité, aïent usé & acoustumé à user de Gardez & ᵈ Banz d'enfans & de leurs Cousins; & avecques, d'acquisicions de Fieux & d'Arre-Fieux & possessions franches, en noz Fieux & Arre-Fieux & d'autres Seignouries, en quelconques parties de nostre Royaume; & iceulx Fieux, Arre-Fieux & pocessions, iceulx Citoïens & leurs predecesseurs, ont tenu & pourshuis paisiblement, & ont usé selonc la (*a*) & les facultez des personnes, de frains dorez & autres ornemens appartenans à l'estat de Chevalerie; & avecques ce, par droit de prendre Chevalerie armée, aussi comme Nobles de lignie & de lygnaige de nostre Royaume; & leur a esté souffert, ou au moins a esté usité en la maniere devant touchié, de tant de temps qui n'est mémoire du contraire: Nientmoins, par l'occasion d'aucunes Ordonnances par Nous ou noz Gens nouveaument faictes, nostre Prevost de Paris a fait publier par la dicte Cité, que tous ceulx qui depuis l'an mil trois cens vingt-quatre, ont aquis Fieux nobles, le certifient à nostre Receveur de Paris, dedens le mois de la proclamacion, & baillent en escript, sur peine de forfaire les choses acquises; & avecques ce, que tous ceulx qui avoient obtenu de Nous Lettre de Noblece, les apportent dedens ledit temps audit Receveur, ou autrement Nous descleron icelles de nulle valeur & effect; & que les Fieux nobles par non-nobles acquis, il mette realment & de fait en nostre main, & face iceulx estre gouvernez par personnes convenables,

e recreance.

sans en faire aucune ᵉ recraintte, jusques à tant que ceulx qui les ont acquis, aïent payé la finance contenuë esdictes Ordonnances: laquelle chose cherroit ou grief préjudice & dommage des diz suppliants, se ilz estoient comprins ès dictes Ordonnances, si comme eulx dient, suppliants à Nous humblement, que sur ce, à eulx Nous daignisson à eulx pourveoir amiablement, de nostre liberalité & grace. Adoncques, comme nostre noble Cité & Ville de Paris, soit congneuë estre chief de nostre Seignurie, & mere en congregacion & pasture de subgez en nostre Seignurie, Nous remambrans que les diz suppliants Nous ont donné les temps passez, & donnent agreables & loables services; estendons dignement à celle Cité & Ville & gouvernement d'icelle,

f l'élevement.
g profite.

gloire & hautesse, ᶠ levement de nostre consideracion, que icelle menée de gouvernement bien, cure & honnour, & que elle soit gardée par prerogative devantsoustenuë, & que elle ᵍ proufete tousjours par acroissemens desirez; pour laquele chose, Nous ne volons pas ladicte Cité & Ville & les Citeïans devant diz d'icelle, estre molestez par l'occasion des dictes Ordonnances, ne aucunement estre travaillez: Donnans par la teneur de ces presentes, en Mandement aux Gens de noz Comptes, à noz Tresoriers, & avecques à nostre Prevost & à nostre Receveur de Paris, & aux autres Commissaires sur les devant dictes choses deputez ou à deputer, que contre la teneur de ces presentes, iceulx suppliants ne aucuns d'eulx, eulx ne travaillent ne ne molestent; & s'aucun empeschement y a esté mis, eulx l'en ostent & facent oster sans delay. En tesmoing de ce, Nous avons commandé notre seel estre mis à ces presentes Lettres. Donné en nostre Hostel emprès S.ᵗ Pol jouxte Paris, le 9.ᵉ jour d'Août, l'an mil trois cens seixante & onze, & le huitieme de notre Regne.

NOTE.

(*a*) Il y a dans le Registre *Deste* avec une marque d'abbreviation. Je ne sçais ce que signifie ce mot. Dans les Lettres Latines, il y a, *meritum*.

ampliori, apud quos proprie Majestatis Solium principaliter instituit. Cum igitur Cives nostri Parisienses ad nostram clemenciam accesserint, quorum porrecta Nobis Supplicacio continebat, quod Parisius Civitas nostra Regia, est Caput tocius nostri Imperii; propter quod non immerito temporibus retroactis Antecessorum nostrorum & nostris, presulxit pre ceteris in prerogativa dignitatum & honorum, nuncque prefulgere debeat, omnesque ejusdem Cives liberi usi fuerint & uti consueverint ^a *Gardiis & Ballis Liberorum & Consanguineorum suorum; nec non acquisicione Feudorum, Retro-Feudorum, & Allodiorum Francorum, in nostris Feudis, & Retro-Feudis & aliorum Dominorum, in quacunque parte Regni nostri; eaque Feuda, Retro-Feuda & Allodia, ipsi & eorum predecessores tenuerunt & possederunt pacifice & quiete; usique fuerunt secundum meritum & facultates personarum, (a) Loriis auratis, & aliis ornamentis ad statum Milicie pertinentibus; nec non jure assumendi* ^b *Miliciam armatam, prout Nobiles genere & origine Regni nostri; ac fuit eis permissum, vel saltem modo pretacto usitatum à tanto tempore cujus contrarii memoria non existit: Nichilominus pretextu quarumdam Ordinacionum, per Nos seu per Gentes nostras noviter editarum Prepositus noster Parisiensis per dictam Civitatem publicari fecit, quod omnes qui ab anno millesimo trecentesimo vicesimo quarto citra, Feuda nobilia acquisierunt, infra mensem post dictam proclamacionem, Receptori nostro Parisiensi notificent ac in scriptis tradant, sub pena forefaciendi res acquisitas; nec non & quod omnes qui Litteras Nobilitatis à Nobis obtinuerant, eidem Receptori infra dictum tempus afferant; alioquin ipsas nullius valoris & effectus declaramus; quodque Feuda nobilia per non nobiles acquisita, ad manum nostram ponat realiter & de facto, & ea regi & gubernari per personas ydoneas, absque aliqua* ^c *recredencia faciat, quo usque illi qui ipsa acquisierunt, financiam in dictis Ordinacionibus contentam solverint; quod cederet in dictorum Supplicaucium grave prejudicium atque dampnum, si in dictis Ordinacionibus comprehenderentur, ut dicebant; idcirco Nobis humiliter* ^d *supplicantes, ut eis super hoc de nostra liberalitate & gratia providere favorabiliter dignaremur. Cum igitur inclita nostra Civitas & Villa Parisiensis, Imperii nostri Caput & mater in congregacione & pastura nostro subjectorum imperio esse noscatur, recolentesque grata & laudabilia servicia, que Nobis dicti* ^e *supplicacioni anteactis temporibus impenderunt & impendunt, digne ad eamdem Civitatem & Villam, ejusque regimen, gloriam & sublimacionem, aciem nostre consideracionis extendimus, ut felici ducta regimine, & honore ac prerogativa prefulta, preservetur à noxiis, & optatis semper proficiat incrementis: Quapropter nolumus pretextu dictarum Ordinacionum, dictam Civitatem & Villam ejusque Cives predictos molestari seu quomodolibet inquietari: Dantes tenore presencium in mandatis Gentibus Compotorum nostrorum, Thesaurariis nostris; nec non Preposito & Receptori nostro Parisiensibus, ceterisque Commissariis super predictis deputatis aut deputandis, ne contra tenorem presencium, eosdem supplicantes seu eorum aliquem, inquietent vel molestent; sed si quid inpedimentum fuerit appositum, illud amoveant seu amoveri faciant indilate. In cujus rei testimonium, nostrum presentibus Litteris jussimus apponi sigillum. Datum in Hospicio nostro prope Sanctum Paulum juxta Parisius, nona die Augusty, anno Domini millesimo trecentesimo septuagesimo primo; Regnique nostri octavo.*

Resigillata sigillo nostri ^f ^g *Karoli Dei gracia Francorum Regis, die quinta mensis Augusti, anno Domini millesimo trecentesimo nonagesimo, Regnique nostri decimo. Sic signata super plica.* Per Regem. J. DE REMIS.

CHARLES V.
à Paris, le 9.
d'Août 1371.

a Gardes Bourgeoises.

b l'Ordre de Chevalerie. Voy. le Gloss. de du Cange, au mot, Militia.

c sans les leur rendre.

d supplicantes.

e supplicantes.

f fort. Regis.
g Charles VI.

NOTE.

(a) *Loriis.*] J'avois cru d'abord qu'il falloit corriger, *Loricis*, mais le mot *Frain*, se trouve dans toutes les Lettres qui ont confirmé celles-cy.

CHARLES V.
à Paris, le 23.
d'Août 1371.

(a) Lettres qui portent que les Juges de la Senefchauffée de Beaucaire, ne pourront faire des *Compofitions* avec ceux qui ont commis des delicts, qu'en la prefence du Procureur du Roy & du Receveur de cette Senefchauffée.

a ac. 2.ᵉ *Cop.*
b plures. 2.ᵉ *Cop.*
c veftri. 2.ᵉ *Cop.*
d Voy. les Tabl. des Mat. des Vol. des Ordonn. au mot, compofitions.
e noftros. 2.ᵉ *Cop.*

f captatis. 2.ᵉ *Copie.*

g &. 2.ᵉ *Cop.*
h afferant. 2.ᵉ *Cop.*

CAROLUS Dei gratia Francorum Rex. Senefcallo Bellicadri & Nemaufi, caterifque Judicibus ordinariis vel extraordinariis,ᵃ a Commiffariis quibufcumque in dicta Senefcallia ad infrafcripta deputatis vel deputandis, aut eorum Locatenentibus: Salutem. Cum Nos intellexerimus, quod vos & ᵇ pluri Locatenentes ᶜ, aut alter veftrum, auctoritate veftra, confueviftis capere & recipere de die in diem, plures ᵈ compofitiones & obligaciones fuper pluribus exceffibus & delictis, per fubditos ᵉ veftros dictæ Senefcalliæ perpetratis & commiffis, in abfentia Procuratoris & Receptoris noftrorum in Senefcallia fupradicta, qui ad confervationem Jurium noftrorum in hiis & aliis funt ibidem inftituti ac etiam ordinati; quod redundat ad noftri grave prejudicium atque damnum, ac dictorum Jurium noftrorum læfionem, fi fu ita. Quare vobis & veftrum cuilibet, prout ad eum pertinuerit, tenore præfentium inhibemus, ne aliquas compofitiones, financias & obligationes dictorum fubditorum, de cætero in abfentia dictorum Procuratoris & Receptoris, aut alterius eorumdem, ᶠ capietis aut capi faciatis ratione dictorum delictorum & exceffuum, aut alias quoquomodo: Mandantes infuper ac etiam intimantes omnibus Tabellionibus ac Notariis, qui ad hujufmodi compofitiones & obligationes jam factas, præfentes affuerunt, quatenus dictas obligationes ᵍ compofitiones fuper hoc factas, in fcriptis reddigant, & eas ʰ afferent & tradant in fcriptis fub fignis fuis, dicto Receptori noftro, ad Juris noftri confervationem, indilate; & fi fuper hoc fuerint negligentes aut remiffi, ipfos ad hæc viriliter & debite, fi neceffe fuerit, compellatis. Datum Parifiis XXIII.ᵃ Augufti, anno Domini milleffimo trecentefimo feptuagefimo primo; Regni vero noftri octavo.
Per Confilium noftrum exiftens in Camera Compotorum. JOANNES.

NOTE.

(*a*) Il a été envoyé de Montpellier, deux Copies de ces Lettres, avec ces deux Indications: Du N.° 19. fol.° 71.
Royaume en general, Arm. A. 7.ᵉ Continuation des titres particuliers. N.° 2.

CHARLES V.
à Paris, en Août 1371.

(a) Reglement pour la vente des Draps fabriquez dans la Ville de S.ᵗ Lo.

CHARLES, &c. Savoir faifons à tous prefens & avenir, comme ja pieça avant les guerres, la bonne Ville de S.ᵗ Lo ou païs de Normendie, laquelle eft une des XVII. Villes de Draperie de noftre Royaume, (b) à la Foire du Lendit & en plufieurs autres lieux notables, foit moult grant, fpacieufe, & y habitoit & venoit grant nombre & multitude de gens de plufieurs & diverfes contrées, qui foubz umbre de ce, amenoient ou faifoient venir & amener, tant par Mer que par Terre, en ladicte Ville & ès autres de noftre Royaume, plufieurs groffes denrées & Marchandifes de diverfes manieres; pour coy les habitans & fubgez d'icelle Ville & du pays d'environ, eftoient en partie foustenus, & y prenoient fanz prejudice d'autrui, en plufieurs manieres, grant proufit; & depuis certain temps en ça, pour les guerres & mortalitez, ladicte Ville de S.ᵗ Lo foit moult apeticiée & deppeuplée, & par ce porroit decheoir, & noz Aides tourner à néant, en grant donmage de Nous, du païs & de la chofe publique. Nous adcertes, atendués & confiderées les chofes deffus dictes, defquelles Nous fommes fouffifamment informez, defirans & affectans de tout noftre cuer, le bien & proufit

NOTES.

(*a*) Trefor des Chartres, Regiftre 102. Piece 307.

(*b*) A la Foire du Lendit.] C'eft-à-dire, qui amenoient des draps à la Foire du Lendit. Voy. fur cette Foire, le 3.ᵉ Vol. des Ordonn. p. 187. XXIV. & Note (*n*).

de la chose publique & de tous nos bons & loyalz subgez, par especial, pour le bien, augmentation & accroissement des rentes & revenuës de l'Eglise de *(a)* Coustances, où Nous avons singuliere affeccion, avons par deliberacion & advis de nostre Conseil, voulu & ordené, voulons & ordonnons de certaine science, plaine puissance & auctorité Royal, par ces presentes, affin que les Marchans ᵃ dehors aïent cause de frequenter ladicte Ville, & de y aporter de leurs denrees pour changer ᵇ à draps, ou les vendre en ladicte Ville, que de ci en avant à tousjours perpetuelment, tous les Draps qui seront fais desormaiz en ladicte Ville de S.ᵗ Lo, tant en & dedens la closture d'icelle, comme ès Forbours par dehors, soient ᶜ mis à estal par ceulx qui les feront ou à qui ilz seront, ᵈ au leur certain commandement, à trois jours de marchié; c'est assavoir, par trois Jeudis, ou lieu où il est acoustumé vendre les Draps en ycelle; avant qu'ilz soient ou puissent estre portez par ceulx qui les aront fais, hors de ladicte Ville, comme que ce soit, sur paine de les perdre & estre ᵉ forfaiz ; ᶠ ainsy toutesfois que les Marchans qui acheteront aucuns des diz Draps en ladicte Ville, après ce qu'ilz auront paié nos Aides, & les ᵍ Halages & coustumes sur ce, ilz les porront faire porter & mettre hors de ladicte Ville, là où il leur plaira, sanz les mettre à yceulx trois ʰ Marchans ou aucuns d'iceulx, s'il ne leur plaist, pour revendre ou en faire leur prouffit. Si donnons en Mandement par ces presentes, au Bailli de Caen & de Coustentin, aux Vicontes de Bayeux & de Coustances, & à tous noz autres Justiciers & Officiers, presens & avenir, & à leurs Lieutenants, que de nostre presente grace & Ordennance, ilz laissent & facent joïr & user paisiblement à tousjours, les dis Bourgois & habitans; & contre la teneur de ces presentes, ne les molestent ou empeschent, ou seuffrent estre molestez ou empeschiez au contraire, en aucune maniere. Et pour ce que ce soit chose ferme, &c. sauf, &c. *Donné à Paris, l'an de grace mil CCC LXXI. & de nostre Regne le VIII.ᵉ ou mois d'Aoust.*

Ainsi signé. Par le Roy. T. GRAFFART. ⁱ *Contentor.* *Visa.*

CHARLES V.
à Paris, en Août 1371.
a *de.*
b *avec des.*
c *soient exposez en vente.*
d *je crois que cela signifie, ou par leur ordre.*
e *confisquez.*
f *mais cependant,* &c.
g *droits qui se levent dans les halles, sur les Marchandises qui s'y vendent.*
h *marchez.*
i Voy. cy-dessus, p. 22. Note *(h).*

NOTE.

(a) Coustances.] Cette Eglise percevoit apparemment des droits sur les Draps qui se vendoient à S.ᵗ Lo.

(a) Lettres qui portent que les Officiers deputez pour la levée des nouvelles Aydes dans le Languedoc, ne les feront point payer aux *Sergents* & aux Citoyens de la Ville de Carcassonne.

CHARLES V.
au Bois de Vincennes, le 6. de Septembre [Voy. p. 423.] Note *(b)* 1371.
k Languedoc.
l formas.

KAROLUS *Dei gratia Francorum Rex. Universis presentes Litteras inspecturis Salutem. Notum facimus Nos vidisse quasdam Patentes Litteras Karissimi Germani nostri, Ducis Andegavensis, Locumtenentis nostri in* ᵏ *Partibus Occitanis,* ˡ *formam que sequuntur, continentes.*

LUDOVICUS *Regis condam Francorum Filius, Domini nostri Regis Germanus, & ejus Locumtenens in Partibus Occitanis, Dux Andegavensis & Comes Cenomanensis. Senescallo & (b) Constabulario* ᵐ *Carcassone, vel eorum Locatenentibus : Salutem. Meminimus* ⁿ *alias per Nos vobis scriptum & commissum fuisse, in hec verba.*

m Carc. là & plus bas. R.
n al. R.

NOTES.

(a) Tresor des Chartres, Registre 102. Piece 221.

(b) Constabulario.] S.ᵗ Loüis étant devenu maître de Carcassone en 1247. [Voy. le 3.ᵉ Vol. des Ordonn. p. 169. & Note *(b)*] y établit pour la défense de cette Ville, une Confrairie de 220. hommes, nommez *Sergents,* choisis entre les plus considerables Bourgeois de cette Ville ; & il leur donna pour Chef, un Prevôt nommé aussi *Connétable,* qui outre le commandement des Sergents, avoit aussi la Justice Civile & Criminelle dans la Ville. *Voy.* l'hist. des Comtes de *Carcassone,* par *Besse,* chap. 39. p. 210. Dans le Chap. suivant, p. 222. il parle des privileges accordez aux Sergents & Bourgeois de Carcassonne ; & entr'autres, de ceux qui sont contenus dans ces Lettres.

CHARLES V.
au Bois de Vincennes, le 6 de Septembre 1371.

a indagatione.

b Voy. cy-dessus p. preced. Note (*b*).
c desistatis.
d innovata & attemptata.
e ce mot est inutile.
f impetratis vel impetrandis.

g donner à ferme, dans plusieurs Ordonnances.
h solvendas.

i qu'elles n'ont point été envoyées par le Duc d'Anjou.
k contenta.

l comprehensi.
m fort. omnino.
n il y a dans le R. jo. avec une marque d'abreviation. fort. ideo. o aliquam.

p mot douteux.
q qi. avec une marque d'abreviation. R.
r contenta.
s districtius.
t in.
u juxta.

LUDOVICUS *Regis condam Francorum Filius, Domini nostri Regis Germanus, & ejus Locumtenens in Partibus Occitanis, Dux Andegavensis & Comes Cenomanensis. Dilectis nostris Generalibus deputatis super regimine Imposicionum ordinatarum pro succursu guerrarum Lingue Occitane, & quibuscumque Commissariis & Electis ad indicendum, levandum & exhigendum dictas Imposiciones in Diocesy Carcassone destinatis; nec non Senescallo & Constabulario Carcassone, aut eorum Locatenentibus: Salutem. Vobis & vestrum cuilibet in solidum precipimus & mandamus tenore presencium, committendo si sit opus, quatinus ab omni & quacumque indictione,*ᵃ *indegacione, exaccione & execucione, occasione seu pretextu Imposicionum predictarum, & aliarum quarumcumque subvencionum Regiarum indictarum & indicendarum, que ad*ᵇ *Servientes & veros habitatores Civitatis Carcassone, ne ipsa Civitas depopuletur, facta & imponenda*ᶜ *desistat,* ᵈ*innovatu & attemptatu in contrarium, si que sint, revocando & anullando; que Nos per presentes revocamus & anullamus, & ex causa; donec* ᵉ*per aliud per Nos fuerit ordinatum; Litteris, Ordinacionibus, Mandatis, deffencionibus verbo vel scripto factis, & in contrarium sub quavis verborum forma* ᶠ*impetratarum vel impetrandarum, non-obstantibus quibuscumque. Datum Tholose, die* XXI.ᵃ *mensis Decembris, anno Domini millesimo* CCC.ᵐᵒ LXIX. *Per Dominum Ducem. J. DE LA CHAYEN.*

Verum cum per querelam Civium predictorum intelleximus, quod dilectus noster Consiliarius, Magister Bernardus de Mora, unus ex Generalibus predictis, ac non nulli alii pretendentes se habere pottenciam indegacionem faciendi & ᵍ*vendendi ipsas Imposiciones Civitatis & Civium predictorum, & eosdem ad eas* ʰ*salvendas compellendi, premissa facere satagunt & adhuc nituntur, & ipsas de facto venales publice exposuerint, preter & contra formam & tenorem Litterarum nostrarum preinsertas, & in contemptum earumdem; asserendo inter alia, ipsas Litteras preinsertas non esse ex nostra certa sciencia concessas, nec* ⁱ*transmississe, nec eas executari mandatum fuisse per Generales supradictos, & alias multipliciter ipsos Civitatem & Cives, in earum Libertatibus & franchesiis & immunitatibus indebite agravando; quod Nobis displicet & non immerito, si sit ita. Nos enim attendentes preincertas Litteras &* ᵏ*contempta in eis, de nostra certa sciencia processisse, & in nostro Concilio concessas fuisse; nolentes, prout nec decet, secreta ipsius Civitatis, que cava (a) Camera Regia & Clavis tocius Lingue Occitane & una de principalioribus Regni Francie existit, pandi nec publicari; attendentes quod Civitas & Cives predicti, sub potestate Generalium predictorum, qui per nonnullos Comitatus Senescalliarum Tholose, Carcassone & Bellicadri, fuerunt & sunt electi; nec in oblacione per eosdem Comitatus nobis facta, cujus pretextu dicte Imposiciones indicte sunt, minime fuerunt nec sunt* ˡ*comprenssy, cum ab ipsis Comitatibus eorumque conciliis & tractatibus quibuscumque semper fuerunt & adhuc sunt* ᵐ*omnes separati, & in factis & tractatibus eorum non vocati; &* ⁿ *ipsos in aliquo obligare nequiverunt, cum semper cessarunt* ᵒ*aliquem potestatem habere premissa & quecumque alia offerendi & faciendi, ab eisdem prout de premissis sumus sufficienter informati; volentesque ipsos in eorum antiquis Libertatibus, franchesiis, Immunitatibus, Usibus, Consuetudinibus, possessionibus & saysinis* ᵖ *suis,* ᵠ *preservari, tueri que & deffendi, ut melius ipsa Civitas populetur, custodiatur & defendatur & melior efficiatur; & ex aliis pluribus justis de causis nostrum animum moventibus, premissa in preinsertis aliis nostris Litteris* ʳ *contempta, voluerimus, concesserimus, volumusque & concedimus per presentes. Quocirca vobis, & vestrum cuilibet in solidum, si necesse fuerit, committendo mandamus,*ˢ *districtius injungendo, quatenus contenta* ᵗ *impreinsertis aliis Litteris nostris, compleatis, perficiatis & exequamini diligenter,* ᵘ *justa ipsarum Litterarum continenciam & tenorem, nil*

NOTE.

(a) *Camera.*] Dans les differentes significations de ce mot, qui sont dans le Gloss. de du Cange, l'on trouve qu'il se prend quelquefois pour le Tresor & pour le Domaine du Roy. C'est peut-être par rapport à ces deux significations, que Carcassone est nommée ici, *Camera Regia*: Car cette Ville étoit unie au Domaine; & il y avoit un Tresorier Royal. Voy. les Tabl. des Mat. des 3.ᵉ & 4.ᵉ Vol. des Ordonn. au mot, *Carcassone*.

DE LA TROISIÉME RACE.

*de contingentibus in eisdem obmittendo; & si que facta fuerint in contrarium, ea omnia & * quidquid inde secutum fuerit, penitus revocetis & anulletis, que Nos per presentes revocamus & anullamus, & ex causa: Inhibentes nostro Conciliario & Generali * indicto, & quibuscunque aliis ad premissa deputatis & deputandis, (a) Preture * viribus, ne de premissis aliquathenus se * intromitrant, quibus Nos tenore presencium inhibemus; Mandatis, defencionibus, statutis, Ordinacionibus verbo vel scripto in contrarium factis, Litterisque sub quibusvis verborum formis, * clausis vel apertis, adversus premissa impetratis vel impetrandis, non obstantibus quibuscunque. Datum Tholose, die IIII. mensis Januarii, anno Domini millesimo ccc.^{mo} LXIX.º*

Nos autem omnia & singula in preinsertis Litteris contenta, rata & grata habentes, ea laudamus, aprobamus, ratificamus, & tenore presencium confirmamus, & de nostra sciencia & gracia speciali, de novo, si necesse fuerit, damus & concedimus per presentes: ^f Senescallo & Constabulario nostris Carcassone, vel eorum Locatenentibus, quatenus ^g dictis Cives & Servientibus, in premissis omnibus & singulis, tuheantur & defendant, ^h justa Litterarum suprascriptarum seriem & tenorem; non permittentes contra ipsos vel eorum aliquem, aliqua innovari nec attemptari; innovata & attemptata, si que sint, ad statum pristinum & debitum reducentes: Nam in premissis & ea tangentibus, ipsos & eorum quemlibet in solidum, Conservatores & Judices speciales facimus & constituimus per presentes: Inhibentes quibuscunque Locatenentibus nostris & Commissariis, Judicibus Generalibus deputatis, & aliis quibuscunque, ne de premissis, contra dictos Servientes & Cives nec eorum aliquem, aliquathenus ⁱ intromittere habeant nunc nec in futurum; quibus Nos tenore presencium inhibemus; Mandatis, defencionibus, statutis & Ordinacionibus in contrarium factis & impetratis, faciendisque & impetrandis, non ^k obstantibus quibuscunque. In cujus rei testimonium, presentes Litteras nostro sigillo fecimus corroborari. Datum apud Nemus Vincenarum, die (b) Septembris, anno Domini millesimo ccc.^{mo} LXXI.º & Regni nostri octavo.

Per Regem. J. VERNONE.

CHARLES V. au Bois de Vincennes, le 6. de Septembre 1371.

a quidquid.
b peut-être pour, predicto.
c viribus.
d intromittant.
e Lettres de Cachet, ou Lettres patentes.
f Mandantes.
g dictos... Servientes.
h juxta.
i se.
k obstantibus.

NOTE.

(a) *Preture viribus.*] *Prætura* signifie quelquefois en general une Jurisdiction. *Voy.* le *Gloss. de du Cange,* à ce mot. *Preture viribus* peut signifier ici, *en vertu du pouvoir de Lieutenant du Roy.*

(b) *Die.*] Il manque là le mot *sexta.* Car *Besse,* p. 224. dit, que ces Lettres de Charles V. sont du 6. de Septembre 1371.

(a) *Lettres qui portent que le Comté d'Auxerre nouvellement acquis par le Roy, avec ce qui pourra y être joint dans la suite, sera uni inséparablement au Domaine de la Couronne.*

CHARLES V. à Paris, en Septembre 1371.

CHARLES par la grace de Dieu Roy de France. Comme Nous ayans de nouvel (b) acquis & acheté le Comté d'Aucerre, de nostre amé & feal Jehan de Chalon, Conte de Tonnere, aveques touz les Fiez, Arriere-Fiefz, Seigneuries, Noblesces, hommes, vassaulx, rentes, possessions, revenuës, & autres appartenances & appendences quelconques appartenantes audit Conté, que ledit Jehan tenoit & possidoit de son propre Demainne & heritage, si comme par les Lettres de l'achat sur ce faictes, lesquelles ont esté mises pardevers Nous en nostre Tresor à perpetuel memoire, puet plus à plain apparoir; & pour Nous rendre l'argent que Nous avons paié pour ledit achat, les bonnes genz, Bourgois & habitans d'Aucerre & du pays d'Aucerrois, Nous ayent donné & octroyé liberalment & de leur bonne volenté, le disiéme de touz les grains & vins qui croistront oudit pays, pour trois

NOTES.

(a) Memorial *D.* de la Chambre des Comptes de Paris, *fol.*^o 6 vingt *v.*^o [120].
Voy. cy-dessus, p. 415. les Lettres du mois de Juillet 1371.

(b) Le Contract de vente qui est du 5. de Janvier 1370. est dans le Memorial *D.* de la Chambre des Comptes, *fol.* 115. *v.*^o

CHARLES V. à Paris, en Septembre 1371.

a ou.

années continuées, afin d'eftre & demourer perpetuelment foubz & en noftre main, fanz moïen, & fanz en eftre jamais mis hors par quelque voïe *a* en maniere que ce foit : Savoir faifons à touz prefenz & avenir, que Nous confideranz les chofes deffufdictes, & auffi l'affeccion, grant defir & bonne volenté que les diz Bourgois, habitans & bonnes genz dudit Conté & pays d'Aucerrois, ont d'eftre en noftre main, & noz fubgez & en noftre Seigneurie, fanz moyen; & que la Ville & Cité d'Aucerre, & auffi aucuns des lieux, Villes & Chafteaux appartenanz audit Conté, font affis fur la Riviere d'Yonne, & en pays & lieux dont moult de biens pevent chafcun jour venir & eftre conduiz & amenez en noftre bonne Ville de Paris, & paffer par noz autres deftroiz, Villes & paffages eftans fur ladicte Riviere & fur la Riviere de Seine, fanz dangier, empefchement ou deftourbier d'aucun moyen Seigneur; & que icelle Ville & Conté d'Aucerre, & autres Villes & Forterefces appartenanz à icellui Conté, font en Frontiere de plufieurs Parties & pays où Nous n'avions aucun Demainne; & par lefquiex liex & forterefces, fe aucunes guerres ou commocions avenoient, ou fe aucuns ennemis vouloient d'aventure grever ou dommager les Parties de France, icelles Parties & les autres en venant à Paris, pourroient être gardées, deffendues & tenues en feurté; icelluy Conté avec touz les Lieux, Villes, Chafteaux & Forterefces, Fiez, Arriere-Fiez, Seigneuries, Noblefces, Bourgoiz, Hommes, Vaffaulx, rentes, revenues, bois, prez, eaues, Molins, Garennes, poffeffions, & autres appartenances & appendences quelconques audit Conté, en quelconques chofes qu'elles foïent ou pevent eftre, & toutes autres chofes que Nous pourriens de ci en avant acquerir & approprier à icellui Conté, Nous par grant & meure deliberacion de noftre Confeil, pour les caufes deffus dictes & autres qui à ce Nous ont meu, avons approprié, unie & annexé, & de noftre auctorité, certeine fcience & pleine poiffance Royal, par la teneur de ces prefentes, approprions, unions & annexons perpetuelment à Nous & à noz fucceffeurs, & au Demainne de la Couronne de France, à y eftre & demourer à perpétuité, fanz ce que jamais icellui Conté ou aucune chofe d'icellui, par Nous ou noz fucceffeurs Roys de France, en puiffent eftre oftez, feparez, *b* detraiz, alienez, ne baillicz à aucuns de noz Freres ne à autres de noftre Lignage, ne à quelconque autre perfonne, de quelque eftat ou condicion qu'elle foit, par partage, par mariage ou appanage, ne par autre quelconque voïe ou maniere que ce foit, de prefent ne pour le temps avenir : Et fe par aventure, ledit Conté ou autres appartenances d'icellui, ou aucunes chofes d'icelles, Nous ou aucuns de noz fucceffeurs Roys de France, Nous en diftrahons, feparions, oftions ou alicnions, Nous ne voulons que aucune diftraction, féparacion ou alienacion que Nous ou aucun de noz diz fucceffeurs en facions, tiengnent ne vaillent, ne aïent aucune force ou vigueur, ne que à aucunes Lettres qui feroient par aventure données au contraire, par Nous ou noz diz fucceffeurs ou temps avenir, foit en aucune maniere obéi, ne que icelles aient ou puiffent avoir aucun effect, ne pourter aucun prejudice à noz prefentes Lettres ne au contenu d'icelles, par quelque voïe ou maniere que ce foit; & que ledit Conté & les appartenances & appendences deffus dictes, ne foient & demeurent à tousjours appropriez, uniez & annexez au propre Demaine de la Couronne, comme dit eft. Et ainfi l'avons Nous promis & accordé en parole de Roy, aus diz habitans d'Aucerre, & du pays d'Aucerrois, fanz jamais faire ne fouffrir eftre fait le contraire. Et que ce foit ferme chofe & eftable à tousjours, Nous avons fait mettre noftre feel à ces prefentes : fauf en autres chofes noftre droit, & l'autrui en toutes. *Donné à Paris, l'an de grace mil trois cenz foixante & onze, & de noftre Regne le huitiefme, ou mois de Septembre.* Ainfi figné. Par le Roy. N. DE VERRES.

b diftraits.

Collacio facta fuit cum Originalibus Litteris, in Camera Compotorum Parifius, *c* die fexta Novembris, *c* trecentefimo feptuagefimo primo, per me, Hugonem de Columbeyo, & me, CRETE.

c millefimo.

(a) *Lettres qui portent qu'il sera établi dans la Ville d'Auxerre, un Bailliage Royal; que le Bailli de Sens en sera Bailli, sous le titre de Bailli de Sens & d'Auxerre; & qui reglent l'étenduë du Bailliage d'Auxerre, dont une partie fut démembrée de la Prevosté de Ville-neuve-le-Roy.*

CHARLES V.
à Paris, en Septembre 1371.

CHARLES par la grace de Dieu Roy de France. Comme Nous ayons de nouvel acquis & achaté le Conté d'Auceurre, de nostre amé & feal Jehan de Châlon, Conte de Tonnerre; avecques touz les Fiez, Arrere-Fiez, Seigneuries, Noblesces, hommes, Vassaulz, rentes, possessions, revenuës, & autres appartenances & deppendences quelconques appartenans audit Conté, que ledit Jehan tenoit & possidoit de son propre Demaine & héritage, si comme par les Lettres de l'achat sur ce faictes, lesquelles ont esté mises pardevers Nous en nostre Tresor à perpetuel mémoire, puet plus à plain apparoir; & pour Nous rendre l'argent que Nous avons payé pour ledit achat, les bonnes genz, Bourgois & habitans d'Aucerre & du pays d'Aucerrois, Nous ayent donné & octroyé liberalment & de leur bonne volenté, le disieme de touz les grains & vins qui croistront oudit pays, pour trois années continuées, afin d'estre & demourer perpetuelment soubz Nous & en nostre main, sanz moyen, & sanz en estre jamais mis hors par quelque voye ou maniere que ce soit; & aussi que en ladicte Ville d'Aucerre, sera perpetuel Siege Royal; & que le Bailly de Senz qui est à present & pour le temps avenir sera, demeure & soit nommé perpetuelment Bailli de Senz & d'Auceurre, & qu'il y ait Siege & Assise Royaulx, & y viegnent & ressortissent de ci en avant perpetuelment, sanz moyen, les Villes & lieux ci-dessoubz esclaircis & nommez : Savoir faisons à touz presens & avenir, que Nous, pour cause & consideracion des choses dessus dictes, & que ladicte Ville d'Aucerre & le pays d'Aucerrois, qui moult ont esté grevez & dommagiez par noz ennemis, puissent estre réparez & amendez, & que icelle Ville puisse estre repeuplée de bonnes genz & habitans : Considerans aussi, que c'est Ville & Cité notable, & que en icelle se pevent retraire & demourer genz de Conseil; & à moins de grief & de dommage, le peuple du pays puet venir à Justice; & especialment ceux de l'Eveschié d'Aucerre & du pays d'Aucerrois & d'ilecques environ, qu'il ne faisoient en plus lointaing Siege; de nostre pleine puissance & auctorité Royal, & par grant & meure deliberacion de nostre Conseil, volons & avons ordené, & ordenons & [a] discernons par la teneur de ces presentes, & pour l'utilité & évident profit de la chose & bien publique, que le Bailli de Senz qui est à present & qui pour le temps avenir sera, demourra & sera nommé perpetuelment Bailli de Senz & d'Aucerre, aus gages tant seulement qu'il avoit par avant; & sera perpetuel Siege Royal en ladicte Ville & Cité d'Aucerre, & y tendra ledit Bailli perpetuelment Siege & Assises Royaulx, & par la forme & maniere qu'il les tient & a acoustumé de tenir à Senz, & aux autres Villes dudit Bailliage où il a Siege d'Assises; & [b] vendront & ressortiront de ci en avant perpetuelment, sanz aucun moyen, audit Siege de la Cité & Ville d'Aucerre, les diz Bourgois & habitans d'icelle Cité & Ville, & toutes les Villes qui sont du Demainne dudit Conté d'Aucerre, & toutes les autres Villes & habitans d'icelles, Nobles & non-nobles, qui sont du Fié & Arriere-Fié dudit Conté, avecques toutes les Villes & lieux enclavez en icellui Conté, soient du Demaine dudit Conté, Fié ou Arriere-Fié d'icellui ou d'autres quelconques; & aussi vendront & ressortiront audit Siege d'Aucerre, toutes les Villes, les habitans & demourans en icelles, Nobles & non-nobles, & de quelque autre estat ou condicion qu'il soient, qui sieent & sont estans & assises en l'Eveschié d'Aucerre & dehors, entre les Rivieres de Loire,

[a] *decernons.*

[b] *viendront.*

NOTE.

(a) Memorial *D.* de la Chambre des Comptes de Paris, *fol.°* 119. *v.°* *Voy.* les Lettres precedentes.

Tome V. Hhh

CHARLES V.
à Paris, en Septembre 1371.

a Il n'a point encore été parlé de cette Ville.
b avoient accoustumé.

d'Yonne & de *(a)* Cuevre, & lesquelles sont plus près de ladicte Ville d'Aucerre que de ª ladicte Villeneuve le Roy, & lesquelles ᵇ souloient ressortir audit Siege d'icelle Villeneuve le Roy, sanz plus ressortir ne estre du ressort d'icelle Villeneuve le Roy; mais tant seulement du ressort de ladicte Cité & Ville d'Aucerre; & d'ilecques, vendront & ressortiront sanz moyen, en nostre Court Souveraine de Parlement, & par la forme & maniere que ilz ressortissent du Bailliage de Senz : Lesquelles Villes & lieux & habitans en icelles, Nobles & non-nobles, & autres genz, de quelque estat qu'il soient, demourans & habitans oudit pays, de nostre auctorité & poissance devant dictes, Nous exemptons, distrahons & ostons dudit ressort de la Villeneuve, sanz ce que jamais, de present ne pour le temps avenir, ilz ressortissent en aucune maniere, fors tant seulement au Siege d'Aucerre, comme dessus est dit. Si donnons en Mandement à toutes manieres de genz d'Eglise, de quelque estat ou condition qu'il soient, Nobles, non-nobles, Bourgois & habitans des diz lieux, Villes & pays, & qui Terres & possessions ont & possident en icellui pays, qu'ilz aillent & ressortissent de ci en avant, audit Siege d'Aucerre; & aus Bailli de Senz & Prevost de la Villeneuve, presenz & avenir, que audit Siege de la Villeneuve, ne les appellent ou facent appeller, traire ne advoquer en cas de ressort, de ci en avant, en aucune maniere; pourveu toutevoiez que les Causes & procès pendans devant ledit Bailli de Senz ou le Prevost d'icelle Villeneuve, audit Siege de la Villeneuve, seront en icelui Siege devant eux determinées & finies. Et que ce soit ferme chose & establie à touzjours, Nous avons fait mettre nostre seel à ces presentes : sauf en autres choses nostre droit, & l'autrui en toutes. *Donné à Paris, l'an de grace mil trois cens soixante & onze, & de nostre Regne le VIII.ᵉ ou mois de Septembre.* Ainsi signé. *Par le Roy.* N. DE VEIRES.

c millesimo.

Collacio cum Originali, facta fuit in Camera Compotorum Parisius, die sexta Novembris, ᶜ trecentesimo septuagesimo primo, per me, Hugonem de Columbeyo, & me, CRETE.

Ce qui suit est à la marge d'en bas.

Istam Litteram habui & posui in Thesauro, cum aliis similibus, duodecima Novembris, millesimo trecentesimo septuagesimo primo. DE MONTAGU.

d millesimo.

Instrumentum possessionis dicti Comitatus Antissiodorensis, quam cepit pro Domino Rege, Magister Nicolaus de Veres (b) ejus, traditum fuit dicto Magistro Gerardo, ad reponendum cum dicta Littera dicte emptionis, & fuit datum dictum instrumentum septima Septembris, ᵈ *trecentesimo septuagesimo primo.*

Ita fuit mihi traditum, ultima Februarii, millesimo trecentesimo septuagesimo primo. DE MONTAGU.

NOTES.

(a) Cuevre.] La *Cure*, qui à quelques lieues au-dessous de *Clamecy*, dans le Nivernois, se jette dans l'*Yonne*, à *Crevant.* Voy. *les Rivieres de France*, par Coulon, tom. 1. p. 69.

(b) Ejus.] Il faut apparemment suppléer, *Clericus* aut *Secretarius.* N. de Veres étoit Secretaire du Roy. Voy. à la fin de ce Vol. les Tables des noms des personnes, au mot, *Veres* (N. de).

CHARLES V.
à Paris, le 6. d'Octobre 1371.

e Guillaume de Poitiers. Voy. cy-dessus, p. 412. Note (b).

(a) Lettres par lesquelles le Roy requiert & prie l'Evêque de Langres, de faire publier & afficher dans son Diocese, une Bulle de Clement V. contre les faux-Monnoyeurs.

*K*AROLUS *Dei gracia Francorum Rex. Dilecto & fideli nostro Episcopo* ᵉ *Lingonensi : Salutem & dilectionem. Cum à sede Apostolica Nobis sit indultum, & omnibus inhibitum, ne aliqua persona, cujuscumque preeminentie, dignitatis, Ordinis,*

NOTE.

(a) Registre *D.* de la Cour des Monnoyes de Paris, *fol.*ᵒ 7 vingt 14. recto (154).

DE LA TROISIÉME RACE. 427

status vel ^a *consuetudinis existat, aut quamcumque auctoritatem seu potestatem super cudendo* ^b *Monetis, se habere pretendat, signum, formam vel speciem Monete nostre & successorum nostrorum Regum Francie, sibi assumere, aut in sua Moneta imprimere vel insculpere, aut assumpta seu impressa vel insculpta* ^c *; nec alia quevis persona* ^d *aliis nostris contrafactis Monetis à Cugnis, per se vel per alios, uti nec eas allocare in Regno nostro quomodolibet presumant; alioquin omnes & singuli qui secus attemptare presumpserint, excommunicationis sententiam incurrunt ipso facto, à qua* ^e *vel alium quam Romanum Pontificem, preterquam in mortis articulo, non possunt absolvi, prout per transcriptum Litterarum Apostolicarum Nobis super hoc* ^f *dultarum, quod vobis, manu publica & sigillo Curie Officialis Parisiensis sigillatum, mittimus, hec & alia videbitis latius apparere; vos requirimus & rogamus quatinus, ipsius transcripti copias, proprio vestro vel Curie vestre sigillo communitas, in Valvis vestre Cathedralis, & aliarum Ecclesiarum tam Parochialium quam etiam aliarum Ville & Civitatis Lingonensis, & ceterarum Ecclesarum Parochialium & locorum Ecclesiasticorum & tocius vestre Diecesis, affigi facietis vel apponi; sententiamque & alia in dicto transcripto* ^g *declaratis, in Ecclesiis & locis predictis, Dominicis diebus solemniter divulgari & eciam publicari, ne quemquam talia committentem, liceat vinculum supradictum* ^h *; taliter in predictis vos habentes, quod dicte sedi ac Nobis debeat esse gratum.* Datum Parisius, die VI.ᵃ Octobris, anno Domini millesimo trecentesimo septuagesimo primo, & Regni nostri octavo. Per Regem, ad Relacionem Consilii. J. DE LUZ.

CHARLES V.
à Paris, le 6. d'Octobre 1371.
a sort. conditionis.
b Monetas.
c Je crois qu'il manque là quelques mots. *Voy. la Bulle de Clement V.* qui est à la suite de ces Lettres.
d Je crois que cet endroit est aussi corrompu.
e per.
f indultarum.
g declarata.
h Je crois qu'il manque là quelques mots.

(a) IN Nomine Domini. Amen. Noverint universi, quod hoc est exemplum seu transcriptum aut transumptum quarumdam patentium Litterarum felicis recordationis, Domini Clementis, Pape Quinti, ejus vera Bulla plumbea, in filis de serico ⁱ robei croceique coloris, more Romane Curie, bullatarum, non viciatarum, non cancellatarum, non abrasarum, non abolitarum, nec in aliqua sui parte corruptarum; sed sanarum & integrarum, ac omni vicio & suspicione prorsus carentium, ut prima facie apparebat, quarum tenor de verbo ad verbum sequitur, & est talis.

i rubei.

CLEMENS *Episcopus Servus Servorum Dei. Ad perpetuam rei memoriam. Prodiens quasi ex adipe iniquitatis, multorum sceleratorum cupiditas, eos in perniciem precipitare* ^k *cognatur, dum sequi miserabilem ejus ingluviem, facietatis nescientem moderamina, non verentur: Ipsi etenim turpium lucrorum se fecibus immergentes, ambitiosis nexibus involvuntur, Dei timorem damnabili cecitate postponunt, & quasi ambulantes in tenebris, non vitant excidia personarum. Nuper siquidem ad nostri Apostolatus auditum, multorum relatio fide digna perduxit, quod nonnulli nullam habentes auctoritatem, jure vel consuetudine seu privilegio, faciendi Monetam, falsam Monetam cudunt & fabricant in Regno Francie & locis circumvicinis* ^l *vero Monetam fabricatam sub vero signo carissimi in Christo Filii nostri,* ^m *Philippi Regis Francorum illustris, studiose depravant, & ex hoc cadit à suo recto pondere: Quam plures etiam in locis circumvicinis, quibus de jure aut consuetudine seu privilegio, jus competit fabricandi Monetam, signum proprium Monete Regie, Monete sue quam fabricant, imprimere seu insculpere moliuntur, ejusdem (b) quantitatis & rotunditatis & litterarum figure, quam habet Moneta Regia, Monete sue quam fabricant, quantum possunt similis, speciem & formam insculpunt, constituunt & imprimunt; & quamvis Moneta predicta eorum ad usurpatam*

k conatur.

l Il y a là un mot que l'on n'a pû lire. Il y a un caractère inconnu, & puis *In* sans abbreviation. Peut-être faut-il lire, *alii, in* Philippe-le-Bel.

NOTES.

(a) *In Nomine.*] Registre D. de la Cour des Monnoyes de Paris, fol.° 7 vingt 13. verso [153].
Avant ces Lettres, il y a :
Le XVIII.ᵉ jour de Novembre, mil trois cens soixante & unze, furent apportez en la Chambre des Monnoyes, trente Instrumens fait de certaines Bulles du Pape Clement, dont la teneur s'ensuit.
Bulle du Sainct Pere, par laquelle il excommunie tous ceulx qui contrefont les Monnoyes du Roy.
(b) *Quantitatis.*] Je crois que ce mot signifie, *la Loy de l'Espece* ; mais le poids étoit trop foible.

Tome V.

Hhh ij

CHARLES V.
à Paris, le 6.
d'Octobre
1371.
a discernendi.
b assimilatus.

similitudinem perducta, desinat à justo pondere Argenti & solito in Regia Moneta, & more & consuetudine servato, simplices tamen & populares persone, non habentes inter Monetas tante similitudinis, periciam *a* discernandi, falluntur cotidie ea occasione in usu Monetarum, recipientes Monetas falso *b* assimulata, pro veris : sunt & alii qui scienter falsas Monetas ultra Regnum predictum emunt, & postea infra Regnum ipsum eas portant, vendunt & expendunt. Nos igitur attendentes, quod iidem falsarii & fabricatores Monetarum talium & emptores predicti, per hoc se dignos maledictione constituunt, eos qui, ut premittitur, premissa molliri aut fabricare aut emere vel portare ad Regnum predictum, scienter presumpserint, excommunicationis sentencia innodamus ; absolutione predictorum, Nobis & successoribus nostris, preterquam in mortis articulo, reservata. Nulli ergo hominum liceat, hanc paginam nostre innodationis & reservationis infringere, vel ausu temerario contraire. Si quis autem hoc attemptare presumpserit, indignationem Omnipotentis Dei, & Beatorum Petri & Pauli Apostolorum, se noverit incursurum. Datum

c Clement V.
fut élu Pape en
1305.

Tholose, 11.e Kalend. Januarii, *c* Pontificatus nostri anno quarto.

Actum seu exemplatum aut transcriptum sive transumptum, in Domo habitationis mei Notarii publici infrascripti, sita in Vico novo Beate Marie Parisiensis, anno Domini millesimo tricentesimo septuagesimo primo, Indicione nona, die vicesima octava mensis Augusti, Pontificatus sanctissimi in Christo Patris & Domini nostri Domini Gregorii, Divina providentia Pape undecimi, anno primo : Presentibus venerabili & discreto viro, Johanne de Roquis, Presbitero, Thesaurario Ecclesie

d Viviers.
e Meldensis.
f il y a une marque d'abbreviation sur la fin de ce mot.

Beate Marie *d* Vivariensis in Brya, *e* Meldonensis Diocesis; Johanne Laguillet; Petro Alnardi & Johanne de Villa *f* Maden. Clericis Parisiensis, Aurelianensis & Leonensis Diocesum, testibus ad hec vocatis & rogatis.

Et Ego Guillelmus de Lesconet, Clericus Leonensis Diocesis, publicus & Apostolica auctoritate Notarius, quia facta per me cum alio, diligenti collatione de dictis Litteris Apostolicis; ad presens transcriptum ex eis originaliter sumptum, presentibus dictis testibus, ea ad invicem per omnia concordare inveni, ideo transcriptum hujusmodi per alium scriptum publicando, manu propria me subscripsi, & signum meum solitum apposui, rogatus in testimonium veritatis.

CHARLES V.
à Paris, en l'Hostel de S.t Paul, le 8. d'Octobre 1371.

(a) Reglement pour la Jurisdiction du Bailly des Ressorts & exemptions de Touraine.

Droits Royaux dont cognoissent les Baillifs.

CY après s'ensuit la Declaration que le Roy nostre Sire a faict en son Conseil à la Requeste de son Bailly, Jean de la Thuille, & Procureur au Bailliage de Thouraine, d'Anjou & du Maine, après ce que en sondit Conseil eurent esté veuës les Lettres faites sur le bail & octroy à Monseigneur d'Anjou, de ladite Duché de Thouraine, par lesquelles il appert que le Roy a reservé pardevers luy la foy & lige hommage dudit Duché de Thouraine, la Souveraineté & ressort & exemptions de tous les droicts Royaux, & lesquelles Ordonnances par Arrest du Parlement furent ordonnées estre criées & publiées à la Table de Marbre à Paris, en la Ville de Tours,

---

NOTE.

(a) L'on a déja vû cy-dessus, p. 369. un Reglement non en forme, fait vers le mois de Decembre 1370. pour la Jurisdiction du Bailli des Ressorts & exemptions de Touraine, &c.
En voicy un autre qui n'est pas non plus en forme; qui ne se trouve point dans les Registres de l'année 1371. mais qui a été donné par *Joly* dans ses Offices de France, tom. 2. additions au 3.e Livre, p. 1824. on le fera imprimer icy tel qu'il est dans cet Auteur.
Ce Reglement se trouve aussi dans le grand Coustumier de France, donné par Charondas le Caron, *Liv. 1. ch. 3. p. 12.* il y a quelques legeres differences dans le stile.
Choppin dans son Commentaire sur la Coutume d'Anjou, *tom. 1. ch. 65. N.o 2. p. 541.* a donné un extrait de ce Reglement. Chenu dans ses Privileges de Bourges, *p. 63.* en fait aussi mention.

& autres Villes & Lieux notables du Duché de Thouraine, tant ès lieux & terres des exemptions, comme en ceux de jurisdiction & domaine de Monsieur d'Anjou.

CHARLES V. à Paris, en l'Hostel de S.' Paul le 8. d'Octobre 1371.

(1) *Item. Premierement.* Est ordonné & declaré par le Roy à present, & en tant que touche & regarde la Duché de Thouraine, que ledit Bailly qui à present est, & ceux qui seront pour le temps avenir ordonnez pour le gouvernement desdites Souveraineté & ressort, exemptions & droicts Royaux, aura la Cour, jurisdiction & connoissance des causes & besongnes regardans ressort & Souveraineté, regardans les exempts du pays de Thouraine, leurs sujects, justices & jurisdiction ordinaire demeurant pardevers lesdits exempts, comme ils ont eu du temps ancien.

(2) *Item.* Il est ordonné pour le gouvernement dudit Bailliage desdits ressorts, que ledit Bailly pourra tenir ses assises ou jours és lieux qui s'ensuivent; c'est sçavoir à Chinon, en la Ville de Tours, ou lieu que l'en dit Chasteauneuf.

(3) *Item.* En un chacun desdits lieux pourra bien faire un Lieutenant seulement, un Tabellion pour recevoir contracts, & passer toutes lettres de toutes personnes qui se voudront obliger devant luy, & un homme notable pour garder les Seaux.

(4) *Item.* Fera ledit Bailly, Sergens, pour garder ladite Jurisdiction Royale dudit païs de Thouraine, jusques au nombre de six : c'est à sçavoir deux à Chinon, & quatre à Tours, & croistra le Roy le nombre s'il veut & il voit qu'il soit expedient de le croistre.

(5) *Item.* Pourra faire faire & ordonner ledit Bailly ès lieux dessusdits, Advocats & Procureurs pour garder le droict du Roy nostre Sire & de la Couronne de France, ausquels Advocats & Procureurs, seront gages & pensions establis selon l'Ordonnance de la Chambre des Comptes.

(6) *Item.* Feront le serment les dessus nommez, que à leur pouvoir ils garderont le droict du Roy nostre Sire, & ne le laisseront ou souffriront point perir ne ᵃ amurir.

a *amoindrir.* G. C.

Item. Avec ce ledit Bailly ou son Lieutenant tiendront leurs assises en la maniere accoustumée, comme dit est. Pourront aussi iceluy Bailly ou son Lieutenant tenir leurs Jurisdictions ordinaires esdits lieux, de huit jours en huit jours, & non autrement, si ce n'estoit pour cas ᵇ present, peril évident, ou autre juste cause desirant celerité, auquel cas ledit Bailly ou ses Lieutenants en son absence ès lieux dessus nommez, pourront tenir & exercer Jurisdiction, toutesfois que mestier seroit.

b *pressant.*

Item. Le Bailly & son Lieutenant esdits lieux pourront cognoistre de tous cas, dont la cognoissance appartient au Roy nostre Sire, soit à cause de Souveraineté, ressort ou par droict Royal, & ne souffriront que autre Juge en ait la cognoissance, si comme des Eglises Royaux, ou de fondation Royal ou autrement exemptes ou privilegiez par le Roy nostre Sire. Ou quel cas ledit Bailly ou son Lieutenant auront la cognoissance tant des causes desdites Eglises, des serviteurs en icelle & des hommes & sujects, comment que ce soit desdites Eglises ou personnes privilegiées, comme dit est. Et ne pourront les Juges ordonnez par Monsieur de Touraine, cognoistre des cas meus ou pendans en deffendant entre lesdits gens d'Eglise ou privilegiez comme dit est, soit à cause du chef ou des membres desdits privileges, mais iceux seront tenus de renvoyer sans difficulté pardevant ledit Bailly, au Siege ou Sieges de leurs ressorts ; C'est assavoir ceux de Thouraine à Tours ou à Chinon.

Item. Auront lesdits Bailly ou Lieutenant, & non autre, la cognoissance, punition & correction ᶜ de leze-Majesté ou premier chef, de l'infraction de la sauve-garde du Roy nostre Sire, fausse Monnoye, & de port d'armes notables, qui est à entendre

c *des crimes.* G. C.

NOTE.

(b) *Item.*] Dans Joly entre cet article & le precedent, il y a de suite ce qui suit, que l'on a crû devoir mettre en Note.

Nota, que les Baillifs Royaux ne cognoissent point des Eglises Cathedraux ou celles qui sont de fondation Royale, quand elles sont assises hors d'ancien demaine, & que le bien où est le Bailly & Comté ou Duché d'ancienneté, & depuis venu en demaine & en emplain le Bailly de Troyes ne cognoist point des Eglises Cathedraux estans en son Bailliage, mais en cognoist le Bailly de Sens, Item de Chartres, Item d'Evreux.

CHARLES V.
à Paris, en l'Hostel de S.¹ Paul le 8. d'Octobre 1371.
a coercion. G.C.
b auront. G.C.

c ordinaires. G.C.

quand ils auront compagnie de gens armez, garnis d'autres armes que espées, cousteaux ou bastons; & aussi des contracts faicts sous Seel Royal, quand l'obligé s'obligeoit ou soufmettoit seulement à la ª conversion du Seel Royal; car ou cas que l'obligé se soufmettroit à toutes Jurisdictions, autres Juges en pourroient cognoistre par prevention, & aussi en cas de nouvelleté entre toutes personnes par prevention cognoistra lesdits Bailly & Lieutenant, & generalement ᵇ d'avoir la cognoissance de tous cas touchant droict Royal.

Item. Ordonné est, que ressort sera ordonné à Monsieur le Comte de Blois & à ses Officiers, gens ou hommes à cause du Chastel & Chastellenie de Chasteau-Regnaut à Tours, & y sera renvoyé de Chartres où il est audit lieu de Tours ès assises ᶜ, cognoistra ledit Bailly & pourra justicier ledit Comte & ses sujects, à cause de sadite Chastellenie.

Item. Ordonné est que doresnavant pour le temps à venir les mandemens & rescripts qui partiront du Parlement ou de la Cour de France, & lesquels on souloit addresser ou envoyer aux Seneschaux de Touraine, d'Anjou & du Maine, s'addresseront ausdits Bailly & Lieutenant, & ainsi sera dit au Greffier du Parlement & autres Notaires du Roy.

d retiendra. G.C.

Item. ᵈ Recevra ledit Bailly pardevers luy tous les procez & causes desdits exempts & sujects, pendans ailleurs que pardevant luy.

Item. Et ledit estat desdites causes & aussi les autres qui auront les procez devant nostre Bailly & Lieutenant, ledit Bailly face bailler à nostre Procureur par luy ordonné esdits lieux pour conservation du droict Royal, & à ce contraigne ceux de qui il appartiendra.

En tesmoins de ce, Nous avons fait mettre nostre seel à ces presentes Lettres. Donné en nostre Hostel lez Sainct Paul à Paris, le huictiesme jour d'Octobre, l'an mil trois cens soixante & unze, & de nostre Regne le huictiesme.

e Vilmer. G.C.

Signé. Par le Roy. ᵉ WILGRIM. (c)

NOTE.

(c) Joly, p. 1884. de ses additions au 3.ᵉ Livre, après avoir rapporté les articles de ce Réglement, qui regarde l'Avocat & le Procureur du Roy, adjouste ce qui suit, que l'on peut regarder comme une indication des Registres d'où il l'avoit tiré.

Extraict du Registre des Causes du Thresor du Roy à Paris, de l'an mil quatre cens neuf. Thresoriers M. Thibauld de Chantemerle, Chevalier, Jean de la Cloche, &c.

Advocat du Roy, M. Toussainct Baiart, &c.

Autre Extraict du Registre de l'an 1410. Thesaurarii Franciæ Dominus Joannes de Columbario, Miles, &c. Advocatus Magister Toussanctius Baiart, &c.

Autre Extraict du Registre de l'an 1411. Thesaurarii tunc temporis, &c. Advocatus in Thesauro, Magister Toussanctius Baiart, &c. au Recueil de la Chambre du Thresor pages 17. & 18.

CHARLES V.
à Paris, le 19. d'Octobre 1371.
f Scatisse. 2.ᵉ Cop.
g Senescallis. 2.ᵉ Cop.
h Languedoc.

(a) Lettres qui portent que les Nobles du Languedoc, payeront l'Ayde établie dans ce Pays.

CAROLUS Dei gratia Francorum Rex. Dilecto & fideli Consiliario nostro, Petro ᶠ Escatisse, Magistro Compotorum nostrorum; ᵍ Senescalliis Tholosæ, Carcassone & Bellicadri, Electisque & Receptoribus Impositionum & aliorum subsidiorum in ʰ Lingua

NOTE.

(a) La Copie de ces Lettres a été envoyée de Montpellier, avec cette indication: Du N.° 19. fol.° 87. v.°
Il en a été envoyé une seconde, avec cette indication:

Senechaussée de Nisme en general, liasse 18. des actes ramassés, Arm. A. N.° 6. fol. 87. verso.

Ces Lettres font voir qu'il en manque plusieurs sur l'Ayde établie dans le Languedoc, vers 1371.

DE LA TROISIÉME RACE.

Occitana, vel eorum Locatenentibus : Salutem. Intellecto nuper, quod licet Nos per nos-tras alias Litteras, vobis & vestrum cuilibet, ª *mandamus quatenus omnes & singulos Nobiles dictarum Senescalliarum, quos acceperamus aliquas Congregationes & Mono-polia inter se fecisse, & appellationes emisisse vel* ᵇ *emittæ proposuisse, ut sint à solutione dictarum Impositionum & aliorum Subsidiorum, quas & quæ cæteri habitatores dicta-rum Senescalliarum, solvere non recusant, liberi; vel saltem, per dilationes & diffugia possent evadere* ᶜ *solutionum prædictarum, compellatis ad solvendum dictas Impositiones & Subsidia, & alia onera* ᵈ *subeundi; nonobstantibus prædictis appellationibus emissis & etiam emittendis, quas frivolas* ᵉ *decernimus per nostras* ᶠ *Patentes Litteras; & nihil-ominus prædictos Nobiles quos de præmissis repereritis culpabiles,* ᵍ *punietis* ʰ *prima ratione, prout hæc & alia in nostris prædictis Litteris plenius* ⁱ *continetur, vos nihilominus, vir-tute quarumdam Litterarum nostrarum* ᵏ *Litterarum Nobis inscitis obtentarum, vobis aut vestrum aliquibus* ˡ *obtentarum, ad instantiam Raymundi de Fabricis* ᵐ *Berengarii Dal-matii, Nobilium, tam suo nomine quam aliorum Nobilium Civitatis & Diæcesis* ⁿ *, sibi adhærentium ;* ᵒ *per Libertates & privilegia per Predecessores nostros eis concessas, Sub-sidiis inhibi* ᵖ *imposterum, cum plebeis contribuere non tenentur, de hoc in pocessione* ᵠ *exis-tentium, usi sunt à tanto tempore quod hominis memoria in contrarium non existit ; & quod secundum Instructiones de novo editas super modo levandi & exigendi dictas Im-positiones, decimam partem vini, & alia subsidia dictarum Senescalliarum, dicti Nobi-les suis predictis privilegiis uti* ʳ *volunt; & quod nihilominus, Guilhelmus Alamandi & Bernardus de Oleo,* ˢ *Commissariis, suique deputati, nisi fuerunt & nituntur compel-lere dictos Nobiles ad contribuendum cum dictis plebeis in prædictis, & plures pecuniarum summas exhigerunt ab ipsis; & propter hoc, & quia ipsas sibi restituere recusarunt, su-pliciter requisiti, ad nostram Parlamenti Curiam appellarunt, ad executionem ulteriorem antedictarum nostrarum Litterarum, procedere* ᵗ *distulisti, in nostri non modicum prejudi-cium, si sit ita. Nos attendentes emolumenta quæcumque dictarum Impositionum & Sub-sidiorum aliorum, in opus communis dessensionis Patriæ, ad omnium & singulorum ha-bitatorum ejusdem, tam Nobilium quam innobilium, utilitatem & commodum debere con-verti; quamobrem ordinasse meminimus, neminem cujusvis conditionis aut status, inde fore liberum: Considerantes insuper, quod per appellationes hujusmodi, si* ᵘ *differentur eisdem* ˣ *salutem prædictorum posset plus debito prothelari, & appellantes possent forsan eorum præstationem, per diffugia, contra voluntatem nostram vitare; mandamus & præcipimus vobis quam districtius possumus, & committimus, si sit opus, & vestrum cuilibet, qua-thenus dictos Nobiles, universos & singulos, ad contribuendum dictis Impositionibus & Subsidiis, cum aliis nostris subsidiis innobilibus, compellatis viriliter & rigide, & prout pro nostris propriis debitis est fieri consuetum, sic quod ad Nos propter hoc, non sit am-plius recurrendum; & nostras antedictas Litteras executioni mandetis, juxta sui conti-nentiam & tenorem; nonobstantibus prædictis appellationibus emissis & emittendis, quas inanes & frivolas esse decernimus per præsentes; aliisque diffugiis & Litteris prædictis per dictos Nobiles obtentis, & aliis sub quavis forma verborum impetratis & impetran-dis quibuscumque, quibus vos parere firmiter inhibemus. Datum Parisius, die* XIX.ª *Oc-tobris, anno Domini* 1371. *& Regni nostri octavo.* ʸ *Per Regem.* YVON.

CHARLES V.
à Paris, le 19. d'Octobre 1371.

ª mandaverimus 2.ᵉ Cop.
ᵇ emittere. 2.ᵉ Cop.
ᶜ solutionem. 2.ᵉ Cop.
ᵈ subeundum. 2.ᵉ Cop.
ᵉ decrevimus. 2.ᵉ Cop.
ᶠ prædictas. 2.ᵉ Cop.
ᵍ puniatis
ʰ n'entends pas ces deux mots.
ⁱ continentur.
ᵏ Ce mot est inutile, & n'est pas dans la 2.ᵉ Cop.
ˡ directarum. 2.ᵉ Cop.
ᵐ &.
ⁿ Magalonensis.
ᵒ & continentium. 2.ᵉ Cop. Il faut suppléer, quod.
ᵖ impositis. 2.ᵉ Cop.
ᵠ pacifica. 2.ᵉ Cop.
ʳ valent. 2.ᵉ Cop.
ˢ Commissarii. 2.ᵉ Cop.
ᵗ distulistis. 2.ᵉ Cop.
ᵘ differetur. 2.ᵉ Cop.
ˣ solutio. 2.ᵉ Cop.
ʸ le reste n'est pas dans la 2.ᵉ Cop.

(a) *Lettres qui renouvellent les anciennes Ordonnances qui portent que les Ecclésiastiques, les Nobles, les Avocats, les Sergents d'Armes & autres Officiers Royaux, ne pourront être Fermiers ni des Prevôtez, ni des autres revenus du Roy.*

CHARLES V.
à Paris, le 8. de Novembre 1371.

CHARLES par la grace de Dieu Roy de France. Au Bailly & Receveur de Vermendois, ou à leurs Lieutenant: Salut. Comme par ᶻ Ordonnances Royaux

ᶻ Voy. les Tabl. des Mat. de ce Rec. au mot, Prevosts à fermes.

NOTE.

(a) Memorial *D*. de la Chambre des Comptes de Paris, fol.° 6 vingt 3. v.° (123).

CHARLES V.
à Paris, le 8. de Novembre 1371.
a Voy. cy-dessus, p. 412. Note (c).

anciennes, nottoires & publiques, & lesquelles vous ne povez ou devez ignorer, aucunes gens d'Eglise, aucuns Nobles, Advocats, Sergents d'armes & autres Officiers Royaux, ne puissent ou doient estre receus à prendre à ferme, ne encherir aucunes ᵃ Prevostez, ou autres fermes ou marchez Royaulz; tant pour ce que aucunes personnes pourroient laissier & cesser à encherir lesdites fermes & marchiez sur lesdits Nobles & autres dessus dits, come pour leur puissance, par laquelle il pourroient & vouldroient les subgiets & habitans d'icelles Prevostez, fermes & autres marchiez Royaulx, oppresser, charger & travailler indeuement en plusieurs manieres: Niantmoins Nous avons entendu, que vous ou aucun de vous, avez receu & recevez plusieurs desdites gens d'Eglise, des Nobles, Advocats, Sergens d'armes & autres Officiers Royaulx, à prendre & encherir aucunes desdites Prevostez, des fermes & autres marchiez Royaux, en venant indeuement contre lesdites Ordenances, en notre dommage & prejudice, en diminution de nos droiz & appeteticement de proufiz, émolumens & revenus desdites Prevostez, & autres fermes & marchicz Royaulx, & ou grant prejudice & damage de nos dits subgez, en plusieurs manieres; dont

b fortement.

ᵇ forment Nous desplaist, & non sans cause, s'il est ainsi. Si vous mandons, deffendons & enjoignons, & à chascun de vous, que doresenavant, vous ne recevez ou souf-

c secretement ou publiquement.

frez estre receu, en ᶜ couvert ou en appert, aucunes gens d'Eglise, aucuns Nobles, Advocaz, Sergens d'armes ou autres Officiers Royaulx, à prendre ou encherir aucunes desdites Prevostez, fermes ou autres marchiez Royaulx, en chief ou en membres; mais vous en cessés & desistez du tout, ou temps avenir; & se aucune chose

d Fermiers Generaux.

a esté fait par vous, ou par aucuns des ᵈ Fermiers en chief, au contraire, sy le metez & ramenez, ou faites mettre & ramener à estat deu, hastivement & sans delay, ces Lettres veues. Sy gardez chascun en droit soy, que en ce n'ait par vous aucun def-

e que.

faut; faichans ᵉ, se par vostre coulpe, deffault ou negligence, aucun dommage ou prejudice s'en ensuivoit, nous le ferions recouvrer sur vos biens au miculx apparoissant. Donné à Paris le huitieme jour de Novembre, l'an de grace mil trois cens soixante & onze, & de nostre Regne le VIIIᵉ & ainsi signé. Par le Conseil étant en la Chambre des Comptes. JOHANNES.

CHARLES V.
au Bois de Vincennes, le 20. de Novembre 1371.

(a) Lettres qui portent qu'il sera fait incessamment des aveus & denombrements de tous les Fiefs relevants du Roy, & de tous les Arriere-Fiefs qui relevent de ces Fiefs.

LES Gens des Comptes du Roy nostre Sire, à Paris. Au Bailly de Vermandois, ou à son Lieutenant: Salut. Les Lettres du Roy nostre dit Seigneur, avons receues, contenant la forme qui s'ensuit.

CHARLES par la grace de Dieu Roy de France. A nos amez & feaulx, Gens de

f Ces premieres Lettres ne se trouvent point dans les Registres.

nos Comptes à Paris: Salut & dilection. Comme ᶠ lontemps a, Nous eussions ordoné & commandé, que de tous les Fiez & arriere-Fiez, tenus de Nous sans moyens & par moyen, certains & vrays Registres fussent faits en chascune Baillie & Senechaussée de nostre Royaume; de quoy nos Bailliz ont esté negligens & delayans, dont il

g fortement.

Nous desplait ᵍ forment, & non sans cause; Nous vous mandons, commandons & enjoignons estroitement, que tantost & sans delay, vous mandez à tous nos Baillis & Seneschaux, que il facent crier & publier solennellement, par tous les lieux notables de leurs Bailliage & Seneschaussées, & de tous les ressorts anciens d'iceux, que tous ceux qui tiennent aucunes choses de Nous en Fié, leur baillent, ou à nostre Procureur dudit Bailliage, les vraiz & entiers denombremens de tout ce que il tiennent

NOTE.

(a) Memorial D. de la Chambre des Comptes de Paris, fol. 6 vingt 4. (124).

en Fié

en Fié de Nous, dedans les ª metes d'iceux Bailliages & Senechauffées & Refforts; ès quiex denommemens, foit exprimé ledit Fié ou Fiez, le lieu & Chaftellenie où ils fieent, & lefdits Fiez & Arriere-Fiez entierement, qui d'eulx en font tenus, dedans la Fefte de Pafques prochainement venant, pour les faire faire enregiftrer en un certain Livre, par chafcun de nos dits Procureurs; aufquelx Nous mandons & commandons que ilz le facent; & le dit jour paffé, fe ils treuvent aucuns Fiez quelconques eftans ez mettes defdits Bailliages, Senefchauffées & Refforz, dont le denommement n'aura point efté bailliiez, metent tous iceux Fiez en noftre main, & en facent lever & ceuillir les prouffits & ᵇ yffues entierement; & que ils nous refcrifent ce que il auront fait fur ce. Sy gardez bien que en ce par vous n'ait aucun deffaut. Donné au Bois de Vincennes, le XX.ᵉ jour de Novembre, l'an de grace mil trois cens foixante & onze, & de noftre Regne le VIII.ᵉ

CHARLES V. au Bois de Vincennes, le 20. de Novembre 1371.

ª bornes.

ᵇ revenus.

Par vertu defquelles Lettres, Nous vous mandons & enjoignons eftroitement, que tantoft & fans delay, vous accomplifiez le contenu en icelles; & tout ce qui fait en fera, Nous refcrizez bien & feablement. Efcrit à Paris, le XXVI.ᵉ jour de Novembre, l'an mil trois cens foixante & onze.

(a) Ordonnance qui porte que les Procureurs du Roy ne pourront intenter procez contre perfonne, qu'il n'y ait eu une information faite auparavant, & que fur le vû de cette information, il n'ait été ordonné par les Juges, que cette perfonne feroit affignée; & que les Receveurs Royaux envoyeront aux Gens de la Chambre des Comptes, un Rôle de tous les procez commencez depuis dix ans, pour leur faire connoître l'état dans lequel font ces procez.

CHARLES V. à Paris, le 22. de Novembre 1371.

LES Gens des Comptes noftre Sire le Roy, à Paris. Aus Bailli & Receveur de Vermandois, ou à leur Lieutenant: Salut. Les Lettres du Roy noftre Sire avons receues, contenans la forme qui s'enfuit.

CHARLES par la grace de Dieu Roy de France. A noz amez & feaulx, Genz de noz Comptes à Paris: Salut & dileccion. Comme par Ordenances Royaulx anciennes & notoires, fuft ja pieça ordené, que aucuns Procureurs Royaulx ne metroient aucunes perfonnes quelxconques en Caufe ne en procès contre iceulx Procureurs, jufques à ce que Informacions deues & convenables feroient premierement & avant toute œuvre faictes fur les faiz & articles qui feroient aportez pardevers iceux Procureurs, ou qui autrement vendroient à leur cognoiffance; & que icelles Informacions feroient veües & examinées à bonne délibération, par les Bailliz ou autres Juges ordinaires des lieux, auxquels il appartendroit; prefenz & appellez les diz Procureurs Royaulx, & les Confeilliers & ᶜ Advocaz eftans es diz Bailliages, pour Nous & pour nos predeceffeurs Roys de France, depuis le temps des dictes Ordenances; & que par iceulx foit dit, que les dictes informacions fuffent teles, que ceulx contre qui icelles auroient efté faictes, fuffent trouvez tielx, que par ce deuffent eftre mis en procès contre les diz Procureurs; & ce fait, que les adjournemens faiz fur ce, & les procès commencez contre les perfonnes culpables, les diz Procureurs, chafcun ès ᵈ metes de fon Office, les pourfuiroient continuelment & diligemment, ès lieux & devant les Juges où il appartendroit, jufques en diffinitive; afin que les droiz Royaulx y feuffent & deuffent eftre declariez; deuëment ᵉ garder que les excès, attemptas & autres malefices ne demouraffent impugnis, & que les perfonnes ᶠ adjointes avec les diz

ᶜ Avocats du Roy.

ᵈ bornes;

ᵉ gardés. 2.º Cop.
ᶠ qui feroient en Caufe conjointement avec le Procureur du Roy.

NOTE.

(a) Memorial *D*. de la Chambre des Comptes de Paris, *fol.º 6 vingt 4. R.º* (124).

Il a été envoyé de Montpellier, une Copie de ces Lettres, avec cette indication:
Senechauffee de Nifmes en general, liaffe 18. des Actes ramaffés, Arm. A. N.º 6. folio 72.

Dans cette Copie, cette Ordonnance commence ainfi:

Les Gens des Comptes noftre Sire le Roy, à Paris. Aux Senechal & Receveur de Beaucaire, ou à leurs Lieutenant: Salut. Les Lettres du Roy noftre Sire, avons receues, contenant la forme qui s'enfuit.

434   Ordonnances des Rois de France

CHARLES V.
à Paris, le 22. de Novembre 1371.

a *obtinssent justice.*
b *Voy. les Tabl. des Mat. de ce Rec. au mot compositions.*

Procureurs, ^a eussent leur droit; & que ceux qui seroient miz en procès, ne fussent traveilliez sans cause : Néantmoinz Nous avons entendu, que aucuns noz Procureurs & plusieurs leurs Substituz, depuis dix ans en ça ou environ, tant en leur nom, comme à Requeste de plusieurs personnes adjointes avecques iceux, ont commencié plusieurs Causes & procès contre plusieurs personnes, sanz informations sur ce deuëment faictes; & que par ce, plusieurs ^b Compositions ont esté faictes entre plusieurs nos Bailliz, Lieutenans, Procureurs & Substituz, avecques leurs Parties adverses, sanz nostre auctorité & licence, & sanz avoir fait declarations raisonnables de la verité des faiz, & sanz condempnacion ou absolucion estre faicte pour les faiz pourquoy les dictes Causes & procès estoient commenciez, & sanz ce que par Sentence diffinitive, les Amendes & autres profiz qui en appartenoient à Nous & auxdiz adjoins, fussent declariez, levez & exploictiez à nostre prouffit & au leur, si comme il appartenoit & estoit à faire selon raison & les Coustumes des pays; & que les aucuns des diz procès sont encores pendans & non determinez par la deffaute & negligence des diz Procureurs; combien que pour faire sur ce les diligences deuës & convenables, que ilz estoient & sont tenuz faire en telx cas & semblables, ilz aïent pris & receu par les diz Receveurs, plusieurs sommes de deniers; & ce nonobstant, ont esté & sont encores sur ce très mal diligent, ou prejudice & damage de Nous, des diz adjoins, en retardement de la delivrance & expedicion de noz Causes, ou delaïement de la declaracion des droiz & profiz appartenans pour ce à Nous & aux diz adjoins; dont

c *fortement.*

^c forment Nous desplaist, & non sans cause, s'il est ainsi. Pourquoy Nous voulans les dictes Ordenances estre tenuës & gardées, & pourveoir deuëment aux choses dessus dictes, & aux dommages & inconveniens qui s'en pourroient ensuir, & noz subgez non estre traveilliez ne dommagiez sanz cause raisonnable, & sur les choses dessus dictes nostre profit estre gardé, vous mandons & enjoignons, que par vos Lettres, vous mandez à touz noz Bailliz, Receveurs & Procureurs, leurs Lieutenans & Substituts, en tant comme à chascun touche, que aucuns de noz subgez ne soit desormais mis en Cause contre aucun de noz Procureurs, sanz informacion faire deuëment; & que après ce que icelle informacion aura esté veuë & visitée par la maniere dessus dicte, il soit deliberé & ordené par le Juge à qui il appartendra, presenz noz Procureurs & Conseil, ce qui en sera à faire selon raison, & non autrement; & que nostre Receveur du lieu, ait & preigne par escript le double de toutes les Causes qui ont esté meuës & commencées depuis dix ans ença, oudit Bailliage, contre nostre Procureur, & contre les Parties adjoins avecques lui, lesquelles il prendra par Registres & Escripz qui sont ou doivent estre pardevers les Clercs des Juges Royaulx, Bailliz, Lieutenants, Prevoz, & autres qui ont esté oudit Bailliage depuis le temps dessus dit : Lesquiex Escripz & Registres, Nous vous mandons ^d estre lui baillez

d *luy estre baillés. 2.e Cop.*
e *sortis, provenus.*
f *& autorité de qui.*
g *fidelement.*

pour ce faire, & pour savoir comment & par quelle maniere icelles Causes ont esté demenées & determinées, & quiex profiz & emolumens en sont ^e issuz, & en quel estat nos autres Causes pendans encores & non determinées, sont à present, & par quiex Juges & de ^f qui auctorité les dictes Composicions ont esté faictes; & que des diz Registres des dictes Causes, ils vous envoyent ^g feablement la copie par escript, soubz leurs seaulx; lesquiex Nous voulons & vous mandons estre visitez par vous bien & diligemment, pour y pourveoir sur tout, si comme vous regarderez qui sera à faire à nostre profit selon raison. *Donné en nostre Chastel du Bois de Vincennes, le* XXIIe *jour de Novembre, l'an de grace* M. CCC. LXXI. *& de nostre Regne le* VIIIe

h *ce mot est inutile.*

Si vous mandons & enjoignons estroitement, que tost & sanz delai, vous & chascun de vous, en tant comme à chascun puet touchier, ^h que toutes les choses contenues es Lettres ci-dessus transcriptes, vous accomplissez de point en point ; & par especial, vous Bailli ou Lieutenant faites publier solennelment en vos premieres Assises, & ailleurs où il appartendra; & vous Receveur, appellé avec vous aucun prudomme en ce congnoissant, veez & visitez tous les Registres des Clercs des Bailliages & Prevostez dessus dictes, & en faites extraire toutes les Causes qui ont este meuës & commencées depuis dix ans en ça, contre Parties, par le Procureur du Roy illec ; duquel extrait vous Nous envoyez la

DE LA TROISIÉME RACE. 435

copie; & neantmoins enquerez & saichez quelle fut chascune des dictes Causes aura prins, & en quel estat elles sont à present; & de tout ce que sait & trouvé en aurez, Nous rescripsez seablement. Escript à Paris, le 11.ᵉ jour de Decembre, l'an M. CCC. LXXI.

(a) Lettres qui portent que le Duc d'Anjou pourra établir dans le lieu qu'il jugera à propos, une Cour nommée *les Grands-Jours*, devant laquelle seront portez les Appels de tous les Juges des Terres qu'il tiendra en Pairie, soit de son chef ou de celui de la Duchesse d'Anjou son Epouse; & que les Appels de ces *Grands-Jours*, se porteront au Parlement.

CHARLES V. au Château de Melun-sur-Seine, le 22. de Novembre 1371.

KAROLUS *Dei gracia Francorum Rex. Notum facimus universis tam presentibus quam futuris, quod ad Requestam Procuratoris carissimi Germani nostri, Ludovici Ducis Andegavensis & Turonensis, Comitisque Cenomanensis, die date presentium lecte & publicate fuerunt in Camera Parlamenti nostri Parisius, ac Registris ejusdem Parlamenti de precepto nostre Curie registrate, alie Littere nostre in filis sericis & cera viridi sigillate, quarum tenor sequitur sub hiis verbis.*

a c'est un Arrest du Parlement.

CHARLES par la grace de Dieu Roy de France. Comme nostre très-chier Seigneur & Pere que Dieux absoille, lonc temps avant son trespassement, par provision paternelle & autrement, ait donné, octroyé & assigné à nostre très chier & très amé Frere, Loys Duc d'Anjou & de Tourainne, Conte du Mainne, les diz Duchié d'Anjou & Conté du Mainne, avecques aucunes autres Terres; & ait voulu & ordené nostre dit Seigneur, que les diz Duchié, Conté & autres Terres, il tiengne de li & de ses successeurs Roys de France tant seulement, en ᵇ Parrie, à une Foy & un Hommage; & ᶜ l'exempte de toute Juridicion temporelle de tous autres Seigneurs & de toutes autrez Cours, ᵈ parmi ce qu'il ressortira tant seulement à Nous & à nostre Parlement: Et semblablement, avons n'agaires donné à nostredit Frere, à l'augmentacion & acroissement de son estat, la dicte Duchié de Tourainne, avecques les droits & appartenances qui y ᵉ afferent. Savoir faisons à touz presens & avenir, que Nous qui desirons le gouvernement de nostre dit Frere, de ses terres & des habitans en icelles, estre bon, & que Justice y soit faite & gardée, & ses subgiez relevez & gardés de dommages, molestez, griefs & oppressions, nourriz en paix & tranquillité; & les voulentés indeuës, & mal ordenées des Seneschaux, Bailliz, Prevosts, Sergens & autres Officiers de nostre dit Frere, soient ᶠ deprimées & ressrenées, avons octroyé & octroyons perpetuelment, de grace especial à nostre dit Frere, par concession non revocable, que pour raison de toutes ses dictes Duchiez & Conté, & autres terres qu'il tient à présent, tenrra ou tenir pourra ou temps avenir en Parrie en nostre Royaulme, tant ou nom de li, comme de nostre très chiere & très amée Seur, la Duchesse sa *(b)* Compaigne ou autrement, il puisse tenir en sa personne, ou faire tenir par autres ad ce souffisans, ses *(c)* Grans-Jours à Paris, ou ailleurs en quelque Ville qu'il lui plaira de ses dictes Duchiez, Conté & terres, par telle maniere & en tel temps comme bon semblera à nostre dit Frere; pourveuque il tenrra ou sera tenir chascun an, les dits Jours, desquieulx Jours, se appellacion y chiet, on appellera à nostre Parlement. Si donnons en mandement par la teneur de ces presentes, à noz amez & féaulx les Gens qui tiennent, & qui pour le temps avenir tendront nostre Parlement à Paris, & à touz

b *Pairie.*
c *l'exempta.*
d *moïennant.*

e *appartiennent.*

f *reprimées.*

NOTES.

(a) Registre du Parlement de Paris, intitulé: *Arrests & Jugez du Parlement, Registre 22. fol.* 57. *verso.*
(b) Compaigne.] Elle se nommoit Marie de Châtillon, dite de *Blois.* Voy. *l'Hist. General. de la Maif. de Fr.* tom. 1. p. 229.

(c) Grans Jours.] C'étoit une Jurisdiction où se portoient les Appels de tous les Juges des Terres appartenantes au Duc d'Anjou; semblables aux Grands-Jours de Champagne, sur lesquels on trouve dans le Gloss. de du Cange, au mot, *Dies* (Magni), un grand détail tiré de l'examen des Fiefs de M. *Brussel.*

Tome V.

I i i ij

CHARLES V.
au Château de Melun-sur-Seine, le 22. de Novembre 1371.
a l'empeschent.

noz autres Justiciers, presens & avenir, que nostre dit Frere facent & seuffrent joir & user de nostre presente grace, & contre icelle ne ^a l'empeschement en aucune maniere. Et pour ce que ce soit ferme chose & establé à touzjours, Nous avons fait mettre nostre seel à ces presentes : sauf en autres choses nostre droit, & en toutes l'autrui. Donné en nostre Chastel de Meleun sur Sainne, le vingt-deuxieme jour de Novembre, l'an de grace mil trois cens soixante & onze, & de nostre Regne le huitieme.
Par le Roy.   P. MICHIEL.

Suite de l'Arrest du Parlement.
b sustinendo.

Quibus quidem Litteris, sic ut predicitur, lectis & publicatis, Procurator noster Generalis pro Nobis protestatus fuit de dicendo, ^b *substinendo & prosequendo super hoc jure nostro, loco & tempore opportunis, ac dum & quociens sibi visum fuerit expedire; nostris Litteris & earum publicacione predictis nonobstantibus; Procuratore dicti Germani nostri, in contrarium protestante; quod dicta Curia nostra dicto Procuratori nostro reservavit & reservat per presentes; & dicto Duci suas raciones & defensiones ex adverso. Quod ut firmum & stabile perpetuo perseveret, presentes Litteras sigilli nostri munimine jussimus roborari : Salvo in omnibus jure nostro & quolibet alieno. Datum & actum Parisius, in Parlamento nostro, anno Domini millesimo trecentesimo septuagesimo tertio, & Regni nostri decimo, die decima tertia mensis Junii.*

c Il y a une marque d'abbreviation sur la fin de ce mot.

Sic signatum. Per Cameram. ^c VILLEM.
Collacio facta est cum Originalibus Litteris suprascriptis, redditis M. Stephano.

CHARLES V.
à Paris, en Novembre 1371.
Philippe VI. dit de Valois à Paris, en Decembre 1340.
d Languedoc.

(a) Lettres qui portent que les habitants de Dunes [dans le Condomois] seront conservez dans le droit d'acheter du sel dans les lieux où il leur plaira.

*K*AROLUS, &c. *Notum facimus, &c. Nos ad Supplicacionem Consulum & habitatorum Ville seu Loci de (b) Dunis & pertinenciarum ipsius, vidisse Litteras carissimi Fratris nostri, Ludovici Ducis Andegavensis & Turonensis Comitisque Cenomanensis, atque nostrum Locum tenentis in* ^d *Partibus Occitanis, formam que sequitur, continentes.*

*L*UDOVICUS *Regis quondam Francorum Filius, Domini nostri Regis Germanus, ejusque Locum tenens in Partibus Occitanis, Dux Andegavensis & Turonensis Comesque Cenomanensis. Notum facimus, &c. nos vidisse Litteras carissimi Avi nostri, Regis Philippi, formam que sequitur, continentes.*

e Philippe de Valois.

*^e P*HILIPPUS *Dei gratia Francorum Rex. Cum olim carissimus & fidelis Consanguineus noster, Johannes eadem gratia Rex Boemie, Capitaneus guerre nostre in Partibus Vasconie, & pro nobis tunc agens ibidem, ex potestate à nobis sibi tradita, concessisset Consulibus & habitatoribus Ville seu Loci de Dunis & pertinentiarum ipsius, suas Patentes Litteras, formam que sequitur, continentes.*

*J*OHANNES *Dei gratia Rex Boemie, Domini Francorum Regis in Partibus Occitanis Locum tenens. Universis, &c. Notum facimus quod nos, attenta supplicacione Consulum & habitatorum loci & pertinenciarum de Dunis, asserencium quod* ^f *Magister* ^g ^h *Arrendatores Salini Regii* ⁱ *Agennensis, & quidam alii, ipsos impedire nittuntur, queminus sal ubicumque voluerint, emant, in dicto loco adportent, & inibi vendant & accomodent, unus dictorum habitatorum alteri, ad usus eorumdem; licet in usu longevo &*

f plus bas il y a, *Magistris & Arrendatoris*; & dans la suite des Lettres, *Magistris & Arrendatoribus.*
g &c.
h Fermiers. *Voy. cy-dessus,* p. 412. Note *(c).*
i Agen, là & plus bas. *R.*

NOTES.

(a) Tres. des Chart. Regis. 102. P. 226. *Voy. cy-dessus,* p. 190. Note *(a).*

(b) Dunis. *]* Je crois que c'est *Dunes* ou *S. Sixte de Dunes,* Bourg dans le Condomois, sur lequel *Voy. le Diction. univ. de la Fr.* à ce mot. Car Oihenart dans sa notice de la Gascogne, p. 442. dit que le Condomois dépend du Senechal d'Agen; & ces Lettres sont adressées à ce Senechal. Il paroît d'ailleurs que *Dunes,* dont il est parlé dans ces Lettres, étoit voisin d'*Agen.*

jure suo; eisdem licitum sit & permissum; attentisque dampnis per eos passis racione guerre Regie Vasconie, & serviciis dicto Domino Regi per eos impensis, in recompensacionem predictorum, dictis Consulibus & habitatoribus loci & pertinenciarum de Dunis, & eorum cuilibet, ut Sal ubicunque emere voluerint, per terram vel aquam, in dicto loco adportare, vehi facere, ponere inibique vendere, unus alteri, & accommodare ad usus eorumdem, perpetuo possint & valeant, licenciam & potestatem concedimus, & donavimus auctoritate Regia (c), ex nostra certa sciencia & de gratia speciali, tenore presencium Litterarum: Mandantes Seneschallo Agennensi, ^a *Magistris & Arrendatori Salinorum Regiorum, aliis quibuscunque Justiciariis & Officiariis* ^b *Regiis,* ^c *eorum cuilibet, ne dictos Consules, habitatores vel alterum eorumdem, aliquatenus deinceps impediant, perturbent, vexent vel molestent, vel fieri faciant seu permittant, contra tenorem nostre presentis gracie perpetuo valiture: Ymo de eadem gracia uti eosdem Consules & habitatores, & quemlibet eorumdem, faciant & gaudere. Et ut predicta robur obtineant perpetuum, presentes Litteras nostri sigilli appensione muniri fecimus, in testimonium premissorum. Datum (d) Marmande, die* XXIII. *Januarii, anno Domini millesimo* CCC. *tricesimo octavo.*

Et deinde Nobis fuisset supplicatum ex parte Consulum & habitatorum predictorum, quatenus dignaremur prescriptas Litteras confirmare. Quia tamen ex earum serie non liquebat, quod predictus Consanguineus noster, de nostro & alieno commodo seu incommodo super premissis fuisset informatus ad plenum, Nos de hiis volentes effici certiores, (e) Seneschallo nostro Vasconie, aut ejus Locumtenenti, dedimus nostris Litteris in mandatis, quatenus informacionem de premissis faceret pleniorem, remissurus eandem dilectis & fidelibus Gentibus nostris Compotorum nostrorum Parisius, ut ea per ipsos visa, Consules agerent id quod eis super hoc videretur agendum. Qui quidem Seneschallus dictam informacionem fieri fecit per dilectum Magistrum Petrum Gassie, Procuratorem nostrum in Partibus illis, & per Magistrum Bernardum Clerii, Clericum, eamque dictis Gentibus nostris remisit. Notum itaque facimus universis tam presentibus quam futuris, quod visa per dictas Gentes nostras informacione predicta; & reperto per ipsam, quod dicti Consules & habitatores à longo tempore citra; presertim à tempore quo Bertrandus (f) de Guto, Vicecomes Leomanie, & ejus filia successive, tenere quondam ^d *comperitur dominium loci predicti, gavisi fuerant usu & possessione pacifica emendi Sal ubicunque & quandocunque volebant extra Salinum Agennense; quandoque apud (g) quandoque apud (h) Layracum, & quandoque apud (i) Castrum Sarraceni, vel alibi, prout eis utile videbatur; donec à pauco tempore citra, quod Arrendatores Salini nostri Agennensis, aut alie Gentes nostre, aliquos de dictis Consulibus seu habitatoribus turbare seu inquietare inceperant in hac parte. Nos considerantes premissa, & quod ipsi Consules & habitatores Nobis constanter & fideliter adherentes, multa per hostes nostros, occasione guerre nostre, dispendia pertulisse dicuntur, ac propterea & ex causis aliis, volentes eos*

CHARLES V.
à Paris, en Novembre 1371.

a Voy. cy-dessus. p. preced. Note (1) marg.
b Reg. R.
c &.

Suite des Lettres de Philippe de Valois.

d caput avec des marques d'abbreviation, R.

NOTES.

(c) *Auctoritate Regia.*] Je crois qu'il faut suppléer ces mots, *qua fungimur in hac parte*, qui se trouvent dans presque toutes les Lettres données par des Lieutenants de Roy.

(d) *Marmande.*] Il n'y a dans le Registre que *Mar* & *de* au-dessus. Il y a grande apparence que c'est Marmande dans l'Agenois, sur laquelle Voy. le *Dict. univ. de la Fr.* à ce mot.

(e) *Seneschallo .... Vasconie.*] Oihenart dans sa Notice de la Gascogne, p. 442. a remarqué que le Seneschal d'Agen prenoit quelquefois le titre de seneschal de Gascogne.

(f) *De Guto.*] Oihenart qui dans sa Notice de la Gascogne, p. 481. le nomme *Bertrandus à Gutto*, dit qu'il ne laissa que deux Filles, dont *Regina* l'aînée mourut sans enfans, vers 1324. ayant institué pour son heritier, Jean Comte d'Armagnac son mari, qui unit la Lomagne à l'Armagnac. *Brayda* seconde Fille de Gutto, fut mariée à Regnaud Vicomte *Bruniquelli*. Dunes fut peut-être le partage de celle-cy.

(g) Il y a là dans le Registre le nom d'un lieu que l'on n'a pû dechifrer. Il y a *medie* suivi de cinq jambages, & une marque d'abbreviation à la fin. Je n'ai point trouvé dans *Oihenart* ni ailleurs, de nom de lieu qui approchât de celui-cy.

(h) *Layracum.*] C'est apparemment *Lairac*, qui est dans le Diocèse de Condom. *Voy. le Dict. univ. de la Fr.* à ce mot.

(i) *Castrum Sarraceni.*] Il y a deux *Castel-Sarrazin*; l'un Diocèse d'Acqs, dans la Gascogne; l'autre Diocèse de Montauban, dans le Languedoc. *Voy. le Diction. univ. de la Fr.* au mot, *Castel-Sarrazin*.

Iii iij

438   ORDONNANCES DES ROIS DE FRANCE

CHARLES V.
à Paris, en Novembre 1371.

favoribus profequi graciofis, Litteras fupraſcriptas dicti Confanguinei noſtri, & omnia & fingula premiſſa in eis contenta, rata habentes & grata, ea volumus, laudamus, approbamus, & tenore prefencium, auctoritate Regia confirmamus : Firmiter inhibentes univerfis & fingulis Arrendatoribus Salini noſtri Agennenfis, ac ceteris Juſticiariis, Officiariis & Miniſtris noſtris, prefentibus & futuris, ne quis dictos Confules & habitatores, aut eorum aliquem, fuper premiſſis inquietet ulterius quomodolibet, aut moleſtet contra dictarum feriem Litterarum. Que ut firma, &c. falvo, &c. Actum Parifius, anno Domini milleſimo ccc.^{mo} quadrageſimo, menfe Decembris.

Suite des Lettres du Duc d'Anjou.

Quas quidem Litteras fupraſcriptas, omnia & fingula in ipſis contenta, rata habentes & grata, ea volumus, laudamus, approbamus, rattifficamus, ac de noſtra certa fciencia auctoritateque Regia & de gracia fpeciali, confirmamus per prefentes : Mandantes Senefcallo Agennenfi, Magiſtris & Arrendatoribus Salinorum Regiorum, & aliis quibufcunque Juſticiariis & Officiariis dicti Domini noſtri, vel eorum Locatenentibus, prefentibus & futuris, & eorum cuilibet, quatenus dictos Confules & habitatores, & quemlibet ipſorum, dicti loci de Dunis & pertinentiarum, noſtris prefentibus gracia & confirmacione uti & gaudere pacifice faciant & permittant, abſque impedimento & contradictione quacunque. Quod ut firmum, &c. falvo, &c. Datum Tholofe, anno Domini milleſimo ccc.^{mo} feptuageſimo, menfe Decembris.

Suite des Lettres de Charles V.

a *Voy. cy-deſ-fus, p. 436. Note (f) marg.*

b &.

Quas quidem Litteras una cum omnibus & fingulis in eifdem contentis, ratas habentes & gratas, ipſas de noſtri auctoritate Regia & plenitudine poteſtatis de fpecialique gracia confirmamus : Mandantes Senefcallo noſtro Agennenfi, a *Magiſtris & Arrendatoribus Salinorum noſtrorum, & aliis quibufcunque Juſticiariis & Officiariis noſtris, vel eorum Locatenentibus, prefentibus & futuris, & cuilibet eorumdem, quatenus dictos Confules & habitatores dicti loci de Dunis & pertinenciarum ejufdem,* b *ipſorum quemlibet, fupraſcriptis Litteris atque prefentibus uti & gaudere pacifice faciant & permittant, abſque impedimento quocunque ; quod fi factum vel appoſitum repererint, revocent & ad priſtinum ſtatum redducant faciant-ve reduci. Quod ut ſtabile, &c. falvo, &c.* Actum Parifius, menfe Novembris, anno Domini milleſimo ccc.^{mo} feptuageſimo primo, & Regni noſtri octavo.   *Viſa.*

Per Regem, ad relationem Confilii. G. DE MONTAGU. Collatio facta eſt.

CHARLES V.
à Paris, en Novembre 1371.

(a) Diminution de Feux pour Ville-Neuve-lès-Bouloc.

KAROLUS, &c. Notum, &c. quod cum ex parte, &c.

Cumque facta quadam informacione virtute Litterarum noſtrarum in loco de (b) Villa-Nova, Judicature Ville-Longe, Senefcallie Tholofe, fuper vero numero Focorum modernorum in dicto loco de Villa-Nova nunc exiſtencium, per dilectum & fidelem noſtrum, Magiſtrum Aſtorgium de Galhaco, Legum Doctorem, Judicem Ville-Longe, vel ejus Locumtenentem, Commiſſarium in hac parte deputatum ; vocato & prefente in omnibus Procuratore noſtro Generali dicte Senefcallie Tholofe, aut ejus legitimo Subſtituto, &c.

Repertum fuerit, quod in dicto loco de Villa-Nova & ejus pertinentiis, ſunt de prefenti & reperiuntur viginti Focci, fecundum traditas inſtructiones fuper hoc prelibatas. Nos vero, &c.

Quod, &c. falvo, &c. Actum Parifius, menfe Novembris, anno Domini milleſimo ccc.° feptuageſimo primo, & Regni noſtri octavo.   *Viſa.*

c *Reg. R.*

Littera Commiſſarii de qua fuperius fit mentio, eſt in dicta Camera, & ponitur cum aliis ſimilibus, prout eſt ordinatum in dicta Camera.

Per Confilium exiſtens in Camera Compotorum c Regiorum Parifius. P. DE CHASTEL.

NOTES.

(a) Tref. des Chart. Regiſ 102. P. 339. Voy. cy-deſſus, p. 30. Note (a).

(b) Villa-Nova.] Dans l'état des Villes & Villages du Languedoc, donné par *Catel,* dans l'Hiſtoire de cette Province, p. 361. l'on trouve fous la *Jugerie de Ville-Longue,* Villeneufve-lès-Bouloc.

(a) Lettres qui portent que la Ville & la Châtellenie de Limoges, seront unies **CHARLES**
inséparablement à la Couronne; & que cette union ne portera aucun préju- **V.**
dice à la Jurisdiction des Consuls de Limoges, ni aux privileges des habitants à Paris, le 28.
de cette Ville. de Decembre 1371.

KAROLUS, &c. *Regalis providentia ad subditorum tranquillitatem & pacem deducens sue consideracionis intuitum, propter utilitatem rei publice quam private* a *sensat utique perficiendam, recte existimat aliqua quandoque fieri, que essent non alias* a fort. *censet.* *factura. Notum itaque facimus universis, presentibus & futuris, quod cum dilecti nostri* cet endroit me paroit corrompu. *Consules & habitatores Ville seu Castri & Castellanie Lemovicensis, quos clare memorie carissimus Dominus Genitor noster, per tractatum concepte* b *concordie inter ipsum, ex* b Paix de Bretigny. *parte una, & Edwardum Anglie, ex altera, dicti Edwardi obediencie & subjeccioni submisit; qui rupto federe pacis,* f *concordie juramento vallate, guerram Nobis noviter suscitavit; habita per eosdem Consules & habitatores, noticia nostri juris & justicie in hujusmodi facto guerre, se & Villam seu Castrum & Castellaniam predictos, nostre submiserunt obediencie, Nobis & nostris successoribus, ut fideles subditi servituri, desiderabiliter affectantes sub nostro immediato Dominio perpetuis temporibus remanere. Nos attendentes laude dignum dictorum Consulum & habitatorum, in hac parte propositum processisse* c *fervore dileccionis & amoris, quos ad Nos & Predecessores nostros, decursis temporibus habuerunt; considerantes insuper, quod ex submissione predicta, immensa* c ex. *Nobis & rei publice nostri Regni provenit utilitas, & adhuc* d *rebellem vicinam Patriam* d ad. *acquirendam facultas, aliisque justis consideracionibus utilitatem ejusdem rei publice concernentibus, excitati; cupientes suo desiderio complacere, ut fervencius in sue fidelitatis constancia perseverent, Villam seu Castrum & Castellaniam* e *predictos, cum omnimoda* e predict. R. *Juridicione, alta, media & bassa,* f *mero & mixto Imperio, universisque & singulis Cen-* f Voy. cy-dessus, p. 44. Note *sibus, redditibus, Peagiis, Domibus, Molendinis, & quadam mota sive platea sita super* (r): *duo* g *stangna dicte Ville; nec non aliis proprietatibus rebusque aliis universis, quos &* g *Stagna.* Voy. cy-dessous, les *quas carissima Consanguinea nostra, (b) Johanna Ducissa Britannie, uxor quondam ca-* Lettres du 2. de *rissimi Consanguinei nostri, Karoli* h *Debbesis, Ducis Britannie, in predictis dicit & asserit* Janvier 1371. h de Bleßs. Voy. *se habere, Dominio nostro & Corone nostre Francie, immediate unimus, annectimus &* la Note (b). *adjungimus, unitasque & annexas perpetuo tempore,* i *presencium esse decernimus &* i tenore. *eciam ordinamus pro Nobis & successoribus nostris in futurum, ex nostris certa sciencia, auctoritate Regia & nostre potestatis* k *plenitudinem & gratia speciali; efficientes dictos* k plenitudine. *Consules & habitatores, modernos pariter & futuros, nostros & successorum nostrorum immediatos subditos perpetuo, absque eo quod ab eodem Dominio seu Corona Francie, & immediata ipsius subjeccione & Dominio, titulo donacionis, Partagii, translacionis seu transporti in quamcumque personam, cujuscumque condicionis aut status, aut nomine* l *reformande Pacis, vel alterius cujuscumque tractatus, aliove quovis titulo, necessitate vel* l par un nouveau traité de *commodo, possit aut valeat ullo unquam tempore disjungi,* m *admoveri seu eciam separari ;* Paix. *dictosque Consules & habitatores & eorum successores, adversus quoscumque petentes vel* m amoveri. *petituros jus aliquod immediate subjectionis, Juridictionis, meri & mixti Imperii & obediencie, ac omni & singulorum premissorum in eosdem, deffendentus nostris propriis sumptibus & expensis, & ex nunc prout tunc, honus defensionis hujusmodi, in Nos, pro Nobis*

NOTES.

(a) Tresor des Chartres, Registre 102. Piece 154. (bis).
Voy. cy-dessous, les Lettres du 2. de Janvier 1371.
Voy. cy-dessus, p. 190. Note (a).
(b) Johanna.] Jeanne de Bretagne, Duchesse de Bretagne, Femme de Charles de Blois-Châtillon, fit le 9. de Juin 1369. donation entre-vifs à Charles V. du Vicomté de Limoges, qu'elle avoit eu par succession de Jean III. Duc de Bretagne, Vicomte de Limoges, son oncle. Cependant Jean de Bretagne, Comte de Pentievre, Fils de Jeanne de Bretagne, fut Vicomte de Limoges, & laissa ce Vicomté à sa Posterité. Henri IV. qui descendoit de Jean de Bretagne, unit ce Vicomté à la Couronne en 1607. Voy. *les droits du Roy par* Du Puy, p. m. 864.

CHARLES V.
à Paris, le 28. de Decembre 1371.

& succefforibus noftris, affumimus per prefentes; eo tamen habito moderamine, quod dictis Confulibus, habitatoribus & eorum fuccefforibus, propter unionem & adjunctionem hujufmodi, in eorum Juridicione, Franchifiis, Confuetudinibus ac Libertatibus & aliis juribus quibufcunque, nullum prejudicium generetur; recompenfacionem debitam juris hujufmodi, fi quod prefate Confanguinee noftre pertinuerit, impenfuri. De homagio infuper dicte Ville feu Caftri & Caftellanie, quod Religiofi, Abbas & Conventus Ecclefie (c) S.^{ti} Marcialis Lemovicenfis, contendunt ad eandem Ecclefiam pertinere, recompenfacionem congruam faciemus, prout ratio fuadebit; fic quod dicti Confules & habitatores, fuperiorem alium preter Nos cognofcere non habebunt, fed de hiis omnibus remanebunt perpetuo pacifici & fecuri. Que omnia & fingula premiffa, tenere & teneri, & compleri facere perpetuo promittimus bona fide, & juramus tactis facrofanctis Euvangeliis; & ad ea tenenda firmiter & inviolabiliter obfervanda, Nos & fucceffores noftros teneri volumus, Nofque & ipfos obligamus per prefentes, cunctis temporibus ^a duraturis: Decernentes ex nunc prout tunc, ^b quicquid per Nos aut per ipfos vel eorum alterum, fecus factum fuerit, viribus omnino carere. Volentes ex uberiori noftra gracia, tranfcripto autentico feu copie prefencium Litterarum, fidem plenariam in Judiciis & extra, ficut & Originalibus adhiberi. Quod ut firmum & ftabile perpetuo perfeveret, noftrum prefentibus Litteris fecimus apponi figillum. Datum Parifius, in Hofpicio noftro juxta Sanctum Paulum, XXVIII. Decembris, anno Domini M.° CCC.° LXXI.° & Regni noftri octavo. Sic fignata. *Per Regem*. J. TABARI.

a fort. duraturas.
b quicq. R.

NOTE.

(*c*) *S.^{ti} Marcialis*.] L'abbaye de St Marcial dans Limoges; fur laquelle Voy. *la Gall. Chrift.* 2.e *Edit*. tom. 2. p. 578.

CHARLES V.
à Paris, en Decembre 1371.

(*a*) Statuts pour la Communauté des Barbiers de la Ville de Paris.

SOMMAIRES.

(1) *Le premier Barbier & Valet de Chambre du Roy, eft Garde (& Juge) du Meftier des Barbiers de la Ville de Paris; & il a le droit de fe choifir un Lieutenant.*

(2) *Nul ne peut exercer le Meftier de Barbier à Paris, s'il n'a efté examiné par le Maiftre (& Garde,) & par les quatre Jurez.*

(3) *Les Barbiers qui feront diffamés pour caufe de débauches, ne pourront exercer leur Meftier; dont les inftruments & outils feront confifqués, moitié au proffit du Roy, & moitié au proffit du Maiftre du Meftier.*

(4) *Les Barbiers ne pourront exercer leur Meftier fur les Ladres.*

(5. & 6.) *Les Barbiers ne peuvent exercer leur Meftier, fi ce n'eft pour faigner & pour purger, les cinq Feftes de Nôtre-Dame, les jours de St Cofme & St Damien, de l'Epiphanie, & des quatre Feftes folemnelles; & ne doivent point pendre leurs baffins (ou enfeignes,) les jours des Feftes qui fuivent celles de Noël, de Pafques & de Pentecofte; fur peine de cinq fols d'Amende, dont deux fols appartiendront au Roy; deux fols au Maiftre, & un fol au Garde & Lieutenant du Meftier.*

(7) *Si les Barbiers refufent d'obeir au Maiftre, au Lieutenant ou aux Jurez du Meftier, le Prevoft de Paris leur donnera des Sergens, pour faire executer leurs Jugemens.*

(8) *Le Maiftre, le Lieutenant & les Jurez du Meftier, auront la connoiffance de tout ce qui le regarde; & lorfque des Barbiers foutiendront des procès pour la confervation de leurs droits, le Procureur du Roy fe joindra à eux.*

(9) *Les Barbiers ne pourront prendre les apprentifs de leurs Confreres, fur peine d'une Amende de cinq fols.*

(10) *Les Barbiers affignés par le Maiftre ou fon Lieutenant, feront tenus de comparoiftre devant eux, fur peine d'une Amende de fix deniers, applicable à leur proffit.*

CHARLES, &c. Savoir faifons à tous prefens & avenir, que oye la fupplication des Barbiers de noftre bonne Ville de Paris, contenant, que comme de fi longtemps qu'il n'eft mémoire du contraire, il aient efté en bonne poffeffion & faifine, & foient encores, d'eftre gardez & gouvernez, & l'eftat du Meftier, pour

NOTE.

(*a*) Trefor des Chartres, Regiftre 102. Piece 186.

caufe

DE LA TROISIÉME RACE.

cauſe du bien d'icellui, par le Maiſtre Barbier & Varlet de Chambre de noz pre- CHARLES
deceſſeurs Roys & de Nous, afin que ſur icelluy Meſtier, aucune fraude ou mau- V.
vaiſté ne fuſſent comiſes, pour cauſe de certains maleſices qui ſur ce ſe povoient à Paris, en
ou porroient faire, ou prejudice & blaſme dudit Meſtier; & pour ce ait toujours Decembre
eſté Garde dudit Meſtier, pour le bien & proffit commun, noſtre dit Barbier & 1371.
Varlet de Chambre, & ait eu la congnoiſſance de toutes les Cauſes appartenantes
audit Meſtier, & encores a, par certains privileges ja pieça à eulx octroiés, qui ont
eſté perdus; ſur leſquelz ou aucuns articles d'iceulx, les diz Barbiers ont eu par les
Reformateurs ordenez à Paris, l'an mil ccc. LXII. Sentence contre aucuns qui les
y vouloient empeſchier, laquelle Nous avons veuë, Nous leur veuillions renouveler
& octroïer de nouvel par noz Lettres, leurs diz privileges, leſquelx s'enſuivent.

(1) Premierement. Que noſtre dit premier Barbier & Varlet de Chambre, eſt
& doit eſtre Garde dudit Meſtier, comme autreſſoiz; & qu'il puet inſtituer Lieutenant, auquel l'en doit obéir comme à lui, en tout ce qui audit Meſtier appartient
ou appartiendra.

(2) Item. Que aucun Barbier de quelconque condicion, ne doit faire office de
Barbier en ladicte Ville & Banlieue de Paris, ſe il n'eſt ᵃ eſſaïez par ledit Meſtre a *examiné.*
& les IIII. Jurez, en la maniere & ſelon ce qu'il a eſté acouſtumé ou temps paſſé,
& eſt encores de preſent.

(3) Item. Que aucun Barbier de quelconques condicion & auctorité qu'il ſoit,
ne face Office dudit Meſtier, ou cas qu'il ſera reputé & notoirement diffamé de
tenir, & avoir été diffamé de Bourdellerie & Maquerelerie; ou quel cas il en
ſoit à toujours privé, ſans le ravoir; & oultre, que tous ſes ᵇ oſtilz ſoient acquis & b *outils.*
confiſqués; comme ᶜ chaieres, bacins, raſoirs & autres choſes appartenans audit Meſ- c *chaires: chaiſes.*
tier; dont Nous devons avoir la moitié, & l'autre au Maiſtre dudit Meſtier.

(4) Item. Qu'il ne doivent eſtre ſi hardiz de faire Office de Barbier, ſur ladicte
paine, à ᵈ Meſel ou à Meſele, en quelconque maniere que ce ſoit. d *Ladre. Voy.*
(5) Item. Qu'il ne doivent faire aux jours defenduz, aucune choſe de leur dit le Gloſſ. de du
Meſtier; fors de ᵉ ſaingnier & de puguier, ᶠ en paine de v. ſols; c'eſt aſſavoir, II. ſols *Mezellus.*
à Nous, II. ſols audit Meſtre, & XII. deniers à la Garde du Meſtier; c'eſt aſſavoir, e *ſaigner & pur-*
au Lieutenant. *ger.*
f *ſur la peine.*
(6) Item. Que aucun Barbier ne doit faire Office ou ᵍ Ouvre de Barberie, aux g *œuvre.*
V. Feſtes Noſtre-Dame, S.ᵗ Coſme-S.ᵗ Damien, la ʰ Thiphanie, aux IIII Feſtes h *Epiphanie.*
ſolempnelz; & ne doit pendre ⁱ Bacins aux Feries de Noel, de Paſques, & de la i *qui leur ſervent*
Penthecoſte, ſur ladicte painne d'amende de v. ſols, à eſtre diſtribuez, comme dit eſt. *d'enſeigne.*

(7) Item. Se aucun Barbier vouloit faire le contraire, & ne vouloit obéir audit
Meſtre, ſon Lieutenant & Jurez, que le Prevoſt de Paris, lui enfourmé de ce,
leur doit bailler de ſes Sergens en aides de droit, pour ſouſtenir leur ᵏ exploit. k *jugement.*

(8) Item. Que ſe aucuns des diz Barbiers vouloit ſur ce proceder, que noſtre
Procureur ſur ce informé, pour le bien publique, & pour le noſtre, ſoit adjoint
avecques culx, pour ſouſtenir le droit & privileges des diz ſuppliants; & que de ce
qui touche l'Office dudit Meſtier, la cognoiſſance en ſoit renduë audit Maiſtre, ou
ſon Lieutenant & aux Jurez.

(9) Item. Que aucun Barbier ne doit oſter ou ſouſtraire à un autre Barbier,
ſon Aprentis ou Varlet, ſur ladicte Amende de v. ſols, ainſy eſtre diſtribuez, comme
dit eſt.

(10) Item. Que s'aucun Barbier eſt adjorné à cauſe dudit Meſtier, pardevant
ledit Maiſtre ou ſon Lieutenant, qu'il ſoit tenus de y comparoir, ſur l'Amende de
VI. deniers, au proufſit dudit Maiſtre ou de ſon Lieutenant.

Neantmoins yceulx Barbieurs ˡ ſe doubtent que pour cauſe de la perte de leurs diz l *craignent.*
privileges; combien que depuiz il aient obtenuë ladicte Sentence, comme dit eſt,
il ne ſoit empeſchiez en leurs diz privileges, & la ſaiſine & poſſeſſion d'iceulx, de
laquelle il ont joy & uſé, comme deſſus eſt dit, ſe par Nous ne leur eſt ſur ce pourveu de noſtre grace & remede, comme il dient. Nous adecertes, attendu & conſiderez

Tome V. Kkk

CHARLES V.
à Paris, en Decembre 1371.

ce que dit est, avons octroié & octroions auxdiz Barbiers, pour eulz & leurs successeurs Barbiers de nostre dicte Ville, de nostre certaine science, auctorité Royal & grace especial, les privileges & les choses dessus dictes, & chascunes d'icelles, & qu'il en puissent joïr & user paisiblement d'orenavant, ainsy & par telle maniere que dit est. Si donnons en Mandement à nostredit Prevost de Paris, & à tous noz autres Justiciers, Officiers & Commissaires, presens & avenir, ou à leurs Lieutenans, & à chascun d'eulx, si comme à lui appartiendra, que les diz Barbiers & leurs diz successeurs presens & avenir, facent & laissent joïr & user de nostre presente grace, selon sa fourme & teneur, sanz eulz empeschier ou molester au contraire, en aucune maniere. Et que ce soit ferme chose, &c. sauf, &c. Donné à Paris, ou mois de Decembre, l'an de grace mil CCC. LXXI. & le VIII.ᵉ de nostre Regne. *Visa.*

Ainsi signé. *Par le Roy.* Yvo.

CHARLES V.
à Paris, en Decembre 1371.

(a) Confirmation des Privileges de la Ville de Mielhan.

SOMMAIRES.

(1) Les habitants de Mielhan joüiront des biens qu'ils ont possedez jusqu'à present.

Les habitants du Territoire & de la Jurisdiction de Mielhan, joüiront de tous les privileges des habitants de cette Ville; & les Consuls pourront lever sur eux, des Tailles & des Collectes.

(2) Les habitants de la Ville & de sa Jurisdiction, pourront mener leurs troupeaux paître sur les Terres du Roy, qui ne sont point en defense, & desquelles ils pourront les ramener chez eux, le jour même qu'ils les auront menés paître.

Ces habitants payeront les dommages qu'eux & leurs bestiaux auront faits sur ces Terres, & payeront une Amende, pour cause de ces dégats.

(3) Le Bailli & les Consuls de cette Ville, appellez les Officiers Royaux, auront l'inspection sur les Gardes & Patroüilles de la Ville; sur les Gardes des Vignes & autres Terres; sur les Fumiers, les Latrines & les Eaux pluviales. La moitié des Amendes qu'ils decerneront, appartiendra au Bailli; & l'autre moitié aux Consuls, qui les employeront aux Fortifications de la Ville.

a faisant reflexion.

KAROLUS, &c. Ad perpetuam memoriam. Regiam Serenitatem decet ᵃ meditantes, sibi subditos, guerrarum immanis turbacionibus in corporibus & bonis oppressos, eisdem compacientes, graciis & beneficiis relevare : Notum facimus universis presentibus & futuris, quod, audita humili supplicacione dilectorum nostrorum Consulum & habitatorum Ville de (b) Millano, in Senescallia Tholose, continente, quod cum ipsi,

b proth.

sub divino beneplacito & cum nostro juvamine, dictam Villam, que, ᵇ proth dolor! anno ultimo preterito per inimicos nostros incendio consumpta penitus & destructa, ipsiusque habitatorum pars maxima interfecta, reliqua vero capta & immaniter tractata fuerit, preter bonorum suorum quorumcunque, Litterarumque & Cartarum de privilegiis & Libertatibus suis, combustionem & amissionem, fortificare & reedificare proponant & affectent; quod sine nostra gracia nullatenus facere possent, sicut dicunt; quatenus eisdem dictam nostram graciam imparcientes, dignemur concedere que secuntur.

c Voy. les Tabl. des Mat. de ce Rec. au mot Pariage.

(1) Primo. Quod ipsi Consules, qui nunc sunt & pro tempore fuerint, habeant & possideant terras & ᶜ Pariagia, quos & que predecessores sui, retroactis temporibus, tenere consueverunt; quodque Collectas, Taillias & Subsidia super habitatores dicti loci, ac Jurisdictionis & territorii ejusdem, possint facere & imponere, & ad ipsarum solucionem teneantur dicti habitatores Jurisdiccionis & territorii, secundum quod & illi de dicta Villa; similibusque gracia, privilegiis, Libertatibus & Pascuis gaudeant & utantur.

(2) Item. Quod predicti habitatores dictarum Ville & Jurisdictionis, moderni pariter & futuri, Oves & Pecora, ceteraque eorum animalia ducere & pascere ubique in territorio nostro & ejus ressorto, circa dictas Villam & Jurisdiccionem, in locis tamen non vetitis, & à quibus de die reverti possint, infra Jurisdiccionem eandem libere valeant. Si

NOTES.

(a) Tres. des Chart. Regist. 102. P. 238. Voy. cy-dessus, p. 190. Note (a).

(b) *Millano.*] J'ai appris du R. P. D. Vaissette, Benedictin, que ce lieu se nomme presentement Mielhan, Diocèse d'Auch, de la Judicature de Riviere.

DE LA TROISIÉME RACE. 443

quod ipsos aut eorum aliquem, cum dictis suis animalibus, contingat dampnum aliquod cuiquam inferre, illud restituere & emendare teneantur, ad dictum seu ordinacionem proborum virorum; solvendo Domino ^{a} *, infra quod dampnum illud factum extiterit,* ^{b} *pro pena, duodecim Tholosanos Monete currentis, tantummodo.*

 Ceterum, quod Bajulus & Consules dicti loci; vocatis ad hoc Officiariis Regiis, & de consensu majoris & sanioris partis dictorum habitatorum, super custodia & excubiis ejusdem loci de die & de nocte; nec non super custodia vinearum & ortorum, aliorumque fructuum & bonorum dictarum Ville & territorii, ordinaciones facere possint, quales eis videbitur faciendas; & ad dictos Bajulum & Consules, pertineat cognicio & ordinacio super sumorum, latrinarum & aquarum pluvialium dicte Ville; dictasque ordinaciones exequi faciant, sub certis penis per ipsos imponendis; quarum medietas erit dicti Bajuli, reliqua vero tradetur dictis Consulibus, in fortificacionem ipsius loci convertenda.

 De ^{c} *quidus omnibus & singulis supradictis, ipsi supplicantes & eorum predecessores, in dicto loco usi sunt actenus à tanto tempore, citra quod de contrario, hominum memoria non existit; sed Carte & Littere quas inde habebant, in capcione dicti loci, combuste fuerunt & perdite; propter quod, renovacione privilegiorum & graciarum hujusmodi, seu concessione de novo, si sit opus, necessario indigentes, nostram sibi super hoc graciam impertiri, ut dictum est, humiliter imploraverunt. Nos hec debita consideracione pensantes, ut dicta Villa de Milhano, gracie nostre largicione felicem suscipiat incrementum, dictis Consulibus & habitatoribus de Milhano, pro se & suis successoribus in dicto loco, predicta omnia & singula superius declarata, & pro ut hactenus ipsi & eorum predecessores legitime usi sunt, eisdem de nostris speciali gracia & plenitudine Regie potestatis, ad ipsorum usum & utilitatem, dictique loci augmentacionem &* ^{d} *profectum, in casu predicto, concessimus & tenore presencium concedimus : Mandantes Senescallo Tholose, ac Judici Ripparie, ceterisque nostris ac successorum nostrorum Justiciariis, presentibus & futuris, & eorum cuilibet, ut ad eum pertinuerit, vel Locatenentibus eorumdem, quatenus predictos Consules & habitatores dicti loci de Milhano, presentes & futuros, predictis omnibus & singulis, secundum presentis nostre gracie seriem & tenorem, uti & gaudere pacifice faciant & permittant, secundum quod actenus eisdem legitime usi sunt; nil in contrarium à quoquam attemptari seu fieri permittentes ; sed si quid in contrarium factum vel attemptatum fuerit, id ad statum pristinum & debitum redducant & redduci faciant indilate. Que ut firma sint & stabilia, &c. nostro in aliis, &c. Datum Parisius, anno Domini millesimo ccc.*^{mo} *septuagesimo primo, & Regni nostri octavo, mense Decembris.*

 Per Regem, ad relacionem vestram. P. CADORET.

CHARLES V. à Paris, en Decembre 1371.
^{a} a territorii.
^{b} pour Amende.

^{c} quid. R. quibus.

^{d} profit.

(a) Lettres par lesquelles le Roy donne aux Consuls & habitants du Château de Limoges, le Château & la Châtellenie de cette Ville, qu'il s'engage de garder.

CHARLES V. à l'Hôtel de St Paul, à Paris, le 2. de Janvier 1371.

CHARLES, &c. Savoir faisons à tous presens & avenir, que Nous, qui très grandement nous reputons estre tenuz à noz amez & feaulx, les Consulz & habitans de nostre Chastel de Lymoges, pour les bons, loyaulx & agreables ^{e} servises que ilz ont faiz à noz Predecesseurs & à Nous, ou temps passé ; & par especial, n'agaires, car pour cause de la Souveraineté & ressort que Nous avons en la Duché de Guienne, ilz se sont soubzmis à nostre obéissance, & Nous ont recongneu à leur souverain Seigneur ; & esperons aussi qu'il Nous facent au temps avenir, de bien en miex ; & aussi pour le profit & bien publique ; eu sur ce très grand advis & très bonne deliberacion à ceulx de nostre Lignage, & autres de nostre Conseil, avons aux diz Consulx & habitans de nostre Chastel de Limoges, & à leurs successeurs, donné & octroyé & delaissé, donnons, octroions & delaissons par ces presentes, de nostre

^{e} services.

NOTE.

(a) Tresor des Chartres, Registre 102. Piece 154. (ter) Voy. cy-dessus, p. 439.
Tome V.   Kkk ij

CHARLES V.
à l'Hôtel de S.t Paul, à Paris, le 2. de Janvier 1371.
a *Voy. cy-deſſus, p. 44. Note (v).*
b *ce mot eſt inutile.*
c *moyennant.*

d *aux.*

auctorité Royal & pleine puiſſance, de grace eſpecial & certaine ſcience, à touſjours, hereditablement & perpetuellement, le Chaſtel & Chaſtellenie de Lymoges, & toutes ſes appartenances & appendances, Juridicions haute, baſſe & moyenne, a mixte & mere Imper, Cens, rentes, revenuës, Péages, maiſons, moulins, & la mote qui eſt ſur les II. Eſtangs du Chaſtel de Limoges, & autres proprietez, droiz, devoirs, & autres choſes, que noſtre très chiere & amée Couſine, Johanne Ducheſſe de Bretaigne & ſes Enfans, ou autres aians cauſe d'eulx ou d'aucun d'eulx, aient ou pourroient avoir, demander ne reclamer en aucune maniere, audit Chaſtel & Chaſtellenie de Limoges, & leurs appartenances, b & contre les Conſulx & habitans d'icelle Ville de Limoges, ſanz y riens retenir : Et c parmi ce, ledit Chaſtel & Chaſtellenie, enſemble toutes ſes appartenances & appendences deſſus dictes, leur avons delivré & delivrons par ces preſentes; & pour ce, leur avons promis & juré ſur les Sainctes Euvangiles de Dieu, promettons & jurons, que par Nous & noz ſucceſſeurs, ne demanderons ou reclamerons, ferons demander ou reclamer avoir oudit Chaſtel & Chaſtellenie, ne d autres choſes deſſus dictes ou aucunes d'icelles, autrement que dit eſt; mais leur garantirons & defendrons envers tous & contre tous; & par eſpecial, envers noſtre dicte Couſine, ſes dits Enfans, ou autres aians cauſe d'eulx, de tous empeſchemens, dommages, deſtourbiers, pour guerre ne autrement, en quelque maniere que ce ſoit; & dès maintenant pour lors, Nous en dechargons les dits Conſulz & habitans, & Nous chargons de la tuicion & defenſe faire entierement à nos propres coux, freiz, miſſes & deſpens : Et d'abundant, les choſes deſſus dictes & chaſcune d'icelles, tout en la forme & maniere que declaré eſt, Nous promettons faire ratiffier, toutes fois que beſoing ſera, & requis en ſerons par les dits Conſulx & habitans de la dicte Ville, à noſtre dicte Couſine & à ſes Enfans; & ſur ce, auſſix Conſulx & habitans ou à leurs ſucceſſeurs faire & octroyer Lettres par noſtre dicte Couſine ou ſes diz Enfans ou ſucceſſeurs, ou autres qui d'eulx auront cauſe, ou aucun d'eulx : Et pour ce faire & acomplir de point en point ſelon ce que deſſus eſt dit, ſanz enfraindre en quelque maniere que ce ſoit, Nous promettons & jurons ſur Saints Euvangiles de Dieu, pour Nous & noz ſucceſſeurs, tenir les choſes deſſus dictes fermes & eſtables à touſjours perpetuelment. Si donnons en mandement par ces preſentes, à noz amez & feaulx Gens de noz Comptes à Paris, à noſtre Seneſchal de Lymoſin, qui eſt & ſera pour le temps, & à tous autres Juſticiers, Officiers & ſubgez de noſtre Royaume, preſens & avenir, & à chaſcun d'eulx, ou à leurs Lieutenans, que contre la forme & teneur de ces preſentes, ne procedent ou ſe ingerent de proceder en aucune maniere au contraire; auxquelles, pour ce que ce ſoit ferme choſe & eſtable à touſjours, Nous y avons fait mettre noſtre grant ſeel, & les avons faites bailler aux diz e Conſuls & habitans. *Donné à Paris en noſtre Hoſtel-lez-Saint Pol, le 11.e jour de Janvier, l'an de grace mil CCC. ſoixante & onze, & de noſtre Regne le VIII.e* Ainſi ſigné. *Par le Roy.* J. TABARI.

e *Conſuls.*

CHARLES V.
à Paris, le 13. de Janvier 1371. & le 9. de Fevrier 1369.

(*a*) Lettres qui ordonnent l'execution des anciennes Ordonnances, qui reglent les cas dans leſquels les Sergents Royaux pourront exercer leurs fonctions, & demeurer dans les Terres des Seigneurs hauts Juſticiers.

CAROLUS *Dei gratia Francorum Rex. Seneſcallis Tholoſæ, Carcaſſonæ &* (*b*) *Bitterris, aut eorum Locatenentibus : Salutem. Cum Nos conceſſerimus Litteras noſtras, quarum tenor dicitur eſſe talis.*

NOTES.

(*a*) Il a été envoyé de Montpellier, deux Copies de ces Lettres; la premiere, avec cette indication : *Du N.° 19. fol. 85.*
La ſeconde avec cette indication :

Seneſchauſſée de Niſmes en general, liaſſe 18. des Actes ramaſſés, Arm. A. N.° 6. fol. 85. v.°

(*b*) *Bitterris.*] Il faut corriger *B. licaant*, qui ſe lit dans la 2.e Copie, & plus bas dans celle-cy. Le Seneſchal de Carcaſſone l'étoit auſſi de Beziers.

DE LA TROISIÈME RACE. 445

CAROLUS Dei gratia Francorum Rex. Senescallis Tolose, Carcassone & Bellicadri, aut eorum Locatenentibus: Salutem. Notum vobis facimus, Nos [a] *Ordinationes Prædecessorum* nostrorum, ac nostras Litteras confirmatorias dictarum Ordinationum, vidisse, clausulas quæ sequuntur [b].

Interdicimus Servientibus nostris, ne justicient aut Officium suum exerceant in terris Prælatorum, Baronum, aut aliorum Vassallorum seu Subditorum nostrorum in quibus habent Justitiam altam & bassam, seu [c] merum & mixtum Imperium, nisi in casu ressorti, aut alio ad Nos de jure spectante; neque tunc, nisi de præcepto Senescalli, Ballivi aut Præpositi, Vicecomitis, Vicarii seu Judicis; & contingebit tunc mandatum seu præceptum ipsorum casum ad Nos, ut præmittitur, pertinentem. Inhibentes insuper ne morentur, aut larem foveant in dictis terris & locis vel in locis vicinis in fraudem, absque voluntate Dominorum; nisi sint oriundi de loco, aut ibidem Matrimonium contraxerint; & in hiis duobus casibus, non poterunt Servientis Officium exercere in locis illis; & si casus ressorti, aut alius ad Nos spectans in eisdem terris evenerit, volumus quod de eis se nullathenus intromittant; imo casus ille executioni demandabitur per alios Servientes. Prælati vero, Barones & alii fideles nostri, poterunt prædictos Servientes nostros justitiare, & contra eos uti Juridictione sua, spirituali & temporali, prout justum fuerit, sine fraude, sicut contra alias personas privatas, in hiis quæ ad eorum Officium non spectant; poterumque eos [d] puniri super eorum excessibus & comissis quæ fecerint; non tamen nostrum [e] Regis officium exequendo.

Quocirca Nos, attentis Ordinationibus prædictis, volentes eas inviolabiliter observari, ad supplicationem dilectorum & fidelium nostrorum, Philippi Domini de Rupe, Vicecomitis [f] Lautricensis, & Imberti Domini de Burseto, Militum, mandamus vobis & vestrum cuilibet, prout ad cum pertinuerit, quatenus ex parte nostra, Servientibus nostris de quibus ex parte dictorum Supplicantium fueritis requisiti, inhibeatis specialiter & expresse, ne ipsi seu eorum aliqui, contra tenorem dictarum Ordinationum Regiarum, in Villis, locis, Castris, Terris & Juridictionibus dictorum supplicantium, & cujuslibet eorumdem, nec in locis vicinis in fraudem morentur [g] larem foveant de cætero, seu [h] de eisdem Servientis Officium exerceant seu exercere præsumant, ipsos ad hæc viriliter & debite compellendo. Si vero contrarium fecerint, ipsos desistere, & propter hoc Nobis & Parti emendam condignam præstari & solvi, vocatis vocandis, celeriter & debite faciatis; quod eisdem concedimus de gratia speciali; Litteris [i] subrepticis in contrarium impetratis aut impetrandis, nonobstantibus quibuscunque. Datum Parisiis, nona die Februarii, anno Domini 1369. Regni vero nostri sexto.

Vobisque seu quibusdam vestrum, dum requisitum fuerit, Litteras exequi prædictas, seu executorias super hoc dare, & nihilominus vos seu alter vestrum, hoc facere recusavistis seu distulistis, in grande præjudicium Philippi Domini moderni de Rupe, Vicecomitis Lautricensis, sicut dicit, supplicans sibi super hoc gratiose provideri. Quocirca [k] vos & vestrum cuilibet, prout ad eum pertinuerit, mandamus districte injungendo, quatenus Litteras prædictas, secundum tenorem & formam Originalis ipsarum, de quo liquebit, exequamini seu exequi faciatis diligenter, absque dilatione & alterius expectatione mandati; quod eidem de gratia speciali concedimus; Litteris subrepticis impetratis vel impetrandis ad hæc contrariis quibuscunque, nonobstantibus. Datum Parisius, XIII.[a] die Januarii, anno Domini 1371. Regni vero nostri octavo. *In Requestis Hospitii.* HENRY ! FILLERII.

CHARLES V.
à Paris, le 13. de Janvier 1371. & le 9. de Fevrier 1369.
[a] Voy. les Tabl. des Mat. de ce Rec. au mot, Sergents.
[b] continentes.
[c] Voy. cy-dessus, p. 44. Note (z).

[d] punire. 2.e Cop.
[e] fort. Regium.

[f] Lautrec.

[g] aut.
[h] in. 2.e Cop.

[i] subrepticiis.

[k] vobis.

[l] Filleul. 2.e C.

CHARLES V.
à Paris, le 27. de Janvier 1371.
a cedula. T. C.

(a) Lettres qui portent que le Doyen & le Chapitre de l'Eglise de Limoges, ressortiront immediatement au Parlement de Paris.

KAROLUS Dei gracia Francorum Rex. Notum facimus universis presentibus pariter & futuris, quod Nos ª *cedula meditacione pensantes sincere fidelitatis constanciam, quam dilecti & fideles nostri, Decanus & Capitulum Ecclesie Lemovicensis, ad Nos & Regnum nostrum se habere per facti experienciam inviolabiliter pretenderunt, super eo quod ipsi, moderna guerra incepta inter Nos & Adversarios nostros de Anglia, fatendo jus nostrum quod habemus in Ducatu Acquittanie, Nos Dominum suum superiorem publice agnoscentes, maluerunt se & sua obsidioni inimicorum nostrorum exponere, quam aliud facere quod contradiceret dicto juri nostro; licet postmodum fortuna, que plerumque stabilis non permanet, eos* (b) *capi per dictos inimicos permiserit; & sic omnia bona & Jocalia ipsius Ecclesie, una cum suis propriis perdiderunt, & eos redimi opportuit quasi ultra posse; ex quibus Nos eis teneri in immensum verissimiliter reputantes, dignum arbitramur & congruum, ut ipsos Decanum & Capitulum ac eorum Ecclesiam, quadam prosequamur singulari prerogativa, ac honoribus & privilegiis magnifice ampliemus. Ea propter, prefatos Decanum & Capitulum ac eorum successores, in omnibus & singulis Causis suis communibus, motis & movendis, tam ogendo quam deffendendo, ad Parlamenti nostri Parisius auditorium, examen & judicium reservavimus, & per presentes, ex certa sciencia, speciali gracia & plenitudine Regie potestatis, specialiter & perpetuo reservamus; ipsis Decano & Capitulo, de certa sciencia, gracia & plenitudine supradictis plenarie concedentes, quod coram aliis Judicibus temporalibus Regni nostri, preterquam coram dilectis & fidelibus nostris Gentibus, que nunc tenent vel in futurum tenebunt Parisius Parlamentum, deinceps super dictis Causis communibus respondere, vel* ᵇ *alias litigare minime teneantur; nam ipsos & eorum quemlibet, ab omnibus Senescallis & aliis Judicibus & Officiariis quibuscunque Regni nostri, exceptis dictis nostris Gentibus tenentibus Parlamentum nostrum, tenore presencium eximimus totaliter & expresse. Quocirca dilectis & fidelibus Gentibus que dictum nostrum nunc tenent vel tenebunt Parisius Parlamentum, Senescallo nostro Lemovicensi, ceterisque Justiciariis & Officiariis Regni nostri, & eorum Locatenentibus, ac cuilibet ipsorum, presentibus & futuris, districte precipimus & mandamus, quatinus predictos Decanum & Capitulum, predicta nostra exempcione & gracia libere uti & gaudere faciant & permittant, & contra eandem exempcionem & graciam, directe vel indirecte non veniant vel faciant, seu per alium vel alios fieri procurent aliquid de cetero, quod sit vel esse possit contra dicte nostre exempcionis & gracie continenciam & tenorem; & si forsan in futurum, aliqua in contrarium per eos vel aliquem ipsorum, attemptari contingeret, ea cum effectu revocent indilate, que eciam Nos ex nunc revocamus tenore presencium, & pro infectis haberi volumus, & nullius esse decrevimus efficacie vel valoris. Et ut premissa firma & valida perpetuis temporibus maneant, sigillum nostrum hiis presentibus mandavimus apponi: Salvo in aliis jure nostro, & in omnibus quolibet alieno. Datum Parisius, in Domo nostra prope Sanctum Paulum, vigesima septima mensis Januarii, anno Domini millesimo trecentesimo septuagesimo primo, & Regni nostri octavo. Sic* ᶜ *signatas. Per Regem, presente Episcopo Parisiensi.* J. TABARI.

b al. R.

c signata.

NOTES.

(a) Registre A. du Parlement de Paris, fol. 6 vingt 16. v.ᵉ [136.] & Tres. des Chartr. Reg. 104. P. 287.

Avant cette Piece, il y a dans le Registre du Parlement :

Privilegium concessum Decano & Capitulo Ecclesie Lemovicensis, quod immediate ressciantur ad Parlamentum.

Voy. cy-dessus, p. 190. Note (a).

(b) Capi.] Le Prince de Galles prit Limoges en 1370. & il y eut un grand massacre dans cette Ville. Voy. Froissart, Liv. 1. Chap. 289. p. m. 401.

DE LA TROISIÉME RACE. 447

(a) Lettres de Sauvegarde Royale, pour le Doyen & le Chapitre de l'Eglise de Limoges.

CHARLES V.
à Paris, le 27. de Janvier 1371.

KAROLUS Dei gratia Francorum Rex. Regalem decet excellenciam curam solli-citam adhibere, ut Regni sui subditi, & presertim persone Ecclesiastice, que de die & nocte circa divina habent vacare Officia, suis temporibus pacis tranquillitate gaudeant, & ª appressuris & noxiis quibuslibet preserventur, ut eo libencius & devocius possint Altissimo famulari, quo habundancius & liberalius per providenciam Regiam senserint se adjutas. Notum igitur facimus presentibus pariter & futuris, quod Nos ad memoriam reducentes grata & accepta fervore cordiali servicia, per dilectos & fideles nostros, Decanum & Capitulum Ecclesie Lemovicensis, nedum Predecessoribus nostris elapsis temporibus, sed & Nobis & Corone nostre de novo prestita, dum ad nostram se submiserunt obedienciam, qui non formidantes inimicorum nostrorum ᵇ obsidionem, qua tunc circundata erat dicti loci Civitas, in fidelitatis nostre constancia permanserunt; propter que volentes, ut tenemur, eos favore prosequi gracioso, per quem sub nostre potestatis clipeo possint securius Divinis vacare obsequiis, & à quibuscunque violenciis & oppressionibus specialius defendi, ipsos Decanum & Capitulum, & dictam eorum Ecclesiam, qui sunt ab antiquo in protectione & salva gardia Regia speciali, ad eorum supplicacionem, ex habundanti, cum eorum successoribus ac bonis, possessionibus & rebus suis communibus in Regno nostro existentibus, ad sui juris conservacionem duntaxat, in & sub protectione & salva gardia nostra & successorum nostrorum speciali, auctoritate Regia, ex certa sciencia & speciali gracia perpetuo suscipimus & ponimus per presentes; per quas Senescallo nostro Lemovicensi, aut ejus Locum tenenti, qui nunc est vel pro tempore fuerit, committimus vel mandamus, quatinus unum vel plures Servientem seu Servientes nostros, in Gardiatorem eisdem supplicantibus deputet, quociens casus exegerit & ab eis fuerit requisitus: Quibus Gardiatoribus & eorum cuilibet, tenore presencium committendo mandamus, ut dictos Decanum & Capitulum, cum dictis suis bonis, possessionibus & rebus communibus, ab omnibus injuriis, violenciis, oppressionibus, vi armorum, potencia Laicorum, & aliis novitatibus indebitis quibuscunque, & in suis justis possessionibus, franchisiis, Libertatibus & immunitatibus, usibus, juribus & saisinis, in quibus ipsos esse & eorum predecessores pacifice fuisse invenerint ab antiquo, ipsi Gardiatores & eorum quilibet, manuteneant & conservent; non permittendo in dictos Decanum & Capitulum, res & bona eorum communia, fieri vel inferri injurias aut indebitas novitates; quas si factas esse vel fuisse invenerint in prejudicium ipsorum & nostre salve gardie supradicte, ad statum pristinum & debitum reducant, sive reduci, ac Nobis & Parti emendam condignam propter hoc fieri & prestari, dictamque nostram salvam gardiam publicari, ubi fuerit opportunum, & in signum ejusdem, ᶜ Pennuncellos seu Baculos nostros Regios, in locis, domibus & bonis eorum communibus apponi faciant, ne aliquis possit se de ignorancia excusare; inhibendo expresse ex parte nostra, omnibus illis de quibus fuerint requisiti, sub certis penis Nobis applicandis, ne eisdem supplicantibus, rebus, possessionibus & bonis suis communibus universis, quomodolibet forefacere presumant; & si in casu novitatis, inter ipsos, racione bonorum suorum, & alios oriatur aliquod debatum, ipsum debatum & rem contenciosam ad manum nostram, tanquam superiorem, ponant; & facta recredencia illi ex dictis Partibus, cui de jure fuerit facienda, Partes debatum hujusmodi facientes, ac eciam dicte salve gardie nostre infractores & contemptores, aut qui eisdem Gardiatoribus vel alicui ipsorum, Gardiatorum officium exercendo, injuriam fecerint vel offensam, aut qui inobedientes fuerint, adjornent ad certos & competentes dies, coram dilectis & fidelibus Gentibus que tunc nostrum tenebunt Parisius Parlamentum, coram quibus dicti supplicantes, ex nostris concessione & gracia eis

a à pressuris. T. C.

b Voy. p. preced. Note (b).

c Voy. les Tabl. des Mat. de ce Rec. au mot, Pennonceaux.

NOTE.

(a) Registre A. du Parlement de Paris, folio 6 vingt 16. recto. [136] & Tres. des Chartr. Reg. 104. P. 291. Voyez cy-dessus, p. 190. Note (a).

448   Ordonnances des Rois de France

CHARLES V.
à Paris, le 27.
de Janvier
1371.
a exequantur.

factis, habent, & non coram quibuscunque aliis Judicibus temporalibus Regni nostri, litigare nec eciam respondere, super dictis debatis, opposicionibus & eorum dependenciis processuros, prout fuerit racionis ; de quo adjornamento & aliis que fecerint in premissis, dicti Gardiatores, dictas Gentes nostras certifficent competenter ; universaque & singula que ad officium speciale Gardiatoris pertinent, debite ª exequentur & compleant ; ita quod ipsi de hiis que Cause cognicionem exigunt, se nullatenus intromittant : Dantes tenore presencium in mandatis universis & singulis Justiciariis & Officiariis nostris, quatinus in premissis & ea tangentibus, dictis Gardiatoribus & eorum cuilibet, pareant efficaciter & intendant. Et ut premissa firma & valida perpetuis temporibus maneant, sigillum nostrum hiis presentibus fecimus apponi : Salvo in aliis jure nostro, & in omnibus quolibet alieno. Datum Parisius, in Domo nostra prope Sanctum Paulum, vicesima septima die mensis Januarii, anno Domini millesimo trecentesimo septuagesimo primo, & Regni nostri octavo.

b *cecy n'est pas dans le Reg. du Tref. des Chartr.*

Sic signatæ. *Per Regem, presente Episcopo Parisiensi.* J. TABARI.
ᵇ *Collacio facta est.*

CHARLES V.
à Paris, en
Janvier 1371.

(*a*) Lettres qui portent que les Juges du lieu nommé *de Banhiis*, pourront donner des Tuteurs & des Curateurs aux Mineurs.

c *il faut apparemment corriger,* liberalem.

K AROLUS, &c. *Ad perpetuam rei memoriam. Regalis excellencia Dignitatis & honoris incrementa sibi multiplicat, & grandis devocionis in subditis augmenta fecundat, si ad illos, quorum fidei & pure devocionis constanciam & devocionem gratuitam, oportunis temporibus experitur, dexteram* ᶜ *libertate. extendens, eos prosequatur favoribus graciosis ; ut & ipsi de sue devocionis & fidelitatis meritis, se commodum reportasse letentur ; & alii eorum exemplo, ad consimilia ferventius animentur. Notum igitur facimus universis presentibus & futuris, quod Nos attendentes probatam fidem & devocionem sinceram, quam in dilectis nostris Juratis, Custodibus & habitatoribus Ville nostre de* (*b*) *Banhiis, totis transactis hactenus, & potissime guerrarum temporibus, probabiliter novimus, & adhuc de qualibet experimur ; nec non dampna, missiones & expensas, per ipsos occasione guerrarum factas multipliciter & sustentas ; & propterea volentes nostram eis impendere liberalius graciam & favorem, ipsis Juratis, Custodibus & habitatoribus Ville predicte, pro se & successoribus suis, intuitu premissorum ; nec non contemplacione carissimi & fidelis Consanguinei nostri, Comitis Armeniaci, qui Nobis ex hoc instanter supplicavit, de Juris plenitudine Regie potestatis, certaque sciencia & gracia speciali, concessimus atque concedimus per presentes, quod Judices Curie dicte Ville, qui sunt & qui in futurum erunt, possint de cetero perpetuis temporibus, Tutores & Curatores dare Minoribus, quemadmodum hoc facere consueverint & possunt Judices Curiarum de* ᵈ *Tarvia, de Vico & de Luso, de dicta Senescallia existentes : Dantes hiis presentibus in Mandatis omnibus Justiciariis & Officiariis Regiis predicte Senescallie,*

ᵈ Voy. Note (*b*).

NOTES.

(*a*) Tref. des Chartr. Regist. 102. P. 213. *Voyez cy-dessus,* p. 190. Note (*a*).

(*b*) *Banhiis.*] Ce lieu étoit de la même Senéchaussée que les lieux *de Tarvia, de Vico & de Luso*, dont il est parlé dans la suite de la Piece. Mais le Copiste a omis l'endroit où cette Senéchaussée étoit nommée : car l'on trouve deux fois dans ces Lettres, *dicte Senescallie* ; & le nom de cette Senéchaussée n'y est point. Il auroit pû servir à découvrir le nom moderne de ces lieux situez, suivant les apparences, dans la Gascogne ou aux environs, puisque le Comte d'Armagnac s'interessoit pour eux ; & sur lesquels, à l'exception de *Tarvia*, qui est *Tarbes*, je n'ai rien trouvé en parcourant la Notice de la Gascogne de Oihenart. *De Luso* peut être *Lus*, dans la Gascogne, Diocése de Tarbes & Recette de Bigorre. *Voy. le Dic. univ. de la Fr.* au mot, *Lus*.

L'on trouve *ibid. Vic* du même Diocése & de la même Recette. Mais je ne puis rien dire sur le lieu nommé *de Banhiis*. Car il n'y a point d'apparence que ce soit *Banhars* dans le Roüergue, sur lequel *Voy. Ibid.*

Une personne habile de mes amis, croit que ce peut être *Bagneres* ; mais le nom ancien de ce lieu, est *Aquæ Bigerronum*. Voy. la Notice des Gaules de Valois, au mot, *Bigerrones*, où il parle de *Tarvia*, Tarbes.

ac eorum

ac eorum Locatenentibus, presentibus & futuris, quatenus predictos Juratos, Custodesque & habitatores ac Judices Curie Ville predicte, presentes pariter & futuros, nostra presenti gracia & concessione gaudere & uti pacifice perpetuo faciant & permittant, amotis impedimentis quibuscunque. Quod ut firmum, &c. salvo, &c. Datum ^a anno Domini millesimo ccc.° septuagesimo primo, & Regni nostri octavo, mense Januarii. Sic signate. *Visa.*
Per Regem, presente Comite Armeniaci. L. BLANCHET.

CHARLES V. à Paris, en Janvier 1371.
a Le lieu où ces Lettres ont été données, a apparemment été obmis.

(*a*) *Lettres qui fixent à 17. le nombre des Sergents de la Prevosté de Laon; & qui reglent leurs fonctions.*

CHARLES V. en Janvier 1371.

CHARLES, &c. Savoir faisons à tous presens & avenir, que de la partie des dix nos Sergens à gages, chascun de x. livres Parisis par an, de nostre Prevosté de Laon, du nombre & Ordennance anciens, consors en cette partie, Nous a esté exposé, que ja soit ce que par Ordennances Royaulz de nos predecesseurs Roys de France & de Nous, faictes par bonne & meure deliberacion de Conseil, du Clergié, Nobles, Bourgois & bonnes Villes de la dicte Prevosté, en ycelle Prevosté de Laon, ne doie avoir ne demourer plus grant nombre de Sergens que les exposans dessus dis. Consideré mesmement que leur Office de Sergenterie en la dicte Prevosté, ilz ont tousjours tenu & tiennent à grans charges & tiltres onereux, parce que aucuns les ont euz pour la perte qu'il orent en la destruction de la Ville de ^b Calais; & que aucuns autres les ont achetez par grans pris, aux gens & familiers de nos predecesseurs & aux nostres, de nostre congié & licence, dont pour ce paier, plusieurs en ont vendu leurs propres heritages, de quoy il vivoient; & les aucuns en rendent certeinnes porcions & rentes à vie; & combien que n'agueres, pour la grant multitude du Pueple qui estoit au païs, paravant les guerres & mortalitez qui depuiz y ont esté, afin que Justice feust mieux gardée au prouffit de la chose publique, y en eussent esté ordenez deux autres sans gaiges, oultre ledit nombre des dix exposans qui prendent les dis gaiges; & ainsi en y avoit XII. par la dicte derreniere Ordenance; neantmoins, oye la relacion de nostre Bailli de Vermandois & d'aucuns autres, Nous de nouvel & n'agueres, en y avons miz, ordenné & institué autres cinq sans gaiges, pour exercer Office de Sergenterie en ladicte Prevosté de Laon; & par ce y en a dix & sept Sergens, tant à gaiges comme sans gaiges, & tant dudit nombre & Ordennance anciens, comme de nouvel; de laquel Ordennance, nouvelle Institution & augmentation dudit nombre, oultre les dix premiers créez & ordenez aux dis gaiges, les dis exposans se complaignoient, disans que, attendu les guerres & mortalitez par lesquelles le Pueple du païs est moult diminué & amendri; eu regart aussi aux tiltres, charges & redevances à quoy il se tenoient, que la dicte augmentacion estoit & seroit en leur grant grief, dommage & préjudice; & Nous ont fait supplier que sur ce, leur voulsissions pourveoir de remede gracieux & convenable: Pour quoy Nous consideré le raport de nostredit Bailli & autres dignes de foy, & les autres choses à considerer; & qui en ceste partie Nous pevent & doivent mouvoir, par bonne & ^c memeure deliberacion de Conseil, pour le prouffit de Nous, de noz subgez & de la chose publique, & afin que Justice puist ^d isnelement & bien estre gardée & exercée soubz nostre gouvernement, de nostre certainne science, auctorité Royal, de la plenitude de nostre puissance & de grace especial, se ^e mestier est, avons voulu, ordené & decerné, voulons, ordenons & decernons par ces presentes, que en nostre dicte Prevosté de Laon, d'oresenavant soient & demeurent dix & sept Sergens Royaulx tant seulement, pour faire & exercer Office de Sergenterie de par Nous, en la maniere acoustumée; c'est assavoir, les dix de la premiere Ordenance & nombre ancien,

b Voy. le 4.e Vol. des Ordonn. p. 606. Note (*a*).

c meure.

d promptement. Voy. Borel, au mot, isnel.
e besoin.

NOTE.

(*a*) Tresor des Chartres, Registre 102. Piece 215.

CHARLES V.
en Janvier 1371.

au gaiges de x. livres Parisis, à chascun par an; & les autres sept des nouveaux Ordennances & nombre & sans gaiges, & non plus; & que à yceulx Sergens & à chascun d'iceulx, en faisant office de Sergent, soit entendu & obéi de tous à qui il appartendra; & que se par aventure ou temps avenir, par importunité de requerans ou impetrans, Nous y en mettions ou faisions mettre & instituer aucuns autres oultre ledit nombre de XVII. que ceulx qui desormais y seroient miz & instituez, ne doient ne ne puissent faire ne exercer Office de Sergenterie en icelle Prevosté, & que leurs Lettres de leurs dons ou institucions, se aucunes en obtenoient par inadvertance, soient reputées & tenuës de nulle valeur ou efficace, vainnes & casses, tout aussi comme se rien ne leur en eust esté ou estoit octroyé, & que à icelles Lettres, se par aucuns autres estoient empetrées, il ne soit aucunement obtémperé ou obéi en aucune maniere. Et en oultre, pour ce que en la dicte Prevosté de Laon, a cinq pays; c'est

a Thierasche. assavoir, Soissonnoys, Laonnoys, ^a Thieraisse, Porcien & Champaigne, en chascun desquelz pays, il doie par ancienne Ordenance, demourer & faire residence II. de dix Sergens dudit premier nombre, afin que le Pueple des dis païs noz subgez, puist trouver & avoir plus prestement & à mendres frais, iceulx Sergens quant il en est

b besoin. ^b besong, sur le pays pour le bien publique; & que les II. qui après y furent onle-
c puissent. nez sans gaiges, ^c poorent aler par ladicte Prevosté, afin qu'il n'y eust aucun deffaut de Sergens, & aussi à ce que nostre droit y feust gardé là où il escherroit, Nous de nostre dicte certainne science, auctorité Royal & plene puissance, par deliberacion de nostre dit Conseil, avons ordené & decerné, ordenons & decernons par ces meismes, que sur ce, avecques les douze Sergens dessus dits, Nous y avons miz, ordené & institué les autres cinq dont dessus est faite especiale mention, que en chascun desdits pays ou services, en y aura l'un d'iceulx avec les II. par avant, comme dit est, ordenné en yceulx pays ou services, qui ainsi seront en chascun pays ou service, le nombre de III. Sergens; & les autres deux du residu dudit nombre de dix & sept, telz & ceulx que bon semblera à nostre dit Baillif de Vermandois, par l'advis de *(b)* nostre dit Conseil & Procureur, & seront tenus de demourer & de faire residence en nostre dicte Ville de Laon, avec les III. autres qui demourront & doivent demourer pour le service de Laonnois; consideré que nostre dicte Ville de Laon est le souverain Siege & Ressort dudit Baillage de Vermandois, & que en deux jours en chascune semaine, y sont tenus Plais & exercice de Justice; c'est assavoir, ès Auditoires de nostre dit Baillif & de nostre Prevost Forain de Laon: Et voulons aussi & ordenons par ces presentes, que de chascun des autres pays & services dessus dits, l'un des trois Sergens de chascun d'iceulx services, seront tenus & astrains de venir & comparoir en personne à nostre dit Siege de Laon, chascun

d tour. à son ^d, se il n'y a loyal essoine ou excusation legitime, pour servir & estre avec les autres dessus, qui pareillement y seront tenus de estre & comparoir, afin que yceulx noz Baillif & Prevost, pour le bien de Justice, puissent estre convenablement servis & administrez par yceulx noz Sergens, en la fourme & maniere que faire le doivent & que tenus y sont; & que aux dix jours auxquelz il seront tenus de comparoir, il facent relations & rapports souffisans de leurs exploits, des cas qui seront advenus, & de tout ce qui nostre droit puet regarder, toucher & concerner, comment que ce soit; duquel, & de tout ce dont à Nous appartient ou pourra appartenir la congnoissance à cause de nostre souveraineté, Nous voulons & ordennons & leur commandons, & se mestier est commettons, que eulx & chascun d'iceulx, puissent enquerir & eulx enfourmer en & par toute nostre dicte Prevosté de Laon & ressort d'icelle, tant ès Terres des Pers de France & qui tiennent de Nous en
e Pairie. ^e Pairie, comme ailleurs; & que les informacions que faicte en auront, & tout ce que par eulx en sera trouvé, il rapportent feablement pardevers noz dis Baillif,

NOTE.

(a) Nostre dit Conseil.] Je ne crois point qu'il s'agisse là du Conseil du Roy, dont il est parlé cy-dessus; mais du Conseil du Bailly ou des Conseillers du Bailliage du Vermandois : desquels il est parlé plus bas, en ces termes: *Noz Baillif, Prevost, Conseil & Procureur.*

DE LA TROISIÉME RACE. 451

Prevoſt, Conſeil & Procureur, à la conſervacion de noſtre droit, pour pourveoir & ordener ſur ce, ſi comme de raiſon ſera. Si donnons en Mandement par ces meſmes preſentes, à noſtre dit Baillif de Vermandois, au Prevoſt Forain de Laon & à tous noz autres Juſticiers, Officiers & ſubgès dudit Bailliage, preſens & avenir, à leurs Lieuxtenans, & à chaſcun d'iceulx, que de noſtre preſente Ordenance, conſtitucion & decret, il facent leſdis Sergens de noſtre dicte Prevoſté de Laon dudit nombre de dix & ſept, ſueffrent & laiſſent joïr & uſer deſorenavant à touſjours paiſiblement & pleinement; & que noz dictes Ordenances & Conſtitucions, il facent tenir & garder à touſjours perpetuelment, ſanz enfraindre & ſanz aler à l'encontre en aucune maniere; & que ycelles il facent crier & publier, ſe meſtier eſt, & il en ſont requis, par tous les lieux notables & accouſtumez à faire cris oudit Bailliage de Vermandois, afin que ce ſoit choſe notoire à tous, & que aucuns ne ſe puiſt ſur ce excuſer d'ignorance. Et pour ce que, &c. ſauf, &c. Donné ᵃ ou mois de Janvier, l'an de grace mil ccc. ſoixante & onze, & le VIII.ᵉ de noſtre Regne. Ainſi ſignées. *Viſa.*
Par le Roy, à la Relation du Conſeil. G. DE VILLEMONTOIR.
Preſens Carta tranſiit & fuit ordinata ad Requeſtam Servientium Vadia capientium.
J. DE LUZ.

CHARLES V. en Janvier 1371.

a le lieu où ces Lettres ont été donnees, n'eſt pas marqué.

(a) *Lettres qui portent que les Ladres qui ne ſeront point natifs de Paris, ſortiront de cette Ville, & ſe retireront dans les Maladeries fondées dans leurs Pays.*

CHARLES V. au Bois de Vincennes, le 1. de Fevrier 1371.

CHARLES par la grace de Dieu Roy de France, au Prevoſt de Paris ou à ſon Lieutenant: Salut. Il eſt venu à noſtre congnoiſſance par la complainte de noz bien amez les Gens d'Egliſe, du Prevoſt des Marchans, des Bourgoiz & habitans de noſtre bonne Ville de Paris, que depuis le commencement de noz guerres, pluſieurs hommes & femmes meſeaux ᵇ infecs de la maladie ſaint Ladre, qui ſont de pluſieurs nacions & Villes, tant en noſtre Royaume comme dehors, ſont venus & viennent de jour en jour en noſtre dite bonne Ville, en telle quantité & nombre, allans parmi la Ville, ᶜ querans leurs vies & aumoſnes, buvans & mengans emmi les ruës, ès carrefours & autres lieux publiques, où il paſſe le plus de gent, en telle maniere qu'ilz empeſchent & deſtourbent bien ſouvent les genz à paſſer ou à aler en leurs beſongnes, & fault que ilz paſſent parmi ou par emprès eulx, & ſentent leurs alaines; qui eſt exemple de mauvaiſe choſe, contre raiſon & les Ordenances, privileges & ſtatuts anciens de noſtre dite bonne Ville de Paris, qui eſt Cité & Siege Royal, & le chief de tout noſtre Royaume; pourquoy la police & gouvernement d'icelle doivent devant toutes autres Villes, eſtre plus eſpecialement gardez & eſtroitement maintenus, par quoy noz bon ſubgez & les populaires qui ſont ſimples gens, pourroient par la compaignie & multitude des diz meſeaulx ainſi frequentans, alans & ſejournans en noſtre dite bonne Ville, eſtre infecs & ᵈ ferus de la dite maladie ſaint Ladre, dont tres grans maulx & inconvenient s'en peuent ou pourroient enſuir, ſe il n'y eſtoit pourveu de brief remede & convenable. Pour ce eſt-il que Nous, qui de tout noſtre cuer voulons & deſirons pourvoir au bien publique & bon gouvernement de noſtre dite bonne Ville & de noz diz ſubgez, vous mandons & commettons par ces preſentes & eſtroitement enjoignons, que ᵉ tantoſt veues ces letres, vous faites publier & crier ſolemnelment de par Nous, par tous les lieux ſolempnelz & acouſtumez à faire cris en noſtre dicte bonne Ville, que ſanz delay, & ſur certaines & groſſes paines corporelles ou peccuniaires, telles que bon vous ſemblera, tous les diz meſeaux, hommes, femmes & enfans, qui ne ſont nez en noſtre dicte bonne

b *infectez.*

c *cherchans.*

d *bleſſez, attaquez.*

e *auſſitôt.*

NOTE.

(a) Livre vert ancien du Châtelet de Paris, Tome V.

folio 7 vingt 11. recto [151.]
Avant ces Lettres, il y a:
De faire vuidier les Ladres.

CHARLES V.
au Bois de Vincennes, le 1. de Février 1371.

a *Le premier Dimanche de Carême. Voy. le 2.ᵉ Vol. des Ordona. p. 84. Note (b).*
b *s'en aillent.*
c *besoin.*
d *faveur.*
e VIII.
f M.

Ville, & qui par les diz privileges, ordenances ou estatus anciens d'icelle, n'y doivent ou ont acoustumé de estre receuz ès Maladeries pour ce ordennées & establies, se partent de nostre dicte bonne Ville dedens le jour des ᵃ Brandons prochain venant, & s'en ᵇ voisent droit ès Villes & lieux dont ilz sont venus & nez, ou ailleurs, ès Maladeries où ils doivent estre receuz, soustenuz & gouvernez: Et ou cas que ainsi ne le feront après nostre dit cry, passé ledit temps, Nous voulons & vous mandons en commettant, se ᶜ mestier est, comme dessus, que à ce vous les contraignez sanz aucun ᵈ deport, par telle maniere que par deffaut ou negligence de vous, aucun peril ou dommage ne s'en ensuive, & qu'il n'en conviengne plus retourner à Nous ou à nostre Court: Car il Nous en desplairoit. Donné ou Bois de Vincennes, le premier jour de Fevrier, l'an de grace mil CCCLXXI. & de nostre Regne le ᵉ VII.ᵉ Ainsi signé. Par le Roy. J. DE REMIS.

Publié parmi Paris, le XVI.ᵉ jour d'Avril ᶠ CCCLXXI.

CHARLES V.
à Paris, le 19. de Fevrier 1371.

g *on n'y travaille point.*

(a) *Mandement qui fixe le prix des Matieres d'Or & d'Argent.*

CHARLES par la grace de Dieu Roy de France. A noz amez & feaulx les Generaulx-Maistres de noz Monnoyes: Salut & dilection. Nous avons entendu & sommes souffisamment informé, que pour ce que nostre Monnoye de Tournay est en Frontiere, & sur les marches des pays de Flandres & de Haynault & d'ailleurs, esquelz pays l'en donne plus grant pris en Or, que Nous ne faisons en nostre dite Monnoye, icelle ᵍ est en chomage & pourroit estre ou temps advenir plus longuement; en laquelle chose Nous pourrions avoir très grant donmaige, se remede n'y estoit mis. Si vous mandons, commandons & à chascun de vous, que tantost & sans delay, ces Lettres veuës, afin que les Marchans desdits pays & autres, doient apporter leur Or & Argent en icelle Monnoye, vous faciez donner de chascun Marc d'Or fin qui sera apporté en ladite Monnoye de Tournay, douze solz Tournois de creuë, oultre le pris que Nous y faisons donner à present; & pour chascun Marc d'Argent blanc allaié à quatre deniers de Loy Argent-le-Roy, quatre solz Tournois ou audessoubz, secretement & ouvertement, si comme bon vous semblera. Ainsi auront les dits Marchans pour chascun Marc d'Or fin, soixante trois livres quatorze sols Tournois; & pour chascun Marc d'Argent dessus dit, cent neuf solz Tournois ou au-dessoubz. De ce faire, à vous & à chascun de vous, donnons povoir, auctorité & mandement especial par ces presentes. Donné à Paris, le XIX.ᵉ jour de Fevrier, l'an de grace mil trois cens soixante & onze, & de nostre Regne le huitiesme. Par le Roy, en son Conseil. P. BLANCHET.

Par vertu desquelles Lettres, les dits Generaulx-Maistres ordonnerent leurs Lettres closes pour envoyer en la dite Monnoye de Tournay, selon la forme qui s'ensuit.

EXECUTOIRE SUR CE.

De par les Generaulx-Maistres des Monnoyes du Roy nostre Sire, Gardes & Maistre de la Monnoye de Tournay. Par vertu des Lettres du Roy nostre dit Seigneur à nous envoyées, nous vous mandons, que tantost & sans delay, ces Lettres veuës, vous clouez la Boeste de ladite Monnoye, & faictes inventaire de tout ce qui sera en icelle, en la maniere acoustumée; & ce fait, faictes tantost convenir pardevant vous, les Changeurs

NOTES.

(a) Registre D. de la Cour des Monnoyes de Paris, folio 7 vingt 14. verso (154).
Avant ces Lettres, il y a:
Le XX.ᵉ jour de Fevrier, mil trois cens soixante & onze, furent apportées en la Chambre des Monnoyes, deux paires de Lettres scellées du grant seel du Roy nostre Sire, dont la teneur s'ensuit.
Mandement du Roy, par vertu duquel l'en donna en la Monnoye de Tournay, de chascun Marc d'Or, douze solz de creuë.

& *Marchans frequentans ladite Monnoye, & leur dictes qu'ils auront pour chafcun Marc d'Or fin, douze fols Tournois de creuë, oultre le pris de prefent. Ainfi auront pour chaſ- cun Marc d'Or fin, foixante trois livres quatorze folz Tournois, de l'Or qui aura efté apporté en ladite Monnoye avant la reception de ces prefentes: S'aucun en y avoit, faictes le tantoft ouvrer & monnoyer, & en faictes donner & payer aux Changeurs & Marchans, le pris de paravant cette creuë; c'eſt affavoir, foixante trois livres deux folz Tournois pour Marc; & après faictes nouvelles boeftes & nouvaulx Papiers de delivrance, & nous envoiez ladite boeſte cloſe par feur & certain Meffage, le plus bref que vous pourrez; & nous reſcripvez combien il fera venu de billon d'Or en ladite Monnoye, pour cauſe de ceſte creu, & à quel jour vous aurez receu ces Lettres, & publié aux Marchans ladite creuë, avec tout l'eſtat de ladite Monnoye. Si gardez que en ce n'ait aucun deffault. Eſcript à Paris, en la Chambre des Monnoyes, le XXIIII.ᵉ jour de Fevrier, l'an mil trois cens foixante & onze.*

CHARLES V.
à Paris, le 19. de Fevrier, 1371.

La teneur des autres Lettres Royaulx eſt telle.

Mandement du Roy, par vertu duquel l'en donna creuë en Marc d'Or, par la maniere que contenu eſt cy-deſſoubz.

CHARLES par la grace de Dieu Roy de France. A noz amez & feaulx les Generaulx-Maiſtres de noz Monnoyes: Salut & dilection. Nous pour certaines cauſes, & par grant deliberation de noſtre Conſeil, vous mandons & commandons, que tantoſt & ſans delai, ces Lettres veuës, faciez donner en noz Monnoyes de Paris, de Sainct Quentin, & par toutes nos autres Monnoyes où bon vous femblera, & en celles où vous verrez que noſtre prouffit fera; excepté en noſtre Monnoye de Tournay, en laquelle Nous avons mandé que vous faictes creuë, ſi comme il vous peut ou pourra apparoir par noz autres Lettres, leſquelles vous accompliſſez par la forme & teneur d'icelles; à tous Changeurs & Marchans, de chafcun Marc d'Or qui feraa apporté en icelle, douze folz Tournois de creuë ou au-deſſoubz, oultre le pris que Nous y faifons donner à prefent; & pour chafcun Marc d'Argent blanc allaïé à quatre deniers de Loy, Argent-le-Roy, quatorze folz Tournois ou au-deſſoubz, fecretement & ouvertement, ſi comme bon vous femblera. Ainfi auront leſdits Marchans de chafcun Marc d'Or fin, foixante trois livres dix folz Tournois ou au-deſſoubz; & pour chafcun Marc d'Argent deſſus dit, cent neuf folz Tournois ou au-deſſoubz, ſi comme bon vous femblera à faire pour noſtre prouffit. De ce faire, à vous & à chafcun de vous, donnons povoir, auctorité & mandement eſpecial par ces prefentes. Donné à Paris, le XIX.ᵉ jour de Fevrier, l'an de grace mil trois cens foixante & unze, & de noſtre Regne le huitieſme.

Par le Roy, en ſon Conſeil. P. BLANCHET.

Par vertu deſquelles Lettres les Generaux-Maiſtres ordonnerent XIII. paires de Lettres cloſes, qui furent envoyées par les Monnoyes; c'eſt affavoir, Paris, Roüen, Tournay, Sainct Quentin, Troyes, Dijon, Maſcon, Thoulouſe, Montpellier, Tours, Angiers, Condom & ᵃ Sainct Pourcein; deſquelles Lettres la teneur s'enſuit.

ᵃ Dans l'Auvergne. Voy. le 3.ᵉ Vol. des Ordon. p. 298. Note (d).

EXECUTOIRE SUR CE.

De par les Generaulx-Maiſtres des Monnoyes du Roy noſtre Sire. Gardes & Maiſtre de la Monnoye de Roüen. Par vertu des Lettres du Roy noſtre dit Seigneur à nous envoyées, nous vous mandons, que tantoſt & ſans delay, ces Lettres veuës, vous clouez la Boeſte d'Or de ladite Monnoye, & faictes inventaire de tout ce qui fera en icelle, en la maniere acouſtumée; & ce fait, faictes tantoft convenir pardevant vous, les Changeurs & Marchans frequentans ladite Monnoye, & leur dictes qu'ilz auront pour chafcun Marc d'Or fin, qu'ilz apporteront d'orefenavant en ladite Monnoye, huit folz Tournois de creuë, oultre le pris de prefent. Ainfi auront pour chafcun Marc d'Or fin, foixante trois livres huit folz Tournois; & l'Or qui fera en ladite Monnoye, & qui aura eſté apporté en icelle, s'aucun en y avoit, faictes tantoft ouvrer & monnoyer, & en faictes

CHARLES V. à Paris, le 19. de Fevrier 1371.

donner & payer aux Changeurs & Marchans, le pris de paravant cefte creuë; c'eft affavoir, foixante deux livres dix huit folz Tournois pour Marc; & après faictes nouvelle Boefte & nouvaux Papiers de delivrance, & nous envoiés ladite Boefte clofe par feur & certain Meffage, le plus bref que vous pourrez; & nous refcripvez combien il fera venu de Billon d'Or en ladite Monnoye, pour caufe de cefte creuë, & à quel jour vous aurez receu ces Lettres, & publié aux Marchans ladite Creuë, avec tout l'eftat de la Monnoye. Si gardez que en ce n'ait deffault. Efcript à Paris, en la Chambre des Monnoyes, le XXIIIIe jour de Fevrier, l'an mil trois cens foixante & unze.

Et pour ce que les Monnoyes deffus dictes eftoient faictes à moindre pris les unes que les autres, ladite creuë a efté ordonnée y eftre faicte par la maniere qui s'enfuit; c'eft affavoir:

LE PRIS DES MONNOYES.

A la Monnoye de Paris...................................	XII. S. T.
A la Monnoye de Roüen.................................	VIII. S. T.
A la Monnoye de Sainct Quentin....................	XII. S. T.
A la Monnoye de Tournay.............................	XII. S. T.
A la Monnoye de Troyes................................	XII. S. T.
A la Monnoye de Dijon..................................	VIII. S. T.
A la Monnoye de Mafcon...............................	VIII. S. T.
A la Monnoye de Montpellier........................	X. S. T.
A la Monnoye de Thoulouse...........................	X. S. T.
A la Monnoye de Condon...............................	X. S. T.
A la Monnoye de Sainct Pourcein..................	XII. S. T.
A la Monnoye de Tours.................................	VIII. S. T.
A la Monnoye d'Angiers................................	VIII. S. T.
(b) Item...	IIII. S. T.
Et avoit le Maiftre pour Marc d'œuvre...........	VI. S. T.
Et avoit le Maiftre pour Marc.......................	IX. S. T.
Et avoit le Maiftre pour Marc.......................	VI. S. T.
Et avoit le Maiftre pour Marc.......................	II. S. VI. D. T.
Et avoit le Maiftre pour Marc.......................	V. S. T.
Et avoit le Maiftre pour Marc.......................	X. S. T.
Et avoit le Maiftre pour Marc.......................	X. S. T.
Et avoit le Maiftre pour Marc.......................	VIII. S. T.
Et avoit le Maiftre pour Marc.......................	VIII. S. T.
Et avoit le Maiftre pour Marc.......................	VII. S. VIII. D. T.
Et avoit le Maiftre pour Marc^a.............	*a le prix manque.*
Et avoit le Maiftre pour Marc.......................	VIII. S. T.
Et depuis fut fait pour................................	V. S. T.

NOTE.

(b) Item.] Je ne puis deviner à quoy fe rapporte cet article. A l'égard des fuivants, je crois qu'il s'y agit des droits de Marc qu'avoient les Maiftres de chacune des Monnoyes qui ont été nommées cy-deffus.

CHARLES V. à l'Hôtel de St Paul-lez-Paris, le 22. de Fevrier 1371.

(a) Reglement pour les fonctions des Treforiers de France.

CHARLES par la grace de Dieu Roy de France. A nos amez & feaulz Gens de nos Comptes à Paris: Salut & dilection. Comme Nous aions de nouvel ordené nos Treforiers, Jehan d'Orliens & Giles Gallois; & auffy Philipe de Saint Pere, lequel eft à prefent en Languedoc, pour faire, ordonner & gouverner tout ce

NOTE.

(a) Memorial D. de la Chambre des Comptes de Paris, folio 6 vingt 8. verfo. (128).

DE LA TROISIÉME RACE. 455

qui appartient au fait de noſtre Treſor, & que à office de Treſoriers appartient; & en oultre, que doreſenavant, nulz autres ne s'entremettent de faire aſſignations ne paiemens ſur noz Receveurs, ne ſur les revenus de noſtre Domaine, ne reſpis ou [a] dilacions donner en quelque maniere que ce ſoit; & que toutes les revenuës de noſtre dit Domaine, & les debtes, qui Nous ſont & ſeront deuës, ſoient executées, ordennées & diſtribuées par l'Ordonnance de nos diz Treſoriers, & non par autres, tout en la forme & maniere que ont accouſtumé à faire, & ont fait anciennement les Treſoriers, ou temps de noz devanciers Roys de France, en [b] eſcrivant voz Lettres à touz les Receveurs de noſtre Royaume, que ils accompliſſent la dite Ordennance. Si vous mandons que noſtre dite Ordenance vous tenez & gardez, & faites tenir & garder ſanz enfraindre, en la maniere que deſſus eſt dit; & que toutes les debtes qui Nous ſont deuës & ſeront, vous bailliez & faites baillier bien & diligemment à noz diz Treſoriers, pour en faire ce qui appartient à leur office; & gardez que en ce n'ait aucun deffault. Car ainſi le volons nous eſtre fait; nonobſtant quelconque Or- dennence, Mandement ou deſſenſes faites ou à faire au contraire. Donné en noſtre Hoſtel de Saint Pol lez Paris, le XXII.e jour de Fevrier, l'an de grace M. CCCLXXI. & de noſtre Regne le VIIIe. Par le Roy. YVO.

CHARLES V. à l'Hôtel de St. Paul lez-Paris, le 22. de Fe- vrier 1371.
a delais.
b Je crois qu'il faut corriger eſcri- viez. Peut-eſtre même manque-t'il quelque mot.

(a) Lettres qui portent qu'on ne prendra point les bleds appartenants aux Ecoliers de l'Univerſité de Paris, pour la proviſion des Vaiſſeaux.

CHARLES par la grace de Dieu Roy de France. Au Receveur d'Amiens, & à tous Commis deputez ou à députer de par Nous, à prendre & lever bleds [c] pour le fait de la mer; en noſtre païs de Picardie, ou à leurs Lieutenants : Salut. Comme Nous, à l'humble requeſte de noſtre Fille l'Univerſité de Paris, ayons oc- troyé & octroyons par ces preſentes, de noſtre certaine ſcience & grace ſpeciale, aux vrais Eſcholiers reſidans & eſtudians en l'Eſtude de Paris, ſans fraude, pour oc- caſion dudit fait ne autrement, que vous ne preniez de par Nous, aucuns de leurs bleds qu'ils ont de leurs benefice ou de leur patrimoine, deſquels ils doivent vivre & ſouſ- tenir leur Eſtat audit Etude, [d] ne ſoient pris, occupez, ſaiſis ou arreſtez en aucune maniere: Nous vous mandons & eſtroitement enjoignons, & à chacun de vous, ſi comme à luy appartiendra, que de noſtre preſente grace, vous faitez & laiſſiez joüyr & uſer paiſiblement, les dits Eſcholiers étudians ſans fraude audit Etude, comme dit eſt, & outre la teneur d'icelle, ne les moleſtez ou empeſchez, ou ſouffrez eſtre mo- leſtez ou empeſchez en aucune maniere; mais ſe aucune choſe eſtoit faite au con- traire, ſi la mettez ou faitez mettre ſans delay à pleine delivrance. Car ainſi le vou- lons Nous eſtre fait; nonobſtant quelconques Mandemens ou commandemens, Lettres ou conceſſions à ce contraires. Donné à Paris le 27.e jour de Fevrier, l'an de grace 1371. & de noſtre Regne le 8. Par le Roy, & plus bas. J. DE RAINS.

CHARLES V. à l'Hôtel de St. Paul à Paris, le 27. de Fe- vrier 1371.
c pour la provi- ſion des vaiſſeaux.
d cet endroit me paroit corrompu.

NOTE.

(a) Recüeil des Privileges de l'Univerſité de Paris, (par du Boulay) Paris 1674. in-4°. p. 84.

CHARLES V.
à Paris, le 28.
de Fevrier
1371.

(a) Lettres qui portent que les lieux nommez Dame-de-Nesleis, Monhaac, & les autres lieux qui appartiennent à Jean de la Barte, dans la Seneschaussée de Thoulouse, ne ressortiront plus à la Jugerie de Riviere ni à cette Seneschaussée; & qu'ils ressortiront dans la suite à la Ville de Bit, dans le Comté de Fesensac en Guyenne.

CHARLES par la grace de Dieu Roy de France. Savoir faisons à tous presens & avenir, que Nous considerans & attendens les bons & loyaux services, que nostre chier & feal Cousin, le Conte d'Armignac Nous a faiz en la guerre que nostre adversaire d'Angleterre Nous a nouvellement meuë, & autrement, & que Nous esperons que il Nous y fera ou temps avenir, Nous lui avons donné & octroyé de grace especial & de nostre auctorité Royal & certaine science, & donnons & octroyons par la teneur de ces Lettres, pour lui, pour ses hoirs & successeurs & ceulx qui de lui auront cause, le Chastel & lieu de Montossier avec ses appartenances, & ce que Nous avons & povons avoir ès lieux de Bat, Cabriere & de la Barte, & ès appartenances d'iceulz, assis en nostre Jugerie de Riviere, en nostre Seneschaucie de Thoulouse, jusques à la valeur de six vins livres de rente, sanz compter edifices ou Forteresses; laquelle rente lui voulons estre assise ès revenuës & appartenances des diz lieux, à commencier ès revenuës dudit lieu de Montossier, pourtant comme elles y pourront souffire : Et avec ce, donnons à nostre Cousin, congié & licence de delaissier & transporter les lieux, Terres & appartenances dessus dictes, si lui plaist, en Jehan de la Barte, Chevalier, pour lui & pour ses hoirs & successeurs ou ayans cause de lui ; & oultre ce, avons donné à nostre dit Cousin, de nostre dicte grace, & donnons le premier ressort & les premieres appellacions de toute la Terre Dame-de-Nesleis, de Monhaac, & de toutes les autres Terres & lieux que ledit Jehan de la Barte a & tient en Franc-Alleuf, en nostre Seneschaucie de Thoulouse & ressort d'icelle; lequel ressort des dictes premieres appellations, qui de tout temps a esté devant nostre Juge de Riviere, ou devant nostre Seneschal de Thoulouse, Nous voulons d'abondant grace, que nostre dit Cousin & ses diz hoirs & successeurs, puissent faire tenir & exercer en la Ville de Bit, en la Conté de Fezensac, par certain Juge à ce par especial & singulierement commis & establi; nonobstant que ycelle Ville soit du Duchié de Guyenne, & par ce ait esté ou povoir de nostre adversaire d'Angleterre; à tenir les choses dessus dictes par nostre dit Cousin & ses dis hoirs & successeurs & aïans cause de lui, paisiblement & perpetuelment: ᵃ Parmi ce que de toutes ycelles Terres, ycelluy Jehan de la Barte devendra homme de nostre dit Cousin, & lui en fera & sera tenuz & ses hoirs & successeurs, de lui en faire & à ses diz hoirs & successeurs, foy & hommage; duquel hommage faire à nostre dit Cousin & à ses dis hoirs & successeurs, avons donné & donnons de nostre dite grace, auctorité & congié audit Jehan de la Barte, pour lui & pour ses dis hoirs & successeurs; & nostre dit Cousin & ses diz hoirs & successeurs, Nous feront & à noz successeurs, foy & hommage liges dudit lieu de Montossier, & des dictes six vins livres de rente; & aussi dudit premier ressort & premieres appellations que donnez lui avons, comme dit est : Parmi lequel Don faisant, nostre dit Cousin Nous a quittié & laissié quatre cens livres Tournois de rente, que nostre très chier Seigneur & Ayeul, le Roy Philippe que Dieux pardoint, lui donna à heritage par ses Lettres, lesquelles nostre très chier Seigneur & Pere, que Dieux absoille, lui conferma depuis, à asseoir en nostre Seneschaucie de Thoulouse ; retenu toutes voies & reservé à nostre dit Cousin, huit livres de rente ou environ, qui des dictes quatre cens livres de rente

ᵃ *moyennant.*

NOTE.

(a) Tresor des Chartres, Registre 103. Piece 15. *Voyez cy-dessus*, p. 190. Note *(a)*.

lui furent

DE LA TROISIÉME RACE. 457

lui furent pieça ª affisis en noſtre dicte Seneſchaucie de Thouloufe, lefquelles lui de- **CHARLES**
mouront pour lui & pour ſes hoirs & ſucceſſeurs; & auſſi nous a quittié & laiſſié **V.**
ſix cens livres de rente, que noſtre dit Seigneur & Ayeul donna pieça pour certaines à Paris, le 28.
conſideracions, à Berthelemi de Piis, Chevalier, à prendre chaſcun an, tant comme de Fevrier
ycellui Berthelemi vivroit, ſur noſtre Recepte de ladicte Seneſchaucie, par ſes Let- 1371.
tres, qui par noſtre dit Seigneur & Pere, lui furent depuis confermés, leſquelles ª aſſiſes.
noſtre dit Couſin avoit achetées dudit Chevalier; & auſſi Nous en a quittié tous les
arrerages qui deuz eſtoient & povoient eſtre à cauſe des rentes deſſus dictes, & en
a rendu les Lettres que il en avoit, en noſtre Chambre des Comptes à Paris, aveques
ſes Lettres de quittances ſur ce. Et que ce ſoit ferme chouſe & eſtable à touſjours,
Nous avons fait mettre noſtre ſeel à ces Lettres : ſauf en autres choſes noſtre droit,
& l'autruy en toutes. Donné à Paris, le XXVIII.ᵉ jour de Fevrier, l'an de grace mil
trois cens ſoixante & onze, & le huitieſme de noſtre Regne.
Par le Roy. YVO. Viſa.

(a) Lettres qui portent que les habitants de Tours & de Château-neuf, éliront **CHARLES**
ſix perſonnes qui auront l'inſpection ſur la Garde & ſur les Fortifications de **V.**
cette Ville; & qui pourront impoſer ſur les habitants, les ſommes neceſſaires à Paris, en
pour ſubvenir aux depenſes communes. Fevrier 1371.
Jean I. ou
ſelon d'autres
*K*AROLUS, &c. Notum facimus, &c. Quod cum felicis memorie, Dominus & Jean II. à
Progenitor noſter, dilectis & fidelibus noſtris Burgenſibus & habitatoribus ᵇ Caſtri novi Beauvais, le
& Ville Turonenſis, pridem ſuas Litteras conceſſerit, prout per ᶜ quodam earundem vidimus 30. de Mars
vel tranſumptum, ſigillo ad Contractus Turonis conſtituto ſigillatum, ut videbatur, Nobis 1355.
extitit facta fides, quas ob viarum pericula, auſi non fuerunt mittere vel afferre; Qua- ᵇ Voy. cy-deſ-
rum quidem Litterarum tenor in dicto tranſſumpto, ut vidimus, inſertus ſequitur, & eſt ſus, p. 369.
talis. Note (b).
ᶜ quoddam.

*J*OHANNES Dei gracia Francorum Rex. Baillivo Turonenſi aut ejus Locumtenenti :
Salutem. Significatum eſt Nobis ex parte Burgencium & habitatorum Caſtri novi & Ville
Turonenſis, quod cum ipſi, jam urgente neceſſitate propter periculum guerrarum preſentium,
inceperint clauſuras circà dictam Villam reparare, muros & foſſata de novo conſtruere,
& adhuc continue pro poſſe operando perſeverent; ac eciam ſit valdè & neceſſarium aliqua
paſſagia noxia & introitus dampnoſos obſtruere, & fortificare aliquas domos, muros, &
alias clauſuras impedientes evellere & demolire, armatas monſtras, excubias, & alia quam
plurima utilia aut neceſſaria pro defenſione dicte Ville, tociuſque Patrie circonvicine conſervacione, facere & eciam procurare; que omnia, tam propter nimiam ſumptuoſitatem,
quam propter plurimos habitatores dicte Ville, qui ad premiſſa contribuere recuſarunt &
recuſant indebitè, perficere nequirent, niſi ſuper hoc, per Nos de remedio provideatur
oportuno. Nos igitur, premiſſis attentis, ſuper ipſis rem publicam Patrieque deſſenſionem
ſpectantibus, providere cupientes, vobis diſtricte precipiendo mandamus committendo, ᵈ cela peut ſigni-
quatenus, vocata majori & ſaniori parte habitatorum dicte Ville, ᵈ utriuſque ſtatus, de- fier la même choſe
liberationeque ſuper hoc habita cum eiſdem, ſuper fortificacione dicte Ville, ut melius que cujuſcumque
ſecurius & brevius claudatur ac fortificetur, ſex probos viros, vel quod vobis videbitur ſtatus, qui eſt
oportunum, ex dicte Ville habitatoribus & ſufficiencioribus eligatis, ordinetis ac depu- plus bas.
tetis, qui circa cuſtodiam & fortificacionem dicte Ville, per vos in ᵉ dicte conſultacione ᵉ dicta.
diſpoſitam ac eis demonſtratam, diligenter ᶠ intendent, ac cura pervigili diſponant; quibus quidem ſic per vos deputatis, per preſentes committimus, quatenus dictam fortifica- ᶠ intendant.
cionem, ut prefertur, oſtenſam, diligenter exequantur & compleant; omnes & ſingulos
habitatores dicte Ville, Parrochiarum & locorum circonvicinorum, & aliorum in ipſa bona

NOTE.

(a) Treſor des Chartres, Regiſtre 102. Piece 253.

Tome V. M m m

458 ORDONNANCES DES ROIS DE FRANCE

CHARLES V.
à Paris, en Fevrier 1371.

a exceptis.

b hoc.
c ordinent.

d excedentibus.

e concedend. R.

f l'Archevêque de Sens & le Comte de Ventadour.
g dans le Pays.
h q. q. R.
i inseratur.

habentes, & qui in dicta Villa possent in casu necessitatis, melius & celterius quam alibi, habere refugium, cujuscunque Jurisdictionis, status vel condicionis existant; personis Ecclesiasticis *a* exeptis, ad se quam cicius armandum, unumquemque juxta sui facultatem; nec non ad faciendum monstras & excubias in dicta Villa, quocienscunque fuerit preceptum vel mandatum, viriliter compellendo; ac eciam Taillias, Imposiciones & Collectas, semel vel pluries, predicte Ville clausuris & aliis necessitatibus faciendis & eciam supportandis, in vestri presencia vel alterius persone per vos super *b* ordinate, prout melius sibi videbitur esse conveniens, faciant & *c* ordinant; omnes autem & singulos habitatores dicte Ville & Castellanie ejusdem, cujuscunque condicionis existant, & alios quos ad hoc teneri noverint, debite compellendo; inobedientes & rebelles, ac dictorum Electorum Ordinaciones debitas impedientes, si qui sint aut fuerint, penis & emendis debitis, summam tamen sexaginta solidorum non *d* excedentibus, nichilominus puniendo: Proviso tamen, quod quidquid inde levabitur, in reparacionibus, clausuris & aliis dicte Ville necessitatibus, & non alibi, convertatur. Si vero super premissis, vel aliis rem publicam aut Patrie defensionem tangentibus, voluerint ad invicem consulere, eisdem concedimus per presentes, ut quociens fuerit & eisdem videbitur opportunum; vocato cum eis vobis, aut aliqua persona de nostris Officiariis, vel aliunde per vos deputata idonea, in loco competenti valeant congregari, omnia & singula facere & ordinare, que pro defensione dicte Ville & utilitate rei publice, eisdem videbuntur legitime facienda; in quibus agendis & eciam prosequendis, per vos ceterosque Officiarios & Justiciarios nostros, si opus fuerit & requisiti fueritis, auxilium, consilium & juvamen prestari volumus & jubemus; nec non ab omnibus quorum intererit, eisdem in hac parte pareri efficaciter & intendi; hec, premissis attentis, dictis Burgensibus & habitatoribus de gracia speciali *e* concedentes; Litteris subrepticiis impetratis in contrarium vel impetrandis, non obstantibus quibuscumque. Datum Belvaci, penultima die Marcii, anno Domini M. CCC. quinquagesimo quinto. Sic signate. Per Regem, ad Relacionem Consilii, quo vos & Domini *f* Senonensis & Ventadorensis eratis. J. ROYER.

Nos ad dictorum Burgensium & habitatorum supplicationem, suprascriptas Genitoris nostri Litteras; faciendo tamen *g* in Partibus, per aliquam personam publicam, collationem cum Originali ipsarum, *i* quodque hec in margine presentium *k* inseritur; omniaque & singula in eisdem contenta & expressa, de nostri auctoritate Regia & plenitudine potestatis ac de speciali gratia, ratas habentes & gratas, easque approbamus & tenore presencium confirmamus: Mandantes committendo Senescallo & Baillivo Turonensi, vel eorum Locatenentibus, ceterisque Justiciariis & Officiariis nostris, atque Justiciariis Regni nostri, vel eorum Locatenentibus, presentibus & futuris, & cuilibet eorumdem, ut ad eum pertinuerit, damus serie presencium in Mandatis, quatenus dictos Burgenses & habitatores & eorum successores, & omnes quos in dictis Litteris contenta tangere possunt vel poterunt in futurum, Litteris preinsertis atque presentibus, omnibusque & singulis in eis contentis uti & gaudere pacifice faciant & permittant absque impedimento quocunque; si quod factum vel appositum repererint, amovendo, & ad statum pristinum & debitum celeriter reducendo. Quod ut robur obtineat, &c. salvo, &c. Actum Parisius, mense Februarii, anno Domini millesimo CCC. septuagesimo primo; Regni vero nostri octavo. Visa.

Per Regem, ad relationem Consilii.
G. DE MONTAGU.

Collatio facta est ad Litterarum superius insertarum *vidimus* vel transcriptum.

(a) *Confirmation des privileges accordez aux habitans de Carvins & d'Epinoy, par Hugues Seigneur de ces lieux.*

CHARLES V. à Paris, en Fevrier 1371.

CHARLES, &c. Savoir faisons à tous presens & avenir, Nous avoir ^a les Lettres dont la teneur s'ensuit.

A Tous ceulz qui ces presentes Lettres verront ou orront. (b) Hues de Meleum Chevalier, Sire d'Anthoin, d'Espinoy, de ^b Santhanghien, & Chastelain de Gant: Salut. Comme feu de noble memoire, Monf. Hue jadis Seigneur d'Espinoy & d'Authoing, nostre Predecesseurs, qui Diex pardoint, ait baillié & ordonné à ^c nostres bien amez, les Eschevins, subgicz & habitans de noz Villes & Juridicions de (c) Carmus & d'Espinoy, Loy & Eschevinage, avec plusieurs drois, franchises & Libertez; & aussi le Jugement & cognissance de plusieurs cas & besoignes, si comme plus plainnement est contenu & declaré en certainez ^d scellez du seel dudit defunt, bailliez & octroyeez à noz diz Eschevins, subgiez & habitans, par maniere de Chartre & privilege; de laquelle Loy & Eschevinage, lesdis Eschevins, subgès & habitans, par vertu de ladicte fundacion & privilege, aient depuis joy & exploitié, joissent & exploitent, ensamble des drois & franchises declarées oudit privilege. Et pour ce que de plusieurs cas & malefices, qui de jour en jour aviennent & pouroient avenir ^e ou povoir & franchise dudit Eschevinage, dont ledit privilege ne fait mencion ne declaracion aucune de la maniere comment le faiseur de telz malefices doit estre pugny & corregié, jugié ou condampné; nous ont en oultre remonstré que plusieurs inconveniens pourroient sourvenir à eulz ou à l'un d'eulz, & par personnez qui de cuer ^f mautalentis, vendroient en nos dictes Villes, pour eulz ou l'un d'eulz injurier, se n'estoit la franchise & Liberté dont il ont usé par eulz & leur devanciers, par tout le temps de noz devanciers, de resister par ^g Communité, sanz pour ce avoir commis aucune Amende pardevers nos dis devanciers, ne pour le cas dessus dit receu aucune pugnicion de par eulz, dont nostre dit Eschevin, subgict & habitant nous ont humblement supplié & requis, pour oster & ^h eschver toutes ⁱ errous & abus, nous leur vueillons pourveoir de nostre grace, & sur ce faire ^k esclarissement convenable des choses dessus dictes. Sachent tuit, que nous consideräns la bonne intencion & pourpos de nostre dit feu Predecesseur, vueillans pourveoir & augmenter au bien de Justice, desirans tous malefices estre pugnis selonc le messait & desserte, & tous maulz & inconveniens ^l eschvier, & pour telz doubtes & obscurités oster, afin que li maufaiteurs ne demeurent impugniz, & que nostre bon subgiet puisse demourer soubz nous en ^m pais & en tranquilité, pour l'amour & contemplacion que nous avons & voulons avoir envers eulz, voulons & accordons plainnement & entierement, tant que en nous est, ainsi que faire le povons, que des cas, delis &

b *Sottenghien.* Voy. la Note (b).
c *nos.*
d *Lettres.*
e *en.*
f *malveillant.*
g *Communauté.*
h *éviter.*
i *erreurs.*
k *éclaircissement.*
l *éviter.*
m *paix.*

NOTES.

(a) Tresor des Chartres, Registre 102. Piece 348.
(b) *Hues.*] Hugues de Melun premier du nom, Seigneur d'Antoing, d'Epinoy & de Sottenghien, Chastelain de Gand, &c. Il avoit eu ces Terres de la succession d'Isabelle Dame d'Antoing, d'Epinoy, de Sottenghien & de Oudain, Chastelaine de Gand, 2.^e femme de Jean premier du nom, Vicomte de Melun, &c. & fille unique de Hugues VI. du nom, Seigneur d'Antoing, & de Marie Dame de Sottenghien. *Voyez l'Histoire Genealogique de la Maison de France*, tom. V. pp. 228. & 226.

Louïs de Melun, Duc de Joyeuse, Pair de France, mort en 1724. descendoit de Hugues de Melun premier du nom, &c. *Voy. ibid.* p. 234.

Il paroît par la suite de ces Lettres, que la Chartre confirmée par Hugues, avoit été donnée par Hugues VI. son Grand Pere maternel.

(c) *Carvins.*] Carvin & *Epinoy* sont dans le Bailliage de Lens en Artois. *Voyez le Dictionnaire Geographique de la Martiniere*, au mot, *Espinoy*.

exces qui feront fait & avenu, [a] delinquiet & perpetré oudit Efchevinage, ou Jugement defdis Efchevins, dont congnoiffance & Jugement leur appartient, & doit appartenir par vertu de leur Loy & fundacion, des quelz ne leur eft faicte declaracion en leur dit privilege, des painne, Amendes & pugnifions qui pour les cas, meffais & delis, fe doivent enfuir, noftre dit Efchevin deforemais en avant, puiffent [b] doient cognoiftre & jugier contre les faifeurs & fufpeçconnez des maleſices, excès & delis, felonc ce que il en trouveront, & que apparoir leur pourra par bonne imformacion, fame publique, vehemente prefumpcion ou autrement, deuëment proceder en punicion, correccion, condampnacion ou delivrance, foit par Ban à temps, à terme, [c] fur Amendes, ou autrement civilement, de prifon, de pelerinage, ou en autre maniere, felon leur confciences, la quantité & qualité des fais & maleſices, ainfi que au cas appartendra, felong la bonne difcrecion & moderacion de nos diz Efchevins; & avec ce, voulons que noz diz Efchevins, à celui de iceulz qui par eulz feront condampnez pour leurs demerites, à faire aucuns voyages ou pelerinages, puiffent enjoindre & commettre à faire lefdis voyages & pelerinages, (d) à painnes de certeinnes fommes de Monnoïes, telles que il leur fambleront eftre raifonnablez, pour équipoler à painez, travailz, mifes & defpens defdis voyages ou pelerinages; & que ceux qui feront defaillans, [d] remis & delaïant de faire & [e] interinner ce qui feront condampnez, foient envers nous, & nos dis Efchevins qui à prefent font & qui pour le temps avenir feront, encheus ès dictes peinnez & Amendes, moytié à nous & à nos hoirs; & l'autre moytié au proufit de nos dictes Villez & Efchevinages, à qui nous l'avons donné & donnons, pour de ce [f] jour hereditablement & à toujours; & quant à refifter par culz contre leur malvüeillans Forains, demourans hors de noz dictes Villes & Juridicions, qui efforcier fe vouldroyent de noz dis fubgès & habitans de nos dictes Villes, injurier ou molefter, nous leur avons accordé & acordons, que un chafcun d'eulz puit & puiffe faire [g] confort l'un à l'autre, fanz pour ce encourir peine ou Amande aucune pardevers nous, nos hoirs ou fucceffeurs, toute fois & quante fois que le cas y efcharra ou que ainfi en avendra depuis ores en avant; lefquelles peines & Amendes devant dictes font [h] collecteez au commendement de noz dis Efchevins, & par noftre Sergent, auffy bien que au noftre, par prife & detencion de corps, levée, venduë & explectacion des biens d'iceulz qui ès dictes Amendes & forfaitures feront encheus; & ne pourrons ne perfonne pour nous, recevoir des dictes Amendes & Exploits, fomme de Monnoye d'Or, d'Argent ou d'autre denier quelconque, que ce ne foit en païant & delivrant à noz dis Efchevins, ou à perfonne de par eus commis pour recevoir ou nom & pour noz dictes Villez, la moytié de tout ce que receu en fera; ne auffy nous ne perfonne pour nous, ne poons perfonne aucune prandre, ne de par nous faire prendre ne enprifonner, ne aucuns biens, gaiges, ne autres chofes faire faifir ou lever pour Amendes quelconques, que pour les cas devant diz doïe eftre jugié, dont nous, notre Baillif, ne autre de par nous puiffons [i] delivrance, fenz faire payement de la moitié de toute la fomme pourquoy il feroient enprifonné, ou leur bien faifi & gaige levé, fe ce n'eft par le gré & volenté des Efchevins ou par nos dictes Villes, le Procureur ou Receveur d'icelles. Et fe par le faut de nous ou d'aucuns de noz Commiz, aucuns ou aucune perfonne demouroit [k] impugniz du Jugement fait par noz diz Efchevins, nous voulons & accordons, que les Efchevins qui pour le temps feront, ou les deux d'iceulz, puiffent faire & eftablir un Sergent ou plufeurs, aufquelz Sergens nous accordons, que ilz puiffent prendre telz malfaiteurs & les enprifonner, fenz en faire recreance ne délivrance aucune, [l] fenz nous paier la moytié de toute la fomme pourquoy il feront enprifonné, fe n'eft par noftre gré avecque le leur; & avons accordé & acordons à nos diz Efchevins, que toutes les chofes devant dictes puiffent faire, fenz ce que par nous, noftre

CHARLES V. à Paris, en Fevrier 1371.

[a] *delinqués.*
[b] *&.*
[c] *par.*
[d] *negligents & differants.*
[e] *accomplir.*
[f] *joüir.*
[g] *confort.*
[h] *cueillies, levées.*
[i] *faire.*
[k] *que le Jugement rendu contre elle, n'eut point été executé.*
[l] *fi ce n'eft en nous payant.*

NOTE.

(d) *A painnes.*] C'eft-à-dire, que ceux qui payeront cette Amende, ne feront point obligez de faire ces pelerinages.

DE LA TROISIÉME RACE. 461

Bailli, son Lieutenant ou autre de par nous, en puissent estre reprins ou appellé, pour jugement que ilz en dient ou facent, *(e)* toutes les choses devant dictes, tout en la fourme & maniere que ci-devant est contenu, avons nous accordéez à noz dis Eschevins & à noz habitans & subgiez, pour tout le Corps de noz dicte Villez & Eschevinage, & accordons, & leur avons juré & promettons par nostre foy fiance [a] & ad ce baillée corporelement & sur les saintes Evangilez de Dieu, à les tenir & faire tenir par nous, noz hoirs, successeurs & aïans cause, perpetuelment & à tousjours; & se il avenoit, que ja n'aviegne, que nous alissons ou faissons aler par nous ne par autrui, à l'encontre des choses devant dictes, afin que par noz dis Eschevins nous soit remonstré, cessez [b] puent de [c] faire Loy, jusques à ce que amandé [d] l'ayans, par la maniere contenuë en la Chartre de nostre dit devancier; dont ci dessus est faicte mention; laquelle nous voulons demourer en sa force & vertu, senz estre de rien innovée pour chose quelconque qui en ceste presente Chartre soit contenu, laquelle nous avons [e] pardevant ceste jurée à tenir & garder; & aussy voulons que tous ceulz qui apres nous vendront, & qui seront Seigneurs d'Espinoy, jurent ceste presente Chartre, & par serement solempne tel que fait avons, à la tenir & garder en la forme & maniere que juré & promis l'avons; & se deffaute y estoit trouvée, en temps present ne avenir, nous voulons que par le Roy nostre S. soit corregié. Car ainsi leur avons accordé & accordons, & voulons que par le Roy nostre dit Seigneur, [f] & pour ce faire, en las de soïe & cire vert, facent ceste presente Chartre consermer; qui fu faicte, donnée, [g] seellée soubz nostre grant seel, le XV. jour du mois de Decembre, l'an de grace mil CCC. LXXI.

Nous adecertes, les Lettres dessus transcriptes & toutes les choses contenuez en ycelles, ayans fermes & aggreables, ycelles voulons, loons, gréons, ratefions, approuvons, & de grace especial & de nostre auctorité Royal, par ces presentes confirmons. Si donnons en Mandement par ces mesmes Lettres, au Gouverneur du Baillage d'Amiens, au Prevost de Beauquesne, & à tous noz autres Justiciers & Officiers de nostre Royaume, qui ores sont & pour le temps avenir seront, ou à leurs Lieutenans, & à chascun d'eulz, si comme à lui appartendra, que les dessus dits Eschevins, subgiez & habitans des Villes & juridicion de Carmus & d'Espinoy, presens & avenir, facent, sueffrent & laissent joïr & user paisiblement & perpetuelment, de toutes les choses contenuës ès dictes Lettres, selon la fourme & la teneur d'icelles, & de nostre presente confirmacion; en mettant ou faisant mettre au premier estat & deu, tout ce qui seroit fait au contraire, par la fourme & maniere qu'il appartendra à faire, selon le contenu ès Lettres par dessus transcriptes, & que, &c. sauf, &c. [h] *Se fut fait & donné à Paris, ou mois de Fevrier, l'an de grace mil CCC. LXXI. & de nostre Regne le VIII.ᵉ* Visa.

Par le Roy, à la Relation du Conseil. J. DOUHEM.

CHARLES V.
à Paris, en Fevrier 1371.

a ce mot devroit être devant *fiance*.

b peuvent.
c rendre la justice.
d l'aions.

e cela peut signifier, avant de donner cette presente Chartre.

f cet endroit est encore corrompu; & je crois qu'il manque quelques mots.
g &.

h Ce.

NOTE.

(e) Il y a là un membre de phrase, que l'on n'a pû dechiffrer; & tout ce que l'on peut faire, c'est de presenter ici fidelement, ce qui est dans le Registre. *Ne per,* (Il y a une marque d'abbreviation sur ce mot, qui est repeté un peu plus bas.) *ne faire per ne en devous* (mot douteux. On pourroit lire, *de nous.*) *noz dis Eschevins ne personne à ce aïent* (aïant) *cause de faire en qttan* (Il y a deux marques d'abbreviation sur ce mot.) *aucune pour noz dictes Villez.*

CHARLES V. à Paris, en Février 1371.

(a) *Lettres qui portent que les habitans d'Aubervillier près St Denis, seront exempts à perpetuité du droit de Prifes ; moyennant une certaine quantité de paille, qu'ils se sont obligez de fournir presentement.*

a *Haubervillier.*
b *brûlée.*
c *relever.*

CHARLES, &c. Sçavoir faisons, &c. que de la partie des manans & habitans en la Ville & Parroiche de ^a Haribetvillier-lez Saint Denis en France, Nous a esté exposé, que comme par le fait de nos guerres, la dicte Ville ait esté ^b arse, destruite & gastée, par tel maniere que onquez puis lez diz exposans ne se peurent ^c ressourdre de leur povre estat & chevance ; & dessors se departirent les riches hommes de la dicte Ville, pour aller demeurer en nostre bonne Ville de Paris & ailleurs ; & en ycelle ne demoura que le menu commun, qui depuis ont esté & sont encores de jour en jour si opprimez de noz Aides courans en la dicte Ville pour le fait de

d *Voy. les Tabl. des 3.e & 4.e Vol. de ce Rec. au mot, Aydes.*

nos dictes guerres, de Imposicions ^d de quatriemes, de Fouagez & aultres Subvencions, & des Prinsez aussi qui ont esté faitez sur eulz, tant en la dicte Ville comme en la Banlieuë & Ville de Paris, & qui encores continuellment s'y font pour la necessité de nostre Hostel, de celluy de nostre très chiere & amée Compaigne la Royne, de celluy de nostre tres chier & amé Filz, le Dalphin de Vienne, & de plusieurs de nostre sange & lignage, & de aultres de noz Officiers & subgès ; & avec tout ce, pour le temps passé, ont esté & sont encores, quant le cas s'i eschiet, si grevez & dommagiez par les Gens d'armes passans & rapassans la dicte Ville, que bonnement il ne pourroient susporter, souffrir ne endurer les dictes Prinses qui de jour en jour se font sur eulx, tant en la dicte Ville comme en la Banlieuë & dicte Ville de Paris,

e *qu'ils.*

^e qui ne fussent en peril de guerpir, fuir & delaissier à tousjours la dicte Ville, & seront, se par Nous ne leur est sur ce pourveu de nostre grace : Si Nous ont humblement fait supplier & requerir, que comme il aient grant volenté & desir de Nous

f *Pailles.*
g *provision.*

servir & guarnir noz Hosteulz à Paris, & à ij lieuës près d'icelle Ville, de ^f Fuerres pour la ^g guarnison d'iceulz nos Hosteulz, selonc leur povre defaculté, que Nous sur ce, leur viueillions pourveoir de nostre dicte grace. Nous, attendu ce que dit est, & oye la relacion de nostre amé & feal Chevalier & Conseiller, Pierre de Villers, Souvrain Maistre de nostre Hostel ; & pour obvier aus grans destourbiers que aucuns Fourriers de noz Officiers leur faisoient & font de jour en jour, & à ce qu'il puissent continuellment entendre à faire leur labour, dont Nous & nostre Puople sont soustenus, voulans pourveoir de grace aux diz exposans, à yceulz & chascun d'eulz, de

h *il y a là à la marge du Registr. Ci faut une ligne.*

nostre certaine science & grace especial, pleine puissance & auctorité Royal, ^h à nostre aisné Filz, soixante dix Chartées de Fuerres, bonnes & convenables ; quarante pour nostre Hostel, xx. pour celluy de nostredicte Compaigne, & x. pour celluy de nostre tres chier & amé aisné Filz le Dalphin, rendus par les dis exposans, & conduiz à leurs propres coulz, fraiz & despans, francement & quittement, en nos diz Hosteulz de Paris, & à ij. lieuës près d'icelle Ville, où il plaira ordonner à noz Maistres d'Ostel & Forriers, il demeurent & soient francs & exens, & à tousjours mais quittez & paisibles de toutes Prinses quelcunques, tant en leur dicte Ville comme en la Banlieuë & dicte Ville de Paris, sanz ce que noz Forriers, Preneurs & Officiers, ne ceulx de nostre dicte Compaigne, ne de nostre diz Filz, ne aultres quelcunques de nostre dit Lignage, Lieutenans & Officiers, ne quelcunquez de nos subgès, y puissent faire aucunes Prises ores ne pour le temps avenir. Si donnons en mandement à nostre dessusdit Souverain & autres Maistres de nostre Hostel, de celluy de nostre tres chere Compaigne la Royne, & de nostre tres chier & tres amé Filz le Dalphin, & à tous nos Lieustenans, Officiers & subgès, presens & avenir, & à leurs Lieustenans, &

NOTE.

(*a*) Tresor des Chartres, Registre 102. Piece 153.

chafcun d'eulz, fi comme à luy appartiendra, que les diz expofans, & chafcun d'eulx, facent, fueffrent & laiffent joir & ufer dès maintenant, plainement & paifiblement, de noftre prefente grace & octroy, fanz les fouffrir eftre moleftez, empefchiez, ou perturbez en aucune maniere au contraire. Et Nous deffendons, & enjoingnons eftroitement fur certainne & groffe painne à appliquer à Nous, & d'encourre noftre indignacion à tousjours, & à tous nos Forriers, Chevaucheurs, Preneurs, Maiftres de Garnifons, Officiers & fubgès de Nous, de noftre dicte Compaigne, & à tous aultres quelconques, que en la dicte Ville & Banlieu & Ville de Paris, des diz expofans ou d'aucun d'iceulz, il ne pregnent ne ne facent prendre aucune chofe ores ne pour le temps avenir, en commettant, fe ᵃ meftiers eft, à noz diz Maiftres d'Oftel, que ou cas que aucun voudroit efforcier d'aler à l'encontre de noftre prefente grace, que il les contraingnent à Nous pour ce, faire Amende convenable, fi & par telle maniere que ce foit exemple à tous aultres ; & volons que par monftrant *vidimus* de ces prefentes, fur le Seel de noftre Chaftellet de Paris, foit obey en tout comme à l'original; pourveu que ᵇ ce contens ou debas eftoit fur les chofes deffus dictes, les dis expofans feroient tenus de faire foy des Lettres originaux de noftre deffus dicte grace. Et pour ce que ce foit ferme chofe & eftable à tousjours mais, Nous avons fait mettre noftre Seel à ces prefentes Lettres ; fauf en aultres chofes noftre droit ; & l'autruy en toutes. Donné en noftre Hoftel de Saint-Pol à Paris, ou mois de ᶜ Frevrier, l'an de grace mil trois cens foixante & onze, & le VIII.ᵉ de noftre Regne.

Par le Roy, en fes Requeftes. ᵈ PANS.

CHARLES V. à Paris, en Fevrier 1371.

a befoin.

b fi.

c Fevrier.

d ou Paus.

(*a*) Lettres qui confirment l'affranchiffement donné aux habitans de Mitry, par le Comte & la Comteffe de Dampmartin; & qui les exempte de la finance qu'ils auroient dû payer par rapport à cet affranchiffement.

CHARLES V. à Paris, en Fevrier 1371.

*K*AROLUS *Dei gratia Francorum Rex. Notum facimus univerfis prefentibus pariter & futuris, Nos infrafcriptas cariffimi & fidelis Confanguinei noftri, (b) Karoli Comitis Dompni-Martini, & Johanne de Ambefia, Comitiffæ, ejus Uxoris, Litteras vidiffe, formam que fequitur, continentes.*

A tous ceulx qui ces Lettres verront, Charles Conte de Dampmartin & Seigneur de Neelle, & Jehanne d'Ambeife, femme dudit Seigneur, Conteffe de Dampmartin & Dame de Neelle : Salut. Savoir faifons que nous; & mefmement de l'auctorité de nous Comte de Dampmartin, donnée à noftre dicte Compaigne la Conteffe, & laquelle auctorité nous Conteffe avons receu agreablement de noftre dit Seigneur, nous enfemble, euë fur ce grant & bonne deliberacion, tant pour la très grant & fingulere affeccion que nous avons euë à nos predeceffeurs, & avons à nos bons amez & fubgès, les hommes & habitans de noftre Ville de (c) Mittry, comme pour les grans pertes & dommages qu'ils ont fouftenuz & portés par le fait des guerres; & pour la dicte Ville, en laquelle avoit & a grant quantité de mafures, terres & heritages en grans ruynes, en friche & inutiles, ᵉ reformer à l'aide de Dieu; en laquelle Ville plufieurs perfonnes refufoient aucunes fois à y venir ᶠ habiteur & demourer, & les aucuns s'en eftoient effoigniez & effoignoient, pour occafion de ce que fur ladicte Ville & habitans d'icelle, nous eftoient duës chafcun an, les fervitutes ou redevances qui s'enfuivent; C'eft affavoir, trente-trois livres fix fols & huit deniers Parifis de Taille, au terme de la Fefte noftre-Dame en my-Aouft, affiz & pris chafcun

e rétablir.

f habiter.

NOTES.

(*a*) Tref. des Chartr. Regift. 103. P. 64.
(*b*) *Karoli.*] Charles de Trie, Comte de Damp-Martin, avoit époufé Jeanne d'Amboife, Dame de Nefle. *Voy. l'Hift. Gen. de la Maif. de Fr.* tom. VI. p. 671. N.º X.
(*c*) *Mittry.*] Bourg dans la Brie, Diocèfe de Meaux. *Voy. le Diction. univ. de la Fr.* à ce mot.

an, fur nos dis fubgès & habitans de Mittry; d'iceulx, par l'affiete fur chafcun d'eulx faite felon fon vaillant.

Item. Sur chafcun des dis habitans qui tenoit chevaux de harnois, une mine de blé, une mine d'avoinne, & huit deniers appellez le Minage.

Item. De ce que quant un adjournement & querelle encommenciée, fitoft comme l'adjournement en eftoit fait par la noftre Juftice, Sergent ou autre Officier de par nous; pour comparoir en noftre Court, pardevant noftre Prevoft de Mittry, nul, feuft le demandeur ou defendeur, ne povoit parler [a] d'accord ne accorder enfemble ne l'un avec l'autre, du fait ne de la Caufe pour raifon de laquelle l'adjournement eftoit fait pardevant noftredit Prevoft, ne auffi le procès pendant; & fe il faifoient le contraire, il encheoïent en Amende pardevers noftre dit Prevoft : Et oultre, fe le demandeur de la demande que il faifoit contre le deffendeur, fe mettoit & rapportoit ou ferement du deffendeur, fens en vouloir faire autre preuve, & ycellui deffendeur depofoit par ferement encontre l'entencion du demandeur, le demandeur encheoit pour ce en Amende pardevers noftredit Prevoft.

Et à la grant & humble fupplicacion defdis habitans & fubgès de noftre dicte Ville de Mittry, & pour le bien publique & utilité de nous & de noftre dit païs, avons quittié & remis, quittons & remettons du tout en tout, à toufjours mais & fens rappel, aus deffus nommés nos fubgès de noftre dicte Ville de Mittry, & qui font à prefent & qui feront pour tous le temps avenir, & pour toutes leurs pofteritez, toutes les dictes fervitutes & redevances deffus declairiées, tant [b] la dicte Ville comme autres deffus nommées; & de ces chofes & chafcunes d'icelles, lez manumittons & franchiffons, & comme frans, immunes & delivrés, les en quittons pleinnement, en les mettant en tout eftat de Liberté & franchife quant à ces chofes : Et voulons que de ces chofes ufent & joyffent pleinnement à toufjours, comme franches perfonnes; moyennant auffi, avecques les autres caufes deffus exprimées qui ad ce nous ont meu, la fomme de quatre cens vint & cinq livres Tournois, forte Monnoye courant à prefent, que les dis habitans nos fubgès nous en ont païez, & nous en tenons pour bien contens, & les en quittons, & tous autres à qui il puet ou pourroit touchier; fauf toute voïes en toutes ces chofes & en chafcune d'icelles, & retenu & refervé pardevers nous, toute noftre Seignorie, Nobleffees, tant en haute Juftice, moyenne, baffe, fonciere & autres, fur nos dis fubgès & habitans de noftre dicte Ville de Mittry, fur tous les heritages & [c] poffoffions des dis lieux & tous nos [d] autres drois quelconques, comme en tous autres cas ; excepté les articles deffus remis & quittiez ; & avecques ce, fauf & refervé, que en ces chofes manumicion & affranchiffement, n'a point efté ne eft franchis ne manumites en aucune maniere, Thiebaut Crolefarpe, fes fuccefleurs ne pofterités. Toutes lefquelles chofes deffus dictes, nous avons promifes & promettons loyaument & en bonne foy, bien & loyaument à tenir & [e] enterinement garder & acomplir à toufjours mais, dorefenavant & perpetuelment, deffus declairiée à nos dis habitans & fubgès, qui font & qui pour le temps avenir feront, & à leurs pofteritez, fans venir contre; excepté ledit Thiebaut & fa pofterité; & les leur promettons à les delivrer, garantir & defchargier envers tous, fe il eftoit [f] meftier ; fauves les refervacions deffus divifées & tous nos autres drois, fur l'obligacion de tous nos biens & de nos hoirs, meubles & immeubles, prefens & avenir, & à rendre tous cous, interès & dommages qui en ce feroient fais par noftre deffaut. En tefmoing de ce, nous avons fait feeller de nos grans feaulx, à perpetuele memoire, ces Lettres, & pour ces chofes valoir à toufjours, le Samedi, deux jours en Octobre, l'an de grace mil trois cens foixante & fept.

Verum quia certi Officiarii noftri feu Commiffarii, nuper ex parte noftra in Vicecomitatu & Prepofitura [g] Parifienfibus, fuper Feodorum alienacionibus & acquifitorum financiis deputati, pro hujufmodi fervitutum feu redibenciarum fuperius [h] declaratorum, remiffione feu quittacione, fic, ut premittitur, per dictum Comitem eifdem habitantibus facta, nifi fuerunt & nituntur prenominatos habitantes dictae Villae de Mutriaco, compellere ad financiam

DE LA TROISIÉME RACE. 465

ad financiam Nobis hac vice persolvendam ; Quamobrem idem Comes Nobis fecit humiliter supplicari, quatenus, attentis dampnis & omnibus que iidem habitantes nostrarum occasione guerrarum sustinuerunt, & adhuc de die in diem sustinent pacienter ; quodque remissio, sic, ut premittitur, habita in (d) inchoacionem rei publice dicti loci, & ut in eadem Villa degentes ª *minime discederent, sed pocius ibidem liberi morarentur, facta fuit, eisdem habitantibus predictam financiam remittere, nostrasque confirmatorias Litteras nostri sigilli munimine roboratas, concedere dignaremur. Nos autem, habito respectu ad premissa, ejusdem Comitis supplicacionibus in hac parte favorabiliter inclinati, prefattas Litteras superius insertas, nec non omnia & singula in eis contenta laudamus, ratificamus & approbamus, ac eciam de nostra certa sciencia specialique gratia & auctoritate Regia, tenore presencium confirmamus ; omnemque financiam Nobis ob hoc* ᵇ *debita, eisdem habitantibus & eorum singulis, pro Nobis & successoribus nostris, nunc & imperpetuum, ex uberiori nostra gracia remittimus ;* ᶜ *predictis Officiariis seu Commissariis nostris super hoc deputatis aut* ᶜ *aliter deputandis in futurum, silencium perpetuum inponendo. Quocirca dilectis & fidelibus nostris Gentibus Compotorum nostrorum, & Thesaurariis* ᵈ *Parisius, Preposito & Receptori Parisiensibus, ceterisque Justiciariis, Officiariis & Commissariis Regiis, aut eorum Locatenentibus, presentibus & futuris, & eorum cuilibet, prout ad eum pertinuerit, earumdem serie Litterarum* ᵉ *mandantes districcius injungendo, quatenus prefatos habitantes & eorum singulos, presentibus nostris gracia, confirmacione, remissione & quittacione, uti & gaudere pacifice faciant & permittant, ipsos aut eorum aliquem, de cetero nullatenus in contrarium molestando ; sed quicquid in contrarium factum vel attemptatum fuerit, anullari & ad plenam liberacionem poni faciant indilate ; Ordinacionibus, Mandatis seu defencionibus contrariis, non obstantibus quibuscumque. Quod ut firmum & stabile perpetuo perseveret, sigillum nostrum presentibus Litteris duximus apponendum : Salvo in aliis jure nostro,* ᶠ *est omnibus quolibet alieno. Datum Parisius, anno Domini millesimo ccc.° septuagesimo primo ; Regni vero nostri octavo, mense Februarii.*

Per Regem. J. DE REMIS.   Visa.

CHARLES V.
à Paris, en Fevrier 1371.
a mot douteux.

b debitam.

c al. R.

d Par. Reg. là & plus bas.
e mandan. R. mandamus.

f & in.

NOTE.

(d) *Inchoiacionem.*] Il faut corriger *inchoacionem*. Cela peut signifier, pour favoriser les commencements de l'Etat nouveau de cette Ville, qui de serve, est devenuë franche & libre.

(a) Diminution de Feux pour Siran, & autres lieux.

KAROLUS, &c. *Notum, &c. quod cum ex parte, &c.*
Cumque facta quadam informacione virtute certarum Litterarum Regiarum, in loco de ᵍ *Syrano, Vicarie* ʰ *Minerbesii, Senescallie Carcassone, super vero numero Focorum modernorum in dicto loco nunc existencium, per dilectum & fidelem Magistrum Guillermum Durant, Clericum & Procuratorem nostrum Generalem dicte Senescallie Carcassone, Commissarium in hac parte deputatum ; & ipsa informacione per Litteras carissimi Germani & Locumtenentis nostri in* ⁱ *Partibus Occitanis, Ducis Andegavensis, expeditas per dilectum & fidelem Consiliarium nostrum, Petrum Scatisse, approbata, prout est in processu ; eademque informacione, &c.*

CHARLES V.
à Paris, en Fevrier 1371.

g SIRAN, aujourd'hui Diocese de S. Pons.
h MINERVE.

i Languedoc.

NOTE.

(a) Tresor des Chartres, Registre 103. Piece 25.
Dans ces Lettres, il n'y a point la formule ordinaire : *Vocato & presente in omnibus Procuratore nostro Generali dicte Senescallie, aut ejus legitimo Substituto.*
Voyez cy dessus, p. 30. Note (a).
Le R. P. D. Vaissette, Benedictin, m'a indiqué les noms modernes des lieux nommez dans ces Lettres. Il y en a quelques-uns qui lui sont inconnus.

Tome V.

Nnn

CHARLES V.
à Paris, en Février 1371.

a Ce qui suit est copié comme il est dans le Registre.
b MONTREDON, Diocèse de Castres.
c LA PALME, Diocèse de Narbonne.
d FENOUILLET.
e Montis-Regalis, MONTREAL, Diocèse de Carcassone.
f PECHAIRIC, Diocèse de Carcassone, Viguerie de Minerve.
g LA LIVINIERE, Diocèse de S. Pons.
h AIGUE-VIVE, Diocèse de Carcassone.
i MARSEILHETE, Diocèse de Carcassone.
k CAMPENDU, Diocèse de Carcassone.
l St LOUIS, Diocèse d'Alet.
m LIMOUX.
n CONHILLAC, Diocèse de Narbone.
o Il y a une marque d'abbreviation sur la fin de ce mot ; La SERPENT. Diocèse d'Alet.
p SAUSENS, Diocèse de Carcassone.
q BRESILLAC, Diocèse de Narbonne.
r LA VALETE, Diocèse de Carcassone.
s VILLESEQUE, Diocèse de Narbonne, dans la Corbiere.
t LE PUJOL, Diocèse de Beziers.
u Le nombre de Feux n'est point marqué dans cet article, ni dans le suivant.
x RIOLS, Diocèse de S. Pons.
y THESAN, Diocèse de Beziers.

Repertum fuerit, quod in dicto loco de Syrano, sunt de presenti & reperiuntur centum duodecim Foci, secundum traditam instruccionem super hoc prelibatam. Nos vero, &c.

Quod ut firmum, &c. salvo, &c. Actum Parisius, mense Februarii, anno Domini millesimo trecentesimo septuagesimo primo, & Regni nostri octavo.

Per Consilium, &c. P. DE CHASTEL. *Informatio, &c.* P. DE CHASTEL. *Visa.*

a Alia similis pro loco de b Monte-rotundo, & Territorii ejusdem, in Vigaria Albiensi ; in quo sunt LXIX. *Foci.*

Alia similis pro loco de c Palma, in Vigaria Narbonensi ; in quo sunt LX. *Foci.*

Alia similis pro loco de d Fenolheto, in Castellania e Montis-Regali ; in quo sunt octo Foci.

Alia similis pro loco de f Podio-Chayric, in Vigaria de Menerbis ; in quo sunt LXVII. *Foci.*

Alia similis pro loco de g Laviniera, in eadem Vigaria ; in quo sunt IIII^{xx} VI. *Foci.*

Alia similis pro loco de h Aqua viva-Regis, in eadem Vigaria ; in quo sunt XLIIII. *Foci.*

Alia similis pro locis de (b) Aqua viva & de i Masseleta, in Vigaria de k Campenduto, in Vigaria de Menerbis, ubi sunt ; videlicet, in loco Aque vive, XX. *Foci ; & in loco de Masseleta,* XVIII. *Foci.*

Alia similis pro loco l sancti Ludovici, in Vigaria de m Limoso ; in quo sunt XXVI. *Foci.*

Alia similis pro locis de n Conilhaco, in Vigaria de Limoso, ubi sunt VII. *Foci ; & de Leone & o Serpent., ubi sunt* XVI. *Foci.*

Alia similis pro loco de Ésesta, in eadem Vigaria ; in qua sunt XV. *Foci.*

Alia similis pro loco de p Sausenzes, in Castellania Montis-Regalis ; in quo sunt X. *Foci.*

Alia similis pro loco de q Brasilhaco, in eadem Castellania ; in quo sunt XVI. *Foci.*

Alia similis pro loco de la r Baleta, in eadem Castellania ; in quo sunt XXXI. *Foci.*

Alia similis pro loco de Vayzela, in eadem Castellania ; in quo sunt XIII. *Foci.*

Alia similis pro loco de la Lantata, in Vigaria Narbonnensi ; in quo sunt LV. *Foci.*

Alia similis pro loco de s Villa-sica de Corbiera, in eadem Vigaria ; in quo sunt XXXV. *Foci.*

Alia similis pro loco de t Pujolo, in Vigaria de Besers, in quo sunt XLIII. *Foci.*

Alia similis pro loco Daygresüeil, in Vigaria de Termenés ; in quo sunt XIX. *Foci.*

^u *Alia similis pro loco de x Riolo, in Vigaria de Bediers.*

Alia similis pro loco de y Thesa, in eadem Vigaria.

Sic traditi fuerunt in una Cedula Papirea.

NOTE.

(b) Aqua viva.] L'on trouve dans la Carte du Diocèse de Narbonne de Delisle, *Aigue-vive*, Diocèse de Carcassone, Viguerie de Campendu.

(a) *Lettres qui portent que les Etudiants dans l'Université de Paris, ne payeront aucuns droits, lorsqu'ils vendront des denrées provenantes de leurs Patrimoines ou de leurs Benefices.*

CHARLES V.
au Château du Louvre-lès-Paris, le 23. de Mars 1371.

CHARLES par la grace de Dieu Roy de France. A noz amez & feaux les Generaux Confeillers à Paris, fur les Aides ordonnées pour le fait de la guerre: Salut & dilection. Nous avons ja piece [a] ordonné & octroyé à noftre Fille l'Univerfité de Paris, que les vrais Etudians à Paris fans fraude, continuans en l'Etude, & y demeurans principalement pour caufe de l'Etude, qui feront temoignez eftre tels fous le fignet du Recteur de noftredite Fille, ne payeront aucune impofition de ce qu'ils vendront de vins, grains & autres biens venans & croiffans en leurs Benefices ou patrimoines, pour leurs vivres & neceffitez de l'Etude; c'eft affavoir, de ce qu'ils vendront à Paris en gros & à détail, & en autre lieu en gros. Si vous mandons & enjoignons eftroitement, que noftredite Fille vous faciez, fouffrez & laiffiez joüyr & ufer paifiblement de noftredite grace & Ordonnance; en deffendant à tous Effeuz, Commis, Receveurs & Fermiers fur le fait defdites Aides, & à tous autres à qui il appartiendra & puet appartenir; aufquels auffi Nous defendons expreffément, que contre la teneur de noftre grace & Ordonnance, ne moleftent, travaillent ou empefchent noftredite Fille, ou aucuns des fuppofts d'icelle, en aucune maniere; ains tout ce qui feroit pris, levé ou arrefté du leur au contraire, faitez leur rendre, reftituer & delivrer à plein, fans delay ou empefchement quelconque. Car ainfi le voulons Nous eftre fait, & à noftredite Fille l'avons octroyé & octroyons par ces prefentes, de grace fpeciale & de noftre certaine fcience & autorité Royale; nonobftant quelconques Ordonnances, Mandemens ou defenfes faites & à faire au contraire. *Donné en noftre Chafteau du Louvre lès Paris, le 23.ᵉ jour de Mars, l'an de grace 1371. & de noftre Regne le 8.* Par le Roy, *en fes Requeftes, & plus bas.* J. DE COIFFY.

a Voy. cy-deffus, p. 455.

NOTE.

(a) Recueil des Privileges de l'Univerfité de Paris (par *du Boulay*.) Paris 1674. in-4.º p. 84.

(a) *Confirmation des Privileges & exemptions des habitants de S.ᵗ Euftache & de S.ᵗ Jean de la Neuville.*

CHARLES V.
au Château du Louvre à Paris, en Mars 1371. avant Pâques.

CHARLES par la grace de Dieu Roy de France. Savoir faifons à tous prefens & avenir, de la partie de nos bien amez les habitans des Paroiffes de (b) Saint Euftace de la Foreft & de Saint Jehan de la Neuville, noz hommes & fubgès fans moyen, demourans ou Bailliage de Caux, Nous avoir efté expofé, que ja foit ce que leurs devanciers habitans & Paroichians defdis lieux, aient & foient de tout temps frans & quittez & exemps de toutes [b] Couftumes, (c) Panages, Paffages, de faire Gais ou Garde en Chafteaux ou Fortereffees, & de toutes autres fervitutes quelconques, qui font ou pueent eftre depuis le [c] Quief de Caux, jufques à [d] l'ayaue

b *Impôts ordinaires.*
c *Voy. le 4.ᵉ Vol. des Ordonn. p. 428.* Note (f).
d *l'eau.*

NOTES.

(a) Trefor des Chartres, Regiftre 103. Piece 327.

(b) *Saint Euftace de la Foreft, &c.*] S.ᵗ Euftache, Diocèfe de Rouen, Election de Montivilliers. *Voy. le Diction. univ. de la Fr.* à ce mot.

Saint Jean de la Neuville eft du même Diocèfe & de la même Election. *Voy. ibid.* à ce mot.

(c) *Panages.*] Redevance duë pour avoir le droit de faire paiftre fes beftiaux dans les Bois. *Voy. le Gloffaire du Droit François*, au mot, *Pafnage.*

de (d) Saane, & de la Mer, jusques à la Riviere de Seinne ; & des dictes franchises & exempcions, aient tousjours joy & usé notoirement & publiquement, par tel & si lonc temps, qu'il n'est memoire du contraire; ª parmi ce toutevoie, que yceulx habitans sont tenuz, toutes les fois que il en est necessité & que le cas s'y offre, de vuidier le ᵇ Hable d'entre la Ville de Harfleu & de Leure, pour plus aisément & miex venir & arriver les Marchandises qui viennent par la Mer, & arrivent aus pors des dis lieux, au prouffit & bien publique de Nous & de tout nostre Royaume; & parmi ce aussi, que tout ou la plus grant partie des heritages des dis habitans & Paroichians, sont chargiez & tenuz chascun an , de Nous païer certaines rentes & redevances : Nientmoins, pour ᶜ que le Capitaine & autres Officiers de nostre amé & feal Cousin, le (e) Conte de Tancarville, pour & à cause de son Chastel de Tancarville, & aucuns autres Nobles dudit pays de Caux, teu la verité des dictes franchises & exempcions, avoient obtenu pluseurs Mandemens & impetracions de Nous, adrecez à nostre Bailli ᵈ Caux, ad ce que yceulx habitans & Parroichians feussent contrains à aler faire Gait & Garde chascun jour, à son tour, tant de jour comme de nuit, ès dis Chasteaux de Tancarville & autres Forteresces oudit païs, en troublant & empeschant yceulx habitans & Paroichians, indeüment & de fait, en leurs dictes Franchises & exempcions, en leur dicte saisine & possession, dont il ont joy & usé par la maniere que dit est; les dis habitans & Paroichians se sont ᵉ traiz pardevers Nous, en Nous requerant humblement que de faire les dis Gais & Gardes es dis Chasteaux, & des autres servitutes devant dictes, Nous les voussissons faire tenir quittes & paisibles ; & que Nous leur voussissons sur ce, donner nos Lettres adreçans à nostredit Bailli de Caux ou à son Lieutenant, ad ce que il feist ou feist faire bonne & diligente informacion; appellé nostre Procureur & ceulx qui seroient à appeller, de ladicte franchise & exempcion des dis habitans & Paroichians, ausquelz Nous, pour miex meurement proceder en ceste partie, & pour miex leur pourveoir ainsi comme de raison seroit, avons données & octroiées nos dictes Lettres de Commission adreçans à nostre Bailli de Caux, par vertu desquelles, nostre Vicomte de Monstierviller Commis & deputez ad ce pour & de par nostre dit Bailli, a fait ladicte informacion, & examiné sur ces choses grant nombre de tesmoings; nostredit Procureur de son Bailliage, appelé par la maniere que dessus est dit; & ycelle informacion ainsi faite, enclose soubz le scel de nostredit Viconte, a esté renvoiée par devers Nous; laquelle Nous avons fait veoir & visiter diligemment & meurement par les Gens de nostre Conseil, & par ycelle informacion & la deposicion desdis tesmoins, a esté & est trouvé sens contradiction, yceulx habitans & Paroichians avoir esté & estre frans, quittes & exemps des dictes Coustumes, Panages, Passages, de faire Gais & Gardes ès dictes Forteresces, & de toutes autres servitutes qui sont ou pourroient estre dedens les ᶠ mettes dessus dictes; & que ainsi en on joy & usé par tel temps qu'il ᵍ ne memoire du contraire; moiennant la charge de vuidier ledit Hable, & la redevance des dits heritages, par la maniere devant dicte, si comme il Nous a esté fait sur ce pleniere relacion par nos dictes Gens. Et pour ce Nous, eü consideracion aus choses devant dictes, à l'instance & humble Requeste des dis habitans & Paroichans des dictes Villes, par l'avis

CHARLES V.
au Château du Louvre à Paris, en Mars 1371. avant Pâques.
a *moyennant*.
b *Havre*. Voy. le 2.ᵉ Vol. de ce Rec. p. 160. Note (d), & le 3.ᵉ p. 573. Art. VI. & VII.
c *ce*.
d *de*.
e *retirez*.
f *bornes*.
g *n'est*.

NOTES.

(d) *Saane*. Il y a sur le premier mot de ces Lettres, un renvoy au bas de la page, où se trouvent les mots suivants, qui ont sans doute rapport à cet endroit. *Correctio* de Saane, *loco* de Sainne, & dictæ *rigota facte fuerunt ibi & in Originali, de precepto Cancellarii, per me*, MONTAGU.
Dans le Registre, le mot *Seine* est effacé, & il y a dessus *Saane*, & le mot *dicte* qui étoit avant celuy de *Riviere*, est aussi effacé.

Il y a dans le Pays de Caux, un lieu nommé *Saenne*, Diocèse de Roüen, Election d'Arques, & situé sur une Riviere de même nom. C'est sans doute le lieu dont il s'agit ici. Voy. le *Diction. univ. de la Fr.* au mot, *Saenna*.
Pour le mot *Rigota*, j'aime mieux avoüer que je ne l'entends point, que de hasarder des conjectures incertaines.
(e) *Conte de Tancarville.*] Jean II. du nom, Vicomte de Melun, Comte de Tancarville. Voy. l'*Hist. Geneal. de la Maiſ. de Fr.* tom. V. p. 226. N.º XIII.

& deliberacion de noſtredit Conſeil, avons voulu, voulons & ordenons par ces preſentes, de noſtre certaine ſcience, ou cas deſſus dit, les dis habitans & Paroichians des dictes Villes de S. Euſtace de la Foreſt & de Saint Jehan de la Neuville, eſtre frans, quittes & exemps des dictes Coutumes, Panages, Paſſages, de Gais & de Gardes en Forterefces, & de toutes autres ſervitutes qui ſont dedens les mettes deſſus dictes; parmi les charges & redevances deſſus eſclaircíées, que ils ſont tenuz de faire & paier par la ſourme & maniere que dit eſt. Si donnons en Mandement par ces meiſmes Lettres, à noſtredit Bailli de Caux, & à tous nos autres Juſticiers & Officiers de noſtredit Royaume, ou à leurs Lieutenants, preſens & avenir, & à chaſcun d'eulx, ſi comme à lui appartiendra, en commettant à noſtredit Bailli de Caux ou à ſon Lieutenant, que les dis habitans & Paroichians, qui ores ſont & qui ou temps avenir ſeront, & chaſcun d'eulx, il facent & leiſſent joir & uſer [a] entiement & paiſiblement d'oreſenavant, des dictes franchiſes & exempcions, ſelon la ſourme & teneur de noſtre preſente Ordenannce, ſens les troubler ou empeſchier, ou ſouffrir eſtre troublés ou empeſchiez, ou aucun d'eulx, en corps ou en biens, au contraire; mais ſe aucune choſe y eſtoit faite ou attemptée, ſi la mettent ou facent mettre ſens delay au neant, & à ramener au premier eſtat & deu. Et pour ce que ſoit ferme choſe & eſtable à touſjours, Nous avons fait mettre noſtre ſeel à ces Lettres : ſauf en toutes choſes noſtre droit & l'autrui. *Donné en noſtre Chaſtel du Louvre à Paris, l'an de grace mil CCC LXXI. & de noſtre Regne le VIII. ou mois de Mars, devans Paſques.*

Par le Roy, en ſes Requeſtes. J. DE REMIS.

CHARLES V. au Château du Louvre à Paris, en Mars 1371. avant Pâques.

a *entierement.*

M CCC. LXXII.

Suivant *du Cange* dans ſon Gloſſaire, cette Année commença le 28. de Mars, & finit le 16. d'Avril.

(a) *Mandement pour faire une nouvelle fabrication d'Eſpeces.*

CHARLES par la grace de Dieu Roy de France. A noz amez & feaulx les Generaulx-Maiſtres de noz Monnoyes : Salut & dilection. Comme à preſent Nous ayons à faire & ſupporter très grans & innumerables [b] miſes, tant pour le fait de noz guerres, comme pour [c] defenſe de noſtre Royaume; & pour ce ayons requis noſtre amé Berthelemi Spifame, Marchant & Bourgeois de Paris, qu'il Nous facepreſt de certaine ſomme d'Argent; lequel Nous a accordé gracieuſement ce que requis luy avons en ceſte partie; [d] parmi ce toutes voies, que pour ce qu'il n'a mie à preſent en comptant de quoy il Nous puiſt faire ledit preſt, ſi comme il dit, Nous luy avons accordé, qu'il puiſt mectre preſentement en noſtre Monnoye de Paris, deux mil Marcs d'Argent, en vaiſſelle & en Argent [e] Cendrée, allaïé à unze deniers dix ſept grains de Loy Argent-le-Roy, ou environ, afin qu'il Nous puiſt pluſtoſt & plus preſtement ſecourir dudit preſt que demandé & requis luy avons, comme dit eſt. Pour ce eſt-il que Nous vous mandons, que les deux mil Marcs deſſus dits, en Vaiſſelle & en Argent en cendrée, vous faictes ouvrer & monnoyer en Deniers d'Argent, ſur le coing & forme de ceulx qui courent à preſent, pour quinze deniers Tournois la piece, leſquelz ſeront [f] de huit ſolz de poix au Marc de Paris, & auront cours pour quinze deniers Tournois la Piece; & qu'ilz ſoient à unze Deniers dix-ſept

CHARLES V. à Paris, le 7. d'Avril 1372.

b *dépenſes.*
c *la.*

d *moyennant.*

e *Voy. cy-deſſus,* p. 301. Note (c).

f *quatre-vingt ſeize pieces au Marc.*

NOTE.

(a) Regiſtre *D.* de la Cour des Monnoyes de Paris, *fol.°* 7 vingt 17. *R.°* (157).
Avant ces Lettres, il y a :
Le *VIII.ᵉ* jour d'Avril mil trois cens ſoixante douze après Paſques, furent apportées en la Chambre des Monnoyes, unes Lettres ſeellées du ſeel du Roy noſtre Sire, contenans la forme qui s'enſuit.
Mandement de faire ouvrer deux M. Marcs d'Argent en Vaiſſelle.

CHARLES V.
à Paris, le 7.
d'Avril 1372.

grains de Loy, Argent-le-Roy ou environ, comme dit est; & pour chafcun Marc d'œuvre des Deniers d'Argent deffus dits, faictes compter & alloüer ès Comptes de celuy ou ceulx qui feront ledit ouvrage, quatre folz Tournois. De tout ce faire, vous donnons pouvoir, auctorité & mandement efpecial; & par ces prefentes Lettres, Nous mandons à noz amez & feaulx, les Gens de noz Comptes à Paris, qu'ilz reçoivent & paffent le Compte d'iceulx deux mil Marcs d'Argent en Vaiffelle & en Argent en cendrée, de ladicte Loy ou environ, par la maniere que dit est. Car ainfi l'avons nous octroyé & octroïons audit Berthelemi, de grace efpecial; nonobftant Ordonnances, Mandemens ou defenfes à ce contraires. *Donné à Paris, le VII.ᵉ jour d'Avril, l'an de grace mil trois cens foixante douze, & de noftre Regne le neufiefme.*

Et furent lefdictes Lettres refcriptes & corrigées par la maniere qu'il appert cy-deffoubs.

CHARLES V.
au Château du
Louvre-lès-
Paris, le 23.
d'Avril 1372.

(a) Lettres qui aboliffent les Appeaux frivoles, dans les Juftices qui appartiennent au Chapitre de Rheims.

CHARLES par la grace de Dieu Roy de France. Savoir faifons à tous prefens & avenir, que comme nos biens amez, les Prevoft, Doïen, Chantre & Chapitre de l'Eglife de Reins, Nous euffent ja pieça fait expofer en eulx complaignant, difant & affermant, que à caufe de ladicte Eglife, il aïent en plufieurs Villes & lieux du Bailliage de Vermandois, Juftice & Seigneurie haute, moyenne & baffe, laquelle il ont acouftumé de lonc temps, & font encores chafcun jour faire garder & gouverner par leurs Gens & Officiers gardans & exerçans leurs Juridicions temporelles; & de jour en jour plufeurs, tant leurs fubgès, comme autres, des Sentences, Jugemens & apointemens donnés par les dis de Chapitre, ou leurs Officiers, & qui pis eft, fans aucun appointement judiciaire, quant on les veut contraindre ou executer d'aucune chofe, appellent ès Affifes du Bailli de Vermendois, non pas

ᵃ cherchans.   une fois, mais tant qu'il leur pleft, ᵃ querans diffuges & dilacions irraifonnables pour fuir à juftice, pour ce qu'il dient & maintenent, que par l'ufage & Couftume dont

ᵇ Laon.   l'en ufe en la Prevofté de ᵇ Lon & ou reffort d'icelle, il pevent appeller ainfi & quantesfois qu'il leur pleft, des Juridicions & Juftices fubgectes au Bailli de Vermendois, en fes Affifes de Laon & autres, fans renoncier à leurs Appeaulx, ne faire aucune diligence de les pourfuir dedans ycelle; & cependant fe dient exempts de la Juridicions & Juftice dont il arriont appellé, jufques à la prochaine Affife dudit Bailli enfuivant, fans païer aucun Amende à Nous, ne aus Juges dont il auront appellé; & par ainfi, feront leurs Caufes tenuës en eftat, fans y proceder, &, femblablement, après ladicte Affife, appelleront encores & de rechief, & fi ne pourfuiront pas leurs Appeaulx, ne il n'y renonceront, ne ne païeront pour ce aucune Amende; & par ce, feroient leurs Caufes immortelles & fans fin, ou grant prejudice & domaige de Nous, des dis expofans & du bien de Juftice; fuplians que fur ce, leur vueilliffons pourveoir de gracieux remede: Et Nous inclinans lors à ce, pour y proceder plus meurement, ladicte Requefte ainfi faite & expofée pardevant Nous & noftre Confeil, heuë deliberacion fur ce, euffiens donné en Mandement par nos autres Lettres fur ce faictes audit Bailli de Vermandois ou à fon Lieutenant, que fur le contenu en ladicte Requefte que Nous li envoïafme enclofe foubz noftre Contrefeel, il appellé avec lui noftre Procureur dudit Bailliage, s'enformaft diligenment quel proffit, donmage ou inconvenient feroit à Nous ou à autres, fe les dis fupplians obtenoient de Nous grace, & par Nous eftoit pourveu fur ce, & que tout ce qu'il trouveroit par ladicte informacion, avec fon advis fur ce, il renvoiaft feablement enclos foubz fon feel, pardevers noz amez & feaulx Confeillers, les

NOTE.

(a) Trefor des Chartres, Regiftre 103. Piece 8 vingt 10. (170).

DE LA TROISIÉME RACE. 471

Maiſtres des Requeſtes de noſtre Hoſtel, afin qu'il fuſt ſur ce pourveu aux dis CHARLES-
ſuppliańs, comme il appartendroit, & que bon Nous ſembleroit; laquelle infor- V.
macion, par vertu de nos dictes Lettres & Mandement, a eſté faite par ledit au Château du
Bailli, appellé avec lui noſtredit Procureur, & ycelle renvoïée, pardevers nos dis Louvre-lès-
Conſeillers, pour [a] Nos en faire relacion, & en ordener ainſi qu'il appartenoit : Paris, le 23.
Nous adcertes, oï & entendu le rapport qui aujourdui Nous a eſté fait en noſtre d'Avril 1372,
Conſeil, par nos dis Conſeillers, du contenu en ladicte informacion, par la depo- a Nous.
ſicion de xxv. teſmoins dignes de foy, qui ſur ce, ont eſté ſerementez & examinez
par ledit Bailli & ledit Procureur, tous ou la [b] greigneur partie d'iceulx, eſtans & b plus grande.
concordans d'un opinion; oï avec ce, l'advis & deliberacion dudit Bailli, qu'il
fiſt de bouche & en perſonne pardevant Nous, conſonant [c] enſement à la depo- c enſemblement:
ſicion des dis teſmoings & du contenu en ladicte informacion, euë ſur ce deli- conformement.
beracion à noſtre Conſeil, pour le bien de Juſtice & de choſe publique, afin que
telles appellacions [d] frivoleuſes, & les cautelles & malices de tels Appeaulx, ſoient d Voy. les Tabl.
du tout abolies & effaciés, & que raiſon & juſtice ſoient pluſtoſt faittes & données des Mat. des
à un chaſcun, de la choſe qui li appartient, ſanz querir teles cautelles, avons or- au mot, Appeaux
dené & déclaré, ordenons & declarons de certaine ſcience, grace eſpecial & aucto- frivoles.
rité Royal par ces preſentes, que de ci en avant à touſjours, tous & quelconques
appellans des Juridicions & Juſtice, ou des Gens & Officiers des dis ſuppliāns,
gardans & exerçans leurs Juridicions temporelles, à noſtre Bailli de Vermendois
ou à ſon Lieutenant, en ſes Aſſiſes de Laon ou autres, de quelque Cauſe ou cas
que ce ſoit, ſeront tenuz de renoncier à leurs dis Appeaulx, dedans les huit jours
enſuivans qu'il auront fait ledit Appel; & ſi ne le faiſoient, & qu'il ne ſeroient diligence de prendre & pourſuir leur adjournement dedans temps deu, pour l'Aſſiſe
prochaine enſuivante, il païeront & ſeront tenuz païer pour ce, la ſomme de ſoixante ſoulz d'Amende, aus dis ſuppliāns & Seigneurs de qui il auront appellé; & ſi
pourront executer leur Jugié, [e] proceder à aler avant; nonobſtant leurs Appeaulx; e &.
& ou cas que les dis appellans prendroient leur adjournement, & feroient pourſuite
de leur dit Appel dedans temps deu en Aſſiſe, & qu'il ſeroit dit bien jugié & mal
appellé, ou bien appellé & mal jugié, que le ſtile ancien ſoit ſur ce tenu & gardé,
[f] auſſi que de raiſon & Couſtume a eſté fait & acouſtumé faire ou temps paſſé. Si f ainſi.
donnons en Mandement par ces preſentes, au Bailli de Vermandois & à tous nos
autres Juſticiers ou à leurs Lieutenans preſens & avenir, & à chaſcun d'eulx, ſi
comme à lui appartendra, que les deſſus dis ſuppliāns, Prevoſt, Doïen, Chantre &
Chapitre de ladicte Egliſe de Reins, & leurs ſucceſſeurs, leurs Gens & Officiers
gardans & exerçans Juridicions temporelles, comme dit eſt, il laiſſent, ſueffrent &
facent joïr & uſer paiſiblement à touſjours, de noſtre preſente Ordenance & declaracion, & ycelle gardent & facent tenir & garder inviolablement & perpetuelment de
point en point ſans innovation, contradicion ou empeſchement quelconques ; non
contreſtant uſage, ſtile, Couſtumes de païs ou commune obſervance, & quelconques
Ordenances à ce contraires. Et que ce ſoit ferme choſe & eſtable à touſjours, Nous
avons fait mettre noſtre ſeel [g] noſtre à ces preſentes : Sauf en autres choſes noſtre g ce mot eſt
droit, & l'autrui en toutes. *Ce fu fait & donné en noſtre Chaſtel du Louvre-les-Paris,* inutile.
le XXIII.*e jour d'Avril, l'an de grace* M. CCC. LXXII. *& de noſtre Regne le* IX.*e*

Par le Roy, en ſes Requeſtes. FILLEUL. T. HOUSSOY. Viſa.

CHARLES V.
à Paris, en Avril, après Pâques 1372.

ᵃ de.

ᵇ besoin.

(a) Confirmation des Privileges de la Ville de Donzenac.

CHARLES par la grace de Dieu Roy de France. Savoir faisons à tous presens & avenir, que Nous considerans que nostre amé & feal, Girart de Ventadour, Chevalier, Sire ᵃ *(b)* Donzenac, en Nous recongnoissant son souverain & droiturier Seigneur, & que à Nous appartiennent les drois de Souveraineté & ressort du Duchié de Guienne, a mis sa Ville de Donsenac, & ses autres lieux & subgiez quelconques, en nostre obéissance, & Nous a promis & juré à servir de lui & de ses subgiez, contre tout homme qui puet vivre & mourir : En faveur de ce & de ses autres bons & agreables services, qu'il Nous a fais & esperons qu'il Nous face, tous les privileges, Libertés, franchises qui par nos predecesseurs Roy de France, Dux de Guienne, ou autres Seigneurs quelconques, on esté pour le temps passé donnez & octroïez; & des quelz il pourra justement apparoir, audit Sire de Donzenac, à ses diz subjès, & à leurs predecesseurs, & dont ilz ont communement usé, de nostre pleine puissance & auctorité Royal, certaine science & grace especial, louons, greons, ratiffions, approuvons, & par la teneur de ces presentes confermons; & voulons & leur octroyons, que en faisant foy & monstrant leurs dis privileges, ilz soient inserez & escrips de mot à mot, & confermés par nos autres Lettres, se ᵇ mestier leur est, toutes fois qu'il Nous en requereront. Si donnons en Mandement au Seneschal de Limosin, & à tous nos autres Justiciers & Officiers, presens & avenir, & à chascun d'eulx ou à leurs Lieuxtenans, que ledit Sire de Donzenac & ses dis subgiez, & chascun d'eulx, laissent joüir & user paisiblement de leurs diz privileges, Libertez & franchises dont ilz ont d'ancien temps usé, comme dit est, & desquelx il apparra, sanz les empescher, ne souffrir estre empeschez, ne molestez en aucune maniere au contraire. Et que ce soit ferme chose & estable à tousjours, Nous avons fait mettre nostre seel à ces presentes : Sauf en autres choses nostre droit, & l'autrui en toutes. *Donné à Paris, l'an de grace mil trois cens soixante & douze, & de nostre Regne le IX. ou mois d'Avril, après Pasques.*

Par le Roy. N. DE VERS.   *Visa.*

NOTES.

(a) Tres. des Chart. Regist. 103. P. 54. Voy. cy-dessus, p. 190. Note *(a)*.

(b) Donzenac.] Ville du Diocese de Limoges, à trois lieuës de Brives. *Voyez le Dictionnaire universel de la France,* au mot, *Donzenac.*

CHARLES V.
à Paris, en Avril, après Pâques 1372.

(a) Lettres confirmatives de celles de Philippe Duc de Bourgogne, par lesquelles il affranchit les habitans de Bure, & il établit dans ce lieu, une Commune (& une Bourgeoisie).

SOMMAIRES.

(1) Les deux Seigneuries qui sont dans la Ville de Bure, seront réunies.
Les habitans de ce lieu seront affranchis de la servitude; moyennant une Taille abonnée de quarante Livres, qu'ils payeront en commun & solidairement chaque année à leur Seigneur, & à laquelle ils contribuëront à proportion de leur bien, suivant la répartition qui en sera faite par des Preud'hommes elus par les habitans, avec la permission du Maire; & une redevance annuelle d'une poule pour chaque mesnage.

(2) Les habitans de Bure qui iront s'etablir dans d'autres lieux francs & libres, joüiront des biens qu'ils ont à Bure, en payant les charges specifiées dans l'article precedent.

(3) Les habitans de Bure qui iront demeurer dans des lieux sujets à la servitude, redeviendront serfs du Seigneur de Bure, qui succedera aux biens qu'ils acquereront dans ces lieux, nonobstant tous privileges pretendus au contraire

NOTE.

(a) Tresor des Chartres, Registre 104. Piece 228.

SOMMAIRES.

contraire ; & les biens qu'ils possédoient à Bure, passeront à ceux de leurs heritiers qui y demeureront.

(4.) Les habitans de Bure qui iront demeurer dans d'autres lieux, soit francs ou sujets à la servitude, pour estre domestiques ou pour prendre des fermes, conserveront les biens qu'ils ont à Bure, en payant les redevances cy-dessus specifiées.

(5.) Toutes personnes venants d'un lieu franc, ou d'un lieu serf avec la permission de leurs Maistres, pourront s'establir à Bure; & en s'y advoüant (bourgeois) du Seigneur, ils joüiront de tous les privileges des autres habitans. Si dans la suite ils quittent Bure pour aller demeurer dans des lieux ou francs ou sujets à la servitude, ils seront traités comme ceux dont il est parlé dans les articles 2. & 3.

(6. 7.) Les habitans de Bure payeront une redevance pour chaque beste domestique qu'ils auront ; moyennant laquelle, ils pourront les mener paître dans les vains-pâturages ; & ils payeront une Amende, lorsque ces bestes seront trouvées paissant hors de ces vains-pâturages.

(8.) Le Seigneur & les habitans de Bure, s'obligeront reciproquement à l'execution de ce qui est contenu dans ces Lettres.

CHARLES V. à Paris, en Avril, après Pâques.

CHARLES par la grace de Dieu Roy de France. Savoir faisons à touz presens & avenir, Nous avoir veu les Lettres de nostre très chier & très amé Frere, le Duc de Bourgongne, dont la teneur est tele.

PHILIPPE Filz de Roy de France, Duc de Bourgongne. Savoir faisons à touz presens & avenir, que comme noz hommes, femmes & habitans de nostre Ville de (b) Burrey, seant en nostre Chastellenie de Jaucourt, nous aient fait une supplicacion, contenant en effet, que en ladicte Ville a eu ou temps passé deux Seigneuries separées l'une de l'autre, & à deux Seigneurs, l'une appellée la Seigneurie de Jaucourt, & l'autre la Seigneurie Henry de Clermont; desquelx les hommes & femmes de chascune Seigneurie, devoient chascun an, vint livres de Tournois de ^a abonnement, pour cause de Taille ; & avec ce, soient ^b mainmortables & de formariages ; & pour le fait des guerres du Royaume, ils aient esté en telle maniere dommagiez & ^c essiliez, & si apovris & anichilez, que la ^d greigneur partie d'iceulx, ont vuidé le lieu & se sont absentez de ladicte Ville, & allez demourer en autres Seigneuries ; & par especial, ceulx de la Seigneurie dudit Henry de Clermont, & pour ce, des vint livres d'abonnement, que ils devoient chascun an de Taille, il ne furent bailliez en Assiete de terre, que pour dix livres de terre, quant le Seigneur de Blaysey nous vendi ladicte Ville de Burrey avec la Terre de Jaucourt; & depuis ladicte Assiete, est en tant apeticiée & amendrie, que à present il ne sont que trois mesnaiges, & ne pevent paier des dictes dix livres, que cent solz de Tournois; & en oultre, estoit contenu en ladicte supplicacion, que, eu regart aus choses dessus dictes, & affin que nostre dicte Ville se peust peupler de Gens & habitans, & que ceulx qui s'en estoient partiz, pour les grosses charges qu'ils devoient, retournassent; & que par ce, la revenuë de ladicte Ville nous feust de greigneur prouffit, nous leur voulsissions quitter & remectre à touzjours, pour eulx, leurs hoirs & successeurs en ladicte Ville, la main mortable & formariage, & yceulx afranchir; & en recompensacion d'icelle main morte, qui par ledit Seigneur de Blaisey, ne nous avoit esté baillée en Assiete de terre, que pour trente solz Tournois pour an, yceulx habitans de ladicte Ville, tant de la Seigneurie de Jaucourt, comme de la Seigneurie Henry de Clermont, qui separez estoient de Taille & de Justice, se assembleroient & seroient tout un, & s'y obligeroient li uns pour l'autre, & paieroient chascun an

a *Voy. le 4.e Vol. de ce Rec.* p. 338.

b *Voy. les Tabl. des Mat. de ce Rec. au mot* main-morte *&* formariages.

c ruinez.
d plus grande.

NOTE.

(b) *Burrey.*] C'est sans doute *Bure*, Diocèse de Dijon, du Bailliage & Recette de Châtillon-sur-Seine, & Commanderie appartenante au Grand-Prieur de Champagne. *Voy. la description du Gouvernement de Bourgogne, par Garreau, Dijon. 1734.* p. 305. Dans le Dictionnaire universel de la France, ce lieu est nommé *Bure-les-Templiers*; & il y est dit qu'il est du Diocèse de Langres. C'est apparemment un des lieux demembrés du Diocèse de Langres, pour former celuy de Dijon; d'où l'on peut conclure que *Jaucour* qui est nommé un peu plus bas dans ces Lettres, est le lieu dont il est parlé dans ce Dictionnaire, où il est dit, qu'il est dans la Champagne, Diocèse de Langres.

à nous & à noz succeffeurs, à certain terme, pour caufe de abonnement, trente livres

CHARLES V.
à Paris, en Avril, après Pâques 1372.
a *befoin.*

b *&.*

c *Andvé.*
d *derr. R.*

e *Ville.*

f *en.*

g *feront.*
h *acquerreront.*

i *en communu.*

k *meftuage.*
l *poule.*
m *Voy. le 4.* *Vol. de ce Rec.* *p. 335. art. 2.*

n *moyennant.*

Tournois de Taille; fur laquelle Requefte & fupplicacion, nous avons eu avis & deliberacion en noftre Confeil; & afin que plus feurement nous peuffions pourveoir à noz diz fubgez & faire grace, fe ª meftier eftoit, fur les requeftes que ils nous requeroient, laquelle chofe nous fommes defirans de faire, aïans deliberé de efcripre par noz Lettres ouvertes, à Jehan de Foiffy, Bailly de la *(c)* Montaigne, lefquelles nous lui avons envoïées avec la fupplicacion des diz habitans, & mandé par ycelles Lettres, que il s'enfourmaft diligaument des chofes deffus dictes & de chafcune, par foy, ᵇ par bonnes perfonnes dignes de foy; & avec ce, que il traitaft avec iceulx habitans, tant fur la refection de un Molin que nous avons en ladicte Ville, comme fur le prouffit que il nous vouldroient faire, fe nous voulions encliner à leur fupplicacion, & leur octroyer ce que il nous requeroient; & tout ce que trouvé auroit, il nous rapportaft dedens la Quinzaine de la Fefte Saint ᶜ Andrieu Apoftre, ᵈ derrenierement paffée, ou renvoïaft feablement enclos foubz fon feel & figne manuel; & ledit Jehan, pour acomplir la teneur de noz dictes Lettres, fe foit traiz en ladicte Ville de Burey à certain jour; & illec fe foit informez en la maniere qu'il appartenoit, fur le contenu de ladicte fupplicacion & Requefte, en tant comme il touche la povreté & petit nombre des diz habitans de la Seignourie dudit Hanri de Clermont, & de la fomme des dictes dix livres, à quoy ils furent ramenez à cent folz par ladicte prifiée derrenierement faicte, & tout ce qui contenu eftoit en ladicte fupplicacion & Requefte, ou la greigneur partie, il ait trouvé eftre vrayes, tant par l'infformacion & examinacion que il a fait fur ce, comme par ladicte prifiée, derrenierement faicte de la Terre de ladicte Ville de Burrey, & depuis il ait traictié avec noz diz hommes, femmes & habitans de ladicte ᵉ, tant fur l'afranchiffement de ladicte main-morte & formariage, que ils nous requierent fur l'obligacion de leurs perfonnes, de leurs hoirs & de tous leurs biens, ᶠ par nous païant chafcun an trente livres de rente à caufe de abonnement, comme fur l'aide & prouffit que il nous vouldroient faire pour une fois, pour la reffeccion & reparacion dudit Moulin; & toutes ces chofes, avec la maniere dudit traittié, par la maniere qui s'enfuivent, nous ait envoïée enclos foubz fon feel, & figné de fon figne manuel.

(1) Premierement. Les diz hommes, femmes & habitans, tant de la Seignourie de Jaucourt, comme de la Seignourie de Henry de Clermont, ne ᵍ feront que une Seignourie dorefenavant; & auffi toutes perfonnes qui ʰ aquefteront heritages en ladicte Ville de Burrey & finaige d'icelle, nous païeront chafcun an perpetuelment, & à noz fucceffeurs, le jour de la Fefte Saint Remi, ⁱ par univerfal, quarante livres Tournois de abonnement, comme charge reelle, felon ce que chafcun y tenra de heritages ou autres biens, par porcion, felon fes diz heritages & biens quelconques; & avec ce, païera chafcune perfonne tenant ᵏ feu en ladicte Ville, une ˡ geline le jour de la Nativité noftre S. foient Feu entier, femme veuve ou autre perfonne aïant maifon en ladicte Ville; lefquelles quarante livres fe ᵐ gefteront & afferront par les Preudehommes de ladicte Ville, efleuz par la licence du Maire dudit lieu, & jurront ceulx des diz Predhommes qui feront efleuz ce faire, en la main dudit Maire, que bien & loyalment il impoferont ladicte fomme fur les habitans tenans heritages ou autres biens en ladicte Ville, finaige & Territoire d'icelle, comme dit eft; & de ce obligeront les habitans des deux Seignouries qui ne feront que une, les uns pour les autres, & pour ceulx avenir, tant perfonelment comme realment; & par efpecial, le fons de la realité, & tous leurs autres biens quelconques, en quelconque lieu qu'il fe tranfportent; & ⁿ parmi ce, & par les chofes qui enfuient cy-après, les diz hommes, femmes & habitans, & leurs hoirs & fucceffeurs, demourront à tousjours mais perpetuelment quittes & franchiz de ladicte morte-main & fors-mariage, & pourront yceulx hommes, femmes & habitans, faire leurs

NOTE.

(c) Montaigne.] Le Bailliage de la Montagne eft le même que celui de Châtillon-fur-Seine. *Voyez la defcription, &c.* citée dans la Note *(b)* pag. 125.

DE LA TROISIÉME RACE. 475

enfens *(d)* Clers, se bon leur semble, toutes les fois qu'il leur plaira, sans licence & congié de nous & de noz successeurs.

(2) Item. Se aucuns des diz hommes & femmes de ladicte Ville de Burey, se departoient dudit lieu & se absentoient, & aloient demourer ailleurs en lieu franc, parmi païant sa porcion de ce qui lui seroit imposé à sa part des dictes quarante livres, & ladicte geline deuë au jour de la Nativité nostre S. & aussi parmi païant les autres charges reelles & personeles deuës à nous en ladicte Ville, se aucunes en devoient pour aucuns heritaiges que ils tenissent, il pourront tenir les diz heritages & biens de la dicte Ville de Burrey, du lieu où ils demourront franchement, en ce cas & par les condicions & manieres devant dictes, sans riens diminuer.

(3) Item. Se aucuns des diz hommes, femmes & habitans de ladicte Ville de Burrey, se departoient de ladicte Ville, & aloient demourer en lieu serf & de main-morte, par mariage ou autrement, ou en autre lieu quel qu'il soit, il demouroient en la servitude [b] de la main-morte & formariage, tout ainsins comme ils estoient par avant cest afranchissement, nonobstant la franchise dessus dicte, & toutes autres Constitucions, Coustumes, Statuz, observances ou privileges encorporez ou a encorporer en Lettres ou dehors, qui peussent & deussent competer à eulx par la situacion des lieux où il demouroient, ou par quelconques autres impetracion que il eussent ou peussent faire, & que il en eussent joy & usé, eulx demourans ou dit lieu de Burrey: Et est assavoir, que tous les heritages es biens meubles acquis entre eulx ou lieu serf où il seroient allez demourer, seront & appartendront à nous & à noz hoirs & successeurs, pour cause de la main-morte où nostre homme seroit alez demourer; & se ils avoient aucuns biens meubles ou heritages en ladicte Ville de Burrey, les hoirs de yceulx en ce cas succederoient selon ce comme en lieu franc; reservé à nous & à noz hoirs & successeurs, toutes les choses dessus dictes & chascunes d'icelles par soy & en son lieu.

(4) Item. Que se aucuns des diz hommes, femmes & habitans de ladicte Ville de Burrey, aloient demourer en lieu serf & de main-morte, ou en franc lieu, pour servir Maistre ou pour tenir Fermes, admodiacions, *(e)* gaignages, moulins ou autrement; en ce cas, parmi païant leur part & porcion de dicte quarante livres & la geline audit jour de la Nativité nostre S. il joiront de ladicte franchise, par païant aussi les autres charges reelles & annuelles deuës en ladicte Ville, reservé à nous & à noz hoirs & successeurs, toutes les choses dessus dictes en leur cas, si comme escheoir pourroit en un chascun.

(5) Item. Toutes personnes venans de franc lieu, ou de serf par des [c] aveu de leur Seigneur, se il le pevent faire, pourront venir demourer en ladicte Ville de Burrey, en nous advoüant; & [d] nous advoüé, pourront acquerir en ladicte Ville & finaige, touz heritaiges quelconques, & yceulx tenir par la maniere que les autres hommes de ladicte Ville de Burrey, chargez yceulx heritages de leurs charges reelles, personnelles & annuelles, deuës audit lieu & finaige de Burrey chascun an; & aussi par païant avec les autres hommes & femmes dudit lieu, leur part & porcion du Giest & Taille qui leur sera imposé des dictes quarante livres, & le jour de Noël chascun an une geline; & seront justiciez par le Maire dudit lieu, comme nos autres hommes; & joiront les diz hommes & femmes venus audit lieu de Burrey, de touz les usaiges, boys, [e] vains-pasturaiges, & touz autres usaiges, que font les autres hommes de Burrey, tant comme il demourront audit lieu de Burrey, & non autrement; & se les diz hommes ou femmes venuz en ladicte Ville de Burrey, se departoient & aloient demourer en autre lieu serf, ou se mariassent hors; en ce cas, leurs corps & leurs biens demourroient mainmortable & de formariage; non obstant que ils [f] usent

CHARLES V.
à Paris, en Avril, après Pâques 1372.
a en.

b *du Seigneur de Bure.*

c *consentement.* Voy. le 4.e Vol. de ce Rec. p. 721.
d *Je crois qu'il faut suppléer le mot,* par.

e *terres qui ne sont point chargées de fruic.* Voy. le Gloss. du Droit François, *au mot,* vain-pasturage.
f *eussent.*

NOTES.

(d) Clers.] Les Serfs ne pouvoient pas prendre les Ordres, sans le consentement de leur Maistre. *Voyez le Glossaire de du Cange,* au mot, *servus.*

(e) Gaignages.] Ce mot qui signifie ordinairement, ou les fruits de la Terre, ou la Terre qui les porte, est apparemment pris icy pour une Ferme.

476. ORDONNANCES DES ROIS DE FRANCE

CHARLES V.
à Paris, en Avril, après Pâques 1732. à nous Seigneur.

usé de franchise audit lieu de Burrey, pour le temps de leur demourance; & [2] pourrons prendre au lieu cerf, pour cause de la main-morte, les biens meubles ou acquez de nostredit homme ou femme qui se sera departiz dudit lieu de Burrey, par la maniere que dessus; & se ils avoient aucuns biens en ladicte Ville de Burrey, les (*f*) amis dudit homme ou femme y succederoient comme franches Gent; & se les diz hommes ou femmes venuz en ladicte Ville, comme dessus, aloient demourer en lieu franc, parmi païant chascun an audit jour de Saint Remi, la porcion du Giest & Taille qui leur sera fait, à cause des dictes quarante livres, & une geline le jour de Noël; & aussi parmi païant les autres charges reelles, annuelles & personnelles deuës chascun an en ladicte Ville; en ce cas il joïroient de ladicte franchise, & pourront tenir leurs heritages & autres biens estans en ladicte Ville & finaiges de Burrey, [b] dès le lieu franc où il demourront, & par les fermes condicions & manieres avant dictes.

[b] *du lieu.*

[c] *animaux domestiques & privez. Voy. le Gloss. du Droit François, au mot, aumailles.*
[d] *dehors les vains pasturages.*
[e] *qui ont plus d'un an.*

(6) Item. De toutes les bestes [c] aumailles, comme Buefs, & aussi de touz chevaux, jumens, mulez & asnes, estans en ladicte Ville, païeront touz les habitans d'icelle Ville pour cause du vain-pasturaige, à nous & à noz successeurs, chascun an d'oresenavant, le jour de Noël, pour chascune beste, deux deniers; & qui les trouvera [d] suer pasturant, il païeront l'Amende acoustumée ou pays.

(7) Item. De toutes autres aumailles, comme vaches & veaux [e] seurannez, & aussi de touz poursseaux seurannez, pour chascun, audit jour païeront à nous, comme dessus, un denier, & les Amendes, en la fourme que dessus.

(8) Item. Les diz habitans de ladicte Ville de Burrey, tant de l'une Seignourie comme de l'autre, pour eulx, leurs hoirs & successeurs, pour loyalment faire tenir & acomplir les choses dessus dictes & chascune d'icelles, à touzjours perpetuelment, en la maniere que dessus sont contenuës, escriptes, traictées & declarées, se obligeront à nous, pour nous, noz hoirs & successeurs, & en obligeront touz leurs biens & de leurs hoirs; & par especial, le fons de la terre & touz leurs autres biens quelz que il soient, leurs corps & toutes autres choses, en la maniere que il appartendra & que il est traictié: Et nous promectons en bonne foy, par la teneur de ces presentes, pour nous, noz hoirs & successeurs, en tant comme en nous est, de grace especial & certaine science, aus diz hommes, femmes & habitans de ladicte Ville de Burrey, à tenir ferme & establé à touzjours mais ledit Traictié; & ycellui avec toutes les choses & chascune d'icelles, cy-dessus contenuës, avons agreables, & ycelles louons, gréons, confirmons & approuvons par la maniere que dessus, & voulons

[f] *entendons.*

demourer à toujours en leur force & vertu, ne contre ycelles ne [f] attendons aler ne faire aler, ne aussi ne voulons noz hoirs & successeurs.

Et que ce soit ferme chose & establé à touzjours, nous avons fait mettre nostre scel à ces Lettres: Sauf en autres choses nostre droit, & l'autrui en toutes. Ce fu fait à [g] Rouvre, l'an de grace mil CCC soixante & onze, ou moys de Decembre.

[g] *auprès de Dijon. Voy. le 4.e Vol. de ce Rec. p. 389. Note (b).*

Par Monss. le Duc. CHAPELLES.

Lesquelles Lettres dessus transcriptes, & toutes les choses & singulieres qui y sont contenuës, Nous aïans fermes & agreables, ycelles voulons, louons, gréons, ratifions & approuvons; & de grace especial & certaine science, par la teneur de ces presentes confirmons. Et que ce soit ferme chose & establé à touzjours, Nous avons fait mettre nostre scel à ces Lettres: Sauf en autres choses nostre droit, & l'autrui en toutes. *Ce fu fait à Paris, l'an de grace mil CCC. soixante & douze, ou moys d'Avril, après Pasques, & de nostre Regne le* IXme

Par le Roy, à la relation du Conseil. J. BLANCHET.

NOTE.

(*e*) *Amis.*] Ce mot signifie icy les parens, qui sont quelquefois appellez *Amis charneli*. Voy. le 4.e Vol. de ce Rec. p. 594.

(a) *Instruction pour la conservation des droits de souveraineté, de Ressort & autres droits Royaux, dans la Ville & Baronnie de Montpellier, cédées au Roy de Navarre.*

CHARLES V.
le 8. de May 1372.

C'EST l'aviz & instruccion faicte sur la conservacion des Souverainetez & Ressors, & autres drois Royaulx appartenans au Roy en la Ville, Baronnie & Rectorie de Montpellier, baillées au *(b)* Roy de Navarre, lesquiex drois & souverainetez sont tousjours appartenans au Roy en tout son Royaume; & par especial aussi ont esté reservez au ᵃ Bail de ladicte Terre; laquelle instruction a esté baillée à Maistre Arnaut de Lar, Secretaire du Roy, & Gouverneur des dictes Souverainetez illuec, le VIII.ᵉ jour de May, l'an mil CCC. LXXII.

ᵃ dans l'Acte de transport.

(1) Premierement. Sera ordonné une bonne personne & notable, qui sera appellez Gouverneur, & Garde des drois Royaulx & Souverainetez, & autres exempcions au Roy nostre S. appartenans en la Ville, Baronnie & Rectorie de Montpellier; lequel aura Juridicion ordinaire des Causes & besongnes regardans ressors & souverainetez & autres drois Royaulx ; & celle personne mesmes sera Chastellain & Viguier de *(c)* Somieres, pour meilleur effect & execucion de la besongne.

(2) Item. Ledit Gouverneur tendra son ᵇ Sege ordenement & ordinaire, en ladicte Ville de Somieres ; & de XV. jours en XV. jours, il pourra tenir & tendra son Siege à Montpellier, & ses Assises ; & plus souvent, se le cas le requiert, pour cas ᶜ present, peril évident ou autre necessité, à la maison de l'Evesque, ou une des autres maisons exemptes ; c'est assavoir, qui soient de l'Eglise de *(d)* Magalonne ou des membres d'icelle ; & la maison de ᵈ S.ᵗ Jehan ou d'autres, qui soient en la garde du Roy nostre S. ou de la fundacion de lui ou de ses predecesseurs.

ᵇ Siege.

ᶜ appar. pressant.

ᵈ de l'Ordre de S.ᵗ Jean de Jerusalem. Voy. cy‑dessous, p. 479. art. 1.

(3) Item. Aura ledit Gouverneur ung Procureur & ung Advocat audit Siege de Somieres ; & ung autre Procureur & ung autre Advocat à Montpellier, ou Lieutenant de ceulx qui seront à Somieres ; & aussi ledit Gouvernеur tendra ung Lieutenant à Montpellier dedans la Ville, continuelment ; & ung Notaire Tabellion, pour faire informacions, & pour ᵉ tenir les procez de la Court des dictes Souverainetez & Ressors, & pour recevoir obligacions, & faire autres choses que à la Court appartendront & pourront appartenir pour cause des dictes Souverainetez & Ressors & drois Royaulx.

ᵉ appar. être garde & depositaire.

NOTES.

(a) Registre A. du Parlement de Paris, fol.° 72. v.°
Les secondes Instructions qui sont imprimées immediatement après celles-cy, sont *ibid.* fol.° 71. v.°

(b) Roy de Navarre.] Au mois de May 1365. il y eut un Traité de paix fait entre Charles V. & Charles I. dit le Mauvais, Roy de Navarre & Comte d'Evreux. Par ce Traité, le Roy de Navarre ceda les Villes de Mante & de Meulan & le Comté de Longueville à Charles V. qui lui ceda de son côté la Ville & Baronnie de Montpellier. *Ce Traité se trouve dans l'Histoire du Comté d'Evreux, p. 104. des preuves.*
Lorsque Charles V. eut déclaré la guerre au Roy d'Angleterre, le Roy de Navarre prit le parti de celuy-ci. *Voyez Froissart, Liv. 1.ᵉʳ Chap. 258. p. m. 358.*
En 1371. Les Roys de France & de Navarre firent la paix. Soit que le Traité de 1365. n'eût point été executé, soit que Charles V. eût repris Montpellier depuis que le Roy de Navarre s'étoit déclaré pour l'Angleterre, ce nouveau Traité qui est du mois de Juin 1371. & qui est dans le *Memorial* D. *de la Chambre des Comptes de Paris*, fol.° 6. vingt 18. v.° (138). porte que le Roy de Navarre aura la Ville & Baronnie de Montpellier, à la place de Mante, de Meulan & du Comté de Longueville qu'il cede à Charles V. Il est dit à la fin de ce Traité, qu'il ne portera aucun prejudice à celuy qui a été fait entre les Parties, en 1365.

(c) Somieres.] Dans le bas-Languedoc, Diocése de Nismes. *Voy. le Diction. univ. de la Fr. au mot, Sommieres.*

(d) Magalonne.] En 1372. il n'y avoit point d'Evéque à Montpellier, qui dépendoit alors de l'Evéché de Maguelonne, lequel en 1536. a été transferé à Montpellier. *Voyez le 4.ᵉ Volume des Ordonnances, pag. 45. Note (b).*

CHARLES V.
le 8. de May
1372.

a au.

b oblig. R.

(4) *Item.* Que audit lieu de Somieres, sera ordené ung Seel Royal, & ledit Gouverneur en sera Garde; & se appellera le Seel nouvel des dictes Souverainetez; & aura la cognoissance dudit Seel, & en usera par la maniere que l'on use des Seaux Royaulx à Carcassonne, à Beziers, à Thoulouse & ailleurs ª ou païs.

(5) *Item.* Ledit Gouverneur aura povoir de faire & de creer tant de Sergens Royaulx comme bon lui samblera, & besoing & necessité sera, tant pour garder ladicte Souveraineté & Ressors & drois Royaulx, comme pour exiger & lever les debtes des ᵇ obligez à la compulcion du Seel dessus dit; comme aussi pour faire tout autre Office appartenant à Sergent Royal; & toutes fois que les dis Sergens seront créés par ledit Gouverneur, le Roy leur donra ses Lettres de confirmacion.

(6) *Item.* Tous procès & toutes Causes commencées, & toutes Causes pendans, criminelles ou civiles, devant les Officiers Royaulx de Montpellier, & chascun d'iceulx, par Commission ou autrement, touchans les dis Souverainetez & drois Royalx, seront terminées & declairées & acomplies par ledit Gouverneur ou son Lieutenant: & lui en sera faicte Lettre de Commission; & aussi des Causes civiles qui sont entre les Parties, qui estoient pendans par Commission, & qui n'estoient pas ne ne sont subgiez dudit Roy.

c son.

(7) *Item.* Le jour que ledit Gouverneur prendra la possession dudit Office & des Sieges dessus dis, celui ou ceulx qui les mettront en possession seront crier & publier ès dictes Villes de Somieres & de Montpellier, que ès Causes touchans les dictes Souverainetez & drois Royaulx, l'en donne obéissance, confort & aide audit Gouverneur; & après publiquement sera lire la Lettre de ᶜ sen povoir & instruction dudit Office, & puis après procedera selon l'instruction cy-dessoubz & dessus escriptes & contenués; & seront faictes Lettres closes de par le Roy, adressans au Roy de Navarre; & ouvertes aux Consuls & Gens de la Ville, que audit Gouverneur ès dictes choses obéissent, &c.

(8) *Item.* Ordené sera & fait commandement sur ce, aux Graissiers de Parlement, autres Notaires du Roy, que tous mandemens de la Court qui toucheront le fait de Montpellier & de la Baronnie & de la Rectorie, s'adresseront audit Gouverneur, & par Committimus, ou au Senescha1 de Beaucaire, selon que les cas le requerront; & ne lui conviendra avoir (e) annexe ne insinuacion de aucuns Lieutenans du Roy ou Senefchaux Royaux.

d Diocèse de Montpellier. Voy. le 4.ᵉ Vol. des Ordonn. p. 503. Note (e).

e Voy. les Tabl. des Mat. de ce Rec. au mot, Reve.

f ainsi.

g S.ᵗ Jean de Lône en Bourgogne. Voy. le 4.ᵉ Vol. des Ordonn. p. 203. Note (b).

h l'Université. Voy. cy-dessous, p. 480. art. 13.

i Monnoyeurs.

(9) *Item.* Ledit Gouverneur ordonnera & establira au Port de ᵈ Lates & à (f) Frontingnan, & autres lieux necessaires, Gardes pour garder & defendre que aucunes choses defendués ne se portent hors du Royaume; & ou cas que aucunes choses seront trouvées, elles seront acquises au Roy; & ceulx qui les trouveront, y auront le profit acoustumé; & aussi pour recevoir la ᵉ Reve & imposicions qu'ils pourront devoir pour l'issué du Royaume; & ᶠ aussi se faisoit ou temps du Roy de (g) Mayorgue, & se fait encore, à Châlon, à ᵍ Saint Jehan de Loeve & ailleurs, ès Terres des Peres, Barons & autres Seigneurs.

(10) *Item.* Que des choses dessus dictes, seront faictes Lettres & Commissions necessaires; & aussi sera faicte Lettre de la (h) mutacion de la Bourgoisie; & de la conservacion des privileges de ʰ l'Estude, de la Monnoye des ⁱ Monnoyers, & de

NOTES.

(e) *Annexe.*] Il ne sera pas necessaire que le Gouverneur ait aucunes Lettres des Lieutenans du Roy, &c. qui lui permettent d'exercer sa Charge.

(f) *Frontingnan.*] Frontignan, Diocèse de Montpellier. *Voy. le Diction. univ. de la France,* à ce mot.

(g) *Mayorgue.*] En 1349. Jacques Roy de Majorque, vendit à Philippe de Valois, la partie de la Ville de Montpellier qui lui appartenoit. *Voyez du Puy, Traité des droits du Roy,* p. m. 890.

(h) *Mutacion de la Bourgoisie.*] Je n'entends pas bien ce que cela peut signifier; & tout ce que je peux dire, c'est que par l'art. 10. des secondes Instructions, qui sont imprimées cy-après, p. 480. il paroît que le Roy n'avoit point encore décidé si les Bourgeois de Montpellier seroient Bourgeois du Roy de France ou du Roy de Navarre. S'ils devenoient Bourgeois de ce dernier, il étoit necessaire de donner des Lettres sur la *mutacion* & changement de leur état.

tous autres qui aient privileges Royaulx en ladicte Ville & Baronnie; & aussi de la Garde de ceulx qui sont ou pevent ou doyvent estre en la sauvegarde du Roy.

(11) *Item.* Sera faicte commission audit Gouverneur, de ordonner & ª exploictier tout ce qui peut estre deu au Roy, des arrerages du Petit Seel & de ladicte ᵇ Bourgoisie, jusques au jour de ladicte possession baillée par Messire Philippe de Savoisy; & de toutes opposicions ledit Gouverneur ᶜ cognoistre & determinera.

(12) *Item.* Toutes foiz que l'en appellera dudit Gouverneur ou de ses Lieutenants, l'en appellera droit en Parlement, en tant que touche le fait des Souverainetez & droiz Royaulx, conservacion des sauvegardes, des privileges & de la ᵈ Bourgoisie & autres exempcions; & se à autres estoit appellé, il ne y deferra point; & des choses qui sont en la Viguerie de Somieres ordenées, l'en appellera au Seneschal de Beaucaire, ainsi comme il est acoustumé.

(13) *Item.* Les (i) Appeaulx des Terres exemptes qui ont esté acoustumé estre fais des Officiers des Seigneurs ᵉ Domanias des dictes Terres exemptes, aus Gens du Roy, se feront audit Gouverneur & non à autre, & de lui à Parlement.

CHARLES V.
le 8. de May 1372.
ª *faire payer.*
ᵇ *en cas qu'elle appartienne dans la suite au Roy de Navarre. Voy.* p. preced. Note (h).
ᶜ *connoîtra.*
ᵈ *en cas qu'elle demeure au Roy de France. Voy.* p. preced. Note (h).
ᵉ *Domaniaux.*

CE SONT les drois de Souverainctez & de Ressort, & autres drois Royaulx au Roy nostre S. appartenans, seul & pour le tout, & desquiex & dependences d'iceulx, & de tous autres drois Royaulx & de Souveraineté, qui par exprès ici ne pevent estre exprimez, le Gouverneur à ce ordonné aura la cognoissance, la Garde & conservacion, & ne soufferra que autrement en soit usé par le Roy de Navarre ne par ses Gens, ne par quelconques autres; & lesquiex drois ont esté bailliez par maniere d'instruction, à Maître Arnaut de Lar, Secretaire du Roy, & Gouverneur dessus dit, le VIII.ᵉ jour de May M. CCC. LXXII.

(1) *Et premierement.* L'Eglise Cathedral de ᶠ Magalonne, l'Ordre de S.ᵗ Jehan de Jerusalem, & autres Gardes anciennes du Roy, ou de fondacion Royal, ou autrement exemptes par privilege ou en autre maniere; & aussi l'Eglise & Monstier de ᵍ Saint Germain fondez par nostre Saint Pere Pape Urbain, que le Roy à la Requeste dudit ʰ Fondeur, retint & print en sa Garde en la fundacion d'icelle Eglise; & aura ledit Gouverneur la cognoissance des dictes Eglises, des serviteurs en icelles, & de leurs hommes & subgès; & icelles Eglises & leurs membres, Terres & subgiez, seront exemps de toute cognoissance, Juridicion, & de tout povoir dudit Roy de Navarre & de ses Officiers, & demourront & demeurent souz le Roy, seul & pour le tout, & souz le Gouverneur par lui sur ce ordonné; & se riens estoit fait au contraire, il sera retourné au premier estat & deu.

ᶠ *Voy. cy-dessus,* p. 477. Note (d).
ᵍ *Je n'ai pû rien trouver sur ce Monastere.*
ʰ *Fondateur.*

(2) *Item.* Aura ledit Gouverneur & non autre, la cognoissance & punicion des crimes de lese Majesté, de toutes infractions de Sauvegarde du Roy, du forgement de fausses monnoyes, & de toutes transgressions faictes sur le fait des Monnoyes, de tous portemens d'armes notables & ⁱ invasibles; & aussi des Contraux fais soubz le seel Royal, quant li obligez se seront souzmis à la coercion d'icelui; & aussi de tous cas de ᵏ nouvelleté, en cas de prevencion.

ⁱ *qui servent à attaquer.*
ᵏ *trouble dans la possession. Voy. le Gloss. du Droit François, au mot, nouvelleté.*

(3) *Item.* Aura ledit Gouverneur pour lui, la cognoissance, en tout cas, des personnes ordenées & deputées à garder les drois, Souverainetez & Ressors; & aussi de tous autres Officiers Royaulx & autres, aura-il la cognoissance, en maniere que le Roy ou ses Gens ont acoustumé à cognoistre ou pays.

(4) *Item.* Aura la cognoissance de tous Monnoyers, & autres Gens necessaires pour ladicte Monnoye.

(5) *Item.* A & aura le Roy, & pour lui son Gouverneur, seul & pour le tout, la cognoissance & contrainte de soy faire paier de ses debtes Royaulx, tant de ses Aydes comme d'autres, & par ses Sergens, ou autres à ce commis.

(6) *Item.* Au Roy seul & pour le tout appartient donner & octroyer sauvegardes,

NOTE.

(i) *Appeaulx.*] Les Appels des Jugemens des Juges des Seigneurs, qui devoient être portez immediatement devant des Juges Royaux, seront, &c.

& graces à plaidoïer par Procureur, & Lettres d'Estat, de ᵃ nobilitacions & legiti-macions.

CHARLES V. le 8. de May 1372.
ᵃ annoblissemens.
ᵇ rappels.
ᶜ ensuivis, ensuis. R.

(7) Item. Au Roy appartient seul & pour le tout, de faire remission de crimes & ᵇ rappeaux de Bans.

(8) Item. Se le Roy a fait grace ou remission de crime, avant condempnacion ou bannissement ᶜ ensuis, nul autre Seigneur, Per ne autre Baron, ne peut puis cognoistre du cas, ne soy entremettre en aucune maniere.

ᵈ impositions.

(9) Item. Au Roy appartient seul & pour le tout, de octroyer nouvelles ᵈ indictions generaulx sus Villes & sur païs, & ne le peut autres faire sans le congié & auctorité du Roy.

ᵉ Voy. cy-dessus, p. 478. Note (h).

(10) Item. Au Roy seul & pour le tout appartient le droit des Bourgoisies; & quant à user de present d'icelles ᵉ Bourgoisies en la Terre baillée au Roy de Navarre, & aussi des personnes qui sont en ladicte Terre, le Roy en ordonnera; & des autres Bourgoisies qui ne sont de la Terre dudit Roy de Navarre, le Roy en usera à Somieres, par la maniere que il faisoit en la Rectorie de Montpellier; & en seront faictes Lettres de Commission audit Gouverneur.

f donner des Lettres d'amortissemens.

(11) Item. Au Roy seul & pour le tout appartient ᶠ amortir en tout son Royaume, à ce que les choses puissent estre dictes amorties: Car supposé que les Pers, Barons ou autres Seigneurs subgiez du Roy, amortissent pour tant comme il leur touche, ce qui est tenu d'eulx, toutes voies ne pevent ne doivent les choses par eulx amorties avoir effect d'amortissement, jusques à ce que le Roy les amortisse; mais puet le Roy faire contraindre les possesseurs à les mettre hors de leurs mains dedans l'an, & iceux mettre en son Domaine, se il ne le font; & ainsi le fera ledit Gouverneur, se le cas y avenoit.

(12) Item. Au Roy appartient seul & pour le tout en tout son Royaume, & non à autre, à octroyer & ordonner toutes Foires & tous Marchés; & les alans, demourans & retournans, sont en sa sauvegarde & protection.

(13) Item. L'Université de Montpellier a esté fondée, crée & privilegiée par les Roys de France, & de tous temps a esté en leur sauvegarde; pourquoy la cognoissance du Corps de ladicte Université, appartient au Roy; & quant aux ᵍ singuliers d'icelle Université, au Roy seul & pour tout appartient la cognoissance de sa sauvegarde, en laquelle ont esté tousjours & encores sont; & de ses autres drois Royaulx, quant il y escherront.

ᵍ particuliers.

(14) Item. Combien que le Roy nostre S. ait octroyé au Roy de Navarre, la moitié des Aides qui courrent & courront en sadicte Terre, pour le faict de la guerre, jusques à certain temps, les dictes Aides se gouverneront, recevront & executeront par les Gens du Roy nostre S. & de leur main prendra le Roy de Navarre ladicte partie & non autrement.

(15) Item. Que de toutes les choses dessus dictes & chascune d'icelles, & des dependances, & de toutes autres qui pourroient appartenir ou touchier à Souveraineté & Ressort & drois Royaulx, cognoistra ledit Gouverneur seul & pour le tout, & aura la garde & conservacion d'iceux, & ne souffrira que en autre maniere en soit fait ne usé; & se aucuns faisoit le contraire, ledit Gouverneur les contraindra à en cesser.

ʰ Voy. cy-dessus, p. 477. Note (b).

(16) Item. Le Gouverneur, les Consulz & les autres Officiers qui seront establiz de par le Roy de Navarre, en ladicte Ville & Baronnie, & autres Terres baillées audit Roy de Navarre, seront tenus en leur creation, de faire sairement audit Gouverneur du Roy nostre S. en la forme & maniere que il ont acoustumé de faire, & que il est contenu en certaines Lettres faites ou premier ʰ Traittié & Bail qui fu fait audit Roy de Navarre, de la Ville & Baronnie dessus dictes.

(17) Item. Que pour exploictier & mettre à execution les choses appartenantes aux Souverainetez, Ressors & drois Royaulx dessus dits, ledit Gouverneur ou autres Officiers du Roy, requerront la Justice dudit Roy de Navarre, pour leur y donner obeïssance; & ou cas que les Gens dudit Roy de Navarre, en seroient refusans ou delaïans, les dis Officiers du Roy le pourront faire sans les en plus requerir.

Exemption

(a) *Exemption de Prises pour les Religieux & habitans de S.t Denys-en-France.*

CHARLES V.
à S.t Denis en France, le 10. de May 1372.

CHARLES par la grace Dieu Roy de France. Savoir faisons à tous presens & avenir, que comme noz amez les Religieux, Abbé & Couvent de nostre Eglise de Saint Denys en France, & leurs subgès, Bourgois & habitans de ladicte Ville de Saint Denis, Nous aient montrez plusieurs griefs & dommages qu'il ont euz & soustenus pieça, & soustiennent de jour en jour pour cause de plusieurs Prinses faites pour Nous & pour noz Predecesseurs, pour nostre très chiere Compaigne la Royne, noz enfans & autres de nostre lignage, qui se dient avoir Prinses en nostre Royaume, par nos Gens, Commissaires & autres; c'est assavoir, de grains, de vins, de foins, de ᵃ feurre, de busche, de lars, de chevaulx, de cherrettes, & de plusieurs autres biens & marchandises, Nous voulans yceulx estre tenus en paix, en devotion & en reverence dudit Mons. S.t Denis & ses Compaignons, recordans aussi la parfaite amour & bonne obeïssance que Nous avons trouvé es diz Religieux, Bourgois & habitans, avons ordené & ordenons yceulx Religieux, les dis Bourgois & habitans, estre exems de toutes Prinses; & voulons & leur avons octroié & octroions dès maintenant, de grace especial, que toutes Prinses cessent d'oresenavant sur tous les biens, denrées & marchandises d'iceulx Religieux, Bourgois & habitans, quelx & où que il soient en ladicte Ville & Forbours de Saint Denis & ou ᵇ Terroüoir; & aussi hors, en alant à Saint Denis, à Paris ou ailleurs, ou en retournant ou venant à Saint Denis de quelques autres Parties. Si mandons à tous Justiciers & subgès de nostre Royaume, & à leurs Lieuxtenans, que d'oresenavant, pour quelconques besoing ou occasion que ce soit, ne sueffrent ne laissent prendre ou arrester pour Nous, pour nostre dicte Compaigne, nos enfans, ᶜ de nostre linage, ne pour quelconques autres, par nos Gens, noz enfans, nos Officiers, Commissaires ou autres de nostre Hostel, de nostre dicte Compaigne, de nos enfans, ceulx de nostre linage, & de tous autres quelconques, & de quelque estat qu'il soient, sur quant que il se puent mesfaire envers Nous, & sur peine d'encourre nostre indignacion: Defendons que il ne prengnent ou facent prendre par eulx ne par leurs deputez, aucuns des dis biens, denrées ou marchandises; & que se aucun faisoit ou vouloit faire le contraire, ou s'esforçoit à l'encontre, Nous deffendons qu'il n'y soit obéi en aucune maniere, quelque Commission ᵈ Mandement qu'il en aient, de quelque estat ne à quelconques personnes qu'il soient, sans encourre pour ce en aucune maniere, offense ne Amende à Nous ne à autres, à nul temps: Et aussi donnons en Mandement à nos amez & feaulx Gens de nostre Parlement, presens & avenir, & à tous autres Justiciers & subgès, à leurs Lieuxtenans, & à chascun d'eulx, que contre la teneur de ceste presente grace, ne sueffrent estre contrains ne molestez les dis Religieux, Bourgois & habitans, & les en laissent & facent joïr & user paisiblement, sens faire ne venir encontre; ains en ces choses leur prestent conseil, confort & Aide, se ᵉ mestier en ont & il en sont requis; & en ce cas, ᶠ voulans que les Juges ordinaires aient la congnoissance des Transgresseurs, & les punissent si comme il appartiendra, sens que les Maistres de nostre Hostel, de l'Ostel de nostre dicte Compaigne, de nos enfans, de ceulx ᵍ nostre linage, pour Nous, pour nostre dicte Compaigne, nos enfans, ceulx de nostre linage ne autres, s'en puissent entremettre, ne les dis Religieux, Bourgois & habitans traire en Cause ne en Amende devant eulx, ne molester en aucune maniere; & leur en ostons & interdisons toute congnoissance par la teneur de ces presentes. Et pour ce que l'Original de ceste presente grace, ne pourroit estre monstré bonnement, tant de fois ne en tant de lieux comme mestier leur seroit,

ᵃ *paille.*

ᵇ *Territoire.*

ᶜ *pour ceux.*

ᵈ *&.*

ᵉ *besoin.*
ᶠ *peut-être voulons.*

ᵍ *de.*

NOTE.

(a) Tresor des Chartres, Registre 104. Piece 296.

CHARLES V.
à S.t Denis en France, le 10. de May 1372.
a *Pourvoieurs.*
b *lesquelles.*

Nous voulons & donnons en Mandement à tous nos Officiers, Preneurs ª Proveeurs, Chevaucheurs, Commissaires & autres, que à la Copie ou *Vidimus* de ceste presente grace, seellée soubz seel autentique, il obéissent aussi & en telle maniere comme à l'Original, se exhibé & monstré leur estoit, sur peinne de perdre leurs Offices, & de encourre nostre indignacion. Et afin que ce soit ferme chose & estable à tousjours, Nous avons fait mettre nostre seel à ces presentes Lettres, ᵇ lesquelles Nous voulons & mandons estre enterinées & acomplies en toutes les choses dessus dictes, & à chascune d'icelles; non contrestant quelconques Ordonnances, Mandemens ou deffenses faites ou à faire au contraire : Sauf nostre droit en autres choses, & l'autrui en toutes. Donné à Saint Denis en France, le X.ᵉ jour de May, l'an de grace mil CCCLX. & douze & de nostre Regne le IX.ᵉ
Par le Roy. J. TABARI.

CHARLES V.
à Paris, le 28. de May 1372.

c *dépenses.*

d *moyennant.*

e *Voy. ci-dessus, p. 301. Note (e).*

f *de 96. P. au Marc.*

(a) *Mandement pour faire une nouvelle fabrication d'Especes.*

CHARLES par la grace de Dieu Roy de France. A noz amez & feaulx les Generaulx-Maistres de noz Monnoyes : Salut & dilection. Comme à present Nous ayons à faire & supporter tres grans & innumerables ᶜ mises, tant pour le fait de noz guerres, comme pour la deffense de nostre Royaume; & pource, Nous avons requis nostre amé Berthelemi Spifame, Marchant & Bourgeois de Paris, qu'il Nous face prest de certaine somme d'Argent ; lequel Nous a accordé gracieusement ce que requis lui avons, ᵈ parmi ce toutes voies, que pour ce qu'il n'a mie à present en comptant de quoy il Nous puist faire ledit prest, si comme il dit, Nous lui avons accordé qu'il puist mettre presentement en nostre Monnoye de Paris, douze cens Marcs d'Argent en Vaisselle & en Argent en ᵉ cendrée, ou environ, allaiez à unze deniers six grains fin, afin qu'il Nous puist plustost & plus hastivement secourir dudit prest que mandé & requis luy avons, comme dit est. Pour ce est-il que Nous vous mandons, que les douze cens Marcs d'Argent dessus dits en Vaisselle & en Argent en cendrée, vous faictes ouvrer & monnoyer en Deniers d'Argent, sur le coing & forge de ceulx qui courent à present, pour quinze Deniers Tournois la Piece; lesquelz seront de ᶠ huit solz de pois au Marc de Paris, & auront cours pour quinze Deniers Tournois la Piece, à XI. deniers VI. grains fin, comme dit est; & pour chascun Marc d'œuvre des deniers d'Argent dessus dits, faictes allouer ès comptes de celuy ou ceulx qui feront ledit Ouvraige, quatre Solz Tournois. De tout ce vous donnons povoir, auctorité & mandement especial; & par ces presentes Lettres Nous mandons à noz amez & feaulx les Gens de noz Comptes à Paris, qu'ilz reçoivent & passent le compte d'iceulx douze cens Marcs d'Argent en Vaisselle en Argent en cendrée, ou environ, par la maniere que dit est. Car ainsi l'avons Nous octroyé & octroions audit Berthelemi de grace especial ; nonobstant Ordonnances, Mandemens ou defenses faictes au contraire. *Donné à Paris, le* XXVIII.ᵉ *jour de May, l'an de grace mil trois cens soixante & douze.* Ainsi signé, *Par le Roy, à la relation du Conseil, ouquel estoient Mess.* l'Abbé de Fescamp, le Sire de Chastillon, le Comte de Breine, Jehan de Rueil & autres.

NOTE.

(a) *Registre* D. *de la Cour des Monnoyes de Paris, fol.*ᵒ 7 vingt 18. R.ᵒ (158).
Avant ces Lettres, il y a :

Le IIII.ᵉ *jour de Juing, l'an mil trois cens soixante douze, furent apportées (* suppl. *unes Lettres) seellées du Grant Seel du Roy n.*ʳᵉ *Sire, dont la teneur s'ensuit.*

(a) *Lettres du Duc d'Anjou Lieutenant du Roy dans le Languedoc, portant que la Noblesse de cette Province ne pourra en sortir sans sa permission, si ce n'est pour aller servir le Roy.*

LOUIS Duc d'Anjou, Lieutenant de Charles V. dans le Languedoc, à Toulouse le 12. de Juin 1372.

LOYS Fils du Roy de France, Frere de[a] Monsieur le Roy, & son Lieutenant ès Parties de Languedoc, Duc [b] d'Aure & de Touraine, & Comte du Maine. Aux Senechaux de Toulouze, de Carcassonne & de Beaucaire; aux Maistres des Ports & Passages desdites Senechaucées, & à tous autres Justiciers & Officiers desdites Parties, ou à leurs Lieutenans: Salut. Savoir vous faisons, que comme nous soyons informés tout certain, que les ennemis de Monsieur & nostres, se parforcent de venir en grand prejudice & dommage du pays de mondit Seigneur & de ses subjets; & pour ce, nous avons besoin des gens d'armes des pays de mondit Seigneur, pour [c] contraster à leur mauvaise volonté; par deliberation de nostre Conseil, & par ces presentes ordonnons que aucuns Nobles, Chevaliers & Escuiers, ne autres de quelque estat ou condicion noble qu'ils soint, ne se partent desdites Parties, sur peine de encourre en l'indignation de mondit Seigneur & nostre, de perdre corps & biens, & d'estre reputez pour ennemis, sans avoir de nous licence sur ce, pour aller en autres Parties. Si vous mandons, commandons & enjoignons estroitement, que [d] tantost veuës ces presentes, vous fassiés crier & publier par tous les lieux de vos Juridictions accoustumés à faire crys, que nuls desdits Nobles ne se parte desdites Parties, sur peine d'encourre esdites peines, sans avoir de nous licence sur ce; si ce n'est pour venir au service de mondit Seigneur & nostre; & au cas que aucuns d'iceux seroint trouvés faisans le contraire, si les prenés ou faites prendre quelque part que trouver [e] le pourrés, & les amenés ou faites amener pardevers nous, quelque part que nous soyons; prenés & mettés tous leurs biens en la main de mondit Seigneur & nostre; laquelle chose nous voulons ainsi estre faite comment qu'il soit. Si gardés que en ce n'ait aucun deffaut, & que par votre deffaut, il ne se puisse excuser de negligence. *Donné à Toulouse, le XII.e jour de Juin, l'an de grace 1372. sous nostre seel nouvel en l'absence du Grand. Par* [f] *Mossur le Duc.* [g] GRAMONT.

a Monseigneur, là & plus bas, 2.e Cop.
b d'Anjou. 2.e Cop.

c resister.

d aussitôt.

e les. 2.e Cop.

f Monseigneur. 2.e Cop.
g Tourneur. 2.e Cop.

NOTE.

(a) Il a été envoyé de Montpellier, deux Copies de ces Lettres, la premiere, avec cette indication:

Du N.o 19. folio 146.
La 2.e avec cette indication:
Senechaussée de Nismes en general, Liasse 18.e des Actes ramassés, Arm. A. N.o 6. fol.o 146.

(a) *Mandement pour faire une nouvelle fabrication d'Especes.*

CHARLES V. à Paris, le 17. de Juin 1372.

CHARLES par la grace de Dieu Roy de France. A noz amez & feaulx les Generaulx-Maistres de noz Monnoyes: Salut & dilection. Comme à present Nous ayons à faire & supporter très grans & innumerables [h] mises, tant pour le fait de noz guerres, comme pour la defense de nostre Royaume; & pour ce aions requis nostre amé Berthelemi Spifame, Marchant & Bourgeois de Paris, qu'il Nous face prest de certaine somme d'Argent; lequel Nous a accordé ce que requis luy avons; [i] parmi ce toutes voyes, que pour ce qu'il n'a mie à present en comptant de quoy

h dépenses.

i moyennant.

NOTE.

(a) Registre D. de la Cour des Monnoyes de Paris, fol.o 7 vingt 19. R.o (159).
Avant ces Lettres, il a:
*Le XVIII.e jour de Juing, mil trois cens soixante & douze, furent apportées unes Lettres scellées du grant seel du Roy nostre Sire, dont la teneur s'ensuit.
Mandement pour faire ouvrer six cens Mares d'Argent.*

CHARLES V.
à Paris, le 17. de Juin 1372.
a *Voy. cy-deſſus, p. 301. Note (c).*

b *de 96. P. au Marc.*

il Nous puiſſe faire ledit preſt, ſi comme il dit, Nous lui avons accordé qu'il puiſſe mettre preſentement en noſtre Monnoye de Paris, ſix cens Marcs d'Argent en Vaiſſelle & en Argent en ᵃcendrée, ou environ, allaïez à XI. deniers VI. grains fin, ou environ, afin qu'il Nous puiſt pluſtoſt & plus preſtement ſecourir dudit preſt que mandé & requis lui avons, comme dit eſt. Pour ce eſt-il que Nous vous mandons, que les ſix cens Marcs d'Argent deſſus dits, en Vaiſſelle & en Argent en cendrée, vous faictes ouvrer & monnoyer en deniers d'Argent, ſur le coing & forme de ceulx qui courent à preſent, pour quinze Deniers Tournois la Piece; leſquelz ſoient de ᵇ huit Solz de poix au Marc de Paris, & auront cours pour quinze Deniers Tournois la Piece, & qu'ilz ſoient à unze deniers ſix grains fin ou environ, comme dit eſt; & pour chaſcun Marc d'œuvre des Deniers d'Argent deſſus dits, faictes alloüer es comptes de celuy ou ceulx qui feront ledit Ouvraige, quatre Solz Tournois. De tout ce vous donnons povoir, auctorité & mandement eſpecial; & par ces preſentes Lettres Nous mandons à noz amez & feaulx les Gens de noz Comptes à Paris, qu'ilz reçoivent & paſſent le compte d'iceulx ſix cens Marcs d'Argent, en Vaiſſelle en Argent en cendrée, ou environ, par la maniere que dit eſt. Car ainſi l'avons Nous octroyé & octroions audit Berthelemi de grace eſpecial; nonobſtant quelconques Ordonnances, Mandemens ou defenſes faictes au contraire. *Donné à Paris, le* XVII.ᵉ *jour de Juing, l'an de grace mil trois cens* LXXII. Par le Roy. H. DAUNOY.

CHARLES V.
à Paris, le 22. de Juin 1372.

(a) Lettres qui portent que les Nobles, les Eccleſiaſtiques, les Monnoyeurs & les autres perſonnes privilegiées, payeront les Tailles & autres Impoſitions réelles & perſonnelles, par rapport aux Fiefs, & aux autres biens qui leur viendront à quelque titre que ce ſoit, de perſonnes roturieres.

c *Ce mot paroit inutile.*

d *quoniam. 2.ᵉ Cop.*
e *Voy. la Pref. du 3ᵉ. Vol des Ordon. p.* IX.

KAROLUS Dei gratia Francorum Rex. Seneſcallo Bellicadri & Nemauſi, ceteriſque Juſtitiariis noſtris, aut eorum Locatenentibus: Salutem. Procurator noſter dictæ Seneſcalliæ, Nobis ſignificare curavit, quod nonnulli Nobiles, Clerici, Presbyteri, Religioſi, & ᶜ alii Monetarii, & aliæ perſonæ privilegiatæ, quam plurima bona, Feuda, poceſſiones & hæreditagia, ruſtica & urbana, retroactis temporibus acquiſiverunt à nonnullis ruſticis & urbanis, titulo ſucceſſionis, legati, emptionis vel alia cauſa, quæ conſueverunt contribuere cum aliis plebeiis in noſtris Talliis, Collectis, muneribus & Subſidiis realibus & perſonalibus, qui ſe exinere conantur & nituntur, & ſolvere contradicunt pro dictis bonis ſic, ut præmittitur, acquiſitis, in noſtris Subventionibus, Collectis, & Subſidiis impoſitis & imponendis pro defenſione Regni noſtri, occaſione & pretextu ſuorum privilegiorum; quod cedit in noſtrorum plebeïorum prejudicium ac noſtrum, ac gravamen. Quocirca volentes noſtræ indemnitati & dictorum noſtrorum plebeïorum, ſuper hoc providere, vobis & veſtrum cuilibet diſtricte præcipimus, & mandamus committendo in ſua Juridictione, ſi ſit quis, quatenus compellatis ſeu compelli faciatis viriliter dictas perſonas ſuperius nominatas, & alias quaſcumque privilegiatas, cujuſcumque conditionis exiſtant ſeu ſtatus, per captionem bonorum prædictorum, pro quibus alias contribuere cum aliis noſtris plebeis in noſtris Subventionibus & Subſidiis conſueverunt, (b) & feſtinam diſtractionem eorumdem, una cum arreiragiis debitis occaſione præmiſſorum; exceptionibus, appellationibus frivolis, privilegiis, nonobſtantibus quibuſcunque, prout in debitis Regiis eſt fieri conſuetum; ᵈ cum ſic fieri volumus ex cauſa. Datum Pariſius, die XXII.ᵃ Junii, anno Domini 1372. & Regni noſtri nono. ᵉ Per Conſilium Pariſius exiſtens. J. DE COIFFY.

NOTES.

(a) Il a été envoyé de Montpellier, deux Copies de ces Lettres. La premiere, avec cette indication:
Du N.° 22. fol.° 29. v.°
La ſeconde avec cette indication:

Seneſchauſſée de Niſme en general, Arm. A. Liaſſe 19. des Actes ramaſſés, N.° 2. fol. 29. verſo.

(b) *Et feſtinam.*] *& feſtinam diſtractionem concedentes una, &c.* 2.ᵉ Cop. Cet endroit me paroit corrompu dans les deux Copies, & je crois qu'il y manque quelques mots.

DE LA TROISIÉME RACE. 485

CHARLES V.
à Paris, le 24. de Juin 1372.

(a) *Mandement portant qu'un procez meu entre des particuliers, par rapport à un traité fait entre eux pour le gouvernement de la Monnoye de Dijon, & dans lequel procez le Roy n'a point d'interêt, ne sera point jugé par les Generaux-Maistres des Monnoyes; mais par le Bailly de Dijon, dans le Bailliage duquel les Parties sont domiciliées.*

CHARLES par la grace de Dieu Roy de France. A noz amez & feaulx les Generaulx-Maistres de noz Monnoyes: Salut & dilection. Complaint s'est à Nous, Maistre ᵃ Drene Felife, demourant à Dijon, disant que pour ce que pieça, Robert Chevrel demourant à Dijon, se obliga par Lettres faictes soubz le seel de nostre Chastellet de Paris, envers feu Geoffroy Felife, jadis Pere dudit complaignant, duquel iceluy complaignant a à present la cause, & envers autres, de acquiter, garentir & délivrer les dits feus Geoffroy & autres declairez esdites Lettres, de tout ce en quoy, pour tout le temps lors passé, ilz estoient ou povoient estre tenuz envers nostre très cher Seigneur & Pere que Dieu absoille, & envers tous autres, à cause de la Monnoye de Dijon & du gouvernement d'icelle, que les dessus nommez ou aucun d'iceulx, avoient tenu à Ferme ou ᵇ plegié; & que nonobstant la dite obligation, noz Gens avoient pour le temps precedent ladite obligation, envoïé executer ledit complaignant & les biens, pour la somme de Treze cens cinquante trois livres treze sols deux deniers tournois, forte Monnoye, qu'ilz disoient à Nous estre deuë à cause de ladite Monnoye de Dijon; & avoit convenu que pour ce, ledit complaignant eust composé & accordé à Nous, à la somme de cinq cens Florins d'Or francs, qu'il a payez de nostre commandement, à Jehan ᶜ Aniront Payeur de noz ᵈ œuvres, iceluy complaignant fist appeller ledit Robert Chevrel pardevant le Bailly de Dijon, ou Baillage duquel luy & iceluy Robert sont demourans, & sur ce ᵉ meust procès pardevant ledit Bailly entre les dites Parties; pendent lequel procès, combien qu'il ne Nous touche de riens, & que Nous soyons ᶠ satisfiez de la dite debte, ledit Robert, pour fuyr & ᵍ delayer ledit procès, a impetré de Nous ou de nostre Court, certaines Lettres, par vertu desquelles Lettres, iceluy Bailly a renvoyé pardevant vous ledit procès, ouquel lesdites Parties n'ont encores procédé pardevant vous, ʰ mais que par ⁱ contumacions; lequel renvoy est contre raison, & ou grant grief, préjudice & dommaige dudit complaignant, qui pardevant ledit Bailly, sous lequel l'une Partie & l'autre sont demourans, pourra mieulx & à moindres frais poursuir son droit, que pardevant vous, ausquelz la congnoissance de cette Cause ne appartient de riens, si comme il dit; suppliant que sur ce, luy vueillons pourveoir de convenable remede. Pourquoy Nous vous mandons que se est ainsi, vous la dicte Cause & tout le procès renvoïez sans plus en congnoistre ou vous entremettre en aucune maniere, pardevant ledit Bailly de Dijon ou son Lieutenant, auquel Nous mandons par ces presentes & commettons, se ᵏ mestier, que ladite Cause il congnoisse, appellé ledit Robert, & autres Parties, & sur icelle face ausdites Parties, icelles oyes, bon & brief droit; nonobstant les dictes Lettres impetrées de Nous par ledit Robert, & ce qui s'en est ensui, comme dit est, & autres Lettres subreptices impetrées ou à impetrer au contraire. *Donné à Paris, le XXIIII.ᵉ Juing, l'an de grace mil trois cens soixante & douze, & de nostre Regne le neufiesme*, soubz le seel de nostre Chastellet de Paris, en l'absence de nostre Grant. ˡ Par le Conseil estant à Paris. J. BLANCHET.

a ou *Dreye.*

b esté *cautions.*

c ou *Aviron.*
d *bâtiments.*
e *se.*

f *satisfaits.*
g *differer.*

h *si ce n'est par.*
i *contumace.*

k *besoin est.*

l *Voy. la Pref. du 3.ᵉ Vol. des Ordonn.* p. ix.

NOTE.

(a) Registre *D.* de la Cour des Monnoyes de Paris, fol.ᵒ 7 vingt 19.v.ᵗ (159).
Avant ces Lettres il y a:
Le *III.ᵉ jour de Juillet, l'an soixante & douze, furent apportées unes Lettres scellées du seel de Chastellet de Paris, en l'absence du Grant, dont la teneur s'ensuit.*
Mandement du Roy, par vertu duquel l'en a renvoyé le procès dont mention est faicte en iceluy, pardevant le Bailly de Dijon.

Ppp iij

CHARLES V. à Paris, en Juin 1372.

(a) Confirmation des privileges accordez aux habitans de Valmy, par Blanche Comtesse de Champagne.

a tam.
b transp. R.

KAROLUS *Dei gracia Francorum Rex. Notum facimus universis* [a] *presentibus quam futuris, Nos Litteras seu* [b] *transumptum, in quibus seu quo incorporate sunt quedam Littere nobilis memorie, (b) Blanche quondam Comitisse Trecensis Palatine, vidisse, sub hiis verbis.*

c Martin.

A Tous ceulx qui ces presentes Lettres verront & orront. [c] Matin Chanes Bourgois de Saincte Manehout, Garde du Seel de la Prevosté dudit lieu : Salut. Sachent tuit que Jehan Galemeis & Feriis la Gauche, Bourgois de Saincte Manehout, Jurés & establis à ce faire, ont veu & tenu, & mot à mot diligenment leu une Lettres seellées faines & entieres, contenant la fourme qui s'ensuit.

A Tous ceulx qui ces presentes Lettres verront & orront. Martins Chanes Bourgois de Saincte Manehout, Garde du seel de la Prevosté dudit lieu : Salut. Sachent tuit que Jehans le Robetas & Jehans Galemeis, Bourgois de Saincte Manehout, Jurés & establis à ce faire, ont veu, tenu & leu mot à mot, une Lettres seellées saines & entieres, si comme il le nous ont rapporté, contenant la fourme qui s'ensuit.

d mansuris.
e continetur.
f animali.

Ego Blancha Comitissa Trecensis. Notum facio presentibus & futuris, quod omnibus apud (c) Walemeis manentibus & [d] *masuris, hanc concessi imposterum Libertatem que in presenti Carta* [e] *continentur.*

(1) *Quicunque terram colet proprio* [f] *annuali, duos Solidos & unum sextarium avene annuatim michi reddet in Festo Sancti Remigii. Qui vero propriis manibus, tantum duos Solidos.*

g pour une blessure faite.

(2) *Pro simplici emenda, duodecim Denarios. Pro* [g] *sanguine, quindecim Solidos.*

(3) *Furtum, raptum, homicidium & (d) multann, in (e) manu mea retineo.*

h si.

(4) *Pro (f) Duello firmato, uterque duodecim Denarios; &* [h] *sanguis fusus fuerit, quindecim Solidos. Si (g) Duellum victum fuerit, victus solvet novem Libras.*

i salaire.
k fortification.

(5) *Unusquisque operabitur una septimana in anno, sine* [i] *redempcione, ad* [k] *firmitatem Castelli.*

l Ils se trouveront aux expeditions militaires.
m fuerit.
n la Marne.

(6) [l] *Exercitum & Cavalchiam meam michi facient, si ego vel aliquis de domo mea,* [m] *presens ; ita tamen quod* [n] *Maternam non transient.*

NOTES.

(*a*) Tres. des Chart. Regist. 103. P. 251.

(*b*) *Blanche.*] Blanche fille de Sanche VI. Roy de Navarre, épousa en 1195. Thibaud V. Comte de Champagne, qui mourut le 25. de May 1021. Voilà ce qui se lit dans l'Hist. Geneal. de la Maison de France, tom. 2. p. 842. N.° VIII. Mais cette derniere date de 1021. est visiblement fausse. Ce n'est qu'une transposition de chiffres, & il faut corriger 1201. Car Thibaud V. que Pithou à la page 791. de son histoire des Comtes de Champagne, qui est à la fin de son Commentaire sur la Coûtume de Troyes, nomme Thibaud III. mourut suivant cet Auteur, le 25. de May, 1200. ou 1201. Ce fut en qualité de Tutrice de Thibaud VI. son fils, que Blanche donna ces Lettres en 1202.

En 1234. Thibaud VI devint Roy de Navarre, du chef de sa mere Blanche. Voy. l'Hist. Geneal. &c. ibid. p. 842.

(*c*) *Walemeis.*] L'on trouve dans le Dictionnaire universel de la France, Valmy en Champagne, Diocese de Reims, Election de Sainte Manehould.

(*d*) *Multann.*] Je crois qu'il faut corri- multram. L'on a dit *multrum*, meurtre ; & *multrare*, tuer. Voy. le Glossaire de du Cange, au mot, *Morth*.

(*e*) *In manu mea retineo.*] Je crois que cela signifie ; Je reserve à moy le Jugement de Vol, &c.

(*f*) *Duello firmato.*] Un Duel qui a été ordonné par le Juge. Voy. dans le Glossaire de du Cange, *Duellum firmare*, dans l'article *Duellum*.

(*g*) *Duellum victum.*] Si un des Combattants est vaincu. Voy. le Gloss. de du Cange, dans l'article Duellum.

DE LA TROISIÉME RACE. 487

(7) *Quatuor Jurati in Villa erunt, qui jura mea & Ville conservabunt.*
(8) *Si* ª *Mellea in Villa forte facta fuerit, qui inde accusabitur,* ᵇ *se (h) tertio se purgabit; & si unus Juratorum Melleam viderit, reus non poterit se purgare.*
(9) *Quicunque ibi domum fecerit, eam vendere poterit* ᶜ *sine destruccione. Si vero eam locare voluerit, eam locare poterit, si eam* ᵈ *manu tenuerit, quamvis alibi maneat.*
(10) *Quicunque mansurus advenerit, &* ᵉ *illius recedere voluerit,* ᶠ *conductum habebit per quindecim dies.*

Ut autem hec Libertas & Consuetudo firmiter observetur, in confirmacionem & testimonium predictorum, presentem ᵍ *Cartem fieri volui, & Sigilli mei munimine roborari. Actum apud* ʰ *Sanctam-Meneldim, anno Domini millesimo ducentesimo secundo, mense Augusto. Datum per manum Galteri Cancellarii. (i) Nota Johannis.*

En tesmoin de ce, nous Martin Chanes dessus ⁱ, par le rapport des dis Jurés, & par leur seaulx pendens en ce present transcript, avons seellé ycelluy du sel & du contreseel de ladicte Prevosté; sauf le droit nostre S. le Roy & l'autrui en toutes choses. Ce fu le Jeudi après la Convercion Saint Pol, l'an mil trois cens & dix sept.

En tesmoing de ce, nous Martin Chanes dessus dis, par le rapport des dis Jurés, & par leurs seaulx pendens en ce present transcript, avons seellé ycellui du seel & du contreseel de ladite Prevosté; sauf le droit nostre S. le Roy & l'autrui ᵏ. Ce fu fait ou mois d'Aoust, l'an mil trois cens vint & trois.

Nos autem Litteras dicte Comitisse suprascriptas, ac Libertatem, omniaque & singula in eisdem contenta, in quantum habitatores Ville de Vualemeis in eisdem Litteris nominate, & aliis predictis pacifice usi sunt, de speciali gracia nostraque auctoritate Regia, tenore presentium confirmamus: Bailivo Vitriaci ac Preposito Sancte Manehildis, ceterisque Justiciariis & Officiariis nostris & Regni nostri, presentibus & futuris, aut eorum Locatenentibus, & cuilibet eorumdem, prout ad eum pertinuerit, dantes in Mandatis ˡ *pre presentes, quatenus predictos habitantes, modernos & futuros, Libertate, & aliis contentis in Litteris suprascriptis, juxta nostre presentis confirmacionis tenorem, uti & gaudere pacifice & quiete faciant & permittant, ipsos deinceps in contrarium nullatenus molestando, seu molestari quomodolibet permittendo. Quod ut perpetue firmitatis robur obtineat, nostrum presentibus Litteris fecimus apponi Sigillum; nostro in aliis & alieno in omnibus jure salvo. Datum & actum Parisius, anno Domini millesimo ccc.º septuagesimo secundo, & Regni nostri nono, mense Junii.*

Per Regem, ad relacionem Consilii. GERARDUS.

CHARLES V.
à Paris, en Juin 1372.
a Querelle. Voy. le Gloss. de du Cange, au mot, Melleia.
b ce mot est inutile.
c sans que sa maison soit condamnée à être détruite.
d s'il en conserve la proprieté.
e illinc.
f sauf-conduit.
g Cartam.
h Sainte Macehould.
i dit.

k en toutes choses.

l per.

NOTES.

(h) *Tercio.*] Par le serment de trois personnes. Voyez le 4.ᵉ Volume des Ordonnances, pp. 643. ij. 644. VI.

(i) *Nota Johannis.*] Cela peut signifier, le *Signe de Jean*, qui étoit apparemment le Secrétaire de la Comtesse Blanche.

(a) Diminution de Feux pour Bernis & Albon.

KAROLUS, *&c. Notum, &c. Quod cum ex parte, &c.*
Cumque facta quadam informacione virtute certarum Litterarum Regiarum, in locis de (b) *Bernicio & de Albonio, Senescallie* ᵐ *Bellicadri & Nemausi, super vero numero Focorum modernorum in dictis locis nunc existentium, per dilectum nostrum Magistrum Petrum Juliani, Licenciatum in Legibus, Judicem majorem dicte Senescallie Bellicadri*

CHARLES V.
à Paris, en Juin 1372.

ᵐ Bellicadri.

NOTES.

(a) Tresor des Chartres, Registre 103. P. 6 vingt 10. (130).
Voy. cy-dessus, p. 30. Note (a).
(b) *Bernicio.*] J'ai appris du R. P. D. Vaissette, Benedictin, que ces deux lieux se nomment *Bernis & Albon*, Diocèse de Nismes; & que *locus de Ameglano* dont il est parlé dans la Piece suivante, se nomme presentement *Milhau*, Diocèse de Nismes.

488   Ordonnances des Rois de France

CHARLES V.
à Paris, en Juin 1372.
* Ce mot est inutile.

& *Nemausi, Commiffarium in hac* * *super parte deputatum; vocato & presente in omnibus Procuratore nostro Generali ejusdem Senescallie, aut ejus legitimo Substituto; eademque, &c.*
Repertum fuerit, quod in dictis locis de Bernicio & de Albonio, sunt de presenti & reperiuntur sexaginta quinque Foci, secundum traditam, &c.
Quod ut firmum, &c. salvo, &c. Actum Parisius, mense Junii, anno Domini millesimo CCC.° septuagesimo secundo, & Regni nostri nono.
Per Confilium, &c. P. DE CHASTEL.   *Visa.*

CHARLES V.
à Paris, en Juin 1372.

(a) Diminution de Feux pour Milhau.

a Milhau. Voy. p. preced. Note (b).
b modernorum.

KAROLUS, *&c. Notum, &c. Quod cum ex parte, &c.*
Cumque facta quadam informacione virtute quarumdam Litterarum Regiarum, in loco de ª *Ameglano, Senescallie Bellicadri & Nemausi, super vero numero Focorum* ᵇ *modernorum in dicto loco de Ameglano nunc existencium, per dilectum nostrum Magistrum Petrum Juliani, Licentiatum in Legibus, Judicem majorem dicte Senescallie Bellicadri, Commissarium in hac parte deputatum; vocato & presente in omnibus Procuratore nostro Generali ejusdem Senescallie, aut ejus legitimo Substituto; eademque, &c.*
Repertum fuerit, quod in dicto loco de Ameglano, sunt de presenti & reperiuntur

c quinquaginta. ᶜ *quiquaginta duo Foci, secundum traditam, &c.*
Quod ut firmum, &c. salvo, &c. Actum Parisius, mense Junii, anno Domini millesimo CCC.° septuagesimo secundo, & Regni nostri nono.
Per Confilium, &c. P. DE CHASTEL.   *Visa.*

NOTE.

(*a*) Tref. des Chart. Regift. 103. Piece 6 vingt 11. (131). *Voyez cy-dessus*, p. 30. Note *(a)*.

CHARLES V.
en Juin 1372.
Loüis VIII. à Breteüil, en 1223.
Loüis IX. à Montigny, en Janvier 1269.

(*a*) Exemption d'Impôts dans de certains lieux, accordée aux habitants de Verneüil en Normandie.

KAROLUS *Dei gracia Francorum Rex. Notum facimus universis presentibus & futuris, Nos Litteras inclite recordacionis, Ludovici Francorum Regis illustris, cera viridi & filis sericis sigillatas, sanas & integras, non cancellatas, non abrasas, nec in aliqua sui parte viciatas, prout prima facie apparebat, vidisse, formam que sequitur, continentes.*

d Loüis IX.
e gratia.

ᵈ**L**UDOVICUS *Dei* ᵉ *graci Francorum Rex. Universis presentes Litteras inspecturis: Salutem. Notum facimus quod Nos Litteras inclite recordacionis, Ludovici quondam Regis Francorum, Genitoris nostri, vidimus in hec verba.*

f Loüis VIII.
g Philippe-Auguste.

IN NOMINE *Sancte & individue Trinitatis. Amen.* ᶠ *Ludovicus Dei gracia Francorum Rex. Noverint universi presentes pariter & futuri, quod Nos, inclite recordacionis* ᵍ *Philippi Genitoris nostri, quondam illustris Regis Francorum, vestigiis inherentes, concedimus Burgencibus nostris manentibus apud (b) Vernolium, omnes (c) Libertates & consuetudines ad Nos pertinentes, quales habuerunt in Normannia; videlicet, quitanciam de Toloneo & Passagio & Pontagio, preter quam in Comitatu Ebroicensi, & in*

NOTES.

(*a*) Tref. des Char. Reg. 103. P. 106.
(*b*) Verneüil.] Dans la Normandie, Diocèse d'Evreux. *Voyez le Dictionnaire universel de la France, au mot*, Verneüil.
(*c*) Libertates & Confuetudines ...... *quales habuerunt.*] La franchife & l'exemption des Impôts appartenants au Roy, desquels ces habitants ont joüi, &c.

ᵃ *Wulcassino*

Vulcaffino Normanno, & apud b *Paciacum, & in terra que fuit Hugonis de (d) Gornaco; in Pictavia etiam, Andegavia & Britannia, &* c *Cenomannia & Wasconia, eisdem prædictas Consuetudines & Libertates ad Nos pertinentes concedimus. Quod ut perpetuæ stabilitatis robur obtineat, presentem paginam sigilli nostri auctoritate, & Regii nominis karactere inferius annotato confirmamus.* Actum apud *(e) Britolium,* anno Dominicæ Incarnacionis, millesimo ducentesimo vicesimo tertio; Regni vero nostri, anno primo. Astantibus in Palacio, quorum nomina supposita sunt & signa. Dapifero nullo. Signum Roberti Buticularii. Signum Bertholomei Camerarii. Signum Mathei Constabularii. Datum per manum Guarini ⁂ Silvanectensis Episcopi, Cancellarii.

CHARLES V.
Juin 1372.
a Vexin Normand.
b Paſſy, Dioceſe d'Evreux.
Voy. le 4.e Vol. de ce Rec. pag. 136. Note (c).
c Le Maine.

. Nos vero predicta, prout superius continentur, d *ad instar predicti Genitoris nostri,* supradictis Burgensibus nostris manentibus apud Vernolium, concedimus, & ea, quantum ad Nos spectat, volumus observari. Quod ut ratum & stabile permaneat in futurum, presentibus Litteris nostrum fecimus apponi sigillum. Actum apud (f) Montigniacum, anno Domini millesimo ducentesimo sexagesimo nono, mense Januarii.

Suite des Lettres de Loüis IX.
d à l'exemple.

Quas quidem Litteras suprascriptas, & omnia in eis contenta, in quantum usi sunt, & hactenus, casu emergenti, usi fuerunt, volumus, laudamus, e *ratificamus,* approbamus, & nostra auctoritate Regia & speciali gracia nostreque plenitudine potestatis confirmamus: Baillivis Rothomagensi & Gisorcii, ceterisque Justiciariis & subditis nostris, presentibus & futuris, & eorum cuilibet, mandantes quatinus dictos Vernolii Burgenses, hujusmodi Litteris suprascriptis, nostraque presenti gracia & confirmacione uti pacifice faciant & gaudere; nec contra tenorem f *earumdem,* ipsos aliqualiter molestent, g *perturbent* vel impediant, seu a quoquam molestari, impediri vel perturbari permittant. Quod ut firmum & stabile perseveret in futurum, nostrum sigillum presentibus Litteris duximus appendendum : Salvo in aliis jure nostro, & in omnibus quolibet alieno. Datum anno Domini millesimo trecentesimo septuagesimo secundo, & Regni nostri nono, mense Junii.

Suite des Lettres de Charles V.
e ratificamus.

f earumdem.
g perturbent.

h *Per Consilium Parisius existens, quo vos eratis.* R. DE BEAUFOU. *Visa.*

h Voy. la Preface du 3.e Vol. des Ordonn. p. ix.

NOTES.

(d) Gornaco.] Il y a un lieu nommé *Gournay,* dans la Normandie, Diocèse d'Evreux, Election de Verneüil. *Voy. le Diction. univ. de la Fr.* au mot, *Gournay.*

(e) Britolium.] C'est apparemment *Breteüil,* dans la Normandie, Diocèse d'Evreux. *Voy. le Diction. univ. de la Fr.* au mot, *Breteüil.*

(f) Montigniacum.] C'est apparemment *Montigny,* dans la Normandie, Diocèse d'Evreux, Election de Verneüil. *Voyez le Diction. univ. de la Fr.* au mot, *Montigny.*

(*a*) *Lettres qui revoquent les Commiſſaires envoyez dans les Seneſchauſſées de Thoulouſe, de Carcaſſone & de Beaucaire, ſur le fait des Francs-Fiefs & des Amortiſſements.*

CHARLES V.
au Bois de Vincennes, le 9. de Juillet 1372.

CHARLES par la grace de Dieu Roys de France. A nos amez & feaux Gens de nos Comptes à Paris : Salut & dilection. Nous pour certaines & juſtes cauſes qui à ce Nous ont meu, avons ordené & ordenons de noſtre certaine ſcience, par la teneur de ces preſentes, que tous Commiſſaires quelconques deputez & à deputer en nos Seneſchauſſées de Tholoſe, de Carcaſſone & de Beaucaire, ſur le fait des finances des Acqueſts faits & à faire par non-nobles de perſonnes Nobles, & par perſonnes d'Egliſe, tant à cauſe de i *lais* comme autrement, ſoient rappellez,

i legs.

NOTE.

(*a*) Memorial *D.* de la Chambre des Comptes de Paris, *fol.*e VI.xx X. *verſo.*

CHARLES V. au Bois de Vincennes, le 9. de Juillet 1372.

lefquiex, dès-maintenant Nous rappellons; & que il comptent des exploiz de leurs commiffions, fenz ce que aucuns Commiffaires s'entremettent de proceder audit fait, pour quelconques commiffions ou povoir qu'il ayent fur ce, lefquelles Nous voulons eftre de nulle valuë, jufques à ce que les diz Commiffaires auront leurs commiffions renouvellées en noftre nom, & non d'autres, & expediées par la Chambre de nos diz Comptes, & que par vous ils feront inftruiz de noftre volenté & des caufes qui à ce nous ont meu, affin que felon ce, & non autrement, il procedent ou fait des dictes finances. Si vous mandons que noftre dicte Ordenance vous faciez publier folennelment par tout où vous verrez qu'il appartiendra; & icelle faites tenir fermement fanz enfraindre, en deffendant à touz de par Nous, fur quanques il fe pevent meffaire envers Nous, que aucun ne face le contraire. *Donné au Bois de Vincennes, le* IX.*e jour de Juillet, l'an de grace* M. CCCLXXII. *& de noftre Regne le* IX.*e Ainfi figné. Par le Roy.* J. DE REMIS.

CHARLES V. à Vincennes le 9. de Juillet 1372.

a Vôy. cy-deffus, p. 291. Note (*b*) marg.
b Voy. cy-deffus, p. 293. art. 1.

(*a*) *Lettres qui portent que la Ville de Milhaud fera infeparablement unie à la Couronne.*

CAROLUS *Dei gratia Francorum Rex. Dilectis noftris Confulibus Villæ noftræ de* ᵃ *Amiliano: Salutem & dilectionem. Nolentes Villam prædictam quam nuper* ᵇ *univimus & adjunximus Coronæ noftræ Domanio, ab eodem ullatenus feparari, volumus & vobis mandamus, quatenus, fi Litteras noftras continentes feu qualitercumque tangentes feparationem dictæ Villæ à dicto Domanio, quas numquam memores unionis prædictæ, concederemus fcienter, præfentari contingat, non pareatis eifdem; fed ipfarum Litterarum copiam retinentes, eam Nobis mittere ftudeatis, ut ipfa vifa, valeamus fuper obfervatione dictæ unionis maturius & fecurius providere. Datum apud Vincenas, die nona Julii, anno Domini milleffimo trecenteffimo feptuageffimo fecundo, & Regni noftri nono. Per Regem.* N. YVO.

NOTE.

(*a*) Ces Lettres ont été envoyées de Montauban, dans la forme marquée cy-deffus, p. 291. Note (*a*).

CHARLES V. au Château du Bois de Vincennes, le 18. de Juillet 1372. & au Bois de Vincennes, le 18. de May 1370.
JEAN I. ou felon d'autres Jean II. à Paris, en Mars 1360.

(*a*) Privileges accordez aux Juifs qui demeureront dans le Royaume.

SOMMAIRES.

(1) Les Juifs pourront acquerir dans le Royaume, des maifons pour y demeurer, & des places pour leur fervir de Cimetieres.

(2) Les Juifs ne feront point jugez, tant en matiere civile que criminelle, par les Juges ordinaires du Royaume, mais feulement par le Roy, ou par leur Gardien; à moins qu'ils ne fe foumettent volontairement à la Jurifdiction d'un autre Juge.

(3) Les Juifs qui feront de mauvaife conduite, ou qui auront commis des crimes, feront bannis du Royaume par le Roy, fur le rapport de deux Maiftres de la Loy des Juifs, ou de quatre perfonnes élûës entre les Juifs. Les biens d'un Juif qui aura été banni, feront confifquez au Roy; & de plus les Maiftres de la Loy luy payeront cent Florins de Florence.

(4) Les Juifs ne payeront d'autres redevances aux Seigneurs, dans les Seigneuries defquels ils demeureront, que les Cens & Rentes des maifons qui leur appartiendront.

(5) Les Juifs pourront entrer dans le Royaume, fans être fujets aux droits de Marque & de gagement de Marque.

(6) Ils ne pourront être arrêtez prifonniers que pour crimes; pourvû cependant qu'en matiere civile, ils donnent des cautions de Juifs ou de Chreftiens.

(7) Rémiffion generale donnée aux Juifs, pour tous les crimes qu'ils ont pû commettre avant

NOTE.

(*a*) Trefor des Chartres, Regiftre 103. Piece 231.

DE LA TROISIÉME RACE. 491

SOMMAIRES.

le dernier ordre qu'ils ont eu de vuider le Royaume ; même pour les crimes de leze-Majesté & de fausse Monnoye.

(8) Les Juifs pourront commercer dans le Royaume ; & prêter de l'Argent, pourvû qu'ils ne prennent que quatre Deniers par livres d'interêts, par semaine.

(9) Ils pourront exercer tous les mestiers, le Courtage, & tous les Arts pratiques & speculatifs, comme ils sont ailleurs.

(10) Les Juifs qui ne prêtent qu'aux Chrestiens, pourront leur prêter sur gages, en prenant l'interest cy-dessus marqué ; mais ils ne pourront prendre pour gages, des Reliques, des Calices, des Livres, & autres choses necessaires pour le service de l'Eglise ; ni des instruments propres au Labourage.

(11) Ils seront crûs sur leur Loy & sur leur serment, de tout ce qui regardera les prêts qu'ils auront faits ; pourvû cependant que les Chrestiens ne puissent pas prouver le contraire de ce que les Juifs affirmeront.

(12) Ils ne seront point obligez de rendre les gages qu'on leur aura donnez, que lorsqu'on leur aura rendu la somme qu'ils auront prêtée, ni de déclarer ceux qui leur auront donné ces gages. Ils pourront les vendre un an & un jour après le prest fait ; à moins qu'il n'y ait quelque convention à ce sujet, entre eux & les emprunteurs.

(13) Ils ne seront point obligez de rendre ce que l'on leur aura donné volontairement, en payement des prests par eux faits.

(14) S'ils prennent pour interêt, plus de quatre Deniers par livres par semaine, ils ne seront remboursez que de la somme principale qu'ils auront prêtée ; & ils seront condamnez aux dépens envers les emprunteurs.

(15) Lorsque des Juifs à qui on aura donné des gages, quitteront un lieu pour aller demeurer ailleurs, ils les feront vendre publiquement ; & si le prix de ces gages excede la somme qu'ils avoit prestée, ils rendront le surplus aux emprunteurs, ou ils le deposeront dans la Justice du lieu où la vente aura été faite.

(16) Les Juifs ne seront point obligez d'aller à la guerre, ni de garder des Forteresses. Moyennant la redevance annuelle qu'ils doivent payer au Roy, ils seront exempts de tous Impôts ; à l'exception de l'Aide établie pour la rançon du Roy.

(17) Ils ne seront tenus de payer que les Péages, &c. anciennement établis.

(18) Les Procureurs du Roy ne pourront se rendre Parties contre les Juifs, qu'après une information préalablement faite.

(19) Nul ne pourra intenter une accusation contre des Juifs, ou se rendre dénonciateur contre eux, s'il ne se rend Partie contre eux ; & s'il perd son procès, il sera condamné aux dépens envers eux.

(20) Comme des Chrestiens en haine des Juifs, pourroient mettre secretement dans leurs maisons, des effets qu'ils les accuseroient d'avoir volez ; on ne pourra leur faire de procez par rapport à ces effets, lorsqu'ils s'offriront de les rendre ; à moins qu'on ne les trouve dans des coffres fermez, dont le Maître ou la Maîtresse de la maison auroient la clef.

(21) Les Juifs seront exempts du droit de Prises ; & ils pourront reprendre les effets qu'on leur aura enlevés en vertu de ce droit.

(22) Les Juifs ne seront point obligez d'accepter des gages de bataille.

(23) Ils ne seront point obligez d'assister au Service divin des Chrestiens.

(24) Les Juifs pourront s'assembler pour élire des personnes de leur nation, lesquelles imposeront sur eux des Tailles ou Cüeillettes pour leurs dépenses communes. Ces personnes pourront avoir recours aux Juges ordinaires, pour faire payer ces Tailles.

(25) Les Notaires & Tabellions pourront passer tous les Contrats & Actes que les Juifs feront entre eux ou avec d'autres personnes.

(26) Les Lettres du Roy ou de ses Officiers, qui donneront atteinte aux Privileges des Juifs, ne pourront être executées, qu'elles n'ayent été vûës par leur Conservateur ou Gardien.

(27) Leurs Livres ou Rouleaux ne pourront être saisis par les Officiers du Roy.

(28) Le Roy confirmera ceux des anciens privileges accordez aux Juifs, qui ne seront point contraires aux articles precedents.

CHARLES V. au Château du Bois de Vincennes, le 18. de Juillet 1372. & au Bois de Vincennes, le 18. de May 1370.

CHARLES par la grace de Dieu Roy de France. Comme ja pieça ou temps que Nous estions Regent nostre Royaume, Nous, pour certainnes causes qui ad ce nous meurent lors, [a] eussions donné licence à tous Juys & Juyves, de venir en nostre Royaume, & y demourer jusques à certain temps, & que il peussent prester à nos subgés leurs deniers, en prenant quatre [b] Deniers pour livre ; & depuis nostre très cher Seigneur & Pere dont Dieux ait l'ame, ayans agreables ces choses, par l'advis & deliberacion de son Grant Conseil, octroia aux dis Juys certainnes graces & privileges, si comme par ses Lettres sur ce faites puet apparoir, desquelles la teneur s'ensuit.

[a] Voy. la Tabl. des Mat. du 3.e Vol. de ce Rec. au mot, Juifs.
[b] Voy. le 3.e Vol. des Ordon. p. 476. x.

JEHAN par la grace de Dieu Roy de France. Il est chose convenable, & si avons acoustumé de donner à ceulx à qui Nous avons fait & octroié aucune grace par nostre [c] liberacion, à leur octroïer previleges, Libertez & franchises, sens lesquelles nostre

[c] appart. liberalité.

Tome V. Qqq ij

CHARLES V.
au Château du Bois de Vincennes, le 18. de Juillet 1372. & au Bois de Vincennes, le 18. de May 1370.
a Domestiques.
b demeure.
c entrés.
d en entrant dans le Royaume.
e appar. sçauroient.
f aventure.

g y.

h demeures.
i qu'ils.

k de mauvaise conduite.
l chasser.

premier Don & octroy ne leur pourroit valoir ou proffiter : Et pour ce, comme nostre très cher ainsné Filz ait pour le temps qu'il estoit en nostre absence Regent nostre Royaume, pour certaines causes regardans & touchans le proffit commun de nostre dit Royaume, donné & octroyé par ses Lettres, à tous Juys & Juyves qui voudroient retourner & venir demourer & habiter en nostre Royaume, que il y peussent venir & demourer jusques à vint ans; & Nous après par nos Lettres, en approuvant & confermant l'octroy fait par nostre dit Filz, ayons par grant & meure deliberacion de Conseil euë avec plusieurs de nostre Lignage, Prelaz, Dux, Barons, Princes, Gens d'Eglise, Nobles & autres habitans de nostre Royaume, & sages personnes, octroyé ausdiz Juys & Juyves & leurs enfans, gens & *a* mesnie, le retour, *b* demourer & habitation oudit Royaume, jusques à vint ans continuellement *c* entresuivans, à compter de la date de ces presentes, soubz certainnes condicions & modificacions, & pour certainnes sommes de deniers que il nous devront & seront tenuz de païer *d* à l'entrée & chascun an, durant le temps dessus dit; & yceulx Juys & Juyves, leurs enfans, mesnie & biens quelconques, ayons pris & mis en nostre sauf-conduit, sauve & especial garde, si comme les choses dessus dictes pevent plus pleinnement apparoir par nos Lettres, & par les Lettres de nostre dit Filz sur ce faictes. Et pour ce qu'il ne pourroient ou *e* seroient bonnement ne seurement demourer en nostre Royaume en paix, se il n'avoient de Nous certains previleges, Libertez & Immunitez, par lesquelz il peussent obvier & contrester aux malices & fraudes de plusieurs, qui par *f* aventure sens cause les voudroient travailler, molester, grever ou dommagier en corps ou en biens; si Nous ont fait humblement supplier, que yceulx, previleges, franchises & Immunitez Nous leur weillons octroïer; car tant comme il pourront plus seurement & plus en paix demourer en nostre Royaume, & que il y seront mieix maintenuz & gardez, tant Nous pourront-il mieix obeïr, & païer des redevances qu'il Nous devront, comme dit est. Savoir faisons à tous presens & avenir, que Nous considerées les choses dictes, ayons ausdis Juys & Juyves qui sont desja venus demourer en nostre Royaume, ou *g* y il demouront durant le temps dessus dit, octroié, & par ces presentes de nostre auctorité & pleine puissance Royal, de certaine science & de grace especial, leur octroyons les previleges, Libertez, Immunitez & franchises qui cy-après s'ensuivent.

(1) *Et premierement.* Octroyons à yceulx Juys & Juyves demourans & qui demouront en nostredit Royaume, que il puissent acquerir & avoir maisons & habitacions pour leurs *h* mansions, & places pour leurs corps enterrer, & aussi faire leurs autres neccessitez, en la maniere que jusques à ores a esté acoustumé entre les diz Juis pour le temps *i* qu'ils demouroient en nostre Royaume, sens ce que sur les choses dessus dictes, les diz Juyz & Juyves puissent estre aucunement molestez ou empeschiez.

(2) *Item.* Avecques ce, Nous yceulx Juys & Juyves qui demouront en nostre Royaume, comme dit est, exemptons & voulons estre tenuz pour exemps de tous noz Justiciers ou autres quelconques, soient Commissaires ou autres, quelconques povoir ou auctorité qu'il usent, & de quelque estat ou condicion qu'il soient, tant en cas criminelz, comme civilz, ou autres; mais d'iceulx Juys & Juyves reservons à Nous & à leur Gardian, & à nos Commis & deputez sur ce, la Court, congnoissance, punicion & Juridicion quelconques; c'est assavoir, de ceulx dont la cognoissance Nous doit & puet raisonnablement appartenir; se n'estoit que les dis Juys en requeissent nos autres Justiciers : Et pour ce, defendons par ces presentes à tous nos Justiciers & autres dudit Royaume, Commissaires ou autres quelconques, de quelconques dignité, puissance & *a* auctorité que il usent, que des dis Juys, ne de leurs Causes quelconques, ou de leur punicion, cognoissance ou Juridicion aucune, il ne s'entremettent en aucune maniere; en rappellant & mettant au néant tout ce qui seroit ou auroit été fait au contraire.

(3) *Item.* Se il avenoit que en nostre Royaume, eust aucun d'iceulx Juys ou Juyves qui feust *k* moins souffisant, ou ne feust mie digne pour ses meffais, demerites ou autrement, de demourer entre les diz Juys ou dit Royaume; mais en feust *l* chasser. à *l* debouter pour aucune cause, nous à la relation de deux des Maistres de la Loy des dis Juys, & de quatre autres Juys que il auront esleuz ad ce, le bannirons du Royaume, ou le punirons selon la qualité du fait, au dit & à la relacion des dis deux Maistres & quatre Juys, ausquelx Nous ᵃ adjoustons ᵇ pleinere foy, sens leur demander, ne que il soient tenuz de dire ou monstrer la cause pourquoy ce sera fait; ᶜ par Nous paient toutes voies par les dis deux Maistres, cent Florins de Florence de bon poiz; & si aurons avec ce, & Nous appartendra la confiscacion & forfaiture des biens dudit Juif ainsi banni ou puni comme dit est.

(4) *Item.* Et se aucuns des dis Juys ou Juives demouroient en & soubz autres Justiciers ou Juridicion que la nostre en nostre Royaume, il y pourront demourer & habiter paisiblement & franchement, sens ce que il soient tenuz de payer aus Justiciers ou Seigneurs soubz qui il seront demourans, aucunes servitutes ou redevances quelconques, ne à autres; fors celles que il Nous doivent & devront païer, comme dit est; & aussi les Cens & rentes de leurs maisons & habitacions chascun an, lesquelz il seront tenuz de païer aus Seigneurs, si comme feront les autres Gens du Royaume.

(5) *Item.* Voulons & leur octroyons que il puissent venir demourer ou dit Royaume, sens ce ᵈ il puissent estre pris, arrestez ou empeschiez par vertu d'aucune ᵉ Marque, de gagement de Marque, ou par vertu de quelconques autres priveleges.

(6) *Item.* Que il ne puissent estre pris ou arrestez pour quelconques autres causes que ce soit, se n'estoit pour cas criminel; en baillant toute voie pour ladicte Cause civile, bonne & souffisant caucion de Juis ou de Christians.

(7) *Item.* Pour ce que par aventure, aucuns des dis Juys ou Juives ont ou temps passé avant leur dit departement derrenier fait, commis & perpetrez aucuns crimes, delis ou malefices, pour lesquels ils pourroient estre pris ou arrestez, ou empeschiez en corps ou en biens, ou temps avenir, Nous leur avons quittié, remis & pardonné, & par ces presentes leur quittons, remettons & pardonnons tous crimes, delis ou meffais, que eulx ou aucuns d'eulx auroient fais, commis & perpetrez ou temps passé, ou dit Royaume ou ailleurs, avecques toute peine & Amende corporelle, criminele & civile, que il pourroient avoir pour ce encouru, soit pour crime de Leze-Majesté, fausse-Monnoïe, ᶠ murtre, rapt, larrecin, mutilacionᵍ, ou autre quelconques crime capital, ou autre, quel que il soient, & comment qu'il soit ou puist estre appellé; en imposant sur ce silence à nostre Procureur, & à tous autres Justiciers & Officiers, en leur defendant que pour yceulx crimes ou aucuns d'iceulx, il ne poursuivent, molestent, travaillent ou empeschent yceulx Juys & Juyves, ou aucun d'euls, en corps ou en biens; mais se aucune chose estoit faite aucontraire, si le rappellent & mettent, ou facent rappeller ou mettre au premier estat.

(8) *Item.* Nous leur octroyons & voulons que tant comme il demouront en nostre Royaume, il puissent ʰ marchander tant de leurs deniers comme de leurs autres marchandises & denrées quelconques; & que il puissent prester leurs deniers, ainsi toutes voies que il ne pourront prendre oultre quatre Deniers pour livre, pour chascune septmainne.

(9) *Item.* Aussi que il puissent faire & exercer leurs mestiers, leur fait, ⁱ Couraterries, & autres œuvres ou Ars speculatives, pratiques, mechaniques ou autres quelconques, si comme il ont acoustumé à faire ailleurs, & ou temps passé.

(10) *Item.* Pour ce que yceulx Juys ou Juyves ont acoustumé à prester ou ᵏ passé, aus Crestians tant seulement, si comme il dient, leurs deniers, Nous leur octroions & voulons que tant comme il demourront ou Royaume, il puissent prester & bailler leurs deniers sur toutes obligations ou autrement, & sur quelconques gages; excepté Saintes Reliques, Calices, Saintuaires, ˡ Libres, ᵐ Aournemens, ou autres biens d'Eglise dediez à Dieu; socz, coultres & ferremens de cherruë, & fers de Moulins; en païant par ceulx à qui il presteront leur argent, comme dit est, pour chascune livre ou vint Solz, quatre Deniers seulement pour chascune sepmaine, sur tous gages, excepté les dessus dis.

(11) ⁿ *Item.* Voulons que il soient creuz par leur Loy, leur foy & serement, de tout ce qu'il diront ou affermeront que il auront baillié, & qu'il leur sera deu sur

CHARLES V.
au Château du Bois de Vincennes, le 18. de Juillet 1372. & au Bois de Vincennes, le 18. de May 1370.
ᵃ peut-être *ajouterons.*
ᵇ *pleniere.*
ᶜ *en.*

ᵈ *que.*
ᵉ Voy. les Tabl. des Mat. de ce Rec. au mot, *Marque.*

ᶠ *meurtre.*
ᵍ *de membres.*

ʰ *commercer.*

ⁱ *Courtage.*

ᵏ peut-être, *au tems passé.*
ˡ *Livres.*
ᵐ *Ornemens.*

ⁿ Cet article fut modifié par Charles V. Voy. cy-dessous, p. 498.

494   ORDONNANCES DES ROIS DE FRANCE

CHARLES V.
au Château du Bois de Vincennes, le 18. de Juillet 1372. & au Bois de Vincennes, le 18. de May 1370.

a *recevroient.*
b *lesdits.*

les dis gages, des termes sur ce donnez, & de toutes autres convenances sur ce faictes.

(12) *Item.* Se rien n'estoit dit ou convenancié sur la garde des dis gages, entre ceulx qui les auroient bailliez ou bailleroient, & les diz Juys qui les ᵃ recevront & prendroient, Nous voulons, accordons & leur octroyons, que il soient tenuz de les garder oultre un an & un jour; lequel temps passé, il pourront vendre les dis gages; & avec ce, leur octroïons que il ne seront tenuz de rendre ou restituer ᵇ des dis gages sur quoy il auront presté, comme dit est, jusques ad ce qu'il soient paiez entierement de tout ce que il afferrmeront, comme dit est, avoir presté sur ycellui, & de ce qui pour ce leur sera deu; ne ne seront tenuz de nommer la personne qui leur aura baillé aucuns gages.

(13) *Item.* Ou cas que aucun leur bailleront en païement aucune chose de sa pure volenté, il ne seront tenuz de le restituer ne rendre ce à ceulx qui ce leur auroient païé, comme dit est.

c *le principal de la somme prêtée.*

(14) *Item.* Se les dis Juys ou Juives prenoient ou recevoient plus de quatre Deniers pour livre, de l'Argent qu'il auroient presté, il n'auront que le ᶜ pur sort, & rendront tout ce que il auront eu oultre le pur sort, & des despens à la Partie, sais pour ce.

d *demeureroient.*

(15) *Item.* Se il avenoit que aucuns des dis Juys ou Juives, qui eussent aucuns gages sur lesquelx ils eussent presté, s'en alast ou transportast de pays en autre, de aucune Juridicion ou Ville en une autre, Nous voulons, & seront tenuz les dis Juis, & ainsi le promettront-il, que avant que il se partent de la Ville où il ᵈ demourroient il feront crier & vendre les dis gages publiquement & solempnellement, en lieux publiques & ad ce acoustumés, par trois criz & subhastacions, en prenant Lettre sur ce de la Justice du lieu; & se les dis gages sont vendus, ou valent oultre ce pour quoy il seront obligiez ou mis en gage, ou que l'en ne doit ᵉ sus, le remenant & surplus sera rendu & restitué à cellui à qui sera ledit gage, ou sera mis & deposé en la main de la Justice souhz & en laquelle les dis gages seroient criez & vendus, comme dit est.

e *dessus.*

f *d'aller à la guerre.*
g *Forteresses.*

(16) *Item.* Voulons aussi & octroïons aus dis Juys & Juyves, que il soient exemps, frans & quittes de toutes Imposicions, Subsides, Maletoultes, Gabelles & Aydes, de ᶠ ost, de Chevauchiée, de gardes de Ville & ᵍ Forteresces, de servitutes & redevances, quelconques quelles soient faites & ordonnées, pour quelconque cause, & à quelque personne, & en quelque lieu du Royaume que ce soit; excepté toutes-voies les Aides & ʰ Subsides ordonnez & à ordonner pour le fait de nostre ⁱ delivrace, & les ᵏ treuages devant dis.

h *Subsides.*
i *delivrance.*
k *l'Impôt qu'ils devoient payer par chacun an au Roy.*
l *Péages.*

(17) *Item.* Ne païeront aucuns ˡ Païages, Travers, Chauciées ou (*b*) Treulages à aucuns de nos subgès; se ce ne sont les anciens.

(18) *Item.* Pour ce que par avanture, nos Procureurs les pourroient poursuivre ou molester sens cause, Nous (*c*) ce voulons que dis Procureurs se puissent faire Partie contr'eulx, ou les poursuivre pour quelconques cause ou occasion que ce soit, se il n'est avant bien & souffisamment enformé sur les fais que l'en leur imposeroit ou pourroit ᵐ imposé.

m *imposer.*

(19) *Item.* Leur octroïons que nulz ne les puisse poursuir par voïe d'accusation, denonciacion ou autrement, ne pour quelconques crime ou cause que ce soit, se il ne sont Partie contre'eulx; & se il ⁿ enchéent, il païeront les depens aus dis Juys, fais en ycelle Cause.

n *s'ils en tombent, s'ils perdent leur procez.*

(20) *Item.* Pour ce que par aventure, aucuns Christians ou autres malvueillans ou hayneux aus dis Juis & Juyves, & lesquelx il voudroient vilener, grever & ᵒ domagié, pourroient mettre couvertement ou par personne interposée, aucunes choses en leurs maisons; lesquelles se elles y estoient trouvées, pourroient estre dictes ᵖ emblées ou fortraites par les dis Juis, dont il pourroient estre accusés ou poursuiz,

o *domagier.*
p *volées.*

NOTES.

(*b*) *Treulages.*] Ce droit plus communément nommé *Truage*, est une espece de Péage.

Voyez le Gloss. du Droit Franç. au mot, Treu.
(*c*) *Ce voulons.*] Je crois qu'il faut corriger, *Nous voulons que les dits Procureurs ne se puissent*, &c.

DE LA TROISIÉME RACE.   495

comme de larrecin ou autrement; Nous voulons & leur octroïons, que pour quel- CHARLES
conques chose trouvé en leurs maisons ou habitacions, il ne puissent estre repris, V.
poursuiz, ᵃ approchiez ou molestez par quelconques personne, & à la requeste de au Château du
quelconque personne que ce soit; fors tant seulement de rendre la chose, se ladicte Bois de Vin-
chose n'estoit trouvée dedens huche ou escrin fermant, dont le Seigneur ou la Dame cennes le 18.
de l'Ostel Juyf ou Juive, portast la clef sur lui. de Juillet

(21) *Item*. Pour ce que aucuns Officiers de nostre Hostel ou autres, pourroient 1372. & au
& voudroient plus legierement & plus volentiers prendre des ᵇ garnisons & biens des Bois de Vin-
dis Juys & Juyves, que d'autres personnes, Nous leur avons octroié & octroïons, cennes, le 18.
& expressement defendons que nuls Maistres de nostre Hostel, Maistres de noz Gar- de May 1376.
nisons, Chevaucheurs, Preneurs, Fourriers ou autres Officiers quelconques de nos ᵃ ajourner.
Enfans, ou autres de nostre lignage, de Dux, Barons, Prelas & autres quelconques, ᵇ provisions.
ne preignent ou facent prendre aucuns des chevaulx, jumens, bestes à lainne, ᶜ au- ᶜ animaux do-
maille, charrettes, blés, vins, foing, aveine, ᵈ oustillemens d'Ostel, ou autres biens mestiques. Voy.
meubles des dis Juys ou Juyves, pour quelconques cause ou necessité que ce soit, cy-dessus, p. 476.
ne par vertu de quelconques Commission ou povoir que il aient sur ce; & ou cas Note marginale
que aucuns des dessus dis Officiers s'efforceroit ou voudroit efforcier de faire le con- ᵈ Ustanciles de
traire, Nous voulons que yceulx Juys ou Juyves & leurs gens, y puissent desobéir mesnage d'une
& ᵉ resqueure leurs dis biens, sens ce que il puissent pour ce ᶠ ceste trais ou poursuiz maison.
à aucune peinne ou Amende. ᵉ reprendre.
 ᶠ estre.
(22) *Item*. Avecques ce, octroïons aus dis Juys, que pour quelconque cas ou
cause que l'en leur impose ou mette sus, il ne puissent estre appellez de ᵍ gage de ᵍ Voy. la Tabl.
bataille. des Mor. des
 Vol. de ce Rec.
(23) *Item*. Ne voulons que il soient ou puist estre contrains d'aler à aucun ser- au mot, gages de
vice ou à Predicacion de Christians, ne qu'il y soient tenus d'aler, se ce n'est de leur bataille.
assentement & volenté.

(24) *Item*. Pour ce que il convendra les dis Juys & Juyves faire plusieurs frais
& mises & despens pour leurs frais & besoingnes, (d) lesquelx il ne ne ou voudront
faire Taille ou Cüeillete sur euls mesmes, il puissent ʰ eslaire un ou deux d'eulx de ʰ élire.
chascunne Ville, pour ordonner, faire & asseoir & imposer Tailles ou Cüeilletes,
si comme bon leur semblera, pour faire leurs frais, leurs mises ⁱ besoingnes, comme ⁱ &.
dit est; & que yceulx Juys & Juyves se puissent assembler pour ce faire seulement:
Lesquelles Tailles ou Cüeillettes, les dis Esleu ou Esleuz puissent lever, cüeillir ou
recevoir, ou faire lever, cüeillir ou recevoir pour faire leurs dis frais & besoignes;
& que il puissent faire contraindre par la Justice du lieu esquelles les dis Juys &
Juyves demourront, tous contredisans & refusans à paier lesdictes Tailles, si comme
il appartendra.

(25) *Item*. Nous voulons aussi & octroïons aus dis Juys & Juyves, que tous
Nottaires & Tabellions de nostre Royaume, puissent recevoir & mettre en escript
tous les Contraux & ᵏ Convences faites entre eulx & avec autres, & faire Lettres ᵏ conventions.
sur ce.

(26) *Item*. Que aucunes Lettres empetrées ou à empetrer de Nous ou de nostre
Court, ou autres, contre les privileges, Libertez ou franchises des dis Juys ou
Juyves, ne soient d'aucune force ou vertu, se elles ne sont veuës ou ˡ attemptées ˡ Ce mot me pa-
par leur (e) Conservateur ou Gardian que nous leur avons octroié par nos autres roit corrompu.
Lettres.

(27) *Item*. En oultre leur octroïons que leurs Livres ou ᵐ Roules ne puissent estre ᵐ Rouleaux.
pris ou empeschiez par aucuns de nos Officiers ou autres quelconques personnes, Voy. cy-dessus,
pour quelconque cause que ce soit. p. 311. Note
 (l).
(28) *Item*. Enseurquetout, Nous octroïons aus dis Juys & Juyves demourans

NOTES.

(d) *Lesquelx il ne ne.*] Cet endroit me
paroit corrompu, & il doit y avoir, pour
lesquels il voudront faire Taille, &c.

(e) *Conservateur.*] C'étoit Loüis Comte
d'Etampes, Prince du Sang. Voyez le troisiéme
Volume de ce Recüeil, p. 471.

CHARLES V.
au Château du Bois de Vincennes, le 18. de Juillet 1372. & au Bois de Vincennes le 18. de May 1370.

a *que.*
b *de.*

c *rappellent.*

d *divisées.*

& qui venront demourer & habiter en nostre dit Royaume, que tous les privileges anciens à eulx octroïez par nos Seigneurs & devanciers Roys de France, lesquelx ne seroient contraires à ces presentes, & lesquelx il pourront monstrer & enseigner, ou faire foy par Chartres, Registres anciens, ou *Vidimus* fais soubz seaulx Royaulx, leur soient & seront confermez par Nous, quant il voudront & il Nous en requerront. Si donnons en mandement à tous Seneschaux, Bailliz, Recteurs, Viguiers, Prevoz, Maires, Jurez, Eschevins, Commissaires & Justiciers dudit Royaume, ou à leurs Lieuxtenans, presens & avenir, & à chascun d'eulx, que tous les Juys & Juyves dessus dis, leurs enfans, gens, famile & mesniee, tant en commun & université, a singulerement & chascun par lui, facent & laissent joïr & user de tous les privileges, Libertez & franchises & Immunitez dessus dictes, & b chascune, & des circonstances & dependances d'icelles, sens les empeschier, molester ou travaillier ès choses dictes ou aucunes d'icelles, en corps ou en biens, ou autrement comment que ce soit au contraire; mais se aucune chose estoit faite au contraire, si le c rappellant & remettent, ou facent rappeller & remettre au premier estat deu, tantost & sens delay, en contraignant les faisans ou attemptans au contraire, à Nous faisant pour ce Amende convenable, & si comme il apartendra. Et pour ce que les dis Juys & Juyves pourront avoir à faire de ces presentes, universaument ou particulierement, en plusieurs & divers lieux, lesquelles il ne pourroient bonnement ne aisement avoir, ne ne pourroient estre d devisées en divers lieux, Nous voulons & leur octroions de grace especial, que au *Vidimus* & Transcript de ces presentes, ou de la clause de ces presentes extraite soubz *Vidimus* ou Transcript fait soubz seel Royal, soit adjoustée plaine foy comme à ces presentes, sens contredit ou difficulté quelconques. Et que ce soit ferme chose & estable, Nous avons fait mettre nostre seel à ces presentes: Sauf en autres choses nostre droit, & en toutes l'autrui. *Ce fu fait & donné à Paris, l'an de grace mil trois cens soixante, ou mois de Mars.*

Depuis l'octroy desquelles Lettres de nostre dit Seigneur dessus transcriptes, & que Nous seusmes venus au Gouvernement de nostre dit Royaume, Nous avons accordé aus dis Juys & Juyves demourans en nostre dit Royaume, noz Lettres contenant la fourme qui s'ensuit.

e *dits.*
f *ont pris un interêt plus fort que celui qui leur étoit permis.*
g *ajournez en Jugement.*
h *craignent.*

CHARLES par la grace de Dieu Roy de France. A tous ceulx qui ces presentes Lettres verront: Salut. Manessier de Vezou Juif, Procureur General des Juys & Juyves demourans en nostre Royaume, ès Parties de la Langue-d'Oyl, & Jacob de Pons-Sainte-Maxence Juyf, demourant à Paris, pour & ou nom des Juys & Juives dessus e, Nous ont fait humblement exposer, que comme pour ce que aucuns *(f)* ou privileges des diz Juys & Juives, ont presté f à plus qu'il ne povoient ou devoient, qui estoit & est en excedant & contre leurs privileges par Nous à eulx octroïez sur ce, plusieurs d'iceulx Juys & Juyves aient esté g approchiez par nostre Prevost de Paris, pour Nous en faire Amende; & pour ce qu'il se doubtent que en ycelle Amende, ilz ou aucuns ne soient encourus envers Nous, les diz Manessier & Jacob, ou nom & pour yceulx Juys, Nous ayent supplié que sur ce leur soions doulz & misericors; pour ce est-il que Nous ce considerans, aus dis Juys & Juyves & à chascun d'eulx, avons quittié, remis & pardonné, & par ces presentes, de nostre grace especial & certainne science, quittons, remettons & pardonnons à plein tout ce en quoy pour cause des choses dessus dictes & autres quelconques, ou aucunes d'icelles, il pueent avoir encouru envers Nous, pour tout le temps passé jusques au jour duy: Et encores de nostre plus habundant grace, voulons & leur octroions que tous les privileges & graces à eulx fais & octroïez en cire vert & las de soie, & autres quelconques, tant par nostre tres-cher Seigneur & Pere dont Diex ait l'ame, comme par Nous, soient & demeurent en leur force & vertu, leur soient tenuz & gardez sens

NOTE.

(f) Ou privileges.] Je crois cet endroit corrompu, & ces mots me paroissent inutiles.

enfraindre

DE LA TROISIÉME RACE.

enfraindre, qu'il en joyffent & ufent, & puiffent d'orefenavant joïr & ufer paifiblement & entierement, felon la forme & teneur des grace & previlege deffuz diz; [a] parmi ce qu'il Nous païeront la fomme de mil & cinq cens Frans; c'eft affavoir, chafcune fepmaine, cent Franc d'or, jufques à fin de païe; lefquelx Nous avons ordenez eftre mis & convertiz en la reffeccion de la Tour de [b] Saint Clot, & non ailleurs; & par ce pourront avoir & prendre par fepmaine, quatre Deniers pour vint Solz ou pour Franc, fens ce qu'il en foient ou puiffent eftre contrains ou mis à Amende d'orefenavant, en aucune maniere. Si donnons en mandement à noftre Prevoft de Paris, à tous nos autres Jufticiers, Sergens & fubgès, & à chafcun d'euls, & à leurs Lieuxtenans, que de noftre prefente grace, fueffrent, facent & laiffent les dis Juys & Juyves & chafcun d'euls, joïr & [c] vefer d'orefenavant, fens les contraindre, molefter ou empefchier, ou [d] eftre fouffers contrains, moleftez ou empefchiez, comme que ce foit au contraire; mais fur ce les tiegnent quittes & paifibles à toujours mais, & dès maintenent en impofons filence à tous nos dis Officiers, en leur commandant par ces prefentes, que fe aucune chofe eftoit faite au contraire, pour les caufes deffus dictes ou aucunes d'icelles, contre les dis Juys & Juyves ou aucuns d'eulx, qu'il foit mis & ramené au premier eftat & deu. Et avec ce, pour ce que ces prefentes ne pourroient fitoft & fi [e] briement, comme [f] meftier feroit, eftre portées en tant de lieux que les dis Juys & Juyves en pourroient avoir à faire, il Nous plaift & voulons de noftre dicte grace, que au *Vidimus* ou Tranfcript d'icelles fait foubz le feel de noftre Chaftellet de Paris, foy pleniere foit adjouftée comme au propre Original. En tefmoing de ce, Nous avons mis à ces prefentes Lettres noftre Signet & noftre Seel de fecret, aufquels Nous voulons eftre obey comme à noftre grant Seel, lequel eft abfent à prefent. Donné au Bois de Vincennes, le XVIIIe jour de May, l'an de grace mil trois cens foixante & dix, & de noftre Regne le [g] feptime.

Nientmoins, pour ce que nos dictes Lettres deffus transcriptes, n'a efté ne eft faicte aucune mencion de ce que avant la confeccion d'icelles noz Lettres, Nous par l'aviz & deliberacion de tout noftre Grant Confeil, & pour certaines & juftes caufes, avions [h] voulu & ordené & declarié, que les dis Juys & Juives demourans en noftre dit Royaume, s'en alaffent du tout hors de noftre dit Royaume, fens y plus demourer ou arreftier, & que aucune revocacion n'en avions faicte, dont il appareuft par Lettres, noftre Procureur les a n'agaires trait en Caufe pardevant noftre Prevoft de Paris, à refpondre fur ces chofes, & fur plufieurs autres tranfgreffions & excès fais & commis par les dis Juys & Juives, contre nos Ordenances & la teneur de leurs dis privileges, & auffi en lefion & grant dommage de la chofe publique & [i] tous nos fubgès; & auffi fur ce que noftre dit Procureur dit & maintient contre les diz Juys & Juyves, que nos dictes Lettres cy-deffus transcriptes font de nulle valeur, & que aidier ne s'en puent en aucune maniere, pour ce que elles ne furent onques paffées par l'examen de noftre grant Seel & de la Chancellerie de France, en la maniere acouftumée; tendant noftre dit Procureur [k] affin que les diz Juys & Juyves l'amendaffent à Nous de très grandes & groffes Amendes arbitraires, & que il feuffent punis de corps & de biens felon l'exigence de leurs delis, & auffi que ils feuffent contrains à euls departir noftre dit Royaume, felon noftre dicte Ordonance & declaracion; & pour ce yceulx Juys & Juyves Nous ont fait de rechief humblement supplier, que attendu la grace & liberalité que Nous leur avons toujours fais, comme il aient eu & ont très bonne volenté de Nous fervir de leur pooir felonc leurs facultez, Nous leur vouffiffons fur ces chofes eftendre noftre grace, & leur confermer de nouvel leurs dis privileges deffus transcrips. Savoir faifons à tous prefens & avenir, que Nous, en confideracion aus chofes devant dictes, inclinans en cefte partie à la fupplicacion des dis Juys & Juyves demourans en noftre dit Royaume, à yceulx & chafcun d'eulx avons quittié, remis & pardonné, & par la teneur de ces prefentes, de noftre certaine fcience, grace efpecial & auctorité Royal, quittons, remettons & pardonnons toute peine, offenfe & Amende corporelle, criminele & civile que ilz puent avoir encouru ou mefpriz envers Nous, pour occafion de tranfgreffions

CHARLES V.

au Château du Bois de Vincennes, le 18. de Juillet 1372. & au Bois de Vincennes, le 18. de May 1370.

a *moyennant.*
b *appar. St Cloud, à 2. lieues de Paris.*
c *ufer.*
d *fouffrir être.*

e *brievement.*
f *befoin.*

g *feptième.*

h *Les Lettres données à ce fujet, ne fe trouvent point dans les Regiftres de ce temps.*

i *de.*

k *concluant aux fins.*

Tome V. Rrr

CHARLES V.
au Château du Bois de Vincennes le 18. de Juillet 1372. & au Bois de Vincennes le 18. de May 1370.

& autres choses devant dictes; & sur ces choses & chascune d'icelles, avons imposé & imposons silence perpetuel à nostre dit Procureur, & les dis Juys & Juyves restablissons & remettons en nostre dit Royaume, ouquel il Nous plaist, & leur octroïons de nouvel de nostre dicte grace especial & certaine science, que il soient & demeurent durant le temps que nostre dit Seigneur & Nous leur avons pieça octroïé, & oultre, tant comme il Nous plaira, & les prenons & mettons en nostre sauve & especial garde, en la maniere que il estoient par avant nostre dicte revocacion; nonobstant ycelle, & quelconques autres Ordennances ou defenses au contraire : Et d'abundant grace, lesdictes Lettres dessus transcriptes de nostre dit Seigneur & les nostres, loons, ratiffions & approuvons, & de nostre dicte grace especial & certaine science confermons par la teneur de ces presentes. Et pour ce que en [a] un article ci dessus declairié, est contenu que yceulx Juys & Juives soient creus sur leur Loy & serement, de ce que il affermeront ou diront avoir baillé pour prest ou autrement, aus Crestians, Nous, pour oster les fraudes & inconveniens qui s'en pourroient ensuir, & moderer ledit article, voulons & ordonnons par ces presentes, que d'oresennavant yceulx Juys & Juyves soient creuz par la maniere que dit est, ou cas que les Christians empruntans ne voudroient ou pourroient prouver le contraire. Et oultre Nous plaist & voulons, que tous les dis Juys & Juyves demourans en nostre dit Royaume, portent leur [b] enseigne acoustumée audessus de la ceinture & en lieu plus apparent; & sera ladicte enseigne du large du seel de nostre Chastellet de Paris; & qui sera trouvé sens enseigne, il païera vint Solz Parisis d'Amende à Nous pour chascune fois; exceptez tant seulement Manessier de Vezou, sa femme & ses enfans, & Johannen son Gendre, Maistre Mathatias & sa mere, & Abraham son fils; ausquelx & chascun d'eulx, Nous avons fait grace que il en soient quittes, frans & exemps. Et aussi avons octroïé & octroïons aus dis Juys & Juives demourans & qui [c] demourant en nostre dit Royaume, que en alant deuëment & paisiblement par ycellui Royaume, sens fraude & malengin, pour [d] querir & faire [e] lours necessitez, il puissent aler paisiblement parmi les Villes & lieux où il ne sont point demourans, [f] sens arrest, & sens y faire aucun Contraux; en païant toutevoies les Travers & Païages ordenez [g] acoustumez, sens ce que il soient tenus de porter ladicte enseigne, se il ne leur plaist, jusques à tems que il seront retournez ou lieu de leur domicile tant seulement. Et oultre avons octroïé & octroïons à yceulx Juis & Juives, que aucun Juyf ou Juyve ne soit puni d'aucune transgression ou mesfait, fors que cellui tant seulement qui commettra le delit, & que ce ne tourne à aucun prejudice aux autres Juys, ne à la teneur de ces presens privileges. Si donnons en mandement par ces meismes Lettres, au Prevost de Paris, & à tous les autres Justiciers & Officiers de nostre dit Royaume, ou à leurs Lieuxtenans, presens & avenir, & à chascun d'eulx, si comme à lui appartendra, que de ces presens previleges & de chascun d'eulx, il facent & laissent joïr & user paisiblement les dis Juys & Juyves & chascun d'eulx, sens les molester, troubler ou empescher, ou souffrir estre molestez, troublez ou empeschiez en aucune maniere, en corps ou en biens, au contraire; mais tout ce qui fait y seroit ou attempté, comment que ce feust, mettent que facent mettre sens aucun delay au neant & à pleine delivrance; & d'abundant grace, pour ce que les diz Juys & Juyves ne pourroient bonnement porter ne avoir ces presentes en tous les lieux ou il en pourroient avoir à faire, Nous voulons & leur avons octroïé & octroïons de nostre dicte grace, par ces presentes, que au *Vidimus* d'icelles, ou de la clause d'icelles, dont il auront à faire, fait & collationné soubz seel Royal, foy pleniere soit adjoustré & que il y soit obeïy entierement comme à ces meismes presentes, sens aucun contredit. Et pour ce que ce soit ferme chose & stable, Nous avons fait mettre nostre seel à ces presentes Lettres : Sauf en autres choses nostre droit, & l'autrui en toutes.

[h du.] Donné en nostre Chastel [h] Bois de Vinceennes, l'an de grace mil trois cens soixante & douze, & de nostre Regne le IXe ou mois de Juillet, XVIII. jours.

Par le Roy. J. DE REMIS.

---

[a] *Voy. cy-dessus, p. 493. art. 11.*

[b] *Voy. le 3.e Vol. de ce Rec. p. 642. j. & 648. x.*

[c] *demeureront.*

[d] *chercher.*
[e] *leurs.*
[f] *sans s'y arrêter.*
[g] *&.*

DE LA TROISIÉME RACE. 499

(a) Reglement qui fixe le prix du pain, selon les differents prix du Bled.

CHARLES V.
au Bois de Vincennes, au mois de Juillet 1372.

CHARLES par la grace de Dieu Roy de France. Comme n'agaires par vertu de noz autres Lettres adreçans à noz amez & feaulx Conseillers, Maistres Thomas Vannin & Miles de Voisines, & à nostre Prevost de Paris, desquelles la teneur est telle.

KAROLUS Dei gratia Francorum Rex. Dilectis & fidelibus Consiliariis nostris, Magistris Thome Vanin & Miloni de Vicinis, ac Preposito Parisiensi: Salutem & dilectionem. Ex conquestione & relatu plurium fide dignorum nostrorum subditorum, intelleximus quod Pistores & Boulengarii panem conficientes & vendentes ad detaillium in Villa nostra Parisiensi, cupiditatis ardore & alia sua temeritate moti, panes albos & alios minoris ponderis ac speciei & valoris, quam usus debitus & ratio requirunt, hactenus conficere presumpserint, & de die in diem confecerint; presertim attento bladorum precio nunc currente; & in hiis multas commiserunt & committere non cessent malicias atque fraudes, contra Ordinaciones Regias b *à tempore carissimi Domini felicis memorie, Philippi pulcri Regis Francorum, quondam Proavi nostri, quas cum aliis Ordinacionibus super hoc editis, & in Registris Castelleti nostri Parisiensis contentis, examinari fecimus, ac in rei publice & tocius populi prejudicium, temere veniendo: Et licet plures fuerunt Commissarii super dicto* c *ministerio deputati, attamen dicti Pistores & Boulengarii in suis* d *prestiterunt maliciis & fraudibus antedictis, aut abstinere vel ab eis se corrigere noluerunt; immo in hoc totis viribus perseverare conantur,* e *quod ex defectu visuacionis competentis & debite punicionis non secute, verissimiliter processerunt & procedunt,* f *in ipsius Ville ac popularium & frequentancium eandem, cedunt & amplius cederent dampnum & prejudicium, nisi super hoc provideretur de remedio competenti; maxime cum* g *Penetarium nostrum Francie, vel ejus deputatos, nullum, saltem sufficiens, super hoc fuerit appositum remedium, prout ex inspectione panis in eadem Villa cotidie venditi, apparet* h *magnifeste. Quapropter, implorato super hoc nostre provisionis competenti remedio, attendentes quod in hac parte tractatur de regimine ac interesse & utilitate rei publice, que debet ceteris quibuscunque preferri; & presertim in dicta Villa Parisiensi, in qua boni regiminis exemplar debet, prout hactenus consuetum est, inveniri, vobis aut duobus vestrum, quorum vos Preposite, unus sitis, committimus & mandamus, quatinus dictos Pistores & Boulengarios, ac eorum panes vendicioni deinceps exponendos, bene & diligenter visitetis; & ad* i *ipsos conficiendum panes de cetero in dicta Villa, in & sub debitis qualitate, bonitate & quantitate, habito respectu ad precium bladi, ac juxta tenorem Registri & Ordinacionum predictarum, debite compellatis; illos vero quos contrarium facere vel committere de cetero inveneritis, puniatis, prout ex tenore dicti Registri & Ordinacionum predictarum, quas exequi & in suo robore teneri volumus,* k *fideliter expedire; taliter in premissis & circa ea vos habentes, quod de negligencia non valeatis reprehendi. Ab omnibus autem Justiciariis & subditis nostris, vobis aut duobus vestrum, ut dictum est, aut deputandis à vobis in hac parte, pareri volumus & jubemus. Datum Parisius, in Parlamento nostro, die vigesima prima Aprilis, anno Domini millesimo trecentesimo septuagesimo secundo, post Pascha, & Regni nostri nono.*

Nos diz Conseillers & Prevost, pour enteriner & acomplir le contenu de noz

a C'est un Arrest du Parlement.

b factas.

c mestier.
d perstiterunt.
e que.
f &.

g per.

h manifeste.

i ipsos ad.

k Dans les Lettres du 9. Decembre suivant: au lieu de *fideliter*, il y a *videritis*.

NOTE.

(*a*) Livre vert ancien du Chastelet, fol.° 14. R.°

Avant ces Lettres, il y a : *Comment Boulengiers doivent faire le pain, de quelles tailles, de quelx poix & de quel pris, depuis le sextier valant 8. Sols jusques à 24. Sols; & comment au Prevost de Paris en appartient la congnoissance.*

Ce titre n'est point conforme à ce qui est contenu dans ces Lettres.

Les dispositions de ces Lettres ont été changées ou modifiées par celles du 9. de Decembre suivant, qui seront imprimées dans leur rang.

CHARLES V.
au Bois de Vincennes, au mois de Juillet 1372.
a Boulangers.
b pour.

Lettres deſſus tranſcriptes, touchant le fait de la viſitacion & Ordenance des ª Talemeliers de Paris, & du pain fait à Paris, euſſent veu & viſité à grant deliberacion, appellé avec eulz pluſieurs ſaiges, les anciens & nouviaux Regiſtres de noſtre Chaſtellet de Paris, touchant le fait deſſus dit ; & yceulz Regiſtres par eulz ainſi veuz & examinez, euſſent fait faire certain eſſay de pain par gens en ce congnoiſſans, pour ſavoir & adviſer comment ᵇ le prouffit du conmun peuple, l'en pourroit faire à Paris pain ſouffiſant & convenable, eu regart à la valeur du blé, au poiz & au pris du pain, & aux autres choſes que l'on pourroit bonnement noter & ymaginer en ce fait ; par lequel eſſay qui fu fait bien notablement en la preſence d'aucuns Examinateurs de noſtre dit Chaſtellet, & d'aucuns Eſchevins, Bourgoiz, Talemeliers & autres de noſtre Ville, l'en avoit fait faire (b) pain blanc de Chailly & pain bourgoiz (c) d'un denier & de deux deniers de taille ; & pain faitis d'un denier de taille ; & fu trouvé que le pain de Chailly en paſte d'un denier de taille, peſa onze onces,

c eût.

à 15. onces la livre ; & y ᶜ ot quatre douzaines de pain ou ſextier de blé ; & peſa ledit pain tout cuit, neuf onces & ſept ſizain, qui eſt le quart d'une once ; & le pain de Chailli de 2. deniers de taille, peſa en paſte 22. onces ; & y ot onze douzaines onze pains ; & peſa cuit 18. onces & demie ; le pain faitis que on dit de brode, d'un denier de taille, peſa en paſte 28. onces ; & y ot ſix douzaines & dix pains ; & peſa le pain cuit 24. onces ; & le pain bourgois d'un denier de taille, peſa en paſte 15. onces ; & en y ot deux douzaines, qui peſa cuit 12. onces ; & celui de deux deniers de taille dudit pain bourgois, peſa en paſte trente onces ; & y ot cinq douzaines & cinq pains, & peſa cuit le pain 25. onces. Après lequel eſſay ainſi fait & rapporté à noz dits Conſeillers, yceulx Commiſſaires, pour plus deüment proceder en ce fait, euſſent fait acheter du pain que l'en vendoit aux feneſtres des Talemeliers de Paris, & ycelui peſer à l'encontre du pain qui avoit eſté fait dudit eſſay, en la preſence de pluſieurs Talemeliers de la Ville de Paris, & autres bonnes gens pour ce aſſemblés ou dit Chaſtelet : Et fu trouvé que le pain de Chailli nouvellement fait, peſoit deux onces & demie plus que le pain de Chailly qui avoit eſté aux feneſtres trouvé ; & le pain bourgoiz dudit eſſay, peſoit plus une once & demie de l'autre pain bourgoiz ; & le pain faitis dudit eſſay d'un denier de taille, peſoit autant que le pain bourgoiz de deux deniers pris aux feneſtres. Et finablement noz diz Commiſſaires par grant deliberacion, euſſent adviſé & deliberé entre eulz pour le prouffit du commun peuple, certaine Ordenance ſur le fait du pain, en la maniere qui s'enſuit ; c'eſt aſſavoir, que tant & ſi longuement comme le ſextier du meilleur blé froument, ou à douze deniers près du meilleur, vaudra & ſera vendu en plein marchié ou en grenier à Paris, (d) douz Solz, les Talemeliers de Paris & des Fourbours, feront & ſeront tenus de faire pain bien labouré, qui peſera & devra peſer tout cuit, les poiz cy après eſclarcis ; c'eſt aſſavoir, le pain blanc appellé pain de Chailly

d onces.

de deux deniers de taille, peſera dix huit ᵈ ; le pain bourgoiz de ladite taille, 24. onces ; & le pain faitis d'un denier de taille, 24. onces, & de deux deniers de taille, 48.

NOTES.

(b) *Pain blanc de Chailly.*] L'on diſtingue dans ces Lettres, trois ſortes de pain. 1.º Le pain blanc, dit *de Chailly.* 2.º Le pain bourgeois. 3.º Le pain *faitis* dit *de brode*, nommé pain *de bordre*, dans des Lettres du mois de May 1349. Voy. le 4.ᵉ Vol. des Ordonn. pag. 534. & la Note (d), dans laquelle il eſt dit que l'on n'entend point ce mot.

Le pain *faitis*, eſt le pain bis. Car dans les art. X. XI. & XII. d'une Ordonnance du mois de Fevrier 1350. qui eſt à peu près ſemblable à celle-cy, on diſtingue auſſi trois ſortes de pain ; ſçavoir, le pain *de Chailly*, le pain *ſoquillé*, & le pain *bis*. Voyez le deuxième Volume *des Ordonnances*, pag. 352.

Dans une Ordonnance du mois de Septembre 1365. il eſt parlé d'un grand pain *faitis.* Voy. le 4.ᵉ Vol. p. 592.

(c) *D'un denier... de taille.*] C'eſt-à-dire, qui, eu égard à ſon poids, doit valoir un denier. Dans la page 534. du 4.ᵉ Vol. des Ordon. il eſt dit dans le même ſens, *pain tourné pour deux deniers.*

(d) *Douze Sols.*] Il paroit par les articles X. & ſuivants de l'Ordonnance du mois de Fevrier 1350. cité dans la Note (b), que le ſeptier de bled valoit alors depuis 24. juſqu'à 40. Sols. En 1372. il ne valoit que 12. Sols, & il eſt dit dans la ſuite de ces Lettres, que l'on eſperoit qu'il diminueroit encore.

onces, s'il leur plaift; & toutes & quantes foiz que le fextier dudit meilleur blé frou- CHARLES
ment, ou à douze deniers près du meilleur, ᵃ avalera ou montera de trois Sols Parifis, V.
ledit pain de Chailly pefera plus ou moins demie once; le pain bourgois une once, au Bois de
& le pain faitis d'un denier, une once, & de deux deniers, deux onces. Affavoir eft & Vincennes, au
à entendre, que fe le Marchié du blé avale & amende, ledit pain de chafcune qua- mois de Juillet
lité pefera plus; & fe il monte, il pefera moins; & pour les trois Sols que le fextier 1372.
du meilleur blé ou à douze deniers près du meilleur, avalera ou amendera, ou ᵃ *defcendra*.
montera & haucera, le pois dudit pain fe continuera en croiffant ou en appetiffant,
par la maniere deffus dite; c'eft affavoir, le pain de Chailli, de demie once; le pain
bourgoiz, d'une once; & le pain faitis d'un denier, d'une once; & de deux deniers, de deux onces; & pour mendre amendement ou creuë de 3. Sols Parifis pour
fextier, ne croiftra ou appeticera le poiz dudit pain; pour ce que bonnement ne fe
pourroit faire. Et pour ce que de prefent ᵇ blé eft à bon marchié, & pourra eftre ᵇ *le.*
par le plaifir de Dieu, à auffi bon ou meilleur marchié ou temps avenir, fut advi-
fié & deliberé, que de prefent, & toutes foiz que le meilleur blé ou à douze deniers près du meilleur, fera à pris de feize Solz & audeffoubz, les diz Talemeliers
feront & feront tenus de faire pain d'un denier de taille, de chafcune des qualitez
deffus dites, pefant la moitié du pain de deux deniers de taille, par la maniere deffus divifée; oultre & aveecques le pain de deux deniers de taille, qu'il feront par la
maniere que dit eft : Et toutes foiz que blé fera à feize Solz le fextier ou audeffoubz,
les diz Talemeliers feront tenus de faire de chafcun fextier de blé que ilz auront
pour vendre, une douzaine de pain de Chailli d'un denier de taille, & autant de
pain bourgoiz, à tout le moins; & le furplus pourront faire fe il leur plaift, tel &
en tele maniere que deffus eft divifé, felon ce que ces chofes Nous ont efté rap-
portées plus à plain, & aux Genz de noftre Parlement, & autres de noftre Confeil,
par les Commiffaires deffus nommez, à ce que par Nous feuft pourveu fur les chofes
deffus dites, ᶜ remede convenable : Savoir faifons à tous prefens & avenir, que Nous ᶜ *de.*
voulans & defirans de tout noftre povoir, le prouffit de la chofe publique eftre preferé devant tous autres; attendu que en noftre bonne Ville de Paris, doit eftre mis
& trouvé tout bon gouvernement, mefmement fur les vivres dont le commun peuple eft fouftenu; eu fur ces chofes grant deliberacion de Confeil aux Genz de noftre
Parlement, & autres noz Confeillers, ladite Ordenance advifée & deliberée fur le
fait dudit pain, comme deffus eft efclarcy, avons eu & avons agreable, comme bien
& deuement faite, & la loüons, greons & approuvons, & ycelle de noftre certaine
fcience & auctorité Royal confermons par la teneur de ces prefentes; & Nous plaift
& voulons, que ycelle Ordenance foit dorefenavant tenuë & gardée & accomplie
fanz enfraindre en aucune maniere, par aucuns ou tems avenir : Et quiconques fera
ou fera trouvé faifant le contraire des chofes contenuës en ladite Ordennance, il
perdra le pain, & l'amendera d'Amende volontaire, felon l'Ordonnance de noftre
Prevoft de Paris ou de fon Lieutenant, qui eft ou qui fera pour le temps avenir. Et
voulons & ordenons oultre, que pour faire plus diligemment la vifitation des chofes
deffus dites, noftre dit Prevoft puift mettre ou ordonner telles perfonnes, & jufqu'à
tel nombre comme il lui plaira & bon lui femblera, pour vifiter & exercer les chofes
deffus dites, toutes les foiz que bon lui femblera; lefquelz Commis auront & prendront pour leur paine & falaire, le quart fur les Amendes & emolumens qui ᵈ yftront ᵈ *fortiront, pro-*
de ladite vifitacion; & du pain qui fera pris en faifant ladite vifitacion, ledit Prevoft *viendront.*
ou fon Lieutenant, pourra ordener & le diftribuer ou faire diftribuer par fes Commis,
là où bon lui femblera. Si donnons en mandement par ces prefentes, à noftredit
Prevoft ou à fon Lieutenant, qui eft & qui pour le temps avenir fera, que ladite
Ordenance il face publier deuëment & folennpnelment, là où il appartiendra, & la face
tenir & garder & acomplir bien & diligemment, fi comme il fera à faire de raifon,
& contraigne à ce tous ceulz qui pour ce feront à contraindre : Et n'eft pas noftre
entente que cefte prefente Ordenance face prejudice à telz droiz comme noftre
Pennetier de France puet avoir fur les chofes deffus dites; mais pourra vifiter les

502   ORDONNANCES DES ROIS DE FRANCE

CHARLES V.
au Bois de Vincennes, au mois de Juillet 1372.
a qui ne sera pas trouvé conforme aux Reglements.
b ou Remis, là & ailleurs.

Talemeliers, & diftribuer le pain qui fera trouvé en ª mefprenture, comme il faifoit par avant, & en rapportant à noftre Prevoft de Paris ou à fes Commis, les noms de ceulx, qui feront trouvez avoir meffait, à ce que noftre Amende puift eftre levée par noftredit Prevoft ou fes Commis, à noftre prouffit, felon noftre Ordenance deffus efclarcie. Et pour ce que ce foit chofe ferme & eftable à tousjours, Nous avons fait mettre à ces Lettres noftre feel : Sauf noftre droit en autres chofes, & l'autrui en toutes. Donné en noftre Chaftel du Bois de Vincennes, l'an de grace mil trois cens foixante & douze, & de noftre Regne le neuvieme, ou mois de Juillet. Ainfi figné. J. DE REINS.[b]   Vifa.

Collacion faite des Lettres deffus tranfcriptes, par moy. J. DE REINS.

CHARLES V.
à Paris, en Juillet 1372.
c Limoux. Voy. cy-deffus, p. 151. Note (b).

(a) Diminution de Feux pour Limoux & autres lieux.

KAROLUS, &c. Notum facimus, &c. Quod cum ex parte, &c.

Cumque facta quædam Informacione virtute Litterarum Regiarum in Villa de [c] Limofo, Senefcallie Carcaffone, fuper numero Focorum modernorum in dicta Villa nunc exiftencium, per Magiftrum Bertholomeum Vitalis, Clericum noftrum, & Aymonem de Nyente, noftrum Servientem Armorum, Commiffarios ex parte Regia ad hoc deputatos; vocato ad hoc & prefente in omnibus Procuratore noftro Senefcallie predicte, vel ejus legitimo Subftituto; eademque, &c.

d octingenti.

Repertum fuerit quod in dicta Villa Limofi, funt de prefenti & reperiuntur [d] octingentim feptem Focci, fecundum traditam, &c.

Quod ut firmum, &c. falvo, &c. Actum Parifius, anno Domini milleſimo ccc.º feptuageſimo fecundo; Regni vero noftri nono, menfe Junii.

e à côté de ces fignatures, il y a à la marge, in forma.
f ce qui fuit a été copié conformement au Regiftre.
g Caftellanie.

Per Confilium, &c.[e] G. DE MONTAGU.   Informacio, &c. P. DE CHASTEL.

[f] Item. Confimilis Carta pro Villa de (b) Saxiaco, [g] Caftellenie Montis-Regalis, Senefcallie Carcaffone, in qua funt centum feptuaginta quatuor Foci. Signata ut fupra.

Item. Confimilis Carta pro Civitate five Burgo Carcaffone, in quo funt octingenti feptem Foci. Signata ut fupra.

NOTES.

(a) Trefor des Chartres, Regiftre 103. Piece 7 vingt 15. (155).
Voy. cy-deffus, p. 30. Note (a).

(b) Saxiaco.] Le R. P. D. Vaiffette, Benedictin, m'a appris que ce lieu fe nomme prefentement Saiffac, Baronie, dans le Diocéfe de Carcaffone : fur lequel Voy. le Diction. univ. de la Fr. au mot, Saiffac.

CHARLES V.
au Château du Bois de Vincennes, le 7. d'Août 1372.

(a) Mandement qui porte qu'il fera donné à Gille Couffine, qui s'eft engagée à apporter dix mille Marcs d'Argent à la Monnoye de Tournay, trois Sols huit Deniers par Marc, pardeffus le prix que l'on donne du Marc, dans cette Monnoye.

CHARLES par la grace de Dieu Roy de France. Aux Gardes & Maiftre-particulier, ou tenant le compte de noftre Monnoye d'Argent de Tournay : Salut. Savoir faifons, que de noftre commandement & voienté, pour le bien & prouffit de Nous & de noz fubgeétz, & afin que noftre Monnoye de Tournay ne chee en chomage, par bonne & meure [i] dilaberacion, aucuns de noz amez & feaulx

h qu'on ne ceffe d'y travailler.
i deliberacion.

NOTE.

(a) Regiftre D. de la Cour des Monnoyes de Paris, folio 8 vingt 1. verfo (161).

Avant ces Lettres, il y a :
Lettres de [dix] mil Marcs d'Argent qui ont efté achetez de Gille Couffine, pour lire à la Monnoye de Tournay.

Tresoriers & Generaulx-Maistres de noz Monnoyes, ont traictié, accordé & marchandé avec Gille Couffine, Damoiselle, en telle maniere que icelle Damoiselle doit livrer & porter ou faire livrer & porter en son nom, en nostre dite Monnoye de Tournay, dedans la St Remy ^a prochainement venant, en ung an, la somme de dix mil Marcs d'Argent allaié à quatre Deniers de Loy; ^b parmi ce que pour chascun Marc, elle aura & luy sera payé par vous, trois Solz VIII. Deniers Tournois, oultre le pris de *(b)* cent cinq Solz Tournois que Nous en donnons à present; pourquoy Nous vous mandons, & à chascun de vous estroitement enjoignons, que les dits trois Solz huit Deniers Tournois, oultre le pris de ^c cent Solz Tournois, vous paiez & delivrez à ladite Damoiselle, pour chascun des dits dix mil Marcs d'Argent ^d vous seront livrez & portez en ladite Monnoye; & ^e par rapportant ces presentes, ou copie d'icelles collationné par nostre Chambre des Comptes, avec certification de vous Gardes, des dits Marcs d'Argent ainsi livrez en ladite Monnoye, & recongnoissance de ladite Damoiselle, de ce que pour ladite cause payé luy aurez, tout ce que paié luy aura esté par vous, pour cause des choses dessus dites, Nous voulons & mandons estre alloué ou compte ou comptes de vous Maistre-particulier dessus dit par noz amez & feaulx les Gens de noz Comptes à Paris, sans contredict; nonobstant quelzconcques Ordennances, mandemens ou defenses faictes ou à faire à ce contraires. Donné en nostre Chastel du Bois de Vincennes, le VIIe jour d'Aoust, l'an mil trois cens soixante douze, & le IXe de nostre Regne. Par le Roy, à la relation du Conseil. P. DE DISY.

CHARLES V. au Château du Bois de Vincennes, le 7. d'Août 1372.
a proch. R.
b moyennant.
c Voy. cy-dessus Note (b).
d qui.
e en.

NOTE.

(b) Cent cinq Sols.] Plus bas il y a, *Cent Solz.* Comme la même difference se trouve dans des Lettres du dernier d'Août 1372. qui regardent aussi la Monnoye de Tournay, il n'y a pas d'apparence que ce soit une faute de Copiste; mais je ne vois point quelle peut estre la cause de cette difference.

(a) Mandement pour faire une fabrication d'Especes.

CHARLES par la grace de Dieu Roy de France. A noz amez & feaux les Generaulx-Maistres de noz Monnoyes: Salut & dilection. Comme à present Nous ayons à faire & supporter tres grans & innumerables ^f mises, tant pour le fait de noz guerres, comme pour la defense de nostre Royaume; & pour ce aïons requis nostre amé Berthelemi Spifame, Marchant & Bourgeois de Paris, qu'il Nous face prest de certaine somme d'Argent; lequel Nous a accordé gracieusement ce que requis luy avons; ^g parmi ce toutes voies, que pour ce que, il n'a mie à present en comptant de quoy il Nous puist faire ledit prest, si comme il dit, Nous luy avons accordé qu'il puist mettre presentement en nostre Monnoye de Paris, deux mil Marcs d'Argent en Vaisselle & en Argent en ^h cendrée, ou environ, allaïez à XI. Deniers six grains fin, ou environ, afin qu'il Nous puist pluftost & plus prestement secourir dudit prest que demandé & requis luy avons, comme dit est. Pour ce est-il que Nous vous mandons, que les deux mil Marcs d'Argent dessus dits, en Vaisselle & en Argent en cendrée, vous faictes ouvrer & monnoyer en Deniers d'Argent, sur le coin & forge de ceulx qui courent à present, pour quinze Deniers Tournois la Piece; lesquelz seront de ⁱ VIII. Sols de poix au Marc de Paris, & auront cours pour quinze Deniers Tournois la Piece, & qu'ilz soient à unze Deniers six grains fin, comme dit est; & pour chascun Marc d'œuvre des Deniers d'Argent dessus dits, faictes allouer

CHARLES V. à Paris, le 9. d'Août 1372.
f dépenses.
g moyennant.
h Voy. cy-dessus, p. 301. Note (c).
i de 96. P. au Marc.

NOTE.

(a) Registre *D.* de la Cour des Monnoyes de Paris, *fol.*^o 8 vingt *R.*^o (160).
Avant ces Lettres, il y a:

Le XIIe jour d'Août, l'an soixante douze, fut apporté ung Mandement seellé du grant seel du Roy nostre Sire, duquel la teneur s'ensuit. Mandement de deux mille Marcs d'Argent.

504   Ordonnances des Rois de France

CHARLES V.
à Paris, le 9.
d'Août 1372.
a pouvoir.

ès comptes de celuy ou ceulx qui feront ledit ouvraige, quatre Solz Tournois. De tout ce vous donnons ᵃ pour, auctorité & mandement especial ; & par ces presentes Lettres Nous mandons à noz amez & feaulx les Gens de noz Comptes à Paris, qu'ilz reçoivent & passent ledit compte d'iceulx deux mil Marcs d'Argent en Vaisselle & en Argent en cendrée, ou environ, par la maniere que dit est. Car ainsi l'avons Nous octroié & octroions audit Berthelemi, de grace especial ; nonobstant quelsconques Ordonnances, Mandemens ou defenses faites ou à faire au contraire. Donné à Paris, le IX.ᵉ jour d'Aoust, l'an de grace mil trois cens soixante douze. Par le Roy. BAIGNEUX.

CHARLES V.
le 16. d'Août 1372.

(a) *Mandement qui porte qu'il sera établi un Hôtel des Monnoyes dans la Ville de Poitiers.*

CHARLES par la grace de Dieu Roy de France. A noz amez & feaulx les Generaulx-Maistres de noz Monnoyes : Salut & dilection. Comme n'agueres
ᵇ Voy. cy-dessus, p. 190. Note (a). la Ville de ᵇ Poictiers soit venue à nostre obéissance, en laquelle, pour le tems qu'elle estoit en obéissance de nostre très chier Seigneur & Pere que Dieu absoille, l'en eust acoustumé de y faire Monnoye ; sçavoir faisons, que Nous avons ordonné & ordonnons par ces presentes, que en nostre dicte Ville de Poictiers, y soit faicte & faciez faire Monnoye, par la forme & maniere que Nous faisons faire ès autres Mon-
ᶜ besoin. noyes de nostre Royaume. Si vous mandons, & commettons, se ᶜ mestier est, par ces presentes, que en ladicte Ville de Poictiers, vous faciez faire & forger autelle & semblable Monnoye d'Or & d'Argent, comme Nous faisons faire en noz autres Monnoyes, afin que ladite Ville & le païs soit & puisse estre remply de nos dites Monnoyes ; & donnez & faictes donner à tous Changeurs & Marchans qui appor-
ᵈ de. teront Billon en icelle, ᵈ en tout Marc d'Argent allaïé à quatre Deniers de Loy, Argent-le-Roy, cent cinq Solz Tournois ; & en tout autre Argent allaïé à deux Deniers de Loy, Argent-le-Roy, cent Solz Tournois ; & pour Marc d'Or, autel & semblable pris comme Nous faisons donner en noz Monnoyes de Tours & d'Argiers. De tout ce faire, à vous & à chascun de vous, donnons povoir, auctorité & Mandement especial : Mandons à tous à qui il appartient, que à vous en ce faisant, obéissent
ᵉ Le lieu où ces Lettres ont été données, n'est pas marqué. & entendent diligemment. Donné ᵉ le XVI.ᵉ jour d'Aoust, l'an de grace mil trois cens soixante douze, & de nostre Regne le neufiesme.
Par le Roy, à la relation du Conseil estant en la Chambre des Comptes. BAIGNEUX.
ᶠ peut-être, Sire. Et fut envoiée la Coppie des dittes Lettres, à ᶠ Cire Martin de Foulques, à Tours, pour soy transporter au dit lieu de Poictiers, & pour icelles Lettres accomplir.

NOTE.

(a) Registre *D.* de la Cour des Monnoyes de Paris, fol.ᵒ 8 vingt 1. R.ᵒ (161).
Avant ces Lettres, il y a :

Le XVII.ᵉ jour d'Aoust, mil trois cens soixante & douze, fut apporté un Mandement en la Chambre des Monnoyes, duquel la teneur s'ensuit.
Mandement pour la Monnoye de Poictiers.

(a) Lettre

DE LA TROISIÉME RACE. 505

(a) *Lettres qui portent que celles qui ont été obtenuës par les habitans des Seneschaussées de Toulouse, de Carcassone & de Beaucaire, pour la diminution des Feux des lieux où ils demeurent, ne seront point expediées à la Chambre des Comptes, qu'ils n'ayent payé un Franc d'Or pour chaque lieu.*

CHARLES V. au Bois de Vincennes, le 18. d'Août 1372.

CHARLES par la grace de Dieu Roy de France. A noz amez & feaux Gens de noz Comptes à Paris: Salut & dilection. Comme nostre très chier Seigneur & Pere que Dieux absoille, & Nous, pour certainnes & justes causes, eussions pieça octroïé aux Communes & habitans des Villes & lieux de noz Seneschaucies de Thoulouze, de Carcassonne & de Beaucaire, que le nombre ancien des Feux d'icelles Villes & lieux, feust reparez, & ramenez au vray nombre de Feux qui y seroient lors trouvez, selon certainnes Instructions faictes sur ce; & combien que par vertu d'icelles Instructions & octroys, les dictes Villes & lieux aient esté une foiz reparez, toutevoies pour ce que depuis icelles reparations, les Feux des dictes Villes & lieux, ou d'aucuns d'iceulx, pour le fait des guerres & autrement, sont grandement appetissiez, aucuns des dis habitans ont empetré de Nous ou de nostre Court, ou de nostre très chier Frere & Lieutenant ès parties de la Languedoc, le Duc d'Anjou, Lettres par vertu desquelles il ont fait reparer de nouvel le nombre des dis Feux, au vrai nombre qui de present y a esté trouvé; & requerrent que les ᵃ procès qui en sont fais, soient expediez en nostre Chambre des dis Comptes, selon l'Ordenance qui fu faicte pour la premiere reparation; comme selon raison il devroient & doivent estre quittes des Subsides & ᵇ Foüages qu'il accordent, en payant iceulx selon le vrai nombre de Feux qui pour le temps est trouvé ès dictes Villes & lieux, si comme on dit: Nous ᶜ vüeillans sur ce estre pourveu, avons ordenné & ordennons de nostre certainne science, par ces presentes, que tous ceulz qui ainsi ont fait reparer de nouvel les Villes & lieux des dictes Seneschaucies, & qui voldront avoir expedicion de ladicte Chambre, comme dit est, payeront pour chascun Feu reparé de nouvel, un Franc d'Or pour une fois, au Paieur de noz ᵈ œuvres, pour convertir ou paiement d'icelles, avant ce qu'il aient aucune expedicion en nostre dicte Chambre; ᵉ parmi lequel Franc païant, Nous volons que leurs diz procès qui deuëment seront fais en ensuivant les dictes Instructions, soient par vous expediez, & Lettres bailliées à ceulx qui auront paié ledit Franc, en la fourme & maniere qu'il fu ordenné pour ladicte premiere reformacion, & non autrement. Si vous mandons que nostre presente Ordennance vous tenez senz enfraindre, & ne faictes ou souffrez faire en aucune maniere le contraire. Donné au Boys de Vincennes, le XVIIIᵉ. jour d'Aoust, l'an de grace M. CCC LXXII. & de nostre Regne le IX.ᵉ

Collacio fuit facta cum Litteris Originalibus signatis sic. Par le Roy. LOYS BLANCHET. *XXVIII. Septembris CCCLXXII. per me Petrum de Castro, que Littere Originales sunt penes me; & fuit ᶠ executoria Dominorum Camere, missa cuilibet Senescallo & Thesaurario dictarum Senescalliarum.*

ᵃ *procedures.*

ᵇ *Impositions par Feux.*

ᶜ *voulans.*

ᵈ *bâtimens.*
ᵉ *moyennant.*

ᶠ *executor. R.*

NOTE.

(a) Memorial D. de la Chambre des Comptes de Paris, fol.ᵉ 6 vingt 11. v.ᵒ (131). Voyez les Tables des Mat. des Vol. de ce Rec. au mot, *Feux*.

Tome V. Sss

CHARLES V.
à Paris, le 29.
d'Août 1372.

(a) *Mandement qui porte qu'il sera payé cent seize Sols Tournois à Barthelemi Spifame, pour chaque Marc d'Argent qu'il apportera à la Monnoye de Paris.*

CHARLES par la grace de Dieu Roy de France. A noz amez & feaulx les Gens de noz Comptes & les Generaulx-Maiſtres de noz Monnoyes, à Paris: Salut & dilection. Comme noſtre amé Berthelemi Spifame ait fait livrer par pluſieurs fois en noſtre Monnoye de Paris, certaine & grant ſomme de Vaiſſelle & d'autre Argent en ª cendrée, laquelle il Nous a preſtée du ſien, à noſtre grant beſoing & pour le fait de nos guerres, ſi comme plus à plain peult apparoir par nos autres ᵇ ſur ce adreſſans à nos dits Generaulx-Maiſtres des Monnoyes; & d'icelle luy avons promis, que du comptant qui en ᶜ yſtera, il ait & ſoit paié de chaſcun Marc de ladite Vaiſſelle & d'autre Argent en cendrée, comme dit eſt, cent ſeize Solz Tournois. Si vous mandons, & à chaſcun de vous, que ès comptes de celui qui aura fait l'ouvraige de ladite Vaiſſelle & dudit autre Argent en cendrée, vous nos dites Gens des Comptes, alloüez & paſſez ledit pris de cent ſeize Solz Tournois pour chaſcun Marc d'icelle. Car ainſi Nous plaiſt-il eſtre fait, & l'avons octroié & octroions audit Berthelemi de grace eſpecial; nonobſtant quelconques Ordonnances, Mandemens ou defenſes à ce contraires. Donné à Paris, le XXIX.ᵉ jour d'Aouſt, l'an de grace mil trois cens ſoixante & douze, & de noſtre Regne le neuſieſme. Par le Roy, à la relation des Generaulx-Conſeillers ſur le fait des Aides pour la guerre. BAIGNEUX.

a *Voy. cy-deſſus, p. 301. Note (c).*
b *Lettres.*
c *ſortira, proviendra.*

NOTE.

(a) Regiſtre D. de la Cour des Monnoyes de Paris, *fol.* 8 vingt 2. *verſo* (162).

Avant ces Lettres, il y a:
Lettres de donner de chaſcun Marc de ladite Vaiſſelle, cent ſeize Solz.

CHARLES V.
à Paris, le dernier d'Août 1372.

(a) *Mandement pour faire une fabrication d'Eſpeces.*

CHARLES par la grace de Dieu Roy de France. A noz amez & feaulx les Generaulx-Maiſtres de noz Monnoyes: Salut & dilection. Comme à preſent Nous aïons à faire & ſupporter très grans & innumerables ᵈ miſes, tant pour le fait de nos guerres comme pour la defenſe de noſtre Royaume; & pour ce aïons requis noſtre amé Berthelemi Spifame, Marchant & Bourgeois de Paris, qu'il Nous face preſt de certaine ſomme d'Argent; lequel Nous a accordé gracieuſement ce que requis lui avons, ᵉ parmi ce touteſvoyes, que pour ce qu'il n'a mie à preſent en comptant de quoy il Nous puiſt faire ledit preſt, ſi comme il dit, Nous luy avons accordé qu'il puiſt mettre preſentement en noſtre Monnoye de Paris, mil Marcs d'Argent en Vaiſſelle & en ᶠ cendrée, ou environ, allaïez à unze deniers ſix grains fin, ou environ, afin qu'il Nous puiſt pluſtoſt & plus preſtement ſecourir dudit preſt que mandé & requis lui avons, comme dit eſt; & que vous faciez païer audit Berthelemi pour chaſcun Marc, cent ſeize Solz Tournois. Si vous mandons que les mil Marcs d'Argent en Vaiſſelle & en Argent en cendrée deſſus dits, vous faciez ouvrer & monnoyer en Deniers d'Argent, ſur le coing & forge de ceulx qui courent à preſent pour quinze Deniers Tournois la Piece; leſquelz ſeront de ᵍ huit ſolz de poix au Marc de Paris, & auront cours pour quinze Deniers Tournois la Piece,

d *dépenſes.*
e *moyennant.*
f *Voy. cy-deſſus, p. 301. Note (c).*
g *de 96. P. au Marc.*

NOTE.

(a) Regiſtre D. de la Cour des Monnoyes de Paris, *folio* 8 vingt 3. R.° (163).
Avant ces Lettres, il y a:
Le IIII.ᵉ jour de Septembre, l'an ſoixante & douze, fut appoſté en la Chambre des Monnoyes, unes Lettres ſeellées du Grant ſel du Roy, dont la teneur s'enſuit, faiſant mention de faire ouvrer en la Monnoye de Paris, mil Marcs d'Argent en Vaiſſelle & en cendrée.

DE LA TROISIÉME RACE.

& qu'ilz soient à unze deniers six grains fin, ou environ, comme dit est; & pour chacun Marc d'œuvre des Deniers d'Argent dessus dits, faites allouër ès comptes de celuy ou ceulx qui feront ledit ouvraige, quatre Solz Tournois. De ce faire vous donnons povoir, auctorité & mandement especial; & par ces presentes Lettres, Nous mandons à noz amez & feaulx les Gens de noz Comptes à Paris, qu'ils reçoivent & passent le compte d'iceulx mil Marcs d'Argent en Vaisselle & en Argent en cendrée, ou environ, par la maniere que dit est. Car ainsi le voulons Nous estre fait, & l'avons Nous octroyé & octroions audit Berthelemi, de grace especial; nonobstant quelzconques Ordonnances, Mandement ou defenses faictes ou à faire à ce contraires. Donné à Paris, le dernier jour d'Aoust, l'an de grace mil trois cens soixante & douze, & de nostre Regne le neufiesme. Par le Roy, à la relation des Generaulx-Conseillers sur les Aides pour la guerre. BAIGNEUX.

CHARLES V.
à Paris, le dernier d'Août 1372.

(a) *Mandement qui porte qu'il sera donné à Guillaume Canquin, lequel s'est engagé au nom de Guillaume Biholart, de porter 4000. Marcs d'Argent à la Monnoye de Tournay, trois Sols huit Deniers par Marc, pardessus le prix que l'on donne du Marc, dans cette Monnoye.*

CHARLES V.
à Paris, le dernier d'Août 1372.

CHARLES par la grace de Dieu Roy de France. Aux Gardes & Maistre-Particulier, ou tenant le compte de nostre Monnoye d'Argent de Tournay: Salut. Savoir faisons que de nostre commandement & volenté, pour le bien & prouffit de Nous & de noz subgectz, & afin que nostre dite Monnoye de Tournay [a] nchée en chomage, par bonne & meure deliberation, aucuns de noz amez & feaulx Tresoriers, & Generaulx-Maistres de noz Monnoyes, ont traictié, accordé & marchandé avec Guillaume [b] Canquin, pour & ou nom de Guillaume Biholart, Changeur & Bourgeois de Tournay, pour lequel ledit Canquin s'est fait fort, en telle maniere que ledit Changeur doit livrer & porter, ou faire livrer & porter en son nom, en nostre dite Monnoye de Tournay, dedans mi-Karesme [c] prochainement venant, la somme de quatre mil Marcs d'Argent allaié à quatre deniers de Loy; [d] parmi ce que pour chascun Marc, il aura & luy sera paié par vous, trois solz huit Deniers Tournois, oultre le pris de [e] cent cinq Solz Tournois que Nous en donnons à present. Pourquoy Nous vous mandons, & à chascun de vous, & estroictement enjoignons, que les dits trois Solz huit Deniers Tournois, oultre le pris de [f] cent Solz Tournois, vous payez & delivrez audit Changeur, pour chascun des dits mil Marcs d'Argent, tout ainsi que par luy, ou par autre en son nom, & dedans le temps dessus dit, les dits IIII.ᵐ Marcs d'Argent, vous seront livrez & portez en ladite Monnoye; & [g] par rapportant ces presentes ou Copie d'icelles collationnée par nostre Chambre des Comptes, avec certification de vous Gardes, des dits Marcs d'Argent ainsi livrez en ladite Monnoye, & recongnoissance dudit Changeur de ce que pour ladicte cause payez luy aurez, tout ce qui ainsi payé luy aura esté par vous, pour cause des choses dessus dites, Nous voulons & mandons estre alloüé ou compte ou comptes de vous Maistre-Particulier dessus dit, par noz amez & feaulx les Gens de noz Comptes, sans contredit; nonobstant quelzconques Ordonnances, Mandemens ou defenses faictes ou à faire à ce contraires. Donné à Paris, le derrenier jour d'Aoust, l'an de grace mil trois cens soixante douze, & de nostre Regne le neufiesme. Par le Roy, à la relation du Conseil. P. DE DISY.

[a] qu'on ne cesse d'y travailler.
[b] ou Cauquin.
[c] prochain. R.
[d] moyennant.
[e] il y a plus bas cent solz. Voy. cy-dessus, p. 503. Note (b).
[f] Voy. cy-dessus Note (e) marginale.
[g] en.

NOTE.

(a) Registre D. de la Cour des Monnoyes de Paris, folio 8 vingt 2. R.ᵃ (162).
Avant ces Lettres, il y a:
Le 11. jour de Septembre, l'an soixante & douze, furent apportées en la Chambre des

Monnoyes, par Sire Guillaume le Galois Tresorier de France, unes Lettres seellées du grant seel du Roy, dont la teneur s'ensuit.
Lettres de quatre mil Marcs d'Argent achatez de Guillaume Biholart, pour livrer en la Monnoye de Tournay.

CHARLES V.
à Paris, en Août 1372.

(*a*) Reglement pour les Boulangers de la Ville d'Arras.

SOMMAIRES.

(1) Les Boulangers d'Arras élisent tous les ans un Majeur & des Echevins de leur meftier, qui preftent ferment entre les mains des Echevins d'Arras. Nul ne peut faire du pain ni de la Pâtifferie, s'il n'eft du Corps des Boulangers; & il ne peut y être reçû, s'il n'a été Garçon ou Compagnon pendant deux ans. Celuy qui eft reçû dans ce Corps, paye fept Sols; à l'exception des Fils & des Filles de Boulangers; & celles-cy affranchiffent leurs premiers Maris de ce droit.

(2) Le Maire peut aller vifiter le pain des Boulangers, & donner aux pauvres celui qui n'eft pas bon.

(3) Ceux qui diront des injures au Majeur & aux Echevins, lorfqu'ils feront en fonction, feront condamnez à l'Amende.

(4) *

*Voy. p. fuiv. Note (*h*).

(5) Les Apprentifs, s'ils ne font pas fils de Boulangers, doivent cinq Sols.

(6) Ceux qui n'iront point au corps de leurs Confreres, feront condamnez à l'Amende.

(7) Ceux qui étant ajournez par le Maire, pour comparoître en fon Audience, n'y viendront pas, feront condamnez à l'Amende.

(8) Ceux qui feront des Kaucliers, feront condamnez à l'Amende.

(9) Ceux qui ayant des boutiques dans le marché, appellent en criant les Boulangers qui font dans leurs boutiques, & qui joüent de l'argent dans le marché, payeront une Amende.

(10) Les Boulangers payeront l'Amende, lorfqu'ils dérangeront les étaux de leurs Confreres, ou qu'ils prendront leurs uftenfiles fans leur permiffion, lorfqu'ils pifferont à quatre pieds près de leurs étaux ou de ceux de leurs voifins; ou qu'ils cracheront avec violence.

(11) Les Boulangers & ceux qui ont des Fours, ne peuvent fans la permiffion du Maire & des Echevins, cuire qu'une fois le jour, & les jours accoûtumez, fous peine d'Amende.

(12) Le Maire peut vifiter le pain qui eft dans la Halle, & faire ouvrir les Fours, pour voir fi le pain que l'on y cuit, eft loyal; & s'il ne l'eft pas, il peut le donner aux pauvres; auffi bien que le grain non loyal qu'il trouve entre les mains des domeftiques qui font au Four.

(13) Pour chaque fournée, les Fourniers auront 32. Deniers; les garçons, 3. Deniers; & les deux porteurs, douze Deniers; & ces porteurs feront obligez de tirer de l'eau pour les Boulangers.

(14) Le Majeur & les Echevins feront la vifite chez les Pâtiffiers: Ils confifqueront & donneront aux pauvres, les denrées qui ne feront pas faites conformement aux Reglemens, & ils condamneront à l'Amende, les Pâtiffiers qui feront trouvez en faute.

(15) Les Pâtiffiers ne peuvent allumer leurs Fours, qu'au premier coup des Vefpres de l'Eglife de S.t Gery. Ils ne doivent avoir que quatre garçons; un qui demeure à la maifon, & trois qui crient le pain dans la Ville. Les garçons ne peuvent crier leur Marchandife dans la Ville, qu'ils n'ayent payé 5 Sols au Majeur.

(16) Ceux qui apporteront leur pain & leurs uftenfiles au Marché, avant que les places ayent été jettées au fort par le Maire, payeront l'Amende.

(17) Celui qui veut changer de place dans le Marché, depuis qu'elles ont été jettées au fort, doit en demander la permiffion au Majeur. Celui qui ne vend pas du pain au Marché, du moins trois fois la femaine, perd fa place. Les Boulangers ne peuvent vendre leur pain à deux étaux. Ceux qui propofent leur pain aux acheteurs, font condamnez à l'Amende.

(18) Celui qui vendra fon pain fous le nom d'un autre Boulanger, payera l'Amende.

(19) Ceux qui rogneront leurs angles auprès de leur eftal, ou auprès de celui des autres, payeront l'Amende; ainfi que ceux qui mettent leur pain fous leurs paniers.

(20) Celui qui vend du pain hors de fon eftal, fera condamné à l'Amende.

(21) Celui qui mettra de la merde devant les eftaux des autres Boulangers, payera l'Amende. Le Maire & les Echevins font Juges de tout ce qui fe paffe dans le Marché au pain, par rapport à la vente du pain.

(22) Les Boulangers doivent placer leurs eftaux dans la place qui leur eft marquée.

NOTE.

(*a*) Trefor des Chartres, Regiftre 103. Piece 8 vingt 8. (168).

Les Reglemens contenus dans ces Lettres, qui paroiffent très-anciens, qui font écrits d'un ftile concis, & dans le *patois* d'Arras, & qui font defigurez par un grand nombre de fautes de Copiftes qui n'ont point entendu ce langage, font obfcurs en plufieurs endroits. J'ai confulté M. Maillard Avocat au Parlement de Paris, Auteur d'un excellent Commentaire fur la Coûtume d'Arras, & Meffieurs Falconet, Lancelot & la Curne de S.te Palaye, de l'Academie des Belles Lettres, que l'on fçait être très-verfez dans la lecture des plus anciens Monuments de noftre Langue. C'eft fur les éclairciffements qu'ils ont bien voulu me donner, que j'ai fait une partie de mes Notes; mais il refte encore quelques endroits que je n'ai pû entendre.

SOMMAIRES.

(23) Lorsque le Maire aura accommodé un différend survenu entre les gens du Mestier, il prendra, s'il le veut, douze Deniers de ceux qui avoient tort.

(24) Les Amendes dont il est fait mention dans les articles precedents, seront partagées entre le Majeur & les Eschevins; excepté celle de laquelle il est parlé dans le dernier article. Si les Boulangers refusent de payer les Amendes ausquelles ils auront été condamnez, ils seront interdits des fonctions de leur Mestier, jusqu'à ce qu'ils ayent payé; s'ils continuent à faire ces fonctions, ils payeront une nouvelle Amende, & on en portera des plaintes au Juge d'Arras.

Voyez sur le reste de l'article, p. 512. Note (mm).

CHARLES V.
à Paris, en Août 1372.

KAROLUS *Dei gracia Francorum Rex. Notum facimus universis tam præsentibus quam futuris, Nos infrascriptas vidisse Litteras, formam que sequitur, continentes.*

A Tous chiaus qui ces presentes Lettres verront ou orront, ^a Eschevins de la Ville d'Arra : Salut. Sachent tout, que li Maires & Eschevins, & pluseur autres qui sont pour le temps presens de *(b)* le Gheude des Boulenghiers d'Arra, se sont trait pardevers Nous en ^b Hale, & nous on requi, & ^c priet humblement, que une Ordenance qui en temps passé, leur fu octroié & baillé pour leur dit mestier, des Eschevins d'Arras nos predecesseurs, & de lequelle lidit Boulenghier ont depuis tousjours communement usé, & se sont ordonné pour ^d yaux, & leur dit mestier mieux tenir & valoir, ledicte Ordenance leur vausissons & de rechief accorder & confirmer, en le maniere qui s'ensuit.

(1) Premierement. Lidit Boulenghier ^e son Majeur *(c)* de St Remi en St Remi, & ^f Esquevins de leur mestier: Et quant lidit Maires est fait & Esquevin, il vont pardevers Esquevins d'Arras, & font serrement, & ont ^g enconvent de le ^h warder le mestier bien & loyaument, & faire bonnes danrées, & loyaulx pain à ⁱ deux Deniers, pain à un Denier, & pain à Maail, & *(d)* nient de plus grant fuer: Et ne puet nuls faire pain à vendre, ne tenir Four en le Juridicion des Esquevins d'Aras, qu'il ne soit Bourgois ou Bourgoise d'Aras: Et ne puet nuls ne nulle faire Boulengherie ne ^k Tourterie, ne pain à vendre, ne tenir Four, s'il n'est en le Gheude; & ne puet nuls entrer en le Gheude pour faire le mestier, s'il n'a esté ^l varlez ^m prendans loier deux ans en la Ville d'Arras; & quiconques entre en le Gheude, sept Solz doit; excepté ⁿ si de *(e)* Consiere; & se filles y avoit, elles seroient franques, & afranquiroient leurs premiers mariz.

(2) Item. Puet ly Maires des Boulenghiers aler ^o entour *(f)* à tous ses Compaignons au pain, par toute le Ville & dedans l'Esquevinage d'Arras; & chius qui il y prent à mauvaises d'enrées, chine Solz doit; & doivent li Maires & ^p si Compaignon, donner le pain pour ^q Dieu.

(3) Item. Quiconques dist *(g)* l'art au Majeur ne à ses Compaignons, leur office faisant, chuine Solz doit au Majeur; & si doit à tous les Compaignons trente deux Deniers sans plus, à ^r partir entre yaus.

(4) Item. Que nuls ne puet vendre pain fors le denrée un Denier *(h)* lort n'avait, & quiconques le devroit, chuine Solz doit.

(5) Item. Quiconque est aprentiz, chuine Solz doit; excepté enfans de Confreres.

a *les.*

b *Hostel de Ville. Voy. cy-dessus, p. 131. Note (e).*

c *prié. Ce t final se trouve plusieurs fois dans ces Lettres.*

d *eux.*
e *son.*
f *Eschevins.*
g *conviennent, promettent.*
h *garder.*
i *du prix de deux Deniers. Voy. cy-dessus p. 500. Note (e).*
k *Pâtisserie.*
l *Garçon, Compagnon.*
m *prenant.*
n *fils.*

o *visiter.*

p *ses.*
q *aux pauvres.*

r *partager entre eux.*

NOTES.

(b) Le Gheude.] La Gueude; c'est-à-dire, le Corps des Boulangers. *Voy. le Diction. Etymol. de Menage*, au mot, *Gueude.*

(c) De St Remi en St Remi.] Pendant un an, à commencer à la St Remi, jusqu'à pareil jour de l'année suivante.

(d) Nient.] De ne point faire de pain qui vaille plus de deux Deniers.

(e) Consiere.] Il est hors de doute qu'il faut corriger, *Confrere*, qui se trouve dans l'art. 5.

(f) A tous ses Compaignons.] *A* signifie quelquefois *avec*. Il paroit par l'art. 3. que par les Compaignons du Maire, il faut entendre les Eschevins.

(g) L'art.] On pourroit aussi lire *lait*, & je crois que c'est ainsi qu'il faut ou corriger ou lire. *Dire lait*, c'est dire des injures.

(h) Lort.] On pourroit aussi lire *Loit*. Je n'entends point cet article. Mr L. croit qu'il peut signifier: *Nul ne peut vendre pain, s'il n'avoit payé loit*, (loyé,) *le denier pour denrée*; *& quiconque le devroit, doit cinq Sols*.

ORDONNANCES DES ROIS DE FRANCE

CHARLES V.
à Paris, en Août 1372.

(6) *Item.* Quiconques est pris en deffaute (*i*) qui ne voïent au corps du Confrere, quatre Deniers doit chafcuns; & fe li Efchevins du meftier font pris en deffaute, huit Deniers doit chafcuns; & qui li Maires commande qu'il voift au Corps, ou fes (*k*) Commans, & (*l*) porteche le corps, s'il n'y va, quatre Deniers doit.

(7) *Item.* Quant li Maires (*m*) plaide, & il commande que on fe traiz, qui ne fe traift, quatre Deniers doit.

a *Je n'ay rien trouvé fur ce mot.*
b *crie, appelle en criant.*
c *Je crois que ce mot fignifie* joué.

(8) *Item.* Quiconques fait ª Kauclier, quatre Deniers doit.

(9) Quiconques (*n*) fiet ou marquiet au pain, fe ᵇ huqueche perfonne d'autrui eftal, quatre Deniers doit; & quiconques ᶜ jue ou marquiet au pain pour argent, quatre Deniers doit.

d *à qui ils appartiennent.*

(10) *Item.* Quiconques (*o*) remue autrui eftal, ne prend autrui harnas fans legré de chelui ᵈ qui cheft, quatre Deniers doit; & qui piffe à quatre piez près de fon eftal ou del autrui, quatre Deniers doit; & qui (*p*) fe pume à fen eftal ou à l'autrui, quatre Deniers doit.

e *ceux qui ont des Fours.*

(11) *Item.* Ne puet nuls Confreres ne ᵉ Fourniers, ne autres, cuire que une fois le jour denrées nulles pour vendre, & en jour qu'il eft acouftumé de cuire, s'il n'en prent congiet au Majeur & à fes Compaignons; & fe il le faifoit, chuine Solz doit li Boulenghiers au Majeur, & li Fourniers trente & deux Deniers; & fe li Fourniers le faifoit auffi bien (*q*) pour lui, il feroit auffi bien en Amende de chuine Solz, que li Boulenghiers.

f *voir.*
g *refufent de le faire.*
h *jugez.*
i *Ce mot ne paroît inutile.*

(12) *Item.* Puet li Maires du meftier aler entour en le Hale au pain, voir le pain & les fournaiges, ᶠ vere fe les denrées de pain font bonnes; & puet commander as Fourniers, qu'il (*r*) entamechent leurs fournaiges, pour voir dedans s'ils font de loyal (*s*) waagnaige, & s'il y ᵍ mettent debat, chuine Solz doivent au Majeur; & s'il font ʰ jugiet que de ⁱ leur loyal waaignaigne, chuine Solz doitli Fourniers au Majeur; & puet li Maires faire des fournaiges enfi jugiez, (*u*) en telle maniere qu'il fait autres denrées qui li font jugiés; (*x*) & autre feel des maifnies, qui rechoivent le waaignaige au Four.

NOTES.

(*i*) *Qui ne voïent au corps.*] Je crois que cela fignifie, *qui n'aillent au corps.* Plus bas il y a *voift*, pour *voife, aille.* Mais que fignifie aller au corps! M.ʳ L. l'interprete ainfi. *Quiconque ne court pas pour faifir celui qui eft en deffaute.* Peut-être auffi cela fignifie-t-il, *Quiconque eft en deffaut* [manque] *de fecourir le corps de fon Confrere qui eft attaqué.*

(*k*) *Commans.*] Si ce n'eft pas une faute de Copifte, ce mot peut fignifier, *les Communs, les Confreres; ou bien même les Efchevins.*

(*l*) *Porteche.*] *Porte,* au fubjonctif, comme *huqueche, huche,* qui eft plus bas. M.ʳ F. croit qu'on pourroit corriger, *preteche, protege.* Et cela conviendroit affez à un des fens que l'on a donnez au premier membre de cet article.

Peut-être cet article regarde-t-il les enterremens aufquels les Confreres des Corps & Communautez étoient quelquefois obligez d'affifter. *Voyez le 4.ᵉ Vol. des Ordonn.* p. 555. ix.

(*m*) *Plaide ... fe traiz.*] Je crois que *plaide* fignifie icy, *tient fes Plaids, fon Audience,* & que le Maire a ordonné qu'on fe *traiz,* qu'on fe prefentât à l'Audience.

(*n*) *Siet ou marquiet.*] Celui qui a féance, ou boutique dans le marché.

(*o*) *Remuë.*] Qui dérange les étaux des autres, & prend leurs paniers ou autres uftenfiles fans leur permiffion.

(*p*) *Se pume.*] Je crois qu'il faut corriger, *fpume,* de *fpumare,* cracher avec violence, de forte qu'on puiffe incommoder fes voifins.

(*q*) *Pour lui.*] Pour fon ufage particulier, & non pour le compte des Boulangers.

(*r*) *Entamechent.*] Entament; qu'ils ouvrent leur Four, afin que l'on puiffe faire l'effay du pain que l'on y cuit.

(*f*) *Waagnaige.*] Ce mot qui fignifie ordinairement un champ cultivé, fe prend ici pour le grain que l'on y recüeille; ou peut-être pour le gain qu'on doit faire fur le pain. Car une perfonne habile qui eft de Tournay, m'a appris que dans cette Ville, l'on dit encore *gaignage* pour *gain. Gaignage* qui eft la même chofe que *Waaignaige,* fignifie auffi quelquefois une Ferme. *Voy. cy-deffus,* p. 475. Note (*e*).

(*t*) *Que.*] Il n'y a dans le Regiftre que *q.* avec une marque d'abbreviation. Cette phrafe, *eftre que de leur,* pour *n'être pas de,* ou *eftre d'autre que de,* eft commune.

(*u*) *En telle maniere qu'il fait.*] Je crois que cela fignifie, *les donner aux pauvres.* Voy. l'art. 2.

(*x*) *Et autre feel.*] Je crois qu'il faut corriger, *autre tel,* de la même maniere. Il me paroit que cela fignifie, que le Maire peut auffi donner aux pauvres le grain non loyal, qu'il trouve entre les mains des maifnies, (domeftiques); mais il femble qu'il devroit y avoir *apportent,* au lieu de *reçoivent;* mais il faut conferver le mot *reçoivent,* fi par *gaignaige* on entend le pain. *Voy. cy-deffus,* Note (*f*).

DE LA TROISIÉME RACE.

(13) *Item.* Doivent cuire li Fournier le fournée de pain & de ª waftieux paifiblement, enfi que on l'a ufé & acouftumé, pour trente & deux (*y*) Deniées de pafte; & li garchons, trois Deniers pour le fournée; & ly ᵇ doy porteur en doivent avoir ᶜ entre yaus dex, douze Deniées pour le fournée; ᵈ par enfi que li doy porteur doivent ᵉ faquier l'iave au Bolenghier.

(14) *Item.* Doivent li Waftelier qui font waftiaux con dift razis, qu'il cuifent en leurs fourniaux, faire bonnes denrées & loyaulx, à ᶠ Denier & à Maaile; & doit li Maires & fi Compaignon, aler ᵍ veir ches denrées, toutes les fois qu'il veult, & leur ʰ efcaudis, & tout autre pain qui eft ⁱ tournez pour vendre ᵏ dedans le ˡ jugement des Efchevins, & fe il les ᵐ treuvent mauvais par le jugement de fes Compaignons, il les puet & doit emporter & prendre ⁿ u que elles foïent, & les doivent donner pour Dieu, en la maniere qu'il eft acouftumé; & fi en doivent chuine Solz au Majeur, tout chil qui pris y font.

(15) *Item.* Ne doivent alumer en leurs Fourniaux pour cuire leurs waftiaux, devant le premier ᵒ caup de (*z*) Vefpres, Gery; & fe ᵖ anchois aulumoient, chuine Solz doivent au Majeur. Et ne doivent avoir chil Vuaftilier ne cil Efcaudifleur par leur ferement, chafcuns que trois ᑫ varlès crians leur (*aa*) pain parmi le Ville, & un qui ʳ maint à ˢ l'Oftel aux defpens du Maiftre; & fe plus en a, chuine Solz doit au Majeur & à fes Compaignon : Et ne puet nuls ᵗ varls crier vaftiaux ne efcaudis parmi le Ville, s'il n'a (*bb*) fait gré au Majeur de chuine Solz.

(16) *Item.* Le journée que on gete (*cc*) los ou marquiet au pain, quiconques apporte fen pain ou fen harnas, ᵘ ains que li Maires ait geté los ou marquiet, quatre Deniers doit au Majeur.

(17) *Item.* Se Boulenghiers ou Boulenghiere veult avoir ˣ lieu ou marquiet, ʸ puis les los getés, il le doit ᶻ demande au Majeur; & ᵃᵃ li doit donner par le confeil de fes compaignons, & qui ne fiet (*dd*) du mains à ᵇᵇ fen eftal ou marquiet, fen pain vendant, trois fois fe fepmaine, li lieux eft au Majeur, & le puet donner qui qu'il vuelt; & qui vent fen pain à deux eftaux, quatre Deniers doit au Majeur; & qui (*ee*) tant autrui fon pain à vendre, quatre Deniers doit au Majeur.

(18) *Item.* Qui vent fen pain (*ff*) ens ou ᶜᶜ non d'autrui pain, quatre Deniers doit au Majeur.

(19) *Item.* Qui tond fes ongles à fen eftal, ou à l'autrui eftal, quatre Deniers doit au Majeur; & qui met fen pain ᵈᵈ four fe Corbeille ᵉᵉ ou pain, à fen eftal, quatre Deniers doit au Majeur.

(20) *Item.* Qui ne vent deflus ᶠᶠ fe felle, quatre Deniers doit à fon Majeur; & qui vent fen pain hors de fen (*gg*) haion, quatre Deniers doit à fen Majeur.

(21) *Item.* Qui met merde devant autrui eftal, quatre Deniers doit au Majeur;

CHARLES V.
à Paris, en Août 1372.
a *gâteaux.*
b *doy, dex, deux.*
c *entre eux.*
d *à condition.*
e *tirer l'eau.*
f *Voy. cy-deffus,* pag. 509. Note (*h*). marg.
g *voir.*
h *Echaudez.*
i *Voy. cy-deffus,* pag. 500. Note (*h*) marg.
k ded. R.
l *Jurifdiction.*
m *trouve.*
n *ou, mot commun dans les titres.*
o *coup.*
p *auparavant.*
q *Garçons.*
r *manet, demeure.*
f *Maifon.*
t *Varlet.*
u *avant.*
x *place.*
y *depuis.*
z *demander.*
aa *celui-cy.*
bb *fon.*

cc *nom.*

dd *fous.*
ee *au.*

ff *fa felle, fur laquelle il eft aflis.*

NOTES.

(*y*) *Deniées de pafte.*] Je crois que cela fignifie, que ceux qui font cuire du pain, payeront au Fournier pour chaque fournée, la valeur de 32. Deniers en pafte, en pain non cuit.

(*z*) *Vefpres, Gery.*] Il faut fuppléer Saint. S.ᵗ Gery eft la Paroiffe de l'Hôtel de Ville d'Arras. Le premier coup de Vefpres s'y fonne à deux heures. Les Pâtiffiers peuvent alors alumer leurs Fours, afin que la Pâtifferie foit prête pour le *rechiner* ou goûter des Bourgeois. M.

(*aa*) *Pain.*] Il paroît par cet article & par quelques autres, que les Boulangers & les Pâtiffiers ne faifoient qu'un Corps, dont les membres faifoient indifferemment du pain & de la pâtifferie.

(*bb*) *Fait gré.*] *payé.* Dans le Roman de Loherans, faire gré aux Soudoiers, c'eft leur payer leur folde. F.

(*cc*) *Los.*] Que l'on *loit,* que l'on jette au fort, fes places du Marché. Voy. le 4.ᵉ Vol. des Ordon. p. 391.

(*dd*) *Du mains.*] Qui ne vend du pain au Marché, du moins trois fois la Semaine.

(*ee*) *Tant fon pain.*] M.ʳ L. croit que cela fignifie, *qui donne fon pain à vendre à une autre perfonne.* Cela ne pourroit-il pas fignifier, *qui propofe fon pain aux acheteurs;* ou comme l'on dit populairement, *appelle les chalands !*

(*ff*) *Ens.*] C'eft une prepofition qui fignifie *dedans.* Si ce mot eft pris icy dans ce fens, il faut fuppléer, *le Marché.*

(*gg*) *Hayon.*] On appelle en Picardie, *Haion,* la petite échope portative fous laquelle les Marchands fe mettent aux Foires. *Haion,* fait de Clayes, & feparant les Marchands, comme les haies feparent les jardins. L.

CHARLES V.
à Paris, en Août 1372.
a ainſi que.
b Le Majeur & les Echevins en ſont juges.
c aſſeoir, placer.
d regulierement, dans la place qui leur eſt marquée.
e ſous peine de.
f informé.
g appar. Fournier.
h l'année.
i ſes.
k la Cité.

& quiconques ſe plaint de nulles des cauſes deſſus dictes, ᵃ ſi que du marquiet au pain, ᵇ droit en convient prendre par le Majeur & par ſes Compaignons.

(22) Item. Doivent tout chil qui ſont au marquiet, ᶜ aſſir leurs eſtaux bien & ᵈ rieuleement, ſans paſſer li uns l'autre, ᵉ ſour quatre Deniers.

(23) Item. (hh) Se li Maires eſt ᶠ enfourmés de homme de femme de ſen meſtier, ne de varlet prendant loïer, ne de garchon, ne de ᵍ Four ne d'autre, pour l'accort qu'il en fait, douze Deniers en li Maiſtres à chelui qui tort a, ſe il les veult prendre.

(24) Item. Tout chil fourfait devant nommé, ſont de commun au Majeur & à tous ſes Compaignons, qui ſont Eſquevins pour ʰ ſanée; excepté les douze Deniers du darrain article; & quiconques devra fourfais au Majeur, & il ne les païe, quant li Maire & ⁱ ſi Compaignon les demanderont, il ne fera le meſtier juſques adonc qu'il aura païet; & ſe il le fait, dix Solz doit; & *(kk)* ſi on en claime ſeur lui, quatre Deniers doit *(ii)* à le Juſtice, dont *(ll)* li Chaſtellains a à chaſcune lieüe, quatre Sextiers de Cervoiſe; & chaſcune des autres Juſtices, deux Sextiers; & *(mm)* quiconque crelera vargaigne en ᵏ le Chite, il doit venir pardevant le Majeur d'Arras, & les Eſquevins & *(nn)* Jurez ſur ſains, qui le celera loyaulment.

l ſur ce Reglement.

Lequelle Ordenanche nous Eſchevins d'Arras, pour le temps preſent, conſiderans ycelle Ordenance, autrefois avoir eſté bailliée & accordée par nos devanchiers Eſchevins, oudis Boulenghiers, pour nourrir paix, amour & carité entre yaux, & pour le prouffit commun faire, ſi comme il nous ſamble, en le maniere que tenu y ſommes, en le maniere que pardeſſus eſt eſcripte & deviſée, à le priere & requeſte que nous ont faictes ˡ pardeſſus, chil dudit meſtier des Boulenghiers, avons loée, retefiée & approuvée, & nous y ſommes aſſenti; & pour che, leur avons ledicte Ordenanche renouvellée en la maniere qu'il eſt pardeſſus eſcript & deviſé; ſauf & reſervé pardevers nous, le cognoiſſance, pugnicion & correction, & autres choſes qui ont & pourroient avoir aucun ᵐ rewart au fait de l'Eſquevinaige d'Arras, en la maniere qu'il a eſté & eſt accouſtumé enchiennement de fere & de maintenir. En teſmoingnaige de che, nous avons ches preſentes Lettres ſeellées du ſeel as cauſes de ledicte Ville d'Arras. Che fu fait en l'an de grace mil trois chens chinquante & chuinc, le XIXᵉ. jour du mois d'Avril.

m regard.

n Paniſicum.
o approbantes.
p fuerunt.

Nos vero ad ſupplicacionem dictorum Bolengariorum ſeu ⁿ Paniſitum Attrabatenſium, preſatas Litteras, ac omnia & ſingula que in eiſdem continentur, ratificantes, ᵒ approbantes & laudantes, eas & ea, quathenus in nobis eſt, de gracia ſpeciali. Quod ut firmum & ſtabile permaneat in futurum, noſtrum preſentibus Litteris fecimus apponi ſigillum: noſtro & alieno jure ſalvo. Datum Pariſius, anno Domini milleſimo CCC.° ſeptuageſimo ſecundo, & Regni noſtri nono, menſe Auguſti.

Per Regem, ad relationem Conſilii. J. DE LUZ. *Viſa.*

NOTES.

(hh) Se li Maires.] Je crois que dans cet article il manque quelques mots, & qu'il y en a quelques-uns corrompus; & il paroît par l'article ſuivant, qu'il faut lire *Maire* au lieu de *Maiſtres.* Voy. dans le Sommaire, le ſens que l'on a crû devoir donner à cet article.

(ii) Si on en claime] *claime de clamare.* Si l'on ſe plaint de ce Boulenger, ſoit parce qu'il n'a pas payé l'Amende à laquelle il a été condamné; ſoit de ce qu'il continué à exercer ſon meſtier, quoyqu'il en ait été interdit.

(kk) A le Juſtice.] Le chef de la Juſtice d'Arras ſe nommoit autrefois par excellence, *El Juſticia.* Il a été ſupprimé depuis. M.

(ll) Li Chaſtellains.] Voicy comment on peut entendre cet endroit. Le Chaſtellain membre de la Juſtice d'Arras, a droit de prendre quatre Sextiers de Bierre ſur chaque lieüe, dans l'étenduë de la Juſtice ; & les autres Officiers y prennent deux Sextiers. Cet endroit & ce qui ſuit, paroît n'avoir plus de rapport aux Boulangers d'Arras, & regarder cette Ville en general.

(mm) Quiconque.] J'aime mieux avoüer que je n'entends point cet article, que de propoſer des conjectures incertaines. *Crelera vargaigne,* peut ſignifier, *ſe plaindra d'une injure qui lui a été faite.*

(nn) Juris ſur ſains.] On peut entendre par ces mots, *des Conſeillers de Ville qui ont prêté ſerment ſur des choſes ſaintes.*

(a) Confirmation

(a) Confirmation des privileges accordez aux habitans de la Ville de Levigny.

CHARLES V.
à Paris, en Août 1372.

SOMMAIRES.

(1) Les habitants de Levignes ne seront plus sujets à la main-morte.
(2. 3. 4.) Les habitants auront les droits d'usage, de pasture & de paisson, dans les bois & près de leur Territoire.
(5) Les habitants pourront élire quatre Prud'hommes, qui prêteront serment entre les mains du Bailly. Si le Prevôt a fait arrêter prisonniers quelques habitants, ou fait saisir leurs biens, ces quatre Prud'hommes pourront demander la liberté de ces habitants, & la levée des saisies.
(6) Les habitants ne pourront être mis en prison, s'ils offrent de donner caution de se presenter en Justice; si ce n'est dans le cas de rapt, de meurtre & de vol. Quand le Prevôt jugera, il appellera les Prud'hommes, si la Partie le requiert, pour prendre leur conseil.
(7) Les habitants éliront les Messiers qui prêteront serment entre les mains du Prevost.

CHARLES par la grace de Dieu Roy de France. Savoir faisons à tous presens & avenir, que de la partie de nos bien amez les Bourgois & habitans de la Ville de (b) Levignes, du Diocese de Langres, & de la Conté de Tonnerre, Nous a esté exposé, que la Dame de bonne memoire ª Madama (c) Marguerite, jadis & lors Royne de Jherusalem & de Cecile, & Contesse de Tonnerre, donna à eulx & à leurs hoirs & successeurs perpetuelment, certains previleges, desquieux est faicte plus pleine mencion en une Chartre, à laquelle ᵇ puet un sel en Cire rouge, lequel est sain & entier, & est lones ᶜ cornus, pendent en laz de soie rouge, & a en la Caratere dudit seel, un ymaige de Royne coronnée, qui a un Escu des Armes de France à ᵈ destre, & un autre Escu des Armes de Bourgoigne, à senestre, & est le nom de ladicte Royne escript ᵉ environ ladicte Caratere; & furent les dictes Lettres données en ᶠ Mauve, en l'an mil deux cens quatre vins & onze, ou mois de Novembre, si comme ès dictes Lettres est contenu; & aussi est faicte pleine mencion des dis privileges, en un *Vidimus* ancien, où il ᵍ souloit avoir trois seaulx; duquel *Vidimus* la teneur s'ensuit.

a *Madame.*
b *pend.*
c *long & cornu.*
d *droite.....* *senestre, gauche.*
e *autour.*
f *Il y a en France plusieurs lieux de ce nom.*
g *avoit acoustumé, où il y avoit autrefois.*

A Tous qui verront & orront ces presentes Lettres. Nous (d) Droves humbles Abbés de Moloines; nous (e) Andriès humbles Abbés de Molugines; & nous Freres (f) Andricus humbles Abbés de Quincy, faisons assavoir, que nous avons veu, tenu & leu Lettres seellées du seel très noble Dame, Marguerite, par la grace de Dieu Royne de Jherusalem & de Cecile, Contesse de Tonnerre; lesquelles

NOTES.

(a) Tresor des Chartres, Registre 103. Piece 8 vingt 9. (169).
(b) *Levignes.*] C'est sans doute Levigny, Diocèse de Langres. Voy. le *Diction. univ. de la Fr.* au mot, *Levigny.*
(c) *Marguerite.*] Marguerite de Bourgogne, Comtesse de Tonnerre, fille puinée d'Eudes de Bourgogne, & de Mahaud de Bourbon, Comtesse & heritiere de Nevers, d'Auxerre & de Tonnerre, fut la 2.ᵉ femme de Charles de France, 1.ᵉʳ du nom, Roy de Naples, de Sicile & de Jerusalem, Comte d'Anjou, & Frere de S.ᵗ Loüis. Charles mourut le 7. de Janvier 1295. Voy. l'*Hist. Geneal. de la Maison de Fr.* tom. 1. pp. 397. 393. & 395.
(d) *Droves Abbé de Moloines.*] L'Abbaye de Molesmes, Diocèse de Langres. Voy. *Gall. Chrift.* 2.ᵉ Edit. tom. 4. p. 729. A la page 738. n.° XXV. on trouve un Abbé de Molesme, nommé *Droco.* Il y est dit : *Obiit anno 1290. Ex Indice veteri.*
Etienne IV. fut son successeur. Cependant le *Vidimus* de ces Lettres de 1291. fut fait en Novembre 1293. par l'Abbé *Droves,* qui est sans doute le même que *Droco.*
(e) *Andriès Abbé de Molugines.*] C'est sans doute Molesme, en latin *Molesmus,* ou *Molosuum,* Diocèse de Langres. Car André Abbé de ce Monastere, fut témoin en 1287. d'un Acte passé par Marguerite; & il vivoit encore en 1296. Voy. *Gall. Chrift. ibid.* pp. 720. & 722. n.° XIX.
(f) *Andrieus Abbé de Quincy.*] Cette Abbaye est aussi dans le Diocèse de Langres. Voy. *Gall. Chrift. ibid.* p. 830. Il n'y est point parlé de l'Abbé *André.* L'on trouve au n.° XV. Jean III. qui mourut en 1287. & au n.° XVI. on lit seulement : *Alberieus II.* 1288. & 1297.

Tome V.

Lettres font faines & entieres, ne chancelées, ne ª affaciées ne corrumpuës en aucune partie de foy; & font efcriptes en cefte forme & en ces paroles.

CHARLES V. à Paris, en Août 1372.

ª effacées.

(1) Nous Marguerite par la grace de Dieu Royne de Jeherufalem & de Cecile, Conteffe de Tonnerre, faifons favoir à tous ceulx qui verront & orront ces prefentes Lettres, que nous regardans & confiderans le grant prouffit de noftre Ville de Levignes, avons quitté & octroié à tousjours mais perpetuelment, à tous nos Bourgois & à toutes nos Bourgoifes, Clers & (g) Prevoires de ladicte Ville de Levignes, les ᵇ efchoetes de culx & de leurs hoirs, lefquelles l'on appelle main-morte; en telle maniere que d'orefenavant, nous voulons que les dictes efchoetes aviegnent au plus prouchain hoir.

ᵇ *fucceffions.*

(2) De rechief nous leur avons donné, quitté & octroié pour commune pafture, les ᶜ prés de nos bois de Levignes, que l'on dit les bois Monf. Eude; après nous leur avons quitté & octroié la pafture en tous nos bois de Levignes, après la cinquiefme (h) füeille; en telle maniere que fe aucune ou plufeurs de leurs beftes, y eftoit trouvée paiffant devant la cinquiefme füeille, & ᵈ fens garde, il paieront à nous ou à ceulx qui caufe auront de nous, douze Deniers d'Amende pour la befte; & fe befte y eft trouvé & à ᵉ garde faite, il paieront pour la ᶠ beftefte, douze Deniers, & la garde paiera cinq Solz d'Amende; enfemble le domaige; & fe il avenoit que befte y fuft trouvée qui fut ᵍ adirée, & cil qui l'auront en garde ou cil ʰ cui la befte feroit, le vouloit jurer; c'eft affavoir, que elle fuft adirée, nous voulons que ils foient quitte de l'Amende.

ᶜ *appar. étants auprès de nos bois.*
ᵈ *fans qu'elles fuffent gardées.*
ᵉ *fi elle eft gardée par quelqu'un.*
ᶠ *befte.*
ᵍ *égarée. Voy. le Gloffaire de du Cange, au mot, adirare.*
ʰ *à qui.*

(3) De rechef nous leur avons donné, quitté & octroié leur ⁱ ufaige par tous nos bois du ᵏ finaige de Levignes, à toutes chofes; fors que au Chefne & au (i) Fol, & fe il avenoit que aucuns ou plufeurs d'eulx, fuffent trové copant & prenant le Fol ou le Chefne, ˡ d'aucun de nos Sergens, cilz qui ainfi feroit trovez, paiera cinq Sols d'Amende.

ⁱ *le droit de prendre du bois pour fa provifion.*
ᵏ *Jurifdiction.*
ˡ *par aucun.*

(4) Avec ce, nous leur avons octroié & donné, que fe li bois portoit (k) peffon, que il y puiffent envoier leurs Porcs, ᵐ pour deniers paiant le Porc de ⁿ Panaige; & l'ufaige en nos bois, fi comme il eft deffus dit, nous voulons que il aient ᵒ par telle reddevance comme il doyvent.

ᵐ *en payant un Denier pour Porc.*
ⁿ *c'eft la même chofe que paiffon.*
ᵒ *en payant la redevance.*

(5) De rechief, nous leur avons donné & octroié, que il puiffent eflire entre eulx chafcun an, quatre Preudes-hommes, liquel feront le ferement de pardevant noftre Bailli qui pour le temps fera, que bien & loyaument il garderont noftre droit & le droit de la Ville; & fe il avenoit que noftre Prevoft ᵖ tenift aucun de eulx ou de leurs biens, nous voulons que les dis quatre Preudes-hommes Jurez aient povoir de ᑫ querir la recreance, & que noftre Prevoft foit tenus ʳ dou faire, ˢ fe la recréance fi affiert.

ᵖ *tint quelques habitants prifonniers, ou leurs biens faifis.*
ᑫ *de demander la liberté de l'habitant & la levée de la faifie des biens.*
ʳ *de la faire.*
ˢ *s'il y a lieu à la recréance.*
ᵗ *p. R. pourveu.*
ᵘ *donner des ôtages ou des cautions de comparoître en Juftice.*
ˣ *rapt.*
ʸ *pour.*
ᶻ *changer.*

(6) Après nous leur avons octroié & donné, que nuls d'eux ne puiffe eftre prins ne mis en noftre prifon ᵗ par que il vuille ᵘ oftaiger d'efter à droit; fe n'eft en trois cas; c'eft affavoir, pour ˣ rat, pour murtre & pour larrecin; & quant noftre Prevoft fera jugement, il appellera les quatre Jurez; les trois ou les deux, ʸ à prendre confeil à eux, fe Partie le requiert.

(7) Et avec tout ce, nous leur avons donné & octroié, que la Communaulté de ladicte Ville eflife les Meffiers, & les prefentera à noftre Prevoft, pour recevoir le ferement; & les pourra ladicte Communauté ᶻ remuer à la Touffains & à Pafques.

NOTES.

(g) *Prevoires.*] On difoit auffi *Provaires.* Ces mots fignifient des Prêtres. Voy. le 1.ᵉʳ Vol. des Ordonn. p. 714. Note (d).

(h) *Füeille.*] C'eft-à-dire, après que les Arbres auront pouffé des füeilles pendant cinq ans. Voy. le Gloffaire du Droit François, au mot, *Feüille.*

(i) *Fol.*] Cet arbre eft auffi nommé *Fau, Fou, Fouteau,* & plus communément, *Haiftre.* Ces premiers mots viennent de *Fagus.* Voy. le Dictionn. Etymolog. de Mefnage, au mot, *Fouteau.*

(k) *Peffon.*] Le Gland qui provient du Chêne, & la Faine qui provient du Heftre, qui fervent de pafture aux Porcs. Voyez le Gloffaire du Droit François, au mot, *paiffon.*

Lesquelles choses dessus dictes nous voulons & confermons, sens jamais aler encontre par nous ne par autre; [a] ainçois les promettons à tenir & garder fermement par nous, par nos hoirs & par nos successeurs, lesquelx expressement nous obligons à ce. Et pour ce que ce soit ferme chose & estable, nous avons donné ces Lettres scellées de nostre seel, escriptes en Mauve, en l'an de grace mil deux cens quatre vins & onze, ou mois de Novembre.

En tesmoignage de laquelle Lettre & duquel transcript, nous dessus dis Abbés, avons mis [b] nous seaulx en l'an de grace mil deux cens quatre vins & treze, ou mois de Novembre.

CHARLES V.
à Paris, en Août 1372.
a au contraire.

Vidimus des trois Abbés.
b nos.

Et pour ce que les dictes Lettres Originales de ladicte Royne & Contesse, estoient & sont [c] damaigées & empirées en aucune partie, par deffaut de bonne garde, si & par telle maniere que aucunes petites pieces en estoient [d] cheustes par pourriture, & par ce que elles avoient esté & demouré trop longement en un certain mur où elles avoient esté mises pour [e] doubte des guerres, de feu & d'autres perils, si comme Nous avons entendus, combien que le seel d'icelles Lettres Originaulx fust & soit sain & entier, comme dessus est dit, nous avons fait faire collation dudit Vidimus, à [f] l'encontre des dites Lettres Originaulx, en la presence de nostre amé & feal Chancelier, & d'autres de nostre Conseil, par nostre amé & feal Clerc & Notaire, Maistre Johan Greelle; & a esté trové que toutes les choses qui sont contenuës oudit Vidimus, s'entresuyvent à celles qui sont contenuës ès dictes Lettres Originaulx, de sentence, de matiere & d'effect; & d'abundant avons veu un autre Vidimus des dictes Lettres Originaulx, à Nous exhibé sain & entier de seel & d'escripture, tout [g] autel & sur telle forme [h] est l'autre Vidimus cy-dedans encorporé, fait & seellé du seel de la Prevosté de Levignes, de la date du Dymanche après la Feste de S.t Pierre & S.t Pol, ou mois de Juillet, l'an mil ccc. soixante cinq. Si Nous ont humblement fait supplier les Bourgois & habitans de ladicte Ville de Levignes, que comme de tous les poins contenus ès dictes Lettres Originaulx de ladicte Royne & Contesse, & oudit Vidimus d'icelles dessus transcript, il aient joy & usé paisiblement, jusques à ores, sens aucun [i] en empeschement, & encores usent & joyssent paisiblement, que nous sur ce leur vüeillons pourvoir de remede [k] & convenable, afin que se ores ou autrefois ou temps avenir, ils estoient contrains ou [l] approchés de exhiber leurs dictes Lettres Originaulx, en jugement ou dehors, que l'on ne peust impugner icelles Lettres, ne par consequent les empescher ès poins contenus en ycelles Lettres ou en aucun d'iceulx. Nous adcertes, eu regart & consideracion ès choses dessus dictes,& à ce que les dis supplians & leurs predecesseurs dont il ont cause, ont joy & usé de si lonc temps qu'il n'est memoire du contraire, des dictes Lettres Originaulx de la Royne & Contesse, & des choses qui y sont contenuës, & encores joissent & usent paisiblement, comme dit est, si comme iiz dient, avons volu & octroié, voulons & octroions auxdis Bourgois & habitans, & à leurs hoirs & successeurs & ayans cause de eulx, de grace especial & de nostre auctorité Royal, que ces presentes Lettres leur [m] vaillant tout autant & leur soient d'aussi bonne valeur, comme vauldroit & pourroit valoir ledit Original des dictes Lettres de ladicte Royne & Contesse, s'il estoit sain & entier & sans aucune [n] corrusion; & de plus grant grace, toutes les choses cy-dessus contenuës & chascune d'icelles en tout, comme les dis habitans en ont joy & joissent paisiblement, comme dit est, louons, approuvons, ratifions, se [o] mestier est, & confermons: Mandons aus Bailliz de Sens & d'Aucerre, de Troies & de Chaumont, & à tous les autres Justiciers & Officiers de nostre Royaume, à leurs Lieuxtenans, presens & avenir, & à chascun d'eulx, que de nostre presente [p] & confermacion, facent, seuffrent & lessent joïr & user paisiblement les dis Bourgois & habitans, leurs hoirs & successeurs, sens les contraindre, molester ou empescher, ne faire ou seuffrir estre contrains, molestez ou empeschez au contraire en aucune maniere; ainçois, se aucune chose est faicte, attemptée ou innovée au contraire, si la remettent & facent remettre au premier & deu estat, [q] tantost & sans delay. Et que

Suite des Lettres de Charles V.
c endommagées.
d tombées.

e crainte.

f sur.

g tel.
h qu'est.

i ce mot est inutile.
k ce mot est inutile.
l assignez pour.

m vaillent.

n appar. corrusion.

o besoin.

p grace.

q aussitôt.

Tome V.   Ttt ij

516   ORDONNANCES DES ROIS DE FRANCE

a à. ce soit chose ferme & estable à tousjours mais, Nous avons fait mettre nostre seel[a] ces presentes Lettres: Sauf en autres choses nostre droit, & en toutes l'autrui. Donné à Paris, ou mois d'Aoust, l'an de grace mil trois cens soixante douze, & le IX.e de nostre Regne.

Par le Roy, à la relation du Conseil. J. GREELE.   Visa.

CHARLES V. au Château du Bois de Vincennes, le 3. de Septembre 1372.
b C'est un Arrêt du Parlement.

(a) Lettres qui ordonnent que les procès de l'Archevêque de Tours & de ses Officiers, seront portez sans moyen devant le Parlement, & que ceux de ses sujets seront portez en premiere instance devant le Bailli des Exemptions de Touraine, d'Anjou & du Maine.

[b] KAROLUS, &c. Notum facimus universis tam presentibus quam futuris, quod, ad Requestam dilecti & fidelis Consiliarii nostri, (b) Archiepiscopi Turonensis, die date presencium, lecte & publicate fuerunt in Camera Parlamenti nostri Par. ac in Registris ejusdem Parlamenti, de precepto nostre Curie registrate alie Littere nostre in filis sericis & cera viridi sigillate, quarum tenor sequitur sub hiis verbis.

CHARLES par la grace de Dieu Roy de France. Savoir faisons à tous presens & avenir, que comme nostre amé & feal Conseiller, l'Arcevesque de Tours maintiengne & ait tousjours maintenu, que lui & ses predecesseurs Arcevesques de Tours, leurs
c Ministres.   Officiers, familiers & [c] Menistres, aïent acoustumé à ressortir & plaidoïer en nostre Court de Parlement sanz aucun moïen, en demandant & en defendant, comme pardevant Traicteurs esleuz, sanz ressortir ne plaidoïer pardevant aucun autre Juge temporel de nostre Royaume, soit Royal ou autre, créé de Nous ou d'autres quelconques aïans povoir à ce; & aussi que il a acoustumé lui & ses predecesseurs, com-
d besoin.   paroir & soy presenter, quant [d] mestier est, en nostre dicte Court de Parlement, par
e Voy. le 3.e Vol. de ce Rec. p. 86. Note (o).   les Gens de ses [e] Robes & de son Hostel, sans aucune procuration; & que de ces choses lui & ses predecesseurs Arcevesques de Tours, en ont esté en saisine & possession d'estre par Nous gardez, par si lont temps qu'il n'est memoire de homme au contraire, & qu'il souffit à bonne saisine & possession avoir acquis & retenu; néant-
f Voy. cy-dessus, p. 428.   moins le [f] Bailli des ressors & Exemptions de Touraine, d'Anjou & du Maine, & nostre Procureur General, ou mois de Juillet darrenierement passé, se complainguirent en nostre dicte Court de Parlement, en disant que en la Juridicion dudit Arcevesque, de ces familiers, subgiez & Menistres, qui audit Bailli appartenoit, si comme il disoit, il estoit troublez & empeschiez, & que ledit Arcevesque lui avoit fait faire inhibicion & defense de par Nous, par vertu de certainnes Lettres par lui, les Doyen & Chapitre de l'Esglise de Tours, de Nous ou de nostre Court empetrées, que des Causes dudit Arcevesque, de ses Officiers, familiers, subgiez & Menistres, ledit Bailli ne congneust, jusques à tant que sur ce seust autrement ordené par nostre dicte Court; laquelle chose, ainsi comme ledit Bailli & nostre dit Procureur disoient, estoit & redundoit, & encores pourroit plus estre & redunder en nostre grant prejudice & lésion de Justice, & de noz autres subgiez & habitans des diz païs, se sur ce n'estoit par Nous pourveu de remede convenable; & pour cause & occasion de ce, nostre dicte Court de Parlement, Parties oyes, eust ordené que ledit Bailli des Causes touchant ledit Arcevesque, ses Officiers, familiers, subgiez & Ministres, comme nostre Juge de droit commun compettant, des lors en avant congneust deuëment, comme
g donneroit.   Coustume [g] donroit; nonobstant ladicte inhibicion, ledit Arcevesque depuis, après
h connoissance.   que ces choses viendrent à sa [h] notice, lui estant en la Court de Romme pour les

NOTES.

(a) Arrêts & Jugez du Parlement de Paris, Registre 22. fol.e 27. v.e

(b) Archiepiscopi Turonensis.] Il se nommoit Simon Renulphus, (de Renoul.) Voy. Eccles. Turon. à Joann. Maan. p. 150.

negoces de son Eglise, Nous ait fait recommander par noftre Saint Pere le ᵇ Pape, les franchifes, Noblefces & Libertez de fa dicte Eglife, lefquelles noftre dit Saint Pere le Pape difoit & affirmoit eftre telles, comme dit eft, par fes Lettres, & Nous prioit moult affectueufement que Nous les voulfiffions garder & maintenir, & acroiftre en noftre temps, & pourvoir fur ce, comme à Nous appartient, à la paix & tranſquillité de ladicte Eglife: Pourquoy Nous aujourd'uy eftanz en noz plaines Requeftes, oyes les rappors & relacions de plufeurs Notables de noftre Confeil, auxquelx Nous adjouftons plaine foy, qui Nous ont tefmoigné & dit que de leur temps, ilz ont toufiours oy & veu plaidoïer & reffortir en noftre Court de Parlement, nuëment & fanz moyen, ledit Arcevefque, fes Gens & Officiers que il vouloit advoüer, & qui chéoient en adveu; & auffi ont veu que fes Gens fe prefentoient en noftre dicte Court par Robes, & que ainfi en a joy & ufé; mais que de fes hommes & autres fubgès n'eftoit ᵉ par ainfi: Tout confideré, & eu fur ce advis & bonne ᵈ diliberation de noftre dit Confeil, de noftre certaine fcience, auctorité & poiffance Royal & grace efpecial, avons declairié & ordené, declarons, ordenons & voulons, que de cy en avant perpetuelment à toujours maiz, ledit Arcevefque & fes Officiers, prefens & avenir, que il vouldra advoüer & qui charront en adveu, plaidoieront en demandant & en defendant, en touz cas & en toutes leurs Caufes, tant conjointement que divifeement, en noftre Court de Parlement fanz aucun moyen; & que ledit Arcevefque ne fes fucceffeurs ne font ne feront tenuz de plaidoïer, refpondre ou reffortir devant aucun autre Juge temporel de noftre Royaume, fe ilz ne leur pleft; & quant eft de fes hommes & autres fubgez, ilz refpondront & feront tenuz de refpondre en cas de Souveraineté & de reffort, devant noftre dit Bailli des Exempcions & reffors de Touraine, d'Anjou & du Maine; nonobftant l'Ordennance & toutes les autres chofes deffus dictes, lefquelles chofes, & tout ce qui en peut ou pourroit enfuir au contraire de cefte noftre prefente Ordenance & déclaracion, Nous mectons du tout au néant, & voulons cefte noftre prefente declaracion & Ordenance valoir, tenir, & eftre gardée à toujours maiz perpetuelment fanz enfraindre; & adfin que ledit Arcevefque & fes fucceffeurs foient perpetuelment tenuz & obligez Dieu prier pour touz noz Predeceffeurs, pour noftre très chiere Compaigne la Royne, pour nos Enfens & noz Succeffeurs, Nous avons fur les chofes deffus dictes impofé & impofons à noftre dit Procureur & audit Bailli des dictes Exempcions & reffors, & à touz autres, prefens & avenir, filence perpetuel; & donnons en Mandement par ces prefentes, à noz amez & feaulx Gens qui tendront noftre Parlement prouchain & avenir, à noftre devant dit Procureur, audit Bailli des Exempcions & reffors deffus dis, & à tous autres Jufticiers & Officiers de noftre Royaume, prefens & avenir, & à leurs Lieuxtenans, & à chafcun d'eulx, fi comme à lui appartendra, que perpetuelment il facent, laiffent & feuffrent ledit Arcevefque & fes fucceffeurs, joïr & ufer paifiblement de noftre prefente declaracion, Ordenance & grace, fanz les empefchier ne molefter, ne fouffrir eftre empefchiez ne moleftez au contraire. Et que ce foit ferme chofe & eftable à toujours, Nous avons fait mectre noftre feel à ces prefentes Lettres: Sauf en autres chofes, noftre droit, & l'autruy en toutes. *Donné en noftre Chaftel du Bois de Vincennes, le tiers jour du mois de Septembre, l'an de grace mil trois cens foixante & douze, & de noftre Regne le neuvieme.*

Sic fignata. Par le Roy, en fon Confeil. J. TABARI.   Vifa.

CHARLES V.
au Château du Bois de Vincennes, le 3. de Septembre 1372.
ᵃ *affaires.*
ᵇ *En 1372. c'étoit Gregoire XI. qui fiegeoit.*

ᶜ *pas.*
ᵈ *déliberation.*

Quocirca Baillivo noftro Exempcionum & reffortorum Turonenfium, Andegavenfium & Cenomanenfium, in fuprafcriptis Litteris noftris nominato, ceterifque Jufticiariis & Officiariis Regni noftri, aut eorum Locatenentibus, & eorum cuilibet, prout ad ipfos & eorum quemlibet pertinuerit, damus ferie prefencium in mandatis, fi necefſe fuerit committendo, quatenus fuprafcriptas Litteras noftras in eorum Affifis, & aliis locis publicis ad hoc fieri confuetis, legi & publicari faciant, dum fuper hoc fuerit requifiti. Quod ut firmum & ftabile perpetuo perfeveret, prefentes Litteras figilli noftri munimine juffimus roborari: Salvo in aliis jure noftro, & in omnibus quolibet alieno. Datum & actum Parifius,

Suite de l'Arrêt du Parlement.

518   Ordonnances des Rois de France

in Parlamento nostro, anno Domini millesimo trecentesimo septuagesimo secundo ; & Regni nostri nono, die vigesima octava mensis Marcii.

Sic signata. *Per Cameram.* ^a Dyonis.

Collatio facta est. Registrata.

^b Et à tergo dictarum Litterarum , erant scripta verba que sequuntur.

Presentes Littere lecte & publicate fuerunt in Camera Parlamenti ; post quarum publicacionem , Procurator Regius protestatus fuit de substinendo & prosequendo jure Regio loco & tempore oportunis ; Litteris & earum publicacione predictis non obstantibus , Archiepiscopo Turonensi ex adverso protestante. Actum in dicto Parlamento , vigesima octava die Marcii, anno Domini millesimo trecentesimo septuagesimo secundo.

^a il y a une marque d'abbreviation sur la fin de ce mot.
^b il y a une marque de renvoy à côté de ces mots. Il n'y en a point dans le Texte, auquel elle reponde.

CHARLES V. à Paris, le 3. de Septembre 1372.

(a) Lettres qui ordonnent que les procez du Doyen & du Chapitre de l'Eglise de Tours, & de leurs Officiers, seront portez sans moyen devant le Parlement; & que les procez de leurs sujets, seront portez en premiere instance, devant le Bailly des Exemptions de Touraine, d'Anjou & du Maine.

^c C'est un Arrêt du Parlement.

^c *K*AROLUS *Dei gratia Francorum Rex. Notum facimus universis tam presentibus quam futuris , quod ad Requestam dilectorum nostrorum , Decani & Capituli Ecclesie Turonensis , die date presencium , lecte & publicate fuerunt in Camera Parlamenti nostri Par. ac in Registris ejusdem Parlamenti de precepto nostre Curie registrate alie Littere nostre in filis sericis & cera viridi sigillate , quarum tenor sequitur sub hiis verbis.*

Charles par la grace de Dieu Roy de France. Savoir faisons à touz presens & avenir, que comme noz bien amez Doïen & Chapitre de l'Eglise de Tours, aient touzjours maintenu & encores maintiennent, que eulx, leurs Officiers & familiers & subgiés, conjointement & diviséement, & pour tant comme à chascun touche, ont acoustumé à ressortir & plaidoïer, en demandant & en defendant, sanz moïen en nostre Court de Parlement comme pardevant Traicteurs , & ne sont tenuz de ressortir ne plaidoïer pardevant aucun autre Juge temporel de nostre Royaume, soit Royal ou autre, pour quelconques Cause, & leurs hommes & autres subgiés, devant eulx & leurs Juges & Officiers, & en cas de Souveraineté & de Ressort, en nostre dit Parlement ; & que de ce il avoient joy & usé par eulx & leurs ^d predecesseurs, par tant de temps qu'il n'est memoire du contraire, ou que il souffisoit ^e soufsi à bonnes possession & saisine avoir acquise & retenir ; mais pour ce que le Bailli & Officiers qui pour le temps estoient pour Nous en Touraine, les empescherent ja pieça au contraire, & s'efforcerent de avoir la congnoissance de eulx, de leurs familiers, Officiers, hommes & subgiés, & de leurs Causes d'Appel, plait & procès fust meu, qui longuement a duré, & qui pent encores en nostre Court de Parlement, tant en Causes d'Appeaulx, que de injures, excès, attemptas, & plusieurs autres deppendans des diz Appeaulx faiz par les diz Doyen & Chapitre, dudit Bailli ou son Lieutenant à Nous, en nostre dicte Court de Parlement, sur ce que, combien qu'il soient & se dient estre exemps de la Juridicion dudit Bailli & de ses Officiers, sans qu'il soient de la Juridicion & ressort, ne ne doient ressortir que à Nous & à nostre dicte Court, eulx, leurs hommes de corps, Officiers & subges, & de ce eulx sont en bonne possession & saisine par tant de temps qu'il n'est memoire du contraire, & qu'il doit & peut souffrire en tel cas, & sanz contradicion aucune aient usé ainsi de ladicte exempcion, & par le temps dessus dit, touteffoiz ledit Bailli s'est efforcé, & de jour en jour s'efforce ou ^f veul efforcier de les contraindre de ressortir & respondre pardevant lui, & d'en avoir le ressort & la congnoissance, &

^d *predecesseurs.*
^e *& suffit.*
^f *veut.*

Note.

(a) Arrêts & Jugez du Parlement de Paris, Registre 22. fol.° 12. R.°

DE LA TROISIÉME RACE. 519

quelles Caufes eulx appointés à baillier leurs articles à fin principal, à l'encontre de noftre Procureur, les aient bailliez & offers à ladicte Court; & jafoit ce que plufieurs informacions aïent efté faictes fur les dis ufaiges par ladicte Court, a efté ordonné que les diz Doïen & Chapitre monftreront pour toutes ^a dilacions à la Court, dedans les ^b jours de Touraine du prouchain Parlement avenir, touz leurs privileges defquiex il fe veulent aidier en cefte partie, & procederont ès dictes Caufes, fi ^c cuident qui leur appartiengne; ou autrement, ladicte Court ^d prouverra fi comme fera à faire de raifon fur ce; & que cependant le Bailli des nouveaux reffors de Touraine, qui s'efforce de eulx faire reffortir pardevant lui ou fon Lieutenant, congnoiffe de toutes leurs Caufes & de leurs fubgiez, hommes de corps & Officiers, fi comme ès Lettres fur ce faictes, ce puet plus à plain apparoir: Nous au jour d'uy eftans en noz plaines Requeftes, oyes les relacions & rapports de plufieurs Notables & Gens de noftre Confeil, aufquieux Nous adjouftons plaine foy, qui Nous ont tefmoigné & dit, que de leur temps il ont toufjours oy & veu plaidoïer & reffortir en noftre Parlement, nuëment & fanz moyen, les diz Doyen & Chapitre, les Gens de leurs Eglife & Officiers que il & chafcun d'eulx vouloient advoër & qui chéoient en adveu, & que ainfi en ont joy & ufé; mais que de leurs hommes & autres fubgiès, n'eftoit pas ainfi: Tout confideré, & eu fur ce advis & bonne deliberation en noftre dit Confeil, de noftre certaine fcience, auctorité & puiffance Royal & grace efpecial, avons déclairé & ordonné, déclarons, ordennons & voulons, que de cy en avant, perpetuelment & à toufjours mais, yceulx Doyen & Chapitre, & leurs Officiers prefens & advenir, que eulx & chafcun d'eulx vouldront advoüer & qui cherront en adveu, plaidoient en demandant & en deffendant, en touz cas & en toutes leurs Caufes, tant conjointement que divifeement, en noftre Court de Parlement fanz aucun moyen, & que eulx ne leurs fucceffeurs ne font ne ne feront tenuz de plaidoïer, refpondre ou reffortir devant aucun autre Juge temporel de noftre Royaume, fe il ne leur plaift; & quant eft de leurs hommes & fubgiès, ils refpondront & feront tenus de refpondre en cas de Souverainneté & de reffort, devant noftre dit Bailli des Exempcions & reffors de Touraine, d'Anjou & du Maine; nonobftant les plaiz, procès, appointemens, appelacions fur ce faictes & encommenciées, adjournemens, Arrès, Commiffion, Ordenance, & toutes & ^e chafcun les autres chofes deffus dictes; lefquelles chofes, & tout ce qui en peut ou pourroit enfuir au contraire de cefte noftre prefente Ordennance & declaracion, Nous mectons du tout au néant, & voulons cefte noftre prefente declaracion & Ordenance valoir, tenir & eftre gardée à toufjours mais perpetuelment fanz enfraindre; & adfin que yceulx Doïen & Chapitre, les perfonnes fingulieres de leur Eglife & leurs fucceffeurs, foient perpetuelment tenuz & obligiés Dieu prier pour touz noz Predeceffeurs, pour Nous, pour la Royne noftre très chere compaigne, noz Enfans & noz Succeffeurs, Nous avons fur les chofes deffus dictes impofé & impofons à noftre dit Procureur, audit Bailli des dictes Exempcions & reffors, & à touz autres prefens & avenir, filence perpetuel: Et donnons en Mandement par ces prefentes, à noz amez & feaulx Gens qui tendront noftre Parlement prochain avenir, à noftre devant dit Bailli des Exempcions & reffors deffus diz, & à touz autres Jufticiers & Officiers de noftre Royaume, prefens & avenir, & à leurs Lieutenans, & à chafcun d'eulx, comme à lui appartiendra, que perpetuelment eulx facent, fueffrent & laiffent les diz Doyen & Chapitre, joïr & ufer paifiblement de noftre prefente déclaration, Ordenance & grace, fanz les empefchier ne ^f mouleftez, ne fouffrir eftre empefchiez ou moleftez au contraire. Et que ce foit chofe ferme & eftable à toufjours, Nous avons fait mectre noftre feel à ces prefentes: Sauf en autres chofes noftre droit, & l'autrui en toutes. *Donné en noftre Chaftel du Bois de Vincennes, le tiers jour de Septembre, l'an de grace mil trois cens foixante & douze, & de noftre Regne le neuvieme.*

Sic fignata. *Par le Roy,* en fon Confeil. J. TABARI.

Et à tergo dictarum Litterarum, erant fcripta verba que fequuntur.

Prefentes Littere lecte & publicate fuerunt in Camera Parlamenti; poft quarum

CHARLES V.
à Paris, le 3. de Septembre 1372.
a *délais.*
b *les Jours où l'on plaide le Rôle & les affaires de la Touraine.*
c *croyent.*
d *app. pouvoira.*

e *chacunes.*

f *molefter.*

ORDONNANCES DES ROIS DE FRANCE

a Turon. R.
Suite de l'Arrêt du Parlement.
b Ce qui suit est conforme à ce qui se lit cy-deſſus, p. 517.
c il y a une marque d'abreviation ſur la fin de ce mot.

publicacionem, Procurator Regius proteſtatus fuit de ſubſtineudo & proſequendo jure Regio, loco & tempore oportunis ; Litteris & earum publicacione predictis nonobſtantibus ; Decano & Capitulo *a* Turonenſi proteſtantibus ex adverſo. Actum in dicto Parlamento, decima tertia die Januarii, anno milleſimo trecenteſimo ſeptuageſimo ſecundo.

b Quocirca, &c. Datum & actum Pariſius, in Parlamento noſtro, anno Domini milleſimo trecenteſimo ſeptuageſimo ſecundo, & Regni noſtri nono, die decima quarta menſis Januarii. Per Cameram. *c* VILLEM.

CHARLES V. au Château du Bois de Vincennes, le 3. de Septembre 1372.

(*a*) *Lettres qui ordonnent que les procez de l'Evêque & du Chapitre d'Angers, & ceux de leurs Officiers, ſeront portez ſans moyen devant le Parlement ; & que les procez de leurs ſujets, ſeront portez en premiere inſtance, devant le Bailli des Exemptions de Touraine, d'Anjou & du Maine.*

CHARLES par la grace de Dieu Roy de France. Savoir faiſons à tous preſens & avenir ; que comme nos bien amés, (*b*) l'Eveſque d'Angiers noſtre Conſeillier, & le Doïen & le Chapitre d'Angiers, aient touſjours maintenu & encores maintiennent, que eulx, leurs Officiers & familiers, conjointement & diviſement, en tant comme chaſcun touche, ont acouſtumé à *d* reſſortir & plaidier en demandant & en defſendant, ſans moïen en noſtre Court de Parlement, comme pardevant Traitteurs ; & ne ſont tenus de reſſortir ne plaidier pardevant aucun autre Juge temporel de noſtre Royaume, ſoit Royal ou autre, pour quelconques Cauſes, & leurs hommes & autres ſubgés devant eulx & leurs Juges & Officiers, & en cas de Souveraineté & de reſſort, en noſtre dit Parlement ; & que de ce il avoient joy & uſé par eulx & leurs predeceſſeurs, par tant de temps qu'il n'eſt memoire du contraire, ou que il ſouffiſoit & ſouffiſt à bonne poſſeſſion & ſaiſine avoir acquiſe & retenu ; mais pour ce que le Bailliſ & Officiers, qui pour le temps eſtoient pour Nous en Touraine, les empeſcherent la pieça au contraire, & ſe efforcerent de avoir la congnoiſſance d'eulx, de leurs familiers, Officiers, hommes & ſubgès, & leurs Cauſes, plait & proces fut meu, qui longuement a duré & qui peut encore en noſtre Court de Parlement, tant en cas de nouvelleté que de ſimple ſaiſine, & autrement, entre noſtre Procureur General d'une part, & les dis Eveque, Doïen & Chapitre d'autre part ; eſquelles Cauſes a tant eſté procedé, que les dis Eveſque, Doïen & Chapitre ont pieça fait *e* articles, & leſquelles lui furent onques accordés ; & depuis par l'Ordenance de noſtre Parlement, furent baillicz à noſtre dit Procureur, pour faire *f* nos raiſons à l'encontre ; & lequel noſtre dit Procureur apres ce, propoſa en noſtre dicte Court, que yceulx Eveſque, Doïen & Chapitre, *g* ne faiſoient à recevoir pour conduire le cas de nouvelleté dont devant eſt faite mencion, & ladicte Cauſe de ſimple ſaiſine, parce que il diſoit que les cas de l'une des Cauſes, eſtoient ou ſembloient eſtre proprement les cas de l'autre Cauſe, & (*c*) que en leur preiudice & de leur *h* roſſort que il maintenoient avoir en noſtre dit Parlement, ilz tenoient Nous & nos Officiers pour ſaiſis ; & yceulx Eveſque, Doïen & Chapitre diſoient au contraire, & que il faiſoient bien à recevoir, & que l'en peut bien faire en pluſieurs & diverſes années, pluſieurs exploits les uns ſemblables aus autres, dont l'en

d reſſortir.

e Voy. la Tabl. du 4.ᵉ Vol. de ce Rec. au mot, *Articles.*
f ne faudroit-il pas corriger, *ſes raiſons !*
g n'étoient à recevoir.

h reſſort.

NOTES.

(*a*) Treſor des Chartres, Regiſtre 103. PP. 9 vingt 19. (199) & 200.
Il y a apparence que ces Lettres furent enregiſtrées au Parlement, dans la même forme que le furent les deux precedentes.
(*b*) *L'Evêque d'Angiers.*] Dans la *Gall. Chriſt.* 1.ᵉ *Edit. tom.* 2. *p.* 139. l'on trouve

qu'Harduin de Beüil étoit Evêque d'Angers, le 27. de Fevrier 1372. mais à la *page* 350. *col.* 2. on lit que Miles de Dormans predeceſſeur d'Harduin, ne fut transferé à l'Evêché de Bayonne, qu'en 1373.
(*c*) *Que en leur prejudice.*] Il paroît que le Procureur General parle là au nom des Officiers de Touraine, dont il ſoûtenoit les pretentions.

se puet bien faire en plusieurs & diverses années, plusieurs exploits les uns semblables aus autres, dont l'en se puet bien ª doloir des uns en cas de nouvelleté, & des autres en cas de simple saisine, aussi comme il estoit de cestes Causes dont ilz debatoient ; & disoient aussi que nostre dit Procureur ne venoit point à temps, ne ne devoit point estre receu aus dictes choses proposer, parce que il les deust avoir proposées avant que Parties feussent appointées à faire leurs Escriptures ès dictes Causes ; après lesquelles choses, & plusieurs autres dictes & proposées d'une partie & d'autre, nostre dicte Court retint à ordonner sur tout ; & des lors dist & ordonna, que le debat des dictes Causes pendans, Robert le Chat qui estoit lors Lieutenant de nostre devant dit Baillif à Tours, cognoistroit des dictes choses contencieuses par main souveraine ; & pour ce que il sembla aus dis Evesque, Doïen & Chapitre, que il estoient en ce grevés, firent depuis proposer plusieurs raisons affin de ᵇ reppeller ledit Robert le Chat, que il ne demourast Commissaire à cognoistre des choses dessus dictes ; & nostre Procureur & ledit Robert proposerent au contraire ; Parties oyes, nostre dicte Court retint à ordonner sur les choses dessus dictes. Et il soit ainsi que depuis les procès & appointemens dessus dis, sans plus avoir outre procedé, Nous ᶜ ayens fait & créé un nouvel Baillif des Ressors & Exempcions de Touraine, d'Anjou & du Maine, auquel Nous ordonasmes & commeismes à ᵈ cognoistre des dictes choses contencieuses, & des Causes des dis Evesque, Doïen & Chapitre, de leurs Officiers, qui estoient cheus ou porroient cheioir & avenir pendant ledit debat, par main souveraine, & sans prejudice des deuant dictes Causes ; lequel Baillif fist par vertu de ce, appeller pardevant lui à son Siege de Chinon, les dis Evesque, Doïen & Chapitre, & aucuns de leurs Officiers, & par plusieurs fois ᵉ continua sur ce yceulx Evesque, Doïen & Chapitre, qui tousjours protestoient que par ce ᶠ ne l'aprouvoient point à leur Juge, & a procedé avec les dis Officiers, l'une fois par defaut ; & autres fois par ᵍ contumacion ; & depuis la contumacion des dis Evesque, Doïen & Chapitre, pendent le temps d'icelle, ledit Baillif fist ʰ appaller devant lui à son Siege de Tours, les dis Doïen & Chapitre soudainement ; & pour ce que il les avoit ⁱ mus en deffaut indeuëment, selon ce qu'il leur sembloit, ᵏ mis Amende, ˡ fait declaracion en Jugement contre eulx ; dont il appellerent à nostre Court de Parlement, & ᵐ empecerent & firent deuëment executer leur adjournement à nostre Parlement ⁿ darrain passé ; & après ce, empecerent yceulx Evesque, Doïen & Chapitre, de Nous unes Lettres, par lesquelles Nous deffendions, & mandions qu'il feust deffendu à nostre dit Bailli des Exempcions, ou à son Lieutenant, que il ne cogneust ne s'entremeist de cognoistre des Causes des dis Evesque, Doïen & Chapitre, & de leurs Officiers, jusques à ce que nostre Court de Parlement eust ordenné des Causes devant dictes ; au Lieutenant du quel Bailli, tenant lors nos Assises à Chinon, furent nos dictes Lettres & leur contenu fait savoir, & les inhibicions dedens contenuës, faites par un de nos Sergens ; & pour ce que à l'encontre se opposa le Substitut de nostre Procureur oudit Bailliage, fut adjourné à nostre Parlement derrain passé, pour aler avant, & proceder sur les dictes choses comme raison seroit, ouquel Parlement n'a point esté procedé en aucune des dictes Causes ; mais par nostre dicte Court a esté dit & prononcié n'agaires par Arrest, que pour ce que les dis Evesque, Doyen & Chapitre, estoient autresfois venus contre l'Ordenance de nostre dicte Court, sur le fait de ladicte Commission du devant dit Robert le Chat, dont devant est faite mencion, ilz le Nous ᵒ amenderoient de soixante livres Parisis ; & que pendens les procès & plait dessus dis, nostre devant dit nouvel Baillif cognoistra par main souveraine, des choses dessus dictes, sans prejudice des dictes Causes. Nous aujourdui estans en noz plaines Requestes, oyes les relacions & rapports de plusieurs Notables de nostre Conseil, aux quieux Nous adjoustons plaine foy, qui Nous ont tesmoingné & dit, que de leur temps il ont toujours oy & veu plaidier & ressortir en nostre Parlement, nuëment & sans moyen, les dis Evesque, Doïen & Chapitre, les Gens de leur Eglise, & Officiers que ilz & chascun d'eulx vouloient advoüer & ᵖ qu'ilz cheioient en aveu ; & aussi ont veu que leurs Gens se presentoient en nostre dicte

CHARLES V.
au Château du Bois de Vincennes, le 3. de Septembre 1372.
ª plaindre.

ᵇ repousser, empêcher.

ᶜ ayons.
ᵈ connoître.

ᵉ continua de les faire appeller devant lui.
ᶠ ne le reconnoissoient point pour leur Juge.
ᵍ contumace.
ʰ appeller.
ⁱ mis.
ᵏ condamnez à l'Amende.
ˡ &.
ᵐ empeterent, là & plus bas.
ⁿ dernier.

ᵒ payeroient l'Amende.

ᵖ qu'ils

Tome V. Vuu

CHARLES V.
au Château du Bois de Vincennes, le 3. de Septembre 1372.
a *Voy. cy-dessus, p. 516. Note (e) margin.*
b *plaideront.*

Court par ª Robes, & ainsi en ont joy & usé; mais que de leurs hommes & autres subgès n'estoit pas ainsi : Tout consideré, eu sur ce avis & bonne deliberation de nostre dit Conseil, de nostre certaine science, auctorité & puissance Royal & grace especial, avons declaré & ordonné, declarons, ordonnons & volons, que dés-cy-enavant perpetuelment à tousjours mès, yceulx Evesque, Doïen & Chapitre, & leurs Officiers presens & avenir, que eulx & chascun d'eulx voudront advoüer & qui charront en adveu, ᵇ plaidoiont en demandent & en deffendant, en tous cas & en toutes leurs Causes, tant conjointement que divisement, en nostre Court de Parlement sans aucun moyen, & que eulx ne leurs successeurs, ne sont ne seront tenus de plaidier, respondre ou ressortir devant aucun autre Juge temporel de nostre Royaume, se il ne leur plaist; & quant est de leurs hommes & subgès, ilz responderont & seront tenus de respondre en cas de Souveraineté & de ressort, devant nostre dit Baillif des Exemptions & ressors de Touraine, d'Anjou & du Maine; nonobstant les plais, procès, appointemens, appellacions, adjournemens, l'Arrest, Commission, Ordenance, & toutes & chascune les autres choses dessus dictes; lesquelles choses, & tout ce qui en peut ou porroit ensuir au contraire de ceste nostre presente Ordenance & declaration, Nous mectons du tout au neant, & volons ceste nostre presente declaration & Ordenance, ᶜ voloir, tenir & estre gardée à tousjours mès perpetuelment, sans enfraindre; & affin que yceulx Evesque, Doïen & Chapitre, les personnes singulieres de leur Eglise & leurs successeurs, soient perpetuelment tenus & obligiés Dieu prier pour tous noz Predecesseurs, pour Nous, pour la Royne, pour nos Enffans & nos Successeurs, Nous avons sur les choses dessus dictes imposé & imposons à nostre dit Procureur, audit Baillif des dictes Exempcions & Ressors, & à tous autres presens & avenir, silence perpetuel; & donnons en mandement par ces presentes, à nos amés & feaulx Gens qui tendront nostre Parlement prochain & avenir, à nostre devant dit Bailli des Exempcions & Ressors dessus dis, & à tous autres Justiciers & Officiers de nostre Royaume, presens & avenir, & à leurs Lieuxtenans, & à chascun d'eulx, comme à lui appartendra, que perpetuelment eulx facent, sueffrent & laissent les dis Evesque, Doïen & Chapitre, joir & user paisiblement de nostre presente declaracion, Ordenance & grace, sans les empeschier ne molester, ne souffrir estre empeschiés ou molestés au contraire. Et que ce soit ferme chose & estable à tousjours, Nous avons fait mettre nostre Seel à ces presentes : Sauf en autres choses nostre droit, & l'autrui en toutes. ᵈ Donné en nostre Chastel du Bois de Vincennes, le tiers jour de Septembre, l'an de grace mil trois cens soixante & douse, & de nostre Regne le neufvieme.

c *valoir.*

d *à côté de ces mots, il y a à la marge du Registre, correcta.*

Par le Roy, en son Conseil. J. TABARI. *Visa.*

(*d*) *Alia sub consimili forma, sic signata & de eadem data, pro Ecclesia Turonensi.*

NOTE.

(*d*) *Alia.*] Ces Lettres pour l'Eglise de Tours, sont cy-dessus, p. 518. Elles sont semblables pour la decision; mais elles sont trèsdifferentes pour le reste.

CHARLES V.
au Château du Bois de Vincennes, le 3. de Septembre 1372.
e *C'est un Arrêt du Parlement.*

(*a*) Lettres qui ordonnent que les procez de l'Evêque & de l'Eglise du Mans, & ceux de leurs Officiers, seront portez sans moyen au Parlement; & que les procez de leurs sujets, seront portez en premiere instance, devant le Bailli des Exemptions de Touraine, d'Anjou & du Maine.

ᵉ K̄AROLUS *Dei gracia Francorum Rex. Notum facimus universis tam presentibus quam futuris, quod ad Requestam dilectorum ac fidelium, Gonterii Episcopi*

NOTE.

(*a*) Arrêts & Jugez du Parlement de Paris, Registre 22. fol.º 10. v.º

Ces Lettres sont aussi au Tres. des Chartres, Registre 103. P. 206. L'Arrest du Parlement n'est pas dans ce Registre.

DE LA TROISIÉME RACE.

Cenomanensis, Consiliarii nostri, ac Decani & Capituli Ecclesie Cenomanensis, die date presencium, lecte & publicate fuerunt in Camera Parlamenti nostri Par. ac in Registris ejusdem Parlamenti de precepto nostre Curie registrate alie Littere nostre in filis sericis & cera viridi sigillate, quarum tenor sequitur sub hiis verbis.

CHARLES V. au Bois de Vincennes, le 3. de Septembre 1372.

CHARLES par la grace de Dieu Roy de France. Savoir faisons à touz presens & avenir, que de la partie de nostre amé & feal Conseillier, Gontier Evesque, & nos bien amés Doïen & Chapitre de l'Eglise du Mans, Nous a esté exposé en nos plaines Requestes, que comme yceulx exposans & chascun d'eulx, tant conjoinctement comme divisément, à cause & pour raison de ladicte Eglise, aïent esté & soient d'ancienneté, & de tel & si long temps qu'il n'est memoire du contraire, en & soubz nostre protection & sauvegarde especial, & soubz le ressort & Souverainneté de Nous & de nostre Couronne, sans moïen; & entre les autres [a] prerogatives, Nobleces, & anciens usages desquelx les diz exposans & [b] à chascun d'eulx, ont acoustumé à user, iceulx exposans & chascun d'eulx, tant conjoinctement comme divisément, à cause de leur dicte Eglise, aïent acoustumé d'ancienneté & par le temps dessus dit, ressortir, & leurs Causes, drois & actions, tant en demandant comme en defendant, estre demenées pardevant Nous sens aucun moïen, ou pardevant nos amés & feaulx Gens de nostre Grant Conseil ou de nostre Parlement à Paris, comme pardevant Traitteurs en ceste partie; & aussi aïent acoustumé avoir, & aïent eu d'ancienneté & par le temps dessus dit, iceulx exposans & chascun d'eulx, pourtant comme à chascun touche, en leurs terres & [d] sur leurs subgès & hommes, Justice haute, moyenne & basse, & [c] mere & mixte Impere; & aïent acoustumé [d] les Causes d'appellacions faitez d'iceulx exposans, conjointement ou divisément, comme Seigneurs temporelz, & de leurs Seneschaux ou Baillifs, estre demenées & traittées pardevant Nous, ou pardevant nos dictes Gens de nostre grant Conseil ou Parlement, comme pardevant Traitteurs, comme dessus est dit, sans ce que yceulx exposans ou aucun d'eulx, aïent acoustumé ou temps passé, en ou pour quelconques cas, causes ou [e] besongnes d'eulx ou de leur Eglise, devant quelconques nos Justiciers, Juges ou Officiers, ou autres quelconques temporelz de nostre Royaume, estre convenus ou respondre autrement que dessus est dit; & par le temps dessus dit aïent euë & acoustumé avoir les Seneschaus, Baillifs & autres Juges temporelz d'iceulz exposans, seulx & pour le tout, la cognoissance, Juridicion & cohercion des hommes & subgès des dis exposans, tant comme à chascun a appartenu & appartient, sans ce que aucuns nos Juges, Officiers [f] ou autres quelconques temporelx, s'en aïent acoustumé, puissent ou doivent entremectre en aucune maniere; & avec ce, aïent acoustumé yceulx exposans & chascun d'eulx, se comparoir, fonder en Jugement, & estre receus pardevant Nous ou nos dictes Gens de nostre Grant Conseil ou Parlement; c'est assavoir, ycelui Evesque, par un de ses familiers ou Officiers de ses [g] Robes; & yceulx Doïen & Chapitre, par un de leurs Chanoines, sans autre procuracion ou puissance; de toutes lesquelles choses dessus dictes & de chascune d'icelles, yceulx exposans & chascun d'eulx, tant conjointement comme divisément, & en tant comme à chascun d'eulx touche, & leurs predecesseurs en ladicte Eglise du Mans, ont joy & usé par le temps dessus dit, & esté en possession & saisine paisible & sens aucun empeschement; neantmoins nostre amé Jehan de la Tuille, nostre Baillif des ressors & Exempcions des Duchiés d'Anjou & de Touraine, & du Conté du Maine, par Nous nouvellement institué & créé, s'est efforciés & efforce du temps de sa dicte création, yceulx exposans & chascun d'eulx, & leurs hommes & subgès demourans en leurs Terres, traire en Cause & faire convenir pardevant lui; & de fait a donné & donne, & encore s'efforce de donner contre yceulx exposans & leurs diz subgès & hommes, adjournemens, commissions, deffaux & autres explois, en voulant entreprendre & avoir sur yceulx exposans & leurs dis hommes & subgès, Juridicion & cognoissance par maniere de Souveraineté & ressort, ou autrement, contre raison, & en attribuer pardevers lui la cognoissance contre les dessus dictes Libertez,

a *droits.* T. C.

b *ce mot est inutile.*

c *Voy. cy-dessus,* p. 44. Note (z).

d *leurs.* T. C.

e *besognes.*

f *Justiciers.* T. C.

g *Voy. cy-dessus* p. 516. Note (e) margin.

Tome V.   Vuu ij

CHARLES V.
au Bois de Vincennes, le 3. de Septembre 1372.

franchises, Noblecces & anciens usages d'iceulx exposans & de leur dicte Eglise, & en leur grant grief, préjudice & dommage, & de chascun d'eulx; & que jaçoit ce que yceulx exposans, tant conjointement comme divisément, aïent par plusieurs fois empetré plusieurs Lettres de Nous, par lesquelles Nous mandions à nostre dit Bailli, que yceulx exposans & chascun d'eulx, & leur dicte Eglise, il laissast paisiblement joïr & user de leurs dictes Libertés, prérogatives, drois, franchises, Noblecces & anciens usages, & des choses dessus dictes faire, se delaissast & cessast du tout, & ce qu'il avoit fait & attempté au contraire, il rappellast & meist au premier estat & deu; neantmoins ycellui Bailli, en differant tousjours à obéir à nos dictes Lettres, ne s'est désisté ou volu desister, cesser ne délaissier des choses dessus dictes; mais en tenant les diz exposans en ses Assises en sursséances, s'est trais pardevers Nous, & Nous a requis que li, & nostre Procureur General adjoint avec lui en ceste partie,

a *exposans.* T.C. contre yceulx ᵃ exposans & leur dicte Eglise, fussent oïs & receus en ce qu'il vouldroient dire, alleguer & proposer contre yceulx exposans & chascun d'eulx & leur dicte Eglise, en ceste cause; laquelle cause Nous commeismes à nos amés & feaulx

b *les.* T.C. ᵇ Gens de nostre Grant Conseil dessus dis; par lesquelles nos Gens, oïes les dictes

c *sursseroit.* T.C. Parties, la chose fut tellement appointée, que ycelui Bailly se ᶜ soufferroit & désisteroit de tous adjournemens, procès & autres exploiz faire contre yceulx exposans & chascun d'eulx, tant conjointement comme divisément, & leur dicte Eglise & leurs

d *Voy. cy-dessus, p. 519. Note (b).* margin. hommes & subgès, jusques aus ᵈ jours du Bailliage de Touraine de nostre prochain Parlement; & pendent le temps, yceulx exposans & chascun d'eulx, ᵉ doivent

e *devoient.* T.C. & estoient tenus comparoir ès Assises dudit Baillif, pour prendre ladicte surséance;

f *dans l'intervalle.* & ᶠ entredeux, chascune des dictes Parties devoit enseignier, monstrer & ensormer de son droit sommerement & de plain, devant certain Commissaire, qui pour ce devoit estre donné & député par nos dictes Gens, aus dictes Parties; & pour ce que nostre dit Bailli se departi de nostre Court, les Lettres dudit appointement non faites & non expediées, & aussi Commissaires non donné ou député pour faire ladicte information, ne autrement à yceulx exposans sur ce pourveu, Nous ont humblement supplié les diz exposans & chascun d'eulx, que sur ce à eulx & à leur dicte Eglise, veüillons pourveoir de remede convenable : Pourquoy Nous aujourdui estans en nos plaines Requestes, comme dit est, oyes les relacions & rapports de plusieurs notables de nostre Conseil, ausquicx Nous adjoustons plaine foy, qui Nous ont tesmogné & dit, que de leur temps il ont tousjours oy & veu plaidoier & ressortir en nostre Court de Parlement, nuëment & sans moïen, les diz Evesque, Doïen & Chapitre du Mans, les Gens de leur Eglise, & Officiers que ilz & chascun d'eulx vouloient advouer & qui cheoient en aveu; & aussi ont veu que leurs Gens se presentoient en nostre dicte Court par Robes, & que ainsi en ont joy & usé; mais que de leurs hommes & autres subgès n'estoit pas ainsi : Tout consideré, & eu sur ce avis & bonne deliberacion en nostre dit Conseil; attendu aussi que Nous sommes Chanoines de ladicte Eglise, & que nostre très chier Seigneur & Pere que Dieux absoille, y receut le Sacrement de Baptesme, de nostre certaine science, auctorité & puissance Royal & grace especial, avons declaré & ordenné, declarons & ordennons & volons que des-cy en avant perpetuelment à tousjours mès, yceulx Evesque, Doïen & Chapitre, & leurs Officiers presens & avenir, que eulx & chascun d'eulx voudront avouër & qui cherront en aveu, plaidoïeront en demandant & en defsendant, en tous cas & en toutes leurs Causes, tant conjointement comme divisément, en nostre Court de Parlement sens aucun moïen, & que eulx ne leurs successeurs ne font ne seront tenus de plaidoïer, respondre ou ressortir devant aucun autre Juge temporel de nostre Royaume, s'il ne leur plaist : Et quant est de leurs hommes & subgès, ilz respondront & seront tenus de respondre en cas de Souveraineté & de ressort, devant nostre dit Bailli des Exempcions & ressors de Touraine, d'Anjou & du Maine; nonobstans les dis appointemens, & toutes & chascune les autres choses dessus dictes; lesquelles choses, & tout ce que en puet ou pourroit ensuir au contraire de ceste nostre presente Ordonnance & declaracion, Nous meetons du tout au néant, & volons

DE LA TROISIÉME RACE. 525

cette nostre presente declaracion & Ordennance valoir, tenir & estre gardée à tousjours mès perpetuelment, sans enffraindre; & affin que yceulx Evesque, Doïen & Chapitre, les personnes singulieres de leur Eglise, & leurs Successeurs, soient perpetuelment tenus & obligiés Dieu prier pour tous nos Predecesseurs, pour Nous, pour la Roine, pour nos Enffans & nos Successeurs, Nous avons sur les choses dessus dictes, imposé & imposons à nostre dit Procureur, audit Baillif des dictes Exempcions & ressors, & à tous autres presens & avenir, silence perpetuel; & donnons en Mandement par ces presentes, à nos amés & feaulx Gens qui tendront nostre Parlement prochain & avenir, à nostre devant dit Bailli des Exempcions & ressors dessus diz, & à tous autres Justiciers & Officiers de nostre Royaume, presens & avenir, & à leurs Lieuxtenans, & à chascun d'eulx, comme à lui appartiendra, que perpetuelment ilz facent, sueffrent & laissent les dis Evesque, Doïen & Chapitre joïr & user paisiblement de nostre presente déclaration, Ordennance & grace, sans les empeschier ne molester, ne souffrir estre empeschiés ou molestés au contraire: Et que ce soit ferme chose & estable à tousjours, Nous avons fait mettre nostre seel à ces presentes: Sauf en autres choses nostre droit, & l'autrui en toutes. Donné au Bois de Vincennes, le tiers jour de Septembre, l'an de grace mil trois cens soixante & douze, & de nostre Regne le neuvieme.

CHARLES V.
au Bois de Vincennes, le 3. de Septembre 1372.

Sic signata. Par le Roy, en son Conseil. J. TABARI.   Visa.
Et à tergo dictarum Litterarum, erant scripta, verba que sequuntur.

Presentes Littere lecte fuerunt & publicate in Camera Parlamenti; post quarum publicacionem, Procurator Regius protestatus fuit de substinendo & prosequendo Jure Reg. loco & tempore oportunis; Litteris & earum publicacione predictis nonobstantibus; Episcopo ac Decano & Capitulo Cenomanensibus, protestantibus ex adverso. Actum in dicto Parlamento decima tertia Januarii, anno millesimo trecentesimo septuagesimo secundo.

Quocirca Baillivo nostro Exempcionum & ressortorum Turonensium, Andegavensium & Cenomanensium, in suprascriptis Litteris nominato, ceterisque, ᵃ &c. Datum & actum Parisius, in Parlamento nostro, anno Domini millesimo trecentesimo septuagesimo secundo, & Regni nostri nono, decima tertia die mensis Januarii. Per Cameram. ᵇ VILLEM.

Suite de l'Arrêt du Parlement.
a la formule qui suit, est conforme à celle qui est cy-dessus, p. 517.
b Il y a une marque d'abreviation sur la fin de ce mot.

(a) Lettres qui confirment les habitants de Milhaud, dans le privilege de ne point payer d'Impôts pendant un certain temps, & de ne pouvoir être jugez hors de leur Ville.

CHARLES V.
au Bois de Vincennes, le 3. de Septembre 1372.

CAROLUS Dei gratia Francorum Rex. Senexcallo Carcassonæ, & Vicario ᶜ Giniaci, vel eorum Locatenenti, cæterisque Officiariis nostris, has Litteras visuris: Salutem. Dilecti nostri & fideles Consules Villæ nostræ ᵈ Amiliani, Senescalliæ Ruthenensis, nobis graviter sunt conquesti, quod licet, tam per charissimum Germanum nostrum, Ducem Andegavensem, Locumtenentem nostrum in ᵉ Partibus Occitaniæ, quam etiam per Nos, datæ & concessæ fuerunt, Immunitates & privilegia eisdem Consulibus & habitatoribus dictæ Villæ, (a) non solvendi aliquas Thalias seu Collectas ordinarias seu extraordinarias, ad & per certa tempora nondum elapsa; & non debere trahi seu evocari extra Villam predictam, quæ per Senescallum nostrum Ruthenensem dudum fuerunt jurata, de mandato nostro servaturum; nihilominus dictus Senescallus, tam per se quam

c Giniac. Voy. cy-dessus, p. 212. Note (b).
d Milhaud. Voy. cy-dessus, p. 291. Note (b) marg.
e Languedoc.

NOTES.

(a) La Copie de ces Lettres a été envoyée de Montauban, dans la forme marquée cy-dessus, p. 291. Note (a).
(b) Non solvendi.] Voy. sur ce 1.ᵉʳ privilege, cy-dessus, p. 291. A l'égard du second,

je n'ai rien trouvé de precis dans les differentes Pieces sur Milhaud, qui sont dans ce Volume. Ce second privilege peut être compris tacitement dans la confirmation de tous les privileges de Milhaud, sur laquelle Voy. cy-dessus, pag. 293. 1. Voy. aussi l'art. IV.

Vu u iij

CHARLES V.
au Bois de Vincennes, le 3. de Septembre 1372.

a Villefranche en Roüergue, Diocése de Rodez. Voy. le Diction. univ. de la France, au mot, Villefranche.
b Journée de chemin. Voy. le Glossaire de du Cange, au mot, Dieta 2.
c Il y a dans la Copie, *euuacoem*, avec deux marques d'abbreviation.
d Libertatum.
e fort. supplicarunt.
f visis.
g indilate.
h præmissorum.
i Requestis.
k Il y a grande apparence que ce nom est défiguré.

per alios Officiarios per ipsum deputatos, nititur vexare & compellere dictos Consules & habitatores, ad solvendum aliqua per eum seu de ejus mandato ipsis imposita vel indicta; ipsosque citari apud *a* Villam-Francam Ruthenensem, quæ distat à dicta Villa Amiliani, per duas *b* dietas vel circa, & sub certis pœnis; quod est in ipsorum conquerentium præjudicium atque damnum, & *c* dictarum *d* Litterarum & privilegiorum suorum; super quibus *e* supplicatur sibi per Nos provideri de remedio opportuno. Quocirca Nos attendentes quod facta & concessa per Nos, & dictum Germanum nostrum tanquam nostrum Locumtenentem, firma & illibata esse debent & etiam observari, vobis & vestrum cuilibet in solidum, mandamus quatenus dicto Senescallo Ruthenensi, & quibuscumque aliis per ipsum deputandis vel deputandis, inhibeatis ex parte nostra, sub certis pœnis Nobis applicandis; quibus Nos etiam tenore presentium inhibemus, ne contra formam & tenorem Libertatum & privilegiorum dictis Consulibus & habitatoribus, ut dictum est, concessorum, ipsos Consules & habitatores dictæ Villæ compellat, citet, vexet, seu molestet aliqualiter in corporibus sive bonis; & si quid in contrarium factum fuerit, ad statum pristinum & debitum reducatur, seu reduci faciatis libere, *f* vigis presentibus, *g* indilate; quia sic fieri volumus, & eisdem concessimus & per presentes concedimus ex nostra scientia & gratia speciali, si sit opus, respectu *h* promissorum, & ex causa. Datum apud Nemus Vincennarum, die septima Septembris, anno Domini millesimo trecentezimo septuagesimo secundo, & Regni nostri nono.

In *i* Requesta Hospitii. J. *k* CHANTOMERLO. CHANAC.

(*a*) Lettres qui portent que le Duc d'Anjou pourra établir dans le lieu qu'il jugera à propos, une Cour nommée les Grands-Jours, devant laquelle seront portez les Appels de tous les Juges des Terres qu'il tiendra en Pairie, soit de son chef ou de celui de la Duchesse d'Anjou son Epouse; & que les Appels de ces Grands-Jours, se porteront au Parlement.

CHARLES V.
au Château de Melun-sur-Seine, le 22. de Septembre 1372.
l Regne.

(*b*) CHARLES, &c.
Donné en nostre Chastel de Melun sur Saine, le XXII.ᵉ jour de Septembre, l'an de grace mil trois cens soixante & douze, & de nostre *l* le IX.ᵉ
Par le Roy. P. MICHIEL.

NOTES.

(*a*) Tresor des Chartres, Registre 103. P. 216.
(*b*) *Charles.*] Ces Lettres sont imprimées cy-dessus, p. 435. où elles sont datées du 22. de Novembre 1371. & du 8.ᵉ du Regne, au Château de Melun-sur-Seine, & signées par P. Michiel. Elles ont été tirées d'un Registre du Parlement, où ces Lettres furent enregistrées le 13. de Juin 1373. Il y a grande apparence que ces deux Lettres sont les mêmes, & qu'il y a faute par rapport à la date de l'année, du mois & du Regne, dans l'un des deux Registres. Je crois que c'est celui du Parlement qui est fautif, car *cy-dessus,* p. 433. il y a des Lettres du 22. de Novembre 1371. données à Paris; & l'on ne peut gueres presumer que dans le même jour, le Roy ait tenu deux Conseils, l'un à Paris, & l'autre à Melun.

CHARLES V.
au Bois de Vincennes, le 25. de Septembre 1372.

(*a*) Lettres qui portent que le Prevost de Paris, privativement à tous autres, aura dans la Ville de Paris, l'inspection sur les Métiers, les Vivres & les Marchandises.

CHARLES par la grace de Dieu Roy de France. Au Prevost de Paris ou à son Lieutenant: Salut. Comme en nostre bonne Ville de Paris ait plusieurs

NOTE.

(*a*) Livre rouge Vieil du Chastelet de Paris, folio 72. verso.

DE LA TROISIÉME RACE.

mestiers, marchandises, vivres, & y en vient & afflue de toutes parties du monde, qui doivent estre & ont de tousjours accoustumé estre gouvernées pour l'utilité de la chose publique, selon certaines Ordonnances faites & enregistrées en nostre Chastellet de Paris, & aussi selon certains usaiges, stilles, fourmulles & manieres, qui vous sont certaines, & plus notoires en vostre Auditoire que en nul autre; & Nous aions entendu, que plusieurs nos subgez s'efforcent d'entreprendre la visitacion & congnoissance de aucuns desdiz mestiers, vivres & marchandises, en nostre dicte Ville, lesquelles choses appartiennent mieulx estre tenuës & gardées par un Juge compettant, que par plusieurs & diverses personnes, & ce Nous appartient de nostre droit Royal, pour le bien de la chose publique, que Nous desirons sur toutes choses estre bien & diligemment gouverné, mesmement en nostre dicte Ville, qui est Chief de nostre Royaume, & là où tous doivent prendre bon exemple; Nous vous mandons & estroitement enjoignons, en commettant, se ^a mestier est, que vous de par Nous, faictes & faictes faire diligemment la visitacion de tous lesdiz mestiers, vivres & marchandises, en toute la dicte Ville & Banlieu de Paris, & gardez les (b) Registres, bons usaiges & coustumes anciens, en pourveant en cela (c) où il convendra annuller pour le proussit commun, & pugnissant les transgresseurs, & faisant surtout bon droit & accomplissement de justice; & voulons que ce soit fait par vous & vos depputez, sans ce que aucun autre s'en entremette: & en ces choses entendez & faictes entendre par telle maniere que Nous ne aions cause de vous reprendre de negligence. Et donnons en Mandement à tous noz sugez, que à vous, & à vos depputez en ce faisant, obeissent; nonobstant quelzconques Lettres subreptices empetrées ou à empetrer au contraire. Donné en nostre Chastel du Boys de Vincennes, le XXVe jour du moys de Septembre, l'an de grace mil trois cens soixante & douze, & de nostre Regne le IXe Ainsi signé. Par le Roy, en ses Requestes. R. DE BAUFORT.

Collatio facta fuit cum Originali.

CHARLES V.
au Bois de Vincennes, le 25. de Septembre 1372.

a besoin.

NOTES.

(b) *Registres.*] Il paroît par ce qui est dit plus haut, & par les mots qui suivent celui de Registres, qu'il faut entendre ici par ce mot, les Reglemens contenus dans les Registres. Il est cependant vrai que le Prevost de Paris devoit garder les Registres. *Voy.* le 2.e *Vol. des Ordonn.* p. 4.

(c) *Où il convendra annuller.*] Cela peut signifier, que le Prevost de Paris, pourra annuller ce qui aura été ordonné par d'autres personnes, contre l'utilité publique.

(a) Lettres qui portent que les Ouvriers de la Monnoye de Poitiers, joüiront des privileges accordez par le Roy Jean, aux Ouvriers des Monnoyes du Serment de France.

CHARLES V.
à Paris, au Château du Louvre, en Septembre 1372.

KAROLUS *Dei gratia Francorum Rex. Notum facimus universis tam presentibus quam futuris, Nos Litteras inclite recordacionis, Domini & Progenitoris nostri, in cera viridi & filis cericeis sigillatas,* ^b *formam que sequitur, continentes.*

b vidisse.

JOANNES *Dei gratia, &c.*
Quibus Litteris supra scriptis, Nobis ex & pro parte Operariorum & Monetariorum Monete nostre Pictavensis, de Juramento Francie, nuper existentium subditorum, & in obedientia ^d *Eduardi de Anglia inimici nostri, presentatis, iidem* ^e *Aperarii & Monetanini nostri Nobis humiliter supplicarunt, ut cum ipsi semper fuerint & sint de dicto Francie Juramento, & ad nostram veram & meram obedienciam de novo sint reducti, debeantque privilegiis, Libertatibus & franchisiis, ceteris operatoribus & Monetariis de dicto Juramento concessis, uti & gaudere de presenti, ipsas Litteras, ac omnia & singula in eisdem*

c Ces Lettres qui sont du mois de Novembre 1350. sont dans le 2.e Vol. de ce Rec. p. 339.
d *Voy.* cy-dessus, p. 190. Note (a).
e operarii.

NOTE.

(a) Tresor des Chartres, Registre 104. Piece 47.

CHARLES V.
à Paris, au Château du Louvre, en Septembre 1372.
a renovare.
b vellemus.

contenta ; quantum eos & quemlibet ipsorum tangit tangereque possit, ª revocare & graciose confirmare ᵇ vollemus : Nos autem predecessorum nostrorum vestigia insequentes, ipsorum supplicantium peticioni favorabiliter annuentes, volentesque dictis privilegiis, Immunitatibus & Libertatibus aliis, ipsis supplicantibus de dicto Juramento Francie, per Dominos Predecessores nostros Francorum prefatos, concessis, & ut dictum est, confirmatis, ipsos uti & gaudere, predictas. Litteras, ac omnia & singula in eisdem contenta, rata habentes, eas volumus, laudamus, approbamus, ratifficamus, & de nostra speciali gracia, sciencia & auctoritate Regia renovamus, ac eciam quathenus usi sunt ; & ex ampliori gracia, volumus & ipsis supplicantibus concessimus & concedimus, ut ipsi & quilibet ipsorum, in signum dicte nostre specialis salve-Gardie, in & super locis, terris, grangiis, domibus, possessionibus, rebus & bonis suis quibuscumque, Penuncellos seu Baculos nostros Regios, per Judices & Officiarios nostros, in casu eminentis periculi apponi facere possint: Dantes tenore presentium in mandatis dilectis & fidelibus nostris Gentibus nostris presens & que in futurum tenebunt Parlamentum, Gentibus nostris Compotorum, nec non Senescallis, Baillivis, Prepositis, ac eorum Loca tenentibus, ac universis subditis Regni nostri, omnibusque & singulis Commissariis super premissis & ea tangentibus deputatis & deputandis, & cuilibet eorumdem, prout ad eum pertinuerit, quatinus dicta previlegia, Libertates & Immunitates, secundum formam & tenorem dictorum previlegiorum, teneant

c observent.

& ᶜ observant, ac teneri faciant & observari, visis presentibus seu eorum copia sub sigillo Regio confecta, indilate ; faciantque & permittant dictos Operarios & Monetarios dictis previlegiis & Libertatibus, ac eciam concessione super dictis Penuncellis, eisdem supplicantibus per Nos facta, pacifice uti & gaudere ; & ad hoc rebelles & inobedientes viriliter compellendo ; factaque in contrarium, si que sint vel fuerint, ad statum pristinum reducendo. Quod ut firmum & stabile permaneat in futurum, nostrum presentibus Litteris fecimus apponi sigillum. Datum & actum Parisius, in Castro nostro Lupare, anno Domini millesimo CCCLXXII.º & Regni nostri nono, mense Septembris.

Per Regem, in suis Requestis. N. GAIGNART.

CHARLES V.
au Château du Bois de Vincennes, en Septembre 1372.

(a) Lettres qui portent qu'il y aura dans la Ville de Monstreüil-sur-Mer, une Cloche qui indiquera les heures ausquelles les Tisserands doivent commencer & finir leurs ouvrages.

CHARLES par la grace de Dieu Roy de France. Savoir faisons à tous presens & avenir, de la partie des Tisserands de nostre Ville de Monstereul sur la Mer, Nous avoir esté exposé, que comme par octroy & Ordenance des Maires & Eschevins de nostre dicte Ville, fais par meure deliberacion & pour l'utilité publique de ladicte Ville, l'en eust ordené & tenu Cloche en ycelle, pour sonner les heures du matin, & autres que les ᵈ Varlès du mestier de Tixerrandrie devoient entrer en ouvrage & le laissier ; & ce eust & ait esté gardé par aucun temps, pour ᵉ eschever les inconveniens qui ensuir se pooient de non tenir ordre ou regle d'entrer audit ouvrage & de le laissier ; & ainsi ait esté & soit gardé ès Villes voisines esquelles sont Tixerans: Neantmains depuis six ans en ça, l'en a cessé de sonner ladite Cloche aus heures ainsi ordené, & pour le fait dudit ouvrage ; & pour ce que les Varlès Tixerans de la dicte ᶠ vont ouvrer à tels ᵍ comme il leur plaist, & s'en partent quant bon leur samble, dont moult de inconveniens se sont ensuiz avecques domage ; car les dis Varlès ou aucuns d'eulx, demeurent souvent si tart audit ouvrage, que il ont fait & font ʰ mains deuës euvres, & autres fautes en leur mestier, dont il sont encouru & enqueurent paines & Amendes ; ce que il ne feroient pas, se la dicte Ordenance qui justement fu faite, estoit tenuë ; ⁱ ainçois, se audit son de Cloche entroient ès dis ouvrages & delaissassent, les ouvrages en seroient meilleurs ou proufit de la chose publique, si

d Compagnons.
e éviter.
f Ville.
g telles heures.
h de mauvais ouvrages.
i au contraire.

NOTE.

(a) Tresor des Chartres, Registre 103. Piece 248.

comme

DE LA TROISIÉME RACE. 529

comme ilz dient ; supplians sur ce gracieusement ᵃ prouveoir : Nous adecertes, pour considéracion des choses dessus dictes, aus dis exposans avons octroïé & octroïons ou dit cas de grace especial, que doresenavant une Cloche soit ordenée & tenuee en ladicte Ville, & sonnée aus heures que les Maistres & Varlès dudit mestier devront entrer en leur ouvrages dudit mestier, & que ᵇ yssir en devront, & en la fourme & maniere que, comme dit est, par les dis Maire & Eschevins, a esté ordené, & comme ès autres bonnes Villes est acoustumé de faire pour le fait d'icellui mestier ; sanz ce que pour ce present octroy, aucun prejudice soit fais à Nous, audis Maire & Eschevins ou autres quelconques, ores ou ou temps avenir. Pourquoy Nous donnons en Mandement au Gouverneur du Bailliage d'Amiens, au Prevost de Monstereul, & à tous les autres Justiciers de nostre Royaume, ou à leurs Lieuxtenans, & à chascun d'eulx, si comme à lui appartendra, presens & avenir, que les dis exposans facent & sueffrent joïr & user à plain de nostre presente grace, & ne les molestent & ne sueffrent estre molestez au contraire ; ainçois les dis Gouverneur & Prevost, ou leurs Lieuxtenans, ou celui d'eulx qui requis en sera, contraingnent ou facent contraindre à Nous faire Amende convenable, tous ceulx dudit Mestier qui ladicte Ordenance enfraindront. Et pour ce que ce soit ferme chose & estable à tousjours, Nous avons fait mettre nostre seel à ces presentes : Sauf en toutes choses nostre droit & l'autrui. Donné en ᶜ Chastel du Bois de Vincennes, ou mois de Septembre, l'an de grace mil trois cens soixante & douze, & de nostre Regne le IX.ᵉ

Par le Roy, en ses Requestes. HENRY.

CHARLES V. au Château du Bois de Vincennes, en Septembre 1372.
ᵃ pourveoir.
ᵇ sortir.

ᶜ notre.

(a) *Lettres qui deffendent de mener paître des Animaux dans les Vignes vendangées.*

CHARLES par la grace de Dieu Roy de France. Au Prevost de Paris, & à tous les autres Justiciers de nostre Royaume, ou à leurs Lieutenants : Salut. Nous avons entendu par la complainte d'aucuns habitans de plusieurs Villes estans ou vignoble, que plusieurs personnes des dictes Villes & d'autre environ, font & ont acoustumé faire & mener pasturer leurs bestes ès vingnes, après ce que elles sont vendengiées ; parquoy très grans inconveniens & dommages irreparables s'ensuivent chascun jour, tant sur les ᵈ prouvains nouvaux & autres seps, que ᵉ menuient, rompent & degastent les dictes bestes, comme autrement en plusieurs manieres, & encores s'en pourroit plus ensuir ou temps avenir, se par Nous n'y estoit bresment pourveu de remede convenable. Pourquoy Nous desirans le prouffit & utilité de la chose publique, par bonne & meure deliberacion de nostre Conseil, avons ordenné & ordennons, que nul de quelque estat ou condicion qu'il soit, sur quanque il se puet messaire, & sur certaines paines, ne face ou face faire mettre, mener ou conduire pour pasturer ès dites vingnes, aucunes grosses bestes ou menuës. Si vous mandons & à chascun de vous, si comme à luy appartendra, que nostre dicte Ordenance vous faictes crier solempnellement ès Villes estans ès diz vignobles, & autre part où il appartendra & requis en serés, & tous ceuls qui seront trouvés faisant le contraire, l'auront fait ou feront faire après ledit cry, contre nostre dicte Ordenance, contraignez les à paier les painnes dessus dictes, & autrement les pugnissiés selon ce qu'il appartendra de raison ; car ainssi le voulons Nous estre fait ; nonobstant quelconques Ordenances, Coustumes des lieux, & autres choses à ce contraires. *Donné en nostre Chastel du Louvre-lès-Paris, le premier jour d'Octobre, l'an mil trois cens septante & deux, & de nostre Regne le ᶠ dixiesme.*

Collacion faicte à l'Original, par moy.

CHARLES V. au Château du Louvre-les-Paris, le 1. d'Octobre 1372.

ᵈ provins.
ᵉ je n'ai rien trouvé sur ce mot, qui est expliqué par les suivants.

ᶠ neuviéme.

NOTE.

(a) Registre rouge vieil du Châtelet de Paris, *folio 66. r. &c.*

CHARLES V.
au Château du Louvre à Paris, le 3. d'Octobre 1372.

(a) Lettres qui maintiennent les Barbiers de Paris, dans le droit de panser les clous, les bosses, les apostumes, & les playes qui ne sont pas mortelles.

CHARLES par la grace de Dieu Roy de France. De la partie des Barbiers demourans en nostre bonne Ville & Banlieuë de Paris, Nous a esté exposé en complaignant, que jasoit ce que culz & leurs devanciers Barbiers demourans en ycelle Ville & Banlieue, de la nature & à cause de leur office ou mestier de Barberie, aïent acoustumé de curer & guerir toutes manieres de *(b)* cloux, de boces & plaies ouvertes, en cas de peril & autrement, se les plaies ne sont mortelles, toutes les foiz que ilz en sont requis ou appellez à ce, & de bailler pour ce aux *(c)* paciens emplastres, ª onniement & autres medecines convenables & necessaires ausdites plaies, cloux & boces, ainsi comme bon leur semble, & de ce ont les diz Barbiers joy & usé paisiblement & sanz empeschement aucun, par tel & si long temps qu'il n'est memoire du contraire; neantmoins les Cirurgiens & Mires Jurez en nostre bonne Ville de Paris, soubz umbre de certains privileges que ilz se disoient & dient avoir de noz predecesseurs Roys de France sur ce, que aucun ne se puet ne doit ᵇ mesler ou entremettre en aucune maniere des choses dessus dittes ne du fait de Cirurgie, fors que les diz Jurez tant seulement, qui par la science & art dudit fait de Cirurgie que ilz ont, pevent & doivent mieulx curer & guerir toutes manieres de plaies & de maladies, & oster touz perilz de corps humains, si comme ilz dient, se sont nagaires efforciez de troubler & empescher les diz Barbiers & chacun d'eulx, en l'exercice des choses dessus dites, qui est ou grant prejudice & lesion des diz Barbiers & de leurs successeurs Barbiers, & aussi contre raison & le bien publique de touz noz subgiez; attendu que plusieurs poures gens qui à la foiz ont plusieurs & diverses maladies accidentelles, desquelles l'on a par usaige & longue experience ᶜ noctoire congnoissance de la cure d'icelle, par herbe ou autrement, ne pourroient en tel cas, ainsi comme ilz font des Barbiers, recouvrer des diz Mires Jurez qui sont gens de grant estat & de grant sallaire, & ne les ᵈ avoient de quoy ᵉ satisfier; & pour ce, Nous qui de tout nostre povoir voulons pourveoir au bien publique de noz subgez, & les relever de toutes oppressions, avons par l'advis & deliberacion de nostre Conseil, fait veoir diligemment les privileges des diz Mires Jurez, & les dites Parties oyr en toutes ᶠ bonnes raisons, qu'ilz ont voulu dire & proposer sur ces choses l'une à l'encontre de l'autre, pardevant les Genz de nostre grant Conseil & des Genz de nostre Parlement; & aveecques ce, avons fait par plusieurs foiz assembler en nostre Court de Parlement & ailleurs, le Prevost des Marchans de nostre dite Ville de Paris, avec plusieurs autres personnes, jusques à très grant nombre, pour enquerir & savoir plus meurement & à plain qui estoit ᵍ la plus proufitable à ordener à faire en ceste partie, pour l'utilité du bien commun & de noz subgez dessus diz. Savoir faisons à tous presens & avenir, que Nous par le rapport & advis de nostre dit Conseil, & de touz ceulx qui pour ce ont esté appellez & assemblez, eu aussi consideration & deliberation sur lesdites raisons des dites Parties, & sur les diz privileges, de nostre certaine science & grace especial, avons ordené & declairié, & par la teneur de ces presentes ordenons & declairons, que les diz Barbiers & tous leurs successeurs Barbiers demourans en nostre dite bonne Ville &

ª *oignement.* T. C.

ᵇ *mesler.* T. C.

ᶜ *notoire.*

ᵈ *auroient.* T. C.
ᵉ *satisfaire.*

ᶠ *leurs.* T. C.

ᵍ *le.* T. C.

NOTES.

(a) Livre vert ancien du Châtelet de Paris, fol.º 7. vingt 16. (156.)
Ces Lettres sont aussi au Tresor des Chartr. Regitre 104. Piece 332. La date du mois est differente. *Voyez cy-dessous*, pagesuivante.

Note *(d)* marginale.
(b) Cloux.] *Clos*, là & plus bas, T. C. petite apostume, ou bouton qui aboutit à suppuration.
(c) Paciens.] Païens. T. C. c'est une faute. Les *Paciens* sont les malades.

Banlicuë de Paris, & chafcun d'eulz, se ilz font pour ce appellez & requis, puissent doresenavant bailler & administrer à tous noz subgez, emplastres, ongnemens & autres medecines convenables & necessaires pour guerir & curer toutes manieres de cloux, boces, apostumes & toutes plaies ouvertes, en la maniere que dit est dessus, & ^a qu'il ont usé & acoustumé de faire ou temps passé, sans ce qu'ilz soient ou puissent estre doresenavant molestez, troublez ou empeschiez en ceste partie, par les diz Cirurgiens & Mires Jurez, ou par vertu de leur dit Privileges, ou autrement, en aucune maniere. Si donnons en mandement par la teneur de ces meismes Lettres, à noz amez & feaux noz Genz tenans nostre present Parlement à Paris, & qui le tendront ou temps à venir, au Prevost de Paris, & à touz noz autres Justiciers & subgiez, ou à leurs Lieutenans, presens & à venir, & à chacun d'eulz, si comme à lui appartendra, en commeçant se ^b mestier est, au dit Prevost de Paris ou à son Lieutenant, que de nostre presente grace, Ordenance & declaration, facent & laissent doresenavant à tousjours mais perpetuelment, joyr & user paissiblement les diz Barbiers, & tous leurs successeurs Barbiers demourans en nostre dite bonne Ville & Banlieue, & chacun d'eulz, sanz les troubler ne empescher, ou souffrir estre troublez ou empeschiez, ou aucun d'eulz, en aucune maniere au contraire ; mais tout ce qui y ^c soit fait ou attempté, mettent & ramennent ou facent mettre & ramener sanz delay au neant, & au premier & deu estat. Et pour ce que ce soit ferme chose & establie à tousjours, Nous avons fait mettre nostre seel à ces Lettres : Sauf nostre droict en autres choses, & l'autrui en toutes. *Donné en nostre Chastel du Louvre à Paris, l'an de grace mil trois cens soixante & douze, & de nostre Regne le neuvieme, ou mois ^d d'Octobre, trois jours.*
^ePar le Roy. J. DE REMIS.

CHARLES V. au Château du Louvre à Paris, le 3. d'Octobre 1372.
^a que il en. T. C.

^b *besoin.*

^c *seroit.* T. C.

^d *de Decembre.* T. C.
^e *ce qui suit n'est point dans* T. C.

(a) Lettres qui portent que pendant trois ans, les procès que le Duc de Bretagne ou son Procureur, auront par rapport au Comté de Montfort-l'Amaury, seront jugez par le Parlement.

CHARLES V. au Château du Bois de Vincennes, le 13. [ou 14] d'Octobre 1372.

KAROLUS, &c. *Dilectis & fidelibus Gentibus que nostrum proximum & futura Parlamenta tenebunt : Salutem & dileccionem. Ad supplicacionem dilecti & fidelis Consanguinei nostri, ^f Ducis Britanie, Paris Francie & Comitis* (b) *Montis-fortis, asserentis quod aliqui nisi sunt vel niti possent imposterum, ipsum vel Gentes suas trahere in Causam vel facere evocari, & tractare coram aliquibus Justiciariis vel Officiariis nostris, pro Causis ipsum tangentibus racione sui Comitatus Montis-fortis predicti, quod in sui grande prejudicium & jacturam, ut asserit, verteretur ; vobis mandamus quatenus de omnibus & singulis Causis tangentibus ipsum vel ejus Procuratorem, & in quibus ipse vel ipsius Procurator erit Pars ad causam dicti Comitatus Montis-fortis, vos hinc ad triennium cognoscatis & determinetis, exhibendo, vocatis evocandis & auditis Partibus, Justicie complementum : Inhibentes, & Nos tenore presentium inhibemus Ballivo nostro Gisorcii, omnibusque & singulis Justiciariis & ^g Officiariis nostris, ne durante dicto tempore, de Causis predictis cognoscant seu se quomodolibet intromittant ; sed revocetis & annulletis, ac ad statum pristinum & debitum reducatis, quicquid in contrarium factum reppereritis seu eciam attemptatum, que & Nos tenore presencium revocamus & penitus ^h anullatus, nostramque concessionem presentem publiceris vel publicari faciatis, ne aliquis se valeat de ignorancia super hoc excusare ; quia sic fieri volumus, & eidem Consanguineo nostro de speciali gracia & de nostra certa sciencia duximus concedendum ; Ordinacionibus*

^f Jean V. Voy. l'Hist. Geneal. de la Maison de France, p. 452. art. XIV.

^g *Officiariis. fol.* 15.

^h *anullamus. fol.* 15.

NOTES.

(a) Arrêts & Jugez du Parlement de Paris, Registre 22. fol.° 3. R.°
Ces Lettres se trouvent encore dans le même Registre, fol.° 15. R.° 1.ere Piece ; mais elles sont datées du 14. d'Octobre.

(b) *Montis-fortis.*] Montfort-l'Amaury dans la Beauce, Diocèse de Chartres, à 10. lieuës de Paris. *Voy. le Diction. univ. de la Fr.* à ce mot.

ORDONNANCES DES ROIS DE FRANCE

vel inhibitionibus, usu vel stilo ad hoc contrariis, non obstantibus quibuscumque. Datum in Castro nostro Nemoris Vincenarum, decima tertia die Octobris, anno millesimo trecentesimo septuagesimo secundo, ^a sub sigillo Castelleti Par. in absencia magni. *Per Regem.* DE MONTAGU.

a Regni vero nostri nono, fol. 15.

CHARLES V.
au Château du du Bois de Vincennes, le 13. d'Octobre 1372.

b Pair.

(a) *Lettres qui portent que les Appels du Grüier de Mont-fort-l'Amaury, seront portez en premiere instance devant le Gouverneur de ce Comté, & ensuite par appel, au Parlement.*

CHARLES par la grace de Dieu Roy de France. Savoir faisons à tous presens & avenir, que oye la supplicacion de nostre très chier & feal Cousin, le Duc de Bretaigne, ^b Per de France & Comte de Montfort, disant que comme il ait en sadicte Conté, (b) Grüier, lequel a & tient pour nostredit Cousin, la Juridicion & cognoissance des cas appartenans à sa Gruierie; duquel Grüier aucuns se sont efforcés aucunes fois ou porroient efforcier ou temps avenir, d'appeler à nostre Bailli de Gisors, en nostre Parlement, ou à autres de nos Justiciers ou Officiers, qui est & seroit contre l'ancienne Ordenance gardée sur ce, si comme il dit. Nous à nostredit Cousin avons de nostre certaine science, puissance & auctorité Royal & de grace especial, octroïé & octroïons par ces presentes, pour lui & ses successeurs Contes de Montfort, & les aïans cause d'eulx, & ordenons que quant aucuns appelleront ou temps avenir dudit Grüier de nostredit Cousin, ou de ses dis successeurs ou aïans cause d'eulx, ladicte Cause d'appel vendra sans aucun moyen pardevant le Gouverneur de ladicte Conté de Montfort, ou le Conseil dudit Conte estant lors en ladicte Conté de Montfort, & y sera ladicte Cause d'appel renvoyé, supposé que les appellans eussent appellé ou appellassent à nostre Parlement, ou aucuns de nos Justiciers ou Officiers; & se l'en appelle dudit Gouverneur ou du Conseil d'icelle Conté de Montfort, ladicte Cause d'appel venra aussi sans moyen en la Court de nostre Parlement, supposé que les appellans appellassent pardevant nostredit Bailli de Gisors, ou aucuns de nos Bailli, Justiciers ou autres. Si donnons en Mandement à noz amez & feaulx les Gens qui tendront ou temps avenir nostre Parlement, & à tous nos Justiciers, ou à leurs Lieuxtenans, & à chacun d'eulx, si comme à lui appartendra, que nostre presente Ordenance & octroy, gardent & tiengnent & facent tenir & garder sans enfraindre ou temps avenir, & ycelle publient & facent publier, afin que aucun n'en ait ignorance; mais rappellent & remettent au premier estat & deu, tout ce que il trouveront estre fait au contraire. Et que ce soit ferme chose & estable à tousjours, Nous avons fait mettre nostre seel à ces presentes : Sauf en autres ^c nostre droit, & l'autrui en toute. *Ce fut fait en nostre Chastel du Bois de Vincennes, le XIIIe jour d'Octobre, l'an de grace mil CCCLXXII. & le IXe de nostre Regne.* Par le Roy. G. DE MONTAGU.

c choses.

NOTES.

(a) Tresor des Chartres, Registre 104. P. 93.

Voyez les Lettres qui precedent celle-cy.
(b) *Grüier.*] C'est un Officier des Forests, sur lequel *Voyez le Glossaire du Droit François*, au mot, *Gruërie*.

CHARLES V.
à Paris, en Octobre 1372.

(a) *Diminution de Feux pour Lesignan de la Cebe ou de la Sebe.*

KAROLUS, &c. *Notum, &c. Quod cum ex parte, &c.*
Cumque facta quadam Informacione virtute dictarum Litterarum Reg. ac dictarum Instructionum, per certum Commissarium ad hec deputatum, in loco de (b) *Lesignano,*

NOTES.

(a) Tresor des Chartres, Registre 103. Piece 240.

Voy. cy-dessus, page 30. Note (a).
(b) *Lesignano.*] C'est le R. P. D. Vaissette, Benedictin, qui m'a indiqué les noms modernes de ce lieu & de *Cognatium*, dont il est

Vicarie ᵃ *Bitterrenfis, Senefcallie Carcaffone, fuper vero numero Focorum in dicto loco tunc exiftencium; & poftmodum virtute dictarum Litterarum noftrarum de mandato, alia Informatio in dicto loco fuerit de novo facta fuper vero numero Focorum in eodem loco nunc exiftencium, per dilectum noftrum Bernardum Guicardi, Burgenfem Bitterrenfem, Locumtenentem Vicarii Bitterrenfis, Commiffarium in hac parte per dictas Litteras noftras deputatum; vocato & prefente in omnibus Procuratore noftro Generali dicte Senefcallie Carcaffone, aut ejus legitimo Subftituto; eademque, &c.*

Repertum fuerit quod in dicto loco de Lefignano, funt de prefenti & reperiuntur feptendecim Foci, fecundum traditas Inftrucciones fuper hoc prelibatas. Nos vero, &c.

Quod ut firmum, &c. falvo, &c. Actum Parifius, menfe Octobris, anno Domini millefimo CCC. feptuagefimo fecundo, & Regni noftri nono.

Per Confilium, &c. P. DE CHASTEL.
Informacio de qua fuperius fit mentio, eft in dicta Camera cum aliis confimilibus,

& financia foluta prout eft à tergo, Clerico &· folutori operum Regiorum.
P. DE CHASTEL.

CHARLES V.
à Paris, en Octobre 1372.
ᵃ Bitterr. là & plus bas. R.

NOTE.

parlé dans la Piece fuivante.
Lefignan de la Cebe ou *de la Sebe*, Diocèfe de Beziers, à deux lieuës de Pezenas, ainfi nommé pour le diftinguer de *Lefignan*, dans le Diocèfe de Narbonne, qui eft de la même Senéchauffée, mais de la Vigueriedu Minerbois.

(a) Diminution de Feux pour Caunas.

KAROLUS, *&c. Notum facimus, &c. Quod cum ex parte, &c.*

Cumque facta quadam Informacione virtute certarum Litterarum Regiarum ac dictarum Inftruccionum, per certum Commiffarium ad hoc deputatum, in loco de (b) *Cognatio, Vicarie ᵇ Bitterrenfis, Senefcallie Carcaffone, fuper vero numero Focorum in dicto loco tunc exiftencium; & poftmodum virtute Litterarum noftrarum de mandato, alia Informatio in dicto loco fuerit de novo facta fuper vero numero Focorum in eodem loco ᶜ nuc exiftencium, per ᵈ dilectum noftrorum Bernardum Guicardi, Burgenfem Bitterrenfem, Locumtenentem Vicarii Bitterrenfis, Commiffarium in hac parte per dictas noftras ᵉ deputatum; vocato & prefente in omnibus Procuratore noftro Generali dicte Senefcallie Carcaffone, aut ejus legitimo Subftituto; eademque, &c.*

Repertum fuerit quod in dicto loco de Cognatio, funt de prefenti & reperiuntur viginti quatuor Foci, fecundum traditas Inftructiones fuper hoc prelibatas. Nos vero, &c.

Quod ut firmum, &c. falvo, &c. Actum Parifius, menfe Octobris, anno Domini millefimo CCCLXXII.º & Regni noftri nono.

Per Confilium, &c. P. DE CHASTEL. ᶠ *Informatio, &c.*

CHARLES V.
à Paris, en Octobre 1372.
ᵇ Bitterr. là & plus bas. R.
ᶜ nunc.
ᵈ dilectum noftrum.
ᵉ Litteras.

ᶠ Comme à la Piece precedente.

NOTES.

(a) Trefor des Chartres, Regiftre 103. Piece 230.
Voyez cy-deffus, p. 30. Note (a).

(b) *Cognatio.*] Caunas, Diocèfe de Beziers, Bourg ou Village fitué dans les Montagnes de ce Diocèfe. *Voy. cy-deffus*, p. preced. Note (b).

(a) Lettres de Sauve-garde Royale pour la Ville de S.ᵗ Jean d'Angely.

CHARLES par la grace de ᵍ Die Roy de France. Savoir faifons à tous prefens & advenir, que Nous, à la fupplicacion de noz amez & feaulx, les Maire, Bourgois ʰ Jurez de toute la Commune de noftre Ville de Saint Jehan d'Angeli, lefquelx, comme nos bons & vrais & loyaulz fubgès, fe font foubzmis de nouvel & ⁱ liberalment à noftre fubjeccion & obéïffance, & ont volenté & entencion de y eftre & perpetuelment demourer; & par ainfi, confiderans leur bonne & vraye affeccion, aiens inclinacion de Nous condefcendre à leur dicte fupplicacion, adfin

CHARLES V.
à Paris, au Château du Louvre, le 9. de Novembre 1372.
ᵍ *Dieu.*
ʰ &, *comme dans les deux Pieces fuivantes.*
ⁱ *appar. librement.*

NOTE.

(a) Trefor des Chartres, Regiftre 103. Piece 345. *Voyez cy-deffus*, p. 190. Note (a).

CHARLES V.
à Paris, au Château du Louvre, le 9. de Novembre 1372.

a *preservez.*
b *noftre.*

c *&r.*
d *Voy. les Tabl. des Mat. de ce Rec. à ce mot.*
e *par.*

f *Voy. les Tabl. des Mat. de ce Rec. à ce mot.*
g *is.*
h *se.*

i *c'eſt apparemment la même choſe qu'avanie.*

k *ne.*

que quant il ſe verront par noſtre poiſſance, eſtre gardez en leurs drois & maintenus en paix & tranſquilité, & ᵃ parſervez de toutes oppreſſions, ilz aïent plus grant deſir de garder leur loyaulté envers Nous, & de y tousjours fermement perseverer; iceulx Maire, Bourgois, Jurez, & tous autres qui ſont ou ſeront de ladicte Commune, tant conjointement que diviſéement, avons pris & mis, prenons & mettons de noſtre auctorité Royal, certaine ſcience & grace eſpecial, par ces preſentes, avecques tous les biens appartenans à ladicte Commune, & leurs autres biens particuliers, leur famille, & autres choſes & poſſeſſions quelconques eſtans en ᵇ Royaume, à la conſervacion de leurs drois tant ſeulement, en la proteccion & eſpecial ſauvegarde de Nous & de nos Succeſſeurs à tousjours mais, par ces preſentes; par la teneur deſquelles Nous mandons & commettons au Seneſchal de Xaintonge qui eſt ou ſera pour le temps advenir, ou à ſon Lieutenant, que aus dis Maire, Bourgois, Jurez & autres deſſus dis, il depute toute fois que le cas advenrra & qu'il en ſera requis, un ou pluſeurs de nos Sergens, qui ſoient leurs Gardiens; auſquelx Gardiens & à chaſcun d'eulx, Nous mandons & commettons par ces meſmes preſentes, que les dis Maire, Bourgois, Jurez & autres deſſus dis, & chaſcun d'eulx, les biens de leur dicte Commune & autres biens particuliers, leur famille, poſſeſſions & autres choſe quelconques à eulx appartenans, defendent de toutes injures, violences, griefs, oppreſſions, moleſtacions, force d'armes, puiſſance de lay, & quelconques autres nouvelletés induës, & les gardent & maintiengnent en leurs juſtes poſſeſſions, franchiſes, Libertés, uſages, Couſtumes & ſaiſines, eſquelles il les trouveront eſtre & leurs predeceſſeurs avoir eſté paiſiblement d'anciennetés; & ne permettent à l'encontre de eulx, des biens de leur dicte Commune & autres biens particuliers, leurs familles, choſes & poſſeſſion, aucunes injures ou violences induës eſtre faictes; leſquelles ſe il treuvent avoir eſté ou eſtre faites au contraire, ou prejudice d'eulx & de noſtre dicte Sauvegarde, ſi les remettent ou facent remettre au premier eſtat & deu, & à Nous ᶜ à Partie faire pour ce Amende convenable; & de toutes les perſonnes deſquelles il ou aucun d'eulx requerront avoir ᵈ aſſeurement, le leur facent donner bon & loyal ſelon la Couſtume du Pays, ᵉ pour ceulx à qui appartendra; & ſignifient & publient noſtre preſente Sauvegarde, aus perſonnes & aus lieux dont de par les dis Maire, Bourgois & Jurez & autres deſſus dis, & chaſcun d'eulx, ſeront requis; & mettent nos ᶠ Pennuncialx ᵍ & lieux, maiſons, biens & autres poſſeſſions de eulx & de leur dicte Commune, adfin que aucuns ne ʰ ce puiſſent ſur ces choſes de ignorance excuſer; & defendent expreſſément de par Nous, à tous ceulx dont il ſeront requis par les deſſus nommés & chaſcun d'eulx, ſur certaines peines & Amende à appliquier à Nous, que aus dis Maire, Bourgois, Jurez & autres deſſus dis, aus biens de leur dicte Commune, à leurs autres biens particuliers, leur famille & autres choſes & poſſeſſions quelconques, il ne meſſacent en aucune maniere; & tous les deſobeïſſans ou enfraingnans noſtre dicte ſauvegarde, ou qui aus dis Gardiens ou l'un d'eulx, feront injures ou violences ou ⁱ avenement, en faiſant leur Office ſur ce, deſobeiroient, adjournent à certains jours & competent, pardevans les Juges à qui par raiſon la congnoiſſance en devra appartenir, en certifiant iceulx Juges des dis adjournemens, & de tout ce que il aura fait en auront ſur ce; auxquelx Juges Nous mandons par la teneur de ces preſentes, que ſur les choſes deſſus dictes, il facent ainſi qu'il appartendra, entre les Parties bon & brief acompliſſement de Juſtice; & en oultre, avons donné & donnons aus dis Gardiens, & chaſcun d'eulx par ſoy, plain povoir & Mandement eſpecial par ces preſentes, de faire toutes choſes touchans noſtre preſente Sauvegarde, qui pevent ou doivent appartenir à Office de bon Gardien: Toutes voies Nous ᵏ voulons pas que eulx ou aucun d'eulx s'entremettent aucunement de choſe qui requiere congnoiſſance de Cauſe; & auſſi n'eſt pas noſtre entencion que aucun de ladicte Commune, ſe puiſt aidier contre aucun d'icelle de noſtre preſente Sauvegarde. Si donnons en Mandement à tous nos Juſticiables & ſubgès, que aus dis Gardiens & chaſcun d'eulx, en faiſant les choſes deſſus dictes & chaſcune d'icelles, obeïſſent & entendent diligemment, & preſtent aide, conſeil

DE LA TROISIÉME RACE. 535

& confort, fe ª meftier eft, & requis en font. Et d'abondant, en leur empliant noftre dicte grace, voulons & declairons que au *Vidimus* de ces prefentes fait & collationné foubz feel Royal, foit adjouftée auffi plaine foy que au propre Original d'icelles. Et aflin que ce foit ferme chofe & eftable perpetuelment, Nous avons ᵇ a fait mettre noftre feel à ces prefentes : Sauf en autres chofes noftre droit, & l'autrui en toutes. Donné à *Paris*, en noftre *Chaftel du Louvre*, le IX.ᵉ jour du mois de Novembre, l'an de grace mil CCC. LXXII. & de noftre Regne le IX.ᵉ

Par le Roy, en fon Confeil. J. TABARI.

CHARLES V. à Paris, au Château du Louvre, le 9. de Novembre 1372.
ª befoin.
ᵇ ce mot eft inutile.

(a) *Lettres qui autorifent le Maire & les Jurez de S.ᵗ Jean d'Angeli, appellé le Senéchal de Saintonge, à impofer des Tailles fur tous les habitants Laïques de cette Ville, pour la réparation de fes fortifications.*

CHARLES V. à Paris, le 9. de Novembre 1372.

CHARLES par la grace de Dieu Roy de France. Savoir faifons à tous prefens ᶜ advenir, que comme il foit moult grant neceffité de faire tailles fur le Maire, Bourgois & Jurez, & tous autres habitans de noftre Ville de Saint Jehan d'Angeli, pour les repparacions ᵈ d'ille; aufquelles Tailles plufeurs perfonnes qui ont & poffident heritages, rentes & autres revenues en noftre dicte Ville & ᵉ Suburbes d'icelle, n'y ont voulu ou veulent contribuer, ᶠ que ilz ne font tenuz ad ce; laquelle chofe eft ou grant grief, prejudice & domage des autres deffus dis; en Nous fuppliant que il Nous plaife pourveoir fur ce à la feureté de noftre dicte Ville. Nous confiderans que la bonne garde & feurté d'icelle, touche & regarde univerfelment le proufit de tous ceuls qui en ladicte Ville & Suburbes ont heritages, rentes & autres revenues, & que fe perilz ou inconveniens advenoient, que ja Dieux ne vüeille, pour deffaut de repparacions & bonne garde, ce feroit femblablement leur dommage; aux Maire, Bourgois & Jurez deffus dis, avons octroyé, & de noftre certaine fcience, auctorité Royal & grace efpecial, par ces prefentes octroïons, que yceulx Maire, Bourgois & Jurez, ᵍ que appellé noftre Senefchal de Xantonge, fon Lieutenant, ou autre perfonne commis de par lui fur ce, ilz puiffent advifer enfemble d'orefenavant perpetuelment, toutes les fois que le cas requerra, aucune Aide ou Subfide, & le impofer pour les reparacions, fortifficacions & garde d'icelle, fur toute maniere de gens lays qui ont & tiennent aucunes temporalitez en ladicte Ville & Suburbes d'icelle; ʰ mais que toutevoies ad ce fe confentent la plus grant & faine partie d'iceulx; c'eft affavoir, les diz Maire & Jurez, fur ceulx dont ilz auront la congnoiffance, & noftre dit Senefchal, fon Lieutenant ou autre Juge de par lui, fur tous autres; pourveu toutevoies que aucune contrainte ne foit faite par les diz Mairez & Jurez, contre les reffufans à payer ladicte Aide ou Subfide, fors que fur ceulx dont ilz ont la cohercion & congnoiffance ; & par noftredit Senefchal ou fondit Lieutenant, foient executez & contrains tous autres reffufans à payer ledit Subfide ou Aide; & que de tout ce qui en fera receu & converti ès dictes reparacions, fortificacion & gardes, les dis Maire & Jurez ne foient tenus de ⁱ rendrent compte ailleurs, fors que aus Commis & deputez de par noftredit Senefchal & d'eulx. Et en oultre, leur avons octroyé & octroyons, que ilz & chafcun d'eulx, foient & demeurent quittes perpetuelment de tout ce que eulx ou aucuns d'eulx ont levé ou receu ou temps paffé, pour mettre & convertir ès dictes reparacions. Si donnons en mandement, en commettant, fe ᵏ meftier eft, par ces prefentes audit Senefchal ou à fon Lieutenant, qui eft à prefent ou fera pour le temps advenir, que les dis reffufans & contredifans il contraigne ou facent contraindre fur ce vigureufement, par toutes les voies & manieres que il appartiendra, & de noftre prefent octroy il face, laiffe &

ᶜ &.
ᵈ d'elle.
ᵉ Fauxbourgs.
ᶠ difant.

ᵍ ce mot eft inutile.

ʰ pourvû.

ⁱ rendre.

ᵏ befoin.

NOTE.

(a) Trefor des Chartres, Regiftre 103. Piece 334. *Voyez cy-deffus*, p. 190. Note (a).

CHARLES V.
à Paris, le 9. de Novembre 1372.

ᵃ *feel.*

souffre joïr & user paisiblement les dis Maire, Bourgois & Jurez, & contre la teneur de ces presentes ne les empesche ou moleste, ou souffre estre empeschés ou molestez, ores ne pour le temps advenir, en aucune maniere. Et d'abondant, en leur ampliant nostre dicte grace, voulons & declairons que au *Vidimus* de ces presentes, fait & collationé soubz ᵃ Royal, soit adjoustée aussi plaine foy que au propre Original d'icelles. Et pour ce que les choses dessus dictes & chascune d'icelle, soient fermes & estables à tousjours, Nous avons fait mettre nostre seel à ces presentes Lettres: Sauf en autres choses nostre droit, & l'autrui en toutes. *Donné à Paris, en nostre Chastel du Louvre, le* IX.ᵉ *jour du mois de Novembre, l'an de grace mil* CCCLXXII. *& de nostre Regne, le* IX.ᵉ

Par le Roy, en son Conseil. J. TABARI.

CHARLES V.
à Paris, le 9. de Novembre 1372.

(*a*) *Lettres qui autorisent le Maire & les Jurez de S.ᵗ Jean d'Angeli, à imposer des Tailles pour les réparations des fortifications de cette Ville, sur les Ecclesiastiques qui y demeureront & y auront des biens; lesquels Ecclesiastiques ne pourront assister au compte des deniers qui auront été levez.*

CHARLES par la grace de Dieu Roy de France. Savoir faisons à tous presens & avenir, Nous avoir receuë l'humble supplicacion de noz amez & feaulx les Maire, Bourgois & Jurez de nostre Ville de Saint Jehan d'Angeli, contenant, que comme il soit très grant necessité de faire souventes fois Tailles sur les Maire, Bourgois, Jurés & autres habitans de nostre dicte Ville, pour les reparacions & la garde d'icelle; ausquelles Tailles pluseurs personnes d'Eglise qui ont & possident

ᵇ *Fauxbourgs.* rentes, heritages & autres revenuës en nostre dicte Ville & ᵇ Suburbes d'icelle, n'y ont voulu ou veulent contribuer, en disant les aucuns, que ilz ne sont pas habitans de ladicte Ville, & les autres par leur voulenté & autrement; laquelle chose est ou grant grief, prejudice & dommage des autres dessus dis; en Nous requerant que il Nous plaise pourveoir sur ce, à la seureté de nostre dicte Ville. Pourquoy Nous considerans que la bonne garde & seureté d'icelle, touche & regarde universelment

ᶜ *Ville.* le proufit tant des dis habitans, comme de tous ceulx qui en ladicte ᶜ & Suburbes ont
ᵈ *advenoient.* heritages, rentes & autres revenuës, & que se perilz & inconvenients ᵈ advenoient,
ᵉ *&.* que ja Dieux ne vüeille, pour deffaut de repparacions ᵉ de bonnes gardes, ce seroit semblablement leur dommage; à yceulx Maire, Bourgois, Jurez & habitans, avons octroyé & octroïons de nostre auctorité Royal, certaine science & grace especial,

ᶠ *clericalement.* par ces presentes, que les dictes Gens d'Eglise vivans ᶠ clergeument, habitans de nostre dicte Ville, & qui en ycelle & Suburbes dessus, ont ou auront ou temps avenir terres, rentes, heritages & autres revenuës, soient tenus de contribuer à ladicte fortification & garde d'oresenavant, chascun selon la portion raisonnable des dictes terres, rentes & autres revenuez. Si donnons en Mandement par ces pre-

ᵍ *besoin.* sentes, & comettons, se ᵍ mestier est, au Seneschal de Xaintonge qui à present est ou sera pour le temps avenir, ou à son Lieutenant, que les dictes Gens d'Eglise vivans clergeument, habitans de nostre dicte Ville, & qui en ycelle & ès Suburbes dessus dis, ont & tiennent à present, ou tendront ou temps avenir rentes, revenuës, heritages & autre temporalité, contraingne vigureusement ou facent contraindre d'oresenavant, par prise & detencion de leur dicte temporalité, à contribuer chascun selon ladicte porcion de leurs dis heritages, rentes, possessions & autres revenuez, à la fortificacion & garde dessus dictes, & faire baillier & delivrer tout ce

ʰ *sortira, proviendra.*
ⁱ *choses.*
qui en ʰ ystera, aus dis Maire, Bourgois & Jurez, pour convertir ès ⁱ choses dessus dictes, & non ailleurs. Toutevoies il est notre entencion, & ainsi le voulons &

NOTE.

(*a*) Tresor des Chartres, Registre 103. Piece 335. *Voyez cy-dessus*, p. 190. Note (*a*).

ordennons

ordennons par ces mesmes presentes, que au compte qui sera sur ce rendu, soient appellez & presens ª & oïr ycellui compte, aucuns des dictes personnes d'Eglise; desquelles choses faire, audit Seneschal & à ses Commis & deputez, avons donné & donnons plain povoir, auctorité & Mandement especial : Mandons à tous, que à lui & à ses dis Commis & deputez, en ces choses faisant obeïssent & entendent diligenment, & prestent conseil, confort & aide, se mestier est, & requis en sont. Et d'abondant, en leur ampliant nostre dicte grace, voulons & declairons que au *Vidimus* de ces presentes fait & collacionné soubz seel Royal, soit adjoustée aussi plaine foy que au propre Original d'icelles. Et afin que ce soit ferme chose & estable à tousjours, Nous avons fait mettre nostre seel à ces presentes Lettres : Sauf en autres choses nostre droit, & l'autrui en toutes. *Donné à Paris, en nostre Chastel du Louvre, le IX.ᵉ jour du mois de Novembre, l'an de grace mil CCCLXXII. & de nostre Regne le IX.ᵉ*
Par le Roy, en son Conseil. J. TABARI.

CHARLES V.
à Paris, le 9. de Novembre 1372.
ª à.

(a) Reglement sur les finances provenant des Aydes; & sur les finances en general.

CHARLES V.
le 13. de Novembre 1372.

SOMMAIRES.

(1. 2.) Les Generaux-Conseillers, les Tresoriers des Guerres, les Elûs, les Grenetiers, les Controlleurs, & les autres Officiers employez pour la levée des Aydes, ne pourront faire le commerce. Ils pourront cependant se défaire des Marchandises qu'ils ont, sans en acheter de nouvelles.

(3) Ceux qui seront chargez du recouvrement des Deniers des Aydes dans les differents pays, les envoyeront au Receveur Général à Paris, & non à d'autres; si ce n'est au Tresorier des Guerres, ou à d'autres Chefs d'Offices.

(4) Le Receveur Général jurera en presence du Roy, & en la Chambre des Comptes, qu'il ne donnera point de quittance aux Receveurs particuliers, que lorsqu'il recevra de l'Argent; si ce n'est que ceux-ci l'aient donné au Tresorier des Guerres ou autres Chefs d'Offices; ou qu'ils ne l'aient employé par l'Ordonnance de la Chambre, ou dans certains cas, par celle de l'Abbé de Fescamp, de Nicolas Braque & de Pierre de Chevreuse.

(5) Le Chancelier ne scellera aucune décharge par laquelle le Roy reconnoisse qu'il a reçû des deniers; si quelques décharges du Roy sont scellées, le Receveur Général ne donnera point d'argent; & s'il en donne, il ne lui sera pas passé dans ses comptes. Le Roy pourra cependant envoyer au Chancelier par une même personne, des décharges des sommes qu'il voudra mettre dans ses Coffres; & ces décharges contiendront les noms de ceux par lesquels le Roy entend faire recevoir ces deniers, du Receveur General.

(6) Les Lettres de dons faits par le Roy, contiendront le motif de ces dons; & les Gens des Comptes passeront dans les comptes, les Lettres de dons faits par le Roy à ses Officiers sur le fait des Aydes, lorsqu'elles auront été signées & verifiées, conformement à cette presente Ordonnance.

(7) Les Lettres de dons ne pourront être signées que par Blanchet, Daven & Tabari, Secretaires du Roy; & le Chancelier ne scellera point celles qui seront signées par d'autres.

(8) Les Generaux-Conseillers ne feront aucune délivrance de deniers, que par l'Ordonnance de la Chambre, ou par celle de l'Abbé de Fescamp, Nicolas Braque & Pierre de Chevreuse, pour le payement des Gens de guerre, ou dans certains cas, par celle de quatre Generaux au moins.

(9) Le Receveur General ne payera aucuns dons faits par le Roy, si les Lettres ne sont signées de lui, & d'un des Secretaires nommez dans l'art. 7. & verifiées par les Generaux. Il ne sera aucun autre payement, qu'en consequence de Lettres verifiées par les Generaux assemblez à la Chambre ou ailleurs; & les Greffiers marqueront dans les verifications, le lieu où elles auront été faites.

(10) Lorsque les Generaux refuseront des Lettres, ou qu'ils prendront un long delai pour statuer sur ces Lettres, le Greffier écrira leur décision sur le dos des Lettres.

(11) Les Lettres refusées seront enregistrées dans la Chambre, avec les causes du refus.

(12) Les Generaux-Conseillers verront tous les mois l'Etat de la Recette & de la depense du Receveur General, & en envoyeront un abregé au Roy.

(13) Toutes les fois que le Tresorier des Guerres aura fait un payement aux Gens de

NOTE.

(a) Tresor des Chartres, Layette intitulée, *Subsides.*

Tome V.

CHARLES V. le 13. de Novembre 1372.

SOMMAIRES.

guerre, les Generaux verront l'Etat de ce payement.

(14) Les Generaux jureront devant le Roy, qu'ils s'inftruiront l'un l'autre fur les affaires dont ils feront chargez; qu'ils ne favoriferont nulle perfonne au prejudice de l'interêt du Roy, & qu'ils ne s'accuferont point l'un l'autre, mais au contraire fe foûtiendront.

(15) Les Generaux diminuëront le nombre des Elûs & autres Officiers départis dans les Diocèfes pour la levée de l'Aide.

(16) Les Elûs & autres Officiers employez pour la levée des Aides, rendront leurs comptes. Il fera envoyé dans les Provinces des Reformateurs fur le fait des Aides feulement: Ils recompenferont les Officiers qui auront bien fait leur devoir, & ils puniront civilement ceux qui auront fait des extorfions.

(17) Noms des Notaires que le Roy entend fervir feuls dans la Chambre. Ils ne pourront être Procureurs ni fe mêler des affaires de perfonne; & eux & leurs Clercs ne pourront prendre de prefents.

(18) Affignations pour le payement des Gens de guerre.

(19) Fonds deftinez pour les armées navales.

(20) Affignations pour les dépenfes de l'Hôtel du Roy; & fonds deftinez à être mis dans fes Coffres.

(21. 22.) Affignations pour le payement des dettes & autres dépenfes.

(23) Fonds deftinez pour être mis dans les Coffres du Roy.

CE SONT les Ordenances faictes par le Roy noftre Sire, fur le fait de fes Aides, le XIII.e jour du mois de Novembre, l'an mil CCCLXXII.

(1) Le Roy a ordenné que aucuns de fes Generaulz - Confeillers, Treforiers de guerres, Efleuz, Receveurs, Greneiters, Controleurs, ou autres Officiers quelconques, députés ou à députer fur le fait de fes Aides, ne excerccent d orefenavant publiquement, ou ᵃ occultement, par eulz ou par autres, aucun fait de marchandife, fur peine d'encourir l'indignacion du Roy, & de perdre leurs Offices; & de recouvrer fur eulz les gaiges qu'il auront receu durant le temps qu'il auront ᵇ marchandé contre l'Ordénance du Roy.

ᵃ en fecret.
ᵇ commercé.

(2) Item. Que des Marchandifes qu'il ont à prefent, fanz aucunes acheter, il fe ᶜ delivreront le pluftoft qu'il pourront, fanz fraude, malice ou faintife aucune.

ᶜ defferont.

(3) Item. Ceulx qui feront commis pour le gouvernement (b) des fais & des pais, feront venir continuelment chafcun mois, les fommes dont il feront chargés, & plus grans, s'il puent, pardevers le Receveur Général à Paris, fanz recevoir ou faire recevoir les deniers par autres; fi ce n'eft tant feulement par les Treforiers des Guerres, pour le paiment des Gens d'armes, ou par autres (c) Chiefs d'Offices, pour les chofes appartenantes à leurs Offices.

(4) Item. Ledit Receveur General jurera fur les Sainttes Euvangilles de Dieu, en la prefence du Roy, & en la Chambre des Comptes, que il ne baillera defcharge ou quittance à quelconque Receveur, Grenetier ou autre, s'il ne reçoit l'Argent prefentement, ou fe ce n'eft pour le fait des Treforiers des guerres ou autres chiefs d'Offices, comme deffus eft dit, ou par autres caufes raifonnables, par commandement & Ordonance faicte en plaine Chambre, par la ᵈ greigneur partie de ceulz qui feront prefens en la Chambre; (d) quant aus x.ᵐ frans ordonnés pour le (e) fait

ᵈ plus grande.

NOTES.

(b) *Des fais & des pais.*] Je crois que cela fignifie, chargez du fait de l'Ayde dans les differents pays.

(c) *Chiefs d'Office.*] Cela peut fignifier, ceux qui font chargez du payement des gages des Officiers d'un certain genre; tel qu'étoit le Treforier des guerres, dans le département de la guerre.

(d) *Quant.*] Par rapport aux trois articles fuivants, le Receveur General ne pourra rien payer, que par l'ordre des trois perfonnes qui font nommées.

(e) *Fait de la Chambre.*] Il eft encore parlé de ce fait de la Chambre, dans les art. 8. & 22. & dans l'art. 21. il eft dit un peu plus clairement, *pour les chofes qui furviennent chacun jour en la Chambre;* mais cela ne fufit point encore pour marquer précifément quelles étoient ces dépenfes qui fe faifoient à la Chambre. Il eft parlé plufieurs fois dans cette Piece, de *la Chambre* en general. Je ne fçais fi par cette *Chambre*, il faut entendre la Chambre des Comptes, ou bien une *Chambre particuliere* des Generaux des Aides, comme l'art. 10. femble le marquer. Peut-être ces Generaux des Aydes étoient-ils Officiers de la Chambre des Comptes, & s'y affembloient-ils!

de la Chambre, & auſſi quant aus x.ᵐ frans ordenés pour paier les debtes, & quant aus L.ⁿ frans ordennés pour le paiement des Gens d'armes, par l'ordennace de (e) l'Abbé de Feſcamp, de Meſſire Nicolas Braque, Meſſire Pierre de Chevreuſe, ou de deux d'iceuls au moins, s'ils ſont à Paris.

CHARLES V. le 13. de Novembre 1372.

(5) *Item.* Le Roy a ordenné que doreſenavant, Monſ. le Chancellier ne ſeelle aucune deſcharge par laquelle le Roy confeſſe avoir ᵃ eu aucune ſomme de deniers; & ſe elle eſtoit ſeellée par inadvertance, que le Receveur ᵇ n'y ᶜ obeïſſe en aucune maniere; & s'il y obeïſſoit, le Roy deffent aus Generaux & aus Gens des Comptes, qu'il ne lui en paſſent aucune choſe en ſes comptes; ſauf & excepté les deſcharges des deniers receuz par le Roy pour les mettre en ſes Coffres, leſquelles le Roy envoiera à Monſ. le Chancellier par ᵈ certaine perſonne & non par autres; & ſera contenu en la deſcharge, par quel main le Roy les aura fais recevoir ludit Receveur General.

ᵃ a reçû.
ᵇ general.
ᶜ qu'il ne donne point d'Argent.
ᵈ la même perſonne.

(6) *Item.* Les dons & graces qu'il plaira au Roy à faire d'oreſenavant, & les cauſes pourquoy, ſeront contenuës & declairées expreſſement ès Lettres qui ſeront faittes ſur ce; & il plaira au Roy à commander à ſes Gens des Comptes, que toutes Lettres de don faiz à ſes Officiers & *(f)* ſerviteurs ſur le fait des Aides, ſignées & verifiées ſelon la teneur de ceſte preſente Ordenance, il allouent ès Comptes de ceulz à qui il appartendra, ſans contredit ou difficulté aucune.

(7) *Item.* Il plaiſt au Roy que toutes Lettres de don ſoient ſignées par Maiſtres Pierre Blanchet, Yves Daven, Jehan Tabari, ſes Secretaires, & non par autres; & ſe on apportoit Lettres de don ſignées par autre Secretaire, que Monſ.ʳ le Chancellier ne les ſeelle point.

(8) *Item.* Les Generaulx-Conſeillers ne feront doreſenavant aucune delivrance de deniers, ſoit de dons, gaiges, debtes ou autres choſes quelconques, ſe ce n'eſt en plaine Chambre; & quant aus L.ᵐ frans ordennés pour le paiement des Gens d'armes, par l'ordenance de l'Abbé de Feſcamp, Meſſire Nicolas Braque & Meſſire Pierre de Chevreuſe, ou deux d'iceulz au moins, s'il ſont à Paris; & quant aus x.ᵐ frans ordenné pour le fait de la Chambre; & aus x.ᵐ frans pour païer les debtes, par l'ordenance de touz ᵉ ſes dis Generaulz, ou de la plus grant partie d'iceulz, qui ſeront en la Chambre, en laquelle il conviendra ᶠ quatre au moins.

ᵉ ces.
ᶠ qu'ils ſoient.

(9) *Item.* Le Receveur General ne ſera tenus de payer deniers pour quelconques Lettres de don, ſe elles ne ſont ſignées d'aucuns des Secretaires deſſus dis, ᵍ & auſſi du ſignet du Roy, & verifiées au dos par les Generaulx; ne auſſi par quelconques Lettres ou mandemens, s'il ne ſont verifiées ſemblablement; & avec ce, ſe ladite verification n'a eſté faite en la Chambre, ou ailleurs où les dis Generaulz fuſſent aſſemblés, & par la plus grant partie d'iceulx, en la forme & maniere que deſſus eſt dit: Et mettront doreſénavant les ʰ Notaires ès dites verifications, le lieu où elle aura eſté faite.

ᵍ Voy. art. 7.
ʰ Greffiers.

(10) *Item.* En toutes Lettres & Mandemens refuſés en la Chambre des Generaux, ſera eſcript au dos ſigné de Notaires, que les Lettres ont eſté refuſées; & ce meſmes, quant on donnera *(g)* lonc delay pour faire reſponſe.

(11) *Item.* La teneur des Lettres ſera enregiſtrée en la Chambre, & les cauſes du refus au lonc.

(12) *Item.* Les Generaux-Conſeillers verront chaſcun mois ſanz ⁱ faillir, ᵏ l'Eſtat du Receveur General au lonc & au juſte; & ceulz qui ſeront ordonnés à aler pardevers le Roy, lui en porteront touz les mois un abregié, lequel il retendra & fera garder par qui qui lui plaira.

ⁱ manquer.
ᵏ l'état de ſa Recette & dépenſe.

NOTES.

(e) L'Abbé de Feſcamp.] Il ſe nommoit *Eſtoldus* d'Eſtouteville. *Voy. Gall. Chriſt.* 1.ᵉ *Edit. tom.* 4. p. 377. col. 2.ᵃ n.° XXI. XXII. & XXIII.

(f) Serviteurs ſur le fait des Aides.] Cela peut ſignifier, des dons faits aux Officiers employez pour le recouvrement des Aydes; ou bien, des dons faits aux Officiers du Roy, à prendre ſur les deniers des Aydes.

(g) Lonc delay.] Quand les Generaux, au lieu de refuſer abſolument, prendront un long delai pour décider ſur ces Lettres,

ORDONNANCES DES ROIS DE FRANCE

CHARLES V.
le 13. de Novembre 1372.

a mêlera.
b diminution des finances.

(13) *Item.* Toutes fois que les Treforiers des guerres, ou leurs Clers ou Lieuxtenans, retourneront de faire aucun paiement, les Generaulx verront leur Eftat du paiement precedent, par la maniere que dit eft du Receveur General.

(14) *Item.* Les Generaulx deffus dis jureront en la prefence du Roy, qu'il diront l'un à l'autre la verité du fait, dont il fe ª merlera, fanz riens celer; & qu'il ne porteront ne fouftiendront fait de quelconque Seigneur, ou autre perfonne quele qu'elle foit, à ᵇ l'apeticement de la Chevance du Roy; & ne donrront charge ne (g) l'un à l'autre, mais porteront l'un le fait de l'autre, comme le fien propre.

(15) *Item.* Les Generaux auront deliberacion fur le nombre des Efleuz, Receveurs & autres Officiers eftans fur les Dioceses pour le fait des Aides; & par grant deliberacion, le reftraindront & modereront au miex qu'il pourront, au proufit du Roy.

c récompenfer.

(16) *Item.* Pour ce qu'il eft communne renommée en plufeurs Dioceses, que les Efleuz, Receveurs, Greneters & Contreroleurs, & leurs Commis & deputés, ont fait plufeurs griefs & extorcions au peuple, contre les Inftructions & Ordenances du Roy; & auffi pour ce qu'il y a plufeurs d'eulz qui ont à compter de plufeurs années, il fut ordenné pieça, que touz ceulx qui auroient à compter, compteroient & (h) s'afineroient; & avec ce, feroient envoiez (i) Refourmateurs fur les pais, quant au fait des Aides tant feulement; & ceulx qui feroient trouvés qui auroient bien fervi, feroient bien ᶜ guerredonnés, & les autres punis felon raifon, civilement, il plaift au Roy que ladite Ordenance fe tiegne.

(17) *Item.* Il plaift au Roy, que Maiftres Hutin d'Aunay, Giles de Baigneux, Pierre Cadoret, Jehan Dohan, Dreu Poithiers, Roullant Fournier, fes Notaires, demeurent en la Chambre, & non autres; aufquels fera deffendu fur peine de privacion d'Office, qu'il ne foient Procureurs ne promoteurs d'aucuns fais ou befoigne en la Chambre, pour quelconque perfonne que ce foit; & auffi qu'il praignent ou fueffrent prendre à leurs Clers, dons, proufis ou émolumens pour les Lettres ou autres Efcriptures qu'il feront; & ce chafcun d'eulz jurera fur faintes Euvangiles

NOTES.

(g) Il y a dans l'Original, *Maug.* avec un *e* fur le *g*.
(h) *S'afineroient.*] Je crois que cela fignifie, mettroient à la fin de leurs comptes, un Etat final, par lequel on pût juger de leur Recette & de leur dépenfe.
(i) *Refourmateurs.*] L'on trouve dans le Memorial *D.* de la Chambre des Comptes de Paris, fol.º 7 vingt 6. *Recto.* (146.) des Lettres en faveur d'un des Reformateurs fur le fait des Aides. On a crû devoir les faire imprimer ici.

CHARLES V.
à Melun, le 25. d'Octobre 1374.
d voir & vifiter.
e dépenfes.
f revenir auprès de Nous.

CHARLES par la grace de Dieu Roy de France. A noz amez & feaulz Genz de noz Comptes à Paris : Salut & dileccion. Nous avons commis & ordenné noftre amé & feal Confeiller, Giles le Galois, pour aler & foy tranfporter en plufeurs & diverfes parties de noftre Royaume, pour tant de foiz que bon lui femblera, & pour ᵈ veir & vifeter l'eftat & gouvernement de noz Aides ordenneés pour le fait de noz guerres ; enfemble, les Eftaz des Receveurs, Greneters, Controlleurs, Commiffaires, & autres perfonnes qui fe font entremis & entremectent du fait & gouvernement des Receptes & ᵉ mifes faictes à caufe des diz Aides, fi comme plus à plain eft contenu en nos autres Lettres de Commiffion fur ce à lui faictes ; & pour lui aidier à fupporter les fraiz, mifes & defpens qui li convendra faire en plufeurs manieres, pour plufeurs caufes ; & adfin qu'il puiffe mielz & plus honorablement chevancher & aler par le pays, & ᶠ eftre entour Nous, & pour maintenir fon eftat, Nous luy avons taxé & tauxons par ces prefentes, pour chafcun jour qu'il fera hors de Paris, cinq Frans d'Or, oultre fes gages ordinaires qu'il prent à caufe de fon Office. Si vous mandons que pour tant de jours comme il vous certeffira & affirmera avoir vacquié & demouré hors de Paris, vous li paffez & comptez les diz cinq Franz par jour, & tout ce qu'il aura receu pour cefte caufe, & dont il vous apparra par ces Lettres, alloués comptes de cellui ou ceulx à qui il appartendra, fanz aucune difficulté : Car ainfi le voulons Nous eftre fait, nonobftant quelconques Ordenances ou deffenfes à ce contraires. Donné à Meleun, le XXV.ᵉ jour d'Octobre, l'an de grace mil CCCLXXIIII. & de noftre Regne le XI.ᵉ Par le Roy. L. BLANCHET.

de Dieu, en la Chambre, en la perfence de Monf. le Chancellier & des dis Generaulx.

CHARLES V. le 13. de Novembre 1372.

(18) *Item.* Les L.^m Frans pour le païement des Gens d'armes, se prendront; c'eſt aſſavoir, ſur le païs que a en gouvernement Meſſire Nicolas Braque, xxx^m. v.^c L. Frans; & ſur celui que a en gouvernement Meſſire Pierre de Chevreuſe, xI.^m III.^c Frans; & ſur celui que a en gouvernement l'Abbé de Feſcamp, vIII.^m c. L. Frans; & pour quelconques cauſes, Lettres ou mandemens qui ſurviegnent, on ne prendra aucune choſe ſur les ſommes deſſus dites, fors tant ſeulement pour le paiment des Gens d'armes; excepté ſe on recevoit plus grant ſomme des dis païs, elle ſeroit aportée pardevers le Receveur General, comme deſſus eſt dit.

(19) *Item.* Pour ce que le paiement des Gens d'armes & Arbaletriers ordenné à preſent par le Roy, ne monte^a que xLII.^m Frans ou environ, les vIII.^m Frans qui demourront, ſeront bailliés à Berthelemi Spiſame en garde, pour les rendre là où beſoing ſera pour le fait de la Mer.

a qu'il.

(20) *Item.* Les vI.^m Frans pour l'oſtel du Roy, ſe prendront ſur le païs que a en gouvernement Meſſire Pierre de Chevreuſe; & les v.^m Frans pour mettre en ſes coffres, ſeront prins ſur le fait de Paris; & n'an prendra l'en denier pour choſe qui ſurviegne.

(21) *Item.* Il plaiſt au Roy que le Receveur General ait chaſcun mois, x.^m Frans pour les choſes qui ſurviennent chaſcun jour en la Chambre, & x.^m Frans pour païer les debtes; & ſeront prinſes les dites ſommes; c'eſt aſſavoir, ſur le fait de la Gabelle du ſel, xI.^m vI.^c L. Frans; ſur le fait de Paris, v.^m vI.^c LXXII. Frans; & ſur le fait que a en gouvernement l'Abbé de Feſcamp, II.^m vI.^c LXXVIII. Frans.

(22) *Item.* Il plaiſt au Roy que de la ſomme de xx.^m Frans, ſoient baillez chaſcun mois audit Berthelemi, IIII.^m Frans, juſques à ce qu'il en ^b autrement eſté ordonné; & par ainſi, ledit Receveur n'aura que vIII.^m Frans pour le fait de la Chambre, & vIII.^m Frans pour païer les debtes. Et eſt aſſavoir, que les xvIII.^m Frans que a receu juſques cy Jehans d'Orliens, pour ^c Robes & pluſeurs autres choſes, paſſé le mois de Decembre, ſeront baillés au Roy; & le Roy ſera pourvoir ſur les choſes deſſus dites, à ſa bonne Ordenance.

b ait.

c *Voy. les Tabl. des Mat. de ce Rec. à ce mot.*

(23) *Item.* S'il plaiſt au Roy à faire aucune moderation ou reſtrainte ſur la deſpenſe des Hoſtelz de lui, de Madame la Royne & de Monſ. le Dauphin, ce qui demourra de reſidu, ſera baillé au Roy chaſcun mois, pour mettre en ſes coffres, par le Receveur ſur ce ordenné.

(a) Mandement qui porte que l'on donnera une Crüe de trois ſols huit Deniers Tournois à Guillaume Cauquin, pour ſix mil Marcs d'Argent qu'il s'eſt engagé de porter à la Monnoye de Tournay.

CHARLES V. à Paris, le 20. de Novembre 1372.

CHARLES par la grace de Dieu Roy de France. Aux Garde & Maiſtre-Particulier, ou tenant le compte de noſtre Monnoye d'Argent de Tournay: Salut. Savoir faiſons que de noſtre commandement & volenté, pour le bien & prouffit de Nous & de noz ſubgeétz, & afin que noſtre diéte Monnoye de Tournay ne ^d chee en chomage, par bonne & meure deliberation, aucuns de noz amez & feaulx Treſoriers, & Generaulx-Maiſtres de noz Monnoyes, ont traiétié, accordé & marchandé avec Guillaume Cauquin, pour & ou nom de Guillaume Bilohart Changeur & Bourgeois de Tournay, pour lequel ledit Cauquin s'eſt fait fort, en maniere que ledit Changeur doit livrer ou faire livrer & porter en ſon nom en noſtre dite Monnoye de Tournay, dedans la Feſte Sainét Jehan Baptiſte prochain venant, la ſomme

d qu'on ne ceſſe d'y travailler.

NOTE.

(a) Regiſtre D. de la Cour des Monnoyes de Paris, *fol.*^o 8 vingt 4. *verſo* (164). Avant ces Lettres, il y a: *Lettres de ſix mil Marcs d'Argent qui ont eſté vendüz pour mettre & livrer en la Monnoye de Tournay, par G. Cauquin, ou nom & pour Guillaume Bilohart.*

CHARLES V. à Paris, le 20. de Novembre 1372.
a moyennant.
b & portez.
c en.

de six mil Marcs d'Argent alaïé à quatre deniers de Loy; ª parmi ce que pour chafcun Marc, il aura & lui fera païé par vous, trois Solz huit Deniers Tournois, oultre le pris de cent cinq Solz Tournois que Nous donnons à prefent. Pourquoy Nous vous mandons & à chafcun de vous, & eftroictement enjoignons, que les dits trois Solz huit Deniers Tournois, oultre le pris de cent cinq Solz Tournois, vous paiez & delivrez audit Changeur, pour chafcun des dits fix mil Marcs d'Argent, tout ainfi que par luy ou que par autre en fon nom, & dedans le temps deffus dit, les dits fix mil Marcs d'Argent vous feront livrez, ᵇ porter en ladite Monnoye; & ᶜ par rapportant ces prefentes ou Copie d'icelles, collationée par noftre Chambre des Comptes, avec certification de vous Gardes des dits Marcs d'Argent ainfi livrez en ladite Monnoye, & recongnoiffance dudit Changeur, de ce que pour ladite caufe payé luy aurez, tout ce qui ainfi payé luy aura efté par vous pour caufe des chofes deffus dites, Nous voullons & mandons eftre alloüé ou compte ou comptes de vous Maiftre-Particulier deffus dit, par noz amez & feaulx les Gens de noz Comptes à Paris, fans aucun contredit; nonobftant quelzconques Ordonnances, Mandemens ou defenfes, faictes ou à faire à ce contraires. Donné à Paris, le XX.ᵉ jour de Novembre, l'an de grace mil trois cens foixante & douze, & de noftre Regne le neufiefme. Par le Roy. Y v o.

CHARLES V. à Paris, le 22. de Novembre 1372.
d dépenfes.

e moyennant.

f Voy. cy-deffus, p. 301. Note (c).

g de 96. P. au Marc.

h fortira, proviendra.

(a) Mandement pour faire une fabrication d'Efpeces.

CHARLES par la grace de Dieu Roy de France. A noz amez & feaulx les Generaulx-Maiftres de noz Monnoyes: Salut & dilection. Comme à prefent Nous aïons à faire & fupporter très grans & innumerables ᵈ mifes, tant pour le fat de noz guerres, comme pour la defenfe de noftre Royaume; & pour ce aïons requis noftre amé Berthelemi Spifame Marchant & Bourgeois de Paris, qu'il Nous face preft de certaine fomme d'Argent; lequel Nous a accordé gracieufement ce que requis luy avons; ᵉ parmi ce toutes voyes, pour ce qu'il n'a mye à prefent en comptant de quoy il Nous puift faire ledit preft, fi comme il dit, Nous luy avons accordé qu'il puift mettre prefentement en noftre Monnoye de Paris, deux mil Marcs d'Argent en Vaiffelle & en Argent en ᶠ cendrée, ou environ, allaïez à unze deniers fix grain fin, ou environ, afin qu'il Nous puift pluftoft & plus preftement fecourir dudit preft que mandé & requis luy avons, comme dit eft. Pour ce eft-il, que Nous vous mandons que les dits deux mil Marcs d'Argent deffus dits, en Vaiffelle & en Argent en cendrée, vous faictes ouvrer & monnoyer en Deniers d'Argent, fur le coing & forge de ceulx qui courent à prefent pour quinze Deniers Tournois la Piece, lefquelz feront de ᵍ huit Solz de poix au Marc de Paris, & auront cours pour quinze Deniers Tournois la Piece, & qu'ilz foïent à unze deniers fix grains fin, ou environ, comme dit eft, & pour chafcun Marc d'œuvre des Deniers d'Argent deffus dits, faictes alloüer ès comptes de celuy ou ceulx qui feront ledit ouvraige, quatre Solz Tournois; & avec ce aïons promis audit Berthelemi, que du comptant qui en ʰ yftera, il ait & foit payé de chafcun Marc de ladite Vaiffelle, & d'autre Argent en cendrée, comme dit eft, cent feize Solz Tournois, lefquelz Nous voulons que par le Maiftre-Particulier de noftre dite Monnoye de Paris, lui foïent païez. De tout ce faire vous donnons povoir, auctorité & mandement efpecial; & par ces prefentes Lettres Nous mandons à noz amez & feaulx Genz de noz Comptes, qu'ilz reçoivent & paffent le compte d'iceulx deux mil Marcs d'Argent en Vaiffelle & en Argent en cendrée,

NOTE.

(a) Regiftre D. de la Cour des Monnoyes de Paris, fol.° 8 vingt 3. v.ᵉ (163).
Avant ces Lettres il y a:
Le II.ᵉ jour de Decembre mil trois cens foixante douze, furent apportées en la Chambre des Monnoyes, unes Lettres fcellées du Grant feel du Roy noftre Sire, lefquelles faifoient mention de faire ouvrer en la Monnoye de Paris, deux mil Marcs d'Argent en Vaiffelle, dont la teneur eft telle.

ou environ, par la maniere que dit est. Car ainsi l'avons Nous octroïé & octroïons audit Berthelemi de grace especial; nonobstant quelzconques Ordonnances, Mandemens ou defenses faictes ou ᵃ faire à ce contraires. *Donné à Paris, le XXII.ᵉ jour de Novembre, l'an de grace mil trois cens soixante & douze, & de nostre Regne le neufiesme.* Par le Roy. BAIGNEUX.

CHARLES V.
à Paris, le 22. de Novembre 1372.
a *il.*

(a) *Mandement qui porte qu'il sera établi un Hôtel des Monnoyes à la Rochelle; & qui fixe le prix du Marc d'Or & d'Argent, qu'on y apportera.*

CHARLES V.
à Paris, au Château du Louvre, le 25. de Novembre 1372.

CHARLES par la grace de Dieu Roy de France. A noz amez & feaulx les Generaulx-Maistres de noz Monnoyes: Salut & dilection. Savoir vous faisons que comme n'aguieres la Ville de la Rochelle, en laquelle pour le temps qu'elle estoit en obeïssance de nostre très cher Seigneur & Pere que Dieu absoille, l'en avoit acoustumé faire Monnoye, soit revenuë à nostre ᵇ obéïssance, Nous avons ordonné & ordonnons par ces presentes, que en nostre dite Ville de la Rochelle, Monnoye soit faicte & forgée par la forme & maniere que Nous faisons faire ès autres lieux de nostre Royaume. Si vous mandons & commettons, se ᶜ mestier est, & à chascun de vous, par ces presentes, que en ladite Ville de la Rochelle, vous faictes forgier & faire ᵈ autelle Monnoye d'Or & d'Argent, comme Nous faisons faire en noz autres Monnoyes; si que ladite Ville & le païs d'environ, puisse estre garni & remply de nos dites Monnoyes; & donnez & faictes donner à tous Changeurs & Marchans qui apporteront Billon en icelle, de tout Argent allaïé à quatre deniers de Loy, Argent-le-Roy, cent cinq Solz Tournois pour le Marc; & d'autre Argent allaïé à deux deniers de Loy, Argent-le-Roy, cent Solz Tournois pour Marc, & pour Marc d'Or, autel & semblable pris comme Nous faisons donner en nostre Monnoye de Poictiers; c'est assavoir, soixante trois livres six Solz Tournois pour Marc. De ce faire vous donnons & à chascun de vous povoir: Mandons à tous ceulx à qui il appartient, que à vous & à chascun de vous, en ce faisant, obéïssent & entendent diligemment. *Donné à Paris, en nostre Hostel de Louvre, le XXV.ᵉ jour de Novembre, l'an de grace mil trois cens soixante & douze, & de nostre Regne le neufiesme.* Par le Roy. P. BLANCHET.

b *Voy. cy-dessus, p. 190. Note (a).*
c *besoin.*
d *telle.*

NOTE.

(a) Registre *D.* de la Cour des Monnoyes de Paris, *fol.*° 8 vingt 5. R.° (165).

Avant ces Lettres, il y a:
Mandement du Roy pour mettre sus & faire ouvrer la Monnoye de la Rochelle.

(a) *Lettres qui portent que les Commissaires sur le fait des Francs-Fiefs & des Amortissements, seront rétablis; & que les deniers qui en proviendront seront employez aux réparations du Palais à Paris.*

CHARLES V.
à Paris, au Château du Louvre, le 25. de Novembre 1372.
e *il y a à la marge,* Copie.
f *patentes.*

ᵉCHARLES par la grace de Dieu Roy de France. A nostre amé & feal Conseillier, Pierre Scatisse: Salut & dilection. Comme par nos autres Lettres ᶠ ouvertes, & pour certaines causes qui à ce Nous avoient meu, Nous eussions ordonné que tous Commissaires deputés & à deputer en nos Seneschaucies de Tholouse, de Carcassonne & de Beaucaire, sur le fait des finances des Acquès faiz & à faire par non-nobles, de personnes nobles, & par gens d'Eglise, tant à cause de ᵍ lais, comme

g *legs.*

NOTE.

(a) Memorial *D.* de la Chambre des Comptes de Paris, *folio* 6 vingt 12. v.° (132).
Avant ces Lettres, il y a:

Ordinatio quod denarii Compositionum & financiarum acquisitionum nobilium per innobiles, & acquisitionum per Gentes Ecclesiasticas factarum in tribus Seneschalliis, convertantur in operibus Palacii Regii Parisius, & non alibi.

CHARLES V.
à Paris, au Château du Louvre, le 25. de Novembre 1372.

a de l'Argent qu'ils avoient reçû, & des procedures qu'ils avoient faites.

autrement, feuſſent rappellez, & leſquelz Nous rappellions, en comptant des [a] Exploits de leurs Commiſſions, ſanz ce qu'ils s'entremiſſent de proceder ou dit fait, pour quelconque Commiſſion qu'il euſſent ſur ce, juſque à ce que leur Commiſſions feuſſent renouvellées par Nous, & non d'autres, & expediées par la Chambre de noz Comptes, & qu'il fuſſent inſtruis de noſtre voulenté, & des cauſes qui Nous ont meu, ſi comme ces choſes ſont plus à plain contenues en noz dictes Lettres ſur ce faites; & par vertu de noſtre dicte Ordennance par vous publiée, Maiſtre Guillaume de Clouchés, Commiſſaire ſur ledit fait en la Viguerie encienne de Beziers, & Baronnie de *(b)* Homeladois, ait ceſſé & ceſſe de proceder ou dit fait, & ait envoyé en noſtre dicte Chambre des Comptes, les Exploits qu'il dit avoir faiz ſur ledit fait, depuis que l'Office li fu commis, requerant à avoir ſa commiſſion renouvellée de Nous, & eſtre inſtruis ſur ce par la declaracion de noſtre voulenté, des dictes cauſes qui Nous ont meu à faire ladite Ordonnance, afin de proceder ſur ledit fait ſelon noſtre volenté & declaracion : Nous inclinans à ce, declairons, volons & ordennons de noſtre certaine ſcience, par la teneur de ces preſentes, que touz

b ſortiront, proviendront.
c Voy. les Tabl. des Mat. de ce Rec. à ce mot.

les deniers qui [b] yſtront des Exploits, finances & [c] Compoſitions qui doreſenavant ſeront faites ſur le fait des diz Acquès, par quelque maniere que ce ſoit, ſoient convertis ès œuvres & reparations de noſtre Palais Royal à Paris, & non ailleurs, & afin que noſtre preſente Declaration & Ordennance, ſoient plus convenablement & prouffitablement miſes à fin deue, ſelon noſtre volenté, Nous vous donnons pooir & auctorité de deputer de par Nous & en noſtre nom, par voz Letres leſquelles

d beſoin.

Nous approuverons, toutes fois que [d] meſtier en ſera, ès dictes Seneſchaucies & chaſcune d'icelles, certains bons & loiaus Commiſſaires ſur ledit fait; c'eſt aſſavoir, ledit Maiſtre Guillaume, & les autres qui y ont eſté, ſe il ſont ſouffiſans, ou autres à ce ſouffiſans, telz comme bon vous ſemblera, pour exercer ledit fait ſelon les inſtruc-

e dar. R.
f Voy. cy-deſſus, p. 360.

tions ſur ce [e] darrenierement faites par noſtre [f] mandement, en noſtre dicte Chambre des Comptes; leſquelz Commiſſaires recevront les deniers des dictes finances & Explois, ès Villes & lieux où ils ſeront commis, & les envoieront à Paris pour les bailler au payeur des œuvres de noſtre dit Palais, & non autre part; & que vous les puiſſiez à ce contraindre, ſe meſtier eſt, ſi comme bon vous ſamblera; deſquelles finances & Explois, ilz ſeront tenuz de compter en noſtre dicte Chambre; & n'eſt pas noſtre entente, que pour compoſition ou finance qui ait eſté faite ou temps paſſé,

g Regne.

depuis noſtre [g] temps, ou ſera fait & payé ou temps avenir, pour les dictes acquiſitions ou aucunes d'icelles, les choſes ainſy acquiſes ſoient tenuës pour admorties, comme à Nous en appartiengne *(c)* l'amortiſſement, & non à autre, ſi les acquiſiteurs n'ont ſur l'admortiſſement, nos Letres ouvertes paſſées & expediées par noſtre dicte Chambre, en laquelle Nous volons que noz preſentes Ordennance & declaracion ſoient enregiſtrées & expediées icelle, ſanz difficulté. Si vous mandons, commetons & enjoignons expreſſement, que noſtre preſente Ordennance & declaration vous tenez & faites tenir, enteriner & accomplir, ſelon ſa teneur, en tele maniere que par vous n'y ait deffault, & ne ſouffrez que aucune choſe ſoit faite au contraire, pour quelconques Letres ou mendemens faiz ou à faire au contraire, par quelconques perſonnes que ce ſoit, ſe elles ne ſont paſſées par Nous & expediées par noſtre dicte Chambre, & que elles facent expreſſe mention du rappel de ces preſentes; leſquelles ſe aucunes eſtoient faictes, ou ſitoſt que faites ſeroient au con-

h révoquons.

traire, Nous [h] rappellons dès maintenant par ces meſmes Letres, & volons eſtre tenuës & reputées comme nulles & de nul effect. Donné à Paris, en noſtre Chaſtel du Louvre, le XXV.ᵉ jour de Novembre, l'an de grace M. CCC. LXXII. & le IX.ᵉ de noſtre Reigne. Ainſy ſigné. Par le Roy. T. Graffart.

NOTES.

(b) Homeladois.] Cette Baronie tire ſans doute ſon nom d'*Aumelas*, qui eſt dans le Dioceſe de Beziers, & ſur lequel *Voy. le Diction.* univ. de la France, au mot, *Aumelas*.

(c) Amortiſſement.] A côté de cette ligne, il y a : *Nota quod admortiſaciones non ſunt ſufficientes, niſi conſtiterit de Litteris Regiis per Cameram expeditis.*

Collacio

DE LA TROISIÉME RACE. 545

Collacio presentis Copie facta fuit cum Litteris Originalibus signatis ut supra, & missis dicto Petro Scatisse, una cum Litteris executoriis Dominorum dictis Litteris ligatis sub altero signetorum suorum III. die Decembris anno M. CCCLXXII. per me Petrum de Castro, & me Reginaldum Radulphi.

(*a*) Lettres qui reglent le ressort de l'Abbaye de St Maixent, en Poitou.

CHARLES V.
à Paris, au Château du Louvre, le 26. de Novembre 1372.

KAROLUS *Dei gracia Francorum Rex. Notum facimus universis presentibus & futuris, Nos infrascriptas vidisse Litteras nostras, tempore quo Regnum nostrum regebamus; videlicet, antequam ad ipsius Regni apicem essemus sublimati, confectas, formam que sequitur, continentes.*

(*b*) KAROLUS, &c.

Nos autem Litteras suprascriptas, omniaque & singula in ipsis contenta; potissime cum dictus Comitatus Pictavensis nunc (*c*) *extra manum nostram Regiam existat, prout erat tempore date Litterarum prescriptarum, rata habentes & grata, & volentes ut Religiosi, Abbas & Conventus Monasterii sancti Maxencii in Pictavia, & eorum Abbacia, de quibus sit mencio in dictis Litteris suprascriptis, Prioresque hujusmodi Abbacie & homines eorumdem, Litteris predictis, privilegiis, statutis, Ordinacionibus & ressorto in eisdem contentis & declaratis, utantur perpetuo de cetero, prout & quatenus ipsi & eorum quilibet, eisdem usi fuerunt,* ^a *hactenus uti consueverunt, eas & ea volumus, laudamus, approbamus, ratifficamus, & de certa sciencia, auctoritate Regia & gracia speciali, tenore presencium confirmamus: Mandantes harum serie, universis nostris & Regni nostri Justiciariis & Officiariis, modernis & futuris, vel eorum Locatenentibus, & eorum cuilibet, ut ad cum pertinuerit, quatenus ipsos Religiosos, Abbatem & Conventum, Prioresque dicte Abbacie, & homines eorundem, & quemlibet ipsorum, nostra presenti gracia & consirmacione uti & gaudere faciant & permittant perpetuo, pacifice & quiete, ipsos in contrarium nullatenus vexando aut molestando, nec vexari seu molestari permittendo quomodolibet per* ^b *quecunque; & si quid contra tenorem presencium factum vel attemptatum fuerit imposterum, id ad statum pristinum & debitum reducant aut reduci faciant indilate. Quod ut firmum & stabile perpetuo perseveret, nostrum presentibus Litteris fecimus apponi sigillum: Salvo in aliis jure nostro, & in omnibus quolibet alieno. Actum & datum Parisius, in Castro nostro de Lupera, die XXVI. mensis Novembris, anno Domini millesimo trecentesimo septuagesimo secundo, & Regni nostri nono.*
CHANAC.

a &c.

b quemcumque.

Per Regem, in suis Requestis, J. DE SANCTIS.

NOTES.

(*a*) Tresor des Chartres, Registre 103. Piece 297.

(*b*) *Karolus.*] Ces Lettres de Charles Regent, du mois d'Avril 1358. sont avec les Lettres de plusieurs Roys qu'elles renferment, dans le 3.e Vol. des Ordonn. p. 216. Il faut seulement remarquer que dans le Regist. 103.

à la fin des Lettres de Philippe-le-Hardi, qui sont de 1281. il y a, *anno millesimo ducentesimo primo,* & que le Copiste a oublié *octogesimo.*

(*c*) *Extra manum.*] Jean de France, 2.e Frere de Charles V. étoit Duc de Berry & d'Auvergne, & Comte de Poitou. Voyez *l'Histoire Genealogique de la Maif. de France,* tom. 1. p. 206.

(*a*) Confirmation des Privileges de l'Abbaye de St Maixent, dans le Poitou.

CHARLES V.
à Paris, au Château du Louvre, le 26. de Novembre 1372.

KAROLUS *Dei gracia Francorum Rex. Notum facimus universis presentibus & futuris, quod Nos volentes dilectos nostros Religiosos, Abbatem & Conventum*

NOTE.

(*a*) Tresor des Chartres, Registre 103. Piece 302. *Voyez cy-dessus.* p. 190. Note (*a*).

Tome V. Zzz

CHARLES V.
à Paris, au Château du Louvre, le 26. de Novembre 1372.
a Sancti Maxencii, qui est plus bas.

b Engolism. Xanton. R.

c repererint.

Monasterii a *in Pictavia, qui nuper ad obedienciam nostram, relicta parte adversariorum nostrorum, devenerunt, ob hoc frui remuneracione aliquali, ut ceteri Parcium predictarum incole, ad exhibendum Nobis obedienciam ad quam Nobis tenentur, facilius moveantur, volumus, statuimus & ordinamus, eisdemque Religiosis & eorum Monasterio seu Abbacie, nec non omnibus Prioribus & Prioratibus ejusdem Monasterii, eorumque & cujuslibet ipsorum hominum, in favorem Ecclesie & intuitu premissorum concessimus, & tenore presencium concedimus de nostris certa sciencia, auctoritate nostra Regia & gracia speciali, ut ipsi & eorum quilibet, omnibus & singulis donis, Jurisdictionibus, franchisiis, Libertatibus, privilegiis, immunitatibus & saisinis, quibus ipsi & eorum quilibet, tam conjunctim quam divisim, ab illo tempore citra quo Ducatus Acquitanie terreque & Patrie* b *Engolismenses, Xantonenses & Pictavie, Edovardo Anglie adversario nostro fuerunt assignati, usque ad primam diem mensis Septembris ultimo preteriti, qua die dicti Religiosi se nostre dicioni subjecerunt, & dictam obedienciam Nobis exhibuerunt, usi fuerunt & gavisi, & ipsa die utebantur & gaudebant, pacifice de cetero perpetuis temporibus gaudeant & utantur, & in ipsis manuteneantur & conserventur. Quocirca Engolismensi, Xantonensi, Pictavensi & Lemovicinii Senescallis, universisque nostris & Regni nostri Justiciariis & Officiariis, modernis & futuris, vel eorum Locatenentibus & eorum cuilibet, ut ad eum pertinuerit, tenore presencium mandamus, quatinus ipsos Religiosos, Monasterium seu Abbaciam sancti Maxencii, Priores, Prioratus & homines predictos, & eorum quemlibet, conjunctim & divisim, nostris presentibus statuto, Ordinacione, gracia & concessione uti & gaudere de cetero perpetuis temporibus faciant & permittant pacifice & quiete, ipsis vel eorum aliquem in contrarium nullatenus molestando, vexando, impediendo seu perturbando, aut vexari, molestari, impediri seu quomodolibet perturbari permittendo; & quicquid contra tenorem presencium attemptatum esse* c *repperierent, ad statum pristinum & debitum reducant aut reduci faciant indilate; aliis graciis sive donis aut privilegiis alias per Nos seu Predecessores nostros, eisdem Religiosis seu eorum Monasterio concessis, quas & que hic volumus haberi pro expressis, nonobstantibus quibuscumque. Quod ut perpetue firmitatis robur obtineat, nostrum presentibus Litteris fecimus apponi sigillum.* Actum & datum Parisius, in Castro nostro de Lupara, die XXVI. mensis Novembris, anno Domini millesimo CCCLXXII.º & Regni nostri nono.
CHANAC.

Per Regem, in suis Requestis. J. DE SANCTIS.

CHARLES V.
à Paris, en Novembre, & le 15. d'Octobre 1372.

(a) Reglement pour les Coustiers de Paris.

SOMMAIRES.

(1. 2.) On ne doit point mêler des plumes écorchées des ailes des Oyes & des Poules, avec d'autres plumes.

(3) On n'employera point de plumes pourries, si ce n'est à part. On n'achetera point de plume d'Angleterre ni d'autres pays, si elles ne sont bonnes. Les Tayes seront bien faites & bien travaillées.

(4) Les Coustiers prêteront serment devant le Prevôt de Paris, d'observer les Reglements. Les ouvrages de ceux qui y contreviendront, seront confisquez; & les ouvriers seront condamnez à l'Amende.

(5) Le Prevôt de Paris choisira tous les ans deux Prud'hommes (ou Jurez) du Mestier,

qui prêteront serment entre ses mains. Les Coustiers les avertiront des contraventions qui seront faites aux Reglements.

(6) On ne mêlera point le duvet de France, avec celui de Bretagne qui n'est pas bon; & on vendra celui-cy à part.

(7) Les Coussins seront remplis d'aussi bonnes plumes que les Matelats.

(8) Les Poids des Coustiers seront marquez & étalonnez au Poids du Roy.

(9) Les Coustiers acheteront leur Mestier du Roy.

(10) On ne pourra être Maistre Coustier, que l'on n'ait été Apprentif pendant deux ans, & que l'on n'ait acheté le Mestier. Les filles de Maîtres, l'acheteront moins que les autres.

NOTE.

(a) Tresor des Chartres, Registre 103. Piece 325.

SOMMAIRES.

(11) Les Maîtres ne pourront avoir qu'un Apprentif.
(12) Lorsqu'un Couſtier vendra de la Marchandiſe à un autre Couſtier, s'il ne la vend ſans retour, enſorte qu'il ne puiſſe plus la vendre à un autre, le vendeur & l'acheteur ſeront condamnez à l'Amende.
(13) Les Couſtiers de dehors Paris, qui voudront y travailler, ſeront examinez par les Maîſtres, & acheteront le Meſtier.

CHARLES V. à Paris, en Novembre, & le 15. d'Octobre 1372.

KAROLUS Dei gratia Francorum Rex. Notum facimus univerſis tam præſentibus quam futuris, Nos infraſcriptas vidiſſe Litteras, formam que ſequitur, continentes.

A Tous ceulx qui ces Lettres verront. Jehan *(b)* Ploiebauch Garde de la Prevoſté de Paris: Salut. Sechent tuit que pardevant Nous vindrent en Jugement ᵃ Commun du Meſtier des *(c)* Couſtiers de Paris, & firent & ordenerent par leurs ſeremens, & pour le prouſit du Roy, les articles de leur meſtier, en la forme qui s'enſuit.

(1) Premierement. Que des ores mes en avant, nulz ne nulle dudit meſtier ne pourra mettre en œuvre Plume *(d)* ſentiſſe ne *(e)* eſcorchiée des ᵇ Elles des ᶜ Oës ne des ᵈ Gelines, avec autre plume, pour ce ᵉ c'eſt mauvaiſe plume, & en ſemblent les Couſtes eſtre plus plaines; laquelle choſe eſt decevance & fauceté à tout le Peuple.

a *le.*
b *Ailes.*
c *Oyes.*
d *Poulet.*
e *que.*

(2) Item. Que nulz ne nulle ne mette en *(f)* tayes farcies ne reclutées près de la Plume, pour ce que les Couſtes où elles ſont miſes en ſemblent eſtre plus plaines; laquelle choſe eſt fauceté de tout le Peuple, ſi comme dit eſt.

(3) Item. Que nulz ne nulle ne mette en œuvre plume pourrie que l'en appelle Coudrier, ne ᶠ faucin, ſe l'en ne met ᵍ à par ſoy; & que nulz ne mette taye en œuvre, qui ne ſoit bonne & ſouffiſant; & que nulz n'achate plume d'Angleterre, ne autre plume, ſe elle n'eſt bonne & ſouffiſant.

f *Je n'ai rien trouvé ſur ce mot.*
g *à part.*

(4) Et que nulz des ores en avant ne puiſſe eſtre Couſtier ʰ faire le meſtier, juſques à tant qu'il aura fait ſerement devant le Prevoſt de Paris ou à ſon Lieutenant, que bien & loyaument fera la marchandiſe dudit meſtier, & gardera tous les poins d'icellui meſtier; & quiconques meſprendra ou dit meſtier, & fera contre les choſes deſſus dictes, il ſera à dix Solz Pariſis d'Amende; deſquiels le Roy aura huit Solz, & les Maiſtres qui garderont ledit meſtier, deux Sols pour peinne; & ſera l'œuvre qui ſera trouvée fauce, ſelonc ce que dit eſt, forfaite.

h *ni.*

(5) Et aura ou dit meſtier, deux Preudommes dudit meſtier, qui jurront devant le Prevoſt ou ſon Lieutenant, que bien & loyaument garderont le meſtier, & les ⁱ meſprentures raporteront devers le Prevoſt, & ᵏ feront ſavoir; leſquieux deux Preudhommes ſeront chaſcun an ˡ remuez, ſe ᵐ meſtier eſt, & mis de par le Prevoſt de Paris, ou ſon Lieutenant, de ſon commandement; & jurront tous ceulx dudit meſtier ſur ſains, à tenir & garder les Ordenances deſſus dictes, & que il feront ſavoir aux deux qui ſeront eſtablis à garder ledit meſtier, ceulx qui ou dit meſtier meſprendront, & qui contre ces Ordenances deſſus dictes iront.

i *les contraventions aux Reglemens.*
k *l'en inſtruiront.*
l *changer.*
m *beſoin.*

(6) Item. Que nulz ne ⁿ nule *(g)* duvet de Bretaingne avec le duvet de France;

n *mêle.*

NOTES.

(b) Ploiebauch.] Suivant la liſte des Prevôts de Paris, qui eſt à la fin de l'Hiſtoire des Conneſtables, &c. par *Godefroy,* p. 6. Jean Ploibault fut Prevôt de Paris en 1310. & 1311.

(c) Couſtiers.] Faiſeurs de matelats, de lits de plume & de couſſins. *Voy.* le 4.ᵉ *Vol. des Ordonn.* p. 136.

(d) Fentiſſe.] On pourroit lire auſſi *feutiſſe.* Je n'ai rien trouvé ſur ce mot.

(e) Eſcorchiée.] Savary dans ſon Traité du Commerce, au mot, *duvet,* dit que pour plumer les Oiſeaux vivants, on attend que leurs plumes ſoient meures, parce que ſi on les plumoit auparavant, il s'imbiberoit du ſang dans le tuyau, qui en ſe corrompant, produiroit des vers, & donneroit une mauvaiſe odeur.

(f) Tayes farcies ne reclutées.] Taye eſt la couverture d'un Oreiller. *Farcies;* c'eſt-à-dire, où l'on a mêlé differentes ſortes de plumes, comme dans l'art. précedent. Je n'ai rien trouvé ſur le mot, *reclutées.*

(g) Duvet.] La plume qui vient au col des Oiſeaux, & qui leur couvre une partie de l'eſtomac. Elle eſt plus courte & plus douce que les autres. *Voy. le Diction. du Commerce de Savari,* au mot, *duvet.*

ORDONNANCES DES ROIS DE FRANCE

CHARLES V.
à Paris, en Novembre, & le 15. d'Octobre 1372.

a vendre.
b Couſſin.
c Voy. cy-deſſus, p. preced. Note (f).
d au même prix.
e ou un prix proportionné ſuivant la grandeur.
f en le vendant.
g Poids.
h marqué.
i mot douteux.

car cellui de Bretaingne n'eſt bon ne loyal; & nul ne ª vendre le duvet de Bretaingne, que par ſoy.

(7) Item. Que nul ne face ᵇ Coiſin de ſept quartiers ne de plus, qui ne ſoit d'auſſi bonne ᶜ farce comme la Couſte, puis qu'il vüeille vendre l'un ᵈ autel comme l'autre, ou ᵉ enſuïant, & que il le dic ᶠ au vendre.

(8) Item. Que nulz n'ait en ſon Hoſtel ne ne tiengne ᵍ Pois, qui ne ſoit ʰ ſengnié & ajuſté au Pois-le-Roy.

(9) Item. Et que nul ne puiſſe des ores mes entrer ou dit meſtier, ſe il ne l'achate; c'eſt aſſavoir, dix Solz au Roy.

Ci après s'enſuit Regiſtre conſermé par le Prevoſt de Paris, fait & accordé par les perſonnes cy-deſſous nommées, en la maniere qui s'enſuit.

(10) Premierement. A tous ceulx qui ces Lettres verront. Guillaume Gormont Garde de la Prevoſté de Paris, Salut. Comme Jehan du Saut & Katherine ſa femme, Jehan de Suſanne & Jehanne ſa femme, Nicolas Leſchecueur, Jehan le Tainturier & ⁱ Amee ſa femme, Hue Lenmancheur & Gues ſa femme, Jehan de Staus & Marie la Couſtiere ſa femme, Jehan Marſel & Taſſete ſa femme, Regnaut des Torches & Marguerite ſa femme, Guillaume Conſeil, Jehanne la Creſtiene, Katerine de Tournay, Prereulle la Bouvelle, Guyot Loyer, Nicole la Chaodete, Robert de Chartres & ſa femme, de Ramilly & ſa femme, Gille Penthecouſte & ſa femme, Jehanne la Normande, Perreulle du Navet, Hondée de Gonneſſe, Yſabiau de la Houſſe, Gillet, Jaucelline la Couſtiere, Johanne femme feu Thicbaut le Couſtier, Jehanne la Graneliere, Aalips la petite & Hodierne de Senlis, tous Couſtiers & Couſtieres de la

k preſentez.
l mettre.
m pour ſçavoir.

Ville de Paris, ſe feuſſent ᵏ trais pardevers nous, & nous euſſent donné à entendre, que en leur Regiſtre fait ſur ledit meſtier, avoit deſſaut d'articles, qui prouſitables y eſtoient à ˡ mettrent & enregiſtrer pour le prouſſit commun & du Roy Noſſ. leſ-quiex articles par nous receus des dis Couſtiers & Couſtieres, feiſmes yceulx & chaſ-cun par ſoy, jurer aux Sains Euvangiles de Dieu, ᵐ ſavoir mon ſe il eſtoient pour-fitables & convenables à mettre & enregiſtrer avec ledit Regiſtre; leſquiex & chaſcun par ſoy, jurerent & afſermerent yceulx eſtre pourfitables à tout le commun Peuple & au Roy Noſſ. & convenables à mettre aveccques leur dit Regiſtre; & ce fait, nous par maniere de addicion, & pour le proſſit commun & du Roy Noſſ. avons fait mettre & enregiſtrer avec ledit Regiſtre, les articles qui s'enſuivent.

n Maiſtre.

C'eſt aſſavoir, que nulz ne puiſt eſtre ou dit meſtier, ſe il n'y a eſté aprentiz deux ans tous acomplis; car autrement ne ſaroit-il pas bien le meſtier faire; & quant il ſe partira de ſon ⁿ Meſtre au bout des deux ans; ledit aprentis ou aprentiſſe achetera ledit meſtier vingt Solz Pariſis; c'eſt aſſavoir, quinze Solz Pariſis pour le Roy Noſſ. & cinq Solz Pariſis pour les Jurez & Gardes dudit Meſtier, pour leur peinne & tra-

o ſi ce n'eſt.
p rien.

veil qu'il auront de garder & viſiter ledit meſtier; ᵒ ſe ainſſure eſt qu'il ne ſoient ſilz ou filles de Meſtre; & ſe il eſt filz ou fille de Meſtre, il paiera dix Solz au Roy tant ſeulement, & ᵖ nient pour les Meſtres.

q ne.

(11) Item. Que nulz ne nulle dudit meſtier ᑫ puiſſe avoir que un Aprentiz, ne à moins de temps que deſſus eſt dit.

r Si une perſonne de ce Meſtier.

(12) Item. ʳ Se nulz ne nulle dudit meſtier, baille Couſtes à vendre à perſonne dudit meſtier, s'il ne les vent *(h)* trencheement ſans reprendre, ne à autres, il paie, tant le Bailleur comme le Preneur, chaſcun huit Solz Pariſis d'Amende au Roy, & chaſcun deux Solz Pariſis aux Meſtres Gardes-Jurez.

ſ pour.
t ce que l'on paye en achetant le Meſtier.

(13) Item. Que ſe aucun venoit de dehors du Pays, qui vouſiſt ouvrer dudit meſtier, qu'il n'y peuſt entrer ſans apeler les Maiſtres, ſ ſavoir ſe il eſt ſouffiſant à ce, & de eſtre receu oudit meſtier, & pour paier les ᵗ Ordenances, comme dit eſt.

En teſmoing de ce, nous avons fait mettre en ces Lettres, le Seel de la Prevoſté de Paris, le XX°. jour d'Octobre, l'an de grace mil trois cens XLI.

NOTE.

(h) Trancheement.] Je crois que cela ſignifie, s'il ne les vend ſans retour, enſorte qu'il ne les puiſſe vendre à un autre.

DE LA TROISIÉME RACE. 549

Item. *Alias sub hac forma.*

(1) JOHANNES *Dei gracia Francorum Rex. Preposito, &c.*
Item. *Nostras in hiis verbis.*

CHARLES par la grace de Dieu Roy de France. Au Prevost de Paris ou à son Lieutenant: Salut. Nous avons veu les Lettres de nostre très chier Seigneur & Pere dont Dieux ait l'ame, contenant la forme qui s'ensuit.

JOANNES *Dei gracia Francorum Rex, &c.*
Si vous mandons & enjoignons, que les dictes Lettres & toutes les choses contenuës en ycelles, vous enterinez & acomplissiez de point en point selon leur forme & teneur, si & par telle maniere que usé en ont, & ne souffrez que riens soit fait, attempté ou innové au contraire; laquelle chose, se faite estoit, faites sans delais ramener & remettre au premier estat & deu. *Donné à Paris, le xve jour d'Octobre, l'an de grace mil CCC. soixante & douze, & de nostre Regne le IXe*

Quas quidem Litteras supratranscriptas, ac omnia & singula in eis contenta, rata habentes & grata, eas & ea volumus, laudamus, approbamus, & de nostris plenitudine potestatis ac gracia speciali, quatenus usi fuerunt, confirmamus: Dantes earumdem tenore in Mandatis Preposito nostro Parisiensi, ceterisque Justiciariis nostris, presentibus & futuris, aut eorum Locatenentibus, & ipsorum cuilibet, prout eum pertinuerit, quatinus predictos Culcitrarios & Culcitrarias, nostra presenti gracia & confirmatione absque contradicione uti & gaudere faciant & permittant, nec ipsos seu ipsas contra hujusmodi nostre presentis confirmacionis & gracie tenorem inquietent, molestent, inquietari seu molestari quoquomodo permittant. ^b *Et quod firmum & stabile permaneat in futurum, sigillum nostrum presentibus Litteris duximus apponendum: Nostro & alieno in omnibus jure salvo. Datum Parisius, anno Domini M.° CCC.° septuagesimo secundo, & Regni nostri nono, mense Novembris.*
Per Regem, ad relationem Consilii. P. LE FEVRE.

CHARLES V.
à Paris, en Novembre, & le 15. d'Octobre 1372.

^a Voy. la Note (1).

^b Quod ut.

NOTE.

(1) *Joannes.*] Ces Lettres du 17. d'Août 1353. qui sont encore repetées un peu plus bas, & qui sont confirmatives de celles de Philippe de Valois, du 19. de Janvier 1347. ont été imprimées dans le 4.e Vol. des Ordonn. p. 136. Elle avoient été copiées sur le Livre vert ancien du Chastelet. Dans ce Registre, il y a dans les Lettres du Roy Jean, *Datum Paciaci.* Dans le Registre des Chartres, il y a dans les deux Copies, *Datum Pisciaci.*

(a) *Lettres qui confirment celles de Thibaud VI. Comte de Champagne, par lesquelles il promet de faire observer les privileges accordez par le Duc de Lorraine, aux habitants de Neuchasteau.*

CHARLES V.
à Paris, en Novembre 1372.

CHARLES par la grace de Dieu Roy de France. Savoir faisons à tous presens & avenir, que de la partie des Bourgois de la Ville de (b) Nuefchastel en "Loheraine, Nous ont esté exhibés deux paires de Lettres de Thibaut jadis de Champaigne & de Brie Conte Palazins, desquelles les teneurs sont cy-dessoubz escriptes.
Et primo, la teneur des premieres Lettres s'ensuit.

^c *Lorraine.*

NOTES.

(a) Tresor des Chartres, Registre 103. P. 282.
(b) *Nuefchastel.*] C'est sans doute le lieu nommé presentement *Neuchasteau* dans la Lorraine, Diocèse de Toul, que les Ducs de Lorraine ont tenu autrefois en Fief des Comtes de Champagne, suivant la description de la Lorraine, qui est à la fin du 3.e tom. *du Dictionn. univ. de la France*, au mot, *Neuchasteau.*

Zzz iij

CHARLES V.
à Paris, en Novembre 1372.

ᵃ Ge (c) Thibaut de Champaigne & de Brie Cuens ᵇ Palant, ᶜ faz cognoiſſant à tous ceulx qui ces Lettres verront & orront, que Ge ay promis & ᵈ crentey as ᵉ Borpis del Nuefchaſtel qui eſt de mon Fié, que Ge ferai tenir & gardeir mon Coſin & mon home (d) Mathieu Duc de ᶠ Lohiriogne & ᵍ Marchis, ʰ teil Commune comme il a trettei & jurei à tenir à ſes Borpis del Nuefchaſtel, enſi ⁱ com ſes Lettres qui de ce ſont faictes, le teſmoingnent. Et ſe li Dux par aventure encontre ſes Lettres ᵏ lor ˡ forfaiſoit riens, & il ne l'avoit ᵐ adrecié dedens les xL. jors qu'il en ſeroit ⁿ ſemons & requis de ceulx de Nuefchaſtel, Ge le ᵒ requenoie le Duc, qu'il le ᵖ deſciſt; & ſe il ne le voloit deffaire, ᑫ ſe le ſeroie deffaire en bonne foy, xL. jours après ce que cil del Nuechaſtel ʳ leure requeroient par le (e) Crant & par le los del devant dit Duc. Et en teſmoignage de veritei, ai ge fait ces Lettres ſcelleir de mon ſeel, l'an que li Milianes coroit, par mil & cc. & xxxI. an la vigile de la mi-Aoſt.

ᵃ Je.
ᵇ Palatin.
ᶜ fais.
ᵈ creanté.
ᵉ Bourgeois.
ᶠ Lorraine.
ᵍ March. R.
ʰ telle.
ⁱ comme.
ᵏ leur.
ˡ contrevenoit.
ᵐ réparé.
ⁿ ſemoncé.
ᵒ requererois.
ᵖ réparaſt.
ᑫ ce ou je.
ʳ appar. le.
ˢ Th. R.
ᵗ Communitatis.
ᵘ Dux.
ˣ Loth. . . .
March. R. là & plus bas.

Item. La teneur des ſecondes s'enſuit.

Ego ˢ Theobaldus Campanie & Brie Comes Palatinus. Notum facio omnibus, quod ego creantavi & promiſi Univerſitati Burgenſium ᵗ Comitatis novi-Caſtri, quod ſi dilectus fidelis Cognatus meus Matheus, ᵘ Deux ˣ Lotharingie & Marchio, vel aliquis ſuorum, vel etiam alius per Mandatum ſuum, manum mittet in ipſos vel in aliquem ipſorum, pro capiendo, vel captum teneret, niſi juſticia exigente, & per Judicium Ville hoc faceret, ego infra quadraginta dies poſtquam à dicta Communitate novi-Caſtri eſſem ſubmonitus, quemlibet ita dicte Communitatis facere deliberari tenerer, niſi dictus fidelis Conſanguineus meus Dux Lotharingie & Marchio ipſum deliberaret. In hujus autem rei teſtimonium, ſigillum meum præſenti pagine feci appendi. Datum in craſtino ſancti Remigii, anno gracie M.ᵒ cc.ᵒ xxx.ᵒ *primo*.

En Nous humblement requerant ou nom d'eulx & de la Communauté de la dicte Ville, que les dictes Lettres & le contenu en ycelles, nous vücillons confirmer. Nous adecertes, attendu ce que dit eſt, les dictes Lettres & chaſcune d'elles, & tout le contenu en ycelles, loons, gréons, approuvons, & par la teneur de ces preſentes, de grace eſpecial confermons, ſi & en tant comme les diz ſuppliants en ᵞ ont uſé. Si donnons en Mandement au Bailli de Chaumont ᵞ, & à tous les autres Juſticiers de noſtre Royaume, & à chaſcune d'eulx, ou à leurs Lieutenans, preſens & avenir, que les diz Bourgois & Communauté de ladicte Ville de Nuefchaſtel, il facent & ſeuffrent joïr à plein de noſtre preſente grace, ſans les moleſter ne ſouffrir eſtre moleſtez au contraire comment que ce ſoit, ores ne ou temps avenir. Et pour ce que ce ſoit ferme choſe & eſtable à tousjours, Nous avons fait mettre à ces Lettres noſtre ſeel; ſauf en toutes choſes noſtre droit & l'autrui. *Donné à Paris, en mois de Novembre, l'an de grace* M. CCC. LXXII. *& de noſtre Regne le* IX.ᵉ

ᵞ en Baſſigny.

Par le Roy, à voſtre relacion. HENRY.

NOTES.

(c) *Thibaut*.] Th. R. Thibaut VI. ſur lequel *Voy*. cy-deſſus, p. 486. Note (b).
(d) *Mathieu*.] Math. R. Mathieu II.

Voy. la Geneal. des Ducs de Lorraine, qui eſt au commencement du premier Vol. de l'Hiſt. de Lor. par D. Calmet, p. CLXIII. Note (b).
(e) *Crant* . . . . . los.] Par la promeſſe & l'approbation du Duc, qui y a conſenti.

CHARLES V.
à Paris, en Novembre 1372.

(a) Diminution de Feux pour differents lieux.

*K*AROLUS, &c. *Notum*, &c. *Quod cum ex parte*, &c.
Cumque factis quibuſdam Informacionibus virtute certarum Litterarum Regiarum ac

NOTE.

(a) Treſor des Chartres, Regiſtre 103. P. 262. & ſuiv. juſqu'à la Piece 281. incluſivement.

Voy. cy-deſſus, p. 30. Note (a).
C'eſt le R. P. D. Vaiſſette, Benedictin, qui m'a indiqué les noms modernes des lieux nommez dans ces Lettres, & dans les deux ſuivantes.

DE LA TROISIÉME RACE.

dictarum Instructionum, per certos Commissarios a hoc deputatos, in locis de (b) Sancto Nicholao, de b Burgi-monte, de (c) Onquo monte, de c Reuleta, & de d Sancto Stephano, Judicature Verduni, Senescalliæ Tholosæ, super vero numero Focorum in dictis locis tunc existencium ; & postmodum virtute Litterarum nostrarum de mandato, aliæ informaciones in dictis locis fuerunt de novo & secundo factæ super veris numeris dictorum Focorum in eisdem locis nunc existencium, per dilectum nostrum Magistrum Paulum Bitori, e Bacalarum in Legibus, Judicem Verduni, Commissarium in hac parte auctoritate Regia deputatum ; vocato & presente in omnibus Procuratore nostro Generali dictæ Senescalliæ Tholosæ, aut ejus legitimo Substituto ; eademque, &c.

Repertum fuerit quod in dictis locis sunt de presenti & reperiuntur Foci qui secuntur; videlicet, in loco de Sancto Nichilao, viginti ; in loco de Brugimonte, viginti novem ; in loco de Cugnomonte, quatuor ; in loco de Reuleta, tres ; & in loco de Sancto Stephano, tres Foci ; secundum traditas instrucciones super hoc prelibatas ; Nos vero, &c.

Quod ut firmum, &c. salvo, &c. Actum Parisius, mense Novembris, anno Domini millesimo CCC.mo septuagesimo secundo, Regnique nostri nono.

Per Consilium, &c. P. DU CHASTEL.
Informaciones de quibus superius sit mencio, sunt in dicta Camera cum aliis similibus, & est financia predicta soluta dicto Clerico Opperum, prout à tergo.
P. DE CHASTEL.

CHARLES V.
à Paris, en Novembre 1372.
a ad.
b BRIGUEMONT, Diocèse de Lombez.
c RIEULAS, Diocèse de Lombez.
d S. ESTEPHE.
e Baccalarium.

Piece 263. (d) Item. *Similis pro locis de f Corduis, triginta ; de g Angevilla, septem ; de h Bolhaco, quinque ; de i Marinhaco, octo ; de k Bolnens, quinque Foci ; qui loci sunt Judicature Verduni, Senescalliæ Tholosæ. Signata ut precedens.*

P. 264. Item. *Similis pro locis de l Sarrauto, quadraginta unus ; de m Ardizanis, quindecim ; & de n Mota-Cugnomontis, quatuor Foci ; qui loci sunt Judicature Verduni, Senescalliæ Tholosæ. Signata ut supra.*

P. 265. Item. *Similis pro locis de o Sollempniaco, quadraginta ; de p Causso, viginti Foci ; qui sunt Judicature Verduni, & Senescalliæ Tholosæ. Signata ut supra.*

P. 266. Item. *Similis pro loco de q Corneliano, Vicarie r Bitterrensis, Senescalliæ Carcassonæ, ubi sunt L. Foci. Signata ut supra.*

P. 267. Item. *Similis pro loco de s Electo, centum quadraginta quinque Foci.*
P. 268. Item. *Similis pro loco de t Cornavello, sexdecim Foci.*
P. 269. Item. *Similis pro loco de (e) Magriano, viginti Foci.*
P. 280.* Item. *Similis pro loco de u Villamuro & ejus membris & pertinentiis, ubi sunt per supradictam reparacionem Focorum, CLII. Foci.*
P. 281. (f) *Pro loco de x Borno, ubi sunt IIII. Foci, ut supra.*
P. 282. *Et pro loco de y Montevalenti, ubi sunt decem Foci.*

f CORDES Tolosanes, Diocèse de Montauban.
g ANGUEVILLE, idem.
h BOULHAC, Diocèse de Toulouse.
i MARIGNAC, Diocèse de Toulouse.
k BOULAN, Dioc. d'Auch.
l SARRAUT, Diocèse de Lombez.
m ARDISAS, idem.
n LA MOTTE-DE-CUMONT, Diocèse de Montauban.
o SOLOMIAC, Diocèse de Lectoure.
p LE CAUSSE, Diocèse de Montauban.
q CORNILLAN, Dioc. de Beziers.
r Biter. R.
s ALET, aujourd'hui Evêché.
t CORNAVEL, Diocèse d'Alet.
u VILLEMUR, Diocèse de Montauban.
x LE BORN, Diocèse de Montauban.
y MONTVALET.

NOTES.

(b) *Sancto Nicholao.*] Plus bas il y a : *S. Nichilao*, appar. pour *Nicholao*. S. Nicolas de la Grave, Diocèse de Lectoure.

(c) *Onquo monte.*] Il faut corriger *Cugnomonte*, qui est plus bas : Cumon:, Diocèse de Montauban.

(d) *Item.*] Ce qui suit a été copié comme il est dans le Registre.

(e) *Magriano.*] *Magano* avec une marque d'abbreviation. R. Megrian, Diocèse de Narbonne.

(f) *Pro.*] Cette Lettre & la suivante sont jointes par une accolade ; & il y a à la marge, *una Littera*.

* Le Copiste en cotant ces Pieces, a passé de 269. à 280.

(a) Diminution de Feux pour Montastruc, Roque-Siriere & Paulhan.

CHARLES V.
à Paris, en Novembre 1372.

a cam, avec une marque d'abbreviation. R.
b MONTASTRUC, Diocèse de Toulouse.
c ROQUE-SIRIERE, idem.
d PAULHAN, idem.
e il y a au milieu de ce mot, trois jambages sans point.
f il y a mieux plus haut, Poalhaco.
g in. *h* Riviere-Verdun, Voy. le 4.e Vol. de ce Rec. p. 324. Note (c).
i &.
k &.

l financia.

KAROLUS, &c. Notum, &c. Quod cum ex parte, &c.

Cumque factis quibusdam Informacionibus virtute certarum Litterarum Regiarum, ad ^a certam Instruccionem per certos Commiſſarios ad hoc deputatos, in locis de ^b Monte-aſtruco; de ^c Ruppe-Sereria, & de ^d Poalhaco, Judicature (b) Ville-longe, Seneſcallie Tholoſe, super veris numeris Focorum in dictis locis tunc exiſtencium; & poſtmodum virtute Litterarum noſtrarum de mandato, alie Informaciones in dictis locis fuerunt de novo & ſecundo facte ſuper vero numero dictorum Focorum in eiſdem locis nunc exiſtencium; videlicet, in predictis locis de Monte-aſtruco & de Ruppe-ſereria, per dilectum noſtrum Johannem de ^e Marinhaco, Licentiatum in Legibus, Judicem Ville-longe, & in dicto loco de ^f Paolhaco, per dilectum noſtrum Magiſtrum Arnaldum Auriola, Licentiatum ^g en Legibus, Judicem ^h Ripparie, Commiſſarios in hac parte auctoritate Regia deputatos; vocato ⁱ in preſente in omnibus Procuratore noſtro Generali dicte Seneſcallie Tholoſe, aut ejus legitimo Subſtituto; cademque, &c.

Repertum fuerit quod in dictis locis ſunt de preſenti ^k reperiuntur Foci qui ſecuntur; videlicet, in loco de Monte-Aſtruco, triginta tres; in loco de Ruppe-Seceria, undecim; & in loco de Paolhaco, duodecim Foci, ſecundum traditas Inſtrucciones ſuper hoc prelibatas. Nos vero, &c.

Quod ut firmum, &c. ſalvo, &c. Actum Pariſius, menſe Novembris, anno Domini M.° CCC.° ſeptuageſimo ſecundo, & Regni noſtri nono.

Per Conſilium, &c. P. DU CHASTEL. *Informaciones de quibus ſuperius fit mencio, ſunt in dicta Camera cum aliis* ſimilibus, & eſt dicta ^l financia ſoluta dicto Clerico, prout à tergo.

P. DU CHASTEL.

NOTES.

(a) Treſ. des Chartr. Regiſt. 103. P. 261. Voyez cy-deſſus, page 30. Note (a), & page 550. Note (a).

(b) *Ville-longe.*] Villelongue, Diocèſe de Narbonne, Parlement de Toulouſe. Voy. le Dictio. univ. de la France, à ce mot.

(a) Diminution de Feux pour Cologne.

CHARLES V.
à Paris, en Novembre 1372.
in COLOGNE, Diocèſe de Lombez, l'un des Sieges Royaux de la Judicature de Verdun.

KAROLUS, &c. Notum, &c. Quod cum ex parte, &c.

Cumque facta quadam Informacione virtute certarum Litterarum Regiarum ac dictarum Inſtruccionum, per certum Commiſſarium ad hoc deputatum, in loco de ^m Colonia, Judicature Verduni, Seneſcallie Toloſe, super vero numero Focorum in dicto loco nunc exiſtencium; & poſtmodum virtute Litterarum noſtrarum de mandato, alia Informacio in dicto loco fuerit de novo & ſecundo facta ſuper vero numero dictorum Focorum in eodem loco nunc exiſtencium, per dilectum noſtrum Magiſtrum Paulum Bitorti, Bacalarium in Legibus, Judicem Verduni, Commiſſarium ad hoc per dictas Litteras deputatum; vocato & preſente in omnibus Procuratore noſtro Generali dicte Seneſcallie Tholoſe, aut ejus legitimo Subſtituto; cademque, &c.

Repertum fuerit quod in dicto loco de Colonia, ſunt de preſenti & reperiuntur centum triginta ſex Foci, ſecundum traditas Inſtrucciones ſuper hoc prelibatas. Nos vero, &c.

Quod ut firmum, &c. Salvo, &c. Actum Pariſius, menſe Novembris, anno Domini milleſimo CCCLXXII.° Regnique noſtri nono.

Per Conſilium, &c. P. DE CHASTEL. *Informatio de qua ſuperius fit mentio, eſt in dicta Camera cum aliis ſimilibus, &* financia predicta ſoluta dicto Clerico Operum, pro ut à tergo.

P. DE CHASTEL.

NOTE.

(a) Treſ. des Chart. Reg. 103. P. 256. Voy. cy-deſſus, p. 30. Note (a), & p. 550. Note (a). Reglement

DE LA TROISIÉME RACE. 553

(a) *Reglement qui fixe le prix du pain qui se vendra à Paris, selon les differents prix du bled.*

CHARLES V.
à Paris, le 9. de Decembre 1372.

CHARLES par la grace de Dieu Roy de France. Comme n'agaire par vertu de noz autres Letres adreçans à noz amez & feaulz Conseillers, Maistres Thomas Vanin & Miles de Voisinnes, & à nostre Prevost de Paris, des quels la teneur est tele.

KAROLUS, &c.
Noz diz Conseilliers & Prevost, pour enteriner & accomplir le contenu de nos Letres dessus transcriptes, touchant le fait de la visitation & Ordenance des Talmeliers de Paris, & du pain fait à Paris, eussent vû & visité à grant deliberacion, appellé avec eux plusieurs sages, les anciens & nouveaux Registres de nostre Chastelet de Paris, touchans le fait dessus dit, & iceuls Registres ainsy par eulz veuz & examinez, eussent fait faire certain essay par gens en ce connoissans, pour savoir & aviser comment pour le proussit du commun peuple, l'en pourroit faire à Paris pain souffisant & convenable, eû regart à la valeur du blé, au pois & au pris du pain, & aux autres choses que l'en pourroit bonnement noter & ymaginer en ce fait; après le quel essay ainsy fait, & icelui veu & examiné par aucun des Genz de nostre Conseil, & à Nous raporté, afin de pourveoir sur le fait dessusdit, certaine Ordenance eust esté faite par Nous sur icelui fait, par laquelle les Talmeliers de Paris estoient tenus de faire pain de certain pois & de certain pris, selon ce que le pris du blé avaucroit ou monteroit en plain marchié; Et pour ce que assés tost apres ladite Ordenance, les Talmeliers de Paris s'estoient ᵇ traits devers Nous, en eulx griefment complaingnans, disans que ladite Ordenance ne se povoit soustenir, & que ils seroient du tout mis à pauvreté, & leur convendroit laissier la Ville de Paris, se la dite Ordenance estoit tenuë & gardée, suplians pour ces choses, sur ce estre à euls pourveu de remede: Nous à leur suplication voulans pourveoir, & aussi à la requeste des Gens de nostre Pennetier, qui d'icelle Ordenance se ᶜ douloient, disans que elle leur estoit prejudiciable en plusieurs manieres, eussions commis & deputé aucuns des Gens de nostre Grant Conseil, pour appeller devant euls nostre dit Prevost, les diz Talmeliers, & les Gens de nostre dit Pennetier, & les sur ce oïr & leurs debas, & pour aviser & regarder comment pour le bien publique, l'en pourroit faire & mettre bonne Ordenance sur le fait desdits Talmeliers, & pour Nous raporter ce que fait en seroit, parquoy Nous peussions sur ce mettre bon remede; & sur ce nostre dit Prevost & les dits Talmeliers ou aucuns d'euls, & les Gens de nostre dit Pennetier eussent esté assemblez par plusieurs foiz devant les Gens de nostre grant Conseil, & eust esté veuë & examinée diligemment la dite Ordenance, & plusieurs raisons alleguées d'une partie & d'autre, les unes pour la soustenir, & les autres pour la mettre au neant: Sur quoy par l'Ordenance & avis des Gens de nostre Conseil, & de l'accort des diz Prevost, Talmeliers & Gens de nostre Pennetier, & mesmement à la requeste d'iceuls Talmeliers, certain autre essay de pain eust esté fait ᵈ à grant diligence, & iceulz Talmeliers ad ce presens & appellez, & icelui essay raporté à noz diz Conseillers, & par eulz veu & examiné, & par plusieurs autres sages de nostre Parlement & autres; après toutes lesquelles choses ainsi faites, & que plusieurs voies ᵉ orent esté touchées & advisées, par lesquelles l'en pourroit mettre bonne Ordenance sur ledit pain, selon ce que le marchié de blé monteroit ou avaucroit, & ᶠ que par telle maniere que lesdits Talmeliers prendroient sur ce proufit & gaing raisonnable, sans estre grevez ne maltraitiez, fû advisé & deliberé de l'accort d'iceulz Talmeliers, & par certain avaluement sur ce

a Ces Lettres qui sont du 21. d'Avril 1372. sont cy-dessus, p. 499.

b retirez, presentez.

c plaignoient.

d avec.

e eurent.

f ce mot est inutile.

NOTE.

(a) Registre du Parlement de Paris, coté A. fol.º 73.

Ce Reglement change les dispositions de celui du mois de Juillet précedent, qui est cy-dessus, p. 499. L'on pourra consulter les Notes qui ont été faites sur celui-cy.

Tome V.
Aaaa

CHARLES V.
à Paris, le 9.
de Decembre
1372.

fait à grant diligence par pluſeurs Changeurs & autres perſonnes notables de la dite Ville de Paris, que l'on pourroit faire & mettre bonne Ordenance ſur le pain, en la maniere qui s'enſuit.

(1) C'eſt aſſavoir, que tant & ſi longuement comme le ſextier du meilleur blé fourment, ou à douze deniers près du meilleur, vauldra & ſera vendu en plain marchié ou en grenier à Paris, huit Soulz, les Talmeliers de Paris & des Fauxbourgs, feront & feront tenus de faire pain bien labouré qui peſera & devra peſer les pois cy-apres eſclarcis; c'eſt aſſavoir, le pain blanc appellé pain de Chailly de deux deniers de taille, peſera en paſte trente onces, & tout cuit peſera vingt-cinq onces & demie; le pain bourgeois de la dite taille peſera en paſte quarante-cinq onces, & tout cuit peſera trente-ſept onces & demie; & le pain de brode d'un denier de taille peſera en paſte quarante-deux onces, & tout cuit trente-ſix onces.

(2) Item. Quant le dit blé vauldra dix Soulz le ſextier, le pain de Chailly de deux deniers de taille peſera en paſte vingt-quatre onces, & tout cuit vingt onces & huit *(b)* Eſtellins; le pain bourgeois de deux deniers de taille peſera en paſte trente-ſix onces, & tout cuit trente onces; & le pain faitis d'un denier de taille peſera en paſte trente-trois onces douze Eſtellins, & tout cuit vingt-huit onces ſeize Eſtellins.

(3) Item. Quant le dit blé vauldra XIIII. Sous le ſextier, le pain de Chailly de deux deniers de taille peſera en paſte dix & ſept onces & deux Eſtellins, & tout cuit quatorze onces onze Eſtellins; le pain bourgeois de ladite taille peſera en paſte vingt-cinq onces & quatorze Eſtellins, & tout cuit peſera vingt-une onces huit Eſtellins; & le pain faitis d'un denier de taille peſera en paſte vingt-quatre onces, & tout cuit vint onces & douze Eſtellins.

(4) Item. Quant blé vauldra ſeize Soulz le ſextier, le pain de Chailly de deux deniers de taille peſera en paſte quinze onces, & tout cuit douze onces & quinze Eſtellins; le pain bourgeois de la dite taille peſera en paſte vingt-deux onces & demie, & tout cuit dix-huit onces & quinze Eſtellins; & le pain faitis d'un denier de taille peſera en paſte vint & une once, & tout cuit dix-huit onces.

(5) Item. Quant blé vauldra dix-huit Soulz le ſextier, le pain de Chailly de deux deniers de taille peſera en paſte treize onces & ſix Eſtellins, & tout cuit onze onces ſix Eſtellins; le pain bourgeois de ladite taille peſera en paſte vint onces, & tout cuit ſeize onces & demie & trois Eſtellins; & le pain faitis d'un denier de taille peſera en paſte dix-huit onces & treize Eſtellins, & tout cuit ſeize onces.

(6) Item. Quant blé vaudra vint Solz le ſextier, le pain de Chailly de deux deniers de taille peſera en paſte XII. onces dix-huit Eſtellins, & tout cuit *(c)* X. onces IIII. Eſtellins; le pain bourgeois de la dite taille peſera en paſte XVIII. onces & ſept Eſtellins, & tout cuit XV. onces & treize Eſtellins; & le pain faitis d'un denier de taille peſera en paſte XVI. onces & XV. Eſtellins, & tout cuit XIIII. onces VIII. Eſtellins.

(7) Item. Quant le blé vauldra 22. Solz le ſextier, le pain de Chailly de deux deniers de taille peſera en paſte dix onces XVIII. Eſtellins, & tout cuit IX. onces XI. Eſtellins; le pain bourgeois de ladite taille peſera en paſte ſeize onces & ſept Eſtellins; & tout cuit treize onces & treize Eſtellins; & le pain faitis d'un denier de taille peſera en paſte quinze onces & ſix Eſtellins, & tout cuit XIII. onces & ſept Eſtellins.

NOTES.

(b) Eſtellins.] C'eſt la même choſe qu'Eſterlings & Sterlins. Ces mots qui ſignifient ordinairement une Monnoye, ſe prennent auſſi quelquefois pour un poids. L'on trouve dans *le Dictionnaire de Trevoux*, au mot, *once*, que chez les Orfevres & les Monnoyeurs, l'once ſe diviſe en 20. Eſtellins. *Voy. auſſi le 2.e Vol. des Ordonn.* p. 352. art. 13. *le Gloſſaire de du Cange*, au mot, *Eſterlingus, & le Diction.*

Etymologique de Meſnage, au mot, *Sterlin*. Ils diſent que le Sterlin ſignifie quelquefois un poids; mais ils ne marquent point, quel eſt ce poids.

(c) X.] Il y a dans le Regiſtre, *neuf onces onze Eſtellins*. L'on a mis des points ſous ces mots, pour marquer qu'ils doivent être effacés, & au deſſus de *neuf* l'on a mis *X*. & au deſſus d'*onze* l'on a mis *IIII*. Dans les évaluations ſuivantes, il y a 5. ou 6. corrections ſemblables, que l'on a miſes dans le Texte.

DE LA TROISIÉME RACE.

(8) *Item.* Quant le dit blé vauldra vint-quatre Solz le fextier, le pain de Chailly de deux deniers de taille pefera en pafte dix onces, & tout cuit huit onces & demie; le pain bourgeois de la dite taille pefera en pafte quinze onces, & tout cuit douze onces & demie; & le pain faitis d'un denier de taille pefera en pafte quatorze onces, & tout cuit douze onces.

CHARLES V.
à Paris, le 9. de Novembre 1372.

(9) Et est affavoir que pour mendre cruë ou avaluement de deux Solz pour fextier, le pain ne croiftra ne appetiffera, pour ce que bonnement ne fe pourroit faire; fauf toutes voies à pourveoir fur la cruë ou diminution d'icelui pain, par noftre dit Prevoft, appellé les Gens dudit Pennetier, & fe ᵃ meftier eft, toutes foiz que bon luy femblera & qu'il appartendra à faire par raifon; & pour ce que de prefent le blé eft à bon marchié, & pourra eftre par le plaifir de Dieu, à auffi bon ou meilleur marchié ou temps avenir, fu advifé & deliberé, que de prefent & toutes foiz que le meilleur blé, ou à douze deniers prés du meilleur, fera à pris de feize Sols ou au deffoulz, les diz Talmeliers feront & feront tenus de faire pain d'un denier de taille, de chacun des qualitez deffus dites, pefant de la moitié d'un pain de deux deniers de taille, par la maniere deffus devifée, oultre & avecques le pain de deux deniers de taille qu'il feront par la maniere que dit eft; & toutes foiz que blé fera à feize Soulz le fextier ou deffoubz, les diz Talmeliers feront tenus de faire de chafcun fextier de blé que ils cuiront pour vendre, une douzaine de pain de Chailly d'un denier de taille, & autant de pain bourgeois à tout le moins; & le furplus pourront faire de deux deniers fi leur plaift, tel & en tele maniere que deffus eft devifé; & avecques ce, fu avifé que s'il avenoit que le fextier du dit meilleur blé fourment vaufift ou couftaft plus de XXIIII. Sols Parifis, noftre dit Prevoft, en la prefence ou appellez les Genz de noftre dit Pennetier, feroit & fera faire effaiz de blé converti en pain, felon ce qu'il eft acouftumé à faire en tel cas, & felon l'eftat des effaiz, felon ce que ces chofes Nous ont efté rapporteés plus à plain par les Gens de noftre grand Confeil, à ce que par Nous feult pourveu fur les chofes deffus dites de remede convenable.

ᵃ *befoin.*

Savoir faifons à touz prefens & avenir, que Nous voulans & defirans de tout noftre povoir, le proufit de la chofe publique eftre preferé devant tous autres, attendu que en noftre bonne Ville de Paris, doit eftre mis & trouvé tout bon gouvernement, mefmement fur les vivres dont le commun peuple eft fouftenu, eû fur ces chofes grant deliberation de Confeil, la dite Ordenance advifée & deliberée fur le fait dudit pain, comme deffus eft efclarci, avons eu & avons aggreable comme bien & deuement faite, & la loons, greons & ratiffions & aprouvons, & icelle de noftre certaine fcience & auctorité Royal, confirmons par la teneur de ces prefentes; & Nous plaift & voulons que icelle Ordenance foit dores en avant tenue, gardée & accomplie, fanz enfraindre en aucune maniere par aucuns ou temps avenir; & quiconques fera ou fera trouvé faifant le contraire des chofes contenues en la dite Ordenance, il perdra le pain, & l'amendera d'Amande vouluntaire, felon l'Ordenance de noftre Prevoft de Paris ou de fon Lieutenant, qui eft ou qui fera pour le temps avenir; laquelle Amande ne paffera point oultre la value de la fournée de pain: Et oultre voulons & ordenons, que pour faire plus diligemment la vifitation des chofes deffus dictes, noftre dit Prevoft ou fon Lieutenant puift commettre & ordener teles perfones, & jufques à tele nombre comme bon lui femblera, pour vifiter & executer les chofes deffus dites, toutes les foiz que bon lui femblera; lefquelz Commis auront & prendront pour leur paine & falaire, le quart fur les Amandes & émolumens qui ᵇ yftront de ladite vifitation; & du pain qui fera pris en faifant ladite vifitation, ledit Prevoft ou fon Lieutenant pourra ordener, & le diftribuer ou faire diftribuer par ces Commis, là où bon lui femblera: Si donnons en mandement par ces prefentes, à noftre dit Prevoft ou à fon Lieutenant, qui eft ou qui pour le temps avenir fera, que la dite Ordenance il face publier deuëment & follennellement là où il appartiendra, & la face tenir, garder & accomplir bien & diligemment, fi comme de raifon fera à faire, & contraigne à ce touz eculx qui pour ce feront à contraindre, & n'eft pas noftre entente que cefte prefente Ordenance face prejudice

ᵇ *fortiront, proviendront.*

Tome V.   Aaaa ij

556   Ordonnances des Rois de France

CHARLES V.
à Paris, le 9.
de Novembre
1372.
a qui ne sera pas conforme aux reglemens.

b laps.

c *on pourroit aussi lire* LXXIIII.

à telz droits que nostre Pennetier de France puet avoir sur les choses dessus dites, ainçois voulons que il puist visiter les Talmeliers, & user de ses droits qu'il y puet avoir, en distribuant le pain qui sera trouvé en ª mesprenture, tout en la maniere comme il faisoit paravant; & en rapportant à nostre Prevost de Paris ou à ses Commis, les noms de ceux qui seront trouvés avoir meffait, & la quantité de pain, & comment il auront visité, à ce que nostre Amande puist estre levée par nostre dit Prevost ou ses Commis, à nostre proufit, selon nostre Ordenance dessus esclarcie; & s'il advenoit que nostre dit Prevost ou nostre dit Pennetier, ou leurs Commis, feussent remis ou negligens ou temps advenir de faire leur visitation chascun en droit soy, & y feist discontinuation par ᵇ laz de temps, Nous voulons & ordenons, que quelque discontinuation qui y seroit faite par laz de temps ou autrement, ne face ou porte aucun prejudice à noz diz Prevost & Pennetier, & que l'un d'euls n'en puist acquerir aucun proufit sur l'autre; nonobstant usage, stiles, Coustume, Ordenances, mandemens ou deffenses au contraire. Et pour ce que ce soit ferme chose & estable à tous jours, Nous avons fait mettre à ces Lettres nostre seel : Sauf nostre droit en autres choses, & l'autrui en toutes. *Donné à Paris, l'an de grace mil* CCCLX. *& douze, & de nostre Regne le* IX.ᵉ *ou mois de Decembre. Ainsi signé. Par le Roy en son Conseil.* J. DE REIMS.

Collacion faicte des Lettres cy-dessus transcriptes, par moy. J. DE REIMS.
Collatio facta est cum originalibus Litteris suprascriptis, redditis Magistro Johanni LE BEGUE, *die* V. *Aprilis, anno* M.º CCC.º ᶜ LXXIII.

CHARLES V.
à Paris, le 12.
de Decembre
1372.
d *C'est un Arrêt du Parlement.*
e *Amite, Tante.*

(a) Lettres qui portent que pendant la vie de la Comtesse d'Alençon & d'Etampes, sa Terre de Gallardon ressortira sans moyen au Parlement.

ᵈ *K*AROLUS, *&c. Universis, &c. Notum facimus quod ad Requestam carissimæ & fidelis* ᵉ *Amitæ nostræ, Comitissæ* (b) *Alenconii & de Stampis, die datæ presencium lectæ & publicatæ fuerunt in Camera Parlamenti nostri Par. ac in Registris ejusdem Parlamenti, de precepto nostræ Curiæ registratæ aliæ Litteræ nostræ, quarum tenor sequitur sub hiis verbis.*

CHARLES par la grace de Dieu Roy de France. A touz ceulx qui ces presentes Lettres verront : Salut. Savoir faisons, que Nous de nostre certaine science, auctorité Royal & de grace especial, & pour certaines & juste causes qui ad ce Nous ent meu, en faveur & contemplacion de nostre très chere & amée Tante, la Comtesse d'Alençon & d'Estampes, avons ordonné, octroïé & accordé, ordonnons, octroions & accordons par ces presentes, que nostre dicte Tante & ses subgez de sa Terre & Chastellerie de (c) Galardon, aient, la vie de nostre dicte Tante tant seulement, leur appel & ressort en nostre Court de Parlement, en touz cas, & que elle & sa dicte Terre soient exemps de touz Juges & Officiers quelconques, & ne soit nostre dicte Tante tenuë de ressortir ne plaidier ailleurs à cause de sa dicte Terre de Galardon, que en nostre dit Parlement, & que les appellacions qui seront faictes de ses Bailli & autres Officiers, viengnent & ressortissent sans moyen en nostre dit Parlement.

NOTES.

(a) Arrêts & Jugez du Parlement de Paris, Registre 22. fol.º 15. R.º

(b) *Alenconii.*] La Princesse, qui, comme je crois, réünissoit en 1372. les titres de Comtesse d'Alençon & d'Etampes, étoit Marie d'Espagne, Fille de Ferdinand d'Espagne, dit de *la Cerda,* II. du nom; laquelle épousa Charles d'Evreux, Comte d'Etampes, 2.ᵉ Fils de Loüis Comte d'Evreux & d'Etampes, lequel étoit

3.ᵉ Fils de Philippe III. dit le-Hardi. En 1356. Marie d'Espagne devint la 2.ᵉ femme de Charles de Valois, II.ᵉ du nom, Comte d'Alençon, de Chartres, &c. 2.ᵉ Fils de Charles Comte de Valois, d'Alençon, de Chartres, &c. 2.ᵉ Fils de Philippe III. dit le-Hardi. Marie d'Espagne mourut en 1379. *Voyez l'Hist. General. de la Maif. de Fr.* tom. 1. pp. 280. & 270.

(c) *Galardon.*] Ville & Chastellenie dans la Beauce, Diocèse & Election de Chartres. *Voy. le Dict. univ. de la Fr.* au mot, *Gallardon.*

Si donnons en mandement par la teneur de ces presentes, à noz amez & feaux Conseillers, les Gens tenans ou qui tendront nostre Parlement pour le temps avenir, au Bailli de Chartres ou à son Lieutenant, & à touz noz autres Officiers, & à chascun d'eulx, que de nostre dicte grace, Ordonnance & octroy, seuffrent, facent & laissent nostre dicte Tante & ses dis subgés & chascun d'eulx, joïr & user paisiblement, sans les molester ou souffrir estre molestez ou empeschiez au contraire d'icelles, en aucune maniere: Mandons aussi & deffendons à nostre Procureur General & Advocaz en Parlement, & à chascun d'iceulx, que en ce ne meêtent aucun empeschement ou debat à nostre dicte Tante ne à ses subgés, mais les en seuffrent & laissent joïr paisiblement, en leur imposant sur ce silence, durant toutevoiz la vie de nostre dicte Tante, & non autrement : Et en oultre, mandons audit Bailli ou à son Lieutenant par ces mêmes presentes, en commettant, se [a] mestier est, affin que nostre dicte grace, Ordonnance & octroy soit & doïe estre sceuë de touz ceulx à qui il appartient, que ces presentes Lettres il face publier generalment par touz les lieux où il appartendra; car ainsi Nous plaist il, & voulons estre fait ; nonobstant quelconques Ordonnances, Constitucions, Coustumes de Païs, Arrés, Mandemens, deffenses, (d) Communes observances, ou autres choses ad ce contraires. En tesmoing de ce, Nous avons fait mettre nostre seel à ces presentes. *Donné à Paris, le douzieme jour de Decembre, l'an de grace mil trois cens soixante & douze, & le neuvieme de nostre Regne.*

Sic signata. *Par le Roy.* GRAFFARD.

Et à tergo Litterarum superius insertarum, erant scripta verba que sequuntur.

Presentes Littere lecte fuerunt & publicate in Camera Parlamenti ; post quarum publicationem, Procurator [b] Regius protestatus fuit de sustinendo & prosequendo Jure Regio loco & tempore oportunis, Litteris, & earum publicatione predictis non obstantibus ; Comitissa de Alenconio & de Stampis, ex adverso protestante. Actum in dicto Parlamento, die vigesima quarta Januarii, anno Domini millesimo trecentesimo septuagesimo secundo. [c] VILLEM.

[d] *Quocirca Baillivo nostro Carnotensi in suprascriptis Litteris nostris nominato, ceterisque Justiciariis & Officiariis nostris Regni nostri, aut eorum Locatenentibus, & eorum cuilibet, prout ad ipsos & eorum quemlibet pertinuerit, damus serie presencium in mandatis, si necesse fuerit committendo, quatenus suprascriptas Litteras nostras in eorum Assisis, & aliis locis insignibus ad hoc fieri consuetis, legi & publicari faciant, dum super hoc fuerint requisiti, juxta earumdem Literarum nostrarum continentiam & tenorem. In cujus, &c.* Datum Parisius, in Parlamento nostro, die vigesima quarta Januarii, [e] septuagesimo secundo. *Per Cameram.* VILLEM.

CHARLES V. à Paris, le 12. de Decembre 1372.

a besoin.

b Reg. là & plus bas, R.

c Il y a une marque d'abbreviation sur la fin de ce nom, là & plus bas.
d Suite de l'Arrêt du Parlement.

e millesimo trecentesimo.

NOTE.

(d) *Communes.*] Il y a dans le Registre *co*, suivi de 6. jambages, avec deux marques d'abbreviation.

(a) *Lettres dans lesquelles il est fait mention du Traité par lequel le Poitou, l'Angoumois & la Saintonge se soûmirent à l'obéïssance du Roy.*

CHARLES par la grace de Dieu Roy de France. Savoir faisons à tous presens & avenir, que comme par le Traictié & accort n'agaires fais par noz très le Poitou, l'Angoumois & la Saintonge se soûmirent à l'obéïssance de Charles V. lequel Traité fut confirmé par les Lettres de ce Roy, qui ne se sont pas conservées, on a crû devoir faire imprimer icy ce dispositif.

Voyez cy-dessus, p. 190. Note (*a*).

CHARLES V. à Paris, au Château du Louvre, le 15. de Decembre 1372.

NOTE.

(*a*) Tresor des Chartres, Registre 104. P. 190.
b Ce sont des Lettres de Remission accordées à un particulier ; mais comme dans le dispositif on trouve quelque détail sur le Traité par lequel

558　ORDONNANCES DES ROIS DE FRANCE

CHARLES
V.
à Paris, au
Château du
Louvre, le 15.
de Decembre
1372.

a *generalement.*

b *je crois que co-*
la signifie, quand
même ce seroient.
c *incendies.*

d *aïens, là &*
plus bas.

e *délivrez, ren-*
dus.

chers & très amés Freres, le Duc de Berry & d'Auvergne, Conte de Poitou, de Xantonge & d'Angolesme, & le Duc de Bourgongne, & noz autres Gens, avec les Prelas, Gens d'Eglise, Barons & autres Nobles des diz pays de Poitou, de Xantonge & d'Angolmois, pour eulz, leurs alliez & subgès, & les habitans des diz pays, lesquelz sont de nouvel venus & retournés en nostre obéïssance, ait esté accordé, & Nous aussi par noz Lettres sur ce faites, par les quelles Nous avons ᵃ generaument voulu & consenti, accordé & confermé les diz Traitiés & accort que aus diz Prelas, Gens d'Eglise, Barons, Nobles, habitans & sugies des pays dessus diz, les quelz par ledit Traitié sont venus & retournés en nostre obéïssance & subjeccion, comme dit est, & à chascun d'eulz, ont esté & sont quittiés, remis & pardonnés, & Nous aussi leur avons quitté, remis & pardonné toutes rebellions, désobéïssances, & tous les crimes, delis, excès & malefices par eulz ou aucuns d'eulz, s'aucuns en ont commis & perpetrés durant la guerre d'entre Nous & nostre adversaire d'Angleterre, ou autrement, en quelque maniere que ce soit, ᵇ soient ores crimes de lese Majesté, murtres, ravissemens & violemens de femmes, sacrileges, larrecins, pilleries, roberies, ᶜ arsins, rançonnemens, ou autres quelconques, comment que il soient nommés, ja soit ce que il ne soient autrement declarés ne specifiés, avec toute paine, Amende & offense corporelle, criminelle & civile, que il pevent pour ce avoir encouru; & les ᵈ aïens restitués à leur bonnes renommées & à leurs pays, & les aïens restitués à plain à leurs biens generaument; nonobstans quelconques dons que Nous ou noz Lieustenans, ou aucuns d'eulz, en aiens fais; & avec ce, par ledit Traitié ait esté accordé que toutes leurs Villes, Chastiaus & Forteresces & autres possessions, heritages, Terres & biens immeubles, quelz que il soient, estans en nostre Royaume & en nostre pooir, & de noz subgès & alliés, ou d'aucuns d'eulz, qui jadis furent aus diz Prelas, Gens d'Eglise, Barons, Nobles & habitans des diz pays, & de leurs predecesseurs ou aucuns d'eulz, & lesquelz pour occasion & soubz umbre de sadicte guerre, ont esté donnés ou transportés par Nous, noz diz Freres, noz Lieustenans, nostre Connestable, noz Mareschaus, ou autres quelconques, pour quelconque cause & par quelque personne que ilz soient empeschiés, sont & seront ᵉ mis au delivre aus diz Prelas, Gens d'Eglise, Barons, Nobles & habitans dessus diz, & à chascun d'eulz, pourtant comme il li puet touchier, & leur seront bailliés, rendus & restitués en telle maniere que il en puissent joyr & yceulx possider & exploiter à plain & au delivre, si comme eulz & leurs predecesseurs en ont accoustumé à joïr, & que il en joyssoient par avant les diz empeschemens, en ostant yceulz empeschemens mis par quelque personne & pour quelconque cause que ce soit, si comme ou dit Traitié est plus à plain contenu. Et pour ce de la partie de Herbert Bellent, Escuyer du païs de Poitou, Seigneur des halles de Poitiers, Nous ait esté humblement supplié, &c. Et que ce soit, &c. sauf, &c. *Ce fu fait & donné à Paris, en nostre Chastel du Louvre, le quinziesme jour de Decembre, l'an de grace mil CCC. soissante & douze, & le nuevíesme de nostre Regne.*

Ainsi signé. *Par le Roy,* en son Conseil. MONTAGU.

CHARLES
V.
au Louvre-
près-Paris, le
24. de De-
cembre 1372.

(a) *Lettres qui portent que les Sergents à Cheval du Chastelet de Paris, seront contraints à payer les redevances qu'ils doivent à leur Confrairie.*

CHARLES par la grace de Dieu Roy de France, au Prevost de Paris ou à son Lieutenant : Salut. Les Sergens à Cheval de nostre Chastellet de Paris, Nous ont fait supplier, que comme par le congié & auctorité de Nous & de nos predecesseurs Roys de France, certainne Confrarie eust esté ordonnée & faicte entre eulz, en l'onneur de Dieu, de la Benoiste Vierge Marie, de Monseigneur Saint

NOTE.

(a) Livre Rouge-Vieil du Châtelet de Paris, *fol.° 60. v.*

DE LA TROISIÉME RACE.

Martin, & de Monseigneur Saint Loys jadiz Roy de France, & de touts les Sains de Paradis; & eust esté ordonné que troiz Messes à Diacre & à Soubxdiacre, seroient celebrées chascune sepmaine en l'Eglise Sainte Croix en la rüe de la Bretonnerie à Paris, ou ailleurs; l'une au Lundi pour les Trespassez, la seconde au Jeudi du Saint Esprit, & la tierce au Samedi de nostre Dame; & que pour ledit service, chascun Confrere paieroit huit Solz par an, & à son trespassement vint Solz, ou son meilleur garnement à vestir; & pour ce que par aucuns usages & Coustumes, chascun Sergent, quant il estoit institué, paioit à ses Compaingnons un disner que l'en appelloit un *Past*, qui [a] coustoit aucunez foiz dix livres ou plus, & le plus communement plus de cent Solz Parisis, dont aucuns estoient si grevez que il leur convenoit vendre leurs biens, & aucunes foiz leurs Chevaux, pour les paier, & s'en ensuivoient noises, [b] rios & autres inconveniens, le Prevost de Paris qui pour le temps estoit, par le consentement des diz Sergens ou de la plus grant partie, eust ordonné que en lieu dudit *Past* qui plus ne se feroit, chascun Sergent, sitost comme il seroit institué ou dit Office, paieroit à ladite Confrarie vint Solz Parisis une foiz seulement; & ja soit ce que les choses dessus dictes aient esté & soient bien justement & raisonnablement fondées & ordonnées par bonne devocion, pour l'augmentacion du divin Service, & aussi pour ce que il convenoit que les diz Sergens chevauchent aucunes foiz de nuis, [c] tost & tart, & aucune foiz senz oir Messe, & aucunes foiz en moult grans perilz pour leurs hayneux, pour raison des exploiz que il font de jour en jour de personnes obligées, de murtriers, larrons & autres malfaiteurs, neantmoinz plusieurs des diz Sergens & Confreres ont esté & sont reffusans de paier les choses dessus dictes, par quoy ladicte Confrarie est moult endebtée, & seroit en peril & en adventure de decheoir en diminucion du Service divin, & en grant esclandre & confusion des diz Sergens, dont il y a plusieurs bonnes personnes qui en seroient tous courouciez & dolens, & qui ont presté du leur grandement pour soustenir ledit fait, Nous sur ce leur veuillons pourveoir de remede convenable. Pour ce est-il que Nous consideräns les choses dessus dictes, voulans augmenter & approuver les faiz de noz predecesseurs Roys de France, aïons confermé par nos autres (b) Lettres leur dicte Confrarie, vous

CHARLES V. au Louvre près-Paris, le 24. de Decembre 1372.

a coûtoit.

b querelles.

c le matin & le soir.

NOTE.

(b) *Lettres.*] Ces Lettres sont dans le Livre Rouge-Vieil du Châtelet de Paris, *folio* 61. *recto*, & au Tresor des Chartres, Registre 104. P. 59. On a crû devoir les faire imprimer ici.

KAROLUS Dei gracia Francorum Rex. Notum facimus universis presentibus & futuris, Nos infrascriptas vidisse Litteras sub hac forma.

JOANNES Dei gracia Francorum Rex. Notum facimus universis presentibus [d] *, quod cum dilecti nostri Servientes Equites nostri Castelleti Parisius, Nobis exposuerint, quod cum ipsi, tam ex Officii sui debito, quam eciam pro pluribus sibi commissis negociis, ad diversas & remotas Regni nostri Provincias habeant multociens se transferre, & propter viarum pericula, nec non murtrariorum, latronum & aliorum malefactorum capciones, & quam plurimorum casuum circa dictum Officium emergentium eventus, eciam habeant multis periculis subjacere; & idcirco prefati Servientes qui divino specialiter indigent auxilio, ut ipsa divina gracia eorum actus dirigere, & eos à periculis liberare dignetur, nec non pro suarum & parentum, amicorum & benefactorum suorum animarum remedio & salute,* [f] *decreverunt inter se de bonis suis, ad honorem Dei ac Beatissime Virginis Marie Matris ejus, & Beatorum Martini, &* [g] *Ludovice quondam Regis Francie gloriosi, unam ordinare Confratriam, in qua ipsi singulis septimanis tres Missas; unam scilicet qualibet die Lune pro defunctis, & qualibet die Jovis unam de Sancto Spiritu, die vero Sabbati unam de Beata Virgine Dei Genitrice Maria, solempniter in aliquo loco Ecclesiastico Ville Parisiensis, quem duxerint eligendum, faciant celebrari; Ita quod illi de dicto Officio Parisius pro tempore* [h] *assistentes, ad dictas Missas personaliter interesse teneantur, nisi ipsos causa sui Officii aut aliter legitime contingerit impediri, dum tamen ad premissa, & que circa hec necessaria fuerint facienda, eisdem licenciam impartiri velimus. Nos igitur Divini cultus augmentum, ac salutem animarum familiarium seu servitorum nostrorum, specialiter affectantes, & ut divinorum que in dicta fient Confratria, mereamur effici participes, predictis Servientibus, pro se & suis in Officio suo predicto successoribus imperpetuum, auctoritate Regia & de speciali gracia concedimus per presentes; quod ipsi predictam Confratriam ordinare valeant & habere, ac omnia & singula facere que circa hec fuerint*

CHARLES V. au Louvre-près-Paris, en Decembre 1372.

JEAN I. ou selon d'autres Jean II. à Paris, en Septembre 1353.

d & futuris. T. C.

e Voy. cy-dessus, p. 186. Note (a).

f decreverint. T. C.

g Ludovici. T. C.

h existentes. T. C.

560   Ordonnances des Rois de France

CHARLES V.
au Louvre près-Paris, en Decembre 1372.

a avant.

b empetrer.

mandons & à chafcun de vous, & pour ce que aucuns des diz Sergens pevent demourer ou fe tranfportent hors de votre Jurifdiction, commettons que vous, à la requeste des Miniftres & Gouverneurs de ladicte Confrarie, vous contraigniez & faictes contraindre les diz Sergens & Confreres, tant par venduë & explectation de leurs biens, comme par fufpenfion de leurs Offices, à paier les arrerages qu'ils doivent du temps paffé pour caufe de ladicte Confrarie, & auffi pour le temps avenir, pour raifon & à caufe des chofes deffus dictes; & auffi à paier les vint Solz deffus diz ainfi ordonnez pour leur entrée, ᵃ ainçoiz qu'il puiffent leur dit Office exercer, & autrement deuëment par toutes les voies & maniere qu'il fera à faire de raifon. Et ainfi le voulons Nous eftre fait, & leur avons octroié de grace efpecial; nonobftant quelconques Lettres fubreptices empetrées ou à ᵇ empetrées au contraire. Donné en noftre Chaftel du Louvre, le vingt-quatrieme jour de Decembre, l'an de grace mil trois cens foixante & douze, & de noftre Regne le neufviefme.

Collacion faicte à l'Original. Ainfi figné. *Par le Roy, en fes Requeftes.* ANQUETIL. BASENTIN.

Et furent publiées en Jugement ou Chaftellet de Paris, devant Maiftre Guillaume POREL Lieutenant, le Samedi huitieme jour de Janvier, l'an mil trois cens foixante & douze.

opportuna: Prepofito Parifienfi moderno & qui pro tempore fuerit, prefencium tenore mandantes, quatenus predictos Servientes noftros & eorum fucceffores, noftra prefenti gracia pacifice gaudere & uti faciat, ipfofque in contrarium moleftari non permittat. Et ut premiffa perpetue ftabilitatis robur obtineant, prefentes Litteras fecimus figilli noftri appenfione muniri: noftro & alieno in omnibus jure falvo. Datum Parifius, anno Domini milefimo trecentefimo quinquagefimo tertio, menfe Septembri.

Nos autem omnia & fingula fuprafcripta rata habentes & grata, eadem volumus, laudamus, approbamus, & tenore prefencium auctoritate noftra Regia confirmamus: noftro & alieno in omnibus Jure falvo. Quod ut ratum & ftabile perfeveret, prefentes Litteras figilli noftri fecimus appenfione muniri. Datum in Caftro noftro de Luppara-juxta-Parifius, anno Domini millefimo trecentefimo feptuagefimo fecundo, menfe Decembri.

(c) Collacion faitte à l'Original fcellé en las de foie & cire vert. Ainfi figné. *Per Regem in fuis Requeftis.* ANQUETIL. BASENTIN.

Et furent publiées en Jugement ou Chaftellet de Paris, le Samedi douzieme jour de Fevrier, l'an mil trois cens foixante & douze, devant Maiftre Jean de Chatou Lieutenant.

NOTE.

(c) *Collacion faitte.*] Il n'y a dans le Trefor des Chartres que, *Per Regem in fuis Requeftis.* ANQUETIL. BASENTIN.

CHARLES V.
à Paris, au Château du Louvre, en Decembre 1372.

(a) Lettres par lefquelles Charles V. confirme l'Ordonnance par laquelle en qualité de Lieutenant du Roy Jean fon Pere, il avoit confirmé celle qui avoit été faite par le Comte d'Armagnac Lieutenant du Roy dans le Languedoc, en conféquence de l'Affemblée des trois Etats tenuë à Thouloufe, dans le mois de Septembre 1355.

KAROLUS *Dei gracia Francorum Rex. Notum facimus univerfis prefentibus pariter & futuris, Nos Litteras noftras infrafcriptas vidiffe, formam que fequitur, continentes.*

(b) KAROLUS *Regis Francie Primogenitus, &c.*

NOTES.

(a) Tref. des Chart. Regift. 103. P. 381.

(b) *Karolus.*] Ces Lettres qui confirment celles du Comte d'Armagnac, font dans le 3.ᵉ Vol. de ce Rec. p. 99. où elles font dattées du mois de Fevrier 1356. mais l'on avoit remarqué, p. 108. Note (*uu*) que dans fes Annales de Touloufe par la *Faille*, où ces Lettres font imprimées, la confirmation de Charles alors Lieutenant du Roy Jean fon Pere qui étoit prifonnier en Angleterre, étoit différente &
Nos igitur

DE LA TROISIÉME RACE.

Nos igitur sincere [a] deleccionis ardorem, quem tres Status Patrie [b] Lingue Occitane supradicte, & ipsorum singuli, de probitate, fidelitate ac virtuosa constantia que non deserunt in adversis, precipue commendandi, ad ipsius Domini & Genitoris nostri expedicionem & recuperacionem celeres ac felices, tam per eosdem, devois desideratis suspiriis, nec non ad ipsius Patrie defensionem, & tocius Regni statum & securitatem [c] se congerere multipliciter perhibent in premissis, pro quorum affectucione, ex effusa cordium suorum fidelissimorum habuundancia, concorditer & discrete, nedum bona, sed eciam corpora sua propria exponere simpliciter obtulerunt & offerunt, perpetuis attendentes, omnia & singula in Litteris suprascriptis contenta & comprehensa, diligenti ac matura in magno ejusdem Domini nostri atque nostro Consilio deliberacione prehabita, laudamus, approbamus, & nomine ipsius Domini nostri, ut Primogenitus & Locumtenens ejusdem, auctoritate Regia ex certa sciencia, tenore presencium confirmamus. Quod ut stabilitatis & firmitatis robur obtineat, sigilli Castelleti Parisius, in absencia magni predicti Domini nostri sigilli, munimine fecimus roborari: Ipsius Domini nostri in aliis, & alieno in omnibus jure salvo. Datum Parisius, XXIX. die Januarii, anno Domini millesimo trecentesimo quinquagesimo sexto.

Nos enim attendentes sincere dilectionis affectus, quos iidem nostri subditi ad Nos & Coronam Francie visceraliter habuerunt, nec non gravamina seu dampna que. ipsi nostrarum occasione guerrarum, multipharie toleraruut, volentes, prout vis jubet amoris, repercussionis zeli signaculum ostendere, & cum eisdem in hac parte agere graciose, prefatas nostras Litteras superius insertas, ac omnia & singula in eisdem contenta, laudamus, ratificamus & approbamus, ac eciam de nostra certa sciencia & speciali gracia, tenore presencium confirmamus. Quocirea [d] delectis & fidelibus Gentibus Compotorum nostrorum & [e] Thesaurario Parisiensi, Seneschallis & Thesaurariis seu Receptoribus nostris Tholoze, Carcassone & Bellicadri, ceterisque Justiciariis [f] Commissariis nostris quibuscumque, aut eorum Locatenentibus, presentibus & futuris, & eorum cuilibet, prout ad eum pertinuerit, tenore presentium precipimus & mandamus, districtius injungendo ac eciam inhibendo, quatinus prefatas Gentes Ecclesiasticas, ac eciam Nobiles, Communitates & Populares dictarum Senescalliarum, singularesque personas earundem; nec non Thesaurarios & Receptores Generales & Particulares de quibus in prescriptis Litteris est facta mencio, & quos seu quas presens tangit negocium seu tangere potest, successores-ve suos aut posteros subditos nostros, & eorum singulos, ad reddendum Compotum seu raciocinium de premissis, aut aliter contra earumdem prescriptarum Litterarum, presentisque nostre gracie & Confirmacionis seriem & tenorem, nullatenus molestent, inquietent vel perturbent, aut molestari, inquietari seu compelli, premissorum occasione, [g] nuc vel alias imposterum quomodolibet permittant; sed pocius ipsos & eorum singulos, cadem nostra presenti gracia & confirmacione uti & gaudere pacifice faciant & permittant, & attemptata vel aliter in contrarium facta, si que repererint, adnichilando, & ad plenam liberacionem statumque pristinum & debitum, juxta dictarum superius insertarum presentiumque Litterarum & [h] contemptorum in eisdem, [i] formem & tenorem, ponendo seu poni, visis presentibus, faciendo. Quod ut firmum & stabile permaneat in futurum, sigillum nostrum presentibus Litteris duximus apponendum : Nostro in aliis & alieno in omnibus jure semper salvo. Datum Parisius, in Castro nostro de Lupara, anno Domini millesimo CCC.° septuagesimo secundo, & Regni nostri nono, mense Decembri.

Per Regem. J. DE REMIS.

CHARLES V.
à Paris, au Château du Louvre, en Décembre 1372.
[a] dileccionis.
[b] Languedoc.
[c] secum gerere.
L. F. ce qui me paroît meilleur.

[d] dilectis.
[e] Thesaur. Par. R.
[f] &.

[g] nunc.

[h] contentorum.
[i] formam.

NOTE.

pour le stile & pour la date ; & l'on a fait imprimer cette confirmation telle que *la Faille* la donnée. C'est la même qui se trouve dans ce Régistre 103. & que l'on fait réimprimer ici, parce qu'il y a quelques fautes dans celle donnée par *la Faille*. Je crois qu'il y a quelque chose de corrompu dans le commencement de cette confirmation.

CHARLES V.
à Paris, au Château du Louvre, en Décembre 1372.

a Capitouls.
b demandes en Justice.

c amituntur.
d dicti.

e facimus.
f indemnitati.

g computandum.
h fuerint.

i petantur.

k reduci.

(*a*) Lettres qui portent que dans la Ville & Viguerie de Thoulouse, les droits qui se payent au Roy pour chaque demande qui se fait en Justice, ne pourront être exigez que pendant trois ans, à compter du jour que la demande aura été formée.

KAROLUS Dei gracia Francorum Rex. Cum nuper pro parte dilectorum nostrorum a *Capitulariorum Tholose, nobis expositum fuerit, quod cum in Curiis nostris Regiis Tholose & in Vicaria dicti loci, certi* b *clamores per litigantes ibidem fieri consueverunt, ex quibus clamoribus & pro quolibet, quando seu quociens factus est, ab altera Parcium debentur Nobis quinque Solidi, qui per certum (b) Clamacerium ibidem per Nos seu auctoritate nostra institutum, levantur seu eciam exiguntur : Verum quia ex hoc nulle (c) recogniciones fieri consueverunt, sed solum parvi Cartelli Parii solventi clamorem antedictum, tradi consueverunt ; qui quidem Cartelli propter eorum modicitatem, sepius* c *amituntur, ex quo contingit quod* d *dicte quinque Solidi pro dicto clamore facto, per dictum Clamacerium vel alium, aliquando bis vel ter, & sepe à decem vel duodecim annis petuntur iterum & levantur, in dictorum exponencium popularium que & subditorum nostrorum dicti loci, prejudicium & gravamen; supplicantes à Nobis sibi super hoc de gracioso remedio seu gracia provideri. Notum igitur* e *fecimus universis presentibus pariter & futuris, quod Nos talibus maliciis & fraudibus obviare cupientes, &* f *indampnitati rei publice providere, volumus, & ex certa nostra sciencia & gracia speciali, predictis exponentibus & popularibus nostris subditis in dicto loco, concedimus per presentes, ut deinceps ipsi seu successores sui & singulares ipsorum, in dictis Curiis Regiis & in Vicariis Tholose, de vel pro dictis quinque Solidis Nobis aut nostris Gentibus impofterum persolvendis pro dictis clamoribus sic habitis, nisi infra triennium à tempore clamoris expositi* g *computendum, à dicto Clamacerio vel aliis Officiariis nostris levati* h *fuerunt, dictis tribus annis elapsis compelli non valeant seu quomodolibet aliter coartari ; sed pocius quod ipsi & singulares ipsorum, ab eisdem clamoribus liberi sint totaliter & immunes, & quod ab eis ulterius non* i *petentur. Quocirca dilectis & fidelibus Gentibus Compotorum nostrorum Par. necnon Thesaurariis nostris, Senescalloque Tholose ac Receptori nostro dicti loci, ceterisque Justiciariis & Officiariis nostris, aut eorum Locatenentibus, presentibus & futuris, & eorum cuilibet, prout ad eum pertinuerit, earumdem serie Litterarum precipimus & mandamus, quatenus prefatos Capitularios & subditos nostros dicti loci Tholose, presenti nostra gracia seu concessione uti & gaudere pacifice faciant & permittant ; nec ipsos seu eorum successores vel posteros Capitularios & subditos Regios dicti loci, seu eorum aliquem, in contrarium molestent vel perturbent, seu eciam molestari vel perturbari quomodolibet permittant ; sed pocius in contrarium facta vel attemptata, si que repererint, ad statum pristinum & debitum reducant, aut* k *reduxi & ad plenam deliberacionem ac ad nichilum poni faciant, visis presentibus, indilate ; Nam sic fieri volumus, usu, stillo, Consuetudine vel Ordinacionibus ac Litteris ad hoc contrariis, nonobstantibus quibuscunque. Quod ut firmum & stabile permaneat in futurum, sigillum nostrum presentibus Litteris duximus apponendum : Salvo semper in aliis jure nostro, & in omnibus quolibet alieno. Datum in Castro nostro de Lupara, anno Domini millesimo ccc. septuagesimo secundo, & Regni nostri nono, mense Decembris.*

Per Regem. J. DE REMIS.

NOTES.

(*a*) Tref. des Chart. Regist. 103. P. 377.

(*b*) *Clamacerium.*] Celui qui recevoit les droits dûs au Roy pour chaque *Clain* ou demande faite en Justice.

(*c*) *Recogniciones.*] Ce mot est ainsi défini dans le Glossaire de du Cange. *Recognicio est Litterarum obligatio insinuata,* &c. Ainsi je crois que par ce mot il faut entendre ici une quittance donnée devant un Notaire ou autre Officier public, dont il reste Minute, ou qui est inserée dans des Registres, & qui n'est pas sujette à se perdre, comme des quittances données sur des papiers volants, nommez un peu plus bas, *Cartelli.*

(a) *Lettres par lesquelles la Noblesse est accordée aux Maire, Eschevins & Conseillers de la Ville de Poitiers, & à leurs successeurs.*

CHARLES V.
à Paris, au Château du Louvre, en Decembre 1372.

CHARLES par la grace de Dieu Roy de France. Savoir faisons à tous presens & avenir, que Nous considerans la très grande loiaulté & obéïssance, la très bonne voulenté & affection que tousjours ont eu à la Couronne de France & à Nous, noz bien amé le Maire, les douze Eschevins & les douze Conseillers Jurez de la Commune & Ville de Poictiers, qui ont esté au temps passé & sont encores, & du nombre desquelz sont à present Jehan Bigot Maire, Aymeri Dairon, Guillaume Gaignoleau, Jean Regnault, Simon Morault & Jean de Thaunay, lesquelz ont esté Maires de ladicte Ville, & à present sont du nombre des douze Eschevins, & aussi leur bon [a] port, leur bon estat & bon gouvernement, tant en communs que comme de leurs personnes singulieres, lesquelz ont esté & sont recommandez de très grand bien, honneur & commandable suffisance, & de très [b] pourveue ordonnance, adhornez de nobles vertus & aultres dignes & louables merites ; considerans aussi les grandz & bons services qu'ilz ont faict à noz Predecesseurs & à Nous au temps passé, & esperons qu'ilz facent au temps advenir ; attandu aussi & considéré, que pour le gouvernement de ladicte Ville [c] reste d'ancienneté, & esperons que il sera aussi au temps advenir acoustumé d'eslire & exercer les dictes Offices de Maire, Eschevins & Conseillers Jurez, des plus notables & bonnes personnes, de bonne vie & honneste conversacion, & plaine de grandz vertus & merites, affin que ce soit exemple aux aultres habitans de ladicte Ville, quand ilz verront les dessus dictz estre exaulcez, esleuz & preferez en haultesse, honneur, prééminence & dignité ; iceulx Maire, Eschevins & Conseillers Jurez, & les dictz Jehan Bigot Maire, Aymery de Hairon, Guillaume Gaignoleau, Jean Regnault, Simon Morault & Jehan de Taulnay, qui à present sont du nombre dessus dict, & tous ceulx [d] que au temps advenir perpetuellement seront, avecq toute leur lignée, descendant, nez & à naistre de loial mariage, masculine & feminine, nonobstant qu'ilz ne soient [e] mis ou ayent esté naiz, extraictz ou procréez de noble sang, de nostre certaine science, auctorité Roïal, plaine puissance & grace special, avons anobli & anoblissons par ces presentes, & leur octroyons & voullons qu'ilz soient tenuz & reputez dès maintenant & à tousjours mais, pour Nobles en Jugement ou faict d'armes, & ailleurs en quelzconques lieulx que ce soit, & que eulx & leurs enfans masles & leur dicte lignée masculine, procrée & à procréer, puissent & quand il leur plaira, estre par quelzconques aultres Chevalliers, ornez d'Ordre & Estat de Chevalerie ; & avec ce, que eulx & toute leur lignée masculine & feminine & chascun d'eulx, puissent acquerir & conquester par tout le Royaume de France, & s'aucuns ont desja acquestez, tenir, avoir & possedder à tousjours, Fiefs, Arriere-Fiez, Terres, pocessions, heritaiges, Justices, Seigneuries, & quelzconques aultres choses nobles & de noble condicion, sans ce que pour ce ilz soient jamais tenus de païer aulcune finance à Nous & à noz successeurs Roys de France ; laquelle finance, quelle & combien grande qu'elle soit ou peult monter, Nous de nostre auctorité & puissance dessus dicte, leur avons quictée, remise & donnée, quictons, remettons & donnons par la teneur de ces presentes ; & avec ce, leur octroyons & voullons qu'ilz jouyssent de tous previleiges, droictz, immunitez, franchises, Coustumes, Libertez, usaiges, & de toutes aultres choses, comme font & ont acoustumé & doibvent faire Chevalliers & Escuyers, & aultres Nobles dudict pays de [f] nostre dict Royaume : Donnans en Mandement au Seneschal de Poictou, & à

[a] *conduite.*
[b] *la derniere syllabe de ce mot est douteuse.*
[c] *suivant ce qui s'est pratiqué jusqu'à present.*
[d] *qui.*
[e] *mie, pas.*
[f] *nostre.*

NOTE.
(a) Sixième Volume des Ordonnances d'Henry III. cotté N. N. *fol.* 118. R.°

CHARLES V.
à Paris, au Château du Louvre, en Decembre 1372.
a *appar. aucun.*

b *besoin.*

c *faites.*

tous les Justiciers, Officiers & subgectz de Nous & de nostre dict Roïaume, ou à leurs Lieutenans, presens & avenir, & à chascun d'eux, que les dictz Maire, Echevins & Conseillers Jurez, & les dessus nommez, qui à present sont, & tous leurs successeurs aus dictz Offices qui au temps advenir seront, & toute leur dicte lignée & chascung d'eux, facent & laissent jouyr & user de nostre presente grace & de nostre presente octroye, sans leur faire ou souffrir estre faict au contraire destourbier ou empeschement ᵃ auloimg; lequel s'ilz treuvent estre faict, si rapellent ou facent rappeller & mectre au premier estat & deu. Et pour ce que les dictz Maire & Eschevins, Conseillers Jurez, & les dessus nommez, & leurs successeurs ne pourroient mie bonnement ou aysement ces presentes monstrer quand ilz vouldroient ou ᵇ mestier leur seroit, pour ce quelles touchent & pourront toucher plusieurs personnes & leurs successeurs au temps advenir, Nous voullons & leur avons octroyé & octroyons, que au Transcript & Vidimus de ces presentes soubz seelz Royaulx ᶜ confectez, soit adjoustée plaine foy; & que ilz leur vaillent & profitent, ou ayent tel effect comme l'Original. Et que ce soit chose ferme & stable à tousjours, Nous avons fait mettre nostre scel à ces presentes: Sauf en aultres choses nostre droict, & l'aultrui en toutes. Donné à Paris, en nostre Chasteau du Louvre, l'an de grace mil trois cens soixante douze, & de nostre Reigne le neufvieme, au moys de Decembre.

CHARLES V.
à Paris, au Château du Louvre, en Decembre 1372.

(a) Privileges accordez aux habitants des Isles de Ré, d'Ays & de Leis.

SOMMAIRES.

(1) Le Roy dispense les habitans des Isles de Ré, &c. du serment qu'ils ont faict à leur Seigneur, de demeurer sous l'obéissance du Roy d'Angleterre.

(2) Les Seigneurs de ces Isles seront conservez dans les droits & revenus de leurs Seigneuries, pourvû qu'ils en rendent au Roy l'hommage & les devoirs qui lui sont dûs.

(3) Les habitans de ces Isles seront traitez comme bons sujets du Roy, & il ne leur sera fait aucun tort.

(4) Rémission accordée à ces habitans, de tous les délicts & crimes qu'ils ont pû commettre, même de ceux de leze-Majesté; sauf les droits d'autrui, qui pourront être poursuivis au Civil.

(5) Confirmation des privileges & droits de ces habitans.

(6) Ils seront sous la sauvegarde du Roy, de laquelle ils ne pourront se servir les uns contre les autres.

(7) L'on ne pourra mettre de garnison dans ces Isles, sans le consentement des habitans; si ce n'est, suivant l'ancien usage, en cas de nécessité, pour la défense de ces Isles & des pays voisins.

(8) L'on ne pourra contraindre les habitans à aller à la guerre, ni à sortir de leur païs; si ce n'est conformément à l'ancien usage.

(9) Suivant le privilege de ces Isles, on n'y levera point d'autres nouvelles Impositions, que celles qui seront levées dans tout le Royaume ou dans la Senechaussée de Saintonge.

(10) On ne fera point de Prise dans ces Isles, si ce n'est en payant comme de Marchand à Marchand, & conformément à la Coustume ancienne des Roys de France.

(11) Les habitans de ces Isles qui sont absents, pourront y revenir dans un certain temps, & jouïront des privileges accordez par ces Lettres.

d *de.*

CHARLES par la grace de Dieu Roy de France. Savoir faisons à tous presens & avenir, que comme en la prise ou renduë des Yles ᵈ Ré, d'Ays & de Leis, du pays de Xantonge, qui n'agaires par la grace de Dieu, & l'ayde de noz bien amez Jehan de Rie Seigneur de Balençon, nostre Chevalier & Conseillier, de Morelet de Montmor, & d'autres leurs alliez noz bien weillans, sont revenuz & ramenez à nostre obéïssance & subjeccion, certaines promesses aïent esté faictes par les dix nostre dit Conseiller, & Morrelet de Montmor, pour Nous, aus habitans des dictes Yles, ou acuns d'eulx pour touz, par la maniere que plus à plain est contenu en unes Lettres scellées soubz les seaulx dudit nostre Conseillier & dudit Morrelet, desquelles la teneur s'ensuit.

NOTE.

(a) Tresor des Chartres, Registre 103. Piece 379. Voyez cy-dessus, p. 190. Note *(a)*.

DE LA TROISIÉME RACE.

A Tous ceulx qui ces presentes Lettres verront & orront. Jehan de Rie Seigneur de Balençon, Chevalier & Conseillier du Roy nostre S. & Morrelet de Montmor: Salut. Savoir faisons que en nostre venuë ès Parties de Xaintonge, pour conquerre au plaisir de Dieu le païs par fait de guerre ou autrement, & ycellui & le peuple illec habitant convertir & mettre à la subjeccion & obéïssance du Roy nostre S. ainsi comme par raison estre doivent, nous sommes arrivez & descenduz ès Ysles de Ré, d'Ais & de Leis du dit païs de Xaintonge; & après ce que nous & les habitans ès dictes Yles, eusmes eu assez [a] debaz par fait de guerre & autrement, les diz habitans requirent avoir [b] parlement à nous, & nous [c] distrent que l'une partie d'iceulx des dictes Ysles estoient subgets de noble homme Mess. de Craon & de Madame de Touars sa femme; & les autres estoient subgets de l'Abbé & Couvent de (b) Saint Michau en Lers, & à eulx ou autres personnes aians povoir souffisant d'eulx, & de chascun d'eulx, selon ce que à lui appartenoit, avoient fait foy & serement de leur estre bons, vraiz & loyaux subgets, sous l'obéïssance du Roy d'Engleterre, & du Prince son ainsné Filz, sens eulx en departir en aucune maniere, ne rendre les Forteresces de ladicte Ysle à quelconques personnes, fors à eulx ou à leur certain commandement, selon ce que [d] & un chascun d'eulx appartenoit, sans leur congié & licence & especial commandement; & que dure chose leur feroit eulx vertir & tourner en autre obéïssance, sans autre provision & dispensacion avoir sur ce des diz Sire & Dame de Craon & dudit Abbé; & pour ce après les diz debaz, nous & les diz habitans & bien [e] avans ès dictes Ysles, ayons fait les convenances & accordances qui s'ensuivent.

Premierement. Les diz habitans & bien avans, pour [f] eschever toute guerre, & le peril qui pour raison de la guerre leur povoit ensuir, se sont mis & renduz en l'obéïssance du Roy nostre S. & ont juré & promis aux sains Euvangiles de Dieu, en noz mains, nous prenans & recevant le serement pour & ou nom du Roy nostre S. que ils seront & demourront perpetuelment d'oresenavant bons, vrais & loyaux François & subgets du Roy nostre dit Seigneur, & en son obéïssance; & en nostre presence ont prins la (c) voix du Roy nostre dit Seigneur, & mis ses Penons & Bannieres ès Forteresces des dictes Ysles; [g] parmi ce que nous leur avons promis, convenancié & accordé, promettons, convenançons & accordons les choses qui s'ensuivent.

(1) Et premierement, Que ledit serement par eulx fait aus diz Seigneur & Dame de Craon & audit Abbé, comme dessus est dit, nous leur ferons quittier entierement par le Roy nostre dit Seigneur, & leur ferons quittier & remettre toute peine corporele, criminelle & civile, que pour cause dudit serement non gardé, ils pourroient avoir encouruz vers ledit Seigneur & Dame de Craon & vers ledit Abbé, & vers chascun d'eulx, en tant comme il lui touche & puet touchier & appartenir.

(2) Item. Que les prouffis & émolumens, revenuës & drois qui appartenoient & appartiennent aus diz Seigneur & Dame de Craon & audit Abbé, & à chascun d'eulx en droit soy, leur demourront [h] enterinement, toutevois en faisant les diz Seigneur & Dame & ledit Abbé, l'omage & le devoir qu'il sont tenuz de faire au Roy nostre S. pour raison des dictes Ysles, chascun en droit soy, de la Seigneurie qui lui appartient.

(3) Item. Et que nous ferons les diz habitans & bien avans estre tenus & traictiez par le Roy nostre dit Seigneur, & les tendrons & traicterons comme ses bons, vrais & loyaux subgets, sans ce que pour la renduë que il ont fait au Roy nostre S. des dictes Yles, ou pour ce que ils se sont mis en sa subjeccion & obéïssance, ne

CHARLES V.
à Paris, au Château du Louvre, en Decembre 1372.

a de.
b conference avec.
c dirent.

d à eux.

e Je n'ai rien trouvé sur ces mots, peut-être signifient-ils ayant biens.
f éviter.

g moyennant.

h entierement.

NOTES.

(b) *Saint Michau en Lers.*] S.^{tus} Michael in Eremo, Saint Michel en Lerm, de l'Ordre de Saint Benoist. Voy. Gal. Christ. secundæ Editionis, tom. 2. p. 418.

(c) *Voix.*] Vox suivant du Cange, signifie quelquefois le droit que l'on a sur une chose. Ainsi prendre la voix pourroit signifier, reconnoître le droit. Ces mots signifient peut-être aussi, suivre les ordres.

CHARLES V.
à Paris, au Château du Louvre, en Decembre 1372.

a incendie.

b changer.

c sortir.

d Voy. la Tabl. des Mat. de ce Rec. au mot, Prises.

pour autre cause quelconques, l'en leur prengne leurs corps ne leurs biens, ne leur face aucun grief ou prejudice en aucune maniere.

(4) Item. Que se les diz habitans & bien avans ou aucun d'eulx, ont fait, perpetré ou commis ou temps passé, aucuns crismes ou autres deliz, pour occasion desquelz eulx ou aucuns d'eulz eussent encouru aucune peine corporelle, criminelle ou civile, tant pour raison de crime de leze-Majesté, de murtre, de larcin, ᵃ dencendement & de ravissement, de violence ou de rapine, comme de autres cas quelconques criminelz ou civilz, des quelz il eussent eu remission ou temps passé du Roy nostre S. ou d'autres Seigneurs quelconques aïans povoir à ce, que nous leur ferons les dictes remissions estre confermées par le Roy nostre dit Seigneur; & se remission n'en avoient eu, nous les leur ferons estre donnees de nouvel plainnieres par nostre dit Seigneur; sauf le droit d'autrui à poursuir civilement tant seulement.

(5) Item. Que eulx & chascun d'eulx demourront & seront gardez en touz les privileges, franchises, possessions, saisines & observances, en quoy eulx & chascun d'eux ont esté ou temps passé; & que les dictes franchises, possessions, saisines & observences leur seront gardeez entierement sens aucune chose enfraindre, ᵇ muer ou innover, pour raison de ce que il ont esté en l'obbeissance dudit Prince & contre le Roy nostre S. ne par puissance desordonnée ne autrement, pour quelconques raison que ce soit; mais se aucune chose a esté faicte, attempté, muée ou innovée au contraire, nous leur ferons estre ramené au premier estat & deu, sans ce que en aucune maniere il leur puist estre tourné à consequence.

(6) Item. Que conjointement & divisement, ils seront en la protection & sauvegarde especial du Roy nostre S. seellés en las de soye & cire vert, sans ce que de ladicte sauvegarde ils se puissent aidier l'un contre l'autre, en aucune maniere.

(7) Item. Que l'en ne pourra mettre aucun Capitaine ou Capitaines ou Gens d'armes ès Forteresses des dictes Ysles, ne en aucunes d'icelles, sans la voulenté & consentement des diz habitans & bien avans; toutevoies se ce n'estoit pour raison de necessité, pour la garde & deffense des dictes Ysles & du pays d'environ, selon la coustume ancienne.

(8) Item. Que l'en ne contraindra les diz habitans ne aucun d'eulz, à faire Ost ne Chevauchée, ne à ᶜ issir hors du pais, par mer ne par terre, sinon selon la coustume encienne des dictes Ysles.

(9) Item. Que l'en ne mettra ès dictes Ysles aucunes Imposicion ou subvencion sans le consentement des diz habitans & bien avans, se ladicte Imposicion n'estoit accordée par tout le Royaume de France, ou en la Seneschaucie de Xaintonge; tenuz & gardez sur ce les privileges, usaiges & anciennes coustumes des Ysles.

(10) Item. Que l'en ne fera aucune ᵈ provision estre faicte ès dictes Ysles, par nulz Capitaines, Seneschaux ou autres Officiers ou Commissaires du Roy nostre S. ne par autres personnes quelconques, par Mer ne par Terre; senon en païant comme de Marchant à Marchant, & selon la Coustume ancienne des Roys de France.

(11) Item. Que se aucuns des diz habitans & bien avans, de quelconques estat ou condicion que ils soient, estoient ou sont absens des dictes Ysles, & ne aians esté presens à ces presentes covenances, que pour ce il ne leur tournera à aucun prejudice; mais seront compris ès dictes convenances, & auront licence de retourner ès dictes Ysles, jusques au terme de Noël prouchain venant; & que durant ledit temps, ils & chascun d'eulx, pourront aler seurement par les dictes Ysles & par touz les autres lieux du Royaume de France, sans ce que pour ce l'en leur puist arrester leurs corps ne leurs biens en aucune maniere, ne que pour l'absence d'eulz ès dictes Ysles, leurs biens puissent estre confisquez & acquis au Roy nostre S. ne à autres quelconques.

Toutes lesquelles choses dessus escriptes, & chascunes d'icelles, Nous leur avons promis & juré, promettons & jurons de leur estre tenuës & faire estre gardées à nostre povoir, sens enfraindre, par le Roy nostre dit Seigneur, & de leur en faire estre donnees à nostre povoir, Lettres seellées en las de soye & en cire vert, si bonnes & si prouffitables comme faire se pourront à leur prouffit. Et ainsi nous & chascun de nous en tant comment à lui appartenir ou puet touchier & appartenir, toutes les choses dessus dictes & chascunes d'icelles, tendrons & garderons bien & loyaument, & ferons estre gardées par ceux des dictes *(d)* Flotes, & par chascun d'eulx inviolablement sans enfraindre. En tesmoing de ce, nous avons fait mettre noz seaulx à ces Lettres. Donné en l'Isle de Ré, le XXVI.e jour d'Aoust, l'an de grace mil CCC. soixante & douze.

CHARLES V. à Paris, au Château du Louvre, en Decembre 1372.

Nous pour consideracion des promesses que yceulx nostre Conseillier & Morlet ont faites pour Nous aus diz habitans, & la vraye obéissance que yceulx habitans Nous ont demontrée, en ce que si begninement sont retournés pardevers Nous, voulans pour ce les dictes promesses estre gardées & tenuës, afin que les habitans des diz Yfles soient plus estrains & enclins de demourer touzjours en nostre subjeccion & obéissance, icelles voulons, [a] leons, approvons, accordons, greons & ratifions, & par ces presentes, de nostre certaine science & grace especial confirmons : Donnans en Mandement au Seneschal de Xantonge, & à touz noz autres Justiciers, Officiers & Commissaires qui ad present sont & pour le temps avenir seront, & à leurs Lieuxtenans, & à chascun pour tant comme à lui appartientra, que les diz habitans des dictes Yfles ou aucun d'eulx, ne contraignent ou souffrent estre contrains en aucune maniere contre la teneur dudit Traittié & promesses, ores ne ou temps avenir ; mais de ce les facent & souffrent joir & user paisiblement sens empeschemens aucuns, & [b] remettent au premier estat & deu, tout ce qui fait seroit ou auroit esté au contraire. Et que ce soit chose ferme & estable à touzjours, Nous avons fait mettre nostre seel à ces presentes : Sauf en autres choses nostre droit, & l'autrui en toutes. Donné à Paris, en nostre Chastel du Louvre, l'an de grace mil CCCLXXII. & de nostre Regne le IX.e ou moys de Decembre.

[a] *loons.*

[b] *remettant.*

Par le Roy, en ses Requestes. HANNEQUIN.

NOTE.

(d) Flotes.] Il n'est point parlé de ces Flotes dans ce qui precede. Peut-être le Roy avoit-il des Vaisseaux auprès de ces Isles.

(a) Lettres de Sauvegarde pour l'Abbaye de Grandmont, dans le Limousin.

KAROLUS Dei gracia Francorum Rex. Rationi congruum arbitramur, si Predecessorum nostrorum vestigiis inherentes, ad hoc nostre mentis aspiret affectus, quod persone Ecclesiastice que de die ac de nocte ad Divinum vacant servicium, pacis tranquillitate gaudeant, & per Regalem potenciam à violenciis, injuriis & oppressionibus [c] defendantur, ut eo libentius valeant omnipotenti Deo famulari, quo per potenciam Regiam favorabilius senserint se adjutas. Cum itaque Religiosi Nobis in Christo dilecti, Abbas Monasterii [d] Grandi-montensis, Lemovicensis Diocesis, noster Consiliarius, & Conventus ejusdem Monasterii, humiliter Nobis duxerint supplicandum, ut de nostra speciali gracia, salvam & specialem Gardiam eisdem Religiosis olim à clare memorie Domino Karolo Rege Francorum & Navarre, predecessore nostro concessam, ratam & gratam habentes, ipsis Religiosis eam confirmare, nostramque salvam Gardiam pietatis intuitu, de novo pariter eis concedere, Regia Majestas favorabiliter se inclinet. Notum igitur facimus quod Nos eorum supplicacioni in hac parte benigniter annuentes, salvam Gardiam prefacti Predecessoris nostri, quam vidimus sub eorum qui sequitur tenore verborum,

CHARLES V. à Paris, au Château du Louvre, en Decembre 1372. Charles IV. dit le-Bel, à Paris, en Avril 1325.
[c] *defendantur.*
[d] *Grand-mont.* Voy. *Gall. Christ.* 2.e *Edit.* tom. 2. p. 645.

KAROLUS Dei gracia Francorum Rex. Notum facimus universis tam presentibus quam futuris, quod Nos Religiosos viros, Abbatem & Conventum Monasterii Grandimontensis, ac eorum successores, una cum membris, familiaribus, Gentibus, rebus &

NOTE.

(a) Tresor des Chartres, Registre 104. Piece 282.

ORDONNANCES DES ROIS DE FRANCE

CHARLES V.
à Paris, au Château du Louvre, en Decembre 1372.

bonis omnibus Religioforum & Monafterii predictorum, in noftra fpeciali Gardia fufcipimus per prefentes : Mandantes tenore prefentium univerfis & fingulis Senefcallis, Prepofitis, Baillivis, & aliis Jufticiariis noftris, qui nunc funt & qui pro tempore fuerint, quatenus ipfos in dicta Gardia noftra fpeciali, nec non in fuis juftis poffeffionibus & faifinis manuteneant ac cuftodiant, & defendant ab omnibus injuriis, violenciis, vi armorum, laycorum potencia & oppreffionibus quibufcumque ; nec permittant contra ipfos à quoquam aliquas fieri indebitas novitates ; & fi quas factas fuiffe noverint, eas ad ftatum debitum, prout ad quemlibet pertinuerit, reduci faciant, Juftitia mediante ; eifdem unum vel plures Servientes noftros ad premiffa exequenda, fi & cum opus fuerit & fuper hoc fuerint requifiti, concedendò; qui tamen de hiis que Caufe cognitionem exigant, fe nullatenus intromittant. Quod ut firmum & ftabile perpetuo perfeveret, prefentibus Litteris noftrum fecimus apponi figillum. Datum Parifius, anno Domini milleſimo ccc.° vicefimo quinto, menfe Aprilis.

a &. Modo & forma premiffis ratam[a] gratam habuimus, ac auctoritate noftra Regia & ex noftra certa fciencia & fpeciali gracia approbamus, laudamus & tenore prefencium perpetuo confirmamus. Ac infuper ad fupplicacionem ipforum Religioforum, eofdem ac Priores dicti Ordinis, & fucceffores fuos, una cum membris, hominibus, familiaribus, gentibus, rebus & bonis fuis univerfis in Regno noftro exiftentibus, ad fui Juris confervacionem dumtaxat, in noftris proteccione, falva & fpeciali Gardia, de novo & habundanti fufcipimus & ponimus per prefentes ex uberiori dono gracie noftre, ut terror hiis qui contra ipfos aliquid indebite attemptare prefumpferint, inferatur, dum ipfi per (b) diftantem ab eis fuper hoc Judicem, propter majores fumptus & mifias ac viarum fatigationes & pericula, à ceffatione moleftacionum feu injuriarum inferendarum ipfis Religiofis, de-

b &. fiftere compellentur, concedentes & deputantes noftra predicta auctoritate Regia[b] fpeciali gracia, fupradictis Religiofis & eorum fuccefforibus, Ballivum noftrum de[c] S.[ti] Petri
c S. Pierre-le-Mouſtier, dans le Nivernois. Monafterio, vel ejus Locumtenentem, qui nunc eft & pro tempore fuerit, folum & in folidum eorum fpecialem & perpetuum Gardiatorem; cui Baillivo, prefenti & futuro, & ejus Locumtenenti, tenore prefentium committimus & mandamus, quatenus ipfos Religiofos & familiares eorum, fervitores ac homines, in fuis juftis poffeffionibus, ufibus, Juribus, franchifiis, Libertatibus & faifinis, in quibus ipfos effe fuofque Predeceffores
d conservent. fuiffe pacifice ab antiquo invenerint, manuteneant &[d] confervet, eofdemque Religiofos, homines & familiares fuos, ab omnibus injuriis, violenciis, gravaminibus, oppreffionibus, vi armorum, potencia laycorum, ac inquietacionibus & novitatibus[e] indebis quibufcumque
e indebiis. *f* tueatur. *g* eis. [f] teneatur & defendat, & aliquas non paciatur [g] ei fieri vel inferri indebitas novitates; fed fi quas effe vel fuiffe factas in prefentis noftre & fpecialis Gardie, & dictorum fupplicancium hominumque fuorum & familiarium prejudicium repererit, ad ftatum priftinum & debitum reduci faciat & reducat ; & ne quis fe poffit de ignorancia excufare, dictam falvam & fpecialem Gardiam noftram in locis ubi expedierit, & perfonis de quibus fuerit requifitus, faciat folemniter publicari : Inhibendo ex parte noftra omnibus de quibus fuerit requifitus, fub certis & magnis penis Nobis applicandis, ne dictis Religiofis eorumque
h Voy. les Tabl. des Mat. de ce Rec. au mot, Pennonceaux. hominibus, familiaribus, rebus & bonis aliqualiter forefacere prefumant ; [h] Pennuncellofque noftros & Baculos Regios in terris, rebus & bonis dictorum Religioforum, hominum & familiarium fuorum, & domibus eorumdem, in locis & terris que reguntur jure fcripto, & alias in cafu eminentis periculi, faciat apponi. Si vero iidem Religiofi, homines &
i Voy. les Tabl. des Mat. de ce Rec. au mot, aſſûrement. familiares fui, vel aliquis ex ipfis,[i] affecuramentum habere [k], illud eifdem juxta Patrie Confuetudinem preftari faciat, prout [l] racionabiliter fuerit faciendum ; & fi fuper premif-
k voluerint. *l* rationabiliter. fis aut aliquo eorumdem, inter dictos fupplicantes & perfonas quafcumque alias, oriatur oppoficio, queftio vel debatum, debato ipfo & re contenciofa in cafu novitatis dumtaxat,

NOTE.

(b) *Diftantem.*] Voici comme je crois que l'on doit entendre cet endroit. Les mauvais procès que l'on voudra faire à ces Religieux, ne devant point être jugez par les Juges ordinaires des lieux, mais par des Juges d'attribution, qui peuvent être éloignez, la crainte de s'expofer à des dépenſes & à d'autres incommoditez, contiendra ceux qui voudroient entreprendre ces procez.

ad manum

ad manum nostram tanquam superiorem ^a *oppositis, novitateque & impedimento primitus amotis, ac locis refaisitis* ^b *deabbatis realiter & de facto, opponentes, & debatum hujusmodi facientes, & dictæ salvæ & specialis Gardiæ nostræ infractores & contemptores, coram se adjornari faciat ad certos & competentes dies, super hujusmodi oppositione* ^c *se oppositionibus & aliis premissis processuros, & ulterius facturos quod fuerit racionis; & generaliter omnia alia & singula faciat que ad specialis Gardiatoris officium pertinent & possunt quomodolibet pertinere. Et pro predictis diligentius exequendis, eisdem Religiosis deputet unum vel plures Servientes nostros, eorum suis sumptibus & expensis, si requisiverint, qui de hiis que causæ cognicionem exigunt, se nullatenus intromittant: Mandantes omnibus Justiciariis & subditis nostris, quatenus dicto Gardiatori in premissis & ea tangentibus, pareant efficaciter & intendant.* ^d *Pretereæ volumus & eis concedimus, quod transcripto Litterarum nostrarum hujusmodi sub sigillo Regio confecto, sicut eis originalibus Litteris deinceps fides plenaria adhibeatur; attento quod antedicti Religiosi dictas nostras originales* ^e *, bono modo absque viarum periculis deferre non possent ubi essent facturi* ^f *de eisdem. Et ut premissa omnia & singula firma & stabilia perpetuo perseverent, presentibus Litteris nostrum fecimus apponi sigillum: Salvo in aliis jure nostro, & in omnibus quolibet alieno. Datum Parisius, in Castro nostro de Lupara, anno Domini millesimo trecentesimo septuagesimo secundo, & Regni nostri nono, mense Decembri.*

Per Regem. J. TABARI.

CHARLES V. à Paris, au Château du Louvre, en Decembre 1372.
a appositis.
b deabbatis.
c seu.

d Pretereæ.

e Litteras.
f Je crois qu'il manque là le mot *copiam*.

(*a*) *Lettres de Sauvegarde Royale pour le Couvent des Chartreux du Liget, en Touraine.*

CHARLES par la grace de Dieu Roy de France. Savoir faisons à tous presens & avenir, que Nous desirans de tout nostre cueur les personnes de Religion qui sont ordonnées à servir nostre-Seigneur Jesus-Christ en nostre Royaume, especiallement ceulx de l'Ordre de Chartreuse, ausquelx Nous avons especial devocion, estre maintenuz ^g & gardez aveeques tous leurs biens & familiers en paix & tranquilité, parquoy ilz puissent mieulx & plus devotement vacquer & entendre au Service de Dieu auquel ilz se sont donnez, à la supplicacion de noz bien amez les Prieur & Couvent de Saint Jehan du Liget ou païs de Touraine, de nostre fondacion Royal, dudit Ordre de Chartreuse, qui sont de tout temps en nostre sauvegarde, iceulx d'abondant avons prins & prenons, mis & mectons de nostre grace especial, certaine science & auctorité Royal, avec tous leurs biens quelxconques ^h où qu'ilz soient assis en nostre dit Royaume, qu'ilz ont à present ou qu'ilz acquesteront ou acquerront loyaument ou temps advenir, tous leurs familiers & serviteurs, Religieux & seculiers, en & soubz nostre protection & sauvegarde especial & de tous noz Successeurs Roys de France, pour y estre ⁱ demourer perpetuelment; & leur avons commis, donné & depputé, commettons, donnons & depputons de nostre dicte grace, nostre Bailly des Ressors & Exempcions de Touraine, d'Anjou & du Maine, qui à present est & pour le temps avenir sera, ou son Lieutenant aux Sieges de Tours & Chinon; & chascun d'eulx, leurs Juges en toutes leurs Causes meues & à mouvoir contre quelzconques personnes, en demandant & defendant; par ainsi toutes voies que pour ce, ilz ne puissent venir ou convenir pardevant ledit Bailly ou ses Lieuxtenans aux Sieges de Tours & de Chinon, aucunes personnes de plus loing des dites Villes de Tours, de xiiii. lieuës; & de Chinon, vingt lieuës; & aussi voulons & commettons ledit Bailly & ses Lieuxtenans à Tours & à Chinon, & chascun d'eulx, leurs Gardiens especiaulx, pour iceulx Religieux, leur Eglise en Chief & en membres, leurs familiers, gens, possessions, granges, terres, prez, bois, vignes,

CHARLES V. au Château du Louvre-lez-Paris, en Decembre 1372.

g &.

h en quelque lieu.

i &.

NOTE.

(*a*) Deuxième Volume des Ordonnances de Loüis XI. coté F. fol.° 211. verso.

CHARLES V. au Château du Louvre-lez-Paris, en Decembre 1372.
a *appar.* tenus par eux ou.

Justices, cens, rentes & revenuës quelles qu'elles soïent, à eulx appartenans en quelconque maniere que ce soit, ª par eulx & par autres, en leurs justes possessions, franchises, Libertez, droiz, Coustumes, usages, privileges & saisines; & pour iceulx defendre de par Nous, de toutes injures, violences, griefz, oppressions, inquietacions ou molestacions, de force d'armes, de puissance de laiz, & de toutes nouvelletez induës quelles qu'elles soïent; & s'il y avoit debat ou cas de nouvelleté entre les Parties sur les choses contencieuses, de mettre icellui debat en nostre main comme souveraine, & à faire par icelle main recréance là & si comme il appartiendra; & pour faire païer aus dits Religieux ou à leur certain commandement, leurs cens, rentes, dixmes, revenuës, & de toutes leurs debtes bonnes & loyaulx recongneuës ou prouvées par Lettres, tesmoings, instrumens, confession de Partie, ou autres loyaulx enseignemens, que il leur apperra estre deuës aus dits Religieux, de quelconques personnes demourans à Tours ou environ jusques à xiiii. lieuës loing, & de Chinon, vingt lieuës tant seullement; en contraignant à ce iceulx debteurs par

b *&c.*
c *besoin.*

prinse, venduë ᵇ expletacion de tous leurs biens quelxconques, & detencion de leur corps, se ᶜ mestier est, & ilz sont à ce obligez ou soubzmis ; & si aucuns de leurs debteurs se vouloient opposer au contraire, nostre main souffisamment garnie avant toute œuvre, des sommes contenuës ès Lettres saictes soubz seaulx Royaulx, pour faire adjorner pardevant eulx & chascun d'eulx, aus dits Sieges de Tours & de Chinon, les dits opposants, & de toutes autres personnes, en demandant & en defendant,

d *d'eux.*

pour aller avant pardevant eulx & chascun ᵈ, tant sur les dites oppositions, debatz ou questions, comme sur les dites debtes, comme il sera à faire de raison, pour faire sur les choses dessus dites, Parties oyes, bon & brief accomplissement de Justice, en procedant sur ce aus dits Sieges de Tours & de Chinon, esquelx Sieges l'en peut tousjours trouver gens de Conseil, & lesquelx Sieges sont plus notables dudit païs de Touraine, de jour en jour, de heure à heure, en Assise & dehors, par compec-

e *Je ne sçai ce que ces mots signifient.*

tantes dilacions & intervalles; nonobstant Coustume de païs, ᵉ quanct attendu d'Assise, à ce contraire; & voullons que nostre dicte sauvegarde especial ilz facent publier par tous les lieux où ilz verront qu'il appartendra, à la requeste des dits Religieux, ou de leur Procureur ou autres gens; & en signe de nostre sauvegarde especial dessus

f *Voy. les Tabl. des Mat. de ce Rec. à ce mot.*

dite, facent mectre noz ᶠ Penonceaulx Royaulx en & sur les maisons, granges, possessions & autres biens quelzconques des dits supplians, là où mestier en sera, afin que nul ne se puisse excuser d'ignorance; & intimment & defendent de par Nous, à toutes les personnes dont ilz seront requis de par les dits Religieux ou leurs dites gens, que à eulx, leurs familiers, à leur dite gens ne à leur dite Eglise, en chief & en membres, ilz ne meffacent ou facent meffaire en aucune maniere, ne aussi à leurs terres, cens, rentes, revenuës, ne autres biens quelxconques où qu'ilz soïent, presens & avenir, sur certaine & grosse peine à appliquer à Nous; & pour faire & acomplir plus diligemment les choses dessus dites de point en point, & chascune d'icelles, Nous mandons & commettons par ces presentes, à nostre dit Bailly & à ses Lieutenans ès dits lieux de Tours & de Chinon, presens & avenir, & à chascun d'eulx, que toutesfois que mestier sera, eulx & chascun d'eulx deputent aus dits Religieux, une ou deux personnes convenables à leurs despens; lesquelx & chascun d'eulx, Nous voullons de nostre dite grace, qu'ilz aïent quant à faire & exercer les choses dessus dites & chascune d'icelles, tout povoir d'Office de Sergent Royal: Toutes voïes Nous ne voullons pas qu'ilz s'entremettent de chose qui requiere congnoissance de Cause en aucune maniere : Et ou cas que les dits Religieux auroient autre nostre sauvegarde especial, Nous ne voullons qu'elle soit en riens rappellée; mais voullons qu'elle demeure en sa force & vertu, & qu'ilz en puissent joïr & user comme par avant, nonobstant ces presentes. Et Nous donnons en Mandement à tous noz Justiciers, Officiers & subgez de nostre dit Bailly, & à ses Lieuxtenans à Tours & à Chinon, presens & avenir, & à chascun d'eulx, & aus dits Sergens qui seront depputez par icellui

g *que.*

Bailly ou ses Lieuxtenans, ᵍ quant aux choses dessus dictes & celles qui en deppendent, obeïssent & entendent diligemment; laquelle chose Nous avons octroyée & octroions

DE LA TROISIÉME RACE. 571

aus dits Religieux de grace especial; nonobstant quelzconques Ordonnances, & par especial, celles par lesquelles nul ne doit estre traict hors de la Chastellenie où il est demourant, usaiges, stiles & Coustumes de païs à ce contraires. Et que ce soit ferme chose & estable à tousjours, Nous avons fait mettre nostre seel à ces presentes: Sauf en a toutes choses nostre droit, & l'autrui en toutes. Donné en nostre Chastel du Louvrelez-Paris, ou mois de Decembre, l'an de grace mil CCCLXXII. & de nostre Regne le neufiesme.

CHARLES V. au Château du Louvre-les-Paris, en Decembre 1372. a autres.

(a) *Lettres qui maintiennent les Barbiers de Paris, dans le droit de panser les clous, les bosses, les aposturnes, & les playes qui ne sont pas mortelles.*

CHARLES, &c.

CHARLES V. au Château du Louvre, en Decembre 1372.
b Voy. cy-dessus, p. 530. Note (a), & p. suiv. Note (d) margin.

(a) Privileges accordez à la Ville de la Rochelle.

SOMMAIRES.

(1) *Les biens des habitans de la Rochelle, qui ont été confisquez depuis le commencement de la guerre, & avant qu'ils fussent rentrés sous l'obéissance du Roy, leur seront restitués.*

(2) *Conformement aux anciens privileges de la Rochelle, elle ne pourra estre separée du Domaine du Roy pour quelconques causes ou occasions que ce soit, & ses murs & forteresses ne pourront être démolies.*

(3) *Confirmation de tous les privileges & Coûtumes de la Rochelle; nonobstant les atteintes qu'on auroit pû y donner depuis trente ans.*
Remission de tous les délits & crimes qui auroient pû être commis par les habitans de cette Ville; même des crimes de leze-Majesté.

(4) *La Ville de la Rochelle sera sous la sauvegarde Royale; & le Gouverneur en sera le Gardien.*

(5) *Cette Ville sera exempte du droit de Prises.*

(6) *Le Roy defendra la Ville de la Rochelle contre les Anglois.*

(7) *On ne pourra lever aucuns Impôts sur les habitans de la Rochelle dans leur Ville & dans le païs d'Aunis, ni sur leurs biens situez dans la Saintonge, sans leur consentement.*

(8) *La Ville de la Rochelle sera conservée dans tous les ressorts dont elle jouït presentement;*

& specialement dans celui d'Oleron & de Beneon.

(9) *Les Charges de Prevôt & de Garde du Scel aux Contrats de la Rochelle, ne seront plus données à Ferme, mais en Garde. Il ne sera point fait d'assignations particulieres sur les produits de la Prevôté & du scel. Le Prevôt ne pourra taxer les Amendes que par l'avis de deux Bourgeois de la Ville.*

(10) *Les Lieutenants du Seneschal, les Sergents, & autres Officiers Royaux de ce genre, & les Monnoyeurs seront tenus de contribuer aux dépenses communes de la Ville, & d'y faire le guet.*

(11) *Les habitans de la Rochelle seront exempts de droits sur les Marchandises qui y seront embarquées pour être vendües hors du Royaume.*

(12) *Les Bourgeois Marchands de la Rochelle, seront exempts de tous droits pour la premiere vente des vins qu'ils vendront dans le Royaume.*

(13) *Les habitans de la Rochelle seront exempts de tous Impôts sur les Marchandises qu'ils vendront dans le Royaume; à l'exception des anciens Péages & des anciennes redevances.*

(14) *Les habitans de la Rochelle ne seront point tenus de rendre compte des recettes & des dépenses qu'eux & leurs predecesseurs ont faites jusqu'à present.*

KAROLUS *Dei gracia Francorum Rex. Ad perpetuam rei memoriam. Regalis precininencia licet subditorum suorum justis supplicacionibus favorabiliter annuat, votivis tamen illorum quos probata immense fidelitatis comstancia meritis dignos efficit, graciosam peramplius exhibet & uberius se inclinat. Sane inter alia super quibus mens nostra sollicite vigilat, sedula meditacione* c *pensentes fructuosa ac ab omni laude prosequenda servicia, ne dum Predecessoribus nostris, sed & Nobis tam cordialiter quam fideliter per dilectos & fideles subditos nostros Majorem, Scabinos, Burgenses & Communitatem*

CHARLES V. à Paris, au Château du Louvre, le 8. de Janvier 1372. c pensentes.

NOTE.

(a) Tresor des Chartres, Registre 104. Piece 55. Voy. cy-dessus, p. 190. Note (a).

Tome V. Cccc ij

CHARLES V.
à Paris, au Château du Louvre, le 8. de Janvier 1372.
a suscitata.
b Universitas.
c Locumtenentes.
d contingeret.

e &.

f dominium.
g pour la rançon du Roy.

h fortasse quocunque, mais l'endroit me paroît corrompu.
i fortasse quo ad.

Ville nostre de Ruppella, multis modis exhibita, prout Nos docet facti experiencia, merito inducimur ut eis Nos reddamus ad graciam liberales.

(1) Igitur eorum Nobis factis peticionibus favore benivolo annuentes, quia postquam *a* scicitata fuit guerra inter Nos & adversarios nostros de Anglia, antequam prefati Major, Scabini, Burgenses & *b* Universitatem dicte Ville, nostre dicioni & obediencie nostre se submiserunt, aliqua eorum bona mobilia per Nos aut Germanos & *c* Locutenentes nostros, tanquam Nobis confiscata, aliis data fuerunt & concessa, aut per alios alienos occasione dicte guerre occupata vel detenta; attento quod per clare memorie Dominum Genitorem nostrum, in tractatu Pacis inter ipsum & dictos adversarios pro tunc inite (b) Calesii, fuit eis concessum, quod si guerram futuris temporibus moveri *d* contingeret, bona eorum mobilia usque ad quinque annos, & immobilia usque ad decem, (c) retrahere possent; volumus ac eis & ipsorum cuilibet auctoritate nostra Regia, ex certa sciencia & speciali gracia concedimus, quod dicta ipsorum bona mobilia & inmobilia, si ex illis aliqua quibuscumque personis, cujuscumque status aut condicionis existant, data aut occupata vel detenta fuerint, ut dictum est, ipsi & eorum quilibet rehabeant, ac eisdem integraliter restituantur, & ad hoc ipsorum bonorum detentores compelli ordinavimus & volumus omnibus viis *e* remediis opportunis; donis aut assignacionibus de eis per Nos vel Germanos aut Locumtenentes nostros aut alios quovis modo factis, nonobstantibus quibuscumque.

(2) Item. Quia in quodam eorum privillegio ab olim ipsis concesso, expresse cavetur, quod iidem habitatores seu Villa à Corona nostra nullatenus separari possint, Nosque & successores nostri extra manum seu Dominium nostrum inmediatum, ipsos seu dictam Villam ponere non possumus, nec muros & fortalicium dicte Ville in inperpetuum facere demolliri, & interveniente (d) liberacione prefati Domini Genitoris nostri, dictum eorum privillegium corruptum fuerit & in suis terminis minime servatum; Nos attentis premissis, volentes hujusmodi privillegium ad statum suum pristinum omnimode reduci, ac prefatos Majorem, Scabinos, Burgenses ac Universitatem ab interrupcione hujusmodi relevare, sepefactum privillegium juxta sui continenciam atque formam, laudamus, ratificamus, approbamus, ac predictis auctoritate, certa sciencia & speciali gracia confirmamus, & de novo concedimus eis per presentes; ita quod ipsi & successores sui nunquam in aliud *f* demanum seu Juridicionem quam nostri & Successorum nostrorum Regum Francie, inmediate dumtaxat, inperpetuum transferantur seu transeant *g* Regia capcione, quod absit, aut aliter per matrimonium, cambium, (e) passagium, aliegnacionem, transportum, seu ex alia quacumque occasione sive causa, alteri quam nostro & Successorum nostrorum, Regum Francie inmediato Dominio supponentur; & ex nunc dictam Villam nostram in specialem Cameram Corone Francie retinemus & constituimus, ac expresse & specialiter deputamus.

(3) Item. Quecumque privillegia, Libertates & franchisias, nec non dona, nobilitaciones, suorum jurium declaraciones, remissiones super casibus criminalibus & civilibus, de quibus omnibus & eorum singulis, per scripta apparebit, ac preterea salvas Gardias & salvos conductus prout per nostros Predecessores eis actenus concessi fuerunt, ex dictis certa sciencia, speciali gracia & auctoritate Regia, laudamus, approbamus, ratificamus, ac tenore presencium juxta ipsorum continenciam perpetuo confirmamus; *h* quecumque usu per Gentes & Officiarios Regios, *i* que ad previllegia, Libertates & franchisias, &

NOTES.

(b) *Calesii.*] Après que le Traité de Bretigny eut été conclu entre Charles Regent du Royaume & le Roy d'Angleterre, celui-cy se trouva à Calais avec le Roy Jean qui revenoit d'Angleterre, & ce Traité y fut confirmé & modifié par un nouveau qui fut signé le 24. d'Octobre 1360. Voy. Froissart, vol. 1. chap. 212. p. m. 245. & l'annotation 85. qui est à la fin de ce 1.er Vol.

(c) *Retrahere possent.*] C'est-à-dire, qu'en cas de guerre avec l'Angleterre, les habitans de la Rochelle qui lui étoient soûmis, pourroient retirer les effets qu'ils auroient dans les Terres de l'obéïssance du Roy.

(d) *Liberatione.*] La Rochelle avoit été démembrée de la Couronne, lorsqu'elle avoit été cédée au Roy d'Angleterre par le Traité de Bretigny.

(e) *Passagium.*] Ce mot, s'il n'est pas corrompu, doit signifier le *passage* pour ainsi dire, de la proprieté d'une chose, d'une personne à une autre.

alia de quibus per scripta constabit, facto in contrarium nonobstante; ac preterea quoscunque eorum usus & longevas observancias, licet à triginta annis citra ab eorum usitacione cessaverunt, volumus & declaramus in suo valore persistere, ac eosdem Majorem & Burgenses eis de cetero libere posse uti; ac insuper quoscunque casus criminales & civiles ac offensas per dictos Majorem, Scabinos, Burgenses & Communitatem, & eorum quemlibet, factos & perpetratos contra Nos, aut alios quoscunque, pro toto tempore preterito usque ad hanc diem, eciamsi nostram leserint Majestatem, eis ac eorum cuilibet, remisimus & per presentes remittimus auctoritate Regia, speciali gracia & certa sciencia supradictis.

CHARLES V.
à Paris, au Château du Louvre, le 8. de Janvier 1372.

(4) Item. Prefatos Majorem, Scabinos, Burgenses & habitatores prefate Ville nostre, eorumque successores, cum eorum familia, rebus & bonis suis quibuscunque, tam in communi quam particulari, ad conservacionem sui juris, in nostris protectione & speciali Salva-gardia, prefatis gracia speciali, auctoritate Regia & certa sciencia ponimus & perpetuo suscipimus per presentes; Gubernatorem dicte Ville nostre de Ruppella, qui nunc est vel pro tempore fuerit, eis in Gardiatorem super hoc pro temporibus perpetuis, specialiter deputantes.

(5) Item. Predictis Majori, Scabinis, Burgensibus & habitatoribus dicte Ville, auctoritate, sciencia & gracia quibus supra, concessimus & concedimus, quod capcio seu prisia bonorum quorumcunque pro Nobis, Regina carissima consorte nostra, Liberisque ac Germanis nostris, per Gubernatorem dicte Ville, pro municione Castrorum nostrorum aut Germanorum nostrorum, seu pro quacunque alia causa sive necessitate, ac nostros aut eorum Officiarios in Villa & ᵃ Banlauca ejusdem, pro tempore presenti ac futuris temporibus, nulla fiet; & si prefati Officiarii contrarium facerent, volumus, ac prefatis Majori & aliis habitatoribus, & eorum cuilibet, ex habundanti concedimus quod ipsi non teneantur Officiariis aliqualiter obedire.

a Banleuca.

(6) Item. Quod si contingeret, quod absit, adversarium nostrum de Anglia, aut alios quoscunque inimicos nostros obsidere dictam Villam nostram per mare vel per terram, ad succurrendum ipsi Ville, & levandum seu ᵇ expellandum pro posse obsidionem hujusmodi, laborabimus, & promittimus mittere illuc Gentes armorum ad sufficienciam pro premissis.

b expellendum.

(7) Item. Volentes sepefactos Majorem & habitatores dicte Ville nostre, ᶜ quod commode possumus ex nunc, à redibenciis & servituribus quibuscunque preservare, ipsis concessimus & concedimus per presentes, quod amodo à futuris temporibus, quamcunque Imposicionem, Gabellam, Decimum, Tredecimum, aut quamvis aliam servitutem, Subsidium aut redibenciam in dicta Villa nostra de Ruppella & ᵈ Patrie de ᵉ Amisio, ac super hereditatibus, bonis & proventibus quos ipsi & quilibet ipsorum, habent & habebunt in Xanctonia, non imponemus seu imponi mandabimus, nisi de eorum voluntate processerit & assensu.

c q. R.

d Patria.
e le païs d'Aunis.

(8) Item. Ordinamus & volumus quod Ville, Castra, & alia fortalicia que de ressorto dicte Ville nostre de presenti existunt, in eodem sint & perpetuo remaneant; quodque Insula de ᶠ Holerone & Castrum de ᵍ Bennon cum Castellania & ressorto, ac eorum omnibus & singulis pertinentiis, eidem ressorto ex nunc imperpetuum sint unita, & Nos ipsa dicto ressorto per presentes unimus & adjungimus sepedictis auctoritate Regia, certa sciencia & de plenitudine Regie potestatis.

f Oleron.
g nommé plus communément Benow. Voy. le 4.ᵉ Vol. des Ord. p. 280.

(9) Item. Pro eo quia, ut audivimus, dum Officia Prepositure ac ecciam sigilli ad Contractus dicte Ville, elapsis temporibus ad ʰ Firmam tenebantur, infinita gravamina & quam plures molestias Firmarii hujusmodi personis coram eis agere habentibus ⁱ inferebant, propter ᵏ que subditi nostri indebite vexabantur, pro salubri remedio circa hoc adhibendo, & ut prefati nostri subditi à pressuris hujusmodi releventur, nostris auctoritate, sciencia & gracia supradictis ordinamus & volumus, quod de cetero prefata Officia dicte Prepositure & sigilli ad Contractus tradentur in commanda seu custodia bonis & sufficientibus personis; & quod super receptis & emolumentis eorum & cujuslibet ipsorum, assignaciones in particulari nulle fiant de cetero; ac insuper quod prefatus Prepositus qui pro tempore fuerit, ad taxacionem ˡ emendarum racione dicte Prepositure Officii debitarum,

h Voy. les Tabl. des Mat. des Vol. de ce Rec., au mot, Prevôtez à Fermes.
i inferebant.
k q. R.

l emendarum.

574   Ordonnances des Roys de France

CHARLES V.
à Paris, au Château du Louvre, le 8. de Janvier 1372.
a Officiarios.
b appar. Greffiers.
c ad.
d faciend. R.
e custodiam.
f nocte.
g eadem.
h volentes.

i concedenda.
k quo ad.

l quilibet.

m repportare.

n famuli.
o eundo.

p dépenses.

non teneatur procedere, nisi vocatis per eum duobus Burgensibus bonis & notabilibus dictæ Villæ.

(10) Item. Delato ad nostri noticiam, quod nonnulli habitatores dictæ Villæ, se nostros asserentes *a* Officiario, ut pote Locumtenentes Senescalli, *b* Clerici, Servientes, Monetarii, & alii quamplures qui se de nostro Consilio esse dicunt, racione Officiorum hujusmodi, à contribucione Subsidiorum que fuerunt in dicta Villa, pro repparacione, fortifficatione, & aliis oneribus ipsius supportandis, & *c* *d* faciendum excubias & *e* custodia de *f* nocte & de die in *g* eodem, se voluerunt & adhuc volunt & conantur excipere, propter quod alii habitatores à dicta contribucione se retrahunt, dicentes quod nisi alii satisfaciant, pariter nec ipsi, & sic dampna & inconveniencia permaxima possunt in dicta Villa evenire, quod absit; ea propter Nos *h* volente de remedio super hoc providere, ordinamus & statuimus auctoritate Regia, certa sciencia & speciali gracia supradictis, quod illi nostri Officiarii, Monetarii, & alii qui in dicta Villa habebunt hereditates vel domicillium, cujuscunque status aut condicionis existant, ad contribuendum dictis Subsidiis que in eadem Villa pro dictis repparacionibus & aliis premissis de cetero imponentur, & excubias ac custodiam de nocte & die faciendas, teneantur de cetero, prout equitas suadebit, & ad hoc compelli possint libere & valeant, quacunque exempcione aut gratia concessa vel *i* concedanda, ipsis nullatenus suffragante; nam ipsam remissionem, Exempcionem aut gratiam factam vel faciendam, *k* que ad hoc, effectu & viribus omnimode vacuamus.

(11) Item. Ex nostris auctoritate Regia, certa sciencia & speciali gracia, sepefactis Majori & habitatoribus dictæ Villæ nostræ, eorumque successoribus, concessimus & concedimus per presentes, quod ipsi dictique eorum successores & ipsorum *l* quemlibet, de solvendo decem Solidos pro quolibet tonnello, & quinque Solidos pro qualibet Pipa vini, nec non quatuor Denarios pro libra de bonis & aliis quibuscunque mercaturis que onerabuntur in dicta Villa, & extra Regnum ducentur ad vendendum, sint quitti, liberi perpetuo & immunes: Tenebuntur tamen affirmare, mediante juramento, coram Preposito nostro dictæ Villæ, quod sine fraude vina & mercature hujusmodi extra Regnum mittentur, superque certifficacionem à dicto Preposito nostro recipiant; nec aliam de loco aut locis ubi dicta vina & mercature vendentur, astricti erunt aliqualiter *m* reppertare.

(12) Item. Sepefactis Majori & Burgensibus Mercatoribus dictæ Villæ nostræ, eorumque successoribus ac ipsorum cuilibet, concessimus & per presentes concedimus auctoritate, sciencia & gracia supradictis, quod de vinis in suis excrescentibus vineis, & de aliis que per dictos Burgenses Mercatores in dicta Villa & Banleuca ementur, & per Regnum nostrum ubicunque vendentur, ac Mercatores Burgenses & ipsorum Factores, familiares & *n* famuli conducentes dicta vina, *o* eundo, stando, morando, redeundo, ac per districtus quoscunque dicti Regni nostri, tam nostros quam in Feudis & Retrofeudis nostris existentes, transeundo, ab omni Pedagio, Coustuma, Barragio, Transverso, Decimo, Tredecimo, redibencia, & aliis exactionibus seu Subsidiis quibuscunque, sint perpetuo quitti, immunes & liberi, pro prima vendicione duntaxat facta sine fraude.

(13) Item. Perampliùs volentes prefactos Majorem, Burgenses & habitatores prefactæ Villæ, & eorum successores, privillegiis & Libertatibus premunire, volumus, ac eis & ipsorum cuilibet concedimus auctoritate, sciencia & gracia quibus supra, quod ipsi & Factores eorum, servitores & famuli, de omnibus mercaturis suis eundo, morando & transeundo per totum Regnum, à solucione omnis Imposicionis, Pedagii, Coustume, Barragii, Transversi, & alterius cujuscunque redibencie aut Subsidii, quitti, immunes & liberi sint & perpetuo remaneant; exceptis Pedagiis, ac consuetis & antiquis redibenciis, nisi aliter super hoc ex privillegio sint exempti.

(14) Item. Concessimus, ac predictis Majori & Burgensibus, ex dictis sciencia, auctoritate & gracia per presentes concedimus, quod super quibuscunque receptis & *p* missis per ipsos eorumque predecessores, ac Commissarios & deputatos ab eis, olim quocunque modo seu occasione factis, ipsi in futurum nullum teneantur reddere compotum, nec ad hoc compelli possint; ipsos namque & eorum quemlibet, de reddendis quibuscunque super hoc compotis, relevamus, ac quittos declaramus & volumus perpetuo remanere.

Quocirca dilectis & fidelibus Gentibus Compotorum nostrorum Par. ac Generalibus Consiliariis super Subsidiis guerre nostre; necnon Gubernatori dicte Ville nostre, ceterisque Justiciariis & Officiariis Regni nostri, aut eorum Locatenentibus, presentibus & futuris, & ipsorum cuilibet, damus tenore presencium in mandatis, ut prefactos Majorem, Scabinos, Consiliarios, Burgenses & habitatores dicte Ville, ac eorum quemlibet, prout ad eum pertinuerit, premissis omnibus & singulis uti & gaudere pacifice faciant & permittant, & contra tenorem presencium nullatenus ^a inquietant, molestant, ^b inquitari vel molestari nunc vel in futurum aliqualiter paciantur; sed si aliqua in contrarium facta vel attemptata fuerint, ea ad statum pristinum & debitum reducant aut reduci faciant, visis presentibus, indilate: Volentes interim, ac predictis Majori & habitatoribus concedentes, ut transcripto autentiquo seu Copie presencium, ac cujuslibet clausule de contentis superius ac eciam declaratis, sub sigillo Regio confectis, sicut & ipsis Originalibus Litteris, adhibeatur in Judicium & extra, de cetero plena fides. Et ut premissa ^c & valida perpetuis temporibus maneant, sigillum nostrum Litteris presentibus apponi mandavimus: Salvo in aliis jure nostro, & in omnibus quolibet alieno. Datum Parisius, in Castro nostro de Luppara, octava die Januarii, anno Domini millesimo ccc.^o septuagesimo secundo, & Regni nostri nono.

Per Regem, in suo Consilio. J. TABARI.

CHARLES V.
à Paris, au Château du Louvre, le 8. de Janvier 1372.
a inquietent, molestent.
b inquietari.
c ce mot est inutile.

(a) Lettres par lesquelles le Roy accorde la Noblesse aux Maire, Eschevins & Conseillers de la Ville de la Rochelle; & remet les droits de Francs-Fiefs, aux habitants non-nobles de cette Ville.

KAROLUS Dei gracia Francorum ^d. Notum facimus universis presentibus pariter & futuris, quod Nos ^e consideretentes immensam ^f magibilibus sufficienciam ac morum ^g conservacionem laudabilem, ceteraque probitatis & aliarum virtutum merita, quibus dilecti & fideles subditi nostri, Major, Scabini & Consiliarii moderni Ville nostre de Ruppella, multipliciter commendantur, prout circa regimen dicte Ville & alias, rerum experiencia ^h manifesta; ⁱ advertantes eciam quod ad ipsum regimen sufficienciores dicte Ville, quociens casus exigit, verissimiliter assumuntur; propter quod dignum reputantes & congruum prerogativa favoris Regii eos ^k prosequi, que eis ac ipsorum posteritati ad incrementum honoris & commodi cedere dignoscatur, ipsos Majorem, Scabinos & Consiliarios, qui nunc sunt & pro tempore fuerint, ac ipsorum quemlibet, licet ex neutro parentum suorum nobilis existant, cum eorum & cujuslibet ipsorum prole nata ^l imposterum nascitura, ex certa sciencia & speciali gracia ac Regie potestatis plenitudine, tenore presentium nobilitamus, nec non nobilitatis ^m plenario beneficio decoramus: Volentes & concedentes ut tam ipsi & eorum ⁿ quemlibet, quam eorum & cujuslibet ipsorum tota posteritas, pro Nobilibus de ^o cero habeantur, & ab omnibus tanquam tales, ad omnes actus Nobilium ubilibet admittantur; necnon previlegiis & Libertatibus Nobilium quibuscunque, pacifice gaudeant & utantur; quodque possint & eis liceat ^p quecunque & à quocunque eis placuerit, decorari cingulo militari; ac insuper Feuda, res Feudales, Juridiciones & Dominia in Regno nostro acquirere, & acquisita jam & eciam adquirenda de cetero tenere & retinere; Juribus aut Consuetudinibus quibuscunque contrariis nonobstantibus in hac parte, absque eo quod Nobis aut Successoribus nostris Regibus Francie, ^q exindo financiam aliquam prestare aut solvere teneantur; quam quidem financiam Nos ex uberiori dono gracie, eis & eorum cuilibet damus, ^r remilimus liberaliter & ^s   ; ac ulterius, dilectis nostris Burgensibus ^t habitatoribus dicte Ville, ac eorum cuilibet, qui habebunt in omnibus ^u valorem quingentorum Francorum, concedimus quod Feuda ^x nobliti in toto Regno nostro adquirere ^y tenere possint & valeant, absque eo quod aliquam financiam

CHARLES V.
à Paris, au Château du Louvre, le 8. de Janvier 1372.
d Rex.
e considerantes.
f mot corrompu.
g conversacionem. 2.e Piece.
h manifestat.
i advertentes.
k prosequi. 2.e P.
l &. 2.e P.
m plenarie. 2.e P.
n quilibet. 2.e P.
o cetero. 2.e P.
p quencunque. 2.e P. quemcumque.
q exinde. 2.e P.
r remitimus. 2.e P.
s oms avec une marque d'abbreviation, R. peut-être *donamus*, comme plus bas.
t &.
u bonis. 2.e P.
x nobilia. 2.e P.
y &.

NOTE.

(a) Tref. des Chart. Regist. 104. P. 50. Cette Piece est copiée une seconde fois dans ce Registre, Piece 52.

CHARLES V.
à Paris, au Château du Louvre, le 8. de Janvier 1372.
a ipsis. 2.ᵉ P.
b faciant.
c Copie. 2.ᵉ P.

solvere aut preſtare teneantur de cetero; ipſam namque financiam ᵃ ipſius & eorum cuilibet, per preſentes remittimus & donamus. Quocirca dilectis & fidelibus Gentibus Compotorum noſtrorum Par. Gubernatori dictæ Villæ noſtræ, ceteriſque Juſticiariis & Officiariis Regni noſtri, ac eorum Locatenentibus, preſentibus & futuris, & ipſorum cuilibet, damus tenore preſencium in mandatis, ut prefatos Majorem, Scabinos & Conſiliarios dictæ Villæ, ac eorum quemlibet, prout ad eum pertinuerit, premiſſis omnibus & ſingulis uti & gaudere pacificè ᵇ facient & permittant, & contra tenorem preſencium nullatenus inquietent vel moleſtent, inquietari vel moleſtari nunc vel in futurum aliqualiter paciantur; ſed ſi aliqua in contrarium facta vel attemptata fuerint, ea ad ſtatum priſtinum & debitum reducant ſeu reduci faciant, viſis preſentibus, indilate. Volentes interim, ac predictis Majori, Scabinis & Conſiliariis concedentes, ut tranſcripto autentico ſeu ᶜ Cupiæ preſencium ſub ſigillo Regio confectis, ſicut ipſis Originalibus Litteris, adhibeatur in Judicium & extra, de cetero plena fides. Et ut premiſſa firma & valida perpetuis temporibus maneant, ſigillum noſtrum hiis preſentibus apponi mandavimus : Salvo in aliis jure noſtro, & in omnibus quolibet alieno. Datum Pariſius, in Caſtro noſtro de Lupera, octava die menſis Januarii, anno Domini milleſimo ccc.º ſeptuageſimo ſecundo, & Regni noſtri nono.

Per Regem, in ſuo Conſilio. J. TABARI.

CHARLES V.
à Paris, le 24. de Janvier 1372.

(a) Reglement pour la vente du Sel.

SOMMAIRES.

(1) Le ſel qui ſera amené pour vendre dans une Ville, ſera meſuré par le Grenetier & le Controlleur, & mis par eux dans un grenier dont ils auront une clef, & le Marchand à qui appartiendra le ſel, une autre clef. Le grenier où ſera mis le ſel, ne ſera point le grenier d'une maiſon occupée par une perſonne qui vendra du ſel en détail.

(2) Le ſel qui eſt dans les greniers, ſera vendu ſuivant l'ordre du temps dans lequel il y aura été amené par les Marchands.

(3) Le ſel ſera vendu au prix qui ſera fixé par le Roy; & l'Argent de la vente ſera mis dans un coffre, dont le Grenetier, le Controlleur & le Marchand auront chacun une clef.

(4) Les Marchands qui auront du ſel dans les Greniers du Roy, n'en pourront vendre en détail.

(5) Les Regratiers qui vendent du ſel en détail, n'en pourront vendre à une même perſonne, plus d'un Minot à la fois.

(6) Le Grenetier & le Controlleur fixeront le prix du ſel qui ſera vendu par les Regratiers. Le ſel que ceux-cy auront vendu trop cher, & celui que l'on trouvera encore chez eux, ſeront confiſquez; & ils ſeront condamnez à l'Amende.

(7) On ſera obligé d'acheter du ſel dans le grenier le plus prochain du lieu de ſon domicile, ou chez les Regratiers demeurans dans le département de ce grenier.

(8) Dans la Langued'oyl, on ſera obligé de prendre du ſel de trois mois en trois mois, à proportion de ce que l'on en peut conſummer; mais on ne le payera qu'à la fin de ces trois mois.

(9) On ne pourra vendre dans le département d'un grenier, que le ſel qui y aura été acheté.

(10) Les Grenetiers defendront de vendre du ſel à ceux qui ſont ſoupçonnez d'en acheter ailleurs qu'au grenier dans le département duquel eſt leur domicile. On ne pourra vendre ou acheter du ſel que dans les Marchez ou autres lieux publics.

(11) Toute perſonne pourra ſans avoir beſoin de Commiſſion, ſaiſir le ſel qui ſera trouvé dans le département d'un grenier dans lequel il n'aura point été acheté, & les voitures qui le conduiront. Ce ſel ſera confiſqué; & celui qui l'aura ſaiſi, en aura le tiers; le Roy un tiers; & le Grenetier donnera l'autre tiers aux Juges, ſoit Royaux ſoit de Seigneurs, dans la Juriſdiction deſquels la ſaiſie aura été faite. Si celui qui l'a faite a une Commiſſion, il aura la moitié du ſel confiſqué, le Roy le quart, & les Juges l'autre quart.

(12) Ceux qui auront été convaincus par la voye d'une information, d'avoir vendu, acheté ou conſommé du ſel qui n'aura pas été pris dans le grenier du lieu de leur domicile, ſeront condamnez à une Amende, dont le Commiſſaire qui aura fait l'information, aura le quart, le dénonciateur le quart, & le Roy la moitié.

(13) Les Grenetiers pourront punir ceux qui contreviendront à ce Reglement. Si le delit

NOTE.

(a) Premier Regiſtre de la Cour des Aides de Paris, fol.º 36. Recto.
Voy. ſur ce Regiſtre, le 4.ᵉ Vol. de ce Rec. p. 201. Note (a).

eſt grave

SOMMAIRES.

est grave, il les arrêtera prisonniers, & les ajournera pour comparoître à Paris, devant les Généraux Conseillers sur le fait des Aides pour la guerre.

(14) Ce Reglement sera publié de quatre mois en quatre mois, dans les lieux notables des départemens des greniers.

(15) Ceux qui contreviendront à ce Reglement, seront punis.

CHARLES V.
à Paris, le 24.
de Janvier
1372.

CHARLES par la grace de Dieu Roy de France. A tous ceulx qui ces presentes Lettres verront: Salut. Savoir faisons que Nous par deliberacion de nostre Conseil, ouy le rapport de certaines personnes de ycellui, que n'agueres avons envoyé en plusieurs parties de nostre Royaume, pour veoir, sçavoir & apporter l'estat de noz Greniers à sel & de tout le fait de nostre Gabelle, afin de pourveoir & remédier aux deffaulx & inconveniens, s'aucuns en y avoit, & aux fraulces & malices qui sont faictes de jour en jour oudit fait, avons ordonné & ordonnons par ces Lettres, les choses qui cy après s'ensuyvent.

(1) Premierement. Que tout le sel qui d'oresenavant sera amenié pour vendre en aucunes des Villes où Nous avons Grenier, sera descendu, mesuré & mis ou dit Grenier, par noz Grenetiers & Contrerolleurs illecques; & dudit Grenier où mis sera, les dis Grenetier & Contrerolleur auront chascun une clef, & le Marchant de qui sera ledit sel, une autre clef; duquel sel ne sera riens mis ne descendu ou Grenier, *(b)* en maison de personne qui vende sel à détail.

(2) Item. Tout le sel qui est à present en nos dis Greniers, & y sera admené ou temps advenir, sera vendu à tour de papier; c'est assavoir, qui premierement amenera, premier vendra.

(3) Item. Tout ledit sel sera vendu par lesdis Grenetier & Contrerolleur, le pris que ordonné y avons ou ordonnerions; & l'argent de la vente mis en lieu seur, en coffre ou escrain fermant à troys clefs, dont le grenetier aura une, le Contrerolleur l'autre, & le Marchant de qui sera le sel, ᵃ s'il la veult avoir.

ᵃ *a la troisième.*

(4) Item. Aucun Marchant aïant sel en aucun de nos Greniers, ne pourra vendre sel à détail.

(5) Item. Aucun Marchant regratier ou détaillier, ne pourra vendre par quelque maniere que ce soit, que ung Minot de sel au plus à la foiz; mais audessoubz, en pourra vendre tant comme il vouldra à petites mesures, sans fraulde.

(6) Item. Les dis Grenetier & Contrerolleur ordonneront aux regratiers quel pris il vendront au peuple, le sel qu'ilz prendront en nostre Grenier pour revendre, *(c)* & oultre le sel plus vendu & demouré   Amende à voulenté.

(7) Item. Chascun sera tenu de prandre sel au plus prouchain de noz Greniers dont il sera demourant, ou aulx revendeurs & regratiers des ᵇ mettes dudit Grenier, & non ailleurs.

ᵇ *bornes, Département du Grenier.*

(8) Item. Comme pour obvier aulx fraulces & malices qui se faisoient & font de jour en jour, comme dit est, contre les Ordonnances de nostre Gabelle dessus dite, eust esté ordonné ja pieça, que tous les habitans de nostre Royaume des parties de Languedoy, seroient contrainctes à prandre sel en nos diz Greniers, de troys moys en troys moys, chascun selon ce qu'il lui en sauldroit raisonnablement pour son vivre es dis troys moys; & afin qu'ilz n'eussent cause de eulx complaindre de ladicte Ordonnance, que l'Argent dudit sel ilz ne païassent jusques en la fin d'iceulx troys moys, Nous voulons que ladicte Ordonnance soit tenuë, gardée & mise sus partout où fait n'aura esté.

(9) Item. Aucun regratier, detailleur ou autre personne, ne pourra vendre ès

NOTES.

(b) En maison.] Je crois que cela peut signifier, que le grenier où le sel sera mis, ne sera point le grenier d'une maison occupée par une personne qui vendra du sel en détail.

(c) Et oultre.] Il y a là un mot qu'on n'a pû déchiffrer: Il semble que ce soit *envers*. Je crois que le sens est, que le sel qui aura été vendu trop cher, & celui qui sera encore chez le regratier, feront confisquez, & qu'il sera condamné à l'Amende.

mettes d'aucuns de noz Greniers, sel prins autre part que en ycelluy Grenier.

(10) Item. S'il est trouvé aucune personne, regratier ou autre, vendant sel à détail ès dittes mettes, communément renommé ou diffamé de vendre sel prins ailleurs que ou dit Grenier, ledit Grenetier luy pourra deffendre ledit mestier ou Marchandise sur grosses peines; & ne pourra aucun vendre ou acheter sel ès mettes de nos dis Greniers, sinon en Marché ou en lieu publicque, sur peine de perdre le sel, & de Nous en faire Amende.

(11) Item. Quiconques trouvera sel ès mettes d'aucuns de noz Greniers, qui n'aura esté prins ou dit Grenier, il le pourra prandre par ceste generale Ordonnance, sans autre commission, avec ses chars, charrettes, chevaulx & autres bestes menans, portans & conduisans ledit sel, & tout ce amener pardevers nostre Grenetier dudit Grenier, comme forfait & acquis à Nous, desquelles forfaictures, ensemble des Amendes qui en ᵃ ysteront, ledit preneur aura le tiers, la Justice du lieu où ce aura esté prins, tant en nostre Jurisdicion sans moyen, comme en subjecte, l'autre tiers par la main dudit Grenetier, & Nous l'autre tiers; & se ladicte prinse ᵇ est faicte par personne à ce commise, Nous en aurons le quart, ladite Justice l'autre quart, & le ᶜ Procureur le demourant.

(12) Item. S'aucun par informacion, ᵈ non mie en present messait, est trouvé avoir vendu ou acheté de tel sel non gabellé, ou autrement en avoir usé depuis que celuy aura esté deffendu de par Nous, par *(d)* toy ou auctrement, il sera contrainct à ᵉ l'amender selon le messait; & de l'Amende qui en ystera, le Commissaire qui aura fait l'informacion, aura le quart, celluy qui le fait aura accusé, le quart, & Nous la moictié.

(13) Item. Se ledit Grenetier trouve aucuns Marchans ou autres personnes quelzconques, qui mespreignent pour le temps advenir ou fait de laditte Gabelle, ou qui facent aucune chose contre nos presentes Ordonnances, il les en pourra pugnir, la verité sçeuë, selon la qualité du messait; & se le cas estoit si grant, qu'il doubtast à en déterminer, il pourra adjourner les malfaicteurs ᶠ par main mise à jour compectans, pardevant noz amez & feaux les Generaulx-Conseilliers à Paris, sur le fait des Aides ordonnez pour noz guerres, pour respondre sur ce à nostre Procureur, à tout ce qu'il leur vouldra demander.

(14) Item. Ces presentes Instructions & Ordonnances seront criées solennellement & publiées en toutes les Villes & lieux notables acoustumez à faire criz ès dittes mettes, de quatre moys en quatre moys, afin qu'il en soit à chascun memoire continuelle, & que à pretendre ignorance, ᵍ aucun ne face à recevoir d'illecques en avant.

(15) Item. Quiconques fera le contraire des choses dessus dites ou d'aucunes d'icelles, & qui y commectra fraulde, Nous le ferons pugnir ainsi que Nous verrons qu'il appartiendra à faire de raison, & par telle maniere que ce sera exemple aulx aultres; & sera la chose acquise à Nous, en quoy il aura commise la fraulde.

Si donnons en mandement par la teneur de ces presentes, à noz amez & feaulx les Generaulx & Conseillers sur le fait de la finance & de la Justice des Aides, aulx Grenetier & Contreroleur du Grenier à sel establi au Manz pour Nous, & à tous noz autres Grenetiers & Contrerolleurs des Greniers à sel de nostre Royaume, que noz Ordonnances dessus dites & chascune d'icelles, ilz tiennent, gardent & acomplissent, & facent tenir, garder & acomplir fermement ès dis Greniers, fins & mettes d'iceulx, en la maniere que ordonné l'avons. En tesmoing de laquelle chose, Nous avons fait mectre nostre Scel à ces presentes Lettres. *Donné à Paris, le vingt-quatriéme jour de Janvier, l'an de grace mil trois cens soixante douze, & de nostre Regne le neufiesme.*

NOTE.

(d) Toy.] Je ne sçais à qui se rapporte ce mot; car au commencement de ces Lettres, il n'y a point d'adresse à un Officier.

DE LA TROISIÉME RACE. 579

(a) Lettres qui portent que les trois Clercs & Notaires du Roy, qui servent au Parlement, prendront leurs gages & leurs Manteaux sur les Amendes & autres produits de Justice.

CHARLES V.
à Paris, le 28. de Janvier 1372.

KAROLUS [Dei gratia Francorum Rex.] *Universis præsentes Litteras inspecturis: Salutem. Cum nuper referentibus dilectis & fidelibus Cancellario nostro, ac Consiliariis nostris Gentibus nostrum Parisius Parlamentum tenentibus, ad nostrum pervenerit auditum, quod licet sub judiciali authoritate,*[a] *& affluentium in eodem Parlamento Causarum tam civilium quam criminalium, & se præsentantium personarum multitudo sub triplici Registratorum ministerio, reperiatur ordinata ab antiquo; necessarium tamen erat & est propter Literarum, Actorum & aliorum negotiorum multitudinem in dicta Curia emergentium, ultra registra ejusdem Curiæ celerius expedienda, de aliis Notariis cum dictis Registratoribus provideri. Notum igitur facimus, quod Nos pro bono Justitiæ & subditorum nostrorum utilitate, huic necessitati subvenire, & super ea convenienter providere volentes, ex nostri deliberatione Consilii, volumus & etiam ordinamus, quod dilecti Clerici & Notarii nostri, Magistri Joannes Clerici, Joannes Boileauë & Guillelmus de Plantis, de quorum sufficientia & probitate ac diligentia per dictos Cancellarium, & alios Consiliarios nostros ac alios, fuimus & sumus debite informati, in dicta Parlamenti Curia, tam in præsenti quam in futuris Parlamentis deinceps, pro suo exercendo Notariatus Officio, simul vel divisim, alternatis diebus & vicibus, continuo intersint & fideliter* [b] *laborant; & insuper, ut prædicti Notarii ad dicta negotia diligentius prosequenda, & eorum Officia exercenda animentur, & ut*[c] *laboribus suis fructum sibi sentiant provenire, quod de vadiis &* [d] *Palliis suis consuetis de cetero satisfiat, eisdem & eorum cuilibet, super emendis & expletis, tam in dicto præsenti quam in futuris Parlamentis adjudicatis & adjudicandis in futurum, quandiu tamen & quoties* [e] *præsenti Notarii suum exercebunt Officium in Camera Parlamenti prædicta; Quocirca dilectis & fidelibus Consiliariis nostris Gentibus Compotorum nostrorum Parisius, ac Generalibus super facto guerrarum nostrarum, & Thesaurariis nostris; necnon Magistro Thomæ* [f] *Brossardi, ad levandum exigendum & expletandum emendas, & expleta dicti Parlamenti, aliisque ad id deputatis & in futurum deputandis, & eorum singulis, prout ad eos spectat vel spectabit mandamus districtius injungentes, quatenus eisdem Clericis & Notariis nostris superius nominatis, & eorum singulis, de dictis suis vadiis & Palliis, à tempore nostri præsentis incepti Parlamenti, & deinceps nostrorum futurorum Parlamentorum temporibus, satisfaciant aut satisfieri faciant per illum vel illos ad quem seu quos spectabit, in & super dictis emendis & expletis; quandiu tamen & quotiens dictum Officium in Camera nostra prædicta, ut premittitur, exercebunt; quæ sic soluta, volumus & jubemus in solventum compotis allocari & de eorum Recepta deduci per vos Gentes Compotorum nostrorum prædictorum, vel Generales predictos, absque difficultate quacumque, Litteras quittatorias, una cum transsumpto seu Vidimus præsentium Literarum reportando, & consideratione præmissorum, de gracia speciali & ex nostra certa scientia fieri volumus & mandamus; Ordinationibus & mandatis vel statutis*[g] *vel faciendis in contrarium, non obstantibus quibuscunque. In cujus* [*rei testimonium, præsentibus Literis nostrum fecimus apponi Sigillum.*] *Datum Parisius, die vigesima octava Januarii, anno Domini millesimo trecentesimo septuagesimo secundo, & Regni nostri nono. Sic signatum. Per Regem, ad relationem vestram.* [h] DOLUS.

a Ce mot paroît inutile.

b laborent.

c ex.

d Voy. les Tabl. des Mat. de ce Rec. au mot, Robes.

e predict. J.

f Il est nommé Bernardi dans les Lettres suivantes.

g factis.

h J. De Lus qui est aussi dans les Lettres suivantes.

NOTE.

(a) Ces Lettres & les suivantes sont dans le dépôt du Parlement de Paris, 7.ᵉᵐᵉ Vol. des Ordonn. de Loüis XIII. coté F.F.F. fol.°
Ces deux Lettres ont déja été imprimées 397. v.° & 398. R.°

dans les *Offices de France de Joly*, tom. 1.ᵉʳ Liv. 1.ᵉʳ tit. XI. pp. 124. & 125. Les secondes Lettres y sont tronquées dans un endroit. Ce qui est ici entre deux crochets, n'est point dans le Registre du Parlement, & est tiré de Joly.

Collatio facta est cum originali, extracta à regiftris Curiæ Parlamenti. *Sic fignatum.*
DU TILLET.
Collation faicte à l'Original.

CHARLES
V.
à Paris, le 28.
de Janvier
1372.

(a) Lettres qui portent que Pierre Sureli Clerc & Notaire du Roy, fervira au Parlement avec les trois qui font nommez dans des Lettres de la même date; & qu'il prendra fes gages fur les Amendes & autres produits de Juftice.

a ce font les precedentes.

b Voy. Note (b).

c Voy. p. preced. Note (e) margin. *d* fuerint.

KAROLUS [*Dei gratia Francorum Rex.*] *Dilectis & fidelibus Confiliariis noftris Gentibus Compotorum noftrorum, Generalibus fuper facto guerrarum Regni noftri, ac Thefaurariis noftris Par. Salutem & dilectionem. Cum per alias* ᵃ *Litteras noftras die data prefentium confectas, & ex caufis in eifdem Litteris contentis, & ex noftri deliberatione Confilii, ordinaverimus quod dilecti Clerici & Nottarii noftri, Magiftri Joannes Clerici, Joannes Boileauc & Guillelmus de Plantis, de numero & ordinatione aliorum Notariorum noftrorum vadia & Pallia percipientium, exiftentes, deinceps in noftro prefenti & aliis futuris Parlamentis, fua Officia exercere teneantur, & quod ipfi vadia & Pallia fua confueta habeant & percipiant, quamdiu in dicta Camera fuum predictum Officium exercebunt, fuper expletis & emendis adjudicatis & adjudicandis in noftro prefenti & aliis futuris Parlamentis, quamdiu in dicta Camera fuum predictum Officium exercebunt, ad noftrum pervenerit auditum, referente nobis dilecto ac fideli* ᵇ *Cancellario noftro, quod dilectus Clericus ac Notarius nofter, Magifter Petrus Sureli, qui jam per plures annos de noftra & cariffimi ac fidelis amici noftri, (b) Cardinalis Belvacenfis, tunc noftri Cancellarii, ordinatione & mandato, fuum Notariatus Officium continue exercuerat, ac de die in diem exercebat in dicti Parlamenti Camera; & quod ipfe tanquam ad hoc idoneus & peritus, ac cum dictis tribus fuperius nominatis, utilis & neceffarius per dilectas & fideles Gentes dicti noftri Parlamenti nominatus fuerat & electus in prefentia dicti noftri Cancellarii, ad dictum fuum Notariatus Officium in dicta Camera cum tribus Notariis fuperius nominatis exercendum, fi noftræ placeret voluntati; fignificamus vobis, quod Nos, premiffis & aliis certis & juftis caufis ad hoc Nos moventibus, confideratis & attentis, ex certa noftra fcientia ordinavimus, & per prefentes ordinamus & volumus, quod dictus Magifter Petrus dictum fuum Notariatus Officium, cum aliis tribus fuperius nominatis, deinceps faciat & exerceat in dicta noftra Curia Parlamenti; & quia dictus Magifter Petrus de numero aliorum Notariorum noftrorum vadia & Pallia ac Burfas percipientium, non exiftit, volumus & etiam ordinamus, ac eidem Magiftro Petro tenore prefentium concedimus, ut ex fuis laboribus & meritis fructum fibi fentiat evenire, quod ipfe loco vadiorum ac Palliorum & Burfarum quas feu quæ non habet nec percipit, ut eft dictum, pro qualibet die, hoc prefenti Parlamento durante & à principio ejufdem Parlamenti, habeat & percipiat fex Solidos Parifienfes, & deinceps totidem in quolibet Parlamento futuro, in & fuper dictis expletis, emendis ac emolumentis prefentis & futurorum Parlamentorum; quandiu tamen dictum fuum exercebit Officium in predicta Camera Parlamenti. Quocirca vobis & veftrum cuilibet, prout ad vos fpectat vel fpectabit in futurum, mandamus quatenus dicto Magiftro Petro, de dicta fumma fex Solidorum Parifienfium per diem, fatisfieri faciatis in dicto prefenti Parlamento, & fimili modo in fingulis annis & futuris Parlamentis, per Magiftrum Thomam* ᶜ *Bernardi ad prefens deputatum & commiffum, feu per illum vel illos qui alias deputatus vel deputati* ᵈ *fuerint.*

NOTES.

(a) *Voyez cy-deffus*, page precedente, Note (a).

(b) *Cardinalis Belvacenfis.*] Jean de Dormans Cardinal, & Evêque de Beauvais, le 21. de Fevrier 1371. remit les Sceaux au Roy, qui les donna à Guillaume de Dormans fon frere; mais celui-cy étant mort le 11.ᵉ de Juillet 1373. Jean les reprit, & mourut le 7. de Novembre fuivant. *Voy. l'Hift. Geneal. de la Maifon de France, tom.* VI. pp. 332. & 336.

DE LA TROISIÉME RACE. 581

& commissi ad levandum & exigendum expleta & emendas Parlamenti ac Parlamento- **CHARLES**
rum predictorum ; quæ sic soluta, volumus & jubemus in solventum compotis allocari, & **V.**
de eorum Recepta deduci per vos Gentes Compotorum nostrorum, vel Generales predictos, à Paris, le 28.
absque difficultate seu contradictione quacumque, Litteras a *quittatorum super hoc, una* de Janvier
cum transcripto seu Vidimus presentium Litterarum reportando ; Ordinationibus vel sta- 1372.
tutis seu assignationibus aliis de dictis expletis & emendis factis vel faciendis, nonobstan- a quittatorias,
tibus quibuscunque. In cujus [rei testimonium, præsentibus Litteris nostrum fecimus ap- dans les Lettres
poni Sigillum.] Datum Parisiis, die vigesima octava Januarii, anno Domini millesi- preced.
mo trecentesimo septuagesimo secundo, & Regni nostri nono. [Sic signatum.]
Per Regem, ad relacionem (c) Domini. J. DE LUS.
 Collatio facta est cum originali, b extractum à regiftris Curiæ Parlamenti. Sic b extracta, dans
signatum. c BERRUYER. les Lettres preced.
Collation faicte à l'original. c Berrenger. J.

N O T E.

(c) *Domini.*] Il y a dans Joly, *ad rela-* Car dans les Lettres il y a, *referente Nobis*
tionem vestram, comme dans les Lettres pre- *Cancellario :* d'où l'on peut conclure que toutes
cedentes. Ce mot *Domini* désigne le Chancelier; les Lettres à la fin desquelles il y a, *ad rela-*
 tionem vestram, ont été données sur le rapport
 du Chancelier.

(a) Lettres qui accordent à la Ville d'Angoulême, une Commune semblable **CHARLES**
 à celle de S.t Jean d'Angely. **V.**
 à Paris, au
 Château du
KAROLUS Dei gracia Francorum Rex. Regalis providencia digna subditorum Louvre, en
fidelium merita recognoscens, illos extollit honoribus & privilegiis d *aleatus qui erga* Janvier 1372.
eam in fidelitatis & amoris constancia, nedum elapsis permanserunt temporibus, sed d fort. alit. aut
modernis inviolabiliter perseverant. Notum igitur facimus tam presentibus quam futuris, elevat.
quod Nos mente sedula recensentes dilectos & e *fideles nostros Burgenses & habitatores*
Ville nostre Engolisinensis, grata & e *placida servicia predecessoribus nostris Francie* e fort. placita.
Regibus & Nobis, ab olim multipliciter prebuisse ; novissime autem super eo quod guerra f suscitata qui
nuper f *sciencia inter Nos &* g *adversarios nostros de Anglia, occasione Ducatus nostri Ac-* est dans plusieurs
quitanie, sub quorum adversariorum potestate & dominio aliquamdiu fuere, ipsi jus autres Lettres
nostrum quod habemus in dicto Ducatu ,, ut veri subditi consistentes, non vi, prece nec semblables.
precio, sed mera voluntate sua & unanimi proposito fidelitatem suam h *notarie exhibenter,* g &.
Nos naturalem & superiorem suum Dominum publice agnoverunt, se & sua ac Villam & h notorie exhi-
Castra ejusdem, sub immediato nostro dominio omnimode i *submittando ; ex quibus Nos* bentes.
eis k *officii gratam plurimum non immerito reputantes, ac volentes eos favore & gracia* i submittendo.
Regis prosequi, ut probitatis operibus vacasse se gaudeant, ac exinde fructum honoris k affici.
& commodi reportasse, aliique eorum exemplis similibus l *facibus se conforment, talem* l fort. factis.
& in omnibus similem Communiam juratam in dicta Villa nostra Engolismensi, qualem
habent dilecti & fideles nostri Major, Scabini & Burgenses Ville nostre m *Sancti Johannis* m S.t Jean d'An-
Angliacensis, in eadem Villa Sancti Johannis, cum eisdem & similibus Banleuca, Cons- gely.
tamis, franchisiis, Libertatibus, previlegiis & statutis, quas & que iidem Major, Sca-
bini & Burgenses dicti loci n *Johannis habent tam virtute & auctoritate dicte Communie* n Sancti.
sue, quam aliter ex concessione Predecessorum nostrorum & nostra; nec non aliis quibus-
cunque Juribus, deveriis, Consuetudinibus & pertinenciis universis ad dictam Commu-
niam ac vim & effectum ejusdem spectantibus quovismodo, prefatis Burgensibus & habi-
tatoribus dicte Ville nostre Engolismensis, pro se & eorum successoribus, dedimus &

N O T E.
 habitants d'Angoulefme, des Lettres pour l'éta-
(a) Tresor des Chartres, Regiftre 104. blissement de leur Commune, beaucoup plus
Piece 305. étenduës que celle-cy. Elles seront imprimées à
 Au mois de Mars 1373. Charles V. donna aux leur rang dans ce Volume.
 Voy. cy-dessus, p. 190. Note *(a).*
 Dddd iij

CHARLES V.
à Paris, au Château du Louvre, en Janvier 1372.

a habend. &c. R.
b melius.
c gerendi.

d Turon. &c. R.

e quoquam.

f mense.

concessimus, damusque & concedimus per presentes, ex certa scientia, de speciali gratia & plenitudine Regie potestatis, per eos corumque successores *a* habendam, tenendam & retinendam perpetuo, quatenus jura propria *b* uelius possint defendere & integraliter custodire; salvis tamen & retentis fidelitate nostra ac jure nostro nostrorumque heredum & Successorum: Dantes preterea & concedentes Burgensibus & habitatoribus supradictis, plenam, generalem & liberam potestatem ac mandatum speciale predictam Communiam in dicta Villa Engolismensi, modo & forma premissis ordinandi & ponendi, Majorem, Scabinos ac Juratos instituendi, ac omnia alia & singula faciendi, *c* geredi & exercendi que ad ipsam spectant & spectare possunt & debent Communiam, ac prout dicti Major, Scabini & Burgenses dicti loci Sancti Johannis debent & tenentur facere auctoritate ejusdem: Mandantes nichilominus Baillivo nostro Exemptionum *d* Turonensium, Engolismensium & Xantonensium, ceterisque Justiciariis & Officiariis Regiis, aut eorum Locatenentibus, & ipsorum cuilibet, prout ad eum pertinuerit, presentibus & futuris, quatenus presatam Communiam cum omnibus & singulis suprascriptis, modo & forma quibus utuntur dicti Major, Scabini & habitatores Sancti Johannis, & de quibus ipsis debite constabit, in dicta Villa nostra Engolismensi poni, ordinari & institui permittant, ac presatos Burgenses & habitatores dicte Ville nostre Engolismensis, eorumque successores ipsa Communia cum ejus dictis pertinentiis, nostraque presenti gracia & concessione uti & gaudere faciant & procurent temporibus perpetuis, pacifice & quiete, & contra tenorem presencium nullatenus ipsos ac dictos successores inquietent vel molestent, seu inquietari aut molestari de cetero paciantur à *e* quoquem; Ordinacionibus, defensionibus & mandatis ad hoc contrariis factis vel faciendis, nonobstantibus quibuscunque. Et ut premissa omnia & eorum singula perpetue stabilitatis robur obtineant, Sigillum nostrum hiis presentibus mandavimus apponi: Salvo in aliis jure nostro, & in omnibus quolibet alieno. Datum Parisius, in Castro nostro de Lupara, anno Domini millesimo CCC.° septuagesimo secundo, & Regni nostri nono, *f* mense Januarii.

Per Regem. J. TABARI.

CHARLES V.
à Paris, au Château du Louvre, en Janvier 1372.

g cet endroit est corrompu.

h &.
i annuatim.
k &.
l existit.
m qui.
n erat.
o Philippe de Valois.

(*a*) Confirmation des privileges de la Ville de St Flour.

*K*AROLUS Dei gracia Francorum Rex. Regalis providencia digna pensans merita fidelium subditorum, libenter illos prosequitur favoribus graciosis, ut & ipsi gaudeant se probitatis operibus vacavisse, seque Regiis beneplacitis adhesisse, & alii eorum exemplo similibus se conforment. Notum itaque facimus universis tam presentibus quam futuris, quod cum dilecti & veri fideles nostri, Consules & habitatores Civitatis Sancti Flori, nostre obediencie, *g* ut Cathedrali Ecclesia retente, que clavis est Regni nostri à parte Ducatus Acquitanie; suique predecessores fuerunt in possessione & saisina pacifficis habendi & tenendi in eadem Civitate Consulatum, archamque & sigillum, ac quam plures alias Libertates & franchisias; ad ipsosque Consules pertineat custodia portarum & murorum dicte Ville, instituendique, ordinandi *h* creandi in predicta Civitate tres Consules *i* annuatim, dum & quando eis visum erit expediens pro bono dicte Ville & rei publice; aliaque faciendi *k* ordinandi que circa hec sunt necessaria seu eciam opportuna; ac de premissis usi sint & fuerint à tot & tantis temporibus citra que de contrario memoria hominum non *l* extitit; quas siquidem Libertates, privilegia, franchisias, & certas composiciones inter ipsum *m* que tunc *n* era (*b*) Sancti Flori, & tunc ipsius Civitatis Consules, ipsi Consules & habitatores asserunt fuisse per predecessorem nostrum Avum *o* Philippum quondam Regem Francie, & nostram Parlamenti Curiam confirmatas; Nos attenta virtuosa & commendabili fidelitatis constancia, qua dicti Consules & habitatores

NOTES.

(*a*) Tresor des Chartres, Registre 104. Piece 6.

(*b*) *Sancti Flori.*] Il faut suppléer là, *Abbas* ou *Episcopus*. Car St Flour étoit autrefois une Abbaye qui fut érigée en Evêché, vers 1318. Voy. le 4.e Vol. de ce Rec. p. 668. Note (*i*).

DE LA TROISIÉME RACE.   583

dicte Civitatis Sancti Flori, ipsam Civitatem affectuosis viribus sub obediencia nostra non **CHARLES**
facta, legitime & fideliter servaverunt, volentes ipsos Consules & habitatores & eorum **V.**
successores, favore prosequi [a] *graciose, & ut* [b] *fervenciis in predicta fidelitatis constancia* à Paris, au
animentur & crescant, ad dictorum Consulum & habitatorum supplicacionem humilem Château du
[c] *& devotam, dictum eorum ac dicte Civitatis Consulatum, franchisiasque* [d] *Libertates* Louvre, en
predictas quibus usi fueruut actenus, ut prefertur, auctoritate nostra Regia & de [e] *nostra* Janvier 1372.
plenitudine potestatis, ex nostra dicta sciencia & de gracia speciali, tenore presentium a fort. graciofo.
approbamus & confirmamus, eos de ipsis uti volumus & jubemus: [f] *eos Mandentes Bail-* b fervencius.
livo nostro Montanarum Alvernie, moderno & futuro, ceterisque Justiciariis & Offi- c animentur.
ciariis nostris, aut eorum Locatenentibus, quatenus dictos Consules & habitantes nostra d &.
presenti gracia uti & gaudere faciant & permittant pacifice & [h] *quitte,* [i] *ne contra ip-* e nostre.
sius nostre gracie tenorem eos [k] *inquittari aut perturbari à quoquam patiantur quovismodo;* f &.
facta in contrarium, si que sint, revocando, & ad statum pristinum & debitum reducen- g mandantes.
do. Quod ut firmum & stabile perpetuo perseveret in futurum, nostrum presentibus Litte- h quiete.
ris fecimus apponi sigillum: Salvo jure nostro in omnibus, & quolibet alieno. Datum i nec.
Parisius, in Castro nostro de Lupara, anno Domini M. CCCLXXII.° & Regni nostri k inquietari.
nono, mense Januarii.
H. DE [l] TRE. *Per Regem, in suis Requestis.* G. DE HANGIE. l il y a une marque d'abbreviation sur ce mot.

CHARLES
V.
(*a*) Lettres qui confirment le privilege accordé par Guillaume *de Vicinis* à Paris, en
Seigneur de Limoux, aux Consuls & habitants de cette Ville, portant que Janvier 1372.
les Sergents contre lesquels il y aura des sujets de plainte, seront destituez
de ses Juges, à la requisition des Consuls; & qui confirment la destitution
certains Sergents.

KAROLUS Dei gracia Francorum Rex. Notum facimus universis presentibus &
futuris, Nos Litteras carissimi Fratris nostri, atque nostrum [m] *Locatenentis in* m Locumtenentis.
[n] *Partibus Occitanis, Ludovici Ducis Andegavensis & Turonensis Comitisque Cenoma-* n Languedoc.
nensis, suo novo sigillatas sigillo, sanas & integras, omni prorsus vicio & suspicionne
carentes, prout prima facie apparebat, vidisse, formam que sequitur, continentes.

LUDOVICUS Regis quondam Francorum Filius, Domini mei Regis Germanus,
ejusque Locumtenens in Partibus Occitanis, Dux Andegavensis & Turonensis Cenoma-
nensisque Comes. Cum olim per Guillelmum de Vicinis condam Militem, tunc Dominum
[o] *Limoso, pro se & suis successoribus universis, certum privilegium concessum fuerit &* o Limoux dans le
certa conventio Consulibus tunc & Universitati Ville predicte, pro se & suis successori- Languedoc. Voy.
bus universis; cujus quidem privilegii & convencionis tenor sequitur & est talis. le 4.° Vol. de ce
Anno ab Incarnacione Christi millesimo (*b*) *CCC.mo XCII.° Regnante Philippo Rege,* Rec. page 32.
Sexta Nonas Julii. Noverint universi presentes pariter & futuri, quod nos Guillelmus de Note (*c*).
Vicinis Miles, Dominus de Limoso, pro nobis & nostris heredibus & successoribus uni-
versis, gratis, & ex certa sciencia promittimus vobis Bernardo de Bosco, Guillelmo
Assalhiti, Petro [p] *Secur. Petro de* [q] *Alauho & Petro Nigri, Consulibus de Limoso, pre-* p Il y a une
sentibus pro vobis & vestris successoribus Consulibus, & nomine Universitatis Limosi, marque d'abbre-
stipulantibus & recipientibus; nec non Bernardo Servelli Coconsuli vestro, absenti; & tibi viation sur ce nom,
Bernardo [r] *Tortaulimi nostro* [s] *subdicto, pro ipso solenniter stipulanti,* (*c*) & sur plusieurs
in Curia nostra de Limoso, Serviens rixosus fuerit vel percussor, exhactor illicitus gen- autres qui sont
tium-ye oppressor, aut aliter protervus, viciosus vel gentibus onerosus, sicque fama in loco q marq. d'abbrev.
r Il y a 5. jambages sans point.
s Vassal. Voy. le
Glossaire de du
N O T E S.   Du moins cette date s'accorde-t'elle avec le Cange, au mot,
Regne de Philippe-le-Bel.   subdictus.

(*a*) Tref. des Chart. Regist. 104. P. 65.   (*c*) Il y a dans le Registre *q. in q.* avec un *u*
(*b*) CCC.mo] Cette date est visiblement au-dessus de ce dernier *q*. Cela peut signifier,
fausse. Il y a apparence qu'il faut corriger CC.mo *quod in casu quo.*

CHARLES V.
à Paris, en Janvier 1372.
a veſtram.
b ſe.

e Pluſieurs de ces noms ſont douteux. Ceux où il y a des abbreviations, ſeront marquez d'un Aſteriſque.
d Il y a trois jambages ſans point.
e Il y a cinq jambages ſans point.
f manſ. d'ah.
g Hug. R.

h Suite des Lettres du Duc d'Anjou.
i approbatione.
k continentes.

l Suite des Lettres du Duc d'Anjou.

m Johannes.
n Il eſt nommé plus bas, Alamande.
o Il y a plus bas, Berardum Bonefidei.
p inhabiles & inſuficientes.

q Reg. R.

r ce mot paroît corrompu.

ſe habuerit vel habebit noſtro Bajulo de Limoſo & vobis Conſulibus manifeſtum, Nos ad requiſitionem, a ſeu ſucceſſorum Conſulum qui tunc erunt, dictum Servientem ab Officio reppellemus, nec ad aliud vel ad idem ipſum ulterius admittemus, quo b ſua culpa reddidit indignum. Ad hoc, ego Petrus de Vicinis, filius primogenitus dicti Domini Guillelmi de Vicinis, de auctoritate & expreſſo conſenſu ejuſdem, gratis annuo & concedo, ipſaque tenere promitto perpetuo & ſervare, ac nullathenus contraïre. Nos itaque Guillelmus de Vicinis eidem Filio noſtro auctoritatem preſtamus ſuper hiis & aſſenſum. Actum Limoſi, in Clauſtro majori Domus Fratrum Minorum, anno & die predictis, in preſencia & teſtimonio Fratris Bernardi de Corrione, Gardiani Fratrum Minorum de Limoſo, Fratris Ramundi de Tribus viis, Ordinis Fratrum Minorum, Domini Petri de Vicinis Militis, Johannis de Vicinis & Egidii Fratrum, c Petri Amelii Gayrandi, Petri de Camone de Cletto, Petri Guilhaberti Clerici, Raimundi de Amorto, Bernardi Bruni Clerici, Arnaldi Embrini *Major. *Die. Arnaldi Aprilis, Arnaldi *Thole, Guillelmi d Tame, Poncii Hugoüs, Petri Arnaldi Cavalli, Ramundi Arnaldi Sicardi, e Rainudi Columbi, *Blanq. Petri de *Cornaullo, Petri Arnaldi Textoris, Petri de Salvetha, Bernardi Capitis, Anhele de Flaſſano, Guillelmi Pance, Petri Johannis de f Villar. Petri Raimundi Salvarinii, Arnaldi Montanerii, Ramundi Arnaldi Textoris, Reimundi Guillelmi de Sancto Policarpo Mercatoris, Bertandi g Hugonis, Bartholomei Lupi, Clericorum de Limoſo, & plurium aliorum, & mei Bernardi Tortaulini, Notarii Limoſi publici, qui requiſitus & rogatus à predictis, hanc Cartam ſcripſi, & ſigno meo ſignavi.

h Deinde vero ſuper i opprobacione & conſumacione tam ſupraſcripti privilegii & convencionis, quam aliorum privilegiorum, uſuum & Conſuetudinum Ville predicte, inclite recordacionis cariſſimus Dominus Genitor noſter Conſulibus tunc Ville predicte de Limoſo, ſuas conceſſerit Litteras, tenorem qui ſequitur k.

(d) JOANNES, &c.

l Cumque nuper, pro eo quia dicebatur Guillelmum Amelii, Ramundum Amelii & Bertholomeum Gervaſii, olim Servientes dicte Ville de Limoſo, nuper tanquam inſuficientes & eorum demeritis exigentibus, à dictis eorum Officiis privatos fuiſſe pariter & expulſos; & quod hoc nonobſtante, predictis Sergenterie Officiis uti temerarie preſumebant; quodque etiam Petrus Pelegrini, Ramundus Montaſelli, m Johannis Juliani, aliter n Dena Alamanda, & o Ber.do Boneſidei, Servientes dicte Ville, erant vicioſi, p inhabiles & inſufientes ad tenendum & exercendum Officium Sergenterie, quin ymo ab eiſdem Officiis privandi & eciam repellendi juxta tenorem & formam privilegii ſupraſcripti, preſati Conſules à Nobis certas obtinuerunt Litteras, quarum tenor noſcitur eſſe talis.

LUDOVICUS Regis quondam Francorum Filius, Domini Regis Germanus, ejuſque Locumtenens in Partibus Occitanis, Dux Andegavenſis & Comes Cenomanenſis. Vicario & Judici q Regiis Limoſi, vel eorum Locatenentibus : Salutem. Gravem querimoniam dilectorum & fidelium noſtrorum Conſulum Limoſi, ſuſcepimus continentem, quod licet per vos, juxta eorum privilegia Regia auctoritate alias ſepe confirmata, ad ipſorum requeſtam, ſi aliquis vel aliqui Servientes Regii fuerint in dicto loco rixoſi, perenſores, exactores indebiti vel opreſſores, vel aliter r ingreſſi vicioſi aut gentibus onerofi, à

NOTE.

(d) *Joannes.*] Ces Lettres qui ſont du mois de Janvier 1350. ſont dans *le 4.e Vol. de ce Rec.* p. 32. On y trouve le mot *Conſulum*, que l'on avoit ſuppléé dans la Note *(h)*, & elles confirment quelques autres corrections qu'on avoit faites. Mais au lieu d'*abſentiam*, que l'on avoit corrigé à la Note margin. *(h)* par *obſervantiam*, il y a *eſſenciam*, qui vaut mieux. Dans *le 4.e Vol.* après les mots *anno* .... *quinquageſimo*, il y a, *ſecundum Uſum Francie*, ce qui marque l'uſage de commencer l'année à Pâques. Dans le Regiſtre 104. ces mots ne ſont point dans la date, mais ils ſe trouvent dans le corps des Lettres, à un endroit où ils ne ſont point dans le *4.e Vol.* On lit dans ce Regiſtre, *Conſuetudines ...... hactenus paciſice* & *ſecundum uſum Francie obſervatas.*

DE LA TROISIÉME RACE. 585

suis Officiis amoveri perpetuo debeant & privari absque spe restitucionis Officiorum suorum predictorum; vosque aliquos ex dictis Servientibus, virtute dictorum privilegiorum & ex suis demeritis, diu est, amoveritis & perpetuo privaveritis; nichilominus tamen vos dictos semotos & privatos Officio Sergenterie, uti sicut prius permittitis in dicto loco, in suorum privilegiorum predictorum grande prejudicium & jacturam; super quibus Nobis supplicatum extitit salubriter. Quocirca ad dictorum Consulum requestam, vobis & vestrum cuilibet, mandamus quatenus, si vobis constiterit de dictis privilegiis ac aliis premissis, dictos semotos & ^a priviatos Officio Sergenterie Regie, minime uti de cetero permittatis; sed ipsos ex presumptiva temeritate taliter puniatis, quod ceteris transeat in exemplum. Pretcrea, si aliqui Servientes Regii fuerint in dicto loco, qui juxta formam dictorum privilegiorum & suis exigentibus demeritis, à suis Officiis debeant amoveri & privari, ad requisicionem dictorum Consulum, ipsos ab eisdem, visis presentibus, amoveatis & privetis, quos Nos tenore presentium eo casu amovemus & privamus; opposicionibus appellacionibusque frivolis, cavillacionibus, subterfugiis, Litterisque in contrarium surrepticiis impetratis seu impetrandis, nonobstantibus quibuscumque. Datum Tholose, die XIII. Decembris, anno Domini millesimo CCC.º sexagesimo nono. Per Dominum Ducem, ad relationem Consilii. BERSTOUR.

CHARLES V.
à Paris, en Janvier 1372.

a privatos.

^b *Demumque presentatis nostris Litteris suprascriptis per Magistrum Petrum ^c Ginni, Ramundum Signerii, Arnaldum Fortis, tunc Consules Ville predicte Limosi, viceque & nomine Conconsulum suorum & Universitatis Ville predicte, Magistro Johanni Botironis Locumtenenti Judicis, nec non Vicario seu Locumtenenti Vicarii Ville predicte; & eorum cuilibet, petendo & requirendo predictas nostras Litteras execucioni effectualiter demandari; nominatisque & productis ad ^d purificacionem Litterarum nostrarum predictarum, per predictos Consules per viam summarie Informacionis ^e apriste, pluribus testibus fide dignis; per quorum deposiciones medio juramento factas, apparet & apparuit evidenter dictos Guillelmum Amelii, Ramundum Amelii & Bertholomeum ^f Gervalii, alias eorum exigentibus demeritis & tanquam insufficientes, Sergentarie Officiis fuisse privatos & expulsos; necnon & dictos Petrum Pelegrini, Raimundum Montosselli, Johannem Juliani, aliter ^g Dena Alamanda & Bernardum Bonesidei fore insufficientes, viciosos & inhabiles ad tenendum & exercendum Officium Sergentarie, juxta & secundum tenorem privilegii antedicti; prenominati Locumtenentes Judicis & Vicarii predictorum, seu eorum alter, prenominatos omnes & singulos ordinariter ad dictis Sergentarie Officiis fore privandos & eciam reppellendos, ipsosque & eorum quemlibet, per eorum seu alterius eorumdem Ordinacionem seu Sentenciam, virtute & auctoritate Litterarum nostrarum prescriptarum, easdem exequendo, privaverint & expulerint juxta & secundum tenorem & formam earumdem Litterarum nostrarum & privilegii antedicti, prout predicta per processum super hoc coram dictis Locatenembus agitatum & in nostro Consilio reportatum, possunt clarius apparere. Sane cum prout intelleximus & sumus plenarie informati, per Curiam Senescalli Carcassone seu nostram, & coram dilectis & fidelibus Gentibus Requestarum nostri Hospicii, impositum fuerit seu imponeretur Judici ^h Vicario Limosi, seu eorum antedictis, nec non predictis Consulibus vel aliis eorum sociis & in hac parte Collegis, ac eciam quibusdam singularibus Ville predicte de Limoso, & tam per modum Universitatis quam singulorum; videlicet, quod ipsi Judex Vicarius, seu Locatenentes predicti, voluntarie & absque debita potestate, & licet ad ipsos minime pertineret, predictos olim Servientes destituerant & ab eorum Officiis privaverant antedictis, ^k & quodque prenominati olim Servientes seu aliqui ex ipsis, suo & aliorum Consortum nomine, à predictis destitucione, privacione, Ordinacione seu Sentencia Judicis ^l Vicarii, ^m se Locatenentis predictorum, vel alterius eorundem, ad Curiam Senescalli Carcassone predicti, seu ad Nos appellassent seu provocassent, seu provocasse & appellasse dicerentur; nichilominus ipsi Consules seu eorum socii & Colleges, aut alii singulares, dictum Ramundum Amelii, suo & aliorum nomine, ut dictum est, appellantes, vel alium seu alios ex suis consortibus antedictis, propter odium dicte appellacionis & in spretum ejusdem, incarceraverant seu incarcerari fecerant & procuraverant, eorumque appellacioni seu opposicionibus, predicti carceris vexacionem, metum*

b Suite des premieres Lettres du Duc d'Anjou.
c Il y a 6. jambages sans point.

d Je n'ai rien trouvé sur ce mot qui peut-être est corrompu.
e c'est la même chose qu'Enqueste. Voy. le Glossaire de du Cange, à ce mot.
f Il y a plus haut & plus bas, Gervasii.
g Voy. p. prec. Note (*n*) margin.

h &.

i &.

k mot inutile.

l &.
m seu.

Tome V. Ecce

586   Ordonnances des Rois de France

CHARLES V.
à Paris, en Janvier 1372.

a fort. timorem.
b Il manque là un verbe.
c tumultuose.
d renunciandum.
e coëgerunt.
f &.
g &.
h subreptic. R.

& *a* tenorem minarum *b* de suspendendo vel subjungendo dictos olim Servientes, *c* multuose, impetuose ac seditiose renunciare fecerunt, & ad *d* renunciandum eidem appellacioni seu appellacionibus indebite *e* cagerunt ; licet ex tunc instrumentum habuerint ab eisdem, quo gratis renunciaverant seu renunciabant eorum appellacionibus antedictis, & aliter, prout in (*e*) articulis & prevencione contra predictos Judicem *f* Vicarium, seu Locatenentes eorumdem, Consules aut singulares, lacius & plenius continetur; & insuper intellexerimus quod predicti olim Servientes, ad finem anullandi processum Judicis *g* Vicarii, seu Locatenentium predictorum, nec non deposicionemque & privacionem eorum Officii antedicti, quasdam à Nobis seu dicta nostra Curia Litteras impetraverint *h* subrepticias, & de modo & forma dictorum privilegiorum tacentes, quarum tenor noscitur esse talis.

i nommé plus haut, *Dena Alamanda*.
k noscitur.

L*UDOVICUS* Regis quondam Francorum Filius, Domini nostri Regis Germanus, ejusque Locumtenens in Partibus Occitanis, Dux Andegavensis & Turonensis ac Comes Cenomanensis. Senescallo Carcassone aut ejus Locumtenenti : Salutem. Conquesti sunt Nobis Ramundus Amelii, Guillelmus Amelii, Ramundus Montazelli, Johannes Juliani, aliter *i* Alamande, Servientes Regii Limosi, quod virtute Litterarum nostrarum, quarum tenor *k* esse talis.

l Reg. R.

L*UDOVICUS* Regis quondam Francorum Filius, Domini nostri Regis Germanus, ejusque Locumtenens in Partibus Occitanis, Dux Andegavensis & Comes Cenomanensis. Senescallo Carcassone, Vicarioque & Judici *l* Regiis Limosi, ceterisque Justiciariis quibus presentes Littere pervenerint, aut eorum Locatenentibus : Salutem. Cum prout intelleximus, Ramundus Amelii, Johannes Juliani, Petrus Pelegrini, Ber.^{do} de Bonaside, Ramundus de Montazelli, Bertholomeus Gervasii, & quidam alii olim Servientes Regii Limosi, auctoritate quarumdam aliarum Litterarum nostrarum, ad requestam Consulum Limosi, virtute previlegiorum suorum, suis exigentibus demeritis, à suis Sergentarie Regie

m semoti.

Officiis *m* semotis per vos Vicarium & Judicem seu Locatenentes vestros extiterint & perpetuo privati, idcirco semocionem predictam ratam & gratam habentes in casu premisso,

n eam.

n ea volumus, laudamus & tenore presencium confirmamus : Mandantesque vobis & vestrum cuilibet, sub pena centum Marcharum Argenti Fisco applicanda, ne in harum & aliarum nostrarum prejudicium, prenominatos olim Servientes, ut predicitur, ab eorum Sergentarie Officio amotos, dicto Officio amodo uti permittatis ; & si que in contrarium fuerint attemptata, attemptantes taliter puniatis, quod ceteris merito transeat in exemplum;

o comprehensa. Cet endroit est corrompu.

Litteris à Nobis in contrarium impetratis vel impetrandis, nonobstantibus quibuscumque de puncto ad punctum *o* compressa in facerent mentionem. Datum Tholose, die XVII. Aprilis, anno Domini millesimo CCC.º LXX.º

p vocatos.
q auditos.

Vicarius & Judex Limosi vel eorum Locatenentes, dictos conquerentes non *p* vocatis & in eorum racionibus minime *q* auditis, ad instanciam Consulum Limosi, à suis Sergentarie Officiis amoverunt & abjecerunt, ipsosque privaverunt omnino indebite & injuste, prout dicunt, supplicando sibi super hoc de remedio provideri oportuno. Quocirca vobis mandamus si sit opus committendo, quatenus si, vocatis evocandis, vobis constiterit dictos Servientes, ipsis non vocatis nec auditis, sic indebite fuisse suis Officiis privatos & ab eisdem amotos, ipsos & eorum quemlibet, ad sua Officia predicta restituatis indilate ; Litteris nostris prescriptis & aliis surrepticiis, opposicionibusque & appellacionibus frivolis ad hoc contrariis, nonobstantibus quibuscumque. Ab omnibus autem Justiciariis & Officiariis Regiis, vobis & deputandis à vobis, pareri volumus & jubemus in hac parte. Datum Tholose, die ultima Maii, anno Domini millesimo CCC.º LXX.º *Per Consilium Tholose existens.* H. COUTEL.

r Suite des premieres Lettres du Duc d'Anjou.

r Quarum pretextu predictos Consules in Curia dicti Senescalli in processibus involuerunt, & tenere dicuntur eciam involutos, in ipsorum Consulum & reipublice Ville predicte

NOTE.

(*e*) *Articulis & prevencione.*] Les articles & chefs d'accusation presentez au Senescal de Carcassone, contre le Viguier & les Consuls prevenus & accusez d'injustice & de violence.

DE LA TROISIÉME RACE. 587

prejudicium non modicum & jacturam; super quibus prefati Consules pro se & nomine dicte Universitatis, & aliorum quorum interest, nobis humiliter supplicarunt sibi de remedio tam Justicie quam gracie provideri. Notum facimus quod nos ^a *considerante gratia, utilia atque laudabilia servicia per dictos Consules, Universitatem & habitatores Ville predicte, que insignis & notabilis esse noscitur apud omnes, dicto Domino meo & nobis multipliciter impensa, & que de die in diem inpendere non desinunt incessanter, eorum supplicacioni favorabiliter* ^b *annuendo, attendentes quod in Officiis tam Sergentarie quam aliis, ubique, & quam maxime in locis insignibus, de personis ydoneis & sufficientibus, non viciosis, insufficientibus & minus ydoneis est merito providendum; quodque contra tales viciosos, insufficientes & minus ydoneos, si per inopportunitatem, inadvertenciam vel aliter fuerint institui, ad eorum deposicionem & destitucionem est* ^c *sumarie procedendum; quonimo sola infamia publica sufficit contra tales; vissique & in nostro Consilio reportatis tenoribus privilegii suprascripti & Litterarum nostrarum prescriptarum mencionem facienciam de eodem; nec non processus & informacionis facte, tam super alia privacione dictorum Guillelmi & Ramundi Amelii ac Bertholomei* ^d *Cervasu, viciositateque & insufficiencia tam ipsorum quam aliorum superius nominatorum, predictos Judicem* ^e *Vicarium Limosi, seu eorum Locatenentes, & eorum quemlibet, factorum qualitate pensata, bene, sufficienter & juste processisse, deposuisse dictos olim Servientes, ordinasse & sentenciasse super hoc contra ipsos, decernimus per presentes; & si quis deffectus in dicto processu intervenerit, pro eo quia dicti olim Servientes asserunt* ^f *vocati minime exiterunt, cum de ipsorum & eorum cujuslibet viciositate & insufficiencia, per testes fide dignos appareat evidenter, deffectum hujusmodi vel alium, si* ^g *que fuerit, de nostra speciali gracia, certa sciencia & auctoritate Regia qua fungimur in hac parte, supplentes, eundem processum, deposicionem, privacionem, ordinacionem & sentenciam, & quicquid exinde secutum est, habilitamus, ratifficamus & eciam confirmamus, & ea volumus in Villa predicta, ut ceteris in exemplum transeat, signanter & notabiliter publicari; ceterum* ^h *pocessum virtute Litterarum nostrarum prescriptarum, inceptum & pendentem inter dictos olim Servientes ex una parte, & dictos Consules ex altera, super annullacione processus predicti, aut aliis dependentibus ex eisdem, in quocunque statu existant, effectumque dictarum Litterarum nostrarum & quicquid exinde secutum est, tenore presencium circumscribimus, tollimus & eciam resecamus; predictis olim Servientibus, supra predictis* ⁱ *& eorum-ve circonstanciis & dependentibus ex eisdem, perpetuum silencium imponendo: Inhibentes insuper Senescallo predicto vel ejus Locumtenenti, ne in causa predicta virtute Litterarum predictarum vel aliter, de cetero procedere audeat vel presumat; sed à processu predicto cesset penitus de cetero & desistat.* ^k *Preterea, prefatis Judici* ^l *Vicario,* ^m *& eorumque Locatenentibus antedictis, nec non prenominatis Consulibus eorumque consociis seu Collegis, & aliis personis singularibus, omnem penam criminalem & civilem, si quam per modum Universitatis aut* ⁿ *singularis, racione predictorum sibi impositorum, de quibus superius est facta mencio, vel aliorum dependencium ex eisdem, erga dictum Dominum meum seu nos incurrerunt vel incurrisse potuerunt quoquo modo, eadem nostra gracia, certa sciencia & auctoritate Regia remissimus, quitavimus &* ^o *prodonavimus, perdonamusque, remittimus tenore presencium & quittamus; cassantes & annullantes omnes processus, Informaciones,* ^p *pevenciones seu inquestas contra ipsos & eorum quemlibet, tam conjunctim quam divisim, factas occasione premissorum, Procuratoribus dicti Domini mei & nostris, supra predictis & ex eisdem dependentibus, perpetuum silencium imponendo, ipsosque & eorum quemlibet, ad suam Patriam, larem & bonam famam, si quam infamiam pro premissis sibi impositis aliqualiter incurrerunt, & ad bona sua omnia remittimus & restituimus per presentes; quodcunque impedimentum in eorum & cujuslibet eorumdem bonis, occasione premissorum oppositum, tenore presencium amovendo. Et insuper ex* ^q *veberiori nostra gracia, certaque nostra sciencia & auctoritate Regia supradicta, privilegium suprascriptum per dictum Guillelmum de Vicinis olim, ut dictum est, prefatis Consulibus & Universitati Ville predicte Limosi concessum, ratifficamus, aprobamus & confirmamus, approbamus, ratifficamus, confirmamus, eisdemque de novo per presentes perpetuo concessimus & concedamus, si sit opus: Mandantes & districtius injungentes Senescallo predicto Carcassone,*

Tome V.   Ecee ij

CHARLES V.
à Paris, en Janvier 1372.
a considerantes.

b annuen. R.

c sumarie.

d nommé plus haut, Gervasii.
e &.

f quod.

g quis.

h processum.

i mot inutile.

k Preterea.
l &.
m mot inutile.

n singularium.

o perdonavimus.

p prevenciones.

q uberiori.

CHARLES V.
à Paris, en Janvier 1372.
a fingularit. R. fingulares.
b faciant.
c forfitan.

ceterifque *Jufticiariis & Officiariis dicti Domini mei & noftris, & eorum cuilibet, vel eorum Locatenentibus, nec non Procuratoribus Domini mei & noftris predictis, quatenus predictos Confules, Univerfitatem & ªfingulariter Ville predicte, qui nunc funt vel pro tempore erunt, hac noftra prefenti gracia, omnibufque & fingulis capitulis in eadem contentis, uti & gaudere pacifice faciant & permittant, nec contra tenorem ejufdem aliquid ᵇ facient, innovent feu attemptent, fierique, innovari vel attemptari quomodolibet faciant vel permittant; fed fi quid in contrarium fieret vel ᶜ forcitam factum foret, ad ftatum priftinum & debitum celeriter reduci volumus & jubemus. Quod ut firmum & ftabile perpetuo perfeveret, noftrum novum Sigillum in abfencia magni, prefentibus Litteris apponi fecimus impendenti: Salvo in aliis dicti Domini mei jure & noftro, & quolibet alieno. Datum Tholofe, anno Domini millefimo ccc.º feptuagefimo fecundo, menfe Junii.*

d Suite des Lettres de Charles V.
e habemus.
f &.
g revocent.

ᵈ *Quas quidem Litteras, una cum omnibus & fingulis in eifdem contentis, dum tamen dicti appellans feu appellantes de quibus in eifdem fit mentio, nil in contrarium premifforum profequuntur, de noftris auctoritate Regia & plenitudine poteftatis, de fpeciali- que gracia ex cafu, ratas ᵉ habimus & gratas, ᶠ eafdem tenore prefencium confirmamus: Mandantes Senefcallo Carcaffone, ceterifque Jufticiariis & Officiariis noftris atque Jufticiariis Regni noftri, vel eorum Locatenentibus, prefentibus & futuris, & cuilibet eorumdem, quatenus omnes & fingulos quos Littere fuprafcripte tangunt vel tangere poffunt aut poterunt in futurum, eifdem atque prefentibus, univerfifque & fingulis punctis & articulis in eifdem expreffis, uti & gaudere pacifice faciant & permittant, non permittendo quidquam in contrarium fieri vel eciam attemptari; quod fi factum per quofcumque feu quomodolibet repererint, illud ᵍ revocant, anullent, ad ftatumque priftinum reducant, ac revocari, anullari & ad ftatum priftinum & debitum reduci faciant indilate. Quod ut roboris perpetui ftabilitate firmetur, Litteras prefentes Sigilli noftri caractere fecimus communiri: Salvo in aliis jure noftro, ac in omnibus alieno. Actum Parifius, menfe Januarii, anno Domini millefimo ccc. feptuagefimo fecundo, Regni vero noftri nono.*

Per Regem, ad relacionem Confilii. G. DE MONTAGU.

CHARLES V.
à Paris, en Janvier 1372.

h SOMMIERES, Diocefe de Nifmes.
i GAVERNES. idem.
k Bellicadri.
l Languedoc.

(a) Diminution de Feux pour differents lieux.

KAROLUS, *&c. Notum, &c. Quod cum ex parte, &c.*

Cumque facta quadam Informacione, virtute certarum Litterarum Regiarum ac dictarum Inftructionum, per certum Commiffarium ad hoc deputatum, in loco de ʰ *Sumidrio, cum manfo feu loco de* ⁱ *Gavernis, Senefcallie* ᵏ *Bellicardri, fuper vero numero Focorum in dictis loco & manfo tunc exiftentium; & poftmodum virtute Litterarum de mandato cariffimi Fratris & Locumtenentis noftri in* ˡ *Partibus Occitanis, Ludovici Ducis Audegavenfis, alia Informacio in dictis loco & manfo fuerit de novo & fecundo facta fuper vero numero dictorum Focorum in eifdem loco & manfo nunc exiftencium, per dilectum noftrum Johannem Clerici Domicellum, Locumtenentem Magiftri Symonis de Aguifano, Clerici & Judicis Regii Sumidrii, Commiffarii ad hoc per dictas Litteras deputati; vocato & prefente in omnibus Procuratore noftro Generali dicte Senefcallie Bellicadri, aut ejus legitimo Subftituto; ea denique Informacione, &c.*

Repertum fuerit quod in dictis loco & manfo de Sumiderio & de Gavernis, funt de prefenti & reperiuntur centum quater viginti Foci, fecundum traditas Inftructiones fuper hoc prelibatas. Nos vero, &c.

Quod ut firmum, &c. Salvo, &c. Actum Parifius, menfe Januarii, anno Domini millefimo CCC.º LXXII.º Regnique noftri nono.

NOTE.

(a) Trefor des Chartres, Regiftre 104. P. 16. & fuiv. jufqu'à 29. inclufivement.

Voy. cy-deffus, p. 30. Note *(a).*
Le R.ᵈ P. D. Vaiffette, Benedictin, m'a indiqué les noms modernes de ceux d'entre ces lieux qu'il connoît.

DE LA TROISIÉME RACE

Per Consilium, &c. P. DE CHASTEL. prout est ordinatum, & financia * prout
Informatio de qua superius fit mentio, à tergo. P. DE CHASTEL.
est in dicta Camera cum aliis similibus,

CHARLES V.
à Paris, en Janvier 1372.
* *soluta*.

Piece 17. * Item. *In loco de* b *Montelauro, Judicature Lauraguesii, Senescallie Tholose,* XX. *Foci.*

P. 18. *In loco de* c *Villaveteri, de* d *Salvanhanicis, de* e *Montepezato, de* f *Combatio, de* g *Sancto-Felice, de* h *Sancto Christophoro, de* i *Vico, de* k *Canoys, & de* l *Pojolis, Vicarie Sumidrii, Senescallie Bellicadri,* c. *Foci.*

P. 19. *In locis de* m *Montelauro, de* n *Sancto Desiderio, de* o *Sancta Cruce* p *& Fontanesio, de* q *Restencleriis, & de* r *Bello-loco, dicte Vicarie, & Senescallie Bellicadri,* LXX. *Foci.*

P. 20. *In loco* s *Castri novi de strutis fontibus, Judicature Ville-longe, Senescallie Tholose,* XXI. *Foci.*

P. 21. *In loco de Brugallo.*

P. 22. *In locis de* t *Sancto Martino de Loudris,* XXVI. *Foci; de Castro de* u *Loudris,* XX. *Foci; de* x *Pegarolis & Breias,* XVI. *Foci; de Sancto Romano de* y *Coderia,* VII. *Foci; de* z *Carnatio,* V. *Foci; de* aa *Sancto Amancio,* IX. *Foci; & de Sulcinis,* VI. *Foci.*

P. 23. *In locis de* bb *Asperis,* XII. *Foci; de* cc *Sancto Clemente,* IIII.or *Foci; de Campaneis,* IIII. *de* dd *Galazanicis parvo,* VI. *Foci; de* ee *Gairigiis,* IIII. *Foci; & de* ff *Buzanhanicis,* IIII. *Foci.*

P. 24. *In locis de* gg *Junacio,* X. *Foci; de* hh *Buxodone,* VI. *Foci; de* ii *Crispiano,* IIII. *Foci; de* kk *Molazano,* VI. *Foci; de* ll *Montannhaco,* III. *Foci; de* mm *Maurussanicis,* II. *Foci.*

P. 25. *In* nn *loco de Bessiano,* IIII.xx X. *Foci.*

P. 26. *In loco de* oo *Calvicione,* IIII.xx *Foci.*

P. 27. *In loco de Brugallo, cum tribus aliis locis,* LI. *Foci.*

P. 28. *In loco de* pp *Glisolis, Senescallie Tholose,* LVI. *Foci.*

P. 29. *In locis de* rr *Sancto Jorio, de* qq *Sancto Rustizio, & de* ss *Sancto Salvatore, dicte Senescallie,* XXX. *Foci.*

a Ce qui suit a été copié comme il est dans le Registre.
b MONTLAUR, Diocese de Toulouse.
c VILLEVIEILLE, Diocese de Nismes.
d SAUVIGNARGUES. idem.
e MONTPEZAT. idem.
f COMBAS, Diocese d'Usez.
g S. FELIX, Diocese de Montpellier.
h S. CHRISTOL. idem.
i VIC. diocese d'Usez.
k CAUNES. idem.
l POUJOLS, Diocese de Nismes.
m MONTLAUR, Diocese de Montpellier.
n S. DEZARI, Diocese. d'Usez.
o Ste. CROIX de Fontanez, Diocese de Montpellier.
p lisez *de*.
q RESTINCLIERES. idem.
r BEAULIEU. idem.
s CASTELNAU d'Estre-le-sons, Diocese de Toulouse.
t St. MARTIN de Loudres, Diocese de Montpellier.
u LOUDRES. idem.
x PEGAYROLLES. idem.
y lisez de Loderia, St. Roman de Lordiere, Diocese d'Alais.
z CARNAS, Dioc. de Nismes.
aa S. AMANS.
bb ASPERES, Diocese de Nismes.
cc S. CLEMENT. idem.
dd le petit GALARGUES, Diocese de Montpellier. Le grand GALARGUES est du Diocese de Nismes.
ee GARRIGUES, Diocese de Montpellier.
ff BUZIGNARGUES. idem.
gg JUNAS, Diocese de Nismes.
hh BOISSERON, Diocese de Montpellier.
ii CRESPIAN, Diocese d'Usez.
kk MOLASAN.
ll MONTAGNAC, Diocese d'Usez.
mm MAURENSARGUES. idem.
nn Il y a à la marge de cette Lettre & des deux suivantes, *una Littera*.
oo CAUVISSON, Diocese de Nismes.
pp GRIZOLLES, Diocese de Toulouse.
qq S. JORG. idem.
rr S. RUSTICE. idem.
ss S. SELVADOR. idem.

Eeee iij

CHARLES V. à Paris, en Janvier 1372.
Charles IV. dit le-Bel, à Limoges, en Decembre 1323.

(a) Confirmation de Lettres de Sauvegarde Royale, pour l'Abbaye de Solignac près Limoges.

*K*AROLUS *Dei gracia Francorum Rex. Notum facimus universis presentibus & futuris, Nos Litteras inclite memorie carissimi Domini & Consanguinei nostri, Karoli Francorum & Navarre Regis, quondam predecessoris nostri, vidisse, quarum tenor talis est.*

*K*AROLUS *Dei gracia Francorum & Navarre Rex. Inter curas & sollicitudines quibus in regendis Nobis subditis plebibus, frequenter distrahimur & animus noster afficitur, ad hec precipue nostre mentis aspirat affectus, per que status Ecclesiasticus nostris temporibus, sub commisso Nobis regimine, in transquillitate manuteneatur & pace, & ipsius Regni Ecclesie, quarum Servitores Divinis sub devote Religionis observancia, nocte*

^a insistunt obsequiis, *dans plusieurs Lettres de Sauvegarde.*

dieque, ^a *existunt obsequiis, sub protectione Regia à suis releventur pressuris, & per Regalem potentiam à noxiis defendantur, ut eo liberius & ferventius circa Divina vacare valeant, quo habundancius per nos circa premissa senserint se adjutos. Sane ex parte di-*

^b Solignac. Voy. *le* 3.e Vol. des Ordon. *p.* 59. Note (1) margin.

lectorum nostrorum Religiosorum virorum, Abbatis & Conventus Monasterii ^b *Solempniacensis prope Lemovicas, Ordinis Sancti Benedicti, quod à Predecessoribus nostris fundatum fuisse noscitur & dotatum, Nobis fuit humiliter supplicatum, quod, cum ipsi à tempore fundacionis ejusdem Monasterii, fuerint & existant sub protectione & speciali Gardia Regia, una cum membris omnibus Monasterii supradicti, prout per Cartas & Litteras sive privilegia eisdem Religiosis concessa à dictis nostris Predecessoribus, quas seu que per dilectas & fideles Gentes nostras Requestarum Hospicii nostri videri fecimus, Nobis patet, ut dictam Gardiam renovare, & eosdem ex habundanti in nostra salva & speciali*

^c igitur.

Gardia suscipere dignaremur. Notum ^c *igitur facimus universis tam presentibus quam futuris, quod Nos eorumdem Religiosorum devotis in hac parte supplicacionibus favorabiliter annuentes, & ad ipsum Monasterium compassionis occulos dirigentes, dictam Gar-*

^d ipsos.

diam tenore presencium renovamus, ^d *iposque Abbatem & Conventum Monasteriumque eorumdem, tam in capite quam in membris, ac singulares personas ejusdem Monasterii & membrorum ipsius, una cum rebus, possessionibus, bonis, hominibus & familiis eorumdem, sub nostra protectione salvaque & Speciali Gardia Regia & successorum nostrorum Regum Francie, suscipimus per presentes, in eisdem protectione & salva & speciali Gardia Regia perpetuo remansuros: Danues Pictavensi & Lemovicensi, necnon Petragori-*

^e la Marche.

censi & ^e *Marchie Senescallis, ceterisque Justitiariis nostris, modernis & qui pro tempore fuerint, & eorum cuilibet, in mandatis tenore presentium, ut ad eum pertinuerit, quatenus Religiosos ipsos eorumque Monasterium predictum, tam in Capite quam in membris, ac singulares personas ejusdem, in suis justis possessionibus, juribus, franchisiis & Libertatibus, sub dicta salva & speciali Gardia manuteneant & conservent, ipsosque Abbatem & Conventum, tam conjunctim quam divisim, hominesque & familiam eorumdem, ab omnibus injuriis, violentiis & oppressionibus quibuscumque, ex parte nostra defendant,*

^f permittant.

vi armorum & potencia Laycorum, sibique non ^f *permittent aliquas fieri indebitas novitates, factasque, si fuerint, ad debitum statum reducant; ipsisque Religiosis, quociens-*

^g eisdem.

cunque ab ^g *ejusdem super hoc requisiti fuerint, unum vel plures Gardiatores concedant, qui tamen de hiis que Judicialem requirunt indaginem, se nullatenus intromittant. Quod ut firmum & stabile permaneat in futurum, presentibus Litteris nostrum fecimus apponi*

^h Lemovicis.

Sigillum. Actum & datum ^h *Lemovicen. anno Domini millesimo ccc.° vicesimo tercio, mense Decembris.*

Quas quidem Litteras & contenta in eis, ratas & gratas habentes, eas & ea

NOTE.

(a) Tresor des Chartres, Registre 104. Piece 13.

volumus, approbamus, & tenore presencium, de speciali gracia consumamus: Mandantes Senescallis Pictavensi, Lemovicensi & Petragoricensi, ceterisque Justiciariis nostris, presentibus & futuris, aut eorum Locatenentibus, & eorum cuilibet, prout ad eum pertinuerit, quatenus Religiosos memoratos, in capite & in membris, & alios de quibus in suprascriptis Litteris fit mentio, nostra presenti confirmacione & gratia uti pacifice faciant & gaudere, ipsos in contrarium nullathenus ^a molestando, nec à quoquam molestari permittendo quovismodo. Quod ut firmum & stabile perseveret in futurum, nostrum presentibus Litteris fecimus apponi Sigillum : Salvo in aliis jure nostro, & in omnibus quolibet alieno. Datum Parisius, mense Januarii, anno Domini M.° CCC.° LXXII.° *Regni vero nostri nono.*
In Requestis Hospicii. HENRY.

CHARLES V.
à Paris, en Janvier 1372.

a molestando.

(*a*) Lettres de Sauvegarde Royale pour l'Abbaye de St Cybar dans les Fauxbourgs d'Angoulesme.

CHARLES V.
à Paris, en Janvier 1372.

KAROLUS Dei gracia Francorum Rex. Ad perpetuam rei memoriam. Dum inter ceteras curarum fluctuationes quibus noster animus distrahitur, Predecessorum nostrorum facta magnifica cunctis magnifesta fidelibus, ^b *cui cunctos undique suos rebelles & inimicos in brachii sui fortitudine conterentes, in immensum Regni nostri fines & gloriam dilatarunt, ante consideracionis nostre intuitum revocamus, eis à Majestate Divina hoc concessum fuisse credimus, ob eximie devocionis affectum quam ad sanctas Dei Ecclesias ipsarumque ministros, continuatis temporibus habuisse noscuntur, potissime in defensione ipsarum & jurium earumdem. Ea propter notum fieri volumus universis tam presentibus quam futuris, quod Nos Predecessorum nostrorum vestigiis inherentes, & attendentes quod Monasterium* ^e *Sancti Eparchii in suburbio Angolismensi, Ordinis Sancti Benedicti, quod ex fondacione Predecessorum nostrorum existit, & ob hoc sit & esse debeat in Regia protectione & Salva Gardia speciali, Monasterium ipsum, tam in capite quam in membris, una cum Religiosis ejusdem ; videlicet, Abbate & Conventu ipsius Monasterii, presentibus & futuris, eorumque familiares, servitores, domesticos, &* ^d *homines de corpore, si quos habent, in dictis Regiis protectione & Salva Gardia speciali, pro nobis & successoribus nostris Regibus Francie, ex habundanti suscipimus, ponimus, tenemus &* ^e *retinemus per presentes, auctoritate Regia & de gratia speciali, perpetuo remansuros : Gubernatori nostro Rupelle, ceterisque Justiciariis Regis, presentibus & futuris, vel eorum Locatenentibus, prout ac quemlibet ipsorum debebit pertinere, precipientes & mandantes, dicto Gubernatori committendo, si sit opus, quatinus dictos Religiosos, eorumque familiares, servitores & homines predictos, ab omnibus injuriis, violenciis, gravaminibus, oppressionibus, molestiis, vi armorum, potencia laicorum, ac inquietacionibus & novitatibus indebitis quibuscumque,* ^f *teneantur & defendent, & in suis justis possessionibus, usibus, juribus & franchisis, Libertatibus & saisinis, in quibus ipsos esse suosque predecessores fuisse pacifice ab antiquo invenerint, manuteneant & conservent ; non permittendo contra ipsos aliquas inferri injurias vel fieri indebitas novitates, quas si factas esse vel fuisse in dicte Salve Gardie Regie & ipsorum Religiosorum prejudicium repererint, ad statum pristinum & debitum reducant aut reduci faciant indilate, & Nobis ac Parti emendam propter hoc condignam prestari ; istamque Salvam Gardiam Regiam in locis & personis de quibus fuerint requisiti, significari & publicent, aut significari & publicari faciant diligenter ;* ^g *Pennuncellosque seu Baculos Regios in dicto Monasterio ac aliis locis, grangiis, domibus & maneriis ejusdem, tam in capite quam in membris, in casu tamen eminentis periculi, infigi & imponi. Sy vero dicti Religiosi aut aliqui eorumdem, vel quivis de eorum & dicti Monasterii, tam in capite quam in membris, familiaribus, servitoribus & hominibus predictis, assecuramentum* ^h *pacierint, illud eisdem & eorum singulis* ⁱ *legitimum prestari, juxta Patrie Consuetudinem, & prout de racione fuerit faciendum ;*

b qui.

c St Cybar.
Voy. Gall. Christ.
2.^e Edit. tom. 2.
pag. 1029.

d espece de serfs.

e retinemus.

f tueantur, & defendant.

g Voy. les Tabl. des Mat. de ce Rec. aux mots, Penonceaux & assurement qui est plus bas.

h petierint.
i legitimum.

NOTE.
(*a*) Tresor des Chartres, Registre 103. Piece 378.

592   Ordonnances des Rois de France

CHARLES V.
à Paris, en Janvier 1372.

a Regiam.
b appoſitis.
c interdicimus.

& ſi ſuper premiſſis aut aliquo eorumdem, oriatur oppoſicio vel debatum, debato ipſo & re contencioſa, in caſu novitatis, ad manum [a] Regiem tanquam ſuperiorem, [b] oppoſitis, novitateque & impedimento primitus amotis, ac locis reſtitutis deablatis, & facta recredentia, ſi, prout & ubi fuerit facienda, facient inter Partes, ipſis auditis, juſticie complementum; & pro premiſſis diligencius exequendis, unum vel plures de Servientibus Regiis dictis Religioſis deputent, ſuis tamen ſumptibus & expenſis, ſi, dum & quociens ſuper hoc fuerint requiſiti; Quibus tamen Servientibus Cauſe cognicionem [c] interdicimus per preſentes. Quod ut perpetue ſtabilitatis robur obtineat, preſentes Litteras Sigilli noſtri munimine fecimus roborari : noſtro in aliis, & alieno in omnibus jure ſalvo. Actum Pariſius, anno Domini milleſimo ccc.° ſeptuageſimo ſecundo, & Regni noſtri nono, menſe Januarii.

Per Regem, ad Relationem Conſilii. P. DE DISY.

CHARLES V.
à Paris, en Janvier 1372.

d Conventus.

e expreſſatis.

f attemptata repererint.

(a) Confirmation des privileges de l'Abbaye de la Grace-Dieu, dans l'Aunis.

*K*AROLUS *Dei gracia Francorum Rex. Notum facimus univerſis tam preſentibus quam futuris, quod Nos volentes dilectos & fideles ſubdictos Regni noſtri; maxime autem perſonas Eccleſiaſticas, que de die & nocte circa Divina habent vacare Officia, in ſuis privilegiis, Libertatibus & franchiſiis liberaliter conſovere, ad ſupplicacionem dilectorum noſtrorum Religioſorum, Abbatis &* [d] *Conventus Monaſterii* (b) *Beate Marie de Gracia Dei, prope Villam noſtram Ruppelle, de fundacione Regia exiſtentis, univerſa & ſingula ipſorum & dicti Monaſterii privilegia, de quibus per ſcripta ſufficienter apparebit; necnon eorumdem Libertates & franchiſias, uſuſque & longevas obſervancias, quatenus eis uſi ſunt, laudamus, ratifficamus, approbamus, ac ex certa ſciencia auctoritateque Regia & ſpeciali gratia, tenore preſentium confirmamus : Gubernatori preſate Ville noſtre de Ruppella, ceteriſque Juſticiariis & Officiariis Regni noſtri, ac eorum Locatenentibus, preſentibus & futuris, ac ipſorum cuilibet, dantes ſpecialiter in mandatis per preſentes, ſi opus fuerit, committendo, quatenus prefatos Religioſos dictis eorum privilegiis, Libertatibus & franchiſiis, ac uſibus & obſervanciis, modo & forma ſuperius* [e]*, uti & gaudere pacifice faciant & permittant, ac contra tenorem preſencium nullatenus inquietent vel moleſtent, ac inquietari vel moleſtari à quoquam aliquatenus paciantur; & ſi aliqua in contrarium facta vel* [f] *attempta, ea revocent & revocari faciant ad ſtatum priſtinum & debitum, viſis preſentibus, indilate. Et ut premiſſa firma & valida perpetuis temporibus maneant, Sigillum noſtrum preſentibus Litteris apponi mandavimus : Salvo in aliis jure noſtro, & in omnibus quolibet alieno. Datum Pariſius, anno Domini* M.° CCCLXXII.° *& Regni noſtri nono, menſe Januarii.*

Per Regem, vobis preſentibus. J. TABARI.

NOTES.

(a) Treſ. des Chart. Regiſt. 104. P. 15.
(b) *Beate Marie de Gracia-Dei.*) L'Abbaye de la Grace-Dieu, de l'Ordre de Cîteaux, de la Filiation de Clairvaux, ſituée dans l'Aunis, à 5. lieuës de la Rochelle. Elle eſt preſentement de ce Dioceſe, elle étoit autrefois de celui de Saintes. *Voy. Gall. Chriſt.* 2.° *Edit.* tom. 2. p. 1397.

(a) Lettres

(a) *Lettres portant que l'Isle d'Oleron sera unie inseparablement au Domaine de la Couronne.*

CHARLES V.
à Paris, le 17.
de Fevrier
1372.

CHARLES par la grace de Dieu Roy de France. Savoir faisons à touz presens & avenir, que à la supplicacion & requeste des habitans de l'Ille d'Oleron laquelle est de nouvel mise en nostre obéyssance, & des Bourgoiz & habitans de la Rochelle & du pays d'environ; & considerans que la dicte Ylle est necessaire estre tenuë en nostre main, pour la garde & defense de la dicte Ville de la Rochelle & du pays d'Aunys, & autre pays voisins, Nous avons ladicte Ylle, & touz les droiz & possessions que Nous y avons & povons avoir, appliquié, mis & uny, & mettons & unyons par ces Lettres, de nostre certaine science & de nostre auctorité Royal, au Demaine de nostre Couronne, si que jamais n'en soit ou puisse estre divisée ou séparée pour quelconques cause, couleur ou occasion que ce soit. Si donnons en Mandement par ces Lettres, à noz amez & feaulx Gens de noz Comptes à Paris, que nostre presente unyon facent enregistrer en nostre Chambre de noz diz Comptes, & ladicte Ylle facent gouverner en nostre nom, & les rentes & revenuës d'icelle recevoir par nostre Receveur de la Rochelle, comme nostre Demaine. Et que ce soit ferme chose & establie à tousjours, Nous avons fait mettre nostre Scel à ces Lettres. Donné à Paris, le XVII.e jour de Fevrier, l'an de grace mil CCCLXXII. & le IX.e de nostre Regne. Par le Roy. YVO.

NOTE.

(a) Memorial D. de la Chambre des Comptes de Paris, *fol.* 6. vingt 15. R.a (135).
Avant ces Lettres, il y a en titre, *Ruppella*.

Au commencement, il y a, *Copie*; & à la marge, *Habui Originale presencium Litterarum, quod posui in thesauro cum similibus*, III.a *Martii* LXXII.o DE MONTAGU.

(a) *Mandement pour faire une fabrication d'Especes.*

CHARLES V.
à Paris, le 21.
de Fevrier
1372.

CHARLES par la grace de Dieu Roy de France. A noz amez & feaulx les Generaulx-Maistres des Monnoyes : Salut & dilection. Comme nostre amé François Chanteprime, Receveur General de noz Aides, ait livré & fait mettre pour & en nostre nom, en nostre Monnoye de Paris, la somme de huit cent Marcs d'Argent en Vaisselle & en Argent en ᵃ cendrée, pour faire faire & ouvrer Deniers d'Argent, autelz & semblables & de telle Loy & poix, comme ceulx qui derrenierement ont esté faiz en ladite Monnoye, de certaine Vaisselle d'Argent à Nous prestée par nostre amé Berthelemi Spifame; & Nous aïons entendu que sans avoir sur ce Mandement de Nous, vous ne povez faire faire ledit ouvraige, ne delivrer les deniers qui ᵇ ysteront de ladite Vaisselle : Pour ce est-il que Nous vous mandons que les huit cens Marcs d'Argent dessus dits ou environ, vous faictes ouvrer & monnoyer en Deniers d'Argent, sur le coing & forge de ceux qui courent à present pour quinze Deniers Tournois la Piece, & qu'ilz soient à unze deniers six grins fin ou environ, & de ᶜ huit Solz de poix au Marc de Paris, comme furent ceulx qui derrenierement ont esté faiz en nostre dite Monnoye; & pour chascun Marc d'œuvre des Deniers d'Argent dessus dits, faictes allouër ès comptes de celui ou ceulx qui feront ledit ouvraige, quatre Solz Tournois; & du comptant qui ystera de ladite Vaisselle & d'autre Argent encendré, comme dit est, faictes payer à nostre dit Receveur pour

a Voy. cy-dessus, p. 301. Note (c).

b *ystiront, proviendront.*

c *de 96. Pieces au Marc.*

NOTE.

(a) Registre D. de la Cour des Monnoyes de Paris, *fol.o* 8 vingt 6. R.o (166).

Avant ces Lettres, il y a :
Lettres pour ouvrer huit cens Marcs d'Argent livrez par François Chanteprime.

CHARLES V.
à Paris, le 21.
de Fevrier
1372.

chafcun Marc, cent feize Solz Tournois. De ce faire vous donnons povoir, auctorité & mandement efpecial; Et par ces prefentes, Nous mandons à noz amez & feaulx Gens de noz Comptes à Paris, qu'ilz reçoivent & paffent le compte d'iceulx huit cens Marcs d'Argent ou environ, par la maniere que dit eft. Car ainfi Nous plaift-il eftre fait; nonobftant Ordonnances, Mandemens ou defenfes au contraire. *Donné à Paris, le XXI.ᵉ jour de Fevrier, l'an de grace mil trois cens foixante & douze, & de noftre Regne le neufiefme.* Ainfi figné. Par le Roy. BAIGNEUX.

CHARLES V.
à S.ᵗ Denis,
le 24. de Fevrier 1372.

(a) *Lettres par lefquelles le Roy révoque tous fes Lieutenants par luy établis dans la Languedoil.*

CHARLES par la grace de Dieu Roy de France. A noftre Bailly des Montaignes d'Auvergne, ou à fon Lieutenant : Salut. Pour certainnes & juftes caufes, Nous avons rappellé & rappellons par ces prefentes, touz noz Lieuxtenans
a *Nous.* par ᵃ Noz Commis & ordennés ou temps paffé, èz Parties de la Langue-d'oil, & toutes Lettres & puiffances à eulx par Nous fur ce données; & ne voulons plus que des dictes Lieutenancies ne auffy des dictes Lettres & puiffances, ceulz qui ont efté noz Lieuxtenans ez dictes Parties, ou aucuns d'eulz quelz qu'ils foient, de noftre fanc ou autres, ne auffy leur Gens ou Commis, ufent ou exploictent d'orefenavant en au-
b *befoin.* cune maniere. Si vous mandons & commettons, fe ᵇ meftier eft, que ledit rappel & le contenu de ces prefentes, vous fignifiés à touz ceulx qui ont efté ou temps paffé noz Lieuxtenans ez dictes Parties, comme dit eft, & à toutes leur Gens, Officiers & Commis, en leur deffendant de par Nous, foubz quanques envers Nous il fe pevent meffaire, que des dictes Lieutenencies il ne s'entremettent, ou des dictes Lettres &
c *ne differez à executer.* puiffances ufent & exploictent d'orefenavant; & ce ne ᶜ laiffiez en aucune maniere. Et Nous donnons en mandement à touz noz Jufticiers, Officiers & fubgiez, que à vous & à voz deputez en ce faifant, obbéiffent & entendent diligemment, & vous preftent & baillent & à voz diz députez auffi, confeil, confort & aide, fe meftier en avez, & il en font requis. *Donné à S.ᵗ Denys, le XXIIII.ᵉ jour de Fevrier, l'an de grace M. CCC. LXXII. & le IX. de noftre Regne.* Par le Roy. J. BLANCHET.

Collatio facta eft cum Originali fignato ut fupra, per me Reginaldum Radulphi.

NOTE. Comptes de Paris, fol.° VI.ˣˣ XIIII. v.° (134).
Avant le mot *Charles*, il y a dans le Texte,
(a) Memorial D. de la Chambre des Copie.

CHARLES V.
à S.ᵗ Denis,
le 24. de Fevrier 1372.

(a) *Lettres qui portent que les finances duës pour les Francs-Fiefs, les Admortiffements & droits Seigneuriaux, ne pourront être reçuës que par les Baillis & Sénefchaux, ou par les Receveurs Royaux.*

CHARLES par la grace de Dieu Roy de France. A noftre Bailly des Montaignes d'Auvergne, ou à fon Lieutenant : Salut. Nous vous mandons & commettons que toutes les Terres & poffeffions quelconques depuis XL. ans en çà, acquifes en Fiez Nobles par perfonnes non-nobles ou annoblis, en votre Bailliage ou ès reffors d'icelluy; & auffi toutes Terres & poffeffions quelconques acquifes en votre dit Balliage ou ès reffors d'icellui, depuis ledit temps, fans Lettres d'admortiffement de Nous ou de nos Predeceffeurs, verifiées & regiftrées en la Chambre de noz Comptes, par quelconques perfonnes d'Eglife; & avec toutes Terres &

NOTE. Comptes de Paris, fol.° VI.ˣˣ XV. R.° (135).
Avant le mot *Charles*, il y a dans le Texte,
(a) Memorial D. de la Chambre des Copie.

poffeffions venduës & transportées en quelconques perfonnes, dont (b) finances & autres droits Nous pevent & doivent appartenir, vous prenez & tenez à noftre main réalement & de fait, fe elles n'y font; & ᵃ parmi icelle main, en faictes lever les émolumenz & prouffiz par noftre Receveur en noftre dit Bailliage, & fes Commis, pour Nous à noftre prouffit, & non par autre; & ceulz qui vouldront pour ce ᵇ finer ou compofer à vous & à iceluy Receveur, y recevez; & par iceluy Receveur & fes Commis, & non par autre, faites lever les deniers des dictes finances & Compofitions pour Nous & à noftre prouffit, comme dit eft; & ne fouffrez, foubz le ferement que vous avez à Nous, & fur quanques envers Nous vous poez meffaire, que aucuns de noftre fanc tant Nous foient prouchains, ou autres, ne aucuns des Lieutenans qui par Nous ont efté au pays, ou leur Genz ou Commis, en praignent ou lievent aucune chofe; & ᶜ fes chofes faictes fy diligemment & par telle maniere qu'il n'y ait aucun deffaut; car fe il y eftoit, Nous Nous en prandrions à vous, & vous en punirions, fy qu'il tourneroit en example aux autres : Et Nous donnons en mandement à touz noz Officiers, Jufticiers & fubgiez, que à vous & à voz deputez en ce faifant, obbeyffent & entendent diligemment, & vous preftent & baillent & à voz deputez auffi, force, confeil, confort & ayde, fe ᵈ meftier en avez, & il en font requis. *Donné à S.ᵗ Denis, le XXIIII.ᵉ jour de Fevrier, l'an de grace mil CCCLXXII. & le IX.ᵉ de noftre Regne. Par le Roy.* P. BLANCHET.

CHARLES V.
à S.ᵗ Denis, le 24. de Fevrier 1372.
a *moyennant cette faifie.*
b *payer finance.*

c *ces.*

d *befoin.*

NOTE.

(b) *Finances.*] Il s'agit là fans doute, des Rachapts, Quints, Lods & Ventes, & autres droits Seigneuriaux dûs à chaque mutation de proprietaire des Fiefs & des biens tenus en Cenfive.

(a) Reglement pour le Meftier des Tifferands de Troyes.

CHARLES V.
au Château du Louvre près Paris, en Fevrier 1372.
e *fericis.*

KAROLUS *Dei gracia Francorum Rex. Notum facimus univerfis prefentibus pariter & futuris, Nos quafdam vidiffe Litteras cera viridi & filis ᵉ cericis figillatas, quarum tenor eft talis.*

JEHAN de Chalon Syre d'Arlay, Lieutenant du Roy & du Regent Meffeigneurs, ès Bailliages & Reffors de Sens, de Troyes & de Mafcon. Savoir faifons à tous prefens & avenir, que nous avons veuës les Lettres cy-deffouz tranfcriptes, contenant la fourme qui s'enfuit.

A Tous ceulx qui verront & orront ces prefentes Lettres. (b) Pierre de Fontaines, Lieutenant de honorable homme & faige, Guillaume de Bruval, Bailli de Troyes & de Meaulx : Salut. Comme plufieurs fouffifans perfonnes, Drappiers & autres de la ruë de Trouceaulx, nous aient fignifié en complaignant, que combien ᶠde toute ancienneté, les Tixerrens dudit meftier qui tixent & font les cuvres pertinens à ce pour les diz Drappiers & autres, doient & font tenuz de aler & entrer en euvre dès le point du jour, dès Carefmes-prenant jufques à la Saint Remi, & de ouvrer aus ᵍ flamerons, & continuer en l'euvre par tout le jour jufques à la nuit, ʰ & de la Saint Remi jufques à Carefmes; & doient ⁱ monter dès le point du jour jufques à la nuit, & puiffent pardevers le matin ouvrer aus flamerons, fens ce qu'il aient acouftumé d'avoir aucunes heures ᵏ ; & doient porter ledit Tixerrant leur quartier de pain dès le matin qu'il vont en euvre, pour toute la journée; & fe il veullent

f *que.*

g *chandelles qui eft plus bas, ou autres lumieres.*
h & *eft inutile.*
i *venir pour commencer le travail.*
k *aufquelles ils puiffent fortir du lieu où ils travaillent.*

NOTES.

(a) Trefor des Chartres, Regiftre 104. Piece 129.
(b) *Pierre de Fontaines.*] Etoit-il defcendu de Pierre de Fontaine d'une famille du Vermandois, qui vivoit fous Saint Loüis, dont M. du Cange à la fin de fon Edition de Joinville, a fait imprimer *les Confeils*, qu'il dit dans fa Preface, être les fondements de noftre ancienne Jurifprudence Françoife? Voyez auffi la Preface fur *les Confeils*.

Tome V. Ffff ij

CHARLES V.
au Château du Louvre près Paris, en Février 1372.

a détournent.
b delivrer.

du potaige, leurs femmes leur en doivent porter aus mestiers où il euvrent, afin que il ne se ᵃ destourbent en l'euvre, & qu'il n'empeschent l'un l'autre à retourner en l'euvre, se ils aloient mengier en leurs hostelz ou ailleurs; & pour ce, ait esté bien servi ledit mestier; & encores dès la Saint Remi jusques à Caresme-prenant, puissent & doivent après ce qu'il ont laissié l'euvre, ploïer & noüer draps & *(c)* pieces bouter avant, tixtre les estoupes & fausses traymes à la chandelle; & li Maistre pour qui il euvrent, leurs sont tenuz ᵇ delivrez feu & chandelle.

c Maître qui a des Compagnons qui travaillent pour lui.

Item. A une Feste puissent ploïer & noüer, bouter avant & tixtre les estoupes & les fausses traimes; excepté Festes d'Apostres ou de commandemens exprès; & aussi quant il avient que une personne ᶜ Chief d'Ostel ou Ouvrier dudit mestier de Tixerant, va de vie à trespassement, il doivent ouvrer jusques à ce que l'on porte le *(d)* corps en terre; & aient esté les choses dessus dictes gardées & continuées de tout temps oudit mestier jusques à present. Neantmoins les diz Tixerrans, soubs la couverture & umbre d'une Messe qu'il sont chanter de nouvel, s'esforce de retarder toutes manieres de gens, soient apprentiz, varlez ou Ouvriers de leur dit mestier, à aller en euvre & faire les autres choses dessus dictes, jusques à tant que ladicte Messe est chantée, qui seroit bien grant partie passée du jour, avant que il entrassent en euvre, se ils en usoient ainsi; mesmement on a avant chanté la Messe des Confreres

d avant que l'on.

en l'Eglise de Saint Gille, ᵈ que ce que l'en commence celle que il faut chanter haustement à grant deliberacion; & d'autre part, que se il meurt un Chief d'Ostel ou un Ouvrier de leur mestier, ils veulent cesser leur ouvrage entierement, varlez & touz, jusques à tant que le corps soit enterrez; qui seroit journée perdue : Car

e ailleurs que chez leurs Maîtres.
f qui ne sont pas de la Ville.

après convient aler boire; & si s'efforcent d'avoir heures d'aler disner & ᵉ autre part; & de prendre deux Solz ou trois, de ce que il faisoient devant pour six ou pour VIII. Deniers Tournois; & contredient à mettre en euvre les Compaignons ᶠ estranges, combien qu'il soient bons Ouvriers; par lesquelles nouvelletez qui sont contre le bien commun & pourpensées par grant fraude, le dit mestier qui est ou doit estre

g appar. uni. Voy. plus bas.
h voudroient.

tout ᵍ un, pourroit estre à perdicion, ou grant donmage de la Ville & du pays; car se il estoit ainsi souffert, il n'ouvreroient que à leur plaisir; *(e)* & si en porteroient plus de neant faire, que il n'ont ades d'ouvrer; & pour ce ʰ vourroient fouler & desja foulent ceulx qui font faire les ouvrages, que pas ne seroit de raison; & se il les convenoit plaidier & faire procès sur ces choses, il convenrroit qu'il se divisassent d'eulx

i éviteroient.

mesmes; laquelle chose il ᶦ eschiveroient voulentiers de leur povoir, requerans que en charité leur feust par nous sur ce pourveu en telle maniere que les Ouvrages dudit mestier ne se demourassent à faire, & ne les convenist plaidoïer les uns aus autres;

k se, si on n'y pourvoit.
l détruire.

ou ᵏ ce non il leur convient de laissier ledit mestier tout plainement; laquelle complainte & requeste par nous oye, consideré que ledit mestier est au pays & à la Ville proufitable & necessaires, & que grans donmages seroit de le ˡ destrure ou delaissier; veu encore que ladicte complainte estoit faicte de bonne foy, & par personnes les plus notables & souffisans de tout le mestier, qui redoubtoient faire entre eulx division par procès & par plaidoiries, & les haïnnes & perilz qui s'en pourroient ensuir; eu avis & deliberacion sur ces choses, aus Maistres mesmes du mestier & à plusieurs autres, sachent tuit que nous, en ce consideré le proufit du bien commun,

m avons ordonné par provision.
n besoin.
o faisons.

aus diz complaignans avons ᵐ faicte provision, se ⁿ mestier est, & ᵒ faisons telle, que touz ceulx d'icellui mestier aillent faire tixtre leurs Draps autre part ou mieulx leur plaira; laquelle chose ils ne vouloient pas faire sens nostre sceu & congié, combien

NOTES.

(c) Pieces bouter avant.] Je n'ai rien trouvé dans le Diction. du Commerce de *Savary*, qui puisse expliquer cet endroit. Cela peut signifier, *arrêter & noüer les filets de trame qui sont au bout des pieces, ploïer ces pieces, les noüer avec des cordes & les ranger.*

(d) Corps en terre.] Cela confirme ce que l'on a remarqué cy-dessus, p. 510. Note *(!).*

(e) Et si.] Ils seroient plus de temps sans rien faire, qu'ils n'en employent presentement à travailler. *Ades*, presentement. Les Italiens disent *adesso* dans ce sens. *Voy.* le *Vocabul.* de la Crusca, *à ce mot.*

DE LA TROISIÉME RACE. 597

que deffendu ne foit en leur meftier, par les poins d'icellui contenuz en leurs Lettres & privileges; qui à cefte fin ont par nous efté veuz & vifitez diligaument; pourveu toutes voiz que la matiere foit veuë, & les Draps vifitez & ordenez par les diz Maiftres & par les Gardes; & ceulx qui ª fouffifans ne feroient trouvez, ou eftre en laine competent, feront puniz tout en la fourme & maniere comme fe ils eftoient fais en la ruë mefmes; car par ce, felon noftre avis, pourra l'en tixtre & ouvrer ladicte Draperie à moindre ᵇ ceulx & en meileur marchié, & les Tixerrans de la ruë fe ᶜ ramanront & fe remettront à raifon, fe il veulent gaigner leur pain audit meftier. En tefmoing de ce, nous avons feellé de noftre Scel ces prefentes Lettres qui furent faictes & données à Troyes, le Samedi après la Fefte de ᵈ Saint Pere entrent Août, l'an de grace mil CCC. cinquante & huit.

CHARLES V. au Château du Louvre près Paris, en Février 1372.
a non conformes aux Réglements.
b conſſ.
c rameneront.
d S.ᵗ Pierre.

Item. A touz ceulx qui ces prefentes Lettres verront & orront. Humbert des Granches Clers, Garde du Scel de la Prevofté de Troyes : Salut. Sachent tuit que pardevant moy & Guillaume le Reix Clers, Tabellion Jurez & eftabliz à ce faire à Troyes, de par noftre S. le Roy, vint prefent en fa perfonne pour cefte chofe, honorable homme & fage, Maiftre Pierre de Fontaines, Lieutenant de honorable homme & fage, Guillaume de Bruval, Bailli de Troyes & de Meaulx, lequel dift, afferma & tefmoingna en fa verité, que li Seaulx en queuë double pendans de cire ᵉ vermeille, duquel ces Lettres font feellées, parmi lefquelles ces prefentes font annexées, font fcellées de fon propre feel, duquel il ufe communement ou dit Office. En tefmoing de ce, j'ai feellé ces Lettres du Scel de ladicte Prevofté, avec noz fignez. *Ce fu fait. & accordé l'an mil CCC. cinquante-huit, le XVI.ᵉ du moys de Decembre.*

e vermeille, rouge.

Lefquelles Lettres deffus tranfcriptes, & toutes les chofes dedens contenuës & chafcunes d'icelles, nous ayans fermes & agreables, ycelles voulons, louons, ratifions, approvons, & de certaine fcience & de l'auctorité de mes diz Seigneurs, & povoir à nous commis dont nous ufons, confirmons de grace efpecial par ces prefentes. Si donnons en mandement par la teneur d'icelles, au Bailli de Troyes & de Meaux, & à touz les autres Jufticiers de mes diz Seigneurs, prefens & avenir, ou à leurs Lieuxtenans, & à chafcun d'eulx, fi comme à lui appartendra, que noftre prefente grace tiegnent enticrement & acompliffent, & facent, laiffent & feuffrent enteriner & acomplir felon la forme & teneur d'icelle & des dictes Lettres deffus tranfcriptes. Et que ce foit ferme & eftable chofe à touzjours, nous avons fait feeller ces Lettres de noftre grant Scel : Sauf en toutes chofes le droit de mes diz Seigneurs & l'autrui. *Donné à Troyes, l'an de grace mil CCC. cinquante-huit, ou moys de Janvier.*

Suite des Lettres de Jean de Châlon.

Quas quidem Litteras, ac omnia & fingula in eis contenta, ratas habentes & grata, eas & ea volumus, laudamus, approbamus & ratificamus, tenoreque prefencium, de noftris certa fciencia & gracia fpeciali confirmamus, quatenus rite & jufte acta fuerunt. Volentes eciam & concedentes ex ampliori gracia & de novo, ut nedum Drapperii & alii in Vico de Trouceaulx fito in Villa de Trecis, (f) in eadem Villa morantes, hujufmodi privilegiis & prerogativis in dictis Litteris fuprafcriptis declaratis & contentis, in dicto cafu uti pacifice valeant & gaudere: Mandantes Bailivo Trecenfi, ceterifque Jufticiariis Regni noftri, qui nunc funt aut ᶠ que in futuro erunt, vel eorum Locatenentibus, ipforumque cuilibet, prout ad eum pertinuerit, quatenus omnes Drapperios, & alios fupradictos in dicta Villa de Trecis commorantes, prefenti noftra confirmacione & gracia, ac franchifiis & Libertatibus in ea comprehenfis & contentis, deinceps uti & gaudere pacifice faciant & permittant, quatenus ipfi de dicto Vico ufi fuerunt, nil in contrarium fieri vel attemptari faciendo vel ᵍ en permittando. Quod ut firmum & ftabile permaneat in futurum, noftrum prefentibus Litteris fecimus apponi Sigillum: Salvo in omnibus jure noftro & quolibet alieno. Datum in Caftro noftro de Lupara prope Parifius, anno Domini milefimo CCC.ᵒ feptuagefimo fecundo; Regni vero noftri nono, menfe Februarii. RECOURT. *Per Regem, in fuis Requeftis.* DE ALBA PETRA.

Suite des Lettres de Charles V.
f qui
g etiam permittendo.

NOTE.

(f) *In eadem Villa.*] Je crois qu'il manque icy ces mots ou d'autres femblables, *fed etiam omnes.*

Ffff iij

CHARLES V.
à Paris, en
Mars 1372.

(a) Lettres qui portent que l'Eglise de Paris sera exempte des droits d'Admortissements, pour tous les biens par elle acquis jusqu'au jour de la date de ces Lettres.

a beneficia.

b Parif. R.
c Voy. cy-dessus, pag. 186. Note (a).

d ad.

KAROLUS Dei gracia Francorum Rex. Notum facimus universis presentibus & futuris, quod gracias Altissimo Creatori, qui inter alia ª benefecia Nobis ab ipso Divina clemencia multipliciter impensa, votivos eciam nostros successus in (b) procreacione prolis largiri dignatus est, exhibendo, Nos in honorem ipsius, atque gloriosissime Virginis Matris ejus, dilectissimis nostris Decano & Capitulo, Cappellanisque & aliis de Collegio Ecclesie ᵇ Parisiensis, pro se & successoribus suis, in capite & in membris, ut pro Nobis & prole nostra predicta, nostrarumque & Antecessorum nostrorum animarum ᶜ remedio & salute, perpetuis orare temporibus teneantur, auctoritate Regia, de speciali gracia & ex certa sciencia concessimus atque concedimus per presentes, quod ipsi & successores eorum, in capite & in membris, universa & singula per eos aut predecessores suos, & quemlibet eorumdem, in Feodis, Retro-Feodis, Retro-censivis, Allodiis & Justicia dicte Ecclesie & nostris, ac alibi in quibuscunque Regni nostri partibus acquisita, tam per empciones quam per donacionem, vel aliter quovismodo, temporibus retroactis, usque ᵈ a diem confeccionis presencium Litterarum, ex nunc in perpetuum teneant, habeant & possideant pacifice & quiete, absque eo quod ipsi seu aliqui eorumdem, per Nos seu Successores nostros vel eorumdem aliquos, cogi vel compelli possint acquisita hujusmodi seu eorum aliqua, extra manus ipsorum ponere, seu Nobis aut Successoribus nostris, pro ipsis vel eorum aliquibus, financiam aliquam solvere quomodolibet successuris temporibus teneantur; non obstante quod non fuit in presentibus declaratum; quam quidem financiam Nos eisdem ex nostra dicta gracia, Regia auctoritate, tenore presencium perpetuo remittimus totaliter & quittamus; donis seu graciis aliis per Nos aut Predecessores nostros sibi factis, nonobstantibus quibuscunque. Quod ut firmum & stabile perseveret, Sigillum nostrum in testimonium premissorum, presentibus Litteris duximus apponendum : Salvo jure nostro in aliis, & in omnibus quolibet alieno. Datum Parisius, mense Marcii, anno Domini millesimo trecentesimo septuagesimo secundo, & Regni nostri nono.

Per Regem. P. BLANCHET.

NOTE.

(a) Tref. des Chart. Reg. 104. P. 125.
A la marge interieure de ces Lettres, on lit : *Ista Carta non fuit expedita in Camera Compotorum, nec est registrata in Libro Cartarum dicte Camere, sed reposita fuit in quodam scrinio retro hostium magne Camere, cum aliis Cartis* refutatis & non expeditis.

(b) *Procreatione prolis.*] Charles V. étant encore Dauphin, fut marié le 8. d'Avril 1350. & le premier fruit de ce mariage, fut Jeanne de France qui naquit en Septembre 1357. Il eut dans la suite huit autres enfans. *Voy. l'Hist. Geneal. de la Maison de France.* tom. 1. pag. 110.

CHARLES V.
à Paris, en
Mars 1372.

(a) Confirmation de la Chartre de Commune accordée à la Ville de Clermont en Bassigny, par les Seigneurs de ce lieu.

SOMMAIRES.

(1) Chaque Bourgeois & Bourgeoise de Clermont payera au Seigneur une redevance annuelle de 5. Sols de Provins.
(2. 3.) Differentes Amendes pour differents délicts.

(4. 5.) Les Bourgeois éliront un *[Maire]* & des Eschevins, qui feront leurs Juges.
(6) Les duels qui feront ordonnez par jugement, se feront devant le Seigneur ou devant son Prevôt. Si les Parties s'accommodent avant qu'il y ait eu des coups donnez, elles payeront 7. Sols six Deniers : Si l'accommodement se fait après

NOTE.

(a) Tresor des Chartres, Registre 104. Piece 219.

CHARLES V.
à Paris, en
Mars 1372.

SOMMAIRES.

les coups donnez, elles payeront quinze Sols. Celui qui sera vaincu payera cent Sols & une Obole. On coupera le pied ou le poing au Champion qui combattra pour les interêts d'un autre, s'il est vaincu.

(7) Le Seigneur se réserve le Jugement du meurtre & du vol.

(8) Lorsque les Bourgeois seront mandez par le [Maire] & les Eschevins de la part du Seigneur, pour une expédition militaire, ils viendront en armes, & serviront à leurs dépens pendant deux jours, après lesquels le Seigneur sera obligé de les nourrir.

(9) Celui qui manquera au serment de fidélité qu'il a fait en qualité de Bourgeois, payera une Amende de 25. Sols.

(10) Toutes les Amendes se payeront en forte Monnoye de Provins.

(11) Les Bourgeois seront exempts de Tailles.

(12) Le Seigneur se réserve le Ban de vin pendant six semaines ; & differentes corvées pendant les differentes saisons de l'année.

(13) Ceux qui couperont des bois bannaux, payeront l'Amende.

(14) Les Faussaires payeront 25. Sols, ou auront le poing coupé. Ceux qui vendront du pain qui ne sera pas de poids, ou qui sera mal fait, payeront une Amende de 5 .Sols.

(15) Celui qui ne payera pas les droits sur les Marchandises qu'il achetera, payera une Amende de 10. Sols.

(16) Les Bourgeois auront le droit d'usage dans les bois qui ne seront pas bannaux.

(17) Ils auront aussi le droit d'usage dans la partie du cours de la Meuse qui appartient à la Seigneurie de Clermont. Ils seront obligez sous peine d'Amende, d'apporter dans le Marché de cette Ville, les poissons qu'ils y auront peschez.

(18) Les Bourgeois pourront se vendre entre eux leurs maisons & leurs héritages.

(19) Leurs biens passeront à leurs parens les plus proches, jusqu'à la quatriême génération.

(20) On ne pourra recevoir dans cette Bourgeoisie, ni les hommes de corps du Seigneur, ni ceux de ses Vassaux, ni ceux du Prieuré de Clermont.

(21) Tous les autres E'trangers y pourront être reçûs en payant en entrant 5. Sols au Seigneur, & un septier de vin au [Maire] & Eschevins ; & en payant les redevances annuelles.

(22) Par une convention faite entre le Seigneur de Clermont, & le Roy de Navarre Comte de Champagne, le Comte de Bar & la Dame d'Ycio, les Bourgeois de Clermont, ni les hommes du Seigneur de ce lieu, ne pourront point demeurer sur leurs Terres.

(23) Le [Maire] & les Eschevins qui auront été êlûs seront obligez d'accepter ces Charges, sous peine d'une Amende de dix Sols.

(24) Le Seigneur de Clermont, sa femme, ses deux Freres, & huit de ses Vassaux, jurent l'observation de cette Chartre de Commune.

(25) Le prix du vin sera fixé par le [Maire] & les Eschevins.

(26) Les Bourgeois ne pourront aliener leurs biens en faveur des Gens d'Eglise, sans la permission du Seigneur.

(27) Ceux qui ne satisferont point aux corvées, seront condamnez à l'Amende.

CHARLES par la grace de Dieu Roy de France. Savoir faisons à touz presens & advenir, que Nous à la supplicacion des habitans de la Ville de Clermont en Bassigny, avons veu les Lettres desquelles la teneur est telle.

A Touz ceulx qui verront & orront ces presentes Lettres. Nicolas Bourderel, Garde du Seel de la Prevosté de Chaumont : Salut. Sachent tuit que Jehan de la Ville-Neuve & Jacque de Lusey, Clerc Juré establiz à ce faire audit Chaumont & en la Chastellenie, de par nostre S. le Roy, m'ont tesmoignié que il ont veuës, tenuës & leuës de mot à mot, unes Lettres saines & entieres, seellées du Seel de haut homme & noble, Mons. Guy Seigneur de Clermont, Chevalier, contenant la fourme qui s'ensuit.

A Tous ceulx qui verront & orront ces presentes Lettres. Nous Guys Sires de Clermont en Bassigny, Chevalier : Salut. Sachent tuit que Nous avons veuës & tenuës unes Lettres saines & entieres d'escripture & de seel, seellées des Seelx de noz très chers & amez Seigneurs, Mons. Symon jadis Seigneur dudit Clermont, & Madame Jehanne sa femme, si comme il appert par l'impression des diz seelz, contenant la fourme qui s'ensuit.

Nos Symon Dominus Clarimontis, & Uxor nostra Johanna. Omnibus manentibus & mansuris apud Clarummontem, hanc dedimus imperpetuum & contulimus Libertatem ;

600　ORDONNANCES DES ROIS DE FRANCE

CHARLES V.
à Paris, en Mars 1372.

a de Provins.
b Juge.

exceptis illis qui *(b)* volunt esse vel de quibus volumus eos esse in predicta Libertate.

(1) Quicunque ibidem manere voluerit in Libertate, cinq Solz *ᵃ Pruivinenses de redditu suo annuatim persolvet nostro ᵇ Ministro; medietatem in Pascha, & aliam medietatem in Festo Beati Remigii. Qui vero infra octo dies post istos terminos, redditum istum non persolverit, tantundem persolvet pro emenda, quantum erit de capitali, sive sit homo sive sit mulier.*

c dommage fait par un mouton.
d sort *Capra*.

(2) *De (c) plana emendacione*, douze Deniers; *de percussione sine sanguine*, cinq Solz; *de sanguine effuso*, quinze Solz; *de plana (d) pergia*, quatre Deniers, *& dampnum illi cui est illatum; de ᶜ pergia ovis*, un Denier; *de porco*, deux Deniers; *de Ansere*, deux Deniers; *de ᵈ Capita*, un Denier, *& dampnum illi cui est illatum.*

e au Seigneur de Clermont.

(3) *Si quis de dampno alterius; videlicet, in virgulto vel orto, vel agro vel prato vel vignea, die vel nocte inventus fuerit*, cinq Solz *persolvet ᵉ Domino, & dampnum ei cui erit illatum reddet, vel auris ejus abscindetur.*

f C'étoit sans doute un Officier semblable au Maire.
g Voy. la Note (c).
h ordonné par un Jugement.

(4) *ᶠ Villicum & Scabinos sibi eligent de communi Consilio: qui electi Domino fidelitatem faciant.*

(5) *Burgensibus de ᵍ plano placito coram Villico & Scabinis suis, discucietur inter ipsos.*

(6) *Si vero duellum fuerit ʰ judicatum, coram Domino vel coram Preposito suo deducetur; & si armati fuerint in duello, & sine ictibus concordes eos esse contigerit, unusquisque sept Solz & six Deniers persolvet. Si autem post datos ictus concordiam fecerint, unusquisque quinze Solz persolvet. Victus autem in duello,* cent Solz & Obole *persolvet.*

i Celui qui combattoit pour les interêts d'un autre.
k le Seigneur s'en reserve le Jugement.
l Ce mot qui est douteux, paroit devoir signifier, aussitôt.
m nourrir. Voy. le Glossaire de du Cange, à ce mot.

(7) *ⁱ Pugil vero conductitius, si victus fuerit, pede vel pugno privabitur.*

(8) *Murtrum autem & furtum in ᵏ manu nostra retinemus.*

(9) *Quociensscunque dicti Burgenses à Villico suo vel Scabinis ex parte nostra requisiti fuerint, ˡ necnon cum armis venire tenebuntur per duos dies in propriis sumptibus suis. Post duos vero dies, eos sicuti alios homines vestros, tenebimur ᵐ procurare.*

(10) *Si quis vero (e) fidelitatem Ville fuerit ementitus*, vingt-cinq Solz *persolvet pro emenda.*

(11) *Omnes autem isti redditus & emendaciones de Moneta Fortium Pruivinensium persolventur.*

n Voy. les Tabl. des Mat. de ce Rec. au mot, *Ban* de vin.
o novem.

(12) *Et per has Libertates, dicti Burgenses liberi erunt ab omni exactione sive Tallia.*

p lorsqu'on fait les Foins.

(13) *Retinemus autem nobis in dicta Villa, ⁿ Bannum vendagii vini per sex septimanas; & ᵒ novam corvadas de omnibus animalibus ad aratrum trahentibus; duas in Martio persolvendas, & duas in (f) Versario, & duas in Autumno, ad colendas terras nostras, ad requisitionem nostram; & aliam in feno nostro adducendo; & duas alias in messe, ad bladum nostrum adducendum; & retinemus tres corvadas de hominibus & feminabus; unam in ᵖ fenario, & duas in messe.*

(14) *Retinemus eciam nobis, quod currus qui in Nemore Bannali inventus fuerit, persolvet* dix Solz; *& (g) homo ad collum,* douze Deniers.

NOTES.

(b) Volunt ... volumus.] Ces deux mots ne sont point douteux, parce qu'ils commencent par un *V* majuscule qui ne peut être confondu avec une *n*; mais je crois qu'il faut corriger, *nolunt .... nolumus*.

(c) Plana emendacione.] *Emendatio* suivant du Cange à ce mot, signifie une Amende. A l'égard de *plana*, il y avoit des Jugements qui étoient rendus *de plano*; c'est-à-dire, sans procedure. Ainsi je croirois que *plana emendacio* est une Amende decernée dans les affaires sommaires & de peu de conséquence. Voy. le Gloss. de du Cange, au mot, *plano (de)*.

(d) Pergia.] Ce mot signifie le dommage causé sur les terres. Voy. le Gloss. de du Cange, à ce mot. *Plana* signifie apparemment ici un dommage de peu de conséquence. Voyez la Note *(c)*.

(e) Fidelitatem ... ementitus.] Celui qui manque au serment de fidelité qu'il a fait en qualité de Bourgeois. Voy. le Glossaire de du Cange, au mot, *fidem mentiri*, dans l'article *fides*.

(f) Versario.] Verseau Signe du Zodiaque, dans lequel le Soleil entre au mois de Janvier.

(g) Homo ad collum.] Je crois que cela signifie un homme qui porte du bois sur son col.

(14) *De falsa*

(14) *De falsa mensura* vingt & cinq Solz *persolvetur, vel manus falsarii abscindetur. De* ª *pane falso*, cinq Solz.

(15) *Si quis* (h) *redditum vente absportavit, nec sicut jus, persolverit*, dix Solz *tenebitur persolvere pro emenda*.

(16) *In nemore vero non Bannali, homines Clarimontis* ᵇ *usuarium suum habebunt sicuti antea solebant habere ; videlicet, pro omnibus* (i) *marramentis suis faciendis, & ad focum faciendum, & ad clausuras suas.*

(17) *In parte similiter Ripparie de Mosa eis & nobis deputanda & assignanda, habebunt usagium suum ad piscandum ; ita tamen quod si quis pisces venales habuerit, tenetur eos in Forum apud Clarimontem asportare ; qui, si cum eis quos ferret, alibi fuerit deprehensus, pisces perdet eosdem, &* cinq Solz *pro emenda persolvet.*

(18) *Licebit autem predictis Burgensibus, uni eorum alteri vendere domum suam vel* (k) *implastrum, vel pratum, vel vigneam, vel ortum, vel terram, vel virgultum, si necesse sibi fuerit.*

(19) *Omnes autem hereditates eorum, heredibus suis propinquioribus remanebunt usque ad* (l) *quartam generacionem.*

(20) (m) *In predicta autem Libertate, neminem de hominibus nostris, nec de Feudis nostris, nec de Prioratu Clarimontis, poterunt retinere.*

(21) *Sy vero aliqui* ᶜ *alieni in dicta Libertate apud Clarimontem* ᵈ *morare venerint, bene licebit Villico & Scabinis eos retinere, tali modo quod in introitu,* cinq Solz *Pruimenses persolvent Villico pro nobis, & sextarium vini pro ipso & Scabinis ; & eciam omnes alios* ᵉ *redditus secundum processum temporis, sicut alii liberi.*

(22) *Nemo autem qui in predicta Libertate apud Clarimontem manserit, in Terra Comitis Campanie qui nunc dicitur Rex Navarre, nec in Terra Comitis Barri, nec in Terra Domine de Ycio, seu filiorum ejusdem, poterit remanere ; cum inter nos tales habeamus convenciones,* ᶠ *quominus nullus predictorum homines meos potest retinere.*

(23) *Quislibet autem Officium Villici & Scabini, ad eleccionem precedencium tenetur suscipere sub pena* dix Sols forts.

(24) *Omnes autem prescriptas Libertates, nos & uxor nostra, prestito corporali juramento, observare & tenere promisimus, & Fratres mei Dominus Odo & Guido, &* ᵍ *Milites mei usque ad octo, de Castellania Clarimontis, de mandato nostro hoc idem juraverunt ; videlicet, Huardus de Prenoncheres, Rogerus magnus de Maisoncelles, Theobaldus de Romanis, Guillebertus Dominus pauper homo, Symon de* ʰ *Perrices, Aubericus Douhan, Symon de Recourt, Stephanus de Latrece.*

(25) *Volumus eciam quod ad legitimam extimacionem valoris secundum arbitrium Villici & Scabinorum, vina ibidem* ⁱ *vendentur.*

Et ut hec omnia rata parmaneant, presentem paginam Sigillorum nostrorum munimine fecimus roborari. Datum apud Clarimontem, in Festo Beati Laurencii, mense Augusti, anno Domini millesimo ducentesimo quadragesimo octavo.

(26) *Retinemus eciam quod nullus bona sua immobilia in manu Religionis cujusdam, nisi de licencia nostra, possit legare, seu aliquo modo alienare.*

(27) *Insuper, qui contumaciter ad corveiam faciendam non venerit, homo*

CHARLES V.
à Paris, en Mars 1372.
a du pain qui n'est pas de poids, ou qui n'est pas bien fait.
b usage.

c tous ceux qui ne sont point exclus par l'article precedent.
d morari.
e les redevances dûës par les Bourgeois.

f qm. R.

g Vassaux. Voy. le Gloss. de du Cange, au mot, Milites.
h Prices avec une marque d'abréviation.
i vendantur.

NOTES.

(h) *Redditum vente.*] Venta, suivant du Cange, au mot *venda*, signifie les Impôts qui se payent dans les Foires & dans les Marchés. Ainsi je crois qu'*absportare redditum vente*, peut signifier, ne pas payer & frauder les droits sur les Marchandises que l'on achete.

(i) *Marramentis.*] Bois propre pour bâtir des maisons. *Voy. le Gloss. de du Cange,* au mot, *Meramentum.*

(k) *Implastrum.*] Place propre à bâtir. *Voy. le Gloss. de du Cange,* au mot, *Emplastrum.*

(l) *Quartam generacionem.*] Cela ne signifie point jusqu'à la quatriéme génération *de Pere en fils* ; & cet article ne doit s'entendre que des Parents au 4.ᵉ degré.

(m) *In.*] Les hommes de corps du Prieuré ni ceux du Seigneur ne pourront être reçûs Bourgeois à Clermont ; non plus que les hommes de corps dépendants des Fiefs relevants du Seigneur de Clermont. Car *Feudum* est quelquefois pris dans ce sens, comme l'a remarqué M.ʳ *Brussel* dans *son usage des Fiefs*, tom. 1. chap. 1. p. 2.

Tome V.

Gggg

CHARLES V.
à Paris, en Mars 1372.
il faut corriger CC.me comme à l'autre date.

Suite des Lettres du Sire de Clermont.

b *loons.*

c *en secret ou ouvertement.*

Suite des Lettres du Garde Scel.

d *peut-être & contre-scel.*

e *Suite des Lettres de Charles V.*

e *Originaulx.*

(n) *pro falce debebit* six Deniers; li seerres, douze Deniers; *Bos defficiens ad aratrum*, douze Deniers.

Datum in Festo Beati Laurencii, mense Augusti, anno Domini millesimo CCC.mo quadragesimo octavo.

Lesquelles Lettres & toutes les choses contenuës en ycelles, & chascunes, en la fourme & en la maniere qu'elles y sont escriptes & devisées, nous Guys Sires de Clermont devant diz, approuvons, b loons, voulons, ratiffions & confirmons, & les promettons en bonne foy pour nous, pour noz hoirs & pour noz successeurs, tenir & garder fermement, loyalment & perpetuelment, sans jamais aler ne faire venir ne consentir à venir encontre par nous ne par autres, en tout ne en partie, en c recoy ne en appert : Sauf en toutes choses nostre droit & l'autrui. En tesmoing de laquelle chose, nous Guys Sires devant dit avons mis nostre grant Seel en ces presentes Lettres qui furent faictes & données en l'an de grace mil ccc. trente & un, le Samedi devant la Feste S.t Martin d'iver, ou moys de Novembre.

Et Je Nicolas Bourderel dessus nommez, en tesmoing des choses devant escriptes, à la relacion des diz Jurez, ay seellé ces presentes Lettres du Seel de la Prevosté d'ou dit Chaumont, & de mon propre Seel d encontrescel, avec les Seingniez des diz Jurez, qui furent faictes & données le xx.e jour du moys de Fevrier, l'an de grace mil trois cens quarante & troys.

Et comme les Lettres Originaulx contenuës ès Lettres de Transcript ou *Vidimus* dessus escriptes, aient autrefois esté confermées par l'un de noz predecesseurs Roys de France, si comme Nous ont dit & affirmé par leurs seremens & par leur loyauté, Jehan de Bronay & d'Onvrengny de la Tour, habitans de ladicte Ville, qui virent ycelles Lettres confirmatoires faictes en laz de soye & cire vert, & lesquelles, & aussi les dictes Lettres e Orginaulx, ont esté perduës par les guerres de nostre Royaume, de par les habitans dessus diz Nous a esté humblement supplié, que les dictes Lettres Nous vüeillons de nostre grace confermer. Nous consideré ce que dit est, les dictes Lettres dessus encorporées & transcriptes, & toutes les choses contenuës en ycelles, si & en tant comme l'en a usé ou temps passé, avons fermes & agreables, & de nostre auctorité & puissance Royal & de grace especial les confirmons par ces presentes : Donnans en mandement à touz noz Justiciers & Officiers, & aus Justiciers de nostre Royaume, ou à leurs Lieuxtenans, presens & advenir, & à chascun d'eulx, que contre la teneur de ces presentes, ne molestent ou empeschent les diz supplians ou aucuns d'eulx; mais rappellent & remettent au premier estat & deu, tout ce que il trouveroient estre fait indeuement au contraire. Et que ce soit ferme chose & estable à tousjours, Nous avons fait mettre nostre Seel à ces presentes : Sauf en toutes choses nostre droit & l'autrui. *Ce fut fait & donné à Paris, ou moys de Mars, l'an de grace mil ccc. soixante & douze, & de nostre Regne le IX.me*

Par le Roy, à la relation du Conseil. G. DE MONTAGU.

NOTE.

(n) *Pro falce.*] Celui qui par corvée, devoit couper les bleds. Je crois que *seerres*, signifie ceux qui devoient les serrer.

(a) Lettres faisant mention du Don fait par le Roy au Duc d'Anjou, de ce qui restoit dû au Roy dans l'Anjou, la Touraine & le Maine.

CHARLES V.
à Paris, en Mars 1372.

CHARLES par la grace de Dieu Roy de France. Savoir faisons à tous presens & avenir, Nous avoir receu l'humble supplicacion de Ernaut Pourceau de Saumur, contenant, que comme il ait esté Receveur ª particuler des ᵇ Foüages, en la Ville & ressort de Saumur, par cinq ans continuelz, commençans le premier jour de Janvier, l'an mil ᶜ ccc. soixante & douze; de la Recepte des quels Foüages, il rendi compte finable & ᵈ enterin selon l'assiete sur ce faite; & pour ce que depuis la fin de sa Recepte, Nous pour certaines causes, avons donné à nostre très cher & très amé Frere, le Duc d'Anjou, toutes & chascunes les restes, debtes ou arreraiges, tant en *(b)* Regales comme en Fiefs, qui ès païs des Duchés d'Anjou & de Touraine & du Conté du Maine, Nous estoient deuës; tant pour raison des Foüages, comme de tous Subsides & Aides quelconques; ᵉ exepté seulement ce que ordené a esté pour la ᶠ delivrance de nostre très chier Seigneur & Pere, dont Dieux ait l'ame; en octroiant à nostre dit Frere, que ce que sur le fait des comptes des choses dessus dictes seroit fait par ses Commissaires, ᵍ vaulsist comme se fait feust par nos amés & feaulz Gens des Comptes; Jehan Glaher & Maistre Jehan Neveu, eulz disans Commissaires de Nous & de nostre dit Frere, sur le dit fait, ont fait appeller par devant eulz le dit suppliant, & contre lui proposé, ʰ &c.

Donné à Paris, l'an de grace mil trois cens soixante & douze, & de nostre Regne le neufviesme, ou mois de Mars.

Par le Conseil estant à Paris. FERRY. ⁱ HENIN.

a *particulier.*
b *Impositions par Feux.*
c *Crete date est fausse.*
d *entier.*
e *excepté.*
f *rançon.*
g *valût.*
h *Le reste des Lettres ne regarde que Ernaut Pourceau.*
i *Il y a une marque d'abbréviation sur l'h.*

NOTES.

(a) Tresor des Chartres, Registre 104. Piece 103.

(b) Regales.] Droits dûs au Roy, comme Souverain; à la difference de ceux qui lui étoient dûs par ses Vassaux tenants des Fiefs relevants de luy.

(a) Confirmation des privileges de l'Evêque de Mende.

CHARLES V.
à Paris, au Château du Louvre, en Mars 1372.

ᵏ KAROLUS Dei gracia Francorum Rex. Notum facimus universis tam presentibus quam futuris, quod ad requestam Procuratoris dilecti ac fidelis nostri, Episcopi ˡ Mimatensis Comitifque ᵐ Gaballitani, die date presencium lecte & publicate fuerunt in nostra Parlamenti Curia, ac in Registris ejusdem Parlamenti, de precepto dicte nostre Curie registrate alie nostre Littere in filis sericis & ⁿ cera viridi sigilate, quarum tenor sequitur sub hiis verbis.

k *C'est un Arrêt du Parlament.*
l *Mende.*
m *Gevaudan.*
n *cera.*

KAROLUS Dei gracia Francorum Rex. Notum facimus universis presentibus & futuris, quod nuper visis Litteris sanctissimi in Christo Patris, Urbani divina providentia sacro sancte Romane ac universalis Ecclesie summi Pontificis, &c.

Et sic finiunt. Datum Parisius, mense Januarii, anno Domini millesimo trecentesimo sexagesimo septimo, & Regni nostri quarto. (b)

Verum quia nuper prefatus Episcopus Mimatensis Nobis querulose fecit signifficari, quod Gentes & Officiarii nostri existentes & deputati in ° *Partibus Occitanis, dixerunt ,*

o *Languedoc.*

NOTES.

(a) Arrêts & Jugez du Parlement de Paris, Registre 22. fol.° 62. R.°

(b) A la marge du Registre se trouve ce qui suit, avec un renvoy.

Presentes Littere registrate fuerunt in Parla-Tome V.

mento, in Libro Arrestorum & Ordinacionum Parlamenti incepti anno mill. simo treceni. simo sexagesimo octavo ; & ibi invenientur ad tale signum.

Ce Registre ne se trouve plus dans le depôt du Parlement.

CHARLES V.
à Paris, au Château du Louvre, en Mars 1372.
a ob.
b Urbain V. mort en 1371.
c Voy. les Tabl. des Mat. de ce Rec. au mot, *Pariage*.

d Aydes.

e solvend. R.

f Foüages, Impositions par Feux.
g lapsis.

h Preterea.

i Indiviso.
k Nobis.

l Voy. cy-dessus, p. 580. Note (*b*).

proposuerunt & allegaverunt, dicereque, proponere & allegare niſi ſunt dictam declaracionem per Nos factam & conceſſam non valere, nec ſuum debere ſortiri effectum, quodque eadem gaudere non debeant dictus Epiſcopus aut ſubditi ſui, & alii quos ipſa declaracio tangit, aſſerentes eam factam fuiſſe non ex vera juſticia, ſed *a* ab favorem ſanctæ recordacionis Papæ *b* Urbani ultimo defuncti, qui ad eandem Eccleſiam Mimatenſem eſſectionem ſingularem habebat, prout in narracione dictæ declaracionis contineri dicebant; quodque racione Libertatum antiquarum dictæ Eccleſiæ, Bulleque Auree & *c* Pariagii de quibus ſupra ſit mencio, dicta declaracio fieri non potuit; quin ymo largior erat & magis ampla, quam eſſent dicta Pariagium & Bulla ſuper quibus fundabatur; eciam quia in dicto Pariagio expreſſa non fiebat mencio de Terra propria dicti Epiſcopi, quo ad premiſſorum exempcionem, & quod defenſio guerre ita erat neceſſaria eidem Terre propriæ, ſicut & aliis Partibus Regni noſtri; aliaſque plurimas raciones contra declaracionem hujuſmodi pretendendo; & ob hoc, Theſaurarii & Generales-Conſiliarii in dictis Partibus ſuper facto *d* Juvaminum guerrarum noſtrarum, & alii Receptores & Commiſſarii per Nos & cariſſimum Germanum & Locumtenentem noſtrum in eiſdem Partibus, Ducem Andegavenſem, deputati, virtute certarum Litterarum per Procuratorem noſtrum Seneſcallie Bellicadri & Nemauſi, & certos alios noſtros Officiarios & Commiſſarios, tam à Nobis quam à dicto Locumtenente noſtro, & aliis predictis Generalibus & aliis diverſmode queſitis dictis coloribus impetratarum ſeu obtentarum, habitantes dictæ Terre propriæ compulerunt & de die in diem compellere nictuntur, ac compelli inceſſanter per Commiſſarios ſuos atque noſtros faciunt ad *e* ſolvendum Theſaurariis & Receptoribus predictis, nemine noſtro ſeu dicti Germani & Locumtenentis noſtri, diverſas pecuniarum ſummas, quas petunt tam racione arreragiorum, Talliarum, *f* Focagiorum, Subſidiorum & Impoſicionum *g* labſis temporibus impoſitorum, quam eciam aliorum que de die in diem imponuntur, prout & quemadmodum alios qui non habent de & ſuper premiſſis aliquam Libertatem; ac inſuper, alias Impoſiciones & onera que per alios dictæ Lingue Occitane exſolvuntur, & eciam duodecim Denarios pro libra ſuper mercaturis & rebus, & decimum tercium ſuper vinis in introitu dictæ Terre propriæ, ſeu parum prope dictum introitum, que ducuntur & portantur in dicta Terra propria, exigunt atque levant ac exigere nituntur; racione quorum impedimentorum, prefatus Epiſcopus certos Officiarios & Commiſſarios noſtros in noſtra Parlamenti Curia fecit, ut dicitur, adjornari. *h* Propterea, vexaciones indebitas dando, prefatos habitantes dictæ Terre propriæ, ad Nobis ſolvendum financiam de acquiſitis per innobiles à Nobilibus & Eccleſiaſticis perſonis, eoſdem habitantes compellunt; ac in Terra communi Nobis & dicto Epiſcopo, hujuſmodi Taillias imponunt & recipiunt per ſe ipſos, & financias per inde in dicta Terra communi debitas, Nobis in ſolidum applicant; licet in predictis caſibus, prout in dictis Pariagio & declaracione continetur, per Officiarios communis Curie Gaballitani duntaxat, exigi debeant & levari, prefateque financie in dicta Terra communi, mediatim ad Nos & dictum Epiſcopum ſpectent pro *i* indiviſo, & debeant pertinere: Ea propter idem Epiſcopus *k* Nobis duxit humiliter ſupplicandum, quatinus, conſideratis & attentis antiquis Libertatibus & aliis Juribus dictæ Eccleſiæ Mimatenſis, Bulleque & Pariagio ac declaracione predictis, ſuper hoc de oportuno remedio dignaremur ſibi ac ſue Eccleſie benigniter providere; cujus ſupplicacioni ex debito noſtri Officii liberaliter annuentes, ac volentes in premiſſis mature procedere, jura, Libertates, Bullam, Pariagium, convencionem & declaracionem alias per Nos, ut premittitur, factam, ac omnia alia in dictis noſtris Litteris ſuperius inſertis plenius declarata, per dilectum & fidelem *l* Cancellarium noſtrum inſpici commiſimus, ac per eum & nonnullos alios noſtros Conſiliarios in noſtra Camera Compotorum, diligenter examinari. Tandem vero, aſſiſtentibus Nobis in magno Conſilio noſtro & tenentibus plenas Requeſtas, dictoque noſtro Cancellario in noſtra preſencia & dicti noſtri Conſilii, de Mandato noſtro relacionem faciente de omnibus premiſſis, Nos, hiis omnibus cum ſuis dependentibus ac emergentibus ex eiſdem, cum digeſta maturaque prefati Conſilii deliberacione penſatis, advertentes inſuper prefatam declaracionem noſtram, provida ac diligenti Conſilii noſtri diſcuſſione tunc habita, prout meminimus & ſupra exprimitur, à Nobis emanatam fuiſſe tanquam rite, juſte & legitime, ut premittitur, factam, eandem declaracionem, ac omnia alia & ſingula in dictis noſtris

Litteris expreſſata & contenta, ex noſtra certa ſciencia, ſpeciali gracia & plenitudine Regie poteſtatis ratifficamus, laudamus, approbamus, & tenore preſencium confirmamus: Volentes & decernentes pro Nobis noſtriſque Succeſſoribus, quod prefatus Epiſcopus & ſucceſſores ſui, & habitatores predicti & eorum quilibet, prout ipſos tangere poteſt & poterit quomodolibet in futurum, predicta noſtra declaracione, ac premiſſis omnibus & ſingulis in eadem contentis, utantur & gaudeant de cetero pacifice & quiete; & quod predicta impedimenta & gravamina, & quicunque proceſſus inde facti tam in dicta noſtra Curia quam alibi, cum omnibus inde ſecutis, pro non factis habeantur & reputentur, & Nos eadem penitus revocamus. Quocirca dilectis & fidelibus Gentibus noſtris que noſtrum preſens tenent & tenebunt Pariſius Parlamentum, ac Camere Compotorum noſtrorum Pariſius, Generalibuſque Conſiliariis ſeu Theſaurariis ſuper facto Juvaminum & Impoſicionum pro guerra Regni noſtri ordinatorum, Seneſcallo Bellicadri & ᵃ *Nemenſi, Baillivis* ᵇ *Gaballitani,* ᶜ *Montanorum Alvernie ac Baillivie, ceteriſque Juſticiariis, Theſaurariis, Generalibus & Commiſſariis ſuper facto quorumcunque Subſidiorum, Focagiorum, Gabellarum, Impoſicionum, financiarum, redibenciarum, & exactionum quarumcunque in dictis partibus Occitanis & alibi, tam à Nobis quam* ᵈ *dicto Germano noſtro & aliis Locatenentibus noſtris ſeu Succeſſorum noſtrorum, & aliis quibuſcunque, quacunque poteſtate utantur, deputatis vel deputandis, preſentibus & futuris, vel Locatenentibus ipſorum, & cuilibet eorundem, precipimus & diſtricte mandamus, committendo, ſi ſit opus, quatinus preſatam declaracionem & hujuſmodi confirmacionem perpetuis temporibus teneri faciant & inviolabiliter obſervari, eiſdemque declaracione & confirmacione dictum Epiſcopum ejuſque ſucceſſores & ſubditos, & alios de quibus in dicta declaracione fit mencio, nunc & in futurum uti & gaudere pacifice faciant, procurent & permittant, quoſcunque contrarium facientes, aut eaſdem directe vel indirecte infringere nitentes, ad eaſdem inviolabiliter tenendas & obſervandas viriliter* ᵉ *compellando, &* ᶠ *Preture viribus, ſi opus fuerit, ſuper hoc ceſſare ac deſiſtere faciendo ; ceteraque omnia & ſingula in hiis noſtris preſentibus inſerta, de puncto in punctum excecucioni debite demandando & demandari faciendo tociens quociens requiſiti fuerint, juxta eorum exigenciam & tenorem, abſque contradicione quacunque; & ſi aliqua contra tenorem ſepe dicte declaracionis ac noſtre preſentis confirmacionis, per quemcunque in futurum contingeret attemptari, Nos ea ex tunc prout ex nunc, & ex nunc prout ex tunc, tenore preſencium revocamus, ac nullius eſſe decernimus efficacie vel valoris; Procuratori noſtro Generali & dicte Seneſcallie Bellicadri & Nemauſi, ac omnibus Juſticiariis & Officiariis noſtris, & eorum cuilibet, quo ad hoc, ſillencium perpetuum tenore preſencium totaliter imponendo Et ut premiſſa omnia & ſingula firma & valida perpetuo remaneant temporibus affuturis, Sigillum noſtrum hiis preſentibus apponi mandavimus: Salvo in aliis jure noſtro, & in omnibus quolibet alieno. Datum Pariſius, in Caſtro noſtro de Lupera, anno Domini milleſimo trecenteſimo ſeptuageſimo ſecundo, & nono Regni noſtri, menſe Marcii.*

ᵍ*Quod ut firmum & ſtabile perpetuo perſeveret, preſentes Litteras Sigilli noſtri munimine juſſimus roborari: noſtro in aliis, & quolibet alieno in omnibus jure ſalvo. Datum & actum Pariſius, in Parlamento noſtro, anno Domini milleſimo trecenteſimo ſeptuageſimo tercio, & Regni noſtri decimo, die decima quinta menſis Junii. Sic ſignata. Per Cameram.* ʰ VILLEM.
Collacio facta eſt.

CHARLES V.
à Paris, au Château du Louvre, en Mars 1370.

a Nemauſi.
b Gaballitan. R.
c Montanarum.

d à.

e compellendo.
f Voy. cy-deſſus, pag. 423. Note (*a*).

g Suite de l'Arrêt du Parlement.

h Il y a une marque d'abbréviation ſur la fin de ce nom.

(*a*) Lettres qui portent que le jour du Marché de Bourgneuf, ſera transferé du Dimanche au Samedi ; & qu'il y ſera établi deux Foires annuelles.

CHARLES V.
à Paris, en Mars 1372.

K*AROLUS Dei gracia Francorum Rex. Notum facimus univerſis* ⁱ *preſentes tam preſentibus quam futuris, quod Nos Litteras cariſſimi Germani noſtri Ducis*

i mot inutile.

NOTE.

(*a*) Treſor des Chartres, Regiſtre 104. Piece 104.

606   Ordonnances des Rois de France

CHARLES V.
à Paris, en Mars 1372.
a Patriis, pais.
b sericis.

Bituricensis, & Alvernie, Comitisque Pictavensis, Matisconensis, Engolisinensis & Xanctonensis in ª Patris predictorum locorum & pluribus aliis nostri Regni, Locumtenentis nostri, suo sigillo in cera viridi cum filis ᵇ cericis sigillatas vidimus, tenorem qui sequitur, continentes.

JEHAN Filz de Roy de France, Duc de Berry & d'Alvergne, Conte de Poitiers & de Mascon, d'Angoleme & de Xanctonge, Lieutenant de Monſ. le Roy es diz païs, & en plusieurs autres Parties de son Roiaume. Savoir faisons à tous presens & avenir, que entenduë la supplication de Religieux homme, Frere Guillaume Arnaud, Commandeur de la Maison de Bourgneuf en Aunis, de l'Ordre de l'Ospital de Saint Jehan de Jeherusalem, contenant que comme d'ancienneté eust esté acoustumé estre & avoir assamblée de peuple & Marchié public oudit lieu de Bourgneuf, ou jour de Dimenche, pour marchander illec publiquement de toutes denreez & marchandises; & pour ce que le jour de Dimenche est jour solempne, & doit-on cesser de toutes œuvres mondaines par tout seal crestien; & que selon qu'il vint à la notice dudit suppliant, nostre Saint Pere le Pape qui pour le temps estoit, n'avoit pas à plaisir que tieulz esploys mondains feussent fais, tenus & exercés ledit jour de Dimenche, ledit suppliant & le peuple de ladicte Ville & du païs d'ilec environ, furent de gré &

c changé.
d'acort que ledit Marchiet fust retourné, ᶜ remué & continué dudit jour de Dimenche au Samedi; & ait esté ledit suppliant en saisine & possession de avoir ledit Marchiet oudit jour de Samedi, continué & remué dudit jour de Dimenche, & de prendre & avoir les pourfis & émolumens qui pour cause dudit Marchié, povoient & devroient appartenir audit suppliant comme à Signeur dudit lieu de Bourgneuf;

d ainsi que.
& en ceste saisine & possession ait esté ledit suppliant, ᵈ tant que ses predecesseurs paisiblement sans interrupcion, empeschement ou contradicion, par l'espace de vint & cinq ans & plus, à ce qu'il dit; & en oultre, que comme après la Ville de la Rochelle, ledit lieu de Bourgneuf soit le plus solempne & aisé lieu du païs d'Aunys, pour avoir & tenir Foires pour le peuple, pour marchander deux fois l'an, & pour lesquelx & pour ledit Marchiet, ledit lieu de Bourgneuf & païs d'environ, seroit plus

e rétabli.
pourfitablement ᵉ recouvré sans domager le Seigneur & le peuple, nous a requis & supplié ledit Commandeur, que pour consideracion des choses dessus dictes, & que pour cause des presentes guerres, pour la premiere venue que noz amez & feaulx le

f C'étoit Bertrand du Guesclin. Voy. l'Hist. Genealog. de la Maison de Fr. tom. 6. p. 178.
ᶠ Connestable de France & le Sire de Cliçon, qui ᵍ ou grant nombre des Gens d'armes & autres en leurz compaignies, furent oudit lieu de Bourgneuf, pour lesquelles choses il dit les biens & facultez de ladicte Maison estre grandement diminués, nous

g avec.
vuillons ou nom de Monſ. le Roy & nous, ratiffier, aprouver & conferrer ledit

h qui avoit coûtumé.
Marchiet ʰ que soloit estre tenu le Dymenche, que soit tenu le jour de Samedi, & li donner & octroier perpetuelment deux Foires oudit lieu de Bourgneuf; une le jour de la Feste S.ᵗᵉ Katerine, & l'autre le trentiesme jour d'Aoust. Pourquoy nous qui avons desir & très perfecte affeccion à Dieu & l'Ordre de l'Ospital, & à li ⁱ sou-

i subvenir.
venir & aidier en ses necessitez, & qui ne voudrions que l'Eglise fust en aucune maniere dellecée, ne les personnes & menbres d'icelle, par le fait de mondit Sei-

k nous.
gneur, ᵏ nos ou aucuns de nos Officiers ou subgès, pour consideracion des choses dessus dictes, & en recompensacion des pertes & dommaiges que ledit Commandeur a eu & soustenu, tant audit lieu de Bourgneuf que ès menbres d'iceli, & autres justes

l qui.
causes ˡ que à ce nous ont meu, avons agreable, ferme & estable ou nom de Monſ. le Roy & nous, ledit Marchié ordenné audit jour de Samedi, & remué de Dimenche, estre perpetuelment tenu oudit lieu de Bourgneuf le jour de Samedi, & le ratiffions, aprouvons & conferrons au pourfit dudit Commandeur & de ses successeurs Commandeurs de ladicte Maison de Bourgneuf, & le donnons de nouvel, se

m besoin.
ᵐ mestier est, en tant que nous poons & devons, avec tous drois, Libertés & franchises deuz & appartenans à droit de Marché; & en oultre, donnons & octroyons ou nom de mondit Seigneur & nous, audit suppliant, au proufit de li & de ses successeurs Commandeurs de ladicte Maison de Bourgneuf, deux Foirez perpetuelles;

DE LA TROISIÉME RACE. 607

c'est assavoir, une le jour Sainte Katherine, & l'autre le trentiesme jour du mois d'Aoust, **CHARLES**
estre tenuës chascun an perpetuellment oudit lieu de Bourgneuf, ou tel droit que **V.**
illecques aus dis jours des dictes Foires, toutes manieres de gens & Marchans se à Paris, en
puissent assembler & assemblée faire pour marchander de toutes denrées & marchan- Mars 1372.
dises que leur plaira & bon leur samblera, sauvement & seurement, avec tous les droiz,
pourfis, privileges, Libertés & franchises acoustumées estre pris, tenuz & gardez en
cas de Foires, en prenant & recevant dudit Commandeur & ses successeurs Commandeurs de ladicte Maison de Bourgneuf, tous les pourfis, revenuës & émolumens
acoustumez estre prises, exigées & ᵃ receuuës en cas de Foyres, & des personnes à ce a reçûës.
tenuës selon raison, l'usage & le Coustume du païs, ᵇ ainssy que ledit Commandeur b à condition.
& ses successeurs tiengnent & soient tenus tenir les dictes choses de Monf. le Roy
& ses Successeurs, de nous & noz successeurs, par la forme & maniere que la temporalité de ladicte Maison de Bourgneuf, a esté acoustumé d'ancienneté estre tenuë;
& avec ce, voulons & octroyons de certaine science & de l'auctorité & puissance
Royal dont nous usons, les ratifficacions, dons, octrois & autres choses dessus
dicte par nous faiz, valoir à tous jours mais & avoir leur bon & vray effet, sans jamais revoquer, rappeller ou venir encontre, jouxte & selon la teneur de nostre present octroy. Si mandons à nostre Seneschal de Xantonge ou à son Lieutenant, & à
tous autres Officiers & subgés de mondit Seigneur & nous, presens & avenir, que
ledit Commandeur & ses successeurs, laissent, facent & seuffrent user & joïr paisiblement & perpetuellment de nostre presente grace & octroy fus diz, sans les molester ou empescher, ou souffrir estre empeschez en aucune maniere, contre la teneur
de ces presentes: Car ainssy le voulons & avons octroyé audit suppliant, pour consideration des choses dessus dictes, de certaine science & grace especial, & de l'auctorité & puissance Royal dont nous usons; nonobstant quelconques opposicions ou
appellacions faictes ou à faire, Lettres surrepticesempetreez ou à empetrer au contraire. Et afin que ce soit ferme chose & perpetuellment valable, avons fait mettre à
ces presentes nostre Seel: Sauf en autres choses le droit de mondit Seigneur; le nostre
& l'autrui en toutes. Donné à ᶜ Benon, l'an mil CCC. soixante & douse, ou moys de c Voy. cy-dessus,
Septembre. pag. 573. Note
(g). margin.

*Quas quidem Litteras suprascriptas, & omnia & singula in eisdem contenta, ratas
habentes & gratas, eas laudamus, approbamus, ratifficamus, & nostris speciali gracia
& auctoritate Regia, quathenus rite & juste facta sunt, confirmamus per presentes:
ᵈ Mandanentes Gubernatori de Ruppella, ceterisque Justiciariis & Officiariis nostris, &* d mandantes.
aliis qui nunc sunt & qui pro tempore ᵉ fuerunt, vel eorum Locateneutibus, & cuilibet e fuerint
*eorundem, prout ad eum pertinuerit, quatenus prefatum Guillelmum Arnaudi, tanquam
Preceptorem dicte Domus de Burgo-novo, & ejus Successores ejusdem Domus Precepto-
res, seu ipsius Domus causam habentes & habituros, nostris presentibus gracia & confirmacione uti & gaudere ᶠ & permittant pacifice & quiete, ipsos in contrarium nullate-* f mot inutile.
*nus molestando. Quod ut firmum & stabile remaneat in futurum, munimine Sigilli nostri
has presentes Litteras fecimus roborari: In ᵍ omnibus jure nostro, & alieno in omnibus* g aliis.
semper salvo. Datum Parisius, anno Domini M.° CCC.° *septuagesimo secundo; Regni
vero nostri nono, mense Marcii.*
Per Consilium Parisius existens. FERRY. ʰ HENIN. h Il y a une
marque d'abbré-
viation sur l'H.

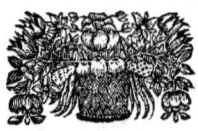

CHARLES V.
en Mars 1372.

a BRUGAY-ROLLES, Diocese de Narbonne, Viguerie de Limoux.
b TRAUSSAN, Diocese de Narbonne, Viguerie de Termenois.
c TERMES, Diocese de Narbonne, Capitale du Termenois.
d POURTET sur la Garonne, Dioc. & Viguerie de Toulouse.
e S.t BEAT, Diocese de Comminges, Judicature de Riviere.

(*a*) Diminution de Feux pour plusieurs lieux.

CARTE de Focis, mense Marcii.

Pro loco de (*b*) ᵃ *Brugayrolis*, ubi sunt XXIX. Foci.

Pro loco de ᵇ *Traussano*, ubi sunt XV. Foci.

Pro loco de ᶜ *Terminis*, ubi sunt XV. Foci.

Signate ut in aliis. P. DE CHASTEL.

Pro loco de ᵈ *Portello*, cum tota Vicaria Tholose, II.ᶜ IIII.ˣˣ XIIII. Foci.

Pro loco de ᵉ *Sancto Beato*, cum duobus aliis locis, XV. Foci.

NOTES.

(*a*) Tresor des Chartres, Registre 104. entre les Pieces 104. & 105.

C'est le R. P. D. Vaissette, Benedictin, qui m'a indiqué les noms modernes des lieux compris en cette Piece.

Ces extraits de Pieces ont été copiés tels qu'ils sont dans le Registre.

Voyez cy-dessus, p. 30. Note (*a*).

(*b*) *Brugayrolis.*] Ce qui regarde ce lieu & les deux suivans est enfermé dans un trait à côté duquel on lit, *Senescallie Carcassone.*

CHARLES V.
à Paris, le 7. d'Avril avant Pâques 1372.

(*a*) Déclaration portant Réglement sur les droits d'Admortissement & de Francs-Fiefs.

SOMMAIRES.

(1) Tous les biens acquis par les Gens d'Eglise, ou retirez par eux par Retrait [censuel,] & situez dans les Terres de la Souveraineté du Roy, & dans le ressort du Parlement, & qui peuvent être confisquez au profit du Roy, seront sujets aux droits d'Admortissement.

(2) Les biens situez dans les Fiefs & Arrieres-Fiefs des Gens d'Eglise, soûmis à la Souveraineté du Roy & au ressort du Parlement, & acquis par d'autres Gens d'Eglise, & dont la proprieté passera de personnes nobles à des non-nobles, seront sujets aux droits d'Admortissement & de Francs-Fiefs.

(3) Lorsque pour faire une fondation, on aura donné à des Gens d'Eglise une redevance annuelle à prendre sur de certains héritages dénommez, situez dans les Fiefs & Arriere-Fiefs des Gens d'Eglise, celui qui aura fait la fondation, payera le droit d'Admortissement pour cette redevance, quoiqu'il ait stipulé que les héritages qui en sont chargez, contribuëroient à tous les Subsides qui seroient imposez sur les héritages tenus en roture.

(4) Les Sergens d'armes & les autres Officiers du Roy, qui ne seront point nobles, ou qui seront point anoblis par des Lettres Royaux expédiées en la Chambre des Comptes, payeront les droits de Francs-Fiefs pour les biens qu'ils acquereront des Nobles; & les droits d'Admortissement pour les redevances perpetuelles à prendre sur de certains héritages dénommez, lesquelles ils donneront à des Gens d'Eglise.

(5) Les personnes anoblies dont les Lettres d'Anoblissement n'auront point été expédiées à la Chambre des Comptes, payeront les droits de Francs-Fiefs & d'Admortissement; parce que les Lettres d'Anoblissement ne doivent point avoir d'effet, qu'elles n'aient été expédiées à la Chambre des Comptes.

(6) Lorsque dans les Lettres d'Anoblissement expédiées à la Chambre des Comptes, il ne sera pas dit formellement que ceux qui les ont obtenuës, pourront tenir comme Nobles les biens qu'ils ont acquis & ceux qu'ils acquerront, ils payeront les droits de Francs-Fiefs pour les biens qu'ils auront acquis des Nobles, avant le jour de la date de leurs Lettres d'Anoblissement.

KAROLUS Dei gracia Francorum Rex. Universis & singulis Commissariis per Nos deputatis & deputandis super facto financiarum acquisicionum factarum & faciendarum per non-nobiles à Nobilibus, & personas Ecclesiasticas, in Senescalliis nostris Bellicadri, Carcassone & Tholose: Salutem. Cum, prout intelleximus, vos aut alter vestrum,

NOTE.

(*a*) Memorial D. de la Chambre des Comptes de Paris, fol. VI.ˣˣ XIX. verso. (139.)

in exercendo

in exercendo factum dictarum financiarum juxta ª Ordinaciones & Instrucciones nostras super hoc editas, repereritis quam plurimas acquisiciones fuisse & esse factas & retentas per aliquos Prelatos jure ᵇ Prelationis & aliter, & eciam per Abbates, Capitula, & alias Ecclesiasticas personas, ac per innobiles à Nobilibus ; nec non quam plures possessiones datas & legatas per nonnullos dictorum Nobilium & innobilium aut oneratas ad opus fondacionis Capellaniarum, & alias positas in ᶜ manu-mortua ; que acquisiciones & possessiones in & de Regno nostro consistant, sub Juridicione nostra superiori situate, ac de ressorto nostre superioris Curie Parlamenti nostri Parisius ; & que casu occurrente & eminente, possent propter nostras superioritatem & ressortum, Nobis cadere in ᵈ Commissum ; propter quod de hujusmodi acquisicionibus & possessionibus sic in manu-mortua positis aut oneratis, Nobis debentur financie, que sunt exigende & levande ad utilitatem nostram & pro Nobis, secundum Ordinacionem dictarum nostrarum Instruccionum ; quas financias per vos aut alterum vestrum declaratas, supradicti acquirentes & ponentes aut onerantes eas in manu-mortua, ut prefertur, solvere recusarunt & recusant ac differunt per frivolarum interjectiones appellacionum, & aliter indebite ; pro eo quod in quibusdam nostris Instruccionibus cavetur, quod vos exigatis financias de acquisitis in Feodo & Retro-feodo nostris, sumendo talem ambiguum & illicitum colorem, dicentes quod quamvis hujusmodi acquisiciones & possessiones sint in nostra superiori Juridicione, & de nostre Curie Parlamenti ressorto, ut prefertur, veruptamen non tenentur à Nobis in Feodo nec in Retro-feodo, & sic non tenentur pro eisdem Nobis prestare financias, sicut dicunt ; que cedunt in juris nostre superioritatis lesionem non modicam, nostrique detrimentum maximum atque dampnum, si sit ita. Quapropter, Nos istis consideratis, habita super hoc matura Consilii nostri deliberacione, volentes dictum ambiguitatis colorem penitus ᵉ abicere, ac verum & lucidum intellectum sine aliqua ambiguitate dictis Instruccionibus prebere, declaramus, & eisdem Instructionibus addimus, si sit opus, in hunc modum ;

(1) Videlicet, quod de quibuscunque acquisicionibus jam factis & faciendis, aut retentis per quoscunque Prelatos jure Prelacionis & aliter, in superiori Juridicione nostra situatis, & de ressorto nostre Curie Parlamenti predicte existentibus, & que possent Nobis cadere in Commissum, ut prefertur, financia exigatur & levetur ad opus & utilitatem nostram, juxta formam & tenorem dictarum nostrarum instruccionum alias vobis missarum ; appellacionibus, allegacionibus & opposicionibus frivolis in contrarium factis vel faciendis, nonobstantibus quibuscunque.

(2) Item. Quod de quibuscunque acquisicionibus factis vel faciendis per alias quascunque personas Ecclesiasticas, cujuscunque condicionis sint, & quocunque nomine censeantur, aut per innobilem à Nobili, in Feodis aut Retro-feodis dictorum Prelatorum aut alterius eorundem, vel quarumcumque aliarum personarum Ecclesiasticarum, in Juridicione & ressorto predictis situatis & existentibus, financia exigatur & levetur ut supra.

(3) Item. Si aliquis Nobilis vel innobilis pro fundacione Capellanie aut aliter, ad manum-mortuam ordinet vel instituat Legatum perpetuum in dictis Feodis aut Retro-feodis, onerando & obligando in speciali aliquas possessiones denominatas, volumus quod inde financia exigatur & levetur ; videlicet, ab instituente aut ab eo causam habentibus, ut supra ; nonobstante quod sic ordinans in sua ordinacione sic dixerit, Volo & ordino quod possessores dictarum possessionum sic ad manum mortuam oneratarum, contribuant cum plebeis in omnibus subvencionibus & subsidiis plebeyorum ; nonobstante quod sic sint onerate.

(4) Item. Si aliquis Serviens noster armorum, aut quicunque alter noster Officiarius, aliquas acquisiciones à Nobili, aut legata perpetua fecerit ut ᶠ supra, exigatur & levetur financia ut supra ; nonobstante quod sit noster Officiarius aut Serviens armorum, ut dictum est, nisi fuerit Nobilis genere, & Regia nobilitatione, & quod habeat super hoc Litteras Regias expeditas per Cameram Compotorum nostrorum Parisius ; in quo casu, gaudebit gracia eidem facta juxta sui tenorem, & non aliter.

(5) Item. De acquisitis factis per innobilem ut supra, & aliter, de quibus secundum dictas Instrucciones est finiandum ; & postmodum ᵍ vero Regia nobilitatione factus fuerit Nobilis, & Littera sue nobilitationis non fuerit expedita per dictam Cameram Compotorum

CHARLES V.
à Paris, le 7. d'Avril avant Pâques 1372.
ª Voy. cy-dessus, p. 360.
ᵇ Retrait Feodal ou Censuel. Voy. le Gloss. de du Cange, au mot, Prelatio.
ᶜ Gens d'Eglise qui sont Gens de main-morte.
ᵈ commisse, confiscation.

ᵉ abjicere.

ᶠ Je crois que cela a rapport à l'article precedent.

ᵍ Ce mot qui est ajoûté à la marge, est douteux.

610   Ordonnances des Rois de France

CHARLES V.
à Paris, le 7.
d'Avril avant
Pâques 1372.
a plenar. R.

b secundum.

c Sig. R.

noſtrorum Pariſius, exigatur & levetur financia ᵃ plenaria ut ſupra; quia tales Litteras, & earum effectum nullius valoris eſſe declaramus & volumus, donec fuerint expedite, ut dictum est.

(6) Item. Et ſi ſint aliqui ſic nobilitati qui habuerint Litteras eorum Nobilitacionis expeditas, ut præfertur, & in eis non caveatur expreſſe, quod acquiſita & acquirenda poſſint tenere tanquam Nobiles, volumus quod de acquiſitis per eos ante datam Litterarum eorum Nobilitacionis, financia exigatur & levetur ut ſupra.

Mandantes vobis, & committentes diſtrictius injungendo, quatinus vos in facto dictarum financiarum, ᵇ formam & tenorem dictarum noſtrarum Inſtruccionum, de quibus vobis licuit & liquebit, ac noſtre preſentis declaracionis & additionis, diligenter procedatis, & eas per vos declaratas exigatis & levari faciatis pro Nobis, per illos qui ad hoc fuerint ex parte noſtra deputati; appellacionibus, allegacionibus & oppoſicionibus frivolis omnino rejectis; taliter quod in vobis non reperiatur circa hoc deffectus aliqualis; Inhibentes univerſis & ſingulis Juſticiariis & Officiariis noſtris, ne in contrarium ſuper dicto facto, vos aut alterum veſtrum impediant, aut impediri à quoquam faciant vel permittant; ſed vobis in premiſſis & ea tangentibus, pareant efficaciter & intendant, ac pareri & intendi ab omnibus quorum intererit, faciant cum effectu; Litteris ſubrepticiis in contrarium impetratis vel impetrandis, nonobſtantibus quibuſcumque. Datum Pariſius, VII.ᵃ die Aprilis ante Paſcha, anno Domini milleſimo CCC.ᵐᵒ ſeptuageſimo ſecundo, & Regni noſtri IX.º ᶜ Signatum. Per Regem, ad relacionem Conſilii exiſtentis in Camera Compotorum Pariſius.

CHARLES V.
à Paris, en
Avril 1372.
avant Pâques.
Philippe VI.
dit de Valois,
à Poiſſy, en
Novembre
1333.
d Philippe de Valois.

e Dioceſe de Poitiers. Voy. Gall. Chriſt. 2.ᵉ Edit. tom. 2. p. 1273.
f Abbaie.
g eſpece de ſerfs.
h &.

(a) Confirmation de Lettres de Sauvegarde Royale pour l'Abbaye de S.ᵗ Joüin de Marnes.

KAROLUS Dei gracia Francorum Rex. Notum facimus univerſis modernis & poſteris, Nos Litteras cariſſimi & dilectiſſimi Domini ac Avi noſtri, ᵈ Philippi quondam Francorum Regis, predeceſſoris noſtri, vidiſſe ſub hiis verbis.

PHILIPPE par la grace de Dieu Roy de France. Savoir faiſons à touz preſens & avenir, que comme nous de noſtre auctorité Royal & puiſſance, en enſuïans les fais & les œuvres de noz Predeceſſeurs, aïens moult à cuer & willans pourveoir diligaument que aux Religieux & aux Egliſes de noſtre Royaume, à leur ſamile & à leurs biens, ſoit pourveu de ſeurté de ſauve protection; Pour ce eſt-il que nous les Religieuſes perſonnes, l'Abbé & le Couvent de Saint ᵉ Joüin de Marnes, & leur ᶠ Abbie, avec touz leurs membres, les ſingulieres perſonnes de ladicte Abbaye, leurs Prieurez & leur Egliſes, leursᵍ hommes de corps, leur famille & touz leurs biens, mettons & prenons ſoubz noſtre protection & ſauvegarde, ʰ nous voulons que il demeurent perpetuelment: Mandons au Seneſchal de Poitou & au Bailli d'Anjou, & à touz noz autres Juſticiers, preſens & advenir, ou à leurs Lieuxtenans, que il les diz Abbé & Couvent, tant en chief comme en membres, les ſingulieres perſonnes de ladicte Abbaye, leurs Prieurez, Egliſes, hommes de corps, leurs familles & tous leurs biens, gardent & deffendent & maintiegnent en leurs juſtes poſſeſſions, Libertés, us, drois & ſaiſines, eſquelles il les trouveront eſtre & leurs predeceſſeurs avoir eſté paiſiblement d'ancienneté; & yceulx Abbé & Couvent, tant en chief comme en membres, avec leurs Prieurrez & Egliſes, leurs familles, hommes deſſus dis & leurs biens, gardent & deffendent & facent deffendre de toutes injures, violences, oppreſſions, inquietacions, de force d'armes, de puiſſance de laiz, & de toutes autres nouvelletés indeuës, & ne ſeuffrent contre iceulx, leurs meſnies, leurs choſes & tous leurs biens quelconques, aucunes choſes indeuës eſtre faites, attemptées ou innovées;

NOTE.
(a) Treſor des Chartres, Regiſt. 104. P. 28. corr. 38. Voy. cy-deſſus, p. 190. Note (a).

DE LA TROISIÉME RACE.

mais se il les treuvent estre faites ou attemptées, si les ramenent & facent ramener à estat premier & deu, & à Nous & aux dessus nommés amender souffisamment; & nostre dicte sauvegarde ª faites publier en leurs Assises, & intimer à tous ceulx dont il seront requis de par les dessus nommez, en deffendant à yceulx que il ne leur messacent en riens; & avec ce, en signe de nostre dicte sauvegarde, mettent ou facent mettre noz ᵇ Pennunciaulx Royaulx sur les maisons, granches, possessions & terres dessus nommez; & des personnes desquelles il leur requerront à avoir asseurement, si leur facent faire & donner loyal selon la Coustume du païs; & quant aus choses dessus dictes mettre plus diligenment à execution, deputent aux dessus nommés, à leurs couz & despens, toutesfois qu'il en seront requis & ᶜ mestier sera, certains Gardiens, un ou plusieurs de noz Sergenz souffisans pour acomplir les choses dessus dictes, ᵈ qu'il facent ce que à Gardien appartient; lesquelx toutevoies ne s'entremettent de chose qui require congnoissance de Cause : Sauf en autres choses nostre droit, & en toutes l'autrui. Et que ce soit ferme & estable à tous jours mais, Nous avons fait mettre nostre Seel à ces presentes Lettres. Donné à Poissy, l'an de grace mil CCC. trente trois, ou moys de Novembre.

CHARLES V.
à Paris, en Avril 1372, avant Pâques.
ª facent.
ᵇ Voy. les Tabl. des Mar. de ce Rec., à ce mot, & au mot asseurement qui est plus bas.
ᶜ besoin.
ᵈ lesquelx.

Quas quidem Litteras ac omnia & singula in eis contenta, prefati Religiosi, Abbas & Conventus Monasterii Sancti Joyin de Marnes, qui per tempus aliquod Dominio Eduardi de Anglia vel Principis ᵉ Walliarum Filii sui, hostium nostrorum & Regni subfuerunt, ᶠ superioritate tamen erga Nos omnimode reservata per Regiam celsitudinem, pro se & suis successoribus in eodem Monasterio, graciose ratificari & confirmati Nobis humiliter supplicarunt. Nos autem animadvertentes maximum dilectionis fervorem, quem Nobis iidem supplicantes de facto quam plurimum dicuntur ostendisse, gravamina incompassiva guerrarum nostrarum occasione innumerabiliter supportando, in tantum quod nimia egestate de presenti cogi prospiciuntur, tenorem integrum Litterarum ipsarum superius insertarum, auctoritate nostra Regia & speciali gracia nostreque plenitudine potestatis ratificamus, laudamus, approbamus, ac presencium serie perpetuo confirmamus, ipsaque volumus inviolabiliter teneri & observari temporibus successuris : Baillivo Exempcionum & ressortorum nostrorum in Comitatu Pictavensi, ceterisque Justiciariis, Officiariis & subditis nostris, vel eorum Locatenentibus, modernis & futuris, & eorum cuilibet, prout ad eum pertinuerit, firmiter injungendo, mandantes quatenus prefatos Religiosos presentes & successuros in eodem Monasterio, nostra presenti gracia & confirmacione uti pacifice faciant & gaudere permittant; contradicionibus quibusvis penitus cessantibus & rejectis. Quod ut firmum & stabile perpetuo perseveret, presentes Litteras Sigilli nostri caractere jussimus communiri ; nostro in aliis & alieno in omnibus jure salvo. Datum & actum Parisius, mense Aprilis, anno Domini millesimo CCC. septuagesimo secundo, & Regni nostri nono, ante Pascha.
Per Regem, ad relationem Consilii. J. CHESNEL.

ᵉ Galles.
ᶠ Voy. cy-dessus, pag. 325. Note (a).

M CCC. LXXIII.

Suivant le Glossaire de *du Cange*, cette Année commença le 17. d'Avril & finit le 1. d'Avril.

(a) *Mandement portant qu'il sera donné à Guillaume Biholart, cent huit Sols six Deniers, pour chacun des quatre mil Marcs d'Argent qu'il apportera à la Monnoye de Tournay.*

CHARLES V.
à Paris, le 27. d'Avril 1373.

CHARLES par la grace de Dieu Roy de France. Aux Gardes & Maistre particulier ou tenant le compte de nostre Monnoye d'Argent de Tournay :

NOTE.

(a) Registre *D.* de la Cour des Monnoyes de Paris, *fol.*° 8. vingt 6. *verso* (166).

Avant ces Lettres, il y a :
Lettres de quatre mil Marcs d'Argent achetté [achettez] de G. Cauquin, pour & ou nom de Biholart de Tournay.

CHARLES V.
à Paris, le 27.
d'Avril 1373.

a qu'on ne cesse d'y travailler.
b déliberation.
c prochain. R.
d moyennant.

Salut. Savoir faisons que de nostre commandement & volonté, pour le bien & prouffit de Nous & de noz subgectz, & afin que nostre dicte Monnoye de Tournay ª ne chee en chomage, par bonne & meure ᵇ diliberation, aucuns de noz amez & feaulx Tresoriers & Generaulx-Maistres de noz Monnoyes, ont traictié, accordé & marchandé avec Guillaume Cauquin, pour & ou nom de Guillaume Biholart Changeur & Bourgeois de Tournay, pour lequel ledit Guillaume Cauquin s'est fait fort, en maniere que ledit Changeur doit livrer & porter ou faire livrer & porter en son nom, en nostre dite Monnoye de Tournay, dedans la Feste de Toussains ᶜ prochainement venant, la somme de quatre mil Marcs d'Argent allaïez à quatre-deniers de Loy; ᵈ parmi ce que pour chascun Marc, il aura & luy sera paié par vous, trois Solz dix Deniers Tournois, oultre le prix de cent cinq Solz Tournois que Nous donnons à present. Pourquoy Nous vous mandons, & à chascun de vous estroictement enjoignons, que les dits III. Solz X. Deniers Tournois, oultre le pris de C. V. Sols Tournois, vous paiez & delivrez audit Changeur pour chascun des dits quatre mil Marcs d'Argent, tout ainsi que par lui ou par autre en son nom, & dedans le temps dessus dit, les dits quatre mil Marcs d'Argent vous seront delivrez & portez en ladite Monnoye; & par rapportant ces presentes, ou coppie d'icelles collationnée par nostre Chambre des Comptes, avec certification de vous Gardes, des dits Marcs d'Argent ainsi livrez en ladite Monnoye, & recongnoissance dudit Changeur, de ce que pour ladite cause paié luy aurez, tout ce qui ainsi paié luy aura esté par vous pour cause des choses dessus dites, Nous voulons & mandons estre alloüé ou compte ou comptes de vous Maistre-Particulier dessus dit, par noz amez & feaulx les Gens de noz Comptes à Paris, sans aucun contredict; nonobstant quelzconques Ordonnances, Mandemens ou defenses faictes ou à faire à ce contraires. *Donné à Paris, le* XXVII.ᵉ *jour d'Avril, l'an de grace mil trois cens soixante treize, & de nostre Regne le dixiesme,* Signé. Par le Roy. Yvo.

CHARLES V.
au Bois de Vincennes, le 18. de May 1373.

e legs.

f Bourgeois du Roy ou Serfs. Voy. la Tabl. des Mat. de ce Rec. aux mots, Jurée & mortemain.
g Voy. les Tabl. des Mat. de ce Rec. au mot, Taille.

(a) *Reglement pour les droits d'Admortissement & de Francs-Fiefs.*

CHARLES par la grace de Dieu Roy de France. Au Receveur de Senz, Jehan de Savigny, & Henry le Compasseur Bourgois de Senz. Comme par deliberacion de nostre Conseil, Nous ayons n'agueres ordonné que pour les acquisicions ont faictes depuis XL. ans ença, personnes d'Eglise de quelque estat ou condicion que il soient, tant à cause de dons, ᵉ laiz, transpors, comme autrement commant que ce soit, qui ne leur seroient admorties par Lettres en laz de soie & cire vert, passées & expediées par nostre Chambre des Comptes à Paris; & aussi pour les acquisicions que ont faictes depuis ledit temps, personnes non-nobles (b) & personnes Nobles, en noz Fiefz ou Arrere-Fiefz, seront levées finances pour Nous, selon la declaracion de certaines Instruccions sur ce faictes & seellées de nostre Contreseel; esquelles Instruccions est declarié, que se aucuns se sont fait anoblir depuis le temps dessus dit, il paieront finances bonnes & souffisantes selon leurs facultez, tant pour leurs Noblesses, comme des Acquès par eulx faiz par avant leur Noblesse, se il ne monstrent que il en aïent paié finance, ou s'il n'ont Lettres Royaulx de grace sur ce passées & expediées par nostre dicte Chambre des Comptes; & avec ce, se en trouve que aucuns des diz anobliz feussent par avant noz hommes tant de ᶠ jurée comme de mortemain, & autrement ᵍ taillables à voulenté, & en leur Lettres d'anoblissement n'en est faite expresse mencion, Nous declarons ycelles Lettres comme subreptices & estre de nulle valuë, & voulons que nonobstant ycelles, finance soit levée d'eulx pour leurs acquès, selon la teneur des dictes Instruccions. Si vous mandons &

NOTES.

(a) Ces Lettres sont *vidimées* dans la Piece cotée 314. bis du Reg. 106. du Tref. des Chart.
(b) *Et personnes Nobles.*] Ces Lettres se trouvent plusieurs fois dans ce Registre & dans le suivant, & on y lit presque toûjours, & *personnes Nobles*; mais dans le Registre 107. Piece 136. il y a, *de personnes Nobles*, & c'est ainsi qu'il devroit y avoir dans toutes ces Lettres.

commettons, & à chafcun de vous, que tantoft ces Lettres veuës, vous ou l'un de vous faictes crier & publier notoirement & publiquement par tout le Bailliage de Senz, que toutes perfonnes ᵃ quelconques, & auffi non-nobles, vous baillent ou envoient par declaracion dedans certain temps que vous leur prefigerez, toutes les declaracions que elles & leurs predeceffeurs ont faictes depuis le temps deffus dit par la maniere deffus dicte, ou dit Bailliage, & femblablement que toutes perfonnes d'icellui Bailliage qui fe font fait anoblir depuis le temps deffus dit, vous monftrent ou envoient les Lettres de leurs anobliffemens; & des acquificions que vous trouverez que elles auront faictes, les contraingnez viguereufement & fenz delay, par la prinfe, detencion & expleétacion dez chofes acquifes, à payer finance à vous Receveur pour Nous, felon la declaracion des dictes Inftructions defquelles il vous apperra & de ces prefentes, fanz en faire aucune delivrance ou recréance ; mais les tenez & gouvernez, & faites tenir, garder & gouverner & exploicter en noftre main & à noftre proffit, jufques à tant qu'il aient paié les dictes finances par la maniere ᵇ quel ès Inftruccions & en ces prefentes eft contenu : Ce faites fi diligemment & par telle maniere que par vous n'y ait deffaut ; car fe deffaut y avoit, Nous nous en prendrions à vous. De ce faire vous donnons povoir : Mandons à touz noz fubgez, Jufticiers & Officiers, que à vous & à voz Comis & deputez, entendent & obeiffent diligemment en ce faifant, & vous preftent confeil, confort & aide, fe ᶜ meftier en avez & vous les en requerez. Donné au Bois de Vincennes, le XVIII.ᵉ jour de May, l'an de grace M. CCCLXXIII. & de noftre Regne le X.ᵉ

CHARLES V. au Bois de Vincennes le 18. de May 1373. a d'Eglife.

b que ès.

c befoin.

(a) *Reglement pour la levée des Amendes prononcées en Parlement ; lefquelles feront employées au payement des gages des Gens du Parlement, & des Maiftres des Requeftes.*

CHARLES V. à Paris, le 28. de May 1373.

CHARLES par la grace de Dieu Roy de France. A noftre amé Pierre Domino, General-Maiftre de noz Monnoies : Salut. Comme Nous aions n'agueres ordonné que toutes les Amendes & condempnacions qui ont efté & feront d'orefenavant faictes en noftre Parlement à Paris, feront entierement convertiz ou paiement des gaiges de noz amez & feaulx Confeilliers, les Genz qui tiennent & tenront noftre dit Parlement, & des Maiftres des Requeftes de noftre Hoftelz, par les mains de Pierre de Landes, Changeur de noftre Trefor à Paris; & auffi aions ordonné que les dictes Amendes & condempnacions vous foient bailliez en ᵈ raoulles, fitoft que elles feront prononciées & ajugées, ᵉ pour les faire venir ens, afin qu'il n'aift deffaut aucun ou paiement de leurs dis gaiges; Nous confianz à plain de voftre fenz & diligence, vous mandons & commectons par ces prefentes, que toutes les dictes Amendes & condempnacions qui baillées vous feront par noz dictes Gens, vous faciez executer viguereufement, fanz faveur ou deport de perfonne, par noz Sergens ou tels comme bon vous famblera, en faifant contraindre les debteurs, leurs hoirs ou aians caufe d'eulx, par venduë & expleétacion de leurs biens & detencion de leurs corps, en la maniere qu'il eft acouftumé à faire pour noz propres debtes Royaulz; & fe pour ce leurs heritaiges eftoient venduz, criez & fubhaftez felon la Couftume du païs où les diz heritaiges feront affiz, bailliez ou faites baillier voz Lettres de Decret aus achateurs, lefquelles Nous ferons confirmer par les noftres en laz de foie & cire vert, les folempnitez en tel cas requifes & la Couftume du païs plainement gardez ; & s'aucuns vous eftoient rebelles ou defobéiffans ou à vos deputez en ce faifant, fuffent noz Jufticiers, Officiers ou autres, affignez leur ou faicte affiner certain jour & competant pardevant noz amez & feaulx Genz de noz Comptes & Treforiers à Paris, pour amender les dictes defobeiffances & rebellions, refpondre

d *Rolles, Mémoires.*

e *pour les faire payer. Ens, dedans.*

NOTE.

(a) Ces Lettres font *vidimées* dans la Piece 85. du Regiftre 106. du Trefor des Chartres.

614   Ordonnances des Rois de France

CHARLES V.
à Paris, le 28. de May 1373.
a fortira, proviendra.

à noſtre Procureur ſur ce, & proceder en oultre, ſi comme il appartendra, en certifiant noz dictes Genz & Treſoriers ſur ce ſouffiſament; aus quelz Nous mandons que, oy noſtre dit Procureur & les adjournez ſur ce, facent bon & brief accompliſſement de Juſtice; & l'Argent qui en ᵃ iſtra des dictes Amendes, faites apporter ſauvement aus deſpens & perilz des diz debteurs, en noſtre Treſor à Paris, pour les tourner & convertir ou païement des gaiges deſſuz diz, ſelon noſtre dicte Ordonnance; & ce faites faire ſi diligemment & par telle maniere que par vous n'y ait aucun deffaut : Car ainſi le voulons Nous eſtre fait; nonobſtant quelxconques graces, dons ou remiſſions que Nous facions des dictes Amendes, par importunité des requeranz ou autrement, auſquelles Nous ne voulons eſtre aucunement obey, ou cas toutevoies que noz diz Conſeilliers ne ſe conſentiroient à ce, & que ſur ce vous n'auriez mandement de eulx. De ce faire vous donnons povoir & auctorité, & à voz Commis & deputez. Mandons & commandons à touz noz Juſticiers, Officiers & ſubgiez, que à vous & à voz deputez en ce faiſant, obéiſſent & entendent diligemment. Donné à Paris, le XXVIII.ᵉ jour de May, l'an de grace M. CCC. LXXIII. & le X.ᵉ de noſtre Regne.

CHARLES V.
au Château du Bois de Vincennes, en May 1373.
b & à venir.
c paſſé.
d prendre.

e partagée entre les Marchands de vin.

f audeſſus.

(a) *Reglement pour les Marchands de vin de la Ville d'Arras.*

CHARLES par la grace de Dieu Roy de France. Savoir faiſons à tous preſens ᵇ, à Nous avoir eſté ſeignifié de la partie de nos bien amez les Marchans de vins de la Ville d'Arras, que comme noſtre très chiere & feal Couſine la Conteſſe de Flandre & d'Artois, à cauſe de ſa Conté d'Artois, elle eſtant & demourant à Arras, & les Contes d'Artoiz qui ont eſté ou temps ᶜ, & ſeront pour le temps avenir, aient acouſtumé de ᵈ penre & avoir s'il leur plaiſt, ſur les dis Marchans & leurs vins, pour eulx & leurs Hoſtelz, en demourant à Arras, vin en païant trois Deniers pour le (b) lot tant ſeulement; laquelle charge eſt priſe & recüeillie ſur les dis Marchans, ès lieux & maiſons ordenez par yceulx aux Gens des dis Contez & Conteſſes d'Artois, & ᵉ taillié en fin de chaſcun an, ou du temps acouſtumé; & chaſcun des dis Marchans (c) baillie & aſſis tele porcion qu'il lui en appertient, ſelon le fait & marchandiſe qu'il a eu en ycellui temps ou année; laquelle taille & Aſſiete eſt acouſtumée à cüeillir & recevoir des dis Marchans en ladicte Ville, par les ſix hommes du vin commis & deputez chaſcun an au renouvellement de l'Eſchevinage en ycelle Ville; ou par autre que ledit Marchant y veulent commettre & ordenner, pour chaſcun des dis Marchans (d) rendre & refondre le oultre plus au pris raiſonnable que vin vault pour le temps en ladicte Ville, de ce qui par les dis Contez & Conteſſes a eſté prins & levé de leurs vins par tout le dit temps, au ᶠ deſſeure de la taille ou Aſſiete à laquelle un chaſcun des dis Marchans a eſté impoſé & aſſiz pour la cauſe dicte; & auſſi pour ſouſtenir & defendre les drois, Cauſes, franchiſes & Libertez de ladicte marchandiſe, conviengne yceulx ſeignifians eſtre & comparoir en pluſieurs & divers Sieges & Auditoires, pardevant pluſieurs & divers Juges, & faire & ſouſtenir chaſcun an pluſieurs grans fraiz & miſſions ſur le fait & charge deſſus dis; & pour ycellui fait plus deuement entretenir, & qu'il puiſſent & ſachent avoir leur recours, conſeil & advis, aient les dis ſeignifians ordené, & acouſtumé de très lonc & ancien temps, à faire eſlire & renouveller de commun aſſentement & par

NOTES.

(a) Treſor des Chartres, Regiſtre 105. Piece 96.

(b) *Lot.*] Je n'entends point ce mot. Peut-être faut-il corriger, *pot* ?

(c) *Baillie & aſſis.*] Paye ſa part de cette charge, à proportion du commerce qu'il fait.

(d) *Rendre & refondre.*] Voicy comme j'entends cet endroit. Les Marchands de vin qui n'auront pas fourni la quantité de vin qu'ils doivent donner, eû égard à celle qui a été priſe par le Comte, payeront en argent le ſurplus de la quantité du vin qu'ils devoient fournir, ſuivant le prix que l'on vend communément le vin dans Arras.

d'accord de chascun d'eulx, chascun an, un chief auquel il ont recours, conseil & advis sur les fais dessus diz, lequel ont dist & appellé le *Prince des Viniers*; Neantmoins moult de fois, aucuns des dis Marchans sont & pourroient estre resusans en temps advenir, de payer leur Assiete & leur part & porcion de ce qu'il porroient devoir tant du vin que les dis Contes & Contesses [a] prennerent sur eulx par la maniere dicte, comme des autres fraiz & missions qu'il convient faire & soustenir en ladicte marchandise, dont procès & questions se porroient mouvoir & ensievir en plusieurs manieres; lesquelx ledit Prince ne les dis signifians ne porroient poursievir, ne les Causes & franchises de ladicte marchandise soustenir & defendre, ne aussi contraindre les rebelles qui moult souvent se transportent & ont leur demeure hors de la Juridicion des diz Contes & Contesses d'Artoiz, en divers & lointains lieux & soubz diverses Juridicions en nostre Royaume, à payer ladicte taille & Assiete, sans estre par Nous auctorisé & habilité : Si Nous ont les dis seignifians humblement supplié que sur ce leur vüeillons impartir nostre grace, à ce que [b] Chief de ladicte marchandise, appellé le *Prince de Viniers*, qui est à present & qui sera pour tous temps advenir, soit par Nous habilitez & auctorisez à ester & comparoir en Court & en Jugement pour le fait commun de ladicte marchandise, tant en demandant comme en defendant, & tout les resusans ou rebellez, soubz quelconques Juridicion il soient, demourans en nostre dit Royaume, à payer leurs dicte Assiete & autres frais pour le fait de ladicte marchandise, il puist traictier & poursievir en Jugement pardevant les Juges à qui la cognoissance en devera appartenir ; & tous les drois, franchises, Causes & Libertez de ladicte marchandise, garder, traictier & demener ou nom & pour les dis supplians. Nous adecertes, en consideracion aux choses dessus dictes, desirans le fait de ladicte marchandise, de laquelle grant proffit vient chascun an au fait de noz Aides, estre entretenu, & les Libertez & franchises d'icelle estre gardées, de nostre certaine science & grace especial, avons octroié & octroïons aus dis supplians, que le Chief de ladicte marchandise appellé le *Prince des Viniers*, esleu chascun an deuement par les dis supplians en la maniere acoustumée, de laquelle élecion il apperra par Lettres seellées soubz seel autentique, lequel Nous avons abilité & auctorisé, abilitons & auctorisons par ces presentes, puist estre d'oresenavant & comparoir en Court, Jugement & hors, pour le fait commun d'icelle marchandise, envers & contre toutes personnes, tant en demandant comme en defendant; & que tous les resusans ou rebelles, soubz quelconques Juridicion il soient, demourans en la Conté d'Artois, ou ailleurs en nostre dit Royaume, à païer l'Assiete à eulx imposée, & autres choses deuës pour les causes dictes touchans le fait de ladicte marchandise, il puist traictier & poursievir en Jugement & hors, sans avoir autre procuracion, abilitacion ou Mandement, pardevant tous les Juges de nostre dit Royaume, aux quelx la cognoissance en devera appartenir; & pareillement tous les drois, Causes, franchises & Libertez de ladicte marchandise, touchans la Communauté d'icelle, garder, traictier & demener ou nom & pour les dis supplians. Si donnons en mandement par ces mesmes presentes, au Gouverneur du Bailliage d'Amiens, au Prevost de Beauquesne, & à tous les autres Justiciers & Officiers de nostre dit Royaume, qui sont à present & seront pour le temps avenir, ou à leurs Lieuxtenans, & à chascun d'eulx, si comme à lui appartendra, que les dis supplians il laissent & facent à plain joïr & user de nostre presente grace, sans les empeschier ou molester, ne souffrir estre empeschiez ou molestez en aucune maniere, contre la teneur d'icelle. Et pour ce que ce soit ferme chose & estable à tousjours perpetuelment, Nous avons fait mettre nostre [c] à ces presentes Lettres : Sauf nostre droit en autres choses, & l'autrui en toutes. *Donné en nostre Chastel du Bois de Vincennes, ou moys de May, l'an de grace* M. CCC. LXXIII. *& le* X.^e *de nostre Regne.*

Par le Roy. P. CRAMETTE.

CHARLES V.
au Château du Bois de Vincennes, en May 1373.

a *prennent.*

b *le.*

c *Scel.*

CHARLES V.
à Paris, le 1.
de Juin 1373.

(a) *Reglement qui fixe les gages des Officiers des Monnoyes.*

CHARLES par la grace de Dieu Roy de France. A noz amez & feaulx les Generaulx-Maiftres de noz Monnoyes : Salut & dilection. Comme dès le com-

a *de la fabrication que l'on faifoit actuellement.*

mencement de ce ª prefent Ouvraige, pour la complainte que les Maiftres-Particuliers de noz Monnoyes, faifoient de ce que les Officiers d'icelles prenoient fur eulx trop grant & exceffive defpenfe, pour laquelle les dits Maiftres vouloient laiffer & re-

b *éviter.*

noncier à nos dites Monnoyes; Nous pour ᵇ efchever ladite defpenfe, & afin que ledit Ouvraige peuft eftre fait à moindre pris à noftre prouffict, ordonnafmes que les dits Officiers; c'eft affavoir, les Gardes auroient & prandroient fur nos dites Monnoyes, cent livres Tournois pour leurs fallaire & defpens, & dix livres Tour-

c *Voy. les Tabl. des Mat. de ce Rec. à ce mot.*

nois pour ᶜ Robe; le Tailleur & l'Effaïeur chafcun cent livres Tournois, & cent Solz Tournois pour Robe; & pour ce que le prouffit & l'ouvraige de nos dites Monnoyes eft fi diminué, que à paine pevent eftre païez les dits fallaires; & auffy que

d *on a ceffé d'y travailler.*

plufieurs d'icelles Monnoyes font demourées ᵈ en chomage, Nous par grant deliberation de noftre Confeil, avons ordonné & ordonnons par ces prefentes, que chafcun Garde de nos dites Monnoyes aura & prandra pour fallaire & defpens cent livres Tournois tant feullement; le Tailleur dix livres Tournois avec fa taille accouftumée, & l'Effaïeur femblablement dix livres Tournois. Toutesfois il Nous plaift & voulons que pour ce que l'Effaïeur de noftre Monnoye de Paris, fait tous les contreffaiz des

e *Voy. les Tabl. des Mat. de ce Rec. au mot, Monnoyes.*
f *d'orefenavant.*
g *foient confervez.*

ᵉ Boeftes d'Argent de noftre Royaume, il ait & preingne pour fon fallaire & defpens, foixante livres Tournois; & oultre ce, avons ordonné & voulons que en toutes noz Monnoyes n'ait aucuns Contregardes à noz fallaires ou defpens ᶠ d'orefenavant; toutes voyes fe les Changeurs ou Marchans vous requerient que les dits Contregardes ᵍ, iceulx foient par eulx païez de leurs dits falaires. Si vous mandons à chafcun de vous, que noftre prefente Ordonnance vous faciez tenir & garder, & à iceulx Gardes, Tailleur & Effaïeur, faictez païer les gages deffus dits par les Maiftres-Particuliers de noz Monnoyes, fur le prouffit qui Nous pourra & devra appartenir à caufe de l'ouvrage d'icelles; lefquelz fallaires Nous voullons eftre alloüez ès comptes de celuy ou ceulx à qui il appartiendra, par noz amez & feaulx Gens de noz Comptes à Paris. Donné à Paris, le premier jour de Juing, l'an de grace mil trois cens foixante treze, & de noftre Regne le dixiefme.

Par le Roy, à la relation de fon Confeil eftant en la Chambre des Comptes. DROCO.

NOTES.

(a) Regiftre D. de la Cour des Monnoyes de Paris, fol.º 8. vingt 7. verfo (167).

Avant ces Lettres, il y a: Lettres du Roy fur les fallaires des Officiers des Monnoyes.

CHARLES V.
au Bois de Vincennes, le 22. de Juin 1373.

(a) *Reglement pour la Marefchauffée.*

CHARLES par la grace de Dieu Roy de France. A tous ceulx qui ces prefentes Lettres verront : Salut. Comme notre bon peuple de noftre Royaume, ait de long temps efté, & foit encore chacun jour grevé & opprimé grandement par le fait de nos ennemis, par quoy nos bons fubgez n'ont apainnes dont ilz puiffent

NOTE.

(a) Regiftre Rouge-vieil du Chaftelet de Paris, fol.º 57. Recto.
Joly dans les *Offices de France*, tom. 2. addition au 3.ᵉ Liv. pag. 1871. a donné un extrait très-court de ces Lettres, qu'il date du 12. de Juin 1373.

Ces Lettres fe trouvent auffi dans la *Conneftable & Marefchauffée de France*, par *Pinfon de la Martiniere*, pag. 5. Elles y font datées du 12. Juin 1374. Mais c'eft une faute d'impreffion; car à la tête de ces Lettres, il y a, du 12. Juin 1373.

vivre

DE LA TROISIÉME RACE. 617

vivre ne avoir leurs fouftenances; & par efpecial, Nous aïons entendu que par les Commiz ou Sergens de noz amez & feaulx Marefchaux, il font de jour en jour adjournez, execeutez & travaillez, & prennent grans & exceffifs falaires, & fe font payer de plus de journées que ne pourroient ou devroient faire nos Sergens ordinaires des lieux où nos diz fubgez demeurent; & qui pis eft, les adjournent de jour en jour pardevant nos diz Marefchaux ou leurs Lieuxtenans, Prevofts ou Officiers, fenz dire les caufes pourquoy il les adjournent, ou que elles foient contenües ou exprimées en leurs commiffions ou adjournemens; par quoy fouvent avient que nos diz fubgez vont au jour qui leur eft affigné, tout defpourveuement, & fenz ce que ilz fachent que on leur veult demander; & auffi fouvent font adjournez ès lieux où il ne pevent & ofent aler pour [a] doubte des guerres, & là où ilz ne pevent recouvrer de confeil; parquoy fouvent ilz perdent leurs Caufes, combien que ilz aient bon droit de eulz deffendre; & en ce & autrement, leur font de jour en jour tant de griefs & de dommages, que à painnes les pevent il foustenir ne endurer; & pour ce Nous font venues plufeurs plaintes de nos diz fubgez, afin que par Nous y foit remedié par telle maniere que noftre bon peuple puiffe vivre, & que par cefte maniere ne puiffe dorefenavant eftre ainfi grevez ne dommagiez, & de tous autres; avons ordonné & ordonnons par ces prefentes noftre [b] cuer [c] efchever nos fubgez des diz griefs & dommages, & de tous autres, avons ordonné & ordonnons par ces prefentes, de noftre auctorité Royal, que dorefenavant les Sergens, Commiz ou Officiers de noz diz Marefchaux, ne feront aucuns adjournemens ou executions fur nos diz fubgez; maiz feront faiz par nos Sergens ordinaires des Bailliages, Senefchaucies ou Prevoftés, là où nos diz fubgez demourront; lefquelz feront ad ce commiz par nos diz Marefchaux, leurs Lieutenans ou Prevofts; & voulons & ordonnons que les Caufes & demandes pourquoy ilz feront adjournez, foient contenuës & exprimées ès diz adjournemens ou commiffions; & ou cas que les dis adjournemens ne feroient faiz par nos diz Sergens ordinaires, ou que les Caufes ou demandes ne feroient contenuës & exprimées ès dis adjournemens ou commiffions, comme dit eft, Nous voulons que il n'y foit obei, & que tels adjournemens n'aient aucun effet & foient de nulle valeur, & defmaintenant les declairons, & tout ce qui par vertu d'iceulz feroit enfui, eftre nulz & de nul effect; & auffi [d] confiderans que en notre Ville de Paris, l'en peut mieulz recouvrer de bon confeil que ailleurs, Nous voulons & ordonnons que nos diz fubgez ne foient adjournez par vertu des dictes commiffions ou mandemens, pardevant nos diz Marefchaux, leurs Lieutenants, Prevos ou Officiers; [e] forques en notre dicte Ville de Paris, & non ailleurs, adfin que mieulx leur bon droit leur foit gardé & deffendu; fe ce n'eftoit toutefvoies du confentement & acort du deffendeur. Si donnons en Mandement par la teneur de ces prefentes, au (b) Prevoft de Paris & à tous les autres Jufticiers de noftre Royaume, ou à leurs Lieutenans, & à chafcun d'eulz, fi comme à lui appartendra, que noftre prefente Ordonnance ilz fignifient à nos diz Marefchaux, leurs Lieutenens, Prevoftz & Officiers, & leur facent commandement de par Nous, que ycelle Ordonnance il tiengnent & acompliffent, & que en aucunne maniere il ne facent ne facent faire le contraire: Et auffi mandons (c) audit Prevoft & Jufticiers, & à leurs Lieuxtenens, que de par Nous il deffendent generalment à tous nos fubgez, que aux diz adjournemens qui par nos diz Sergens ne feroient faiz en la maniere que dit eft, ne obéïffent; aux quelz par ces prefentes Nous le deffendons; & ou cas que les diz adjournemens feroient faiz autrement que dit eft, que il ne feuffrent que par noz diz fubgez y foit obei; maiz les Sergens & Officiers qui fe efforceroient de faire le contraire, puniffent de telle Amende ou punicion qu'il verront eftre à faire, felon le cas; & pour ce,

CHARLES V.
au Bois de Vincennes, le 22. de Juin 1373.

a crainte.

b cœur étant d'échever. P.
c faire éviter.

d confider. R.

e fors que.

NOTES.

(b). Au Prevoft.] Il y a dans Pinfon de la Martiniere, à nos amez & feaulx, les Gens tenans noftre Cour de Parlement, & à tous les autres Jufticiers, &c.

(b) Audit Prevoft.] Ces termes fe trouvent auffi dans Pinfon de la Martiniere, quoique l'adreffe ne foit point au Prevoft de Paris, mais aux Gens du Parlement. Voy. cy-deffus, Note (b).

618　　ORDONNANCES DES ROIS DE FRANCE

CHARLES V.
au Bois de Vincennes, le 22. de Juin 1373.
a douziefme P.
b 374. P.

Nous voulons que cefte Ordonnance foit notoire à tous les Jufticiers, Officiers & fubgez de notre dit Royaume, Nous voulons & leur mandons que elle foit publiée par tous les lieux de leurs Bailliages, Prevoftés, Chaftellenies & Juridictions. En tefmoing de ce, Nous avons fait metre notre fcel à ces prefentes. Donné en notre Chaftel du Boys de Vincennes, le *a* vint deuxieme jour de Juing, l'an de grace mil *b* trois cens foixante & trefe, & de notre Regne le difieme.

Collacion faicte à l'Original des dictes Lettres ainfi fignées. *Par le Roy*, en fon Confeil. J. DAILLI.

Et eftoit efcript au dos des dictes Lettres, ce qui s'enfuit:

Prefentes Littere lecte & publicate fuerunt in Camera Parlamenti, & ad Tabulam Marmoream Palacii Regii Parifius; & eft ordinatum per Curiam, quod publicabuntur in omnibus fedibus Regiis Regni. Actum XIIII. die Decembris, anno milleſimo trecenteſimo feptuageſimo quarto. *c* WILLEMER.

c ainfi figné, P. BILLESNES. P.
d Cecy n'eft point dans P.

d Publiées fouffifamment ès lieux acouftumés à faire criz à Paris, par Jehan le Maire, le Jeudi quatorzieme jour de Decembre, l'an mil trois cens foixante & quatorze.

CHARLES V.
au Bois de Vincennes, en Juin 1373.

(*a*) Confirmation des privileges de la Ville & du Comté de Mafcon.

KAROLUS *Dei gracia Francorum Rex. Notum facimus univerfis prefentibus pariter & futuris, Nos infra fcriptas inclite recordacionis, cariſſimi Domini & Genitoris noftri, Litteras vidiſſe, formam que fequitur, continentes.*

(*b*) JEHANNES, &c.

Quas quidem Litteras fuperius infertas, franchifiafque, Libertates & privilegia, ac eciam alia omnia & fingula in eifdem contenta, laudamus, ratificamus & approbamus, ac eciam de noftra fpeciali gracia certaque fciencia & auctoritate Regia, plenitudineque noftre poteftatis Regie, tenore prefencium confirmamus. Quocirca Baillivo ac Prepofito Matifconenfibus, ceterifque Jufticiariis & Officiariis noftris, aut eorum Locatenentibus, prefentibus & futuris, & eorum cuilibet, prout ad eum pertinuerit, earumdem ferie Litterarum mandantes diſtrictius injungendo, quatenus prefatos Cives & habitatores Matifconenfes, modernos & futuros, & eorum quemlibet, predictis franchiſiis, Libertatibus & previlegiis, prout hactenus uſi funt, eifdem juxta preſcriptarum Litterarum preſentiſque noſtre gracie & confirmacionis feriem & tenorem, uti e & *gaudere pacifice faciant & permittant, ipfos aut eorum aliquem in contrarium nullatenus moleſtando vel perturbando, feu moleſtari vel perturbari permittendo; fed fi forfan aliquid in contrarium factum vel attemptatum fuerit, id ad ſtatum priſtinum & debitum reducant aut reduci faciant indilate, cum fuper* f hoc *fuerint requifiti. Quod ut firmum & ſtabile permaneat in futurum, noſtrum preſentibus Litteris Sigillum duximus apponendum; noſtro in aliis, & alieno in omnibus femper jure falvo.* Datum apud Nemus Vincenarum, anno Domini milleſimo trecenteſimo feptuageſimo tercio, Regnique noftri decimo, menfe Junii.

e & .
f hoc. R. P.
g Ce qui fuit n'eft pas dans R. P.

g Per Regem, ad relacionem Confilii. J. DE REMIS.

NOTES.

(*a*) Trefor des Chartres, Regiftre 105. Piece 23.
Ces Lettres font auſſi dans le Regiftre du Parlement de Paris, intitulé 3.ᵉ *Vol. des Ordonnances de François I.ᵉʳ* coté M. fol.° 378. *verfo*. Elles font vidimées dans des Lettres de Loüis XI. du mois de Mars 1476.
(*b*) *Jehannes.*] *Joannes, &c.* Ces Lettres qui font du mois de Novembre 1360. font dans *le 3.ᵉ Vol. de ce Rec.* p. 472. Mais un Copifte ayant écrit par erreur, *Decembre* au lieu de *Novembre* dans l'indication du nom du Roy, qui fe met à la marge de chaque Ordonnance, celle-ci a été placée & dans le corps de l'ouvrage & dans la Table Chronologique, entre celles du mois de Decembre 1360.
Dans le Regiftre 105. il y a: & *contra privilegia, &c.* ce qui vaut mieux que *ut contra, &c.* & plus bas, il y a auſſi mieux: *fpeciali profequi favore*, au lieu de *fpeciali infigni favore*.

(a) *Lettres qui portent qu'à la Rochelle, tout le bled qui sera porté au Moulin, sera pesé, & payera 4. Deniers.*

CHARLES V. au Bois de Vincennes, en Juin 1373.

CHARLES par la grace de Dieu Roy de France. Savoir faisons à tous presens & avenir, à Nous avoir esté signifié de par nos bien amez le Maire, Eschevins, Conseillers, ª Pers & Bourgois de nostre Ville de la Rochelle, que comme eulx, du consentement & volenté de la plus grant & plus saine partie des habitants de nostre dicte Ville, & pour le prouffit commun & utilité publique d'icelle Ville, eussent & ayent ordené, que certains pois que ilz tiennent en plusieurs partie de ladicte Ville, perpetuelment seroit pesé le blé qui par les dis habitans est baillié aux munniers pour mouldre, & aus mesmes pois seroient tenus les dis munniers rendre la farine dudit blé; & pour chascun sestier de blé ainsi pesé, celui ᵇ qui ledit blé sera & est, paiera & sera tenus à paier IIII. Deniers, pour tourner & convertir ou proufit des dis signifians ou nom de ladicte Ville, qui soustiennent & soustendront les dis pois à leur propres despens : Neantmoins aucuns singuliers de ladicte Ville, aïans Moulins près d'icelle Ville, ou aucuns leurs amis, s'efforcent de contredire à ladicte Ordenance qui, comme dit est, est faite par la plus grant & plus saine partie d'iceulx habitans pour le bien & chose publique, combien que les dis signifians par la maniere que dit est, l'aïent peu & puissent faire & tenir & faire tenir sans avoir licence d'autre que d'eulx, si comme il dient, en Nous humblement suppliant, que attendu ce que dit est, Nous ladicte Ordenance vüeillons avoir agreable & consermer, si & en tant comme besoing leur est. Nous adecertes, attendu ce que dit est, ladicte Ordenance avons agreable, & ycelle ᶜ lauons, ratifiions & approuvons en tant comme à Nous est, & par la teneur de ces presentes, de certaine science & grace especial, consermons à estre, tenir & ᵈ grader perpetuelment. Pourquoy Nous donnons en mandement au Gouverneur de nostre dicte Ville de la Rochelle, & à tous nos Justiciers de nostre Royaume, & à leurs Lieuxtenans, & à chascun ᵉ, si comme à lui appartendra, que les dis signifians facent & seuffrent joüir & user de nostre presente grace, sans les molester au contraire, en contraingnant se ᶠ mestier est, ou faisant contraindre à paier yceulx IIII. Deniers, tous ceulx qui tenus y sont & seront, toutesfois que le cas y escherra, selon ladicte Ordenance; nonobstant ladicte ᵍ contrajudicion, laquele Nous ne voulons avoir lieu, & quelconques oppositions & appellacions à ce contraires. Et pour ce que ce soit ferme chose & estable à tousjours mais, avons fait mettre nostre Seel à ces presentes. Sauf en autres choses nostre droit, & l'autrui en toutes. *Donné au Bois de Vincennes, ou moys de Juing, l'an de grace mil CCCLXXIII. & le X.ᵉ de nostre Regne.*

ᵃ *Pairs.* C.

ᵇ *de.* C.

ᶜ *loons.* C.

ᵈ *garder* C.

ᵉ *d'eux.* C.

ᶠ *besoin.*

ᵍ *contradiction.* C.

ʰ *Sic signatæ. Par le Roy, en ses Requestes.* F. RIGNY. C.

ʰ F. DE METIS. Par le Roy, en ses Requestes. HENRY.

NOTE.

(a) Tres. des Chart. Regist. 104. P. 227.

Ces Lettres ont déja été imprimées dans le Recüeil des Privileges de Bourges, &c. par Chenu, pag. 200.

(a) *Lettres concernant les differentes Jurisdictions de la Ville de Montreüil-sur-Mer.*

CHARLES V. au Bois de Vincennes, en Juin 1373.

CHARLES par la grace de Dieu Roy de France. Savoir faisons à tous presens & avenir, Nous avoir receu l'humble supplicacion de nos bien amez, les

NOTE.

(a) Tresor des Chartres, Registre 104. Piece 239.

Quinique cette Piece soit des Lettres de rémission, cependant comme elle contient un détail très-curieux sur les droits des differentes Jurisdictions de la Ville de Montreüil-sur-Mer, & qu'elle peut même servir à expliquer ceux des Justices qui appartenoient aux Villes qui joüissoient du droit de Commune, l'on a crû devoir luy donner place dans ce Recüeil.

CHARLES V.
au Bois de Vincennes, en Juin 1373.

a étenduë de la Jurisdiction.

b Inventaire.

c l'on avoit accoustumé.

d en la Viconté de qui.

e à l'endroit où finit le Territoire soûmis à la Jurisdiction des Eschevins.

f aide.

g derr. R.

h maison à 2. étages, dans le Tref. de Borel.

i voulut.

k Voy. cy-deſſus, Note (e) marginale.

l qu'on n'eût égard à cette requête.

m des.

Maire & Eschevins de nostre Ville de Monstereul-sur-la-Mer, contenant que comme ilz aïent en ladicte Ville & Banlieuë d'icelle, toute Justice & Seigneurie haulte, moyenne & basse; & tant à cause de ce comme autrement deuëment, la cognoissance, detencion, punicion, correction & Jugement de tous cas criminelz, & autres qui eschieent en ladicte Ville & Banlieuë; & mesmement de & sur toutes personnes subgetes & justicables des dis supplians; & aïent usé & acoustumé que quant aucune personne trouvée & prinse en ladicte Ville & Banlieuë, est admenée ès prisons des diz supplians, d'en congnoistre, & de li condempner ou absoldre selon la qualité des cas & meffais; & aussi aïent acoustumé & usé, que se aucuns ès ᵃ termes dessus diz, a fait homicide de lui mesmes par desespoir ou autrement, de ycellui prendre & faire apporter en leur Eschevinage, & le faire executer selon ce que au cas appartient, & ses biens prendre par ᵇ Inventoire ou autrement deuëment, pour en faire & ordenner au proffit de celui ou de ceulx à qui il appartient, si comme il est à faire par raison; & il soit ainsi que nostre Viconte dudit lieu de Monstereul, que l'en ᶜ souloit dire le Viconte de Pontieu, & les Religieux de Saint Sauve de la dicte Ville, dient ou veulent dire & maintenir, que quant les diz supplians ont prins ou condempné à mort aucun malfaiteur pour ses demerites, se ycellui malfaiteur a esté prins & trouvé en nostre dicte Viconté ou en celle des diz Religieux, que les diz supplians ont acoustumé & doivent appeller les diz Viconte & Religieux, ou celui d'eulx ᵈ en qui Vicomté ledit Malfaiteur a esté prins & trouvé en ladicte Ville, pour executer ledit Malfaiteur & ycellui mettre à mort après le Jugement des diz supplians; & que ᵉ au mettre hors dudit Eschevinage, les diz supplians ont acoustumé d'appeller & demander celui des diz Vicontes en qui Viconté ledit Malfaiteur a esté prins, & de dire audit Viconte, que ilz ont jugié à mort ledit Malfaiteur, *Nous le vous delivrons pour nostre Jugement executer à nostre Justice*, en lui declairant de quelle mort il doit mourir; & que ledit Viconte à qui ledit Malfaiteur a esté delivré, requiert aux diz supplians leur ᶠ effort pour aler faire ladicte execution, & vont les diz supplians & Viconte ensemble à la Justice d'iceulx supplians, pour faire ladicte execucion; & que ycelle faite, se le Malfaiteur executé avoit aucuns biens meubles ès termes de la Viconté du dit Viconte qui a faicte ladicte execucion, yceulx biens doivent estre delivrez & baillez par les diz Supplians audit Viconte; & que semblablement doit estre fait des personnes qui ont fait homicide d'eulx mesmes; se ce n'est de femme qui ait mari, laquelle ou dit cas ne peut confisquier aucuns biens; & il soit avenu que le Lundi après la Triᵍnité derrenierement passée, que une femme demourant en ladicte Ville, nommée Tasse, vefve de feu Pierre Ansel, en la Justice des diz supplians, se feust desesperée & penduë en son Hostel & en son ʰ solier, & mise à mort; & pour ce, sitost que ce vint à la congnoissance des diz supplians, ils alerent ou envoierent en la Maison de ladicte Tasse, pour ycelle prendre, & les biens estans en ladicte Maison, mettre en Inventoire & seure garde, au profit de ceulx à qui il appartendroit; laquelle Tasse ilz trouverent penduë & morte, comme dit est, & ycelle monstrerent au peuple de la Ville qui la ⁱ voult veoir, & ce fait, firent icelle prendre & apporter en leur Eschevinage, pour en faire ce qu'il appartendroit par Justice; & iceulx supplians estans en leur Eschevinage pour avoir avis & conseil sur ce, & que bon estoit à faire du corps de ladicte Tasse, les diz Religieux ou leur Procureur, vindrent pardevers les diz supplians, en leur disant que ladicte Tasse estoit trouvée morte, comme dit est, en leur Viconté, & pour ce devoit estre baillée au Viconte des diz Religieux, à ᵏ l'issuë dudit Eschevinage, pour executer selon le Jugement des diz supplians, & les biens d'icelle à eulx baillez & delivrez après ladicte execucion, & requeroient que ainsi leur feust fait; & aussi vint nostre dit Viconte de Monstereul, qui disoit que ladicte Tasse avoit esté trouvée morte, comme dit est, en nostre dicte Viconté, & par ce disoit que ladicte Tasse lui devoit estre baillée pour executer par la maniere que dit est, & les biens d'icelle, ladicte execucion faite, en requerant que ainsi li feust fait, & en soy opposant afin que la requeste des diz Religieux ne feust ˡ faicte: sur lesquelles requestes ᵐ les diz Religieux & Viconte, les diz supplians considerans le debat des dictes Parties,

& que le corps de ladicte Tasse ne povoit bonnement estre gardé sans grant infection pendant ycellui debat, & qu'ilz estoient loing de nostre Gouverneur d'Amiens, pour avoir sur ce provision, respondirent aux diz Religieux & Viconte, que sans prejudice des dictes Parties & pour le debat d'icelles, le corps de ladicte Tasse seroit excecuté & ⁱ ars par les diz supplians ou leurs gens, ᵇ par main souveraine d'icelles Parties ; & ladicte excecution faite, incontinent ilz s'ensourmeroient voulentiers du droit d'icelles Parties, & ᶜ orroient telz ᵈ tesmoignages ou recevroient telz enseignemens qu'elles vouldroient administrer, pour faire ᵉ appoin de leur droit, ou toutes foiz qu'il leur plairoit, & leur feroient bon & brief accomplissement de Justice; & lors le Procureur des diz Religieux respondi, que en tant que les diz supplians lui avoient dit que le corps de ladicte Tasse seroit ars ou excecuté par eulx par main souveraine, il en appelloit; & pour les causes dessus dictes, & aussi pour ce que la Cloche de ladicte Ville sonnoit ja, si comme il est acoustumé à faire en tel cas, & que le peuple estoit là assemblé au son de ladicte Cloche, pour veoir ladicte execucion, & que inhumaine chose & abhominable eust esté de laissier & garder le corps de ladicte Tasse en ladicte Ville, consideré ce que dit est, & la grant chaleur qu'il faisoit lors pendant ledit debat des dictes Parties & ladicte appellacion, firent prendre ledit corps & porter hors de leur Eschevinage, pour ycellui mener au lieu où l'en a acoustumé à faire les excécucions de ladicte Ville en tel cas; & si comme les diz supplians estoient partiz dudit Eschevinage, pour faire porter & mener ledit corps au dit lieu pour faire ladicte excecution, vint le Viconte des diz Religieux, & requist aux diz supplians que ilz lui baillassent ledit corps pour faire l'excecution d'icelui ; & aussi le requist nostre dit Viconte en debatant les requestes des diz Religieux ; aux quelx Vicontes les diz supplians respondirent comme fait avoient paravant, de quoy ledit Viconte des diz Religieux & soy disant leur procureur, appella derrechief; & nonobstant ce que dit est, pour les causes dessus dictes, les diz supplians firent ᶠ excecution & ardoir ledit corps à leur dicte Justice; si ᵍ doubtent que par nostre Procureur ne soient ou puissent estre pour ce mis en procès ou poursuiz d'aucune Amende ou abus envers Nous, & que nostre Procureur ne vüeille dire que pour ce que ilz ont fait ladicte excecucion depuis les dictes appellacions, que ilz n'aïent aucunement attempté, abusé de Justice ou mesprins envers Nous; & pour ce que dure chose leur seroit ou pourroit estre d'entrer en plait ou en procès contre Nous ou nostre Procureur sur ce, Nous ont humblement supplié, que comme ilz aïent fait ladicte execution à bonne entencion, & que par le fait de nos guerres aient esté moult grandement dommagiez, & soustenu plusieurs fraiz, mises, paines & travaulx, & ancores soustiennent de jour en jour, que sur ce leur vüeillons impartir nostre grace. Pourquoy Nous, ʰ consideré ce que dit est; attendu les bons & agreables services que Nous ont faiz les diz supplians, & esperons qu'ilz Nous facent ou temps avenir, à yceulx supplians de grace especial, plaine puissance & auctorité Royal, avons pardonné, quitié & remis, pardonnons, quittons & remettons par ces presentes, toute Amende, paine, abus, punicion & offense qu'ilz ont ou pourroient avoir encouru ou mesprins envers Nous ou cas dessus dit, avec tout le droit, poursuite & accion qui nous compete, peut ou pourroit competer ou appartenir ou à nostre Procureur, contre yceulx supplians & leur Loy, pour cause & occasion des choses dessus dictes ou aucunes dicelles, entant que en Nous est & qu'il Nous touche ou peut touchier comment que ce soit, pour le temps present & avenir; sauf le droit des diz Religieux à poursuir si comme bon leur semblera; & semblablement à nostre dit Viconte entant qu'il lui pourroit touchier à cause de nostre dicte Viconté; & se aucun empeschement estoit pour ce mis ès biens, Loy & Justice des dis supplians, Nous l'ostons & leur mettons à plaine delivrance par ces presentes, en imposant sur ce silence perpetuel à nostre dit Procureur. Si donnons en Mandement à nos amez & seaulx Gens de nostre dit Parlement, à nostre dit Gouverneur du Baillage d'Amiens, & à tous nos autres Justiciers & Officiers, presens & avenir, ou à leurs Lieuxtenans, que de nostre presente grace facent & laissent joïr & user les diz supplians paisiblement, ne contre la teneur d'icelle ne les molestent ou

CHARLES V.
au Bois de Vincennes, en Juin 1373.
a *brûlé.*
b *Je crois que cela signifie, au nom du Roy.*
c *entendroient.*
d *tesin.* R.
e *les deux p. sont coupez par une marque d'abbreviation, ce qui semble signifier,* apparoin, pour, preuve.

f *executer &*
brûler.
g *craignent.*

h *considér.* R.

empefchent, ou fueffrent eftre moleftez ou empefchiez en quelque maniere que ce foit. Et pour ce que ce foit ferme chofe & eftable à tousjours, Nous avons fait mettre noftre Seel à ces prefentes: Sauf en autres chofes noftre droit, & l'autrui en toutes. *Donné au Boys de Vincennes, ou mois de Juing, l'an de grace mil CCCLX. & treze, & de noftre Regne le diziefme.*

A. BOISTEL. Par le Roy, en fes Requeftes. J. BRUOY.

CHARLES V.
à Paris, en Juin 1373.

(*a*) Diminution de Feux pour Anianne.

K AROLUS, &c. Notum, &c. Quod cum ex parte, &c.

Cumque facta quadam Informacione virtute certarum Litterarum Regiarum ac dictarum Inftruccionum, per certos Commiffarios ad hoc deputatos, in loco de (*b*) *Aniana,*

a Ginac. Voy. cy-deffus, p. 212. Note (*b*).

Vicarie ª *Giniaci, Senefcallie Carcaffone, fuper vero numero Focorum in dicto loco tunc exiftencium; & poftmodum virtute Litterarum noftrarum de mandato noftro, alia Informacio in dicto loco fuerit de novo & fecundo facta fuper vero numero dictorum Focorum in eodem nunc exiftentium, per dilectum noftrum Parduchium Wertelli, Vicarium Regnum Giniaci, Commiffarium in hac parte auctoritate Regia deputatum; vocato & prefente in omnibus Procuratore noftro Generali dicte Senefcallie Carcaffone, Magiftro Guillermo de*

ȝ ou Clouchis.

ᵇ *Clonchis; eademque, &c.*

Repertum fuerit quod in dicto loco funt de prefenti & reperiuntur centum & octo Foci, fecundum Inftruccones fuper hoc prelibatas. Nos vero, &c. Quod ut firmum, &c. Salvo, &c. Actum Parifius, menfe Junii, anno Domini milleſimo CCC. LXXIII.º Regnique

e noftri.

ᵉ noftro decimo.

Per Confilium, &c. P. DE CHASTEL. *Informatio, &c.* P. DE CHASTEL.

NOTES.

(*a*) Trefor des Chartres, Regiftre 104. Piece 278.

Voyez-cy-deffus, pag. 30. Note (*a*).
(*b*) *Aniana.*] Anianne, Ville dans le bas Languedoc, Diocefe de Montpellier. *Voy. le Diction. univ. de la France,* à ce mot.

CHARLES V.
à Paris, à l'Hôtel S.ᵗ Paul, en Juin 1373.

(*a*) Lettres qui portent que les hommes de Fiefs de la Chaftellenie de Guife, qui conjointement avec le Bailli, auront rendu un Jugement lequel aura été infirmé par la Cour de Parlement, ne pourront être condamnez chacun en particulier à l'Amende; mais à une feule Amende de 60. livres.

K *AROLUS, &c. Ad perpetuam rei memoriam. Celeftis altitudo potencie que fupra cuncta tenet imperium, & que Nos fua difponente gracia, ftabilivit in Regem & ad Regni faftigia provexit, divinitus Nos admonet, ut ipfum Regnum & ejus fubdi-*

d foveré.

tos, in pacis tranfquilitate tenere & ᵈ *foveri, & circa ea que ipfius Regni & noftrorum fubditorum confervacionem, cuftodiam & tuicionem & noftri obediencam concernunt, vacare intendamus & curemus folicitudinibus indefeffis, ut dum fe fenferint per Regiam folicitudinem & potenciam in fecuritate ac pacis & tranfquilitatis dono remanere & defendi, in noftre celfitudinis obfequiis obediencie reddantur libencius prompciores. Ea propter pro parte hominum de Feodo judicancium in Curia cariffimi Fratris noftri, Ducis Andegavenfis & Turonenfis, Comitifque Cenomanenfis, apud Villam & Caftellaniam Guyfie, ad caufam cariffime fororis noftre ejus* (*b*) *Confortis, Nobis expofto quod cum hominibus noftris Feodalibus qui in Caftellaniis, Prepofituris & fedibus, locifque aliis Regiis predictis, prefertim in Prepofitura & Caftellania de Ribemonte in Viromandia,*

NOTES.

(*a*) Tref. des Chart. Regift. 107. P. 63.
(*b*) *Confortis.*] Elle fe nommoit Marie de Chaftillon, dite *de Blois,* fille puinée de Charles de Blois Duc de Bretagne, & de Jeanne de Bretagne. *Voy. l'Hift. Geneal. de la Maifon de France.* tom. 1. p. 229.

DE LA TROISIÉME RACE. 623

ad causam & ex debito Feodorum suorum, ad [a] *conjuramentum Baillivi nostri* [b] *Viromandie, seu Prepositi dicti loci de Ribemonte, Judicia facere & reddere tenentur, ad evitandum emendas arbitrarias aut sexaginta Librarum Parisiensium, quas singuli hominum predictorum anteactis temporibus, dum per viam appellacionis aut aliter contingebat per nostram superiorem Curiam eorum Judicia infirmari tanquam male seu injuste prolata, erga Nos incurrebant & solvere tenebantur,* [c] *mense Septembris anno millesimo CCCLXVIII.° concesserimus ut pro quolibet Judicio in dicta nostra Curia per viam appellationis interjecto & infirmato, iidem homines pro singulis Judiciis, ad emendam ultra summam sexaginta Librarum Parisiensium, per quosvis nostros Officiarios vel subditos imposterum non valeant coartari, prout hec & alia quam plurima in nostris Litteris in filis* [d] *cericis & cera viridi super hoc confectis sigillatis, lacius dicuntur contineri; & cum ipsi exponentes eodem morbo laborent, & privilegio consimili non modicum indigeant, & in ea Castellania temporibus preteritis consueverit Justicia vigere & oppressis quotidie ministrari, homines predicti Feodales qui in dicta Villa & Castellania Guysie in Viromandia, racione & ex debito Feodorum suorum, ad conjuramentum Baillivi Viromandie seu Baillivi dicte Castellanie Guysie, Judicia facere & reddere tenentur, ad evitandum emendas arbitrarias aut sexaginta Librarum Parisiensium, quas singuli hominum predictorum retroactis temporibus erga Nos incurrebant & solvere tenebantur, dum per viam appellacionis aut aliter, contingebat per nostram superiorem Curiam eorum Judicia infirmari tanquam male vel injuste prolata, ad conveniendum simul ad mandatum dictorum Baillivi & Baillivi, & ad faciendum, consulendum & reddendum eadem Judicia, quandoque hactenus recusarunt & sepissime distulerunt, ac de die in diem renuunt & recusant; quod jam cessit & gravius cedere posset in futurum in rei publice scandalum, & dictorum supplicancium grande prejudicium & gravamen,* [e] *saltim in dicta Castellania Guysie commorancium* [f] *exheredacionem, nisi per Nos eisdem provideatur graciose. Notum facimus universis presentibus & futuris, quod Nos de & super premissis habita prius matura deliberacione cum Gentibus nostri magni Consilii, ob contemplacionem dicti Fratris nostri & ejus Consortis, volumus ex nostris auctoritate Regia, Regiaque potestate & gracia speciali decernimus, statuimus, & eciam tenore presencium ordinamus, quod homines de Feodo predicti in dicta Castellania Guysie constituti, presentes & futuri, qui ad hujusmodi Feodorum suorum causam, ad facienda & reddenda Judicia ab antiquo in dicta Castellania fuerint & sunt vel erunt astricti, pro quocunque Judicio per eos imposterum faciendo & reddendo, à quo quidem Judicio ad Nos seu nostram Parlamenti Curiam contingerit appellari, si illud Judicium per Nos aut eandem Curiam nostram infirmetur,* [g] *ad unam emendam sexaginta Librarum Parisiensium solvendo, quitti erunt perpetuo ac liberi & immunes à dicto Judicio per eosdem facto & pronunciato, & per Nos seu dictam superiorem nostram Curiam infirmato, absque eo quod iidem homines singulariter pro singulis Judiciis, ad emendam sexaginta Librarum Parisiensium, aliter quam supradictum est, per Nos ac Officiarios nostros seu alios Nobis subditos, valeant imposterum coartari; dum tamen fraus, dolus seu favor in hujusmodi consulendis aut reddendis Judiciis, per ipsos homines judicantes minime committantur; aliter vero, si fraus, dolus aut favor intervenerit, usui & observacionibus antiquis stabitur; sed ut deinceps predictis subditis justicia convenientius ministretur, statuimus & ordinamus, quod prefati homines Feodales ad Judicium faciendum & reddendum, ad locum consuetum, ut moris est, evocati, infra statutum & eisdem assignandum tempus accedere & comparere teneantur sine defectu, nisi causam veram & legitimam habuerint absencie; que si vera & legitima non fuerit, & ad Judicium evocati minime comparuerint, eorumdem hominum Feoda in manu dicti Fratris nostri ad causam predictam poni volumus & arrestari ac in ea detineri per Ballivum dicti loci Guysie, quousque dicti homines sic contumaces & absentes, pro suo deffectu & absencia vel contumacia emendam prestiterint condecentem. Quod ut firmum & stabile perpetuo perseveret, nostrum presentibus Litteris jussimus apponi Sigillum: Salvo in omnibus jure nostro, & quolibet alieno. Datum Parisius, in Hospicio nostro Sancti Pauli, anno Domini* M. CCCLXXIII. *Regni vero nostri decimo, mense Junio.*

Per Regem, in suis Requestis. P. BRIET. L. DE FAYA.

CHARLES V.
à Paris, à l'Hôtel S.t Paul, en Juin 1373.

[a] Voy. les Tabl. des Mat. de ce Rec. au mot, conjurement.
[b] Viromand. Id & plus bas. R.
[c] Ces Lettres sont cy-dessus, p. 140. Elles sont pour la Prévôté de Peronne.
[d] sericis.
[e] saltem.
[f] &.
[g] ce mot paroît inutile.

CHARLES V.
à Paris, le 5. de Juillet 1373.

(a) Reglement pour les Changeurs de la Ville de Lyon.

CHARLES par la grace de Dieu Roy de France. A tous ceulx qui ces presentes Lettres verront : Salut. Oye l'umble fupplication de noz bien amez les Changeurs de Lion fur le Roofne, contenant que comme de très long temps & ancien, eulx & leurs predeceffeurs Changeurs, aïent fait & exercé publiquement & notoirement fait de Change en la Ville de Lion, moyennant noftre grace, congié & licence obtenuz de Nous, iceulx tefmoignez fouffifamment à ce par les Generaulx-Maiftres de noz Monnoyes, felon ce & en la maniere que de tout temps eft en tel cas acouftumé, & fans ce que eulx ne aucuns d'eulx foient pour ce tenuz de bailler caution aucune ; neantmoins le Bailly de Mafcon, foubz umbres de certaines noz Lettres à luy adreffans, contenant certaines Ordonnances qu'il dit eftre faictes fur ce, a fait defenfe de par Nous aus ditz fupplians, qu'ilz ne facent aucun effet de Change en ladicte Ville de Lyon, jufques à ce qu'ilz aïent & ung chafcun d'eulx, baillé bonne & fouffifante caution de cent Marcs d'Argent, & qu'ilz aïent fur ce noz Lettres de congié de faire & exercer ledit fait de Change, en leur très grant grief, prejudice & donmaige ; mefmement qu'ilz ont leurs eftatz & ᵃ chevance en ladite Ville de Lyon ᵇ prenables, & noz Jufticiables, fe ilz meffaifoient aucunement oudit Office ; & auffi que les dites Ordonnances, fe aucunes eftoient fur ce faictes, s'entendoient feullement aux foreins & eftranges, qui de noftre congié vouldroient & pourroient faire fait de Change en icelle Ville de Lion ; & pour plainement pourveoir fur ce, euffions envoyé leur requefte pardevers les dits Generaulx-Maiftres de nos dites Monnoyes, pour en ordonner fur ce comme il feroit à faire de raifon. Nous ces chofes confiderées, oye la relation des dits Generaulx-Maiftres de nos dites Monnoyes, avons ordonné par la deliberation de noftre Confeil, que d'orefenavant en la dicte Ville de Lion, ne feront fors feullement fix Changeurs, qui de noftre congié & licence, iceulx premierement tefmoignez fouffifans par les dits Generaulx-Maiftres, pourront exercer ledit fait de Change en icelle Ville de Lion, & fans Nous prefter ou faire aucune caution fors d'eulx mefmes, tel comme il eft acouftumé à faire d'ancienneté. Si donnons en Mandement aus dits Generaulx-Maiftres de noz Monnoyes, au Bailly de Mafcon & à tous noz autres Jufticiers ᶜ Officiers, à leur Lieuxtenans, & à chafcun d'eulx, fi comme à luy appartiendra, que noftre prefente Ordonnance ilz tiengnent & gardent, facent tenir, garder & acomplir fans enfraindre, & ne facent ou feuffrent aucune chofe eftre faicte comment que ce foit au contraire. En tefmoing de ce, Nous avons fait mettre noftre Seel à ces prefentes. *Donné à Paris, le V.ᵉ jour de Juillet, l'an de grace mil trois cens foixante & treize, & de noftre Regne le dixième.*

ᵃ biens.
ᵇ faififables.
ᶜ &.

NOTE.

(a) Regiftre *D.* de la Cour des Monnoyes de Paris, *fol.*° 8. vingt 9. *R.*° (169).
Avant ces Lettres, il y a :
Lettres pour les fix Changeurs de Lyon.

CHARLES V.
à Paris, le 14. de Juillet 1373.

(a) Lettres qui portent qu'il y aura des Contregardes dans les Monnoyes de Paris & de Tournay feulement ; & qui fixent leurs gages.

CHARLES par la grace de Dieu Roy de France. A noz amez & feaulx les Generaulx-Maiftres de noz Monnoyes : Salut & dilection. Comme n'agueres par deliberation de noftre Confeil, Nous ayons ordonné, fi comme il vous peult

NOTE.

(a) Regiftre *D.* de la Cour des Monnoyes de Paris, *fol.*° 8. vingt 7. *Recto* (167).

Avant ces Lettres, il y a :
Mandement du Roy par lequel les Contregardes de Paris & de Tournay, ont efté de rechef mis en leurs Offices.

eftre

eſtre apparu par noz ᵃ Lettres ſur ce faictes, que les Gardes, Tailleurs & Eſſayeurs de noz Monnoyes, ne ſoient plus aus deſpens des Maiſtres-Particuliers d'icelles; & que pour ce ilz aïent & preignent ſur Nous du prouffict de nos dictes Monnoyes, certaines ſommes d'Argent par an; & ᵇ parmi ce, les dits Gardes ſoient tenus de faire Office de Contregarde en nos dites Monnoïes d'Or, en oſtant & deboutant les Contregardes qui y ſont à preſent à noz gaiges. Savoir vous faiſons que ce ne fuſt onques ne n'eſt noſtre intention, que les Contregardes qui ſont à preſent & qui ou temps advenir ſeront en noz Monnoyes d'Or de Paris & de Tournay, ſoient compris en ladicte Ordonnance; ainçois voulons & Nous plaiſt de grace eſpecial, tant pour le prouffit de Nous comme pour le prouffit & ſeurté des Marchans frequentans icelles, que les dits Contregardes ſoient & demeurent en leurs dits Offices, ainſi qu'ilz eſtoient paravant noſtre Ordonnance; c'eſt aſſavoir, que chaſcun des dits Contregardes ait cinquante Livres Tournois de gaiges par an, prins ſur Nous, & qu'ilz ᶜ ſoient aux deſpens des Maiſtres-Particuliers d'icelles. Si vous mandons & à chaſcun de vous, que vous mettez & inſtituez de rechef les dits Contregardes & chaſcun d'eulx en leurs dits Offices, & les faictes payer des dits gaiges & deſpens en la maniere & aux termes acouſtumez, par les Maiſtres-Particuliers des dites Monnoyes d'Or de Paris & de Tournay; les quelz gaiges Nous voullons eſtre alloüez ès comptes d'iceulx Maiſtres-Particuliers ſans contredit, par noz amez & feaulx Gens de noz Comptes à Paris; nonobſtant quelzconques Ordonnances, mandemens ou defenſes au contraire. Donné à Paris, le XIIII.ᵉ jour de Juillet, l'an mil trois cens ſoixante & treſe, & de noſtre Regne le dixieſme. Ainſi ſigné. Par le Roy. P. BLANCHET.

CHARLES V.
à Paris, le 14. de Juillet 1373.
ᵃ Voy. cy-deſſus, p. 616.
ᵇ moyennant.

ᶜ je crois qu'il faut ſuppléer, neẕ

(a) Lettres qui portent que les affaires de l'Abbaye de S.ᵗ Maixent en Poitou, ne ſeront plus portées à Loudun; mais qu'elles le ſeront à Chinon, devant le Bailli des Exemptions de l'Anjou & de la Touraine.

CHARLES V.
au Château du Bois de Vincennes, le 27. de Juillet 1373.

KAROLUS Dei gratia Francorum Rex. Notum facimus univerſis preſentibus & futuris, quod cum Religioſi viri, ᵈ Abbatis & Conventus Monaſterii Sancti Maxencii in Comitatu Pictavenſi, eorumque Cauſæ & querelæ, tam per privilegia eis per predeceſſores noſtros Francorum Reges conceſſa, & poſtmodum per Nos confirmata, quam de uſu & Conſuetudine quibus ᵉ temporibus uſi fuerunt, reſſortiri conſueverint ᶠ eorum Baillivo & Judice noſtro Turonenſi, in ſede noſtra Regia apud Loüdunum, dictamque ſedem poſtmodum certis de cauſis ad hoc Nos moventibus, nuper in Villam noſtram de Chinon tranſtulerimus; propter quod Religioſi memorati formidantes ne de rigore ſecundum dictorum privilegiorum tenorem, ac uſus & Conſuetudines ſupradictos, poſſent aut deberent apud dictam ſedem de Chinon reſſortiri, eo modo ᵍ apud Loduunum ʰ reſſortiebantur conſueverant, Nobis humiliter ſupplicarunt, ut eis velimus noſtram ſuper hoc gratiam impartiri, ne dicta privilegia ob hoc invalida fore videantur. Quocirca Nos premiſſa conſiderantes, nec non ob reverenciam glorioſi Confeſſoris Sancti Maxencii, cujus Corpus in dicto Monaſterio colocatur, eciam ⁱ laudabilibus & gratuitis ſerviciis Nobis per dilectum & fidelem Conſiliarium noſtrum, Guillelmum Abbatem dicti Monaſterii, Nobis ad honorem & utilitatem noſtri ac Coronæ Franciæ, multipliciter impenſis, conſideratis & attentis, dicta privilegia ampliare volentes, eiſdem Religioſis de gracia ſpeciali, certa ſcientia & auctoritate Regia conceſſimus per preſentes, ut ad ſedem noſtram predictam de Chinon, coram Baillivo & Judice noſtro Regio aut ejus Locumtenente reſſortiantur & reſſortiri debeant, eo modo quo reſſortiebantur aut reſſortiri conſueverant apud Lodunum; abſque eo quod ob hoc privilegiis ſuis predictis in aliquo derogari valeat; quinymo volumus ipſos Religioſos predictis privilegiis, Libertatibuſque & franchiſiis ſuis in dicta ſede de Chinon uti ᵏ & poſſe, quathenus in dicta ſede de Loduno utebantur aut uti poterant & debebant;

ᵈ Abbas.

ᵉ retroactis.
ᶠ coram.

ᵍ quo.
ʰ reſſortiri.

ⁱ laudabilibus.

ᵏ mot inutile.

NOTE.

(a) Treſor des Chartres, Regiſtre 104. Piece 248.

CHARLES V.
au Château du Bois de Vincennes, le 27. de Juillet 1373.

privilegiis supradictis in omnibus aliis clausulis suis, in suis virtute & robore manentibus. Quocirca dilectis & ª filiabus Gentibus Parlamenti nostri, Baillivo Exempcionum Ducatuum Andegavensis & Turonensis, ceterisque Justiciariis Regni nostri, aut eorum Locatenentibus, presentibus & futuris, & eorum cuilibet, prout ad eum pertinuerit, mandamus quatinus prefatos Religiosos gracia & concessione nostris presentibus uti & gaudere faciant & permittant, ipsos in contrarium nullatenus molestando vel impediendo, molestari seu impediri à quoquam permittendo; inhibemusque per presentes Baillivo Exempcionum Comitatus Pictavensis, aut ejus Locuntenenti, presenti & futuro, ne contra dictorum privilegiorum ac presentium gracie & concessionis ᵇ *nostram predictarum tenorem, Religiosos memoratos aliqualiter impediat vel molestet; quin ymo ipsos eisdem uti faciat & gaudere. Quod ut firmum & stabile maneat perpetuo, Sigillum nostrum Litteris presentibus duximus apponendum: Salvo in aliis jure nostro, & in omnibus quolibet alieno. Datum in Castro Nemoris Vincennarum, XXVII.ᵉ die Julii, anno Domini millesimo trecentesimo septuagesimo tercio, & Regni nostri decimo.*

Per Regem, in suo Consilio. J. DAILLY.

ª fidelibus.

ᵇ nostrarum.

CHARLES V.
au Château du Bois de Vincennes, le 27. de Juillet 1373.

(a) Lettres qui portent que le Siege du Bailli des Exempcions de Poitou, ne se tiendra à S.ᵗ Maixent que pendant deux ans; & que ce Bailli ne pourra connoître des affaires de l'Abbaye de ce nom.

ᶜ *Elles ne se trouvent point dans les Registres de ce temps.*

CHARLES par la grace de Dieu Roy de France. Savoir faisons à tous presens & avenir, que comme n'aguerres Nous eussions voulu & ordené par nos autres ᶜ Lettres, que le Siege de nos Exempcions de Poitou, seroit & se tenroit par nostre Bailli des dictes Exempcions, en la Ville de Saint Maxent appartenante aux Religieux, Abbé & Couvent dudit lieu, qui sont ressortissans à Nous sans moyen, & exemps de nostre très chier Frere le Duc de Berry & d'Auvergne & Conte de Poitou; & eussons mandé audit Bailli des dictes Exempcions, que d'oresenavant il y mist & tenist son dit Siege, si comme ce & autres choses sont plus à plain contenues en nos dictes Lettres; & depuis les dis Religieux Nous aient fait exposer, que par privileges à eulx octroiez par nos Seigneurs predecesseurs Roys de France, & par Nous confermez, & aussi par plusieurs fais & raisons, Nous ne povons ne devons mettre ne faire tenir nostre dit Siege en la Ville de Saint Maxent, & que en ce il seroient grevez & grandement dommaigez, & que nostre dicte Ordenance est & seroit contre les dis privileges & les Libertés & franchises de ladicte Eglise, dont il ont tousjours joy & usé. Savoir faisons, que Nous considerans les choses dessus dictes, & les bons & agreables services que ledit Abbé Nous ᵈ fais ou temps passé, & esperons que il Nous face ou temps avenir; & aussi pour la reverence du glorieux Saint Monsʳ. Saint Maxent qui repose en ladicte Eglise, avons octroyé & octroyons de grace especial, certaine science & auctorité Royal par ces presentes aux dis Religieux, que jusques à deux ans tant seulement à ᵉ comptes de la date de ces presentes, ledit Siege sera en ladicte Ville de Saint Maxent, & non oultre les deux ans dessus dis, & leur avons octroié & octroïons de nostre dicte grace, que audit lieu de Saint Maxent, ledit Bailli ne pourra cognoistre de nulle Cause, fors tant seulement des Causes touchans les autres Exemps de Poitou; ᶠ forclus les Causes touchans le ressort des dis Religieux de S. Maxent, ᵍ le Bailli cognoistra à Chinon en Touraine tant seulement, ou en autre ʰ là où nostre dit Siege de Chinon seroit ou temps avenir ordené, selon la fourme des dis privileges octroyez par Nous ou noz dis Predecesseurs aux dis Religieux; & ou cas que ledit Bailli ou nos autres Gens & Officiers, feroient ou s'efforceroient de tenir ledit Siege ou exercer Juridicion oudit lieu oultre les deux ans dessus dis, Nous dès maintenant rappellons & mettons du tout au neant tout ce que

ᵈ *a.*

ᵉ *compter.*

ᶠ *Voy. la Lettr. preced.*

ᵍ *dont.*

ʰ *lieu.*

NOTE.

(a) Tresor des Chartres, Registre 104. Piece 249.

DE LA TROISIÉME RACE. 627

par eulx ou l'un d'eulx seroit fait, & le reputons fait de privé personne, & voulons qu'il n'ait aucun effect; & ainsi l'avons promis & promettons aux dix Religieux, & voulons que se aucune chose est faicte au contraire, ce ne leur puist porter aucun prejudice. Si donnons en Mandement par la teneur de ces presentes, à nos amez & feaulx Gens de nostre Parlement, au Bailli des dictes Exempcions, & à tous nos autres Justiciers & Officiers, ou à leurs Lieuxtenans, presens & avenir, & à chascun d'eulx, si comme à lui appartiendra, que les dis Religieux facent & laissent joïr & user paisiblement de nostre presente grace & octroy, & leur defendons par ces presentes, que contre la teneur de ces presentes ou de leurs privileges, Libertés & franchises dessus dictes, ne les molestent ou empeschent, facent, seuffrent ou laissent estre molestez ou empeschiez au contraire. Et pour ce que ce soit ferme chose & estable à tousjours mais, Nous avons fait mettre nostre Seel à ces presentes: Sauf nostre droit en autres choses, & l'autrui en toutes. Donné en nostre Chastel du Bois de Vincennes, le XXVIIe jour du mois de Juillet, l'an de grace mil CCCLXXIII. & de nostre Regne le Xe

Par le Roy, en son Conseil. J. DAILLY.

CHARLES V. au Château du Bois de Vincennes, le 27. de Juillet 1373.

(a) Lettres qui portent que la Bourgeoisie Royale qui avoit été anciennement établie à Montpellier, & qui depuis avoit été transferée à Somieres, sera transferée à Aigues-mortes.

CHARLES V. à Vincennes, le 29. de Juillet 1373.

KAROLUS Dei gracia Francorum Rex. Notum facimus universis presentibus & futuris, quod cum à predecessoribus nostris Francie Regibus, Vassallorum & Dominorum aliorum utilium ^a seu immediatorum subditis in Senescaliis Tholose, Carcassonne & Bellicadri, per dictos suos Dominos, suos-ve Justiciarios suos Officiarios oppressis, subvenire volentibus, & ipsos à gravaminibus relevare, ductis & excitatis ad hoc ex frequenti querela subditorum ipsorum, fuerit ab antiquo, previa Consilii deliberatione matura, laudabiliter ordinatum, ut quicumque taliter oppressi, cujuscumque status & conditionis existerint, dimissa dicti sui ^b immediate Domini subjectione, subjectionem nostram ingredi & nostri Burgenses effici possent, & ad hoc admitterentur libere, cessante contradictione quacumque, prestito per eos juramento quod hoc non dolo facerent, vel in fraudem sui Domini supradicti; quodque cognicio, correctio & punitio receptorum taliter in Burgenses, ad ipsos Predecessores nostros & suos successores, tanquam suum immediatum Dominum, & solum & in solidum, in criminalibus & civilibus, vel deputatum per eos, ad conservationem dictorum Burgensium & privilegiorum suorum & jurium Burgesie hujusmodi, ex tunc in antea pertineret; declarantes ipsos ex tunc exemptos esse ab omni Juridictione & potestate dictorum Dominorum suorum, & aliorum Justiciariorum quorumcumque; hoc ajecto, quod quilibet dictorum Burgensium unam domum valoris LX.^{ta} Solidorum bone Monete, in ^e loco ad conservationem hujusmodi statuendo, emere & acquirere teneretur infra annum à die sue receptionis in Burgensem, in qua in Festivitatibus Natalis & Pasche Domini, per tres dies continuos facerent residenciam personalem, alias unam marcham Argenti dictis nostris Predecessoribus & suis Successoribus qui essent pro tempore, soluturi; qui etiam ex tunc in & sub protectione & salva Gardia Regiis perpetuo remanerent cum familia & bonis suis quibuscunque; dictique Predecessores nostri in locum conservationis predicte, Rectoriam ^d & partem antiquam Montispessulani, & in Judicem dictorum Burgencium, ad conservationem dicte Burgesie, Rectorem Montispessulani qui tunc erat, & Rectores futuros duxerint ordinandos; Nosque

a Ce mot n'est pas dans T. C.

b immediati. T. C.

c dans le lieu ou la Bourgeoisie étoit établie.

d Voy. les Tabl. des Mat. de ce Rec. au mot Montpellier.

NOTE.

(a) Memorial D. de la Chambre des Comptes de Paris, fol.^o 6. vingt 16. Recto (136).
Avant ces Lettres il y a: Ordinacio facta pro Burgesiis Montispessulani, quo [qua] debent remanere in Villa Aquarum-Mortuarum. Copia.
Ces Lettres sont aussi au Tresor des Chartres, Registre 104. Piece 257.
Voyez les Lettres qui sont cy-dessus, p. 477.

Tome V.

Kkkk ij

CHARLES V.
à Vincennes, le 29. de Juillet 1372.
a Voy. cy-dessus, pag. 478. Note (*h*).
b Sumidrii. *T. C.* là & plus bas, Sommieres.
c tempore.
d Aigues-mortes.
e q. *T. C.*
f eisdem. *T. C.*
g Navale, statio Navium, *dans le Glossaire de du Cange.*
h Languedoc.

nuper per certam concordiam conceptam inter Nos & carissimum Fratrem nostrum Regem Navarre, Villam Montispessulani cum dicta Rectoria, parte antiqua & parvo Sigillo, & cum tota Baronia Montispessulani & suis pertinenciis universis, in eumdem Fratrem nostrum certis titulo, modo & forma transtulimus; reservatis tamen Nobis & nostris Successoribus in futurum, dicta ª *Burgesia & juribus ejusdem, que inter jura nostre superioritatis, que etiam in tractatu predicte concordie noscimur reservasse, merito computantur; Nos ad dicte Burgesie conservationem, ordinavimus ex tunc locum* ᵇ *Sumidrii, & dilectum & fidelem Secretarium nostrum, Magistrum Arnaudum de Lar, Castellanum & Vicarium dicti loci Sumidrii, Conservatorem ejusdem Burgesie; nec non dictorum Burgensium & privilegiorum suorum deputavimus & Rectorem, qui curam Officii conservationis hujusmodi ab illo* ᶜ *tunc habuisse dinoscitur & gessisse. Sane refferentibus postmodum nonnullis Consiliariis, Justiciariis & Officiariis nostris Senescallie Bellicadri, & habitatoribus Ville nostre* ᵈ *Aquarum-mortuarum, quod ipsa Villa erat locus Nobis & reipublice propicior & utilior ad dictorum Burgensium & Burgesie conservacionem,* ᵉ *quam locus predictus Sumidrii vel alius dicte Senescallie, attento quod ipsa Villa que est notabilis portus maris, mire fortificationis & clausure, depopulata vastataque non modicum, tam per mortalitates & guerras que in* ᶠ *illis Partibus hactenus viguerunt, quam propter* ᵍ *Navalis distanciam que ex sabulo inibi cumulato processit; & quia subditi qui per mare mercari solebant & portum predictum frequentabant, per guerras hujusmodi, & fortunas atque pericula maris, dampna multiplicia subierunt, unde prout consueverant, mercari non valent, nec dicta Villa per habitatores ipsius custodiri secure, posset per hoc melior effici & securius custodiri, carissimus Germanus noster, Dux Andegavensis & Turonensis & Comes Cenomanensis; Locum nostrum tenens in* ʰ *Partibus Occitanis, informationem fieri fecit de commodo & incommodo quod Nobis & reipublice posset evenire, si dicta Burgesia in dicta Villa Aquarum-mortuarum poneretur & ordinaretur, Nobisque remitti, ut ea visa, provideremus super hoc quid agendum. Nos igitur visa informatione predicta, & diligenter examinatis & attentis contentis in ea, acceptis super hoc relatibus dicti Germani & Fratris nostri, & Officiariorum nostrorum dicte Senescallie Bellicadri qui super hoc suas Nobis opiniones & deliberaciones fideliter rescripserunt; & habita super hoc in nostro magno Consilio deliberacione matura, volumus, statuimus & ordinamus edicto irrevocabili & in perpetuum valituro, auctoritate nostra Regia, dictam Burgesiam esse & remanere de cetero in dicta Villa Aquarum-mortuarum, eisdem modo & forma quibus fuerat in dicta parte antiqua & Rectoria dicti loci Montispessulani, ante translationem predictam, universosque & singulos Burgenses predictos, tam in Montepessulano quam Sumidrio creatos, hactenus vicari Burgenses Aquarum-mortuarum, prout Burgenses Montispessulani antea vocabantur; volentes ut universi & singuli, cujuscumque condicionis & status, qui voluerint se Burgenses nostros constituere modo & forma consuetis & debitis, hoc facere possent in dicta Villa Aquarum-mortuarum, prout in dicto loco Montispessulani hoc facere poterant, ut presertur; quos dicte Burgesie juribus, privilegiis & prerogativis uti & gaudere volumus pacifice & quiete; Castellanumque & Vicarium dicti loci Aquarum-mortuarum presentem, & futuros Castellanos & Vicarios ejusdem loci, Conservatores & Judices dictorum Burgensium & privilegiorum suorum juriumque dicte Burgesie, facimus, constituimus & etiam ordinamus, defensionem, protectionem, cognicionem & correctionem dictorum Burgensium jam receptorum & recipiendorum, & omnium Causarum & negociorum suorum, tam criminalium quam civilium, eisdem auctoritate nostra predicta, tenore presentium committentes; inhibentes dicto Secretario nostro & aliis quibuscunque, quibus defensionem, cognicionem & correctionem hujusmodi adminimus, ne de liis se de cetero quomodolibet intremittant; nonobstante appellacione per dictos Burgenses seu eorum Procuratores vel Procuratorem emissa ad Nos seu nostram Curiam Parlamenti, à dicto Germano & Locumtenente nostro, seu ab Ordinatione quam fecerat de dicta Burgesia collocanda & tenenda ex tunc in antea, in dicto loco Aquarum-mortuarum, & publicacione ipsius; in cujus appellationis Causa, dicti Burgenses vel Procuratores eorum seu aliqui eorundem, adjornamenti & inhibitionis Literas impetrasse noscuntur, & ipsas executioni mandasse; & nonobstantibus quibuscumque aliis appellationibus per ipsos emissis à quocumque seu à cujusemque*

Audiencia in contrarium, & quibufcunque Literis fuper hoc obtentis, quibus defferri nolumus; quin ymo fuper hiis, dictis Burgenfibus & eorum Procuratoribus & eorum cuilibet, infuper & Procuratori noftro & aliis quibufcumque, perpetuum filencium imponimus per prefentes; firmiter inhibentes Gentibus dicti Parlamenti noftri, prefentibus & futuris, ne de hiis cognofcant, vel fuper hoc procedant ulterius quoquomodo; & nonobftantibus quibufcunque informationibus aliis virtute noftrarum aliarum Literarum vel alias factis fuper premiffis, quas volumus nullius effe efficacie vel valoris; mandantes & inhibentes quibufcumque Senefcallis, Prepofitis, Vicariis, Caftellanis & Bajulis noftris & aliis quibufcumque, etiam ^a *privatis, ne de dictis Burgenfibus vel eorum familia five bonis, fe impediant in quocumque cafu civili vel criminali, vel aliter quoquomodo; quin ymo quafcunque Caufas eorumdem ceptas & non ceptas, dictis Caftellano & Vicario remittant pro Jufticia miniftranda; cui & fuis Succefforibus Caftellanis & Vicariis dicti loci, committimus & mandamus, ut ipfos in protectione & Salvagardia noftris recipiant, & eofdem una cum eorum familia, rebus & bonis, defendant ab injuriis, violenciis & oppreffionibus quibufcumque; contrarium facientes per penarum & multarum impofitiones & earum* ^b *declarationes, & alias, prout per Confervatores dicte Burgefie eft hactenus fieri confuetum, ad defiftendum ab hiis compellendo; & ne forfan pretendi valeat ignorancia premifforum, feu in contrarium aliquid attemptari, quod firmiter inhibemus, prefentes Literas in dicto Parlamento noftro, & in Camera Compotorum noftrorum Parifius, regiftrari, & contenta in eifdem Literis, per loca dictarum Senefcalliarum magis infignia publicari cum publicis inftrumentis volumus & mandamus. Quod ut firmum & ftabile perpetuo perfeveret, noftrum prefentibus Literis fecimus apponi Sigillum : Salvo in aliis jure noftro, & in omnibus quolibet alieno.* Datum apud Vincenas, die XXIX. Julii anno Domini milleſimo trecenteſimo feptuageſimo tertio, & Regni noſtri decimo. Per Regem, in ſuo Confilio. Y v o.

CHARLES V, à Vincennes, le 29. de Juillet 1373.

^a particuliers.

^b Cela doit fignifier, l'execution de ces peines.

(a) *Privileges accordez à l'Univerſité d'Angers à l'inſtar de ceux octroyez à celle d'Orleans.*

CHARLES V. au Château du Bois de Vincennes, le 29. de Juillet 1373.

CHARLES par la grace de Dieu Roy de France. A tous ceulx qui ces preſentes Lettres verront : Salut. Noſtre amée Fille l'Univerſité d'Angers Nous a fait expoſer, que comme à preſent en ladite Univerſité ait grande quantité de bonnes, nobles & notables perſonnes étudians en icelle Univerſité, de pluſieurs & diverſes parties de noſtre Royaume & ailleurs, deſquels ſont iſſus & iſſent tous les jours pluſieurs vaillans & ſages hommes, par leſquels noſtre Royaume eſt en partie gouverné en Juſtice; & il ſoit ainſi qu'aux étudians de l'Univerſité d'Orleans, Nous ayons octroyé de noſtre grace ſpecial, authorité & Majeſté Royal, que les Docteurs, Maiſtres, Bacheliers & vrais étudians, avec le Tabellion, Bedeaux & Suppôts d'icelle Univerſité d'Orleans, ſont & demeurent francs & quittes de nos Aides ordonnées & à ordonner en noſtre Royaume, & auſſi ſoient & demeurent francs & quittes des Aides par Nous ordonnées en noſtre Conſeil à Roüen, eſtre levées ès parties de Languedoc de noſtre Royaume, tant ſur les bleds & farines, comme ſur les vins & autres breuvages, en ce qu'ils en dépenſeront ſans fraude, & de tous autres Foüages & Aides ordonnées y eſtre levées du temps paſſé, & à ordonner au temps avenir, tant ſur les Aides ordonnées ſur le fait de nos guerres, comme pour quelconque autre fait, cauſe ou raiſon que ce ſoit ; ſuppoſé qu'aucun des ſuſdits nommez fuſt Beneficier en ladite Ville d'Orleans ; & auſſi qu'ils ne ſoient tenus de payer les Impoſitions ordonnées, quand ils vendent les fruits de leur patrimoine & Benefices, ſi

NOTE.

(a) Ces Lettres ſont imprimées à la page 7. d'un Recüeil intitulé, *Privileges de l'Univerſité d'Angers, tirez du Livre appellé communément, le Livre du Recteur ou du Procureur General.* Angers 1709. in-4.º

Avant ces Lettres il y a qu'elles ſont au feuillet 39. *verſo.*

Il paroît que ces Lettres ont été copiées & imprimées avec peu d'exactitude, & qu'il y a plus d'un endroit corrompu.

CHARLES V. au Château du Bois de Vincennes, le 29. de Juillet.

a *Je crois qu'il faut corriger, Orleans.*

b *inclinans.*

comme plus à plein est contenu ès privileges de ladite Université d'Orleans ; & Nous ont supplié humblement lesdits exposans, que Nous leur veüillions faire grace, & leur octroyer pareils privileges que Nous avons octroyez, & ont de Nous les dessusdits de l'Université ᵃ d'Angers; attendu que de diverses Nations & lointain païs, plusieurs y viennent & affluent à grandes peines, labeurs & perils, pour y acquerir mœurs & sciences, comme dessus est dit.

(1) Pour ce est-il que Nous ᵇ inclamans à leur supplication, avons ordonné & ordonnons & declarons, & aussi leur avons octroyé & octroyons de nostre certaine science, authorité & Majesté Royale & grace speciale, par ces presentes, pareillement que Nous avons fait aus dits de l'Université d'Orleans, que des Aides ordonnées par Nous en nostre Conseil à Roüen, estre levées ès parties de Languedoc de nostre Royaume, tant sur les bleds & farines, comme sur les vins & autres breuvages, en ce qu'ils en depenseront sans fraude, en gros & en detail, & de tous autres Foüages & Aides ordonnées y estre levées du temps passé, & à ordonner au temps avenir, tant sur les Aides ordonnées pour le fait de nos guerres, comme pour autre quelque fait, cause ou raison que ce soit, soïent & demeurent francs & quites; supposé qu'aucun des susnommez fût Beneficier en ladite Ville d'Angers, & que de la vendition de leurs fruits de leurs heritages, tant patrimoniaux comme de leurs Benefices, ils ne seront tenus de payer ni ne payeront aucunes Impositions ni autres Subventions, & que le Maistre-Ecole, Docteurs, Maistres, Bacheliers & vrais étudians de ladite Université d'Angers, qui oyent leçons ordinaires & extraordinaire ès Ecoles, & qui principalement sont Ecoliers pour apprendre, avec les Tabellions, Libraires, Parcheminiers & Supposts d'icelle Université qui y servent, & dont ils seront doresnavant pleine foy & serment au Maistre-Ecole & College de ladite Université, joüiront & devront joüir des Libertez & privileges susdits, sans faire foy ou serment pardevant aucuns de nos Officiers, & ne payeront aucuns Foüages ou Aides, ni ne seront contraints; nonobstant qu'aucuns d'iceux soïent mariez & aïent femmes & enfans, & qu'aucunes fois ils aïent ᶜ taillé aux Tailles des dits Foüages & autres Aides; pourveu toutes fois qu'iceux mariez ne vendent aucunes marchandises, & qu'ils n'exercent aucuns Offices par quoy ils soïent distraits de la continuation dudit étude, ᵈ ou qu'iceux mariez seront tenus de payer & payeront Impositions pour leur marchandises, comme les autres qui ne sont pas de ladite Université.

c *été imposez.*

d *auquel cas iceux.*

e *Je crois qu'il faut corriger, Université.*

f *que.*

(2) Item. Comme en ycelle ᵉ Cité y ait plusieurs Nations & plusieurs Bedeaux, & ait en icelle aussi Notaire general, voulons & octroyons de nostre grace, que le Notaire general, le Bedel general, & lesdits Bedeaux & Supposts d'icelle Université, joüissent des dits privileges, soïent francs & quittes & tenus paisibles des dits Foüages; nonobstant qu'aucuns d'iceux soïent mariez, & exercent fait de marchandise, & qu'au commencement ᶠ les Aides des Foüages eurent cours, ils ayent autrefois payez iceux Foüages; mais toutes fois s'ils exercent avec leurs Offices, fait de marchandise, ils seront tenus de payer les autres Impositions ordonnées pour les marchandises; & que les Libraires, Parcheminiers jurez & servans à ladite Université, & qui par icelle ont été & seront élus & deputez en leurs serviteurs, joüiront des privileges, Libertez & franchises de ladite Université, si comme les dits étudians & Bedeaux sus dits, & seront francs & quittes des Foüages & Tailles; reservé que s'ils vendent aucune autre marchandise que celle qui appartient à leurs Offices, ils payeront pour icelles marchandises, les autres Impositions ordonnés estre levées en nostre dit Royaume, tant sur les bleds & farines, comme sur les vins & autres breuvages, outre ce qu'ils en dépenseront sans fraude, & en gros & en détail, & de tous autres Foüages & Aides ordonnées y estre levées du temps passé, & à ordonner au temps avenir, tant sur les Aides ordonnées sur le fait de nos guerres, comme pour quelconque autre fait, cause ou raison que ce soit; supposé qu'aucun des susnommez fût Beneficier en ladite Ville d'Angers, ou soïent mariez, & aïent femmes & enfans.

(3) Item. Que les Maistre-Ecole, Docteurs, Licentiez, Bacheliers & Ecoliers de ladite Université d'Angers, ne seront tenus à aller veiller sur les murs ni garder

les portes de la Cité d'Angers, [a] jaçoit, qu'aucuns d'iceux ne soient Beneficiers, ou mariez en ladite Ville, si de leur bonne volonté, à faire sans contrainte; mais ceux seulement qui ont ou eurent Benefices en ladite Ville, en cas de peril éminent, si les ennemis de nostre Royaume estoient à dix lieuës près d'Angers, seront tenus d'envoyer chacun pour soy aux murs & aux portes, ainsi comme les autres habitans de ladite Ville; & qu'aussi le Notaire general, les Bedeaux, Libraires & Parcheminiers susdits, ne soient contraints aucunement à aller veiller aux murs ni garder aux portes, si ce n'estoit en cas de necessité & peril; c'est assavoir, lesdits ennemis estant à dix lieuës près ladite Ville d'Angers, comme dit est; auquel cas ils seront tenus d'y aller ou envoyer comme les autres; & generalement joüissent & puissent joüir lesdits étudians, Bedeaux & leurs Suppôts dessusdits, desdits privileges & Libertez; c'est assavoir, le Notaire, les Bedeaux, les Libraires & Parcheminiers certifiez [b] suffisans, comme dit est, par ledit Maistre-Ecole & College de ladite Université, sans autre preuve traire, & jouxte la forme & maniere de nostre presente Ordonnance, Declaration & octroy; & aussi desdits privileges de ladite Université d'Orleans.

CHARLES V.
au Château du Bois de Vincennes, le 29. Juillet 1372.
[a] Il paroît qu'il manque là quelques mots.
[b] appar. suffisamment.

Si donnons en mandement à nos amez & feaux Conseillers, les Generaux Elus à Paris sur le fait des Aides ordonnées pour la guerre, & aux Elus sur ledit fait ès Cité & Diocese d'Angers & ailleurs, à tous les Justiciers & Officiers de nostre Royaume, & à leurs Lieutenans, deputez ou à deputer, à chacun d'iceux, si comme lui appartiendra, que de nostre presente grace, Ordonnance & octroy, facent, souffrent & laissent ladite Université d'Angers, serviteurs & Suppôts d'icelle dessus nommez, [c] à chacun d'eux, joüir paisiblement & à plein, sans les contraindre, molester ne souffrir estre contraints, molestez, inquietez, ou empeschez en corps & en biens, en aucune maniere au contraire; [d] à leurs biens & gages, si aucuns en estoient pour ce pris & saisis, detenus, arrestez ou empeschez en leur prejudice, & contre nostre dite Ordonnance, comment que ce soit; leur facent rendre & restituer & mettre à pleine delivrance, & tout ramener au premier estat & dû, tout ainsi que Nous l'avons octroyé ausdits de l'Université d'Orleans, par nos privileges & Lettres; desquels privileges octroyez à iceux d'Orleans, en [e] appeira par ce que lesdits de l'Université d'Angers ne pourront [e] fruer de l'original desdits de l'Université d'Orleans, & aussi au Vidimus de ces presentes, pour ce que lesdits de l'Université d'Angers en auroient affaire en plusieurs & divers lieux, Nous voulons pleniere foy estre adjoustée, tout ainsi comme s'ils montroient les originaux; laquelle chose Nous voulons estre ainsi faite nonobstant quelconques Ordonnances & Mandemens, ou deffenses faites ou à faire, & Lettres impetrées ou à impetrer au contraire. En tesmoin de ce, Nous avons fait mettre nostre Scel à ces Presentes. Donné en nostre Chastel du Bois de Vincennes, le vingt-neuviéme jour de Juillet, l'an de grace mil trois cens soixante-treze, & de nostre Regne le dixiéme. Par le Roy, en ses Requestes.

[c] &.
[d] &.
[e] cet endroit me paroît aussi corrompu.
[e] jouir.

(a) Privileges accordez à l'Evêque de Mende & aux Ecclesiastiques de ce Diocese.

CHARLES V.
à Paris, en Juillet 1373.
Philippe IV. dit le Bel, à Paris, le 15. de Juin 1304.

SOMMAIRES.

(1) Le Roy fera fabriquer de nouvelles Monnoyes au poids & au titre de celles qui furent fabriquées sous le Regne de S.t Loüis; & il fera diminuer le prix de celles qui ont cours presentement.

(2) L'Evêque de Mende & les personnes d'Eglise de son Diocese, ne payeront point des droits d'Admortissement pour les biens qu'ils ont acquis jusqu'au jour de la date de ces Lettres, dans les Fiefs & Arriere-Fiefs du Roy, & dans ceux de ses sujets, en tant que cela regarde le Roy.

(3) Les heritages qui ont été achetez ou qui le seront dans la suite, pour la fondation des Eglises Paroissiales, ou pour l'établissement de leurs Cimetieres, & qui leur seront absolument necessaires, ne seront point sujets aux droits d'Admortissement; & les proprietaires de ces heritages seront

NOTE.

(a) Tresor des Chartres, Registre 104. Piece 255.

CHARLES V.
à Paris, en
Juillet 1373.

SOMMAIRES.

contraints de les vendre à ces Eglises, qui leur en payeront la juste valeur.

(4) Les biens meubles des Gens d'Eglise ne pourront être saisis par Justice.

(5) Les Avoüeries & reconnoissances de nouveaux Seigneurs, faites par les sujets des Gens d'Eglise, sont déclarées nulles.

(6) On ne troublera point les Gens d'Eglise dans l'exercice de leur Justice spirituelle & temporelle, sous pretexte de sauvegardes anciennes.

(7) Les Officiers Royaux jureront d'observer les Mandements qui leur seront adressez en faveur des Gens d'Eglise.

(8) Les Gens d'Eglise joüiront paisiblement & sans payer aucuns droits, des héritages qu'ils ont acquis dans leurs Justices.

(9) Les griefs faits aux Gens d'Eglise par les Officiers Royaux, seront levez; & ceux-ci jureront d'observer les Ordonnances faites à ce sujet.

(10) Pendant le temps que l'Evêque de Mende & les Ecclesiastiques de son Diocese, payeront les Decimes & Subventions qu'ils ont accordées au Roy, ils ne payeront point les autres Decimes que le Pape pourra lui octroyer.

(11) Les Gens d'Eglise de ce Diocese qui doivent le service militaire, ne seront point obligez d'aller à la guerre, ni d'y envoyer des personnes à leur place, ni de se racheter de ce service, [pendant le temps qu'ils payeront les Decimes qu'ils ont accordées au Roy.]

(12) Les exactions & Impôts levez sur les sujets des Gens d'Eglise de ce Diocese, par rapport à la guerre, ne pourront porter préjudice ni aux uns ni aux autres.

(13) On ne fera point de Prises pour le Roy, sur les Gens d'Eglise de ce Diocese ni sur leurs sujets; si ce n'est de leur consentement.

(14) Le Roy fera cesser les griefs qui ont été faits à ces Gens d'Eglise, par rapport à leurs Fiefs.

(15) On ne levera point d'Impôts par rapport à la presente guerre, sur les hommes de corps & taillables de ces Gens d'Eglise.

(16) Le Subside accordé par ces Gens d'Eglise, sera levé par eux à la poursuite des Commissaires du Roy, ausquels il sera remis incessamment.

(17) Pour ôter les griefs faits aux Prélats & aux Eglises, le Roy, quand il en sera requis, commettra des Auditeurs non suspects pour leur faire justice.

*K*AROLUS Dei gratia Francorum Rex. Notum facimus universis presentibus & futuris, Nos Litteras Philippi-Pulcri quondam Francorum Regis, predecessoris nostri, *a cera.* in filis sericis & ᵃ certa viridi sigillatas vidisse, formam que sequitur, continentes.

(b) *P*HILIPPUS Dei gratia Francorum Rex. Notum facimus universis tam presentibus quam futuris, quod Nos proloquutam liberalitatem Nobis ex parte Episcopi Mima-
b Mimaten. R. tensis dilecti & fidelis nostri, suo & personarum Ecclesiasticarum ᵇ Mimatensium Civitatis & Diocesis nomine faciendam, pro presentis nostri Flandrensis exercitus Subsidio, ad defensionem Regni nostri, gratam & acceptam habentes, graciosius tenore presentium ipsis duximus concedendum.

(1) Primo. Quod Nos in instanti Festo omnium Sanctorum, faciemus cudi & fabricari Monetas valoris, Legis & ponderis quorum erant ille que tempore Beati Ludovici quondam Regis Francorum Avi nostri, currebant; & inter dictum Festum & subse-
c faciemus. quens Festum Resurrectionis Dominice, ᶜ facimus paulative cursum minui Monetarum que in Monetagiis nostris cuduntur ad presens, prout consultius fuerit faciendum. Itaque in dicto Festo Resurrectionis Domini vel circa, predictas novas Monetas habere faciemus cursum suum.

(2) Item. Quod omnia conquesta ab ipsis suarum Ecclesiarum nomine, à tempore retroacto usque ad tempus concessionis hujusmodi, in Feodis aut Retro-Feodis nostris, aut subditorum nostrorum in quantum ad Nos spectat, tenere possint perpetuo absque coactione vendendi vel extra manum suam ponendi, aut financias prestandi Nobis pro eisdem.

(3) Item. Quod si similiter possessiones quas pro Ecclesiis & Cimiteriis Ecclesia-
d fundandis. rum Parrochialium ᵈ fundandis de novo vel ampliandis, intra vel extra Villas, non ad

NOTE.

(b) *Philippus.*] Dans les années 1303. & 1304. Philippe-le-Bel accorda à plusieurs Eglises, des privileges à peu près semblables à ceux-cy, qui sont dans le *premier Volume de ce Rec.* Les privileges contenus dans ces Lettres, sont presque entierement conformes à ceux qu'il accorda aux Ecclesiastiques du Diocese de Reims, & qui sont *ibid.* p. 406.

Le même jour 15. de Juin 1304. il accorda d'autres privileges aux Ecclesiastiques du Diocese de Mende. Ils sont *ibid.* p. 412.

superfluitatem

superfluitatem, *sed ad convenientem necessitatem adquiri contingat, vel jam adquisite, de cetero apud Ecclesias perpetuo remaneant absque coactione vendendi vel extra manum suam ponendi, aut prestandi financiam pro eisdem; & quod possessionum hujusmodi possessores, ad eas pro justo pretio dimittendas, possint mediante Justicia coartari.*

(4) Item. *Quod bona mobilia Ecclesiasticarum personarum, & Clericorum clericaliter viventium, non capientur, aut justiciabuntur in aliquo casu per Justiciam secularem.*

(5) Item. *Quod advocationes & recognitiones nove que ab Ecclesiarum subditis fiunt, nullatenus admittentur, & factas de novo faciemus penitus revocari.*

(6) Item. *Quod pretextu Gardie antique in Personis Ecclesiasticis, non impedietur Ecclesiastica vel temporalis Juridicio Prelatorum.*

(7) Item. *Quod Baillivi & alii* [a] *Officialis nostri, teneantur jurare quod* [b] *mandita sibi facta & facienda per Litteras, pro Ecclesiis & personis Ecclesiasticis, absque difficultate fideliter exequentur.*

(8) Item. *Quod non impedientur aut inquietabuntur Ecclesie super possessionibus seu redditibus emptis vel emendis in Feodis, Retro-Feodis aut* [c] *consivis suis, in quibus omnimodam altam & bassam habent Justiciam, quin possessiones & redditus taliter adquisitos, perpetuo tenere valeant absque coactione vendendi aut extra manum suam ponendi, aut Nobis prestandi financias pro eisdem.*

(9) Item. *Quod tollantur gravamina eis per Gentes nostras illata, ac nostra jam concessa statuta serventur, & ea Baillivi nostri jurare tenebuntur se firmiter servaturos.*

(10) Item. *Quod si Decimam vel aliud onus ad opus nostrum, per Romanam Ecclesiam Prelatis predictis & aliis personis Ecclesiasticis, durantibus terminis solucionum Decimarum Nobis concessarum vel concedendarum ab eisdem, ut premittitur, imponi contingat vel jam impositum existat, Decimarum ipsarum, & Decime seu alterius oneris per dictam Romanam Ecclesiam concedendarum vel concessarum, solutionum termini non concurrant.*

(11) Item. *Similiter nec illi qui Nobis deberent exercitum, tenebuntur ad eundum vel mittendum seu se redimendum pro exercitu presenti.*

(12) Item. *Quod non est intencionis nostre, nec volumus quod pretextu exactionum quarumlibet in terris dictorum Prelatorum ex parte nostra, pro necessitate guerrarum factarum à personis, subditis vel Justiciabilibus sibi de Consuetudine vel de Jure, eis Ecclesiis vel personis aliquod generetur prejudicium, vel novum jus Nobis propter hoc* [d] *adquirantur; sed in eisdem Libertatibus & franchisiis in quibus erant ante guerras ceptas, legitime perseverent.*

(13) Item. *Quod ad opus* [e] *Garnusionum nostrarum, bona ipsorum aut subditorum suorum eis* [f] *invitis, nullatenus capientur.*

(14) Item. *Quod impedimenta & gravamina que in Feodis Prelatorum ponuntur, amoveri debite* [g] *facimus.*

(15) Item. *Quod nichil occasione subvencionis noviter Nobis concesse, levabitur ab hominibus Ecclesiarum de corpore seu manu mortua, de* [h] *alio & basso ad voluntatem* [i] *tablialibus; & si aliquid ab eis hoc anno, pro subvencione exercitus presentis sit levatum vel levari contingat, id Ecclesiis hujusmodi, de prestando ab eis Subsidio deducetur.*

(16) Item. *Quod Subsidium illud juxta concessionis ipsius tenorem, per dictos Prelatos seu auctoritate ipsorum levabitur, Nobis seu Gentibus nostris ad hoc deputatis, instantibus quam citius* [k] *assignandum.*

(17) Et insuper, *quod pro gravaminibus sibi aut Ecclesiis suis vel personis Ecclesiasticis illatis, corrigendis, de quibus liquebit, Auditores non suspectos eisdem cum requisiti* [l] *fuerimus, concedemus, qui vice* [m] *nostrum, celeris complementum Justicie super hoc prumpte & fideliter exhibebunt. In cujus rei testimonium, presentibus Litteris nostrum fecimus apponi Sigillum.* Actum Parisius, die quinto decimo mensis [n] Junii, anno Domini millesimo trecentesimo quarto.

Nos vero Litteras predictas & contenta in eis, si & in quantum dictus Episcopus & alii de quibus supra [o] mencio, usi debite fuerunt, [p] rata & gratas habentes, eas & ea

CHARLES V.
à Paris, en Juillet 1373.

a Officiales.
b mandata.

c censivis.

d adquiratur.

e Garnisionum.
f invitis.

g faciemus.

h Voy. les Tabl. des Mat. de ce Rec. au mot, Tailles.
i tailliabilibus.

k assignand. R.

l fuerimus.
m nostra.

n Junii.

o fit.
p ratas.

volumus, laudamus, approbamus, & tenore presentium confirmamus de gracia speciali per presentes: Mandantes universis Justiciariis nostris & Regni nostri, & eorum Locatenentibus, & eorum cuilibet, prout ad eum pertinuerit, presentibus & futuris, quatinus dictum Episcopum & alios, nostra presenti confirmacione uti pacifice faciant & gaudere, nil in contrarium faciendo nec fieri permittendo à quoquam. Quod ut firmum & stabile perpetuo perseveret, nostrum presentibus fecimus apponi Sigillum: Salvo in aliis [a] *jure nostro, & in omnibus quolibet alieno.* Datum Parisius, mense Julii, anno Domini millesimo ccc.° septuagesimo tercio; Regni vero nostri decimo.

H. DE [b] TRE. *In Requestis hospicii.* HENRY.

CHARLES V.
à Paris, en Juillet 1373.

[a] *jure.*

[b] *Il y a une marque d'abbréviation sur ce mot.*

CHARLES V.
à Paris, le 22. d'Août 1373.

(a) Lettres de Sauvegarde Royale pour l'Hôpital de St Jacques à Paris.

CHARLES par la grace de Dieu Roy de France. A tous ceuls qui ces presentes Lettres verront: Salut. Savoir faisons que Nous à la supplicacion de nos amés les Maistres, Gouverneurs, Tresoriers, Chanoines, Chapelains, Vicaires & Clers de l'Eglise Monsieur Saint Jacques de l'Ospital près de la Porte Saint Denis à Paris, fondez de nos predecesseurs Roys de France, icelle Eglise, l'Ospital & supplians dessus diz, les familliers & serviteurs d'iceulz, ensemble toutes leurs possessions, choses & biens quelconques, avons prins, mis & receu, prenons, mettons & recevons de grace especial par ces presentes, en & soubz nostre protection & Sauvegarde especial, à la conservacion de leurs drois; & à iceuls avons ordené & deputé, ordenons & deputons en Gardiens especiaulz, Jehan de Paris, Jehan Filleul, Jehan Olche, Jehan Gouvou, Pierre des Angles & Philippe Damade, noz Sergens; ausquelz & à chascun d'iceuls, Nous donnons plain pooir, auctorité & mandement especial, & par ces mesmes Lettres commettons de iceuls supplians, leurs serviteurs & familliers & chascun d'eulz, maintenir & garder en toutes leurs justes possessions, drois, usaiges, drois, Coustumes, usaiges, franchises, Libertés & saisines, esquelles ilz les trouveront estre & leurs predecesseurs avoir esté d'ancienneté paisiblement; de iceuls & chascun d'euls garder & deffendre de toutes injures, griefs, oppressions, molestacions, de force d'armes, de poissance de Lays, & de toutes autres nouvelletés induës; & se aucun ou aucunz en trouvent estre ou avoir esté faictes ou prejudice de nostre dicte especial Garde & des diz supplians, de les ramener & faire mettre au premier estat & deu, & à Nous & aus diz supplians faire pour ce Amendes convenables; de nostre dicte Sauvegarde signifier, intimer & publier en tous les lieus & aus personnes où [c] mestier sera & dont ils seront requis; de mettre nos [d] Penonceaulz Royaulx en cas d'éminent péril, en & sur toutes leurs maisons, terres, granges, possessions & autres biens quelconques, se requis en sont ou l'un d'iceuls, à ce que aucun ne puisse pretendre cause d'ignorance sur ce; en faisant inhibicion & deffense de par Nous à toutes les personnes dont ilz seront requis, que aus diz supplians, à leurs serviteurs & familliers, ne à quelconques leurs possessions & biens, ne mesfacent ou facent mesfaire par quelque maniere que ce soit, sur toute la paine que il pevent & pourroient encourir envers Nous; & se debat ou opposicion naist entre les Parties, en cas de nouvelleté, de icellui debat & la chose contencieuse prendre & mettre en nostre main comme Souveraine; de faire restablir les lieux [e] reaument & de fait; des choses ostées, la nouvelleté, trouble & empeschement avant toute euvre ostez; [f] pour ce que leurs rentes, maisons, terres, possessions & biens sont situez en nostre bonne Ville de Paris, ès Forbours & environ nostre dicte bonne Ville, par la distance de dix lieuës ou environ, en & soubz diverses Juridicions, si comme l'en dit, de assigner & donner jour ou jours certains & competens aus opposans ou debat faisans, & aussi aux transgrediens ou à l'un d'eulz, en faisant ou exerçant leur Office de Gardien, & aussi

[c] *besoin.*
[d] *Voy. les Tabl. des Mat. de ce Rec. à ce mot, & à celui d'asseurement qui est plus bas.*

[e] *réellement.*
[f] *&c.*

NOTE.

(a) Livre rouge Vieil du Chastelet de Paris, folio 65. verso.

à tous ceuls qui feroient reffufans de donner affeurement aus dis fuppliants, à leurs familliers & ferviteurs ou l'un d'eulz, pardevant noftre Prevoft de Paris, pour adrecer & amender les dictes tranfgreffions, ᵃ infraffions, offenfes & ᵇ defobéiffans; pour donner auffi les dis affeuremens bons & loyaulx felon la Couftume du pays, & pour proceder & aler avant tant fur les dictes oppoficions & debas, comme fur la créance des chofes contencieufes; & en oultre fur tout comme de raifon fera, en certifiant fur tout & de ce que fait auront ès chofes deffus dictes, & autres qui en pevent ou pourroient deppendre & chafcune d'icelles, ledit Prevoft, auquel ou à fon Lieutenant, Nous mandons, & pour les caufes & jufques à la diftance deffus dictes, commettons & eftroictement enjoignons, que aus Parties, icelles oyes, facent furtout bon & brief acompliffement de Juftice: Mandons & commandons à tous nos Jufticiers & fubgiez, que à nos Sergens & Gardiens deffus diz & à chafcun d'iceulz, en faifant & exerçant leur dit Office de Gardien, & tout ce que audit Office puet ou doit appartenir, & ès deppendances, obéiffent & facent obéir & entendre diligemment, & leur donnent & à chafcun d'iceulz, confeil, confort & aide, fe meftier en ont, & par eulz ou l'un d'eulz en font requiz. Toutevoies il n'eft pas noftre entente que les diz Gardiens ne aucuns d'eulz, fe entremettent de chofe qui requiere cognoiffance de Caufe. En tefmoing de ce, Nous avons fait mettre noftre Seel à ces prefentes Lettres. *Donné à Paris, le vingt-deuxieme jour d'Aouft, l'an de grace mil trois cens foixante & treize, & de noftre Regne le dixieme.*

CHARLES V.
à Paris, le 22. d'Août 1373.
ᵃ *infractions.*
ᵇ *défobéiffances.*

Collacion faicte à l'Original fcellé à double queuë en cire jaune. Ainfi fignées. *Es Requeftes de l'Oftel.* J. GREESLE. J. DIVITIS.

Et furent publiées en Jugement ou Chaftellet, en la prefence ᶜ Maiftre Jehan de Chatou Lieutenant, le Mardi fixieme jour de Septembre, l'an mil trois cens foixante & treize.

ᶜ *de.*

(a) *Lettres qui aboliffent les Appeaux frivoles, dans les Juftices qui appartiennent au Chapitre de Laon.*

CHARLES V.
à Paris, en Août 1373.

CHARLES par la grace de Dieu Roy de France. Savoir faifons à tous prefens & avenir, que comme noz bien amez Doyen & Chapitre de l'Eglife de Laon, Nous euffent ja pieça fait expofer en eulx complaignant, &c. Si donnons en Mandement par ces prefentes audit Bailli de Vermandois, & à tous nos autres Jufticiers & Officiers, ou à leurs Lieuxtenans, prefens & advenir, & à chafcun d'eulx, fi comme à lui appartendra, que les deffus dis fuppliants, Doyen & Chapitre de ladicte Eglife de Laon, & leurs fucceffeurs, leurs Gens & Officiers gardans & exerçans leurs Juridicions temporels, comme dit eft, il facent, feuffrent & laiffent joïr & ufer paifiblement à toufjours de noftre prefente Ordennance & declaracion, & ycelle gardent & facent tenir & garder inviolablement & perpetuelment de point en point, fanz innovacion, contradicion ou empefchement quelconques; non contreftant ufage, ftile, Couftume de païs ou commune obfervance, & quelconques Ordennance à ce contraires. Et que ce foit ferme chofe & eftable à toufjours, Nous avons fait mettre noftre Seel à ces prefentes Lettres : Sauf en autres chofes noftre droit, & l'autrui en toutes. *Donné à Paris, l'an de grace mil trois cens foixante treze, & de noftre Regne le difiéme ou mois d'Aouft.*

Par le Roy, à la rélation du Confeil. P. BRIET.

NOTE.

(a) Trefor des Chartres, Regiftre 104. Piece 304.

Ces Lettres font conformes à celles qui furent accordées au Chapitre de Rheims, le 23. d'Avril 1372. & qui font *cy-deffus*, pag. 470.

CHARLES V.
au Château du Louvre, à Paris, en Août 1373.

(a) *Lettres qui portent que les Arbaleſtriers de la Rochelle, ne pourront être contraints de ſortir de cette Ville, pour aller à des expéditions militaires.*

CHARLES par la grace de Dieu Roy de France. A tous preſens & avenir. Comme de la partie des Majeur, Eſchevins, Bourgois & habitans de noſtre Ville de la Rochelle, Nous ait eſté ſignifié, que ou temps que ladicte Ville fu autreffois en noſtre obéiſſance, en ycelle avoit continuelment grant nombre de bons Arbaleſtriers, & durant le temps qu'elle a eſté par le Traité de la Paix ᵃ à l'obéiſſance de Edoart d'Angleterre noſtre ennemi, les dis Arbaleſtriers ont eſté contraints à aler ès Sieges, Oſts, Chevauchées & armées de la mer, que ſon ainſné Filz le Prince faiſoit; pour laquelle contrainte les dis Arbaleſtriers ont ſi deleſſié à tirer de l'Arbaleſte, que en ladicte Ville n'a à preſent comme nulz Arbaleſtriers; combien que ce ſoit une choſe très neceſſaire à avoir pour la garde & deffenſe d'icelle; conſideré qu'elle eſt en frontiere de nos ennemis, & aſſiſe ſur mer; & Nous ayent ſupplié yceulx Majeur, Eſchevins, Bourgois & habitans, que ſur ce leur vouſliſſons pourveoir de noſtre grace. Savoir faiſons que Nous conſiderans les choſes dictes, & la bonne & vraie amour & obéiſſance que Nous avons touſjours trouvé ès dis habitans, & afin que ladicte Ville puiſt eſtre repeuplée d'Arbaleſtriers pour la garde & deffenſe d'icelle, avons octroié & octroïons de noſtre certaine ſcience & auctorité Royal, à tous Arbaleſtriers qui à preſent ſont & qui pour le temps avenir ſeront, demourans & reſidans en ladicte Ville de la Rochelle, que pour quelconques Sieges, Oſts, Chevauchées ou armées que nos Gens, Officiers ou Miniſtres, ſoient nos Lieuxtenans ou autres, de quelque auctorité ou ᵇ pour qu'il uſent, facent pour Nous d'oreſenavant ſur mer ou ſur terre, ne pour quelconques neceſſité de Gens ou d'Arbaleſtriers qu'il puiſſent avoir, yceulx Arbaleſtriers ne ſoient tenuz ou puiſſent eſtre contrains ou parforciez en quelque maniere, à ᶜ ſaillir hors de ladicte Ville comment que ce ſoit, ſe ᵈ ne n'eſtoit par leur propre voulenté & aſſentement; & ᵉ voulans des maintenant que ſe Nous ou aucuns de noz diz Lieuxtenans ou Officiers, leur faiſions par inadvertence ou autrement, aucun mandement au contraire, qu'il n'y obéiſſent ou ſoient tenus de obéir, & que pour ce il ne puiſſent eſtre ᶠ approchiez ᵍ deſobéiſſance, ne moleſtez ou dommagez en aucune maniere. Si donnons en mandement par ces preſentes, à tous nos Lieutenans, à noſtre Conneſtable de France, à noſtre Amiral de la mer, à nos Mareſchaus, & à tous Capitaines de Gens d'armes ou autres nos Officiers, qui ſont à preſent ou ſeront pour le temps avenir, ou à leurs Lieuxtenans, & à chaſcun d'eulx, ſi comme à lui appartiendra, que les dis Majeur, Eſchevins & Arbaleſtriers facent, ſeuffrent & leiſſent uſer & jouïr paiſiblement de noſtre dicte grace, ſans les empeſcher ou moleſter au contraire, ou aucuns. Et que ce ſoit ferme choſe & eſtable à touſjours, Nous avons fait mettre noſtre Seel à ces preſentes: Sauf en autres choſes noſtre droit, & l'autrui en toutes. *Donné en Chaſtel du Louvre à Paris, ou moys d'Aouſt, l'an de grace mil* CCCLX *& treze, & de noſtre Regne le* X.ᵉ

Par le Roy. BAIGNEUX.

ᵃ de Bretigny.

ᵇ pouvoir.

ᶜ ſortir.
ᵈ ce.
ᵉ voulons.

ᶠ ajournez en Juſtice.
ᵍ de.

NOTE.

(a) Treſor des Chartres, Regiſtre 104. Piece 297.

CHARLES V.
à Paris, en Août 1373.

(a) Diminution de Feux pour la Ville de Montpellier.

KAROLUS, &c. *Notum,* &c. *Quod cum ex parte,* &c. *Cumque facta quadam Informatione virtute Litterarum cariſſimi Fratris & Locumtenentis noſtri in* ʰ *Partibus Occitanis, Ludovici Ducis Andegavenſis, anno* MCCCLXVII.

ʰ Languedoc.

NOTE.

(a) Treſor des Chartres, Regiſtre 104. Piece 330. *Voyez cy-deſſus,* p. 30. Note (a).

mense Augusti concessarum, ac Instructionum prædictarum, in Villa & loco Montispessulani, Senescalliæ Bellicadri & Nemausi, super vero numero Focorum in dicto loco & Villa existencium, per dilectum nostrum Magistrum Petrum * Juliarii, in Legibus Licentiatum, Judicem Majorem dictæ Senescalliæ Bellicadri & Nemausi, Commissarium in hac parte per dictas Litteras deputatum; vocato & præsente in omnibus Procuratore nostro Generali ejusdem Senescalliæ, aut ejus legitimo Substituto; eademque, &c.

CHARLES V.
à Paris, en Août 1373.
*a Je crois qu'il y a *Juliani*, dans quelques Lettres de Feux précedentes.*

Repertum fuerit quod in dicto loco & Villa Montispessulani cum ejus pertinenciis & suburbiis, sunt & reperiuntur per b scrutinium anno M. CCCLXVII.° prædicto, per dictum Commissarium factum ut supra, duo millia trecenti Foci, secundum Instructiones traditas super hoc prælibatas. Nos vero, &c.

b scrutinium.

Quod ut firmum, &c. Salvo, &c. Actum Parisius, mense Augusti, anno Domini millesimo CCCLXXIII.° Regnique nostri decimo.

Per Consilium, &c. P. DE CHASTEL. *Informatio,* &c. P. DE CHASTEL.

(a) Diminution de Feux pour differents lieux.

CHARLES V.
à Paris, en Août 1373.

KAROLUS, &c. Notum, &c. Quod cum ex parte, &c.
Cumque facta quadam Informatione virtute certarum Litterarum Regiarum & dictarum Instruccionum, in loco de Sancto Johanne de Blanqueria, aliter de c Planis, Vicariæ c Giniaci, Senescalliæ Carcassonæ, per certum Commissarium ad hoc deputatum, super vero numero Focorum in dicto loco tunc existencium; & postmodum virtute quarumdam Litterarum nostrarum de mandato, ac aliarum Regiarum, alia Informacio fuerit de novo & secundo facta in eodem loco, super vero numero Focorum in dicto loco nunc existencium, per Nobilem Rogerium de Roverayo, Dominum de Ferralibus, Commissarium ad hoc per Senescallum nostrum Carcassonæ, virtute dictarum Litterarum legitime subdelegatum; vocato secum & præsente in omnibus Procuratore nostro Generali dictæ Senescalliæ Carcassonæ, aut ejus legitimo Substituto; eademque, &c.

c LES PLANS, Diocese de Lodeve.
d GINIAC. Voy. cy-dessus, p. 212. Note (b).

Repertum fuerit quod in dicto loco de Sancto Johanne de Blanqueria de Planis, sunt de presenti & reperiuntur triginta unus Foci, secundum traditas Instructiones super hoc prælibatas. Nos vero, &c.

Quod ut firmum, &c. Salvo, &c. Actum Parisius, mense Augusti, anno Domini millesimo trecentesimo septuagesimo tercio, Regnique nostri decimo.

Per Consilium, &c. P. DE CHASTEL. *Informatio,* &c. P. DE CHASTEL.

e Item. Similis pro loco de f Villamagna & ejus Juridictione, Vicariæ Bitterrensis, Senescalliæ Carcassonæ, in quo sunt septuaginta tres Foci.

Item. Similis pro loco de g Porcayranicis, Vicariæ Bitterrensis, Senescalliæ Carcassonæ, in quo sunt de presenti quadraginta sex Foci.

Item. Similis pro loco de h Bassano, Vicariæ Bitterrensis, Senescalliæ Carcassonæ, quadraginta sex Foci.

Item. Similis pro loco de i Podio-mussone, Vicariæ Bitterrensis, Senescalliæ Carcassonæ, viginti quatuor Foci.

Item. Similis pro loco de k Autiniaco, Vicariæ Bitterrensis, Senescalliæ Carcassonæ, triginta Foci.

Item. Similis pro loco de l Cassilhaco, Vicariæ Bitterrensis, Senescalliæ Carcassonæ, sexdecim Foci.

In loco de m Quilhano, CLXXV. Foci.
In loco de n Bugaragio, XVI. Foci.

e Ce qui suit a été copié conformement au Reg.
f VILLEMAGNE, Abbaye, Diocese de Beziers.
g PORTIRAIGNES, Diocese de Beziers.
h BASSAN, Dioc. de Beziers.
i PUIMISSON. idem.
k AUTIGNAC. idem.
l CASILHAC, Diocese de Carcassonne.
m QUILLAN, Diocese d'Alet.
n BUGARACH. idem.

NOTE.

(a) Tresor des Chartres, Registre 104. Piece 256.

Voyez cy-dessus, p. 30. Note (a).
C'est le R. P. D. Vaissette, Benedictin, qui m'a indiqué les noms modernes des lieux contenus dans ces Lettres.

a CAYLA, *idem.* ou le CAYLAR,
b Dioc. de Nifmes.
b CLARENSAC, Dioc. de Nifmes.
c Il y a à côté de cet art. & du fuiv. une accolade, avec ces mots, *una Littera.*
d VERGEZE, Dioc. de Nifmes.
e VESTRIC. *id.*
f MASSILLARGUES. *idem.*
g AIGUES-VIVES. *idem.*
h S. JULIEN.

In loco de *a* Cayſlario, LXVI. Foci.
In loco de *b* Clarenciaco, LVII. Foci.
c In loco de *d* Vergeſiis, XVII. Foci.
In loco de *e* Veſtrico, XXI. Foci. } *una Littera.*
In loco de *f* Marcilhanicis, CLXVII. Foci.
In loco de *g* Aquis-vivis, XXIIII. Foci.
In loco de *h* Sancto Juliano, VIII. Foci.

(*a*) Lettres portant qu'il fera établi une Monnoye d'Or & d'Argent, dans la Ville de Villefranche-en-Roüergue.

CHARLES V.
à Paris, au Château du Louvre, le 7. de Septembre 1373.
h Languedoc.
i Occitanis.

k facilement.

l quod.
m Thefaur. Ruthen. *R. là & plus bas.*
n valeremus.

o fiat.
p Ruthen. *R.*

q Domini.

KAROLUS Dei gracia Francorum Rex. Notum facimus univerſis tam preſentibus quam futuris, Nos vidiſſe Litteras cariſſimi Germani & Locumtenentis noſtri in *h* Partibus Occitanis, Ducis Andegavenſis & Turonenſis ac Comitis Cenomanenſis, ſigillo ſuo novo ſigillatas, ſanas & integras, omni prorſus vicio & ſuſpeccione carentes, ut prima facie apparebat, formam que ſequitur, continentes.

LUDOVICUS Regis quodam Francorum Filius, Domini noſtri Regis Germanus, ejuſque Locumtenens in Partibus *i*, Dux Andegavenſis & Turonenſis Cenomanenſiſque Comes. Univerſis preſentibus & futuris: Salutem. Expediens & utile ſeu quaſi neceſſarium conſuevit arbitrari, facta perquirere & opera quibus multipliciter non ſolum private rei ſed eciam publice ſubvenitur, & ex quibus comoda fructuoſa inceſſanter conſueverunt repportari. Cum igitur jam diu eſt, ad noſtrum non nullorum fide dignorum relatu pervenerit auditum, quod in loco Ville-Franche, Seneſcallie Ruthenenſis, qui quaſi in medio dicte Seneſcallie ſituatur; attento quod ipſi Domino meo ſoli & non alteri cuiquam pertinet, & eciam quod eſt locus fortis, magnus, notabilis & antiqus, ad quem mercatores, Campſores, & omnes alii totius Seneſcallie & Patrie circumvicine, de *k* levi & forſan minoribus periculis & expenſis quam alibi in dicta Seneſcallia, pro hiis que factum Monetarum reſpiciunt, conſluere haberent, bene ſtaret quedam Moneta Regia in qua eſſent Magiſtri, Gardie, & alii Officiarii & Operatores, quemadmodum fieri conſuevit in aliis Monetis Regni Francie; conſiderato quod dicto fide dignorum relatu, ipſius Domini mei & ejus Succeſſorum ac rei publice commodum augmentare pluſquam diminuere cupientes, ſuper hoc & omni commodo vel incommodo *l* quid ex hoc ſubſequi poſſet, per dilectos noſtros Guillelmum Leſpinace Magiſtrum-Generalem Monetarum Regni Francie, *m* Theſaurarium Ruthenenſem, & alias plures notabiles perſonas in talibus expertas, Informaciones fieri mandaverimus, & factas Nobis per eoſdem reportari, ad finem quod ſuper hoc prout eſſe utile melius ordinare *n* voleremus; Notum facimus quod Nobis clare conſtat, viſis dictis Informacionibus, quod expediens & utile erit ipſi Domino meo, ejus ſuceſſoribus & rei publice, ſi Moneta in dicto loco de cetero *o* fiat & de novo conſtruatur, quod Nos Conſulibus & habitatoribus dicti loci Ville-Franchie *p* Ruthenenſis conceſſimus & concedimus per preſentes, de noſtris certa ſciencia, gracia ſpeciali & auctoritate Regia qua fungimur in hac parte, quod in dicto loco ex nunc fit & fiat Moneta Auri & Argenti nomine dicti Domini noſtri, & ejus Succeſſorum, & in ipſo duret & remaneat quamdiu dicti *q* noſtri ſive noſtre placuerit voluntati; quodque in eadem Moneta ſint Magiſtri, Gardie, Tailliatores, Operatores & alii Officiarii, qui conſimilibus privilegiis, Libertatibus & prerogativis gaudeant & utantur, quemadmodum ſeu quibus Magiſtri, Gardie, Tailliatores, Operatores & alii Officiarii aliarum Monetarum Regni Francie, uti conſueverunt & gaudere. Quocirca Seneſcallo, Theſaurario, Procuratori Regio, ceteriſque Juſticiariis & Officiariis predicte Seneſcallie Ruthenenſis, nec non quibuſcumque Magiſtris-Generalibus Monetarum Regni Francie, ac univerſis & ſingulis Commiſſariis ſeu Reformatoribus quaviſ

NOTE.

(*a*) Trefor des Chartres, Regiſtre 104. Piece 345.

auctoritate, potestate vel mandato fungentibus, tenore presentium damus in mandatis, quatenus dictos Consules & habitatores nostra presenti concessione & gratia uti & gaudere pacifice permittant; ipsamque concessionem nostram inviolabiliter observent & observari faciant & procurent, nichil in contrarium attemptando nec à quoquam attemptari permittendo; attemptata vero vel innovata si que fuerint in contrarium, revocent & annullent visis presentibus [a] & indilate; quia sic fieri volumus & eciam tenore presentium ordinamus. Quod ut firmum & stabile perseveret, nostrum novum Sigillum in absentia magni, presentibus Litteris duximus apponendum. Actum & datum Tholose, anno Domini millesimo trecentesimo septuagesimo [b] prima, mense Decembris.

CHARLES V.
à Paris, au Château du Louvre, le 7. de Septembre 1373.
a mot inutile.
b primo.

Quas quidem Litteras ac omnia & singula in eis contenta, rata & grata habentes, ea laudamus, ratificamus, approbamus, & auctoritate nostra Regia, ex certa scientia & speciali gracia tenore presencium confirmamus, ac premissis attentis, omnia suprascripta dictis Consulibus & habitatoribus de novo concedimus auctoritate ex certa scientia & speciali gracia supradictis: Dantes tenore presentium in mandatis Senescallo, Thesaurario, Procuratori nostro, ceterisque Justiciariis nostris predicte Senescallie Ruthenensis, nec non quibuscunque Magistris-Generalibus Monetarum Regni nostri, ac universis & singulis Commissariis seu Reformatoribus quavis auctoritate, potestate vel mandato fungentibus, quatenus dictos Consules & habitatores nostra presenti confirmacione, concessione & gracia uti & gaudere pacifice permittant, ac omnia & singula suprascripta observent & faciant inviolabiliter perpetuis temporibus observari, juxta formam & tenorem predictarum Litterarum superius insertarum, ac nostre presentis gracie & concessionis; ad statum pristinum reducendo seu reduci [c] faciendo, si in futurum aliqua forsan contingeret in contrarium attemptari. Et ut premissa omnia perpetue firmitatis robur obtineant, Sigillum nostrum hiis presentibus [d] mandamus apponi: Salvo in aliis jure nostro, & in omnibus quolibet alieno. Datum Parisius, in Castro nostro de Lupara, septima die mensis Septembris, anno Domini M.° CCC.° LXXIII.° & Regni nostri decimo.

c faciendo.

d mandavimus.

Per Regem. J. TABARI.

(a) *Mandement pour faire une fabrication d'Especes.*

CHARLES V.
à Paris, le 11. de Septembre 1373.

CHARLES par la grace de Dieu Roy de France. A noz amez & feaulx les Generaulx-Maistres de noz Monnoyes: Salut & dilection. Comme à present Nous aïons à faire & supporter très grans & innumerables [e] mises, tant pour le fait de noz guerres comme pour la defense de nostre Royaume; & pour ce aïons requis nostre amé Berthelemi Spifame Marchant & Bourgeois de Paris, qu'il Nous face prest de certaine somme d'Argent, lequel Nous a accordé gracieusement ce que requis luy avons, [f] parmi ce toutes voyes qu'il n'a mie à present en comptant de quoy il Nous puist faire ledit prest, si comme il dit, Nous luy avons accordé qu'il puist mettre presentement en nostre Monnoye de Paris, douze cens Marcs d'Argent en Vaisselle & en Argent [g] encendré, ou environ, allaïez à unze deniers six grains fin ou environ, afin qu'il Nous puist plustost & plus prestement secourir dudit prest que mandé & requis luy avons, comme dit est. Pour ce est-il que Nous vous mandons que les dits onze cens Marcs d'Argent dessus dits, en Vaisselle & en Argent en cendrée, vous faictes ouvrer & monnoyer en Deniers d'Argent, sur le coing & forge de ceulx qui courent à present pour quinze Deniers Tournois la Piece, les quelz seront de [h] huit Solz de poix au Marc de Paris, & auront cours pour quinze Deniers Tournois la piece, & qu'ilz soïent à unze deniers six grains fin ou environ, comme

e dépenses.

f moyennant.

g Voy. cy-dessus, p. 301. Note (e).

h de 96. P. au Marc.

NOTE.

(a) Registre D. de la Cour des Monnoyes de Paris, fol.° 8 vingt 11. R.° (171).
Avant ces Letres, il y a:

Mandement pour douze cens Marcs d'Argent en Vaisselle, lesquelz ont esté ouvrez par Pierre Bourdon Maistre-Particulier de la Monnoye de Paris.

CHARLES V.
à Paris, le 11. de Septembre 1373.
ª *sortira, proviendra.*

dit eſt; & pour chaſcun Marc d'œuvre des Deniers d'Argent deſſus dits, faictes alloüer ès comptes de celuy ou ceulx qui feront ledit ouvraige, quatre Solz Tournois; & avec ce, aions promis audit Berthelemi, que du comptant qui en ª iſtera, il ait & ſoit païé de chaſcun Marc de ladite Vaiſſelle & d'autre Argent en cendrée, comme dit eſt, cent ſeize Solz Tournois; leſquelz Nous voullons que par le Maiſtre-Particulier de noſtre dite Monnoye de Paris, luy ſoient païez. De tout ce faire vous donnons povoir, auctorité & Mandement eſpecial; & par ces preſentes Lettres Nous mandons à noz amez & feaulx Gens de noz Comptes à Paris, qu'ilz reçoivent & paſſent le compte d'iceulx douze cent Marcs d'Argent en Vaiſſelle & en Argent en cendrée, ou environ, par la maniere que dit eſt: Car ainſi l'avons Nous octroyé & octroyons audit Berthelemi de grace eſpecial, nonobſtant quelzconques Ordonnances, Mandemens ou defenſes faictes ou à faire à ce contraires. *Donné à Paris, le* XI.ᵉ *jour de Septembre, l'an de grace mil trois cens ſoixante & treze, & de noſtre Regne le dixième.*

Ainſi ſignées. Par le Roy. BAIGNEUX.

CHARLES V.
à Paris, le dernier de Septembre 1373.

(a) *Mandement qui porte que l'on donnera à Pierre Dollis Cent huit Solz Tournois, pour chacun des mil Marcs d'Argent qu'il portera à la Monnoye de Saint Quentin.*

ᵇ *qu'on ne ceſſe d'y travailler.*

ᶜ *moyennant.*

CHARLES par la grace de Dieu Roy de France. Aux Gardes & Maiſtre-Particulier de noſtre Monnoye d'Argent de Sainct Quentin: Salut. Savoir vous faiſons, que de noſtre commandement & volenté, pour le bien & prouffit de Nous & de noz ſubjectz, & afin que noſtre Monnoye de Sainct Qentin ne ᵇ chee en chomage, par bonne & meure deliberation, aucuns de noz amez & feaulx Treſoriers & Generaulx-Maiſtres de noz Monnoyes, ont traicté, accordé & marchandé avec Pierre Dollis de Sainct Quentin, en telle maniere que iceluy Pierre doit livrer & porter ou faire livrer & porter en ſon nom en noſtre dite Monnoye, dedans la Feſte de Noël prochainement venant, la ſomme de mil Marcs d'Argent allaiez à quatre deniers de Loy; ᶜ parmi ce que pour chaſcun Marc, il aura & lui ſera payé par vous trois Solz Tournois oultre le pris de cent cinq Solz Tournois que Nous en donnons à preſent; pourquoy Nous vous mandons & à chaſcun de vous, & eſtroictement enjoignons, que les dits trois Solz Tournois oultre ledit pris de cent cinq Solz Tournois, vous païez & delivrez audit Pierre pour chaſcun des dits mil Marcs d'Argent, tout ainſi que par luy ou par autre en ſon nom, les dits mil Marcs d'Argent vous ſeront livrez & pretez en ladite Monnoye; & par rapportant ces preſentes, ou Coppie d'icelles collationnée par noſtre Chambre des Comptes, avec certification de vous Gardes des dits mil Marcs d'Argent ainſi livrez en ladite Monnoye, & recongnoiſſance dudit Pierre de ce que pour ladite cauſe payé luy aurez, tout ce qui ainſi payé luy aura eſté par vous pour cauſe des choſes deſſus dites, Nous voullons & mandons eſtre alloüé ès comptes de vous Maiſtre-Particulier deſſus dit, par noz amez & feaux les Gens de noz Comptes à Paris, ſans aucun contredict; nonobſtant quelzconques Ordonnances, Mandemens ou deſſenſes faictes ou à faire à ce contraires. *Donné à Paris, le derrenier jour de Septembre, l'an de grace mil trois cens ſoixante & treze, & de noſtre Regne le dixième.*

Ainſi ſigné. Par le Roy. P. BLANCHET.

NOTE.

(a) Regiſtre **D.** de la Cour des Monnoyes de Paris, fol. 8. vingt 14. *verſo* (174).

Avant ces Lettres, il y a: Lettres de mil Marcs d'Argent à quatre deniers de Loy, que Pierre Dollis doit livrer en la Monnoye de Saint Quentin.

(a) Diminution

(*a*) Diminution de Feux pour differents lieux.

CHARLES V.
à Paris, en Septembre 1373.

KAROLUS, &c. Notum facimus, &c. Quod cum ex parte, &c.

Cumque facta quadam Informacione anno MCCCLXVI.° *ultimo preterito, virtute Litterarum cariſſimi Germani & Locumtenentis noſtri in* ª *Partibus Occitanis, Ducis Andegaveuſis, atque noſtrarum, ac dictarum Inſtructionum in locis de* ᵇ *Beſocia, de* ᶜ *Sancto Gervoſio, de* ᵈ *Ledenone, de* ᵉ *Cabreriis & de* ᶠ *Pullis, Vicarie Nemauſi, Seneſcallie Bellicadri, ſuper vero numero Focorum in dictis locis exiſtencium, per dilectum Clericum & Procuratorem noſtrum in Villa & Vicaria Tholoſe, Magiſtrum Bertholomeum Vitalis, Commiſſarium ad hoc per dictas Litteras deputatum; vocato & preſente in omnibus Procuratore noſtro Generali dicte Seneſcallie Bellicadri, vel ejus legitimo Subſtituto, prout de hoc conſtat per Litteras dicti Commiſſarii ſuper hoc confectas, eiſdemque Litteris Sigillo ejuſdem Commiſſarii proprio Sigillatis, approbato ſub ſigillo Caſtelleti noſtri Par. in Cameram Compotorum noſtrorum Pariſius apportatis, ac per dilectas, &c.*

Repertum fuerit quod in dictis locis ſunt & reperiuntur Foci qui ſecuntur; videlicet, in loco de Beſocia, quadraginta ſeptem; in loco de Sancto Gervaſio, viginti quatuor; in loco de Ledenone, quadraginta tres; in loco de Cabreiiis, viginti tres; & in loco de Pullis, treſdecim Foci, ſecundum traditas Inſtrucciones ſuper hoc prelibatas. Nos vero, &c.

Quod ut firmum, &c. Salvo, &c. Actum Pariſius, menſe Septembris, anno Domini milleſimo* CCCLXXIII.° *Regnique noſtri decimo.*

Per Conſilium, &c. P. DE CHASTEL. *ſimilibus, prout* ᵍ *ordinatum.*

Informatio de qua ſuperius fit mentio, eſt in dicta Camera, & ponitur cum aliis

P. DE CHASTEL.

ª Languedoc.
ᵇ BESOUSSE, Dioceſe de Niſmes.
ᶜ S. Gervaſio.
ᵈ LEDENON. idem.
ᵉ CABRIERES. idem.
ᶠ POULS. idem.

ᵍ eſt.

NOTE.

(*a*) Treſor des Chartres, Regiſtre 105. Piece 44.

Voyez cy-deſſus, p. 30. *Note* (*a*).
C'eſt le R. P. D. Vaiſſette, Benedictin, qui m'a indiqué les noms modernes des lieux compris dans ces Lettres.

(*a*) *Mandement qui porte qu'il ſera fait une fabrication de petites Eſpeces; & qui fixe le prix de l'Argent.*

CHARLES V.
à Paris, le 12. d'Octobre 1373.

CHARLES par la grace de Dieu Roy de France. A noz amez & feaulx les Generaulx-Maiſtres de noz Monnoyes: Salut & dilection. Pour ce que Nous avons entendu que à preſent, il eſt grant neceſſité & deffault entre noſtre Peuple de petite Monnoye noire, tant pour faire aulmoſne comme autrement, Nous avons ordonné que en la Monnoye de Tournay ou ailleurs, ſe ʰ meſtier eſt, ſoient faiz, ouvrez & monnoyez la ſomme de cinq cens Marcs d'Argent ou environ; c'eſt aſſavoir, trois cens Marcs à deux deniers de Loy-Argent-le-Roy, & de ⁱ vingt Solz de poix au Marc de Paris, ſur la forme des petitz Tournois qui courent à preſent à Paris pour ung Denier Pariſis la Piece; leſquelz ſeront delivrez à noſtre Aulmoſnier pour faire noſtre aulmoſne; & les autres deux cens Marcs d'Argent ſeront ouvrez & monnoiez en petitz Deniers ſur la forme de petitz Tournois, à deux deniers de Loy, & de vingt Solz de poix au Marc; & en petites Mailles Tournois, à ung denier ſix grains de Loy, & de ᵏ vingt cinq Solz de poix, ſur la forme des petitz Tournois

ʰ beſoin:

ⁱ de 140. Pieces au Marc.

ᵏ de 300. Pieces au Marc.

NOTE.

(*a*) Regiſtre *D*. de la Cour des Monnoyes de Paris, *fol.*° 8. vingt 12. R.° (172).
Avant ces Lettres, il y a:
Tome V.

Mandement par lequel l'en a fait en la Monnoye de Tournay, trois cens Marcs d'Argent en petitz Tournois, pour l'Aumoſne du Roy; & deux cens Marcs en autres petitz Tournois & en Mailles, pour le païs.

Mmmm

642   Ordonnances des Rois de France

CHARLES V.
à Paris, le 12.
d'Octobre
1373.

deſſus dits, ou au plus près que bonnement pourrez. Si vous mandons que ladite ſomme de cinq cens Marcs d'Argent ou environ, vous faictes ouvrer & monnoyer par la forme & maniere que dit eſt; en donnant aux Changeurs & Marchans qui apporteront en noz Monnoyes le Billon pour faire ledit Ouvraige, cent dix Solz Tournois de chaſcun Marc d'Argent allaïé à deux deniers de Loy, comme dit eſt. Et par ces preſentes Nous mandons à noz amez & feaulx les Gens de noz Comptes à Paris, qu'ilz paſſent & alloüent ledit pris ès comptes de celuy ou ceulx à qui il appartiendra; nonobſtant Ordonnances, Mandemens ou defenſes à ce contraires. Donné à Paris, le XII.e jour d'Octobre, l'an de grace mil trois cens ſoixante & treze, & de noſtre Regne le dixieſme. Ainſi ſigné. J. DAILLY.

CHARLES V.
à Paris, le 13.
d'Octobre
1373.

(a) *Mandement portant qu'il ſera fait une fabrication d'Eſpeces.*

a qu'on ne ceſſe d'y travailler.

CHARLES par la grace de Dieu Roy de France. Aux Gardes & Maiſtre-Particulier ou tenant le compte de noſtre Monnoye d'Argent de Tournay : Salut. Savoir faiſons que de noſtre commandement & volenté, pour le bien & prouffit de Nous & de noz ſubgectz, & afin que noſtre Monnoye de Tournay ne ª cheſſe en chomage, noz amez & feaulx les Generaulx-Maiſtres de noz Monnoyes, ont traicté, accordé & marchandé à Guillaume Biholart Changeur & Bourgeois de Tournay, en telle maniere que ledit Changeur doit porter & livrer en ſon nom en noſtre dite Monnoye de Tournay, dedans la Sainct Jehan Baptiſte prochainement venant, la ſomme de cinq mil Marcs d'Argent à douze deniers de Loy-Argent-le-Roy, pour faire Blancs Deniers qui auront cours pour quinze Deniers Tournois la Piece,

b de 96. Pieces au Marc.
c Voy. la Preface du 3.e Vol. de ce Recüeil §. Monnoyes, pag. CIX. n.º XX.
d moyennant.

à douze deniers de Loy Argent-le-Roy, & de ᵇ huit Solz de poix au Marc de Paris, ſur le pié de Monnoye ᶜ XXIIII.e que Nous faiſons à preſent ; ᵈ parmi ce que pour chaſcun Marc d'Argent, il aura & luy ſera payé par vous cent quinze Solz Tournois ; & avec ce, ledit Changeur doit livrer ou faire porter & livrer en ſon nom en noſtre dite Monnoye dedans ledit terme, la ſomme de deux mil Marcs d'Argent alaïé à quatre deniers de Loy, deſquelz il aura & luy ſera païé par vous, comme dit eſt, cinq Solz Tournois oultre le pris de cent cinq Solz Tournois que Nous en donnons à preſent. Pourquoy Nous vous mandons & à chaſcun de vous, & eſtroitement enjoignons, que les dits pris vous païez & delivrez ou faictes payer & delivrer au dit Changeur, tout ainſi que par luy ou par autre en ſon nom, & dedans le temps deſſus dit, les dits Marcs d'Argent vous ſeront portez & livrez en ladite Monnoye ; & par rapportant ces preſentes, ou Coppie d'icelles collationnée par noſtre Chambre des Comptes, avec certiffication de vous Gardes des dits Marcs d'Argent ainſi livrez en ladite Monnoye, & recongnoiſſance dudit Changeur de ce que pour ladicte cauſe païez lui aurez, tout ce que ainſi paié luy aura eſté par vous pour cauſe des choſes deſſus dites, Nous voulons & mandons eſtre alloüé ou compte ou comptes de vous Maiſtre-Particulier deſſus dit, par noz amez & feaulx les Gens de noz Comptes, ſans contredict ; nonobſtant quelzconques Ordonnances, Mandemens ou defenſes faictes ou à faire à ce contraires. *Donné à Paris, le XIII.e jour d'Octobre, l'an de grace mil trois cens ſoixante & treze, & de noſtre* ᵉ *le dixieſme.* Ainſi ſigné. Par le Conſeil eſtant en la Chambre des Comptes, ouquel eſtoient les Maiſtres des Monnoyes. JOHANNES.

e Regne.

NOTE.

(a) Regiſtre D. de la Cour des Monnoyes de Paris, fol.º 8. vingt 13. R.º (173).
Avant ces Lettres, il y a :
Mandement pour faire & ouvrer en la Monnoye de Tournay, cinq mil Marcs d'Argent à douze deniers de Loy, leſquelz Guillaume Biholart doit livrer dedans la Sainct Jehan Baptiſte prochaine ; & auſſi deux [Mil] Marcs à quatre deniers de Loy ; & de ce fut emvoyé un Vidimus collationné par la Chambre, aux Gardes de ladite Monnoye.
Lettres de cinq mil Marcs d'Argent.

DE LA TROISIÉME RACE.

(a) Ordonnance faite en faveur des Notaires du Châtelet de Paris, dont le nombre est réduit à soixante.

CHARLES V.
à Paris, en Octobre 1373.

KAROLUS Dei gracia Francorum Rex. Notum facimus modernis & futuris, Nos carissimi Domini & Genitoris nostri vidisse Litteras, quarum tenor est talis.

JOHANNES, &c.
Nos autem prescriptas Litteras, ac omnia & singula in eis contenta, rata habentes & grata, eas & ea, prout superius sunt expressa, volumus, laudamus, ratificamus & approbamus, tenoreque presencium de nostra gracia speciali, & auctoritate Regia confirmamus. Quod ut presentes Littere perpetuo valeant & habeant firmitatem, has nostri fecimus Sigilli munimine roborari: Salvo in aliis jure nostro, & in omnibus alieno. Datum Parisius, anno Domini millesimo trecentesimo septuagesimo tercio, & Regni nostri decimo, mense Octobris.
Per Regem, ad relacionem Consilii. J. DE CRESPY.

a Ces Lettres qui sont du mois de Fevrier 1350. sont dans le 2.e Vol. de ce Rec. p. 386.

NOTE. Ces Lettres sont imprimées dans le Recüeil des Chartres des Notaires, page 87.

(a) Tref. des Chart. Regist. 105. P. 75.

(a) Ordonnance qui renouvelle celles qui ont été anciennement faites sur les Monnoyes; & qui fixe le prix des Especes qui doivent avoir cours.

CHARLES V.
à Paris, le 5. de Novembre 1373.

CHARLES par la grace de Dieu Roy de France. Au Bailly de Vermandois & au Prevost de Sainct Quentin, ou à leurs Lieuxtenants, & à chascun d'eulx: Salut. Comme par plusieurs fois vous aïons mandé par noz b Lettres ouvertes & closes, que les Ordonnances faictes sur le cours de noz Monnoyes par grant deliberation de nostre Conseil, pour l'évident prouffit de tout le peuple de nostre Royaume, vous feissiez tenir & garder sans les enfraindre, si que nul ne preist ou meist aucunes Monnoyes d'Or ne d'Argent, pour aucun pris, fors celles ausquelles Nous avons donné cours par lesdittes Ordonnances; & Nous ayons entendu & soyons bien informé par les Gens de nostre Conseil & autres, que de faire, tenir & garder les dictes Ordonnances, vous avez esté & estes reffusans ou negligens, & que par deffault de Justice & de pugnicion, toutes Monnoyes soient d'Or ou d'Argent, faictes en nostre Royaume ou dehors, ont cours pour tel pris comme il plaist à ung chascun, en grant deception & donmaige de Nous & de tout le peuple de nostre Royaume mesmement; car plusieurs Monnoyes d'Or & d'Argent faictes hors de noz bonnes Monnoyes, & d'autre Coing que de nostre Royaume, sont prinses & mises pour plus grant pris qu'elles ne valent; des quelles choses Nous desplaist très c forment, & Nous y monstrez très petite obéïssance. Nous qui desirons de tout nostre cuer le bien & prouffit de noz subgectz & de tout le Peuple de nostre dit Royaume, & qui voullons & entendons continuer & faire faire les Monnoyes d'Or & d'Argent que Nous faisons faire à present, sans rien permuter ne changer, vous mandons & expressement enjoignons, & se d mestier est, commectons & estroictement commandons, que tantost ces Lettres veuës, vous faciez crier & publier par les lieux notables & acoustumez de vos dits Bailliage & Prevosté & ressors d'iceulx, que nul sur peine de corps & d'avoir,

b Lettres patentes & de cachet.

c fortement.

d s'il en.

NOTE.
(a) Registre D. de la Cour des Monnoyes de Paris, fol.^e 8. vingt 15. v.^o (175).
Avant ces Lettres, il y a:

Mandement pour faire cryer de rechef les Ordonnances des Monnoyes.
Voyez les Tabl. des Mat. de ce Recüeil, au mot, Monnoyes.

CHARLES V.
à Paris, le 5. de Novembre 1373.

a *publiquement ou secretement.*

soit si hardi de prendre ou mettre en ᵃ appert ou en couvert, en fait de marchandie, ou autrement comment que ce soit, & pour quelque pris que ce soit, aucunes Monnoyes d'Or ou d'Argent quelles qu'elles soient, soient des coings de France ou d'autres, mais soient mises au Marc pour Billon; excepté celles ausquelles Nous avons donné & donons cours par les dites Ordonnances & par ces presentes; c'est assavoir, les Francs d'Or & les Fleurs de Liz d'Or fin, que nostre très cher Seigneur & Pere que Dieu absoille, fist faire, & que Nous avons fait & faisons faire, pour vingt Solz Tournois la Piece, & non pour plus; les bons Deniers d'Argent fin que nostre dit Seigneur fist faire, & que Nous avons fait & faisons faire, pour quinze Deniers Tournois la Piece; & les Blancs Deniers que Nous avons aussy fait & faisons faire, pour cinq Deniers Tournois la Piece; & les petitz Parisis & les petitz Tournois, pour ung Denier Parisis & pour ung Denier Tournois la Piece, & non pour plus; & que toutes autres Monnoyes tant d'Or comme d'Argent, comme dit est, soient mises au Marc pour Billon, sans jamais avoir plus cours; & avec ce, afin que nul ne se puisse dire ignorant ne soy excuser de non sçavoir nos dites Ordonnances & ces presentes, Nous voullons & vous mandons que vous faciez jurer en vos mains tous Changeurs, Marchans, Drappiers, Espiciers, & tous autres gens de mestier, qu'ilz ne prendront ne bailleront, ne feront prendre ne bailler aucunes Monnoyes, soient d'Or ou d'Argent, pour aucun pris, excepté celles ausquelles Nous donnons cours comme dit est; mais les mettent toutes au Marc pour Billon.

Item. Que nulz sur ladite peine, ne soient tant osez ne si hardiz de faire & Contraulx ne marchander à sommes de Marcs d'Or ou de Marcs d'Argent, de Ferrins d'Or, de Monnoyes d'Argent deffenduz cy-dessus, à Gros de Flandres, Vatarons, ne à Gros Tournois vielz, ne autrement; fors seullement à Solz & à livres, & de nos dites Monnoyes d'Or & d'Argent, & pour le pris que Nous leurs donnons cours; & ce fait, si vous povez trouver ou sçavoir aucuns prenans ou mettans ou avoir prins ou mis depuis ledit cry, aucunes des dites Monnoyes deffenduës, soient d'Or ou d'Argent, ou les portans ou avoir portées hors de nostre Royaume, ou en esloignant la plus prochaine de noz Monnoyes, Nous pour cause de la desobeissance, voullons

b *confisquées.*

& ordonnons que icelles Monnoyes soient ᵇ forfaictes & acquises à Nous, & qu'ils l'amendent, & soit l'Amende tauxée par vous, telle & si grant selon leur vaillant, que ce soit exemple aux autres; & que icelles Monnoyes soient portées à la plus prochaine de noz Monnoyes du lieu où elles seront prinses, & livrées aux Gardes & Maistres d'icelles; desquelles Monnoyes ainsi forfaictes, & qui seront trouvées portans en esloignant la plus prochaine de noz Monnoyes, ou hors de nostre Royaume, Nous voullons que vous aïez & preniez le quart oultre vos gaiges, par la main des dits Maistres-Particuliers & Gardes de noz Monnoyes, afin que vous soiez & doiez estre plus diligent & curieux de mettre à execution le contenu de ces presentes : Et donnons en Mandement par ces mesmes Lettres aus dits Maistre & Gardes, que ledit quart des dites forfaictures, ilz baillent & delivrent à vous & à voz depputez à ce, en prenant Lettres de recongnoissance, & le surplus à Nous ou à noz Commis à ce, & les dites Amendes estre exploictées & receuës par noz Receveurs des lieux; desquelles Amendes Nous voullons que vous aïez le quart par leur main; & faictes & acomplissez tellement le contenu de ces presentes, que vous Nous y faciez plaisir; sçaichant pour certain que se vous ne le faictes, Nous vous y monstrerons nostre desplaisir, & vous en ferons pugnir par telle maniere que ce sera exemple aux autres : Si gardez que en ce n'ait deffault. Donné à Paris, le V.ᵉ jour de Novembre, l'an de grace mil trois cens soixante & treze, & de nostre Regne le dixiesme.

Sigillata sub Sigillo Castelleti nostri Parisiensis, in absentia nostri magni.

Ainsi signé. Par le Roy. P. BLANCHET.

(a) Reglement sur les Finances provenant des Aydes; sur les Finances en général, & sur les Gens de guerre.

CHARLES V.
à Paris, le 6. de Decembre 1373.

SOMMAIRES.

(1. 2.) Les Generaux-Conseillers, les Tresoriers des Guerres, les Secretaires, les Elûs, les Grenetiers, les Controlleurs, & les autres Officiers employez pour la levée des Aydes, ne pourront faire le commerce. Ils pourront cependant se défaire des marchandises qu'ils ont, sans en acheter de nouvelles; & si c'est du sel, ils déclareront à la Chambre des Generaux, la quantité qu'ils en ont, les Greniers où il est, & le temps où il y a été mis.

(3) Jean du Rüeil, Jean le Mercier & Gilles le Galloys, seront chargez de faire venir tous les Deniers provenants des Aydes; & de les distribuer suivant cette presente Ordonnance.

(4) Les Deniers provenants des Aydes, seront reçûs par le Receveur General, à qui ils seront envoyez par les Receveurs particuliers des départis dans les Dioceses; à la reserve des charges ordinaires par eux acquittées; & les Generaux ne pourront recevoir aucuns de ces Deniers.

(5) Le Receveur Général jurera en presence du Roy & en la Chambre des Comptes, presents les Generaux, qu'il ne donnera point de quittance aux Receveurs particuliers, que lorsqu'il recevra de l'Argent; si ce n'est que ceux-cy l'aient donné aux Tresoriers des Guerres, ou autres Chefs d'Offices; ou qu'ils ne l'ayent employé par l'Ordonnance de la Chambre, ou dans de certains cas, par celle des Generaux.

(6) Le Chancelier ne scellera aucune décharge par laquelle le Roy reconnoisse qu'il a reçû des Deniers; si quelques décharges du Roy sont scellées, le Receveur (Général) ne donnera point d'Argent; & s'il en donne, il ne luy sera pas passé dans ses comptes. Le Roy pourra cependant envoyer au Chancelier, des décharges des sommes qu'il voudra mettre dans ses Coffres.

(7) Les Lettres de dons faits par le Roy contiendront le motif de ces dons; & les Gens des Comptes passeront dans ces comptes, les Lettres de dons faits par le Roy à ses Officiers sur le fait des Aydes, lorsqu'elles auront été signées & verifiées, conformément à cette presente Ordonnance.

(8) Les Lettres de dons ne pourront être signées que par certains Secretaires du Roy nommez dans l'article; & le Chancelier ne scellera point celles qui seront signées par d'autres; si ce ne sont des Lettres de quittances ou de diminution d'Impôts accordez à des lieux ou à des particuliers que les Généraux jugeront être hors d'état de payer, lesquelles diminutions ne pourront être plus fortes que celles qui ont été accordées par le Roy; & dans lesquelles Lettres, les Secretaires du Roy ne pourront mettre de clauses dérogatoires aux Usages, Ordonnances, &c. sans son commandement. Ces Secretaires du Roy ne pourront faire ni faire faire des Lettres pour eux ni pour leurs amis.

(9) Le Chancelier fera faire serment à ces Secretaires du Roy, qu'ils feront les Lettres concernant la finance, conformément aux ordres qu'ils auront reçûs du Roy; qu'ils n'en feront point pour eux ni pour leurs amis; & qu'ils n'y mettront point de clauses dérogatoires sans l'ordre du Roy donné en presence de certaines personnes de son Conseil, qui leur seront nommées de sa part par le Chancelier.

(10) Le Chancelier defendra par ordre du Roy, à tous les Secretaires du Roy, qu'ils ne presentent aucunes requêtes concernant les Finances, si ce n'est en pleines requêtes.

(11) Jean de Rüeil, Jean le Mercier & Gilles le Galloys, ne feront aucunes délivrances de Deniers, soit pour dons, gages ou dettes, ou autres choses quelconques, si ce n'est en pleine Chambre; si ce n'est cependant pour le payement des Gens de guerre, suivant les ordres du Roy.

(12) Le Receveur General ne payera aucuns Deniers, si les Lettres ne sont signées de lui & d'un des Secretaires cy-dessus nommez, & verifiées par les Généraux.

(13) Lorsque les Généraux refuseront des Lettres, ou qu'ils prendront un long délai pour flater sur ces Lettres, le Greffier écrira leur décision sur le dos de ces Lettres. Les Lettres refusées seront enregistrées dans la Chambre, avec les causes du refus.

(14) Le Chancelier, l'Evêque d'Amiens, &c. verront tous les mois l'Etat de la Recette & de la Dépense du Receveur Général, & en envoyeront un abregé au Roy.

(15) Toutes les fois que les Tresoriers des guerres auront fait un payement aux Gens de guerre, les Généraux verront l'Etat de ce payement, au plûtard de deux mois en deux mois.

NOTE.

(a) Premier Registre de la Cour des Aides de Paris, fol.° 38. R.°
Voy. sur ce Registre, le 4.° Vol. de ce Rec. p. 201. Note (a).
Avant ces Lettres, il y a : Ce Livre des Instructions & Ordonnances faictes par le Roy nostre Seigneur, tant sur le fait des Aides de son Royaume, comme des Gens d'armes pour le fait de sa guerre; & aussi des noms des Officiers, avec la valleur d'iceulx Aides, & les charges sur ce ordonnées pour l'an III.° LXXIII.

CHARLES V.
à Paris, le 6. de Decembre 1373.

SOMMAIRES.

(16) Les Généraux jureront devant le Roy, qu'ils s'instruiront l'un l'autre sur les affaires dont ils seront chargez; qu'ils ne favoriseront nulle personne au préjudice de l'interêt du Roy, & qu'ils ne s'accuseront point l'un l'autre, mais au contraire se soûtiendront.

(17) Les Généraux diminuëront le nombre des Elûs, & autres Officiers départis dans les Diocéses pour la levée de l'Ayde.

(18) Comme il y avoit un très-grand nombre d'Elûs, de Receveurs, & d'autres employez pour la levée des Aydes; que les uns étoient ignorants, que les autres malversoient dans leurs emplois, & qu'en général ils étoient très-négligents à rendre leurs comptes; le Roy ordonna que le Chancelier & les Généraux envoyeroient des Reformateurs dans le Languedoc, pour le fait des Aydes seulement; & que tous les Elûs, Receveurs & autres Employez seroient revoquez, & d'autres Officiers mis en leur place; & que les Officiers revoquez rendroient leurs comptes incessamment.

(19) Les Receveurs & Grenetiers qui seront instituez à la place de ceux qui seront révoquez, jureront de payer en deniers comptants les assignations qui seront faites sur eux, de ne point donner en payement des Chevaux ou d'autres marchandises, & de ne point retenir une partie de ces assignations. Ils ne prendront que quatre Deniers pour droit de quittance.

(20) On ne tirera point d'assignations sur les Receveurs, jusqu'au premier Decembre. Les fonds qui resteront entre leurs mains, seront employez au payement des emprunts faits par le Roy, & de ce qui est dû aux Marchands de Sel, & à l'acquitement des autres dettes du Roy; & le restant sera mis dans ses Coffres.

(21) Les Receveurs qui seront privez de leurs Offices, ne feront point le recouvrement des deniers dûs pour les temps precedents, & il sera fait sans trop grande rigueur, par les nouveaux Receveurs.

(22) Les Grenetiers remettront tous les mois le produit de leurs Greniers au Receveur du Diocèse, dans lequel ces Greniers sont établis. Ce Receveur les fera tenir au Receveur Général à Paris; & dans les quittances qu'il en retirera, seront marquées les sommes qu'il aura reçûës de ces Grenetiers.

(23) Les Tresoriers des guerres & leurs Clercs ou Lieutenants, jureront de païer la solde des Gens de guerre, en argent comptant ou en assignations, & de ne point leur donner pour leur solde, des chevaux, des armes ou d'autres marchandises, desquelles il leur est deffendu de faire le commerce. Ils jureront aussi de ne recevoir aucun present des Gens de guerre. Si les Tresoriers des guerres apprenent que leurs Clercs contreviennent à ce Reglement, ils les destituëront, & ils en donneront avis aux Generaux des Aydes.

(24) Les Tresoriers des guerres avertiront le Roy ou son Conseil, des fraudes dont ils s'appercevront dans les Revûës; & ils dénonceront les Gens de guerre qui auront reçû la solde, & n'auront point servi.

(25) Les Capitaines des Villes & Forteresses ne rançonneront point ceux qui sont obligez d'y faire le guet; & si ceux-cy y manquent, ils payeront 16. Pieces de Monnoye, nommez Deniers, lesquels seront employez à payer ceux qui feront le guet à leur place. Les Baillis seront publier ce Reglement, & veilleront à son execution.

(26) Il n'y aura plus que 800. Arbalestriers, dont Marque de Grimault sera le Capitaine Général.

(27) Reglement pour les termes du payement des Foüages destinez pour la solde des Troupes.

(28) Les Généraux-Conseillers, les Tresoriers des guerres & le Receveur Général, jureront en presence du Roy, d'observer les reglements contenus dans ces Lettres, les Secretaires du Roy qui y sont nommez, & les Notaires de la Chambre des Generaux-Conseillers prêteront le même serment devant le Chancelier.

CHARLES par la grace de Dieu Roy de France. A tous ceulx qui ces presentes Lettres verront : Salut. Savoir faisons que pour obvier à plusieurs grans fraudes qui ont esté faictes ou temps passé où fait de nos guerres, & aussi de noz Aides ordonnées estre levées pour icelles, & pour le prouffit de [a] nous subjectz, Nous avons par grant advis & meure deliberacion [b] euë en sur ce nostre Conseil, ordonné est & ordonnons les choses qui s'ensuyvent; lesquelles ont aujourd'huy esté leuës devant Nous, & approuvées & confermées par Nous en nostredit Conseil.

[a] à nos.
[b] euë sur ce en nostre Conseil.

(1) *Premierement.* Que aucuns Generaulx-Conseillers sur le fait des dites Aides, Tresoriers des guerres, Secretaires, Notaires, Esleuz, Receveurs, Grenetiers & Contrerolleurs, ou autres Officiers deputés ou à deputer sur ledit fait, ne exerceront d'oresenavant publiquement ne [c] occultement, par eux ne par autres, aucun fait de marchandise, sur peine d'encourir nostre indignacion, de perdre leurs Offices; & de restituer les gaiges que receuz auront durant le temps qu'ilz auront [d] marchandé contre & depuis nostre presente Ordonnance.

[c] en secret.
[d] commercé.

(2) *Item.* Que des marchandises qu'ilz ont à present, sans aucunes nouvelles

DE LA TROISIÉME RACE.

achecter, ilz se ª délivreront le pluftoft qu'ilz pourront, sans fraulde & malice ou faincife aucune; & se c'eftoit Sel, ilz ᵇ le bailleront par escript en la *(b)* Chambre des Generaulx dedans ung moys, la quantité d'icelluy, les lieux & Greniers, & le temps qu'il y fut mis.

CHARLES à Paris, le 6. de Decembre 1373.
a defferont.
b inut inutile.
c dedans le Trésor du Roy.

(3) Item. Que Jehan du Rüeil, Jehan le Mercier & Gilles les Galloys, aient la charge de faire venir ᶜ ens tous les deniers deuz à cause des dites Aides, le temps passé, present & avenir; & aussi de les distribuer & départir selon nostre Ordonnance, en la forme & maniere contenuës cy-dessoubz & declairées.

(4) Item. Les deniers des dites Aides seront tous receuz par le Receveur general, & apportez ou envoyez par les Receveurs ordonnez ès Dioceses & pays; païées toutes voyes les charges ordinaires; & n'en recevront les dis Generaulx ou autres, ne feront recevoir aucunes sommes par eulx ne par autres.

(5) Item. Le Receveur General jurera aulx sainctes Euvangilles de Dieu, en nostre dicte presence, & en la Chambre de noz Comptes, presens les Generaulx, qu'il ne baillera descharge ou quictance à quelque Receveur, Grenetier ou autre, s'il n'en reçoit l'Argent presentement; ou se ce n'est pour le fait des Tresoriers des guerres, ou d'autres ᵈ Chefz d'Offices, ou pour autres causes raisonnables, & par commandement & Ordonnance faicte en plaine Chambre par les dessus nommez, ou les deux de eulx, s'ils sont à Paris, ou de l'un d'eulx, s'il estoit seul à Paris.

d *Voy. cy-dessus, pag. 538. Note (c).*

(6) ᵉ Item. Que d'orefenavant nostre Chancellier ne seelle aucune Lettre ou descharge par laquelle Nous confessons avoir euë aucune somme de deniers; & si seellé estoit par inadvertance, que le Receveur n'y obéisse en aucune maniere; & se il obéissoit, Nous deffendons aulx Gens de noz Comptes & Generaulx dessus dis, qu'ilz ne luy en passent aucune chose en ses comptes; excepté des descharges des deniers reccuz par Nous par la main du General Receveur, & non pas par autre, pour mettre en noz Coffres, lesquelles Nous envoyrons à nostre dit Chancellier par Gillet, ou par Jehan de Vaudeux, ou par autres.

e *Voy. cy-dessus, pag. 539. art. 5.*

(7) Item. Les dons & graces qu'il Nous plaira faire d'orefenavant, & les causes pourquoy, feront contenuës ès Lettres qui de ce feront faictes, & declairées expressement; & Nous voulons & mandons à nos dites Gens des Comptes, que toutes les Lettres de dons que faiz à noz Officiers & ᶠ serviteurs ou fait des dites Aides, signées & executées selon la teneur de nostre presente Ordonnance, ilz allouënt ès comptes de ceulx à qui il appartiendra; & pour ceste cause, le leur avons commandé expressement.

f *Voy. cy-dessus, pag. 539. Note (f).*

(8) Item. Que toutes Lettres de dons soient signées par Maistre Yve Blanchet; ou Yve *(c)* Dorien ou Jehan de Tabary, Loys Blanchet & Ne-le-diseurs, Secretaires, & non par autres; & s'aucunes en estoient apportées signées par noz autres Secretaires, nostre Chancellier ne les scelle point; excepté remissions, ᵍ rabaiz ou quictances faiz à aucunes pouvres Villes, ou personnes non puissans de païer, par les dis Generaulx en la Chambre, par composicion ou autrement, pour aucune juste cause; & qu'ilz ne les facent point plus fortes que Nous leur ordonnerons, & n'y mettent aucuns *(d) nonobstant stille, instruction ou Ordonnance,* se Nous ne le commandons par exprès; & que chascun d'eulx ne face où pourchasse commander Lettres touchant eulx ou leur amys, ou qu'ils aient promis à pourchasser ou procurer, & qu'ilz ne s'entremectent de les faire.

g *diminucions d'Impôts.*

(9) Item. Nostredit Chancellier commandera de par Nous & fera jurer à nos dis Secretaires, qu'ilz entendent dilligemment aux Lettres que Nous leur commanderons

NOTES.

(b) Chambres de Generaulx.] Cela prouve que la Chambre des Generaux étoit differente de la Chambre des Comptes. *Voy. cy-dessus,* p. 538. Note *(e)*.

(c) Dorien.] Dans l'art. 7. de la page 539. il est nommé *Daven*, qui a peut-être été mal lû pour Darien.

(d) Nonobstant.] C'est-à-dire, des clauses dérogatoires aux usages, Ordonnances, &c. lesquelles clauses commencent ordinairement par ce mot, *nonobstant.*

CHARLES V.
à Paris, le 6. de Decembre 1373.

a *Voy.* page precedente, Note *(d).*

touchant fait de Finances, & qu'ilz ne les facent point plus fortes que Nous leur commanderons, ne y mettent aucuns ᵃ *nonobſtant*, &c. ſe Nous ne leur commandons par exprés; & que chaſcun d'eulx ne face ou pourchaſſe commander Lettres touchant eulx ou leurs amys, que ilz aient promis à pourchaſſer ou procurer, & qu'ilz ne s'entremettent de les faire ou ſigner; avec ce, qu'ilz ne meſtent en aucune Lettre *nonobſtant aucune ou ceſte preſente Ordonnance*, ſe Nous ne leur commandons en la preſence d'aucun de noſtre Conſeil, que Nous leur avons nommez & ferons nommer par noſtre dit Chancellier.

(10) Item. Noſtredit Chancellier deffendra de par Nous, à tous nos Secretaires & Notaires, qu'ilz ne facent d'oreſenavant aucunes Requeſtes touchant Finances, ſe ce n'eſt en plaines Requeſtes.

(11) Item. Que les deſſus dis Jehan de Rüeil, Jehan le Mercier & Gilles le Galloys, ne feront d'oreſenavant aucunes delivrances de deniers, ſoient de dons, gaiges, debtes ou autres choſes quelzconques, ſe ce n'eſt en plaine Chambre, ou autre part où ilz ſoient aſſemblez pour noz beſongnes ou pour noſtre fait; excepté ſeulement pour les paiemens des Gens d'armes, qui auront eſté ordonnez par Nous ou par Lettres execcutées, ou par les deux d'eulx, s'ilz ſont à Paris.

(12) Item. Ledit Receveur General ne ſera tenu de paier denier pour quelzconques noz Lettres, ſi elles ne ſont ſignées par l'un des Secretaires deſſus nommez, & auſſi de noſtre ſignet, & ᵇ execcutées au doz ou par cedulle par les deſſus dis Jehan de Rüeil, &c. ſoubz leurs ſignetz, ou de l'un d'eulx deux, s'ilz ſont à Paris, comme dit eſt.

b *Dans l'art. 9. p. 539. il y a, verifiées.*

(13) Item. Toutes Lettres & Mandemens reffuſez en la Chambre des Generaulx, ſera eſcript au doz & ſigné de Notaire, que les Lettres ont eſté refuſées; & ſemblablement quant l'on donnera ſon delay de faire le paiement; & ſera la teneur ou ſubſtance des dites Lettres, & la cauſe du reffuz, enregiſtré tout au long en ladite Chambre.

(14) Item. Et que noſtredit Chancellier, *(e)* l'Eveſque d'Amiens, *(f)* le Comte de Sarrebouche, Conte de Braine, Nicolas Bracque & Pierre de Chevreuſe, ou deux d'iceulx, avec noſtre dit Chancellier, verront chaſcun moys ſans ᶜ faillir, l'eſtat dudit Receveur au long & au juſte, & Nous en apportera l'un d'eulx ung abregé.

c *manquer.*

(15) Item. Toutesfois que noz Treſoriers des guerres, ou leurs Clercs & Lieuxtenans, viendront de faire quelque paiement, les Generaulx verront leur eſtat du paiement precedent, par la maniere que dit eſt deſſus du Receveur General; & au plus tard, de deux moys en deux moys.

(16) Item. Les deſſusdis Jehan de Rueil, Jehan le Mercier & Gilles le Galloys, jureront en noſtre preſence, qu'ilz diront l'un à l'autre la verité dudit fait, ſans riens en celler, & qu'ilz ne porteront ne ſouſtiendront fait de quelconque Seigneur, ou autre perſonne quelle qu'elle ſoit, par faveur ou autrement, à ᵈ l'appetiſſement du fait de la Finance, & ne donneront charge ne *(g)* malgré l'un à l'autre, mais feront & porteront le fait l'un de l'autre, comme le ſien propre.

d *diminution.*

(17) Item. Les dis Generaulx auront advis & deliberacion de Conſeil ſur le nombre des Eſleuz, Receveurs, & autres Officiers eſtans ès Dioceſes ſur le fait des Aides; & par bon Conſeil, ᵉ & reſtraindront & diminueront le nombre au mieulx qu'ilz pourront, ſelon ce qu'ilz verront qu'il ſera à faire à noſtre proffit; & en

e *mot inutile.*

NOTES.

(e) L'Evêque d'Amiens.] Il ſe nommoit Jean de la Grange, ſurnommé de Bouchamage. Il fut fait Evêque d'Amiens vers 1372. & créé Cardinal au mois de Decembre 1375. *Voyez l'Hiſt. des Cardinaux François par du Cheſne,* tom. 1.ᵉʳ Liv. 2. chap. 142. p. 645.

(f) Le Comte de Sarrebouche.] Jean II. du nom, Comte de Sarrebruche, Conſeiller & Chambellan du Roy, & Bouteiller de France. *Voy. l'Hiſt. Geneal. de la Maiſ. de France,* tom. 8. p. 529.

(g) Malgré.] Chagrin. Ce mot n'avoit pû être déchiffré dans l'art. 14. qui eſt cy-deſſus, p. 540. *Voy. ibid.* Note *(g).*

chargeons

DE LA TROISIÉME RACE. 649

chargeons leurs consciences sur la foy & loyaulté qu'ilz Nous doivent.

(18) Item. Et pour ce qu'il est voix & commune renommée, que pour l'ignorance, negligence ou deffault d'aucuns Esleuz, Receveurs, Grenetiers & Contrerolleurs, Sergens & Commissaires ordonnez sur le fait des dites Aides, & pour l'excessif nombre d'iceulx, desquelz, si comme on dit, ont esté mis plusieurs ᵃ par importunité de requerans, que pour la souffisance de leurs personnes, noz Fermes ont esté moins ᵇ souffisans baillées; & souventesfoys pour dons; & pour ce que aucuns des dis Officiers les ont fait prandre à leur prouffit, & en ont esté Compaingnons, & ont eu part en icelles, & par semblable maniere des ᶜ assiectes des Foüaiges, & aussi que les Officiers, Sergens & Commis dessus dis, ont fait plusieurs griefz, tors & oppressions au Peuple, contre les ᵈ destructions & Ordonnances faites sur ledit fait; avec ce que les dis Receveurs & Grenetiers, tant pour cause de la marchandise dont ilz s'entremectent communement, comme pour les grans estatz que aucuns d'eulx tiennent, & les despens excessifz que culx ont fait, ne apportent mye ou envoyent les deniers par devers le Receveur General, sitost comme ilz les ont receuz; mais les emploïent, despendent & convertissent en leur privé prouffit, audit fait de marchandise & autrement; & sont plusieurs d'eulx qui contre noz Ordonnances Royaulx, ont à compter de plusieurs années; pour ces causes comme pour autres, le fait des dites Aides a ᵉ mestier d'estre refformé & mis en meilleure Ordonnance; Nous voulons & ordonnons que nostre dit Chancellier & les Generaulx, par bon advis & grant deliberacion de Conseil, envoyent incontinant Reformateurs en toutes les Dioceses de Languedoc, quant au fait des dites Aides tant seullement; & afin que iceulx Reformateurs puissent plus plainement sçavoir la verité des faiz, proceder & aller avant au fait de leur Reformacion, & aussi que l'en puisse sçavoir l'estat du fait des dites Aides au juste & cler, Nous avons ordonné & Nous plaist que tous Esleuz, Receveurs, Grenetiers, Contrerolleurs, Visiteurs & Commissaires, Sergens & autres deputez par eulx sur ledit fait, soient mis hors de leurs Offices & le plustost que l'en pourra bonnement, & autres bons & souffisans subroguez ᶠ & en leurs lieux; & que ladite Reformacion parfaicte, ceulx qui seront trouvez preudommes & bien & loyaument avoir servy, seront honorablement & grandement ᵍ guerdonnez, & remis à autres plus grans & plus honorables Offices quant le cas y escherra; & qu'ilz viennent compter le plustost & hastivement qu'ilz pourront bonnement.

(19) Item. Que les Receveurs & Grenetiers qui de nouvel seront instituez, jureront entre les autres choses par especial, que les assignacions faictes sur eulx, de quelzconques sommes de deniers, ilz païeront en deniers ʰ contens, sans eulx entremettre de vendre chevaulx ou quelzconques autres marchandises, pour faire le paiement sur eulx assigné; & sans prandre partie du debte, ou autres prouffitz quelzconques; & que sur le fait des quictances, ilz ⁱ regarderont l'Ordonnance faicte en la Chambre de noz Comptes derrenierement pour le Dyocese de Chartres; c'est assavoir, qu'ilz ne prandront que quatre Deniers pour quictances; & ce leur sera deffendu sur peine d'estre privez de leurs Offices & de tous autres, & d'Amende arbitraire.

(20) Item. Que consideré que tous les ᵏ Estaz de tous les Receveurs & Grenetiers devroient estre veuz dedans la fin de ce moys de Decembre, Nous voulons & ordonnons que on ne face assignacion mesme sur les ˡ arreraiges du temps passé, jusques au premier jour d'icelluy moys; sur lesquelz arreraiges, Nous voulons & ordonnons tous les empruntz faiz tant à Paris comme ailleurs ès Citez & bonnes Villes de nostre Royaume, pour cause de noz guerres, estre renduz & restituez, & autres debtes païées selon nostre Ordonnance; & le ᵐ remenant d'iceulx estre converty & mis en nos Coffres, ou en autre chose selon ce que bon Nous semblera; & aussi sera prins & paié sur les dis arreraiges, ce qui est & qui sera deu aux Marchans à cause de leur Sel, passé le jour de Chandeleur.

(21) Item. (h) Et pour ce que les Receveurs baillent aucunesfois debtes à leurs

Tome V.   Nnnn

CHARLES V.
à Paris, le 6. de Decembre 1373.
ᵃ plûtôt.
ᵇ appar. souffisamment.
ᶜ Impositions des Impôts payables par Feux.
ᵈ Instructions. Voy. p. 540. art. 16.

ᵉ besoin.

ᶠ mot inutile.
ᵍ recompensez.

ʰ comptants.

ⁱ garderont.

ᵏ États de recette & de dépense, comptes.
ˡ ce qui reste dû par ces Receveurs.

ᵐ restant.

CHARLES V.
à Paris, le 6. de Decembre 1373.

descharges, desquelz ilz font païez, pour avoir meilleur estat; Nous voulons & ordonnons que tantost que les dits Receveurs seront mis hors de leurs Offices, comme dit est, la main leur soit close de recevoir les dis arreraiges, & que la Recepte soit commise à autres bonnes personnes qui la facent par bonne diligence, sans trop grant rigueur.

(22) Item. Que les Grenetiers porteront chascun moys les deniers du prouffit de leurs Greniers au Receveur de la Dyocese où les dis Greniers sont assiz; lesquelz Receveurs les porteront ou envoyeront au Receveur General à Paris; & ès descharges qu'ilz prendront, sera faicte expresse mention des sommes d'Argent qu'ilz paieront pour les dis Grenetiers.

(23) Item. Et pour ce qu'il est voix & commune renommée que aucuns Clercs ou Lieuxtenans des Tresoriers des guerres, ont aucuneffois baillé aulx Gens d'armes, chevaulx, harnoys, coursiers ou autres marchandises, [a] prins dons, Robes, [b] paies d'hommes d'armes, & autres prouffitz d'aucunes [c] Seigneuries, Capitaines & autres Gensd'armes, qui Nous ont servy & servent en nos guerres; & aussi que les dis Tresoriers ont prins & prennent des dis Seigneurs & Capitaines, Robes, Terres à vie ou à heritaige, dons, pensions ou autres prouffiz, les dis Tresoriers jureront devant Nous, qu'ilz ne pranderont ne feront prandre d'oresenavant aucune chose, & qu'ilz feront le paiement aulx Gens d'Armes en deniers contens, ou en assignacion selon ce qu'elles leur auront esté baillées par noz Gens, sans vendre ou eulx entremettre de quelque marchandise, soit de meuble ou de heritaige, pour cause ou occasion de païemens qu'ilz ont à faire pour raison de leur Office; & ce mesmes feront jurer à leurs Clercs & Lieuxtenans, sur sainctes Euvangiles; & s'ilz sçavent qu'ilz facent le contraire en aucune maniere, ilz le diront & le reveleront le plustost qu'ilz pourront aus dis Generaulx; & avec ce, leur donneront congé incontinant.

(24) Item. Les dis Tresoriers jureront comme dessus, que s'ilz sçevent ou apperçoivent quelque fraulde, cautelle ou malice ou fait des monstres & des Reveues, ou que ceulx qui auront prins de noz deniers, n'aient servy ou servent pour le temps dont ilz seront païez, ilz le Nous diront ou à nostre Conseil ensemble, sans riens celer pour doubte ou faveur d'aucune personne de quelque estat ou condicion qu'il soit.

(25) Item. Pour ce que les Capitaines de plusieurs Villes, Chasteaulx & Forteresses, ont introduit de nouvel, ou grant prejudice du Peuple, prandre & lever Composicions par maniere de rançons, à cause de guet; Nous voulons & ordonnons, ainsi que autreffoys l'avons ordonné, que touctes telles Compositions soient mises au néant; & avant que nos Capitaines de noz Forteresses aient d'oresenavant Lettres aucunes de la Chambre, ilz jureront sur les sainctes Euvangiles de Dieu, de non lever pour le temps advenir ne souffrir estre levées les dites Composicions ne autres prouffitz quelzconques à cause de guet; & se obligeront à rendre & restituer tout ce qu'il sera trouvé en avoir [d] osté, cuilly & levé par eulx, depuis & contre nostre presente Ordonnance; & que ce soit mandé à noz Baillifs qu'ilz facent crier & publier ceste nostre presente Ordonnance, & qu'ilz ne souffrent faire le contraire aulx Capitaines ou leurs Commis & deputez, de quelque Forteresse que ce soit; & se ilz le sçavent, qu'ilz le Nous escripvent incontinent; & ne pranderont pour deffault de

[a] qu'ils ont pris.
[b] retenu la solde.
[c] Seigneurs.

[d] esté.

NOTE.

(h) Et pour ce que. Voici comme je crois qu'il faut entendre cet article. Quelquefois les Receveurs pour diminuer les sommes dont ils étoient redevables par leurs comptes, n'y employoient point tout ce qu'ils avoient reçû, & mettoient en *debet* des sommes qu'ils avoient touchées; & dans les comptes suivants, ils employoient ces sommes comme nouvellement recouvrées. Pour fixer exactement quels étoient les deniers qu'ils avoient reçûs lorsqu'ils furent privez de leurs Offices, le Roy leur deffendit de faire le recouvrement des sommes qui étoient dûes pour les temps precedents, & il ordonna que ce recouvrement seroit fait par les nouveaux Receveurs.

DE LA TROISIÉME RACE.   651

guet les dis Capitaines ou leurs Commis & deputez, que [a] XVI. deniers de IIII. deniers Parisis la Piece, lesquelz seront convertiz à en paier [b] autres guetz, sans ce que les dis Capitaines en aient aucun proufsit.

(26) *Item.* Et pour ce que Nous avons entendu que les Capitaines des Arbalestriers [c] Genevoys estans à present en nostre service, n'ont pas tenu ou temps passé, ne tiennent à present le nombre des gens dont ilz ont receu les gaiges, & aussi ont eu en leur compaignies qui n'estoient pas Genevoys, comme autres qui n'estoient pas Arbalestriers, mais gens de petit estat & de petite valleur, lesquelz ilz avoient pour [d] petit proufsit; & avec ce, la moictié ou plus d'iceulx qui avoient esté receuz comme Arbalestriers, ne le sont mye; Nous avons ordonné Marque de Grimault Escuier, Capitaine General de tous les Arbalestriers, lequel essira des meilleurs que Nous avons à present en nostre service, huit cens tant seullement; & voulons que tous les autres soient cassez; & les dix-huit cens ledit Marque divisera par Connestablies & par Capitaines, & les baillera aulx Capitaines par nom & par surnom; & verra chascun moys après la reveuë faicte & quant bon luy semblera, s'ilz y sont, & pourverra selon ce que Nous l'avons chargé & ordonné expressement, aulx cautelles & malices dessus dites, à nostre proufsit & de nostre Royaume.

(27) *Item.* Et pour ce que [e] le paiement des Gens d'armes, par nostre Ordonnance l'on fait lever le premier terme des Foüaiges deuz au premier jour de Janvier, à troys termes; c'est assavoir, *(i)* au XX.ᵐᵉ jour de Novembre ou au XX.ᵐᵉ jour de Janvier, par égalles porcions; afin que le fait soit continué pour toute l'année, & qu'il n'ait deffault au paiement des dites Gens d'armes, Nous voulons & ordonnons que le second tiers des dis Foüaiges deu au premier jour de May, soit levé & cuilly à trois termes; c'est assavoir, au XX.ᵐᵉ jour de Mars, au XX.ᵐᵉ jour d'Avril, au XX.ᵐᵉ jour de May; & le dernier tiers d'iceulx Foüaiges deu en Septembre, au XX.ᵐᵉ jour de Juillet, au XX.ᵐᵉ jour d'Aoust, & au XX.ᵐᵉ jour du dit moys de Septembre, par égaulx porcions.

(28) *Item.* Que les Ordonnances dessus dites & les choses contenuës en icelles, les dis Generaulx-Conseillers; les Tresoriers des guerres & le Receveur General, en nostre presence; les Secretaires dessus nommez & les Notaires de la Chambre, en la presence de nostre Chancellier, promettront & jureront aux saincts Euvangiles de Dieu, tenir, garder & acomplir chascun en droit soy, bien & loyaument & à tout leur povoir.

En tesmoing de ce, Nous avons fait mettre nostre Seel à ces Lettres. *Donné à Paris, le sixieme jour de Decembre, l'an de grace mil III.ᶜ LXXIII. & le dixieme de nostre Regne.* Ainsi signé. YVO.

CHARLES V.
à Paris, le 6. de Decembre 1373.
[a] 16. Pieces de Monnoyes, nommées Deniers, vallans chascun 4. deniers.
[b] autres personnes pour faire ce guet.
[c] de Genes.
[d] petite solde.
[e] pour.

NOTE.

(i) Au XX.ᵐᵉ *jour de Novembre ou au* XX.ᵐᵉ *jour de Janvier.*] Il paroît par la suite de cet article, qu'entre ces deux termes de payement, il en faut suppléer un du 20. de Decembre, qui a été apparemment oublié par le Copiste.

(a) *Ordonnance sur la nouvelle Ayde accordée par les trois Estats de l'Artois, du Boulonnois & du Comté de Saint Pol.*

CHARLES par la grace de Dieu Roy de France. Savoir faisons à tous presens & avenir, que comme nos bien amez [f] [les manans & habitans des villes

CHARLES V.
au Château du Louvre-lès-Paris, le 7. de Decembre 1373.
[f] les Bourgois & habitans des bonnes Villes fermées tant seulement. P. 40.

NOTE.

(a) Tresor des Chartres, Registre 105. Piece 35.
Ces Lettres sont aussi *ibid.* P. 40.
Les Etats d'Artois, &c. ayant accordé une Ayde au Roy, l'on donna, suivant l'usage, aux differents Corps qui les composoient, des Copies de l'Ordonnance qui fut faite en consequence de ces Etats, adressées à chacun de ces Corps en particulier. Les Copies qui furent données aux habitans des Villes fermées, & à ceux des Villes non fermées, sont semblables, à l'exception des endroits où il est parlé des

CHARLES V. au Château du Louvre-lès-Paris, le 7. de Decembre 1373.

Places non fermées] des païs des Contées d'Artoys, de Boulenoys & de Saint Pol, pour le grant defir, affeccion & volonté qu'il ont à Nous & au bien publique de noftre Royaume, & pour aidier à foufporter les grans frais, charges & miffions que de jour en jour Nous convient faire & fouftenir pour le fait de nos guerres, Nous aient nouvellement octroyé d'un commun affentement, pour un an tant feulement commençant le premier jour de ce prefent mois de Decembre, tel & femblable Aide comme il Nous firent & païerent en l'an paffé feny le derrenier jour du mois de Juillet; lequel Aide yceulx *(b)* manans & habitans païeront à trois termes; c'eft affavoir de quatre mois en quatre mois, commençant le premier terme & payement en la fin du mois de Mars prochains venant; le fecond en la fin du mois de Juillet, qui fera l'an mil CCCLX. quatorze; & le tiers en la fin du mois de Novembre lors après enfuivant; Nous confiderans l'affeccion & volenté des dis manans & habitans, & qui ne volons yceulx eftre grevez; mais les volons relever de toutes charges en tant que bonnement povons, attendu que ilz font en païs de frontiere, les pertes & dommages que pour ce ont euz & fouftenus, & derrenierrement en cefte année prefente, que nos ennemis ont chevauchié par les dis pays, *ⁿ* ars, deftruit & gafté plufeurs *ᵇ* [Villes des diz païs, avec les biens des dis manans & habitans, *ᶜ* foient] & encores fouftiennent de jour en jour, leur avons octroyé & accordé, octroions & accordons de noftre certaine fcience & grace efpecial, que durant ledit temps, iceulx manans & habitans foient & demeurent quittes & paifibles de tous Subfides, Impofitions & treiziesme, quatriefme de vin, Gabelle de *ᵈ* Seel, *ᵉ* Foüages & autres fubvencions quelconques impofez ou à impofer de nouvel par Nous, nos gens ou aucuns de nos bonnes Villes, tant pour le fait de nos dictes guerres, pour la fortification d'icelles bonnes Villes, comme autrement, pour quelconques caufe que ce foit ou puift eftre, pour tous les biens qu'il ont ès dictes Contés & ailleurs; fuppofé que autres Aides que ceulx qui ont à prefent cours, y fuiffent de nouvel mis fus de par Nous, en Nous païant ce que promis Nous ont de leur bonne volenté, comme deffus eft devifé. Et avec ce, volons & accordons que tous ceulx des dictes *ᶠ* [Places, Villes non fermées] des dictes Contez, qui ès païs ou Impofitions, XIII.ᵉ IIII.ᵉ de vins, Gabelle de Seel, Foüages & autres fubvencions ont cours, acheteront aucunes denrées pour mener *ᵍ* [ès dis païs] pour les y vendre & *ʰ* defpendre, & non ailleurs, foient *ⁱ* [quittes & tenus paifibles] des dis Aides & autres fubvencions quelconques, & de toutes entrées & yffues qui fe lievent ou levront fur ceulx qui les meinent en païs où les dis Aides n'ont cours; ou cas toutes voies qu'ils feront foy par Lettres fouffifament feellées des Seaulx d'aucuns Gouverneurs ou Baillis des diz païs, ou d'aucune des bonnes Villes d'iceulx Contées, & jureront fur faintes Evangiles, par eulx ou leur Procureur, une fois feulement, devant les Gardes des Seaulx dont les dictes Lettres feront feellées, & non ailleurs, que les dictes denrées il menront [*ᵏ* ès diz païs], & declairront le lieu, & que c'eft pour les y vendre & defpendre, & non autre part; & fe le contraire eftoit trouvé, il perderoient leurs denrées & en feroient grandement punis.

Item. Durant ledit an ne fe feront aucunes *ˡ* Prinfes fur leurs denrées & marchandifes, foient vins, draps, ou autres chofes pour Nous, pour noftre très chiere & très amée Compaigne la Royne, ne pour autre Seigneur quelconques, en noftre nom ne de par Nous; mais porront aler & venir [*ᵐ* par tout les dis pays] fans empefchement aucun; fe ce n'eft pour nos *ⁿ* pourveances & païant l'Argent; & s'aucuns Fermiers ou Leveurs des dictes Impoficions ou autres Aides & Subfides deffus dis, leur y mettent aucun empefchement contre noftre dicte grace &

a brûlé.
b biens des dits habitans. P. 40.
c mot inutile.
d Sel.
e Impoficions par Feux.
f bonnes Villes fermées. P. 40.
g en ycelles bonnes Villes. P. 40.
h confommer.
i tenus quittes & paifibles. P. 40.
k ès dictes bonnes Villes, ou en aucunes d'icelles. P. 40.
l Voyez les Tabl. des Mat. de ce Rec. au mot, Prifes.
m ès dictes bonnes Villes. P. 40.
n provifions.

NOTES.

Corps aufquels elles furent données. L'on n'a fait imprimer que la Piece 35. dans laquelle on a mis entre des crochets les differences qui fe trouvent entre elle & la Piece 40. & l'on a mis dans les Notes les differences qui fe trouvent dans cette derniere Piece.

(b) Manans & habitans.] Dans tous les endroits où il y a *manans & habitans* dans ces Lettres, il y a *Bourgois & habitans* dans la Piece 40.

DE LA TROISIÉME RACE.   653

Ordenance, Nous volons qu'il foient contrains à ofter ledit empefchement, & à leur rendre tous coux, frais, dommages & miffions qu'il y auront encouru pour cefte caufe; & auffi volons, ordonnons & accordons, que fe depuis ledit premier jour de ce prefent moys de Decembre, les dis manans & habitans ou aucuns d'iceulx, avoient baillié aucune caucion pour entrées, yffuës, XIII.ᵉˢ ou autres Aides, que elles leur foient renduës franchement fans contredit; pourveu qu'il baillent certification des Gouverneurs & Jufticiers de leur païs, [ᵃ ou d'aucune des dictes bonnes Villes d'iceulx Contées,] que les dictes denrées & marchandifes y auront efté defchargées pour les vendre & defpendre ᵇ [en yceulx païs] & non ailleurs, fe fait ne l'ont, & que s'aucune chofe en ont paié, qu'il leur foit rendu fans delay; & voulons que les dis ᶜ [manans & habitans] ne foient tenus de faire caucion de leurs denrées & marchandifes, que en un lieu tant feulement; ou cas toutes voies que fraude ou mauvaiftié n'y feroit trouvée.

Item. Leur avons octroié & octroions par ces prefentes, que ledit octroy par eulx à Nous fait pour ladicte année, ᵈ [ne leur puifl porter prejudice] pour le temps paffé, prefent & advenir, en faifine ne en proprieté, contre leurs Libertez & franchifes, [ᵉ fe aucunes en ont] mais ce nonobftant, foient & demeurent en toutes chofes auffi frans comme il eftoient avant que aucuns Aides leur fuft requis ou demandez; & auffi que fe pour ledit Aide aucuns de nos Sergens faifoient execucion fur aucuns des dis manans & habitans, qu'il ne ᶠ puiffont avoir plus grant falaire que ordenné eft par nos autres Lettres derrenierement fur ce baillées ᵍ [aux Bourgois & habitans de bones Villes des dis Contez.]

Item. Volons & ʰ [octroions] que ces prefentes leur foient baillés fans coux & fans frais; & ne foient tenus de paier les dis Aides jufques à tant qu'il les aient feellées en las de foye & cire vert. Si donnons en mandement par ces prefentes Lettres à nos amez & feaulx les Generaux-Confeillers fur le fait des Aides de la guerre, auz Baillis d'Amiens, de Vermendois, de Senliz, à tous Efleuz, Receveurs & autres Jufticiers, Commiffaires, Officiers deputez &.à deputer fur le fait des dis Aides, & à chafcun d'eulx, fi comme à lui appartendra, que les dis manans & habitans & chafcun d'eulx, de noftre prefente grace & octroy, & de toutes les chofes cy-dedens declariées, ledit an durant, laiffent & facent joüir & ufer paifiblement, & contre la teneur d'icelles ne les contraignent, travaillent ou moleftent en aucune maniere; mais fe aucune chofe eftoit prinfe du leur, ou faite au contraire, fi le facent tantoft & fans delay rendre & mettre au delivre; & en ampliant noftre dicte grace, volons que à la Copie de ces prefentes faite fous Seel Royal, foy pleniere foit adjouftée comme à l'original. Et pour ce que ce foit ferme chofe & eftable à tousjours, Nous avons en tefmoing de ce, fait mettre noftre Seel à ces Lettres : Sauf noftre droit en ⁱ toutes chofes, & l'autrui en toutes. *Donné en noftre Chaftel du Louvre lès Paris, le VII.ᵉ jour de Decembre* [ᵏ *deffufdit*]*, l'an de grace mil CCCLX. & treze, & le X.ᵉ de noftre Regne.*

Par le Roy, en fon Confeil *(c)* ou quel vous eftiés, & les Generaux-Confeillers fur le fait des Aides de la guerre. P. CRAMETTE.

CHARLES V.
au Château du Louvre-lès-Paris, le 7. de Decembre 1373.
ᵃ *des dictes bonnes Villes ou d'aucune d'ycelles.* P. 40.
ᵇ *es dits lieux ou en l'un d'iceulx.* P. 40.
ᶜ *Bourgois & habitans des dictes bonnes Villes.* P. 40.
ᵈ *ne puift porter prejudice aus dicts Bourgois & habitans.* P. 40.
ᵉ *ces mots ne font pas dans la* P. 40.
ᶠ *puiff.* P. 40.
ᵍ *aux dits Bourgois & habitans.* P. 40.
ʰ *ordenons.* P. 40.

ⁱ *autres.*

ᵏ *ce mot n'eft point dans la* P. 40.

NOTE.

(c) Ou quel vous eftiez.] J'ai déja trouvé cette formule dans plufieurs Lettres; mais quoique je ne doutaffe point que ce mot *vous* ne défignât le Chancelier, je n'ai point voulu en faire une note, que je ne puffe l'appuyer par une preuve. Elle fe trouvera cy-deffus, page 581. note *(c)*, où il eft prouvé que ces mots *ad relationem veftram*, qui fe trouvent auffi à la fin de quelques Lettres, defignent le Chancelier.

Nnnn iij

(a) Diminution de Feux pour Gaujac.

CHARLES V.
à Paris, en Decembre 1373.

a GAUJAC. Diocése d'Uſez.
b Bagnols. *Voy. le 3.ᵉ Vol. de ce Réc.* p. 616. & Note (b).

KAROLUS, &c. Notum, &c. Quod cum ex parte, &c.

Cumque facta quadam Informacione virtute certarum Litterarum Regiarum ac dictarum Inſtruccionum in loco de ᵃ *Gaudiaco, Vicarie* ᵇ *Balneolarum, Seneſcallie Bellicadri, per certum Commiſſarium ad hoc deputatum, ſuper numero Focorum in dicto loco tunc exiſtencium; & poſtmodum virtute Litterarum noſtrarum de mandato, alia Informacio in dicto loco de Gaudiaco fuerit de novo & ſecundo facta ſuper vero numero dictorum Focorum in eodem loco nunc exiſtencium, per dilectum Clericum noſtrum, Magiſtrum Bernardum Clareti Juriſperitum, Judicem ordinarium Nemauſi, Commiſſarium ad hoc per dictas Litteras noſtras deputatum; vocatis & preſentibus ſecum in omnibus Procuratore Generali ac Theſaurario ſeu Receptore noſtris dictæ Seneſcallie Bellicadri, aut legitimis Subſtitutis vel Locatenentibus eorumdem; eademque, &c.*

Repertum fuerit quod in dicto loco de Gaudiaco, ſunt de preſenti & reperiuntur undecim Foci, ſecundum traditas Inſtructiones ſuper hoc prelibatas. Nos vero, &c.

Quod ut firmum, &c. Salvo, &c. Actum Pariſius, menſe Decembris, anno Domini milleſimo CCCLXXIII. Regnique noſtri decimo.

c Reg. R.

Per Conſilium exiſtens in Camera Compotorum Pariſius, ex mandato ᶜ *Regio.*
P. DE CHASTEL.
Informacio de qua ſuperius fit mencio, eſt in dicta Camera, & ponitur cum aliis ſimilibus prout eſt ordinatum, & financia ſoluta ut à tergo.
P. DE CHASTEL.

NOTES.

(a) Tref. des Chart. Regiſt. 105. P. 34.

Voyez cy-deſſus, pag. 130. Note (a).
C'eſt le R. P. D. Vaiſſette qui m'a indiqué le nom moderne de *Gaudiacum*.

(a) Lettres qui portent que les Evêques & autres gens d'Egliſe, ſeront tenus de faire dans un temps prefix, hommage & ſerment de fidelité au Roy pour les terres à eux appartenantes qui relevent de luy, ſous peine de la ſaiſie de leur Temporel.

CHARLES V.
à Paris, le 4. de Janvier 1373.

KAROLUS Dei gracia Francorum Rex. Seneſcallo Bellicadri aut ejus Locumtenenti: Salutem. Cum ratione Regalis noſtre ſuperioritatis, ac poſtremi reſſorti noſtre Superioris Curie Parlamenti Pariſius, omnis temporalitas tam Juridiciaria quam alia in Regno noſtro & ejus pertinentiis quibuſcumque exiſtens & ſituata, & per quaſcunque tam Eccleſiaſticas quam alias perſonas detenta & poſſeſſa, à Nobis & ſub noſtris ſuperioritate & reſſorto predictis teneatur & teneri debeat, exindeque (b) predeceſſores ejuſdem temporalitatis per homagium aut fidelitatis juramentum vel aliter; videlicet quilibet eorum, de temporalitate quam tenet & poſſidet, recognicionem Nobis preſtare debitam teneantur; & nonnulli Prelati, Archiepiſcopi, Epiſcopi, Abbates, alieque perſone Eccleſiaſtice dictæ Seneſcallie, Nobis recognicionem per homagium, fidelitatis juramentum vel aliter, de temporalitatibus tam Judiciariis quam aliis, quas à Nobis tenent & poſſident ſub noſtris ſuperioritate & reſſorto ſupradictis, prout debent & ad hoc tenentur, Nobis preſtare contempſerint & adhuc contempnant; quod Nobis non immerito quam plurimum diſplicet & ex cauſa: vobis committendo, ſi ſit opus, mandamus diſtrictius injungentes, quatenus univerſis & ſingulis Archiepiſcopis, Epiſcopis, Prelatis, Abbatibus, Prioribus, & aliis perſonis

d cujuſcumque.

Eccleſiaſticis, ᵈ *quibuſcumque ſtatus & condicionis exiſtentibus, in dicta Seneſcallia aliquas*

NOTES.

(a) Memorial D. de la Chambre des Comptes de Paris, fol.ᵉ ſept vingt, v.ᵉ (140).

(b) *Predeceſſores.*] Dans des Lettres à peu près ſemblables du 24. d'Avril 1374. qui ſont dans le même Memorial, fol.º 7. vingt 1. Reſto (141.) il y a *poſſeſſores*, qui paroît meilleur.

temporalitates tam Juridiciarias quam alias quascunque possidentibus, sub superioritate & ressorto nostris predictis in Regno nostro & ejus pertinentiis existentibus, injungatis & precipiatis ex parte nostra, sub omni pena que super hoc fuerit injungenda, ut Episcopi & quilibet eorum, in quantum ipsum tangere potest & poterit, ^a *prestant Nobis & faciant debitam recognicionem per homagium, fidelitatis Juramentum, & aliter ut fuerit faciendum, & prout ad hoc tenentur, de omnibus temporalitatibus & aliis quibuscunque quas tenent à Nobis, sub nostris superioritate & ressorto dicti Parlamenti nostri, ut prefertur, infra primam diem Maii* M. CCCLXXIIII. *proximo venturam, quam diem pro omni dilacione, ipsis & cuilibet eorumdem propter hoc prefigimus per presentes; & si de hoc facere fuerint negligentes vel remissi, taliter quod infra quindecim dies immediate sequentes post primam diem Maii supradictam, de prestacione dicte recognicionis fidem vobis non fecerint, per nostras alias Litteras expeditas per Cameram Compotorum nostrorum Parisius, & cum Litteris ejusdem Camere de Mandato, omnes & singulas temporalitates illorum qui premissa facere sic neglexerint, ad manum nostram ponatis, capiatis & detineatis, easque regatis, expletetis & levetis, aut regi, levari & explectari faciatis pro Nobis & ad utilitatem nostram, absque aliqua inde recredencia facienda, donec vobis constiterit per alias Litteras nostras expeditas per dictam nostram Compotorum Cameram, una cum Litteris ejusdem Camere de Mandato, & non aliter, dictam recognicionem debite fuisse factam; taliter super hoc vos habentes, quod Nobis debeat esse gratum, nec ob vestri deffectum, sit super hoc aliud remedium adhibendum; oppositionibus & appellacionibus frivolis omnino postpositis & rejectis.* Datum Parisius, IIII.^a die Januarii, anno Domini M. CCC. LXXIII. Regni vero nostri decimo. *Ainsi signées.* Per Regem. P. BLANCHET.

CHARLES V.
à Paris, le 4.
de Janvier
1373.
a prestent.

(a) Declaration portant Reglement sur les droits d'Admortissement & de Francs-Fiefs.

CHARLES V.
à Paris, le 4.
de Janvier
1373.

SOMMAIRES.

(1) Ceux qui devront des droits d'Admortissement & de Francs-Fiefs, ne pourront être contraints à les payer, que par la saisie & la vente des biens par rapport ausquels ils doivent ces droits.

(2) Lorsque les acquisitions faites par des Gens d'Eglise, ou par des non-nobles de personnes Nobles, n'auront point eu d'exécution, ensorte que ces acquisitions ne seront point restées entre leurs mains, il ne sera point dû de droits d'Admortissement & de Francs-Fiefs.

(3) Ces droits ne seront levez que sur les acquisicions faites depuis le temps marqué par les Reglements precedents.

(4) Lorsqu'on aura legué à une Eglise, un revenu destiné à faire des distributions aux Ecclesiastiques qui la desservent ; si leur nombre n'est pas fixé, ensorte qu'il augmente ou diminue quelquefois, on reglera les droits d'Admortissement sur le nombre des Ecclésiastiques qui desservent ordinairement cette Eglise.

(5) Surseance pour le payement des droits de Francs-Fiefs, dans le cas où il y aura trois Seigneurs intermédiaires entre le Roy & le non-noble qui a acheté un Fief d'un Noble.

KAROLUS *Dei gracia Francorum Rex. Dilecto nostro Magistro Fyacrio*^b *Brien. Commissario per Nos in Senescallia Bellicadri deputato super facto financiarum acquisicionum factarum & faciendarum per personas Ecclesiasticas, & per innobiles à Nobilibus : Salutem. Cum Nos propter aliquas ambiguitates nuper* ^c *declaraverimus, quod de quibuscunque acquisitionibus jam factis & faciendis, aut retentis & retinendis per quoscunque Prelatos jure prelationis vel aliter ; nec non per quascunque personas Ecclesiasticas, aut per innobiles à Nobilibus in Feodo vel Retro-Feodo dictorum Prelatorum, vel alterius eorum, aut quarumcunque aliarum personarum Ecclesiasticarum, in superiori Juridicione nostra situatis, & de ressorto nostre Curie Parlamenti existentibus, financia exigeretur & levaretur ad utilitatem nostram & pro Nobis, juxta seriem Instructionum nostrarum super hoc factarum vobis alias missarum ; nec non quod si aliquis Nobilis vel innobilis*

b Il y a une marque d'abbreviation sur ce mot.

c Voy. cy-dessus, p. 608.

NOTE.

(a) Memorial D. de la Chambre de Comptes de Paris, fol.^e sept vingt, recto, (140).

CHARLES V.
à Paris, le 4. de Janvier 1373.
a Capell. R.
b Velay.

pro fundacione *a* Capellaniarum vel aliter, ad manum mortuam ordinaverit, vel instituerit legatum perpetuum in dictis Feodis aut Retro-Feodis, onerando vel obligando in speciali aliquas possessiones denominatas, quod inde financia exigeretur ut supra; & dictarum declaracionis & Instructionum virtute, quam plures financias, (*b*) partibus earum in Cameram Compotorum nostrorum Parisius per vos missis, declaraveritis super non nullas personas Ecclesiasticas, Barones & Nobiles, ac Burgenses & innobiles Bailliviarum *b* Vallavie, Vivariensis & Valentinensis esse levandas, & per eas Nobis solvendas racione acquisitionum & onerationum per eas factarum, sicut fertis; pro parte personarum Ecclesiasticarum, Nobilium, Baronum, Burgensium & innobilium dictarum Bailliviarum, Nobis fuerit expositum, quod vos nonnullas dictarum financiarum, preter & contra intellectum declarationis & Instructionum nostrarum predictarum, exigendas & levandas declarastis, & eas exigere nittimini minus juste, in earum grande prejudicium atque dampnum, sicut dicunt. Super quibus, ad Requestam Magistri Guillelmi Pellicerii, de (*c*) Aumonnayo;

c le Puy en Velay.

ac Mathei Bartholomei de *c* Anicio, se gerentium pro dictis personis Ecclesiasticis & aliis supradictis, dicencium & asserentium pro eisdem, quod ipsi nec dicte persone Ecclesiastice non intendunt per appellaciones vel aliter impedire nec differre solucionem financiarum, que secundum dictas nostras declaraciones & Instructiones, earumque bonum & debitum intellectum, solvende fuerint pro acquisitionibus supradictis; & habita super hoc deliberacione cum Consilio nostro in dicta Camera Compotorum nostrorum, deliberatum fuerit dictas declaracionem & Instructiones debere intelligi in modum qui sequitur;

(1) Videlicet, quod executio dictarum financiarum in casu recusationis vel dilacionis, debet fieri per captionem, arrestationem, explectationem, vendicionem & alienacionem reddituum, rerum & possessionum datarum, legatarum vel acquisitarum aut ad hoc oneratarum, & non aliter.

(2) Item. Quod si legatum vel donacio facte cuicunque Ecclesie, hospitali, vel persone Ecclesiastice, non tenuerit vel non habuerit effectum propter revocationem per Legatorem factam vel aliter; ita quod donatarius vel legatarius nunquam habuerit donum vel legatum; aut si habuerit, quod illud extra manum suam posuerit, vel quod legatum fuerit sine fraude totaliter revocatum seu adnullatum; non est inde financia levanda vel exigenda. Et simili modo, si innobilis fecerit aliquas acquisitiones Feodales, & Dominus à quo ipsa acquisitio movet, eam *d* retinuerit, ita quod dictus innobilis nunquam gavisus fuerit de eadem, non est inde financia levanda vel exigenda.

d par Retrait Féodal.

(3) Item. Quod financia non est levanda de dictis acquisitionibus, nisi de factis à tempore citra in dictis Instructionibus declaratis.

(4) Item. Quod de legato facto alicui Ecclesie, de certo redditu annuo distribuendo cuilibet tot Capellanorum quot sunt de facto in dicta Ecclesia constituti, die distribucionis dicti redditus, si numerus Capellanorum dicte Ecclesie habet crescere & decrescere, in exigendo financias de talibus legatis, est habendus respectus ad numerum communem Capellanorum communiter existencium, vel qui fuerint in eadem Ecclesia.

(5) Item. Si innobilis acquisiverit vel acquirat rem Feodalem, & inter Nos & illum qui sic acquisiverit vel acquirat, sint tres Domini intermedii, quod supersedeatur de exigendo financiam ex talibus acquisitionibus, donec aliud fuerit super hoc ordinatum.

Nos audita supplicatione dictorum postulantium, vobis mandamus, quatinus in levando dictas financias per vos declaratas & declarandas super personas dictarum Bailliviarum, supersedeatis usque ad primam diem Aprilis proximo venturam; ita tamen & non aliter, quod ex nunc dicte persone aut eorum Procuratores, promittant infra predictam diem financias hujusmodi solvere secundum quod ad hoc tenentur aut tenebuntur, habito respectu ad presentem deliberationem, juxta declarationem & Instructiones

NOTES.

(*b*) *Partibus.*] Il y a dans le Reg. *ptibus*, avec une marque d'abbreviation. Si on lit, *partibus*, cela peut signifier *les Rolles des Finances dûës*. L'on trouve dans le Glossaire de du Cange, *Partes, Rationes*, en François, *Parties*.

(*c*) *Aumonnayo.*] Il y a plus bas, *Annonayo*; & c'est ainsi apparemment qu'il faut lire ici. C'est sans doute *Annonay*, dans le haut Vivarez, Diocése de Viviers. *Voyez le Diction. universel de la France*, au mot, *Annonay*.

nostras

DE LA TROISIÉME RACE. 657

noſtras prelibatas. Nolumus tamen quod quidam vocati les boulieux, *de* Annonayo, *qui in noſtra predicta Camera poſiti fuerint (d) in defectu, dilacione predicta gaudeant vel utantur; ſed cogantur ad ſolvendum financias per eos debitas pro acquiſitionibus Feodalibus per eos factis; dicto vero pendente termino, (e) recolatis dictas financias; & ſi quas aliter quam ſuperius continetur, declaraveritis, eas reparetis, & pro nullis teneatis; in aliiſque per vos de cetero declarandis juxta dictas declarationem & Inſtructiones noſtras, eas intelligendo prout ſuperius deliberatum extitit, diligenter & debite procedatis, nichil in contrarium faciendo; dictaſque perſonas ſolucionem financiarum quas debent ſeu debebunt, ſolvere differentes aut recuſantes, ad ſolvendum eas & alias per vos declarandas, prout in preſentibus eſt declaratum, elapſo dicto termino compellatis aut compelli faciatis; quibuſcunque oppoſicionibus & appellationibus frivolis factis ſeu faciendis, Litteriſque in contrarium impetratis vel impetrandis, que non eſſent expedite per dictam Cameram Compotorum noſtrorum, ſub quavis forma verborum exiſtentibus, nonobſtantibus quibuſcunque; quibus per vos in hac parte nolumus aliqualiter obediri; niſi prout à dicta Camera Compotorum noſtrorum, ſuper hoc habueritis in mandatis. Datum Pariſius, quarta die Januarii, anno Domini* MCCCLXXIII.° *Regnique noſtri decimo.*

CHARLES V.
à Paris, le 4. de Janvier 1373.
ᵃ Voy. page precedente, Note (e).

NOTES.

(d) *In defectu.*] En deffaut, pour avoir contrevenu aux Reglemens faits ſur les droits d'Admortiſſement & de Francs-Fiefs.

(e) *Recolatis .... reparetis.*] Recolare, en françois *recoler*, ſe dit ordinairement des témoins à qui on lit leur premiere dépoſition, en leur demandant s'ils y veulent perſiſter.

Voyez le Gloſſaire de du Cange, au mot, *recolare. Recolare* a icy à peu près le même ſens: & cet endroit ſignifie que les Commiſſaires ſur les Admortiſſemens & les Francs-Fiefs, reverront les Rolles des finances qu'ils avoient jugé être dûës, & qu'ils les reformeront ſuivant le nouveau Reglement fait par le Roy. Les Lettres de diminutions de Feux, ſont quelquefois intitulées, *Reparacie Focorum*.

(a) Reglement pour les Troupes.

CHARLES V.
au Bois de Vincennes, le 13. de Janvier 1373.

SOMMAIRES.

(1) *Le Conneſtable nommera une perſonne, & chacun des Mareſchaux nommera quatre Lieuxtenans, pour paſſer en revûë les Troupes qui ſeront ſous leur commandement. Le Maiſtre des Arbaleſtriers en nommera un pour faire la revûë des Arbaleſtriers ſeulement. Ces Commis preſteront ſerment en preſence du Roy, d'obſerver ce preſent reglement.*

(2) *Le Conneſtable, les Mareſchaux, le Maiſtre des Arbaleſtriers, & les autres Capitaines des Gens d'armes, exerceront leurs Offices le plus exactement qu'il leur ſera poſſible; & obſerveront & feront obſerver ce preſent reglement.*

(3) *Le Conneſtable, les Mareſchaux, le Maiſtre des Arbaleſtriers, le Capitaine, & les Commis nommez pour faire les revûës, ne feront employer dans les rolles de ces revûës, que les gens de guerre qui y ſeront en perſonnes, armez ſuffiſamment, & montez ſur des chevaux. Ces gens de guerre jureront de ſervir dans cet eſtat, pendant tout le temps qu'ils recevront des gages; à moins qu'ils ne ſoient abſens par congé de leurs Officiers ou pour le ſervice du Roy, ou qu'ils ne ſoient détenus priſonniers ſans fraude.*

(4) *Ces Officiers ne recevront dans leurs Compagnies, que des Gens d'armes qui ſeront en eſtat de bien ſervir; & ils ne leur donneront des congez que pour des cauſes raiſonnables.*

(5) *Si quelque Gen-d'arme ſe retire ſans congé ou ſans excuſe valable, avant la fin du temps pendant lequel il doit ſervir, ces Officiers en avertiront le Treſorier des guerres, afin qu'il rabatte les gages de ce Gen-d'arme, pour le temps qu'il n'aura point ſervi.*

(6) *Ces Officiers feront jurer aux Gens d'armes, qu'ils ne s'abſenteront point ſans leur congé; & qu'ils ne feront aucun dommage aux ſujets du Roy.*

(7) *Ces Officiers feront jurer aux Gens d'armes, qu'ils ne prendront rien dans les Villes fermées ſans le payer; & qu'ils retourneront*

NOTE.

(a) Premier Regiſtre de la Cour des Aides de Paris, fol.° 43. R.°
Avant ces Lettres il y a: *Autres Ordonnances ſur le fait des Gens d'armes oudit an mil trois cens ſoixante & treize.*

Voyez ſur ce Regiſtre de la Cour des Aides, Tom. 4. de ce Rec. p. 201. Note (a).
Ces Lettres ſont auſſi dans *Fontanon*, tom. 3. p. 83. Il y a pluſieurs mots corrompus, parce qu'elles ont été mal lûës dans le Regiſtre d'où il les a tirées.

CHARLES V.
au Bois de Vincennes, le 13. de Janvier 1373.

SOMMAIRES.

dans leurs maisons, aussitost qu'ils auront esté congediez du service.

(8) Les Capitaines seront responsables des desordres que les Gens d'armes de leurs Compagnies commettront sur les routes.

(9) Les Capitaines feront reparer par leurs Gens d'armes, les dommages que ceux-cy auront causez ; & s'ils negligent de le faire, ils en seront responsables en leur propre & privé nom. S'ils ignorent ceux qui ont causé ces dommages, ils feront assembler tous les Gens d'armes de leurs Compagnies, & ils les feront jurer de leur indiquer ces malfaicteurs.

(10) Les Commandans de l'Armée feront retirer tous ceux qui seront à sa suite, s'ils ne sont gens de mestier, Marchands, ou necessaires pour le service ; & ils les feront punir s'ils ont commis quelque meffait.

(11) Le payement des Troupes se fera par Corps ou par Compagnies, chacune en son particulier. Les comptes de ces payements se feront après que les Troupes auront esté congediées du service.

(12) Les Clercs des Mareschaux ne prendront aucuns droits, si ce n'est par rapport aux revües des Compagnies qui seront composées de 100. hommes au moins.

(13) Les Compagnies seront composées de 100. hommes commander par un Capitaine. Celles où il n'y aura pas 100. hommes, se joindront à une autre Compagnie, pour recevoir leur payement.

(14) Le Roy reglera sous quels Commandans dans chaque Compagnie servira.

(15) Nul ne pourra estre Capitaine de Gens d'armes, sans Lettres du Roy, de ses Lieuxtenans, des Generaux de ses Armées, des Princes du Sang ou d'autres Seigneurs, pour le service du Roy.

(16) Nul Capitaine ne recevra des gages du Roy, si sa Compagnie n'est pas de 100. hommes, ceux qui auront des Compagnies de 100. hommes, auront 100. Francs de gages par mois. Le Roy reglera les gages des Officiers qui auront plus de 100. hommes sous leur commandement.

(17) Aussitost que les revües auront esté faites, & que les Compagnies auront esté payées, les Capitaines les meneront le plus diligemment qu'il sera possible, au lieu où elles doivent servir, sans les laisser sejourner sur le plat-pays.

(18) Les Officiers tant Generaux que Subalternes, jureront d'observer & de faire observer ce present Reglement.

CHARLES par la grace de Dieu Roy de France. A tous ceulx qui ces presentes Lettres verront : Salut. Sçavoir faisons que pour ce que Nous avons [a] attendu que aucuns Capitaines qui ont eu pour le temps des guerres gouvernement de Gens d'armes, n'ont pas tenu le nombre dont ilz faisoient [b] monstre & prenoient payement, & que souvantes fois les deniers qu'ilz en recevoient, ils ne paioient pas à leurs gens selon ce qu'ilz les avoient receuz ; & aussi que quant les dis Gens se partoient avant le temps qu'ilz devoient servir, ilz n'en faisoient aucune mencion aux Tresoriers des guerres, leurs Lieuxtenans & Clercs des monstres ; & quant après leur cassement, ilz faisoient compte avec les dis Tresoriers des guerres, que les sommes qui estoient deuës à eulx & à leurs gens, ilz recevoient par devers eulx sans riens en bailler à leurs gens ; parquoy ilz prenoient occasion de culx plaindre de Nous de deffault de paiement ; & oultre, que pour le grand nombre de Capitaines qui a esté le temps passé en nos [c] Hostz & Chevauchées, & par especial ceste saison, grant nombre de gens de petit estat ont esté passez ès monstres, & combien qu'ilz fussent receuz à gaiges, armez & monstez moins souffisans, dont ilz ont pillé & robé tant ès bonnes Villes comme ou plat pays, & fait plusieurs grans dommaiges ès lieux par où ilz sont passez ; & pour connoistre de la pillerie, [d] n'ont mie esté avec les Lieuxtenans ou [e] Chefs d'offices ou de guerres ; Nous pour obvier aux inconveniens dessusdis, & à plusieurs autres touchant le fait de la guerre, desirans sur toutes choses le bon gouvernement de nos bons & loyaulx subjectz, & les garder de griefs, oppressions & dommaiges, & gouverner en bonne justice, par grant advis & meure deliberation de Conseil eu sur ce avec les Chefz d'office de nostre guerre, & plusieurs autres saiges & vaillans, avons voulu, estably & ordonné les choses qui s'ensuyvent.

(1) *Premierement.* Que nostre Connestable de France qui à present est ou sera, nommera & ordonnera certaine personne pour recevoir les monstres des Gens (a) de son Hostel ; & chascun de noz Mareschaulx, quatre Lieuxtenans pour recevoir

a entendu. F.
b reveuë.
c armées.
d Je crois que cela se rapporte aux Capitaines.
e Voy. cy-dessus, p. 539. Note (c).

NOTE.

(a) *De son Hostel.*] Il paroit par plusieurs endroits de ces Lettres, que ces mots signifient les Troupes qui sont sous son commandement.

DE LA TROISIÉME RACE. 659

[a] le monſtres de toutes gens, manieres de gens; & le Maiſtre de Arbaleſtriers ung, pour recevoir les gens de ſon Hoſtel ſeulement; leſquels Commis & Lieuxtenans ſeront ſaiges & ydoines & experts, & jureront en noſtre preſence avant qu'ilz uſent de leurs Offices, aux Sainctes Euvangiles de Dieu, de tenir & garder les Ordonnances touchant le fait deſdictes monſtres, leſquelles ſeront eſcriptes après; & en deffault de ceulx qui ſeront nommez pour mort, pour [b] rapport ou autrement, autres bons & ſouffiſans ſeront mis en leurs lieux, leſquels feront le ſerment comme deſſus.

CHARLES V.
au Bois de Vincennes, le 13. de Janvier 1373.
[a] les monſtres de toutes manieres de gens. F.
[b] rappel. F.

(2) Item. Noſtre Conneſtable, noz Mareſchaux, le Maiſtre des Arbaleſtriers, & tous les autres Capitaines des Gens d'armes, le mieulx & le plus loyaument qu'ilz pourront, excerceront & gouverneront leurs Offices, & feront les choſes appartenans à iceulx, à l'onneur & prouffit de Nous, noſtre Royaume & de noſtre guerre, & ſi comme ilz feroient pour leur propre fait; & tiendront quant à eulx, & feront tenir, garder & acomplir noſtre preſente Ordonnance, & toutes les choſes contenuës en icelle, ſans faire ne venir encontre par eulx ne par autre, en aucune maniere.

(3) Item. Eulx, leurs Lieuxtenans, commis & deputez deſſus dis, ou autres aïans povoir à ce, ne recevront, ne ſouffreront eſtre receuz à monſtre ne à reveuë, aucuns gens de guerre, s'ilz n'y ſont en perſonne, montez & armez ſouffiſamment de ſon propre harnoix, & [c] ſon cheval ou de ſon [d] Maiſtre; & auſſi ſe en faiſant la monſtre ou reveuë, il ne jure ſur les Sainctes Euvangiles de Dieu, que en tel eſtat ſervira pour le temps qu'il recevra noz gaiges, [e] ſe il n'eſt hors du commandement de ſon Capitaine, ou pour noſtre ſervice, ou [f] [enſermé de ſon corps loyaument ſans nulle fraulde;] & ne ſeront, ſouſtiendront ou ſouffreront aucun autre eſtre receu, eſcript ou paſſé en monſtre.

[c] ſur ſon. F.
[d] Capitaine.
[e] s'il n'eſt abſent par congé.
[f] priſonnier & detenu ſans fraude. F.

(4) Item. Ilz prendront en leur Compaignie & ſe chargeront de bonnes Gens d'armes de fait, telz comme ilz les prandroient pour leur propre fait, leſquelz ilz congnoiſſent, & qu'ilz ſoient gens de tel eſtat qu'ilz doivent eſtre receuz à noz gaiges; & ne les lairront ou donneront congé ſans cauſe raiſonnable.

(5) Item. Se aucun ſe partoit devant le temps qu'il devroit ſervir, ſans congé & ſans loyal [g] exoine, ilz le reveleront & diront au Treſorier des guerres, ou à ſon Lieutenant qui fera le païement, pour luy faire rabattre pour le temps qu'il aura eſté hors.

[g] excuſe.

(6) Item. Ilz feront jurer aux Gens d'armes qui ſeront ſoubz eulx, qu'ilz [h] le ſerviront continuellement, & ne s'en partiront ſans leur congé; & auſſi qu'ilz ne feront aucun dommaige à leur povoir, ſur noz genz & ſubjectz d'aucuns des pays de noſtre Royaume eſtans en noſtre obéïſſance, ſoit en venant en noſtre ſervice ne en demourant, tant comme ilz ſeront en noſtre dit ſervice, ne en retournant en leurs pays & maiſons.

[h] les. F.

(7) Item. Ilz feront jurer à leurs dis Gens, en faiſant leurs dictes monſtres, qu'ilz ſe gouverneront bien, loyaument & raiſonnablement, ſans prendre aucunes chóſes ès Villes fermées, Forterefſes & autres lieux, ſans en païer le pris raiſonnable, & faire ſatisfaccion [i] ès hoſtelz, ſi qu'ilz en ſoient contens; & auſſi que de noz ſubjectz & obéïſſans, ilz ne prandront ne recevront deniers, Vivres ou autres choſes, à cauſe de [k] Prinſe ou de rançon, ou autres occaſions quelzconques, autrement que dit eſt; & ſitoſt qu'ilz ſeront (c) caſſez de gaiges, ilz s'en retourneront en leurs maiſons; & ſe ainſi ne le font, ilz perdront leurs Chevaux & harnois, & du demourant ſeront à noſtre voulenté.

[i] aux hoſtes. F.
[k] Voy. les Tabl. des Mat. de ce Rec. au mot, Priſes.

(8) Item. Se les Capitaines mandent aucuns Gens d'armes à venir à eulx de pays à autre, pour Nous ſervir ou nombre qui leur ſera ordonné, & ilz meſſaiſoient en venant devers eulx, iceulx Capitaines ſeront tenuz du meſfait.

(9) Item. Se les Gens d'armes qui ſeront ſous aucun Capitaine, font aucune pillerie, [l] roberie, ou aucun donmaige durant leurs ſervices, les Capitaines les contraindront à dreſſer & repparer iceulx donmaiges, ou iceulx Capitaines les païeront

[l] vol.

NOTE.

(c) Caſſez de gaiges.] Il y a dans Fontanon, Tome V.

payez; mais caſſez vaut mieux; & cela ſignifie, quand on ceſſera de leur payer des gages, parce qu'ils auront été congediez du ſervice.

CHARLES V.
au Bois de Vincennes, le 13. de Janvier 1373.
a propres. F. de leurs biens.
b chercher.
c faveur.

de leur ᵃ mefmes, quant il fera venu à leur congnoiffance, fans ᵇ querir cautelle & malice aucune au contraire; & s'ilz en eftoient delayans ou reffufans, Nous voulons qu'ilz y foient contraincts vigoreufement & fans ᶜ deport par noz Lieuxtenans, Chefs de guerre, ou autres Officiers à qui la congnoiffance en appartiendra; & ou cas que bonnement on ne pourroit fçavoir nommeement les perfonnes qui y auront faitz les diz dommaiges, les Capitaines foubz qui ferviront les dis malfaicteurs, feront affembler tous leurs gens, & les feront jurer & reveler ceulx qui ce auront fait, pour les en corriger; & ainfi le jureront les dictz Capitaines.

(10) Item. Se l'on treuve aucunes gens de pié ou de cheval fuyvant l'Oft, qui ne foient gens de meftier, Marchans, ou autres gens neceffaires pour fervir l'Oft, les Lieuxtenans ou Chefs de guerre qui y feront, les feront contraindre à wider & en partir; fe ilz meffont, ilz les feront pugnir felon la qualité du meffait; & auffi feront pugnir tous autres malfaicteurs en l'Oft, fans faveur ou déport.

(11) Item. Que tous les payemens des Gens d'armes fe feront d'orefenavant (d) par Chambres à part; & ne recevra aucun Capitaine aucun paiement, ne fera compte, que pour les gens de fon Hoftel tant feullement; & eft noftre entente que à ceulx qui viendront mandez par Nous en noftre fervice, duquel mandement apperra par ce qu'ilz fe gouverneront par la maniere que dit eft, l'en comptera après leur caffement, venuë & retour, raifonnablement.

(12) Item. Les (e) Clercs des Marefchaulx ne recevront aucune chofe, fe n'eft des monftres des Capitaines qui auront le nombre de cent hommes deffoubz eulx, ou de plus.

d Compagnies.
(13) Item. Les Gens d'armes que Nous tiendrons de cy-en avant à nos gaiges, feront divifez par ᵈ Routes, chacune de cent hommes d'armes, & en chafcune Route, aura ung Capitaine; & au-deffoubz dudit nombre de cent hommes d'armes, n'aura Capitaines aucuns; ainçoys (f) feront chambres, felon ce qu'ilz vouldront recevoir leur paiement.

(14) Item. Les dis Capitaines de cent hommes d'armes avec leurs gens, feront par Nous ordonnez à eftre foubz le gouvernement des Lieuxtenans, Chefs de guerre & autres Officiers, à noftre plaifir & Ordonnance.

(15) Item. Dorefenavant nul ne fera Capitaine de Gens d'armes fans noftre Lettre & auctorité, ou de noz Lieuxtenans ou Chefz de guerre, ou d'autres Princes & Seigneurs de noftre Royaume, pour noftre fervice, deffenfe, bien & feurté de leurs pays, fur peine de perdre chevaulx & harnoys, & tous biens meubles & heritaiges.

(16) Item. Nul n'aura (g) Eftat, fe ce ne font les Capitaines ordonnez audit nombre de cent hommes d'armes, comme deffus; lefquelz auront chafcun cent francs pour moys; & des Lieuxtenans & Chefz de guerre, qui auront plus grans nombres de Gens d'armes foubz leur gouvernement, fera noftre Ordonnance de leur donner tel Eftat, comme il Nous plaira.

(17) Item. Sitoft comme les monftres feront faictes, & les Gens d'armes auront receu leur paiement, les Capitaines les meneront tout droit & le pluftoft qu'ilz pourront, ès Frontieres ordonnées, fans les laiffer féjourner fur les pays, & les tiendront ès lieux plus convenables pour le proffit de la guerre, & au commandement & ordonnance du Lieutenant ou Chef de noftre guerre, eftant pour lors en cefte Partie.

(18). Item. Nos Lieuxtenans, Conneftable, Marefchaulx & Maiftres des Arbaleftriers, & autres Capitaines de Gens d'armes, jureront; c'eft affçavoir, c'eulx qui

NOTES.

(d) Par Chambres.] Je crois que cela fignifie, par Corps de troupes ou Compagnies, chacune en fon particulier.

(e) Les Clercs.] Voyez dans le Sommaire la maniere dont j'ai crû qu'on pouvoit entendre cet article qui n'eft pas clair.

(f) Feront Chambres.] Je crois que cela peut fignifier, qu'ils fe joindront à une autre Compagnie, pour recevoir leur payement. Voy. cy-deffus, Note (d).

(g) Eftat.] Ne feront point employez fur les Etats du Roy, dans lefquels font compris tous ceux qui reçoivent des gages de luy.

DE LA TROISIÉME RACE.   661

font prefentement, & ceulx advenir, avant que leurs Lettres d'Offices ou Capitaineries leur foient rendües, fur les fainctes Euvangiles de Dieu, fur leur honneur & par leur foy & loyaultez, que les Ordonnances deffus dites, & toutes les chofes contenuës en icelles, ilz garderont, tiendront & accompliront de point en point, & feront tenir, garder & acomplir loyaument & veritablement, fans faire ne venir au contraire par eulx ne par autres, * [en aucune maniere qu'il eft contenu cy-deffus.] Et Nous plaift que les Ordonnances deffus dictes foient publiées à Paris, ès Frontieres & ès autres notables lieux du Royaume, dont il femblera eftre expedient à noftre Confeil & à noz Officiers fur le fait de noz guerres.

CHARLES V. au Bois de Vincennes, le 13. de Janvier 1373.
a en aucune maniere, & tout en la forme & maniere qu'il eft contenu & déclaré cy-deffus. F.

En tefmoing de ce, Nous avons fait mettre noftre Seel à ces Lettres. Donné au Boys de Vincennes, le treiziefme jour de Janvier, l'an de grace mil trois cens foixante & treize, & de noftre Regne le dixieme. Ainfi figné. Par le Roy, en fon Confeil. YVO.

(a) Lettres qui portent que les biens qu'a dans le Royaume, l'Abbé de Saint Oyan de Joux, [Saint Claude,] qui faifoit battre de la Monnoye au Coin du Roy, feront faifis ; & que l'on fera le procès aux ouvriers qui y ont travaillé par fes ordres.

CHARLES V. à Paris, le 14. de Janvier 1373.

CHARLES par la grace de Dieu Roy de France. Aux Bailly & Receveur de Mafcon, ou à leurs Lieutenans : Salut. Nous informé fouffifamment, tant par vous & les Generaulx-Maiftres de noz Monnoyes, comme autrement, que l'Abbé de (b) Saint Oüain de Jou, qui en voftre Bailliage & ou reffort, a plufieurs menbres & Prieurez, a fait & encor fait de jour en jour forger & batre Monnoye d'Or & d'Argent en Coings contrefaictz aux noftres, dont noftre Peuple & autres cuidans que les dites Monnoyes contrefaictés, forgées & batués, comme dit eft, par ledit Abbé, fuffent & foient les noftres propres, ont efté & encores pourroient eftre moult deceuz & donmaigez, lefquelles chofes ainfi faictes de par ledit Abbé, ont efté & font contre raifon, & à la defenfe du Sainct Siege de Romme, & noftre Sainct Pere le Pape fur ce faictes ; vous mandons & commectons, que toutes les rentes, penfions & autres prouffiz que ledit Abbé prent fur les membres & Prieurés, avec tous autres biens d'iceluy Abbé, affis tant en voftredit Bailliage & ou reffort, comme ailleurs en noftre Royaume, vous prenez & tenez en noftre main ᵇ royaument & de fait ; & que ᶜ parmi icelle main, vous Receveur en recevez & levez par vous ou vos depputez, tous les émolumens & prouffictz, fans en faire rendué ou recreance aucune, fe ce n'eft par efpecial mandement de Nous, par noz ᵈ Lettres pendans faifans expreffe mention de ces prefentes ; & avec ce, tous les ouvriers & Monnoyers que vous trouverez par information ou autrement deuement, avoir forgé & contrefaict, comme dit eft, nos dictes Monnoyes de par ledit Abbé, prenez ou faictes prendre avec tous leurs biens, en quelzconque lieu que trouvez pourront eftre en noftre Royaume, hors lieu Sainct, en voftre Bailliage & reffort, & les corps d'iceulx detenez prifonniers en aucunes de noz prifons ; & vous tenant fi faifiz de leurs dits biens que vous en puifliez refpondre ; & au furplus procedez à la pugnition des dits ouvriers & Monnoyers, fi comme au cas appartiendra, & par telle maniere qu'il foit exemple aux autres ; appellé noftre Procureur en voftre Bailliage, & autres qui feront à appeller.

b reellement.
c moiennant cette faifie.
d Lettres fcellées, aufquelles le Sceau pendoit.

NOTES.

(a) Regiftre D. de la Cour des Monnoyes de Paris, fol.º 8. vingt 18. verfo (178).
(b) Saint Oüain de Jou.] C'eft la celebre Abbaye de S.t Claude, en Franche-Comté, laquelle a été autrefois nommée S.t Oyan de Joux, du nom de S. Eugendus, nommé auffi Augendus ou Augentius. Voy. Gall. Chrift. 2.ᵉ Editionis, tom. 4. p. 241.

L'Abbaye de S.t Claude avoit le droit de faire battre Monnoye. Voy. le Gloffaire de du Cange, tom. 4. p. 989. au mot, Condatefcenfis, qui eft auffi un nom que cette Abbaye a porté anciennement.

662   Ordonnances des Rois de France

CHARLES V.
à Paris, le 14.
de Janvier
1373.
a besoin.

Et Nous donnons en mandement à tous noz Justiciers, Officiers & subgectz, que à vous & à vos depputez en ce faisant, obeissent diligenment, & vous prestent & baillent & à vos dits depputez aussy, conseil, confort & aide, se mestier ᵃ est, & ilz en sont requis. *Donné à Paris, le* XIIII.ᵉ *jour de Janvier, l'an mil trois cens soixante & treze, & le dixiesme de nostre Regne. Par le Roy, à la relation du Conseil estant en la Chambre des Comptes.* P. BLANCHET.

CHARLES V.
à Paris, en
Janvier 1373.

(a) Lettres portant suppression de la Commune de la Ville de Roye, en Vermandois.

CHARLES, &c. Savoir faisons à tous presens & avenir, que comme par l'octroy ou ancienne tolerence de Nous & de nos Predecesseurs Roy de France, les habitans de nostre Ville de Roye en Vermendois, feussent fondés & souffers avoir Commune, Maire, Jurez, Eschevins & Eschevinage, certains drois & Justice, possessions & Noblesces, soubz Nous & du ressort de nostre Prevosté de Roye & du Bailliage de Vermendois; en nostre quelle Ville toutes voies a tousjours eu Sieges Royaux en Prevosté & en Bailliage, Ville & Chastellenie de grant auctorité & renommée, decorée de plusieurs nobles ressors & souverainetez, marchiez & autres honneurs, & ᵇ Nous avions plusieurs hommes, vassaux, cens, revenuës & autres possessions de nostre Demaine, & grans proussis & émolumens, tant en Justice comme ès Aydes ordenez en ladicte Chastellenie & ailleurs, avec Cent onze livres dix Solz Parisis de rente sur ladicte Commune & les biens d'icelles, dès sa fondation; laquelle Ville par le fait de nos ennemis qui à leur derreniere Chevauchée sont passez par là, a esté & est toute deserte, les maisons & édifices gastez, ᶜ ars & destruis, avecques les biens des habitans, telement que elle est demourée du tout inhabitée & en ruyne, & les habitans transportez en plusieurs Villes, & tant que à present ne y a habitans aucun, ne personne qui y veulle ne entende plus à demourer ne rediffier ycelle, tant pour les grans ᵈ missions qu'il leur convendroit soustenir aux edifices refaire, ᵉ ainçois que il peussent estre habitables, & à leur heritage relever & leur chevance avoir, comme pour plusieurs charges en quoy ladicte Commune & l'Eschevinage estoient tenus tant à Nous comme à autres, de rentes & autres debtes qu'ilz ne pourroient soustenir, ne leur chevance avoir par l'infortune dessus dicte, dont nostre Ville demourroit inutille, & le nom & Siege de ladicte Chastellenie abatu à tousjours, se aucune provision n'y estoit mise. Et pour ce, ces choses venuës à nostre congnoissance, ayons d'abondant *(b)* fait savoir à plusieurs personnes paravant habitans en ladicte Ville, tant Maire, Jurés & Eschevins, comme autres grant ᶠ foison qui estoient dispars & ᵍ retrais en divers lieux, leur volenté & entencion, en les faisant induire de vouloir ʰ venir & rediffier nostre dicte Ville de Roye, lesquelx ne se y sont voulu consentir, especialment tant comme il y eust Commune de laquelle il n'entendoient jamais user, mais desiroient ycelle estre abatuë, & toute ladicte Ville & Justice demourer en nostre plein droit & Domaine, s'il Nous plaisoit, si comme Nous avons esté de toutes ces choses certiffié souffisamment par nos Gens. Pourquoy Nous desirans nostre dicte Ville estre reedifiée & habitée, & pourveoir à la chose publique, & le droit du Demaine de nostre Couronne, à quoy Nous sommes astrains, garder & conserver, avons par grant & meure deliberacion en nostre Conseil, pensé en ce l'urgent necessité & l'evident utilité à ce Nous mouvans, & pour la reformacion & le bien commun du païs, Nous souffisaument enformez sur ce, de nostre auctorité Royal & plaine puissance, abatu & abatons ladicte Commune, Jurage, l'Eschevinage, & tout l'estat d'icelle avec tout ce qui s'en ⁱ ensieut; & ladicte Ville

b où Nous avons. R. 109.

c brûlez.

d dépenses.
e avant.

f nombre.
g retirez.
h revenir. R. 109.

i ensuit. R. 109.

NOTES.

(a) Tresor des Chartres, Registre 105. Piece 7. vingt 4. (144).

Ces Lettres sont aussi dans le Registre 109. Piece 399.
(b) Fait savoir ..... leur volenté.] Fait demander ..... quelle étoit leur volonté.

DE LA TROISIÉME RACE. 663

& toute Juſtice & congnoiſſance, avons mis & appliqué, mettons & appliquons à noſtre dit Demaine, ſans ce que plus d'oreſenavant les habitans quelconques y ᵃ ſoïent, puiſſent ne doient uſer de Commune, Maire, Jurés, Eſchevins ne Eſchevinage, ne d'auctorité de Commune, Juſtice ne autres drois; mais demourront ſimples habitans nos ſubgez en Prevoſté ſens moyen, comme avant ladicte creacion ou tolerence de Commune, & telz tenus & reputez, maintenus & gouvernez; en octroyant à tous ceulx qui par avant y habitoient & tous autres, que il puiſſent & leur ᵇ loiſe ᶜ eſtre, édifier & habiter en ladicte Ville paiſiblement par ladicte maniere, ſans charge de Commune. Car ainſi l'avons Nous ordené & ordenons de noſtre dicte auctorité & certaine ſcience. Et pour ce que ce ſoit ferme choſe & valable à tousjours, Nous avons fait ſeeller ces Lettres de noſtre grant Seel: Sauf en autres choſes noſtre droit, & en toutes l'autrui. *Donné à Paris, l'an de grace mil CCCLXXIII. & de noſtre Regne le x.ᵉ ou mois de Janvier.*

Par le Roy, à la relation du Conſeil eſtant en la Chambre des Comptes, ᵈ ou-quel ᵉ vous, Meſſ.ʳˢ l'Archeveſque de Senz, les Eveſques de Beauvaez & d'Amiens, les Contes de Salebruche & de Brene; & les Gens des Comptes, Maiſtres Jehan d'Achiries, Huë de Roche, Thomas le Tourneur, & pluſieurs autres eſtiez. JOHA.ⁿᵉˢ

CHARLES V. à Paris, en Janvier 1373.
ᵃ Ces mots pa-roiſſent corrom-pus.
ᵇ leur ſoit per-mis.
ᶜ venir, eſtre, R. 109.

ᵈ ce qui ſuit, à l'exception du mot, Johannes, n'eſt pas dans le R. 109.
ᵉ Voy. cy-deſſus, p. 653. Note (c).

(*a*) Diminution de Feux pour differens lieux.

CHARLES V. à Paris, en Janvier 1373.

KAROLUS, *&c. Notum, &c. Quod cum ex parte, &c.*

Cumque facta quadam Informacione virtute certarum Litterarum ac dictarum Inſtruc-cionum Regiarum, per certum Commiſſarium ad hoc tunc deputatum, in loco de ᶠ *Biſano Aleriarum, Vicarie Bitterris, Seneſcallie Carcaſſone, ſuper numero Focorum in dicto loco tunc exiſtencium; & poſtmodum virtute Litterarum noſtrarum de mandato, alia In-formacio in dicto loco fuerit de novo & ſecundo facta ſuper vero numero Focorum in eodem loco nunc exiſtencium, per dilectum noſtrum Rogerium de Rovenayo, Dominum de Ferra-libus, Commiſſarium ad hoc per Seneſcallum Carcaſſone, auctoritate Regia legitime ſubde-legatum & deputatum; vocato & preſente in omnibus Procuratore noſtro Generali dicte Seneſcallie Carcaſſone, aut ejus legitimo Subſtituto; eademque Informacione, &c.*

Repertum fuerit quod in dicto loco de Biſano Aleriarum, ſunt de preſenti & repe-riuntur triginta ſeptem Foci, ᵍ *traditas Inſtructiones ſuper hoc prelibatas. Nos vero, &c.*

Quod ut firmum, &c. Salvo, &c. Actum Pariſius, menſe Januarii, anno Domini milleſimo CCCLXXIII.º & Regni noſtri decimo.

Per Conſilium, &c. P. DE CHASTEL.

ʰ Item. *Conſimilis Littera ſigillata, ſignata & data ut ſupra, pro loco de* ⁱ *Vidilhano, Vicarie Narbone, Seneſcallie Carcaſſone, ubi ſunt per ij. dictam reparacionem, XII. Foci.*

Item. *Conſimilis Littera ſigillata, ſignata & data ut ſupra, pro loco de* ᵏ *Calhano, Vicarie de Lymous, Seneſcallie Carcaſſone, ubi ſunt per ſecundam reparacionem, XII. Foci.*

ᶠ BISAN d'Ar-geliers, Diocéſe de Narbonne.

ᵍ ſecundum.

ʰ Ce qui ſuit a été copié confor-mement au Re-giſtre.
ⁱ VEDILHAN, Diocéſe de Nar-bonne.
ᵏ CAILHAU, Diocéſe de Nar-bonne.

NOTE.

(*a*) Treſor des Chartres, Regiſtre 105. Piece 6. vingt 13. 6. vingt 14. & 6. vingt 15. (133. 134 & 135).

Voy. cy-deſſus, p. 30. Note (*a*).
C'eſt le R. P. D. Vaiſſette, Benedictin, qui m'a indiqué les noms modernes des lieux compris dans ces Lettres.

CHARLES V.
à Paris, en
Fevrier 1373.

(a) Lettres de Sauve-Garde Royale pour l'Abbaye de St Jean d'Angely.

KAROLUS Dei gracia Francorum Rex. Notum facimus universis tam presentibus quam futuris, quod inter curas & urgentes sollicitudines quibus in regendis subditis Nobis plebibus frequenter distrahimur & animus noster afficitur, ad hec precipue noster mentis aspirat ^a, per ^b quem status Ecclesie nostris temporibus, sub concesso Nobis regimine in transquillitate manuteneatur & pace, & ipsus Regni Ecclesie, quarum Servitores sub devote Religionis observancia, nocte dieque ^c insistunt obsequiis, sub protectione Regia à suis releventur pressuris, & per Regalem potenciam à noxiis defendantur, ut eo liberius & fervencius circa divinum cultum vacare valeant, quo habundantius per Nos senserint se adjutos. Sane pro parte Religiosorum Virorum, Abbatis & Conventus Monasterii Sancti Johannis Angeliacensis, Ordinis Sancti Benedicti, Xanctonensis Diocesis, ^d & fundacione Regia existencium, asserencium eciam à nonnullis suis emulis, ne eisdem in personis aut bonis eorum quomodolibet ^e injurientur, sibi verissimiliter timere, Nobis fuit humiliter supplicatum, ut ab injuriis, violenciis, molestiis, gravaminibus & jacturis defendi valeant & tueri, ac pace & securitate plenarie gaudere, Nos ipsos in & sub protectione nostra Regia ac Gardia speciali suscipere dignaremur. Nos igitur ipsorum supplicacioni favorabiliter annuentes, prefatos Abbatem & Conventum, eorum Monasterium predictum, tam in capite quam in membris, & singulares monachos, una cum domibus, granchiis, possessionibus, bonis, rebus & familiaribus eorumdem, in & sub nostris successorumque nostrorum Regum Francie, protectione & Salva-Gardia speciali perpetuo remansuros suscipimus & ponimus per presentes: Dantes tenore presencium in mandatis Gubernatori de Rupella, ac Baillivo Exempcionum ^f Pictavensium & Xanctonensium, ceterisque Justiciariis nostris, presentibus & futuris, aut eorum Locatenentibus, & cuilibet ipsorum, prout ad eum pertinuerit, quatenus prefatos Religiosos Monasteriumque suum predictum, tam in capite quam in membris, domos, granchias & possessiones eorum, ac singulares personas ipsius Monasterii, in suis usibus, juribus, franchisiis, Libertatibus & saisinis veris & justis, in quibus ipsi sunt & eorum predecessores fuerunt ab antiquo pacifice, sub dicta Regia protectione & Gardia speciali manuteneant & conservent, nec permittant eis aliquas indebitas novitates fieri vel inferri; ipsosque Abbatem & Conventum, tam conjunctim quam divisim, & eorum successores ac familiares eorum, ab omnibus injuriis, violenciis, gravaminibus, oppressionibus, vi armorum, Laycali potencia, & molestacionibus quibuscumque defendant & faciant defendi; & quantum ad ^g pressuria exequenda, eisdem Religiosis constituant & ^h deputant Gardiatorem seu Gardiatores speciales ex parte nostra deputandos; eorum sumptibus tamen & expensis; qui Gardiator seuGardiatores de hiis que cause cognicionem exigunt vel Judicialem requirunt indaginem, se nullatenus intromittant. Quod ut firmum & stabile perpetuo perseveret, presentes Litteras Sigilli nostri munimine jussimus roborari: Salvo in aliis jure nostro, & in omnibus quolibet alieno. Datum Parisius, mense Februarii, anno Domini millesimo CCCLXXIII.º & Regni nostri decimo.

Per Regem, ad relacionem Consilii. MAULONE.

NOTE.

(a) Tresor des Chartres, Registre 105. Piece 8. vingt 2. (162).

(a) Mandement

---

a affectus qui est dans plusieurs Lettres semblables.
b que.
c divinis.
d ex.
e injurietur.
f Pictaven.... Xanctonen..... R.
g premissa.
h deputent.

(a) *Mandement portant qu'il sera donné à Pierre Dolly, cent huit Sols pour chacun des mille Marcs d'Argent, qu'il s'est engagé de porter à la Monnoye de Saint Quentin.*

CHARLES V.
à Paris, le 30. de Mars 1373.

CHARLES par la grace de Dieu Roy de France. Aux Gardes & Maistre-Particulier de nostre Monnoye d'Argent de Sainct Quentin : Salut. Savoir vous faisons que de nostre commandement & volenté, pour le bien & prouffit de Nous & de noz subgectz, & afin que nostre Monnoye de Sainct Quentin ᵃ ne chee en chomage, & par bonne & meure deliberation, aucuns de noz amez & feaulx Tresoriers & Generaulx-Maistres de noz Monnoyes, ont traicté, accordé & marchandé avec Pierre Dolly de Sainct Quentin, en telle maniere que icelui Pierre doit livrer & porter ou faire livrer & porter en son nom en nostre dite Monnoye, dedans la Feste Sainct Remy prochainement venant, la somme de mil marcs d'Argent allaiez à quatre deniers de Loy; ᵇ parmi ce que pour chascun Marc, il aura & luy sera payé par vous trois Solz Tournois, oultre le pris de cent cinq Solz Tournois que Nous en donnons à present. Pourquoy Nous vous mandons & à chascun de vous, & estroictement enjoignons, que les dits trois Solz Tournois, oultre ledit pris de cent cinq Solz Tournois, vous paiez & delivrez audit Pierre pour chascun desdits mil Marcs d'Argent, tout ainsi que par luy ou par autre en son nom, les dits mil Marcs d'Argent vous seront livrez & portez en ladite Monnoye; & par rapportant ces presentes, ou coppie d'icelle collationnée par nostre Chambre des Comptes, avec certiffication de vous Gardes des dits mil Marcs d'Argent ainsi livrez en ladite Monnoye, & recongnoissance dudit Pierre de ce que pour ladite cause paié luy aurez, tout ce qui ainsi luy aura esté par vous paié pour cause des choses dessus dites, Nous voulons & mandons estre alloüé ès Comptes de vous Maistre-Particulier dessus dit, par noz amez & Feaulx Gens de noz Comptes à Paris, sans aucun contredict; nonobstant quelzconques Ordonnances, mandemens ou defenses faictes ou à faire à ce contraires. *Donné à Paris, le penultime jour de Mars, l'an de grace mil trois cens soixante & treze, & de nostre Regne le dixiesme.*

ᵃ *qu'on ne cesse d'y travailler.*

ᵇ *moyennant.*

NOTE.

Registre *D.* de la Cour des Monnoyes de Paris, *folio* 8. vingt 19. R.ᵉ (179).

Avant ces Lettres, il y a:
Mandement pour livrer en la Monnoye de Sainct Quentin, mil Marcs d'Argent allaiez à quatre Deniers de Loy, par Pierre Dollys.

(a) Confirmation des privileges accordez aux habitants de Coulange-la-Vineuse, par leurs Seigneurs.

CHARLES V.
à Paris, en Mars 1373.

KAROLUS *Dei gracia Francorum Rex. Notum facimus universis tam presentibus quam futuris, Nos Litteras infrascriptas vidisse, formam que sequitur, continentes.*

OU nom de la Sainte Trinité. Amen. Nous Phelippes de Sainte Croix, Evesque de Mascon & Seigneur de (b) Coloinges-les-Vineuses du Vaul de Marcy, faisons savoir à tous ceulx qui ces presentes Lettres verront, que comme nos predecesseurs Seigneurs des dictes Coloingnes, aient donné & octroié à nos Bourgois & habitans de nostre Ville de Coloinges, franchises ; & que la Communauté de nostre Ville

NOTES.

(a) Tresor des Chartres, Registre 105. Piece onze vingt (220).

(b) *Coloinges-les-Vineuses.*] Coulange-la-Vineuse, Diocese d'Auxerre. *Voy. le Dictionnaire universel de la France*, au mot, *Coulange.*

Tome V. Pppp

esliſe chacun an le jour de la Feſte de la Nativité Saint Jehan-Baptiſte, ou le lendemain, quatre Bourgois de noſtre dicte Ville, liquel ſont juré & eſtabli à traictier & ordonner de toute la beſoigne de la Communauté de noſtre dicte Ville; & que cil quatre ou la plus grant partie d'iceulx Jurés, puiſſe faire & ordener pour la Communauté de noſtre dicte Ville, autant comme toute la Communauté feroit & pourroit faire; nous les franchiſes & choſes deſſus dictes & chaſcune d'icelles, louons, greons & avons aggreables, & promettons tenir & [a] garde à tousjours fermement, ſanz corrompre; & en [b] aultre, avec les franchiſes & choſes devant dictes, avons octroié & par ces preſentes octroyons aus diz nos Bourgois & habitans des dictes Coloinges, leurs hoirs, leurs ſucceſſeurs, preſens & avenir, que perpetuelment & à tousjours mais, pour toutes les beſoignes de la Communauté de noſtre dicte Ville, les diz habitans ou li quatre Juré, ou la plus grant partie d'iceulx Jurez, touteſſoys qu'il leur plaira & bon leur ſemblera, puiſſent [c] aſſembler enſemble ſens noſtre licence & auctorité, ne de nos ſucceſſeurs, heritiers ou autres, qui de nous aient cauſe, & que les dis habitans ou les quatre Jurez ou la plus grant partie d'iceulx Jurez, ſans noſtre auctorité & licenſe, comme dit eſt, puiſſent faire & eſtablir pour les beſoingnes de leur dicte Communauté, Procureur un ou pluſieurs, touteſſois que bon leur ſemblera & [d] meſtier leur ſera, par telle maniere que elle ne ſoit point contre nous ne nos ſucceſſeurs; & avec ce, que les diz habitans ou les diz quatre Jurez, ou la plus grant partie d'iceulx Jurez, puiſſent faire ſans noſtre auctorité & licence, comme dit eſt, Tailles & Impoſicions ſur eulx raiſonnables, teles comme bon leur ſemblera, & touteſſois que meſtier leur ſera, & que de ycelles il oyent le compte, ſanz ce que d'icelles Tailles d'oreſenavant ilz ſoient tenuz de rendre compte à nous, noz hoirs, nos ſucceſſeurs & heritiers, ou ceulx qui de nous aient cauſe ou temps avenir; & les diz habitans ou les diz quatre Jurez ou la plus grant partie d'iceulx quatre Jurez, les choſes deſſus dictes, toutes & unes chaſcunes d'icelles, puiſſent faire touteſſois & quanteſſois que meſtier leur ſera, & que à faire il auront pour cauſe des beſoingnes de leur dicte Communauté, à quelconques perſonnes que [e] ſe ſoit, excepté la noſtre, nos hoirs, nos ſucceſſeurs ou ceulx qui de nous auroient cauſe; & de toutes les choſes que li quatre Juré devant dit ou la plus grant partie d'iceulx quatre Jurez, feront en bonne foy pour ladicte Communauté, & il veulent dire par leur ſerement que il ont fait en bonne foy, que nous ne nulz de ladicte Communauté ne autres, ne leur en puiſſent ne doient jamais riens demander, fors (e) l'excuſacion du ſerement, ſi comme il eſt deſſus dit. Et pour ce que ce ſoit ferme choſe & eſtable à tenir de nous & de nos hoirs & de nos ſucceſſeurs à tousjours mais, ſans corrumpre & ſans venir encontre, nous avons ſcellées ces preſentes Lettres de noſtre grant Seel. *Donné & fait en l'an de noſtre Seingneur mil ccc. ſoixante & cinq, le Jeudi* XXVI. *jours du mois de Mars.*

Quas quidem Litteras ſupraſcriptas, ac omnia & ſingula in eiſdem contenta, rata & grata habentes, ea volumus, laudamus, approbamus, ratifficamus, & tenore preſentium, ex noſtris certa ſciencia auctoritateque Regia & gracia ſpeciali confirmamus. Quod ut firmum & ſtabile perpetuo perſeveret, noſtrum preſentibus Litteris fecimus apponi Sigillum: (d) Salvo in omnibus & alieno jure noſtro. Datum Pariſius, menſe Marcii, anno Domini milleſimo CCC. *ſeptuageſimo tercio, & Regni noſtri decimo.*

Per Regem, ad relacionem Conſilii, MAULONE.

NOTES.

(c) *L'excuſacion.*] Je crois que cela ſignifie, qu'on ne pourra leur rien imputer de ce qu'ils auront fait, s'ils s'excuſent en diſant qu'ils ont agi de bonne foy.

(d) *Salvo.*] Cette formule eſt corrompue. La formule la plus ordinaire eſt : *Salvo in aliis jure noſtro, & in omnibus alieno.*

(a) Lettres par lesquelles le Roy accorde aux habitans de la Ville d'Angoulesme, tous les privileges dont joüissoient ceux de la Ville de Saint Jean d'Angeli; & entre autres ceux contenus dans la Chartre de Commune de Roüen.

CHARLES V.
à Paris, en Mars 1373. & le 9. de Novembre 1372.
Philippe-Auguste à Anet, en 1204. & à Sens en Novembre 1204.
Philippe de Valois, à Paris, en Juillet 1331.

SOMMAIRES.

Sommaires des articles de la Commune des Villes de Roüen & de Falaise.

(1) Lorsqu'il faudra faire un Maire à Roüen ou à Falaise, les cent Pers éliront trois personnes de la Cité, qu'ils presenteront au Roy, qui en choisira un pour estre Maire.

(2) Chaque année, les cent Pers éliront entre eux 24. personnes, dont 12. seront nommées Eschevins, & 12. Consulteurs. Avant que d'entrer en charge, ces 24. personnes jureront de conserver les droits de l'Eglise & ceux du Roy, de rendre la justice suivant leurs consciences, & de garder le secret sur les Affaires communes, lorsque le Maire l'ordonnera.

(3) Le Maire & les Eschevins s'assembleront deux fois la semaine pour les Affaires communes; & ils pourront appeler à leur assemblée ceux des Consulteurs qu'ils jugeront à propos, pour leur demander leur avis. Le Maire, les Eschevins & les Consulteurs s'assembleront tous les Samedis. Les Pers s'assembleront de quinzaine en quinzaine, le Samedi. Ceux de ces Officiers qui sans excuse valable, ne se trouveront point à ces assemblées avant l'heure de Prime, ou qui s'en retireront, ou qui ne se rendront pas auprès du Maire, lorsqu'il les mandera, payeront une Amende.

(4) Les Eschevins qui voudront faire un long voyage, en demanderont la permission dans l'assemblée du Samedi, au Maire & aux Eschevins, qui choisiront une personne pour remplir la place de l'absent.

(5) Si dans l'Assemblée, un Eschevin interrompt le Maire pendant qu'il parle, ou une personne à qui le Maire a permis de parler, celui-ci luy imposera silence. S'il continuë d'interrompre celuy qui parle, & que celuy-ci soit un Bourgeois, cet Eschevin payera une Amende de 12. Deniers, dont 8. seront employez aux dépenses communes, & les 4. autres seront distribuez aux Clercs & aux Serviteurs.

(6) Les Eschevins, les Consulteurs & les Pers, qui dans leurs Assemblées, sortiront de leurs places sans la permission du Maire, pour donner leur avis, payeront une Amende de XII. Deniers qui seront employez conformément à l'article precedent.

(7) Si dans les Assemblées de l'Eschevinage, une personne dit des injures à une autre, le Maire & les Eschevins la puniront.

(8) Si le Maire viole les loix de la Commune, la peine à laquelle il sera condamné, sera du double plus forte que celle que l'on infligeroit à un Eschevin qui auroit commis un pareil delict; parce qu'il doit l'exemple aux autres.

(9) Si quelqu'un reclame un effet qu'il pretend luy appartenir, & qui a été trouvé en la possession d'un voleur convaincu, en demandant qu'il soit mis en sequestre; s'il peut prouver que cet effet luy appartient, il luy sera rendu; & le voleur sera mis au Pilory. Si celuy-ci a été condamné à la mort, il sera executé. [Voy. pag. 673. Note (1).] Si ce voleur a été condamné à perdre un membre, lui & ses biens seront mis entre les mains des Juges Royaux, qui en feront justice.

(10) Si un Bourgeois tuë un autre Bourgeois, & qu'il prenne la fuite ou qu'il soit convaincu, sa maison sera détruite; & ses biens, & sa personne, si on a pû s'en saisir, seront remis entre les mains des Juges Royaux.

(11) Si un Bourgeois fait perdre un membre à un autre Bourgeois, les Juges Royaux lui feront son procés, & l'Amende à laquelle ils le condamneront, appartiendra au Roy. Les Juges de la Commune, pourront encore le condamner à une autre peine pour ce delict.

(12) Si quelqu'un excite une sédition à Roüen ou à Falaise, il pourra être condamné sur le seul témoignage de deux des Eschevins & des Consulteurs. Il pourra aussi être condamné par le témoignage de deux Pers : & la peine que lui infligeront le Maire & les Eschevins, sera plus ou moins grande suivant la qualité du delict, & sa conduite ordinaire.

NOTE.

(a) Tres. des Char. Regist. 105. P. 418.
Ces Lettres sont aussi dans les Regiftres du Parlement de Paris, 1.er Vol. d'Henri II. cotté P. fol.° 418. v.°
Ces Lettres avoient déja été imprimées à la page premiere d'un Recüeil intitulé : Les Privileges, &c. de la Ville d'Angoulesme. A Angoulesme, 1627. in-4.°
La Chartre de Commune de la Ville de Roüen, qui est inserée dans ces Lettres, a été imprimée dans le premier Volume de ce Recueil, pag. 306. Note (b).

Comme il se trouve plusieurs fautes dans chacun de ces quatre Textes, je les ai corrigez les uns par les autres, & j'ai inséré dans le mien la leçon qui m'a paru la meilleure.

Il n'auroit pas été possible, sans trop multiplier les notes marginales, de rendre un compte exact de toutes les variantes de ces differents Textes; on s'est contenté d'indiquer celles qui ont paru les plus importantes.

Voy. cy-dessus, p. 190. Note (a).

Tome V.

CHARLES V. à Paris, en Mars 1373. & le 9. de Novembre 1372.

(13) Celui qui aura dit des injures à un autre, sera condamné sur le témoignage de deux Pers, & sera puni par le Maire & les Eschevins, suivant la qualité des injures, & sa conduite ordinaire. S'il n'y a point eu de Per qui ait été témoin de ces injures, on fera le procès à l'accusé suivant la Coûtume du pays.

(14) Si quelqu'un est mis au Pilori, non pour avoir volé, mais pour avoir contrevenu aux Reglements de la Commune, celui qui l'insultera, payera 20. Sols; dont 5. feront donnez à celui qui est au Pilori, & 5. feront employez aux dépenses communes. Si celui qui a fait l'insulte, ne peut ou ne veut pas payer cette Amende, il sera mis au Pilori.

(15) Les femmes qui aimeront les procès & qui seront médisantes, seront liées avec une corde sous les aisselles, & seront plongées trois fois dans l'eau. Les hommes qui les insulteront dans cet état, payeront 10. Sols; & ceux qui leur feront des reproches touchant la beauté, payeront 10. Sols, & feront plongez trois fois dans l'eau.

(16) Si quelqu'un qui n'est point de la Commune, fait quelque tort à un Bourgeois, on tâchera de l'engager à le réparer. S'il refuse de le faire, il sera défendu aux Bourgeois d'avoir aucun commerce avec lui; à moins que le Roy ou son fils ne soient à Roüen, ou que l'on n'y tienne les Assises; & ceux qui contreviendront à cette deffense, seront punis. Si cet Etranger persiste à ne vouloir pas réparer le tort qu'il a fait, le Maire & les Eschevins en avertiront les Juges Royaux, & ils donneront du secours au Bourgeois pour lui faire rendre justice.

(17) Si quelqu'un demande justice au Maire & aux Eschevins, d'une injure qui lui a été faite, ils en seront les Juges; & on lui fera jurer qu'il ne se vengera point de cette injure. S'il s'en venge, on le punira comme coupable d'un faux serment.

(18) Si un Bourgeois qui a commis un délict, & qui doit être jugé par le Maire & les Eschevins, engage quelques personnes à interceder pour lui, afin que la peine à laquelle il doit être condamné, soit moderée; si ce n'est pas le Roy qui demande grace pour lui, cette peine loin d'être diminuée, sera augmentée.

(19) Un Bourgeois peut prouver sa Bourgeoisie par le témoignage de deux autres Bourgeois.

(20) Si un Clerc ou un Chevalier sont débiteurs d'un Bourgeois, & qu'ils ne veüillent pas se soumettre à ce sujet à la jurisdiction du Maire & des Eschevins, les Bourgeois ne feront aucun commerce avec eux, & ne les logeront point dans leurs maisons; à moins que le Roy ou son Fils ne soient à Roüen, ou que les Assises ne s'y tiennent. Si un Bourgeois commerce avec eux ou les loge, il payera ce qu'ils doivent aux Bourgeois. S'il persiste à ne point vouloir se soumettre à la jurisdiction du Maire & des Eschevins, la Commune donnera sa protection au Bourgeois, afin de lui faire rendre justice.

(21) S'il s'eleve un procez entre des Bourgeois touchant quelque marché ou quelque convention qui aura été faite en presence de deux Eschevins, il sera terminé par le témoignage de ces deux Eschevins, en consequence du serment qu'ils ont fait en entrant en Charge. Si ces Eschevins sont sortis de Charge, ce procez ne pourra plus être terminé que par leur serment. Si un Eschevin & un ou plusieurs Pers ont été témoins de ce marché ou de cette convention, le procez sera jugé par le seul témoignage de l'Eschevin & par le serment des Pers. Le serment de trois Pers suffira pour juger ce procez. Si ce marché ou cette convention n'a été faite devant aucun Eschevin ni aucun Per, le procez sera jugé suivant la Coûtume du païs. S'il ne s'agit dans ce procez que de dix Sols ou moins, il sera jugé par le seul témoignage des Pers presents à la convention.

(22) Si quelqu'un revendique une terre sur un autre, il donnera des cautions & des gages de poursuivre sa demande; & s'il y succombe, il payera 59. Sols d'Amende.

(23. 24.) Si quelqu'un revendique une terre devant son Juge, ou demande le payement d'une somme qui lui est düe, le Juge décidera dans un temps marqué les contestations meuës à ce sujet; & s'il ne le fait pas, le Maire & les Eschevins les jugeront; à moins que ce Juge n'ait de legitimes excuses qui leur soient connuës.

(25) Si une personne doit une somme qu'elle ne puisse ou ne veüille pas payer, son Crêancier sera payé sur ses biens, si elle en a assez pour la satisfaire. Si elle n'en a point assez, elle sera mise hors de Roüen jusqu'à ce qu'elle ait donné une caution.

* Si ce debiteur est trouvé dans Roüen, avant qu'avoir donné caution, il sera mis en prison; & il n'en sortira point qu'il n'ait payé cent Sols, & qu'il n'ait juré de ne revenir à Roüen qu'après avoir donné caution.

(26) Si un homme de dehors se pourvoit devant le Maire & les Eschevins contre un Bourgeois qui est son débiteur, son Seigneur pourra revendiquer le jugement de ce procez; mais s'il ne le juge pas dans trois jours, il sera décidé par le Maire & les Eschevins.

(27) Lorsque les Officiers de la Commune feront un voyage par l'ordre du Roy ou par celui de ses Juges, le Maire & les Eschevins nommeront ceux qui resteront à Roüen pour la garde de la Ville. Si un Officier de la Commune se trouve dans Roüen après l'heure marquée pour le départ, ceux qui doivent garder la Ville lui feront son procez, & sa maison sera abbattuë, ou il payera cent Sols s'il n'a point de maison. Si dans la route un Officier de la Commune se sepère des autres sans la permission du Majeur & des autres Officiers, il sera puni.

* Voyez cy-dessous, p. 675. Note (es).

Sommaires des privileges accordez à la la Ville de S.t Jean d'Angeli, par Philippe de Valois.

(1) Si on amene dans la Ville de S.t Jean d'Angeli, un homme prevenu de crime, il sera remis entre les mains du Maire; pourvû qu'il n'ait point été pris dans l'enceinte du Château, qu'il ne soit point Officier du Roy, & qu'il ne s'agisse point d'un cas Royal. Si le Maire juge qu'il y ait assez de preuves pour faire le procez à cet homme, il le remettra entre les mains du Prevôt qui l'amenera au Tribunal du Maire, qui le jugera conjointement avec le Prevôt & avec d'autres personnes sages. Si cet homme est condamné, les profits de Justice appartiendront au Roy.

(2) Le Maire & les Jurez ont seuls le droit d'arrêter les Bourgeois prevenus de crime; & s'ils jugent qu'il y ait assez de preuves pour leur faire leur procez, ils les remettront entre les mains du Prevôt, pour être jugez comme ceux qui ne sont pas Bourgeois, [suivant la forme prescrite dans l'art. precedent.] Les profits de Justice appartiendront aussi au Roy.

(3) Le Maire & les Jurez ont jurisdiction sur les Bourgeois dans tous les cas; à l'exception de ceux marquez dans les articles precedents, & lorsque ces Bourgeois auront été pris en flagrant délicit. On observera neanmoins dans tous ces cas la Coûtume du pays.

(4) Les Sergents Royaux ne pourront saisir les biens des Bourgeois, sans appeller les Sergents du Maire; si ce n'est pour ce qui est dû au Roy ou par son ordre; en se conformant neanmoins aux Ordonnances Royaux.

(5) Si un homme qui n'est pas de la Commune, fait quelque tort à un Bourgeois, & qu'étant requis de le réparer, il refuse de le faire, le Maire pourra deffendre à tous les Bourgeois d'avoir aucun commerce avec lui, jusqu'à ce qu'il ait réparé le dommage, ou qu'il ait donné caution de comparoître en Justice; à moins que le Roy ou son Fils ne soient dans la Ville, ou que l'on n'y tienne la grande Assise du Roy. Le Maire pourra requerir le Prevôt de faire la même deffense aux habitans de la Ville non Bourgeois.

(6) Ceux qui ne sont point de la Commune, ne pourront faire entrer dans la Ville du vin qui n'aura point été fait dans la Banlieuë, si ce n'est pour leur boisson. Les Bourgeois ne pourront aussi faire entrer dans la Ville du vin qui n'aura pas été fait dans la Banlieuë, que pour leur provision; si ce n'est en jurant qu'il provient de leurs héritages. Le vin que l'on aura fait entrer dans la Ville en contrevenant à ce Reglement, sera répandu.

(7) Le vin que l'on aura fait entrer dans la Ville sans la permission du Maire, sera répandu.

(8) Le Maire a l'inspection dans la Ville & dans les Fauxbourgs, sur les marchandises, les denrées & les vivres qui sont exposés en vente. Il juge si elles sont bonnes ou mauvaises, & il punit ceux à qui appartiennent les mauvaises. Il établit des Courtiers, & les révoque lorsqu'ils ne font pas leur devoir. Il punit ceux qui font des juremens, & ceux qui volent du raisin, du verjus, du foin & autres menuës denrées, pourvû que le vol ne soit pas considerable.

(9) Le Maire & les Jurez peuvent faire des Reglements, des proclamations & des cris publics, & établir un guet quand il est necessaire. Les armes [cachées] qui seront trouvées par le guet, seront confisquées; & ceux qui les auront cachées seront condamnez à l'Amende envers le Roy. Le Maire & les Jurez peuvent deffendre aux regratiers d'acheter des denrées avant une heure marquée.

(10) Le Maire & les Jurez peuvent faire des Ordonnances pour la police & pour la seureté de la Ville.

Sommaires des privileges accordez à la Ville de S.t Jean d'Angeli, par Charles V.

(1) Comme les dépenses communes de la Ville de S.t Jean d'Angeli, sont payées par les Bourgeois seulement, eux seuls pourront vendre des marchandises en détail; à l'exception des jours de Foire & de Marché.

(2) Les Bourgeois & habitants seront payez des rentes qu'ils ont sur le grand Fief d'Aunis, & ailleurs, comme ils l'étoient avant le Traité de Paix conclu à Calais.

(3) On ne fera point de Prises sur les habitants de S.t Jean d'Angeli.

(4) Le Roy supprime les nouveaux droits établis par le Roy d'Angleterre, sur le vin & sur les autres marchandises qui sortiront de cette Ville.

(5) Les marchandises qui sortiront de cette Ville, seront exemptes de toutes les Impositions nouvellement établies.

Sommaires des articles des privileges accordez à la Ville d'Angoulesme, par Charles V.

(1) Les biens des habitants de la Ville d'Angoulesme, leur seront restituez.

(2) Les Seigneurs qui auront des biens dans Angoulesme & à deux lieuës aux environs, seront tenus eux & leurs sujets, de faire le guet dans cette Ville, & de contribuer aux reparations de ses fortifications; à moins qu'ils ne soient obligez de faire le guet dans quelqu'autre Château.

(3) Reglement pour l'élection du Maire. On élit trois personnes que l'on presente au Séneschal, qui en choisit une pour être Maire.

Reglements sur quelques fonctions du Maire, des Eschevins, & des autres Officiers de la Commune.

(4) Les bouchers qui vendront de la chair

CHARLES V. à Paris, en Mars 1373. & le 9. de Novembre 1372.

670 ORDONNANCES DES ROIS DE FRANCE

CHARLES V.
à Paris, en Mars 1373. & le 9. de Novembre 1372.

SOMMAIRES.

puante, seront condamnez à l'Amende, & la viande sera brûlée.

(5) Ceux qui trouveront des bestes égarées, les amèneront au Maire, qui les rendra à ceux qui prouveront qu'elles leur appartiennent.

(6) Ceux qui vendront des tonneaux qui ne seront point de la mesure portée par les Reglemens, seront condamnez à l'Amende ; & les tonneaux seront ou brisez ou brûlez.

(7) Le Maire, les Eschevins, les Conseillers & les Pers, s'assembleront une fois le mois pour les Affaires communes ; & les deliberations qu'ils feront, seront écrites sur le Registre.

(8) Les chartiers seront responsables des vins qui seront chargez sur leurs charrettes ; même dans le cas des accidents inévitables. [Voyez la Note]

(9) Si un cabaretier qui a été chargé de tirer du vin, [le laisse perdre par sa négligence,] celui à qui le vin appartient, peut sans l'ordre de la Justice, retenir le Cabaretier dans sa maison, sans lui donner de nourriture, jusqu'à ce que celui-ci lui ait payé le prix de son vin.

(10) Nul ne peut faire le mestier de courtier, sans la permission du Maire.

(11) Les regratiers ne peuvent acheter des denrées pour les revendre, jusqu'à ce que l'on sonne la Messe qui se dit à Midi.

(12) On ne peut rien vendre à l'encan, sans la permission de l'Encanteur.

(13. 14.) Les Laboureurs ne peuvent se loüer, & l'on ne peut loüer les bestes de loüage, que dans le lieu marqué à cet effet.

(15) Chacun est obligé de porter hors de la Ville, les ordures qui sont devant sa maison.

(16) Ceux qui ont des boeufs, moyennant salaire, traineront hors de la Ville, les Charognes qui s'y trouveront.

(17) Les cordonniers qui mesleront de la peau de mouton avec du cuir, & qui feront de mauvais ouvrages, payeront l'Amende ; & ces mauvais ouvrages seront brûlez.

(18) On ne jettera point d'eaux puantes dans les ruës.

(19) Chacun tiendra en bon état les sentiers [qui seront sur ses héritages.]

(20) Le Maire établira des Inspecteurs sur les bouchers & sur les vendeurs de poisson.

(21) Le Maire a inspection sur toutes les Marchandises.

(22) Jusqu'au 41. & dernier. } Reglement sur le poids & le prix du pain, suivant les differens prix du bled.

a Angolismensis. R. P. là & presque par-tout.

b habend. tenend. & retinend. T. C.

KAROLUS Dei gratia Francorum Rex. Regalis providentia digna subditorum fidelium merita recognoscens, illos extollit honoribus & privilegiis elevat, qui erga eam in fidelitatis & amoris serventis constantia, nedum elapsis permanserunt temporibus, sed & modernis inviolabiliter perseverant. Notum igitur facimus tam presentibus quam futuris, quod Nos mente sedula recensentes dilectos & fideles nostros Burgenses & habitatores Villæ nostræ *a* Engolismensis, grata & placida servitia predecessoribus nostris Franciæ Regibus & Nobis ab olim multipliciter prebuisse ; novissime autem super eo quod guerra nuper suscitata inter Nos & adversarios nostros de Anglia, occasione Ducatus nostri Aquitaniæ, sub quorum adversariorum potestate & dominio aliquandiu fuere, ipsi jus nostrum quod habemus in dicto Ducatu, ut veri subditi consuentes, non vi, prece nec pretio, sed mera voluntate sua & unanimi proposito, fidelitatem suam notorie exhibentes, Nos naturalem & superiorem suum Dominum publice agnoverunt, se & sua ac Villam & Castra ejusdem, sub immediato nostro dominio omnimode submittendo ; ex quibus Nos eis affici quam plurimum non immerito reputantes, ac volentes eos favore & gratia Regiis prosequi, ut probitatis operibus vacasse se gaudeant, ac exinde fructum honoris & commodi reportasse, aliique eorum exemplis similibus facilius se conforment, talem & in omnibus similem Communiam juratam in dicta Villa nostra Engolismensi, qualem habent dilecti & fideles nostri, Major, Scabini & Burgenses Villæ nostræ Sancti Joannis Angeliacensis, in eadem Villa Sancti Joannis, cum eisdem & similibus Barleuca, Costumis, franchisiis, Libertatibus, privilegiis & statutis, quas & que iidem Major & Scabini & Burgenses dicti loci Sancti Joannis, habent tam virtute & authoritate dictæ Communiæ suæ, quam aliter ex concessione Predecessorum nostrorum & nostra ; necnon aliis quibuscumque juribus, deveriis, Consuetudinibus, & pertinentiis universis ad dictam Communiam ac vim & effectum ejusdem spectantibus, modo & forma subscriptis, prefatis Burgensibus & habitatoribus dictæ Villæ nostræ Engolismensis, pro se & eorum successoribus, dedimus & concessimus, damusque & concedimus per presentes, ex certa scientia, de speciali gratia & plenitudine Regiæ potestatis, per eos eorumque successores *b* habendam, tenendam & retinendam perpetuo, quatenus jura sua propria melius possint defendere & integraliter custodire ; salvis tamen & retentis fidelitate nostra ac jure *nostro, nostrorumque heredum ac Successorum. Tenor vero dictæ Communiæ quam prefati Major, Scabini & Burgenses dictæ Ville nostre Sancti Joannis, habent in eadem Villa nostra, prout per patentes Litteras sigillo dictæ eorum Communiæ, ut apparebat prima facie, sigillatas, ac Nobis seu Consilio nostro, pro parte dictorum Burgensium & habitatorum dictæ Ville nostre Engolismensis, exhibitas, evidenter constitit, sequitur in hæc verba.*

CHARLES V.

à Paris, en Mars 1373. & le 9. de Novembre 1372.

IN NOMINE *Sanctæ & individue Trinitatis. Amen. Philippus Dei gratia Francorum Rex. Noverint universi presentes pariter & futuri, quod Nos concedimus in perpetuum dilectis & fidelibus nostris universis Juratis Communiæ Sancti Joannis Angeliacensis, & eorum heredibus, perpetuam stabilitatem & inviolatam firmitatem Communiæ sue juratæ apud Sanctum Joannem Angeliacensem, ut tam nostra quam sua propria jura melius possint defendere & magis integre custodire; salva tamen & retenta fidelitate nostra & jure nostro & heredum nostrorum; salvo etiam jure sanctæ & venerabilis Ecclesiæ Beati Joannis Angeliacensis, & omnium aliarum Ecclesiarum. Volumus igitur, precipimus & statuimus, ut omnes liberas Consuetudines Ville Sancti Joannis, teneant in perpetuum, custodiant, manuteneant & defendant; & ut ad eas manutenendas, custodiendas & defendendas, & ad jura nostra & heredum nostrorum, & ad sua jura propria & sanctæ Ecclesiæ conservanda, totam vim & totum posse Communiæ sue, salva fidelitate nostra & heredum nostrorum, contra omnem hominem, si necesse fuerit, exerceant & apponant. Concedimus etiam, ut eis & eorum heredibus ad libitum suum, puellas & viduas suas nuptui tradere, & juvenes uxorare, & * b *baillia juvenum & puellarum habere sine aliqua contradictione, libere liceat & secure; & ultima testamenta sua, prout voluerint, ordinare, sive ore proprio sive per ministerium amicorum. Precipimus autem ad ultimum, ut Communiam suam teneant secundum formam & modum Communiæ Rotomagensis. Quod ut perpetuum robur obtineat, Sigilli nostri authoritate, & Regii nominis Karactere inferius annotato, presentem paginam confirmamus. Actum Aneti, anno ab Incarnatione millesimo ducentesimo quarto; Regni nostri anno vicesimo quinto. Astantibus in Palatio nostro, quorum nomina supposita sunt & Signa. Dapifero nullo. Signum Guidonis Buticularii. S. Mathei Camerarii. S. Droconis Constabularii.* S. P. *Data vacante Cancellaria, per manum fratris Garini.*

a Lettres de Commune pour S.t Jean d'Angeli.

b Bail: Tutelle.

PHILIPPUS *Dei gratia Francorum Rex. Dilectis & fidelibus suis universis Juratis Communiæ Sancti Joannis Angeliacensis: Salutem & dilectionem. Noveritis quod Nos ad petitionem vestram, vobis mittimus rescriptum Communiæ Rotomagensis, in hunc modum.*

c (1) (b) *Si opporteat Majorem in Rotomagensi sive in Phalesia fieri, illi centum qui* d *Pares constituti sunt, eligent tres proborum hominum Civitatis, quos Domino Regi presentabunt, ut de quo illi placuerit, Majorem faciat.*

(2) *De centum vero predictis Paribus, eligentur viginti quatuor assensu centum Parium, qui singulis annis removebuntur; quorum duodecim Eschevini vocabuntur, & alii duodecim Consultores. Isti viginti quatuor in principio sui anni, jurabunt se servaturos jura Sanctæ Ecclesiæ, & fidelitatem Domini Regis, atque justitiam, quod & ipsi recte*

c Articles des Lettres de Commune des Villes de Roüen & de Falaise.
d Voy. les Tabl. des Mat. de ce Rec. au mot, Pers.

NOTE.

(b) *Si opporteat.*] M. de Lauriere a deja fait imprimer ce Reglement de la Commune de Roüen, dans le premier Vol. de ce Rec. p. 306. Note (b). Je dis *Reglement*, & non pas *Chartre*; parce qu'en l'examinant, il m'a paru que ce n'étoit pas une *Chartre* émanée de l'autorité Royale; mais un Reglement fait par les Officiers de la Commune. J'ai eu occasion *cy-dessus* p. 73. Note (d) de dire ce que j'en pensois; & l'on trouvera *cy-dessous*, p. 674. Note (y) les raisons sur lesquelles je me fonde. Il paroît que ce Reglement a été fait avant que la Normandie fût rentrée sous l'obeissance de nos Rois. Car dans l'art. 4. il est dit, *que si le Maire fait un voyage en Angleterre, &c.* & dans l'art. 27. *que si le Maire sort de la Ville par ordre du Roy, &c.* Il y a grande apparence que c'étoit par l'ordre du Roy d'Angleterre son Souverain, que le Maire alloit quelquefois en ce pays.

CHARLES V.
à Paris, en Mars 1373.
& le 9. de Novembre 1372.

a l'Office de Prime.
b paccabit. T. C. R. P.

c sibi.

d voluerint... accipient. T. C.

e sederunt. T. C.

f paccabit. R. P.
g sint. T. C.
h Greffiers.
i servit. T. C.

k relinquerit. T. C. R. P.
l Castro.
m Servitutibus. T. C.

n Roth. T. C.

judicabunt secundum conscientiam suam; quod etiam si quid Major celari preceperit, celabunt. Hoc quicumque detexerit, à suo Officio deponetur, & in Communiæ misericordiâ remanebit.

(3) Major vero & duodecim Eschevini convenient bis quaque ebdomada, pro Civitatis negotiis; & si in aliquo agendo dubitaverint, de duodecim Consultoribus, quot voluerint convocabunt, eorum consilio super hoc fruituri; & duodecim Consultores cum Majore & Eschevinis, quoque Sabbato simul erunt; & quaque quindenâ die Sabbati, similiter omnes centum Pares. Quicumque vero omnium prediclorum, ad dies, ut predictum est, sibi constitutos, antequam *a* Prima cantetur, sine submonitione cum aliis non adfuerit Paribus; si sit Eschevinus, *b* pagabit quinque Solidos ad negotia Civitatis Rotomagensis vel Castelli Phalesie; & Consultor absens tres Solidos; & si de aliis Paribus, duos Solidos; nisi idoneam excusationem die precedenti Majori notam fecerit; & quicumque prediclorum sine licentia Majoris abierit de congregatione aliorum, tantumdem pagabit [(c) quantum ei paccare statutum est, si ad horam Prime non venisset; & si Major aliquando istorum prediclorum aliquibus eguerit, tunc si quis eorum ad ejus mandatum & submonitionem non venerit, preconstitutam *c* si emendationem paccabit,] nisi apertam excusationem ostenderit.

(4) Si quis duodecim Eschevinorum in Angliam, sive in regionem longineam vel peregrinationem abire *d* voluerit, licentiam accipiet à Majore & aliis Eschevinis, quando erunt Sabbato congregati; & ipsi statim ibi communiter eligent quem in loco ejus statuant, donec repatriet.

(5) Si Major & Eschevini *e* sederint in Eschevinagio, & loquente Majore, aliquis verba ejus interruperit, vel aliquem quem Major auscultari velit, disturbaverit, Major ei tacere precipiet; & si postea turbaverit memoriam ejus qui loqui debet, mox *f* pagabit XII.cim Denarios, si *g* sit de juratis (d) Communie; quorum octo erunt in usu Civitatis Rotomagensis vel Castelli Phalesie; & quatuor erunt *h* Clericis & *i* Servientibus.

(6) Si quis Eschevinorum, Consultorum seu aliorum Parium, diebus sibi constitutis, postquam pro recto faciendo cum aliis sederint, sine Majoris licentia sedem suam, (e) consiliandi causâ, *k* reliquerit, pagabit XII.cim Denarios, octo scilicet urbi Rothomagensi, vel Castri Phalesie, (f) proficuo; & quatuor Clericis & *m* Servientibus.

(7) Si Major & Eschevini sedent in Eschevinagio, & tunc aliquis (g) contrarietur alii in Audientia, erit in misericordia Majoris & Eschevinorum, secundum quantitatem convitii, & quod convitiari consuevit.

(8) (h) Si Major institutionem Communium transgressus fuerit, ad duplum erit (i) misericordia, quam si esset aliquis Eschevinorum; quia ab eo debetur suum juris & equitatis exemplum, & instituta servanda.

(9) Si contingerit aliquem (k) interciare aliquid de suo, super latronem vel falsonarium in *n* Rotomago vel Castro Phalesie, captum & convictum; & possit ostendere legali testimonio vicinorum, suum esse quod clamat, reddetur; & latro vel falsonarius judicabitur per Communiam, & ponetur in pillorico ut eum omnes videant atque cognoscant; & si

NOTES.

(c) *Quantum.*] Ce qui est inseré entre deux crochets, & qui se trouve dans T. C. & dans R. P. n'est point dans le Recüeil imprimé.

(d) *Communie.*] Au lieu de ce mot, il y a presque par-tout *Communi* dans T. C. & R. P.

(e) *Consiliandi causâ.*] *Consiliare, consilium dare*, dans le Glossaire de du Cange. Ainsi je crois que ces mots signifient, *pour donner leur avis*.

(f) *Proficuo.*] A leur profit. *Proficuum, emolumentum*, dans le Glossaire de du Cange.

(g) *Contrarietur.*] Il paroît par le mot *convitium* qui est à la fin de cet article, que *contrarietur* signifie ici, *dire des injures*.

(h) Les articles suivants dans *R. P.* ne font point alinea, mais sont designez à la marge par un asterique & le mot, *Item*.

(i) *Misericordia.*] La punition qui en sera faite, sera du double plus forte. *Voyez l'art. precedent*.

(k) *Interciare.*] *Nunciare R. P. Interciare* signifie, reclamer son bien qui se trouve en la possession d'un autre, & demander qu'il soit mis en sequestre *en main tierce*, jusqu'à ce qu'on ait prouvé à qui ce bien appartient. *Voy. le Glossaire de du Cange*, au mot, *interciare*.

debet

DE LA TROISIÉME RACE.

debet habere (l) mere, fiet ei; & si (m) forisfecerit membrum, amplius reus & ᵃ catallus ᵇ *tradentur justitiis Domini Regis, ad faciendum de eo justitiam.*

(10) *Si Juratus Communie Juratum suum occiderit, & fugitivus vel convictus inde fuerit, domus sua prosternetur; & ipse reus cum catallis suis tradetur justiciis Domini Regis, si poterit teneri.*

(11) *Si Juratus Juratum membro aliquo debilitaverit, placitum inde & emendatio erit Domini Regis; & ipse reus in (n) misericordia Communie remanebit, eo quod membro Juratum suum debilitaverit.*

(12) *Si quis in urbe Rotomagensi vel in Castello Phalesie, seditionem fecerit, & duo de viginti quatuor (o) Juratis hoc viderint, reus verbo eorum convincetur, qui ideo solo verbo credentur, quia verint in initio sui Eschevinatus, juraverint se reum (p) denuntiaturos de hoc quod audiverint vel viderint. Si vero duo de ceteris Paribus viderint, reus juramento illorum convictus remanebit in misericordia, & emendabit (q) intuitu Majoris & Eschevinorum* ᶜ *maleficium, secundum quod est, & juxta quod consuetus est forisfacere.*

(13) *Si aliquis alicui verbo convitiabitur in Civitate, sive in Vico sive in domo, convincetur per duos testes de centum Paribus (r) in juramento; & emendabit in misericordia Majoris & Eschevinorum, convitium, secundum quod est, & juxta quod* ᵈ *consuetus est inferre convitia; & si convitiatus non habet testes de Paribus, querela ejus deducetur Lege Terre.*

(14) *Si quis in Pillorico fuerit, non propter furtum, sed quia egerit aliquid contra statutum Communie; & aliquis ei exprobraverit ut faciat ei verecundiam coram* ᵉ *Conjuratis vel coram aliis hominibus, pagabit* XX.ᵗⁱ *Solidos; quorum ille cui exprobratio facta est, habebit quinque Solidos; & quinque erunt ad negotia Civitatis Rotomagensis; & si ille qui exprobraverit, non velit vel non possit pagare viginti Solidos, ponetur in Pillorico.*

(15) *Si femina convincatur esse litigiosa &* ᶠ *maledica, alligabitur fune subter* ᵍ *ascellas, & ter in aquam projicietur; cui si quis vir exprobraverit, pagabit decem Solidos. Si vero formam exprobraverit, decem Solidos pagabit,* ʰ *& ter in aquam projicietur.*

(16) *Si aliquis qui non sit de Communia, fori-fecerit alicui Jurato Communie, (s) mandabitur &* ⁱ *quod emendat forisficium; quod si contempserit, defendetur Juratis ne communicent ei vendendo neque (t) credendo nec emendo nec hospitando, nisi dominus Rex vel Filius ejus adsint Rotomagi, vel* ᵏ *Assisa; & si illi per hoc* ˡ *forisficium emendare (u) voluerit, Communia ostendet justitiis Domini Regis, (x) & Jurato suo*

CHARLES V.
à Paris, en
Mars 1373.
& le 9. de
Novembre
1372.
ᵃ son bien.
ᵇ reddentur.
T. C.

ᶜ malefactum.
T. C. & R. P.

ᵈ consuetudinarius. T. C. & R. P.

ᵉ les Bourgeois.

ᶠ maledicta.
T. C. & R. P.
ᵍ astellas. T. C. & R. P.
ʰ vel. T. C. & R. P.
ⁱ quod emendet. forisfactum. R. P.
ᵏ ou qu'on tienne les Assises.
ˡ forisfactum.
T. C. & R. P.

NOTES.

(*l*) *Mere.*] *Meri* T. C. Je n'entends point cet endroit. Peut-être faut-il corriger *mori?* & l'on dit encore aujourd'hui, *s'il a à mourir*, s'il doit mourir.

(*m*) *Forisfecerit membrum.*] Cela peut signifier, s'il a merité qu'on lui coupe un membre; supplice assez ordinaire dans ce temps-là. Voy. la Table des Mat. de ce Rec. au mot, *supplice*.

(*n*) *Misericordia.*] Indépendamment de la peine à laquelle il aura été condamné par les Juges Royaux, ceux de la Commune pourront encore lui en infliger une nouvelle. Voy. le Glossaire de du Cange, au mot, *Misericordia*, *Vox Forensis*.

(*o*) *Juratis.*] Les douze Eschevins & les douze Consultceurs. Voy. cy-dessus, p. 667. art. 2.

(*p*) *Denuntiaturos.*] Il n'y a dans T. C. que *denros* avec une marque d'abbreviation, & *devictos* dans R. P.

(*q*) *Intuitu.*] Je crois que cela signifie, *par le jugement.* L'on trouve dans le Glossaire de du Cange, *intuere pro intueri, attendere, approbare.*

(*r*) *In juramento.*] Cela peut signifier, qu'ils affirmeront par serment, la verité de leurs dépositions; ou bien, en vertu du serment qu'ils ont fait de dénoncer les délicts qu'ils verroient. Voyez l'art. preced. dans le 1.ᵉʳ Vol. de ce Rec. p. 308. Note col. 1. il y a, *sine Juramento*.

(*s*) *Mandabitur &.*] Et n'est point dans T. C. Dans *le* 1.ᵉʳ *Vol. de ce Rec.* p. 308. Note col. 1. il y a, *mandabitur ei*.

(*t*) *Credendo.*] En lui vendant à credit. Voy. le Glossaire de du Cange, au mot, *credere*.

(*u*) *Voluerit.*] Il faut corriger *noluerit*, qui se lit dans *le* 1.ᵉʳ *Vol. de ce Rec.* p. 308. Note col. 1.

(*x*) *Et Jurato.*] Voyez dans le Sommaire le sens que j'ai crû que l'on pouvoit donner à cet endroit.

CHARLES V.
à Paris, en Mars 1373. & le 9. de Novembre 1372.

a proquirere. T. C. & R. P.
b plainte.
c Juramentor. T. C. Juramentorium. R. P.
d divitum vicinorum. T. C. & R. P.

auxiliabitur rectum *a* conquirere; & si quis Juratorum contra prohibitionem hanc fecerit, erit in misericordia Majoris & Eschevinorum.

(17) Si quis fecerit *b* clamorem de sibi malefacto, & rectum inde judicio Majoris & Eschevinorum accipere voluerit, retinebitur; & positus per vadium & per plegios, jurabit pro forisfacto illo non male facturum se illi de quo clamaverat. Si vero postea pro forisfacto illo sibi malefecerit, judicabitur sicut transgressor juramenti.

(18) (y) Si quis *c* Juratorum Communie sit in misericordia positus pro forisfacto suo, & fecerit nos exinde requiri ab aliquo, nisi fiat precepto Domini Regis, sua misericordia multiplicabitur; quia nolumus habere malevolentiam *d* amicorum vicinorum nostrorum.

(19) Si quis dixerit se esse Juratum nostrum, & nos inde minime certi sumus, testimonio duorum Juratorum approbabit esse quod dicit.

e proquirere. T. C. & R. P.

(20) Si Clericus aliquis seu (z) Miles debet debitum cuiquam de Civitate Rotomagensi, & debitor justitiari per Majorem neque per Pares Communie (aa) voluerit, defendetur quod nullus communicet ei vendendo nec emendo nec hospitando, nisi dominus Rex vel Filius suus adsint Rotomagi, vel Assisa. Quod si quis contra prohibitionem hanc fecerit, (bb) reddet debitum creditori, & erit in misericordia Majoris & Communie; & si per hoc debitor non vult justitiari, Communia auxiliabitur Jurato rectum *e* perquirere.

(21) Si fit in Communia contentio de debito vel conventione vel aliquo mercato, ipsa terminabitur recordatione & testimonio duorum de viginti quatuor Juratis, qui solo verbo suo credentur, quia juraverint hoc in initio sui Eschevinatus. Et si postquam perfecerunt annum sui Eschevinatus & depositi fuerunt, surgit contentio de debito coram eis credito, vel de conventione, vel aliqua re ante eos facta, juramento illorum finietur. Si vero unus de viginti quatuor Juratis portat inde testimonium, & unus vel plures de reliquis Paribus cum eo, (cc) ille qui est de viginti quatuor juratis solo verbo, & aliis juramento credentur. Si autem tres de aliis Paribus ferant testimonium, juramento rem determinabunt; & si nullus centum Parium testis fuerit, querela ducetur Lege & Consuetudine Terre. Et si de decem Solidis vel de minus querela fuerit, testimonio Parium sine juramento finietur.

(22) Si quis fecerit clamorem de terra super alium, clamans dabit vadium & plegios sequendi clamorem suum; & si postea facta fuerit recognitio de terra ista, & clamans sit convictus per cognitionem de falso clamore, remanebit in misericordia Majoris & Eschevinorum, de quinquaginta novem Solidis Andegavensibus.

(23) (dd) Si quis requisierit Curiam suam de terra, concedetur ei; & nisi fecerit

NOTES.

(y) *Si quis.*] Voicy comme je crois que l'on peut entendre cet article qui est obscur. Si un Bourgeois qui a commis un delict, est dans la *misericorde* du Maire & des Eschevins, qui peuvent lui imposer la peine qu'ils jugeront à propos, [*Voy. cy-dessus,* p. preced. Note (*n*), & qu'il engage quelques personnes à interceder pour lui, afin que cette peine soit legere; si ce n'est pas le Roy qui demande grace pour lui, la peine bien loin d'être diminuée sera augmentée, afin de détourner les criminels d'avoir recours à ces intercessions, qui mettent les Juges dans le cas ou de ne pas rendre une justice exacte, ou de desobliger ceux qui intercedent pour des criminels.

L'interpretation que l'on donne à ces mots, *misericordia multiplicabitur,* est appuyée sur l'article 8. où on lit, *ad dupplum erit misericordia.* [Voy. p. 672. Note (*i*).]

Dans le 1.er Vol. de ce Recüeil, cet article commence ainsi. *Si quis Juratorum nostrorum.* Ce mot, & l'endroit de cet article où il est parlé du Roy en tierce personne, sont une des principales raisons qui m'avoit fait penser que ces Lettres n'étoient point émanées du Roy. Voy. aussi les deux articles suivans.

(z) *Miles.*] Je crois que par ce mot, il faut entendre ici toute personne noble.

(aa) *Voluerit.*] Il y a *Noluerit* dans le 1.er Vol. de ce Rec. p. 308. Note col. 2.^e

(bb) *Reddet.*] Il payera à ce Bourgeois ce qui lui est dû par ce Clerc ou ce Chevalier.

(cc) *Ille.*] Il y a *illi* dans le 1.er Vol. de ce Rec. p. 308. Note col. 2.e & un peu plus bas, *credatur,* au lieu de *credentur.*

(dd) *Si quis.*] L'on peut voir dans les Sommaires le sens de ces articles. Mais quelle étoit cette Cour ou Jurisdiction qui paroit être subordonnée à celle du Maire & des Eschevins! Je crois que c'étoit la Jurisdiction dans

DE LA TROISIÉME RACE. 675

rectum clamanti, in duabus quindenis, Communia faciet, nisi ipse habuerit justam excusationem quam Major & Eschevini sciant.

(24) Si quis requisierit Curiam suam de debito, concedetur ei, & faciet rectum clamanti in duabus octonis, & nisi fecerit, Communia faciet, nisi qui tenet Curiam habeat exonium justum quod Major & duo Eschevini sciant.

(25) Si quis debeat alicui debitum quod non possit vel nolit reddere, [a] tantum de suo tradetur creditori quod pagetur, si tantum habet; & si debitor non tantum habet unde ille possit pagari, tamdiu ponetur extra Civitatem Rothomagensem, quod faciet (ee) gratum & creditoris sui.

(26) Si homo forensis clamorem fecerit in Communia pro debito quod Juratus ei debeat, Dominus ejus habebit inde Curiam, si eam requisierit; & nisi ipse in tribus diebus rectum clamanti fecerit, Communia faciet.

(27) Si Communia precepto Domini Regis vel Justitie sue, debeat (ff) exitum facere, Major & Eschevini providebunt quos statuant remansuros ad urbem Rothomagensem custodiendam; & qui post horam nominatam exeundi, inventus fuerit in dicta Civitate, ille convictus erit per illos qui custodes urbis remanserunt, & erit in misericordia Domini Regis & in misericordia Communie de domo sua prosternenda, vel de centum Solidis, si domum non habuerit. (gg) Et si postquam Communia noverit, aliquis ab ea recesserit causa hospitandi vel alterius rei, sine licentia Majoris vel sui corporis exonio, erit in misericordia.

(hh) Actum [b] Senonis, Anno Domini millesimo ducentesimo quarto, mense Novembri.

CHARLES V.
à Paris, en Mars 1373. & le 9. de Novembre 1372.
[a] tam. T. C.
[b] Senon. T. C.

PHILIPPE par la grace de Dieu Roy de France. Savoir faisons à tous presens & advenir. Que comme noz amez & feaux le Maire & les Jurez [c] de la Maison Commune de [d] la Ville de Saint Jean d'Angeli, Nous ayent humblement suplié que certains usages, Coustumes, Libertés, Juridicions, privileges & status, desquels ils ont [e] d'antienneté uzé, si comme Nous sommes suffisamment informez, tant [f] par concessions de nos Predecesseurs, comme par [g] entienne introduction, ou observance de bonnes mœurs des devanciers desdicts Maires & Jurez, pour le bon gouvernement & tranquilité du peuple conversant en ladite Ville, Nous de nostre Royale authorité & de grace speciale leur voulons conferrer.

[c] de la Commune. T. C.
[d] la Ville Saint Jehan Angeli. T. C.
[e] d'ancien. T. C. & R. P.
[f] pour. T. C. & R. P.
[g] aucune Juridicion. T. C.

(1) C'est à sçavoir, que de toutes personnes prinzes ou amenées en prison en ladite Ville pour cas criminel, excepté cas de [h] Royalle Majesté blessée, & exceptés nos Officiaux, & ceux qui forfaict auront dedans la cloyson du Chastel de ladicte

[h] Reale. T. C.

NOTES.

laquelle étoit située la Terre revendiquée par le Bourgeois; & celle dans laquelle demeuroit son debiteur. Il devoit d'abord s'adresser à ces Juges, & s'ils ne lui rendoient pas Justice assez promptement, le Maire & les Eschevins la lui rendoient. Voy. cy-dessous l'art. (26).

Dans l'art. 24. au lieu de *clamanti*, il y a *clamino* dans T. C. & *domino* dans le 1.er Vol. de ce Rec. p. 309. Note col. 1.

(ee) *Gratum*.] Il y a dans le 1.er Vol. de ce Rec. p. 309. Note col. 1. *gratum Majoris & creditoris sui. Gratum* signifie une caution. Voyez le Glossaire de du Cange, à ce mot.

Dans le 1.er Vol. de ce Rec. Ib. entre cet article & le suivant, il y a celui-ci qui ne se trouve ni dans T. C. ni dans R. P. ni dans le Recüeil imprimé.

Et si inventus fuerit in Civitate Rothomag. vel Castro Falesi. antequam gratum suum fecerit, tandiu tenebitur in carcere Communiæ, donec redimatur de centum Solidis, per se vel per amicos suos, & tum jurabit se non reversurum in dictam Civitatem vel dictum Castellum, donec fecerit gratum Majoris & creditoris.

(ff) *Exitum.*] Il y a *tunc* dans T. C. & R. P. & *iter* dans le 1.er Vol. de ce Rec. p. 309. Note col. 2.

(gg) *Et si postquam.*] La fin de cet article est corrompuë. Au lieu de *noverit*, il y a dans le 1.er Vol. de ce Rec. ibid. *moverit*, qui peut signifier, lorsque les Officiers de la Commune se seront mis en marche pour ce voyage.

Le mot *exonio* est tiré du 1.er Vol. de ce Rec. Dans T. C. il y a *exeminio*, & *ex eo omnino* dans le Recüeil imprimé.

(hh) *Actum Senonis.*] Cette date n'est point celle de la Chartre de Commune de la Ville de Roüen; mais celle des Lettres de Philippe-Auguste, par lesquelles il accorda aux habitants de S.t Jean d'Angeli, le privilege de joüir des droits de cette Commune.

Tome V.
Qqqq ij

CHARLES V.
à Paris, en Mars 1373. & le 9. de Novembre 1372.

a *abfolant.* T. C. & R. P.
b *enterin.* R. P. & *enterine.* T. C.

Ville, le Maire de ladicte Ville ou aultre pour luy, a la *(ii)* prefentation ; & quant par confeffion ou aultrement, le malfaicteur eft convaincu, le Prevoft de ladicte Ville ou aultre pour luy, a la prefentation & cohertion, le ameine en jugement ; & lors prefent & accordant ledict Prevoft, & eû deliberation avec plufieurs fages, le Maire juge le malfaicteur, en le condampnant felon ce que le delit requiert, ou en luy a *abfolvant*, s'il eft en cas d'abfolution ; & tous *(kk)* efmollumens qui de ce peuvent venir, viennent & appartiennent à Nous par b *entier*.

(2) *Item*. Lefdicts Maire & Jurez ont la prinfe, detencion & cognoiffance de tous leurs *(ll)* defendans ; mais fitoft comme ils font deuëment convaincus de crime, ils font livrez au Prevoft, & puis jugez comme les aultres non Jurez ; & tous les efmollumens en font noftres.

c *gardée.* T. C. & R. P.

(3) *Item.* Lefdits Maire & Jurez ont la obeiffance en toutes Cours de tous leurs *(mm)* Jurez, fi ce n'eft ès cas deffus exceptez, ou que pour cas criminel ils foient prins en prefent meffaict ; c *gardé* toute fois en ce la Couftume du pays.

d *Nôtres.* T. C. & R. P.

(4) *Item.* d Nos Sergens qui veullent faire Arreft fur aulcun defdicts Jurez, doibt appeller le Sergent du Maire ; fe ce n'eft pour nos propres debtes, ou par noftre mandement ou commiffion fpeciale ; gardées toute-fois nos Ordonnances.

(5) *Item.* Si aucun forfait en ladicte Commune, ou à aucun bon homme Juré de la Commune, & deuëment requis, ne veuille amander, le Maire peut deffendre à ces Jurez que ils ne participent avec ledict malfaicteur, jufques qu'il l'ait amendé ; fi ce n'eft en cas que Nous ou noftre Fils feroient en la Ville, ou que l'on y tiendroit noftre grand Affize ; & à la requefte dudit Maire, doit faire le Prevoft mefme deffence aux aultres habitans de la dicte Ville non Jurez, jufques à tant que

e *donnée.* T. C. & R. P.

fatisfaction foit faite, ou e *donner* bonne caution d'efter à droict.

(6) *Item.* Nul qui n'eft Juré de la Commune, ne peut mettre vins en la Ville qui feroient fait dehors la Banlieuë, fi ce n'eft pour fon boire ; & encor les Jurez

f *lui.* T. C.

de la Commune ne f *le* peuvent mettre, fe ils ne jurent que purement il foit de leur heritages ; & qui aura fait le contraire ledict vin fera efpandu.

(7) *Item.* Nulle perfonne ne doit mettre vins en ladicte Ville fans licence & enfeigne du Maire ; & fi aucun le fait, ledict vin fera efpandu.

g *Suburbes.* T. C. & *Suburbes.* R. P.
h *punicion.* i *ofuitus.* C. C. li & *plus bas.*
k *Cuirretiers.*
l *punift, là & deux mots plus bas.* T. C. & R. P.
m *Boulangers.*
n *volans.*
o *Roifins.* T. C. & R. P.
p *fuin.* T. C.
q *mettant ou* R. P.
r *brûlant.*

(8) *Item.* Le Maire a en ladicte Ville & ès g Fauxbours, regart & h puniment fur tous vivres, danrées & marchandifes expofées venaux ; c'eft affavoir, fe elles font bonnes ou faulfes ou i affectiés, à fin que aucun n'en puiffent eftre deceüz ; & eftablir k Curatiers Jurez au profit des Marchans, & les ofter trouvez non fuffifans ou abufans de leurs Offices, & les l punir ; & auffi punir m Pannetiers, Poyffonniers, Bouchers, Regratiers, perfonnes vilainement jurans, & perfonnes n amblans *(nn)* aigreft, o Raifin, p Foing, & autres menuës chofes en petite quantité, & les q mettre au Pillori, ou en eux *(oo)* marcant, ou aultrement, fi & felon que le delict requiert & que il a acouftumé, en efpendant vins affectiés, & en r ardant mauvaifes denrées, ou en prenant Amendes, fi comme il a acouftumé.

NOTES.

(ii) Prefentation.] Il n'y a dans T. C. que *putaton* avec deux marques d'abbreviation. Si on lit *prefentation*, comme il y a dans le Rec. imprimé, voicy le fens que je crois que l'on peut donner à cet article qui eft fort obfcur. Lorfqu'on amene dans la Ville un homme prevenu de crime, il eft mis entre les mains du Maire, qui le prefentera & le remettra au Prevoft, s'il juge qu'il y ait affez de preuves contre ce criminel pour lui faire fon procez. Dans ce cas, le Prevoft le prefentera au Maire, & l'amenera dans fon Tribunal, pour être jugé.

(kk) Efmollumens.] Profits de Juftice, Amendes, Confifcations, &c.

(ll) Deffendans.] Je crois que ce mot fignifie, *prevenus de crime*.

(mm) Jurez.] Ce mot qui au commencement de cet article fignifie un Officier de la Commune, ne fignifie icy qu'un Bourgeois.

(nn) Aigreft.] C'eft apparemment du verjus nommée en Latin, *Agrefta.* Voy. le *Gloffaire de du Cange,* à ce mot.

(oo) Marcant.] *Mercant.* T. C. & R. P. marquant d'un Fer chaud, ou d'une autre maniere.

DE LA TROISIÉME RACE. 677

(9) *Item.* Lesdicts Maire & Jurez font *(pp)* statuts, cris, & ª guet quand ᵇ mestier est, pour la garde & seureté de la Ville; & ᶜ contraignant Regratiers à cesser d'acheter vivres pour revendre, jusques à certaines heures; & les *(qq)* armures que ils prennent faisant ᵈ guet, ils appliequent à la tuition de la Ville; & les Amendes sont nostres de ceux sur qui les armures sont prinses.

(10) *Item.* Font plusieurs aultres honnestes & profitables Ordonnances, comme de Tavernes tenir closes ᵉ empres le *(rr)* sain de la Commune sonné, comme de pourvoir ᶠ d'eau pour peril de feu, de nettoyer la Ville, & semblables choses touchant & apartiennent au bon *(ss)* arroy honneste, & garde de la Ville, & seureté des habitans & conversans en icelle.

Nous informez comme dit est, que d'entien lesdicts Maire & Jurez ont uzé paisiblement desdictes choses; ᵍ consideré & entendu les bons services & affections & feaulté que lesdicts Maire & Jurez ont tousiours fait & porté à Nous & à nos Predecesseurs, inclinans benignement à leurs dictes supplications, les usages, Coustumes, Libertez, juridictions, pugnimans & statuts dessus dites, & chascun d'eux, en la forme & en la maniere que ils sont dessus expresse, voulons, octroyons, louons, approvons, confermons perpetuellement ausdicts Maire & Jurez, de nostre Royale authorité, de certaine science & de grace speciale, par la teneur de ces presentes Lettres: Sauf en toutes choses nostre droict & l'autruy. Et que tout ce soit chose ferme & ʰ stable à tousjours, Nous avons fait mettre nostre Seel en ces presentes Lettres. *Donné à Paris, l'an de grace mil trois cens trente-ung, au mois de Juillet.*

CHARLES par la grace de Dieu Roy de France. Savoir faisons à tous presens & advenir, que Nous considerans & ayants en memoire les grands & profitables services, que Nous ont faiz nos tres chers feaux & bien amez, les Maire, Bourgeois & Jurez de nostre Ville de ⁱ Saint Jean d'Angely, en demonstrant leur parfaicte & vraye loyaulté, sur ce que comme nos bons & vrais subjects, enformez du bon droict que Nous avons en la Duché de Guienne, ils ont submis ladicte Ville, eulx & leurs biens, liberallement à nostre subjection & obeissance, & Nous ont recogneu, & recognoissent à leur naturel & souverain Seigneur, desirans estre & demeurer tousiours soubs Nous & nostre Seigneurie; & par ainsi Nous nous ᵏ vüeillans monstrer à eux liberaux & favorables en graces & prerogatives, par lesquelles se sentent estre honorez, & avoir acquis profsit à eulx & à nostre ditte Ville, à iceulx Maire, Bourgeois & Jurez, pour eulx & leurs successeurs, perpetuellement à tousiours mais, tous leurs Privileges, Franchises & Libertés qui leur ont esté octroyez & donnez par nos Predecesseurs au temps passé, qu'ils pourront monstrer escripts & scellez, & tous autres dont il apperra par leurs entiens Papiers & registres de leur Commune, ou par autres loyaux enseignemens dont ils auront uzé; consideré que pour les guerres, si comme ils disent, ont perdu plusieurs de leurs privileges escripts & scellés, avons loué, approuvé, ratifié & confermé de nostre auctorité Royalle, pleine puissance & grace speciale, ˡ loons, ratifions, approuvons & confermons par la teneur de ces presentes; & en oultre d'abondant, desirans tousjours de faire plus grandes graces ausdicts Maire & Bourgeois & Jurez, avons donné & octroyé, donnons & octroyons de nouvel, de nostre auctorité Royalle & grace speciale dessus

CHARLES V.
à Paris, en Mars 1373. & le 9. de Novembre 1372.
ª gait. T. C.
gueit, lis & plus bas. R. P.
ᵇ besoin.
ᶜ contraignent. R. P.
ᵈ gueit. T. C.
ᵉ apres. R. P.
ᶠ de eave. T. C. & d'ayve. R. P.
ᵍ considerez & attendus. T. C. & R. P.

ʰ estable. T. C. & R. P.

ⁱ Saint Jehan Angely. T. C.

ᵏ vueill. T. C.

ˡ loüons. R. P.

NOTES.

(pp) Statuts, cris.] Ces mots peuvent signifier ou des Reglemens & des proclamations & cris publics pour les affaires communes; ou en particulier des reglemens sur le guet, & des proclamations pour avertir quand & comment il doit être fait.

(qq) Armures.] Je crois que par ce mot, il faut entendre des armes cachées par les habitans, à qui il avoit été ordonné pour la sûreté publique de les porter dans un certain endroit.

(rr) Sain.] Ce mot qui vient de *signum,* signifie un signal donné par une Cloche. *Voy. le Dictionn. Etymologique de Menage,* au mot, *sain.*

(ss) Arroy.] Bon ordre. *Voy. le Diction. étymologique de Menage,* au mot, *arroy.*

Qqqq iij

dictes, teles graces & privileges comme donné avons d'autres fois, & a dernierement à nostre Ville d'Abbeville, & donrrons & octroyerons prochainement à nostre Ville de la Rochelle; lesquelles graces & privileges seront ausdicts Maire, Bourgeois & Jurez, profitables & necessaires.

(1) Item. Comme le plus des charges appartenant au gouvernement de nostre dicte Ville, soit sur lesdicts Bourgeois & Jurez de la Commune d'icelle nostre Ville, ainsi qu'entendu l'avons, Nous audits Maire, Bourgeois & Jurez, pour eux & leurs successeurs, avons octroyé & octroyons de nos dictes certaines science, grace speciale & auctorité Royalle, que aucuns habitans de nostre dicte Ville, ne puissent par tout le temps advenir, vendre à detail en icelle, aucunes denrées ou marchandises quelconques, se ils ne sont de ladicte Commune; excepté tant seullement à jour de Foire ou de Marché, & ès lieux acoustumez de tenir lesdictes Foires ou Marchez.

(2) Item. Leur avons octroyé & octroyons de nostre certeine science & grace speciale, par ces presentes, que tous lesdicts Jurez, Bourgeois & habitans, soient payez doresnavant des rentes qu'ils ont sur le grand Fief d'Aunis, & ailleurs, par la maniere qu'ils estoient, ou ceux dont ils ont cause, au temps du b transport fait à Calais.

(3) Item. Pour ce que Nous avons tousiours desir que nostre dicte Ville soit peuplée d'habitans, & que toute maniere de gens ayent plus grant cause & couleur de y venir habiter, à iceux Maire, Jurez, Bourgeois & habitans, avons octroyé & octroyons de grace speciale, certeine science & auctorité Royalle dessus dictes, pour tout le temps advenir, que nulle Prinse de bleds, de vins, ne aultres choses quelconques, soient faictes sur eux en quelque lieu que ce soit, sans leur volonté & assentement.

(4) Item. Comme nos adversaires d'Angleterre, par le temps qu'ils tenoient nostre dicte Ville en leur obeissance, eussent imposé nouvellement dix Sols pour chacun c tonnelle de vin, & quatre Deniers pour livres, de toutes aultres denrée & marchandises, à prendre sur tous ceux qui lesdict vins & aultres marchandises chargeront en ladicte Ville, Chastellenie & ressort d'icelle, & les porteront hors du pays; Nous qui voullons ledict Maire, Bourgois, Jurez & habitans, & tous aultre à qui appartiendra, relever de charges le plus que nous povons, avons quitté & remis de nostre certeine science & grace special dessus dictes, par ces presentes, quittons & remettons à tousiours mes lesdits dix Sols pour chacun tonnelle de vin, & quatre Deniers pour livres, à tous ceux qui lesdicts vins & aultre marchandises chargeront en nostre dicte Ville, Chastellenie & resort d'icelle, pour mener hors, en la maniere que dit est.

(5) Item. Avons derechef octroyé & octroyons de grace speciale d de certeine science, ausdict Maire, Bourgeois, Jurez & habitans, qui meneront danrée & marchandises par tout nostre Royaume, par mer ou par terre, que ils soient quittez en la forme & maniere que nous e l'octroyerons à ceux de nostre Ville de la Rochelle, de tous subscides, Gabelles & Impositions, Treisiesmes, Quatriesmes, & tous aultres Ordonnances & coustumes; excepté tant seullement des entiens devoirs.

Si donnons en mandement par ces presentes, au Seneschal de Saintonge, & à tous nos aultres Seneschalx, Officiers, Justiciers & subjects, ou à leurs Lieutenans, & à chacun d'eux, presens & advenir, que lesdict Maire, Bourgois, Jurez & habitans, & chacun d'eux & leurs successeurs, facent, laissent & souffrent joüir & user paisiblement des choses dessus dictes, & de chascune d'icelles, en la forme & maniere que dessus est dit, & contre la teneur de ces presentes ne les empeschent ou souffrent estre empeschez en aucune maniere; mais tout ce qui seroit faict ou attempté au contraire, remettre ou facent remettre au premier estat & deub; & d'abondant, en leur accomplissant nostre dicte grace, voullons & declarons que au *Vidimus* de ces presentes, faict & collationné soubs Séel Royal, soit adjoustée aussi pleine foy en jugement & dehors, & tout par tout ailleurs, aussi comme au propre original

DE LA TROISIÈME RACE.

d'icelles. Et afin que ce foit ferme chofe & ftable à toufjours, Nous avons faict appofer noftre Séel à ces prefentes Lettres : Sauf en aultre chofes noftre droict, & l'autruy en toutes. Donné à Paris, en noftre Chaftel du Louvre, le neufiefme jour du mois de Novembre, l'an de grace mil trois cens foixante & douze, & de noftre Regne le neufiefme.

CHARLES V.
à Paris, en Mars 1373. & le 9. de Novembre 1372.

(1) (tt) Et en ampliant noftre grace, veüillans aufdicts Bourgois & habitans de noftre dicte Ville d'Angoulefme, Nous monftrer à leur proffit enclins & favorables, à iceux avons octroyé & octroyons que tous les heritages, rentes & poffeffions, & aultres biens meubles & immeubles eftant en noftre obeïffance le jour qu'ils fe ᵇfoubmettront à icelle, lefquels biens leur appartiennent, & peuvent ou doibvent appartenir par quelconques maniere que ce foit, leur foient rendu & reftituez; & par ces prefentes Nous les leur avons donné & donnons, fi meftier eft, pour eux & pour leurs fucceffeurs, ainfi que à chafcun d'eux apartiendra, de noftre auctorité Royale, certaine fcience & grace fpeciale; ᶜ nonobftant quelconques donnations, Lettres ou aultres Mandement donnez ou à donner par Nous ou par aultres.

ᵃ mettre. T. C. & R. P.
ᵇ foubzmiftront, R. P.
ᶜ non contreftant. T. C. & R. P.

(2) Item. Comme plufieurs Seigneurs ayent grans Seignories & proffit en noftre Ville d'Angolefme & pays environ, pourquoy il eft bien chofe raifonnable que eux, leurs hommes & fujects, contribuent aux ᵈ guets, gardes & reparations d'icelles Ville, car c'eft pour garder le leur mefme; avons ordonné & octroyé, ordonnons & octroyons par ces prefentes, de noftre auctorité Royalle & certaine fcience & grace fpecialle deffus dictes, que eux & touz leurs hommes & fujects deffus dicts, jufques à deux lieües environ noftre dicte Ville, qui ne feront tenus de ce faire en aultre Chaftel Royal, ᵉ tenus & contrains d'aydier & contribuer aux guets, gardes & reparations deffus dictes.

ᵈ guets. là & plus bas. T. C. & R. P.
ᵉ foient.

(3) Item. S'enfuit la forme & maniere de l'election du Maire. Et premierement, que chafcun an, le Dimenche devant Pafques fleuries que l'en chante en Saincte Églife Judica me, le Maire icelly jour, par le commencement qu'il faict à fes Sergens, fait fonner à ᶠ journée haulte, le grand Sain de la Commune, (uu) bien latent d'une lieuë; & le Sain fonnant, tous les Efchevins, Confeilliers & ᵍ Pairs, s'en vont oudit Efchevinage en leur lieu ʰ fecretere; & illecques affis ainfi que les fieges le portent; c'eft affavoir, le Maire en fon fiege, les Efchevins au plus près de luy, & les Confeilliers emprès, & les Pers en leur ordinaire, le foubs Maire devant le Maire au miliu de tous; (xx) & convient en droit nombre pour faire Maire; premierement, le Maire, douze Efchevins, douze Confeilliers, le foubs Maire, & le demourant en Pers, jufques au nombre en touz de cent; & ceux cent ainfi affemblez, le Maire eftant celuy jour en fon fiege, prend le Papier de la Commune, où font tous les noms dudict nombre de cent, & ⁱ devife à tous la maniere de conftituer le Maire, qui fe peult faire en trois manieres; la premiere, par la voix du Sainct Efperit; c'eft à dire, que s'il y a aulcun preudhomme qui de la volenté Dieu & de fon

ᶠ prime haulte, de grand matin. T. C. & R. P.
ᵍ Pers. T. C. & R. P. là & plus bas.
ʰ fegretaire. T. C. & R. P. fieret.
ⁱ propofe.

NOTES.

(tt) Et en ampliant.] Il eft certain que ces Lettres auxquelles manquent les formules qui font ordinairement au commencement & à la fin des Lettres Royaux, font de Charles V. Le nom de la Ville d'Angoulefme fe trouve dans les trois Textes de ces Lettres. Cependant comme elles ne font qu'une ampliation des precedentes données en faveur des habitans de S.ᵗ Jean d'Angeli, je crois que c'eft à ces mêmes habitans qu'elles ont été accordées. En effet, dans la fin des Lettres du mois de Mars 1373. il eft dit que les habitans d'Angoulefme joüiront de tous les privileges accordés à ceux de S.ᵗ Jehan d'Angeli, par les Lettres precedentes. Je crois donc que dans cette ampliation, au lieu d'Angoulefme, il faut corriger S.ᵗ Jean d'Angeli; & même dans l'art. 3. p. 680. note (n) margin. il y a S.ᵗ Jehan dans le Texte du T. C. & R. P.

(uu) Bien lalent.] Lalant T. C. & Lalans R. P. Je crois que cela fignifie que cette Cloche fonnoit affez fort, pour qu'on pût l'entendre d'une lieuë. L'on trouve dans le Gloffaire de du Cange, lallare, inarticulatam vocem edere.

(xx) Et convient.] Pour faire le Maire, il faut que l'affemblée foit compofée du nombre de perfonnes marqué dans l'article.

680　　Ordonnances des Rois de France

CHARLES V.
à Paris, en Mars 1373. & le 9. de Novembre 1372.

a gret à tous, plezet. T. C. & R. P.
b en devifet. T. C. & R. P. là & plus bas.
c mot inutile.

d nullui puiffe avoir aigne. R. P.

e encontinent. T. C. & R. P.

f vient. T. C. & R. P.

g Efclavinage, là, plus haut & plus bas. T. C.

h fur qui l'élection pourroit tomber.

i auffitoft.

k Monf. T. C. & Monfeigneur. R. P.

l vouluft. T. C. & R. P.
m empêcher.
n de S.t Jehan. T. C. & R. P. Vey. p. preced. Note (ii).

efmouvement dit, *Beaus Seigneurs, s'il vous sembloit à tous que bien soit, le Sainct Esperit m'a donné en volenté de vous nommer trois personnes, pour estre de trois l'un Maire; c'est assavoir, tel, tel & tel, & si ayez aviz sur cecy, & s'il* a *agrée à tous, plaise le vous sçavoir:* si alors de la volenté Dieu, n'y a nul contredisant, ceux trois demeureront pour esleus, & sont presentez celuy jour par le Maire au Senechal ou à son Lieutenant, pour prendre des trois celuy qui luy plaira.

Item. La seconde maniere de faire l'eslection, est par voye de scrutine; c'est à sçavoir, que chascun b en devisent troiz telz comme bon luy semblera, & les mettre en escript ainsy comme chascun les devise, c sont tant seullement le Maire qui encore est, & le Maire qui a esté l'année paravant, & le soubs Maire tant seullement, sont en un lieu privé où n'a ames fors que eux; & viennent à eux illecques l'un après l'autres; & quand chascun en a dit sa volenté, & il est mis par escript, lesdictz Maire qui encores est, & le Maire qui a esté avant luy, & le soubs Maire regardent leur escript bien & diligemment; & ceux trois à qui ils ont donné plus de voix, ils prennent ceulx trois noms, & rompent alors l'escript que il ont faict, affin que d nuls ne puissent avoir haigne; & ce faict, s'en viennent arriere en leurs sieges, & reprend adoncques le Maire le parler, en disant: *Beaux Seigneurs, nous avons election, loué soit Dieux; c'est asçavoir, tel, tel & tel;* & ce fait e en continuant celuy mesme jour, sont presentez au Senechal ou à son Lieutenant, pour prendre celuy qui à luy plaira, comme dessus est dict.

Item. La tierce maniere de faire election, est par voye de compromis; c'est à dire, que le Maire prend ledict Papier de la Commune, & le ouvre, & regarde les noms des Pairs, & d'iceulx Pairs en prend tels quatre comme il luy f prend à plaisir, & ceux quatre viennent devant luy, & luy font serment sur les saincts Evangiles nostre Seigneur, que bien & loyaument ils nommeront & ordonneront trois bons hommes suffisans pourquoy l'un puisse estre Maire; & ce faict, ces quatres vont en un lieu secret de g l'Eschevinage, où il n'y a ames, mais eux, & portent avec eux ledict Papier; & des douze qui sont Conseillers, ils en prennent deux tels comme bon leur semble, & les viennent nommer au Maire, & le Maire les prend & les faict venir à soy, & leur faict faire le serment comme aux aultre quatre; & ce faict, les quatre Pairs & les deux Conseillers s'en vont au lieu où lesdicts Pairs estoient partis, & quand ils sont tous six ensemble, ils prennent le Papier de rechef, & regardent les douze Eschevins, & d'iceux en prenent deux, non mie de ceux qui pourroient h escheoir en l'election, mais des aultres, & viennent nommer au Maire ceulx deux Eschevins, & le Maire les faict lever & leur fait faire le serement comme aux aultres, & s'en vont au lieu où les aultres six sont; & quand tous les huict sont assemblez, ils regardent pour le proffit de tout le Commun & de la Ville, trois bons hommes pourquoy des trois soit Maire; & quand ils sont tous à un accord, il apportent & nomment au Maire en presence de tous, les trois que ils ont esleus; & i tantost ce faict, celuy mesme jour le Maire les va presenter au Senechal ou à son Lieutenant, par la maniere que dit est; & lors le Seneschal ou son Lieutenant en prend l'un des trois esleus, & le faict Maire, & luy fait faire le serment; & ce fait, sans plus attendre, le Maire qui avoit esté & encores l'estoit jusques atant que le Maire nouveau luy a faict le serment, s'en revient en l'Eschevinage, & se met ledict Maire qui encors est en son siege, & appelle à soy le Maire nouveau, en luy disant: *Sire, vous me ferez le serment que nos predecesseurs ont acoustumé à faire, s'il vous plaist,* puisque k *Monsieur le Seneschal vous a prins & esleus pour Maire;* & lors il se agenoüille, & faict le serment par la forme & maniere que s'enfuit; c'est asçavoir, que tout premierement, il gardera l'honneur & le droict du Roy, & luy promet porter foy à luy & à son hoir masle, à vie & à mort, en telle maniere que se il peut appercevoir homme qui le l vouluft grever en son droit, il feroit son pouvoir de le m destourber, ou le feroit à sçavoir aux gens le Roy au pluftost que il pourroit; & que il gardera la Ville n d'Angoulesme à luy & à son hoir masle, bien & loyalment, & fera droict au povre & au riche, & gardera les loyaulx establimens de la Commune, & nul

mauvais

mauvais n'y *(yy)* alliennera à son escient; & perpetuellement il fera obeissance aux Maires ses successeurs, comme ᵃ homme de Commun; & que tout ce que son predecesseur ou predecesseurs aura ou auront commencé ᵇ ô l'assentement du Commung, il accomplira à son pouvoir, ou le delaissera ᶜ à l'assentement du Commun, & non aultrement; lequel serment ainsy faict, le prend par la main & le met en son Siege où il estoit; & lors le Maire qui maintenant est, prent par la main le Maire qui avoit esté, & luy faict faire serment en telle maniere qu'il luy promet loyalment faire durant son temps, Office d'Eschevin; c'est à dire, qu'il jugera bien & loyalment en son absence; pour ce que tous les Eschevins peuvent juger en l'absence du Maire; & aussi que il le *(zz)* conseilleront bien & loyalment; & ainsi jusques au nombre de douze Eschevins luy font serment; & ᵈ après douze Conseilliers, en telle maniere que ils promettent & jurent le conseiller bien & loyalment; & emprès ce, les Pairs qui sont ou nombre de cent, font serment au Maire ou au soubs Maire; c'est à sçavoir, que ils ᵉ seront obeissants, & garderont les segrets de la Commune; & tout cecy fait, tient ses *(aaa)* termes le Maire chascun jour, environ heure de tierce devant disner, & à *(bbb)* relevée après disner; & ordene le Maire sa premiere *(ccc)* Mayzé, à laquelle sont tenuz de venir tous les dessus nommez, à jour de venredy, le Sain de la Commune sonné, & estant en leur Eschevinage en leurs Sieges, demande le Maire se ils veullent que le soubs Maire & Sergent qui ont acoustumé y estre, y soient, ou se ils seront changé; de laquelle chose le Maire en ordenera, ᶠ ô le Conseil de touz; & ce fait, prendront & ordeneront quatre Pairs, qui à toutes les Maizée & à toutes Convocations que le Maire seroit, vendront; & tout ce que il accorderont en absence des autres, ᵍ il tendront; lesquieux quatre jureront au Sains Dieu Euvangilles, de le faire loyalment & prouffitablement pour le prouffit commun; & aussi *(ddd)* seront tous tenus de assentement que ils le facent ainsi par tout le commun; & ceux qui ne vendront à chacune Maizée, s'il n'ont congié ou essoine raisonnable, *(eee)* payeront ce que dessus est dit en l'octroy des Constitutions de la Commune du Roy Philippes; & aussi *(fff)* par deffaux & Amendes, tout ce qui audit Privilege est contenu du Roy Philippes, qui est jouxte la forme de la Commune de Roüan ou ʰ Phalose.

(4) Et après ce, s'ensuyvent les statuts de la Commune; c'est à sçavoir, que touz Bouchers vendans *(ggg)* aux bans char *(hhh)* millargeuse, doivent encourre la paine de vingt-cinq Sols; ᶦ tout ainsi de truye, s'ils ne le vendent ès lieux accoustumez; & ainsi qui vendra char puante; & avec ce, sera ᵏ arse.

(5) Item. Que quiconque trouvera bestes *(iii)* espaves, les doibvent admener au Maire, affin de la rendre à cellui à qui elle sera *(kkk)* obées qui en facent foy, & monstrent par gens creables.

CHARLES V.

à Paris, en Mars 1373. & le 9. de Novembre 1372.

ᵃ comme simple Bourgeois.
ᵇ à l'assentement T. C. & ob l'assentement, là &, plus bas, R. P. avec.
ᶜ ob. T. C. & R. P.
ᵈ emprès ce, douze Conseillers. T. C. & emprès ceulx. R. P.
ᵉ seront obeissance T. C. & R. P.

ᶠ avec
ᵍ les absents.

ʰ Phaloise. R. P.

ᶦ & tout aussi. T. C. & R. P.
ᵏ brûlée.

NOTES.

(yy) Alliennera.] Ce mot est corrompu. Il y a *eslevera* dans T. C. & *allevera* dans R. P. Je crois que cela signifie *que le Maire ne fera point de mauvais reglemens*.

(zz) Conseilleront.] Le Maire fait aussi prêter serment aux autres Eschevins.

(aaa) Termes.] Les jours marquez pour le jugement des procez. Voyez le Glossaire de du Cange, au mot, *terminus*. 4.

(bbb) Relevée.] Voy. le Glossaire de du Cange, aux mots, *relevatio* 1. & *relevaia*.

(ccc) Mayzé.] *Mezée*, là & plus bas, T. C. & R. P. Ce mot est expliqué un peu plus bas; *Maizée & convocations*.

(ddd) Seront tous tenus.] *Tous seront de assentement* T. C. & R. P. Je crois que cela peut signifier, que tous ceux qui composent la Commune, seront obligez d'executer ce qui aura été reglé par le Maire & par ces quatre Pers.

(eee) Payeront.] Voy. cy-dessus, p. 672. l'art. 3. de la Chartre de Commune de la Ville de Roüen.

(fff) Par deffaux.] Cet endroit peut signifier que ceux qui contreviendront en d'autres points aux reglemens de la Commune, payeront les Amendes portées par la Chartre de Commune de Roüen.

(ggg) Aux bans.] Je crois que cela signifie sur les bans, étaux ou petites boutiques qui sont dans le marché.

(hhh) Millargeuse.] *Milhageuse*. T. C. & R. P. Je n'ai rien trouvé sur ce mot.

(iii) Espaves.] Les bestes esgarées. Voy. le Glossaire du Droit François, au mot, *Espaves*.

(kkk) Obées.] *Au ce qu'ilz en facent foy.* T. C. & *ob* de R. P. Je crois qu'il faut preferer la leçon de ces deux Registres, & que ces mots signifient, *pourveu que*.

CHARLES V. à Paris, en Mars 1373. & le 9. de Novembre 1372.
a *Voy.* pag. precedente, Note (ccc).
b *ait.* T. C. & R. P.

(6) *Item.* Quiconques fera tonneaux ou pippes pour vendre, qui ne feront de loyalle *(lll)* moifon, & fera trouvé, payera vingt-cinq Sols; & les tonneaux ou pipes *(mmm)* perdus ou ars.

(7) *Item.* Que touz les moys une foiz, le Maire, Efchevins & Confeilliers & Pairs, fe doibvent affembler en leurs Efchevinage pour les afaire de la Ville & Commune, & tenir leur ᵃ Mayzée emprés le Sain de la Commune fonné; & de tou ce que il auront l'advis & la opinion de chacun, ils fe doibvent tenir à la plus faine partie, & le mettre par efcrit en leurs Papiers.

(8) *Item.* Se aucun Charretier ᵇ ayant receu tonneau ou pipe de vin fur fa charrette, & le vin foit d'un Bourgeois ou Marchand, le dommage qui en avendroit avant que le Charretier l'ait livré au Marchand ou à fon varlet, feroit fur le Charretier : fi cas d'aventure de quoy l'en ne l'en peuft garder, *(nnn)* il cherroit fur le Charretier.

c *tirer.*

(9) *Item.* Se aucun de la Ville met fon Tavernier pour ᶜ traire fon vin, & le Tavernier ne luy *(ooo)* refpont loialment de ce que le vin devra valoir à fon pris, celluy de qui le vin fera, le peut arrefter chez foy & tenir comme en prifon fans offence de juftice, fans luy donner ᵈ maits, pain & eauë, & le peut tenir jufques à tant qu'il foit paiez.

d *mes.* T. C. & *mais.* R. P.

e *doit.* T. C. & R. P.

(10) *Item.* Nul ne ᵉ peut faire faire de courratage fanz licence du Maire, qui le doibt faire jurer que il le fera bien & loyalment au prouffit des Partyes.

f *jufques que.* T. C. & R. P.

(11) *Item.* Nulz Regratiers ne acheteront pour revendre chofe que ce foit, ᶠ jufques la Meffe foit fonnée du my-jour.

(12) *Item.* Que nulz ne vende nulle chofe quelle qu'elle foit, qui doit eftre vendue à ᵍ l'enquant, fanz licence de l'encanteur, ou de celluy qui pour luy fera, à la peine de vingt Sols.

g *encan.*

(13) *Item.* Que nulz Laboureurs ne fe loüent, fe n'eft à la place acouftumée, à peine de perdre fa journée.

(14) *Item.* Mefme chofe de ceulx qui loüent beftes pour charrier.

(15) *Item.* Que à ladiéte peine, il oftent chacun devant fa maifon, fumiers & ordures, chacun en droit de foy, & ʰ boutent hors de la Ville.

h *portent.*

i *traient.* T. C.
k *à.* R. P.

(16) *Item.* Que ceulx qui ont buefs, ⁱ trainent hors de la Ville les charoingnes mortes, ᵏ ob certain falaire, & à ladiéte peine.

l *fuerres.* T. C. & R. P. *Cordonniers. Voy.* cy-deffus, pag. 272. Note (c).
m *cuir.*
n *mauvais.*
o *font.*

(17) *Item.* Que nulz ˡ fueres ne meflent nulle piece de mouton avec ᵐ cordouan, ne facent ⁿ faulx ouvrages; & pour chacune faulte où il fera trouvé, payera vint Sols; & s'ils ᵒ font de faulx ouvrage, ils feront ars.

(18) *Item.* Que nul ne gette eaulx puantes ne ᵖ ordes, és ruës, où puiffent tenir dommage à nul.

p *ordures.* T. C.
q *chafcun.* T. C. & R. P.

(19) *Item.* Que ᑫ nul endroiét foy *(ppp)* amende & tiennent en dert les *(qqq)* paffages, aux mieulx de fon povoir.

(20) *Item.* Que le Maire doit mettre regardeurs fur les Bouchers & Poiffonniers, qui jurent & rapportent fe il font chofes qui ne foit bien à poinét.

r *Voy.* cy-deffus, pag. 601. Note (i).
f *bonnes.*
t *brûler.*
u *payer.*
x *auffi.*

(21) *Item.* Le Maire a regard fur Coudre, fur ʳ Merrien, fur *(rrr)* Failhard, fe lefdiétes chofes ne font ˢ marchandes; & de les faire ᵗ arder ou de leur faire ᵘ gaigner l'Amende, ainfi qu'il fera à faire; & ˣ autreffi a regard fur cuirs tanez, à fçavoir s'ils font

NOTES.

(lll) Moifon.] Mefure. *Voy. Borel,* au mot, *Moifon.*

(mmm) Perdus.] Cela peut fignifier que ces tonneaux feront defaits ou brifez.

(nnn) Il cherroit.] Cette difpofition paroît bien contraire à l'équité. Peut-être faut-il corriger, *il ne cherroit.* Il femble d'ailleurs qu'il manque quelques mots dans la fin de cet article.

(ooo) Refpont.] rnt. T. C. ne luy paye le vin qu'il a répandu par fa négligence; car je crois qu'il faut fuppléer dans cet article, que le Tavernier a répandu & laiffé perdre le vin qu'il étoit chargé de tirer.

(ppp) Amende.] Tiennent en bon état. Je n'ai rien trouvé fur le mot *en dert.*

(qqq) Paffages.] Ce mot fignifie un chemin, & quelquefois un fentier. *Voy. le Gloff. de du Cange,* au mot, *paffagium.*

(rrr) Failhard.] *Saillard.* T. C. & R. P. Heftre qui fe nomme prefentement *Fayart* dans le Lyonnois. *Voyez le Dictionnaire de Trevoux,* à ce mot.

Marchands ou non; & sur toutes aultres Marchandises venant, en toutes manieres, pour le bien de Justice.

(22) *Item.* S'ensuit la maniere de ª peser la *(fff)* miche, la foüasse, le pain *(ttt)* ᵇ ô sa flour, & celuy ô tout.

Et premierement. Quand fourment vault le boyceaux deux Sols six Deniers, ᶜ un boyceau doit avoir trente pains, chascun d'un ᵈ denier, ô toute sa fleur; & devra peser chacun pain tout cuit, dix-sept onces; & se le l'en fait miche & *(uuu)* reparon, la miche doit peser douze onces ᵉ largement, & le reparon qui est fait après, doit peser le tiers plus que le pain ô toute sa fleur; c'est à sçavoir, vingt-quatre onces.

(23) *Item.* Doit peser le pain de ᶠ mesture ô toute sa fleur, d'un denier, autant comme le reparon de froment; c'est à sçavoir, vingt-cinq onces; & se la fleur est *(xxx)* triée de la mesture, le pain qui seroit fait après, doit peser *(yyy)* au pris.

(24) *Item.* Quand Fourment vault le boyceau cinq Sols, ᵍ un boyceau doit avoir trente pains, chacun de deux deniers, ô toute sa fleur; & doit peser chascun pain dix-sept onces tout cuit; & la miche doit peser douze onces, & le reparon douze onces.

(25) *Item.* Quand le bled fourment vault dix Sols, un ʰ boyceau doit avoir trente pains, chascun de quatre deniers, ô toute sa fleur; & doit peser chascun pain tout cuit, dix-sept onces; & la miche douze, & le reparon vingt-quatre.

(26) *Item.* Quand fourment vault le boyceau quinze Sols, le pain ô toute sa fleur, de quatre deniers, doit peser onze onces larges; & la miche huit onces, & le reparon saize.

(27) *Item.* Quand fourment vault le boyceau vingt Sols, le pain ô toute sa fleur, de six deniers, doit peser douze onces & demye; & la miche de six deniers, neuf onces, & le reparon dix-huit & les deux parts d'une once. Quand fourment vault le boyceau trois Sols, le pain de deux deniers, ô toute sa fleur, doit peser vingt & une once; & la miche de deux deniers, dix-neuf onces, & le reparon de deux deniers, doit peser quarante-deux onces.

(28) *Item.* Quand fourment vault le boyceau quatre Sols, le pain de un denier, ô toute sa fleur, doit peser tout cuit, dix onces & demye; & la miche de un denier, sept onces larges, & le reparon quinze & les trois parts d'une once; & ⁱ chascun des pains dessus dicts est de deux deniers, chascun doit peser la moytié plus.

(29) *Item.* Quant fourment vault le boyceau six Sols, le pain de un denier, ô toute sa fleur, doit peser sept onces, le reparon dix onces & demye, la miche cinq onces, de un denier, ᵏ à la value; & se fourment vaut douze Sols, chascun des pains dessus dicts de deux deniers, ˡ ne doit peser mais comme celuy qui est faict pour un denier, au pris de six Sols le boyceau.

(30) *Item.* Quant fourment vault le boyceau sept Sols, le pain ᵐ ô toute sa fleur, de deux deniers, doit peser tout cuyt, douze onces; & la miche de deux deniers, doit peser huict onces & demye, & le reparon dix-huit onces, à deux deniers le pain.

(31) *Item.* Quant fourment vault le boyceau huit Sols, le pain ô toute sa fleur, de deux deniers, doit peser tout cuyt, dix-neuf onces & le tiers d'une once; la miche de deux deniers, doit peser sept onces, & le reparon quinze onces & demye, à deux deniers le pain.

(32) *Item.* Qant fourment vault le boyceau neuf Sols, le pain de deux deniers, ô toute sa fleur, doit peser tout cuyt, neuf onces & le quart de demy once; *(zzz)* de

CHARLES V.
à Paris, en Mars 1373. & le 9. de Novembre 1372.
ª *que doit peser.* T. C. & R. P.
ᵇ *avec.*
ᶜ *au.* T. C.
ᵈ *Voy. cy-dessus,* pag. 500. Note (c).
ᵉ *à bonne mesure.*
ᶠ *moufsture.* R. P.
ᵍ *ou.* T.C.R.P. *li & plus bas.*
ʰ *soiss.* T. C. & R. P.

ⁱ *sc.*

ᵏ *à proportion.*
ˡ *ne doit pas peser autant.*

ᵐ *au.* T. C. *li & plus bas.*

NOTES.

(fff) Miche.] Petit pain. Voy. le Gloss. di du Cange, au mot, *Mica*, & le Dictionn. etymolog. de Menage, au mot, *Miche, Foüasse, Galette* ou *Gâteau*, sur lequel Voy. le même Dictionnaire, au mot, *Foüace*.

(ttt) O sa flour.] Je crois que cela signifie, du pain blanc fait avec de la fleur de farine, ou de la farine blanche, & du pain bis fait avec de la farine grossiere, dans laquelle il y a quelques parties de son.

(uuu) Reparon.] Sorte de pain sur lequel je n'ai rien trouvé.

(xxx) Triée de la mesture.] Si par le moyen du Bluteau, la fleur de farine est triée & séparée de la farine blanche.

(yyy) Au pris.] Cela peut signifier, *doit avoir le même poids*, ou bien *à proportion*.

(zzz) De deux deniers.] Avant ces mots, il manque ceux-cy: *& la miche*, qui se lit dans tous les articles precedents.

684   ORDONNANCES DES ROYS DE FRANCE

CHARLES V.
à Paris, en Mars 1373. & le 9. de Novembre 1372.

deux deniers, sept onces & demye, & le reparon à deux deniers, doit peser trois onces & trois quarts.

a pezet. T. C.

(33) *Item.* Quant fourment vault le boyceau onze Sols, le pain de quatre denier, ô toute sa fleur, doit peser tout cuyt, quatorze onces & les deux parts d'une once; & la miche unze onces, & le reparon de quatre deniers, doit peser vingt-deux onces; & peult l'en faire audict pris, pain de deux deniers.

(34) *Item.* Quant fourment vault le boyceau douze Sols, *(aaaa)* ô sa fleur, de quatre deniers, ª doit peser tout cuyt, quatorze onces; & la miche neuf onces & demye; le reparon de quatre deniers, vingt & une once; & s'en peut faire pain de deux deniers.

b d'une. T. C. *& R. P.*

(35) *Item.* Quant fourment vault treize Sols, le pain de quatre deniers, ô toute sa fleur, poise tout cuyt, treize onces; & la miche huit & demye, & le reparon dix-huit & les deux parts ᵇ de demie.

(36) *Item.* Quant fourment vault quatorze Sols, le pain de quatre deniers, ô toute sa fleur, poise cuyt, douze onces; & la miche huit onces; le reparon de quatre denier, dix-neuf onces & demye.

(37) *Item.* Quant fourment vault le boyceau saize Sols, le pain de quatre deniers, ô toute sa fleur, poise cuyt, dix onces demye; & la miche doit peser sept demye; le reparon quinze onces & demye, & les trois parts d'une once.

(38) *Item.* Quant fourment vaut le boyceau dix-sept Sols, le pain de quatre deniers, ô sa fleur, doit peser tout cuyt, neuf onces & les trois parts d'une; la miche six onces & demye, & le reparon quatorze onces & demye.

(39) *Item.* Quant fourment vault le boyceau dix-huit Sols, le pain de quatre deniers, ô sa fleur, doit peser cuyt, neuf onces; la miche six onces, & le reparon treize onces demye.

(40) *Item.* Quant fourment vault le boyceau dix-neuf Sols, le pain ô sa fleur, de quatre deniers, doit peser tout cuyt, huit onces trois quars; & la miche doit peser six onces, & le reparon quatorze onces.

(41) *Item.* Doit peser le pain d'orge, ô toute sa fleur, la moytié plus que le pain, ô toute sa fleur, de fourment.

c exempcionum. T. C. & R. P.
d Turonen. &c. T. C. & R. P.
e sepefactam. T. C. & R. P.

f presencium continenciam. T. C. & R. P.

Quocirca Prefatis Burgensibus & habitatoribus dictæ Villæ nostræ Engolismensis, ex dictis nostris certa scientia, speciali gratia & plenitudine Regiæ potestatis, damus & concedimus tenore presentium, plenam, generalem & liberam potestatem ac mandatum speciale, præfatam Communiam, modo & forma supra scriptis in dicta Villa nostra Engolismensi, auctoritate nostra ordinandi, ponendi & instituendi Majorem, Scabinos ac Juratos instituendi, ac præmissa omnia & singula faciendi & exercendi, quæ ad ipsam spectant Communiam & spectare noscuntur, prout superius est plenius expressatum, & sicut dicti Major, Scabini & Burgenses dicti loci Sancti Joannis Angeliacensis, possunt & debent facere authoritate ejusdem: Mandantes nichilominus Baillivo nostro ᶜ Exemptorum ᵈ Turonensi, Engolismensi & Xantonensi, ceterisque Justiciariis & Officiariis Regiis, ac Regni nostri, aut eorum Locatenentibus, & eorum cuilibet, pro ut ad eum pertinuerit, presentibus & futuris, quatenus ᵉ suprafatam Communiam, cum omnibus & singulis, ac modo & forma præmissis, in prædicta Villa nostra Engolismensi poni, ordinari & institui permittant; ac memoratos Burgenses & habitatores ipsius Villæ nostræ, eorumque successores, eadem gratia, secundum formam & tenorem nostræ presentis concessionis & gratiæ, uti & gaudere faciant & procurent temporibus perpetuis, pacifice & quiete, & contra ᶠ presentem Communiam, ipsos ac dictos successores nullatenus inquietent vel molestent, seu inquietari vel molestari de cetero patiantur à quoquam; ordinationibus, defensionibus & mandatis ad hoc contrariis, nonobstantibus quibuscumque. Et ut hec omnia & singula [*(bbbb)* perpetuo

NOTES.

(aaaa) O sa fleur.] Il manque aussi en cet endroit ces mots: *le pain.*

(bbbb) Perpetuo.] Au lieu de ce qui est entre deux crochets, il y a dans T. C & R. P. *perpetuæ stabilitatis robur de cetero.*

stabilitatem apud cunctos] *habeant, Sigillum nostrum his presentibus apponi fecimus: Salvo in aliis jure nostro, & in omnibus quolibet alieno.* Datum Parisiis, anno Domini millesimo trecentesimo septuagesimo tertio, & decimo Regni nostri, mense Martii.

CHARLES V.
à Paris, en Mars 1373. & le 9. de Novembre 1372.
a *Le Registre* R. P. *fouit à ce mot.*

(*cccc*) Sur le reply desdictes Lettres est escript. *Per Regem in Consilio*; & à costé sur ledict reply, est escript. VABAVHAL

Collatio facta cum Literis originalibus suprascriptis.

Et sur ledict reply est encores escrit. *Registrées en Cour des Aydes, Ouy le Procureur general du Roy, pour joüir tant par les manans & habitans de la Ville d'Angoulesme, que par lesdicts Maire, Eschevins & Conseilliers d'icelle, de l'effect & contenu, suivant & aux charges portées par l'Arrest de ladicte Cour du jourd'huy. A Paris, le vingt-sixiesme jour d'Octobre, l'an mil six cens neuf. Signé.* DUPUY.

Et sont lesdictes Lettres scellées du grand Sceau de cire verte, sur las de soye rouge & verte.

NOTE.

(*cccc*) *Sur le reply.*] Il y a dans T. C. *Per Regem in suo Consilio*. J. TABARI. & c'est ainsi que finissent ces Lettres dans ce Registre.

Rrrr iij

SUPPLÉMENT

pour les Pieces contenuës dans ce Volume.

* *Supplément.*] Différentes raisons ont empêché que ces Pieces n'ayent été mises à leur place. Elles seront rangées dans leur ordre, dans la Table Chronologique des Ordonnances, qui sera à la fin de ce Volume.

CHARLES V.
à Paris, le 5. de Novembre 1368.

(a) Lettres qui portent que les Libraires, les Ecrivains, les Relieurs & les Parcheminiers de l'Université de Paris, & ses Serviteurs, seront exempts du guet dans cette Ville.

CHARLES par la grace de Dieu Roy de France, au Prevost de Paris ou à son Lieutenant: Salut. Ouye la supplication qui Nous a esté faite de par nostre très chere Fille l'Université de Paris, pour leurs Serviteurs, Libraires, Escrivains, Relieurs de livres & Parcheminiers, contenant que vous ou vos Commis, ou autres Cinquanteniers ou Dizainiers de nostre Ville de Paris, vous estes efforcez, & voulez & veulent s'efforcer de les contraindre à faire guet & garde de nostre dicte Ville, de jour & de nuit, quant vient à leur tour, comme nos autres sujets habitans de nostre dite Ville; dont les Docteurs, Maistres, Bacheliers, Escholiers, & Estudians de ladite Université, ont esté & sont, si comme Nous avons entendu plusieurs fois, empeschez & delayez en leurs œuvres & besognes, contre la teneur des privileges octroyez à nostre dite Fille l'Université, & à leurs Serviteurs dessus dits; Nous desirans nostre dite Fille l'Université, & les Serviteurs d'icelle, joüyr de leurs privileges, voulons & vous mandons que les dits Serviteurs de l'Université, desquels ne Nous a baillez les noms par écrit; c'est à sçavoir, Maistre Foucault de Dole, Jean de Beauvais, Jean de la Porte, Roland Gautier, Henry Luillier, Estienne Ernoul, Guillaume Lescouvet, Agnès d'Orleans, Denis Benart, Philippot de Troye, Jean Chastaigne, Antoine de Compiegne, Guilleaume le Comte & Jean Lavenant, Libraires; Thevenin Langevin, Estienne de Fontaines, Raoulet d'Orleans, Jean le Bourguignon, Perrain Cartain, Colin de Moncornet, Robert Langlois, Lyvon du Ru, Adam Langlois, Robert Vernier & Pierre des Ventes, Escrivains; Jean le Noir, Pierre de Blois, Phelibert Langele, Pierre le Normant, Jacques le Riche, Jean de Sez, Jean Darcy, Perrin Remy, Joachim Troisflivres, Guillaume le Lorrain, Jean Passemer, Robert Lescuyer, Robin Quarré, Jean Grenet & Perrin Darraines, Enlumineurs; Jean de Ducile, Mathieu Coignie, Tevenin le Lantenier, Denisot de Soines, Michelet Marcure & Rogier de Ruë-neuve, Relieurs de Livres; Jean l'Hermite, Yvain le Clerc, Jean Poillane, Henry le Petit, Pierre Davy & sa mere, Yvain le Bourguignon, Jean Courrat, Girart de Soissons, Robert Emelot, Robert Pelerin, Jean des Champs, Andriet Passemer, Michaut le Pere, Pierre Emelot, Jean de Beauvais, Thiery de Fontaines, Jean Jovan & Jeannin Lallemant, Parcheminiers, vous ne contraigniez, ne souffrez estre contraints par Quarteniers, Cinquanteniers, Dixeniers ou autres Officiers ou Commissaires, à faire guet ne garde par nuit ne par jour, en ladite Ville de Paris; ains les en tenez &

NOTE.

(a) Recueil des Privileges de l'Université de Paris, (*par du Boulay.* Paris 1674. in-4.° p. 82)

DE LA TROISIÉME RACE.

faites tenir paisibles; & se pour l'occasion dessus dite, aucuns de leurs gages ou biens font pris ou empêchez, faites leur rendre & delivrer sans delay. Car ainsi le voulons Nous estre fait & l'avons octroyé & octroyons à nostre dite Fille & aux personnes dessus dites, de grace special; nonobstant Ordonnances ou deffenses au contraire. Donné à Paris, le 5.ᵉ jour de Novembre, l'an de grace 1368. & de nostre Regne le cinquiéme. Par le Roy, & plus bas, Yvo, avec paraphe.

CHARLES V.
à Paris, le 5. de Novembre 1368.

(a) Lettres portant que le Vicomte de Rochechouart & ses sujets, seront exempts de tous Impôts; à l'exception de ceux qui seront levez pour les guerres, ou pour les dépenses communes de cette Vicomté.

CHARLES V.
à Paris, en Avril 1369.

KAROLUS, &c. Notum facimus universis presentibus & futuris, quod Nos reducentes ad memoriam laudabilia & immensa servicia nostris Predecessoribus ac Nobis, per dilectum & fidelem nostrum Ludovicum Vicecomitem de (b) Rupe-Cavardi, ejusque predecessores, in guerris nostris, elapsis temporibus & aliàs exhibita multis modis; considerantes eciam quod ipse Vicecomes, tam pro se successoribusque suis, quam ejus subditis, in nostris subjeccione & obediencia ᵃ erga Nos tanquam eorum superiorem Dominum racione superioritatis & ressorti Ducatus Aquitanie, & coram Nobis seu in nostra Parlamenti Curia, prout consueverunt antiquitus, ressortiri promisit; Volentes eis propter hoc, & presertim quia Nos ipsorum Dominum superiorem, tanquam veri subditi recognoscunt & fatentur ut debent, eos munire nostris favore & gracia, ex quibus honoris & commodi assequi valeant bonum fructum, prefatum Vicecomitem, ac universos & singulos ejus subditos, necnon heredes & successores ipsorum, terrasque & loca dicti Vicecomitis in (b)   Aquitanie predicto existentia, ab omnibus Imposicionibus, Tailliis, Gabellis, Sallinis, ᵇ Focagiis, aliisque exaccionibus aut subvencionibus quibuscunque, per Nos seu successores nostros, quacunque occasione sive causa, in terris, locis, subditis & Juridicionibus predictis, de cetero imponendis, ex certa sciencia nostraque auctoritate Regia & speciali gracia, libere & perpetuo exemimus & eximinus per presentes, ac ipsum Vicecomitem & subditos suos predictos, exemptos, immunes & liberos eciam à predictis omnibus & singulis voluimus & volumus, ac pro Nobis nostrisque Successoribus pure & irrevocabiliter ordinamus; exceptis tamen Imposicionibus, Tailliis, Gabellis, Sallinis, Focagiis, aliisque exaccionibus & subvencionibus, que & quas pro guerris nostris in dictis locis & terris dicti Vicecomitis & Vicecomitatus predicti, aut pro statu & utilitate ejusdem Vicecomitis; & hoc casu, de assensu, voluntate & auctoritate nostris, haberent indici vel imponi. Quapropter dilectis & fidelibus Gentibus Compotorum nostrorum & Thesaurariis nostris Parisius, ᶜ ab universis & singulis Justiciariis nostris, ac Commissariis super hoc deputatis vel deputandis, & eorum Locatenentibus, presentibus & futuris, ac eorum cuilibet, precipimus & mandamus, quatenus prefatum Vicecomitem heredesque & successores suos ipsiusque subditos, nostris presentibus exempcione & gracia uti & gaudere perpetuo faciant & procurent, & contra tenorem presentium ipsos vel eorum aliquem, impediant nullatenus vel molestent; non obstantibus quibuscunque Ordinacionibus seu revocacionibus per ᵈ Noz vel Predecessores nostros in contrarium factis vel faciendis, que nostre presenti gracie possent obsistere quovismodo; Nos enim quicquid in contrarium factum vel attemptatum per quemcunque fuerit, ex nunc prout ex tunc revocamus, ac nullius declaramus & decernimus esse roboris vel momenti. Quod ut firmum, &c. salvo, &c. Actum & datum Parisius, mense Aprilis, anno Domini millesimo ccc.° sexagesimo nono, Regni vero nostri sexto.   Visa.

Per Regem. ᵉ Contentor. T. HOCIE.

a Je crois qu'il manque là quelques mots.

b Foüages, Impositions par Feux.

c ac.

d Nos.

e Voy. cy-dessus, p. 22. Note (h).

NOTE.

(a) Tresor des Chartres, Registre 99. P. 393.
Voy. cy-dessus, p. 190. Note (a).

(b) Rupe Cavardi.] Rochechouart, dans le Limousin. Voy. Notit. Gall. Valesii, au mot, Rupes Fulcaudi & de Rupibus.
(c) Il y a là un mot en blanc dans le Registre, c'est sans doute Ducatu.

CHARLES V, à Paris, en May 1369.

(a) Lettres qui portent que les Villes du Crotoy & de Mayoc en Ponthieu, feront unies inséparablement au Domaine de la Couronne.

a Nos.

KAROLUS, &c. Ad perpetuam rei memoriam. Celestis altitudo potencie que super cuncta tenet imperium, & que ª Noz sua benignissima disponente gracia, stabilivit in Regem & ad Regni fastigia provexit, divinitus nos amonet, ut ipsam & ejus subditos in pacis tranfquillitate tenere & fovere, & circa ea que ipsius Regni & nostrorum subditorum, presertim illorum qui ab antiquo de proprio Corone Francie Domanio consistunt, conservacionem, custodiam & tuicionem ac nostri obedienciam concernunt, vacare, distractaque seu alienata à manu Regia, ad statum pristinum redducere intendamus & curemus solicitudinibus indefessis, ut dum se senserint per Regiam solicitudinem & potenciam in securitate ac pacis & transquillitatis dono remanere & deffendi, in nostre celsitudinis obsequiis & obediencie, reddantur libencius prompciores. Sane considerantes grata & laudabilia servicia que dilecti nostri Major, Scabini & tota Communitas Villarum nostrarum de Croteyo & de Mayot, Nobis fideliter impenderunt, qui tanquam boni, veri & fideles, ac in voluntate perfecta persistentes, Nos in suum naturalem & superiorem Dominum recognoscentes, se in nostra obediencia liberè ac voluntariè reddiderunt; attendentes etiam

b ten. R.
c fort. supplicarunt.
d Ponthieu.

quod sicut antiquorum Patrum ᵇ tenet assertio, res de facili ad suam propriam reverititur naturam, Major, Scabini & Communitas predicti, Nobis humiliter ᶜ supplicantes, ut cum Ville, Castrum & Castellania predicte, fuerint menbra Comitatus ᵈ Pontivi, qui ab antiquis temporibus de proprio Domanio Corone Francie extiterunt, Villas, Castrum & Castellaniam supradictas, cum omnibus pertinenciis & deppendenciis eorundem, eidem Domanio nostro & Corone Francie unire, applicare & annexare perpetuo dignaremur: Notum igitur facimus universis tam presentibus quam futuris, quod hiis & pluribus aliis justis & legitimis causis nostrum animum ad hoc moventibus, habita super hoc cum dilectis Gentibus nostri magni Consilii deliberacione matura, pensataque utilitate perpetua Regni nostri, Villas, Castrum & Castellaniam de Crotoyo & de Mayot predictas, una cum ipsorum pertinentiis & deppendenciis universis & singulis, de nostris speciali gracia, certa sciencia, auctoritate & plenitudine nostre Regie potestatis, ad Nos & successores nostros Reges Francie, perpetuo rettinemus, ad propriumnecnon & immediatum Domanium Regium & Coronam Francie, absque aliquo medio annexamus, aggregamus, adjungimus, applicamus, ponimus & unimus, ac Nobis & dictis Successoribus nostris, & ipsis Domanio & Corone sine aliquo medio retenta, annexa, aggregata, adjuncta, applicata, posita & unita nunc & imperpetuum fore decrevimus & decernimus per presentes; promittentes bona fide pro Nobis & successoribus nostris Francie Regibus, predictas Villas, Castrum & Castellaniam de Crotoyo & de Mayot, cum universis pertinenciis, ac Majore, Scabinis & habitantibus predictis, presentibus & futuris, in & sub recto & proprio immediato Domanio Regio & Corona Francie, perpetuis temporibus tenere, regere, permanere, & tanquam de & sub dictis Domanio & Corona immediate existentes, conservare, deffendere & garantizare erga & contra omnes, absque eo quod Nos aut successores nostri Francie

e Appanage. Voy. le 4.ᵉ Vol. de ce Rec. p. 689.
f immediato.

Reges, racione ᵉ Freragii, partagii, appenagii, dotis, divisionis, transactionis, infeodacionis, aut alia quacunque de causa, à dictis Domanio ᶠ immedieato & Corona, futuris temporibus amovere seu separare vel disjungere quomodolibet valeamus; omnibus aliis privilegiis eisdem Villis, Castro & Castellanie, ac Majori, Scabinis & Communitati earundem, per Nos & predecessores nostros Reges Francie concessis, in suo robore permansuris. Quod ut firmum, &c. salvo, &c. Datum Parisius, anno Domini M.º CCC.º sexagesimo nono, & Regni nostri VI.º mense Maii. *Visa.*
Per Regem, in suo Consilio. N. DE VEIRES.

NOTE.

(a) Tresor des Chartres, Registre 99. Piece 615. Voyez cy-dessus, p. 173. Note (b).

(a) Lettres

(*a*) *Lettres qui portent que l'on ne pourra lever d'Impôts dans Abbeville & dans les autres Villes du Comté de Ponthieu, qu'à leur profit ou de leur consentement.*

CHARLES V.
au Palais à Paris, en May 1369.

CHARLES, &c. Savoir faisons à tous presens & advenir, que pour la bonne & vraye amour, loyaulté & obéïssance que Nous & noz predecesseurs Roys de France, avons tousjours trouvé & trouvons de jour en-jour en noz très bons, vrays & loyaux subgiez lez Maire & Eschevins, & les autres Bourgeois & habitans de nostre Ville d'Abbeville, & dez autres Villes & lieux du Conté de Pontieu, & pour aucuns très bons, très grans & très agreables services que il Nous ont de nouvel fais, & aussi pour plusieurs autres très bonnes & justes causes touchans l'onneur & le profit perpetuel de Nous & de nostre Royaume, Nous par très grant, très bonne & très meure deliberacion sur ce euz avecques nostre Conseil, avons octroïé & octroions par ces presentes, auz dis Maire & Eschevins, Bourgeois & habitans de nostre dicte Ville d'Abbeville, & des autres Villes & lieux dudit Contée de Pontieu, que jamez pour quelxconques causes ou occasions que ce soit, Nous ne mettrons, asserons ou imposerons, ne ferons ou souffrerons courre ne mettre & asseoir ou imposer en ladicte Ville d'Abbeville, ne en aucune dez autres Villes ou lieux dudit Contée, aucunes Imposicions, Aydes ou autres Subsides, se ce n'est au proufit d'icelles Villes, & à la requeste des Maires & Eschevins, Bourgois & habitans d'icelles, ou de leur consentement. Et que ce soit ferme, &c. Sauf, &c. *Donné en nostre Palais à Paris, l'an de grace mil ccc. soixante & neuf, & le sizieme de nostre Regne, ou moys de May.*

Par le Roy, en son Conseil. P. BLANCHET.   *Visa.*

NOTE.

(*a*) Tresor des Chartres, Registre 99. Piece 614. *Voyez cy-dessus*, p. 173. Note (*b*).

(*a*) *Lettres par lesquelles sont annulez les procez meus pendant que le Roy d'Angleterre étoit Maître d'Abbeville, entre son Procureur & celui de la Ville, par rapport à la Jurisdiction Royale & celle de la Ville.*

CHARLES V.
au Palais à Paris, en May 1369.

CHARLES, &c. Savoir faisons à tous presens & advenir, que comme ou tems que nostre Ville d'Abbeville en Pontieu, fu mise derrainement en nostre main, plusieurs plais & procès fussent meuz entre le Procureur du Roy d'Engleterre d'une part, & le Procureur de ladicte Ville d'autre, & eussent esté faites aucunes appellacions pour aucuns cas touchans la Juridicion du Maire & dez Eschevins de la dicte Ville; Nous à la supplicacion dez diz Maire & Eschevins, & des autres Bourgeois & habitans d'ycelle Ville, leur avons octroyé & octroions par ces presentes, de nostre auctorité Royal & de grace especial, que toutes & tous procès & appellacions fais & faictes entre les dictes Parties, depuis que ladicte Ville fu ᵃ bailliée audit Roy d'Engleterre, & pour tout le tamps que elle y a esté, soient nulx & de nulle valuë, & yceulx anichilons par ces presentes, & voulons estre tenus & reputez à tousjours mez pour nulx & de nulle valuë; & que les Juridicions de Nous & de ladicte Ville soient & demeurent entieres, en tel estat comme elles estoient quant le Contée de Pontieu fu baillé au Roy d'Engleterre. Et que ᵇ ce soit ferme, &c. Sauf, &c. *Donné en nostre Palais à Paris, l'an de grace mil ccc. soixante & neuf, & le sizieme de nostre Regne, ou mois de May. Visa.*

a par la paix de Bretigny.

b ce.

Par le Roy, en son Conseil. P. BLANCHET.

NOTE.

(*a*) Tresor des Chartres, Registre 99. Piece 612. *Voyez cy-dessus*, p. 173. Note (*b*).

CHARLES V.
au Bois de Vincennes, le 5. de Novembre 1369.
a *Vaiſſelle.*

(*a*) *Mandement pour faire une fabrication d'Eſpeces.*

CHARLES par la grace de Dieu Roy de France. A noz amez & feaulx les Generaulx-Maiſtres de noz Monnoyes, & à Pierre de Landes Changeur de noſtre Treſor à Paris, & commis à faire ouvrer noſtre propre [a] vaiſſelement d'Argent, & autres à Nous nouvellement preſtez pour le fait de noz guerres : Salut. Comme pour la grant & évidente neceſſité que Nous avons d'Argent à preſent, pour ſouſtenir le fait de noz guerres, Nous ayons requis noſtre amé Berthelemy Spiffame Marchant & Bourgeois de Paris, qu'il Nous preſte preſentement la ſomme de trois mil francs, ou ce qu'il pourra bonnement, & il Nous ait octroïé gracieuſement ce que requis luy avons en ceſte partie; [b] par ce toutes voyes que pour ce qu'il n'a mie à preſent en comptant de quoy il Nous peuſt faire ledit preſt, ſi comme il dit, Nous luy avons accordé qu'il puiſt meſtre preſentement ſix cens Marcs d'Argent en Vaiſſelle en noſtre dite Monnoye de Paris, & iceulx luy avons promis faire ouvrer & monnoyer illec, toſt & haſtivement, en telz deniers comme ceulx que Nous avons n'agueres fait faire de noſtre dite propre Vaiſſelle, & des dites autres qui nouvellement Nous ont eſté preſtées; & du comptant qui en [c] yſtera, luy avons promis faire rendre & paier pour chaſcun des dicts ſix cens Marcs d'Argent, cent quinze Sols Tournois, afin qu'il Nous puiſt pluſtoſt & plus preſtement ſecourir & aider dudit preſt que demandé & requis luy avons, comme dit eſt. Pour ce eſt-il que Nous mandons à vous Generaulx-Maiſtres de noz Monnoyes, & à chaſcun de vous, que les dits VI. c. Marcs d'Argent, vous faictes ouvrer & monnoyer en la forme & maniere que vous avez fait faire de noſtre dite propre Vaiſſelle, & des dites autres à Nous nouvellement preſtées, comme deſſus eſt dit, & à toy Changeur deſſus dit, que tu reçoive dudit Berthelemy les dits VI. c. Marcs d'Argent, & iceulx ſay tantoſt & haſtivement ouvrer & monnoyer en la forme & maniere que cy-deſſus eſt dit ; & de l'ouvraige & Monnoiage qui en ſera fait, paye tantoſt & haſtivement audit Berthelemy au [d] feur de c. XV. Solz Tournois pour chaſcun Marc, ſi comme accordé luy avons cy-deſſus ; & par rapportant ce preſent Mandement pardevers vous Generaulx-Maiſtres deſſus dits, avec certification des Gardes dudit Argent livré, & recongnoiſſance dudit Berthelemy de ce que payé luy en aura eſté, Nous voulons & vous mandons que de la boeſte qui ſera faicte des dits VI. c. Marcs d'Argent, vous faciez le compte au feur de cent quinze Solz Tournois pour Marc, en la forme & maniere que Nous [e] aurons ordonné qu'il en ſoit payé audit Berthelemy; & par ces preſentes Lettres mandons à noz amez & feaulx les Gens de noz Comptes à Paris, qu'ilz reçoivent & paſſent le [f] conte des dits VI. c. Marcs d'Argent, par la maniere que vous Generaulx-Maiſtres de noz Monnoyes ferez. Car ainſi le voulons Nous, & l'avons octroïé audit Berthelemy de grace eſpecial ; nonobſtant Mandemens, Ordonnances & defenſes à ce contraires, & pour cauſe. *Donné au Bois de Vincennes, le* V.*e jour de Novembre, l'an de grace mil trois cens ſoixante-neuf, & de noſtre Regne le ſixieſme.*

Par le Roy. P. BLANCHET.

b *moyennant.*

c *ſortira, proviendra.*

d *ſur le pied de* [a] 15. *ſols.*

e *avons.*

f *compte.*

NOTE.

(*a*) Regiſtre D. de la Cour des Monnoyes de Paris, *fol.* 7. vingt 4. R.° (144).

Avant ces Lettres, il y a :
Le *Mandement pour faire ouvrer ſix cens Marcs d'Argent, pour Berthelemy Spiffame.*

(*a*) Privileges accordez à la Ville de Caylus de Bonette.

CHARLES V.
à Paris, en Avril après Pasques 1370.

SOMMAIRES.

(1. 2. 3.) *Pendant 10. ans, les habitans de Caylus de Bonette feront exempts d'Impôts; & ne payeront aucuns droits sur les marchandises dont ils feront commerce.*

(4.) *Les murs, les portes & les autres edifices construits par les Consuls & habitants de cette Ville, leur appartiendront ; mais dans les temps de guerre, le Roy pourra faire fortifier ces murs & ces portes, & les faire garder.*

KAROLUS, *&c. Notum facimus universis tam presentibus quam futuris, Nos Litteras cariffimi Germani & Locumtenentis nostri in* ª *Partibus Occitanis, Ducis Andegavensis & Comitis Cenomanensis, vidisse, formam que sequitur, continentes.*

ª Languedoc.

LUDOVICUS *Regis quondam Francorum Filius, Domini nostri* ᵇ *Germanus, ejusque Locumtenens in Partibus Occitanis, Dux Andegavensis & Comes Cenomanensis. Universis tam presentibus quam futuris presentes nostras Litteras inspecturis : Salutem. Quoniam Principis* ᶜ *uniuscujusque statui decens est & honori, ut veros sibi subditos & benivolos ad graciarum firmam largicionem accumulet, ipsosque continuo studio (b) protegat, & supplicaciones pias ac racioni consonas exaudiat, ut eisdem* ᵈ *benemeritis suas peticiones gemello amplexando brachio, graciam largiatur.*

ᵇ Regis, dans les autres Lettres semblables.
ᶜ uniuscujusque.
ᵈ benemerit. R.

(1) *Notum facimus quod Nos attendentes & animadvertentes ad veram, firmam & inmutabilem dileccionem, quam dilecti nostri Consules & Universitas habitancium loci de* ᵉ *Castucio, erga dictum Dominum nostrum & nos retrolapsis temporibus habuerunt, nunc habent, & in futurum habere sperannus, ipsorum supplicationibus annuere cordis affectu cupientes, volumus & eis concedimus de nostra certa sciencia & gracia speciali, auctoritateque Regia & plenitudine potestatis qua fungimur in hac parte, quod ipsi habitatores de Castucio, plures simul vel singulariter, possint & valeant per Regnum Francie & ipsius Regni partes vel membra quecunque, libere & impune hinc ad decem annos proximos & continuos sequentes, ire,* ᶠ *fare, sejournare per* ᵍ *distrinctus, passagia, portus, pontes passare, & ad patriam suam remeare, cum suis mercaturis quibuscunque & cujuscunque condicionis existant, absque eo quod ad solucionem cujuscunque Imposicionis, Leude, Pedagii, Barragii, seu alterius cujuscunque exactionis,* ʰ *Imposicionis, locis & districtibus per quos ipsos contingerit dicto durante termino ire & transire, indicte seu iterum indicende (c).*

ᵉ Caylus de Bonette. Voy. cy-dessus, p. 285. Note (c).
ᶠ mot corrompu.
ᵍ districtus.
ʰ &.

(2) *Item. Quod ad premissa solvenda pro se, mercaturis suis vel animalibus dictas mercaturas suas deferentibus, dicto termino X. annorum durante, minime compelli possint; quin ymo à quibuscunque Taillibus & exactionibus, & per quoscunque (d) ipsas recolligent, quitti & immunes teneantur.*

(3) *Item. Et ex uberiori gracia, volumus & sic fieri ordinamus, quod ipsi Consules, Universitas & singulares de Castucio, hinc ad X. annos continuos completos & proximos sequentes; in quibuscunque exactionibus, subsidiis, Constumis, Taliis aut subvencionibus indictis per dictum Dominum nostrum seu nos, seu qualitercunque dicto durante decem annorum termino indicendis, quitti sint & immunes, nec ad ipsas exacciones, Subsidia, Coustumas, Taillias aut Subvenciones (e) solvendas nec in eis aliqualiter cum aliquibus percipiendas, dicto durante tempore teneantur nec possint astringi.*

NOTES.

(*a*) Trésor des Chartres Registre 102. Pieces.
Voy. cy-dessus, p. 190. Note (*a*).
(*b*) *Protegat.* / Ce mot est très incertain ; car il n'y a dans le Registre que *pt.*

(*c*) Il manque là ces mots, *possint compelli*, ou autres semblables.
(*d*) *Ipsas recolligent.* / Il semble qu'il devroit y avoir, *ipsæ recolligentur.*
(*e*) Il y a là un mot qu'on n'a pû déchiffrer, il y a *Sbent.* Le mot *percipiend.* [percipiendas] qui est plus bas, me paroit aussi corrompu.

Tome V.

CHARLES V.
à Paris, en Avril après Pâques 1370.
a gradiam.
b censum.
c facere.

(4) Item. *Eisdem Consulibus, Universitati & singularibus loci predicti, predictam nostram* ᵃ *circa ipsos ulterius ampliare cupientes, concedimus quod ipsi muros, portas & edifficia dicte Ville per ipsos construcla, teneant & possideant pro nunc & inperpetuum, tanquam sua propria; ipsosque muros, edifficia & portas annuatim & ad certum tempus valeant Consules dicli loci ad* ᵇ *sensum tradere, conducere & collocare, emolumentaque ex hoc provenientia sibi retinere, in usibus vel necessitatibus Ville ponere & converti* ᶜ*; proviso tamen & retento, quod dictus Dominus noster seu nos vel successores sui Reges Francie, aut Locatenentes ipsorum, vel Gentes & Officiarii sui periculis guerrarum eminentibus ac guerrarum tempore durante, predicta possint facere muniri, & ut melius videbitur eisdem, custodiri.*

Predicta autem omnia & singula, sicut superius sunt scripta & eciam expressata, laudamus, approbamus & confirmari facere promittimus per Dominum meum Regem, cum Litteris suis patentibus sigillo viridi sigillatis seu sigillandis, in majorem omnium & singulorum roboris firmitatem. In quorum premissorum fidem & testimonium, presentes Litteras Sigilli nostri secreti in absencia magni, munimine fecimus roborari. Actum & datum Tholose, anno Domini M.º CCC°. LXVIII°. mense Martii.

d mandantes.

Quas quidem Litteras suprascriptas ratas habentes & gratas, ea & omnia & singula in eisdem contenta, laudamus, ratifficamus & approbamus, ac de nostra certa sciencia, auctoritate Regia & gracia speciali confirmamus, & de novo eisdem Consulibus, Universitati & singularibus, predicta, consideracione premissorum, concedimus & donamus per presentes, ᵈ *mandentes universis Justiciariis & Officiariis nostris, presentibus pariter & futuris, aut eorum Locatenentibus, & cuilibet ipsorum, prout ad eum pertinuerit, quatenus dictos Consules, Universitatem & singulares predicti loci, nostra presenti gracia, confirmacione & concessione uti & gaudere pacifice, libere & quiete faciant & permittant sine contradictione quacunque, secundum dictarum Litterarum subscriptarum seriem & tenorem. Quod ut firmum, &c. Salvo, &c.* Datum Parisius, anno Domini M.º CCC. LXX. & Regni nostri VII.º mense Aprilis, post Pascha.
Per Regem. N. DE VEIRES.
Collacio fit cum Litteris originalibus.   *Visa.*

CHARLES V.
à Paris, en Avril après Pâques 1370.

(*a*) Lettres qui portent qu'il sera établi dans la Ville de Naïac en Roüergue, un Viguier, & un Juge ordinaire lequel sera aussi Juge ordinaire de la Ville de Sauveterre.

e Languedoc.

KAROLUS, *&c. Notum facimus universis tam presentibus quam futuris, Nos Litteras Karissimi Germani & Locumtenentis nostri in* ᵉ *Partibus Occitanis, Ducis Andegavensis & Comitis Cenomanensis, suo magno Sigillo in cera viridi & filo serico sigillatas, vidisse, formam que sequitur, continentes.*

LUDOVICUS *Regis condam Francorum Filius, Domini nostri Regis Germanus, ejusque Locumtenens in Partibus Occitanis, Dux Andegavensis & Comes Cenomanensis. Notum facimus universis presentibus & futuris, quod cum Dominus noster Rex, ad supplicationem dilectorum & fidelium suorum, Consulum, Burgensium & habitatorum*

f Naïac. Voy. le 4.ᵉ Vol. de ce Rec. pag. 107. Note (*d*).
g Naïaco.
h le sens de ce mot est expliqué dans la suite de ces Lettres.
i Figeac. Voy. cy-dessus, pag. 264. Note (*c*).

Ville, Castri & Castellanie de ᶠ *Naiaco, certis racionabilibus de causis ipsum ad hoc moventibus, in ipso loco de* ᵍ *Noiaco Vicarium & sedem Vicarii ordinaverit, instituerit & creaverit de novo; qui Vicarius temporibus perpetuis Jurisdictionem in dictis Villa & Castro habeat & exerceat* ʰ *limitatam à Jurisdictione Senescalli, prout Vicarius de* ⁱ *Figiaco, & alii Vicarii aliarum Villarum Senescallie predicte: Verum quia in Litteris dicti*

NOTE.

(*a*) Tresor des Chartres, Registre 102. Piece 261. *Voy. cy-dessus*, p. 190. Note (*a*).

Domini noſtri ſuper hoc predictis ſupplicantibus conceſſis, poteſtas ipſius Vicarii minus plene, ſic ut dicunt, declarata, nec etiam ſit ibidem de Judice proviſum, quod tamen neceſſarium eſt, ut in aliis locis ubi ſunt Vicarii in partibus circumvicinis. Super quibus Nobis humiliter ſupplicarunt Conſules, Burgenſes & habitatores predicti, per Nos de utili remedio provideri. Nos ergo attendentes qualiter propter cordialem obedientiam quam ipſi ſupplicantes ad dictum Dominum noſtrum ſe habere [a] oſtenderunt, ipſe Dominus noſter eoſdem cum favoribus & comodis proſequi affectat gracioſis, eiſdem Conſulibus, Burgenſibus & habitatoribus predictis, de noſtra certa ſcientia graciaque ſpeciali & Regia qua fungimur auctoritate, conceſſimus & concedimus per preſentes, quod in dictis Villa, Caſtro Caſtellaniaque & reſſorto de Naiaco, Vicarius ſic per dictum Dominum noſtrum ibidem inſtitutus & ordinatus, qui nunc eſt aut pro tempore fuerit, habeat & exerceat omnimodam, altam, mediam & baſſam Juriſdictionem pro dicto Domino noſtro Rege, cum [b] mero & mixto Imperio, abſque hoc quod per Seneſcalhum Ruthenenſem preſentem aut futurum, niſi ſolum & dumtaxat in caſu ſuperioritatis & appellacionis & in deffectu Juſticie, poſſit aut debeat aliqualiter impediri. Preterea, ut cum majori deliberacione & caucius ac maturius Juſticia ibidem exerceatur & cuſtodiatur, in dictis Villa, Caſtro, Caſtellaniaque & reſſorto de Naiaco, Judicem & ſedem Judicis ac Judicaturam ordinariam, annexantes cum eadem Judicaturam [c] Salveterre, ex nunc pro futuro, licet in obedientia dicti Domini noſtri mundum exiſtat, inſtituimus ordinamuſque & de novo creamus per preſentes, de certa ſcientia graciaque ſpeciali & auctoritate Regia predictis; qui quidem Judex ſit Aſſeſſor dicti Vicarii, & ſedem ac reſidenciam continuam & principalem teneat in dicto loco de Naiaco, & in univerſo vadiis dicti Judicis incluſis & ſimul computatis, habeat anno quolibet perpetuo ſuper Recepta Regia, & per manus Receptoris Ruthenenſis, pro ſuis vadiis, L.ſa Libras Turonenſes racione Judicature Officii predicti. Quocirca Seneſcallo & Receptori Regiis Ruthenenſibus, ceteriſque Juſticiariis & ſubditis Regiis, qui nunc ſunt & pro tempore fuerint, & cuilibet ipſorum, ut ad eum pertinuerit, damus in mandatis per preſentes, quatenus dictos Conſules, Burgenſes & habitatores, noſtris preſentibus gracia, conceſſione & nova ordinacione uti & gaudere pacifice perpetuo faciant & permittant, nil in contrarium faciendo aut à quoquam fieri permittendo, quodcunque impedimentum ſuper hoc appoſitum aut impoſterum apponendum indilate tollentes & revocantes; Litteris, Ordinacionibus, ſtatutis, uſu & conſuetudine ad hoc contrariis, non obſtantibus quibuſcunque. Quod ut firmum & ſtabile perpetuo perſeveret, has noſtras preſentes Litteras Sigilli noſtri impreſſione fecimus roborari: Jure Regio in aliis, & alieno in omnibus ſemper ſalvo. Datum & actum Tholoſe, anno Domini M.° CCC.° LXIX.° menſe Novembris.

CHARLES V.
à Paris, en Avril après Pâques 1370.
a oſtenderunt. R.

b Voy. cy-deſſus, p. 44. Note (z).

c Sauveterre. Voy. le 3.e Vol. de ce Rec. pag. 154 Note (c).

Quas quidem Litteras ſupraſcriptas ratas habentes & gratas, & omnia & ſingula in eiſdem contenta, laudamus, approbamus, ratificamus, ac ex noſtra certa ſcientia auctoritateque Regia & gracia ſpeciali, conſideracione premiſſorum confirmamus, ac eiſdem Conſulibus, Burgenſibus & habitatoribus de novo conceſſimus & concedimus per preſentes, ſi ſit opus: Dantes tenore preſencium in mandatis Seneſcallo ac Receptori Regiis Ruthenenſibus, ceteriſque Juſticiariis & Officiariis noſtris, preſentibus & futuris, aut eorum Locatenentibus, & cuilibet eorumdem, prout ad eum pertinuerit, quatenus dictos Conſules, Burgenſes & habitatores, & quemlibet eorumdem, modernos & poſteros, noſtris preſentibus confirmacione & gracia, juxta preſentium & ſupraſcriptarum Litterarum ſeries & tenores, uti & gaudere faciant & permittant abſque contradiccione ſeu moleſtacione quibuſcunque; Ordinacionibus, Mandatis ac Litteris in contrarium factis vel faciendis, nonobſtantibus quibuſcunque. Quod ut firmum, &c. Salvo in aliis, &c. Datum & actum Pariſius, anno Domini M.° CCC.° LXX.° menſe Aprilis, poſt Paſcha.

Sic ſignata. Per Regem. N. DE VERRES.

Collacio facta cum Litteris originalibus, per me. N. DE VERRES. Viſa.

CHARLES V.
à Paris, en Avril 1370.

(a) Privileges accordez à la Ville de Sauveterre, en Roüergue.

SOMMAIRES.

(1) *Confirmation des privileges de la Ville de Sauveterre.*

(2) *Les habitants pourront bâtir dans leur Ville une Eglise, pour laquelle ils ne payeront ni (lods & ventes) ni droits d'Admortissement.*

(3) *Les habitants ne pourront être inquietez sur tout ce qui s'est passé avant le jour auquel ils ont prêté serment de fidelité au Roy.*

(4) *Remise générale de tout ce que les habitants de cette Ville peuvent devoir au Roy.*

(5) *Pendant 10. ans, les habitants de Sauveterre seront exempts de tous droits pour les marchandises qu'ils acheteront & qu'ils vendront.*

(6) *Les biens de ces habitants qui ont été confisquez avant le jour auquel ils ont prêté serment de fidelité au Roy, leur seront restituez.*

(7) *Le Seneschal de Roüergue, le Juge de Sauveterre & les autres Officiers Royaux, jureront en entrant en charge d'observer les privileges de cette Ville.*

(8) *Pendant 5. ans, les Consuls du consentement de la plus grande partie des habitants, pourront lever sur eux des deniers qui seront employez aux fortifications de la Ville.*

(9) *Les habitants de cette Ville & ceux de son Bailliage, seront obligez de faire le guet dans la Ville, lorsque les Consuls, appellé le Bailli, le jugeront necessaire.*

(10) *Philippe Cabriolis sera Chastelain de Sauveterre.*

(11) *La Ville de Sauveterre sera unie inseparablement au Domaine de la Couronne.*

(b) K*AROLUS, &c.*

L*UDOVICUS, &c.*

a Sauveterre. Voy. le 3.e Vol. de ce Rec. pag. 154. Note *(c)*.
b Officiers Royaux.

(1) *Notum facimus universis tam presentibus quam futuris, quod Nos attendentes quod auctorizante fidelitate astucia, quam dextera Domini prefulgente, recto Dei tramite prosequitur locus sive Villa* ª *Salveterre, Senescallie Ruthenensis, juste & jure, &c.*
Omnia & quecunque privilegia, Libertates, usus & Consuetudines ipsi Ville sive Universitati, antiquitus per Dominos Francie Reges seu predecessores suos, seu alios Locatenentes aut ᵇ *Curiales ejus nomine, qui pro tempore fuerint, vel alios quoscunque, tam per Litteras quam aliter, & quibus ipsa Universitas utitur ac uti consuevit ab antiquo, confirmavimus, & per presentes confirmamus de nostris certa scientia, auctoritate Regia qua fungimur in hac parte & gracia speciali; volentes ipsam Universitatem & singulares ejusdem, eisdem privilegiis & Libertatibus, statuis, usibus & Consuetudinibus uti sicut prius pacifice & gaudere.*

c Clocher.

(2) *Preterea presatis Consulibus atque Universitati & singularibus, concessimus & concedimus quod ipsi Consules & Universitas dicti loci possint & valeant edificare quandam Ecclesiam in dicto loco, &* ᶜ *Cloquerium in quo sint Campane (b) lacanvanda Ecclesie predicte reddantur ex integro dicte Ecclesie libere; & quod Cloquerium sit (c) Caput Ecclesie; & predicta possint fieri in loco & territorio dicti loci, absque amortisacione & financia quacunque, dicto Dominomeo Regi aut Nobis nec aliis Curialibus aliqualiter solvenda.*

NOTES.

(a) Tres. des Chart. Regist. 102. P. 16. Voyez cy dessus, p. 190. Note *(a)*.

(b) Karolus] Le commencement des Lettres de Charles V. & le Préambule de celles du Duc d'Anjou, sont conformes aux Lettres données en faveur de la Ville de Caylus de Bonette, qui sont cy-dessus, p. 285. L'on a remarqué *ibid.* Note *(b)* que ce Préambule étoit très corrompu. L'on en fait imprimer ici quelques lignes, parce qu'il s'y trouve des fautes différentes de celles qui sont dans les Lettres accordées à la Ville de Caylus de Bonette.

(c) Lacanvanda.] Ce mot que l'on peut lire de différentes manieres, à cause des quatre jambages sans point qui sont au milieu, me paroît corrompu. Peut-être signifie-t-il des lods & ventes, *lauda & venda*; & le sens seroit, que les lods & ventes paiez pour l'acquisition du terrain sur lequel on avoit intention de bâtir cette Eglise, seroient rendus à cette Eglise qui seroit exempte de ces droits, aussi-bien que de ceux d'Admortissement, dont il est parlé un peu plus bas.

(d) Caput Ecclesie.] Cela peut signifier que ce Clocher sera bâti sur la voute de l'Eglise. Voy. le Glossaire de du Cange, au mot, *Caput Ecclesia*.

(3) *Ulterius prefatis Consulibus, Universitati atque singularibus dicti loci Salveterre, concessimus & concedimus per presentes, quod dicti Consules vel singulares ipsius loci non* ᵃ *demnificabuntur aut punientur, nec eciam alique pene seu* ᵇ *finencias exigentur seu petentur ab eis seu altero, per dictum Dominum Regem aut Nos, neque per alios suos Curiales seu subditos, sub quacumque* ᶜ *causa que esse posset ante diem in qua factum fuerit dicto Domino meo seu Nobis vel Officiariis suis, per Consules & habitatores loci predicti, fidelitatis Sacramentum; & quod ipsos Consules & habitatores dicte Ville, una cum eorum bonis, Dominus meus Rex, Nos & Officiarii sui, liberos & quietos ab omni pena corporis & bonorum, tenebimus & faciemus teneri.*

CHARLES V.
à Paris, en Avril 1370.
a damnificabuntur.
b financie.
c causa.

(4) Item. *Uberiorem graciam dictis Consulibus atque Universitati dicti loci exhibentes, eisdem Consulibus atque Universitati dicti loci & singularibus ejusdem, omnia & quecunque debita & arreragia per dictam Universitatem seu singulares ejusdem, tam pro quibusdam indiccionibus, subsidiis, condempnacionibus, eis & cuilibet eorum indictis seu factis, quam aliter, toto tempore preterito usque ad diem presentem, tam per prenominatum Eddouardum olim ut predicitur, Principem Wallarum & Ducem Acquitanie, tempore quo tenebat dictum locum Salveterre, quam Curiales suos ejus nomine,* ᵈ *in quibus descripti forent in Libris seu Registris* ᵉ *Thesaurarie seu Receptorie Seneschallie Ruthenensis, remisimus, donavimus & quittavimus, remittimusque & tenore presencium donamus & quittamus, ipsosque & eorum bona pro premissis quitos & liberos facimus & reddimus per presentes; cassantes & adnullantes & eciam irritantes nec non cancellantes omnes & quoscunque* ᶠ *Libro, Registra & Papiros per quoscunque &* ᵍ *qualitercunque super predictis factos, quos nullius efficacie & momenti esse volumus & jubemus; Seneschalloque & Receptori Regiis dicte* ʰ *Cancellarie, nec non & Procuratori Regio, ceterisque Justiciariis & Officiariis Regiis; presentibus & futuris, scilencium perpetuum super hoc imponendo.*

d Il semble qu'il faudroit, pro.
e Thesaur. . . . Receptor. . . . R.
f Libros.
g qlique. R.
h Can.ˡⁱᵉ R.

(5) Item. *Prenominatis Consulibus, Universitati & singularibus dicti loci Salveterre, concessimus & tenore presencium concedimus, quod ipsi Consules Universitatis dicti loci, qui nunc sunt vel qui pro tempore fuerint, sint quitti, immunes & liberi ab omnibus Imposicionibus, Subsidiis, Taliis, ac aliis* ⁱ *Foccagiis tam Regiis quam aliis quibuscunque, factis seu faciendis prestatisque seu prestandis dicto Domino meo seu Nobis, aut impositis sive imponendis per ipsum Dominum meum seu Nos,* ᵏ *quocunque occasione vel racione quarumcunque mercaturarum vendendarum seu emendarum per dictos habitatores & singulares, usque ad decem annos proximos continuos & completos, ex nunc in antea computandos.*

i Foüages, Impositions par Feux.
k quacumque.

(6) Insuper, *volumus & tenore presencium eisdem concessimus & concedimus, quod omnia que dictis Consulibus, Universitati seu singularibus dicti loci debebantur, & bona eorum seu redditus que capta sunt, seu ad manum Regiam sive nostram vel alicujus alterius, ante dictum diem prestacionis fidelitatis Sacramenti, & omnia impedimenta in eisdem apposita, revocentur & relaxentur, que nos revocamus & relaxamus per presentes, & dicta sua debita, bona, redditus & eorum jura, per quoscunque ipsorum detentores, eis restituantur libere, absque censu & impedimento seu contradictione quacumque; & quod debitores eorum, & alii qui dicta bona, redditus ac jura susceperint aut retinuerint indebite ex quacumque causa, ad eisdem restituenda compellantur per Curiales Regios; & hoc per bonorum suorum quorumcumque capcionem, vendicionem & distractionem corporumque distrinctionem, si ad hoc fuerint obligati; alienationibus, donis seu concessionibus de eisdem per dictum Dominum meum, Nos seu alios quoscunque, factis, non obstantibus quibuscunque.*

(7) Item. *Prefatis Consulibus, Universitati & singularibus dicti loci concessimus & concedimus, quod quilibet Seneschallus Ruthenensis & Judex dicti loci, una cum aliis Officiariis, in eorum novis adventibus jurare habeant & teneantur dictis Consulibus qui nunc sunt vel pro tempore fuerint, inviolabiliter tenere, custodire & observare privilegia, Libertates, statuta, usus & Consuetudines quecunque Ville predicte* ˡ *supradicte & Universitatis ipsius loci, per* ᵐ *Domino Francie Reges, vel alios eorum Locatenentes, concessas & confirmatas, & quibus ipsi Consules seu* ⁿ *Universitates dicti loci, utuntur & usi sunt ab antiquo.*

l & supradicte.
m Dominos.
n Universitas.

696   Ordonnances des Rois de France

CHARLES V.
à Paris, en Avril 1370.

(8) Item. Prenominatis Confulibus atque Univerfitati ac fingulis pariter, conceffimus & concedimus quod ipfi Confules nomine Univerfitatis dicti loci, ad finem ut dictus locus fortifficetur & muniatur pro refiftendo malis voluntatibus inimicorum & adverfariorum quorumcunque dicti Domini mei & Regni, Impoficionem feu Gabellam de & fuper vino, & aliis que vendentur aut ementur, aut aliter in dicto loco, talem qualem eifdem videbitur faciendum, poffint imponere, exigere & levare, exigi & levari facere; & hoc ª à quinque annos à data prefencium ᵇ computando; provifo tamen quod in ufus fortificacionis dicti loci & non alibi, omnia emolumenta ipfius Impofitionis feu Gabelle convertantur; & quod Major & fanior pars dictorum habitancium ad hoc fe confenferit.

a ad.
b computandos.

(9) Item. Predictis Confulibus ac Univerfitati & fingularibus pariter, conceffimus & tenore prefencium concedimus, quod omnes homines & alii habitatores ad hoc facere potentes & fufficientes tocius Bailliagii Salveterre, compellantur omnibus viis & modis debitis, ad faciendum excubias in dicto loco de die & de nocte, dum neceffe fuerit, & dictis Confulibus & eorum Confilio, vocato Bajulo dicti loci, videbitur expedire, & prout dicti homines & ipfius Bailliagii habitatores hactenus confueverunt facere.

(10) Item. Ad fupplicationem & requifitionem prenominatorum Confulum, & aliorum habitatorum atque fingularium dicti loci Salveterre, volumus & tenore prefencium concedimus, quod Philippus Cabriolis de Ruthena, cui per noftras alias Litteras Officium Caftellanie dicti loci Salveterre dedimus, in ipfo remaneat, illudque teneat & exerceat fecundum formam, feriem & tenorem dictarum aliarum noftrarum Litterarum eidem Philippo conceffarum, amoto abinde quocumque alio ipfius Officii retentore; ᶜ eciam noftris Litteras (e)   in data prefencium aut aliarum noftrarum Litterarum fupra dicta donacione dicto Philippo conceffarum, fuper hoc ᵈ   ; quas Nos per prefentes revocamus, & eas nullius efficacie feu momenti effe volumus.

c ec. R.
d Voy. la Note (e).

e mot douteux.

ᵉ Pretacta autem omnia & fingula, ficut fuperius funt defcripta & eciam expreffata, laudari, approbari & confirmari facere promittimus per dictum Dominum meum Regem, cum Litteris fuis patentibus figillatis figillo viridi feu figillandis, in majorem omnium & fingulorum premifforum robur ac firmitatem. In quorum premifforum fidem & teftimonium, prefentes Litteras figilli noftri majoris muminine fecimus roborari. Actum & datum Tholofe, anno Domini milefimo ccc.ᵐᵒ lxix.º menfe Januarii.

Nos autem fuprafcriptas Litteras, & omnia & fingula contenta in eifdem, rata & grata habentes, eas & ea volumus, laudamus, approbamus, ratifficamus, & tenore prefencium de gratia fpeciali & plenitudine Regie poteftatis confirmamus: ᶠ Mandentes Senefcallo Ruthenenfi, ceterifque Jufticiariis & Officiariis noftris, modernis & futuris, & eorum cuilibet, ut ad eum pertinuerit, vel Locatenenibus eorumdem, quatinus prefatos Confules, Univerfitatem & fingulares ejufdem loci in dictis Litteris nominati, noftra prefenti confirmacione & gratia uti & gaudere pacifice & quiete deinceps perpetuis temporibus faciant & permittant; impedimentis quibufcumque ceffantibus & amotis.

f Mandantes.

(11) Ceterum uberiorem graciam dictis Confulibus, Univerfitati & fingularibus dicti loci exhibendo, eifdem Confulibus & Univerfitati atque fingularibus habitatoribus dicti loci & pertinentiarum ejufdem, conceffimus & concedimus, quod cum ipfi qui ab antiquo & perpetuis temporibus retrolapfis de Domanio noftro confueti & regiftrati exiiterunt, quodque ad obedienciam feu fubjeccionem Eddouardi de Anglia, & poft modum Eddouardi Wallie ejus Primogeniti Filii fe Ducem Acquitanie dicentis, tranflati fuiffent feu tranfportati propter tractatum ᵍ Pacis, racione redempcionis perfone Progenitoris noftri; fed tamen certis & legitimis caufis ad obedienciam noftram fuerint reducti, eofdem Confules & Univerfitatem ac fingulares dicte Ville, nec non Villam predictam & omnia univerfa & fingula Jura, redditus, proventus & emolumenta dicti loci & pertinentiarum ejufdem, ficut erant & effe confueverant tempore & ante tempus tractatus pacis fupradicte, ad proprium Domanium & Patrimonium noftrum, ad ipforum Confulum &

g Paix de Bretigny.

NOTES.

(e) Il y a là & un peu plus bas deux mots que l'on n'a pû déchifirer. Le premier eft

a 4. jambages fans point, or avec des marques d'abbreviation fur les jambages & fur l'r; & plus bas *hit* avec une marque d'abbreviation.

Univerfitatis

DE LA TROISIÉME RACE. 697

Universitatis atque *singularium dicti loci instantem supplicacionem & requisitionem, reducimus de nostra certa scientia & gracia speciali per presentes; promittentes expresse ex parte* [a], *dictos Consules & singulares dicti loci, nec non locum predictum & Jura ejusdem, alicui alteri persone quomodo cuicumque non transferri quocumque titulo sive causa; sed ipsos perpetuis temporibus remanere proprios Patrimonio atque* [b] *Mense nostre, & successorum nostrorum Francorum Regum; & si forsan aliqua donacio vel assignacio perpetuo vel ad tempus, de dicto loco vel Jurisdictione aut Juribus seu redditibus ejusdem, alicui seu aliquibus persone vel personis facta fuerit vel fieri contingerit quoquomodo, illam donacionem vel assignacionem sub quacumque verborum forma factam vel que fieri contingerit in futurum, quacumque auctoritate racioneque causa, tanquam per inadvertenciam seu per importunitatem & sub falsis suggestionibus* [c] *impetratam, revocamus & penitus annullamus, nulliusque efficacie esse volumus & momenti, nec eam vel eas robur aliquod obtinere volumus firmitatis; & ita promisimus & teneri & observari volumus Consulibus & Universitati supradictis. Quod ut firmum, &c. Salvo, &c. Datum & actum Parisius, anno Domini millesimo ccc.*^mo *septuagesimo, mense Aprilis.*

Per Regem, ad relacionem *Consilii.* originalibus Litteris, per me, P. DE
P. DE VERGNY. VERGNY. *Visa.*

Collatio facta est cum suprascriptis

CHARLES V.
à Paris, en Avril 1370.
a *nostra*.
b Voy. cy-dessus, pag. 276. Note (c).

c *impetratam.*

(a) *Lettres qui portent que la Chastellenie de Château-Regnauld, membre du Comté de Blois, ne ressortira plus devant le Bailli de Tours; & ressortira au Siege de Chartres, devant le Bailli de Beu.* (Voy. pag. suiv. Note (c).).

CHARLES V.
à l'Hôtel lez-S.t Pol à Paris, en Juin 1370.

CHARLES, &c. Savoir faisons à tous presens & avenir, que de la partie de nostre très chier & amé Cousin le Conte de Bloys, Nous a esté signifié, que comme de tout temps ledit Conte & ses predecesseurs Contes de Blois, ayent tenu de Nous & de noz predecesseurs Roys de France, ladicte Conté de Blois, noble membre de nostre Royaume, & tous les Chasteaulx & Chastellenies & autres appartenances d'icelle Conté, tout à une foy & hommage, & en ressort & Souvraineté de noz Sieges Royaulz sanz aucun moyen, & sanz estre subgès à nulle autre Segnourie fors à la nostre, & à ladicte Couronne de France; & ou temps que la Duchié d'Orliens estoit Domaine de noz predecesseurs Roys de France, ladicte Conté en partie ressortissoit au Siege Royal d'Orliens, & partie au Siege Royal (b) d'Ienville, & partie; c'est assavoir, la Chastellenie de [d] Chasteau-Regnauld, à nostre Siege Royal de Tours; mais après ce que ladicte Duchié d'Orliens fu baillié à nostre très chier & amé Oncle le Duc d'Orliens, tout le ressort & Souvraineté qui estoit audiz Siege d'Orliens & d'Yenville, en furent à plain ostez, & mis à nostre Siege Royal à Chartres, pardevant nostre Bailli dudit lieu, & là ont esté & sont gouvernez; & ladicte Chastellerie de Chasteau-Regnautd demoura à nostre Siege Royal à Tours, lequel Siege a tousjours esté Siege Royal & en nostre main & nom gouverné; & il soit ainsi que à present & de nouvel, ladicte Duchié de Touraine ait par Nous esté baillié & transportée à nostre très chier & amé Frere le Duc d'Anjou, laquelle est de par lui & en son nom gouvernée; pour laquelle chose ses Gens & Officiers se pourroient indeuëment efforcier de vouloir faire esplois de Justice en ladicte Chastellerie, en cas de Fié, de ressort & Souvraineté; laquelle chose seroit ou très grant prejudice de Nous & dudit Conté qui, comme dit est, a tousjours esté & doit demourer en nostre foy, hommage & Souvraineté, si comme il dit. Savoir faisons que Nous qui voulons maintenir & garder ledit Conte en la

d *Chasteau-Regn.* R.

NOTES.

(a) Tresor des Chartres, Registre 102. Piece 25.

(b) D'Iemville.] Voy. cy-dessus, p. 25. Note (d), & la correction qui sera faite sur cette Note dans les additions & corrections qui seront à la fin de ce Volume.

CHARLES V.
à l'Hostel lez-
S.t Pol à Paris,
en Juin 1370.

Noblece de Fié & de ressort en quoy il & ses predecesseurs ont esté de ladicte Conté & appartenances, ledit ressort & Souvrainneté de ladicte Chastellerie de Chasteau-Regnauld, de nostre certaine science, grace especial, plaine puissance & auctorité Royal, ou cas dessus dit, avons mis & ordené, mettons & ordenons par ces presentes, à ressortir d'oresenavant à nostre Siege Royal de Chartres, pardevant nostre Bailli de *(c)*   comme il sera Siege Royal; auquel nostre Bailli Nous donnons en mandement par ces mesmes presentes, en commettant, que ledit ressort & Souvraineté il exerce & gouverne en gardant les Coustumes & usages de ladicte Chastellerie, & defende auz Gens & Officiers de nostre dit Frere audit lieu de Tours, que il n'en usent ou exploictent en aucune maniere, & Nous mesmes par ces presentes leur deffendons, & leur imposons sur ce silence perpetuel: Mandons aussi au Seneschal dudit lieu de Tours & son Lieutenant, & à tous les autres Officiers dudit lieu pour nostre dit Frere, que toutes les causes & besongnes dudit Conte, de ses dis subgès & autres, à cause de ladicte Chastellerie, qui sont audit Siege de Tours, ilz renvoient avec tous les procès pardevant nostre dit Bailli de Chartres, pour sur ce faire raison & acomplissement de droiture entre les Parties; nonobstant le don & transport faiz de ladicte Duchié à nostre dit Frere, & quelconques Ordenances & Lettres faictes ou à faire au contraire. Et pour ce que ce soit ferme, &c. Sauf, &c. Donné en nostre Hostel lez-Saint-Pol à Paris, ou mois de Juing, l'an de grace mil CCC LXX. & de nostre Regne le VII.e

Ainsi signé. *Par le Roy, en ses Requestes.* HOTOMESNIL.

Collacion est faicte par moy.
LE FEVRE.

NOTE.

(c) Il y a là un mot très-broüillé qu'on n'a pû déchiffrer. On croit qu'il y a *Beucet* avec un caractere final qu'on apperçoit à peine, & une marque d'abbreviation sur *et*. Je ne puis deviner quel est ce lieu. L'on trouve dans le *Diction. universel de la France*, *Beu*, dans le Diocése de Chartres. Peut-être pourroit-on lire ici *Beuc entant* comme! &c.

CHARLES V.
à l'Hôtel S.t Paul-lez-Paris,
en Juin 1370.

(a) Privileges accordez à la Ville de Ville-franche en Roüergue.

SOMMAIRES.

(1) *La Ville de Villefranche sera unie inséparablement au Domaine de la Couronne.*

(2) *Confirmation des Coûtumes de Villefranche, & des privileges qui lui ont été accordez par les Rois de France, & par les autres Seigneurs de cette Ville.*

(3) *Villefranche sera le Siege du Seneschal, du Juge Majeur & du Tresorier Royal de la Seneschaussée de Roüergue; & l'on ne pourra instituer de nouvel Officier Royal qui puisse porter prejudice à leurs fonctions & à leurs droits.*

(4) *Les Consuls de Villefranche seront seuls Juges Civils & Criminels de cette Ville & de ses dépendances.*

(5) *Les Consuls de cette Ville pourront instituer quatre Sergents qui porteront des bâtons aux armes du Roy & de la Ville, & qui executeront les ordres qui leur seront donnez, de la même maniere que les Sergents Royaux.*

(6) *Les Officiers Royaux ne pourront faire de Prises sur les habitants de Villefranche, que par leur consentement, ou en payant ce qu'ils prendront.*

(7) *Les Officiers Royaux de la Seneschaussée de Roüergue, jureront de faire observer les privileges de cette Ville.*

(8) *Pendant 10. ans, les habitants de Villefranche seront exempts de tous Impôts.*

(9) *Pendant 10. ans, la Ville & les habitans de Villefranche seront exempts des droits de Francs-Fiefs, qu'ils payeront cependant, s'ils acquerent des Justices, des Châteaux & des hommages.*

(10) *La Ville & les habitants de Villefranche ne payeront point les droits de Francs-Fiefs pour les acquisitions qu'ils ont faites dans le temps passé. Ces habitants pourront se faire payer de ce qui leur est dû; si ce n'est lorsque leurs debiteurs auront obtenu des Lettres d'Etat à cause de la guerre; à moins que ces debiteurs n'y aient renoncé à leur égard.*

(11) *Remission de tous les crimes qui ont pû être commis par ces habitants dans le temps passé; sauf le droit du Roy, & celui de leurs*

NOTE.

(a) Tresor des Chartres, Regîstre 102. Piece 18. *Voyez cy-dessus*, pag. 190. Note *(a)*.

Parties qui pourront les poursuivre civilement en Justice.

(12) On ne pourra faire le procez (en public) aux habitants de Villefranche prevenus de crime, qui seront ou qui auront été Consuls; mais on procedera contre eux en secret; si ce n'est dans les cas d'herefie, ou de crime de leze-Majesté.

(13) Ceux qui viendront aux Foires & aux Marchez de Villefranche, & qui s'en retourneront, seront en sûreté dans cette Ville & dans son Territoire, les jours de ces Foires & de ces Marchez; & on ne pourra les arrêter prisonniers pour des causes civiles, ni saisir leurs marchandises.

CHARLES V.
à l'Hôtel S.t Paul-lez-Paris, en Juin 1370.

KAROLUS, &c. Notum facimus universis tam presentibus quam futuris, Nos infrascriptas Litteras vidisse, formam que sequitur, continentes.

LUDOVICUS Regis condam Francorum Filius, Domini nostri Regis Germanus, ejusque Locumtenens in [a] Partibus Occitanis, Dux Andegavensis & Comes Cenomanensis. Universis presentes Litteras inspecturis: Salutem. Regali magnificentie & [b] celsitudinis, & [c] quibus earum auctoritate & licencia sunt potiti, deceus & congruum reputamus, ut subditorum suorum fidelium humiles supplicaciones & requestas debitas benigne suscipiant, easque graciose & favorabiliter admittant & concedant. Hinc est quod Nos dilectorum & fidelium nostrorum Consulum, Universitatis & singulorum habitatorum de Villa Francha in Ruthinio, infrascriptis suis supplicationibus & requestis per eosdem Consules Nobis oblatis, benigniter inclinati, eisdem Consulibus, Universitati & singulis habitatoribus de Villa Francha, & habita super hiis primitus nostri Consilii deliberacione plenaria & matura, de nostra certa sciencia & speciali gracia ac auctoritate Regia qua potimur in hac parte indulgenda, concedenda, roboranda & confirmanda duximus que secuntur.

a Languedoc.
b celsitudini.
c q. Reg. c'est-à-dire à ce que je crois, les Roys.

(1) Primo. Videlicet, eisdem Consulibus, Universitati & singulis habitatoribus loci predicti de Villa Francha, concessimus & concedimus per presentes, quod Villa ipsa de Villa Francha cum suis pertinenciis, que hactenus fuit sub Domanio & Jurisdictione Regiis & Regni ac Corone Francie, sub eisdem Domanio & Jurisdictione pure, simpliciter, singulariter & libere sit & remaneat pacifice & quiete, perpetuis temporibus in futurum; quodque per prefatum Dominum nostrum Regem, aut ejus Successores inposterum Francie Reges, vel alium quemcumque, non possit neque debeat dicta Villa in alienum Domanium seu manum vel potenciam aliam immutari, dimitti, donari, transferri, seu aliter transportari vel alienari quovismodo, quacunque racione, occasione sive causa.

(2) Item. Induximus & concessimus, ac eciam tenore presencium concedimus & indulgemus predictis Consulibus, Universitati & singulis habitatoribus de Villa Francha & pertinentiarum ejusdem, quod privilegia omnia universa & singula, Libertates & franchisias quascunque per predictum Dominum nostrum Regem vel ejus antecessores Reges Francie, aut eorum Locatenentes, aut alios dicte Ville Dominos, hactenus eisdem Consulibus, Universitati & singularibus habitantibus in dicta Villa de Villa Francha & ejus pertinentiis concessa, indulta & donata, nec non usus & Consuetudines quibus hactenus usi fuerunt & utuntur, eisdem in suis robore & firmitate remaneant, eisque uti & gaudere possint & debeant, sicut retroactis temporibus usi sunt & uti consueverunt, omni turbacione cessante & sine impedimento quocunque; eaque, si opus sit, auctoritate Regia supradicta, eodem tenore confirmamus & eciam roboramus.

(3) Item. Cum, sicut accepimus, in eadem Villa de Villa Francha sit & esse consueverit locus & Sedes Senescalli, Judicis Majoris & Thesaurarii Regii [d] Ruthenensium, volumus, & eisdem Consulibus, Universitati & singulis habitatoribus dicte Ville de Villa Francha, concessimus & concedimus per presentes, quod in ipsa Villa locus & Sedes dictorum Senescalli, Judicis Majoris & Thesaurarii Regii, remaneat perpetuo in futurum; quodque si alique Judicature, Vicarie aut Officia alia fuissent vel essent in dicta Senescallia de novo ordinata seu concessa, propter que jus ordinarium dictorum Senescalli, Judicis Majoris seu Thesaurarii Regii, impediri aut aliter minui posset, quod hec omnia sic aliter ordinata vel concessa, ad statum pristinum & consuetum

d Ruthen. R.

Tome V. Ttttij

700 ORDONNANCES DES ROIS DE FRANCE

CHARLES V. à l'Hôtel S.t Paul-lez-Paris, en Juin 1370.

reducantur, & nullius sint auctoritatis, roboris vel momenti; nonobstantibus quibuscunque concessionibus antea per nos factis.

(4) Insuper, predictis Consulibus, Universitati & singulis habitatoribus dictæ Villæ, concessimus & concedimus quod Consules dictæ Villæ de Villa Francha, qui nunc sunt & pro tempore erunt, ex nunc in posterum de omnibus Caussis Civilibus & Criminalibus que in futurum emergent in dicta Villa & ejus pertinentiis, soli & in solidum habeant & obtineant primam cognicionem & eciam condempnacionem quamcumque.

a m. Reg.

(5) Item. Concessimus & concedimus eisdem Consulibus, Universitati & singulis habitatoribus dictæ Villæ, quod Consules ipsi qui nunc sunt, ª modo & de novo possint instituere, facere, creare & habere perpetuo in dicta Villa de Villa Francha, IIII.or Servientes qui Baculos consuetos cum armis dicti Domini nostri Regis & Ville predictæ depictos, valeant deportare, & execuciones debitas & sibi mandatas facere & exercere, prout est in talibus per Servientes Regios fieri consuetum; & quod uno, duobus aut pluribus ipsorum Servientum defunctis, aut aliter dictum Officium dimittentibus sive extra positis vel remotis, dicti Consules alium seu alios, unum vel plures, usque ad dictum numerum iterum & de novo sicut prius, possint semper & continue instituere, facere & creare.

b permittent.
c Chevaux. Voy. le Glossaire de du Cange, au mot, Equitatura. 1.

(6) Item. Concessimus & tenore presencium concedimus eisdem Consulibus, Universitati & singulis habitatoribus dictæ Villæ & pertinentiarum ejusdem, quod Senescalli, Judices seu Thesaurarii, aut alii Officiarii Regii, aliqua de causa non capient vel arrestabunt per se vel alios ab eis deputatos, seu capi vel arrestari ᵇ permittent ᶜ Equitaturas, Carnalagia sive Superlectilia, aut alia eorum bona Consulum aut habitatorum dictæ Villæ & pertinentiarum ejusdem, quecunque sint & ubicunque sint; & hoc nisi de ipsorum voluntate, vel cum bona & competenti satisfaccione eisdem primitus facienda.

d promittant.
e quocunque.
f inadvertentiam.
g facient.

(7) Item. Concessimus & tenore presencium concedimus eisdem Consulibus, Universitati & singulis habitatoribus dictæ Villæ de Villa Francha, quod Senescalli, Judices, Procuratores, & alii Officiales Regii, in primo suo adventu seu in prima sua receptione in dicta Villa, jurent & ᵈ promittent ipsis Consulibus, quod omnia privilegia, immunitates, Libertates, franchisias, usus & Consuetudines dictæ Villæ, observabunt & servari facient, nec in contrarium facient sive fieri permittent à ᵉ quemcunque, & si quid per errorem seu per ᶠ inadvertenciam aut aliter factum fuerit, dum ad noticiam eorum pervenerit, aut super hoc per dictos Consules fuerint requisiti, revocabunt & ad statum pristinum & debitum reducent seu reduci ᵍ faciant sine mora.

(8) Item. Concessimus & concedimus predictis Consulibus, Universitati & singularibus habitatoribus dictæ Villæ de Villa Francha & pertinenciarum ejusdem, quod ipsi & eorum quilibet à data presencium usque ad decem annos completos, sint liberi, quitti & immunes ab omni prestacione Subsidii, Imposicionis, Gabelle, & alterius subvencionis cujuscunque.

h innobilibus.

(9) Item. Concessimus & concedimus eisdem Consulibus, Universitati & singulis habitantibus dictæ Villæ de Villa Francha & pertinentiarum ejusdem, quod pro aquestibus suis factis ac eciam pro aliis, usque ad decem annos continuos & proxime sequentes, per ipsos Consules, Universitatem aut singulos habitatores dictæ Villæ & pertinentiarum ejusdem, tam à Nobilibus personis quam aliis ʰ immobilibus quibuscunque, financiam aliquam dicto Domino nostro Regi sive Nobis dare, prestare aut facere nullatenus teneantur; exceptis tamen de Jurisdictionibus, Castris seu Castellis, & eciam (b) homagiis, de quibus financiam solvi volumus competentem.

(10) Item. Concessimus eisdem Consulibus, Universitati & singulis habitatoribus

NOTE.

(b) *Homagiis.*] Il y a cy-dessus, pp. 312. Note (f) & 388. Note (b) deux dispositions à peu près semblables à celle-cy. Dans ces deux endroits, j'ai donné au mot *homagium* deux sens différents: & j'ai corrigé à la page 388. celui que j'avois proposé à la page 312. mais notre article me fait presque revenir à ce premier sens; en avouant cependant, que j'aurois besoin d'un Texte plus precis pour assurer que c'est le véritable. On peut comparer ces trois endroits.

dicte Ville de Villa Francha & pertinentiarum ejusdem, & eciam concedimus quod redditus & possessiones per ipsos aut ipsorum aliquem à quibuscunque Nobilibus seu personis aliis, juste & legitime acquisitos & obtentos, habeant, teneant & possideant pacifice & quiete sine contradiccione quacunque; nec non & debita sua quecunque petere, exigere & recuperare possint & valeant juxta formam Jurisdictionis; nonobstantibus Litteris, graciis & rescriptis in contrarium subrepticie impetratis & impetrandis quibuscunque; exceptis tamen in hoc casu Litteris Regiis sive nostris ᵃ Statûs, occasione guerre quibusvis personis ᵇ concessessis & concedendis; quas quidem Litteras sic concessas, suum effectum sortiri volumus & mandamus; & hoc, nisi persone ipse quibus sunt concesse, eisdem sue aut juramento duxerint renunciandum.

a Lettres d'Etat.
b concessis.

(11) Item. Predictis Consulibus, Universitati & singulis habitatoribus Ville predicte de Villa Francha & pertinentiarum ipsius, ᶜ concedimus & concedimus per presentes, quod de omnibus & singulis criminibus, excessibus & delictis per dictos Consules, Universitatem & singulos habitatores ejusdem Ville & pertinentiarum ejusdem, aut alterum eorum hactenus commissis & perpetratis, sint quitti, absoluti, liberi & immunes, omnesque penas civiles & criminales quas propter hoc erga dictum Dominum nostrum seu nos incurrerant quoquomodo, eisdem & cuilibet eorum remisimus & quittavimus, ac eciam tenore presencium remittimus & quittamus; salvo tamen in aliis Jure Regio & eciam Jure Partis, si sit, si & quando contra ipsos aut eorum alterum, civiliter voluerit experiri.

c concessimus.

(12) Item. Concessimus eisdem Consulibus, Universitati & singulis habitatoribus Ville predicte de Villa Francha & pertinentiarum ipsius, & eciam concedimus per presentes, quod si contingat aliquem hominem dicte Ville, pro aliquo crimine vel delicto arrestari, capi vel incarcerari; & taliter captus tempore capcionis sit aut retroactis temporibus fuerit Consul dicte Ville, quod talis non possit neque debeat subici aut submitti alicui (c) questioni, sed solum contra eum secrete procedatur; criminibus tamen heresis & lese-Majestatis duntaxat ᵈ exeptis.

d exceptis.

(13) Item. Concessimus eisdem Consulibus, Universitati & singulis habitatoribus Ville predicte de Villa Francha & pertinentiarum ejusdem, & per easdem presentes concedimus, quod Mercatores & Gentes alie quecunque, ex nunc imposterum venientes & accedentes ad Forum & Nundinas dicte Ville de Villa Francha, & eciam redeuntes, sint & permaneant securi in dicta Villa & ejus pertinentiis; durantibus scilicet diebus Fori ejusdem & Nundinarum predictarum: Et insuper, concessimus quod contra personas ipsas sic ad dictos Forum & Nundinas venientes, mercaturas seu ᵉ denariatas quascunque adducentes sive portantes, seu adduci vel portari facientes durantibus Foris ipsis & Nundinis, ac eciam eundo & redeundo, pro aliqua Causa civili sive obligacione quacunque, non possint neque debeant ibidem arrestari ᶠ compelli; neque aliqua alia execucio contra ipsos aut eorum mercaturas & bona, fieri vel mandari quovismodo.

e denrées.
f &.

Quocirca Seneschallo Ruthenensi, ceterisque Justiciariis & Officiariis Regiis, aut eorum Locatenentibus, qui nunc sunt & pro tempore erunt, eodem tenore districte precipiendo mandamus, si opus fuerit committendo, quatenus predictos Consules, Universitatem & singulares habitatores ᵍ & ejus pertinentiarum, omnes & singulos, tam conjunctim quam divisim, predictis nostris donis & graciis uti & gaudere faciant & permittant, nichil in contrarium ʰ mutando vel minuendo, nec à quoquam fieri permittendo. Quod ut firmum & stabile perpetuo perseveret, Sigillum nostrum presentibus Litteris duximus apponendum. Datum Tholose, anno Domini millesimo CCC.º LXIX.º mense Maii.

g dicte Ville.
h muando.... imitando. Reg.

CHARLES V.
à l'Hôtel S.ᵗ Paul-lez-Paris, en Juin 1370.

NOTE.

(c) *Questioni.*] Ce mot, suivant le Glossaire de du Cange, signifie ou la *Question* donnée à un Criminel, ou un procez. Dans l'art. 10. de la Piece qui sera imprimée après celle-ci, *Question* signifie un procez fait à un Criminel. Je crois que c'est dans ce sens qu'il faut entendre ce mot dans notre article. J'ai deja trouvé le mot *Questio* plus d'une fois dans les Pieces precedentes, & je l'ai toûjours interpreté par la question donnée à un Criminel. Peut-être signifioit-il simplement dans ces endroits un procez criminel! J'aurai soin d'en avertir dans la Table des Matieres de ce Volume, au mot, *Question.*

CHARLES V.
à l'Hôtel S.t Paul-lez-Paris, en Juin 1370.
a Mandantes.

b moleftent... permittant.
c cet endroit me paroît corrompu.

Nos autem suprascriptas Litteras & omnia & singula contenta in eisdem, rata & grata habentes, eas & ea volumus & laudamus, approbamus, ratifficamus, & tenore presencium de gracia speciali & plenitudine Regie potestatis confirmamus: a *Mandentes Senescallo Ruthenensi, ceterisque Justiciariis & Officiariis nostris, modernis & futuris, & eorum cuilibet, ut ad eum pertinuerit, vel Locatenentibus eorumdem, quatenus dictos Consules, Universitatem & singulos habitatores dicte Ville de Villa Francha, predicta nostra presenti confirmacione & gracia uti & gaudere pacifice & quiete deinceps perpetuis temporibus faciant & permittant, ipsosque contra tenorem dicte nostre confirmacionis & gracie nullathenus* b *molestando, seu molestari aut inquietari à quoquam permittendo ; sed* c *quod sit in contrarium factum vel attemptatum fuerit, ad statum pristinum & debitum reducendo seu reduci faciendo indilate. Quod ut firmum, &c. Salvo, &c.* Datum & actum in Domo nostra Sancti Pauli prope Parisius, anno Domini M.° trecentesimo septuagesimo, & Regni nostri septimo, mense Junii. *Visa.*

Per Regem, ad relacionem Consilii.
P. DE VERGNY.

Collacio facta est cum originali, per me.
P. DE VERGNY.

CHARLES V.
à Paris, en May 1371.

(a) Privileges accordez à la Ville de Peyruffe.

SOMMAIRES.

(1) Le Duc d'Anjou & le Roy confirmeront l'accord fait entre le Comte d'Armagnac & les habitants du Bailliage de Peyruffe.

(2) Le Senefchal de Roüergue jurera lorfqu'il entrera en Charge, de garder les privileges de Peyruffe.

(3) Les privileges & Coûtumes de cette Ville feront confirmez par le Roy, qui réformera ceux qui feront contre la Juftice & les bonnes mœurs.

(4) Le reffort de la Guienne fera uni inféparablement au Domaine de la Couronne.

(5) Les Confuls pourront tranfporter les Fours, les Halles & la Boucherie, dans le lieu qui leur femblera le plus convenable ; & les profits qui en proviendront, leur appartiendront pendant 20. ans, à compter du jour de l'octroi qui leur en a été fait par le Prince de Galles ; pourvû cependant que ces émoluments ne pafferont pas la fomme de 40. liv. le furplus defquels appartiendra au Roy.

(6) La Ville de Peyruffe joüira pendant 20. ans, des 8. deniers pour livre qui fe payent fur les marchandifes ; & les Confuls pourront diminuer cette Impofition, s'ils le jugent à propos.

(7) Les Confuls auront un poids commun pour p fer les marchandifes ; & les profits de ce poids qu'ils pourront diminuer ou fupprimer entierement, appartiendront à la Ville.

(8) Les Sergents de la Ville pourront lever les fommes que les Confuls impoferont fur les habitants, pour les dépenfes communes. Les Confuls de leur feule autorité, pourront faire faire les Cris & proclamations neceffaires pour les affaires

de leur Confulat. Ils pourront condamner à l'Amende, ceux qui ne payeront point les fommes impofées pour les dépenfes communes. La moitié de ces Amendes appartiendra au Roy, & l'autre moitié aux Confuls.

(9. 10.) Le Bailli ni les autres Officiers du Seigneur du Château de Peyruffe, ne pourront juger de procez criminels, fans en avenir les Confuls qui auront droit d'y affifter.

(11) Les Confuls feront confirmez dans le droit qu'ils ont de percer les murs de la Ville, & d'y faire des portes en temps de paix.

(12) Les Confuls lorfqu'ils entreront en Charge, feront ferment au Seigneur du Château de Peyruffe, dans ce Château & non ailleurs.

(13) Pendant 10. ans, les habitants de Peyruffe feront exempts de tous droits fur les marchandifes qu'ils acheteront & qu'ils vendront dans le Languedoc.

(14) Les habitants de cette Ville ne pourront être inquietez pour les crimes & delicts commis avant la date de ces Lettres.

(15) Les procez civils ou criminels des habitants de Peyruffe, feront jugez dans ce lieu.

(16) Il y aura dans le Confulat une Cloche que l'on fonnera pour convoquer les Affemblées publiques.

(17) Pendant 10. ans, les habitants de Peyruffe feront exempts de tous Impôts.

(18) Les Confuls contraindront à faire le guet & l'arriere guet, ceux qui y feront obligez ; & les Amendes décernées contre les deffaillants, leur appartiendront.

(19) Les habitants de Peyruffe arrêtez pour des crimes qui ne feront point capitaux, feront mis hors de prifon, s'ils peuvent donner caution de fe prefenter en Juftice.

NOTE.

(a) Trefor des Chartres, Regiftre 103. Piece 36. Voyez cy-deffus, p. 190. Note *(a)*.

DE LA TROISIÉME RACE. 703

(20) *Le Commun de la Paix ne se payera point devant la Feste de la S.t Martin d'hyver, conformément à l'usage établi avant que Peyrusse eût été cédée au Roy d'Angleterre, sous la domination duquel on fit quelques changements à ce payement.*
(21) *Il sera fait une information sur le droit que pretendent avoir les Consuls de juger les procez meus entre les habitants de cette Ville, & les étrangers qui s'y trouvent; & si par cette information, il est prouvé que ce droit est bien fondé, il sera confirmé.*
(22) *Le Roy confirmera tous les privileges cy-dessus specifiez.*
(23) *Ceux qui ont contribué au Traité fait entre les habitants de cette Ville & le Comte d'Armagnac, seront recompensez.*

CHARLES V.
à Paris, en May 1371.

*K*AROLUS *Dei gracia Francorum Rex. Notum facimus universis tam presentibus quam futuris, Nos infrascriptas Litteras vidisse, formam que sequitur, continentes.*

*L*UDOVICUS *Regis quondam Francorum Filius, Domini nostri Regis Germanus, ejusque Locuntenens in* [a] *Partibus Occitanis, Dux Andegavensis & Comes Cenomanensis. Universis tam presentibus quam futuris, notum facimus nos vidisse Litteras accordi seu tractatus per carissimum Consanguineum nostrum Comitem Armaniaci, cum Jacobo de Pereuse & Petro Burgensi, Consulibus loci* (b) *Pereuse, tam suo nomine quam nomine aliorum Consulum dicti loci ac Universitatis & singularum Castri & Ville de Perusse ac pertinentiarum ejusdem, nomine nostro & eciam potestate per nos sibi attributa, facti & accordati; quarum tenor talis est.*

a Languedoc.

SACHENT tous presens & avenir, que acordé est entre nous Jehan Conte[b] d'Armaignac, de Fesensac, de Rhodès, Visconte [c] Lomaigne & d'Auvillar, pour & ou nom de Monf. le Duc d'Anjou, Frere du Roy de France nostre S. & son Lieutenant en la Languedoc d'une part; & nous Jaques de Pereuse & Pierre Bourgois,[d] Consfous de la Ville & appartenances de Pereuse, aïans espécial mandement & povoir aus choses cy-dessous escriptes, tant en nos [e] nons comme ès nomes des autres Consfous de toute le Université & singulier des dis Chastel & Ville de Pereuse & leurs dictes appartenances, d'autre part; que nous Jaques &[f] Pere Consfous, ès noms que dessus, protestacion & (c) recennes faites avant toute œuvre, lesquelles nous voulons avoir pour repetées ès choses cy-dessoubz escriptes, que sans prejudice, [g] criem ou desloyauté de nous Consfous ès noms que dessus, des dis Chastel, Ville & appartenances de Pereuse, sans diminucion ou decreacion du droit Monf. le [h] Duc d'Acquitaine, reservé au Roy de France nostre S. & audit Monf. le Duc d'Acquitaine, & à chascun son droit, & que des choses qui s'ensuivent nous ne voulons riens demander, avoir ne joir, se ce n'est ou cas que la proprieté & la possession des dis Chastel & Ville & leur appartenances, soient audit Roy de France nostre S. & à luy appartendront par droit de confiscacion ou autrement, sans ce que ledit Duc de Guienne y [i]est aucun droit; Jaques & Pere dessus dis nous [k] sommes enhers & avons adheris, & de present nous adherissons & adherdons aus appellations faites par le dit Monf. le Conte d'Armaignac, contre Monf. le Duc de Guienne & ses Officiers, & [l] anous sommes appellez & appellons des griefs & extorcions[m] nouvelletez indeuës que les desfus dis Duc de Guienne & ses Officiers nous ont fais ou temps passé, au Roy de France nostre S. & à sa Court de Parlement, en la forme & maniere que se font enhers, adheris & appellez ceuls qui ont esté adheris aus appellacions dudit Monf. le Conte, & de nouvel appellans; & promettons faire & ferons ès noms que dessus, les promesses, seremens & obligacions tieux & semblables, comme ont fais & faites les autres adherens & depuis appellans; & promettons ès noms que dessus, mettre & faire mettre les dis Chastel & Ville de Perusse, & leurs autres lieux, Chasteaulx & Forteresses dont les noms s'ensuivent;[n] Salvinhac, Saint Loup, Bernet, Suttan,

b *Voy. sur les Titres de ce Comte le 4.e Vol. de ce Rec. pag. 179. Note* (f).
c *de.*
d *Consuls.*
e *noms.*

f *C'est le même nom que Pierre.*

g *crime.*

h *le Prince de Galles, fils d'Edouard III. Roy d'Angleterre.*

i *ait.*
k *adherons & avons adheré.*

l *mot apparemment corrompu, pour Nous.*
m *&.*

n *quelques-uns des noms suivants sont douteux.*

NOTES.

(b) *Pereuse.*] *Peyrusse.* Ville dans le Rouergue du Diocese de Rodez. *Voyez le Diction.* universel de la France, au mot, Peyrusse.
(c) *Recennes.*] Ce mot est très-bien écrit, peut-être y avoit-il dans l'original le mot *retenuës*, que le Copiste aura mal lû.

CHARLES V.
à Paris, en May 1371.
a *appar. Clos.*

Leocamp, de Tuet, Gunafpieres, des Orbres, Galgam, Loeffe, Levrunhac, Flemhac, Saint Jehan de Paquejet, Boille, Seaudolieres, Teftet, la Cappelle, Spilhac, Baurilhes, Pathieux, Lugam, Boilhac, Dorilbe, Monnefque, Elaomhac, Puges, Res, Guilhac, Près de Peruiffe, Lalo, ᵃ claufe, vigne & Riviere, & tout le Bailliage dudit Chaftel de Peruffe & toutes fes appartenances, en l'obéiffance & fubjeccion du Roy de France noftre dit Seigneur, comme Seigneur fouverain; & y metterons, ferons & foufferrons mettre Penonceaux aux armes du Roy de France noftre dit Seigneur, fur les dis Chaftel, Ville, & tous les autres lieux deffus dis & leurs appartenances, en figne de Sauvegarde & tuicion; & nous Conte deffus dit, du mandement dudit Monf. le Duc d'Anjou, promettons pour nous & Jehan noftre Filz, aus Conffulz des dis Chaftel & Ville, pour eulx & toute l'Univerfité d'iceulx & de tout le Bailliage, de les garder & faire garder à noftre povoir, de tous les domaiges qu'il auroient & pourroient avoir pour occafion des chofes deffus dictes; & en cas de peril & de neceffité, leur donner confeil, confort & ayde, & de faire promettre audit Monf. le Duc d'Anjou, que en tous cas & perilz qui leurs pourroit avenir pour cefte caufe,

b *ou dudit.*

par la puiffance du Roy d'Engleterre ᵇ ou dit Duc de Guienne, que il les deffendera, aidera, & leur donra confeil, confort & aide, & leurs fera donner par le Roy de France noftre dit Seigneur; & femblablement, les dis Conffoulz des dis Chaftel & Ville de Peruffe nous promettront à aidier, confeillier, & nous & noftre dit Filz garder de dommaige, fe les deffus dis Roy d'Engleterre & le Duc de Guienne vouloient ou s'efforfoient de porter dommaige à nos adherens; & fur ce feront faites bonnes Lettres d'une part & d'autre; & en oultre, en faifant les chofes deffus dictes, leur avons octroyé ou nom que deffus, les chofes qui s'enfuivent.

c *Il manque apparemment le mot, accords ou autre femblable.*

(1) *Premierement.* Telles & femblables Lettres fur ᶜ ces de mondit Seigneur le Duc, & après du Roy de France noftre dit Seigneur, comme nous & nos adherens & depuis appellans ont euës.

(2) *Item.* Que chafcun Senefchal de Roüergue qui pour le temps fera, en fa nouvelle creation, toutes excufacions ceffans, jurera aux Conffous des dis Chaftel & Ville, & en yceulx, de garder fans enfraindre leurs franchifes, privileges & Libertez acouftumez, & ufages efcrips & non efcrips, combien qu'il n'aient eftez acouftumez autreffois de faire.

(3) *Item.* Que mondit Seigneur le Duc d'Anjou les confermera, & après fera confermer par le Roy de France noftredit Seigneur, leurs privileges, Libertez, franchifes, Ufages & Couftumes, efcriptes & non efcriptes, defquieulx & quelles il apparoiftra; & leurs fera garder de point en point; fauve & excepté que fe il en y avoit

d *mauvaifes.*
e *réformées.*

nulles ᵈ malvaifes contre droit & bonnes meurs, que elles feroient adnullées & mifes au neant, & ᵉ reformer en voye de droiture.

f *promettre.*
g *Voy. cy-deffus, pag. 325. Note (a).*
h *perpetuelement.*

(4) *Item.* Mondit Seigneur le Duc promeftra & fera ᶠ promttre par le Roy noftredit Seigneur, que la fouverainté & reffort des appeaux de Guienne, ᵍ recogneuz par les deffus dis Conffoulz, il retendront & feront retenir à ʰ mais toux temps à la Couronne de France, & tant comme propre patrimoine, les tendront & feront garder perpetuelement, ne ne feront tranfporter en quelque perfonne que ce foit.

i *Boucherie, de Macellum.*
k *fortiront, proviendront.*

(5) *Item.* Ledit Monf. le Duc leur octroyera & donra licence qu'il puiffent muer & tranfporter les Fours, les Halles & le ⁱ Mazel de la dicte Ville de Peruffe, en autre lieu là où bon leur femblera, & plus profitable pour la Ville & les habitans d'icelle, & tous les emolumens qui des dis Fours, Halles & Mazel ᵏ yftront & pourront yffir ou temps avenir, feront des Conffouz & Univerfité de la dicte Ville, jufques à vint ans prochains enfuians de la date de l'otroy fait aus dis Conffouz par le Prince de Galles : toutes voies, fe le dis emolumens ne valoient chafcun an oultre la fomme quarante livres Tournois; car ou cas qu'il vaudroient plus de quarante livres chafcun an, le furplus feroit au Roy noftre dit Seigneur; & les dictes XL. livres Tournois, des dis Conffouz & Univerfité de Pereufe.

l *livres.*

(6) *Item.* Leurs feront octroyées & données, & jufques à vint ans prochains venans, les Gabelles & Impoficions de VIII. deniers pour ˡ lib. fur toutes chofes, caufes

causes & marchandises qui seront venduës ès dis Chastel & Ville de Pereuse; & pourront les dis Conssous diminuer les dictes Gabelles & Imposicions, & mettre moins de VIII. deniers pour livre, ou les oster du tout, si comme bon leur semblera, sans licence ne congié demander de Souverain; & tous les emolumens & proffis qui ystront des dictes [a] Gables & Imposicions, seront des dis Conssous & Université dudit lieu, durant le temps dessus dit.

CHARLES V.
à Paris, en May 1371.
a *c'est la même chose que Gabelles.*

(7) *Item.* Les dis Conssous auront un [b] pois commun en la dicte Ville; & les choses qui ont esté acoustumés à peser, seront pesées à pois, comme blé [c] & porter mouldre au molin, fer, [d] assier, sieuf, char salée, cuirs & autres choses acoustumées à peser, seront pesées au pois des dis Conssous; & pour chascun quintal qui sera pesez audit pois, seront paiez [e] deniers Tournois pour Université & pourffit de la dicte Ville; & seront les emolumens dudit pois aus Conssous & Université des [f] dis perpetuellement : toutes voies les dis Conssous les pourront diminuer ou oster du tout, si comme bon leur semblera.

b *poids.*
c *appar. à.*
d *acier.*
e *le nombre de deniers manque.*
f *appar. susdits.*

(8) *Item.* Que les Sergens & Messaigiers des dis Conssous, qui sont à present & pour le temps avenir seront, pourront lever du mandement des dis Conssous, les Tailles & Communs imposez & à imposer aux habitans des dis Chastel & Ville, par les dis Conssous; & pourront crier & faire crier par la *(d)* Cude de la dicte Ville, de leur propre auctorité, sans autre requerre ne demander, les choses & causes appartenantes à leur Consulat, & pour les reparacions des dis Chastel & Ville. Et pourront imposer paines & bans tiex comme bon leur semblera, contre ceulx qui seront rebelles de paier & faire les choses qui seront ordenées à paier & faire par les dis Conssous; desquelles paines la moitié sera au Roy nostre dit Seigneur, & l'autre moitié aus Conssous & Université dessus dis.

(9) *Item.* Toutesfois que le Bailli du Seigneur dudit Chastel, ou autre Officier ou Président en ycellui Chastel, vouldra inquester ou faire respondre aucun à Enqueste, il les notiffiera aus dis Conssous, ne ne les pourra faire respondre sans la presence des dis Conssous ou de l'un d'eulx, ou cas qu'il y voudront estre à la dicte responce & Inquestacion, après la dicte notifficacion.

(10) *Item.* Semblablement, nul ne sera mis en [g] Question, ne ne sera accordée Sentence criminelle ne donnée audit lieu, sans le faire savoir aus dis Conssous; lesquielx ou l'un d'eux seront presens ès dictes Questions, à accorder les Sentences & les donner, se ilz veullent estre après ladicte notificacion, comme dit est.

g *Voy. cy-dessus, p. 701. Note (c).*

(11) *Item.* Que les dis Conssous afferment qu'il ont Lettres de licence que en temps de pais il pueent de leur auctorité sans licence de nul autre, persier & ouvrir les murs de la dicte Ville, & faire tant de portes & yssuës comme bon leur semblera; laquelle leur sera conservée de point en point, & gardée sans enfraindre.

(12) *Item.* Comme de nouvelle creacion des Conssous dudit lieu, les Conssous sont tenus de faire fort [h] sacrement au Seigneur dudit Chastel, & le Seigneur dudit Chastel ou ses Officiers, seront tenus de prendre & les dis Conssous de faire ledit sacrement, oudit lieu & non ailleurs.

h *serment.*

(13) *Item.* Que chascun Marchant vray habitant dudit lieu, soit franc & quicte de toutes Imposicions, Leudes, Gabelles & paiages, & autres subvencions & charges, en toute la Languedoc, de cy à x. ans prochains venans; & seront creus les dis Marchans portant les Lettres du dit Consulat, tesmoings qui seront vray dudit lieu, avec leurs sacremenz.

(14) *Item.* Que les dis Conssous, tant en leurs noms comme de la dicte Université & les singulieres d'icelle, seront quittes de tous excès commis du temps passé jusques au temps de la date de ces presentes Lettres; & toutes Enquestes, procès & prevencions commenciez contre les dessus dis & chascun d'eulx, seront cassées & mises au neant, & en demourront quittes les dessus dis, sans ce que jamais en leur en puisse riens demander.

NOTE.

(d) *Cude.*] L'on trouve dans le Glossaire de du Cange, *Cuda*, *Fossatum*. Peut-être les Cris & Proclamations publiques se faisoient-elles sur le Rempart autour de la Ville.

CHARLES V.
à Paris, en May 1371.

a à assembler.
b facilement.
c Cloche. Voy. cy-dessus, p. 677. Note (rr).

d Impositions par Feux.

e guet.

f crime.

g de se presenter en Justice.

h par la paix de Bretigny.
i Voy. cy-dessus, pag. 340. Note (a).
k contrains.

l appar. debteurs, debiteurs.

m Voy. la Note (g).

n si.

o fera.

p 3. jantages sans point.

(15) *Item.* Que nul habitant dudit lieu, pour cause de civille, (e) crim. commun, ou Contraux fais oudit lieu, ne pourront estre trais, ne comis ne emprisonnés hors dudit lieu.

(16) *Item.* Pour ce que les dis Conssous ont ª asembler souvent les Conseilliers dudit Consulat, & les habitans de la dicte Ville, & les assembler à grand labour & difficulté, pour qu'il puissent estre plus ᵇ ligierement & plustost assemblé, il auront un ᶜ Saint ou Campane commune, qui sera au dedens de leur Consulat, lequel il pourront sonner & faire sonner toutesfois que bon leur semblera, pour les Causes & negoces dudit Consulat.

(17) *Item.* Que les dis Conssous & singuliers des lieux dessus diz, seront quittes de cy à x. ans prochains venans, de tous Tailles, ᵈ Foaiges & subsides, & autres Imposicions & coaccions quelconques.

(18) *Item.* Les dis Conssous auront Lettres & leur seront octroyées de tout ceulx qui ont acoustumé de veillier & de faire ᵉ gait & arriere-gait ou dit lieu, & qui sont de la Juridiccion dudit Chastel, qui n'ont point de Forteresse, & qui en ont (f) berennent veillier & faire gait & arriere-gait audit lieu; & leur paines contre les rebelles & deffaillans, soient levées pour les dis Conssous, si comme il est acoustumé.

(19) *Item.* Que nul crimineux pris pour quelque ᶠ crim ou excès, se le crim n'est capital, que mort s'en soit ensuïe ou mutilacion de membre, ne soit detenu en prison, se il a caucion souffisante ᵍ d'ester à droit; mais les dictes caucions soient receuës, & les dis prisonniers relaschiés.

(20) *Item.* (g) Au temps que le Roy nostre dit Seigneur tenoit en son Demaine ledit Chastel & Ville & ressort d'icellui, & avant qu'il se transportast ʰ au Roy d'Engleterre, ceux qui devroient & doivent le ⁱ Commun de la Pais d'Engleterre, ᵏ compelliz par paines ou autrement de la paier avant la Feste de la Saint Martin d'iver, combien que depuis novacions y ont esté faites contre raison, leur sera octroyé que en la fourme & maniere qu'il le paioient quant le Roy d'Engleterre ne avoit point la Seignourie, elle se paiera sans y compellir les ˡ debtes d'icelle, avant ladicte Feste S.ᵗ Martin.

(21) ᵐ *Item.* Les dis Conssous afferment qu'il paient & ont acoustumé du temps que le Roy de France nostre dit Seigneur dudit lieu sans moïen, de accorder entre les gens du lieu & les estranges, quant il y estoient, toutes questions, querelles, & toutes controversions civilles; & ou cas qu'il ne les povoient accorder, cognoissoient d'icelles judiciaument, & les terminoient sur accors, Sentences ou autrement, si comme bon leur sembloit; & à ce compelissoient les dictes Parties; leur est acordé que Informacion deuë se fera sur ce, & ⁿ par ladicte Informacion appert des choses dessus dictes ou d'aucunes d'icelles, elles seront confermées & tenuës sans enfraindre de point en point.

(22) *Item.* Que ledit Monf. le Duc fera, octroyera & confermera toutes & chascunes des choses dessus dictes, en la maniere que dessus sont escriptes; & les ᵒ tenir, octroyer & conferer & promettre par le Roy de France nostre S. à la requeste des dis Conssoulx ou député de par eulx.

(23) *Item.* Est accordé que Pierre Borez, Jacine de Perusse, Bernart Mege, Aymar de Raissac, Raymon de ᵖ Leincamps, pour les travaulx & paines qu'ilz ont souffert & soustenus, & aussi pour la bonne diligence qu'il ont mise en la poursuite

NOTES.

(e) *Crim commun.*] Je ne sçais si ce mot *commun* doit être joint au precedent, ni ce qu'il signifie. Peut-être faut-il entendre par ces mots, *les crimes les moins considerables*, comme l'on dit encore dans un sens à peu près semblable, *les delicts communs & les cas privilegiez !*

(f) *Berennent.*] Je n'ai rien trouvé sur ce mot; & il me paroît qu'il y a quelque faute dans cet article. *Voy.* dans les Sommaires le sens que j'ai crû devoir lui donner.

(g) *Au temps &c.*] Il me paroît qu'il y a aussi quelque chose de corrompu dans cet article, & dans le suivant. *Voy.* les Sommaires.

de cest present Traictié, auront mil & cinq cens Frans, pour faire leur Ordenance & leur volunté; lesquelx leur feront paiez à present; & cinq cens, six sepmaines après le premier paiement, pour convertir en la réparacion de laditte Ville.

CHARLES V.
à Paris, en May 1371.

Lesquelles choses & chascunes d'icelles, nous Conte dessus dit, en tant comme elles touchent & pueent touchier mondit Seigneur le Duc d'Anjou, nous, nostre dit filz, les promettons faire & acomplir, & faire faire de point en point sanz enfraindre; & pour plus grant fermeté avoir des choses dessus dittes, nous Conte dessus dit, avons nostre seel, & nous Conssous dessus dis, les nostres propres mis & ª opposez, & cellui de nostre Consfulat, en ces presentes, & en autres semblables à cestes, desquelles les unes sont demourées pardevers nous Conte dessus dit, & les autres pardevers les Consfous des dis Chastel & Ville. Donné en la Cité (h) d'Alloy, le XI.ᵉ jour de Fevrier, l'an mil CCC. soixante & huit. Par Monsf. le Conte. SERPANT.

a apposez.

Quas siquidem Litteras & omnia contenta in eisdem, prout de ᵇ puncto in punctum supra scribuntur, ratificamus, laudamus, approbamus, & tenore presencium confirmamus, ac ᶜ ractas & gratas atque firmas perpetuis temporibus haberi volumus & jubemus: Mandantes Senescallo Ruthenensi, ceterisque Justiciariis & Officiariis Regiis, presentibus & futuris, nec non Locatenentibus eorumdem, quatenus predicta omnia & singula, prout supra scribuntur, rata & grata ᵈ habemus atque firma, nichil in contrarium ᵉ attemptendo; pocius omnia prout supra scripta sunt, de puncto in punctum diligenter observando. Quod ut firmum & stabile perpetuo perseveret, presentes Litteras ᶠ fecimus sigilli nostri secreti in absentia magni, duximus apponendum: Salvo in aliis Jure Regio, & in omnibus quolibet alieno. Actum & datum Tholose, anno Domini millesimo CCC. sexagesimo octavo, mense Februarii.

b puncto.

c ratas.

d habeant.
e attemptando.

f cette formule est corrompuë.

Nos autem suprascriptas Litteras & omnia & singula in eis contenta, rata & grata habentes, eas volumus, laudamus, approbamus, ratificamus, & tenore presentium de gratia speciali & plenitudine Regie potestatis confirmamus: ᵍ Mandantes Senescallo ʰ Ruthensi, ceterisque Justitiariis & Officiariis nostris, modernis & futuris, & eorum cuilibet, prout ad eum pertinuerit, vel Locatenentibus eorumdem, quatinus presatos Consules, Universitatem & singulares ejusdem loci, nostra presenti confirmacione & gracia uti & gaudere pacifice & quiete deinceps perpetuis temporibus faciant & permittant; impedimentis quibuscunque cessantibus & amotis. Quod ut firmum & stabile perpetuo perseveret, presentes Litteras Sigilli nostri munimine fecimus roborari: Salvo in aliis jure nostro, & in omnibus quolibet ⁱ. Datum & actum Parisius, anno Domini millesimo trecentesimo septuagesimo primo, & Regni nostri octavo, mense Maii.

g Mandantes.
h Ruthenensi.

i alieno.

Per Regem, ad relacionem Consilii.
P. DE VERGNY.

Collatio facta est cum suprascriptis originalibus Litteris, per me.

NOTE.

(h) d'Alloy.] C'est appar. Albis, dans le Diocese de Limoges, sur lequel Voy. le Diction. univ. de la France, à ce mot.

(a) Privileges accordez à la Ville de Peyrusse.

CHARLES V.
à Paris, en May 1371.

SOMMAIRES.

(1) Les Fours, la Boucherie & les Halles de Peyrusse, appartiendront à cette Ville à perpetuité.

(2) Les Consuls de Peyrusse seront Juges en premiere instance, de tous les procez civils & criminels qui s'eleveront dans cette Ville & dans son Territoire; à l'exception des procez qui regarderont les Officiers du Roy & les Consuls de cette Ville, & des crimes d'heresie, de leze-Majesté, de fausse Monnoye, de port d'armes,

NOTE.

(a) Tresor des Chartres, Registre 103. Piece 34. Voy. cy-dssus, p. 190. Note (a).

708   Ordonnances des Rois de France

CHARLES V.
à Paris, en May 1371.

& d'infractions de Sauvegarde; la connoissance desquels crimes est réservée aux Juges Royaux; comme aussi l'exécution des Jugements criminels rendus par les Consuls. Les Consuls pourront créer quatre Sergents, qui porteront des bâtons aux armes de la Ville.
(3) Les habitants de Peyusse seront exempts du droit de Francs-Fiefs.

KAROLUS Dei gracia Francorum Rex. Notum facimus universis tam presentibus quam futuris, Nos infrascriptas Litteras vidisse, formam que sequitur, continentes.

LUDOVICUS Regis quondam Francorum Filius, Domini nostri Regis Germanus,
a Languedoc. ejusque Locumtenens in [a] Partibus Occitanis, Dux Andegavensis & Comes Cenomanensis. Universis presentes Litteras inspecturis: Salutem. Quoniam Principis uniuscujusque
b honor. R. statui decens est & [b] honori, ut veros sibi subditos & benivolos, ad graciarum firmam
c ipsorum. largicionem acumulet, [c] ipsosque continuo studio preces & supplicaciones pias ac racioni consonas exaudiat, ut eisdem benemeritis, suas petitiones gemello amplexando brachio, graciam largiatur.

(1) Notum facimus quod nos attendentes ac animavertentes ad veram, firmam & immutabilem dilectionem, quam dilecti nostri Consules & Universitas habitancium loci de
d Voy. les Lettres [d] Petrucia, Senescallie Ruthenensis, erga dictum Dominum nostrum & nos, retrolapsis preced. temporibus habuerunt, nunc habent, & in futurum habere speramus, ipsorum supplicationibus annuere cordis affectu cupientes; attendentes & considerantes quod carissimus Consanguineus noster Comes Armaniaci, nuper per nos de Mandato nostro ad eos destinae virtute. tus, [e] vrituto potestatis sibi ad infrascripta per nos attribute, eisdem Consulibus ac Universitati loci predicti de Petrucia, Furnos, Macellum & Halas dicti loci, usque ad viginti annos continuos & proxime sequentes donaverat, eandem donacionem ratam, gratam & firmam habentes & eciam confirmantes, eam ex uberiori gracia predicta largius augmentare cupientes, eisdem supplicantibus dictos Furnos, Macellum & Halas, una cum omnif appar. proficuis. bus juribus, usibus, redditibus, proventibus, [f] proficuis ac pertinenciis quibuscumque, per dictos Consules ac Universitatem & eorum successores loci predicti, tenendos, possidendos, gubernandos & regendos, pro nunc imposterum ac perpetuis temporibus dedimus & concessimus, damusque & concedimus per presentes de nostra speciali gracia, certa sciencia & auctoritate Regia qua fungimur in hac parte.

(2) Item. Volumus, & eisdem supplicantibus concedimus, quod ipsi dilecti Consules nostri de Petrucia, qui nunc sunt & pro tempore fuerint, primas Causarum tam ci-
g &. vilium quam criminalium in dicto loco [g] ejus pertinentiis, cogniciones habeant ex nunc & imposterum, ex contractibus vel quasi, delictis vel quasi, vel aliter in dicto loco & pertinenciis suis inhitis, factis, contractis five commissis vel quasi, & de omnibus & singu-
h Judicium. lis que ad cognicionem & [h] Judicium predictarum Causarum civilium vel criminalium noscentur pertinere, utantur & ui possint & valeant ex nunc imposterum, libere & absque contradiccione aliquali; quodque Partes ad invicem litigare volentes, Causas suas tam criminales quam civiles, ex dictis contractibus vel maleficiis seu quasi, in dicto loco & ejus pertinenciis, coram ipsis Consulibus tamquam coram suis Judicibus competentibus &
i Il y a là dans le sibi [i] , tam agendo seu accusando quam, deffendendo, quam aliter eorum Offi-
Reg. di , une cium implorando, litigare seu prosequi per se vel per Procuratorem aut aliter legitime ,
lettre maculée qu'on n'a pû lire, testesque producere, & omnia alia facere que in prosecucione seu deffensione litis erunt suivie d'une s. necessaria & à Jure permissa, usque ad diffinitivas Sentencias, possint & valeant impune & absque impedimento quocumque; quodque ipsi Consules possint inter dictas Partes Senk proferre. tencias suas diffinitivas seu interlocutorias [k] proffere, Causasque criminales per composicionem dirimere, dum & quando videbitur eis expedire, & nichilominus Sentencias suas diffinitivas seu interlocutorias execucioni debite demandare, & in dictis Causis criminalibus possint & valeant procedere (b) eorum Officio nobili vel ad Partis postulacionem,

NOTE.

(b) *Eorum Officio nobili.*] Procéder au Jugement des procez criminels, d'Office, & sans avoir besoin de la requête d'une Partie.

DE LA TROISIÉME RACE.

tam civiliter quam criminaliter, prout eis videbitur expedire; & in casu quo contingerit aliquem vel aliquam dicti Castri de Petrucia, vel alium quemcumque, ex maleficiis seu quisi, in dicto Castro vel ejus pertinenciis initis vel commissis, civiliter vel criminaliter [a] trahi extra dictorum Consulum [b], vel criminosum capi per aliquem vel aliquos Officiarios vel Officiales dicti Domini nostri Regis, qui nunc sunt vel pro tempore fuerint, superiores vel inferiores dictorum Consulum, & in eorum carceribus detinere mancipatum seu mancipatos, quod ad simplicem requisicionem dictorum Consulum, vel alterius eorum mandato, ille vel illa sit [c] ipsi Consulibus restituenda, & Causa coram ipsis examinanda & cognoscenda, & fine debito terminanda pro Justitia debita facienda; & in casu quo contingeret quod aliquis [d] superior vel inferior dicti Domini nostri Regis, de facto [e] incipere cognovisset, vel Sentenciam dedisset contra nostram dictam gratiam, totum illud ex nunc ut ex tunc cassamus, irritamus, & cassum & irritum esse volumus perpetuo in futurum, donec & quousque prima cognicio fuerit habita per Consules antedictos; excepta cognicione Gentium nostrarum, & ipsorum Consulum, si existentes Consules delinquerint, heresis, lese-Magestatis, fabricacionis false Monete, portacionis armorum, violacionis Salve-Gardie, criminibus exceptis, que Gentibus ac Officiariis nostris ac nobis reservamus, execuciones eciam quorumcumque condempnatorum corporaliter vel civiliter, nobis & nostris Gentibus reservantes. Et quia parum esset Sentencias proferre, nisi essent executores qui eas execucioni demandarent, ea propter volumus & dictis Consulibus concessimus, [f] pro nunc & in futurum concedimus per presentes auctoritate predicta, ut ipsi Consules & eorum successores, possint & valeant Servientes in dicto loco eligere & creare usque ad numerum quatuor, qui eorum Sentencias & Mandata habeant servire & execucioni demandare; qui Servientes predicti tantam & similem habeant potestatem, ac si ex mandato Regio electi essent & creati; recepto ab eis per dictos Consules Juramento & caucionibus in talibus prestari consuetis; & ipsi quidem Servientes Baculum signatum signo dictorum Consulum valeant deportare; quibus Servientibus per quoscumque subditos dicti Domini nostri Regis, pareri & [g] juberi volumus ut Servientibus Regiis est fieri consuetum: Volumus [h] tamen quod in casu quo contingeret ipsos Servientes aliqua demerita [i], propter eorum Officium deberent amittere, quod per predictos Consules possint deponi ab Officiis eorumdem; & in casu quo contingeret vacare aliquem locum dictorum Servientium per dictam deposicionem vel per mortem, [k] aliter, quod in eorum locum dicti Consules possint alium vel alios ydoneos supponere modo & forma expressatis, tociens quociens necessarium fuerit, & eis videbitur expedire.

(3) Item. Ulterius, dictis Consulibus qui nunc sunt & pro tempore fuerint, concessimus & concedimus per presentes, & in dicto loco & pertinenciis ipsius [l] observari volumus perpetuo, quod nullus homo sive mulier non nobilis, cujuscumque [m] alterius condicionis existat sive status, [n] quod pro redditibus, possessionibus, hereditagiis aut aliis quibuscumque, per ipsum à personis Nobilibus acquisitis seu eciam acquirendis de cetero, titulo empcionis, successionis, donacionis aut alio quovismodo, ad finandum seu [o] finenciam faciendum dicto Domino nostro sive ejus Officiariis, teneatur, nec per aliquos compelli possit; quoniam ex nunc ipsos non nobiles dicti loci & pertinenciarum ejusdem, à dictis financiis relevavimus, & ipsas financias remissimus & quittavimus, remittimusque, relevamus ac donamus per presentes, de nostra certa sciencia & auctoritate predicta; jure dicti Domini nostri Regis, & quolibet alieno in omnibus aliis semper salvo : Senescallis, Judicibus, Thesaurariis ac Procuratoribus Regiis, ac ceteris Officiariis Senescallie Ruthenensis, & eorum cuilibet, ac Locatenentibus eorumdem, nec non & subditis aliis Regiis quibuscumque, prout ad eos pertinuerit, [p] mandentes atque eciam injungentes, quatinus dictos Consules, presentes & qui in futurum fuerint, hujusmodi nostris dono & gratia ad plenum uti & gaudere faciant & permittant, quicquam in contrarium nullathenus faciendo, nec à quoquam fieri permittendo; presertim Procuratoribus Regiis predicte Senescallie, qui nunc sunt & pro tempore fuerint, in premissis & circa premissa perpetuum silencium imponendo: Mandantes dictis Senescallo, qui nunc est vel pro tempore fuerit, quatenus dictos Consules in omnibus & singulis superius expressatis tueatur & deffendat, & contradictores seu [q] impediantes ad servandum compellat, eciam rebelles

709

CHARLES V.
à Paris, en May 1371.
[a] trahi.
[b] Il manque apparenmment là le mot, Jurisdictionem.
[c] ipsis.

[d] Officiarius.
[e] incepisset cognoscere.

[f] &.

[g] mot corrompu.
[h] tamen.
[i] fecisse.

[k] vel.

[l] observari.
[m] ce mot paroît inutile.
[n] q. Reg. mot inutile.
[o] financiam.

[p] mandantes.

[q] Impedientes.

Vuuu iij

710   Ordonnances des Rois de France

CHARLES V.
à Paris, en May 1371.

puniat, prout fibi videbitur faciendum; promittentes prefentem noftram graciam facere confirmare per Cameram Compotorum Parifius dicti Domini Regis. Quod ut firmum & ftabile perpetuo perfeveret in futurum, prefentes Litteras figilli noftri fecreti, majore figillo abfente, munimine fecimus roborari. Actum & datum Tholofe, anno Domini millefimo CCC.º fexagefimo octavo, menfe Februarii.

Nos autem fuprafcriptas Litteras & omnia & fingula in eis contenta, rata & grata habentes, eas & ea volumus, laudamus, approbamus, ratificamus, & tenore prefentium, de gracia fpeciali & plenitudine Regie poteftatis confirmamus: Mandantes Senefcallo Ruthenenfi, ceterifque Jufticiariis & Officiariis noftris, modernis & futuris, & eorum cuilibet, prout ad eum pertinuerit, vel Locatenentibus eorundem, quatenus prefatos Confules, Univerfitatem & fingulares ejufdem loci, noftris prefenti confirmacione & gracia uti & gaudere pacifice & quiete deinceps perpetuis temporibus faciant & permittant; impedimentis quibufcunque ceffantibus & amotis. Quod ut firmum & ftabile perpetuo perfeveret, prefentes Litteras Sigilli noftri munimine fecimus roborari : Salvo in aliis jure noftro, & in omnibus quolibet alieno. Datum & actum Parifius, anno Domini millefimo trecentefimo feptuagefimo primo, & Regni noftri octavo, menfe Maii.
Per Regem, ad relacionem Confilii.   Collatio facta eft cum fuprafcriptis originalibus Litteris, per me.   *Vifa.*
P. DE VERGNY.

CHARLES V.
à Paris, en May 1371.

(a) Lettres qui revoquent celles par lefquelles le droit de Juftice avoit été accordé aux proprietaires de certaines Terres fituées dans la Jurifdiction des Confuls de Peyruffe, & données en emphyteofe par ces proprietaires.

KAROLUS Dei gracia Francorum Rex. Notum facimus univerfis tam prefentibus quam futuris, Nos infrafcriptas Litteras vidiffe, formam que fequitur, continentes.

a Larguedoc.

b Peyruffe. Voy. les deux Pieces preced.
c Voy. cy-deffus, p. 44. Note (v).
d &.
e exercicium.
f Impôts.
g domiciliar. R.

LUDOVICUS Regis quondam Francorum Filius, Domini noftri Regis Germanus, ejufque Locumtenens in a *Partibus Occitanis, Dux Audegavenfis & Comes Cenomanenfis. Univerfis prefentes Litteras infpecturis: Salutem. Sufcepta gravi querimonia dilectorum noftrorum Confulum de* b *Petruffia, Senefcallie Ruthenenfis, Domino noftro Regi immediate fubdictorum, continente quod cum ipfi Confules fint & qui pro tempore fuerint,* c *Imperii meri* d *mixti, & Jurifdictionis alte & baffe, nomine Regio* e *excercicium habeant & habuerint in dicto loco de Petruffia, ac quecumque* f *munera realia, perfonalia & mixta indicere poffint & confueverint in perfonas Larem foventes* g *& domiciliarios ejufdem loci de Petruffia, necnon & in homines & habitatores Villarum, locorum, manforum & parrochiarum Bailliagii & refforti dicti loci de Petruffia, pertinenciarumque fuarum, ab uno, duobus, tribus, quinque, decem. XX. XXX. XL. L. & LX. annis citra & ultra, à tanto tempore citra de cujus contrario memoria hominum non exiftit, tanquam in fubditos dictæ fuæ Jurifdicionis, ipfam Jurifdiccionem in ipfos homines exercendo, dum munera predicta ipfis indicebantur & cafus eveniebat, ipfi Confules fecerint ipfos homines & eorum quemlibet, quibufcunque Impoficionibus, Talliis, fubvencionibus atque fubfidiis, & eciam reparacionibus claufurarum dicti loci de Petruffia, contribuere, & vigiliis cuftodire* h *& excubiare; prefatique Confules qui nunc funt & qui pro tempore fuerunt, funt & fuerint à dictis temporibus citra & ultra, in pacifica poffeffione & faysina feu quafi, predictorum & cujuflibet ipforum; quodque in dictis Villis, manfis, locis & parrochiis, funt plures perfone à quibus plura predia per inhabitantes ipfarum Villarum, locorum, manforum & parrochiarum, tenentur in (b) emphiteofim; Dominique directi prediorum*

NOTES.

(a) Tref. des Chart. Regift. 103. P. 35. Voyez cy-deffus, p. 190. Note (a).
(b) *Emphiteofim.*] L'Emphyteofe eft un Contrat par lequel le Maître d'un héritage le donne à l'Emphyteote, pour en joüir à perpétuité ou à temps, moyennant une certaine redevance annuelle.

DE LA TROISIÉME RACE. 711

predictorum in ª *dictos emphiteotas & eorum bona, dictorum Villarum, locorum, mansorum atque parrochiarum, nunquam habuerint altam Jurifdictionem nec aliquod Imperium, Foros aut Nundinas in ipfis locis, Villis, manfis & parrochiis, eorumque territoriis & diftrictibus, vel aliquo eorum, fed tantum pretextu fui directi dominii, jura fua emphiteotica, à dictis fuis emphiteotis habuerint & perceperint;* ᵇ *tam nonnulli ex dictis directis Dominis tacito de premiffis, & aliter fubrepticie, nifi fuerunt impetrare & obtinere, ac impetrarunt & obtinuerunt, ut afferitur, à nobis altas Jurifdicciones, mera & mixta Imperia, five exercicium earum, necnon* ᶜ *Fores & Nundinas in dictis Villis & locis, & etiam pro fe & dictis emphiteotis fuis, ac aliis habitatoribus Villarum, locorum, manforum & parrochiarum predictarum, exempciones tam Jurifdiccionis Confulatus dicti loci de Petruffia, quam munerum predictorum, quod cedit in maximum prejudicium dicte Jurifdiccionis Regie, cujus nomine pro parte ipforum Confulum excercetur, necnon eorundem & habitatorum dicti loci de Petruffia, eorumque privilegiorum,* ᵈ *Libertatem, & franchifiarum predictarum, & non immerito, fi fit ita. Quare prefati Confules nomine dicte Univerfitatis &* ᵉ *fingularum ipfius loci de Petruffia, nobis humiliter fupplicarunt fibi per nos fuper predictis de remedio opportuno provideri. Nos igitur prefatis fupplicationibus tanquam juftis merito inclinati, notum facimus ac tenore prefencium declaramus noftre non effe nec fuiffe intencionis aliquas Jurifdicciones altas aut Imperia alicui de dictis Dominis directis predictorum prediorum, cujufcumque ftatus aut condicionis exiftat, pretextu dicti directi dominii aut aliter, Foros aut Nundinas de novo dediffe, donaffe feu conceffiffe in prejudicium exercicii Jurifdiccionis dictorum Confulum, nec eorum Univerfitatis, ac privilegiorum, Libertatum & franchefiarum predictarum, nec ipfos exemiffe à muneribus fupradictis quibus adhenus fuerunt tam prenominati directi Domini, quam emphiteote fui, & fui Anteceffores à quibus caufam habuerunt, aftricti, ut afferitur; & hac racione in cafu premiffo, approbando, ratifficando & confirmando omnes & fingulas Libertates, exercicium Jurifdiccionis, franchefias, privilegia, immunitates & Confuetudines predictas, quas ipfi Confules de Petruffia adhenus nofcuntur habuiffe, anullandoque, caffando & irritando omnes & fingulas alte Jurifdiccionis & Imperii, ac Fori & Nundinarum conceffiones & donaciones, atque exempciones fub quavis verborum forma factas & conceffas in prejudicium Jurifdictionis, dictarum Libertatum, franchefiarum, privilegiorum & immunitatum, earumque effectum, & quicquid exinde fecutum eft, de noftra certa fciencia, auctoritate Regia & fpeciali gracia per prefentes: Mandamus & districte precipimus Senefcallo Ruthenenfi, ceterifque Jufticiariis & Officiariis Regiis, & eorum cuilibet, vel eorum Locatenentibus, quatenus dictos Confules eorumque Univerfitatem & fingulares, nullatenus in prejudicium exercicii dicte eorum Jurifdictionis feu pocius Regie, privilegiorumque, Libertatum & franchefiarum ac immunitatum predictarum, ad inftantiam predictorum directorum Dominorum, vel aliter, occafione premifforum moleftent, inquietent feu* ᶠ *pretrubent, aut moleftari, inquietari feu perturbari à quoquam permittant; fed predictis Jurifdictionis exercicio, munerum indiccione, privilegiis, Libertatibus, franchefiis, immunitatibus & Confuetudinibus, & fingulis eorum de quibus liquebit, quibus prout hactenus ufi fuerunt, uti & gaudere faciant & permittant pacifice & quiete; oppoficionibus, excepcionibus & appellacionibus frivolis, ac Litteris in contrarium impetratis feu imperandis fub quavis verborum forma, non obftantibus quibufcunque. Quod ut firmum & ftabile perpetuo perfeveret, noftrum figillum prefentibus duximus apponendum: falvo in aliis jure Regio, & in omnibus quolibet alieno.* Actum & datum Tolofe, anno Domini milleſimo trecenteſimo ſexageſimo nono, menſe Aprilis.

Nos autem fupraſcriptas Litteras & omnia & fingula in eis contenta, rata & grata habentes, eas & ea volumus, laudamus, approbamus, ratifficamus, & tenore prefencium, de gracia fpeciali & plenitudine Regie poteftatis confirmamus: Mandantes Senefcallo Ruthenenfi, ceterifque Jufticiariis & Officiariis noftris, modernis & futuris, & eorum cuilibet, prout ad eum pertinuerit, vel Locatenentibus corumdem, quatenus prefatos Confules & ejufdem noftra prefenti confirmacione & gracia uti & gaudere pacifice & quiete deinceps perpetuis ʰ *à temporibus faciant & permittant; impedimentis quibufcunque ceffantibus &*

CHARLES
V.
à Paris, en
May 1371.
a diot. R. pour dict.
b appar. tamen.

c Foros.

d Libertatum.

e fingularium.

f perturbent.

g eifdem.

h mot inutile.

amotis. *Quod ut firmum & stabile perpetuo perseveret, presentes Litteras Sigilli nostri munimine* ª *facimus roborari : Salvo in aliis Jure nostro, & in omnibus quolibet alieno.* Datum & actum Parisius, anno Domini millesimo ccc.º septuagesimo primo, & Regni nostri octavo, mense Maii.

CHARLES V.
à Paris, en May 1371.
a fecimus.

Per Regem, ad relacionem Consilii.
P. DE VERGNY.

Collacio facta est cum Originali, per me.
Visa.

CHARLES V.
à Paris, en May 1371.
b quarumdam.

(a) Diminution de Feux pour Gimont.

KAROLUS, *&c. Notum, &c. Quod cum ex parte, &c.*

Cumque facta quadam informacione virtute ᵇ *quarumdem Litterarum Regiarum ac nostrarum in loco seu Villa* (b) *Gimontis, Judicature Verduni, Senescallie Tholose, super vero numero Focorum modernorum in dicto loco seu Villa Gimontis & pertinentiis suis nunc existencium, per dilectum nostrum Paulum Bitorti, Bacalarium in Legibus, Judicem nostrum Verduni, Commissarium in hac parte auctoritate Regia deputatum; vocato & presente in omnibus Procuratore nostro Generali dicte Senescallie Tholose, aut ejus legitimo Substituto; eademque, &c.*

Repertum fuerit quod in dicto loco seu Villa Gimontis & suis pertinentiis, sunt de presenti & reperiuntur quater centum viginti octo Foci, secundum traditam Instruccionem, &c.

Quod ut firmum, &c. Salvo, &c. Actum Parisius, mense Maii, anno Domini millesimo ccc.ᵐᵒ septuagesimo primo, & Regni nostri octavo. *Visa.*

Per Consilium, &c.
P. DE CHASTEL.
Informatio de qua superius fit mentio,

est in dicta Camera, & ponitur cum aliis ᶜ *cimilibus*, prout est ordinatum.
P. DE CHASTEL.

ᶜ *fimilibus*.

NOTES.

(a) Tref. des Chart. Reg. 102. P. 103. Voyez cy-dessus, p. 30. Note (a).

(b) *Gimontis,*] *Gimont*, dans le bas Armagnac, Diocese d'Auch, Election de Riviere-Verdun. Voy. *le Dictionn. universel de la France*, au mot, *Gimont*.

CHARLES V.
à Paris, en May 1371.

(a) Confirmation des privileges de la Ville de la Bruyere-lez-Catenoy, en Beauvoisis.

CHARLES par la grace de Dieu Roy de France. Savoir faisons à tous presens & avenir, que de la partie des habitans de la Ville de la Bruyere-lez-Catenoy, en Beauvoisins, ᵈ Nos a esté exposé, que comme par previleges de nos predecesseurs Roys de France ou d'aucun d'eulx, par Lettres en cire vert & en las de soye, eust esté octroïé aux exposans ou à leurs predecesseurs habitans d'icelle Ville, ce qui s'ensuit; c'est assavoir, quiconques de ladicte Ville se vouldroit & veult purgier par son serement du (b) meffait de douze deniers d'Amende, il en sera ᵉ quittes; & que un nostre Sergent par lui seul, en accusant un homme de ladicte Ville, ne seroit & n'est creu; ne les hommes de ladicte Ville pardevant Nous ne respondront (c) d'auvoirie; que l'Amende des menus forfais de nos ᶠ hostes de ladicte Ville, seroit de douze deniers Parisis; & l'Amende des forfais qui par la Coustume du Païs à soixante solz Parisis devroit monter, seroit de cinq soulz Parisis tant seulement; & ne seroient

ᵈ Nous.

ᵉ absous.

ᶠ Voy. les Tabl. des Mat. des Vol. de ce Rec. à ce mot.

NOTES.

(a) Tref. des Chart. Regist. 103. P. 71.
(b) *Meffait de douze deniers.*] Meffait pour lequel on doit payer 12. deniers d'Amende. Voy. un peu plus bas.

(c) *D'auvoirie.*] Ce mot est douteux, & j'avoüe que je n'entends point cet endroit. Peut-être signifie-t-il, *que les habitans ne seront point obligez de s'avoüer Bourgeois du Roy.* Voy. les Tabl. des Mat. des Vol. de ce Rec. au mot, *Bourgeoisie*.

tenus

tenus les dis hommes d'icelle Ville plaidoïer hors de ladicte Ville devant nos Juges ou aucun d'eulx, fors pour cause de murtre ou traïson; & ne seroient tenus de [a] à aler à nostre semonce en [b] host ne en chevauchée, fors que pour (d) bataille nommée; & que se aucuns (e) hustineurs ou esmouveurs de hustins en la dicte Ville, pour forfais à fait Amende par deux fois, & il y [c] renchiet, sera bannis de la dicte Ville, ne jamais n'y retournera sans le rappel de Nous ou de nos hoirs; & avec ce, se aucun mettoit ou met main à autruy de la dicte Ville par felonnie, & ce n'ait [d] osté fait pardevant bonnes gens, & ne puist estre clerement sceu, il s'en puist purgier, se il veut, par son serement, & [e] parmi ce, en seroit quittes; & plusieurs autres franchises & Libertez leur aïent esté octroiées par nos dis Predecesseurs ou l'un d'eulx, & d'iceulx privileges, Libertez & franchises ayent [f] joïr & usé paisiblement depuis la concession d'iceulx, par tel & si long temps qu'il n'est memoire du contraire, par l'octroy, consentement & souffrance des Seigneurs de la dicte Ville; les aucuns des quieulx leur ont donné parcilz & autres privileges : Neantmoins pour ce que les dictes Lettres faites sur iceulx privileges, ou temps que les ennemis de nostre Royaume occupoient plusieurs Fors ou païs de Beauvoisins, ont esté perduës par cas de fortunes, nostre Maire de Brouville, & aucuns autres nos Officiers, se sont efforciez & veulent efforcier d'empeschier les dis exposans en l'usage d'iceulx privileges, franchises & Libertez; laquelle chose est ou prejudice des dis exposans, qui à juste titre & onereux, ont eû & ont droit ès dis privileges, si comme il dient; suppliant sur ce essargir nostre grace. Nous adecertes, attendu ce que dit est, avons octroié & octroïons aus dis exposans, de nostre certaine science, plaine puissance, auctorité Royal & grace especial, que eulx oudit cas, usent & joissent à plain de leurs dis privileges, franchises & Libertez, en la fourme & maniere que il en ont usé & joy, usoient & [g] joissent au temps que les dictes Lettres furent ainsi perduës. Si donnons en mandement au Bailli de Senlis, & à tous nos autres Justiciers ou à leurs Lieuxtenans, & à chascun d'eulx, si comme à lui appartendra, que les dis exposans facent, sueffrent & laissent joïr & user à plain de nostre presente grace, sans les molester ou souffrir estre molestez au contraire, osté de ce tout indeu empeschement. Et pour ce que ce soit ferme chose & estable à tousjours, Nous avons fait mettre nostre seel à ces Lettres : sauf en autres choses nostre droit, & l'autrui en toutes. Donné à Paris, l'an de grace mil CCCLXXI. ou mois de May, le VIIIe de nostre Regne. RCOURT. Par le Roy, en ses Requestes. HENRY. Visa.

CHARLES V.
à Paris, en May 1371.
[a] mot inutile.
[b] aux expéditions militaires.
[c] retombe.
[d] esté.
[e] moyennant.
[f] joï.
[g] joïssoient

NOTE.

(d) *Bataille nommée.*] Bataille qui auroit été fixée à un certain jour par les Chefs des deux armées, comme cela se pratiquoit quelquefois dans ces temps là.

(e) *Hustineurs.*] Ce mot signifie *querelleurs*, & peut-être icy, *Séditieux*. Voyez le *Glossaire de du Cange*, au mot, *Hutinus*, & *Borel* au mot, *Hutin*.

(a) Privileges accordez aux habitants de Mailly-le-Château, par leurs Seigneurs.

CHARLES V.
à Paris, en Octobre 1371.

SOMMAIRES.

(1) Les habitants de Mailly-le-Chasteau, à l'exception des Gens d'Eglise & des Chevaliers, payeront chaque année au Seigneur, une redevance de 5. sols pour leurs maisons.

(2) Lorsqu'ils iront à l'armée, on ne pourra les éloigner de leur Ville, que d'une certaine distance; ensorte que s'ils le veulent, ils puissent y revenir le jour qu'ils en seront partis.

(3) Les habitans de M. le C. ne pourront perdre (par confiscation,) les biens qu'ils possedent dans cette Paroisse; à moins qu'ils n'aient forfait contre leur Seigneur ou contre ses hostes.

(4) Ceux qui viendront aux Foires ou aux Marchez de Mailly-le-Chasteau, ne pourront être inquietez ou arrêtez prisonniers, que pour des delicts commis le jour mesme de la Foire & du Marché. On ne pourra saisir dans ces jours, les effets de la caution qui a été presentée par

NOTE.

(a) Tresor des Chartres, Registre 105. Piece 7. vingt 10. (150).

celui avec qui l'on a contracté, si le cautionnement n'a été donné un jour de Foire ou de Marché.

(5) *Modération des Amendes, & de ce qu'on paye pour les Requestes presentées au Prevost.*

(6) Les habitans ne pourront être contraints de sortir de leur Ville pour aller plaider ailleurs, dans les affaires qui regarderont leur Seigneur.

(7) Les habitans ne payeront point de Taille, de don gratuit, &c.

(8) Lorsque le Seigneur de M. le C. & sa femme y seront, ils auront crédit pendant quinze jours pour les vivres qu'ils acheteront des habitans; & si après ce terme ces vivres ne sont point payez, les habitans ne seront point obligez de faire de crédit, jusqu'à ce qu'ils le soient.

(9) Les habitans de M. le C. qui auront des gages de leur Seigneur ou de quelqu'autre personne que ce soit, pourront en cas qu'ils ne soient pas payez, les vendre 8. jours après l'échéance du jour du payement.

(10) Si un homme s'accommode avec une personne qu'il a offensée, avant qu'il y ait eu de plainte en Justice, il ne devra pas l'Amende: mais il la payera s'il y a eu une plainte: si en consequence de cette plainte, il n'y a point de condamnation prononcée ni contre l'une ni contre l'autre des Parties, il n'est point dû d'Amendes.

(11) On peut dispenser d'un serment que l'on pourroit exiger.

(12) Si lorsque les gages de bataille ont été donnez, les Parties du consentement du Prevost s'accommodent avant que les ostages ayent été donnez, elles payeront une Amende qui sera plus forte si les ostages ont été donnez. Lorsque le combat sera terminé, les ostages du vaincu payeront 112. sols d'Amende.

(13) Il n'y aura que les habitans qui auront des charrettes, qui seront obligez de faire des corvées pour leur Seigneur; & ceux-ci n'en seront qu'une fois l'année, pour amener à son Château, ses provisions de vivres & du bois pour brûler.

(14) Nul habitant ne pourra être retenu prisonnier, s'il peut donner caution de se representer en Justice.

(15) Les habitans pourront vendre leurs biens; & après avoir payé les lods & ventes, sortir de la Ville, à moins qu'ils n'y ayent commis quelque delit.

(16) Les habitans pourront vendre leurs maisons, sans que le vendeur ni l'acheteur soient obligez de payer aucuns droits.

(17) Celui qui aura demeuré à M. le C. un an & un jour, sans être réclamé par personne, sera libre & (Bourgeois); mais si un des vassaux du Seigneur le réclame comme son serf, & prouve qu'il l'est, ce serf sera mené sous sauf-conduit, hors de la Chastellenie de cette Ville.

(18) On ne doit plaider ensemble que pour rendre aux autres ce qui leur est dû, & pour le recevoir d'eux.

(19) Celui qui aura possedé pendant un an & un jour un héritage, sans qu'il ait été troublé dans cette possession, ne pourra en être depossedé, si ce n'est par celui qui n'ayant point demeuré dans la Ville pendant cette année, se prétend proprietaire de cet héritage.

(20) Le Crieur public ni celui qui fait le guet, n'auront aucuns droits, lors du mariage des habitans.

(21) Si un animal poursuivi par des taureaux, ou piqué par des mouches, entre dans la Forest de Fretoy, dans le Parc de Mailly-le-Château, &c. celui à qui il appartient, ne payera point d'Amende, s'il peut jurer que cela s'est fait malgré celui qui gardoit l'animal: mais si ce gardien ne l'a pas empesché, pouvant le faire, il y aura lieu à l'Amende.

(22) Il n'y aura point aux Fours (bannaux) de porteurs de pain en titre, qui puissent exiger de droits.

(23) Les habitans ne seront point assujetis à faire un guet fixe & reglé.

(24) Les habitans auront droit d'usage dans le bois de Fretoy.

Moderation des Amendes.

(25) Celui qui sera accusé d'avoir chassé en plaine dans la Garenne du Seigneur de Mailly-le-Chasteau, sera crû sur son serment, s'il jure qu'il n'a point chassé. S'il ne veut pas faire ce serment, il payera l'Amende.

(26) Si un habitant a oublié de payer le Tonlieu pour ce qu'il a acheté ou vendu dans le marché, il pourra le payer huit jours après, sans qu'on puisse l'inquieter à ce sujet; pourvû qu'il jure que c'est par oubli qu'il ne l'a pas payé.

(27) Si un habitant qui est accusé, ne peut se justifier par témoins, il le fera par son serment.

(28) Les Bouchers ne payeront point de droits pour les chairs mortes qu'ils vendront.

(29) La succession des defunts sera recueillie par leurs plus prochains héritiers. S'il ne s'en presente point, les effets de cette succession seront mis entre les mains des habitans qui les garderont pendant un an & un jour. Si pendant ce terme il se presente un heritier, ces effets lui seront remis; s'il ne s'en presente point, ils appartiendront au Seigneur.

(30) Le Seigneur peut seul faire crier la vente de son vin. Il ne pourra cependant vendre son vin, en empêchant les habitans de vendre le leur, que pendant le mois d'Aoust.

(31) Le Prevost de M. le C. jurera d'observer les privileges accordez à ces habitans.

(32) Le Seigneur de M. le C. & Acelin de Meriaco, pourront vendre le bois de Fretoy.

(33) Si le Seigneur de Mailly-le-Chasteau donne atteinte à ces privileges, l'Evêque d'Auxerre pourra l'excommunier, & mettre sa Terre en interdit.

(34) Les habitans de Mailly-le-Chasteau auront dans le bois de Fretoy, le droit d'usage sur le Tremble, le Charme, l'Erable & le bois mort, pour se chauffer; & le droit d'usage sur

DE LA TROISIÉME RACE. 715

le bois vif, pour baſtir ; mais ils ne pourront le couper ſans en avertir le Prevoſt.
(35) Il ſera permis de vendre aux habitants de Mailly-le-Chaſteau, de toutes ſortes de bois pour faire des tonneaux, des cuves, & autres uſtenſiles.

CHARLES V.
à Paris, en Octobre 1371.

K*AROLUS Dei gratia Francorum Rex. Notum facimus univerſis preſentibus & futuris, Nos Litteras quondam (b) Guidonis Comitis Nivernenſis & Forenſis, & Matildis tunc ejus Conſortis, ipſorum ſigillis, ut prima facie apparebat, ſigillatas, ſanas & integras recepiſſe, formam que ſequitur, continentes.*

E*GO Guido Comes Nivernenſis & Forenſis, & Ego Mathildis Comitiſſa Uxor ejus. Omnibus notum facimus, tam preſentibus quam futuris, quod nos convenciones & Libertatem quas* ª *Petrus quondam bone memorie Genitor noſter, Autiſiodorenſis Comes, fecit & conceſſit Burgenſibus (c) Mailliaci-Caſtri, ratas habemus pariter & acceptas, quarum tenor talis eſt.*

a Voy. la Note (b).

I*N nomine ſancte & individue Trinitatis. Amen. Noverint univerſi preſentes pariter & futuri, quod Ego Petrus Comes Autiſiodorenſis &* ᵇ *Tornodorenſis, & Dominus Mailliaci, Caſtellum meum de Mailliaco ſingulari complectens amore, & ejuſdem cupiens incrementum, dictum Caſtellum cum ſuburbiis, & omnes ibidem habitantes, ad Conſuetudinem atque Libertatem (d) Lorriaci fore imperpetuum conſtitui & conceſſi, prout preſens ſcriptum plenius declarabit.*

b Tonnerre.

(1) Quilibet hominum Mailliaci, ſingulis annis in Feſto Sancti Remigii, quinque ſolidos Monete Autiſiodorenſis, pro (e) feſtagio domus ſue michi dabit; ſalva tamen Libertate Clericorum & Militum, qui nullum debent feſtagium.

(2) Nullus hominum Mailliaci in expedicionem vel equitacionem eat, niſi eadem die ad domum ſuam, ſi voluerit, reveniat.

(3) Quicunque in Parochia Mailliaci poſſeſſionem ſuam habuerit, nichil ex ea perdet pro quocunque forisfacto; niſi adverſus me vel aliquem de ᶜ *hoſpitibus meis forisfecerit.*

c Voy. les Tabl. des Mat. de ce Rec. au mot, Hoſtes.

(4) Nullus ad Mercatum ſive ad ᵈ *Feriam Mailliaci veniens, capiatur nec deſturbetur, niſi ipſa die forisfactum fecerit. Nullus in die Mercati vel Ferie Mailliaci, vadium* ᵉ *Plegii ſui capiat, niſi die conſimili Plegiacio illa facta fuerit.*

d Foire. Voy. le Gloſſaire de du Cange, au mot, Feriæ. 3.
e caution. Voy. ſur cet endroit le

(5) ᶠ *Forisfactum ubicunque factum fuerit, ſive in boſco ſive in* ᵍ *plano, de ſexaginta ſolidis ad quinque ſolidos; & forisfactum de quinque ſolidis ad duodecim denarios veniat: & clamor Prepoſiti ad quatuor denarios.*

4.ᵉ Vol. de ce Rec. pag. 74. Note (d).
f Voy. Ibid. Note (r) margin.
g dans les plaines.
h Juge, dans pluſieurs Ordon.
i eſpece de don gratuit. Voy. le 4.ᵉ Vol. de ce Rec. p. 74. Note (e).

(6) Nullus hominum Mailliaci extra Mailliacum, cum Domino Mailliaci vel cum ʰ *Mandato ejus, placitaturus exeat.*

(7) Nullus, nec ego, nec alius hominum de Mailliaco, Tailliam nec exactionem neque ⁱ *Rogam faciat.*

(8) Dominus Mailliaci habet credicionem in cibis, ad ſuum & Uxoris ſue uſum, ipſis eciam apud Mailliacum preſentibus, ad dies quindecim perſolvendam; & ſi tunc

NOTES.

(b) Guidonis.] Voy. ſur Guy Comte de Nevers, ſur Mahaud de Courtenay ſa femme, & ſur Pierre de Courtenay Pere de Mahaud, le 3.ᵉ Vol. de ce Rec. p. 115. Note (h), & à la ligne 4. de cette Note, liſez, & *femme de* Pierre II. &c. ce mot *femme* qui a été oublié dans l'impreſſion, rend cette Note inintelligible.

A l'égard d'Yoland, de laquelle il eſt parlé à la fin des Lettres de Pierre, c'étoit Yoland de Haynaut ou de Flandre, qui en May 1193. devint la 2.ᵉ femme de Pierre de Courtenay. Au commencement d'Avril 1217. il paſſa avec ſa femme à Rome, pour aller à Conſtantinople, dont il avoit été élû Empereur. Il ne revint plus en France, & mourut dans l'Orient. Ainſi les Lettres qu'il accorda aux habitans de Mailly-le-Chaſteau, ont été données entre 1193. & 1217. Voy. *l'Hiſt. Geneal. de la Maiſon de France*, tom. 1. pp. 475. & 477.

(c) Mailliaci-Caſtri] Mailly-le-Chaſteau, Ville dans la Bourgogne, Diocèſe d'Auxerre. Voy. le *Diction. univ. de la France*, au mot, *Mailly-le-Chaſteau.*

(d) Lorriaci,] *Lorris.* L'on a remarqué dans le 4.ᵉ *Vol. de ce Rec.* p. 73. Note *(a)* que les Coûtumes de Lorris ont été données à pluſieurs autres lieux. Celles de Mailly-le-Chaſteau ne leur ſont pas entierement conformes.

(e) Feſtagio.] Faite d'une maiſon. Voy. le *Gloſſ. de du Cange*, au mot, *Feſtagium.* 1.

716   Ordonnances des Rois de France

CHARLES V.
à Paris, en Octobre 1371.
a Voy. le 4.ᵉ Vol. de ce Rec. pag. 74. Note (h).
b Voy. Ibid. p. 75. art. 12. & les Notes.
c michi, qui est plus bas, art. 13.
d Voy. Ibid. art. 14. & les Notes.
e &c.
f denarios.
g aliquam.
h Corvée.

soluta non fuerit, homines dicte Ville nullam de cetero debebunt credicionem, donec illa persolvatur.

(9) ᵃ Si quis vadium Domini Mailliaci vel alterius habuerit, non tenebit illud ultra octo dies, nisi sponte.

(10) ᵇ Si alter erga alterum inimicicias habuerit, absque Castelli vel Burgi infractura, & clamore Prepositio non facto, concordaverint, nichil ob hoc Domino Mailliaci vel Preposito emendabunt. Si clamor inde factus fuerit, licet illis concordare, ex quo districtum persolverint: Si alius de alio clamorem fecerit, & alter erga alterum nullam fecerit emendacionem, nichil pro hiis ᶜ nichil sive Preposito meo sit emendaturus.

(11) Si aliquis alicui sacramentum facere debuerit, condonare ei licebit.

(12) ᵈ Si homines de Mailliaco vadia duelli temere dederint, ᵉ Prepositi assensu, antequam tribuantur obsides, concordaverint, duos solidos & sex denarios Preposito uterque persolvat; & si obsides dati fuerint, septem solidos & sex ᶠ denarios uterque persolvat: & si de legitimis hominibus duellum factum fuerit, obsides devicti centum & duodecim solidos persolvant.

(13) Nullus hominum Mailliaci ᵍ aliquem ʰ curvatam nec michi nec alteri faciat, nisi tantum illi qui quadrigas habebunt, qui semel in anno, si submoniti fuerint, quadrigas suas michi usque ad Betriacum vel usque ad Voletenetum vel usque ad Collengias, pro cibis meis quadrigandis acomodabunt ; & semel in anno michi adducent ligna de Fretoy, in domum meam de Mailliaco, ad comburendum, si inde submoniti fuerint.

(14) Nullus hominum Mailliaci captus teneatur, si plegium veniendi ad jus, dare potuerit.

i Voy. Ibid. Note (s).

(15) Eorum quilibet res suas, si vendere voluerit, vendat ; & ⁱ redditis vendicionibus suis, à Villa si recedere voluerit, liber & quietus recedat ; nisi in Villa forisfactum cognitum fuerit.

(16) Quilibet hominum Mailliaci domum suam, quando voluerit, ad libitum suum juxta ᵏ antiquum domorum libertatem, vendere poterit, nec pro ea sive emptor sive venditor aliquam Consuetudinem dabit.

k antiquam.
l sans être reclamé par personne.
m Voy. le 4.ᵉ Vol. de ce Rec. p. 75. Note (t).
n Voy. le 4.ᵉ Vol. de ce Rec. pp. 643. II. 644. VI.

(17) Quicunque in Parrochia Mailliaci anno & die manserit, ˡ nullo clamore cum sequente, neque per Dominum Mailliaci sive per Prepositum ᵐ rectitudinem prohibuerit, deinceps liber & quitus permaneat ; hoc tamen observato, quod si aliquis Militum (f) Casatorum Mailliaci, aliquem hominem (g) apud pro servo suo calumpniaverit, & hec ⁿ tercia manus Militum & procinctu parentele probare poterit, ille servus ultra quindecim dies non tenebitur apud Mailliacum ; sed in salvo conductu extra Castellaniam Mailliaci conducetur.

o Voy. Ibid. p. 75. art. 19. & les Notes.

(18) ᵒ Nullus cum aliquo placitabit nisi causa rectitudinis exequende & recipiende.

(19) Quicunque in Parrochia Mailliaci domum suam aut pratum aut vineam aut agrum aut quamcumque aliam possessionem, anno & die pacifice tenuerit, nulli super hoc de cetero respondebit, nisi aliquis qui se jus sciat in hoc habere, & qui per illum annum extra Patriam moram fecerit, voluerit reclamare.

(20) In nuptiis Mailliaci, Preco nichil Consuetudine habebit, neque Excubitor.

(21) Si aliquod animal de Parrochia Mailliaci, à tauris fugatum vel à muscis coactum, Forestam de Fretoy, sive (h) Hayam, sive Plasseitum quod est juxta Pargum

NOTES.

(f) Casatorum.] Casator. R. Je crois que cela signifie les Vassaux du Seigneur de M. le C. L'on trouve dans le *Glossaire* de du Cange, le mot *Casatus*, interpreté par *Vassallus feodatus*.

(g) Apud.] Apd. R. Si ce mot abregé signifie apud, je crois qu'il faut suppléer, *Mailliacum*.

(h) *Hayam sive Plasseitum quod est juxta Pargum.*] *Haya.* Voy. le 4.ᵉ Vol. de ce Rec. p. 76. Note (aa).

Plasseitum, lieu entouré de hayes ou de palis; en françois, *pleissis*, *plessis*. Voy. le Gloss. de du Cange, aux mots, *Placetum* & *Plasseitum*.

Pargus. On a dit *Pargus* aussi-bien que *Parcus*, pour signifier le *Parc* d'une maison. Voy. ibid. au mot, *Pargus*.

DE LA TROISIÉME RACE.

Mailliaci, intraverit, nichil ideo emendabit ille cujus animal fuerit, si poterit jurare quod custode invito illuc intrasset; alioquin duodecim denarios pro qualibet animali emendabit.

(22) In Furnis Mailliaci non erunt ª portitores Consuetudine.

(23) Excubie non erunt Mailliaci Consuetudine.

(24) Homines de Mailliaco illum usagium habebunt in Bosco de Fretoy, quem in eo semper habuerunt; hoc eciam observato, quod forisfacta mea de Bosco, sicut & alia, de sexaginta solidis ad quinque solidos, & de quinque solidis ad duodecim denarios veniant.

(25) Si cui impositum fuerit quod in Garena mea in ᵇ planum venatus fuerit, solo juramento se deculpabit; alioquin quinque solidos emendabit.

(26) Quicunque in Foro Mailliaci sive in Feria emerit aliquid vel vendiderit, & per oblivicionem Touleum suum retinuerit, infra octo dies illud persolvat ᶜ sine aliqua occasione, si jurare poterit quod scienter illud ᵈ retinuisset.

(27) Si aliquis hominum Mailliaci accusatus de aliquo fuerit, & teste comprobari non poterit contra probacionem impetentis, ᵉ per solam manum suam se deculpabit.

(28) Nullus Carnificum Mailliaci, pro carne mortua vendicionem dabit.

(29) De ᶠ excasuris ita erit, quod semper ad propinquiorem heredem deveniet. Si vero mortuus nullum heredem habuerit, Burgenses Mailliaci tenebunt per ᵍ anum & diem in manu sua excasuram; & si infra illum terminum aliquis venerit qui se sciat jus habere in excasura, quicquid per legitimorum testium probationem acquirere poterit, habebit; alioquin post annum & diem, ad Dominum Mailliaci deveniet excasura.

(30) (i) Nullus vinum Mailliaci cum Edicto vendat, nisi Dominus Mailliaci qui vinum vinearum suarum tantum in mense Augusto vendere poterit.

Has itaque Consuetudines, Ego & ʰ Yolendis Comitissa uxor mea, bona fide tenere in perpetuum juravimus, presentem paginam sigillorum nostrorum munimine roborantes. Juraverunt hoc Philippus filius meus, Acelinus de Merriaco, Wuillermus de ⁱ Nugeyo, Hugo de Mailliaci, Angalo de Boy, Jehannes Berarz, Garterus Marescalli & Petrus Lecardi, & Henricus Buticularius.

(31) Promisi eciam hominibus Mailliaci & concessi, quod tociens apud Mailliacum Prepositum vel Mandatum meum mutavero, has convenciones jurabunt.

Quod ut ratum sit & firmum, & inconcussum imposterum habeatur, nos Guido Comes Nivernensis & Forensis, & ego Matildis uxor ejus, Libertates & convenciones supradictas, sicut in presenti Carta continetur, approbamus & laudamus, & presentem Cartam sigillorum nostrorum munimine fecimus roborari. Actum anno gracie millesimo ducentesimo vicesimo nono.

Item. Alias Litteras eorum similiter sigillis sigillatas, quarum tenor sequitur in hec verba.

Ego Guido Comes Nivernensis & Forensis, & Ego Matildis Comitissa Uxor ejus. Omnibus notum facimus tam presentibus quam futuris, quod nos Convenciones & usagium quos Petrus quondam ᵏ memorie Genitor ˡ, Comes Autisiodorensis, fecit & concessit Burgensibus Mailliaci Castri, super bosco de Fretoy, ratas habemus pariter & acceptas, quarum tenor talis.

Ego Petrus Comes Autisiodorensis & Tornodorensis, & Marchio (k) Namucensis.

(32) Notum facio universis presentibus & futuris, quod bona fide promisi & concessi omnibus hominibus de Mailliaco-Castro, quod nec Ego, nec uxor mea Comitissa, nec heres

CHARLES V.
à Paris, en Octobre 1371.
ª Voy. le 4.ᵉ Vol. de ce Rec. p. 76. Note (bb).

ᵇ dans la plaine.

ᶜ Voy. Ibid. p. 77. Note (hh).
ᵈ non retinuisset.
Voy. Ibid. art. 30.
ᵉ Voy. Ibid.

ᶠ successions. Voy. le Gloss. de du Cange, au mot. Escaeta.
ᵍ annum.

ʰ Voy. cy-dessus, pag. 715. Note (b).
ⁱ ou Migeyo.

ᵏ bone.
ˡ noster.

NOTES.

(i) *Nullus.*] Il s'agit icy du droit de Ban de vin, sur lequel Voy. les Tabl. des Mat. de ce Rec. à ce mot.

Edictum signifie quelquefois une proclamation, & quelquefois ce droit de Ban de vin. Voyez le *Glossaire* de du Cange, aux mots, *Edictum. 3. 4.* Je crois qu'il le faut prendre icy dans le premier sens. Voy. dans le Sommaire, celui que je crois que l'on peut donner à cet article.

(k) *Namucensis.*] *Namurcensis.* Pierre de Courtenay étoit Marquis de Namur. Voyez l'*Hist. Geneal. de la Mais. de France*, tom. 1. p. 475.

718   Ordonnances des Rois de France

CHARLES V. à Paris, en Octobre 1371.

meus, aliquid vendemus vel vendi faciemus de bosco de Fretoy, nec sustinebimus quod Acelinus de Meriaco, vel heres ejus, vel Mandatum eorum, similiter aliquid vendat in dicto bosco.

(33) Rogavimus eciam Dominum Autisiodorensem Episcopum, ut si ab hiis convencionibus resiliemus, nos excommunicaret, & terram nostram supponeret interdicto, donec esset plenius emendatum.

a Tremble & Charme.
b edificandum.

(34) Constituimus eciam & concessimus, ut homines predicti usum suum habeant in dicto bosco, ad *a* Tremulum & Charmen & (1) Aceram, & ad omnem boscum mortuum, ad calefaciendum; ad edificium autem domorum, habent usum suum ad boscum vivum; ita tamen quod quando voluerint ire in bosco, pro bosco ad *b* edificandum, prius loquantur super hoc cum Preposito meo.

c Comes.
d Carta.

(35) Constitui eciam & concessi, ut dictis hominibus ad (m) aisamenta sua; videlicet, dolia, (n) cupas, cistas, & omnia alia superlectilia, de quocumque nemore sint, sive omni occasione vendere liceat. Quod ut ratum sit & firmum, & inconcussum imposterum habeatur, nos Guido *c* Nivernensis & Forensis, & Ego Matildis uxor ejus, conveciones supradictas & usagium, sicut in presenti *d* Certa continetur, approbamus & laudamus, & presentem sigillorum nostrorum munimine fecimus roborari. Actum anno gracie millesimo ducentesimo vicesimo nono.

Nos Litteras supradictas, & omnia & singula in eis contenta, si & quatenus dicti Burgenses & habitatores ipsius Ville, ipsis Litteris & earum contentis usi fuerunt debite temporibus retroactis, laudamus, approbamus, ratificamus, & auctoritate nostra Regia, tenore presentium confirmamus; proviso tamen, quod Episcopus Autisiodorensis,

e est.

qui nunc *e*, & pro tempore fuerit, occasione & sub colore hujusmodi nostre confirmacionis & approbacionis, prout prefati Guido Comes & ejus uxor, virtute ultimarum Litterarum se tunc temporis ligaverunt, Nos vel aliquem successorum nostrorum Regum Francie, qui dictam terram pro tempore possidebunt, ob causam predictam excommunicare non valeat, nec terram ipsam supponere Interdicto. Quare damus *f* presentium in mandatis omnibus Justiciariis & Officiariis nostris, presentibus & futuris, & eorum cuilibet, ac Locatenentibus eorumdem, quatinus predictos Burgenses & habitatores ipsius Ville, presentes & futuros, & eorum quemlibet, omnibus aliis & singulis privilegiis, Libertatibus, graciis, franchisis & aliis quibuscumque in predictis Litteris contentis, uti & gaudere faciant & permittant pacifice & quiete, ipsos vel eorum aliquem nullatenus molestando, vel molestari in contrarium permittendo; & si contra premissa vel aliquod premissorum attemptatum fuerit, illud ad pristinum statum & debitum reducant & reduci faciant indilate. Quod ut firmum & stabile perseveret in futurum, nostrum presentibus Litteris fecimus apponi Sigillum: Nostro in aliis, & alieno in omnibus jure

f tenore.

g primo.

salvo. Datum Parisius, anno Domini millesimo trecentesimo septuagesimo *g* prima, & Regni nostri octavo, mense Octobris.

Per Regem, ad relacionem Consilii in Camera Compotorum existentis. N. DE VEIRES.

NOTES.

(1) *Aceram.*] Erable. Voy. le Glossaire de du Cange, au mot, *Acrus.* 2.

(m) *Aisamenta.*] Ustensiles. Voy. le Gloss. de du Cange, au mot, *Aisamentum.*

(n) *Cupas, Cistas.*] Cuves, Armoires. Voy. Ibid. à ces mots.

(a) Lettres qui établissent Aymeric Evêque de Limoges, Reformateur Souverain & General dans les Dioceses de Limoges & de Tulles, & dans la Viconté de Limoges.

CHARLES V.
à Paris, le 8.
d'Avril 1372.

CHARLES par la grace de Dieu Roy de France. A tous ceulx qui ces presentes Lettres verront: Salut. Savoir faisons Nous avoir veu les Lettres de nostre très chier & très amé Frere, Loys Duc d'Anjou & de Tourainne, & Conte du Mainne, scellées de son seel de ª secret en l'absence du grant, contenant la fourme qui s'ensuit.

a *les Lettres du Duc d'Anjou sont scellées de son Grand seel.*

LOys Filz du Roy de France, Frere de Monsf. le Roy, & son Lieutenant ès Parties de Languedoc, Duc d'Anjou & de Tourainne, & Conte du Mainne. A tous ceulx qui ces Lettres verront: Salut. Savoir faisons que nous confianz à plain des senz, prudommie, loyauté & bonne diligence de Reverent Pere en Dieu, & nostre chier & bien amé Messire *(b)* Aymeri Evêque de Limoges, Conseillier de Monsf. & de nous, ycellui de l'auctorité Royale dont nous usons, avons fait, commis, ordonné & establi & deputé, faisons, commettons, ordonnons & establissons & ainsi deputons Gouverneur & Reformateur Souverain & General, pour & ou nom de Monsf. & de nous, ez Citez, Villes, Eveschiez de Limoges & de ᵇ Tuelle, & en toute la Viconté de Limoges, & en toutes leurs appartenences & appendences & ès lieux circunvoisins; & ly avons donné & donnons plain povoir, auctorité & mandement especial de soy transporter pardevers tous les Nobles, Barons, Capitaines, Prevoz, Bailliz, Chevaliers, Genz d'Eglise, Consulz de bonnes Villes, Communes & Gardes de bonnes Villes, Chasteaulx & Forteresces quelzconques, & autres qu'il saura que ne seront venuz à la obéïssance de Monsf. & la nostre, & leur requerir de par Monsf. & de par nous, qu'il y viengnent & y mettent leurs Chasteaulx, Villes, Forteresses & autres terres; de les y recevoir; de contraindre les rebelles à ce par fait d'armes, & autrement par toutes les meilleures voïes & manieres qu'il verra qu'il appartendra; de faire pour ce convocation, assemblées & aliences de Genz d'armes, de Communes & d'autres, & de imposer sur chascun dudit païs selon sa faculté, Tailles ou subsides, se la plus sainne partie d'icelli païs s'y accorde; de donner *(c)* Patis, *(d)* Travers, ᶜ souffrances & ᵈ sausconduiz, à touz & à chascun d'iceulx qui vouldront ou voulront venir à la diete obéïssance, jusques à tel temps que bon li samblera; de le revoquer & anuller quant il li plaira; de traictier, composer & accorder avec eulx, à telles sommes de deniers, de rentes & d'autres choses comme il verra estre à faire, au profit de Monsf. & de nous, & leur promettre faire tenir & païer par Monsf. ou par nous, tout ce que accordé leur aura en ceste partie; de leur confirmer leurs privileges & Coustumes anciens, leur en octroïer & donner de nouviaux, tant & comme bon li samblera; de leur remettre & pardonner touz Banz, confiscations, condempnacions, Amendes, debtes, arrerages, ᵉ multres, forsais & delicts, tant de Lese-Majesté comme autres crimes & malefices quelxconques, que il & chascun d'eulx pourroient avoir commis, faiz ou perpetrez envers Monsf. ou la Couronne de France, ou

b *Tulles.*

c *opp. delais pour le payement de ce qu'ils doivent.*
d *saufconduits.*

e *meurtres.*

NOTES.

(a) Ces Lettres sont *vidimées* dans la Piece 36. du Reg. 106. du Tresor des Chartres.
Voy. cy-dessus, p. 190. Note *(a)*.
(b) Aymery Evêque de Limoges.] Dans la *Gall. Christ.* 2.ᵉ *Edit.* tom. 2. pag. 533. n.º LXV. Il est dit que Jean *de Crosso* Evêque de Limoges, fut fait Cardinal en 1372. & au n.º suivant, il est dit qu'Aymeric *Cathi* fut fait Evêque de Limoges, après que *de Crosso* eût été fait Cardinal. Il paroît par ces Lettres qu'Aymeric étoit Evêque de Limoges le 6. de Janvier 1371.
(c) Patis.] On pourroit lire *Pacis*: Je ne sçais ce que signifient ni l'un ni l'autre de ces deux mots.
(d) Travers.] La suite de cette phrase me fait croire que ce mot peut signifier, *seureté sur les chemins.*

CHARLES V.
à Paris, le 8. d'Avril 1372.

envers quelxconques autres perſonnes qui au temps paſſé euſſent eu gouvernement ou adminiſtration aucune oudit païs, tant ou nom de Monſ. & de ſes Predeceſſeurs comme d'autres, par quelxconque voie ou maniere que ce ſoit, juſques au jour qu'il vendront à ladicte obéiſſance; de reſtituer chaſcun des deſſus diz à ſa bonne fame & renommée, & à ſes biens où qu'il ſoient, qui avant la dicte obéiſſance avoient eſté donnés comme biens des rebelles par Monſ. par nous ou par autres, comme dit eſt, à quelconque perſonne que ce ſoit; de viſiter Villes, Chaſteaulx & autres Forterelles quelxconques, de les faire emparer & fortifier, ou de les faire deſtruire & abattre, ſe bon li ſamble, pour le proffit de Monſ. & du païs; de pourveoir & deputer Capitaines & Genz d'armes, & iceulx & autres remuer & changer touteſſois que bon li

a réellement.

ſemblera; de les priver de leurs gaiges & de les contraindre à rendre & reſtituer ª royaument & de fait, toutes les choſes qu'il auroient ou pourroient avoir priſes indueement, par toutes les voyes & manieres qu'il li ſamblera eſtre à faire; de oſter & debouter du tout ou autrement priver touz Officiers de leurs Offices, & chaſcun d'iceulx, s'il voit qu'il ſoit expedient, & de les donner à autres perſonnes telz qu'il verra qu'il appartenra; & generalment de faire toutes autres choſes & chaſcune d'icelles, qui à Gouverneur & Reformateur Souverain & General puet & doit competer & appartenir : Et nous par ces preſentes promettons en bonne foy avoir, & deſja avons ferme & eſtable tout ce que par ledit Eveſque ſera fait, dit, traictié, compoſé & accordé de & ſur les choſes deſſus dictes & les dépendences d'icelles, & le confirmer & faire confirmer par Monſ. touteſſois que requis en ſerons : Mandons & commandons très-eſtroitement à tous Lieuxtenans, Capitainnes, Juſticiers, Officiers, ſubgès, bienveillans & alliez de Monſ. & de nous ; & à chaſcun d'eux, que audit Eveſque, comme Gouverneur & Reformateur Souverain & General, depute pour & ou nom de Monſ. & de nous ès dis païs, obéiſſent & entendent diligemment, & li preſtent force, conſeil, confort & aide, touteſſois que requis en ſeront. En teſmoin de ce nous avons fait mettre noſtre grant ſeel à ces Lettres. *Donné à Villeneuve-lez-Avignon, le VI.ᵉ jour de Janvier, l'an de grace mil CCC. LXXI.*

Leſquelles Lettres deſſuz tranſcriptes, & toutes les choſes & ſingulieres contenuës en ycelles, aïans agréables, ycelles louons, greons, ratifions & approvons, & de noſtre certaine ſcience, grace eſpecial, auctorité & plainne puiſſance Royal, confirmons par ces preſentes. Si donnons en mandement à tous nos Lieuxtenans, Capitainnes, Juſticiers, Officiers, ſubgès & bienveillans, que ledit Eveſque denommé ès Lettres deſſus tranſcriptes, facent & leſſent joïr & uſer paiſiblement de noſtre preſente grace & confirmacion, ſanz l'empeſchier ou ſouffrir eſtre empeſchié en aucune maniere au contraire; mais à lui comme Gouverneur & Reformateur General ès dictes parties, obéiſſent & facent obéir & entendre diligemment; & Nous voulons avoir agréable tout ce que par ledit Eveſque ſera fait, traictié & accordé ès choſes

b l'enfraindre.

deſſus dictes, ſanz ᵇ l'efraindre en aucune maniere, ſelon la fourme & teneur des Lettres deſſus tranſcriptes. En teſmoin de ce, Nous avons fait mettre noſtre Seel à ces preſentes. *Donné à Paris, le huitiéme jour du mois de Avril, l'an de grace mil CCCLXXII. & de noſtre Regne le IX.ᵉ* Par le Roy. N. DE VEIRES.

CHARLES V.
au Château du Louvre, en Avril 1372.

(a) *Lettres qui aboliſſent les Appeaux frivoles dans la Prevoſté de Soiſſons.*

CHARLES par la grace de Dieu Roy de France. Savoir faiſons à tous preſens & avenir, que comme noſtre Prevoſt à Soiſſons, & pluſieurs autres Juſticiers du Bailliage de Vermendois, Nous euſſent pieça fait expoſer que de jour en

NOTE.

(a) Treſor des Chartres, Regiſtre 104. Piece 236.

Il y a dans ce Volume pluſieurs Lettres à peu près ſemblables : Elles m'ont ſervi à corriger les fautes de celles-cy. *Voy. les Tabl. des Mat. de ce Vol.* au mot, *Appeaux frivoles.*

jour

jour, plufieurs tant fubgès de ladicte ᵃ Prevoſt comme autres, des Sentences, Jugemens & appointemens donnez par yceulx Juſticiers ou l'un d'eulx, & qui pis eſt, fans aucun appointement Judiciaire, quant l'on les veult contraindre ou executer d'aucune choſe, appellent ès Aſſiſes ᵇ de Bailli de Vermendois, non pas une fois, mais tant que il leur plaiſt, querans diſfuges & dillacions irraiſonnables pour ᶜ foüir à Juſtice, pour ce que ils dient & maintiennent que par l'uſage & Couſtume dont on uſe en la Prevoſté de Laon & ou reſſort, ilz pevent appeller ainſi & quantefſois que il leur plaiſt, des Juridicions & Juſtices fubgetes audit Bailli de Vermendois, en ſes Aſſiſes à Laon, & autres, fans renoncer à leurs Appeaux, & fans faire aucune diligence de les pourſuir dedens ycelles Aſſiſes; & ᵈ ſependant ſe dient exemps de la Juridicion & Juſtice dont ilz auront ainſi appellé, juſques à la prochaine Aſſiſe dudit Bailli; ᵉ enſement fans païer Amende ᶠ de Nous ne aux Juges dont il auront appellé; & par ainſi ſeront leurs Cauſes tenuës en eſtat ᵍ y proceder; & ſamblablement après ladicte Aſſiſe appelleront encore de rechief, & ſi ne pourſuiront pas leurs Appeaux ne ils ne y renonceront, & ne païeront pour ʰ aucune Amende, & par ⁱ ſe ſeroient leurs Cauſes immortelles & fans ᵏ prejudice & donmaige du bien de Juſtice, de Nous & de tous les Juſticiers dudit Bailliage, ſe par Nous n'eſt ſur ce pourveu de remede convenable; & pour ce, pour y proceder plus ˡ meurent, euë deliberacion ſur ce à noſtre Conſeil, euſſons donné en mandement par nos Lettres audit Baillif de Vermendois ou à ſon Lieutenant, que ſur ces choſes, appellé aveecques lui noſtre Procureur dudit Bailliage, il ſe informaſt bien & diligement, quel profit, dommage ou inconvenient ſeroit à Nous ou à autres, ſe ſur ce faiſions aucune proviſion, & que tout ce que il trouveroit par ladicte Informacion, avec ſon avis ſur ce, il renvoïaſt ſeablement ſous ſon ſeel, pardevers nos amez & feaulx Conſeillers les Maiſtres dez Requeſtes de noſtre Hoſtel, adfin que il fuſt ſur ce pourveu comme il appartendroit & que bon Nous ſembleroit; ᵐ laque Informacion par vertu de nos dictes Lettres, a eſté faite par ledit Bailli, appellé aveecques lui noſtre dit Procureur, & ycelle ⁿ renovoyé pardevers ᵒ Conſeillers pour Nous en faire relacion, & en ordener ſi comme il appartendra: Nous oy & entendu le rapport qui Nous a eſté fait en noſtre Conſeil, par nos diz Conſeillers du ᵖ contein en ladicte Informacion, par la depoſition de vint & cinq teſmoings dignez de foy, qui ſur ce ont eſté ᑫ ſermentez & examinez par les deſſus dis Bailli & Procureur, tous ou la plus grant & plus ſaine partie d'iceulx, eſtans & concordans d'une oppinion, oy ʳ ce l'adviz & deliberacion dudit Bailli, que il fiſt de bouche & en perſonne pardevant Nous, conſonant ſ enſement à la depoſicion des dis teſmoins & du contenu en ladicte Informacion, euë ſur ce deliberacion à noſtre Conſeil, pour le bien de Juſtice & de la choſe publique, afin que teles appellacions frivoles & les cauteles & malices des Appeaulx ſoient du tout abolis & effacez, & que raiſon & Juſtice ſoient pluſtoſt faictes & donnez à un chaſcun de la choſe qui lui compete & appartient, fans querir telles cauteles, avons ordené & declairié, ordenons & declairons de certaine ſcience, grace eſpecial & auctorité Royal par ces preſentes, que d'oreſenavant & à touſjours, quelconques appellans de noſtre dit Prevoſt à Soiſſons ou de ſon Lieutenant, à noſtre dit Bailli de Vermendois ou à ſon Lieutenant en ſes Aſſiſes à Laon, ou ailleurs en ycellui Bailliage, de quelconque Cauſe ou cas que ſe ſeroit, ᵗ tenus de renoncer à leurs dis Appeaulx dedens les huit jours enſuivans que ilz auront fait ledit Appel; & ᵘ ilz ne le faiſoient, & ne ſeſiſſent diligence de prendre & pourſuir leur adjournement dedens temps deu en Aſſiſe, & que il ſeroit dit bien jugié & mal appellé ou bien appellé & mal jugié, que le ſtile ancien ſoit ſur ce tenu & gardé, ainſi que de raiſon & Couſtume a eſté fait & acouſtumé faire en temps paſſé. Si donnons en Mandement audit Bailli de Vermandois, & à tous nos autres Juſticiers & Officiers, ou à leurs Lieuſtenans, preſens & avenir, & à chaſcun d'eulx, ſi comme à lui appartendra, que ˣ de noſtre preſente Ordenance & declaracion gardent, & facent tenir & garder inviolablement & perpetuelment de point en point, fans innovacion, contradicion ou empeſchement quelconques; non contreſtant uſage, ſtile, Couſtume

Tome V. Yyyy

CHARLES V.
au Château du Louvre, en Avril 1372.
ᵃ Prevoſté.
ᵇ du
ᶜ ſuir.

ᵈ cependant.

ᵉ enſemblement.
ᶠ à.
ᵍ ſans y.
ʰ ce.
ⁱ ce.
ᵏ fin, au.
ˡ meurement.

ᵐ laquelle.

ⁿ renvoyée.
ᵒ nos.
ᵖ contenu.
ᑫ ont prêté ſerment.
ʳ ſur.
ſ enſemblement: conformement.

ᵗ ſeront.

ᵘ s'ilz.

ˣ mot inutile.

722   Ordonnances des Roys de France

CHARLES V.
au Château du Louvre, en Avril 1372.

de païs ou commune obfervance, & quelconques Ordenances faites ou à faire à ce contraire. Et que ce foit ferme chofe & eftable à tousjours, Nous avons fait mettre noftre Seel à ces prefentes : Sauf en autres chofes noftre droit, & l'autrui en toutes. *Donné en noftre Chaftel du Louvre, l'an de grace mil CCCLXXII. & le* IXe *de noftre Regne, ou mois d'Avril.*
Recourt. Par le Roy, en fes Requeftes. P. Briet.

CHARLES V.
à St Denys en France, en May 1372.

(*a*) Commencement de Lettres faifant mention de la levée des droits d'Admortiffement & de Francs-Fiefs.

a credimus.
b regimus.

K*AROLUS Dei gracia Francorum Rex. Dignum & meritorium opus agere* ^a *condimus, nec non gratum Regi Regum per quem vivimus,* ^b *regimur & regnamus, impendere famulatum, fi Regum & aliorum Predeceſſorum noſtrorum, qui in honorem ipſius ſummi Regis Eccleſias fundaverunt, veſtigiis inhærentes, dignis peticionibus que pro conſervacione reddituum & poſſeſſionum ipſarum Eccleſiarum, Nobis fiunt, libenter accommodamus pias aures, & ſi ad hoc erga omnes Liberalitas Regia faciliter ſe inclinet; verumtamen erga illas que per Reges Francorum predeceſſores noſtros & Nos, fundate atque dotate fuerunt, merito ſe libencius extendere conſuevit. Notum igitur*

c facimus.

^c*fecimus univerſis preſentibus & futuris, quod cum nuper ex deliberacione noſtri Conſilii, ordinaſſemus quod omnes conqueſtus, redditus & acqueſtus facti tam in Feodis & Retrofeodis, Cenſivis, Retrocenſivis & Allodiis, quam aliter, ab anno Domini milleſimo* CCC.° *viceſimo quarto vel citra, per Prelatos, Abbates & Conventus vel alias Gentes Eccleſiaſticas Regni noſtri, qualeſcunque, ad manum noſtram ponerentur & in eadem detinerentur, quouſque certam financiam per Nos ob hoc ordinatam haberemus ab eiſdem.*
(*b*) *Et propter hoc, &c.*
Quod ut firmum, &c. Datum apud Sanctum Dyoniſium in Francia, menſe Maii, anno Domini milleſimo CCCLXXII. *& Regni noſtri nono.*
Per Regem. P. Blanchet.

N O T E S.

(*a*) Trefor des Chartres, Regiftre 103. Piece 219.

(*b*) *Et propter hoc.*] La fuite des Lettres contient une exemption des droits d'Admortiffement & de Francs-Fiefs, pour l'Abbaye de St Denis.

CHARLES V.
à Paris, en Septembre 1372.

(*a*) Confirmation de l'accord fait entre le Seigneur de Liviere, & les Confuls de cette Ville.

S O M M A I R E S.

(1) *Il y aura deux Clefs des portes de la Ville de Liviere. Le Seigneur en aura une; & il confiera l'autre aux Confuls de cette Ville, qui la luy rendront lorſqu'il la leur demandera.*
(2) *Le Seigneur ne contribuera point aux fortifications de cette Ville.*
(3) *Chaque année, les Confuls qui entreront en Charge, prêteront ferment au Seigneur, lui prefenteront les Clefs de la Ville, & il les leur rendra s'il le juge à propos.*
(4) *Si les Clefs de la Ville ſe perdent, on*

ne pourra en faire de nouvelles ſans le conſentement du Seigneur.
(5) *Le Seigneur pourra faire faire une porte de laquelle il aura ſeul la Clef, pour entrer du Château dans la Ville.*
(6) *Les Confuls ſe rapportent au Jugement de l'Archevêque de Narbone & du Seigneur, fur les injures qu'ils ont faites à celui-ci, fur la punition qu'ils auroient meritée à cet égard, & fur les depens du procez.*
(7) *Le Seigneur remet aux Confuls ces injures, cette punition & ces depens, moyennant cent ſols qu'ils lui payeront tous les ans.*

K*AROLUS Dei gracia Francorum Rex. Notum facimus univerſis preſentibus & futuris, quod Litteras cariſſimi Germani noſtri, Ludovici Ducis Andegavenſis, ut*

N O T E.

(*a*) Trefor des Chartres, Regiftre 103. P. 9. vingt 9. (189).

DE LA TROISIÉME RACE. 723

Partibus Occitanis nostrum Locumtenentis, recepimus, formam que sequitur, continentes.

LUDOVICUS Regis quondam Francorum Filius, Domini nostri Regis Germanus, ejusque Locumtenens in Partibus Occitanis, Dux Andegavensis & Comes Cenomanensis. Cùm quæstio seu controversia orta esset seu oriri speraretur, inter Nobilem Nicolaum de Judicia, Militem, Dominum de (b) Livineria, Senescalliæ Carcassonæ, ex parte una; ac Universitatem dicti loci, ᵇ altera, pro eo & super eo quod dicti Consules dicebant custodiam quarumcumque clavium portalium dicti loci ad se pertinere, & non ad dictum Militem; & eciam quod idem Miles tenebatur ad contribuendum pro Instruccione murorum & fossatorum, pro certa quantitate; dicto Milite in contrarium dicente, asserente & dicente quod ad eum tanquam ad Dominum in solidum dicti loci, ᶜ merum & mixtum Imperium habentem in eodem, pertinebat custodia dictarum clavium, & non ad Consules dicti loci; eciam de pluribus aliis dictus Miles de ᵈ dictis Consulibus & Universitate fuit coram nobis seu fidelibus Gentibus nostri Consilii, graviter conquestus, & ᵉ extiter per eumdem Militem nobis humiliter supplicatum, ut super premissis sibi de oportuno remedio provideremus, & Justiciam sibi ministraremus. Nos enim cupientes in quantum possumus, subditos nostros ad pacem & concordiam reducere, hinc est quod dilectum nostrum Magistrum Ameudeum de Lacu, Licentiatum in Legibus, Judicem Curiæ communis ᶠ Anicii, Consiliarium nostrum ad locum de ᵍ Lauvieria, duxerimus transferendum, ad finem ut super predictis debatis & ʰ muturiis inter eos ortis, diligenter se informaret, & nobis informacionem apportaret; quâ visâ, de jure suo utrique Parcium provideremus : eciam volumus quod idem Amedeus dictas Partes, si ⁱ comodo posset, ad pacem reduceret & concordaret; qui auditis hinc inde quæstionibus suis & debatis, fuit de consensu dicti ᵏ Militi, seu Domini Stephani Marmerii Presbiteri, ejus Procuratoris, & Consulum ac Universitatis dicti loci, communi ˡ censu eorumdem & singularum personarum, ex certa scientia actum, concordatum & juramento vallatum, in modum qui sequitur.

(1) Et primo, Quod in quacumque porta dictorum portalium, qui nunc sunt in dicto loco vel futuro tempore erunt, in muris seu fortaliciis qui nunc sunt vel in futurum ᵐ, facienda sunt duæ claves in qualibet ⁿ servitura; quarum unam de qualibet porta & qualibet servitura, penes se habeat & custodiat dictus Miles, tanquam verus Dominus dicti loci; & custodiam alterius clavis seu aliarum clavium, habeat commendare Consulibus dicti loci; & quod iidem Consules clavem seu ᵒ penes quascumque habeant dicto Militi reddere & ᵖ restituere, seu ejus futuris successoribus aut Curialibus vel Procuratoribus suis, uciens quociens per eumdem seu fuerint requisiti.

(2) Item. Eciam quod idem Miles non teneatur nec ejus successores, in aliquo contribuere in instruccione murorum seu in factura fossatorum, præsencium vel futurorum.

(3) Item. Eciam fuit actum & concordatum, quod quolibet anno in mutacione Consulum, præstito per dictos Consules Juramento dicto Domino, quod ipsi Consules ᑫ teneatur & debeant apportare claves omnes dictarum portarum ipsi Militi, in signum Dominii, aut in manibus Curialium dicti Domini, seu ʳ Procuratorum ejusdem; & dictus Dominus debet ˢ dictis Consulibus dictas claves restituere ad libitum voluntatis.

(4) Item. Quod si contingat quod claves dictarum portarum seu aliqua ipsarum perderentur, quod non possint novæ claves fieri nec ᵗ mutare sine Domini expresso mandato vel consensu, aut ᵘ supranominatorum Gentium suarum.

(5) Item. Eciam erat quæstio cujusdam portalis situati in muro dicti loci ante portam Castri, per quod habebat liberum ingressum dictus Miles & ejus Gentes vel Curiales, infra & extra dictum locum & non ˣ aliter, quod fuerat clausum cum ʸ calca & arena per homines dicti loci, fuit concordatum & ᶻ transactatum inter dictas Partes, quod idem Miles seu alter nomine suo, possit illud portale apperire, vel aliud in quacumque parte ᵃᵃ muri tam præsentis quam futuri faciendi, de novo facere; & quod idem Miles habeat

CHARLES V.
à Paris, en Septembre 1372.
a Languedoc.
b ex.

c Voy. cy-dessus, p. 44. Note (v).
d dictis.
e extitit.

f le Puy en Velay.
g nommé plus haut, Livineria.
h fort. injuriis.
i commode.

k Militis.
l fort. consensu.

m erunt.
n fort. Serura. Voy. le Gloss. de du Cange, à ce mot.
o Je n'ai rien trouvé sur ce mot qui est peut-être corrompu.
p restituere.

q teneantur.

r Procurator. R.
s dictis.

t mutari.
u supranominatarum.

x alt. R.
y Chaux & Sable.
z transactum.

aa Muri.

NOTE.

(b) *Livineria.*] C'est appar. *Liviere*, dans le bas Languedoc, Diocèse de Narbonne. Voy. le *Dict. univ. de la France*, au mot, *Liviere*. Il est nommé plus bas, *Lauvieria*.

Tome V.

Yyyy ij

CHARLES V.
à Paris, en Septembre 1372.

a Il n'a pas encore été parlé d'eux.
b Il y a quelque chose de corrompu dans cette confirmation.
c omnibus.
d &.
e juste.
f ratificamus.
g trecentesimo.
h Consulibus.

i declaracionem.
k dicto.

l futuri.

m sort. hoc anno.
n Sanctorum.
o tunc.

p publici.

q ab.
r contenta.

s confecto.

t nostri.

seu ejus *Curiales, custodiam clavis dicti portalis, & non Consules nec aliquis de Universitate dicti loci.*

(6) Item. *Fuit ordinatum & concordatum inter dictas Partes, quod de penis & expensis & de injuriis per eos commissis, imponebant se ad voluntatem Reverendi Patris Archiepiscopi Narbonensis & Domini dicti loci, prout constat per Instrumenta per* a *dictos Magistros Petrum Fabri & Jehannem Olerii, Notarios Regios, recepta & signata, de quibus liquebit & lacius in eisdem continetur.*

b *De quibus quidem pactis & convencionibus ac transactionibus & recusacionibus* c *omnibus inter dictas Partes habitis, que quidem pacta, transactiones* d *conventiones inter dictas Partes inhita, quathenus rite, legitime atque debite &* e *justa facta fuerint, rata & grata, omniaque & singula in transactione & aliis Instrumentis predictis contenta, habere volumus & tenore presentium* f *ratifficamus & confirmamus, volumusque ea vel eas per dictas Partes, sub penis contentis in dicta transacione inviolabiliter observari. Datum Bellicadri, die VI. Aprilis, anno Domini millesimo* g *trecensimo sexagesimo septimo.*

(7) *Et deinde, super quod idem Nicolaus petebat à dictis* h *Consilibus, Consiliariis & singularibus Universitatis dicti loci de Livineria, eidem fieri emendam condignam quarumdam injuriarum & offensarum eidem Militi per ipsos & quosdam singulares factarum, nec non* i *declaracionem quarumdam penarum in quibus asserebat dictos Consules & singulares incidisse, racione quarumdam proclamacionum factarum in* k *dicto loco de Livineria, actum & concordatum est inter ipsum Militem ex una parte, Consules & Consiliarios pro se & nomine Universitatis & singularium ipsius loci, quod ipsi Consules, Consiliarii & Universitatis singulares qualescunque, presentes &* l *futura, à peticionibus dictarum penarum, multarum & expensarum, quitti perpetuo remanebunt & immunes; ita tamen quod ipsi Consules, Consiliarii & Universitatis singulares ipsius loci de Livineria, centum solidos Turonenses annuales & perpetuis temporibus,* m *uno semel & anno qualibet, in Festo omnium* n *Sanctarum, de Moneta* o *tuunc currenti, eidem Militi, ejusdem heredibus & successoribus & ab ipso causam habentibus & habituris, solvent & solvere tenebuntur, prout hec & alia in quodam Instrumento super hoc facto, signo & subscripcione Petri Fabri, auctoritate nostra Regia* p *plublici Notarii, confecto & signato, de quo licuit, plenius continetur.*

Nos vero considerantes grata & laudabilia servicia que idem Miles diversimode Nobis impendit, & q *ipso in futurum verisimiliter speramus impendi, Litteras supradictas & omnia & singula in eis* r *, nec non tractatum & accordum factum inter ipsos Militem, Consules, Consiliarios & Universitatis singulares ipsius loci de Livineria, de ipsis centum solidis Turonensibus eidem Militi anno quolibet perpetuo solvendis, prout jacet & lacius continetur in dicto Instrumento super hoc* s *confecto, approbamus, ratifficamus, & auctoritate Regia, certa sciencia & gracia speciali tenore presencium confirmamus: Decernentes omnia illa & singula in ipsis Litteris & Instrumento super dicto accordo facto contenta, teneri, compleri, & ab omnibus Senescallis, Bajulis & aliis Justiciariis & Officiariis nostris, presentibus & futuris, & eorum quolibet, & Locatenentibus eorumdem, perpetuis temporibus inviolabiliter observari: Inhibentes eisdem Senescallis, Justiciariis & Officiariis, qui nunc sunt & pro tempore fuerint, ne contra premissa vel eorum aliqua, attemptent aut attemptari de cetero faciant quoquomodo. Et ut presentes nostre Littere perpetuam habeant roboris firmitatem, eisdem nostrum mandavimus apponi Sigillum: nostro &* alieno *in omnibus jure salvo. Datum Parisius, anno Domini millesimo ccc.° septuagesimo secundo; Regni vero* t *nono, mense Septembris.* Visa.

Per Regem, ad relacionem Consilii. N. DE VERRES.

TABL

TABLE DES ANNÉES
DE
JESUS-CHRIST,
DES
LETTRES DOMINICALES,
DES PASQUES ET DES INDICTIONS,

Tirée du Glossaire de Du Cange, au mot ANNUS.

ANNÉES.	LETTRES DOMINICALES.	PASQUES.	INDICTIONS.
1367	C	A......18.	5.
1368	B A	A......9.	6.
1369	G	A......1.	7.
1370	F	A......14.	8.
1371	E	A......6.	9.
1372	D C	M......28.	10.
1373	B	A......17.	11.

AVERTISSEMENT
SUR LA TABLE SUIVANTE.

*D*ANS *l'Avertissement qui a été mis avant la Table Chronologique du troisiéme Volume de ce Recüeil, il a été dit, que pour faire connoître toutes les Ordonnances qui ont été données par chaque Roy, l'on feroit préceder les Tables des Ordonnances contenuës dans ce Volume & dans les suivants, par une Table de toutes les Ordonnances antérieures qui seroient hors de leur rang dans les précedents ; en sorte que lorsqu'on voudroit sçavoir toutes les Ordonnances faites par un Roy, il y auroit deux opérations à faire; A sçavoir, 1.º de consulter la Table Chronologique du Volume dans lequel seroient imprimées les Ordonnances de ce Roy; 2.º de consulter la Table Chronologique du dernier Volume qui seroit pour lors imprimé.*

Mais comme la premiere moitié du quatriéme Volume de ce Recüeil, ne contient qu'un supplément pour le Regne du Roy Jean; l'on n'a pas cru devoir grossir les Tables Chronologiques de tous les Volumes suivants, en y insérant les titres de ce grand nombre d'Ordonnances du Roy Jean, qui composent ce supplément. Ainsi lorsqu'on voudra connoître toutes les Ordonnances de ce Prince, il faudra adjoûter une troisiéme opération à celles que l'on vient d'indiquer, & consulter la Table Chronologique du quatriéme Volume de ce Recüeil.

TABLE CHRONOLOGIQUE
DES
ORDONNANCES
CONTENUES
DANS CE CINQUIEME VOLUME,

Et de quelques autres qui se trouvent hors de leur rang, dans les précedents.

PHILIPPE I.

Privileges de la Ville d'Aigues-Mortes. Tome 4.   page 41.   *A Paris, en Aoust 1079.*

Privileges de l'Abbaye de Saint Denys-en-France. T. 4.   p. 137.   *A Paris, en 1111.*

LOUIS VI. DIT LE GROS.

Lettres par lesquelles le Roy commet & establit Amedée Leiguesin, pour le mesurage & l'arpentage des Terres dans le Royaume. T. 2.   p. 381. Note, col. 1.ere   *A Paris, en 1115.*

Lettres de Sauve-garde pour l'Abbaye de Clugny. T. 3.   p. 545.   *A Orleans, en 1119.*

Lettres par lesquelles le Roy accorde aux Bourgeois de Paris, le privilege ou droit d'arrest contre leurs debiteurs. T. 2.   p. 438.   *A Paris, en 1134.*

Lettres portant confirmation du droit d'arrest accordé aux Bourgeois de Paris. T. 4.   p. 267.   *A Paris, en 1134.*

Lettres portant que les habitans de Frenay-l'Evesque, seront exempts de tous droits & impôts, à l'exception de ceux qu'ils payeront à l'Evesque de Chartres. T. 5.   p. 22.   *A Paris, en 1137.*

LOUIS VII. DIT LE JEUNE.

Lettres en faveur des habitans du lieu nommé *Muralia*, près Paris. T. 3.   p. 303.   *A Paris, en 1158.*

Lettres accordées aux Bouchers de la Ville de Paris. T. 3.   p. 258.   *A Paris, en 1162.*

Privileges de l'Abbaye de S.t Gilles. T. 4.   p. 355.   *A Estampes, en 1163.*

Lettres par lesquelles le Roy deffend que ses Gens emportent les matelas, coussins, & autres meubles des Maisons de Paris, où il ira loger. T. 2.   p. 434.   *A Paris, en 1165.*
[Voy. le 4.e Vol. des Ordonn. p. 266. Note *(a)*].

Lettres qui deffendent de faire dans la Ville de Paris, des *Prises* de matelas & de coussins, pour le Roy. T. 4.   p. 268.   *A Paris, en 1165.*

NOTE.

* Il est très important de lire sur l'usage de cette Table, l'Avertissement qui est à la fin du troisieme Volume, p. ij.

iv   TABLE CHRONOLOGIQUE

A Paris, en 1170. — Lettres par lesquelles le Roy confirme les anciennes Coustumes des Bourgeois de Paris, negocians sur la Seine. T. 2. — p. 433.

A Paris, en 1170. — Lettres qui confirment les anciennes Coustumes des Bourgeois de Paris, negocians sur la Seine. T. 4. — p. 270.

A Bourges, en 1171. — Lettres qui portent que l'Abbaye de Cusset, & les biens qui lui appartiennent, ne seront point demembrez de la Couronne. T. 4. — p. 205.

PHILIPPE II. DIT AUGUSTE.

A Paris, en Juillet 1182. — Lettres accordées aux Bouchers de la Ville de Paris. T. 3. — p. 258.

A Chaumont, en 1183. — Lettres qui confirment la Chartre de Commune accordée à la Ville de Dijon, par Hugues Duc de Bourgogne. T. 5. — p. 237.

A Mauzac, en 1184. — Lettres qui portent que l'Abbaye de Cusset, & les biens qui luy appartiennent, ne seront point demembrez de la Couronne. T. 4. — p. 205.

A Paris, en 1185. — Confirmation du Traité fait entre l'Evesque de Langres & ses sujets, touchant la Taille. T. 1. — p. 14. Note *(n)*.

A Lorris, en 1186. — Coustume de Bois-Commun en Gastinois. T. 4. — p. 72.

A Pontoise, en 1186. — Privileges de la Ville d'Angy. T. 4. — p. 129.

A Tonnerre, en 1187. — Lettres qui confirment la Chartre de Commune accordée à la Ville de Dijon, par Hugues Duc de Bourgogne. T. 5. — p. 238.

A Paris, en Janvier 1188. — Reglement sur les places que doivent occuper dans les Halles de Paris, les vendeurs de cuirs & de souliers, les Lingeres & les Fripiers. T. 5. — p. 106. Voy. p. 107, Note *(a)*.

A Compiegne, en 1189. — Confirmation de la Commune accordée à la Ville de S.t Riquier. T. 4. — p. 548.

A Anet, en 1192. — Lettres portant exemption de Peage & d'Imposts, pour les habitans d'Anet. T. 4. — p. 615.

A Poissy, en 1196. — Privileges accordez à Villeneuve-Saint-Melon. T. 4. — p. 63.

A Mantes, en 1196. — Privileges de la Ville de Dizy. T. 4. — p. 341.

A Sens, en Novembre 1204. — Lettres par lesquelles le Roy accorde des Privileges à la Ville de S.t Jean d'Angeli, & entre autres ceux contenus dans la Chartre de Commune de Roüen. T. 5. — p. 667.

A Anet, en 1204. — Lettres par lesquelles le Roy accorde des Privileges à la Ville de S.t Jean d'Angeli, & entre autres ceux contenus dans la Chartre de Commune de Roüen. T. 5. — p. 667.

A Passy, en 1207. — Lettres par lesquelles le Roy accorde aux Bourgeois de la Ville de Roüen plusieurs Libertez, Coustumes & Privileges. T. 2. — p. 412.

A Paris, en 1207. — Lettres qui établissent une Commune dans la Ville de Peronne. T. 5. — p. 159.

A Gisors, en Janvier 1209. — Confirmation d'un accord fait touchant le Commerce, entre les Bourgeois de Paris, & ceux de Roüen. T. 4. — p. 87.

A Paris, en 1209. — Lettres qui établissent une Commune dans la Ville de Peronne. T. 5. — p. 159.

A Paris, le 6. des Kalendes de Decembre 1211. — Lettres sur les Privileges des Ouvriers de la Monnoye. T. 2. — p. 140. Note, col. 2.

A Paris, en 1212. — Lettres accordées aux Bouchers de la Ville de Paris. T. 3. — p. 258.

A Paris, en Janvier 1214. — Confirmation des Lettres de Richard I. Roy d'Angleterre, qui portent que les Religieux de l'Abbaye de la Luzerne & leurs sujets, ne payeront aucuns Imposts dans les Foires & Marchez, pour les marchandises qui leur appartiendront. T. 5. — p. 317.

Privileges

Privileges accordez à l'Ordre de Cisteaux. T. 5.   p. 142. *A Saint Germain en Laye, en 1221.*

LOUIS VIII.

Exemption d'Impôsts dans de certains lieux, accordée aux habitants de Verneüil en Normandie. T. 5.   p. 488. *A Breteüil, en 1223.*

Lettres qui terminent differentes contestations entre les Maistres & les Ouvriers de la Monnoye. T. 2.   p. 141. Note, col. 1. *A Paris, en 1225.*

LOUIS IX. DIT SAINT LOUIS.

Privileges de la Ville de Saint Omer. T. 4.   pp. 246. 253. *A Compiegne, en Mars 1229.*

Privileges de la Ville d'Aigues-Mortes. T. 4.   p. 44. Note *(a)* & p. 52. Note *(bbb)*. *A Paris, en May 1246.*

Privileges accordez à l'Abbaye d'Eschaalis. T. 4.   p. 343. *A Sens, en Janvier 1247.*

Lettres de Sauve-garde Royale pour l'Abbaye de la Chaize-Dieu. T. 4.   p. 646. *A Maubuisson près Pontoise, en Mars 1247.*

Lettres qui portent que l'Abbaye de Cusset, & les biens qui luy appartiennent, ne seront point demembrez de la Couronne. T. 4.   p. 205. *A Maubuisson, en Mars 1247.*

Confirmation des Lettres de Richard I. Roy d'Angleterre, qui portent que les Religieux de l'Abbaye de la Luzerne & leurs sujets, ne payeront aucuns Imposts dans les Foires & Marchez, pour les Marchandises qui leur appartiendront. T. 5.   p. 317. *A Pont-Orson, en Avril 1256.*

Privileges accordez à l'ordre de Cisteaux. T. 5.   p. 141. *A Ham, en Septembre 1257.*

Sauve-garde pour l'Abbaye de Saint Satur en Berry. T. 3.   p. 538. *En Decembre, 1266.*

Lettres qui confirment les anciennes Coustumes des Bourgeois de Paris, negocians sur la Seine. T. 4.   p. 270. *A Sens, en Mars 1269.*

Exemption d'Impôsts dans de certains lieux, accordée aux habitans de Verneüil en Normandie. T. 5.   p. 488. *A Montigny, en Janvier 1269.*

PHILIPPE III. DIT LE HARDY.

Confirmation des Lettres de Raimond VI. Comte de Thoulouse, par lesquelles il déclare le Prieuré & la Ville *de Aspreriis*, exemptes de toutes sortes d'Impôts. T. 5.   p. 307. *A Paris, en Juillet 1273.*

Lettres qui confirment le droit des Prevosts des Marchands & des Eschevins, de lever quatre deniers sur les Cabaretiers de Paris. T. 2.   p. 435. *A Paris, en Mars 1274.*

Lettres par lesquelles le Roy ordonne que la copie de celles du mois d'Avril 1275. qui y sont inserées, & qui contiennent des Reglemens faits entre les Vicomtes de Limoges & les habitans du Chasteau de Limoges, ait la même authorité que l'original qui a esté perdu. T. 3.   p. 56. *A Paris, en Avril 1277.*

Privileges accordez aux Marchands Italiens commerçans dans la Ville de Nismes. T. 4.   p. 668. *A Paris, en Fevrier 1277.*

Lettres contenant un Reglement pour la Ville & la Banlieuë de Roüen, touchant la Justice Royale & celle du Maire. T. 2.   p. 415. *En May, 1278.*

Confirmation des Lettres de Richard I. Roy d'Angleterre, qui portent que les Religieux de l'Abbaye de la Luzerne & leurs sujets, ne payeront aucuns Impôts dans les Foires & Marchez, pour les marchandises qui leur appartiendront. T. 5.   p. 317. *A Saint Germain en Laye, en Octobre 1278.*

Reglement sur les places que doivent occuper dans les Halles de Paris, les vendeurs de cuirs & de souliers, les Lingeres & les Frippiers. T. 5.   p. 106. *A Paris, en Janvier 1278. Voy. pag. 107. Note (a).*

Tome V.   b

A Paris, en Janvier 1279.	Privilege accordé au Chasteau & Chastellenie de Chasteau-Neuf. T. 4.	p. 4.
A Paris, en Decembre 1281.	Lettres qui reglent le ressort de l'Abbaye de St. Maixent. T. 3.	p. 216.
A Paris, en Janvier 1281.	Privileges accordez par differents Roys à l'Orde de Cisteaux. T. 5.	p. 142.
A Paris, en Juillet 1282.	Lettres accordées aux Bouchers de la Ville de Paris. T. 3.	p. 258.
A Paris, le mercredi avant la Feste de St. Luc, (sans date d'année : mais elles sont de Philippe-le-Hardi).	Lettres touchant les Guerres privées. T. 1.	p. 344. Note *(b)*.

PHILIPPE IV. DIT LE BEL.

A Paris, le Dimanche avant la Nativité de la Vierge. [1286.]	Instruction donnée à des Commissaires, touchant les Amortissemens. T. 1.	p. 304. Note.
A Vincennes, en Octobre 1289.	Confirmation des Lettres de Richard I. Roy d'Angleterre, qui portent que les Religieux de l'Abbaye de la Luzerne & leurs sujets, ne payeront aucuns Imposts dans les Foires & Marchez, pour les Marchandises qui leur appartiendront. T. 5.	p. 317.
A Saint Germain en Laye, en Mars 1290.	Lettres confirmatives de celle d'Alfonse Comte de Poictiers, &c. qui portent que les affaires de la Communauté & des habitans de la Ville d'Yssoire ne seront plus jugées par les *Petits Baillis* de l'Auvergne; mais qu'elles le feront par le Connétable, ou par le Comte, ou par des Commissaires nommez par lui. T. 5.	p. 412.
A l'Abbaye de Froymont, en Juillet 1291.	Privileges accordez à l'Ordre de Cisteaux. T. 5.	p. 141.
A Paris, en Mars 1292.	Privileges des habitans de St. André. T. 3.	p. 610.
A Vincennes, en Septembre 1295.	Lettres en faveur des Lombards. T. 1.	p. 326. Note *(b)*.
A Paris, le mercredy après la Trinité 1296.	Reglemens sur le lieu où les Frippiers de la Ville de Paris doivent vendre leurs marchandises. T. 4.	p. 82.
A Paris, en Septembre 1297.	Lettres accordées aux Bouchers de la Ville de Paris. T. 3.	p. 258.
A Chasteau-Neuf, en Fevrier 1298.	Lettres de Sauve-garde Royale pour l'Hôpital de la Ville de Lille. T. 4.	p. 318.
A Angleur, le Jeudy après Pâques, [23. d'Avril.] 1299.	Lettres sur les vexations qui estoient faites par les Baillis de Touraine & du Maine, aux Ecclesiastiques de leurs ressorts. T. 1.	p. 332. Note *(f)*.
A Paris, le Mardi avant le Dimanche où l'on chante Judica me, au mois d'Octobre 1300.	Lettres en faveur des Notaires. T. 2.	pp. 52. & 53.
A Paris, le mercredy après la Feste de St. Marc 1301.	Lettres pour réduire le nombre des Sergens du Chastelet de Paris. T. 1.	p. 337. Note *(b)*.
A Chasteau-neuf-sur-Loire, le mercredy après la Feste de la Magdelaine 1301.	Lettres pour réduire le nombre des Sergens du Chastelet de Paris. T. 1.	p. 337. Note *(b)*.

DES ORDONNANCES.

Lettres pour réduire le nombre des Sergens du Châtelet de Paris. T. 1. p. 337. Note (b).		A Paris, le mardy après la Feste de Saint Nicolas d'Hyver 1302.
Ordonnance du Roy pour la reformation du Royaume. T. 2.	pp. 450. jusqu'à 461.	A Paris, le lundi après la mi-Carême 1302.
Lettres par lesquelles il est ordonné que les sujets du Duc de Bretagne ne pourront estre distraits de sa Jurisdiction, sous pretexte des appellations interjettées de ses Juges, au Parlement. T. 2.	pp. 499. & 500.	A Paris, le mardi avant l'Annonciation 1302.
Privileges de la Ville de S.t Omer. T. 4.	pp. 246. 253. 256. & 263.	A Paris, en Mars 1302.
Confirmation des Lettres qui permettent aux Maires & aux Eschevins de S.t Omer, d'avoir un Sceau. T. 4.	p. 262.	A Paris, en Mars 1302.
Lettres par lesquelles le Roy prend sous sa protection l'Abbé de Clugny, qui avoit interjetté avec luy Appel au futur Concile, contre le Pape Boniface VIII. T. 1.	p. 374. Note (a).	A Paris, le 15. de Juin 1303.
Lettre pour la levée d'une Ayde. T. 1.	p. 408. Note (b).	A Chasteau-Thierri, le samedy après la S.t Remy 1303.
Lettres qui portent que le Chasteau de Caylus demeurera toûjours uni à la Couronne. T. 4.	p. 407.	A Beziers, en Fevrier 1303.
Lettres qui exemptent les habitans de Beziers, du droit de Francs-Fiefs, pour 200. livres de rente qu'ils pourront acquerir dans des Fiefs ou Arriere-Fiefs, & pour 100. livres de rente qu'ils pourront acquerir dans des Censives & Alleux; pourvû qu'il n'y ait point de Justice attachée aux héritages qu'ils acquereront. T. 5.	p. 303.	A Nismes, en Fevrier 1303.
Privileges accordez à l'Evêque de Mende & aux Ecclesiastiques de ce Diocese. T. 5.	p. 632.	A Paris, le 15. de Juin 1304.
Privileges accordez à l'Abbaye d'Eschaalis. T. 4.	p. 343.	A Paris, en Juin 1304.
Privileges accordez à l'Abbaye de Valloire. T. 5.	p. 248.	A Paris, en Juin 1304.
Privileges de la Ville d'Orchies. T. 4.	pp. 70. & 655.	Au Siege de Lille, en Septembre 1304.
Lettres de Sauve-garde pour l'Abbaye de Poissi. T. 4.	p. 712.	A Asnieres, en 1304. (le mois n'est pas marqué.)
Lettres qui permettent à un bastard de disposer de ses biens. T. 1.	p. 189. Note (a).	A Athies-sur-Orges, en Juin 1305.
Lettres adressées au Bailli de Troyes, par lesquelles il luy est ordonné de faire abbattre les fournaises où les Lombards fasioient fondre du Billon. T. 1.	p. 451. Note (c).	A Paris, le samedy après la S.t Marc 1308.
Privilege accordé au Chasteau & Chastellenie de Chasteau-Neuf. T. 4.	p. 4.	A Paris, en Mars 1308.
Lettres concernant la Jurisdiction du Maire de la Ville de Roüen. T. 3.	p. 329.	A Paris, en Decembre 1309.
Ordonnance en faveur du Commerce à Harfleur. T. 2.	pp. 159. & 160.	A Paris, au mois de Janvier 1309.
Lettres pour suspendre la Confrairie des Drapiers. T. 3.	p. 581.	A Cachant, le 23. d'Avril 1309.
Lettres par lesquelles le Roy accorde à l'Université d'Angers, les Privileges dont joüissoit celle d'Orleans. T. 4.	p. 474.	A l'Abbaye Royale de Maubuisson près Pontoise, en Juillet 1312.

A Chingy, le 25. d'Aoust 1313.	Commission au Bailly de Gisors, touchant les Monnoyes. T. 1.	p. 527. Note (b).
A Chingy, le 25. d'Aoust 1313.	Commission à un Collecteur des Decimes. T. 1.	p. 527. Note (b).
A l'Abbaye de Barbeil, le 18. de Septembre 1313.	Commission touchant les Monnoyes. T. 1.	p. 527. Note (b).
Le 10. d'Octobre 1313.	Commission sur les Monnoyes. T. 1.	p. 520. Note.
A Montargis, le 27. de May 1314.	Lettres portant deffenses de lever aucune Imposition sur les Terres allodiales & amorties. T. 2.	p. 22.

LOUIS X. DIT LE HUTIN.

A Paris, le 1.er Avril 1315.	Ordonnance donnée à la requeste des habitans du Languedoc, & contenant differents Reglements. T. 5.	p. 120.
A Paris, en Avril 1315.	Confirmation des Lettres de Raimond VI. Comte de Thoulouse, par lesquelles il déclare le Pricuré & la Ville de Aspreriis, exempts de toutes sortes d'Imposts. T. 5.	p. 307.
A Paris, le samedy devant la Trinité 1315.	Mandement touchant les Monnoyes. T. 1.	p. 519. Note (b).
A Pontoise, le vendredy après la Trinité 1315.	Mandement touchant les Monnoyes. T. 1.	p. 519. Note (b).
A Cressy, le Dimanche avant la Feste de la Magdelaine 1315.	Lettres sur les Privileges des habitans de Normandie. T. 1.	p. 594. Note (g).
Au Mont S.t Quentin proche Peronne, en Septembre 1315.	Confirmation des Privileges de la Ville d'Orchies. T. 4.	pp. 70. & 655.
A Vincennes, le 18. Decembre 1315.	Lettres de Sauve-garde pour les habitans de Monstreüil-sur-Mer. T. 4.	p. 8.
A Roüen, en Fevrier 1315.	Confirmation d'un accord fait touchant le commerce, entre les Bourgeois de Paris & ceux de Roüen. T. 4.	p. 87.
A Roüen, en Fevrier 1315.	Lettres portant confirmation du droit d'*arrest* accordé aux Bourgeois de Paris. T. 4.	p. 267.
A Roüen, en Fevrier 1315.	Lettres qui deffendent de faire dans la Ville de Paris, des *Prises* de matelas & de coussins, pour le Roy. T. 4.	p. 268.
A Roüen, en Fevrier 1315.	Lettres qui confirment les anciennes Coustumes des Bourgeois de Paris, negocians sur la Seine. T. 4.	p. 270.
En Fevrier 1315.	Confirmation d'un accord fait sur differents points, entre le Roy & les Seigneurs qui avoient Haute-Justice dans la Ville de Châlons-sur-Marne. T. 4.	p. 519.
A Vincennes, en Avril 1315.	Lettres qui reglent le ressort de l'Abbaye de S.t Maixent. T. 3.	p. 216.

PHILIPPE V. DIT LE LONG.

A Paris, le 2. de Mars 1316.	Lettres par lesquelles il est ordonné que les sujets du Duc de Bretagne ne pourront estre soustraits de sa Jurisdiction, sous pretexte des appellations interjettées de ses Juges, au Parlement. T. 2.	p. 500.
A Paris, le 18. de Septembre 1316.	Privileges accordez à l'Ordre de Cisteaux. T. 5.	p. 141.

Lettres

DES ORDONNANCES. ix

Lettres sur l'establissement de Capitaines dans les Villes du Royaume. T. 1. p. 636. Note. *A Paris, le 21 d'Avril 1317.*

Lettres qui portent que l'Abbaye de Cusset & les biens qui luy appartiennent, ne seront point démembrez de la Couronne. T. 4. p. 205. *Au Bois de Vincennes, en Avril 1317.*

Ordonnance en faveur des Notaires du Chastelet de Paris, dont le nombre est réduit à soixante. T. 2. pp. 387. & 388. *A Taverny, le 5. de Juin 1317.*

Lettres qui reglent le ressort de l'Abbaye de S.t Maixent. T. 3. p. 216. *A Saint Germain, en Juillet 1317.*

Privileges de la Ville d'Orchies. T. 4. pp. 70. & 655. *A Paris, en Fevrier 1317.*

Lettres qui reglent le ressort de la Prevosté de Chastelet en Brie. T. 3. p. 676. *A Paris, en Mars 1317.*

Semonce de Gens-d'Armes à cheval & à pied. T. 1. p. 655. Note (*b*). *A Paris, le 4. de Juin 1318.*

Mandement pour le payement des Fiefs & des Aumônes. T. 1. p. 664. Note. *A Paris, le 28. de Juillet 1318.*

Privilege accordé au Chasteau & Chastellenie de Chasteau-Neuf. T. 4. p. 4. *A Paris, en Aoust 1318.*

Confirmation des Lettres qui permettent aux Maires & aux Eschevins de S.t Omer, d'avoir un Sceau. T. 4. p. 262. *A Paris, en Decembre 1318.*

Confirmation des privileges accordez aux Bourgeois de Saint Omer, par le Comte & la Comtesse de Boulogne. T. 4. p. 244. *A Paris, en Decembre 1318.*

Privileges de la Ville de S.t Omer. T. 4. pp. 246. 253. 256. 258. 259. & 264. *A Paris, en Decembre 1318.*

Lettres par lesquelles il est ordonné que les sujets du Duc de Bretagne, ne pourront estre soustraits de sa Jurisdiction, sous pretexte des appellations interjettées de ses Juges, au Parlement. T. 2. p. 501. *A Paris, les 24. de Mars & 12. de May 1318.*

Privileges de la Ville de S.t Omer. T. 4. p. 404. *A Paris, le 12. de May 1320.*

Traité & Reglement touchant les Salines de Carcassone. T. 1. p. 724. Note (*a*). *A Paris, le 20. de Novembre 1320.*

Ordonnances sur les Monnoyes. T. 1. p. 770. Note. *A Paris, le 22. de Novembre 1322.*

Sauve-garde Royale pour le Monastere des Religieuses Benedictines de Montargis. T. 4. p. 115. *A Loroux, en Novembre 1322.*

Ordonnances sur les Monnoyes. T. 1. p. 771. Note. *A Paris, le 3.de Decembre 1322.*

CHARLES IV. DIT LE BEL.

Privileges de la Ville de S.t Omer. T. 4. pp. 246. 253. 256. 258. 259. & 264. *A Poissy, en May 1323.*

Confirmation des Privileges accordez aux Bourgeois de Saint Omer, par le Comte & la Comtesse de Boulogne. T. 4. p. 244. *A Poissy, en May 1323.*

Confirmation des Lettres qui permettent aux Maires & aux Eschevins de S.t Omer, d'avoir un Sceau. T. 4. p. 262. *A Poissy, en May 1323.*

Privileges de la Ville d'Orchies. T. 4. p. 70. *A Saint Christophe en Halate, en May 1323.*

Confirmation des Privileges de la Ville d'Orchies. T. 4. p. 655. *A Saint Christophe en Halate, en May 1323.*

Privileges de la Ville de S.t Omer. T. 4. p. 404. *A Paris, le 6. de Juin 1323.*

Tome V. c

A Limoges, en Decembre 1323.	Lettres de Sauve-garde Royale, pour l'Abbaye de Solignac près Limoges. T. 5. p. 590.
A Paris, en May 1324.	Lettres par lesquelles le Roy permet aux Citoyens de la Ville de Toulouse, d'acquerir des Nobles. T. 2. p. 556.
Le 13. de Decembre 1324.	Ordonnance au sujet du transport des denrées & Marchandises hors du Royaume. T. 2. p. 148.
A Paris, en Mars 1324.	Lettres accordées aux Bouchers de la Ville de Paris. T. 3. p. 258.
A Fontainebleau, le 25. de May 1325.	Ordonnance pour la reformation du Chastelet. T. 2. pp. 3. & 4.
A Paris, en Mars 1325.	Lettres patentes pour abolir sur la marée, le Droit nommé *Hallebic*. T. 2. p. 586.
A Poissy, en Avril 1326.	Sauve-garde Royale, & autres Privileges accordez à l'Abbaye de Prully. T. 4. p. 452.
Apud Jangonam, en Aoust 1326.	Lettres portant que la Ville de Vendres ne sera plus séparée de la Couronne. T. 4. p. 160.
Apud Jangonam, en Aoust 1326.	Lettres portant que la Ville de Servian, ne sera plus séparée de la Couronne. T. 5. P. 3.
A Paris, le 6. de Janvier 1326.	Lettres portant que l'Abbaye de Ferrieres sera demembrée de la Jurisdiction & du ressort de la Reine Clemence, auquel elle avoit esté soûmise, à cause des terres assignées à cette Princesse pour sa dot; & qu'elle sera réünie à la Couronne, pour n'en plus estre séparée. T. 4. p. 109.
A Moyenneville, ou Maienneville, en May 1327.	Privileges de l'Abbaye du Bec. T. 4. p. 64.
A Paris, le dernier d'Aoust. Voy. pag. 326. Note (1).	Lettres qui reglent le ressort de plusieurs lieux qui y sont nommez. T. 3. p. 325.

PHILIPPE VI. DIT DE VALOIS.

A Paris, en Juin 1328.	Ordonnance qui porte que les Appels des Juges du Duché de Bretagne, seront d'abord portez devant les Grands-Jours au Parlement de ce Duché, & que les Appels de ce Parlement seront portez devant celuy de Paris. T. 4. p. 112.
A Paris, en Juillet 1328.	Confirmation des Lettres qui permettent aux Maires & aux Eschevins de S.t Omer, d'avoir un Sceau. T. 4. p. 262.
A Paris, en Juillet 1328.	Confirmation des Privileges accordez aux Bourgeois de S.t Omer, par le Comte & la Comtesse de Boulogne. T. 4. pp. 244. & 264.
A Paris, en Juillet 1328.	Privileges de la Ville de S.t Omer. T. 4. pp. 246. 253. 256. 258. 259. & 264.
A Paris, en Juillet 1328.	Lettres portant que la Ville de Vendres ne sera plus separée de la Couronne. T. 4. p. 160.
A Paris, au Louvre en Juillet 1328.	Lettres portant que la Ville de Servian, ne sera plus séparée de la Couronne. T. 5. p. 3.
A Paris, en Novembre 1328.	Privileges de la Ville d'Orchies. T. 4. pp. 70. & 655.
A Saint Germain en Laye, en Novembre 1329.	Lettres de Sauve-garde Royale pour l'Abbaye de Joyenval, ordre de Premontré. T. 5. p. 296.
A Vincennes, en Decembre 1328.	Lettres qui portent que le ressort du Siege de la Ville de Lyon, sera transferé de la Ville de Mascon, au Bourg de l'Isle-Barbe. T. 5. p. 110.
A Paris, en Juin 1329.	Lettres de Sauve-garde pour l'Abbaye de Clugny. T. 3. p. 545.
A l'Abbaye de Loroux, en Juillet 1329.	Confirmation de Lettres de Sauve-garde Royale & d'exemption d'Impôts, pour l'Abbaye de Loroux en Anjou. T. 4. p. 117.

DES ORDONNANCES. xj

Privileges accordez au Couvent de la Fontaine Nostre-Dame, en Valois. T. 4.   p. 1.   *Au Bois de Vincennes, en Decembre 1329.*

Lettres de Sauve-garde Royale pour l'Abbaye de Nioëil. T. 4.   p. 325.   *A Vincennes, en May 1330.*

Sauve-garde pour les Freres de l'Hôpital de S.t Jean de Jerusalem. T. 3.   p. 556.   *A Paris, en Septembre 1330.*

Privileges accordez au Couvent de la Fontaine Nostre-Dame, en Valois. T. 4.   p. 1.   *A Villers costeRez, en Octobre 1330.*

Reglemens sur le lieu où les Frippiers de la Ville de Paris doivent vendre leurs marchandises. T. 4.   p. 28.   *A Paris, le 6. de May 1331.*

Lettres par lesquelles le Roy accorde des privileges à la Ville de S.t Jean d'Angely, & entre autres ceux contenus dans la Chartre de Commune de Roüen. T. 5.   p. 667.   *A Paris, en Juillet 1331.*

Privileges de la Ville de S.t Omer. T. 4.   p. 404.   *A Paris, le 1.er de Janvier 1331.*

Sauve-garde Royale pour l'Abbaye de S.t Cir. T. 4.   p. 107.   *A S.t Germainen-Laye, en May 1332.*

Lettres contre les Pirates des Royaumes d'Arragon & de Mayorque, & des Villes de Genes & de Savone. T. 3.   p. 238.   *A Poissy, le 6. d'Octobre 1333.*

Confirmation de Lettres de Sauve-garde Royale pour l'Abbaye de S.t Joüin de Marnes. T. 5.   p. 610.   *A Poissy, en Novembre 1333.*

Lettres qui portent que le Vicomté de Maulevrier en Normandie, ressortira sans moyen au Parlement de Paris. T. 4.   p. 686.   *A la Neufvilleen-Hez, en Juillet 1334.*

Reglemens sur le lieu où les Frippiers de la Ville de Paris doivent vendre leurs marchandises. T. 4.   p. 82.   *A Lyon, en Mars 1335.*

Statuts pour les Epingliers de la Ville de Paris. T. 4.   p. 124.   *A Poissy, en Aoust 1336.*

Lettres de Sauve-garde Royale pour l'Hôpital de la Ville de Joigny. T. 4.   p. 488.   *A Poissy, en Fevrier 1336.*

Lettres par lesquelles le Roy accorde à l'Université d'Angers, les Privileges dont joüissoit celle d'Orleans. T. 4.   p. 474.   *Au Bois de Vincennes, en Juin 1337.*

Confirmation des Lettres de Raimond VI. Comte de Toulouse, par lesquelles il déclare le Prieuré & la Ville *de Aspreriis*, exempts de toutes sortes d'Impôts. T. 5.   p. 308.   *A Paris, en Janvier 1337.*

Confirmation d'un Privilege accordé à la Ville de Loches, par Dreux de Mello. T. 5.   p. 206.   *A Conflans lesParis, en Juillet 1338.*

Lettres qui reglent le ressort de plusieurs lieux qui y sont nommez. T. 3.   p. 325.   *A Paris, en Aoust 1338.*

Privileges accordez au Couvent de la Fontaine Nostre-Dame, en Valois. T. 4.   p. 1.   *A Vincennes, le 19. de Janvier 1338.*

Confirmation des Privileges de la Ville d'Origny-Sainte-Benoiste. T. 4.   p. 239.   *Au Bois de Vincennes, le mercredy avant Noël (22. Decemb.) 1339.*

Sauve garde pour l'Ordre de S.t Jean de Jerusalem. T. 4.   p. 14.   *A Paris, en Decembre 1339.*

Lettres qui permettent aux Marchands du Royaume de Castille, de négocier dans les Villes de Harfleur, du Crotoy & d'Abbeville. T. 3.   p. 166.   *Dans les Tentesles-le-Chastel de l'Eclufe, le dernier jour de Juin 1340.*

TABLE CHRONOLGIQUE

A Pradere près d'Aire, le 29. de Juillet 1340. — Lettres portant que l'Abbaye de S.t Gilles en Provence, & toutes ses dépendances, ressortiront immediatement au Seneschal de Beaucaire. T. 3. p. 604.

A Moncel près Sainte Maxence, en Octobre 1340. — Privileges & droits accordez aux Consuls & aux habitans de la Ville de Condom. T. 3. p. 234.

A Paris, en Novembre 1340. — Ordonnance qui confirme la Viguerie de Beziers dans son ancien ressort, & qui contient plusieurs Reglements qui doivent estre observez dans cette Viguerie. T. 3. p. 168.

A Paris, en Decembre 1340. — Lettres qui portent que les habitans de Dunes [dans le Condomois,] seront conservez dans le droit d'acheter du sel dans les lieux où il leur plaira. T. 5. p. 436.

A S.t Germain-en-Laye, en Fevrier 1340. — Confirmation des Privileges de la Ville de Doüay. T. 4. p. 78.

En May, 1341. — Privileges des Marchands de Portugal, commerçans à Harfleur. T. 3. p. 571.

En May, 1341. — Lettres portant que la Ville de S.t Jean d'Angeli ne sera jamais separée de la Couronne. T. 4. p. 149.

A Saint Germain-en-Laye, en May 1341. — Lettres portant que l'Abbaye de S.t Gilles en Provence, & toutes ses dépendances, ressortiront immediatement au Seneschal de Beaucaire. T. 3. p. 604.

En Septembre, 1341. — Privileges des Marchands de Portugal, commerçans à Harfleur. T. 3. p. 571.

Jean Duc de Normandie, en Septembre 1341. — Privileges des Marchands de Portugal, commerçans à Harfleur. T. 3. p. 571.

A Paris, en May 1342. — Lettres qui portent que le Chasteau de Caylus demeurera toûjours uni à la Couronne. T. 4. p. 407.

Au Bois de Vincennes, le premier d'Aoust 1342. — Lettres portant que l'appel des Jugemens rendus par le Maire & les Pers de Roüen, & les Causes qui regarderont leur Communauté, seront portées sans moyen devant l'Eschiquier de Roüen. T. 4. p. 480.

A Chasteauneuf sur-Loire, en Novembre 1342. — Lettres qui permettent aux Chapelains de la Confrairie établie dans l'Eglise de Laon, de faire Corps & College, d'acquerir des biens, & de comparoistre en Jugement, soit en personnes, ou par Procureurs, pour la deffense de ses biens. T. 5. p. 271.

A la Grange de Derval, en May 1343. — Lettres de Sauve-garde pour le Couvent des Chartreux de Paris. T. 4. p. 11.

A Paris, en Mars 1343. — Lettres portant confirmation des Privileges des habitans de la Ville de Pons-sur-Yonne, avec la reserve des droits du Chapitre de Sens. T. 4. p. 514.

Au Moncel, en Mars 1343. — Lettres portant que toutes les affaires qui regarderont les biens que l'Abbaye de Moncel a dans le Bailliage de Senlis, seront portées devant le Bailli de Senlis. T. 4. p. 323.

Au Moncel-les-Pont Sainte Maxence, en Mars 1343. — Lettres de Sauve-garde Royale pour le Couvent du Mont S.t Loüis près de Noyon, Ordre de Chartreuse. T. 4. p. 302.

A Paris, en May 1344. — Privileges pour la Ville & les habitans de Fleurence. T. 4. p. 36.

A Paris, en Avril 1345. — Lettres qui portent que la Ville de Montagnac ne sera jamais separée de la Couronne, & qu'il y sera estabi une nouvelle Foire. T. 5. p. 184.

A Conflans près Paris, en May 1345. — Lettres qui nomment le Seneschal de Toulouse, & les Juges du Lauragais, Gardes & Conservateurs des Privileges de la Ville de Revel. T. 4. p. 99.

A Sably, le 8. d'Aoust 1345. — Lettres de Lieutenance de Roy dans le Languedoc & la Gascogne, pour Pierre Duc de Bourbonnois. T. 3. p. 160.

Confirmation

Confirmation d'un accord fait touchant le commerce, entre les Bourgeois de Paris & ceux de Roüen. T. 4. p. 87. *Au Bois de Vincennes, en Mars 1345.*

Lettres qui deffendent de faire dans la Ville de Paris, des *Prifes* de matelas & de couffins, pour le Roy. T. 4. p. 268. *Au Bois de Vincennes, en Mars 1345.*

Lettres qui confirment les anciennes Couftumes des Bourgeois de Paris negocians fur la Seine. T. 4. p. 270. *Au Bois de Vincennes, en Mars 1345.*

Lettres portant confirmation du droit d'arreft accordé aux Bourgeois de Paris. T. 4. p. 267. *Au Bois de Vincennes, en Mars 1345.*

Confirmation des Privileges des Sergents des Foires de Champagne & de Brie. T. 4. p. 219. *A Saint Germain-en-Laye, le 18. d'Avril 1346.*

Lettres par lefquelles le Roy accorde à l'Univerfité d'Angers, les privileges dont joüiffoit celle d'Orleans. T. 4. p. 474. *A Poiffy, en May 1346.*

Lettres qui confirment à Guy de Comminges, & à la Comteffe de Foix fa fœur, le droit des premieres Appellations fur les terres d'Ambres, de Puy-Begon & de S.t Gaufens. T. 4. p. 697. *Au Moncel-lès-Pont Sainte Maixence, en Septembre 1346.*

Lettres qui reglent la maniere dont ceux qui ne feront pas Bourgeois de Caën, pourront faire le commerce dans cette Ville. T. 4. p. 613. *A Compiegne, en Octobre 1346.*

Charte de Commune accordée aux Villes de Mayoc & de Crotoy. T. 5. p. 180. *A Maubuiffon-lès-Pontoife, en Decembre 1346.*

Privileges de la Ville de Bethune. T. 4. p. 145. *Au Bois de Vincennes, en Janvier 1346.*

Reglement pour l'élection des Efchevins de la Ville de Lille. T. 3. p. 3. *Au Bois de Vincennes, le 4. de Fevrier 1346.*

Lettres qui permettent aux habitans de Mâcon, de s'affembler pour leurs affaires, & d'élire des Confeillers, des Procureurs & des Syndics. T. 3. p. 594. *Au Bois de Vincennes, en Fevrier 1346.*

Privileges de la Ville & du Comté de Mâcon. T. 3. p. 451. *Au Bois de Vincennes, en Fevrier 1346.*

Lettres qui ordonnent que les Bourgeois de Bethune, feront jugez par les Maire & Efchevins de cette Ville, excepté dans les cas fpecifiez dans ces Lettres. T. 4. p. 141. *Au Bois de Vincennes, en Fevrier 1346.*

Lettres portant que la confifcation n'aura point de lieu au profit du Roy, fur les biens des Bourgeois de la Ville de Bethune, qui feront bannis ou condamnez à mort. T. 4. p. 143. *Au Bois de Vincennes, en Fevrier 1346.*

Lettres portant que la Ville de Réalmont ne fera jamais feparée du Domaine du Roy, & du reffort de la Senefchauffée de Touloufe. T. 4. p. 291. *A Paris, en Fevrier 1346.*

Lettres qui permettent au Comte de Pardiac de créer dans fon Comté un Juge des premieres Appellations. T. 5. p. 70. *A Paris, en Fevrier 1346.*

Privileges de la Ville de Bethune. T. 4. p. 144. *A Paris, en Mars 1346.*

Lettres portant que tous les Offices vacans aufquels il appartient au Roy de pourvoir, feront donnez par preference aux habitans de Calais, que le Roy d'Angleterre en fit fortir lorfqu'il prit cette Ville en 1347. T. 4. p. 606. Note (a). *A Amiens, le 8. de Septembre 1347.*

Privileges accordez aux habitans de Calais, que le Roy d'Angleterre en fit fortir lorfqu'il prit cette Ville en 1347. T. 4. p. 606. *A Amiens, le 10. de Septembre 1347.*

Lettres portant permiffion aux habitans d'Aire, de porter des armes lorfqu'ils font en voyage pour leur commerce. T. 3. p. 509. *A Saint Chriftophe-en-Halate, en Octobre 1347.*

Tome V. d

A Fontainebleau, le 19. de Janvier 1347.	Lettres qui portent qu'on executera un article des Statuts du Meſtier de *Couſterie*, concernant les Apprentiſs. T. 4.	P. 136.
A Paris, en Juin 1348.	Lettres portant confirmation des Privileges des habitans de la Ville de Pons-ſur-Yonne, avec la reſerve des droits du Chapitre de Sens. T. 4.	p. 514.
A Meaux, en Novembre 1348.	Lettres qui ordonnent que les perſonnes ſuſpectes d'avoir commis des meſfaits en cas civils, dans la Ville d'Aire & ſa Banlieuë, ne ſeront point condamnées à l'Amende lorſqu'elles ſeront abſentes & non appellées ; mais qu'à l'avenir, elles ſeront duëment adjournées. T. 4.	p. 5.
A Marolles-ſur-Seine, en May 1349.	Reglement pour les Boulangers de la Ville de Provins. T. 4.	p. 533.
A Paris, le 23. de Decembre 1349.	Confirmation des Privileges de la Ville de Montpellier. T. 4.	p. 485.
A l'Hôpital de Corbeil, en Decembre 1349.	Lettres de Sauve-garde Royale pour la Ville d'Abbeville. T. 5.	p. 269.
A Beauvais, en Juin [1350.]	Lettres qui permettent à un baſtard d'acquerir du bien dans le Royaume. T. 1. p. 189. Note *(a)*.	
A Paris, en Juin 1350.	Lettres qui, moyennant une finance payée au Roy, deffendent aux Eſtrangers de faire entrer du vin dans la Ville de Carcaſſonne, ſans la permiſſion des Conſuls; & aux habitans de cette Ville, d'y faire entrer d'autre vin que celuy de leur crû, ou celuy qu'ils auront acheté des Eſtrangers, à moins qu'ils n'ayent la permiſſion des Conſuls. T. 4.	p. 88.
A Paris, en Juillet 1350.	Lettres qui permettent aux Marchands du Royaume de Caſtille, de negocier dans les Villes de Harfleur, du Crotoy & d'Abbeville. T. 3.	p. 166.

*JEAN I.er OU SELON D'AUTRES, JEAN II.

A Paris, en Septembre 1353.	Lettres qui confirment la Confrairie des Sergents à Cheval du Chaſtelet de Paris. T. 5.	P. 559. Note.
A Beauvais, le 30. de Mars 1355.	Lettres qui portent que les habitans de Tours & de Chaſteau-neuf, éliront ſix perſonnes qui auront l'inſpection ſur la garde & ſur les fortifications de cette Ville; & qui pourront impoſer ſur les habitans, les ſommes neceſſaires pour ſubvenir aux dépenſes communes. T. 5.	p. 457.
Jean Comte de Poictiers fils & Lieutenant du Roy Jean, dans le Languedoc, à Villeneuve-lez-Avignon, le 17. de Decembre 1358.	Commiſſion donnée ſur le fait des Francs-Fiefs & des Admortiſſements. T. 5.	p. 125.
Jean Comte de Poictiers fils & Lieutenant du Roy Jean, dans le Languedoc, à Touloſe, le 2. de Juillet 1359.	Commiſſion donnée ſur le fait des Francs-Fiefs & des Admortiſſements. T. 5.	p. 126.
A Paris, en Mars 1360.	Privileges accordez aux Juifs qui demeureront dans le Royaume. T. 5.	p. 491.
A Paris, le 16. d'Avril 1361.	Commiſſion donnée ſur le fait des Francs-Fiefs & des Admortiſſements. T. 5.	p. 127.
A Dijon, le 23. de Decembre 1361.	Confirmation des Privileges de la Ville de Dijon. T. 5.	p. 239.

CHARLES V.

A Paris, le 13. de Novembre 1364.	Reglement pour la vente du cuir tanné dans la Ville de Chartres. T. 5.	p. 274.
A Paris, le 29. de Novembre 1364.	Commiſſion donnée ſur le fait des Francs-Fiefs & des Admortiſſements. T. 5.	p. 127.

* Voy. cy-deſſus l'Avertiſſement qui eſt au-devant de cette Table. p. ij.

DES ORDONNANCES. xv

Lettres qui confirment les Privileges de la Ville de Romans en Dauphiné. T. 5. p. 225. & p. 227. Note.   *A Paris, à l'Hôtel de Saint Pol, le 12. de Juin 1366.*

Lettres qui fixent les gages de Gilles le Galoys Reformateur sur le fait des Aydes. T. 5. p. 540. Note (1).   *A Meleun, le 25. d'Octobre 1374.*

CHARLES V.
MCCCLXVII.

1367.

Lettres qui portent que le pain qui sera exposé en vente par les Boulangers de la Ville de Meaux, & qui ne sera pas bon & loyal, sera confisqué; mais qu'ils ne seront point condamnez à l'Amende. p. 118.   *A Paris, le 28. d'Avril.*

Lettres portant que la Terre de l'Engennerie donnée par Charles V. au Treforier & aux Chanoines de la S.te Chapelle de Paris, ressortira au Parlement; & que dans les procez qui regarderont cette Terre, ils pourront s'associer le Roy, qui cependant ne conservera aucun droit de propriété sur cette Terre. p. 1.   *Au Louvre près Paris, en Avril.*

Lettres portant que la Ville de Servian, ne sera plus séparée de la Couronne. p. 3.   *A Paris, en Avril.*

Lettres par lesquelles le Roy donne des Gardiens au Prieur de Pompone, qui est sous la Sauvegarde Royale. p. 4.   *A Paris, le 6. de May.*

Confirmation des Privileges de Castelnaudary. p. 5.   *A Vincennes, le 13. de May.*

Reglement pour les Orfevres de la Ville du Puy-en-Velay. p. 7.   *A Paris, en May.*

Reglement pour les Orfevres de la Ville de Puy-en-Velay. p. 8.   *A Paris, [en May.]*

Lettres portant que les Drapiers de la Ville de Commines, ne pourront fabriquer des Draps, que conformement à l'ancienne mesure, suivant laquelle ils les fabriquoient avant l'impetration de certaines Lettres Royaux par eux obtenuës. p. 9.   *A Paris, en May.*

Lettres portant que le Comté de Blois ressortira dans tous les cas au Bailliage de Chartres, sans ressortir dans aucun, au Bailliage de Cepoy. p. 10.   *Au Bois de Vincennes, en May.*

Lettres qui substituent Estienne de Mareüil à la place de Guillaume de S.t Germain, devenu Procureur General au Parlement, dans le Conseil des Marchands de Marée. p. 12.   *A Paris, le 28. de Juin.*

Lettres portant exemption de Tailles & de Subsides, pour vingt-cinq personnes choisies entre les Arbalestriers de la Ville de Laon, par leur Connestable. p. 13.   *A Paris, en Juin.*

Ordonnance faite en consequence d'une Assemblée des Estats-Generaux, tenuë à Chartres. p. 14.   *A Sens, le 19. de Juillet.*

Ordonnance faite en consequence d'une Assemblée d'Estats-Generaux, tenuë à Sens. p. 19.   *A Sens, le 20. de Juillet.*

Lettres portant que les habitans de Frenay-l'Evesque, seront exempts de tous droits & Imposts, à l'exception de ceux qu'ils payeront à l'Evesque de Chartres. p. 22.   *A Chartres, en Juillet.*

Lettres qui ordonnent que les Affaires de l'Eglise de Chartres seront portées *sans moyen*, au Parlement de Paris. p. 24.   *En l'Eglise de Chartres, en Juillet.*

Ordonnance portant Reglement pour la Jurisdiction des Maistres des Eaux & Forests. p. 27.   *A Sens, en Juillet.*

Lettres portant que les habitans de Rozoy en Tierasche, seront exempts des Appeaux volages de Laon, en payant annuellement au Roy, deux sols Parisis, pour chaque Feu. p. 29.   *A Sens, en Juillet.*

Diminution de Feux pour plusieurs lieux. p. 30.   *A Paris, en Juillet.*

d ij

1367.

Au Bois de Vincennes, en Juillet. — Lettres portant exemption de tous Subsides, pour seize Arbalestriers choisis entre les autres Arbalestriers de la Ville de Lagny sur Marne, & pour leur Connestable. p. 32.

A Paris, le 17. d'Aoust. — Ordonnance pour moderer & regler le droit de *Prise*. p. 33.

A Paris, en Aoust. — Confirmation des Privileges accordez aux habitans du Dauphiné, par le Dauphin Humbert II. p. 34.

A Paris, le 22. d'Aoust. — Lettres qui portent que l'on ne saisira les biens des habitans du Dauphiné, en matiere civile & criminelle, que dans les cas marquez par le Droit. p. 56.

A Paris, le 22. d'Aoust. — Lettres portant que l'on ne pourra arrester prisonniers les habitans du Dauphiné, pour des dettes Fiscales, lorsqu'ils auront des biens montans à la valeur de ces dettes, ou lorsqu'ils donneront une caution suffisante. p. 58.

A Paris, le 22. d'Aoust. — Lettres portant que les habitans des Terres cedées à Charles V. en qualité de Dauphin, par le Comte de Savoye, joüiront des mesmes privileges que les autres habitans du Dauphiné. p. 58.

A Paris, le 22. d'Aoust. — Lettres portant que les Gouverneurs du Dauphiné, jureront lorsqu'ils prendront possession de cet Office, d'observer les Libertez & privileges accordez aux habitans du Dauphiné. p. 59.

A Paris, le 22. d'Aoust. — Lettres qui reglent les cas dans lesquels les differentes Lettres accordées par le Roy pour le Dauphiné, seront verifiées ou non, à la Chambre des Comptes de Paris. p. 62.

A Paris, le 22. d'Aoust. — Lettres qui nomment les differentes personnes devant lesquelles les Juges des differents endroits du Dauphiné, prêteront les sermens accoustumez. p. 63.

A Paris, le 22. d'Aoust. — Lettres qui permettent aux habitans du Dauphiné, de nommer des Collecteurs du Subside qu'ils avoient nouvellement accordé au Roy. p. 64.

A Paris, le 22. d'Aoust. — Lettres portant que les Monnoyes fabriquées dans le Dauphiné, y seront prises sur le pied porté par les Ordonnances. p. 65.

A Paris, en Aoust. — Privileges accordez aux Arbalestriers de la Ville de Laon. p. 66.

A Melun, en Aoust. — Lettres portant que l'on ne pourra apporter dans la Ville de Buis, du vin & des raisins estrangers, tant qu'il y aura du vin dans cette Ville. p. 69.

A Paris, le 6. de Septembre. — Lettres qui permettent au Comte de Pardiac, de créer dans son Comté un Juge des premieres Appellations. p. 70.

A Paris, le 8. de Septembre. — Lettres qui portent, que jusqu'au Jugement du procés pendant au Parlement, entre les Marchands & voituriers de Marée, & les Fermiers des peages de Roye, ces Marchands pourront passer avec leurs marchandises par les chemins qu'ils jugeront à propos, sans payer d'autres peages que ceux qui sont establis dans les chemins par où ils passeront. p. 71.

A Paris, le 13. de Septembre. — Lettres qui confirment les Privileges de la Commune de la Ville de Roüen, & qui terminent differents procés meus entre les Officiers Royaux de cette Ville, & ceux de cette Commune. p. 73.

A Paris, en Septembre. — Confirmation & modification des Lettres de Sauve-garde Royale, accordées à l'Ordre de S.t Jean de Jerusalem. p. 78.

A Paris, en Septembre. — Lettres de Sauve-garde Royale, accordées à l'Ordre de S.t Jean de Jerusalem. p. 78.

A Paris, en Septembre. — Diminution de Feux pour *Gignac*, Saint Guillem du Desert, Puechabon & Caylar. p. 79.

A Paris, le 14. d'Octobre. — Lettres portant Reglement sur le prix des Monnoyes du Dauphiné, & sur l'establissement des *Mistraux*. p. 80.

A Paris, le 20. d'Octobre. — Reglement pour le payement des charges & deniers assignez sur les Receptes Royales. p. 81.

A Paris, le 27. d'Octobre. — Ordonnance sur la nouvelle Ayde accordée par les Estats de l'Artois, du Boulonnois & du Comté de S.t Pol. p. 82.

Lettres

DES ORDONNANCES. xvij

1367.

Lettres qui renouvellent l'article premier de l'Ordonnance du 5. de Decembre 1363. pour la suppression des nouveaux Peages establis, nonobstant les Lettres impetrées au contraire; & qui reglent les procedures qui doivent estre faites à ce sujet. p. 89. — *A Paris, le 4. de Decembre.*

Lettres qui ordonnent qu'il sera establi un Hostel des Monnoyes dans la Ville de Saint André près d'Avignon. p. 90. & Note. — *Au Chasteau du Louvre près Paris, le 5. de Decembre.*

Lettres qui portent que le Barrage accordé à la Ville d'Auxerre, sera continué pendant deux ans; & que pendant ledit temps, on pourra y diminuer les Pintes & Chopines, les Aulnes & les Poids. p. 91. — *A Paris, le 8. de Janvier.*

Lettres qui permettent à Robert Duc de Bar, d'establir un Bailly dans sa Terre Busancy. p. 93. — *Au Chasteau du Louvre, en Janvier.*

Lettres qui abolissent, moyennant une redevance annuelle, les Appeaux volages, dans le Bourg d'Aisne & dans le Chasteau de Saint Mard de Soissons, de la Paroisse de S.t Vast de cette Ville. p. 93. — *Au Chasteau du Louvre hors Paris, en Janvier.*

Lettres qui ordonnent que le Prevost de Paris, privativement à tout autre autre Juge, connoistra de l'execution des Actes scellez du scel du Chastelet de Paris. p. 95. & 96. Note. — *A Paris, les 7. & 8. de Fevrier.*

Lettres qui ordonnent qu'il ne sera point payé de finance par les non-nobles, pour les acquisitions d'Alleux non-nobles, & ne relevant point du Roy ni en Fief ni en Arriere-Fief, faites de personnes Nobles; & que ceux qui n'auront point payé la finance des Francs-Fiefs & nouveaux Acquets, n'y pourront estre contraints par l'emprisonnement de leurs personnes, mais seulement par la saisie & vente de leurs biens. p. 99. — *Louis Duc d'Anjou, Lieutenant de Charles V. dans le Languedoc, à Nismes, le 16. de Fevrier.*

Reglement pour le Guet de la Ville de Paris. p. 97. — *A Paris, au Louvre, en Fevrier.*

Lettres qui ordonnent l'execution de trois Bulles: par les deux premieres desquelles, il est deffendu à tous Juges de lancer des Excommunications sur les Terres du Roy; la troisieme portant que pendant que les Papes resideront par-delà les Monts, on ne pourra assigner aucuns sujets du Roy, hors du Royaume, devant les Conservateurs Apostoliques; & que dans les cas de droits cedez, on ne pourra même les assigner dans le Royaume, devant ces Conservateurs. p. 100. — *A Paris, le 14. de Mars.*

Lettres qui ordonnent que le Sel acheté hors du Royaume, qui sortira du Dauphiné, payera les mesmes droits que le Sel acheté dans le Royaume. p. 103. — *A Paris, le 15. de Mars.*

Lettres qui ordonnent, que le Gouverneur du Dauphiné, appellez les Auditeurs de la Chambre des Comptes du Dauphiné, pourra faire revivre des Amendes, ou donner un delay pour le payement; & que les comptes des Chastelains & autres comptables du Dauphiné, seront rendus par-devant les Auditeurs de la Chambre des Comptes Dalphinale. p. 104. — *A Paris, le 27. de Mars.*

Reglement pour les Manufactures des Etoffes fabriquées dans la Ville de Caën. p. 105. — *A Paris, à l'Hostel S.t Pol, en Mars.*

Reglement sur les Places que doivent occuper dans les Halles de Paris, les vendeurs de cuir & de souliers, les Lingeres & les Frippiers. p. 106. — *A Paris, au mois de Mars.*

MCCCLXVIII.
1368.

Lettres qui fixent le nombre de Feux actuellement existans dans la Ville de Servian. p. 108. — *A Paris, en Avril.*

Lettres qui confirment les Privileges de la Ville de Romans; & qui ordonnent qu'elle joüira de tous ceux qui ont esté accordez aux habitans du Dauphiné. p. 109. — *A Paris, en Avril.*

Lettres qui portent que le Ressort du Siege de la Ville de Lyon, sera transferé de la Ville de Mascon, au Bourg de l'Isle-Barbe. p. 110. — *Au Chasteau du Louvre, en Avril.*

Lettres par lesquelles il est permis aux habitans de Vermanton, de faire clorre & fortifier leur Ville. p. 111. — *Au Louvre près Paris, en Avril.*

Tome V. e

1368.

A Paris, en May. — Lettres qui portent que la Baronnie de Beaujeu, sera tenuë en foy & hommage du Duc de Berry & d'Auvergne & Comte de Mascon, pendant sa vie seulement, ou pendant le temps qu'il sera Comte de Mascon; & que sous les mesmes restrictions, cette Baronie ressortira devant le Bailli de Mascon. p. 112.

A Paris, en May. — Lettres de Sauve-garde Royale pour le Doyen & Chapitre de l'Eglise de Poictiers. p. 114.

A Paris, en May. — Lettres qui commettent le Prevost de Paris, pour Juge & Gardien de l'Abbaye de Poissi, qui est sous la Sauve-garde Royale. p. 115.

A Paris, en Juin. — Reglement pour les Drapiers de la Ville de S.t Denis en France. p. 117.

A Paris, en Juin. — Lettres qui portent que le Pain qui sera exposé en vente par les Boulangers de la Ville de Meaux, & qui ne sera pas bon & loyal, sera confisqué; mais qu'ils ne seront point condamnez à l'Amende. p. 118.

A Paris, le 21. de Juillet. — Mandement aux Audianciers & Controlleur, portant qu'ils ayent à envoyer à la Chambre toutes Lettres scellées touchant Admortissements, Legitimations & Annoblissemens, avant que de les délivrer à personnes quelconques, à peine de payer par eux la finance qui en seroit duë. p. 119.

A Paris, en Juillet. — Ordonnance donnée à la requeste des habitans du Languedoc, & contenant differents Reglements. p. 120.

A Paris, en Juillet. — Diminution de Feux pour Crusy. p. 121.

A Paris, en Juillet. — Diminution de Feux pour plusieurs lieux. p. 122.

A Paris, le 7. d'Aoust. — Lettres qui portent qu'il sera establi un Controlleur dans chacune des Receptes du Languedoc, qui reglent leurs fonctions; & qui nomment le Controlleur de la Recepte de Toulouse. p. 122.

A Paris, le 18. d'Aoust. — Mandement pour augmenter le prix du Marc d'Or. p. 123.

A Paris, en Aoust. — Lettres qui portent que les Commissaires du Roy ne pourront tirer les habitans de la Ville & de la Viguerie de Narbonne, hors du territoire de cette Ville & Viguerie, pour juger les procez de ces habitans; si ce n'est dans les affaires où le Roy aura interest. p. 124.

A Paris, en Aoust. — Lettres qui contiennent differentes Commissions données sur le fait des Francs-Fiefs & des Admortissements. p. 125.

A Paris, en Aoust. — Sauve-garde Royale pour la Maison des Chartreux de Paris. p. 128.

A Neelles en Vermandois, le 5. de Septembre. — Ordonnance par laquelle la Commune de la Ville de Doüay est rétablie, & qui contient differents Reglements pour cette Commune. p. 130.

A Tournay, le 16.e jour de Septembre. — Reglement pour la Recette des revenus de la Ville de Tournay, & pour le payement des charges auxquelles elle est sujette, & des rentes par elles duës. p. 136.

A Tournay, en Septembre. — Reglement sur les Amendes qui seront payées en cas d'Appel au Parlement, des Jugements rendus par les Seigneurs de Fief, dans le Bailliage de Vermandois; soit par ces Seigneurs, lorsque leurs Jugements auront esté infirmez, soit par les appellants, lorsqu'ils auront esté confirmez. p. 140.

Au Monastere de Vaucelles, en Septembre. — Privileges accordez à l'Ordre de Cisteaux. p. 141.

A Tournay, en Septembre. — Privileges accordez aux Arbalestriers de la Ville de Compiegne. p. 144.

En Septembre. — Confirmation de la Commune & des Privileges de Sim, (Sin-le-Noble.) p. 146.

A Paris, le 13. d'Octobre. — Commission donnée par le Roy, pour la Reformation des abus qui se commettoient dans les Halles de Paris. p. 147.

Privileges accordez aux habitans de Beauveir, dit Bourg-le-Roy. p. 150. *A Paris, en Octobre.*

Lettres qui permettent aux Consuls de Limoux, de lever sur les Bouchers de cette Ville, un Impost qui sera employé pour les dépenses communes. p. 151. *A Melun, en Octobre.*

Lettres qui portent que les Libraires, les Ecrivains, les Relieurs, les Parcheminiers & les Enlumineurs de l'Université de Paris, & ses serviteurs, seront exempts du guet dans cette Ville. p. 686. *A Paris, le 5. de Novembre.*

Lettres qui portent que le Marché de la Ville de Thoury, qui avoit esté aboli parce qu'il se tenoit le Dimanche, sera restabli, & se tiendra le Lundy. p. 203. *A Paris, le dernier de Novembre.*

Confirmation des Lettres du Roy Jean, par lesquelles les Coustumes & les Privileges de Lille, sont attribuez à la Ville de Seclin. p. 153. *A Paris, en Novembre.*

Lettres qui confirment l'affranchissement accordé par le Seigneur de Coucy, aux Gens de main-morte de cette Baronnie. p. 154. *A Paris, en Novembre.*

Lettres qui confirment celles par lesquelles Philippe-Auguste avoit establi une Commune dans la Ville de Peronne; & qui y rétablissent cette Commune qui avoit esté suprimée. p. 156. *A Paris, le 28. de Janvier.*

Lettres qui deffendent aux Proprietaires & aux Locataires des Maisons situées dans la ruë Chapon à Paris, de les loüer à des femmes de mauvaise vie; & à elles, d'y demeurer. p. 164. *A Paris, le 3. de Fevrier.*

Diminution de Feux pour differents lieux. p. 165. *A Paris, en Fevrier.*

Confirmation des Privileges de la Ville de Lille. p. 166. *A Paris, le 4. de Mars.*

Lettres qui deffendent de contraindre les Juifs, d'aller à l'Eglise. p. 167. *A Paris, le 22. de Mars.*

Lettres qui ordonnent que le Prevost de Paris restera seul Reformateur sur le fait des Halles de cette Ville. p. 148. Note. *A Paris, le 26. de Mars.*

MCCCLXIX.

1369.

Ordonnance qui deffend de joüer à certains jeux de hazard ou autres; & qui enjoint de s'exercer à l'Arc & à l'Arbaleste. p. 172. *A l'Hostel de S.t Paul lez Paris, le 3. d'Avril.*

Lettres qui portent que certains lieux de la Chastellenie de Vernon, ne contribuëront plus pour les fortifications de la Ville & Chasteau de Mante, ni pour celles de la Ville de Vernon; mais seulement pour celles du Chasteau de Vernon. p. 168. *A Paris, en Avril.*

Lettres portant que le Vicomte de Rochechouart & ses sujets, seront exempts de tous Impôsts; à l'exception de ceux qui seront levez pour les guerres, ou pour les dépenses communes de cette Vicomté. p. 687. *A Paris, en Avril.*

Lettres qui portent que les Chambellans & autres Officiers des Princes du Sang & autres Seigneurs, n'auront aucune Jurisdiction criminelle dans la Ville de Paris, sur ceux de la Maison de ces Princes, lesquels seront jugez par le Prevost de Paris. p. 170. *Au Bois de Vincennes, le 23. de May.*

Ordonnance qui deffend de joüer à certains Jeux de hazard ou autres; & qui enjoint de s'exercer à l'Arc & à l'Arbaleste. p. 172. *A Paris, le 23. de May.*

Confirmation des privileges des Marchands-Forains & des Voituriers de Marée. p. 171. *A Paris, le 27. de May.*

Lettres qui portent que dans le Comté de Ponthieu on ne pourra obtenir qu'un seul delai dans une même affaire. p. 173. *A Paris au Palais, en May.*

Lettres qui portent que tous les Procez meus dans le Comté de Ponthieu, seront jugez par des Baillis establis par le Roy dans ce Comté, qui ressortiront en premiere Instance au Seneschal de Ponthieu, & ensuite au Parlement de Paris. p. 174. *A Paris au Palais, en May.*

1369.

A Paris, à l'Hostel de S.t Pol, en May. — Lettres qui portent que tous les procez meus dans les Villes d'Abbeville & de Ruë, seront jugez par des Baillis establis par le Roy dans ce Comté, qui ressortiront en premiere Instance au Seneschal de Ponthieu, & ensuite au Parlement de Paris. p. 174.

A Paris au Palais, en May. — Lettres qui portent que le Comté de Ponthieu & la Ville d'Abbeville, ne seront jamais separez du Domaine de la Couronne. p. 175.

A Paris, à l'Hostel de S.t Pol, en May. — Lettres qui portent que l'on ne pourra establir de nouvelles Impositions dans les Ville du Comté de Ponthieu, qu'à leur profit, & à la requeste & du consentement des Maires & Eschevins de ces Villes. p. 176.

A Paris au Palais, en May. — Confirmation des Privileges de la Ville d'Abbeville. p. 176.

A Paris au Palais, en May. — Lettres qui portent que les Marchandises & les denrées que les habitans d'Abbeville feront venir dans leur Ville, pour leur usage, seront exemptes de l'Impost qui se paye au Crotoy. p. 177.

A Paris au Palais, en May. — Lettres qui portent que les habitans d'Abbeville pourront commercer dans tout le Royaume, & y acheter des Marchandises, sans estre tenus de payer d'autres Imposts que ceux qui sont anciennement establis. p. 177.

A Paris, au Palais, en May. — Lettres qui portent qu'il ne sera point basti de Chasteau ou Forteresse dans la Ville d'Abbeville; & que l'on ne pourra faire d'ouverture aux murs, en sorte que l'on ne puisse y entrer ou en sortir que par les portes. p. 178.

A Paris, à l'Hostel de S.t Pol, en May. — Lettres qui portent que les habitans de Ruë pourront commercer dans tout le Royaume, & y acheter des Marchandises, sans estre tenus de payer d'autres Imposts que ceux qui sont anciennement establis. p. 178.

A Paris, à l'Hostel de S.t Pol, en May. — Confirmation des Privileges de la Ville de Ruë en Ponthieu. p. 179.

A Paris, à l'Hostel de S.t Pol, en May. — Lettres qui portent que le Comté de Ponthieu, & la Ville de Ruë qui y est située, ne seront jamais separez du Domaine de la Couronne. p. 180.

A Paris, en May. — Confirmation de la Charte de Commune accordée aux Villes de Mayoc & de Crotoy. p. 180.

A Paris, en May. — Lettres qui portent que l'on ne pourra lever de nouvelles Impositions sur les habitans du Crotoy, sans leur consentement. p. 183.

A Paris, en May. — Lettres qui portent que les habitans du Crotoy, ne payeront aucunes nouvelles Impositions pour les Marchandises qu'ils acheteront dans le Royaume. p. 183.

A l'Hostel S.t Pol, en May. — Lettres qui portent que la Ville de Montagnac ne sera jamais separée de la Couronne, & qu'il y sera establi une nouvelle Foire. p. 184.

A Paris, en May. — Reglement pour les Orfevres de la Ville de Troyes. p. 185.

A Paris, en May. — Diminution de Feux pour differents lieux. p. 187.

A Paris, en May. — Diminution de Feux pour Puiferguier & S.t Gervais. p. 188.

A Paris, en May. — Diminution de Feux pour Casouls. p. 188.

A Paris, en May. — Diminution de Feux pour Campagnan. p. 189.

Au Bois de Vincennes, en May. — Lettres qui portent que les habitans de Vic-Fesensac, pourront commercer dans tout le Royaume, sans payer aucuns droits pour les Marchandises qu'ils acheteront. p. 189.

Au Bois de Vincennes, en May. — Lettres qui portent que les habitans de la Ville d'Ausch, pourront commercer dans tout le Royaume, sans payer aucuns droits pour les Marchandises qu'ils acheteront. p. 191.

Au Bois de Vincennes, en May. — Lettres qui portent que les habitans de la Ville de Lectoure, pourront commercer dans tout le Royaume, sans payer aucuns droits pour les Marchandises qu'ils acheteront. p. 191.

Lettres

DES ORDONNANCES.

1369.

Lettres qui portent que les habitans de la Ville d'Auvillars, pourront commercer dans tout le Royaume, sans payer aucuns droits pour les Marchandises qu'ils acheteront. p. 191. *Au Bois de Vincennes, en May.*

Lettres qui portent que les habitans de la Ville de Nogaro, pourront commercer dans tout le Royaume, sans payer aucuns droits pour les Marchandises qu'ils acheteront. p. 192. *Au Bois de Vincennes, en May.*

Lettres qui portent que les habitans des Villes d'Eause & de Barrave, pourront commercer dans tout le Royaume, sans payer aucuns droits pour les Marchandises qu'ils acheteront. p. 192. *Au Bois de Vincennes, en May.*

Reglement pour les Ouvriers en Draps, & autres Ouvriers de la Ville de Châlons (sur Marne). p. 193. *Au Bois de Vincennes, en May.*

Lettres qui portent que les Ville du Crotoy, & de Mayoc en Ponthieu, seront unies inséparablement au Domaine de la Couronne. p. 688. *A Paris, en May.*

Lettres qui portent qu'on ne pourra lever d'Impôts dans Abbeville & dans les autres Villes du Comté de Ponthieu, qu'à leur profit ou de leur consentement. p. 689. *Au Palais à Paris, en May.*

Lettres par lesquelles sont annullez les procez meus pendant que le Roy d'Angleterre étoit Maistre d'Abbeville, entre son Procureur & celui de la Ville, par rapport à la Jurisdiction Royale & celle de la Ville. p. 689. *Au Palais à Paris, en May.*

Reglement sur le nombre & les fonctions des Sergents à Cheval, à Verge, du Chastelet de Paris. p. 194. *A Paris, le 8. de Juin.*

Lettres qui accordent aux habitans d'Abbeville, la permission d'ajoûter aux Armes de Ponthieu qu'ils portoient, un Chef aux armes de France. p. 196. *Au Bois de Vincennes, le 19. de Juin.*

Lettres qui permettent aux Majeurs & Eschevins d'Abbeville, en qualité d'Administrateurs de la Maladerie du Val près d'Abbeville, d'establir dans les Terres qui luy appartiennent, un Garde qui pourra saisir les Charrois & Bestiaux qui causeront du dommage à ces terres, & condamner à l'Amende ceux qui les conduiront. p. 197. *Au Bois de Vincennes, le 19. de Juin.*

Lettres qui confirment les Marchands de Marée, dans le droit d'élire les vendeurs de Marée. p. 198. *A Paris, le 20. de Juin.*

Lettres qui nomment des Commissaires pour faire observer les Ordonnances sur le fait de la Marée, & les Privileges accordez aux Marchands & Voituriers de Marée. p. 199. *A Paris, le 20. de Juin.*

Lettres qui portent que les Estaux de la Ville d'Abbeville, ne seront louez aux Bouchers, que le même prix qu'ils estoient louez lorsque le Comté de Ponthieu fut cedé au Roy d'Angleterre. p. 201. *Au Bois de Vincennes, le 22. de Juin.*

Lettres qui portent que les procez du Couvent & des Religieux de Saint Pierre d'Abbeville, seront portez en premiere instance, au Siege du Bailliage. p. 201. *Au Bois de Vincennes, en Juin.*

Lettres qui portent que le Marché de la Ville de Thoury, qui avoit esté aboli, parce qu'il se tenoit le Dimanche, sera retabli & se tiendra le Lundi. p. 203. *Au Bois de Vincennes, en Juin.*

Confirmation de certains Privileges accordez à la Ville d'Arras par Eudes IV. Duc de Bourgogne & Comte d'Artois. p. 204. *A Paris, en Juin.*

Confirmation d'un Privilege accordé à la Ville de Loches, par Dreux de Mello. p. 206. *A Paris, en Juin.*

Lettres qui permettent aux Pescheurs de la Ville de Paris, de pescher pendant tout le cours de l'année. p. 207. *A Paris, en Juillet.*

Lettres qui portent que les Ciriers de la Ville de Chartres, ne pourront gagner que six deniers, sur la livre de Cire qu'ils employeront à fabriquer des Cierges & des Torches. p. 208. *A Paris, en Juillet.*

Lettres qui confirment l'Evesque d'Alby, dans le droit de chasser aux Bestes fauves, dans les Bois qui luy appartiennent. p. 210. *A Paris, en Juillet.*

Diminution de Feux pour differents lieux. p. 211. *A Paris, en Juillet.*

Diminution de Feux pour Beziers & autres lieux. p. 213. *A Paris, en Juillet.*

Diminution de Feux pour Montreal. p. 213. *A Paris, en Juillet.*

Tome V. f

1369.

A Paris, en Juillet.	Diminution de Feux pour le lieu nommé Quarante, & autres lieux.	p. 214.
A Roüen, en Juillet.	Confirmation des Privileges de la Ville de Montpellier.	p. 214.
A Roüen, en Juillet.	Lettres qui confirment les habitans de Montpellier, dans l'exemption du droit de Francs-Fiefs & des nouveaux Acquests.	p. 214.
A Roüen, le 3. d'Aoust.	Mandement pour faire fabriquer des Blancs Deniers, de la Vaisselle d'Argent qui sera envoyée à l'Hostel des Monnoyes de Paris, par le Roy & par les particuliers.	p. 215.
A Roüen, le 6. d'Aoust.	Lettres qui confirment les Religieux de l'Abbaye de la Sainte Trinité-au-Mont-Sainte-Catherine dessus Roüen, dans le droit de ne point payer d'Impofts pour les denrées qui seront achetées dans cette Ville pour leurs provisions; & dans l'usage de ne point prendre du Vicomte de l'Eau, un certificat contenant un estat de ces denrées.	p. 216.
A Roüen, en Aoust.	Lettres par lesquelles sont remises à l'Archevêque de Bourges, l'Amende & les autres peines qu'il avoit encouruës, pour avoir fait un Statut Synodal qu'il avoit revoqué depuis; & qui portoit, que les Juges Seculiers ne pourroient, sous peine d'excommunication, punir les Clercs accusez de crimes.	p. 218.
A Jumieges, en Aoust.	Lettres qui portent que le Doyenné de Cayrac, Diocese de Cahors, ressortira dorefnavant à Cahors.	p. 220.
Au Bois de Vincennes, le 26. de Septembre.	Lettres qui portent que les Ecoliers & les Bedeaux de l'Université de Paris, ne payeront point l'Ayde establie pour la rançon du Roy, sur les denrées qu'ils acheteront pour leurs provisions, ni sur celles qui proviendront de leurs terres, & de celles de leurs Benefices; & que les Libraires, Enlumineurs & Parcheminiers ne payeront point de droits pour les Livres, Enluminures & Parchemins qu'ils vendront à ces Ecoliers.	p. 221.
Au Bois de Vincennes, le 26. de Septembre.	Reglement pour les Brasseurs de la Ville de Paris.	p. 222.
A Roüen, en Septembre.	Confirmation des Lettres d'un Roy d'Angleterre, qui portent que les vaisseaux, hommes & effets de l'Abbaye de Saint Ouyn de Roüen, seront exempts de tous Impofts.	p. 223.
A Paris, en Septembre.	Lettres qui confirment les Privileges de la Ville de Romans en Dauphiné, moyennant un octroy annuel accordé au Roy.	p. 224.
A Paris, en Octobre.	Lettres qui portent que Severac, & tous les lieux appartenans au Seigneur de ce nom, en quelques endroits qu'ils soient situez, joüiront des Privileges à eux accordez anciennement; & que toutes les Terres de ce Seigneur, situées dans le Roüergue, ressortiront sans moyen devant le Seneschal du Roüergue.	p. 232.
A Paris, en Octobre.	Sauve-garde Royale pour le Couvent des Celeftins de Paris.	p. 233.
Au Bois de Vincennes, le 5. de Novembre.	Mandement pour faire une fabrication d'Especes.	p. 690.
A Paris, le 29. de Novembre.	Mandement qui porte que l'on pourra fabriquer des Monnoyes d'Or, escharses jusqu'à un Quart de Carat & demi.	p. 235.
A Paris, le dernier de Novembre.	Lettres qui confirment les Privileges de la Ville de Compeyre, & qui portent qu'elle sera unie inseparablement au Domaine.	p. 236.
A Paris, en Novembre.	Lettres qui confirment la Charte de Commune accordée à la Ville de Dijon, par Hugues Duc de Bourgogne.	p. 237.
A Paris, en Novembre.	Confirmation des Privileges de la Ville de Dijon.	p. 238.
A Paris, en Novembre.	Privileges accordez aux Marchands de la Ville de Plaisance en Lombardie, qui viendront commercer à Harfleur.	p. 239.
A Paris, en Decembre.	Lettres qui abolissent, moyennant une redevance annuelle, les Appeaux volages dans les Villes de Chaourse, des Boulliaux & de Vien.	p. 246.
A Paris, en Decembre.	Privileges accordez à l'Abbaye de Valloire.	p. 248.

DES ORDONNANCES. xxiij

1369.

Lettres qui portent que deux Bourgeois d'Angers, élûs par l'Univerſité de cette Ville, pour faire prêter aux Membres de l'Univerſité, l'argent dont ils auront beſoin, jouiront de tous les Privileges qui luy ont eſté accordez. p. 249. *A l'Hoſtel de S.t Pol, en Decembre.*

Lettres de Remiſſion accordées aux habitans de la Ville de S.t Lo en Côtantin. p. 289. Note. *A l'Hoſtel lès-S.t Pol, à Paris, en Janvier.*

Ordonnance qui fixe le prix des Monnoyes, & qui renouvelle les anciennes Ordonnances ſur le fait des Monnoyes. p. 250. *A Paris, le 6. de Fevrier.*

Lettres qui ordonnent l'execution des anciennes Ordonnances, qui reglent les cas dans leſquels les Sergents Royaux pourront exercer leurs fonctions, & demeurer dans les Terres des Seigneurs hauts-Juſticiers. p. 445. *A Paris, le 9. de Fevrier.*

Lettres qui portent que pendant 15. ans les habitans de Rhodez ſeront exempts des droits de Francs-Fiefs, pour les biens nobles relevants du Roy, quand même ils ſeroient en Pariage, qu'ils acquereront hors du Comté de Roüergue, & des Terres appartenantes au Comte d'Armagnac; & que pendant le même eſpace de temps, ils ne payeront aucuns droits pour les effets à eux appartenants, qu'ils feront paſſer par les Seneſchauſſées de Beaucaire, &c. p. 408. *A Paris, le 20. de Fevrier.*

Reglement pour le commerce de la Marée, dans la Ville de Roüen. p. 251. *A Paris, en Fevrier.*

Privileges accordez à la Ville de Rhodez. p. 255. *A Paris, en Fevrier.*

Lettres qui portent que les habitans de Rhodez, pourront commercer dans tout le Royaume, ſans payer aucuns droits pour les Marchandiſes qu'ils acheteront. p. 257. *A Paris, en Fevrier.*

Lettres qui portent que les habitans de Rhodez, ne pourront eſtre obligez à payer les Tailles qui ſeront impoſées dans les autres Conſulats de la Seneſchauſſée de Roüergue, ſi ce n'eſt lorſ-qu'ils auront conſenti; & qui reglent les pourſuites qui ſeront faites contre eux, pour leur faire payer les Tailles auxquelles ils auront conſenti. p. 257. *A Paris, en Fevrier.*

Lettres qui portent que les habitans de Rhodez, qui ont des Terres hors du Territoire de cette Ville, ne pourront, par rapport à ces Terres, eſtre impoſez par les Conſuls ou les Seigneurs de ces lieux, qu'à des Tailles réelles, qui auront eſté impoſées dans une Aſſemblée où ils auront eſté appellez; & que les Terres qui auront paſſé d'un Noble à un non-noble, ſeront ſujettes à ces Tailles. p. 258. *A Paris, en Fevrier.*

Lettres contenant differens Privileges accordez aux Conſuls de la Ville de Rhodez. p. 259. *A Paris, en Fevrier.*

Lettres qui portent que dans les cas qui regarderont les Eaux & Foreſts, les habitans de la Ville de Montauban, ne ſeront point jugez par les Maiſtres des Eaux & Foreſts, mais par le Juge ordinaire de cette Ville. p. 261. *A Paris, en Fevrier.*

Lettres qui portent que ce qui eſt dû au Roy, par les habitans de la Cité & du Bourg de Rhodez, ſera employé aux dépenſes communes de ces deux endroits. p. 406. *A Paris, en Fevrier.*

Lettres qui nomment le Prevoſt de Paris, & M.e Pierre Foüace, Conſeiller au Parlement, Commiſſaires ſans appel, ſur la réformation & Police des Halles de la Ville de Paris. p. 261. *A Paris, à l'Hoſtel de S.t Poul, le 8.e de Mars.*

Lettres de Sauve-garde Royale pour le Conſulat & les Conſuls de la Ville de Rhodez. p. 263. *A Paris, en Mars.*

Privileges accordez aux Conſuls de la Ville de Figeac. p. 264. *A Paris, en Mars.*

Lettres qui portent que les habitans de Figeac, qui ſe trouvent dans les Terres de l'obeïſſance d'Edoüard Fils d'Edoüard Roy d'Angleterre, ne ſeront point inquietez dans leurs biens, s'ils reviennent dans un temps marqué, dans les Terres de l'obeïſſance du Roy. p. 265. *A Paris, en Mars.*

Privileges accordez à la Ville de Figeac. p. 267. *A Paris, en Mars.*

Lettres qui portent que la Ville de Montauban ſera inſéparablement unie à la Couronne. p. 268. *A Paris, en Mars.*

Lettres de Sauve-garde Royale pour la Ville d'Abbeville. p. 269. *A Paris, en Mars.*

f ij

1369.

A Paris, en Mars. — Lettres qui permettent aux Chapelains de la Confrairie eſtablie dans l'Egliſe de Laon, de faire Corps & College, d'acquerir des biens, & de comparoiſtre en Jugement, ſoit en perſonnes ou par Procureurs, pour la deffenſe de ces biens. p. 271.

A Paris, en Mars. — Reglement pour la vente du Cuir tanné dans la Ville de Chartres. p. 272.

A l'Hoſtel S.t Pol-lez-Paris, le 17. d'Avril. — Mandement qui fixe le prix du Marc d'Or dans les Hoſtels des Monnoyes de Montpellier & de Touloufe. p. 275.

A Paris, au mois d'Avril ayant Paſques. — Privileges accordez à la Ville de Verfeüil. p. 276.

1370. ## MCCCLXX.

A Paris, en Avril après Paſques. — Lettres qui portent que les habitans de Pui-la-Roque ſeront exempts de toutes ſortes d'Impoſts pendant dix ans; & qu'après ces dix ans, ils ne payeront que 25. livres, pour chacun des Impoſts qui ſeront levez. p. 279.

A Paris, en Avril après Paſques. — Lettres portant revocation de toutes les donations, conceſſions, Libertez & Privileges accordez au prejudice de l'Eveſque, du Prieur & Couvent de l'Egliſe Cathedrale de Montauban. p. 281.

A Paris, en Avril après Paſques. — Lettres qui portent que le Seneſchal de Roüergue ne fera plus ſa reſidence continuelle, & ne tiendra plus ſon Siege ordinaire à Villefranche, mais à Nayac; pourvû que les Conſuls de cette derniere Ville, faſſent apparoiſtre des Lettres par leſquelles ils diſent que le Roy leur a accordé ce Privilege. p. 282.

A Paris, en Avril après Paſques. — Lettres qui declarent les habitans non-nobles de la Ville de Cauſſade, exempts du droit de Francs-Fiefs, pour les Fiefs qu'ils acquerront; pourvû cependant que ce ne ſoient point des Fiefs de *Chevalerie*, ou des Alleux d'un prix conſiderable. p. 283.

A Paris, en Avril après Paſques. — Privileges accordez à la Ville de Caylus-de-Bonnete. p. 285.

A Paris, en Avril après Paſques. — Privileges accordez à la Ville de Caylus de Bonnete. p. 691.

A Paris, en Avril après Paſques. — Lettres qui portent qu'il ſera eſtabli dans la Ville de Naïac en Roüergue, un Vignier, & un Juge ordinaire, lequel ſera auſſi Juge ordinaire de la Ville de Sauveterre. p. 692.

A Paris, en Avril. — Lettres qui permettent aux Conſuls de Sauveterre, de faire les proclamations neceſſaires pour les affaires de la Communauté de cette Ville, (ſans demander permiſſion au Seneſchal de Roüergue.) p. 288.

A Paris, en Avril. — Privileges accordez à la Ville de Sauveterre, en Roüergue. p. 694.

A Paris, le 10. de May. — Exemption du droit de *Priſes*, pour les habitans de Vitri-les-Paris. p. 289.

Au Bois de Vincennes, le 18. de May. — Privileges accordez aux Juifs qui demeureront dans le Royaume. p. 496.

A Paris, le 28. de May. — Lettres qui portent que la Ville de Milhaud ſera exempte de toutes ſortes d'Impoſts pendant 20. ans. p. 291.

A Paris, en May. — Privileges accordez à la Ville de Milhaud. p. 292.

A Paris, en May. — Lettres de Sauve-garde Royale pour la Ville de Milhaud. p. 294.

A Paris, en May. — Confirmation des Privileges de la Ville de Tulles. p. 295.

A Paris, en May. — Lettres qui portent que les habitans de la Ville de Tulles, joüiront de tous les privileges que le Roy a accordez depuis peu aux Villes de Cahors, de Montauban & de Figeac. p. 296.

Lettres

Lettres de Sauve-garde Royale pour l'Abbaye de Joyenval, Ordre de Premontré. p. 296. *A Paris, en May.*

Confirmation des Privileges accordez au Couvent de la Fontaine Noſtre-Dame en Valois, Ordre des Chartreux. p. 298. *A Paris, en May.*

Lettres qui portent que les habitans du Comté de Tartas, & de differents autres lieux appartenans au Seigneur d'Albret, ne payeront aucuns droits pour les Marchandiſes qu'ils vendront & qu'ils acheteront dans le Royaume. p. 299. *A Vincennes, le 11. de Juin.*

Lettres qui portent que les anciennes Ordonnances ſur le fait des Monnoyes, ſeront executées. p. 300. *A Paris, le 13. de Juin.*

Mandement qui porte que l'on fabriquera dans la Monnoye de Paris, des Eſpeces, avec mille Marcs de matiere qui ſeront fournis par Barthelemi Spifſame; & que ces Eſpeces ſeront fabriquées à une Loy moins forte que la Loy de celles que l'on fabrique ordinairement. p. 301. *A Paris, le 19. de Juin.*

Lettres qui exemptent les habitans de Beziers, du droit de Francs-Fiefs, pour 200. livres de rente qu'ils pourront acquerir dans des Fiefs ou Arriere-Fiefs, & pour 100. livres de rente qu'ils pourront acquerir dans des Cenſives & Alleux; pourvû qu'il n'y ait point de Juſtice attachée aux héritages qu'ils acquerront. p. 302. *Au Bois de Vincennes, en Juin.*

Lettres qui portent que les habitans de Milhaud pourront commercer dans tout le Royaume, ſans payer aucuns droits pour les Marchandiſes qu'ils acheteront. p. 304. *Au Bois de Vincennes, en Juin.*

Confirmation des Privileges de la Ville de Dorat, dans la Marche. p. 304. *Au Bois de Vincennes, en Juin.*

Lettres qui portent que l'Egliſe de S.t Martin de Tours qui eſt ſous la Sauve-garde Royale, ne ſera point ſoumiſe, tant dans le Chef que dans les membres, à la Juriſdiction des Officiers du Duc de Touraine; & que ſes affaires ſeront portées devant le Bailly des Reſſorts, eſtabli à Chinon. p. 305. *Au Bois de Vincennes, en Juin.*

Lettres qui portent que l'Abbaye de Marmouſtier qui eſt ſous la Sauve-garde Royale, ne ſera point ſoumiſe, tant dans le Chef que dans les membres, à la Juriſdiction des Officiers du Duc de Touraine; & que ſes affaires ſeront portées devant le Bailli des Reſſorts, eſtabli à Chinon. p. 307. *Au Bois de Vincennes, en Juin.*

Confirmation des Lettres de Raimond VI. Comte de Toulouſe, par leſquelles il declare le Prieuré & la Ville *de Aſpreriis*, exempts de toutes ſortes d'Impoſts. p. 307. *A Paris, au mois de Juin.*

Lettres qui permettent aux Conſuls de Villefranche, de faire les proclamations neceſſaires pour les affaires de la Communauté de cette Ville, (ſans demander permiſſion au Seneſchal de Roüergue.) p. 309. *A Paris, en Juin.*

Privileges accordez aux habitans de Puy-Mirol, dans l'Agenois. p. 310. *A Paris, en Juin.*

Reglement pour le Meſtier des Tanneurs de la Ville de Troyes. p. 315. *A Paris, en Juin.*

Confirmation des Lettres de Richard I. Roy d'Angleterre, qui portent que les Religieux de l'Abbaye de la Luzerne & leurs ſujets, ne payeront aucuns Impoſts dans les Foires & Marchez, pour les Marchandiſes qui leur appartiendront. p. 316. *A Paris, en Juin.*

Lettres qui portent que la Chaſtellenie de Chaſteau-Regnauld, membre du Comté de Blois, ne reſſortira plus devant le Bailli de Tours, & reſſortira au Siege de Chartres, devant le Bailli de Beu. p. 697. (Voy. p. ſuiv. Note *(c)*.) *A l'Hoſtel-lez-S.t Pol, à Paris, en Juin.*

Privileges accordez à la Ville de Villefranche en Roüergue. p. 698. *A l'Hoſtel S.t Paul-lez-Paris, en Juin.*

Lettres qui portent que l'on délivrera à Barthelemi Spifſame, les Eſpeces qui ont eſté fabriquées avec 600. Marcs d'Argent qu'il a apportez à l'Hoſtel des Monnoyes. p. 319. *A Paris, le 9. de Juillet.*

Mandement qui porte que les anciennes Ordonnances ſur le fait des Monnoyes, ſeront exécutées; & que juſqu'à ce qu'il y ait aſſez de Monnoyes dans le Royaume, celles qui ont eſté nouvellement faites par le Comte de Flandres, y auront cours, pour le prix fixé par ce Mandement. p. 320. *A Paris, le 12. de Juillet.*

Tome V.

xxvj   TABLE CHRONOLGIQUE

1370.

A Paris, le 19. de Juillet.	Lettres qui portent que la Ville & les habitans de Milhaud, seront exempts du droit de Francs-Fiefs, pour les biens nobles qu'ils avoient acquis, & qu'ils acquerroient dans la suite.	p. 321.
A Paris, à l'Hostel de S.t Paul, le 21. de Juillet.	Reglement pour la Communauté des Chirurgiens de la Ville de Paris.	p. 322.
A Paris, le 22. de Juillet.	Lettres du Roy adressées aux Presidents du Parlement, qui leur ordonnent de ne plus sursseoir à la prononciation des Arrests, quelques Ordres qu'ils en reçoivent de luy; & qui portent que son intention n'est plus de juger en personne, les affaires de peu d'importance.	p. 323.
A Paris, en Juillet.	Privileges accordez à la Ville de Cahors.	p. 324.
A Paris, en Juillet.	Lettres qui portent que les habitans de Cahors pourront commercer dans tout le Royaume, sans payer aucuns droits pour les Marchandises qu'ils acheteront.	p. 328.
A Paris, en Juillet.	Privileges accordez à l'Université de la Ville de Cahors.	p. 329.
A Paris, en Juillet.	Lettres qui portent que les Consuls de la Ville de Castres, pourront deffendre pour autant de temps qu'ils le jugeront à propos, de faire entrer le vin & la vendange qui n'auront point esté recüeillis dans le territoire de cette Ville; à moins qu'ils ne soient du crû de ses habitans.	p. 330.
A Paris, en Juillet.	Privileges accordez à la Ville de Puy-la-Roque.	p. 331.
A Paris, en Juillet.	Diminution de Feux pour Canpendu.	p. 332.
A Paris, à l'Hostel-lès-S.t Pol, en Juillet.	Lettres portant abolition de la Commune de Neuville-le-Roy, en Beauvoisis; & establissement d'un Prevost Royal dans cette Ville.	p. 333.
Au Bois de Vincennes, le 22. d'Aoust.	Lettres qui portent que l'on délivrera à Barthelemi Spifame, les Especes qui seront fabriquées avec 1000. Marcs d'Argent qu'il apportera à l'Hostel des Monnoyes.	p. 334.
A Paris, à l'Hostel lez-S.t Pol, en Aoust.	Confirmation des Lettres de Sauve-garde Royale, accordée à l'Abbaye de S.t Victor-les-Paris.	p. 335.
Au Bois de Vincennes, en Aoust.	Lettres qui portent que les Officiers Royaux de la Seneschaussée de Cahors, jureront d'observer les anciens privileges de cette Ville, & ceux qui luy ont esté nouvellement accordez.	p. 337.
Au Bois de Vincennes, en Aoust.	Privileges accordez à la Ville de Sarlat.	p. 338.
Au Bois de Vincennes, en Aoust.	Privileges accordez à la Ville Sarlat.	p. 343.
Au Bois de Vincennes, en Aoust.	Privileges accordez à la Ville de Sarlat.	p. 343.
Au Bois de Vincennes, en Aoust.	Privileges accordez à la Ville de Sarlat.	p. 344.
Au Bois de Vincennes, en Aoust.	Privileges accordez à la Ville de Sarlat.	p. 344.
Au Bois de Vincennes, en Aoust.	Lettres qui portent que lorsque les habitans de Sarlat laisseront prendre des deffauts contre eux, dans les Jurisdictions de la Seneschaussée de Perigord & du Duché d'Aquitaine, ils ne payeront que la moitié des Amendes, auxquelles les deffaillans sont condamnez.	p. 345.
Au Bois de Vincennes, en Aoust.	Lettres qui portent que trois Articles d'une Ordonnance de Philippe-le-Bel, touchant les Sergents, seront observez dans la Ville de Sarlat.	p. 345.
Au Bois de Vincennes, en Aoust.	Lettres qui portent que le Prevost de Paris sera Gardien des Religieuses de Longchamp, qui sont sous la Sauve-garde Royale; & qu'elles pourront porter devant luy tous leurs procez, lorsqu'elles ne voudront pas les porter en premiere Instance devant le Parlement.	p. 347.
Le 2. de Septembre.	Extrait des Lettres qui portoient, que les Elûs sur le fait des Subsides, dans la Ville, Prevosté, Vicomté & Diocese de Paris, ne seroient point garants des Fermes de ces Subsides qu'ils adjugeroient; ni de la Regie des Collecteurs qu'ils nommeroient pour faire valoir les Fermes de ces Subsides, qui auroient esté abandonnées par les Fermiers.	p. 348.

Lettres portant Reglement pour le payement des dettes de la Ville de Tournay; & exemption pour un an, des Impofts fur les Marchandifes que ces habitans acheteront hors de leur Ville. p. 349. — *A Paris, en Septembre.* — 1370.

Lettres de Sauve-garde Royale pour l'Abbaye de Savigny, Ordre de Cifteaux, Diocefe d'Avranches. p. 351. — *A Paris, en Septembre.*

Lettres qui portent que les Regiftres & Protocolles des Notaires Royaux de la Senefchauffée de Touloufe, qui feront morts; & les autres Regiftres (dans lefquels il y aura des Actes qui concerneront les affaires du Roy,) feront mis entre fes mains, comme eftant de fon Domaine, & que le profit de l'expédition des Actes qui en feront tirez, tournera au profit du Roy; à l'exception du profit de l'expedition des Actes qui regarderont les particuliers, lequel appartiendra aux heritiers des Notaires, des Regiftres defquels ces Actes auront efté tirez. p. 352. — *A Paris, le 10. d'Octobre.*

Privileges accordez aux habitans du Chafteau de Montegrier. p. 353. — *A Vincennes, le 21. d'Octobre.*

Reglements pour le Commerce de la Marée, à Paris. p. 355. — *A Paris, en Octobre.*

Reglement pour la levée des droits d'Admortiffements & de Francs-Fiefs, dans la Ville & Viguerie de Beziers. p. 360. — *A Paris, le 15. de Novembre.*

Lettres par lefquelles le Roy accorde à fes Clercs, Secretaires & Notaires, une Chambre dans le Palais, à Paris, pour s'y affembler, & y faire leurs Lettres & Expeditions. p. 367. — *A Paris, le 29. de Novembre.*

Lettres qui portent que le Chaftelain de Crecy ne connoiftra point des troifiémes ventes des Bois de la Foreft de ce nom, faites à des Bourgeois d'Abbeville; que cette connoiffance appartiendra au Maire & Efchevins d'Abbeville; & que le Chaftelain de Crecy connoiftra dans tous les cas, des premieres & fecondes ventes de ces Bois. p. 367. — *A Paris, en Novembre.*

Reglement pour la Jurifdiction du Bailli des Refforts & Exemptions de Touraine, d'Anjou & du Maine. p. 369. — *[Vers Decembre.]*

Lettres qui portent qu'il n'y aura plus qu'un certain nombre de Secretaires du Roy qui affifteront aux Requeftes, foit qu'elles foient tenuës par le Roy, foit qu'il n'y foit pas prefent. p. 370. — *A Paris, le 20. de Janvier.*

Lettres portant le rétabliffement de la Commune de la Ville de Tournay. p. 370. — *Au Bois de Vincennes, le 6. de Fevrier.*

Confirmation des Lettres de deux Comtes de Joigny, par lefquelles ils permettent aux habitans de cette Ville, de chaffer dans l'etenduë de leur Juftice. p. 379. — *A Paris, en Fevrier.*

Reglement fur les Amendes qui feront payées en cas d'appel au Parlement, des Jugemens rendus par les Seigneurs de Fief, dans le Bailliage de Vermandois; foit par ces Seigneurs, lorfque leurs Jugemens auront efté infirmez; foit par les Appellants, lorfqu'ils auront efté confirmez. p. 382. — *Le dernier de Mars.*

MCCCLXXI. 1371.

Lettres portant que les habitans de la Ville de Puifeaux, qui appartient à l'Abbaye de S.t Victor-lez-Paris, ne refforiront point devant le Prevoft des Exemptions nouvellement eftabli, à caufe du don fait par le Roy de la Terre de Chafteau-Landon; & que ces habitans refforiront devant le Prevoft de Paris, Gardien & Juge de l'Abbaye de S.t Victor & de fes Membres. p. 382. — *A Paris, le 11. d'Avril.*

Lettres qui portent que l'on ne pourra faire aucunes pourfuites contre les habitans du Dauphiné; par Marques, en vertu des obligations paffées fous le Petit feel de Montpellier, que dans les cas où ces habitans auroient paffé des obligations fous ce feel. p. 384. — *A Paris, le 13. d'Avril.*

Privileges accordez à la Ville de Salvetat, dans le Comté de Gaure. p. 385. — *A Paris, en Avril.*

Privileges accordez à la Ville de Fleurance. p. 387. — *A Paris, en Avril.*

1371.

A Paris, en Avril. — Lettres confirmatives d'un Acte par lequel les Seigneurs d'Aure & de S.t Mard, associent dans la moitié de ces Seigneuries, Thibaud V. Comte de Champagne, qui, du consentement des habitans de ces deux lieux, y establira un Majeur; à condition qu'il ne pourra les aliener, qu'en faveur de celuy qui possedera le Chasteau de S.te Manchould. p. 390.

A Paris, le 1. de May. — Ordonnance qui renouvelle celle du 6. de Fevrier 1369. sur les Monnoyes. p. 391.

A Paris, en May. — Lettres qui permettent aux Consuls de Beziers, de bastir des Moulins sur les fortifications de cette Ville; à la charge d'employer aux dépenses communes de la Ville, le produit qui en proviendra. p. 393.

A Paris, en May. — Privileges accordez à la Ville de Ville-neuve, en Roüergue. p. 393.

Au Bois de Vincennes, en May. — Lettres qui augmentent les Privileges accordez à la Ville de Fleurance, par les articles 2. 3. & 4. des Lettres du mois d'Avril 1371. p. 399.

Au Château de Vincennes, en May. — Lettres de Sauve-garde Royale pour l'Abbaye de S.te Marie du Vœu, *dite* la Valasse. p. 400.

A Paris, en May. — Diminution de Feux pour Maironnes. p. 401.

A Paris, en May. — Privileges accordez à la Ville de Peyrusse. pp. 702. & 707.

A Paris, en May. — Lettres qui revoquent celles par lesquelles le droit de Justice avoit esté accordé aux proprietaires de certaines Terres situées dans la Jurisdiction des Consuls de Peyrusse, & données en emphyteose par ces proprietaires. p. 710.

A Paris, en May. — Diminution de Feux pour Gimont. p. 712.

A Paris, en May. — Confirmation des privileges de la Ville de Bruyere-lez-Catenoy en Beauvoisis. p. 712.

A Paris, le 6. de Juin. — Mandement qui porte qu'il sera fait un nouvel essay des dernieres Especes envoyées par le Maistre de la Monnoye de Tournay, aux Generaux-Maistres des Monnoyes. p. 402.

A Paris, le 17. de Juin. — Lettres qui renouvellent l'article premier de l'Ordonnance du 5. de Decembre 1363. pour la suppression des nouveaux Peages establis; nonobstant les Lettres impetrées au contraire; & qui reglent les procedures qui doivent estre faites à ce sujet. p. 403.

A Paris, le 20. de Juin. — Lettres qui portent que dans la suite on levera des droits sur le Sel qui passera sur la Riviere d'Isere, dans le Dauphiné. p. 404.

A Paris, en Juin. — Lettres qui portent que ce qui est dû au Roy par les habitans de la Cité & du Bourg de Rhodez, sera employé aux dépenses communes de ces deux endroits. p. 406.

A Paris, en Juin. — Lettres qui portent que pendant 15. ans, les habitans de Rhodez seront exempts des droits de Francs-Fiefs, pour les biens nobles relevans du Roy, quand même ils seroient en Pariage, qu'ils acquereront hors du Comté de Roüergue, & des Terres appartenantes au Comte d'Armagnac; & que pendant le même espace de temps, ils ne payeront aucuns droits pour les effets à eux appartenants, qu'ils feront passer par les Seneschaussées de Beaucaire, &c. p. 408.

A Paris, en Juin. — Privileges accordez aux habitans de la Ville de Rhodez. p. 410.

A Paris, en Juin. — Lettres confirmatives de celles d'Alfonse Comte de Poictiers, &c. qui portent que les affaires de la Communauté & des habitans de la Ville d'Yssoire, ne seront plus jugées par les *Petits Baillis* de l'Auvergne; mais qu'elles le seront par le Connestable, ou par le Comte, ou par des Commissaires nommez par luy. p. 412.

A Paris, en Juin. — Diminution de Feux pour la Ville de S.t Sardos. p. 413.

A Paris, le 3. de Juillet. — Lettres qui portent que les Juges Seculiers contraindront les personnes qui ont esté excommuniées par les Juges d'Eglise, pour n'avoir pas payé leurs dettes, ou pour d'autres *offenses* semblables, à se faire absoudre de ces excommunications; & que ces personnes ne payeront pour ces absolutions, qu'une somme moderée. p. 414.

Lettres

Lettres qui portent que le Comté d'Auxerre nouvellement acquis par le Roy, sera uni à la Couronne, sans pouvoir jamais en estre separé; & qu'il sera annexé au Bailliage de Sens. p. 415. *A Paris, en Juillet.*

Lettres confirmatives de celles de Geoffroy & d'Henry Ducs de Normandie, lesquelles portent que les Cordonniers de la Ville de Roüen, feront un Corps; & que nul ne pourra exercer leur mestier, s'il n'est reçû dans ce Corps. p. 416. *A Paris, en Juillet.*

Diminution de Feux pour S.t Sulpice de la Pointe. p. 417. *A Paris, en Juillet.*

Lettres qui confirment les Bourgeois de Paris dans les privileges des Gardes Bourgeoises & de l'exemption des droits de Francs-Fiefs; & dans celuy de pouvoir obtenir des Lettres de Noblesse. p. 418. *A Paris, le 9. d'Aoust.*

Lettres qui portent que les Juges de la Seneschaussée de Beaucaire, ne pourront faire des *Compositions* avec ceux qui ont commis des delicts, qu'en la presence du Procureur du Roy & du Receveur de cette Seneschaussée. p. 420. *A Paris, le 23. d'Aoust.*

Reglement pour la vente des Draps fabriquez dans la Ville de S.t Lo. p. 420. *A Paris, en Aoust.*

Lettres qui portent que les Officiers deputez pour la levée des nouvelles Aydes dans le Languedoc, ne les feront point payer aux *Sergents* & aux Citoyens de la Ville de Carcassonne. p. 421. *Au Bois de Vincennes, le 6. de Septembre.*

Lettres qui portent que le Comté d'Auxerre nouvellement acquis par le Roy, avec ce qui pourra y estre joint dans la suite, sera uni inseparablement au Domaine de la Couronne. p. 423. *A Paris, en Septembre.*

Lettres qui portent qu'il sera establi dans la Ville d'Auxerre, un Bailliage Royal; que le Bailli de Sens en sera Bailli, sous le titre de Bailli de Sens & d'Auxerre; & qui reglent l'estenduë du Bailliage d'Auxerre, dont une partie fut démembrée de la Prevosté de Ville-neuve-le-Roy. p. 425. *A Paris, en Septembre.*

Lettres par lesquelles le Roy requiert & prie l'Evesque de Langres, de faire publier & afficher dans son Diocese, une Bulle de Clement V. contre les faux-Monnoyeurs. p. 426. *A Paris, le 6. d'Octobre.*

Reglement pour la Jurisdiction du Bailli des Ressorts & exemptions de Touraine. p. 428. *A Paris, à l'Hostel de S.t Paul, le 8. d'Octobre.*

Lettres qui portent que les Nobles du Languedoc, payeront l'Ayde establie dans ce pays. p. 430. *A Paris, le 19. d'Octobre.*

Privileges accordez aux habitans de Mailly-le-Chasteau, par leurs Seigneurs. p. 713. *A Paris, en Octobre.*

Lettres qui renouvellent les anciennes Ordonnances qui portent que les Ecclesiastiques, les Nobles, les Avocats, les Sergens d'Armes & autres Officiers Royaux, ne pourront estre Fermiers ni des Prevostez, ni des autres revenus du Roy. p. 431. *A Paris, le 8. de Novembre.*

Lettres qui portent qu'il sera fait incessamment des aveus & dénombrements de tous les Fiefs relevants du Roy, & de tous les Arriere-Fiefs qui relevent de ces Fiefs. p. 432. *Au Bois de Vincennes, le 20. de Novembre.*

Ordonnance qui porte que les Procureurs du Roy ne pourront intenter procez contre personne, qu'il n'y ait eu une information faite auparavant, & que sur le vû de cette information, appellez les Advocats du Roy & les Conseillers, il n'ait esté ordonné par les Juges, que cette personne seroit assignée; & qu'attendu qu'il y a plusieurs procez qui depuis long-temps demeurent en suspens sans estre jugez, les Receveurs Royaux envoyeront aux Gens de la Chambre des Comptes, un Rolle de tous les procez commencez depuis dix ans, pour leur faire connoistre l'estat dans lequel sont ces procez. p. 433. *A Paris, le 22. de Novembre.*

Lettres qui portent que le Duc d'Anjou pourra establir dans le lieu qu'il jugera à propos, une Cour nommée les *Grands-Jours*, devant laquelle seront portez les appels de tous les Juges des Terres qu'il tiendra en Pairie, soit de son chef ou de celui de la Duchesse d'Anjou son Epouse; & que les Appels de ces *Grands-Jours*, se porteront au Parlement. p. 435. *Au Chasteau de Melun-sur-Seine, le 22. de Novembre.*

Lettres qui portent que les habitans de Dunes [dans le Condomois,] seront conservez dans le droit d'acheter du Sel dans les lieux où il leur plaira. p. 436. *A Paris, en Novembre.*

Tome V. h

1371.

A Paris, en Novembre.	Diminution de Feux pour Ville-Neuve-lès-Bouloc.	p. 438.
A Paris, le 28. de Décembre.	Lettres qui portent que la Ville & la Chaftellenie de Limoges, feront unies inféparablement à la Couronne; & que cette union ne portera aucun prejudice à la Jurifdiction des Confuls de Limoges, ni aux privileges des habitans de cette Ville.	p. 439.
A Paris, en Decembre.	Statuts pour la Communauté des Barbiers de la Ville de Paris.	p. 440.
A Paris, en Decembre.	Confirmation des Privileges de Mielhan.	p. 442.
A l'Hoftel de S.t Paul, à Paris, le 2. de Janvier.	Lettres par lefquelles le Roy donne aux Confuls & habitans du Chafteau de Limoges, le Chafteau & la Chaftellenie de cette Ville, qu'il s'engage de garder.	p. 443.
A Paris, le 13. de Janvier.	Lettres qui ordonnent l'execution des anciennes Ordonnances, qui reglent les cas dans lefquels les Sergents Royaux pourront exercer leurs fonctions, & demeurer dans les Terres des Seigneurs hauts-Jufticiers.	p. 444.
A Paris, le 27. de Janvier.	Lettres qui portent que le Doyen & le Chapitre de l'Eglife de Limoges, refsortiront immediatement au Parlement de Paris.	p. 446.
A Paris, le 27. de Janvier.	Lettres de Sauve-garde Royale pour le Doyen & le Chapitre de l'Eglife de Limoges.	p. 447.
A Paris, en Janvier.	Lettres qui portent que les Juges du lieu nommé de Banhiis, pourront donner des Tuteurs & des Curateurs aux Mineurs.	p. 448.
En Janvier.	Lettres qui fixent à 17. le nombre des Sergents de la Prevofté de Laon; & qui reglent leurs fonctions.	p. 449.
Au Bois de Vincennes, le 1. de Fevrier.	Lettres qui portent que les Ladres qui ne feront point natifs de Paris, fortiront de cette Ville, & fe retireront dans les Maladeries fondées dans leurs Pays.	p. 451.
A Paris, le 19. de Fevrier.	Mandement qui fixe le prix des matieres d'Or & d'Argent, à la Monnoye de Tournay.	p. 452. & 453.
A l'Hoftel de S.t Paul-lez Paris, le 22. de Fevrier.	Reglement pour les fonctions des Treforiers de France.	p. 454.
A l'Hoftel de S.t Paul à Paris, le 27. de Fevrier.	Lettres qui portent qu'on ne prendra point les bleds appartenants aux Ecoliers de l'Univerfité de Paris, pour la provifion des vaiffeaux.	p. 455.
A Paris, le 28. de Fevrier.	Lettres qui portent que les lieux nommez Dame de Nefteis, Monhaac, & les autres lieux qui appartiennent à Jean de la Barte, dans la Senefchauffée de Toulouse, ne refsortiront plus à la Jugerie de Riviere ni à cette Senefchauffée; & qu'ils refsortiront dans la fuite à la Ville de Bit, dans le Comté de Fefenfac en Guyenne.	p. 456.
A Paris, en Fevrier.	Lettres qui portent que les habitans de Tours & de Chafteau-neuf, éliront fix perfonnes qui auront l'infpection fur la Garde & fur les Fortifications de cette Ville; & qui pourront impofer fur les habitans les fommes neceffaires pour fubvenir aux dépenfes communes.	p. 457.
A Paris, en Fevrier.	Confirmation des Privileges accordez aux habitans de Carvins & d'Epinoy, par Hugues Seigneur de ces lieux.	p. 459.
A Paris, en Fevrier.	Lettres qui portent que les habitans d'Aubervillier près S.t Denis, feront exempts à perpetuité du droit de Prifes, moyennant une certaine quantité de paille qu'ils fe font obligez de fournir prefentement.	p. 462.
A Paris, en Fevrier.	Lettres qui confirment l'affranchiffement donné aux habitans de Mitry, par le Comte & la Comteffe de Dampmartin; & qui les exemptent de la finance qu'ils auroient dû payer par rapport à cet affranchiffement.	p. 463.
A Paris, en Fevrier.	Diminution de Feux pour Siran, & autres lieux.	p. 465.
Au Chafteau du Louvre-lès-Paris, le 23. de Mars.	Lettres qui portent que les Etudiants dans l'Univerfité de Paris, ne payeront aucuns droits, lorfqu'ils vendront des denrées provenantes de leurs patrimoines ou de leurs Benefices.	p. 467.

Confirmation des privileges & exemptions des habitans de S.t Euſtache, & de S.t Jean de la Neuville. p. 467.

1371. Au Chaſteau du Louvre à Paris, en Mars, avant Paſques.

MCCCLXXII.

1372.

Mandement pour faire une nouvelle fabrication d'Eſpeces. p. 469. *A Paris, le 7. d'Avril.*

Lettres qui établiſſent Aymeric Eveſque de Limoges, Reformateur Souverain & General dans les Dioceſes de Limoges & de Tulles, & dans la Vicomté de Limoges. p. 719. *A Paris, le 8. d'Avril.*

Lettres qui aboliſſent les Appeaux frivoles dans les Juſtices qui apartiennent au Chapitre de Rheims. p. 470. *Au Chaſteau du Louvre-lès-Paris, le 23. d'Avril.*

Confirmation des privileges de la Ville de Donzenac. p. 472. *A Paris, en Avril, après Paſques.*

Lettres confirmatives de celles de Philippe Duc de Bourgogne, par leſquelles il affranchit les habitans de Bure, & il établit dans ce lieu une Commune (& une Bourgeoiſie). p. 472. *A Paris, en Avril, après Paſques.*

Lettres qui aboliſſent les Appeaux frivoles dans la Prevoſté de Soiſſons. p. 720. *Au Chaſteau du Louvre, en Avril.*

Inſtruction pour la conſervation des droits de Souveraineté, de Reſſort & autres droits Royaux, dans la Ville & Baronnie de Montpellier cedées au Roy de Navarre. p. 477. *Le 8. de May.*

Exemption de Priſes pour les Religieux & habitans de S.t Denis-en-France. p. 481. *A S.t Denis en France, le 10. de May.*

Mandement pour faire une nouvelle fabrication d'Eſpeces. p. 482. *A Paris, le 28. du May.*

Commencement de Lettres faiſant mention de la Levée des droits d'Admortiſſement & de Francs-Fiefs. p. 722. *A S.t Denis en France, en May.*

Lettres du Duc d'Anjou Lieutenant du Roy dans le Languedoc, portant que la Nobleſſe de cette Province ne pourra en ſortir ſans ſa permiſſion, ſi ce n'eſt pour aller ſervir le Roy. p. 483. *Loüis Duc d'Anjou, Lieutenant de Charles V. dans le Languedoc, à Touloufe, le 12. de Juin.*

Mandement pour faire une nouvelle fabrication d'Eſpeces. p. 483. *A Paris, le 17. de Juin.*

Lettres qui portent que les Nobles, les Eccleſiaſtiques, les Monnoyeurs & les autres perſonnes privilegiées, payeront les Tailles & autres Impoſitions réelles & perſonnelles, par rapport aux Fiefs, & aux autres biens qui leur viendront à quelque titre que ce ſoit, de perſonnes roturieres. p. 484. *A Paris, le 22. de Juin.*

Mandement portant qu'un procez meu entre des particuliers par rapport à un traité fait entre eux pour le *gouvernement* de la Monnoye de Dijon, priſe à ferme; & dans lequel procez le Roy n'a point d'intereſt, ne ſera point jugé par les Generaux-Maiſtres des Monnoyes; mais par le Bailly de Dijon, dans le Bailliage duquel les Parties ſont domiciliées. p. 485. *A Paris, le 24. de Juin.*

Confirmation des privileges accordez aux habitans de Valmy, par Blanche Comteſſe de Champagne. p. 486. *A Paris, en Juin.*

Diminution de Feux pour Bernis & Albon. p. 487. *A Paris, en Juin.*

Diminution de Feux pour Milhaud. p. 488. *A Paris, en Juin.*

Exemption d'Impoſts dans de certains lieux, accordée aux habitans de Verneüil en Normandie. p. 488. *En Juin.*

1372.

Au Bois de Vincennes, le 9. de Juillet.	Lettres qui revoquent les Commissaires envoyez dans les Senefchauffées de Toulouse, de Carcaffone & de Beaucaire, fur le fait des Francs-Fiefs & des Admortiffements.	p. 489.
A Vincennes, le 9. de Juillet.	Lettres qui portent que la Ville de Milhaud fera inféparablement unie à la Couronne.	p. 490.
Au Chafteau du Bois de Vincennes, le 18. de Juillet.	Privileges accordez aux Juifs qui demeureront dans le Royaume.	p. 490.
Au Bois de Vincennes, au mois de Juillet.	Reglement qui fixe le prix du Pain, felon les differents prix du bled.	p. 499.
A Paris, en Juillet.	Diminution de Feux pour Limoux & autres lieux.	p. 502.
Au Chafteau du Bois de Vincennes, le 7. d'Aouft.	Mandement qui porte qu'il fera donné à Gille Couffine, qui s'eft engagée à apporter dix mille Marcs d'Argent à la Monnoye de Tournay, trois fols huit deniers par Marc, par-deffus le prix que l'on donne du Marc dans cette Monnoye.	p. 502.
A Paris, le 9. d'Aouft.	Mandement pour faire une fabrication d'Efpeces	p. 503.
Le 16. d'Aouft.	Mandement qui porte qu'il fera eftabli un Hoftel des Monnoyes dans la Ville de Poitiers.	p. 504.
Au Bois de Vincennes, le 18. d'Aouft.	Lettres qui portent que celles qui ont efté obtenuës par les habitans des Senefchauffées de Toulouse, de Carcaffone & de Beaucaire, pour la diminution des Feux des lieux où ils demeurent, ne feront point expediées à la Chambre des Comptes, qu'ils n'ayent payé un Franc d'Or pour chaque lieu.	p. 505.
A Paris, le 29. d'Aouft.	Mandement qui porte qu'il fera payé cent feize Sols Tournois à Barthelemy Spifame, pour chaque Marc d'Argent qu'il apportera à la Monnoye de Paris.	p. 506.
A Paris, le dernier d'Aouft.	Mandement pour faire une fabrication d'Efpeces.	p. 506.
A Paris, le dernier d'Aouft.	Mandement qui porte qu'il fera donné à Guillaume Canquin, lequel s'eft engagé au nom de Guillaume Biholart, de porter 4000. Marcs d'Argent à la Monnoye de Tournay, trois Sols huit Deniers par Marc, par-deffus le prix que l'on donne du Marc dans cette Monnoye.	p. 507.
A Paris, en Aouft.	Reglement pour les Boulangers de la Ville d'Arras.	p. 508.
A Paris, en Aouft.	Confirmation des privileges accordez aux habitans de la Ville de Levigny.	p. 513.
Au Chafteau du Bois de Vincennes, le 3. de Septembre.	Lettres qui ordonnent que les procez de l'Archevefque de Tours, & de fes Officiers, feront portez fans moyen devant le Parlement, & que ceux de fes fujets feront portez en premiere Inftance, devant le Bailly des Exemptions de Touraine, d'Anjou & du Maine.	p. 516.
A Paris, le 3. de Septembre.	Lettres qui ordonnent que les procez du Doyen & du Chapitre de l'Eglife de Tours, & de leurs Officiers, feront portez fans moyen devant le Parlement; & que les procez de leurs fujets, feront portez en premiere inftance, devant le Bailly des Exemptions de Touraine, d'Anjou & du Maine.	p. 518.
Au Chafteau du Bois de Vincennes, le 3. de Septembre.	Lettres qui ordonnent que les procez de l'Evefque & du Chapitre d'Angers, & ceux de leurs Officiers, feront portez fans moyen devant le Parlement; & que les procez de leurs fujets feront portez en premiere inftance, devant le Bailly des Exemptions de Touraine, d'Anjou & du Maine.	p. 520.
Au Chafteau du Bois de Vincennes, le 3. de Septembre.	Lettres qui ordonnent que les procez de l'Evefque & de l'Eglife du Mans, & ceux de leurs Officiers, feront portez fans moyen au Parlement; & que les procez de leurs fujets feront portez en premiere inftance, devant le Bailly des Exemptions de Touraine, d'Anjou & du Maine.	p. 522.
Au Bois de Vincennes, le 3. de Septembre.	Lettres qui confirment les habitans de Milhaud, dans le privilege de ne point payer d'Impofts pendant un certain temps, & de ne pouvoir eftre jugez hors de leur Ville.	p. 525.

Lettres

DES ORDONNANCES. xxxiij

1372.

Lettres qui portent que le Duc d'Anjou pourra établir dans le lieu qu'il jugera à propos, une Cour nommée *les Grands-Jours*, devant laquelle seront portez les Appels de tous les Juges des Terres qu'il tiendra en Pairie, soit de son Chef ou de celui de la Duchesse d'Anjou son Epouse; & que les Appels de ces *Grands-jours* se porteront au Parlement. p. 526. — *Au Chasteau de Melyn-sur-Seine, le 22. de Septembre.*

Lettres qui portent que le Prevost de Paris, privativement à tous autres, aura dans la Ville de Paris, l'inspection sur les Mestiers, les vivres & les marchandises. p. 526. — *Au Bois de Vincennes, le 25. de Septembre.*

Lettres qui portent que les Ouvriers de la Monnoye de Poitiers, joüiront des privileges accordez par le Roy Jean, aux Ouvriers des Monnoyes du serment de France. p. 527. — *A Paris, au Chasteau du Louvre, en Septembre.*

Lettres qui portent qu'il y aura dans la Ville de Monstreüil-sur-Mer, une Cloche qui indiquera les heures ausquelles les Tisserands doivent commencer & finir leurs ouvrages. p. 528. — *Au Chasteau du Bois de Vincennes, en Septembre.*

Confirmation de l'accord fait entre le Seigneur de Liviere, & les Consuls de cette Ville. p. 722. — *A Paris, en Septembre.*

Lettres qui deffendent de mener paistre des animaux dans les vignes vendangées. p. 529. — *Au Chasteau du Louvre-lés-Paris, le 1. d'Octobre.*

Lettres qui maintiennent les Barbiers de Paris, dans le droit de panser les clous, les bosses, les apostumes, & les playes qui ne sont pas mortelles. p. 530. — *Au Château du Louvre à Paris, le 3. d'Octobre.*

Lettres qui portent que pendant trois ans, les procez que le Duc de Bretagne Pair de France ou son Procureur, auront par rapport au Comté de Montfort-l'Amaury, seront jugez par le Parlement. p. 531. — *Au Chasteau du Bois de Vincennes, le 13. ou 14. d'Octobre.*

Lettres qui portent que les Appels du Gruier de Montfort-l'Amaury, seront portez en premiere instance devant le Gouverneur de ce Comté, & ensuite par appel au Parlement. p. 532. — *Au Chasteau du Bois de Vincennes, le 13. d'Octobre.*

Reglement pour les Coustiers de Paris. p. 549. — *A Paris, le 15. d'Octobre.*

Diminution de Feux pour Lesignan de la Cebe ou de la Sebe. p. 532. — *A Paris, en Octobre.*

Diminution de Feux pour Caunas. p. 533. — *A Paris, en Octobre.*

Lettres de Sauve-garde Royale pour la Ville de S.t Jean d'Angely. p. 533. — *A Paris, au Château du Louvre, le 9. de Novembre.*

Lettres qui autorisent le Maire & les Jurez de S.t Jean d'Angeli, appellé le Senefchal de Saintonge, à imposer des Tailles sur tous les habitans laïques de cette Ville, pour la reparation de ses fortifications. p. 535. — *A Paris, le 9. de Novembre.*

Lettres qui autorisent le Maire & les Jurez de S.t Jean d'Angeli, à imposer des Tailles pour les reparations des fortifications de cette Ville, sur les Ecclesiastiques qui y demeureront & y auront des biens; lesquels Ecclesiastiques pourront assister au compte des deniers qui auront esté levez. p. 536. — *A Paris, le 9. de Novembre.*

Lettres par lesquelles le Roy accorde aux habitans de la Ville d'Angoulesme, tous les privileges dont joüissoient ceux de la Ville de S.t Jean d'Angely, & entre autres ceux contenus dans la Chartre de Commune de Roüen. p. 677. — *A Paris, au Chasteau du Louvre, le 9. de Novembre.*

Reglement sur les finances provenant des Aydes; & sur les finances en general. p. 537. — *Le 13. de Novembre.*

Mandement qui porte que l'on donnera une Crûe de trois Sols huit Deniers Tournois à Guillaume Cauquin, pour six mille Marcs d'Argent qu'il s'est engagé de porter à la Monnoye de Tournay. p. 541. — *A Paris, le 20. de Novembre.*

Mandement pour faire une fabrication d'Especes. p. 542. — *A Paris, le 22. de Novembre.*

Mandement qui porte qu'il sera establi un Hostel des Monnoyes à la Rochelle; & qui fixe le prix du Marc d'Or & d'Argent qu'on y apportera. p. 543. — *A Paris, au Château du Louvre, le 25. de Novembre.*

Tome V.   i

1372.

A Paris, au Château du Louvre, le 25. de Novembre.	Lettres qui portent que les Commissaires sur le fait des Francs-Fiefs & des Admortissements seront rétablis; & que les deniers qui en proviendront seront employez aux reparations du Palais à Paris.	P. 543.
A Paris, au Château du Louvre, le 26. de Novembre.	Lettres qui reglent le Ressort de l'Abbaye de S.t Maixent, en Poitou.	P. 545.
A Paris, au Château du Louvre, le 26. de Novembre.	Confirmation des privileges de l'Abbaye de S.t Maixent, dans le Poitou.	P. 545.
A Paris, en Novembre.	Reglement pour les Coustiers de Paris.	P. 546.
A Paris, en Novembre.	Lettres qui confirment celles de Thibaud VI. Comte de Champagne, par lesquelles il promet de faire observer les privileges accordez par le Duc de Lorraine, aux habitans de Neuchasteau.	P. 549.
A Paris, en Novembre.	Diminution de Feux pour differents lieux.	P. 550.
A Paris, en Novembre.	Diminution de Feux pour Montastruc, Roque-Siriere & Paulhan.	P. 552.
A Paris, en Novembre.	Diminution de Feux pour Cologne.	P. 552.
A Paris, le 9. de Decembre.	Reglement qui fixe le prix du pain qui se vendra à Paris, selon les differents prix du bled.	P. 553.
A Paris, le 12. de Decembre.	Lettres qui portent que pendant la vie de la Comtesse d'Alençon & d'Etampes, sa Terre de Galardon ressortira sans moyen au Parlement.	P. 556.
A Paris, au Château du Louvre, le 15. de Decembre.	Lettres dans lesquelles il est fait mention du Traité par lequel le Poitou, l'Angoumois & la Saintonge se soumirent à l'obeissance du Roy.	P. 557.
Au Louvre-près-Paris, le 24. de Decembre.	Lettres qui portent que les Sergents à Cheval du Chastelet de Paris, seront contraints à payer les redevances qu'ils doivent à leur Confrairie.	P. 558.
Au Louvre-près-Paris, en Decembre.	Lettres qui confirment la Confrairie des Sergents à Cheval du Chastelet de Paris.	p. 559. Note.
A Paris, au Château du Louvre, en Decembre.	Lettres par lesquelles Charles V. confirme l'Ordonnance par laquelle en qualité de Lieutenant du Roy Jean son Pere, il avoit confirmé celle qui avoit esté faite par le Comte d'Armagnac Lieutenant du Roy dans le Languedoc, en consequence de l'Assemblée des trois Estats tenuë à Toulouse, dans le mois de Septembre 1355.	p. 560.
A Paris, au Château du Louvre, en Decembre.	Lettres qui portent que dans la Ville & Viguerie de Toulouse, les droits qui se payent au Roy pour chaque demande qui se fait en Justice, ne pourront estre exigez que pendant trois ans, à compter du jour que la demande aura esté formée.	p. 562.
A Paris, au Château du Louvre, en Decembre.	Lettres par lesquelles la Noblesse est accordée aux Maire, Eschevins & Conseillers de la Ville de Poitiers, & à leurs successeurs.	p. 563.
A Paris, au Château du Louvre, en Decembre.	Privileges accordez aux habitans des Isles de Ré, d'Ays & de Lois.	p. 564.
A Paris, au Château du Louvre, en Decembre.	Lettres de Sauve-garde pour l'Abbaye de Grandmont, dans le Limousin.	p. 567.
Au Château du Louvre-lez-Paris, en Decembre.	Lettres de Sauve-garde Royale pour le Couvent des Chartreux du Liget, en Touraine.	p. 569.
Au Château du Louvre, en Decembre.	Lettres qui maintiennent les Barbiers de Paris dans le droit de panser les clous, les bosses, les apostumes, & les playes qui ne sont pas mortelles.	p. 571.

DES ORDONNANCES.

1372.

Privileges accordez à la Ville de la Rochelle. p. 571. *Au Château du Louvre à Paris, le 8. de Janvier.*

Lettres par lesquelles le Roy accorde la Noblesse aux Maire, Eschevins & Conseillers de la Ville de la Rochelle; & remet les droits de Francs-Fiefs aux habitans non-nobles de cette Ville. p. 575. *A Paris, au Château du Louvre, le 8. de Janvier.*

Reglement pour la vente du Sel. p. 576. *A Paris, le 24. de Janvier.*

Lettres qui portent que les trois Clercs & Notaires du Roy qui servent au Parlement, prendront leurs gages & leurs Manteaux sur les Amendes & autres produits de Justice. p. 579. *A Paris, le 28. de Janvier.*

Lettres qui portent que Pierre Sureli Clerc & Notaire du Roy, servira au Parlement avec les trois qui sont nommez dans des Lettres de la même date; & qu'il prendra ses gages sur les Amendes & autres produits de Justice. p. 580. *A Paris, le 28. de Janvier.*

Lettres qui accordent à la Ville d'Angoulesme, une Commune semblable à celle de S.t Jean d'Angely. p. 581. *A Paris, au Château du Louvre, en Janvier.*

Confirmation des Privileges de la Ville de S.t Flour. p. 582. *A Paris, au Château du Louvre, en Janvier.*

Lettres qui confirment le Privilege accordé par Guillaume *de Vicinis* Seigneur de Limoux, aux Consuls & habitans de cette Ville, portant que les Sergents contre lesquels il y aura des sujets de plainte, seront destituez de ses Juges, à la requisition des Consuls; & qui confirment la destitution de certains Sergents. p. 583. *A Paris, en Janvier.*

Diminution de Feux pour differents lieux. p. 588. *A Paris, en Janvier.*

Confirmation de Lettres de Sauve-garde Royale pour l'Abbaye de Solignac près Limoges. p. 590. *A Paris, en Janvier.*

Lettres de Sauve-garde Royale pour l'Abbaye de S.t Cybar dans les Fauxbourgs d'Angoulesme. p. 591. *A Paris, en Janvier.*

Confirmation des Privileges de l'Abbaye de la Grace-Dieu, dans l'Aunis. p. 592. *A Paris, en Janvier.*

Lettres portant que l'Isle d'Oleron sera unie inséparablement au Domaine de la Couronne. p. 593. *A Paris, le 17. de Fevrier.*

Mandement pour faire une fabrication d'Especes. p. 593. *A Paris, le 21. de Fevrier.*

Lettres par lesquelles le Roy revoque tous ses Lieutenants par luy establis dans la Languedoil. p. 594. *A S.t Denis, le 24. de Fevrier.*

Lettres qui portent que les finances dûës pour les Francs-Fiefs, les Admortissements & droits Seigneuriaux, ne pourront estre reçûës que par les Baillis & Seneschaux, ou par les Receveurs Royaux. p. 594. *A S.t Denys, le 24. de Fevrier.*

Reglement pour le mestier des Tisserands de Troyes. p. 595. *Au Château du Louvre près Paris, en Fevrier.*

Lettres qui portent que l'Eglise de Paris sera exempte des droits d'Admortissements, pour tous les biens par elle acquis jusqu'au jour de la date de ces Lettres. p. 598. *A Paris, en Mars.*

Confirmation de la Chartre de Commune accordée à la Ville de Clermont en Bassigny, par les Seigneurs de ce lieu. p. 598. *A Paris, en Mars.*

Lettres faisant mention du Don fait par le Roy au Duc d'Anjou, de ce qui restoit dû au Roy dans l'Anjou, la Touraine & le Maine. p. 603. *A Paris, en Mars.*

i ij

1272.

A Paris, au Château du Louvre, en Mars.	Confirmation des Privileges de l'Evesque de Mende.	p. 603.
A Paris, en Mars.	Lettres qui portent que le jour du Marché de Bourgneuf, sera transferé du Dimanche au Samedi; & qu'il y sera establi deux Foires annuelles.	p. 605.
En Mars.	Diminution de Feux pour plusieurs lieux.	p. 608.
A Paris, le 7. Avril avant Pasques.	Declaration portant Reglement sur les droits d'Admortissement & de Francs-Fiefs.	p. 608.
A Paris, en d'Avril avant Pasques.	Confirmation de Lettres de Sauve-garde Royale pour l'Abbaye de S.t Joüin de Marnes.	p. 610.

MCCCLXXIII.

1373.

A Paris, le 27. d'Avril.	Mandement portant qu'il sera donné à Guillaume Biholart, cent huit Sols six Deniers, pour chacun des quatre mille Marcs d'Argent qu'il apportera à la Monnoye de Tournay.	p. 611.
Au Bois de Vincennes, le 18. de May.	Reglement pour les droits d'Admortissement & de Francs-Fiefs.	p. 612.
A Paris, le 28. de May.	Reglement pour la levée des Amendes prononcées en Parlement; lesquelles seront employées au payement des gages des Gens du Parlement, & des Maistres des Requestes.	p. 613.
Au Château du Bois de Vincennes, en May.	Reglement pour les Marchands de vin de la Ville d'Arras.	p. 614.
A Paris, le 1. de Juin.	Reglement qui fixe les gages des Officiers des Monnoyes.	p. 616.
Au Bois de Vincennes, le 22. de Juin.	Reglement pour la Mareschaussée.	p. 616.
Au Bois de Vincennes, en Juin.	Confirmation des privileges de la Ville & du Comté de Mascon.	p. 618.
Au Bois de Vincennes, en Juin.	Lettres qui portent qu'à la Rochelle, tout le bled qui sera porté au Moulin sera pesé, & payera 4. Deniers.	p. 619.
Au Bois de Vincennes, en Juin.	Lettres concernant les differentes Jurisdictions de la Ville de Montreüil-sur-Mer.	p. 619.
A Paris, en Juin.	Diminution de Feux pour Anianne.	p. 622.
A Paris, à l'Hostel S.t Paul, en Juin.	Lettres qui portent que les hommes de Fiefs de la Chastellenie de Guise, qui conjointement avec le Bailli, auront rendu un Jugement lequel aura esté infirmé par la Cour de Parlement, ne pourront estre condamnez chacun en particulier à l'Amende; mais à une seule Amende de 60. livres.	p. 622.
A Paris, le 5. de Juillet.	Reglement pour les Changeurs de la Ville de Lyon.	p. 624.
A Paris, le 14. de Juillet.	Lettres qui portent qu'il y aura des Contre-gardes dans les Monnoyes de Paris & de Tournay seulement; & qui fixent leurs gages.	p. 624.
Au Château du Bois de Vincennes, le 27. de Juillet.	Lettres qui portent que les affaires de l'Abbaye de S.t Maixent en Poitou, ne seront plus portées à Loudun; mais qu'elles le seront à Chinon devant le Bailli des Exemptions de l'Anjou & de la Touraine.	p. 625.
Au Château du Bois de Vincennes, le 27. de Juillet.	Lettres qui portent que le Siege du Bailli des Exemptions de Poitou, ne se tiendra à S.t Maixent que pendant deux ans; & que ce Bailli ne pourra connoistre des affaires de l'Abbaye de ce nom.	p. 626.

Lettres

		1373.
Lettres qui portent que la Bourgeoisie Royale qui avoit esté anciennement establie à Montpellier, & qui depuis avoit esté transferée à Somieres, sera transferée à Aigues-Mortes. p. 627.		Au Château du Bois de Vincennes, le 29. de Juillet.
Privileges accordez à l'Université d'Angers à l'instar de ceux octroyez à celle d'Orleans. p. 629.		Au Château du Bois de Vincennes, le 29. de Juillet.
Privileges accordez à l'Evesque de Mende & aux Ecclesiastiques de ce Diocèse. p. 631.		A Paris, en Juillet.
Lettres de Sauve-garde Royale pour l'Hôpital de S.t Jacques à Paris. p. 634.		A Paris, le 22. d'Aoust.
Lettres qui abolissent les Appeaux frivoles dans les Justices qui appartiennent au Chapitre de Laon. p. 635.		A Paris, en Aoust.
Lettres qui portent que les Arbalestriers de la Rochelle ne pourront estre contraints de sortir de cette Ville, pour aller à des expeditions militaires. p. 636.		Au Château du Louvre, à Paris, en Aoust.
Diminution de Feux pour la Ville de Montpellier. p. 636.		A Paris, en Aoust.
Diminution de Feux pour differents lieux. p. 637.		A Paris, en Aoust.
Lettres portant qu'il sera establi une Monnoye d'Or & d'Argent, dans la Ville de Villefranche-en-Roüergue. p. 638.		A Paris, au Château du Louvre, le 7. de Septembre.
Mandement pour une fabrication d'Especes. p. 639.		A Paris, le 11. de Septembre.
Mandement qui porte que l'on donnera à Pierre Dossis cent huit Sols Tournois, pour chacun des mille Marcs d'Argent qu'il portera à la Monnoye de S.t Quentin. p. 640.		A Paris, le dernier de Septembre.
Diminution de Feux pour differents lieux. p. 641.		A Paris, en Septembre.
Mandement qui porte qu'il sera fait une fabrication de petites Especes; & qui fixe le prix de l'Argent. p. 641.		A Paris, le 12. d'Octobre.
Mandement portant qu'il sera fait une fabrication d'Especes. p. 642.		A Paris, le 13. d'Octobre.
Ordonnance faite en faveur des Notaires du Chastelet de Paris, dont le nombre est réduit à soixante. p. 643.		A Paris, en Octobre.
Ordonnance qui renouvelle celles qui ont esté anciennement faites sur les Monnoyes; & qui fixe le prix des Especes qui doivent avoir cours. p. 643.		A Paris, le 5. de Novembre.
Reglement sur les Finances provenant des Aydes; sur les Finances en general & sur les gens de guerre. p. 645.		A Paris, le 6. de Decembre.
Ordonnance sur la nouvelle Ayde accordée par les trois Estats de l'Artois, du Boulonnois & du Comté de S.t Pol. p. 651.		Au Château du Louvre-lez-Paris, le 7. de Decembre.
Diminution de Feux pour Ganjac. p. 654.		A Paris, en Decembre.
Lettres qui portent que les Evesques & autres gens d'Eglise, seront tenus de faire dans un temps prefix, hommage & serment de fidelité au Roy pour les terres à eux appartenantes qui relevent de luy, sous peine de la saisie de leur Temporel. p. 654.		A Paris, le 4. de Janvier.
Declaration portant Reglement sur les droits d'Admortissement & de Francs-Fiefs. p. 655.		A Paris, le 4. de Janvier.
Reglement pour les Troupes. p. 657.		Au Bois de Vincennes, le 13. de Janvier.
Lettres qui portent que les biens qu'a dans le Royaume l'Abbé de Saint Oyan de Joux, [S.t Claude,] qui faisoient battre de la Monnoye au coin du Roy, seront saisis; & que l'on fera le procez aux Ouvriers qui y ont travaillé par ses ordres. p. 661.		A Paris, le 14. de Janvier.

Tome V.   k

1373.

A Paris, en Janvier. — Lettres portant suppression de la Commune de la Ville de Roye, en Vermandois. p. 662.

A Paris, en Janvier. — Diminution de Feux pour differents lieux. p. 663.

A Paris, en Fevrier. — Lettres de Sauve-garde Royale pour l'Abbaye de S.t Jean d'Angely. p. 664.

A Paris, le 30. de Mars. — Mandement portant qu'il sera donné à Pierre Dolly, cent huit Sols pour chacun des mille Marcs d'Argent, qu'il s'est engagé de porter à la Monnoye de S.t Quentin. p. 665.

A Paris en Mars. — Confirmation des Privileges accordez aux habitans de Coulange-la-Vineuse, par leurs Seigneurs. p. 665.

A Paris, en Mars. — Lettres par lesquelles le Roy accorde aux habitans de la Ville d'Angoulesme, tous les privileges dont joüissoient ceux de la Ville de Saint Jean d'Angely; & entre autres ceux contenus dans la Chartre de Commune de Roüen. p. 667.

TABLE DES MATIERES.

Le chiffre Arabe marque la page; & le chiffre Romain, l'article de la page.

A

ABAILLAN, Viguerie de Beziers. Diminution de Feux pour ce lieu, où il y en avoit 47. en 1369. pag. 212. Voy. *Feux.*

ABBÉ seculier & chapitre de Dorat. 305.

Abbé. Le Roy par le droit de sa Couronne, est Abbé de S.t Martin de Tours. 306.

Abbés. Les Lettres des Rois d'Angleterre sont adressées aux Archevêques, Evêques, Abbez, Comtes, Barons, Justiciers, Vicomtes. 151.

ABBEVILLE. Il est porté par les Chartres de la fondation de cette Ville, qu'on ne pourra construire de forteresse dans son enceinte. Charles V. en confirmant ce privilege, y adjoûta, qu'on ne pourroit percer les murs, ensorte qu'on pût entrer ou sortir ailleurs que par la porte. 178. La Chartre de Commune de Mayoc & du Crotoy, est presque entierement conforme à celle d'Abbeville, à laquelle il faudra avoir recours en cas de differend. Voy. *Mayoc.* Confirmation de tous les privileges d'Abbeville. 176.

Abbeville fut unie inséparablement au Domaine Royal du Roy & de la Couronne de France. 175. Les Maires & Eschevins d'Abbeville, de Rué, & des autres Villes du Ponthieu, jugeront dans les Bailliages les procès de ce Comté, avec les Hommes jugeants. 174. Voyez *Ponthieu.* Charles V. accorde aux Maires & Eschevins d'Abbeville, que les procès du Ponthieu, seront jugez en seconde instance, par le Seneschal du Ponthieu, aux Assises d'Abbeville. 174. 175. Voy. *Ponthieu.* Les anciens privileges accordez par les Comtes de Ponthieu, confirmez par le Roy, aux Maires, Eschevins & Bourgeois d'Abbeville, portent que les procès qui s'éleveront entre les Comtes & eux, seront jugez dans Abbeville; & que ceux qui auront pour objet des cas arrivez dans l'étenduë de l'Eschevinage, seront jugez par les Eschevins. Nonobstant ces privileges, le Chastelain de la Forêt Royale de Crecy, qui prétend devoir connoître de tout ce qui regarde cette Forêt, des marchez de bois qui s'y font, & de leur suite, s'étant mis en possession de faire assigner à Crecy les Bourgeois d'Abbeville, quoiqu'ils ne fussent pas les premiers acheteurs des bois de cette forêt, qu'ils ne les eussent point acheté de ces premiers acheteurs, ni de ceux qui l'avoient acheté de ceux-cy; mais qu'ils les eussent acheté dans Abbeville, d'un troisiéme acheteur; le Roy ordonna que dans ce cas, ils ne seroient pas justiciables du Chastelain de Crecy, qui ne pourroit connoître que des premieres & des secondes ventes. 367. Le Roy ne mettra ni Impôts ni Aydes sur Abbeville & les autres Villes du Comté de Ponthieu, qu'au profit de ces Villes, à la requeste de leurs Maires & Eschevins, ou de leur consentement. 176. On ne pourra lever d'Impôts dans Abbeville, & dans les autres Villes du Comté de Ponthieu, qu'à leur profit ou de leur consentement. 689. Les habitans de cette Ville ne payeront pas d'Impôts à Crotoy ni ailleurs, pour les marchandises qu'ils feront venir par mer à Abbeville, sans passer au Crotoy, ni ailleurs. 177. Il est permis aux habitans de cette Ville, de commercer dans tout le Royaume, sans payer aucuns Impôts nouveaux pour les marchandises qu'ils acheteront. 177. Philippe de Valois accorde des Lettres de Sauvegarde-Royale aux Maires, Consuls & habitans de cette Ville, leur donne des Sergents du Bailliage d'Amiens, pour estre leurs Gardiens, & donne pouvoir au Bailli d'Amiens ou au Gouverneur du Ponthieu, de leur en donner d'autres, lorsque ceux-cy seront morts. Charles V. en confirmant les Lettres de Philippe de Valois, donne le même pouvoir au Gouverneur ou Seneschal du Ponthieu. 269. Charles V. pour recompenser les Majeur, Eschevins & Bourgeois de cette Ville, qui s'étoient soumis à son obeissance, aussi-tôt qu'ils avoient reconnu son droit de Souveraineté sur leur Ville & sur le Comté de Ponthieu, leur accorda la permission d'adjouter à leurs Armes, qui etoient les Armes pleines du Ponthieu, un Chef d'Armes de France; c'est à sçavoir, d'azur semé de Fleurs de Lis d'Or, en leurs Bannieres & autres Enseignes, & dans les Sceaux de la Ville. 196. Le Roy donne aux habitans de la Ville de S.t Jean d'Angely, tous les privileges qu'il avoit octroyez depuis peu à celle d'Abbeville. 678. Les Majeur & Eschevins de cette Ville representet au Roy, qu'en cette qualité, ils sont Administrateurs de la Maladerie du Val près d'Abbeville, où l'on met les malades de cette Ville, qui sont attaquez du mal Saint Ladre, (*de Lepre*,) qu'ils n'ont pas le droit de faire garder les bois & les terres appartenants à cette Maison; le Roy voulant gratifier ces habitans, qui ayant reconnu qu'il étoit leur Seigneur souverain, se sont, à sa requeste, remis

---
NOTE.

* On n'a point fait de distinction dans cette Table de l'*i* simple à l'*y* grec.

k ij

TABLE DES MATIERES.

sous son obéïssance, a permis aux Majeur & Eschevins d'établir un (Garde) qui pourra arrester les personnes, les charois & les bestiaux qui endommageront les terres de cette Maladerie, & qui pourra lever & recevoir des Amendes jusqu'à trois sols, pour chaque dégât qui y aura été fait. Les Lettres sont adressées au Gouverneur du Bailliage d'Amiens & de Ponthieu. 197. Les Estaux de cette Ville ne seront loüez aux Bouchers, par le Receveur du Comté de Ponthieu, que le même prix qu'ils estoient loüez, lorsque ce Comté fut cedé au Roy d'Angleterre. Les Lettres sont adressées au Gouverneur & au Receveur du Ponthieu. 201. Lettres par lesquelles sont annulez les procès meus pendant que le Roy d'Angleterre estoit maître d'Abbeville, entre son Procureur & celui de la Ville, par rapport à la Jurisdiction Royale & à celle de la Ville. 689.

Abbeville. Les Religieux & Prieurs de S.t Pierre d'Abbeville, dont les terres relevoient nuëment du Roy en ressort, & dont les affaires estoient portées dans differentes Prevostez; à sçavoir, celles de Beauquesne, de Dourlens, de S.t Riquier & de Vimeux, lesquelles toutes ressortissent au Bailliage d'Amiens, obtinrent que leurs affaires seroient portées à ce Bailliage en premiere instance, & par appel au Parlement; à condition que les Prevosts de ces Prevostez percevroient toûjours par rapport à ces affaires, les Amendes & les autres profits de Justice. Les Lettres sont adressées au Gouverneur du Bailliage d'Amiens. 201.

ABLÉES & terres gagnables, (*labourables.*) 197.

ACAPIT. Voy. *Emphiteose.*

ACCOMMODEMENT & accords. A Mitry, lorsqu'un procès estoit commencé, les Parties ne pouvoient plus l'accommoder, sans payer une Amende. 463. Voy. *Mitry.* A Peronne, un meurtrier qui s'est enfui, n'y pourra revenir, qu'il n'ait fait son accommodement avec les parents de celui qu'il aura tué. 159. I. Il fut ordonné dans la suite, que malgré l'accommodement, le meurtrier seroit puni. 163. I. A Peronne, celui qui aura enlevé la femme d'un homme demeurant dans la Banlieuë, sera banni pour sept ans: Si dans la suite il revient dans la Ville après avoir fait son accommodement avec les amis du mari, il lui restituera les effets qu'il avoit emportez, en enlevant sa femme. 161. XXII. A Peronne, si un homme fait perdre un membre à un autre, on le privera du même membre que celui qu'il a fait perdre: si cependant il fait son accommodement avec celui qu'il a blessé, avant qu'il y ait un Jugement rendu contre lui, il en sera quitte pour une Amende de cent Sols, payable à la Commune. 160. XII. Cet article fut aboli dans la suite. 163. IV.

Accommodement de Procès. Voy. *Procès.* (*accommodement de*).

ACQUIT, Impôt. 216.

Acquit à Caution. 405. 406.

ACTE signé en 1349. par un Notaire qui y met son signe. 55. 56. Dans les actes, la ligne doit avoir 60. syllabes. 366. XXIX. Dans le Dauphiné, les anciennes Ordonnances touchant la modération des droits sur les Sceaux & les Actes passez pardevant Notaires, ou autres Actes, seront observées. 40. IX.

ADJOURNEMENT donné en la Chancellerie, par le Parlement. 149.

Adjoûrnement pour comparoître devant les Gens du Parlement à Paris; nonobstant qu'il tienne. 90. Les Sergents certifioient les Juges des adjournements qu'ils avoient donnez pour comparoître devant eux. 448. Les assignations pour comparoître devant les Mareschaux de France & leurs Officiers, doivent contenir les causes de l'adjournement. 616. Voyez *Mareschaux de France.*

ADMIRAL, Vice-admiral. Une Ordonnance sur les Marchands de Plaisance en Lombardie, commerçants à Harfleur, leur est adressée. 245.

ADMORTISSEMENTS. Au Roy seul & pour le tout, appartient admortir en tout son Royaume, à ce que les choses puissent dites estre admorties. Et quand les Pairs & autres Seigneurs ont admorti ce qui releve d'eux, pour ce qui les touche, cet Admortissement ne doit avoir d'effet, & les Gens d'Eglise acquereurs ne sont vraiment proprietaires, que lorsque le Roy leur a donné ses Lettres d'Admortissements. 480. XI. Les *Seigneurs temporels,* de quelque condition qu'ils soient, n'auront laissé joüir pendant un an & un jour, les Ecclesiastiques & les non-nobles, des biens par eux acquis dans leurs Terres & Jurisdictions, & qui leur devoient des droits d'Admortissements & de Francs-Fiefs, (sans en exiger d'eux le payement,) ne pourront plus mettre ces biens en leurs mains, (ni exiger le payement de ces droits,) qui seront payez au Roy seul, en vertu de ce present Mandement: reservé à ces Seigneurs les droits qu'ils avoient sur ces biens avant ce present Mandement. 366. XXVII. Les Bourgeois de Chaumont en Bassigni ne pourront aliener leurs biens en faveur des Gens d'Eglise, sans la permission du Seigneur. 601. XXVI.

Admortissement. Le Roy ordonne aux Baillis de faire saisir tous les biens acquis depuis quarante ans, par les Gens d'Eglise, s'ils n'ont point eu des Lettres Royales d'Admortissement, enregistrées en la Chambre des Comptes; tous les biens nobles acquis depuis ce terme, par des non-nobles, ou depuis annoblis, & toutes les terres venduës depuis ce terme, pour lesquelles les droits Seigneuriaux n'ont pas esté payez: leur permettant & aux Receveurs de leurs Bailliages, de composer sur ces finances avec ceux qui les doivent; & il ordonna que les sommes pour lesquelles il auroit esté composé, seroient reçües par les Receveurs seulement, & non point par les Princes du sang, en quelque degré qu'ils fussent, ni par les Lieutenans du Roy, ni par aucuns autres. 594. Les Gens d'Eglise payeront finances pour les acquisitions qu'ils ont faites depuis quarante ans, si elles n'ont esté admorties par des Lettres Royaux expediées en la Chambre des Comptes. Les personnes annoblies depuis quarante ans, payeront finance selon leurs facultez, par rapport à leur annoblissement, & par rapport aux

TABLE DES MATIERES.

aux biens nobles qu'ils ont acquis avant leur annobliſſement ; à moins qu'elles n'en ayent eſté exemptées par des Lettres Royaux expediées en la Chambre des Comptes. Si des Bourgeois ou des gens de morte-main ou autrement taillables à volonté, ont été annoblis, & que dans les Lettres d'annobliſſement, il n'ait pas eſté fait mention de leur eſtat, ces Lettres ſeront nulles comme ſubreptices, & ils payeront finance pour les biens nobles par eux acquis depuis ces Lettres. Les droits d'Admortiſſement & de Francs-Fiefs, ſeront payés aux Receveurs des Bailliages : & ceux qui les doivent, leur ſeront des déclarations des biens par eux acquis ſujets à ces droits. 612. Charles V. ordonne que les droits d'Admortiſſements ſeront payez pour toutes les acquiſitions faites par les Gens d'Egliſe depuis l'an 1324. 722.

Admortiſſements & Francs-Fiefs. Pluſieurs Commiſſions données à ce ſujet. 1.° Le 17. de Decembre 1358. par Jean Comte de Poictiers, Lieutenant du Roy dans le Languedoc, à *Jordanus Marandus*, ſans cependant revoquer les autres Commiſſaires. Il lui eſt enjoint de fixer les finances düés par les acquiſitions des Fiefs, Arriere-Fiefs & Alleux, faits par des roturiers, des perſonnes nobles, & pour les biens acquis par les Eccleſiaſtiques ; & d'envoyer les rolles au Treſorier de la Seneſchauſſée, pour faire payer ceux qui y ſeroient compris. 2.° Commiſſion donnée le 2. de Juillet 1359. par le même Prince, à Vital de Nogaret & à *Marandus*, par laquelle, en revoquant tous autres Commiſſaires, il eſt enjoint à ceux-ci de fixer les finances düés dans la Seneſchauſſée de Toulouſe & d'Albi, pour les biens acquis par les Eccleſiaſtiques, les Conſulats, & autres qui doivent des Finances, pour cauſe d'Admortiſſement, & pour les Francs-Fiefs. 3.° Commiſſion du Roy Jean du 16. d'Avril 1361. adreſſée à Nogaret & à *Marandus*, par laquelle, en revoquant les autres Commiſſaires, il leur eſt enjoint de faire reparer les abus commis par ceux-ci, qui, au lieu du bled & autres grains qui eſtoient düs au Roy dans la Seneſchauſſée de Toulouſe & d'Albi, par rapport aux Admortiſſements & Francs-Fiefs, avoient reçu le prix de ces denrées, en argent foible, au lieu de le prendre en argent fort. 4.° Commiſſion de Charles V. du 29. de Novembre 1364. ſemblable à celle du Roy Jean. 125.

Admortiſſements. Les Nobles & les habitans des Villes de la Viguerie de Beziers, s'eſtant plaints des vexations des Commiſſaires députez ſur le fait des Admortiſſements & Francs-Fiefs, le Roy fit à ce ſujet, un reglement qui contient 30. articles. Les Lettres ſont ſignées : *Per Gentes Compotorum, de Mandato Regis*. La Chambre déclara qu'on ſeroit un pareil Reglement pour les Seneſchauſſées & les lieux qui le demanderoient. 360. *Voy. les Sommaires*. Les dix premiers articles regardent les Admortiſſements ; le onziéme, les Villes ; & le 12. juſqu'au 26. les Francs-Fiefs ; les ſuivants juſqu'au dernier, regardent les Admortiſſements & les Francs-Fiefs.

Admortiſſements. En 1372. le Roy revoque tous les Commiſſaires envoyez par lui dans les Seneſchauſſées de Toulouſe, de Carcaſſone & de Beaucaire, ſur le fait des Admortiſſements & des Francs-Fiefs, juſqu'à ce que leurs Commiſſions ayent eſté renouvellées par lui & non par d'autres, & qu'elles ayent eſté expediées à la Chambre des Comptes, qui les inſtruira de ſa volonté. Il leur ordonne de compter du fait de leurs Commiſſions. 489. Le Roy qui avoit revoqué les Commiſſaires ſur le fait des Admortiſſements & des Francs-Fiefs, dans les Seneſchauſſées de Toulouſe, de Carcaſſone & de Beaucaire, donne pouvoir & auctorité aux Gens des Comptes d'en nommer de nouveaux, leſquels envoyeront les finances par eux reçües, au Payeur des Baſtiments du Palais Royal, à Paris, pour eſtre employées à ſes réparations. Ces Commiſſaires ſeront auſſi tenus de compter à la Chambre des Comptes ; & attendu qu'au Roy ſeul appartient l'Admortiſſement, & non à d'autres, il déclare que quoique la finance ait eſté payée, les choſes acquiſes ne ſeront point tenuës pour admorties, ſi les acquereurs n'ont de lui des Lettres d'Admortiſſement, expediées par la Chambre des Comptes. 543.

Admortiſſements. Guillaume de Cloućhes, Commiſſaire ſur le fait des Admortiſſements & de Francs-Fiefs dans la Viguerie ancienne de Beziers, & dans la Baronnie de Homeladois (ou d'Aumelas) 544. & Note *(b)*.

Admortiſſement. Declaration portant Reglement ſur les droits d'Admortiſſement & de Francs-Fiefs. 608. *Voy. les Sommaires*. Declaration adreſſée à Fiacre Brient, Commiſſaire deputé par le Roy dans la Seneſchauſſée de Beaucaire, ſur le fait des Admortiſſements & Francs-Fiefs, portant reglement ſur ces droits. 655. *Voy. les Sommaires*. Les Gens des Comptes donnoient des Inſtructions aux Commiſſaires députez ſur le fait des Admortiſſements & des Francs-Fiefs, & des Lettres Royaux données ſur cette matiere leur ſont adreſſées. 127. 128. Les Lettres d'Admortiſſement doivent eſtre paſſées par les Gens des Comptes, qui fixeront la finance qui doit eſtre payée par les Impetrans de ces Lettres. 119. *Voy. Audiance*. Toutes les Lettres qui regardent les Admortiſſements & les Francs-Fiefs, doivent être expédiées à la Chambre des Comptes. 657.

Admortiſſement. Les Alleux ſont ſujets au droit d'Admortiſſement. 598.

Admortiſſement. Les Hoſpitaux payent les droits d'Admortiſſements. 656. II.

Admortiſſement. L'Eveſque de l'Egliſe de Mende & ſes ſujets, ſont exempts des droits d'Admortiſſements & de Francs-Fiefs. 603. *Voy. Mende*. L'Eveſque de Mende & les perſonnes d'Egliſe de ſon Dioceſe, ne payeront point les droits d'Admortiſſement pour les biens qu'ils ont acquis juſqu'au jour de la date des Lettres par eux impetrées, dans les Fiefs & Arriere-Fiefs du Roy, & dans ceux de ſes ſujets en tant que cela regarde le Roy. Les heritages qui ont eſté achetez ou qui le ſeront dans la ſuite, pour la fondation des Egliſes

Tome V.

Paroissiales, ou pour l'establissement de leurs Cimetieres, & qui leur seront absolument necessaires, ne seront point sujets aux droits d'Admortissement; & les proprietaires de ces heritages seront contraints de les vendre à ces Eglises, qui leur en payeront la juste valeur. 632. II. III. Les Gens d'Eglise du Diocése de Mende, joüiront paisiblement & sans payer aucuns droits, des heritages qu'ils ont acquis dans leurs Justices. 633. VIII. Le Roy accorde aux Doyen, Chapitre, Chapelains & autres du College de l'Eglise de N. D. de Paris, l'exemption des droits d'Admortissement pour tous les biens qu'ils avoient acquis jusqu'au jour de la date de ses Lettres ; mais la Chambre des Comptes ne voulut pas enregistrer ces Lettres. 598. & Note *(a)*. L'Abbaye de Saint Denis en France exemptée des droits d'Admortissements. 722. Note *(b)*. Les habitans de Sauveterre pourront bâtir dans leur Ville une Eglise pour laquelle ils ne payeront ni (lods & ventes) ni droits d'Admortissement. 694. II. & Note *(c)*. L'Abbaye de Vaucelles joüira *tranquillement & pacifiquement* des biens qu'elle possede, & de ceux qu'elle acquerrera dans la suite. 142.

ADVENEMENT. (Joyeux). 166. Joyeux Advenement de Charles V. à Douay. 147.

ADULTERE. A Castelnaudary, la peine de l'Adultere estoit de cinq sols. 6. II.

ADVOCAT du Roy. Procureur General & Advocat du Roy en Parlement. 557.

ADVOATS Generaux du Parlement. Le Procureur General du Parlement s'estant opposé à des Lettres Royaux, le Roy adresse aux Advocats & Procureur General du Parlement, une Lettre close (de cachet,) par laquelle il leur enjoint de ne point s'opposer à ces Lettres. 25. 27.

ADVOCAT Fiscal du Dauphiné. 61. Note. L'Advocat & les Procureurs du Dauphin s'opposent à des Lettres émanées de lui. 57.

ADVOCATS du Roy. Les Procureurs du Roy ne pourront intenter procès contre personne, qu'il n'y ait eu une Information faite auparavant, & que sur le vû de cette Information, appellez les Advocats du Roy & les Conseillers, il n'ait esté ordonné par les Juges que cette personne seroit assignée. 433. Les Advocats du Roy doivent desfendre les procès du Prieuré de la Fontaine N. D. en Valois, à leurs dépens. 298. Voy. *Fontaine N. D.* &c. Le Gouverneur des droits Royaux & de Souveraineté à Montpellier, aura un Procureur & un Advocat à Somieres, & un Procureur & un Advocat à Montpellier, ou le Lieutenant du Procureur & de l'Advocat de Sommieres. 477. II. Voy. *Montpellier.* Le Bailli des Exemptions de Touraine, instituera des Advocats & Procureurs, pour garder le droit du Roy & de la Couronne de France. La Chambre des Comptes reglera leurs gages. 429. V.

ADVOCATS & Procureurs du Roy. 327. XIII.

ADVOCAT, (nul) ne peut estre reçû à enchérir les Fermes Royales. 431. Voy. *Prevostez à Ferme.*

ADVOUÉ & Eschevins d'Ypres. 9. & Note *(h)*. Voy. *Communes.*

AFFRANCHISSEMENT du lieu nommé Mitry. On payoit une finance au Roy pour les affranchissements. 463. Voy. *Mitry.*

Affranchissement des habitans de la Baronnie de Coucy. 154. Voy. *Coucy.*

AGEL, Viguerie de Beziers, Seneschaussée de Carcassone. Diminution de Feux pour ce lieu. 214. Voy. *Feux.*

AGEN. (Le Seneschal d') prenoit quelquefois le titre de Seneschal de Gascogne. 437. & Note *(e).*

Agen. Si on interjette appel de la Sentence [des Juges municipaux] de Puy-Mirol, devant le Seneschal d'Agen ou le Juge ordinaire, eux ou leurs Lieutenans, seront obligez de venir donner leur Jugement dans la Ville de Puy-Mirol. 313. IX. A Puy-Mirol, les Sentences renduës par le Bailli ou les Consuls de cette Ville, ou par les quatre personnes éluës pour juger sur l'appel des Sentences du Bailli ou des Consuls, ne pourront estre cassées par le Seneschal d'Agen, ni par quelqu'autre Juge que ce soit, si l'une des Parties n'en interjette appel devant eux. Le Seneschal d'Agen, ni quelqu'autre Juge que ce soit, ne pourront évoquer devant eux, les procès pendans pardevant le Bailli ou les Consuls de cette Ville, s'ils n'en ont une cause juste & raisonnable. 313. XI.

Agen. Vers 1340. Pierre Gassie estoit Procureur de cette Seneschaussée. 437.

Agen. Les Maistres & Fermiers de la Saline Royale d'Agen, sont déboutez de la prétention qu'ils avoient, d'obliger les habitans de Dunes, d'y acheter du sel. Les Lettres sont adressées au Seneschal d'Agen. 436. Voy. *Dunes.*

AIDE. Vers 1303. Philippe-le-Bel leve pour la guerre de Flandre, une Aide sur les sujets des Gens d'Eglise du Diocése de Mende; laquelle ne pourra prejudicier dans la suite à leurs privileges. 633. XII. XV.

Aide pour la rançon du Roy Jean. 151. Les Arbalestriers de Lagny-sur-Marne, exemptez de tous Impôts ; à l'exception de l'Aide pour la rançon du Roy. 32. Voy. *Lagny-sur-Marne.* En 1368. La Ville de Tournay devoit 20000. Royaux d'or pour cette Aide. 138. V. Vingt-cinq Arbalestriers de Laon, exempts de tous Impôts; à l'exception de cette Aide. 13. 23. 67. IV. 68. VI. Moyennant la redevance annuelle que les Juifs payent au Roy, ils seront exempts de tous Impôts; à l'exception de l'Aide establie pour la rançon du Roy. 494. XVI. Les Marchandises que les habitans de Plaisance en Lombardie, feront venir à Harfleur, à l'exception des vins, seront exempts de l'Aide pour la rançon du Roy & pour la deffense du Royaume. 241. Charles V. donne au Duc de Berry son Frere, tous les *debets* des droits qui luy estoient dûs dans l'Anjou, la Touraine & le Maine, à l'exception des *debets* de cette Aide. 603. Charles V. exempte plusieurs Villes de tous Impôts pour les Marchandises qu'ils acheteront, même de l'Aide pour la rançon du Roy Jean. 189. Voy. *Vic-Fezinsac.*

TABLE DES MATIERES.

Aides. L'Ordonnance & l'Instruction faite à Amiens, au sujet de l'Aide ordonnée pour la guerre feront executées; & en consequence, l'on ne pourra faire d'execution contre ceux qui n'auront pas payé cette Aide, qu'après les quatre mois ordonnez, & elles ne pourront estre faites que par des Sergens Royaux ordinaires, & non par des Sergents d'Armes. 20. V.

Aide levée en 1367. pour le deffense du Royaume, contre l'incursion des *Compagnies*. Elle se levoit par Dioceses. 16. III. Voy. *les Sommaires*. Les Aides establies en 1367. ne porteront aucun prejudice aux franchises & aux Libertez de ceux qui les payeront. 21. VIII. L'Argent provenant de l'Imposition de Feux ordonnée pour la deffense du Royaume, ne pourra estre employé que pour les dépenses de la guerre. 20. VI.

Aide accordée en 1367. par les Nobles & Bourgeois des Comtez d'Artois, de Boulogne & de S.t Pol. Il y avoit alors en France, qui ne payoient point d'Aide, & dans lesquels on levoit des droits d'entrées & de sorties sur les Marchandises. 82. Voy. *Artois*.

Aide accordée pour un an, par les Estats de l'Artois, du Boulonnois, & du Comté de S.t Pol. [Les Lettres contiennent les mesmes dispositions que les precedentes.] 651.

Aide. Lorsque le Roy acheta le Comté d'Auxerre, les habitans lui octroyerent une Aide, pour faire cet achat. 415. 423. 425. Voy. *Auxerre*.

Aide accordée au Roy en 1367. par les habitans de Dauphiné, pour racheter des Chasteaux occupez par le Comte de Savoye, & pour la deffense du Pays. 64. Estats du Dauphiné convoquez à Grenoble le 26. de Janvier 1373. pour accorder une Aide au Roy. 60. & Note.

Aide accordée au Roy en 1367. par les Estats du Dauphiné. 84. Voy. *Dauphiné*.

Aide sur le Sel payée dans le Languedoc, en 1367. p. 103. Voy. *Gabelle*. En 1371. on levoit une Imposition pour la guerre dans le Languedoc; elle consistoit en partie dans le 10.e du vin. Le Roy dans les Lettres données à ce sujet, avoit ordonné qu'elle seroit payée par toutes sortes de personnes, de quelqu'état & condition qu'elles fussent ; parce qu'étant levée pour la deffense commune de la Patrie, il estoit juste que tous ceux qui en tiroient de l'avantage, y contribuassent. Guillaume *Alamandi* & Bernard *de Oleo* estoient Commissaires deputez sur la levée de cette Imposition. Les Nobles refuserent de la payer, pretendants que par des privileges trés-anciens à eux accordez, ils devoient en estre exempts, & ils appellerent au Parlement; mais nonobstant leur appel, le Roy ordonna que l'on les fist payer. 430.

Aides établies par le Conseil du Roy à Roüen, pour estre levées dans le Languedoc, sur les bleds, farines, vins & autres breuvages. 629.

Aide. Nouvelle Aide establie sur les Brasseurs de Paris, outre celle qu'ils payoient anciennement. Les Lettres sont adressées aux Gens des Comptes, aux Generaux-Tresoriers sur le fait des Aides, & au Prevost de Paris. 222. Voy. *Brasseurs*.

Aides. Exemption d'Imposts pour les sujets de la Vicomté de Rochechouard, situez dans le Duché d'Aquitaine; à l'exception de ceux qui seront levez pour la guerre. 687.

Aide levée sur les habitans de S.t Jean d'Angely, pour les fortifications de cette Ville. 535. 536. Voy. *S.t Jean d'Angely*.

Aides. Imposition accordée pour la guerre vers 1371. par plusieurs Comtes des Senefchaussées de Toulouse, de Carcassone & de Nismes, dans le Languedoc. Bernard de Mora estoit un des Generaux pour la levée de cette Imposition. 421. Voy. *Carcassone*.

Aides payées par la Ville de Tournay, aux Rois de France, pour la guerre & pour autres causes. 136.

Aide donnée au Roy par les habitans de Tournay. 370. Voy. *Tournay*.

Aides. Reglement sur les Aides & sur les Finances. 537. Voy. *les Sommaires*. Reglement sur les finances provenant des Aides, & sur les finances en general. 645. Voy. *les Sommaires*.

Aides. L'Imposition de 12. deniers pour livre, ne sera point levée sur les Marchandises qui ne passeront pas cinq sols ; à moins qu'elles ne soient vendues par des Regratiers. Si les Fermiers ou ceux qui levent ces droits, alleguent que des Marchands ont commis des fraudes pour faire croire que certaines Marchandises par eux venduës, ne passoient pas cinq sols, quoiqu'elles eussent esté venduës plus cher, les Marchands en seront crûs à leurs sermens, au sujet de cette allegation ; à moins que les Fermiers ou Commis ne fassent informer de la fraude aussitôt qu'elle a esté commise, ou ne fassent informer pour prouver que des Marchands ont fait un faux serment, aussi-tôt aprés que les Marchands auront fait ce serment. 20, II. & III.

Aides. Generaux-Conseillers à Paris, & Elûs sur les Aides pour le fait de la guerre. 467. Conseillers-Generaux Elûs à Paris, sur le fait des Aides ordondonnées pour la guerre, & Elûs pour ledit fait dans les Dioceses. 631. En Juin & en Septembre 1371. Nicolas de Fontenay estoit Conseiller-General du Roy, sur le fait des Aides de la guerre, & Visiteur & Reformateur dans la Languedoyl, sur le mesme fait. 404. Conseillers-Generaux sur le fait des Aides de la guerre, départis dans le Languedoc. 604. Les Conseillers-Generaux sur le fait des Aides de la guerre au Conseil du Roy. 653. Lettres concernant la Monnoye, données par le Roy à la relation des Generaux-Conseillers sur le fait des Aides de la guerre. 506. 507. Lettres adressées aux Generaux-Conseillers sur les Aides de la guerre. 575. Lettres adressées aux Generaux & Conseillers sur le fait de la finance & de la Justice des Aides. 578. Des Lettres portant exemption d'Imposts, accordées à plusieurs lieux, sur les marchandises achetées & venduës, sont adressées aux Generaux-Conseillers sur le fait de cette Aide. 299. Voy. *Tartas*. Lettres contenant une exemption d'Imposts pour les habitans de Tournay, signées, par le Roy, presents les Generaux-Conseillers sur les Aides de la guerre, & adressées à eux. 351. Deux Lettres qui portent que les Secretaires du Roy servants au Parlement, seront payez de leurs gages sur les Amendes & autres profits de Justice, sont adressées aux Gens de la Chambre des Comptes, & aux Generaux sur le fait de la guerre; & dans la seconde il est dit, que les sommes payées à ces Secretaires, seront passées dans les comptes de celui qui reçoit ces Amendes, par les Gens de la Chambre des Comptes, ou les Generaux des Aides. 579. 580. Une Ordonnance sur les Marchands de Plaisance en Lombardie, commerçants à Harfleur, est adressée aux Generaux-Tresoriers des Aides pour la rançon du Roy Jean. 245. Les Greneticrs pourront punir ceux qui contreviendront aux Reglements faits sur la Gabelle. Si le delict est grave, ils arresteront prisonniers, & les adjourneront pour comparoistre à Paris, devant les Generaux-Conseillers sur le fait des Aides pour la guerre, pour répondre sur ce delict, au Procureur du Roy. 578. XIII. Les Generaux-Conseillers sur les Aides, ne pourront faire le commerce. Ils pourront cependant se défaire des marchandises qu'ils ont, sans en acheter de nouvelles. 538. I. II.

Aides. (Elûs sur le fait des). 299. 430. Les Elûs sur le fait des Aides, establis dans chaque Diocèse, choisiront un certain nombre de Sergents, pour faire les executions necessaires pour les Aides, & ces Sergents seront commis par le Roy, ou par les *Generaux* sur le fait des Aides. Dans les pays qui ont *composé* sur les Aides, ces Sergents seront payé des executions qu'ils feront, par les Receveurs des Aides, suivant l'ordre des Elûs, & ne pourront prendre aucun salaire des personnes qui seront executées. Dans les pays où l'on n'a pas composé sur le fait des Aides, lorsque les Receveurs des Aides voudront faire executer un Fermier ou un Sous-Fermier, ils pourront le faire faire par un Sergent Royal qu'ils voudront, aux dépens des Fermiers executez; mais lorsque les Receveurs voudront faire executer pour le fait des Aides un autre qu'un Fermier, ils le feront faire par un des Sergents nommez à cet effet, & les Fermiers avanceront les frais de l'execution, jusqu'à ce qu'il soit décidé si l'execution a esté juste; & dans ce cas, les personnes executées payeront les salaires des Sergents, qui ne pourront prendre que trois sols par jour, quelque soit le nombre des personnes qu'ils executeront dans une mesme Ville. Quand des Sergents seront une execution pour le fait des Aides, ils appelleront les Sergents des haut-Justiciers des lieux où ils les feront; & ceux-ci ne pourront prendre de salaire par rapport à leur présence. 18. XI. Elûs sur les Aides dans le Diocèse de Carcassonne. 422. Les Elûs sur le fait des Subsides dans la Ville, Prevosté, Vicomté & Diocèse de Paris, ne seront point garants des Fermes de ces Subsides qu'ils adjugeront, ni de la Regie des Collecteurs qu'ils nommeront pour faire valoir les Fermes de ces Subsides, qui auront esté abandonnées par les Fermiers. 348.

Aides. François Chanteprime estoit Receveur General des Aides en Fevrier 1372. p. 593. Receveur-General des Aides à Paris. 538. III.

& *suiv*. Les Receveurs des Subsides & Impositions, payeront exactement aux habitans des Villes & à ceux du plat-pays, la portion de ces Subsides & Impositions, qui leur a esté octroyée. 20. IV.

Aides. (Fermiers des). 467.

Aides. Les executions sur le fait des Aides, seront faites par des Sergents Royaux & ordinaires, & non par d'autres. 17. X. Les procedures qui se ront à faire pour les Aides, se feront par des Sergents en titre, & non par ceux à qui les Tresoriers, les Receveurs & autres Officiers du Roy, auront donné des Commissions à cet effet. 195.

Aides. Le Roy nommera des gens pour s'informer de la conduite des personnes chargées de lever les Aides, & des Officiers Royaux qui se sont entremis de cette levée. 18. XII. Les Reformateurs n'auront de Jurisdiction que sur les Officiers, Fermiers & autres Employez par le Roy, sur le fait de la Justice & sur le fait des Aides. 22. XIV. Gilles le Galois estoit un des Reformateurs sur le fait des Aides. Outre ses gages, il avoit cinq Francs d'Or pour chaque jour depuis sa sortie de Paris jusqu'à son retour. 540. Note (*i*).

Aides. Le Roy ayant accordé au Roy de Navarre, la moitié des Aides qui se payoient dans la Ville de Montpellier qu'il lui avoit donnée, il ordonna que cette moitié des Aides se leveroit par les Officiers Royaux. 480. XIV.

Aides. sur les draps vendus. 421. Le vin les fait beaucoup valoir. 615. Les habitans d'Haubervilliers soulez par les Aides. 462. Celle qui se levoit à Vitry-les-Paris, montoit à plus de 800. livres par an. 289. Voy. *Vitry.*

Aides. Remise aux habitans des lieux & Villes du plat-pays, de la moitié des Aides ordonnées pour la rançon du Roy Jean & de celles ordonnées pour la deffense du Royaume, avec la moitié des arrerages qui en sont dûs. Don aux Villes fermées, du quart des Aides qui y seront levées & du quart des arrerages qui en sont dûs, pour estre employez aux fortifications de ces Villes. Le nombre des Officiers chargez de lever ces Aides, & les gages de ceux qui resteront, seront diminuez par le Conseil du Roy. 16. VIII.

Aides. Le Roy ne mettra ni Imposts ni Aides sur Abbeville & les autres Villes du Comté de Ponthieu, qu'au profit de ces Villes, à la requeste de leurs Maires & Eschevins, ou de leur contentement. 176. Les Estudians dans l'Université de Paris, en sont exempts. 467. Les Escoliers & les Bedeaux de l'Université de Paris, sont exempts de l'Aide pour la rançon du Roy & la deffense du Royaume. Les Lettres sont adressées aux Generaux sur le fait de ces Aides. 221. Voyez *Université de Paris.* Les Membres & Suppofts des Universitez d'Orleans & d'Angers sont exempts d'Impositions & Aides sur ce qu'ils achetent pour leurs provisions, & sur la vente des fruits provenants de leurs patrimoines ou Benefices. 629. Voy. *Angers.*

Aides. Voy. *Generaux-Tresoriers, Elûs & Receveurs sur le fait des Aides & Imposts.*

TABLE DES MATIERES.

Aide faite à un Seigneur, pour la refection d'un Moulin. 474. Le Comte de Joigny accorde des privileges aux habitans de ce lieu, en confideration d'une Aide qu'ils lui payeront pour fa rançon. 381. Les Sujets de l'Evêque & de l'Eglise de Mende, en sont exempts. 603. Voy. *Mende.*

AIGREFEUIL, de la Viguerie de Termenez. Diminution de Feux pour ce lieu, où il y en avoit 19. en 1371. p. 466. Voy. *Feux.*

AIGUES-MORTES. Le Roy avoit establi dans la Ville de Sommieres, la Bourgeoisie de Montpellier; mais les Officiers Royaux de la Seneschauffée de Beaucaire & les habitans d'Aigues-Mortes, lui representerent que cette Bourgeoisie conviendroit mieux dans cette Ville, que dans Sommieres; qu'Aigues-Mortes estoit très-bien close & très-bien fortifiée; que c'estoit un port de Mer considerable; mais qu'elle avoit esté dépeuplée par la mortalité, par les guerres & parce que la rade en estoit éloignée, à cause du sable qui s'y estoit amassé; ensorte que ceux qui autrefois y venoient commercer par Mer, ni venoient plus, par rapport aux dangers qu'il y avoit à courir; & qu'il n'y avoit plus assez d'habitans dans la Ville, pour la garder; le Roy ordonna que la Bourgeoisie de Montpellier seroit transferée de Sommieres à Aigues-Mortes; & que le Chastelain & Viguier de cette Ville, seroit le conservateur & le Juge de ces Bourgeois & de leurs privileges. 627. Voy. *Montpellier.*

Aigues-Mortes. (Port d') 413.

Aigues-Mortes. Guiraudus Malepue, Damoiseau, estoit Chastelain & Viguier d'Aigues-Mortes, le 11. de Juin 1276. p. 100. 103. Lettres Royaux tirez des Livres de la Cour d'Aigues-Mortes. 100.

AIGUE-VIVE Royale, de la Viguerie de Minerve. Diminution de Feux pour ce lieu, où il y en avoit 44. en 1371. p. 466. Voy. *Feux.*

Aigue-vive de la Viguerie de Campendu. Diminution de Feux pour ce lieu, où il y en avoit 20. en 1371. p. 466. Voy. *Feux.*

AIGUES-VIVES. Diminution de Feux pour ce lieu, où il y en avoit 24. en 1373. p. 638. Voy. *Feux.*

AIS. (L'Isle d') 564. Voy. *Ré.*

AISNE, (Les habitans du Bourg d') & du Château S.t Mard de la paroisse de S.t Vast de Soissons, de la Prevosté Foraine de Laon, affranchis des Appeaux Volages. 93. Voy. *Appeaux Volages.* Il y avoit un Majeur & des Eschevins dans ce Bourg & dans ce Chasteau. 94.

ALAIS. Differents Reglements faits à la requeste des Consuls d'Alais & d'Anduze. 120. 121.

ALAUSAC. Diminution de Feux pour ce lieu où il y en avoit 9. en 1367. p. 31. Voy. *Feux.*

ALBI. Seneschaussée de Toulouse & d'Albi. 125. 255. Voy. *Toulouse.*

Albi. Montedon est de sa Viguerie. 466.

Albi. A Carcassonne, Albi & Castres, il est deffendu pour un temps de faire entrer le vin & la vendange qui n'auront point esté recüeillis dans le territoire de cette Ville; à moins qu'ils ne soient du crû de ses habitans. 330. Voy. *Castres.*

Albi. Pendant 15. ans les habitans de Rhodez ne payeront aucuns droits pour les effets à eux appartenants qu'ils feront passer dans cette Seneschauffée 408. Voy. *Rhodez.*

Albi. Hugo Alberti Evêque d'Albi, ayant representé au Duc d'Anjou, Lieutenant du Roy dans le Languedoc, que ses predecesseurs avoient toûjours esté en possession de chasser le sanglier, le cerf, le chevreuil & autres animaux semblables, dans ses Terres, où il a seul, haute moyenne & basse Justice, & qui sont distantes des Forêts du Roy, de deux lieuës ou environ, & dans lesquelles ces animaux naissent & se nourrissent; & que cependant il est troublé dans cette possession, par le Maistre des Eaux & Forêts de la Seneschaussée de Toulouse & d'Albi, le Duc d'Anjou en consequence d'une Ordonnance du Roy, ordonna qu'iy seroit conservé, si ce qu'il alleguoit estoit vrai. L'affaire ayant esté portée devant le Maistre des Eaux & Forêts, entre le Procureur General du Roy de la Seneschauffée de Toulouse, & l'Evêque, il fut jugé que la Forest *de S.te Ypolito* & de *Vendoyas,* appartenante à l'Evêque, est distante de deux lieuës de celles du Roy, & qu'ainsi l'Evêque peut y chasser ; & que celle d'*Almayraco* qui lui appartient aussi, n'est pas distante de deux lieuës de celle du *Pampelier* qui appartient au Roy, & que cependant l'Evêque pourra y chasser, parce que les sangliers & les autres animaux y croissent & s'y nourissent. Ce Jugement fut confirmé par le Roy. 210. V. p. 211. Note *(a)*, & *les addit.* & correct. sur cette Note, qui sont à la fin du *Vol. V.*

Albi. Voy. *Albigeois.*

ALBIERES. Diminution de Feux pour ce lieu, où il y en avoit 3. en 1367. p. 31. Voy. *Feux.*

ALBIGEOIS. Seneschal de Toulouse & de l'Albigeois. 395. Voy. *Albi & Toulouse.*

ALBON. Voy. *Bernis.*

ALBRET. 299. Voy. *Tanas.*

ALET. Diminution de Feux pour ce lieu, où il y en avoit 45. en 1372. p. 551. Voy. *Feux.*

ALIGNAN, Viguerie de Beziers. Diminution de Feux pour ce lieu, où il y en avoit 73. en 1369. p. 213. Voy. *Feux.*

ALLAMANS, Diocése de Carcassone, estoit autrefois le Chef-lieu d'une Viguerie Royale de ce nom, laquelle comprenoit tous les lieux appartenants au Roy, à cause du pariage fait entre lui & l'Evêque & Chapitre de Pamiers. *Villeneuve de Pareage, S. Amatori, S. Felix & S. Paul des Allamans,* estoient de cette Viguerie. 165. & Note *(b).*

ALLEUX (Les) sont sujets au droit d'Admortissement. 598. Les personnes Ecclesiastiques payeront la valeur du revenu de six ans pour les Francs-Alleux qu'elles auront acquis à *titre* onereux ; pourvû cependant qu'ils ne soient point d'un prix considerable, & qu'il n'y ait point de Justice attachée ; car le Roy leur deffend d'acquerir ces sortes de Francs-Alleux sans sa permission. 363.

ii.

Alleux (Les Francs-) sont sujets aux droits des Francs-Fiefs. 125. 419. Lettres qui ordonnent qu'il ne sera point payé de finance pour les non-nobles, pour les acquisitions d'Alleux non-nobles & ne relevans point du Roy, ni en Fief ni en Arriere-Fief, faites de personnes nobles. 99. Surseance de payement, dans le cas d'un Franc-Alleu acquis d'un Noble par un non-noble ; à moins que ce Franc-Alleu ne soit d'un prix considerable, & qu'il n'y ait un Fief ou une Justice attachez : Car le Roy ne veut point que les non-nobles acquierent ces sortes d'Alleux des Nobles, sans sa permission. 364. XIII. Les biens acquis des Nobles par des non-nobles, dans les Fiefs & les Arriere-Fiefs du Roy, & que ces non-nobles auront établi Francs-Alleux, seront unis au Domaine du Roy. 364. XIV. Lettres qui exemptent les Consuls & les habitans de Beziers, du droit de Francs-Fiefs pour deux cens livres de rente qu'ils pourront acquerir dans des Fiefs ou Arrieres-Fiefs, & pour cent livres de rente qu'ils pourront acquerir dans des Censives & Alleux ; pourvû qu'il n'y ait point de Justice attachée aux heritages qu'ils acquereront. 302. Les habitans non-nobles de la Ville de Caussade, seront exempts du droit de Francs-Fiefs pour les Alleux qu'ils acquereront, pourvû cependant que ce ne soient point des Fiefs de Chevalerie, ou des Alleux d'un prix considerable. 283. Voy. *Caussade.*

Alleux. Voy. *Francs-Alleux.*

AMENDES (Les) sont du Domaine du Roy. 288. Differentes Amendes prononcées dans differents cas de procedure. 164.

Amende de 1000. & de 500. Marcs d'Or. 226. 228. Note. Amende de cent Marcs d'Argent. 586.

Amendes. Ceux qui sont deboutez de leurs demandes, sont condamnez à l'Amende. 76. Amende à laquelle seront condamnez ceux qui contreviendront aux Ordonnances sur les Monnoyes, taxées *selon leur vaillant.* 251. & Note *(b) & ailleurs.* Voy. *Monnoye.*

Amendes (Diminution des) à Bruyere-lès-Catenoy. 712. Voy. *Bruyere* (La). A Chaumont en Bassigni ; differentes Amendes, pour differents delicts. 600. II. A Mailli-le-Chasteau, moderation des Amendes & de ce qu'on paye pour les Requestes presentées au Prevost. 715. v. Voy. 717. XXIV.

Amendes. Celui qui est chargé de recevoir les Amendes décernées par le Parlement, & autres profits de Justice. 579. 580.

Amendes. Le Roy ayant assigné les gages de Messieurs du Parlement & des Maistres des Requestes, sur les Amendes qui seroient adjugées en Parlement ; il ordonna que le rolle des Amendes décernées seroit donné à Pierre Domino, qu'il chargea de les lever, & de vendre les biens de ceux qui refuseroient de payer ; & en cas de résistance, de les faire assigner pardevant les Gens des Comptes & les Tresoriers ; & enfin d'envoyer ces Amendes au Tresor, à Paris, aux dépens & risques de ceux qui les devoient ; sur lesquelles Amendes, les Gens du Parlement & les Maistres des Requestes seroient payez de leurs gages, par le Changeur du Tresor à Paris. Il ordonna que s'il accordoit des Lettres de don des Amendes, il n'y seroit pas obei, sans un mandement des Gens du Parlement & des Maistres des Requestes. 613.

AMIENS. (Le Bailli d'). Philippe de Valois lui donne le pouvoir de nommer des Gardiens à la Ville d'Abbeville. 269. Voyez *Abbeville.* Les Lettres sur l'Aide accordée en 1367. par les habitans des Comtez d'Artois, de Boulogne & de S.t Pol, lui sont adressées. 83.

Amiens. Les Religieux & Prieurs de S.t Pierre d'Abbeville, dont les Terres relevoient nuëment du Roy en ressort, & dont les Affaires estoient portées dans differentes Prevostez ; sçavoir, Beauquesne, Dourlens, S.t Riquier & Vimeux, lesquelles toutes ressortissent au Bailliage d'Amiens, obtinrent que leurs Affaires seroient portées à ce Bailliage en premiere instance, & par Appel au Parlement ; à condition que les Prevosts de ces Prevostez percevroient toûjours par rapport à ces Affaires, les Amendes & les autres profits de Justice. Les Lettres sont adressées au Gouverneur du Bailliage d'Amiens. 201.

Amiens. Gouverneur du Bailliage d'Amiens & du Ponthieu. Des Lettres concernant Abbeville, lui sont adressées. 197. Voyez *Abbeville.* Des Lettres concernant les privileges d'Arras, sont adressées au Gouverneur du Bailliage d'Amiens. 204. Voy. *Arras.* Des Lettres concernant Arras, lui sont adressées. 614. Voy. *Arras.* Des Lettres concernant Epinoy & Carvins, lui sont adressées. 459. Voy. *Epinoy.* Il est Juge par appel d'une contestation survenuë dans la Ville de Montreuil-sur-Mer, entre le Maire & les Eschevins, & le Vicomte des Religieux de S.t Sauve. 619. Des Lettres concernant Montreuil-sur-Mer, lui sont adressées. 528. Voy. *Montreuil-sur-Mer.*

Amiens. Les procés du Ponthieu ne seront plus portez aux Prevostez de S.t Riquier & de Vimeux, au Bailliage d'Amiens. 174. 175. Voy. *Ponthieu.*

Amiens. Toussaints Raier estoit en 1346. Garde du sel du Bailliage d'Amiens, establi en la Prevosté de S.t Riquier. 180. Voy. *Mayoc.*

Amiens. (Receveur d') 455.

AMIRAL de la Mer. 636.

AMIS, signifie quelquefois parents. 476. v. & Note *(e).*

ANDUZE. Voy. *Alais.*

ANGERS. (Le Seneschal de) Les Lettres de Sauve-garde Royale pour l'Abbaye de Savigny, Diocése d'Avranches, lui sont adressées. 351. Voy. *Savigny.*

Angers. Il y avoit un Hostel des Monnoyes. 124. Sols d'Angers. 674. XXII. Prix que la Monnoye y valoit dans l'Hostel des Monnoyes au commencement de Février 1371. & prix que l'on y donnoit pour la fabrication de chaque Marc. 454.

Angers. L'Évesque, le Doyen & le Chapitre de l'Eglise d'Angers, pretendoient que par un ancien droit, eux, leur Officiers & leurs sujets, de-

TABLE DES MATIERES.

voient ressortir sans moyen devant les Gens de Parlement, comme pardevant Traiteurs, tant en deffendant qu'en demandant, & qu'ils pouvoient y plaider par Gens de leurs Robes, [sans procuration]. Le Bailli de Touraine soustenoit au contraire, qu'ils devoient ressortir devant lui. Cela donna lieu à un procés au Parlement où il fut jugé que par provision, les affaires de l'Evesque & Chapitre d'Angers, seroient portées devant le Bailli de Tours. Dans la suite, le Roy ayant establi un Bailli des Exemptions de Touraine, d'Anjou & du Maine, ce Bailli pretendit que les procés de l'Evesque & du Chapitre d'Anger, devoient estre portez devant lui. Nouveau procés au Parlement, où la provision lui fut adjugée; mais le Roy ayant esté informé de l'ancien usage, par plusieurs personnes de son Conseil, ordonna que les affaires de l'Evesque & du Chapitre d'Angers, & de ceux de leurs Officiers qu'ils voudroient avoüer, seroient portées sans moyen au Parlement, & que celles de leurs sujets, seroient portées devant le Bailli des Exemptions de Touraine, d'Anjou & du Maine. 520.

Angers. (L'Université d') Le Roy ayant accordé à l'Université d'Orleans, que les Docteurs, Maistres, Bacheliers, & vrais Estudians en cette Université, & son Tabellion, ses Bedeaux & ses Supposts, seroient exempts de toutes Aides sur ce qu'ils acheteroient pour leur provision, & sur les fruits provenants de leurs patrimoines ou de leurs Benefices; l'Université d'Angers fille *aînée* du Roy, lui ayant representé qu'un grand nombre de personnes nobles, du Royaume & des pays estrangers, viennent y entendre les leçons ordinaires & extraordinaires, il accorda la mesme exemption au Maistre-Ecole, Docteurs, Maistres, Ecrivains, Bacheliers, & vrais Estudiants de cette Université, au Notaire & au Bedeau général, aux Tabellions & Bedeaux, aux Libraires, aux Parcheminiers, jurez & aux autres supposts de l'Université, sur le certificat du Maistre-Ecole & College de l'Université, sans avoir besoin de celui des Officiers Royaux & autres Supposts, quoiqu'ils eussent payé autrefois les Impositions, & quoiqu'ils eussent femmes & enfans; pourvû neantmoins qu'ils ne fassent point d'autre commerce, que celui qui est necessaire pour le service de l'Université; car alors ils payeront les Impositions par rapport à ce commerce. Ils seront aussi exempts de faire la garde dans la Ville & sur les murs, si ce n'est en cas de peril éminent, & que l'ennemi fut à 10. lieuës de la Ville; & alors ils envoyeront des gens pour faire la garde à leur place. Il y a plusieurs Nations & Bedeaux dans l'Université d'Angers. 629. Le Roy accorde à sa Fille, l'Université d'Angers, que les deux Bourgeois qu'elle eslira, pour faire prester à ses membres, l'argent dont ils auront besoin, joüiront, après avoir esté presentez au Prevost d'Angers, de tous les privileges accordez à l'Université; & seront exempts des Tailles & autres Impositions faites pour les dépenses communes de la Ville. 249.

Angers. Voy. *Anjou*.

ANGLETERRE. (Plume d'). 547. III.

ANGOULESME. (Le Seneschal de). Des Lettres concernant l'Abbaye de Saint Maixent en Poitou, lui sont adressées. 545. Voyez *Saint Maixant*.

Angoulesme. Charles voulant recompenser les Bourgeois & habitans de la Ville d'Angoulesme, qui estant informez du droit qu'il avoit sur le Duché d'Aquitaine, l'avoient reconnu pour leur Souverain, & s'estoient soumis à son obeïssance d'un commun consentement, sans y avoir esté portez par la force, par la priere, & par la recompense, il leur accorda le droit de Commune, & tous les privileges contenus dans les Lettres de Commune de la Ville de S.t Jean d'Angely. Les Lettres sont adressées au Bailli des Exemptions de Touraine, de l'Angoumois & de la Saintonge. 581. 670. Voy. *S.t Jean d'Angely*.

Angoulesme. Jean Duc de Berry & d'Auvergne, Comte de Poictiers, de Mascon, d'Angoulesme & de Saintonge, estoit en 1372. Lieutenant du Roy dans ces pays & dans d'autres. 606.

ANGOUMOIS. (Bailli des Exemptions d') Les Lettres de Commune d'Angoulesme, lui sont adressées. 670. Voy. *Angoulesme*.

ANGOUMOIS. (L') rentre sous l'obeïssance du Roy. 557. Voy *Poitou*.

ANGUEVILLE de la Judicature de Verdun, de la Seneschaussée de Toulouse. Diminution de Feux pour ce lieu, où il y en avoit 7. en 1372. p. 551. Voy. *Feux*.

ANIANE. S.t Guillem du Desert estoit de cette Vigurie. 79.

ANIMAUX. Il est deffendu de mener paistre des Animaux dans les vignes vendangées. 529. A Angoulesme, ceux qui trouveront des bestes égarées, les ameneront au Maire, qui les rendra à ceux qui prouveront qu'elles leur appartiennent. 681. V. A Angoulesme, les Laboureurs ne peuvent se loüer, & l'on ne peut loüer les bestes de loüage, que dans le lieu marqué à cet effet. 682. XIII. XIV. Comme les Religieux de l'Ordre de Cisteaux n'exigeoient pas d'Amende des Maistres des animaux qui avoient fait du degast sur leurs terres, pourvû qu'ils reparassent le tort qui avoit esté fait; il fut ordonné qu'on en useroit de la mesme maniere à leur égard. 143. A Mailli-le-Chasteau, si un Animal poursuivi par des Taureaux, ou piqué par des mouches, entre dans la forest du Fretoy, dans le Parc de Mailly-le-Chasteau, &c. celui à qui il appartient ne payera point d'Amende, s'il peut jurer que cela s'est fait malgré celui qui gardoit l'animal; mais si ce gardien ne l'a pas empesché, pouvant le faire, il aura lieu à l'Amende. 716. XXI.

ANIORT, de la Seneschaussée de Carcassone & du Bailliage de Sault. Diminution de Feux pour ce lieu, où il y en avoit 40. en 1368. p. 122. Voy. *Feux*.

ANJOU. Geoffroy V. dit Plantegenest, Comte d'Anjou, & Duc de Normandie. 416. & Note (*b*).

Anjou. Le Roy Jean avant son trespas, donna à Louis son Fils, le Duché d'Anjou & le Comté

m ij

TABLE DES MATIERES.

du Maine, & d'autres Terrres, pour les tenir en Pairie, à une seule Foy & hommage, & l'exempta de la Jurisdiction de tous autres Seigneurs & de toutes autres Cours; sauf le ressort au Parlement. Dans la suite, Charles V. ayant donné le Duché de Touraine au Duc d'Anjou, afin que la Justice fût bien renduë aux sujets de ce Duc, qu'ils ne fussent point vexez par ses Officiers, & que ceux-ci fussent contenus dans leur devoir, il lui permit de tenir à Paris, ou ailleurs dans ses Terres, de Grands Jours, pour toutes ces Terres & pour celles de sa Femme; à condition qu'ils se tiendroient tous les ans, & que l'appel des Jugements qui y seroient rendus, seroit porté au Parlement de Paris. 435. 526.

Anjou (Le Duc d'). Charles V. son Frere lui donna les *debets* de tous les Impôsts & droits Seigneuriaux qui lui estoient dûs dans l'Anjou, la Touraine & le Maine. 603.

Anjou. En Aoust 1369. le Duc de Berry y estoit Lieutenant du Roy, & dans plusieurs autres Provinces. 218. Voy. *Lieutenant du Roy.*

Anjou & du Maine. (Le Seneschal de l') Les Lettres de Sauve-garde Royale pour le Chapitre de Poictiers, lui sont adressées. 114.

Anjou. (Le Bailli de). Les Lettres de Sauve-garde pour l'Abbaye de S.t Joüin de Marnes, lui sont adressées. 610. Voy. *S.t Joüin de Marnes.*

Anjou. Bailli des Exemptions de l'Anjou & de la Touraine. 525. Voy. *Touraine.* Reglement pour la Jurisdiction du Bailli des Ressorts & Exemptions de Touraine, d'Anjou & du Maine. 369. Le Parlement envoyera au Bailli des Exemptions de Touraine, les Mandements qu'il avoit coustume d'envoyer aux Seneschaux de Touraine; d'Anjou & du Maine. 430. Le 8. d'Octobre 1371. Jean de la Thuille estoit Bailli des Exemptions de Touraine, d'Anjou & du Maine. 428.

Anjou. Les Bourgeois de Verneüil sont exempts dans ce pays, des Impôsts qui appartiennent au Roy. 488. Voy *Verneüil.*

Anjou. Voy. *Angers.*

ANNE (D') Voy. *Autre (d').*

ANNÉE. Prises pour le Mareschal de Blainville, qui vouloit *tenir son eslat*, le premier de l'an (1.er de Janvier) 1369. p. 289. Note *(a).*

ANNEXE. Le Gouverneur des droits Royaux & de Souverainetez dans Montpellier, n'aura pas besoin de l'*annexe* d'aucun Officiers Royaux, par laquelle ils lui permettent d'exercer sa charge. 478. VIII.

ANNIANE, de la Viguerie de Ginac, de la Seneschaussée de Carcassone. Diminution de Feux pour ce lieu, où il y en avoit 108. en 1373. p. 622. Voy. *Feux.*

ANNOBLIS. Les Lettres d'Annoblissement doivent estre passées par les Gens des Comptes, qui fixeront la finance qui doit estre payée par les Impetrans de ces Lettres 119. Voy. *Audiance.* Les Annoblis payeront lesdroits de Francs-Fiefs, pour les biens qu'ils auront acquis des Nobles dans les Fiefs & Arriere-Fiefs du Roy, avant leur annoblissement. 365. XIX. Voy. *Admortissemens.*

ANSAN. Diminution de Feux pour ce lieu, où il y en avoit 7. en 1367. p. 31. Voy. *Feux.*

ANSINIA. Diminution de Feux pour ce lieu, ou il y en avoit 7. en 1367. p. 31. Voy. *Feux.*

APLET, de la Seneschaussée de Carcassone, & du Bailliage de Sault. Diminution de Feux pour ce lieu, où il y en avoit 4. en 1368. p. 122. Voy. *Feux.*

APPANAGE, ou Appariage. 113. Frerage, partage, Appanage. 688.

APPEAUX Volages. Exemption pour les habitans du Bourg d'Aisne & du Chasteau S.t Mard de la Paroisse de Saint Vast de Soissons, de la Prevosté Foraine de Laon, des Appeaux Volages & frivoles, moyennant une redevance annuelle & solidaire pour chaque maison, payable au Receveur de Vermandois, à Laon. Les Ecclesiastiques & les pauvres ne payeront point cette redevance. 93. Semblable exemption & avec les mesmes clauses, pour les habitans de Chaourse, des Boüillaux & de Vien-sur-Aisne, de la Prevosté Foraine de Laon. 246. Les Arbalestriers de Laon, ne pourront estre assignez, en deffendant seulement, que devant le Prevost de Laon; sans estre sujets aux Appeaux volages. 68. VIII.

APPEAUX frivoles abolis dans les Justices appartenantes au Chapitre de Laon. 635. Appeaux frivoles de la Prevosté de Laon, supprimez par rapport aux Justices dépendantes du Chapitre de Rheims. 470. Voy. *Rheims.* Les habitans de Rozoy en Tierasche, sujets aux Appeaux volages de Laon, representent au Roy que des personnes Ecclesiastiques & autres, qui ne sont point sujettes à ces Appeaux, les font assigner devant le Bailli de Vermandois à Laon, & quelquefois n'y comparoissent point eux-mêmes; & ils obtiennent, à l'exemple de plusieurs autres lieux, l'exemption de ces Appeaux volages; à la charge de payer chacun au Roy, 2. sols par Feux. 29. Appeaux frivoles de la Prevosté de Laon, supprimez sur les plaintes du Prevost de Soissons & de plusieurs autres Justiciers du Bailliage de Vermandois. 720. Voyez *Soissons.*

APPEL. Les Gens des Requestes de l'Hostel ne donneront point de Lettres d'appels contre les Jugements des Reformateurs sur le fait des Halles de Paris. 262.

Appel. On ne pourra point appeller à la Cour Delphinale, des Jugements des Chastelains & des autres Officiers des Nobles, qu'après les avoir requis de reformer ces Jugements. 49. XXXIV.

APPELLATIONS, (Juge des premieres) establi dans le Comté de Pardiac. 70. Voy. *Pardiac.*

APPRENTIF. A Arras, les Apprentifs Boulangers, s'ils ne sont pas fils de Boulangers, doivent cinq sols. 509. V. Les Barbiers de Paris ne pourront prendre les Apprentifs de leurs Contreres. 441. IX. On ne pourra estre Maistre Coustier à Paris, que l'on n'ait esté Apprentif pendant deux ans, & que l'on n'ait acheté le mestier; les fils & filles de Maistres, l'acheteront moins que les autres. 548. X. Les Maistres Coustiers à Paris, ne pourront avoir qu'un Apprentif. 547. XI. Les Orfevres

TABLE DES MATIERES.

Les Orfevres de Troyes leur donnent des salaires. 186. 11.

AQUITAINE. S.t Flour est la clef du Royaume, du costé de l'Aquitaine. 582. Voy. *Guyenne*.

ARBALESTE. Charles V. en deffendant les jeux, ordonna que l'on s'exerçât à tirer de l'Arc & de l'Arbaleste ; & que l'on proposât des prix pour ceux qui tireroient le mieux. 127. Voy. *Jeux*. Les Gouverneurs de chaque Ville tiendront des Registres des Archers & Arbalestriers qui s'y trouvent en estat de servir, & ils en envoyeront l'état au Roy. Ils engageront les jeunes gens, & leur enjoindront de s'exercer à tirer de l'Arc & de l'Arbaleste. 16. VII.

ARBALESTRIERS. Il n'y aura plus que 800. Arbalestriers, dont Marque de Grimault sera le Capitaine General. 651. XXVI. Le Maistre des Arbalestriers nommera une personne pour faire la revûë des Arbalestriers seulement. 658. I. On ne fera point de *Prises* pour lui, sur les Arbalestriers de la Ville de Laon. 68. IX.

Arbalestriers. Connestablie du Connestable & des Compagnons des Arbalestriers de la Ville de Compiegne. 144. Voy. *Compiegne*.

Arbalestriers (Les) de Lagny-sur-Marne, exemptez de tous Impôts. 32. Voy. *Lagny-sur-Marne*.

Arbalestriers de Laon. Arbalestriers de Laon & de Roüen. Voy. *Laon*.

Arbalestriers de la Rochelle. 636. Voy. *la Rochelle*.

Arbalestriers de Roüen exemptez de tous Impôts. 32. Voy. *Lagny-sur-Marne*.

Arbalestriers de Genes, au service du Roy. 651. XXVI.

ARC. Charles V. en deffendant les jeux, ordonna que l'on s'exerçât à tirer de l'Arc & de l'Arbaleste, & que l'on proposât des prix pour ceux qui tireroient le mieux. 172. Voy. *Jeux*.

ARCHERS. 16. VII.

ARDISSAS de la Judicature de Verdun, de la Seneschauffée de Toulouse. Diminution de Feux pour ce lieu, où il y en avoit 15. en 1372. p. 551. Voy. *Feux*.

ARMAGNAC. Les habitans de Rhodez seront exempts pendant 15. ans, des droits de Francs-Fiefs, pour les biens nobles relevants du Roy, qu'ils acquerront hors du Comté de Roüergue & des Terres appartenantes au Comté d'Armagnac. 408. Voy. *Rhodez*.

ARMÉES. Lorsque le Dauphin mandera auprès de lui les Nobles pour des Expéditions militaires ou pour d'autres causes, il leur donnera les gages accoustumez pour leur voyage & pour leur séjour. Lorsque les Nobles seront mandez par le Dauphin, pour une Expédition militaire, il leur payera les chevaux qu'ils perdront dans leurs voyages, par des cas fortuits, lorsqu'il n'y aura pas de négligence outrée de leur part. Il payera aussi les chevaux des Nobles qui seront morts dans les guerres Delphinales, mesme dans les écuries, pourvû qu'il n'y ait pas de fraude, de dol ou de négligence outrée de la part de ceux à qui ils appartiennent. 39. I. II. III. Ceux qui seront faits prisonniers dans les guerres Delphinales, seront rachetez par le Dauphin à qui appartiendront tous les prisonniers faits sur ses ennemis. 39. IV. Par la Commune de Valmy, chaque habitant travaillera sans payement, une semaine dans l'année, aux fortifications du Chasteau. 486. Par cette Commune, les habitans sont obligez d'aller aux expéditions militaires du Comte de Champagne, lorsque lui ou quelqu'un de sa maison, y est, pourvû qu'ils ne passent pas la Marne. 486. VI. Voyez *Valmy*.

Armées. Voy. *Guerres*. Voy. aussi *Gens-d'armes*.

ARMES émoulues. 159. III.

Armes. On ne pourra faire sortir des Villes aucunes armes; si ce n'est pour des habitans du Royaume, lorsqu'ils seront bien connus, & sur les ordres signez d'une personne, qui sera commise à cet effet dans chaque Ville. 16. VI.

Armes (Le port d') notables & offensives, est un cas Royal. 479. II. Les Consuls de Peyrusse seront Juges en premiere Instance de tous les procez civils & criminels qui s'éleveront dans cette Ville & dans son Territoire; à l'exception du crime de port d'armes & autres cas Royaux. 708. II.

Armes. Voy. *Port d'armes*.

ARMOIRIES. Charles V. en 1369. permit à la Ville d'Abbeville, d'adjouter aux Armes pleines de Ponthieu qu'elle portoit, un Chef d'Armes de France ; c'est assavoir, d'azur semé de Fleurs de Lis d'or. Le contre-seel de ces Lettres, est d'azur, semé de Fleurs de Lis, sans nombre. 196. & Note *(b)*. Voy. *Abbeville*.

ARRAS En 1335. Eudes Duc de Bourgogne & Comte d'Artois, & Jeanne sa femme de lui autorisée, accorderent aux Bourgeois d'Arras & à leurs enfans, pourvû qu'ils fussent sous la puissance de leurs peres & meres, & qu'ils n'eussent point perdu le droit de Bourgeoisie depuis la date de ces Lettres, 1.° que lorsqu'ils seroient soupçonnez de crimes, le Bailli d'Arras en porteroit sa plainte aux Eschevins ; & que les soupçonnez civils presenteroient leurs deffenses au Bailli, qui les remettroit aux Eschevins, & les *conjureroient* [de juger,] & que les Eschevins jugeroient ensuite. 2.° Que tous les biens des Bourgeois & de leurs enfans, condamnez au bannissement ou à mort, ne seroient point confisquez, ni chargez d'aucune Amende ; mais qu'ils passeroient à leurs heritiers : que les biens fonds situez à Arras, appartenants à des personnes qui ne seroient pas Bourgeoises, & qui auroient esté condamnez au bannissement ou à la mort dans quelque lieu que ce fût, ne seroient pas confisquez, en cas qu'ils eussent pour heritiers des Bourgeois d'Arras, à qui ils reviendroient, pourvû qu'ils les demandassent dans un mois, à compter du jour que l'on sçauroit cette condamnation à Arrras ; & en attendant, ces biens seroient mis dans les mains du Chastelain d'Arras ; que cependant les meubles ou *cateux*, & les heritages qui releveroient d'un Fief, seroient confisquez au profit du Comte ; mais que les Eschevins conserveroient la Justice sur ces heritages. 3.° Que les Eschevins ne seroient point inquietez sur les Jugements qu'ils avoient rendus jusqu'alors.

Tome V.

TABLE DES MATIERES.

Charles V. confirma les Lettres du Duc en 1369. & il adreſſa les ſiennes au Parlement, au Gouverneur du Bailliage d'Amiens, & au Prevoſt de Beauqueſne. 204.

Arras. Le Comte d'Artois lorſqu'il demeure à Arras, a droit de prendre ſur les marchandiſes de vin, pour la proviſion de ſon Hoſtel, autant de vin qu'il en a beſoin, en payant trois deniers pour le pot. Ce vin lui eſt fourni par les Marchands de vin de la Ville, & il eſt levé ſur eux à proportion du vin qu'ils ont vendu pendant l'année, par les ſix hommes du vin eſlus tous les ans, au renouvellement de l'Eſchevinage d'Arras. Les Marchands de vin, pour pourſuivre ceux d'entre eux qui refuſent de payer leur quote part du vin fourni au Comte, & pour avoir ſoin de leurs affaires communes, eſliſent tous les ans un Chef qui eſt appellé *le Prince des Viniers;* & comme il eſt obligé de pourſuivre ces Marchands de vin, qui demeurent quelquefois dans differentes Juriſdictions du Royaume, hors de celle du Comte d'Artois, le Roy l'habilita à les pourſuivre devant tous les Juges de ſon Royaume, ſans avoir beſoin de procuration. Les Lettres ſont adreſſées au Gouverneur du Bailliage d'Amiens, & au Prevoſt de Beauqueſne. 614.

Arras. Reglement fait par les Majeurs & Eſchevins de cette Ville, pour les Boulangers & Patiſſiers qui avoient auſſi leurs Maire & Eſchevins. 508. Voy. *les Sommaires.*

Arras. (A) S.t Gery eſt la paroiſſe de l'Hoſtel de Ville. 511. XV. & Note (*z*).

Arras. Voy. *Artois.*

ARRIERES-FIEFS. Voy. *Fiefs.*

ARRIERE-GUET. 706. XVIII. Voy. *Guet.*

ARTICLES dans un procés. 519. Articles non accordez. 520. Articles ou eſcriptures de procès. 210.

ARTIGUES. Diminution de Feux pour ce lieu, où il y en avoit 16. en 1367. p. 31. Voy. *Feux.*

ARTOIS. Aide accordée pour un an, par les Eſtats de l'Artois, du Boulonnois & du Comté de S.t Pol. 651. Voy. *Aide.* Aide accordée en 1367. pour un an, pour la rançon du Roy & de ſes oſtages, & pour la deffenſe du Royaume, par les Nobles, Bourgeois & habitans des Comtez d'Artois, de Boulogne & de S.t Pol; moyennant laquelle ils ſeront exempts de l'Aide qui ſe levoit dans le reſte du Royaume; & ils ne payeront point de droits pour les Marchandiſes qu'ils tireront des pays où cette Aide ſe leve. Ils ne payeront point non plus les droits d'entrées & de ſorties qui ſe levent ſur ceux qui menent des Marchandiſes dans les lieux où cette Aide n'a point de cours: ils ſeront exempts de *Priſes.* Les ſalaires des Sergents qui leveront cette Aide, & qui gagnoient quelquefois juſqu'à 60 ſols par jour, ſeront moderez; & ils ne pourront gagner que 10. ſols par jour, quel que ſoit le nombre des perſonnes contre leſquelles ils feront des executions. Ces Lettres ſont adreſſées aux Generaux deputez ſur le fait des Aides, aux Commiſſaires deputez ſur ce fait, & aux Baillis d'Amiens, de Vermandois & de Senlis. 82.

Artois. Exemption d'Impoſts pour un an accordée aux habitans de l'Artois & à ceux de Tournay, pour les Marchandiſes qu'ils acheteront. 349. Voy. *Tournay.*

Artois. Vers 1373. les Anglois pillerent & brûlerent l'Artois, le Boulonnois & le Comté de S.t Pol. 652.

Artois. Voy. *Arras.*

ARTS ſpeculatifs, pratiques & mechaniques. 493. IX.

ASPERES. Diminution de Feux pour ce lieu, où il y en avoit 12. en 1372. p. 589. Voy. *Feux.*

ASPIRAN, de la Viguerie de Gignac, de la Seneſchauſſée de Carcaſſone. Diminution de Feux pour ce lieu, où il y en avoit 102. en 1369. p. 212. Voy. *Feux.*

ASPRERIIS. Raymond VI. Comte de Toulouſe, exempte le Prieur & les habitans de ce lieu, de tous Impoſts, du droit de gîte, & du ſervice militaire; & il declare que c'eſt injuſtement qu'il a exigé d'eux, toutes ces choſes. Ses Lettres ont eſté confirmées par pluſieurs Rois, & Charles V. adreſſa les ſiennes aux Seneſchaux de Touloufe & de Roüergue. 307.

ASSEMBLÉES (*Collegia & Monopolia*) deſſenduës dans le Dauphiné. 46. XXIX.

ASSESSEUR. Juge ordinaire eſtabli à Naïac, pour eſtre l'Aſſeſſeur du Viguier. 692. Voy. *Naïac.*

ASSIGNATIONS. Les Receveurs des Aides jureront de payer en deniers comptants les aſſignations qui ſeront faites ſur eux, de ne point donner en payement des chevaux ou d'autres Marchandiſes, & de ne point retenir une partie de ces aſſignations. 649. XIX. On ne donnera point d'aſſignation ſur les revenus que le Roy a dans dans la Ville de Milhaud; mais les deniers qui en proviendront, ſeront remis entre les mains du Treſorier du Roy. 293. II.

Aſſignations. On n'en fera point ſur le produit de la Prevoſté & du ſel de la Ville de la Rochelle. 573. IX.

ASSISES Les Juges Royaux publioient les Ordonnances dans leurs Aſſiſes. 434.

Aſſiſes. A Roüen, ſi quelqu'un qui n'eſt point de la Commune fait quelque tort à un Bourgeois, on tâchera de l'engager à le reparer; s'il refuſe de le faire, il ſera deffendu aux Bourgeois d'avoir aucun commerce avec lui; à moins que le Roy ou ſon Fils ne ſoient à Roüen, ou que l'on y tienne les Aſſiſes. 673. XVI. Voy. 674. XX. A S.t Jean d'Angely, ſi un homme qui n'eſt pas de la Commune fait quelque tort à un Bourgeois, & qu'eſtant requis de le reparer, il refuſe de le faire, le Maire pourra deffendre à tous les Bourgeois d'avoir aucun commerce avec lui, juſqu'à ce qu'il ait reparé le dommage, ou qu'il ait donné caution de comparoiſtre en Juſtice; à moins que le Roy ou ſon Fils ne ſoient dans la Ville, ou que l'on y tienne la grande Aſſiſe du Roy. 676. v.

ASSUREMENT donné par les Juges Royaux, à ceux qui ſont ſous la Sauve-garde Royale, contre ceux de qui ils ont quelque choſe à craindre. (Cette Clauſe ſe trouve dans preſque toutes les

Lettres de Sauve-garde Royale. Voy. *Sauve-garde Royale.*) A Peronne, si quelqu'un croit qu'un autre le haïsse & lui veüille du mal, il demandera au Juge que celui qu'il soupçonne, lui donne un *asseurement :* si celui-ci ne veut pas le donner, la personne de celui qui demande l'asseurement, & ses biens seront mis entre les mains de la Commune, jusqu'à ce qu'il ait promis de vivre en paix avec celui qui le soupçonne; & s'il n'a point de bien, il ne pourra point entrer dans le Chasteau ni dans la Banlieuë, & il sera reputé ennemi de la Commune, jusqu'à ce qu'il ait fait cette promesse, 159. IV. A Roüen, si quelqu'un demande justice au Maire & aux Eschevins, d'une injure qui lui a esté faite, ils en seront les Juges; & on lui fera jurer qu'il ne se vengera point de cette injure. S'il s'en venge, on le punira comme coupable d'un faux serment. 674. XVII.

AUBER-VILLIERS. Voy. *Hauber-villiers.*

AUDIANCE. Lettres adressées à Eustache de Morsent & à Jean de Colombe Audiancier & Controleur de l'Audiance Royale (*de la Chancellerie*) à Paris, portant que lorsque les Lettres d'Admortissements, de Bourgeoisie, (*naturalisé,*) de légitimation & d'annoblissement, auront esté scellées dans l'Audiance, ils les envoyeront, quelque mandement ou commandement contraire qu'ils reçoivent du Roy, aux Gens des Comptes, qui les *passeront*, & qui fixeront la finance que les Impetrans de ces Lettres, doivent payer; & que s'ils ne le font pas, ils payeroient cette finance de leurs deniers. 119.

AUDIANCIER de la Chancellerie. Reglement pour les Secretaires du Roy, est adressé au Chancelier, à l'Audiancier & au Controleur. 370. Voy. *Secretaires du Roy.*

AUDITEURS du Chastelet de Paris. 323. Voy. *Chastelet de Paris.*

Auditeurs des Comptes du Dauphiné. 80. Auditeurs des Comptes de la Chambre Delphinale. 104.

Auditeurs des Comptes Delphinaux, *ou* Residents dans les Comptes Dalphinaux. 62. Voy. *Dauphiné.*

Auditeurs. Pour oster les griefs faits aux Prelats & aux Eglises, le Roi, quand il en sera requis, commettra des *Auditeurs* non suspects pour leur faire justice. 633. XVII.

AVEUS & Denombrements des Fiefs. 432. Voy. *Fiefs.*

AULNE. Permission donnée aux habitans d'Auxerre, de la diminuer. 92. Voy. *Auxerre.*

AUMAILLES, bestes domestiques. 476. VI. & Note (*c*) *marginale.*

AUMELAS. Guillaume de Clouches Commissaire sur le fait des Admortissements & des Francs-Fiefs, dans la Viguirie ancienne de Besiers, & dans la Baronie de Homeladois (ou d'Aumelas). 544. & Note (*b*).

AUMOSNES. Voy. *Fiefs & Aumosne.*

AUMOSNIER du Roy. Argent à lui fourni, pour faire les ausmosnes du Roy. 641.

AUNIS. Bourgneuf, Commanderie de l'Ordre de S.t Jean de Jerusalem, est après la Rochelle, le lieu le plus considerable & le plus riche de l'Aunis. 606. On ne pourra lever aucuns Impôts sur les habitans de la Rochelle dans leur Ville & dans le pays d'Aunis, ni sur leurs biens situez dans la Saintonge, sans leur consentement. 573. VII. Les Bourgeois & habitans de S.t Jean d'Angely seront payez des rentes qu'ils ont sur le grand Fief d'Aunis & ailleurs, comme ils l'estoient avant le Traité de Paix conclu à Calais. 678. II.

AURE (D') ou d'Auve. En 1264. Girars d'Auve, Chevalier, & Raoulin de Sommeure & Waterins, ses freres, accompagnerent (*associerent*) Thibaud V. Roy de Navarre, & Comte de Champagne & de Brie, dans la Seigneurie, & les revenus de la Bourgoisie, & des sotiges, (*Hostiges*) de ce lieu, & ils lui cederent la moitié de ce qu'ils y avoient; & Raoulin & Waterin lui cedoient la moitié de ce qui pourroit leur appartenir dans la suite dans cette Ville. Girars & eux retinrent cependant le droit de charnage & autres rentes qu'ils avoient dans ce lieu. Girars associa aussi Thibaud à la Justice, Bourgoisie & autre droits qu'il avoit à S.t Mard, en y retenant son charnage & autres rentes. Le droit d'Ost & de Chevauchée dans ces deux Villes, fut entierement cedé à Thibaud, pour s'en servir suivant la Coustume de S.te Manehoud. Il fut aussi stipulé que Thibaud mettroit seul des Majeurs dans ces Villes, avec le consentement des Bourgeois, & qu'il ne pourroit les aliener qu'à celui qui tiendroit le Chasteau de Sainte Manehoud. On convint aussi que si les Beaux-freres de Raoulin & de Waterin vouloient se plaindre de cette association, ceux-ci en seroient les garents à Thibaud. Les Lettres faites à ce sujet, estant corrompuës par vetusté; soit dans le corps de l'escriture, soit par la fraction du sceI, Charles V. ordonna qu'elles seroient rescriptes de nouveau, & il les confirma. 390.

AVOUERIES. Comme quelques Nobles sous pretexte du droit de Patronat, d'Avoüerie & de Garde qu'ils pretendoient sur quelques Terres des Monasteres de l'Ordre de Cisteaux, exigeoient d'eux du bled, du vin, des voitures, des animaux, des materiaux pour bastir des Forteresses, pour des Tournois & pour des expéditions militaires; & que d'ailleurs, ils entroient avec violence dans ces Monasteres pour y exercer la Justice; (principalement) dans le cas des crimes qui meritoient des peines afflictives, Philippe-Auguste ordonna qu'on punit ceux qui commettroient ces excez. 143. Les avoüeries & reconnoissances de nouveaux Seigneurs, faites par les sujets des Gens d'Eglise du Diocèse de Mende, sont déclarées nulle. 632. V.

AURILLAC est de la Jurisdiction & du Territoire de Besiers. 213. Voy. *Besiers.*

Aurillac. Le Doyenné de Cayrac, Diocèse de Cahors, est membre de cette Eglise. 220. Voy. *Cayrac.*

AUSCH. 191. Voy. *Vic-Fesensac.*

AUTHORISATION. Femme autorisée par son mari. 204. Voy. *Arras.* 463.

AUTIGNAC de la Viguerie de Besiers & de la Seneschaussée de Carcassone. Diminution de

Feux pour ce lieu, où il y en avoit 30. en 1373. p. 637. Voy. *Feux.*

AUVERGNE. Les Consuls & habitans d'Yssoire s'estant plaint à Alphonse Comte d'Auvergne, que les petits Baillis fermiers de ses revenus, faisoient beaucoup d'exactions sur eux, il ordonna que les procez qu'ils auroient, quand mesme ils le regarderoient, ne seroient plus jugez par eux, tant qu'ils seroient Baillis, mais par le Connestable d'Auvergne, pourvû qu'il ne fût pas du nombre de ces Baillis, ou par lui (Comte,) ou par des Commissaires generaux ou speciaux nommez par lui. 412.

Auvergne (L'). En 1367. Le Roy promet de confirmer les privileges des habitans de cette Province. 18. XIII.

Auvergne, haute & basse. En Août 1369. Le Duc de Berry y estoit Lieutenant du Roy, & dans plusieurs autres Provinces. 218. Voy. *Lieutenant de Roy.* Jean Duc de Berry & d'Auvergne, Comte de Poictiers, de Mascon, d'Angoulesme & de Saintonge, estoit en 1372. Lieutenant du Roy dans ces pays & dans d'autres. 606. Voy. *Lieutenant du Roy.*

Auvergne. Le Roy adresse au Bailli des Montagnes d'Auvergne, des Lettres touchant la révocation des Lieutenans du Roy, dans les Parties de la Languedoyl. 594.

Auvergne. Des Lettres concernant l'Evesque & l'Eglise de Mende, sont adressées aux Baillis des Montagnes d'Auvergne & du Bailliage. 603. Voy. *Mende.*

Auvergne. (Le Bailli des Montagnes d'.) Des Lettres concernant Saint Flour, lui sont adressées. 582.

Auvergne. Receveur du Bailliage des Montagnes d'Auvergne. 595.

AUVILLARS. 191. Voy. *Vic-Fesensac.*

AUXERRE (Jean Comte d') le 16. de Juillet 1349. p. 56.

Auxerre. Le 5. de Janvier 1370. le Roy acheta de ses propres deniers, le Comté d'Auxerre & le pays d'Auxerrois, de Jean Châlons Comte de Tonnerre, qui l'avoit eu de succession; & il fit mettre les Lettres d'achat, devers lui dans son tresor; considerant qu'Auxerre est Ville & Cité notable, que ce Comté est situé sur la Riviere d'Yonne, & dans un pays d'où on peut amener à Paris, une grande quantité de provisions par cette riviere & celle de Seine; qu'il est situé sur les frontieres de Bourgogne, où il n'a presentement aucun Domaine, & qu'en cas de guerre, il pourroit servir de defense aux pays plus avancez; & eu égard aussi à l'Aide que les habitans qui souffrent beaucoup par la guerre, lui ont octroyée pour lui rendre le prix qu'il a payé de ce Comté, laquelle Aide consiste en la dixiéme partie des grains & vins qui y croistront pendant trois ans, afin qu'il l'unist inseparablement au Domaine, & qu'il y establist un siege Royal; afin que la Ville pust estre repeuplée, il l'unit perpetuellement à lui & à ses Successeurs, & au Domaine de la Couronne, sans pouvoir en estre separé en faveur de ses Freres ou d'autres Princes du Sang, par mariage appanage ou partage, ou autrement; & il ordonna qu'il y auroit perpetuel Siege Royal dans Auxerre, que le Bailli de Sens seroit nommé Bailli de Sens & d'Auxerre, sans augmentation de gages; qu'il tiendroit à Auxerre, ses Assises Royaux, comme il les tient à Sens & dans les autres Villes de ce Bailliage; qu'au siege d'Auxerre ressortiroient les habitans de cette Ville & de toutes celles qui composent le Comté d'Auxerre en Fiefs & Arriere-Fiefs, Gens d'Eglise & Nobles; tous les pays de l'Evesché d'Auxerre, & tous ceux qui sont situez entre les rivieres de la Loire, de l'Yonne & de la Cure, lesquels [*derniers*] pays ressortissoient auparavant à la Prevosté de Villeneuve-le-Roy, & par appel au Bailliage de Sens; voulant neantmoins que les procès mûs dans ces pays, & commencez à la Prevosté de Villeneuve-le-Roy, ou par appel, à Sens, y soient jugez. 415. 423. 425.

Auxerre. Cette Ville ayant esté rachetée de la main des Anglois qui s'en estoient emparez le 10. de Mars 1358. le Roy Jean leur accorda pour un certain temps, un Barrage sur toutes les Marchandises qui entreroient dans cette Ville, soit par terre soit par eau, par dessus ou par dessous le Pont, (*Voy. ce que payoit chaque Marchandise.*) pour le produit estre employé aux réparations du pont & des chemins d'environ, & aux fortifications de cette Ville. Charles V. leur accorda la continuation de ce Barrage pour un certain temps; mais les ouvrages qu'il estoit necessaire de faire, n'estant point encore achevez après ce temps, le 8. de Janvier 1367. il accorda la continuation de ce Barrage pour deux ans, à condition neantmoins qu'il ne seroit point levé sur les Marchandises qui arriveroient par eau dans cette Ville, afin que les provisions pour cette Ville & pour celle de Paris, y arrivassent plus aisément: mais pour suppléer à cette suppression, & pour compensation de certains dons qu'il avoit faits à cette Ville, & dont elle n'avoit pû joüir, il ordonna que pendant deux ans, on pourroit diminuer par l'avis des Bailli, Prevost & Bourgeois de cette Ville, la Pinte & la Chopine, l'aulne & les poids de toutes les Marchandises qui s'y vendroient; & que le produit que l'on en retireroit, seroit employé aux fortifications de cette Ville. Il ordonna que le compte du produit de cette diminution & du Barrage, seroit rendu devant le Bailli de Sens ou devant le Prevost de Villeneuve-le-Roy. 91. & Note *(b).*

Auxerre. (Le Bailli d') Des Lettres concernant Levigny, sont adressées au Bailli d'Auxerre. 513. Voy. *Levigny.*

Auxerre. (Monnoye d'). 715. I.

Auxerre. Cette Ville envoya des députez à l'Assemblée des Etats qui se tint à Sens en 1367. p. 22. Note *(g).*

Auxerre. Si le Seigneur de Mailli-le-Chasteau donne atteinte aux privileges qu'il a accordez aux habitans de ce lieu, l'Evesque d'Auxerre pourra l'excommunier, & mettre sa Terre en interdit. Le Roy en confirmant ces privileges, déclara que si lui ou ses Successeurs devenoient Seigneurs de

Mailli-

TABLE DES MATIERES.

Mailli-le-Chasteau, les Evesques d'Auxerre ne pourroient les excommunier, ni mettre cette Terre en interdit. 718. XXXIII.

AXAT & Vaina. Diminution de Feux pour ces lieux, où il y en avoit 30. en 1367. p. 31. Voy. *Feux.*

AZYLE. Un faux Monnoyeur ne peut estre arresté prisonnier dans un lieu saint. 661.

Azyle. 159. I. Voy. *Eglise.*

B

BACHELIERS. Chirurgiens graduez, c'est-à-dire Maistres, Licentiez & Bacheliers. 323. Voy. *Chirurgiens de Paris.*

BAGNOLS est de la Seneschaussée & de la Viguerie de Beaucaire. 654.

BAYEUX. (Le Vicomte de) Des Lettres concernant S.t Lo, lui sont adressées. 420. Voy. *S.t Lo.*

BAIL. Voy. *Garde.*

BAILLIAGES. Il est ordonné que des affaires qui estoient portées dans des Prevostez relevantes d'un Bailliage, seroient portées à ce Bailliage; à condition que les Prevosts de ces Prevostez, percevroient toûjours par rapport à ces affaires, les Amendes & les autres profits de Justice. 201. Voy. *Abbeville.*

Bailliage d'Amiens. (Gouverneur du). 204. 461. Voy. *Arras.*

Bailliage. Sel particulier du Lieutenant du Bailli du Cotantin. 318. Voy. *Sel.*

Bailliage. Juge & Bailli de Sauveterre qui estoit un Bailliage & une Chastellenie. 695. VII. 696. IX. X. Bailliage & Chastellenie de Sauveterre. 696. IX. X.

Bailliages (Receveurs des). 298.

BALLIS (Les) & Seneschaux chargez de faire publier une Ordonnance dans leurs Bailliages & Seneschaussées, & de leurs anciens ressorts. 432.

Baillis. Si un Prevost Fermier fait assigner d'Office une personne devant lui, & que le Bailli ou un autre Juge superieur de ce Prevost, trouve que cette assignation n'estoit pas fondée en Justice, il donnera des dommages & interests à la personne injustement assignée, à moins que le Procureur du Roy ne se soit joint au Prevost, & ne se rende partie contre elle. Si l'assignation est trouvée fondée en Justice, on condamnera la personne qui s'en est plainte, aux dommages & interests contre le Prevost. Si un Prevost Fermier est trouvé incapable d'exercer ses fonctions, le Bailli ou autre Juge superieur fera rendre la Justice par d'autres personnes capables, aux dépens du Prevost. 21. XI.

Baillis (Les) & Seneschaux reçoivent les denombrements des Fiefs situez dans leur Jurisdiction. 432. Voy. *Fiefs.*

Baillis. On envoyoit un original des Ordonnances sur les Monnoyes à chacun des Baillis, Seneschaux & Prevosts du Royaume, & il y a quelquefois quelque legere difference dans ces originaux. 250. Note.

Baillis. Par une Ordonnance concernant la Jurisdiction des Maistres des Eaux & Forests, il leur est ordonné de la faire publier. 29.

Baillis (Les) ne pourront prendre que le prix ancien & accoustumé, des Actes judiciaires qu'ils scelleront & qu'ils expedieront aux Parties. 21. XII.

Baillis. Le Roy leur mande de signifier à ses Lieutenants, qu'il les a revoquez. 594.

Baillis. Le Roy leur ordonne de saisir toutes les terres pour lesquelles il est dû des droits Seigneuriaux, & des droits d'Admortissements & de Francs-Fiefs; il donne pouvoir à eux & aux Receveurs de leurs Bailliages, de composer sur ces finances, avec ceux qui les doivent; & il ordonne que les sommes pour lesquelles ils auront composé, seront reçuës par les Receveurs seulement. 593. Voy. *Admortissements.*

Baillis. En 1367. il est ordonné aux Baillis accompagnez de deux Chevaliers, de visiter toutes les forteresses du Royaume, parce qu'on craignoit une invasion des *Compagnies.* 15. I. Voy. *Forteresses.*

Bailli des Exemptions de l'Anjou & de la Touraine. 525. Voy. *Touraine.*

Baillifs (Les petits) de l'Auvergne, sont apparemment les mesmes que les Prevosts. Ils ne jugeront plus les affaires des habitans de la Ville d'Yssoire. 413. Note *(c)*. Voy. *Auvergne.*

Bailli (Le) d'Arras. Dans les procès criminels, il presentoit les Pieces aux Eschevins, & les conjuroit, & ceux-ci jugeoient. 204. Voy. *Arras.* Les Consuls de Caylus-de-Bonnette, donneront leurs Sentences (separement) sur toutes les affaires civiles & criminelles, qu'ils ont droit de juger conjointement avec le Bailli. 286. v.

Bailli des Ressorts, à Chinon. 306. 307. Voyez *Chinon.* Le Bailli de Dauphiné mandoit les Nobles de ce pays pour aller à la guerre. 39. IV. L'Election des Eschevins de Douay, se fait devant le Bailli Royal de cette Ville. 131. III. IV. VI. VII. Le Bailli Royal de Douay, accuse un Bourgeois de cette Ville, devant les Eschevins. 130. Voy. *Douay.* Le Bailli de Levigny peut estre le mesme que le Prevost. 514. v. Voyez *Levigny.*

Bailli (Souverain) de Lille. 153. Voyez *Lille.* Chastelain ou Bailli de Montcuc. 326. X.

Bailli des Exemptions & Ressorts Royaux du Comté de Poictou. 610. Bailli des Exemptions du Poictou. 625. 626. Voy. *S.t Maixent en Poictou.* Bailli des Exemptions de Poictou & de Saintonge. 664.

Bailli. C'est le Maire de Roüen, & non le Bailli, qui a la Jurisdiction sur les mestiers de cette Ville, & en particulier sur la marée. 251. Voy. *Roüen.*

Bailli de l'Abbaye de Saint Denis dans des lieux à elle appartenants. 246. Voyez *Saint Denis.* Les Sergents Royaux ne pourront exercer leurs fonctions dans la Ville de Sarlat; si ce n'est en vertu d'un mandement des Juges Royaux, dans lequel sera marqué que les fonctions qu'on leur ordonne de faire, regardent le service du Roy, ou les cas de ressort. Les Officiers Royaux ne pourront demeurer dans cette Ville sans le consentement des Consuls; si ce n'est lorsqu'ils en seront originaires, ou qu'ils s'y seront mariez; & dans ces deux cas, ils ne pourront exercer leurs fonctions dans cette Ville sans le

Tome V.

consentement des Consuls. 341. VII. Une Ordonnance faite en consequence d'une Assemblée d'Etats, est adressée au Bailli de Sens. 18.

Bailli des Exemptions de Touraine. 428. Bailli des Ressorts & Exemptions de Touraine, d'Anjou & du Maine. 369. Le Bailli des Exemptions de la Touraine, de l'Angoumois & du Saintonge. Des Lettres touchant Angoulesme, lui sont adressées. 581. Voy. *Angoulesme* & *Touraine*.

Bailli de Vermandois. 95. 248. Voy. *Vermandois*.

Bailli du Consulat de Puy-Mirol. Voy. *Puy-Mirol*.

Bailli. Voy. *Juges* & *Seneschaux*.

BALANCIAR, Ordre de Cisteaux. Voy. *Cisteaux*.

BAN, Bannissement. Le Roy peut seul donner des Lettres de rappel de ban. 480. VII. La retraite donnée à des bannis, est punissable. 240. III. Ceux qui exciteront une sédition dans la Ville de la Bruyere-les-Càtenoy, seront condamnez à l'Amende les deux premieres fois, & bannis à la troisiéme. 712. Voy. *Bruyere (La)*. Les Bourgeois qui seront bannis de Tournay, ayant encouru une perpetuelle infamie, perdront le droit de Bourgeoisie. 377. XXI.

Ban. Les Consuls de Villeneuve en Roüergue, qui ont la connoissance & la Jurisdiction des Bans par rapport aux degats qui se font dans les vignes, bleds, &c. joüiront des Amendes prononcées pour cause de ces degats. 397. XIII. 398. XVII.

BAN de Vin. Voy. *Vin*.

BANHIIS (Locus de). Le Roy en consideration des dommages que la guerre avoit fait souffrir aux Jurez, Gardes & habitans de ce lieu; & à la recommandation du Comte d'Armagnac, leur accorda que le Juge de la Cour de ce lieu, pust donner des Tuteurs & Curateurs aux Mineurs; ainsi que le font les Juges de Tarbes, Lus & Vic. 448.

BANNERETS. Princes Ecclesiastiques & Seculiers; Ducs, Comtes, Barons, Bannerets. 225. Note *(b)*. Barons, Bannerets, Nobles & Vassaux du Dauphiné. 38.

BANNIERES & autres enseignes. 196. Les habitans des Isles de Ré, d'Ais & de Leis, en se soumettant au Roy, mirent ses Pennons & Bannieres sur leurs forteresses. 564.

BANNISSEMENT. Voy. *Ban*.

BAR. Robert I. Duc de Bar, Marquis de Pont, ayant representé au Roy, que de sa Terre & Chastellenie de Busancy en Champagne, qui est grande & spacieuse, & qui relevoit de lui avant qu'il l'eust achetée, dépendent plusieurs Vassaux qui ont des Justices; ensorte qu'il est obligé d'avoir plusieurs Juges, qui ressortissent à Sainte Manehould; le Roy lui permit d'establir à Busancy un Bailli, pour exercer en son nom une Jurisdiction de Ressort. 93. *Voyez* les Notes.

Bar. Par une convention faite entre le Seigneur de Clermont & le Roy de Navarre, le Comte de Bar & la Dame d'Ycio, les Bourgeois de Clermont, ni les hommes du Seigneur de ce lieu, ne pourront point demeurer sur leurs Terres. 601. XXII.

BARBIERS de Paris. Par un ancien usage, le Maistre Barbier & Valet de Chambre du Roy, est Garde de leur mestier, & il est Juge de toutes les affaires qui regardent ce mestier. Leurs anciens privileges ayant esté perdus, quoiqu'ils y eussent esté maintenus par une Sentence des Reformateurs ordonnez à Paris, en 1362. ils obtinrent du Roy qu'ils fussent renouvellez. Les Lettres sont adressées au Prevost de Paris. 440. Voy. *les Sommaires*.

Barbiers (Les) de Paris. Ils sont confirmez dans leur ancien privilege de pouvoir panser les cloux, bosses, apostumes & autres playes, lorsqu'elles ne sont pas mortelles, malgré l'opposition des Chirurgiens & *Mires-Jurez* de Paris; attendu que les pauvres ne sont pas en estat d'avoir recours à ceux-ci, qui sont *gens de grand estat & de grand salaire*. 530. 571. Lettres qui maintiennent les Barbiers de Paris dans le droit de panser les cloux, les bosses, les apostumes, & les playes qui ne sont pas mortelles. 571.

BARONS. Princes Ecclesiastiques & Seculiers, Ducs, Comtes, Barons, Bannerets. 225. Note *(b)*.

Barons, Bannerets, Nobles & Vavasseurs du Dauphiné. 38. Les Lettres des Rois d'Angleterre sont adressées aux Archevesques, Evesques, Abbez, Comtes, Barons, Justiciers, Vicomtes. 151.

Barons. Prises pour eux. 495. XXI. Les Barons ni aucune autre personne que ce soit, ne pourront empescher que l'on apporte des vivres dans Cahors. 326. XII.

Barons. Guillaume III. Comte de Ponthieu, accorde avec le consentement de ses Barons, une Chartre de Commune, aux Villes de Mayoc & de Crotoy. 180. Voy. *Mayoc*.

BARRAGE establi pour un certain temps dans la Ville d'Auxerre. 91. Voy. *Auxerre*.

BARRAVE. 192. Voy. *Vic-Fezensac*. Il est dit que cette Ville est de la Seneschaussée de Toulouse & de Carcassone. *Ibid*.

BARTE (De la) de la Jugerie de Riviere & de la Seneschaussée de Toulouse, donné par le Roy au Comte d'Armagnac, avec la faculté de le transporter à Jean de la Barte. 456. Voy. *Bit*.

BASSAN, de la Viguerie de Besiers & de la Seneschaussée de Carcassone. Diminution de Feux pour ce lieu, où il y en avoit 46. en 1373. p. 637. Voy. *Feux*.

BASTIDE. Fortification. 112.

BASTIDE de Villedaigne. Diminution de Feux pour ce lieu, où il y en avoit 14. en 1369. p. 187. Voy. *Feux*.

BASTIMENTS Royaux. Chaque lieu qui obtient une diminution de Feux, doit, avant que les Lettres en soient expediées à la Chambre des Comptes, payer un Franc d'Or au Payeur de ces Bastiments, pour y estre employé. 501. Voy. *Feux*.

Bastiments Royaux. Payeur des *œuvres*, (Bastiments) du Palais Royal, à Paris. 544. Jean Aviron estoit Payeur des œuvres du Roy, vers 1370. p. 485.

BAT, de la Jugerie de Riviere & de la Seneschaussée de Toulouse, donné par le Roy au

TABLE DES MATIERES.

Comte d'Armagnac, avec la faculté de le transporter à Jean de la Barte. 456. Voy. *Bit.*

BATAILLE *nommée*, dont le jour a esté marqué. 712. Voy. *Bruyere. (La).*

BATARDS (Les) ne peuvent estre Eschevins à Douay. 132. VIII.

BATEAUX. Le Maire de Roüen a le droit de mettre une planche sur les bateaux qui amenent des grains par la Seine, pour aller visiter ces grains. 74. Voy. *Roüen.*

BATELIERS. Les Marchandises que les Marchands de Plaisance en Lombardie, commerçants à Harfleur, auront données par compte aux Bateliers, pour les transporter du Havre de Leure à Harfleur, leur seront renduës par compte dans cette Ville. 243. X.

BATERIE. A Peronne, si un homme qui n'est point de la Commune, se bat avec un homme qui en est, ceux de la Commune doivent deffendre celui-ci : s'ils ne le font pas, le Maire les fera assigner devant lui pour les en punir. Ceux qui auront donné du secours à leur Concitoyen, ne pourront estre condamnez à l'Amende à ce sujet : à moins qu'ils n'eussent tué l'Estranger contre lequel celui ci se battoit. 159. V. Cet article fut aboli dans la suite. 163. V. A Peronne, si des personnes qui se battent, refusent d'obeïr au Maire qui leur ordonne de cesser, ils payeront une Amende de dix livres; ainsi que ceux qui n'obeïront pas aux ordres que leur donnera le Maire, de separer ceux qui se battent. 159. VI.

BEAUCAIRE. Seneschal de Beaucaire & de Nismes. 420. Vers 1373. Pierre *Juliarii* estoit Juge-Majeur de cette Seneschaussée. 637. Pierre Juliani estoit Juge-Majeur de cette Seneschaussée vers 1372. pag. 487. 488. Albon, Bernis & Milhaud sont de cette Seneschaussée. 487. La Viguerie de Bagnols est de cette Seneschaussée. 654. La Ville de Carcassone n'est point comprise dans les Comtés des Seneschaussées de Toulouse, de Carcassone & de Beaucaire, & elle n'assiste point à leurs Assemblées. 421. Voyez *Carcassone.* Des Lettres concernant l'Evesque & l'Eglise de Mende, sont adressées au Procureur General de la Seneschaussée de Beaucaire & de Nismes. 603. Voy. *Mende.* On fait payer des Impôts aux sujets de l'Eglise de Mende, à la requeste du Procureur General de la Seneschaussée de Beaucaire & de Nismes. 604. Montpellier est de cette Seneschaussée. 636. Des Lettres concernant le petit sceel de Montpellier, sont adressées au Seneschal de Beaucaire. 384. Le Gouverneur des droits Royaux & de Souveraineté à Montpellier, sera Garde d'un sceel Royal qui aura les mesmes droits que les sceels Royaux de Carcassone, de Beziers & de Toulouse; & le Gouverneur aura la connoissance des Contrats qui se feront passez sous ce sceel, lorsque les contractans se seront soumis à sa compulsion & coërcition. 478. IV. 479. II. Reglement pour les Orfevres du Puy-en-Velay, adressé au Seneschal de Beaucaire. 8. Sommieres est de sa Seneschaussée. 479. XII. 588. 589. Tresorier ou Receveur de la Seneschaussée de Beaucaire. 654.

Tresoriers ou Receveurs des Seneschaussées de Toulouse, de Carcassone & de Beaucaire. 561. Le Roy establit un Controlleur de la Recette Royale de cette Seneschaussée. 122. Voy. *Controlleur des Recettes Royales.*

Beaucaire. Les Communes des Seneschaussées de Toulouse, de Carcassone & de Beaucaire, obtiennent une seconde diminution de Feux. 505. Voy. *Feux.*

Beaucaire. Bourgeoisies Royales establies dans cette Seneschaussée. 627. Voy. *Montpellier.*

Beaucaire. Imposition accordée pour la guerre vers 1371. par plusieurs Comtez des Seneschaussées de Toulouse, de Carcassone & de Nismes, dans le Languedoc. Bernard de Mora estoit un des Generaux pour la levée de cette Imposition. 421. Voy. *Carcassone.* Revocation des Commissaires envoyez par le Roy dans cette Seneschaussée, sur le fait des Admortissements & de Francs-Fiefs. 489. Voy. *Admortissements.* Retablissement des Commissaires sur les Admortissements & les Francs-Fiefs dans cette Seneschaussée. 543. Voy. *Admortissements.*

Beaucaire. Pendant 15. ans, les habitans de Rhodez ne payeront aucuns droits pour les effets à eux appartenants, qu'ils feront passer par cette Seneschaussée. 408. Voy. *Rhodez.*

BEAUJEU (La Baronnie de) est l'une des anciennes Baronnies du Royaume; elle releve immediatement du Roy, à cause de sa Couronne; elle ne doit ressortir que devant un Juge Royal; & sa foy & hommage & son ressort, ne peuvent estre demembrez de la Couronne. Cependant Charles V. ordonna que Beaujeu releveroit de son Frere Duc de Berry & Comte de Mascon, & ressortiroit devant son Bailli de Mascon, pendant la vie de ce Duc, ou pendant qu'il seroit Comte de Mascon, seulement; sans tirer à aucune consequence pour la suite. 112.

BEAULIEU. Voy. *Montlaur.*

BEAU-PERE (Le) & le Gendre ne peuvent estre en mesme temps Eschevins à Doüay. 132. IX.

BEAUQUESNE. Prevosté qui ressortit au Bailliage d'Amiens. Les affaires du Prieuré de S.t Pierre d'Abbeville, que l'on portoit dans cette Prevosté, seront portées au Bailliage d'Amiens. 201. Voyez *Abbeville.* Des Lettres concernant Arras sont adressées au Prevost de Beauquesne. 204. Voyez *Arras.* Des Lettres concernant Epinoy & Carvins, lui sont adressées. 459. Voyez *Epinoy.*

BEAUVEIR, dit Bourg-le-Roy, dans le Mans, *super Aquam de Moira.* Charles V. confirma les privileges accordez aux habitans de ce lieu, par Henry II. Roy d'Angleterre, & Comte d'Anjou. Henry II. les avoit exemptez de tailles & de tous Impôts, & de l'obligation d'aller à la guerre. 150.

BEAUVOISIS. Les ennemis occupent plusieurs forteresses dans ce pays. 713. Le Beauvoisis estoit occupé par les ennemis vers 1356. Les Arbalestriers de Compiegne reprirent dans ce pays, les Forts de Remin, Longueüil, Marcul

TABLE DES MATIERES.

& autres lieux. 145. Voyez *Compiegne*.

BEAUX-FRERES (Deux) ne peuvent estre en mesme temps Eschevins à Doüay. 132. IX. A Tournay, il ne pourra point y avoir deux parents revêtus de la mesme Charge. (Voy. Note *(d)*.) Nuls parents, pas mesmes les Beaux-freres, ne pourront estre Juges de leurs parents. 376. XIII.

BEDEAUX de l'Université de Paris. 221. Voy. *Université de Paris*.

BEGUINES de Tournay. 136. & Note *(b)*. Voy. *Tournay*.

BELCAIRE, de la Seneschaussée de Carcassone, & du Bailliage de Sault. Diminution de Feux pour ce lieu, où il y en avoit 47. en 1368. p. 122. Voy. *Feux*.

BELFORT, de la Seneschaussée de Carcassone, & du Bailliage de Sault. Diminution de Feux pour ce lieu, où il y en avoit 12. en 1368. p. 122. Voy. *Feux*.

BELLOC (L'Abbaye de). Confirmation de l'Arrest rendu en faveur des habitans de Caylus-de-Bonnette, contre l'Abbé de Belloc & le Vicomte de Turenne. 286. II.

BELVIS, de la Seneschaussée de Carcassone & du Bailliage de Sault. Diminution de Feux pour ce lieu, où il y en avoit 7. en 1368. p. 122. Voy. *Feux*.

BENEON. La Ville de la Rochelle sera conservée dans le Ressort sur le ressort du Chasteau de Beneon & de sa Chastellenie. 573. VIII.

BERIAC de la Seneschaussée de Carcassone. Diminution de Feux pour ce lieu, où il y en avoit 15. en 1369. p. 187. Voy. *Feux*.

BERNIS & Albon, dans la Seneschaussée de Beaucaire & de Nismes. Diminution de Feux pour ces lieux, où il y en avoit 65. en 1372. p. 487. Voy. *Feux*.

BERRY En Août 1369. le Duc de Berry estoit Lieutenant du Roy, & dans plusieurs autres Provinces. 218. Voyez *Lieutenant de Roy*. Jean Duc de Berry & d'Auvergne, Comte de Poictiers, de Mascon, d'Angoulesme & de Saintonge, estoit en 1372. Lieutenant du Roy dans ces païs & dans d'autres. 666.

Berry. En 1367. le Roy promet de confirmer les privileges des habitans de cette Province. 18. XIII.

BERTANCOURT, dépendant de Coucy. Affranchissement des habitans de ce lieu, 154. Voy. *Coucy*.

BESOUSSE, de la Viguerie de Nismes, de la Seneschaussée de Carcassone. Diminution de Feux pour ce lieu, où il y en avoit 47. en 1373. p. 641. Voy. *Feux*.

BESSEDE, de la Seneschaussée de Carcassone & du Bailliage de Sault. Diminution de Feux pour ce lieu, où il y en avoit 18. en 1368. p. 122. Voy. *Feux*.

BESSIANO (*Locus de*). Diminution de Feux pour ce lieu, où il y en avoit 90. en 1372. p. 589. Voy. *Feux*.

BEU. Chasteau-Regnaud est annexé au Ressort du Siege Royal de Chartres, devant le Bailli de Beu. 697. Voyez *Blois*.

BEZIERS. Seneschaussé de Carcassone & de Beziers. Voy. *Carcassone*.

Beziers. (La Viguerie de) est de la Seneschaussée de Carcassone. 211. 212. 360. 551. 637. Jean *de Villanis* en estoit Viguier vers 1367. p. 108. Pierre *de Villanis* en estoit Viguier vers 1368. p. 121. Jean *de Villanis* en estoit Viguier vers Juillet 1369. p. 186. 211. 212. 213. 214. Jean *de Villanis* estoit Viguier de Beziers vers 1369. pag. 188. *bis*. Jean *de Crecio* (nom douteux) estoit Lieutenant du Viguier de Beziers, vers 1369. p. 189. Vers 1372. Bernard *Guicardi* estoit Lieutenant du Viguier de Beziers. 533. *bis*.

Beziers. Lieux qui sont de sa Viguerie.

Abaillan.	Nessiez.
Agel.	Portiraignes.
Autignac.	Pouzolles.
Bassan.	Puimisson.
Bisan d'Argeliers.	Pujol. (le)
Castilhac.	Puiserguier.
Castillac.	Quarente.
Caunas.	Riols.
Corneilan.	Servian.
Crusy.	Thesan.
Gabian.	Vallian.
Lesignan de sa Cebe, ou de la Sebe.	Vendres.
	Villemagne.
Nebian.	

Beziers. Anciennement Narbonne estoit de la Viguerie de Beziers; mais par un Arrest du Parlement, la Viguerie de Narbonne a esté separée de la Viguerie ancienne de Beziers. 124. Voyez *Narbonne*.

Beziers. Sceau *Majeur* de la Cour Royale de Beziers. 188. *bis*.

Beziers. Dans la Seneschaussée de Carcassone, les Commissaires du Roy ont deux Auditoires; l'un à Carcassone, & l'autre à Beziers. 124. Voy. *Narbonne*.

Beziers. Les Minutes des Notaires de cette Seneschaussée, seront mises entre les mains du Roy après leur mort. 352. Voy. *Notaires*.

Beziers. Les Consuls & habitans de cette Ville ayant representé au Roy, qu'elle est noble, grande, bien peuplée, & qu'il y abonde un grand nombre d'Estrangers ; ensorte que les moulins actuellement existants sur la riviere d'Orbe, auprès de la Ville, dont la pluspart sont mesme rompus, ne peuvent suffire à moudre tout le grain necessaire pour la consommation qui s'y fait; & que le Mareschal Daudenchen lors Lieutenant du Roy dans le Languedoc, leur a permis de bâtir pendant la guerre, des moulins à vent, sur leur muraille, ce qui a esté confirmé par l'autorité Royale; ils obtinrent du Roy, attendu qu'il n'y avoit point de bannalité dans la Ville, la permission de bâtir des moulins sur leurs murailles, à la charge d'employer aux dépenses communes de la Ville, le produit qui en proviendroit. Les Lettres sont adressées au Seneschal de Carcassone. 393.

Beziers.

TABLE DES MATIERES.

Beziers. Diminution de Feux pour cette Ville & pour Aureillac, Cleyrac & Lebouyrac, qui sont de la Jurisdiction & du Territoire de Beziers; dans lesquels lieux, il y en avoit 1195. en 1369. p. 213. Voy. *Feux*. Reglement sur les Admortissements & les Francs-Fiefs, fait pour la Viguerie de Beziers. 360. Voy. *Admortissements*. Guillaume de Clouches, Commissaire sur le fait des Admortissements & des Francs-Fiefs, dans la Viguerie ancienne de Beziers, & dans la Baronnie de Homeladois, [ou d'*Aumelas*]. 544. & Note *(b)*. Lettres qui exemptent les Consuls & les habitans de Beziers, du droit de Francs-Fiefs, pour 200. livres de rente qu'ils pourront acquerir dans des Fiefs ou Arriere-Fiefs, & pour 100. livres de rente qu'ils pourront acquerir dans des Censives & Alleux; pourvû qu'il n'y ait point de Justice attachée aux héritages qu'ils acquerront. Les Lettres sont adressées aux Gens de la Chambre des Comptes, au Seneschal de Carcassone, & au Viguier de Beziers. 302.

BIERE. Voy. *Brasseurs*.

BILLARD, (Billes) jeu deffendu. 172. Voy. *Jeux*.

BISAN d'Argeliers, de la Viguerie de Beziers, de la Seneschaussée de Carcassone. Diminution de Feux pour ce lieu, où il y en avoit 37. en 1373. p. 663. Voy. *Feux*.

BIT, dans le Comté de Fezensac, en Guyenne. Le Roy donne au Comte d'Armagnac, le Chasteau de Montossier & ce qu'il possedoit dans les lieux de Bat, Cabrieres & de la Barte, situez dans la Jugerie de Riviere, & dans la Seneschaussée de Toulouse, avec faculté de transporter ces lieux à Jean de la Barte. Le Roy ordonne aussi que le premier & les premieres appellations des lieux nommez Damede-Nesteis, Monhaac & tous ceux qui appartiennent à Jean de la Barte, de la Jugerie de Verdun & de la Seneschaussée de Toulouse, soient démembrez de son Ressort, & annexez à celui de la Ville de Bit; & que Barte tienne ces lieux en Foy & Hommage du Comte d'Armagnac, qui les tiendra en Arriere-Fief du Roy. Moyennant ce don, le Comte d'Armagnac remit plusieurs rentes qui lui estoient dûes par le Roy. 456.

BLED se vend à la Halle de Paris. 147. Voyez *Halles de Paris*. En 1372. le sestier de bled se vendoit à Paris, entre 12. & 22. sols. 500. 555. VIII. A la Rochelle, le bled porté aux moulins, sera pesé avec des poids entretenus aux dépens de la Ville. 616. Voy. *Rochelle*. (*La*) Molage de bled. 222.

Bleds (Prise de) dans la Picardie pour la Flote du Roy. 455.

BLESSURE. A Perone, celui qui en en aura blessé un autre, avec des armes émoulues, payera, si le fait est prouvé, une Amende au Roy, & dix livres qui seront employées aux fortifications de la Ville. Si ce delict ne peut estre prouvé, il s'en purgera par serment. Si le blessé ne se contente pas de ce serment, il pourra faire assigner l'accusé devant les Juges Royaux & les Eschevins; si les Juges ordonnent que ce procès sera terminé par un Duel, il se fera devant les Juges Royaux. 159. III. A Peronne, si un homme fait perdre un membre à un autre, on le privera du mesme membre que celui qu'il a fait perdre: si cependant il fait son accommodement avec celui qu'il a blessé, avant qu'il y ait un jugement rendu contre lui, il en sera quitte pour une Amende de cent sols, payable à la Commune. 160. XII. Cet article fut aboli dans la suite. 163. IV.

Blessure. Philippe-le-Bel ayant donné à la Commune de Roüen, le Plaid de l'Epée, ou la connoissance des cas Royaux, réserva les cas de meurtre, de blessure considerable, & des gages de bataille. 74. Voy. *Roüen*.

BLOIS ressortissoit anciennement devant le Bailli d'Orleans. Mais le Duché d'Orleans ayant esté mis hors de la main du Roy, il fut ordonné par Philippe de Valois, le Roy Jean & Charles V. que le Comté de Blois ressortiroit devant le Bailli de Chartres, & non devant le Bailli ou le Prevost de Cepoy, dans leur Siege nouvellement establi à Orleans; depuis il fut ordonné par d'autres Lettres de Charles V. que les Officiers Royaux, & les Francs-hommes [ou Bourgeois] du Roy, résidents dans le Comté de Blois jusqu'à la Riviere de Cher, ressortiroient devant le Bailli de Cepoy, à son Siege establi à Orleans. Le Comte de Blois ayant representé au Roy, les inconvéniens qui naissoient de ces deux Ressorts, auxquels estoient soumis dans differents cas, ceux qui demeuroient dans son Comté, le Roy ordonna que tous les habitans de ce Comté, soit qu'ils fussent Officiers ou Bourgeois du Roy, ou sujets du Comte, ressortiroient devant le Bailli de Chartres. 10.

Blois (Le Comté de) est un noble membre du Royaume. Ce Comté & ses dépendances a toûjours esté tenu du Roy en une foy & hommage, & n'a jamais ressorti que devant des Juges Royaux: Une partie ressortissoit au Siege Royal d'Orleans; une partie, au Siege Royal d'Yenville; & partie, c'est à sçavoir, la Chastellenie de Chasteau-Regnaud, au Siege Royal de Tours. Le Duché d'Orleans ayant esté donné à l'Oncle de Charles V. le ressort des parties du Comté de Blois, qui ressortissoient à Orleans & à Yenville, fut annexé au Bailliage de Chartres. Le Duché de Touraine ayant esté donné au Duc d'Anjou, le ressort de Chasteau-Regnaud fut annexé au Siege Royal de Chartres, devant le Bailli de (Beu). 697. Voy. 698. Note *(c)*. Le Comté de Blois ressortira à Tours devant le Bailli des Exemptions de Touraine, à cause du Chasteau & Chastellenie de Chasteau-Regnaud; & y sera renvoyé de Chartres où il ressortissoit. 430.

Blois. Dans ce Comté, les Bourgeois du Roy estoient jugez dans les cas personnels par les Juges Royaux, ou par ceux du Comte, & toûjours par ceux-ci dans les cas personnels. 11.

BOHEME. Voy. *Empire*.

BOIS. A Clermont en Bassigny, ceux qui couperont des bois bannaux, payeront l'Amende. 600. XIII. Les Bourgeois de Chaumont en

Tome V.

Baſſigny auront le droit d'uſage dans les bois qui ne ſeront pas bannaux. 601. XVI. Les habitans de Mailli-le-Chaſteau auront dans le bois de Fretoy, le droit d'uſage ſur le Tremble, le Charme, l'Érable, & le bois mort, pour ſe chauffer; & le droit d'uſage ſur le bois vif pour baſtir; mais ils ne pourront le couper ſans en avertir le Prevoſt. 718. XXXIV. XXXV.

BOISSERON. Diminution de Feux pour ce lieu, où il y en avoit 6. en 1372. p. 589. Voy. *Feux*.

BONNE-COMBE, (L'Abbaye de) Ordre de Ciſteaux, Diocéſe de Rhodez. Lettres d'un Commiſſaire ſur le fait des Admortiſſements, données par rapport à cette Abbaye. 123. 128. Note *(a)*.

BONNEVAUX. Les Juges de la Judicature du Viennois & de la Terre de la Tour, en entrant dans leurs charges, prêteront ſerment de conſerver les privileges du Dauphiné, entre les mains de l'Abbé de Bonnevaux & du Prieur & des Religieux de la Coſte-S.t-André. 63.

BORDEL. Les Barbiers de Paris diffamez pour *Bordellerie*, ne pourront plus exercer leur meſtier. 441. III.

BORN. (Le) Diminution de Feux pour ce lieu, où il y en avoit 4. en 1372. p. 551. Voy. *Feux*.

BOSCODON. Les Juges de l'Embrunois en entrant dans leurs Charges, preſteront ſerment de confirmer les privileges du Dauphiné, entre les mains de l'Abbé de Boſcodon & du Doyen d'Embrun. 63.

BOUCHERS d'Abbeville. 201. Voy. *Abbeville*. A Angouleſme, les Bouchers qui vendront de la chair puante, ſeront condamnez à l'Amende, & la viande ſera brûlée. 681. IV. Bouchers de Limoux. 151. Voyez *Limoux*. A Mailli-le-Chaſteau, les Bouchers ne payeront point de droit pour les chairs mortes qu'ils vendront. 717. XXVIII.

BOUJAN, Diocéſe de Beziers. Diminution de Feux pour ce lieu, où il y en avoit 22. en 1369. p. 213. Voy. *Feux*.

BOUILLIAUX. Voy. *Chaourſe*.

BOULAN, de la Judicature de Verdun, de la Seneſchauſſée de Toulouſe. Diminution du Feux pour ce lieu, où il y en avoit 5. en 1372. p. 551. Voy. *Feux*.

BOULANGERS (Reglement pour les) d'Arras. 508. Voy. *Arras*. Les Boulangers & les Patiſſiers n'y faiſoient qu'un meſme Corps. 511. Note *(aa)*. Boulangers & Tallemeliers de Paris. 499. 553. Voy. *Pain*.

Boulangers. Voy. *Pain*.

BOULHAC, de la Judicature de Verdun, de la Seneſchauſſée de Toulouſe. Diminution de Feux pour ce lieu, où il y en avoit 5. en 1372. p. 551. Voy. *Feux*.

BOULOGNE. Aide accordée en 1367. par les Nobles & Bourgeois des Comtez d'Artois, de Boulogne & de Saint Pol. 82. Voy. *Artois*.

BOURBONNOIS. En 1367. le Roy promet de confirmer les privileges des habitans de cette Province. 18. XIII. En Août 1369. le Duc de Berry y eſtoit Lieutenant du Roy, & dans pluſieurs autres Provinces. 218. Voyez *Lieutenant de Roy*.

BOURGEOISIES. Au Roy ſeul appartient le droit des Bourgeoiſies. 480. X. Francs-hommes du Roy de l'ancien aveu. II. Lorſque le ſujet d'un Seigneur, s'avoüoit Bourgeois du Roy, le Seigneur ſe pourvoyoit devant le Juge Royal devant lequel il reſſortiſſoit, pour faire caſſer l'aveu de ſon ſujet. II.

Bourgeoiſies. Les anciennes Ordonnances ſur le fait des Bourgeoiſies, ſeront executées exactement. 22. XIII.

Bourgeoiſie. (Lettres de) Voy. *Naturalité*. (Lettres de).

BOURGEOIS d'Arras. Voyez *Arras*.

Bourgeois d'Aure & de S.t Mard, appartenants aux Seigneurs de ces lieux. 391. Voy. *Aure* (D'). Le Duché d'Orleans ayant eſté mis hors de la main du Roy, & le Comté de Blois ayant eſté démembré du Reſſort du Bailli d'Orleans, & annexé à celui du Bailli de Chartres, il fut ordonné que les Officiers & Bourgeois du Roy demeurans dans le Comté de Blois, reſſortiroient devant le Bailli ou Prevoſt de Cepoy, dans leur Siege nouvellement eſtabli à Orleans; mais il fut ordonné dans la ſuite, que ces Officiers & Bourgeois reſſortiroient devant le Bailli de Chartres. 10. Voy. *Blois*. Dans le Comté de Blois, ils eſtoient jugez dans les cas perſonnels par les *Juges Royaux*, ou par ceux du Comté; & toûjours par ceux-ci, dans les cas perſonnels. 11. Bourgeoiſie de Bure. 472. Voy. *les Sommaires*. Prevoſt des Exemptions eſtabli pour juger les Religieux de S.t Severin de Chaſteau-Landon, les Bourgeois du Roy, & les autres exempts de ce lieu. 335. 382. Voy. *S.t Victor*. Enguerrand VII. Sire de Coucy & Comte de Soiſſons, affranchiſſant les habitans de ſa Baronnie de Coucy, retint le droit & la pourſuite ſur les Bourgeois & habitans de Soiſſons, ainſi qu'en avoient joüi ſes predeceſſeurs, Comtes de Soiſſons. 155. Dans le Dauphiné, les ſujets des Egliſes & des Nobles, ne pourront eſtre reçûs Bourgeois dans une *Ville Franche*, qu'ils n'ayent payé des dédommagements à leurs Seigneurs. 43. XXI.

Bourgeois de Doüay diſtinguez des manans ou habitans. 134. XXVIII. 135. XL. Privileges accordez aux Bourgeois de Mailli-le-Chaſteau { *Il ne paroiſt pas qu'ils euſſent de Commune*. } 713. Voy. *Mailli-le-Chaſteau*. A Mailli-le-Chaſteau, les habitans pourront vendre leurs biens, & après avoir payé les lods & ventes, ſortir de la Ville, à moins qu'ils n'y ayent commis quelque delict. 716. XV. Celui qui aura demeuré à Mailli-le-Chaſteau un an & un jour, ſans eſtre reclamé par perſonne, ſera libre & (Bourgeois); mais ſi un des Vaſſaux du Seigneur le reclame comme ſon Serf, & prouve qu'il l'eſt, ce Serf ſera mené ſous ſauf-conduit, hors de la Chaſtellenie de cette Ville. 716. XVII. Les avoüeries & reconnoiſſances de nouveaux Seigneurs faites par les ſujets des Gens d'Egliſe du Diocéſe de Mende, ſont déclarées nulles. 633. V. Charles V. en donnant la Ville de Montpellier au Roy de Navarre, ſe

TABLE DES MATIERES.

reserva specialement la Bourgeoisie de cette Ville, quoique cette reserve fut censée estre comprise dans le reserve generale de la Souveraineté, contenuë dans la donation. 627. Voy. *Montpellier*. A Perone, si un homme qui n'est pas de la Commune, se bat avec un homme qui en est, ceux de la Commune doivent deffendre celui-ci; s'ils ne le font pas, le Maire se sera assigner devant lui pour les en punir. Ceux qui auront donné du secours à leur Concitoyen, ne pourront estre condamnez à l'Amende à ce sujet, à moins qu'ils n'eussent tué l'Etranger, contre lequel celui-ci se battoit. 159. IX. 161. XVI. A Perone, lorsqu'un homme libre & non esclave, viendra demeurer dans la Commune, dans l'intention de s'y establir, il joüira de tous les privileges de cette Commune; si ce n'est par rapport aux rentes & autres dettes auxquelles il estoit obligé, avant qu'il vinst s'establir dans la Commune. 161. XX. Dans les temps anciens, les Rois de France ayant receu les plaintes des sujets de leurs Vassaux & Seigneurs utiles & immediats, dans les Seneschaussées de Toulouse, de Carcassonne & de Beaucaire, lesquels sujets estoient opprimez par ces Seigneurs ou par leurs Juges; ils permirent à ces sujets opprimez de quelqu'estat & condition qu'ils fussent, de se soustraire à la *subjection* & Jurisdiction de leurs Seigneurs, nonobstant les oppositions qui pourroient estre faites; & de se soumettre à la *subjection* & Jurisdiction [*immediate*] des Rois, en devenant leurs Bourgeois, & justiciables, tant au civil qu'au criminel, des Juges qui leur seroient donnez par les Rois, pour Conservateurs de leurs privileges, & ils leur accorderent leurs Sauves-gardes Royales; à condition cependant qu'ils seroient serment que ce n'estoit pas par dol & en fraude de leurs Seigneurs qu'ils se faisoient Bourgeois du Roy; & du lieu marqué pour l'establissement & la conservation de leur Bourgeoisie, ils acheteroient une maison de 60 sols, dans un an, à compter du jour qu'ils seroient receus dans cette Bourgeoisie; & que tous les ans, aux Festes de Noël & de Pasques, ils resideroient pendant trois jours, dans le lieu de leur Bourgeoisie; sous peine d'une Amende d'un Marc d'Argent. La part ancienne de Montpellier devint par ce moyen Bourgeoisie Royale. 627. Voy. *Montpellier*. Les Bourgeois de Tournay qui demeureront hors de cette Ville, pendant un an entier & un jour, perdront le droit de Bourgeoisie. 377. XXII.

Bourgeois. Si des Bourgeois ou des Gens de mortemain ou autrement tailliables à volonté, ont esté annoblis, & que dans les Lettres d'Annoblissement, il n'ait pas esté fait mention de leur estat, ces Lettres seront nulles comme subreptices; & ils payeront finance pour les biens nobles par eux acquis depuis ces Lettres. 612.

Bourgeois. Credit entre des Cóbourgeois. 161. XVI. XVII.

BOURGES. Pierre de l'Estang estant élu Archevesques de Bourges, & n'estant pas encore Archevesque, peu de temps après qu'il fut arrivé dans cette Ville, tint un Synode où estoient ses Curez, & y fit un Statut qui portoit, que si les Juges seculiers continuoient de condamner à l'Amende les Clercs qui auroient commis des crimes, & de saisir leurs biens, afin de les punir ainsi indirectement de leurs crimes: ils seroient excommuniez *ipso facto*, & que les Curez les seroient *cessare à divinis*, & qu'on seroit obligé de les éviter comme excommuniez, jusqu'à ce qu'ils eussent levé la saisie mise sur les biens des Clercs; attendu que les Juges seculiers n'ont pas le droit de punir ni civilement ni criminellement les Clercs qui ont commis des crimes. Ce Statut ayant paru contraire à la Jurisdiction temporelle, au Duc de Berry, Lieutenant de Roy dans le pays, & à son Conseil, il engagea l'Archevesque à le revoquer en sa presence, & à lui promettre qu'il le révoqueroit dans un Synode, & qu'il feroit sçavoir sa révocation à tous ses Curez; & le Duc de Berry, à son humble supplication, lui remit toutes les peines & Amendes auxquelles il auroit pû estre condamné par rapport à ce Statut; & imposa silence à ce sujet, aux Procureurs du Roy & aux siens. Les Lettres du Duc de Berry sont adressées à son Bailli de Bourges; & elles furent confirmées par des Lettres du Roy, adressées au Bailli de S.t Pierre-le-Moustier. 218.

BOURG-LE-ROY, dans le Maine. Voy. *Beauveir*.

BOURGNEUF est après la Rochelle, le lieu le plus considerable & le plus riche du pays d'Aunis. Religieux Homme, Frere Guillaume Arnaud Commandeur & Precepteur de Bourgneuf qui est de l'Ordre de l'Hospital de S.t Jean de Jerusalem, & Seigneur de ce lieu, ayant representé au Duc de Berry Lieutenant de Roy, qu'anciennement il y avoit le Dimanche un marché à Bourgneuf, qui avoit esté transferé au Samedi, parce que le Pape ne trouvoit pas bon que l'on tinst les Marchez le Dimanche; le Duc de Berry approuva cette translation, & accorda au lieu de Bourneuf, deux Foires, l'une pour le 30. d'Aoust, & l'autre pour le jour de Sainte Catherine. Ces Lettres qui sont de 1372. sont adressées au Seneschal de Saintonge; elles furent confirmées par celles du Roy, adressées au Gouverneur de la Rochelle. 606.

BOURGOGNE. En 1367. le Roy promet de confirmer les privileges des habitans de cette Province. 18. XIII.

Bourgogne. En Juillet 1371. le Roy n'avoit aucun Domaine dans la Bourgogne. 415.

Bourgogne, (Comte de) Palatin. 204.

Bourgogne, (Comté de) de l'Empire. On y transportoit le sel du Dauphiné. Les habitans de Lyon, & ceux de Mascon & de Châlon, au lieu de prendre du sel dans le Grenier de Lyon, en prenoient secrettement dans les Comtez de Savoye & de Bourgogne, dont ils ne sont separez que par le Rhosne & par la Saone. 404. Voyez *Dauphiné*.

BOUSQUET, de la Seneschaussée de Carcassonne, & du Bailliage de Sault. Diminution de Feux pour ce lieu, où il y en avoit 8. en 1368. p. 122. Voy. *Feux*.

p ij

TABLE DES MATIERES.

BOUTEILLIER. Guillaume l'estoit en 1137. p. 23. Guy l'estoit en 1183. & en 1187. lorsque Philippe-Auguste donna des Lettres pour Dijon. 238. Jean l'estoit en Janvier. 1188. p. 107. Voy. Note (a). Guy l'estoit en 1204. lorsque Philippe-Auguste donna des privileges à la Ville de S.t Jean d'Angely. 671. Il l'estoit, lorsque Philippe-Auguste donna des Lettres de Commune à la Ville de Peronne en 1209. p. 163. Il n'y en avoit pas en 1221. lorsque Philippe-Auguste donna des Lettres à l'Ordre de Cisteaux. 144. Robert l'estoit en 1223. p. 489.

BRANDONS. (Jours des) 452.

BRASSE, mesure. 312. III.

BRASSEURS. Le Roy donne à un certain nombre de Cervoisiers & Cervoisieres de la Ville & fauxbourgs de Paris, le droit exclusif d'y brasser & d'y vendre de la Cervoise à quatre deniers & à deux deniers la pinte; à condition qu'ils payeront l'Aide nouvellement establie *sur ce*, outre l'Aide ancienne payée par les Brasseurs; qu'ils presteront au Roy 1000. Francs, dont ils seront remboursez sur le produit de cette Aide; & qu'ils ne pourront employer pour brasser, plus de 30. muids de bled metcil, par an. Il sera cependant permis aux Maistres des quatre Hostels-Dieu de Paris, d'y faire brasser de la Cervoise, pour la boisson des pauvres; mais ils ne pourront loüer les Hostels-Dieu, pour y faire brasser & vendre de la Cervoise, s'ils n'en ont un privilege special, ou si le Roy ne leur en donne la permission; & si le Roy l'accorde, ils payeront la nouvelle Aide, & contribueront aux autres frais auxquels les Cervoisiers se sont soumis. Les Lettres sont adressées aux Gens des Comptes, aux Generaux-Tresoriers sur le fait des Aides, & au Prevost de Paris. 222.

BREIAS. (Locus de). Voy. *Pegayrolles*.

BRESILLAC, de la Chastellenie de Montreal. Diminution de Feux pour ce lieu, où il y en avoit 16. en 1371. p. 466. Voy. *Feux*.

BRESSE (Le Fief de) cedé en 1354. à Amé VI. Comte de Savoye, par le Roy Jean & Charles son Fils. 58. Voy. *Dauphiné*.

BRETAGNE, (Le Duc de) Pair de France, Comte de Mont-Fort-l'Amaury. 531. 532. Voy. *Mont-Fort-l'Amaury*.

Bretagne. Les Bourgeois de Verneüil sont exempts dans ce pays, des Impost qui appartiennent au Roy. 488. Voy. *Verneüil*.

Bretagne. On ne meslera point le duvet de France, avec celui de Bretagne qui n'est pas bon, & on vendra celui-ci à part. 547. VI.

BRIANÇON. Les Juges du Briançonnois, en entrant dans leurs Charges, presteront serment de confirmer les privileges du Dauphiné entre les mains du Prevost d'Ouls & du Curé de Briançon. 63.

BRIQUEMONT, de la Judicature de Verdun, de la Seneschaussée de Toulouse. Diminution de Feux pour ce lieu, où il y en avoit 29. en 1372. p. 551. Voy. *Feux*.

BROUVILLE (Le Maire Royal de) veut empescher les habitans de la Bruyere-les-Catenoy en Beauvoisis, de joüir de leurs privileges. 712. Voy. *Bruyere. (La)*.

BRUGAYROLES. Diminution de Feux pour ce lieu, où il y en avoit 29. en 1372. pag. 608. Voy. *Feux*.

BRUGALLO. (Locus de) Diminution de Feux pour ce lieu. 589. Voy. *Feux. Locus de Brugallo*, avec trois autres lieux. Diminution de Feux pour ces lieux, où il y en avoit 51. en 1372. p. 589. Voy. *Feux*.

BRUYERE (La) les Catenoy, en Beauvoisis. Les habitans de cette Ville ayant representé au Roy, que ses Predecesseurs leur avoient accordé differents privileges; & entre autres, que ces habitans pourroient se purger par serment des delicts pour lesquels on doit payer 12. deniers d'Amende; qu'on ne pourroit les condamner sur la deposition d'un seul sergent; que les Amendes auxquelles seroient condamnez les Hostes du Roy dans cette Ville, seroient diminuez; que les habitans ne pourroient estre jugez hors de leur Ville, que dans les cas de meurtre & de trahison; qu'ils ne seroient point obligez d'aller aux expeditions militaires que dans le cas d'une bataille dont le jour seroit marqué; que ceux qui exciteroient du tumulte & des seditions dans la Ville, seroient condamnez à l'Amende les deux premieres fois; & que les habitans qui auroient maltraité quelqu'un, pourroient se purger de ce delict par serment, s'il n'y avoit pas de témoins; que les Lettres dans lesquelles estoient contenus ces privileges ayant esté perduës, lorsque les ennemis firent une irruption dans le pays, le Maire Royal de Brouville vouloit les empescher de joüir de ces privileges; le Roy confirma tous leurs privileges. Les Lettres sont adressées au Bailli de Senlis. 712.

BRUXELLES, (Draps de) 193.

BUDENS. Diminution de Feux pour ce lieu, où il y en avoit 21. en 2369. p. 187. Voy. *Feux*.

BUFFET de la Halle de Doüay. (*Chambre de l'Hostel de Ville*, où estoit le depost des Archives.) 134. XXVIII. 135. XXXVIII.

BUGARACH. Diminution de Feux pour ce lieu où il y en avoit 16. en 1373. pag. 637. Voy. *Feux*.

BUGEY (Le Fief de) cedé en 1354. à Amé VI. Comte de Savoye, par le Roy Jean & Charles son Fils. 58. Voy. *Dauphiné*.

BUIS. Charles V. confirme une Ordonnance faite par Henry Archevesque de Lyon, Lieutenant d'Humbert dernier Dauphin, qui portoit que moyennant 160. Florins d'Or, donnez au Dauphin par les habitans de Buis en Dauphiné, il seroit deffendu d'apporter dans cette Ville du vin & des raisins *estrangers*, tant qu'il y auroit du vin dans ce lieu. Ces Lettres sont adressées au Juges des Baronnies de Montauban & de Meüillon. 69.

BULLE d'Or & Pariage fait entre le Roy & l'Evesque de Mende. 603. Voy. *Mende*.

Bulle d'Or. Sceau de l'Empereur. 225.

BURE en Bourgogne, de la Seigneurie de Jaucourt. Il y avoit autresfois dans ce lieu deux Seigneuries

Seigneuries divisées de Justice & de taille; l'une nommée la Seigneurie de Jaucourt, l'autre celle d'Henry de Clermont. Les habitans estoient sujets à la main-morte & au formariage, & ils devoient payer chacun an, 20. liv. de taille abonnée pour chaque Seigneurie. Les guerres ruinerent presque entierement ce lieu, presque tous les habitans se dissiperent, il n'y resta plus que trois menages; & lorsque le Seigneur de Blaysey vendit au Duc de Bourgogne, ce lieu avec la Seigneurie de Jaucourt, la Taille abonnée ne fut estimée que dix livres par an, & la main-morte que 30. sols par an. Le Duc de Bourgogne pour rétablir ce lieu, unit les deux Seigneuries en une, affranchit les habitans de ces deux servitudes; & chargea les habitans de la redevance annuelle d'une geline, & d'une rente réelle de 40. liv. payable par les habitans proportionnellement aux heritages qu'ils auroient. 472. Voy. les Sommaires. Il y avoit un Maire & des Prud'hommes à Burc. 474. I.

BUOSTEL, Ordre de Cisteaux. Voy. Cisteaux.

BUSANCY en Champagne. Le Duc de Bar y establit un Bailli. 93. Voy. Bar.

BUZIGNARGUES. Diminution de Feux pour ce lieu, où il y en avoit 4. en 1372. p. 589. Voy. Feux.

C.

CABANIS. (Locus de). 214. Voy. Quarente.

CABARETIERS. A Angoulesme, si un Cabaretier qui a esté chargé de tirer du vin [le laisse perdre par sa négligence], celui à qui le vin appartient, peut sans l'ordre de la Justice retenir le Cabaretier dans sa maison, sans lui donner de nourriture, jusqu'à ce que celui-ci lui ait payé le prix de son vin. 682. IX.

CABARETS. A S.t Jean d'Angely, ils doivent estre fermez, lorsque la Cloche de la Commune est sonnée. 677. X.

CABRIERES, de la Seneschaussée de Carcassone, & du Bailliage de Sault. Diminution de Feux pour ce lieu, où il y en avoit 12. en 1368. p. 122.

Cabrieres, Diocèse de Beziers. Diminution de Feux pour ce lieu, où il y en avoit 32. en 1369. p. 212.

Cabrieres, de la Viguerie de Nismes, de la Seneschaussée de Carcassone. Diminution de Feux pour ce lieu, où il y en avoit 23. en 1373. p. 641. Voy. Feux.

Cabrieres, de la Jugerie de Riviere & de la Seneschaussée de Toulouse, donné par le Roy au Comte d'Armagnac, avec la faculté de le transporter à Jean de la Barte. 456. Voy. Bit.

CAEN. (Le Bailli de) Des Lettres concernant S.t Lo, lui sont adressées. 420. Voy. S.t Lo. Les Lettres de Sauve-garde Royale pour l'Abbaye de Savigny, Diocèse d'Avranches, lui sont adressées. 351. Voy. Savigny.

Caen. (Draps & serges de). 105. Voy. Draps.

CAHAGNES, de la Chastellenie de Vernon. 168. Voy. Vernon.

CAHORS est sa Capitale de sa Seneschaussée, & du Domaine du Roy. 329.

Cahors. Lettres qui portent que les habitans de Cahors pourront commercer dans tout le Royaume, sans payer aucuns droits pour les marchandises qu'ils acheteront. 328.

Cahors. Le Roy confirme les privileges nouvellement accordez par le Duc d'Aquitaine, aux Recteurs, Docteurs ou Maistres, Licenciez, Bacheliers & Escoliers de l'Université de Cahors; & leur accorde tous les privileges octroyez à celle de Toulouse, par les Rois de France & les Comtes de Toulouse. 329.

Cahors, (Le Seneschal de) le Juge-Majeur & le Procureur du Roy de cette Seneschaussée, jureront lorsqu'ils entreront en Charge, d'observer les anciens privileges de cette Ville, & ceux qui lui ont esté nouvellement accordez. 337. Figeac est de cette Seneschaussée. 265. Voy. *Figeac*. Puy-la-Roque est de cette Seneschaussée. 279. Voy. *Puy-la-Roque*. Des Lettres qui regardent Montauban, sont adressées au Seneschal de Cahors. 261. 281. Voy. *Montauban*. Des Lettres concernant Puy-la-Roque qui est de la Seneschaussée de Cahors, sont adressées au Seneschal de Cahors & de Perigueux. 333. Des Lettres concernant Tulle, sont adressées au Seneschal de Cahors. 295. 296. Voy. *Tulles*. Receveur de la Seneschaussée de Cahors & de Perigord. 333.

Cahors. Tresorier ou Recette de la Seneschaussée de Cahors. 327. XIII.

Cahors. Accord fait entre l'Evesque & les Consuls de cette Ville, sur les limites de leurs Jurisdictions. 326. VIII.

Cahors. Le Doyenné de Cayrac de ce Diocèse, ressortit à cette Ville. Les Lettres sont adressées au Seneschal de Limoges & de Cahors. 220. Voy. *Cayrac*.

Cahors. Plusieurs Villes cedées aux Anglois, reconnoissoient que dans le transport qui avoit esté fait aux Anglois de leurs Villes, le ressort au Roy avoit esté specialement reservé: mais la crainte de la ferocité des Anglois s'estoit tellement emparé des esprits, que personne n'osoit avoir recours à ce remede, & secouer le joug très-dure de leur domination; mais les Consuls & les habitans de Cahors appellerent au Roy du Prince de Galles se disant Duc d'Aquitaine, en adherant à l'appel du Comte d'Armagnac, & leur exemple fut suivi par plusieurs autres Villes. Le Roy pour les recompenser, leur accorda des privileges, 324. Voy. *les Sommaires*. Voy. p. 327. XVI.

Cahors. Les Sergents fournis par la Ville de Puy-la-Roque, au Roy pour ses guerres, auront les mesmes gages que l'on a coustume de donner aux Sergents des autres Villes de la Seneschaussée de Perigord & de Cahors. 332. Voy. *Puy-la-Roque*.

Cahors. Pendant 15. ans, les habitans de Rhodez ne payeront aucuns droits pour les effets à eux appartenans qu'ils feront passer par cette Seneschaussée. 408. Voy. *Rhodez*.

Cahors. Les biens & droits relevants du Roy, appartenants au lieu nommé Montcuc, qui ont esté confisquez à cause de la rebellion de ce lieu, & qui sont situez dans l'espace de deux lieuës, de

Tome V.

TABLE DES MATIERES.

de la Ville de Cahors, du cofté de Montcuc, font donnés à cette Ville. 326. X.

Cahors. (Senefchauffée de). Voy. *Quercy.*

CAYLA, ou peut-être le Caylar. Diminution de Feux pour ce lieu, où il y en avoit 66. en 1373. p. 638. Voy. *Feux.*

CAYLAR, de la Viguerie de Gignac. Diminution de Feux pour ce lieu, où il y en avoit 90. en 1367. p. 79. Voy. *Feux.*

CAYLAU & Pezens. Diminution de Feux pour ces lieux, où il y en avoit 8. en 1367. p. 31. Voy. *Feux.*

Caylau, de la Viguerie de Limoux, de la Senefchauffée de Carcaffonne. Diminution de Feux pour ce lieu, où il y en avoit 12. en 1373. p. 663. Voy. *Feux.*

CAYLUS-DE-BONNETTE. Ce Chafteau & Chaftellenie, avoit merité l'indignation du Roy; mais ſes habitans ayant appellés au Roy des injuſtices à eux faites par le Prince de Galles, & s'eſtant foumis à lui, il leur accorda des privileges. Les Lettres font adreſſées au Senefchal & au Treforier de Cahors. Il y avoit un Bailli & des Confuls dans ce Chafteau. 285. Voy. *les Sommaires.* Privileges accordez aux Confuls & Univerſité de cette Ville. 691. Voy. *les Sommaires.*

CAYRAC. *Reginaldi* Doverel, Doyen de Cayrac, Diocéfe de Cahors, membre de l'Eglife d'Aurillac, reſſortiſſoit, avant qu'Edoüard [Prince de Galles] fût devenu Duc d'Aquitaine, devant le Bailli Royal *de Regali Villa*, de la Senefchauffée de Carcaſſone; mais ce lieu ayant eſté tellement ruiné pendant les guerres, qu'il n'y a plus de Bailli, & qu'il n'y a pas d'apparence qu'il y en ait jamais; & ce lieu ayant eſté donné à Pinch Cornet, devant qui le Doyen de Cayrac ne doit point reſſortir, le Roy lui accorda qu'il reſſortiroit dans la ſuite à Cahors, dont fon Doyenné n'eſt diſtant que de cinq lieuës. Les Lettres font adreſſées au Senefchal de Limoges & de Cahors. 220.

CALADROY. Diminution de Feux pour ce lieu, où il y en avoit 7. en 1367. p. 31. Voy. *Feux.*

CALAIS, (Habitans de) pourvûs d'Office de Sergents, pour les dedommager de la perte qu'ils avoient fouffert dans la deſtruction de leur Ville. 449.

CALARGUES. (Le petit) Diminution de Feux pour ce lieu, où il y en avoit 6. en 1372. p. 589. Voy. *Feux.*

CALMES. Diminution de Feux pour ce lieu, où il y en avoit 14. en 1367. p. 31. Voy. *Feux.*

CAMBRAY. A Tournay, les Efwardeurs effiront 14. Efchevins nez dans Tournay & Bourgeois de cette Ville; fept dans la partie de la Ville qui eſt en-deçà de l'Efcaut, dans le Diocéfe de Tournay; & ſept dans la partie qui eſt au-delà de l'Efcaut, dans le Diocéfe de Cambray. De ces derniers Efchevins, il y en aura cinq de la Paroiſſe de S.t Brice, & deux de la paroiſſe de S.t Nicolas. 375. IV.

CAMERARIUS. Hugues l'eſtoit en 1137. p. 23. Mathieu l'eſtoit en 1183. & en 1187. lorſque Philippe-Augufte donna des Lettres pour Dijon.

238. Il l'eſtoit en 1204. lorſque Philippe-Auguſte donna des privileges à la Ville de Saint Jean d'Angely. 671. Burchard l'eſtoit, lorſque Philippe-Augufte donna des Lettres de Commune à la Ville de Peronne en 1209. p. 163. Voy. *Chambrier.*

CAMPAGNAN, de la Viguerie de Beziers & de la Senefchauffée de Carcaſſone. Diminution de Feux pour ce lieu où il y en avoit 29. en 1369. p. 188. Voy. *Feux.*

CAMPANEIS. (*Locus de*) Diminution de Feux pour ce lieu, où il y en avoit 4. en 1372. p. 589. Voy. *Feux.*

CAMPENDU. Aigue-vive eſt de ſa Viguerie. 466.

CAMPOUCI. Diminution de Feux pour ce lieu, où il y en avoit 9. en 1367. p. 31. Voy. *Feux.*

CAMURAC, de la Senefchauffée de Carcaſſone & du Bailliage de Sault. Diminution de Feux pour ce lieu, où il y en avoit 18. en 1368. p. 122. Voy. *Feux.*

CAPITAINE. 276. VIII.

Capitaine des Troupes du Roy. 69. IX. Capitaine des Gensd'armes. 658. Capitaine d'un Pays. 16. II. Capitaine general du Roy dans le Rouergue & dans le Quercy. 255. Capitaines ou Gardes de Forterefles. 89. Capitaines des Villes & Forterefles. 650. XXV. Voy. *Forterefles.* Capitaine du Chafteau de Tancarville. 468. Capitaines des Villes & Chafteaux de Vernon & de Mante. 170. Capitaine d'un Fort inſtitué par le Roy, fur la demande du Proprietaire. 336 Voy. *S.t Victor.* Des Lettres par leſquelles le Roy exempte pluſieurs Villes d'Impoſts fur les marchandiſes qu'ils acheteront dans le Royaume, font adreſſées aux Capitaines des Villes & Chafteaux. 190. Voy. *Vic-Fefenſac.* Des Lettres de Sauve-garde Royale, pour l'Abbaye de la Valaſſe, ſont adreſſées à un Capitaine de Chafteau. 400. Voy. *Valaſſe.*

Capitaines. En 1367. comme on craignoit une invaſion des *Compagnies*, il fût ordonné que les Capitaines s'informeroient combien il reſtoit de Gens dans leurs Capitaineries & dans les lieux voiſins, en eſtat de ſervir hors de leur pays, les Fortereſſes ſuffiſamment garnies, & qu'ils en iſimeroient le Roy, qui leur ordonneroit de ſe tenir prêts à partir, lorſqu'il les manderoit. 16. IV.

CAPITAINERIES. 16. IV.

CAPPENDU, de la Senefchauffée de Carcaſſone. Diminution de Feux pour ce lieu, où il y en avoit 33. en 1370. p. 332. Voy. *Feux.*

CARCASSONE eſt une des principales Villes de France; c'eſt la clef de tout le Languedoc, & la *chere Chambre Royale.* Lorſque S.t Louis en devint le maîſtre en 1247. il y eſtablit pour la defenſe de la Ville, une confrairie de 220. Bourgeois, nommez *Sergents*, commandez par un Connefftable, qui avoit auſſi la Juſtice dans la Ville. Bernard de Mora, un des Generaux ſur la regie de l'Impoſition accordée pour la guerre, dans le Languedoc, ayant voulu lever ces Impoſitions ſur les Sergents & Citoyens de Carcaſſone, il lui fût fait defenſe de la lever ſur eux, afin que cette Ville ne fut pas dépeuplée; & attendu qu'elle n'a point eu de part à l'octroy de l'Impo-

TABLE DES MATIERES.

sition qui a esté fait par plusieurs Comtez des Senefchaussées de Toulouse, de Carcassone & de Beaucaire, qu'elle ne fait point partie de ces Comtez, qu'elle n'assiste point à leurs Assemblées, & qu'elle est en estat d'offrir un octroy en son particulier. Les Lettres sont adressées au Seneschal & au Connestable de Carcassone, qui sont instituez Juges & Conservateurs de la Ville, à cet égard. 421. & Note *(b)*.

Carcassone. La Viguerie des Assamans est de cette Senefchaussée. 165. Voyez *Assamans*. Beriac, Casouls & Compagniau sont de sa Senefchaussée. 187. La Viguerie de Beziers est de sa Seneschaussée. 531. Cappendu est de cette Seneschaussée. 332. Crusy est de sa Senefchaussée. 121. Voyez *Crusy*. Gignac est de sa Senefchaussée. 637. La Viguerie de Gignac estoit de sa Senefchaussée. 79. Voy. *Gignac*. Ginac est de cette Seneschaussée. 622. Limoux est de sa Seneschaussée. 583. Voy. *Limoux*. Liviere est de cette Senefchaussée. 723. Minerve est de sa Senefchaussée. 465. Voy. *Minerve*. Mont-real est de cette Senefchaussée. 213. La Viguerie de Narbonne est de cette Senefchaussée. 663. La Viguerie de Nismes est de sa Senefchaussée. 641. Le Comté de Pezenas est de cette Senefchaussée. 214. Le Bailliage de Saux, est de sa Senefchaussée. 122. Voy. *Saux*. Servien est de cette Senefchaussée. 108. La Viguerie de Ternuenois est de cette Senefchaussée. 402. *Villa Regalis* est de cette Senefchaussée 221. Il est dit dans des Lettres qui regardent Barrave, que cette Ville est de la Senefchaussée de Toulouse & de Carcassone. 192.

Carcassone. (Le Seneschal de) Des Lettres concernant Cahors, lui sont adressées. 328. Des Lettres concernant Castres, lui sont addressées. 330. Voy. *Castres*. Limoux est de sa Senefchaussée. Des Lettres qui regardent Limoux, sont adressées aux Seneschaux de Toulouse & de Carcassone, & aux Procureurs du Roy de ces Senefchaussées. 151.

Carcassone. Jean Joude estoit Juge-Majeur de cette Seneschaussée, vers 1369. p. 187.

Carcassone. Procureur General de cette Senefchaussée. 79. Guillaume Duranti estoit Procureur-General de cette Senefchaussée vers 1367. & Remond de *Figueria* estoit son Substitut. 108. Duranti l'estoit vers 1370. p. 332. Il l'estoit vers 1371. p. 465. Guillaume *de Clouchis* ou *Clouchis* estoit Procureur general de cette Senefchaussée vers 1373. p. 622.

Carcassone. Sceau ordinaire de la Seneschaussée de Carcassone. 187.

Carcassone, (Dans la Senefchaussée de) les Commissaires du Roy ont deux Auditoires; l'un à Carcassone, & l'autre à Beziers. 124. Voyez *Narbonne*.

Carcassone. (Receveur de) 122. Tresoriers ou Receveurs des Senefchaussées de Toulouse, de Carcassone & de Beaucaire. 561. Le Roy establit un Controlleur de la Recette Royale de cette Senefchaussée. 122. Voy *Controlleur des Recettes Royales*.

Carcassone. Les Minutes des Notaires de cette Seneschaussée, seront mises entre les mains du Roy, après leur mort. 352. Voyez *Notaires*.

Carcassone. Bourgeoisies Royales establies dans cette Senefchaussée. 627. Voy. *Montpellier*. Les Communes des Senefchaussées de Toulouse, de Carcassone & de Beaucaire, obtiennent une seconde diminution de Feux. 505. Voy. *Feux*.

Carcassone. (Cité ou Bourg de). Diminution de Feux pour ce lieu, où il y en avoit 807. en 1374. p. 502. Voy. *Feux*.

Carcassone. Elûs sur les Aides dans le Diocèse de Carcassone. 422.

Carcassone. Revocation des Commissaires envoyez par le Roy dans cette Senefchaussée sur le fait des Admortissements & des Francs-Fiefs. 489. Voy. *Admortissements*. Restablissement des Commissaires sur les Admortissements & les Francs-Fiefs dans cette Senefchaussée. 543. Voy. *Admortissements*.

Carcassone, (A) Albi & Castres, il est deffendu pour un temps, de faire entrer le vin & la vendange qui n'auront point esté recueillis dans le Territoire de ces Villes; à moins qu'ils ne soient du crû de leurs habitans. 330. Voy. *Castres*.

Carcassone. Le Roy mande au Seneschal de Carcassonne & au Viguier de Gignac, de contraindre le Seneschal de Roüergue, à observer les privileges accordez à la Ville de Milhaud. 525. Voy. *Milhaud*.

Carcassone. Le Gouverneur des droits Royaux & de Souveraineté à Montpellier, sera Garde d'un sceel Royal qui aura les mesmes droits que les sceels Royaux de Carcassone, de Beziers & de Touloufe, & le Gouverneur aura la connoissance des Contrats qui se feront passez sous ce sceel, lorsque les Contractans se feront soumis à sa compulsion & coercition. 478. IV. 479. II.

Carcassone. (Seneschaussée de) Voy. *Beziers*.

CARDINAUX. Le Comte de Joigny passant un Acte concernant la chasse, renonce aux exceptions tirées du privilege de Cardinaux. 381.

CARMAING. Diminution de Feux pour ce lieu, où il y en avoit 16. en 1367. p. 31. Voy. *Feux*.

CARMES de Paris, nommez *Barrez*, y demeuroient autrefois dans un lieu nomné à cause d'eux, *de Barretis*. 233. Note *(b)*.

CARNAS. Diminution de Feux pour ce lieu, où il y en avoit 5. en 1372. p. 589. Voy. *Feux*.

CARVINS. Voy. *Epinoy*.

CAS privilegiez dont la connoissance appartient au Roy. 174.

Cas Royaux. Plaid de l'Epée, ou connoissance des cas Royaux. 73.

Cas (ou droits) Royaux sont les crimes de Leze-Majesté au premier chef, l'infraction de la Sauvegarde Royale, la fausse Monnoye, le port d'armes notables; c'est-à-dire, avec compagnie de gens armez, avec autres armes qu'épées, cousteaux ou bastons; & les Contrats faits sous sceel Royal, quand le contractant s'oblige à la coercion du sceel Royal; car quand il se soumet à toutes Jurisdidictions, les autres Juges en peuvent connoistre par prevention; & enfin le cas de nouvelleté, par prevention. 429.

Cas Royaux. Les Confuls de Verfeüil jugeront conjointement avec le Bailli, les caufes criminelles ; à l'exception de celles dont le Jugement appartient au Roy. 277. V.

Cas Royaux. Voy. *Royaux*. (*Cas*)

CASATUS. (*Miles*) Vaffal 716. XVII. Voyez Note (*f*).

CASILHAC, de la Viguerie de Beziers & de la Senefchauffée de Carcaffone. Diminution de Feux pour ce lieu, où il y en avoit 16. en 1373. p. 637. Voy. *Feux*.

CASILLAC, Viguerie de Beziers. Diminution de Feux pour ce lieu, où il y en avoit 22. en 1369. p. 212. Voy. *Feux*.

CASOULS, de la Viguerie de Beziers, & de la Senefchauffée de Carcaffone. Diminution de Feux pour ce lieu, où il y en avoit 199. en 1369. p. 188. Voy. *Feux*.

CASSAIGNES. Diminution de Feux pour ce lieu, où il y en avoit 12. en 1367. p. 31. Voy. *Feux*.

CASSA-NOVA. (*Locus de*) 299. Voy. *Tartas*.

CASTEL-JALOUX. 299. Voy. *Tartas*.

CASTEL-FIZEL. Diminution de Feux pour ce lieu, où il y en avoit 9. en 1367. p. 31. Voy. *Feux*.

CASTEL-SARRASIN. Les habitans de Dunes venoient y acheter du fel. 436. Voy. *Dunes*.

CASTELNAU de Guvers, Diocèfe de Beziers. Diminution de Feux pour ce lieu, où il y en avoit 62. en 1369. p. 212. Voy. *Feux*.

CASTELNAUD d'Eftre-le-fons, de la Judicature de Ville-longue, de la Senefchauffée de Touloufe. Diminution de Feux pour ce lieu, où il y en avoit 22. en 1372. p. 589. Voy. *Feux*.

CASTENAUDARY. Le 2. de Fevrier 1355. le Comte d'Armagnac Lieutenant du Roy dans le Languedoc, accorda des privileges aux Confuls & habitans de cette Ville & Chafteau, dont peu de temps auparavant, une partie avoit efté détruite & brûlée par les ennemis, & dont les privileges accordez par les Rois, avoient efté brûlez en mefme temps. Le 13. de May 1367. le Roy confirma les privileges accordez par le Comte d'Armagnac, par fes Lettres qui font adreffées au Senefchal de Touloufe. 5. Voy. *les Sommaires*.

CASTRES, de la Senefchauffée de Carcaffone. Les Confuls & les habitans de cette Ville, ayant reprefenté au Roy, que le Territoire de cette Ville produit plus de raifins que d'autres fruits ; mais que par les mortalitez & par les guerres, les vignes font pour la plufpart incultes, principalement dans les endroits les plus éloignez de la Ville ; ce qui dépeuple le pays ; le Roy ordonna que conformement à ce qui s'obfervoit à Carcaffone & à Albi, les Confuls pouroient deffendre pour autant de temps qu'ils le jugeroient à propos, de faire entrer le vin & la vendange qui n'auroient point efté recueillis dans le Territoire de cette Ville ; à moins qu'ils ne fuffent du crû de fes habitans. Les Lettres font adreffées aux Senefchaux de Carcaffone & de Touloufe. 330.

CASTRO-NOVO. (*Locus de*) 299. Voy. *Tartas*.

CATEUX ou meubles. 205.

CATHEDRALES. La connoiffance des affaires des Eglifes Cathedrales, appartient au Roy. 479. I.

CAUNAS, de la Viguerie de Beziers & de la Senefchauffée de Carcaffone. Diminution de Feux pour ce lieu, où il y en avoit 24. en 1372. p. 533.

CAUNES. Voy. *Ville-Vieille*.

CAUSSADE. Les habitans non-nobles de cette Ville, feront exempts du droit de Francs-Fiefs, pour les Fiefs qu'ils acquerreront ; pourvû cependant que ce ne foient point des Fiefs de Chevalerie, ou des Alleux d'un prix confiderable. Les Lettres font adreffées au Senefchal, Treforier & Procureur du Roy de la Senefchauffée de Quercy. 283.

CAUSSE, (Le) de la Judicature de Verdun, de la Senefchauffée de Touloufe. Diminution de Feux pour ce lieu, où il y en avoit 20. en 1372. p. 551. Voy. *Feux*.

CAUTION. A Mailly-le-Chafteau, on ne pourra faifir dans les jours de Foires & de Marché, les effets d'une caution qui a efté prefentée par celui avec qui l'on a contracté, fi le cautionnement n'a efté donné un jour de Foire ou de Marché. 715. IV.

Caution (*Lettres de*) donnnées aux Marchands qui amenent des denrées dans les Villes du Royaume. 20. I. Voy. *Marchands*.

Caution. (Acquit à) 405. 406.

CAUVISSON. Diminution de Feux pour ce lieu, où il y en avoit 4. en 1372. p. 589. Voy. *Feux*.

CAUX. S.t Euftache en Forefts, & S.t Jean de la Neuville, font de la Bailliage. Ils font exempts de certaines Impofitions qui fe levent entre le Chef de Caux, & l'eave de Saane ; à caufe de l'obligation dans laquelle ils font de netoyer le Havre qui eft entre les Villes de Harfleur & de Leure. 467. Voy. *S.t Euftache en Forefts*.

Caux. (Le Bailli de) Les Lettres de Sauve-garde Royale pour l'Abbaye de la Valaffe, lui font adreffées, & au Vicomte de fon Bailliage. 400. Voyez *Valaffe*. Une Ordonnance fur les Marchands de Plaifance en Lombardie, commerçants à Harfleur, leur eft adreffée. 254. Les procez que les Marchands de Plaifance en Lombardie, commerçants à Harfleur, auront contre des Chevaliers, des Ecuyers ou leurs Gens, feront portez devant le Prevoft de Harfleur, le Bailli de Caux & le Vicomte de Montiervilliers. 242. VIII. Le Bailli de Caux fera donner des maifons à prix raifonnable, aux Marchands de Plaifance en Lombardie, qui viendront commercer à Harfleur. 241. II. Il fera payer ce qui eft dû à ces Marchands. IV.

CAUX, dans le Comté de Pezenas. Diminution de Feux pour ce lieu. 214. Voy. *Feux*.

CEINTURE de Chevalerie. 575. Voy. *Chevalerie*.

CELESTINS de Paris. Lettres de Sauve-garde Royale accordée par Charles V. au Prieur & Couvent des Celeftins, de l'Ordre de S.t Pierre dit Celeftin, qu'il avoit fondez à Paris, dans le lieu nommé *de Barretis*, auprès de fon Hoftel de S.t Paul. Il leur donne pour Juges, les Gens des Requeftes du Palais à Paris. 233.

CENDRÉE

TABLE DES MATIERES.

CENDRÉE. (Argent en) Voy. *Monnoyes*.

CENS. Il sera dû des droits de Francs-Fiefs pour les revenus & Censives emportants lods & ventes, acquis des Nobles par les non-nobles, dans les Fiefs & Arriere-Fiefs du Roy. Ces droits seront fixez par rapport au produit de ces revenus & Cens, ou par rapport à ce que peuvent produire communement tous les ans, ces lods & ventes, ou par rapport au prix de l'acquisition de ces revenus & Cens. 366. XXV.

Cens. Une partie des Halles de Paris sont du Domaine du Roy; les autres ont esté données à Cens moyennant une redevance annuelle. On avoit chargé cette partie d'une crois de Cens ou rente annuelle, outre le Cens dû au Roy. Le Roy ordonna que cette crois de Cens seroit supprimée, comme ayant esté establie sans son consentement. 147. Voy. *Halles de Paris*.

CENSIVES. Lettres qui exemptent les Consuls & les habitans de Beziers, du droit de Francs-Fiefs pour 200. livres de rente qu'ils pourront acquerir dans des Fiefs ou Arriere-Fiefs, & pour 100 livres de rente qu'ils pourront acquerir dans des Censives & Alleux: pourvû qu'il n'y ait point de Justice attachée aux heritages qu'ils acquerront. 302.

CEPOY. En 1367. le Roy promet de confirmer les privileges des habitans de ce Bailliage. 18. XIII.

Cepoy (Le Bailli de) fait une information sur le marché de Thouri, en Beauce. 204. Voy. *Thouri*.

Cepoy. Le Duché d'Orleans ayant esté mis hors de la main du Roy, & le Comté de Blois ayant esté démembré du ressort du Bailli d'Orleans, & annexé à celui du Bailli de Chartres; il fut ordonné que les Officiers & Bourgeois du Roy, demeurants dans le Comté de Blois, ressortiroient devant le Bailli ou Prevost de Cepoy, dans leur Siege nouvellement establi à Orleans: mais il fut ordonné dans la suite, que ces Officiers & Bourgeois ressortiroient devant le Bailli de Chartres. 10. Voy. *Blois*.

CERCHAMP, Ordre de Cisteaux. Voy. *Cisteaux*.

CERVOISE, Cervoisiers. Voy. *Brasseurs*.

CESSION de droits. Nul Ecclesiastique en vertu de droits cedez, ne pourra faire assigner, mesme dans la France, nul habitant de ce Royaume, devant les Conservateurs à lui accordez par le Pape. 102. Voy. *Conservateurs*.

CHAALIS, Ordre de Cisteaux. 141. Voy. *Cisteaux*.

CHALANE. Voy. *St Paul de Fenouillede*.

CHALONS. Il y avoit un Hostel des Monnoyes. 124.

Châlons. On y payoit une Reve & des Impositions sur les Marchandises qui sortoient du Royaume. 478. VIII.

Châlons sur Marne. Les Seigneurs temporels & les Bourgeois de cette Ville, representent au Roy en 1369. que soit par la mortalité qui a affligé plusieurs fois cette Ville, depuis 1348. soit pour d'autres causes, cette Ville qui de tout temps estoit une des plus commerçantes du Royaume, fondée sur le commerce, & principalement sur celui de draps, est devenuë pauvre & dépeuplée: ensorte que les maisons y tombent en ruine, & que l'on n'y fait plus que 800. draps, au lieu de 30. à 36. mille, que l'on y faisoit autrefois; & que d'ailleurs, les Ouvriers qui travaillent aux draps dans cette Ville, prennent des salaires excessifs, & qu'ils cessent de travailler à une heure que l'on appelle *Prisme dinée & relevée;* le Roy pour restablir cette Ville, ordonna que l'on y feroit des draps à trois *pas*, comme l'on avoit accoustumé, marquez d'un signet; & que l'on y en feroit aussi de filez au tour, cardez & faits à deux *pas*, comme l'on en fait à Bruxelles, à Malines, à Louviers & à Warennes, (Varrennes) marquez d'un autre signet; & que les Ouvriers en draps & les autres Ouvriers, se contenteroient d'un salaire raisonnable, & travailleroit depuis le soleil levant jusqu'au soleil couchant, en prenant un temps convenable pour leur recreation de boire & de manger, comme l'on fait à Paris, & ailleurs. 193.

Châlons sur Marne. Le trois de Fevrier 1368. Charles V. à la requeste de l'Evesque de cette Ville, deffendit à ceux qui avoient des maisons dans la ruë Chapon à Paris, de les loüer à des Filles de joye. 164. Voy *Filles de Joye*.

Châlons-sur-Saone. Les habitans de ce Diocése & de celui de Mascon, au lieu de prendre du Sel dans le Grenier de Lyon, en prenoient secrettement dans les Comtez de Bourgogne, dont ils ne sont separez que par le Rhosne & par la Saone. 404. Voy. *Dauphiné*.

CHAMBELLAN. Le 2. d'Octobre 1389. Enguerrand *de Cudino*, estoit Chambellan & Conseiller du Roy, & Gouverneur du Dauphiné. 61. Note.

Chambellans des Princes du sang. 170. Voy. *Princes du sang*.

CHAMBRE de la Couronne de France. 572. II. Voy. *Domaine*.

Chambre Royale. (Carcassone est une chere). 422. & Note *(a)*.

Chambre des Conseillers-Generaux sur le fait des Aides. 646. II. & dans les suivants.

Chambres, [Chambrées] de gens de guerre. 660. XI. XIII.

CHAMBRIER. Robert Duc de Bourgogne, l'estoit en Janvier 1188. pag. 107. Voy. Note *(a).* Barthelemy l'estoit, lorsque Philippe-Auguste donna des Lettres à l'Ordre de Cisteaux. 144. Il l'estoit en 1223. p. 489. Voy. *Camerarius*.

CHAMPAGNE. En 1367. le Roy promet de confirmer les privileges des habitans de cette Province. 18. XIII.

Champagne (La) est du ressort de la Prevosté de Laon. Il y a des Sergents de cette Prevosté qui y resident. 449. Voy. *Laon*.

Champagne. Matthieu II. Duc de Lorraine, & Marquis, tenoit Neuf-chastel en Lorraine, de Thibaud VI. Comte de Champagne. 549. Voy. *Neufchastel*.

Champagne. (Blanche Comtesse de) *Galterus* estoit son Chancelier, & Jean son Notaire. 487.

Champagne. Par une convention faite entre le Seigneur de Clermont & le Roy de Navarre, le

Tome V.

Comte de Bar & la Dame d'*Ycio*, les Bourgeois de Clermont, ni les hommes du Seigneur de ce lieu, ne pourront point demeurer fur leurs Terres. 601. XXII.

CHAMPEAUX, lieu où on bâtit les Halles à Paris. 106. Voy. *Chappeaux*.

CHAMPS, dependant de Coucy. Affranchiſſement des habitans de ce lieu. 154. Voy. *Coucy*.

CHANCELIER de France. Eſtienne l'eſtoit en 1137. p. 23. Hugues l'eſtoit lorſqu'en 1183. Philippe-Auguſte donna des Lettres pour Dijon. 238. Il n'y en avoit pas, lorſqu'en 1187. Philippe-Auguſte donna des Lettres pour Dijon. 238. Il n'y en avoit point en Janvier 1188. p. 107. Voy. Note *(a)*. Lettres accordées aux habitans de S.ᵗ Jean d'Angely en 1204. par les mains de Frere Guarin, la Chancellerie eſtant vacante. 671. Il n'y en avoit pas, lorſque Philippe-Auguſte donna des Lettres de Commune à la Ville de Peronne en 1207. p. 163. Il n'y en avoit pas, lorſque Philippe-Auguſte donna des Lettres de Commune à la Ville de Peronne en 1209. & les Lettres furent ſignées par Frere *Garinus*. 163. Il n'y en avoit pas en 1221. lorſque Philippe-Auguſte donna des Lettres à l'Ordre de Ciſteaux. 144. Guarin Eveſque de Senlis, l'eſtoit en 1223. p. 489.

Chancelier. Les Lettres Royaux à la fin deſquelles il y a, *Ad relationem veſtram*, ont eſté données ſur le rapport du Chancelier. 581. Note *(c)*.

Chancelier. Ces mots *auquel* (Conſeil) *vous eſtiez*, qui ſe trouvent à la fin de quelques Lettres Royaux, ſignifient le Chancelier. 653. Note *(c)*.

Chancelier (Le) ne ſcellera aucune décharge par laquelle le Roy reconnoiſſe qu'il a reçû des deniers; ſi quelques décharges du Roy ſont ſcellées, le Receveur (General) ne donnera point d'argent; & s'il en donne, il ne lui ſera pas paſſé dans ſes comptes. Le Roy pourra cependant envoyer au Chancelier par une meſme perſonne, des déſcharges des ſommes qu'il voudra mettre dans ſes coffres, & ces deſcharges contiendront les noms de ceux par leſquels le Roy entend faire recevoir ces deniers du Receveur General. 539. V. Le Chancelier ne ſcellera aucune deſcharge par laquelle le Roy reconnoiſſe qu'il a reçû des deniers; ſi quelques deſcharges du Roy ſont ſcellées, le Receveur (General) des Aides ne donnera point d'argent, & s'il en donne, il ne lui ſera point paſſé dans ſes comptes par la Chambre des Comptes. Le Roy pourra cependant envoyer au Chancelier, les deſcharges des ſommes qu'il voudra mettre dans ſes coffres. 647. VI.

Chancelier. Reglement pour les Secretaires du Roy lui eſt adreſſé, & à l'Audiancier & au Controleur. 370. Voy. *Secretaires du Roy*. Le Chancelier fera faire ſerment aux Secretaires du Roy, qu'ils feront les Lettres concernant la finance, conformément aux ordres qu'ils auront reçûs du Roy; qu'ils n'en feront point pour eux, ni pour leurs amis; & qu'ils n'y mettront point de clauſes dérogatoires ſans l'ordre du Roy, donné en preſence de certaines perſonnes de ſon Conſeil, qui leur ſeront nommées de ſa part

par le Chancelier. 647. IX. Le Chancelier deſfendra par ordre du Roy, à tous les Secretaires du Roy, qu'ils ne preſentent aucunes Requeſtes concernant les finances, ſi ce n'eſt en pleines Requeſtes. 648. X. Les Lettres de dons ne pourront eſtre ſignées que par Blanchet, Daven & Tabari, Secretaires du Roy; & le Chancelier ne ſcellera point celles qui ſeront ſignées par d'autres. 539. VII. Les Lettres de dons faits par le Roy, ne pourront eſtre ſignées que par certains Secretaires du Roy nommez dans l'article; & le Chancelier ne ſcellera point celles qui ſeront ſignées par d'autres. 647. VIII. Le Chancelier nomme un Secretaire du Roy pour ſervir au Parlement. Le Parlement eſlit en ſa preſence, un Secretaire du Roy, pour faire la meſme fonction. 579. 580. Voy. *Parlement*. Les Secretaires du Roy, & les Notaires de la Chambre des Generaux-Conſeillers ſur le fait des Aides, jureront entre les mains du Chancelier, d'obſerver une Ordonnance faite ſur les finances provenant des Aides, & ſur les finances en general. 651. XXVIII. Les Notaires du Roy qui ſeront de ſervice à la Chambre des Generaux des Aides, y preſteront ſerment en preſence de M.ʳ le Chancelier, de ne ſe point meſler des affaires des particuliers, & de ne point prendre de preſents. 540. XVII.

Chancelier (Le) & d'autres Conſeillers du Roy, examineront dans la Chambre des Comptes, les privileges de l'Eveſque & de l'Egliſe de Mende; & le Chancelier par l'ordre du Roy, en fait le rapport dans le Conſeil, en preſence du Roy tenant ſes pleines Requeſtes. 604. L'information faite par le Bailli de Cepoy, ſur le marché de Thouri, doit lui eſtre envoyé, ou aux Gens du Grand Conſeil du Roy. 203.

Chancelier, (Le) l'Eveſque d'Amiens, &c. verront tous les mois l'Etat de la recette & de la dépenſe du Receveur general des Aides, & en envoyeront un abregé au Roy. 648. XIV. Le Chancelier & les Generaux des Aides, envoyent dans le Languedoc, des Reformateurs ſur le fait des Aides ſeulement. 649. XVIII.

Chancelier. Les Sergents du guet de Paris, ne pourront reſigner leurs Offices, qu'au Roy ou au Chancelier, & il y ſera pourvû par l'un ou par l'autre. 97. I.

Chancelier de France. Voy. *Chancellerie*.

Chancelier de Poictiers. 127. & Note *(a)*.

CHANCELLERIE. Adjournement donné en la Chancellerie, par le Parlement. 149.

Chancellerie. Lettres Royaux tirées des Regiſtres de la Chancellerie; (*Ce ſont ceux qui ſont au Treſor des Chartres*). 308.

Chancellerie. Voy. *Audiance*.

Chancellerie de la Seneſchauſſée de Roüergue. 695. IV.

CHANDELLE. Ferme adjugée à l'extinction de la chandelle. 286. VI.

CHANGEURS. Les Juges Royaux leur feront jurer qu'ils ne mettront dans le commerce que des Monnoyes ayant cours. 250. On leur fera jurer d'obſerver les Ordonnances ſur les Monnoyes. 643. Les Monnoyes deſſenduës qui seront trouvées chez les Changeurs, entieres & non coupées, seront confisquées. Les Changeurs, Merciers & Epiciers seront obligez de couper le Billon qu'ils acheteront, & de l'apporter à la plus prochaine Monnoye du lieu de leur domicile, huit jours après qu'ils l'auront acheté, & d'écrire dans un Registre, le Billon qu'ils acheteront, lorsqu'il passera un demi Marc. 391. Voy. *Monnoyes*. Contregardes des Monnoyes supprimez. Si les Changeurs demandent qu'il y en ait, ils les payeront à leurs despens. 616. Voy. *Monnoyes*.

Changeurs appellez pour faire l'évaluation de ce que le pain devroit valoir, eû égard au prix du bled. 554. Voy. *Pain*.

Changeurs de Lyon. 624. Voy. *Lyon*. Les habitans de Rhodez pourront exercer sans permission du Roy, l'Office de Changeur dans cette Ville, & dans toute la Seneschaussée de Roüergue. 256. 1. Les habitans de Rhodez pourront sans avoir besoin de Commission, exercer l'Office de Changeur dans la Seneschaussée de Roüergue, à l'exception du Comté de Rhodez. 411. III.

Changeur du Tresor à Paris. Voy. *Tresor*.

CHANOINE. Le Roy est Chanoine du Mans. 524.

CHANTRE. Prevost, Doyen & Chantre de l'Eglise de Rheims. 470.

CHAOURSE, Bouilliaux & Vien-sur-Aisne, de la Prevosté Foraine de Laon, appartenants à l'Abbaye de Saint Denis en France, qui y avoit un Bailli, affranchis des Appeaux volages. 246. Voy. *Appeaux volages*.

CHAPELAIN du Roy. *Gauffridus* l'estoit en 1071. p. 23. Note *(b)*. Les Tresoriers & Chanoines de la Sainte Chapelle de Paris, sont Chapelains du Roy. 1.

CHAPELLE (La) S.t Oën de la Chastellenie de Vernon. 168. Voy. *Vernon*.

CHAPITRE, Abbé seculier & Chapitre de Dorat. 305.

CHAPPIAUX (côr. *Champeaux*.) Les Halles de Paris ont esté basties vers ce lieu. 147. Voyez *Champeaux*.

CHARNAGE. Droit sur la vente des viandes. 390.

CHARPENTIERS. 194. Voy. *Ouvriers*.

CHARRETIERS. A Angoulesme, les charretiers seront responsables des vins qui seront chargez sur leurs charrettes: mesme dans le cas des accidents inévitables. 682. VIII. Voy. la Note *(nnn)*.

CHARTRES (Comtes de) dans le 14.e siecle. 273. Note *(a)*.

Chartres. Le Duché d'Orleans ayant esté mis hors des mains du Roy, le Comté de Blois qui estoit du ressort du Bailli d'Orleans, fut annexé à celui du Bailli de Chartres, tant par rapport aux sujets du Comte de Blois, que par rapport aux Officiers & Bourgeois du Roy, demeurants dans ce Comté. 10. Une partie du Comté de Blois, est annexée au ressort du Siege Royal de Chartres, & Chasteau-Regnaud membre de ce Comté, annexé au ressort de ce Siege Royal, devant le Bailli de Beu. 697. Voy. *Blois*.

Chartres. (Le Bailli de) Des Lettres qui regardent Galardon, lui sont adressées. 556. Voy. *Galardon*.

Chartres. En Janvier 1311. Maistre Sains de la Fontaine, estoit Bailli de Chartres; & le 3. Janvier 1364. Mathieu des Quesnes estoit Bailli, & Denis Prevosteau estoit son Lieutenant. 1272. *& suiv*.

Chartres. Les Tanneurs & les Cordonniers, n'y font qu'un mesme Corps & Maistrise. Les Marchands Forains de cuir tanné ne peuvent vendre leurs marchandises dans la Ville, qu'aux quatre Foires qui se tiennent dans le Cloistre N. D. les quatre Festes de N. D. si ce n'est des cuirs de veau & des peaux de mouton, tannez, dont le prix n'excede pas douze deniers & une maille. Le Procureur du Roy du Bailliage fait des Informations à ce sujet. 272.

Chartres. Il s'y tint une Assemblée d'Etats en 1367. p. 15.

Chartres. *Gauffridus de Leugis*, (Geoffroy de Lieves) estoit Evesque de cette Ville en 1137. p. 23. & Note *(b)*. Guillaume de Chanal en estoit Evesque en 1367. p. 24. Note *(f)*. La Manse de l'Abbaye de Joyenval a esté réünie à l'Evesché de Chartres, lorsque celui de Blois en a esté démembré. 297. Note *(a)*. Louis le Gros & Charles V. exemptent de tous Imposts, les habitans de Frenay-l'Evesque, à l'exception de ce qu'ils payoient à l'Evesque de Chartres. 22.

Chartres. Le plus grand revenu de la fabrique de l'Eglise de Chartres, qui est dédiée à la Vierge, consiste dans les chandelles & les torches de cire que l'on y offre; mais les Ciriers qui demeuroient sur la *terre* du Doyen & du Chapitre, fournissant de si mauvaises marchaudises, qu'ils gagnoient la moitié en sus, de la somme à laquelle revenoit la cire mise en œuvre, ils ordonnerent que ces Ciriers ne pourroient prendre pour profit que six deniers Tournois, pour chaque livre de cire; & ils obtinrent du Roy, que ce Reglement seroit observé par les Ciriers qui demeuroient sur ses terres. Les Lettres sont adressées au Bailli & au Prevost des Chartres. 208.

Chartres. Le Doyen & le Chapitre de cette Eglise, tant en chef qu'en membres, Chastelains, Provendiers, &c. ont tousjours depuis sa fondation ressorti devant des Juges Royaux; d'abord devant le Bailli d'Orleans, à son Siege d'Yenville; & ensuite, Philippe de Valois ayant donné à son second Fils, le Duché d'Orleans dans lequel estoit compris Yenville, devant le Prevost de Paris, au Siege de Poissy. Dans la suite, le Roy Jean, en consideration de la remise que lui firent les Doyen & Chanoines de ce qu'il leur devoit, ordonna que leurs Causes seroient portées sans moyen au Parlement de Paris; Charles V. à qui ces Doyen & Chanoines firent aussi remise de ce qu'il leur devoit, confirma l'Ordonnance du Roy Jean. Le Procureur General du Roy s'estant opposé à cette confirmation, Charles V. en 1367. lorsqu'il vint à Chartres, pour la premiere fois depuis son avenement à la Couronne, ayant égard aux miracles qui se faisoient dans cette Eglise, ordonna que ses affaires seroient portées devant le Parlement de Paris; sans prejudice au droit qu'elle avoit de ne plaider audit Parlement, que comme pardevant *Traiteurs de leurs Causes*. Le Roy escrivit deux Lettres closes, (de cachet), l'une aux Gens du Parlement; l'autre à ses Advocats & Procureur General au Parlement, par lesquelles il leur enjoignoit de faire executer ces Lettres. Le Parlement, le Procureur General n'ayant point contredit, obtempera à ces Lettres, & en ordonna l'execution. 24.

CHARTRES. (Tresor des) 100. 103. 163. Le Roy ayant acheté le Comté d'Auxerre, de Montagu mit par son ordre les Lettres de l'achat dans le Tresor du Roy, à perpetuelle memoire. 415. 416. 423. 425. 426. Voy. *Tresor des Chartres.*

Chartre des Normans. Voy. *Normandie.*

CHARTREUSE. (L'Ordre de) Charles V. y avoit une especiale devotion. 569. Le Prieuré de la Fontaine N. D. en Valois, de l'Ordre des Chartreux. 298. Voy. *Fontaine N. D.* &c.

CHARTREUX de Paris. Le Prieur & le Couvent de Valvert, de l'Ordre de Chartreuse que Charles V. avoit en *especiale devotion*, sont de toute anciennetés sous la Sauve-garde Royale, qui leur est confirmée; & le Prevost de Paris leur est donné pour Gardien & pour Juge, tant en deffendant qu'en demandant; mais ils ne pourront faire assigner devant lui, les personnes qui demeureront à plus de 20. lieuës de Paris. 128.

CHASSE. L'Evesque d'Albi est conservé dans le droit de chasser le sanglier & autres bestes semblables, dans ses Terres. 210. Voy. *Albi.* Les Nobles pourront chasser dans tout le Dauphiné; excepté dans les Forests de Claye & Olauesie, & dans les Garennes de lapins & de lievres. 48. XXXI. Le Dauphin ne pourra faire sejourner ses chevaux, ses chiens & équipages de chasse dans les maisons des Ecclesiastiques, Religieux & autres sujets Delphinaux, si ce n'est en payant leur despense; & s'il les y envoye, on pourra les chasser. 50. XI. En 1349. le Dauphin Humbert accorde des privileges à ses sujets pour les dédommager du tort qu'il leur avoit causé par ses équipages de chasse. 38. Les Seigneurs de Joigny permettent aux habitans de ce lieu, de chasser dans une partie de leur Seigneurie. 379. Voy. *Joigny.* A Maillié-le-Chasteau, celui qui sera accusé d'avoir chassé en plaine dans la Garenne du Seigneur, sera cru sur son serment s'il jure qu'il n'a point chassé. S'il ne veut pas faire ce serment, il payera l'Amende. 717. XXV.

CHASTEAU. Guet fait dans un Chasteau par les habitans des lieux voisins. 467. Voy. *S.t Eustache en Forests.*

Chasteaux. Dans le Dauphiné, les Nobles ne pourront donner en Arriere-Fief ou en Censive des Chasteaux relevants du Dauphin, sans son consentement exprès. 43. XXII. Tous les sujets du Dauphiné pourront y bâtir des Maisons-Fortes sur les terreins qui leur appartiennent, pourvû que ce ne soit pas vers les Frontieres. Ceux à qui ces Maisons-Fortes appartiendront, ne pourront les vendre ni les faire infeoder par un Seigneur, qu'ils n'en ayent averti le Seigneur dans le Territoire duquel elles sont bâties, afin qu'il ait la preference pour pouvoir les acheter ou les infeoder, moyennant le mesme prix offert par celui qui veut les acheter ou les infeoder. 42. XV. On ne pourra faire de *Prises* sur les habitans de la Rochelle, pour la provision des Chasteaux du Roy. 573. V. Pendant 10. ans, la Ville & les habitans de Villefranche seront exempts des droits de Francs-Fiefs, qu'ils payeront cependant, s'ils acquerent des Justices, des Chasteaux & des hommages. 700. IX.

Chasteaux. Voy. *Forteresses.*

CHASTEAUBOURG. En 1371. le Duc d'Anjou y prenoit un droit sur le sel. 404. Voy. *Dauphiné.*

CHATEAU-LANDON. (Le Chasteau & Chastellenie de) donné par Charles V. à Louis de Maleval, (ou *Maulenart.*) Prevost des Exemptions establi pour juger les Religieux de S.t Severin de Chasteau-Landon, les Bourgeois du Roy, & les autres exempts de ce lieu. 335. 382. Voyez *S.t Victor.*

CHASTEAUNEUF, dans la Ville de Tours. 429. II. 457. Le Bailli des Ressorts & Exemptions de Touraine, &c. mettra son Siege à Chasteauneuf qui appartient à l'Eglise de S.t Martin de Tours, sans prejudice de cette Eglise. 369. I. Voy. *Tours.*

CHASTEAU-REGNAUD. Cette Chastellenie membre du Comté de Blois, qui ressortissoit anciennement au Siege Royal de Tours, en fut démembrée, & annexée au Bailliage de Chartres, au Siege Royal de Beu. 697. Voy. 698. Note *(c).* Le Comte de Blois ressortira à Tours devant le Bailli des Exemptions de Touraine, à cause du Chasteau & Chastellenie de Chasteau-Regnaud, & y sera renvoyé de Chartres où il ressortissoit. 430. Le Bailli des Ressorts & Exemptions de Touraine, &c. mettra au Ressort de Tours, la Chastellenie de Chasteau-Regnaud, quoique le Siege & Ressort en ait esté autre part assigné. 369. IX.

CHASTEAU S.t Mard de Soissons. Voy. *Aisne.*

CHASTELET de Paris. Lieutenants du Prevost de Paris. Voyez *Prevost de Paris.* M.e Jean de Chatou estoit Lieutenant le 6. de Septembre 1373. p. 635.

Chastelet de Paris, (Scelleur du) chargé des Registres & Ordonnances concernant les Sergents du Chastelet. 194.

Chastelet de Paris. Privilege de son scellé. 195. Le Prevost de Paris privativement à tout autre Juge, connoistra de l'execution des Actes scellez du Scel du Chastelet de Paris. Il poursuivra son droit, conjointement avec le Procureur du Roy, contre tous ceux qui voudront s'y opposer. 295. & Note *(a).* Les Ordonnances sur les mestiers, les Marchandises & les vivres de Paris, sont en registrées dans les Registres du Chastelet. 527.

Chastelet de Paris. Les Chirurgiens de cette Ville, sont obligez de prester serment devant le Prevost de Paris, & non devant le Garde-scel du Chastelet. 323.

Chastelet de Paris. Les Chirurgiens de cette Ville, sont

TABLE DES MATIERES.

font obligez de dénoncer au Prevoſt de Paris, ou aux Auditeurs du Chaſtelet, les bleſſez qu'ils trouveront dans les lieux ſacrez & privilegiez. 323. Voy. *Chirurgiens de Paris.*

Chaſtelet de Paris. Dans les Regiſtres anciens & nouveaux du Chaſtelet, il y a des Ordonnances faites ſur le pain, depuis le Regne de Philippe-le-Bel. 499. 500.

Chaſtelet de Paris. Voy. *Examinateurs du Chaſtelet. Notaires du Chaſtelet de Paris. Procureurs du Roy au Chaſtelet de Paris. Sergens à cheval du Chaſtelet de Paris.*

CHASTELLAIN & Viguier d'Aigues-mortes. 100. Voy. *Aigues-mortes.* Il y avoit des Jurez & un Chaſtelain à Arras. 512. XXIV. Le Chef de la Juſtice d'Arras, ſe nommoit autrefois par excellence, *El Juſticia.* Il a eſté ſupprimé. *Ibid.* & Note *(kk).*

Chaſtellains de l'Egliſe de Chartres. Voy. *Chartres.* Chaſtelain de la Foreſt de Crecy. 367. Chaſtelains du Dauphiné. 49. XXXIV. Les Chaſtelains du Dauphiné recevoient les deniers fiſcaux, & en rendoient compte devant les Auditeurs de la Chambre des Comptes. 104. Voy. *Dauphiné.* Chaſtelain ou Baili de Montcuc. 326. X. Prevoſté ou Chaſtellenie de Chaumont en Baſſigny. 599. Prevoſté & Chaſtellenie de Peronne. 140. 161. XVIII. Bailliage & Chaſtellenie de Sauveterre. 696. IX. X.

CHASTILLON-SUR-SEINE. Son Bailliage eſt nommé le Bailliage de la Montagne. Jean de Foiſſy en eſtoit Bailli en 1370. Le Duc de Bourgogne le chargea de faire une information qui regardoit Bure. 473. Voy. *Bure.*

CHAUDRONNAILLE (La) ſe vend à la Halle de Paris. 147. Voy. *Halles de Paris.*

CHAUMONT. (Le Bailli de) Des Lettres concernant Levigny, lui ſont adreſſées. 513. Voy. *Levigny.*

Chaumont [*en Baſſigny.*] Des Lettres concernant *Neuf-chaſtel* en Lorraine, lui ſont adreſſées. 549. Voy. *Neuf-chaſtel.* En 1343. Nicolas Bourderel eſtoit Garde-Scel de la Prevoſté de ce lieu. 599. 602.

CHAUSSES (Les) ſe vendent à la Halle de Paris. 147. Voy. *Halles de Paris.*

CHEF de l'Egliſe. Le Clocher de Sauveterre ſera Chef de l'Egliſe. 694. II. & Note *(d).*

Chefs d'Office. 538. III. IV. 647. V. Chefs d'Office de la guerre. 658. Voyez *Offices (Chefs d').*

CHEMINS. A Angoulesmé, chacun tiendra en bon eſtat les ſentiers [qui ſeront ſur ſes heritages]. 682. XIX. Dans le Dauphiné, les Seigneurs connoiſtront des crimes commis dans les chemins publics, ſituez dans l'étendüe de leurs Juriſdictions. 46. XXIX.

CHESNE. Uſage accordé dans une Foreſt; excepté pour le Cheſne & le Heſtre, (*Fou*,) 514. III.

CHEVALERIE. (Fiefs de) 283. Voy. *Fiefs.*

Chevalerie. De temps immemorial, les Citoyens de Paris ont le droit de ſe ſervir de Frains dorez & des autres ornemens de la *Milice*, (Chevalerie), & de pouvoir eſtre élevez au grade de la *Milice*

armée, comme les Nobles d'origine. Vers 1371. on publia à Paris une Ordonnance qui portoit que ceux qui avoient eu des Lettres d'annobliſſement, les rapporteroient au Receveur de Paris: mais le Roy confirma les Citoyens de Paris dans tous leurs privileges. 418. Voy. *Paris.*

Chevalerie. Les Maire, Eſchevins & Conſeillers de Poictiers qui ſont annoblis par leurs Charges, pourront recevoir l'Ordre de Chevalerie, d'un autre Chevalier. 563. Les meſmes Officiers de la Rochelle pourront recevoir la Ceinture de Chevalerie, de la perſonne qu'ils voudront choiſir. 575.

Chevaliers, Eſcuyers & autres Nobles. 563.

Chevalier-le-Roy. 273. 274. 350. Chevaliers de l'Hoſtel du Roy. 169.

Chevaliers. Les habitans de Mailli-le-Chaſteau, à l'exception des Gens d'Egliſe & des Chevaliers, payeront chaque année au Seigneur, une redevance de 5. ſols pour leurs maiſons. 715. I.

Chevalier du Guet, ſon Lieutenant à cheval, & autres Lieutenans. 98. V. *Guet de Paris.*

CHEVAUCHÉE. (Oſt &) Voy. *Guerre.*

CHEVAUCHEURS. 68. IX. Chevaucheurs du Roy. 482. 495. XXI.

CHEVAUX. Le Dauphin ne pourra pas prendre des chevaux des perſonnes Eccleſiaſtiques & des Nobles, ſans leur conſentement. 48. XXXII. On donnoit de l'argent aux Officiers du guet de Paris, pour acheter des chevaux, quand les leurs ne pouvoient plus ſervir. 98. VI.

CHINON. Le Bailli des Exemptions de Touraine, Anjou & Maine, avoit un Siege à Chinon. 521. Le Bailli des Exemptions de Touraine, y aura un Siege, & y inſtituera deux Sergents. 429. II. IV. Le Bailli des Reſſorts & Exemptions de Touraine, d'Anjou & du Maine, tiendra ſes Aſſiſes à Chinon, & y eſtablira deux Sergents. 369. III VIII. Les procez des Abbayes de S.t Martin de Tours & de Marmouſtier, ſont portées devant le Bailli des Reſſorts eſtabli à Chinon, juſqu'à ce qu'il plaiſe au Roy de leur donner un autre Juge. 306. 307. Voy. *Tours, (S.t Martin de) & Marmouſtier.*

CHIRURGIENS de Paris, graduez; c'eſt-à-dire, Maiſtres, Licentiez & Bacheliers, doivent avant que d'exercer la Chirurgie, eſtre approuvez par le Prevoſt de Paris, & preſter ſerment entre ſes mains; & ils ſont tenus de lui dénoncer, ou aux Auditeurs du Chaſtelet, les bleſſez qu'ils ont trouvez dans les lieux ſacrez ou privilegiez. Le Prevoſt de Paris ayant condamné à l'amende pluſieurs Chirurgiens qui avoient preſté ſerment devant le Garde-Scel du Chaſtelet, & qui avoient contrevenu à ces reglements; & les Chirurgiens s'eſtant engagez de panſer gratuitement les pauvres qui n'auroient pas pû eſtre reçûs dans les Hoſpitaux, le Roy leur remit d'autant plus volontiers ces Amendes, qu'il avoit donné à leur Confrairie de S.t Coſme & de S.t Damien, la moitié de toutes les Amendes auxquelles ils pourroient eſtre condamnez. Le Roy les diſpenſa auſſi de faire la garde nuit & jour, aux portes de la Ville de Paris. 323.

Tome V.

TABLE DES MATIERES.

Chirurgiens. Les Barbiers de Paris font confirmez dans leur ancien privilege de pouvoir panser les clous, bosses, apostumes & autres playes, lorsqu'elles ne sont pas mortelles; malgré l'opposition des Chirurgiens & Mires Jurez de Paris; attendu que les pauvres ne sont pas en estat d'avoir recours à ceux-ci, qui sont *Gens de grand estat & de grand salaire.* 530. 571.

CHOPINE de vin, (Diminution de la) à Auxerre. 92. Voy. *Auxerre.*

CIMETIERES. Dans le Dauphiné, les Seigneurs connoistront des crimes commis dans les Eglises, dans les Cimetieres & autres lieux privilegiez, situez dans l'estenduë de leurs Jurisdictions. 46. XXIX.

Cimetieres. Voy. *Eglises paroissiales.*

CIRE. 244. XVII. Ciriers de Chartres. 208. Voy. *Chartres.*

CISTEAUX. (Ordre de) Philippe-Auguste suivant les traces de ses Predecesseurs, mit sous la Sauve-garde les Eglises de cet Ordre, qui estoient dans les Terres de son Domaine, *in posse nostro*, comme Pontigny, Clairvaux, & particulierement Long-pont, Chaalis, Orcamp, Vaucelles, Nostre-Dame des Prez les Troyes, Froimont, le Gard, *de Buostel*, Foulcarmont, Longvilliers, *Balanciar* & Cerchamp; & il les exempta de Peages dans ses Terres. Et comme quelques Nobles, sous pretexte du droit de Patronat, d'Avoüerie & de Garde, qu'ils prétendoient sur quelques Terres des Monasteres de l'Ordre de Cisteaux, exigeoient d'eux du bled, du vin, des voitures, des animaux, des materiaux pour bastir des Forteresses, pour des Tournois & pour des expeditions militaires; & que d'ailleurs ils entroient avec violence dans ces Monasteres, pour y exercer la Justice: [principalement] dans le cas des crimes qui méritoient des peines afflictives; Philippe-Auguste ordonna qu'on punist ceux qui commettroient ces excez; & comme les Religieux de ces Monasteres n'exigeoient point d'Amende des Maistres des animaux qui avoient fait des ravages sur leurs Terres, quand ceux-ci offroient de le reparer, il ordonna qu'on en useroit de la mesme maniere à leur égard. Il confirma tous les privileges qui leur avoient esté accordez. Les Lettres de Philippe-Auguste furent confirmées par plusieurs Roys. St Louis ordonna que l'Abbaye de Vaucelles possedast *tranquillement & pacifiquement* les biens qu'elle avoit acquis & ceux qu'elle acquereroit dans la suite; & l'exempta des Peages dans ses Terres. Charles V. confirma toutes ces Lettres, en tant qu'elles regardoient l'Abbaye de Vaucelles. 141.

CISTEYAUZ. Voy. *Savois.*

CITÉ d'Alloy. 707.

CLAYE. Forest dans le Dauphiné. Les Nobles pourront chasser dans tout le Dauphiné; excepté dans les Forests de Claye & Olanesie, & dans les Garennes de lapins & de lievres. 48. XXXI.

CLAIRVAUX, Ordre de Cisteaux. 141. Voy. *Cisteaux.*

CLAIX en Dauphiné. Voy. *Roche-de-Cleys.*

CLAMEUR, demande en Justice. *Clamacerius*, Officier chargé de recevoir les droits qui se payent au Roy pour chaque demande qui se fait en Justice. 562. Voy. *Toulouse.*

Clameur ou cri de Haro. 74. Voy. *Roüen.*

CLARENSAC. Diminution de Feux pour ce lieu, où il y en avoit 57. en 1373. p. 638. Voy. *Feux.*

CLEYRAC est de la Jurisdiction & du Territoire de Beziers. 213. Voy. *Beziers.*

CLEYS en Dauphiné. Voy. *Roche-de-Cleys.*

CLERCS du Roy. 367. Clercs des Secretaires du Roy. 540. XVII. Voy. *Secretaires du Roy.*

Clercs des Juges Royaux. 434.

Clercs des Mareschaux de France. 660. XII.

Clercs des Tresoriers des Guerres. 540. XIII. 648. XV. 650. XXIII.

Clercs des Monstres, [revuës]. 658.

Clercs (ou Greffiers) de la Halle, (ou Hostel de Ville) de Doüay. 133. XX.

Clerc du guet de Paris. 98. Voy. *Guet de Paris.*

Clercs [Greffiers] de la Commune de Roüen. 672. VI.

CLERGIE (Greffier) de l'Eschevinage de Tournay. 375. VI.

CLERMONT en Bassigny. En 1248. Simon Seigneur de Clermont & Jeanne sa femme, donnerent des Lettres de Commune à tous les habitans de cette Ville; à l'exception de ceux qu'ils ne voudront pas y comprendre; & de ceux qui ne voudroient pas y estre compris. Elles furent confirmées en 1338. par Guy Sire de Clermont; ensuite par un Roy de France; & enfin par Charles V. 599. Voy. les noms des 8. Vassaux du Seigneur de ce lieu. 601. XXIV. Par une convention faite entre le Seigneur de Clermont & le Roy de Navarre Comte de Champagne, le Comte de Bar & la Dame d'*Ycio*, les Bourgeois de Clermont ni les hommes du Seigneur de ce lieu, ne pourront point demeurer sur leurs Terres. 601. XXII. Les Bourgeois de cette Ville ne pourront recevoir dans leur Bourgeoisie les hommes de corps du Prieur de Clermont. 601. XX.

CLOCHE du disné, à Doüay. 131. III. Cloche des Ouvriers à Doüay. 131. I. Cloche au son de laquelle les Tisserands de Montreüil-sur-Mer, doivent commencer & finir leurs ouvrages. 528. Voy. *Montreüil-sur-Mer.* A Montreüil-sur-Mer, lorsqu'on doit faire une execution, on sonne une Cloche, afin que le peuple s'assemble pour la voir. 620. Il y aura dans le Consulat de Peyrusse, une Cloche que l'on sonnera pour convoquer les Assemblées publiques. 706. XVI. Le Clocher de Sauveterre sera *Chef* de l'Eglise. 694. II. & Note *(d)*.

Cloche. Voy. *Sain.*

CLUGNI (L'Abbé de) Commissaire de Charles V. à Tournay. 136.

COFFRES du Roy. (Argent mis dans les) 647. VI. & suiv. 649. XX.

COLOGNE, de la Judicature de Verdun, de la Seneschaussée de Toulouse. Diminution de Feux pour ce lieu, où il y en avoit 136. en 1372. p. 552. Voy. *Feux.*

COMBES, Voy. *Ville-Vieille*.

COMMERCE. Droit accordé aux habitans de plusieurs lieux, de ne payer aucuns droits pour les marchandises qu'ils vendront & qu'ils acheteront dans le Royaume. 299. Voy. *Tartas*.

Commerce. Il est permis aux habitans d'Abbeville & de Ruë, de commercer dans tout le Royaume. 177. 178. Voy. *Abbeville* & *Ruë*. Lettres qui portent que les habitans de Cahors pourront commercer dans tout le Royaume, sans payer aucuns droits pour les marchandises qu'ils acheteront. 328. Pendant 10. ans, les habitans de Caylus de Bonette seront exempts d'Imposts, & ne payeront aucuns droits sur les marchandises dont ils feront commerce. 691. I. II. III. Les Bourgeois de Milhaud pourront commercer dans tout le Royaume, sans payer aucuns droits pour les marchandises qu'ils acheteront. 304. Pendant 10. ans, les habitans de Peyrusse seront exempts de tous droits sur les marchandises qu'ils acheteront & qu'ils vendront dans le Languedoc. 705. XIII. Les habitans de Rhodez pourront commercer dans tout le Royaume, sans payer aucuns droits pour les marchandises qu'ils acheteront. 257. Pendant 10. ans, les habitans de Sauveterre seront exempts de tous droits pour les marchandises qu'ils acheteront & qu'ils vendront. 695. v. Privileges accordez aux Marchands de la Ville de Plaisance en Lombardie, qui viendront commercer à Harfleur. 239. Voy. *les Sommaires*.

Commerce. Les Generaux-Conseillers, les Tresoriers des Guerres, les Elûs, les Greneriers, les Controlleurs, & les autres Officiers employez pour la levée des Aides, ne pourront faire le commerce. Ils pourront cependant se défaire des marchandises qu'ils ont sans en acheter de nouvelles. 538. I. II. Les Generaux-Conseillers sur le fait des Aides, les Tresoriers des Guerres, les Secretaires, les Elûs, les Receveurs, les Greneriers, les Controlleurs & les autres Officiers employez pour la levée des Aides, ne pourront faire le commerce. Ils pourront cependant se défaire des marchandises qu'ils ont, sans en acheter de nouvelles; & si c'est du Sel, ils déclareront à la Chambre des Generaux, la quantité qu'ils en ont, les Greniers où il est, & le temps où il y a esté mis. 646. I. II.

Commerce. Voy. *Marchandises*.

COMMINES. Les Drapiers de cette Ville obtiennent des Lettres du Roy Jean, adressées au Gouverneur du souverain Bailliage de Lille, de Doüay & de Tournesis, par lesquelles il leur fut permis de fabriquer de grands draps de treize quartiers & demi de large & de quarante aunes de long, semblables à ceux qui se fabriquoient dans la Ville d'Ypres. Les Drapiers de Commines presenterent ces Lettres à Renier Despi, Lieutenant dudit Gouverneur, qui leur permit de fabriquer des draps suivant la forme prescrite dans ces Lettres. Le Comte de Flandre, l'Advoué & les Eschevins d'Ypres, demanderent audit Gouverneur, qu'il cassât l'Ordonnance de son Lieutenant, comme estant contraire aux anciens usages; & parce que les Drapiers de Commines avoient autrefois obtenu de semblables Lettres, dont le Gouverneur du Bailliage de Lille, avoit empesché l'execution, les avoit *cancellées*, & remises entre les mains du Comte de Flandres & des Eschevins d'Ypres. Le Gouverneur ayant entendu les Parties dans la Ville de Commines, suspendit l'execution de l'Ordonnance de son Lieutenant, jusqu'à ce qu'il eût reçû les ordres du Roy à ce sujet. Le Roy ayant entendu en son Conseil le rapport dudit Gouverneur, ordonna que jusqu'à ce qu'il eût plus amplement declaré sa volonté, les Drapiers de Commines ne pourroient fabriquer que de petits draps, semblables à ceux qu'ils fabriquoient avant l'impetration des Lettres qu'ils avoient obtenuës. Le Roy adressa ces Lettres audit Gouverneur, à qui il ordonna de saisir tous les grands draps qui auroient esté fabriquez à Commines, depuis l'impetration de ces Lettres, & d'en payer néantmoins le prix aux Fabriquans. 9.

Commines. (Eschevins de) 10.

COMMISSAIRES. 195.

Commissaires du Roy. 32. 170. Commissaires ou Reformateurs. 638. 639. Commissaires du Roy & Reformateurs. 124. Voy. *Narbonne*.

Commissaires deputez par le Roy vers 1367. pour la visite des Forteresses du Bailliage de Sens. 92.

Commissaires sur le fait des Admortissements & Francs-Fiefs. 125. Voy. *Admortissements*.

Commissaires deputez sur le fait des Aides. 83.

Commissaires (Les) nommez par le Comte d'Auvergne, jugeront les affaires des habitans de la Ville d'Yssoire. 413. Voy. *Auvergne*.

Commissaire. Le Dauphin dans quelque affaire que ce soit, ne pourra faire juger ses Justiciables immediats que par le Juge ordinaire du lieu dans lequel la Partie est domiciliée, ou la chose dont il s'agit est située, ou par un Commissaire envoyé dans ces lieux aux dépens du Dauphin. 49. XXXV.

Commissaires. Generaux - Conservateurs, Gardiens & Commissaires du Roy, sur la Marée. 356. Il y avoit des Gardiens particuliers. 358. XVII. Le Prevost de Paris est Conservateur, Gardien & Commissaire General des Marchands & Voituriers de Marée. 171.

Commissaires & Reformateurs sur le fait des Halles de Paris. 149. 201. Voy. *Halles de Paris* & *Reformateurs*.

Commissaires du Roy. Les Lettres portant reglement pour les Orfevres du Puy-en-Velay, sont adressées à tous Commissaires. 8. bis.

Commissaires (Sergents ou autres) du Roy. 411. I. Sergents ou Commission, & non en titre, nommez Commissaires. 195. Commissaire en garnison, chez des debiteurs. 258.

COMMUN de la Paix. Redevance qui se payoit au Roy, à Sarlat, & qui montoit par an, à 60 liv. Tournois. 340. IV. Voy. *Paix*. (*Commun de la*)

COMMUNE. (Liberté, droit de) 73.

Commune de Roye establi par l'octroy ou par la tolerance des Rois de France, abolie & unie au Domaine. 662. Voy. *Roye*.

f ij

Commune d'Angoulesme. Voy. *Angoulesme.* De Chaumont en Bassigny. Voy. *Chaumont en Bassigny.* De Dijon. 237. Voy. *Dijon.* De Doüay, abolie & rétablie. 130. Voy. *Doüay.* Commune de Coulange-la-Vineuse, accordée à cette Ville par ses Seigneurs. 665. Voy. *Coulange-la-Vineuse.* Commune de Falaise 671. Voy. *Falaise.* Commune de Levigny. 513. Voy. *Levigny.* Privileges accordez aux Bourgeois de Mailly-le-Chasteau. [Il ne paroist pas qu'ils eussent de Commune.] 713. Voy. *Mailly-le-Chasteau.* Commune de Mayoc & de Crotoy. 180. Voy. *Mayoc.* Commune de Montreüil-sur-Mer. 619. V. *Montreüil-sur-Mer.* Commune de Neuville-le-Roy. Le Roy à la requeste des habitans de cette Ville, y establit un Prevost, aprés avoir appliqué cette Commune à son Domaine. 233. Voy. *Neuville-le-Roy.* Commune de Peronne. 156. Voy. *Peronne.* Commune de Roüen. Voy. *Roüen.* Commune de S.t Jean d'Angely. Voy. *S.t Jean d'Angely.* Commune de Sin-le-Noble. 146. Voy. *Sin-le-Noble.* Establissement, révocation & rétablissement de la Commune de Tournay. 370. Voy. *Tournay.* Commune de Valmis. 486. Voy. *Valmis.*

COMPAGNIES. (Les) Vers 1367. Les Compagnies prennent le Fort de Vermanton dans l'Auxerrois. 111. & Note *(c).* Voy. *Vermanton.* En 1367. le Roy estant informé que les Compagnies vouloient rentrer dans le Royaume, pour y commettre de nouveaux desordres, tint à Chartres une Assemblée des Etats des Pays où l'on craignoit qu'ils ne fissent invasion, (Voyez les noms de ces pays dans l'Ordonnance,) pour prendre les mesures necessaires pour leur résister. 15.

COMPIEGNE. En 1368. Le Roy estant content des services qui lui avoient esté rendus par le Connestable & les Compagnons de la Connestablie des Arbalestriers de la Ville de Compiegne, qui depuis 12. ans ou environ, avoient contribué à la prise de Remin, Longueil, Mareul & autres places dans les Beauvoisis qui estoit alors occupé par les ennemis, il leur accorda des privileges semblables à ceux qu'il avoit accordez en 1367. aux Arbalestriers de Laon. Les Arbalestriers de Compiegne presteront serment devant le Prevost Forain de cette Ville. Les Lettres sont adressées au Bailli de Senlis. 144. 145. & Note *(b).* Voy. *les Sommaires & Laon.*

COMPEYRE, de la Seneschaussé de Carcassone. Confirmation de ses privileges. Il avoit appartenu à des particuliers. Il sera uni inséparablement au Domaine Royal & de la Couronne. Il y a des Consuls. 236.

COMPOSITION faite par des Parties saisies, avec leurs Juges. 57. Il ne doit point estre fait par les Juges, de Compositions sur les procez, sans la permission du Roy, & qu'il n'y ait eu une déclaration de la verité des faits, une condamnation ou absolution de la Partie, & un Jugement qui adjuge l'Amende au Roy, & les dommages & interests à la Partie adverse. 434. Il est deffendu aux Seneschaux de faire des Compositions avec des personnes prevenuës de crimes, si ce n'est en la presence des Procureurs du Roy & des Receveurs de leurs Seneschaussées, lesquels sont instituez pour la conservation des droits du Roy. 420. Quelques Provinces du Royaume avoient composé, & s'estoient abonnées pour le payement des Aides. 18. XI. Voy. *Aides.*

COMPTES. (Chambre des) Depuis Henry III. les Premiers Presidents portent toûjours sur eux la Clef du Tresor de la S.te Chapelle de Paris, & ils ne peuvent l'ouvrir sans une Lettre de Cachet. I. Note *(b).* Noms de plusieurs Gens des Comptes, qui estoient à la Chambre le 19. de Juin. 1371. pag. 403. Pierre Scatisse estoit Maistre des Comptes, le 19. d'Octobre 1371. p. 430. Jean d'Achirieres, Huë de Roches & Thomas le Tourneur, estoient Maistres des Comptes en Janvier. 1373. p. 663.

Comptes. (Ch. des) Conseil du Roy estant en la Chambre des Comptes. 80. 123. 656. Le Chancelier & quelques autres Conseillers du Roy, examinent dans la Chambre des Comptes, les privileges de l'Evesque & de l'Eglise de Mende. 604. *Le Conseil estant à la Chambre des Comptes.* Cette Formule est dans presque toutes les Lettres de Diminution de Feux. Voyez *Feux.* Lettres données par le Conseil estant à la Chambre des Comptes. 432. Lettres Royaux données par le Roy, à la relation du Conseil estant à la Chambre des Comptes. 369. 610. 616. 662. 663. 718. Voy. *Lettres données par le Conseil estant à la Chambre des Comptes.*

Comptes. (Ch. des) Lettres signées par les Gens des Comptes. 384. Le Roy ordonna que les Lettres par lesquelles il avoit transferé la Bourgeoisie de Montpellier, de Sommieres à Aigues-mortes, seroient enregistrées au Parlement & à la Chambre des Comptes, afin que personne n'en pût pretendre cause d'ignorance. 627. Voy. *Montpellier.* Le Chancelier ne scellera aucune descharge par laquelle le Roy reconnoisse qu'il a reçû des deniers; si quelques descharges du Roy sont scellées, le Receveur (General) des Aides ne pourroit point d'argent, & s'il en donne, il ne lui sera point passé dans ses comptes par la Chambre des Comptes. Le Roy pourra cependant envoyer au Chancelier, les descharges des sommes qu'il voudra mettre dans ses Coffres. 647. VI. On n'aura point d'égard aux Lettres Royaux qui seront contraires à celles qui ont esté données par rapport aux Minutes des Notaires des Seneschaussées de Toulouse, Carcassone & Beziers, qui seront decedez, si elles ne sont passées & expediées à la Chambre des Comptes. 353. Lettres qui y sont expediées sans finance. 207. Il est mandé aux Receveurs Royaux & aux Vicomtes, de payer les assignations & les dons faits par le Roy sur les Recettes Royales, sans attendre le mandement des Gens des Comptes. 81. On doit adjouter foy au transcrit des Lettres Royaux collationné dans la Chambre des Comptes, comme à l'Original. 349. Les Lettres Royaux qui ordonnoient que les affaires de l'Eglise de Chartres, seroient portées au Parlement, ayant esté passées & enregistrées en la en la Chambre des Comptes de Paris, furent portées en la Chambre du Parlement, pour avoir Executoire sur ce. 25. A la page 27. il y a : que ces Lettres ayant esté enregistrées à la Chambre des Comptes, ont esté renduës par ordre exprés du Roy. La copie des Lettres qui estoient dans les Registres de la Chambre des Comptes, fut donnée le 3. d'Octobre. 96. (1396) à Pierre Caillart, Clerc du Procureur General. 416. Lettres Royaux concernant le changement de Ressort du Comté de Blois, verifiées à la Chambre des Comptes de Paris. 11. Voy. *Blois*.

Comptes. (*Ch. des*) Attendu qu'il y a plusieurs procez qui depuis long-temps demeurent en suspens sans estre jugez, les Receveurs Royaux envoyeront aux Gens de la Chambre des Comptes, un Rolle de tous les procès commencez depuis dix ans, pour leur faire connoistre l'estat dans lequel sont ces procès. 433. Deux Lettres qui portent que les Secretaires du Roy servants au Parlement, seront payez de leurs gages sur les Amendes & autres profits de Justice, sont adressées aux Gens de la Chambre des Comptes, & aux Generaux sur le fait de la guerre ; & dans la seconde il est dit, que les sommes payées à ces Secretaires, seront passées dans les comptes de celui qui reçoit ces Amendes, par les Gens de la Chambre des Comptes, ou les Generaux des Aides. 579. 580. La Chambre des Comptes reglera les gages des Advocats & Procureurs du Roy du Bailliage des Exemptions de Touraine. 429. V.

Comptes.(*Ch. des*) Le Roy lui adresse les Lettres par lesquelles il donne le Chasteau & Chastellenie de Limoges, aux Consuls & habitans de cette Ville. 443. Voy. *Limoges*. Le Roy lui ordonne de rayer de ses registres, le droit domanial du *Commun de la Paix*, qu'il avoit remis aux habitans de Montegrier. 354. III. La Commune de la Neuville-le-Roy ayant esté unie au Domaine, les habitans furent rayez des Registres de la Chambre des Comptes, où ils estoient inscrits à cause de leur Commune. 334. Le Roy mande aux Gens des Comptes d'enregistrer dans leur Chambre, l'union de l'Isle d'Oleron, au Domaine de la Couronne. 593. Voy. *Oleron*. La Chambre est chargée de faire executer une Ordonnance concernant les Aveux & Denombrements. 432. Voy. *Fiefs*. L'hommage & le serment de fidelité rendus au Roy par les gens d'Eglise pour les Justices & Terres à eux appartenantes qui relevent de lui, se prouvent par des Lettres Royaux expediées par la Chambre des Comptes. 653. Voy. *Eglise*. (*Gens d'*)

Comptes. (*Gens des*) Les privileges des Arbalestriers de la Ville de Compiegne, leur sont adressez. 146. Le Duc d'Anjou, Lieutenant du Roy dans le Languedoc, ayant donné des Lettres en faveur de Limoux, s'engage à les faire confirmer par le Roy, & à les faire expedier dans la Chambre des Comptes. 151. Le Roy ordonne à la Chambre de veiller à l'execution d'un privilege qu'il accorde à la S.te Chapelle de Paris. 3. Des Lettres concernant la Sauve-garde de l'Abbaye de S.t Victor-les-Paris, y sont verifiées.

383. Des Lettres confirmatives de la Sauvegarde Royale de l'Abbaye de S.t Victor, sont enregistrées à la Chambre des Comptes. 336. Voyez *S.t Victor*. Les privileges accordez a la Ville de Sarlat, lui sont adressez. 343. On leur adresse des Lettres qui portent, que lorsque les habitans de Sarlat laisseront prendre des deffauts contre eux, dans les Jurisdictions de la Seneschaussée de Perigord & du Duché d'Aquitaine, ils ne payeront que la moitié des Amendes auxquelles les deffaillans sont condamnez. 345.

Comptes. (*Ch. des*) Lettres concernant les Francs-Fiefs & les Lettres de Noblesse adressées aux Gens des Comptes. 418. Voy. *Paris*. Les Lettres d'Admortissements, de Naturalité, de legitimation & d'Annoblissement, doivent estre passées par les Gens des Comptes, qui fixeront la finance qui doit estre payée par les Impetrans de ces Lettres. 119. Voy. *Audiance*. Les Lettres d'Admortissement, de Francs-Fiefs & d'Annoblissement, doivent y estre expediées. 612. Les personnes annoblies dont les Lettres d'Annoblissement n'auront point esté expediées à la Chambre des Comptes, payeront les droits de Francs-Fiefs & d'Admortissement ; parce que les Lettres d'Annoblissement ne doivent point avoir d'effet, qu'elles n'ayent esté expediées à la Chambre des Comptes. Lorsque les Lettres d'Annoblissement expediées à la Chambre des Comptes, il ne sera pas dit formellement que ceux qui les ont obtenuës, pourront tenir comme Nobles, les biens qu'ils ont acquis & ceux qu'ils acquereront, ils payeront les droits de Francs-Fiefs pour les biens qu'ils auront acquis des Nobles, avant *le jour* de la date de leurs Lettres d'Annoblissement. 609. IV. V. VI. Les Lettres d'Annoblissement pour les Maire, Eschevins & Conseillers de la Ville de la Rochelle, sont adressées à la Chambre des Comptes. 576. Lettres Royaux sur les Admortissements & les Francs-Fiefs, signées *Per Gentes Compotorum, de Mandato Regis*. Elles furent luës & enregistrées au Bureau. 360. Les Lettres d'Admortissement doivent y estre vérifiées. 593. Toutes les Lettres qui regardent les Admortissements & les Francs-Fiefs, doivent estre expediées à la Chambre des Comptes. 657. Lettres Royaux sur le fait des Admortissements & des Francs-Fiefs, données par les Gens des Comptes. 127. Ils donnoient des Instructions aux Commissaires deputez sur le fait des Admortissements & des Francs-Fiefs ; & des Lettres Royaux données sur cette matiere, leur sont adressées. 127. 128. Le Roy leur donne pouvoir de nommer des Commissaires sur le fait des Admortissements & Francs-Fiefs, qui compteront à la Chambre ; & il déclare, que les choses acquises par les Gens d'Eglise, ne seront point censées admorties, quoique la finance ait esté payée, si les acquereurs n'ont eu du Roy, des Lettres d'Admortissement, expediées à la Chambre des Comptes. 543. Voy. *Admortissements*. En 1372. le Roy revoque tous les Commissaires envoyez par lui dans les Seneschaussées de Toulouse, de Carcassone & de

TABLE DES MATIERES.

Beaucaire, sur le fait des Admortissements & des Francs-Fiefs, jusqu'à ce que leurs Commissions ayent esté renouvellées par lui & non par d'autres, & qu'elles ayent esté expediées à la Chambre des Comptes qui les instruira de sa volonté. Il leur ordonne de compter du fait de leurs Commissions. 489. Le Roy ayant exempté l'Eglise de Paris des droits d'Admortissements pour les biens qu'elle avoit acquis jusqu'au jour de la date de ses Lettres, la Chambre ne voulut point les expedier ni les enregistrer dans les Registres des Chartres; & elles furent mises dans une Armoire derriere la porte de la Grande-Chambre, avec les autres Chartres refusées & non expediées. 598. & Note (a). Des Lettres portant l'exemption du droit de Francs-Fiefs, pour les habitans de Beziers, lui sont adressées. 302. Les Lettres d'exemption du droit de Francs-Fiefs, pour Milhaud, lui sont adressées. 322.

Comptes. (Gens des) Lettres Royaux concernant les Monnoyes, données par le Conseil estant à la Chambre des Comptes, où estoient les Maistres des Monnoyes. 642. Copie d'un Mandement sur les Monnoyes, collationné en la Chambre des Comptes. 507. Le Roy lui mande de faire faire l'essay de Deniers Blancs fabriquez à Tournay, & que les Generaux-Maistres avoient jugez n'estre pas conformes à la Loy fixée; le Maistre particulier de la Monnoye de Tournay, soustenant qu'ils y estoient conformes. 402. Voyez *Monnoyes*.

Comptes. (Gens des) Ceux qui refuseront de payer les Amendes auxquelles ils auront esté condamnées, seront assignez devant les Gens des Comptes & les Tresoriers à Paris. 613.

Comptes. (Ch. des) Les Lettres pour la diminution de Feux s'y expedient. 505. Voy. *Feux*.

Comptes. (Ch. des) Le Receveur-General des Aides, y jurera de ne point donner de quittance, sans recevoir d'argent. 538. IV. Le Receveur-General des Aides jurera en presence du Roy & en la Chambre des Comptes, presents les Generaux, qu'il ne donnera point de quittance aux Receveurs particuliers, que lorsqu'il recevra de l'argent; si ce n'est que ceux-ci l'ayent donné aux Tresoriers des Guerres ou autres *Chefs d'Offices*, ou qu'ils ne l'ayent employé par l'Ordonnance de la Chambre, ou dans de certains cas, par celle des Generaux. 647. V. Des Lettres sur une Aide imposée sur les Brasseurs de Paris, lui sont adressées. 222. Voy. *Brasseurs*. Le Roy lui mande de faire observer son Ordonnance sur les Tresoriers; & de leur fournir un estat des dettes dûes au Roy. 454. Voy. *Tresoriers*. Les Controlleurs des recettes Royales, doivent lui envoyer à la fin de chaque année, le Registre de leur Controlle. Le Roy nomme le Controlleur de la Recette de Touloufe, sur le bon témoignage qui avoit esté rendu de lui, aux Gens de la Chambre des Comptes. 122. Voy. *Controlleurs des Recettes Royales & Touloufe*.

Comptes. (Ch. des) Les Lettres de dons faits par le Roy contiendront le motif de ces dons; & les Gens des Comptes passeront dans les comptes, les dons faits par le Roy à ses Officiers sur le fait des Aides, lorsqu'elles auront esté signées & verifiées, conformement à cette presente Ordonnance. 539. VI. 647. VII. Charles V. ayant donné au Duc d'Anjou son Frere, les *debets* de tous les Impofts qui lui estoient dûs dans l'Anjou, la Touraine & le Maine, il ordonna que tout ce qui seroit fait par les Commissaires du Duc, concernant la perception de ces *debets*, vaudroit autant que s'il avoit esté fait par les Gens de la Chambre des Comptes. 603.

Comptes. (Ch. des) Commissaires & Reformateurs sur le fait des Halles de Paris. Ils décideront sommairement & par voye de reformation. Ce qui sera fait par eux vaudra comme s'il avoit esté fait par le Roy, ou comme si c'estoit un Arrest du Parlement ou de la Chambre des Comptes; & l'on ne pourra appeller de leurs Jugements, ni au Roy, ni au Parlement, ni ailleurs. Les Lettres sont adressées au Parlement & à la Chambre des Comptes. 147. Voy. *Halles de Paris*.

Comptes. (Ch. des) Le Gouverneur & les autres Officiers du Dauphiné, refusants d'executer les Lettres du Roy, lorsqu'elles n'avoient point esté examinées, verifiées & expediées par les Gens de la Chambre des Comptes de Paris, le Roy ordonna que toutes les Lettres qu'il accorderoit pour le Dauphiné, à l'exception de celles qui contiendroient des alienations du Domaine ou des dons, seroient executées, quoiqu'elles n'eussent point esté expediées à la Chambre des Comptes de Paris; & que mesme celles qui contiendroient des alienations du Domaine ou des dons, qu'il accorderoit estant dans le Dauphiné, seroient examinées par les Gens de la Chambre des Comptes de Paris, & verifiées seulement par les Residents dans les comtes Delphinaux. 62. Les Clercs de la Chambre des Comptes du Dauphiné, sont appellez à un Conseil, qui regardoit les droits de la Gabelle. 404. Auditeurs des Comptes du Dauphiné. 80. Voy. *Dauphiné*.

COMTES. Princes Ecclesiastiques & Seculiers: Ducs, Comtes, Barons, Bannerets. 225. Note (b). Les Lettres des Rois d'Angleterre sont adressées aux Archevesques, Evesques, Abbez, Comtes, Barons, Justiciers, Vicomtes. 151.

COMUZ, de la Seneschaussée de Carcassonne & du Bailliage de Sault. Diminution de Feux pour ce lieu, où il y en avoit 16. en 1368. pag. 122. Voy. *Feux*.

CONCIERGE du Palais à Paris. Lettres Royaux qui lui sont adressées. 367.

CONCILE de Vienne (Le) regle la forme dans laquelle le Pape doit donner des Conservateurs à des Ecclesiastiques. 102. Voy. *Conservateurs*.

CONDOM. Prix que la Monnoye y valoit dans l'Hostel des Monnoyes au commencement de Fevrier 1371. & prix que l'on y donnoit pour la fabrication de chaque Marc. 454.

CONFESSEUR du Roy (Le) presentau Conseil. 107.

CONFISCATION. Les biens des Communautez des Villes, y sont sujets. 364. XI. La Confication des biens de ceux qui avoient esté condamnez au bannissement ou à la mort, n'avoit pas

TABLE DES MATIERES.

lieu à Arras. 204. Voy. *Arras.* Les crimes que les habitans de Cahors pourront commettre, ne feront point punis par la confiscation de leurs biens qui demeureront à leurs familles. 239. I. 240. II. 241. VI. Dans le Dauphiné, les biens des condamnez ne seront point confisquez au profit du Fisc, si ce n'est dans les cas d'héresie, de crime de Leze-Majesté, & autres cas portez par le droit. 44. XXIV. Les habitans de Mailli-le-Chasteau ne pourront perdre (par confiscation) les biens qu'ils possedent dans cette paroisse; à moins qu'ils n'ayent forfait contre leur Seigneur ou contre ses Hostes. 715. III. A Montreüil-sur-Mer, les biens d'une femme mariée qui s'est tuée elle-mesme, ne sont pas confisquez. 619. Voy. *Montreüil-sur-Mer.* A Peronne, les biens d'un meurtrier seront confisquez au profit du Roy. 159. I. Les habitans de Tournay qui commettront un meurtre dans cette Ville & dans sa banlieuë, seront punis s'ils sont arrestez: s'ils ne le sont pas, ils perdront le droit d'habitation dans cette Ville, &, leurs dettes préalablement payées, la moitié de leurs biens sera confisquée au profit de la Ville, & l'autre moitié appartiendra à leurs heritiers. Si un Bourgeois ou un habitant de Tournay blesse ou tuë un Etranger qui l'a attaqué, il ne sera point puni, & ses biens ne seront point confisquez; parce que les biens d'un Etranger qui en se deffendant auroit tué un Bourgeois ou un habitant de Tournay, ne seroient pas confisquez. 378. XXV.

CONFOLAINS en Dauphiné. On y payoit un droit sur le Sel. 494. Voy. *Dauphiné.*

CONFRERES. Moines & Confreres de l'Abbaye de Savigny. 351. De l'Abbaye de la Valasse. 400. Voy. *Valasse.*

CONFRERIE de Laon. 271. Voyez *Laon.* Differents Rois permettent aux Sergents à cheval du Chastelet de Paris, d'en establir une. 558. Voy. *Sergents à cheval du Chastelet de Paris.*

Confrerie, (solemnité,) & joye des Osevres de Troyes. 158. Voy. *Troyes.*

CONGÉ, certificat pour des denrées qui passent à la porte de Roüen. 216. Voy. *Roüen.*

CONILHAC, de la Viguerie de Limoux. Diminution de Feux pour ce lieu, où il y en avoit 7. en 1371. p. 466. Voy. *Feux.*

CONJUREMENT des Juges Royaux, par lequel ils avertissent les Hommes de Fief du Roy, de s'assembler pour rendre la Justice. 140. Voyez *Jugement.* Conjurement du Bailli d'Arras, aux Eschevins. 204. Voy. *Arras.* Les Eschevins de Sin-le-Noble, ont la connoissance de tous les cas qui arrivent dans leur Eschevinage, au conjurement du Bailli de Doüay. 146. Voy. *Sin-le-Noble.* Voy. *Jugement.*

CONNESTABLE de France, Hugues l'estoit en 1137. p. 23. *Radulphus* l'estoit en 1183. & en 1187. lorsque Philippe-Auguste donna des Lettres pour Dijon p. 238. Imbert l'estoit en Janvier 1188. pag. 107. Voy. Note *(a).* Droco l'estoit en 1204. lorsque Philippe Auguste donna des privileges à la Ville de S.t Jean d'Angely.

671. Il l'estoit, lorsque Philippe-Auguste donna des Lettres de Commune à la Ville de Peronne en 1209. p. 163. Mathieu l'estoit en 1223. p. 489. Il l'estoit, lorsque Philippe-Auguste donna des Lettres à l'Ordre de Cisteaux. 144. Dreux de Mello ne prend point cette qualité dans un acte qu'il passe pendant qu'il l'estoit. 206. & Note *(b).*

Connestable (Le) nommera une personne, & chacun des Mareschaux nommera quatre Lieutenants pour passer en revuë les troupes qui seront sous leur commandement. Le Maistre des Arbalestriers en nommera un pour faire la revuë des Arbalestriers seulement. 658. I. On ne fera point de *Prises* pour le Connestable sur les Arbalestriers de la Ville de Laon. 68. IX. Les Maistres d'Hostel du Connestable, ne pourront plus faire de *Prises* pour son Hostel, que sous certaines modifications. 33. Voy. *Prises.*

Connestable. Biens des rebelles du Roy confisquez, & donnez par lui. 558.

Connestable de Carcassonne, Officier militaire & civil. 421. Voy. *Carcassone.*

Connestable (Le) d'Auvergne, Juge des affaires des habitans de la Ville d'Yssoire. 413. Voy. *Auvergne.*

CONNESTABLIE du Conestable & des Compagnons des Arbalestriers de la Ville de Compiegne. 144. Voy. *Compiegne.* Connestable & Connestablie des Arbalestriers de Lagny-sur-Marne. 32. Voy. *Lagny-sur-Marne.* Connestable & Connestablie des Arbalestriers de Laon. Voy. *Laon.*

Connestable d'Angleterre. 151.

CONSEIL (Grand) du Roy. 22. Grand Conseil de pardeçà. 90. Note *(a).* L'Archevesque de Sens & le Comte de Ventadour y estoient le dernier Mars. 1355. p. 458. Noms de ceux qui y estoient au mois de Juillet. 1367. pag. 26. Noms de ceux qui y estoient le 6. de Novembre 1369. p. 246. Noms de plusieurs personnes qui en estoient, vers Juin 1370. p. 302. Noms de ceux qui y estoient le 28. de May. 1372. pag. 482. Noms de ceux qui y estoient en Janvier. 1373. p. 663. Les Conseillers-Generaux sur le fait des Aides de la guerre, au Conseil du Roy. 653. Raoul *de Insula,* Tresorier, estoit au Conseil du Roy, le 29. de Novembre. 1364. pag. 128. Les Tresoriers estant au Conseil du Roy. 123. 124. Le Gouverneur du Souverain Bailliage de Lille, Doüay & Tournesis, y estoit en May. 1367. p. 10. Les Gens de l'Eschiquier de Roüen entendus dans le Conseil du Roy, sur une affaire qui regardoit cette Ville. 77. Le Bailli de Vermandois y est entendu sur une affaire qui regardoit son Bailliage. 471. 721.

Conseil. Lettres Royaux données par le Conseil estant à Paris. 168. Lettres Royaux du 17. de Juin, ainsi signées. Par le Conseil estant à Paris. 403. Lettres du mois de Juillet 1371. données par le Conseil estant à Paris. 417. Lettres données par le Conseil estant à Paris. 484. 485. 489. 603. 607.

Conseil du Roy. Lettres Royaux à la fin desquelles il y a: Autrefois signées, Par le Roy en son

Conseil; & rescrites & scellées conformement à la correction faite par le Conseil estant dans la Chambre du Parlement. 141. Lettres Royaux à la fin desquelles, il y a : Autrefois ainsi signées; & rescrites & signées suivant la correction du Conseil, estant dans la Chambre du Parlement. 382.

Conseil estant à la Chambre des Comptes. 80. 123. 432. 656. Le Conseil estant à la Chambre des Comptes. Cette formule se trouve dans presque toutes les Lettres de Diminution de Feux. Voy. *Feux.* Lettres Royaux signées. Par le Roy, à la relation du Conseil estant à Paris, à la Chambre des Comptes. 369. 504. 610. 616. 662. 663. 718. Lettres Royaux concernant les Monnoyes, données par le Conseil estant à la Chambre des Comptes, où estoient les Maistres des Monnoyes. 642.

Conseil du Roy. Voy. Lettres Royaux à la fin desquelles, il y a : *In Consilio*, ou *à la relation du Conseil.*

Conseil. Voy. *Lettres données par le Conseil estant à la Chambre des Comptes..*

Conseil du Roy. Les Secretaires du Roy ne mettront dans les Lettres Royaux, de clauses derogatoires, que par l'exprès commandement du Roy donné en presence de certaines personnes de son Conseil, qui leur seront nommées de sa part par le Chancelier. 647. IX.

Conseil du Roy. Lettres du Roy adressées aux Presidents du Parlement, qui leur ordonnent de ne plus surseoir à la prononciation des Arrests, quelques ordres qu'ils en reçoivent de lui ; & qui portent que son intention n'est plus de juger en personne les affaires de peu d'importance. 323. Information faite sur les privileges d'un lieu, vûë par les Gens du Conseil. 468. L'Evesque & le Chapitre du Mans doivent ressortir sans moyen, devant les Gens du Conseil du Roy, ou ceux du Parlement, comme *Traiteurs* en cette partie. Le Roy commet des personnes de son Conseil, pour juger une contestation entre cet Evesque & le Chapitre, & le Bailli des Exemptions de Touraine, d'Anjou & du Maine. 523. 524. Le Chancelier & d'autres Conseillers du Roy, examinent dans la Chambre des Comptes les privileges de l'Evesque & de l'Eglise de Mende ; & le Chancelier par l'ordre du Roy, en fait le rapport dans le Conseil, en presence du Roy, tenant ses pleines Requestes. 604. Les Gens du Conseil du Roy lui rendent compte de l'état des Halles de Paris. 147. En 1372. le Parlement nomme Thomas Vannin & Milles de Voisines Conseillers & le Prevost de Paris, pour estre fait par deux d'entre eux, pourvû que le Prevost de Paris en fut un, un Reglement sur le prix du pain. Les Boulangers s'estant plaints au Roy de ce Reglement, il commet des Gens de son Grand Conseil, qui avec des Gens du Parlement, font un nouveau Reglement. 499. 553. Voy. *Pain.* Gens du Grand Conseil & du Parlement, chargez par le Roy d'examiner les privileges des Barbiers de Paris. 530. L'Information faite par le Bailli de Cepoy, sur le Marché de Thouri, doit estre renvoyé au Chancelier, ou au Gens du Grand Conseil du Roy.

Conseil du Roy. Les Officiers de Doüay pourront faire des presens aux Princes du Sang, aux Gens du Conseil du Roy, ou aux Officiers du Roy. 134. XXIX.

Conseil du Roy dans le Dauphiné. 230.

Conseil d'un Lieutenant du Roy. 126. 127. 219. 422. 483. 584. 585. 586. 699. Conseil du Duc d'Anjou, Lieutenant du Roy dans le Languedoc. 723. Lettres du Duc d'Anjou Lieutenant du Roy, signées *Ad relationem Consilii*. Il y avoit dans ce Conseil, plusieurs Maistres des Requestes qui sont nommez. 342.

Conseillers des Justices Royales. Les Procureurs ne pourront intenter procès contre personne, qu'il n'y ait eu une information faite auparavant ; & que sur le vû de cette information, appellez les Advocats du Roy & les Conseillers, il n'ait esté ordonné par les Juges que cette personne seroit assignée. 433. Les Lieutenants du Seneschal de la Rochelle, les Sergents & autres Officiers Royaux qui se disent du Conseil du Roy. 574. X. Conseil du Bailli de Vermandois. De l'avis de ce Conseil & du Procureur du Roy, il instituera des Sergents. 449. Voyez *Laon.*

Conseil du Comte de Mont-Fort-l'Amaury. Les Appels du Gruyer de ce Comté appartenants au Duc de Bretagne Pair de France, ne seront point portez devant le Bailli de Gisors ; mais devant le Gouverneur de ce Comté, ou le Conseil du Comte estant dans ce Comté, & delà au Parlement. 532.

Conseil de la Marée. 356. & *dans la suite de la Piece.* Conseillers des Vendeurs de Marée. 198. Voy. *Marée.*

Conseillers de la Ville d'Angoulesme. 683. 684. Conseillers & Pairs d'Angoulesme. 679. III. Conseillers de la Ville de Doüay. 131. IV. & Note (*e*). Leurs fonctions. 132. XV. 133. XXI. 135. XXXIV. Conseillers de la Ville de Liviere. 722. Voy. *Liviere.* Conseillers-Jurez de la Ville de Poictiers. 563. Conseillers de la Ville de la Rochelle. 575. 619. Voy. *Rochelle. (La)* Conseillers [*Consultores*] de la Commune de Roüen & de Falaise. 671. II. & *autres articles.* Prud'hommes & autres du Conseil de la Ville de Roüen. 251. Voy. *Roüen.*

CONSERVATEUR. Le Seneschal de Cahors sera Conservateur des privileges de cette Ville. 327. XIV. Le Seneschal & Connestable de Carcassone, Conservateurs & Juges de cette Ville, pour une affaire particuliere. 421. Voy. *Carcassone.* Conservateur & Juge des Bourgeois de Montpellier. 627. Voy. *Montpellier.* Generaux-Conservateurs, Gardiens & Commissaires du Roy, sur la Marée. 356. Ils sont nommez Reformateurs. p. 360. Il y avoit un Conservateur particulier. *ibid.* III. Le Prevost de Paris est Conservateur, Gardien & Commissaire General des Marchands & Voituriers de Marée. 171. Voy. *Marée.*

Conservateurs. Le Pape Urbain V. à la supplication de Charles V. ordonna que lorsque le Pape seroit

TABLE DES MATIERES.

en Italie, nul Ecclefiaftique ne pourroit faire affigner aucun habitant de France, hors de ce Royaume, devant les Conservateurs à lui accordez par les Papes, dans la forme prescrite par le Concile de Vienne; & que nul Ecclefiaftique, en vertu d'une ceffion de droits, ne pouroit faire affigner mefme dans la France, devant ces Conservateurs, nul habitant de ce Royaume. Charles V. ordonna l'execution de la Bulle d'Urbain V. 100. 102.

Conservateur (Gardien &) des Juifs. 493. XI. 495. XXVI.

CONSULS (Les) de Peyruffe, lorfqu'ils entreront en Charge, feront ferment au Seigneur du Chafteau de Peyruffe, dans ce Chafteau & non ailleurs. 705. XII. Lorfque le Senefchal de Roüergue fera ajourner les Confuls de Rhodez pardevant lui, pour raifon de leur Confulat, ils pourront fe difpenfer de comparoiftre devant lui en perfonne; il fuffira qu'ils le faffent par Procureur. 259. Confuls & Jurez de Puy-Mirol. Voy. *Puy-Mirol*. Bailli d'un Confulat. Voy. *Puy-Mirol*. Juge du Confulat de Sarlat. 341. VIII.

Confulats (Les) payoient les droits de Francs-Fiefs. 126.

Confuls. Noms des lieux où il y a des Confuls.

Alais.	Montagnac.
Anduze.	Montauban.
Aufch.	Montpellier.
Auvillars.	Naiac.
Barrave.	Narbonne.
Beziers.	Nogaro.
Cahors.	Peyruffe.
Caylus de Bonnette.	Puy-la-Roque.
Caftelnaudary.	Puy-Mirol.
Caftres.	Rhodez.
Cauffade.	Romans.
Dunes.	S. Flour.
Eaufe.	Salvetat.
Figeac.	Sarlat.
Fleurence.	Sauveterre.
Iffoire.	Servian.
Lectoure.	Severac.
Limoges.	Verfeüil.
Limoux.	Vic-Fefenfac.
Liviere.	Villefranche.
Mayac.	Villefranche en Roüergue.
Meilhen.	Villeneuve en Roüergue.
Milhaud.	

CONSULTORES. [Confeillers] de la Commune de Roüen & de Falaife. 67. II. & *autres articles*.

CONTENTOR. Voy. p. 22. Note (*h*) fur l'explication de ce mot qui fe trouve à la fin de quelques Lettres Royaux.

CONTRACTS. Il eft deffendu d'en faire à fomme de Marcs d'Or & d'Argent; mais feulement à fols & à livres. 643. Voy. *Monnoye*.

Contracts. Autrefois à Doüay, tous les Contracts qui fe paffoient pardevant les Efchevins, fe faifoient fous feing privé; il fut ordonné que dans la fuite, ils feroient fcellez. 134. XXXIV.

CONTRAINTE par corps. (foumiffion à la). 129. 570.

Tome V.

CONTRE-GARDES des Monnoyes. 624. Contregardes des Monnoyes fupprimez. Si les Changeurs demandent qu'il y en ait, ils les payeront à leurs defpens. 616. Voy. *Monnoyes*.

CONTROLLEUR de l'Audiance de la Chancellerie. 119. Voy. *Audiance*. Reglement pour les Secretaires du Roy, adreffé au Chancelier, à l'Audiancier & au Controlleur. 370. Voy. *Secretaires du Roy*.

Controlleur des Recettes Royales. Le Roy ayant eftabli un Controlleur dans chacune des Recettes ordinaires du Languedoc; c'eft-à-fçavoir, dans celles de Touloufe, de Carcaffone & de Beaucaire, il ordonna que ce Controlleur feroit prefent, lorfque le Receveur adjugeroit des Fermes, & que lorfqu'il recevroit ou payeroit des deniers de fa Recette, tant ordinaire qu'extraordinaire, que le Controlleur mettroit fon contre-feing manuel aux quitances (ou reçus) que le Receveur donneroit; qu'il écriroit fur un Regiftre, la recette & la dépenfe de celui-ci; & qu'il envoyeroit à la fin de chaque année, ce Regiftre aux Gens de la Chambre des Comptes, afin qu'ils puffent le comparer avec les comptes du Receveur. 122. Provifions du Roy pour l'Office de Controlleur de la Recette Royale de Touloufe. 123. Voy. *Touloufe*.

Controlleurs (Les) ne pourront faire le commerce. Ils pourront cependant fe défaire des Marchandifes qu'ils ont, fans en acheter de nouvelles. 538. I. II.

Controlleur du Receveur de Tournay. 138. I. Voy. *Tournay*.

Controlleurs des Greniers à Sel. 571. I. *& fuiv*. Voy. *Gabelle*. Ils ne pourront faire le commerce. 646. I.

CONTUMACE. Contumacion. 521.

CONVERS (Juifs) & convertis, prefcutent les autres Juifs. 167. Voy. *Juifs*.

CORBIE, de la Chaftellenie de Vernon. 168. Voy. *Vernon*.

CORDES Tolofaine, de la Judicature de Verdun, de la Senefchauffée de Touloufe. Diminution de Feux pour ce lieu, où il y en avoit 30. en 1372. p. 551. Voy. *Feux*.

CORDONNERIE (La) fe vend à la Halle de Paris. 147. Voy. *Halles de Paris*.

CORDONNIERS. A Angoulefme, les Cordonniers qui mefleront de la peau de mouton avec du cuir, & qui font de mauvais ouvrages, payeront l'Amende; & ces mauvais ouvrages feront brûlez. 682. XVII. Cordonniers ou *Sueurs* de Chartres. 272. Voy. *Chartres*. Cordonniers de Roüen. 416. Voy. *Roüen*.

CORNAVEL. Diminution de Feux pour ce lieu, où il y en avoit 16. en 1372. pag. 551. Voy. *Feux*.

CORNEILLAN, de la Viguerie de Beziers, de la Senefchauffée de Carcaffonne. Diminution de Feux pour ce lieu, où il y en avoit 50. en 1372. p. 551. Voy. *Feux*.

CORPS. (Hommes de) Voy. *Hommes de Corps*.

Corps. (Contrainte par). Voyez *Contrainte par corps*.

TABLE DES MATIERES.

CORVÉES. A Chaumont en Baſſigny, ceux qui ne ſatisferont point aux corvées, ſeront condamnez à l'Amende. 601. XXVII. Le Seigneur de Chaumont en Baſſigny ſe reſerve differentes corvées pendant les differentes ſaiſons de l'année. 600. XII. Le Dauphin ne pourra pas exiger des corvées des ſujets des Eccleſiaſtiques ni des Nobles, ni lever des Tailles ſur eux, ſi ce n'eſt dans le cas de l'utilité publique des lieux où ces ſujets habitent. 43. XVIII. A Mailli-le-Chaſteau, il n'y aura que les habitans qui auront des charrettes qui ſeront obligez de faire des corvées pour leur Seigneur; & ceux-ci n'en feront qu'une fois l'année pour amener à ſon Chaſteau, les proviſions de vivres & de bois pour brûler. 716. XIII. Par la Commune de Valmy, chaque habitant travaillera ſans payement une ſemaine dans l'année aux Fortifications du Château. 486. v. Voy. *Valmy*.

CORVILLON. Voy. S.ᵗ Robert de *Corvillon*.

COSTE-SAINT-ANDRÉ. Les Juges de la Judicature du Viennois & de la Terre de la Tour, en entrant dans leurs Charges, preſteront ſerment de conſerver les privileges du Dauphiné, entre les mains de l'Abbé de Bonnevaux & du Prieur & des Religieux de la Coſte-Saint-André. 63.

COTANTIN. En 1343. Rogier Baudouin eſtoit Lieutenant du Bailli de Côtantin; & en May 1369. Colin Marie eſtoit Lieutenant de Raven Pinchon, Bailli de Côtantin. 316. Scel particulier du Lieutenant du Bailli du Côtantin. 318. Voy. *Scel*.

Côtantin. Voy. *Couſtances*.

COUCHANS & levans. (Domiciliez) 28. I.

COUCY. Par la Couſtume generale de la Baronnie & Terre de Coucy, qui relve du Roy, tous ceux qui y viennent demeurer, & tous ceux qui y demeurent, ſont hommes & femmes de main-morte & de formariage, lorſque le cas y échet; s'ils ne ſont Clercs ou Nobles; à l'exception de ceux qui ſont tenus du Seigneur en foy & hommage, & quelques autres qui en quittant cette Terre, pour aller s'eſtablir ailleurs, deviennent francs, ſans la permiſſion du Seigneur. Cette ſervitude engageoit pluſieurs perſonnes à quitter cette Terre qui devenoit tous les jours moins peuplée, & moins cultivée; c'eſt ce qui détermina Enguerrand VI. Sire de Coucy, d'écouter favorablement les propoſitions que lui firent ſes ſujets, de luy payer une rente annuelle, s'il vouloit les affranchir. Il mourut avant que de l'avoir fait. Enguerrand VII. eſtoit devenu Majeur, ayant reconnu qu'il lui ſeroit honorable & profitable d'affranchir ces habitans de main-morte & de formariage, & leur permettre de ſe faire Clercs, & d'uſer de tous les droits de la Franchiſe; il le fit en 1368. & toutes les Villes qui compoſoient la Baronnie de Coucy, s'engagerent à luy payer une rente annuelle; ſçavoir, *Coucy-la-Ville*, 10 livres. *Frainnes*, 24 ſols; *Normaiſieres*, 30 ſols; la Ville & Poſte de *Landricourt*, 13 livres 10 ſols; *Rienville*, 48 ſols; *Verneüil*, 108 ſols; *Forny*, 100 ſols; *Foulembray*, 11 livres; *Champs*, 40 ſols; *Sernay*, 30 ſols; *Croly*, 18 livres; *Dalmans*, 8 livres; *Vauſſaillon*, 12 livres; *Creſcy-deſſus Nougent*, 15 livres; *Guny*, 9 livres 16 ſols; *Courſon*, dix-huit deniers par Feu; *Doudelain*, 6 livres; *Bertaucourt*, 68 ſols; *Monceaux-les-Leups*, 6 livres. A l'égard des Villes de *Vaudeſſon*, de *Pont-Saint-Mart* & de *Mareüil*, les rentes qu'elles payoient anciennement, & qui eſtoient très-fortes, ne furent point augmentées. Tous ces lieux eſtoient dans la haute-Juſtice du Seigneur de Coucy. Enguerrand retint le droit & la pourſuite ſur les Bourgeois & habitans de ſon Comté de Soiſſons, dont avoient joüi les Comtes de Soiſſons ſes predeceſſeurs; & il ſupplia le Roy de confirmer cet affranchiſſement, pour augmenter le Fief qu'il tenoit de lui. Charles V. confirma les Lettres d'Enguerrand. 154.

COUDRIER. Plume pourie. 547. III.

COULANGE-LA-VINEUSE. [Coloignes-les-Vineuſes, du Vaul-de-Marcy.] Les anciens Seigneurs de cette Ville, avoient accordé aux Bourgeois & habitans le privilege de pouvoir eſlire tous les ans quatre Jurez, pour gouverner les affaires de la Communauté. En 1365. Philippe de S.ᵗᵉ Croix Eveſque de Maſcon & Seigneur de Coulange, leur accorda celui de pouvoir s'aſſembler pour leurs affaires communes ſans la permiſſion de leurs Seigneurs, d'eſlir un ou pluſieurs Procureurs pour en avoir ſoin, & d'impoſer ſur eux des Tailles pour leurs dépenſes communes; deſquelles Tailles on rendroit compte à la Communauté ſeulement. Le Roy confirma ces privileges. 665.

COUNOSOLS. Diminution de Feux pour ce lieu, où il y en avoit 13. en 1367. p. 31. Voy. *Feux*.

COUR, (Deffaut de) deſſaut, faute de comparoiſtre. 164.

Cour demeurée. 247. & Note (a).

Cour Commune de Gevaudan. 603. Voy. *Mende*.

COURIER (Juge &) de Romans. 224. Voy. *Romans*.

COURONNE (La) d'Epine de N. S. eſt dans le Treſor de la S.ᵗᵉ Chapelle de Paris. I. Note (b).

COURSON, dépendant de Coucy. Affranchiſſement des habitans de ce lieu. 154. Voy. *Coucy*.

COURRETIER. A Angouleſme, nul ne peut faire le meſtier de Courretier ſans la permiſſion du Maire. 682. X. Les Marchands de Plaiſance en Lombardie, commerçants à Harfleur, pourront eſtablir des Courretiers qu'ils preſenteront au Prevoſt: ils pourront auſſi les deſtituer. Les Courretiers ne pourront eſtre ni Taverniers ni Hoſteliers, ni Marchands, ſi ce n'eſt du conſentement deſdits Marchands. 242. v. Courretiers Jurez de la Ville de S.ᵗ Jean d'Angely. 676. VIII.

COURVOISIERS, Savetiers. 273. & Note (c).

COUSINS Germains (Deux) ne peuvent eſtre en meſme temps Eſchevins à Doüay. 132. IX. Entre les 20 perſonnes qui eſliront le Maire & les Eſchevins de Peronne, il ne pourra pas y en avoir plus de deux qui ſoient parents, ſi cela eſt poſſible: ſi cela n'eſt pas poſſible, & qu'il y en ait plus de deux qui ſoient parents, du moins il ne pourra y en avoir plus de deux qui ſoient Couſins-Germains. 162. XXV.

TABLE DES MATIERES.

COUSSINS. Couſtiers, qui font les matelats, les lits de plume, les couſſins, &c. Reglement pour les Couſtiers de Paris. 546. Voy. *les Sommaires*.

COUSTANCES. Des Lettres concernant S.*t* Lô, font adreſſées au Bailli & au Vicomte de Couſtances. 420. Voy. *S.t Lô*. Le Roy reſtablit le commerce dans la Ville de S.*t* Lô, pour augmenter les rentes & les revenus de l'Egliſe de Couſtances. 420. Voy. *S.t Lô*. Les Lettres de Sauve-garde Royale pour l'Abbaye de Savigny, Diocéſe d'Avranches, lui font adreſſées. 351. Voy. *Savigny*.

Couſtances. Voy. *Côtantin*.

COUSTUMES eſcrites & non eſcrites. 396. III. 704. II. III. Couſtumes non eſcrites qui fe conſervoient dans la memoire des perſonnes chargées de l'adminiſtration de la Juſtice. 162. XXVIII.

COUSTUMIERS. (Prevoſts) 318.

COUVRE-CHEFS. 33.

COUVREFEU de N. D. de Paris. 98. II.

COUVREURS. 194. Voy. *Ouvriers*.

CRACHER. Voy. *Piſſer*.

CREANCIER. Voy. *Debiteur*.

CRECY. Le Chaſtelain de cette Foreſt ne peut connoiſtre que des premieres & ſecondes ventes des bois de cette Foreſt, faites aux Bourgeois d'Abbeville; & non des troiſiemes. 367. Voy. *Abbeville*.

CREDIT. Lorſque le Seigneur de Mailli-le-Chaſteau & ſa femme y ſeront, ils auront credit pendant 15. jours pour ſe faire payer de ce qu'ils acheteront des habitans; & ſi après ce terme ces vivres ne ſont point payez, les habitans ne ſeront point obligez de faire de credit juſqu'à ce qu'ils le ſoient. 715. VIII.

Credit entre des Cooubourgeois. 161. XVI. XVII.

CRESCY-deſſus-Nogent, dépendant de Coucy. Affranchiſſement des habitans de ce lieu. 154. Voy. *Coucy*.

CRESPIAN. Diminution de Feux pour ce lieu, où il y en avoit 4. en 1372. p. 589. Voy. *Feux*.

CRIS. Les Conſuls de Peyruſſe de leur ſeule autorité pourront faire les cris & proclamations neceſſaires pour les Affaires de leur Conſulat. 705. VIII. Ces cris ſe faiſoient par la *Cude* de cette Ville. *Cude* ſignifie *Foſſé*. V. *ibid*. Note *(d)*.

Cri. Voy. *Proclamation*.

Crieur. A Mailli-le-Chaſteau, le Crieur public, ni celui qui fait le guet, n'auront aucuns droits lors du mariage des habitans. 716. XX.

CRIME commun. 706. XV. Voy. Note *(e)*.

Crime. On ne pourra faire d'Office, d'Enqueſte (ou d'*information*) contre un habitant du Dauphiné, qu'il n'y ait un accuſateur ou un dénonciateur, ſi ce n'eſt dans les cas des crimes graves. Dans le cas où il y aura un dénonciateur, on communiquera l'Enqueſte à l'accuſé, avant que de lui faire ſubir interrogatoire ſur les articles qui y ſont contenus. 42. XVI. Les habitans de Sarlat, ne pourront eſtre jugez que dans la Juriſdiction de cette Ville, meſme dans les cas qui regarderont le Roy; ſi ce n'eſt lorſqu'ils ſe ſeront obligez, ou qu'ils auront commis des crimes ou des delicts dans quelques autres Juriſdictions. 340. V. A Sarlat, les Juges Royaux ne pourront mettre en Enqueſte ou *prevention*, les habitans de cette Ville, ſur les crimes ou delicts dans leſquels ils ſeront compliquez, qu'ils n'ayent fait auparavant une Information. 342. XI.

Crimes. (Compoſitions ſur des) 420. Voy. *Compoſitions*.

Crimes. Voy. *Delict*.

Criminels. La retraite donnée à des criminels, eſt puniſſable. 240. III.

Criminels. Les habitans de Milhaud prevenus de crimes, ne pourront eſtre mis à la queſtion, qu'en preſence des Conſuls, à qui appartient le droit de juger ces habitans accuſez de crimes. 293. IV. Les habitans de Milhaud prevenus de crimes, à moins qu'ils ne ſoient énormes, ne pourront eſtre mis en priſon, s'ils donnent caution de ſe repreſenter en Juſtice. 293. v. Les habitans de Peyruſſe arreſtez pour des crimes qui ne ſeront point capitaux, ſeront mis hors de priſon, s'ils peuvent donner caution de ſe preſenter en Juſtice. 706. XIX.

CROIS de Cens. Voy. *Cens*.

CROISADE. Renonciation dans un acte, au privilege de la Croix. 381. A Peronne, lorſqu'un Bourgeois prendra la Croix, pour aller viſiter le Sepulcre de N. S. il n'en ſera pas moins tenu d'obſerver les loix de la Commune: ſi ce n'eſt par rapport aux effets qu'il emportera pour le ſervice de Dieu. 161. XIX.

CROISÉES. 133. XVII. & Note *(b)*.

CROLY, dépendant de Coucy. Affranchiſſement des habitans de ce lieu. 154. Voy. *Coucy*.

CROT de Leure. 243. X. Voy. *Leure*.

CROTOY. Confirmation des privileges de cette Ville. Le Roy accorde aux Majeur & Eſchevins de cette Ville qui s'eſt remiſe ſous ſon obéiſſance, que l'on ne pourra mettre d'impoſts ſur les habitans, conſtitution de Rente, infeodation &c. que de leur conſentement, ou pour l'utilité de la Ville. Les Lettres ſont adreſſées au Gouverneur du Ponthieu. 183. 184. Le Roy voulant recompenſer les Maire, Conſuls & Communautez des Villes, Chaſteaux & Chaſtellenie de Crotoy & de Mayoc, Membres du Comté de Ponthieu, & anciennement du Domaine de la Couronne, qui l'avoient reconnu pour leur Souverain, & qui s'eſtoient ſoumis à lui, ordonna que ces Villes ſeroient unies inſéparablement au Domaine de la Couronne, ſans pouvoir en eſtre ſeparées par Frerage, partage, appanage, conſtitution de Cens, infeodation, &c. 688. Les habitans de cette Ville ne payeront pas d'Impoſts à Crotoy ni ailleurs, pour les marchandiſes qu'ils feront venir par Mer à Abbeville, ſans paſſer au Crotoy, ni ailleurs. 177. Ils ne payeront pas les nouveaux Impoſts, pour les marchandiſes qu'ils acheteront dans le Royaume. 183. Ils ne ſeront point tenus de rendre compte des deniers qu'ils ont reçûs, pour eſtre employez aux fortifications de cette Ville. 183. Note *(a)*.

Crotoy. Voy. *Mayoc*.

CRUSY. Diminution de Feux pour ce lieu, qui eſt du Diocéſe de S.*t* Pons, de la Vigueric de Beziers, & de la Seneſchauſſée de Carcaſſone. Il

y en avoit 92. en 1368. p. 121. Voy. *Feux.*
CUBIERES. Diminution de Feux pour ce lieu, où il y en avoit 13. en 1367. p. 31. Voy. *Feux.*
CUGUGNAN. Diminution de Feux pour ce lieu, où il y en avoit 15. en 1367. p. 31. Voy. *Feux.*
CUIR (Le) tant tanné comme courroyé, se vend à la Halle de Paris. 147. Voy. *Halles de Paris.*
CUMONT, de la Judicature de Verdun, de la Seneschaussée de Toulouse. Diminution de Feux pour ce lieux, où il y en avoit 4. en 1372. p. 551. Voy. *Feux.*
CURATELLES. Voy. *Tutelles & Mineurs.*

D.

DALMANS, dépendant de Coucy. Affranchissement des habitans de ce lieu. 154. Voy. *Coucy.*
DAME-de-Nesteis, appartenant à Jean de la Barte, démembré de la Jugerie de Verdun & Seneschaussée de Toulouse, & soumis à la Jurisdiction de la Ville de Bit, en Guyenne. 456. Voy. *Bit.*
DAMES (Tables,) jeu deffendu. 172. Voy. *Jeux.*
DAMOISEAU. Le Viguier d'Aigues-mortes en 1376. avoit le titre de Damoiseau. 100. 103.
DAUDELAIN, dépendant de Coucy. Affranchissement des habitans de ce lieu. 154. Voyez *Coucy.*
DAPIFER. Raoul Comte de Vermandois, l'estoit en 1137. p. 23. Le Comte Thibaud l'estoit en 1183. & en 1187. lorsque Philippe - Auguste donna des Lettres pour Dijon. 238. Il n'y en avoit point en Janvier 1188. pag. 107. Voy. Note *(a).* Il n'y en avoit pas, lorsque Philippe-Auguste donna des Lettres de Commune à la Ville de Peronne en 1209. p. 163. Il n'y en avoit pas en 1221. lorsque Philippe-Auguste donna des Lettres à l'Ordre de Cisteaux. 144. Il n'y en avoit point en 1223. p. 489. Il n'y en avoit point, lorsque Philippe-Auguste donna des privileges à la Ville de S.t Jean d'Angely. 671.
Dapifer d'Angleterre. 151.
DAUPHINÉ. En Fevrier 1371. le Fils aîné de Charles V. avoit le titre de Dauphin. 462. Le 13. de Novembre 1372. le Fils aîné du Roy avoit le titre de Dauphin. 541. XXIII.
Dauphiné. Lieutenants & Gouverneurs du Dauphiné. 104.
Dauphiné. (Gouverneur du) 57. 58. 59. 64. 65. 66. 70. 80. 104. 109. 385. Henry Archevesque de Lyon, Lieutenant d'Humbert Dauphin. 69. Raoul Seigneur de Loupy, en estoit Gouverneur en 1366. & 1368. pag. 224. 231. Il l'estoit le 27. d'Octobre 1367. p. 84. Enguerrand *de Cudino*, Chambellan du Roy & Gouverneur du Dauphiné, donne le 2. d'Octobre 1389. des provisions à un Notaire. 61. Note.
Dauphiné. Les Gouverneurs du Dauphiné, avant d'entrer dans les fonctions de leurs Charges, juroient entre les mains de l'Evesque de Grenoble & de l'Abbé de S.t Antoine de Vienne, d'observer les Libertez & privileges accordez aux habitans du Dauphiné. Le 3. de Juillet 1370.

Jacques de Vienne Gouverneur du Dauphiné, presta ce serment. Le 26. de Janvier 1373. les Etats du Dauphiné estant assemblez à Grenoble, pour accorder un Subside à Charles V. Charles *de Borilla*, presta ce serment. Ces sermens furent reçus par des Notaires publics. 59. & Note *(a).* De toute ancienneté, les Lieutenants & Gouverneurs du Dauphiné, avoient le pouvoir de remettre ou de donner les Amendes qui estoient dûes au Roy; ou de donner des termes pour les payer; & les Chastelains & autres comptables, rendoient leurs comptes, devant les Auditeurs des Comptes de la Chambre Delphinale. Charles V. ordonna que les Gouverneurs ne pourroient plus donner ni remettre les Amendes, ni accorder des délais pour les payer; & que les comptables compteroient devant Adam de Chanteprime, Tresorier du Dauphiné. Dans la suite, il rendit aux Gouverneurs leur ancien pouvoir, à condition qu'ils n'en useroient que par le Conseil des Auditeurs, & qu'ils ne pourroient donner les choses domaniales; & il ordonna que les comptables compteroient devant les Auditeurs. 104.
Dauphiné. François *de Parma* en estoit Chancelier, le 16. de Juillet 1349. p. 56.
Dauphiné. Conseil du Roy dans le Dauphiné. 230. Chambre du Conseil Delphinal à Grenoble. 60. Note.
Dauphiné. Cour superieure du Dauphiné. 46. XXIX. La Cour Majeure de Vienne, & les autres Cours du Dauphiné. 40. v. Cour Majeure du Dauphiné, dans le Graisivaudan. 230.
Dauphiné. Le 16. de Juillet 1349. Guillaume *Fornerii* Sacriste du Gevaudan, & Procureur Delphinal dans la Cour Romaine. 56. Jacques de S.t Germain estoit Avocat Fiscal du Dauphiné, le 2. d'Octobre 1389. pag. 61. Note. L'Avocat & les Procureurs du Dauphin, s'opposent à des Lettres émanées de lui. 57.
Dauphiné. (Bailliage du) 65. Le Bailli du Dauphiné mandoit les Nobles de ce pays, pour aller à la guerre. 39. IV.
Dauphiné. (Judicature du) 65.
Dauphiné. (Chastelain du) 49. XXXIV.
Dauphiné. Charles V. ayant mis en sa main & réüni à son Domaine les Mistralies du Dauphiné; il ordonna ensuite que le Gouverneur avec l'avis des Auditeurs des Comptes du Dauphiné, rétabliroient des Mistraux, s'ils le jugeoient à propos. 80. Voy. sur les fonctions des Mistraux. *ibid.* Note *(d).*
Dauphiné. Lettres qui nomment les differentes personnes devant lesquelles les Juges des differents endroits du Dauphiné, presteront les sermens accoutumez. 63.
Dauphiné. Grand Sceau Delphinal. 62. 64. Le Grand Sceau du Dauphin en Cire rouge. 38. Lettres du Roy en Cire verte pour le Dauphiné. 60. 84. Sceau dont le Gouverneur du Dauphiné, use dans le Gouvernement du Dauphiné. 231.
Dauphiné. Le Gouverneur & les autres Officiers du Dauphiné, refusants d'executer les Lettres du Roy, lorsqu'elles n'avoient point esté examinées,

vérifiées

vérifiées & expediées par les Gens de la Chambre des Comptes de Paris, le Roy ordonna que toutes les Lettres qu'il accorderoit pour le Dauphiné, à l'exception de celles qui contiendroient des alienations du Domaine ou des dons, seroient executées, quoiqu'elles n'eussent point esté expediées à la Chambre des Comptes de Paris ; & que mesme celles qui contiendroient des alienations du Domaine ou des dons, qu'il accorderoit estant dans le Dauphiné, seroient examinées par les Gens de la Chambre des Comptes de Paris, & verifiées seulement, par les *Residents* dans les Comptes Delphinaux. Il ordonna que toutes les Lettres concernant le Dauphiné, à l'exception de celles de *Justice*, & qui auroient dû estre verifiées à la Chambre des Comptes de Paris, le seroient par les Auditeurs des Comptes Delphinaux. 62.

Dauphiné. Voy. les formules des actes passez dans le Dauphiné en 1349. pp. 37. 38.

Dauphiné. (Tresorier du) 57. 58. 59. 65. 66. 80. 229. 231. Bernard de Mont-lehery estoit Tresorier du Dauphiné, le 26. de Janvier 1373. p. 61. Note. Recette du Dauphiné. 104. Le Tresorier & les autres Receveurs Royaux du Dauphiné, refusants de prendre les Monnoyes fabriquées dans ce pays, pour le prix que le Roy avoit fixé, il leur fut enjoint de les prendre pour ce prix. 65.

Dauphiné. Le 16. de Juillet 1349. le lendemain de la tradition réelle faite du Dauphiné, à Charles Fils aisné de Jean Duc de Normandie, & petit-Fils de Philippe de Valois, l'Evesque de Grenoble presenta au nouveau Dauphin, un acte passé le 14. de Mars precedent, par Humbert son predecesseur. Par cet acte reçû par un Notaire public, qui stipuloit pour les habitans du Dauphiné, Humbert leur accordoit des privileges, pour les dédommager des torts qu'il leur avoit fait sur le fait des Monnoyes, par les Imposts qu'il avoit levez & par les desordres causez par ses équipages de chasse. Charles autorisé par son Pere, confirma ces privileges par un acte passé devant un Notaire public, qui stipuloit pour les habitans du Dauphiné. Charles estant devenu Roy, confirma de nouveau ces privileges, par ses Lettres du mois d'Aoust 1367. Il adressa ses Lettres au Gouverneur du Dauphiné. 34. *Voy. les Sommaires de ces privileges.* ibid. *& les additions & corrections à la fin du Volume.* L'on ne pourra faire aucunes poursuites contre les habitans du Dauphiné, en vertu des obligations passées sous le Petit-scel de Montpellier, que dans les cas où ces habitans auront passé des obligations sous ce Scel. 384. *Voy. Montpellier.* On ne pourra saisir les biens des habitans du Dauphiné, que dans les cas marquez par le droit. 56. On ne pourra pas arrester prisonniers les habitans du Dauphiné, pour des dettes Fiscales, lorsqu'ils auront des biens montants à la valeur de ces dettes, ou lorsqu'ils donneront une caution suffisante. 58.

Dauphiné. Reglement pour les Monnoyes du Dauphiné. 80. En Octobre 1367. un Florin du Dauphiné valoit 12 Gros Tournois. 86.

Dauphiné. Le sel estoit à bon marché dans les Comtez de Savoye & de Bourgogne, qui sont de l'Empire, parce que celui qui y venoit par le Rhosne, estoit deschargé à Avignon, d'où on le conduisoit par terre dans ces Comtez, en traversant la riviere d'Isere, sur laquelle il ne payoit aucuns droits ; c'est pourquoy les habitans des Diocèses de Lyon, de Mâcon & de Châlons, au lieu d'acheter du sel dans le Grenier de Lyon, où il estoit cher, parce qu'il payoit de gros droits sur le Rhosne, l'alloient acheter secrettement dans ces Comtez, dont ils ne sont separez que par le Rhosne ou par la Saone ; ce qui diminuoit considérablement les Aides & le commerce de cette Ville, dont le sel faisoit une des principales parties. Le Roy pour remédier à cet abus, ordonna par ses Lettres du 27. de Juin 1371. à Jacques de Vienne, Gouverneur du Dauphiné, à Nicolas de Fontenay, Conseiller-General sur le fait des Aides de la guerre, & Visiteur & Reformateur dans la Languedoyl, sur le mesme fait, & à Bernard de Mont-lehery, Tresorier du Dauphiné, de faire payer des droits sur le sel qui passeroit par l'Isere, & par les autres Rivieres & passages du Dauphiné. En vertu de ces Lettres, ces Commissaires ayant fait assembler à Grenoble, le Conseil du Roy, avec plusieurs Clercs de la Chambre des Comptes, des Chevaliers, des Escuyers & de Notables, ordonnerent par leur avis, que le sel qui passeroit l'Isere, depuis le Rhosne jusqu'à Grenoble, & remontant le Rhosne, au-dessus de l'endroit où il reçoit l'Isere, excepté celui que l'on meneroit au Grenier de Lyon, payeroit outre & par-dessus ce que M.r d'Anjou y prend à Chasteaubourg, deux Florins pour chaque *sommée* de Valence ; ladite *sommée* de Valence évaluée à la charge de 4. chevaux, & à proportion, par rapport aux autres bestes & aux voitures ; [*Voy.*] Le sel de ceux qui voudront frauder ces droits, sera confisqué ; ils seront adjournez devant le Gouverneur ou devant le Tresorier du Dauphiné, & ils seront condamnez à l'Amende. Le 4. de Septembre 1371. les Commissaires adresserent des Lettres à Pierre de S.t Mers, Chastelain de la Roche de Cleys, (peut-être, *Clais,*) par lesquelles ils establissoient des Gardes aux ports de la Roche de Cleys & de Consolains. 404. Le sel qui passera par ce pays, payera des droits ; mais non celui qui y sera consommé. 103. *Voy. Gabelle.*

Dauphiné. En 1367. les habitans du Dauphiné accordent au Roy, une Ayde de 30000. Florins, pour racheter les Chasteaux du Dauphiné occupez par le Comte de Savoye, & pour defendre le pays contre ceux qui vouloient y entrer. Le Roy accorde à ces habitans la permission d'eslire ceux qui imposeront les tailles pour le payement de cette Aide, & qui les leveront ; lesquels rendront compte de leur administration aux habitans du Dauphiné ou à leurs deputez. 64. En 1367. les Etats du Dauphiné accordent au Roy, une Aide de 30000. Florins

TABLE DES MATIERES.

d'Or, pour retirer des Chasteaux du Comte de Savoye, & pour engager ce Roy à confirmer les privileges du Dauphiné. L'on trouve dans les Lettres faites à ce sujet, un grand détail sur les personnes des trois Ordres, qui assisterent à ces Etats. 84. Voy. *la Preface de ce Volume*. §. *Etats Generaux & Particuliers*.

Dauphiné. En 1354. [& non pas en 1355. comme l'a dit Guichenon] le Roy Jean & Charles son Fils, cederent la Baronnie de Faucigny, & les Fiefs du Genevois, de la Bresse & du Bugey, à Amé VI. Comte de Savoye, qui leur ceda des Terres qu'il avoit dans le Dauphiné. Charles V. ordonna que les habitans des Terres qui luy avoient esté cedées & qui lui seroient cedées dans la suite par les Comtes de Savoye, joüiroient des mesmes privileges dont joüissoient les habitans du Dauphiné. 58. & 59. Note *(b)*.

Dauphiné. Secretaire du Dauphiné de l'autorité Imperiale en 1389. p. 61. Note. Notaire dans le Dauphiné par l'autorité du Pape, de l'Empereur & du Roy de France. 55. 56. Notaire public de l'autorité Imperiale dans le Dauphiné. 230. Privileges accordez par l'Empereur Charles IV. à la Ville de Romans dans le Dauphiné, confirmez par Charles V. 109. L'Empereur Charles IV. accorde à la Ville de Romans, des privileges qui sont confirmez par Charles V. 224. Voy. *Romans*.

DEBITEURS excommuniez. 414. Voy. *Excommunication*. A Peronne, lorsqu'un Chevalier ou un autre sera debiteur d'un Bourgeois, & qu'il ne l'aura pas payé à l'écheance de la dette, le créancier fera sa demande en Justice devant le Majeur & les Eschevins, qui après avoir vû la preuve de la dette, feront comparoistre le débiteur devant eux, & le condamneront à payer, ou à perdre les droits attachez à la Commune, & ceux de *crédit* & de *voisinage* : le créancier pourra ensuite saisir de sa propre autorité les effets de son débiteur, qui seront dans la Ville & dans la banlieuë, & faire saisir ceux qui seront hors de la banlieuë par l'autorité du Juge Royal. Si le debiteur prétend que l'une ou l'autre de ces saisies, a esté faite injustement, l'affaire sera portée devant le Juge Royal ou le Juge du Chastelain, & sera decidée par l'un d'eux, conjointement avec les Eschevins. Le Maire pourra conduire le débiteur dans la Ville (pour y estre en sûreté contre les poursuites de son créancier,) à moins qu'il n'en ait esté banni par le Roy ou ses Juges, ou que le créancier n'ait fait opposition à la sûreté que le Maire veut donner à son débiteur. 160. XVI. A Peronne, les Bourgeois ne pourront estre arrestez ni leurs biens estre saisis que pour les dettes dont ils seront debiteurs, ou dont ils seront cautions. 161. XVIII. Les Bourgeois de Tournay & leurs enfants, pourront arrester eux-mesmes dans cette Ville, leurs debiteurs étrangers, & saisir les biens à eux appartenants, qu'ils trouveront dans cette Ville, s'il n'y a point d'Officiers de Justice presents qui soient en estat de le faire. 378. XXXII.

Debtes Fiscales. 65. Dettes duës au Roy, se payent sans delai. 241. IV. La connoissance des dettes Fiscales est un cas Royal. 479. V. On ne pourra pour les dettes Royaux & autres, executer & saisir les chevaux, bœufs & autres bestes tirants les charruës, ni mettre les Laboureurs en prison, tant que l'on trouvera d'autres biens meubles & des heritages appartenants à ces Laboureurs, que l'on pourra saisir. 21. IX. On ne pourra pas arrester prisonniers les habitans du Dauphiné, pour des dettes Fiscales, lorsqu'ils auront des biens montants à la somme de ces dettes, ou lorsqu'ils donneront une caution suffisante. 58. A S.t Jean d'Angely, les Sergents Royaux ne pourront saisir les biens des Bourgeois, sans appeller les Sergents du Maire ; si ce n'est pour ce qui est dû au Roy ou par son ordre ; en se conformant neantmoins aux Ordonnances Royaux. 676. IV.

Debtes duës au Roy. Voy. *Fiscales. (Debtes)*

Debtes. 21. IX.

Debtes. A Roüen, si une personne doit une somme qu'elle ne puisse ou ne veuille pas payer, son créancier sera payé sur ses biens, si elle en a assez pour le satisfaire ; si elle n'en a point assez, elle sera mise hors de Roüen jusqu'à ce qu'elle ait donné caution. Si ce debiteur est trouvé dans Roüen avant que d'avoir donné caution, il sera mis en prison ; & il n'en sortira point qu'il n'ait payé cent sols, & qu'il n'ait juré de ne revenir à Roüen qu'après avoir donné caution. 675. XXV. & Note *(ee)*.

DECIMES. Pendant le temps que l'Evesque de Mende & les Ecclesiastiques de son Diocese, payeront les Decimes & Subventions qu'ils ont accordées au Roy, ils ne payeront point les autres Decimes que le Pape pourra luy octroyer. 633. X.

DECLARATIONS des biens sujets aux droits d'Admortissement & de Francs-Fiefs, faites par ceux qui ont acquis ces biens. 613.

DECRET d'heritages. 613.

DEFFAUT de Cour, deffaut faute de comparoistre. 164. Les deffaillans sont condamnez à une Amende de 60 sols. 345.

DELAI. Dans le Ponthieu, on ne peut obtenir qu'un delai, dans chaque procès. 173. Voyez *Ponthieu*.

DELICT. Les habitans de la Bruyere-les-Catenoy, peuvent se purger par serment des delicts pour lesquels on ne paye que 12 deniers d'Amende. 712. Voy. *Bruyere. (La)*

Delict. Voy. *Crimes*.

DEMANDE en Justice. A Puy-Mirol, les demandes qui ne passeront pas cent sols, ne seront point faites par écrit, mais seulement verbalement. 312. V. A Toulouse, pour chaque demande qui se fait en Justice, l'une des Parties paye cinq sols au Roy. 562. Voy. *Toulouse*.

DENIER-à-Dieu. 133. XVII. Deniers à Dé ou à Dieu. 272. 273.

DENONCIATEUR. Nul ne pourra intenter une accusation contre des Juifs ou se rendre denonciateur contre eux, s'il ne se rend Partie contre eux ; & s'il perd son procès, il sera condamné

TABLE DES MATIERES.

aux dépens envers eux. 494. XIX.

DEPRI, Certificat pour les denrées qui passent à la porte de Roüen. 216. Voy. *Roüen*.

DEROGATOIRES. (Clauses) Les Secretaires du Roy ne mettront point dans les Lettres Royaux qu'ils dresseront, de clauses dérogatoires aux Ordonnances, Coustumes, &c. que par l'exprès commandement du Roy, donné en presence de quelques personnes de son Conseil. 647. VIII. IX.

DESHERENCE. A Mailly-le-Chasteau, la succession des deffunts sera recueillie par leurs plus prochains heritiers; s'il ne s'en presente point, les effets de cette succession seront mis entre les mains des habitans, qui les garderont pendant un an & un jour. Si pendant ce terme, il se presente un heritier, ces effets lui seront remis; s'il ne s'en presente point, ils appartiendront au Seigneur. 717. XXIX.

DEX, bornes. 397. XIII. & Note *(a)*.

DEZ, jeu deffendu. 172. Voy. *Jeux*.

DIE. Voy. *Valence*.

DIJON. Hugues III. Duc de Bourgogne, ayant donné aux habitans de Dijon, une Chartre de Commune [qui est dans le recueil de Perard,] conforme à celle de Soissons, sans préjudice cependant de la Liberté dont ils joüissoient auparavant, ce Duc & Eudes III. son Fils, prierent Philippe-Auguste, de proteger cette Commune. Le Roy promit donc, que si les Ducs de Bourgogne y contrevenoient, il les en avertiroit; & que s'ils n'avoient pas d'égard à ses representations, il feroit reparer le dommage qui auroit esté causé, & recevroit les Bourgeois sur ses Terres. Charles V. confirma ces Lettres à la requeste du Majeur & des Eschevins de Dijon. 237. *Voy.* les Notes. Le Roy Jean estant à Dijon, jura sur le grand Autel de l'Eglise de St Benigne, l'observation des privileges de cette Ville, & promit que tous ses successeurs à leur advenement au Duché de Bourgogne, la jureroient au mesme endroit. Les Majeur & les Eschevins luy presterent serment de fidelité au mesme endroit. Charles V. confirma les Lettres de son Pere. 239.

Dijon. Il y avoit un Hostel des Monnnoyes. 124. Prix que la monnoye y valoit dans l'Hostel des Monnoyes au commencement de Fevrier 1371. & prix que l'on y donnoit pour la fabrication de chaque Marc. 454. Lettres portant qu'un procès meu entre des particuliers, par rapport à un traité fait entre eux pour le gouvernement de la Monnoye de Dijon prise à Ferme, & dans lequel procès le Roy n'a point d'interest, ne sera point jugé par les Generaux-Maistres des Monnoyes ; mais par le Bailli de Dijon, dans le Bailliage duquel les Parties sont domiciliées. 485.

DIMANCHE. L'Evesque d'Orleans annulle les Marchez qui se tenoient le Dimanche, dans son Diocése. 203. Voy. *Thoury*.

DIOCESES. Les Aides se levent par Diocéses. Il y a un Receveur dans chaque Diocése. 16. III. 18. XI. Les Generaux des Aides diminueront le nombre des Elûs, Receveurs & autres Officiers départis dans les Dioceses pour la levée de l'Aide. 540. XV. Les Generaux sur le fait des Aides diminueront le nombre des Elûs & autres Officiers départis dans les Diocèses pour la levée de l'Aide. 648. XVII. 650. XXII.

DISMES Feodales. 363. V.

DIVI *Imperatores & Reges Romanorum.* 227.

DIXAINES establies pour la garde de la Ville de Laon. 68. VII.

DOCTEURS ou Maistres de l'Université de Cahors. 329. Voy. *Cahors*.

DOYEN. Prevost, Doyen & Chantre de l'Eglise de Rheims. 470.

DOMAINE. Table du Roy. 396. X. 398. XX. Voy. *Mense du Roy*.

Domaine. Les Rois sont astraints à garder & conserver le Domaine. 562.

Domaine. Le Roy ayant acheté le Comté d'Auxerre de ses propres deniers, l'unit inséparablement au Domaine de la Couronne. 415. 423. 425. Voy. *Auxerre*. La portion de Cahors qui appartient au Roy, ne sera jamais separée du Domaine de la Couronne; si ce n'est du consentement des habitans. Le Seneschal de Cahors sera Conservateur des privileges de cette Ville. 327. XIV. Le Chasteau de Caylus-de-Bonnette, ne sera jamais mis hors des mains du Roy, & sera toûjours de sa mense & de son patrimoine. 285. I. 287. IX. La Ville de Castelnaudary ne pourra estre transportée hors des mains du Roy, que conjointement avec le Comté de Toulouse; & ne pourra estre transferée qu'à celuy à qui ce Comté sera donné. 6. III. Compeyre sera inséparablement au Domaine Royal & de la Couronne. 236. Voy. *Compeyre*. Les Villes du Crotoy & de Mayoc en Ponthieu, seront unies inséparablement au Domaine de la Couronne. 688. Voy. *Crotoy*. Le Gouverneur & les autres Officiers du Dauphiné, refusans d'executer les Lettres du Roy, lorsqu'elles n'avoient point esté examinées, vérifiées & expediées par les Gens de la Chambre des Comptes de Paris; le Roy ordonna que toutes les Lettres qu'il accorderoit pour le Dauphiné, à l'exception de celles qui contiendroient des alienations du Domaine ou des dons, seroient executées quoyqu'elles n'eussent point esté expediées à la Chambre des Comptes de Paris, & que mesme celles qui contiendroient des alienations du Domaine ou des dons, qu'il accorderoit estant dans le Dauphiné, seroient examinées par les Gens de la Chambre des Comptes de Paris, & vérifiées seulement par les Residents dans les Comptes Delphinaux. 62. Figeac sera uni inséparablement au Domaine de la Couronne. 268. I. Le ressort de la Guyenne sera uni inséparablement au Domaine de la Couronne. 704. IV. Lille unie au Domaine. 166. Voy. *Lille*. Limoges uni inséparablement au Domaine de la Couronne. 439. Voy. *Limoges*. La Ville de Milhaud sera unie à la Couronne de France & au Domaine Royal. 293. I. 490. V. *Milhaud*. Philippe de Valois accorda à la Ville de Montagnac, qu'elle seroit unie inséparablement au Domaine & au patrimoine de la Couronne.

Charles V. confirma ce privilege, & il ordonna que le don qui en avoit esté fait à Charles d'Artois, qui avoit possedé pendant quelque temps cette Ville, avec son Comté de Pezenas, ne porteroit point de prejudice à la Ville de Montagnac. 184. La Ville de Montauban unie inséparablement au Domaine du Roy & de la Couronne de France. 268. Voy. *Montauban.* La Ville de Montegrier sera unie au Domaine, comme elle l'estoit avant le Traité de paix de Bretigny. 354. I. L'Isle d'Oleron est unie inséparablement au Domaine de la Couronne. 593. Voy. *Oleron.* Conformement aux anciens privileges de la Rochelle, elle ne pourra estre separée du Domaine du Roy, pour quelconque cause ou occasions que ce soit. 572. II. La Commune de Roye abolie & unie au Domaine. 662. Voy. *Roye.* Une partie des Halles de Paris, est du Domaine du Roy; les autres ont esté données à Cens, moyennant une redevance annuelle. On avoit chargé cette partie d'une crois de Cens ou rente annuelle, outre le Cens dû au Roy. Le Roy ordonna que cette crois de Cens seroit supprimée, comme ayant esté establie sans son consentement. 147. Voy. *Halles de Paris.* Le Roy ne peut aliener la Sauve-garde Royale des Religieuses de Poissi. 115. Voy. *Poissi.* Le Comté de Ponthieu & Abbeville seront unis inséparablement au Domaine Royal du Roy & de la Couronne de France. 175. Le Comté de Ponthieu & la Ville de Ruë, dans ce Comté, seront unis inséparablement au Domaine Royal du Roy & de la Couronne de France. 180. La Ville de Sarlat sera unie inséparablement au Domaine de la Couronne, nonobstant les Lettres contraires à ce privilege, qui auroient pû estre expediées. 341. IX. La Ville de Sauveterre qui est anciennement du Domaine du Roy, sera unie inséparablement au Domaine, Patrimoine & Mense Royale. 696. XI. Les Notes, Protocoles, Briefs & Registres des Tabellions des Seneschaussées de Toulouse, de Carcassonne & de Beziers, & les autres Tabliers ou Registres (dans lesquels il y aura des Actes qui concerneront les affaires du Roy,) seront mis entre ses mains comme estant de son Domaine, & le profit de l'expédition des Actes qui en seront tirez, tournera au profit du Roy; à l'exception du profit de l'expédition des Actes qui regarderont les particuliers, lequel appartiendra aux heritiers des Notaires, des Registres desquels ces Actes auront esté tirez. 352. & Note *(a).* Verseuil sera uni inséparablement au Domaine, patrimoine & Mense du Roy. 276. Voy. *Verseuil.* Villefranche en Roüergue, qui est anciennement du Domaine de la Couronne, sera inséparablement unie au Domaine du Roy, du Royaume & de la Couronne. 396. I. x. 699. I. Voy. *Villefranche.*

Domaine. Le Comté de Blois ressortissoit anciennement devant le Bailli d'Orleans; mais le Duché d'Orleans ayant esté mis hors de la main du Roy, ce Comté eut son ressort devant le Bailli de Chartres. 10. Voy. *Blois.*

Domaine. Le Roy ordonne aux Gens de la Chambre des Comptes, à ses Tresoriers à Paris, & au Receveur de Cahors, de rayer de leurs Registres, le droit Domanial du *Commun de la Paix*, qu'il avoit remis aux habitans de Montegrier. 354. III. Le droit d'Encan & de Ban, dans la Ville de Caylus-de-Bonnette, appartiendra aux Consuls de cette Ville, & sera rayé (des Registres) du Tresor des Cahors. 286. VI. Le Roy remet aux habitans de Montegrier le Denier ou servitude appellé le *Commun de la Paix*, qui ne rapportoit pas plus de 100 livres Tournois, par an, quoique cette servitude fût de son Domaine. 354. IV.

Domaine. Les Amendes sont du Domaine du Roy. 288.

Domaine. En Juillet 1371. le Roy n'avoit aucun Domaine dans la Bourgogne. 415.

DOMESTIQUES du Roy. Les principaux Officiers du Roy, avoient autrefois ce titre. 22. & Note *(b).*

DOMICILIEZ. Couchans & levans. 28. I.

DONS. Les Lettres de dons faits par le Roy, contiendront le motif de ces dons; & les Gens des Comptes passeront dans les comptes les Lettres de dons faits par le Roy à ses Officiers sur le fait des Aides, lorsqu'elles auront esté signées & verifiées conformément à cette presente Ordonnance. 539. VI. 647. VII. Les Lettres de dons ne pourront estre signées que par Blanchet, Daven & Tabari, Secretaires du Roy; & le Chancelier ne scellera point celles qui seront signées par d'autres. 539. VII. Les Lettres de dons faits par le Roy, ne pourront estre signées que par certains Secretaires du Roy nommez dans l'article; & le Chancelier ne scellera point celles qui seront signées par d'autres; si ce ne sont des Lettres de quitance, ou de diminution d'Imposts accordées à des lieux ou à des particuliers que les Generaux jugeront estre hors d'estat de payer, lesquelles diminutions ne pourront estre plus fortes que celles qui ont esté accordées par le Roy, & dans lesquelles Lettres, les Secretaires du Roy ne pourront mettre de clauses derogatoires aux usages, Ordonnances, &c. sans son commandement. 647. VIII. Le Receveur-General des Aides ne payera aucuns dons faits par le Roy, si les Lettres ne sont signées de lui & d'un des Secretaires nommez dans l'article 7. & verifiées par les Generaux. Il ne sera aucun autre payement qu'en consequence de Lettres verifiées par les Generaux assemblez à la Chambre ou ailleurs; & les Greffiers marqueront dans les verifications, le lieu où elles auront esté faites. 539. IX.

Dons. Le Gouverneur & les autres Officiers du Dauphiné refusans d'executer les Lettres du Roy, lorsqu'elles n'avoient point esté examinées, verifiées & expediées par les Gens de la Chambre des Comptes de Paris, le Roy ordonna que toutes les Lettres qu'il accorderoit pour le Dauphiné, à l'exception de celles qui contiendroient des alienations du Domaine ou des dons, seroient executées quoyqu'elles n'eussent point esté expediées à la Chambre des Comptes de Paris, & que mesme celles qui contiendroient des alienations du Domaine ou des dons, qu'il accorderoit estant

dans

dans le Dauphiné, seroient examinées par les Gens de la Chambre des Comptes de Paris, & vérifiées seulement par les Residents dans les Comptes Delphinaux. 62.

Don gratuit. Les habitans de Mailli-le-Chasteau ne payeront point de Taille, de don gratuit, &c. 715. VII.

DONZENAC. Girard de Ventadour Sire de Donzenac, ayant reconnu le droit de Souveraineté du Roy sur la Guyenne, ayant mis ce lieu & toutes ses autres Terres sous son obéïssance, & s'estant engagé à le servir, le Roy confirma les privileges de Donzenac. Les Lettres sont adressées au Senechal du Limousin. 472.

DORAT, du Diocèse de Limoges. Charles V. voulant recompenser l'Abbé seculier, le Chapitre & les Bourgeois de cette Ville, qui ayant reconnu la souveraineté du Roy, s'estoient soumis à lui, confirma tous leurs privileges: nonobstant toutes les atteintes qu'on avoit pû leur donner. Les Lettres sont adressées aux Senechaux de Limoges, de Perigord & de Poictiers. Elles sont de 1372. & elles furent enregistrées au Parlement de Paris en 1551. p. 304.

DOTES estimées. 365. XVIII.

DOÜAY. Il y a un lieu que l'on nomme *deçà l'eave,* & un nommé, *de là l'eave.* 131. IV. V. VII.

Doüay. Gouverneur & Bailli de Lille & de Doüay. 146 Voy. *Lille.* Gouverneur du souverain Bailliage de Lille, Doüay & Tournesis. 'Il estoit au Conseil du Roy en May 1367. Renier Despi estoit Lieutenant de ce Gouverneur, vers 1367. p. 9. Voy. *Commines.*

Doüay. Les Eschevins de Sin-le-Noble, ont la connoissance de tous les cas qui arrivent dans leur Eschevinage, au conjurement du Bailli de Doüay. 146. Voy. *Sin-le-Noble.*

Doüay. Privileges accordez à cette Ville, par les Comtes de Flandre. 136. XLIV.

Doüay. (Halle ou Hostel de Ville de) 131. III. Basse Halle de Doüay. 135. XXXV. Procureur du Roy à la Ville de Doüay. 134. XXVII.

Doüay. Cloche des Ouvriers à Doüay. 131. I. Cloche du disné. 131. III.

Doüay (Paiseurs de) chargez d'entretenir la paix & la police dans la Ville. 134. XXX. & Note (*c*). XXXIV.

Doüay. Jean Rayne qui avoit esté Eschevin de cette Ville, fut accusé devant les Eschevins par le Bailli Royal de Doüay, d'avoir usé de fausses mesures dans son commerce de grain : il fut condamné à estre pendu & *mourir.* Il en appela au Parlement; & son appel fut relevé dans la suite par Lambert Rayne son fils, & par Jean de Ferri son gendre; & Pierre de Rely Procureur de la Ville, fut intimé sur cet appel. Ceux qui estoient alors Eschevins, desavoüerent les Eschevins qui avoient rendu ce Jugement, & de Rely Procureur du Roy; mais le Parlement jugea par Arrest du 18. de Juillet 1366. que ces Eschevins ne pouvoient desavoüer leurs predecesseurs, ni le Procureur de la Ville ; que la sentence renduë contre Rayne estoit injuste, & condamna la Ville de Doüay à perdre sa Commune, laquelle fut

Tome V.

confisquée au profit du Roy. Le Roy gouverna quelque temps cette Ville en sa main ; mais à la priere du Seigneur Dodenhein, il rétablit la Commune de Doüay, moyennant 6000 livres d'Or que cette Ville lui paya. Le Roy fit alors un Reglement pour le gouvernement de cette Commune. 130. Voy. *les articles de ces Lettres.*

Doüay. (Trinlbes ou Truilbes de) 134. XXXI. & Note (*d*).

Doüay. Eglise de S.t Pierre, de S.t Jaqueme, de N. D. de S.t Nicolas, de S.t Aubin & de S.t Amet, à Doüay. 131. I. II.

Doüay. Bonnes maisons & aumosnes de Doüay. 136. XLIII.

Doüay. Charles V. vint en cette Ville, vers Septembre. 1368. p. 147.

DOURLENS. Les affaires du Prieuré de S.t Pierre d'Abbeville, que l'on portoit dans cette Prevosté, seront portées au Bailliage d'Amiens. 201. Voy. *Abbeville.*

DRAPS, *Tixtre* les Etouppes & fausses trames des draps. 596.

Draps de Bruxelles, de Malines, de Louviers & de Warenes, (Garenne.) 193.

Draps. Les Drapiers & ouvriers de draps & de serge, de la Ville de Caen, ou de toute ancienneté en sabriquun trane grande quantité de ces étoffes, ayant representé au Roy, que dans toutes les Villes où l'on en fabrique dans le Royaume, elles doivent estre d'une certaine mesure reglée, & marquées de plomb ; ce qui ne s'observe point à Caen, ils demanderent & obtinrent que les draps, serges & pennes fabriquées dans leur Ville, seroient d'une certaine mesure specifiée dans les Lettres ; qu'elles seroient marquées de plomb ; pour laquelle marque, il seroit payé un droit au Roy ; & qu'avant que d'y apposer la marque, elles seroient visitées par trois d'entre eux, qu'on elliroit tous les ans. Ces Lettres sont adressées au Bailli & au Vicomte de Caen. 105.

Draps de Châlons (sur Marne). 193. Voy. *Châlons (sur Marne).*

Drapiers d'Ypres & de Commines. Voy. *Commines.*

Draperie (La) se vend à la Halle de Paris. 147. Voy. *Halle de Paris.* Draperie de S.t Denis en France. 117. Voy. *S.t Denis en France.* Reglement pour la vente des draps fabriquez à S.t Lô, qui est une des 17 Villes du Royaume, qui portent des draps à la foire du Lendit. Aides & Hallages pour les draps vendus. 420. Voy. *S.t Lô.* Drapiers de Troyes. 595. Voy. *Troyes.*

Drapiers. On leur fera jurer d'observer les Ordonnances sur les Monnoyes. 250. 643. Voy. *Monnoyes.*

DROIT Ecrit. Pennonceaux Royaux mis sur les maisons de ceux qui sont sous la Sauve-garde Royale, situées dans les pays de Droit Ecrit ; & sur celles situées dans les autres pays, en cas d'éminent peril. (Cette clause se trouve dans presque toutes les Lettres de Sauve-garde Royale. Voy. *Sauve-garde Royale.*

Droit escrit (Le) regit Montauban. 261.

Droits Seigneuriaux. Voy. *Seigneuriaux. (Droits)*

DUCS. Princes Ecclesiastiques & Seculiers ; Ducs,

TABLE DES MATIERES.

Comtes, Barons, Bannerets. 225. Note *(b)*.

Ducs. Prifes pour eux. 495. XXI.

DUEL. A Chaumont en Baffigny, les duels qui feront ordonnez par Jugement, se feront devant le Seigneur ou devant son Prevoft. Si les Parties s'accommodent avant qu'il y ait eu des coups donnez, elles payeront 7 sols. 6 deniers. Si l'accommodement se fait après les coups donnez, elles payeront 15 sols. Celui qui sera vaincu payera 100 sols & une obole. On coupera le pied ou le poing au Champion qui combattra pour les interefts d'un autre, s'il est vaincu. 600.

VI. Les Citoyens, Bourgeois & habitans de Tournay, ne pourront appeller ni estre appellez à des combats particuliers, par des gages de bataille. 378. XXX. Dans la Couftume de Valmis, pour un duel formé, (ordonné par le Juge,) l'amende eft de 12 deniers; s'il y a eu effufion de fang, elle eft de 15 fols: elle eft de 9 livres pour le vaincu. 386. IV. Voy. *Valmis.*

Duel. Les Juifs ne feront point obligez d'accepter des gages de bataille. 495. XXII.

Duel. Voy. *Gages de bataille.*

DUILHAC. Diminution de Feux pour ce lieu, où il y en avoit 21. en 1367. p. 31. Voy. *Feux.*

DUNES. Les Confuls & les habitans de cette Ville, font dans une poffeffion ancienne, du temps mefme que Bernard *de Guto* Vicomte de Lomagne, & sa fille, en eftoient Seigneurs, de faire leur provision de sel, où ils le jugeroient à propos, à Lairac, à Caftel-Sarrafin, & ailleurs. Les Maîtres & les Fermiers de la faline Royale d'Agen, ayant voulu contraindre ces habitans à y acheter du sel, ces derniers furent confirmez dans leur droit. Ces habitans souffrirent beaucoup dans la guerre que Philippe de Valois fit en Gafcogne, vers 1340. p. 436.

DUVET. On ne meflera point le duvet de France, avec celui de Bretagne qui n'eft pas bon, & on vendra celui-ci à part. 547. VI.

E.

EAVE (Vicomte d') à Roüen. 216. Voy. *Roüen.*

EAUSE. 192. Voy. *Vic-Fefenfac.*

EAUX & *Forefts*, (Jurifdiction des) à la Table de Marbre, au Palais à Paris. 28.

Eaux & Forefts. (Maîftres des) 28. Jean *de Aula* eftoit le 11. de Decembre 1368. Maîftre des Eaux & Forefts de la Senefchauffée de Touloufe & d'Albi. Le Procureur General du Roy de la Senefchauffée de Touloufe, fouftient pour le Roy, devant lui un procès, contre l'Evefque d'Albi. 210. Voy. *Albi.*

Eaux & Forefts. (Sergents des) 28.

Eaux & Forefts. Ordonnance faite en conféquence de l'Affemblée des Etats tenuë à Sens, portant que les Pefcheurs pour le fait de leur meftier, ne pourront eftre jugez hors de la Jurifdiction du lieu de leur domicile. 27. Voy. *les Sommaires.*

Eaux & Forefts. Les Confuls de Cahors feront confervez, nonobftant les empefchements à eux faits par les Maîftres des Eaux & Forefts, dans la connoiffance de la Pefche qui se fait autour des Moulins & de leurs Eclufes; de la mesure des poiffons qui feront pefchez dans l'étenduë de leur Jurifdiction, & des Rets avec lefquels on les pefchera. 326. XI. 327. XVI. Les habitans de Montauban ne feront pas Jufticiables des Maîftres des Eaux & Forefts par rapport aux affaires des eaues; lefquelles affaires feront jugées par le Juge ordinaire de cette Ville, 261. Voy. *Montauban.* Les Bois appartenants à la Ville de Verfeüil & à ses habitans en particulier, & qui feront dans son territoire, feront exempts de la Jurifdiction des Juges Royaux. 276. VII. Les Maîftres des Eaux & Forefts veulent empefcher les Pefcheurs de la Ville de Paris, de pefcher pendant toute l'année. 207. Voy. *Pefcheur.*

Eaux pluviales. Le Bailli & les Confuls de Miclhan, appellez les Officiers Royaux, auront l'infpection fur les eaux pluviales. 443. III.

ECCLSIASTIQUES. Voy. *Eglife.* (*Gens d'*)

EDICT irrevocable, & qui doit valoir à perpétuité. 628.

EGLISES Cathedrales. La connoiffance des affaires des Eglifes Cathedrales, de celles qui font de fondation Royale, & de celles qui font fous la Sauve-garde Royale, appartient au Roy. 479. I. Les Eglifes Royales ou de fondation Royale, ou exemptes ou privilegiées par le Roy, [fituées dans la Touraine,] reffortiront devant le Bailli des Exemptions de la Touraine. 429.

Eglife. Decifion sur differents cas fur les procès que l'on fait à ceux qui font Clercs, ou qui se difent Clercs, soit qu'ils en portent l'habit, soit qu'ils ne le portent pas. 46. Note *(hh)*. L'Archevesque de Bourges est obligé de revoquer un Statut par lui fait, qui portoit que les Juges feculiers qui auroient condamné à l'Amende des Clercs coupables de crimes, & qui auroient fait faifir leurs biens, feroient excommuniez. 218. Voy. *Bourges.* La Ville de Romans, dans un acte par lequel elle s'engage à payer une somme au Roy, se foumet à toutes Cours Ecclefiaftiques & Seculieres. 229. Laïques ajournez devant les Cours d'Eglife, pour proceder fur la tranfgreffion de leur ferment. 20. III.

Eglifes. Les biens temporels de l'Eglife nommez *Regalia.* 47. XXIX. & Note *(kk)*. Dans le Diocèfe de Mende, les heritages qui ont efté achetez ou qui le feront dans la suite pour la fondation des Eglifes paroiffiales, ou pour l'établiffement de leurs Cimetieres, & qui leur feront abfolument neceffaires, ne feront point fujets aux droits d'Admortiffement; & les proprietaires de ces heritages feront contraints de les vendre à ces Eglifes qui leur en payeront la jufte valeur. 632. III. Le Clocher de Sauveterre fera Chef de l'Eglife. 694. II. & Note *(d)*.

Eglife. Les Juifs pourront prefter fur gages; mais ils ne pourront prendre pour gages des Reliques, des Calices, des livres & autres chofes neceffaires pour le fervice de l'Eglife. 493. X.

Eglife. Un faux Monnoyeur ne peut eftre arrefté dans un lieu faint. 661. Dans le Dauphiné, les Seigneurs connoiftront des crimes commis dans les Eglifes, dans les Cimetieres & autres lieux privilegiez, situez dans l'étendüe de leurs Jurisdictions. 46. XXIX. Les Chirurgiens de Paris sont obligez de denoncer au Prevost de Paris, ou aux Auditeurs du Chastelet, les blessez qu'ils trouveront dans les lieux sacrez & privilegiez. 323. Voy. *Chirurgiens de Paris.*

Eglises. Voy. *Azīles.*

Eglise. (Gens d') Les Serfs ne pouvoient se faire d'Eglise sans la permission de leurs Seigneurs. 475. I.

Eglise. (Gens d') Conservateurs à eux donnez par les Papes. 102. Voy. *Conservateurs.* Pour oster les griefs faits aux Prelats & aux Eglises, le Roy, quand il en sera requis, commettra des *Auditeurs* non suspects pour leur faire justice. 633. XVII.

Eglise. (Gens d') Nul Ecclesiastique ne peut estre reçû à encherir les Fermes Royales. 431. Voy. *Prevostez à Ferme.*

Eglise. (Gens d') (Les) ne payeront point la redevance annuelle imposée à cause de l'affranchissement des Appeaux volages; mais elle sera payée par les Laïques demeurans dans leurs maisons. 94. 95. 247. Voy. *Appeaux Volages.*

Eglise (Gens d') ne sont point sujets aux Appeaux Volages de Laon. 29. Voy. *Appeaux Volages.*

Eglise (Les Gens d') ayant negligé [*contempserunt*] de faire au Roy l'hommage & le serment de fidelité qu'ils lui doivent, pour les Justices & les Terres à eux appartenantes qui relevoient de lui, il leur fut enjoint & ordonné de les faire dans un certain temps, sous peine, s'il n'en apparoît par des Lettres Royaux expédiées à la Chambre des Comptes, de la saisie de leur temporel. 654.

Eglise. (Gens d') Surseance du payement des droits de Francs-Fiefs, dans les cas où des non-nobles auront acquis des Nobles, des biens que ceux-ci avoient acquis des non-nobles, & qui estoient tenus à titre d'Emphyteose, d'Ecclesiastiques ou d'autres personnes, lorsque les Ecclesiastiques de qui ces biens seront mouvans, ne les tiendront point dans les Fiefs du Roy, & ne releveront point de lui par rapport à ces biens, de quelque maniere que ce soit; pourvû cependant que ces Ecclesiastiques ne doivent aucun service au Roy par rapport à ces biens, à cause d'un Fief ou d'un Arriere-Fief. 365. XVIII.

Eglise (Les Gens d') & les autres personnes privilegiées, payeront les Tailles & autres Impositions réelles & personnelles, par rapport aux Fiefs & aux autres biens qui leur viendront à quelque titre que ce soit, de personnes roturieres. 484. Les Gens d'Eglise de la Ville de Tours, exempts de contribuer aux Tailles pour les fortifications de la Ville. 457. Voy. *Tours.* Les habitans de Cahors seront exempts du droit de Francs-Fiefs, pour les biens nobles qu'ils acquerront dans la suite; quand mesme ces biens seroient situez dans des Fiefs ou Arriere-Fiefs du Roy, & quand mesme ils les auroient acquis de personnes Nobles ou Ecclesiastiques. 325. VI. Les Bourgeois de Chaumont en Bassigny, ne pourront aliener leurs biens en faveur des Gens d'Eglise, sans la permission du Seigneur. 601. XXVI. Ceux qui venoient demeurer dans la Baronnie de Coucy, devenoient sujets à la main-morte & au Formariage, s'ils n'estoient Clercs ou Nobles. 154. Voy. *Coucy.* Le Dauphin ne pourra pas prendre les chevaux des personnes Ecclesiastiques & des Nobles sans leur consentement. 48. XXXII. Dans le Dauphiné, les Seigneurs connoistront dans l'étendüe de leurs Jurisdictions, des crimes commis par ceux qui joüissent des privileges de la Clericature. 46. XXIX. Les Gens d'Eglise peuvent estre Eschevins à Doüay. 132. VIII. Les Gens d'Eglise ne pourront estre Receveurs de la Ville de Doüay. 133. XVII. Ceux du Diocèse de Mende ayant octroyé en 1304. une Decime à Philippe-le-Bel, pour sa guerre de Flandre, il leur accorda des privileges. 631. Voy. *les Sommaires.* Les habitans de Mailli-le-Chasteau, à l'exception des Gens d'Eglise & des Chevaliers, payeront chaque année au Seigneur, une redevance de 5 sols pour leurs maisons. 715. I. Les Gens d'Eglise de Paris, se plaignent au Roy, de la multitude des Ladres estrangers qui sont à Paris. 451. Voy. *Ladres.* Celui qui aura tué à Peronne un homme de la Commune, sera puni de mort, s'il ne se refugie dans une Eglise. 159. I. A Peronne, ils ne pourront acquerir à titre d'aumosne des heritages soumis à la Jurisdiction des Eschevins, ni les posseder plus d'un an & un jour, à moins qu'ils ne se soumettent par rapport à ces heritages à la Justice des Eschevins; (&s'ils ne le veulent pas faire,) ils seront obligez de se defaire de ces héritages en faveur d'une personne justiciable des Eschevins. 162. XXVII. A Roüen, si un Clerc ou un Chevalier sont debiteurs d'un Bourgeois, & qu'ils ne veuillent pas se soumettre à ce sujet à la Jurisdiction du Maire & des Eschevins, les Bourgeois ne feront aucun commerce avec eux, & ne les logeront point dans leurs maisons: à moins que le Roy ou son Fils ne soient à Roüen, ou que les Assises ne s'y tiennent. Si un Bourgeois commerce avec eux ou les loge, il payera ce qu'ils doivent au Bourgeois. S'il persiste à ne point vouloir se soumettre à la Jurisdiction du Maire & des Eschevins, la Commune donnera sa protection au Bourgeois afin de lui faire rendre justice. 674. XX. Les Gens d'Eglise demeurans ou ayant des biens à S.t Jean d'Angely, payent les tailles imposées pour les fortifications de la Ville. 536. Voy. *S.t Jean d'Angely.* A Tournay, les Ecclesiastiques pourront estre Bourgeois de cette Ville. Ils joüiront de tous les privileges accordez aux Bourgeois: Ils pourront remplir tous les Offices: Ils seront sujets à toutes les Charges que l'on imposera aux Bourgeois Laïques; & ils subiront toutes les peines que l'on peut infliger à ceux-ci. Les Bourgeois qui seront bannis de Tournay pour trois ans, perdront le droit de Bourgeoisie. 377. XX. XXI.

ELECTION. Trois manieres de proceder à l'élection du Maire d'Angoulesme, par la voix du S.t Esprit, par scrutin & par compromis. 679. III.

ELUS des Marchands de Marée. 198. 356. & dans la suite de la Piece. Voy. *Marée.*

Elûs sur le fait des Aides. 18. XI. XII. 299. 430. 467. Conseillers-Generaux Elûs à Paris, sur le fait des Aides ordonnées pour la guerre, & Elûs pour ledit fait dans les Diocéses. 631. Elûs sur les Aides dans le Diocése de Carcassone. 422. Les Elûs sur le fait des Subsides dans la Ville, Prevôsté, Vicomté & Diocése de Paris, ne seront point garants des Fermes de ces Subsides qu'ils adjugeront, ni de la Regie des Collecteurs qu'ils nommeront pour faire valoir les Fermes de ces Subsides, qui auront esté abandonnées par les Fermiers. 348. Une Ordonnance faite en consequence d'une Assembléed'Estats,est adressée aux Elûs. 18. XXII. Les Generaux sur le fait des Aides diminueront le nombre des Elûs & autres Officiers départis dans les Diocéses pour la levée de l'Aide. 648. XVII. 650. XXII. Les Generaux des Aides diminueront le nombre des Elûs, Receveurs & autres Officiers départis dans les Diocéses pour la levée de l'Aide. 540. XV. Les Elûs ne pourront faire le commerce. 646. I. Ils ne pourront faire le commerce. Ils pourront cependant se défaire des marchandises qu'ils ont, sansen acheter de nouvelles. 538. I. II. V. *Aides*.

EMBRUN. Les Juges de l'Embrunois en entrant dans leurs Charges, presteront serment de confirmer les privileges du Dauphiné, entre les mains de l'Abbé de Boscodon & du Doyen d'Embrun. 63.

EMPEREUR. Empire. (Titres de l') Imperiale Majesté. 224. 225. Note *(b)*. Serenissime Prince. 225. Note *(b)*. Empereur des Romains, toûjours Auguste. *ib.* 227. Note. *Cæsarea Celsitudo.* 227. Note. *Divi Imperatores & Reges Romani. ibid.* Serenissime Prince: *Invictissimus & gloriosissimus.* 228. Note. Imperiale Clemence. 231.

Empire. Les Comtez de Savoye & du Dauphiné, sont de l'Empire. 404. Secretaire du Dauphiné de l'autorité Imperiale en 1389. 61. Notaire public de l'autorité Imperiale, dans le Dauphiné. 230. Notaire dans le Dauphiné par l'autorité du Pape, de l'Empereur & du Roy de France. 55. 56.

Empire. Privileges accordez par l'Empereur Charles IV. à la Ville de Romans dans le Dauphiné, confirmez par Charles V. 109. L'Empereur Charles IV. Roy de Boheme avec le Conseil de l'Empire, accorde à la Ville de Romans en Dauphiné, des privileges qui sont confirmez par Charles V. Les Lettres de l'Empereur estoient scellées d'une Bulle d'Or, & signées par plusieurs Officiers de l'Empire, de l'Empereur, & du Royaume de Boheme, & par plusieurs Seigneurs. 224. Voy. *Romans*.

Empire. Suivant l'ancien usage, les Prevôsts, &c. de Tournay, pourront au son de la Cloche, faire poursuivre les malfaicteurs sur les Terres de l'Empire & ailleurs. 379. XXXIV.

Empire des François. 419.

EMPHYTEOSE. Lorsqu'un non-noble aura vendu un bien qu'il tenoit d'un Noble, à titre d'Emphyteose, & que ce Noble aura fait le *retrait* Seigneurial de ce bien; si dans la suite ce Noble vend ce bien à un non-noble, où le lui donne à Cens ou à Emphyteose, ce second acquereur payera les droits de Franc-Fiefs. 365. XXII. Surseance du payement des droits de Francs-Fiefs, dans les cas où des non-nobles auront acquis des Nobles, des biens que ceux ci avoient acquis de non-nobles, & qui estoient tenus à titre d'Emphyteose, d'Ecclesiastiques ou d'autres personnes, lorsque les Ecclesiastiques de qui ces biens seront mouvants, ne les tiendront point dans les Fiefs du Roy, & ne releveront point de lui par rapport à ces biens, de quelque maniere que ce soit; pourvû cependant que les Ecclesiastiques ne doivent aucun service au Roy par rapport à ces biens, à cause d'un Fief ou d'un Arriere-Fief. 365. XVIII. Surseance du payement des droits de Francs-Fiefs, dans le cas d'une acquisition faite par la voye d'un *Acapit* ou Emphyteose, ou moyennant une redevance annuelle de quelque nature qu'elle soit, mesme dans le cas où il y avoit trois Seigneurs intermediaires entre le Roy & le Noble, de qui l'acquisition auroit esté faite. 365. XVII.

Emphyteose. Des personnes qui avoient donné des biens à Emphyteose, tâchent d'usurper la hautejustice sur leurs Emphyteotes. 710. Voy. *Feyrusse*.

EMPRUNTS faits par le Roy. Tailles pour prests ou pour Subsides. 244. XV. Emprunts faits par le Roy, à cause de ses guerres. 649. XX. Le Roy emprunte 1000 Francs des Brasseurs de Paris. 222. Voy. *Brasseurs*.

Emprunts faits par le Roy. Voy. *Prests au Roy*.

ENCAN. A Angoulesme, on ne peut rien vendre à l'Encan sans la permission de l'Encanteur. 682. XII. Le droit d'Encan & de Ban, dans la Ville de Caylus-de-Bonnette, qui, à l'extinction de la Chandelle, n'estoit pas affermé par an, plus de cent sols Tournois, appartiendra aux Consuls de cette Ville, & sera rayé *[des Registres]* du Tresor des Cahors. 286. VI.

ENCHERES faites à *palmées*, ou à mains. 133. XVII. & Note *(b)*.

ENGENNERIE (L') à 6 lieuës d'Orleans, appartient à la S.te Chapelle de Paris. Voy. *S.te Chapelle*.

ENLEVEMENT. A Peronne, celui qui aura enlevé la femme d'un homme demeurant dans la banlieuë, sera banni pour sept ans. Si dans la suite il revient dans la Ville, après avoir fait son accommodement avec les amis du mari, il lui restituera les effets qu'il avoit emportez, en enlevant sa femme. 161. XXII.

ENLUMINEURS (Les) sont exempts de droits pour les marchandises de leurs mestiers, qu'ils vendent aux Ecoliers de l'Université de Paris. 222. Ils seront exempts de faire le guet dans cette Ville. 686. Voy. *Guet & Université de Paris*.

ENQUESTE. Le Bailli ni les autres Officiers du Seigneur du Chasteau de Peyrusse, ne pourront juger de procés civils & criminels, & mettre à *Enqueste* ou à question, sans en avertir les Consuls qui auront droit d'y assister. 705. IX. X.

Enqueste. A Sarlat, les Juges Royaux ne pourront mettre en Enqueste *ou prevention*, les habitans de cette Ville, sur les crimes ou delicts dans lesquels

TABLE DES MATIERES.

lesquels ils seront compliquez, qu'ils n'ayent fait auparavant une information. 342. XI. Les Prevosts & Jurez de Tournay, donneront conseil aux Enquestes des (Jugeurs) qui sont accoûtumez de venir aux Enquestes aux Jurez. 375. II. Les Eschevins de Tournay donneront conseil aux Enquestes (des Jugeurs) de dehors. 375. V.

Enqueste. Voy. *Information.*

Enquestes [par Tourbes] composée de 25. personnes. 471. 721.

ENREGISTREMENT des Lettres Royaux. Voy. *Lettres Royaux, & Procureur General du Parlement.*

ENSEIGNES. (Bannieres & autres) 196.

ENTERREMENT. A Arras, les Boulangers qui n'iront point au corps de leurs Confreres, seront condamnez à l'Amende. 510. VI. & Note (*l*). Les Tixerands de Troyes alloient à l'enterrement des gens de leur mestier. 595. Voy. *Troyes.*

ENTRÉES (Droits d') & de sorties sur les marchandises, dans les pays de la France qui ne payoient point d'Aide en 1367. p. 82.

EPÉE. (Plaids de l') 73. Voy. *Roüen.*

EPINOY. Hue VI. Seigneur d'Epinoy & d'Antoin, donna aux habitans de ses Villes d'Epinoy & de Carvins, une Chartre de privilege, par laquelle il leur accorda Loi & Eschevinage, & donna à leurs Eschevins, le Jugement de plusieurs cas. Les habitans de ces lieux estoient en possession de se rassembler en corps pour resister aux estrangers qui venoient insulter eux ou l'un d'eux, lorsqu'en 1371. ils obtinrent de Hugues de Melun, petit-fils maternel de Hugues VI. des Lettres par lesquelles il confirma leurs privileges, & cette possession. Ces Lettres portent encore que les Amendes, lesquelles seroient levées par son Sergent, seroient partagées entre lui & les Eschevins; que si le Sergent du Seigneur, negligeoit de les lever, que les Eschevins pourroient commettre un Sergent, pour le faire; & que si le Seigneur contrevenoit à ces privileges, les Eschevins, après l'avoir averti de reparer cette contravention, pourroient cesser de rendre la Justice, & se pourvoir pardevers le Roy, pour cette reparation. Charles V. confirma ces privileges; & adressa les Lettres au Gouverneur du Bailliage d'Amiens, & au Prevost de Beauquesne. Il y avoit dans ces Villes un Bailli du Seigneur, un Receveur & un Procureur de la Ville. 459.

EPIPHANIE. Le jour de cette Feste, les Barbiers de Paris, ne peuvent exercer leur mestier. 441. VI.

ESCAUT. Les Prevosts de Tournay pourront faire fermer par des barres, les Rivieres de la Scarpe & de l'Escaut, pour arrester ceux qui auront causé du dommage aux Marchands & Marchandes de Tournay, navigeant sur ces Rivieres. 379. XXXV.

ESCHANÇONNERIE du Roy. *Voy.* sur la Chambre du Palais à Paris, où elle se tenoit. 367. Voy. *Secretaires du Roy.*

ESCHANGE. Surseance de payement des droits de Francs-Fiefs, dans le cas d'une acquisition faite par eschange par un non-noble d'un Noble, dans les Fiefs & Arriere-Fiefs du Roy. 365. XVII.

ESCHEVIN. A Angoulesme, l'ancien Maire devient Eschevin; & les Eschevins peuvent juger en l'absence du Maire. 681. III. Majeur & Eschevins d'Arras. 508. Voy. *Arras.* Eschevins de Doüay. 130. I. jusqu'à XV. Ils recevoient les contrats de vente, les obligations & autres actes. 135. XXXVI. Ils ne pourront faire de voyages pour les affaires de la Ville, si elles ne sont très-importantes; & on fixera alors la dépense qu'ils devront faire. 134. XXV. Maire, Jurez & Eschevins de la Neuville-le-Roy, 333. *Voy.* comment on eslisoit les Eschevins à Peronne. 162. XXV. Voy. *le Sommaire.* p. 158. *Voy.* les changements faits dans la suite à cet article. 163. V. Maire, Jurez & Eschevins de Roye. 662. Voy. *Roye.*

Eschevins. Noms des lieux où il y a des Eschevins:

Abbeville.	Lille.
Aisnes.	Mayoc.
Angoulesme.	Montreüil-sur-Mer.
Arras.	Neuville-le-Roy.
Carvins.	Poictiers.
Chasteau S.t Mard de Soissons.	Ponthieu. (les Villes du) Rochelle. (La)
Chaumont en Bassigny.	Roye en Vermandois.
Commines.	Roüen.
Crotoy.	Ruë.
Dijon.	S.t Jean d'Angely.
Epinoy.	Seclin.
Falaise.	Sin-le-Noble.
Ypres.	Tournay.

ESCHIQUIER de Roüen, tenu dans la quinzaine de Pasques. 1367. p. 76. Les Gens de l'Eschiquier de Roüen entendus dans le Conseil du Roy, sur une affaire qui regardoit cette Ville. 77. Voy. *Roüen.*

ESCOULOUBRE, de la Seneschaussée de Carcassone, & du Bailliage de Sault. Diminution de Feux pour ce lieu, où il y en avoit 25. en 1368. p. 122. Voy. *Feux.*

ESCRIPTURES (Articles ou) de procès. 210.

ESCRIVAINS (Les) de l'Université de Paris, seront exempts du Guet dans cette Ville. 686. Voy. *Guet & Université de Paris.*

ESCUYER. Chevaliers, Escuyers & autres Nobles. 563.

Escuyers d'un Mareschal de France. 289. Note (*a*).

ESESTA, (*Locus de*) de la Viguerie de Limoux. Diminution de Feux pour ce lieu, où il y en avoit 15. en 1371. p. 466. Voy. *Feux.*

ESPAVES (Bestes) ou égarées. 681. v. & Note (*iii*).

ESPEZEL, de la Seneschaussée de Carcassone, & du Bailliage de Sault. Diminution de Feux pour ce lieu, où il y en avoit 19. en 1368. p. 122. Voy. *Feux.*

ESPICIERS. On leur fera jurer d'observer les Ordonnances sur les Monnoyes. 643. Voyez *Monnoyes.* Les Juges Royaux leur feront jurer

Tome V.

qu'ils ne mettront dans le commerce que des Monnoyes ayant cours. 250. Ils seront obligez de couper le Billon qu'ils acheteront, & de l'apporter à la plus prochaine Monnoye du lieu de leur domicile, huit jours après qu'ils l'auront acheté; & d'écrire dans un Registre, le Billon qu'ils acheteront, lorsqu'il passera un demi Marc. 391. Voy. *Monnoyes*.

ESSAYEUR General & Contre-essayeur de la Monnoye de Paris. 402. Leurs gages. L'Essayeur de la Monnoye de Paris, fait le contre-essay de toutes les Boetes d'argent du Royaume. 616. Voy. *Monnoyes*.

ESTALLIERS de Marée. 199. V.

ESTAMPES occupé par les ennemis, repris par des troupes où estoient les Arbalestriers de Lagny-sur-Marne. 32. & Note *(b)*.

ESTATS (Assemblée d') tenuë à Chartres en 1367. p. 15. Assemblée des Estats-Generaux, tenuë à Sens en 1367. p. 19. Voy. *la Preface*. 5. *Estats-Generaux*.

Estats. Aide accordée pour un an, par les Estats de l'Artois, du Boulonnois & du Comté de S.t Pol. 651. Voy. *Aide*.

Estats du Dauphiné. 84.

Estats du Dauphiné convoquez à Grenoble, le 26. de Janvier 1373. pour accorder une Aide au Roy. 60. & Note. Voy. *Dauphiné*.

Estats. Le Roy institué des Sergents dans la Prevosté de Laon, par l'avis des Trois-Estats. 449. Voy. *Laon*.

Estat. (Lettres d') Le Roy peut seul en donner. 480. VI. Les habitans de Villefranche pourront se faire payer de ce qui leur est dû; si ce n'est lorsque leurs debiteurs auront obtenu des Lettres d'Estat à cause de la guerre; à moins que ces debiteurs n'y ayent renoncé à leur égard. 700. X.

ESTELLINS, ou Sterlings. L'once se divise en 20 Estellins. 554. & Note *(b)*.

ESTRANGERS. Les rentes duës par la Ville de Tournay ayant esté réduites, il fut ordonné que l'on payeroit en entier, celles dûës aux estrangers, & aux habitans de la Flandre, de peur qu'ils n'arrestassent les marchandises des habitans de Tournay. 138. IV.

ESWARDEURS de Tournay. 136. Voy. *Reward*. Maire des Eswardeurs de Tournay. 374. I. & *dans la suite des Lettres*. Voy. *Rewardeurs*.

EVANGILES. Serment fait sur les Evangiles. 54.

EVESQUE. Le Roy envoyant à l'Evesque de Langres, une Bulle du Pape Clement V. contre les faux Monnoyeurs, le requiert & le prie de la faire afficher à la porte de toutes les Eglises de son Diocése. 426. Voy. *Monnoye*. L'Evesque d'Orleans en 1366. en vertu d'une Bulle du Pape, annulle les marchez qui se tenoient le Dimanche dans son Diocése. 203. Voy. *Thouri*.

Evesques. Les Lettres des Rois d'Angleterre sont adressées aux Archevesques, Evesques, Abbez, Comtes, Barons, Justiciers, Vicomtes. 151.

EVOCATIONS. A Puy-Mirol, les sentences renduës par le Bailli ou les Consuls de cette Ville, où par les quatre personnes éluës pour juger sur l'appel des sentences du Bailli ou des Consuls, ne pourront estre cassées par le Seneschal d'Agen ni par quelqu'autre Juge que ce soit, si l'une des Parties n'en interjette appel devant eux. Le Seneschal d'Agen, ni quelqu'autre Juge que ce soit, ne pourront évoquer devant eux, les procés pendants pardevant le Bailli ou les Consuls de cette Ville, s'ils n'en ont une cause juste & raisonnable. 313. XI.

EVREUX. Les Bourgeois de Verneüil sont exempts des Imposts qui appartiennent au Roy dans la Normandie; excepté le Comté d'Evreux, le Vexin-Normand, Pacy & Gournay. 488. Voy. *Verneüil*.

EXAMINATEURS du Chastelet appellez à une Assemblée qui y fut faite pour fixer le prix du pain. 500.

EXCEPTIONS. Renonciation à differentes exceptions, mise dans un acte. 229. 381.

EXCOMMUNICATION. Bulle de Gregoire Pape, par laquelle, à l'exemple d'Innocent son Predecesseur, il declare, que nul ne peut lancer une sentence d'excommunication ou d'interdit, sur la *Terre* du Roy de France, sans la permission du Pape. Les Papes Alexandre & Urbain avoient declaré que nul ne pourroit lancer une excommunication sur les *Terres* du Roy de France. Le Pape Clement confirma les Bulles de ses Predecesseurs, par une Bulle dans laquelle il insera une clause qui sembloit restraindre la deffense de ses Predecesseurs, au propre Domaine du Roy. A la requeste du Roy, il donna une nouvelle Bulle, par laquelle il confirma purement & simplement celles de ses Predecesseurs; & il supprima la clause qu'il avoit adjoutée dans sa confirmation. Cependant quelques Juges s'en tenant à la premiere Bulle, croyoient pouvoir lancer des excommunications dans des Terres sur lesquelles le Roy n'avoit que le Domaine direct, & dont le Domaine utile appartenoit à des Seigneurs qui relevoient de lui. Clement confirma purement & simplement les Bulles d'Alexandre & d'Urbain, & revoqua de nouveau la clause qu'il avoit inserée dans sa premiere confirmation. Charles V. ordonna l'execution de ces Bulles. 100. Voy. *les Notes*.

Excommunication. Le Pape Clement V. excommunie les Faux Monnoyeurs du Royaume de France. 426. Voy. *Monnoye*.

Excommunication. L'Archidiacre de Langres ayant representé au Roy, que dans cette Ville & dans les autres lieux dependants de la Jurisdiction spirituelle de son Archidiaconé, il y avoit un très-grand nombre de personnes, qui ayant esté excommuniées & aggravées à la requeste de leurs creanciers ou pour d'autres causes, negligeoient pendant des 10 & 20 ans de se faire absoudre, quoiqu'ils fussent assez riches pour payer leurs debtes, & pour reparer les autres fautes qu'elles avoient commises; & que ces personnes troubloient les cœurs des Fidelles & le service divin, en venant aux Eglises dont elles estoient exclusës, aussi-bien que de la Communion des Fidelles; ce qui l'obligeoit d'implorer le secours du bras seculier; le Roy manda au Bailli & au Prevost de Sens, de contraindre par la saisie des biens, les personnes qui auroient esté excommuniées pendant un an, de se faire absoudre; à condition qu'on n'exigeroit d'elles pour leur absolution, qu'une somme moderée & proportionnée à leurs facultez. Il est dit à la fin des Lettres données à ce sujet, qu'elles ne vaudront que pendant un an. 414.

Excommunication. Si le Seigneur de Mailly-le-Chasteau donne atteinte aux privileges qu'il a accordez aux habitans de ce lieu, l'Evesque d'Auxerre pourra l'excommunier, & mettre sa Terre en interdit. Le Roy en confirmant ces privileges, declara que si lui ou ses successeurs devenoient Seigneurs de Mailly-le-Chasteau, les Evesques d'Auxerre ne pourroient les excommunier, ni mettre cette Terre en interdit. 718. XXXIII.

Excommunication. Les Curez doivent faire *cessare à divinis* les excommuniez; & tout le monde doit les éviter. 219.

EXECUTEUR Testamentaire peut faire faire un Inventaire dans le Dauphiné. 50. XLI. Voy. *Inventaire.*

EXEMPTIONS. Bailli des Exemptions & Ressorts Royaux du Comté de Poictou. 610. 615. 616. 626. Voy. *S.t Maixent en Poictou.* Bailli des Exemptions de Poictou & de Saintonge. 664.

Exemptions. (Bailli des) de Touraine. 428. Voy. *Touraine.* Le Bailli des Exemptions de Touraine, de l'Angoumois & de Saintonge. Des Lettres touchant Angoulesme lui sont adressées. 581. Voy. *Angoulesme.* Reglement pour la Jurisdiction du Bailli des Ressorts & exemptions de Touraine, d'Anjou & du Maine. 369.

Exemptions. (Prevost des) establi pour juger les Religieux de S.t Severin de Chasteau-Landon, les Bourgeois du Roy, & les autres exempts de ce lieu. 335. 382. Voy. *S.t Victor.*

F.

FABRIQUE (Proviseur de la) de l'Eglise de Chartres. 208. Voy. *Chartres.*

FALAISE. Le reglement pour la Commune de Roüen, est aussi pour le Chasteau de Falaise. 671. Voy. *Roüen.*

FARDIS, Abbaye. Jean en estoit Abbé le 16. de Juillet. 1349. p. 56. Voy. Note *(ccc).*

FAUCIGNY. (Baronnie de) dans le Dauphiné. Il y aura un Juge des Appels en dernier ressort dans la Baronnie de Faucigny, & il y residra. Les habitans de cette Baronnie ne pourront estre tirez hors de leur Jurisdiction; si ce n'est pour des Expeditions militaires. Cette Baronnie ne pourra estre alienée par le Dauphin, en tout ou en partie. 49. XXXVIII. Elle a cependant esté cedée en 1354. à Amé VI. Comte de Savoye. *Ibid.* Note *(qq).* La Baronnie de Faucigny cedée en 1354. à Amé VI. Comte de Savoye, par le Roy Jean & Charles son fils. 58. Voy. *Dauphiné.*

FEILLUNS. Diminution de Feux pour ce lieu, où il y en avoit 9. en 1367. p. 31. Voy. *Feux.*

FEMME authorisée par son mari. 463. Celui qui entre dans le Corps des Boulangers d'Arras, paye 7 sols; à l'exception des Fils & des Filles de Boulangers; & celles-ci affranchissent leurs premiers maris de ce droit. 509. I. On ne pourra contraindre les femmes du Dauphiné à se marier contre leur gré. 45. XXV. A Montreüil-sur-Mer, lorsqu'une femme mariée s'est tuée elle-mesme, on enleve son corps, on le montre au peuple, & on le brûle; mais ses biens ne sont pas confisquez. 619. Voy. *Montreüil-sur-Mer.* A Roüen, les femmes qui aimeront les procès & qui sont medisantes, seront liées avec une corde sous les aisselles, & seront plongées trois fois dans l'eau. Les hommes qui les insulteront dans cet estat, payeront 10 sols, & ceux qui leur seront des reproches touchant la beauté, payeront 10 sols, & seront plongez trois fois dans l'eau. 673. XV.

FENESTRES. Le pain se vendoit à Paris, aux fenestres des Boulangers. 500.

FENOUILLET, de la Chastellenie de Montreal. Diminution de Feux pour ce lieu, où il y en avoit 8. en 1371. p. 466. Voy. *Feux.* Simon Suavis en estoit Juge, vers 1369. p. 187.

FEODALES. (Dismes) 363. V.

FERMES Royales. Nul Ecclesiastique, Noble, Advocat, Sergent d'Armes, ou autre Officier Royal, ne peut estre reçû à encherir les Fermes Royales. 431. Voy. *Prevostez à Ferme.*

Ferme adjugée à l'extinction de la chandelle. 286. VI.

Fermiers en Chefs. (Generaux.) 432. Fermiers grands ou petits [Sous-Fermiers] des Aides. 18. XI. Voy. *Aides.*

FERRINS d'Or, Monnoye. 643. Voy. *Monnoyes.*

FESTES. Les Barbiers de Paris ne peuvent exercer leur mestier, si ce n'est pour saigner & pour purger, les cinq Festes de N. D. les jours de S.t Cosme & S.t Damien, de l'Epiphanie, & des quatre Festes solemnelles; & ne doivent point pendre leurs bassins (ou enseignes) les jours des Festes qui suivent celles de Noël, de Pasques & de Pentecoste. 441. V. VI. Les Tixerands estoient obligez de plier & de nouer les pieces de drap, les jours de Festes; à l'exception de celles des Apostres, & de celles qui sont de commandement exprés. 596.

FEU entier (*mesnage,*) femme veuve ou autre personne. 474. I.

Feux. L'Aide establie en consequence de l'Assemblée des Estats tenus à Amiens en Decembre 1363. consistoit dans une Imposition par Feux. 20. VI. Voy. p. 21. Note *(d).* Imposition par Feux dans le Dauphiné en 1367. p. 86. I.

Feux. Il y avoit des Villes qui estoient depeuplées, qui demandoient des diminutions de Feux; & il y en avoit qui s'estoient fort peuplées, & qui vouloient empescher qu'on ne fixât par une Information, le nombre actuel de leurs habitans. 108. Le Roy Jean & Charles V. accorderent aux Communautez des Villes & lieux des Seneschaussées de Toulouse, de Carcassone & de

TABLE DES MATIERES.

Beaucaire, que l'on fixât le nombre actuel des Feux de chaque lieu. Cette fixation ayant esté faite, & les guerres ayant encore diminué le nombre des Feux de ces lieux, ils obtinrent des Lettres du Roy, ou du Duc d'Anjou, Lieutenant du Roy dans le Languedoc, pour faire faire une nouvelle fixation, à l'effet que les Subsides & Foüages ne fussent levées dans ces lieux, qu'à proportion du nombre de Feux qui y estoient actuellement; & ils demanderent que sur cette nouvelle fixation, Lettres leur fussent expediées à la Chambre des Comptes, suivant l'Ordonnance qui avoit esté faite pour la premiere fixation. Le Roy le leur accorda; à condition que, suivant ce qui avoit esté reglé lors de cette premiere fixation, chaque lieu payât, avant que ses Lettres fussent expediées à la Chambre, un Franc d'Or au Payeur des Bastiments Royaux, pour estre employé à ces Bastiments. Ces Lettres furent envoyées aux Seneschaux & aux Tresoriers de ces trois Seneschaussées. 505.

Feux. Noms des Lieux qui ont obtenu une Diminution de Feux.

Abaillan.	Carcassone.	Lespignan.	Pourtet.
Agel.	Carmaing.	Licuran de Cabragrez.	Pouzolles.
Aygrefeüil.	Carnas.	Limoux.	Prats.
Aigue-vive.	Casilhac.	Liviniere. (La)	Prugnanes.
Aigue-vive-Royale.	Casillac.	Lodieres. Voy. *S. Romain*	Puechabon.
Alausac.	Casouls.	*de Lodieres.*	Puy-Laurens.
Albieres.	Cassaignes.	Lombes.	Puimisson.
Albon.	Castel-Fizel.	Londres. Voy. *S.t Martin*	Pujol. (Le)
Alet.	Castelnau de Guuers.	*de Londres.*	Puiserguier.
Alignan.	Castelnau-d'Estre-le-sons.	Maironnes.	Quarente.
Angueville.	Caunas.	Margon.	Querde. (Les)
Aniane.	Caunes.	Marignac.	Quillan.
Ansan.	Causse. (Le)	Marscilhete.	Rabouïllet.
Ansinia.	Cauvisson.	Massilargues.	Rassiguieres.
Ardissas.	Caux:	Maurenzargues.	Restinclieres.
Artigues.	Clarensac.	Megrian.	Rieulas.
Asperes.	Cleyrac.	Milhaud.	Riols.
Aspiran.	Cologne.	Molasan.	Roquebrune.
Aureillac.	Conhilhac.	Montagnac.	Roquefeüille.
Autignac.	Cordes Tolosanes.	Montalba.	Roquefort.
Axat.	Cornavel.	Montastruc.	Roquesiriere.
Badens.	Corneillan.	Montesquieu.	Roujan.
Bassan.	Counosols.	Montfort.	Roussiac.
Bastide (La) de Villedaigne.	Crespian.	Mont-laur.	S. Amans.
Beaulieu.	Cubieres.	Montpellier.	S. Amatori.
Bernis.	Cucugnan.	Mont-pesat.	S. Arnac.
Besousse.	Cumont.	Mont-real.	S. Beat.
Beziers.	Duilhac.	Montredon.	S. Clement.
Berriac.	Esesta.	Montvalet.	S. Christol.
Bisan d'Argeliers.	Feilluns.	Motte de Cumont. (La)	S. Dezari.
Boisseron.	Fenoüillet.	Nebian.	S. Estephe.
Born. (Le)	Fontanez. Voy. *S.te Croix*	Nessiez.	S. Felix.
Boujan.	*de Fontanez.*	Olonsac.	S. Gervais.
Boulan.	Fontez.	Palme. (La)	S. Gervasi.
Boulhac.	Fossé.	Palmes.	S. Guillem du Desert.
Bresillac.	Gabenacio. (Locus de)	Parau.	S. Jorg.
Briquemont.	Gabian.	Pasan.	S. Julien.
Brugayrolles.	Galargues. (Le petit)	Paulhan.	S. Loüis.
Bugarach.	Garrigues.	Pechairic.	S. Martin de la Peyrales.
Builha.	Gavernes.	Pegayrolles.	S. Martin de Londres.
Buzignargues.	Gaujac.	Peyrales. (S.t Martin de la)	S. Nicolas de la Grave.
Cabrieres.	Gignac.	Peret.	S. Paul des Allamans.
Cayla, ou peut-estre,	Gimont.	Pesilla.	S. Romain de Lodieres.
Caylar. (Le)	Grizolles.	Pezenas.	S. Rustice.
Caylar.	Hulsarac.	Pezens.	S. Sardos.
Caïlhau.	Junas.	Plancs.	S. Selvador.
Caladroy.	*Lamata. (Locus de)*	Planeses.	S. Sulpice de la Pointe.
Calmes.	Lebouyrac.	Plans. (Les)	S.te Colombe.
Campagnan.	Leudenon.	Portiraignes.	S.te Croix de Fontanez.
Campouci.	Lesignan de la Cebe ou	Poujols.	Saissac.
Cappendu.	la Sebe.	Pouls.	Sarraut.

Savian-

TABLE DES MATIERES.

Savian.
Saufens.
Sauvignargues.
Serpent.
Servian.
Sigean.
Siran.
Solomiac.
Sommeres.
Sougraigne.
Soulage..
Sournihac.
Tayſſac.
Termes.
Theſan.
Touloufe. (La Viguerie de)
Tour de France. (La)
Tournefort.
Touſel.
Trauſſan.

Trevilhac.
Trilla.
Vallian.
Vaina.
Vaizela.
Valete. (La)
Verdilhan.
Villedaigne. Voy. *Baſtide de Villedaigne.* (La)
Vendres.
Vergeze.
Veſtric.
Vic.
Villemagne.
Villemur.
Villeneuve du Pareage.
Villeneuve-les-Bouloc.
Ville-feque.
Ville-vieille.
Virac.
Vivier. (Le)

FEUILLES. (Forefts de cinq) 514. II. & Note *(h).*

FEZENSAC. La Ville de Bit eſt de ce Comté. 456. Voy. *Bit.*

FIEFS. En renouvellant une ancienne Ordonnance, il fut ordonné, que tous les Vaſſaux immédiats du Roy, donneroient fous peine de la faiſie de leurs Fiefs, aux Baillis & Seneſchaux dans la Juriſdiction deſquels leurs Fiefs ſeroient ſituez, ou aux Procureurs du Roy, des dénombrements de leurs Fiefs, qui comprendroient le Fief, la Chaſtellenie dans laquelle il eſt ſitué, & les Arriere-Fiefs qui en dépendent, afin qu'ils fuſſent enregiſtrez dans un Regiſtre, par les Procureurs du Roy. Les Lettres ſont adreſſées aux Gens des Comptes. 432.

Fiefs. Les Hommes de Fiefs du Roy, ſont obligez de rendre la Juſtice. 140. Voy. *Jugement.*

Fiefs. Commiſſaires du Roy ſur les acquiſitions & alienations des Fiefs. Ils veulent faire payer une finance aux habitans d'un lieu qui avoit eſté affranchi. 463. Voy. *Mitry.*

Fiefs. Quoique la confiſcation n'euſt pas lieu à Arras, le Comte l'exerçoit cependant dans de certains cas, ſur les meubles, & ſur les heritages qui relevoient des Fiefs; ſur leſquels heritages, les Eſchevins conſerveront leur Juſtice. 204. Voy. *Arras.* Les habitans non-nobles de la Ville de Cauſſade, ſeront exempts du droit de Francs-Fiefs qu'ils acquerront; pourvû cependant que ce ne ſoient point des Fiefs de Chevalerie, ou des Aleus d'un prix conſiderable. 283. Voy. *Cauſſade.* Enguerrand Sire de Coucy, affranchiſſant les habitans de cette Baronnie, qu'il tenoit en Fief du Roy, le pria de confirmer cet affranchiſſement, pour accroître le Fief qu'il tenoit de lui. 156. Tous les ſujets du Dauphiné pourront y baſtir des Maiſons-Fortes ſur les terreins qui leur appartiendront, pourvû que ce ne ſoit pas vers les Frontieres. Ceux à qui ces Maiſons-Fortes appartiendront, ne pourront les vendre ni les faire infeoder par un Seigneur,

qu'ils n'en ayent averti le Seigneur, dans le Territoire duquel elles ſont baſties, afin qu'il ait la preference pour pouvoir les acheter ou les infeoder, moyennant le meſme prix offert par celui qui veut les acheter ou les infeoder. 42. XV. Dans le Dauphiné, les Nobles qui tiennent des *choſes* relevantes en Fief du Dauphin, pourront les donner en Arriere-Fiefs ou à Emphiteoſe, ſans la permiſſion du Dauphin, auquel ils le rapporteront toûjours comme au Seigneur ſuperieur, dans leurs aveus & dénombrements: mais ils ne pourront donner des lieux ni des Juriſdictions relevants en Fief du Dauphin, ſans ſon conſentement exprés. 43. XXII. Dans le Dauphiné, tous les Fiefs & Arriere-Fiefs ſeront reputez anciens, ſi le Dauphin ne prouve qu'ils ſont nouveaux. 45. XXVI. & Note *(cc).* La Patrimonialité des Fiefs n'a eſté eſtablie dans le Dauphiné, que lorſque ce pays a eſté donné à Philippe de Valois. 45. Note *(bb).* Les habitans de Fleurence ſont confirmez dans le droit de donner leurs biens à Arriere-Fiefs, & d'en recevoir les lods & ventes, en cas de vente. 389. VII. Le Roy fera ceſſer les griefs qui ont eſté faits aux Gens d'Egliſe du Dioceſe de Mende, par rapport à leurs Fiefs. 633. XIV. A Peronne, ſi un Chevalier a un Bourgeois qui releve de ſon Fief, celui-ci pourra le recevoir dans ſa maiſon; mais il ne le fera point joüir des droits de credit & de voiſinage. 161. XVII. Le Roy donnant la Ville de Puiſeaux, à l'Abbaye de S.t Victor, lui donne auſſi les Fiefs. 333. Voy. *S.t Victor.* Les Nobles habitans de Villeneuve en Roüergue contribuëront par rapport à leurs biens taillables, aux depenſes communes; & le Roy ne pourra plus leur demander des chevaux pour le ſervice militaire. 396. VII.

Fief. Voy. *Hommage.*

Fiefs & Aumoſnes ſe payoient ſur les Recettes Royales. 81. Voy. *Recettes Royales.*

FIGEAC. (Viguier de) 692. Voy. *Nayac.* La Viguerie & la Jugerie de Figeac ſont fort étenduës. Le Roy voulant recompenſer les dommages qu'ils avoient ſoufferts pour ſon ſervice, leur accorda des privileges. 267. Voy. *les Sommaires.* Les Conſuls & les habitans de cette Ville, ont eſté les premiers qui ſe ſont ſouſtraits à l'obéiſſance de l'Angloiſ, pour ſe ſoumettre à celle du Roy. Dans cette Ville, les Officiers Royaux ne peuvent condamner à une Amende, ſans le concours des Conſuls qui en ont le tiers; excepté dans le cas de l'Adultere. Le Roy accorde à ces Conſuls, pluſieurs autres privileges, touchant le partage de Juriſdiction, entre eux & les Juges Royaux. Les Lettres ſont adreſſées au Seneſchal de Cahors. 264. Voy. *les Sommaires.*

Figeac, de la Seneſchauſſée de Cahors. Il y avoit pluſieurs habitans de cette Ville, qui demeuroient à Bourdeaux, à la Rochelle, & dans d'autres lieux de l'obéiſſance des Anglois, ſans pouvoir trouver les moyens de retourner dans leur pays; le Roy ordonna que s'ils y revenoient dans un certain temps, on leur rendroit tous leurs biens, nonobſtant les dons qui en avoient eſté faits. 265.

Tome V. aa

FILLES de joye. Le 3. de Fevrier 1368. Charles V. en renouvellant les Ordonnances de S.t Loüis, & à la requeste de l'Evesque de Châlons-sur-Marne, deffendit à ceux qui avoient des maisons dans la ruë Chapon à Paris, de les loüer à des Filles de joye. 164.

FILS aisné du Roy. Prises pour lui. Maistres de son Hostel, de ses Garnisons; Preneurs & Pourvoyeurs. 462. Voy. *Aubervilliers.*

Fils du Roy. Prises pour eux. 495. XXI. La connoissance des contestations qui s'éleveront au sujet de l'exemption de Prises accordée à la Ville de S.t Denis, est interdite aux Maistres de leurs Hostels. 481. Voy. *S.t Denis.*

Fils & Fille de Maistre. Celui qui entre dans le Corps des Boulangers d'Arras, paye 7 sols; à l'exception des Fils & des Filles de Boulangers; & celles-ci affranchissent leurs premiers maris de ce droit. 509. I. A Arras, les Apprentifs Boulangers, s'ils ne sont pas fils de Boulangers, doivent cinq sols. 509. V. On ne pourra estre Maistre Coustier à Paris, que l'on n'ait esté Apprentif pendant deux ans, & que l'on n'ait acheté le mestier. Les fils & filles de Maistres l'acheteront moins que les autres. 548. X.

FINANCES. Reglements sur les Aides, & sur les finances en general. 537. 646. Voy. *les Sommaires.*

Financiers. (Les) faisoient des dépenses excessives en 1373. p. 649. XVIII.

FISCAL (Avocat) du Dauphiné. 61. Note.

Fiscales. (Dettes) 65. A Puy-Mirol, on ne pourra saisir les effets des habitans de cette Ville, par l'ordre de quelque personne que ce soit, sans avoir presenté cet ordre au Bailli; & les effets qui auront esté saisis après cette formalité, ne pourront estre vendus que quinze jours après celui de la saisie; excepté pour les dettes Fiscales. 312. IV.

Fiscales. (Dettes) Voy. *Dettes düës au Roy.*

FLANDRE. Lille appartenoit autrefois aux Comtes de Flandre. 166. Voy. *Lille.* Privileges accordez à Doüay, par les Comtes de Flandre. 136. XLIV. Voy. *Doüay.* Peronne a appartenu aux Comtes de Flandre. 161. XXIII.

Flandre. (Gros de) Monnoye. 251. 643. Voy. *Monnoye.* Le Roy permet dans son Royaume, jusqu'à ce qu'il en ait autrement ordonné, le cours des Monnoyes nouvellement fabriquées par le Comte de Flandre, & nommez Gros de Flandre, autrement nommez Heaumes ou Vuaturons; & les petits gros; & il fixe le prix de ces Monnoyes. 320. Comme en Flandre & en Hainaut, on donnoit un plus grand prix de l'Or que l'on n'en donnoit à la Monnoye de Tournay, on augmenta le prix de l'Or dans cette Monnoye. 452.

Flandre. Les rentes düës par la Ville de Tournay ayant esté reduites, il fut ordonné que l'on payeroit en entier, celles düës aux étrangers & aux habitans de la Flandre, de peur qu'ils n'arrestassent les marchandises des habitans de Tournay. 138. IV.

Flandre (Le Comte de) avec l'Advoüé & les Eschevins de Commines, se pourvoyent par devant le Gouverneur du Bailliage de Lille, Doüay & Tournesis, contre des Lettres Royaux obtenuës par les Drapiers de cette Ville, qui permettoient à ceux-ci, de fabriquer des draps aussi grands que ceux que l'on faisoit à Ypres. Le Roy suspend l'execution de ces Lettres. 9. Voy. *Commines.*

FLEURENCE dans le Comté de Gaure, du Duché d'Aquitaine. Le Roy voulant recompenser les Consuls & habitans de cette Ville, qui l'avoient reconnu pour le Souverain de l'Aquitaine, & reconnu que le droit de ressort sur ce pays, lui appartenoit, & non à autre, confirma tous les privileges qui avoient esté accordez à cette Ville, par les Rois de France & le Comte d'Armagnac, dans les temps qu'il en estoit Seigneur, & leur en octroya de nouveaux. Les Lettres sont adressées au Senéschal de Toulouse. 387. Voy. *les Sommaires.* & p. 399.

FLORINS de Florence. 494. IV.

FOIRES. Le Roy seul peut en accorder dans son Royaume. 480. XII. Ceux qui y viennent, sont sous le sauf-conduit & sous la Sauve-garde du Roy. 311. II.

Foires. Ceux qui viendront aux Foires ou aux Marchez de Mailly-le-Chasteau, ne pourront estre inquietez, ou arrestez prisonniers que pour des delicts commis le jour mesme de la Foire & du Marché. On ne pourra saisir dans ces jours, les effets de la caution qui a esté presentée par celui avec qui l'on a contracté, si le cautionnement n'a esté donné un jour de Foire ou de Marché. 715. IV. A Mailly-le-Chasteau, si un habitant a oublié de payer le Tonlieu pour ce qu'il a acheté ou vendu dans la Foire ou dans le Marché, il pourra le payer huit jours après, sans qu'on puisse l'inquieter à ce sujet; pourvû qu'il jure que c'est par oubli qu'il ne l'a pas payé. 717. XXVI. Foire accordée par le Roy, à la Ville de Montagnac. 184. Voy. *Montagnac.* Les Bourgeois de S.t Jean d'Angely pourront seuls vendre des Marchandises en detail; à l'exception des Jours de Foires & de Marché. 678. I. Ceux qui viendront aux Foires ou aux Marchez de Villefranche, & qui s'en retourneront, seront en sûreté dans cette Ville & dans son Territoire, les jours de ces Foires & de ces Marchez; & on ne pourra les arrester prisonniers pour des causes civiles, ni saisir leurs marchandises. 701. XIII.

Foires & Marchez. 710. Voy. *Peyrusse.*

FONCIERE. Justice haute, moyenne, basse & fonciere. 464.

FONTAINE de N. D. en Valois, (La) Prieuré de l'Ordre des Chartreux. Differents Rois leur ont accordé que leurs procés seroient deffendus par les Advocats & Procureurs du Roy, à ses dépens. 298.

FONTANES, de la Seneschaussée de Carcassonne & du Bailliage de Saut. Diminution de Feux pour ce lieu, où il y en avoit 7. en 1368. p. 122. Voy. *Feux.*

FONTEZ, Diocése de Beziers, Seneschaussée de

TABLE DES MATIERES.

Carcassone. Diminution de Feux pour ce lieu où il y en avoit 88. en 1369. p. 212. Voy. *Feux.*

FOREST Royale de Crecy. (Le Chastelain de la) 367.

Forests. Voy. *Eaux & Forests.*

FOREZ. En Aoust 1369. le Duc de Berry y estoit Lieutenant du Roy, & dans plusieurs autres Provinces. 218. Voy. *Lieutenant de Roy.*

FORMARIAGE. Voy. *Main-morte & Coucy.*

FORNY, dependant de Coucy. Affranchissement des habitans de ce lieu. 154. Voy. *Coucy.*

FORTERESSES. Les Capitaines des Villes & Forteresses ne rançonneront point ceux qui sont obligez d'y faire le guet; & si ceux-ci y manquent, ils payeront 16 pieces de Monnoye, nommées Deniers, lesquels seront employez à payer ceux qui seront le guet à leur place. 650. XXV. Si les Compagnies s'approchent d'un des pays cy-dessus nommez, les Capitaines que le Roy y a envoyez, feront retirer dans les Forteresses, soit Villes ou Chasteaux, les habitans de ce pays avec leurs biens & principalement des vivres; & les habitans pourront les en retirer, après la retraite de ces Compagnies, sans qu'on puisse exiger d'eux aucuns droits à ce sujet. 16. II.

Forteresse. On ne pourra construire de Forteresse dans l'enceinte de la Ville d'Abbeville. 178. Voy. *Abbeville.* Les habitans non-nobles de Puy-Mirol, pourront acquerir des Fiefs, pourvû qu'il n'y ait pas de forteresse. 312. VI. VII. Les habitans des Isles de Ré, d'Ais & de Leis, en se soumettant au Roy, mirent ses Pennons & Bannieres sur leurs Forteresses. 564. Conformément aux anciens privileges de la Rochelle, ses murs & forteresses ne pourront estre demolies. 572. II. Par la Commune de Valmi, chaque habitant travaillera sans payement, une semaine dans l'année, aux fortifications du Chasteau. 486. v. Voy. *Valmi.*

Forteresse. Capitaine d'un Fort institué par le Roy, sur la demande du Proprietaire. 336. Voy. *S.r Victor.*

Forteresses. En 1367. Il est ordonné aux Baillis accompagnez de deux Chevaliers, de visiter toutes les Forteresses du Royaume, parce qu'on craignoit une invasion des *Compagnies.* Ils mettront en deffense celles qui pourront estre deffenduës, en faisant travailler aux fortifications, & y mettant de l'artillerie, des vivres & les autres choses necessaires, aux dépens des Seigneurs à qui elles appartiendront. Si ces Seigneurs ne sont pas en état de faire toutes les dépenses necessaires, les Baillis & les Chevaliers feront faire aux frais de ces Seigneurs, la partie de la dépense que ceux-ci peuvent porter, & le Roy pourvoira au reste. Lorsque ces Forteresses appartiendront à des Seigneurs si puissants, que les deputez n'oseront pas les forcer à faire les depenses necessaires, ils en donneront avis au Roy qui y pourvoira. Ces deputez feront abbattre les fortifications des Forteresses, que l'on ne pourra mettre en estat de deffense. 15. I.

Forteresses. Commissaires deputez par le Roy vers 1367. pour la visite des Forteresses du Bailliage de Sens. 92.

Forteresses. Les Juifs ne seront pas obligez de les garder. 494. XVI.

Forteresses. Voy. *Chasteaux.*

FORTIFICATION. On ne peut fortifier une Ville sans la permission du Roy. III.

Fortifications. Bastide. III. Les habitans de Beziers obtiennent la permission de bastir des moulins sur les murailles de leurs Villes. 393. Voy. *Beziers.* Tailles levées sur les habitans de S.t Jean d'Angely, pour les fortifications de cette Ville. 535. 536. Voy. *S.r Jean d'Angely.*

Fortifications des Villes. Voy. *Villes.* (*Fortifications des*)

FOSSÉ. Diminution de Feux pour ce lieu, où il y en avoit 8. en 1367. p. 31. Voy. *Feux.*

FOU, Arbre Voy. *Hestre.*

FOUACE. Voy. *Pain.*

FOUAGES, Imposts. 505. Voy. *Feux.* Foüages Royaux & autres. 695. v. Reglement pour les termes du payement des Foüages destinez pour la solde des troupes. 651. XXVII.

Foüage, impost sur les marchandises. 299. Foüages levez dans la Ville de Saumur. 603.

FOULCARMONT, Ordre de Cisteaux. Voy. *Cisteaux.*

FOULEMBRAY, dependant de Coucy. Affranchissement de ce lieu. 154. Voy. *Coucy.*

FOURCHES. Voy. *Poteaux.*

FOURRIERS. 68. IX. Fourriers du Roy. 495. XXI. Fourriers & valets des Portes & de Fourrerie chez le Roy. Il leur est deffendu de faire des Prises sur les habitans de Vitri-les-Paris. 289. Voy. *Vitry.*

FOURS, de la Chastenie de Vernon. 168. Voy. *Vernon.*

FOURS. A Mailli-le-Chasteau, il n'y aura point aux Fours (bannaux) de porteurs de pain en titre, qui puissent exiger de droits. 717. XXII.

FRAINNES, dependant de Coucy, Affranchissement des habitans de ce lieu. 154. Voy. *Coucy.*

FRANC. Vingt sols, pour Francs. 496.

FRANC-ALLEU. Tous les sujets du Dauphiné pourront y bastir des Maisons-Fortes sur les terreins qui leur appartiennent, pourvû que ce ne soit pas vers les Frontieres. Ceux à qui ces Maisons-Fortes appartiendront, ne pourront les vendre ni les faire infeoder par un Seigneur, qu'ils n'en ayent averti le Seigneur, dans le territoire duquel elles sont basties, afin qu'il ait la preference pour pouvoir les acheter ou les infeoder, moyennant le mesme prix offert par celui qui veut les acheter ou les infeoder. 42. XV. & Note (*q*). Voy. *Alleux.*

FRANCE. Empire des François. 419.

France. (Rois de) On ne peut lancer d'excommunication ni d'interdit, sur les *Terres* qui leur appartiennent. 100. Voy. *Excommunication.*

France. Urbain V. traite Charles V. de Roy de France, *illustre.* 102.

France. Privileges des François, par rapport aux Conservateurs donnez par le Pape, à des Ecclesiastiques. 102. Voy. *Conservateurs.*

France. (Mante en) 168.

FRANCS-FIEFS. Commissaires du Roy sur les acquisitions & alienations des Fiefs. 463. Les Communautez des Villes payeront pour les biens & droits qu'elles ont acquis depuis quarante ans, ou qu'elles acquereront dans les Fiefs & Arriere-Fiefs & Censives du Roy, la valeur du revenu de six années; ou six sols pour livre du prix de l'acquisition. Ces biens & droits seront sujets à la commise ou confiscation. 364. XI. Lettres qui ordonnent, qu'il ne sera point payé de finance par les non-nobles, pour les acquisitions d'Alleux non-nobles, & ne relevants point du Roy, ni en Fief ni en Arriere-Fief, faites de personnes Nobles; & que ceux qui n'auront point payé la finance des Francs-Fiefs & nouveaux Acquests, n'y pourront estre contraints par l'emprisonnement de leurs personnes; mais seulement par la saisie & vente de leurs biens. 99. Les habitans de Cahors seront exempts du droit de Francs-Fiefs, pour les biens nobles qu'ils acquereront dans la suite; quand mesme ces biens seroient situez dans des Fiefs ou Arriere-Fiefs du Roy, & quand mesme ils les auroient acquis de personnes Nobles ou Ecclesiastiques. 325. VI. Les habitans de Caylus-de-Bonnette, seront exempts du droit de Francs-Fiefs. 287. VIII. Les habitans non-nobles de la Ville de Caussade, seront exempts du droit de Francs-Fiefs dans les biens Nobles qu'ils acquereront; pourvû cependant que ce ne soient point de Fiefs de Chevalerie, ou des Alleux d'un prix considerable. 283. Voy. *Caussade*. Les habitans de Fleurence pourront acquerir pendant cinq ans des Fiefs Nobles & Militaires, pourvû qu'il n'y ait point de Justice attachée; & à condition qu'ils ne rendront point hommage de ces Fiefs. 488. IV. Ce terme de cinq ans fut prorogé jusqu'à huit. pp. 399. 400. La Ville de Montpellier est exempte de ce droit. 214. Voy. *Montpellier*. Les habitans de Milhaud sont exempts de ce droit. 321. Voy. *Milhaud*. De temps immemorial, les Citoyens de Paris sont exempts pour les biens nobles par eux acquis dans les Fiefs du Roy & dans ceux des Seigneurs, & pour les Francs-Alleux. Vers 1371. on publia à Paris une Ordonnance, portant que les non-nobles qui avoient acquis des biens nobles, en fissent dans un mois, leur declaration au Receveur de Paris, qui mettroit ces biens sous la main du Roy, jusqu'à ce que ces acquereurs eussent payé finance; mais le Roy confirma les Citoyens de Paris dans leur exemption. 418. Les habitans de Peyrusse seront exempts du droit de Francs-Fiefs. 709. III. Les habitans de Puy-la-Roque seront exempts des droits de Francs-Fiefs pour les biens nobles qu'ils ont acquis ou qu'ils acquerront dans la suite. 332. II. Les habitans non-nobles de Puy-Mirol, joüiront des Fiefs & autres droits nobles qu'ils possederont depuis 30. ans. Ils joüiront des Fiefs & autres droits nobles qu'ils pourront acquerir pendant l'espace de dix ans dans le Duché d'Aquitaine; pourvû cependant qu'il n'y ait point de Forteresses sur ces Fiefs, ni d'Arriere-Fiefs qui relevent de ces Fiefs. 312. VI. VII. Les habitans de Rhodez en seront exempts pendant 15 ans, pour les biens nobles relevants du Roy qu'ils acquerront hors du Comté de Roüergue & des Terres appartenantes au Comte d'Armagnac. 408. Voy. *Rhodez*. Les Bourgeois de la Rochelle qui auront 500 livres de bien, seront exempts des droits de Francs-Fiefs. 575. Les habitans de Villefranche ne payeront point les droits de Francs-Fiefs pour les acquisitions qu'ils ont faites dans le temps passé. 700. X. Pendant 10 ans, la Ville & les habitans de Villefranche seront exempts des droits de Francs-Fiefs, qu'ils payeront cependant, s'ils acquerent des Justices, des Chasteaux & des hommages. 700. IX. Les habitans non-nobles de Villefranche en Roüergue, seront exempts des droits de Francs-Fiefs. 396. XI.

Francs-Fiefs. Voy. *Admortissemens.*

FRANC-MEREL. Voy. *Merel.*

FRANCS-HOMMES du Roy, de l'ancien adveu. 11. Voy. Bourgeois du Roy.

FREINS dorez, marque de Chevalerie. 418. Voy. *Chevalerie.*

FRENAY-l'Evesque, dans la Beausse. 22. Voy. *Chartres.*

FRERAGE, partage, appanage. 688.

FRERES (Deux) ne peuvent estre en mesme-temps Eschevins à Doüay. 132. IX.

FRETOY. (Le bois de) Le Seigneur de Mailli-le-Chasteau & Acclin *de Meriaco* pourront vendre le bois de Fretoy. 717. XXXII.

FRIPPERIE (La) se vend à la Halle de Paris. 147. Voy. *Halles de Paris*. Place des Fripiers dans les Halles de Paris. 106. V. *Halles de Paris.*

FROIMONT, Ordre de Cisteaux. 141. Voyez *Cisteaux.*

FRONTIGNAN. Le Gouverneur des droits Royaux & de Souveraineté à Montpellier, establira des Gardes dans ce lieu, pour y percevoir la Reve & les autres Impositions sur les Marchandises qui sortent du Royaume. 478. VIII.

FUMIERS. Le Bailli & les Consuls de Mielhan, appellez les Officiers Royaux, auront l'inspection sur les Fumiers. 443. III.

G

GABELLE. Reglement pour la vente du sel. 578. Voy. *les Sommaires.* Le sel sera vendu au prix qui a esté fixé par le reglement fait en consequence des plaintes faites dans l'Assemblée des Estats-Generaux, tenuë à Compiegne. 17. IX.

Gabelle. En 1367. elle estoit establie dans le Languedoc; mais comme elle n'avoit pas lieu dans le Dauphiné, les estrangers qui avoient coustume d'acheter du sel dans la France, le prenoient dans les pays estrangers, & le voituroient dans le leur, en passant par le Dauphiné. Charles V. ordonna que le sel qui seroit consommé dans ce pays, ne payeroit pas de droits; mais que celuy qui y passeroit, payeroit des droits, dont la moitié seroit appliqué aux besoins du Royaume; & l'autre moitié seroit porté à la Recette du Dauphiné. 103. Droits qui se payoient sur le sel, sur les Rivieres du Rhosne & de l'Isere. Les habitans des Dioceses de Lyon, de Mâcon & de Châlons, achetoient

achetoient fecretement du fel dans les Comtez de Savoye & de Bourgogne, au lieu d'en prendre au Grenier de Lyon. 404. Voy. *Dauphiné*. Gabelle accordée aux habitans de Rhodez. 256. IV.

GABENACIO. *(Locus de)* 214. Voy. *Quarente.*

GABIAN, de la Viguerie de Beziers, & de la Senefchauffée de Carcaffone. Diminution de Feux pour ce lieu, où il y en avoit 158. en 1369. p. 211. Voy. *Feux.*

GAGES. Les habitans de Mailly-le-Chafteau qui auront des gages de leur Seigneur, ou de quelqu'autre perfonne que ce foit, pourront, en cas qu'ils ne foient pas payez, les vendre huit jours après l'échéance du jour du payement. 716. IX. Lorfque des Juifs à qui on aura donné des gages, quitteront un lieu pour aller demeurer ailleurs, ils les feront vendre publiquement ; & fi le prix de ces gages excede la fomme qu'ils auront preftée, ils rendront le furplus aux Emprunteurs, où ils le depoferont dans la Juftice du lieu où la vente aura efté faite. 494. XV.

Gages. Les Juifs pourront prefter fur gages ; mais ils ne pourront prendre pour gages des Reliques, des Calices, des Livres, & autres chofes neceffaires pour le fervice de l'Eglife ; ni des Inftrumens propres au labourage. 493. X. Les Juifs ne feront point obligez de rendre les gages qu'on leur aura donnez, que lorfqu'on leur aura rendu la fomme qu'ils auront preftée, ni de déclarer ceux qui leur auront donné ces gages. Ils pourront les vendre un an & un jour après le preft fait ; à moins qu'il n'y ait quelque convention à ce fujet, entre eux & les emprunteurs. 494. XII.

Gages (Les) des Officiers de Juftice, eftoient payez fur les Recettes Royales. 81. Gages de M.rs du Parlement & des Maiftres des Requeftes, affignées fur les Amendes. 613. Voyez *Amendes*. Gages des Officiers de la Monnoye. 616. Voy. *Monnoye*. Gardes des Officiers du guet de Paris. 98. Voy. *Guet de Paris*. Gages du Controlleur de la Recette Royale de Touloufe. 123. Voy. *Touloufe.*

Gages de bataille. A Mailli-le-Chafteau, fi lorfque les gages de bataille ont efté donnez, les Parties du confentement du Prevoft s'accommodent avant que les oftages ayent efté donnez, elles payeront une Amende qui fera plus forte fi les oftages ont efté donnez ; lorfque le combat fera terminé, les oftages du vaincu payeront 112 fols d'Amende. 716. XII. A Peronne, celui qui en aura bleffé un autre, fe *purgera* par ferment. Si le bleffé ne fe contente pas de ce ferment, il pourra faire affigner l'accufé devant les Juges Royaux & les Efchevins. Si les Juges ordonnent que ce procès fera terminé par un duel, il fe fera devant les Juges Royaux. 159. III. Philippe-le-Bel ayant donné à la Commune de Roüen, le Plaids de l'épée, ou la connoiffance des cas Royaux ; referva les cas de meurtre, de bleffure confiderable, & des gages de bataille. 74. Voy. *Roüen.*

Gages de bataille. Voy. *Duel.*

GAGNAGE & Gaignage. Differentes fignifications de ce mot. 510. Note *(f).*

Gagnages, Fermes. 475. IV. & Note *(e).*

Tome V.

GALARDON. (La Chaftellenie de) Le Roy accorde à la Comteffe d'Alençon & d'Eftampes, Dame de Galardon, que pendant la vie de cette Comteffe feulement, les appels du Bailli & autres Officiers de cette Chaftellenie, reffortiffent fans moyen au Parlement. Il adreffa ces Lettres au Bailli de Chartres. Lors de l'enregiftrement de ces Lettres au Parlement, le Procureur General protefta de fouftenir le droit du Roy, en temps & lieu opportun. 556.

GALINHARGUES, de la Senefchauffée de Carcaffone, & du Bailliage de Sault. Diminution de Feux pour ce lieu, où il y en avoit 10. en 1368. p. 122. Voy. *Feux.*

GAND. Hugue de Melun en eftoit Chaftelain en 1371. p. 452.

GANY, de la Chaftellenie de Vernon. 168. Voy. *Vernon.*

GAPENÇOIS. Les Juges du Gapençois en entrant dans leurs Charges, prefteront ferment de conferver les privileges du Dauphiné, entre les mains des Prieurs de la Grand & de S.t André de Rofans. 63.

GARÇONS de meftier. Les Barbiers de Paris ne pourront prendre les garçons de leurs Confreres. 441. IX.

GARD, Ordre de Cifteaux. 141. Voy. *Cifteaux.*

GARDES ou Capitaines de Fortereffes. 89.

Garde (Gouverneur &) des droits Royaux de Souveraineté, de reffort & des Exemptions dans la Ville de Montpellier. 477. I. Voy. *Montpellier.*

Gardes des Monnoyes. 251. 624. Leurs gages. 616. Voy. *Monnoyes.*

Gardes des Ports & paffages. 190. Voy. *Ports & Paffages.*

Gardes (Jurez &) du meftier de Couftier à Paris. 548. X. XII. Gardes des Drapiers de Troyes. 597.

Garde de Bois & de Terres. Permiffion donnée par le Roy d'en eftablir un ; & fes fonctions. 197. Voy. *Abbeville.*

Garde prétenduë par des Nobles, fur des Monafteres de l'Ordre de Cifteaux. 143. Voy. *Cifteaux.*

Garde. De temps immémorial, les Citoyens de Paris, ont le Bail & la Garde de leurs enfans & de leurs parents. 418. Voy. *Paris.*

Garde-fcel de la Prevofté de Chaumont en Baffigny. 599. Les Clercs Jurez eftablis à cet effet par le Roy, à Chaumont en Baffigny, prefentent un Acte au Garde-fcel de la Prevofté de cette Ville, qui à leur relation, le fcelle du Scel de la Prevofté, avec le fien propre en contre-fcel, & avec les feings de ces Jurez. 599. 602. Garde-fcel du Chaftelet de Paris. 323. Voy. *Chaftelet de Paris*. Garde du fcel aux Contracts de la Ville de la Rochelle. 573. IX. Garde du fcel eftabli à Somieres. 478. IV. Garde-fcel de la Prevofté de Troyes. 597. Voy. *Troyes.*

GARDIENS. Generaux-Confervateurs Gardiens, & Commiffaires du Roy, fur la Marée. 356. Ils font nommez Reformateurs. p. 360. Le Prevoft de Paris eft Confervateur, Gardien & Commiffaire general des Marchands & Voituriers de Marée. 171. Gardien & Confervateur des Juifs, 493. XI. 495. XXVI. Voy. *Juifs.*

bb

GARENNE. Les Nobles dans le Dauphiné pourront chasser dans tout le Dauphiné ; excepté dans les Forests de Claye & Olanesie, & dans les Garennes de Lapins & de Lievres. 48. XXXI.

Garenne. Voy. *Joigny*.

GARENNES (Warennes.) (Draps de) 193.

GARNISONS. On ne pourra mettre de garnisons dans les Isles de Ré, d'Ais & de Leis, sans le consentement des habitans; si ce n'est suivant l'ancien usage, en cas de necessité, pour la deffense de ces Isles & des pays voisins. 566. VII.

Garnisons de Sergents. 411. I. On n'en pourra mettre chez les habitans du Dauphiné. 43. XIX.

Garnisons. (Maistre des) 68. IX. du Roy 495. XXI. du Roy, de la Reine, & du Fils aisné du Roy. 462. Voy. *Haubervilliers*.

GASCOGNE. Le 23. de Janvier 1338. Jean Roy de Boheme estoit Lieutenant du Roy dans le Languedoc. Un peu plus haut on lui donne le titre de Capitaine de la guerre du Roy dans la Gascogne. 436.

Gascogne. Le Seneschal d'Agen prenoit quelquefois le titre de Seneschal de Gascogne. 437. & Note *(e)*.

Gascogne. Les Bourgeois de Verneüil sont exempts dans ce pays, des Imposts qui appartiennent au Roy. 488. Voy. *Verneüil*.

GASTEAUX appellez *razis* à Arras. 511. XIV.

GAVAUSSAC, de la Seneschaussée de Carcassone & du Bailliage de Sault. Diminution de Feux pour ce lieu, où il y en avoit 3. en 1368. pag. 122. Voy. *Feux*.

GAUJAC, de la Viguerie de Bagnols, de la Seneschaussée de Beaucaire. Diminution de Feux pour ce lieu, où il y en avoit 11. en 1373. p. 654. Voy. *Feux*.

GAURE. Les Villes de Salvetat & de Fleurence, sont de ce Comté. 385. 387. Voy. *Fleurence* & *Salvetat*. Le Seigneur de ce Comté doit 30 liv. par an, aux Consuls de la Ville de Salvetat. 386. v. Les voisins de la Ville de Fleurence qui y possedent des maisons, quoiqu'ils ne les occupent point, & qui contribuënt aux dépenses communes de la Ville, seront exempts à toûjours de Peages, dans l'étenduë du Comté de Gaure. 389. v.

GENDRE. Le Beau-pere & le Gendre ne peuvent estre en mesme-temps Eschevins à Doüay. 132. IX.

GENERAUX-Conservateurs, Gardiens & Commissaires du Roy, sur la Marée. 356. Ils sont nommez Reformateurs. 360.

Generaux sur le fait des Aides. 18. XI. XII. Generaux députez sur le fait des Aides. 83. Generaux Tresoriers sur le fait des Aides. 222. Voyez *Aides*. Des Lettres Royaux leur sont adressées. 221. Une Ordonnance faite en consequence d'une Assemblée d'Estats, leur est adressée. 18. XXII.

GENES, (Arbalestriers de) au service du Roy. 651. XXVI.

GENEVOIS. (Le Fief de) cedé en 1354. à Amé VI. Comte de Savoye, par le Roy Jean & Charles son Fils. 58. Voy. *Dauphiné*.

GENSD'ARMES. En 1367. comme on craignoit une invasion des *Compagnies*, il fut ordonné que les Capitaines s'informeroient combien il restoit de Gens dans leurs Capitaineries & dans les lieux voisins, en estat de servir hors de leur pays, les Forteresses suffisamment garnies, & qu'ils en informeroient le Roy qui leur ordonneroit de se tenir prests à partir, lorsqu'il les manderoit ; & que les Gensd'armes que l'on seroit sortir de leur pays, seroient payez de leurs gages sur les deniers des Aides qui seroient levez dans leurs pays. 16. IV. Aide establie en 1367. pour le payement de leur solde. 16. III. IV. Voy. *Guerre*. Voy. aussi *Armée*.

GENTIL-HOMME. 242. VIII. Voy. *Noble*.

GEVAUDAN. L'Evesque de Mende est Comte du Gevaudan. 603.

Gevaudan. (Le Bailli de) Des Lettres concernant l'Evesque & l'Eglise de Mende, lui sont adressées. 603. Voy. *Mende*.

Gevaudan (La Cour Commune du) leve les Tailles sur les sujets de l'Evesque & de l'Eglise du Gevaudan, & les partage entre le Roy & l'Evesque. 603. Voy. *Mende*.

Gevaudan. Le 16. de Juillet 1349. Guillaume *Fornerii* Sacriste du Gevaudan, & Procureur Delphinal dans la Cour Romaine. 56.

GIBES, de la Seneschaussée de Carcassonne, & du Bailliage de Sault. Diminution de Feux pour ce lieu, où il y en avoit 17. en 1368. pag. 122. Voy. *Feux*.

GIGNAC (La Viguerie de) est de la Seneschaussée de Carcassone. 622. Les Plans sont de cette Viguerie. 637. *Bardugus Wertelli* en estoit Viguier en 1367. Pucchabon & Caylar estoient de cette Viguerie. 79. *Barduchus Warcelli* en estoit Viguier, vers 1369. Aspiran est de sa Viguerie. 212. *Parduchius Wertelli* en estoit Viguier Royal vers 1373. p. 622.

Gignac. Le Roy mande au Seneschal de Carcassone & au Viguier de Gignac, de contraindre le Seneschal de Roüergue, à observer les privileges accordez à la Ville de Milhaud. 525. Voyez *Milhaud*.

Gignac. Diminution de Feux pour ce lieu, où il y en avoit. 338. en 1367. p. 79. Voy. *Feux*.

GIMONT, de la Judicature de Verdun, de la Seneschaussée de Toulouse. Diminution de Feux pour ce lieu & pour ses dépendances, où il y en avoit 428. en 1371. p. 712.

GISORS. (Le Bailli de) Des Lettres concernant Verneüil, lui sont adressées. 488. Voy. *Verneüil*. Lettres qui portent que pendant trois ans, les procès que le Duc de Bretagne, Pair de France, ou son Procureur, auront par rapport au Comté de Mont-fort-l'Amaury, seront jugez par le Parlement ; & qui deffendent au Bailli de Gisors d'en connoistre. 531. Les Appels du Gruyer de Mont-fort-l'Amaury appartiennent au Duc de Bretagne Pair de France, ne seront point portez devant le Bailli de Gisors. 532. Voy. *Mont-fort-l'Amaury*. Acte fait entre les Bourgeois de la Ville de Vernon, & les habitans des lieux situez dans la Chastellenie de Vernon, passé devant le Bailli de Gisors. 168. 169.

GITE (Droit de) dans un Monastere. 308. Voy. *Aspreriis.*

GOURNAY. Les Bourgeois de Verneüil sont exempts des Imposts qui appartiennent au Roy dans la Normandie; excepté le Comté d'Evreux, le Vexin-Normand, Pacy & Gournay. 488. Voy. *Verneüil.*

GOUVERNEUR d'un pays. 82. des Villes. 16. VII.

Gouverneur du Bailliage d'Amiens. 201. 461. Voy. *Amiens.* Gouverneur du Bailliage d'Amiens & de Ponthieu. Des Lettres concernant Abbeville, lui sont adressées. 197. Voy. *Abbeville.* Gouverneur du Bailliage d'Amiens. Des Lettres concernant les privileges d'Arras, lui sont adressées. 204. Voy. *Arras.*

Gouverneur du Dauphiné. 57. 58. 59. 64. 65. 66. 70. 80. 104. 109. Lieutenants & Gouverneurs du Dauphiné. 104. Voy. *Dauphiné.*

Gouverneur du Comte de Mont-fort-l'Amaury. Les Appels du Gruyer de ce Comté appartenant au Duc de Bretagne, Pair de France, ne seront point portez devant le Bailli de Gisors; mais devant le Gouverneur de ce Comté, où le Conseil du Comté, estant dans ce Comté, & de-là au Parlement. 532.

Gouverneur de l'Isle & de Doüay, fait une information sur les privileges de Sin-le-Noble. 146.

Gouverneur du souverain Bailliage de Lille, Doüay & Tournesis. 9. Voy. *Commines.*

Gouverneur & Reformateur souverain & general dans les Eveschez de Limoges & de Tulles, & dans la Vicomté de Limoges. 719. Voy. *Limoges.*

Gouverneur & Garde des droits Royaux de souveraineté, de ressort & des exemptions dans la Ville de Montpellier. 477. 1. Voy. *Montpellier.*

Gouverneur du Ponthieu. 183. Voy. *Ponthieu.*

Gouverneur de la Ville de la Rochelle. 574. IV. V.

Gouverneur de la Ville de Tournay. 138. 349. Voy. *Tournay.*

Gouverneurs (Leveurs) des Imposts. 280.

Gouverneurs (Maistres ou) des Hostels des Princes du Sang. 170. Voy. *Princes du Sang.*

GRACE-DIEU (L'Abbaye de la) près la Rochelle. Lettres de confirmation de ses privileges sont adressées au Gouverneur de cette Ville. Cette Abbaye estoit autresfois du Diocése de Saintes; elle est presentement de celui de la Rochelle. 592. & Note *(b).*

GRACE. Les Lettres de grace & de remission obtenuës du Roy, seront enterinées, lorsque les Juges auront vérifié les faits qui y sont contenus. 135. XLII. Les bourgeois & habitans de Tournay, ne pourront obtenir du Roy des Lettres de grace, de repit ou de surseance de payement de leurs dettes; & on n'en pourra obtenir contre eux. 377. XXIII.

Grace de Dieu. Jean par la grace de Dieu, Comte d'Armagnac. 385. Lettres de Raymond VI. par la grace de Dieu Comte de Toulouse, Duc de Narbonne, & Marquis de Provence. 308.

GRADUEZ. Chirurgiens graduez; c'est-à-dire, Maistres, Licentiez & Bacheliers. 323. Voyez *Chirurgiens de Paris.*

GRAIN (Le) se vend à la Halle de Paris. 147.

Voyez *Halles de Paris.*

GRAISIVAUDAN. *Curia Major Graisivaudani.* 61. Note. Cour Majeure du Dauphiné, dans le Graisivaudan. 230. Les Juges du Graisivaudan en entrant dans leurs Charges, presteront serment de conserver les privileges du Dauphiné entre les mains des Prieurs de S.t Robert de Corvillon, & de Saint Martin de Miseré. 63.

GRAMMONT, (L'Abbaye de) Diocése de Limoges, elle est sous la Sauve-garde Royale. Le Roy lui donne pour Gardien le Bailli de S.t Pierre-le-Mouslier en Nivernois, afin que les mauvais procés que l'on voudra faire à ses Religieux, ne devant point estre jugez par les Juges ordinaires des lieux, mais par des Juges *d'attribution*, qui peuvent estre éloignez, la crainte de s'exposer à des dépenses & à d'autres incommoditez, contiennent ceux qui voudroient faire ces procés. 567.

GRAND. (La) Les Juges du Gapençois en entrant dans leurs Charges, presteront serment de conserver les privileges du Dauphiné, entre les mains des Prieurs de la Grand & de S.t André de Rosans. 63.

GRANDS-Jours pour l'Anjou, le Maine & la Touraine. 435. 526. Voy. *Anjou.*

GREFFE (Clergie) de l'Eschevinage de Tournay. 375. VI.

GREFFIERS (Les) ne pourront prendre que le prix ancien & accoustumé des Actes Judiciaires qu'ils scelleront & qu'ils expedieront aux Parties. 21. XII.

Greffiers [*Clercs*] de la Commune de Roüen. 672. VI.

GRENETIERS (Les) ne pourront faire le commerce. 646. I. Ils pourront cependant se desaire des marchandises qu'ils ont, sans en acheter de nouvelles. 538. I. II.

GRENIER à sel. Grenetiers. 577. I. *& suiv.* Voy. *Gabelle.*

GRENOBLE. Conseil du Dauphiné qui se tient à Grenoble. 404. Voy. *Dauphiné.*

Grenoble. Chambre du Conseil Delphinal à Grenoble. 60. Note. Le Siege de la Judicature des Appels en dernier ressort du Dauphiné, sera à Grenoble, qui est la Capitale du pays; & le Juge qui en connoistra y residra. 49. XXXVII.

Grenoble. Estats du Dauphiné convoquez à Grenoble le 26. de Janvier 1373. pour accorder une Aide au Roy. 60. & Note.

Grenoble. Les nouveaux Dauphins avant que de pouvoir exiger les hommages & les sermens de fidelité, seront obligez de jurer entre les mains de l'Evesque de Grenoble & de l'Abbé de Saint Antoine de Vienne, ou de leurs Vicaires, de maintenir les privileges du Dauphiné; & s'ils refusent de faire ce serment, on ne sera point obligé de leur obeir, ni à leurs Officiers. 53. LII. Les Gouverneurs du Dauphiné, avant d'entrer dans les fonctions de leurs Charges, jureront entre les mains de l'Evesque de Grenoble & de l'Abbé de Saint Antoine de Vienne, d'observer les Libertez & privileges accordez aux habitans du

TABLE DES MATIERES.

Dauphiné. 59. L'Empereur Charles IV. accordant des privileges à la Ville de Romans en Dauphiné, nomme pour Conservateurs de ces privileges, le Roy Charles V. Dauphin, & l'Evesque de Grenoble. 224. Voy. *Romans*. Le 16. de Juillet 1349. Jean *de Chiſſiaco* Evesque de Grenoble, presenta à Charles nouveau Dauphin, les privileges accordez au Dauphiné, par Humbert son predecesseur, afin qu'il les confirmast. 37. Voy. *Dauphiné*.

Grenoble. Le 26. de Janvier 1373. Jean *Moleti* estoit Prieur de S.t Robert de Grenoble; & *Brunellus de Barjaco*, l'estoit de S.t Laurent de la mesme Ville. 60. & 61. Note.

GRISOLLES, de la Seneschaussée de Toulouse. Diminution de Feux pour ce lieu, où il y en avoit 56. en 1372. p. 589. Voy. *Feux*.

GROS de Flandre, Monnoye. 643. Gros de Flandre, nommez autrement Heaumes & Vuaturons; & petits gros, Monnoye de Flandre. 320. Voy. *Monnoye*.

GRUYER de Mont-Fort-l'Amaury. 532. Voy. *Mont-Fort-l'Amaury*.

GUARRIGUES. Diminution de Feux pour ce lieu, où il y en avoit 4. en 1372. p. 589. Voy. *Feux*.

GUERRE Royale. 437.

Guerre. Le Roy estant informé de plusieurs abus qui se commettoient dans ses troupes, fit un Reglement pour les corriger. 657. Voy. *les Sommaires*.

Guerre. Chefs d'Office de la guerre. 658. Capitaines de Gensd'armes. 658.

Guerre. Comme en Juin 1372. on craignoit une irruption des ennemis dans le Languedoc, il fut deffendu à tous les Nobles de ce pays, Chevaliers, Escuyers, & à tous autres de quelque estat & condition noble qu'ils fussent, d'en sortir sans la permission du Duc d'Anjou, Lieutenant du Roy dans ce pays; si ce n'estoit pour servir le Roy. 483.

Guerre. Quelques Nobles, sous pretexte d'avoüerie sur des Monasteres, exigeoient d'eux de certaines choses pour des expéditions Militaires. 143. Voy. *Avoüeries*.

Guerre. Vers 1373. le grand nombre de troupes que l'on leva, obligea de recevoir parmi les Gensd'armes, grand nombre de gens de *petit estat*. 658. 659. IV. Gensd'armes recevants solde. 313. XIV. Solde des Gens de guerre. 650. XXIII. XXIV. Voy. *Tresoriers des Guerres*. Solde des Arbalestriers de Laon. Elle estoit double, lorsqu'ils servoient en Campagne. 69. IX. Cinquante mille Francs destinez pour le payement des Gensd'armes. 539. VIII. Voy. p. 540. XVIII. XIX.

Guerres. (Tresoriers des) Toutes les fois que les Tresoriers des guerres auront fait un payement aux Gens de guerre, les Generaux des Aides verront l'estat de ce payement. 540. XIII. Ils ne pourront faire le commerce. Ils pourront cependant se defaire des marchandises qu'ils ont, sans en acheter de nouvelles. 538. I. II. Le Receveur des Aides jurera en presence du Roy & en la Chambre des Comptes, qu'il ne donnera point de quittance aux Receveurs particuliers, que lorsqu'il recevra de l'argent; si ce n'est que ceux-ci l'ayent donné aux Tresoriers des guerres ou autres *Chefs d'Office*. Dix mille Francs destinez pour le payement des Gensd'armes. 538. IV. Ceux qui seront chargez du recouvrement des deniers des Aides dans les differens pays, les envoyeront au Receveur General à Paris, & non à d'autres; si ce n'est aux Tresoriers des Guerres, ou à d'autres *Chefs d'Office*. 538. III. Voy. *Tresoriers des Guerres*. Clercs des Tresoriers des Guerres. 540. XIII. Clercs des Monstres [revuës.] 658.

Guerre. Les habitans d'*Aspreriis* exemptez du service militaire, par leurs Seigneurs. 308. Voy. *Aspreriis*. Droit d'Ost & de Chevauchée, dû au Seigneur d'Aure & de S.t Mard. 390. Voy. d'*Aure*. Les habitans de Beauveir, dans le Maine, sont exempts d'y aller. 151. Les habitans de la Bruyere-les-Catenoy, ne seront obligez d'aller aux expéditions militaires que dans le cas d'une bataille *nommée*, (dont le jour aura esté marqué.) 712. Voy. *Bruyere*. (*La*) A Chaumont en Bassigny, lorsque les Bourgeois seront mandez par le (Maire) & les Eschevins de la part du Seigneur, pour une expédition militaire, ils viendront en armes, & serviront à leurs dépens pendant deux jours, après lesquels le Seigneur sera obligé de les nourrir. 600. VIII. Les Arbalestriers de Compiegne ainsi que les autres Gens de guerre, sont sous la Sauve-garde du Roy. 145. II. Lorsque le Dauphin mandera les Nobles pour une expédition militaire, il le fera par des Lettres écrites de sa main, & d'une maniere gracieuse & sans menace d'Amende ou d'autres peines, si ce n'est dans le cas où il s'agiroit de secourir promptement le pays, ou lorsqu'un Noble refuseroit obstinément de venir servir. 43. XX. Le Dauphin ne pourra obliger les Nobles à le suivre hors du Dauphiné contre leur volonté, pour des expéditions militaires, si ce n'est pour des guerres Delphinales. 41. XIII. Le Bailli du Dauphiné mandoit les Nobles de ce pays, pour aller à la guerre. 39. IV. Lorsque les habitans de Mailli-le-Chasteau iront à l'armée, on ne pourra les éloigner de leur Ville, que d'une certaine distance; en sorte que s'ils le veulent, ils puissent y revenir le jour qu'ils en seront partis. 715. II. Les Gens d'Eglise du Diocése de Mende, qui doivent le service militaire, ne seront point obligez d'aller à la guerre, ni d'y envoyer des personnes à leur place, ni de se racheter de ce service (pendant le temps qu'ils payeront les Decimes qu'ils ont accordées au) Roy. 633. XI. Lorsque le Roy fera une convocation de Gens de guerre, la Ville de Puy-la-Roque ne fournira que dix *Sergents*, au lieu de cinquante qu'elle avoit coustume de fournir ; & ces Sergents auront les mesmes gages, que l'on a coustume de donner aux Sergens des autres Villes de la Seneschaussée de Perigord & de Cahors. 332. I. L'on ne pourra mettre de garnisons dans les Isles de Ré, d'Ais & de Leis, sans le consentement des habitans ; si ce n'est suivant l'ancien usage.

en cas

TABLE DES MATIERES.

en cas de necessité, pour la deffense de ces Isles & des pays voisins. 566. VII. L'on ne pourra contraindre les habitans des Isles de Ré, d'Ais & de Leis, à aller à la guerre, ni à sortir de leur pays; si ce n'est conformément à l'ancien usage. 566. VIII. On ne mettra point de troupes en garnison dans Verseüil, si ce n'est du consentement des habitans. 278. VIII. Les Nobles habitans de Villeneuve en Roüergue, contribuëront par rapport à leurs biens taillables aux dépenses communes; & le Roy ne pourra plus leur demander des chevaux pour le service militaire. 396. VII.

Guerre. Les Juifs ne seront pas obligez d'y aller. 494. XVI. Les Marchands de Plaisance en Lombardie, commerçants à Harfleur, ne seront pas obligez d'y aller. 244. XV.

Guerres. Voy. *Armées.* Voy. aussi *Gensd'armes.*

Guerres privées. Lorsque des Nobles se feront une guerre privée d'un commun consentement, ils ne pourront endommager les biens de leurs sujets, ni ceux des autres habitans du Royaume. 21. X. Dans le Dauphiné, lorsqu'il se sera élevé une guerre (privée) entre des Nobles, la Cour *Delphinale* ne pourra pas d'Office faire informer au sujet de cette guerre, & des excès qui auront esté commis à ce sujet; si ce n'est dans les cas où cette Cour, avant le commencement de cette guerre, eût fait deffense de la faire & de commettre des excez. 42. XIV. La liberté de faire des guerres privées a esté revoquée depuis par le Dauphin. *Ibid.* Note *(p).*

Guerres privées. Dans le cas des guerres (privées,) les Nobles pourront conduire leurs amis dans tout le Dauphiné, pourvû que ce ne soient pas des personnes que l'on leur ait expressément deffendu de conduire, & que ces amis ne causent aucun dommage au Dauphin & au Dauphiné. 51. XLIV. & Note *(ss).*

GUET fait dans un Chasteau, par les habitans des lieux voisins. 467. V. *St Eustache en Forest.* Les Capitaines des Villes & Forteresses ne rançonneront point ceux qui sont obligez d'y faire le guet; & si ceux-ci manquent, ils payeront 16 Pieces de Monnoyes nommées Deniers, lesquels seront employez à payer ceux qui feront le guet à leur place. 650. XXV. Les Seigneurs qui auront des biens dans Angoulesme, & à deux lieuës aux environs, feront tenus eux & leurs sujets, de faire le guet dans toute Ville, & de contribuer aux réparations de ses fortifications; à moins qu'ils ne soient obligez de faire le guet dans quelqu'autre Chasteau. 679. II. Les Arbalestriers de Laon ne feront pas le guet, si ce n'est dans le cas d'un éminent péril; & dans ce cas mesme, s'ils sont hors de Laon pour le service du Roy, ils ne feront pas obligez d'envoyer quelqu'un à leur place. 68. VII. A Mailly-le-Chasteau, les habitans ne feront point assujettis à faire un guet fixe & reglé. 717. XXIII. A Mailly-le-Chasteau, le Crieur public, ni celui qui fait le guet, n'auront aucuns droits lors du mariage des habitans. 716. XX. Le Bailli & les Consuls de Mielhan, appellez les Officiers Royaux, auront l'inspection sur les Gardes &

Tome V.

Patroüilles de la Ville. 443. III.

Guet de Paris. Les Sergents qui faisoient le guet, commettans aussi des desordres, le Roy fit un nouveau Reglement à ce sujet. Au lieu de 20 Sergents à cheval, & de 26 Sergents à pied qui faisoient le guet, il y en aura 20 à cheval, & 40 à pied. Ils ne pourront vendre, resigner ni permutter leurs offices: mais quand ils ne voudront plus servir, ils les resigneront entre les mains du Roy ou du Chancelier; & il y sera pourvû par l'un ou par l'autre. 97. I. Dix Sergents à cheval, & 20 à pied feront le guet une nuit; & le reste le fera la nuit suivante. Depuis la St Remy jusqu'à Caresme-prenant, les Sergents à pied qui doivent faire le guet, se trouveront au Chastelet au commencement de sa nuit; & de là se répandront dans la Ville. Ils reviendront au Chastelet au Couvre-feu de N. D. [à 7 heures,] & se presenteront avec les Sergents à cheval, devant le Chevalier du Guet, & leurs noms seront mis sur un Registre, par les Clercs du guet; & ils se répandront tous ensuite par la Ville, par les ordres du Chevalier du Guet, ou de son Lieutenant de cheval, jusqu'au jour. Depuis Caresme-prenant jusqu'à la St Remy, les Sergents à pied & à cheval, ne viendront au Chastelet, qu'à 7 heures du soir. 97. II. Les Sergents à pied continuëront à avoir 12 deniers de gages par chaque nuit; soit celles où ils serviront, ou celles où ils ne serviront pas. Les Sergents à cheval qui n'avoient que 2 sols de gages par nuit, auront 2 sols 6 deniers. Les Sergents à cheval auront 10 livres pour achetter des chevaux, quand les leurs ne pourront plus servir. Le Lieutenant du Chevalier du Guet, aura 4 sols pour la nuit qu'il servira; & 2 sols 6 deniers pour la suivante. Les Lieutenans de ce Chevalier, auront 5 livres pour Robe, si on a accoustumé de la luy payer. Les Chefs des Sergents de pied, auront 2 sols 6 deniers, pour la nuit qu'ils serviront, & 1 sol pour la suivante. Les gages dessusdits seront payez de mois en mois, par le Receveur de Paris, qui payera aussi les Robes, & l'argent pour rachetter les chevaux. 98. III. IV. VI. 99. Les Sergents qui manqueront une nuit à leur devoir, perdront les gages de cette nuit & de la suivante; & ils payeront une Amende proportionnée aux gages qu'on leur retranchera. S'ils manquent d'aller au guet 4 nuits de suite, ils perdront leurs offices. 98. V. Ce Reglement est adressé au Prevost de Paris & au Chevalier du Guet. 98. Les Quarteniers, Cinquanteniers & Dizainiers de la Ville de Paris, ne pourront contraindre les Libraires, Escrivains, Relieurs & Parcheminiers de l'Université de Paris, à y faire le guet à leur tour; le jour & la nuit; & on leur donnera main-levée de la saisie de leurs biens, faite à ce sujet. Les Lettres sont adressées au Prevost de Paris. 686.

Guet. Les Consuls de Peyrusse contraindront à faire le guet & l'arriere-guet, ceux qui y seront obligez; & les Amendes décernées contre les deffaillants, leur appartiendront. 706. XVIII. Voy. Note *(f).*

c c

Guet. A la Rochelle, les Lieutenants du Seneschal, les Sergents & autres Officiers Royaux de ce genre, & les Monnoyeurs, seront tenus de contribuer aux dépenses communes de la Ville, & d'y faire le guet. 574. X. Les habitans de Sauveterre & ceux de son Bailliage, seront obligez de faire le guet dans la Ville, lorsque les Consuls, appellé le Bailli, le jugeront necessaire. 696. IX.

Guet à pens. Remission donnée aux habitans de Roüen pour tous les crimes qu'ils avoient commis; à l'exception de la trahison & du guet à pens. 75.

GUYENNE. Le Duc d'Anjou estoit Lieutenant du Roy du Languedoc & de la Guyenne. 338.

Guyenne (Le ressort de la) sara uni inséparablement au Domaine de la Couronne. 704. IV.

Guyenne. Lorsque les habitans de Sarlat laisseront prendre des deffauts contre eux, dans les Jurisdictions de la Seneschaussée de Perigord & du Duché d'Aquitaine, ils ne payeront que la moitié des Amendes auxquelles les deffaillans sont condamnez. 345.

Guyenne. Monnoye nommée *Libræ Guienonenses*, peut-estre de Guyenne. 386. v.

GUYERNY, de la Chastellenie de Vernon. 168. Voy. *Vernon.*

GUNY, dépendant de Coucy. Affranchissement des habitans de ce lieu. 154. Voy. *Coucy.*

H

HAINAUT, (le Seneschal de) Cousin du Roy, vers 1370. p. 350.

Hainaut. Comme en Flandre & en Hainaut, on donnoit un plus grand prix de l'Or que l'on n'en donnoit à la Monnoye de Tournay, on augmenta le prix de l'Or dans cette Monnoye. 452.

HALLE, Hostel de Ville d'Arras. 509. & Note *(b)* marginale. Halle ou Hostel de Ville de Doüay. 131. III. Clercs ou Greffiers de Halle. 133. XX. Basse Halle à Doüay. 135. XXXV.

Halles de Paris. Avant qu'elles fussent basties au lieu nommé Champeaux, il y avoit une place vuide joignant les murs du Cimetiere des Innocentes, où les Lingeres, des vendeurs de petits souliers, & des Fripiers vendoient depuis long-temps leurs marchandises. Philippe-Auguste fit bastir en ce lieu, une Halle à souliers; & il permit aux Lingeres, &c. de continuer à y vendre leurs marchandises. Il s'émeut des contestations entre ces differents Marchands, qui furent suivies d'un reglement qui fixa la place qu'ils devoient occuper dans ces Halles. 106. Le Prevost de Paris & plusieurs personnes du Conseil du Roy, s'estant plusieurs fois assemblez par l'ordre de Charles V. pour examiner l'estat des Halles & lui en faire leur rapport, lui dirent que les Halles avoient esté basties par les Rois, vers le lieu nommé Chappiaux, (*Champeaux,*) afin que les trois jours de marché ; à sçavoir, le Mercredi, le Vendredi & le Samedi, tous les Marchands [Voy. *le détail*] vinssent y vendre leurs marchandises, chacuns dans leurs Halles separées, sans pouvoir les vendre dans leurs boutiques, qui doivent estre fermées ces jours-là, afin que ceux qui voudroient les acheter, les eussent plus facilement & à meilleur marché, & qu'elles pussent estre plus commodément visitées par les Gardes des mestiers & marchandises ; que cependant plusieurs Marchands ne venoient pas aux Halles les jours marquez, au mépris des ordres qu'ils en avoient reçus plusieurs fois. Ils adjoutoient que quelques-unes de ces Halles sont du Domaine, & que quelques-unes ont esté données à Cens, moyennant une redevance annuelle, à certains Corps de mestiers & de marchandises qui doivent les entretenir en bon estat; ce que plusieurs [qui sont nommez] ne font pas ; ayant mesme vendu ou chargé les estaux de leurs Halles, de Crois de Cens, ou de rente annuelle, outre le Cens qui est dû au Roy; ce qui fait que ces Halles sont desertes, & presque inhabitables ; au lieu que quand elles estoient habitées & frequentées, c'estoit une des plus belles choses qu'il y eut à voir à Paris. Sur ce rapport, le Roy nomma Hugues Aubriot, Prevost de Paris, & Adam de Chanteprime, Tresorier de France, Commissaires & Reformateurs sur le fait des Halles ; & il leur ordonna à eux ou à leurs députez, de contraindre tous les Marchands, d'apporter leurs marchandises aux Halles, les jours marquez, sous peine d'amende, dont le quart appartiendra à ces députez ; & d'annuller tous les crois de Cens qui avoient esté mis sur les estaux des Halles, comme ayant esté établis sans l'autorité du Roy; & de donner à Cens, telle partie des Halles, qu'ils jugeroient à propos, afin qu'elles pussent estre habitées. Il ordonna que tout ce qui seroit fait par ces Commissaires, sûst fait sommairement & par voie de reformation, & valût comme s'il avoit esté fait par le Roy, & si c'estoit un Arrêt du Parlement & de la Chambre des Comptes, sans qu'on pût en appeller à lui, au Parlement, ni ailleurs. Les Lettres sont adressées au Parlement & à la Chambre des Comptes. 147. Comme Chanteprime estoit fort occupé par les fonctions de son Office, & par d'autres affaires, le Roy ordonna dans la suite, que le Prevost de Paris seroit seul Commissaire pour la réformation des Halles de Paris, 148. Note *(b)*. Le Prevost de Paris ayant esté nommé par le Roy, seul Commissaire & Reformateur sur le fait des Halles, ces Halles, qui lorsqu'il vint à Paris, estoient presque entierement ruinées, furent rétablies ; mais elles n'estoient pas encore frequentées par les Marchands & les gens de mestier, qui avoient coustume anciennement d'y apporter leurs marchandises & denrées, les jours de marché ; mais dont le nombre est diminué (à Paris.) Le Roy nomma le Prevost de Paris, & M.e Pierre Fouace, Conseiller au Parlement, pour estre seuls Commissaires & Reformateurs en cette partie, & décider si tous les Marchands, ou seulement quelques-uns d'entr'eux, seroient contraints de venir vendre leurs marchandises & denrées dans les Halles, & ordonner des Cens, rentes & servitudes dont les Halles sont chargées ; & il voulut que leurs Jugements fussent observez, comme si c'étoient des Arrests du Parlement, sans qu'on

pût en appeller à lui ou au Parlement. 261.
Halle du Conseil à Tournay, ou Hoſtel de Ville. 374. I.
Hallage, droit ſur les draps vendus. 421.
HARANGUEURS, vendeurs de harengs en détail. 199.
HARENGS. 251. Voy. *Marée.*
HARFLEUR. (Port de) 241. Havre d'Harfleur. 244. XV. XIX.
Harfleur. Les habitans de S.t Euſtache en Foreſt & de S.t Jean de la Neuville, ſont obligez de nettoyer le Havre, qui eſt entre Harfleur & Leure. 467. Voy. *S.t Euſtache en Foreſt.*
Harfleur. (Prevoſt de) 241. & *dans la ſuite des Lettres.*
Harfleur. Privileges accordez aux Marchands de la Ville de Plaiſance en Lombardie, qui viendront commercer à Harfleur. 239. Voy. *les Sommaires.*
HARO. (Clameur ou Cri de) 74. Voy. *Rouen.*
HAUBERVILLIERS près S.t Denis en France. Les habitans de cette Ville ayant repreſenté au Roy, que pendant les guerres elle avoit eſté brûlée, que les plus riches habitans s'en eſtoient retirez, & qu'elle eſtoit très-foulée par les Aides qui s'y levoient, & par les priſes qui ſe faiſoient ſur eux dans leur Ville & dans celle de Paris, pour lui, pour la Reine, pour ſon Fils aiſné, pour les Princes du Sang, pour les Lieutenants du Roy, & pour quelques autres de ſes Officiers; le Roy les exempta de Priſes, à condition qu'ils fourniroient à Paris, & à deux lieuës aux environs, 70 charretées de foin; ſçavoir, 40 pour la proviſion de ſon Hoſtel, 20, pour celui de la Reine, & 10 pour celui de ſon Fils. Ces Lettres ſont données à la rélation du Souverain-Maiſtre de l'Hoſtel du Roy, & il eſt ordonné aux Maiſtres d'Hoſtel du Roy, de la Reine & de ſon Fils, à leurs Fourriers, Prenœurs & Maiſtres de leurs garniſons, de les executer. 462.
HEAUMES. Gros de Flandre nommez autrement Vauturons, Monnoye de Flandre. 320.
HENBENCOURT, de la Chaſtellenie de Vernon. 168. Voy. *Vernon.*
HERESIE. Les Conſuls de Cahors, & ceux qui l'auront eſté, ne pourront eſtre appliquez à la queſtion, ni eſtre condamnez à une mutilation de membres, ſi ce n'eſt dans le cas du crime d'héreſie, de Leze-Majeſté ou de Rapt. 626. IX. Dans le Dauphiné, les biens des condamnez ne ſeront point confiſquez au profit du Fiſc, ſi ce n'eſt dans le cas d'hereſie, de crime de Leze-Majeſté, & autres cas portez par le droit. 44. XXIV. Les Conſuls de Peyruſſe ſeront juges en premiere inſtance de tous les procès civils & criminels, qui s'éleveront dans cette Ville & dans ſon Territoire; à l'exception du crime d'hereſie, & autres cas Royaux. 708. II. On ne pourra faire le procès (en public) aux habitans de Villefranche prevenus de crimes, qui ſeront ou qui auront eſté Conſuls; mais on procedera contre eux en ſecret, ſi ce n'eſt dans les cas d'hereſie ou de Leze-Majeſté. 701. XII.
HERICOURT, de la Chaſtellenie de Vernon. 168. Voy. *Vernon.*

HESTRE. Uſage accordé dans une Foreſt, excepté pour le Cheſne & le Heſtre, (Fou.) 514. III.
HEURE appellée à Châlons (ſur Marne), Priſnee diſnée & relevée. 193.
HISTOIRE. (*Loüis le Gros.*) Lettres de ce Prince de l'année 1137. ſont datées de la 29.e année de ſon Regne, & la 4.e du couronnement de ſon Fils Loüis, qui conſentit à ces Lettres. 23. Monogramme de Loüis le Gros. *ibid.* *Gauffridus* eſtoit en grande conſideration ſous le Regne de ce Roy. 23. Note *(b).* Loüis le Gros fonde l'Abbaye de Saint Victor. 336. Voy. *Saint Victor.*
Hiſtoire. [*Philippe-Auguſte.*] Lettres de ce Roy, qui paroiſſent datées du jour de ſon couronnement, avant qu'il montaſt ſur le Troſne. 237. & Note *(b).* Il baſtit les Halles à Paris. 106. 107. Voy. Note *(a).* Monogramme de ce Prince. 107. Voyez Note *(a).* 144. 671.
Hiſtoire. [*Loüis VIII.*] Monogramme de ce Prince. 489.
Hiſtoire. [*Philippe-le-Bel.*] Les Gens d'Egliſe du Dioceſe de Mende, ayant octroyé en 1304. une Decime à Philippe-le-Bel, pour ſa guerre de Flandre, il leur accorda des privileges. 631. Voy. *les Sommaires.*
Hiſtoire. [*Philippe de Valois.*] Le 23. de Janvier 1338. Jean Roy de Boheme eſtoit Lieutenant du Roy dans le Languedoc: un peu plus haut, on lui donne le titre de Capitaine de la guerre du Roy, dans la Gaſcogne. 436. En Aouſt 1346. les Villes de Mayoc & de Crotoy en Ponthieu, furent priſes & brûlées par le Roy d'Angleterre. 180. Voy. *Mayoc.*
Hiſtoire. [*Le Roy Jean*] a eſté baptiſé dans l'Egliſe du Mans. 524. Vers 1355. Caſtelnaudary dans le Languedoc, fut pillée & brûlée par les ennemis. 5. 6. Le Beauvoiſis eſtoit occupé par les ennemis vers 1356. Les Arbaleſtriers de Compiegne reprirent dans ce pays les Forts de Remin, Longueil, Mareul & autres lieux. 145. Voy. *Compiegne.* Auxerre eſt racheté des mains des Anglois qui s'en eſtoient emparez. 91. & Note *(b).* Dans le traité fait à Calais entre le Roy Jean & le Roy d'Angleterre, il eſtoit dit, que ſi dans la ſuite, ces deux Rois rentroient en guerre, les habitans de la Rochelle auroient cinq ans pour retirer leurs effets mobiliars des pays ſoumis au Roy de France; & dix ans, pour retirer leurs immeubles. 572. I. En 1368. La Ville de Tournay avoit des oſtages en Angleterre, en execution de la paix de Bretigny. 138. I.
Hiſtoire. [*Charles V.*] fait des Veux pour avoir des enfans. 589. En 1367. Le Roy eſtant informé que les Compagnies vouloient rentrer dans le Royaume, pour y commettre de nouveaux deſordres, tient à Chartres une Aſſemblée des Eſtats des pays où l'on craignoit qu'ils ne fiſſent invaſion (Voy. les noms de ces pays dans l'Ordonnance,) pour prendre les meſures neceſſaires pour leur reſiſter. 15. Charles V. vint à Chartres au mois de Juillet 1367. pour la premiere fois depuis ſon avenement à la Couronne. 25. Vers 1367. *les Compagnies* prennent le Fort de Vermanton

dans l'Auxerrois. 111. & Note *(c)*. Voy. *Vermanton.* En 1367. on craignoit une irruption d'ennemis dans le Dauphiné. 64. Charles V. ayant declaré la guerre aux Anglois en 1368. ses Generaux s'emparerent l'année suivante, du Comté de Ponthieu ; ce qui engagea ce Prince à confirmer & à augmenter les privileges des Villes de ce Comté. 173. Note *(b)*. Crotoy dans le Ponthieu, se remet sous son obéissance. 183. 184. 688. Voy. *Crotoy.* Ce Prince ayant déclaré la guerre aux Anglois en 1368. le Comte d'Armagnac & plusieurs autres Seigneurs de la Guyenne, se declarerent pour lui, avec les Villes dont ils estoient Seigneurs, & engagerent plus de 800. Villes ou Chasteaux, à prendre son parti. Charles V. confirma ou augmenta les privileges de ces Villes. 190. Note *(a)*. Le Seigneur d'Albret & tous les lieux qui lui appartenoient, se déclare pour Charles V. dans la guerre contre les Anglois. 299. Voy. *Tartas.*

Noms des lieux de la Guyenne à qui Charles V. accorda des privileges, parce qu'ils s'étoient déclarez pour lui, contre les Anglois.

Ais. (L'Isle d')	Nogaro.
Albret.	Peyrusse.
Angoulesme.	Poitiers.
Ausch.	Puy-la-Roque.
Auvillars.	Puy-Mirol.
Barrave.	Ré. (L'Isle de)
Cahors.	Rhodez.
Caylus-de-Bonnette.	Rochechoüard.
Cassa nova. (*Locus de*)	Rochelle. (La)
Castel-Jaloux.	S. Jean d'Angely.
Castro-novo (*Locus de*)	S. Joüin de Marnes.
Donzenac.	(L'Abbaye de)
Dorat.	S. Maixent en Poictou.
Eause.	(L'Abbaye de)
Figeac.	Salvetat.
Fleurence.	Sarlat.
Lectoure.	*Sarmusio.* (*Locus de*)
Leis. (L'Isle de)	Saurat.
Limoges.	Sauvetere.
Milhaud.	Severac.
Millano. (*Locus de*)	Tartas.
Millas.	Tulles.
Montagrier.	Verseüil.
Montauban.	Vic-Fesensac.
Nayac.	Villefranche en Roüergue.
Nauraco.	Villeneuve en Roüergue.

Histoire. [*Charles V.*] Les biens du lieu nommé Montcuc, & des autres lieux du Duché d'Aquitaine, qui resterent sous l'obéissance des Anglois, furent confisquez par Arrest du Parlement. 326. X. Charles V. vint à Doüay vers Septembre 1368. p. 147. Vers le mois d'Aoust 1369. ce Roy avoit une flote en Mer ; & il fit porter à la Monnoye de Paris, une grande quantité de sa vaisselle d'argent. 215. En Fevrier 1371. prise de bled dans la Picardie pour la Flote du Roy. 455. En Novembre 1369. Sauveterre n'estoit pas encore reduite sous l'obéissance du Roy. 693. En Aoust 1370. le Roy se disposoit à envoyer le Sire d'Albret avec des troupes, sur les frontieres de Gascogne. 334. En 1370. il achete le Comté d'Auxerre de ses propres deniers. 415. En 1370. il envoye des galeres à Rome, pour aller chercher Urbain V. qui revenoit à Avignon. 301. & Note *(b)*. Le 6. de Janvier 1371. Le Duc d'Anjou Lieutenant du Roy dans le Languedoc, establit Aymeric Cathi Evesque de Limoges, Gouverneur & Reformateur souverain & general, dans les Eveschez de Limoges & de Tulles & dans la Vicomté de Limoges, & lui donna pouvoir de reduire par force à l'obéissance du Roy, ceux de ces pays qui n'y estoient pas encore soumis, ou de faire avec eux à ce sujet, tels accords & compositions qu'il jugeroit à propos. 719. Voy. *Limoges.* En Juin 1372. on craignoit une irruption des ennemis dans le Languedoc. 483. Voy. *Languedoc.* Charles V. envoye [avant l'an 1372.] le Connestable, & le Sire de Clisson, avec une armée considerable, dans l'Aunis. 606. Guerre dans la Saintonge, en 1372. p. 564. Voy. *Ré.* Vers 1373. les Anglois pillerent & brûlerent l'Artois, le Boulonnois & le Comté de S.t Pol. 652. Vers 1373. quelques troupes du Roy pilloient les Villes & le plat-pays. 658. Etampes, Nogent & Marroles occupez par les ennemis, repris par des troupes où estoient les Arbalestriers de Lagny-sur-Marne. 32. & Note *(b)*. Saponay, Roucy & Sissonne, qui estoient occupez par les ennemis, sont repris par les Arbalestriers de Laon. Voy. *Laon.* La Ville de Meilhan est prise & brûlée par les ennemis. 442. Voy. *Meilhan.* Roye en Vermandois entierement détruite par les ennemis. 662. Voy. *Roye.* Charles V. reservoit plusieurs sommes de deniers, pour estre mis dans ses Coffres. 539. V. *& suiv.* Voy. p. 537. *un Reglement pour les Finances.* Il fait porter à la Monnoye la Vaisselle, & celle qu'on lui presta, pour subvenir aux frais de la guerre. 301. 690. Il donne Montpellier au Roy de Navarre. 477. Voy. *Montpellier.* Il fonde les Celestins de Paris. 233. Voy. *Celestins.* Le Pape Urbain V. accorde une Bulle à sa supplication. 102. Voyez *Conservateurs.*

HOMELADOIS. Voy. *Aumelas.*

HOMICIDE de soy-mesme. A Montreüil-sur Mer, lorsqu'une femme mariée s'est tuée elle-mesme, on enleve son corps, on le montre au peuple, & on le brûle ; mais ses biens ne sont pas confisquez. 619. Voy. *Montreüil-sur-Mer.*

Homicide. Voy. *Meurtre.*

HOMMAGE. Dans le Dauphiné, lorsqu'un Vassal aura fait une fois hommage à son Seigneur, soit le Dauphin ou un autre Noble, lorsque ce Seigneur sera mort, ses successeurs ne pourront faire saisir les Fiefs, faute d'hommage rendu, si ce n'est dans le cas où ayant requis le Vassal de le venir rendre, celuy-ci aura refusé de le faire. 51. XLIII. Les habitans de Fleurence pourront acquerir pendant cinq ans des Fiefs Nobles & Militaires ; pourvû qu'il n'y ait point de Justice attachée ; & à condition qu'ils ne rendront point hommage de ce Fiefs. 488. IV. Ce terme de cinq ans fut prorogé jusqu'à huit. pp. 399. 400. Pendant 10. ans, la Ville & les habitans de

Villefranche

TABLE DES MATIERES.

Villefranche seront exempts des droits de Francs-Fiefs, qu'ils payeront cependant, s'ils acquerent des Justices, des Chasteaux & des hommages. 700. IX.

Hommage (L') & le serment de fidelité rendus au Roy, par les Gens d'Eglise, pour les Justices & Terres à eux appartenantes, qui relevent de lui, se prouvent par des Lettres Royaux expédiées par la Chambre des Comptes. 653. Voy. *Eglise.* (*Gens d'*)

HOMMES de corps, dans presque toutes les Lettres de Sauve-garde Royale. Voy. *Sauve-garde Royale.*

HONAT, de la Seneschaussée de Carcassone, & du Bailliage de Sault. Diminution de Feux pour ce lieu, où il y en avoit 16. en 1368. p. 122. V. *Feux.*

HOSPITAUX (Les) payent les droits d'Admortissement. 656. II.

Hospitaux de Paris. 324. Les Chirurgiens de Paris s'engagent à panser gratuitement les pauvres qui ne seront pas reçûs dans les hospitaux de cette Ville. page 323. Voyez *Chirurgiens de Paris.* L'Hospital St Jacques près la Porte St Denis à Paris, est de fondation Royale. Lettres de Sauvegarde Royale pour les Maistres, Gouverneurs, Tresoriers, Chanoines, Chapelains, Vicaires & Clercs de cet Hospital, & pour leurs biens situez à Paris, & à dix lieues aux environs. Le Prevost de Paris est leur Juge. 634. Voy. *Hostel-Dieu.*

HOSTEL du Roy. Assignation de 6000 livres pour cet Hostel. 541. XX. Voy. XXIII.

Hostel du Roy. Pierre de Villers estoit souverain Maistre de l'Hostel du Roy, en Fevrier 1371. Lettres sur une exemption de *Prises*, données à sa relation. Maistres d'Hostel du Roy. 462. Voy. *Haubervilliers.* Maistres de l'Hostel du Roy chargez de faire les *Prises.* 495. XXI. La connoissance des contestations qui s'éleveront au sujet de l'exemption de *Prises* accordée à la Ville de St Denis, leur est interdite. 481. Voyez. *Saint Denis.* Il leur est deffendu de faire prises sur les habitans de Vitry-les-Paris. 289. Voy. *Vitry.*

Hostel du Roy. (Chevaliers de l') 169.

Hostel (Maistre d') de la Reine, & du Fils aisné du Roy. 462. Voy. *Haubervilliers.*

Hostel de la Reine, des Enfans de France, & des Princes du Sang. (Maistres d') La connoissance des contestations qui s'éleveront au sujet de l'exemption de *Prises* accordée à la Ville de St Denis, leur est interdite. 481. Voyez. *Saint Denis.*

Hostel, (Gens de l') du Connestable, des Mareschaux de France, du Maistre des Arbalestriers, & des Capitaines: c'est-à-dire, ceux qui sont sous leur commandement. 658. I. 660. XI.

Hostel du Roy. Voy. *Maistres d'Hostel.*

Hostel. (Requestes de l') Voy. *Requestes de l'Hostel.*

HOSTELS-DIEU de Paris. Les Maistres des quatre Hostels-Dieu de Paris, peuvent y faire brasser de la Cervoise, pour la boisson des pauvres, & loüer ces Hostels-Dieu, pour y faire brasser & vendre de la Cervoise, sous de certaines conditions. 222. Voy. *Brasseurs & Hospitaux.*

HOSTES du Roy dans la Ville de la Bruyere-les-Catenoy. 712. Voy. *Bruyere.* (*La*) Les habitans de Mailly-le-Chasteau ne pourront perdre (par confiscation) les biens qu'ils possedent dans cette paroisse; à moins qu'ils n'ayent forfait contre leur Seigneur ou contre ses Hostes. 715. III.

HULSARAC. Diminution de Feux pour ce lieu, où il y en avoit 6. en 1367. p. 31. Voy. *Feux.*

HUISSIER de la Sale du Roy. 198.

Huissier du Parlement de Paris. 89.

Huissier (Sergent &) d'armes du Duc d'Anjou. 187.

I

JAUCOURT en Bourgogne. (La Chastellenie de) 472. Voy. *Bure.*

YCIO. (*Locus de*) Par une convention faite entre le Seigneur de Clermont & le Roy de Navarre, le Comte de Bar & la Dame d'*Ycio*, les Bourgeois de Clermont, ni les Hommes du Seigneur de ce lieu, ne pourront point demeurer sur leurs Terres. 601. XXII.

YENVILLE. Les Affaires de l'Eglise de Chartres ont esté portées devant le Bailli d'Orleans au Siege d'Yenville, jusqu'au temps où Philippe de Valois donna à son second fils, le Duché d'Orleans dans lequel est compris Yenville. 25. Voy. *Chartres, & les additions & corrections qui seront à la fin de ce Volume, sur la page 25.* Une partie du Comté de Blois, qui ressortissoit à ce Siege Royal, en fut démembrée, lorsque le Duché d'Orleans fut donné à l'oncle de Charles V. 697. Voy. *Blois.*

JEUX. Charles V. deffend que l'on joue aux dez, au Tables, (*Dames,*) à la Palme, (la *Paume,*) aux Quilles, au Palet, à la Seulle ou Soule, aux Billes, (*Billards*) & aux autres jeux qui n'exercent point au mestier de la guerre; & il ordonne que l'on s'exerce à tirer de l'Arc & de l'Arbalestre, & que l'on propose des prix pour ceux qui tireront le mieux. 172. Voy. les Notes. A Arras, les Boulangers qui jouent de l'argent dans le Marché, payeront une Amende. 510. IX.

ILLUSTRE. Titre des Rois de France. 226. Urbain V. traite Charles V. de Roy de France, illustre. 102.

IMPERIUM merum & mixtum. 44. XXIII. & Note (*γ*).

IMPOTS. Au Roy seul appartient le droit de lever des Impots generaux sur des Villes & sur des pays. 480. IX.

Impots réels, personnels & mixtes. 710. Noms de plusieurs Impots. 67. IV. 225. & Note (*b*). 226. Note. 317. 318. 386. IV. 388. II. 396. II. 409. 488. Impost nommé Acquit. 216. *Consuetudine; Tolta scilicet & Tallia, hospitacione, violencia & exaccione.* 23.

Impots. Droits d'entrées & de sorties sur les marchandises, dans les pays de la France qui ne payoient point d'Aide en 1367. p. 82.

Impots. Gouverneurs (Leveurs) des Impots. 280.

Impots. Remise faite en 1367. de tout ce qui estoit dû des Subsides ordonnez depuis 1350. jusqu'en 1358. p. 16. VIII. 21. VII.

Impots. Charles V. exempte plusieurs Villes de

tous Impofts, pour les marchandifes qu'ils acheteront ; mefme de l'Aide pour la rançon du Roy Jean. 189. Voy. *Vic-fefenfac*. Droit accordé aux habitans de plufieurs lieux, de ne payer aucuns droits pour les marchandifes qu'ils vendront & qu'ils acheteront dans le Royaume. 299. Voy. *Tartas*. Il eft permis aux habitans d'Abbeville & de Ruë, de commercer dans tout le Royaume, fans payer aucuns Impofts nouveaux pour les marchandifes qu'ils acheteront. 177. 178. Voy. *Abbeville & Ruë*. On ne pourra lever d'Impofts dans Abbeville & dans les autres Villes du Comté de Ponthieu, qu'à leur profit ou de leur confentement. 689. Exemption d'Impofts pour un an, accordée aux habitans de l'Artois, & à ceux de Tournay, pour les marchandifes qu'ils acheteront. 349. Voy. *Tournay*. Les habitans d'*Affpreriis* en font exempts. 307. Voy. *Affpreriis*. Les habitans de Beauveir dans le Maine, en font exempts dans les Terres du Roy. 151. Voyez *Beauveir*. Lettres qui portent que les habitans de Cahors pourront commercer dans tout le Royaume, fans payer aucuns droits pour les marchandifes qu'ils acheteront. Les Lettres font adreffées aux Senefchaux de Touloufe, de Carcaffone, de Rhodez & de Cahors. 328. Pendant dix ans, les habitans de Caylus-de-Bonnette feront exempts d'Impofts; & ne payeront aucuns droits fur les marchandifes dont ils feront commerce. 691. I. II. III. On ne pourra mettre d'Impoft fur les habitans du Crotoy, que de leur confentement, ou pour l'utilité de la Ville. 183. Voy. *Crotoy*. Les habitans de Crotoy ne payeront pas les nouveaux Impofts, pour les marchandifes qu'ils acheteront dans le Royaume. 183. En 1349. Le Dauphin Humbert accorde des privileges à fes fujets, pour les dédommager du tort qu'il leur avoit fait par la levée des Impofts. 38. Les habitans de Fleurence feront exempts de toutes fortes d'Impofts pendant dix ans, & des Péages qui fe payent dans les Terres du Domaine du Roy. 388. II. Le terme de dix ans fut prorogé jufqu'à 15. pp. 399. 400. Exemption de toutes fortes d'Impofts accordée aux habitans de Frenay-l'Evefque, dans la Beauffe. 22. Voy. *Chartres*. Les Arbaleftriers de Lagny-fur-Marne, exemptez de toutes Aides, Impofitions, Tailles, Subfides, exactions & autres Subventions; à l'exception de l'Aide qui fe levoit pour la rançon du Roy. 32. Les Arbaleftriers de Laon font exempts de tous Impofts; à l'exception de l'Aide qui paye pour la rançon du Roy. 67. IV. 68. VI. Les habitans de Mailly-le-Chafteau ne payeront point de taille, de don gratuit, &c. 715. VII. A Mailly-le-Chafteau, fi un habitant a oublié de payer le Tonlieu pour ce qu'il a acheté ou vendu dans la Foire ou dans le Marché, il pourra le payer huit jours après, fans qu'on puiffe l'inquieter à ce fujet; pourvû qu'il jure que c'eft par oubli qu'il ne l'a pas payé. 717. XXVI. Les fujets de l'Evefque & de l'Eglife de Mende, font exempts d'Impofts. 603. V. *Mende*. Le Subfide accordé par les Gens d'Eglife du Diocèfe de Mende, fera levé par eux, à la pourfuite des Commiffaires du Roy, auxquels il fera remis inceffamment.

633. XVI. Exemption d'Impofts pendant 20. ans, pour la Ville de Milhaud. 291. Voy. *Milhaud*. Les Bourgeois de Milhaud pourront commercer dans tout le Royaume, fans payer aucuns droits pour les marchandifes qu'ils acheteront. 304. Les membres & fuppofts des Univerfitez d'Orleans & d'Angers, font exempts d'Impofitions & Aides fur ce qu'ils achetent pour leurs provifions, & fur la vente des fruits provenans de leurs patrimoines ou Benefices. 629. Voy. *Angers*. Pendant dix ans, les habitans de Peyruffe feront exempts de tous Impofts. 706. XVII. Le Roy ne mettra ni Impofts ni Aides fur Abbeville, & les autres Villes du Comté de Ponthieu, qu'au profit de ces Villes, à la requefte de leurs Maires & Efchevins, ou de leur confentement. 176. Les habitans de Puy-la-Roque font exempts d'Impofts pendant dix ans, & font abonnez pour ceux qui fe leveront après ces dix ans. 279. Voy. *Puy la-Roque*. Suivant l'ancien ufage des Ifles de Ré, d'Ais & de Leis, on n'y levera point d'autres nouvelles Impofitions, que celles qui feront levées dans tout le Royaume, ou dans la Senefchauffée de Saintonge. 566. IX. Exemption d'Impofts pour les fujets de la Vicomté de Rochechoüard, fituez dans le Duché d'Aquitaine; à l'exception de ceux qui feront levez pour les guerres, ou pour les dépenfes communes de cette Vicomté. 687. On n'en pourra lever aucuns fur les habitans de la Rochelle, dans leur Ville & dans le pays d'Aunis, ni fur leurs biens fituez dans la Saintonge, fans leur confentement. 573. VII. Les habitans de la Rochelle feront exempts de droits fur les marchandifes qui y feront embarquées pour eftre venduës hors du Royaume. 574. XI. Les habitans de la Rochelle feront exempts de tous Impofts fur les marchandifes qu'ils vendront dans le Royaume; à l'exception des anciens péages & des anciennes redevances. 574. XIII. Pendant 15. ans, les habitans de Rhodez ne payeront aucuns droits pour les effets à eux appartenans qu'ils feront paffer dans les Senefchauffées de Beaucaire, de Touloufe, de l'Albigeois, de Rhodez & de Cahors. 408. Voy. *Rhodez*. Les marchandifes qui fortiront de St Jean d'Angely, feront exemptes de toutes les Impofitions nouvellement eftablies. 678. V. L'Abbaye de St Ouyn de Roüen, en eft exempte. 223. Voy. *St Ouyn*. Les habitans de Salvetat feront exempts pendant dix ans, de toutes fortes d'Impofts, & des Péages, dans les Terres du Domaine du Roy. 386. IV. Les habitans de Verfeüil en feront exempts pendant dix ans. 277. III. Exemption des Impofts qui appartiennent dans de certains pays, accordée aux Bourgeois de Verneüil. 488. Voy. *Verneüil*. Pendant dix ans, les habitans de Villefranche feront exempts de tous Impofts. 700. VIII. Les habitans de Villeneuve en Roüergue feront exempts d'Impofts pendant dix ans. 396. II.

Impofts. Moyennant la redevance annuelle que les Juifs payent au Roy, ils feront exempts de tous Impofts; à l'exception de l'Aide établie pour la rançon du Roy. 494. XVI.

Impoſts. Les Marchands de Plaiſance en Lombardie commerçants à Harfleur, en ſont exempts. 244. XV.
Impoſts. Voy. *Aides.*
INDULGENCE. Renonciation aux exceptions d'Indulgences. 54.
INFORMATION recollée. 119.
Information. Les Procureurs du Roy ne pourront intenter procès contre perſonne, qu'il n'y ait eu une Information auparavant; & que ſur le vû de cette Information, appellez les Avocats du Roy & les Conſeillers, il n'ait eſté ordonné par les Juges, que cette perſonne ſeroit aſſignée. 433.
Information faite par un Notaire. 477. II. Voyez *Notaire.*
Information. A Sarlat, les Juges Royaux ne pourront mettre en Enqueſte *ou prévention*, les habitans de cette Ville, ſur les crimes ou delicts dans leſquels ils ſeront compliquez, qu'ils n'ayent fait auparavant une Information. 342. XI.
Information. Voy. *Enqueſtes.*
INJURE. *Un grand ordure en votre viſage.* 289. Note *(a).*
Injures. A Perone, ſi quelqu'un eſt convaincu d'avoir dit des injures à un autre, il payera dix ſols, qui ſeront employez aux fortifications de la Ville. 160. IX. A Peronne, celui qui dira des injures au Maire, aux Eſchevins, ou à quelque perſonne que ce ſoit, qui ſe trouveront dans les ruës pour les Affaires publiques, payera 40. ſols à la Commune. Si celui à qui l'injure a eſté dite, en porte ſa plainte, on lui fera juſtice. 162. XXIV.
INTERDIT. 100. Voy. *Excommunication.*
INVENTAIRE. La Cour Delphinale ni les Nobles ne pourront faire des Inventaires des biens des perſonnes décedées; ſi ce n'eſt à la requeſte des heritiers ou des executeurs teſtamentaires, s'il y a un teſtament; ou à la requeſte des heritiers qui auroient dû ſucceder, s'il n'y avoit pas eu de teſtaments, ou des proches parents des mineurs qui auroient dû auſſi eſtre heritiers *ab inteſtat.* 50. XLI.
JOCOU, de la Seneſchauſſée de Carcaſſone, & du Bailliage de Sault. Diminution de Feux pour ce lieu, où il y en avoit 12. en 1368. pag. 122. Voy. *Feux.*
JOYENVAL, (L'Abbaye de) Ordre de Premontré, Dioceſe de Chartres. Philippe de Valois pour recompenſer la bonne conduite des Religieux de cette Abbaye, qui eſtoit dans ſa Juſtice, leur donna des Lettres de Sauve-garde Royale, & le Prevoſt de Paris pour Gardien. Ses Lettres furent confirmées par Charles V. qui reſtraignit la garde du Prevoſt de Paris, aux biens ſituez dans la Vicomté de Paris. 296. La Manſe de l'Abbaye de Joyenval a eſté réünie à l'Eveſché de Chartres, lorſque celui de Blois en a eſté démembré. 297. Note *(a).*
JOIGNY. En 1324. Les habitans de ce lieu, donnerent à Jean Comte de Joigny, & Sire de Marcueul, 25 ſols T. pour chaque arpent d'heritages couverts; & 12 ſols 6 deniers pour chaque argent d'heritage découvert, outre cent ſols T. pour avoir l'uſage de certaines maiſons & jardins; ils lui firent ce preſent, afin qu'il détruisît une garenne à toutes beſtes & oyſeaux, qu'il avoit, & qu'il avoit droit d'avoir dans la Juſtice de Joigny; à ſçavoir, d'un coſté, depuis les bornes de la Juſtice de Loſé & de S.t Cerenne, juſqu'à la Juſtice de Ceſi; au-deſſus, d'un autre coſté, le long des bois de la Juſtice de Ceſi, juſqu'au bois de Jean Mailli, Seigneur de Loſe, & au-deſſous, juſqu'à la riviere de Joigny. Il leur permit de boucher dans cette étenduë, les terriers de lapins & d'autres beſtes; & il donna la liberté à eux & à tous autres, d'y chaſſer à toutes ſortes de beſtes, à toutes heures, jour & nuit, avec des chiens, ou de quelqu'autre maniere que ce fuſt, à l'exception des filets; de telle ſorte cependant, que ceux qui ſeroient trouvez de jour chaſſants aux filets, ne pourroient eſtre condamnez qu'à cinq ſols d'Amende. Lorſque les chiens en pourſuivant une beſte qu'ils auront trouvée dans ces bornes les paſſent, leurs Maiſtres s'ils les rapellent, ne ſeront pas condamnez à l'Amende. Le Seigneur de Joigny ne pourra prendre ou tuer les chiens qui ſeront trouvez dans ſa garenne, quand meſme ils auroient pris des beſtes, ni faire payer l'Amende à ceux qui les auront menez; & ceux qui meneront les beſtiaux paiſtre aux lieux accouſtumez dans la garenne du Seigneur de Joigny, au-delà des bornes cy-deſſus marquées, pourront avoir avec eux des chiens liez, ou non liez; pourvû qu'ils ne chaſſent pas. En 1368. les habitans de Joigny ayant payé une Aide pour la rançon de Milles de Noyers, Comte de Joigny, il confirma les Lettres de Jean, & leur permit meſme de chaſſer aux filets. Le Roy à la Juriſdiction de qui ces deux Seigneurs s'étoient ſoûmis, confirma leurs Lettres par les ſiennes qu'il adreſſa au Bailli de Troyes & de Meaux. 379.
YPRES. Le Comte de Flandre avec l'Advoüé & les Eſchevins de cette Ville, ſe pourvoyent par-devant le Gouverneur du Bailliage de Lille, Doüay & Tourneſis, contre des Lettres Royaux obtenuës par les Drapiers de Commines, qui permettoient à ceux-ci, de fabriquer des draps auſſi grands que ceux que l'on faiſoit à Ypres. Le Roy ſuſpend l'execution de ces Lettres. 9. Voy. *Commines.*
ISERE. Droits ſur le ſel, qui ſe payoient ſur cette Riviere. 404. Voy. *Dauphiné.*
ISSOIRE. Les Conſuls & habitans de cette Ville ne ſeront plus jugez par les petits Baillis de l'Auvergne; mais par le Conneſtable, ou par le Comte, ou par des Commiſſaires nommez par lui. 413. Voy. *Auvergne.*
JUDICATURE du Dauphiné. 65.
JUGES nommez Recteurs. 496. Juge nommé Miniſtre. 600. I.
Juges Royaux. Conjurement par lequel ils avertiſſent les hommes de Fief du Roy, de s'aſſembler pour rendre la Juſtice. 140. Voy. *Jugement.*
Juge Royal. Si un Prevoſt-Fermier fait aſſigner d'office une perſonne devant lui, & que le Bailli ou un autre Juge ſuperieur de ce Prevoſt, trouve que cette aſſignation n'étoit pas fondée en Juſtice,

il donnera des dommages & interests à la personne injustement assignée; à moins que le Procureur du Roy ne se soit joint au Prevost, & ne se rende Partie contre elle. Si l'assignation est trouvée fondée en Justice, on condamnera la personne qui s'en est plainte, aux dommages & interests contre le Prevost. Si un Prevost-Fermier est trouvé incapable d'exercer ses fonctions, le Bailli ou autre Juge superieur fera rendre la Justice par d'autres personnes capables, aux dépens du Prevost. 21. XI.

Juges Royaux. Lorsque les Officiers Royaux demeurants dans les Terres d'un Seigneur, faisoient des malversations, il s'en plaignoit au Juge Royal devant lequel il ressortissoit. 11. Lorsque le sujet d'un Seigneur, s'advoüoit Bourgeois du Roy, le Seigneur se pourvoyoit devant le Juge Royal devant lequel il ressortissoit, pour faire casser l'adveu de son sujet. 11.

Juges Royaux chargez par le Roy de contraindre les Excommuniez à se faire absoudre. 414. Voy. *Excommunication.*

Juges Royaux. Leurs gages estoient payez sur les Recettes Royales. 81.

Juges Royaux. (Clercs des) 434.

Juges Royaux. Voy. *Conseillers des Justices Royales.*

Juges Royaux. Il leur est enjoint de faire observer les Ordonnances sur les Monnoyes, sur peine d'estre punis par le Parlement. 391. Ils sont chargez de faire observer les Ordonnances sur les Monnoyes; & ils ont le quart des confiscations & des Amendes. 643. Voy. *Monnoyes.* Les Generaux-Maistres des Monnoyes envoyent les Mandemens sur les Monnoyes aux Juges Royaux, lesquels sont chargez de les faire executer. 300. 320. Ils avoient le quart des Monnoyes hors de cours, qu'ils confisquoient. 321.

Juges Royaux. Par une Ordonnance concernant la Jurisdiction des Maistres des Eaux & Forests, il est ordonné aux Seneschaux, Baillis & Prevosts de la faire publier. 29. Les Maistres & les Sergents des Eaux & Forests, ne pourront faire aucun Acte judiciaire contre les Pescheurs, sans y appeller les *Justices* des lieux du domicile de ces Pescheurs. 29. IV.

Juges, de l'Université d'Angers, sont sortis plusieurs Sçavans hommes, par lesquels le Royaume est en partie gouverné *en Justice.* 629.

Juge. Ceux qui diront des injures aux Majeurs & aux Eschevins des Boulangers d'Arras, lorsqu'ils seront en fonction, seront condamnez à l'Amende. 509. III.

Juge-Majeur de la Seneschaussée de Beaucaire & de Nîmes. 637. Dans le Comté de Blois, les Bourgeois du Roy estoient jugez dans les cas personnels, par les Juges Royaux ou par ceux du Comte; & toûjours par ceux-ci, dans les cas personnels. 11. L'Archevesque de Bourges est obligé de revoquer un Statut par lui fait, qui portoit que les Juges seculiers qui auroient condamné à l'Amende des Clercs coupables de crimes, & qui auroient fait saisir leurs biens, seroient excommuniez. 218. Voy. *Bourges.* Juge-Majeur de la Seneschaussée de Cahors. 337. Voy. *Cahors.*

Juge-Majeur de la Seneschaussée de Carcassone. 187. Dans le Dauphiné, les Juges & les Procureurs (Fiscaux) ne pourront exercer leurs Offices que pendant deux ans : lorsqu'ils seront sortis de charge, ils ne pourront exercer d'Office de Judicature dans quelque lieu que ce soit, qu'après cinq ans. 52. XLIX. Si le Seigneur d'Epinoy & de Carvins contrevient aux privileges de ces Villes, les Eschevins pourront cesser de rendre la Justice. 461. Les Appels du Siege de Lyon, qui se portoient à Mâcon, ayant esté transferez à l'Isle-Barbe; il fut ordonné que le Juge d'appel qui demeuroit à Mâcon, iroit demeurer à l'Isle-Barbe. 110. Voy. *Lyon.* Conservateur & Juge des Bourgeois de Montpellier. 627. Voy. *Montpellier.* A Montreüil-sur-Mer, les Juges Royaux font l'execution des criminels condamnez à mort par le Maire & les Eschevins. 619. Voy. *Montreüil-sur-Mer.* Juge ordinaire establi à Nayac, pour estre l'Assesseur du Viguier. 692. Voy. *Nayac.* Viguier & Juge de Narbone. 125. Juge ordinaire de Nîmes. 654. Le Bailli ni les autres Officiers du Seigneur du Chasteau de Peyrusse, ne pourront juger de procès civils & criminels, & mettre à *Enqueste* ou à question, sans en avertir les Consuls, qui auront droit d'y assister. 705. IX. X. A Peronne, celui qui en aura blessé un autre, se *purgera* de ce delict par serment. Celui qui en aura blessé un autre avec des armes émoulués, payera, si le fait est prouvé, une Amende au Roy, & dix livres qui seront employées aux fortifications de la Ville. Si ce delict ne peut estre prouvé, il s'en purgera par serment. Si le blessé ne se contente pas de ce serment, il pourra faire assigner l'accusé devant les Juges Royaux & les Eschevins. Si les Juges ordonnent que ce procès sera terminé par un duel, il se fera devant les Juges Royaux. 159. III. A Peronne, celui qui de dessein premedité aura jetté de la boue & des ordures sur un autre, payera dix livres; soit que celui qui aura esté insulté ait fait une plainte au Maire & aux Officiers Royaux, soit que le Maire & les Eschevins ayent fait le procès d'office à celui qui a insulté. 160. XI. A Peronne, celui qui sera trouvé dans la Barlieué avec une chose qu'il aura volée, sera remis entre les mains du Maire & des Eschevins, qui lui feront son procès, & le condamneront au Pilori; & ils le remettront ensuite entre les mains des Juges Royaux ou du Chastelain. 160. XIII. A Peronne, lorsqu'un Chevalier ou un autre sera débiteur d'un Bourgeois, & qu'il ne l'aura pas payé à l'écheance de la dette, le creancier fera sa demande en Justice devant le Majeur & les Eschevins, qui après avoir vû la preuve de la dette, feront comparoistre le débiteur devant eux, & le condamneront à payer ou à perdre les droits attachez à la Commune, & ceux de credit & de voisinage; le creancier pourra ensuite saisir de sa propre autorité, les effets de son débiteur qui seront dans la Ville & dans la Banlieué, & faire saisir ceux qui seront hors de la Banlieu, par l'autorité du Juge Royal. Si le débiteur prétend que l'une ou l'autre de ces saisies, a esté faite

TABLE DES MATIERES.

faite injuſtement, l'affaire ſera portée devant le Juge Royal ou le Juge du Chaſtelain, & ſera décidée par l'un d'eux conjointement avec les Eſchevins. Le Maire pourra conduire le débiteur dans la Ville (pour y eſtre en ſûreté contre les pourſuites de ſon créancier;) à moins qu'il n'en ait eſté banni par le Roy ou ſes Juges, ou que le créancier n'ait fait oppoſition à la ſûreté que le Majeur veut donner à ſon débiteur. 160. XVI. A Peronne, ſi le Chaſtelain ou les Sergents Royaux enlevent par force les effets d'un Bourgeois, ils ſeront obligez de les lui rendre, s'il donne une caution; & le Bailli Royal lorſqu'il tiendra les Aſſiſes de la Commune, au jour & au lieu qu'ils ſont reglez, donnera ſon Jugement à ce ſujet. 161. XVII. A Peronne, lorſque les Eſchevins auront banni quelqu'un, le Bailli donnera ſes ordres pour empeſcher qu'il ne demeure dans la Banlieuë; & s'il eſt trouvé, le Bailli le fera arreſter à leur requiſition. 162. XXVII. A Peyonne, celui qui dira des injures au Maire, aux Eſchevins, ou à quelque perſonne que ce ſoit, qui ſe trouveront dans les ruës pour les Affaires publiques, payera 40 ſols à la Commune. Si celui à qui l'injure a eſté dite, en porte ſa plainte, on lui fera juſtice. 162. XXIV. Lorſqu'un habitant de Puy-Mirol fera un procès devant les Juges Royaux, à un autre habitant, ſur le fondement d'un titre qui ſera ſuſpect, le procès ne pourra eſtre commencé que le Bailli ou les Conſuls n'ayent fait une information ſur ce titre, & n'ayent déclaré que l'on peut proceder au Jugement du procès; ſi ce n'eſt cependant dans les procès où il s'agira du crime de Leze-Majeſté. 313. X. A Puy Mirol, les Sentences renduës par le Bailli ou les Conſuls de cette Ville, ou par les quatre perſonnes éluës pour juger ſur l'appel des Sentences du Bailli ou des Conſuls, ne pourront eſtre caſſées par le Seneſchal d'Agen, ni par quelqu'autre Juge que ce ſoit, ſi l'une des Parties n'en interjette appel devant eux. Le Seneſchal d'Agen, ni quelqu'autre Juge que ce ſoit, ne pourront évoquer devant eux les procès pendants pardevant le Bailly ou les Conſuls de cette Ville, s'ils n'en ont une cauſe juſte & raiſonnable. 313. XI. A Puy-Mirol, les Juges Royaux ne pourront faire d'information contre un habitant de cette Ville, qu'en preſence des deux Conſuls, s'ils veulent y aſſiſter. Si l'information ſe fait contre un Conſul, deux des perſonnes éluës pour juger l'appel des Sentences du Bailli & des Conſuls, ſeront requiſes d'y aſſiſter, ſi elles le jugent à propos. 313. XII. Juge & Courier de Romans. 224. Voy. *Romans*. A Roüen, ſi quelqu'un revendique une Terre devant ſon Juge, ou demande le payement d'une ſomme qui lui eſt dûë, le Juge décidera dans un temps marqué les conteſtations meuës à ce ſujet; & s'il ne le fait pas, le Maire & les Eſchevins les jugeront; à moins que ce Juge n'ait de légitimes excuſes qui leur ſoient connuës. 674. XXIII. 675. XXIV. Juge-Majeur de la Seneſchauſſée de Roüergue. 699. III. Voy. *Roüergue*. Les Sergents Royaux ne pourront exercer leurs fonctions dans la Ville de Sarlat; ſi

ce n'eſt en vertu d'un **Mandement des Juges Royaux**, dans lequel ſera marqué que les fonctions qu'on leur ordonne de faire, regardent le ſervice du Roy, ou les cas de reſſort. Les Officiers Royaux ne pourront demeurer dans cette Ville ſans le conſentement des Conſuls; ſi ce n'eſt lorſqu'ils en ſeront originaires, ou qu'ils s'y ſeront mariez; & dans ces deux cas, ils ne pourront exercer leurs fonctions dans cette Ville ſans le conſentement des Conſuls. 341. VII. Dans les procès qui regarderont les habitans de Sarlat, la publication des dépoſitions des témoins ſe fera par les Officiers Royaux; & il ſera donné Copie de ces dépoſitions aux Parties; ſoit que les Juges Royaux ſoient ſeuls Parties dans ces procès qu'ils pourſuivront d'Office, ſoit qu'ils ſe ſoient joints à l'une des Parties. 342. X. Juge du Conſulat de Sarlat. 341. VIII. Juge & Bailli de Sauveterre, qui eſtoit un Bailliage & une Chaſtellenie. 695. VII. 696. IX. X. A Valmy, un homme accuſé d'avoir eu part à une querelle, ſe purgera par ſon ſerment, & par celui de trois perſonnes. Si le Juge a vû la querelle, l'accuſé ne pourra ſe purger par ſerment. 487. VIII. Voy. *Valmy*. Juge de Verdun. Voy. *Verdun*. Les Conſuls de Verfeüil jugeront conjointement avec le Bailli, les Cauſes criminelles; à l'exception de celles dont le Jugement appartient au Roy. 277. V. Il eſt permis aux Conſuls de Villefranche de faire les proclamations neceſſaires pour les affaires de la Communauté de cette Ville, ſans demander permiſſion au Seneſchal de Roüergue. 309.

Juges. Voy. *Baillis, Jugement, Juriſdiction, Juſtice, Prevoſts, Seneſchaux & Traiteurs*.

Juges. Voy. *Officiers Royaux*.

JUGEANTS, (Hommes) & Pers du Comté de Ponthieu. 174. 175. Voy. *Ponthieu*.

Jugeurs. Les Prevoſts & Jurez de Tournay, donneront Conſeil aux Enqueſtes des (Jugeurs) qui ſont accouſtumez de venir aux Enqueſtes des Jurez. 375. II. Les Eſchevins de Tournay donneront conſeil aux Enqueſtes (des Jugeurs) de dehors. 375. V.

JUGEMENT fait ſommairement & *de plano*, ſans long bruit & figure de Jugement. 210. Affaire décidée par le Parlement ſans procès & figure de Jugement. 171. Jugement fait ſommairement & de plain par voye de réformation, pour éviter la longueur des procès. 199. Voy. *Marée*.

Jugement du Bailli de Chartres, par le Conſeil des *bons & ſages*. 273.

Jugement. Le Roy ayant eſté informé que dans le Bailliage de Vermandois, & principalement dans la Prevoſté de Peronne, ſes hommes de Fiefs, qui à cauſe & par le devoir de leurs Fiefs ſont obligez au conjurement du Bailli ou du Prevoſt, de s'aſſembler au jour & au lieu que ceux-ci leur indiquent, pour rendre la Juſtice, refuſoient ou differoient de le faire, parce qu'ils eſtoient chacun en leur particulier, condamnez à une Amende, ou arbitraire ou de 60 livres, lorſque leurs Jugements eſtoient infirmez par le Parlement; il ordonna que dans la ſuite, les Juges qui auroient rendu un Jugement qui auroit eſté infirmé par le Parlement, ne payeroient qu'une Amende de 60 livres entre eux tous; il ordonna aussi que ceux qui auroient appellé d'un Jugement rendu par des Hommes de Fiefs, leur payassent, s'il estoit confirmé, une Amende de 60 livres; pour-vû cependant qu'il y eust au moins six Juges qui eussent rendu ce Jugement; car s'ils estoient moins de six Juges, l'Amende qui devoit estre payée, ne devoit estre que de dix livres. Il ordonna encore que les Fiefs de ceux qui n'assisteroient pas à ces Jugemenrs, fussent saisis, jusqu'à ce qu'ils eussent payé une Amende au Roy. 140. 382.

Jugement. Reputé Noble en Jugement, & au fait d'armes. 563.

JUIFS. En 1360. le Roy Jean, par le Conseil des Estats Generaux, permit aux Juifs de demeurer dans le Royaume pendant 20 ans, à compter de la date de ses Lettres; moyennant une somme qu'ils lui payeroient en y rentrant, & une redevance annuelle à laquelle ils s'obligerent. Il confirma tous les privileges qui leur avoient esté accordez par ses Predecesseurs; & il leur en accorda de nouveaux. Voy. *les Sommaires.* Avant l'année 1370. Charles V. chassa les Juifs de son Royaume. En 1370. Manessier de Vesou, Juif, Procureur general des Juifs demeurants dans la Languedoyl, lui ayant representé, que quelques Juifs ayant presté de l'argent à un interest plus fort que celui qu'il leur estoit permis de prendre, le Prevost de Paris vouloit les condamner à de fortes Amendes, le Roy leur pardonna tous les delicts qu'ils avoient pû commettre à cet égard, & confirma tous les privileges qui leur avoient esté accordez par le Roy Jean, & par lui, lorsqu'il estoit Regent; moyennant 1500 Francs qu'ils payerent pour la réparation de la Tour de S.t Clou. Ses Lettres furent signées de son sceel secret, en l'absence du Grand. Mais le Procureur du Roy ayant pretendu que ces Lettres ne devoient pas avoir d'effet, parce qu'elles n'avoient pas esté passées à l'examen du sceau & de la Chancellerie de France, & que d'ailleurs le Roy n'avoit pas révoqué celles par lesquelles il avoit chassé les Juifs du Royaume, il les fit assigner devant le Prevost de Paris, & conclut contre eux à ce qu'ils fussent obligez de sortir du Royaume; & à ce que leur procés leur fût fait pour les delicts qu'ils avoient commis contre les Ordonnances & contre la teneur de leurs privileges; mais en 1372. le Roy leur permit de rester dans le Royaume pendant le temps prescrit par le Roy Jean, & en outre, pour autant de temps qu'il lui plairoit; les mit sous la Sauve-garde; & leur pardonna tous les delicts qu'ils avoient pû commettre. Il modifia cependant l'art. XI. des Lettres du Roy Jean de l'an 1360. qui portoit qu'ils seroient crus sur leur Loy & sur leur serment, de ce qu'ils diroient avoir presté aux Chrestiens; & il ordonna que ce ne seroit qu'en cas que les Chrestiens débiteurs ne pourroient prouver le contraire. Il ordonna encore que les Juifs seroient obligez de porter leur *enseigne* accoustumée au-dessus de la *ceinture, & en lieu plus apparent;* & que cette *ceinture* seroit de la largeur du sceel du Chastelet de Paris. Il en exempta cependant Manassier de Vesou & sa famille, & une autre famille. Il permit aussi aux Juifs de voyager dans la France, pourvû qu'ils ne s'arrestassent point, & qu'ils ne passassent point de contracts, & il les dispensa de porter l'*enseigne*, tant qu'ils seroient en route. Il ordonna encore que le crime d'un particulier Juif, ne pourroit estre imputé à toute la nation. 490.

Juifs. Deis ou *Dois* Quinon, Juif, Procureur general des Juifs demeurants dans le Languedoc, representa au Roy, que les Juifs ayant eu permission de demeurer dans le Royaume, moyennant une redevance annuelle qu'ils lui payent, il leur a promis de les deffendre contre les mauvais traitements qu'on pourroit leur faire; que cependant les Chrestiens les ont en dérision, & se moquent d'eux; & que les Juifs convertis à la Religion Chrestienne, veulent les obliger à aller à l'Office divin; le Roy deffendit qu'on les forçât à y aller, & qu'on leur fist aucun mauvais traitement. 167.

JUNAS. Diminution de Feux pour ce lieu, où il y en avoit 10. en 1372. p. 589. Voy. *Feux.*

JUREMENTS. (Punition des) 676. VIII.

JUREZ d'Angoulesme. 581. 683. Voy. *Angoulesme.*

Jurez d'Arras. 512. XXIV. Jurez de la Ville de Coulange-la-Vineuse. 665. Voy. *Coulange-la-Vineuse.* Maire, Jurez & Eschevins de la Neuville-le-Roy. 333. Conseillers Jurez de la Ville de Poictiers. 563. Consuls & Jurez de Puy-Mirol. Voy. *Puy-Mirol.* Maire, Jurez & Eschevins de Roye. 662. Voy. *Roye.* Jurage de la Commune de la Ville de Roye. 662. Jurez de la Commune de S.t Jean d'Angely. 671. Maire, Bourgeois & Jurez de S.t Jean d'Angely. 533. 535. Voy. *S.t Jean d'Angely.* Jurez de Tournay. 136. Jurez de la Commune de Valmy. 487. VII. Voy. *Valmy.* Jurez & Gardes du mestier de Coustier à Paris. 548. X. XII.

JURISDICTION. Par les anciennes Ordonnances du Royaume, nul ne doit estre adjourné en Jugement, hors de sa Jurisdiction. 28.

Jurisdiction. Il est ordonné que des affaires qui estoient portées dans des Prevostez relevantes d'un Bailliage, seroient portées à ce Bailliage; à condition que les Prevosts de ces Prevostez, percevroient toûjours par rapport à ces affaires, les Amendes & les autres profits de Justice. 201. Voy. *Abbeville.*

Jurisdictions. Lorsque des Sieges Royaux estoient démembrez du Domaine, ils cessoient d'estre Sieges Royaux; & les lieux qui avoient droit de ne ressortir que devant des Juges Royaux, estoient démembrez de leur ressort. 697. Voy. *Blois.*

Jurisdiction. Quoique le Comté de Blois ressortît devant le Bailli de Chartres, il fut ordonné que les Officiers & Bourgeois du Roy, demeurants dans ce Comté, ressortiroient devant le Bailli de Cepoy: mais dans la suite il fut ordonné qu'ils ressortiroient devant le Bailli de Chartres, comme les sujets du Comte. 10. Voy. *Blois.* Les

TABLE DES MATIERES.

habitans de la Bruyere-les-Catenoy, ne pourront estre jugez hors de leur Ville, que dans les cas de meurtre & de trahison. 712. Voy. *Bruyere*. (*La*) Les habitans de Caylus-de-Bonnette, ne pourront estre jugez que par les Juges ordinaires de cette Ville, au Civil & au Criminel; à moins qu'ils ne se soient soumis eux-mesmes à une autre Jurisdiction. 286. III. Reglement sur la Jurisdiction du Dauphin, & sur celle des Seigneurs du Dauphiné. 46. XXIX. Voy. *le Sommaire*. On ne pourra en vertu d'une Enqueste (ou *Information*) tirer un habitant du Dauphiné, hors de la Jurisdiction dans laquelle il a commis un delict, à moins que le Dauphin ne veüille le faire comparoistre devant lui, ou devant son Conseil, estant auprès de sa personne dans le Dauphiné. 42. XVII. Le Dauphin, dans quelque affaire que ce soit, réelle, personnelle, criminelle ou mixte, ne pourra faire juger ses Justiciables immédiats, que par le Juge ordinaire du lieu dans lequel la Partie est domiciliée, ou la chose dont il s'agit située, ou par un Commissaire envoyé dans ces lieux aux dépens du Dauphin, qui pourra cependant évoquer ces affaires à sa personne, ou à son Conseil estant auprès de lui dans le Dauphiné. 49. XXXV. Lorsqu'un criminel qui aura commis un delict dans la Jurisdiction d'un Noble, sera trouvé dans l'étenduë de la Jurisdiction de la Cour Delphinale, les Officiers du Dauphin le renvoyeront à ce Noble, après avoir fait une Information sommaire sur le delict. 51. XLV. Les Sergents de la Cour Delphinale ne pourront faire des bans ou (proclamations) sur les Terres des Nobles qui ont droit d'en faire. 52. XLVI. La Cour Commune du Gevaudan. 603. Voyez *Mende*. Le Roy donne pour Juge à l'Abbaye de Grammont, Diocése de Limoges, le Bailli de S.ᵗ Pierre-le-Moustier en Nivernois, afin que les mauvais procés que l'on voudra faire à ces Religieux, ne devant point estre jugez par les Juges ordinaires des lieux, mais par des Juges d'*attribution*, qui peuvent estre éloignez, la crainte de s'exposer à des dépenses & à d'autres incommoditez, contiennent ceux qui voudroient faire ces procés. 567. Les habitans de Mailli-le-Chasteau ne pourront estre contraints de sortir de leur Ville pour aller plaider ailleurs, dans les affaires qui regarderont leur Seigneur. 715. VI. Le Roy accorde aux habitans de Milhaud, le privilege de ne pouvoir estre jugez hors de leur Ville. 525. Voy. *Milhaud*. Les Commissaires du Roy doivent juger à Narbonne, les affaires dans lesquelles toutes les Parties sont de cette Viguerie, & où le Roy n'a pas d'interests. 124. Voy. *Narbonne*. Les procés civils ou criminels des habitans de Peyrusse, seront jugez dans ce lieu. 706. XV. Cour Commune du Puy-en-Velay. 723. A Roüen, si un Bourgeois qui a commis un delict, & qui doit estre jugé par le Maire & les Eschevins, engage quelque personne à interceder pour lui, afin que la peine à la quelle il doit estre condamné soit moderée; si ce n'est pas le Roy qui demande grace pour lui, cette peine loin d'estre diminuée, sera augmentée. 674.

XVIII. A Roüen, si un homme de dehors se pourvoit devant le Maire & les Eschevins contre un Bourgeois qui est son débiteur, son Seigneur pourra revendiquer le Jugement de ce procés; mais s'il ne le juge pas dans trois jours, il sera décidé par le Maire & les Eschevins. 675. XXVI. Si on amene dans la Ville de S.ᵗ Jean d'Angely, un homme prevenu de crime, il sera remis entre les mains du Maire, pourvû qu'il n'ait point esté pris dans l'enceinte du Chasteau, qu'il ne soit point Officier du Roy, & qu'il ne s'agisse point d'un cas Royal. Si le Maire juge qu'il y ait assez de preuves pour faire le procés à cet homme, il le remettra entre les mains du Prevost qui l'amenera au Tribunal du Maire, qui le jugera conjointement avec le Prevost & avec d'autres personnes sages. 675. I. Voy. *les Notes*. 676. III. A S.ᵗ Jean d'Angely, le Maire & les Jurez ont seuls le droit d'arrester les Bourgeois prevenus de crimes; & s'ils jugent qu'il y ait assez de preuves pour leur faire leur procés, ils les remettront entre les mains du Prevost, pour estre jugez comme ceux qui ne sont pas Bourgeois. 676. II. A Saint Jean d'Angely, les Sergents Royaux ne pourront saisir les biens des Bourgeois sans appeller les Sergents du Maire; ce n'est pour ce qui est dû au Roy ou par son ordre; en se conformant néantmoins aux Ordonnances Royaux. 676. IV. A S.ᵗ Jean d'Angely, si un homme qui n'est pas de la Commune, fait quelque tort à un Bourgeois, & qu'estant requis de le reparer, il refuse de le faire, le Maire pourra deffendre à tous les Bourgeois d'avoir aucun commerce avec lui, jusqu'à ce qu'il ait reparé le dommage, ou qu'il ait donné caution de comparoistre en Justice; à moins que le Roy ou son Fils ne soient dans la Ville, ou que l'on y tienne la grande Assise du Roy. Le Maire pourra requerir le Prevost de faire la mesme deffense aux habitans de la Ville non Bourgeois. 676. V. A S.ᵗ Jean d'Angely, le Maire punit ceux qui font des jurements, & ceux qui volent du raisin, du verjus, du foin & autres menuës denrées, pourvû que le vol ne soit pas considerable. 676. VIII. Les habitans de Sarlat ne pourront estre jugez que dans la Jurisdiction de cette Ville, mesme dans les cas qui regarderont le Roy; si ce n'est lorsqu'ils se seront obligez, ou qu'ils auront commis des crimes ou des delicts dans quelques autres Jurisdictions. 340. V.

JUSTICE haute, moyenne, basse & fonciere. 464.
Justice. Lettres du Roy adressées aux Presidents du Parlement, qui leur ordonnent de ne plus surseoir à la prononciation des Arrests, quelques ordres qu'ils en reçoivent de lui; & qui portent que son intention n'est plus de juger en personne les affaires de peu d'importance. 323.
Justices. Lorsque le Duché d'Anjou fut donné en Pairie à Loüis de France, le Roy l'exempta de la Jurisdiction de tous autre Seigneurs. 435.
Justice prétenduë par des Nobles, sur des Monasteres de l'Ordre de Cisteaux. 143. Voy. *Cisteaux*.
Justice. (Lettres de) 62. & Note (*b*). Voy. *Dauphiné*.

c e ij

TABLE DES MATIERES.

Justice. Le chef de la Justice d'Arras, se nommoit autrefois *la Justice.* 512. XXIV. & Note *(kk)*. Les habitans de Beziers sont exempts des droits de Francs-Fiefs, pour les heritages qu'ils pourront acquerir, rapportant un certain revenu; pourvû qu'il n'y ait point de Justice attachée à ces heritages. 302. Voy. *Beziers.* Dans le Comté de Blois, les Bourgeois du Roy estoient jugez dans les cas personnels par les Juges Royaux, ou par ceux du Comte; & toûjours par ceux-ci, dans les cas personnels. 11. Dans le Dauphiné, les Nobles ne pourront donner en Arriere-Fief les Justices relevantes du Dauphin, sans son consentement exprés. 43. XXII. Les habitans de Fleurence pourront acquerir pendant cinq ans, des Fiefs Nobles & militaires; pourvû qu'il n'y ait point de Justice attachée; & à condition qu'ils ne rendront point hommage de ces Fiefs. 488. IV. Ce terme de cinq ans fut prorogé jusqu'à huit. pp. 399. 400. A Mailli-le-Chasteau, moderation des Amendes & de ce qu'on paye pour les Requestes presentées au Prevost. 715. V. Voy. 717. XXIV. Pendant dix ans, la Ville & les habitans de Villefranche seront exempts des droits de Francs-Fiefs, qu'ils payeront cependant, s'ils acquerent des Justices, des Chasteaux & des hommages. 700. IX.

Justiciers. (Hauts) Leurs Juges auront une partie du prix del sujet à confiscation, qui aura esté pris dans l'estenduë de leurs Justices. 578. XI. Lorsque les Officiers Royaux demeurans dans les Terres d'un Seigneur, faisoient des malversations, il s'en plaignoit au Juge Royal devant lequel il ressortissoit. 11. Cas dans lesquels les Sergents Royaux peuvent exploiter dans dans leurs Terres. 444. Voy. *Sergents Royaux.* Les executions pour le payement des Tailles imposées dans les Consulats de la Seneschaussée de Roüergue, se feront par des Sergents Royaux, appellez les Sergents des Justices ordinaires des lieux où se feront ces executions. 258. Quand les Sergents Royaux feront une execution pour le fait des Aides, ils appelleront les Sergents des hauts-Justiciers des lieux où il se feront; & ceux-ci pourront prendre de salaire par rapport à leur presence. 18. XI. Lorsque le sujet d'un Seigneur, s'advoüoit Bourgeois du Roy, le Seigneur se pourvoyoit devant le Juge Royal devant lequel il ressortissoit, pour faire casser l'adveu de son sujet. 11.

Justiciers. (Hauts) Voy. *Seigneurs.*

K

KARAT. Les Orfevres du Puy-en-Velay, pouvoient fabriquer de petits ouvrages d'Or, à 7 Denier. ou 14 Karats. Il leur fut permis de fabriquer ces ouvrages d'Or, à 8 Deniers ou 16 Karats. 7. 8. Voy. *sur le Karat*, 7. Note *(b)*.

L

LABOURAGE. Les Juifs pourront prester sur gages; mais ils ne pourront prendre pour gages des instrumens propres au labourage. 493. X.

Laboureurs. On ne pourra pour les dettes Royaux & autres executer & saisir les chevaux, bœufs & autres bestes tirant les charruës, ni mettre les Laboureurs en prison, tant que l'on trouvera d'autres biens meubles & des heritages appartenants à ces Laboureurs, que l'on pourra saisir. 21. IX. A Angoulesme, les Laboureurs ne peuvent se loüer, & l'on ne peut loüer les bestes de loüage, que dans le lieu marqué à cet effet. 682. XIII. XIV.

LADRES. Les Barbiers de Paris ne pourront exercer leurs mestier sur eux. 441. IV.

Ladres. Les Gens d'Eglise de Paris & le Prevost des Marchands s'estant plaints au Roy, que depuis les guerres, il y estoit arrivé, tant du Royaume que de dehors, un grand nombre de Mezeaux attaquez de la maladie de S.t Ladre, qui mandioient, mangeoient & buvoient au milieu des ruës & des carrefours; le Roy enjoignit au Prevost de Paris, d'y faire publier que tous les Ladres qui n'estoient pas de cette Ville, & qui par consequent, suivant les anciens Statuts, n'avoient pas droit d'y estre receûs dans les Maladeries, eussent à en sortir, & à se retirer dans leur pays, pour y estre receûs dans les Maladeries à ce destinées. 451.

Ladres. Voy. *S.t Ladre.*

LAGNY-sur-Marne. Charles V. en consideration des services que lui avoient rendus les Arbalestriers de cette Ville, aux Sieges d'Estampes, de Nogent & de Marroles, exempte le Connestable & seize Compagnons de la Connestablie joüans de l'Arbaleste dans cette Ville, de tous Impôts; à l'exception de l'Aide pour la rançon du Roy; de la mesme maniere qu'il en avoit exempté les Arbalestriers de Roüen. 32.

LAIRAC. Les habitans de Dunes venoient y acheter du sel. 436. Voy. *Dunes.*

LAMATA, (*Locus de*) de la Viguerie de Narbonne. Diminution de Feux pour ce lieu, où il y en avoit 55. en 1371. p. 466. Voy. *Feux.*

LANCE. Le fer de la Lance dont le côté de N. S. fut percé, est dans le Tresor de la S.te Chapelle de Paris. 1. Note *(b)*.

LANDRICOURT, (Ville & Poste de) dépendant de Coucy. Affranchissement des habitans de ce lieu. 154. Voy. *Coucy.*

LANGRES. Les Abbayes de Molesmes, de Molosme & de Quincy, & la Ville de Levigny sont de ce Diocése. 513. Voy. *Levigny.*

Langres. Charles V. envoyant à l'Evesque de Langres, une Bulle du Pape Clement V. contre les Faux-Monnoyeurs, le requiert & le prie de la faire afficher à la porte de toutes les Eglises de son Diocése. 426. Voy. *Monnoyes.* Maistre Jean *de Bellomodo* Clerc & Secretaire du Roy, & Archidiacre de Langres, ayant à cause de son Archidiaconé, une Jurisdiction spirituelle ordinaire avec l'Evesque de Langres, Pair de France, dans le cas de prévention, a recours au Roy, le 3. de Juillet 1371. pour faire contraindre un grand nombre de personnes soumises à sa Jurisdiction, à se faire absoudre de l'Excommunication qu'elles avoient encouruës. 414. Voy. *Excommunication.*

LANGUEDOC.

LANGUEDOC. Carcaſſone eſt la clef de tout le Languedoc. 422. La Ville de Carcaſſone n'eſt point compriſe dans les Comtez des Seneſchauſſées de Toulouſe, de Carcaſſone & de Beaucaire, & elle n'aſſiſte point à leurs Aſſemblées. 421. Voy. *Carcaſſone*.

Languedoc. Le 23. de Janvier 1338. Jean Roy de Boheme eſtoit Lieutenant du Roy dans le Languedoc : un peu plus haut, on lui donne le titre de Capitaine de la guerre du Roy dans la Gaſcogne. 436. Le 2. de Fevrier 1355. le Comte d'Armagnac Lieutenant du Roy dans le Languedoc, donna à la Ville de Caſtelnaudary, des privileges qui furent confirmez par le Roy. 5. Le Mareſchal de Daudenehen, Lieutenant du Roy dans le Languedoc. 393. Le 17. de Decembre 1358. Jean Comte de Poitiers eſtoit Lieutenant du Roy dans le Languedoc, & il l'eſtoit encore le 2. de Juillet 1359. pp. 125. 126. 127. Le Duc d'Anjou eſtoit Lieutenant du Roy dans ce pays, le 7. d'Aouſt 1365. pag. 210. En 1370. Le Duc d'Anjou eſtoit Lieutenant du Roy, dans toutes les parties de l'*Occitanie*. 394.

Languedoc. Les Communes des Seneſchauſſées de Toulouſe, de Carcaſſone & de Beaucaire, obtiennent une ſeconde diminution de Feux. 505. Voy. *Feux*.

Languedoc. En 1372. le Roy revoque tous les Commiſſaires envoyez par lui dans les Seneſchauſſées de Toulouſe, de Carcaſſone & de Beaucaire, ſur le fait des Admortiſſements & des Francs-Fiefs, juſqu'à ce que leurs Commiſſions ayent eſté renouvellées par lui & non par d'autres, & qu'elles ayent eſté expediées à la Chambre des Comptes, qui les inſtruira de ſa volonté. Il leur ordonne de compter du fait de leurs Commiſſions. 489. Rétabliſſement des Commiſſaires ſur les Admortiſſements & les Francs-Fiefs, dans les Seneſchauſſées de Toulouſe, de Carcaſſone & de Beaucaire. 543. Voy. *Admortiſſements*.

Languedoc. (Treſoriers dans le) 603. Le Roy eſtablit un Controlleur des Recettes Royales, dans les Recettes du Languedoc; c'eſt à ſçavoir, dans celles de Toulouſe, de Carcaſſone & de Beaucaire. 122. Voy. *Controlleurs des Recettes Royales*.

Languedoc. Aide pour la guerre, levée dans le Languedoc, en 1371. p. 430. Voy. *Aide*. Impoſition accordée pour la guerre vers 1371. par pluſieurs Comtez des Seneſchauſſées de Toulouſe, de Carcaſſone & de Niſmes, dans le Languedoc. Bernard de Mora eſtoit un des Generaux pour la levée de cette Impoſition. 421. Voy. *Carcaſſone*. Aides eſtablies par le Conſeil du Roy à Roüen, pour eſtre levées dans le Languedoc, ſur les bleds, farines, vins & autres breuvages. 629. Conſeillers-Generaux ſur le fait des Aides de la guerre, départis dans le Languedoc. 604. Reformateurs ſur le fait des Aides ſeulement, envoyez dans le Languedoc. 649. XVIII. La Gabelle y eſtoit eſtablie en 1367. 103. Lettres par leſquelles Charles V. confirme l'Ordonnance par laquelle, en qualité de Lieutenant du Roy Jean ſon Pere, il avoit confirmé celle qui avoit eſté faite par le Comte d'Armagnac , Lieutenant du Roy dans le Languedoc, en conſéquence de l'Aſſemblée des trois Eſtats tenuë à Toulouſe, dans le mois de Septembre. 1355. p. 560.

Languedoc. Comme en Juin 1372. on craignoit une irruption des ennemis dans le Languedoc, il fut deſſendu à tous les Nobles de ce pays, Chevaliers, Eſcuyers, & à tous autres, de quelque eſtat & condition noble qu'ils fuſſent, d'en ſortir ſans la permiſſion du Duc d'Anjou Lieutenant du Roy dans ce pays; ſi ce n'eſtoit pour ſervir le Roy. 483.

Languedoc. Juifs perſecutez dans le Languedoc. 167. Voy. *Juifs*.

Languedoc. Pendant dix ans, les habitans de Peyruſſe ſeront exempts de tous droits ſur les marchandiſes qu'ils acheteront & qu'ils vendront dans le Languedoc. 705. XIII.

LANGUED'OIL. Le Roy adreſſe au Bailli des Montagnes d'Auvergne, des Lettres touchant la révocation des Lieutenans du Roy, dans les parties de la Languedoyl. 594.

LAON. Le Bailli de Vermandois ou ſon Lieutenant y avoit une Court. 30.

Laon. (Prevoſt de) 68. VIII. Chaourſe, Boüilliaux & Vien-ſur-Aiſne, de la Prevoſté Foraine de Laon. 246.

Laon. (Appeaux Volages de) 29. Voy. *Appeaux Volages*. Appeaux frivoles de la Prevoſté de Laon, ſupprimez par rapport aux Juſtices dépendantes du Chapitre de Rheims. 470. Voy. *Rheims*. Appeaux frivoles de la Prevoſté de Laon, ſupprimez ſur les plaintes du Prevoſt de Soiſſons, & de pluſieurs autres Juſticiers du Bailliage de Vermandois. 720. Voy. *Soiſſons*.

Laon eſt le ſouverain Siege & reſſort du Bailliage de Vermandois; & deux fois la ſemaine, on y tient Plaids; à ſçavoir, aux Auditoires de ce Bailli, & du Prevoſt Forain de Laon. Par les anciennes Ordonnances faites par l'avis des trois Eſtats de la Prevoſté de Laon, il n'y avoit que dix Sergents Royaux, aux gages de dix livres chacun ; & dans les cinq pays de Soiſſonnois, de Laonnois, de Thierarche, de Porcien & de Champagne, qui compoſent la Prevoſté de Laon, il y avoit deux Sergents, qui y faiſoient le ſervice. Quelques-unes de ces charges de Sergents avoient eſté données à des habitans de Calais, pour les recompenſer de la perte qu'ils avoient ſouffert par la deſtruction de leur Ville, les autres avoient eſté acquiſes avec la permiſſion du Roy, de quelques-uns de ſes Officiers, & d'autres eſtoient chargées de rentes à vie. Dans la ſuite, le peuple du Laonnois s'eſtant augmenté, on y inſtitua deux autres Sergents, ſans gages, & il fut ordonné que ces deux nouveaux Sergents ne ſeroient point attachez à aucun pays en particulier; mais qu'ils pourroient ſervir dans toute la Prevoſté. Enfin Charles V. ſur le rapport du Bailli de Vermandois, inſtitua peu de temps avant l'année 1371. cinq nouveaux Sergents ſans gages. Les anciens ſe plaignirent, & repreſenterent que les habitans de ce pays estoient fort diminuez par les guerres & la mortalité. Sur quoi il fut ordonné que le nombre des Sergents de la Prevosté de Laon, seroit irrévocablement fixé à 17. qu'il y en auroit trois d'entre eux, qui seroient le service dans chacun des cinq pays ci-dessus nommez; que les deux restants choisis par le Bailli du Vermandois, de l'avis de son Conseil & du Procureur du Roy, resideroient dans la Ville de Laon, avec les trois qui seroient de service dans le Laonnois; & qu'un des trois Sergents de chacun des cinq départements, chacun à son tour, seroit tenu de se trouver à Laon, chaque jour de Plaids, pour faire rapport au Bailli & au Prevost, de tout ce qui peut regarder l'ordre de la Justice & les droits du Roy; & qu'à cet effet, ils pourroient faire des informations dans toute la Prevosté de Laon; mesme dans les Terres tenuës en Pairie. 449.

Laon. Receveur Royal du Vermandois à Laon. 30.

Laon. Le Bourg d'Aisne & le Chasteau-S.t-Mard, de la paroisse de S.t Vast de Soissons, de la Prevosté Foraine de Laon. Les habitans de ces lieux chargez d'une redevance annuelle payable au Receveur de Vermandois à Laon. 93. Voy. *Appeaux Volages.*

Laon. Dixaines establies pour la garde de la Ville de Laon. 68. VII.

Laon. Privileges accordez au Connestable & Compagnons de la Connestablie des Arbalestriers de Laon. Ils presteront serment entre les mains du Prevost de Laon, les Lettres sont adressées au Bailli de Vermandois. 66. Voy. *les Sommaires.* Le Roy voulant recompenser les services que lui avoient rendus le Connestable & les Compagnons de la Connestablie, joüans de l'Arbaleste en la Ville de Laon, & principalement à la délivrance des Chasteaux de Saponay, Roucy & Sissonne, occupez par les ennemis; il ordonna que 25. de ces Arbalestriers choisis par le Connestable, seroient exempts de toutes Aides, Tailles & Subsides, à l'exception de l'Aide qui se paye pour la rançon du Roy; conformément à ce qui avoit esté accordé aux Arbalestriers de Roüen; à condition que ces vingt-cinq Arbalestriers serviroient le Roy dans ses armées. 13. 67. Le Prevost de Laon tiendra un Registre des noms des Arbalestriers de cette Ville, lesquels presteront serment entre ses mains. 69.

Laon. A la requeste du Doyen & Chapitre de Laon, le Roy abolit les Appeaux frivoles dans les Justices à eux appartenantes. Les Lettres sont adressées au Bailli du Vermandois. 635. Voy. *Appeaux frivoles.*

Laon. Lettres qui permettent aux Chapelains de la Confrairie establie dans l'Eglise de Laon, de faire Corps & College, d'acquerir des biens, & de comparoistre en Jugement, soit en personnes ou par Procureurs, pour la deffense de ses biens. Les Lettres sont adressées au Bailli de Vermandois. 271.

LATES. (Port de) Le Gouverneur des droits Royaux & de Souveraineté à Montpellier, establira des Gardes dans ce lieu, pour y percevoir la Reve & les autres Impositions sur les marchandises qui sortent du Royaume. 478. IX.

LATRINES. Le Bailli & les Consuls de Mielhan, appellez les Officiers Royaux, auront l'inspection sur les latrines. 443. III.

LAURAGUAIS (La Judicature de) est de la Senefchaussée de Toulouse. 589.

LEBOUYRAC est de la Jurisdiction & du Territoire de Beziers. 213. Voy. *Beziers.*

LECTOURE. 191. Voy. *Vic-Fesensac.*

LEDENON, de la Viguerie de Nismes, de la Senefchaussée de Carcassone. Diminution de Feux pour ce lieu, où il y en avoit 43. en 1373. p. 641. Voy. *Feux.*

LEGITIMATION. (Lettres de) Le Roy peut seul en donner. 480. VI. Elles doivent estre passées par les Gens des Comptes, qui fixeront la finance qui doit estre payée par les Impetrans de ces Lettres. 119. Voy. *Audiance.*

LEIS. (L'Isle de) 564. Voy. *Ré.*

LENDIT. Reglement pour la vente des draps fabriquez à S.t Lô, qui est une des 17 Villes du Royaume qui portent des draps à la Foire du Lendit. Aides & hallages sur les draps vendus. 420. Voy. *S.t Lô.*

LEONE. (Locus de) 466. Voy. *Serpent.*

LESPIGNAN, Diocèse de Beziers. Diminution de Feux pour ce lieu, où il y en avoit 28. en 1369. p. 212. Voy. *Feux.*

LETTRES patentes ouvertes & closes. 250. 643. Lettres closes ou de cachet, signées de la main du Roy, sous le signet secret de son anneau. 26. 27.

Lettres à la fin desquelles, il y a : *Par le Roy*, ou *Per Regem.* 3. 24. 26. 70. 71. 83. 90. 91. & Note (a). 99. 107. 112. 114. 116. 117. 120. 129. 136. 144. 153. 167. 170. & Note (a). 2e. col. 185. 191. 194. 196. 198. 199. 200. 216. 218. 223. 235. 236. 237. 239. Note (b). 257. bis. 258. 259. 260. 261. 262. 264. 265. 268. 269. 271. 280. 282. 283. 284. 287. 295. 296. 300. bis. 304. 305. 307. bis. 321. 329. 332. 234. 337. 338. 343. 345. 346. 348. 352. 355. 369. 379. 382. 385. 392. 401. 405. 408. 410. 412. 416. 419. 421. 423. 424. 426. 430. 431. 436. 440. 442. 443. 444. 446. 448. 449. 452. 455. bis. 457. 465. 472. 482. 484. 490. bis. 498. 504. 505. 526. 531. 532. bis. 541. Note (i). 542. 543. bis. 544. 550. 557. 561. 562. 567. 579. 581. 582. 592. 593. 594. bis. 595. 598. 612. 615. 625. 636. 639. 640. bis. 644. 655. 687. 690. 692. 693. 720. 722. 724.

Lettres Royaux à la fin desquelles, il y a : *In Consilio*, ou, *Par le Roy, en son Conseil.* 7. 18. 22. 29. 61. 62. 64. 65. 66. 77. 104. 106. 136. 141. 164. 173. 174. 175. bis. 176. 177. bis. 178. bis. 179. bis. 180. 182. 183. 184. 556. 558. 571. 576. 618. 626. 627. 629. 661. 685. 688. 689. bis.

Lettres Royaux à la fin desquels il y a : *Per Regem, ad relationem Consilii*; ou *Par le Roy, à la relation du Conseil.* 4. 8. bis. 10. 13. 78. 79. 92. 97. 110. 115. 118. 119. 125. 127. 128. 148. Note (b).

TABLE DES MATIERES.

151.153.156.165.171.173.187.206.207. 208. 211. 214. 215. 220. 222. 224. 227. & 228. Note. 233. 238. 239. 246. 249. 267. 275. 278. 292. 294. 295. 308. 309. 314. 318. 369. 390. 391. 393. 399. 427. 451. 452. 453. 458. *bis.* 461. 476. 482. 487. 503. 507. 512. 516. 517. 519. 522. 525. 535. 536. 549. 588. 592. 602. 611. 635. 653. 661. 666. 697. 702. 707. 710. 712. 724. Lettres Royaux signées, *Par le Roy, à la relation du Conseil, & des Generaux-Maistres des Monnoyes.* 251. Note *(c).*

Lettres Royaux signées, Par le Roy, presents les Generaux-Conseillers sur les Aides de la guerre. 351. Lettres concernant la Monnoye, données, *Par le Roy*, à la relation des Generaux-Conseillers sur le fait des Aides de la guerre. 506. 507.

Lettres données par le Conseil estant en la Chambre des Comptes. 369. 420. 432. 504. 610. 616. 662. 663. 718. Lettres Royaux concernant les Monnoyes, données par le Conseil estant à la Chambre des Comptes, ou estoient les Maistres des Monnoyes. 642.

Lettres ainsi signées. *Par le Conseil estant à Paris.* 168. 403. 417. 485. 489. 603. 607.

Lettres Royaux, à la fin desquelles il y a : *Per Regem, in Requestis Hospicii*, ou *Par le Roy en ses Requestes.* 5. 12. 13. 30. 32. 69. 93. 95. 106. 111. 121. 146. 150. 201. 202. 204. 206. 209. 221. 231. 249. 255. 272. 275. 288. 290. Note. 291. 304. 316. 322. 328. 330. 331. 334. 400. 402. 413. 445. 463. 467. 469. 471. 526. 527. 528. 529. 545. 546. 560. 564. Note. 567. 583. 590. 597. 622. 631. 634 635. 698. 713. 722. Lettres Royaux données, Par le Roy, les Seigneurs des Requestes presents. 147.

Lettres Royaux à la fin desquelles, il y a : *Quoniam sic fieri volumus*, ou, *Car ainsi le voulons Nous.* 13. 57. 64. 104. 105. 183. 184. 258. 304. 319. 331. 384. 402. 407. 408. 410. 455. *bis.* 467. 484. 507. 526. 529. 531. 541. Note *(i).* 560. 562. 614. 687. 690. Lettres des Ducs d'Anjou & de Berry, Lieutenants du Roy, dans lesquelles se trouve cette formule. 387. 607. 639. Lettres Royaux, à la fin desquelles, il y a : *Car ainsi Nous plaist & le voulons estre fait.* 80. 109. 111. 117. 171. 222. 350. 385. 501. 506. 557. 594. 661. Lettres Royaux, à la fin desquelles, il y a : *Lecta in Consilio, & vult Rex quod transeat sub hac forma.* 77.

Lettres Royaux scellées du scel du Chastelet, en l'absence du Grand. Voy. *Scel.*

Lettres Royaux (Les) à la fin desquelles il y a, *ad relationem vestram*, ont esté données sur le rapport du Chancelier. 581. Note *(c).* Ces mots *auquel*, (Conseil) *vous estiez*, qui se trouvent à la fin de quelques Lettres Royaux, signifient le Chancelier. 653. Note *(c).*

Lettres Royaux scellées en cire verte. 2. 3. 6. III. 11. 24. 60. Note. 76. 83. 84. 120. 129. 137. 141. 166. 171. 177. 179. 196. Note *(b).* 237. 287. X. 296. 298. 302. 305. 314. XV. 337. 342. XII. 348. 383. 435. 461. 487. 496. 516. 518. 523. 566. VI. 595. 602. 603. 612. 613. 632. 685. 692. 696. 712. Lettres Royaux scellées en cire jaune. 5. 97. 165. 367. 635. Lettres Royaux scellées en cire blanche. 384.

Lettres Royaux. Rature faite dans des Lettres Royaux, par l'ordre du Chancelier. 121. Lettres Royaux rescrites & corrigées. 470. Lettres du 22. d'Aoust 1367. rescrites sous la date du mois de Fevrier 1367. à cause de l'addition & de la correction de quelques mots. 64. Lettres Royaux à la fin desquelles il y a : *Autrefois signées. Par le Roy en son Conseil, & rescrites & scellées conformément à la correction faite, par le Conseil estant dans la Chambre du Parlement.* 141. Lettres Royaux à la fin desquelles, il y a : *Autrefois ainsi signées, & rescrites & signées suivant la correction du Conseil, estant dans la Chambre du Parlement.* 382. Lettres du 17. de Juin 1371. à la fin desquelles il y a : *Ainsi signées autrefois. Ainsi signées de la date du 4. de Decembre 1367. & de vostre commandement, joint avec la clause que le Vidimus vaille original.* 403. Lettres Royaux à la fin desquelles, il y a : *Iterato correcta.* 8. Lettres Royaux de Juillet 1371. rescellées du scel du Roy [Charles VI.] en 1390. p. 419. Lettres Royaux à la fin desquelles, il y a : *Renouvellées à l'instar d'une autre qui a esté scellée.* 165. Lettres de Philippe-Auguste, qui paroissent datées du jour de son couronnement, avant qu'il montât sur le trosne. 237. & Note *(b).* Lettres de Philippe-Auguste, dans lesquelles la date de l'année ne s'accorde pas avec l'année du Regne. 144. & Note *(a).* Lettres de Philippe-Auguste datées de 1207. & de 1209. p. 163. Lettres Royaux datées de 1278. que l'on croit estre de 1188. p. 106. Voy. Note *(a).* Deux Lettres Royaux entierement semblables, signées de mesme, & données au mesme lieu, ont des dates differentes. 526.

Lettres Royaux à la fin desquelles, il y a, *Visa.* 3. 4. 8. 10. 12. 22. 24. 27. 29. 30. 32. 69. 71. 77. 79. 83 95. 99. 107. 109. 111. 112. 114. 119. 125. 128. 144. 146. 147. 151. 153. *bis.* 156. 164. 167. 170. 173. 174. 175. *bis.* 176. 177. *bis.* 178. *bis.* 182. 183. 184. 185. 187. *bis.* 188. 189. 191. 194. 196. Note *(b)* 198. 201. 202. 204. 206. 209. 211. 214. 215. 218. 220. 221. 223. 224. 233. 237. 238. 239. 249. 255. 257. *bis.* 258. 259. 261. 264. 265. 267. 268. 269. 271. 272. 275. 278. 280. 282. 283. 284. 288. 290. Note. 291. 294. 295. *bis.* 296. 304. 307. 308. 309. 314. 316. 318. 322. 328. 329. 330. 331. 332. 334. 338. 343. 345. 346. 348. 351. 352. 355. 369. 382. 391. 393. 399. 400. 401. 412. 413. 414. 417. *bis.* 421. 438. *bis.* 442. 449. 451. 457. 458. 461. 465. 466. 471. 472. 488. 489. 512. 517. 522. 525. 688. 689. *bis.* 693. 697. 702. 710. 712. *bis.* 713.

Lettres Royaux à la fin desquelles, il y a : *Contentor.* 22. 27. 29. 79. 99. 125. 209. 218. 296. 304. 318. 332. 338. 352. 421. 487. Lettres Royaux à la fin desquelles, il y a : *Solut. huc usque.* 79.

ff ij

TABLE DES MATIERES.

Lettres Royaux à la fin desquelles, il y a : *Lecta.* 413.

Lettres Royaux à la fin desquelles, il y a : *Scriptor.* 109. 153. 331. Lettres Royaux à la fin desquelles, il y a : *Ego Scriptor.* 249.

Lettres de Justice. 62. & Note *(b)*. Voy. *Dauphiné.*

Lettres d'Estat. Voy. *Estat.* (*Lettres d'*)

Lettres Royaux signées : Par les Gens des Comptes. 384. L'hommage & le serment de fidelité rendus au Roy par les Gens d'Eglise pour les Justices & Terres à eux appartenantes qui relevent de lui, se prouvent par des Lettres Royaux expediées par la Chambre des Comptes. 653. Voy. *Eglise.* (*Gens d'*) Lettres Royaux sur le fait des Admortissements & des Francs-Fiefs, données par les Gens des Comptes. 127. Lettres Royaux sur les Admortissements & les Francs-Fiefs, signées. *Per Gentes Compotorum, de mandato Regis.* Ces Lettres furent lûës & enregistrées au Bureau. 360. Lettres Royaux. Le Roy déclare que les choses acquises par des Gens d'Eglise, ne seront point censées admorties, quoique la finance ait esté payée, si les acquereurs n'ont eu du Roy des Lettres d'Amortissement expediées à la Chambre des Comptes. 543. Voy. *Admortissements.*

Lettres Royaux lûës & publiées à la Table de Marbre, dans le Palais Royal à Paris. 24. Ordonnance criée & publiée par Arrest du Parlement à la Table de Marbre à Paris. 428. Lettres Royaux de 1372. enregistrées au Parlement de Paris, en 1551. p. 305. Le Roy ordonna que les Lettres par lesquelles il avoit transferé la Bourgeoisie de Montpellier, de Sommieres à Aigues-Mortes, seroient enregistrées au Parlement & à la Chambre des Comptes, afin que personne n'en pût pretendre cause d'ignorance. 627. V. *Mnotpellier.* Le Roy ordonna que les Lettres qu'il accordoit aux Abbayes de S.t Martin de Tours & de Marmoustier, fussent lûës, publiées & enregistrées au Parlement. 305. 307. Voy. *Tours,* (*Saint Martin de*) & *Marmoustier.* Lettres Royaux qui ordonnoient que les Affaires de l'Eglise de Chartres seroient portées au Parlement, ayant esté passées & enregistrées en la Chambre des Comptes de Paris, furent portées en la Chambre du Parlement, pour avoir executoire sur ce. 25. A la page 27. il y a, que ces Lettres ayant esté enregistrées à la Chambre des Comptes, ont esté renduës par l'ordre exprés du Roy. Le Receveur General des Aides ne payera aucuns dons faits par le Roy, si les Lettres ne sont signées de lui & d'un des Secretaires nommez dans l'art. VII. & vérifiées par les Generaux. Il ne sera aucun autre payement qu'en consequence de Lettres verifiées par les Generaux assemblez à la Chambre ou ailleurs ; & les Greffiers marqueront dans les vérifications, le lieu où elles auront esté faites. 539. IX. Les Lettres du Roy ou de ses Officiers, qui donneront atteinte aux privileges des Juifs, ne pourront estre executées, qu'elles n'ayent esté vûës par leur Conservateur ou Gardien. 495. XXVI.

Lettres Royaux. Le Roy ayant exempté l'Eglise de Paris des droits d'Admortissement pour les biens qu'elle avoit acquis jusqu'au jour de la date de ses Lettres, la Chambre des Comptes ne voulut point les expedier ni les enregistrer dans le Registre des Chartres ; & elles furent mises dans une Armoirie derriere la porte de la Grand'-Chambre, avec les autres Chartres refusées & non expédiées. 598. & Note *(a)*. Lorsque les Generaux Conseillers des Aides refuseront des Lettres Royaux, ou qu'ils prendront un long delai pour statuer sur ces Lettres, le Greffier écrira leur décision sur le dos de ces Lettres. Les Lettres refusées seront enregistrées dans la Chambre avec les causes du refus. 539. X. XI. 648. XIII. L'Avocat & les Procureurs du Dauphin, s'opposent à des Lettres émanées de lui. 57.

Lettres Royaux. On envoyoit un original des Ordonnances sur les Monnoyes, à chacun des Baillis, Seneschaux & Prevosts du Royaume, & il y a quelquefois quelque legere différence dans ces originaux. 250. Note. Une Ordonnance faite en consequence d'une Assemblée d'Estats adressée aux Generaux, Tresoriers, Elûs & Receveurs sur le fait des Aides, & au Bailli de Sens. 18. 22. Les Juges Royaux publioient ses Ordonnances dans leurs Assises. 434.

Lettres Royaux. Le Roy ordonne d'executer un reglement fait par lui, quelque mandement ou commandement qu'il fasse au contraire. 120. Voy. *Audiance.* Lettres du Roy adressées aux Presidents du Parlement, qui leur ordonnent de ne plus sursoir à la pronociation des Arrests, quelques ordres qu'ils en reçoivent de lui, & qui portent que son intention n'est plus de juger en personne les affaires de peu d'importance. 323. Le Roy mande aux Consuls de Milhaud, qu'ils n'obéissent point aux Lettres qu'il pourra donner pour séparer cette Ville du Domaine de la Couronne ; mais qu'ils les lui renvoyent, afin qu'il pourvoye à ce sujet, avec plus de maturité. 490. Le Roy déclare dans des Lettres que toutes celles qu'il pourra donner au contraire, seront réputées comme nulles & de nul effet, si elles ne contiennent la revocation des premieres. 544. Le Chancelier ne scellera aucune décharge par laquelle le Roy reconnoisse qu'il a reçû des deniers ; Si quelques décharges du Roy sont scellées, le Receveur General ne donnera point d'argent ; & s'il en donne, il ne lui sera pas passé dans ses comptes. 593. v. Le Chancelier ne scellera aucune décharge par laquelle le Roy reconnoisse qu'il a reçû des deniers ; si quelques décharges du Roy sont scellées, le Receveur (General) des Aides ne donnera point d'argent ; & s'il en donne, il ne lui sera point passé dans ses comptes à la Chambre des Comptes. Le Roy pourra cependant envoyer au Chancelier, les décharges des sommes qu'il voudra mettre dans ses coffres. 647. VI. Le Roy ayant assigné les gages des Gens du Parlement & des Maistres des Requestes, sur les Amendes, il ordonna que s'il accordoit des Lettres de don de ces Amendes, il n'y seroit pas obéi, sans un mandement de M.rs du Parlement & des

TABLE DES MATIERES.

& des Maiftres des Requeftes. 613. Le Roy ordonne qu'on n'obéïsse point aux Lettres par lesquelles il inftitueroit des Sergents dans la Prevofté de Laon, au-deffus du nombre de dix-sept. 450. Le Roy revoque d'avance les impétrations d'offices de Sergents, qu'il pourra faire dans la fuite; & deffend au Prevoft de Paris, d'y avoir égard. 195. Si le Roy envoye des Mandements aux Arbaleftriers de la Rochelle, pour les contraindre à fortir de cette Ville, ils ne feront point obligez d'y obéïr 636. Les Efchevins d'Ypres s'eftant pourvûs pardevant le Gouverneur du Bailliage de Lille, contre des Lettres Royaux obtenuës par les Drapiers de Commines, il deffendit qu'on les executât, les *cancella*, & les remit aux Efchevins d'Ypres. 9. Voy. *Commines*.

Lettres Royaux tirez des livres de la Cour d'Aigues-Mortes. 100.

Lettres Royaux. Voy. *Sceau*.

Lettres du Duc d'Anjou Lieutenant du Roy, fignées *Ad relationem Confilii*. Il y avoit dans ce Confeil plufieurs Maiftres des Requeftes qui font nommez. 342. Lettres du Duc d'Anjou, &c. données à la relation de fon Confeil. 585. Lettres données par le Confeil du Duc d'Anjou; &c. ce Confeil eftant à Touloufe. 586. Un Juge refufe d'executer des Lettres du Duc d'Anjou, &c. parce qu'il n'y avoit pas la claufe: *ex certa fcientia*. 422.

Lettres de Thibaud VI. Comte de Champagne, ainfi datées: *l'an que li milliânes corroit, par mil & CC XXXI*. 550.

Lettres. Trois Abbez donnent un *Vidimus* de la Chartre de Commune accordée aux habitans de Levigny. 513. Voy. *Levigny*.

Lettres (Les) touchant le Pariage de d'Aure & de S.t Mard, eftant corrompuës par vetufté, foit dans le corps de l'Efcriture, foit par la fraction du fcel, Charles V. ordonna qu'on les refcrivit de nouveau. 390. Voy. *Aure*. (*D'*) La Chartre de Commune accordée aux habitans de Levigny, s'eftant pourrie en quelques endroits, parce qu'elle avoit efté long-temps dans le coin d'un mur, où l'on l'avoit mife pour la crainte des guerres, du feu & d'autres dangers, le Roy en fit lire un *Vidimus* dans fon Confeil par un de fes Clercs & Notaires, & s'eftant trouvé conforme à l'original, il fit inferer cette Chartre dans des Lettres par lesquelles il la confirma; & il ordonna que ces Lettres euffent la mefme force que l'original. 513. Voy. *Levigny*.

Lettres. Voy. les formules des actes paffez dans le Dauphiné en 1349. pp. 37. 38.

Lettres (Les) des Rois d'Angleterre, font adreffées aux Archevefques, Evefques, Abbez, Comtes, Barons, Jufticiers, Vicomtes. 151. Richard I. Roy d'Angleterre ayant accordé un privilege à l'Abbaye de la Luzerne, par des Lettres non fcellées & fignées, *Tefte me ipfo*, Philippe-Augufte confirma la Chartre de Richard, quoiqu'elle ne fut pas fcellée en forme de Chartre perpetuelle. 317.

Lettres Royaux. On devoit adjoûter foi aux *Vidimus* de ces Lettres, collationné fous fcel authentique; mais en Jugement, il falloit prefenter les originaux. 463.

LEVIGNY, du Diocéfe de Langres & du Comté de Tonnere. En Novembre 1291. Marie Reine de Naples & de Sicile, & Comteffe de Tonnerre, affranchit les habitans de ce lieu de la main-morte, & leur accorda le droit de Commune. Cette Chartre de Commune s'étant pourrie en quelques endroits, parce qu'elle avoit efté long-temps dans le coin d'un mur, où l'on l'avoit mife pour la crainte des guerres, du feu & d'autres dangers, le Roy en fit lire un *Vidimus* dans fon Confeil, par un de fes Clercs & Notaires, & s'eftant trouvé conforme à l'original, il fit inferer cette Chartre dans des Lettres par lefquelles il la confirma; & il ordonna que ces Lettres euffent la mefme force que l'original. Elles furent adreffées aux Baillis de Sens, d'Auxerre, de Troyes & de Chaumont. 513. Voy. *les Sommaires*. La Reine de Naples avoit à Levigny un Bailli qui eftoit peut-eftre la mefme chofe que fon Prevoft. 514. v.

LEURE. Si les vaiffeaux des Marchands de Plaifance en Lombardie, commerçants à Harfleur, ne pouvants pas aborder au Havre de cette Ville, reftent dans celui de Leure, ils ne payeront aucuns droits au Prevoft de cette Ville. 245. XXVI.

Leure (Havre de) 244. XV. Crot de Leure. 243. X.

LEZE-MAJESTÉ, (Le crime de) eft un cas Royal. 479. II. Le crime de Leze-Majefté, au premier point, eft un cas Royal. 429. Les Confuls de Cahors, & ceux qui l'auront efté, ne pourront eftre appliquez à la queftion, ni eftre condamnez à une mutilation de membres; fi ce n'eft dans le cas du crime d'herefie, de Leze-Majefté ou de Rapt. 626. IX. Dans le Dauphiné, les biens des condamnez ne feront point confifquez au profit du Fifc, fi ce n'eft dans les cas d'herefie, de crime de Leze-Majefté & autres cas portez par le droit. 44. XXIV. Les Confuls de Peyruffe feront Juges en premiere inftance de tous les procès civils & criminels qui s'éleveront dans cette Ville & dans fon Territoire; à l'exception du crime de Leze-Majefté & autres cas Royaux. 708. II. Lorfqu'un habitant de Puy-Mirol fera un procès devant les Juges Royaux à un autre habitant, fur le fondement d'un titre qui fera fufpect, le procès ne pourra eftre commencé que le Bailli ou les Confuls n'ayent fait une information fur ce titre, & n'ayent déclaré que l'on peut proceder au Jugement du procès; fi ce n'eft cependant dans les procès où il s'agira du crime de Leze-Majefté. 313. X. Le Roy pardonne tous les crimes des habitans de Puy-Mirol: mefme ceux de Leze-Majefté. 314. XV. Les Confuls de Rhodez, & ceux qui l'auront efté, ne pourront eftre mis à la queftion, de quelques crimes qu'ils foient foupçonnez; fi ce ne font ceux de Leze-Majefté & de fauffe Monnoye. 258. Voy. *Rhodez*. On ne pourra faire le procès (en public) aux habitans de Villefranche prevenus de crime, qui feront ou qui auront efté Confuls: mais on procedera contre eux en fecret, fi ce n'eft dans les cas d'herefie ou de Leze-Majesté. 701. XII. Le Roy remet aux Juifs tous leurs crimes, mesme ceux de Leze-Majesté. 493. VII.

LESIGNAN de la Cebe ou de la Sebe, de la Viguerie de Beziers, de la Seneschaussée de Carcassone. Diminution de Feux pour ce lieu, où il y en avoit 17. en 1372. p. 533.

LIBERTÉ. Droit de Commune. 73. Voy. *Commune.*

LIBRAIRES (Les) Jurez de l'Université d'Angers, jouïssent des privileges de cette Université. 629. Voy. *Angers.* Les Libraires sont exempts de droits pour les marchandises de leurs mestiers, qu'ils vendent aux Escoliers de l'Université de Paris. 222. Ils seront exempts du guet dans cett Ville. 686. Voy. *Guet* & *Université de Paris.*

LICENTIEZ. Chirurgiens graduez; c'est-à-dire, Maistres, Licentiez & Bacheliers. 323. Voy. *Chirurgiens de Paris.*

LIEURAN de Cabragrez, Diocèse de Beziers. Diminution de Feux pour ce lieu, où il y en avoit 10. en 1369. p. 212. Voy. *Feux.*

LIEUTENANTS du Roy. Il ordonne que les finances dûës pour les droits Seigneuriaux, & les droits d'Admortissement & de Francs-Fiefs, ne seront plus reçûës pour eux. 593. Voy. *Admortissement.*

Lieutenant du Roy. En Aoust 1369. Jean Duc de Berry & d'Auvergne, & Comte de Mascon, estoit Lieutenant du Roy dans ces pays, & dans le Lyonnois & le Forest, dans les Montagnes d'Auvergne, dans les Bourbonnois, dans la Sologne, dans la Touraine, l'Anjou & le Maine, & dans la Normandie entre les Rivieres de la Loire & de la Seine. Il avoit un Conseil; & il imposa silence au Procureur du Roy, pour l'empescher de poursuivre l'Archevesque de Bourges. 218. 219. 220. Voy. *Bourges.* Jean Duc de Berry & d'Auvergne, Comte de Poictiers, de Mascon, d'Angoulesme & de Saintonge, estoit en 1372. Lieutenant du Roy dans ces pays & dans d'autres. 606.

Lieutenants & Gouverneurs du Dauphiné. 104.

Lieutenant du Roy dans le Languedoc. 210. Voy. *Alby.* Le 23. de Janvier 1338. Jean Roy de Bohesme estoit Lieutenant du Roy dans le Languedoc. Un peu plus haut on lui donne le titre de Capitaine de la guerre du Roy, dans la Gascogne. 436. Le 2. de Fevrier 1355. le Comte d'Armagnac Lieutenant du Roy dans le Languedoc, donna à la Ville de Castelnaudary, des privileges qui furent confirmez par le Roy. 5. Le Mareschal Daudenehen l'a esté dans le Languedoc. 393. Le Duc d'Anjou l'estoit du Languedoc & de la Guyenne. 338.

Lieutenants du Roy. En Fevrier 1372. le Roy revoque tous les Lieutenants qu'il avoit établis dans la Languedoil, & il mande aux Baillis de leur signifier cette révocation. 594.

Lieutenant du Roy. Le Mareschal de Blainville estoit Lieutenant du Roy dans la Normandie, le dernier d'Octobre 1369. p. 289. Note *(a).*

Lieutenant du Roy. En Janvier 1358. Jean de Châlons Sire d'Arlay, estoit Lieutenant du Roy dans les Bailliages de Sens, de Troyes & de Mascon. 595.

Lieutenant du Roy. (Conseil d'un) 126. 127. 422. 483. 584. 585. 586. 699. Conseil du Duc d'Anjou, Lieutenant du Roy dans le Languedoc. 723. Lettres données dans les Requestes du Duc d'Anjou, Lieutenant du Roy dans le Languedoc. 100.

Lieutenants du Roy. Prises pour eux. 462. Voy. *Prises.*

LIGES. (Hommes) Anciennement dans le Dauphiné, le droit de main-morte avoit lieu par rapport aux personnes libres qui s'estoient reconnuës Hommes *Liges, de corpore & persona.* 52. & Note *(11).* Voy. *Main-morte.*

LIGET. Lettres de Sauvegarde Royale pour le Prieur & Couvent de S.t Jean du Liget en Touraine, de l'Ordre des Chartreux, de fondation Royale. Le Roy lui donne pour Gardien & Juge, le Bailli des Exemptions de Touraine, d'Anjou & du Maine, ou ses Lieutenants à Tours & à Chinon; à condition cependant que ces Religieux ne pourront faire assigner à Tours, les personnes dont le domicile en sera éloigné de plus de 14 lieuës; & à Chinon, celles dont le domicile en sera éloigné de plus de 20 lieuës. 569.

LIGNE d'Escriture. Dans les Actes, la ligne doit avoir 60 syllabes. 366. XXIX.

LILLE. En 1304. Philippe-le-Bel estant devenu maistre de cette Ville, qui appartenoit auparavant aux Comtes de Flandre, sous la condition de conserver aux Eschevins & Bourgeois, tous leurs anciens privileges, il le leur jura, & il ordonna que ses successeurs en feroient le serment à leur joyeux avenement, ce qui fut executé par eux, & par Charles V. Philippe-le-Bel unit cette Ville au Domaine de la Couronne. En 1368. Charles V. confirma tous les privileges de Lille, tant ceux qu'elle avoit, lorsqu'elle vint en sa puissance de Philippe-le-Bel, que ceux qui lui avoient esté accordez depuis. 166.

Lille. Les Coustumes & les privileges de la Ville de Lille sont accordez au Regard, Eschevins & Bourgeois de Seclin. Les Lettres sont adressées au souvrain Bailli de Lille. 153.

Lille. Renier Despi estoit Lieutenant du Gouverneur du souvrain Bailliage de Lille, Doüay & Tournesis, vers 1367. p. 9.

Lille. Le Comte de Flandre avec l'Advoüé & les Eschevins de cette Ville, se pourvoient par-devant le Gouverneur du Bailliage de Lille, Doüay & Tournesis, contre des Lettres Royaux obtenuës par les Drapiers de Commines, qui permettoient à ceux-ci, de fabriquer des Draps aussi grands que ceux que l'on faisoit à Ypres. Le Roy suspend l'execution de ces Lettres. 9. Voy. *Commines.*

Lille. Il y a à Doüay, à Lille & dans les Villes voisines, des Regards & Maistres des Orphelins, qui en prennent soin. 134. XXXII.

Lille. Information sur les privileges de Sin-le-Noble, faite par le Gouverneur de Lille & de Doüay. Les Lettres de confirmation de ces privileges sont adressées à lui & au Bailli de Lille & de Doüay. 146.

LIMITÉES. (Terres) 44. XXIII. (Voy. *les add. & corr. sur cette page, qui sont à la fin du Volume.*)

LIMOGES, (Seneschal de) & de Cahors. 221. Des Lettres concernant Dorat, sont adressées au Seneschal de Limoges. 304. Voy. *Dorat.* Des Lettres concernant l'Abbaye de S.t Maixent en Poictou, lui sont adressées. 545. Voy. *Saint Maixent.* Les Lettres de Sauve-garde pour l'Abbaye de Solignac, lui sont adressées. 590. Voy. *Solignac.* Des Lettres concernant Tulles, lui sont adressées. 295. 296. Voy. *Tulles.*

Limoges. Le Roy voulant recompenser les Consuls & les habitans du Chasteau & Chastellenie de Limoges, qui avoient pris son parti dans la guerre que l'Anglois lui avoit suscitée, en violant le traité de Paix de Bretigny, unit inséparablement cette Chastellenie à sa Couronne, avec toutes ses dépendances, la place située sur les deux Estangs de la Ville, & tous les droits pretendus sur elle, par Jeanne Duchesse de Bretagne, veuve de Charles Comte de Blois; s'engageant à lui en donner recompense; & à donner aussi recompense à l'Abbé & au Couvent de Saint Martial de Limoges, qui pretendent que cette Ville leur doit hommage. 439. Le Roy donne aux Consuls & habitans de cette Ville, qui l'avoient reconnu pour Souverain de la Gyenne, le Chasteau & Chastellenie de Limoges, avec ses appartenances, la Justice haute, moyenne & basse; la motte qui est sur les deux Estangs du Chasteau, & tous les droits qui pouvoient avoir sur cette Chastellenie, la Duchesse de Bretagne; leur promettant de les garentir contre les pretentions de cette Duchesse, & mesme de faire ratifier sa donation par elle. Le Roy s'engagea aussi de deffendre ce Chasteau. Les Lettres sont adressées au Seneschal du Limousin. 443. Le Roy voulant recompenser le Doyen & le Chapitre de Limoges, qui ayant reconnu son droit de Souveraineté sur le Duché d'Acquitaine, s'estoient exposez à un siege, & cette Ville ayant esté prise, avoient perdu leurs biens, & les joyaux de leur Eglise, qu'ils avoient esté obligez de racheter à un prix exorbitant; il ordonna que les affaires communes de ce Chapitre, seroient jugées en premiere instance au Parlement. 446. Le Roy voulant recompenser le Doyen & le Chapitre de l'Eglise de Limoges, qui sans craindre le siege dont leur Ville estoit menacée, s'estoient soumis à son obeïssance, renouvella les Lettres de Sauve-garde Royale, qui leur avoient esté données par ses Predecesseurs. Le Seneschal de Limoges nommera des Sergents pour estre les Gardiens speciaux de ce Chapitre. Les affaires de ce Chapitre sont portées sans moyen au Parlement. 447.

Limoges. Le 6. de Janvier 1371. le Duc d'Anjou, Lieutenant du Roy dans le Languedoc, establit Aymeric Cathi Evesque de Limoges, Gouverneur & Reformateur souverain & general dans les Eveschez de Limoges & de Tulles, & dans la Vicomté de Limoges, & lui donna pouvoir de reduire par force, à l'obeïssance du Roy, ceux de ces pays qui n'y estoient pas encore soumis; ou de faire avec eux à ce sujet, tels accords & compositions qu'il jugeroit à propos; de confirmer leurs privileges, de leur en accorder de nouveaux, & en general, de faire tout ce qui appartient à un Gouverneur & Reformateur souverain & general; promettant de confirmer & de faire confirmer par le Roy, tout ce qu'il fera. 719.

Limousin. (Le Seneschal de) Des Lettres concernant Donzenac, lui sont adressées. 472. Voy. *Donzenac.*

LIMOUX est une Ville insigne & notable. 587. M.e Jean Botironis estoit Lieutenant du Juge de cette Ville en 1372. p. 585. Cailhau est de sa Vigueric. 663. S.t Louis, Conilhac & *locus de Ejesta*, sont de sa Viguerie. 466.

Limoux. En 1292. (Voy. Note *(b)*) Guillaume *de Vicinis*, Chevalier, Seigneur de ce lieu, accorda aux Consuls de Limoux, [*qui sont nommez*,] que lorsqu'il y auroit des plaintes connuës de son Bailli & des Consuls, à faire contre les Sergents de sa Cour, soit par rapport à leurs mœurs, soit par rapport à l'exercice de leurs Charges, il les priveroit de leurs Offices, à la requeste des Consuls, & les declareroit incapables d'en posseder d'autres. Ses Lettres qui furent aussi signées par Guillaume *de Vicinis* son fils, furent faites dans le grand Cloistre des Freres Mineurs de Limoux, & signées par le Gardien & un autre Religieux, & par plusieurs autres personnes. En vertu de ce privilege, le Juge & le Viguier Royaux de Limoux, ayant à la requeste des Consuls [*qui sont nommez*] privé plusieurs Sergents de leurs Offices, ceux-ci en appellerent au Seneschal de Carcassone, & au Duc d'Anjou Lieutenant du Roy dans le Languedoc; & après un long procès, le Duc d'Anjou confirma le Jugement des Juges de Limoux, & les privileges de cette Ville; & les Lettres du Duc d'Anjou furent confirmées par celles du Roy. 583.

Limoux. Diminution de Feux pour ce lieux, où il y en avoit 807. en 1372. p. 502. Voy. *Feux.*

Limoux Par un ancien usage, on vend la viande au poids dans cette Ville; & les Consuls ont le droit de lever un impost sur la viande, pour en employer le produit aux necessitez communes de la Ville; les Bouchers de cette Ville offrirent au Roy une somme d'argent, & une rente annuelle, pour l'engager à abolir l'usage de vendre la viande au poids, & oster aux Consuls le droit d'y mettre un impost; mais les Consuls obtinrent la conservation de cet usage & de leur droit, en donnant au Roy 1000 Francs d'Or, & s'engageant à luy payer chaque année 50 livres Tournois, entre les mains du Tresorier ou Receveur du Roy, à Carcassonne. Ces Lettres sont adressées à Pierre Scatisse, Tresorier de France, aux Seneschaux de Toulouse & de Carcassone, & aux Procureurs du Roy de ces Seneschaussées. 151.

LINGERES. Leur place dans les Halles de Paris. 106. Voy. *Halles de Paris.*

LION. En 1328. les habitans de Lyon obtinrent

de Philippe de Valois, que les appels du siege de Lyon, qui se portoient anciennement à Mâcon, se porteroient au bourg de l'Isle-Barbe, près Lyon, qui est un lieu considerable & dans le Royaume; ce Prince ordonna que le Juge & les autres Officiers qui connoissoient à Mâcon, des appels de Lyon, quitteroient Mâcon, & iroient demeurer à l'Isle-Barbe. En 1368. Charles V. ordonna que les Lettres de Philippe de Valois seroient executées, tant que le Juge d'appel & ses sujets pourroient arriver & demeurer sûrement à l'Isle-Barbe. 110.

Lion. Il n'y aura dans cette Ville que six Changeurs, qui sur le témoignage des Generaux-Maistres des Monnoyes, seront pourvûs par le Roy, sans estre obligez de donner caution; & il est deffendu au Bailli de Mâcon, de leur en demander. 624.

Lion. Les habitans de ce Diocèse, & de ceux de Mâcon & de Châlons, au lieu de prendre du sel dans le grenier de Lyon, en prenoient secretement dans les Comtez de Savoye & de Bourgogne, dont ils ne sont séparez que par le Rhosne & par la Saone; ce qui diminuoit le commerce de Lyon, dont le sel faisoit la principale partie. 404. Voy. *Dauphiné.*

Lion. Henry Archevesque de Lyon, Lieutenant d'Humbert Dauphin. 69. Henry de Villars en estoit Archevesque le 14. de Mars 1349. p. 54. 55.

Lion. Maison des Freres Prescheurs dans cette Ville en 1349. p. 55.

Lionnois. En Août 1369. le Duc de Berry y estoit Lieutenant du Roy, & dans plusieurs autres provinces. 218. Voy. *Lieutenant de Roy.*

LISLE-BARBE. Les appels du Siege de Lyon, qui se portoient anciennement à Mâcon, sont transferez au Bourg de l'Isle-Barbe. 110. Voy. *Lion.*

LITS de plume. Voy. *Coustiers.*

LIVIERE, dans la Seneschaussée de Carcassonne. Accord fait entre Nicolas de *Judicia,* Chevalier, Seigneur de ce lieu, & les Consuls, Conseillers & habitans de ce lieu, au sujet de la garde des clefs des portes, & de la réparation des murs. 722. V. les *Sommaires.*

LIVINIERE, (La) de la Viguerie de Minerve. Diminution de Feux pour ce lieu, où il y en avoit 86. en 1371. p. 466. Voy. *Feux.*

LOCHERES. Dreux de Mello, Connestable de France, Seigneur de Locheres, declare que les habitans de Locheres, ne luy doivent pas de Taille. Les Lettres de confirmation sont adressées au Seneschal de Tours. 206. Voy. *les Notes.*

LOCHES. Dreux de Mello, Seigneur de Loches. 206. Voy. *Locheres.*

Loches. L'Abbaye de S.t Maixent en Poictou, qui ressortissoit à Loudun, ressortira à Loches. 625. 626. Voy. *S.t Maixent.*

LODIERES. Voy. *Saint Romain de Lodieres.*

LODS & ventes. Les habitans de Fleurence sont confirmez dans le droit de donner leurs biens à Arriere-Fiefs, & d'en recevoir les lods & ventes en cas de vente. 389. VII. A Mailly-le-Chasteau. les habitans pourront vendre leurs biens, & après

avoir payé les lods & ventes, sortir de la Ville, à moins qu'ils n'y ayent commis quelque delict. 716. XV. A Mailly-le-Chasteau, les habitans pourront vendre leurs maisons, sans que le vendeur ni l'acheteur soient obligez de payer aucuns droits. 716. XVI. Les habitans de Sauveterre pourront bâtir dans leur Ville, une Eglise pour laquelle ils ne payeront ni (lods & ventes) ni droits d'Admortissement. 694. II. & Note *(c).*

LOI & Commune. Voy. *Commune.*

Loi (Maistres de la) des Juifs. 493. III.

LOUDRES. Diminution de Feux pour ce lieu, où il y en avoit 20. en 1372. p. 589. Voy. *Feux.*

LONG-CHAMP. L'Abbesse & le Couvent des Sœurs du Monastere de l'Humilité de Sainte Marie de Long-champ, Ordre de S.te Claire. Elles sont sous la Sauve-garde Royale, & leurs procès ne doivent estre jugez que par le Parlement, ou par des Commissaires du Roy. Charles V. leur donna pour Gardien & Juge, le Prevost de Paris, à qui il donna le pouvoir de leur donner des Gardiens speciaux. 347.

LONGPONT, Ordre de Cisteaux. 141. Voyez *Cisteaux.*

LONGUEIL dans le Beauvoisis, repris vers 1356. sur les ennemis, par les Arbalestriers de Compiegne. 145. Voy. *Compiegne.*

LORGUILLEUX, de la Chastellenie de Vernon. 168. Voy. *Vernon.*

LORRAINE. Matthieu II. Duc de Lorraine & Marquis, tenoit Neuf-chastel en Lorraine, de Thibaut VI. Comte de Champagne. 549. Voy. *Neuf-Chastel.*

LORRIS. Le Seigneur de Mailly-le-Chasteau accorde les Coustumes de Lorris, aux habitans de ce lieu. 715. Voy. *Mailly-le-Chasteau.*

LOUDUN. L'Abbaye de S.t Maixent en Poictou, qui ressortissoit à Loudun, ressortira à Loches. 625. 626. Voy. *S.t Maixent.*

LOUVIERS. (Draps de) 193.

LOZE en Champagne. Jean Mailli, Escuyer, en estoit Seigneur en 1324. p. 379. Voy. *Joigny.*

LUS (les Juges de) donnent des tuteurs & des curateurs aux mineurs. 448. Voy. *Bankiis.*

LUZERNE. (La) Ordre de Premonstré, Diocèse d'Avranches. Richard I. Roy d'Angleterre, accorda aux Chanoines de la Luzerne, qu'eux & leurs sujets ne payeroient aucun impost dans les Foires & Marchez, pour les marchandises qui leur appartiendroient. Ce privilege fut confirmé par plusieurs Rois de France, à la requeste des Religieux, Abbez & Couvent de la Luzerne. 316.

M

MACQUEREAUX. 251. Voy. *Rouen.*

MAYENNE, au Mans. (Le Seneschal de) les Lettres de Sauve-garde Royale pour l'Abbaye de Savigny, Diocèse d'Avranches, lui sont adressées. 351. Voy. *Savigny.*

MAJEUR d'Aisne & du Chasteau S.t Mard de Soissons. 94. Voy. *Aisne.* Majeur d'Arras. Voy. *Arras.* Majeurs d'Aure & de S.t Mard. 390. Voy. *Aure. (D')* Majeur de Crotoy. 183. Voy. *Crotoy.* De Dijon. 237. 238. Voyez *Dijon.* Majeurs

Majeurs nommez auſſi Maires de Mayoc & de Crotoy. Voy. *Mayoc.*
Majeurs. Voy. *Maires.*
MAILLI-le-Chaſteau. Entre 1193. & 1217. Pierre de Courtenay, Comte d'Auxerre & de Tonnere, Marquis de Namur, & Seigneur de Mailli-le-Chaſteau, & Yolande de Hainaut ou de Flandre, ſa femme, donnent des privileges aux Bourgeois & habitans de ce lieu. En 1229. ſon fils Guy, Comte de Nevers & de Foreſt, & Mahaud ſa femme, les confirmerent. Ces privileges furent confirmez par le Roy en 1371. p. 731. Voy. *les Sommaires & les Notes.*
MAIN coupée, ſupplice. 601. XIV.
Mains. Encheres faites à *Palmées,* ou à mains croiſées. 133. XVII. & Note *(b).*
Main-morte. 154. Voy. *Coucy.* La main-morte & formariage de Bure, n'eſtoit eſtimée que 30 ſols. 473. Le Dauphin renonce au droit de main-morte qu'il avoit ſur les Nobles & ſes ſujets, à condition que les Nobles renonceront au même droit qu'ils avoient ſur leurs ſujets. 52. L. & Note *(tt).* Anciennement dans le Dauphiné, le droit de main-morte avoit lieu par rapport aux perſonnes libres, qui s'eſtoient reconnuës hommes *Liges, de corpore & perſona.* 52. & Note *(tt).* Les habitans de Levigny en ſont affranchis. 514. Voy. *Levigny.*
MAINE (Le Comté du) donné à Loüis de France, à qui le Roy permet de tenir des Grands Jours pour ce pays. 435. 526. Voy. *Anjou.*
Maine. En Aouſt 1369. le Duc de Berry eſtoit Lieutenant du Roy, & dans pluſieurs autres provinces. 218. Voy. *Lieutenant de Roy.*
Maine. (Le Seneſchal du) Voy. *Anjou & du Maine.* (*Le Seneſchal de l'*)
Maine. Reglement pour la Juriſdiction du Bailli des reſſorts & Exemptions de Touraine, d'Anjou & du Maine. 369. Le Parlement envoyera au Bailli des Exemptions de Touraine, les mandemens qu'il avoit couſtume d'envoyer aux Seneſchaux de Touraine, d'Anjou & du Maine. 430. Le 8. d'Octobre 1371. Jean de la Thuile eſtoit Bailli des Exemptions de Touraine, d'Anjou & du Maine. 428.
Maine. Charles V. donne au Duc d'Anjou ſon Frere, les *debets* de tous les Impoſts & droits Seigneuriaux qui luy eſtoient dûs dans l'Anjou, la Touraine & le Maine. 603.
Maine. Voy. *Mans.*
MAYNERIUS, *Magnerius,* Sergent. 40. VI. Voy. *Dauphiné.*
MAYOC, en Ponthieu. Les Maires (nommez auſſi *Majeurs*) & Eſchevins de Mayoc & de Crotoy, qui eſt de la Communauté de Mayoc, ayans repréſenté à Philippe de Valois, qu'en Aouſt 1346. leurs villes ayant eſté priſe par le Roy d'Angleterre, leurs privileges furent brûlez, ce Prince donna ordre à Jean du Change, Gouverneur du Ponthieu, de faire viſiter les Regiſtres de ce Comté. Du Change ayant appellé avec luy Touſſaint Rayer, Garde du ſcel du Bailliage d'Amiens, eſtabli dans la Prevoſté de S.t Riquier, trouva dans ces Regiſtres, la Chartre de Comune qui avoit eſté accordée en 1209. à ces Villes, par Guillaume III. Comte de Ponthieu & de Montreüil-ſur-Mer, du conſentement d'Alix de France ſa femme, & de celui de Simon de Boulogne, Comte de Dampmartin, qui avoit épouſé Marie ſa fille unique, & par le conſeil de ſes Barons. Cette Chartre de Comune eſt preſque entierement conforme à celle de la Commune d'Abbeville. Il y eſt dit, que s'il s'éleve quelque different entre le Comte & les habitans, il ſera terminé par la Chartre de Commune d'Abbeville, & que les habitans doivent au Comte des redevances annuelles; & entre autres, une, pour le *petit Vicomté.* Les bornes de la Banlieuë de ces villes, y ſont marquées. Le Comte & les habitans jurerent l'obſervation de cette Chartre. Il n'y eſt parlé que des habitans de Mayoc, & non de ceux de Crotoy. Elle fut confirmée par Philippe de Valois en 1346. & par Charles V. en 1369. p. 180.
Mayoc. Voy. *Crotoy.*
MAJORIES des meſtiers de Peronne. 162. XXV.
MAIRE nommé *Villicus.* 600. III. & *art. ſuiv.*
Maire d'Abbeville. 174. Voy. *Abbeville.* Maire & ſous-Maire d'Angouleſme. 679. III. A Angouleſme, l'ancien Maire devient Eſchevin; & les Eſchevins peuvent juger en l'abſence du Maire. 681. III. Trois manieres de proceder à l'élection du Maire d'Angouleſme, par la voix du Saint Eſprit, par ſcrutin & par compromis. 679. III. Maire Royal de Brouville. 712. Voy. *Brouville.* Maire de Bure. 474. I. Voy. *Bure.* Maires nommez auſſi Majeurs de Mayoc & de Crotoy. Voy. *Mayoc.* Maire de Montreüil-ſur-Mer. 528. Maire, Jurez & Eſchevins de la neuville-le-Roy. 333. Maire de Peronne. Voy. *Peronne.* Voy. comment on éliſoit le Maire à Peronne. 162. XXV. Voy. *le Sommaire.* p. 158. *Voy.* les changemens faits dans la ſuite à cet article. 163. v. Maire de Poictiers. 563. Maire de la Rochelle. 575. Maire, Jurez & Eſchevins de Roye. 662. Voy. *Roye.* Maire de Roüen. Voy. *Roüen.* Maire de Saint Jean d'Angely. 533. 535. Maire des Eſwardeurs de Tournay. 374. I. & *dans la ſuite des Lettres.*
Maires. Voy. *Majeurs.*
MAIRONNES, de la Seneſchauſſée de Carcaſſone & de la Viguerie de Termenois. Diminution de Feux pour ce lieu, où il y en avoit 18. en 1371. p. 402. Voy. *Feux.*
MAISON. (Deſtruction de) Peine. 673. X. 687. IX. A Peronne, la maiſon d'un meurtrier ſera détruite, & envoyée *ad Hanoi.* 159. I. Cet article a eſté aboli. 163. I. Maiſons ouvertes, ſi elles ſont fermées; & fermées, ſi elles ſont ouvertes. Peine impoſée. 276. VI.
MAISTRES (Les) d'hoſtel de la Reine, du Conneſtable & des Princes du Sang, ne pourront plus faire de *Priſes* pour leurs Hoſtels, que ſous certaines modifications. 33. Voy. *Priſes.*
Maiſtres & Gouverneurs des Hoſtels des Princes du Sang. 170. Voy. *Princes du Sang.*
Maiſtres des Garniſons. Voy. *Garniſons.* (*Maiſtres des*)
Maiſtres des Eaux & Foreſts. Voy. *Eaux & Foreſts.*

h h

TABLE DES MATIERES.

Maiſtres particuliers des Monnoyes. 251. Voy. *Monnoyes*.

Maiſtres des Ports & paſſages. Voy. *Ports & Paſſages.*

Maiſtres & Fermiers de la ſaline Royale d'Agen. 436. Voy. *Dunes.*

Maiſtres des petits panniers de Marée. 357. X. XI. & Note *(b)*. XIV.

Maiſtre des Arbaleſtriers. Voyez *Arbaleſtriers. (Maiſtre des)*

Maiſtre-École de l'Univerſité d'Angers. 629. Voy. *Angers.*

Maiſtres (Docteurs ou) de l'Univerſité de Cahors. 329. Voy. *Cahors.*

Maiſtre Barbier & Valet de Chambre du Roy. 441. Voy. *Barbiers de Paris.* Chirurgiens graduez ; c'eſt-à-dire, Maiſtres, Licentiez & Bacheliers. 323. Voyez *Chirurgiens de Paris.* Maiſtres & Gardes du meſtier de Couſtier à Paris. 547. IV. 548. XII. Maiſtriſe des Tanneurs & Cordonniers de Chartres. 272. Voy. *Chartres.* Maiſtres du meſtier des Tanneurs de Troyes. 315. Voy. *Troyes.*

Maiſtres de la Loy des Juifs. 493. III.

MAIZIERES, de la Chaſtellenie de Vernon. 168. Voy. *Vernon.*

MAL S.t Ladre. Voy. *S.t Ladre. (Mal)*

MALADERIES pour les Ladres. 451. Voyez *Ladres.* Maladerie du Val près d'Abbeville, où l'on reçoit les malades de cette Ville, attaquez du mal S.t Ladre, (lepre) 197. Voy. *Abbeville.*

MALFAICTEURS. Suivant l'ancien uſage, les Prevoſts &c. de Tournay pourront au nom de la Cloche, faire pourſuivre les Malfaicteurs, ſur les Terres de l'Empire & ailleurs. 379. XXXIV.

MALINES. (Draps de) 193.

MANNULLET appartient au Roy, on y levoit un peage à ſon profit. Les Marchands de marée y paſſoient quelquefois. 71. Voy. *Marée.*

MANS. Il y avoit un Grenier à ſel en 1372. p. 578.

Mans. Les bourgeois de Verneüil ſont exempts dans ce pays, des Impoſts qui appartiennent au Roy. 488. Voy. *Verneüil.*

Mans. (Le) Gontier Eveſque du Mans, & le Doyen & Chapitre de cette Egliſe, ayant repreſenté au Roy, que de temps immemorial, ils ſont ſous la Sauve-garde Royale, & qu'eux, leurs Officiers & leurs ſujets ont le droit de reſſortir ſans moyen, en demandant & en deſſendant, devant lui, ou devant les Gens de ſon Grand Conſeil, comme pardevant *Traiteurs* en cette partie, & d'y plaider; ſçavoir, l'Eveſque, par un Officier de ſes *Robes;* & le Chapitre, par un Chanoine, ſans autre procuration; & que leurs ſujets ne doivent reſſortir en premiere inſtance, que devant leurs Seneſchaux & Baillis; que cependant le Bailli des Exemptions de Touraine, d'Anjou & du Maine, pretend qu'ils doivent reſſortir devant luy; que procès s'eſtant mû à ce ſujet, le Roy nomma pour le decider, des Commiſſaires de ſon Grand Conſeil, qui ordonnerent une ſurſeance ſur les prétentions du Bailli, juſqu'aux jours du Rolle de Touraine au Parlement; les choſes eſtant en cet eſtat, le Roy ayant eſté informé de l'ancien uſage, par pluſieurs perſonnes de ſon Conſeil, conſiderant d'ailleurs qu'il eſtoit Chanoine du Mans, & que le Roy Jean ſon Pere avoit eſté baptiſé dans cette Egliſe, ordonna que l'Eveſque & le Chapitre du Mans, & les Officiers qu'ils voudroient avoüer, reſſortiroient ſans moyen au Parlement, & que leurs ſujets reſſortiroient devant le Bailli des Exemptions de Touraine, d'Anjou & du Maine. Lors de l'enregiſtrement de ces Lettres au Parlement, le Procureur du Roy proteſta de ſouſtenir les droits du Roy, en temps & lieu opportun; & l'Eveſque & le Chapitre proteſterent au contraire. 522.

MANTEAUX donnez par le Roy à ſes Secretaires. 579. 580. Voy. *Robe.*

MANTES. (Le Bailli de) Les Lettres de Sauve-garde Royale pour l'Abbaye de la Valaſſe, lui ſont adreſſées, & au Vicomte de ſon Bailliage. 400. Voy. *Valaſſe.*

Mante. Le Roy ordonne aux habitans des lieux ſituez à 7 lieuës ou environ de la Ville & Chaſteau de Mante, en France, de contribuer pour les foriſifications de ce lieu. Les habitans de la Chaſtellenie de Vernon, ſont cependant declarez exempts de cette contribution. 168. Voy. *Vernon.*

MAQUEREAU. Les Barbiers de Paris diffamez pour *Maquerellerie,* ne pourront plus exercer leur meſtier. 441. III.

MARC de Paris. 641. 642.

MARCESCHE. Feſte de l'Annonciation de N. D. le 25. de Mars. 272. & Note *(f).*

MARCHANDISES. Ce qui regarde les meſtiers, les marchandiſes & les vivres, appartient au Roy ſeul de droit Royal. 527. Voy. *Prevoſt de Paris.* Droits d'entrée dans le Royaume, & de ſortie. 244. XV. L'Impoſition de 12. deniers pour livre, ne ſera point levée ſur les marchandiſes qui ne paſſeront pas cinq ſols; à moins qu'elles ne ſoient venduës par des Regratiers. Si les Fermiers ou ceux qui levent ces droits, alleguent que des Marchands ont commis des fraudes pour faire croire que certaines marchandiſes par eux venduës, ne paſſoient pas cinq ſols, quoiqu'elles euſſent eſté venduës plus cher, les Marchands en ſeront crûs à leurs ſermens, au ſujet de cete allegation; à moins que les Fermiers ou Commis ne faſſent informer de la fraude auſſi-toſt qu'elle aura eſté commiſe, ou ne faſſent informer, pour prouver que ces Marchands ont fait un faux ſerment, auſſi-toſt après qu'ils l'auront fait. 20. II. III. Ceux qui ſeront chargez de donner des Lettres de caution, aux Marchands qui ameneront des denrées dans les Villes du Royaume, expedieront ces Lettres le jour meſme qu'elles leur ſeront demandées, & ils ne pourront prendre que ſix deniers pour l'expedition de ces Lettres. 20. A Chaumont en Baſſigny, celui qui ne payera pas ſix droits ſur les marchandiſes qu'il achetera, payera une Amende de 10. ſols. 601. XV. Les habitans de la Rochelle ſeront exempts de droits ſur les marchandiſes qui y ſeront embarquées pour eſtre venduës hors du Royaume. 574. XI.

Marchandiſes. Voy. *Commerce.*

MARCHANDS. Les Juges Royaux leur feront jurer qu'ils ne mettront dans le commerce que des Monnoyes ayant cours. 250. On leur fera jurer d'obferver les Ordonnances fur les Monnoyes. 643. Voy. *Monnoyes*. A Arras, les Boulangers qui propofent leur pain aux acheteurs, font condamnez à l'Amende. 511. XVII. Si quelqu'un des garçons de boutique des Marchands de Plaifance, commerçants à Harfleur, fe marioit & receloit chez lui des marchandifes appartenantes à fon Maiftre, le Juge le fera arrefter prifonnier jufqu'à ce qu'il les ait reftituées; & lorfqu'elles l'auront efté, il les mettra entre les mains de deux Marchands de Plaifance, qui les rendront à celui à qui elles appartiennent. 243. XI. Les garçons ou facteurs des Marchands de Plaifance en Lombardie, commerçants à Harfleur, ne pourront obliger ni engager leurs maiftres, s'ils ne font chargez de leur procuration. 245. XXIV.

MARCHE. (Le Senefchal de la) Les Lettres de Sauve garde pour l'Abbaye de Solignac, lui font adreffées. 590. Voy. *Solignac*.

MARCHÉ Royal. 337. Le Roy feul peut en donner dans fon Royaume. 480. XII. Le Pape n'approuve pas qu'on les tienne les Dimanches. 606. V. *Bourgneuf*. Vers 1366. l'Evefque d'Orleans en vertu d'une Bulle du Pape, annulle les Marchez qui fe tiennent le Dimanche, dans fon Diocefe. 203. Voy. *Thoury*.

Marchez. Voy. *Foires*.

MARE. (M.^r de la) Les pieces qu'il a inferées dans fon traité de la Police, n'ont pas efté copiées avec exactitude. 198. Note *(b)*.

MARÉE. Confirmation des privileges des Marchands Forains & des voituriers de marée, pour la provifion de Paris. Les Lettres font adreffées aux Gens du Parlement, au Procureur General du Parlement, & à Jean Bouteri fon Subftitut en cette partie, & au Prevoft de Paris, Confervateur, Gardien & Commiffaire general des Marchands & Voituriers de marée. 171. Lettres adreffées à deux Prefidents & à fept Confeillers du Parlement, & au Prevoft de Paris, portant qu'eux, ou du moins deux d'entre eux, faffent obferver fommairement & de plain, & par voye de reformation, pour éviter la longueur des procès, les Ordonnances fur le fait de la marée, & les privileges des Vendeurs de marée, auxquels il a efté donné atteinte par les Officiers du Roy, par ceux des Princes du Sang, Harangeûrs & Eftaliers; ce qui empefchant les Marchands de marée d'en apporter à Paris, diminuë les droits que le Roy leve fur cette marchandife; qu'ils faffent rendre compte aux Vendeurs de marée, de l'argent qui a efté levé fur la marée, pour payer les debtes des Marchands, & pour leurs autres affaires; & qu'ils faffent la reformation de tout ce qui regarde le fait de la marée, à la pourfuite du Procureur du Roy, ou de fon Subftitut au fait de la marée. 199. Les Generaux-Confervateurs, Gardiens & Commiffaires du Roy fur la marée, nommez auffi Reformateurs, qui avoient la connoiffance fur le fait de la marée, approuvent un reglement fur la marée, fait par leur permiffion, par les Elûs des Marchands forains & Voituriers de la marée. Ils commettent pour l'execution, les Huiffiers du Parlement, & autres Sergents. Le Roy confirme ce reglement. 355. Voy. les *Sommaires*. Les Marchands Forains de marée pour la provifion de Paris, ont le droit d'élire par euxmefmes, ou par leurs Elûs & Confeillers, les Vendeurs de marée aux Halles, qui doivent donner caution, & eftre prefentez au Prevoft de Paris qui les inftituë; le Roy cependant nommoit quelquefois des Vendeurs de marée; mais le Parlement leur oftoit les offices qui leur avoient efté donnez par le Roy. Charles V. ayant nommé Jean le Baut, à un office de Vendeur de marée, auquel les Marchands avoient nommé Geoffroy de Lendremers, les Marchands demanderent au Roy la confirmation du privilege qu'ils avoient d'élire les Vendeurs; s'engageant à élir le Baut pour l'office qui eftoit lors vacant, & à donner la premiere place vacante à Lendremers; ce que le Roy leur accorda. 198.

Marée. Lettres Royaux adreffées aux Confeillers députez par les marchands Forains de la marée à Paris, & aux Elûs par les Marchands & Voituriers de cette marchandife; par lefquelles Lettres il eft porté, qu'Eftienne de Mareüil fera fubrogé dans le Confeil de la Marée, à Guillaume de St Germain fait Procureur General du Parlement de Paris. Il eft enjoint au Prevoft de Paris, Confervateur, Gardien & Commiffaire General de la marchandife de marée, de faire executer ces Lettres. 12.

Marées. Dans une publication de Lettres Royaux, faite au Chaftelet de Paris, il y a qu'elles ont efté publiées à la requefte de Maiftre Jean Bouthery, foi difant du Procureur du Roy fur le fait de la Marée. 403.

Marée. Les Marchands & Voituriers de marée, pour la provifion de Paris, paffoient quelquefois à Roye en Vermandois, où ils payoient le péage qui eft dû au Roy en cet endroit; & quelquefois ils paffoient à Mannullet qui appartient auffi au Roy, où ils payoient auffi le péage qui lui eft dû. Les Gardes ou Fermiers du péage de Roye, prétendirent que les Marchands & Voituriers de marée devoient le payer, quoiqu'ils ne paffaffent point à Roye, & qu'ils l'euffent payé à Mannullet: cela donna lieu à un procès pendant au Parlement. Il fut ordonné que jufqu'à ce que ce procès fut terminé, les Vendeurs & Voituriers de marée, ne payeroient point le péage de Roye, lorfqu'ils auroient payé celui de Mannullet. Ces Lettres font adreffées au Prevoft de Paris, Confervateur & Gardien député par le Roy, aux Marchands & Voituriers de marée. 71.

Marée. Maiftre de petits panniers de la marée. 357. X. XI. & Note *(b)*. XIV.

Marée. Hallebis & rabais fur la vente de la marée. 357. VIII. IX. 358. XV.

Marée. (Regiftre de la) 359. XX.

Marée. Les titres des péages qui fe levent dans les endroits par où paffe la marée, feront reprefentez aux Elûs de la marée, qui les feront enregiftrer. 356. VI.

Marée. Reglement pour la marée dans la Ville de Roüen. Les Harangs & les Maquereaux font les feuls poiffons qui y foient nommez. 251. Voy.

les Sommaires. Voy. *Roüen.* Il y avoit six Vendeurs de marée. 254. XII.

MARESCHAUX de France. Biens de rebelles au Roy, confisquez & donnez par eux. 558.

Mareschaux de France. Le Connestable nommera une personne, & chacun des Mareschaux nommera quatre Lieutenans, pour passer en revüe les troupes qui seront sous leur commandement. Le Maistre des Arbalestriers en nommera un pour faire la revüe des Arbalestriers seulement. 658. I.

Mareschaux de France. Le Roy ayant esté informé que les Sergens des Mareschaux vexoient le peuple, parce qu'ils prenoient des salaires plus forts que les Sergens ordinaires; qu'ils ne mettoient pas dans leurs assignations les causes de l'adjournement; & qu'ils assignoient les Parties à comparoistre pardevant les Mareschaux, leurs Lieutenans, Prevosts & Officiers, dans des lieux éloignez où elles n'osoient aller à cause des guerres, & où elles ne trouvoient pas de conseil; il ordonna que les adjournemens & les executions faites par l'ordre des Mareschaux ou de leurs Officiers, ne seroient plus faites par leurs Sergens, sous peine de nullité; mais par des Sergens ordinaires qu'ils commettront à cet effet; que les causes des adjournemens seroient exprimées dans les assignations, & que ces adjournemens seroient donnez pour comparoistre dans la ville de Paris seulement. Il ordonna au Prevost de Paris de signifier cette Ordonnance, aux Mareschaux & à les Officiers. 616.

Mareschaux de France. (Clercs des) 660. XII.

Mareschal de France. (Prises pour un) 289. Note *(a)*. Voy. *S.^t Lô.* On ne fera point de *Prises* pour eux, sur les Arbalestriers de la ville de Laon. 68. IX.

MAREUIL, dépendant de Coucy. Affranchissement des habitans de ce lieu. 154. Voy. *Coucy.*

MAREUL dans le Beauvoisis, repris vers 1356. sur les ennemis, par les Arbalestriers de Compiegne. 145. Voy. *Compiegne.*

MARGON, Diocèse de Beziers. Diminution de Feux pour ce lieu, où il y en avoit 14. en 1369. p. 213. Voy. *Feux.*

MARIAGE. Les Sergens Royaux pourront demeurer à Sarlat, avec le consentement des Consuls, lorsqu'ils y seront mariez. 341. VII.

Mariage. On ne pourra contraindre les femmes de Dauphiné, à se marier contre leur gré. 45. XXV. A Mailly-le-Chasteau, le Crieur public, ni celui qui fait le guet, n'auront aucuns droits lors du mariage des habitans. 716. XX. Philippe-Auguste en confirmant la Commune des habitans de St Jean d'Angely, leur accorda le droit de marier leurs enfans, & les veuves à leur volonté. 671. Voy. *St Jean d'Angely.* Si quelqu'un des garçons de boutique des Marchands de Plaisance, commerçants à Harfleur, se marioit & recevoit chez luy des marchandises appartenantes à son Maistre, le Juge fera arrester prisonnier jusqu'à ce qu'il les ait restituées, & lorsqu'elles l'auront esté, il les mettra entre les mains de deux Marchands de Plaisance, qui les rendront à celui à qui elles appartiennent. 243. XI.

MARIGNAC de la Judicature de Verdun, de la Senechaussée de Toulouse. Diminution de Feux pour ce lieu, où il y en avoit 8. en 1372. p. 551. Voy. *Feux.*

MARINE. Fonds destinez pour les armées navales. 541. XIX.

MARMOUSTIER (L'Abbaye de) est d'ancienne fondation Royale, & sous la Sauve-garde Royale. Le Roy ordonna qu'elle ressortiroit devant le Bailli des Ressorts, à Chinon, jusqu'à ce qu'il lui eust donné un autre Juge Royal. 307. Les Lettres sont semblables à celles accordées à St Martin de Tours, & qui sont p. 305. Voyez *Saint Martin de Tours.*

MARQUE. L'on ne pourra faire par maniere de Marque, aucunes poursuites contre les habitans du Dauphiné, en vertu des obligations passées sous le Petit scel de Montpellier, que dans les cas où ces habitans auront passé des obligations sous ce scel. 384. Voyez *Montpellier.*

Marque. Les Juifs pourront entrer dans le Royaume, sans estre sujets au droit de Marque ou de gagement de Marque. 493. V.

Marque. S'il arrivoit une dispute entre le Roy & les Souverains du pays des Marchands de Plaisance en Lombardie, commerçants à Harfleur, ces Marchands ne seroient point inquietez à cette occasion, ni dans leurs personnes, ni dans leurs biens. Si on a saisi quelques-unes de leurs marchandises, on les leur rendra; & on s'en rapportera à leur serment, quand ils jureront qu'elles leur appartiennent. 244. XVI.

MARROLES occupé par les ennemis, repris par des troupes où estoient les Arbalestriers de Lagny-sur-Marne. 32. & Note *(b)*.

MARSA, de la Senechaussée de Carcassonne, & du Bailliage de Sault. Diminution de Feux pour ce lieu, où il y en avoit 25. en 1368. p. 122.

MARSEILHETE, de la viguerie de Minerve. Diminution de Feux pour ce lieu, où il y en avoit 18. en 1371. p. 466. Voy. *Feux.*

MARVEJOLS. François ou Fiacre *Buone*, estoit Juge de Marvejols, le 16. de Fevrier 1367. p. 99.

MASCON. En Janvier 1358. Jean de Châlon Sire d'Arlay, estoit Lieutenant du Roy dans les Bailliage de Sens, de Troyes & de Mascon. 595. En Aoust 1369. le Duc de Berry estoit Lieutenant du Roy, dans le Masconnois, & dans plusieurs autres provinces. 218. Voy. *Lieutenant de Roy.* Jean Duc de Berry & d'Auvergne, Comte de Poictiers, de Mascon, d'Angoulesme & de Saintonge, estoit en 1372. Lieutenant du Roy, dans ces pays & dans d'autres. 606.

Mascon. Confirmation des privileges de cette Ville. Les Lettres sont adressées au Bailli & au Prevost de Mascon. 618.

Mascon. (Bailli & Receveur de) 661.

Mascon. Beaujeu relevera du Duc de Berry & Comte de Mascon, & ressortira devant son Bailli de Mascon, pendant la vie de ce Duc, ou pendant qu'il sera Comte de Mascon seulement. 112. Voy. *Beaujeu.* Les appels du Siege de Lion,

Lyon, qui se portoient anciennement à Mascon, sont transferez au Bourg de l'Isle-Barbe. 110. Voy. *Lion.* Il est deffendu au Bailli de Mascon de demander caution aux Changeurs de Lyon. 624. Voy. *Lion.* L'Abbaye de S.t Claude en Franche Comté, a plusieurs Prieurez & plusieurs biens dans le Bailliage de Mascon. 661. Voy. *S.t Claude.*

Mascon. Il y avoit un hostel des Monnoyes. 124. Prix que la Monnoye y valoit dans l'hostel des Monnoyes, au commencement de Fevrier 1371. & prix que l'on y donnoit pour la fabrication de chaque Marc. 454.

Mascon. Les habitans de ce Diocèse, au lieu de prendre du sel dans le Grenier de Lyon, en prenoient secretement dans les Comtez de Savoye & de Bourgogne, dont ils ne sont separez que par le Rhosne & par la Saone. 404. Voy. *Dauphiné.*

Mascon. Philippe de S.te Croix estoit Evesque de cette Ville, le 26. de Mars 1365. p. 665.

MASSILIARGUES. Diminution de Feux pour ce lieu, où il y en avoit 167. en 1373. p. 638. Voy. *Feux.*

MASSONS. 194. Voy. *Ouvriers.*

MASUBI, de la Senechaussée de Carcassonne & du Bailliage de Sault. Diminution de Feux pour ce lieu, où il y en avoit 18. en 1368. p. 122. Voy. *Feux.*

MATELAS. Voy. *Coustiers.*

MAURENSARGUES. Diminution de Feux pour ce lieu, où il y en avoit 2. en 1372. p. 589. Voy. *Feux.*

MAUVAIS traitement. Si un habitant de la Bruyere-les-Catenoy maltraite quelqu'un, il pourra se purger de ce delict par serment, s'il n'y a pas de témoins. 712. Voy. *Bruyere.* (La) A Peronne, celui qui en aura frappé un autre, si le fait est prouvé, payera une Amende au Roy, & cent sols qui seront employez aux fortifications de la Ville. Si le fait ne peut estre prouvé, il se purgera de ce delict par serment. 159. III. A Peronne, celui qui estant en colere, aura poussé rudement quelqu'un, sera condamné, si le fait est prouvé, à 50 sols, qui seront employez au mesme usage. Si ce delict n'est pas prouvé, il s'en purgera par serment. 160. IX. A Peronne, s'il est prouvé qu'un homme estant en colere, ait tiré l'épée contre un autre, il payera 40 sols à la Commune; si le delict n'est pas prouvé, il s'en purgera par serment. 160. X. A Peronne, celui qui de dessein premedité aura jetté de la bouë & des ordures sur un autre, payera dix livres; soit que celui qui aura esté insulté, ait fait une plainte au Maire & aux Officiers Royaux, soit que le Maire & les Eschevins ayent fait le procès d'office à celui qui a insulté. Il sera obligé de payer cette Amende dans quinzaine, ou de se retirer de la Ville: s'il y revient, on le condamnera à avoir un membre coupé. 160. XI.

MEAUX. Bailli de Troyes & de Meaux. 381. 595. Voy. *Troyes.* Le 14. de May 1367. Boniface Gace estoit Lieutenant de Meaux, & Guillaume du Plessier, Bailli de Troyes & de Meaux. Julis Flament estoit Lieutenant quelque temps auparavant. 118. 119. Le 14. de May 1367. Ichier de Bitors estoit depuis quelque temps, Procureur au Bailliage de Meaux. 118. 119.

Meaux. (Prevost de) 119.

Meaux. (Boulangers de) 118. Voy. *Pain.*

MEGRIAN. Diminution de Feux pour ce lieu, où il y en avoit 20. en 1372. p. 551. Voy. *Feux.*

MELUN. (Le Bailli de) Lettres pour l'establissement d'un Prevost des Exemptions, pour estre Juge des Exempts qui ressortissoient à Château-Landon, lui sont adressées. 335. 382. Voy. *S.t Victor.*

MEMBRE coupé. Supplice 160. XI. Les Consuls de Cahors, & ceux qui l'auront esté, ne pourront estre appliquez à la question, ni estre condamnez à une mutilation de membres; si ce n'est dans dans le cas du crime d'heresie, de Leze-Majesté ou de rapt. 626. IX.

MENDE. Le Pape Urbain V. qui affectionnoit l'Eglise de Mende, ayant accordé des privileges à l'Evesque de cette Ville, Comte de Gevaudan, à son Eglise & à leurs sujets, ils furent confirmez par Charles V. Nonobstant ces privileges, & la Bulle d'Or & le Pariage fait anciennement entre le Roy & l'Evesque de Mende, les Tresoriers, les Generaux-Conseillers sur le fait de l'Aide de la guerre, départis dans le Languedoc, les Receveurs & autres Officiers Royaux, à la requeste du Procureur general de la Senechaussée de Beaucaire & de Nismes, voulurent faire payer à cet Evesque & à ses sujets, cette Aide, les droits d'Admortissement & de Francs-Fiefs, & toutes les autres Impositions qu'on levoit sur ceux qui n'avoient point de privileges, & ils imposoient des Tailles sur les sujets de cette Eglise, qu'ils levoient au profit du Roy, quoiqu'il fût porté par le Pariage, que ces Tailles seroient levées par le Juge de la Cour Communne du Gevaudan, & partagées entre le Roy & l'Evesque. Celui-cy, après avoir fait adjourner ces Officiers Royaux au Parlement, en ayant porté ses plaintes au Roy, il le confirma dans tous ses privileges. Les Lettres sont adressées au Parlement, à la Chambre des Comptes, aux Baillis de Beaucaire, du Gevaudan, des Montagnes d'Auvergne & du Bailliage, &c. 603.

Mende. Les Gens d'Eglise de ce Diocèse, ayant octroyé en 1304. une Decime à Philippe-le-Bel, pour sa guerre de Flandre, il leur accorda des privileges. 631. Voy. *les Sommaires.*

MENDIANTS (Les) ne payeront point la redevance annuelle imposée à cause de l'affranchissement des Appeaux Volages. 95. 247. Voy. *Appeaux Volages.*

MENSE du Domaine du Roy. 276. 696. XI. Voy. *Domaine.*

MER. Ceux qui trouveront (sur les bords de la Mer) des debris des Vaisseaux des Marchands de Plaisance en Lombardie, trafiquans à Harfleur, qui auront fait naufrage, les mettront en sûreté, pour les rendre à ceux à qui ils appartiennent, s'ils sont presents; & s'ils sont absents, à quelques

TABLE DES MATIERES.

Marchands de leur nation, en recevant un falaire convenable pour leurs peines. 245. XXV.

MERCERIE (La) se vend à la Halle de Paris. 147. Voy. *Halles de Paris.*

MERCIERS (Les) feront obligez de couper le Billon qu'ils acheteront, & de l'apporter à la plus prochaine Monnoye du lieu de leur domicile, huit jours après qu'ils l'auront acheté; & d'écrire dans un Regiftre, le Billon qu'ils acheteront, lorfqu'il paffera un demi-Marc. 391. Voyez *Monnoyes.*

MERDE. A Arras, celui qui mettra de la merde devant les Eftaux des autres Boulangers, payera l'Amende. 511. XXI.

MEREL. (Franc) Certificat pour des denrées qui paffent à la porte de Roüen. 216. Voy. *Roüen.*

MESSIERS. Les habitans de Levigny elliront les Meffiers, qui prefteront ferment entre les mains du Prevoft. 514. VII.

MESTIERS. Ce qui regarde les meftiers, les marchandifes & les vivres, appartient au Roy feul de droit Royal. 527. Voy. *Prevoft de Paris.*

Meftier. (Gens de) Les Juges Royaux leur feront jurer qu'ils ne mettront plus de commerce que des monnoyes ayant cours. 250. On leur fera jurer d'obferver les Ordonnances fur les Monnoyes. 643. Voy. *Monnoyes.* Cloche au fon de laquelle les Tifferands de Montreüil-fur-Mer, doivent commencer & finir leurs ouvrages. 528. Voyez *Montreüil-fur-Mer.* C'eft le Maire de Roüen, & non le Bailli, qui a la Jurifdiction fur les meftiers de cette Ville, & en particulier fur la marée. 251. Voy. *Roüen.* Majories des meftiers de Peronne. 162. XXV.

MESURE, Braffe. 312. III. Palme. 278. IX.

Mefure. A Chaumont en Baffigny, ceux qui vendront à fauffe mefure, payeront 25 fols, ou auront la main coupée. 601. XIV.

MEUBLES Quoique la confifcation n'eût pas lieu à Arras, le Comte l'exerçoit cependant dans de certains cas, fur les meubles & fur les heritages qui relevoient des Fiefs, fur lefquels heritages, les Efchevins conferveront leur Juftice. 204. Voy. *Arras.*

MEÜILLON. Les Juges des Baronies de Meüillon & de Montauban, en entrant dans leurs Charges, prefteront ferment de confirmer les privileges du Dauphiné, entre les mains des Prieurs de Meüillon & de Montbrun. 63. & Note (c) col. 2.e Des Lettres qui regardent Buis dans le Dauphiné, font adreffées au Juge des Baronies de Montauban & de Meüillon. 70.

MEURTRE. Les habitans de la Bruyere-les-Catenoy, ne pourront eftre jugez hors de leur Ville, que dans les cas de meurtre & de trahifon. 712. Voy. *Bruyere.* (La) Le Seigneur de Chaumont en Baffigny, fe referve le Jugement du meurtre & du vol. 600. VI. Les Bourgeois de Levigny ne pourront eftre mis en prifon, s'ils offrent de donner caution de fe prefenter en Juftice; fi ce n'eft dans le cas de rapt, de meurtre & de vol. 514. VI. Voy. *Levigny.* Celui qui aura tué dans le Chafteau ou dans la Banlieüe de Peronne, un homme de la Commune de ce lieu, fera puni de mort; à moins qu'il ne fe refugie dans une Eglife, fa maifon fera détruite; & les biens qu'il aura dans l'étenduë de la Commune, feront confifquez au Roy. Si ce meurtrier s'échappe, il ne pourra revenir dans le territoire de la Commune, que lorfqu'il fe fera reconcilié & aura fait fon accommodement avec les parents de celui qu'il aura tué, & qu'il aura payé à la Commune, une Amende de dix livres. 159. I. A Peronne, fi un homme accufé d'un meurtre, ne peut en eftre convaincu, il fe purgera de ce crime (par ferment) devant les Efchevins. 159. II. A Peronne, lorfqu'un jeune homme aura tué quelqu'un, le Maire & les Efchevins décideront s'il doit eftre puni ou non. 160. XIV. A Peronne, fi un homme qui n'eft point de la Commune, fe bat avec un homme qui en eft, ceux de la Commune doivent deffendre celui-cy: s'ils ne le font pas, le Maire fera affigner devant lui pour les en punir. Ceux qui auront donné du fecours à leur Concitoyen, ne pourront eftre condamnez à l'Amende à ce fujet; à moins qu'il n'euffent tué l'étranger contre lequel celui-cy fe battoit. 159. V. Cet article fut aboli dans la fuite. 163. I. A Peronne, celui qui tuë un homme qui veut entrer de force dans fa maifon, hors les cas où cela eft permis par la Couftume de la Ville, ne payera point d'Amende. 160. VIII. Philippe-le-Bel ayant donné à la Commune de Roüen, le Plaids de l'épée, ou la connoiffance des cas Royaux, referva les cas de meurtre, de bleffure confiderable, & des gages de bataille. 74. Voy. *Roüen.* Les Bourgeois qui auront commis un crime dans la Ville & dans la Banlieüe de Tournay, perdront pour toûjours le droit de Bourgeoifie. 377. XXIV. Les habitans de Tournay qui commettront un meurtre dans cette Ville & dans fa Banlieüe, feront punis s'ils ne le font pas, s'ils ne fe font arreftez: s'ils ne le font pas, ils perdront le droit d'habitation dans cette Ville, & leurs dettes préalablement payées, la moitié de leurs biens fera confifquée au profit de la Ville, & l'autre moitié appartiendra à leurs heritiers. Si un Bourgeois ou un habitant de Tournay bleffe ou tuë un étranger qui l'a attaqué, il ne fera point puni, & fes biens ne feront point confifquez; parce que les biens d'un étranger qui en fe deffendant, auroit tué un Bourgeois ou un habitant de Tournay, ne feroient pas confifquez. 378. XXV. Les Bourgeois & habitans de Tournay, qui en fe deffendant auront bleffé ou tué un étranger qui les aura attaquez, pourront après s'eftre accommodez avec la Partie, obtenir du Roy des Lettres de grace, & eftre rétablis dans l'habitation de cette Ville. 378. XXVI. Ceux qui auront tué hors de Tournay, un Bourgeois de cette Ville, ou un fils de Bourgeois, ne pourront jamais eftre reftablis dans le droit de Bourgeoifie. 378. XXVII. Dans la conceffion de la Couftume de Valmy, la Comteffe de Troyes fe referve le Jugement de ce crime. 486. III.

Meurtres. Voy. *Homicides.*

MEUSE. Les Bourgeois de Chaumont en Baffigny auront le droit d'ufage dans la partie du cours

TABLE DES MATIERES.

de la Meuſe qui appartient à la Seigneurie de Clermont. Ils ſeront obligez ſous peine d'Amende, d'aporter dans le Marché de cette Ville, les poiſſons qu'ils y auront peſchez. 601. XVII.

MICHE. Voy. *Pain.*

MIELHAN, de la Judicature de Riviere, de la Seneſchauſſée de Toulouſe. En Decembre 1371. les Conſuls & habitans de cette Ville, repreſenterent au Roy, que l'année precedente cette Ville ayant eſté priſe par les ennemis, elle avoit eſté entierement brûlée & détruite, que la plus grande partie des habitans a nerve ou avoit eſté tué, que le reſte avoit eſté emmené priſonniers, & que leurs privileges avoient eſté ou brûlez ou perdus; ils lui demanderent la permiſſion de rebaſtir & de fortifier leur Ville; & ils le prierent de leur donner de nouvelles Lettres de privileges, ce qui leur fut accordé. 442. Voy. *les Sommaires.*

MILES *Caſatus.* Vaſſal. 716. XVII. Voy. Note *(f).*

MILHAUD. (Bailliage de) 321.

Milhaud. Le 28. de Septembre 1363. les Conſuls & habitans de cette Ville, entrerent ſous l'obeiſſance du Roy d'Angleterre. En Fevrier 1369. le Duc d'Anjou Lieutenant du Roy dans le Languedoc, ratifia l'acte par lequel ils declarerent qu'ils rentroient ſous l'obeiſſance du Roy. Le Roy, pour les recompenſer, leur accorda qu'ils ſeroient exempts de tous Impoſts pendant 20 ans. Les Lettres ſont adreſſées au Seneſchal & au Receveur du Roüergue. 291. & Note *(a).* Le Roy voulant recompenſer les Conſuls & habitans de Milhaud, qui s'eſtant ſouſtraits à l'obeiſſance du Roy d'Angleterre, lui avoit preſté ſerment de fidelité, leur accorda des privileges. Les Lettres ſont adreſſées au Seneſchal de Roüergue & au Juge de Milhaud. 292. V. *les Sommaires.* Le Roy voulant recompenſer les Conſuls & habitans de cette Ville, qui s'eſtoient ſouſtraits à l'obeiſſance d'Edoüard fils aiſné d'Edoüard d'Angleterre, revoltez contre lui, & ſes ennemis, & s'eſtoient ſoûmis à la ſienne, les exempta du droit de Francs-Fiefs pour les biens nobles qu'ils avoient acquis, & qu'ils acquereroient dans la ſuite. 321. Le Roy mande aux Conſuls de cette Ville, qu'ils n'obeiſſent point aux Lettres qu'il pourra donner pour la ſeparer du Domaine de la Couronne, mais qu'ils les lui renvoyent, afin qu'il pourvoye à ce ſujet, avec plus de maturité. 490. Les Bourgeois de cette Ville pourront commercer dans tout le Royaume, ſans payer aucuns droits pour les marchandiſes qu'ils acheteront. 304. Le Roy ayant accordé aux Conſuls & habitans de cette Ville, de ne point payer d'Impoſts pendant un certain temps, & de ne pouvoir eſtre jugez hors de leur Ville; & le Seneſchal de Roüergue, qui par l'ordre du Roy, avoit juré l'obſervation de ces privileges, leur ayant voulu faire payer des Impoſts, & les ayant fait citer dans la Ville de Villefranche en Roüergue, diſtante de Milhaud, de deux journées de chemin; le Roy manda au Seneſchal de Carcaſſone & au Viguier de Gignac, de contraindre le Seneſchal de Roüergue, à obſerver les privileges de la Ville de Milhaud. 525. Lettres de Sauve-garde Royale, accordées aux Conſuls & habitans de Milhaud. Les Lettres ſont adreſſées au Seneſchal de Roüergue & au Juge de Milhaud. 294.

Milhaud. Diminution de Feux pour ce lieu, où il y en avoit 50. en 1372. p. 488.

MILICE armée. Voy. *Chevalerie.*

MILLANO *(Locus de)* ſur la Garonne. 299. Voy. *Tartas.*

MILLERS. 299. Voy. *Tartas.*

MINAGE, (Droit de) 463.

MINERVE, de la Seneſchauſſée de Carcaſſone, Siran, Pechairic, la Livinicre, Aigue-vive-Royale & Maſſeilhete, ſont de cette Viguerie. 264. 265.

MINEURS. Il y a à Doüay, à Lille & dans les Villes voiſines, des Regars & Maiſtres des Orphelins, qui en prennent ſoin. 134. XXXII. La Ville de Tournay avoit en depoſt les deniers des Orphelins. 138. II.

MINEURS. (Ordre des Freres) Acte paſſé en 1292. dans le grand Cloiſtre de la Maiſon des Freres Mineurs de Limoux, en la preſence du Gardien & d'un Religieux qui y ſont nommez 583.

MINISTRE. Juge. 600. I. *& ſuiv.*

MISERÉ. Voy. *S.t Martin de Miſeré.*

MISERICORDE (Eſtre dans la) du Juge. 672. II. *& autres articles.* Voy. p. 673. Note *(n).*

MISTRALIES, Miſtraux. 80. Voy. *Dauphiné.*

MITRY en Brie, de la Prevoſté & Vicomté de Paris. En 1367. Charles de Trie Comte de Dammartin & Jeanne d'Amboiſe ſa femme, avoient pluſieurs droits de ſervitude ſur ce lieu; une taille annuelle de 33 livres 6 ſols 8 deniers, & un droit de Minage; & lorſque les procès eſtoient commencez, les Parties ne pouvoient plus les accommoder, ſans payer l'Amende, &c. Ces Seigneurs conſiderants que ce lieu eſtoit preſque entierement ruiné, que les anciens habitans déſertoient, & qu'il n'en venoit point de nouveaux, & ayant reçû 425 livres de ces habitans, il les affranchit de toutes ces ſervitudes; à la reſerve d'un ſeul habitant & de ſa poſterité; ſe reſervant néantmoins la Juſtice haute, moyenne, baſſe & fonciere. Les Commiſſaires du Roy ſur les alienation & les acquiſitions des Fiefs, ayant voulu faire payer à ces habitans, une finance à cauſe de cet affranchiſſement, le Roy les en exempta. Il y avoit un Prevoſt à Mitry. 463.

MOINES & Confreres de l'Abbaye de Savigny. 351. De l'Abbaye de la Valaſſe. 400. Voyez *Valaſſe.*

MOLAGE de bleds. 222.

MOLASAN. Diminution de Feux pour ce lieu, où il y en avoit 6. en 1372. p. 589. Voy. *Feux.*

MOLESME, Diocèſe de Langres. Droves en eſtoit Abbé en Novembre 1293. p. 513. 515. Correction à la *Gallia Chriſt.* ibid. Note *(d).*

MOLOSME, Diocèſe de Langres. André en eſtoit Abbé en Novembre 1293. p. 513. 515.

MONCEAUX-les-Leups, dependant de Coucy. Affranchiſſement des habitans de ce lieu. 154. Voy. *Coucy.*

MONHAAC appartenant à Jean de la Barte, démembré de la Jugerie de Verdun & de la Seneschauffée de Toulouse, & soûmis à la Jurisdiction de la Ville de Bit, en Guyenne. 456. Voy. *Bit.*

MONNOYES. Noms des Generaux-Maistres des Monnoyes, vers Juin 1370. p. 302. En Decembre 1373. Guillaume Lespinace estoit Maistre General des Monnoyes de France, & Tresorier du Roüergue. 638. Pierre Domino General-Maistre des Monnoyes. 613.

Monnoye. Lettres Royaux signées: Par le Roy à la relation du Conseil & des Generaux-Maistres des Monnoyes. 251. Note *(c)*. Lettres Royaux concernant les Monnoyes, données par le Conseil estant à la Chambre des Comptes, où estoient les Maistres des Monnoyes. 642.

Monnoyes. Les Generaux Maistres des Monnoyes, envoyent les Mandements sur les Monnoyes aux Juges Royaux, lesquels sont chargez de les faire executer. 300. 320. Les Tresoriers & les Generaux-Maistres des Monnoyes, sont un traité pour faire porter du Billon à la Monnoye de Tournay. 541. Lettres portant qu'un procés meu entre des particuliers, par rapport à un traité fait entre eux pour le *gouvernement* de la Monnoye de Dijon, prise à Ferme, & dans lequel procés le Roy n'a point d'interest; ne sera point jugé par les Generaux-Maistres des Monnoyes, mais par le Bailli de Dijon, dans le Bailliage duquel les Parties sont domiciliées. 485.

Monnoye. Maistres-particuliers & Gardes des Monnoyes. 251. Les Maistres-particuliers des Monnoyes ayant representé au Roy, que les Officiers des Monnoyes qu'ils payoient sur leur compte, leur coûteroient trop; le Roy ordonna que ces Officiers seroient payez sur le profit des Monnoyes; & que les Gardes auroient 100 livres pour leur salaires, & 10 livres pour leur Robe; & le Tailleur & l'Essayeur, chacun cent livres pour salaire, & 5 livres pour Robe; mais l'ouvrage qui se laissoit dans les Monnoyes, estant considerablement diminué, il ordonna que les Gardes n'auroient plus que 100 livres seulement; le Tailleur 10 livres seulement avec sa taille accoûtumée, & l'Essayeur 10 livres; que cependant l'Essayeur de la Monnoye de Paris, qui fait le contre-essais de toutes les Boëtes d'argent du Royaume, auroit 60 livres. Il ordonna encore qu'il n'y auroit plus de Contre-gardes dans les Monnoyes; & que si les Changeurs demandoient qu'il y en eust, il les payeroient à leurs depens. 616. Le Roy ayant ordonné que les Contre-gardes seroient supprimez dans les Monnoyes d'Or, & que les Gardes seroient leurs offices; il ordonna dans la suite, que pour l'utilité de ceux qui apportoient des matieres dans les Monnoyes d'Or de Paris & de Tournay, il y auroit toûjours des Contregardes, qui auroient de gages 50 livres, qui se prendroient sur le profit des Monnoyes. 624.

Monnoyeurs (Les) & les autres personnes privilegiées, payeront les Tailles & autres Impositions reelles & personnelles, par rapport aux Fiefs & aux autres biens qui leur viendront à quelque titre que ce soit. 484.

Monnoye. Argent en cendrée. 301. & Note *(c)*. 319. 334. 469. 482. 484. 503. 506. *bis.* 542. 593. 639.

Monnoye. Philippe-le-Bel fera fabriquer de nouvelles Monnoyes au poids & au titre de celles qui furent fabriquées sous le Regne de St Louis: & il fera diminuer le prix de celles qui ont cours presentement. 632. 1.

Monnoye d'Or. Anciennement, lorsque les Generaux-Maistres des Monnoyes, donnoient des Monnoyes d'Or à fabriquer aux Maistres-particuliers, il estoit convenu que sous peine d'Amende, ces Monnoyes ne pourroient estre *escharses*, c'est-à-dire, au-dessous du titre fixé par le Roy, que d'un 8.e de Carat. Cela a duré jusqu'à la fabrication des Moutons d'or faite sous le Roy Jean, lors de laquelle, il fut ordonné qu'à cause des Ecus d'Or à 18 Carats, & du grand nombre des Especes contrefaites, les Especes pourroient estre *escharses* jusqu'à un Carat; mais pendant le temps qu'ont eu cours les Moutons d'or, les Royaux d'Or à Francs d'Or fin, & les Deniers d'Or aux Fleurs de Lis, fabriquez sous le Regne de Charles V. la contrefaçon ayant plustost augmentée que diminuée, il ordonna que les Especes d'Or pussent estre fabriquées *escharses* jusqu'à un quart de Carat & demi. 235. Comme la blanche Monnoye manquoit dans le Royaume, le Roy permit par provision, & jusqu'à ce qu'il en eust autrement ordonné, le cours des Monnoyes nouvellement fabriquées par l'ordre du Comte de Flandre, & nommez Gros de Flandre, autrement appellez Heaumes ou Vuauturons, & petits gros; & il en fixa le prix. 320.

Monnoye. Le Roy ayant besoin d'argent, Berthelemy Spifame, Marchand & Bourgeois de Paris, lui preste 100 Marcs d'Argent, qu'il porte à la Monnoye en Vaisselle, ou en Argent en Cendrées, qu'on fabriqua à une Loy moins forte que celle à laquelle on fabriquoit les autres Especes. Les Generaux-Maistres des Monnoyes firent difficulté *d'enteriner* & d'accomplir le Mandement fait à ce sujet; & ils allerent trouver les Gens du Conseil qui leur ordonnerent de l'executer. 301. Spifame avoit déja presté au Roy 600. Marcs d'Argent, qu'il avoit portez à la Monnoye. 319. En Novembre 1369. il presta 600 Marcs. 690. En Aoust 1370. il presta 1000 Marcs d'Argent au Roy, p. 334. En Avril 1372. il presta 2000 Marcs d'Argent. 469. En May 1372. il presta 1200 Marcs d'Argent. 482. En Juin 1372. il presta 600 Marcs d'Argent. 484. En Aoust 1372. il presta 2000 Marcs d'Argent. 503. Le dernier d'Aoust 1372. il presta 1000 Marcs d'Argent. 506. Le 22. de Novembre, il presta 2000 Marcs d'Argent. 542. Le 11. de Septembre 1373. il presta 1200 Marcs d'Argent. 639. Voy. p. 506. 540. XIX. XXII. Le Roy donnoit 5 Sols Tournois, pour la fabrication d'un Marc d'Argent. 302. 335. Quelquefois il ne donnoit que 4 Sols. 470. 482. 484. 504. 507. 542. 593. 639. Prix que l'on donnoit pour la fabrication de chaque Marc, dans les differentes Monnoyes du Royaume. 454. Escharceté, Remede.

TABLE DES MATIERES.

Remede de Loi, Boëtes. 235. & Note (b).
Monnoyes. (Boëte des) 302. 690.
Monnoye (Fausse) est un cas Royal. 429. La fausse Monnoye, la transgression des Ordonnances sur les Monnoyes, & les affaires des Monnoyeurs, sont des cas Royaux. 479. II. IV. Un faux Monnoyeur ne peut estre arresté prisonnier dans un lieu Saint. 661. Le Pape Clement V. ayant esté informé qu'il y avoit en France & dans les pays voisins, plusieurs personnes qui fabriquoient de la Monnoye, quoiqu'ils n'eussent pas droit de le faire; quelques-uns qui diminuent le poids des Monnoyes du Roy; d'autres, qui ayant le droit de fabriquer de la Monnoye, y mettent la marque de la Monnoye du Roy, & les lettres qui sont frappées dessus, & les font de mesme Loy & de mesme figure, mais en diminuant le poids; d'autres enfin qui achetent de la fausse Monnoye hors du Royaume, & l'y répandent; il excommunia toutes ces especes de faux Monnoyeurs; & il ordonna qu'ils ne pourroient estre absous que par le souverain Pontife, si ce n'estoit à l'article de la mort. Charles V. envoya une copie de cette Bulle à l'Evesque de Langres, & le requit & le pria de la faire afficher à la porte de toutes les Eglises de son Diocese. 426.

Monnoye. Vers 1359. le Marc d'Argent valoit 60. Sols Tournois. 127. Vingt sols pour Francs. 496. Le Florin a 12. gros. 405. Il fut ordonné le 19. de Juillet 1367. que pour le payement des Impôts, on pourroit donner deux Francs pour un Escu. 17. VIII. En Fevrier 1371. le prix des Monnoyes estoit different dans les differentes Monnoyes du Royaume. Voy. le nom de tous les lieux où il y avoit des Hostels des Monnoyes. 454.

Monnoye. En Fevrier 1369. le Roy déclare que son intention est de ne faire aucun changement dans les Monnoyes. 250.

Monnoye. Lorsqu'on ordonnoit une crûë du prix de l'Or & de l'Argent, on faisoit l'inventaire de ce qui estoit contenu dans les Boëtes des Monnoyes, & on les clouoit. On faisoit de nouvelles Boëtes, & de nouveaux papiers de délivrance. Lorsque les matieres apportées par les Changeurs aux Hostels des Monnoyes, avant la crûë, estoient fabriquées, on leur en payoit le prix, sur le pied qu'il estoit fixé avant la crûë. 452. 453.

Monnoye. Comme l'on prenoit les Monnoyes décriées & les estrangeres, pour le prix qu'il plaisoit à chacun, & pour un prix fort qu'elles ne valoient, le Roy en renouvellant les anciennes Ordonnances, ordonna que toutes les Monnoyes décriées du Royaume & les estrangeres, seroient portées dans les Hostels des Monnoyes, au Marc pour Billon; il ordonna aux Baillis, Seneschaux & Prevosts, de faire jurer aux Changeurs, Marchands, Drapiers, Espiciers, & à tous gens de mestier, de ne donner & de ne recevoir que des Monoyes ayant cours; deffendit de faire des contracts & marchez payables en Marcs d'Or & d'Argent ou en Monnoyes décriées; mais seulement à sols & à livres, & en Monnoyes ayant cours, & ordonna que les Monnoyes décriées & estran-

Tome V.

geres que l'on mettroit dans le commerce, ou qui ne seroient pas portées à la Monnoye la plus prochaine du domicile de celui qui les auroit; & les Monnoyes ayans cours que l'on transporteroit hors du Royaume, seroient confisquées, & que celui sur qui la confiscation seroit faite, payeroit l'Amende; desquelles confiscations & Amendes, les Baillis &c. auroient le quart. 250. Le Roy ayant esté informé que les Monnoyes, tant du Royaume qu'estrangeres, qui avoient esté deffenduës, ne laissoient pas d'avoir cours; & que mesme on les prenoit pour un prix plus fort que celui qui avoit esté donné par les Ordonnances, & que celui qu'elles valoient; en renouvellant les anciennes Ordonnances à ce sujet, il ordonna que toutes les Monnoyes, à l'exception de celles specifiées dans ses Lettres, n'auroient plus de cours, & seroient portées pour Billon aux plus prochaines Monnoyes. Il ordonna aux Juges Royaux de faire jurer aux Changeurs, Marchands, Drapiers, Espiciers, & aux Gens de mestiers, d'observer cette Ordonnance. Il deffendit de faire des marchez & des Contracts à sommes de Marcs d'Or & d'Argent, des Ferrins d'Or, de Gros de Flandre, de Varatons, de gros Tournois vieux, mais seulement à Sols & à Livres de Monnoye qui ait cours, & pour le prix fixé par les Ordonnances. Il ordonna que toutes les Monnoyes deffenduës qui seroient mises dans le commerce, que celles qui seroient portées hors le Royaume, & le Billon qui ne seroit pas porté à la plus prochaine Monnoye, seroient confisquez & portéz à la plus prochaine Monnnnoye, & que ceux à qui elles appartiendroient, seroient condamnez à l'Amende, selon leur faculté; desquelles confiscations & Amendes, les Juges Royaux auroient le quart. 643. Renouvellement des Ordonnances sur les Monnoyes. Il est ordonné aux Juges Royaux de mettre des Gardes dans les Villes fermées & dans les Foires & Marchez, pour confisquer les Monnoyes deffenduës, & le Billon d'Or & d'Argent qui seront mis dans le commerce, qu'on transportera hors du Royaume, ou que l'on transportera dans les Monnoyes qui ne seront pas les plus proches du lieu du domicile de ceux qui les transporteront. Ceux qui donneront ou qui recevront ces Monnoyes deffenduës ou ce Billon, & qui contreviendront à cette Ordonnance, seront condamnez à l'Amende, selon leurs facultez. Les Juges Royaux auront le quart des confiscations & des Amendes. 300. Lettres qui renouvellent les anciennes Ordonnances sur les Monnoyes; & qui enjoignent aux Juges Royaux d'establir des Gardes dans leur ressort, pour confisquer les Monnoyes deffenduës, & faire condamner à l'Amende ceux qui les auront, selon leur faculté & leurs biens; Les Monnoyes deffenduës qui seront trouvées chez les Changeurs, entieres & non coupées, seront aussi confisquées. Les Changeurs, Merciers & Espiciers, seront obligez de couper le Billon qu'ils acheteront, & de l'apporter à la plus prochaine Monnoye du lieu de leur domicile, huit jours après qu'ils l'auront acheté, & d'écrire dans un Registre le Billon

k k

qu'ils acheteront, lorsqu'il paſſera un demi Marc. Si les Juges Royaux ne ſont pas obſerver cette Ordonance, ils en ſeront punis par le Parlement. 391. On envoyoit un original des Ordonnances ſur les Monnoyes, à chacun des Baillis, Seneſchaux & Prevoſts du Royaume; & il y a quelquefois quelque legere difference dans ces originaux. 250. Note.

Monnoye. (Sols d'Angers) 674. XXII. Monnoye d'Auxerre. 715. I. Reglement pour les Monnoyes du Dauphiné. 80. En 1349. le Dauphin Humbert accorde des privileges à ſes ſujets, pour les dédommager du tort qu'il leur avoit fait ſur le fait des Monnoyes. 38. Dans le Dauphiné on fabriquera une Monnoye, certaine, durable & avantageuſe au public; & le Dauphin ne prendra qu'un Gros Tournois pour le droit de *Seigneuriage*, ſur chaque Marc d'Argent fin qu'il fera fabriquer. 41. XI. En Octobre 1367. un Florin du Dauphiné valoit 12. Gros Tournois. 86. Le Treſorier & les autres Receveurs Royaux du Dauphiné, refuſants de prendre les Monnoyes fabriquées dans ce pays, pour le prix que le Roy avoit fixé, il leur fut enjoint de les prendre pour ce prix. 65. L'on continuëra de fabriquer de la Monnoye dans la Ville de Figeac; & l'on ne pourra imiter cette Monnoye, dans les autres endroits où l'on en fabrique. 268. II. Gros de Flandre. 251. Comme en Flandre & en Hainaut, on donnoit un plus grand prix de l'Or, que l'on n'en donnoit à la Monnoye de Tournay, on augmenta le prix de l'Or dans cette Monnoye. 452. Florins de Florence. 494. IV. *Libræ Guienonenſes*, peut-eſtre de Guyenne. 386. V. Les Changeurs de Lyon ſeront pourvûs par le Roy, ſur le teſmoignage des Generaux-Maiſtres des Monnoyes. 624. Voy. *Lion*. Il y avoit des Hoſtels des Monnoyes à Paris, Roüen, S.t Quentin, Troyes, Dijon, Châlon, Mâcon, S.t Pourcein, Tours & Angers. 124. Les Conſuls de Peyruſſe ſeront Juges en premiere inſtance de tous les procès civils & criminels qui ſe leveront dans cette Ville & dans ſon Territoire; à l'exception du crime de fauſſe Monnoye, & autres cas Royaux. 708. II. Hoſtel des Monnoyes eſtabli à Poictiers. 504. Voyez *Poictiers*. Les ouvriers de la Monnoye de la Ville de Poictiers, nouvellement remiſe ſous l'obéïſſance du Roy, joüiront des privileges accordez par le Roy Jean, aux ouvriers des Monnoyes du ſerment de France; & ſeront ſous la Sauve-garde Royale 527. Forte Monnoye de Provins. 600. VIII. Sols de Provins. 600. I. &c. Les Orſevres du Puy-en-Velay pouvoient fabriquer de petits ouvrage d'Or à 7 deniers ou 14 Carats. Il leur fut permis de fabriquer ces ouvrages d'Or à 8 deniers ou 16 Carats. 7. 8. Voy. *ſur le Carat.* 7. Note *(b)*. Hoſtel des Monnoyes à la Rochelle. 543. Voy. *Rochelle. (La)* Les Monnoyeurs de la Rochelle ſeront tenus de conduire aux dépenſes communes de la Ville, & d'y faire le guet. 574. X. Les Conſuls de Rhodez, & ceux qui l'auront eſté, ne pourront eſtre mis à la queſtion, de quelques crimes qu'ils ſoient ſoupçonnez; ſi ce ne ſont ceux de Leze-Majeſté & de fauſſe Monnoye. 258. Voy. *Rhodez.* Le 27. d'Octobre 1367. le Roy ordonne à Pierre Scatiſſe ſon Treſorier, de faire baſtir un Hoſtel des Monnoyes à Saint André près d'Avignon; & de faire garder les Ports & Paſſages, afin que le Billon ne ſorte point du Royaume. 90. & Note *(a)*. Le Roy ayant eſté informé que l'Abbé de Saint Claude faiſoit faire de la Monnoye d'Or & d'Argent contrefaite à la ſienne, laquelle ſe répandoit dans le Royaume, il ordonna au Bailli de Mâcon de ſaiſir tous les biens que cette Abbaye avoit dans ſon Bailliage. 661. Voyez *S.t Claude*. Monnoye d'Argent de S.t Quentin. 665. Toulouſains. 443. II. Sols Toulouſains. 6. II. Gardes & Maiſtre-particulier, ou tenant le compte de la Monnoye de Tournay. 507. Les Gardes & Maiſtres, ou tenants les Comptes de la Monnoye de Tournay. 502. Henri Karlier & Thomas d'Avenes qui tenoient le compte de la Monnoye d'Argent de Tournay, au nom de Paul de Serbinde, Maiſtre-particulier d'Or & d'Argent de cette Monnoye, s'étant plaint au Roy, qu'ayant envoyé aux Generaux-Maiſtres des Monnoyes, une Boëte de Deniers Blancs, que les Gardes de la Monnoye de Tournay avoient trouvez conformes à la Loy qui avoit eſté fixée; cependant les Generaux-Maiſtres avoient jugé qu'il s'en falloit trois quarts de grains, que ces Blancs ne fuſſent conformes à la Loy fixée, & que l'eſſay de cette Boëte n'eſtoit pas rapporté par le general Eſſayeur & contre-Eſſayeur, d'accord, quoique les Generaux-Maiſtres avançaſſent que leur Jugement eſtoit conforme à l'eſſay qui avoit eſté fait par le general Eſſayeur; le Roy manda aux Gens des Comptes, de faire faire l'eſſay de cette Boëte une ſeconde & une troiſieme fois en preſence des Generaux-Maiſtres, afin de connoiſtre la verité du fait. 402. Monnoye Royale d'Or & d'Argent, eſtablie à Villefranche en Roüergue. 638. V. *Villefranche.*

Monnoye. Lettres du Roy Jean ſur la Monnoye, qui manquent. 235. & Note *(c)*.

MONOGRAMME de Loüis le Gros. 23. De Philippe-Auguſte. 107. Voy. Note *(a)*. 144. 671. De Loüis VIII. p. 489.

Monogrammes encore en uſage ſous Philippe-le-Bel. 107. Note *(a)* col. 2.e

MONPIER, de la Seneſchauſſée de Carcaſſonne & du Bailliage de Sault. Diminution de Feux pour ce lieu, où il y en avoit 4. en 1368. p. 122. V. *Feux*.

MONSTIER-VILLIERS (Le Vicomte de) juge les appels du Prevoſt d'Harfleur 241. Les procès que les Marchands de Plaiſance en Lombardie, commerçants à Harfleur, auront contre des Chevaliers, des Ecuyers ou leurs Gens, ſeront portez devant le Prevoſt d'Harfleur, le Bailli de [Caux] & le Vicomte de Monſtier-Villiers. 242. VIII. Une Ordonnance ſur les Marchands de Plaiſance en Lombardie, commerçants à Harfleur, lui eſt adreſſée. 245. Il fera publier dans ſa Vicomté, une Ordonnance qui regarde les Marchands de Plaiſance en Lombardie, commerçants à Harfleur. 245. XXIV.

MONSTREÜIL-ſur-Mer. Guillaume III. Comte

TABLE DES MATIERES.

de Pontieu & de Monstreüil-sur-Mer. 180. Voy. *Ponthieu.*

Monstreüil. Voy. *Montreüil-sur-Mer.*

MONTAGNAC. Philippe de Valois accorda aux Consuls de cette Ville, dont les habitants l'avoient bien servi dans ses guerres, qu'elle seroit unie inséparablement au Domaine & au patrimoine de la Couronne; & lui accorda une Foire chaque année, au 3. de Janvier & jours suivants. Charles V. confirma ces privileges; & ordonna que le don qui en avoit esté fait à Charles d'Artois, qui avoit possedé pendant quelque temps cette Ville, avec son Comté de Pezenas, ne porteroit point de préjudice à la Ville de Montagnac. 184.

Montagnac. Diminution de Feux pour ce lieu, où il y en avoit 3. en 1372. p. 589. Voy. *Feux.*

MONTAGNE. (Le Bailliage de la) 473. Voy. *Bure.*

MONTAGRIER, (Le Chasteau de) de la Seneschaussée de Perigord, & de la Recette de Cahors. Le Roy voulant recompenser les Nobles & habitans de ce Chasteau, qui s'estoient soustraits à l'obeïssance des Anglois, pour se soumettre à la sienne, leur accorda des privileges. 353. Voy. *les Sommaires.*

MONTALBA. Diminution de Feux pour ce lieu, où il y en avoit 9. en 1367. p. 31. Voy. *Feux.*

MONTASTRUC, de la Judicature de Villelongue, de la Seneschaussée de Toulouse. Diminution de Feux pour ce lieu, où il y en avoit 33. en 1372. p. 552. Voy. *Feux.*

MONTAUBAN. Les Consuls & les Bourgeois de cette Ville, ayant reconnu le Roy pour leur Souverain, & s'estant soumis à son obeïssance, il leur accorda que dans le ressort de cette Ville & de sa Vigueric, ils ne seroient point justiciables des Maistres des Eaux & Forests, d'office ou à la requeste du Procureur du Roy, par rapport aux délicts qu'ils pourroient commettre sur le Tarn & l'Aveirou, & autres rivieres; ni par rapport à la pesche & à la prise des poissons; les réparations des moulins & de leurs escluses; la rétention des eaues nécessaires aux moulins, & autres empeschemens; & que dans tous ces cas, ils seroient jugez par le Juge ordinaire de Montauban, suivant le Droit Escrit qui le regit. Les Lettres sont adressées au Seneschal de Cahors. 261. Le Roy pour recompenser le zele des Consuls & habitans de cette Ville, qui s'estoient soustraits de l'obeïssance des Anglois, pour se soumettre à la sienne, les unit inséparablement au Domaine du Roy & de la Couronne de France, auquel ils estoient unis anciennement. 268. Lettres portant revocation de toutes les donations, concessions, Libertez & privileges accordez au prejudice de l'Evesque, du Prieur & Couvent de l'Eglise Cathedrale de Montauban. Elles sont adressées au Seneschal de Cahors. 281.

Montauban en Dauphiné. Des Lettres qui regardent Buis dans le Dauphiné, sont adressées au Juge des Baronies de Montauban & de Meüillon. 70. Les Juges des Baronies de Meüillon & de Montauban, en entrant dans leurs Charges, presteront serment de confirmer les privileges du Dauphiné, entre les mains des Prieurs de Meüillon

& de Montbrun. 63. & Note *(e)* col. 2.°

MONTBRUN. Voy. *le dernier article de Montauban.*

MONTCUC. Les biens & droits relevants du Roy, appartenants au lieu nommé Montcuc, qui ont esté confisquez à cause de la rebellion de ce lieu, & qui sont situez dans l'espace de deux lieuës de la Ville de Cahors, du costé de Montcuc, sont donnez à cette Ville. Il y avoit un Chastelain & Bailli à Montcuc. 326. X.

MONTEREAU-Faut-Yonne. Lettres qui renouvellent l'article premier de l'Ordonnance du 5. de Decembre 1363. pour la suppression des nouveaux péages; à l'exception de celui qui a esté establi à Montereau-Faut-Yonne. 89.

MONTESQUIEU, Diocése de Beziers. Diminution de Feux pour ce lieu, où il y en avoit 8. en 1369. p. 212. Voy. *Feux.*

MONTFORT. Diminution de Feux pour ce lieu, où il y en avoit 7. en 1367. p. 31. Voy. *Feux.*

Montfort-l'Amaury. Les appels du Gruyer de ce Comté appartenant au Duc de Bretagne, Pair de France, ne seront point portez devant le Bailli de Gisors; mais devant le Gouverneur de ce Comté, ou le Conseil du Comte, estant dans ce Comté, & de là au Parlement. 532. Lettres qui portent que pendant trois ans, les procès que le Duc de Bretagne, Pair de France, ou son Procureur, auront par rapport au Comté de Mont-fort-l'Amaury, seront jugez par le Parlement, & qui deffendent au Bailli de Gisors d'en connoistre. 531.

MONTLAUR, S.t Dezari, S.te Croix de Fontanez, Restinclieres, Beaulieu, de la Viguerie de Sommieres, & de la Seneschaussée de Beaucaire. Diminution de Feux pour ces lieux, où il y en avoit 70. en 1372. p. 589. Voy. *Feux.*

Montlaur, de la Judicature de Lauraguais & de la Seneschaussée de Toulouse. Diminution de Feux pour ce lieu, où il y avoit 20. en 1372. p. 589. Voy. *Feux.*

MONTOSSIER, de la Jugerie de Riviere, & de la Seneschaussée de Toulouse, donné par le Roy au Comte d'Armagnac, avec faculté de le transporter à Jean de la Barte. 456. Voy. *Bit.*

MONTPELLIER. En 1365. Charles V. donna au Roy de Navarre, la Ville, Baronie & Rectorie de Montpellier. Il la lui donna encore en 1371. & Philippe de Savoisy mit le Roy de Navarre en possession. Pour la conservation des droits de Souveraineté & de ressort, & des autres droits Royaux, qui appartiennent au Roy dans tout son Royaume, le Roy establit Arnaud de Lair Secretaire du Roy, Gouverneur & Garde des droits Royaux & Souveraineté & autres exemptions, & il lui donna deux Instructions, qui renfermoient tous les cas Royaux dont il devoit estre Juge, & qui portoient entre autres choses ce qui suit. Le Gouverneur sera en mesme temps Viguier & Chastelain de Sommieres, où il tiendra son Siege ordinaire; mais il ira tenir de temps en temps son Siege & ses Assises à Montpellier, dans la maison de l'Evesque de Maguelonne, ou dans une maison appartenante à l'Ordre de S.t Jean de Jerusalem, ou dans un autre lieu exempt. L'appel des Jugements qu'il rendra, dans les cas Royaux, sera porté au Parlement; & l'appel des Sentences qu'il rendra en qualité de Viguier de Sommieres, sera porté devant le Seneschal de Beaucaire. Il aura un Procureur & un Advocat au Siege de Sommieres, & à Montpellier un Advocat, ou un Lieutenant du Procureur & de l'Advocat de Sommieres. Il aura un Lieutenant à Montpellier. Il y aura un Notaire & un Tabellion. Il y aura à Sommieres un sceel Royal, nommé le sceel nouvel des Souverainetez. Le Gouverneur en sera Garde, & il aura la connoissance de ce sceel, qui aura les mesmes droits que les sceels Royaux de Carcassonne, de Beziers & de Toulouse; & ceux qui auront contracté sous ce sceel, & qui se seront soumis à son execution, seront jugez par ce Gouverneur, sur tout ce qui regardera ces Contracts. Le Gouverneur establira des Gardes au Port de Lattes & à Frontignan, pour faire payer la Reve & autres Impositions qui se payent sur les marchandises qui sortent du Royaume; ainsi que cela se pratiquoit du temps que le Roy de Majorque avoit une partie de Montpellier, & que cela se pratique à Châlons, à S.t Jean de Lône, & dans les Terres de plusieurs Pairs & Seigneurs. Le Gouverneur fera payer ce qui reste dû au Roy des droits du petit sceel de Montpellier. Il connoistra des affaires de l'Eglise de Maguelonne, de celles de l'Ordre de S.t Jean de Jerusalem, de celles de l'Eglise de S.t Germain, fondée par le Pape Urbain, & qu'à sa priere, le Roy prit sous sa Sauve-garde, & des affaires des Eglises de fondation Royale, de celles de l'Univesité qui a esté fondée par le Roy, & qui est sous sa Sauve-garde, & de celles des Monnoyeurs. Le Gouverneur & les Consuls instituez par le Roy de Navarre, presteront serment au Roy de Navarre. Le Roy se reserve à décider dans la suite, si les Bourgeois seront ses Bourgeois, ou ceux du Roy de Navarre. 477. Les Rois de France ont reçû au nombre de leurs Bourgeois, les habitans de la Rectorie & de la part ancienne de Montpellier; & leur ont donné pour Conservateur & pour Juge, le Recteur de Montpellier. Charles V. ayant donné au Roy de Navarre, la Ville & Baronie de Montpellier, avec la Rectorie, la part ancienne & le petit sceau, se reserva spécialement la Bourgeoisie de ce lieu, quoiqu'elle dût estre comprise dans la reserve generale des droits de Souveraineté, contenuë dans cette donation; & *pour la conservation de cette Bourgeoisie*, il marqua le lieu de Sommieres; & il establit Arnaud de Lar son Secretaire, Chastelain & Viguier de Sommieres, pour Conservateur & Recteur de cette Bourgeoisie, des Bourgeois & de leurs privileges; mais dans la suite il ordonna que cette Bourgeoisie seroit & demeureroit dans la Ville d'Aigues-mortes; que ces Bourgeois seroient nommez Bourgeois d'Aigues-mortes, de la mesme maniere qu'ils estoient autrefois appellez Bourgeois de Montpellier; & que le Chastelain & Viguier d'Aigues-mortes, seroit le Conservateur & le Juge de ces Bourgeois & de leurs privileges; nonobstant les appels portez à ce sujet, par ces Bourgeois, au Parlement. 627. Voy. *Aiguesmortes* & *Bourgeoisie du Roy*.

Montpellier. Confirmation des privileges des Consuls & des habitans de cette Ville. 214. Charles V. confirme le privilege que Jacques Roy d'Arragon & de Majorque, Comte de Barcelone & Seigneur de Montpellier, accorda à douze personnes choisies pour avoir soin des affaires de la Communauté de cette Ville, & qui portoit que la Communauté de Montpellier pourroit faire toutes sortes d'acquisitions, [sans payer de finance.] 214. V. *la Note (b) de la page 215*.

Montpellier. Prix du Marc d'Or, dans l'Hostel des Monnoyes de cette Ville. 275. Prix que la Monnoye avoit dans l'Hostel des Monnoyes, au commencement de Fevrier 1371. & prix que l'on y donnoit pour la fabrication de chaque Marc. 454.

Montpellier est de la Seneschaussée de Beaucaire & de Nismes. Diminution de Feux pour cette Ville, ses appendances & Fauxbourgs, dans laquelle il a esté trouvé par la voye du scrutin, qu'il y avoit 2300. Feux en 1373. p. 636. Voy. *Feux*.

Montpellier. L'on ne pourra faire aucunes poursuites contre les habitans du Dauphiné par Marques, en vertu des obligations passées sous le petit sceel de Montpellier, que dans les cas où ces habitans auront passé des obligations sous ce sceel. Les Lettres sont adressées au Seneschal de Beaucaire, & aux Gardes & Fermiers du petit sceel de Montpellier. 384.

MONTREAL. Voy. *Ville-Vieille*.

MONTREAL, de la Seneschaussée de Carcassonne. Nicolas de Lettis en estoit Chastelain vers 1369. Diminution de Feux pour ce lieu, où il y en avoit 383. en 1369. p. 213. Voy. *Feux*. Saissac est de sa Chastellenie. 502.

Montreal. Fenoüillet, Saufens, Bresillac, la Valette, & *Locus de Vayzela*, sont de sa Chastellenie. 466.

MONTREDON, de la Viguerie d'Albi. Diminution de Feux pour ce lieu, où il y en avoit 79. en 1371. p. 466. Voy. *Feux*.

MONTREÜIL-sur-Mer. Les Maires & Eschevins de cette Ville ayant representé au Roy, que par une Ordonnance de leurs predecesseurs, il y avoit une cloche qui sonnoit l'heure à laquelle les Tisserands devoient entrer au travail, & celle à laquelle ils devoient en sortir, comme on le pratique dans les autres Villes du Royaume; & que depuis quelques années, on a cessé de la sonner; ce qui est cause que les ouvriers travaillans trop tard, font de mauvais ouvrages; le Roy ordonna que l'on sonnât cette cloche. Les Lettres sont adressées au Gouverneur du Bailliage d'Amiens, & au Prevost de Montreüil-sur-Mer. 528.

Montreüil-sur-Mer. Le Maire & les Eschevins ont en vertu de leur Loi [ou *Commune*,] toute Justice & Seigneurie, haute, moyenne & basse, civile & criminelle, dans la Ville & dans la Banlieuë; & lorsque dans l'étenduë de leur Justice, quelqu'un s'est tué lui-mesme, ils font apporter son cadavre dans leur Eschevinage, lui font le procès, & font un inventaire de ses biens, dont ils se chargent pour les rendre à qui il appartiendra; & lorsqu'ils

& lorſqu'ils ont condamné à la mort un criminel qui a eſté pris dans la Vicomté du Vicomte de Montreüil-ſur-Mer, que l'on nomme le Vicomte de Ponthieu, ou dans la Vicomté du Vicomte des Religieux de S.t Sauve de cette Ville, lorſque le criminel ſort de leur Eſchevinage, ils appellent celui de ces deux Vicomtes dans la Juriſdiction duquel il a eſté pris, lui remettent le criminel, en lui déclarant le genre de mort auquel il a eſté condamné, afin qu'ils le faſſent executer à la Juſtice du Maire & des Eſchevins, qui accompagnent cependant ces Vicomtes pour leur preſter main-forte; & lorſque l'execution eſt faite, ils remettent à l'un de ces deux Vicomtes, les biens meubles qu'il avoit dans leurs Vicomtez; ſi ce n'eſt dans le cas où une femme mariée s'eſt tuée elle-meſme; car alors ſes biens ne ſont pas confiſquez. Une femme mariée s'eſtant penduë dans la Juſtice du Maire & des Eſchevins, ils enleverent ſon corps qu'ils firent voir au peuple, & ordonnerent qu'il ſeroit bruſlé. Le Vicomte de Montreüil & celui des Religieux de S.t Sauve, prétendirent l'un & l'autre qu'ils devoient faire l'execution, parce que cette femme demeuroit dans leur Vicomté. Comme l'execution ne pouvoit eſtre differée, & qu'il auroit fallu trop de temps pour avoir recours au Gouverneur du Bailliage d'Amiens, le Maire & les Eſchevins propoſerent de faire eux-meſmes l'execution par main ſouveraine, *[au nom du Roy;]* ſauf le droit des deux Vicomtes. Mais celui des Religieux de S.t Sauve appella de cette déciſion; cependant comme la cloche, que l'on a couſtume de ſonner lorſqu'on fait des executions, afin que le peuple s'aſſemble pour les voir, ſonnoit déja, le Maire & les Eſchevins firent porter le corps au lieu deſtiné à faire les executions; mais ſans s'arreſter à une ſeconde appellation du Vicomte des Religieux de S.t Sauve, ils le firent bruſler; mais craignans qu'on ne les inquietaſt, pour n'avoir pas eu d'égard à ces appellations, ils eurent recours au Roy qui leur accorda des Lettres de remiſſion, ſauf le droit des deux Vicomtes. 619.

Montreüil. Voy. *Monſtreüil-ſur-Mer.*

MONTVALET. Diminution de Feux pour ce lieu, où il y en avoit 10. en 1372. pag. 551. Voy. *Feux.*

MORTALITÉ. Voy. *Peſte.*

MORTE-MAIN. Si des Bourgeois ou des Gens de morte-main, ou autrement taillables à volonté, ont eſté annoblis, & que dans les Lettres d'annobliſſement, il n'ait pas eſté fait mention de leur eſtat, ces Lettres ſeront nulles comme ſubreptices; & ils payeront finance pour les biens nobles par eux acquis depuis ces Lettres. 612. Voy. *Formariage.*

MOTTHE de Cumont, (La) de la Judicature de Verdun, de la Seneſchauſſée de Touloufe. Diminution de Feux pour ce lieu, où il y en avoit 4. en 1372. p. 551. Voy. *Feux.*

MOULINS. Les habitans de Beziers obtiennent la permiſſion d'en bâtir ſur leurs murailles. 393. Voy. *Beziers.* Le Dauphin ne pourra pas bâtir des moulins dans les lieux où ils pourroient porter prejudice à ceux qui en ont dans ces lieux-là. 48. XXX.

MUNEZ, de la Seneſchauſſée de Carcaſſone & du Bailliage de Sault. Diminution de Feux pour ce lieu, où il y en avoit 7. en 1368. p. 122. Voy. *Feux.*

MURAILLES. On ne pourra percer celles d'Abbeville, enſorte qu'on puiſſe ni entrer ni en ſortir que par la porte. 178. Voy. *Abbeville.* Conformement aux anciens privileges de la Rochelle, ſes murs & fortereſſes ne pourront eſtre démolies. 572. II.

N

NAIAC. Les Conſuls & les habitans de ce Chaſteau & de cette Chaſtellenie, furent des premiers, qui dans le Duché d'Aquitaine, reconnurent la ſouveraineté du Roy, & qui ſe ſoumirent à lui. Le Roy leur accorda d'abord, que pendant cinq ans, le Seneſchal de Roüergue vînt y tenir ſes Aſſiſes, comme il les tient dans les autres lieux de ſa Seneſchauſſée; il leur accorda enſuite, qu'à perpetuité il y vînt tenir ſes Aſſiſes, toutes les fois que cela leur ſeroit neceſſaire; enfin lui ayant repreſenté que par d'anciens privileges, ce Seneſchal doit faire ſa reſidence ordinaire dans leur Ville, & y tenir ſon Siege & ſon Audiance, de la meſme maniere qu'il l'a fait depuis à Villefranche; le Roy ordonna que ces privileges ſeroient executez; ſous condition cependant qu'ils feroient apparoiſtre des Lettres de ce privilege, qu'ils diſoient leur avoir eſté accordez. 282.

Naiac. A la requeſte des Conſuls, Bourgeois & habitans de la Ville, Chaſteau & Chaſtellenie de Naiac; le Roy y eſtablit un Viguier & un Siege de Viguerie ordinaire, pour avoir les meſmes fonctions que le Viguier de Figeac, & les autres Viguiers de la Seneſchauſſée de Roüergue; lequel Viguier de Naiac aura une Juriſdiction *limitée* de celle de ce Seneſchal; & aura toute Juſtice, haute, moyenne & baſſe, *le mere & mixte empire,* ſans pouvoir eſtre troublé dans ſa Juriſdiction par le Seneſchal; ſinon dans les cas de Souveraineté & de reſſort, & de deffaut de Juſtice: & afin que la Juſtice fût mieux renduë dans cette Ville, le Roy y eſtablit un Juge & un Siege de Juge ordinaire, pour eſtre l'Aſſeſſeur du Viguier. Ce Juge le ſera auſſi de Sauveterre, quoique cette Ville ne ſoit pas encore ſous l'obéiſſance du Roy. Le Viguier, y compris les gages du Juge, aura 50 livres de gages. 692.

NARBONNE. Lettres de Raymond VI. par la grace de Dieu, Comte de Touloufe, Duc de Narbonne & Marquis de Provence. 308.

Narbonne. La Palme, *locus de la Lantaia,* & Villeſeque de Corbiere, ſont de ſa Viguerie. 466. Vedilhan eſt de ſa Viguerie. 663.

Narbonne. Dans le temps que Narbonne eſtoit de la Viguerie de Beſiers, des Reformateurs ou Commiſſaires Royaux avoient fait un reglement confirmé par le Roy, qui portoit qu'il y auroit dans la Seneſchauſſé de Carcaſſone, deux Auditoires; l'un à Carcaſſone & l'autre à Beſiers; dans l'un deſquels les Commiſſaires du Roy jugeroient

TABLE DES MATIERES.

les affaires qui seroient de leur competence; en consequence, les Commissaires du Roy ont toûjours jugé à Besiers, & non ailleurs, les Causes des domiciliez dans la Viguerie ancienne de Besiers : dans la suite, le Parlement de Paris ayant separé la Viguerie de Narbonne, de la Viguerie ancienne de Besiers, & ordonné qu'elle se gouverneroit suivant les formes establies dans celle-cy; le Roy, à la requeste des Consuls de Narbonne, ordonna que ses Commissaires jugeroient à Narbonne, & non ailleurs, les affaires dans lesquelles toutes les Parties seroient domiciliées dans la Viguerie de Narbonne, & dans lesquelles le Roy n'auroit pas d'interest. Ces Lettres sont adressées au Seneschal de Carcassonne & au Viguier & Juge de Narbonne. 124.

NATURALITÉ (Les Lettres de) doivent estre passées par les Gens de la Chambre des Comptes, qui fixeront la finance qui doit estre payée par les Impetrans de ces Lettres. 119. Voy. *à la fin de ce Vol. les addit. & correct. sur la page 120.*

NAVARRE. (Le Roy de) Charles V. lui donne la Ville de Montpellier. 627. Voy. *Montpellier.*

NAURAGO. (*Locus de*) 299. Voy. *Tartas.*

NEBIAN, de la Viguerie de Besiers. Diminution de Feux pour ce lieu, où il y en avoit 39. en 1369. p. 212. Voy. *Feux.*

NEFFIEZ, de la Viguerie de Besiers. Diminution de Feux pour ce lieu, où il y en avoit 56. en 1369. p. 212. Voy. *Feux.*

NESTEIS. Voy. *Dame de Nesteis.*

NEUFCHASTEL en Lorraine. Thibaud VI. Comte de Champagne de qui Mathieu II. Duc de Lorraine & Marquis, tenoit en Fief Neufchastel, promit du consentement du Duc, aux Bourgeois de ce lieu, qu'il lui feroit observer leurs privileges: & que s'il les violoit, & que sans raison, il fit mettre un d'entr'eux en prison, il le forceroit à le mettre en liberté, & à reparer tous les autres torts qu'il lui auroit fait, s'il ne les réparoit lui-mesme 40 jours après qu'il l'en auroit averti. Charles V. confirma les Lettres du Comte de Champagne, par les siennes qu'il adressa au Bailli de Chaumont [*en Bassigny.*] 549.

NEUVILLE-LE-ROY, en Beauvoisis. En 1370. il y avoit très-long temps que cette Ville avoit une Commune, un Maire, des Jurez & des Eschevins, aux usages & Coustumes de la Ville de Senlis; elle avoit 80 livres de rente en cens & rentes sur des heritages, & un droit de Tonnelieu, (*Tonlieu*) sur les marchandises & sur la Foire, qui pouvoit monter par an à 35 livres; mais elle estoit chargée de payer tous les ans 100 livres au Receveur de Vermandois, & de plusieurs aumosnes & autres charges; elle estoit composée de 300. Feux; mais depuis le commencement des guerres, elle se dépeupla tellement qu'il n'y resta plus que 30 Feux, & les habitans se trouverent si pauvres, que ne pouvant plus supporter les charges de la Commune, & estant prests d'abandonner leur Ville, ils cesserent d'en faire usage en 1370. & ils supplierent le Roy de l'appliquer à son Domaine, avec tous ses revenus, & de payer les charges. Le Roy ayant égard à leur requeste,

appliqua cette Commune à son Domaine, sous la Recette du Vermandois, & ordonna qu'elle seroit gouvernée suivant la Coustume de Senlis, par un Prevost; & il ordonna que les habitans de cette Ville seroient rayez des Registres de la Chambre des Comptes où ils estoient enregistrez, à cause de leur Commune. 334.

NISMES. Seneschal de Beaucaire & de Nismes. 420. Voy. *Beaucaire*

Nismes. Bernard *Clareti* estoit Juge ordinaire de Nismes vers 1373. p. 654. Bessouse, S.t Gervasi, Ledenon, Cabrieres & Pouls, sont de sa Viguerie. 641.

NIVERNOIS. En 1367. le Roy promet de confirmer les privileges des habitans de cette province. 18. XIII.

NOBLES, Barons, Bannerets, Nobles & Vavasseurs du Dauphiné. 38. Chevaliers, Escuyers & autres Nobles. 563.

Nobles d'origine ou par des Lettres Royaux. 366. XXVIII.

Noble homme, Mess. de Craon. 565.

Nobles. Comme en Juin 1372. on craignoit une irruption des ennemis dans le Languedoc, il fut deffendu à tous les Nobles de ce pays, Chevaliers, Escuyers, & à tous autres, de quelque estat & condition noble qu'ils fussent, d'en sortir sans la permission du Duc d'Anjou Lieutenant du Roy dans ce pays, si ce n'estoit pour servir le Roy. 483.

Nobles. En 1371. on levoit une Imposition pour la guerre dans le Languedoc. Elle consistoit en partie dans le 10.e du vin. Le Roy dans les Lettres données à ce sujet, avoit ordonné qu'elle seroit payée par toutes sortes de personnes de quelque estat & condition qu'elles fussent, parce qu'estant levée pour la deffense commune de la Patrie, il estoit juste que tous ceux qui en tiroient de l'avantage, y contribuassent. Les Nobles refuserent de la payer, prétendans que par des privileges très-anciens ils en devoient en estre exempts, & ils appellerent au Parlement; mais nonobstant leur appel, le Roy ordonna que l'on les fist payer. 430. Les Nobles & les autres personnes privilegiées, payeront les Tailles & autres Impositions réelles & personnelles, par rapport aux Fiefs, & aux autres biens qui leur viendront à quelque titre que ce soit, de personnes roturieres. 484. Nul Noble ne peut estre reçu à encherir les Fermes Royales. 431. Voy. *Prevostez à Ferme.*

Nobles annoblis. Les personnes annoblies depuis 40 ans payeront finance selon leurs facultez, par rapport à leur annoblissement; à moins qu'elles n'en ayent esté exemptées par des Lettres Royaux expédiées en la Chambre des Comptes. Si des Bourgeois ou des gens de morte-main, ou autrement taillables à volonté, ont esté annoblis, & que dans les Lettres d'annoblissement, il n'ait pas esté fait mention de leur estat, ces Lettres seront nulles comme subreptices; & ils payeront finance pour les biens nobles par eux acquis depuis ces Lettres. 612. Les personnes annoblies, dont les Lettres d'annoblissement n'auront point esté expediées

TABLE DES MATIERES.

à la Chambre des Comptes, payeront les droits de Francs-Fiefs & d'Admortissement ; parce que les Lettres d'annoblissement ne doivent point avoir d'effet, qu'elles n'ayent esté expediées à la Chambre des Comptes. Lorsque dans les Lettres d'annoblissement expédiées à la Chambre des Comptes, il ne sera pas dit formellement que ceux qui les ont obtenuës, pourront tenir comme Nobles les biens qu'ils ont acquis & ceux qu'ils acquereront, ils payeront les droits de Francs-Fiefs pour les biens qu'ils auront acquis des Nobles, avant le jour de la date de leurs Lettres d'annoblissement. 609. V. VI. Les Sergents d'armes & les autres Officiers du Roy qui ne seront point nobles, ou qui ne seront point annoblis par des Lettres Royaux expédiées en la Chambre des Comptes, payeront les droits de Francs-Fiefs pour les biens qu'ils acquereront des Nobles, & les droits d'admortissement pour les redevances perpetuelles, à prendre sur de certains heritages denommez, lesquelles ils donneront à des Gens d'Eglise. 609. IV. Les annoblis payent le droit de Francs-Fiefs. 593.

Nobles. Les femmes non-nobles mariées à des Nobles, ou veuves de maris Nobles, payeront les droits de Francs-Fiefs. 365. XX. Les non-nobles nez de Peres non-nobles & Meres nobles, payeront les droits de Francs-Fiefs pour les Fiefs & Arrieres-Fiefs qu'ils acquerront des Nobles ; & pour ceux qui leur reviendront de la succession de leurs meres, ou de celle de leurs parents (Nobles) du costé de leurs meres. 365. XXIII. Surseance du payement des droits de Francs-Fiefs, dans les cas où des non-nobles auront acquis des biens de femmes non-nobles, mariées à des Nobles, ou veuves de maris Nobles: pourvû que ces biens acquis ne soient point des Fiefs, pour lesquels il sera dû des droits de Francs-Fiefs. 365. XXI. Surseance du payement des droits de Francs-Fiefs, dans les cas où des non-nobles auront reçû des biens pour la dot des femmes Nobles qu'ils auront épousées; pourvû cependant qu'ils n'ayent point (par leur Contract de mariage,) la faculté de retenir ces biens, en en payant la valeur ; & dans les cas où des non-nobles auront acquis des biens de femmes non-nobles, ou demeurées veuves après la mort de leurs maris Nobles. 365. XVIII. Surseance du payement des droits de Francs-Fiefs, dans les cas où des non-nobles auront acquis des Nobles, des biens que ceux-ci avoient acquis de non-nobles, & qui estoient tenus à titre d'Emphyteose, d'Ecclesiastiques ou d'autres personnes, lorsque les Ecclesiastiques de qui ces biens seront mouvants, ne les tiendront point dans les Fiefs du Roy, & ne releveront point de lui par rapport à ces biens, de quelque maniere que ce soit; pourvû cependant que les Ecclesiastiques ne doivent aucun service au Roy par rapport à ces biens, à cause d'un Fief ou d'un Arriere-Fief. 365. XVIII.

Nobles. Les Seigneurs qui auront des biens dans Angoulesme & à deux lieuës aux environs, seront tenus eux & leurs sujets, de faire le guet dans cette Ville, & de contribuer aux réparations de ses fortifications; à moins qu'ils ne soient obligez de faire le guet dans quelqu'autre Chasteau. 679. II. Ceux qui venoient demeurer dans la Baronnie de Coucy, devenoient sujets à la main-morte & au formariage, s'ils n'estoient Clercs ou Nobles. 154. Voy. *Coucy.* Dans le Dauphiné, on ne sera point de saisie dans les maisons des Nobles, lorsqu'ils auront hors de leur maisons des effets que l'on pourra saisir. 40. VII. Nobles & habitans du Chasteau de Montagrier. 353. Les habitans de Rhodez par rapport à leurs biens en quelque lieu qu'ils soient situez hors du Comté de Rhodez : mesme quand ces biens seroient passez d'un Noble à un non-noble, ne seront sujets qu'aux Tailles réelles, lorsqu'elles auront esté imposées à la pluralité des voix dans une Assemblée à laquelle ils auront esté appellez. 411. I. A Roüen, si un Clerc ou un Chevalier sont debiteurs d'un Bourgeois, & qu'ils ne veuillent pas se soumettre à ce sujet, à la Jurisdiction du Maire & des Eschevins, les Bourgeois ne seront aucun commerce avec eux, & ne les logeront point dans leurs maisons; à moins que le Roy ou son Fils ne soient à Roüen, ou que les Assises ne s'y tiennent. Si un Bourgeois commerce avec eux ou les loge, il payera ce qu'ils doivent au Bourgeois. S'il persiste à ne pouvoir se soumettre à la Jurisdiction du Maire & des Eschevins, la Commune donnera sa protection au Bourgois, afin de lui faire rendre Justice. 674. XX. Les Nobles habitans de Villeneuve en Roüergue, contribuëront par rapport à leurs biens taillables aux dépenses communes ; & le Roy ne pourra plus leur demander de chevaux, pour le service militaire. 396. VII. Les procès que les Marchands de Plaisance en Lombardie, commerçants à Harfleur, auront contre les Chevaliers, des Escuyers ou leurs gens, seront portez devant le Prevost d'Harfleur, le Bailli de Caux & le Vicomte de [Monstiervilliers.] 242. VIII.

Nobles. Voy. *Annoblis.*

Noblesse. (Lettre de) Le Roy peut seul en donner. 480. VI.

Noblesse. De temps immemorial, les Citoyens de Paris ont le droit de se servir de freins dorez, & des autres ornemens de la *Milice*, (Chevalerie) & de pouvoir estre élevez au grade de la *Milice armée*, comme les Nobles d'origine. Vers 1371. on publia à Paris une Ordonnance qui portoit que ceux qui avoient eu des Lettres d'annoblissement, ne rapporteroient au Receveur de Paris ; mais le Roy confirma les Citoyens de Paris, dans tous leurs privileges. 418. Voy. *Paris.* Annoblissement des Maire, Eschevins & Conseillers des Villes de Poictiers & de la Rochelle. 563. 575. Voy. *Poictiers* & *Rochelle (La).*

NOEL. (Feste de) Les Barbiers de Paris, ne doivent point pendre leurs bassins (ou enseignes) les jours de Feste qui suivent celle-là. 441. VI.

NOGARO. 192. Voy. *Vic-Jesensac.*

NOGENT occupé par les ennemis, repris par des troupes où estoient les Arbalestriers de Lagny-sur-Marne. 32. & Note *(b).*

NORMAISIERES, dépendant de Coucy. Affranchissement des habitans de ce lieu. 154. Voy. *Coucy.*

NORMANDIE. Henry I. Roy d'Angleterre, Geoffroy Plantegeneſt Comte d'Anjou, & Henry II. Roy d'Angleterre, Ducs de Normandie. 416. & Note (b).

Normandie. Le Mareſchal de Blainville eſtoit Lieutenant du Roy dans la Normandie, le dernier d'Octobre 1369. p. 289. Note (a).

Normandie entre les rivieres de Loire & de Saine. En Aouſt 1369. le Duc de Berry y eſtoit Lieutenant du Roy, & dans pluſieurs autres provinces. 218. Voy. Lieutenant de Roy.

Normandie, Pierre de la Foreſt en eſtoit Chancelier, le 16. de Juillet 1349. p. 56.

Normandie. Le Roy & le Duc de Normandie, avoient le droit de prendre à Roüen, du poiſſon pour leurs gens, lequel eſtoit priſé. 254. XIII.

Normandie. Suivant la Chartre des Normands pluſieurs fois approuvée, une poſſeſſion de 40 ans tient lieu de titre, en faveur du Roy & contre le Roy. 76.

Normandie. Les Bourgeois de Verneüil ſont exempts des Impoſts qui appartiennent au Roy dans la Normandie; excepté le Comté d'Evreux, le Vexin Normand, Pacy & Gournay. 488. Voyez Verneüil.

NOSTRE-DAME de Lille, de la Chaſtellenie de Vernon. 168. Voy. Vernon.

Noſtre-Dame. Les Barbiers de Paris ne peuvent exercer leur meſtier, le jour des cinq Feſtes de N. D. 441.

N. D. de Paris. Gauffridus eſtoit Chanoine de cette Egliſe en 1067. 23. Note (b).

N. D. de Paris. Le Roy accorde aux Doyen, Chapitre, Chapelains, & autres du College de cette Egliſe, l'exemption des droits d'Admortiſſement, pour tous les biens qu'ils avoient acquis juſqu'au jour de la date de ſes Lettres. Mais la Chambre des Comptes ne voulut pas enregiſtrer ces Lettres. 598. & Note (a).

N. D. de Paris. (Couvre-feu de) 98. II.

N. D. les-prez-les-Troyes, Ordre de Ciſteaux. 141. Voy. Ciſteaux.

NOTAIRES du Roy. 367. V. Secretaire du Roy.

Notaires de la Chambre des Generaux-Conſeillers ſur le fait des Aides. 651. XXVII.

Notaire. Acte ſigné en 1349. par un Notaire qui y met ſon ſigne. 55. 56. Les Notaires & Tabellions pourront paſſer tous les Contracts & Actes que les Juifs feront entre eux ou avec d'autres perſonnes. 495. XXV. Les Notaires ne pourront prendre que le prix ancien & accoûtumé des Actes judiciaires qu'ils ſcelleront & qu'ils expedieront aux Parties. 21. XII. Il eſt ordonné aux Notaires & Tabellions de fournir aux Receveurs Royaux, des copies des compoſitions faites par les Seneſchaux avec les perſonnes prevenuës de crimes. 420. Les Notaires ſeront contraints à donner aux Commiſſaires ſur le fait des Admortiſſements & des Francs-Fiefs, les Actes qui ſont dans leurs Protocoles, & dont ceux-ci auront beſoin. 126.

Notaires & Tabellions de l'Univerſité d'Angers. 629. Voy. Angers. Les Conſuls de Cahors pourront créer cinq Notaires, & les remplacer, lorſque leurs places feront vacantes. Ces Notaires pourront recevoir toutes ſortes d'Actes, meſme ceux qui doivent eſtre ſcellez. 325. IV. 327. XV. Les Clercs Jurez eſtablis à cet effet, par le Roy, à Chaumont en Baſſigny, preſentent un Acte au Garde-ſcel de la Prevoſté de cette Ville, qui à leur relation, le ſcelle du ſcel de la Prevoſté, avec le ſien propre en contreſcel, & avec les ſeings de ces Jurez. 599. 602. Notaire du Dauphiné par proviſion du Gouverneur. 61. Note. Notaire dans le Dauphiné par l'autorité du Pape, de l'Empereur & du Roy de France. 55. 56. Notaire public, de l'autorité Imperiale, dans le Dauphiné. 230. Dans le Dauphiné, les anciennes Ordonnances touchant la moderation des droits ſur les Sceaux & les Actes paſſez pardevant Notaires, ou autres Actes, ſeront obſervées. 40. IX. Les Notaires de Figeac recevront tous les Contracts & toutes les obligations qui s'y paſſeront; & la connoiſſance des conteſtations qui s'éleveront par rapport à ces Actes, appartiendra aux Conſuls. 265. III. Le Gouverneur des droits Royaux & de Souveraineté à Montpellier, y aura un Notaire Tabellion, qui fera les Informations, qui gardera les procès, & qui paſſera les obligations & les Contracts. 477. II. Confirmation des privileges des Notaires du Chaſtelet de Paris. 643. Le Bailli des Exemptions de Touraine inſtituera un Tabellion, pour recevoir Contracts de toutes ſortes de perſonnes qui ſe voudront obliger devant lui. 429. III.

Notaires. Voy. Tabellions.

NOUVELLETÉ (Le cas de) eſt un cas Royal par prevention. 429. 479. II. Procedures differentes qui doivent eſtre faites dans les differents cas de ſaiſine & de nouvelleté. 520. 521.

NUIT. Les Orfevres de Troyes peuvent travailler la nuit. 186. III.

O

OBLIGATION par corps. 129.

OFFICES. (Clefs d') 647. V. Ceux qui ſeront chargez du recouvrement des deniers des Aides dans les differents pays, les envoyeront au Receveur General à Paris, & non à d'autres; ſi ce n'eſt au Treſorier des Guerres, ou à d'autres Chefs d'Office. 538. III. Le Receveur des Aides jurera en preſence du Roy & en la Chambre des Comptes, qu'il ne donnera point de quitance aux Receveurs particuliers, que lorſqu'il recevra de l'argent, ſi ce n'eſt que ceux-cy l'ayent donné aux Treſoriers des Guerres ou autres Chefs d'Office. 538. IV.

Office. Chefs d'Office de la guerre. 658.

Office. (Reſignation d') 195. Office de Sergents achetez par la permiſſion du Roy, de quelques-uns de ſes Officiers; & chargez de rente à vie. 449. Les Offices de Sergents du guet de Paris, ne pourront ſe vendre, ſe permuter, ni ſe reſigner. 97. I.

Office. Voy. Chefs d'Office.

OFFICIERS Royaux. La connoiſſance de leurs affaires, eſt un cas Royal. 479. III.

Officiers Royaux de Juſtice (Les) ne pourront prendre

TABLE DES MATIERES.

prendre que le prix ancien & accoûtumé des Actes judiciaires qu'ils scelleront & qu'ils expedieront aux Parties. 21. XII.

Officiers Royaux. Il leur est deffendu de donner des Commissions de Sergents, pour en exercer les fonctions, à ceux qui ne le font pas. 195. Lorsque ces Officiers demeurants dans les Terres d'un Seigneur, faisoient des malversations, il s'en plaignoit au Juge Royal devant lequel il ressortissoit. 11. Les Sergents d'armes & les autres Officiers du Roy qui ne seront point Nobles ou qui ne seront point annoblis par des Lettres Royaux expédiées en la Chambre des Comptes, payeront les droits de Francs Fiefs pour les biens qu'ils acquerront des Nobles; & les droits d'Admortissement pour les redevances perpetuelles à prendre sur de certains heritages dénommez, lesquelles il doneront à des Gens d'Eglise. 609. IV. Nul Officier Royal ne peut estre reçû à encherir les Fermes Royales. 431. Voy. *Prevostez à Ferme.* Les Reformateurs n'auront de Jurisdiction que sur les Officiers, Fermiers & autres Employez par le Roy sur le fait de la Justice & sur le fait des Aides. 22. XIV. Le Roy nommera des gens pour s'informer de la conduite des personnes chargées de lever les Aides, & des Officiers Royaux qui se sont entremis de cette levée. 18. XII.

Officiers Royaux. Le Duché d'Orleans ayant esté mis hors de la main du Roy, & le Comté de Blois ayant esté démembré du ressort du Bailli d'Orleans, & annexé à celui du Bailli de Chartres, il fut ordonné que les Officiers & Bourgeois du Roy demeurant dans le Comté de Blois, ressortiroient devant le Bailli ou Prevost de Cepoy, dans leur Siege nouvellement estably à Orleans; mais il fut ordonné dans la suite que ces Officiers & Bourgeois ressortiroient devant le Bailli de Chartres. 10. Voy. *Blois.* Les Sergents des Consuls de Caylus-de-Bonnette, qui recevront le droit d'Encan appartenant à la Ville, presteront serment entre les mains des Officiers Royaux de ce lieu. 287. VII. Les Officiers de Doüay pourront faire des presents aux Princes du Sang, aux Gens du Conseil du Roy, ou aux Officiers du Roy. 134. XXIX. Reglement pour la Jurisdiction, entre le Viguier & le Juge, & les Consuls de Figeac. 264. 267. Voyez *Figeac.* Le Bailli & les Consuls de Mielhan, appellez les Officiers Royaux, auront l'inspection sur les Gardes & Patroüilles de la Ville; sur les Gardes des vignes & autres terres, sur les fumiers, les latrines & les eaux pluviales. 443. III. Les Officiers Royaux jureront d'observer les mandements qui leur seront adressez en faveur des Gens d'Eglise du Diocese de Mende. Les griefs faits à ces Gens d'Eglise par les Officiers Royaux, seront levez; & ceux-ci jureront d'observer les Ordonnances faites à ce sujet. 633. VII. IX. Les Consuls de Peyrusse seront Juges en premiere instance de tous les procés civils & criminels qui s'éleveront dans cette Ville & dans son Territoire; à l'exception des procés qui regarderont les Officiers du Roy & les Consuls de cette Ville, & des crimes d'heresie, de Leze-Majesté, de fausse Monnoye,

de ports d'armes & d'infraction de Sauve-garde; la connoissance desquels crimes est reservée aux Juges Royaux, comme aussi l'execution des Jugements criminels rendus par les Consuls. 708. II. A la Rochelle, les Lieutenants du Senechal, les Sergents, & autres Officiers Royaux de ce genre, & les Monnoyeurs seront tenus de contribuer aux dépenses communes de la Ville, & d'y faire le guet. 574. X. Les poursuites qui se feront contre les habitans de Rhodez, par rapport aux Tailles auxquelles ils pourront estre imposez, se feront par des Sergents Royaux; appellez cependant les Sergents ordinaires des lieux où leurs biens sont situez. 411. I. Les Officiers Royaux de la Senechaussée de Roüergue jureront de faire observer les privileges de Villefranche. 700. VII. Les execution pour le payement des Tailles imposées dans les Consulats de la Senechaussée de Roüergue, se feront par des Sergents Royaux, appellez les Sergents des Justices ordinaires des lieux où se feront les executions. 258. Si on amene dans la Ville de S.t Jean d'Angely, un homme prevenu de crime, il sera remis entre les mains du Maire; pourvû qu'il n'ait point esté pris dans l'enceinte du Chasteau, qu'il ne soit point Officier du Roy, & qu'il ne s'agisse point d'un cas Royal. 675. I. Les Officiers Royaux de Tours assisteront aux assemblées qui se tiendront par les habitans de cette Ville, pour pourvoir à sa sûreté & à ses fortifications. 457. Voy. *Tours.*

Officiers. Voy. *Juges.*

OYES. Les Coustiers de Paris ne doivent point mesler des plumes *faintisses* ni écorchées des aîles des Oyes & des Poules, avec d'autres plumes. 547. I.

OLERON. (L'Isle d') Le Roy considerant que cette Isle qui estoit nouvellement soumise à son obeïssance, pouvoit contribuer à la deffense de la Rochelle, du pays d'Aunis & des environs, il unit inséparablement à la Couronne, cette Isle & toutes les possessions qu'il y avoit; il ordonna que les revenus en seroient reçus par le Receveur de la Rochelle, & il manda aux Gens des Comptes de faire enregistrer cette union dans leur Chambre. 593. La Ville de la Rochelle sera conservée dans le ressort sur l'Isle d'Oleron. 573. VIII.

OLONSAC. Diminution de Feux pour ce lieu, où il y en avoit 19. en 1369. p. 187. Voy. *Feux.*

ONCE (L') se divise en 20 Estellins ou Sterlings, 554 & Note *(h)*. Sept sizains d'once, ce qui est le quart de l'once. 500.

ONGLES. A Arras, les Boulangers qui rogneront leurs ongles auprés de leur Étal, ou auprés de celui des autres, payeront l'Amende. 511. XIX.

ORANGE. Jean Revolli en estoit Evesque le 16. de Juillet 1349. p. 56.

ORDONNANCE. Edit irrevocable, & qui doit valoir à perpetuité. 628.

Ordonnance. Voy. *Lettres Royaux.*

ORDRE de Chevalerie. 563. Voy. *Chevalerie.*

Ordre de Chartreuse. Charles V. l'avoit en *especial dévotion.* 128.

Ordre de S.t Augustin. Le Prieuré de Pompone est

de l'Ordre de S.t Auguſtin. 4. Voy. *Pompone.*
ORFEVRES du Puy-en-Velay. Voy. *Puy-en-Velay.* Orfevres de Troyes. 185. Voy. *Troyes.*
ORLEANS. Le Comté de Blois reſſortiſſoit anciennement devant le Bailli d'Orleans; mais le Duché d'Orleans ayant eſté mis hors de la main du Roy, ce Comté eut ſon reſſort devant le Bailli de Chartres, & non devant celui de Cepoy, dans ſon Siege nouvellement eſtabli à Orleans. 10. Voy. *Blois.* Une partie du Comté de Blois, qui reſſortiſſoit à ce Siege Royal, en fut démembrée, lorſque le Duché d'Orleans fut donné à l'Oncle de Charles V. 697. Voy. *Blois.*
Orleans. Les Affaires de l'Égliſe de Chartres ont eſté portées devant le Bailli d'Orleans au Siege d'Yenville, juſqu'au temps où Philippe de Valois donna à ſon ſecond Fils, le Duché d'Orleans dans lequel eſt compris Yenville. 25. V. *Chartres.*
Orleans. (L'Univerſité d') Tous ſes Membres & ſuppoſts ſont exempts d'Impoſitions & Aides ſur ce qu'ils achetent pour leurs proviſions, & ſur la vente des fruits provenans de leurs patrimoines ou Benefices. 629. Voy. *Angers.*
Orleans. Thoury eſt de ce Dioceſe. 203.
ORPHELINS. Les veuves & les orphelins pauvres ne payeront point l'Aide eſtablie dans le Dauphiné en 1367. p. 89. XIII.
Orphelins. Voy. *Mineurs.*
OST & Chevauchée. Voy. *Guerre.*
OULS. Les Juges du Briançonnois, en entrant dans leurs Charges, preſteront ſerment de confirmer les privileges du Dauphiné, entre les mains du Prevoſt d'Ouls & du Curé de Briançon. 63.
OUVRIERS. Les Ouvriers en Draps, & les Maçons, Charpentiers, Couvreurs, Vignerons & tous autres Ouvriers, doivent travailler à Châlons (ſur Marne) pour un ſalaire raiſonnable, depuis le ſoleil levant juſqu'au ſoleil couchant, en prenant un temps convenable pour leur recreation de boire & de manger, comme ils ſont à Paris & ailleurs. 194. Voy. *Châlons (ſur Marne.)*
Ouvriers. Cloche des Ouvriers à Doüay. 131. 1.

P

PACY. Les Bourgeois de Verneüil ſont exempts des Impoſts qui appartiennent au Roy dans la Normandie; excepté le Comté d'Evreux, le Vexin Normand, Pacy & Gournay. 488. Voy. *Verneüil.*
PAIN. Miche, ou petit pain. Reparon, eſpece de pain. Pain à un denier, à deux, &c. 683. XXII. *& ſuiv.* Pain d'orge. *Voy.* p. 684. XLI.
Pain. Reglement fait à Angouleſme, ſur le poids & le prix du pain & de la Foüaſſe, ſuivant les differens prix du bled. 683. XXII. juſqu'au XLI.
Pain. A Arras, on-crioit par la Ville le pain & la Patiſſerie à vendre. 511. XV. A Chaumont en Baſſigny, ceux qui vendront du pain qui ne ſera pas de poids ou qui ſera mal fait, payeront une Amende de 5 ſols. 601. XIV. A Mailli-le-Chaſteau, il n'y aura point aux Fours (bannaux) de porteurs de pain en titre, qui puiſſent exiger de droits. 717. XXII. A Meaux, lorſque les Viſiteurs trouvent chez les Boulangers, du pain trop petit, mal eſſuyé, mal *courée* ou *pannechie*, ou ſeché, ou ayant d'autres deſſauts, ce pain doit eſtre confiſqué & donné aux pauvres; mais les Boulangers ne doivent pas eſtre condamnez à l'Amende, ainſi que cela ſe pratique à Paris, & dans d'autres endroits du Royaume. 118. 119.
Pain. Sur les plaintes que l'on fit au Parlement, que par la faute des Officiers du Pannetier de France, qui ne faiſoient point de viſite chez les Boulangers & Talleſmeliers de Paris, ou qui n'en faiſoient pas d'aſſez exacte, ceux-ci vendoient le pain trop cher, eu égard au prix du bled, quoiqu'il y eût déja eu pluſieurs Commiſſaires députez à ce ſujet; le Parlement commit Thomas Vanin & Milles de Voiſines, Conſeillers, & le Prevoſt de Paris, ou deux d'entre eux, pourvû que le Prevoſt de Paris en fût un, pour aller viſiter le pain. Les Commiſſaires ayant examiné les anciens & les nouveaux Regiſtres du Chaſtelet, où eſtoient les Ordonnances faites ſur le pain, depuis le Regne de Philippe-le-Bel; & ayant fait faire au Chaſtelet, en préſence de pluſieurs Examinateurs du Chaſtelet, Eſchevins, Bourgeois & Boulangers, du pain blanc dit de *Chailli*, du pain bourgeois, & du pain *faitiz* dit de *brode*, & les ayant comparez avec ces differentes ſortes de pains pris aux feneſtres des Boulangers, ils fixerent le prix que ces ſortes de pains devoient valoir, eu égard à leur poids, & au prix du bled qui valoit alors 12 ſols le ſeptier; & proportionnellement, ſuivant que le prix du bled diminüeroit ou augmenteroit. Le Roy confirma ce reglement par ſes Lettres du mois de Juillet 1372. & il ordonna que le Prevoſt de Paris ſeroit chargé de le faire executer; & qu'à cet effet, il feroit viſiter le pain par des Commis qui confiſqueroient celui qui ne ſeroit pas conforme à ce reglement, lequel ſeroit diſtribué à la volonté du Prevoſt, & qui auroient le quart de ce pain confiſqué, & des Amendes auſquelles les Boulangers ſeroient condamnés: ſauf les droits du Pannetier de France, qui pourroit auſſi faire faire la viſite chez les Boulangers par ſes Officiers, qui confiſqueroient & diſtribüeroient le pain; & qui rapporteroient au Prevoſt de Paris, les noms des Boulangers qu'ils avoient trouvez en contravention, afin qu'il les condamnaſt à l'Amende. 499. Les Officiers du Pannetier de France, s'eſtant plaints au Roy de ce reglement, qui lui eſtoit préjudiciable; & les Boulangers lui ayant repreſenté que s'il eſtoit executé, ils ſeroient ruinez, & obligez de quitter Paris, le Roy commit quelques perſonnes de ſon Grand Conſeil, pour entendre leurs raiſons, & le Prevoſt de Paris. Ces Commiſſaires, avec quelques perſonnes du Parlement, ayant examiné l'affaire, & ayant pris l'avis de quelques Changeurs qui firent les calculs; du conſentement des Officiers du Pannetier de France, du Prevoſt de Paris & des Boulangers, ils firent une nouvelle évaluation du prix du pain, eu égard à celui du bled. Le Roy la confirma par ſes Lettres du 9. de Decembre 1372. Il ordonna que ſi le bled augmentoit ou diminuoit au-delà des prix compris dans cette évaluation, il en

TABLE DES MATIERES.

feroit faite une nouvelle par le Prevoſt de Paris; appellez les Officiers du Pannetier de France; & que ſi le Prevoſt de Paris, ou ces Officiers ceſſoient de faire la viſite chez les Boulangers, cette ceſſation quelque longue qu'elle fût, ne pourroit porter prejudice au droit qu'ils avoient de la faire: & que l'Amende à laquelle les Boulangers ſeroient condamnez, ne pourroit pas exceder la valeur de la fournée confiſquée. 553.

PAINES, eſtoffe. 105.

PAIR de France. (Le Duc de Bretagne) 531. 532. Lorſque le Roy a donné des Lettres de remiſſion avant le jugement du criminel, les Pairs ni les autres Seigneurs ne peuvent plus connoiſtre de ce crime. 480. VIII.

Pairies. (Les) reſſortiſſent au Parlement. 435.

Pairie. Lorſque le Duché d'Anjou fut donné en Pairie à Loüis de France, le Roy l'exempta de la Juriſdiction de tous autres Seigneurs. 435.

Pairie. Les Sergents de la Prevoſté de Laon pourront faire dans toute ſon étenduë, meſme dans les terres qui ſont tenuës en Pairie, les informations ſur ce qui regarde l'ordre de la Juſtice & les droits du Roy, pour en faire leur rapport au Bailli de Vermandois, & au Prevoſt de Laon. 449. Voy. *Laon.*

Pairs. Au Roy ſeul & pour le tout appartient admortir en tout ſon Royaume, à ce que les choſes puiſſent eſtre dites admorties; & quand les Pairs & autres Seigneurs ont admorti ce qui releve d'eux, pour ce qui les touche, cet admortiſſement ne doit pas avoir d'effet, & les Gens d'Egliſe acquereurs ne ſont vraiment proprietaires que lorſque le Roy leur a donné ſes Lettres d'Admortiſſement. 480. XI.

Pairs. On payoit dans leurs Terres, la Reve ou Impoſition ſur les marchandiſes qui ſortoient du Royaume. 478. VIII.

Pairs (Conſeillers &) d'Angouleſme. 679. III. Pairs de Roüen & de Falaiſe 671. I. *& autres articles.*

Pairs. Voy. *Pers.*

PAISEURS de Doüay, chargez d'entretenir la paix & la police dans la Ville. 134. XXX. & Note *(c)* XXXIV.

PAISSON, Pannaige pour les porcs dans une Foreſt. 514. IV.

PAIX. (Commun de la) Le Roy remet aux habitans de Montegrier, le denier ou ſervitude appellé *le Commun de la Paix*, qui ne rapportoit pas plus de 100 livres Tournois, par an, quoique cette ſervitude fût de ſon Domaine. 354. IV. A Peyruſſe, le *Commun de la Paix* ne ſe payera point devant la Feſte de la Saint Martin d'yver. 706. XX. Commun de la Paix de Rhodez. 409. Voy. *Rhodez.*

Paix. (Commun de la) Voy. *Commun de la Paix.*

PALAIS Royal à Paris. *Voy.* ſur la Chambre où s'aſſembloient les Maiſtres des Requeſtes & les Secretaires du Roy, & où ſe tenoit l'Echanſonnerie du Roy, & ſur le Concierge de ce Palais. 367. Voy. *Secretaires du Roy.* Le produit des droits d'Admortiſſements & des Francs-Fiefs, ſera mis ès mains du Payeur des œuvres (Baſtiments) du Palais Royal, pour eſtre employé à ſes réparations. 544.

Palais à Paris. Voy. *Table de Marbre.*

PALATIN, Comte de Bourgogne, Palatin. 204.

PALET, jeu deffendu. 127. Voy. *Jeux.*

PALME, meſure. 278. IX.

Palme, (Paulme) jeu deffendu. 172. Voy. *Jeux.*

PALME, (La) de la Viguerie de Narbonne. Diminution de Feux pour ce lieu, où il y en avoit 60. en 1371. p. 466. Voy. *Feux.*

PALMES. Diminution de Feux pour ce lieu, où il y en avoit 11. en 1367. p. 31. Voy. *Feux.*

PAMIERS. Pariage fait entre le Roy, & l'Eveſque & le Chapitre de Pamiers. 165. Voy. *Allamans.*

PANAGE. 467. & Note *(c)*. Ce mot ſignifie quelquefois un Impoſt en general. 318. & Note *(b).* Voy. *Paiſſon.*

PANIERS (Petits) de Marée. Maiſtres de ces petits paniers. 457. X. XI. & Note *(b).* XIV.

PANNETIER de France. Ses Officiers doivent eſtre appellez par le Prevoſt de Paris, lorſqu'il fait un Reglement ſur le prix du pain. Ils font la viſite chez les Boulangers, & peuvent confiſquer le pain, & le donner; mais le Prevoſt de Paris a ſeul le droit de les condamner à l'Amende. 499. 553. Voy. *Pain.*

PANNONCEAUX. Voy. *Pennonceaux.*

PAPE. Charles V. ordonne l'execution de pluſieurs Bulles de Papes. 100. Voy. *Excommunication & Conſervateurs.* Conſervateurs donnez par le Pape, à des Eccleſiaſtiques. 102. Voy. *Conſervateurs.* Le Pape Clement V. excommunie les Faux-Monnoyeurs du Royaume de France. Charles V. envoye la Bulle d'excommunication à l'Eveſque de Langres, & le prie & le requiert de la faire afficher à la porte de toutes les Egliſes de ſon Dioceſe. 426. Voy. *Monnoye.*

Pape. En 1349. On mettoit dans la date des Actes du Dauphiné, l'année du Pontificat du Pape ſiegeant. 37. 38.

Pape. Le 16. de Juillet 1349. Guillaume *Fornerii* Sacriſte du Gevaudan, & Procureur Delphinal dans la Cour Romaine. 56.

Pape. Notaire dans le Dauphiné par l'autorité du Pape, de l'Empereur & du Roy de France. 55. 56.

Pape. Le Comte de Joigny paſſant un acte concernant la chaſſe, renonce aux exceptions tirées de privilege de Pape. 381.

Pape. Le Roy confirme en faveur d'Urbain V. ſouverain Pontife de la S.te Egliſe Romaine & de l'Egliſe univerſelle, les privileges de l'Egliſe de Mende qu'il affectionnoit. 603. Voy. *Mende.* Pendant le temps que l'Eveſque de Mende & les Eccleſiaſtiques de ſon Dioceſe, payeront les Decimes & Subventions qu'ils ont accordées au Roy, ils ne payeront point les autres Decimes que le Pape pourra luy octroyer. 633. X. En 1366. l'Eveſque d'Orleans en vertu d'une Bulle du Pape, annulle les marchez qui ſe tenoient le Dimanche, dans ſon Dioceſe. 203. Voy. *Thoury.*

Pape. Milon Notaire du Pape, & Legat du Siege Apoſtolique, vers 1200. p. 308. & Note *(a).*

PARAOU. Diminution de Feux pour ce lieu, où

TABLE DES MATIERES.

il y en avoit 5. en 1367. p. 31. Voy. *Feux.*

PARCHEMINIERS (Les) Jurez de l'Université d'Angers joüiffent des privileges de cette Université. 629. Voy. *Angers.* Les parcheminiers font exempts de droits pour les marchandifes de leurs meftiers, qu'ils vendent aux Ecoliers de l'Univerfité de Paris. 222. Ils feront exempts du guet dans cette Ville. 686. Voy. *Guet & Univerfité de Paris.*

PARDIAC. Lettres de Charles V. confirmatives de celles de Philippe de Valois, par lefquelles il eft permis à Arnauld Guilhem de Montlezun, premier du nom, Comte de Pardiac, d'établir dans ce Comté un Juge des premieres appellations civiles & criminelles, devant lequel feront portez les Appels de fes Baillis & autres Juges ordinaires, & des Confuls de ce Comté. 70.

PARENTS. Entre les 30 perfonnes qui effiront le Maire & les Efchevins de Peronne, il ne pourra pas y en avoir plus de deux qui foient parents, fi cela eft poffible: fi cela n'eft pas poffible, & qu'il y en ait plus de deux qui foient parents, du moins il ne pourra y en avoir plus de deux qui foient coufins-germains. 162. XXV. A Tournay, il ne pourra point y avoir deux Parents revêtus de la mefme Charge. (Voy. Note *(d).*) Nuls parents, pas mefme les Beaux-freres, ne pourront eftre juges de leurs parents. 376. XIII.

PARIAGE. Les perfonnes Ecclefiaftiques payeront la valeur du revenu de 6 ans, des acquifitions qu'elles auront faites dans les lieux à elle appartenants, & où le Roy, ou d'autres Seigneurs, joüiffent de la moitié du revenu, en vertu des pariages faits avec elles. 363. VI. Pariage fait entre les Seigneurs d'Aure & de S.t Mard, fait avec Thibaud V. Roy de Navarre Comte de Champagne. 390. V. *Aure. (D')* Pariages faits en faveur de la Ville de Miclhan. 442. I. V. *Miclhan.* Bulle d'Or & Pariage entre le Roy & l'Evefque de Mende. 603. Voy. *Mende.* Les habitans de Rhodez feront exempts des droits de Francs-Fiefs, pour les biens nobles qu'ils acquereront; quand mefme ils feroient en Pariage. 408. Voy. *Rhodez.*

Pariage, nom donné improprement à l'affociation du Roy & de l'Archevefque de Vienne, dans la Seigneurie de Romans dans le Dauphiné. 109. & Note *(e).*

PARIS. La bonne Ville de Paris eft la principale & capitale Ville de tout le Royaume. 148. Paris eft le chef du Royaume, fur laquelle on doit prendre exemple. 527. Paris eft Cité & Siege Royale, & le *chief* de tout le Royaume. La police y doit eftre mieux obfervée qu'ailleurs. 451. Sa Police doit eftre l'exemple de celle de tout le Royaume. 499.

Paris. Les Celeftins fondez dans un lieu nommé *de Barretis.* 233. Il eft deffendu à ceux qui ont des maifons dans la ruë Chapon, à Paris, de les loüer à des Filles de joye. 164. Voy. *Filles de joye.* En 1373. l'Hofpital S.t Jacques eftoit près la porte S.t Denis. 634. Hofpitaux de Paris. 324. La ruë neuve de N. D. en 1371. pag. 428. Le Grand Pont. (Le Pont au Change.) 367. S.te Croix en la ruë de la Bretonnerie. Les Sergens à cheval du Chaftelet de Paris, y tenoient leur Confrairie. 559. Ruë de la Bretonnerie. 559.

Paris. L'illuftre & Royale Ville de Paris, eft le chef & la Mere de tout l'Empire françois; de temps immémorial, fes Citoyens ont eu le *bail* & la garde de leurs enfants & de leurs parents; ils ont efté exempts des droits de Francs-Fiefs, pour les biens nobles qu'ils achetoient dans les Fiefs du Roy & dans ceux des Seigneurs; felon leur merite & leurs facultez, ils fe font fervi de freins dorez & des autres ornemens de la *Milice* (Chevalerie;) & ils ont pû eftre élevez au grade de la *Milice armée*, comme les Nobles d'origine. Le Prevoft de Paris ayant fait publier dans cette Ville, vers 1371. que tous les non-nobles qui avoient acquis des biens nobles, depuis 1324. en fiffent leur declaration au Receveur de Paris, qui mettroit fes biens dans les mains du Roy, jufqu'à ce que les acquereurs euffent payé finance; & que ceux qui avoient eu des Lettres de Nobleffe, les rapportaffent à ce Receveur: le Roy confirma les Citoyens de Paris dans leurs anciens privileges. 418.

Paris. Efchevins appellez à une affemblée qui fut faite au Chaftelet, pour fixer le prix du pain. 500. Voy. *Pain.* Les Quarteniers, Cinquanteniers & Dizainiers de la Ville de Paris, ne pourront contraindre les Libraires, &c. & ferviteurs de l'Univerfité de Paris, à y faire le guet & garde le jour & la nuit. 686. Voy. *Guet & Univerfité de Paris.*

Paris. (Vicomté & Prevofté de) Mitry en dépend. 463. Voy. *Mitry.* Les Jufticiables des Marefchaux de France & de leurs Officiers, ne pourront eftre adjournez que pour comparoiftre devant eux à Paris. 616. Voy. *Marefchaux de France.*

Paris. On fait nuit & jour la garde devant les poftes de cette Ville. Les Chirurgiens en font exempts. 323. 324.

Paris. Le marché s'y tient le Mercredi, le Vendredi & le Samedi. 147. Ordre aux Ladres qui ne font pas de cette Ville, d'en fortir. 451. Voy. *Ladres.* Le Roy donne au Prevoft de Paris, le pouvoir d'avoir, à l'excluſion de toutes autres perfonnes, l'infpection fur les meftiers, les marchandifes & les vivres de Paris. 527. Suppreffion du Barrage qui fe levoit fous le Pont d'Auxerre, afin que les provifions pour la Ville de Paris, y arrivent plus aifément. 92. A Paris, le pain qui n'eft pas bon eft confifqué; mais les Boulangers ne font pas condamnez à l'Amende. 118. Les vins de Vermanton dans l'Auxerrois, y eftoient apportez. 111. Le Patron des paniers de marée de Roüen, fera conforme à celui de Paris. 253. VIII.

Paris. Il y avoit un Hoftel des Monnoyes. 124. Prix que la Monnoye valoit dans l'Hoftel des Monnoyes, au commencement de Fevrier 1371. & prix que l'on y donnoit pour la fabrication de chaque Marc. 454.

Paris. (Marc de) 641. 642.

Paris. (Receveur Royal à) 81.

Paris. On ne pourra plus faire de *Prifes* dans la Vicomté de Paris ni dans cette Ville, dans laquelle on trouve toutes fortes de provifions à acheter;

TABLE DES MATIERES.

acheter, & dont il estoit à craindre que les Faux-bourgs ne se dépeuplassent à cause des *Prises*. Les habitans de la Ville & Vicomté de Paris, pourront arrester ceux qui voudront faire des *Prises* sur eux, pour les remettre entre les mains de la Justice. 33. Voy. *Prises*.

Paris. Les Elûs sur le fait des Subsides dans la Ville, Prevosté, Vicomté & Diocése de Paris, ne seront point garants des Fermes de ces Subsides qu'ils adjugeront, ni de la Regie des Collecteurs qu'ils nommeront, pour faire valoir les Fermes de ces Subsides, qui auront esté abandonnées par les Fermiers. 348.

Paris. Reformateurs à Paris, en 1362. pag. 441. Voy. *Reformateurs*.

Paris. La Ville de Tournay faisoit des pensions à Paris & ailleurs. 138.1.

Paris. Voy. *Barbiers de Paris. Boulangers de Paris. Brasseurs. Carmes de Paris. Celestins de Paris. Chartreux de Paris. Chirurgiens de Paris. Coustiers de Paris. Halles de Paris. Hospital de S.t Jacques. Hospitaux de Paris. N. D. de Paris*.

Paris. (Ouvriers de) 194. Voy. *Ouvriers. Palais à Paris. Pescheurs de la Ville & Vicomté de Paris. Prevost de Paris. Prevost des Marchands de Paris. S.te Chapelle Royale de Paris. Université de Paris*.

PARLEMENT de Paris. Le dernier ressort de la souveraine Cour du Parlement de Paris. 654. Les Jugemens d'un Reformateur vaudront comme Arrests du Parlement, & l'on ne pourra en appeller ni au Roy ni au Parlement. 261. Voy. *Halles*.

Parlement de Paris. Le Roy ordonne aux Gens qui tiendront les futurs Parlemens à Paris, &c. 3. Adjournement pour comparoistre devant les Gens du Parlement à Paris; nonobstant qu'il tienne. 90.

Parlement. Maistres & Seigneurs de la Court de Parlement. 106. Jacques la Vache, Chevalier, President au Parlement, Commissaire de Charles V. à Tournay. 136. M.e Pierre Fouace estoit Conseiller au Parlement, en Mars 1369. p. 262. Vers 1367. Guillaume de S.t Germain fut fait Procureur General au Parlement de Paris. 13.

Parlement. A cause de la multitude des affaires & des Parties qui se presentent au Parlement, on y a establi anciennement le *triple ministere* des Registrateurs; mais dans la suite, le grand nombre de Lettres & d'Actes qui s'y font, joint à la necessité *d'expedier* plus promptement les Registres de la Cour, ont obligé d'adjoûter d'autres Notaires à ces Registrateurs. Le Roy nomme pour remplir ces places, trois Clercs & Notaires [Voy. *leurs noms*] tirez du corps de ses autres Notaires; & il ordonne que leurs gages & manteaux seront payez sur les Amendes décernées par le Parlement, & autres profits de Justice, par celui qui est chargé de recevoir ces Amendes & ces profits. Le mesme jour, le Roy ordonna par d'autres Lettres, que Pierre *Surelli*, son Clerc & Notaire, qui n'estoit pas du nombre des autres Notaires qui recevoient des gages, des manteaux & des bourses, qui par l'ordonnance du Chancelier, avoit exercé son office de *Notariat* au Parlement, & qui en presence du Chancelier, a esté nommé & élû par les Gens du Parlement, pour exercer encore cet office avec les trois dessus nommez, l'exerceroit conjointement avec eux, & que pour lui tenir lieu de gages, de manteaux & de bourses, il y auroit par jour six sols, payables par celui qui seroit chargé de recevoir les Amendes & autres exploits de Justice. 579. 580.

Parlement de Paris. (Huissier du) 89.

Parlement. Les gages de M.rs du Parlement assignez sur les Amendes qui y sont décernées. 613. Voy. *Amendes*. En 1368. le Roy avoit assigné aux Presidents du Parlement à Paris, 1400 livres Tournois sur la Ville de Tournay. 138. VI.

Parlement. Lettres Royaux à la fin desquelles il y a: Autrefois signées. *Par le Roy en son Conseil; & rescrites & scellées conformement à la correction faite par le Conseil estant dans la Chambre du Parlement*. 141. Lettres Royaux à la fin desquelles il y a: *Autrefois ainsi signées; & rescrites & signées suivant la correction du Conseil, estant dans la Chambre du Parlement*. 382. Adjournement donné en la Chancellerie par le Parlement. 149. Lettres du Roy adressées aux Presidents du Parlement, qui leur ordonne de ne plus sursoir à la prononciation des Arrests, quelques ordres qu'ils en reçoivent de lui; & qui portent que son intention n'est plus de juger en personne les affaires de peu d'importance. 323. Les Lettres Royaux qui ordonnoient que les affaires de l'Eglise de Chartres, seroient portées au Parlement, ayant esté passées & enregistrées en la Chambre des Comptes de Paris, furent portées en la Chambre du Parlement, pour avoir executoire sur ce. 25. A la page 27. il y a que ces Lettres ayant esté enregistrées à la Chambre des Comptes, ont esté renduës par l'ordre exprés du Roy.

Parlement. Ordonnance criée & publiée par Arrest du Parlement, à la Table de Marbre à Paris. 428. Ordonnance concernant la Mareschaussée, lûë & publiée dans la Chambre du Parlement, & à la Table de Marbre du Palais Royal à Paris; & la Cour ordonna qu'elle seroit publiée dans tous les Sieges Royaux. 616. Voy. *Mareschaux de France*. Le Parlement ou Cour de France, envoyera au Bailli des Exemptions de Touraine, les mandemens qu'il avoit coûtume d'envoyer aux Seneschaux de Touraine, d'Anjou & du Maine; & on en avertira le Greffier du Parlement & autres Notaires du Roy. 430. Il est enjoint aux Juges Royaux de faire observer les Ordonnances sur les Monnoyes, sur peine d'estre punis par le Parlement. 391. Voy. *Monnoyes*. Les Lettres de privileges que pourront avoir les Princes du Sang, touchant la Jurisdiction criminelle prétenduë par quelques Officiers de leurs Hostels, sur les gens de ces Hostels, seront mises entre les mains du Procureur General, pour estre ordonné ce qui sera de raison, par le Parlement, sans procés & figure de Jugement. 170. Voyez *Prevost de Paris*.

Parlement. Les Pairies y ressortissent. 435. L'appel des Grands-Jours de l'Anjou, du Maine & de

Tome V.   n n

Touraine, y ressortira. 435. 526. Voy. *Anjou.* Des Lettres concernant les privileges d'Arras, lui sont adressées. 204. Voy. *Arras.* Le Roy Jean ayant ordonné que les affaires de l'Eglise de Chartres, seroient portées devant le Parlement de Paris, Charles V. confirma son Ordonnance. Le Procureur General du Roy s'y opposa; & Charles V. ordonna par de nouvelles Lettres, que les affaires de cette Eglise seroient portées devant le Parlement de Paris, sans prejudice au droit qu'elle avoit de ne plaider audit Parlement, que comme pardevant *Traiteurs de leurs Causes.* Le Roy écrivit deux Lettres closes, (de Cachet,) l'une aux Gens du Parlement; l'autre à ses Advocats & Procureur General au Parlement, par lesquelles il leur enjoignoit de faire executer ces Lettres. Le Parlement, le Procureur General n'ayant point contredit, obtempera à ces Lettres; & en ordonna l'execution. 24. Voy. *Chartres.* Les privileges des Arbalestriers de Compiegne, sont adressez aux Gens tenans le present Parlement à Paris, & à ceux qui tiendront le Parlement à venir. 145. Les affaires qui regarderont la Terre de l'Engennerie, appartenante aux Chanoines de la Sainte Chapelle de Paris, seront portées sans moyen, au Parlement de Paris. 2. Pendant la vie de la Comtesse d'Alençon & d'Estampes, les appels des Juges de sa Chastellenie de Galardon, ressortiront sans moyen au Parlement. 556. Voy. *Galardon.* Des Lettres concernant Gisors & Mante, lui sont adressées. 168. 170. Les Lettres de privileges des Arbalestriers de Laon, sont adressées aux *Gens tenans le present Parlement à Paris, & à ceux qui tiendront les Parlemens à venir.* 69. Les affaires du Chapitre de Limoges, y sont portées en premiere instance. 447. Les affaires communes du Doyen & du Chapitre de Limoges, seront jugées en premiere instance au Parlement de Paris. 446. V. *Limoges.* Des Lettres concernant l'Evesque & l'Eglise de Mende, lui sont adressées, & il les enregistrera. 603. Voy. *Mende.* Les Lettres d'exemption du droit de Francs-Fiefs, pour Milhaud, lui sont adressées. 322. Lettres qui portent que pendant trois ans, les procès que le Duc de Bretagne, Pair de France, ou son Procureur, auront par rapport au Comté de Montfort-l'Amaury, seront jugez par le Parlement; & qui deffendent au Bailli de Gisors d'en connoistre. 531. Des Lettres de remission pour le Maire & les Eschevins de Montreüil-sur-Mer, lui sont adressées. 619. Voy. *Montreüil-sur-Mer.* Le Roy ordonna que les Lettres par lesquelles il avoit transferé la Bourgeoisie de Montpellier, de Sommieres à Aigues-mortes, seroient enregistrées au Parlement & à la Chambre des Comptes, afin que personne n'en pust pretendre cause d'ignorance. 627. Voyez *Montpellier.* Anciennement Narbonne estoit de la Viguerie de Beziers; mais par un Arrest du Parlement, la Viguerie de Narbonne a esté separée de la Viguerie ancienne de Beziers. 124. Voy. *Narbonne.* Les Gens des Requestes du Palais, sont Juges des Celestins de Paris. Ils doivent juger leurs affaires, soit que le Parlement siege ou ne siege pas. Les Lettres de Sauve-garde des Celestins ayant esté registrées, furent publiées aux Requestes du Palais. 324. 325. Note (*b*). Le Prevost de Paris est Garde de l'Abbaye de S.t Victor-lès-Paris, & il juge de tous leurs procès; excepté de ceux qu'ils ont contre des personnes qui ont le droit de ressortir au Parlement. 336. Voy. *S.t Victor.* Les Religieuses de Poissi ont le droit de porter leurs Causes au Parlement. 115. Voy. *Poissi.* Les procès du Ponthieu ressortissent au Parlement, en dernier ressort. 174. 175. Voyez *Ponthieu.* On adjournera devant le Parlement, les infracteurs de la Sauve-garde accordée à l'Ordre de S.t Jean de Jerusalem, lorsqu'ils auront le droit de plaider au Parlement. 78. Les Lettres par lesquelles le ressort de l'Abbaye de S.t Maixent en Poictou, est transferé de Loudun à Loches, & celles par lesquelles il fut ordonné que le Siege du Bailli des Exemptions du Poictou, ne resteroit dans la Ville de S.t Maixent, que pendant deux ans, sont adressées au Parlement. 525. 526. Voy. *S.t Maixent.* L'Archevesque & le Chapitre de Tours, l'Evesque & le Chapitre d'Angers, l'Evesque & le Chapitre du Mans, & les Officiers qu'ils advoueront, ont droit de ressortir sans moyen au Parlement, comme pardevant *Traiteurs* en cette partie; & d'y plaider par des Officiers de leurs Robes, sans autre procuration; mais leurs sujets doivent ressortir devant le Bailli des Exemptions de Touraine, d'Anjou & du Maine. 516. 518. 520. 522. Voy. *Tours, Angers & Maine.* Le Roy ordonna que les Lettres qu'il accordoit aux Abbayes de S.t Martin de Tours & de Marmoustier, fussent lûes, publiées & enregistrées au Parlement. 305. 307. Voy. *Tours, (Saint Martin de) & Marmoustiers.* Jours [du rolle] du Bailliage de Touraine, au Parlement. 519. 523.

Parlement. Commissaires & Reformateurs sur le fait des Halles de Paris. Ils decideront sommairement & par voye de reformation. Ce qui sera fait par eux, vaudra comme s'il avoit esté fait par le Roy, ou comme si c'estoit un Arrest du Parlement ou de la Chambre des Comptes; & l'on ne pourra appeller de leurs Jugements ni au Roy, ni au Parlement, ni ailleurs. Les Lettres sont adressées au Parlement & à la Chambre des Comptes. 147. Voy. *Halles de Paris.* Lettres concernant la Marée, adressées aux Gens du Parlement à Paris, au Procureur General du Parlement, & à Jean Boutery son Substitut en cette partie. 171. Le Parlement oste les Offices de vendeurs de Marée, à ceux à qui le Roy les avoit donnez au prejudice des privileges des Marchands de marées. 198. Lettres adressées le 20. de Juillet 1369. à deux Presidents, & à sept Conseillers du Parlement à Paris, [Voy. leurs noms] & au Prevost de Paris, pour proceder par neuf, ou du moins deux d'entre eux, à la reformation de tout ce qui regarde la marée. 199. Les Commissaires de la marée commettent les Huissiers du Parlement du Roy, pour l'execution d'un reglement fait sur la Marée. 355. Voy. *Marée.*

Parlement. En 1372. le Parlement nomme Thomas Vanin & Milles de Voisines, Conseillers, & le

TABLE DES MATIERES. cxliij

Prevoſt de Paris, pour eſtre fait par deux d'entre eux, pourvû que ledit Prevoſt en fût un, un reglement ſur le prix du pain. Les Boulangers s'eſtant plaint au Roy de ce reglement, il commit des Gens de ſon Grand Conſeil, qui avec des Gens du Parlement, font un nouveau reglement. 499. 553. Voy. *Pain.*

Parlement. Gens du Grand Conſeil & du Parlement chargez par le Roy, d'examiner les privileges des Barbiers de Paris. 530.

Parlement. Voy. *Procureur General du Parlement.*

PAROISSES. Voy. *Egliſes Paroiſſiales.*

PAROLE de Roy. 424. Voy. *Roy.*

PAS. Draps faits à trois & à deux pas. 193. & Note *(d)*.

PASAN. Diminution de Feux pour ce lieu, où il y en avoit 9. en 1367. p. 31. Voy. *Feux.*

PASQUES. (Feſte de) Les Barbiers de Paris ne doivent point pendre leurs baſſins (ou enſeignes,) les jours de Feſte qui ſuivent celle-là. 441. VI.

PATISSIERS (Reglement pour les) d'Arras. 508. A Arras, les Boulangers & les Patiſſiers ne faiſoient qu'un meſme corps. 511. Note *(aa)*. A Arras, on crioit par la Ville le pain & la patiſſerie à vendre. 511. XV. Voy. *Arras.*

PATRONAT. 143. Voy. *Avoüeries.*

PAULHAN de la Judicature de Villelongue, de la Seneſchauſſée de Touloufe. Diminution de Feux pour ce lieu, où il y en avoit 12. en 1372 pag. 552. Voy. *Feux.*

PAUME, (Palme) jeu deffendu. 172. Voy. *Jeux.*

PAUVRES. Les veuvres & les Orphelins pauvres, ne payeront point l'Aide eſtablie dans le Dauphiné en 1367. p. 89. XIII.

PEAGES. Lettres qui renouvellent l'article premier de l'Ordonnance du 5. de Decembre 1363. pour la ſuppreſſion des nouveaux Péages; à l'exception de celui qui a eſté eſtabli à Montereaux-FautYonne. 89. Lettres qui renouvellent l'article premier de l'Ordonnance du 5 de Decembre 1363. pour la ſuppreſſion des nouveaux Peages eſtablis; nonobſtant les Lettres impetrées au contraire; & qui reglent les procedures qui doivent eſtre faites à ce ſujet. 403. Les titres des Péages qui ſe levent dans les endroits par où paſſe la Marée, ſeront repreſentez aux Elûs de la Marée, qui les feront enregiſtrer. 356. VI. Les Juifs ne ſeront tenus de payer que les Péages, &c. anciennement eſtablis. 494. XVII. L'Ordre de Ciſteaux eſt exempt de Péages dans les Terres du Roy. 142. 143. Voy. *Ciſteaux.* Dans le Dauphiné, ceux qui refuſeront de les payer, & qui maltraiteront les Péagers, ſeront punis par les Seigneurs à qui ces Péages appartiennent. 47. XXIX. Les habitans de Fleurence, ſeront exempts de toutes ſortes d'Impoſts pendant 10 ans, & des Péages qui ſe payent dans les Terres du Domaine du Roy. 388. II. Le terme de dix ans fut prorogé juſqu'à quinze. pp. 399. 400.

PECHAIRIC, de la Viguerie de Minerve. Diminution de Feux pour ce lieu où il y en avoit 67. en 1371. p. 466. Voy. *Feux.*

PEGAYROLLES & le lieu nommé *Breias.* Diminution de Feux pour ces lieux, où il y en avoit 16. en 1372. pag. 589. Voy. *Feux.*

PEINE. Main coupée. 601. XIV.

Peine. Maiſons ouvertes, ſi elles ſont fermées, & fermées, ſi elles ſont ouvertes. 276. VI.

Peine. Maiſon. (Deſtruction de) Voy. *Maiſon.*

Peine. A Chaumont en Baſſigny, on coupera le pied ou le poing au Champion qui combattra pour les intereſts d'un autre, s'il eſt vaincu. 600. VI. Voy. *Duel.* Les fauſſaires payeront 25. ſols, ou auront le poing coupé. *ibid.* XIV. Un Bourgeois de Doüay condamné à eſtre pendu. 130. A Montreüil-ſur-Mer, lorſqu'une femme mariée s'eſt tuée elle-meſme, on enleve ſon corps, on le montre au peuple, & on le brûle; mais ſes biens ne ſont pas confiſquez. On a accoûtumé de ſonner une cloche dans cette Ville, lorſqu'on fait quelques executions, afin que le peuple s'aſſemble pour les voir. 620. Voy. *Montreüil-ſur-Mer.* A Peronne, ſi un homme fait perdre un membre à un autre, on le privera du meſme membre que celui qu'il a fait perdre. 160. XII. Voy. 163. IV. A Roüen, les femmes qui aimeront les procès, & qui ſeront médiſantes, ſeront liées avec une corde ſous les aiſſailles, & ſeront plongées trois fois dans l'eau. Les hommes qui les inſulteront dans cet eſtat, payeront 10 ſols; & ceux qui leur feront des reproches touchant la beauté, payeront dix ſols, & feront plongées trois fois dans l'eau. 673. XV.

Peine. Voy. *Ban & Baniſſement. Pelerinage. Pilori. Queſtion. Supplice. Talion.*

PEYRALES. Voy. *S.t Martin de la Peyrales.*

PEYRUSSE. Les Conſuls de cette Ville ayant repreſenté au Roy, qu'ils exercent en ſon nom, la Juſtice haute & baſſe ſur cette Ville & ſur tous les lieux qui en dependent, & qui ſont compris dans ſon Bailliage; & qu'en conſequence, ils ont droit de lever ſur tous les habitans des Impoſts pour les dépenſes communes; qu'il y a dans leur territoire, des perſonnes qui ont donné des biens à Emphiteoſe; que les Seigneurs directs de ces biens, n'ont point eu anciennement la haute Juſtice ſur leurs Emphiteotes, ne leur ont point accordé les Foires & des marchez, mais qu'ils ont ſeulement reçu les redevances annuelles, à la charge deſquelles ils ont donné ces biens à Emphyteoſe; mais que depuis, quelques-uns d'entre eux ont obtenu des Lettres ſubreptices, par leſquelles ils ſe ſont fait donner la haute Juſtice ſur leurs Emphyteotes, le droit de leur donner des Foires & des marchez, & l'exemption de la Juriſdiction des Conſuls, & des Impoſts par eux tirez: le Roy caſſa & annulla toutes ces Lettres ſubreptices. 710.

Peyruſſe, de la Seneſchauſſée de Roüergue. Le 11. de Fevrier 1368. fut fait un accord entre le Comte d'Armagnac au nom du Duc d'Anjou, Lieutenant du Roy dans le Languedoc, & au nom du Roy; & Jacques Peyruſſe & Pierre Bourgeois Conſuls de Peyruſſe, au nom des autres Conſuls, & de la Communauté de cette Ville, & des lieux qui en dépendent, *[qui ſont nommez.]* Ces Conſuls proteſtent d'abord que par cet accord, ils n'entendent porter aucun

nn ij

préjudice aux droits respectifs du Roy & [*du Prince de Galles*] Duc d'Aquitaine, & que cet accord n'aura son effet, que lorsque la propriété & la possession de cette Ville appartiendront au Roy, par confiscation ou autrement, & lorsque le Duc de Guyenne n'y aura plus aucun droit. Ils adherent ensuite aux appellations portées au Roy & à sa Cour de Parlement, par le Comte d'Armagnac & autres, des griefs, extorsions & nouveautez induës faites par le Duc de Guyenne & ses Officiers ; & ils promettent de mettre leur Ville sous l'obéïssance du Roy. Le Comte d'Armagnac leur promit de les deffendre contre les Anglois ; & leur accorda des privileges, qui avec l'accord furent confirmez par le Roy & le Duc d'Anjou. 702. 707. Voy. *les Sommaires.* 710.

PELERINAGE. (Condamnation à un) On pouvoit s'en dispenser en payant une Amende. 460.

PELLETERIE (La) se vend à la Halle de Paris. 147. Voy. *Halles de Paris.*

PENDU. Un Bourgeois de Doüay condamnez à estre *pendu & mourir.* 130.

PENILLEUSE, de la Chastellenie de Vernon. 168. Voy. *Vernon.*

PENNONCEAUX, signes de Sauve-garde Royale. 704. Pennonceaux Royaux mis sur les maisons de ceux qui sont sous la Sauve-garde Royale, situées dans les pays de Droit Ecrit ; & sur celles situées dans les autres pays, en cas d'éminent peril. (*Cette Clause se trouve dans presque toutes les Lettres de Sauve-garde Royale.*) Voy. *Sauve-garde Royale.* Pennonceaux ou bâtons Royaux mis sur les lieux qui sont sous la Sauve-garde Royale. 568. Pennonceaux aux armes du Roy, en signe de protection & de Sauve-garde Royale. 386. I. Pennonceaux aux armes de France. 395.

PENTECOSTE. (Feste de la) Les Barbiers de Paris ne doivent point pendre leurs bassins (ou enseignes,) les jours de Feste qui suivent celle-là. 441. VI.

PERET, Diocése de Beziers. Diminution de Feux pour ce lieu, où il y en avoit 56. en 1369. pag. 212. Voy. *Feux.*

PERGIA plana. 600. II. & Note *(d).*

PERIGORD & Quercy. (Seneschaussée de) 280. Des Lettres concernant Dorat, sont adressées au Seneschal de Perigord. 304. V. *Dorat.* Montagrier est de la Seneschaussée de Perigord & de la Recette de Cahors. 353. Des Lettres concernant Puy-la-Roque qui est de la Seneschaussée de Cahors, sont adressées au Seneschal de Perigord & de Cahors. 333. Le Seneschal de Perigord est Gardien du Consulat de la Ville de Sarlat, qui est sous la Sauve-garde speciale du Roy. 341. VIII. Lorsque les habitans de Sarlat laisseront prendre des deffauts contre eux, dans les Jurisdictions de la Seneschaussée de Perigord & du Duché d'Aquitaine, ils ne payeront que la moitié des Amendes auxquelles les deffaillans sont condamnez. 345. Les Lettres de Sauve-garde pour l'Abbaye de Solignac, sont adressées au Seneschal de Perigord. 590. Voy. *Solignac.* Les Sergents fournis par la Ville de Puy-la-Roque, au Roy, pour ses guerres, auront les mesmes gages, que l'on a coûtume de donner aux Sergents des autres Villes de la Seneschaussée de Perigord & de Cahors. 332. I. Voy. *Puy-la-Roque.*

Perigord. (Tresorier de) 342. Receveur de la Seneschaussée de Cahors & de Perigord. 333.

PERONNE a appartenu aux Comtes de Flandre. 161. XXIII.

Peronne. En 1207. & en 1209. Philippe-Auguste accorda le droit de Commune à cette Ville. Elle fut abolie sous le Regne du Roy Jean. En 1368. les habitans ayant donné à Charles V. 800 Francs d'Or, pour estre employez aux fortifications de cette Ville, il leur rendit le droit de Commune ; mais il abrogea ou modifia quelques-uns des articles des Lettres de Philippe-Auguste. Les Lettres sont adressées au Bailli & au Receveur de Vermandois. 136. Voy. *les Sommaires.*

Peronne. Chastelain de Peronne. 161. XVIII. & *suiv.* Il paroist que c'estoit le mesme Officier que le Prevost. Les Eschevins de cette Ville presteront serment entre les mains du Prevost. 164. Dans cette Prevosté & Chastellenie, les Hommes de Fief du Roy sont obligez de rendre la Justice. 140. Voy. *Jugement.* En 1368. les habitans & les gens de mestier de cette Ville, estoient diminuez. 163. v.

PERS. Hommes jugeants & Pers du Comté de Ponthieu. 174. 175. Voyez *Ponthieu.* Pers de Roüen. 251. Voy. *Roüen.* Pers de la Ville de la Rochelle. 619. Voy. *Rochelle.* (La)

Pers. Voy. *Pairs.*

PESCHE. Les Consuls de Cahors seront conservez, nonobstant les empeschements à eux faits par les Maistres des Eaux & Forests, dans la connoissance de la pesche qui se fait autour des Moulins & de leurs Ecluses ; de la mesure des poissons qui seront peschez dans l'étenduë de leur Jurisdiction, & des Retz avec lesquels on les peschera. 326. XI. 327. XVI.

Pescheurs Ordonnance faite en consequence de l'Assemblée des Estats tenuë à Sens, portant que les pescheurs pour le fait de leur mestier, ne pourront estre jugez hors de la Jurisdiction du lieu de leur domicile. 27. Voy. *les Sommaires.*

Pescheurs de la Ville & Vicomté de Paris. Ils ont accoûtumez de pescher pendant toute l'année. Les Maistres des Eaux & Forests leur ayant interdit la pesche depuis la mi-Mars jusqu'à la mi-May, le Roy leur permit de pescher pendant toute l'année. 207. V. *ibid.* les noms de plusieurs engins propres pour la pesche.

PESILLA. Diminution de Feux pour ce lieu, où il y en avoit 6. en 1367. p. 31. Voy. *Feux.*

PESTE. La mortalité afflige plusieurs fois la Ville de Châlons (sur-Marne,) depuis 1348. jusqu'en 1369. p. 193. Voy. *Châlons (sur-Marne.)*

PETIT Vicomté. Voy. *Vicomté. (Petit)*

PEZENAS. Charles d'Artois a possedé pendant quelque temps Montagnac, avec son Comté de Pezenas. 184. Voy. *Montagnac.*

Pezenas, (Le Comté de) de la Seneschaussée de Carcassonne. Diminution de Feux pour ce lieu. Caux est de ce Comté. 214. Voy. *Feux.*

PESENS.

TABLE DES MATIERES.

PEZENS. Voy. *Caïlhaud.*

PICARDIE. Prifes de Bleds dans la Picardie,pour la Flotte du Roy. 455.

PIED. Privation d'un pied ou d'un poing. Supplice. 600. VI.

PILORI. 160. XIII. Criminel mis au pilori, afin que tout le monde le voye & le connoiffe. 672. IX. A Roüen, fi quelqu'un eft mis au pilori, non pour avoir volé, mais pour avoir contrevenu aux Reglemens de la Commune, celui qui l'infultera, payera 20 fols; dont 5 feront donnez à celui qui eft au pilori, & 5 feront employez aux dépenfes communes. Si celui qui a fait l'infulte, ne peut ou ne veut pas payer cette Amende, il fera mis au pilori. 673. XIV.

PINTE de vin, (Diminution de la) à Auxerre. 92. Voy. *Auxerre.*

PISSER. A Arras, les Boulangers payeront l'Amende, lorfqu'ils pifferont à 4 pieds près de leurs Etaux ou de ceux de leurs voifins, ou qu'ils cracheront avec violence. 510. X.

PLAIDS de l'Epée, ou connoiffance des cas Royaux. 73. Voy. *Roüen.*

PLAISANCE. Privileges accordez aux Marchands de la Ville de Plaifance en Lombardie, qui viendront commercer à Harfleur. 239. Voy. *les Sommaires.*

PLANEYSIE. Foreft dans le Dauphiné. 48. XXXI. Voy. *Claye.*

PLANES. Diocèfe de Beziers. Diminution de Feux pour ce lieu, où il y en avoit 14. en 1369. p. 212. Voy. *Feux.*

PLANESES. Diminution de Feux pour ce lieu, où il y en avoit 8. en 1367. p. 31. Voy. *Feux.*

PLANS (Les) de la Viguerie de Gignac, de la Senefchauffée de Carcaffone. Diminution de Feux pour ce lieu, où il y en avoit 31. en 1373. p. 637. Voy. *Feux.*

PLANZOL, de la Senefchauffée de Carcaffone, & du Bailliage de Sault. Diminution de Feux pour ce lieu, où il y en avoit 12. en 1368. p. 122. Voy. *Feux.*

PLUMES. Les Couftiers de Paris, ne doivent point mefler des plumes *feintiffes* ni *écorchées* des aîles des oyes & des poules, avec d'autres plumes. 547. I. Voy. p. 546. *les Sommaires des Reglemens pour les Couftiers de Paris.*

PLUVIALES. (Eaux) Voy. *Eaux pluviales.*

POICTIERS. Jean Duc de Berry & d'Auvergne, Comte de Poictiers, de Mâcon, d'Angoulefme & de Saintonge, eftoit en 1372. Lieutenant du Roy dans ces pays & dans d'autres. 606.

Poictiers. Le Roy annoblit le Maire, les 12 Efchevins, & les 12 Confeillers-Jurez de Poictiers, [Voy. *le nom du Maire, & de quelques anciens Maires,*] & leurs fucceffeurs dans ces charges, avec leurs pofteritez legitimes, mafles & femelles; en forte qu'ils foient tenus pour Nobles en Jugement & en fait d'armes, qu'ils puiffent recevoir l'Ordre de Chevalerie, par quelques autres Chevaliers; qu'ils puiffent acquerir des Fiefs, Arriere-Fiefs & autres biens nobles, fans payer les droits de Francs-Fiefs; & qu'ils puiffent joüir de tous les droits & prerogatives appartenans aux Chevaliers, Efcuyers & autres Nobles. 563.

Tome V.

Poictiers. En Decembre 1372. Herbert Bellent eftoit Seigneur des Halles de cette Ville. 558.

Poictiers. Lorfque cette Ville eftoit fous l'obéiffance du Roy Jean, il y avoit un Hoftel des Monnoyes. Lorfqu'elle fut revenuë fous celle de Charles V. vers 1372. cet Hoftel fut rétabli. 504. Les Ouvriers de la Monnoye de la Ville de Poictiers, nouvellement remife fous l'obéiffance du Roy, joüiront des privileges accordez par le Roy Jean, aux Ouvriers des Monnoyes du ferment de France, & feront fous la Sauvegarde Royale. 527.

Poictiers. Sauvegarde Royale pour le Doyen & le Chapitre de Poictiers. Elle eft adreffée aux Senefchaux de Tours, d'Anjou & du Maine. 114.

Poictiers. (Chancelier de) 127. & Note *(a).*

Poictiers. (Le Senefchal de) Des Lettres concernant Dorat, lui font adreffées. 304. Voy. *Dorat.* Les Lettres de Sauve-garde pour l'Abbaye de S.t Joüin de Marnes, lui font adreffées. 610. Voy. *S.t Joüin de Marnes.* Les Lettres de Sauvegarde pour l'Abbaye de Solignac, lui font adreffées. 590. Voy. *Solignac.*

POICTOU (Le Comté de) ayant efté donné à Jean Duc de Berry, le Roy renouvella des Lettres de fes Predeceffeurs, qui avoient reglé le reffort de l'Abbaye de S.t Maixent, dans differens temps, pendant lefquels le Poictou n'eftoit pas dans les mains du Roy. 545.

Poictou. (Bailli des Exemptions du Poictou & de Saintonge.) Lettres de Sauve-garde pour l'Abbaye de S.t Jean d'Angely, lui font adreffées. 664. Voy. *Saint Jean d'Angely.* Le Bailli des Exemptions du Poictou, a eu pendant quelque temps fon Siege dans la Ville de S.t Maixent en Poictou; mais il ne connoiffoit pas des affaires de l'Abbaye de ce nom. 625. 626. Voyez *Saint Maixent.* Bailli des Exemptions & Refforts Royaux du Comté de Poictou. Les Lettres de Sauve-garde pour l'Abbaye de Saint Joüin de Marnes, lui font adreffées. 610. Voy. *S.t Joüin de Marnes.*

Poictou. Vers Decembre 1372. il fut fait un traité confirmé depuis par le Roy, entre le Duc de Berry & d'Auvergne, Comte de Poictou, de Saintonge & d'Angoulefme, & le Duc de Bourgogne, d'une part; & les Prelats, Gens d'Eglife, les Barons & autres Nobles, & les habitans du Poictou, de la Saintonge & de l'Angoulmois, par lequel ceux-ci rentrerent fous l'obéiffance du Roy, qui leur pardonna leur rebellion & tous les crimes qu'ils avoient pû commettre, & les rétablit dans leurs biens, quelque donation qui en eût efté faite. 557.

Poictou. Les Bourgeois de Verneüil font exempts dans ce pays, des Impofts qui appartiennent au Roy. 488. Voy. *Verneüil.*

POIDS. Viande venduë au poids. 151. Voy. *Limoux.* Permiffion donnée aux habitans d'Auxerre de les diminuer. 92. Voy. *Auxerre.* Les Confuls de Peyruffe auront un poids commun pour pefer les marchandifes; & les profits de ce poids qu'ils pourront diminuer ou fupprimer entierement, appartiendront à la Ville. 705. VII. A la

Rochelle, le bled porté aux moulins, fera pefé avec des poids entretenus aux dépens de la Ville. 616. Voy. *Rochelle. (La)* Les poids des Couftiers de Paris, feront marquez & étalonnez au poids du Roy. 548. VIII. Les Confuls de Villeneuve en Rouërgue, garderont le poids, & percevront un denier pour chaque quintal des marchandifes que l'on y pefera. 397. XIV. Les Marchands de Plaifance en Lombardie, commerçants à Harfleur, pourront fe fervir des poids de la Ville, & les confier à une perfonne convenable, qu'ils prefenteront au Prevoft. Les poids refteront dans l'état où ils eftoient anciennement. 242. VI.

POING. Privation d'un pied ou d'un poing. Supplice. 600. VI.

POISSI. La Prieure & les Religieufes de Poifli, de l'Ordre des Freres Prefcheurs, font dès le temps de leur fondation, fous la Sauve-garde Royale, & le Roy ne peut aliener cette Garde; & leurs Caufes ne peuvent eftre portées que devant le Parlement, ou devant un autre Juge Royal. Le Roy leur donne le Prevoft de Paris, pour Juge & pour Gardien; refervé à elles le droit de porter leurs Caufes au Parlement, lorfqu'elles le voudront. 115.

Poiffi. Les affaires de l'Eglife de Chartres, ont efté portées pendant quelque temps devant le Prevoft de Paris, au Siege de Poiffi. 25. Voy. *Chartres.*

POISSON de Mer (Le) frais & falé, fe vend à la Halle de Paris. 147. Voy. *Halles de Paris.*

Poiffon. Les Confuls de Cahors feront confervez nonobftant les empefchements à eux faits par les Maiftres des Eaux & Forefts, dans la connoiffance de la pefche qui fe fait autour des Moulins & de leurs Eclufes; de la mefure des poiffons qui feront pefchez dans l'étenduë de leur Jurifdiction, & des Retz avec lefquels on les pefchera. 326. XI. 327. XVI. Les Bourgeois de Chaumont en Baffigny auront le droit d'ufage dans la partie du cours de la Meufe qui appartient à la Seigneurie de Clermont. Ils feront obligez fous peine d'Amende, d'apporter dans le marché de cette Ville, les poiffons qu'ils y auront pefchez. 601. XVII. Plufieurs bonnes perfonnes à Paris, par vœu ou autrement, s'abftiennent de manger de la viande, & ne mangent que du poiffon. 207.

POLICE de Paris. 451. Voy. *Paris.*

POMPONNE. Le 16. de May 1367. le Roy, à la requefte de Frere Noël, dit *Huberti*, Prieur de Pomponne, Ordre de S.t Auguftin, lequel Prieuré eft d'ancienneté fous la Sauve-garde Royale, confirma ce privilege, & donna pour gardiens à ce Prieur, des Sergents de la Prevofté de Paris. 4.

PONTHIEU. Le Vicomte de Montreüil-fur-Mer, eft auffi nommé le Vicomte de Ponthieu. 620.

Ponthieu. Les Villes du Crotoy & de Mayoc, font membres du Comté de Ponthieu. 688. Voyez *Crotoy.*

Ponthieu. Jean du Change, Gouverneur de ce Comté, & Treforier des Guerres, en 1346. p. 180. Voy. *Mayoc.* Gouverneur du Bailliage d'Amiens & de Ponthieu. Des Lettres concernant Abbeville lui font adreffées. 197. Voyez *Abbeville.*

Ponthieu (Le Gouverneur ou le Senefchal de) nommera des Gardiens à la Ville d'Abbeville. 269. Voy. *Abbeville.* Des Lettres concernant la Ville de Crotoy, lui font adreffées. 183. Voy. *Crotoy.* Des Lettres concernant Abbeville & Crecy, lui font adreffées. 367. Voy. *Abbeville.*

Ponthieu. Gouverneur, Receveur & Regiftres du Comté de Ponthieu. 201.

Ponthieu. En 1209. Guillaume III. Comte de Ponthieu & de Monftreüil-fur-Mer, donne une Chartre de Commune aux habitans de Mayoc & de Crotoy. 180. Voy. *Mayoc.*

Ponthieu. Charles V. ayant déclaré la guerre aux Anglois en 1368. fes Generaux s'emparerent l'année fuivante du Comté de Ponthieu; ce qui engagea ce Prince à confirmer & à augmenter les privileges des Bailliages Royaux reffortiffants au Senefchal d'Abbeville, eftablis dans le Ponthieu. 174. 175. Le Comté de Ponthieu fera uni infeparablement au Domaine Royal du Roy & de la Couronne de France. 175. 180.

Ponthieu. Charles V. accorde aux Maires & Efchevins d'Abbeville, & des autres Villes du Comté de Ponthieu, que les procès qui feroient entre les habitans de ce Comté, ou qui concerneroient des biens fituez dans ce Comté, mefme dans les cas privilegiez, dont la connoiffance appartient au Roy, feroient jugez d'abord par les Baillis Royaux, qui font eftablis ou qui feront eftablis dans ce Comté, enfuite par le Senefchal du Ponthieu, avec les Pers & les Hommes jugeants, aux Affifes d'Abbeville, & enfin au Parlement à Paris; & que ces procès ne feroient plus portez aux Prevoftez de S.t Riquier & de Vimeux, au Bailliage d'Amiens, & autres Juges qui font dehors ce Comté. 174. [Il y a d'autres Lettres qui fuivent celles dont on vient de donner le precis, qui portent,] que les procès du Comté de Ponthieu, feront jugez par les Maires & Efchevins d'Abbeville, de Ruë, & des autres Villes du Ponthieu, dans les Bailliages, avec les Hommes jugeants; enfuite par le Senefchal, & enfin par le Parlement. 174.

Ponthieu. Lorfque ce Comté eftoit fous l'obéiffance du Roy d'Angleterre, ce Prince ordonna que l'on ne pourroit obtenir qu'un délay dans chaque procès; ce qui fut confirmé par Charles V. à la requefte des Efchevins de la Terre de Ponthieu, lorfqu'il fe fut rendu maiftre de ce Comté. 173.

Ponthieu. On ne pourra lever d'Impofts dans Abbeville, & dans les autres Villes du Comté de Ponthieu, qu'à leur profit ou de leur confentement. 689. Le Roy ne mettra ni Impofts ni Aides fur Abbeville & les autres Villes du Comté de Ponthieu, qu'au profit de ces Villes, à la requefte de leurs Maires & Efchevins, ou de leur confentement. 176.

Ponthieu. La Ville d'Abbeville portoit anciennement les Armes pleines de Ponthieu. 196. Voy. *Abbeville.*

Ponthieu. Voy. *Abbeville, Crotoy, Mayoc* & *Ruë.*

PONTIGNI, Ordre de Cifteaux. 141. Voyez *Cifteaux.*

PORCIEN (Le) est du ressort de la Prevosté de Laon. Il y a des Sergents de cette Prevosté qui y résident. 449. Voy. *Laon.*

PORCS. Paissons pour les porcs dans une Forest. 514. IV.

PORT d'armes notable; c'est-à-dire, quand on est accompagné de gens armez, avec d'autres armes que l'Epée, le cousteau & le baston, est un cas Royal. 429. Voy. *Armes. (Port d')*

PORTES de Ville. Les Consuls de Peyrusse seront confirmez dans le droit qu'ils ont de percer les murs de la Ville, & d'y faire des portes en temps de paix. 705. XI.

Portes. Valets des portes, & de Fourrerie, chez le Roy. 289. Voy. *Vitry.*

PORTEURS de pain. A Mailly-le-Chasteau, il n'y aura point aux Fours (bannaux) de porteurs de pain en titre, qui puissent exiger de droits. 717. XXII.

PORTIRAIGNES, de la Viguerie de Beziers, & de la Seneschaussée de Carcassone. Diminution de Feux pour ce lieu, où il y en avoit 46. en 1373. p. 637. Voy. *Feux.*

PORT-S.t-Mart, dépendant de Coucy. Affranchissement des habitans de ce lieu. 154. Voyez *Coucy.*

Ports & *passages.* Ordre donné à Pierre Scatisse Tresorier, de les garder, afin que le Billon ne sorte point du Royaume. 90. & Note *(a).* Des Lettres par lesquelles le Roy exempte plusieurs Villes d'Impost sur les marchandises qu'ils acheteront dans le Royaume, sont adressées aux Capitaines des Villes & Chasteaux. 190. Voy. *Vicsesensac.*

Ports & *passages.* (Les Maistres des) Les privileges des Arbalestriers de la Ville de Compiegne, leur sont adressez. 146. Des Lettres qui deffendent à la Noblesse du Languedoc, de sortir de ce pays, leur sont adressées. 483. Voy. *Languedoc.* Les Lettres de privileges des Arbalestriers de Laon, leur sont adressées. 69.

PORTUGAL. Les Marchands de Plaisance en Lombardie, commerçants à Harfleur, seront les maistres de fixer le prix de leurs marchandises, comme le font dans cette Ville, les Marchands de Portugal. 244. XXII.

POSSESSION. Suivant la Chartre des Normands plusieurs fois approuvée, une possession de 40 ans tient lieu de titre, en faveur du Roy & contre le Roy. 76.

POTEAUX. Les Consuls de Cahors pourront élever des fourches (ou Poteaux) sur les Terres qui lui appartiennent. 326. VIII.

POUJOLS. Voy. *Ville-Vieille.*

POULES. Les Cousturiers de Paris ne doivent point mesler des plumes *feintisses* ni *écorchées* des aîles des oyes & des poules, avec d'autres plumes. 547. I.

POULS, de la Viguerie de Nismes, de la Seneschaussée de Carcassone. Diminution de Feux pour ce lieu, où il y en avoit 13. en 1373. p. 641. Voy. *Feux.*

POURTET. Diminution de Feux pour Pourtet, avec toute la Viguerie de Toulouse, où il y en avoit 294. en 1372. p. 608. Voy. *Feux.*

POURVOYEURS du Roy. 482. Pourvoyeurs du Roy, de la Reine, & du Fils aîné du Roy. 462. Voy. *Haubervilliers.*

POUZOLLES, Viguerie de Beziers. Diminution de Feux pour ce lieu, où il y en avoit 55. en 1369. p. 212. Voy. *Feux.*

PRÆTURÆ viribus. Le Roy ordonne à des Juges de faire executer des Lettres du Roy, *Præture viribus.* 605. Les Commissaires sur le fait des Admortissements & des Francs-Fiefs, contraindront *Preture viribus*, ceux qui auront des actes dont il's auront besoin, à les leur donner. 126. & Note *(a).* Le Duc d'Anjou Lieutenant du Roy, ordonne *Preture viribus*, l'execution des Lettres par lui données. 423.

PRATS. Diminution de Feux pour ce lieu, où il y en avoit 12. en 1367. p. 31. Voy. *Feux.*

PRECEPTEUR de S.t Paul, de l'Ordre de S.t Jean de Jerusalem. 63.

PRELATS. Prises pour eux. 495. XXI.

PREMONSTRÉ. (Ordre de) L'Abbé & les Chanoines de la Luzerne, sont de cet Ordre. 316. Voy. *Luzerne. (La)*

PRENEURS du Roy. 482. 495. XXI. Preneurs du Roy, de la Reine, & du Fils aîné du Roy. 462. Voy. *Haubervilliers.*

Preneurs de Prises. 33. Voy. *Prises.*

PRESCHEURS. (Les Freres) Simon de Langres, General de l'Ordre des Freres Prescheurs, estoit en grande consideration, vers le milieu du 14.e Siecle. 56. & Note *(ddd).*

PRESCRIPTION. A Mailly-le-Chasteau, celui qui aura possedé pendant un an & un jour un heritage, sans qu'il ait esté troublé dans cette possession, ne pourra estre dépossedé, si ce n'est par celui qui n'y ayant point demeuré dans la Ville pendant cette année, se prétend proprietaire de cet heritage. 716. XIX. Suivant la Chartre des Normands plusieurs fois approuvée, une possession de 40 ans tient lieu de titre, en faveur du Roy & contre le Roy. 76.

PRESENTATIONS des Parties. A Doüay, les Causes se plaideront suivant l'ordre de la presentation des Parties. 135. XXXVIII. XXXIX.

PRESENTS. Les Officiers de Doüay pourront faire des presents aux Princes du Sang, aux Gens du Conseil du Roy, ou aux Officiers du Roy. 134. XXIX.

PRESIDENT. Officier ou President du Chasteau de Peyrusse. 705. IX.

PRESIGNY, de la Chastellenie de Vernon. 168. Voy. *Vernon.*

PRETS au Roy. Les Arbalestriers de Laon, ne seront pas obligez de faire des prests au Roy, ou à la Ville de Laon; pourvû cependant qu'ils ne soient pas Bourgeois notables, ou gros Marchands. 68. Voy. *Emprunts faits par le Roy.*

PREVOSTS coustumiers. 318.

Prevosts (Les) ne pourront prendre que le prix ancien & accoustumé, des Actes judiciaires qu'ils scelleront & qu'ils expedieront aux Parties. 21. XII. Prevosts quelquefois Fermiers de tous les revenus Royaux de leurs Prevostez. 413.

Note *(c)*. Si un Prevoſt Fermier fait aſſigner d'Office, une perſonne devant lui, & que le Bailli ou autre Juge ſuperieur de ce Prevoſt, trouve que cette aſſignation n'eſtoit pas fondée en Juſtice, il donnera des dommages & intereſts à la perſonne injuſtement aſſignée, à moins que le Procureur du Roy ne ſe ſoit joint au Prevoſt, & ne ſe rende partie contre elle. Si l'aſſignation eſt trouvée fondée en Juſtice, on condamnera la perſonne qui s'en eſt plainte, aux dommages & intereſts contre le Prevoſt. Si un Prevoſt Fermier eſt trouvé incapable d'exercer ſes fonctions, le Bailli ou autre Juge ſuperieur, fera rendre la Juſtice par d'autres perſonnes capables, aux dépens du Prevoſt. 21. XI.

Prevoſts. On envoyoit un original des Ordonnances ſur les Monnoyes, à chacun des Baillis, Seneſchaux & Prevoſts du Royaume; & il y a quelquefois quelque legere difference dans ces originaux. 250. Note. Par une Ordonnance concernant la Juriſdiction des Maiſtres des Eaux & Foreſts, il eſt ordonné aux Prevoſts de la faire publier. 29.

Prevoſts Royaux s'entremettoient de la levée des Aides. 18. XII. Voy. *Aides.*

Prevoſts. Les petits Baillis de l'Auvergne ſont apparemment les meſmes que les Prevoſts. 413. Note *(c)*. Voy. *Auvergne.*

Prevoſt des Exemptions eſtabli pour juger les Religieux de Saint Severin de Chaſteau-Landon, Bourgeois du Roy, & les autres exempts de ce lieu. 335. 382. Voy. *S.t Victor.* Prevoſt forain de Compiegne. 146. Le Bailli de Levigny, peut-eſtre le meſme que le Prevoſt. 514. v. V. *Levigny.*

Prevoſt de Paris. Jean Ploiebauch (ou Ploibault) eſtoit Garde de la Prevoſté de Paris, en 1310. & 1311. p. 547. & Note *(b)*. Pierre li Iuunians l'eſtoit dans le Careſme 1302. pag. 106. 107. Guillaume Gormont eſtoit Garde de la Prevoſté de Paris, le 20. d'Octobre 1341. pag. 548. Hugues Aubriot l'eſtoit le 11. de May 1368. p. 123. Note *(a)*. Hugues Ambuot (*cor.* Aubriot) Garde de la Prevoſté de Paris, le 21. de Juin 1371. pag. 403. & Note *(b)*. Guillaume de Tignonville, l'eſtoit le 20. de Mars 1401. p. 170. Note *(a)* col. 2.e Le 8. de Janvier 1372. M.e Guillaume Porel eſtoit Lieutenant du Prevoſt de Paris; & le 12. de Fevrier ſuivant, c'eſtoit M.e Jean de Chatou. 560. & Note.

Prevoſt de Paris (Le) a la garde & le gouvernement de la Ville de Paris. 148. Note *(b)*. La Juriſdiction ordinaire de la Ville de Paris, à cauſe du Domaine de la Couronne, appartient (au civil) & au criminel, au Prevoſt de Paris; & il a eſté ordonné que les Chambelans des Princes du Sang, les Maiſtres ou Gouverneurs de leurs Hoſtels, ni leurs autres Officiers, n'auroient plus de Juriſdiction ſur les gens de ces Hoſtels, qui auroient délinqué dans Paris, & qu'ils ſeroient jugez par le Prevoſt de Paris; & que ſi les Princes du Sang avoient quelques privileges à ce ſujet, ils ſeroient mis entre les mains du Procureur General du Parlement, pour eſtre ordonné ce que de raiſon, par le Parlement. 170. Le Roy donne au Prevoſt de Paris, le pouvoir d'avoir, à l'excluſion de toutes autres perſonnes, l'inſpection ſur les meſtiers, les marchandiſes & les vivres de Paris. 527. Il donne des Sergents aux Gardes & Jurez des Barbiers de Paris, pour faire executer leurs Jugements. Le reglement pour ces Barbiers, lui eſt adreſſé. 441. VII. 443. Lettre ſur une Aide impoſée ſur les Braſſeurs de Paris, lui eſt adreſſée. 222. Voy. *Braſſeurs.* Il eſtoit Juge & Gardien des Chartreux de Paris. 128. Voy. *Chartreux de Paris.* Il reçoit les ſerments des Chirurgiens de cette Ville. 323. Voy. *Chirurgiens de Paris.* Il donne des reglements aux Couſtiers de Paris. 547. 548. Il fait publier dans cette Ville, une Ordonnance ſur les Francs Fiefs & ſur les annobliſſements. 418. Voy. *Paris.* Un Reglement pour le guet de Paris, lui eſt adreſſé. 98. Voy. *Guet de Paris.* Lettres touchant le guet de Paris, lui ſont adreſſées. 686. Voy. *Guet.* Il dit qu'il a eu commandement *de nos Maiſtres & Seigneurs de la Cour de Parlement*, de faire des informations ſur certaines choſes qui regardoient les Halles de Paris. 106. Il eſt nommé avec Adam de Chanteprime, Treſorier de France, & enſuite ſeul Commiſſaire pour la reformation des Halles de Paris. 147. Voyez *Halles de Paris.* Juge de l'Hoſpital Saint Jacques à Paris. 634. Voyez *Hoſpital Saint Jacques.* Il lui eſt enjoint de faire publier à Paris, que tous les Ladres qui ne ſont pas de cette Ville, en ſortent. 451. Voy. *Ladres.* Conſervateur, Gardien & Commiſſaire general de la marchandiſe de Marée. 13. Conſervateur & Gardien député par le Roy, aux marchands & voituriers de Marée. 72. Conſervateur, Gardien & Commiſſaire general des marchands & voituriers de Marée. 171. Les vendeurs de Marée de Paris, ayant eſté élûs par les marchands, lui ſont preſentez, & il les inſtituë. 198. Il eſt joint avec des Preſidents & des Conſeillers du Parlement, por proceder à la reformation de ce qui regarde la Marée. 199. Voy. *Marée.*

Prevoſt de Paris. Le Roy lui ordonne de ſignifier aux Mareſchaux de France & à leurs Officiers, une Ordonnance concernant la Mareſchauſſée. 616. Voy. *Mareſchaux de France.*

Prevoſt de Paris. Le Parlement nomme deux Conſeillers & le Prevoſt de Paris, pour eſtre fait par deux d'entr'eux, pourvû que le Prevoſt en ſoit un, un reglement ſur le prix du pain. Le Prevoſt a, concurremment avec le Pannetier de France, le droit de faire la viſite chez les Boulangers, de confiſquer le pain & de le diſtribuer; mais il n'y a que lui qui puiſſe les condamner à l'Amende. Il peut faire des reglements ſur le prix du pain, en appellant les Officiers du Pannetier de France. 499. 553. Voy. *Pain.*

Prevoſt de Paris (Le) eſt Garde de l'Abbaye de S.t Victor-les-Paris, & il juge de tous leurs procés; excepté de ceux qu'ils ont contre des perſonnes qui ont le droit de reſſortir au Parlement. 336. Voy. *S.t Victor.*

Prevoſt de Paris (Le) chargé par le Roy de reduire le nombre des Sergents du Chaſtelet de Paris. 194. Voy. *Sergents à cheval & à pied, &c.* Il eſt

TABLE DES MATIERES.

est chargé de faire payer aux Sergents à cheval du Chastelet de Paris, mesme à ceux qui ne demeureront pas dans sa Jurisdiction, les redevances qu'ils doivent à leur Confrairie. 558. Voyez *Sergents à cheval du Chastelet de Paris.*

Prevost de Paris. Les affaires de l'Eglise de Chartres, ont esté portées pendant quelque temps, devant le Prevost de Paris, au Siege de Poissy. 25. Voy. *Chartres.* Il est Gardien de l'Abbaye de Joyenval. 296. Voy. *Joyenval.* Gardien de l'Abbaye de Long-champ. 347. Voy. *Long-champ.* Juge & Gardien des Religieuses de Poissy. 115. Voy. *Poissy.* Le Roy donne pour Gardiens au Prieur de Pomponne, des Sergents de la Prevosté de Paris. 4. Voy *Pomponne.*

Prevost de Paris (Le) fait le procès aux Juifs. 496. 497. Voy. *Juifs.*

Prevost des Marchands de Paris, est consulté par le Roy, pour sçavoir s'il est utile à cette Ville, que les Barbiers y pansent les plaies qui ne sont pas mortelles. 530. Il se plaint au Roy de la multitude de Ladrés étrangers qui sont à Paris. 451. Voy. *Ladres.*

Prevost. Chastelain de Peronne. 161. XVIII. *& suiv.* Il paroist que c'estoit le mesme Officier que le Prevost. Les Eschevins presteront serment entre ses mains. 164. Les Charges de Prevost & de Garde du scel aux Contrats de la Rochelle, ne seront plus données à ferme, mais en garde. Il ne sera point fait d'assignations particulieres sur les produits de la Prevosté & du scel. Le Prevost ne pourra taxer ses Amendes que par l'avis de deux Bourgeois de la Ville. 573. IX. Deux Prevosts & 20 Jurez Prud'hommes rendent la Justice dans la Commune de Tournay. 374. I. *& dans la suite des Lettres.*

Prevosts des Mareschaux. 616. Voy. *Mareschaux de France.*

Prevost, Doyen & Chantre de l'Eglise de Rheims. 470.

Prevostez. Il est ordonné que des affaires qui estoient portées dans des Prevostez relevantes d'un Bailliage, seroient portées à ce Bailliage; à condition que les Prevosts de ces Prevostez, percevroient toûjours par rapport à ces affaires, les Amendes & les autres profits de Justice. 201. Voy. *Abbeville.*

Prevostez à Ferme. Les Gens d'Eglise, les Nobles, les Advocats, les Sergents d'armes & autres Officiers Royaux, ne peuvent estre reçûs à prendre à Ferme les Prevostez, ni les autres revenus Royaux; de peur qu'ils n'empeschent les autres personnes d'y mettre leurs encheres; & que par leurs puissances, ils n'oppriment les habitans de ces Prevostez. 431.

Prevosté ou Chastellenie de Chaumont en Bassigny. 599. Prevosté & Chastellenie de Peronne. 140.

PRINCES Ecclesiastiques & Seculiers, Ducs, Comtes, Barons, Bannerets. 225. Note *(b)*.

Princes du Sang, *de Sanguine*, du Lignage du Roy. Leurs Chambellans, les Maistres ou Gouverneurs de leurs Hostels, ni leurs autres Officiers, n'auront plus de Jurisdiction sur les Gens de ces Hostels, qui auront delinquez à Paris; & ces gens seront jugez par le Prevost de Paris. 170. Voy. *Prevost de Paris.*

Princes du Sang. Prises pour eux. 467. 495. XXI. Les Maistres d'Hostel de ceux du lignage du Roy, ne pourront plus faire de *Prises* pour leur Hostel, que sous certaines modifications. 33. Voy. *Prises.* La connoissance des contestations qui s'eleveront au sujet de l'exemption de *Prises* accordée à la Ville de Saint Denis est interdite aux Maistres de leurs Hostels. 481. Voy. *S.t Denis.*

Prince du Sang. Les Officiers de Doüay pourront faire des presents aux Princes du Sang, aux Gens du Conseil du Roy, ou aux Officiers du Roy. 134. XXIX.

Prince du Sang. Le Roy ordonne que les finances dûës pour les droits Seigneuriaux, & les droits d'Admortissements & de Francs-Fiefs, ne seront plus reçûs par eux. 593. Voy. *Admortissements.*

Prince des *Viniers* d'Arras. 614. Voy. *Arras.*

PRISE de vin pour le Comte d'Artois, sur les Marchands de vin d'Arras. 614. Voy. *Arras.* Le Roy & le Duc de Normandie avoient le droit de prendre à Roüen du Poisson pour leurs gens, lequel estoit prisé. 234. XIII. Tumulte excité dans la Ville de S.t Lô, au sujet d'une prise de linge, faite pour le Mareschal de Blainville. 289. Note *(a).* Voy. *S.t Lô.* Prise de bleds dans la Picardie, pour la Flotte du Roy. 455.

Prises. Les troupes n'en feront point sur les sujets du Roy. 658. VII.

Prises. Moyennant l'Aide accordée en 1367. par les habitans des Comtez d'Artois, de Boulogne & de S.t Pol, on ne fera point de Prises sur eux, ni pour le Roy, ni pour la Reine, ni pour aucun autre Seigneur. 83. Le Dauphin ni ses Officiers ne pourront faire de *Prises* de vivres pour la provision de leurs Hostels, ni pour leurs armées, si ce n'est pour le prix que ces vivres vaudront communément; & en les payant sur le champ, ou en donnant une caution suffisante d'une personne qui s'obligera à les payer dans un mois, à compter du jour de la livraison. 45. XXVII. Le Dauphin ne pourra pas prendre les chevaux des personnes Ecclesiastiques & des Nobles, sans leur consentement. 48. XXXII. Exemptions de *Prises* pour Haubervilliers. 462. Voy. *Haubervilliers.* On n'en fera point sur les habitans de Laon, ni pour le Roy, ni pour la Reine, ni pour le Connestable, ni pour les Mareschaux de France, ni pour le Maistre des Arbalestriers. 68. IX. On ne fera point de *Prises* pour le Roy, sur les Gens d'Eglise du Diocese de Mende, ni sur leurs sujets: si ce n'est de leur consentement. 633. XIII. Le Roy estant informé que les Prises qui se faisoient de chevaux, de charrettes, de bleds, de vins, de foins, d'avoines, de fourrages, de matelas, de coussins, de draps, de couvertures, de couvre-chefs, de bestail, de poulailles, de tables, de tresteaux & d'autres choses pour la provision de l'Hostel du Roy & des Hostels de la Reine, des Freres du Roy, du Connestable & autres du Lignage du Roy, ruinoient le peuple, & empeschoient la culture des Terres;

Tome V.

TABLE DES MATIERES.

en sorte qu'il estoit à craindre que les Fauxbourgs de Paris ne fussent dépeuplez à ce sujet; il ordonna que l'on ne pourroit plus prendre dans la suite que des matelas & des coussins, du foin, des fourrages & de l'avoine, pour la provision de son Hostel & de ceux de la Reine & des Princes du Sang, estant alors auprès de sa personne, auxquels ils seroient délivrez par ses Officiers; en payant le loyer des matelas & des coussins, & le prix du foin, &c. Et à l'égard de la Ville de Paris, où l'on trouve toûjours des provisions à acheter, il ordonna que dans cette Ville & dans sa Vicomté, on ne pourroit plus faire de *Prises*, qu'en payant sur le champ ce que l'on prendroit. Il ordonna aux *Preneurs* & aux Maistres d'Hostel, d'observer, en faisant des *Prises*, les modifications prescrites par ces Lettres. 33. On ne fera point de *Prises* dans les Isles de Ré, d'Ais & de Leis, si ce n'est en payant comme de Marchand à Marchand, & conformément à la Coûtume ancienne des Roys de France. 566. X. On n'en pourra faire dans la Rochelle, pour le Roy, ni pour la Reine, ni pour les Enfants ni pour les Freres du Roy, ni pour les provisions des Chasteaux du Roy. 573. V. Exemptions de *Prises* pour la Ville de S.t Denis. 481. Voy. *S.t Denis*. On n'en sera pas sur les habitans de Saint-Jean-d'Angely. 678. III. Les Officiers Royaux ne pourront faire de *Prises* sur les habitans de Villefranche, que de leur consentement, ou en payant ce qu'ils prendront. 700. VI. Les habitans de Vitry-lez-Paris, en sont exemps. 289. Voy. *Vitry*.

Prises. Les Juifs seront exempts du droit de *Prises*, (Voy. le détail) & ils pourront reprendre les effets qu'on leur aura enlevez en vertu de ce droit. 495. XXI.

Prises. Les marchandises des Marchands de Plaisance, ne seront point sujettes au droit de *Prises*. 243. XIII. 244. XVII.

PRISME dînée & relevée. Heure ainsi nommée à Châlons (sur Marne.) 193

PRISON. On ne pourra pas arrester prisonniers les habitans du Dauphiné, pour des dettes Fiscales, lorsqu'ils auront des biens montants à la somme de ces dettes, ou lorsqu'ils donneront une caution suffisante. 58. Les Bourgeois de Levigny ne pourront estre mis en prison, s'ils offrent de donner caution de se presenter en Justice; si ce n'est dans les cas de rapt, de meurtre & de vol. 514. VI. Voy. *Levigny*. A Mailly-le-Chasteau, nul habitant ne pourra estre retenu prisonnier, s'il peut donner caution de se representer en Justice. 716. XIV. Les habitans de Milhaud prévenus de crimes; à moins qu'ils ne soient énormes, ne pourront estre mis en prison s'ils donnent caution de se representer en Justice. 293. V. Les habitans de Peyrusse arrestez pour des crimes qui ne seront point capitaux, seront mis hors de prison, s'ils peuvent donner caution de se presenter en Justice. 706. XIX. A Tournay, les Prevosts & Jurez ne pourront tenir en prison plus de sept jours, ceux qui auront esté arrestez, sans les faire comparoistre devant leur Tribunal, pour intenter une accusation contre eux. Les Bourgeois & leurs enfants ne pourront estre mis dans des prisons qui ne seront point sur une ruë publique & commune. 377. XVII. XVIII.

PRISONNIERS de guerre. Ceux qui seront faits prisonniers dans les guerres Delphinales, seront rachetez par le Dauphin à qui appartiendront tous les prisonniers faits sur ses ennemis. 39. IV.

PRIVILEGIEZ (Cas) dont la connoissance appartient au Roy. 174.

Privilegiez. (Lieux) Dans le Dauphiné, les Seigneurs connoistront des crimes commis dans les Eglises, dans les Cimetieres & autres lieux privilegiez, situez dans l'estenduë de leurs Jurisdictions. 46. XXIX.

PROCEDURES. Ceux qui laissent prendre un deffaut contre eux, sont condamnez à une Amende de 60 sols. 345. Differentes Amendes prononcées dans differents cas de procedure. 164.

PROCEZ. Les Procureurs du Roy ne pourront intenter procès contre personne, qu'il n'y ait eu une information faite auparavant, & que sur le vû de cette information, appellez les Advocats du Roy & les Conseillers, il n'ait esté ordonné par les Juges, que cette personne seroit assignée; & attendu qu'il y a plusieurs procès qui depuis long-temps demeurent en suspens, sans estre jugez, les Receveurs Royaux envoyeront aux Gens de la Chambre des Comptes, un Rolle de tous les procès commencez depuis dix ans, pour leur faire connoistre l'estat dans lequel sont ces procès. 433. Procès, sommairement & de plain, & par voye de reformation, pour éviter la longueur des procès. 199. Affaire décidée par le Parlement sans procès & figure de Jugement. 171.

Procez. Ceux qui sont déboutez de leurs demandes, sont condamnez à l'Amende. 76.

Procez. L'Eglise de Chartres avoit le droit de ne porter ses affaires devant le Parlement de Paris, qui comme pardevant *Traiteurs de Causes*. 26. A Mailly-le-Chasteau, si un homme s'accommode avec une personne qu'il a offensée, avant qu'il y ait eu de plainte en Justice, il ne devra pas l'Amende; mais il la payera s'il y a eu une plainte : si en consequence de cette plainte, il n'y a point de condamnation prononcée ni contre l'une ni contre l'autre des Parties, il n'est point dû d'Amende. 716. X. A Mailly-le-Chasteau, on ne doit plaider ensemble que pour rendre aux autres ce qui leur est dû, & pour le recevoir d'eux. 716. XVIII. A Mitry, lorsqu'un procès estoit commencé, les Parties ne pouvoient plus l'accommoder sans payer une Amende. 463. Voy. *Mitry*. Dans le Ponthieu, on ne pourra obtenir qu'un délay dans chaque procès. 173. Voy. *Ponthieu*. A Puy-Mirol, les demandes qui ne passeront pas cent sols, ne seront point faites par écrit, mais seulement verbalement. 312. V. A Toulouse, pour chaque demande qui se fait en Justice, l'une des Parties paye cinq sols au Roy. 562. Voyez *Toulouse*. On ne pourra faire le procès (en public) aux habitans de Villefranche prévenus de crimes, qui seront ou qui auront esté Consuls;

mais on procedera contre eux en secret; si ce n'est dans les cas d'héresie ou de Leze-Majesté.

Procès. Voy. *Accommodement.*

PROCLAMATIONS. Le Roy permet aux Consuls de Sauveterre, de faire les proclamations nécessaires pour les affaires de la Communauté de cette Ville, (sans demander permission au Seneschal de Roüergue.) 288.

PROCURATION. Le Chapitre du Mans a le droit de plaider au Parlement, par un Chanoine, sans autre procuration. 523. L'Archevesque de Tours & les Evesques d'Angers & du Mans, sont maintenus dans le droit de plaider sans moyen au Parlement, par un Officier de leurs Robes & de leurs Hostels, sans procuration. 516. 522. 523. Voy. *Tours, Angers & Mans.*

PROCUREUR General, & Advocats du Roy en Parlement. 557.

Procureur General du Parlement. Lorsque les Lettres pour l'establissement des Grands Jours de l'Anjou, &c. furent enregistrées au Parlement, le Procureur General protesta de soustenir le droit du Roy, en lieu & temps opportun. 436. Lors de l'enregistrement des Lettres concernant le ressort de Galardon au Parlement, il protesta de soustenir le droit du Roy, en temps & en lieu opportun. 556. Voy. *Galardon.* Il se joint avec le Bailli des Exemptions de Touraine, d'Anjou & du Maine, dans des procès qu'il avoit au sujet de sa Jurisdiction avec l'Archevesque de Tours, les Evesques d'Angers & du Mans, & leurs Chapitres, & lors de l'enregistrement au Parlement, des Lettres du Roy qui deciderent la contestation, il protesta de soustenir les droits du Roy, en temps & lieu opportun. 516. 518. 520. 522. Voy. *Tour, Angers & Mans.* Le Procureur General du Parlement s'estant opposé à des Lettres Royaux, le Roy adressa aux Advocats & Procureur General du Parlement, une Lettre close (de cachet) par laquelle il leur enjoint de ne point s'opposer à ces Lettres. 25. 27. Les informations faites contre ceux qui exigeront de nouveaux péages, lui seront renvoyées. 90. Le Roy lui ordonne de veiller à l'execution d'un privilege qu'il accorde à la S.te Chapelle de Paris. 3.

Procureur du Roy au Parlement, ou son Substitut sur le fait de la Marée. 199. Voy. *Marée.* Lettres concernant la Marée, adressées au Procureur General du Parlement, & à Jean Bouthery son Substitut en cette partie. 171.

Procureur General. La Copie de Lettres qui estoient dans les Registres de la Chambre des Comptes, fut donnée le 3. d'Octobre 1369. à Pierre Caillart Clerc du Procureur General. 416.

Procureurs du Roy. Advocats & Procureurs du Roy. 327. XIII.

Procureur du Roy. Lettres adressées aux Seneschaux & aux Procureurs du Roy de plusieurs Seneschaussées. 409. 410.

Procureurs du Roy des Bailliages & Seneschaussées peuvent recevoir les dénombrements des Fiefs, & doivent les enregistrer dans un Registre. 432. Voy. *Fiefs.*

Procureur du Roy dans les matieres d'eaues. 261. Voy. *Montauban.*

Procureur du Roy appellé à une information faite sur les privileges d'un lieu. 468. 471.

Procureur General d'une Seneschaussée. Les Commissaires des Admortissements & les Francs-Fiefs, appelleront à la fixation des droits qui seront dûs, le Procureur General & le Receveur Royal de la Seneschaussée dans laquelle ces droits seront levez. Ils enregistreront les droits qui auront esté fixez. 326. XXX.

Procureurs du Roy (Les) ne pourront intenter procés contre personne, qu'il n'y ait eu une information faite auparavant; & que sur le vû de cette information, appellez les Advocats du Roy & les Conseillers, il n'ait esté ordonné par les Juges que cette personne seroit assignée. 433.

Procureur du Roy joint à une partie dans un procès. 75. Voy. *Roüen.* Parties jointes avec lui dans des procès. 433. 434.

Procureur du Roy. Si un Prevost-Fermier fait assigner d'Office une personne devant lui, & que le Bailli ou un autre Juge superieur de ce Prevost, trouve que cette assignation n'estoit pas fondée en Justice, il donnera des dommages & interests à la personne injustement assignée, à moins que le Procureur du Roy ne se soit joint au Prevost, & ne se rende partie contre elle. Si l'assignation est trouvée fondée en Justice, on condamnera la personne qui s'en est plainte, aux dommages & interests contre le Prevost. 21. XI.

Procureurs du Roy (Les) ne pourront se rendre Partie contre les Juifs qu'après une information préalablement faite. 494. XVIII.

Procureurs du Roy (Les) recevoient de l'argent des Receveurs Royaux, pour faire les frais des procès qu'ils intentoient d'office. 434.

Procureur du Roy. Il est deffendu aux Seneschaux de faire des compositions avec des personnes prevenuës de crimes, qu'en la presence des Procureurs du Roy & des Receveurs de leurs Seneschaussées, lesquels sont instituez pour la conservation des droits du Roy. 420.

Procureur du Roy. Silence à lui imposé par le Roy, sur des crimes. 314. XV. Le Duc de Berry Lieutenant du Roy, impose silence au Procureur du Roy, sur les poursuites qu'il pouvoit faire contre l'Archevesque de Bourges. 221. Voy. *Bourges.*

Procureur du Roy de Caën, appellé pour examiner si un reglement proposé pour les étoffes de cette Ville, estoit utile. 105. Procureur General de la Seneschaussée de Carcassonne. 79. Le 16. de Juillet 1349. Guillaume *Fornerii* Sacriste du Gevaudan, & Procureur Delphinal dans la Cour Romaine. 56. L'Advocat & les Procureurs du Dauphin, s'opposent à des Lettres émanées de lui. 57. Dans le Dauphiné, les Juges & les Procureurs (Fiscaux) ne pourront exercer leurs Offices que pendant deux ans: lorsqu'ils seront sortis de charges, ils ne pourront exercer d'Office de Judicature dans quelque lieu que ce soit, qu'après cinq ans. 52. XLIX. Procureur de la Ville de Doüay. 130. 134. Voy. *Doüay.* Les Procureurs du Roy doivent deffendre les procès du Prieuré de la

Fontaine N. D. en Valois, à leurs dépens. 298.
Voy. *Fontaine N. D.* &c. Le Gouverneur des
droits Royaux & de Souveraineté à Montpellier,
aura un Procureur & un Advocat à Sommieres,
& un Procureur & un Advocat à Montpellier,
ou le Lieutenant du Procureur & de l'Advocat
de Sommieres. 477. II. Voy. *Montpellier.* Lorſque les Barbiers de Paris ſouſtiendront des procès pour la conſervation de leurs droits, le Procureur du Roy au Chaſtelet de Paris ſe joindra
à eux. 441. VIII. Voy. *Chaſtelet de Paris.* Procureur general de la Seneſchauſſée de Toulouſe
& d'Alby. 126. 127. Procureurs du Roy des
Seneſchauſſées de Toulouſe & de Carcaſſonne.
Des Lettres qui regardent Limoux, leur ſont
adreſſées. 151. Le Procureur General du Roy,
de la Seneſchauſſée de Toulouſe, ſouſtient pour
le Roy, un procès devant le Maiſtre des Eaux
& Foreſts de cette Seneſchauſſée. 210. Voyez
Alby. Procureur du Roy au Bailliage des Exemptions de Touraine. 521. Le Bailli des Exemptions de Touraine, inſtituëra des Advocats &
Procureurs pour garder le droit du Roy & de la
Couronne de France. La Chambre des Comptes
reglera leurs gages. 429. V. Generaux Procureurs
de la Ville de Tournay. 138. I. Le Bailli de Vermandois, de l'avis de ſon Conſeil, & du Procu-
cureur du Roy inſtituëra des Sergents. 449.
Voy. *Laon.* Procureur de Vermandois. 95. 248.
Voy. *Vermandois.*
Procureur. Le Roy peut ſeul accorder des graces à
plaider par Procureur. 480. VI. Demande de
comparoiſtre en Jugement par Procureur. 173.
& Note *(c).*
Procureur General de la Marée. 356. 357. IX. XI.
& dans la ſuite de la Piece.
Procureur General des Juifs du Languedoc. 167.
406. Voy. *Juifs.*
PROTOCOLES des Notaires. 126.
PROVENCE. Lettres de Raymond VI. par la
grace de Dieu, Comte de Toulouſe, Duc de
Narbonne & Marquis de Provence. 308.
PROVENDIERS de l'Egliſe de Chartres. Voy.
Chartres.
PROVINS. Forte Monnoye de Provins 600. VIII.
PRUD'HOMMES de Burc 474. I. Voyez *Bure.*
Prud'hommes Jurez de la Ville de Levigny. 514.
v. Voy. *Levigny.* Prudhommes du meſtier de
Couſtier à Paris. 547. V. Prud'hommes & autres
du Conſeil de la Ville de Roüen. 551. V. *Roüen.*
PRUGNANNES. Diminution de Feux pour ce
lieu, où il y en avoit 3. en 1367. p. 31. Voy.
Feux.
PUECHABON, de la Vigurie de Gignac. Dimi-
nution de Feux pour ce lieu, où il y en avoit
47. en 1367. p. 79. Voy. *Feux.*
PUY en Velay. Amedée *de Lacu* eſtoit Juge de la
Cour Commune du Puy, le 6. d'Avril 1367.
p. 723.
Puy-en-Velay. En 1367. les Orfevres de cette Ville
éliſoit deux Gardiens qu'ils preſentoient au Bailli
ou Juge de la Cour Commune de cette Ville. Ces
Gardiens viſitoient les ouvrages de leur meſtier;
& lorſqu'ils en trouvoient qui n'eſtoient pas
conformes aux Reglemens, ils les rompoient la
premiere & la ſeconde fois : la troiſiéme fois ils
dénonçoient l'ouvrier au Bailli, afin que celui-ci
le punît. Ces Ouvriers fabriquoient alors des
anneaux & autres ornemens d'Or, à ſept Deniers ou quatorze Carats; & ceux d'Argent, à
onze Deniers; & la vaiſſelle d'Argent & autres
gros ouvrages, au titre de l'Argent-le-Roy. Le
Roy leur permit de fabriquer tous ces ouvrages
à un titre plus fort, s'ils le vouloient; c'eſt-à-ſçavoir, à huit Deniers ou 16 Carats. Les Lettres
ſont adreſſées au Seneſchal de Beaucaire, & au
Bailli de la Cour Commune du Puy. 7. 8.
PUY-LA-ROQUE, de la Seneſchauſſée de Cahors.
En conſideration du traité qui avoit été entre les
Conſuls & habitans de cette Ville, & les députez du Duc d'Anjou, Lieutenant du Roy dans
le Languedoc, ils ſeront exempts de toutes
ſortes d'Impoſts pendant dix ans; & après ces
dix ans, ils ne payeront que 25. livres pour chacun des Impoſts qui ſeront levez. Les Lettres
ſont adreſſées au Seneſchal, Treſorier & Procureur du Roy de la Seneſchauſſée de Cahors. 279.
Puy-la-Roque. Confirmation de la Tranſaction paſ-
ſée entre les habitans de Cayſus-de-Bonnette, &
ceux de la Ville de Puy-la- Roque. 286. IV.
Puy-la-Roque. Le Roy, en conſideration des pertes
que cette Ville avoit ſouffertes par la mortalité
& par les guerres, accorda des privileges à ſes
Conſuls & habitans. 332.
PUY-LAURENS. Diminution de Feux pour ce
lieu, où il y en avoit 24. en 1367. p. 31. Voy.
Feux.
PUY-MIROL, nommé autrefois *grande Caſtrum.*
Il y a une Chaſtellenie & un Bailli [*qui paroiſt
avoir eſté un Officier du Conſulat.*] Les Conſuls
& les Jurez de cette Ville, ayant reconnu la
ſouveraineté du Roy, & s'eſtant ſoûmis à lui, le
Comte d'Armagnac fit avec eux un traité par lequel il leur accorda pluſieurs privileges, qui
fut confirmé par le Roy. Les Lettres ſont adreſſées au Seneſchal d'Agen. 310. Voy. *les Sommaires.*
PUY-MISSON, Vigurie de Beziers. Diminution de Feux pour ce lieu, où il y en avoit 40.
en 1369. p. 213. Voy. *Feux.*
Puy-Miſſon, de la Vigurie de Beziers & de la Seneſchauſſée de Carcaſſone. Diminution de Feux
pour ce lieu, où il y en avoit 24. en 1373. pag.
637. Voy. *Feux.*
PUISERGUIER, de la Vigurie de Beziers & de
la Seneſchauſſée de Carcaſſone. Diminution de
Feux pour ce lieu, où il y en avoit 123. en
1369. p. 188. Voy. *Feux.*
PUISIEUX ou Puiſiaux, Pricuré de S.t Victor-
les-Paris. 336. Voy. *S.t Victor.*
PUZOL (Le) de la Vigurie de Beziers. Diminution de Feux pour ce lieu, où il y en avoit 43.
en 1371. p. 466. Voy. *Feux.*

Q

QUARENTE, de la Vigurie de Beziers & de
la Seneſchauſſée de Carcaſſone. Diminution
de Feux pour ce lieu, dans lequel, y compris celui
nommé

TALBE DES MATIERES.

nommé *de Gabenacio*, auſſi nommé *de Gabanis*, il y en avoit 67. en 1369. page 214. Voyez *Feux*.

QUERCY. Seneſchauſſée de Perigord & de Quercy. 280.

Quercy. Pierre Remond Raveſtin, eſtoit Seneſchal de Touloufe & d'Alby, & Capitaine general du Roy dans le Roüergue & le Quercy, le 14. de Mars 1368. p. 255. 256. Des Lettres concernans Caylus-de-Bonnette, font adreſſées au Seneſchal & au Treforier de Quercy. 285. Voy. *Cailus-de-Bonnette*. Des Lettres concernant Cauſſade, ſont adreſſées au Seneſchal, Treſorier & Procureur du Roy de la Seneſchauſſée de Quercy. 283. Voy. *Quercy*.

Quercy. Voy. *Cahors*.

QUERDES. (Les) Diminution de Feux pour ce lieu où il y en avoit 8. en 1367. p. 31. V. *Feux*.

QUESTION. Les Conſuls de Cahors, & ceux qui l'auront eſté, ne pourront eſtre appliquez à la queſtion, ni eſtre condamnez à une mutilation de membres; ſi ce n'eſt dans le cas du crime d'héréſie, de Leze-Majeſté ou de rapt. 626. IX.

Queſtion. Les habitans de Milhaud prevenus de crimes, ne pourront eſtre mis à la queſtion, qu'en preſence des Conſuls, à qui appartient le droit de juger ces habitans accuſez de crimes. 293. IV. Le Bailli ni les autres Officiers du Seigneur du Château de Peyruſſe, ne pourront juger de procés civils & criminels, & mettre à *Enqueſte* ou à queſtion, ſans en avertir les Conſuls qui auront droit d'y aſſiſter. 705. IX. X. Les Conſuls de Rhodez, & ceux qui l'auront eſté, ne pourront eſtre mis à la queſtion, de quelques crimes qu'ils ſoient ſoupçonnez; ſi ce ne font ceux de Leze-Majeſté & de fauſſe Monnoye. 258. Voy. *Rhodez*. Les Conſuls de Villefranche en Roüergue, ne pourront eſtre appliquez à la queſtion, quelques crimes qu'ils ayent commis. 398. XVIII.

Queſtion. Ce mot ſignifie ou la *queſtion* donnée à un criminel, ou ſimplement un procés. Dans quelques-uns des articles precedents, on a donné cette premiere interpretation, au mot *queſtion*. Peut-eſtre falloit-il lui donner l'autre. Voy. pag. 701. Note *(c)*.

Queſtion. Voy. *Peine*.

QUEUE de vin ou de ſel. 92.

QUILHAN. Diminution de Feux pour ce lieu, où il y en avoit 175. en 1373. p. 637. Voy. *Feux*.

QUILLES, jeu deſſendu. 172. Voy. *Jeux*.

QUINCY, Diocèſe de Langres. André en eſtoit Abbé en Novembre 1293. p. 513. 515. correction à la *Gallia Chriſt*. ibid. Note *(d)*.

R

RABOÜILLET. Diminution de Feux pour ce lieu, où il y en avoit 16. en 1367. p. 31. Voy. *Feux*.

RAISINS. Il eſt deſſendu d'apporter du vin & des raiſins dans la Ville de Buis dans le Dauphiné, tant qu'il y a du vin dans cette Ville. 69. Voy. *Buis*.

RANÇONS. Il eſt deſſendu aux troupes de prendre des rançons ſur les ſujets du Roy. 658. VII.

RAPT. Les Conſuls de Cahors, & ceux qui l'auront eſté, ne pourront eſtre appliquez à la queſtion, ni eſtre condamnez à une mutilation de membres; ſi ce n'eſt dans le cas du crime d'héréſie, de Leze-Majeſté ou de rapt. 626. IX. Les Bourgeois de Levigny ne pourront eſtre mis en priſon, s'ils offrent de donner caution de ſe preſenter en Juſtice; ſi ce n'eſt dans le cas de rapt, de meurtre & de vol. 514. VI. Voy. *Levigny*. A Peronne, ſi un homme viole une femme, ſon procés ſera fait par les Eſchevins; ſauf les droits du Roy, dans le cas de rapt. Il pourra épouſer cette femme ſi elle & ſes parents y conſentent. S'il ne peut eſtre arreſté dans la Banlieuë, il ſera banni pour ſept ans. 161. XXI. Dans la conceſſion de la Coûtume de Valmy, la Comteſſe de Troyes ſe reſerve le Jugement de ce crime. 486. III.

RASSIGUIERES. Diminution de Feux pour ce lieu, où il y en avoit 5. en 1367. p. 31. Voy. *Feux*.

RAZIS. Gaſteaux ainſi appellez à Arras. 511. XIV.

RÉ. Jean de Rie Seigneur de Balançon, & Morelet de Montmort, eſtant venus dans la Saintonge pour réduire ce pays à l'obéiſſance du Roy, deſcendirent dans les Iſles de Ré, d'Ais & de Lois, du pays de Saintonge, où après quelques exploits de guerre, les habitans leur demanderent une conference, dans laquelle ils leur expoſerent que leurs Iſles eſtoient en partie de la Seigneurie de Mre de Craon & de M.^{de} de Tours ſa femme, & en partie de celle de l'Abbaye de St Michel en Lerme; & que ces Seigneurs leur avoient fait promettre de leur eſtre ſoûmis ſous l'obéiſſance du Roy d'Angleterre, & de ne rendre leurs fortereſſes qu'à eux. Enfin après pluſieurs débats, le 26. d'Aouſt 1372. Jean de Rie & de Montmort les ayant diſpenſé au nom du Roy, du ſerment qu'ils avoient fait à leurs Seigneurs, ils ſe ſoûmirent au Roy, moyennant les privileges qui leur furent accordez, & que le Roy ratifia. 564. Voy. *les Sommaires*.

RECEPTES Royales. Mandement adreſſé aux Receveurs Royaux & aux Vicomtes, portant que ſur les Recettes tant ordinaires qu'extraordinaires, ils feront reparer d'abord les Chaſteaux & les maiſons Royales, & les Fours, Moulins & Halles dont les profits appartiennent au Roy; qu'ils payeront enſuite les Fiefs & Aumoſne, & les rentes aſſignées ſur ces Recettes; 3.° les gages des Baillis & autres Officiers de Juſtice; & enfin les aſſignations ou les dons faits par le Roy ſur ces Recettes, ſans avoir beſoin pour les payer, du Mandement des Gens de la Chambre des Comptes. 81. Le Roy eſtablit un Controlleur des Recettes Royales dans les Recettes du Languedoc; c'eſt-à-ſçavoir, dans celles de Toulouſe, de Carcaſſonne & de Beaucaire. 122. Voy. *Controlleur des Receptes Royales*.

Recepte (Treſorerie ou) de la Seneſchauſſée de Cahors. On écrivoit dans ſes Regiſtres, ce qui eſtoit dû au Roy. 327. XIII. Treſorerie Royale, ou Recette de la Senefchaufféede Rhodez. 406. Voyez *Rhodez*. De Roüergue. 695. IV.

RECEVEURS (Treforiers ou) 286. VI. Receveurs des Bailliages. 298. Le Roy ordonne aux Baillis de faifir toutes fes terres pour lefquelles il eft dû des droits Seigneuriaux & des droits d'Admortiffement & de Francs-Fiefs; il leur donne pouvoir à eux & aux Receveurs de leurs Bailliages, de compofer fur ces finances, avec ceux qui les doivent; & il ordonne que les fommes pour lefquelles ils auront compofé, feront reçûës par les Receveurs feulement. 593. Voyez *Admortiffement*. Les Receveurs des Bailliages reçoivent les finances des Admortiffements & des Francs-Fiefs. 613. Les Commiffaires appelleront à la fixation des droits qui feront dûs, le Procureur General & le Receveur Royal de la Senefchauffée dans laquelle ces droits feront levez : ils enregiftreront les droits qui auront efté fixez; & ils en donneront un Rolle au Receveur, qui fera tenu d'en faire la levée, & qui comptera de fa Recette dans fes comptes ordinaires, en rapportant le Rolle qui lui aura efté donné par les Commiffaires. 366. XXX. Les Receveurs Royaux reçoivent les Amendes. 251. 644. Il eft deffendu aux Senefchaux de faire des compofitions avec des perfonnes prevenuës de crimes, qu'en la prefence des Procureurs du Roy & des Receveurs de leurs Senefchauffées, lefquels font inftituez pour la confervation des droits du Roy. 420. Les Procureurs du Roy recevoient de l'argent des Receveurs Royaux, pour faire les frais des procès qu'ils intentoient d'Office. 434. Attendu qu'il y a plufieurs procès qui depuis long temps demeurent en fufpens fans eftre jugez, les Receveurs Royaux envoyeront aux Gens de la Chambre des Comptes, un Rolle de tous les procès commencez depuis dix ans, pour leur faire connoiftre l'eftat dans lequel font ces procès. 433. Il leur eft deffendu de donner des Commiffions de Sergents pour en faire les fonctions, à ceux qui ne le font pas. 195.

Receveurs des Aides. 20. IV. Dans les Diocefes. 18. XI. Voy. *Aides*. Une Ordonnance fur les Aides, faite en confequence d'une Affemblée d'Eftats, eft adreffée aux Receveurs fur le fait des Aides. 22. Les Generaux des Aides diminuëront le nombre des Elûs, Receveurs & autres Officiers départis dans les Diocefes pour la levée de l'Aide. 540. XV.

Receveurs Royaux (Les) ne pourront faire le Commerce. 646. I.

Receveur du Bailliage des Montagnes d'Auvergne. 595. Receveur d'Amiens. 455. Treforier ou Receveur de la Senefchauffée de Beaucaire. 654. Receveur de la Senefchauffée de Cahors & de Perigord. 333. Le Roy ordonne au Receveur de Cahors de rayer de fes Regiftres, le droit Domanial du *Commun de la Paix*, qu'il avoit remis aux habitans de Montegrier. 354. III. Receveur de Carcaffone. 122. Treforier ou Receveur Royal à Carcaffone. 151. Recettedu Dauphiné. 104. Receveurs de la Ville de Doüay. 133. XVI. jufqu'à XXIII. Receveur de Mafcon. 661. Receveur Royal à Paris. 81. Ordonnance qui porte que les Citoyens de Paris non-nobles qui ont acquis des biens nobles, & qui ont eu des Lettres de Nobleffe, rapporteront leurs titres entre les mains du Receveur de Paris. 418. Voy. *Paris*. Le Receveur de Paris paye les gages des Officiers du guet de Paris. 98. 99. Voy. *Guet de Paris*. Receveur general des Aides à Paris. 538. III. & *fuiv*. Voy. *Aides*. Receveur du Comté de Ponthieu. 201. Receveur de la Rochelle. 593. V. *Rochelle*. (*La*) Receveur de Roüergue. 291. 292. 693. Voy. *Milhaud*. Receveur de Sens. 612. Receveur de Touloufe. 125. Receveur Royal de Touloufe. 562. Voy. *Touloufe*. Treforiers ou Receveurs des Senefchauffées de Touloufe, de Carcaffone & de Beaucaire. 561. Receveur de Tournay. 138. I. Voy. *Tournay*. Receveur du Vermandois. 94. 431. 433. Voy. *Vermandois*.

RECOLLÉE. (information) 119.

RECRÉANCE, (ou remife en poffeffion) faite par les Gardiens particuliers, en faveur de ceux qui font fous la Sauve-garde Royale, & qui ont efté dépoüillez. (Cette claufe fe trouve dans prefque toutes les Lettres de Sauve-garde Royale. Voy. *Sauve-garde Royale*.)

RECTEURS, Juges. 496.

Recteur de l'Univerfité de Cahors. 329. Voyez *Cahors*.

Recteur de Montpellier. 627. Voy. *Montpellier*.

RECTORIE (Ville, Baronie &) de Montpellier. 477.

REFORMATEURS. (Commiffaires ou) 638. 639. Reformateurs & Commiffaires du Roy. 124. Voy. *Narbonne*. Reformateurs fur le fait des Aides feulement, 540. XVI. Ils n'auront de Jurifdiction que fur les Officiers, Fermiers & autres employez par le Roy fur le fait de la Juftice & fur le fait des Aides. 22. XIV. Gilles le Galois eftoit Reformateur fur les Aides; & outre fes gages, il avoit cinq Francs d'Or, pour chaque jour depuis fa fortie de Paris, jufqu'à fon retour. 540. Note (i). Reformateurs fur le fait des Aides feulement, envoyez dans le Languedoc. 649. XVIII.

Reformateurs ordonnez à Paris en 1362. Par une fentence, ils maintiennent les Barbiers de Paris dans leurs privileges. 441. Commiffaire & Reformateur fans appel, fur le fait des Halles de Paris. 80. Voy. *Halles*.

Reformateur, Gouverneur & Reformateur fouverain & general dans les Evefchez de Limoges & de Tulles, & dans la Vicomté de Limoges. 719. Voy. *Limoges*.

Reformateurs fur la Marée. 355. Voy. *Marée*. Ils décideront fommairement, & par voie de Reformation. Ce qui fera fait par eux, vaudra comme s'il avoit efté fait par le Roy, ou comme fi c'eftoit un Arreft du Parlement ou de la Chambre des Comptes, & l'on ne pourra appeller de leurs Jugements, ni au Roy, ni au Parlement, ni ailleurs. Les Lettres font adreffées au Parlement & à la Chambre des Comptes. 147.

REFORMATION. Sommairement & de plein, & par

TABLE DES MATIERES.

voie de reformation, pour éviter la longueur des procès. 199.

Reformation des Sergents du Chastelet de Paris. 194.

Reformation de la Marée. 199. Voy. *Marée*.

REGALES, droits dûs au Roy comme Souverain. 603. & Note *(b)*

Regales. Le Bailli des Ressorts & Exemptions de Touraine, *usera* des Regales & autres anciens droit Royaux. 369. XI.

REGALIA. Les biens temporels de l'Eglise, nommez *Regalia*. 47. XXIX. & Note *(kk)*.

REGALIS Villa, de la Seneschaussée de Carcassone. Le Doyen de Cayrac cesse de ressortir devant son Bailli. Ce lieu est ruiné pendant les guerres, il est donné à Pinch Cornet. 200. Voy. *Cayrac*.

REGARS des Orphelins. 134. XXXII. Voy. *Mineurs* & 135. XXXIV. Voy. *Rewards*.

REGISTRATEURS du Parlement. 579. Voy. *Parlement*.

REGISTRES. (Tablier ou) 351. Registres du Comté de Ponthieu. 201.

REGRATIERS (Les) qui vendent du sel en détail, n'en pourront vendre à une mesme personne, plus d'un minot à la fois. Le Grenetier & le Controlleur fixeront le prix du sel qui sera vendu par les Regratiers. Le sel que ceux-ci auront vendu trop cher, & celui que l'on trouvera encore chez eux, seront confisquez; & ils seront condamnez à l'Amende. 577. V. VI. L'Imposition de 12 deniers pour livre, ne sera point levée sur les marchandises qui ne passeront pas cinq sols; à moins qu'elles ne soient venduës par des Regratiers. 20. II. & III. A Angoulesme, les Regratiers ne peuvent acheter des denrées pour les revendre, jusqu'à ce que l'on sonne la Messe qui se dit à midi. 682. XI. A S.t Jean d'Angely, le Maire & les Jurez peuvent deffendre aux Regratiers, d'acheter des denrées avant une heure marquée. 677. IX.

REINE. (La) Prises pour elle. Maistres de son Hostel, de ses garnisons, Preneurs & Pourvoyeurs. 462. Voy. *Haubervilliers*. Les Maistres d'Hostel de la Reine, ne pourront plus faire de *Prises* pour son Hostel, que sous certaines modifications. 33. V. *Prises*. La connoissance des contestations qui s'éleveront au sujet de l'exemption de *Prises* accordée à la Ville de S.t Denis, est interdite aux Maistres de son Hostel. 481. Voy. *S.t Denis*. On ne fera point de *Prises* pour elle, sur les Arbalestriers de la Ville de Laon. 68. IX.

RELIEURS (Les) de l'Université de Paris, seront exempts du guet dans cette Ville. 686. Voyez *Guet* & *Université de Paris*.

RELIGION. Les Sacrements de l'Eglise ne doivent pas estre administrez par force, & nul n'y doit estre contraint, si ce c'est par vraie devotion. 167. Les Juifs ne seront point obligez d'assister au service divin des Chrestiens. 495. XXIII.

REMEDE des ames. 186. & Note *(a)*.

REMERÉ. (Faculté de) Lorsqu'un non-noble aura acheté des biens des Fiefs & Arriere-Fiefs du Roy, d'un Noble qui se sera reservé la faculté de retirer dans un certain temps, ces biens, des mains de l'acheteur, celui ci payera les droits fixez dans l'art. 12. la moitié presentement, & l'autre moitié lorsque le tems du *remeré* sera passé. Si le temps du *remere* excede 5 ans, le non-noble payera presentement le total des droits. 364. XV.

REMIN dans le Beauvoisis, repris vers 1356. sur les ennemis, par les Arbalestriers de Compiegne. 145. Voy. *Compiegne*.

REMISSION. (Lettres de) Le Roy peut seul en donner. 480. VII. Lorsque le Roy a donné des Lettres de remission, avant le jugement du criminel, les Pairs ni les autres Seigneurs, ne peuvent plus connoistre de ce crime. 480. VIII.

Remission. (Lettres de) Voy. *Grace*. *(Lettres de)*

RENTES à heritages, à vie & à rachat. 139.

REPIT. (Lettres de) Les Bourgeois & habitans de Tournay, ne pourront obtenir du Roy, des Lettres de grace, de repit ou de surséance de payement de leurs dettes, & on n'en pourra obtenir contre eux. 377. XXIII.

REQUESTES. Le Roy estant en ses pleines Requestes. 517. 519. 521. 523. Le Roy estant en son Conseil, & tenant ses pleines Requestes. 604. Le Roy ordonne que lorsque ses Requestes se tiendront les vendredis, selon l'usage, soit qu'il y assiste ou non, il n'y aura qu'un certain nombre de ses Secretaires. 370. Lettres Royaux données par le Roy, dans ses Requestes. 231. Le Chancelier deffendra par ordre du Roy, à tous les Secretaires du Roy, qu'ils ne presentent aucunes requestes concernant les finances, si ce n'est en pleines Requestes. 648. X.

Requestes. Lettres données dans les Requestes du Duc d'Anjou, Lieutenant du Roy dans le Languedoc. 100.

Requestes. (Maistres des) Arnaud de Corbie & Regnaud de Compiegne, l'estoient vers 1370. p. 373. Maistre Alcaume Boistel, l'estoit vers 1370. p. 350. Noms de plusieurs Maistres des Requestes, qui au mois de Juillet 1370. estoient au Conseil du Duc d'Anjou, Lieutenant du Roy dans le Languedoc. 342. Gilles de Soycourt, Chevalier & Conseiller du Roy, Maistres des Requestes de son Hostel, Commissaire de Charles V. à Tournay. 136.

Requestes de l'Hostel. *Voy*. sur une Chambre du Palais, où les Gens des Requestes de l'Hostel tenoient les requestes & placets. 367. Voy. *Secretaires du Roy*.

Requestes de l'Hostel. Lettres Royaux données par le Roy, les Seigneurs des Requestes presents. 147.

Requestes de l'Hostel. Lettres Royaux à la fin desquelles, il y a: *In Requestis Hospicii*, ou Par le Roy en ses Requestes. Voy. *Lettres Royaux* à la fin desquelles, il y a: *In Requestis*, &c.

Requestes de l'Hostel. (Les Maistres des) chargez de faire au Conseil du Roy, le rapport de l'abus des Appeaux frivoles de la Prevosté de Laon. 471. 721. Ils examinent les anciennes Lettres de Sauve-garde Royale, données à l'Abbaye de Solignac. 590. Ils ne donneront point de Lettres d'appels contre les Jugements des Reformateurs sur le fait des Halles de Paris. 262.

Requestes de l'Hostel. (Les Maistres des) Leurs gages assignez sur les Amendes qui sont décernées

qq ij

dans le Parlement. 613. Voyez *Gages*.

Requestes de l'Hostel (Maistres des) du Duc d'Anjou, Lieutenant du Roy dans le Languedoc. 585.

Requestes du Palais, (Les Gens des) à Paris, Juges des Celestins de Paris. Ils doivent juger leurs affaires, soit que le Parlement siege ou ne siege pas. Les Lettres de Sauve-garde des Celestins ayant esté registrées, furent publiées aux Requestes du Palais. 234. 235. Note *(b)*.

Requeste. A Mailly-le-Chasteau, modération des Amendes & de ce qu'on paye pour les requestes presentées au Prevost. 715. v. *Voy*. 717. XXIV.

RESIGNATION d'office. 195.

RESSORTS. Les Baillis & Seneschaux chargez de faire publier une Ordonnance dans leurs Bailliages & Seneschaussées, & de leurs anciens ressorts. 432. Reglement pour la Jurisdiction du Bailli des Ressorts & Exemptions de Touraine, d'Anjou & du Maine. 369.

RESTANCLIERES. Voy. *Montlaur*.

REVE, & Imposts sur les marchandises qui sortent du Royaume. On la payoit au port de Lates, à Frontignan, à Châlons, à S.t Jean-de-Lône, & dans les Terres des Pairs & autres Seigneurs. 478. VIII.

REVEUES. Clercs des Monstres [revûës]. 658.

REWARD, *Rebbardus*, de Seclin. 153. Voy. *Seclin*. Voy. *Eswardeurs & Regars*.

RHEIMS. Les Prevost, Doyen, Chantre & Chapitre de Rheims, ayant representé au Roy, qu'ils ont plusieurs Justices dans le Bailliage de Vermandois, dans lesquelles, suivant un usage de la Prevosté de Laon & de son ressort, ceux contre qui les Juges du Chapitre veulent faire executer leurs sentences, appellent pour en differer l'exécution, devant le Bailli de Vermandois, à ses Assises de Laon, ou, sans renoncer à leur appel, ils ne font de poursuites pour le faire juger, & cependant prétendent estre jusqu'au temps de ces Assises, exempts de la Jurisdiction de leurs premiers Juges, & ne pouvoir estre condamnez à l'Amende; & lorsque ces Assises sont finies, ils interjettent un nouvel appel qu'ils ne poursuivent pas; ce qui rend leurs affaires immortelles; le Roy, pour abolir ces appellations frivoleuses, ordonna que ceux qui les interjetteroient, seroient obligez huit jours après, ou d'y renoncer, ou de prendre un adjournement pour le faire juger dans les Assises prochaines; faute de quoi la sentence seroit executée, & ils seroient condamnez à l'Amende envers leurs Juges. 470.

RHODEZ est divisé en Cité & en Bourg, qui composent deux Communautez differentes, qui ont chacune leurs Consuls. Le Roy voulant recompenser les habitans de la Ville & du Bourg, qui à la sollicitation du Comte d'Armagnac, avoient esté des premiers à se soustraire à l'obéissance des Anglois, pour se soûmettre à la sienne, leur accorda, que tout ce qu'ils devoient le jour de leur soûmission, à la Tresorerie ou Recette Royale de Rhodez, seroit employé aux dépenses communes de la Ville; & que mesme on leur rendroit 1000 livres sur ce qu'ils avoient payé depuis ce jour, pour estre employées au mesme usage. 406.

Rhodez, (Le Comté de) & son ressort, different de sa Seneschaussée. 411. II.

Rhodez. (Le Seneschal de) Des Lettres concernant Cahors, lui sont adressées. 328. Voy. *Cahors*.

Rhodez. Le 14. de Mars 1368. il y eut un traité fait entre Pierre Remond de Ravestin, Seneschal de Toulouse & d'Albi, & Capitaine general du Roy dans le Roüergue & le Quercy, & les Consuls & habitans de la Cité & du Bourg de Rhodez, qui porte que les Consuls & habitans de cette Ville, ayant esté les premiers qui ont appellé au Roy, du Duc d'Aquitaine, qui ont reconnu le Roy comme Seigneur souverain de ce Duché, & des Terres cedées au Roy d'Angleterre, lui ont presté serment, & se sont donnez de grands mouvements pour engager les habitans du Roüergue, à faire la mesme chose, il leur a accordé des privileges. Ce traité fut confirmé par le Roy. 255. Voy. *les Sommaires*. Les habitans de Rhodez ayant refusé l'obéïssance à Edoüard fils aisné d'Edoüard d'Angleterre, & s'estant soûmis à celle du Roy, il accorda aux Consuls de cette Ville, que ceux qui seroient ou l'auroient esté, ne pourroient estre mis à la question, de quelques crimes qu'ils fussent soupçonnez, si ce n'est ceux de l'eze-Majesté ou de fausse Monnoye; 2.º que lorsque le Seneschal de Roüergue les feroit adjourner pardevant lui, pour les affaires de leur Consulat, ils ne seroient pas obligez de comparoistre pardevant lui en personne, mais seulement par Procureur; 3.º il remit toutes les peines civiles & criminelles, que ceux qui avoient esté Consuls, pourroient avoir encouruës par rapport à leur gestion. 258. Les habitans de cette Cité & Bourg, ayant esté des premiers qui à la requeste du Comte d'Armagnac, se sont soustraits de l'obéïssance d'Edoüard fils aisné d'Edoüard d'Angleterre, pour se mettre sous celle du Roy qu'ils ont reconnu pour Souverain; il leur accorde ne pouvoir estre obligez à payer les Tailles qui seroient imposées dans les autres Consulats de la Seneschaussée de Roüergue, si ce n'estoit lorsqu'ils y auroient consenti; & il ordonna que dans ce cas, ils ne pouroient estre contraints au payement de ces Tailles, par l'emprisonnement de leurs personnes, ni par des garnisons de Sergents; mais par la saisie & vente de leurs biens, pourvû qu'ils fussent suffisants pour le payement de ces Tailles; & que ces saisies & ventes se feroient par des Sergents Royaux; appellez les Sergents des Justices ordinaires des lieux où se feroient les executions. 257. Les Consuls & le Bourgeois de la Cité & Bourg de Rhodez, ayant esté des premiers qui à la simple requeste du Comte d'Armagnac, &c. [*comme dans les Lettres precedentes*] le Roy leur accorda des Lettres de Sauve-garde Royale pour leur Consulat, & les Consuls qui seroient en place. 263.

Rhodez. Le Roy voulant recompenser les Consuls & les habitans de la Cité & du Bourg de Rhodez, qui, &c. [*comme à la page 257.*] leur accorda

TABLE DES MATIERES. clvij

des privileges. 410. Voy. *les Sommaires*. Les habitans de Rhodez qui ont des Terres hors du Territoire de cette Ville, ne pourront par rapport à ces Terres, estre imposez par les Consuls ou les Seigneurs de ces lieux, qu'à des Tailles réelles, qui auront esté imposées dans une Assemblée où ils auront esté appellez; & les Terres qui auront passé d'un Noble à un non-noble, seront sujettes à ces Tailles. 258. Les habitans de Rhodez pourront commercer dans tout le Royaume, sans payer aucuns droits pour les marchandises qu'ils acheteront. 257. Le Roy accorde par de premieres Lettres aux Consuls & habitans de la Cité & du Bourg de Rhodez, qu'ils seront exempts des droits de Francs-Fiefs pour les biens nobles relevants du Roy, qu'ils acquerront hors du Comté de Roüergue & des Terres appartenantes au Comte d'Armagnac; & que pendant le mesme espace de temps, ils ne payeront aucuns droits pour les effets à eux appartenants, qu'ils feront passer par les Seneschaussées de Beaucaire, de Carcassonne, de Toulouse, de l'Albigeois, de Rhodez & de Cahors. Dans la suite, ces habitans ayant renoncé à 2500 livres que le Roy leur avoit donnez à prendre sur le *Commun de la Paix* de Rhodez, & sur la Tresorerie de Rhodez, & qui devoient estre employez aux fortifications de cette Ville, le Roy prorogea à 15 ans, le terme de dix ans, porté par les premieres Lettres. 406. Les habitans de Rhodez seront quittes de tout ce qu'ils doivent au Roy; & tous les procès, Enquestes & Informations commencés contre eux, sur lesquelles il ne sera point intervenu de Jugement, ne seront point poursuivis. 259. Note *(a)*.

RHOSNE. Droits sur le sel, qui se payoient sur cette Riviere. 404. Voy. *Dauphiné*.

RIENVILLE dépendant de Coucy. Affranchissement des habitans de ce lieu. 154. Voy. *Coucy*.

RIEULAS de la Judicature de Verdun, de la Seneschaussée de Toulouse. Diminution de Feux pour ce lieu, où il y en avoit 3. en 1372. pag. 551. Voy. *Feux*.

RIOLS, de la Viguerie de Besiers. Diminution de Feux pour ce lieu. 466. Voy. *Feux*.

RIVIERE est de la Seneschaussée de Toulouse. 456. La Judicature de Riviere est de la Seneschaussée de Toulouse. Miclhan est de cette Judicature. 442. 443. Montossier, Bat, Cabrieres & de la Barte, sont de cette Jugerie. 456. Voy. *Bit*. Dame-de-Nesteis & Monhauc, sont démembrez de cette Jugerie, & unis à la Jurisdiction de la Ville de Bit en Guyenne. 456. Voy. *Bit*.

Riviere-Verdun. *Arnaldus Auriola* en estoit Juge vers 1372. p. 552.

RIVIERES. Villes sur les passages de Rivieres. 16. v. Voy. *Villes*.

ROBES. 650. XXIII. Assignation pour leur payement. 541. XXII. Robes des Officiers de la Monnoye. 616. Voy. *Monnoye*. Robes données aux Lieutenants du Chevalier du guet du Paris. 98. VI.

Robes. L'Archevesque de Tours, & les Evesques d'Angers & du Mans, sont maintenus dans le droit de plaider sans moyen au Parlement, par un Officier de leurs *Robes* & de leurs Hostels, sans procuration. 516. 522. 523. Voy. *Tours, Angers & Mans*.

Robes. Voy. *Manteaux*.

ROCHECHOÜARD. Le Roy voulant recompenser le Vicomte de ce nom & ses sujets, qui avoient reconnu que le Duché d'Aquitaine estoit sous sa souveraineté & du ressort du Parlement, exempta tous les lieux de cette Vicomté situez dans ce Duché, de tous Imposts, à l'exception de ceux qui seroient levez pour les guerres ou pour les dépenses communes de cette Vicomté. 687.

ROCHE-de-Cleys en Dauphiné. Pierre de S.t Mers en estoit Chastelain en Septembre 1371. Droits qui se payent sur le sel, dans le port de ce lieu. 404. Voy. *Dauphiné*.

ROCHELLE. (Gouverneur de la) Des Lettres concernant Bourgneuf dans l'Aunis, lui sont adressées. 606. Voy. *Bourgneuf*. Les Lettres de confirmation des privileges de l'Abbaye de la Grace-Dieu, près de la Rochelle, lui sont adressées. 592. Les Lettres de Sauve-garde Royale pour l'Abbaye de S.t Cybar près d'Angoulesme, lui sont adressées. 591. Lettres de Sauve-garde pour l'Abbaye de S.t Jean d'Angely, lui sont adressées. 664. Voy. *S.t Jean d'Angely*.

Rochelle. (La) Dans le Traité fait à Calais, entre le Roy Jean & le Roy d'Angleterre, il estoit dit que si dans la suite, ces deux Rois rentroient en guerre, les habitans de la Rochelle auroient cinq ans pour retirer leurs effets mobiliers des pays soûmis au Roy de France, & dix ans pour retirer leurs immeubles. 572. I. Le Roy voulant recompenser le Maire, les Eschevins, les Conseillers & les Bourgeois de la Rochelle, qui s'étoient soûmis à son obeïssance pendant la guerre qu'il avoit avec ses adversaires d'Angleterre, leur accorda des privileges. 571. Voy. *les Sommaires*. Le Roy annoblit le Maire, les Eschevins & les Conseillers de la Rochelle; quoiqu'ils ne soient de race Noble ni d'un costé ni d'un autre, avec leur posterité & leurs successeurs; il leur permet de recevoir la Ceinture de Chevalerie, de la personne qu'ils voudront choisir; d'acquerir des Fiefs & Arriere-Fiefs & autres biens nobles, sans payer les droits de Francs-Fiefs, & de joüir de tous les droits attachez à la Noblesse. Il accorda aussi aux Bourgeois de cette Ville, qui auroient 500 livres de bien, d'acquerir des Fiefs & autres biens nobles, sans payer les droits de Francs-Fiefs. Les Lettres sont adressées aux Gens des Comptes, & au Gouverneur de la Rochelle. 575.

Rochelle. (La) Charles V. avoit intention d'accorder aux habitans de la Rochelle, que toutes les marchandises qui sortiroient de cette Ville, seroient exemptes de toutes les Impositions nouvellement establies. 678. V.

Rochelle. (La) Confirmation d'un reglement fait par le Maire, Eschevins, Conseillers & Pers de cette Ville, portant que tout le bled qui sera porté aux moulins, sera pesé avec des poids entretenus aux dépens de la Ville; que les Meusniers

Tome V. rr

seront obligez de rendre en farine, le mesme poids quils auront reçû en bled; & que pour chaque seftier de bled qui sera pesé, il sera payé trois deniers qui seront employez pour les dépenses communes. Les Lettres sont adressées au Gouverneur de la Rochelle. 619.

Rochelle. (La) On fabriquoit de la Monnoye dans cette Ville, lorsqu'elle cessa d'estre sous l'obéissance du Roy; & lorsqu'elle y fut rentrée, on y rétablit une Monnoye d'Or & d'Argent. 543.

Rochelle. (La) Les Majeur, Eschevins, Bourgeois & habitans de cette Ville, ayant représenté au Roy, que lorsqu'elle fut cedée au Roy d'Angleterre, il y avoit un grand nombre de bons Arbalestriers; mais que ce Prince & son fils, les ayant employez à differentes expeditions sur Mer & sur Terre, ils avoient cessé de tirer de l'Arbaleste; en sorte qu'il n'y avoit plus d'Arbalestriers dans cette Ville, dans laquelle ils estoient très-necessaires pour sa deffense: le Roy, pour les rétablir, ordonna que les Arbalestriers de la Rochelle, ne pourroient estre contraints de sortir de cette Ville, pour quelque expedition militaire que ce fût. 636.

Rochelle (Le Receveur de la) recevra pour le Roy, les revenus de l'Isle d'Oleron unie au Domaine de la Couronne. 593. Voy. *Oleron.*

Rochelle. (La) Le Roy donne aux habitans de la Ville de Saint Jean d'Angely, tous les privileges qu'il avoit intention d'octroyer aux habitans de la Rochelle. 678.

RODOME, de la Seneschaussée de Carcassonne, & du Bailliage de Sault. Diminution de Feux pour ce lieu, où il y en avoit 35. en 1368. p. 122. Voy. *Feux.*

ROY. (Le) Lettres du Roy adressées aux Presidents du Parlement, qui leur ordonne de ne plus sursoir à la prononciation des Arrests, quelques ordres qu'ils en reçoivent de lui; & qui portent que son intention n'est plus de juger en personne les affaires de peu d'importance. 323. Les dettes dûës au Roy, se payent sans delay. 241. IV. Voy. *Dettes dûës au Roy,* & *Fiscales.* (Dettes)

Roy. (Le) Charles V. promet en parole de Roy, d'observer le contenu dans des Lettres par lui accordées à la Ville d'Auxerre. 424.

Roy, (Le) est Chanoine du Mans. 524. Les Commissaires du Roy doivent juger à Narbonne, les affaires dans lesquelles toutes les Parties sont de cette Viguerie, & où le Roy n'a pas d'interest. 124. V. *Narbonne.* Suivant la Chartre des Normands plusieurs fois approuvée, une possession de 40 ans tient lieu de titre, en faveur du Roy & contre le Roy. 76. Le Roy & le Duc de Normandie, avoient le droit de prendre à Roüen, du poisson pour leur Gens, lequel estoit prisé. 254. XIII. Les Tresoriers & Chanoines de la S.ᵗᵉ Chapelle de Paris, sont Chapelains du Roy. 1. Les Chanoines de la S.ᵗᵉ Chapelle de Paris, peuvent associer le Roy dans les procès qu'ils soutiendront, par rapport à la Terre de l'Engenerie qui leur a esté donnée par Charles V. 2. A Roüen, si quelqu'un qui n'est point de la Commune, fait quelque tort à un Bourgeois, on tâchera de l'engager à le reparer. S'il refuse de le faire, il sera deffendu aux Bourgeois d'avoir aucun commerce avec lui; à moins que le Roy ou son Fils ne soient à Roüen, ou que l'on n'y tienne les Assises. 673. XVI. Voy. 674. XX. A Roüen, si un Bourgeois qui a commis un delict, & qui doit estre jugé par le Maire & les Eschevins, engage quelque personne à interceder pour lui, afin que la peine à laquelle il doit estre condamné, soit moderée; si ce n'est pas le Roy qui demande grace pour lui, cette peine loin d'estre diminuée, sera augmentée. 674. XVIII. A S.ᵗ Jean d'Angely, si un homme qui n'est pas de la Commune, fait quelque tort à un Bourgeois, & qu'estant requis de le reparer, il refuse de le faire, le Maire pourra deffendre à tous les Bourgeois d'avoir aucun commerce avec lui, jusqu'à ce qu'il ait reparé le dommage, ou qu'il ait donné caution de comparoistre en Justice; à moins que le Roy ou son Fils ne soient dans la Ville, ou que l'on n'y tienne la grande Assise du Roy. 676. V. Le Roy, par le droit de sa Couronne, est Abbé de S.ᵗ Martin de Tours. 306. Les habitans de Sarlat ne pourront estre jugez que dans la Jurisdiction de cette Ville, mesme dans les cas qui regarderont le Roy; si ce n'est lorsqu'ils se seront obligez, ou qu'ils auront commis des crimes ou des delicts dans quelques autres Jurisdictions. 340. XV.

ROYALE (Guerre) 437.

Royal. (Droit) Ce qui regarde les mestiers, les marchandises & les vivres, appartient au Roy seul, de droit Royal. 527. Voy. *Prevost de Paris.* Le Roy restablissant la Commune de Tournay, se reserve les droits Royaux. 374.

Royaux (Les cas & les droits) sont, la connoissance des affaires des Eglises Cathedrales, de celles qui sont de fondation Royale, & qui sont sous la Sauve-garde Royale; 479. I. la connoissance des crimes de Leze-Majesté; des infractions de Sauve-garde Royale; de la fausse Monnoye, & des transgressions aux Ordonnances sur les Monnoyes; du port d'armes notables & offensives; des contracts faits sous scel Royal, lorsque les contractans se sont soûmis à la compulsion & correction de ce scel; des cas de nouvelleté, en cas de prévention; *ibid.* II. des affaires des Officiers Royaux; *ibid.* III. de celles des Monnoyeurs; *ibid.* IV. le payement des dettes dûës au Roy; *ibid.* V. le droit de donner des Lettres de Sauve-garde, de graces à plaider par Procureur, & des Lettres d'Estat, d'annoblissement & de legitimation; *ibid.* IV. le droit de donner des remissions de crimes, & des Lettres de rappel de ban; 480. VII. VIII. de lever des Impositions generales sur des Villes & sur des pays; *ibid.* IX. le droit des Bourgeoisies; *ibid.* X. celui de donner des Lettres d'Admortissements, qui mettent l'acquereur en pleine propriété des choses par lui acquises; *ibid.* XI. & d'accorder des Foires & des Marchez. *ibid.* XII.

Royaux. (Cas) Les Consuls de Peyrusse seront Juges en premiere instance de tous les procès civils & criminels qui s'eleveront dans cette Ville

& dans son Territoire ; à l'exception des procés qui regarderont les Officiers du Roy & les Consuls de cette Ville, & des crimes d'heresie, de Leze-Majesté, de fausse Monnoye, de port d'armes & d'infraction de Sauve-garde ; la connoissance desquels crimes est reservée aux Juges Royaux, comme aussi l'execution des Jugemens criminels rendus par les Consuls. 708. 11. A Roüen, si un Bourgeois fait perdre un membre à un autre Bourgeois, les Juges Royaux lui feront son procés, & l'Amende à laquelle ils le condamneront, appartiendra au Roy. Les Juges de la Commune pourront encore le condamner à une autre peine pour ce delict. 673. XI. Si on amene dans la Ville de S.t Jean d'Angely, un homme prevenu de crime, il sera remis entre les mains du Maire ; pourvû qu'il n'ait point esté pris dans l'enceinte du Château, qu'il ne soit point Officier du Roy, & qu'il ne s'agisse point d'un cas Royal. 675. I. Le Bailli des Ressorts & Exemptions de Touraine, *usera* des Regales & autres anciens droits Royaux. 369. XI.

Royaux. (Cas) Voy. *Cas Royaux.*

ROYE en Vermandois. Cette Ville & Chastellenie est de grande autorité & renommée, decorée de plusieurs nobles ressorts & souverainetez, marchez, honneurs & privileges. Par l'octroy ou ancienne tolerance des Rois, les habitans ont esté *fondez & soufferts* avoir Commune, Maire, Jurez & Eschevins, Justice, privileges & biens sous le ressort du Prevost Royal de Roye qui y residoit, & du Bailli de Vermandois. Le Roy avoit plusieurs Vassaux relevants de cette Ville. La Commune de Roye dés sa fondation, devoit au Roy, III.l 10.s de rente. Cette Ville vers 1373. fut pillée, brûlée & entierement detruite par les ennemis, & tous les habitans se disperserent sans qu'il y en restât aucun. Le Roy voulut les engager à rebastir ; mais ils refuserent de le faire, tant que la Commune qui estoit chargée de rentes & de debtes, subsisteroit. Le Roy abolit cette Commune & l'unit à son Domaine ; & ceux qui vinrent s'establir dans cette Ville, furent simples habitans, sujets du Roy en Prevosté sans moyen. 662.

Roye. Il y avoit dans cette Ville un péage pour le Roy. Procés entre les Gardes ou Fermiers de ce péage, & les Marchands de Marée. 71. Voyez *Marée.*

ROMANS, du Diocèse de Vienne. En 1366. l'Empereur Charles IV. Roy de Boheme, mit les habitans de cette Ville sous sa Sauve-garde, & leur accorda exemption de toutes sortes d'Impôts, pour eux & pour leurs marchandises, dans tout le Sacré Empire. Il leur donna pour Conservateurs de ce privilege, le Dauphin ou son Lieutenant, & l'Evesque de Grenoble. La mesme année, Charles Roy de France & Dauphin, approuva, loüa & ratifia les Lettres de l'Empereur, en tant qu'elles touchoient lui & sa Terre Dalphinale. La mesme année, le mesme Empereur accorda aux habitans de cette Ville, sous le bon plaisir & la volonté notoire de Charles Roy & Dauphin, le droit de Commune, & d'avoir des *Actores*, des Syndics, des Recteurs & Consuls, & le privilege de lever pour les dépenses communes, la 16.e partie du vin qui se vendroit dans les Cabarets, & deux gros Tournois d'argent sur chaque charge de vin qui entreroit dans la Ville & qui y resteroit, à l'exception de celui qui croistroit dans les vignes des habitans ; & il ordonna que le compte de cet octroy, se rendroit devant les Syndics ou Recteurs de la Ville. Charles V. la mesme année, loüa, confirma & approuva les Lettres de l'Empereur, par les siennes qu'il adressa au Gouverneur du Dauphiné, & au Juge & Courier de Romans. En 1366. fut passé pardevant Notaire à Romans, dans la ruë *sommerie*, à l'enseigne de l'Epée, un acte entre Raoul Seigneur de Loupi, Gouverneur du Dauphiné, & certains Consuls & Conseillers de Romans, [qui sont nommez,] qui porte que le Roy ayant confirmé les privileges accordez à cette Ville, par l'Empereur Charles IV. & lui en ayant accordez de nouveaux, au sujet de la reparation des chemins, & sur les pasturages & les vendanges, les habitans s'engagent à lui payer 1000 Florins d'Or, à certains termes. Entre 1368. il se passa un nouvel acte pardevant Notaires, entre le mesme Gouverneur, & d'autres Consuls & Conseillers nommez, portant que l'on a déja payé au Roy, 200 Florins ; mais qu'à la place des 800 restants, les habitans payeront tous les ans, 50 Florins au Roy, & à ses successeurs Dauphins, qui les prendra sous sa Sauve-garde. Le Roy confirma ces actes en 1369. p. 224. & p. 225. Note *(b).*

Romans en Dauphiné. Le Roy est Coosseigneur de de cette Ville, avec l'Archevesque de Vienne, par une espece de Pariage. Charles V. confirme les privileges accordez à cette Ville par l'Empereur Charles IV. & confirmez par lui ; & il lui accorde tous les privileges dont joüissent les autres habitans du Dauphiné. 109. *Voy.* Note *(c).*

Romans. Maison du Dauphin dans cette Ville. Elle avoit appartenu autrefois à Barthon *de Moloco.* 54.

ROQUEBRUNE, Diocèse de Besiers. Diminution Feux pour ce lieu, où il y en avoit 54. en 1369. p. 212. Voy. *Feux.*

ROQUECESIERE. La Jurisdiction ordinaire de la *Roquecesiere*, continuëra d'estre jointe à celle de Milhaud. 293. III.

ROQUEFEÜILLE. Diminution de Feux pour ce lieu, où il y en avoit 4. en 1367. p. 31. Voy. *Feux*

ROQUEFORT, Builha, & S.te Colombe. Diminution de Feux pour ces lieux, où il y en avoit 30. en 1367. p. 31. Voy. *Feux.*

ROQUESEL, de la Senêschaussée de Carcassone & du Bailliage de Sault. Diminution de Feux pour ce lieu, où il y en avoit 36. en 1368. p. 122. Voy. *Feux.*

ROQUESIRIERE, de la Judicature de Villelongue, de la Senêschaussée de Toulouse. Diminution de Feux pour ce lieu, où il y en avoit 11. en 1372. p. 552. Voy. *Feux.*

TABLE DES MATIERES.

ROSANS. Voy. S.t *André de Rosans*.

ROUCY qui estoit occupé par les ennemis, est repris par les Arbalestriers de Laon. Voy. *Laon*.

ROUEN (Eschiquier de) tenu dans la quinzaine de Pasques. 1367. p. 76.

Roüen. (Le Bailli de) Les Lettres de Sauve-garde Royale pour l'Abbaye de la Valasse, lui sont adressées, & au Vicomte de son Bailliage. 400. Voy. *Valasse*. Des Lettres concernant Verneüil, lui sont adressées. 488. Voy. *Verneüil*.

Roüen. (Vicomte de) 75.

Roüen. Reglement pour la Commune de Roüen & de Falaise. Philippe-Auguste accorda ce reglement aux habitans de S.t Jean d'Angely. 671. & Note *(b)*. Voy. *les Somm*. La Piece qui est imprimée dans le premier Vol. de ce Rec. p. 306. Note *(b)* n'est point la Chartre de la Commune de Roüen ; mais un Reglement fait par des Officiers de cette Commune. 73. Note *(d)*.

Roüen. En 1367. le Maire & les Pers de Roüen, presenterent au Roy une requeste qui contenoit ce qui suit. En 1207. Philippe-Auguste accorda aux habitans de cette Ville, une Commune & Banlicuë avec Justice dans les bornes marquées dans les Lettres que Richard Roy d'Angleterre & Duc de Normandie, leur avoit accordées; & il leur demanda les Lettres du Roy d'Angleterre, qu'il retint. Philippe-Auguste par ces mesmes Lettres, leur accorda la connoissance des heritages contenus dans leur Banlicuë, des Contracts qui y seroient passez, & des querelles qui s'y exciteroient, pourvû qu'elles n'eussent point esté suivies de mort ou de blessures considerables, ou qu'elles ne regardassent point le *Plaids de l'Epée* (ou les cas Royaux,) mesme dans les cas où il n'y auroit point lieu aux gages de Bataille; & que le Maire pourroit faire assigner pour *ester* à droit, les hommes de sa Baillie ou Jurisdiction, & que nul ne pourroit les arrester que lui ou ses Officiers, sauf le droit des Seigneurs qui avoient la Justice dans quelques endroits de cette Banlicuë. Loüis VIII. en 1223. & Loüis IX. en 1226. confirmerent les Lettres de Philippe-Auguste. Sous le Regne de Philippe-le-Hardi, le Bailli de Roüen accusa le Maire d'avoir jugé des cas qui appartenoient au *Plaids de l'Epée*. Ce Prince, par ses Lettres du mois de Mai 1278. accorda au Maire la Jurisdiction du *Plaids de l'Epée*, & toute celle qui lui appartenoit dans la Ville & Banlicuë de Roüen ; à l'exception des cas de mort, blessures considerables, & de gages de bataille. En Decembre 1309. Philippe-le-Bel confirma les Lettres de Philippe-le-Hardi. Charles Duc de Normandie estant Regent du Royaume, le Procureur du Roy & les autres Officiers Royaux, troublerent le Maire dans sa Jurisdiction : Ils voulurent lui oster l'inspection sur la viande qui se vendoit dans les Foires qui se tiennent une fois l'année dans le Champ du Pardon, dans lesquelles il se perçoit des droits au profit du Roy, à qui appartient la moitié des Amendes. Ils voulurent aussi l'empescher de mettre une planche sur les bateaux, pour aller visiter les grains qui y estoient apportez par la Seine; & ils voulurent lui oster la connoissance des Clameurs de *Haro*, & des delicts commis dans le vieux Marché, où le profit des Estaux appartient au Roy. Il fut rendu à l'Eschiquier de Roüen, une sentence qui adjugeoit au Roy toutes les Jurisdictions qui estoient contestées au Maire ; mais le Regent cassa ce Jugement, & rétablit le Maire dans toute sa Jurisdiction. Il lui accorda de plus la connoissance sur les Brasseurs & sur les vendeurs de Biere, nonobstant un procés qui estoit à ce sujet, entre lui & le Procureur du Roy. Le Procureur du Roy avoit aussi accusé les Maires d'avoir commis plusieurs excés dans l'exercice de la Justice, & d'avoir commis des rapines, des incendies, des homicides & d'autres crimes ; mais le Regent, par ses Lettres du mois de Mai 1358. moyennant 3000 Ecus d'Or qui lui furent donnez, leur pardonna tous ces crimes, à l'exception des trahisons & des *Guet-à-pens ;* sauf aux particuliers à se pourvoir par la voye civile. Le Regent estant devenu Roy, confirma ces Lettres par celles du mois de Juillet 1364. Ce Prince, nonobstant la revocation faite des dons des choses Domaniales depuis le temps de Philippe-le-Bel, confirma aux Maires les donations qu'il leur avoit faites des Jurisdictions dont il est parlé cy-dessus. Il s'émut encore un procés devant l'Eschiquier, entre le Maire & les Religieux de S.t Oüyn de Roüen, ausquels le Procureur du Roy se joignit, au sujet de la basse Justice que ces Religieux prétendoient dans certaines parties de Roüen, & qu'ils disoient tenir immediatement & inseparablement du Roy, à qui appartenoit la haute & moyene Justice dans ces parties. Le Maire prétendit que le Procureur du Roy ne devoit se joindre à aucunes des Parties ; mais il fut jugé qu'il resteroit joint avec les Religieux. Le Roy ordonna aux Juges de l'Eschiquier, de surseoir au Jugement de ce procés, jusqu'à nouvel ordre. Sur toutes ces contestations, le Roy ayant entendu dans son Conseil, le rapport des Gens de l'Eschiquier, confirma au Maire les privileges à lui accordez par celles de ses Lettres cy-dessus mentionnées ; reservé aux Religieux de S.t Oüyn, le droit de se pourvoir au sujet de la Justice qu'ils pretendent avoir. 73.

Roüen. Le Maire, & non le Bailli de Roüen, a la Jurisdiction sur tous les mestiers, & specialement sur la Marée. En 1348. Sire Vincent de Valricher, Maire de Roüen, fit un Reglement sur la Marée. Le 1.er de Juillet 1369. Godefroy du Royaume, qui estoit alors Maire, de l'avis des Pers, Prud'hommes & autres du Conseil de la Ville, [*ils sont nommez*] renouvella ce reglement, en y changeant quelques articles. 251. Voy. *les Sommaires*.

Roüen. Il y avoit un Hostel des Monnoyes. 124. Prix que la Monnoye y valoit dans l'Hostel des Monnoyes, au commencement de Fevrier 1371. & prix que l'on y donnoit pour la fabrication de chaque Marc. 454.

Roüen (Les Arbalestriers de) exemptez de tous Imposts. 32. Voy. *Lagny-sur-Marne*. Privileges accordez aux Arbalestriers de Laon, conformement à ceux qui avoient esté accordez

aux

TABLE DES MATIERES.

aux Arbalestriers de Roüen. Voyez *Laon*.

Roüen. Lettres de Geoffroy Plantegenest, Duc de Normandie, & Comte d'Anjou, & de Henry son fils, Duc de Normandie, qui permettent aux Cordonniers de Roüen, de faire un Corps, dont les membres seuls pourront travailler de ce mestier; ainsi que cela se pratiquoit du temps d'Henri I. Duc de Normandie. 416.

Roüen. Les Religieux, Abbé & Couvent de S.te Trinité au Mont-S.te-Catherine, dessus Roüen, ayant representé au Roy, que depuis très-long-temps, ils ont le privilege de faire entrer dans la Ville de Roüen, & d'en faire sortir toutes les denrées necessaires pour leur provision, sans payer aucuns droits, & mesme sans estre obligez de demander aux Officiers de la Vicomté de l'Eaue, un *congé, depri* & *Franc-merel* (certificat) des denrées qui leur appartiennent, & qu'ils sont seulement assujettis à déclarer ces denrées aux *Barriers* qui sont aux portes, sans mesme pouvoir estre condamnez à l'Amende, lorsqu'ils oublient de le faire; que cependant depuis quelque temps, les Officiers de la Vicomté de l'Eaue, veulent les obliger de leur demander des certificats; & les ont fait assigner, tant en la Vicomté de l'Eaue, qu'aux Assises (du Bailli); le Roy les confirma dans ces privileges; & ordonna seulement qu'ils seroient condamnez à l'Amende, lorsqu'ils feroient de fausses declarations de denrées qui ne leur appartiendroient pas. Les Lettres sont adressées au Bailli & au Vicomte de Roüen. On exerçoit l'hospitalité dans ce Couvent. 216. 217.

Roüen. Voy. *S.t Oüyn*.

ROUERGUE. Chancellerie de la Seneschauffée de Roüergue. 695. IV.

Roüergue. (Le Seneschal de) Des Lettres concernant *Aspreriis*, lui sont adressées. 305. Voyez *Aspreriis*.

Roüergue. Le Roy ayant accordé aux Consuls & habitans de Milhaud, de ne point payer d'Imposts pendant un certain temps, & de ne pouvoir estre jugez hors de leur Ville; & le Seneschal de Roüergue, qui par ordre du Roy avoit juré l'observation de ces privileges, leur ayant voulu faire payer des Imposts, & les ayant fait citer dans la Ville de Villefranche en Roüergue, distante de Milhaud de deux journées de chemin; le Roy manda au Seneschal de Carcassone & au Viguier de Gignac, de contraindre le Seneschal de Roüergue à observer les privileges de la Ville de Milhaud. 525. Lettres concernant Milhaud, sont adressées au Seneschal de Roüergue. 291. 293. 294. Voy. *Milhaud*. Il sera à Nayac sa residence ordinaire, & y tiendra ses Assises & son Audience, de la mesme maniere qu'il les tenoit auparavant à Villefranche. 282. Voy. *Nayac*. Viguier estably à Nayac; lequel aura une Jurisdiction limitée de celle du Seneschal de Roüergue. 692. Voy. *Nayac*. Il jurera lorsqu'il entrera en Charge, de garder les privileges de Peyrusse. 704. II. Lettres qui portent que les habitans de Rhodez pourront commercer dans tout le Royaume, sans payer aucuns droits pour les marchandises qu'ils acheteront. 257. Voy. *Rhodez*.

Le Seneschal de Roüergue, le Juge de Sauveterre & les autres Officiers Royaux, jureront en entrant en Charge, d'observer les privileges de cette Ville 695. VII. Le Roy permet aux Consuls de Sauveterre, de faire les proclamations necessaires pour les affaires de la Communauté de cette Ville, sans demander permission au Seneschal de Roüergue. 288. Toutes les Terres qui appartiennent au Baron de Severac, dans la Seneschauffée de Roüergue, y ressortiront sans moyen. 232. Voy. *Severac*. Verseüil est de la Seneschauffée de Roüergue. 276. Voy. *Verseüil*. Villefranche est de sa Seneschauffée. 393. 698. Voy. *Villefranche*. Villefranche est au milieu de sa Seneschauffée. 638. Villefranche sera le Siege du Seneschal, du Juge Majeur & du Tresorier Royal de la Seneschauffée de Roüergue; & l'on ne pourra instituer de nouvel Officier Royal qui puisse porter prejudice à leurs fonctions & à leurs droits. 699. III. Il est permis aux Consuls de Villefranche de faire les proclamations necessaires pour les affaires de la Communauté de cette Ville, sans demander permission au Seneschal de Roüergue. 309. Le Seneschal & les Officiers du Roüergue, jureront d'observer les privileges de Villeneuve, la premiere fois qu'ils viendront y tenir leurs Assises. 397. XII.

Roüergue. (Tresorerie de) 288. Receveur. 693. Tresorerie ou Recette Royale de la Seneschauffée de Roüergue. 695. IV. En Decembre 1373. Guillaume l'Espinace estoit Maistre General des Monnoyes de France, & Tresorier de Roüergue. 638.

Roüergue. Voy. *Rhodez*.

ROUFFIAC. Diminution de Feux pour ce lieu, où il y en avoit 12. en 1367. pag. 31. Voy. *Feux*.

ROUJAN, Diocèse de Besiers. Diminution de Feux pour ce lieu, où il y en avoit 98. en 1369. p. 213. Voy. *Feux*.

ROULEAUX ou Livres des Juifs. 495. XXVII.

ROZOY en Tierasche, (Les habitans de) obtiennent l'exemption des Appeaux Volages de Laon; à la charge de payer chacun an au Roy 2 sols par Feux. 29. Voy. *Appeaux Volages*.

RUE. Confirmation des privileges de cette Ville. 179. La Ville de Ruë en Ponthieu sera unie inseparablement au Domaine Royal du Roy & de la Couronne de France. 180. Maire & Eschevins de cette Ville. Il est permis aux habitans de Ruë, de commercer dans le Royaume, sans payer aucuns Imposts nouveaux, pour les marchandises qu'ils acheteront; comme ils n'en payoient pas, avant que cette Ville eût esté remise sous l'obéissance du Roy. 178.

Ruë. 174. Voy. *Ponthieu*.

RUES. A Angoulesme, chacun est obligé de porter hors de la Ville, les ordures qui sont devant sa maison; ceux qui ont des bœufs, moyennant salaire, trainneront hors de la Ville, les charognes qui s'y trouveront. 682. XV. XVI. A Angoulesme, on ne jettera point d'eaux puantes dans les rues. 682. XVIII.

Tome V.

TABLE DES MATIERES.

S

SAANE. (Eaue de) 468. Voy. *Caux*.

SACRISTE du Gevaudan. 56. Voy. *Gevaudan*.

SAIN ou cloche de la Commune de Saint Jean d'Angely. 677. & Note *(rr)*. Sain *lallant* d'une lieuë. 679. III. & Note *(uu)*.

S. AMANS. Diminution de Feux pour ce lieu, où il y en avoit 9. en 1372. p. 589. Voy. *Feux*.

S. AMATORI, de la Viguerie des Allamans, de la Seneschaussée de Carcassonne. Diminution de Feux pour ce lieu, où il y en avoit 19. en 1368. p. 165. 166.

S. ANDRÉ de Rosans. Les Juges du Gapençois, en entrant dans leurs Charges, presteront serment de confirmer les privileges du Dauphiné, entre les mains des Prieurs de la Grand & de S.t André de Rosans. 63. & Note *(e)* col. 2.

S. ANDRÉ près d'Avignon. On y établit un Hostel des Monnoyes en 1367. p. 90.

S. ANTOINE de Vienne. (L'Abbaye de) Les nouveaux Dauphins avant que de pouvoir exiger les hommages & les serments de fidelité, seront obligez de jurer entre les mains de l'Evesque de Grenoble & de l'Abbé de S.t Antoine de Vienne, ou de leurs Vicaires, de maintenir les privileges du Dauphiné; & s'ils refusent de faire ce serment, on ne sera point obligé de leur obéir, ni à leurs sujets. 53. LII. Les Gouverneurs du Dauphiné avant d'entrer dans les fonctions de leurs Charges, jureront entre les mains de l'Evesque de Grenoble & de l'Abbé de S.t Antoine de Vienne, d'observer les Libertez & privileges accordez aux habitans du Dauphiné. 59.

S. ARNAC. Diminution de Feux pour ce lieu, où il y en avoit 6. en 1367. p. 31. Voy. *Feux*.

S. AUGUSTIN. (Ordre de) Voy. *Ordre de S.t Augustin*.

S. BEAT. Diminution de Feux pour ce lieu, où il y en avoit 15. en 1372. pag. 608. Voy. *Feux*.

S. CHRISTOL. Voy. *Ville-vieille*.

S. CYBAR, Abbaye de l'Ordre de St. Benoist, près d'Angoulesme, a esté fondée par les Rois de France, & a esté & a dû toûjours estre sous leur Sauve-garde. Lettres de confirmation de cette Sauve-garde, adressées au Gouverneur de la Rochelle. 591.

S. CLAUDE (L'Abbaye de) dans la Franche-Comté, estoit autrefois nommée *Condatescense Monasterium*, & depuis *S.t Ouan de Joux*. Elle avoit autrefois le droit de battre Monnoye. Elle a plusieurs Prieurez & des biens dans le Bailliage de Mâcon. Le Roy ayant esté informé que l'Abbé de S.t Claude faisoit faire de la Monnoye d'Or & d'Argent contrefaite à la sienne, qui se répandoit dans le Royaume, il ordonna au Bailli de Mâcon de saisir tous les biens que cette Abbaye avoit dans son Bailliage. 661.

S. CLEMENT. Diminution de Feux pour ce lieu, où il y en avoit 4. en 1372. pag. 589. Voy. *Feux*.

S. CLOU. En 1370. les Juifs payent 1500 livres pour la refection de la Tour de S. *Clot*. 497.

S. COSME, & S. Damien. Les Barbiers de Paris, ne peuvent exercer leur mestier, le jour de la Feste de ces Saints. 441. VI.

S. DENIS en France. En 1368. Guy II. dit Monceaux, Abbé de S.t Denis, & Conseiller du Roy, lui ayant representé, qu'ayant fait diminuer considerablement & fortifier l'enceinte de cette Ville, qui estoit trop vaste, un grand nombre d'Ouvriers de differents mestiers, entre autres, d'ouvriers en draps, sont sortis de cette Ville, laquelle est très-propre pour les manufactures de draps; le Roy ordonna que tous les Ouvriers en draps, pourroient s'y establir & y fabriquer des draps selon qu'ils le jugeroient à propos, sans s'assujetir aux reglements faits, tant pour la draperie de S.t Denis, que pour celles des autres endroits du Royaume. 117. Les Bourgeois & habitans de cette Ville & de ses Faux-bourgs, sont exempts de *Prises*, [Voy *le détail*] soit dans la Ville, soit sur les chemins. S'il s'éleve des contestations à ce sujet, elles seront décidées par les Juges ordinaires, & le Roy en interdit la connoissance à ses Maistres d'Hostel & à ceux de la Reine, des Enfans de France & des Princes du Sang. 481.

S. Denis (L'Abbaye de) exemptée des droits d'Admortissements. 722. Note *(b)*. Chaourse, Bouilliaux & Vien-sur-Aisne, de la Prevosté Foraine de Laon, appartenants à l'Abbaye de S.t Denis en France, qui y avoit un Bailli. 246. Thoury lui appartient. 203. Voy. *Thoury*.

S. DEZARI. Voy. *Montlaur*.

S. DONAT. Les Juges du Viennois & du Valentinois, en entrant dans leurs Charges, presteront serment de conserver les privileges du Dauphiné entre les mains du Precepteur de S.t Paul & du Prieur de S.t Donat. 63.

S. ESTEPHE, de la Judicature de Verdun, de la Seneschaussée de Toulouse. Diminution de Feux pour ce lieu, où il y en avoit 3. en 1372. p. 551. Voy. *Feux*.

S. EUSTACHE de la Forest & S.t Jean de la Neuville, dans le Bailliage de Caux. Les habitans de ces deux lieux sont exempts de guet dans les Chasteaux & Forteresses, & de plusieurs sortes d'impositions qui se levent entre le chef de Caux & l'eaue de Saane, moyennant une redevance annuelle qu'ils payent au Roy, & l'obligation dans laquelle ils sont de nettoyer le Havre, qui est entre les Villes d'Harfleur & de Leure. Le Capitaine du Comte de Tancarville, ayant voulu les obliger de faire guet le jour & la nuit dans ce Chasteau, le Roy les maintint dans leurs privileges. 467.

S. FELIX, de la Viguerie des Allamans, de la Seneschaussée de Carcassone. Diminution de Feux pour ce lieu, où il y en avoit 23. en 1368. p. 165. 166. Voy. *Ville-Vieille*.

S. FLOUR est la clef du Royaume, du costé de l'Aquitaine. Le Roy confirme cette Cité dans le droit dont elle joüit de temps immemorial, de créer tous les ans trois Consuls qui ont la clef des portes & la garde des murs, d'avoir un tresor commun & un sceau, dans tous ses autres privileges, & l'accord fait entre les Consuls de cette Ville & l'Abbé [ou l'Evesque,] confirmé par Philippe de Valois, & par le Parlement. Les Lettres sont adressées au Bailli des Montagnes d'Auvergne. 582.

S. GERVAIS. Diminution de Feux pour ce lieu, où il y en avoit 214. en 1369. p. 188. Voy. *Feux.*

S. GERVASI, de la Viguerie de Nismes, de la Seneschaussée de Carcassone. Diminution de Feux pour ce lieu, où il y en avoit 24. en 1373. p. 641. Voy. *Feux.*

S. GUILLEM du Desert, de la Viguerie d'Anianc. Diminution de Feux pour ce lieu, où il y en avoit 124. en 1367. p. 79. Voy. *Feux.*

S. JANGON. En 1367. le Roy promet de confirmer les privileges des habitans de ce Bailliage. 18. XIII.

S. JEAN d'Angely. En 1204. Philippe-Auguste authorise & confirme la Commune des Jurez de cette Ville, afin qu'ils soient plus en estat de deffendre ses droits & les leurs; sauf cependant les droits de l'Eglise de S.t Jean d'Angely, & des autres Eglises. Il permet aux Bourgeois de marier leurs enfans & mesme les veuves, sans qu'on puisse s'y opposer. Il leur accorde la tutelle de leurs enfants; & leur permet de faire des testaments soit de leur bouche, soit par le ministere de leurs amis. Enfin il leur accorde tous les privileges de la Commune de Roüen. La mesme année, au mois de Novembre, il leur envoye la Chartre de Commune de Roüen, inserée dans les Lettres qu'il leur envoye. Au mois de Juillet 1331. Philippe de Valois confirme le Maire & les Jurez de la Maison Commune de cette Ville, les anciens droits & privileges dont ils ont joüi. Le 9. Novembre 1372. Charles V. voulant recompenser le Maire, les Bourgeois & Jurez de cette Ville, qui estant informez du droit qu'il avoit sur le Duché de Guyenne, l'avoient reconnu pour leur souverain Seigneur, confirma tous leurs anciens privileges; & leur accorda ceux qu'il avoit octroyez à la Ville d'Abbeville, & qu'il avoit intention d'octroyer à celle de la Rochelle. Charles V. par des Lettres non datées, [*Voy.* p. 679. Note (*tt*)] leur accorda de nouveaux privileges. 667. Voy. *les Sommaires.*

S. *Jean d'Angely.* Le Roy voulant recompenser les Maire, Bourgeois & Jurez de cette Ville, qui depuis peu s'estoient soûmis à son obéissance, leur donna des Lettres de Sauve-garde Royale, dont il ne voulut cependant pas qu'ils pussent se servir les uns contre les autres. Il manda au Seneschal de Saintonge, de leur donner des Sergents pour Gardiens. 533. Les Lettres de privileges accordez à cette Ville, sont adressées au Seneschal de Saintonge. 678. Pendant que le Roy d'Angleterre avoit esté maistre de cette Ville, il y avoit mis de nouveaux Imposts. 678. IV.

S. *Jean d'Angely.* Le Seneschal de Saintonge sera appellé, lorsque les Maires de cette Ville imposeront des Tailles sur les habitans pour les fortifications; desquelles Tailles, ils rendront compte devant ce Seneschal. Le Roy les décharge de tout ce qu'ils ont levé jusqu'à present, pour ces fortifications. Les Maires & Jurez contraindront au payement, ceux sur lesquels ils ont Jurisdiction, & les autres y seront contraints par le Seneschal de Saintonge. 535.

S. *Jean d'Angely.* Les Ecclesiastiques qui demeurent dans cette Ville, & qui y ont des biens, payeront les Tailles imposées pour les fortifications de la Ville; attendu qu'ils sont aussi interessez que les autres habitans à la sûreté & à la deffense de la Ville. Le Seneschal de Saintonge les contraindra de payer ces Tailles; & ils assisteront au compte des deniers qui auront esté levez. 536.

S. *Jean d'Angely.* Le Roy donne aux Bourgeois & habitans d'Angoulesme, la mesme Commune dont joüissoient le Maire, les Eschevins & les Bourgeois de Saint Jean d'Angely. 581. Voy. *Angoulesme.*

S. *Jean d'Angely,* (L'Abbaye de) de l'Ordre de S.t Benoist, du Diocése de Saintes, est de fondation Royale. Lettres de Sauve-garde pour cette Abbaye, adressées aux Gouverneur de la Rochelle, & au Bailli des Exemptions de Poictou & de Saintonge. 664.

S. JEAN de Jerusalem. (Ordre de) Confirmation de la Sauve-garde Royale accordée à cet Ordre. 78. La connoissance des affaires de cet Ordre, appartient au Roy. 479. 1. Bourgneuf dans l'Aunis, dépend de cet Ordre. Il y a un Commandeur & Precepteur. 666. Voy. *Bourgneuf.*

S. JEAN de Lône. On y payoit une Reve & des Impositions sur les marchandises qui sortoient du Royaume. 478. VIII.

S. JEAN de la Neuville. 467. Voy. *S.t Eustache en Forest.*

S. JORG, S. Rustice, S. Selvador, de la Seneschaussée de Toulouse. Diminution de Feux pour ces lieux, où il y en avoit 30. en 1372. p. 589. Voy. *Feux.*

S. JULIEN. Diminution de Feux pour ce lieu, où il y en avoit 8. en 1373. p. 638. Voy. *Feux.*

S. JOUIN de Marnes. Philippe de Valois accorda des Lettres de Sauve-garde Royale à cette Abbaye, & il adressa au Seneschal de Poictou & au Bailli d'Anjou, ausquels il enjoignit de les faire publier dans leurs Assises. Charles V. accorda la confirmation de ces Lettres aux Religieux de cette Abbaye, qui pendant quelque temps avoient esté sujets d'Edoüard d'Angleterre, ou du Prince de Galles son Fils, sous la souveraineté du Roy, & qui estoient devenus très-pauvres; & il adressa ses Lettres au Bailli des Exemptions & des Ressorts Royaux du Comté de Poictou. 610.

S. LADRE. (Mal) Maladerie du Val près d'Abville, où l'on reçoit les Malades de cette Ville, attaquez du mal de S.t Ladre (Lepre). 197. Voy. *Abbeville,* & *Ladres.*

S. LAURENT de Grenoble. 60. & 61. Note Voy. *Grenoble.*

S. LO est une des 17. Villes de la Draperie du Royaume, qui portent des draps à la Foire du Lendit. Elle est grande & spacieuse, & avant les

f s ij

guerres, & la mortalité qui l'a affligée, il y venoit un grand nombre de personnes, françois ou étrangers, qui y apportoient des marchandises, & qui y achetoient des draps. Le Roy voulant rétablir le commerce qui estoit tombé dans cette Ville, & augmenter les rentes & revenus de l'Eglise de Coustances, ordonna que les fabriquans de draps de cette Ville, ne pourroient les faire transporter dehors, qu'ils ne les eussent exposez en vente dans les lieux où l'on vend les draps, pendant trois jours de marché qui se tient le Jeudi; mais que ceux qui les acheteroient, pourroient les faire transporter aussi-tost qu'ils auroient payé les Aides & les Hallages. Les Lettres sont adressées aux Baillis de Caën & de Coustances, & aux Vicomtes de Bayeux & de Coustances. 420.

S. *Lô* en Côtantin. Le dernier d'Octobre 1369. l'Escuyer du Mareschal de Blainville, ayant demandé à Thomas Varot, Bourgeois de cette Ville, & Lieutenant du Capitaine, du linge pour le service de ce Mareschal, il s'émut entre eux une querelle, à laquelle prit part Jean le Prestrel, Bourgeois de cette Ville, & quelques autres domestiques du Mareschal, qui firent sonner des trompettes. Les habitans croyans que c'estoient les ennemis, se retirerent dans l'Eglise N. D. sonnerent le tocsin, & fermerent les portes de la Ville. Le Mareschal arriva, & ordonna aux habitans de se retirer dans leurs maisons, ce qui fut fait; mais il fit emprisonner Varot & Prestrel, & commença un procès contre les habitans, qui obtinrent des Lettres de remission. 289. Note *(a)*.

S. Louis, de la Viguerie de Limoux. Diminution de Feux pour ce lieu, où il y en avoit 26. en 1371. p. 466. Voy. *Feux*.

S. Maixent en Poictou. (L'Abbaye de) Le corps de ce Saint y repose. Elle ressortissoit anciennement devant le Bailli & Juge de Touraine, au Siege Royal de Loudun. Le Roy ayant transféré ce Siege à Chinon, Charles V. en consideration de l'Abbé Guillaume son Conseiller, ordonna que cette Abbaye ressortiroit devant le Bailli [des Exemptions de l'Anjou & de la Touraine, au Siege de Chinon;] il confirma ses autres privileges, & il ordonna au Bailli des Exemptions du Comté de Poictou, de la faire jouïr du contenu dans les Lettres accordées à ce sujet. 625. 626. Le Comté de Poictou ayant esté donné à Jean Duc de Berry, le Roy renouvella des Lettres de ses predecesseurs, qui avoient reglé le ressort de cette Abbaye, dans differens temps pendant lesquels le Poictou n'estoit pas dans les mains du Roy. 545. Le Roy ayant établi dans la Ville de S. Maixent, qui appartient à cette Abbaye, le Siege du Bailli des Exemptions du Poictou, & les Religieux lui ayant representé qu'il n'avoit pû & n'avoit pas dû le faire, attendu que cela estoit contraire à leurs privileges, il ordonna que ce Siege n'y demeureroit plus que pendant deux ans; & que ce Bailli ne pourroit connoistre des affaires de cette Abbaye, qui seroient portées à Chinon. 626. Le Roy voulant recompenser l'Abbé & les Religieux de ce Monastere, qui s'estoient soûmis à lui le premier de Septembre 1372. leur confirma tous les privileges dont ils avoient joüi depuis que le Duché d'Aquitaine & le Poictou avoient esté cedez à Edoüard d'Angleterre. Les Lettres sont adressées aux Seneschaux d'Angoulesme , de Saintonge, de Poictou & de Limoges. 545.

S. Mard. 390. Voy. *Aure. (D')*

S. Martin de Loudres. Diminution de Feux pour ce lieu, où il y en avoit 26. en 1372. p. 589. Voy. *Feux*.

S. Martin de Miseré. Les Juges du Graisivaudan, en entrant dans leurs Charges, presteront serment de confirmer les privileges du Dauphiné, entre les mains des Prieurs de S. Robert de Corvillon, & de S. Martin de Miseré. 63.

S. Martin de Tours. Voy. *Tours (S.t Martin de)*

S. Martin de la Peyrales. Diminution de Feux pour ce lieu, où il y en avoit 9. en 1367. p. 31. Voy. *Feux*.

S. Michel en Lerm. (L'Abbaye de) Une partie des Isles de Ré, d'Ais & de Leis, sont de sa Seigneurie. 564. Voy. *Ré*.

S. Nicolas de la Grave, de la Judicature de Verdun, de la Seneschaussée de Toulouse. Diminution de Feux pour ce lieu, où il y en avoit 20. en 1372. p. 551. Voy. *Feux*.

S. Ouyn de Roüen. Procès entre les Religieux & l'Abbé de S. Oüyn de Roüen, & le Maire de cette Ville, au sujet de la basse Justice qu'ils pretendoient dans quelques endroits de cette Ville. Voy. *Roüen*. Confirmation des Lettres d'un Roy d'Angleterre, par lesquelles cette Abbaye est exemptée de toutes sortes d'Imposts. 223.

S. Paul des Allamans, de la Viguerie des Allamans, de la Seneschaussée de Carcassone. Diminution de Feux pour ce lieu, où il y en avoit 41. en 1368. p. 165. 166. Voy. *Feux*.

S. Paul, de l'Ordre de S. Jean de Jerusalem. Les Juges du Viennois & du Valentinois, en entrant dans leurs Charges, presteront serment de conserver les privileges du Dauphiné, entre les mains du Precepteur de S. Paul & du Prieur de S. Donat. 63.

S. Paul de Fenouillede. Diminution de Feux pour ce lieu, son territoire, & Chabanes, dans lesquels lieux il y en avoit 175. en 1369. pag. 188. Voy. *Feux*.

S. Pierre-le-Moustier. En 1367. Le Roy promet de confirmer les privileges des habitans de ce Bailliage. 18. XIII. Des Lettres Royaux qui regardoient le Berry, qui appartenoit au Duc Jean, sont adressées au Bailli de S. Pierre-le-Moustier. 218. Voy. *Bourges*. Il est Gardien de l'Abbaye de Grammont, Diocese de Limoges. 567. Voy. *Grammont*.

S. Pol. Aide accordée en 1367. par les Nobles & Bourgeois des Comtez d'Artois, de Boulogne & de S. Pol. 82. Voy. *Artois*.

S. Pourcein. Il y avoit un Hostel des Monnoyes. 124. Prix que la Monnoye y valoit dans l'Hostel des Monnoyes, au commencement de Fevrier 1371. & prix que l'on y donnoit pour

TABLE DES MATIERES.

la fabrication de chaque Marc. 454.
- S. QUENTIN. Il y avoit un Hostel des Monnoyes. 124. Monnoye d'Argent. 665. Prix que la Monnoye y valoit dans l'Hostel des Monnoyes, au commencement de Fevrier 1371. & prix que l'on y donnoit pour la fabrication de chaque Marc. 454.
- S. RIQUIER. Toussaint Raïer estoit en 1346. Garde du Scel du Bailliage d'Amiens, establi en la Prevosté de S.t Riquier. 180. Voy. *Mayoc.* Les affaires du Prieuré de S.t Pierre d'Abbeville, que l'on portoit dans cette Prevosté, seront portées au Bailliage d'Amiens. 201. Voy. *Abbeville.* Les procés du Ponthieu ne seront plus portez aux Prevostez de S.t Riquier & de Vimeux, au Bailliage d'Amiens. 174. 175. Voy. *Ponthieu.*
- S. ROBERT de Corvillon. Les Juges du Graysivaudan, en entrant dans leurs Charges, presteront serment de confirmer les privileges du Dauphiné, entre les mains des Prieurs de S.t Robert de Corvillon, & de S.t Martin de Miseré. 63.
- S. ROBERT de Grenoble. 60. & 61. Note. Voy. *Grenoble.*
- S. ROMAIN de Lodieres. Diminution de Feux pour ce lieu, où il y en avoit 7. en 1372. pag. 589. Voy. *Feux.*
- S. RUSTICE. Voy. *S.t Gorg.*
- S. SARDOS, de la Seneschaussée de Toulouse, de la Judicature de Verdun. Diminution de Feux pour ce lieu, où il y en avoit 37. en 1371. p. 413. Voy. *Feux.*
- S. SAUVE (Les Religieux de) dans Montreüil-sur-Mer, ont un Vicomte dans cette Ville. 619. Voy. *Montreüil-sur-Mer.*
- S. SELVADOR. Voy. *S.t Jorg.*
- S. SOUPPLIS, de la Chastellenie de Vernon. 168. Voy. *Vernon.*
- S. SULPICE de la Pointe, de la Judicature de Villelongue, de la Seneschaussée de Toulouse. Diminution de Feux pour ce lieu, où il y en avoit 126. en 1371. p. 417. Voy. *Feux.*
- S. VICTOR-les-Paris. Les Religieux & Abbé de ce Couvent, Ordre de S.t Augustin, ont esté fondez par Loüis le Gros, d'abord à Puiseaux, ou Puiseaux en Gastinois. Il leur donna cette Ville, avec la Seigneurie, Justice haute, moyenne & basse, les Fiefs, un marché Royal un jour la semaine, & l'eau d'Essone, (*la riviere de Juine ou d'Estampes,*) qui est auprès. Il les transfera ensuite au lieu de S.t Victor; mais il resta à Puiseaux un Prieuré membre de cette Eglise. Il y a dans l'Eglise & Prieuré de Puiseaux un grand Fort, qui contient une grande partie des maisons de ce Prieuré, & le Roy, à la requeste de ces Religieux, y établit un Capitaine. Le Roy ayant donné à Loüis de Maleval, (ou *Maulonart,*) le Château ou Chastellenie de Chasteaulandon; celui-ci, quoique les Religieux de S.t Victor ayent toûjours esté sous la Sauve-garde Royale, & ayent pour Gardien le Prevost de Paris, qui est Juge de tous leurs procés; excepté de ceux qu'ils ont contre des personnes qui ont droit de ressortir au Parlement de Paris, voulut faire ressortir à Chasteaulandon ces Religieux, ou du moins, le Fort,

Prieur & Prieuré, & tout le temporel qu'ils ont dans Puiseaux; & il engagea mesme le Capitaine établi par le Roy, à lui donner les clefs du Fort, où il l'établit Capitaine de par lui; mais le Roy conserva ces Religieux dans le droit de Sauvegarde Royale, & d'avoir pour Gardien, le Prevost de Paris, à qui il donna le pouvoir d'établir au nom du Roy, un Capitaine dans ce Fort. Louis de Maulonart & Raymond de Manuel, tentants de s'attribuer Jurisdiction sur les Religieux de Saint Severin de Chasteaulandon, sur le Prieuré de Puiseaux, & sur quelques autres exempts, qui avoient coustume de ressortir à Chasteaulandon, le Roy, attendu que dans les Terres qu'il avoit données à Maulonart & à Manuel, il n'y avoit pas de droit de Bourgeoisie, ordonna par ses Lettres adressées au Bailli de Melun, qu'il y auroit un Prevost des Exemptions pour rendre la Justice à ces exempts qui ressortissoient à Chasteaulandon; mais comme il n'y avoit point de Bourgeois du Roy à Puiseaux, il ordonna que ce lieu ne seroit pas soûmis en aucun cas, à la Jurisdiction de ce Prevost des Exemptions, mais qu'il ressortiroit devant le Prevost de Paris. 335. 382.
- SAINTE Catherine. Le Couvent de la Trinité au Mont-Sainte-Catherine, dessus Roüen. 216. Voy. *Trinité,* (*Le Couvent de la*) & *Roüen.*
- SAINTE Chapelle du Palais Royal à Paris. Charles V. donne la Terre de l'Engennerie aux Tresorier & Chanoines de la Sainte Chapelle, ses Chapelains. Dans la suite, en 1367. il ordonna que toutes les affaires qui regarderoient cette Terre, seroient portées sans moyen, au Parlement de Paris, & que les Chanoines pourroient associer le Roy dans les procés qu'ils soûtiendroient par rapport à elle. Le Roy ordonne aussi à la Chambre des Comptes de Paris, de veiller à l'execution de ces privileges accordez à la Sainte Chapelle. 2. 3. Il y a de pretieuses Reliques dans son Tresor. Avant Henri III. les Rois portoient toûjours sur eux la clef de ce Tresor, & lorsqu'il estoit necessaire de l'ouvrir, ils l'envoyoient aux premiers Presidents de la Chambre des Comptes. Depuis Henri III. ces premiers Presidents portent toûjours sur eux la clef de ce Tresor, qu'ils ne peuvent ouvrir sans une Lettre de Cachet. On l'ouvre très-rarement. 1. Note *(b).*
- SAINTE Croix de Fontanez. Voy. *Montlaur.*
- SAINTE Genevieve, de la Chastellenie de Vernon. 168. Voy. *Vernon.*
- *Sainte* Manchould. Busancy en Champagne en releve. 93. Voy. *Bar.*
- *Sainte* Manchould. Thibaud V. Roy de Navarre, & Comte de Champagne, Seigneur en partie d'Aure & de S.t Mard, y a seul le droit d'ost & de Chevauchée, suivant la Coûtume de Sainte Manchould, & ne pourra aliener sa Seigneurie, qu'à celui qui tiendra le Chasteau de S.te Manchould. 390. Voy. *Aure.* (*D'*)
- *Sainte* Manchould. Les Lettres de la Commune de Valmis, sont adressées au Prevost de S.te Manchould. En 1317. & en 1323. Martin Chane estoit Garde-Scel de cette Prevosté. Voy. les

Tome V.

noms de plusieurs Notaires de ce lieu, dans ces années. 486.
Sainte Marie du Vœu, dite la Valasse. (L'Abbaye de) 400. Voy. *Valasse.*
SAINTES. L'Abbaye de S.ᵗ Jean d'Angely est de ce Diocèse. 664.
SAINTONGE. Les Isles de Ré, d'Ais & de Leis, dépendent de cette Province. 564. Voy. *Ré.*
Saintonge (Le Seneschal de) fait payer aux Ecclesiastiques de S.ᵗ Jean d'Angely, les Tailles imposées sur eux pour les fortifications de la Ville. 536. La Commune d'Angoulesme presente trois personnes au Seneschal de Saintonge, & il en choisit une pour estre Maire. 680. Les Lettres de Sauve-garde pour la Ville de Saint Jean d'Angely, lui sont adressées. 533. 678. Il sera appellé, lorsque les Maires & Jurez de S.ᵗ Jean d'Angely, imposeront des Tailles sur les habitans, pour les fortifications de la Ville; & ils lui rendront compte de ce qui aura esté levé. Il contraindra au payement de ces Tailles, les habitans de cette Ville, qui sont sous sa Jurisdiction. 535. Voy. *S.ᵗ Jean d'Angely.* Des Lettres concernant l'Abbaye de S.ᵗ Maixent en Poictou, lui sont adressées. 545. Voy. *S.ᵗ Maixent.*
Saintonge. (Bailli des Exemptions de) Les Lettres de Commune d'Angoulesme, lui sont adressées. 670. Voy. *Angoulesme.*
Saintonge (La) rentre sous l'obéissance du Roy. 557. Voy. *Poictou.* Guerre en ce pays en 1372. p. 564. Voy. *Ré.*
Saintonge. Voy. *Xaintonge.*
SAISIE. On ne pourra saisir les biens des habitans du Dauphiné, que dans les cas marquez par le Droit. 56. Procedures differentes qui doivent estre faites dans les differents cas de saisine & de nouvelleté. 520. 521.
Saisie. Dans le Dauphiné on ne fera point de saisie dans les maisons des Nobles, lorsqu'ils auront hors de leurs maisons, des effets que l'on pourra saisir. 40. VII. A Puy-Mirol, on ne pourra saisir les effets des habitans de cette Ville, par l'ordre de quelque personne que ce soit, sans avoir presenté cet ordre au Bailli ; & les effets qui auront esté saisis après cette formalité, ne pourront estre vendus que quinze jours après celui de la saisie ; excepté pour les dettes Fiscales. 312. IV.
Saisie du temporel des Gens d'Eglise. 654. Voy. *Eglises. (Gens d')* Saisie du temporel de l'Abbaye de S.ᵗ Claude. 661. Voy. *S.ᵗ Claude.*
SAISSAC, de la Chastellenie de Montreal & de la Seneschaussée de Carcassone. Diminution de de Feux pour ce lieu, où il y en avoit 174. en 1372. p. 502. Voy. *Feux.*
SALLE du Roy. (Huissier de la) 198.
SAPONNAY qui estoit occupé par les ennemis, est repris par les Arbalestriers de Laon. Voy. *Laon.*
SARLAT. Le Roy pour recompenser les Consuls & les habitans de Sarlat, qui l'avoient reconnu pour leur souverain, leur accorda des privileges ; sauf les droits de l'Abbé (depuis Evesque) & des Consuls. 338. Voy. *les Sommaires.* pp. 343. 344. Il y avoit un Bailli Royal à Sarlat. 342. X. Par les mesmes motifs, il ordonna que lorsqu'ils laisseront prendre des deffauts contre eux, dans les Jurisdictions de la Seneschaussée de Perigord & du Duché d'Aquitaine, ils ne payeront que la moitié des Amendes ausquelles les deffaillans sont condamnez. 345.

Sarlat. Trois articles d'une Ordonnance de Philippe-le-Bel, touchant les Sergents, seront observez dans la Ville de Sarlat. 345.
SARMASIO. *(Locus de)* 299. Voy. *Tartas.*
SARRAUT, de la Judicature de Verdun, de la Seneschaussée de Toulouse. Diminution de Feux pour ce lieu, où il y en avoit 41. en 1372. pag. 551. Voy. *Feux.*
SALVETAT, dans le Comté de Gaure. Le 9. d'Avril 1369. il y eut un traité passé entre le Comte d'Armagnac & deux Consuls de cette Ville, au nom des autres, qui portent que ces habitans adherent à l'appel fait par ce Comte, au Roy & à son Parlement, des extorsions & autres injustices faites par le Duc d'Aquitaine, leur Seigneur, qu'ils sont des mesmes promesses qu'ont faites tous ceux qui ont adheré à cet appel, qu'ils se mettent sous l'obéissance du Roy, & qu'ils mettront dans leur Ville des Pennonceaux aux armes du Roy, pour marque de protection & de Sauve-garde Royale. Le Comte leur promit de faire reerire & confirmer leurs Coustumes qui estoient si anciennes, qu'elles avoient esté rongées par les mites & par les rats, en sorte qu'on ne pouvoit plus les lire. Il leur promit qu'on leur accorderoit encore d'autres privileges. Le Roy confirma ce traité, & il adressa ses Lettres au Seneschal de Toulouse. 385.
SASSENAGE. *Disderius* Coofseigneur de Sassenage en 1367. p. 85.
SAVETIERS, Courvoisiers. 273. Note *(c).*
SAVIGNARGUES. Voy. *Ville vieille.*
SAVIGNY, (L'Abbaye de) Ordre de Cisteaux, Diocèse d'Avranches. Lettres de Sauve-garde Royale pour les Abbé, Religieux, Moines & Confreres de cette Abbaye. Elles sont adressées aux Baillis de Caën & de Coustances & aux Seneschaux d'Angers & de Mayenne. 351.

SAULT. Seneschaussée de Carcassone, du Diocèse d'Alet. Noms des lieux du Bailliage de Sault.

Aniort.	Gibès.
Aplet.	Honat.
Belcaire.	Jocou.
Belfort.	Marsa.
Belvis.	Masubi.
Bessede.	Monpier.
Bousquet.	Munez.
Cabrieres.	Planzol.
Camurac.	Rodome.
Comuz.	Roquefel.
Escouloubre.	Saumagrac.
Espezel.	Serrebenf.
Fontanes.	Spanget.
Galinhargues.	Tombaleran.
Gavaussac.	

Sault dans le Diocèse d'Alet. Pierre *Pererii* en estoit Bailli vers 1369. p. 188.
SAUMAGRAC, de la Seneschaussée de Carcassone,

TABLE DES MATIERES.

& du Bailliage de Sault. Diminution de Feux pour ce lieu, où il y en avoit 2. en 1368. pag. 122. Voy. *Feux*.

SAUMUR. Foüages levez dans cette Ville. 603.

SAVOYE, (Comté de) de l'Empire. On y transportoit le sel par le Dauphiné. Les habitans des Diocéses de Lyon, de Mâcon & de Challon, venoient y en acheter secretement. 404. Voy. *Dauphiné*.

Savoye. Echange de Terres fait en 1354. entre le Roy Jean & Charles son fils, & Amé VI. Comte de Savoye. 58. Voy. *Dauphiné*. Aide accordée au Roy en 1367. par les habitans de Dauphiné, pour racheter des Chasteaux occupez par le Comte de Savoye. 64. Les Estats du Dauphiné accordent une Aide au Roy en 1367. pour retirer des Chasteaux des mains du Comte de Savoye. 84.

SAVOIS. Entre autres exceptions ausquelles on renonce dans un acte, se trouve le droit de *Savois* & de *Cisteyaux*. 381.

SAURAT. 299. Voy. *Tartas*.

SAUSENS, de la Chastellenie de Montreal. Diminution de Feux pour ce lieu, où il y en avoit 20. en 1371. p. 466. Voy. *Feux*.

SAUVE-GARDES. Le Roy peut seul en donner. 479. VI. La connoissance des affaires qui font sous la Sauve-garde Royale, appartient au Roy. 479. I. L'infraction d'une Sauve-garde Royale, est un cas Royal. 429. 479. II.

Sauve-garde. Les Bourgeois du Roy sont sous sa Sauve-garde. 617. Voy. *Bourgeois du Roy*.

Sauve-garde Royale. La Ville & les habitans de Cahors, seront sous la Sauve-garde du Roy; & le Seneschal de Cahors jugera dans cette Ville, les infractions faites à cette Sauve-garde; sauf les droits des Seigneurs Justiciers, dans l'étenduë de la Jurisdiction desquels ces infractions auront esté commises. 325. II. 328. XVII. Les Arbalestriers de Compiegne, ainsi que les autres gens de guerre, sont sous la Sauve-garde du Roy. 145. II. Le Dauphin renonce aux Sauve-gardes qu'il a accordées depuis dix ans à des sujets des Nobles; & il n'en accordera plus dans la suite, si ce n'est de leur consentement; à condition cependant que les Nobles n'accorderont point de Sauve-gardes aux sujets du Dauphin. 46. XXVIII. Sauve-garde Royale accordée aux Arbalestriers de Laon. 67. II. On ne troublera point les Gens d'Eglise du Diocése de Mende, dans l'exercice de leur Justice spirituelle & temporelle, sous pretexte de Sauves-gardes anciennes. 633. VI. Les Consuls de Peyrusse seront Juges en premiere instance de tous les procès civils & criminels qui s'eleveront dans cette Ville & dans son Territoire; à l'exception du crime d'infraction de Sauvegarde Royale, & autres cas Royaux. 708. II. Les habitans des Isles de Ré, d'Ais & de Lois, sont sous la Sauve-garde Royale, de laquelle ils ne pourront se servir les uns contre les autres. 566. VI. La Ville de la Rochelle sera sous la Sauvegarde Royale; & le Gouverneur en sera le Gardien. 573. IV.

Noms des Lieux ausquels il a esté accordé des Lettres de Sauve-garde Royale.

Abbeville. (La Ville d')	Longpont.	Rochelle. (La)
Balania.	Mans. (L'Evesque & le Chapitre du)	Romans.
Buostel.		S.t Cybar. (L'Abbaye de)
Cahors.	Marmoustier.	S.t Jean d'Angely. (La Ville de)
Celestins de Paris.	Milhaud.	
Cercamp.	Montpellier. (L'Université de)	S.t Jean d'Angely. (L'Abbaye de)
Chaalis.		
Chartreux de Paris.	N. D. les-prez-les-Troyes.	S.t Jean de Jerusalem. (Ordre de)
Cisteaux. (L'Ordre de)	Paris. (Ouvriers de la Monnoye de)	
Clairvaux.		S.t Joüin de Marnes. (L'Abbaye de)
Foulcarmont.	Poictiers. (Doyen & Chapitre de)	
Froimont.		S.t Martin de Tours.
Gard.	Poictiers. (Ouvriers de la Monnoye de)	S.t Victor de Paris.
Grammont. (L'Abbaye de)		Salvetat.
Hospital S.t Jacques, à Paris.	Poissy. (Les Religieuses de)	Sarlat. (Le Consulat de)
Joyenval.	Pomponne. (Le Prieuré de)	Savigny. (L'Abbaye de)
Juifs. (Les)	Pontigny.	Solignac. (L'Abbaye de)
Liget. (Le Couvent de)	Rhodez. (Consulat & Consuls de)	Valasse. (L'Abbaye de la)
Limoges. (Le Chapitre de)		Vauccles.

SAUVETERRE. En Novembre 1369. cette Ville n'estoit pas encore réduite sous l'obeïssance du Roy. Le Juge de Nayac le sera aussi de Sauveterre. 692. Voy. *Nayac*.

Sauveterre, de la Seneschaussée de Roüergue. Le Roy voulant recompenser l'obeïssance qu'il avoit trouvée dans les Consuls & habitans de Sauveterre, qui dans le fait de l'appellation contre Edoüard d'Angleterre, s'estoient soûmis à son obeïssance, il leur permit de faire les proclamations necessaires pour les affaires de la Communauté de cette Ville, (sans demander permission au Seneschal de Roüergue.) 288. Le Roy voulant recompenser les Consuls & habitans de cette Ville, qui s'estoient soûmis à son obeïssance, leur accorda des privileges. 694. Voy. *les Sommaires*.

SAUVIAN, Diocése de Besiers. Diminution de Feux pour ce lieu, où il y en avoit 75. en 1369. p. 212. Voy. *Feux*.

SCARPE. (La) Les Prevosts, &c. de Tournay

pourront faire fermer par des barres, les Rivieres de la Scarpe & de l'Escaut, pour arrester ceux qui auront causé du dommage aux Marchands & Marchandes de Tournay, navigeants sur ces Rivieres. 379. XXXV.

SCEAU. (Voyez aussi *Scel* qui suit cet article.) Lettres Royaux de Loüis-le-Hutin, scellées de celui dont il se servoit avant qu'il fût Roy de France. 120. Note *(b)*. col. 2. Lettres Royaux scellées du scel secret du Roy, & pour cause. 120. Signet du Roy. 539. IX. Lettres du 18. de May 1370. signées du signet & du scel secret du Roy, auquel il veut estre obéi comme à son grand scel, lequel est absent. Le Procureur du Roy du Chastelet prétendit que ces Lettres ne devoient pas avoir d'execution, parce qu'elles n'avoient pas passées par l'examen du grand Sceau & de la Chancellerie de France, en la maniere accoûtumée. 497. Lettres Royaux datées du 20. de Juin 1369. & scellées du scel du Chastelet, en l'absence du Grand, le 20. d'Aoust suivant. 200. Lettres du 3. d'Aoust 1369. scellées du scel du Chastelet en l'absence du grand. 216. Lettres Royaux scellées du scel du Chastelet de Paris, en l'absence du grand. 644.

Sceau (Grand) du Duc d'Anjou Lieutenant du Roy dans le Languedoc. 696. Lettres du Duc d'Anjou Lieutenant du Roy, scellées de son nouveau scel, en l'absence du grand. 588. 639. Lettres du Duc d'Anjou, &c. Lieutenant, &c. scellées de son petit sceau en l'absence du grand. 692. Lettres de privileges d'une Ville, scellées du sceau secret du Duc d'Anjou, &c. Lieutenant, &c. 285. Lettres du Duc d'Anjou, Lieutenant, &c. scellées de son sceau secret, en l'absence du grand. 292. 293. 409. 707. 710. Lettres du Comte de Poictiers, Lieutenant du Roy dans le Languedoc, scellées de son petit sceau. 127.

Sceau long & cornu. 513. Sceau Majeur de la Cour Royale de Besiers. 188. *(bis)*. Sceau ordinaire de la Seneschaussée de Carcassone. 187. Grand Sceau du Seigneur de Chaumont en Bassigny. 602. Les Clercs Jurez establis à cet effet par le Roy, à Chaumont en Bassigny, presentent un Acte au Garde-scel de la Prevosté de cette Ville, qui, à leur relation, le scelle du scel de la Prevosté avec le sien propre en contre-scel, & avec les seings de ces Jurez. 599. 602. Un Lieutenant du Bailli du Côtantin, scelle des Lettres du sceau dont il use à cause de cette *Baillie;* & pour plus grande confirmation, il y fait mettre le scel de la Vicomté de Coustances. Un autre Lieutenant de ce Bailli, scelle des Lettres du scel *dont il use audit Office;* & pour plus grande confirmation, y fait mettre le grand scel de cette *Baillie.* 318. Grand sceau du Comte de Dampmartin. 464. Grand sceau Delphinal. 62. 64. Le grand sceau du Dauphin en cire rouge.38. Sceau en cire verte, pour le Dauphiné. 60. Note. Dans le Dauphiné, les anciennes Ordonnances touchant la modération des droits sur les Sceaux & les Actes passez pardevant Notaires, ou autres Actes, seront observées. 40. IX. Sceau dont le Gouverneur du Dauphiné use dans le Gouvernement du Dauphiné. 231. Autrefois à Doüay, tous les Contracts qui se passoient pardevant les Eschevins, se faisoient sous seing privé; il fut ordonné que dans la suite, ils seroient scellez. 134. XXXVI. Petit sceau de Montpellier. 627. Voy. *Montpellier.* Description du sceau de Marie Reine de Naples & de Sicile. 513. Garde du sceau du Chastelet de Paris. 323. Voyez *Chastelet de Paris.* Les Charges de Prevost & de Garde du scel aux Contracts de la Rochelle, ne seront plus données à Ferme, mais en Garde. Il ne sera point fait d'assignations particulieres sur les produits de la Prevosté & du scel. Le Prevost ne pourra taxer les Amendes que par l'avis de deux Bourgeois de la Ville. 573. IX. Le Lieutenant du Bailli de Troyes, ayant scellé une sentence qu'il avoit rendue, de son propre sceau duquel il usoit communément dans sa Charge, il la presenta au Garde-scel de la Prevosté de Troyes, & à un Tabellion établi par le Roy à cet effet; lesquels la scellerent du sceau de la Prevosté. 597.

Sceau. Voy. *Chancellerie & Garde-scel.*

SCEL. (Voy. aussi *Sceau* qui precede cet article.) Lettres de Loüis-le-Hutin, du mois d'Avril 1315. scellées du scel dont il se servoit, avant qu'il fût Roy. 308. Le grand scel de Charles V. estoit rond. 305. Contre-scel du Roy. 471. Le Contre-scel de Lettres de Charles V. du 19. de Juin 1369. estoit d'azur, semé de Fleurs de Lis sans nombre. 196. Note *(b)*. Instructions sur les Admortissemens & les Francs-Fiefs, scellées du Contre-scel du Roy. 612.

Scel. Lettres closes ou de Cachet signées de la main du Roy, sous le signet secret de son anneau. 26. 27.

Scel Royal. L'execution d'un Contract passé sous scel Royal, quand le contractant s'est soûmis à la coercition de ce scel, est un cas Royal; mais quand il s'est soûmis à toutes Jurisdictions, les autres Juges en peuvent connoistre par prevention. 430.

Scel (Grand) d'un Lieutenant du Roy. 597. Grand Sceau du Duc d'Anjou, Lieutenant du Roy dans le Languedoc. 303. Scel Secret en cire verte, du Duc d'Anjou, Lieutenant du Roy. 255. 256. Lettres du Duc d'Anjou Lieutenant du Roy, scellées de son scel nommé, en l'absence du grand. 483.

Scel. Toussaint Raïer estoit en 1346. Garde du Scel du Bailliage d'Amiens, establi en la Prevosté de St Riquier. 180. Voy. *Mayoc.* Les Lettres touchant le Pariage d'Aure & de St Mard, estant corrompuës par vetusté, soit dans le corps de l'écriture, soit par la fraction du scel, Charles V. ordonna qu'on les récrivit de nouveau. 390. Voy. *Aure. (D')* Le scel du Consulat de Cahors, aura le mesme effet & la mesme force que le Grand scel de la Maison-Commune de Toulouse. Les Consuls percevront les émolumens du scel de leur Consulat. 326. VII. Grand scel du Bailliage de Chartres, 275. Scel de Doüay. *Voy.* les précautions que l'on prenoit pour le garder. 134. XXXIII. XXXIV. 135. XXXV. XXXVI. Petit scel de Montpellier. 384. 479. XI. Voy. *Montpellier.* Le Gouverneur des droits Royaux & de Souveraineté à Montpellier, fera Garde d'un fcel Royal, qui aura les mefmes droits que les fcels Royaux de Carcaffone, de Befiers & de Touloufe; & le Gouverneur aura la connoiffance des Contracts qui fe feront paffez fous ce fcel, lorfque les contractans fe feront foûmis à fa compulfion & coercition. 478. IV. 479. II. Scelleur du Chaftelet de Paris. 194. Voy. *Chaftelet de Paris.* Scel & contre-fcel de la Prevofté de S.te Manehould. 487. Le Bailli des Exemptions de Touraine inftituëra un Garde du fcel. 429. III. Celui qui tient le fcel Royal à Tournay. 139.

SECLIN. Les Coûtumes & les privileges de la Ville de Lille, font accordez aux Baillif, Efchevins & Bourgeois de Seclin. Les Lettres font adreffées au fouverain Bailli de Lille. 153.

SECRETAIRE du Roy. Maiftre Jean de *Bellonodo*, Clerc & Secretaire du Roy, & Archidiacre de Langres, le 3. de Juillet 1371. p. 414. En Aouft 1372. M.e Jean Grcelle eftoit Clerc & Notaire du Roy, & il collationda des Lettres dans fon Confeil. 515. Arnaud de Lar l'eftoit en 1372. p. 477. Berthelemi *Vitalis* Clerc du Roy vers 1372. p. 502.

Secretaires du Roy. Clerc & Notaire du Roy, n'eftant pas du nombre des autres Clercs & Notaires qui reçoivent des gages, des Manteaux & des Bourfes. 580. Le Roy ordonne au College de fes Clercs, Secretaires & Notaires, de s'affembler dans une Chambre de fon Palais à Paris, qui eft au coin de la grande Salle du Palais, du cofté du grand Pont, où fe tient l'Efchanfonnerie du Roy, & dans laquelle les Gens des Requeftes de l'Hoftel ont accouftumé de tenir *aucunes fois* les Requeftes & les Placets. Les Lettres font adreffées au Concierge du Palais. 367.

Secretaires du Roy. Le Roy ordonne que lorfque fes Requeftes fe tiendront les vendredis, felon l'ufage, foit qu'il y affifte ou non, il n'y aura qu'un certain nombre de fes Clercs, Notaires & Secretaires, fuivant l'ordre qui fera reglé par le Procureur de leur College. Les Lettres font adreffées au Chancelier, à l'Audiancier & au Controlleur. On trouve enfuite les noms des Secretaires du Roy, qui doivent fervir les quatre vendredis du mois courant. 370.

Secretaires du Roy. Le Chancelier leur fera faire ferment qu'ils feront les Lettres concernant la finance, conformement aux ordres qu'ils auront reçus du Roy; qu'ils n'en feront point pour eux ni pour leurs amis; & qu'ils n'y mettront point de claufes dérogatoires à l'ordre du Roy donné en prefence de certaines perfonnes de fon Confeil, qui leur feront nommées de fa part par le Chancelier. 647. IX. Le Chancelier deffendra par ordre du Roy, à tous les Secretaires du Roy, qu'ils ne prefentent aucunes requeftes concernant les finances, fi ce n'eft en pleines Requeftes. 648. X. Les Lettres de dons ne pourront eftre fignées que par Blanchet, Daven & Tabari, Secretaires du Roy; & le Chancelier ne fcellera point celles qui feront fignées par d'autres. 539. VII. Les Lettres de dons faits par le Roy, ne pourront eftre fignées que par certains Secretaires du Roy nommez dans l'article; & le Chancelier ne fcellera point celles qui feront fignées par d'autres; fi ce ne font des Lettres de quitances, ou de diminutions d'Impofts, accordées à des lieux ou à des particuliers que les Generaux jugeront eftre hors d'eftat de payer, lefquelles diminutions ne pourront eftre plus fortes que celles qui ont efté accordées par le Roy; & dans lefquelles Lettres, les Secretaires du Roy ne pourront mettre de claufes dérogatoires aux Ufages, Ordonnances, &c. fans fon commandement. Ces Secretaires du Roy ne pourront faire ni faire faire des Lettres pour eux ni pour leurs amis. 647. VIII. Clercs & Notaires du Roy, fervants au Parlement. 579. 580. Voy. *Parlement.* Le Parlement envoyera au Bailli des Exemptions de Touraine, les mandemens qu'il avoit coûtume d'envoyer aux Senefchaux de Touraine, d'Anjou & du Maine; & on en avertira le Greffier du Parlement, & autres Notaires du Roy. 430.

Secretaires du Roy. Noms des Notaires que le Roy entend fervir feuls dans la Chambre des Generaux des Aides. Ils ne pourront eftre Procureurs ni fe mefler des affaires de perfonne: & eux & leurs Clercs ne pourront prendre de prefents. 540. XVII.

Secretaires du Roy (Les) & Notaires ne pourront faire le commerce. 646. I.

SEDITION. Ceux qui en exciteront dans la Ville de la Bruyere-les-Catenoy, feront condamnez à l'Amende les deux premieres fois, & bannis à la troifiéme. 712. Voy. *Bruyere. (La)*

SEIGNEURIAUX. (Droits) Les Baillis & Receveurs des Bailliages, pourront compofer fur ces droits, avec ceux qui les doivent; & ils feront reçus par les Receveurs feulement. 593. Voy. *Admortiffement.*

SEIGNEURS. Des perfonnes qui avoient donné des biens à Emphiteofe, tâchent d'ufurper la haute Juftice fur leurs Emphiteotes. 710. Voy. *Peyruffe.*

Seigneurs. Lorfqu'un Criminel qui aura commis un délict dans la Jurifdiction d'un Noble, fera trouvé dans l'étenduë de la Jurifdiction de la Cour Delphinale, les Officiers du Dauphin le renvoyeront à ce Noble, après avoir fait une information fommaire fur le délict. 51. XLV. Lorfque le Roy a donné des Lettres de remiffion avant le Jugement du criminel, les Pairs ni les autres Seigneurs ne peuvent plus connoiftre de ce crime. 480. VIII. Les avoueries & reconnoiffances de nouveaux Seigneurs, faites par les fujets des Gens d'Eglife du Diocèfe de Mende, font déclarées nulles. 632. V. Droit de Seigneuriage fur les Monnoyes. 41. XI. Voy. *Monnoyes.* Au Roy feul & pour le tout, appartient admortir en tout fon Royaume, à ce que les chofes puiffent eftre dites admorties; & quand les Pairs & autres Seigneurs ont admorti ce qui releve d'eux pour ce qui touche, cet Admortiffement ne doit avoir d'effet, & les Gens d'Eglife acquereurs ne font vraiment proprietaires, que lorfque le Roy

TABLE DES MATIERES.

leur a donné ses Lettres d'Admortissement. 480.
XI. On payoit dans leurs Terres la Reve ou Imposition sur les marchandises qui sortoient du Royaume. 478. VIII. Les Juifs ne payeront d'autres redevances aux Seigneurs dans les Seigneuries desquels ils demeureront, que les cens & rentes des maisons qui leur appartiendront. 493. IV. Reglement sur la Jurisdiction du Dauphin, & sur celle des Seigneurs du Dauphiné. 46. XXIX. Voy. *le Sommaire*. Le Dauphin renonce aux Sauve-gardes qu'il a accordées depuis dix ans à des sujets des Nobles; & il n'en accordera plus dans la suite, si ce n'est de leur consentement; à condition cependant que les Nobles n'accorderont point de Sauve-gardes aux sujets du Dauphin. 46. XXVIII. Dans le Dauphiné, les *Magnerii* ou Sergents ne pourront donner en Arriere-Fief, les Justices relevantes du Dauphin, sans son consentement exprès. 43. XXII. Dans le Dauphiné, les Nobles pourront connoistre en premiere instance, des procès qu'ils auront au sujet des Terres qui relevent d'eux ou qui sont chargées de cens envers eux, pourvû qu'ils nomment des Juges non suspects pour juger ces procès. Ils pourront faire saisir tous les effets appartenants à ceux qui possederont ces Terres, & leur faire deguerpir ces Terres par le Jugement de leurs Juges, faute de payement de cens. 41. XII. Dans le Dauphiné, les Seigneurs connoistront des crimes commis dans les Eglises, dans les Cimetieres & autres lieux privilegiez, situez dans l'étenduë de leurs Jurisdictions. 46. XXIX. Dans le Dauphiné, les Seigneurs connoistront dans l'étenduë de leurs Jurisdictions, des crimes commis par ceux qui jouissent des privileges de la Clericature. 46. XXIX. Dans le Dauphiné, les Seigneurs connoistront des crimes commis dans les chemins publics, situez dans l'étenduë de leurs Jurisdictions. 46. XXIX. Les Sergents de la Cour Delphinale, ne pourront faire des bans ou (proclamations) dans les Terres des Nobles qui ont droit d'en faire. 52. XLVI. Dans le Dauphiné, ceux qui refuseront de payer les péages, & qui maltraiteront les Péagers, seront punis par les Seigneurs à qui ces péages appartiennent. 47. XXIX. Les habitans de Rhodez qui ont des Terres hors du Territoire de cette Ville, ne pourront par rapport à ces Terres, estre imposez par les Consuls ou les Seigneurs de ces lieux, qu'à des Tailles réelles, qui auront esté imposées dans une assemblée où ils auront esté appellez. 258. Les Terres qui auront passé d'un Noble à un non-noble, seront sujettes à ces Tailles. 258. Les habitans de Rhodez par rapport à leurs biens, en quelque lieu qu'ils soient situez hors du Comté de Rhodez; mesme quand ces biens seroient passez d'un Noble à un non-noble, ne seront sujets qu'aux Tailles réelles, lorsqu'elles auront esté imposées à la pluralité des voix, dans une assemblée à laquelle ils auront esté appellez; & ils ne seront point sujets aux autres Tailles qui seront imposées par les Officiers ou par les Seigneurs des lieux où leurs biens sont situez. 411. I. Les poursuites qui se feront contre les habitans de Rhodez, par rapport aux Tailles ausquelles ils pourront estre imposez, se feront par des Sergents Royaux; appellez cependant les Sergents ordinaires des lieux où leurs biens sont situez. 411. I.

Seigneurs. Voy. *Justiciers. (Hauts)*
SEING. Voy. *Signet.*
SEL. Les Generaux-Conseillers sur le fait des Aides, les Tresoriers des guerres, les Secretaires, les Elûs, les Receveurs, les Grenetiers, les Controlleurs & les autres Officiers employez pour la levée des Aides, ne pourront faire le commerce. Ils pourront cependant se défaire des marchandises qu'ils ont sans en acheter de nouvelles; & si c'est du sel, ils declareront à la Chambre des Generaux, la quantité qu'ils en ont, les Greniers où il est, & le temps où il y a esté mis. 646. I. II. Maistres & Fermiers de la Saline Royale d'Agen. On vendoit du sel à Lairac & à Castel-Sarrasin. 436. Voy. *Dunes.*
Sel. (Queuë de) 92.
Sel. Voy. *Gabelle.*
SENESCHAUX. Par une Ordonnance concernant la Jurisdiction des Maistres des Eaux & Forests, il est ordonné aux Seneschaux de la faire publier. 29. Le Roy mande au Seneschal de Carcassone & au Viguier de Gignac, de contraindre le Seneschal de Rouërgue, à observer les privileges accordez à la Ville de Milhaud. 525. V. *Milhaud.*
Seneschaux des Justices de l'Evesque & du Chapitre du Mans. 523. Lorsque le Seneschal de Rouërgue fera adjourner les Consuls de Rhodez pardevant lui pour raison de leur Consulat, ils pourront se dispenser de comparoistre devant lui en personne; il suffira qu'ils se fassent Procureur. 259. Le Seneschal de Saintonge sera appellé, lorsque les Maire & Jurez de S.t Jean d'Angely, imposeront des Tailles sur les habitans, pour les fortifications de la Ville; & ils lui rendront compte de ce qui aura esté levé. Il contraindra au payement des Tailles, les habitans de cette Ville, qui sont sous sa Jurisdiction. 535. Voy. *S.t Jean d'Angely.* Le Roy permet aux Consuls de Sauveterre, de faire les proclamations necessaires pour les affaires de la Communauté de cette Ville, (sans demander permission au Seneschal de Rouërgue.) 288. Les Lettes concernant une diminution de Feux, sont envoyées aux Tresoriers des Seneschaussées de Toulouse, de Carcassone & de Beaucaire. 505. Voy. *Feux.*
Seneschaux. Voy. *Baillis* & *Juges Royaux.*
SENLIS. (Bailli de) Les Lettres sur l'Aide accordée en 1367. par les habitans des Comtez d'Artois, de Boulogne & de S.t Pol, lui sont adressées. 83. Les Lettres de confirmation des privileges de la Ville de la Bruyere-les-Catenoy en Beauvoisis, lui sont adressées. 712. Voy. *Bruyere.*
(*La*) Les privileges des Arbalestriers de la Ville de Compiegne, lui sont adressées. 145.
Senlis. La Commune de la Neuville-le-Roy, se regissoit suivant les Coûtumes de Senlis; & la Commune de la Neuville-le-Roy ayant esté réünie au Domaine, il y fut establi un Prevost pour la gouverner suivant la Coûtume de Senlis. 333. Voy. *Neuville-le-Roy.*

TABLE DES MATIERES.

SENS. En Janvier 1358. Jean de Châlons Sire d'Arlay, eſtoit Lieutenant du Roy dans les Bailliages de Sens, de Troyes & de Mâcon. 595.

Sens. Le Roy ayant acheté le Comté d'Auxerre, ordonna qu'il y auroit un Bailli Royal dans cette Ville, & que le Bailli de Sens ſeroit nommé dans la ſuite Bailli de Sens & d'Auxerre, ſans augmention de gages. Il unit au Bailliage d'Auxerre, des pays qui eſtoient de la Prevoſté de Villeneuve-le-Roy, & qui reſſortiſſoient par appel, à Sens. 415. 423. 425. Voy. *Auxerre*. Le compte du Barrage d'Auxerre, ſera rendu devant le Bailli de Sens ou devant le Prevoſt de Villeneuve-le-Roy. 92.

Sens. Des Lettres qui regardent Langres, adreſſées au Bailli & au Prevoſt de Sens. 414. Voy. *Excommunication*. Des Lettres concernant Levigny, ſont adreſſées au Bailli de Sens. 513. Voy. *Levigny*. Les Egliſes Cathedrales ſituées dans le Bailliage de Troyes, ne reſſortiront pas devant le Bailli de Troyes, mais devant celui de Sens. 429. Note *(a)*. Des Lettres qui regardent Vermanton dans l'Auxerrois, lui ſont adreſſées. 111. Voy. *Vermanton*.

Sens. (Receveurs de) 612.

Sens. Commiſſaires deputez par le Roy vers 1367. pour la viſite des foreterreſſes du Bailliage de Sens. 92.

Sens. En 1367. il s'y tient une aſſemblée des Etats-Generaux. 19.

SEPTEMBRESCE. Feſte de la Nativité de N. D. le 8. de Septembre. 272. & Note *(f)*.

SERFS (Les) ne pouvoient ſe faire d'Egliſe ſans la permiſſion de leurs Seigneurs. 154. Voyez *Coucy*. 475. I.

Serfs. Les habitans de Bure, lieu affranchi, qui iront demeurer dans des lieux ſujets à la ſervitude, reviendront Serfs du Seigneur de Bure, qui ſuccedera aux biens qu'ils acquerront dans ces lieux, nonobſtant tous privileges pretendus au contraire; & les biens qu'ils poſſedoient à Bure, paſſeront à ceux de leurs heritiers qui y demeureront. Les habitans de Bure qui iront demeurer dans d'autres lieux, ſoit francs ou ſujets à la ſervitude, pour eſtre domeſtiques ou pour prendre des Fermes, conſerveront les biens qu'ils ont à Bure, en payant les redevances cy-deſſus ſpecifiées. 475. III. IV. Celui qui aura demeuré à Mailly-le-Chaſteau un an & un jour, ſans eſtre reclamé par perſonne, ſera libre & (Bourgeois); mais ſi un des Vaſſaux du Seigneur le reclame comme ſon Serf, & prouve qu'il l'eſt, ce Serf ſera mené ſous ſauf-conduit, hors de la Chaſtellenie de cette Ville. 716. XVII. Les Gens d'Egliſe du Dioceſe de Mende, ayant accordé une decime au Roy, il promit qu'on ne leveroit point d'Impoſts ſur les hommes de corps & taillables de ces Gens d'Egliſe. 633. XV. A Peronne, lorſqu'un homme libre & non eſclave, viendra demeurer dans la Commune, dans l'intention de s'y eſtablir, il joüira de tous les privileges de cette Commune. 161. XX.

Serfs. Voy. *Servitude*.

SERGENT general. 369. VI.

Sergents. Il eſt deffendu aux Treſoriers, Receveurs, & autres Officiers du Roy, de donner des Commiſſions de Sergents, pour en exercer les fonctions, à ceux qui ne le ſont pas. 195. Les Sergents doivent donner caution. 709. II.

Sergents en garniſon chez des debiteurs. 258.

Sergents (Les) certifioient les Juges des adjournements qu'ils avoient donnez pour comparoiſtre devant eux. 448.

Sergents (Les) qui trouveront des perſonnes joüans à des jeux deffendus, auront la quatriéme partie de l'Amende de 40 ſols, à laquelle ceux-ci ſeront condamnez. 173. Voy. *Jeux*.

Sergents Royaux (Les) ne doivent point exercer leurs fonctions dans les Terres des Seigneurs Juſticiers; ſi ce n'eſt dans les cas de reſſort, & de cas Royaux; & dans ces cas, ils ne doivent pas le faire ſans un mandement du Juge Royal, qui marque le cas par rapport auquel le Sergent pourra exploicter. Les Sergents Royaux ne pourront demeurer ſur les Terres de ces Seigneurs, ni dans les lieux voiſins, s'ils n'y ſont nez, ou s'ils ne s'y ſont mariez; & dans ces cas, ils ne pourront y exercer aucune fonction, meſme dans les cas Royaux. Ils ſeront juſticiables de ces Seigneurs dans tous les cas; à l'exception de ceux qui regardent les cas Royaux. 444.

Sergents. La mauvaiſe reputation ſuffit ſeule pour les faire deſtituer de leurs Offices. 587.

Sergents des Eaux & Foreſts. 28. Voy. *Eaux & Foreſts*.

Sergent d'armes (Nul) ne peut eſtre reçû à enchérir les Fermes Royales. 431. Voy. *Prevoſtez à Ferme*.

Sergents. Les habitans de la Bruyere-les-Catenoy, ne peuvent eſtre condamnez ſur la depoſition d'un ſeul Sergent. 712. Voy. *Bruyere*. (La) Bourgeois de Carcaſſone, chargez de la deffenſe de la Ville, nommez Sergents. 421. Voy. *Carcaſſone*. Diminution de Sergents dans le Dauphiné. 40. VI. Les Sergents de la Cour Delphinale ne pourront faire des bans ou (*proclamations*) dans les Terres des Nobles qui ont droit d'en faire. 52. XLVI. Dans le Dauphiné, les *Magnerii* (ou Sergents) ne pourront donner en Arriere-Fief, les Juſtices relevantes du Dauphin, ſans ſon conſentement exprés. 43. XXII. Sergents de la Prevoſté de Laon; leurs charges & leurs fonctions. 449. Voy. *Laon*. Sergent du Limoux. 583. V. *Limoux*. Le Gouverneur des droits Royaux & de Souveraineté de Montpellier, pourra inſtituer autant de Sergents qu'il le jugera à propos; leſquels ſeront confirmez par le Roy. 478. V. Voy. *Montpellier*.

Sergents à cheval & à verge du Chaſtelet de Paris. Le nombre de ces Sergents eſtant beaucoup plus grand que celui qui eſtoit fixé par les Ordonnances, parce que pluſieurs perſonnes avoient eſté pourvûës de ces Offices, par des impétrations ſubreptices, le Roy ordonna de bouche au Prevoſt de Paris, de faire comparoiſtre devant lui tous ces Sergents, pour examiner leurs capacitez & leurs titres; ce qui ayant eſté exécuté, le Roy, ſur le rapport du Prevoſt de Paris, ordonna que le nombre de ces Sergents ſeroit réduit à 220.

que ceux qui ne se seroient pas presentez devant le Prevost de Paris, seroient privez de leurs offices; & que pour remplacer ce nombre, il choisira ensuite ceux qui auront le plus de capacité & les titres les meilleurs; que cependant tous les Sergents à cheval qui se sont presentez devant le Prevost de Paris, & qui auront de la capacité & de la probité, pourront exercer leurs offices pendant leur vie, sans pouvoir les resigner, & sans qu'ils puissent estre remplis après leur mort; le Roy revoquant d'avance toutes les impetrations d'offices de Sergents, qu'il pourroit faire dans la suite, au de-là du nombre cy-dessus prescrit. Le Roy ordonna encore que les Sergents à cheval exploiteroient dans tout le Royaume, suivant l'ancien usage, & que les Sergents à verge ne pourroient exploiter que dans la Ville, Fauxbourgs & Banlieuë de Paris; & il deffendit que ceux qui n'auroient pas des offices de Sergent, pussent en faire les fonctions, sous pretexte de commissions données par lui, ou par ses Tresoriers, Receveurs, Commissaires & autres Officiers, soit dans les affaires ordinaires, soit pour ce qui regarde les Aides. 194. Le Roy Jean, Charles V. & quelques-uns de leurs Predecesseurs, ont donné permission aux Sergents à cheval du Châtelet de Paris, d'établir une Confrairie en l'honneur de Dieu, de la Vierge, de S.t Martin & de S.t Louis; laquelle se tient à Paris dans l'Eglise de S.te Croix en la ruë de la Bretonnerie, où ils font celebrer trois Messes, chaque semaine, pour l'entretien desquelles, ils payent 8 sols chaque année, & à leur mort 20 sols ou leur meilleur habit. Anciennement, lorsqu'ils estoient instituez dans leur office, ils donnoient à leurs Confreres, un diner nommé *Past*, qui ne coûtoit jamais moins de cent sols, & qui quelquefois coûtoit plus de 10 livres, ce qui les incommodoit fort; mais de leur consentement, le Prevost de Paris changea ce disner en un present de 20 sols, au profit de la Confrairie. Comme plusieurs Sergents refusoient de payer ces differentes redevances à la Confrairie, qui estoit chargée de dettes; le Roy ordonna au Prevost de Paris, de contraindre les Sergents à les payer, & mesme ceux qui ne demeureroient pas dans l'étenduë de sa Jurisdiction. 558. 559. Note *(b)*.

Sergents à pied & à cheval, faisant le guet de Paris. 97. Voy. *Guet de Paris*.

Sergents. Les Consuls de Peyrusse pourront créer quatre Sergents qui porteront des bâtons aux armes de la Ville. 709. II. Les Sergents Royaux ne pourront faire leur demeure habituelle dans les maisons de Rhodez, si ce n'est du consentement des Consuls & des habitans de cette Ville. 256. II. Les poursuites qui se feront contre les habitans de Rhodez, par rapport aux Tailles ausquelles ils pourront estre impolez, se feront par des Sergents Royaux; appellez cependant les Sergents ordinaires des lieux où leurs biens sont situez. 411. I. Les Sergents Royaux ne pourront établir leur domicile dans la Ville de Rhodez sans la permission des Seigneurs de cette Ville. 411: III. A S.t Jean d'Angely, les Sergents Royaux ne pourront saisir les biens des Bourgeois sans appeller les Sergents du Maire; si ce n'est pour ce qui est dû au Roy ou par son ordre; en se conformant néantmoins aux Ordonnances Royaux. 676. IV. Confirmation en faveur de la Ville de Sarlat, de trois articles d'une Ordonnance de Philippe-le-Bel, concernant les Sergents Royaux. 345. Les Sergents Royaux ne pourront exercer leurs fonctions dans la Ville de Sarlat, si ce n'est en vertu d'un mandement des Juges Royaux, dans lequel sera marqué que les fonctions qu'on leur ordonne de faire, regardent le service du Roy, ou les cas de ressort. Les Officiers Royaux & les Sergents ne pourront demeurer dans cette Ville sans le consentement des Consuls, si ce n'est lorsqu'ils en seront originaires, ou qu'ils s'y seront mariez; & dans ces deux cas, ils ne pourront exercer leurs fonctions dans cette Ville, sans le consentement des Consuls. 341. VII. Le Bailli des Exemptions de Touraine, instituëra des Sergents pour garder sa Jurisdiction Royale. 429. IV. Les Consuls de Villefranche pourront instituer quatre Sergents qui porteront des bâtons aux armes du Roy & de la Ville, & qui executeront les ordres qui leur seront donnez, de la mesme maniere que les Sergents Royaux. 700. V.

Sergents. Moderation des salaires des Sergents qui levoient les Aides dans les Comtez d'Artois, de Boulogne & de S.t Pol. 83. Voy. *Artois*. Les executions sur le fait des Aides, seront faites par des Sergents Royaux & ordinaires, & non par d'autres. Le nombre des Sergents sera diminué. 17. X. Quand les Sergents Royaux feront une execution pour le fait des Aides, ils appelleront les Sergents des hauts Justiciers des lieux où ils les feront; & ceux-ci ne pourront prendre de salaires par rapport à leur presence. 18. XI.

Sergents. Les Elûs sur le fait des Aides établis dans chaque Diocese, choisiront un certain nombre de Sergents pour faire les executions necessaires pour les Aides, & ces Sergents seront commis par le Roy, ou par les *Generaux* sur le fait des Aides. Dans les pays qui ont composé pour les Aides, ces Sergents seront payez des executions qu'ils feront, par les Receveurs des Aides, suivant l'ordre des Elûs, & ne pourront prendre aucuns salaires des personnes qui feront executées. Dans les pays où l'on n'a pas composé sur le fait des Aides, lorsque les Receveurs des Aides voudront faire executer un Fermier ou un sous-Fermier, ils pourront le faire faire par tel Sergent Royal qu'ils voudront, aux dépens des Fermiers executez; mais lorsque les Receveurs voudront faire executer pour le fait des Aides, un autre qu'un Fermier, ils le feront faire par un des Sergents nommez à cet effet; & les Fermiers avanceront les frais de l'execution, jusqu'à ce qu'il soit décidé si l'execution a esté juste; & dans ce cas, les personnes executées payeront les salaires des Sergents, qui ne pourront prendre que trois sols par jour, quel que soit le nombre des personnes qu'ils executeront dans une mesme Ville. 18. XI.

Sergents d'armes. Les executions pour le payement

TABLE DES MATIERES. clxxiij

des Aides, ne se pourront faire que par des Sergents Royaux ordinaires, & non par des Sergents d'armes. 20. V. Lettres pour l'execution d'une Ordonnance portant l'abolition des nouveaux péages, adressées au premier des Sergents d'armes ou autre Sergent Royal. 89. Les Sergents d'armes & les autres Officiers du Roy, qui ne seront point nobles, ou qui ne seront annoblis par des Lettres Royaux expediées en la Chambre des Comptes, payeront les droits de Francs-Fiefs pour les biens qu'ils acquerront des Nobles; & les droits d'Admortissement pour les redevances perpetuelles à prendre sur de certains heritages denommez, lesquelles ils donneront à des Gens d'Eglise. 609. IV. Sergent & Huissier d'armes du Duc d'Anjou. 187.

Sergens des Mareschaux de France. Les adjournements & executions faites par l'ordre des Mareschaux & de leurs Officiers, ne seront plus faits par eux; mais par les Sergents ordinaires. 616. Voy. *Mareschaux de France.*

SERGES de Caën. 105. Voy. *Draps.*

SERMENT fait sur les Evangiles. 54. Serment fait, main levée contre les Saints. 131. III. Serment presté sans estre accompagné de personne. 717. XXVII. Serment fait par une personne accompagnée de trois autres. 716. XVII. Laïques adjournez devant les Cours d'Eglise, pour proceder sur la transgression de leur serment. 20. III. Les habitans de la Bruyere-les-Catenoy, peuvent se purger par serment, des delicts pour lesquels on ne paye que 12 deniers d'Amende. 712. Voy. *Bruyere (La).* A Mailly-le-Chasteau, on peut dispenser d'un serment que l'on pourroit exiger. 716. XI. A Mailli-le-Chasteau, si un habitant qui est accusé, ne peut se justifier par témoins, il le sera par son serment. 717. XXVII. A Peronne, si un homme accusé d'un meurtre, ne peut en estre convaincu, il se purgera de ce crime (par serment) devant les Eschevins. 159. II. A Peronne, celui qui en aura blessé un autre, se *purgera*, si le fait n'est pas prouvé, par son serment & par celui de sept personnes avec lui. Si le blessé ne se contente pas de ce serment, le procès sera terminé par un duel. 159. III. A Peronne, celui qui en aura frappé un autre, si le fait n'est pas prouvé, se *purgera* par son serment, & par celui de trois personnes avec lui. 159. III. A Peronne, celui qui estant en colere, aura poussé rudement quelqu'un, sera condamné, si le fait est prouvé, à 50 sols. Si ce delict n'est pas prouvé, il s'en purgera par son serment & par celui de trois personnes. 160. IX. A Peronne, s'il est prouvé qu'un homme estant en colere, ait tiré l'épée contre un autre, il payera 40 sols à la Commune. Si le delict n'est pas prouvé, il s'en purgera par son serment & par celui de trois personnes. 160. X. Le Roy dispense les habitans des Isles de Ré, d'Ais & de Leis, du serment qu'ils avoient fait à leurs Seigneurs, d'estre fidelles au Roy d'Angleterre. 564. Voy. *Ré.* A Valmy, un homme accusé d'avoir eu part à une querelle, se *purgera* par son serment, & par celui de trois personnes. Si le Juge a vû la querelle, il

ne pourra se purger par serment. 487. VIII. Voy. *Valmy.*

Serment de fidelité rendu au Roy par les Gens d'Eglise. 654. Voy. *Hommage.*

Serment de France. (Ouvriers des Monnoyes du) 527. Voy. *Monnoyes.*

SERNAY, dépendant de Coucy. Affranchissement des habitans de ce lieu. 154. Voy. *Coucy.*

SERPENT (La) & *locus de Leone.* Diminution de Feux pour ces lieux, où il y en avoit 16. en 1371. p. 466. Voy. *Feux.*

SERREBEUF, de la Seneschaussée de Carcassone, & du Bailliage de Sault. Diminution de Feux pour ce lieu, où il y en avoit 4. en 1368. pag. 122. Voy. *Feux.*

SERVIAN. Cette Ville & ce Chasteau sont de temps immémorial, sujets immédiats de la Couronne de France. Ils furent donnez par Philippe-le-Bel, au Cardinal Colonne qui en joüit à peu près dix ans. Aprés sa mort, ils furent donnez à Pierre Remy; mais pendant la vie de celui-ci, les Consuls de Servian obtinrent que lorsqu'il seroit mort, cette Ville seroit reünie à la Couronne, comme elle estoit avant la donation qui en avoit esté faite au Cardinal Colonne, & qu'elle n'en seroit plus séparée. 3. Servian, de la Seneschaussée de Carcassone, & de la Viguerie de Besiers. Diminution de Feux pour ce lieu, où il y en avoit 181. en 1368. pag. 108. Voyez *Feux.*

SERVITUDE. Ceux qui venoient demeurer dans la Baronnie de Coucy, y devenoient sujets à la main-morte & au formariage, s'ils n'estoient Clercs ou Nobles; à l'exception de quelques personnes, qui, en quittant cette Terre pour aller demeurer ailleurs, s'affranchissoient sans la permission du Seigneur. 154. Voy. *Coucy & Serfs.*

SEVERAC. En consideration d'un traité fait entre le Comte d'Armagnac & Guy VI. Baron de Severac, on accorda à ce dernier, & aux Consuls & habitans de Severac & de tous les autres lieux qui appartenoient à Guy dans le Duché d'Aquitaine, la confirmation de tous leurs privileges, & que toutes les Terres qui lui appartenoient dans la Seneschaussée de Roüergue, y ressortiroient sans moyen. 232.

SEULES ou Soules, jeu deffendu. 172. Voy. *Jeux.*

SIGEAN. Diminution de Feux pour ce lieu, où il y en avoit 144. en 1369. pag. 187. Voy. *Feux.*

SIGNET. Seing. 648. XII.

Signet du Roy. 539. IX.

SINDICS des Villes. 411. I.

SIN-LE-NOBLE. De toute ancienneté, cette Ville joüit de plusieurs privileges; & entre autres, du droit de Commune & d'Eschevinage, & de la connoissance de tous les cas qui arrivent dans l'estenduë de cet Eschevinage, au conjurement du Bailli de Doüay. Leurs Chartres de privileges ayant esté brûlées dans les guerres de la France contre les Flamans, & les Officiers du Roy les troublans dans la joüissance de leurs privileges, Charles V. aprés une information faite par le Gouverneur de l'Ysle & de Doüay, confirma tous

Tome V.

leurs privileges. Les Lettres sont adressées aux Gouverneurs & Bailli de l'Ylle & de Doüay. 146.

SYNODE tenu par Pierre de l'Eſtang élu Archeveſque de Bourges, & non encore Archeveſque. 218. Voy. *Bourges.*

SIRAN, de la Vigucrie de Minerve, de la Seneſchauſſée de Carcaſſone. Diminution de Feux pour ce lieu, où il y en avoit 112. en 1371. p. 465. Voy. *Feux.*

SIRE. Pluſieurs Bourgeois de Roüen prenoient ce titre. 252.

SISSONNE qui eſtoit occupé par les ennemis, eſt repris par les Arbaleſtriers de Laon. Voy. *Laon.*

SOISSONS. Gui de Blois, Comte de Soiſſons, eſtant priſonnier en Angleterre, donna pour ſa rançon, ce Comté à Edoüard Roy d'Angleterre, qui le donna à Enguerrand VII. Sire de Coucy, qui avoit épouſé Iſabelle ſa fille. 154. Note *(b)*. Enguerrand VII. Sire de Coucy & Comte de Soiſſons, affranchiſſant les habitans de ſa Baronnie de Coucy, retint le droit & la pourſuite ſur les Bourgeois & habitans de Soiſſons, ainſi qu'en avoient joüi ſes predeceſſeurs, Comtes de Soiſſons. 155.

Soiſſons. Le Bourg d'Aiſne & le Chaſteau S.t Mard, de la paroiſſe de S.t Vaſt de Soiſſons, de la Prevoſté Foraine de Laon. 93.

Soiſſons. Sur les plaintes du Prevoſt de Soiſſons, & de pluſieurs autres Juſticiers du Bailliage de Vermandois, le Roy abolit les Appeaux volages qui eſtoient en uſage dans ce Bailliage. 720. [*Les Lettres ſont ſemblables à celles accordées pour le meſme ſujet au Chapitre de Rheims, qui ſont p.* 470.] Voy. *Rheims.*

Soiſſons. Commune accordée à Dijon, à l'exemple de celle de Soiſſons, [*laquelle eſt dans le Recueil de Petard*] 237. 238. Note *(b)*.

SOISSONNOIS (Le) eſt du Reſſort de la Prevoſté de Laon. Il y a des Sergents de cette Prevoſté qui y reſident. 449. Voy. *Laon.*

SOLDE des Arbaleſtriers de Laon. Elle eſtoit double, lorſqu'ils ſervoient en Campagne. 69. IX.

SOLIDITÉ entre les habitans du Bourg d'Aiſne & du Chaſteau S.t Mard, de Soiſſons, de Chaourſe, de Bouilliaux & de Vieu-ſur-Aiſne, pour le payement d'une redevance annuelle à eux impoſée pour cauſe de l'exemption des Appeaux volages. 94. 247. Voy. *Appeaux Volages.* Chaque Feu du Dauphiné ayant eſté impoſé à 9 Gros Tournois, il fut ordonné que les riches payeroient pour les pauvres. 86. 1. & Note *(o)*.

SOLIGNAC, Abbaye de l'Ordre de S.t Benoiſt, près de Limoges, a eſté fondée & dotée par les Rois de France, & ſous leur Sauve-garde, dès le temps de ſa fondation. Les Lettres de confirmation de Sauve-garde données à cette Abbaye par Charles-le-Bel, ſont adreſſées aux Seneſchaux de Poictou, de Limoges, du Perigord & de la Marche. Les Lettres de confirmation de Charles V. ne ſont point adreſſées à ce dernier. 590.

SOLOGNE. En Aouſt 1369. Le Duc de Berry y eſtoit Lieutenant du Roy, & dans pluſieurs autres Provinces. 218. Voy. *Lieutenant du Roy.*

SOLOMIAC de la Judicature de Verdun, de la Seneſchauſſée de Touloule. Diminution de Feux pour ce lieu, où il y en avoit 40. en 1372. p. 551. Voyez *Feux.*

SOMMÉE de Valence. 404. Voy. *Valence.*

SOMMERES. Voy. aux mots *Ville-vieille* & *Montlaur*, pluſieurs lieux qui ſont de la Vigucrie de Sommeres.

SOMMIERES. (Viguier de) 99. Vers 1372. Jean *Clerici* eſtoit Lieutenant de Simon *de Aguſano*, Juge Royal de ce lieu. 588.

Sommieres. La Bourgeoiſie de Montpellier qui avoit eſté établie à Sommieres, fut transferée à Aigues-mortes. 627. Voy. *Montpellier.* Le Gouverneur & Garde des droits Royaux de ſouveraineté, de Reſſort & des Exemptions dans la Ville de Montpellier, ſera auſſi Chaſtelain & Viguier de Sommieres. 477. Voy. *Montpellier.*

Sommieres, de la Seneſchauſſée de Beaucaire. Diminution de Feux pour ce lieu & pour le *Mas* ou lieu de Gavernes, dans leſquels il y en avoit 180. en 1372. p. 588. Voy. *Feux.*

SORTIES, (Droits d'entrées & de) ſur les marchandiſes, dans les pays de la France qui ne payoient point d'Aide en 1367. p. 82. Voy. *Marchandiſes.*

SOUGRAIGNE. Diminution de Feux pour ce lieu, où il y en avoit 5. en 1367. p. 31. Voy. *Feux.*

SOULAGE. Diminution de Feux pour ce lieu, où il y en avoit 18. en 1367. p. 31. Voy. *Feux.*

SOULES ou Seules, jeu deffendu. 172. Voy. *Jeux.*

SOULIERS. (Vendeurs de) Leur place dans les Halles de Paris. 106. Voy. *Halles de Paris.*

SOURNIHAC. Diminution de Feux pour ce lieu, où il y en avoit 34. en 1367. p. 31. Voy. *Feux.*

SOUS-FERMIERS. Fermiers grands ou petits (Sous-Fermiers) des Aides. 18. XI. Voy. *Aides.*

SOUS-MAIRE (Maire &) d'Angouleſme. 679. III.

SPANGET, de la Seneſchauſſée de Carcaſſonne, & du Bailliage de Sault. Dimintion de Feux pour ce lieu, où il y en avoit 1. en 1368. p. 122. Voy. *Feux.*

STERLING. Voy. *Eſterlins.*

SUBJETS d'un Bailli. 570.

SUBSTITUT du Procureur du Roy au Parlement ſur le fait de la Marée. 199. Voy. *Marée.* Lettres concernant la Marée adreſſées au Procureur General du Parlement, & à Jehan Bouthery ſon Subſtitut en cette partie. 171.

Subſtitut du Procureur du Roy au Bailliage des Exemptions de Touraine. 521.

SUCCESSION. Les biens des Bourgeois de Chaumont en Baſſigny, paſſeront à leurs parens les plus proches, juſqu'à la 4.e generation. 601. XIX. Reglement ſur les ſucceſſions dans le Dauphiné. 45. Note *(bb)* A Mailly - le - Chaſteau, la ſucceſſion des deffunts ſera recueillie par leurs plus prochains heritiers. S'il ne s'en preſente point, les effets de cette ſucceſſion ſeront mis entre les mains des habitans, qui les garderont pendant un an & un jour. Si pendant ce terme, il ſe preſente un heritier, ces effets lui ſeront remis ; s'il ne

TABLE DES MATIERES.

s'en presente point, ils appartiendront au Seigneur. 717. XXIX.

Succession. Voy. *Inventaire.*

SUEURS ou Cordonniers de Chartres. 272. Voy. *Chartres.*

SULCINIS. (*Locus de*) Diminution de Feux pour ce lieu, où il y en avoit 6. en 1372. pag. 589. Voy. *Feux.*

SUPPLICES Voy. *Peine* & *Question.*

T

TABLE du Roy, son Domaine. 396. X. Voy. *Mense.*

Table de Marbre au Palais à Paris. Lettres Royaux lûës & publiées à la Table de Marbre dans le Palais Royal à Paris. 24. Ordonnance criée & publiée par Arrest du Parlement, à la Table de Marbre à Paris. 428. Une Ordonnance concernant la Mareschaussée, y est publiée. 618.

Table de Marbre. Voy. sur la Jurisdiction des Eaux & Forests, Connestablie & Amirauté, comprises sous le nom general de Jurisdiction de la Table de Marbre. 28. & Note *(b)*.

Tables, Dames, jeu deffendu. 172. Voy. *Jeux.*

TABLIERS ou Registres. 352.

TABELLIONS. Les Notes, Protocoles, Briefs & Registres des Tabellions des Seneschaussées de Toulouse, de Carcassone & de Besiers, & les autres Tabliers ou Registres (dans lesquels il y aura des Actes qui concerneront les affaires du Roy,) seront mis entre ses mains, comme estant de son Domaine, & le profit de l'expedition des Actes qui en seront tirez, tournera au profit du Roy ; à l'exception du profit de l'expedition des Actes qui regarderont les particuliers; lequel appartiendra aux heritiers des Notaires, des Registres desquels ces Actes auront esté tirez. 352. & Note *(a)*. Voy. *Notaires.*

TAILLE. 23. 34. Tailles & Collectes. 525.

Taille. Hommes de morte-main, ou autrement taillables à volonté. 602. Taillable de haut & bas, à volonté. 633. XV. Taille generale & particuliere des lieux appartenants au Roy. 256. III. Taille abonnée. 473. Tailles pour prests ou pour subsides. 244. XV. Taillez & contribuables aux Tailles des Foüages. 630. Les Nobles, les Ecclesiastiques, les Monnoyeurs & les autres personnes privilegiées, payeront les Tailles & autres Impositions réelles & personnelles, par rapport aux Fiefs & aux autres biens qui leur viendront à quelque titre que ce soit. 484.

Tailles & autres Impositions faites pour les dépenses communes de la Ville d'Angers. 249. Les habitans de Beauveire dans le Maine, sont exempts de la Taille dans les Terres du Roy. 151. Voy. *Beauveir.* Les habitans de Cahors qui auront des Terres dans d'autres lieux, ne contribuëront dans ces lieux par rapport à ces Terres, qu'aux Charges purement réelles; & ce sera dans Cahors qu'ils contribuëront par rapport à ces Terres, à toutes les autres charges. 325. V. Moyennant la Commune accordée aux Bourgeois de Chaumont en Bassigny, ils seront exempts de Taille. 600. XI. Taille qu'impose sur elle-mesme la Communauté de Coulange-la-Vineuse, pour ses dépenses communes. 665. Voy. *Coulange-la-Vineuse.* Tailles imposées sur les habitans du Dauphiné, pour le payement d'une Aide qu'ils avoient accordée au Roy. 64. Le Dauphin ne pourra exiger des corvées des sujets des Ecclesiastiques ni des Nobles, ni lever des Tailles sur eux, si ce n'est dans le cas de l'utilité publique des lieux où ces sujets habitent. 43. XVIII. Tailles pour les necessitez communes, levées à Figeac. On s'en rapportoit aux contribuables sur la valeur de leurs biens, & on les condamnoit à l'Amende lorsqu'ils avoient fait des fausses déclarations. 265. II. Taille que l'on payoit à Laon. 68. VI. Les 25 Arbalestriers de Laon, exempts de Tailles. 13. Dreux de Mello declare que les habitans de Lochere, ne lui doivent pas de Taille. Les Lettres de confirmation sont adressées au Seneschal de Tours. 206. Voy. *Lochere.* Les habitans de Mailly-le-Chasteau ne payeront point de Taille, de don gratuit, &c. 715. VII. Tailles levées sur les sujets de l'Evesque & de l'Eglise de Mende. 603. Voy. *Mende.* Les habitans du Territoire & de la Jurisdiction de Mielhan, joüiront de tous les privileges des habitans de cette Ville ; & les Consuls pourront lever sur eux des Tailles & des Collectes. 442. I. Taille annuelle de 33 livres 6 sols 8 deniers, dûë par les habitans de Mitry à leur Seigneur. 463. Voy. *Mitry.* Tailles à cause des guerres, payées par les habitans de la Neuville-le-Roy. 333. Tailles à Peyrusse pour les dépenses communes. 705. VIII. Taille levée à Peronne pour les dépenses communes. 162. XXV. Voy. *le Sommaire,* p. 158. col. 2. Les habitans de Rhodez qui ont des Terres hors du Territoire de cette Ville, ne pourront par rapport à ces Terres, estre imposez par les Consuls ou les Seigneurs de ces lieux, qu'à des Tailles réelles, qui auront esté imposées dans une assemblée où ils auront esté appellez ; & les Terres qui auront passé d'un Noble à un non-noble, seront sujettes à ces Tailles. 258. Les habitans de Rhodez par rapport à leurs biens, en quelque lieu qu'ils soient situez hors du Comté de Rhodez, mesme quand ces biens seroient passez d'un Noble à un non-noble, ne seront sujets qu'aux Tailles réelles, lorsqu'elles auront esté imposées à la pluralité des voix dans une assemblée à laquelle ils auront esté appellez ; & ils ne seront point sujets aux autres Tailles qui seront imposées par les Officiers ou par les Seigneurs des lieux où leurs biens sont situez. On ne pourra proceder contre eux pour le payement des Tailles réelles, que par la saisie & vente de leurs biens, & non par l'emprisonnement de leurs personnes, ni par des établissements de garnisons; pourvû cependant que leurs biens puissent repondre du payement de ces Tailles. Les poursuites que l'on fera contre eux à cet égard, seront par des Sergents Royaux, appellez cependant les Sergents ordinaires des lieux où leurs biens sont situez. 411. I. Tailles imposées dans la Seneschaussée de Roüergue. 257. Voy. *Rhodez.* Tailles levées sur les habitans de S.t Jean d'Angely, pour les fortifications de cette Ville. 535.

TABLE DES MATIERES.

536. Voy. *St Jean d'Angely*. Tailles levées à Tours, pour les fortifications de la Ville. 457. Voy. *Tours*. Tailles imposées sur les habitans de Verseüil, pour les dépenses communes. 276. VI. Voy. *Verseüil*. Les Nobles habitans de Villeneuve en Roüergue, contribuëront par rapport à leurs biens taillables, aux dépenses communes ; & le Roy ne pourra plus leur demander des chevaux pour le service militaire. 396. VII. Tailles faites entre les Juifs, pour leurs dépenses communes. 495. XXIV.

TAILLEURS des Monnoyes. Leurs gages, outre leur Taille accoûtumée. 616. Voy. *Monnoye*.

TAILLY, de la Chastellenie de Vernon. 168. Voy. *Vernon*.

TAYSSAC. Diminution de Feux pour ce lieu, où il y en avoit 10. en 1367. p. 31. Voy. *Feux*.

TALION. (Prime du.) A Peronne, si un homme fait perdre un membre à un autre, on le privera du mesme membre que celui qu'il a fait perdre. 160. XII. Cet article fut aboli dans la suite. 163. XII.

TALLEMELIERS. Voy. *Boulangers*.

TANCARVILLE (Le Capitaine du Chasteau de) veut sans raison contraindre les habitans de St Eustache en Forest, & de St Jean de la Neuville, d'y faire le guet. 467. Voy. *St Eustache en Forest*.

TANNEURS de Chartres. 272. Voyez *Chartres*. De Troyes. 315. Voy. *Troyes*.

TAPISSERIE (La) se vend à la Halle de Paris. 147. Voy. *Halles de Paris*.

TARBES (Les Juges de) donnent des Tuteurs & des Curateurs aux Mineurs. 448. Voy. *Banhiis*.

TARTAS. Le Seigneur d'Albret ayant reconnu la Justice des droits du Roy, dans la guerre qu'Edoüard Roy d'Angleterre lui suscita, se déclara pour lui, avec ses Villes de *Nauraco*, [Voy. Note *(a)*.] de Castel-Jaloux, *de Milano* sur la Garonne, *de Millas*, *de Cassa-nova*, *de Castronovo*, *de Sarmasio*, de Saurat, d'Albret, de Tartas, & les autres lieux de cette Vicomté, & les autres lieux qui lui appartenoient. Le Roy accorda aux habitans de tous ces lieux, de ne payer aucuns droits pour les marchandises qu'ils vendroient & qu'ils acheteroient dans le Royaume. 299. Voy. Note *(a)*.

TÉMOIGNAGE. (Faux) A Peronne, celui qui aura esté convaincu d'avoir fait un faux témoignage, sera privé des droits de la Commune & de la Bourgeoisie, jusqu'à ce qu'il plaise au Majeur & aux Eschevins de les lui rendre. 160. XV.

TÉMOINS (Dépositions de) dans un procés, publiées. 210. Les habitans de la Bruyere-les-Catenoy, ne peuvent estre condamnez sur la déposition d'un seul Sergent. 712. Voy. *Bruyere. (La)* A Doüay, les dépositions des témoins se faisoient à huis clos. 195. XXXVII. Dans les procés qui regarderont les habitans de Sarlat, la publication des dépositions des témoins se fera par les Officiers Royaux ; & il sera donné copie de ces dépositions aux Parties, soit que les Juges Royaux soient seuls Parties dans ces procés qu'ils poursuivront d'office, soit qu'ils se soient joints à l'une des Parties. 342. X.

TEMPOREL (Saisie du) des Gens d'Eglise. 654.

Voy. *Eglise. (Gens d')* Saisie du temporel de l'Abbaye de St Claude. 661. Voy. *St Claude*.

TERMENEZ, TERMENOIS. Aigrefeuil est de sa Viguerie. 466. Mayrones est de sa Viguerie. 402.

TERMES. Diminution de Feux pour ce lieu, où il y en avoit 15. en 1372. p. 608. Voy. *Feux*.

TERRE couverte & découverte. 380. Le Bailli & les Consuls de Miclhan, appellez les Officiers Royaux, auront l'inspection sur la garde des terres. 443. III.

TESTAMENT. Dans le Dauphiné, les Testaments nuncupatifs ne seront publiez que lorsque l'heritier universel institué & écrit dans cette sorte de Testaments, le demandera. 40. VIII. Philippe-Auguste, en confirmant la Commune des habitans de St Jean d'Angely, leur accorda le droit de faire des Testaments de leur bouche, ou par le ministere de leurs amis. 671. Voy. *St Jean d'Angely*.

Testaments. Voy. *Executeur Testamentaire*.

THESAN, de la Viguerie de Besiers. Diminution de Feux pour ce lieu. 466. Voy. *Feux*.

THIERACHE (La) est du Ressort de la Prevosté de Laon. Il y a des Sergents de cette Prevosté qui y resident. 449. Voy. *Laon*.

THOURY en Beauce, Ville *notable*, du Diocèse d'Orleans, appartient à l'Abbaye de St Denis en France. Il y avoit de toute ancienneté dans ce lieu, un marché qui s'y tenoit le dimanche. Vers 1366. l'Evesque d'Orleans, en vertu d'une Bulle du Pape, annulla, sous peine d'excommunication, tous les marchez de son Diocèse, qui se tenoient le Dimanche. Le Roy, après avoir fait faire une information par le Bailly de Cepoy, sur le jour où il seroit plus convenable de tenir un marché à Thoury, & sur les jours où se tenoient les marchez dans les lieux voisins, ordonna que le marché de Thoury se tiendroit le lundi. 203.

TISSERANDS de Montreüil-sur-Mer. 528. Voy. *Monstreüil-sur-Mer*. Tisserands en draps à Troyes. 595. Voy. *Troyes*.

TITRES de l'Empereur. Imperiale Majesté. 224. 225. Note *(b)*. Serenissime Prince. 225. Note *(b)*. Empereur des Romains, toûjours Auguste. ibid. 227. Note. *Cæsaria Celsitudo*. 227. Note. *Divi Imperatores & Reges Romani*. ibid. Serenissime Prince, *invictissimus & gloriosissimus*. 228. Note. Imperiale Clemence. 231.

Titre des Rois de France. Illustre. 226. Urbain V. traite Charles V. de Roy de France, Illustre. 102.

Titre. Jean par la grace de Dieu, Comte d'Armagnac. 385. Raymond par la grace de Dieu, Comte de Toulouse. 308.

TOILES (Les) se vendent à la Halle de Paris. 147. Voy. *Halles de Paris*.

TOMBALERAN, de la Seneschaussée de Carcassone & du Bailliage de Sault. Diminution de Feux pour ce lieu, où il y en avoit 6. en 1368. p. 122. Voy. *Feux*.

TONLIEU. 717. XXVI. Tonlieu, Tonnelieu. 333. Voy. *Imposts*.

TONNERE. Levigny est de ce Comté. 513. Voy. *Levigny*.

TOULOUSE. Lettres de Raymond VI. par la grace

TABLE DES MATIERES.

grace de Dieu, Comte de Toulouse, Duc de Narbonne, & Marquis de Provence. 308.

Toulouse. Pierre Remond Raveslin, estoit Seneschal de Toulouse & d'Albi, & Capitaine general du Roy dans le Roüergue & le Quercy, le 14. de Mars 1368. pag. 255. 256. En Fevrier & Mars 1368. Pierre Raimond de Rabastins, estoit Seneschal de Toulouse & de l'Albigeois. 395. Remond *Athonis* estoit Juge Majeur de Toulouse, en Juillet 1370. pag. 342. Vers 1371. Raimond *Athonis* estoit Juge Majeur de Toulouse, & Pierre *Raymundi* dit de Ravestein, Seneschal de Toulouse. 417. Berthelemy *Vitalis* Clerc du Roy, estoit Procureur du Roy dans la Ville & Viguerie de Toulouse, en 1366. p. 641.

Toulouse. Procureur General de la Seneschaussée de Toulouse & d'Albi. 126. 127.

Toulouse. Jean *de Auba* estoit le 11. de Decembre 1368. Maistre des Eaux & Forests de la Seneschaussée de Toulouse & d'Albi. Le Procureur General du Roy de la Seneschaussée de Toulouse, soûtient pour le Roy devant lui un procès, contre l'Evesque d'Albi. 210. Voy. *Albi.*

Toulouse. (Le Seneschal de) Des Lettres concernant *Aspreriis*, lui sont adressées. 305. Voy. *Aspreriis.* Il est dit dans les Lettres qui regardent Barrave, que cette Ville est de la Seneschaussée de Toulouse & de Carcassone. 192. Des Lettres concernant Cahors, sont adressées au Seneschal de Toulouse. 328. La Ville de Carcassone n'est point comprise dans les Comtez des Seneschaussées de Toulouse, de Carcassone & de Beaucaire, & elle n'assiste point à leurs Assemblées. 421. Voy. *Carcassone.* Les privileges de Castelnaudary sont adressez au Seneschal de Toulouse. 7. La Ville de Castelnaudary ne pourra estre transportée hors des mains du Roy, que conjointement avec le Comté de Toulouse; & ne pourra estre transferée qu'à celui à qui ce Comté sera donné. 6. 111. Des Lettres concernant Castres, sont adressées au Seneschal de Toulouse. 330. Voy. *Castres.* Grisolles, S.t Jorg, S.t Rustice & S.t Selvador, sont de cette Seneschaussée. 589. Des Lettres concernant Fleurence, sont adressées au Seneschal de Toulouse. 389. La Judicature de Lauraguis est de sa Seneschaussée. 589. Des Lettres qui regardent Limoux, sont adressées aux Seneschaux de Toulouse & de Carcassone, & aux Procureurs du Roy de cette Seneschaussée. 151. Les Comtes de Toulouse avoient accordé des privileges à la Ville de Puy-Mirol en Albigeois. 311. l. Voy. *Puy-Mirol.* La Judicature de Riviere est de cette Seneschaussée. 442. La Jugerie de Riviere est de cette Seneschaussée. 456. Le Roy adresse au Seneschal de Toulouse, les Lettres de privileges accordées à la Ville de Salvetat, dans le Comté de Gaure. 385. La Judicature de Verdun est de cette Seneschaussée. 413. 551. 552. 712. La Judicature de Villelongue est de cette Seneschaussée. 417. 552. 589.

Toulouse. Les Capitouls de cette Ville ayant representé au Roy, que dans la Cour Royale de Toulouse & dans la Viguerie de ce lieu, il se paye au Roy par l'une des Parties qui fait une demande [*Clamores,*] en Justice, cinq sols, & que comme les quitances de ce droit ne sont pas inserées dans des Registres, & se donnent sur des morceaux de papier qui se perdent aisément, le Clamacier [*Clamacerius*] qui reçoit ces droits, les redemande plusieurs fois; le Roy ordonna qu'on ne pourroit les exiger que pendant trois ans, à compter du jour que la demande auroit esté formée. Les Lettres sont adressées aux Tresoriers de la Seneschaussée de Toulouse, & au Receveur de cette Ville. 562. Les Minutes des Notaires de cette Seneschaussée, seront mises entre les mains du Roy après leur mort. 352. Voy. *Notaires.*

Toulouse. Bourgeoisies Royales établies dans cette Seneschaussée. 627. Voy. *Montpellier.*

Toulousains. Monnoye. 443. ll. Sols Toulousains. 6. 11. Prix que la Monnoye y valoit dans l'Hostel des Monnoyes, au commencement de Fevrier 1371. & prix que l'on y donnoit pour la fabrication de chaque Marc. 454. Prix du Marc d'Or dans l'Hostel des Monnoyes de cette Ville. 275.

Toulouse. Tresoriers ou Receveurs des Seneschaussées de Toulouse, de Carcassone & de Beaucaire. 561. Tresorier de la Seneschaussée de Toulouse. 562. Jordan *Mourandus* estoit Lieutenant du Receveur de Toulouse en 1358. pp. 125. 126. Le Roy établit un Controlleur de la Recette Royale de Toulouse. Ayant esté informé du bon témoignage qu'on avoit rendu à la Chambre des Comptes, de Bernard *de Bardis*, Notaire de Toulouse, il lui donna des provisions de cet Office le 7. d'Aoust 1368. aux gages de 100 livres Tournois par an; & il manda au Seneschal de Toulouse, de l'instituer dans cet Office. 123. Voy. *Controlleur des Recettes Royales.*

Toulouse. Diminution de Feux pour Pourtet, avec toute la Viguerie de Toulouse, où il y en avoit 294. en 1372. p. 608. Voy. *Feux.*

Toulouse. Les Communes des Seneschaussées de Toulouse, de Carcassone & de Beaucaire, obtiennent une seconde diminution de Feux. 505. Voy. *Feux.*

Toulouse. Commissaires députez dans la Seneschaussée de Toulouse & d'Albi, sur le fait des Admortissements & des Francs-Fiefs. 125. Voy. *Admortissements & Francs-Fiefs.* Les Commissaires sur le fait des Admortissements & des Francs-Fiefs, devoient envoyer au Tresorier de cette Seneschaussée, les rolles de ceux qui devoient des finances à ce sujet, afin qu'il les fist payer. 125. Revocation des Commissaires envoyez par le Roy dans cette Seneschaussée, sur le fait des Admortissements & des Francs-Fiefs. 489. Voy. *Admortissements.* Rétablissement des Commissaires sur les Admortissements & les Francs-Fiefs, dans cette Seneschaussée. 543. Voy. *Admortissement.*

Toulouse. Imposition accordée pour la guerre vers 1371. par plusieurs Comtez des Seneschaussées de Toulouse, de Carcassone & de Nismes, dans le Languedoc. Bernard de Mora estoit un des Generaux pour la levée de cette Imposition. 421. Voy. *Carcassone.*

Toulouse. Le Roy accorde à l'Université de Cahors, tous les privileges octroyez à celle de Toulouse, par les Rois de France & les Comtes de Toulouse. 329. Voy. *Cahors.*

Toulouse. Le Sceel du Consulat de Cahors, aura le mesme effet & la mesme force que le Grand Sceel de la Maison-commune de Toulouse. Les Consuls percevront les émoluments du Sceel de leur Consulat. 326. VII.

Toulouse. Le Gouverneur des droits Royaux & de Souveraineté à Montpellier, sera Garde d'un sceel Royal, qui aura les mesmes droits que les sceels Royaux de Carcassone, de Besiers & de Toulouse; & le Gouverneur aura la connoissance des Contracts qui se feront passez sous ce sceel, lorsque les contractans se seront soûmis à sa compulsion & coercition. 478. IV. 479. II.

Toulouse. Pendant 15 ans, les habitans de Rhodez ne payeront aucuns droits pour les effets à eux appartenants qu'ils feront passer par cette Seneschaussée. 408. Voy. *Rhodez.*

TOUR. (La Terre & Baronnie de la) Dans le Dauphiné, les Juges de la Judicature du Viennois & de la Terre de la Tour, en entrant dans leurs Charges, presteront serment de conserver les privileges du Dauphiné, entre les mains de l'Abbé de Bonnevaux, & du Prieur & des Religieux de la Coste-Saint-André. 63. Lorsqu'il y aura une guerre entre le Dauphin & le Comte de Savoye, le Dauphin établira dans la Baronnie de la Tour & de Valbonne, un Juge des appels en dernier ressort, qui connoîtra pendant la guerre seulement, des appels pendants alors devant le Grand-Juge des appels du Dauphiné, & de ceux qui seront interjettez pendant la guerre. 50. XXXIX.

Tour de France. (La) Diminution de Feux pour ce lieu, où il y en avoit 36. en 1367. p. 31. Voy. *Feux.*

TOURAINE (Le Duché de). donné au Duc d'Anjou. 305. Voy. *Tours.* (S.t Martin de) Donné à Loüis de France, à qui le Roy permet de tenir des Grands-Jours pour ce pays. 435. 526. Voy. *Anjou.* Le Roy en donnant le Duché de Touraine au Duc d'Anjou, se réserva la foi & ligee hommage de ce Duché, la souveraineté, ressort & exemptions de tous les droits (*cas*) Royaux; & il fit le 8. d'Octobre 1371. un reglement pour la Jurisdiction du Bailli de ces exemptions, qui se nommoit Jean de la Thuille. 428. Voy. *les articles de ce reglement.* Charles V. donne au Duc d'Anjou son Frere, les *debets* de tous les Imposts & droits Seigneuriaux qui lui estoient dûs dans l'Anjou, la Touraine & le Maine. 603.

Touraine. En Aoust 1469. le Duc de Berry y estoit Lieutenant du Roy, & dans plusieurs autres Provinces. 218. Voy. *Lieutenant de Roy.*

Touraine. Le Bailli de Touraine prétendoit que l'Evesque & le Chapitre d'Angers, devoient ressortir devant lui. Vers 1372. Robert le Chat estoit Lieutenant à Tours, du Bailli de Touraine. 520. 521. Voy. *Angers.*

Touraine. L'Archevesque & le Chapitre de Tours, l'Evesque & le Chapitre d'Angers, l'Evesque & le Chapitre du Mans, & leurs Officiers qu'ils advoüeront, ont droit de ressortir sans moyen au Parlement; mais leurs sujets devoient ressortir devant le Bailli des Exemptions de Touraine, d'Anjou & du Maine. 516. 518. 520. 522. Voy. *Tours, Angers & Maine.* Reglement pour la Jurisdiction du Bailli des Ressorts & Exemptions de Touraine, d'Anjou & du Maine. 369. Vers 1372. Jean de la Thuille estoit Bailli des Exemptions de Touraine, d'Anjou & du Maine. 523. Le Bailli des Exemptions de Touraine, Anjou & Maine, avoit un Siege à Chinon. 521. Les Lettres de Commune d'Angoulesme, lui sont adressées. 670. Voy. *Angoulesme.* Bailli des Exemptions de Touraine, de l'Angoumois & de Saintonge. Des Lettres touchant Angoulesme, lui sont adressées. 581. Voyez *Angoulesme.* Le Bailli des Exemptions de Touraine, d'Anjou & du Maine, ou ses Lieutenants à Tours & à Chinon, sont Gardiens & Juges du Couvent des Chartreux du Liget. 569. Voy. *Liget.* L'Abbaye de S.t Maixent en Poictou, qui ressortissoit autrefois devant le Bailli & Juge de Tours, au Siege de Loudun, ressortira devant le Bailli des Exemptions de l'Anjou & de la Touraine, au Siege de Loudun. 625. 626. Voy. *S.t Maixent.*

Touraine. Jours (du Rolle) du Bailliage de Touraine, au Parlement. 519. 523.

Touraine. Voy. *Tours.*

TOURBES. Voy. *Enquestes par Tourbes.*

TOURNAY. En 1340. Philippe de Valois donna à cette Ville, Loi, Estat & Commune, avec toute Justice & Seigneurie haute, moyenne & basse, & il leur octroye que cette Commune ne pourroit estre ostée, qu'en cas que les habitans ou la plus grande partie, commissent des trahisons, ou fissent des alliances avec les ennemis du Royaume. De grandes disputes s'estant élevées entre ceux qui gouvernoient la Loi & Justice de cette Ville, & le peuple, Charles V. appliqua cette Commune au Domaine Royal & de la Couronne, non pour cause de desobeïssance & de trahison des Bourgeois & habitans; mais pour rétablir l'union dans la Ville, & dans l'esperance de la leur restituer, lorsque la concorde regneroit entre eux. Et en effet, les Bourgeois & habitans lui ayant representé que la paix estoit restablie entre eux, & que les Officiers qu'il avoit chargés du gouvernement de la Ville, les avoient fort maltraitez, & avoient violé leur Loy, & ces habitans lui ayant offert une Aide, le Roy envoya à Tournay deux Commissaires, pour s'informer si tous les habitans souhaitoient le rétablissement de la Commune; & ceux-ci lui ayant rapporté que l'Evesque, le Doyen & le Chapitre, les Abbez de S.t Martin & de S.t Nicolas, & les habitans leur avoient certifié que leur Ville seroit mieux gouvernée, lorsqu'il y auroit une Commune, que par des Officiers Royaux, il rétablit la Commune, rendit à la Ville la Justice & les droits Royaux; & il ordonna que le Reglement qu'il avoit fait pour le payement des dettes de la Ville, lorsqu'il y vint, seroit executé. Il fit aussi de nouveaux reglements pour la Commune. 370. Voy. *les Sommaires.*

TABLE DES MATIERES.

Tournay. (A) les Efwardeurs eſliront 14 Eſchevins nez dans Tournay & Bourgeois de cette Ville; ſept dans la partie de la Ville qui eſt en deçà de l'Eſcaut, dans le Dioceſe de Tournay; & ſept dans la partie qui eſt au de-là de l'Eſcaut, dans le Dioceſe de Cambray. De ces ſept derniers Eſchevins, il y en aura cinq de la paroiſſe de S.t Brice, & deux de la paroiſſe de S.t Nicolas. 375. IV.

Tournay. Procès entre le Gouverneur de cette Ville, & ceux qui eſtoient alors au gouvernement de la Loy, & 15 habitans qui avoient eſté auparavant chargez de ce gouvernement, qui ſe plaignoient des injuſtices de ceux-ci; il y euſt à ce ſujet 120 habitans conſtituez priſonniers, qui furent enſuite élargis par le Gouverneur. Le Roy envoya des Commiſſaires à Tournay, par rapport à ce procès; & auſſi pour pourvoir au rétabliſſement de l'eſtat de la Ville. Ils trouverent qu'elle eſtoit chargée de pluſieurs dettes & rentes, & qu'elle devoit 60000. livres d'arrerages; ils ordonnerent que pour les acquiter, ceux qui avoient eſté priſonniers, en payeroient 18000 livres, & que les 42000 livres reſtant, ſeroient payées par 1000 perſonnes des plus riches de la Ville. La repartition de ces ſommes fut faite par l'Eveſque, & par Oudart de Renti Gouverneur. Elle cauſa beaucoup de trouble dans la Ville, & le Roy y renvoya de nouveaux Commiſſaires, qui trouverent la Ville fort dépeuplée & chargée de dettes. En 1370. le Roy, ſur leur rapport, déchargea ces 1000 perſonnes du payement des 42000 livres, ceux qui avoient eſté priſonniers, du payement de 18000 livres; & pour les 10000 livres reſtants, il ordonna que 3000 livres ſeroient employées aux fortifications de la Ville; qu'il ſeroit payé 100 livres d'or à Jacques Watelle, Procureur de la Ville de Tournay, & que les 8000 livres [*cor.* 7000 livres] ſeroient employées aux dépenſes de la guerre. Il octroya aux habitans, un octroy ſemblable à celui qu'il avoit accordé à ceux de l'Artois; c'eſt-à-dire, l'exemption pour un an, de tous droits ſur les marchandiſes qu'ils acheteroient hors de leur Ville. 349.

Tournay. Les Beguines & ceux à qui la Ville devoit des rentes, ayant repreſenté au Roy qu'elles leur avoient eſté vendues par les Prevoſts, Jurez, Eſwardeurs, Eſchevins & autres Officiers de la Ville, dans le temps qu'elle avoit le droit de Commune; que leur argent avoit eſté employé au profit de la Ville, & entre autres choſes, à payer les Aides qu'elle avoit faites aux Rois de France; & que cependant ils n'eſtoient pas payez de ces rentes, dont on leur devoit pluſieurs arrerages; le Roy envoya à Tournay l'Abbé de Clugny, Jacques la Vache, Preſident au Parlement, & Gilles de Soycourt, Maiſtre des Requeſtes, pour rétablir dans la Ville la paix qui y avoit eſté troublée par le deffaut du payement de ces rentes, & par d'autres cauſes; le Roy, ſur le rapport de ces Commiſſaires, ordonna que les rentiers de Tournay, qui demeureroient dans le Royaume, ne ſeroient payez que des deux tiers de leurs rentes pendant deux ans; & que ſi dans ce temps, il

s'éteignoit des rentes viageres, on en créeroit de ſemblables, & que le prix qui ſeroit payé pour leur acquiſition, ſeroit employé au payement du tiers de ces rentes ſupprimé; & que la Ville prendroit 4000 livres de ſes revenus, pour les dépenſes courantes. Ce reglement ne fut point executé; & à l'inſçû des rentiers, on obtint des Lettres Royaux qui ordonnoient qu'ils ne ſeroient payez pendant leur vie, que de la moitié de leurs rentes; & qu'après leur mort, l'autre moitié ſeroit payée [à leurs héritiers] pendant la vie d'une autre perſonne. Les rentiers s'oppoſerent à ces Lettres, & il fut ordonné au joyeux advenement du Roy dans Tournay, que le Gouverneur & les Bourgeois de Tournay, eſliroient un Receveur de la Ville, & que les rentiers eſliroient une perſonne qui ſeroit ſon Controlleur; que ce Receveur mettroit tous les ans 6000 livres entre les mains du Gouverneur & des Generaux Procureurs de la Ville, pour payer les penſions du Gouverneur, du Prevoſt & des Conſeillers, Procureurs & Receveurs de Tournay, & les autres penſions que cette Ville devoit à Paris & ailleurs; pour acquiter les rentes à heritages; pour fournir à l'entretien des Oſtages que la Ville avoit envoyez en Angleterre, en execution du Traité de Bretigny; & pour faire toutes les autres dépenſes communes; que ce Receveur payeroit enſuite des deniers des Orphelins qui avoient eſté dépoſez; & acquiteroit les fondations & œuvres pies, ce qui montoit à près de 6000 livres par an; qu'il payeroit 4000 livres qui eſtoient dûes à Jacques Mouton; qu'il payeroit en entier les rentes dûes aux rentiers demeurants hors le Royaume & en Flandre, ce qui montoit à 4500 livres; qu'il payeroit 20000 Royaux d'Or, pour l'Aide accordée pour la rançon du Roy Jean; que toutes ces charges acquitées, le ſurplus des revenus de la Ville, ſeroit diſtribué au Marc la livre, entre les rentiers; qu'à meſure que ces revenus augmenteroient, cette repartition annuelle ſeroit plus forte; que lorſque ces revenus feroient plus que ſuffiſants pour payer les rentes en entier, ce ſurplus ſeroit employé à acquiter les arrerages qui ſeroient reſtez en arriere; & que lorſqu'ils ſeroient entierement payez, ce ſurplus ſerviroit à rembourſer les rentes qui ſeroient rachetables; & que quatre fois l'an, le Receveur rendroit ſes comptes devant le Gouverneur, le Prevoſt, le Procureur de la Ville, le Garde du ſcel Royal, & les Procureurs des rentiers. Il fut cependant ordonné que les rentiers auroient la liberté de reduire leurs rentes à moitié, s'ils le vouloient, conformement au premier reglement. Il fut deffendu à la Ville de Tournay, de créer de nouvelles rentes ſur elle. Outre les octrois dont cette Ville jouïſſoit, le Roy lui ceda pendant dix ans, le produit des Actes judiciaires & du ſcel Royal. Ces Lettres ſont adreſſées au Gouverneur, au Bailli & au Prevoſt de Tournay. 136.

Tournay. Monnoye d'Or & d'Argent de Tournay. 402. Gardes & Maiſtre-Particulier, ou tenant le compte de la Monnoye de Tournay. 507. Prix que la Monnoye y valoit dans l'Hostel des Monnoyes, au commencement de Fevrier 1371. & prix que l'on y donnoit pour la fabrication de chaque Marc. 454. Comme en Flandre & en Hainaut, on donnoit un plus grand prix de l'Or, que l'on n'en donnoit à la Monnoye de Tournay, on augmenta le prix de l'Or dans cette Monnoye. 452.

Tournay. (Doyen & Chapitre de) 349.

TOURNAISIS. Gouverneur du souverain Bailliage de Lille, Doüay & Tournaisis. Il estoit au Conseil du Roy en May 1367. Renier Despi estoit Lieutenant de ce Gouverneur, vers 1367. p. 9. Voy. *Commines.*

TOURNEFORT. Diminution de Feux pour ce Lieu, où il y en avoit 5. en 1367. p. 31. Voy. *Feux.*

TOURNY, de la Chastellenie de Vernon. 168. Voy. *Vernon.*

TOURNOIS. Quelques Nobles, sous pretexte d'avouerie sur des Monasteres, exigeoient d'eux certaines choses pour des Tournois. 143. Voy. *Avoueries.*

TOURS. (Seneschal de) Des Lettres concernant Lochere, lui sont adressées. 206. Voy. *Lochere.* Chasteau-Regnaud qui ressortissoit anciennement à la Seneschaussée de Tours, en fut démembré, lorsque le Duché de Touraine fut donné au Duc d'Anjou. 697. Voy. *Blois.* Les Lettres de Sauve-garde Royale, pour le Chapitre de Poictiers, sont adressées au Seneschal de Tours. 114.

Tours. Le Bailli des Ressorts & Exemptions de Touraine, &c. mettra son Siege à Chasteau-neuf, qui appartient à l'Eglise de S.t Martin de Tours, sans prejudice aux privileges de cette Eglise. 369. 1. Il aura un Siege au lieu nommé Chasteau-neuf; & y instituëra 4 Sergents. 429. II. IV. En 1355. les Bourgeois & habitans de Chasteau-neuf, & de la Ville & Chastellenie de Tours, representerent au Roy, qu'il estoit necessaire, à cause de la guerre, de reparer les murs de la Ville, d'y faire le guet, & de fortifier certains passages dangereux; & que quelques habitans ne vouloient pas contribuer aux dépenses necessaires à ce sujet. Le Roy leur permit de s'assembler, pourvû que ce fût en presence d'un Officier Royal, d'élire entre eux six personnes pour imposer des Tailles sur les habitans, dont les Ecclesiastiques seroient exempts, & d'en employer le produit aux fortifications & autres dépenses nécessaires. Il ordonna aussi que les habitans s'armeroient, passeroient en revûës, & feroient le guet. Charles V. confirma ces Lettres en 1371. & il adressa les siennes au Seneschal & au Bailli de Tours. 457.

Tours. Il y avoit un Hostel des Monnoyes. 124. Prix que la Monnoye y valoit dans l'Hostel des Monnoyes, au commencement de Fevrier 1371. & prix que l'on y donnoit pour la fabrication de chaque Marc. 454.

Tours. L'Archevesque de Tours prétendoit que par un ancien usage, lui, ses Officiers & ses sujets, devoient ressortir en demandant & en deffendant, sans moyen, devant les Gens du Parlement, comme *Traicteurs élus,* & qu'il avoit droit d'y plaider par les Gens de ses *Robes* & de son Hostel, sans procuration. Le Bailli des Exemptions de Touraine, d'Anjou & du Maine, soustenoit au contraire, que l'Archevesque, ses Officiers & sujets devoient ressortir devant lui, & il le fit ainsi juger par un Arret du Parlement. L'Archevesque qui estoit à Rome, pour les affaires de son Eglise, engagea le Pape à écrire au Roy en sa faveur. Le Roy, conformément à l'usage ancien qui lui fut atteste par plusieurs personnes de son Conseil, ordonna que l'Archevesque & ceux de ses Officiers qu'il voudroit avoüer, ressortiroient nuëment au Parlement, & qu'il plaideroit par les Gens de ses Robes; mais que ses sujets ressortiroient devant le Bailli des Exemptions. Lors de l'enregistrement des Lettres du Roy au Parlement, le Procureur General protesta de soutenir les droits du Roy, en temps & lieu opportuns: l'Archevesque de Tours fit ses protestations au contraire. 516.

Tours. Le Doyen & le Chapitre de Tours, avoient la mesme pretention que l'Archevesque, & il soutint à ce sujet, un long procés au Parlement, contre le Bailli des Exemptions de Touraine, à qui le Parlement adjugea par provision, la connoissance de leurs affaires en premiere instance; mais le Roy ordonna en leur faveur, la mesme chose qu'il avoit ordonné pour l'Archevesque de Tours. 518. [*Il n'est pas parlé dans leurs Lettres, des Gens de leurs Robes.*]

Tours. (Saint Martin de) Le Roy par le droit de sa Couronne, est Abbé de cette Abbaye, qui estant d'ancienne fondation Royale, & qui estant sous la Sauve-garde Royale, doit ressortir sans moyen, à un Juge Royal. C'est pourquoi le Roy ayant donné le Duché de Touraine au Duc d'Anjou son frere, & s'estant reservé tous les droits Royaux, il ordonna que l'Eglise de S.t Martin de Tours, le Doyen, le Tresorier & le Chapitre, avec leurs sujets, ressortiroient devant le Bailli des ressorts, à Chinon, jusqu'à ce qu'il lui eust donné un autre Juge Royal. Il ordonna aux Gens du Parlement, d'y faire lire, publier & enregistrer les Lettres. 305.

Tours. Voy. *Touraine.*

TOUSEL. Diminution de Feux pour ce lieu, où il y en avoit 7. en 1367. p. 31. Voy. *Feux.*

TRAHISON. Les habitans de Bruyere-les-Catenoy, ne pourront estre jugez hors de leur Ville, que dans les cas de meurtre & de trahison. 712. Voy. *Bruyere. (La)* Le Dauphin remet toutes les confiscations à lui dûës, excepté pour cause de trahison. 48. XXXIII. Remission donnée aux habitans de Roüen, pour tous les crimes qu'ils avoient commis; à l'exception de la trahison & du *Guet-à-pens.* 75.

TRAITEURS de Causes. L'Eglise de Chartres avoit le droit de ne porter ses affaires devant le Parlement de Paris, que comme pardevant Traiteurs de Causes. 26. L'Archevesque de Tours, & les Evesques d'Angers & du Mans, & leurs Chapitres, ont droit de ressortir sans moyen, devant les Gens du Parlement de Paris, comme pardevant

TABLE DES MATIERES. clxxxj

pardevant *Traiteurs* en cette partie. 516. 518. 520. 522. Voy. *Tours, Angers* & *Mans*.

TRAUSAN. Diminution de Feux pour ce lieu, où il y en avoit 15. en 1372. p. 608. Voy. *Feux*.

TRESOR du Roy. Les Amendes qui auront esté levées seront envoyées au Tresor à Paris, aux dépens & aux risques de ceux qui les devoient; & sur ces Amendes seront payez les gages de M.rs du Parlement & des Maistres des Requestes, par les mains du Changeur du Tresor à Paris. Pierre de Landes l'estoit le 28. de Mars 1373. p. 613.

Tresor du Roy à Paris. Noms de plusieurs Tresoriers & des Advocats du Roy du Tresor, en 1409. 1410. & 1411. p. 430.

Tresor. Changeur du Tresor à Paris. Pierre de Landes l'estoit le 5. de Novembre 1369. & il reçut de l'argent qui estoit presté au Roy. 690. Il l'estoit le 19. de Juin 1370. p. 301. Il l'estoit le 22. d'Aoust 1370. p. 334.

Tresor du Roy. Voy. *Coffres du Roy*.

Tresor du Roy. Le Roy ayant acheté le Comté d'Auxerre, de Montagu mit par son ordre, les Lettres de l'achat dans le Tresor du Roy, pour perpetuelle memoire. 415. 416. 423. 425. Voy. *Auxerre*. On y met l'original des Lettres d'union de l'Ysle d'Oleron au Domaine de la Couronne. 593. Note *(a)*. Tresor des Chartres. Lettres Royaux tirées des Registres de la Chancellerie. [Ce sont ceux qui sont au Tresor des Chartres.] 308. Les cayers de quelques Registres, ont esté transposez en les reliant. 302. Note *(a)*.

Tresor. Voy. *Chartres*.

TRESORIERS ou Receveurs. 286. VI.

Tresorier. Raoul *de Insula*, Tresorier, estoit au Conseil du Roy, le 29. de Novembre 1364. p. 128. Le 27 d'Octobre 1367. le Roy ordonne à Pierre Scatisse son Tresorier, de faire bâtir un Hostel des Monnoyes à S.t André près d'Avignon; & de faire garder les Ports & passages, afin que le Billon ne sorte point du Royaume. 90. & Note *(a)*. Des Lettres de 1368. concernant Limoux, sont adressées à Pierre Scatisse, Tresorier de France. 151. Le 13. d'Octobre 1368. Adam de Chanteprime Tresorier de France, fut nommé avec le Prevost de Paris, Commissaire pour la reformation des Halles de Paris. 147. Le 26. de Mars 1368. il fut déchargé de cette commission. 148. Note *(b)*. Pierre Scatisse estoit Tresorier de France en Juillet 1370. p. 342. Guillaume le Galois l'estoit le 11. de Septembre 1372. p. 507. Note *(a)*. Le Roy ayant institué Jean d'Orliens, Gilles Galois & Philippe de S.t Pere, ses Tresoriers, il ordonna que tous les revenus de son Domaine, & toutes les dettes qui lui estoient deuës, fussent *executées*, distribuées & ordonnées par eux; & qu'eux seuls pussent faire des assignations & des payements sur les Receveurs Royaux, & sur les revenus de son Domaine, & donner des délais pour les payements, & ordonner tout ce qui appartient au fait du Tresor, ainsi que faisoient anciennement les Tresoriers instituez par ses Predecesseurs. Il manda à la Chambre des Comptes de faire executer son Ordonnance à ce sujet, & de donner aux Tresoriers un estat des dettes duës au Roy. 454.

Tresoriers au Conseil du Roy. 123. 124.

Tresoriers (Les) & les Generaux-Maistres des Monnoyes, font un traité pour faire porter du Billon à la Monnoye de Tournay. 541.

Tresoriers. Ceux qui refuseront de payer les Amendes ausquelles ils auront esté condamnez, seront assignez devant les Gens des Comptes & les Tresoriers à Paris. 613. Les Lettres d'exemption du droit de Francs-Fiefs pour Milhaud, leur sont adressées. 322. Lettres concernant les Francs-Fiefs & les Lettres de Noblesse, adressées aux Tresoriers. 418. Voy. *Paris*.

Tresoriers. Il leur est deffendu de donner des Commissions de Sergents pour en faire les fonctions, à ceux qui ne le sont pas. 195.

Tresorier ou Receveur de la Seneschaussée de Beaucaire. 654. Treforerie ou Recette de la Seneschaussée de Cahors. On écrivoit dans ses Registres ce qui estoit dû au Roy. 327. XIII. Tresorier ou Receveur Royal à Carcassone. 152. Tresorier du Dauphiné. 57. 58. 59. 65. 66. 229. 231. Adam de Chanteprime Tresorier du Dauphiné. 105. Voy. *Dauphiné*. Tresoriers dans le Languedoc. 603. On ne donnera point d'assignation sur les revenus que le Roy a dans la Ville de Milhaud ; mais les deniers qui en proviendront, seront remis entre les mains du Tresorier du Roy. 293. II. Tresoriers à Paris. 464. 561. Le Roy leur ordonne de rayer de leurs Registres, le droit Domanial du *Commun de la Paix*, qu'il avoit remis aux habitans de Montegrier. 354. III. Des Lettres portant exemption d'Impôts pour les sujets de la Vicomté de Rochechoüard, sont adressées aux Tresoriers Royaux à Paris. 687. Tresorier de Perigord. 342. Tresorier du Quercy. 284. 285. Tresorier de la Seneschaussée de Quercy. 279. 280. Treforerie Royale ou Recette de la Seneschaussée de Rhodez. 406. Voy. *Rhodez*. Tresorier de Roüergue. 288. 638. Tresorier Royal de la Seneschaussée de Roüergue. 699. III. V. *Roüergue*. Treforerie ou Recette Royale de la Seneschaussée de Roüergue. 695. IV. Tresoriers ou Receveurs des Seneschaussées de Toulouse, de Carcassone & de Beaucaire. 561. Les Lettres concernant une diminution de Feux, sont envoyées aux Tresoriers des Seneschaussées de Toulouse, de Carcassone & de Beaucaire. 505. Voy. *Feux*. Tresorier de la Seneschaussée de Toulouse. 125. 562. Voy. *Toulouse*.

Tresoriers (Generaux) sur le fait des Aides. 222. Voy. *Aides*. Une Ordonnance sur les Aides faite en consequence d'une assemblée d'Estats, leur est adressée. 22.

Tresoriers des Guerres. 658. & *passim* dans ces Lettres. V. *Guerre*. Tresoriers des Guerres, & leurs Clercs. 648. XV. Jean du Change, Gouverneur du Comté de Ponthieu, & Tresorier des guerres en 1346. p. 180. Voy. *Mayoc*. Les Tresoriers des Guerres & leurs Clercs ou Lieutenans, jureront de payer la solde des gens de guerre en argent comptant ou en assignations, & de ne point leur donner pour leur solde des chevaux, des armes ou d'autres marchandises, desquelles il leur est

TABLE DES MATIERES.

deffendu de faire le commerce. Ils jureront aussi de ne recevoir aucun present des gens de guerre. Si les Tresoriers des guerres apprennent que leurs Clercs contreviennent à ce reglement, ils les destituëront, & ils en donneront avis aux Generaux des Aides. Les Tresoriers des guerres avertiront le Roy ou son Conseil, des fraudes dont ils s'appercevront dans les revûës; & ils dénonceront les gens de guerre qui auront reçû la solde, & n'auront point servi. 650. XXIII.XXIV.

Tresorier de la S.te Chapelle de Paris. 1. 2.

TREVILHAC. Diminution de Feux pour ce lieu, où il y en avoit 7. en 1367. p. 31. Voy. *Feux*.

TRILLA. Diminution de Feux pour ce lieu, où il y en avoit 10. en 1367. p. 31. Voy. *Feux*.

TRINITÉ (Le Couvent de la) au Mont-Sainte-Catherine, au-dessus de Roüen. Privilege qu'il a par rapport aux denrées pour sa provision. 216. Voy. *Roüen*.

TRINLBES ou Truilbes de Doüay. 134. XXXI. & Note *(d)*.

TROYES. Bailli de Troyes & de Meaux. 118. En Janvier 1358. Jean de Châlons Sire d'Arlay, estoit Lieutenant du Roy, dans les Bailliages de Sens, de Troyes & de Mâcon. 595. En Aoust 1358. Pierre de Fontaines estoit Lieutenant de Guillaume de Bruval, Bailli de Troyes & de Meaux. 595. Le 16. de Decembre 1358. Humbert des Granches estoit Garde du sceel de la Prevosté de Troyes. 597. Lettres concernant Joigny, adressées au Bailli de Troyes & de Meaux. 381. Des Lettres concernant Levigny, lui sont adressées. 513. Voy. *Levigny*. Les Eglises Cathedrales situées dans le Bailliage de Troyes, ne ressortiront pas devant le Bailli de Troyes; mais devant celui de Sens. 429. Note *(a)*.

Troyes. Il y avoit un Hostel des Monnoyes. 124. Prix que la Monnoye y valoit dans l'Hostel des Monnoyes au commencement de Fevrier 1371. & prix que l'on y donnoit pour la fabrication de chaque Marc. 454.

Troyes. Les Orfevres de cette Ville ont accoûtumé de toute ancienneté, de faire solemnité, Confrairie & joye, le jour de la Feste de S.t Eloy, d'aller la veille & le jour à l'Eglise de Sainte Magdelaine, chacun un cierge à la main, y faire celebrer le service divin, & le jour, de manger ensemble pour la reverence du Saint; plus, de faire celebrer une Messe solemnelle chaque semaine. Pour subvenir à ces dépenses communes, ils mettent chaque semaine, deux deniers dans une boiste; quand ils soüent des Apprentifs ausquels ils donnent des salaires, ils les obligent de mettre 10 sols, ou 5, dans cette boiste; & quoiqu'ils puissent travailler la nuit, ils ont coûtume, sans y estre obligez, de mettre dans cette boiste, tout ce qu'ils gagnent pendant la nuit. Ils ont des statuts & reglements presque semblables à ceux des Orfevres de Paris. Charles V. les confirma. Les Lettres sont adressées au Bailli de Troyes. 158. L'article XXVII. de ces Reglements porte, que chaque année on essira trois Prud'hommes, [*Gardes*] qui ne pourront, aprés leur année finie, estre élus de trois ans, s'ils n'y

consentent. 186. Note *(b)*. col. 2. Prevost de Toyes. *ibid.*

Troyes. A la teste du mestier des Tanneurs de cette Ville, il y a quatre Maistres qui font serment entre les mains du Prevost, qui ont le droit de visite également sur le fouage ou souage, comme sur le tannage. Les Lettres sont adressées au Bailli & au Prevost de Troyes. 315.

Troyes. Anciennement les Tisserands qui travailloient pour les Drapiers de Troyes, demeurants dans la ruë des Troussaux, travailloient sans sortir, depuis le matin jusqu'au soir, & mesme à la lumiere pendant l'hiver, & ils apportoient leur pain pour la journée, & s'ils vouloient du potage, leurs femmes leur en apportoient. Ils plioient & nouoient les pieces de draps les jours de Feste; excepté celles des Apostres ou de commandement exprés; & lorsqu'ils alloient à l'enterrement des gens du mestier, ils ne quittoient l'ouvrage que lorsqu'on portoit le corps en terre. Dans la suite, ils s'accoûtumerent à venir plustard à l'ouvrage, sous le pretexte d'une Messe solemnelle qu'ils faisoient chanter, quoiqu'on en chantât une pour eux plus matin, dans l'Eglise de S.t Gilles; ils sortirent de l'attelier pour aller disner; les jours qu'on enterroit une personne du mestier, ils ne travailloient point, & ils demandoient 2 ou 3 sols de l'ouvrage qu'ils faisoient autrefois pour 6 ou 8 deniers; & ils ne vouloient pas laisser travailler avec eux les Compagnons qui n'estoient pas de la Ville. Les Drapiers en ayant porté leurs plaintes au Lieutenant du Bailli, il ordonna que les Drapiers pourroient faire travailler dans une autre ruë que dans celle des Troussaux, n'estant pas obligez par leurs Statuts à y faire travailler; à condition cependant, que les draps seroient visitez par les Gardes, & que ceux qui en auroient fait de mauvais, seroient punis, ainsi que cela se pratiquoit dans la ruë des Troussaux. Le Roy, en confirmant la sentence de ce Lieutenant, permit aux Drapiers, & à toutes autres personnes de Troyes, de faire travailler dans d'autres ruës que celle des Troussaux. 595.

TULLE. Le Roy voulant recompenser le zele de l'Evesque, du Chapitre & des Bourgeois de cette Ville, qui ayant reconnu son droit de souveraineté sur le Duché d'Aquitaine, s'estoient soûmis à lui, & l'avoient fait assûrer de leur perpetuelle fidelité par leurs Procureurs, il confirma tous leurs privileges; nonobstant les atteintes qu'on avoit pû y donner depuis 20 ans. Les Lettres sont adressées aux Seneschaux de Limoges & de Cahors. 295. Le Roy, par les motifs exprimez dans les Lettres precedentes, accorda à l'Evesque, au Chapitre & aux Bourgeois de cette Ville, les mesmes privileges qu'il avoit accordez depuis peu aux Villes de Cahors, de Montauban & de Figeac; pourvû cependant qu'ils ne portassent pas de préjudice aux droits de l'Evesque, qui est seul Seigneur temporel de cette Ville. Les Lettres sont adressées aux Seneschaux de Limoges & de Cahors. 296.

Tulle. Gouverneur & Reformateur souverain & general dans les Eveschez de Limoges & de Tulle,

& dans la Vicomté de Limoges. 719. Voyez *Limoges.*

TURENNE. Confirmation de l'Arrest rendu en faveur des habitans de Caylus-de-Bonnette, entre l'Abbé de Belloc & le Vicomte de Turenne. 286. II.

TUTEURS. Les Juges de *Banhiis*, de Tarbes, de Lus & de Vic, donnent des Tuteurs & des Curateurs aux Mineurs. 448. Voy. *Banhiis.* Le Bailli de Puy-Mirol pourra donner des Tuteurs & des Curateurs, les déposer & en nommer d'autres à leur place. 313. VIII. Philippe-Auguste en confirmant la Commune des habitans de S.t Jean d'Angely, leur accorda la tutelle de leurs enfans. 671. Voy. *S.t Jean d'Angely.*

V

VAINA. Voy. *Axat.*

VAISSEAUX ayant fait naufrage. 245. XXV. Voy. *Mer.*

Vaisseaux. Prise de bleds dans la Picardie pour la Flote du Roy. 455.

VAISSELLE du Roy & des particuliers, portée à la Monnoye. 215. 690. Charles V. ayant besoin d'argent, envoye à la Monnoye sa Vaisselle & d'autre Vaisselle qu'on lui presta. 301.

VAIZELA, (*Locus de*) de la Chastellenie de Montréal. Diminution de Feux pour ce lieu, où il y en avoit 13. en 1371. pag. 466. Voy. *Feux.*

VAL, (Maladerie du) près d'Abbeville. 197. Voy. *Abbeville.*

VALASSE, (L'Abbaye de Sainte Marie du Vœu, dite la) Ordre de Cisteaux, Diocèse de Roüen, fondée dans le Domaine du Roy. Lettres de Sauve-garde Royale pour cette Abbaye, les Moines & Confreres. Elles sont adressées aux Baillis de Caux, de Roüen & de Mantes, & aux Vicomtes de leurs Bailliages, & aux Capitaines des Chasteaux. 400

VALBONNE (Baronnie de) dans le Dauphiné. 50. XXXIX. Voy. *Tour. (Baronnie de la)*

VALENCE. Aymard Comte de Valence & de Die, le 16. de Juillet 1349. p. 56.

Valence (Sommée de) évaluée à la charge de quatre chevaux; & à proportion pour les autres bestes, & pour les voitures. 404. Voy. *Dauphiné.*

VALENTINOIS. Les Juges du Viennois & du Valentinois, en entrant dans leurs Charges, presteront serment de conserver les privileges du Dauphiné, entre les mains du Precepteur de Saint Paul & du Prieur de S.t Donat. 63.

VALERIIS, (*Abbatia de*) Ordre de Cisteaux, que l'on croit estre *Valloire*, Diocèse d'Amiens. Privileges qui lui sont accordez. 248.

VALET de Chambre du Roy. Maistre-Barbier & Valet de Chambre du Roy. 441. Voy. *Barbiers de Paris.*

Valets des Portes & de Fourrerie, chez le Roy. 289. Voy. *Vitry.*

VALETE (La) de la Chastellenie de Montréal. Diminution de Feux pour ce lieu, où il y en avoit 31. en 1371. p. 466. Voy. *Feux.*

VALLIAN, de la Viguerie de Besiers. Diminution de Feux pour ce lieu, où il y en avoit 11. en 1369. p. 212. Voy. *Feux.*

VALLOIRE. Voy. *Valeriis.*

VALMI. Commune accordée aux habitans de ce lieu, par Blanche Comtesse de Champagne. 486. Elle fut confirmée par Charles V. qui adressa ses Lettres au Bailli de Vitry & au Prevost de S.te Manehoud. 486. Voy. *les articles.* Il y avoit quatre Jurez dans ce lieu. 487. VII.

VALVERT ou Vauvert. 128. Voy. *Chartreux de Paris.*

VASSAL. *Miles Casatus.* 716. XVII. Voy. Note *(f).*

VATARONS, Monnoye. 643. Voy. *Monnoyes.*

VAVASSEURS, Barons, Bannerets, Nobles & Vavasseurs du Dauphiné. 38.

VAUCELLES, Ordre de Cisteaux. 141. Voyez *Cisteaux.*

VAUDESSON, dépendant de Coucy. Affranchissement des habitans de ce lieu. 154. Voy. *Coucy.*

VAUSSAILLON, dépendant de Coucy. Affranchissement des habitans de ce lieu. 154. Voyez *Coucy.*

VAUVERT ou Valvert. 128. Voy. *Chartreux de Paris.*

VEDILHAN, de la Viguerie de Narbonne, de la Seneschaussée de Carcassone. Diminution de Feux pour ce lieu, où il y en avoit 12. en 1373. p. 663. Voy. *Feux.*

VENDEURS de Marée. 198. Voy. *Marée.* Vendeurs de Marée de Roüen. 251. Voy. *Roüen & Marée.*

VENDRES, Viguerie de Besiers, Seneschaussée de Carcassone. Diminution de Feux pour ce lieu, où il y en avoit 119. en 1369. p. 212. Voy. *Feux.*

VERDUN. *Thierricus Richerius* Chanoine de Verdun, vers 1368. p. 230.

Verdun. (La Judicature de) est de la Seneschaussée de Touloufe. 712. Vital de Nogaret en estoit Juge en 1359. & en 1361. pp. 126. 127.

Verdun, de la Seneschaussée de Toulouse, Paul *Bicorti* en estoit Juge en 1371. p. 413.

Verdun. Paul *Bitorti* en estoit Juge vers 1371. p. 712. & vers 1372. pp. 551. 552.

Verdun, Cordes Tolofaine, Angueville, Boulhac, Marignac, Boulan, Sarraut, Ardissas, la Motte de Cumont, Solomiac & le Causse, sont de la Judicature de Verdun. 551. S.t Nicolas, Briguemont, Cumont, Riculas, & S.t Estephe, sont de la Judicature de Verdun. 551.

VERFEÜIL, de la Seneschaussée de Roüergue. Il estoit de l'ancien Domaine du Roy, & dans les Registres de ce Domaine. Il avoit esté cedé à l'Angleterre par le Traité de Bretigny; mais estant rentré sous l'obéissance de Charles V. ce Prince accorda aux Consuls de cette Vile, qu'elle seroit unie inséparablement au Domaine, Patrimoine & Mense du Roy; & plusieurs autres privileges. 276. Voy. *les Sommaires.*

VERGAGES, Impost. 67. IV. & Note *(c).*

VERGE, mesure d'estoffe. 105.

VERGEZE. Diminution de Feux pour ce lieu; où il y en avoit 17. en 1373. p. 638. Voy. *Feux.*

TABLE DES MATIERES.

VERMANDOIS, (Raoul Comte de) estoit *Dapifer* en 1137. p. 23.

Vermandois, (Le Bailli de) de l'avis de son Conseil & du Procureur du Roy, instituëra des Sergents. 449. Voy. *Laon*.

Vermandois. Tristant du Bois estoit Bailli du Vermandois vers 1370. p. 350. Laon est le souverain Siege & ressort du Bailliage du Vermandois. 449. Voy. *Laon*. Dans ce Bailliage, les Hommes de Fief du Roy sont obligez de rendre la Justice. 140. Voy. *Jugement*.

Vermandois. (Bailli de) Les Lettres sur l'Aide accordée en 1367. par les habitans des Comtez d'Artois, de Boulogne & de S.t Pol, lui sont adressées. 83. Il tient ses Assises à Laon. 471. pag. 721. Son Lieutenant avoit une Court à Laon. 30. Des Lettres concernant des lieux situez dans la Prevosté Foraine de Laon, sont adressées au Bailli & au Procureur du Vermandois. 95. 248. Des Lettres qui regardent Laon, sont adressées au Bailli du Vermandois. 69. 271. 635. Voy. *Laon*. Des Lettres pour Peronne, adressées au Bailli & au Receveur du Vermandois. 164. Roye est du ressort de son Bailliage. 662. Voy. *Roye*. Sur les plaintes du Prevost de Soissons & de plusieurs autres Justiciers du Bailliage de Vermandois, le Roy abolit les Appeaux volages qui estoient en usage dans ce Bailliage. 720. [*Les Lettres semblables à celles accordées pour le mesme sujet au Chapitre de Rheims, sont* p. 720. Voy. *Rheims*.

Vermandois. (Receveur du) 432. Receveur Royal du Vermandois à Laon. 30. Redevance payable au Receveur du Vermandois à Laon. 94. 247. La Neuville-le-Roy dans le Beauvoisis, est de son département. 333.

VERMANTON dans l'Auxerrois. Cette Ville est grande, riche & très-peuplée. Elle est située dans un très-bon pays, & il y croît une grande quantité de bons vins & des meilleurs du pays, qui servent à la provision de Paris & d'autres lieux. Vers 1367. le Fort de cette Ville ayant esté pris par les *Compagnies*, les habitans obtinrent du Roy la permission de la faire clorre de murs & de la fortifier, en sorte qu'elle devint Ville fermée; & de vendre (*affermer*) pour subvenir à cette dépense, le dixieme des vins & grains à eux appartenants. Les Lettres qui portent que cela se fera par le conseil & avis de Hugues Bernant, Seigneur en partie de cette Ville, sont adressées au Bailli de Sens. 111.

VERNEÜIL. Les Bourgeois de ce lieu sont exempts de tous les Impost qui appartiennent au Roy dans la Normandie; excepté le Comté d'Evreux, le Vexin-Normand, Pacy & Gournay, dans le Poictou, l'Anjou, le Maine, la Bretagne & la Gascogne. Les Lettres de Charles V. sont adressées aux Baillis de Roüen & de Gisors. 488.

Verneüil, dépendant de Coucy. Affranchissement des habitans de ce lieu. 154. Voy. *Coucy*.

VERNON. Les habitans de Tourny, Fours, Cahagnes, Henbencourt, Hericourt, Saint Soupplis, Tailly, Penilleuse, Maizieres, Corbie, Nostre-Dame de Lille, Presigny, Lorguilleux, Gany, Sainte Genevieve, Guierny, la Chapelle S.t Oën, & autres Villes & paroisses de la Châtellenie de Vernon en Normandie, où ils sont obligez de faire le guet & autres services ; representerent au Roy, qu'en consequence de son Ordonnance, portant que tous les habitans des lieux situez à sept lieuës ou environ de la Ville & Chasteau de Mantes en France, contribuëroient au payement des fortifications de ce lieu, on les a contraints à y contribuer, quoique par l'éloignement, ils ne soient pas à portée de s'y refugier en cas de peril, & qu'ils ayent leur retraite dans le Chasteau de Vernon, aux fortifications duquel ils offrent de contribuer, & non à celles d'aucun autre lieu ; que cependant les Bourgeois de la Ville de Vernon, veulent les obliger à contribuer aux réparations de leur Ville & de leur Pont; en vertu d'un accord passé anciennement devant le Bailli de Gisors, entre ces Bourgeois & les Procureurs des habitans de quelques-unes des Villes de la Chastellenie de Vernon, qui n'avoient point autorisé leurs Procureurs à ce sujet ; duquel accord, l'execution a esté ordonnée par un Arrest du Parlement, de l'an 1289. & qui a esté suivi de plusieurs procès. Le Roy ordonna que les habitans de ces lieux, ne seroient tenus que de contribuer aux fortifications du Chasteau de Vernon, & non à celles des Villes de Vernon & de Mantes. Les Lettres sont adressées au Parlement, & aux Capitaines de ces Villes & Chasteaux. 168.

VERPS. Acte de mise en possession. 134. XXXVI.

VESTRIC. Diminution de Feux pour ce lieu, où il y en avoit 21. en 1373. p. 638. Voy. *Feux*.

VEUVES (Les) & les Orphelins pauvres ne payeront point l'Aide establie dans le Dauphiné en 1367. p. 89. XIII. Philippe-Auguste en confirmant la Commune des habitans de Saint Jean d'Angely, leur accorda le droit de marier leurs enfans & les veuves à leur volonté. 671. Voy. *S.t Jean d'Angely*.

VEXIN-Normand. Les Bourgeois de Verneüil sont exempts des Impost qui appartiennent au Roy dans la Normandie; excepté le Comté d'Evreux, le Vexin-Normand, Pacy & Gournay. 488. Voy. *Verneüil*.

VIC (Les Juges de) donnent des Tuteurs & des Curateurs aux Mineurs. 448. Voy. *Banhiis*.

Vic. Voy. *Ville-Vieille*.

VIC-FESENSAC. Charles V. à la requeste des Consuls de cette Ville, & de ceux d'Ausch, de Lectoure, d'Auvillars, de Nogaro, d'Eause & de Barrave, lesquelles Villes l'avoient reconnu pour leur souverain, & s'estoient soûmises volontairement à lui, [en se soustraïant de l'obéïssance des Anglois, à qui il faisoit la guerre,] leur accorda la permission de commercer dans tout le Royaume, sans payer aucuns droits pour les marchandises qu'ils acheteroient ; non pas mesme l'Aide pour la rançon du Roy Jean. Les Lettres sont adressées aux Seneschaux de Toulouse, de Carcassone, de Roüergue & de Beaucaire. 189. jusqu'à 192.

VICOMTES. Ils estoient chargez des Recettes Royales, & de l'employ des deniers qui en provenoient.

provenoient. 81. Voyez *Recettes Royales*.

Vicomtes. Les Lettres des Rois d'Angleterre sont adressées aux Archevesques, Evesques, Abbez, Comtes, Barons, Justiciers, Vicomtes. 151.

VICOMTÉ de Caën. 106. De Roüen. 75. Vicomté de l'Eaue à Roüen. 216. Voy. *Roüen*.

Vicomté. (Petit) Les habitans de Mayoc & de Crotoy, doivent au Comte de Ponthieu, 40 sols de *Petit-Vicomté*. 180. Voy. *Mayoc*.

VIEN-SUR-AISNE. Voy. *Chaourse*.

VIENNE. La Cour Majeur de Vienne, & les autres Cours du Dauphiné. 40. V.

Vienne. (Concile de) Voy. *Concile de Vienne*.

Vienne. Bertrand *de Capella* en estoit Archevesque le 14. de Mars 1349. pp. 54. 55. L'Archevesque de Vienne est coproprietaire avec le Roy, de la Ville de Romans en Dauphiné, par une espece de pariage. 109. & Note (c). Voy. *Romans*.

Vienne. (*L'Abbaye de*) Voy. *Saint Antoine de Vienne*.

Viennois. Les Juges du Viennois & du Valentinois, en entrant dans leurs Charges, presteront serment de conserver les privileges du Dauphiné, entre les mains du Precepteur de Saint Paul & du Prieur de Saint Donat. 63. Les Juges de la Judicature du Viennois & de la Terre de la Tour, en entrant dans leurs Charges, presteront serment de conserver les privileges du Dauphiné, entre les mains de l'Abbé de Bonneveaux & du Prieur & des Religieux de la Coste-Saint André. 63.

VIGNERONS. 194. Voy. *Ouvriers*.

VIGNES. Il est deffendu de mener paistre des animaux dans les vignes vendangées. 529. Le Bailli & les Consuls de Miclhan, appellez les Officiers Royaux, auront l'inspection sur la garde des vignes. 443. III.

VIGUIER (Chastelain &) d'Aigues-mortes. 100. Voy. *Aigues-mortes*. Le Roy mande au Seneschal de Carcassone & au Viguier de Gignac, de contraindre le Seneschal de Roüergue, à observer les privileges accordez à la Ville de Milhaud. 525. Voy. *Milhaud*. Viguier établi à Nayac, lequel aura une Jurisdiction limitée de celle du Seneschal de Roüergue. 692. Voy. *Nayac*. Viguier & Juge de Narbonne. 125. De Sommieres. 99.

VILLE. On ne peut fortifier une Ville sans la permission du Roy. 111.

Villes. Les Communautez des Villes payeront pour les biens & droits qu'elles ont acquis depuis quarante ans, ou qu'elles acquerront dans les Fiefs & Arriere-Fiefs & Censives du Roy, la valeur du revenu de six années, ou six sols pour livre du prix de l'acquisition. Ces biens & droits seront sujets à la commise ou confiscation. 364. XI. Les Seigneurs qui auront des biens dans Angoulesme à deux lieuës aux environs, seront tenus eux & leurs sujets, de faire le guet dans cette Ville, & de contribuer aux reparations de ses fortifications ; à moins qu'ils ne soient obligez de faire le guet dans quelque autre Chasteau. 679. II. Les habitans de Besiers obtiennent la permission de bâtir des moulins sur les murailles de leur Ville. 393. Voy. *Besiers*. A Caylus-de-Bonnette, les murs, les portes & les autres édifices construits par les Consuls & habitans de cette Ville, leur appartiendront ; mais dans le temps de guerre, le Roy pourra faire fortifier ces murs & ces portes, & les faire garder. 692. IV. Accord entre le Seigneur & les habitans de Livicre, au sujet de la garde des clefs des portes & de la reparation des murs. 722. Voyez *Liviere*. Les Consuls de Peyrusse seront confirmez dans le droit qu'ils ont de percer les murs de la Ville, & d'y faire des portes en temps de paix. 705. XI. Les habitans des Villes fermées les gardcront, & dans ces Villes & principalement dans celles qui sont sur les passages des rivieres, ils ne laisseront point entrer un plus grand nombre de personnes qu'ils ne sont eux-mesmes, & ils n'y laisseront pas passer de grosses troupes de gens de guerre, sans les bien connoistre. 16. V.

Ville franche, dans laquelle il y a droit de Bourgeoisie. 43. XXI. Voy. *Bourgeoisie*.

VILLEDAIGNE. Voy. *Bastide de Villedaigne*.

VILLEFRANCHE de la Seneschauffée de Roüergue. Le Roy voulant recompenser les Consuls & habitans de cette Ville, qui s'estoient soûmis à lui lors de l'appellation contre Edoüard d'Angleterre, il permit à ces Consuls de faire les proclamations necessaires pour les affaires de la Communauté de cette Ville, (sans demander permission au Seneschal de Roüergue ;) & d'imposer des Amendes qui seroient employées aux fortifications de la Ville. 309. Privileges accordez aux Consuls & habitans de cette Ville. 698. Voyez *les Sommaires*. Le Seneschal de Roüergue sera à Nayac sa residence ordinaire, & y tiendra ses Assises & son Audiance, de la mesme maniere qu'il les tenoit auparavant à Villefranche. 282. Voyez *Nayac*. Le Seneschal du Roüergue fait citer dans cette Ville les habitans de Milhaud, qui en est distante de deux journées. 525. Voy. *Milhaud*.

VILLELONGUE (La Judicature de) est de la Seneschaussée de Toulouse. 417. Jean *de Marinhaco* en estoit Juge vers 1372. p. 552. *Astorgus de Galhaco* en estoit Juge vers 1371. p. 438. Castelnau-d'Estre-le-fonds est de cette Judicature. 589. Montastruc, Roque Siriere & Paulhan sont de sa Judicature. 552.

VILLEMAGNE, de la Viguerie de Besiers, & de la Seneschauffée de Carcassone. Diminution de Feux pour ce lieu, & sa Jurisdiction, où il y en avoit 73. en 1373. p. 637. Voy. *Feux*.

VILLEMUR. Diminution de Feux pour ce lieu, où il y en avoit 152. en 1372. p. 551. Voy. *Feux*.

VILLENEUVE en Roüergue est située au milieu de cette Seneschauffée. Elle appartient au Roy seul, 'Il y a des Consuls. C'est une Ville ancienne, considerable, grande & forte, & il s'y fait un grand commerce. Charles V. y establit une Monnoye Royale d'Or & d'Argent, & il accorda au Maistre, Garde, Tailleurs & autres Ouvriers de cette Monnoye, tous le privileges dont joüissent les Officiers & Ouvriers des autres Monnoyes de France. 638.

Villeneuve en Roüergue. (Le Prieur de) Il avoit la troisieme partie des Amendes qui se payoient dans de certains cas. Il paroît qu'il avoit fait un Pariage avec le Roy. 297. XIII. & Note *(b)*. & 398. XVIII.

Villeneuve, de la Senefchauffée du Roüergue. Le premier de Mars 1368. fut passé à Rhodez un traité entre le Comte d'Armagnac, & quelques Consuls & Conseillers de cette Ville, [*ils sont nommez*,] au nom des autres. Ceux-ci declarent d'abord que par ce traité, ils ne veulent pas prejudicier aux droits du Roy ni à ceux du Duc de Guyenne, & qu'il n'aura lieu que dans le cas où le Roy sera Maistre de leur Ville. Ils disent ensuite que vers le 7. de Fevrier dernier, [*pag. 398. Art. 4.*] Pierre de Rabasteins Senefchal de Toulouse, chargé de commission à cet effet, les a sollicité par Lettres & de bouche, de reconnoistre que le Roy a la souveraineté & le ressort sur le Duché de Guyne ; & qu'en effet ils ont reconnu qu'avant la paix de Bretigny, ces droits avoient toûjours appartenu aux Rois de France : & que par ce traité, le ressort & la souveraineté ont esté reservez au Roy : que depuis, en consideration du Comte d'Armagnac, ils ont, à cause des vexations qu'ils ont souffertes de la part du Duc de Guyenne & de ses Officiers, adheré à l'appel qu'il a interjetté au Roy & au Parlement de Paris; & qu'enfin le Senefchal de Toulouse ayant pouvoir quant à ce, les a exempté de celui du Duc de Guyenne, & leur a deffendu de lui obéir, jusqu'à ce qu'il fût intervenu un Jugement sur l'appel, & qu'en consequence, ils ont mis leur Ville sous l'obéïssance du Roy. Le Comte d'Armagnac s'engage ensuite à leur faire donner par le Roy des privileges specifiez dans l'acte, & entre autres, que le Roy ne renoncera point à son appel, ni à la souveraineté de la Guyenne; & que les habitans de Villeneuve ne seroient engagez dans aucune dépense, par rapport à leur appel. Le Roy confirma les privileges contenus dans le traité, & ceux que le Duc d'Anjou avoit adjoûtez dans la suite. 393. Voy. *les Sommaires*.

VILLENEUVE-du-Pariage, de la Viguerie des Allamans, de la Senefchauffée de Carcaffone. Diminution de Feux pour ce lieu, où il y en avoit 27. en 1368. p. 165. Voy. *Feux.*

VILLENEUVE-le-Roy. Une partie des pays situez entre la Loire, l'Yonne & la Cure, qui estoient de cette Prevosté, & qui ressortissoient à Sens, en est démembrée pour estre unie au Bailliage d'Auxerre. 415. 423. 425. Voy. *Auxerre*. Le Compte du Barrage d'Auxerre sera rendu devant le Bailli de Sens ou devant le Prevost de Villeneuve-le-Roy. 92.

VILLENEUVE-les-Bouloc, de la Judicature de Villelongue, de la Senefchauffée de Toulouse. Diminution de Feux pour ce lieu, où il y en avoit 20. en 1371. p. 438. Voy. *Feux.*

VILLESEQUE, de la Viguerie de Narbonne. Diminution de Feux pour ce lieu, où il y en avoit 35. en 1371. pag. 466. Voyez *Feux.*

VILLE-VIEILLE, Sauvignargues, Montpesat, Combes, S.t Felix, S.t Christol, Vic, Caunes, Poujols, sont de la Viguerie de Sommeres, & de Senefchauffée de Beaucaire. Diminution de Feux pour ces lieux, où il y en avoit 100. en 1372. p. 589. Voy. *Feux.*

VILLICUS. Maire. 600. III. &c.

VIMEUX. Les procès du Ponthieu ne seront plus portez aux Prevostez de Saint Riquier & de Vimeux, au Bailliage d'Amiens. 174. 175. Voy. *Ponthieu*. Les affaires du Prieuré de Saint Pierre d'Abbeville, que l'on portoit dans cette Prevosté, seront portées au Bailliage d'Amiens. 201. Voy. *Abbeville*.

VIN. (Queuë de) 92.

Vin (Le) fait beaucoup valoir les Aides. 615. Marchands de vin d'Arras. 614. Voyez *Arras*. Permission donnée aux habitans d'Auxerre de diminuer pour un certain temps, la pinte & la chopine; à condition que le produit qui en proviendra, sera employé aux réparations de la Ville. 92. Il est defendu d'apporter du vin & des raisins dans la Ville de Buis dans le Dauphiné, tant qu'il y a du vin dans cette Ville. 69. Voy. *Buis*. A Carcaffonne, Albi & Caftres, il est deffendu pour un temps, de faire entrer le vin & la vendange qui n'auront point esté recueillis dans le territoire de cette Ville, à moins qu'ils ne soient du crû de ses habitans. 330. Voy. *Caftres*. Le Seigneur de Chaumont en Baffigny se reserve le Ban de vin pendant six semaines. 600. XII. A Chaumont en Baffigny, le prix du vin sera fixé par le (Maire) & les Eschevins. 601. XXV. A Mailly-le-Chasteau, le Seigneur peut seul faire crier la vente de son vin. Il ne pourra cependant vendre son vin, en empeschant les habitans de vendre le leur, que pendant le mois d'Aoust. 717. XXX. Les habitans de la Rochelle seront exempts de droits sur les marchandises & sur le vin qui y seront embarquez pour estre vendus hors du Royaume. 574. XI. Les habitans de la Rochelle seront exempts de tous Impofts sur les marchandises qu'ils vendront, à l'exception des anciens péages & des anciennes redevances. 574. XIII. A S.t Jean d'Angely, ceux qui ne sont point de la Commune ne pourront faire entrer dans la Ville du vin qui n'aura point esté fait dans la Banlicuë, si ce n'est pour leur boisson. Les Bourgeois ne pourront aussi faire entrer dans la Ville du vin qui n'aura pas esté fait dans la Banlicuë, que pour leur provision ; si ce n'est en jurant qu'il provient de leurs héritages. Le vin que l'on aura fait entrer dans la Ville en contrevenant à ce reglement, sera repandu. Le vin que l'on aura fait entrer dans la Ville sans la permission du Maire, sera repandu. 676. VI. VII. Les marchandises que les habitans de Plaisance en Lombardie, feront venir à Harfleur, à l'exception des vins, seront exempts de l'Aide pour la rançon du Roy & pour la deffense du Royaume. 241.

VIOL. A Peronne, si un homme viole une femme, son procès sera fait par les Eschevins; sauf les droits

TABLE DES MATIERES. clxxxvij

du Roy dans le cas de rapt. Il pourra épouser cette femme, si elle & ses parents y consentent. S'il ne peut estre arresté dans la Banlieuë, il sera banni pour sept ans. 161. XXI.

VIRAC. Diminution de Feux pour ce lieu, où il y en avoit 8. en 1367. p. 31. Voy. *Feux*.

VISITEURS & Commissaires sur le fait des Aides. 649. XVIII. Visiteur & Reformateur sur le fait des Aides dans la Langued'oyl. 404. Voy. *Aides*.

VITRY-lès-Paris. Ce lieu est une grande & grosse Ville, & les Aides peuvent y monter chacun an, jusqu'à 800 livres & plus. Les habitans ont des terres labourables & cultivent des vignes, & ils sont chargez d'entretenir les fontaines & autres usages utiles au Roy, à eux & à leurs bestiaux. Ayant representé au Roy, qu'ils avoient beaucoup souffert pendant les guerres du Royaume, tant de la part des Gens-d'armes du Royaume, que de celle des ennemis, qu'une partie d'entre eux a esté prise & rançonnée, & que la plûpart de leurs maisons, & l'Eglise de Saint Gervais avoit esté brûlée; ils obtinrent du Roy, qu'ils seroient exempts du droit de prises, [Voy. *le détail des choses sujettes à ce droit*,] si ce n'est en payant sur le champ, le juste prix des choses qui seroient prises; & il fut deffendu aux Maistres d'Hostel du Roy, aux Fourriers, & aux Valets de Portes & de la Fourrerie du Roy, d'exercer le droit de prises sur ces habitans. Les Lettres sont adressées au Prevost de Paris. 289.

VITRY. (Le Bailli de) Des Lettres concernant Valmy, lui sont adressées. 486. Voy. *Valmy*.

VIVIER. (Le) Diminution de Feux pour ce lieu, où il y en avoit 18. en 1367. pag. 31. Voyez *Feux*.

VIVIER en Brie. (N. D. du) Jean *de Roquis* estoit Tresorier de cette Eglise, le 28. d'Aoust 1371. p. 428.

VIVRES. Ce qui regarde les mestiers, les marchandises & les vivres, appartient au Roy seul de droit Royal. 527. Voy. *Prevost de Paris*. Les Barons, ni aucune autre personne que ce soit, ne pourront empescher que l'on apporte des vivres dans Cahors. 326. XII. En 1372. lorsque les Sergents à cheval du Chastelet de Paris estoient reçûs, ils donnoient à leurs Confreres, un disner qui coustoit toujours plus de cent sols, & qui alloit quelquefois à 10 livres. 559.

UNIVERSITÉ De Cahors. 329. Voy. *Cahors*. d'Angers. 249. 629. Voy. *Angers*. De Montpellier. Voy. *Montpellier*. D'Orleans. 629. Voy. *Orleans*.

Université de Paris. Les Docteurs, Maistres, Bacheliers, Ecoliers & Estudiants de l'Université de Paris. 686. Université de Paris, Fille du Roy. Les *vrais* Ecoliers qui y estudient & les Bedeaux, sont exempts du droit d'Aides pour la rançon du Roy Jean, & pour la deffense du Royaume, par rapport au bled & vin qu'ils acheteront pour leur provision, & qu'ils recueilleront sur leurs terres & sur celles de leurs Benefices. Les Libraires, Enlumineurs & Parcheminiers seront exempts de droits sur les marchandises de leurs mestiers, qu'ils fourniront à ces Escoliers. 221. Les *vrais* estudians de cette Université, qui auront du Recteur un certificat d'Estude, ne payeront point d'Aides pour les biens qui proviendront de leurs Benefices & de leur Patrimoine; c'est-à-sçavoir, pour ce qu'ils vendront en gros & en détail à Paris, & pour ce qu'ils vendront en gros ailleurs. 467. Le Roy ordonne que les bleds provenants des Benefices ou du patrimoine des Ecoliers de cette Université, ne seront point compris dans la prise des bleds qui se faisoit dans la Picardie pour sa Flotte. 455. Les Libraires, les Escrivains, les Relieurs, les Parcheminiers & les Enlumineurs de l'Université de Paris & ses serviteurs, seront exempts du guet dans cette Ville. 686. Voy. *Guet*.

Université de Toulouse. 329. Voy. *Cahors*.

VOEU. (L'Abbaye de Sainte Marie du) dite la Valasse. p. 400. Voy. *Valasse*.

VOISINAGE. A Peronne, si un homme qui n'est point de la Commune, se bat avec un homme qui en est, ceux de la Commune doivent defendre celui-ci; s'ils ne le font pas, le Maire les fera assigner devant lui pour les en punir. Ceux qui auront donné du secours à leur concitoyen, ne pourront estre condamnez à l'Amende à ce sujet; à moins qu'ils n'eussent tué l'étranger, contre lequel celui-ci se battoit. 159. IX. 161. XVI.

VOITURIERS. Si les Voituriers qui sont chargez du transport des denrées des Marchands de Plaisance en Lombardie, commerçants à Harfleur, leur font quelque tort, ils en pourront estre punis par tous les Justiciers du Royaume, qui seront dédommager des pertes par eux souffertes. 242. VII.

VOIX. Les habitans des Isles de Ré, d'Ais & de Leis, prennent *la voix du Roy*, & se soûmettent à lui. 564.

VOL. Le Seigneur de Chaumont en Bassigny, se reserve le Jugement de meurtre & de vol. 600. VI. Dans la concession de la Coustume de Valmy, la Comtesse de Troyes se reserve le Jugement de ce crime. 486. III. Les Bourgeois de Levigny ne pourront estre mis en prison, s'ils offrent de donner caution de se presenter en Justice; si ce n'est dans le cas de rapt, de meurtre & de vol. 514. VI. Voy. *Levigny*. A Peronne, celui qui sera trouvé dans la Banlieuë avec une chose qu'il aura volée, sera remis entre les mains du Maire & des Eschevins, qui lui feront son procès, & le condamneront au Pilori; & ils le remettront ensuite entre les mains des Juges Royaux ou des Juges du Chastelain. Celui qui sera accusé d'un vol par la clameur publique, sera banni pour trois ans; & si pendant ce temps, il revient dans la Ville, on lui fera son procès comme à un voleur. 160. XIII. Les Marchands de Plaisance en Lombardie, commerçants à Harfleur, pourront arrester & mettre entre les mains de la Justice, ceux qui voudront les voler, ou prendre leurs biens contre leur volonté, sans qu'ils puissent estre inquietez à ce sujet. 244. XX.

USAGE accordé dans une Forest, excepté pour le

aaa ij

clxxxviij TABLE DES MATIERES.

Chefne & le Heftre. [*Fou*] 514. III. Voy. *Bois.*

USURE. La Cour Delphinale ne pourra pas d'office, faire des informations sur le crime d'usure, ni saisir pour cette cause les biens des decedez, & on gardera le droit commun à cet égard. 51. XLII.

Usure. Les Juifs pourront prefter de l'argent, pourvû qu'ils ne prennent que quatre deniers par livre d'interefts par femaine. 493. VIII. X. 494. XIV.

Usuriers. (Ordonnance contre les) 249.

WARENNES, Garennes. (Draps de) 193.

VUATURONS. Gros de Flandre nommez autrement Heaumes, Monnoye de Flandre. 320.

X

XAINTONGE. Jean Duc de Berry & d'Auvergne, Comte de Poictiers, de Mafcon, d'Angoulefme & de Xaintonge, eftoit en 1372. Lieutenant du Roy dans ce pays & dans d'autres. 606.

Xaintonge. (Le Senefchal de) Des Lettres concernant Bourgneuf dans l'Aunis, lui font adreffées. 606. Voy. *Bourgneuf.* On ne pourra lever aucuns Impofts fur les habitans de la Rochelle dans leur Ville & dans le pays d'Aunis, ni fur leurs biens fituez dans la Xaintonge, fans leur confentement. 573. VII. Le Bailli des Exemptions de Touraine, de l'Angoumois & de Xaintonge. Des Lettres touchant Angoulefme,lui font adreffées. 581. Voy. *Angoulefme.*

Xaintonge. (Bailli des Exemptions du Poictou & de) Les Lettres de Sauve-garde pour l'Abbaye de Saint Jean d'Angely, lui font adreffées. 664. Voy. *St. Jean d'Angely.*

Xaintonge. Voy. *Saintonge.*

TABLE DES NOMS DES PROVINCES, &c.

*TABLE DES NOMS

Des Provinces, des Duchez, des Comtez, des Bailliages, des Seneschauffées, des Vicomtez, des Prevoftez, des Villes & des autres lieux dont il eft parlé dans ce Volume.

A

ABAILLAN. *Abelianum.* 212. & Note marg. *q.*
Abbatifvilla. 181. Abbeville en Ponthieu. 173. 174. *bis.* 175. 176. *bis.* 177 *bis.* 178. 196. 197. 202. 269. 367. 689.
Abbienfis. Voy. *Alby.*
Abelianum. Voy. *Abaillan.*
Abrincæ, Abrencenfis. (adj.) 351. Voy. *Avranches.*
Acqs. 299. Note *(c)* 437. Note *(i).*
Acquitaine, *Acquitania.* 221. 260. 276. 282. 285. 295. 296. 311. 312. 316. 324. 326. 329. 338. 345. 386. 388. 395. 398. 399. 446. 546. 581. 582. 695. 703. Voy. *Aquitaine & Guyenne.*
Agde. 184. Note *(b).* 214. Note marg. *e.*
Agel, *Agellum.* 214. & Note marg. *c.*
Agen, *Agennenfis.* (adj.) 311. Note *(a).* 313. 436. Note *(b)* 437. Agenois. 326. Note *(a).* 437. Note *(d).*
Agoût. Riviere. 417. Note *(b).*
Aigues-mortes. 100. Note marg. *a.* 103. Note marg. *e.* 628. Note marg. *d.* Voy. *Aquæmortuæ.*
Aigues-vives. Voy. *Aqua-viva.*
Ais. (L'Ifle d') 564.
Aifne. (Le Bourg d') 93.
Aifne. (Vien-fur) Voy. *Vien.*
Alais, Ales, Alets, *Alefia, Alefiæ, Alefium, Aleftum, Aleufia.* 121. & Note *(a).* 589. Note *(y).*
Alammanis, (*Locus de*) Allamans. (Les) 165. & Note *(b)* 166.

Alauffac, *Alauffacum.* 31. & Notes.
Albaribus, (*Locus de*) Albieres. 31. & Notes.
Alby, *Abbienfis.* (adj.) *Albienfis.* 125. 127. 210. 211. 255. 330. 466. Voy. *Albigeois.*
Albieres. Voy. *Albaribus.* (*Locus de*)
Albigeois, *Albigefium,* 126. 395. 409. Voy. *Alby.*
Aibon, *Albonium.* 487. & Note *(b).* Voy. *Terra Turris.*
Albret, *Lebretum.* 299. & Note *(b).*
Alençon, *Alenconium.* 273. & Note *(a).* 556. & Note *(b).*
Ales. 121. Note *(a). Alefia, Alefiæ, Alefium, Aleftum.* Voy. *Alais.*
Alct. 31. Note *(c)* 122. 188. Note *(a).* 466. Note marg. *l.* 551. Note marg. *f.* 637. Note marg. *m.*
Alets. 121. Note *(a). Aleufia.* Voy. *Alais.*
Alignan, *Alignanum.* 213. & Note marg. *d.*
Allamans. (Les) Voy. *Alammanis.* (*Locus de*)
Allemagne. 226. Note *(d).*
Alleriarum. (*Locus de Bifano*) Voy. *Bifano.* (*Locus de*)
Alloy, Allois. 707. & Note *(h).*
Almayraco. (*Nemus de*) 211.
Altivillare, Altumvillare, Auvillars. 5. 192. & Note *(a).* 386. 394. 411.
Alvegne. 606. Voy. *Auvergne.*
Alvernia. 218. 606. Voy. *Auvergne.*
Alverniæ. (*Montanæ*) 583. 605. V. *Auvergne.* (*Montagnes d'*)
Ambrun, Ambrunois. 86. & Note marg. *d.* Voy. *Ebredunefium.*

Ameglanum. Milhau. 488. & Note marg. *a.*
Amiens. 17. 20. 83. 89. 142. 174. 175. 181. 197. 202. 248. 270. 368. Note *(a).* 455. 461. 529. 615. 621. 648.
Amilianum, Millaud. 291. & Note marg. *b.* 292. 294. 304. & Note marg. *b.* 321. & Note *e* marg. 490. 525. & Note marg. *d.*
Amifium, (on pourroit lire auffi *Anufium*) Aunis. 573. & Note marg. *e.*
Amorto. (*Locus de*) Aniort. 122. & Note *(2).*
Amplico. (*Locus de*) Aplet. 122. & Note *(24).*
Andegavia, Andigavia, Andegavenfis. (adj.) 37. 99. 108. 114. 150. 151. 187. 210. 218. 224. 249. 255. 265. 267. 276. 279. 282. 283. 285. 291. 292. 303. 306. 310. 316. & Note marg. *g.* 324. 329. 331. 338. 339. 351. 353. 385. 388. 394. 399. 402. 408. 416. 421. 435. 436. 465. 489. 525. *bis.* 583. 588. 622. 628. 636. 638. 641. 691. 692. 699. 703. 708. 710. 723. Voy. *Angers & Anjou.*
Andufia, Anduze. 121. & Note *(a).*
Anetum. 671.
Angers. 629. Angiers. 124. 453. 504. 520. Voy. *Andegavia.*
Angevilla, Angeville. 551. & Note marginale *g.*
Angiers. Voy. *Angers.*
Angleterre. 73. Note *(d)* 91. Note *(a)* 105. Note *(b)* 138. 150. Note *(b)* 154. Note *(b)* 190. Note *(a)*

NOTE.

(*) On a jugé à propos de ne pas faire de diftinction dans cette Table, entre les *i* & les *y*; & les mots où cette derniere lettre fe trouvera, feront rangez, comme s'ils eftoient écrits par un *i*.

TABLE DES NOMS DES PROVINCES, &c.

201. Note *(b)* 206. Note *(c)* 224. Note *(a)* 288. 291. Note *(a)* 309. 316. 325. Note *(a)* 416. Note *(b)* 456. 477. Note *(b)* 547. 560. Note *(b)* 572. Note *(b)* 636. 671. 672. Note *(b)* 678. Anglia. 150. 221. 224. 256. 257. 259. 263. 269. 276. 295. 299. 305. 316. 321. 324. 325. 328. 354. 407. 411. 439. 527. 546. 572. 581. 670. 696. Voy. *Engleterre.*

Angolesme. Angoulesme. 558. 679. Angolismensis, (adj.) 591. 670. Note marginale *a.* Voy. *Engolismensis.*

Angueville. Voy. *Angevilla.*

Aniana, Aniane, Annianne. 79. 622. & Note *(b).*

Anicensis, Anicienfis, (adj.) *Anicium.* Puy-en-Velay. 7. & Note marg. *a.* 8. & Note marg. *e.* 656. & Note marg. *c.* 723. & Note marginale *f.*

Aniort. Voy. *Amorto.* (Locus de)

Anjou. 206. Note *(b)* 369. 428. 435. 483. Note marg. *b.* 503. 513. Note *(c)* 516. 520. 523. 569. 603. 610. 697. 703. 719. Voy. *Angers.*

Annonay, *Annonayum.* Voy. *Aumonayum.*

Ansan. Voy. *Anssano.* (Locus de)

Ansinia. Voy. *Ausinhano* (Locus de)

Anssano, (Locus de) Ansau. 31. & Note.

Anthoin, Authoing. 459. & Note *(b).*

Antisiodorensis, Antifsiodorensis. (adj.) 56. 226. Note. & Note marg. *p.* 237. 426. 715. V. *Auxerre.*

Anusium. Voy. *Amisium.*

Aplet. Voy. *Amplico.* (Locus de)

Apremont. 29, Note *(b).*

Aquæ Bigerronum, Bagneres. 448. Note *(b).*

Aquæ-Mortuæ, Aigues-Mortes. 100. & Note marg. *a.* 103. & Note marg. *c.* 413. 628. & Note marginale *d.* Voy. *Aigues-Mortes.*

Aqua viva, Aigue-vive. *Aqua viva-Regis, Aquis vivis* (Locus de) 466. Note *(b)* & Note marg. *h.* 638. & Note marginale *g.*

Aquitaine, *Aquitania*. 150. 224. 232. 255. Note *(c)* 325. Note

(a) 670. 687. V. *Acquitaine.*

Ævægrandis. Voy. *Grandis.*

Ardizanis, (Locus de) Ardifas. 551. & Note marginale *m.*

Argeliers. (Bisan d') Voy. *Bisano Alteriarum.* (Locus de)

Armagnac, Armeignac, *Armaniacum, Armeniacum.* 5. 56. 191. Note *(b)* 192. seconde Note *(b)* 232. 257. 263. 311. 325. 386. 388. 394. 407. 408. 411. 437. 448. 449. 560. Note *(b)* 703. 708. Armagnac, (Bas) 192. premiere Note *(b)* & seconde Note *(a)* 712. Note *(b).*

Armazanicæ. 413.

Arques. (Chasteau d') 416. Note *(b).*

Arragonum Regnum. 215.

Arras. 205. 508. Note *(a)* 509. 614. Voy. *Attrebatensis.*

Artenay. 2. Note *(c).*

Artesium, Artois. 185. Voyez *Artois.* 204.

Artigiis, (Locus de) Artigues. 31. & Notes.

Artois, 82. 185. Note *(a)* 204. 350. 459. Note *(c)* 614. 652. Voy. *Artesium.*

Arvernia. 412. Voy. *Auvergne.*

Asperis, (Locus de) Asperes. 589. & Note *(bb).*

Aspiranum, Aspiran. 212. & Note marginale *h*

Asprerüs. (Locus de) 308.

Astarac ou Estarac. 70. Note *(b).*

Atssaco, (Locus de) Axat. 31. & Note *(10).*

Attrebatensis. (adj.) 204. Voy. *Arras.*

Avançon. 86. Note *(d).*

Aucerre. 415. 423. 515. Aucerrois. 415. 423. 425. Auceurre. 425. Voy. *Auxerre.*

Auch. 442. Note *(b)* 551. Note marg. *k.* 712. Note *(b)* Voy. *Ausch, Auxitana & Augusta Auscorum.*

Avero, Aveiron. Riviere. 261. & Note *(b).*

Augusta Auscorum, Ausch. 191. Note *(b).* Voy. *Auch.*

Avignon. 90. Note. 102. Note *(b)* 301. Note *(b)* 404. 720. *Avinio.* 126.

Aumelas. 544. Note *(b).*

Aumonnayum, Annonayum, Annonay. 656. & Note *(c).*

Aunys. (Le pays d') 592. Note *(b)* 593. 606. 678. Voy. *Amisium.*

Avranches. 316. Note *(b)* Voy. *Abrincæ.*

Aurascensis, (adj.) Orange. 56. Aure, ou Auve. 390 & Note *(c).*

Aurelhacum, Aurcillac. 213. & Note marginale *f.* Voy. *Aurillac.*

Aurelianensis. (adj.) 203. 428. *Aurelianum.* 2. Voy. *Orleans.*

Aurillac. 221. Voy. *Aurelhacum.*

Ausch. 192. Note *(b).* Voy. *Auch. Auxitana, & Augusta Auscorum.*

Auscii, Auxitani. 191. Note *(b).*

Ausinhano, (Locus de) *Ansinia.* 31. & Notes.

Autiniaco, (Locus de) Autignac. 637. & Note marginale *k.*

Auve. Voy. *Aure.*

Auvergne. 15. 20. 113. 221. Note *(a)* 545. Note *(c)* 453. Note marginale *a.* 558. 626. Voy. *Alvegne, Alvernia, Arvernia.* Auvergne. (Montagnes d') 15. 20. 594. *bis.* Voy. *Montanæ.*

Auvillar. 703. Auvillars. 192. Note *(a).* Voy. *Altivillare.*

Auxerois. 111. Voy. *Aucerrois.*

Auxerre. 15. Note *(a).* 22. & Note *(g).* 91. 111. 142. 226. Note marginale *p.* 513. Note *(c)* 665. Note *(b)* 715. Note *(c).* Voy. *Aucerre.*

Auxitana, Ausch. 191. & Note *(b).* Voy. *Auch & Ausch.*

Auxitani. 191. Note *(b).* Voy. *Auscii.*

Axat. Voy. *Atsaco.* (Locus de)

B

BADINCHIS, (Locus de) Badens. 187. & Note marginale *c.*

Bagneres. Voy. *Aquæ Bigerronum.*

Bagnols. Voy. *Balneolæ.*

Baharnier. (Perroy de) 181.

Bayeux. 421.

(*) BAILLIAGES.

Amiens.
Anicium. Voy. *Puy-en-Velay.*
Anjou.
Arras.
Artois.
Aucerre, Auceurre, Auxerre.
Auvergne. (Petits Baillis de l')
Auvergne. (Montagnes d')
Auxerre. Voy. *Aucerre.*
Bar.

(*) Voy. la Note *(a)* de la page CCVIII. de la Table des Noms de lieux du 4.ᵉ Vol. de ce Recueil.

TABLE DES NOMS DES PROVINCES, &c. cxcj

Berri.
Beu ou Beucet.
Boulenois.
Bourbonnois.
Bourges.
Bourgogne.
Busancy.
Caën.
Cahors.
Caylus-de-Bonnette.
Caux.
Cepoy.
Champagne.
Chartres.
Chastillon-sur-Seine ou Montagne.
Chaumont.
Chaumont en Bassigny.
Chinon.
Côtentin, ou Coustantin.
Dijon.
Doüay.
Evreux.
Gisors.
Graisivaudan.
Grand-Chasteau, nommé presentement Puy-Mirol.
Guisa.
Lens en Artois.
Levigny.
Lille.
Limoux.
Mâcon.
Mante.
Meaux.
Melun.
Meuillon.
Milhaud.
Montagne ou Chastillon-sur-Seine.
Montauban.
Nivernois.
Poictou.
Poissy.
Ponthieu.
Puy-en-Velay. Voy. *Anicium.*
Puy-Mirol, nommé autresois Grand-Chasteau.
Roye.
Roüen.
St Jangon..
St Pierre-le-Moustier.
St Pol.
Sarlat.
Sault.
Sauveterre.
Senlis.
Sens.
Tournay, Tournesis.
Tours.
Troyes.
Valentinois.
Velay.
Vermandois.

Vitry.
Vivarais.
Xaintonge.

✦

Bayonne. 520.
Balanciar. (Monasterium) 143.
Baleta. (Locus de la) La Valete. 466. & Note marginale *r.*
Balneolæ. Bagnols. 654. & Note marginale *h.*
Banhars. 448. Note *(b).*
Banhiis. (Locus de) 448.
Barchinonensis, (adj.) Barcelone. 215.
Bardonesche. 87. Note *(e).*
Barravum, Barrave. 192. Note *(c).*
Barrum. 601.
Barte. 456.
Bassano, (Locus de) Bassan. 637. & Note marginale *h.*
Bassigny. (Clermont en) 599.
Bastida Vallis-Danie. La Bastide de Villedaigne. 187. & Note marginale *h.*
Bat. 456.
Bath. 226. Note *(b).*
Bavaria. 226. Note.
Baurilhes. 704.
Beatæ Mariæ de gracia Dei. (Monasterium) L'Abbaye de la Grace-Dieu. 592. & Note *(b).*
Beatæ Mariæ de Prato (Domus vallis) Nostre Dame des Prez-les-Troyes. 142. & Note *(d).*
Beatæ Mariæ de Voto, alias Valasce. (Conventus) Ste Marie du Vœu, dite la Valasse. 401. & Note *(a).*
Beaucaire. 99. Note *(c)* 167. 250. 300. 352. Note *(a)* 384. 391. 433. Note *(a)* 478. 483. 489. 505. 543. Voy. *Belcaire, Bellocadrum, Bellicadrum, Bellicatdum, Bellocadrum.*
Beauce. 203. 531. Note *(b)* 556. Note *(c).* Voy. Beausse & Belsia.
Beaujeu. Beaujolois. 112. & Note *(b).*
Beaulieu. V. *Bello loco. (Locus de)*
Beaumont-sur-Oyse. 356. Note *(b).*
Beauquesne. 115. 202. 206. Note margin. *e.* 461. Voy. *Bellequercus.*
Beausse. 25. Note *(d)* 32. Note *(b)* 336. V. *Beauce & Belsia.*
Beauvais. 24. Note *(f)* 142.

Note *(d)* 333. Note *(b)* 580. Note *(b)* Beauvoisins. 333. 712. Beauvoisis. 145. Voy. *Belvacum.*
Beauveir *(Locus de) super aquam de Moira,* nommé plus communément, *Burgus Regis.* 150. & Note *(c).*
Beauvoirs dans le Maine. 150. Note *(c).*
Bedeford. 154.
Bediers, Besiers. 466. Voy. *Besiers.*
Belcaire. Voy. *Bellocadrum & Beaucaire.*
Belfort. Voy. *Bello forti. (Locus de)*
Bellecadrum, Beaucaire. 487. Voy. *Beaucaire.*
Bellequercus, Beauquesne. 206. & Note marg. *e.* Voy. *Beauquesne.*
Bellicadrum. 8. 100. 120. 121. 122. 190. 409. 420. 430. 444. Note *(b)* 445. 484. 488. 561. 588. Note marg. *k.* 589. 604. 608. 627. 637. 641. 654. *bis.* 655. 724. Voy. *Beaucaire.*
Bellicardum, Beaucaire. 588. Voy. *Beaucaire.*
Belloc. 286. Note *(a).*
Bellocadrum, Belcaire. 122. & Note *(1).* Voy. *Beaucaire.*
Bello forti, (Locus de) Belfort. 122. & Note *(25)*.
Bello loco. (Locus de) Beaulieu. 589. & Note *(r).*
Bello visu, (Locus de) Belvis. 122. & Note *(27).*
Bellus-Locus. Belloc. 286. & Note *(a).*
Belsia, Beausse. 23. & Note *(e)* Voy. *Beauce & Beausse.*
Belvacum, Belvacensis. (adj.) 458. 580. & Note *(b)* Voy. *Beauvais.*
Belvis. Voy. *Bello visu. (Locus de)*
Beneon, Bennon, Benon. 573. & Note marginale *g.* 607.
Bernet. 703.
Bernicium, Bernis. 487. & Note *(b).*
Berry. 15. 19. 26. 113. 545. Note *(c).* 558. 606. 626. Voy. *Bituricensis.*
Berriacum, Berriac. 187. & Note marginale *a.*
Bertaucourt. 155.
Besers, Besiers. 466. & Note marg. *t.* Besiers 188. Note marginale (*) Voy. *Beziers.*
Besocia, (Locus de) Besousse,

bbb ij

TABLE DES NOMS DES PROVINCES, &c.

641. & Note marginale *b*.
Besseda, (*Locus de*) Bessede. 122. & Note (20.)
Bessiano. (*Locus de*) 589.
Betriacum. 716.
Beu, ou Beuc. 698. Note (*e*).
Beziers. 79. Note (*b*) 189. Note (*b*) 211. Note marginale *l*. 212. Note marg. *a*. 213. Note marg. *f*. 214. Note marg. *d*. 393. Note marginale *g*. 478. 544. 637. Note marg. *f*. Voy. *Bediers*, *Besers*, *Besters* & *Biterræ*.
Bigerrones. 448. Note (*b*). Bigorre. 70. Note (*b*) 448. Note (*b*).
Biouville. 713.
Bisanum Alleriarum. Bisan d'Argeliers. 663. & Note marg. *f*.
Bit. 456.
Biterræ, *Biterrensis*. 108. 121. 124. 184. 188. bis. 189. 211. 213. 214. 302. 304. 362. 393. 444. 533. bis. 551. 637. 663. Voy. *Beziers*.
Bituricensis, (adj.) 218. 220. 606. Voy. *Berry* & *Bourges*.
Blanqueria (S.tus Johannes de) *aliter de planis*. (Les Plans) 637. & Note marginale *c*.
Blois. 10. 154. Note (*b*) 297. Note (*a*) 430. 622. Note (*b*) 697.
Boemia, Bohême. 225. 226. Note (*g*) 436.
Bojanum, *Buranum*, Boujan. 213. & Note marg. *c*.
Boilhac. 704.
Boille. 704.
Boisseron. Voy. *Buxodone*. (*Locus de*)
Bolhacum, *Boulac*. 551. & Note marginale *h*.
Bolneus, (*Locus de*) Boulan. 551. & Note marginale *k*.
Bona-Comba, Bonne-Combe. 125. & Note (*b*) 128.
Bona-vallis, Bonnevaux. 63. & Note (*c*) 85.
Bonne-Combe. Voyez *Bona-Comba*.
Bonnevaux. Voy. *Bona-vallis*.
Borbonium. 56. 218. Voy. *Bourbonnois*.
Bornum, Born. 551. & Note marginale *x*.
Boscandonis, *Boscoduni*, Boscodon. Voy. *Bostondonis*.
Bosquetum, Bousquet. 122. & Note (17.)
Bostondonis. *Boscoduni*, *Boscandoins* (*Abbatia*) Boscodon. 63. & Note (*c*).

Boujan. Voy. *Bojanum*.
Boulan. 551. Note marg *k*.
Boulenois. 82. 652.
Boulhac. Voy. *Bolhacum*.
Bouillaux, Boulliax. 246. Note (*b*).
Boulogne. 143. Note 181. & Note (*c*) 416. Note (*b*)
Bourbonnois. 15. 20. Voyez *Borbonium*.
Bourdeaux. Voy. *Burdegalensis*.
Bourges. 218. Note (*b*) 220. Note (*b*) 428. Note (*a*) Voy. *Berri* & *Bituricensis*.
Bourg-le-Roy. Voy. *Beauveir*.
Bourg-l'Evesque. 150. Note (*c*).
Bourgneuf. 606. Voy. *Burgus-novus*.
Bourgogne. 26. 91. Note (*a*) 111. 404. 715. Note (*c*).
Bourgoigne. 15. & Note (*c*) 19. 204. 239. 415. 513. Bourgoingne. 28. 204. Bourgongne. 473. 558. Voy. *Burgundia*.
Braine. 648. V. *Breine* & *Brene*.
Brandenburgensis. (adj.) 226. Note.
Bransilhacum, Bresilhac. 466. & Note marginale *q*.
Bregensis, (adj.) Brieg. 226. & Note (*g*) de la Note.
Brejas (*Locus de*) 589.
Breinc. 482. Voy. *Braine*.
Breme. 226. Note (*d*) de la Note.
Brene. 27. 663. Voy. *Braine*.
Bresilhac. Voy. *Bransilhacum*.
Bresse. 59. Note (*b*) 174.
Bretagne, Bretaigne. 439. Note (*b*) 444. 532. 622. Note (*b*) Voy. *Britannia*.
Breteuil. Voy. *Britollium*.
Bretigny. 154. Note (*b*) 173. 190. Note (*a*) 201. Note (*b*) 276. Note ma.g. *e* 325. Note (*a*) 572. Note (*b*) 636. Note marginale *a*.
Brianconesium, Briançonnois. 87. & Note (*e*) *Brianconum*, Briançon. 63. & Note (*c*)
Brie. 32. Note (*b*). 390. 463. Note (*b*) 549.
Brieg. Voy. *Bregensis*.
Briguemont. Voy. *Burgimonte*. (*Locus de*)
Britannia, Britania. 439. 489. 531. Voy. *Bretagne*.
Britolium, Breteüil. 489. Note (*e*).
Brives. 472. Note (*b*).
Broisseles, Bruxelles. 193. & Note marginale (*f*).
Brugayrolis,(*Locus de*) Brugay-

rolles. 608. & Note marg. *a*.
Brugallo. (*Locus de*) 589.
Bruyere-les-Catenoy. (La) 712.
Bruxelles. Voy. *Broisseles*.
Bruxeria, Buissiere. 55.
Bugaragio, (*Locus de*) Bugarach. 637. & Note marg. *n*.
Bugey. 59. Note (*h*)
Buis. (Le) 69.
Buissiere. Voy. *Bruxeria*.
Bulhaco, (*Mansus de*) Bulha. 31. & Note.
Buostel. (*Domus de*) 143.
Buranum. Voy. *Bojanum*.
Burdegalensis. Bourdeaux. 266.
Bure. Voy. *Burrey*.
Bure-les-Templiers. 473. & Note (*b*).
Burgimonte (*Locus de*) Briguemont. 551. & Note marg. *b*.
Burgundia, *Burgondia*. 204. 237. & Note (*e*) 238. Voy. *Bourgogne*.
Burgus novus. 607. Voy. *Bourgneuf*.
Burgus Regis, Bourg-le-Roy. Voy. *Beauveir*.
Burhen (*Pons de*) 182.
Burrhey, Bure. 473. & Note (*b*).
Bursetum. 445.
Busanhanicis, (*Locus de*) Buzignargues. 589. & Note (*ff*).
Busenceyum, Busancy. 93. & Note (*c*).
Buxodone,(*Locus de*) Boisseron. 589. & Note (*hh*)
Buxum, Buis. (Le) 69.

C

*C*ABANIE, (*Locus de*) Cabane. 188. & Note marginale *b*.
Cabanis. (*Mansa de*) 214.
Cabreriis, (*Locus de*) Cabrieres. 641. & Note marginale *e*.
Cabriere. 456. Voy. *Capraria*. (*Locus de*)
Cadomum. 351. Caën. 105.
Cahagnes. 168.
Cahors. 120. Note (*b*) 220. Note (*b*) Voy. *Caturcum*.
Cailhau. Voy. *Calhanum*.
Cayla, ou Caylar. Voy. *Cayslarium* ou *Caslarium*.
Caylus-de-Bonnette. Voy. *Caslucium*.
Caynone, (*Villa de*) Chinon. 306. & Note marg. *d*. 369. 429. 520. 569. 625. 626. Voy. *Chinon*.
Cayracum. Cayrac. 220. Note (*b*).

Cayslarium,

TABLE DES NOMS DES PROVINCES, &c.

Cayſlarium, Cayla ou Caylar. 638. & Note marginale *a*. Voy. *Caſlario*. *(Locus de)*
Caladroerium, Caladroy. 31. & Notes *(23)*.
Calais. 449. 678. Voy. *Caleſium*.
Calciata, Cauſſade. 284. & Note *(a)*.
Caleſium. 572. & Note *(b)*. Voy. *Calais*.
Caletum. 401. & Note marg. *a*. Voy. *Caucium* & *Caux*.
Calhanum, Cailhau. 31. & Notes 663. & Note marg. *h*.
Calmis, *(Locus de)* Calmes. 31. & Note *(29)*.
Calvitio, Cauviſſon. 99. & Note *(d)* 589. & Note *(oo)*.
Calvus mons, Chaumont. 238. & Note marginale *c*.
Cambray. 142. 375. *Cameracenſis*. (adj.) 144.
Campagnan. Voy. *Canpanholis*. *(Caſtrum de)*
Campancis. *(Locus de)* 589.
Campanhac. 395. *Campanhacum*. 255. 417.
Campanholis, *(Caſtrum de)* Campagnan. 189. & Note *(h)*.
Campania. 601. Voy. *Champagne*.
Campendu. Voy. *Campopendato*. *(Locus de)*
Campobuſino, *(Locus de)* Campouci. 31. & Note *(44)*.
Campopendato, *(Locus de)* Campendu. 466. & Note marg. *k*.
Campouci. Voy. *Campobuſino*. *(Locus de)*
Campus indulgentiæ, Champ du Pardon hors la Ville de Roüen. 74. & Note *(c)*.
Camuratum, Camurac. 123. & Note *(3)*.
Canis-ſuſpenſus, Cappendu ou Canpendu. 332 & Note *(b)*.
Canoys, *(Locus de)* Caunes. 589. & Note *(k)*.
Canpendu. V. *Canis-ſuſpenſus*.
Canſoudain. 272. Note *(b)*.
Cappelle. (La) 704.
Cappendu ou Canpendu. Voy. *Canis-ſuſpenſus*.
Capraria, Cabrieres. 212. & Note marg. *c*. 122. & Note *(14)*.
Caramanno, *(Locus de)* Carmaing. 31. & Note *(22)*.
Carcaſſona, Carcaſſone. 30. 79. 100. 108. 120. Note *(b)* 121. 122. 124. 151. 153. 165.167. 187. & Notes marginales *a* & *c* 188. bis. 189.
Tome V.

190. 192. Note *(c)* 211. 213. 214. & Note marg. *g*. 304. 328. 330. 332. 352. Note *(a)* 362. 393. 402. 409. 413. Note *(a)* 421. 422. 430. 444. 465. 466. Note marg. *e*. 478. 483. 489. 502. 505. 525. 533. bis. 543. 551. 557. 561. 585. 608. bis. & Note *(h)* 622. 627. 637. bis. 663. 723.
Carmaing. Voyez *Caramanno*. *(Locus de)*
Carnatio, *(Locus de)* Carnas. 589. & Note *(z)*.
Carnotum, *Carnutum*, *Carnotenſis*. (adj.) 23. & Note *(c)* 24. & Note *(f)* 26. 209. 297. Voy. *Chartres*.
Carvins. 459.
Carus-Campus, Chercamp. 143. & Note.
Caſilhacum, Caſilhac. 212. & Note marg. *q*. Voy. *Caſſilhacum*.
Caſlario, *(Locus de)* Caylar. 79. & Note *(b)*. Voy. *Cayſlarium*.
Caſlucium, Caylus-de-Bonnette. 285. & Note *(c)* 691. & Note marg. *o*.
Caſouls. Voy. *Caſulis*. *(Locus de)*
Caſſaneis, *(Locus de)* Caſſaignes. 31. & Note *(24)*.
Caſſa nova. 299.
Caſſilhacum, Caſilhac 637. & Note marg. *l*. Voy. *Caſilhacum*.
Caſtel-fizel. Voy. *Caſtro-fideli*. *(Locus de)*
Caſtel-jaloux. Voy. *Caſtrum-jaloſum*.
Caſtelnaudari. Voy. *Caſtrum novum de Arrio*.
Caſtelnau de Guuers. Voy. *Caſtro novo Guercii*. *(Locus de)*
Caſtelnau d'Eſtre-le-fonds. Voy. *Caſtri novi de ſtrutis fontibus*. *(Locus)*
Caſtel-ſarrazin. Voyez *Caſtrumſarraceni*.
Caſtillo. 239. Note *(a)*.
Caſtrenſis. (adj.) 330. Caſtres 188. Note marginal. *b*. 466. Note margin. *b*.
Caſtri novi de ſtrutis fontibus. *(Locus)* Caſtelnau d'Eſtre-le-fons. 589. & Note *(f)*.
Caſtro de Loudris, *(Locus de)* Loudres. 589. & Note *(u)*.
Caſtro-fideli, *(Locus de)* Caſtelfizel. 31. & Note *(7)*.
Caſtro novo guercii, *(Locus de)* Caſtelnau de Guuers. 212. & Note marg. *b*.

Caſtrum-jaloſum, Caſtel-jaloux. 299. Note *(e)*.
Caſtrum novum. 299. 457.
Caſtrum novum de Arrio, Caſtelnaudary. 5. & Note marg. *e*. 6.
Caſtrum-ſarraceni, Caſtel-farrazin. 437. & Note *(i)*.
Caſulis, *(Locus de)* Caſouls. 188. & Note marg. (*).
Caturcenſes Partes. 255. *Caturcum*, *Caturcenſis*. (adj.) 221. 261. 265. 266. 268. 279. 280. 281. 284. 287. 295. 296. 325. 327. 328. 329. 331. 337. 345. 346. 354. 409. Voy. *Cahors*.
Caucium, Caux. 214. & Note marg. *d*. V. *Caletum* & *Caux*.
Caunas. Voy. *Cognatio*.
Caunes. Voy. *Canoys*. *(Locus de)*
Cauſio, *(Locus de)* Le Cauſſe. 551. & Note marg. *p*.
Cauſſade. 284. Note *(a)*.
Cauſſe. (Le) Voy. *Cauſio*. *(Locus de)*
Cauſſe de Villeneuve. (La) 398.
Cauviſſon. Voy. *Calvicio*.
Caux. 242. 272. Note *(b)* 467. Voy. *Caletum* & *Caucium*.
Ccbe (Leſignan de la) ou de la Sebe. 533. Note.
Cecile. Sicile. 513.
Celle. (La) 317.
Cenomania, *Cenomanenſis*. (adj). 37. 99. 114. 150. 151. 210. 218. 255. 265. 267. 276. 279. 282. 283. 285. 291. 292. 303. 310. 324. 329. 331. 339. 353. 385. 388. 394. 408. 421. 435. 436. 489. 523. 583. 622. 628. 638. 691. 692. 699. 703. 708. 710. 723. *Cenomenſis*, *Senomenſis*. 218. & Note marginale *e*. Voy. *Maine* (Le) & *Mans*. (Le)
Cepeyum, Cepoy. 11. 20. 203. Voy. *Chepoy*.
Ceſi. 380.
Cevennes. 121. Note *(a)*.
Chaalis. 142. Note *(d)*.
Chaalons-ſur-Marne. 193. & Note *(b)* Châlon, Châlons. 124. 390. 404. 425. 478.
Champagne, Champeigne. 15. 19. 28. 93. Note *(c)* 142. 390. 435. Note *(c)* 450. 473. Note *(b)* 486. Note *(c)* 549. Voy. *Campania*.
Champeaux. Voy. *Chappiaux*.
Champs. (La Ville de) 155.
Chaourſe. 246.
Chappiaux, Champeaux. 147. & Note *(b)*.

ccc

TABLE DES NOMS DES PROVINCES, &c.

Charenton. 290. Note (a).
Chartres. 10. 15. 22. Note (b) 25. 26. 27. 32. Note (b) 272. 273. 297. Note (a) 429. Note (b) 531. Note (b) 556. Note (c) 557. 649. 697. Voy. Carnotum.
Chasteaulandon. 336. 383.
Chasteau-neuf. 429. Chasteauneuf-sur-Loire. 271. Voy. Chastel-neuf.
Chasteau Regnauld. 697. Chasteau Regnault. 369. Chasteau Regnaut. 430.
Chasteldun, Chateaudun. 273. & Note marg. g.
Chastel-neuf. 369. & Note (b). Voy. Chasteauneuf.
Chastillon. 482. Chastillon-sur-Indre. 206. Note (b). Chastillon-sur-Seine. 473. Note (b). Voy. Chatillon.
Chateaubourc, Chasteaubourg. 405. & Note (b).
Chateaudun. Voy. Chasteldun.
Chatillon. 435. Note (b) Voy. Chastillon.
Chaumont. 238. Note marg. c. 515. 599.
Chepoy, Cepoy. 15. & Note marg. c. Voy. Cepeyum.
Cher. (Le) Riviere. Voy. Chier.
Chercamp. Voy. Carus-Campus.
Chier, Le Cher. Riviere. 11. & Note marginale b.
Chinon. Voy. Caynone. (Villa de)
Chinsire, peut-estre S.t Cire. 272.
Citeaux. 592. Note (b).
Claye. 48.
Clayracum. Cleyrac. 213. & Note marg. f.
Clairvaux. 592. Note (b) Voy. Clarevallensis.
Claix. 404. Note (b).
Clamecy. 426. Note (a).
Clarenciacum, Clarensac. 638. & Note marg. b.
Clarevallensis. (adj.) 142. & Note (c) Voy. Clairvaux.
Cleyrac. Voy. Clayracum.
Cleis. (La Roche de) 404.
Clermont en Bassigny. 599.
Clouvicensis, Columcensis. (adj.) 226. Note & Note (b).
Clugny. (L'Abbaye de) 136. 349.
Coderia. Voy. Loderia.
Cognatio, Caunas. 533. & Note (b).
Coyre. Voy. Curiensis.
Collengias. 716.
Colocia, Colocz. 226. Note (b).
Cologne. Voy. Colonia.

Coloinges-les-Vineuses, (Coulange-la-Vineuse), du Vaul de Marcy. 665. & Note (b).
Colombe. (S.te) Voy. S. Columba. (Mansus de)
Colonia, Cologne. 552. & Note marginale m.
Columcensis. Voy. Clouvicensis.
Columba, (Mansus de Sancta) Voy. S. Columba (Mansus de)
Combatio, (Locus de) Combas. 589. & Note (f).
Commines en Flandre. 9. & Note (c).
Comminges. 608. Note marginale e.
Compeyro, (Locus de) Compeyre. 236. & Note (c).
Compiegne. 17. & Note (f). 67. 145. 146.

*COMTEZ.

Alençon.
Anjou.
Apremont. (Rozoy &)
Armagnac.
Artois.
Astarac ou Estarac.
Auxerre.
Bar.
Barcelone.
Bath.
Bigorre.
Blois.
Boulogne & Boulenois.
Bourgogne.
Braine.
Breine.
Brene.
Champagne.
Chartres.
Dammartin.
Dyois.
Embrun.
Engoulesme.
Estarac ou Astarac.
Etampes.
Evreux.
Fezensac.
Flandre.
Forez.
Gap, Gapençois.
Graisivodan.
Helferisteyn.
Joigny.
Leuthemberg.
Longueville.
Macon.
Magdebourg.

(*) Voy. sur le titre de Comte que des Seigneurs prenoient quelquefois, le 4.e Vol. de ce Recueil, p. 190. Note (b).

Maine.
Monstreüil-sur-Mer.
Montfort l'Amaury.
Mortain.
Nassaro ou Nassavo (De)
Nevers & Nivernois.
Pardiac.
Pentievre.
Perche. (Le)
Pezenas.
Poictiers.
Ponthieu.
Razes, nommé quelquefois Rodès.
Rodès in Roüergue.
Roüergue.
Rozoy & Apremont.
Saintonge.
Saint Pol.
Sarrebruche.
Savoye.
Sirartzburg.
Soissons.
Spanheim.
Tancarville.
Tonnerre.
Toulouse.
Troyes en Champagne.
Valentinois.
Vienne.
Voertheim.
Votemberg.

Comuz. V. Connistio, (Locus de)
Condatoscensis. (adj.) 661. Note (b).
Condom. 437. Note (h) 453.
Condomois. 436. Note (b).
Conflans. 290. Note (a).
Confolains, Confolens. 406. & Note (a).
Conilhacum, Conhillac. 466. & Note marg. n.
Connistio, (Locus de) Comuz. 122. & Note (4).
Conosalio, (Locus de) Counosols. 31. & Note (36).
Constanciensis, (adj.) Cotentin, Coustantin, Coustentin. 289. 299. Note marg. (a) de la Note 316. 351. 421. Voy. Coustances.
Constantinople. 715. Note (b).
Corbeil. 336. Note (b) Voy. Corbueil.
Corbie. 168.
Corbiera, (Locus de) Corbieres. 466. & Note marg. f.
Corbüeil. 270. Voy. Corbeil.
Corduis, (Locus de) Cordes Tolosanes. 551. & Note marg. f.

TABLE DES NOMS DES PROVINCES, &c. cxcv

Cernavello, (*Locus de*) Cornavel. 551. & Note marg. *t*.
Corneliano, (*Locus de*) Corneillan. 551. & Note marg. *q*.
Cornillon. 85. Note *(b)*.
Corvillon. Voy. *St Roberti Corvilionis*. (*Locus*)
Costa-Sancti Andree, La Coste St André. 63. & Note *(c)*.
Côtentin. Voy. *Constaciensis*.
Coucy. 154.
Coulange-la-Vineuse. Voy. *Colvinges-les-Vineufes*.
Counofols. Voy. *Conofalio*. (*Locus de*)
Courfon. 155.
Couftances, 318. 421. Couftantin, Couftentin. Voy. *Constanciensis*.
Crecy. (La Foreft de) 368.
Crecy deſſus Nongent. Creſcy deſſus Nougent. 155. & Note marg. *b*.
Creſpian. Voy. *Crispiano*. (*Locus de*)
Crevant. 426. Note *(a)*.
Creve-cœur. 142.
Crispiano, (*Locus de*) Creſpian. 589. & Note *(ii)*.
Croly. 155.
Croteyum. 688. Crotoy. 173. 177. 180. 182. 183. & Note *(a)* 184.
Crudio, (*Locus de*) Cruſy. 121. & Note *(b)*.
Cubaria, (*Locus de*) Cubieres. 31. & Note *(30)*.
Cuevre. La Cure. Riviere dans le Nivernois. 426. & Note *(a)*.
Cugno-monte, *Onquo monte*, (*Locus de*) Cumont. 551. Note *(c)*.
Cugunhano, (*Locus de*) Cugugnan. 31. & Note *(33)*.
Cumon. (La Motte de) Voy. *Mota-cugnomontis*. (*Locus de*)
Cumont. Voyez *Cugno-monte*. (*Locus de*)
Cure, (La) Riviere. Voy. *Cuevre*.
Curienfis. (adj) Coyre. 226. Note & Note *(c)*.

D

DAYGREFÜEIL. 466.
Dalmans. 155.
Dalphinatus, *Delphinatus*. 37. & Note *(a)* 38. & Note *(b)* 56. 58. & Note *(a)* 59. 60. & Note. 62. & Note *(a)* 63. & Note *(c)* 64. 65. 70. 84. 89. 103. & Note *(a)* 104. 109. 224. Voy. *Dauphiné*.
Dame-de-Nefteis. 456.

Dammartin. 181. Note *(e)*.
Dampmartin. 463.
Daudelain. 155.
Dauphiné de Viennois. 80. Dauphiné. 384. 404. bis. Voy. *Dalphinatus*.
Delphinatus. Voy. *Dalphinatus*.
Dendalens. (*Mansus S.^{ti} Martini*) 31.
Dijon. 56. 124. 238. Note *(c)* 239. 453. 473. Note *(b)* 485. Divio. 237. 238.
Doarratenfis, (*Villa*) Dorat 305. & Note *(a)*.
Dombe. 40. Note *(k)* 112. Note *(b)*.
Donazan. 188. Note *(a)*.
Donfenac, Donzenac. 472.
Dorat. Voyez *Doarratenfis*. (*Villa*)
Dordonia, La Dordone. Riviere. 125.
Dorible. 704.
Douay. 9. 130. 146. Note *(b)* Voy. *Duacum*.
Dourdan. 272. Note *(d)*.
Dourlens. 202.
Duacum. 146. Voy. Douay.

DUCHEZ.

Anjou.
Aquitaine ou Guyenne.
Auvergne.
Bar.
Baviere.
Berry.
Bourbonnois.
Bourgogne.
Bretagne.
Brieg.
Guyenne ou Aquitaine.
Joyeuſe.
Legenczenfis ou *Ligincenfis*.
Lorraine.
Narbonne.
Normendie.
Oppellen, *Opulienfis*.
Orleans.
Siridinizenfis.
Stettin.
Touraine.
Valois.

✽

Dulhato, (*Locus de*) Duilhac. 31. & Note *(34)*.
Dunis, (*Locus de*) Dunes ou St Sixte de Dunes. 436. & Note *(b)*.
Dunkerque. 72.

E

EAUSE. Voy. *Helifona*.
Ebredunefium, Ambrun, Ambrunois. Enbrun. 63. Note *(c)* 64. 84. 86. & Note marg. *c*. Voy. *Ambrum*.
Ebroicenfis. (adj.) 488. Voy. *Evreux*.
Elaomhac. 704.
Electo. (*Locus de*) 551. & Note marg. *f*. Voy. *Alet*.
Elufa. Voy. *Helifona*.
Embrun. Voy. *Ebredunefium*.
Empire. 404. Voy. *Imperium*.
Engennerie. (L') V. *Ingiguerra*.
Engleterre. 173. 565. 689. 704. Voy. *Angleterre*.
Engolifinenfis. 546. 581. 582. 606. 670. 684. Voy. *Angoulefine*.
Eſcarp. La Scarpe. Riviere. 379. & Note marg. *b*.
Eſcaut. (L') Riviere. 375.
Eſchaalis. 248. Note *(c)*.
Eſcouloubre. Voyez *Scolobrio*. (*Locus de*)
Efefta. (*Locus de*) 466.
Eſpentein. 227. Note.
Eſpezel. 122. Note *(8)*.
Eſpinoy. 459.
Eſſonne. (La Riviere d') 336. & Note *(b)*.
Eſtampes, Etampes. 26. 32. & Note *(b)* 495. Note *(e)* 556. Voy. *Tampes*.
Eſtampes. (La Riviere d') Voy. *Juine*. (La)
Eſtarac. Voy. *Aftarac*.
Eſtre-le-fons. Voy. (*Caſtelnau d'*)
Etampes. Voy. *Eſtampes*.
Evreux. 193. Note *(e)* 429. Note *(b)* 477. Note *(b)*. Voy. *Ebroicenfis*.
Eufa, Eufe. Voy. *Helifona*.
Ezafcoloruuz. (*Locus de*) 228. Note.

F

FALAISE. 671. Note marginale *c*. Voy. *Phalefia*.
Fardis. (*Locus de*) 56.
Faucigny. 59. Note *(b)* Voy. *Fucigniacum*.
Feilluns. Voy. *Fulhonibus*. (*Locus de*)
Fenolhedefium, *Fenolhetum*, *Fonelhedefium*, Fenouillet. 30. & Note *(b)* 187. & Note *(c)* 466. & Note marg. *d*. Voy. *S.^{tus} Paulus Fenolhedefii*.
Fenouillades. 188. Note *(a)*.
Fenouillede. Voy. *S.^{tus} Paulus Fenolhedefii*.

ccc ij

TABLE DES NOMS DES PROVINCES, &c.

Fenouillet. Voy. *Fenolhedesium.*
Ferden ou Werden. 226. Note *(d).*
Ferralibus. (*Locus de*) 663.
Fefcamp. 482. 539.
Fefencum. 5.
Fefenfac. 70. Note *(b)* 190. Note *(a)* 191. Note *(b)* 703. *Fezenciacum.* 386. 394. 411. Fezenſac. 456.
Figiacum, Figcac. 264. & Note *(c)* 266. & note marg. *c.* 267. & Note marg. *e.* 296. 692. & Note marg. *i.*
Flandrenſis. (adj.) 161. 632. Flandre. 9. 137. 166. 251. 320. 452. 614. 644. 715. Note *(b)* Flandre Walonne. 146. Note *(b).*
Flemhac. 704.
Fleurence. *Florencia.* 386. 388. 399. Note *(e).*
Foix. 299. Note *(c).*
Folembray. Voy. *Foulembray.*
Fenolhedeſium. Voy. *Fenolhedeſum.*
Fontaine Noſtre-Dame en Valois. Voy. *Fontis Noſtre Domine.* (*Locus*)
Fontaynis. (*Locus de*) Fontanes. 122. & Note *(13).*
Fonteſio (*Locus de S.ta Cruce de*) S.te Croix de Fontanez. 589. & Note *(o).*
Fonteſum, Fontez. 212. & Note marg. *f.*
Fontis Noſtre Domine. (*Locus*) Fontaine Noſtre-Dame en Valois. 298.
Forenſis. 218. 715. Voy. *Forez.*
Foreſt. (S.t Euſtace ou S.t Euſtache de la) 467. & Note *(b).*
Forez 112. Note *(b)* Voy. *Forenſis.*
Foriſportam Voy. *S. Petrus Foriſportam.*
Forny. 155.
Foſſa, (*Locus de*) Foſſé. 31. & Notes *(17).*
Foucarmont. Voy. *Fulcardus Mons.*
Foulembray, Folembray. 155. & Note marg. *a.*
Fours. 168.
Frainnes. 155.
France. 4. 7. Note *(c)* 117. 148. *bis.* Note 150. Note *(c)* 166. 168. 193. Note *(e)* 196. 204. 206. Note *(c)* 246. 289. Note *(a)* de la Note. 293. 323. Note *(a)* 325. Note *(a)* 395. 415. 429. 459. Note *(b)* 462.

481. 497. 501. 527. 556. 697. Voy. *Francia.*
France (La Tour de) Voyez *Turre.* (*Locus de*)
Franche-Comté. Voy. *Saint Claude.* (*L'Abbaye de*)
Francia. 152. 166. 325. 342. 527. 531. 532. V. France & S.tus *Dyoniſius in Francia.*
Fraxinetum, Frenay-l'Eveſque. 23. & Note *(c).*
Fretoy. (*Foreſta de*) 716.
Frigidi-montis (*Domus*) Froimont. 142. Note *(d)* 143. 144.
Frontignan, Frontignan. 478. & Note *(f).*
Fuciniacum, Faucigny. 49. & Note *(qq)* Voy. *Faucigny.*
Fulcardus-Mons, Foulcarmont. 143. & Note.
Fulhonibus, (*Locus de*) Feillens. 31. & Note *(27).*

G

GABALITANUM, Gevaudan. 603. & Note marg. *n.*
Gabenacium. 214.
Gabianum, Gabian. 211. & Note marg. *l.*
Gaillac. Voy. *Galliacum.*
Gairigiis, (*Locus de*) Garrigues. 589. & Note *(ee).*
Galæ, (*Principatus*) Galles. 285. & Note marg. *a.* 398. Voy. *Galles.*
Galargues. (Le grand) Voyez *Galazanicis.* (*Locus de*)
Galardon, Gallardon. 256.
Galazanicis, (*Locus de*) Galargues. (Le grand) 589. & Note *(dd).*
Galgam. 704.
Galhinagis, (*Locus de*) Galinhargues. 122. & Note *(11).*
Gallardon. Voy. *Galardon.*
Galles. 190. Note *(a)* 276. Note marg. *b.* Note *(a)* 354. Note marg. *b.* 446. Note *(b)* 704. Voy. *Galæ* (*Principatus*) & *Wallia.*
Galliacum, Gaillac. 211. & Note *(c).*
Gand. Voy. *Gant.*
Gany. 168.
Gant, Gand. 459. & Note *(b)*
Gap. 86. Note *(d)* Gapençois. 86. & Note marginale *b.* Voy. *Vapinceſium.*
Gard, (*Domus de*) Gard. (Du) 142. Note *(d)* & 143.
Garenne, Voy. *Warennes.*
Garona, La Garonne. Riviere. 299. 311. Note *(a)* 608.

Note marginale *d.*
Garrigues. Voy. *Gairigiis.* (*Locus de*)
Gaſcogne. 70. Note *(b)* 190. Note *(a)* 192. Note *(b)* 232. Note *(b)* 437. Note *(i)* 448. Note *(b)* Gaſcongne. 334. 436. Note *(b)* Voyez *Vaſconia.*
Gaſtinois, Gatinois. 15. Note marg. *c.* 203. Note *(c)* 336. 382.
Gavauſſaco, (*Locus de*) Gavauſſac. 122. & Note *(15).*
Gaudiaco, (*Locus de*) Gaujac. 654. & Note marg. *a.*
Gaudio in valle, (*Locus de*) Joyenval. 297. & Note *(a).*
Gavernis, (*Locus de*) Gavernes. 588. & Note marginale *i.*
Gaujac. V. *Gaudiaco.* (*Locus de*)
Gaura, Gaure. 385. & Note marginale *h.* 388. & Note marginale *b.* 399.
Gebetz, (*Locus de*) Gibès. 122. & Note *(g).*
Gemeticis, (*Locus de*) Jumieges. 221. & Note *(b).*
Geneſtelle. (La) Riviere. 182.
Genevois. 59. Note *(b).*
Gennes. 301. Note marginale *e.* Voy. *Jaines.*
Germania. 226. Note.
Gevaudan. Voy. *Gaballitanum.*
Gibès. Voy. *Gebetz.* (*Locus de*)
Gignhiacum, Gnyhiacum, Guyhiacum, Gignac. 79. Voy. *Giniacum.*
Gimoeſii, (*Locus de*) Gunoeſii ou Gimoeſii. 279. & Note *(c).*
Gimontis, (*Locus*) Gimont 712. & Note *(b).*
Giniacum, Gignac, Ginac, Giniac. 212. & Note *(b)* 525. & Note marg. *c.* 622. & Note marg. *a.* 637. & Note marg *d.* Voy. *Gignhiacum.*
Giſorcium. 489. 531. Giſors. 169. 532.
Gliſſolis, (*Locus de*) Grizolles. 589. & Note *(pp).*
Gnyhiacum. Voy. *Gignhiacum* & *Giniacum.*
Gornacum, Gournay. 489. & Note *(d).*
Gracia Dei (*Monaſterium Beatæ Mariæ de*) L'abbaye de la Grace Dieu. 592. & Note *(b).*
Graiſivaudanum, Graiſivaudan. 63. & Note *(c)* 85. Note *(b).* 230. 404.
Grand (La) Voy. *Grandis.*
Grande-Caſtrum, Grand-Château. 311. & Note *(a).*

Grandis,

TABLE DES NOMS DES PROVINCES, &c.

Grandis, Aræ grandis (Abbatis de) La Grand. 63. Note *(e)* & 64.
Grandus-montensis, Grandmont. 567. & Note marg. *d*.
Gratianopolis, Gratianopolitana, Gratianopolitanus, Gratianopolitanum, Grenoble. 37. & Note *(a)* 49. 84. & Note *(a)* 226. Note. Voy. *Grenoble.*
Grave. (S.t Nicolas de la) Voy. *S. Nicolao.* (*Locus de*)
Grenoble. 38. Note *(b)* 56. Note *(a)* 58. Note *(a)* 59. Note *(a)* 80. Note *(a)* 384. Note *(a)* 404. Note *(b)* 405. Voy. *Gratianopolis.*
Grisons. 226. Note *(c)*.
Grizolles. V. *Glissolis.* (*Locus de*)
Guienna, Guieunia. 285. 398. Guienne. 190. Note *(a)* 192. Note *(a)* 299. Note *(c)* 325. Note *(a)* 386. Note *(e)* 395. 443. 456. 472. 677. 703. Voy. *Aquitaine.*
Guyer. (Le) Riviere. 59. Note *(b)*.
Guierny. 168.
Guyhiacum. Voy. *Gignhiacum & Giniacum.*
Guilhac. 704.
Guiry. Voy. *Guny.*
Guifia. 623.
Gunaspieres. 704.
Guny, Guiry. 155. & Note marginale *c*.
Gunoefsi. Voy. *Gimoefsi.* (*Locus de*)

H

HAINAU. 350. Haynault. 452. Hainaut. 715. Note *(b)*.
Ham. *In Veromandia.* 142.
Harbetviller-les-Saint-Denis en France, Haubervillier. 462. & Note marg. *a*.
Harefleu, Harfleur. 240. & Note marg. *a*. 468.
Hasemburg. (*Locus de*) 228. Not.
Haubervillier. Voy. *Harbetviller-lez-Saint-Denis en France.*
Helferisteyn. 227. Note.
Helisona, Eusa, Elusa, Euse, Eause. 192. Note *(b)*.
Hemburg. 227. Note.
Henbencourt. 168.
Herlcourt. 168.
Hoenloth. 227. Note.
Holerone, (*Insula de*) l'Isle d'Oleron. 573. & Note marg. *f*.
Holonsacum, Olonsac 187. & Note marg. *d*.
Tom. V.

Homeladois. 544.
Honato, (*Locus de*) Honat. 22. & Note *(21.)*
Hongrie. (Haute) 226. Note *(b)*.
Hulsaraco, (*Locus de*) Hulsarac. 31. & Note *(9)*.

I

JAINES. 301. & Note marginale *e*. Voy. *Gennes.*
Jangona. 4.
Janville. Voy. *Yenville.*
Jaucourt. 473.
Ycio. (*Terra do*) 601.
Jeherusalem. 513.
Yenville, Janville. 25. & Note *(d)*. Jenville 697.
Illebonne. (L') 401. Note *(a)*.
Imperium. 225. 226. Note Voy. *Empire.*
Indre. (L') Indrois. (L') Riviere. 206. Note *(b)*.
Ingiguerra, (*Villa de*) l'Engennerie. 2. & Note *(c)*
Insula Barbara, l'Isle Barbe. 110. & Note *(b)*.
Insulensis. 147. 153. Voy. *Lille.*
Jocono, Jocou. Voy. *Joterio.* (*Locus de*)
Joyenval. Voy. *Gaudio in valle.* (*Locus de*)
Joigny. 380.
Yonne. (La Riviere d') 415. 424. 426.
Joterio, Jocono, (*Locus de*) Jocou. 122. & Note *(23.)*
Jou. (S.t Oüain de) 661.
Ypres. 9. & Note *(b)*.
Isere. (L') Riviere. 404.
Isle Barbe. (L') Voy. *Insula Barbara.*
Isle de France. (L') 4.
Yssiodorum, in Arvernia, Yssoire en Auvergne. 412. & Note mar. *a*.
Italie. 239. Note *(a)*
Juine. (La) Riviere, nommée aussi la Riviere d'Estampes. 336. Note *(b)*.
Jumieges. Voy. *Gemeticis.* (*Locus de*)
Junacio, (*Locus de*) Junas. 589. & Note *(gg)*.

K

KAROLI-LOCI, (*Monasterium*) Chaalis. 142. & Note *(d)*.

L

LACTORENSIS. Voy. *Lectorensis* & Lectoure.
Lagny. 4. Voy. *Laigny.*
La Grand. Voy. *Grandis.*

Laigny-sur-Marne. 32. Voyez *Lagny.*
Layracum, Lairac. 437. & Note *(h)*.
Lalo. 704.
Landricourt. 155.
Langres. 142. 473. Note *(b)* 513. Voy. *Lingonensis.*
Languedoc. 79. Note *(b)* 91. 103. Note marginale *a*. 125. 151. Note marg. *a*. 167. 188. Note *(a)* 214. Note *(b)* 232. Note marginale *a*. 255. Note marginale *a*. 266. Note marginale *a*. 267. Note marg. * 276. Note mar. *a*. 279. Note marg. *a*. 281. Note marg. *a*. 282. Note mar. *a*. 283. Note marg. *b*. 285. Note marg. *a*. 291. Note marginale *g*. 292. Note marg. *c*. 303. Note marginale *b*. 310. Note marg. *a*. 324. Note marginale *a*. 331. Note marg. *a* 338. Note marginale *a*. 339. Note marg. *a*. 353. Note marginale *c*. 385. Note marg. *i*. 388. Note marginale *a*. 393. Note marg. *h*. 394. & Note marg. *a*. 399. Note marg. *d*. 402. Note marginale *b*. 405. Note *(b)* 408. Note marg. *c*. 421. Note marginale *k*. 430. Note *(h)* 436. Note marg. *d*. 437. Note *(i)* 438. Note *(b)* 454. 465. Note marginale *i*. 477. Note *(c)* 483. 505. 525. Note marginale *e*. 561. Note marginale *b*. 583. Note marg. *n*. 588. Note marg. *l*. 603. Note marg. *o*. 622. Note *(b)* 628. Note mar. *h*. 629. 636. Note marg. *h*. 638. Note marg. *h*. 641. Note marg. *a*. 649. 691. Note marg. *a*. 692. Note marginale *a*. 699. Note marg. *a*. 703. bis. & Note mar. *a*. 708. Note marginale *a*. 710. Note marginale *a*. 719. 723. Notes marg. *a. b*. Languedoc. (Bas) 91. Note *(b)* 99. Note *(b)* 184. Note *(b)* 192. Note *(c)* Languedoc. (Haut) 211. Note *(c)*. Voy. *Occitana Lingua.*
Languedoy. 577. Languedoïl. 96. 103 Note *(c)* 404. 496. 594.
Lantata. (*Locus de la*) 466.
Laon. 13. 29. Note *(b)* 30. 67. 93. 145. 246. Note *(b)* 271. 449. 470. 635. 721.
Laonnois. 450. V. *Laudunum.*
Lates. (Le port de) 478.

ddd

Laudunum. 272. Voy. *Laon.*
Laviniera, (*Locus de*) La Liviniere. 466. & Note marg. *g.* Voy. *Livineria.*
Launoys. 67.
Lauragnesum. 589.
Lautricensis, Lautrec. 445. & Note marg. *f.*
Lauvieria. Voy. *Livineria.*
Lebovracum, Lebouyrac. 213. & Note marg. *f.*
Lebretum. 299. & Note *(b)* Voy. *Albret.*
Lectorensis, Lactorensis, Lectoure. 191. Note *(b)* 551. Note *(b)* & Note marginale *o.*
Ledenone, (*Locus de*) Ledenon. 641. & Note marg. *d.*
Legenczensis. Voy. *Ligincensis.*
Leis. (L'Isle de) 564.
Lemovicinium. 546. *Lemovicensis.* (adj.) 221. 295. 296. 305. 439. 446. 447. 567. 590. Voy. *Limoges.*
Lens. 459. Note *(c).*
Lenthemberg 227. Note.
Leocam. 704.
Leodiensis. (adj.) 230.
Leomania. 5. 386. 394. 411. 437. & Note *(f).* Voy. *Lomagne.*
Leone. (*Locus de*) 466.
Leonensis. (adj.) 428.
Lerm, Lers. Voy. *S.t Michau en Lers.*
Lesignan. 533. Note.
Lesignanum, Lesignan de la Cebe ou de la Sebe. 532. & 533. Note.
Lespinhanum, Lespignan. 212. & Note marg. *a.*
Levignes, Leviguy. 513. & Note *(b).*
Leure. 468. Leure (Crot de) 243.
Levrunhac. 704.
Lieuran de Cabragrez. 212. Note marg. *n.*
Liger. 218. Voy. *Loyre. (La)*
Ligincensis, Legenczensis. 226. Note & Note marg. *q.*
Lille. 9. 166. Voy. *Insula* & *Nostre-Dame de Lille.*
Limoges. 439. Note *(b)* 443. 472. Note *(b)* 707. Note *(h)* 719. Limosin. 444. 472. Voy. *Lemovicinium* & *Limousin.*
Limosum, Limoux. 151 & Note *(b)* 466. & Note margin. *m.* 502 583. & Note margin. *o.* Limous. 663. Voy. *Limoux.*
Limosin. 687. Note *(b)* Voy. *Limoges.*
Limoux. 608. Note margin. *a.* Voy. *Limosum.*

Lingonensis. (adj.) 414. 426. Voy. *Langres.*
Lyon. 404. 624. Lionnois 112. Note *(b)* 682. Note *(rrr)* Voy. *Lugdunensis.*
Livineria, Lauvieria, Liviere. 723. & Note *(b).* Laviniera. Liviniere. (La) Voy. *Lavinieria.*
Livrano Capraven. (*Locus de*) Lieuran de Cabragrez. 212. & Note marg. *n.*
Locheris, (*Locus de*) Lochere. 206. Note *(b)*
Lochis, (*Locus de*) Loches. 206. & Note *(b)*
Loderia, Coderia. (S.tus Romanus de) S.t Roman de Lordieres. 589. & Note *(y).*
Lodeve. 79. Note *(b)* 637. Note marg. *c.*
Lodunum. Loudun. 625.
Loësse. 704.
Loeve, (S.t Jehan de) de Love. 478.
Lohiriogne, Loheraine, Lorraine. 549. & 550. Voy. *Lotharingia.*
Loyre, (La) Riviere 271. 425. Voy. *Liger.*
Lomagne, Lomaigne. 191. Note *(b)* 703. Voy. *Leomania.*
Lombardie. 240.
Lombez. 551. Note margin. *b.* 552. Note marg. *m.*
Longi-pontis, (*Domus*) Longpont. 142. & Note *(d).*
Longo-campo. (*Locus de*) 347.
Long-pont. Voy. *Longi-pontis.* (*Domus*)
Longueil. 145. Longueil Sainte Marie. 145. Note *(a).* Longüeil sous Tourotte. 145. Note *(a).*
Longueville. 477. Note *(b).*
Longum-villare, Longvilliers. 143 & Note.
Lorches. 207.
Lordieres. (S.t Roman de) Voy. *Loderia.*
Lorguilleux. 168.
Lorraine. Voy. *Lohiriogne* & *Lotharingia.*
Lorriacum, Lorris. 715. & Note *(d).*
Lose. 380.
Lotharingia. 550. V. *Lohiriogne.*
Loudris, (*Locus de Castro de*) Loudres. 589. & Note. *(u)*
Loudris, (S.tus Martinus de) S.t Martin de Loudres. 589. & Note *(t).*
Loudun. Voy. *Lodunum.*
Love. (S.t Jehan de) Voy. *Læve.*

Louviers. 193. & Note *(e).*
Lucerna, Lucerne, Luzerne. 316. & Note *(b).*
Luchoninchilensis. 228. Note.
Lugam. 704.
Lugdunensis. (adj.) 54. 218. Lugdunum. 110. & Note *(b)* Voy. *Lyon.*
Lupeyum. 224.
Luso, (*Locus de*) peut-estre Lus. 448. & Note *(b).*
Luzerne. Voy. *Lucerna.*

M

MAGALONENSIS. (adj.) 431. Note marg. *n.* Magalonne, Magueslonne. 477. & Note *(d).*
Magriano, (*Locus de*) Megrian. 551. & Note *(e).*
Maguelonne. Voy. *Magalonensis.*
Maguntinensis, (adj.) Mayence. 226. Note & Note marg. *m.*
Mayenne. Voy. *Meduana.*
Mailliacum Castrum, Mailly le Chasteau. 715. & Note *(c).*
Maine 369. 428. 483. 516. 520. 523. 569. 603. Mainne. 435. 719. Voy. *Cenomania* & *Mans.*
Maioc. 180. Maioch. 181.
Mayot (*Locus de*) 688.
Major, Marologium, Marvejols. 99. Note *(c).*
Majorica, Majorque. 215. 478. & Note *(g).*
Majoris-Monasterium. (Abbatia) 307.
Majorque. Voy. *Majorica.*
Mayot. (*Locus de*) Voy. *Maioc.*
Mayrenis, (*Locus de*) Maironnes, Mayroines. 402. & Note *(a).*
Maizierez. 168.
Malinez. 193.
Mannullet, Mannuellet. 71. 72.
Mans. (Le) 150. Note *(c)* 151. Note *(c)* 523. Manz. (Le) 578. Voy. *Cenomania* & *Maine.*
Mante 168. 477. Note *(b).* Voy. *Medunta.*
Marche. (La) 305. Note *(a)* 590. Note marg. *c. Marchia.* 590.
Marcy. (Couloinges-les-Vineuses du Vaul de) 665.
Marvilhanicis, (*Locus de*) Massilargues. 638. & Note marg. *f.*
Marcüil. 155. Mareul. 145.
Marguntum, Margonum, Margon. 213. & Note marg. *b.*
Marinhaco, (*Locus de*) Marignac.

TABLE DES NOMS DES PROVINCES, &c.

551. & Note marginale *i*.
Marly. 297. Note *(a)*.
Marmanda, Marmande. 437. & Note *(d)*.
Marne. (La) Voy. *Materna*.
Marologium. Voy. *Major*.
Marroles. 32. & Note *(b)* 145. Note *(a)*.
Marsano, (*Locus de*) Marsa. 122. & Note *(29.)*
Marseilhete. Voy. *Masseleta*.
Marseille. 301.
Marvejols. Voy. *Major*.
Mascon. 113. 124. 404. 453. 595. 624. 661. 665. Voy. *Matisconensis*.
Masseleta, Marseilhete. 466. & Note marg. *i*.
Massilia. 102.
Massillargues. Voy. *Marcilhanicis*. (*Locus de*)
Masubie, (*Locus de*) Masubi. 122. & Note *(10.)*
Materna, la Marne. Riviere. 486. & Note marg. *n*.
Matisconensis. (adj.) 110. 218. 606. 618. Voy. *Mascon*.
Maubuisson-les-Pontoise. 182.
Maurussanicis, (*Locus de*) Maurensargues. 589. & Note *(mm.)*
Mauve. 515.
Meaux. 463. Note *(c)* Meaulx. 118. 381. 595. V. *Meldensis*.
Meduana, Mayenne. 351. & Note *(c)*.
Medulio. 63. Note *(c)* 64. 70. & Note marg. *c*. V. *Meuillon*.
Medunta, Mante. 401. & Note marg. *b*.
Megrian. 551. Note *(e)*.
Meldensis. (adj.) 119. V. *Meaux*.
Meledunum. 70. *Meledumum*. 153. *Meleun-sur-Saine*. 436. 459. 540. Note. *Melun-sur-Seine*. 383. 526.
Menerbis, (*Locus de*) Minerve. 466. & Note marg. *f*. Voy. *Minerbesium*.
Mende. Voy. *Mimatensis*.
Meuillon. 86. Note *(a)* Voy. *Medulio*.
Meulan. 477. Note *(b)* Voy. *Medunta*.
Meuse, (La) Riviere. Voyez *Mosa*.
Michelberg. 227. Note.
Mielhan. Voy. *Millanum*.
Milhaud. Voy. *Amilianum*.
Millanum, Mielhan. 442. & Note *(b)*.
Millasium, Millas. 299. Note *(c)*.
Millaud. Voy. *Amilianum*.
Mimatensis, (adj.) Mende. 603. & Note marg. *l*. 632.

Minerbesium. 465. & Note *(h)* Minerbois. 187. Note *(d)* 533. Note. Minerve. Voyez *Menerbis*.
Miseriaco (*Sancti Roberti de*) *Prioratus*. 63.
Miseriaco (*Prioratus S.ti Martini de*) 63. Note *(c)* Saint Martin de Miseré.
Mitriacum, Mitry. 464. Voy. *Mitry*.
Moira, (*Aqua de*) 150. & Note *(c)*.
Molazano, (*Locus de*) Molasan. 589. & Note *(kk)*.
Molesinus, *Molosinum*, Molesme, Moloimes, Molugines. 513. & Note *(e)*.
Monceaux les Leups. 155.
Monhaac. 456.
Monnesque. 704.
Monpier 122. Note *(s)*.
Mons-albanus. 70. 261. 269. 281. 296. Voy. *Montauban*.
Mons-brunus, Montbrun. 63. Note *(c)* & 64.
Monscugnus, Montcuc. 326. & Note *(a)*.
Mons-fortis, Montfort l'Amauri. 31. 531.
Mons-laurus, Montlaur. 589. & Notes *(b* & *m)*.
Monspessulanus. 210. 214. 215. 292. 294. 627. 637. Voy. *Montpellier*.
Mons-Regalis, Montreal. 213. & Note marg. *g*. 214. 466. & Note marg. *c*.
Monstereul. 529.
Monstereul en faut d'Yone. Monstereul en foule d'Yone. 89. Voyez *Monstereau faut Yonne*.
Monstereul sur la Mer. 528. Monstreüil-sur-Mer. 181. Note marg. *b*. Monstreur sur la Mer. 620. *Monsterolum*. 181.
Monstierviller. 468. Monstiervilliers. 242. Note *(b)* Voy. *Montivilliers*.
Monstutus. 120. Note *(b)*.
Montagniacum, *Montannhacum*, Montagnac. 184. & Note *(b)* 589. & Note. *(ll)*
Montagnes d'Auvergnes. Voy. *Montanæ*.
Montagnie. 474.
Montalba. Voy. *Monte albano*. (*Locus de*)
Montanæ, Montagnes d'Auvergne. 218. & Note marg. *a*.
Montamnhacum. Voyez *Montagniacum*.

Montastruc. Voy. *Monte astruco*. (*Locus de*)
Montauban. 63. Note *(c)* 70. Note marg. *c*. 86. Note *(a)* 261. Note *(b)* 284. Note *(a)* 291. Note *(a)* 292. Note *(a)* 321. Note *(a)* 413. Note *(b)* 437. Note *(i)* 490 Note *(a)* 525. Note *(a)* 551. Note *(c)* & Note margin. *f*. Voyez *Mons albanus*.
Montbrun. Voy. *Mons-brunus*.
Montcuc. Voy. *Monscugnus*.
Monte-Agrerio, Monte Agerio. (*Locus de*) Montegrier. 354. & Note *(a)*.
Monte-Albano. (*Locus de*) Montalba. 31. & Note *(48)*.
Monte-Astruco, (*Locus de*) Montastruc. 552. & Note marg. *b*.
Montegrier. Voy. *Monte-Agrerio*. (*Locus de*)
Montepezato, (*Locus*) Montpezat. 589. & Note *(e)*.
Monte-piero, (*Locus de*) Monpier. 122. & Note *(s)*.
Montereau-faut-Yonne. 403. & Note marg. *b*. Voy. *Monstereul en faut d'Yone*.
Monte-rotundo, (*Locus de*) Montredon. 466. & Note marg. *b*.
Montesquinum, Montesquieu. 212. & Note marg. *p*.
Montevalenti, (*Locus de*) Montvalet. 551. & Note marg. *y*.
Montfort. 31. Note *(52)* 272. Note *(d)* 532. Montfort l'Amauri. 531. Note *(h)* Voy. *Mons-fortis*.
Montigniacum, Montigny. 489. & Note *(f)*.
Montivilliers. 467. Note *(b)*. Voy. *Monstierviller*.
Montlaur. Voy. *Mons-laurus*.
Montluel. 50. Note *(rr)*.
Montossier. 456.
Montpellier. 79. Note *(b)* 99. Note *(a)* 100. Note *(a)* 122. 192. Note *(c)* 275. 300. Note *(a)* 384. 420. Note *(a)* 433. Note *(a)* 444. Note *(a)* 453. 477. 483. Note *(a)* 484. 589. Note *(g)* 622. Note *(b)* 627. Note marg. *g*. Voyez *Monspessulanus*.
Montpezat. Voy. *Montepezato*. (*Locus de*)
Montreal. Voy. *Mons Regalis*.
Montredon. Voy. *Monte Rotundo*. (*Locus de*)
Mont-Sainte-Katherine dessus

ddd ij

TABLE DES NOMS DES PROVINCES, &c.

Roüen. 216.
Montvalet. Voy. *Montevalenti.* (*Locus de*)
Mortain. 416. Note *(b).*
Mofa, la Riviere de Meufe. 601.
Mota-cugnomontis, (*Locus de*) La Mote de Cumont. 551. & Note marg. *n.*
Munafio, (*Locus de*) Munez. 122. & Note *(22).*

N

*N*AIACUM, Nayac. 282. & Note marg. *b.* 692. & Note marg. *f.*
Namucenfis, Namurcenfis. Namur. 717. & Note *(k).*
Naples. 513. Note *(c).*
Narbona. 125. 308. 663. *Narbonenfis.* (adj.) 466. Narbonne. Narbonnes. 31. 151. Note *(b)* 187. Notes marg. *b.* & *f.* 188. Note *(b)* 214. Note marg. *a.* 402. Note *(a)* 466. Note margin. *n.* 533. Note 551. Note *(e)* 552. 608. Note margin. *a.* 663. Note marg. *f.* 723. Note *(b).*
Navarra. 567. 590. 601. 628. Navarre. 390. 477.
Naucacum, Naucacum, Nautacum. 299. & Note *(e).*
Nebianum, Nebian. 212. & Note marg. *k.*
Neelle. 463. Neelles en Vermandois. 136.
Neffianis, (*Locus de*) Neffiez. 212. & Note marg. *i.*
Nemaufum. 100. 121. 303. 420. 484. 487. 488. 604. 637. 641. 654. Voy. *Nifmes.*
Neuchafteau dans la Lorraine. Voy. *Nuef-Chaftel.*
Nevers. 513. Note *(c)* Voyez *Nivernenfis.*
Neuville. (S.ᵗ Jehan de la) 467. & Note *(b).*
Neuville-le-Roy en Beauvoifis. 333.
Nifme, Nifmes. 99. Note *(a)* 100. Note *(a)* 240. Note *(a)* 300. Note *(a)* 403. Note *(a)* 433. Note *(c)* 444. Note *(a)* 477. Note *(c)* 483. Note *(a)* 487. Note *(b)* 588. Note marg. *h.* 589. Note *(c)* 638. Note margin. *a.* Voyez *Nemaufum.*
Nivernenfis. (adj.) 715. Nivernois. 15. 20. 426. Note *(a)* 568. Note marg. *c.* Voy. *Nevers.*
Nogarolium, Nogaro, Nogarolet. 192. Note *(b).*
Nogent. 32. Nogent-le-Roy.
32. Note *(b).*
Noyon. 142. Note *(d).*
Noirmaifteres. 155.
Normandia. 37. 76. *Normania.* 150. 218. 224. 316. *Normannia.* 401 416. 417. 488. Normandie. 28. 105. Note *(b)* 168. 193. Note *(e)* 221. Note *(b)* 224. Note *(a)* 254. 356. 671. Note *(b).* Normendie. 12. 174. 420. Normendie. (Parties de) 289.
Noftre-Dame de Lille. 168.
Noftre-Dame-des-Prez-les-Troyes. Voy. *Vallis B. M. de Prato.* (*Domus*)
Nuef-chaftel en Loheraine, Neuchaftel dans la Lorraine. 549. & Note *(b).*

O

*O*CCITANA-Lingua. 5. 121. 122. 125. 353. 386. 422. 430. 561. *Occitana Partes.* 5. 99. 103. 126. 151. 232. 255. 266. 267. 276. 279. 281. 282. 283. 285. 291. 292. 303. 310. 324. 329. 331. 338. 339. 385. 388. 393. 394. 399. 402. 408. 421. 436. 465. 525. 583. 588. 603. 628. 636. 638. 641. 691. 692. 699. 703. 708. 710. 723. Voy. *Languedoc* & *Vafconia.*
Oyfe. (L') Riviere. 356. Note *(b).*
Oleron. (L'Ifle d') 573. Note marg. *f.* 593.
Olonfac. Voy. *Holonfacum.*
Onquo-Monte. (*Locus de*) Voy. *Cugno-Monte.* (*Locus de*)
Opulienfis, Oppelen. 228. Note & Note *(e).*
Orange. 56. Voy. *Auraſienſis.*
Orbi. (*Ripparia*) La Riviere d'Orbe. 393. & Note marg. *g.*
Orbres. (Des) 704.
Orcamp. 142. Note *(d).*
Orleans. 10. 25. Note *(d)* 629. Orléens. 25. Orliens. 697. Voy. *Aurelianum.*
Ouls. 63. Note *(c)* Oulx. 85. Note *(b)* 87. Note *(e).* Voy. *Ulcium.*

P

*P*ACIACUM, Pacy. 489. & Note marg. *b.* 549. Note *(i).*
Palavefii. (*Locus de*) 339. Note *(a).*
Palma, (*Locus de*) La Palme. 466. & Note marginale *c.*
Palmis, (*Locus de*) Palmes. 31. & Note *(43).*
Pamiers. 165. Note *(b)* 299. Note *(c).*
Panpelier (*Forefta de*) 211.
Paolhacum. Voy. *Poalhacum.*
Paquejet. S.ᵗ Jehan de) 704.
Paraou. 31. Note *(16).*
Pardiacum, Pardiac. 70. & Note *(b).*
Paris, *Parifius, Parifienfis.* (adjectif.) 3. 4. 5. 8. 10. 11. 13. 14. 16. 23. 24. Note *(a)* 26. 27. 28. 31. *bis.* 33. 34. *bis.* 56. 57. 58. 59. 62. 64. 65. 66. 69. 71. *bis.* 72. 77. 78. 79. *bis.* 80. 81. 89. 91. 92. 93. 95. *bis.* 96. *bis.* Note. 97. *bis.* 103. 104. 105. & Note *(b)* 106. *bis.* 107. 109. 110. & Note *(a)* 111. 112. 115. *bis.* 117. 118. 119. 121. *bis.* 123. 124. *bis.* 125. 127. *bis.* 128. *bis.* 129. 137. 144. *bis.* 146. 147. 148. Note. 150. 151. 153. 156. 162. 164. *bis.* 165. *bis.* 167. 168. 170. *bis.* 171. 172. 175. *bis.* 176. 177. *bis.* 178. & Note marg. *d.* 179. *bis.* 180. 182. 183. 184. 185. 187. 188. 189. *bis.* 194. *bis.* 196. 198. 199. 200. 203. 206. 207. 209. 211. 212. 213. 215. 223. 227. Note. 228. Note. 231. 233. 235. 236. 237. 238. 239. 246. 248. 249. 250. 251. 253. 255. 257. *bis.* 258. 259. 260. 261. 262. 264. 265. 267. 268. 269. 271. 272. & Note *(e)* 274. 275. *bis.* 278. 280. 282. 283. 284. 286. 287. 288. 290. 291. & Note *(a)* 292. 294. 295. *bis.* 296. 297. 298. 299. 300. 301. 302. 305. 308. *bis.* 309. 314. 316. 317. 318. 319. 321. 322. *bis.* 323. 328. 329. 330. 331. 332. *bis.* 334. *bis.* 337. 347. 348. *bis.* 351. 352. 353. 354. *bis.* 356. 359. 360. 367. 369. *bis* 370. 382. *bis.* 384. *bis.* 387. 390. 391. 392. 393. 399. 402. *bis.* 403. *bis.* 405. 407. 409. 410. 412. 413. 414. 415. *bis.* 416. 417. *bis.* 419. *ter.* 420. 421. 424. 426. 427. 430. 431. 432. *bis.* 433. 435. 436. 437. 438. *bis.* 440. *bis.* 441. 443. 444. 445. *bis.* 446. 448. 451.

452.

452. 453. ter. 454. 455.
bis. 457. 458. 461. 462.
464. 465. 466. 467. 469.
bis. 471. 472. 476. 481.
482. 484. bis. 485. 487.
488. bis. 496. 499. 502.
503. bis. 506. 507. bis.
512. 516. 517. 520. 525.
526. & Note *(b)* 528. 529.
530. 531. & Note *(b)* 533.
bis. 535. 536. 537. 541.
542. 543. bis. 544. 545.
546. 547. 549. bis. 550.
551. 552. bis. 553. 556.
557. 558. bis. 559. 560.
Note. 561. ter. 564. 567.
568. 569. 571. 575. 576.
578. 579. 581. 582. 583.
588. bis. 591. 592. bis. 593.
594. 597. 598. 602. 603.
bis. 605. 607. 609. 611.
612. 614. 616. & Note *(a)*
622. 623. bis. 624. 625.
633. 635. bis. 636. 637. bis.
639. 640. 641. bis. 642.
643. 644. 651. 653. 654.
655. 657. 662. 663. bis. 664.
665. 666. 677. 679. 685.
686. 687. 688. 689. bis.
692. 693. 697. 698. 702.
707. 710. 712. 713. 718.
720. 724.
Partois. 391.
Pasano, *(Locus de)* Pasan. 31.
  & Note *(32)*.
Pathicux. 704.
Paulhan. 552. Note marg. *d.*
Pechairic. Voy. *Podio-chayric.*
  (Locus de)
Pedenacum. 185. *Pedenacium.*
  214. Voy. *Pesenas* & *Pezenas.*
Pegarolis, *(Locus de)* Pegayrolles.
  589. & Note *(x).*
Peyrusse. 703. Note *(b)* 710.
  Note mar. *b.* Percule. 703. V.
  Perensa, *Petrucia* & *Petrussia.*
Penilleuse. 168.
Pentievre. 439. Note *(b).*
Perche. (Le) 25. Note *(d)* 273.
  Note *(a).*
Pereto, *(Locus de)* Peret. 212.
  & Note marg. *m.*
Perensa. 703. *Petrucia* 708. *Petrussia.* 710. Voy. *Peyrusse.*
Perigord. 120. Note *(b).* Voy.
  Petragoricensis.
Perona. 159. *Peronensis.* (adj.)
  164. *Peronna.* 140. Peronne.
  161. Note *(d).* 376. Note *(d).*
Perrov de Baharnier. 182.
Peruisse. (Préz de) 704.
Pesenas. 184. Note *(b).* 185.
  Note marg. *.* Voy. *Pedenacum* & *Pezenas.*
Pesilhanello, *(Locus de)* Pesilla.

31. & Note *(50).*
Petlesio, *(Locus de S.to Martino de)* Voy. *S.to Martino de Petlesio. (Locus de)*
Petragoricensis. (adj.) 280. 305.
  331. 339. 345. 346. 354.
  590. Voy. *Perigord.*
Pezenas. 27. 214. Note marg. *e.*
  533. Note. Voy. *Pedenacum* & *Pesenas.*
Pezens. Voy. *Predenchis. (Mansus de)*
Phalese, Phaloise. 681. & Note margin. *h. Phalesia.* 671. &
  Note marg. *e.* Voy. *Falaise.*
Phanis, (cor.) *Planis*, *(Locus de)*
  Planes. 212. & Note marg. *o.*
Picardie. 29. Note *(b)* 145.
  356. 368. Note *(a)* 455.
  511. Note *(gg)* Baile Picardic. 174.
Pictavia. 489. 545. 546. *Pictavensis* (adj.) 37. 114. 125.
  126. 305. 412. 527. 545.
  590. 606. 625. 664. Voy.
  Poictiers.
Pin. (La Tour du) 50. Note *(rr).*
Piscacum. 549. Note *(i) Pisciacum.* 26. *Pissiacensis* (adj.)
  115. Voy. *Poissy.*
Plaisance 240.
Plancysic. 48.
Planes. Voy. *Phanis.*
Planesis, *(Locus de)* Planeses.
  31. & Note *(2).*
Planis. *(Locus de)* Voy. *Phanis.*
  (Locus de)
Planis, les Plans. *(S.tus Johannes de Blanqueria, aliter de)* 637.
  & Note marg. *(c).*
Planzolio, *(Locus de)* Planzol.
  122. & Note *(26).*
Poalthacum. 552. Voy. Paulhan.
Podicabono, *(Locus de)* Puechabon. 79.
Podio Chayric, *(Locus de)* Pechairic. 466. & Note marg. *f.*
Podio Lorencio, *(Locus de)* Puy-Laurens. 31. & Note *(8).*
Podio-mussono, *(Locus de)* Puimisson. 213. & Note marg. *d.*
  637. & Note marg. *i.*
Podio-Ruppis, *(Locus de)* Puila-Roque. 279. & Note *(b)*
  286. & Note marg. *b.* 331.
  & Note marg. *b.*
Podium-Mirolium, Puy-Mirol.
  311. & Note *(a)*
Podium-surigarium, Puisergier.
  188. & Note *(b).*
Poictiers, Poitiers. 504. 543.
  558. 563. 606. 610. Note
  marg. *e.* Poictou, Poitou.
  558. 563. 610. 626. Voy.
  Pictavia.

Pojolis, *(Locus de)* Poujols.
  589. & Note *(l).*
Poissy. 25. 297. Note *(a)* 611.
  Voy. *Pisciacum.*
Pomeranie Royale. 226. Note *f.*
Pomponia, Pompone. 4. & Note
  (b).
Pons-ursonis. 317. V. *Pontorson.*
Ponthieu. 143. Note. 175. 180.
  269. 688. Pontieu. 173.
  174. 176. 178. 179. bis.
  180. 181. & Note *(a)* 182.
  196. 197. 201. 367. 620.
  689. *Pontivum.* 181. 688.
Pontigniacensis. (adj.) Pontigny.
  142. & Note *(c).*
Pontivum. Voy. *Ponthieu.*
Pontoise. 356.
Pont-orson. 126. Note *(a)* 160.
  Note *(a).* Voy. *Pons-ursonis.*
Pont-Saint-Mart, ou Pont-S.t
  Maard. 155. & Note marg. *e.*
Porcayranicis, *(Locus de)* Portiraignes. 637. & Note mar. *g.*
Porcien. 450.
Portello, *(Locus de)* Pourtet.
  668. & Note marg. *d.*
Portiraignes. Voy. *Porcayranicis.*
  (Locus de)
Portugal. (Le) 239. Note *(a).*
Poscheriæ. Voy. *Posqueriæ.*
Posolis, *(Locus de)* Pouzolles.
  212. & Note marg. *q.*
Posqueriæ, *Poscheriæ*, Posquiares.
  99. & Note *(e).*
Poujols. Voy. *Pojolis. (Locus de)*
Pouls. Voy. *Pullis. (Locus de)*
Pourtet. V. *Portello. (Locus de)*
Pouzolles. V. *Posolis. (Locus de)*
Prada, *(Locus de)* Paraou. 31.
  & Note *(16).*
Praga. 227. Note 228. Note.
Pratense Cœnobium. Voy. *Vallis B. M. de Praio. (Domus)*
Pratis, *(Locus de)* Prats. 31. &
  Note *(51).*
Predenchis, *(Mansus de)* Pezens.
  31. & Note *(15).*
Presigny. 168.

PREVOSTEZ.

Auxerre.
Beauquesne.
Cepoy.
Chartres.
Chaumont.
Compiegne.
Dourlens.
Harfleur.
Laon.
Levigny.
Loupy.
Mascon.
Meaux.
Mitry.

TABLE DES NOMS DES PROVINCES, &c.

Neuville-le-Roy en Beauvoisis.
Oulx.
Paris.
Peronne.
Pontorson.
Ribemont.
Rochelle. (La)
Roye.
Saint Manehould.
Saint Quentin.
Saint Riquier.
Sens.
Soissons.
Tournay.
Troyes.
Ville-neuve-le-Roy.
Vimeu.

Provence. 85. Note (b) Provincia. 308.
Prunihanis. (Locus de) Prugnannes. 31. & Note (28).
Puechabon. Voyez Podicabono. (Locus de)
Puges. 704.
Puy-en-Velay. (Le) Voy. Anicium.
Pui-la Roque. Voy. Podio-Ruppis. (Locus de)
Puy Laurens. Voy. Podio-Laurencio. (Locus de)
Puymirol. V. Podium-Mirolium.
Puimisson. Voy. Podio-mussone. (Locus de)
Pupolio, (Locus de) Le Pujol. 466. & Note marg. a.
Puiseaux. 382. Voy. Puiseux en Gastinois.
Puiferguier. Voy. Podium-surigarium.
Puiseux en Gastinois, Puiseaux, Puisaux. 336. & Note (a).
Pullis, (Locus de) Pouls. 641. & Note marg. f.

Q

QUADRAGINTA, Quarante. 214. & Note marg. a.
Quercy. 279. Note (b) 284. Note (a) 311. Note (a) 326. Note (a). V. Caturcum.
Querdes. (Les) 31. Note (6).
Quief de Caux. Voy. Caux.
Quilhano, (Locus de) Quillan. 637. & Note marg. m.
Quincy. 513.

R

RABOUILLET. Voy. Reboleto. (Locus de)
Rameric. (For. sta de) 388.
Rasigueriis, (Locus de) Rassiguieres. 31. & Note (3).
Razés. Voyez Rodés.

Ré. (L'Isle de) 564.
Reaumont, Royaumont. 356. & Note (b).
Rebolleto, (Locus de) Rabouillet. 31. & Note (40).
Redonia, (Locus de) Rodome. 122. & Note (12).
Regalis Villa. 221.
Reims. 93. Note (c) 486. Note (c) 632. Note (b) Reins. 470. Rheims. 635.
Remin. 145.
Renus, Le Rhein. 226. Note.
Rés. 704.
Ressons. 333. Note (b).
Restencleriis, (Locus de) Restinclieres. 589. & Note (q).
Reuleta, (Locus de) Rieulas. 551. & Note marg. e.
Rheims. Voy. Reims.
Rhodez. 256. Note (a) 259. 286. Note a. 407. Rodez. 236. 276. Note (b) 394. & Note (a) 397. 526. Note marg. a. 703. Voy. Ruthena.
Rhosne, Riviere. 59. Note (b) Roosne. 624. Rosne. 50. Note (rr) 404.
Rienville. 155.
Rieulas. V. Reuleta. (Locus de)
Riolo, (Locus de) Riols. 466. & Note marg. x.
Ripparia, Riviere-Verdun. 552. & Note marg. h. Voy. Riviere-Verdun.
Ripparia. La Ville de Riviere. 443. Voy. Riviere.
Rysembing. 228. Note.
Riviere. (La Ville de) 442. Note (b) 456. 608. Note marg. c. Voy. Ripparia.
Riviere-Verdun. 712. Note (b) Voy. Ripparia.
Rocabrunum, Roquebrune. 212. & Note marg. f.
Rochechouart. Voy. Rupecavardi. (Locus de)
Roche de Cleis. (La) 404.
Rochelle. (La) 266. Note marginale e. 543. 593. 606. 619. 636. Voy. Rupella.
Rodés ou Razés 394. Note (b) Voy. Ruthena.
Rodome. Voy. Rodomia.
Roffiano, (Locus de) Roussiac. 31. & Note (35).
Rojanum, Roujan, 213. & Note marg. a.
Royaumont. Voy. Reaumont.
Roye en Vermandois. 71. 662.
Romanis, (Villa de) 109. & Note (b) 224. & Note marginale b. Romans. 406.
Rome. 102. Note (b) 301. Note (b).

Roosne. Voy. Rhosne.
Roquebrune. Voy. Rocabrunum.
Roquecezeire. Voy. Ruppe-cezeria. (Locus de)
Roquefel. Voy. Ruppefolio. (Locus de)
Roquefeuille. Voy. Ruppe-viridi. (Locus de)
Roquefort. Voy. Ruppe-forti. (Locus de)
Roquesiriere. Voy. Ruppe-sereria. (Locus de)
Rosanesium, Rotans. Voy. S.ti Andreæ in Rosanesio. (Abbatia)
Rosne Voy. Rhosne.
Rosoy en Tierache. 29.
Rothomagus. 73. 75. 214. 215. 220. 224. 417. Rothomagensis. (adj.) 401. 416. 489. 671.
Rouan. 13. 681. Voy. Roüen.
Roucy. 13. 67.
Roüen. 32. 73. Note (b) 75. Note margin. a. 124. 143. Note. 216. bis. 218. 221. Note (b) 229. Note marg. b. 252. 453. 467. Note (b) 671. Note (b). Voy. Rothomagus.
Rouergue. 79. Note (b) 218. Note (b) 232. Note (b) 236. 288. 291. Note marg. b. 293. Note (a) 308. Note (b) 309. 394. 448. Note (b) 526. Note marg. a. 703. Note (b) 704. Voy. Ruthena & Ruthinium.
Rousfiac. V. Roffiano. (Locus de)
Roujan. Voy. Rojanum.
Roussillon. 299. Note (c).
Rouvre. 476.
Rue. 173. 174. 179. bis. 180.
Rucil. 482.
Rupe. (Locus de) 445.
Rupe-Cavardi. (Locus de) Rochechouart. 687. & Note (b).
Rupe-Cesaria. Voy. Ruppe-Cesaria. (Locus de)
Rupella. 266. 591. 664. Ruppella. 572. 575. 592. 607. Voy. Rochelle. (La)
Ruppe Cezeria, Rupe-Cesaria (Locus de) Roquecezeire. 293. & Note (a).
Ruppe folio, (Locus de) Roquefel. 122. & Note. 7).
Ruppe-forti, (Locus de) Roquefort. 31. Note (37).
Ruppe sereria, (Locus de) Roquesiriere. 552. & Note marg. c.
Ruppe-viridi, (Locus de) Roquefeuille. 31. & Note (45).
Ruthena. 5. 190. 236. 263. 276. 282. 291. 294. 304. 308. 321. 328. 366. 394. 407. 408. 409. 411. Ruthenæ

TABLE DES NOMS DES PROVINCES, &c. cciij

Partes. 255. Ruthenensis.(adj.) 125. 232. 256. 259. 260. 266. 394. 525. 526. 638. 693. 694. 701. 708. 710.
Ruthinium. 699. Voy. Roüergue

S

SAANE. Voy. Seine. (La) Riviere.
Sabaudia. 50. 59. 64. Voy. Savoye.
Sagiensis. Seez. 150. & Note margin. d.
Saine, Sainue. Voy. Seine. (La) Riviere.
S. Amancius, S.t Amans. 589. Note (aa).
S. Amatorius, S.t Amatori. 165. Note (b) & 166.
S.t André près Ville-neuve-les-Avignon. 190. Note 191. Note (b).
S. Andreæ in Rosanesio. (Abbatia) 63. Note (c) & 64.
S.t Audry-les-Avignon. Voy. S.t André près Ville-neuve-les-Avignon.
S. Antonius Viennensis. 53. 61. 84.
S.t Arnac. Voy. S. Ernato. (Locus de)
S. Audoenus Rothomagensis. 75. & Note marg. o. 224. & Note marg b. Voy. S.t Oen & S.t Ouain.
S. Beato, (Locus de) S.t Beat. 608. & Note marg. e.
S.te Catherine. Voy. S.te Katerine.
S.t Cerenne. 380.
S. Christophoro, (Locus de) S.t Christol. 589. & Note (h).
S.t Cybar. Voy. S.tus Eparchius.
S.t Cire. 272. Voy. Chinsire.
S.t Claude (L'Abbaye d') en Franche Comté. 661. Note (b).
S. Clemente, (Locus de) S.t Clement. 589. & Note (cc).
S. Columba, (Mansus de) S.te Colombe. 31. & Note. (39).
S. Cruce Fontanesio, (Locus de) S.te Croix de Fontanez. 589. & Note (o).
S.t Denys, Ville. 81. 356. 462. 594. 595. 722. S.t Denys, Abbaye. 117. 203. 246. 481. S. Dyonisius in Francia. 203. 722.
S. D. siderio, (Locus de) S.t Dezary 589. & Note (n).
S. Donati. (Castrum) 63. & Note (c). S. Donati. (Prioratus.) Le Prieuré de S.t Donat. 85. & Note (b).
S. Egidius. S.t Giles. 308. & Note marg. e.

S. Eparchius, S.t Cybar. 591. & Note marg. b.
S.te Ernato, (Locus de) S.t Arnac. 31. & Note (21).
S.t Estephe. Voy. S. Stephano. (Locus de)
S.t Eustace de la Forest, S. Eustache. 467. & Note (b).
S. Felice, (Locus de) S.t Felix. 165. Note (b) 166. 589. & Note (g).
S. Flori, (Villa) S. Flour. 582. & Note (b).
Sainte Genevieve. 168.
S. Germanus in Laya, S.t Germain en Laye. 144. 297. & Note (a) 317. 413.
S. Gervasius, S. Gervais. 188. & Note marg. b. S. Gervasio, Gervasio. (Locus de) S. Gervasi. 641. & Note marg. c.
S.t Giles. Voy. S. Egidius.
S. Guillelmo de Desertis, (Locus de) S.t Guillem du Desert. 79. & Note (b).
S.t Himier. 85. Note (b).
S.t Jangon. 15. & Note (c) 20.
S.t Jean d'Angely. 675. S. Jehan d'Angely. 533. 535. 536. Voy. S. Joannes Angeliacensis.
S.t Jehan de la Neuville. 467. & Note (b).
S.t Jehan de Lœve, ou de Love. 478.
S.t Jehan de Paquejet. Voy. Paquejet.
S. Jehan du Liget. 569.
S. Joannes Angeliacensis. 664. 670. 684. S. Joannes Angliacensis. 581. & Note marg. m. Voy. S. Jean d'Angely.
S. Joannes de Blanqueria, aliter de Planis. Voy. Planis.
S. Jerio, (Locus de) S.t Jorg. 589. & Note (qq).
S.t Jovin de Marnes. 610. 611.
S. Ypolito. (Foresta de) 211.
S. Julianus, S.t Julien. 638. & Note marg. h.
S.te Katerine dessus Roüen. (L'Abbaye de la S.te Trinité au Mont) 216.
S. Laurencius Gratianopolis. 61. Notes. S. Laurentii, (Prioratus) Le Prieuré de S.t Laurens. 85. & Note (b).
S.t Lo en Côtentin. 289. Note 420.
S.t Louis. Voyez S. Ludovici. (Locus)
S.t Loup. 703.
S. Ludovici, (Locus) S.t Louis. 466. & Note marg. l.
S.te Manchould. 93. & Note marg. b. 487. Note marg. h.

S.te Manchoult. 390. S.te Manchout. 486. S. Manehul. is. 487. S. Maneuldi. 93. S. Meneldis. 487.
S.t Mard. 391. S.t Mard de Soissons. 93.
S. Maræ ou S. Marii, (Prioratus) Le Prieuré de S.t Mary. 85. & Note (b).
S.te Marie du Vœu dite la Valasse. 401. Note (a).
S. Marii. (Prioratus) Voy. S. Maræ.
S. Martialis, (Conventus) Lemovicensis. 440.
S.t Martin de Peyrales. Voy. S. Martino de Peilesio. (Locus de)
S. Martini, (Prioratus) Le Prieuré de S.t Martin. 85. & Note (b).
S. Martini de Miseriaco, (Prioratus) Le Prieuré de S.t Martin de Misére. 63. Note (c).
S. Martini Dondalens. (Mansus) 31.
S. Martino de Peilesio, (Locus de) S.t Martin de la Peyrales. 31. & Note (53).
S. Martinus de Loudris, S. Martin de Loudres. Voy. Loudris.
S. Maxencius. 545. 625. S.t Maxent. 626.
S. Meneldis. Voy. S. Manchould.
S.t Michaud en Lers, S.t Michel en Lerm. 565. & Note (b).
S. Nicholao, (Locus de) S.t Nicolas de la Grave. 551. & Note (b).
S. Oen. (La Chapelle de) 168.
S.t Ouain de Jon. 661.
S.t Ouyn de Rouen. Voy. S. Audoenus Rothomagensis.
S. Pauli. (Castrum) 63. & Note (c).
S. Paulus de Alamonis, S.t Paul des Allamans. 165. Note (b) 166.
S. Paulus Fenolhedesii, S. Paul de Fenouillede. 188. & Note marg. a.
S.t Pere-le-Moustier, S.t Pierre-le-Moustier, S. Petri Monasterium. 15. & Note (c) 20. 220. & Note marg. c. 568. & Note marg. c.
S. Petri Forisportam. (Monasterium) S.t Pierre de Vienne. 84. & Note (h).
S. Pol. 82. 652.
S.t Pons. 121. Note (b) 187. Note marg. d. 214. Note marginale c. 466. Note marg. g.
S.t Pourcain. 124. 453.
S.t Quentin. 124. 453. bis. 640. 643. 665.
S. Riquier. 174. 175. 181. 202.

e ee ij

TABLE DES NOMS DES PROVINCES, &c.

S. *Roberti,* (*Trioratus*) le Prieuré de S. Robert. 85. & Note (*b*).
S.t *Roberti Corvilionis,* (*Locus*) S.t Robert de Corvillon. 63. & Note (*c*).
S. *Roberti de Miseriaco.* (*Prioratus*) 63.
S. *Robertus Gratianopolis.* 61. Note.
S. *Romani de Coderia* ou *Loderia,* (*Locus*) S.t Roman de Lordieres. Voy. *Loderia.*
S. *Rustizio,* (*Locus de*) S.t Rustice. 589. & Note (*rr*).
S. *Sacerdotio,* (*Locus de*) S.t Sardos. 413. & Note (*b*).
S. *Salvatore,* (*Locus de*) S. Selvador. 589. & Note. (*ff*).
S.r Sixte de Dunes. Voy. *Dunis.* (*Locus de*)
S.t Souplis. 168.
S. *Stephano,* (*Locus de*) S.t Estephe. 551. & Note marg. *d.*
S. *Supplicii,* (*Locus*) S. Sulpice de la Pointe. 417. & Note (*b*).
Sainte Trinité au Mont-Sainte-Katherine, dessus Roüen. Voy. *S.te Katherine.*
S. *Valerii,* (*Prioratus*) Le Prieuré de S. Vallier. 85. & Note (*b*).
S.t Vast de Soissons. 92.
S.t Victor-les-Paris. 335.
Saintes. 592. Note (*b*) Saintonge. 678. Voy. *Xaintonge.*
Saissac. 502. Note (*b*).
Salebruche. Voy. *Sarrebruche.*
Salinis, (*Locus de*) Salins. 204.
Saltus, Sault. 122. & Note (*b*) 188. & Note (*a*).
Salvanhanicis, (*Locus de*) Sauvignargues. 589. & Note (*d*).
Salva-terra, Salveterre. Sauveterre. 288. 693. & Note marg. *c.* 694. & Note marg. *a.*
Salvetat. V. *Salvitate.* (*Locus de*)
Salveterre. Voy. *Salva-terra.*
Salvianum. Sauvian. 212. & Note marg. *r.*
Salvinhac. 703.
Salvitate, (*Locus de*) Salvetat. 385. & Note marg. *g.*
Santhanghien, Sottenghien. 459. & Note marg. *b.*
Saone, (La) Riviere. 110. Voy. *Sône.*
Sapounay, Saponnay. 13. & Note (*b*) 67.
Saquaria, (*Locus de*) Sougraigne. 31. & Note (46).
Sarlatum. Sarlat. 345. *Sarlatensis.* (adj.) 339.
Sarnasum. 299.
Sarrauto, (*Locus de*) Sarraut. 551. & Note marg. *l.*
Sarrebruche, Sarrebouche. 648.

& Note (*f*). Salebruche. 663.
Saviniacum, Savinyacus, Savigny. 351. & Note (*b*).
Sault. Voy. *Saltus.*
Saumayraco, (*Locus de*) Saumagrac. 122. & Note (*18*).
Saumur. 603.
Savoye. 59. Note (*b*) 404. Voy. *Sabaudia.*
Savoisy. 479.
Saurat, (*Locus de*) Saurat. 299. & Note (*c*).
Sausenzes, (*Locus de*) Sausens. 466. & Note marg. *p.*
Sauveterre. Voy. *Salva-terra.*
Sauvian. Voy. *Salvianum.*
Sauvignargues. Voy. *Salvanhanicis.* (*Locus de*)
Saxe. (Basse) 226. Note (*d*).
Saxiacum, Saissac. 502. & Note (*b*).
Scarpe. (La) Riviere. Voy. *Escarpe* (*L'*)
Scolobrio, (*Locus de*) Escouloubre. 122. & Note (*16*).
Scaudolieres. 704.
Sebe. (Lesignan de la Cebe ou de la) Voy. *Lesignan.*
Secana. 218. Voy. *Seine,* (*La*) Riviere.
Sejanum, Sigean. 187. & Note marg. *f.*
Seine, (La) Riviere. 290. Note (*a*) 336. Note (*b*) 356. 415. 424. 526. Saane. 468. Saine. 243. Sainne. 436. V. *Secana.*

SENESCHAUSSÉES.

Agen.
Albi.
Angers.
Beaucaire.
Beziers.
Cahors.
Carcassonne.
Engoulesme.
Gascogne.
Hainau.
Limoge, Limousin.
Mayenne.
Mans. (Le)
Marche. (La)
Nismes.
Perigord & Perigueux.
Poictou.
Ponthieu.
Rochelle. (La)
Rodez & Roüergue.
Saintonges.
Tolouse.
Tours.

※

Senlis. 83. 142. Note (*d*) 146. 320. 333. 713. Voy. *Silvanectensis.*

Senomensis. Voy. *Cenomani* 1.
Senonæ. 675. *Senonensis.* (adj.) 414. 458. Sens. 15. Note (*a*) 19. 22. 27. 28. 29. 30. 32. Note (*b*) 92. 112. 415. 425. 429. Note (*b*) 515. 595. 612.
Sernay. 155.
Serpent. (La) 466. & Note marginale *o.*
Serrabove, (*Locus de*) Serrebœuf. 122. & Note (*19*).
Serviano, (*Villa de*) Servian. 3. & Note marginale *e. Serviano.* (*Locus de*) 108. & Note (*e*).
Settin. Voy. *Stetinensis.*
Seveyracum, Severac. 232. & Note (*b*). Severac-le-Chastel. 232. Note (*b*).
Sicile. Voy. *Cecile.*
Siclinium. 153.
Sigalonia. 218. & Note marg. *e.* Voy. *Sologne.*
Sigean. Voy. *Sejanum.*
Silvanectensis. (adj.) 489. Voy. *Senlis.*
Sim. Sin-le-Noble. 146. & Note (*b*).
Syranum, Siran. 465. & Note marg. *g.*
Siratzburg. 227. Note.
Siridinizensis. 228. Note.
Sissonne. 13. 67.
Soeretiis. (*Locus de*) 228. Note.
Soissons. 13. Note (*b*) 93. 142. Note (*d*) 145. 154. 238. Note (*b*) 450. 720. Voyez *Suessionis.* (*Villa*)
Solagio, (*Locus de*) Soulage. 31. & Note (*31*).
Solemniacensis, (adj.) Solignac. 590. & Note marg. *b.*
Solemniaco, (*Locus de*) Solomiac. 551. & Note marg. *o.*
Solignac. Voy. *Solemniacensis.*
Sologne. 218. Note margin. *c.* Voy. *Sigalonia.*
Solomiac. Voyez *Solemniaco.* (*Locus de*)
Somiere, Somieres, Sommeure, Sommieres, Soumiere. 99. Note (*b*) 390. 477. & Note (*c*) 588. Note marg. *h.* 628. Note marg. *b.* Voy. *Sumidrium.*
Somme. (La) Riviere. 143. Note. 174.
Sone. (La) Riviere. 404. Voy. *Saone.*
Soruhano, (*Locus de*) Sournihac. 31. & Note (*42*).
Sottenghien. Voy. *Santanghien.*
Sougraigne. Voy. *Saquaria.* (*Locus de*)
Soulage. Voy. *Solagio.* (*Locus de*)
Sournihac. Voy. *Soruhano.* (*Locus de*)

Spangero.

TABLE DES NOMS DES PROVINCES, &c.

Spangero, (*Locus de*) Spanget. 122. & Note *(28).*
Spanheim. 227. Note.
Spezello, (*Locus de*) Efpezel. 122. & Note *(8).*
Spilhac. 704.
Spirenfis. (adj.) 226. Note.
Squirda. Les Querdes. 31. & Note *(6).*
Stampæ. 556. Voy. *Eſtampes.*
Stetinenſis, (adj.) Stettin. 226. Note & Note *f.*
Strutis-fontibus, (*Locus Caſtri noui de*) Eſtre-le-fons. (Caſtelnau d'j 589. & Note *(ſ).*
Sueſſionis. (*Villa*) 237. 238. Voy. *Soiſſons.*
Sulcinis. (*Locus de*) 589.
Sumidrium, *Sumerium.* 99. & Note *(b)* 588. 589. 628. Voy. *Somi.re.*
Suttan. 703.

T

TAYSSAC. Voy. *Taxiaco*. (*Locus de*)
Tally. 168.
Tancarville. 27. 468.
Tarbes. Voy. *Tarvia.*
Tarn. (Le) Riviere 261. Note *(b)* 417. Note *(b) Tarnus.* 261.
Tartaſium, Tartas. 299. & Note *(c).*
Tarvia, Tarbes. 448. & Note *(b).*
Taxiaco, (*Locus de*) Tayſſac. 31. & Note *(20).*
Tempes. Voy. *Eſtampes.*
Termenés. 466. Termenois. 402. Note marg. *a.* 608. Note marginale *g.* Voy. *Termineſum.*
Termes. V. *Terminis.* (*Locus de*)
Termineſum. 402. Voy. *Termenés.*
Torminis, (*Locus de*) Termes. 608. & Note marg. *c.*
Terraturris. Voy. *Turris.*
Terre françoiſe. 25. Note *(d).*
Teſtet. 704.
Theſa, (*Locus de*) Theſan. 466. & Note marg. *y.*
Thieraſſe. 450. Thierarche. Voy. *Tierache.*
Tholoſa. 6. 7. 126. 127. 152. 153. 190. 210. 233. 257. 266. 268. 280. bis. 281. 283. 284. 287. 303. 308. bis. 314. 326. 327. 328. 330. 332. 342. 387. 389. 395. 399. 400. 409. 421. 413. 417. 422. 423. 428. 430. 438. bis. 442. 444. 551. 561. 562. 585. 586. 589. ter. 608. 627. 639. 641. 692. 693. 696. 701. 707. 710. 711. 712. *Tholoſani.* 232. 329. *Tholoſenſis.* (adj.) 512. *Tholoſe.* 278. 329. 489. 551. Thoulouſe. 167.
Tome V.

275. 291. Note *(a)* 352. 453. 456. 478. 483. 505. 543. Voy. *Toloſa* & *Toulouſe.*
Thouraine. Voy. *Touraine.*
Thoury. 203. *Toury.* 25. Note *(d).*
Tierache. 29. Voy. *Thieraſſe.*
Toloſa. 100. 122. 123. 255. 552. Voy. *Tholoſa.*
Tombalerano, (*Locus de*) Tombaleran. 122. & Note *(6).*
Tonnerre. 238. Note margin. *l.* 423. 425. 513. 715. Note marg. *b.* Voy. *Tornodorenſis.*
Tornacum. 141. 382. V. *Tournay.*
Tornaforti, (*Locus de*) Tournefort. 31. & Note *(4).*
Tornay. Voy. *Tournay.*
Tornodorenſis. (adj.) 715. *Tornodorium.* 238. Voy. *Tonnerre.*
Toul. 549. Note *(b).*
Toulouſe. 120. Note *(b)* 192. Note *(c)* 552. Note marg. *b.* 560. Note *(b)* 589. Note *(b)* 608. Note mar. *d.* V. *Tholoſa.*
Tour. (La) Voy. *Turris.*
Touraine, Tourainne, Tourraine. 206. Note *(b)* 306. Note mar. *d.* 369. 435. 483. 516. 518. 520. 523. 569. 603. 626. 697. 719. Thouraine. 428. Voy. *Tours* & *Turonenſis.*
Tour de France. (La) Voy. *Turre.* (*Locus de*)
Tour du Pin. (La) Voy. *Turris.*
Toury. Voy. *Thoury.*
Tournay. 136. 146. 160. Note *(a)* 349. 372. 402. 452. 453. bis. 502. 507. 510. Note *(ſ)* 541. 611. 625. 641. 642. Tornay. 137. 139. Voy. *Tornacum.*
Tournefort. Voyez *Tornaforti.* (*Locus de*)
Tournefis. 9. Voy. *Tornacenſis, Tornacum* & *Tournay.*
Tourny. 168.
Tours. 86. Note *(e)* 124. 369. 428. 453. 504. 516. 518. 521. 569. 597. V. *Touraine.*
Tozello, (*Locus de*) Toufel. 31. & Note *(13).*
Trauſano, (*Locus de*) Trauſſan. 608. & Note marg. *b.*
Trecenſis. (adj.) 486. V. *Troyes.*
Trevilhaco, (*Locus de*) Trevilhac. 31. & Note *(47).*
Trilhano, (*Locus de*) Trilla. 31. Note *(49).*
Troyes. 118. 124. 142. Note *(d)* 185. 186. 193. Note *(b)* 315. 381. 429. Note *(b)* 453. 515. 595. Voy. *Trecenſis.*
Troly. 154. Note *(e).* & 155.
Trouceaulx. (*Vicus de*) 597.

Tuelle, Tulles. 719. & Note marginale *b.* Voy. *Tulle.*
Tuet. (De) 704.
Tulle. 295. Voy. *Tuelles* & *Tutellenſis.*
Turena. 286.
Turonenſis. (adj.) 114. 218. 338. 339. 385. 435. 436. 457. 516. 518. 522. 525. 582. 583. 622. 625. 628. 638. 684.
Turonia. 306. 394. Voy. *Tours* & *Touraine.*
Turre. (*Locus de*) La Tour de France. 31. & Note *(1).*
Turris, Terraturris. Tour (La) 50. & Note *(rr)* ou la Tour du Pin. 63. Note *(c)* 85. & Note *(c).* Voy. *Terraturris.*
Tutellenſis. (adj.) 295. 296. V. *Tulle.*

V

VABRES. 293. Note *(c).*
Vayzela. (*Locus de*) 466.
Vainano, (*Manſus de*) Vaina. 31. & Notes *(11).*
Val, (Le) près d'Abbeville. 197.
Valaſce, (*Conventus B.*ᵉ *Mariæ, alias*) S.ᵗᵉ Marie du Vœu, dite la Valaſſe. 401. & Note *(a).*
Valbonne. Voy. *Vallis-bona.*
Valcella. Voy. *Valliſcella.*
Val-de-Gallie. 277. Note *(d).*
Valence. 405. 406. Note *(a) Valentineſis.* (adj.) 56. 224. Note *(a)* 656. *Valentineſium.* 63. Valentinois. 86. Note *(n)* Bas Valentinois. 85. Note *(f).*
Valeriis, (*Conventus de*) ou de *Valloriis*, Valloire. 248. & Note *(b).*
Valete. (La) Voy. *Baleta.*
Valhanum, Vallian. 212. & Note marg. *l.*
Vallavia, Velay. 656. & Note marg. *b.*
Vallian. Voy. *Valhanum.*
Vallis Beate Marie de Prato, (*Domus*) ou *Pratenſe Cænobium.* Noſtre-Dame-des-Prez-les-Troyes. 142. & Note *(d).*
Vallis-bona, Valbonne. 50. & Note *(rr).*
Valliſcella, Valcella. Voy. Vaucellis. (*B. M. de*)
Vallis-Danie, (*Baſtida*) La Baſtide de Villedaigne. 187. & Note marginale *b.*
Valloriis, (*Conventus de*) Valloire. 248. Note *(b).*
Valmy. 486. Note *(c).*
Valois. 142. Note *(d)* 298.
Valvert. 128.
Vapincenſis, (adj.) Gapençois. 86. & Note marg. *b. Vapinceſium.*

fff

TABLE DES NOMS DES PROVINCES, &c.

Gap. *(Comté de)* 63. Note *(e)* & 64.
Vasconia. 70. Note *(b).* 437. *Wasconia.* 489. Voy. *Gascogne.*
Vaucellis, (Beata Maria de) Vaucellis. 144. *Vaucellis. (Conventus de)* 142. & Note *(a).*
Vaudesson. 155.
Vaussaillon. 155.
Vedilhan. Voy. *Vidilhano. (Locus de)*
Velay. Voy. *Vallavia.*
Vendoyas. *(Foresta de)* 211.
Vendres. 3. Note *(b)* 212. Note marg. *d.* V. *Venere.* *(Locus de)*
Ventadorensis. (adj.) 458.
Verdensis, (adj.) Ferden ou Werden. 226. Note & Note *(d).*
Verdia. (Foresta de) 211.
Verdunum, Verdun. 126. 127. 413. 551. 552. & Note marg. *m.* 712. Voy. *Virdunensis.*
Verfeuil. V. *Viridi-folio.* *(Villa de)*
Vergesis, (Locus de) Vergeze. 638. & Note marg. *d.*
Vermandois. 30. 69. 71. 83. 136. 247. 431. 432. 433. 449. 470. 595. 635. 643. Vermendois. 94. 333. 662. 720. Voy. *Veromanaia* & *Viromandia.*
Vermenton. 111.
Verneuil, *Vernolium.* 155. 488. & Note *(b).*
Vernon. 168.
Vestmonasterium, Vestmunster. 224. & Note marg. *f.*
Vestrico, (Locus de) Vestric. 638. & Note marginale. *e.*
Vexin - Normand. (Le) Voyez *Wulcassinum Normannum.*
Vic. Voy. *Vico. (Locus de)*
Vic-sesensac, Vicsezensac. 189. 190. Note *(a)* 387. Note mar. *a.* V. *Vicus in Fezenciaco.*
Vico, (Locus de) Vic. 448. 589. & Note *(i).*

VICOMTEZ.

Auvillars.
Bayeux.
Bruniquelli.
Caen.
Caux.
Côtantin & Coutances.
Eau de Rouen. (L')
Ginoesii ou *Ginoesii.*
Lautrec.
Limoges.
Lomaigne.
Mante.
Melun.
Monstier-villiers.
Monstreüil-sur-Mer.

Paris.
Ponthieu.
Rochechouart.
Rouen.
Tartas.
Turenne.

Vicus in Fezenciaco. Vic-sesensac. 189. 387. Voy. *Vic-sesensac.*
Vidilhano,(Locus de) Vedilhan. 663. & Note marg. *i.*
Vienne. 63. Note *(c)* 84. Note *(f)* 102. Note *(c)* 109. Note *(b)* 462. *Viennensis.* (adj.) 37. 38. 53. 56. 61. 64. 84. 102. 103. 104. 109. 224. Note *(a)* 225. Note. *Viennesium.* 40. 63. 84. *Viennois.* 12. 59. Note *(b)* 85. Note *(b)* 384. 404. *bis.* Viennois. (Dauphiné de) 80.
Vien-sur-Aisne. 246.
Villa-franca. 282. 526. 638. 699. Voy. *Ville-franche.*
Villa-longa. 417. & Note *(b)* 438. & Note *(b)* 552. & Note *(b)* 589.
Villa-magna, Villemagne. 637. & Note marg. *(f).*
Villa muro, (Locus de) Villemur. 551. & Note marg. *u.*
Villa-nova, Villeneuve. 394. & Note *(a) Villa-nova,* Villeneusve-les-Bouloc. 438. & Note *(b). Villa-nova Paragii,* Ville-neuve du Pareage. 165. & Note *(b). Villa-nova prope pontem Avinionis.* 126. Voy. *Ville-neuve-lez-Avignon.*
Villa-sicca de Corbiera, Villesegue dans la Corbiere. 566. & Note marg. *s.*
Villa-veteri, (Locus de) Villevieille. 589. & Note *(c).*
Villedaigne. (La Bastide de) Voy. *Bastida Vallis Danie.*
Villefranche. 309. 394. Note *(a)* 526. Note marg. *a.* Voy. *Villa-francha.*
Ville-longue. Voy. *Villa-longa.*
Villemagne. Voy. *Villa-magna.*
Villemur. Voy. *Villa-muro. (Locus de)*
Villeneuve, Villeneufve-les-Bouloc. 438. Note *(b).* Villeneuve. (La Causse de) 398.
Villeneuve-le-Roy. 92. 426.
Villeneuve-lez-Avignon. 91. Note *(b)* 720. Villeneuve du Pareage. Voy. *Villa-nova.*
Ville-segue. Voy. *Villa-sicca de Corbiera.*
Villevieille. Voyez *Villa-vetori. (Locus de)*

Vymeu. 174. 175. 202.
Vincennæ. 7. 110. 300. 317. 355. 401. 629. *Vincenæ.* 490.
Vincenarum, Vincennarum. (Nemus) 191. 204. 304. *bis.* 305. 307. 338. 343. 345. 346. 348. 400. 423. 526. 352. 618. 626. Bois de Vincennes. 12. 32. 83. 171. 194. 196. 198. 201. 202. 222. 223. 335. 379. 433. 434. 452. 490. 497. 502. 503. 505. 517. 519. 522. 525. 527. 529. 532. 613. 615. 618. 619. 622. 627. 631. 661. 690.
Virano, (Lous de) Virac. 31. & Note *(18).*
Virdunensis. (adj.) 230. V. *Verdunum.*
Viridi-folio, (Villa de) Verseuil. 276. & Note *(b).*
Vitomandia. 23. 623. *Viromandensis.* (adj.) 140. 164. 271. *Viromanduensis.* 140. Note *(a).* Voy. *Vermandois.*
Viterbium. 102.
Vitriacum. 487. Vitry en Partois. 391. Vitry-les-Paris. 290.
Vivariensis. (adj.) 656. Voyez *Viviers.*
Vivario, (Locus de) Le Vivier. 31. & Note *(19).*
Viviers. 405. Note *(b)* 656. Note *(c).* Voy. *Vivariensis.*
Voertheim. 227. Note.
Vœu, (S.te Marie du) *dite* la Valasse, Voy. *Beatæ Mariæ de Voto. (Conventus)*
Voletenetum. 716.
Vomsberg. 227. Note.
Urbs vetus. 101.
Ulcium, Ouls. 63. & Note *(c).*
Ursi-campi, (Domus) Orcamp. 142. & Note *(d).*
Usez. 589. Note *(f)* 654. Note marg. *a.*
Walemeis. 486.
Wallæ, Wallarum. 695. *Wallia.* 276. & Note marg. *d.* 325. & Note marg. *b.* 354. & Note marg. *b.* 696. Voy. *Galles.*
Warennes. Garenne. 193. & Note *(e).*
Wasconia. Voy. *Vasconia.*
Werden. (Ferden ou) 226. Note *(d.)*
Wulcassinum Normannum. Vexin-Normand. 489. & Note mar. *a.*

X

XAINTONGE. 534. 565. 566. Xantonge. 535. 564. *Xanctonensis, Xantonensis.* (adj.) 546. 582. 606. 664. 684. *Xanctonia.* 573. *Xantone.* 558. Voy. *Saintes.*

*TABLE DES NOMS

des Personnes dont il est parlé dans ce Volume.

A

AALIPS la petite, Couſtiere à Paris. Voyez Petite. (La)
Aalis, uxor Guillelmi III. Comitis Pontivi & Monſterolii. Voy. France.
Abraham, Juif, en 1372. p. 498.
Achies, (Jehan d') Maiſtre des Monnoyes en 1371. p. 403.
Achiries, (Maiſtre Jehan d') Anditeur de la Chambre des Compſes de Paris en 1373. p. 663.
Acquart de la Huyas, Braſſeur à Paris. Voy. Huyas.
Acquitaine, (Richard Roy d'Angleterre, Duc de Normandie &) Comte d'Anjou. pag. 316. Edduardus Princeps Wallarum & Dux Acquitaniæ, pag. 695. Edwardus Dux Acquitaniæ, en 1369. pag. 311. Joannes Primogeniti Philippi Francorum Regis, Normandiæ & Acquitaniæ Dux, ac Pictavenſis, Andegavenſis, Cenomanenſis Comes, p. 37. Voy. Aquitaniæ & Guienne.
Adam, en 1367. p. 69.
Ageſto, (Rogo Dominus de) Miles. p. 56.
Aguſano, (Magiſter Simon de) Clericus & Judex Regius Sumidri en 1372. p. 588.
Aymarus, Comes Valintinenſis & Dienſis. Voyez Valentinenſis.
Alamanda, (Dena) Alamande, Serviens Ville de Limoſo, vers 1372. p. 584. & Note marg. n.
Alamandi, (Guillelmus) Commiſſarius Regis, en 1371. p. 431.
Alanho, (Petrus de) Conſul de Limoſo en 1292. p. 583.
Alazardus Gilius, habitator Calvitionis. Voy. Gilius.
Alba-Petra (De) en 1372. p. 597.
Albericus II. Abbé de Quincy. Voy. Quincy.
Alberti, (Hugo) Epiſcopus Albienſis. Voy. Albienſis.
Albertus, Luchoninchinenſis Epiſcopus. Voy. Luchoninchinenſis.
Albienſis, (Hugo Alberti Epiſcopus) en 1369. p. 210.
Albret, (Le Seigneur d') en 1368. p. 190. Note (a) en 1370. p. 299. 334. Voy. Lebreto & Labert.
Aleaume Boiſtel. Voy. Boiſtel.
Alençon, (Charles II. fils de Charles de Valois, Comte d') & du Perche, pag. 273. Note (a). Marie d'Eſpagne, Comteſſe d'Alençon & d'Eſtampes. Voy. Eſpagne.
Alexander, Papa. p. 101. & Note (a).
Alfonſus, filius Regis Franciæ, Comes Pictavenſis & Tholoſæ. Voy. Pictavenſis.

Alix de France, fille de Loüis le Jeune, & femme de Guillaume III. Comte de Ponthieu & de Monſtreüil-ſur-Mer. Voy. France.
Allard. 85. Note (g).
Alnardi, (Petrus) Clericus Aurelianenſis Diœceſis en 1371. p. 428.
Altivillaris. (Johannes Comes Armaniaci &) Voy. Armagnac & Auvilars.
Alvergne. (Jean fils de Roy de France Duc de Berry & d') Voy. Berry & Auvergne.
Alverniæ, (Johannes Regis Franciæ filius, Dux Bituricenſis &) Comes Matiſconenſis. Voy. Bituricenſis.
Alveto, (Hutinus de) Secretarius Regis en 1370. p. 370.
Amboiſe, Amboiſe (Jehanne d') Comteſſe de Dampmartin, Dame de Neelle, en 1367. p. 463.
Ambuot. Voy. Aubrier.
Amé VI. Comte de Savoye. Voy. Savoye.
Amée, femme de Jehan le Tainturier, Couſtier à Paris. Voy. Tainturier.
Amel, (Gillez d') Per de la Ville de Roüen en 1369. p. 252.
Amelii, (Guillelmus) Serviens de Limoſo vers 1372. p. 584. Petrus Amelii Archiepiſcopus Ebredunesſi. Voyez Ebredunenſis. Petrus Amelii Gayrandi en 1292. p. 584. Ramundus Amelii, Serviens de Limoſo, vers 1372. p. 584.
Amiens, (Jean de la Grange ſurnommé de Bouchanage, Eveſque d') en 1373. p. 648. Note (e). M. l'Eveſque d'Amiens en 1373. p. 663.
Amilder de Roſſillone. Voy. Roſſillone.
Amorto. (Raimundus de) en 1292. p. 584.
Andegavenis. (Godefridus Dux Normanniæ & Comes) Voyez Normandie. Joannes primogenitus Philippi Regis Francorum, Normandiæ & Acquitaniæ Dux, ac Pictavenſis, Andegavenſis, Cenomanenſis Comes, p. 37. Ludovicus Dux Andegavenſis, Locumtenens in Partibus Occitanis, en 1367. p. 636. en 1371. p. 402. Ludovicus Regis condam Francorum Filius, Domini noſtri Regis Germanus, ejuſque Locumtenens in Partibus Occitanis, Dux Andegavenſis & Comes Cenomanenſis, en 1367. pag. 723. En 1368. pp. 255. 408. 691. 703. 708. En 1369. pp. 266. 276. 281. 282. 283. 285. 291. 292. 303. 310. 324. 329. 331. 353. 385. 388. 394. 399. 421. 584. 692. 694 699. 710. En 1370. pag. 486. Ludovicus Regis condam Francorum Filius, Domini mei Regis Germanus,

---

NOTE.

(*) On a jugé à propos de ne pas faire de diſtinction dans cette Table, entre les i & les y ; & les mots où cette derniere lettre ſe trouvera, ſeront rangez, comme s'ils etoient écrits par un i.

L'on a cru auſſi devoir inſerer dans cette Table, quelques pronoms ou noms de baptême, lorſqu'ils ont paru ſinguliers, ou lorſque dans la ſuite ils ſont devenus des noms de famille.

ejusque Locumtenens in Partibus Occitanis & Aquitanie, Dux Andegavensis & Turonensis, ac Comes Cenomanensis, en 1370. pp. 339. 586. En 1371. pp. 435. 436. 638. En 1372. p. 583.
Andegavie. (Henricus II. Rex Anglie, Dux Normannie & Aquitanie & Comes) p. 150. *Ludovicus Dux Andegavie*, en 1370. p. 306. Voy. *Anjou.*
André, Abbé de Molesme. Voy. *Molesme.*
Andrie, (Jacques d') Président au Parlement de Paris, en 1369. p. 199.
Andrics, Abbé de Molugines. Voy. *Molesme.*
Andricus, Abbé de Quincy. Voy. *Quincy.*
Angalo de Boy, en 1229. p. 717.
Angers, (Hardhuin de Bueil Evesque d') en 1372. p. 520. Note *(b)*. Miles de Dormans Evesque d'Angers en 1372. p. 520. Note *(c)*.
Angles, (Pierre des) Sergent du Roy à Paris, en 1373. p. 634.
Angleterre. (Eddouart d') p. 309. Edoart d'Angleterre, p. 288. En 1373. p. 636. Edouard III. Roy d'Angleterre, p. 154. Note *(b)*. En 1360. p. 201. Note *(b)*. En 1368. p. 190. Note *(a)*. Guillaume le Roux Roy d'Angleterre, p. 150. Henry I. Roy d'Angleterre, Duc de Normendie, p. 416. Note *(b)*. Henry II. Roy d'Angleterre en 1154. p. 224. Note *(a)*. Henry II. Roy d'Angleterre, Duc de Normandie, pag. 416. Note *(b)*. Jean Santerre, Roy d'Angleterre en 1202. pag. 224. Note *(a)*. Richard Roy d'Angleterre, Duc de Normandie & d'Aquitaine, & Comte d'Anjou, pag. 316. Richard I. Roy d'Angleterre & Duc de Normendie, pp. 73. 224. Note *(a) Anglia, (Eddouardus de)* pp. 295. 696. *Eddouardus Primogenitus, Eddouardi-Regis Anglie*, p. 295. *Edduardus Primogenitus Eddouardi Anglie*, pp. 257. 259. 269. *Edwardus Anglie* en 1372. pp. 546. *Edouardus Primogenitus Edouardi de Anglia*, pp. 266. 321. *Edouardus Rex Anglie*, p. 354. *Eduardus de Anglia*, p. 305. En 1372. pp. 527. 611. *Eduardus Primogenitus Edwardi Anglie*, p. 263. En 1369. p. 407. *Edwardus Anglie*, p. 299. en 1371. p. 439. *Edwardus Primogenitus Edwardi Regis Anglie*, pp. 221. 328. En 1371. pag. 411. *Henricus II. Rex Anglia, Dux Normania & Acquitania & Comes Andegavia*, p. 150. *Ricardus Rex Anglie & Dux Normania*, p. 73. & 224.
Angolesme. (Jehan Duc de Berry & Comte d') Voy. *Berry.*
Anhele de Flassano. Voy. *Flassano.*
Anicio. (Matheus Bartholomeus de) en 1373. p. 656.
Anjou. (Charles de France, &c. Comte d') Voyez *France.* Geoffroy. V. Comte d'Anjou, p. 416. Note *(b)* Richart Roy d'Angleterre, &c. Comte d'Anjou. Voy. *Angleterre.* Loys Fils de Roy de France, frere de Monf. le Roy & son Lieutenant ès parties de Languedoc, Duc d'Anjou & de Touraine & Comte du Maine, en 1371. p. 719. En 1372. p. 483. Louis Duc d'Anjou, en 1367. p. 91. & Note *(a)*. Voy. *Andegavensis.*
Aniront *ou* Aviron, (Jehan) payeur des œuvres du Roy, en 1372. p. 485.
Anquetil. en 1372. p. 560. & Note *(c)*. Voy. *Auquetil.*
Ansel (Pierre) vers 1373. p. 620.
Antissiodorensis, (Joannes Comes) Miles, p. 56. *Petrus Comes Antissiodorensis & Tornodoensis*, en 1229. p. 715. *Petrus Episcopus Antissiodorensis*, en 1366. p. 226. Note. *Antissiodorensis Episcopus*, en 1369. p. 237. Voy. *Auccrre.*
Antoing. (Huc Seigneur d'Espinoy & d') Voyez *Espinoy.* Hues de Meleun *(Hugues de Melun I. du Nom)* Chevalier Sire d'Antoing, d'Espinoy, de Santhanghien *(Sottenghien)* & Chastelain de Gand. Voy. *Meleun.* Hugues VI. du Nom, Seigneur d'Antoing, pag. 459. Note *(b)*. Isabelle Dame d'Antoing, d'Espinoy & de Sottenghien, & de Oudain, Chastelaine de Gand. Ibid.
Aprilis, (Arnaldus) en 1292. p. 584.
Aquitania, (Henricus II. Rex Anglie, Dux Normania, &) & Comes Andegavia, pag. 150. Voy. *Acquitaine & Guiene.*
Arciis, (Morardus de) Miles, Morad d'Arces, p. 87. & Note *(c)*.
Arlay. (Jean de Châlon Sire d') Voy. *Châlon.*
Armagnac, (Jean Comte d') Voy. Note *(f)*. En 1367. p. 5. Jehan Comte d'Armaignac, de Fesensac & de Rodés, Vicomte de Lomaigne & d'Auvillars en 1368. p. 394. 703. Jehan fils du Comte d'Armaignac en 1368. p. 704. *Armaniaci, (Johannes Comes) Fesenci & Ruthena, Vicecomes Leomania & Altivillaris, ac Locumtenens Domini nostri Francorum Regis in tota Lingua-Occitana*, p. 5. *Johannes Dei gracia Comes Armaniaci, Fezenciaci, Ruthene & Vicecomes Leomanie & Altivillaris* en 1369. pp. 385. & 386. *Johannes Comes Armaniaci* en 1371. pag. 411. *Comes Armaniaci* en 1371. pag. 449. *Joannes Comes Armaniaci*, p. 56.
Armini, (Guillelmus) Receptor, p. 87.
Arnaud (Guillaume) Commandeur de la Maison de Bourgneuf en Aunis en 1372. p. 606. *Arnaudi, (Guillelmus)* en 1372. p. 607.
Arragonum (Jacobus Rex) & Regni Majoricarum, Comes Barchinonensis & Dominus Montispessulani en 1372. p. 215.
Artesio, (Karolus de) Comes de Pedenance, en 1369. pag. 185. Hudes ou Eudes IV. Duc de Bourgogne, Cuens d'Artois & de Bourgoingne, Palatins & Sires de Salins. Voy. *Bourgogne.* Philippes d'Artois Evesque de Tournay. Voy. *Tournay.* Robert d'Artois, p. 204. Note *(b)*. Robert III. Comte d'Artois, p. 185. Note *(a)*. Jehanne de France, fille aisnée de Philippe-le-Long, Roy de France, Duchesse de Bourgogne, Comtesse d'Artois, &c. Voy. *France.*
Artoudi, (Jacobus) Miles en 1366. p. 230.
Artus du Monstier. (Le P.) Voy. *Monstier.*
Arvana, (Raymondus de) Vicarius de Alammanis, en 1368. p. 165.
Aselin, en 1359. p. 127.
Assalhiti, (Guillelmus) Consul de Limoso, en 1292. p. 583.
Astorgius (Magister) de Galhaco, legum Doctor, Judex

Judex Villæ-Longæ. Voy. *Galhaco.*
Athonis, (Raymundus) *Judex Major Tholosæ & Magister Requestarum*, en 1370. pag. 342. en 1371. p. 417.
Avanfone, (Lanceranus, Lantelmus de) Avanſon, pp. 86. & Note *(d)* 87.
Aubrier, Ambuot, Aubriot (Hugues) Garde de la Prevoſté de Paris, en 1368. pp. 123. & Note marg. *. 148. En 1371. p. 403. & Note *(b)*.
Auger, (Philippe) Conſeiller au Parlement de Paris, en 1369. p. 199. Voy. *Augerii.*
Augeraut ou Auguerant (Jean d') Eveſque de Chartres, & enſuite Eveſque de Beauvais. Voyez *Chartres* & *Beauvaez.*
Augerii, (Guillelmus) *Miles*, p. 86. Voy. *Auger.*
Auguerant. (Jean d') Voy. *Augeraut.*
Aviron. (Jehan) Voy. *Aniront.*
Aula,(Johannes de) *Domicellus Condominus de Gliſolio, Magister Forestarum & Aquarum Reg. Seneſcalliæ Tholoſæ & Albienſis*, en 1360. p. 20.
Aumonnayo,(Guillelmus Pellicerius de) en 1373. p. 656.
Aunay, (Hutin d') Notaire du Roy, en 1372. p. 540.
Auquetil, en 1368. p. 121. Voy. *Anquetil.*
Auraſicenſis, (Joannes Revelli Epiſcopus) p. 56.
Auſchier, (Gieffroy) Maiſtre Savetier à Chartres, en 1364. p. 273.
Auvergne, (Jean de France, ſecond frere de Charles V. Duc de Berry & d') & Comte de Poitou. V. *France*. Voy. auſſi *Alvergne.*
Auvillars. (Jehan Vicomte d') Voy. *Altivillaris* & *Armagnac.*
Auxerre (Mahaud de Bourbon Comteſſe & heritiere de Nevers, d') & de Tonnerre. Voy. *Antiſſiodorenſis* & *Bourbon.*
Azayo, (Guido de) en 1369. p. 279.

B

BAIART, (Touſſainct) Advocat du Roy à Paris, en 1371. p. 430. Note (*c*). *Touſſanctius Baiart, Advocatus* en 1410. & 1411. *Ibid.*
Baigneux, en 1367. p. 92. En 1370. 369. En 1371. p. 405. En 1372. pp. 504. *bis.* 506. *bis.* 543. 594. En 1373. pp. 636. 640. Giles de Baigneux Notaire du Roy en 1372. p. 540. Voy. *Balneolis.*
Baillif, (Fremin le) Braſſeur à Paris en 1369. p. 222.
Bayonne, (Miles de Dormans Eveſque de) en 1373. p. 520. Note (*c*).
Balneolis,(*Egidius de*) *Secretarius Regis* en 1370. p. 370. Voy. *Baigneux.*
Balterius, p. 301. Note (*b*).
Banise. (Michaut de Laval dit de) Voy. *Laval.*
Bar, (Robert, premier Duc de) Marquis du Pont, en 1367. p. 93.
Barbou, (Gille & Simon) Bourgeois de Chaſteaudun en 1364. p. 273.
Barchinonenſis, (*Jacobus Rex Arragonum & Regni Majoricarum, Comes*) *& Dominus Montiſpeſſulani.* Voy. *Arragonum.*
Bardonechia, (*Constandetus de*) Bardonenche, Bardoneſche, p. 87. & Note (*e*).
Tom. V.

Barduchus Warcelli, Domicellus, Vicarius Giniaci. Voy. *Warcelli*. *Bardugus Wertelli, Vicarius Regis Guyhiaci*. Voy. *Wertelli*.
Bardulf. (Thomas) p. 150.
Bareti, (Dominus) p. 86.
Barjaco,(Brunellus de) *Prior S.ti Laurencii Gratianopolis*, en 1370. p. 61. Notes.
Barnier, (Jean) Conſeiller au Parlement de Paris en 1369. p. 199.
Barthe, (Jehan de la) Chevalier, en 1371. p. 456.
Bartholomeus Camerarius, en 1221. p. 144. Voy. *Bertholomeus.*
Baſentin, en 1372. p. 560. & Note (*c*). Voyez *Bazetin.*
Batalliæ, (Joannes) *Domicellus*, en 1370. p. 61. Notes.
Baudouin, (Rogier) Lieutenant du Bailli de Cotentin, en 1343. p. 316.
Baufort, (R. de) en 1372. p. 527. Voy. *Beaufort* & *Beaufou.*
Baut, (Jean le) Huiſſier de la Salle du Roy, en 1369. p. 198.
Bazaminus, *Bazinirus Dux Stetinenſis*. Voy. *Stetinenſis.*
Bazetin, en 1369. p. 255. Voy. *Baſentin.*
Bazinirus Dux Stenitenſis. Voy. *Stetinenſis.*
Beaufort, (*Robertus de*) *Secretarius Regis*, en 1370. p. 370. Voy. *Baufort* & *Beaufou.*
Beaufou, (J. R. de) en 1369. pag. 275. R. de Beaufou, en 1371. pag. 393. En 1372. pag. 489. Voy. *Baufort* & *Beaufort.*
Beaujeu (Antoine Sire de) & de Dombes, p. 112. Note (*b*) Edouart Sire de Beaujeu & de Dombes. *Ibid.*
Beauvaez, Beauvais (M.r l'Eveſque de) en 1373. p. 663. Jean d'Augeraut ou d'Auguerant Eveſque de Chatres, & enſuite Eveſque de Beauvais. Voyez *Chatres*. Jean de Dormans Eveſque de Beauvais. Voy. *Dormans.*
Beauvais, (Monſ. de) Maiſtre des Monnoyes, en 1371. p. 403.
Beauvais; (Maiſtres Jeans de) l'un, Libraire de l'Univerſité de Paris, l'autre, Parcheminier de ſadite Univerſité, en 1368. p. 686.
Becque. (J. le) en 1370. pp. 337. 348. V. *Begue.*
Bedefort. (Anguerrans VII. Sires de Coucy, Comte de Soiſſons & de) Voy. *Coucy.*
Begile. (Jean le) en 1368. p. 150.
Begue, (Johannes le) en 1372. pag. 556. Voyez *Becgue.*
Bel, (Jehan le) Braſſeur à Paris, en 1369. p. 222.
Bella-Serra, (A. de) en 1383. p. 292.
Bellent, (Herbert) Eſcuyer du pays de Poitou, en 1372. p. 558.
Belli. (J.) en 1371. p. 406.
Bellimontis, (*Ablardus Dominus*) *Miles*, p. 56.
Bellonodo, (*Johannes de*) *Archidiaconus Lingonenſis, Clericus & Secretarius Regis*, en 1371. p. 414.
Benart, (Maiſtre Denis) Libraire de l'Univerſité de Paris, en 1368. p. 686.
Benedictus, (*Ægidius*) *Miles*, Gilles Benoiſt, p. 87. & Note (*d*).
Berarz. (*Johannes*) en 1229. p. 717.
Berchelot de S.t Martin, Maiſtre Savetier à Char-

TABLE DES NOMS DES PERSONNES, &c.

tres en 1364. p. 273.
Berengarius, (*Joannes*) *Morgiarum Dominus, Miles,* en 1373. pag. 60. Notes.
Bermant, (Hugues) Seigneur de Vermanton, en 1368. p. 112.
Bernardus Abbas Monasterii Sarlatensis, Bernard V. Abbé de Sarlat. *Bernardus de Vallibus Abbas Monasterii Sarlatensis.* Voy. *Sarlatensis.*
Bernicio, Venucio (*Joannes Comacius de*) Voyez *Comacius.*
Berrenger. Voy. *Berruyer.*
Berry. (Le Duc de) en 1367. pag. 26. Jean de France, second frere de Charles V. Duc de Berry & d'Auvergne & Comte de Poitou. Voy. *France.* Jehan fils de Roy de France, Duc de Berry & d'Alvergne, Comte de Poitiers & de Mascon, d'Angolesme & de Xantonge, en 1372. p. 606. Voy. *Bituricensis.*
Berruyer, Berrenger, en 1372. pag. 581. & Note marginale *c.*
Berstour. en 1369. p. 585.
Bertholomeus, Camerarius Regis pag. 489. Voy. *Bartholomeus.*
Besart, (Guillaume & Jean le) Conseillers au Parlement de Paris, en 1369. p. 199.
Besse. 421. Note *(b).*
Beurier, (Le Pere) Celestin. 233. Note *(b).*
Bicorti, (*Paulus*) *Bacalarius in Legibus, Judex Regis Verduni,* en 1371. p. 413. Voy. *Bitori.*
Bigot, (Jehan) Maire de la Ville de Poitiers en 1372. p. 563.
Biguemaire, (Jehan de) Per de la Ville de Roüen, en 1369. p. 252.
Biholart, (Guillaume) Changeur & Bourgeois de Tournay, en 1372. p. 507. En 1373. pp. 612. 642. Guillaume Bilohart Changeur & Bourgeois de Tournay, en 1372. p. 541.
Billesnes. (P.) en 1374. p. 618. Note marg. *c.*
Bilohart, (Guillaume) Changeur & Bourgeois de Tournay. Voy. *Biholart.*
Bilors, (Ychier de) Procureur du Roy au Bailliage de Meaux en 1367. p. 119.
Bitori, (*Paulus*) *Bacalarius in Legibus, Judex Verduni,* en 1372. p. 551. *Paulus Bitorti, Bacalarius in Legibus, Judex Verduni,* en 1371. p. 712. En 1372. p. 552. Voy. *Bicorti.*
Bituricensis, (*Johannes Regis Franciæ filius Dux*) *& Alverniæ, Comes Matisconensis,* en 1369. p. 218. Voy. *Berry.* P. *Archiepiscopus Bituricensis,* en 1369. *Ibid.*
Blainville, (Jean de Mauquenchy *dit* Mouton, Sire de) Maresclal de France. Voy. *Mauquenchy.*
Blancha Comitissa Trecensis. Voy. *Trecensis.*
Blanchet. En 1367. pp. 22. 71. En 1370. p. 321. En 1371. pag. 392. J. Blanchet, en 1372. pp. 476. 485. 594. Yve Blanchet, Secretaire du Roy, en 1373. p. 647. L. Blanchet, en 1371. p. 449. En 1372. p. 540. Loys Blanchet, en 1372. p. 505. Secretaire du Roy en 1373. p. 647. P. Blanchet, en 1368. p. 116. En 1369. pp. 173. 174. 175. *bis.* 176. 177. *bis.* 178. *bis.* 179. *bis.* 180. 185. 218. 235. 239. Note *(b).* 251. 689. *bis.* 690. En 1370. pag. 300. En 1371. pp. 452. 453. En 1372. pp. 543.

595. 598. 722. En 1373. pp. 625. 640. 644. 655. 662. Pierre Blanchet, en 1372. p. 539.
Blandini, (*Hugo*) *Secretarius Regis,* en 1370. p. 370.
Blanq. en 1292. p. 584.
Blesis, (Blois.) (*Karolus Debbesis* corr. *de*) *Dux Britanniæ.* V. *Britanniæ.* Charles de Blois Duc de Bretagne, en 1373. p. 622. Note *(b)* Estienne de Champagne, dit de Blois. Voyez *Champagne.* Guy de Blois Comte de Soissons, p. 154. Note *(b).* Marie de Chastillon, dite de Blois, en 1371. p. 435. Note *(b)* en 1372. p. 622. Note *(b).*
Blois, (Pierre de) Enlumineur de l'Université de Paris, en 1368. p. 686.
Blond, en 1368. p. 121.
Boenno, (*Guionetus de*) *Consul Villæ de Romanis,* en 1368. p. 230.
Bohemie, (*Johannes Rex*) en 1338. p. 436. *Karolus IV.*us *Imperator & Bohemiæ Rex,* en 1366. p. 225. Note.
Boy. (*Angalo de*) Voy. *Angalo.*
Boileaue, (*Joannes*) *Clericus & Notarius Regis* en 1372. pp. 579. & 580.
Boistel. (A.) en 1373. p. 622. Aleaume Boistel Maistre des Requestes de l'hostel du Roy, en 1370. p. 350.
Boizard, p. 235. 301. Note *(c).*
Bolonia, (*Simon de*) Simon de Boulogne, Comte de Dammartin, en 1209. p. 181. & Note *(c).* Voy. *Boulogne.*
Bone fidei, (*Bernardus*) *Serviens Ville de Limoso,* vers 1372. p. 584.
Bonne-Combe, (*Raymundus* Abbé de) en 1368. p. 125. Note *(b).*
Bonne de Luxembourg, premiere femme du Roy Jean. Voy. *Luxembourg.*
Bonneray, Bourgeois de Chasteaudun en 1364. p. 273.
Bonnet, (Roger) Per de la Ville de Roüen en 1369. p. 252.
Bonthosius Ruczoli, Consiliarius Universitatis de Romanis. *Bontonius Ruczoli, Burgensis, Consul & Procurator Villæ de Romanis.* Voy. *Ruczoli.*
Borbonesii, (*Petrus Dux*) *Miles.* p. 56. *Jacobus de Borbonio, Miles. Ibid.* Voy. *Bourbon.*
Bordis, (*Bernardus* ou *Bertrandus de*) *Notarius & Contrarotularius Receptæ Tolosæ,* en 1368. pag. 123. *Johannes Bordis Secretarius Regis* en 1370. p. 370.
Borel, pag. 105. Note *(c)* 118. Note *(b)* 131. Note *(d)* 172. Note *(b)* 205. Note *(b)* 216. Note *(b)* 378. Note *(b)* 397. Note *(a)* 449. Note marg. *d.* 682. Note *(lll).*
Borez. (Pierre) en 1368. p. 706.
Borso de Rysembing, Magister Imperialis Cameræ. Voy. *Rysembing.*
Bosco, (*Bernardus de*) *Consul de Limoso,* en 1292. p. 583. G. *de Bosco* en 1367. p. 103. Voyez *Dubois.*
Boson, 225. Note *(b).*
Botironis, (*Magister Johannes*) *Locumtenens Judicis Villæ Limosi,* en 1372. p. 585.
Boto de Ezascoloruuz. Voy. *Ezascoloruuz.*

Bouchage, (*Dominus*) *Miles* p. 56.
Bouchamage, (Jean de la Grange, surnommé) Evesque d'Amiens. Voy. *Amiens*.
Bouckaert, Secretaire du Chapitre de Tournay, p. 370. Note *(a)*.
Bovilla, (*Carolus Dominus de*) *Gubernator Delphinatus*, en 1373. pp. 60. 61. Notes.
Boulieux, (Les) en 1373. p. 657.
Boulogne, (Renault Comte de) en 1209. p. 181. Note *(c)* Voy. *Bolonia*.
Bourberch, (Pierre de) Sergent du Bailliage d'Amiens en 1369. p. 270.
Bourbon, (Mahaud de) Comtesse & héritiere de Nevers, d'Auxerre & de Tonnerre, pag. 513. Note *(c)* Voy. *Borbonesii*.
Bourderel, (Nicolas) Garde du Scel de la Prevosté de Chaumont, en 1343. p. 599.
Bourges. (Pierre *de Stagno, Stanno,* d'Estaing) Archevesque de , en 1367. pag. 218. Note *(b).*
Bourgogne, (Eudes de) p. 513. Note *(c)* Eudes III. fils de Hugues III. Duc de Bourgogne, en 1187. pag. 237. Note *(c).* Hugues III. Duc de Bourgogne. en 1192. p. 237. Note*(c).* Hudes III. Duc de Bourgogne, fils de Hugues III. Ibid. Hudes ou Eudes IV. Dux de Bourgoigne, Cuens d'Artois & de Bourgoingne , Palatins & Sires de Salins, en 1335. p. 204. Hugues III. Duc de Bourgogne, en 1183. p. 237. Note*(c).* Philippe fils de Roy de France, Duc de Bourgogne, en 1371. pag. 473. Jehanne de France, fille aisnée de Philippe-le-Long, Roy de France, Duchesse de Bourgogne, Comtesse d'Artois, &c. Voy. *France*. Marguerite de Bourgogne, Reine de Jeherusalem & de Cecile, Comtesse de Tonnerre,en 1372. p.513. & Note *(c).* Le Duc de Bourgogne, en 1367. p. 26. V. *Burgundiæ*.
Bourgois, (Pierre) Consul de la Ville de Perouse, en 1368. p. 703.
Bourgongne. (Le Duc de) Voy. *Bourgogne.*
Bourguignon, (Maistre Jean le) Escrivain de l'Université de Paris, en 1368. p. 686. M.e Yvain le Bourguignon, Parcheminier de l'Université de Paris, en 1368. Ibid.
Boutery,(Jehan) Officier sur la Marée à Paris, p. 358.
Bouvelle, (Prereulle la) Coustiere à Paris,en 1341. p. 548.
Bracque, (Nicolas) Conseiller du Roy en 1373. p. 648. Voy. *Branq* & *Braque*.
Brayda, seconde fille de Gutto, Vicomte de Lomagne. Voy. *Guto.*
Brandenburgensis, (*Otto Marchio*) *sacri Imperii Archicamerarius,* en 1366. p. 226. Note.
Branq. (N.) en 1369. p. 246. Voy. *Bracque* & *Braque*.
Braque, (Messire Nicolas) en 1372. p. 539. Voy. *Bracque & Branq.*
Brasseur, (Richart le) Commis sur la marchandise de poisson, en 1367. p. 12.
Bregensis, (*Henricus Dux*) en 1366. p. 226. Note.
Breine, (Le Comte de) en 1372. pag. 482. Le Comte de Brene en 1367. p. 27. en 1373. p. 663.
Bremi, (*Raymundus*) ou *Bruni, Notarius de Pesqueriis,* en 1367. p. 99. & Note marg. *c.*
Brenc. (Le Comte de) Voy. *Breine*.
Bretagne. (Charles de Blois Duc de) Voy. *Blois*. Jean de Bretagne, Comte de Penticvre, Vicomte de Limoges, 439. Note *(b).* Jean III. Duc de Bretagne, Vicomte de Limoges, *ibid.* Jean V. Duc de Bretagne , Pair de France & Comte de Montfort-l'Amaury en 1372. pp. 531. & Note marg. *f.* 532. Jeanne de Bretague en 1373. p. 622. Note *(b).* Jooanne Duchesse de Bretagne en 1371. p. 444. Voy. *Britanniæ.*
Briæ, (*Theobaldus Campaniæ &*) *Comes.* Voyez *Campaniæ.* Voy. aussi *Brie.*
Briarr. (P.) en 1301. p. 127.
Brie. (Thibaud V. surnommé le Jeune, Roy de Navarre, Comte de Champaigne & de) Thibaud VI. Roy de Navarre, Comte de Champaigne & de Brie. Voy. *Navarre*. Voy. aussi *Briæ*.
Brien, (*Magister Fyacrius*) *Commissarius in Senescallia Bellicadri,* en 1373. p. 655.
Brier. (P.) en 1372. p. 722. En 1373. pp. 623. 635.
Brion. (De) en 1371. p. 413.
Britanniæ, (*Joannes V. Dux*) en 1372. p. 531. & Note margin. *f. Johanna Ducissa Britanniæ, uxor Karoli de Blesis, Ducis Britanniæ ,* p. 439. Voy. *Bretagne.*
Briva, (*Aymarus de*) *Miles,* p. 85.
Bronay, (Jehan de) habitant de la Ville de Clairmont en Bassigny en 1372. p. 602.
Brossardi. (*Thomas*) en 1372. p. 579.
Brunetus Latinus, p. 39. Note *(h).*
Bruni, (*Bernardus*) *Clericus* en 1292. pag. 584. *Raimundus Bruni.* Voy. *Bremi.*
Bruniquelli, (Regnaud Vicomte de) p. 437. Note *(f).*
Bruoy. (J.) en 1373. p. 622.
Brussel, (M.e) p. 143. Note *(c)* p. 388. Note *(a)* 412. Note *(c)* 435. Note *(c)*.
Bruval, (Guillaume de) Bailli de Troyes & de Meaulx, en 1358. p. 595.
Bueil, (Harduin de) Evesque d'Angers. V. *Angers.*
Bugneus. en 1369. p. 246.
Buone, (*Franciscus* ou *Fiacrus*) *Judex, Commissarius Regis in Partibus Occitanis,* en 1367. p. 99. & Note *(a).*
Burchardus, Camerarius, en 1209. pag. 163. *Burchardus Imperialis Curiæ Magister,* en 1366. p. 228. Note.
Bureau de la Riviere, en 1369. p. 170.
Burggamii, (*Johannes*) *Comes Madeburgensis,* en 1366. Voy. *Madeburgensis.*
Burgondie, (*Robertus Dux*) *Camerarius,* en 1378. p. 107. Voy. *Bourgogne* & *Burgundiæ.*
Burgondionis, (*Lantelmus*) *Burgensis Villæ de Romanis,* en 1366. p. 229. *Lantelmus Burgondionis, Consiliarius Universitatis Villæ de Romanis,* en 1368. p. 230.
Burgundiæ, (*Hugo Dux*) en 1183. p. 237. En 1187. p. 238. *Odo Dux Burgundiæ, Comesque Artesii, & Burgundiæ Palatinus, ac Dominus de Salinis,* en 1335. p. 204. *Odo filius Ducis Burgundiæ,* en 1187. pp. 237. & 238. Voy. *Bourgogne* & *Burgundiæ.*

Burseto, (Imbertus Dominus de) Miles. Voy. Imbertus.

C.

Caboche, (Johannes) Secretarius Regis, en 1370. p. 370.
Cabriolis, (Philippus) Castellanus Salveterræ, en 1369. p. 696.
Cadoret. (P.) en 1371. p. 443. Pierre Cadoret Notaire du Roy, en 1372. p. 540.
Caillart, (Pierre) Clerc du Procureur General en 1396.
Cailly. (J. de) en 1370. p. 314.
Calmet, (D.) p. 550. Note (d).
Camacius, (Joannes) de Bernicio. Voy. Comacius.
Camone de Cleto, (Petrus de) en 1292. p. 584.
Campaniæ, (Theobaldus) & Briæ Comes, en 1231. p. 550. Voy. Champagne.
Campion, (Laurens) Preudomme de la Ville de Roüen, en 1369. p. 252.
Cannoto, (Willelmus) p. 416. Voy. Canuto.
Canquin ou Cauquin, (Guillaume) Bourgeois de Tournay, en 1372. p. 507. & Note marg. b.
Cant, (Thomas) p. 224.
Canuto, (Willelmus) p. 417. Voy. Cannoto.
Caoursin, (Perrot le) Suer de Chartres, en 1311. p. 272.
Capella, (Bertrandus de) Viennensis Archiepiscopus. 54.
Capitis, (Bernardus) en 1292. p. 584.
Capritiis, (Poncius de) en 1366. p. 230. Consiliarius Universitatis de Romanis, en 1368. p. 230. Ponzano de Capritiis, Consiliarius Universitatis de Romanis, en 1366. p. 229.
Corcellaco, (Gaucerandus de) en 1231. p. 215.
Carzui, (Rodulphus Dominus de) Miles. p. 56.
Carolus Primogenitus Joannis Primogeniti Philippi Regis Franciæ, Delphinus Viennensis. Voy. Delphinus Viennensis. Carolus Rex Franciæ, &c. Delphinus Viennensis. Voy. Delphinus Viennensis.
Caron. (Charondas le) Voy. Charondas.
Carrouble, (Guillelmus) Secretarius Regis en 1370. p. 370.
Cartain, (Maistre Perrain) Escrivain de l'Université de Paris, en 1368. p. 686.
Cassenatici, (Disderius Condominus) Sassenage. p. 85. & Note (g) Franciscus Cassenatici, Miles, en 1373. p. 60. Notes. Voy. Sassenage.
Castilione, (Magister de) Secretarius Regis, en 1370. p. 370.
Castro. (Petrus de) en 1370. p. 369. En 1372. p. 505. 545.
Catel. p. 308. Note (a) 438. Note (b) Catel. Voy. Latil.
Cathi, (Aymeric) Evesque de Limoges, en 1371. p. 719. & Note (b).
Catil. Voy. Latil.
Catinelli, (Ferricus) Secretarius Regis en 1370. p. 370.
Cavalli, (Petrus Arnaldus) en 1292. p. 584.
Cauquin, (Guillaume) Bourgeois de Tournay, en 1372. p. 541. En 1373. p. 612. V. Canquin.
Cecile, Sicile, (Marguerite Reine de Jeherusalem & de) & Comtesse de Tonnerre V. Jeherusalem.

Cenomanensis, (Gonterius (Gontier) Episcopus) en 1372. p. 522.
Cenomanensis, (Ludovicus Regis condam Francorum Filius, Domini nostri Regis Germanus, ejusque Locumtenens in Partibus Occitanis, Dux Andegavensis & Comes) en 1349. p. 266. En 1367. p. 723. En 1368. pp. 255. 408. 691. 703. 708. En 1369. pp. 276. 281. 282. 283. 285. 291. 292. 303. 310. 324. 329. 331. 353. 385. 388. 394. 399. 421. 584. 692. 694. 699. 710. En 1370. pag. 486. Ludovicus Regis condam Francorum Filius, Domini mei Regis Germanus, ejusque Locumtenens in Partibus Occitanis & Aquitaniæ, Dux Andegavensis & Turonensis, ac Comes Cenomanensis, en 1370. pp. 339. 586. En 1371. p. 435. 436. 638. En 1372. pag. 583. Joannes Primogeniti Philippi Francorum Regis Normandiæ & Acquitaniæ Dux, ac Pictaviensis, Andegavensis, Cenomanensis Comes. p. 37.
Chabridel. (J.) 1368. p. 149. Note. J. Chabirdele, en 1368. p. 150.
Chayen, (J. de la) en 1369. p. 422.
Chaillou, (Johannes) Secretarius Regis, en 2370. p. 370.
Chais, (Franciscus) p. 86.
Chalemart. en 1370. p. 304.
Chalon, (Jehan de) Sire d'Arlay, Lieutenant du Roy ès Bailliages & Ressorts de Sens, de Troye & de Mâcon, en 1358. p. 595. Jehan de Chalon, en 1371. p. 415. Jehan de Chalon, Comte de Tonnerre, en 1371. pp. 423. 425.
Chambelli, (Le Hasse de) en 1369. p. 170.
Champagne, (Estienne de) dit de Blois, p. 416. Note (b). Thibaud V. Comte de Champagne en 1195. p. 486. Note (b). Thibaud V. surnommé le Jeune, Roy de Navarre, Comte de Champaigne & de Brie, Palatin. Thibaut VI. de Champaigne & de Brie, Comte Palatin, & Roy de Navarre. Voy. Navarre.
Champs, (Maistre Jean des) Parcheminier de l'Université de Paris en 1368. p. 686.
Chanac, en 1372. p. 526.
Chanal (Guillaume) Evesque de Chartres. Voyez Chartres.
Chanes, (Matin, Martin) Bourgeois de Sainte Manehout, Garde-scel de la Prevosté dudit lieu, en 1323. p. 486.
Chantemerle, (Thibauld de) Tresorier du Roy à Paris, en 1371. p. 430. Note (e) Voy. Chantomerlo.
Chanteprimæ, (Adæ) Adam Chanteprime, Tresorier du Dauphiné, en 1367. p. 104. Tresorier de France, en 1368. p. 148. & Note. (b) François Chanteprime, Receveur General des Aides du Roy, en 1372. p. 593.
Cantomerlo, (J.) en 1372. p. 526. Voy. Chantemerle.
Chaodete, (Nicole la) Coustiere à Paris en 1341. p. 548.
Chapelles. en 1371. p. 476.
Charles. en 1367. p. 27. bis.
Charles, Roy de France, &c. Dauphin de Viennois. Voy. Dauphin de Viennois. Charles de Blois,

Duc

TABLE DES NOMS DES PERSONNES, &c. ccxiij

Duc de Bretagne. Voy. *Blois.* Charles de France, premier du nom, Roy de Naples & de Sicile & de Jerusalem, Comte d'Anjou. Voyez. *France.*
Charles IV. Empereur, en 1368. p. 109. Note *(d).* Charles de Valois, frere de Philippe-le-Bel, Comte de Chartres. Voy. *Chartres.* Charles, second fils de Charles de Valois, frere de Philippe-le-Bel, Comte de Chartres. Voy. *Chartres.*
Charles I. de Valois, Comte de Chartres. Voy. *Chartres.* Charles de Valois, second du nom, Comte d'Alençon & de Chartres. Voy. *Chartres.*
Charles I. dit le Mauvais, Roy de Navarre. Voy. *Navarre.* Charles, Comte de Dampmartin & Seigneur de Néelle. Voy. *Dammartin.* Charles d'Evreux, Comte d'Etampes. Voy. *Evreux.*
Charondas. 95. Note *(a).* Charondas le Caron, pp. 172. Note *(a)* 428.
Charpe de Luca, (Poncius) Consiliarius Universitatis de Romanis, en 1368. p. 230.
Charreriæ, (Johannes) p. 86.
Chartres, (Charles de Valois, frere de Philippe-le-Bel, Comte de) en 1293. pag. 273. Note *(a).* Charles I. de Valois, Comte de Chartres, en 1311. *Ibid.* Charles, second fils de Charles de Valois, frere de Philippe-le-Bel, Comte de Chartres, en 1315. *Ibid.* Charles de Valois second du nom, Comte d'Alençon & de Chartres, en 1336. p. 556. Note *(b).* Louis de Valois, Comte de Chartres, en 1312. p. 273. Note *(a).* *Gauffridus*, Evesque de Chartres, en 1137. p. 22. & Note *(b).* Guillaume de Chanal, Evesque de Chartres, en 1368. p. 24. Note *(f).* Jean d'Augeraut *ou* d'Auguerant, Evesque de Chartres, avant 1360. & ensuite Evesque de Beauvais, p. 24. Note *(f).*
Chartres, (Robert de) Coustier à Paris, en 1341. p. 548.
Chastaigne, (Maistre Jean) Libraire de l'Université de Paris, en 1368. p. 686.
Chastcillon, (Mons. de) en 1369. p. 246. Voyez *Chastillon.*
Chastel, (De) en 1367. p. 31. P. de Chastel, en 1368. pp. 121. 165. En 1369. pp. 187. 188. 189. *bis.* 213. En 1370. pp. 332. 366. En 1371. pp. 414. 417. 438. 466. 712. En 1372. pp. 148. *bis.* 502. 533. 552. 589. En 1373. pp. 622. 637. *bis.* 641. 654. 663. P. de Chastel, Secretaire du Roy en 1372 pp. 551. 608. P. du Chastel, en 1368. p. 123. En 1372. pp. 551. 552.
Chastelain, (M.r l'Abbé) p. 85. Note *(b)* 131. Note *(a)* 311. Note *(c).*
Chastillon, (Le Sire de) en 1372. p. 482. Marie de Chastillon, *dite* de Blois, femme de Louis, Duc d'Anjou, &c. en 1371. p. 435. Note *(b).* En 1373. p. 622. Note *(b)* Voy. *Chastillon.*
Chat, (Robert le) Lieutenant du Bailli de Tours, en 1372. p. 521.
Chatou, (Maistre Jehan de) Lieutenant du Châtelet de Paris, en 1373. p. 635.
Chavalerii, (Romanonus) Consul Villæ de Romanis, en 1368. p. 230.
Chenu, pp. 428. Note *(a)* 619. Note *(a).*
Chesnel, (J.) en 1372. p. 611. *Johannes Chesnel*
Tome V.

Secretarius Regis, en 1370. p. 370.
Chevalier, (Guillaume) Brasseur à Paris, en 1369. p. 222.
Chevrel, (Robert) Maistre de la Monnoye de Dijon, en 1372. p. 485.
Chevreuse, (Mess. Pierre de) Conseiller du Grand Conseil, en 1370. p. 302. En 1372. p. 539. En 1373. p. 648.
Chevrier, en 1368. p. 111.
Choart, (J.) en 1369. p. 170. Note *(a).*
Choppin, p. 428. Note *(a).*
Chorier, p. 84. Note *(b)* 225. Note *(b).*
Cimtardus de Vomsberg Magister Camere Imperialis. Voy. *Vomsberg.*
Clareti, (Magister Bernardus) Jurisperitus, Judex ordinarius Nemausi, en 1373. p. 654.
Clarimontis, (Joffredus Vice-Comes & Dominus) en 1373. p. 60. Notes. *Simon Dominus Clarimontis*, en 1248. p. 599. *Odo frater Domini Clarimontis* en 1248. p. 601. Voy. *Clermont.*
Clarin, en 1370. p. 316.
Clemens IV. Papa, p. 101. & Note *(a). Clemens V. Papa*, en 1308. pag. 427. *Clemens VI.* en 1349. pp. 37. 38.
Clerc, (M. le) pag. 44. Note *(z).* M.e Yvain le Clerc, Parcheminier de l'Université de Paris, en 1368. p. 686. *Clerici, Clici, (Henr. Henricus)* en 1367. pp. 10. & Note *(b)* 61. 62. 64. 65. En 1368. p. 110. En 1369. pp. 224. 231. *Joannes Clerici, Clericus & Notarius Regis*, en 1372. pp. 579. 580. *Johannes Clerici, Secretarius Regis*, en 1370. p. 370. *Johannes Clerici Domicellus, Locumtenens Magistri Simonis de Agusano, Clerici & Judicis Regii Sumidrii*, en 1372. p. 588.
Clerii, (Bernardus) Clericus, en 1340. p. 437.
Clermont (Guys Sire de) en Bassigny, en 1331. p. 599. Henry de Clermont, pag. 473. Voy. *Clarimontis.*
Cletta. (Petrus de Camone de) Voy. *Camone.*
Cliçon, (Le Sire de) en 1372. p. 606.
Clissiaco. (Joannes de) Episcopus Gratianopolitanus. Voy. *Gratianopolitanus.*
Cloche, (Jean de la) Tresorier du Roy à Paris, en 1371. p. 430. Note *(c).*
Clouchis, ou Clouchis, (Guillelmus de) Procurator Generalis Regis Senescalliæ Carcassoneæ, en 1373. pag. 622. M. Guillaume de Clouches, Commissaire sur le fait des Francs-Fiefs en la Viguerie de Beziers, &c. en 1372. p. 544.
Coiffi, (J. de) en 1371. pp. 391. 467. En 1372. p. 484.
Coignie, (Maistre Mathieu) Relieur de livres de l'Université de Paris, en 1368. p. 686.
Coyllonis, (Guillelmus) Notarius de Romanis, en 1366. pp. 230.
Cokeri, (Henry) en 1367. p. 5.
Coldus, (Tymo de) Magister Imperialis camere, en 1366. p. 228. Note.
Colombes, (Jehan de) Contrerolleur du Roy à Paris, en 1368. pag. 119. Voy. *Columbario & Columbi.*
Colonelli, (Humbertus) Consiliarius Universitatis de Romanis, en 1366. p. 229.

hhh

TABLE DES NOMS DES PERSONNES, &c.

Columbario, (*Johannes de*) *Thesaurarius Franciæ*, en 1410. p. 430. Note *(c)* Voy. *Colombes* & *Columbi*.

Columbeyo, (*Hug. de*) en 1370. p. 369. *Hugo de Columbeyo*, en 1371. pp. 416. 424. 426.

Columbi, (*Rainudus*) en 1292. p. 584. *J. de Columbis*, en 1368. p. 149. Note. Voy *Colombes* & *Columbario*.

Columcensis ou *Clouvicensis*, (*Johannes Episcopus*) *Sacri Imperii Aulæ Cancellarius*, en 1366. pag. 226. Note.

Com. Regm. p. 224.

Comacius ou *Camacius*, (*Joannes*) *de Bernicio* ou *Veuucio habitator Calvitionis*, en 1367. p. 99. & Note *(b)*.

Compasseur, (Henry le) Bourgeois de Senz, en 1373. p. 612.

Compiegne, (Maistre Antoine de) Libraire de l'Université de Paris, en 1368. p. 686.

Compiengne, (Regnaut de) Maistre des Requestes de l'Hostel du Roy, en 1370. p. 373. Simon le Flechier, dit de Compiengne, Connestable des Arbalestriers de la Ville de Compiengne, en 1368. p. 145.

Comte, (Maistre Guillaume le) Libraire de l'Université de Paris, en 1368. p. 686.

Condorserio, (*Bermundus de*) p. 86.

Conrad le Salique, Empereur d'Allemagne, vers 1032. p. 225. Note *(b)*.

Conseil, (Guillaume) Coustier à Paris, en 1341. p. 548.

Copa, (*Reynerius*) *Consiliarius Universitatis de Romanis*, en 1366. p. 229. En 1368. p. 230.

Corbie, (Hervaut de) Conseiller au Parlement de Paris, en 1369. p. 199. Arnaud de Corbye M.e des Requestes de l'Hostel du Roy, en 1370. p. 373.

Cornaullo, (*Petrus de*) en 1292. p. 584.

Cornerii, (*Bartholomæus*) *Receptor*, p. 87.

Cornet, (Pinch) en 1369. p. 208.

Cornoüailles, (*Petrus dictus de*) *Serviens Regis*, en 1367. p. 4.

Corrione, (*Bernardus de*) *Gardianus Fratrum Minorum de Limoso*, en 1293. p. 584.

Corte, (*Robertus de*) p. 417.

Costæ, (*Guillelmus*) *Consiliarius Universitatis de Romanis*, en 1366. p. 229.

Coucy, (Engerrand VI. Sire de) Comte de Bedefort, vers 1347. p. 154. & Note *(b)*. Enguerrans VII. Sire de Coucy, Comte de Soissons & de Bedeford, en 1368. *Ibid*.

Coulcrouge, (Jehan) Bourgeois de Chasteaudun, en 1364. p. 273.

Coulon, pp. 150. Note *(c)* 426. Note *(a)*.

Courrat, (Maistre Jean) Parcheminier de l'Université de Paris, en 1368. p. 686.

Courtenay, (Pierre de) Marquis de Namur, en 1229. pp. 715. Note *(b)* 717. & Note *(k) Philippus Filius Petri de Courtenay*, pag. 717. Mahaud de Courtenay, femme de Guy, Comte de Nevers, en 1229. p. 715. Note *(b)*

Courvaisier, p. 150. Note *(c)*.

Cousin, p. 373. Note *(b)*.

Coussine, (Gille) Damoiselle, en 1372. p. 503.

Coustiere, (Jaucelline la) Coustiere à Paris, en 1341. pag. 548. Marie la Coustiere, femme de Jehan de Stans, Coustier à Paris, en 1341. *Ibid*.

Coutel, (H.) en 1370. p. 342. En 1372. p. 586.

Cramette, (P.) en 1369. p. 208. En 1373. pp. 615. 653. *Petrus Cramette*, en 1370. p. 370.

Craon, (Mess. de) en 1372. p. 565.

Crecio, (*Johannes de*) *Clericus, Locumtenens Vicarii Biterrensis*, en 1369. p. 189.

Crespy, (J. de) en 1373. p. 643.

Crestienne, (Jehanne la) Coustiere à Paris, en 1341. p. 548.

Crete, en 1371. p. 424. 426.

Croso, (*Franciscus de*) Du Cros, p. 86. & Note *(l)*.

Crossin (Jorget) de Chinsire, ou de Saint Cyre, Tanneur, en 1311. p. 272.

Crosso, (Jean de) Evesque de Limoges. Voy. *Limoges*.

Crozils, (*Guilabtus de*) en 1231. p. 215.

Cudino ou *Endino*, (*Enguerrandus de*) *Cambellanus, Gubernator Dalphinatus*, en 1384. p. 61. Notes & Note marg. *f*.

Cuiret, en 1367. p. 83. P. Cuiret en 1367. pag. 99. En 1369. pp. 194. 237.

Curci, (*Villelmus de*) *Dapifer*, p. 150.

Curiensis, (*Petrus Episcopus*) en 1366. pag. 226. Note.

Curne. (M.r de la) de S.te Palaye. Voy. *S.te Palaye*.

Curteio, (*Robertus de*) p. 417.

D

*D*achis, (G.) en 1368. pag. 156.

Dailly, en 1367 p. 32. En 1370. pp. 291. 322. J. Dailly, en 1369. p. 206. En 1373. pp. 618. 626. 627. 642. Jehan & Raoul Dailly, Brasseurs à Paris, en 1369. p. 222.

Dairon, (Aimeri) Eschevin de la Ville de Poitiers, en 1372. p. 563.

Dalmatii, (*Berengarius*) *Nobilis, Civitatis Magalonensis*, en 1371. p. 431.

Dalphin de Viennois. Voy. *Dauphin*.

Dalphinus Viennensis. Voy. *Delphinus*.

Damade, (Philippe) Sergent du Roy à Paris, en 1373. p. 634.

Damaysini, (*Aymo*) *Miles*, p. 85.

Dammartin, Dampmartin (Charles Comte de) & Seigneur de Néelle, en 1367. p. 463. Charles de Trie, Comte de Dampmartin, p. 463. Jehanne d'Amboise, Comtesse de Dampmatin & Dame de Néelle. Voy. *Amboise*. (*Jehanne d'*) Simon de Boulogne, Comte de Dammartin, en 1209. p. 181. Note *(c)*.

Dangor, (Renaut) Tanneur à Chartres, en 1364. pag. 273.

Daniel, (Le P.) Jesuite. 190. Note *(a)*.

Dannois, (H.) en 1367. p. 18.

Darcy, (Maistre Jean) Enlumineur de l'Université de Paris, en 1368. p. 686.

Darraines, (Maistre Perrin) Enlumineur de l'Université de Paris, en 1368. p. 686.

Daudenchau, (*Marescallus*) p. 393. V. *Dodenhan*.

Davé, (Pierre) Commis sur la marchandise de poisson, en 1367. p. 12.

Daven, (Yves) Secretaire du Roy, en 1372. p. 539.

Davesnes, (Colart) tenant le compte de la Monnoye du Roy d'argent de Tournay, en 1371. p. 402.

Davy (Maistre Pierre) & sa mere, Parcheminier de l'Université de Paris, en 1368. p. 686.

Daunois, (H.) en 1370. p. 351. En 1372. pag. 484.

Dauphin de Viennois, (Charles V. Roy de France, &c.) p. 12. En 1367. p. 80. Guigues XIII. Dauphin de Viennois, p. 86. Note *(h)*. Humbert Dauphin de Viennois, pag. 38. Note *(b)* 225. Note *(b)*. Humbert I. Dauphin de Viennois, vers 1307. p. 41. Humbert II. Dauphin de Viennois, pp. 37. Note *(a)* 41. 86. Note *(h)* Voy. *Delphinus Viennensis.*

Dauphiné. (Henry Regent du) Voy. *Henry.*

Dautterot, (Guiart) Per de la Ville de Roüen, en 1369. p. 252.

Dauve, (Girard) Chevalier, Gauterins *ou* Wateterins Dauve, en 1264. p. 390.

Deys ou Doys Quinon, Procureur General des Juifs ès Parties de la Languedoc. Voy. *Quinon.*

Delphinus ou *Dalphinus Viennensis, (Carolus V)* p. 55. *Carolus Primogenitus Joannis, Primogeniti Philippi Regis Franciæ, Delphinus Viennensis,* pag. 37. *Carolus Rex Franciæ, &c. Delphinus Viennensis,* pag. 84. En 1367. pp. 37. 103. En 1373. pag. 60. Notes. *Karolus Dei gratia, Francorum Rex, &c. Dalphinus Viennensis,* en 1367. pag. 104. En 1368. p. 109. *Humbertus Delphinus Viennensis,* pp. 37. 38. 41. En 1367. pp. 63. 69.

Dena Alamanda Serviens Ville de Limoso. Voyez *Alamanda.*

Des Granches, (Humbert) Clerc & Garde du scel de la Prevosté de Troyes, en 1358. p. 597.

Desmareiz, (J.) en 1369. p. 246.

Despi, (Renier) Lieutenant du Gouverneur du Bailliage de Lille, en 1367. p. 9.

Desventes, (Maistre Pierre) Ecrivain de l'Université de Paris, en 1368. p. 686.

Dy, en 1367. p. 79.

Diarville, (Gille & Regnaut) Tanneurs à Chartres, en 1364. p. 273.

Die, *(Major)* en 1292. p. 584.

Diensis. *(Aymarus Comes Valentinensis &)* Voy. *Valentinensis.*

Dyonis, en 1372. p. 518.

Disy, (P. de) en 1372. pp. 503. 507. 592.

Divitis, (J.) en 1369. p. 202. En 1370. p. 334. En 1373. p. 635. Voy. *Riche. (Le)*

Divre, (Jehan) Bourgeois de Chasteaudun, en 1364. p. 273.

Dno, (P.) General Maistre des Monnoyes à Paris, en 1370. p. 302. Voy. *Domino.*

Dodenhm, (Le Seigneur) en 1368. p. 130. Voy. *Daudenehan.*

Dohan, (J.) en 1367. pag. 79. Jehan Dohan, Notaire du Roy, en 1372. p. 540.

Doys. Voy. *Quinon.*

Dole, (Maistre Foucault de) Libraire de l'Université de Paris Voy. *Foucault.*

Dolly (Pierre) de S.t Quentin, en 1373. p. 665. Pierre Dollis de S.t Quentin, en 1373. p. 640.

Dolus, en 1372. p. 579.

Dombes, (Antoine Sire de Beaujeu & de) Edouard Sire de Beaujeu & de Dombes. Voy. *Beaujeu.*

Domino (Pierre) General-Maistre des Monnoyes du Roy, en 1373. p. 613. Voy. *Dno.*

Dommart, Jehan de) Sergent du Bailliage d'Amiens, en 1369. p. 270.

Donhen, en 1371. p. 403. Voy. *Douhain.*

Donzenac. (Girart de Ventadour Chevalier Sire de) Voy. *Ventadour.*

Dorien, (Yves) Secretaire du Roy, en 1373. p. 647.

Dormans, (Guillaume de) Chancelier de France, en 1372. p. 580. Note *(b)*. Jean de Dormans, Cardinal & Evesque de Beauvais, Chancelier de France, en 1372. p. 580. Note *(b)*. Miles de Dormans, Evesque d'Angers & de Bayonne. Voy. *Angers & Bayonne.*

Doverel, *(Reginaldus) Decanus de Cayraco,* en 1369. p. 220.

Dougnou, (Jehan) Brasseur à Paris, en 1369. p. 222.

Douhain, (J.) en 1367. p. 13. Douhan, *(Aubericus)* en 1248. p. 601. Douhein, en 1369. p. 171. Douhem, en 1367. pp. 78. 90. En 1368. pp. 115. 146. 153. 165. En 1371. p. 461. Douhen, en 1369. p. 207. J. Douhen, en 1371. p. 403. Voy. *Donhen. & Duham.*

Dreue ou Dreve Felise. Voy. *Felise.*

Dreu Poitiers, Notaire du Roy. Voy. *Poitiers.*

Dreve Felise. Voy. *Felise.*

Dreux de Mello, quatriéme du nom, Seigneur de Loches. Voy. *Droco de Melloco.*

Droco, *Constabularius,* en 1204. p. 671. En 1209. p. 163. *Droco,* Abbé de Molesme. V. *Molesme.*

Droco, en 1370. p. 282. En 1373. p. 616.

Droco de Melloco *Locharum Dominus,* Dreux de Mello IV. Seigneur de Loches & Connestable de France, en 1203. p. 206. & Note *(c)*.

Droves, Abbé de Molesme, Droves, Abbé de Moloimes. Voy. *Molesme.*

Druet, (Vicent) Maistre Savetier à Chartres, en 1364. p. 273.

Du Bois, (Nicolas) Conseiller au Parlement de Paris, en 1369. p. 199. Ocren du Bois, Bourgeois de Chasteaudun, en 1364. p. 273. Voy. *Bosco.*

Du Bos, (Tristan) Chevalier du Roy, Bailli de Vermandois, en 1370. p. 350.

Du Boulay. pp. 221. Note *(a)* 455. Note *(a)* 467. Note *(a)* 686. Note *(a)*.

Du Breul, p. 107. Note *(a)*.

Du Cange, pp. 6. Note *(d)* 7. Note *(c)* 9. Note *(b)* 22. Note *(h)* 23. Note *(b)* 24. Note *(b)* 38. Note *(d)* 39. Note *(h)* 40. Note *(i)* 67. Note *(c)* 73. Note *(f)* 88. Note *(b)* 107. Note *(a)* 109. Note *(c)*. 118. Note *(b)* 133. Note *(b)* 136. Note *(b)* 143. Note *(b)* 155. Note *(a)* 159. Note *(b)* 160. Note *(c)* 161. Note *(a)* 172. Note *(e)* 182. Note *(a)* 186. Note *(a)* 198. Note *(a)* 205. Note *(a)* 209. Note *(a)* 214. Note *(b)* 225. Note *(a)* 227. Note *(a)* de la Note. 256. Note *(a)* 261. Note *(c)* 273. Note *(c)* 276. Note *(c)* 284.

hhh ij

TABLE DES NOMS DES PERSONNES, &c.

Note (b) 303. Note (a) 308. Note (c) 311. Note (b) 312. Note (b) 314. Note (a) 317. Note (a) 318. Note (b) 326. Note (b) 345. Note (b) 352. Note (c) 364. Note (a) 386. Note (a) 390. Note (e) 391. Note (a) 397. Note (a) 400. Note (a) 412. Note (c) 417. Note (a) 422. Note (a) 423. Note (a) 435. Note (c) 475. Note (d) 486. Note (d) 554. Note (b) 562. Note (c) 565. Note (c) 583. Note marg. f. 595. Note (b) 600. Note (b) 656. Note (b) 661. Note (b) 672. Note (c) 694. Note (d) 701. Note (c) 705. Note (d) 716. Note (f).

Du Change, (Jehan) Gouverneur de Pontieu, & Tresorier des guerres, en 1346. p. 181.

Du Chaftel. Voy. *Chaftel.*

Duchesne, (André) pp. 23. Note (b) 154. Note (b) 648. Note (e)

Du Cros. Voy. *Croso. (Francifcus de)*

Dueile, (Maiftre Jean de) Relieur de livres de l'Université de Paris, en 1368. p. 686.

Du Guefclin, (Bertrand) Connestable de France, en 1372. p. 606.

Duham, *(Johannes) Secretarius Regis,* en 1370. p. 370. Voy. *Donhen & Douhain.*

Dunavet, (Perreule) Couftiere à Paris, en 1341. p. 548.

Du Peyrat. p. 23. Note (b).

Du Pleffier, (Guillaume) Chevalier, Bailli de Troyes & de Meaulx, en 1367. p. 118.

Du Pleffis, (Touffaints) p. 154. Note (b).

Dupuy, en 1609. p. 685. Dupuy, pp. 225. Note (b) 256. Note (a) 273. Note (a) 439. Note (b) 478. Note (g).

Durandi, (Guillelmus) Commiffarius, en 1369. p. 187. *Guillelmus Durandi Procurator Generalis Regis Senefcalliæ Carcaffonæ,* en 1370. p. 332. *Guillelmus Durant, Clericus & Procurator Regis Generalis Senefcalliæ Carcaffonæ,* en 1371. p. 465.

Du Royaume, (Godefroy) Maire de Roüen, en 1369. p. 252.

Du Ru, (Maistre Lyvon) Ecrivain de l'Université de Paris, en 1368. p. 686.

Du Saut, (Jehan) Couftier à Paris, en 1341. p. 548.

Du Socol, *(Hugo)* en 1369. p. 312.

Du Tillet, p. 580. En 1551. p. 305.

E

*E*BREDUNESII, *(Petrus Amelii Archiepifcopus)* p. 84. & Note (c).

Eddouart, *Edduardus,* Roy d'Angleterre. Voyez *Angleterre.*

Edouart, Prince de Galles. Voy. *Galles.*

Ehone, en 1367. p. 105.

Embrini, *(Arnaldus)* en 1292. p. 584.

Emelot, (Maiftres Pierre & Robert) Parcheminiers de l'Université de Paris, en 1368. p. 686.

Endino. Voy. *Cudino.*

Enguerrand VI. Sire de Coucy, &c. Enguerrans VII. Sire de Coucy, &c. Voy. *Coucy.*

Erkeri, en 1368. p. 147. En 1369. p. 201.

Ernoul, (Maiftre Eftienne) Libraire de l'Université de Paris, en 1368. p. 686.

Efcatiffe, (Scatiffe) *(Petrus) Confiliarius Regis & Magifter Compotorum,* en 1371. pag. 430. & Note marg. f. Voy. *Scatiffe.*

Efchaffini, *Scafini,* Efchaffin, *(Raymundus) Receptor,* p. 87. & Note (g).

Efpagne, (Ferdinand d') dit de *la Cerda,* II. du nom, p. 556. Note (b) Marie d'Efpagne, fille de Ferdinand d'Efpagne, dit de *la Cerda,* II. du nom, femme de Charles d'Evreux, Comte d'Etampes, Comteffe d'Alençon & d'Etampes, en 1372. *Ibid.*

Efpentein, *(Heberhardus de) Magifter Camere Imperialis,* en 1366. p. 227. Note.

Efpinoy (Hue Seigneur d') & d'Antoing, p. 459. Hues de Meleun, *(Hugues de Melun premier du nom)* Chevalier, Sire d'Antoing, d'Efpinoy, &c. Voy. *Meleun.* Ifabelle, Dame d'Antoing, d'Efpinoy & de Sottenghien & de Oudain, &c. Voy. *Antoing.*

Eftaing. Voy. *Stagno.*

Eftoldus, d'Eftouteville, Abbé de Fefcamp. Voy. *Fefcamp.*

Etampes, (le Comte d') en 1367. p. 26. Charles d'Evreux, Comte d'Etampes. Voyez *Evreux.* Louis Comte d'Evreux & d'Etampes. Voycz *Evreux.* Louis Comte d'Etampes, Confervateur des Privileges accordez aux Juifs du Languedoc, en 1360. p. 495. & Note (e) Marie d'Efpagne, Comteffe d'Alençon & d'Etampes. V. *Efpagne.*

Etienne IV. Abbé de Molefme. Voy. *Molefme.*

Eude, (Monf.) en 1291. p. 514.

Eudes de Bourgogne, (Eudes III. Duc de Bourgogne) Voy. *Bourgogne.*

Evreux, (Charles d') Comte d'Etampes, p. 556. Note (b) Louis Comte d'Evreux & d'Etampes. *Ibid.*

Ezafcoloruuz, *(Boto de) Magifter Imperialis Camere,* en 1366. p. 228. Note.

F

*F*ABRI, (A.) en 1367. p. 89. *Garinus Fabri Burgenfis Villæ de Romanis,* en 1366. pag. 229. *Petrus Fabri Notarius Regis,* en 1367. p. 724. Voy. *Fevre. (Le)*

Fabricis, *(Raymundus de) Nobilis, Civitatis Magalonenfis,* en 1371. p. 431.

Faya, (De) en 1368. p. 256. L. De Faya, en 1370. pp. 288. 291. En 1371. pag. 400. En 1373. p. 623.

Faille, (La) p. 560. Note (b)

Falavelli, *(Reynaudus) Miles,* p. 85.

Falconuet (M.ʳ) de l'Academie des belles Lettres, p. 508. Note (a).

Faffionus de Pruneriis. Voy. *Pruneriis.*

Felibien, (Le P.) Benedictin, pp. 107. Note (a) 117. Note 246. Note (b).

Felife, Drene *ou* Dreve) Fermier de la Monnoye de Dijon, en 1372. p. 485. Geoffroy Felife, Fermier de la Monnoye de Dijon. *Ibid.*

Feratus, en 1368. p. 168.

Ferdinand d'Efpagne, dit *de la Cerda,* II. du nom, Voy. *Efpagne.*

Feriis la Gauche, Bourgeois de S. Manehout, & Juré

Juré dudit lieu, en 1323. pag. 486.

Fetatlibus. (*Rogerius de Rovenayo ou Roverayo, Dominus de*) *Commissarius Regis Senescalliæ Carcassonæ*. Voy. *Rovenayo*.

Ferry, en 1372. pag. 603. Ferry, Secretaire du Roy, en 1372. pag. 607. Ferri, (Jehan de) Bourgeois de Douay, en 1368. p. 130.

Ferricus, en 1368. p. 128. *Ferricus Catinelli, Secretarius Regis*. Voy. *Catinelli*.

Fescamp, (L'Abbé de) en 1372. p. 482. *Estoldus d'Estouteville*, Abbé de Fescamp, en 1372. p. 539. & Note (e). Voy. *Fiscanno*.

Fezenci, (*Johannes Comes Armaniaci,*) *& Ruthenæ, Vicecomes Leomaniæ, &c*. Jehan Comte d'Armagnac, de Fesensac, de Rodés, &c. Voy. *Armagnac*.

Fevre, (Le) en 1370. p. 698. Guerart le Fevre, Brasseur à Paris, en 1369. p. 222. P. le Fevre, en 1372. p. 549. R. le Fevre, en 1367. p. 93. Voy. *Fabri*.

Fezenciaci, (*Joannes Dei gratia Comes Armaniaci) & Ruth ne, &c*. Jehan Comte d'Armagnac, de Fezenzac, &c. Voy. *Armagnac*.

Fienne, (Le Connetable de) p. 91.

Figueria, (*Remundus de*) en 1367. p. 108.

Filletii, en 1371. p. 445. Filleul, en 1371. pag. 445 Note marg. *l*. en 1372. pag. 471. Jehan Filleul Sergent du Roy, en 1373. p. 634.

Fiscanno, (*Oinus de*) p. 416. Voy. *Fescamp*.

Flament (Julis) Lieutenant au Bailliage de Meaux, p. 119.

Flandre, (Yoland de Hainaut *ou* de) Voy. *Hainaut*.

Flassano, (*Anhele de*) en 1292. p. 584.

Flechier, (Simon le) dit de Compiegne. Voy. *Compiegne*.

Fleureau, p. 32. Note (b).

Foissy, (Jehan de) Bailly de la Montaigne, en 1371. p. 474.

Fontaines, (M.e Etienne de) Escrivain de l'Université de Paris, en 1368. pag. 686. Pierre de Fontaines, Lieutenant de Guillaume de Bruval, Bailli de Troyes & de Meaux, en 1358. pag. 595. M.e Thiery de Fontaines, Parcheminier de l'Université de Paris, en 1368. p. 686. Sains de la Fontaine, Bailli de Chartres, en 1311. p. 272.

Fontanon, p. 172. Note (g) 657. Note (a).

Fonte, (*Petrus de*) *Serviens Regis in Præpositura Parisiensi*, en 1367. p. 4.

Fonteney, (Nicolas de) Escuyer, Conseiller general du Roy nostre Sire, sur le fait des Aides ordonnées pour la guerre, Visiteur & Reformateur par tout le Royaume, en 1371. p. 404.

Forensis. (*Guido Comes Nivernensis &*) Voy. *Nivernensis*.

Foresta, (*Petrus de*) *Cancellarius Normandiæ*, p. 56.

Fornerii, (*Guillelmus*) *Sacrista Gebenensis, Procurator Delphinalis*, p. 56.

Fortis, (*Arnaldus*) *Consul Villæ Limosi*, en 1372. p. 585.

Fouace, (Maistre Pierre) Conseiller au Parlement de Paris, en 1369. p. 262.

Fouca, (*Herveus de*) *Secretarius Regis*, en 1370. p. 370.

Foucault de Dole, (Maistre) Libraire de l'Université de Paris, en 1368. p. 686.

Foulques, (Martin de) en 1372. p. 504.

Fourcy, (Jean) Advocat du Conseil de la Marée, en 1367. p. 12. & Note (b).

Fournier, (Roullant) Notaire du Roy, en 1372. p. 540.

Franc, (M.r le) premier President de la Cour des Aides de Montauban, p. 291. Note (a).

France, (Charles de) premier du nom, Roy de Naples, de Sicile & de Jerusalem, Comte d'Anjou, pag. 513. Note (c). Jean de France, deuxieme frere de Charles V. Duc de Berry & d'Auvergne, & Comte de Poitou, en 1372. p. 545. Note (c) *Aalis uxor Guillelmi III. Comitis Pontivi & Monsterolii*. Alix de France, fille de Louis le Jeune, & femme de Guillaume III. Comte de Pontieu & de Monstreuil-sur-Mer, en 1309. pag. 181. & Note (b) Jeanne de France, fille aisnée de Charles V. en 1357. pag. 598. Note (b). Jehenne de France, fille aisnée de Philippe-le-Long, Roy de France, Duchesse de Bourgogne, Comtesse d'Artois, de Bourgoigne, Palatine & Dame desdits lieux, femme d'Eudes IV. Duc de Bourgogne, en 1335. p. 204. & Note (b). Marie de France, fille du Roy Jean, & sœur de Charles V. femme de Robert, premier Duc de Bar, en 1367. p. 93. & Note (b).

François, (Jehan) Brasseur à Paris, en 1369. p. 222.

Fraxinis, (*Johannes de*) *Secretarius Regis*, en 1370. p. 370.

Fremin. Voy. *Baillif* (Le) & *Hebert*.

Froissart, pp. 32. Note (b) 91. Note (b) 173. Note (b) 190. Note (a) 477. Note (b) 546. Note (b) 572. Note (b).

Fruit, (Martin du) Brasseur à Paris, en 1369. p. 222.

G

Gace, (Boniface) Lieutenant au Bailliage de Meaux, en 1367. p. 118.

Gaignart, (N) en 1369. p. 221. en 1372. p. 528.

Gaignoleau, (Guillaume) Eschevin de la Ville de Poitiers, en 1372. p. 563.

Gaingny, (Guillaume de) Per de la Ville de Rouen, en 1369. p. 252.

Gayrandi. (*Petrus Amelii*) Voy. *Amelii*.

Galemeis, (Jehan ou Jehans) Bourgeois de S.te Manehout & Juré dudit lieu, en 1317. p. 486. En 1323. Ibid.

Galhaco, (*Magister Astorgius de*) *Legum Doctor & Judex Villæ-longæ*, en 1371. p. 438.

Galles, (Edouard Prince de) en 1363. pag. 291. Note (a). Voy. *Valliæ* & *Wallorum*.

Gallois, (Gilles le) Tresorier du Roy, en 1371. p. 454. En 1373. p. 647. & 648. Guillaume le Galois, Tresorier de France, en 1372. pag. 507. Note (a).

Galopin, (Hameri) Bourgeois de Chasteaudun, en 1364. p. 273.

Galteri Cancellarius Blanchæ Comitissæ Trecensis, en 1202. p. 487.

Ganucii, (*Rodericus de*) en 1231. p. 215.

Garenceriis, (*Yvo Dominus de*) *Miles*, p. 56.
Garini *de Mora*. Voy. *Mora*.
Garinus, en 1209. pag. 163. *Frater Garinus*, en 1204. p. 671. Voy. *Guarinus*.
Garreau, p. 473. Note (*b*).
Gartia *de Orta*. Voy. *Orta*.
Gassie, (*Petrus*) *Procurator Regis*, en 1340. p. 437.
Gauche, (Feriis la) Bourgeois de S.te Manehout. Voy. *Feriis*.
Gaussel, (Pons) habitant & Conseiller de Villenove en Roüergue, en 1368. p. 394.
Gautier, (Maistre Roland) Libraire de l'Université de Paris, en 1368. p. 686.
Gebenis, (*Hugo de*) *Miles*, p. 56.
Gencien, (Jehan) General Maistre des Monnoyes à Paris, en 1370. p. 302.
Genssel, (Guerant) habitant & Conseiller de Villenove en Roüergue, en 1368. p. 394.
Gerardus, (*Magister*) en 1371. p. 426. *Gerardus*, en 1372. p. 487.
Gervasii ou *Gervasii*, (*Bertholomeus*) *Serviens Villæ de Limoso*, vers 1372. pp. 584. 585.
Gilius, (*Alazardus*) *habitator Calvitionis*, en 1367. p. 99.
Gillet, en 1373. p. 647. Gillet, Coustier à Paris, en 1341. p. 548.
Gilotti, (*Alanus*) *Secretarius Regis*, en 1370. p. 370.
Ginni, (*Petrus*) *Consul Villæ Limosi*, en 1372. p. 585.
Girars Dauve, Chevalier. Voy. *Dauve*.
Glaher, (Jehan) Commissaire du Roy dans la Ville de Saumur, en 1372. p. 603.
Godefroy, (M.r) pag. 403. Note (*b*) 547. Note (*b*) Denis Godefroy, p. 148. Note (*a*) Godefroy du Royaume. Voy. *Du Royaume*.
Goier de Morville, Bourgeois de Chasteaudun, en 1364. p. 273.
Gonnesse, (Hondée de) Coustiere à Paris, en 1341. p. 548.
Gonret, (Jehant) Bourgeois de Chasteaudun, en 1364. p. 273.
Gonterius Episcopus Cenomanensis, Gontier Evesque du Mans. Voy. *Cenomanensis*. Gontier, en 1366. pp. 227. Note. 228. Note, en 1367. p. 70.
Gormont, (Guillaume) Garde de la Prevosté de Paris, en 1341. p. 548.
Gornaco, (*Hugo de*) p. 489.
Gotzo de Hoenloth, Magister Camere Imperialis. Voy. *Hoenloth*.
Gouvou, (Jehan) Sergent du Roy à Paris, en 1373. p. 634.
Gouzier, (*Franciscus de*) Evesque de Grenoble. Voy. *Grenoble*.
Graffart, en 1369. p. 262. T. Graffart, en 1370. p. 352. En 1371. p. 421. En 1372. p. 544. Graffart, Secretaire du Roy, en 1372. p. 557.
Gramescede, (*Robertus de*) p. 417. Voy. *Gramascede*.
Gramont, en 1372. p. 483.
Graneliere, (Jehanne la) Coustiere à Paris, en 1341. p. 548.
Graneti, (*Humbertus*) *Notarius publicus*, en 1370. p. 60. Note.

Grange, (Jean de la) surnommé de Bouchamage, Evesque d'Amiens. Voy. *Amiens*.
Granmascede, (*Robertus de*) p. 416. Voy. *Gramescede*.
Gratia de Orta. Voy. *Orta*.
Gratianopoli. (*Johannes Henrici de*) Voy. *Henrici*.
Gratianopolitanus, (*Joannes Episcopus*) pag. 37. Voy. *Grenoble*.
Gravino, (*Nicolaus de*) *Clericus, Leodinensis Diocesis, Notarius Graisivaudani*, en 1366. p. 230.
Greelle, Greesle, (J.) en 1370. p. 308. En 1371. p. 399. En 1372. p. 516. En 1373. p. 635. *Johannes Greelle Secretarius Regis*, en 1370. p. 370. Maistre Jehan Greelle, Clerc & Notaire du Roy, en 1372. p. 515.
Gregorius IX. *Papa*, p. 100. Note (*b*). *Gregorius* XI. *Papa*, p. 428. Gregoire XI. Pape, p. 102. Note (*b*).
Grenet, (Maistre Jean) Enlumineur de l'Université de Paris, en 1368. p. 686.
Grenoble, (*Franciscus de Gouzier* Evesque de) en 1380. p. 84. Note (*d*) *Rodulphus* Evesque de Grenoble, en 1361. *Ibid*. S.t Eugues Evesque de Grenoble, p. 85. Note (*b*) Voy. *Gratianopolitanus*.
Grimault, (Marque de) Escuyer, Capitaine general des Arbalestriers, en 1373. p. 651.
Grinde, (*Berardus*) *Nobilis*, p. 86. & Note (*g*). *Guillelmus* Grinde, Juge-Mage du Gresivaudan, en 1336. *Ibid*.
Grolleya, (*Joannes de*) *Montis Revelli, Miles*, en 1373. p. 60. Notes.
Guarinus Silvanectensis Episcopus Cancellarius. V. *Silvanectensis*. Voy. *Garinus*.
Guerart, (*Johannes*) *Serviens Regis*, en 1367. p. 4.
Guerout, (Adam) Preudomme de la Ville de Roüen, en 1369. p. 252.
Gues, femme de Hues Lenmancheur, Coustier à Paris, en 1341. p. 548.
Guy de Blois, Comte de Soissons. Voy. *Blois*. Guy Comte de Nevers. Voy. *Nevers*. Guy II. dit de Monceau ou de Monceaux, Abbé de S.t Denis. Voy. *S.t Denis*. Guy VI. du nom, Baron de Severac. Voy. *Seveyraco*. Guy Voy. *Guido* & *Guys*.
Guiart Dautterot, Per de la Ville de Roüen. Voy. *Dautterot*.
Guicardi, (*Bernardus*) *Burgensis Biterrensis, & Locumtenens Vicerii dicti loci*, en 1372. p. 533. bis.
Guichenon. p. 59. Note (*b*).
Guido Buticularius, en 1183. p. 238. En 1187. *Ibid*. En 1204. p. 671. En 1209. pag. 163. *Guido Dominus de Seveyraco Miles*. Voy. *Seveyraco*. *Guido, frater Simonis Domini Clarimontis*. Voy. *Clarimontis*. *Guido Comes Nivernensis*. Voy. *Nivernensis*. *Guido de Torchifelone*. Voy. *Torchifelone*. *Guido*. Voy. *Guy* & *Guys*.
Guigues XIII. Dauphin. Voy. *Dauphin*.
Guilabtus, apparemment *Guilabertus*. Voy. *Crozils*.
Guilhabertus, (*Petrus*) *Clericus*, en 1292. p. 584.
Guillaume III. Comte de Pontieu. Guillaume, Comte de la Terre de Pontieu. Voyez *Pontieu*.

Guillaume de Poitiers, Evesque de Langres. Voy. *Langres.* Guillaume le Roux Roy d'Angleterre. Voy. *Angleterre.*

Guillaume. Voy. *Guillelmus.*

Guillebertus, (Dominus) en 1248. p. 601.

Guillelmus Abbas Monasterii S. Maxencii. Voy. *S. Maxencii. Guillelmus Comes Pontivi & Monsterolii.* Voy. *Pontivi. Guillelmus, Procurator Generalis Seneschalliæ Carcassonæ,* en 1367. p. 108. *Guillelmus.* Voy. *Guillaume.*

Guillem (Arnaud) de Montlezun. Voy. *Montelugduno.*

Guillot Habert, Marchand forain. Voy. *Habert.*

Guys, Sire de Clermont eu Bassigny. Voy. *Clermont.* Voy. *Guy & Guido.*

Guto ou *Gutto, (Bertrandus de) Vicecomes Leomaniæ,* en 1340. p. 437. *Brayda,* seconde fille de Gutto, Vicomte de Lomagne. Ibid. Note *(f). Regina,* fille aisnée de Bertrandus à Gutto, Vicomte de Lomaigne, en 1324. Ibid. Note *(f).*

H

HABERT, (Guillot) Marchand forain, en 1364. p. 274.

Hac, (H. de) en 1368. p. 151. *Hamo de Hac, Secretarius Regiis,* en 1370. p. 370.

Haynaut (Yoland de) ou de Flandre, seconde femme de Pierre de Courtenay, en 1193. pag. 715. Note *(b).*

Hairon, (Aymery d') Eschevin de la Ville de la Ville de Poitiers, en 1372. p. 563.

Halencourt, (Jehan de) Sergent du Bailliage d'Amiens, en 1369. p. 270.

Ham, *(Johannes du) Secretarius Regis.* Voyez *Duham.*

Hameri Galopin, Bourgeois de Chasteaudun. Voy. *Galopin.*

Hametel, (G. de) Maistre des Monnoyes, en 1371. p. 403.

Hamo de Hac. Voy. *Hac.*

Hangie, (G. de) en 1372. p. 583.

Hannequin, en 1372. p. 567. Voy. *Hennequin.*

Hanse, (Guillaume) Per de la ville de Rouen, en 1369. p. 252.

Hardouin, (Le Pere) Jesuite, p. 102. Note *(c).*

Harduin de Bueil Evesque d'Angers. Voy. *Angers.*

Haschco de Soeretiis Voy. *Soeretiis.*

Hase de Chambelli. (Le) Voy. *Chambelli.*

Hasemburg, (Wilhelmus de) Magister Imperialis Cameræ, en 1366. p. 228. Note.

Hautemarée, (Johannes dictus) Serviens Regis, en 1367. p. 4.

Hebert, (Fremin) Brasseur à Paris, en 1369. p. 222.

Helferisteyn, (Ubericus Comes de) en 1366. pag. 227. Note.

Helionis, (Stephanus) Consiliarius Universitatis de Romanis, en 1366. p. 229.

Hemburg, (Spinwo de) Magister Cameræ Imperialis, en 1366. p. 227. Note.

Henin, en 1372. pp. 603. 607.

Hennequin, en 1370. p. 334. G. Hennequin, en 1369. p. 272. Voy. *Hannequin.*

Henry, en 1371. pp. 413. 417. 445. 713. En 1372. pp. 529. 550. 591. En 1373. p. 619. 634. Voy. *Henricy.*

Henry I. Roy d'Angleterre, Duc de Normendie. Henry II. Roy d'Angleterre. Henry II. Roy d'Angleterre & Duc de Normandie. Voy. *Angleterre.*

Henry Regent du Dauphiné, en 1325. pag. 50. Note *(rr).*

Henrici, (J.) en 1389. p. 61. Notes. *Johannes Henrici de Gratianopoli Secretarius Dalphinalis,* en 1389. Ibid. Voy. *Henry.*

Henricus Advocatus de Geroro, en 1366. p. 228. Note. *Henricus Buticularius,* en 1229. p. 717. *Henricus Archiepiscopus Lugdunensis.* Voy. *Lugdunensis.*

Henricus II. Rex Angliæ, Dux Normaniæ & Aquitaniæ & Comes Andegaviæ. Voy. *Angleterre.*

Henricus. Voy. *Henry.*

Hery, (Simon) *Serviens Regis,* en 1367. p. 4.

Hermite, (Maistre Jean l') Parcheminier de l'Université de Paris, en 1368. p. 686.

Herreng, (B.) Procureur Syndic de la Ville de Lille, p. 166.

Hervault de Corbie. Voy. *Corbie.*

Herveus de Fouca. Voy. *Fouca.*

Hestommevil, en 1369. p. 208. Voy. *Hotomesnil.*

Hiniis, *(Millo de)* en 1214. p. 317.

Hocie, (G.) en 1367. pag. 104. T. Hocie, en 1367. p. 3. En 1369. pp. 220. 271. 687. En 1371. pp. 401. 408. 410. 412. *Theobaldus Hocie Secretarius Regis,* en 1370. p. 370.

Hodierne de Senlis Coustiere à Paris. Voy. *Senlis.*

Hoenloth, (Gotze de) Magister Cameræ Imperialis, en 1366. p. 227. Note.

Hondée de Gonnesse. Voy. *Gonnesse.*

Hotomesnil, en 1370. p. 698. Voy. *Hestommevil.*

Houssaye, (G.) en 1369. p. 290.

Housse, Ysabiau de la) Coustiere à Paris, en 1341. p. 548.

Houssoy, (T.) en 1372. p. 471.

Huardus de Prenomcheres. Voy. *Prenomcheres.*

Hubertus *(Frater Natalis, dictus) Prior de Pomponia,* en 1367. p. 4.

Hue, Seigneur d'Espinoy & d'Antoing. Voy. *Espinoy.* Hues de Meleun *(Hugues de Meleun premier du nom)* Chevalier Sire d'Antoing, d'Epinoy, de Santhanghien & Chastelain de Gand. Voy. *Meleun.*

Huet, (Robert) Bourgeois de Chasteaudun, en 1364. p. 273.

Hugo Camerarius, en 1367. p. 23. *Hugo Cancellarius,* en 1183. p. 238. *Hugo Constabularius,* en 1367. p. 23. *Hugo Secretarius Regis,* en 1370. p. 370.

Hugoiis, (Poncius) en 1292. p. 584.

Hugonis, (Bertrandus) Clericus de Limoso, en 1292. p. 584.

Hugues III. Duc de Bourgogne. Voy. *Bourgogne.*

Hugues VI. du nom, Seigneur d'Antoing. Voy. *Antoing.*

Huyas, (Acquart de la) Brasseur à Paris, en 1369. p. 222.

Hum. *(Ricardus) Constabularius,* p. 150. *Wuiltelmus Hum.* p. 150.

iii ij

Humbert Dauphin de Viennois. Humbert I. Dauphin de Viennois. Humbert II. Dauphin de Viennois. Voy. *Dauphin de Viennois.*
Humbertus Delphinus Viennensis. Voy. *Delphinus Viennensis.*
Humbertus Dominus Traynello. Voy. *Traynello.*
Hutinus de Alveto. Voy. *Alveto.*

I

JACOBUS *Rex Arragonum, &c.* Voyez *Arragonum.*
Jacques, Roy de Majorque. Voy. *Majorque.*
Jaucelline la Coustiere. Voy. *Coustiere.*
Ycio, (Dominus de) en 1248. p. 601.
Jean, (Le Prince) Comte de Poitiers. Voyez *Poitiers.*
Jean de France, deuxième frere de Charles V. Duc de Berry & d'Auvergne & Comte de Poitou. Voy. *France.*
Jean II. Comte de Ponthieu. Voy. *Pontieu.*
Jean III. Abbé de Quincy. Voy. *Quincy.*
Jean V. Duc de Bretagne, Pair de France & Comte de Montfort-l'Amaury. Voy. *Bretagne.*
Jeanne de Bretagne. Voy. *Bretagne.*
Jeanne de France, fille aisnée de Charles V. Voy. *France.*
Jehan fils de Roy de France, Duc de Berry, &c. Voy. *Berry.*
Jehenne de France, fille aisnée de Philippe-le-Long, Roy de France, Duchesse de Bourgogne, &c. Voy. *France.*
Jeherusalem (Marguerite Reyne de) & de Cecile (Sicile) & Comtesse de Tonnerre, en 1291. pag. 513. Charles de France, premier du nom, Roy de Naples, de Sicile & de Jerusalem, Comte d'Anjou. Voy. *France.*
Jesus Maria. (Joseph de) Voy. *Sanson.*
Imbertus-Constabularius, en 1278. p. 107. *Imbertus Dominus de Burseto Mites,* en 1369. p. 445.
Inmians, (Pierre li) Garde de la Prevosté de Paris, en 1302. p. 106.
Innocentius Papa, p. 101.
Insula, (Radulphus de) Thesaurarius, en 1364. p. 128.
Joannes, en 1370. pag. 322. En 1371. pag. 420. *Joannes Regis Franciæ Filius,* en 1358. pag. 125. *Joannes, &c. Dux Acquitaniæ, &c.* Voy. *Acquitaniæ. Joannes Primogenitus Philippi Regis Francorum, Normandiæ & Acquitaniæ Dux, Comes Pictaviensis, Andegavensis & Cenomanensis,* pag. 37. *Johannes Regis Franciæ Filius, Dux Bituricensis & Alverniæ, Comes Matisconensis.* Voyez *Bituricensis. Joannes Abbas de Fardis.* Voy. *Fardis.*
Joannes Dux Normandiæ. Voy. *Normandiæ. Joannes Episcopus Gratianopolitanus.* Voy. *Gratianopolitanus.*
Joannes. Voyez *Johannes.*
Joffredus Vicecomes & Dominus Clarimontis. Voy. *Clarimontis.*
Johanna Ducissa Britanniæ, uxor Karoli de Blesis, Ducis Britanniæ. Voy. *Britanniæ. Johanna Regis Franciæ filia & Odonis Ducis Burgundiæ, &c. uxor.* Voy. *France.*

Johanne Duchesse de Bretaigne. Voy. *Bretagne.*
Johannen, Juif, en 1370. p. 498.
Johannes, en 1202. p. 487. En 1367. p. 27. En 1371. pp. 403. 432. En 1373. p. 642.
Johannes Buticularius, en 1278. p. 107.
Johannes, (Magister) en 1372. p. 556.
Johannes Archiepiscopus Pragensis & Legatus Apostolicæ Sedis. Voy. *Pragensis.*
Johannes Episcopus Columensis ou *Clouvicensis.* V. *Columcensis.*
Johannes Rex Boemiæ. Voy. *Bohemiæ.*
Johannes. Voyez Joannes.
Joyeuse. (Louis de Melun Duc de) Voy. *Melun.*
Joigny, (Jehan II. Comte de) & Sire de Marcueul ou Mercœur, en 1324. p. 379. Mile de Noyers Comte de Joigny, en 1368. p. 379.
Joinville, (Le Sire de) p. 595. Note *(b).*
Yoland de Hainaut ou de Flandre. Voy. *Hainaut. Yolendis Comitissa,* p. 717.
Joly, pp. 194. Note *(a)* 323. Note *(a)* 428. Note *(a)* 579. Note *(a),*
Jordanus Morandus. Voy. *Morandus.*
Jorget Crossin de Chinsire ou de S.t Cyre, Tanneur. Voy. *Crossin.*
Jovan, (Maistre Jean) Parcheminier de l'Université de Paris, en 1368. p. 686.
Joude, *(Johannes) Judex Major Senescalliæ Carcassonæ,* en 1369. p. 187.
Isabelle, fille d'Edouard III. Roy d'Angleterre & femme d'Enguerans VII. Sire de Coucy, pag. 154. Note *(b).*
Judicia, (Nicolaus de) Miles, Dominus de Livineria, en 1367. p. 723.
Juliani, (Johann.s) Serviens Villæ de Limoso, en 1372. p. 584. *Petrus Juliani Licentiatus in Legibus, Judex Major Senescalliæ Bellicadri,* en 1372. p. 487. *Petrus Juliarii in Legibus Licenciatus Major Senesc.alliæ Bellicadri & Nemausi,* en 1367. p. 637.
Julis Flament. Voy. *Flament.*
Yvo, en 1367. pp. 7. 77. En 1368. pp. 114. 136. 139. 153. 164. 167. 187. En 1369. pp. 196. & Note *(c).* 199. 200. 216. 222. 223. 236. En 1370. pp. 300. 302. 355. 379. En 1371. pp. 442. 455. 457. En 1372. pp. 542. 593. En 1373. pp. 612. 629. 651. 661. N. Yvo, en 1372. p. 490. Yvon, en 1371. p. 431.

K

KARLIER, (Henry) tenant le compte de la Monnoye d'argent du Roy de Tournay, en 1371. p. 402.
Karolus quartus Imperator & Boemiæ Rex. Voy. *Bohemiæ.* Voy. *Carolus* & *Charles.*
Kolditz, *(Thimo de) Magister Camere Imperialis,* en 1366. p. 227. Note. Voy. *Coldus* & *Tymo.*

L

LABBE, (Le P.) p. 220. Note *(b).*
La Bret, Le Sire de) en 1370. p. 334. Voy. *Albret* & *Lebreto.*
Lacu, (Ameudeus) en 1367. p. 723.
Laguillet, *(Johannes) Clericus Parisiensis,* en 1371. p. 428.

Lallemant,

Lallemant, (M.e Jeannin) Parcheminier de l'Université de Paris, en 1368. p. 686.

La Mare, (M.r de) pp. 71. Note (a) 171. Note (a) 198. Note (a) 199. Note (a) 355. Note (a) 356. Note (a).

Lampertus Spirensis Episcopus. Voy. Spirensis.

Lancelot, (M.r) de l'Académie des belles Lettres, p. 508. Note (a).

Landes, (Pierre de) Changeur du Tresor Royal à Paris, en 1369. p. 690. En 1370. pp. 301. 334. En 1373. p. 613.

Langele, (Maiftre Phelibert) Enlumineur de l'Université de Paris, en 1368. p. 686.

Langevin, (Maiftre Thevenin) Efcrivain de l'Université de Paris, en 1368. p. 686.

Langlois, (Maiftres Adam & Robert) Efcrivains de l'Université de Paris, en 1368. p. 686.

Langres, Guuillaume de Poictiers Evefque de) en 1371. p. 414. Note (b) 426. Note margin. e. Simon de Langres. Voy. Lingonis. (Simon de)

Lanouë, en 1264. p. 391.

Lantelmus Burgondionis. Voy. Burgondionis.

Lanternier (Maiftre Tevenin le) Relieur de Livres en l'Université de Paris, en 1368. p. 686.

Lar, (A. de) en 1364. p. 128. Arnaudus de Lar, Caftellanus & Vicarius Sumidrii, en 1373. p. 628. Arnaut de Lar, Secretaire du Roy & Gouverneur de Montpellier, en 1372. p. 477.

Latil, Latel, Catil ou Catel) Reynaudus, p 86. & Note (h).

Latinus. (Brunetus) Voy. Brunetus Latinus.

Latrece, (Stephanus de) en 1248. p. 601.

Laval, (Michaut de) dit de Banier, Conneftable des Arbaleftriers de Laon, en 1367. p. 67.

Lavenant, (Maiftre Jean) Libraire de l'Université de Paris, en 1368. p. 686.

Lauriere, (M.r de) p. 28. Note (c) 73. Note (d) 95. Note (a) 140. Note (b) 318. Note (a) 388. & fuiv. Note. (b) 671. Note (b).

Lauricenfis, (Philippus Dominus de Rupe Vicecomes) Miles, en 1369. p. 445. Philippus Dominus modernus de Rupe, Vicecomes Lauricenfis, en 1371. Ibid.

Lebreto, (Dominus de) le Seigneur d'Albret, en 1370. p. 299. Voy. Albret & La Bret.

Lecardi, (Petrus) en 1229. p. 717.

Le Fevre. (R.) Voy. Fevre.

Leginczenfis. (Ruppertus Dux) Voy. Ligincenfis.

Leincamps, (Raymon de) en 1368. p. 706.

Lenmancheur, (Hues) Couftier à Paris, en 1341. p. 548.

Lenfa. (Guido de) Miles, p. 56.

Lenthemberg, (Johannes Lantgravius Comes de) en 1366. p. 227. Note.

Leomaniæ. (Johannes Dei gracia, Comes Armaniaci, &c. Vice-Comes) Voy. Armagnac & Lomagne.

Lerbier, (Gilles) Bourgeois de Chafteaudun, en 1364. p. 273.

Leſchecueur, (Nicolas) Couftier à Paris, en 1341. p. 548.

Lefcouet, (Guillelmus de) Clericus Leonenfis & Notarius publicus, en 1371. p. 428.

Lefcouvet, (Maiftre Guillaume) Libraire de l'Université de Paris, en 1368. p. 686.

Lefcuyer, (Maiftre Robert) Enlumineur de l'Université de Paris, en 1368. p. 686.

Lespinace, (Guillelmus) Magifter-Generalis Monetarum Regni Francie, Thefaurarius Ruthenenfis, en 1371. p. 638.

Lefpine, (J. de) en 1369. p. 235. Note (b).

Lefquevin, (Henry) vendeur de Marée, vers 1369. p. 198.

Lettis, (Nycholaus de) Miles, Caftellanus Montis-Regalis, en 1369. p. 213.

Leu, (Jehan le) Per de la Ville de Roüen, en 1369. p. 252.

Leugis, (Gauffridus ou Goffridus de) Geoffroy de Lieves, en 1367. p. 23.

Leuzenis, Leuſſe, (Eymerius) p. 85. Note (h).

Lian, (Bernart) habitant & Confeiller de Villenove en Roüergue, en 1368. p. 394.

Lieves. (Geoffroy de) Voy. Leugis.

Ligincenfis, (Rupertus Dux) ou Leginczenfis, en 1366. p. 226. Note.

Limoges, (Aymeric Cathi Evefque de) en 1371. p. 719. Jean de Croffo, Evefque de Limoges. Ibid.

Limoſo, (Guillaume de Vicinis, Miles, Dominus de) Voy. Vicinis.

Lingonis, (Simon de) Magifter in Theologia, Simon de Langres, p. 56. Voy. Langres.

Lion, (Hugues) Conful de Villenove en Roüergue, en 1368. p. 394.

Lyon du Ru. (Maiftre) Voy. Du Ru.

Lobet, (Pierre) Abbé de S.t Antoine. Voy. S.t Antoine.

Locu, Scriptor, en 1368. p. 109. J. Locu, en 1358. pag. 126. Johannes Locu Secretarius Regis, en 1370. p. 370.

Lohiriogne, Lorraine. (Mathieu Duc de) Voyez Lorraine.

Loyer, (Guyot) Couftier à Paris, en 1341. pag. 548.

Loimico, (Jacobus de Vienne, Dominus de) Gubernator Delphinatus. Voy. Vienne.

Loifel, p. 28. Note (e).

Lomaigne, (Jehan Comte d'Armaignac, &c. & Vicomte de) & d'Auvillars, en 1368. pp. 394. 703. Voy. Leomaniæ.

Londremer, (Gieffroy de) Commis fur la marchandife de Poiffons, en 1367. p. 12. Gieffroy de Londremers, en 1369. p. 198.

Longueruë, (M.r l'Abbé de) pp. 225. Note (b). 273. Note (a) 386. Note (e) 415. Note (b).

Lorrain, (Maiftre Guillaume le) Enlumineur de l'Université de Paris, en 1368. p. 686.

Lorraine, Lohiriogne, (Mathieu Duc de) en 1231. p. 550. & Note marg. f. Mathieu II. Duc de Lorraine. Ibid. Note (b) Voy. Lotharingia.

Lorris, (Robertus de) Miles, p. 56.

Lothaire. Empereur, p. 225. Note (b).

Lotharingia, (Matheus Deux) & Marchio, en 1231. p. 550. Voy. Lorraine.

Louyer, (Thomas) Braffeur à Paris, en 1369. p. 222.

Louis, Comte d'Etampes, Confervateur des privileges des Juifs. Voy. Etampes. Louis Comte d'Evreux & d'Etampes. Voy. Evreux. Louis, Duc d'Anjou. Voy. Anjou. Louis de Valois,

TABLE DES NOMS DES PERSONNES, &c.

Comte de Chartres. Voy. *Chartres.* Louis. Voy. *Ludovicus.*
Loupeyo, (Radulphus, Dominus de) Gubernator Dalphinatus. Raoul de Loupy, p. 84. & Note (*b*). Voy. *Lupeyo.*
Louvet, p. 333. Note (*b*).
Luca, (Poncius Charpe de) Consiliarius Universitatis de Romanis, en 1368. p. 230.
Luchoninchilensis, (Albertus Episcopus) en 1366. p. 228. Note.
Ludovicus Regis quondam Francorum Filius, Domini nostri Regis Germanus, ejusque Locumtenens in Partibus Occitanis, en 1360. p. 210. *Ludovicus Filius Francorum Regis,* en 1368. p. 151. *Ludovicus Dux Andegavensis.* V. *Andegavensis. Ludovicus.* Voy. *Louis.*
Lufey, (Jacques de) Clerc Juré de la ville de Chaumont, en 1343. p. 599.
Lugdunensis, (Henricus Archiepiscopus) en 1367. p. 69. *Henricus de Villars Archiepiscopus Lugdunensis,* p. 54.
Luillier, (Maistre Henry) Libraire de l'Université de Paris, en 1368. p. 686.
Lupeyo, (Radulphus Dominus de) Gubernator Dalphinatus, en 1369. p. 224. Voy. *Loupeyo.*
Lupi, (Bartholomeus) Clericus de Limoso, en 1292. p. 584.
Luppi, (Albertus) Miles, p. 56.
Lus, Luz, (J. de) en 1367. pag. 29. 96. Note. 97. En 1369. pag. 173. 187. 204. 209. 238. 239. *Johannes de Lus, Secretarius Regis,* en 1370. p. 370. J. de Luz, en 1371. pp. 427. 451. En 1372. pp. 512. 579. Note marg. *h.* 581.
Luxembourg, (Bonne de) premiere femme du Roy Jean, p. 109. Note (*d*).

M

MAAN, (*Joann.*) p. 516. Note (*b*).
Mâcon, (Jehan fils de Roy de France, Duc de Berry, &c. Comte de Poitiers & de) Voy. *Berry.* Phelippes de Ste Croix, Evesque de Mâcon & Seigneur de Coloinges-les-Vincuses du Vaul de Marcy, en 1365. p. 665.
Madeburgensis, (Johannes Burgganii Comes) en 1366. p. 228. Note.
Magnon, en 1367. p. 14.
Magnus, (Rogerus) de Maisoncelles. Voy. *Maisoncelles.*
Maguntinensis, (Serlatus Archiepiscopus) en 1366. p. 226. Note.
Mahaud de Bourbon, Comtesse & héritiere de Nevers, d'Auxerre & de Tonnerre. Voy. *Bourbon.* Mahaud de Courtenay, femme de Guy, Comte de Nevers. Voy. *Courtenay.*
Maignac, en 1367. p. 95.
Mailhaco, (Hugo de) en 1229. p. 717.
Maillard, (M.^e) Advocat au Parlement de Paris, pag. 508. Note (*a*). Raoul Maillart, General Maistre des Monnoyes à Paris, en 1370. p. 302.
Mailly, (Jehan) Seigneur de Lose, Escuyer, en 1324. p. 380.
Mainbeville, (Aubert de) Conseiller du Parlement de Paris, en 1369. p. 199.

Major. Die, en 1292. p. 584.
Majoricarum, (Jacobus Rex Arragonum & Regni) Comes Barchinonensis, &c. Voy. *Arragonum.* Jacques, Roy de Majorque, en 1349. p. 478. Note (*g*).
Maire, (Jehan le) Crieur à Paris, en 1374. p. 618.
Maisoncelles, (*Rogerus Magnus de*) en 1248. p. 601.
Maistre, (Jehan) Brasseur à Paris, en 1369. pag. 222.
Malaherba, (Johannes) p. 150.
Malepue, (Guirandus) Domicellus, Castellanus & Vicarius Aquarum-mortuarum. en 1376. p. 100.
Maleto. Voy. *Moloco.*
Maleval, Maulonart, (Loys de) Chevalier, en 1370. p. 336. & Note (*c*). Voy. *Maulonart.*
Malibeti, (Franciscus) Dominus Morgiarum, Miles, en 1373. p. 60. Notes.
Malledemer, (Michiel) Commis sur la marchandise de Poisson, en 1367. p. 12.
Manessier de Vezou, Juif. Voy. *Vezou.*
Manloue, en 1370. p. 331.
Mannuel, (Raymon de) en 1371. p. 383.
Marcuceul ou Mercœur, (Jehan II. Comte de Joigny & Sire de) Voy. *Joigny.*
Marcure, (Maistre Michelet) Relieur de livres, en l'Université de Paris, en 1368. p. 686.
Mare. (M.^r De la) Voy. *La Mare. (De)*
Mareiz. (J. Des) Voy. *Des Mareiz.*
Marescalli, (Garterus) en 1229. p. 717.
Marcüil, (Estienne de) Procureur General au Parlement de Paris, en 1367. p. 13.
Marguerio, (Petrus de) Consul de Salvitate, en 1369. p. 385.
Marguerite Reine de Jeherusalem & de Cecile, Comtesse de Tonnerre. Voy. *Jeherusalem.*
Marguerite de Bourgogne, Comtesse de Tonnerre. Voy. *Bourgogne.*
Marie, (Colin) Lieutenant de Raven Pinchon, Bailli de Côtentin, en 1369. p. 316.
Marie, fille de Guillaume III. Comte de Ponticu & de Monstreuil-sur-Mer, en 1209. pag. 181. Note (*c*).
Marie de Chastillon, *dite* de Blois, femme de Louis, Duc d'Anjou & de Touraine, & Comte du Maine. Voy. *Chastillon.*
Marie de France, fille du Roy Jean, sœur de Charles V. & femme de Robert I. Duc de Bar. Voyez *France.*
Marie d'Espagne, fille de Ferdinand d'Espagne, dit de la Cerda, deuxiéme du nom, femme de Charles d'Evreux, Comte d'Etampes, Comtesse d'Alençon & d'Etampes. Voy. *Espagne.*
Marinhaco, (Johannes de) Licentiatus in Legibus, Judex Ville longe, en 1372. p. 552.
Marjolet, Greffier en chef de la Chambre des Comptes de Dauphiné, p. 58.
Marmerius, (Stephanus) Presbiter, en 1367. p. 723.
Marro, (Antonius) p. 86.
Marroquinio, (P. de) en 1368. p. 256.
Marsel, (Jehan) Coustier à Paris, en 1341. pag. 548.
Martiniere. (Pinson de la) Voy. *Pinson.*

TABLE DES NOMS DES PERSONNES, &c.

Mataplana, (Hugo de) en 1231. p. 215.
Mathatias, (Maître) Juif, en 1372. p. 498.
Mathelin, (Meff.) Conseiller du Grand Conseil, en 1370. p. 302.
Matheus Camerarius, en 1183. p. 238. En 1187. ibid. En 1204. p. 671. Matheus Constabularius, p. 489. En 1221. p. 144. Matheus Deux Lotharingie & Marchio. Voy. Lotharingiæ. Mathieu, Duc de Lohiriogne. Voy. Lorraine. Mathieu II. Duc de Lorraine. Voy. Lorraine. Mathieu III. Abbé de Vaucelles. Voy. Vaucelles.
Mathildis Comitissa uxor Guidonis Comitis Nivernensis & Forensis, en 1229. p. 715. Mathilde, fille d'Henry I. Roy d'Angleterre & femme de Geoffroy V. Comte d'Anjou, pag. 416. Note (b).
Maty, pp. 70. Note (b) 121. Note (a) 228. Note (c) de la Note, 261. Note (b).
Matisconensis, (Joannes Regis Franciæ filius, &c. Comes) Voy. Bituricensis.
Maulouart, (Loys de) Chevalier, en 1361. p. 336. Note (c). En 1371. p. 383. Voy. Maleval.
Maulone, en 1373. pp. 664. 666.
Mauquenchy, (Jean de) dit Mouton, Sire de Blainville, Maréchal de France, en 1369. pag. 289. Note (a).
Medalli, (Morquistus) p. 86.
Mege, (Bernard) en 1368. p. 706.
Meleun, (Hues de) Hugues de Meleun, Chevalier, Sire d'Anthoin, d'Espinoy & de Santhanghien ou de Sottenghien, & Chastelain de Gant, en 1371. p. 459. Voy. Melun.
Melicureti (Pontius) Consiliarius Universitatis de Romanis, en 1366. p. 229 Poncius Mellureti, Consul Villæ de Romanis, en 1368. p. 230.
Melun, (Hugues de) Chevalier, Sire d'Antoing, d'Espinoy & de Santhanghien ou de Sottenghien, & Chastelain de Gand, en 1371. pag. 459. & Note (b) Hugues de Melun, premier du nom, ibid. Jean, premier du nom, Vicomte de Melun, ibid. Jean, deuxieme du nom, Vicomte de Melun, Comte de Tancarville, en 1371. p. 468. Note (e). Louis de Melun, Duc de Joyeuse, Pair de France, p. 459. Note (b).
Menage, pp. 7. Note (c) 85. Note (b) 131. Note (a) 136. Note (b) 172. Note (b) 197. Note (b) 272. Note (b) 289. Note (b) 311. Note (e) 509. Note (b) 514. Note (i) 554. Note (b) 677. Note (rr).
Menisson, (Guillelmus) Consiliarius Universitatis de Romanis, en 1368. p. 230.
Meraut, en 1369. p. 204. G. Meraut, en 1369. p. 201
Mercier, (Jehan le) en 1373. p. 647. & 648.
Mercœur, Marcueul, (Jean II. Comte de Joigny & Sire de) Voy. Joigny.
Meriaco, (Ancelinus de) en 1229. p. 717
Meron, (Guillaume de) p. 22.
Meslin, (Michiel) Tanneur à Chartres, en 1364. p. 273.
Mestée, en 1264. p. 391.
Metis, (F. de) en 1373. p. 619.
Michaut le pere, (M.e) Parcheminier de l'Université de Paris, en 1368. p. 686.

Miche, (Balduinus de la) Secretarius Regis, en 1370. p. 370.
Michelberg, (Petrus de) Magister Cameræ Imperialis, en 1366. p. 227. Note & 228. Note.
Michiel, (P.) en 1368. pp. 129. 144. En 1371. p. 436. En 1372. p. 526.
Migeyo, Voy. Nugeyo.
Mignon, en 1369. p. 249. bis. Michael Mignon, Secretarius Regis, en 1370. p. 370.
Mile de Noyers, Comte de Joigny. Voy. Joigny.
Miles de Dormans, Evesque d'Angers & de Bayonne. Voyez Angers. Miles de Voisines, Conseiller du Roy. Voy. Voisines.
Milo, (Magister) Domini Papæ Notarius, Apostolicæ Sedis Legatus, en 1209. p. 308.
Molesme, (André Abbé de) Andries, Abbé de Molugines, en 1291. pag. 513. & Note (c). Droco, Abbé de Molesme, en 1290. p. 513. Note (d). Droves, Abbé de Molesme, ou de Moloimes, en 1291. pag. 513. Note (d). Estienne IV. Abbé de Molesme, en 1291. Ibid.
Moloco, Maleto, (Berthonus de) p. 54.
Moloimes. (Droves Abbé de) Voy. Molesme.
Molugines. (Andries Abbé de) Voy. Molesme.
Monceau ou Monceaux, (Guy II. dit de) Abbé de S.t Denis. Voy. S.t Denis.
Moncornet, (Maistre Colin de) Escrivain de l'Université de Paris, en 1368. p. 686.
Monnier, (Michiel le) marchand de Marée, en 1367. p. 72.
Monsterolii, (Guillelmus Comes Pontivi &) Guillaume III. Comte de Pontieu & de Monstreuil-sur-Mer. Voy. Pontivi.
Monstier, (Le P. Artus du) p. 221. Note (b).
Montagu, en 1368. p. 125. En 1369. pp. 214. 267. En 1370. pag. 295. En 1371. pp. 387. 390. En 1372. p. 558. De Montagu, en 1367. pp. 4. 8. En 1368. p. 121. En 1370. p. 293. En 1371. pp. 416. 426. En 1372. pag. 370. 532. 593. G. Montagu, en 1369. p. 211. G. de Montagu, en 1367. p. 30. En 1369. pp. 215. 255. En 1370. p. 294. 304. 318. En 1371. pp. 438. 458. En 1372. pp. 502. 532. 588. 602. Voy. Monte-acuto.
Montait, (Guillelmus) en 1231. p. 215.
Montanerii, (Arnaldus) en 1292. p. 584.
Montaselli, (Ramundus) Serviens Ville de Limoso, en 1372. p. 584.
Monte-acuto, (Gerardus de) Secretarius Regis, en 1370. p. 370. Voy. Montagu.
Monte Letherico, (Bernardus de) Thesaurarius Dalphinatus, en 1370. pag. 61. Notes. Voy. Montchery.
Monte-lugduno, (Arnaldus Guillelmi de) Comes Pardiaci. Arnaud Guillem de Montlezun, en 1346. p. 70. Note (b).
Montfort-l'Amaury, (Jean V. Duc de Bretagne, Pair de France & Comte de) Voy. Bretagne.
Montispessulani, (Jacobus Rex Arragonum & Regni Majoricarum, Comes Barchinonensis & Dominus) Voy. Arragonum.
Montis-Revelli, (Joannes de Grolleya) Miles. Voy. Grolleya.

kkk ij

Montlehery, (Bernard de) Tresorier du Dauphiné, en 1371. p. 404. Voy. *Monte-Letherico.*
Montlezun. Voy. *Monte-lug-duno.*
Montmorency. p. 23. Note *(b).*
Mora, (*Bernardus de*) *Generalis super regimine Imposicionum pro succursu Guerrarum Linguæ Occitanæ*, en 1369. p. 422. *Bernardus de Mora, Legum Doctor*, & *Magister requestarum*, en 1370. pag. 342.
Mora, (*Garini de*) en 1367. p. 100.
Morandus, *(Jordanus) Commissarius Regis in Senescallia Tholosæ*, en 1358. pp. 125. & 126.
Morardus de Arciis, Miles. Morard d'Arces. Voy. *Arciis.*
Morault, (Simon) Eschevin de la Ville de Poitiers, en 1372. p. 563.
Morgiarum. (Joannes Berengarius Dominus) Voy. *Berengarius. Morgiis*, (*Guido de*) *Miles*, Guy de Morges, p. 86. & Note *(b)*. *Guillelmus de Morgiis, Miles*, Guillaume de Morges. *Ibid.*
Morin, (P) pp. 336. Note *(a)* 382. Note *(a).*
Morquiotus Medalli. Voy. *Medalli.*
Mortent, (Eustace de) Audiancier du Roy à Paris, en 1368. p. 119.
Morville, (Goier & Nicholas de) freres, Bourgeois de Chasteldun, en 1364. p. 273.
Mota, (*Amedeus de*) *Miles*, en 1366. p. 230.
Moteti, (*Joannes*) *Prior S.ti Roberti Gratianopolis*, en 1370. p. 60. Note.
Motis, (F. de) en 1370. p. 331.
Mouton, (Jacques) en 1368. pag. 138. Jean de Mauquenchi, dit Mouton, Sire de Blainville, Mareschal de France. Voy. *Mauquenchi.*

N

NAMUR. (Pierre de Courtenay Marquis de) Voy. *Courtenay.*
Nangis, (Guillaume de) p. 1. Note *(b).*
Naples. (Charles de France, premier du nom, Roy de) Voy. *France.*
Nassavo ou *Nassavo*, (*Johannes Comes de*) en 1366. p. 227. Note.
Nasseti, (*Guillelmus*) p. 86. *Guillelmus Nasseti, Consiliarius Universitatis de Romanis*, en 1366. p. 229. En 1368. p. 230.
Natalis, (*Frater*) *dictus Hubertus, Prior de Pomponia.* Voy. *Hubertus.*
Navarre, Charles I. dit le Mauvais, Roy de Navarre, pag. 477. & Note *(b)*. Sanche VI. Roy de Navarre, pag. 486. Note *(b)*. Thibaud V. surnommé le Jeune, Roy de Navarre, Comte de Champaigne & de Brie, Palatin, en 1264. p. 390. Thibaud VI. Roy de Navarre, Comte de Champaigne & de Brie, Palatin, en 1231. pp. 486. Note *(b)* 549. 550.
Naugareto, (*Stephanus de*) *Legum Doctor & Magister Requestarum*, en 1370. p. 342. Voyez *Nogareto.*
Néelle, (Charles Comte de Dampmartin, & Seigneur de) Voy. *Dammartin.*
Ne le-diseurs, Secretaire du Roy, en 1373. p. 647.
Nevers, (Guy Comte de) pag. 715. Note *(b).*
Mahaud de Bourbon, Comtesse & heritiére de Nevers, &c. Voy. *Bourbon* & *Nivernensis.*

Neveu, (Estienne) Tanneur à Chartres, en 1364. p. 273. Jehan Neveu, Commissaire du Roy dans la Ville de Saumur, en 1372. p. 603.
Nicot, p. 71. Note *(b)* 154. Note *(d).*
Nyeme, (*Aymo de*) *Serviens Armorum Regis*, & *hostiarius Armorum Ducis Andegavensis & Commissarius Regis*, en 1369. pag. 187. *Aymo de Nyente, Serviens armorum Regis*, en 1372. p. 502. Voy. *Nyvre.*
Nigri, (*Petrus*) *Consul de Limoso*, en 1292. pag. 583.
Nivernensis (*Guido Comes*) & *Forensis*, en 1229. p. 715. Voy. *Nevers.*
Nyvre, (*Aymo de*) *Serviens Regis*, en 1371. pag. 402. Voy. *Nyeme.*
Nogareto, (*Vitalis de*) *Judex Verduni*, en 1359. pag. 126. Voy. *Naugareto.*
Noyers, (Mile de) Comte de Joigny. Voy. *Joigny.*
Noyon, (Jehan) Brasseur à Paris, en 1369. pag. 222.
Noir, (Maistre Jean le) Enlumineur de l'Université de Paris, en 1368. p. 686.
Normande, (Jehanne la) Coustiere à Paris, en 1341. p. 548.
Normandiæ, (*Joannes Dux*) en 1367. p. 61. *Joannes Primogenitus Philippi Francorum Regis, Normandiæ & Acquitaniæ Dux, ac Pictavensis, Andegavensis & Cenomanensis Comes*, pag. 37. *Henricus II. Rex Angliæ, Dux Normaniæ & Aquitaniæ, & Comes Andegaviæ.* Voy. *Angleterre. Godefridus, Dux Normanniæ & Comes Andegavensis*, p. 416. Richart, Roy d'Angleterre, Duc de Normendie & d'Acquitaine, & Duc d'Anjou. Voy. *Angleterre.*
Normant, (Maistre Pierre le) Enlumineur de l'Université de Paris, en 1368. p. 686.
Novo-Burgo, (*Robertus de*) p. 417.
Nugeyo, (*Willelmus de*) ou *Migeyo*, en 1229. p. 717.

O

OCREN du Bois, Bourgeois de Chasteaudun. Voy. *Du Bois.*
Odo, Dux Burgundiæ, Comesque Artesii & Burgundiæ, Palatinus ac Dominus de Salinis. Odo Filius Ducis Burgundiæ. Voy. *Burgundiæ.*
Odoardi, (*Joannes*) *Consiliarius Universitatis de Romanis*, en 1368. pag. 230. *Petrus Oduardi, Consiliarius Universitatis de Romanis*, en 1366. p. 229. En 1368. p. 230.
Ogier, en 1370. p. 337. 348.
Oihenart, pp. 70. Note *(b)* 192. Note *(b)* 299. Note *(b)* 437. Note *(e)* 448. Note *(b).*
Oihenartus. 190. Note *(a)* 192. Note *(b).*
Oinus de Fiscanno. Voy. *Fiscanno.*
Olche, (Jehan) Sergent du Roy, en 1373. pag. 634.
Oleo, (*Bernardus de*) *Commissarius Regius*, en 1371. p. 431.
Olerii, (*Jehannes*) *Notarius Regis*, en 1367. p. 724.
Onvrengny de la Tour, habitant de la Ville de la Ville de Clairmont en Bassigny. Voy. *Tour.*
Opuliensis, (*Bolkeo Dux*) en 1366. p. 228. Notes.

Orléans,

Table des Noms des Personnes, &c.

Orléans, (Agnés & Raoulet d') l'un Libraire, & l'autre Escrivain de l'Université de Paris, en 1368. pag. 686. Jehan d'Orliens, Tresorier du Roy, en 1371. p. 454. Jehans d'Orliens, en 1372. p. 541.
Orta, (*Gratia* ou *Garcia de*) en 1231. pag. 215. *Sancius de Orta*, en 1231. *Ibid.* & Note marg. *e*.
Otto Marchio Brandenburgensis, Sacri Imperii Archicamerarius. Voy. *Brandenburgensis*.
Oudart, (Maistre) Maistre des Monnoyes, en 1371. p. 403.
Oxtis, (F. de) en 1370. p. 322.

P

P*Bituricensis Archiepiscopus*. Voyez *Bituricensis*.
Pance, (*Guillelmus*) en 1292. p. 584.
Paneti, (P.) en 1389. p. 61. Notes.
Pans ou Paus, en 1371. p. 463.
Pardiaci, (*Arnaldus Guillelmi de Monte-lugduno*, *Comes*) Voy. *Monte-lugduno*.
Parduchius Wertelli, *Vicarius Regius Giniaci*. Voy. *Wertelli*.
Paris, en 1369. p. 202. Jehan de Paris, Sergent du Roy, en 1373. p. 634.
Parisiensis, (*Episcopus*) en 1371. pp. 446. 448.
Parma, (*Franciscus de*) *Cancellarius Delphinatus*. p. 56.
Parvi, en 1368. p. 121. Voy. *Petit*. (Le)
Passemer, (Andriet) Parcheminier de l'Université de Paris, en 1368. pag. 686. Jean Passemer, Enlumineur de l'Université de Paris, en 1368. p. 686.
Pastomel, Advocat du Conseil de la Marée, en 1367. p. 12. & Note (*b*).
Paus. Voy. *Pans*.
Pedenanco. (*Karolus de Artesio*, *Comes de*) Voyez *Artesio*. Voy. aussi *Pezenas*.
Pelegrini, (*Petrus*) *Serviens Ville de Limoso*, vers 1372. p. 584.
Pelerin (Maistre Robert) Parcheminier de l'Université de Paris, en 1368. p. 686.
Pellayl, (*Johannes*) *Consiliarius Universitatis de Romanis*, en 1366. p. 229.
Pellicerius. (*Guillelmus*) *de Aumonnayo*. Voy. *Aumonnayo*.
Penthecouste (Gille) & sa femme, Cousticrs à Paris, en 1341. p. 548.
Penticvre, (Jean de Bretagne Comte de) Vicomte de Limoges. Voy. *Bretagne*.
Perard, p. 237. Note (*b*) 238. Note (*b*) 239. Note (*a*).
Perche, (Charles II. fils de Charles de Valois, Comte d'Alençon & du) Voy. *Alençon*.
Pere, (Maistre Michaut le) Parcheminier de l'Université de Paris, en 1368. p. 686.
Pererii, (*Petrus*) *Clericus Regis & Commissarius*, en 1367. p. 30. *Petrus Pererii Bajulus Saltus*, en 1369. p. 188.
Pereuse, (Jacques de) Consul de la Ville de Pereuse, en 1368. p. 703.
Perreti, Perret, (*Ruffus*) p. 86. & Note (*m*).
Perrices, (Simon de) en 1248. p. 601.
Perrot le Caoursin, Suer de Chartres. V. *Caoursin*.

Perusse, (Jacine de) en 1368. p. 706.
Pescheur, (Guillaume le) Brasseur à Paris, en 1369. p. 222.
Petit, (Maistre Henry le) Parcheminier de l'Université de Paris, en 1368. p. 686. Voy. *Parvi*.
Petite, (Aalips la) Coustiere à Paris, en 1341. p. 548.
Petrus Curiensis Episcopus. Voy. *Curiensis*.
Pezenas, (Le Comte de) en 1367. p. 27. Voy. *Pedenanco*.
Philippe de Valois. Voy. *Valois*. Philippe, fils de Roy de France, Duc de Bourgogne. Voyez *Bourgogne*.
Phom, en 1203. p. 207.
Pictavensis, (*Alfonsus filius Regis Franciæ, Comes*) *& Tholosæ*, en 1270. pag. 412. *Joannes Primogenitus Philippi Francorum Regis, Normandiæ & Acquitaniæ Dux ac Pictavensis, Andegavensis & Cenomanensis Comes*, p. 37. Voy. *Poictiers* & *Poictou*.
Pictavia, (*Aymarus de*) *Miles*, p. 56. Voy. *Poitiers*.
Pierre, Abbé de S.t Pierre de Vienne. Voy. *Vienne*.
Piis, (Berthelemi *de*) Chevalier, en 1371. p. 457.
Pillaleinne, (Robert) Preudomme de la Ville de Roüen, en 1369. p. 252.
Pillati (*Humbertus*) *Notarius publicus*, en 1349. p. 38.
Pinch-Cornet, en 1369. p. 221.
Pinchon, (Raven) Bailli de Côtentin, en 1369. p. 316.
Pinson de la Martiniere, p. 616. Note (*a*).
Pithou, p. 390. Note (*b*) 386. Note (*b*).
Placentia, (*Grimerius de*) *Secretarius Regis*, en 1370. p. 370.
Placie, (*Joannes de*) *Miles*, en 1370. pag. 61. Notes.
Plantis, (*Guillelmus de*) *Clericus & Notarius Regis*, en 1372. pp. 579. 580.
Ploibault, (Jean) Garde de la Prevosté de Paris, en 1310. & 1311. p. 547. Note (*b*). Jehan Ploicbauch, Garde de la Prevosté de Paris, en 1341. p. 547.
Poillane, (Maistre Jean) Parcheminier de l'Université de Paris, en 1368. p. 686.
Poithiers, (Dreu) Notaire du Roy, en 1372. p. 540.
Poitiers, (Aymard de) dit le Gros, V du nom, Comte de Valentinois & de Diois, p. 86. Note (*n*) Guillaume de Poitiers, Evesque de Langres. Voy. *Langres*. Voy. *Pictavia*.
Poitiers, (Jehan fils de Roy de France, Duc de Berry, &c. Comte de) Voy. *Berry*. Le Prince Jean Comte de Poitiers, en 1359. p. 127. Voy. *Pictavensis*.
Poitou, (Jean de France, deuxième frere de Charles V. Duc de Berry & d'Auvergne, & Comte de) Voy. *France* & *Pictavensis*.
Pomponia, (*Frater Hubertus dictus Natalis, Prior de*) en 1367. p. 4.
Ponczano de Caprillis, Consiliarius Universitatis de Romanis, en 1366. p. 229.
Pons S.te Maxence, (Jacob) Juif, en 1370. pag. 496.

Tome V. III

Pontieu, (Guillaume Comte de la Terre de) en 1209. p. 180. Guillaume III. Comte de Pontieu, pag. 181. Note *(a)*. Jean II. Comte de Ponthieu, p. 181. Note *(a)* *Guillelmus, Comes Pontivi & Monsterolii*. Guillaume III. Comte de Ponthieu & de Monstreuil-sur-Mer, en 1209. p. 181. & Note *(a)*.

Portali, *(Berengarius de) Secretarius Regis*, en 1370. p. 370.

Porte, (Maistre Jean de la) Libraire de l'Université de Paris, en 1368. pag. 686. Sainxe de la Porte, Bourgeois de Chasteaudun, en 1364. p. 273.

Pourceau, (Ernaut) Receveur particulier des fouages de la ville de Saumur, avant 1372. p. 603.

Pragensis, (Johannes Archiepiscopus) & Apostolicæ Sedis Legatus, en 1366. p. 228. Note.

Preciuz, *(Robertus de) Secretarius Regis*, en 1370. p. 370.

Prenomcheres, *(Huardus de)* en 1248. p. 601.

Prereulle la Bouoelle. Voy. *Bouvelle*.

Preſſés, (Raoul de) Advocat du Conseil de la Marée, en 1367. p. 12. & Note *(b)*.

Prestrel, (Jehan le) Bourgeois de S.t Lo, en 1369. p. 289.

Prevosteau, (Denis) Lieutenant du Roy à Chartres, en 1364. p. 274.

Prudomme, (Colin) Brasseur à Paris, en 1369. p. 222.

Pruneriis, *(Faſſionus de) Domicellus*, Prunier, p. 86. & Note *(e)*.

Q

QUANTASE, (Gillette la) Brasseuse à Paris, en 1369. p. 222.

Quarré, (Perronnelle la) Brasseuse à Paris, en 1369. pag. 222. Maistre Robin Quarré Enlumineur de l'Université de Paris, en 1368. pag. 686.

Quesnes, (Mahieu des) Chevalier du Roy, & son Bailly à Chartres, en 1364. p. 273.

Quincy, *(Albericus II.* Abbé de) Andrieus Abbé de Quincy, en 1291. Jean III. Abbé de Quincy, vers 1287. p. 513. Note *(f)*.

Quinon, (Deys ou Doys) Procureur General des Juifs, ès parties de la Languedoc, en 1368. p. 167.

R

RABASTINS, (Pierre Raymont de) Chevalier, Seigneur de Campanhac & Senefchal de Tholofe, en 1368. p. 395. Voy. *Rappiſtagno*.

Radolphus Verdenſis Epiſcopus. Voy. *Verdenſis*.

Radulphi, (Reginaldus) en 1371. pag. 416. En 1372. pp. 545. 594.

Radulphus Constabularius, en 1183. p. 238. En 1187. Ibid. *Radulphus Viromandorum Comes, & Dapifer Regis*. Voy. *Viromandorum*.

Raier, (Toussains) Garde du seel d'Amiens, en 1346. p. 181.

Raimon VI. Comte de Toulouse. Voy. *Thoulouſe*.

Raymundus, Abbé de Bonne-Combe. Voy. *Bonne-Combe*.

Rayne, (Jehan & Lambert) Bourgeois de Douay, en 1368. p. 130.

Rains, (J. de) en 1371. pag. 455. Voy. *Reims, Reins* & *Remis*.

Raiſſac, (Aymar de) en 1368. p. 706.

Ramilly (De) & sa femme, Coustiers à Paris, en 1341. p. 548.

Ramonis, *(Johannes) Conſul Villæ de Romanis*, en 1368. p. 230.

Raoulet (Maistre) d'Orléans, Escrivain de l'Université de Paris, en 1368. p. 686.

Raoulin de Sommeure, en 1264. p. 390.

Rapin Toyras. Voy. *Thoyras*.

Rappiſtagno, (Petrus Raymundi de) Miles, Seneſcallus Tholofæ, en 1368. p. 255. *Petrus Raymundi dictus de Rappiſtano Miles, Seneſcallus Tholofæ*, en 1371. p. 417. Voy. *Rabaſtins*.

Raven Pinchon, Bailly de Côtentin. Voy. *Pinchon*.

Rcourt, en 1371. p. 713. Voy. *Recourt*.

Recc. en 1368. pp. 146. 147. En 1369. p. 221.

Recourt, en 1372. p. 597. 722. Simon de Recourt, en 1248. p. 601. Voy. *Rcourt*.

Reg. (Petrus) Conſul de Salvitate, en 1369. p. 385.

Regina, fille aisnée de *Bertrandus à Gutte*, Vicomte de Lomaigne. Voy. *Guto*.

Regis, (Dy.) en 1368. p. 124. En 1371. p. 402. *Dyoniſius Regis, Secretarius Regis*, en 1370. p. 370.

Regm. (Com.) p. 224.

Reguart, (Jacques) Conseiller du Grand Conseil, en 1370. p. 302.

Regnaud, Vicomte de *Bruniquelli*, p. 437. Note *(f)*.

Regnault (Jean) Eschevin de la ville de Poitiers, en 1372. p. 563.

Reymerius Copa. Voy. *Copa*.

Reims, (J. de) en 1372. pag. 556. Voy. *Rains, Reins* & *Remis*.

Reynerii, *(Jacobus) Conſiliarius Univerſitatis de Romanis*, en 1368. p. 230.

Reins, (J. de) ou *Remis*, en 1372. p. 502. & Note marg. *b*. Voy. *Rains, Reims* & *Remis*.

Reix, (Guillaume le) Clerc Tabellion, Juré de la ville de Troyes, en 1358. p. 597.

Rely, (Pierre de) Procureur du Roy de Douay, en 1368. p. 130.

Remy, (Maistre Perrin) Enlumineur de l'Université de Paris, en 1368. p. 686.

Remigius, (Petrus) p. 3.

Remis, (J. de) en 1367. p. 118. En 1368. pp. 119. 141. 147. 150. En 1369. p. 275. En 1370. pp. 369. 382. En 1371. pp. 402. 419. 452. 465. 469. En 1372. pp. 490. 531. 561. 562. En 1373. p. 618. J. de Remis, Secretaire du Roy, en 1372. pag. 498. Jo. de Remis, en 1371. p. 585. *Johannes de Remis Secretarius Regis*, en 1370. Voy. *Rains, Reims, & Reins*.

Renault, Comte de Boulogne, en 1209. p. 181. Note *(c)*.

Renoul, (Simon de) Archevesque de Tours. Voy. *Turonenſis*.

Renti, (Oudart de) Chevalier, Conseiller & Gouverneur de la ville de Tournay, en 1370. p. 350.

Renulphus, (Simon) de Renoul, Turonensis Archiepiscopus. Voy. Turonensis.
Reveaumont, en 1367. p. 12.
Revelart, (Colin) Preudomme de la ville de Roüen, en 1369. p. 252.
Revolli, (Johannes) Episcopus Auraficensis. Voy. Auraficensis.
Richart, Roy d'Angleterre, Duc de Normendie & d'Acquitaine, & Comte d'Anjou. V. Angleterre.
Riche, (Maistre Jacques le) Enlumineur de l'Université de Paris, en 1368. pag. 686. Voy. Divitis.
Richerii, (Joannes) Miles, p. 56. Thierricus Richerii Canonicus Virdunensis, Commissarius Regis, en 1368. p. 230.
Rie, (Jehan de) Seigneur de Balençon, en 1372. p. 564.
Rigny, (F.) en 1373. p. 619. Note marg. h.
Rysombing, (Boso de) Magister Imperialis Camere, en 1366. p. 228. Note.
Riviere, (Bureau de la) Voy. Bureau.
Robert, premier Duc de Bar, Marquis du Pont. Voy. Bar. Robertus Buticularius Regis, en 1223. p. 489.
Robetas, (Jehans le) Bourgeois de S.te Manehout, & Jurez de ladite Ville, en 1317. p. 486.
Rocha, (H. de) en 1370. p. 337. Hue de Roche, Auditeur de la Chambre des Comptes de Paris, en 1373. p. 663. Jehan de la Roche, Per de la ville de Roüen, en 1369. p. 252.
Rochechouart. Voy. Rupe-Cavardi.
Rodez, &c. (Jehan Comte d'Armaignac, de Fesensac, de) Voy. Armagnac. Ruthenæ.
Rodolphe III. p. 225. Note (b).
Rodulphi, (Guillelmus) Burgensis Villæ de Romanis, en 1366. p. 229. Guillelmus Redulphi Consiliarius Universitatis de Romanis, en 1368. p. 230.
Rodulphus, Evesque de Grenoble. Voy. Grenoble.
Rogerius de Rovenayo ou Rouverayo. Voy. Rovenayo.
Rogerus magnus de Maisoncelles. Voy. Maisoncelles.
Rogo Dominus de Agesto, Miles. Voy. Agesto.
Royaume, (Godefroy du) Voy. Du Royaume.
Royer, (J.) en 1355. p. 458.
Romanis, (Theobaldus de) en 1248. p. 601.
Romanonus Chavalerii, Consul Villæ de Romanis. Voy. Chavalerii.
Romerii, (Joannes) p. 86.
Roquis (Johannes de) Presbiter, Thesaurarius Ecclesiæ B. Mariæ. Vivariensis in Brya, en 1371. p. 428.
Rossilione, (Aymarus de) de Roussillon, pag. 85. & Note (e). Amilder de Rossilione, Miles, pag. 56.
Rovenayo, Roverayo, (Rogerius de) Dominus de Ferralibus, Commissarius Regis Senescalliæ Carcassonæ, en 1373. pp. 637. 663.
Roussillon. Voy. Rossilione.
Roux, (Le) Voy. Russo.
Rubromonte, (Magister de) Secretarius Regis, en 1370. p. 370.
Ruczoli, (Bonthosus) Consiliarius Universitatis de Romanis, en 1368. p. 230. Bontonius Ruczoli Burgensis Villæ de Romanis, en 1366. p. 229.
Rucil, (Jehan de) en 1372. p. 482. En 1373. p. 647. Jehan de Rueil, Conseiller du Grand Conseil, en 1370. p. 302. Jehan du Rueil, en 1373. p. 648.
Rue-Neuve, (Maistre Rogier de) Relieur de livres de l'Université de Paris, en 1368. p. 686.
Russo, (Joannes de) Nobilis, le Roux, p. 86. & Note (h). Stephanus de Russo, Juge-Mage du Graisivaudan, en 1348. Ibid.
Rupe, (Johannes de) Secretarius Regis, en 1370. p. 370. Philippus Dominus de Rupe, Vicecomes Lautricensis, Miles. Philippus Dominus Modernus de Rupe, Vicecomes Lautricensis. Voyez Lautricensis.
Rupe-Cavardi, Rochechouart, (Ludovicus Vicecomes) en 1369. p. 687.
Rupertus Liginczensis, ou Ligincensis Dux. Voy. Ligincensis.
Ruptus senior, Comes Palatinus Reni, en 1366. p. 226. Note.
Ruthenæ. (Johannes Dei gratia Comes Armaniaci, Fezenciaci &) Voy. Armagnac & Rodez.

S

S ACIER, (P.) en 1203. p. 207.
Sagiensis, (F. Episcopus) p. 150.
Sains de la Fontaine, Bailly de Chartres. Voyez Fontaines.
S.t Antoine, (Pierre Lobet Abbé de) p. 84. Note (g).
S. Audoeno ou Odeno, (Vivianus de) pp. 416. & 417.
S.te Croix, (Philippes de) Evesque de Mâcon. Voy. Mâcon. Guillelmus de Sancta Cruce, Consiliarius Universitatis de Romanis, en 1368. p. 230.
S. Denis, (Guy II. dit de Monceau ou de Monceaux, Abbé de) en 1368. p. 117. En 1369. p. 203. Note (b).
Sancta Engerina, (Bernardus de) en 1231. pag. 215.
S. Eugues, Evesque de Grenoble. Voy. Grenoble.
S. Germain, (Guillaume de) Advocat du Conseil pour les Marchands forains de poissons de Mer en la ville de Paris, & Procureur General au Parlement de Paris, en 1367. pp. 12. & 13. Jacobus de S. Germano Advocatus Fiscalis Delphinatus, en 1389. p. 61. Notes.
S. Laurencii Gratianopolis. (Brunellus de Barjaco Prior) Voy. Barjaco.
S. Mart, (J. de) en 1369. p. 170.
S. Martin, (Berchelot & Gillot de) Maistres Savetiers à Chartres, en 1364. p. 273.
S.ti Maxencii, (Guillelmus Abbas Monasterii) en 1373. p. 623.
S. Mers, (Pierre de) Chastelain de la Roche de Cleis, en 1371. p. 404.
S. Odeno. Voy. S. Audoeno.
S.te Palaye, (M.r de la Curne de) de l'Académie des belles Lettres, p. 508. Note (a).
Saint-Pere, (Philippe de) Tresorier du Roy, en 1371. p. 454.

S. Policarpo, (Reimundus Guillelmus de) Mercator, en 1292. p. 584.
Sainxe de la Porte, Bourgeois de Chasteaudun, Voy. Porte.
Sala, (Guillehmus de) Notarius Regis, en 1231. p. 215.
Salebruche, (le Comte de) en 1373. pag. 663. Voy. Sarrebouche.
Saletis, (Hugonetus de) p. 86.
Salins, (Hudes ou Eudes IV. Dux de Bourgoigne, Cucus d'Artois & de Bourgoingue, Palatins & Sire de.) Voy. Bourgogne.
Salvaing, pp. 45. Note (bb) 60. Note marg. * 85. Note (g).
Salvarini, (Petrus Ramundus) en 1292. p. 584.
Salvelha, (Petrus de) en 1292. p. 584.
Sanche VI. Roy de Navarre. Voy. Navarre.
Sancius de Orta. Voy. Orta.
Sanctis, (J. de) en 1372. pp. 545. 546.
Sanfort, (Rogerius de) p. 150.
Sanson, (Joseph de Jesus Maria) p. 173. Note (b).
Saquciretes, p. 291.
Sarlatensis, (Bernardus Abbas Monasterii) Bernard V. Abbé de Sarlat, en 1370. p. 339. Bernardus de Vallibus Abbas monasterii Sarlatensis. Ibid. Note (a).
Sarrebouche ou Sarrebruche, (Jean II. du nom, Comte de) Conseiller du Roy, en 1373. pag. 648. & Note (f). Voy. Salebruche.
Sassenage. p. 85. Note (g). Voy. Cassenatici.
Savari, pp. 105. Note (b) 193. Note (d) 272. Note (c) 315. Note (b) 596. Note (c).
Savere, (Symoninus de) en 1366. p. 230.
Savigny, (Jehan de) Bourgeois de Senz, en 1373. p. 612.
Savoye, (Amé VI. Comte de) en 1354. p. 59. Note (b).
Savoisy, (Philippe de) en 1372. p. 479.
Scafini. Voy. Eschaffini.
Scatisse, (Petrus) Consiliarius Regis, en 1371. p. 465. Petrus Scatisse, Thesaurarius Franciæ, en 1368. p. 152. En 1370. p. 342. Pierre Scatisse, Conseiller du Roy, en 1372. pag. 543. Pierre Scatisse, Tresorier du Roy, en 1367. pag. 90. Note. 91. En 1370. p. 352. Voy. Escatisse.
Schultingius, (Antonius) p. 44. Note (z).
Scribe, (Guillelmus) en 1231. p. 215.
Scut, (Guillelmus & Robertus de) p. 150.
Sebilardi, (Joannes) Consiliarius Universitatis de Romanis, en 1368. p. 230.
Secur (Petrus) Consul de Limoso, en 1292. p. 583.
Senlis, (Hodierne de) Cousliere à Paris, en 1341. p. 548.
Senonensis (Dominus) M.r l'Archevesque de Sens, en 1355. p. 458. & Note marg. f. Monf. de Sens, Conseiller du Grand Conseil, en 1370. p. 302. Mess. l'Archevesque de Sens, en 1373. p. 663.
Septre, (Simonet le) Brasseur à Paris, en 1369. p. 222.
Serbindo, (Paul de) Maistre Particulier d'or & d'argent de la Monnoye de Tournay, en 1371. p. 402.

Seris, (Robertus de) Secretarius Regis, en 1370. p. 370.
Serlatius Archiepiscopus Maguntinensis. Voy. Maguntinensis.
Serpant, en 1368. p. 707. En 1369. p. 387.
Servelli, (Bernardus) Consul de Limoso, en 1292. p. 583.
Seveyraco, (Guido Dominus de) Miles. Guy VI. Baron de Severac, en 1369. p. 232. & Note (b). Amaury de Severac, Maresçhal de France, p. 232. Note (b).
Sez, (Maistre Jean de) Enlumineur de l'Université de Paris, en 1368. p. 686.
Sicardi, (Ramundus Analdus) en 1292. p. 584.
Sicile, &c. (Charles de France, premier du nom, Roy de Naples, de) Voy. France.
Signerii, (Petrus) Consul Villæ Limosi, en 1372. p. 585.
Silvanectensis, (Guarinus) Episcopus, Cancellarius, p. 489.
Sirartzburg, Henricus Comes de) en 1366. p. 227. Note.
Siridinizensis, (Bolleo Dux) en 1366. p. 228. Note.
Sobucio, (Joannes de) p. 150.
Socol. (Hugo du) Voy. Du Socol.
Socretiis, (Haschco de) Magister Imperialis Camere, en 1366. p. 228. Note.
Soycourt, en 1367. pp. 30. 32. Gilles de Soycourt, Chevalier, Maistre des Requestes de l'hostel du Roy, en 1368. p. 136. En 1370. p. 349.
Soines, (Maistre Denifot de) Relieur de livres en l'Université de Paris, en 1368. p. 686.
Soissons, (Maistre Girart de) Parcheminier de l'Université de Paris, en 1368. p. 686.
Soissons, (Enguerrans VII. Sire de Coucy, Comte de) & de Bedeford. Voy. Coucy.
Somade, (Bernard, Raymond & Raouls) habitans, Conseillers de Ville-nove en Roüergue, en 1368. p. 394.
Sommeure, (Raoulin & Waterins de) en 1264. p. 390.
Sottenghien, (Marie Dame de) p. 459. Note (b).
Spanheim, (Johannes Comes de) en 1366. p. 227. Note.
Spitame, (Berthelemi) Marchand & Bourgeois de Paris, en 1370. pp. 301. 334. En 1372. pp. 469. 482. 483. 503. 506. bis. 541. 542. 593. En 1373. p. 639. Berthelemy Spitame Marchand & Bourgeois de Paris, en 1369 p. 690. En 1370. p. 319.
Spinvro de Hemburg, Magister Camere Imperialis. Voy. Hemburg.
Spirensis, (Lampertus Episcopus) en 1366. pag. 226. Note.
Stagno ou Stanno (Pierre de) d'Estaing, Archevesque de Bourges, en 1367. p. 218. & Note (b).
Staus, (Jehan de) Cousticr à Paris, en 1341. p. 548.
Stephanus Cancellarius, en 1367. p. 23. M. Stephanus, en 1373. p. 436.
Stetinensis, (Baziminus ou Bazinitus Dux) en 1366. p. 226. Note & Notes (e & f).

Suavis,

TABLE DES NOMS DES PERSONNES, &c.

Suavis, (Simon) Clericus & Judex Regius Fenolhedesii, en 1369. p. 187.
Surelli, (Petrus) Clericus & Notarius Regis, en 1372. p. 580.
Susanne, (Jehan de) Couftier de Paris, en 1341. p. 548.

T

TABARI, en 1370. pp. 295. 305. 343. 345. 346. J. Tabari, en 1367. p. 80. En 1369. p. 170. Note (a) en 1370. p. 296. En 1371. pp. 440. 444. 446. 448. 639. En 1372. pp. 482. 517. 519. 521. 525. 535. 536. 537. 567. 575. 576. 582. 592. En 1373. p. 685. Note (cccc). Jehan Tabari Secretaire du Roy, en 1372. p. 539. Jehan de Tabari, Secretaire du Roy, en 1373. p. 647. *Johannes Tabari, Secretarius Regis*, en 1370. p. 370.
Tadelin, (Edouart) General Maiftre des Monnoyes à Paris, en 1370. p. 302. Voy. *Thadelin*.
Tainturier, (Jehan le) & Amée fa femme, Couftiers à Paris, en 1341. p. 548.
Tallevas, (Guillaume) p. 181. Note (d).
Tame, (Guillelmus) en 1292. p. 584.
Tancarville, (Le Comte de) en 1367. p. 27. Jean II. du nom, Vicomte de Melun & Comte de Tancarville. Voy. *Melun*.
Taffe, Vefve de feu Pierre Anfel, en 1373. p. 620.
Taffete, femme de Jehan Marfel, Couftier à Paris, en 1341. p. 548.
Terrida, (Bertrandus Dominus de) Vicecomes Gimoefii ou *Ginoefii* ou *Gunoefii*, en 1369. p. 279. & Note (e).
Teffcreau, pp. 367. Note (a). 370. Note (a).
Tevenin le Lanternier, (Maiftre) Relieur de livres de l'Univerfité de Paris. V. *Lanternier & Thevenin*.
Textoris, (Bernardus) en 1368. pag. 122. *Petrus Arnaldus Textoris*, en 1292. p. 584. *Ramundus Arnaldus Textoris*, en 1392. Ibid.
Thadelin, (Edouart) General Maiftre des Monnoyes, en 1370. pp. 301. Note (a). 320. Note (a). Voy. *Tadelin*.
Thaunay, (Jean de) Efchevin de la ville de Poitiers, en 1372. p. 563.
Theobaldus, (Comes) Dapifer Regis, en 1183. p. 238. En 1187. Ibid. *Theobaldus Campaniæ & Briæ Comes*. Voy. *Campaniæ & Thibaud*.
Thefio, (Francifcus de) Miles, p. 56.
Thevenin Langevin, (Maiftre) Efcrivain de l'Univerfité de Paris. Voy. *Langevin & Tevenin*.
Thibaud, en 1264. p. 391. Thibaud V. Comte de Champagne. Voy. *Champagne*. Thibaud V. furnommé le Jeune. Thibaud VI. Roy de Navarre &c. Voy. *Navarre & Theobaldus*.
Thimo de Kolditz, Magifter Cameræ Imperialis. Voy *Coldus, Kolditz & Tymo*.
Thoyras, pp. 150. Note (b). 316. Note (c). 416. Note (b). Rapin Thoyras, p. 73. Note (d).
Thole, (Arnaldus) en 1292. p. 584.
Tholon. Voy. *Tollini*.
Tholofæ, (Alfonfus Filius Regis Franciæ, Comes Pictavenfis &) Voy. *Pictavenfis & Touloufe*.
Thomas Cant. Voy. *Cant*. Guillaume Thomas Per
Tome V.

de la ville de Roüen, en 1369. p. 252.
Thotana, (Dominus de) Miles, p. 56.
Thouloufe, (Jean de) Religieux de S.t Victor-lez-Paris, p. 336. Note (a).
Thuille, (Jean de la) Procureur au Bailliage de Touraine, Anjou & Maine, en 1371. p. 428. Voy. *Tuille*.
Tignonville, (Guillaume Seigneur de) Chevalier, Confeiller du Roy, & Garde de la Prevofté de Paris, en 1369. p. 170. Note (a).
Tilleyo, (Petrus de) en 1214. p. 317.
Tymo de Coldus, Magifter Imperialis Cameræ. En 1366. p. 228. Note. Voy. *Kolditz & Thymo*.
Tollini, (Dominus de) Tholon, p. 85. & Note (f).
Tonnerre. (Jehan de Chalon Comte de) Voyez *Châlon*. Mahaud de Bourbon, Comteffe & heritiere de Nevers, d'Auxerre & de Tonnerre. Voy. *Bourbon*. Voy. auffi *Tornodorenfis*.
Torchefelon. Voy. *Torchifelone*.
Torches, (Regnaut de) Couftier à Paris, en 1341. p. 548.
Torchifelone, (Guido de) Miles, Torchefelon, p. 85.
Tornodorenfis. (Petrus Comes Antiffiodorenfis &) Voy. *Antiffiodorenfis & Tonnerre*.
Tortaulini, (Bernardus) Conful de Limofo, en 1292. p. 583. *Bernardus Tortaulini, Notarius publicus Limofi*, en 1292. p. 584.
Touars, (Madame de) femme de Meff. de Craon, en 1372. p. 565.
Touloufe, (Raimon VI. Comte de, en 1209. p. 308. Note (a).
Tour, Onvrengny de la) habitant de la Ville de Clermont en Baffigny, en 1372. p. 602.
Touraine, (Loys fils de Roy de France, frere de Monf. le Roy, & fon Lieutenant ès parties du Languedoc, Duc d'Anjou & de) & Comte du Maine, en 1371. p. 719. En 1372. p. 483. Voyez *Turonenfis*.
Tournay, (Katerine) Couftiere à Paris, en 1341. p. 548.
Tournay, (Philippe d'Artois Evefque de) en 1370. p. 373. Note (b).
Tourneur, en 1367. pp. 90. 107. En 1370. p. 307. bis. En 1371. p. 403. Thomas le Tourneur, Auditeur de la Chambre des Comptes de Paris, en 1373. p. 663.
Touffanelius, Baïart. Voy. *Baiart*.
Toubien, (Gillot) Maiftre Savetier à Chartres, en 1364. p. 273.
Traynellus, (Humbertus Dominus) Miles, p. 56.
Tre, (H. de) en 1372. p. 583. En 1373. p. 634.
Trecenfis, (Blancha Comitiffa) en 1202. p. 486.
Tribus-viis, (Frater Ramundus de) Ordinis Fratrum Minorum, en 1292. p. 584.
Trie, (Charles de) Comte de Dampmartin. Voy. *Dampmartin*.
Troye, (Maiftre Philippot de) Libraire de l'Univerfité de Paris, en 1368. p. 686.
Troillivres, (Maiftre Joachim) Enlumineur de l'Univerfité de Paris, en 1368. p. 686.
Trouffart, (Jehan) Tanneur à Chartres, en 1364. p. 273.
Tuille, (Jehan de la) Baillif des Refforts &

m m m

TABLE DES NOMS DES PERSONNES, &c.

Exemptions des Duchiez d'Anjou & de Touraine, en 1372. p. 523. Voy. *Thuille.*

Turonensis, (Ludovicus Regis condam Francorum Filius, Domini mei Regis Germanus, ejusque Locumtenens in Partibus Occitanis & Aquitaniæ, Dux Andegavensis &) ac Comes Cenomanensis. En 1370. pp. 339. 586. En 1371. pp. 435. 436. 638. En 1372. pag. 583. Voy. *Touraine. Simon Renulphus Archiepiscopus Turonensis.* Simon de Renouf, Archevêque de Tours, en 1372. p. 516. & Note *(b).*

V

VABAVHAL, p. 685.
Vache, (Jacques la) Chevalier, en 1370. p. 349. Jacques la Vache, Chevalier, Président au Parlement de Paris, p. 136.
Vaigniaco, (Petrus de) Secretarius Regis, en 1370. pag. 370.
Vaissette, (Le P. D.) Bénédictin, pp. 31. Note *(c)* 79. Note *(b)* 121. Note *(b)* 122. Note *(a)* 165. Note *(b)* 187. Note *(a)* 211. Note *(a)* 279. Note *(b)* 284. Note *(a)* 293. Note *(a)* 308. Note *(b)* 311. Note *(a)* 326. Note *(a)* 402. Note *(a)* 413. Note *(b)* 417. Note *(b)* 442. Note *(b)* 465. Note *(a)* 487. Note *(b)* 502. Note *(b)* 532. Note *(b)* 550. Note *(a)* 588. Note *(a)* 608. Note *(a)* 637. Note *(a)* 641. Note *(a)* 654. Note *(a).*
Valbonais, (M. de) pp. 37. Note *(a)* 38. Note *(b)* 39. Note *(f)* 59. Note *(b)* 63. Note *(c)* 80. Note *(d)* 85. Note *(b)* 109. Note *(c)* 225. Note *(b)* 404. Note *(b).*
Valentinensis & Diensis, (Aymarus Comes) Miles, p. 56.
Valesius, p. 687. Note *(b).* M. de Valois, p. 99. Note *(b).*
Valle, (*Oudoinus de) Serviens Regis,* en 1367. p. 4.
Valliæ, (Princeps) le Prince de Galles, en 1369. p. 276. Voy. *Galles & Aacquitaine.*
Vallibus, (Bernardus de) Abbas Monasterii Sarlatensis. Voy. *Sarlatensis.*
Vallini, Vallin, *(Joannes)* p. 86. & Note *(i).*
Valricher, (Vincent de) Maire de Rouen, en 1348. p. 252.
Vanin ou Vannin, (Thomas) Conseiller du Roy, en 1372. pp. 499. 553.
Vanmell (G. J.) Secretaire, p. 370. Note *(a).*
Vannin, (Thomas) Conseiller du Roy. Voyez *Vanin.*
Varot, (Thomas) Bourgeois de S.t Lo, & Lieutenant du Capitaine dudit lieu, en 1369. p. 289. Note.
Vaucelles, (Guillaume Abbé de) en 1257. p. 142. Mathieu III. Abbé de Vaucelles, en 1368. p. 142.
Vaudeux, (Jehan de) en 1373. p. 647.
Ubricus, Comes de Hetferisteyn. Voy. *Hetferistein.*
Vcires, (N. de) en 1367. p. 24. En 1369. pp. 182. 183. 184. 191. 192. Note marg. *b.* 257. *bis.* 258. 259. 260. 265. 688. En 1370. pp. 112. 280. 283. 284. 287. 328. 329. 330. 332. 335. 338. 692. En 1371. pag. 426. En 1372. pp. 718. 720. Voy. *Veres, Veris & Verres.*
Veneville, (Pierre de) Président au Parlement de Paris, en 1369. p. 199.
Ventadorensis, (Dominus Comes) en 1355. p. 458. Girart de Ventadour, Chevalier, Sire de Donzenac, en 1372. p. 472.
Verdensis, (Radolphus Episcopus) en 1366. pag. 226. Note.
Verdone, (Perrotus de) Consiliarius Universitatis de Romanis, en 1368. p. 230.
Veres, (N. de) En 1368. p. 120. *Magister Nicolaus* de Veres, *Clericus aut Secretarius Regis,* en 1371. pag. 426. & Note *(b).* Voy. *Veires, Veris & Verres.*
Vergny, (J. de) en 1369. p. 278. P. de Vergny, en 1369. pp. 233. 248. En 1370. pp. 288. 309. 697. 702. En 1371. pp. 400. 707. 710. 712.
Veris, (N. de) en 1369. pag. 192. Voy. *Veires, Veres & Verres.*
Vermanton. (Hugues Bermant, Seigneur de) Voy. *Bermant.*
Vernier, (M.e Robert) Escrivain de l'Université de Paris, en 1368. p. 686.
Vernon, (J. de) en 1367. p. 91. J. *Vernone,* en 1371. p. 423.
Verona, Verone, Veronne, *(Petrus de)* p. 86. & Note *(c).*
Verres, en 1367. p. 24. N. de Verres, en 1367. p. 27. En 1368. p. 117. En 1369. pp. 261. 264. 268. 269. En 1370. pp. 282. 693. En 1371. pp. 416. 424. En 1372. pp. 472. 724. Voy. *Veires, Veres & Veris.*
Veuncio ou *Bernicio, (Joannes Comacius* ou *Camacius de) habitator Calvitionis.* Voy. *Comacius.*
Vezou, (Manessier de) Juif, Procureur General des Juifs demeurant en Languedoc, en 1370. p. 496. En 1372. p. 498.
Vicinis, (Egidius, Johannes & Petrus de) Milites, en 1292. pag. 584. *Guillelmus de Vicinis Miles, Dominus de Limoso,* en 1292. p. 583. *Milo de Vicinis Consiliarius Regis,* en 1372. p. 499. Voy. *Voisines.*
Victeur, (Simon Henry le) Brasseur à Paris, en 1369. p. 222.
Vienna, (Jacobus de) Dominus de Loimico, Gubernator Dalphinatus, p. 60. Notes. Jacques de Vienne, Chevalier, Gouverneur du Dauphiné, en 1371. p. 404.
Vienne, (Pierre Abbé de S.t Pierre de) pag. 85. Note. *Bertandus de Capella Archiepiscopus Viennensis,* p. 54. *Carolus Primogenitus Joannis Primogeniti Philippi Regis Franc. &c. Delphinus Viennensis,* p. 37. *Humbertus Delphinus Viennensis,* p. 38.
Villamadensis, (Johannes de) Clericus Leonensis Diœcesis, en 1371. p. 428.
Villanis, (Johannes de) Miles, Vicarius Biterrensis, Commissarius Regis, en 1367. p. 108. En 1368. p. 121. En 1369. pp. 188. *bis.* 211. 213. 214.
Villano, (Disderius de) Consiliarius Universitatis

TABLE DES NOMS DES PERSONNES, &c.

de Romanis, en 1368. p. 230. Voy. *Villario.*
Villar, (*Petrus Johannes de*) en 1292. p. 584.
Villario, ou *Villano*, (*Difderius de*) *Burgenfis Villæ de Romanis*, en 1366. p. 229. *Joannes de Villario, Procurator Regis Senefcalliæ Carcaſſonæ*, en 1370. p. 332. Voy. *Villano.*
Villars, (*Henricus de*) *Archiepiſcopus Lugdunenſis.* Voy. *Lugdunenſis.*
Villa-Terrici, (*Bernardus de*) en 1214. p. 317.
Villem, en 1367. p. 95. En 1368. p. 111. En 1371. p. 436. En 1372. pp. 520. 525. 557. En 1373. p. 605. Villemer, en 1367. p. 27. En 1368. pp. 111. Note marg. * 141. En 1370. p. 382. Vilmer en 1371. p. 430. Note marg. *e.* Voy. *Wuillemer.*
Villemontoir, (J. de) en 1371. p. 451.
Ville-Neuve, (Jehan de la) Clerc-Juré de la ville de Chaumont, en 1343. p. 599.
Villers, (Pierre de) ſouverain Maiſtre d'hoſtel du Roy, en 1371. p. 462. Monſ. P. de Villiers, en 1369. p. 246.
Vilmer. Voy. *Villem.*
Viromandorum, (*Radulphus Comes*) *& Dapifer Regis*, en 1367. p. 23.
Vitalis, (*Magiſter Bertholomeus*) *Procurator Regis in Villa Tholoſæ*, en 1366. p. 641. *Magiſter Bartholomeus Vitalis, Clericus Regis*, en 1372. p. 502.

Vivianus de S.to Audoeno ou *Odeno.* V. *S. Audoeno.*
Voertheim, (*Eberardus Comes*) en 1366. p. 227. Note.
Voiſines, (Miles de) Conſeiller du Grand Conſeil, en 1370. pag. 302. En 1372. pp. 499. 553. Voy. *Vicinis.*
Vomſberg, (*Cimrardus de*) *Magiſter Camere Imperialis*, en 1366. p. 227. Note.
Vontemberg, (*Ebohardus Comes de*) en 1366. p. 227. Note.
Urbain, (Le Pape) p. 479. *Urbanus Papa*, p. 101. & Note (*a*) en 1372. p. 603.
Uſurier, (Simon) Braſſeur à Paris, en 1369. p. 222.
Wallarum, (*Eddouardus Princeps*) *& Dux Acquitaniæ.* Voy. *Acquitaine, Galles & Valliæ.*
Warcelli, (*Barduchus*) *Domicellus, Vicarius Giniaci*, en 1369. p. 212. Voy. *Wertelli.*
Wateble, (Jacques) Procureur du Roy de la ville de Tournay, en 1370. p. 350.
Waterins de Sommeure. Voy. *Sommeure.*
Wertelli, (*Bardugus*) *Vicarius Regis Gnyhiaci*, p. 79. *Parduchius Wertelli, Wicarius Regis Giniaci*, en 1373. p. 622. Voy. *Warcelli.*
Wilgrim, en 1371. p. 430.
Willelmus Buticularius, en 1367. pag. 23. Voy. *Guillelmus.*
Willemer, en 1374. p. 618. Voy. *Villem.*

(*) ADDITIONS ET CORRECTIONS
pour le cinquiéme Volume des Ordonnances, & pour les Volumes precedents.

VOLUME PREMIER.

Page 554. Notes (*b, c* & *d*) Voy. les Lettres du premier d'Avril 1315. p. 120. du 5.ᵉ Vol. de ce Recueil.

Page 644. ligne 23. & p. 645. ligne 4. au lieu de *generosè*, lisez, *gratiosè*. Voy. la 2.ᵉ Note (*b*) de la page 485. du 4.ᵉ Vol. de ce Rec.

VOLUME TROISIEME.

Preface. p. lxxij. N.° lix. Voy. la Preface du 4.ᵉ Vol. de ce Rec. p. vij. Note (*a*).

Ibid. p. xcix. N.° c. Voy. le 5.ᵉ Vol. de ce Rec. p. 20. Note (*c*) & p. 21. Note (*d*).

Page 10. Voy. sur les Lettres du mois d'Aoust 1355. le 5.ᵉ Vol. de ce Rec. p. 186. Note (*b*).

Page 108. Note (*uu*) Voy. le 5.ᵉ Vol. de ce Rec. pag. 560. Note (*b*).

Page 115. Note (*b*) Voy. le 5.ᵉ Vol. de ce Rec. p. 713. Note (*b*).

Page 228. Note (*k*) adj. au lieu de *Contre-Marregliers lais*, il faut lire, *Coutres-Marregliers*. Les Marguilliers sont appellez *Coustre d'Eglise lais*, dans le 4.ᵉ Vol. de ce Rec. p. 183. Note (*d*).

Page 452. A la marge, vis-à-vis le commencement des Lettres du mois de Novembre 1360. on a mis par erreur *Decembre*, il faut corriger *Novembre*; & on les a placées parmi les Ordonnances données dans le mois de Decembre; par la même erreur ces Lettres se trouvent parmi celles du même mois dans la Table Chronologique p. xx. Voy. sur ces Lettres le 5.ᵉ Vol. de ce Rec. p. 618. Note (*b*).

Page 489. Note (*b*) col. 1. adj. *Montesium* est un petit canton, nommé *le Montois*, vers Monstreau-faut-Yonne.

Page 636. Voy. sur les Lettres du mois d'Avril 1363. le 4.ᵉ Vol. de ce Rec. p. 727. Note (*a*).

VOLUME QUATRIEME.

Page 54. Voy. sur les Lettres du mois de Fevrier 350. le 5.ᵉ Vol. de Rec. p. 181. Note (*d*).

Page 78. Note (*b*) seconde. Voy. sur le nom moderne de *Monseignus* le 5.ᵉ Vol. de ce Rec. p. 326. Note (*a*).

Page 136. Sur les Lettres du 19. de Janvier 1347. Voy. le 5.ᵉ Vol. de ce Rec. p. 549. Note (*i*).

Page 160. Voy. sur les Lettres qui sont à cette page, le 5.ᵉ Vol. de ce Rec. p. 3. Note (*b*).

Page 177. & Note (*d*). Voy. le 5.ᵉ Vol. de ce Rec. p. 24. Note (*c*).

Ibid. Voy. sur les Lettres du penultieme d'Aoust 1356. le 5.ᵉ Vol. de ce Rec. p. 25. Note (*e*).

Page 178. Note (*c*). Voy. le 5.ᵉ Vol. de ce Rec. p. 26. Note (*f*).

Page 183. Note (*d*) Voy. les additions & corrections sur la page 228. du 3.ᵉ Vol. de ce Rec. Note (*k*) qui sont cy-dessus.

Page 471. Note (*b*) Voy. sur le mot *paiseurs*, les additions & corrections qui sont cy-dessous sur la page 134. du 5.ᵉ Vol. de ce Rec.

Ibid. *Withommes* est un mot hybride, composé d'un mot flamand & d'un mot françois; il faut l'écrire *Wyshomme*, *Vvys*, sage, *Vvys-mann*, homme sage, la même que prud'hommes. F.

Page 534. & Note (*d*) sur les Lettres du mois de May 1349. Voy. le 5.ᵉ Vol. de ce Rec. p. 500. Note (*b*).

Ibid. ligne 19. & Note (*c*) sur le mot *meschief*. Voy. les additions & corrections sur la page 683. du 5.ᵉ Vol. de ce Rec.

VOLUME CINQUIEME.

Page 7. Note (*c*) adjoûtez: On a cité d'après Borel ce vers; *D'un fil d'or estoit gallandée.*
dans tous les Manuscrits il y a, *galonnée*. F.

Page 22. Note (*h*) adjoûtez: Le mot *Contentor* est dans le Dict. Fr. & Angl. de Cotgrave, où il est expliqué, *droit de Registre ou de Controlle*. Il rapporte un passage Anglois qu'il explique ainsi; *quarante sols sur chaque Chartre, Patente, &c. honnoraires des Audienciers de la Chancellerie*. F.

Page 25. Note (*d*) adjoûtez: M.ʳ le Procureur General m'a dit qu'Yenville ne dépendoit point du Bailliage de Chartres, comme il est marqué dans le Dict. univ. de la France; mais que c'estoit un Siege Royal, où la Justice s'exerce au nom du Bailli d'Orleans, par un Lieutenant particulier, dont les appellations ressortissent au Parlement de Paris.

Page 26. Note (*f*) adjoûtez. Voyez le Glossaire de Ducange, au mot, *tractator*.

Page 28. M.ʳ Lancelot de l'Academie des belles Lettres, qui a trouvé ces Lettres du mois de Juillet 1367. vidimées dans le Registre des Chartres 138. piece 90. m'a communiqué quelques legeres *variantes* que voicy.

Page 28. ligne 10. de l'Ordonnance; c'est assavoir, *que sans congnoissance de cause, &c. que* manque.

Ligne 17. Et les autres qui sont des parties de Champaigne, *de Bourgogne, & d'autres pays* en Normandie ou ailleurs. Il y a dans la 2.ᵉ copie. Et les autres qui sont des parties de Champaigne *ou de Bourgogne*, en Normandie ou ailleurs.

Ligne 36. Que dores en avant lesdiz Pescheurs par adjournement ou autrement. Il y a dans la 2.ᵉ copie. Que doresenavant lesdiz Pescheurs *ou aucuns d'eux*, adjournement, &c.

Ligne 34. Nostre *Grant* Conseil. Il y a, nostre Conseil.

Ligne 37. Chastellerie. Il y a, Chastellenie.

NOTE.

(*) Voyez la Note (*) de la page ccx!j. du 4.ᵉ Vol. de ce Rec. sur la personne qui m'a communiqué les remarques, à la fin desquelles on trouvera une F.

Ligne 29.

Page 29. ligne 3. *vacues*, il y a *vacuées*.
Ligne 8. ou se il n'y *font ezdiz* lieux principaux.
Il y a, ou s'il n'y font *deuement* efdiz lieux principaux.
Ligne 10. pour quelque meffait, il y a, pour *quelconque* meffait.
Ligne 18. Les procès deffus diz en quelque lieu que il foient meuz. Il y a, les procès deffus diz en *quelconque* lieu qu'il foient meuz.
L'adreffe de cette copie eft au Bailli de Senz . . . . que pour les Pefcheurs demeurans en la Ville & Cité de Senz & en la Banlieue d'icelle . . . . face noftre prefente Ordonnance crier & publier, &c.
Page 37. Lorfque l'on imprimoit ces Lettres du mois d'Aouft 1367. je commençois la lecture de l'ufage des Fiefs de M.r Salving de Boffieu; je fentis bien que je trouverois dans cet excellent ouvrage plufieurs paffages qui ferviroient à expliquer differents articles de cette Ordonnance; mais comme il n'eftoit pas poffible d'interrompre l'impreffion, il m'eft refervé à indiquer ces paffages dans les additions & corrections.
Page 40. art. 6. & 7. Voy. l'édit. de 1731. de l'ufage des Fiefs de M.r Salving. 2. partie, chap. 60. pp. 64. 66. chap. 96. p. 237.
Page 43. art. 22. Voy. *Idem*. 1. partie ch. 40. pp. 237. 242. ch. 44. pp. 265. 267.
Page 44. art. 23. Voy. fur les terres limitées. *idem*. 2. partie, ch. 52. p. 2. ch. 56. p. 33.
Page 48. art. 31. Voy. *Idem*. 1. partie, ch. 36. pp. 211. 212. ch. 37. p. 219.
Page 52. art. 50. Voy. *Idem*. 1. partie ch. 32. p. 183.
Page 59. Note *(h)* adjoûtez. Voy. le 1. Vol. de ce Rec. p. 148. Note *(e)*.
Page 67. Note *(c)* adjoûtez: Je ne puis croire que ce foit un droit qui regarde les brebis; il n'eft point parlé de tranfport d'aucuns animaux. Ne feroit-ce point pour mefurage, droit de jauge? *Verge*, jauge, dans Savari, Dict. du Commerce. F.
Page 69. Note *e* marginale, adjoûtez *obcion*, mot douteux; je foupçonne que c'eft *obicion*, du latin *obex*, *obicis*, pour *obftacle*; comme nos anciens ont dit *inicion*, pour *commencement*. F.
Page 89. Voy. fur les Lettres du 5. de Decembre 1363. cy-deffous les Lettres du 17. de Juin 1371.
Page 92. (il y a mal 62.) ligne 38. fur ces mots *Bailliſ*, *Prevoſt*, adjoûtez cette Note.
Par ce Bailly & Prevoft d'Auxerre, il faut entendre le Bailly de Sens & le Prevoft de Villeneuve-le-Roy. Voy. cy-deffous, p. 415. les Lettres du mois de Juillet 1371. & pp. 423. & 425. les Lettres du mois de Septembre 1371.
Page 94. ligne 38. fur le mot *deffenfe*. Voy. cy-deffous, p. 247. Note *(b)*.
Ibid. Note *(c)* adjoûtez. Voy. cy-deffous, p. 247. Note *(a)*.
Page 109. Note *(d)* adjoûtez: Ces Lettres font imprimées cy-deffous, p. 225. Note *(a)* & p. 227. Note *(b)*.
Page 118. Note *(b)* adjoûtez *pannechié*, c'eft le participe du verbe *pannechier*, *pannecher*, le même que *panneter*, *boulanger*, verbe. Voy. le paffage où il y a, *blé cuit & pannetez* dans Ducange, au mot *panetarius*. Guilleville, *Pelerinage de la vie humaine*, fe fert de ce mot. F.
Page 120. ligne 1. fur ces mots : *Lettres de Bourgeoifies*. On nommoit ainfi les Lettres de Naturalité. Il y a dans les Reg. du Trefor des Chartres, un très-grand nombre de Lettres de Naturalité intitulées : *Lettres de Bourgeoifies*.
Page 131. Note *(d)* adjoûtez : *avoyement* n'eft pas *meſſage*; c'eft *enſeignement*, *indication*. Dans Lancelot . . . . *qu'elle leur die des nouvelles de Lancelot & aucun avoiement*. F.
Page 133. Note *(g)* adjoûtez : *faielles* ce font *ſceaux*, *figilla*. On trouve dans nos vieux Poëtes, *eſcris faielles*, pour feellés; cette fignification convient icy. F.

Page 134. Note *(c)* adjoûtez *Paiſeurs*; ce font les *Paciarii* des paffages rapportez par Ducange, au mot, *Paciarius*, qui rend *Paciarius*, par *Ædilis*, *Scabinus*. F.
Page 162. Note *(d)* Voy. la p. 376. de ce Vol. Note *(d)*.
Page 197. Note *(e)* adjoûtez : ce font certaines terres femées en bled. On a dit auffi *bléer*, *emblaer*, *emblaver*, & ce dernier plus communement; mais il femble qu'il faudroit écrire, *ablées*. F.
Page 211. Note *(a)* adjoûtez : le fens de ce paffage pourroit eftre auffi : L'Evêque a droit de chaffer dans ces forefts, parce que ces animaux y font nez & s'y nourriffent.
Page 215. Voy. les Lettres du 19. de Juin 1370. qui font à la page 301. de ce Volume.
Page 253. Note *(e)* adjoûtez : *Eftantalion*, eft le même mot qu'*efchantillon*. Dans les Ordonnances de Police de 1367. il eft dit que *les efchantillons ou eftallons de longueurs, groffeurs* . . . . *feront mis en un tableau*, &c. Je crois *eftalon*, l'abbreviation d'écriture d'*eftantaillon* & que cette abbreviation ainfi que beaucoup d'autres, a paffé dans la prononciation. F.
Page 284. Note *(b)* Voy. la page 396. de ce Vol. Note *(b)*.
Page 285. Note *(b)* Voy. la page 694. de ce Vol. Note *(b)*.
Page 312. Note *(f)* adjoûtez. Voy. p. 388. Note *(b)* & p. 700. Note *(b)* de ce Vol.
Page 334. Note *(b)*. Je me fuis trompé dans cette Note. *fix cens & mil Mares*, ne fignifient point *fix cens mil Mares*, mais mil & fix cens Marcs, 1600. Marcs.
Page 350. ligne 47. fur ces mots *VIII.m livres*, mettez cette Note. Le calcul n'eft pas jufte. De 10000 livres, on en avoit tiré, 1.º 3000. 2.º cent francs d'or. Il ne pouvoit donc pas refter huit mil francs.
Page 358. Note *(b)* adjoûtez : L'*eſmouvement* eft *inſtigation*, *incitamentum*, que nos vieux auteurs difent auffi, *promotion*. Efmouveur dans le même fens, dans la page 713. de ce Vol. *Huſtineurs*, *Eſmouveurs de huſtins*. F.
Page 376. Note *(b)* adjoûtez. *veuë*, eft *jugement* pluftoft qu'*avis*, là auffi bien qu'aux art. 20. & 28. C'eft dans ce fens, que ce mot eft employé, *Etabliſ. S.t Louis* L. 1. ch. 56. Tom. 1. des Ordonnances, pp. 149. & 150. F.
Page 380. Note *(a)* adjoûtez : Ne feroit-ce pas pluftoft, *baſtimens*. F.
Ibid. Note *(b)* adjoûtez : *Receit*, eft écrit plus ordinairement, *recet*, *rechet*, & quelquefois, *recept*. *Receis*, comme *Tauldeis*, *logeis*, *poigneis*, *fereis*, *frapeis*, &c. F.
Page 388. Note *(b)* adjoûtez. Voy. auffi p. 700. Note *(b)*.
Page 390. lig. 25. *Livrées*, peut-eftre faut-il lire, *levées*.
Page 394. Note *(b)* ligne 3. *Voy. cy-deſſus*. lifez, Voy. le 4.e Vol. de ce Rec.
Page 540. Note *(b)* Voy. la page 648. de ce Vol. Note *(g)*.
A la page 553. ligne 19. & 44. où il y a, *avalueroit*, & à la page 555. ligne 6. où il y a, *avaluement*; je crois qu'il faut corriger *avaleroit*, *avalement*; diminueroit, diminution. F.
Page 602. Note *(n)* adjoûtez : *feerres*, n'eft pas celui qui doit ferrer les bleds; mais celui qui doit les foier. *Pro falce*, qui precede, defigne le faucheur, & le *ferres*, le moiffonneur. Nos anciens ont dit *foier*; & de-là le verbal *foterres*, écrit ici, *feerres*, pour foieur, comme *faifieres*, faifeur, *tromperres*, trompeur, &c. Ils ont dit, *arreres* pour *arator*, &c. comme *fuerres*, pour fueur, plus bas, p. 680. F.
Page 620. effacez la Note *e* marginale, & fubftituez-y celle-cy : En fortant du tribunal du Maire & des Efchevins.
Ibid. Note *h* marginale, adjoûtez : *folier*, maifon à deux étages, felon Borel cité : mais Borel s'eft trompé. *Soleir*, c'eft la plus haute chambre, ou le

plus haut étage d'une maison qui en a plusieurs. F.]
Page 632. col. 1. des Sommaires, ligne 3. de l'art. (5) adjoûtez *du Diocése de Mende.*
Page 645. col. 1. des Sommaires, ligne 2. des articles (1. 2.) *les Elûs, les Greneriers.* lisez: *les Elûs, les Receveurs, les Greneriers.*
Ibid. ligne 4. de l'article (6) *General.* lisez: *General des Aides.* deux lignes plus bas, *dans ses comptes.* lisez : *dans ses comptes, par la Chambre des Comptes.*
Ibid. colomne 2. ligne 3. de l'article (14) *Receveur General.* lisez: *Receveur General des Aides.*
Page 670. colomne 2. des Sommaires, article (22) *le prix du pain.* lisez: *le prix du pain & de la Fouasse.*
Page 683. ligne 10. sur ce mot, *mesture*, adjoûtez cette Note. *Mesture :* c'est *mesteil*, appellez aussi *mestail*, anciennement, *blé meteil ;* celui qui est meslé de froment & de seigle; on l'appelle encore aujourd'hui en Poitou, *mesture.* On trouve dans le quatrième Volume de ce Recueil, p. 534. pain de *meschief*, mal écrit, pour de *mesteil.* F.

Page 714. colomne 2. des Sommaires, ligne 2. de l'art. (26) *dans le marché*, lisez: *dans la foire ou dans le marché.*

Page 719. Note (*c*) il faut lire, *paclis*, convention, ou contribution, du latin, *pactum.* Ce mot est écrit de même, *patis*, dans le Journal de Paris nouvellement imprimé, & dans l'hist. de Charles VI. de Juvenal des Ursins. F.

Ibid. Note (*d*) adjoûtez: *travers*, c'est *droit de traverse.*
Dans le Coustumier de la Vicomté de l'cave de Roüen, la coustume *des bestes à quatre pieds & le travers des porcs qui vont au panage, &c.* F.

ERRATA POUR LE CINQUIÉME VOLUME
des Ordonnances & pour les Volumes precedents.

VOLUME PREMIER.

Page 74. Article 34. Voy. le 5.ᵉ Volume de ce Recueil, page 165. Note *(a)* premiere.

VOLUME TROISIÉME.

Page 146. ligne 9. *mil sept cens.* lisez: *mil trois cens.*

Page 489. Note (*b*) deuxieme colomne, ligne premiere, *Dammarie.* lisez: *Dame-Marie.*

VOLUME CINQUIÉME.

Page 8. Note marginale *g. abolim.* lisez: *ab olim.*
Page 12. Lettres du 28. de Juin 1367. ligne 9. *femm.* lisez: *fourme.*
Page 14. col. 1. art. 4. ligne. 5. &c. *& il en informera le Rey: & il leur ordonnera.* lisez : *& ils en informeront le Rey : & ils leur ordonneront.*
Page 15. col. 1. art. 11. ligne 8. *executez.* lisez: *executées.*
Page 17. art. 9. ligne 9. *vestre.* lisez : *nestre.*
Page 33. ligne 1. *à & tous.* lisez: *& à tous.*
Ibid. ligne 24. *savons faisons.* lisez: *savoir faisons.*
Page 35. art. 28. ligne 2. *accordez.* lisez: *accordées.*
Page 36. art. 31. ligne 3. *Olanesie.* lisez: *Planeyse.*
Page 42. Note (*q*) ligne 12. *ce qui est.* lisez: *que ce qui est.*
Page 57. ligne 40. *facimus.* lisez: *fecimus.*
Page 59. Note (*b*) deuxieme colomne, ligne 3. *relevant.* lisez: *relevantes.*
Page 63. Note *b.* marginale, Note (*a*). lisez: Note (*c*).
Page 70. Note marg. *c. Mevillon.* lisez: *Meüllon.*
Ibid. Note (*b*) deuxieme colomne, ligne 7. *Arnaus.* lisez: *Arnaldus.*
Page 71. Note (*b*) derniere ligne, *coursier.* lisez : *coursiere.*
Page 75. ligne 41. *quæstionis.* lisez: *questionis.*
Page 76. ligne 24. *quæstionem.* lisez: *questionem.*
Page 86. A la marge, *Note (h).* lisez : *Note (g).*
Page 92. cette page est mal chiffrée. 62.
Page 95. dans le titre des Lettres, *Ville.* lisez: *Ville.*
Page 94. Note marginale *s. hest.* lisez: *Ost.*
Page 110. ligne 12. & 13. *hujus modi.* lisez: *hujusmodi.*
Page 115. ligne 33. *concessum, extiterit.* lisez: *concessum extiterit.*
Page 144. au commencement des secondes Lettres en marge. *Charles V. en Septembre 1368.* lisez: *Charles V. à Tournay, en Septembre 1368.*
Page 155. Note (*b*) ligne 6. *Froly.* lisez: *Troly.*
Page 157. col. 2. des Sommaires, ligne 2. de l'article (15.) *faux serment.* lisez: *faux témoignage.*
Page 158. colomne 2. au dernier alinea des Sommaires, avant ces mots. *Les habitans.* adjoûtez : *(28).*

Page 161. article (21.) ligne 3. à l'endroit où il y a un mot en blanc, on a oublié de mettre la marque de la Note, qui fait le premier *alinea* de la Note (*c*) à ces mots, *Il y a*, &c. devant lesquels il devroit y avoir une marque de Note.
Page 169. au haut de la page en marge, ligne 4. *Avril 1368.* lisez : *Avril 1369.*
Page 184. au haut de la page en marge, ligne 3. *à l'Hôtel Saint Pol, en May.* lisez: *à l'Hôtel Saint Paul à Paris, en May.*
Page 216. ligne 7. *huit sols, de prix.* lisez: *huit sols de poids.*
Page 221. ligne 3. Note (*c*). lisez: Note (*a*) & à la fin des Lettres, *Note (a)*. lisez: *Note (b)*.
Page 229. ligne 36. & page 230. ligne 18. *unacum.* lisez: *una cum.*
Page 250. Note, ligne 3. *Elle est aussi.* lisez: *Elles sont aussi.*
Ibid. ligne 5. *elle est adressée.* lisez: *elles sont adressées.*
Page 265. au haut de la page en marge, ligne 4. *1366.* lisez : *1369.*
Page 300. Note (*a*) colomne 2. ligne 3. *Registre de la Cour.* lisez: *Registre D. de la Cour.*
Page 301. ligne 30. & page 335. ligne 6. & 9. *huit sols de prix.* lisez: *huits sols de poix.*
Page 336. ligne 12. Note (*c*). lisez: (*b*).
Page 362. col. 2. des Sommaires, art. (27) ligne 11. *les droix.* lisez: *les droits.*
Page 366. mal cotée. 326.
Page 372. col. 2. des Sommaires, art. (35) ligne 5. *nuvigants.* lisez: *naviguants.*
Page 382. ligne 22. *28. de Mars.* lisez: *27. de Mars.*
Page 394. à la fin de la Note *(b)* Voyez. cy-dessus, p. 179. Note *(c)*. lisez: V. le 4.ᵉ Vol. de ce Rec. p. 179. Note *(c)*.
Page 443. ligne 5. avant ce mot : *ceterum*, adjoûtez *(3)*.
Page 459. ligne 8. *Autheing.* lisez: *Antheing.*
Ibid. ligne 9. & 10. & p. 461. ligne 31. *Carmus.* lisez: *Carvins.*
Page 473. à la marge, ligne 5. adjoûtez, *1372.*
Page 474. Note (*c*) deuxieme colomne, ligne 3. *page 125.* lisez: *p. preced. Note (b).*

Page 475. ligne 20. *es biens meubles*. lifez : *& biens meubles*.
Page 513. Note *(f)* ligne 3. *p. 830*. lifez : *p. 831*.
Page 514. Note *(i)* ligne 4. & 554. Note *(b)* ligne premiere. *Mefnage*. lifez : *Ménage*.
Page 521. rayez la premiere ligne en entier, & les deux premiers mots de la feconde qui font à la fin de la page precedente.
Page 536. au titre des fecondes Lettres, ligne 4. *ne pourront affifter*. lifez : *pourront affifter*.
Page 537. premiere colomne des Sommaires, art. *(4)* ligne 5. *au Treforier*. lifez : *aux Treforiers*.
Ibid. deuxieme colomne, art. *(10)* ligne 2. *Lettres*. lifez : *Lettres Royaux*.
Ibid. article *(13) Le Treforier des guerres aura fait un payement aux Gens de guerre, les Generaux verront*, &c. lifez : *Les Treforiers des guerres auront fait un payement aux Gens de guerre, les Generaux des Aides verront*, &c.
Page 555. au haut de la page en marge, ligne 4. *Novembre*. lifez : *Decembre*.
Page 566. ligne 6. *dencendement*. lifez : *d'encendement*.
Page 599. colomne premiere des Sommaires, art. *(14) Les fauffaires*. lifez : *ceux qui vendront à fauffe mefure*.
Page 622. Note *a*. margin. *Ginac*. lifez : *Gignac*.
Page 651. ligne 13. *les dix-huit cens*. lifez : *les dits huit cens*.
Page 657. Note *(a)* feconde colomne, lignes 4. & 5. *parce qu'elles ont efté mal luës*. lifez : *parce qu'ils ont efté mal lûs*.
Page civ. col. 2. ligne 12. de l'alinea, *Hommage*. 488. lifez : 388.

www.ingramcontent.com/pod-product-compliance
Lightning Source LLC
Chambersburg PA
CBHW071224300426
44116CB00008B/906